三国志

文白对照

上册

章惠康◎主编

華夏出版社
HUAXIA PUBLISHING HOUSE

图书在版编目（CIP）数据

三国志：文白对照：全三册 / 章惠康主编．-- 北京：华夏出版社，2019.1（2021.2 重印）
ISBN 978-7-5080-9600-1

Ⅰ．①三… Ⅱ．①章… Ⅲ．①中国历史 – 三国时代 – 纪传体②《三国志》– 译文
Ⅳ．① K236.042

中国版本图书馆 CIP 数据核字 (2018) 第 251759 号

三国志（文白对照）

出版发行 华夏出版社有限公司
经　　销 新华书店
印　　刷 三河市少明印务有限公司
装　　订 三河市少明印务有限公司
版　　次 2019 年 1 月北京第 1 版
2021 年 2 月北京第 4 次印刷
开　　本 720mm × 1030mm　1/16
印　　张 81.25
字　　数 1685 千字
定　　价 108.00 元（全三册）

华夏出版社有限公司　　地址：北京市东直门外香河园北里 4 号　　邮编：100028
网址：www.hxph.com.cn　　电话：（010）64618981

顾　问　缪　钺　苏渊雷　张舜徽

主　编　章惠康

编　委（按姓氏笔划为序）

文舜英　刘范弟　张　实

罗光辉　章惠康　谌东飙

译　者（按姓氏笔划为序）

王　尊　文舜英　刘中项

刘志生　刘范弟　刘周堂

成松柳　华德柱　孙亭玉

李传书　李叔华　杨翊强

张　实　罗光辉　段令科

段安国　祝德纯　夏先培

章惠康　谌东飙

凡　例

一、本书旨在帮助读者读懂《三国志》原文，排版采用左、右两栏排列：左栏为原文，右栏为译文，左右对照，阅读方便，也便于检验译文是否正确和落到实处。

二、本书原文依照中华书局标点本，对其校勘，径直改正，即删去圆括弧“（）”及“某”和方括弧“[　]”，保留校勘字。对标点本点校疑义处，我们再三酌情，定于一是，在译文中改正。

三、为方便读者，本书将原文中的古字、繁体字均改为简体字，异体字采用常用字，通假字则不改。

四、本书译文是在今注的基础上进行的，以直译为主，辅以意译，力求准确、明达。对于抽象的论说和疏、诏以及总结性特强、行文跳跃、又用典故、极难译的评和赞，则适当采取意译的办法。

五、《三国志》通行本原有[南朝·宋]裴松之的注，它增补了大量的史料，弥足珍贵，具有重要价值。今将裴松之的注附在各卷之末。

六、《三国志》全书65卷，其中《魏书》30卷，《蜀书》15卷，《吴书》20卷。本书分为三册：第一册卷一至卷十六；第二册卷十七至卷三十九；第三册卷四十至卷六十五。书之末还附有附录五篇。

代　序

《尚书》诘屈苦难读，　马迁换字易今言。
厥后‘西南夷’列传，　采风重译语连绵。
‘推潭仆远’果何物，　‘甘美酒食’口流涎。
乃知古文翻白话，　史有前例莫不研。
堂堂四史首马班，　《三国志》推陈寿贤。
张杜尝叹良史才，　裴松之注美蝉联。
三国人文故鼎盛，　《曹瞒传》好语新鲜。
《诸葛亮集》令表奏，　入膺著作郎翩翩。
师事谯周信天命，　魏晋禅让笔稍偏。
时代局限立场异，　纪传国别卓鸿篇。
《益部耆旧传》间出，　《魏略》《吴书》并苍坚。
《汉晋春秋》严笔削，　后生回护理或然。
下笔不苟有如此，　简洁足并《穀梁》肩。
官渡赤壁夷陵战，　绘声绘色情节全。
论评人物追司马，　要言不烦诚无愆。
喜有定本连类出，　上窥《史》《汉》光烛天。
章生卓荦耽文史，　芸窗兀兀以穷年。
今注今译双璧合，　一编在手快丹铅。
远道乞言为弁首，　爰缀廿韵代序焉。
世人不信试把读，　春风浩荡来无边。

一九九一年辛未冬

苏渊雷仲翔甫于上海，时年八十四

此文收入《苏渊雷文集》（1—4卷）第四卷2123—2124页（上海人民出版社1999年2月第1版）

记述三国历史的著名史籍

——评述《三国志》

章惠康

有清乾隆年间，钦定《史记》以下至《明史》二十四部纪传体正史中，后人把《三国志》与《史记》、《汉书》、《后汉书》合称“前四史”。《三国志》按其著作的时间来说，早于《后汉书》百余年，是继《史记》、《汉书》之后第三部蜚声史林的纪传体史学名著。

《三国志》是一部纪载魏、蜀、吴三国鼎立时期的纪传体国别史，记载了从魏文帝（曹丕）黄初元年（公元220年），到晋武帝（司马炎）太康元年（公元280年）六十年的历史，同时也记载了东汉末年的一部分历史。所记史实始于汉灵帝（刘宏）中平元年（公元184年）黄巾起义，对三国的创始人曹操、刘备、孙权等人在其立国之前的诸般活动以及战争都已述及，这些却与魏、蜀、吴三国的形成和建立是不可分的。所以也有不少论者称该书记录了近一百年的史实。

《三国志》的编撰者是魏晋间的史学家陈寿。陈寿字承祚，蜀国巴西郡安汉县（今四川省南充市北）人。生于蜀汉后主（刘禅）建兴十一年（公元233年），卒于晋惠帝（司马衷）元康七年（公元297年），享年六十四岁。陈寿少年时受学于同郡名士、史学家谯周（公元201—270年），“治《尚书》、三《传》，锐精《史》、《汉》，聪警敏识，属文富艳”（《华阳国志·陈寿传》）。在蜀汉和西晋做过官，在蜀汉时曾任卫将军主簿、东观秘书郎、散骑黄门侍郎等职。当时宦官黄皓擅权，陈寿秉性耿直，不肯曲意阿附，由此屡遭排挤、贬黜。入晋后，为司空张华（公元232—300年）所赏识、器重并荐为佐著作郎，后调任著作郎，出为平阳侯相。他在平阳侯任上，奉旨将蜀国丞相诸葛亮的著作“删除复重，随类相从”编成《诸葛亮集》二十篇，上奏朝廷。由于编书之功，他又入朝为著作郎，且兼任本郡中正，官终治书侍御史。

陈寿的《三国志》成书年代，因其《叙录》佚亡，难以确定。但据《华阳国志·后贤志》谓：“吴平后，寿乃鸠合三国史，著魏、吴、蜀三书六十五篇，号《三国志》。”据此，陈寿开始写书时年纪是四十八岁。《三国志》的体例如同《汉书》一样，是纪传体断代史，但仅有纪传而无表、志。陈寿取法我国最早的国别史《国语》，采取分国记载、叙述史事。把魏、蜀、吴作为三个独立的政治实体，各自成书，如实地记述了三国鼎立的开端、发展与结束。陈寿本人身为晋臣，在西晋武帝的统治下写三国史，只能把魏国摆在正统的地位，故《魏书》有帝纪，《蜀书》、《吴书》无帝纪，只有传。又分别使用魏、蜀、吴三国的纪元，按年叙事。这表明了他们各自为政，互不统属。陈寿这样安排是颇费斟酌的，既反映了历史的实际情况，又不触犯晋武帝的忌讳。这个处理是比较适当的，可见陈寿是一个有卓识的史学家。正如清代史学家赵翼（公元 1727—1814 年）在《二十二史札记·三国志书法》中所说："正统在魏，则晋之承魏为正统，自不待言。此陈寿仕于晋，不得不尊晋也。"《四库全书总目》（卷四十五）也说："寿则身为晋武之臣，而晋武承魏之统，伪魏是伪晋矣。其能行于当代哉？"

《三国志》的材料来源，一为魏、蜀、吴三国的现成史书，一为有关记录和多方调查、搜集得来的史料。当时魏史有三国时魏人鱼豢所撰的《魏略》，西晋王沈所撰的《魏书》。吴史有三国时吴人韦曜（即韦昭）所撰的《吴书》。蜀史有王崇所撰的《蜀史》，谯周所撰的《蜀本纪》和陈寿自编的《诸葛亮》、《益部耆旧传》，以及陈寿自己多方的采集。这些史书，都是他编著《三国志》所依据的基本材料，所以唐代史学家刘知几（公元 661—721 年）说："至晋受命，海内大同，著作陈寿，乃集三国史，撰为《国志》凡六十五篇。"（《史通·古今正史》）三书的卷数、详略是陈寿的精心安排，突出反映出当时三国的整体面貌。《三国志》最初为分别写成，各自独立成书、流行。在北宋真宗（赵恒）咸平六年（公元 1003 年）雕版发行时，才合为一书，称《三国志》。

陈寿以《魏书》"魏帝纪"作为全书的纲领。首列《武帝纪》记曹操的创业，突出这位英雄的作用。接着在记文帝、明帝、三少帝、后妃及汉末各州郡诸雄以后，就写魏家宗亲近臣《诸夏侯曹传》。传后评语说："夏侯、曹氏，世为婚姻。"正点明合传之意。他们的盛衰是曹魏盛衰的一面镜子。卷十是《荀彧荀攸贾诩传》，二荀是曹操的谋士，是参与曹魏军国大计的重要人物。贾诩善计谋，是仅次于良（张良）、平（陈平）的奇才，故合传。以下二十卷分别写了魏国的宗主、谋臣、将帅、循吏、叛臣、才学之士、公正忠直之士、优异特出之士、行为气节可取之士、卓识而有操守之士，以及方技、边族等等。《蜀书》十五卷着重写刘备和诸葛亮，对三国中的第一流人物诸葛亮极为推崇。《诸葛亮传》通过记述隆中对、劝说孙权共同抗拒曹操、刘备在永安托孤、出师表等事件，概括了诸葛亮一生的事业，而在其他人物传，如关羽、董和、董允、廖立、李严、蒋琬、姜维等人物有关事件中，随时写出诸葛亮的政治威望、政治影响。其他各卷分别撰写后主、二主妃子，蜀之名将关羽、张飞、马超、黄忠、赵云以及良臣、智谋之士、才能之士、忠义之士、博通经术之士等等。《吴书》二十卷着重写了吴国创业之君孙策和孙权，也着力写了周瑜、鲁肃、陆逊等有大功于吴的重臣。又分别写了三嗣主、妃嫔、宗室、吴主五子、文臣、武将、外藩、忠良以及文学、术数之士等等。整部《三国志》全面论述了三国时期历史事件和历史人物的活动。凡是于政治、经济、军事有关的人物以及在学术思想、文学艺术、科技上有贡献的人物，都据其情况，或立专传，或用附见。陈寿在书中所描写人物，极为传神。写英雄的心境、情态，谋士的方略，名士的风雅，武将的威猛，虽着墨不多，却栩栩如生。陈寿尤为重视杰出人物的历史作用，除了着力的描述外，对他们的历史作用也作了充分的肯定，在纪、传后的评语中，能勾画各人的特点，并给予恰当的评价。如对曹操的评论（见文末评曰），系作者站在当时复杂的斗争形势下来评论曹操的功业，评得准确有据。对刘备的评论（见文末评曰）是，抱负远大、意志坚毅、了解他人、善待人才，而他的机智权变与才能谋略，不及魏武帝曹操。这个评价是公允得当的。对诸葛亮的评论（见文末评曰）是，能安抚百姓，能够敞开真诚之心，显示公道；对于尽力效忠有益于时局的人，即使有私仇也一定加以奖赏，对于违反法度懈怠轻慢的人，即使是亲友也必定给予惩罚；对于那些浮而不实，巧言掩饰的人，即使罪轻也定将杀戮。最后说诸葛亮是个会治国理民的优秀人才，是管仲、萧何一类的人物。又说，连年兴兵，没有成功，大概是应付时变用兵的谋略，不是他的长处吧！这个评论是实事求是的。诸葛亮的确赏罚分明，这些都是一般相国办不到的。对其不足之处提得也得当。再如对孙权的评论（见文末评曰），有褒有贬，都言之有据，而且掌握分寸，比较客观。其他如《魏书·三少帝纪》、《魏书·后妃传》、《魏书·董二袁刘传》、《魏书·吕布传》、《魏书·陈思王植传》、《吴书·周瑜鲁肃吕蒙传》、《蜀书·关张马黄赵传》都评得成功，评得有见地，评得符合事实，评得优劣允当，评出了历史特点。陈寿的史评，不愧为“良史”之评。

陈寿还对三国人物作了各种名目的品评。他说：“曹操是人杰，刘备是英雄，孙策、孙权是英杰，诸葛亮、周瑜、鲁肃是奇才，庞统是高俊，程昱、郭嘉、董昭是奇士，董和、刘巴是令士，和洽、常林是美士，徐邈、胡质是彦士，王粲、秦宓是才士，关羽、张飞、程普、黄盖是虎臣，陈震、董允、薛综是良臣，张辽、乐进是良将。此外，还有品评为忠贞、抗节、高雅、公直等等名目的。这种品评风气反映了当时的时代风气，也体现了陈寿做过郡中正，有品评人物的兴趣。此外，《三国志》还为后世保留了不少可贵的材料。如《魏书·张鲁传》和《蜀书·刘焉传》中，保存了有关五斗米教的材料。《魏书·方技传·华佗》中，介绍了华佗的事迹，保存了古代医学的辉煌事迹。《魏书·张燕传》中，保存了黄巾起义后张角余党继续斗争的史实。对于国内少数民族以及邻国的历史也有所记载。以上这些材料是极为珍贵的。

《三国志》撰写后，张华（公元 232—300 年）、杜预（公元 222—284 年）等人都很赞赏陈寿的才华，纷纷向皇帝推荐他出任要职。张华还把陈寿比之于司马迁、班固。张华谓寿曰：“当以《晋书》相付耳。”《晋书·陈寿传》其为时所重如此。“时人称其善叙事，有良史之才”（同上）。梁州大中正尚书郎范頵等上表（晋惠帝）曰：“臣等按，故治书侍御史陈寿作《三国志》，辞多劝诫，明乎得失，有益风化，虽文艳不若相如，而质直过之。愿垂采录。”（同上）因此，惠帝命河南尹、洛阳令派人到陈寿家抄写此书藏于官府。当时有个叫夏侯湛（公元 243—

291年)的文士,正在撰写《魏书》,看到陈寿《三国志》书稿后,深为钦佩,自愧不如,"便坏己书而罢"(同上)。《三国志》在流传过程中,得到历代著名学者的高度评价。

《三国志》的特点是取材谨严,剪裁得当,叙事有法,文笔简洁,不失为研究三国史的一部重要史籍。南朝·梁文学批评家刘勰在《文心雕龙·史传》篇中,曾说"及魏代三雄,记传互出。《阳秋》、《魏略》之属,《江表》、《吴录》之类,或激抗难征,或疏阔寡要。唯陈寿《三国志》,文质辨洽,荀、张比之迁、固,非妄誉也"。宋代学者、藏书家晁公武(约公元1105—1180年)在提要目录《郡斋读书志》中称,陈寿的书"高简有法"。清代史学家王鸣盛(公元1722—1797年)推崇陈寿之作为佳史,他说:"唐宋以来,学者恒言,乃皆曰五经三史,则专指马、班、范矣。愚窃以为宜更益以陈寿,称'四史',以配'五经',良可无愧,其余各史皆出其下。"(《十七史商榷》卷四十二)清代文学家刘熙载(公元1813—1881年)称,陈寿《三国志》"练核事情,每下一字一句,极有斤两,虽迁、固亦当心折"(《艺概》卷一)。

《三国志》成书一百三十余年后,南朝刘宋文帝(刘义隆)认为该书内容简略,命具"廊庙之才"的裴松之(公元372—451年)作注。裴松之从元嘉三年(公元426年)开始,经过三年时间写成奏进。裴松之认为《三国志》"铨叙可观,事多审正,诚游览之苑囿,近世之嘉史,然失在于略,时有所脱漏",于是"上搜旧闻,傍摭遗逸"(裴松之《上三国志注表》)。他在注释《三国志》时,采取不同于过去作注重在训释文字名物的做法,以补阙漏、备异闻、矫正谬误、论辩得失为宗旨,从史实方面对《三国志》加以增补和考订,完成后,刘宋文帝极为称赞,认为是不朽之作。清代的《四库全书总目》归纳他作注的特点有六:"一曰引诸家之论,以辨是非;一曰参诸书之说,以核讹异;一曰传所有之事,详其委曲;一曰传所无之事,补其阙佚;一曰传所有之人,详其生平;一曰传所无之人,附以同类。"他在注中广博采引汉、魏、两晋的著作,不下二百二十多种①。裴松之的注所引史料,大都首尾完整,不任意加以剪裁割裂,这就极大地丰富了原书的内容,弥补了《三国志》记事简略的不足,而且非常有助于后人对三国史事的研究。裴注中所引的书,现在多已失传,赖裴松之的注保存下来的那些史料,就显得非常珍贵了。裴注的文字数量几乎与《三国志》的原文数字相当②。由于裴松之的注内容丰富,他的注与《三国志》正文成了不可分割的组成部分。且与《三国志》一样,有着重要的史料价值。所以,金毓黻在《中国史学史》中说:"读《三国志》裴注,应作《三国志》补编读之。"裴松之的注被誉为古代三大名注之一③,为注解古书开辟了新途径,开创了新的体例,为后代史家所推崇。

《三国志》以其突出的成就奠定了它在史学发展上的地位,对后世的文艺创作也有很大影响,取材于《三国志》的戏曲小说数以千计。大概从晚唐的时候,三国故事已在民间流传。罗贯中在吸收民间传说和民间艺人创作的话本、戏曲养分的基础上，运用陈寿的《三国志》和裴松之注的历史材料灵活运用生发开来，写成《三国志通俗演义》，在民间广为流传。《三国志》中的诸葛亮，在日本青年眼中作为英雄，排名第九。一位日本青年说："《三国志》是一扇门，推开它，人生奥秘尽在其中。"[4]怪不得日本人喜欢《三国志》和三国时期的人物。

注释：

①此据许凌云《读史入门》一书所说。清人赵翼《二十二史札记》卷六谓一百五十余种。清人钱大昕《二十二史考异》卷十五谓一百四十余种。张舜徽主编《中国史学名著题解》谓当在二百多种。

②长期以来，史学界都袭用宋代晁公武的说法，认为《三国志》裴松之注文多于陈寿正文数倍。崔曙庭在《华中师范大学学报》（哲社版）撰文指出，经过他的细致统计，《三国志》正文为367327个字，裴松之注为32085个字。又，王延洽在《上海师范学院学报》（1983年第4期）、东北师大《古籍整理研究学刊》（1985年第3期）发文，《三国志》正文为366657个字，裴松之注为320799个字。

③北魏郦道元《水经注》、南朝宋裴松之《三国志注》、唐代李善《文选注》，这三部注书质量上乘，较原书增益甚多，为历史学者所推崇，故有此并称。

④《海外文摘》译自《朝日新闻》。

目 录

蜀书

吴书

三国志卷一 魏书一

武帝纪第一

太祖武皇帝，沛国谯人也，姓曹，讳操，字孟德，汉相国参之后。[①]桓帝世，曹腾为中常侍大长秋，封费亭侯。[②]养子嵩嗣，官至太尉，莫能审其生出本末。[③]嵩生太祖。

太祖武皇帝，沛国谯县人，姓曹，名操，字孟德，是汉朝相国曹参的后代。汉桓帝时，曹腾担任中常侍、大长秋，受封为费亭侯。养子曹嵩继承爵位，官职做到太尉，没有人能够知道他出生前后的详细情况。曹嵩生太祖。

太祖少机警，有权数，而任侠放荡，不治行业，故世人未之奇也；[④]惟梁国桥玄、南阳何颙异焉。玄谓太祖曰："天下将乱，非命世之才不能济也，能安之者，其在君乎！"[⑤]年二十，举孝廉为郎，除洛阳北部尉，迁顿丘令，[⑥]征拜议郎。[⑦]

太祖年轻时机智灵敏，有权谋，能见义勇为而又放荡不羁，不注重操行和学业，所以当时的人没有特别看重他，只有梁国人桥玄、南阳郡人何颙认为他与众不同。桥玄对太祖说："天下将要变乱，不是特殊人才是不能拯救这局面的，能够安定天下的人，恐怕就是你了！"太祖二十岁时，被举为孝廉担任郎官，出任洛阳北部尉，调升顿丘县令，后来被征召入朝任命为议郎。

光和末，黄巾起。拜骑都尉，讨颍川贼。迁为济南相，国有十余县，长吏多阿附贵戚，赃污狼藉，于是奏免其八；禁断淫祀，奸宄逃窜，郡界肃然。[⑧]久之，征还为东郡太守；不就，称疾归乡里。[⑨]

灵帝光和末年，黄巾军起事。朝廷任命太祖为骑都尉，征讨颍川的黄巾军。后来升任济南国国相。济南国辖有十几个县，县中长官大多巴结依附权贵外戚，贪污受贿，声名狼藉，于是太祖上奏朝廷，罢免了其中八人；严禁滥设的祀庙，犯法作乱的人逃往他乡，郡内秩序井然。过了很久，被召回担任东郡太守；他没有去任职，声称有病回到家乡。

顷之，冀州刺史王芬、南阳许攸、沛国周旌等连结豪杰，谋废灵帝，立合肥侯，以告太祖，太祖拒之。芬等遂败。[⑩]

不久，冀州刺史王芬、南阳人许攸、沛国人周旌等人联络豪杰，谋划废除灵帝，拥立合肥侯为皇帝，他们把这事告诉太祖，太祖拒绝参与。王芬等人的阴谋就失败了。

金城边章、韩遂杀刺史郡守以叛，众十余万，天下骚动。征太祖为典军校尉。会灵帝崩，太子即位，太后临朝。大将

金城人边章、韩遂杀死刺史、郡太守后进行叛乱，部众有十多万人，天下动荡不安。朝廷征召太祖担任典军校尉。适逢灵帝去世，太子刘辩即位，何太后临朝听政。大将军何进与袁绍谋划诛杀宦官，何

军何进与袁绍谋诛宦官，太后不听。进乃召董卓，欲以胁太后，[11]卓未至而进见杀。卓到，废帝为弘农王而立献帝，京都大乱。卓表太祖为骁骑校尉，欲与计事。太祖乃变易姓名，间行东归。[12]出关，过中牟，为亭长所疑，执诣县，邑中或窃识之，为请得解。[13]卓遂杀太后及弘农王。太祖至陈留，散家财，合义兵，将以诛卓。冬十二月，始起兵于己吾，[14]是岁中平六年也。

太后不同意，何进就召董卓进京，想以此来胁迫太后，董卓还未到京而何进就被杀了。董卓到京后，废黜少帝为弘农王而立献帝刘协，京城大乱。董卓上表朝廷推荐太祖担任骁骑校尉，想和他共同计议政事。太祖就改名换姓，从小路东归。出了虎牢关，经过中牟县时，引起亭长怀疑，被抓送到中牟县城，县里有人私下认识他，替他说情得以释放。董卓于是杀死了太后和弘农王。太祖到陈留后，分散家财，会集义兵，准备讨伐董卓。冬季十二月，太祖开始在己吾起兵，这一年是汉灵帝中平六年。

初平元年春正月，后将军袁术、冀州牧韩馥、[15]豫州刺史孔伷、[16]兖州刺史刘岱、[17]河内太守王匡、[18]勃海太守袁绍、陈留太守张邈、东郡太守桥瑁、[19]山阳太守袁遗、[20]济北相鲍信[21]同时俱起兵，众各数万，推绍为盟主。太祖行奋武将军。

初平元年正月，后将军袁术、冀州牧韩馥、豫州刺史孔伷、兖州刺史刘岱、河内太守王匡、勃海太守袁绍、陈留太守张邈、东郡太守桥瑁、山阳太守袁遗、济北国相鲍信同时起兵，各拥兵数万，推举袁绍当盟主。太祖任代理奋武将军。

二月，卓闻兵起，乃徙天子都长安。卓留屯洛阳，遂焚宫室。是时绍屯河内，邈、岱、瑁、遗屯酸枣，术屯南阳，伷屯颍川，馥在邺。卓兵强，绍等莫敢先进。太祖曰："举义兵以诛暴乱，大众已合，诸君何疑？向使董卓闻山东兵起，倚王室之重，据二周之险，东向以临天下；虽以无道行之，犹足为患。今焚烧宫室，劫迁天子，海内震动，不知所归，此天亡之时也。一战而天下定矣，不可失也。"遂引兵西，将据成皋。邈遣将卫兹分兵随太祖。到荥阳

二月，董卓听到袁绍等人举兵起事，就强迫天子迁都长安。他自己统兵留守洛阳，竟纵火焚烧了宫殿。这时袁绍驻扎在河南郡，张邈、刘岱、桥瑁、袁遗驻扎在酸枣县，袁术驻扎在南阳，孔伷驻扎在颍川，韩馥驻扎在邺城。董卓兵力强大，袁绍等人不敢率先进兵。太祖说："我们发动义兵来讨伐暴乱，现在大军已经聚合，诸位还迟疑什么？假若董卓听到崤山以东的义兵起事，倚仗朝廷的威望，据守二周的险要之地，向东出兵来控制天下；虽然他的行为违背道义，但还是足以造成祸害。现在焚烧宫室，劫持天子迁都，四海之内无不震动，人们不知归附谁，这是上天要灭亡他的时机。只要打一仗就可以安定天下，不可失掉良机啊。"于是率兵西征，准备占据成皋。张邈派遣部将卫兹分兵跟随太祖。太祖抵达荥阳的汴水，遇到了董卓的部将徐荣，交战失利，士

汴水，遇卓将徐荣，与战不利，士卒死伤甚多。太祖为流矢所中，所乘马被创，从弟洪以马与太祖，得夜遁去。荣见太祖所将兵少，力战尽日，谓酸枣未易攻也，亦引兵还。

兵死伤很多。太祖被流箭射中，所骑的马受了伤，堂弟曹洪把自己的马让给太祖，太祖才得以趁着夜色逃脱。徐荣发现太祖所带领的兵不多，奋力战斗了一整天，认为酸枣不容易攻下，也就领兵撤回。

太祖到酸枣，诸军兵十余万，日置酒高会，不图进取。太祖责让之，因为谋曰："诸君听吾计，使勃海引河内之众临孟津，酸枣诸将守成皋，据敖仓，塞轘辕、太谷，全制其险；使袁将军率南阳之军军丹、析，入武关，以震三辅：皆高垒深壁，勿与战，益为疑兵，示天下形势，以顺诛逆，可立定也。今兵以义动，持疑而不进，失天下之望，窃为诸君耻之！"邈等不能用。

太祖到酸枣，各路大军有十多万，诸将每天摆酒设宴，不考虑进兵攻取。太祖责备他们，就为他们出谋划策说："请各位听从我的计策，让勃海太守袁绍带领河内大军进逼孟津，酸枣的各位将领防守成皋，占据敖仓，封锁轘辕和太谷关口，全面控制险要之地；让袁术将军率领南阳的大军进驻丹水和析县，开进武关，以震动三辅地区。各军都高筑壁垒，深挖壕沟，不要与敌军交战，多布疑兵，显示天下的强大形势，以正义去讨伐叛逆，可以很快平定逆贼。现在我们的军队为了正义而行动，却抱着犹疑的态度而不敢前进，使天下的人失望，我私下为你们感到羞耻！"张邈等人不肯采纳他的建议。

太祖兵少，乃与夏侯惇等诣扬州募兵，刺史陈温、丹杨太守周昕与兵四千余人。还到龙亢，士卒多叛。[22]至铚、建平，复收兵得千余人，进屯河内。

太祖兵少，就与夏侯惇等人到扬州招募士兵，扬州刺史陈温，丹杨太守周昕拨给太祖士兵四千多人。回到龙亢县，士兵大多叛逃了。到了铚县、建平县，又聚集了一千多人，进驻河内郡。

刘岱与桥瑁相恶，岱杀瑁，以王肱领东郡太守。

刘岱与桥瑁互相仇视，刘岱杀了桥瑁，让王肱兼任东郡太守。

袁绍与韩馥谋立幽州牧刘虞为帝，太祖拒之。[23]绍又尝得一玉印，于太祖坐中举向其肘，太祖由是笑而恶焉。[24]

袁绍与韩馥谋划拥立幽州牧刘虞当皇帝，太祖拒绝这样做。袁绍又曾得到一方玉印，当太祖在座时袁绍向他举起手臂上的玉印，太祖为此感到可笑和厌恶他。

二年春，绍、馥遂立虞为帝，虞终不敢当。

初平二年春季，袁绍、韩馥拥立刘虞当皇帝，刘虞始终不敢当。

夏四月，卓还长安。

夏季四月，董卓回到长安。

秋七月，袁绍胁韩馥，取冀州。

秋季七月，袁绍胁迫韩馥，夺取了冀州。

黑山贼于毒、白绕、眭固

黑山贼于毒、白绕、眭固等十多万人侵掠魏郡、

等十余万众略魏郡、东郡，王肱不能御，太祖引兵入东郡，击白绕于濮阳，破之。袁绍因表太祖为东郡太守，治东武阳。

东郡，王肱不能抵御，太祖领兵进入东郡，在濮阳攻打白绕，把他击溃。袁绍因此上表推荐太祖为东郡太守，以东武阳县为郡的治所。

三年春，太祖军顿丘，毒等攻东武阳。太祖乃引兵西入山，攻毒等本屯。[25]毒闻之，弃武阳还。太祖要击眭固，又击匈奴於夫罗于内黄，皆大破之。[26]

初平三年春季，太祖驻军顿丘，于毒等人攻打东武阳。太祖就率军向西进入山区，攻打于毒等人的主营。于毒听到消息后，放弃东武阳回兵。太祖在中途截击眭固，又在内黄县攻打匈奴首领於夫罗，都把他们打得大败。

夏四月，司徒王允与吕布共杀卓。卓将李傕、郭汜等杀允攻布，布败，东出武关。傕等擅朝政。

夏季四月，司徒王允与吕布一起杀死了董卓。董卓的部将李傕、郭汜等人杀了王允进攻吕布，吕布战败，向东逃出武关。李傕等人把持了朝政。

青州黄巾众百万入兖州，杀任城相郑遂，转入东平。刘岱欲击之，鲍信谏曰："今贼众百万，百姓皆震恐，士卒无斗志，不可敌也。观贼众群辈相随，军无辎重，唯以钞略为资，今不若畜士众之力，先为固守。彼欲战不得，攻又不能，其势必离散，后选精锐，据其要害，击之可破也。"岱不从，遂与战，果为所杀。[27]信乃与州吏万潜等至东郡迎太祖领兖州牧。遂进兵击黄巾于寿张东。信力战斗死，仅而破之。[28]购求信丧不得，众乃刻木如信形状，祭而哭焉。追黄巾至济北。乞降。冬，受降卒三十余万，男女百余万口，收其精锐者，号为青州兵。

青州黄巾军百万人开进兖州，杀死了任城国相郑遂，转入东平。刺史刘岱想攻打他们，鲍信劝阻说："现在贼军多达百万人，百姓都震惊恐惧，士兵没有斗志，无力抵抗。我看黄巾军有成群的亲属相随，军队没有粮草物资，只靠抢夺的东西作为给养，现在不如积聚部队的力量，先固守城池。敌人求战不得，想攻又不能，他们势必离散，然后我们挑选精锐士兵，占据要害之地，发动进攻就可以打败他们。"刘岱不听，就与黄巾军交战，果然被杀。鲍信就与州吏万潜等人到东郡迎接太祖来兼任兖州牧。太祖就进击寿张县以东的黄巾军。鲍信奋战而死，这才勉强击败了黄巾军。太祖悬赏寻找鲍信的尸体，没有找到，大家就用木头刻成像鲍信的模样，哭着祭奠他。太祖追击黄巾军直到济北。黄巾军求降。这年冬季，太祖接受降兵三十多万人，男女一百多万口，收编了其中精锐的兵士，号称"青州兵"。

袁术与绍有隙，术求援于公孙瓒，瓒使刘备屯高唐，单

袁术与袁绍有隔阂，袁术向公孙瓒求援，公孙瓒派刘备驻守高唐，单经驻守平原，陶谦驻守发干，

经屯平原，陶谦屯发干，以逼绍。太祖与绍会击，皆破之。

以此来逼迫袁绍。太祖与袁绍联合进攻他们，把他们都打败了。

四年春，军鄄城。荆州牧刘表断术粮道，术引军入陈留，屯封丘，黑山余贼及於夫罗等佐之。术使将刘详屯匡亭。太祖击详，术救之，与战，大破之。术退保封丘，遂围之，未合，术走襄邑，追到太寿，决渠水灌城。走宁陵，又追之，走九江。夏，太祖还军定陶。

初平四年春季，太祖驻军鄄城。荆州牧刘表截断袁术的运粮通道，袁术率军进入陈留郡，驻兵封丘县，黑山军的余部以及匈奴首领於夫罗等人协助他。袁术派部将刘详驻扎在匡亭。太祖攻打刘详，袁术前往援救，太祖与他交战，把袁术打得大败。袁术退守封丘，太祖就去包围他，还没等到合围，袁术逃到襄邑，太祖追到太寿，挖开河渠用水灌城。袁术逃往宁陵，太祖继续追击，袁术逃往九江。夏季，太祖回军定陶。

下邳阙宣聚众数千人，自称天子；徐州牧陶谦与共举兵，取泰山华、费，略任城。秋，太祖征陶谦，下十余城，谦守城不敢出。

下邳人阙宣纠集几千人，自称天子；徐州牧陶谦和他一同起兵，攻占了泰山郡的华县、费县，强取了任城。秋季，太祖征讨陶谦，攻下十多座城邑，陶谦守城不敢出战。

是岁，孙策受袁术使渡江，数年间遂有江东。

这一年，孙策接受袁术的派遣渡过长江，几年之内就占有了江东地区。

兴平元年春，太祖自徐州还。初，太祖父嵩，去官后还谯，董卓之乱，避难琅邪，为陶谦所害，故太祖志在复仇东伐。[29]夏，使荀彧、程昱守鄄城，复征陶谦，拔五城，遂略地至东海。还过郯，谦将曹豹与刘备屯郯东，要太祖。太祖击破之，遂攻拔襄贲，所过多所残戮。[30]

兴平元年春季，太祖从徐州回来。起初，太祖的父亲曹嵩，辞去官职后回到谯县，董卓作乱的时候，他到琅邪避难，被陶谦杀害，所以太祖立志要东征复仇。夏天，太祖派荀彧、程昱驻守鄄城，自己再次征讨陶谦，攻克五座城邑，结果占领的地方直到东海一带。回军经过郯县时，陶谦的部将曹豹和刘备驻扎在郯县东部，在中途拦截太祖。太祖打败他们，就此攻克了襄贲，所经过的地方大多遭到破坏屠杀。

会张邈与陈宫叛迎吕布，郡县皆应。荀彧、程昱保鄄城，范、东阿二县固守，太祖乃引军还。布到，攻鄄城不能下，西屯濮阳。太祖曰："布一旦得一州，不能据东平，断亢父、泰山之道，乘险要我，而乃屯濮阳，吾知其无能为也。"遂进军攻

这时恰逢张邈和陈宫叛变，迎接吕布，各郡县都响应。荀彧、程昱保卫鄄城，范县、东阿二县坚守，太祖就领兵回来。吕布赶到，攻不下鄄城，就驻守在西面的濮阳。太祖说："吕布一天就得了一个州，却不去占据东平，截断亢父、泰山的通道，利用险要地势来拦截我，却去驻守濮阳，我断定他不会有什么作为。"因此进兵攻打吕布。吕布出兵迎战，先用骑

之。布出兵战，先以骑犯青州兵。青州兵奔，太祖陈乱，驰突火出，坠马，烧左手掌。司马楼异扶太祖上马，遂引去。[31]未至营止，诸将未与太祖相见，皆怖。太祖乃自力劳军，令军中促为攻具，进复攻之，与布相守百余日。蝗虫起，百姓大饿，布粮食亦尽，各引去。

兵冲击青州兵。青州兵逃跑，太祖的军阵大乱，他骑马从火海中突围而出，从马上坠落，烧伤了左手掌。司马楼异搀扶太祖上了马，才得以离开。他们还没到军营就停了下来，诸将领没有看见太祖，都很害怕。太祖就勉力支撑着去慰问军队，下令军队赶紧准备进攻器械，再次攻打吕布，与吕布相持了一百多天。这时发生蝗灾，百姓非常饥饿，吕布的粮食也吃完了，各自撤退离去。

秋九月，太祖还鄄城。布到乘氏，为其县人李进所破，东屯山阳。于是绍使人说太祖，欲连和。太祖新失兖州，军食尽，将许之。程昱止太祖，太祖从之。冬十月，太祖至东阿。

秋季九月，太祖回到鄄城。吕布到达乘氏县，被他的同县人李进打败，往东驻扎在山阳县。这时袁绍派人来劝说太祖，想联合起来。太祖新近失掉兖州，粮食吃光了，准备答应袁绍。程昱劝阻太祖，太祖听从了程昱的意见。冬季十月，太祖到了东阿县。

是岁谷一斛五十余万钱，人相食，乃罢吏兵新募者。陶谦死，刘备代之。

这一年稻谷一石值五十多万钱，出现了人吃人的现象，这才解散一批新近招募来的官吏、士兵。这时，陶谦死了，刘备接替了他的官职。

二年春，袭定陶。济阴太守吴资保南城，未拔。会吕布至，又击破之。夏，布将薛兰、李封屯钜野，太祖攻之，布救兰，兰败，布走，遂斩兰等。布复从东缗与陈宫将万余人来战，时太祖兵少，设伏，纵奇兵击，大破之。[32]布夜走，太祖复攻，拔定陶，分兵平诸县。布东奔刘备，张邈从布，使其弟超将家属保雍丘。秋八月，围雍丘。冬十月，天子拜太祖兖州牧。十二月，雍丘溃，超自杀。夷邈三族。邈诣袁术请救，为其众所杀，兖州平，遂东略陈地。

兴平二年春季，太祖袭击定陶。济阴太守吴资固守南城，没有攻下。恰逢吕布赶到，太祖又打败了他。夏季，吕布的部将薛兰、李封驻守在钜野，太祖去攻打他们，吕布前去援救薛兰，薛兰战败，吕布逃跑了，于是太祖杀死了薛兰等人。吕布又从东缗与陈宫带领一万多人前来交战，这时太祖的兵力少，便设下埋伏，出奇兵袭击，大败吕布。吕布连夜逃走，太祖再次进攻，攻克了定陶，分兵平定了各县。吕布东逃投奔刘备，张邈跟从吕布，派他的弟弟张超带着家属保守雍丘。秋季八月，太祖围攻雍丘。冬季十月，献帝任命太祖为兖州牧。十二月，雍丘被攻破，张超自杀，太祖灭了张邈的三族。张邈到袁术那里求救，被他的部下所杀，兖州平定，太祖于是向东攻打陈国一带。

是岁，长安乱，天子东迁，败于曹阳，渡河幸安邑。

这一年，长安发生动乱，献帝往东迁徙，护卫军在曹阳涧战败，献帝渡过黄河逃到安邑县。

建安元年春正月，太祖军临武平，袁术所置陈相袁嗣降。

建安元年春季正月，太祖的军队到达武平，袁术所任命的陈国国相袁嗣投降。

太祖将迎天子，诸将或疑，荀彧、程昱劝之，乃遣曹洪将兵西迎，卫将军董承与袁术将苌奴拒险，洪不得进。

太祖准备去迎接献帝，众将中有人感到疑虑，荀彧、程昱鼓励太祖，于是太祖派遣曹洪率军西上迎接献帝，卫将军董承与袁术的部将苌奴凭险阻挡，曹洪不能前进。

汝南、颍川黄巾何仪、刘辟、黄邵、何曼等，众各数万，初应袁术，又附孙坚。二月，太祖进军讨破之，斩辟、邵等，仪及其众皆降。天子拜太祖建德将军，夏六月，迁镇东将军，封费亭侯。秋七月，杨奉、韩暹以天子还洛阳，㉝奉别屯梁。太祖遂至洛阳，卫京都，暹遁走。天子假太祖节钺，录尚书事。㉞洛阳残破，董昭等劝太祖都许。九月，车驾出轘辕而东，以太祖为大将军，封武平侯。自天子西迁，朝廷日乱，至是宗庙社稷制度始立。㉟

汝南、颍川郡的黄巾军何仪、刘辟、黄邵、何曼等人，各有部众几万人，起初听命于袁术，后来又依附孙坚。二月，太祖进军讨伐，打败了他们，杀了刘辟、黄邵等人，何仪及其部众投降。献帝任命太祖为建德将军，夏季六月，又提升为镇东将军，封为费亭侯。秋季七月，杨奉、韩暹将献帝护送回洛阳，杨奉另外率军驻守梁县。太祖于是到了洛阳，卫戍京都，韩暹逃走了。献帝授予太祖符节、黄钺，总领尚书事。洛阳残破不堪，董昭等人劝说太祖迁都许县。九月，献帝出轘辕关东行，任命太祖为大将军，封为武平侯。自从献帝往西迁都长安，朝廷一天比一天紊乱，到这时才建立宗庙、社稷的祭祀制度。

天子之东也，奉自梁欲要之，不及。冬十月，公征奉，奉南奔袁术，遂攻其梁屯，拔之。于是以袁绍为太尉，绍耻班在公下，不肯受。公乃固辞，以大将军让绍。天子拜公司空，行车骑将军。是岁用枣祗、韩浩等议，始兴屯田。㊱

当献帝东迁的时候，杨奉想从梁县出兵拦截，没赶得上。冬季十月，曹公征讨杨奉，杨奉往南投奔袁术，曹公就去攻打他在梁县的军营，一举攻克。这时献帝任命袁绍为太尉，袁绍耻于官位在曹公之下，不肯接受。曹公便坚决辞去自己的职位，把大将军的官职让给袁绍。献帝任命曹公为司空，代理车骑将军。这一年采纳枣祗、韩浩等人的建议，开始实行屯田制。

吕布袭刘备，取下邳。备来奔。程昱说公曰："观刘备有雄才而甚得众心，终不为人下，不如早图之。"公曰："方今收英雄时也，杀一人而失天下之心，不可。"

吕布袭击刘备，夺取下邳。刘备前来投奔曹公。程昱劝曹公说："我看刘备有雄才而且很得人心，最终是不会居于他人之下的，不如及早除掉他。"曹公说："当今是招集英雄的时候，杀一个人而失去天下人心，不能这样做。"

张济自关中走南阳。济死，从子绣领其众。二年春正月，公到宛。张绣降，既而悔之，复反。公与战，军败，为流矢所中，长子昂、弟子安民遇害。[37]公乃引兵还舞阴，绣将骑来钞，公击破之。绣奔穰，与刘表合。公谓诸将曰："吾降张绣等，失不便取其质，以至于此。吾知所以败。诸卿观之，自今已后不复败矣。"遂还许。[38]

张济从关中跑到南阳。张济死后，他的侄儿张绣带领他的部众。建安二年春季正月，曹公到达宛城。张绣投降，过后又后悔，再次反叛。曹公和他交战，战败，曹公被乱箭射中，大儿子曹昂、侄子曹安民遇难。曹公就率兵回到舞阴县，张绣带领骑兵前来袭击，曹公打败了他。张绣逃到穰县，与刘表联合。曹公对将领们说："我降服了张绣等人，过错在于没有立即取得他们的人质，以致造成这种局面。我明白了失败的原因。诸位看吧，从今以后不会再失败了。"于是就回到了许都。

袁术欲称帝于淮南，使人告吕布。布收其使，上其书。术怒，攻布，为布所破。秋九月，术侵陈，公东征之。术闻公自来，弃军走，留其将桥蕤、李丰、梁纲、乐就；公到，击破蕤等，皆斩之。术走渡淮。公还许。

袁术想在淮南称帝，派人告诉吕布。吕布扣留了他的使者，把他的信上报朝廷。袁术恼怒，攻打吕布，被吕布打败。秋季九月，袁术进犯陈县，曹公东征袁术。袁术听说曹公亲自前来，丢下军队逃跑，留下部将桥蕤、李丰、梁纲、乐就；曹公赶到，打败了桥蕤等人，把他们全都杀了。袁术逃过淮河。曹公回到许都。

公之自舞阴还也，南阳章陵诸县复叛为绣，公遣曹洪击之，不利，还屯叶，数为绣、表所侵。冬十一月，公自南征，至宛。[39]表将邓济据湖阳。攻拔之，生擒济，湖阳降。攻舞阴，下之。

曹公从舞阴回来，南阳、章陵各县又反叛归服张绣，曹公派曹洪去攻打他们，出战不利，退守叶县，多次被张绣、刘表侵扰。冬季十一月，曹公亲自南征，到达宛县。刘表的部将邓济据守湖阳。曹公攻破湖阳，活捉邓济，湖阳守军投降。攻打舞阴，攻下了。

三年春正月，公还许，初置军师祭酒。三月，公围张绣于穰。夏五月，刘表遣兵救绣，以绝军后。[40]公将引还，绣兵来追，公军不得进，连营稍前。公与荀彧书曰："贼来追吾，虽日行数里，吾策之，到安众，破绣必矣。"到安众，绣与表兵合守险，公军前后受敌。公乃夜凿险为地道，悉过辎重，设奇兵。

建安三年春季正月，曹公回到许都，开始设置军师祭酒的官职。三月，曹公在穰县包围了张绣。夏季五月，刘表派兵援救张绣，截断了曹军后路。曹公准备率军撤退，张绣的军队追来，曹军不能前进，就连接兵营逐步推进。曹公在给荀彧的信中说："敌军前来追赶我，虽然每天只能行进几里，我估计到达安众，一定可以打败张绣。"到了安众县，张绣和刘表的军队联合坚守险要地势，曹公的军队前后受敌，曹公就乘夜在险要的地方开凿地道，运走全部军用物资，设置奇兵。这时正好天亮，敌军以为曹公

会明，贼谓公为遁也，悉军来追。乃纵奇兵步骑夹攻，大破之。秋七月，公还许。荀彧问公："前以策贼必破，何也？"公曰："虏遏吾归师，而与吾死地战，吾是以知胜矣。"

逃跑了，全军来追。曹公便出动奇兵、步骑兵夹攻，把张绣打得大败。秋季七月，曹公回到许都。荀彧问曹公："您先前料定敌人可以打败，是什么道理呢？"曹公说："敌人阻拦我军的归路，与我们被置于死地的军队作战，所以我知道是会取得胜利的。"

吕布复为袁术使高顺攻刘备，公遣夏侯惇救之，不利。备为顺所败。九月，公东征布。冬十月，屠彭城，获其相侯谐。进至下邳，布自将骑逆击。大破之，获其骁将成廉。追至城下，布恐，欲降。陈宫等沮其计，求救于术，劝布出战，战又败，乃还固守，攻之不下。时公连战，士卒罢，欲还，用荀攸、郭嘉计，遂决泗、沂水以灌城。月余，布将宋宪、魏续等执陈宫，举城降，生禽布、宫，皆杀之。太山臧霸、孙观、吴敦、尹礼、昌豨各聚众。布之破刘备也，霸等悉从布。布败，获霸等，公厚纳待，遂割青、徐二州附于海以委焉，分琅邪、东海、北海为城阳、利城、昌虑郡。

吕布又为袁术派遣高顺攻打刘备，曹公派遣夏侯惇前去援救，交战不利。刘备被高顺打败。九月，曹公东征吕布。冬季十月，曹公攻下彭城，大肆屠杀，俘获了彭城国相侯谐。曹公进军下邳，吕布亲自带领骑兵迎战。曹公大败吕布，俘获了他的勇将成廉。曹公追到城下，吕布恐惧，打算投降。陈宫等人阻止了他的投降打算，向袁术求救，劝吕布出城交战，吕布交战后又被打败，于是回城坚守，曹公一时攻不下。这时曹公因连续作战，士兵疲惫，想要撤兵，采用荀攸、郭嘉的计策，决开泗水、沂水灌注下邳城。一个多月后，吕布的属将宋宪、魏续等人抓住陈宫，献城投降，曹公活捉吕布、陈宫，把他们都杀了。泰山郡的臧霸、孙观、吴敦、尹礼、昌豨各自聚集一帮人。当吕布打败刘备时，臧霸等人都归附了吕布。吕布败亡，曹军俘获了臧霸等人，曹公宽厚地接纳对待他们，划出青州、徐州的靠海地区委派他们管理，分出琅邪、东海、北海之地为城阳、利城、昌虑郡。

初，公为兖州，以东平毕谌为别驾。张邈之叛也，邈劫谌母弟妻子；公谢遣之，曰："卿老母在彼，可去。"谌顿首无二心，公嘉之，为之流涕。既出，遂亡归。及布破，谌生得，众为谌惧，公曰："夫人孝于其亲者，岂不亦忠于君乎！吾所求也。"以为鲁相。㊶

当初，曹公担任兖州牧，任用东平人毕谌为别驾。张邈反叛时，张邈劫持了毕谌的母亲、弟弟、妻子、儿女；曹公惋惜地打发他回去，说："你的老母在张邈那边，你可以离去。"毕谌叩头表示决无二心，曹公称赞他，还为他感动得流下了眼泪。毕谌离开后，就跑到张邈那里。等到吕布被打败，毕谌被活捉，大家都为毕谌害怕时，曹公说："一个人能孝顺他的父母，难道不是也会忠于君主吗！我所寻求的就是这样的人。"便任命毕谌为鲁国国相。

四年春二月，公还至昌邑。张杨将杨丑杀杨，眭固又

建安四年春季二月，曹公回到昌邑。张杨的部将杨丑杀了张杨，眭固又杀了杨丑，带着他们的部

杀丑，以其众属袁绍，屯射犬。夏四月，进军临河，使史涣、曹仁渡河击之。固使杨故长史薛洪、河内太守缪尚留守，自将兵北迎绍求救，与涣、仁相遇犬城。交战，大破之，斩固。公遂济河，围射犬。洪、尚率众降，封为列侯，还军敖仓。以魏种为河内太守，属以河北事。

众归属袁绍，驻扎在射犬。夏季四月，曹公进军到达黄河边，派遣史涣、曹仁渡河攻打眭固。眭固派张杨原来的长史薛洪、河内太守缪尚留守，自己带兵北行迎请袁绍，向他求救，与史涣、曹仁在犬城相遇。两军交战，曹军大败眭军，杀了眭固。曹公就渡过黄河，包围射犬。薛洪、缪尚率领部众投降，被封为列侯，曹军返回敖仓。任命魏种为河内太守，把黄河以北的事务托付给他。

初，公举种孝廉。兖州叛，公曰："唯魏种且不弃孤也。"及闻种走，公怒曰："种不南走越、北走胡，不置汝也！"既下射犬，生禽种，公曰："唯其才也！"释其缚而用之。

当初，曹公推荐魏种为孝廉。兖州反叛，曹公说："只有魏种不会背弃我。"等到听说魏种逃跑，曹公生气地说："魏种只要不是南逃到越、北逃到胡，我就不会饶恕你！"不久攻下射犬，活捉了魏种，曹公说："因为他是个人才啊！"就解开捆绑他的绳索而任用了他。

是时袁绍既并公孙瓒，兼四州之地，众十余万，将进军攻许，诸将以为不可敌，公曰："吾知绍之为人，志大而智小，色厉而胆薄，忌克而少威，兵多而分画不明，将骄而政令不一，土地虽广，粮食虽丰，适足以为吾奉也。"秋八月，公进军黎阳，使臧霸等入青州破齐、北海、东安，留于禁屯河上。九月，公还许，分兵守官渡。冬十一月，张绣率众降，封列侯。十二月，公军官渡。

这时袁绍已经兼并了公孙瓒，同时占有幽、冀、青、并四州之地，部众十多万人，打算进军攻打许都。将领们认为不可抵挡，曹公说："我了解袁绍的为人，志向大而才智小，外表严厉而内心怯懦，嫉妒刻薄而缺乏威力，兵多而部署不当，将领骄横而政令不统一，土地虽广，粮食虽多，正好作为对我的奉献。"秋季八月，曹公向黎阳进军，派臧霸等人进军青州攻破齐、北海、东安，留下于禁驻防在黄河一线。九月，曹公回到许都，分出部分兵力驻守官渡。冬季十一月，张绣率领部众投降，被封为列侯。十二月，曹公驻军官渡。

袁术自败于陈，稍困，袁谭自青州遣迎之。术欲从下邳北过，公遣刘备、朱灵要之。会术病死。程昱、郭嘉闻公遣备，言于公曰："刘备不可纵。"公悔，追之不及。备之未东也，阴与董承等谋反，至下邳，遂杀徐州刺史车胄，举兵屯沛。遣

袁术自从在陈国被打败后，处境日趋困窘，袁谭从青州派人来迎接他。袁术想从下邳北上，曹公派刘备、朱灵拦截。恰巧遇上袁术病死了。程昱、郭嘉听说曹公派走了刘备，对曹公说："不可放走刘备。"曹公后悔了，派人追赶没有追上。当刘备还没有东去的时候，曾暗中与董承等人谋划反叛，到达下邳，就杀了徐州刺史车胄，将全军驻扎在沛县。曹

刘岱、王忠击之,不克。[42]

公派刘岱、王忠进攻沛县,未能取胜。

庐江太守刘勋率众降,封为列侯。

庐江太守刘勋率领部众投降,被封为列侯。

五年春正月,董承等谋泄,皆伏诛。公将自东征备,诸将皆曰:"与公争天下者,袁绍也。今绍方来而弃之东,绍乘人后,若何?"公曰:"夫刘备,人杰也,今不击,必为后患。[43]袁绍虽有大志,而见事迟,必不动也。"郭嘉亦劝公,遂东击备,破之,生禽其将夏侯博。备走奔绍,获其妻子。备将关羽屯下邳,复进攻之,羽降。昌狶叛为备,又攻破之。公还官渡,绍卒不出。

建安五年春季正月,董承等人谋害曹公的事情败露,都被处死。曹公准备亲自东征刘备,诸将领都说:"和您争夺天下的人,是袁绍。现在袁绍正要前来攻打我们,而您却撇开他去东征,袁绍若乘机袭击我们的后方,怎么办?"曹公说:"刘备是人中豪杰,现在不打垮他,必然成为后患。袁绍虽有远大志向,而遇事迟疑不决,一定不会动兵的。"郭嘉也劝说曹公,于是曹公往东攻打刘备,打败了刘备,活捉了他的部将夏侯博。刘备逃走投奔袁绍,曹公俘获了刘备的妻子、儿女。刘备的部将关羽驻扎在下邳,曹公又去攻打下邳,关羽投降。昌狶背叛投靠刘备,又把他打败。曹公回到官渡,袁绍终于没有出兵。

二月,绍遣郭图、淳于琼、颜良攻东郡太守刘延于白马,绍引兵至黎阳,将渡河。夏四月,公北救延。荀攸说公曰:"今兵少不敌,分其势乃可。公到延津,若将渡兵向其后者,绍必西应之,然后轻兵袭白马,掩其不备,颜良可禽也。"公从之。绍闻兵渡,即分兵西应之。公乃引军兼行趣白马,未至十余里,良大惊,来逆战。使张辽、关羽前登,击破,斩良。遂解白马围,徙其民,循河而西。绍于是渡河追公军,至延津南。公勒兵驻营南阪下,使登垒望之,曰:"可五六百骑。"有顷,复白:"骑稍多,步兵不可胜数。"公曰:"勿复白。"乃令骑解鞍放马。是时,白马辎重就道。诸将以为敌骑

二月,袁绍派郭图、淳于琼、颜良在白马攻打东郡太守刘延,袁绍领兵到达黎阳,准备渡过黄河。夏季四月,曹公北上援救刘延。荀攸劝说曹公:"现在我们兵力少难以抵挡敌军,应当分散他们的兵力才可取胜。您到延津,做出好像要渡过黄河攻打他们后方的样子,袁绍定会西面应战,然后我们率领轻装部队袭击白马,乘他们没有防范,就可以捉到颜良。"曹公听从了他的意见。袁绍听说曹军渡过黄河,立即分兵往西应战。曹公带领军队日夜兼程直奔白马县,还未到达,离白马县十多里,颜良大惊,前来迎战。曹公派张辽、关羽打前阵,打败敌军,斩了颜良。由此解除了白马之围,迁徙当地民众,沿着黄河西行。袁绍在这时渡过黄河追击曹军,追到延津南面。曹公率领的军队驻扎在南面的山坡下,派人登上营垒瞭望敌方,报告说:"大约有五六百骑兵。"过了一会儿,又报告说:"骑兵逐渐增多,步兵多得数不胜数。"曹公说:"不要再报告了。"就命令骑兵卸下马鞍放开马。这时,白马驻军的辎重已经上路。将领们认为敌人的骑兵众多,不如返回保守

多,不如还保营。荀攸曰:“此所以饵敌,如何去之!”绍骑将文丑与刘备将五六千骑前后至。诸将复白:“可上马。”公曰:“未也。”有顷,骑至稍多,或分趣辎重。公曰:“可矣。”乃皆上马。时骑不满六百,遂纵兵击,大破之,斩丑。良、丑皆绍名将也,再战,悉禽,绍军大震。公还军官渡。绍进保阳武。关羽亡归刘备。

军营。荀攸说:“这样做是用来引诱敌人上钩的,怎么能撤走呢!”袁绍的骑兵将领文丑和刘备带领五六千骑兵先后赶到。将领们又说:“可以上马了。”曹公说:“不行。”过了一会儿,敌人的骑兵逐渐增多,有的分头奔向辎重。曹公说:“可以了。”于是大家上马。当时骑兵不满六百人,曹公挥军攻击,大败敌军,杀了文丑。颜良、文丑都是袁绍的名将,两次交战后,都被擒杀。袁军大为震动。曹公回师官渡。袁绍进军保卫阳武。关羽乘机逃到刘备那里。

八月,绍连营稍前,依沙埵为屯,东西数十里。公亦分营与相当,合战不利。[44]时公兵不满万,伤者十二三。[45]绍复进临官渡,起土山地道。公亦于内作之,以相应。绍射营中,矢如雨下,行者皆蒙楯,众大惧。时公粮少,与荀彧书,议欲还许。彧以为:“绍悉众聚官渡,欲与公决胜败。公以至弱当至强,若不能制,必为所乘,是天下之大机也。且绍,布衣之雄耳,能聚人而不能用。夫以公之神武明哲而辅以大顺,何向而不济?”公从之。

八月,袁绍的营垒连接起来,步步向前推进,靠着沙丘扎寨,营寨从东到西几十里。曹公也分营与对方相抵抗,交战不利。这时曹公的兵力不足一万,受伤的士兵占十分之二三。袁军又逼近官渡,筑土山挖地道。曹公也在自己的营内筑土山开地道,与之对抗。袁绍军用箭射曹营,箭像雨点般落下来,士兵行走都得用盾牌遮住身体,大家非常害怕。这时曹公军粮不足,给荀彧写信,商量打算撤回许都。荀彧认为:“袁绍把所有的兵力都聚集在官渡,想与您一决胜负。您以最弱的兵力去抵抗强大的敌军,如果不能制服它,必然会被他乘机攻击。这正是争得天下的重要时机。况且袁绍是一般的英雄,他只能聚集人才而不会使用。凭着您的英明勇武,加上辅佐天子讨伐叛乱的正当名义,为什么不能成功?”曹公采纳了他的建议。

孙策闻公与绍相持,乃谋袭许,未发,为刺客所杀。

孙策听说曹公与袁绍双方在官渡相持,便密谋袭击许都。还未出发,就被刺客所杀。

汝南降贼刘辟等叛应绍,略许下。绍使刘备助辟,公使曹仁击破之。备走,遂破辟屯。

在汝南投降的贼军刘辟等人反叛响应袁绍,侵掠许都附近。袁绍派刘备去援助刘辟,曹公派出曹仁打败刘备。刘备逃走,于是曹军便攻下了刘辟的军营。

袁绍运谷车数千乘至,公用荀攸计,遣徐晃、史涣邀击,大破之,尽烧其车。公与绍相拒连月,虽比战斩将,然众少

袁绍的运粮车数千辆到达,曹公用荀攸的计谋,派遣徐晃、史涣去截击,大败袁军,把运粮车全部烧毁。曹公与袁绍相持了几个月,虽然每次交战都斩杀敌将,然而兵少粮尽,士兵疲乏。曹公对运粮

粮尽，士卒疲乏。公谓运者曰：“却十五日为汝破绍，不复劳汝矣。”冬十月，绍遣车运谷，使淳于琼等五人将兵万余人送之，宿绍营北四十里。绍谋臣许攸贪财，绍不能足，来奔，因说公击琼等。左右疑之，荀攸、贾诩劝公。公乃留曹洪守，自将步骑五千人夜往，会明至。琼等望见公兵少，出陈门外。公急击之，琼退保营，遂攻之。绍遣骑救琼。左右或言“贼骑稍近，请分兵拒之”。公怒曰：“贼在背后，乃白！”士卒皆殊死战，大破琼等，皆斩之。[46]绍初闻公之击琼，谓长子谭曰：“就彼攻琼等，吾攻拔其营，彼固无所归矣！”乃使张郃、高览攻曹洪。郃等闻琼破，遂来降。绍众大溃，绍及谭弃军走，渡河。追之不及，尽收其辎重图书珍宝，虏其众。[47]公收绍书中，得许下及军中人书，皆焚之。[48]冀州诸郡多举城邑降者。

的人员说：“再过十五天我为你们打败袁绍，不再劳累你们了。”冬季十月，袁绍派车运粮，命令淳于琼等五人带兵一万多人护送运粮车，夜宿在袁绍军营以北四十里的地方。袁绍的谋臣许攸贪财，袁绍不能满足他，前来投奔曹公，便劝说曹公攻打淳于琼等人。曹公左右的人认为可疑，荀攸、贾诩劝说曹公采纳。曹公就留下曹洪守营，自己带领步兵、骑兵五千人趁夜前往，正好天亮时到达。淳于琼等人望见曹公兵少，就出兵在营门外摆开了阵势。曹公迅速进击，淳于琼退守营垒，于是曹军攻打淳于琼。袁绍派骑兵援救淳于琼。曹公左右有人说：“敌骑已经逐渐逼近我们，请下令分兵抵抗。”曹公发怒说：“贼军到了背后，才来报告！”士兵都拼死战斗，大败淳于琼等人，把他们都杀了。袁绍刚听到曹公攻打淳于琼，就对他的大儿子袁谭说：“趁他攻打淳于琼等人的时候，我去攻占他的军营，他们必无归宿之地了！”于是派张郃、高览去攻打曹洪。张郃等人听到淳于琼被打败，就来投降。袁军大溃败，袁绍和袁谭丢下军队逃走，渡过黄河。曹军追赶不上，缴获了袁军的全部军械、粮草和文书、珍宝，俘虏了袁绍的部众。曹公从缴获袁绍的信件中，获得了许都及军中的人与袁绍来往的信件，都把它烧毁了。冀州各郡大多献出城池前来投降。

初，桓帝时有黄星见于楚、宋之分，辽东殷馗善天文，言后五十岁当有真人起于梁、沛之间，其锋不可当。至是凡五十年，而公破绍，天下莫敌矣。

当初，汉桓帝时有黄星在楚、宋交界上空出现，辽东人殷馗擅长天象，他说五十年以后该有真命天子出现在梁国、沛国之间，其力量锐不可当。到这时差不多五十年，而曹公打败了袁绍，天下再没有人可以与曹公相对抗了。

六年夏四月，扬兵河上，击绍仓亭军，破之。绍归，复收散卒，攻定诸叛郡县。九月，公还许。绍之未破也，使刘备略汝南，汝南贼共都等应之。遣

建安六年夏季四月，曹公在黄河边炫耀兵力，攻击在仓亭的袁绍守军，把他们打败。袁绍回到冀州后，重新聚集被打散的士兵，平定了各个反叛的郡县。九月，曹公回到许都。当袁绍还没有被打败的时候，曾派刘备攻取汝南，汝南贼军共都等人起来

蔡扬击都，不利，为都所破。公南征备。备闻公自行，走奔刘表，都等皆散。

响应。曹公派蔡扬攻打共都，作战不利，被共都打败。曹公南征刘备。刘备听说曹公亲自出征，跑去投奔刘表，共都等人也都逃散。

七年春正月，公军谯，令曰："吾起义兵，为天下除暴乱。旧土人民，死丧略尽，国中终日行，不见所识，使吾凄怆伤怀。其举义兵已来，将士绝无后者，求其亲戚以后之，授土田，官给耕牛，置学师以教之。为存者立庙，使祀其先人，魂而有灵，吾百年之后何恨哉！"遂至浚仪，治睢阳渠，遣使以太牢祀桥玄。[49]进军官渡。

建安七年春季正月，曹公驻军在谯县，下令说："我发动义兵，替天下百姓铲除暴乱。故乡的百姓丧亡将尽，在境内走了一整天，看不见一个相识的人，这使我悲痛伤心。自我发动义兵以来，将士中牺牲了没有后代的，寻找他们的亲戚作为后代，分给田地，由官府供给耕牛，设立学校，请教师来教育他们。为活着的人修建庙祠，让他们祭祀祖先，如果死者有灵，我死后又有什么值得遗憾的呢！"于是曹公到了浚仪县，修治了睢阳渠，派人用牛羊猪三牲具备祭祀桥玄。然后向官渡进军。

绍自军破后，发病欧血，夏五月死。小子尚代，谭自号车骑将军，屯黎阳。秋九月，公征之，连战。谭、尚数败退，固守。

袁绍自从军队被打败后，发病吐血，夏季五月间死去。小儿子袁尚接替了他的职位，长子袁谭自号车骑将军，驻扎在黎阳。秋季九月，曹公征讨他们，接连打了几仗。袁谭、袁尚屡次战败撤退，坚守黎阳。

八年春三月，攻其郭，乃出战，击，大破之，谭、尚夜遁。夏四月，进军邺。五月还许，留贾信屯黎阳。

建安八年春季三月，曹公攻打黎阳外城，袁谭、袁尚出战，曹公进击，大败袁军，袁谭、袁尚趁夜逃走。夏季四月，曹公进军邺城。五月曹公回到许都，留下贾信驻守黎阳。

己酉，令曰："《司马法》'将军死绥'，[50]故赵括之母，乞不坐括。是古之将者，军破于外，而家受罪于内也。自命将征行，但赏功而不罚罪，非国典也。其令诸将出征，败军者抵罪，失利者免官爵。"[51]

己酉（五月二十五）日，曹公下令说："《司马法》上说'将军退却者死'，所以赵括的母亲，请求赵王不要因为儿子打败仗而让她连累受罪。这说明古代带兵的将领，在外面打了败仗的，在家的亲属得受罚。自从我命令将领征战以来，只奖赏立功的而不惩罚有罪的，这是不符合国家大法的。现在我命令诸将领出征，打败仗的人要治罪，作战失利的人要免去官职爵位。"

秋七月，令曰："丧乱已来，十有五年，后生者不见仁义礼让之风，吾甚伤之。其令郡国各修文学，县满五百户置校官，选其乡之俊造而教学

秋季七月，曹公下令说："自战乱以来，有十五年了，在年轻人身上看不到仁义礼让的风尚，我感到很伤心。现在命令各郡国都要学习文章经籍，人口满五百户的县要设置学官，挑选本乡才学优秀的人给予教育，这也许可以使先王之道不被废弃，而

之，庶几先王之道不废，而有以益于天下。”

有益于天下。”

八月，公征刘表，军西平。公之去邺而南也，谭、尚争冀州，谭为尚所败，走保平原。尚攻之急，谭遣辛毗乞降请救。诸将皆疑，荀攸劝公许之，[52]公乃引军还。冬十月，到黎阳，为子整与谭结婚。[53]尚闻公北，乃释平原还邺。东平吕旷、吕翔叛尚，屯阳平，率其众降，封为列侯。[54]

八月，曹公出征刘表，驻军西平县。当曹公离开邺城南下时，袁谭、袁尚争夺冀州，袁谭被袁尚打败，跑到平原固守。袁尚攻得猛烈，袁谭派遣辛毗向曹公乞降求救。将领们都怀疑，荀攸劝说曹公同意袁谭的请求，曹公就带领军队返回。冬季十月，曹公到达黎阳，是为了儿子曹整与袁谭的女儿结婚。袁尚听说曹公北上，就放弃平原县回到邺城。东平的吕旷、吕翔背叛了袁尚，驻扎在阳平县，率领部众投降曹公，被封为列侯。

九年春正月，济河，遏淇水入白沟以通粮道。二月，尚复攻谭，留苏由、审配守邺。公进军到洹水，由降。既至，攻邺，为土山、地道。武安长尹楷屯毛城，通上党粮道。夏四月，留曹洪攻邺，公自将击楷，破之而还。尚将沮鹄守邯郸，[55]又击拔之。易阳令韩范、涉长梁岐举县降，赐爵关内侯。五月，毁土山、地道，作围堑，决漳水灌城；城中饿死者过半。秋七月，尚还救邺，诸将皆以为“此归师，人自为战，不如避之”。公曰：“尚从大道来，当避之；若循西山来者，此成禽耳。”尚果循西山来，临滏水为营。[56]夜遣兵犯围，公逆击破走之，遂围其营。未合，尚惧，遣故豫州刺史阴夔及陈琳乞降，公不许，为围益急。尚夜遁，保祁山，追击之。其将马延、张颉等临陈降，众大溃，尚走中山。尽获其辎重，得尚印绶节钺，使

建安九年春季正月，曹公渡过黄河，堵截淇水流入白沟以便疏通运输军粮的水道。二月，袁尚又进攻袁谭，留下苏由、审配驻守邺城，曹公进军到洹水，苏由投降。曹公大军已到，攻打邺城，筑土山，挖地道。武安县长尹楷驻守在毛城，保护通向上党的运粮水道。夏季四月，留下曹洪攻打邺城，曹公亲自率军进击尹楷，打败尹楷回师邺城。袁尚的部将沮鹄驻守邯郸，曹公又进兵攻击拿下邯郸。易阳县令韩范、涉县县长梁岐献城投降，被赐爵关内侯。五月，平除土山、地道，挖掘护城壕沟，决开漳水灌注邺城；城里人饿死了一大半。秋季七月，袁尚回兵援救邺城，曹军的将领都认为“这是回归的部队，人人独立奋战，不如避开他们”。曹公说：“袁尚如果从大路来，我们应当躲开他们；若是沿着西山来，必定会被我们俘获。”袁尚果然沿着西山来，靠近滏水扎下营寨。夜里派兵进犯曹军的防御圈，曹公迎击，打得他们大败，并包围了袁尚的军营。包围圈还没有合拢，袁尚害怕了，派遣原豫州刺史阴夔及陈琳前来请求投降，曹公不答应，围攻越来越紧。袁尚趁夜逃走，据守祁山，曹军乘胜追击。袁尚的部将马延、张颉等人临阵投降，袁军全面溃败，袁尚逃到中山。曹军缴获了他们的全部辎重，得到袁尚的印信、符节、斧钺，派遣袁尚军队中投诚过来的人拿着被缴获的

尚降人示其家，城中崩沮。八月，审配兄子荣夜开所守城东门内兵。配逆战，败，生禽配，斩之，邺定。公临祀绍墓，哭之流涕；慰劳绍妻，还其家人宝物，赐杂缯絮，廪食之。[57]

东西给他们的家属看，邺城人心涣散。八月，审配的侄儿审荣晚上打开他所守卫的城东门把曹军引进城。审配迎战，曹军打败、活捉了审配，并将他斩首，邺城平定。曹公亲临袁绍的墓地祭奠，痛哭流涕；慰劳袁绍的妻子，归还袁绍家的奴仆和宝物，赐给各种绸缎布匹，由官府供应他们粮食。

初，绍与公共起兵，绍问公曰："若事不辑，则方面何所可据？"公曰："足下意以为何如？"绍曰："吾南据河，北阻燕、代，兼戎狄之众，南向以争天下，庶可以济乎？"公曰："吾任天下之智力，以道御之，无所不可。"[58]

当初，袁绍与曹公共同起兵，袁绍问曹公说："如果大事不能成功，那么哪里可以作为据守之地？"曹公说："您的意见以为如何？"袁绍说："我想南据黄河，北靠燕、代，兼有戎狄的兵众，向南去争夺天下，也许可以成功吧？"曹公说："我要任用天下才智与勇力之人，用道义来治理，无论到什么地方都可以胜利。"

九月，令曰："河北罹袁氏之难，其令无出今年租赋！"重豪强兼并之法，百姓喜悦。[59]天子以公领冀州牧，公让还兖州。

九月，曹公下令说："黄河以北遭受袁氏造成的灾难，特令今年免交租赋!"制定法令加重惩办豪强的兼并，百姓高兴。汉献帝让曹公兼任冀州牧，曹公辞去原兖州牧。

公之围邺也，谭略取甘陵、安平、勃海、河间。尚败，还中山。谭攻之，尚奔故安，遂并其众。公遗谭书，责以负约，与之绝婚，女还，然后进军。谭惧，拔平原，走保南皮。十二月，公入平原，略定诸县。

当曹公围困邺城的时候，袁谭夺取了甘陵、安平、勃海、河间。袁尚战败后，回到中山。袁谭进攻中山，袁尚逃往故安县。袁谭就兼并了袁尚的部队。曹公致信袁谭，责备他违背盟约，与他断绝婚姻关系，让袁谭的女儿回去，然后向袁谭进军。袁谭害怕，撤离平原县，退守南皮县。十二月，曹公进入平原县，攻取平定附近各县。

十年春正月，攻谭，破之，斩谭，诛其妻子，冀州平。[60]下令曰："其与袁氏同恶者，与之更始。"令民不得复私仇，禁厚葬，皆一之于法。是月，袁熙大将焦触、张南等叛攻熙、尚，熙、尚奔三郡乌丸。触等举其县降，封为列侯。初讨谭时，民亡椎冰，[61]令不得降。顷之，亡民有诣门首者，公谓曰："听汝

建安十年春季正月，曹公进攻袁谭，打败了他，杀了袁谭，处死了他的妻子、儿女，冀州平定。曹公下令说："凡与袁谭一起干过坏事的人，给予他们改过自新的机会。"命令百姓不得互报私仇，禁止奢侈的葬礼，一切都按法令办事。这个月，袁熙的大将焦触、张南等人反叛攻打袁熙、袁尚，袁熙、袁尚逃奔三郡乌丸部。焦触等人献城投降，被封为列侯。当初曹公征讨袁谭的时候，百姓因拒绝参加凿冰通航而逃亡，曹公命令不许接受他们投降。不久，逃亡的人有的上门自首，曹公对他们说："我如果准你们投降

则违令，杀汝则诛首，归深自藏，无为吏所获。”民垂泣而去；后竟捕得。

就违反了命令，如果杀了你们就杀了自首的人。你们回去自己隐藏起来，不要被官吏抓住了。”这些人流着泪走了，后来终究被逮捕了。

夏四月，黑山贼张燕率其众十余万降，封为列侯。故安赵犊、霍奴等杀幽州刺史、涿郡太守。三郡乌丸攻鲜于辅于犷平。[62]秋八月，公征之，斩犊等，乃渡潞河救犷平，乌丸奔走出塞。

夏季四月，黑山贼张燕率领他的部众十多万人投降，被封为列侯。故安人赵犊、霍奴等人杀了幽州刺史、涿郡太守。三郡乌丸部族在犷平县攻打鲜于辅。秋季八月，曹公出兵征讨，斩了赵犊等人，然后渡过潞河援救犷平，乌丸部族逃往塞外。

九月，令曰：“阿党比周，先圣所疾也。闻冀州俗，父子异部，更相毁誉。昔直不疑无兄，世人谓之盗嫂；第五伯鱼三娶孤女，谓之挝妇翁；王凤擅权，谷永比之申伯；王商忠议，张匡谓之左道：此皆以白为黑，欺天罔君者也。吾欲整齐风俗，四者不除，吾以为羞。”冬十月，公还邺。

九月，曹公下令说：“结党营私、互相勾结，这是古代圣人所憎恶的。听说冀州的风俗，父子各在一方，互相诽谤或吹捧。从前直不疑没有哥哥，当时有人说他与嫂嫂私通；第五伯鱼三次娶孤女为妻，有人说他殴打岳父；王凤专权，谷永把他比为申伯；王商忠诚公正，张匡说他邪门旁道：这都是以白为黑，欺天骗君的行为。我要整顿风气，这四种恶俗不除，我感到耻辱。”冬季十月，曹公回到邺城。

初，袁绍以甥高幹领并州牧，公之拔邺，幹降，遂以为刺史。幹闻公讨乌丸，乃以州叛，执上党太守，举兵守壶关口。遣乐进、李典击之，幹还守壶关城。十一年春正月，公征幹。幹闻之，乃留其别将守城，走入匈奴，求救于单于，单于不受。公围壶关三月，拔之。幹遂走荆州，上洛都尉王琰捕斩之。

当初，袁绍让外甥高幹兼任并州牧，曹公攻克邺城，高幹投降，曹公仍让他担任刺史。高幹听说曹公讨伐乌丸，就在并州反叛，逮捕上党太守，调兵驻守壶关口。曹公派遣乐进、李典攻打高幹，高幹退守壶关城。建安十一年春季正月，曹公征讨高幹。高幹得到消息，就留下偏将守城，自己跑到匈奴那儿，向单于求救，单于不接受。曹公包围壶关城三个月，攻了下来。高幹就逃往荆州，被上洛都尉王琰捕获斩首。

秋八月，公东征海贼管承，至淳于，遣乐进、李典击破之，承走入海岛。割东海之襄贲、郯、戚以益琅邪，省昌虑郡。[63]

秋季八月，曹公向东征讨海贼管承，到达淳于县，派遣乐进、李典打败了他们，管承逃往海岛。曹公划出东海郡的襄贲、郯、戚三县来扩大琅邪郡，撤销昌虑郡。

三郡乌丸承天下乱，破幽州，略有汉民合十余万户。袁绍皆立其酋豪为单于，以家人子为己女，妻焉。辽西单于蹋顿尤强，为绍所厚，故尚兄弟归之，数入塞为害。公将征之，凿渠，自呼沲入泒水，名平虏渠；又从泃河口凿入潞河，名泉州渠，以通海。

三郡——辽西、辽东、右北平乌丸部族趁天下动乱，攻下幽州，掳掠汉民十多万户。袁绍把他们的首领都立为单于，并把本族人的女儿作为自己的女儿，嫁给他们。辽西单于蹋顿最为强大，被袁绍看重厚待，因而袁尚兄弟投奔他，多次进入边塞骚乱破坏。曹公准备征伐他们，开凿渠道，从呼沲河流入泒水，起名平虏渠；又从泃河口凿渠流入潞河，起名泉州渠，与大海相通。

十二年春二月，公自淳于还邺。丁酉，令曰："吾起义兵诛暴乱，于今十九年，所征必克，岂吾功哉？乃贤士大夫之力也。天下虽未悉定，吾当要与贤士大夫共定之；而专飨其劳，吾何以安焉！其促定功行封。"于是大封功臣二十余人，皆为列侯，其余各以次受封，及复死事之孤，轻重各有差。[64]

建安十二年春季二月，曹公从淳于县回到邺城。丁酉（二月初五日）这一天，下令说："我发动义兵铲除暴乱，到现在有十九年了，每战必胜，难道是我的功劳吗？这是贤能的士大夫的力量。天下虽然还没有完全平定，我应当与贤能的士大夫一起来平定它；独自享受功劳，我怎么能心安理得呢？现在要赶紧评定功劳、进行封赏。"于是大封功臣二十多人，都为列侯，其余的人各按功劳大小受封，并免除死难者子孙的徭役，封赏轻重各有等级差别。

将北征三郡乌丸，诸将皆曰："袁尚，亡虏耳，夷狄贪而无亲，岂能为尚用？今深入征之，刘备必说刘表以袭许。万一为变，事不可悔。"惟郭嘉策表必不能任备，劝公行。夏五月，至无终。秋七月，大水，傍海道不通，田畴请为乡导，公从之。引军出卢龙塞，塞外道绝不通，乃堑山堙谷五百余里，经白檀，历平冈，涉鲜卑庭，东指柳城。未至二百里，虏乃知之。尚、熙与蹋顿、辽西单于楼班、右北平单于能臣抵之等将数万骑逆军。八月，登白狼山，卒与虏遇，众甚盛。公车重在后，被甲者少，左右皆惧。

曹公将要北征三郡乌丸部族，将领们都说："袁尚，是个逃亡的敌人而已，夷狄贪婪而无亲爱之情，哪能被袁尚利用？现在深入征伐乌丸，刘备必然会劝说刘表来袭击许都。万一情况发生变化，后悔就来不及了。"只有郭嘉料定刘表一定不会任用刘备，劝曹公北征。夏季五月，曹公率军到达无终县。秋季七月，涨大水，沿海道路不通，田畴请求担任向导，曹公同意了。率军出卢龙塞，塞外道路隔绝不通，于是挖山填谷五百多里，经白檀，历平冈，走过鲜卑部落的领地，向东直扑柳城县。曹军距柳城二百里时，敌人才得知消息。袁尚、袁熙与蹋顿、辽西单于楼班、右北平单于能臣抵之等人带领几万名骑兵迎战。八月，曹公登上白狼山，突然与敌人遭遇，敌人数量很多。曹公的辎重在后面，披戴铠甲的人很少，左右的人都害怕。曹公登上高处，望见敌军的阵势

公登高，望虏陈不整，乃纵兵击之，使张辽为先锋，虏众大崩，斩蹋顿及名王已下，胡、汉降者二十余万口。辽东单于速仆丸及辽西、北平诸豪，弃其种人，与尚、熙奔辽东，众尚有数千骑。初，辽东太守公孙康恃远不服。及公破乌丸，或说公遂征之，尚兄弟可禽也。公曰："吾方使康斩送尚、熙首，不烦兵矣。"九月，公引兵自柳城还，[65]康即斩尚、熙及速仆丸等，传其首。诸将或问："公还而康斩送尚、熙，何也？"公曰："彼素畏尚等，吾急之则并力，缓之则自相图，其势然也。"十一月至易水，代郡乌丸行单于普富卢、上郡乌丸行单于那楼将其名王来贺。

不整齐，就发兵出击，派张辽担任先锋，敌军大溃，曹军斩杀蹋顿及声名显赫的王多人，投降的胡人、汉人有二十多万。辽东单于速仆丸及辽西、右北平的各首领，丢下本族人，与袁尚、袁熙逃往辽东，部众还有数千骑兵。当初，辽东太守公孙康依仗地处偏远，不肯归服。等到曹公击败乌丸，有人劝说曹公随即征讨辽东公孙康，袁尚兄弟就可以俘获。曹公说："我将要役使公孙康斩了袁尚、袁熙的首级送来，不必烦劳兵力了。"九月，曹公率兵从柳城回来，公孙康随即斩了袁尚、袁熙及速仆丸等人并送来了首级。众将中有人问："曹公回师而公孙康斩了袁尚、袁熙的首级送来，这是为什么呢？"曹公说："公孙康向来害怕袁尚等人，我逼得紧他们就会联合起来，我放松点他们就会互相谋害，形势必然如此。"曹公十一月到达易水，代郡乌丸的代理单于普富卢、上郡乌丸的代理单于那楼率领部族中声名显赫的王前来祝贺。

十三年春正月，公还邺，作玄武池以肄舟师。[66]汉罢三公官，置丞相、御史大夫。夏六月，以公为丞相。[67]

建安十三年春季正月，曹公回到邺城，开凿玄武池用来训练水军。这时朝廷废除三公的官职，设置丞相、御史大夫。夏季六月，任命曹公为丞相。

秋七月，公南征刘表。八月，表卒，其子琮代，屯襄阳，刘备屯樊。九月，公到新野，琮遂降，备走夏口。公进军江陵，下令荆州吏民，与之更始。乃论荆州服从之功，侯者十五人，以刘表大将文聘为江夏太守，使统本兵，引用荆州名士韩嵩、邓义等。[68]益州牧刘璋始受征役，遣兵给军。十二月，孙权为备攻合肥。公自江陵征备，至巴丘，遣张憙救合肥。权闻憙至，乃走。公至赤壁，与备

秋季七月，曹公南下征讨刘表。八月，刘表去世，他的儿子刘琮继位，驻扎在襄阳，刘备驻扎在樊城。九月，曹公抵达新野县，刘琮就投降了，刘备逃往夏口。曹公进军江陵县，下令给荆州的官吏民众，与他们一起除旧迎新。于是评议荆州降服人员的功劳，被封为列侯的有十五人，任用刘表的大将文聘为江夏太守，派他统率原有的部队，举用荆州名士韩嵩、邓义等人。益州牧刘璋开始接受征调服役，派遣兵力去补充曹公的部队。十二月，孙权为了帮助刘备而进攻合肥。曹公从江陵出发征讨刘备，到了巴丘山，派遣张憙援救合肥。孙权听说张憙到来，就退兵走了。曹公到了赤壁，与刘备交战，失利。这时

战，不利。于是大疫，吏士多死者，乃引军还。备遂有荆州江南诸郡。[69]

瘟疫流行，官兵死亡很多，曹公只得领兵回去。刘备于是占有了荆州、江南各郡。

十四年春三月，军至谯，作轻舟，治水军。秋七月，自涡入淮，出肥水，军合肥。辛未，令曰："自顷已来，军数征行，或遇疫气，吏士死亡不归，家室怨旷，百姓流离，而仁者岂乐之哉？不得已也。其令死者家无基业不能自存者，县官勿绝廪，长吏存恤抚循，以称吾意。"置扬州郡县长吏，开芍陂屯田。十二月，军还谯。

建安十四年春季三月，曹军到达谯县，制造轻舟，训练水军。秋季七月，大军从涡水进入淮河，出肥水，驻军合肥。八月辛未（八月二十四）日，下令说："从近期来，军队多次出征，有时遇上瘟疫，官兵死亡不能回家，夫妻不能团聚，百姓流离失所，有仁爱之心的人难道乐意这样吗？这是不得已啊。现在命令死者家中无产业不能养活自己的，官府不得停发口粮，地方长官要抚恤慰问他们，这样才能符合我的心意。"这一年设置了扬州各郡县的长官，开垦芍陂作为驻军的屯垦地。十二月，曹军回到谯县。

十五年春，下令曰："自古受命及中兴之君，曷尝不得贤人君子与之共治天下者乎！及其得贤也，曾不出闾巷，岂幸相遇哉？上之人不求之耳。今天下尚未定，此特求贤之急时也。'孟公绰为赵、魏老则优，不可以为滕、薛大夫'。若必廉士而后可用，则齐桓其何以霸世！今天下得无有被褐怀玉而钓于渭滨者乎？又得无盗嫂受金而未遇无知者乎？二三子其佐我明扬仄陋，唯才是举，吾得而用之。"冬，作铜雀台。[70]

建安十五年春季，曹公下令说："自古以来承受天命的开国君主和中兴之君王，哪个不是得到贤人君子与他共同治理天下的呢？他们得到的贤人，往往是没有走出过里巷的，这难道是侥幸相遇吗？是因为当政的人寻求他们罢了。现在天下还没有平定，这正是急需寻求贤人的时候。'孟公绰做赵氏、魏氏的家臣是合适的，却不可以做滕国、薛国的大夫'。假如一定要廉洁的人才可以任用，那么齐桓公又怎么能够称霸世上呢！现在天下难道没有身穿布衣、胸怀谋略而在渭水边垂钓的吕尚这类人吗？又没有像陈平那样被蒙受私通嫂子、接受贿赂的恶名，至今还没有遇到魏无知推荐的人吗？你们要帮助我发现那些出身贫贱的贤人，只要有才能的就可以推荐，我能够任用他们。"冬季，修建铜雀台。

十六年春正月，[71]天子命公世子丕为五官中郎将，置官属，为丞相副。太原商曜等以大陵叛，遣夏侯渊、徐晃围破之。张鲁据汉中，三月，遣钟繇讨之。公使渊等出河东与繇会。

建安十六年春季正月，献帝任命曹公的嫡长子曹丕为五官中郎将，设置所属官员，作为丞相的副手。太原人商曜等人在大陵县反叛，曹公派遣夏侯渊、徐晃围攻打败他们。张鲁占据汉中，三月，派遣钟繇前去讨伐。曹公派遣夏侯渊等人由河东出兵与钟繇会合。

是时关中诸将疑繇欲自

这时关中各将领怀疑钟繇想袭击自己的部队，

袭，马超遂与韩遂、杨秋、李堪、成宜等叛。遣曹仁讨之。超等屯潼关，公敕诸将："关西兵精悍，坚壁勿与战。"秋七月，公西征，[72]与超等夹关而军。公急持之，而潜遣徐晃、朱灵等夜渡蒲阪津，据河西为营。公自潼关北渡，未济，超赴船急战。校尉丁斐因放牛马以饵贼，贼乱取牛马，公乃得渡，[73]循河为甬道而南。贼退，拒渭口，公乃多设疑兵，潜以舟载兵入渭，为浮桥，夜，分兵结营于渭南。贼夜攻营，伏兵击破之。超等屯渭南，遣信求割河以西请和，公不许。九月，进军渡渭。[74]超等数挑战，又不许；固请割地，求送任子，公用贾诩计，伪许之。韩遂请与公相见，公与遂父同岁孝廉，又与遂同时侪辈，于是交马语移时，不及军事，但说京都旧故，拊手欢笑。既罢，超等问遂："公何言？"遂曰："无所言也。"超等疑之。[75]他日，公又与遂书，多所点窜，如遂改定者；超等愈疑遂。公乃与克日会战，先以轻兵挑之，战良久，乃纵虎骑夹击，大破之，斩成宜、李堪等。遂、超等走凉州，杨秋奔安定，关中平。诸将或问公曰："初，贼守潼关，渭北道缺，不从河东击冯翊而反守潼关，引日而后北渡，何也？"公曰："贼守潼关，若吾入河东，贼必引守诸津，则西河未可渡，吾故

马超就与韩遂、杨秋、李堪、成宜等人反叛。曹公派遣曹仁前去讨伐他们。马超等人驻兵潼关，曹公命令各将领说："关西士兵精强勇猛，我们要坚守壁垒不与他们交战。"秋季七月，曹公西征，与马超等人的部队夹着潼关驻扎下来。曹公紧紧牵制敌军，暗地里派遣徐晃、朱灵等人趁夜渡过蒲阪津，占据黄河西岸扎营。曹公从潼关北渡黄河，还未渡过，马超赶来急攻曹军渡船。校尉丁斐见势放出牛马来引诱敌人，敌兵乱抢牛马，曹公才得以渡过黄河，沿着黄河修建甬道向南推进。敌人撤退，在渭口抵抗，曹公就多处设置疑兵，暗中用船运兵进入渭河，架设浮桥，夜晚，分兵在渭水南岸扎营。敌人夜里进攻军营，埋伏的士兵打败了他们。马超等人驻扎在渭水南岸，派遣信使请求割让黄河以西之地讲和，曹公不答应。九月，曹军渡过渭水。马超等人多次前来挑战，曹公又不许可；马超坚持请求割地，乞求送儿子充当人质，曹公采用贾诩的计策，假装允许他们。韩遂请求与曹公会面，曹公与韩遂的父亲是同年的孝廉，又和韩遂是同辈人，于是两人马靠马交谈了一段时间，没有涉及军事，只说京都朋友旧事，拍手欢笑。交谈完毕，马超等人问韩遂："曹公谈了什么？"韩遂说："没谈什么。"马超等人起了疑心。另一天，曹公又给韩遂写信，有多处涂抹修改，笔迹像是韩遂改定的；马超等人更加怀疑韩遂。曹公就与马超约定日子会战，先用轻装步兵挑战，交战很久，才出动勇猛的骑兵夹攻，大破敌军，杀了成宜、李堪等人。韩遂、马超等人逃到凉州，杨秋逃到安定，关中平定。诸将领中有人问曹公说："当初，敌人据守潼关，渭水北岸一路空虚，我们不从河东攻打冯翊反而驻守潼关，拖延时日而后北渡黄河，为什么呢？"曹公说："敌人据守潼关，假如我军进入河东，敌人一定会把守各个渡口，那么我军就无法渡过西河，

盛兵向潼关；贼悉众南守，西河之备虚，故二将得擅取西河；然后引军北渡，贼不能与吾争西河者，以有二将之军也。连车树栅，为甬道而南，[76]既为不可胜，且以示弱。渡渭为坚垒，虏至不出，所以骄之也；故贼不为营垒而求割地。吾顺言许之，所以从其意，使自安而不为备，因畜士卒之力，一旦击之，所谓疾雷不及掩耳，兵之变化，固非一道也。”始，贼每一部到，公辄有喜色。贼破之后，诸将问其故。公答曰：“关中长远，若贼各依险阻，征之，不一二年不可定也。今皆来集，其众虽多，莫相归服，军无适主，一举可灭，为功差易，吾是以喜。”

冬十月，军自长安北征杨秋，围安定。秋降，复其爵位，使留抚其民人。[77]十二月，自安定还，留夏侯渊屯长安。

十七年春正月，公还邺。天子命公赞拜不名，入朝不趋，剑履上殿，如萧何故事。马超余众梁兴等屯蓝田，使夏侯渊击平之。割河内之荡阴、朝歌、林虑，东郡之卫国、顿丘、东武阳、发干，钜鹿之廮陶、曲周、南和，广平之任城，赵之襄国、邯郸、易阳以益魏郡。

冬十月，公征孙权。

十八年春正月，进军濡须口，攻破权江西营，获权都督公孙阳，乃引军还。诏书并十

我故意把大军开往潼关；敌军的所有兵力在南面把守，西河的防备就会空虚，所以徐晃、朱灵二将能专力攻取西河；然后领军北渡黄河，敌人所以不能跟我们争夺西河，就是因为有二将的军队。我们兵车相连竖立栅栏，修筑甬道向南延伸，既做好不可战胜的准备，同时也显示我军兵力的薄弱。渡过渭水修筑了坚固的壁垒，敌人来了我们不出战，以此来助长他们的骄傲心态；所以敌人不修筑壁垒而要求割地。我顺着他们的话答应，这样顺从他们的心愿，使他们安心而不作防备。我们积蓄兵力，一旦发起攻击，这就叫迅雷不及掩耳。用兵的变化，本来就不是一种方法啊。”开始时，敌人每一支部队到来，曹公的脸上就有喜色。敌人被打败后，将领们问曹公是什么缘故。曹公回答说：“关中地区土地辽阔，假如敌人各自据守险要的地方，我们去征讨他们，没有一两年是不能平定的。现在他们都集中起来，人马虽然很多，但互不归顺，部队没有主帅，一战可以歼灭他们，取得胜利比较容易，所以我高兴。”

冬季十月，曹军从长安向北征伐杨秋，包围安定。杨秋投降，恢复他的官爵，让他留守安抚他那里的民众。十二月，曹公从安定回来，留下夏侯渊驻守长安。

建安十七年春季正月，曹公返回邺城。献帝命令特准曹公朝拜时，赞礼的人在旁唱导行礼时不直呼他的姓名，只称官职，入朝时不用小步快走，准许他佩剑穿鞋上殿，像当年刘邦对待萧何那样。马超的余部梁兴等人驻扎在蓝田县，曹公派遣夏侯渊去讨平他们。分出河内郡的荡阴、朝歌、林虑，东郡的卫国、顿丘、东武阳、发干，钜鹿郡的廮陶、曲周、南和，广平郡的任城，赵国的襄国、邯郸、易阳各县来扩大魏郡。

冬季十月，曹公出兵征讨孙权。

建安十八年春季正月，曹公进军濡须口，攻破孙权在长江西岸的军营，俘获孙权的都督公孙阳，就率军回来。献帝下诏书合并十四州，恢复为九州。

四州，复为九州。夏四月，至邺。

夏季四月，曹公抵达邺城。

五月丙申，天子使御史大夫郗虑持节策命公为魏公[78]曰：

五月丙申（初十）日，献帝派御史大夫郗虑持符节策书封曹公为魏公说：

朕以不德，少遭愍凶，越在西土，迁于唐、卫。当此之时，若缀旒然，[79]宗庙乏祀，社稷无位；群凶觊觎，分裂诸夏，率土之民，朕无获焉，即我高祖之命将坠于地。朕用夙兴假寐，震悼于厥心，曰"惟祖惟父，股肱先正，[80]其孰能恤朕躬"？乃诱天衷，诞育丞相，保乂我皇家，弘济于艰难，朕实赖之。今将授君典礼，其敬听朕命。

朕因不修德行，从小遭受忧患，被劫持到长安，又迁移到唐、卫。这个时候，好像旗上的坠旒被人持着任意东西。宗庙无人祭祀，社稷无处安置；群凶野心勃勃，企图分裂华夏，境域内的百姓朕不能掌握，我高祖的基业将要坠地。朕因此昼夜不能安宁，内心惊愕悲悼，默念道："我的祖辈父辈啊，先朝的辅佐大臣，谁能怜悯朕？"于是感动了上天，降生培育了丞相，保护我皇家，拯救了危难，朕确实有了依靠。现在授给您典礼，您敬听朕的命令。

昔者董卓初兴国难，群后释位以谋王室，[81]君则摄进，首启戎行，此君之忠于本朝也。后及黄巾反易天常，侵我三州，延及平民，君又翦之以宁东夏，此又君之功也。韩暹、杨奉专用威命，君则致讨，克黜其难，遂迁许都，造我京畿，设官兆祀，不失旧物，天地鬼神于是获乂，此又君之功也。袁术僭逆，肆于淮南，慑惮君灵，用丕显谋，蕲阳之役，桥蕤授首，棱威南迈，术以陨溃，此又君之功也。回戈东征，吕布就戮，乘辕将返，张杨殂毙，眭固伏罪，张绣稽服，此又君之功也。袁绍逆乱天常，谋危社稷，凭恃其众，称兵内侮，当此之时，王师寡弱，天下寒心，莫有

当初董卓兴起国难，各地州牧郡守放弃本职来谋救王室，您首先出动军队攻打他们，这是您忠于本朝啊。后来黄巾军违反天常，侵占了我三个州，祸及平民百姓，您又铲除了他们，使得东方安定，这又是您的功劳啊。韩暹、杨奉专横乱政，您用兵讨伐，平定了祸难，于是迁都许昌，建设京城，设置百官，祭祀宗庙社稷，恢复典章文物，天地鬼神得以安宁，这又是您的功劳啊。袁术叛逆称帝，在淮南恣意横行，他畏惧您的威势，您施展宏谋大略，蕲阳战役，斩了桥蕤，声威南驰，袁术因此陨灭溃败，这又是您的功劳啊。回师东征，吕布就被杀戮，班师回朝，张杨丧了命，眭固被诛杀，张绣叩头降服，这又是您的功劳啊。袁绍叛逆扰乱天常，图谋危害朝廷，他仗恃兵多，举兵进犯朝廷，在这个时候，皇家军队力量弱小，天下为之寒心，没有坚定的斗志，您坚持大节，

固志，君执大节，精贯白日，奋其武怒，运其神策，致届官渡，大歼丑类，[12]俾我国家拯于危坠，此又君之功也。济师洪河，拓定四州，袁谭、高幹，咸枭其首，海盗奔迸，黑山顺轨，此又君之功也。乌丸三种，崇乱二世，袁尚因之，逼据塞北，束马县车，一征而灭，此又君之功也。刘表背诞，不供贡职，王师首路，威风先逝，百城八郡，交臂屈膝，此又君之功也。马超、成宜，同恶相济，滨据河、潼，求逞所欲，殄之渭南，献馘万计，遂定边境，抚和戎狄，此又君之功也。鲜卑、丁零，重译而至，箄于、白屋，请吏率职，此又君之功也。君有定天下之功，重之以明德，班叙海内，宣美风俗，旁施勤教，恤慎刑狱，吏无苛政，民无怀慝；敦崇帝族，表继绝世，旧德前功，罔不咸秩；虽伊尹格于皇天，周公光于四海，方之蔑如也。

精诚感动上天，奋发您的威武，运用您的神机妙算，亲临官渡指挥，大歼了败类，使国家从危亡中得救，这又是您的功劳啊。您率军渡过黄河，开拓平定四州，袁谭、高幹，都被斩首，海盗奔逃，黑山军投顺，这又是您的功劳啊。三郡乌丸，作乱二代，袁尚依靠他们，占据塞北，您不顾路途艰险束马悬车，一战就消灭了他们，这又是您的功劳啊。刘表背叛朝廷，不进贡纳赋，您率领王师首先进发，声威已经传播远方，百城八郡，拱手屈膝投降，这又是您的功劳啊。马超、成宜，互相勾结作乱，占据黄河、潼关，妄想实现他们的野心，您把他们消灭在渭南，杀敌数以万计，于是安定了边境，和睦了戎狄，这又是您的功劳啊。鲜卑、丁零，辗转翻译来京朝贡，箄于、白屋，请求为官奉职，这又是您的功劳啊。您有安定天下的大功，又有高尚的德行，您整顿天下秩序，宣扬好的风尚，普遍施行教化，谨慎量刑定罪，官吏不施苛政，百姓无狡诈之心；您尊崇皇帝宗族，上表使绝了后代的侯王得到继承，对过去有德有功的人，无不给予合理的安排；虽然伊尹的功德通于天，周公的功业光耀四海，比起来都不如您啊。

朕闻先王并建明德，胙之以土，分之以民，崇其宠章，备其礼物，所以藩卫王室，左右厥世也。其在周成，管、蔡不静，惩难念功，乃使邵康公赐齐太公履，东至于海，西至于河，南至于穆陵，北至于无棣，五侯九伯，实得征之，世祚太师，以表东海；爰及襄王，亦有楚人不供王职，又命晋文登为侯伯，锡以二辂、虎贲、铁钺、秬鬯、弓矢，大启南阳，世作盟

朕听说先王分封功大德高的人，赐给他们土地，分给他们人民，用优厚的礼遇对他们表示尊崇，配给他们完备的礼器法物，为的是捍卫王室，辅佐当代的君王。在周成王时，管叔、蔡叔作乱，平定国难后，思念有功之臣，于是派遣召康公赐给齐太公土地，东到海滨，西到黄河，南到穆陵，北到无棣，五侯九伯，都可以征讨，子孙世代任太师，显耀于东海之滨；到了周襄王时，也有楚人不向朝廷纳贡述职，又命晋文公升为诸侯之长，赐给他玉辂、戎辂、勇士、斧钺、香酒、弓箭，大力开通南阳，作为诸侯的盟

主。故周室之不坏，繄二国是赖。今君称丕显德，明保朕躬，奉答天命，导扬弘烈，缓爰九域，莫不率俾，[83]功高于伊、周，而赏卑于齐、晋，朕甚恧焉。朕以眇眇之身，托于兆民之上，永思厥艰，若涉渊水，非君攸济，朕无任焉。今以冀州之河东、河内、魏郡、赵国、中山、常山、钜鹿、安平、甘陵、平原凡十郡，封君为魏公。锡君玄土，苴以白茅；爰契尔龟，用建冢社。昔在周室，毕公、毛公入为卿佐，周、邵师保出为二伯，外内之任，君实宜之，其以丞相领冀州牧如故。又加君九锡，其敬听朕命。以君经纬礼律，为民轨仪，使安职业，无或迁志，是用锡君大辂、戎辂各一，玄牡二驷。君劝分务本，穑人昏作，[84]粟帛滞积，大业惟兴，是用锡君衮冕之服，赤舄副焉。君敦尚谦让，俾民兴行，少长有礼，上下咸和，是用锡君轩县之乐，六佾之舞。君翼宣风化，爰发四方，远人革面，华夏充实，是用锡君朱户以居。君研其明哲，思帝所难，官才任贤，群善必举，是用锡君纳陛以登。君秉国之钧，正色处中，纤毫之恶，靡不抑退，是用锡君虎贲之士三百人。君纠虔天刑，章厥有罪，[85]犯关干纪，莫不诛殛，是用锡君铁钺各一。君龙骧虎视，旁眺八维，掩讨逆节，折冲四海，是用锡君彤

主。周朝之所以不败，全靠齐晋两国的支持。现在您功大德高，确保朕的安全，报答上天之命，发扬宏大的功业，安定了九州，百姓无不奉公守法，您的功劳高于伊尹、周公，而给您的赏赐却不如齐太公、晋文公，朕感到很惭愧啊。朕以微弱的身躯，居亿万人之上，常常想起所经受的艰苦，好像走在深渊的薄冰之上，没有您的辅助，朕难以胜任。现在把冀州的河东、河内、魏郡、赵国、中山、常山、钜鹿、安平、甘陵、平原共十个郡分给您，封您为魏公。赐给您黑土，用白茅包裹，灼龟占卜选定吉日，建立魏国的宗庙社稷。过去在周代，毕公、毛公入朝为公卿，周公、召公任太师、太保，在外为方伯，镇外辅内的重任，您都很适宜。任命您以丞相兼领冀州牧照旧不变。又加给您九赐，望您敬听我的命令。因为您建立各项制度和法令，为民众立下了规范，使他们能各安本职，没有思迁的想法，所以赐您玉车、兵车各一辆，黑色公马八匹。您劝民有无相济、勤事农桑，农民勤劳耕作，粮食和布帛大量储备，大业兴旺发达，所以赐您公爵的礼服和礼帽，配上红色的鞋子。您提倡谦虚礼让，使百姓都能遵行，长幼都有礼，上下都和睦，所以赐您三面悬挂的乐器，六列（共三十六人）的舞蹈队。您倡导纯正的风俗教化，影响感化四方，远方的人改恶为善，中原地区得以富裕充实，所以赐您朱漆大门的住宅。您在用人方面思虑深远，懂得帝尧都感到为难的事，任用贤才，众善皆举，所以赐给您“纳陛”上殿的待遇。您掌握国家大权，严肃地处在不偏不倚的地位，即使是丝毫错误的思想，也无不加以抑制，所以赐给您护卫勇士三百人。您严格执法，揭露有罪的人，对违犯国纪作乱的人，无不一一诛杀，所以赐您铁钺（用刑戮之具）各一件。您以龙虎的气势昂首阔步，观察八方，讨伐叛逆，战胜四方的敌人，所以赐您红色的弓一张，红色的箭百支，

弓一，彤矢百，玈弓十，玈矢千。君以温恭为基，孝友为德，明允笃诚，感于朕思，是用锡君秬鬯一卣，珪瓒副焉。魏国置丞相已下群卿百寮，皆如汉初诸侯王之制。往钦哉，敬服朕命！简恤尔众，时亮庶功，用终尔显德，对扬我高祖之休命！[86]

黑色的弓十张，黑色的箭千支。您以温良恭俭为根本，以孝顺友爱为美德，聪明、守信、敦厚、诚实，使朕很感动，所以赐给您香酒一樽，配以玉制的酒杓。魏国可以设置丞相以下百官群臣，如同汉朝初年封置的诸侯王的体制。希望您回国之后，恭敬地执行我的命令！选拔、安置您的部众，辅助您好好地完成各种事业，以成就您的大德，报答称扬我高祖的美好命令！

秋七月，始建魏社稷宗庙。天子聘公三女为贵人，少者待年于国。[87]九月，作金虎台，凿渠引漳水入白沟以通河。冬十月，分魏郡为东西部，置都尉。十一月，初置尚书、侍中、六卿。[88]

秋季七月，开始建立魏国的社稷宗庙。献帝聘迎曹公的三个女儿为贵人，年纪小的留住魏国以待长大。九月，修筑金虎台，开凿渠道引漳水经白沟流入黄河。冬季十月，分魏郡为东西两部，设置都尉。十一月，开始设置尚书、侍中、六卿等。

马超在汉阳，复因羌、胡为害，氐王千万叛应超，屯兴国。使夏侯渊讨之。

马超在汉阳，再次依仗羌人、胡人为害边境。氐族首领千万反叛响应马超，驻军兴国。曹公派遣夏侯渊前去讨伐。

十九年春正月，始耕籍田。南安赵衢、汉阳尹奉等讨超，枭其妻子，超奔汉中。韩遂徙金城，入氐王千万部，率羌、胡万余骑与夏侯渊战，击，大破之，遂走西平。渊与诸将攻兴国，屠之。省安东、永阳郡。

建安十九年春季正月，开始耕种籍田。南安人赵衢、汉阳人尹奉等人讨伐马超，杀了马超的妻子、儿女，马超逃到汉中。韩遂迁往金城，进入氐王千万的部落，率领羌人、胡人一万余骑兵和夏侯渊交战，夏侯渊出击，大败敌人，韩遂逃往西平。夏侯渊与众将领一起攻入兴国，杀人毁城。撤销了安东、永阳二郡。

安定太守毌丘兴将之官，公戒之曰："羌、胡欲与中国通，自当遣人来，慎勿遣人往。善人难得，必将教羌、胡妄有所请求，因欲以自利；不从便为失异俗意，从之则无益事。"兴至，遣校尉范陵至羌中，陵果教羌，使自请为属国都尉。公曰："吾预知当尔，非圣也，但更事多耳。"[89]

安定太守毌丘兴将要赴任，曹公告诫他说："羌人、胡人想要和中原交往，应当让他们派人来，切记不要派人去。善良的人难以找到，不好的人必定会教唆羌人、胡人提出非分的要求，以便自己从中谋利；我们不答应就会使异族失望，答应了就会对我们不利。"毌丘兴到达安定郡后，派遣校尉范陵到羌人那里，范陵果然教唆羌人，请求让自己当属国都尉。曹公说："我预先料到会是这样的，我不是圣人，只是我经历的事多点罢了。"

三月，天子使魏公位在诸侯王上，改授金玺、赤绂、远游冠。[90]

三月，献帝把魏公的地位提升到诸侯王之上，改授给他金质玺印、红色绶带、远游冠。

秋七月，公征孙权。[91]

秋季七月，曹公征讨孙权。

初，陇西宋建自称河首平汉王，聚众枹罕，改元，置百官，三十余年。遣夏侯渊自兴国讨之。冬十月，屠枹罕，斩建，凉州平。

起初，陇西人宋建自称河首平汉王，在枹罕县聚集民众，改换年号，设置百官，历时三十多年。曹公派遣夏侯渊从兴国出发去讨伐他们。冬季十月，攻陷枹罕县，杀了宋建，凉州平定。

公自合肥还。

曹公从合肥回来。

十一月，汉皇后伏氏坐昔与父故屯骑校尉完书，云帝以董承被诛怨恨公，辞甚丑恶，发闻，后废黜死，兄弟皆伏法。[92]

十一月，献帝的皇后伏氏因为过去曾给她的父亲、原屯骑校尉伏完写信，信中说起皇上因为董承被杀而怨恨曹公，言辞很恶毒，事情被发觉，伏后被废黜处死，她的兄弟也都被处死。

十二月，公至孟津。天子命公置旄头，宫殿设钟虡。乙未，令曰："夫有行之士未必能进取，进取之士未必能有行也。陈平岂笃行，苏秦岂守信邪？而陈平定汉业，苏秦济弱燕。由此言之，士有偏短，庸可废乎！有司明思此义，则士无遗滞，官无废业矣。"又曰："夫刑，百姓之命也，而军中典狱者或非其人，而任以三军死生之事，吾甚惧之。其选明达法理者，使持典刑。"于是置理曹掾属。

十二月，曹公到达孟津。献帝特许曹公的仪仗中设置警卫骑兵，宫殿中设置悬钟编磬。乙未（十二月二十九）日，曹公下令说："有德行的人未必能进取，能进取的人未必有德行。陈平难道有淳厚的德行，苏秦难道能恪守信义吗？但陈平奠定了汉朝的基业，苏秦挽救了弱小的燕国。由此说来，一个人即使有短处，难道可以废弃他不用！有关官员应该好好思索这个道理，这样能使有才能的人无所遗漏，官员不会废弃政事。"又说："刑法，关系到百姓的性命，而军中掌管刑狱的人有的不称职，把三军死生的大事委任给他们，我非常担心。应当选拔通法明理的人，让他们掌管刑法。"于是设置管理刑狱的理曹掾属。

二十年春正月，天子立公中女为皇后。省云中、定襄、五原、朔方郡，郡置一县领其民，合以为新兴郡。

建安二十年春季正月，献帝策立曹公的第二个女儿为皇后。撤销云中、定襄、五原、朔方郡，各设置一个县来管理当地的百姓，并把四县合并为新兴郡。

三月，公西征张鲁，至陈仓，将自武都入氐；氐人塞道，先遣张郃、朱灵等攻破之。夏四月，公自陈仓以出散关，至

三月，曹公西征张鲁，到达陈仓县，打算从武都郡进入氐人地区；氐人堵住道路，曹公先派张郃、朱灵等人打败了氐人。夏季四月，曹公从陈仓出大散关，到了河池县。氐族首领王窦茂率领部属万余人，

河池。氐王窦茂众万余人，恃险不服，五月，公攻屠之。西平、金城诸将麴演、蒋石等共斩送韩遂首。[93]秋七月，公至阳平。张鲁使弟卫与将杨昂等据阳平关，横山筑城十余里，攻之不能拔，乃引军还。贼见大军退，其守备解散。公乃密遣解㯳、高祚等乘险夜袭，大破之，斩其将杨任，进攻卫，卫等夜遁，鲁溃奔巴中。公军入南郑，尽得鲁府库珍宝。[94]巴、汉皆降。复汉宁郡为汉中；分汉中之安阳、西城为西城郡，置太守；分锡、上庸郡，置都尉。

凭借险要地势拒不降服，五月，曹公攻破并血洗了该城。西平、金城的将领麴演、蒋石等人共同杀了韩遂并送来首级。秋季七月，曹公到达阳平关。张鲁派他的弟弟张卫与部将杨昂等人据守阳平关，沿山筑起十多里长的城墙，曹公攻不下来，就率兵撤回。敌人看到大军已撤，他们的防守就松懈了。曹公就暗中派遣解㯳、高祚等人趁险进行夜袭，大败敌人，杀了他们的将领杨任，进攻张卫，张卫等人趁夜逃走，张鲁溃败逃到巴中。曹公的军队进入南郑，全部缴获了张鲁府库中的珍宝。巴郡、汉宁郡都投降。汉宁郡恢复为汉中郡；划出汉中郡的安阳、西城两县设立西城郡，设置郡太守；划出锡县、上庸县设立上庸郡，设置都尉。

八月，孙权围合肥，张辽、李典击破之。

八月，孙权包围合肥，张辽、李典打败孙权。

九月，巴七姓夷王朴胡、賨邑侯杜濩举巴夷、賨民来附，[95]于是分巴郡，以胡为巴东太守，濩为巴西太守，皆封列侯。天子命公承制封拜诸侯守相。[96]

九月，巴族的七姓夷王朴胡、賨邑侯杜濩率领巴夷、賨民前来归附，于是巴郡分为东西两郡，以朴胡为巴东太守，杜濩为巴西太守，都封为列侯。献帝命令曹公秉承皇上旨意有封立诸侯、任命太守和国相的权力。

冬十月，始置名号侯至五大夫，与旧列侯、关内侯凡六等，以赏军功。[97]

冬季十月，开始设置名号侯至五大夫的爵位，与原有的列侯、关内侯共有六等，用来奖励有军功的人。

十一月，鲁自巴中将其余众降。封鲁及五子皆为列侯。刘备袭刘璋，取益州，遂据巴中；遣张郃击之。

十一月，张鲁从巴中率领他的残部来投降。曹公封张鲁和他的五个儿子为列侯。刘备袭击刘璋，夺取益州，于是占据巴中；曹公派张郃前往攻打他。

十二月，公自南郑还，留夏侯渊屯汉中。[98]

十二月，曹公从南郑回来，留下夏侯渊驻守汉中。

二十一年春二月，公还邺。[99]三月壬寅，公亲耕籍田。[100]夏五月，天子进公爵为魏王。[101]代郡乌丸行单于普富卢与其

建安二十一年春季二月，曹公回到邺城。三月壬寅(三月初三)日，曹公亲自参加籍田的耕种。夏季五月，天子晋封曹公的爵位为魏王。代郡乌丸代理单于普富卢和他的部属前来朝贺。天子册封魏王

侯王来朝。天子命王女为公主,食汤沐邑。秋七月,匈奴南单于呼厨泉将其名王来朝,待以客礼,遂留魏,使右贤王去卑监其国。八月,以大理钟繇为相国。[102]

的女儿为公主,赐给她汤沐邑。秋季七月,匈奴南单于呼厨泉率领他的声名显赫的王前来朝贺,魏王以客礼接待,于是留在魏国,派遣右贤王去卑监管匈奴的国政。八月,任用大理钟繇为魏国的相国。

冬十月,治兵,[103]遂征孙权,十一月至谯。

冬季十月,整训军队,于是征讨孙权,十一月到达谯县。

二十二年春正月,王军居巢,二月,进军屯江西郝谿。权在濡须口筑城拒守,遂逼攻之,权退走。三月,王引军还,留夏侯惇、曹仁、张辽等屯居巢。

建安二十二年春季正月,魏王驻军居巢,二月,进军驻扎在长江以西的郝谿。孙权在濡须口筑城抵抗,于是魏军逼攻,孙权撤退。三月,魏王率军撤回。留下夏侯惇、曹仁、张辽等人驻守居巢。

夏四月,天子命王设天子旌旗,出入称警跸。五月,作泮宫。六月,以军师华歆为御史大夫。[104]冬十月,天子命王冕十有二旒,乘金根车,驾六马,设五时副车,以五官中郎将丕为魏太子。

夏季四月, 献帝命令魏王设置天子的旌旗,出入警戒清道。五月,兴建泮宫。六月,以军师华歆为魏国的御史大夫。冬季十月,天子命令魏王官帽上佩缀十二旒,坐金根车,套驾六匹马,配置五时副车,以五官中郎将曹丕为魏国的太子。

刘备遣张飞、马超、吴兰等屯下辩;遣曹洪拒之。

刘备派遣张飞、马超、吴兰等人驻兵下辩;魏王派遣曹洪抵挡他们。

二十三年春正月,汉太医令吉本与少府耿纪、司直韦晃等反,攻许,烧丞相长史王必营,[105]必与颍川典农中郎将严匡讨斩之。[106]

建安二十三年春季正月,汉朝太医令吉本与少府耿纪、司直韦晃等人谋反,进攻许都,焚烧丞相长史王必的军营, 王必和颍川典农中郎将严匡讨伐,杀了他们。

曹洪破吴兰,斩其将任夔等。三月,张飞、马超走汉中,阴平氐强端斩吴兰,传其首。

曹洪打败吴兰,杀了他的部将任夔等人。三月,张飞、马超逃到汉中,阴平氐族人强端杀了吴兰,送来吴兰的首级。

夏四月,代郡、上谷乌丸无臣氐等叛,遣鄢陵侯彰讨破之。[107]

夏季四月,代郡、上谷乌丸无臣氐等人反叛,派遣鄢陵侯曹彰讨伐打败了他们。

六月,令曰:"古之葬者,必居瘠薄之地。其规西门豹祠

六月,魏王下令说:"古代埋葬人,一定安置在瘠薄的土地上。现在划出西门豹祠西边的高地作为

西原上为寿陵，因高为基，不封不树。《周礼》冢人掌公墓之地，凡诸侯居左右以前，卿大夫居后，汉制亦谓之陪陵。其公卿大臣列将有功者，宜陪寿陵，其广为兆域，使足相容。”

寿陵，利用高的地势作为墓基，不堆土，不植树。《周礼》中记载冢人掌管公墓的土地，凡是诸侯都埋葬在皇帝的左右边靠前的地方，卿大夫在后。汉制也称为陪陵。凡公卿大臣诸将领中有功的，死后可陪葬在寿陵，要扩大坟地的范围，使它能够容纳死者。”

秋七月，治兵，遂西征刘备，九月，至长安。

秋季七月，整训军队，就此西征刘备，九月抵达长安。

冬十月，宛守将侯音等反，执南阳太守，劫略吏民，保宛。初，曹仁讨关羽，屯樊城，是月使仁围宛。

冬季十月，宛城守将侯音等人反叛，捉住南阳太守，抢劫掳掠吏民，据守宛县。起初，曹仁因讨伐关羽，驻守在樊城，这个月派遣曹仁围攻宛城。

二十四年春正月，仁屠宛，斩音。[108]

建安二十四年春季正月，曹仁血洗宛城，杀了侯音。

夏侯渊与刘备战于阳平，为备所杀。三月，王自长安出斜谷，军遮要以临汉中，遂至阳平。备因险拒守。[109]

夏侯渊与刘备在阳平关交战，被刘备所杀。三月，魏王从长安经斜谷出兵，一路据守险要紧逼汉中，到达阳平。刘备凭借险阻坚守抵抗。

夏五月，引军还长安。

夏季五月，魏王率军回到长安。

秋七月，以夫人卞氏为王后。遣于禁助曹仁击关羽。八月，汉水溢，灌禁军，军没，羽获禁，遂围仁。使徐晃救之。

秋季七月，封夫人卞氏为王后。派遣于禁协助曹仁攻打关羽。八月，汉水暴涨，淹了于禁的军营，于禁全军覆灭，关羽捉住于禁，进而包围曹仁。魏王派遣徐晃前去援救曹仁。

九月，相国钟繇坐西曹掾魏讽反免。[110]

九月，相国钟繇因牵连西曹椽魏讽谋反被免官。

冬十月，军还洛阳。[111]孙权遣使上书，以讨关羽自效。王自洛阳南征羽，未至，晃攻羽，破之，羽走，仁围解。王军摩陂。[112]

冬季十月，魏军回到洛阳。孙权派遣使节向魏王上书，表示愿意用讨伐关羽的行动来报效魏王。魏王从洛阳南征关羽，还未到达，徐晃攻打关羽，打败关羽，关羽逃跑，曹仁得以解围。魏王驻军摩陂。

二十五年春正月，至洛阳。权击斩羽，传其首。

建安二十五年春季正月，魏王到达洛阳。孙权攻打关羽并杀了他，将他的首级传送到洛阳。

庚子，王崩于洛阳，年六十六。[113]遗令曰：“天下尚未安定，未得遵古也。葬毕，皆除服。其将兵屯戍者，皆不得离

庚子(正月二十三)日，魏王在洛阳去世，享年六十六岁。遗令说：“天下尚未安定，不能遵照古礼来办丧事。安葬完毕，都要脱掉丧服。率军驻守边防的将领，都不要离开驻地。各级官吏都要各尽职责。

屯部。有司各率乃职。敛以时服,无藏金玉珍宝。”谥曰武王。二月丁卯,葬高陵。[114]

入殓时穿平时的衣服,不要在墓穴里埋藏金玉珍宝。”死后谥号为武王。二月丁卯(二十一)日,葬于高陵。

评曰:汉末,天下大乱,雄豪并起,而袁绍虎视四州,强盛莫敌。太祖运筹演谋,鞭挞宇内,揽申、商之法术,该韩、白之奇策,官方授材,各因其器,矫情任算,不念旧恶,终能总御皇机,克成洪业者,惟其明略最优也。抑可谓非常之人,超世之杰矣。

评论说:汉朝末年,天下大乱,英雄豪杰同时起兵,而袁绍虎视眈眈,占据四州,强盛无敌。太祖策划施谋,驾驭天下,运用申不害、商鞅的法术,兼备韩信、白起的奇策。官职授给有才能的人,发挥他们各自的特长,克制感情、施用计谋,不念旧恶,最终能够总揽朝政大权,完成建国大业,这是因为他的聪明和智谋卓绝的缘故。他可以说是一个非凡的人,是超越当世的俊杰。

---

①《曹瞒传》曰:太祖一名吉利,小字阿瞒。王沈《魏书》曰:其先出于黄帝。当高阳世,陆终之子曰安,是为曹姓。周武王克殷,存先世之后,封曹侠于邾。春秋之世,与于盟会,逮至战国,为楚所灭。子孙分流,或家于沛。汉高祖之起,曹参以功封平阳侯,世袭爵土,绝而复绍,至今適嗣国于容城。

②司马彪《续汉书》曰:腾父节,字元伟,素以仁厚称。邻人有亡豕者,与节豕相类,诣门认之,节不与争;后所亡豕自还其家,豕主人大惭,送所认豕,并辞谢节,节笑而受之。由是乡党贵叹焉。长子伯兴,次子仲兴,次子叔兴。腾字季兴,少除黄门从官。永宁元年,邓太后诏黄门令选中黄门从官年少温谨者配皇太子书,腾应其选。太子特亲爱腾,饮食赏赐与众有异。顺帝即位,为小黄门,迁至中常侍大长秋。在省闼三十余年,历事四帝,未尝有过。好进达贤能,终无所毁伤。其所称荐,若陈留虞放、边韶、南阳延固、张温、弘农张奂、颍川堂溪典等,皆致位公卿,而不伐其善。蜀郡太守因计吏修敬于腾,益州刺史种暠于函谷关搜得其笺,上太守,并奏腾内臣外交,所不当为,请免官治罪。帝曰:“笺自外来,腾书不出,非其罪也。”乃寝暠奏。腾不以介意,常称叹暠,以为暠得事上之节。暠后为司徒,语人曰:“今日为公,乃曹常侍恩也。”腾之行事,皆此类也。桓帝即位,以腾先帝旧臣,忠孝彰著,封费亭侯,加位特进。太和三年,追尊腾曰高皇帝。

③《续汉书》曰:嵩字巨高。质性敦慎,所在忠孝。为司隶校尉,灵帝擢拜大司农、大鸿胪,代崔烈为太尉。黄初元年,追尊嵩曰太皇帝。吴人作《曹瞒传》及郭颁《世语》并云:嵩,夏侯氏之子,夏侯惇之叔父。太祖于惇为从父兄弟。

④《曹瞒传》云:太祖少好飞鹰走狗,游荡无度,其叔父数言之于嵩。太祖患之,后逢叔父于路,乃阳败面喎口;叔父怪而问其故,太祖曰:“卒中恶风。”叔父以告嵩。嵩惊愕,呼太祖,太祖口貌如故。嵩问曰:“叔父言汝中风,已差乎?”太祖曰:“初不中风,但失爱于叔父,故见罔耳。”嵩乃疑焉。自后叔父有所告,嵩终不复信,太祖于是益得肆意矣。

⑤《魏书》曰:太尉桥玄,世名知人,睹太祖而异之,曰:“吾见天下名士多矣,未有若君者也!君善自持。吾老矣!愿以妻子为托。”由是声名益重。

《续汉书》曰:玄字公祖,严明有才略,长于人物。

张璠《汉纪》曰:玄历位中外,以刚断称,谦俭下士,不以王爵私亲。光和中为太尉,以久病策罢,拜太中大夫,卒,家贫乏产业,柩无所殡。当世以此称为名臣。

《世语》曰:玄谓太祖曰:“君未有名,可交许子将。”太祖乃造子将，子将纳焉，由是知名。

孙盛《异同杂语》云：太祖尝私入中常侍张让室，让觉之；乃舞手戟于庭，逾垣而出。才武绝人，莫之能害。博览群书，特好兵法，抄集诸家兵法，名曰《接要》，又注《孙武》十三篇，皆传于世。尝问许子将："我何如人？"子将不答。固问之，子将曰："子治世之能臣，乱世之奸雄。"太祖大笑。

⑥《曹瞒传》曰：太祖初入尉廨，缮治四门。造五色棒，县门左右各十余枚，有犯禁者，不避豪强，皆棒杀之。后数月，灵帝爱幸小黄门蹇硕叔父夜行，即杀之。京师敛迹，莫敢犯者。近习宠臣咸疾之，然不能伤，于是共称荐之，故迁为顿丘令。

⑦《魏书》曰：太祖从妹夫㶏彊侯宋奇被诛，从坐免官。后以能明古学，复征拜议郎。先是大将军窦武、太傅陈蕃谋诛阉官，反为所害。太祖上书陈武等正直而见陷害，奸邪盈朝，善人壅塞，其言甚切；灵帝不能用。是后诏书敕三府：举奏州县政理无效，民为作谣言者免罢之。三公倾邪，皆希世见用，货赂并行，强者为怨，不见举奏，弱者守道，多被陷毁。太祖疾之。是岁以灾异博问得失，因此复上书切谏，说三公所举奏专回避贵戚之意。奏上，天子感悟，以示三府责让之，诸以谣言征者皆拜议郎。是后政教日乱，豪猾益炽，多所摧毁；太祖知不可匡正，遂不复献言。

⑧《魏书》曰：长吏受取贪饕，依倚贵势，历前相不见举闻；太祖至，咸皆举免，小大震怖，奸宄遁逃，窜入他郡。政教大行，一郡清平。初，城阳景王刘章以有功于汉，故其国为立祠，青州诸郡转相仿效，济南尤盛，至六百余祠。贾人或假二千石舆服导从作倡乐，奢侈日甚，民坐贫穷，历世长吏无敢禁绝者。太祖到，皆毁坏祠屋，止绝官吏民不得祠祀。及至秉政，遂除奸邪鬼神之事，世之淫祀由此遂绝。

⑨《魏书》曰：于是权臣专朝，贵戚横恣。太祖不能违道取容。数数干忤，恐为家祸，遂乞留宿卫。拜议郎，常托疾病，辄告归乡里；筑室城外，春夏习读书传，秋冬弋猎，以自娱乐。

⑩司马彪《九州春秋》曰：于是陈蕃子逸与术士平原襄楷会于芬坐，楷曰："天文不利宦者，黄门、常侍真族灭矣。"逸喜。芬曰："若然者，芬愿驱除。"于是与攸等结谋。灵帝欲北巡河间旧宅，芬等谋因此作难，上书言黑山贼攻劫郡县，求得起兵。会北方有赤气，东西竟天，太史上言"当有阴谋，不宜北行"，帝乃止。敕芬罢兵，俄而征之。芬惧，自杀。

《魏书》载太祖拒芬辞曰："夫废立之事，天下之至不祥也。古人有权成败、计轻重而行之者，伊尹、霍光是也。伊尹怀至忠之诚，据宰臣之势，处官司之上，故进退废置，计从事立。及至霍光受托国之任，藉宗臣之位，内因太后秉政之重，外有群卿同欲之势，昌邑即位日浅，未有贵宠，朝乏谠臣，议出密近，故计行如转圜，事成如摧朽。今诸君徒见曩者之易，未睹当今之难。诸君自度，结众连党，何若七国？合肥之贵，孰若吴、楚？而造作非常，欲望必克，不亦危乎！"

⑪《魏书》曰：太祖闻而笑之曰："阉竖之官，古今宜有，但世主不当假之权宠，使至于此。既治其罪，当诛元恶，一狱吏足矣，何必纷纷召外将乎？欲尽诛之，事必宣露，吾见其败也。"

⑫《魏书》曰：太祖以卓终必覆败，遂不就拜，逃归乡里。从数骑过故人成皋吕伯奢；伯奢不在，其子与宾客共劫太祖，取马及物，太祖手刃击杀数人。

《世语》曰：太祖过伯奢。伯奢出行，五子皆在，备宾主礼。太祖自以背卓命，疑其图己，手剑夜杀八人而去。

孙盛《杂记》曰：太祖闻其食器声，以为图己，遂夜杀之。既而凄怆曰："宁我负人，毋人负我！"遂行。

⑬《世语》曰：中牟疑是亡人，见拘于县。时掾亦已被卓书；唯功曹心知是太祖，以世方乱，不宜拘天下雄隽，因白令释之。

⑭《世语》曰：陈留孝廉卫兹以家财资太祖，使起兵，众有五千人。

⑮《英雄记》曰：馥字文节，颍川人。为御史中丞。董卓举为冀州牧。于时冀州民人殷盛，兵粮优足。袁绍之在勃海，馥恐其兴兵，遣数部从事守之，不得动摇。东郡太守桥瑁诈作京

师三公移书与州郡，陈卓罪恶，云见逼迫，无以自救，企望义兵，解国患难。馥得移，请诸从事问曰："今当助袁氏邪，助董卓邪？"治中从事刘子惠曰："今兴兵为国，何谓袁、董！"馥自知言短而有惭色。子惠复言："兵者凶事，不可为首；今宜往视他州，有发动者，然后和之。冀州于他州不为弱也，他人功未有在冀州之右者也。"馥然之。馥乃作书与绍，道卓之恶，听其举兵。

⑯《英雄记》曰：伷字公绪，陈留人。

张璠《汉纪》载郑泰说卓云："孔公绪能清谈高论，嘘枯吹生。"

⑰岱，刘繇之兄，事见《吴志》。

⑱《英雄记》曰：匡字公节，泰山人。轻财好施，以任侠闻。辟大将军何进府，进符使，匡于徐州发强弩五百西诣京师。会进败，匡还州里。起家，拜河内太守。

谢承《后汉书》曰：匡少与蔡邕善。其年为卓军所败，走还泰山，收集劲勇得数千人，欲与张邈合。匡先杀执金吾胡母班。班亲属不胜愤怒，与太祖并势，共杀匡。

⑲《英雄记》曰：瑁字元伟，玄族子。先为兖州刺史，甚有威惠。

⑳遗字伯业，绍从兄。为长安令。河间张超尝荐遗于太尉朱儁，称遗"有冠世之懿，干时之量。其忠允亮直，固天所纵；若乃包罗载籍，管综百氏，登高能赋，睹物知名，求之今日，邈焉靡俦"。事在《超集》。

《英雄记》曰：绍后用遗为扬州刺史，为袁术所败。太祖称："长大而能勤学者，惟吾与袁伯业耳。"语在文帝《典论》。

㉑信事见子勋传。

㉒《魏书》曰：兵谋叛，夜烧太祖帐，太祖手剑杀数十人，余皆披靡，乃得出营，其不叛者五百余人。

㉓《魏书》载太祖答绍曰："董卓之罪，暴于四海，吾等合大众、兴义兵而远近莫不响应，此以义动故也。今幼主微弱，制于奸臣，未有昌邑亡国之衅，而一旦改易，天下其孰安之？诸君北面，我自西向。"

㉔《魏书》曰：太祖大笑曰："吾不听汝也。"绍复使人说太祖曰："今袁公势盛兵强，二子已长，天下群英，孰逾于此？"太祖不应。由是益不直绍，图诛灭之。

㉕《魏书》曰：诸将皆以为当还自救。太祖曰："孙膑救赵而攻魏，耿弇欲走西安攻临菑。使贼闻我西而还，武阳自解也；不还，我能败其本屯，虏不能拔武阳必矣。"遂乃行。

㉖《魏书》曰：於夫罗者，南单于子也。中平中，发匈奴兵，於夫罗率以助汉。会本国反，杀南单于，於夫罗遂将其众留中国。因天下挠乱，与西河白波贼合，破太原、河内，抄略诸郡为寇。

㉗《世语》曰：岱既死，陈宫谓太祖曰："州今无主，而王命断绝，宫请说州中，明府寻往牧之，资之以收天下，此霸王之业也。"宫说别驾、治中曰："今天下分裂而州无主；曹东郡，命世之才也，若迎以牧州，必宁生民。"鲍信等亦谓之然。

㉘《魏书》曰：太祖将步骑千余人，行视战地，卒抵贼营，战不利，死者数百人，引还。贼寻前进。黄巾为贼久，数乘胜，兵皆精悍。太祖旧兵少，新兵不习练，举军皆惧。太祖被甲婴胄，亲巡将士，明劝赏罚，众乃复奋，承间讨击，贼稍折退。贼乃移书太祖曰："昔在济南，毁坏神坛，其道乃与中黄太乙同，似若知道，今更迷惑。汉行已尽，黄家当立。天之大运，非君才力所能存也。"太祖见檄书，呵骂之，数开示降路；遂设奇伏，昼夜会战，战辄禽获，贼乃退走。

㉙《世语》曰：嵩在泰山华县。太祖令泰山太守应劭送家诣兖州，劭兵未至，陶谦密遣数千骑掩捕。嵩家以为劭迎，不设备。谦兵至，杀太祖弟德于门中。嵩惧，穿后垣，先出其妾，妾肥，不时得出；嵩逃于厕，与妾俱被害，阖门皆死。劭惧，弃官赴袁绍。后太祖定冀州，劭时已死。

韦曜《吴书》曰：太祖迎嵩，辎重百余两。陶谦遣都尉张闿将骑二百卫送，闿于泰山华、费间杀嵩，取财物，因奔淮南。太祖归咎于陶谦，故伐之。

㉚孙盛曰：夫伐罪吊民，古之令轨；罪谦之由，而残其属部，过矣。

㉛袁暐《献帝春秋》曰：太祖围濮阳，濮阳大姓田氏为反间，太祖得入城。烧其东门，示无反意。及战，军败。布骑得太

祖而不知是,问曰:“曹操何在?”太祖曰:“乘黄马走者是也。”布骑乃释太祖而追黄马者。门火犹盛,太祖突火而出。

㉜《魏书》曰:于是兵皆出取麦,在者不能千人,屯营不固。太祖乃令妇人守陴,悉兵拒之。屯西有大堤,其南树木幽深。布疑有伏,乃相谓曰:“曹操多谲,勿入伏中。”引军屯南十余里。明日复来,太祖隐兵堤里,出半兵堤外。布益进,乃令轻兵挑战,既合,伏兵乃悉乘堤,步骑并进,大破之,获其鼓车,追至其营而还。

㉝《献帝春秋》曰:天子初至洛阳,幸城西故中常侍赵忠宅。使张杨缮治宫室,名殿曰扬安殿,八月,帝乃迁居。

㉞《献帝纪》曰:又领司隶校尉。

㉟张璠《汉纪》曰:初,天子败于曹阳,欲浮河东下。侍中太史令王立曰:“自去春太白犯镇星于牛斗,过天津,荧惑又逆行守北河,不可犯也。”由是天子遂不北渡河,将自轵关东出。立又谓宗正刘艾曰:“前太白守天关,与荧惑会;金火交会,革命之象也。汉祚终矣,晋、魏必有兴者。”立后数言于帝曰:“天命有去就,五行不常盛,代火者土也,承汉者魏也,能安天下者,曹姓也,唯委任曹氏而已。”公闻之,使人语立曰:“知公忠于朝廷,然天道深远,幸勿多言。”

㊱《魏书》曰:自遭荒乱,率乏粮谷。诸军并起,无终岁之计,饥则寇略,饱则弃余,瓦解流离,无敌自破者不可胜数。袁绍之在河北,军人仰食桑椹。袁术在江、淮,取给蒲蠃。民人相食,州里萧条。公曰:“夫定国之术,在于强兵足食,秦人以急农兼天下,孝武以屯田定西域,此先代之良式也。”是岁乃募民屯田许下,得谷百万斛。于是州郡例置田官,所在积谷。征伐四方,无运粮之劳,遂兼灭群贼,克平天下。

㊲《魏书》曰:公所乘马名绝影,为流矢所中,伤颊及足,并中公右臂。

《世语》曰:昂不能骑,进马于公,公故免,而昂遇害。

㊳《世语》曰:旧制,三公领兵入见,皆交戟叉颈而前。初,公将讨张绣,入觐天子,时始复此制。公自此不复朝见。

㊴《魏书》曰:临淯水,祠亡将士,歔欷流涕,众皆感恸。

㊵《献帝春秋》曰:袁绍叛卒诣公云:“田丰使绍早袭许,若挟天子以令诸侯,四海可指麾而定。”公乃解绣围。

㊶《魏书》曰:袁绍宿与故太尉杨彪、大长秋梁绍、少府孔融有隙,欲使公以他过诛之。公曰:“当今天下土崩瓦解,雄豪并起,辅相君长,人怀怏怏,各有自为之心,此上下相疑之秋也,虽以无嫌待之,犹惧未信;如有所除,则谁不自危?且夫起布衣,在尘垢之间,为庸人之所陵陷,可胜怨乎!高祖赦雍齿之雠而群情以安,如何忘之?”绍以为公外托公义,内实离异,深怀怨望。

臣松之以为杨彪亦曾为魏武所困,几至于死,孔融竟不免于诛灭,岂所谓先行其言而后从之哉!非知之难,其在行之,信矣。

㊷《献帝春秋》曰:备谓岱等曰:“使汝百人来,其无如我何;曹公自来,未可知耳!”

《魏武故事》曰:岱字公山,沛国人。以司空长史从征伐有功,封列侯。

《魏略》曰:王忠,扶风人,少为亭长。三辅乱,忠饥乏啖人,随辈南向武关。值娄子伯为荆州遣迎北方客人;忠不欲去,因率等仵逆击之,夺其兵,聚众千余人以归公。拜忠中郎将,从征讨。五官将知忠尝啖人,因从驾出行,令俳取冢间髑髅系著忠马鞍,以为欢笑。

㊸孙盛《魏氏春秋》云:答诸将曰:“刘备,人杰也,将生忧寡人。”

臣松之以为史之记言,既多润色,故前载所述有非实者矣,后之作者又生意改之,于失实也,不亦弥远乎!凡孙盛制书,多用《左氏》以易旧文,如此者非一。嗟乎,后之学者将何取信哉?且魏武方以天下励志,而用夫差分死之言,尤非其类。

㊹习凿齿《汉晋春秋》曰:许攸说绍曰:“公无与操相攻也。急分诸军持之,而径从他道迎天子,则事立济矣。”绍不

从，曰："吾要当先围取之。"攸怒。

㊺臣松之以为魏武初起兵，已有众五千，自后百战百胜，败者十二三而已矣。但一破黄巾，受降卒三十余万，余所吞并，不可悉纪；虽征战损伤，未应如此之少也。夫结营相守，异于摧锋决战。本纪云："绍众十余万，屯营东西数十里。"魏太祖虽机变无方，略不世出，安有以数千之兵，而得逾时相抗者哉？以理而言，窃谓不然。绍为屯数十里，公能分营与相当，此兵不得甚少，一也。绍若有十倍之众，理应当悉力围守，使出入断绝，而公使徐晃等击其运车，公又自出击淳于琼等，扬旌往还，曾无抵阂，明绍力不能制，是不得甚少，二也。诸书皆云公坑绍众八万，或云七万。夫八万人奔散，非八千人所能缚，而绍之大众皆拱手就戮，何缘力能制之？是不得甚少，三也。将记述者欲以少见奇，非其实录也。按《钟繇传》云："公与绍相持，繇为司隶，送马二千余匹以给军。"本纪及《世语》并云公时有骑六百余匹，繇马为安在哉？

㊻《曹瞒传》曰：公闻攸来，跣出迎之，抚掌笑曰："子远，卿来，吾事济矣！"既入坐，谓公曰："袁氏军盛，何以待之？今有几粮乎？"公曰："尚可支一岁。"攸曰："无是，更言之！"又曰："可支半岁。"攸曰："足下不欲破袁氏邪，何言之不实也！"公曰："向言戏之耳。其实可一月，为之奈何？"攸曰："公孤军独守，外无救援而粮谷已尽，此危急之日也。今袁氏辎重有万余乘，在故市、乌巢，屯军无严备；今以轻兵袭之，不意而至，燔其积聚，不过三日，袁氏自败也。"公大喜，乃选精锐步骑，皆用袁军旗帜，衔枚缚马口，夜从间道出，人抱束薪，所历道有问者，语之曰："袁公恐曹操钞略后军，遣兵以益备。"闻者信以为然，皆自若。既至，围屯，大放火，营中惊乱。大破之，尽燔其粮谷宝货，斩督将眭元进、骑督韩莒子、吕威璜、赵睿等首，割得将军淳于仲简鼻，未死，杀士卒千余人，皆取鼻，牛马割唇舌，以示绍军。将士皆怛惧。时有夜得仲简，将以诣麾下，公谓曰："何为如是？"仲简曰："胜负自天，何用为问乎！"公意欲不杀。许攸曰："明旦鉴于镜，此益不忘人。"乃杀之。

㊼《献帝起居注》曰：公上言"大将军邺侯袁绍前与冀州牧韩馥立故大司马刘虞，刻作金玺，遣故任长毕瑜诣虞，为说命录之数。又绍与臣书云：'可都鄄城，当有所立。'擅铸金银印，孝廉计吏，皆往诣绍。从弟济阴太守叙与绍书云：'今海内丧败，天意实在我家，神应有征，当在尊兄。南兄臣下欲使即位，南兄言，以年则北兄长，以位则北兄重。便欲送玺，会曹操断道。'绍宗族累世受国重恩，而凶逆无道，乃至于此。辄勒兵马，与战官渡，乘圣朝之威，得斩绍大将淳于琼等八人首，遂大破溃。绍与子谭轻身迸走。凡斩首七万余级，辎重财物巨亿。"

㊽《魏氏春秋》曰：公云："当绍之强，孤犹不能自保，而况众人乎！"

㊾褒赏令载公祀文曰："故太尉桥公，诞敷明德，泛爱博容。国念明训，士思令谟。灵幽体翳，邈哉晞矣！吾以幼年，逮升堂室，特以顽鄙之姿，为大君子所纳。增荣益观，皆由奖助，犹仲尼称不如颜渊，李生之厚叹贾复。士死知己，怀此无忘。又承从容约誓之言：'殂逝之后，路有经由，不以斗酒只鸡过相沃酹，车过三步，腹痛勿怪！'虽临时戏笑之言，非至亲之笃好，胡肯为此辞乎？匪谓灵忿，能诒己疾，怀旧惟顾，念之凄怆。奉命东征，屯次乡里，北望贵土，乃心陵墓。裁致薄奠，公其尚飨！"

㊿《魏书》曰：绥，却也。有前一尺，无却一寸。

51《魏书》载庚申令曰："议者或以军吏虽有功能，德行不足堪任郡国之选，所谓'可与适道，未可与权'。管仲曰：'使贤者食于能则上尊，斗士食于功则卒轻于死，二者设于国则天下治。'未闻无能之人，不斗之士，并受禄赏，而可以立功兴国者也。故明君不官无功之臣，不赏不战之士；治平尚德行，有事赏功能。论者之言，一似管窥虎欤！"

52《魏书》曰：公云："我攻吕布，表不为寇，官渡之役，不救袁绍，此自守之贼也，宜为后图。谭、尚狡猾，当乘其乱。纵谭挟诈，不终束手，使我破尚，偏收其地，利自多矣。"乃许之。

53臣松之案：绍死至此，过周五月耳。谭虽出后其伯，不为绍服三年，而于再期之内以行吉礼，悖矣。魏武或以权宜与之约言；今云结婚，未必便以此年成礼。

(54)《魏书》曰：谭之围解，阴以将军印绶假旷。旷受印送之，公曰："我固知谭之有小计也。欲使我攻尚，得以其间略民聚众，尚之破，可得自强以乘我弊也。尚破我盛，何弊之乘乎？"

(55)沮音菹，河朔间今犹有此姓。鹄，沮授子也。

(56)《曹瞒传》曰：遣候者数部前后参之，皆曰"定从西道，已在邯郸"。公大喜，会诸将曰："孤已得冀州，诸君知之乎？"皆曰："不知。"公曰："诸君方见不久也。"

(57)孙盛云：昔者先王之为诛赏也，将以惩恶劝善，永彰鉴戒。绍因世艰危，遂怀逆谋，上议神器，下干国纪。荐社污宅，古之制也，而乃尽哀于逆臣之家，加恩于饕餮之室，为政之道，于斯踬矣。夫匿怨友人，前哲所耻，税骖旧馆，义无虚涕，苟道乖好绝，何哭之有！昔汉高失之于项氏，魏武遵谬于此举，岂非百虑之一失也。

(58)《傅子》曰：太祖又云："汤、武之王，岂同土哉？若以险固为资，则不能应机而变化也。"

(59)《魏书》载公令曰："有国有家者，不患寡而患不均，不患贫而患不安。袁氏之治也，使豪强擅恣，亲戚兼并；下民贫弱，代出租赋，炫鬻家财，不足应命；审配宗族，至乃藏匿罪人，为逋逃主。欲望百姓亲附，甲兵强盛，岂可得邪！其收田租亩四升，户出绢二匹、绵二斤而已，他不得擅兴发。郡国守相明检察之，无令强民有所隐藏，而弱民兼赋也。"

(60)《魏书》曰：公攻谭，旦及日中不决；公乃自执桴鼓，士卒咸奋，应时破陷。

(61)臣松之以为讨谭时，川渠水冻，使民椎冰以通船，民惮役而亡。

(62)《续汉书郡国志》曰：犷平，县名，属渔阳郡。

(63)《魏书》载十月乙亥令曰："夫治世御众，建立辅弼，诫在面从，《诗》称'听用我谋，庶无大悔'，斯实君臣恳恳之求也。吾充重任，每惧失中，频年已来，不闻嘉谋，岂吾开延不勤之咎邪？自今以后，诸掾属治中、别驾，常以月旦各言其失，吾将览焉。"

(64)《魏书》载公令曰："昔赵奢、窦婴之为将也，受赐千金，一朝散之，故能济成大功，永世流声。吾读其文，未尝不慕其为人也。与诸将士大夫共从戎事，幸赖贤人不爱其谋，群士不遗其力，是以夷险平乱，而吾得窃大赏，户邑三万。追思窦婴散金之义，今分所受租与诸将掾属及故戍于陈、蔡者，庶以畴答众劳，不擅大惠也。宜差死事之孤，以租谷及之。若年殷用足，租奉毕入，将大与众人悉共飨之。"

(65)《曹瞒传》曰：时寒且旱，二百里无复水，军又乏食，杀马数千匹以为粮，凿地入三十余丈乃得水。既还，科问前谏者，众莫知其故，人人皆惧。公皆厚赏之，曰："孤前行，乘危以徼幸，虽得之，天所佐也，故不可以为常。诸君之谏，万安之计，是以相赏，后勿难言之。"

(66)肄，以四反。三苍曰："肄，习也。"

(67)《献帝起居注》曰：使太常徐璆即授印绶。御史大夫不领中丞，置长史一人。

《先贤行状》曰：璆字孟玉，广陵人。少履清爽，立朝正色。历任城、汝南、东海三郡，所在化行。被征当还，为袁术所劫。术僭号，欲授以上公之位，璆终不为屈。术死后，璆得术玺，致之汉朝，拜卫尉太常；公为丞相，以位让璆焉。

(68)卫恒《四体书势序》曰：上谷王次仲善隶书，始为楷法。至灵帝好书，世多能者。而师宜官为最，甚矜其能，每书，辄削焚其札。梁鹄乃益为版而饮之酒，候其醉而窃其札，鹄卒以攻书至选部尚书。于是公欲为洛阳令，鹄以为北部尉。鹄后依刘表。及荆州平，公募求鹄，鹄惧，自缚诣门，署军假司马，使在秘书，以勒书自效。公尝悬著帐中，及以钉壁玩之，谓胜宜官。鹄字孟黄，安定人。魏宫殿题署，皆鹄书也。

皇甫谧《逸士传》曰：汝南王儁，字子文，少为范滂、许章所识，与南阳岑晊善。公之为布衣，特爱儁；儁亦称公有治世之具。及袁绍与弟术丧母，归葬汝南，儁与公会之，会者三万人。公于外密语儁曰："天下将乱，为乱魁者必此二人也。欲济天下，为百姓请命，不先诛此二子，乱今作矣。”儁曰：“如卿之言，济天下者，舍卿复谁？”相对而笑。儁为人外静而内明，不应州郡三府之命。公车征，不到，避地居武陵，归儁者一百余家。帝之都许，复征为尚书，又不就。刘表见绍强，阴与绍通，儁谓表曰：“曹公，天下之雄也，必能兴霸道，继桓、文之功者也。今乃释近而就远，如有一朝之急，遥望漠北之救，不亦难乎！”表不从。儁年六十四，以寿终于武陵，公闻而哀伤。及平荆州，自临江迎丧，改葬于江陵，表为先贤也。

(69)《山阳公载记》曰：公船舰为备所烧，引军从华容道步归，遇泥泞，道不通，天又大风，悉使羸兵负草填之，骑乃得过。羸兵为人马所蹈藉，陷泥中，死者甚众。军既得出，公大喜，诸将问之，公曰：“刘备，吾俦也。但得计少晚；向使早放火，吾徒无类矣。”备寻亦放火而无所及。

孙盛《异同评》曰：按《吴志》，刘备先破公军，然后权攻合肥，而此记云权先攻合肥，后有赤壁之事。二者不同，《吴志》为是。

(70)《魏武故事》载公十二月己亥令曰：“孤始举孝廉，年少，自以本非岩穴知名之士，恐为海内人之所见凡愚，欲为一郡守，好作政教，以建立名誉，使世士明知之；故在济南，始除残去秽，平心选举，违迕诸常侍。以为强豪所忿，恐致家祸，故以病还。去官之后，年纪尚少，顾视同岁中，年有五十，未名为老，内自图之，从此却去二十年，待天下清，乃与同岁中始举者等耳。故以四时归乡里，于谯东五十里筑精舍，欲秋夏读书，冬春射猎，求底下之地，欲以泥水自蔽，绝宾客往来之望，然不能得如意。后征为都尉，迁典军校尉，意遂更欲为国家讨贼立功，欲望封侯作征西将军，然后题墓道言‘汉故征西将军曹侯之墓’，此其志也。而遭值董卓之难，兴举义兵。是时合兵能多得耳，然常自损，不欲多之；所以然者，多兵意盛，与强敌争，倘更为祸始。故汴水之战数千，后还到扬州更募，亦复不过三千人，此其本志有限也。后领兖州，破降黄巾三十万众。又袁术僭号于九江，下皆称臣，名门曰建号门，衣被皆为天子之制，两妇预争为皇后。志计已定，人有劝术使遂即帝位，露布天下，答言‘曹公尚在，未可也’。后孤讨禽其四将，获其人众，遂使术穷亡解沮，发病而死。及至袁绍据河北，兵势强盛，孤自度势，实不敌之，但计投死为国，以义灭身，足垂于后。幸而破绍，枭其二子。又刘表自以为宗室，包藏奸心，乍前乍却，以观世事，据有当州，孤复定之，遂平天下。身为宰相，人臣之贵已极，意望已过矣。今孤言此，若为自大，欲人言尽，故无讳耳。设使国家无有孤，不知当几人称帝，几人称王。或者人见孤强盛，又性不信天命之事，恐私心相评，言有不逊之志，妄相忖度，每用耿耿。齐桓、晋文所以垂称至今日者，以其兵势广大，犹能奉事周室也。《论语》云‘三分天下有其二，以服事殷，周之德可谓至德矣’，夫能以大事小也。昔乐毅走赵，赵王欲与之图燕，乐毅伏而垂泣，对曰：‘臣事昭王，犹事天王；臣若获戾，放在他国，没世然后已，不忍谋赵之徒隶，况燕后嗣乎！’胡亥之杀蒙恬也，恬曰：‘自吾先人及至子孙，积信于秦三世矣；今臣将兵三十余万，其势足以背叛，然自知必死而守义者，不敢辱先人之教以忘先王也。’孤每读此二人书，未尝不怆然流涕也。孤祖父以至孤身，皆当亲重之任，可谓见信者矣，以及子桓兄弟，过于三世矣。孤非徒对诸君说此也，常以语妻妾，皆令深知此意。孤谓之言：‘顾我万年之后，汝曹皆当出嫁，欲令传道我心，使他人皆知之。’孤此言皆肝鬲之要也。所以勤勤恳恳叙心腹者，见周公有《金縢》之书以自明，恐人不信之故。然欲孤便尔委捐所典兵众以还执事，归就武平侯国，实不可也。何者？诚恐已离兵为人所祸也。既为子孙计，又己败则国家倾危，是以不得慕虚名而处实祸，此所不得为也。前朝恩封三子为侯，固辞不受，今更欲受之，非欲复以为荣，欲以为外援，为万安计。孤闻介推之避晋封，申胥之逃楚赏，未尝不舍书而叹，有以自省也。奉国威灵，仗钺征伐，推弱以克强，处小而禽大，意之所图，动无违事，心之所虑，何向不济，遂荡平天下，不辱主命，可谓天助汉室，非人力也。然封兼四县，食户三万，何德堪之！江湖未静，不可让位；至于邑土，可得而辞。今上还阳夏、柘、苦三县户二万，但食武平万户，且以分损谤议，少减孤之责也。”

(71)《魏书》曰：庚辰，天子报：减户五千，分所让三县万五千封三子，植为平原侯，据为范阳侯，豹为饶阳侯，食邑各五千户。

(72)《魏书》曰：议者多言“关西兵强，习长矛，非精选前锋，则不可以当也”。公谓诸将曰：“战在我，非在贼也。贼虽习长矛，将使不得以刺，诸君但观之耳。”

(73)《曹瞒传》曰：公将过河，前队适渡，超等奄至，公犹坐胡床不起。张郃等见事急，共引公入船。河水急，比渡，流四五里，超等骑追射之，矢下如雨。诸将见军败，不知公所在，皆惶惧，至见，乃悲喜，或流涕。公大笑曰：“今日几为小贼所困乎！”

(74)《曹瞒传》曰：时公军每渡渭，辄为超骑所冲突，营不得立，地又多沙，不可筑垒。娄子伯说公曰：“今天寒，可起沙为城，以水灌之，可一夜而成。”公从之，乃多作缣囊以运水，夜渡兵作城，比明，城立，由是公军尽得渡渭。

或疑于时九月，水未应冻。臣松之按《魏书》：公军八月至潼关，闰月北渡河，则其年闰八月也，至此容可大寒邪！

(75)《魏书》曰：公后日复与遂等会语，诸将曰：“公与虏交语，不宜轻脱，可为木行马以为防遏。”公然之。贼将见公，悉于马上拜，秦、胡观者，前后重沓，公笑谓贼曰：“汝欲观曹公邪？亦犹人也，非有四目两口，但多智耳！”胡前后大观。又列铁骑五千为十重陈，精光耀日，贼益震惧。

(76)臣松之案：汉高祖二年，与楚战荥阳京、索之间，筑甬道属河以取敖仓粟。应劭曰：“恐敌钞辎重，故筑垣墙如街巷也。”今魏武不筑垣墙，但连车树栅以扞两面。

(77)《魏略》曰：杨秋，黄初中迁讨寇将军，位特进，封临泾侯，以寿终。

(78)《续汉书》曰：虑字鸿豫，山阳高平人。少受业于郑玄，建安初为侍中。

虞溥《江表传》曰：献帝尝特见虑及少府孔融，问融曰：“鸿豫何所优长？”融曰：“可与适道，未可与权。”虑举笏曰：“融昔宰北海，政散民流，其权安在也！”遂与融互相长短，以至不睦。公以书和解之。虑从光禄勋迁为大夫。

(79)《公羊传》曰：“君若赘旒然。”何休云：“赘犹缀也。旒，旗旒也。以旒譬者，言为下所执持东西也。”

(80)《文侯之命》曰：“亦惟先正。”郑玄云：“先正，先臣。谓公卿大夫也。”

(81)《左氏传》曰：“诸侯释位以间王政。”服虔曰：“言诸侯释其私政而佐王室。”

(82)《诗》曰：“致天之届，于牧之野。”郑玄云：“届，极也。”《鸿范》曰：“鲧则殛死。”

(83)《盘庚》曰：“绥爰有众。”郑玄曰：“爰，于也，安隐于其众也。”

《君奭》曰：“海隅出日，罔不率俾。”率，循也。俾，使也。四海之隅，日出所照，无不循度而可使也。

(84)《盘庚》曰：“堕农自安，不昏作劳。”郑玄云：“昏，勉也。”

(85)“纠虔天刑”语出《国语》，韦昭注曰：“纠，察也。虔，敬也。刑，法也。”

(86)后汉尚书左丞潘勖之辞也。勖字元茂，陈留中牟人。

《魏书》载公令曰：“夫受九锡，广开土宇，周公其人也。汉之异姓八王者，与高祖俱起布衣，创定王业，其功至大，吾何可比之？”前后三让。于是中军师陵树亭侯荀攸、前军师东武亭侯钟繇、左军师凉茂、右军师毛玠、平虏将军华乡侯刘勋、建武将军清苑亭侯刘若、伏波将军高安侯夏侯惇、扬武将军都亭侯王忠、奋威将军乐乡侯刘展、建忠将军昌乡亭侯鲜于辅、奋武将军安国亭侯程昱、太中大夫都乡侯贾诩、军师祭酒千秋亭侯董昭、都亭侯薛洪、南乡亭侯董蒙、关内侯王粲、傅巽、祭酒王选、袁涣、王朗、张承、任藩、杜袭、中护军国明亭侯曹洪、中领军万岁亭侯韩浩、行骁骑将军安平亭侯曹仁、领护军将军王图、长史万潜、谢奂、袁霸等劝进曰：“自古三代，胙臣以土，受命中兴，封秩辅佐，皆所以褒功赏德，为国藩卫也。往者天下崩乱，群凶豪起，颠越跋扈之险，不可忍言。明公奋身出命以徇其难，诛二袁篡盗之逆，灭黄巾贼乱之类，殄夷首逆，芟拨荒秽，沐浴霜露二十余年，书契已来，未有若此功者。昔周公承文、武之迹，受已成之业，高枕墨笔，拱揖群后，商、奄之勤，不过二年，吕望因三分有二之形，据八百诸侯之势，暂把旄钺，一时指麾，然皆大启土宇，跨州兼国。周公八子，并为侯伯，白牡骍刚，郊祀天地，典策备物，拟则王室，荣章宠盛如此之弘也。逮至汉兴，佐命之臣，张耳、吴芮，其功至薄，亦连城开地，南面称孤。此皆明君达主行之于上，贤臣圣宰受之于下，三代令典，汉帝明制。今比劳则周、吕逸，计功则张、吴微，论制则齐、鲁重，言地则长沙多；然则魏国之封，九锡之荣，况于旧赏，犹怀玉而被褐也。且列侯诸将，幸攀龙骥，得窃微劳，佩紫怀黄，盖以百数，亦将因此传之万世，而明公独辞赏于上，将使其下怀不自安，上违圣朝欢心，下失冠带至望，忘辅弼之大业，信匹夫之细行，攸等所大惧也。"于是公敕外为章，但受魏郡。攸等复曰："伏见魏国初封，圣朝发虑，稽谋群寮，然后策命；而明公久违上指，不即大礼。今既虔奉诏命，副顺众望，又欲辞多当少，让九受一，是犹汉朝之赏不行，而攸等之请未许也。昔齐、鲁之封，奄有东海，疆域井赋，四百万家，基隆业广，易以立功，故能成翼戴之勋，立一匡之绩。今魏国虽有十郡之名，犹减于曲阜，计其户数，不能参半，以藩卫王室，立垣树屏，犹未足也。且圣上览亡秦无辅之祸，惩曩日震荡之艰，托建忠贤，废坠是为，愿明公恭承帝命，无或拒违。"公乃受命。

《魏略》载公上书谢曰："臣蒙先帝厚恩，致位郎署，受性疲怠，意望毕足，非敢希望高位，庶几显达。会董卓作乱，义当死难，故敢奋身出命，摧锋率众，遂值千载之运，奉役目下。当二袁炎沸侵侮之际，陛下与臣寒心同忧，顾瞻京师，进受猛敌，常恐君臣俱陷虎口，诚不自意能全首领。赖祖宗灵佑，丑类夷灭，得使微臣窃名其间。陛下加恩，授以上相，封爵宠禄，丰大弘厚，生平之愿，实不望也。口与心计，幸且待罪，保持列侯，遗付子孙，自托圣世，永无忧责。不意陛下乃发盛意，开国备锡，以贶愚臣，地比齐、鲁，礼同藩王，非臣无功所宜膺据。归情上闻，不蒙听许，严诏切至，诚使臣心俯仰逼迫。伏自惟省，列在大臣，命制王室，身非己有，岂敢自私，遂其愚意，亦将黜退，令就初服。今奉疆土，备数藩翰，非敢远期，虑有后世；至于父子相誓终身，灰躯尽命，报塞厚恩。天威在颜，悚惧受诏。"

⑧⑦《献帝起居注》曰：使使持节行太常大司农安阳亭侯王邑，赍璧、帛、玄纁、绢五万匹之邺纳聘，介者五人，皆以议郎行大夫事，副介一人。

⑧⑧《魏氏春秋》曰：以荀攸为尚书令，凉茂为仆射，毛玠、崔琰、常林、徐奕、何夔为尚书，王粲、杜袭、卫觊、和洽为侍中。

⑧⑨《献帝起居注》曰：使行太常事大司农安阳亭侯王邑与宗正刘艾，皆持节，介者五人，赍束帛驷马，及给事黄门侍郎、掖庭丞、中常侍二人，迎二贵人于魏公国。二月癸亥，又于魏公宗庙授二贵人印绶。甲子，诣魏公宫延秋门，迎贵人升车。魏遣郎中令、少府、博士、御府乘黄厩令、丞相掾属侍送贵人。癸酉，二贵人至洧仓中，遣侍中丹将冗从虎贲前后骆驿往迎之。乙亥，二贵人入宫，御史大夫、中二千石将大夫、议郎会殿中，魏国二卿及侍中、中郎二人，与汉公卿并升殿宴。

⑨⓪《献帝起居注》曰：使左中郎将杨宣、亭侯裴茂持节、印授之。

⑨①《九州春秋》曰：参军傅幹谏曰："治天下之大具有二，文与武也；用武则先威，用文则先德，威德足以相济，而后王道备矣。往者天下大乱，上下失序，明公用武攘之，十平其九。今未承王命者，吴与蜀也，吴有长江之险，蜀有崇山之阻，难以威服，易以德怀。愚以为可且按甲寝兵，息军养士，分土定封，论功行赏，若此则内外之心固，有功者劝，而天下知制矣。然后渐兴学校，以导其善性而长其义节。公神武震于四海，若修文以济之，则普天之下，无思不服矣。今举十万之众，顿之长江之滨，若贼负固深藏，则士马不能逞其能，奇变无所用其权，则大威有屈而敌心未能服矣。唯明公思虞舜舞干戚之义，

全威养德，以道制胜。”公不从，军遂无功。幹字彦材，北地人，终于丞相仓曹属。有子曰玄。

㊒《曹瞒传》曰：公遣华歆勒兵入宫收后，后闭户匿壁中。歆坏户发壁，牵后出。帝时与御史大夫郗虑坐，后被发徒跣过，执帝手曰：“不能复相活邪？”帝曰：“我亦不自知命在何时也。”帝谓虑曰：“郗公，天下宁有是邪！”遂将后杀之，完及宗族死者数百人。

㊓《典略》曰：遂字文约，始与同郡边章俱著名西州。章为督军从事。遂奉计诣京师，何进宿闻其名，特与相见，遂说进使诛诸阉人，进不从，乃求归。会凉州宋扬、北宫玉等反，举章、遂为主，章寻病卒，遂为扬等所劫，不得已，遂阻兵为乱，积三十二年，至是乃死，年七十余矣。

刘艾《灵帝纪》曰：章，一名允。

㊔《魏书》曰：军自武都山行千里，升降险阻，军人劳苦；公于是大飨，莫不忘其劳。

㊕孙盛曰：朴音浮。濩音户。

㊖孔衍《汉魏春秋》曰：天子以公典任于外，临事之赏，或宜速疾，乃命公得承制封拜诸侯守相，诏曰：“夫军之大事，在兹赏罚，劝善惩恶，宜不旋时，故《司马法》曰‘赏不逾日者，欲民速睹为善之利也’。昔在中兴，邓禹入关，承制拜军祭酒李文为河东太守，来歙又承制拜高峻为通路将军，察其本传，皆非先请，明临事刻印也，斯则世祖神明，权达损益，盖所用速示威怀而著鸿勋也。其《春秋》之义，大夫出疆，有专命之事，苟所以利社稷安国家而已。况君秉任二伯，师尹九有，实征夷夏，军行藩甸之外，失得在于斯须之间，停赏俟诏以滞世务，固非朕之所图也。自今已后，临事所甄，当加宠号者，其便刻印章假授，咸使忠义得相奖励，勿有疑焉。”

㊗《魏书》曰：置名号侯爵十八级，关中侯爵十七级，皆金印紫绶；又置关内外侯十六级，铜印龟纽墨绶；五大夫十五级，铜印环纽，亦墨绶，皆不食租，与旧列侯关内侯凡六等。

臣松之以为今之虚封盖自此始。

㊘是行也，侍中王粲作五言诗以美其事曰：“从军有苦乐，但问所从谁。所从神且武，安得久劳师？相公征关右，赫怒振天威，一举灭獯虏，再举服羌夷，西收边地贼，忽若俯拾遗。陈赏越山岳，酒肉逾川坻，军中多饶饫，人马皆溢肥，徒行兼乘还，空出有余资。拓土三千里，往反速如飞，歌舞入邺城，所愿获无违。”

㊙《魏书》曰：辛未，有司以太牢告至，策勋于庙，甲午始春祠，令曰：“议者以为祠庙上殿当解履。吾受锡命，带剑不解履上殿。今有事于庙而解履，是尊先公而替王命，敬父祖而简君主，故吾不敢解履上殿也。又临祭就洗，以手拟水而不盥。夫盥以洁为敬，未闻拟而不盥之礼，且‘祭神如神在’，故吾亲受水而盥也。又降神礼讫，下阶就幕而立，须奏乐毕竟，似若不衎烈祖，迟祭不速讫也，故吾坐俟乐阕送神乃起也。受胙纳袖，以授侍中，此为敬恭不终实也，古者亲执祭事，故吾亲纳于袖，终抱而归也。仲尼曰‘虽违众，吾从下’，诚哉斯言也。”

⑩⓪《魏书》曰：有司奏：“四时讲武于农隙。汉承秦制，三时不讲，唯十月都试车马，幸长水南门，会五营士为八陈进退，名曰乘之。今金革未偃，士民素习，自今已后，可无四时讲武，但以立秋择吉日大朝车骑，号曰治兵，上合礼名，下承汉制。”奏可。

⑩①《献帝传》载诏曰：“自古帝王，虽号称相变，爵等不同，至乎褒崇元勋，建立功德，光启氏姓，延于子孙，庶姓之与亲，岂有殊焉。昔我圣祖受命，创业肇基，造我区夏，鉴古今之制，通爵等之差，尽封山川以立藩屏，使异姓亲戚，并列土地，据国而王，所以保乂天命，安固万嗣。历世承平，臣主无事。世祖中兴而时有难易，是以旷年数百，无异姓诸侯王之位。朕以不德，继序弘业，遭率土分崩，群凶纵毒，自西徂东，辛苦卑约。当此之际，唯恐溺入于难，以羞先帝之圣德。赖皇天之灵，俾君秉义奋身，震迅神武，捍朕于艰难，获保宗庙，华夏遗民，含气之伦，莫不蒙焉。君勤过稷、禹，忠侔伊、周，而掩之以谦让，守之以弥恭，是以往者初开魏国，锡君土宇，惧君之违命，虑君之固辞，故且怀志屈意，封君为上公，欲以钦顺高义，须俟勋绩。韩遂、宋建，南结巴、蜀，群逆合从，图危社稷，君复命

将，龙骧虎奋，枭其元首，屠其窟栖。暨至西征，阳平之役，亲擐甲胄，深入险阻，芟夷螽贼，殄其凶丑，荡定西陲，悬旌万里，声教远振，宁我区夏。盖唐、虞之盛，三后树功，文、武之兴，旦、奭作辅，二祖成业，英豪佐命；夫以圣哲之君，事为己任，犹锡土班瑞以报功臣，岂有如朕寡德，仗君以济，而赏典不丰，将何以答神祇、慰万方哉？今进君爵为魏王，使使持节行御史大夫、宗正刘艾奉策玺玄土之社，苴以白茅，金虎符第一至第五，竹使符第一至十。君其正王位，以丞相领冀州牧如故。其上魏公玺绶符册。敬服朕命，简恤尔众，克绥庶绩，以扬我祖宗之休命。"魏王上书三辞，诏三报不许。又手诏曰："大圣以功德为高美，以忠和为典训，故创业垂名，使百世可希，行道制义，使力行可效，是以勋烈无穷，休光茂著。稷、契载元首之聪明，周、邵因文、武之智用，虽经营庶官，仰叹俯思，其对岂有若君者哉？朕惟古人之功，美之如彼，思君忠勤之绩，茂之如此，是以每将镂符析瑞，陈礼命册，寤寐慨然，自忘守文之不德焉。今君重违朕命，固辞恳切，非所以称朕心而训后世也。其抑志撙节，勿复固辞。"

《四体书势序》曰：梁鹄以公为北部尉。

《曹瞒传》曰：为尚书右丞司马建公所举。及公为王，召建公到邺，与欢饮，谓建公曰："孤今日可复作尉否？"建公曰："昔举大王时，适可作尉耳。"王大笑。建公名防，司马宣王之父。

臣松之案司马彪《序传》，建公不为右丞，疑此不然，而王隐《晋书》云赵王篡位，欲尊祖为帝，博士马平议称京兆府君昔举魏武帝为北部尉，贼不犯界，如此则为有征。

⑽《魏书》曰：始置奉常宗正官。

⒀《魏书》曰：王亲执金鼓以令进退。

⒁《魏书》曰：初置卫尉官。秋八月，令曰："昔伊挚、傅说出于贱人，管仲，桓公贼也，皆用之以兴。萧何、曹参，县吏也，韩信、陈平负污辱之名，有见笑之耻，卒能成就王业，声著千载。吴起贪将，杀妻自信，散金求官，母死不归，然在魏，秦人不敢东向，在楚则三晋不敢南谋。今天下得无有至德之人放在民间，及果勇不顾，临敌力战；若文俗之吏，高才异质，或堪为将守；负污辱之名，见笑之行，或不仁不孝而有治国用兵之术：其各举所知，勿有所遗。"

⒂《魏武故事》载令曰："领长史王必，是吾披荆棘时吏也。忠能勤事，心如铁石，国之良吏也。蹉跌久未辟之，舍骐骥而弗乘，焉遑遑而更求哉？故教辟之，已署所宜，便以领长史统事如故。"

⒃《三辅决录注》曰：时有京兆金祎字德祎，自以世为汉臣，自日磾讨莽何罗，忠诚显著，名节累叶。睹汉祚将移，谓可季兴，乃喟然发愤，遂与耿纪、韦晃、吉本、本子邈、邈弟穆等结谋。纪字季行，少有美名，为丞相掾，王甚敬异之，迁侍中，守少府。邈字文然，穆字思然，以祎慷慨有日磾之风，又与王必善，因以间之，若杀必，欲挟天子以攻魏，南援刘备。时关羽强盛，而王在邺，留必典兵督许中事。文然等率杂人及家僮千余人夜烧门攻必，祎遣人为内应，射必中肩。必不知攻者为谁，以素与祎善，走投祎，夜唤德祎，祎家不知是必，谓为文然等，错应曰："王长史已死乎？卿曹事立矣！"必乃更他路奔。一曰：必欲投祎，其帐下督谓必曰："今日事竟知谁门而投入乎？"扶必奔南城。会天明，必犹在，文然等众散，故败。后十余日，必竟以创死。

《献帝春秋》曰：收纪、晃等，将斩之，纪呼魏王名曰："恨吾不自生意，竟为群儿所误耳！"晃顿首搏颊，以至于死。《山阳公载记》曰：王闻王必死，盛怒，召汉百官诣邺，令救火者左，不救火者右。众人以为救火者必无罪，皆附左；王以为"不救火者非助乱，救火乃实贼也"。皆杀之。

⒄《魏书》载王令曰："去冬天降疫疠，民有凋伤，军兴于外，垦田损少，吾甚忧之。其令吏民男女：女年七十已上无夫子，若年十二已下无父母兄弟，及目无所见，手不能作，足不能行，而无妻子父兄产业者，廪食终身。幼者至十二止，贫穷不能自赡者，随口给贷。老耄须待养者，年九十已上，复不事，家一人。"

⑩《曹瞒传》曰：是时南阳间苦繇役，音于是执太守东里衮，与吏民共反，与关羽连和。南阳功曹宗子卿往说音曰："足下顺民心，举大事，远近莫不望风；然执郡将，逆而无益，何不遣之。吾与子共戮力，比曹公军来，关羽兵亦至矣。"音从之，即释遣太守。子卿因夜逾城亡出，遂与太守收余民围音，会曹仁军至，共灭之。

⑩《九州春秋》曰：时王欲还，出令曰"鸡肋"，官属不知所谓。主簿杨修便自严装，人惊问修："何以知之？"修曰："夫鸡肋，弃之如可惜，食之无所得，以比汉中，知王欲还也。"

⑪《世语》曰：讽字子京，沛人，有惑众才，倾动邺都，钟繇由是辟焉。大军未反，讽潜结徒党，又与长乐卫尉陈祎谋袭邺。未及期，祎惧，告之太子，诛讽，坐死者数十人。

王昶《家诫》曰"济阴魏讽"，而此云沛人，未详。

⑪《曹瞒传》曰：王更修治北部尉廨，令过于旧。

⑫《魏略》曰：孙权上书称臣，称说天命。王以权书示外曰："是儿欲踞吾著炉火上邪！"侍中陈群、尚书桓阶奏曰："汉自安帝已来，政去公室，国统数绝，至于今者，唯有名号，尺土一民，皆非汉有，期运久已尽，历数久已终，非适今日也。是以桓、灵之间，诸明图纬者，皆言'汉行气尽，黄家当兴'。殿下应期，十分天下而有其九，以服事汉，群生注望，遐迩怨叹，是故孙权在远称臣，此天人之应，异气齐声。臣愚以为虞、夏不以谦辞，殷、周不吝诛放，畏天知命，无所与让也。"

《魏氏春秋》曰：夏侯惇谓王曰："天下咸知汉祚已尽，异代方起。自古已来，能除民害为百姓所归者，即民主也。今殿下即戎三十余年，功德著于黎庶，为天下所依归，应天顺民，复何疑哉！"王曰："'施于有政，是亦为政'。若天命在吾，吾为周文王矣。"

《曹瞒传》及《世语》并云桓阶劝王正位，夏侯惇以为宜先灭蜀，蜀亡则吴服，二方既定，然后遵舜、禹之轨，王从之。及至王薨，惇追恨前言，发病卒。

孙盛《评》曰：夏侯惇耻为汉官，求受魏印，桓阶方惇，有义直之节；考其传记，《世语》为妄矣。

⑬《世语》曰：太祖自汉中至洛阳，起建始殿，伐濯龙祠而树血出。

《曹瞒传》曰：王使工苏越徙美梨，掘之，根伤尽出血。越白状，王躬自视而恶之，以为不祥，还遂寝疾。

⑭《魏书》曰：太祖自统御海内，芟夷群丑，其行军用师，大较依孙、吴之法，而因事设奇，谲敌制胜，变化如神。自作兵书十万余言，诸将征伐，皆以新书从事；临事又手为节度，从令者克捷，违教者负败。与虏对陈，意思安闲，如不欲战，然及至决机乘胜，气势盈溢，故每战必克，军无幸胜。知人善察，难眩以伪，拔于禁、乐进于行陈之间，取张辽、徐晃于亡虏之内，皆佐命立功，列为名将；其余拔出细微，登为牧守者，不可胜数。是以创造大业，文武并施，御军三十余年，手不舍书，昼则讲武策，夜则思经传，登高必赋，及造新诗，被之管弦，皆成乐章。才力绝人，手射飞鸟，躬禽猛兽，尝于南皮一日射雉获六十三头。及造作宫室，缮治器械，无不为之法则，皆尽其意。雅性节俭，不好华丽，后宫衣不锦绣，侍御履不二采，帷帐屏风，坏则补纳，茵蓐取温，无有缘饰。攻城拔邑，得美丽之物，则悉以赐有功，勋劳宜赏，不吝千金，无功望施，分毫不与，四方献御，与群下共之。常以送终之制，袭称之数，繁而无益，俗又过之，故预自制终亡衣服，四箧而已。

《傅子》曰：太祖愍嫁取之奢僭，公女适人，皆以皂帐，从婢不过十人。

张华《博物志》曰：汉世，安平崔瑗、瑗子寔、弘农张芝、芝弟昶并善草书，而太祖亚之。桓谭、蔡邕善音乐，冯翊山子道、王九真、郭凯等善围棋，太祖皆与埒能。又好养性法，亦解方药，招引方术之士，庐江左慈、谯郡华佗、甘陵甘始、阳城郄俭无不毕至，又习啖野葛至一尺，亦得少多饮鸩酒。

《傅子》曰：汉末王公，多委王服，以幅巾为雅，是以袁绍、崔钧之徒，虽为将帅，皆著缣巾。魏太祖以天下凶荒，资财乏匮，拟古皮弁，裁缣帛以为帢，合于简易随时之义，以色别其贵贱，于今施行，可谓军容，非国容也。

《曹瞒传》曰：太祖为人佻易无威重，好音乐，倡优在侧，常以日达夕。被服轻绡，身自佩小鞶囊，以盛手巾细物，时或冠帢帽以见宾客。每与人谈论，戏弄言诵，尽无所隐，及欢悦大笑，至以头没杯案中，肴膳皆沾污巾帻，其轻易如此。然持法峻刻，诸将有计画胜出己者，随以法诛之，及故人旧怨，亦皆无余。其所刑杀，辄对之垂涕嗟痛之，终无所活。初，袁忠为沛相，尝欲以法治太祖，沛国桓邵亦轻之，及在兖州，陈留边让言议颇侵太祖，太祖杀让，族其家，忠、邵俱避难交州，太祖遣使就太守士燮尽族之。桓邵得出首，拜谢于庭中，太祖谓曰："跪可解死邪！"遂杀之。常出军，行经麦中，令"士卒无败麦，犯者死"。骑士皆下马，付麦以相持，于是太祖马腾入麦中，敕主簿议罪；主簿对以《春秋》之义，罚不加于尊。太祖曰："制法而自犯之，何以帅下？然孤为军帅，不可自杀，请自刑。"因援剑割发以置地。又有幸姬常从昼寝，枕之卧，告之曰："须臾觉我。"姬见太祖卧安，未即寤，及自觉，棒杀之。常讨贼，廪谷不足，私谓主者曰："如何？"主者曰："可以小斛以足之。"太祖曰："善。"后军中言太祖欺众，太祖谓主者曰："特当借君死以厌众，不然事不解。"乃斩之，取首题徇曰："行小斛，盗官谷，斩之军门。"其酷虐变诈，皆此类也。

三国志卷二　魏书二

文帝纪第二

文皇帝讳丕，字子桓，武帝太子也。中平四年冬，生于谯。①建安十六年，为五官中郎将、副丞相。二十二年，立为魏太子。②太祖崩，嗣位为丞相、魏王。③尊王后曰王太后。改建安二十五年为延康元年。

文皇帝名丕，字子桓，是武帝的太子。灵帝中平四年冬天，生在谯县。建安十六年，任五官中郎将、副丞相。建安二十二年，册立为魏国太子。太祖去世，他继位为丞相、魏王。尊奉王后卞氏为王太后，改汉献帝建安二十五年为延康元年。

元年二月④壬戌，以大中大夫贾诩为太尉，御史大夫华歆为相国，大理王朗为御史大夫。置散骑常侍、侍郎各四人，其宦人为官者不得过诸署令；为金策著令，藏之石室。

延康元年二月壬戌日，任用大中大夫贾诩为太尉，御史大夫华歆为相国，大理（廷尉）王朗为御史大夫。设置散骑常侍、侍郎各四人，规定宦官的官位不能超过少府下属各署署令一级。把诏书制成金册，收藏在石室中。

初，汉熹平五年，黄龙见谯，光禄大夫桥玄问太史令单飏："此何祥也？"飏曰："其国后当有王者兴，不及五十年，亦当复见。天事恒象，此其应也。"内黄殷登默而记之。至四十五年，登尚在。三月，黄龙见谯，登闻之曰："单飏之言，其验兹乎！"⑤

当初，汉灵帝熹平五年，黄龙在谯县显现，光禄大夫桥玄问太史令单飏："这是什么吉祥预兆呢？"单飏说："也许沛国以后会有帝王兴起，不到五十年，黄龙还会再次出现。天象经常显示征兆，这也许是征兆应验了。"魏郡内黄县人殷登默默记下了这件事。到四十五年，殷登还健在。延康元年三月，黄龙在谯县显现，殷登听说这现象后说："单飏的话，大概在这里应验了吧！"

己卯，以前将军夏侯惇为大将军。濊貊、扶馀单于、焉耆、于阗王皆各遣使奉献。⑥

己卯日，任命前将军夏侯惇为大将军。濊貊、扶余族的单于、焉耆、于阗族王都各自派遣使者向魏国进贡。

夏四月丁巳，饶安县言白雉见。⑦庚午，大将军夏侯惇薨。⑧

夏季四月丁巳日，饶安县有人说有白色野鸡出现。庚午日，大将军夏侯惇去世。

五月戊寅，天子命王追尊

五月戊寅日，汉献帝诏命追尊魏王曹丕的祖父

皇祖太尉曰太王，夫人丁氏曰太王后，封王子叡为武德侯。[9]是月，冯翊山贼郑甘、王照率众降，皆封列侯。[10]

太尉曹嵩为太王，夫人丁氏为太王后。封魏王曹丕儿子曹叡为武德侯。这月，冯翊郡的山贼郑甘、王照率领部众投降，都被封为列侯。

酒泉黄华、张掖张进等各执太守以叛。金城太守苏则讨进，斩之。华降。[11]

酒泉郡黄华、张掖郡张进等人各自拘捕了该郡的太守反叛。金城太守苏则讨伐张进，张进被杀。黄华投降。

六月辛亥，治兵于东郊，[12]庚午，遂南征。[13]

六月辛亥日，在东郊整训军队，庚午日，就向南征讨。

秋七月庚辰，令曰："轩辕有明台之议，放勋有衢室之问，皆所以广询于下也。[14]百官有司，其务以职尽规谏，将率陈军法，朝士明制度，牧守申政事，缙绅考六艺，吾将兼览焉。"

秋季七月庚辰日，魏王下令说："黄帝设有议政的明台，唐尧设有问政的衢室，这都是为了广泛地征求下面的意见。各级官吏，务必要尽职以正言劝诫谏诤，将帅述说军法，朝士修明制度，州牧郡守申报政事，士大夫考究六艺，我对以上这些都要考察。"

孙权遣使奉献。蜀将孟达率众降。武都氐王杨仆率种人内附，居汉阳郡。[15]

孙权派遣使节向魏国进贡。蜀国将领孟达率领部众前来投降。武都县氐王杨仆带领同部族人归附魏国，居住在汉阳郡。

甲午，军次于谯，大飨六军及谯父老百姓于邑东。[16]八月，石邑县言凤皇集。

甲午日，魏王率军进驻谯县，在谯县东郊大摆酒食宴请六军及谯县的父老百姓。八月，石邑县传说有凤凰聚集。

冬十月癸卯，令曰："诸将征伐，士卒死亡者或未收敛，吾甚哀之；其告郡国给槥椟殡敛，送致其家，官为设祭。"[17]丙午，行至曲蠡。

冬季十月癸卯日，下令说："将领们出外征战，死亡的士卒有的还没埋葬，我非常哀怜他们；告诉郡国发给棺材入殓，把他们送到家里，官府为他们安排祭奠。"丙午日，曹丕巡行到达曲蠡。

汉帝以众望在魏，乃召群公卿士，[18]告祠高庙。使兼御史大夫张音持节奉玺绶禅位，册曰："咨尔魏王：昔者帝尧禅位于虞舜，舜亦以命禹，天命不于常，惟归有德。汉道陵迟，世失其序，降及朕躬，大乱兹昏，群凶肆逆，宇内颠覆。赖武王神武，拯兹难于四方，惟清区

汉献帝因为众望归向魏国，于是召集公卿士大夫，告祭祖庙。派遣兼任御史大夫张音持符节、御玺、绶带禅让帝位给曹丕，诏书说："啊，魏王：从前唐尧让位给虞舜，虞舜也让位给大禹，天命不是固定不变的，只归属有德行的人。汉朝国运衰败，世道动荡不宁，传到朕这一代，大乱更为严重，群凶叛逆，天下颠覆。依赖魏武王曹操的神明英武，在各处拯救危难，肃清中原，从而保卫安定汉室的宗庙。这

夏，以保绥我宗庙，岂予一人获乂，俾九服实受其赐。今王钦承前绪，光于乃德，恢文武之大业，昭尔考之弘烈。皇灵降瑞，人神告征，诞惟亮采，师锡朕命，佥曰尔度克协于虞舜，用率我唐典，敬逊尔位。於戏！天之历数在尔躬，允执其中，天禄永终；君其祗顺大礼，飨兹万国，以肃承天命。”⑲乃为坛于繁阳。庚午，王升坛即阼，百官陪位。事讫，降坛，视燎成礼而反。改延康为黄初，大赦。⑳

难道仅是我一人得到安定了吗，全国的老百姓确实都受到了他的恩惠。现在魏王敬承前业，把它加以发扬光大，发扬文治武功的大业，显示你父亲的宏伟功绩。皇天降下吉祥，人神预告征兆，诞生你这样的辅相，众人给予朕的使命，都说你的器度合于虞舜，应遵循我先王唐尧的典范，恭敬地让位给你。呜呼！上天的气数在你身上，确实掌握中正之道，上天赐予的福禄一定永存；你要恭敬地顺承大礼，领受万国的朝拜，严肃地承受天命。”于是在繁阳县兴筑高坛。庚午日，魏王登坛就皇帝位，百官陪位。祭事仪式完毕，下坛，观看燃火祭祀天地山川之礼后返回。改汉年号延康为魏黄初，大赦天下。

黄初元年十一月癸酉，以河内之山阳邑万户奉汉帝为山阳公，行汉正朔，以天子之礼郊祭，上书不称臣，京都有事于太庙，致胙；封公之四子为列侯。追尊皇祖太王曰太皇帝，考武王曰武皇帝，尊王太后曰皇太后。赐男子爵人一级，为父后及孝悌力田人二级。以汉诸侯王为崇德侯，列侯为关中侯。以颍阴之繁阳亭为繁昌县。封爵增位各有差。改相国为司徒，御史大夫为司空，奉常为太常，郎中令为光禄勋，大理为廷尉，大农为大司农。郡国县邑，多所改易。更授匈奴南单于呼厨泉魏玺绶，赐青盖车、乘舆、宝剑、玉玦。十二月，初营洛阳宫，戊午幸洛阳。㉑

黄初元年十一月癸酉日，以河内郡山阳县一万户百姓之地给予汉献帝刘协为封地，封刘协为山阳公，在封地奉行汉王朝的历法，按天子的礼仪在郊外祭祀天地，上书不称臣，京都祭祀太庙，致送祭肉；封山阳公的四个儿子为列侯。追尊皇祖太王曹嵩为太皇帝，父亲武王曹操为武皇帝，尊称王太后卞氏为皇太后。恩赐天下男子每人爵位一级，为父亲的继承人以及被荐举为孝悌力田科的人每人爵位二级。将汉朝的诸侯王改封为崇德侯，列侯改封为关中侯。将颍阴县的繁阳亭改为繁昌县。封爵增位各有差异。改称相国为司徒，御史大夫为司空，奉常为太常，郎中令为光禄勋，大理为廷尉，大农为大司农。郡国县邑，有很多改变。改授匈奴南单于呼厨泉魏国的玺印绶带，赐给青色的篷盖车、乘舆、宝剑、玉玦。十二月，开始营建洛阳宫殿，戊午日，文帝亲临洛阳。

是岁，长水校尉戴陵谏不宜数行弋猎，帝大怒；陵减死

这一年，长水校尉戴陵劝谏文帝不应该屡次外出射猎，文帝大怒，戴陵被判处低于死刑一等的刑

罪一等。

罚。

二年春正月，郊祀天地、明堂。甲戌，校猎至原陵，遣使者以太牢祠汉世祖。乙亥，朝日于东郊。[22]初令郡国口满十万者，岁察孝廉一人；其有秀异，无拘户口。辛巳，分三公户邑，封子弟各一人为列侯。壬午，复颍川郡一年田租。[23]改许县为许昌县。以魏郡东部为阳平郡，西部为广平郡。[24]

二年春季正月，在京郊祭祀天地、明堂。甲戌日，文帝到原陵射猎，派遣使者用三牲全备的“太牢”祭祀汉光武帝。乙亥日，在城东郊外祭日。开始命令人口满十万的郡、国，每年考察荐举孝廉一人；如有特别优秀的，不受户口的限制。辛巳日，分出三公的食邑，封他们的子弟各一人为列侯。壬午日，免征颍川郡一年的田租。改许县为许昌县。划魏郡东部为阳平郡，西部为广平郡。

诏曰：“昔仲尼资大圣之才，怀帝王之器，当衰周之末，无受命之运，在鲁、卫之朝，教化乎洙、泗之上，凄凄焉，遑遑焉，欲屈己以存道，贬身以救世。于时王公终莫能用之，乃退考五代之礼，修素王之事，因鲁史而制《春秋》，就太师而正《雅》、《颂》，俾千载之后，莫不宗其文以述作，仰其圣以成谋，咨！可谓命世之大圣，亿载之师表者也。遭天下大乱，百祀堕坏，旧居之庙，毁而不修，褒成之后，绝而莫继，阙里不闻讲颂之声，四时不睹蒸尝之位，斯岂所谓崇礼报功，盛德百世必祀者哉！其以议郎孔羡为宗圣侯，邑百户，奉孔子祀。”令鲁郡修起旧庙，置百户吏卒以守卫之，又于其外广为室屋以居学者。

文帝下诏说：“从前孔子具有大圣的才能，怀有帝王的气度，处在周王朝衰微的末期，没有承受天命的机运，在鲁国、卫国做小官，在洙水、泗水一带进行教化，悲伤凄苦，忙碌奔走，想要委屈自己来保存政治主张和思想，贬低自己来拯救世人。在那时诸侯始终没有能够任用他，于是退而考察五代的礼制，行帝王的职事，依据鲁国的历史撰写了《春秋》，凭借鲁太师音乐校正了《雅》、《颂》，使得千年之后，没有人不依据他的文章来著书立说，仰仗他的德智来成就功业，啊！孔子可以说是著称于世的大圣人，万年人们学习的楷模。天下遭受大乱，许多祠庙被破坏，原来的孔子庙，毁坏而没有修复，褒成侯的后代，中断而无人继承，孔子的故里听不到讲学和吟诵的声音，一年四季看不见祭祀的神位，这难道是所谓推崇礼义酬报有功，有盛德的人世代一定要祭祀的情况吗？现在封议郎孔羡为宗圣侯，赐采邑一百户，主持孔子的祭祀。”命令鲁郡修复原来的孔庙，设置百户官兵守卫，又在孔庙外多建房屋供给学习儒学的人居住。

三月，加辽东太守公孙恭为车骑将军。初复五铢钱。夏四月，以车骑将军曹仁为大将军。五月，郑甘复叛，遣曹仁讨

黄初二年春季三月，加封辽东太守公孙恭为车骑将军。开始恢复五铢钱。夏季四月，任命车骑将军曹仁为大将军。五月，郑甘又反叛，派遣曹仁，征讨

斩之。六月庚子，初祀五岳四渎，咸秩群祀。㉕丁卯，夫人甄氏卒。戊辰晦，日有食之，有司奏免太尉，诏曰："灾异之作，以谴元首，而归过股肱，岂禹、汤罪己之义乎？其令百官各虔厥职，后有天地之眚，勿复劾三公。"

并斩杀了郑甘。六月庚子日，开始祭祀五岳四渎（长江、黄河、淮河、济水），按规定顺序祭祀了各种祠庙。丁卯日，夫人甄氏去世。戊辰日晦，发生日食，有关官员上书要求罢免太尉，文帝下诏说："灾异的出现，是来谴责君王的，却把过错归咎于君王左右的大臣，这难道是夏禹、商汤归罪于自己的本意吗？希望文武百官各尽其职，以后有天地间的灾祸，不要再弹劾三公。"

秋八月，孙权遣使奉章，并遣于禁等还。丁巳，使太常邢贞持节拜权为大将军，封吴王，加九锡。冬十月，授杨彪光禄大夫。㉖以谷贵，罢五铢钱。㉗己卯，以大将军曹仁为大司马。十二月，行东巡。是岁筑陵云台。

秋季八月，孙权派遣使者呈上奏章，并且遣送于禁等人回来。丁巳日，派遣太常邢贞持符节授孙权为大将军，封为吴王，加九锡。冬季十月，任命杨彪为光禄大夫。因粮价昂贵，停止使用五铢钱。十一月己卯日，任用大将军曹仁为大司马。十二月，文帝亲临东方巡视。这年修筑陵云台。

三年春正月丙寅朔，日有蚀之。庚午，行幸许昌宫。诏曰："今之计、孝，古之贡士也。十室之邑，必有忠信，若限年然后取士，是吕尚、周晋不显于前世也。其令郡国所选，勿拘老幼；儒通经术，吏达文法，到皆试用。有司纠故不以实者。"㉘

黄初三年春季正月初一，发生日食。庚午日，文帝亲临许昌宫。下诏说："现在计吏、孝廉，就是古代的贡士。一个十户的小邑，一定要有忠信的人，如果限定年龄然后选拔能任事的人，那么，姜子牙、周太子姬晋就无法在前世显名了。下令郡国所选拔的人，不论年老年少，儒生只要通晓经术，官吏只要通晓法令条文，到时都可以试用。主管官员要检举以前不按实际才能取士的人。

二月，鄯善、龟兹、于阗王各遣使奉献，诏曰："西戎即叙，氐、羌来王，《诗》、《书》美之。顷者西域外夷并款塞内附，㉙其遣使者抚劳之。"是后西域遂通，置戊己校尉。

黄初三年二月，鄯善、龟兹、于阗的国王派遣使者到魏国进贡，文帝下诏说："西戎安定顺从，氐、羌前来朝见，《诗》、《书》都曾赞美他们。近来西域各部族一起来归附，要派遣使者前去安抚慰劳他们。"从此以后，西域得以沟通，设置了戊己校尉。

三月乙丑，立齐公睿为平原王，帝弟鄢陵公彰等十一人皆为王。初制封王之庶子为乡公，嗣王之庶子为亭侯，公之庶子为亭伯。甲戌，立皇子霖

三月乙丑日，封齐公睿为平原王，文帝的弟弟鄢陵公曹彰等十一人都封为王，开始规定：封王的庶子为乡公，嗣王的庶子为亭侯，公的庶子为亭伯。甲戌日，立皇子曹霖为河东王。甲午日，文帝亲临襄

为河东王。甲午，行幸襄邑。夏四月戊申，立鄄城侯植为鄄城王。癸亥，行还许昌宫。五月，以荆、扬、江表八郡为荆州，孙权领牧故也；荆州江北诸郡为郢州。

邑巡视。夏季四月戊申日，立鄄城侯曹植为鄄城王。癸亥日，文帝巡视返回许昌宫。五月，将荆州、扬州、长江以南八郡划为荆州，是因为孙权兼任州牧的缘故；荆州长江以北各郡划为郢州。

闰月，孙权破刘备于夷陵。初，帝闻备兵东下，与权交战，树栅连营七百余里，谓群臣曰："备不晓兵，岂有七百里营可以拒敌者乎！'苞原隰险阻而为军者为敌所禽'，此兵忌也。孙权上事今至矣。"后七日，破备书到。

闰六月，孙权在夷陵县打败刘备。开始，文帝听到刘备率兵东下，与孙权交战，设立栅栏把营寨连接起来长达七百余里，对群臣说："刘备不懂得用兵，哪有连营七百里可以对抗敌人的呢！'围绕广平低湿之地驻军的会被敌人捉住'，这是兵家所忌讳的。孙权报捷的奏章就要到了。"七天以后，孙权打败刘备的文书送到。

秋七月，冀州大蝗，民饥，使尚书杜畿持节开仓廪以振之。八月，蜀大将黄权率众降。[30]

秋季七月，冀州蝗灾严重，百姓饥荒，文帝派遣尚书杜畿持符节打开粮仓赈济灾民。八月，蜀国大将黄权率领部众前来投降。

九月甲午，诏曰："夫妇人与政，乱之本也。自今以后，群臣不得奏事太后，后族之家不得当辅政之任，又不得横受茅土之爵；以此诏传后世，若有背违，天下共诛之。"[31]庚子，立皇后郭氏。赐天下男子爵人二级；鳏寡笃癃及贫不能自存者赐谷。

九月甲午日，文帝下诏书说："妇人参与政务，是动乱的根源。自今以后，文武百官不准向太后禀奏政事，皇后的家族不得担任辅政的重任，也不得任意加封爵位和授予食邑；把这诏书传给后世，如果有违背的，天下人共同讨伐他。"庚子日，立郭氏为皇后。赐给天下男子每人爵位二级。孤寡病残及贫穷不能生存的人赐给粮食。

冬十月甲子，表首阳山东为寿陵，作终制曰："礼，国君即位为椑，存不忘亡也。[32]昔尧葬穀林，通树之，禹葬会稽，农不易亩，[33]故葬于山林，则合乎山林。封树之制，非上古也，吾无取焉。寿陵因山为体，无为封树，无立寝殿，造园邑，通神道。夫葬也者，藏也，欲人之不得见也。骨无痛痒之知，冢非

冬季十月甲子日，文帝确定在首阳山东为自己营造陵墓，又发出关于丧葬的文告："按照礼制，国君即位就制作内棺，表示活着不忘死亡。从前唐尧葬在穀林，普遍植树，大禹葬在会稽山，农人不改移田亩，所以埋葬在山林中，就与山林合二为一。聚土为坟、种植树木，不是上古的制度，我不采取这种做法。寿陵随着山势成体，不要聚高坟、植松柏，不要修筑寝殿，建造守陵的园邑，开神道。葬，就是藏，让别人不能看到自己。骨头没有痛痒的知觉，坟墓不

栖神之宅，礼不墓祭，欲存亡之不黩也，为棺椁足以朽骨，衣衾足以朽肉而已。故吾营此丘墟不食之地，欲使易代之后不知其处。无施苇炭，无藏金银铜铁，一以瓦器，合古涂车、刍灵之义。棺但漆际会三过，饭含无以珠玉，无施珠襦玉匣，诸愚俗所为也。季孙以玙璠敛，孔子历级而救之，譬之暴骸中原。宋公厚葬，君子谓华元、乐莒不臣，以为弃君于恶。汉文帝之不发，霸陵无求也；光武之掘，原陵封树也。霸陵之完，功在释之；原陵之掘，罪在明帝。是释之忠以利君，明帝爱以害亲也。忠臣孝子，宜思仲尼、丘明、释之之言，鉴华元、乐莒、明帝之戒，存于所以安君定亲，使魂灵万载无危，斯则贤圣之忠孝矣。自古及今，未有不亡之国，亦无不掘之墓也。丧乱以来，汉氏诸陵无不发掘，至乃烧取玉匣金缕，骸骨并尽，是焚如之刑，岂不重痛哉！祸由乎厚葬封树。'桑、霍为我戒'，不亦明乎？其皇后及贵人以下，不随王之国者，有终没皆葬涧西，前又以表其处矣。盖舜葬苍梧，二妃不从，延陵葬子，远在嬴、博，魂而有灵，无不之也，一涧之间，不足为远。若违今诏，妄有所变改造施，吾为戮尸地下，戮而重戮，死而重死。臣子为蔑死君父，不忠不孝，使死者

是安息魂魄的处所，礼制规定不筑墓设祭，想让生者死者都不受到玷污，制作棺椁足够包装朽骨，衣被足够遮掩尸体就行了。所以我在这贫瘠的地方营建坟墓，想使改朝换代之后无人知道这个地方。不要加苇炭填塞，不要藏金银铜铁。一律使用瓦器，以符合古代用泥土涂车、用茅草扎人马来送丧的意思。棺椁只在交接处涂三遍漆，口中不要含珠玉，不要加珠缀短衣、玉石匣子，含珠玉、施珠襦玉匣，都是愚昧庸俗之人的做法。季孙氏用玙、璠二种宝玉入殓，孔子登上台阶制止这种做法，把这比作暴尸于原野。宋文公厚葬，有德之士认为华元、乐莒未尽到大臣的职责，认为这是把君主丢弃在恶人的行列中。汉文帝的陵墓未被挖掘，因为霸陵无宝物可以寻找；光武帝的陵墓被挖掘，因为原陵聚有高丘、植有松柏。霸陵能完好无损，是张释之的功劳；原陵被挖掘，是明帝的罪过。这是张释之的忠心有利于君主，明帝的爱有害于亲人。忠臣孝子，应该思考孔子、左丘明、张释之的话，以华元、乐莒、明帝作为鉴戒，思念安定君主亲人的方法，使他们的灵魂万年之后仍没有危险，这就是贤士圣人的忠孝。从古到今，没有不灭亡的国家，也没有不被挖掘的坟墓。战乱以来，汉朝的众多陵墓没有不被发掘的，以至为取玉匣器、金缕衣，尸骨一起烧尽，这是受烈火焚烧的刑法，难道不沉痛吗！灾祸来自用贵重物品陪葬、聚土丘、植松柏。'桑弘羊、霍禹的骄奢是我的鉴戒'，不是很明白吗？皇后以及贵人以下的妃子，不跟随诸侯王到王国的，死后都埋葬在涧西，以前已经标明这些地方了。舜埋葬在苍梧山，两位妃子娥皇、女英不随葬，延陵季子埋葬儿子，远在齐国嬴、博之地，魂魄真有灵验，没有哪里不能去的，一条山涧隔着，不算是很远。如果违反了现在的诏令，随便加以改动，修筑陵墓，我在地下被斩戮尸体，那就是戮了又戮，死了又死。大臣、儿子无视死去的君主、父亲，是不忠不孝，假如死人还有知觉，将不会保佑

有知，将不福汝。其以此诏藏之宗庙，副在尚书、秘书、三府。”

你们。希望把这个诏书保存在宗庙中，副本放在尚书府、秘书府、三公府。”

是月，孙权复叛。复郢州为荆州。帝自许昌南征，诸军兵并进，权临江拒守。十一月辛丑，行幸宛。庚申晦，日有食之。是岁，穿灵芝池。

这一月，孙权又反叛。恢复郢州为荆州。文帝从许昌向南征伐，各路军队同时进军，孙权到长江守卫抵御。十一月辛丑日，文帝亲临宛城。庚申日晦，发生日食。这一年，开凿灵芝池。

四年春正月，诏曰：“丧乱以来，兵革未戢，天下之人，互相残杀。今海内初定，敢有私复仇者皆族之。”筑南巡台于宛。三月丙申，行自宛还洛阳宫。癸卯，月犯心中央大星。[34]丁未，大司马曹仁薨。是月大疫。

黄初四年春季正月，下诏书说：“动乱以来，战事没有停息过，天下的人，相互残杀。现在国内才安定下来，有敢私自报仇的都要被灭族。”在宛城修筑南巡台。三月丙申日，文帝从宛城返回洛阳宫。癸卯日，月亮运行到心宿中央的一颗大星附近。丁未日，大司马曹仁去世。这一月发生大瘟疫。

夏五月，有鹈鹕鸟集灵芝池，诏曰：“此诗人所谓污泽也。《曹诗》‘刺恭公远君子而近小人’，今岂有贤智之士处于下位乎？否则斯鸟何为而至？其博举天下俊德茂才、独行君子，以答曹人之刺。”[35]

夏季五月，有鹈鹕鸟聚集在灵芝池，诏书说：“这就是诗人所说的污泽鸟。《诗经·曹风》小序说：‘这首诗意在指责恭公疏远君子而亲近小人’，现在难道有德才兼备的人处在下层地位？否则这种鸟为什么会到这儿来呢？希望广泛地推荐天下品德高尚的优秀人才和不随俗沉浮的君子，用来应答曹国人的讥讽。”

六月甲戌，任城王彰薨于京都。甲申，太尉贾诩薨。太白昼见。是月大雨，伊、洛溢流，杀人民，坏庐宅。[36]秋八月丁卯，以廷尉钟繇为太尉。[37]辛未，校猎于荥阳，遂东巡。论征孙权功，诸将已下进爵增户各有差。九月甲辰，行幸许昌宫。[38]

六月甲戌日，任城王曹彰在京都逝世。甲申日，太尉贾诩逝世。太白星在白天出现。这个月天降大雨，伊水、洛水泛滥，淹死人民，毁坏房屋。秋季八月丁卯日，以廷尉钟繇为太尉。辛未日，文帝在荥阳围猎，就往东巡视。评定征伐孙权的功劳，将领以下的人都不同等级地晋升爵位、增加食邑。九月甲辰日，文帝亲临许昌宫。

五年春正月，初令谋反大逆乃得相告，其余皆勿听治；敢妄相告，以其罪罪之。三月，行自许昌还洛阳宫。夏四月，立太学，制五经课试之法，置

黄初五年春季正月，开始下令规定有谋反大逆罪才允许上告，其余的罪名都不受理处治；胆敢诬告的，以诬告罪处分诬告人。三月，文帝从许昌返回洛阳宫。夏季四月，设立太学，制定五经的考试制

《春秋穀梁》博士。五月，有司以公卿朝朔望日，因奏疑事，听断大政，论辨得失。秋七月，行东巡，幸许昌宫。八月，为水军，亲御龙舟，循蔡、颍，浮淮，幸寿春。扬州界将吏士民，犯五岁刑已下，皆原除之。九月，遂至广陵，赦青、徐二州，改易诸将守。冬十月乙卯，太白昼见。行还许昌宫。[39]十一月庚寅，以冀州饥，遣使者开仓廪振之。戊申晦，日有食之。

度，设置《春秋穀梁》博士。五月，有关官吏因为三公九卿在初一和十五参加朝会，就趁此上奏有疑问的事，听取决断重要政事，议论辨明政事的得失。秋季七月，文帝向东巡视，亲临许昌宫。八月，建立水军，文帝亲自登上龙船，顺着蔡河、颍河，经淮河，亲临寿春。扬州境内将吏士卒百姓，犯了判处五年徒刑以下罪的，都得到赦免。九月，便到达广陵，赦免青州、徐州的犯人，改换各将领、太守。冬季十月乙卯日，太白星在白天出现。文帝返回许昌宫。十一月庚寅日，因为冀州发生饥荒，派遣使者打开粮仓赈济灾民。戊申日晦，出现日食。

十二月，诏曰："先王制礼，所以昭孝事祖，大则郊社，其次宗庙，三辰五行，名山大川，非此族也，不在祀典。叔世衰乱，崇信巫史，至乃宫殿之内，户牖之间，无不沃酹，甚矣其惑也。自今，其敢设非祀之祭，巫祝之言，皆以执左道论，著于令典。"是岁穿天渊池。

十二月，下诏书说："古代帝王制定礼仪，是用来彰明孝道侍奉祖先的，大的是祭祀天地，其次是祭祀宗庙，日、月、星三辰和水、火、木、金、土五行，名山大川，都不属这一类，不在祭祀典礼之内。末世衰乱，尊崇相信巫史，以致宫殿之内，屋室之间，没有一处不洒酒祭祀，真是太糊涂了。从今以后，有谁敢于设置不属祀典的祭祀，听信巫祝的话，都要以行歪门邪道论处，把这些都写进法令中。"这一年凿通天渊池。

六年春二月，遣使者循行许昌以东尽沛郡，问民所疾苦，贫者振贷之。[40]三月，行幸召陵，通讨虏渠。乙巳，还许昌宫。并州刺史梁习讨鲜卑轲比能，大破之。辛未，帝为舟师东征。五月戊申，幸谯。壬戌，荧惑入太微。

黄初六年春季二月，派遣使者巡视许昌以东直到沛郡，询问百姓疾苦，对贫困的人进行赈济和贷款。三月，文帝亲临召陵，凿通讨虏渠。乙巳日，回到许昌宫。并州刺史梁习讨伐鲜卑首领轲比能，大败鲜卑军。辛未日，文帝组织水军往东征伐。五月戊申日，文帝亲临谯县。壬戌日，火星运行到太微星座附近。

六月，利成郡兵蔡方等以郡反，杀太守徐质。遣屯骑校尉任福、步兵校尉段昭与青州刺史讨平之；其见胁略及亡命者，皆赦其罪。

六月，利成郡士兵蔡方等占据郡城反叛，杀死太守徐质。文帝派遣屯骑校尉任福、步兵校尉段昭与青州刺史讨伐平定了叛乱；对那些胁从反叛以及逃跑的人，都赦免了他们的罪行。

秋七月，立皇子鉴为东武阳王。八月，帝遂以舟师自谯

秋季七月，文帝立皇子曹鉴为东武阳王。八月，文帝率水军从谯县顺着涡水进入淮河，从陆路亲临

循涡入淮，从陆道幸徐。九月，筑东巡台。冬十月，行幸广陵故城，临江观兵，戎卒十余万，旌旗数百里。[41]是岁大寒，水道冰，舟不得入江，乃引还。十一月，东武阳王鉴薨。十二月，行自谯过梁，遣使以太牢祀故汉太尉桥玄。

徐州。九月，建造东巡台。冬季十月，文帝亲临广陵故城，到长江边视察军队，有士兵十多万，战旗飘扬数百里。这年冬天特别寒冷，河道结成了冰，船只不能进入长江，于是率军退回。十一月，东武阳王曹鉴去世。十二月，文帝巡行到谯县经过梁国，派遣使者用三牲之礼祭祀已故汉朝的太尉桥玄。

七年春正月，将幸许昌，许昌城南门无故自崩，帝心恶之，遂不入。壬子，行还洛阳宫。三月，筑九华台。夏五月丙辰，帝疾笃，召中军大将军曹真、镇军大将军陈群、征东大将军曹休、抚军大将军司马宣王，并受遗诏辅嗣主。遣后宫淑媛、昭仪已下归其家。丁巳，帝崩于嘉福殿，时年四十。[42]六月戊寅，葬首阳陵。自殡及葬，皆以终制从事。[43]

黄初七年春季正月，文帝将亲临许昌，许昌城南门无故自行崩塌，文帝内心厌恶，于是没有进入许昌城。壬子日，文帝巡行返回洛阳宫。三月，修筑九华台。夏季五月丙辰日，文帝的病情严重，召见中军大将军曹真、镇军大将军陈群、征东大将军曹休、抚军大将军司马懿，同受遗诏辅佐继位的幼主曹叡。遣送后宫淑媛、昭仪以下的嫔妃回家。丁巳日，文帝在嘉福殿去世，终年四十岁。六月戊寅日，安葬在首阳陵。从出殡到下葬，都是按照生前的安排进行的。

初，帝好文学，以著述为务，自所勒成垂百篇。又使诸儒撰集经传，随类相从，凡千余篇，号曰《皇览》。[44]

起初，文帝爱好文学，勉力从事著述，自己写成的文章近百篇。又让学者们编纂儒家的五经和解说经义的文字，按类编排在一起，总共一千多篇，定名为《皇览》。

评曰：文帝天资文藻，下笔成章，博闻强识，才艺兼该；[45]若加之旷大之度，励以公平之诚，迈志存道，克广德心，则古之贤主，何远之有哉！

评论说：文帝有文学的天赋，下笔成章，学识广博，记忆力强，才艺兼备；如果加上宽宏的器量，用公正的诚意来激励人，勉行其志、保全正道，广施仁德之心，那么与古代贤能的君主相比，相距不远了！

---

①《魏书》曰：帝生时，有云气青色而圜如车盖当其上，终日，望气者以为至贵之证，非人臣之气。年八岁，能属文。有逸才，遂博贯古今经传诸子百家之书。善骑射，好击剑。举茂才，不行。

《献帝起居注》曰：建安十三年，为司徒赵温所辟。太祖表"温辟臣子弟，选举故不以实"。使侍中守光禄勋郗虑持节奉策免温官。

②《魏略》曰：太祖不时立太子，太子自疑。是时有高元吕者，善相人，乃呼问之，对曰："其贵乃不可言。"问："寿几何？"元吕曰："其寿，至四十当有小苦，过是无忧也。"后无几而立

为王太子，至年四十而薨。

③袁宏《汉纪》载汉帝诏曰："魏太子丕：昔皇天授乃显考以翼我皇家，遂攘除群凶，拓定九州，弘功茂绩，光于宇宙，朕用垂拱负扆二十有余载。天不愸遗一老，永保余一人，早世潜神，哀悼伤切。丕奕世宣明，宜秉文武，绍熙前绪。今使使持节御史大夫华歆奉策诏授丕丞相印绶、魏王玺绂，领冀州牧。方今外有遗虏，遐夷未宾，旗鼓犹在边境，干戈不得韬刃，斯乃播扬洪烈，立功垂名之秋也。岂得修谅闇之礼，究曾、闵之志哉？其敬服朕命，抑弭忧怀，旁祗厥绪，时亮庶功，以称朕意。於戏，可不勉与！"

④《魏书》载庚戌令曰："关津所以通商旅，池苑所以御灾荒，设禁重税，非所以便民；其除池籞之禁，轻关津之税，皆复什一。"辛亥，赐诸侯王将相已下大将粟万斛，帛千匹，金银各有差等。遣使者循行郡国，有违理掊克暴虐者，举其罪。

⑤《魏书》曰：王召见登，谓之曰："昔成风闻楚丘之繇而敬事季友，邓晨信少公之言而自纳光武。登以笃老，服膺占术，记识天道，岂有是乎！"赐登谷三百斛，遣归家。

⑥《魏书》曰：丙戌，令史官奏修重、黎、羲、和之职，钦若昊天，历象日月星辰以奉天时。

臣松之案：《魏书》有是言而不闻其职也。丁亥令曰："故尚书仆射毛玠、奉常王修、凉茂、郎中令袁涣、少府谢奂、万潜、中尉徐奕、国渊等，皆忠直在朝，履蹈仁义，并早即世，而子孙陵迟，恻然愍之，其皆拜子男为郎中。"

⑦《魏书》曰：赐饶安田租，勃海郡百户牛酒，大酺三日；太常以太牢祠宗庙。

⑧《魏书》曰：王素服幸邺东城门发哀。

孙盛曰：在礼，天子哭同姓于宗庙门之外。哭于城门，失其所也。

⑨《魏略》曰：以侍中郑称为武德侯傅，令曰："龙渊、太阿出昆吾之金，和氏之璧由井里之田；砻之以砥砺，错之以他山，故能致连城之价，为命世之宝。学亦人之砥砺也。称笃学大儒，勉以经学辅侯，宜旦夕入侍，曜明其志。"

⑩《魏书》曰：初，郑甘、王照及卢水胡率其属来降，王得降书以示朝曰："前欲有令吾讨鲜卑者，吾不从而降；又有欲使吾及今秋讨卢水胡者，吾不听，今又降。昔魏武侯一谋而当，有自得之色，见讥李悝。吾今说此，非自是也，徒以为坐而降之，其功大于动兵革也。"

⑪华后为兖州刺史，见《王凌传》。

⑫《魏书》曰：公卿相仪，王御华盖，视金鼓之节。

⑬《魏略》曰：王将出征，度支中郎将新平霍性上疏谏曰："臣闻文王与纣之事，是时天下括囊无咎，凡百君子，莫肯用讯。今大王体则乾坤，广开四聪，使贤愚各建所规。伏惟先王功无与比，而今能言之类，不称为德。故圣人曰'得百姓之欢心'。兵书曰'战，危事也'。是以六国力战，强秦承弊，豳王不争，周道用兴。愚谓大王且当委重本朝而守其雌，抗威虎卧，功业可成。而今创基，便复起兵，兵者凶器，必有凶扰，扰则思乱，乱出不意。臣谓此危，危于累卵。昔夏启隐神三年，《易》有'不远而复'，《论》有'不惮改'。诚愿大王揆古察今，深谋远虑，与三事大夫算其长短。臣沐浴先王之遇，又初改政，复受重任，虽知言触龙鳞，阿谀近福，窃感所诵，危而不持。"奏通，帝怒，遣刺奸就考竟，杀之。既而悔之，追原不及。

⑭《管子》曰：黄帝立明台之议者，上观于兵也；尧有衢室之问者，下听于民也；舜有告善之旌，而主不蔽也；禹立建鼓于朝，而备诉讼也；汤有总街之廷，以观民非也；武王有灵台之囿，而贤者进也：此古圣帝明王所以有而勿失，得而勿忘也。

⑮《魏略》载王自手笔令曰："日前遣使宣国威灵，而达即来。吾惟《春秋》褒仪父，即封拜达，使还领新城太守。近复有扶老携幼首向王化者。吾闻夙沙之民自缚其君以归神农，豳国之众襁负其子而入丰、镐，斯岂驱略迫胁之所致哉？乃风化动其情而仁义感其衷，欢心内发使之然也。以此而推，西南将万里无外，权、备将与谁守死乎？"

⑯《魏书》曰：设伎乐百戏，令曰："先王云乐其所自生，礼不忘其本。谯，霸王之邦，真人本出，其复谯租税二年。"三老

吏民上寿,日夕而罢。丙申,亲祠谯陵。

孙盛曰:昔者先王之以孝治天下也,内节天性,外施四海,存尽其敬,亡极其哀,思慕谅闇,寄政冢宰,故曰"三年之丧,自天子达于庶人";夫然,故在三之义惇,臣子之恩笃,雍熙之化隆,经国之道固,圣人之所以通天地,厚人伦,显至教,敦风俗,斯万世不易之典,百王服膺之制也。是故丧礼素冠,郐人著庶见之讥,宰予降期,仲尼发不仁之叹,子颓忘戚,君子以为乐祸,鲁侯易服,《春秋》知其不终,岂不以坠至痛之诚心, 丧哀乐之大节者哉?故虽三季之末,七雄之弊,犹未有废缞斩于旬朔之间,释麻杖于反哭之日者也。逮于汉文,变易古制,人道之纪,一旦而废,缞素夺于至尊,四海散其遏密,义感阙于群后,大化坠于君亲;虽心存贬约,虑在经纶,至于树德垂声,崇化变俗,固以道薄于当年,风颓于百代矣。且武王载主而牧野不陈,晋襄墨缞而三帅为俘,应务济功,服其焉害?魏王既追汉制,替其大礼,处莫重之哀而设飨宴之乐,居贻厥之始而坠王化之基,及至受禅,显纳二女,忘其至恤以诬先圣之典, 天心丧矣,将何以终!是以知王龄之不遐,卜世之期促也。

⑰《汉书》高祖八月令曰:"士卒从军死,为槥。"应劭曰:"槥,小棺也,今谓之椟。"应璩《百一诗》曰:"槥车在道路,征夫不得休。"陆机《大墓赋》曰:"观细木而闷迟,睹洪椟而念槥。"

⑱袁宏《汉纪》载汉帝诏曰:"朕在位三十有二载,遭天下荡覆,幸赖祖宗之灵,危而复存。然仰瞻天文,俯察民心,炎精之数既终,行运在乎曹氏。是以前王既树神武之绩,今王又光曜明德以应其期,是历数昭明,信可知矣。夫大道之行,天下为公,选贤与能,故唐尧不私于厥子,而名播于无穷。朕羡而慕焉,今其追踵尧典,禅位于魏王。"

⑲《献帝传》载禅代众事曰:左中郎将李伏表魏王曰:"昔先王初建魏国,在境外者闻之未审,皆以为拜王。武都李庶、姜合羁旅汉中,谓臣曰:'必为魏公,未便王也。定天下者,魏公子桓,神之所命,当合符谶,以应天人之位。'臣以合辞语镇南将军张鲁,鲁亦问合知书所出,合曰:'孔子《玉版》也。天子历数,虽百世可知。'是后月余,有亡人来,写得册文,卒如合辞。合长于内学,关右知名。鲁虽有怀国之心,沉溺异道变化,不果寤合之言。后密与臣议策质,国人不协,或欲西通,鲁即怒曰:'宁为魏公奴,不为刘备上客也。'言发恻痛,诚有由然。合先迎王师,往岁病亡于邺。自臣在朝,每为所亲宣说此意,时未有宜,弗敢显言。殿下即位初年,祯祥众瑞,日月而至,有命自天,昭然著见。然圣德洞达,符表豫明,实乾坤挺庆,万国作孚。臣每庆贺,欲言合验;事君尽礼,人以为谄。况臣名行秽贱,入朝日浅,言为罪尤,自抑而已。今洪泽被四表,灵恩格天地,海内翕习,殊方归服,兆应并集,以扬休命,始终允臧。臣不胜喜舞,谨具表通。"王令曰:"以示外。薄德之人,何能致此,未敢当也;斯诚先王至德通于神明,固非人力也。"

魏王侍中刘廙、辛毗、刘晔、尚书令桓阶、尚书陈矫、陈群、给事黄门侍郎王毖、董遇等言:"臣伏读左中郎将李伏上事,考图纬之言,以效神明之应,稽之古代,未有不然者也。故尧称历数在躬,璇玑以明天道;周武未战而赤乌衔书;汉祖未兆而神母告符;孝宣仄微,字成木叶;光武布衣,名已勒谶。是天之所命以著圣哲,非有言语之声,芬芳之臭,可得而知也,徒县象以示人,微物以效意耳。自汉德之衰,渐染数世,桓、灵之末,皇极不建,暨于大乱,二十余年。天之不泯,诞生明圣,以济其难,是以符谶先著,以彰至德。殿下践阼未期,而灵象变于上,群瑞应于下,四方不羁之民,归心向义,唯惧在后,虽典籍所传,未若今之盛也。臣妾远近,莫不凫藻。"王令曰:"犁牛之驳似虎,莠之幼似禾,事有似是而非者,今日是已。睹斯言事,良重吾不德。"于是尚书仆射宣告官寮,咸使闻知。

辛亥, 太史丞许芝条魏代汉见谶纬于魏王曰:"《易传》曰:'圣人受命而王,黄龙以戊己日见。'七月四日戊寅,黄龙见,此帝王受命之符瑞最著明者也。又曰:'初六,履霜,阴始凝也。'又有积虫大穴天子之宫,厥咎然,今蝗虫见,应之也。又曰:'圣人以德亲比天下,仁恩洽普,厥应麒麟以戊己日至,厥应圣人受命。'又曰:'圣人清净行中正,贤人福至民从命,厥应麒麟来。'《春秋汉含孳》曰：'汉以魏，魏以征。'《春秋玉版谶》曰：'代赤者魏公子。'《春秋佐助期》曰：'汉以许昌失天下。'故白马令李云上事曰：'许昌气见于当涂高，当涂高者当昌于许。'当涂高者，魏也；象魏者，两观阙是也；当道而高大者魏。魏当代汉。今魏基昌于许，汉征绝于许，乃今效见，如李云之言，许昌相应也。《佐助期》又曰：'汉以蒙孙亡。'说者以蒙孙汉二十四帝，童蒙愚昏，以弱亡。或以杂文为蒙其孙当失天下，以为汉帝非正嗣，少时为董侯，名不正，蒙乱之荒惑，其子孙以弱亡。《孝经中黄谶》曰：'日载东，绝火光。不横一，圣聪明。四百之外，易姓而王。天下归功，致太平，居八甲；共礼乐，正万民，嘉乐家和杂。'此魏王之姓讳，著见图谶。《易运期谶》曰：'言居东，西有午，两日并光日居下。其为主，反为辅。五八四十，黄气受，真人出。'言午，许字。两日，昌字。汉当以许亡，魏当以许昌。今际会之期在许，是其大效也。《易运期》又曰：'鬼在山，禾女连，王天下。'臣闻帝王者，五行之精；易姓之符，代兴之会，以七百二十年为一轨。有德者过之，至于八百，无德者不及，至四百载。是以周家八百六十七年，夏家四百数十年，汉行夏正，迄今四百二十六岁。又太祖受命，数虽起乙未，然其兆征始于获麟。获麟以来七百余年，天之历数将以尽终。帝王之兴，不常一姓。太微中，黄帝坐常明，而赤帝坐常不见，以为黄家兴而赤家衰，凶亡之渐。自是以来四十余年，又荧惑失色不明十有余年。建安十年，彗星先除紫微，二十三年，复扫太微。新天子气见东南以来，二十三年，白虹贯日，月蚀荧惑，比年己亥、壬子、丙午日蚀，皆水灭火之象也。殿下即位，初践阼，德配天地，行合神明，恩泽盈溢，广被四表，格于上下。是以黄龙数见，凤皇仍翔，麒麟皆臻，白虎效仁，前后献见于郊甸；甘露醴泉，奇兽神物，众瑞并出。斯皆帝王受命易姓之符也。昔黄帝受命，风后受《河图》；舜、禹有天下，凤皇翔，洛出《书》；汤之王，白鸟为符；文王为西伯，赤鸟衔丹书；武王伐殷，白鱼升舟；高祖始起，白蛇为征。巨迹瑞应，皆为圣人兴。观汉前后之大灾，今兹之符瑞，察图谶之期运，揆河洛之所甄，未若今大魏之最美也。夫得岁星者，道始兴。昔武王伐殷，岁在鹑火，有周之分野也。高祖入秦，五星聚东井，有汉之分野也。今兹岁星在大梁，有魏之分野也。而天之瑞应，并集来臻，四方归附，襁负而至，兆民欣戴，咸乐嘉庆。《春秋大传》曰：'周公何以不之鲁？盖以为虽有继体守文之君，不害圣人受命而王。'周公反政，《尸子》以为孔子非之，以为周公不圣，不为兆民也。京房作《易传》曰：'凡为王者，恶者去之，弱者夺之。易姓改代，天命应常，人谋鬼谋，百姓与能。'伏惟殿下体尧舜之盛明，膺七百之禅代，当汤武之期运，值天命之移受，河洛所表，图谶所载，昭然明白，天下学士所共见也。臣职在史官，考符察征，图谶效见，际会之期，谨以上闻。"王令曰："昔周文三分天下有其二，以服事殷，仲尼叹其至德；公旦履天子之籍，听天下之断，终然复子明辟，《书》美其人。吾虽德不及二圣，敢忘高山景行之义哉？若夫唐尧、舜、禹之迹，皆以圣质茂德处之，故能上和灵祇，下宁万姓，流称今日。今吾德至薄也，人至鄙也，遭遇际会，幸承先王余业，恩未被四海，泽未及天下，虽倾仓竭府以振魏国百姓，犹寒者未尽暖，饥者未尽饱。夙夜忧惧，弗敢遑宁，庶欲保全发齿，长守今日，以没于地，以全魏国，下见先王，以塞负荷之责。望狭志局，守此而已；虽屡蒙祥瑞，当之战惶，五色无主。若芝之言，岂所闻乎？心栗手悼，书不成字，辞不宣心。吾闲作诗曰：'丧乱悠悠过纪，白骨纵横万里，哀哀下民靡恃，吾将佐时整理，复子明辟致仕。'庶欲守此辞以自终，卒不虚言也。宜宣示远近，使昭赤心。"于是侍中辛毗、刘晔、散骑常侍傅巽、卫臻、尚书令桓阶、尚书陈矫、陈群、给事中博士骑都尉苏林、董巴等奏曰："伏见太史丞许芝上魏国受命之符；令书恳切，允执谦让，虽舜、禹、汤、文，义无以过。然古先哲王所以受天命而不辞者，诚急遵皇天之意，副兆民之望，弗得已也。且《易》曰：'观乎天文以察时变，观乎人文以化成天下。'又曰：'天垂象，见吉凶，圣人则之；河出图，洛出书，圣人效之。'以为天文因人而变，至于河洛之书，著于《洪范》，则殷、周效而用之矣。斯言，诚帝王之明符，天道之大要也。是以由德应录者代兴于前，失道数尽者迭废于后，《传》讥苌弘欲支天之所坏，而说蔡墨‘雷乘乾’之说，明神器之存亡，非人力所能建也。今汉室衰替，帝纲堕坠，天子之诏，歇灭无闻，皇天将舍旧而命新，百姓既去汉而为魏，昭然著明，是可知也。先王拨乱平世，将建洪基；至于殿下，以至德当历数之运，即位以来，天应人事，粲然大备，神灵图籍，兼仍往古，休征嘉兆，跨越前代；是芝所取《中黄》、《运期》姓纬之谶，斯文乃著于前世，与汉并见。由是言之，天命久矣，非殿下所得而拒之也。神明之意，候望禋享，兆民颙颙，咸注嘉愿，惟殿下览图籍之明文，急天下之公义，辄宣令外内，布告州郡，使知符命著明，而殿下谦虚之意。”令曰：“下四方以明孤款心，是也。至于览余辞，岂余所谓哉？宁所堪哉？诸卿指论，未若孤自料之审也。夫虚谈谬称，鄙薄所弗当也。且闻比来东征，经郡县，历屯田，百姓面有饥色，衣或裋褐不完，罪皆在孤；是以上惭众瑞，下愧士民。由斯言之，德尚未堪偏王，何言帝者也！宜止息此议，无重吾不德，使逝之后，不愧后之君子。”

癸丑，宣告群寮。督军御史中丞司马懿、侍御史郑浑、羊秘、鲍勋、武周等言：“令如左。伏读太史丞许芝上符命事，臣等闻有唐世衰，天命在虞，虞氏世衰，天命在夏；然则天地之灵，历数之运，去就之符，惟德所在。故孔子曰：‘凤鸟不至，河不出图，吾已矣夫！’今汉室衰，自安、和、冲、质以来，国统屡绝，桓、灵荒淫，禄去公室，此乃天命去就，非一朝一夕，其所由来久矣。殿下践阼，至德广被，格于上下，天人感应，符瑞并臻，考之旧史，未有若今日之盛。夫大人者，先天而天弗违，后天而奉天时，天时已至而犹谦让者，舜、禹所不为也，故生民蒙救济之惠，群类受育长之施。今八方颙颙，大小注望，皇天乃眷，神人同谋，十分而九以委质，义过周文，所谓过恭也。臣妾上下，伏所不安。”令曰：“世之所不足者道义也，所有余者苟妄也；常人之性，贱所不足，贵所有余，故曰‘不患无位，患所以立’。孤虽寡德，庶自免于常人之贵。夫‘石可破而不可夺坚，丹可磨而不可夺赤’。丹石微物，尚保斯质，况吾托士人之末列，曾受教于君子哉？且於陵仲子以仁为富，柏成子高以义为贵，鲍焦感子贡之言，弃其蔬而槁死，薪者讥季札失辞，皆委重而弗视。吾独何人？昔周武，大圣也，使叔旦盟胶鬲于四内，使召公约微子于共头，故伯夷、叔齐相与笑之曰：‘昔神农氏之有天下，不以人之坏自成，不以人之卑自高。’以为周之伐殷以暴也。吾德非周武而义惭夷、齐，庶欲远苟妄之失道，立丹石之不夺，迈於陵之所富，蹈柏成之所贵，执鲍焦之贞至，遵薪者之清节。故曰：‘三军可夺帅，匹夫不可夺志。’吾之斯志，岂可夺哉？”

乙卯，册诏魏王禅代天下曰：“惟延康元年十月乙卯，皇帝曰，咨尔魏王：夫命运否泰，依德升降，三代卜年，著于《春秋》，是以天命不于常，帝王不一姓，由来尚矣。汉道陵迟，为日已久，安、顺已降，世失其序，冲、质短祚，三世无嗣，皇纲肇亏，帝典颓沮。暨于朕躬，天降之灾，遭无妄厄运之会，值炎精幽昧之期。变兴辇毂，祸由阉宦。董卓乘衅，恶甚浇、豷，劫迁省御，火扑宫庙，遂使九州幅裂，强敌虎争，华夏鼎沸，蝮蛇塞路。当斯之时，尺土非复汉有，一夫岂复朕民？幸赖武王德膺符运，奋扬神武，芟夷凶暴，清定区夏，保乂皇家。今王缵承前绪，至德光昭，御衡不迷，布德优远，声教被四海，仁风扇鬼区，是以四方效珍，人神响应，天之历数实在尔躬。昔虞舜有大功二十，而放勋禅以天下；大禹有疏导之绩，而重华禅以帝位。汉承尧运，有传圣之义，加顺灵祇，绍天明命，釐降二女，以嫔于魏。使使持节行御史大夫事太常音，奉皇帝玺绶，王其永君万国，敬御天威，允执其中，天禄永终，敬之哉？”于是尚书令桓阶等奏曰：“汉氏以天子位禅之陛下，陛下以圣明之德，历数之序，承汉之禅，允当天心。夫天命弗可得辞，兆民之望弗可得违，臣请会列侯诸将、群臣陪隶，发玺书，顺天命，具礼仪列奏。”令曰：“当议孤终不当承之意而已。犹猎，还方有令。”

尚书令等又奏曰：“昔尧、舜禅于文祖，至汉氏，以师征受命，畏天之威，不敢怠遑，便即位行在所之地。今当受禅代之命，宜会百寮群司，六军之士，皆在行位，使咸睹天命。营中促狭，可于平敞之处设坛场，奉答休命。臣辄与侍中常侍会议礼仪，太史官择吉日讫，复奏。”令曰：“吾殊不敢当之，外亦何豫事也！”

侍中刘廙、常侍卫臻等奏议曰：“汉氏遵唐尧公天下之议，陛下以圣德膺历数之运，天人同欢，靡不得所，宜顺灵符，速践皇阼。问太史丞许芝，今月十七日己未直成，可受禅命，辄治坛场之处，所当施行别奏。”令曰：“属出见外便设坛场，斯何谓乎？今当辞让不受诏也。但于帐前发玺书，威仪如常，且天寒，罢作坛士使归。”既发玺书，王令曰：“当奉还玺绶，为让章。吾岂奉此诏承此贶邪？昔尧让天下于许由、子州支甫，舜亦让于善卷、石户之农、北人无择，或退而耕颍之阳，或辞以幽忧之疾，或远入山林，莫知其处，或携子入海，终身不反，或以为辱，自投深渊；且颜阖惧太朴之不完，守知足之明分，王子搜乐丹穴之潜处，被熏而不出，柳下惠不以三公之贵易其介，曾参不以晋、楚之富易其仁：斯九士者，咸高节而尚义，轻富而贱贵，故书名千载，于今称焉。求仁得仁，仁岂在远？孤独何为不如哉？义有蹈东海而逝，不奉汉朝之诏也。亟为上章还玺绶，宣之天下，使咸闻焉。”己未，宣告群僚，下魏，又下天下。

辅国将军清苑侯刘若等百二十人上书曰：“伏读令书，深执克让，圣意恳恻，至诚外昭，臣等有所不安。何者？石户、北人，匹夫狂狷，行不合义，事不经见者，是以史迁谓之不然，诚非圣明所当希慕。且有虞不逆放勋之禅，夏禹亦无辞位之语，故传曰：‘舜陟帝位，若固有之。’斯诚圣人知天命不可逆，历数弗可辞也。伏惟陛下应乾符运，至德发闻，升昭于天，是三灵降瑞，人神以和，休征杂沓，万国响应，虽欲勿用，将焉避之？而固执谦虚，违天逆众，慕匹夫之微分，背上圣之所蹈，违经谶之明文，信百氏之穿凿，非所以奉答天命，光慰众望也。臣等昧死以请，辄整顿坛场，至吉日受命，如前奏，分别写令宣下。”王令曰：“昔柏成子高辞夏禹而匿野，颜阖辞鲁币而远迹，夫以王者之重，诸侯之贵，而二子忽之，何则？其节高也。故烈士徇荣名，义夫高贞介，虽蔬食瓢饮，乐在其中。是以仲尼师王骀，而子产嘉申徒。今诸卿皆孤股肱腹心，足以明孤，而今咸若斯，则诸卿游于形骸之内，而孤求为形骸之外，其不相知，未足多怪。亟为上章还玺绶，勿复纷纷也。”

辅国将军等一百二十人又奏曰：“臣闻符命不虚见，众心不可违，故孔子曰：‘周公其为不圣乎？以天下让。是天地日月轻去万物也。’是以舜向天下，不拜而受命。今火德气尽，炎上数终，帝迁明德，祚隆大魏。符瑞昭晰，受命既固，光天之下，神人同应，虽有虞仪凤，成周跃鱼，方今之事，未足以喻。而陛下违天命以饰小行，逆人心以守私志，上忤皇穹眷命之旨，中忘圣人达节之数，下孤人臣翘首之望，非所以扬圣道之高衢，乘无穷之懿勋也。臣等闻事君有献可替否之道，奉上有逆鳞固争之义，臣等敢以死请。”令曰：“夫古圣王之治也，至德合乾坤，惠泽均造化，礼教优乎昆虫，仁恩洽乎草木，日月所照，戴天履地含气有生之类，靡不被服清风，沐浴玄德；是以金革不起，苛慝不作，风雨应节，祯祥触类而见。今百姓寒者未暖，饥者未饱，鳏者未室，寡者未嫁；权、备尚存，未可舞以干戚，方将整以齐斧；戎役未息于外，士民未安于内，耳未闻康哉之歌，目未睹击壤之戏，婴儿未可托于高巢，余粮未可以宿于田亩：人事未备，至于此也。夜未曜景星，治未通真人，河未出龙马，山未出象车，蓂荚未植阶庭，萐莆未生庖厨，王母未献白环，渠搜未见珍裘：灵瑞未效，又如彼也。昔东户季子、容成、大庭、轩辕、赫胥之君，咸得以此就功勒名。今诸卿独不可少假孤精心竭虑，以和天人，以格至理，使彼众事备，群瑞效，然后安乃议此乎，何遽相愧相迫之如是也？速为让章，上还玺绶，无重吾不德也。”

侍中刘廙等奏曰：“伏惟陛下以大圣之纯懿，当天命之历数，观天象则符瑞著明，考图纬则文义焕炳，察人事则四海齐心，稽前代则异世同归；而固拒禅命，未践尊位，圣意恳恻，臣等敢不奉诏？辄具章遣使者。”奉令曰：“泰伯三以天下让，人无得而称焉，仲尼叹其至德，孤独何人？”

庚申，魏王上书曰：“皇帝陛下：奉被今月乙卯玺书，伏听册命，五内惊震，精爽散越，不知所处。臣前上还相位，退守藩国，圣恩听许。臣虽无古人量德度身自定之志，保己存性，实其私愿。不寤陛下猥损过谬之命，发不世之诏，以加无德之臣。且闻尧禅重华，举其克谐之德，舜授文命，采其齐圣之美，犹下咨四岳，上观璇玑。今臣德非虞、夏，行非二君，而承历数之谘，应选授之命，内自揆抚，无德以称。且许由匹夫，犹拒帝位，善卷布衣，而逆虞诏。臣虽鄙蔽，敢忘守节以当大命，不胜至愿。谨拜章陈情，使行相国永寿少府粪土臣毛宗奏，并上玺绶。”辛酉，给事中博士苏林、董巴上表曰：“天有十二次以为分野，王公之国，各有所属，周在鹑火，魏在大梁。岁星行历十二次国，天子受命，诸侯以封。周文王始受命，岁在鹑火，至武王伐纣十三年，岁星复在鹑火，故《春秋传》曰：‘武王伐纣，岁在鹑火；岁之所在，即我有周之分野也。’昔光和七年，岁在大梁，武王始受命，于时将讨黄巾。是岁改年为中平元年。建安元年，岁复在大梁，始拜大将军。十三年复在大梁，始拜丞相。今二十五年，岁复在大梁，陛下受命。此魏得岁与周文王受命相应。今年青龙在庚子，《诗推度灾》曰：‘庚者更也，子者滋也，圣命天下治。’又曰：‘王者布德于子，治成于丑。’此言今年天更命圣人制治天下，布德于民也。魏以改制天下，与时协矣。颛顼受命，岁在豕韦，卫居其地，亦在豕韦，故《春秋传》曰：‘卫，颛顼之墟也。’今十月斗之建，则颛顼受命之分也，始魏以十月受禅，此同符始祖受命之验也。魏之氏族，出自颛顼，与舜同祖，见于《春秋》世家。舜以土德承尧之火，今魏亦以土德承汉之火，于行运会于尧舜授受之次。臣闻天之去就，固有常分，圣人当之，昭然不疑，故尧捐骨肉而禅有虞，终无吝色，舜发陇亩而君天下，若固有之，其相受授，间不替漏；天下已传矣，所以急天命，天下不可一日无君也。今汉期运已终，妖异绝之已审，阶下受天之命，符瑞告征，丁宁详悉，反覆备至，虽言语相喻，无以代此。今既发诏书，玺绶未御，固执谦让，上逆天命，下违民望。臣谨案古之典籍，参以图纬，魏之行运及天道所在，即尊之验，在于今年此月，昭晰分明。唯陛下迁思易虑，以时即位，显告天帝而告天下，然后改正朔，易服色，正大号，天下幸甚。”令曰：“凡斯皆宜圣德，故曰：‘苟非其人，道不虚行。’天瑞虽彰，须德而光；吾德薄之人，胡足以当之？今让，冀见听许，外内咸使闻知。”

壬戌，册诏曰：“皇帝问魏王言：遣宗奉庚申书到，所称引，闻之。朕惟汉家世逾二十，年过四百，运周数终，行祚已讫，天心已移，兆民望绝，天之所废，有自来矣。今大命有所厎止，神器当归圣德，违众不顺，逆天不祥。王其体有虞之盛德，应历数之嘉会，是以祯祥告符，图谶表录，神人同应，受命咸宜。朕畏上帝，致位于王；天不可违，众不可拂。且重华不逆尧命，大禹不辞舜位，若夫由、卷匹夫，不载圣籍，固非皇材帝器所当称慕。今使音奉皇帝玺绶，王其陟帝位，无逆朕命，以祗奉天心焉。”

于是尚书令桓阶等奏曰：“今汉使音奉玺书到，臣等以为天命不可稽，神器不可渎。周武中流有白鱼之应，不待师期而大号已建，舜受大麓，桑荫未移而已陟帝位，皆所以祗承天命，若此之速也。故无固让之义，不以守节为贵，必道信于神灵，符合于天地而已。《易》曰：‘其受命如响，无有远近幽深，遂知来物，非天下之至赜，其孰能与于此？’今陛下应期运之数，为皇天所子，而复稽滞于辞让，低回于大号，非所以则天地之道，副万国之望。臣等敢以死请，辄敕有司修治坛场，择吉日，受禅命，发玺绶。”令曰：“冀三让而不见听，何汲汲于斯乎？”

甲子，魏王上书曰：“奉今月壬戌玺书，重被圣命，伏听册告，肝胆战悸，不知所措。天下神器，禅代重事，故尧将禅舜，纳于大麓，舜之命禹，玄圭告功；烈风不迷，九州攸平，询事考言，然后乃命，而犹执谦让于德不嗣。况臣顽固，质非二圣，乃应天统，受终明诏；敢守微节，归志箕山，不胜大愿。谨拜表陈情，使并奉上玺绶。”

侍中刘廙等奏曰：“臣等闻圣帝不违时，明主不逆人，故《易》称通天下之志，断天下之疑。伏惟陛下体有虞之上圣，承土德之行运，当亢阳明夷之会，应汉氏祚终之数，合契皇极，同符两仪。是以圣瑞表征，天下同应，历运去就，深切著明；论之天命，无所与议，比之时宜，无所与争。故受命之期，时清日晏，曜灵施光，休气云蒸。是乃天道悦怿，民心欣戴，而仍见闭拒，于礼何居？且群生不可一日无主，神器不可以斯须无统，故臣有违君以成业，下有矫上以立事，臣等敢不重以死请。”王令曰：“天下重器，王者正统，以圣德当之，犹有惧心，吾何人哉？且公卿未至乏主，斯岂小事，且宜以待固让之后，乃当更议其可耳。”

丁卯，册诏魏王曰：“天讫汉祚，辰象著明，朕祗天命，致位于王，仍陈历数于诏册，喻符运于翰墨；神器不可以辞拒，皇位不可以谦让，稽于天命，至于再三。且四海不可以一日旷主，万机不可以斯须无统，故建大业者不拘小节，知天命者不系细物，是以舜受大业之命而无逊让之辞，圣人达节，不亦远乎！今使音奉皇帝玺绶，王其钦承，以答天下向应之望焉。”

相国华歆、太尉贾诩、御史大夫王朗及九卿上言曰：“臣等被召到，伏见太史丞许芝、左中郎将李伏所上图谶、符命，侍中刘廙等宣叙众心，人灵同谋。又汉朝知陛下圣化通于神明，圣德参于虞、夏，因瑞应之备至，听历数之所在，遂献玺绶，固让尊号。能言之伦，莫不抃舞，《河图》、《洛书》，天命瑞应，人事协于天时，民言协于天叙。而陛下性秉劳谦，体尚克让，明诏恳切，未肯听许，臣妾小人，莫不伊邑。臣等闻自古及今，有天下者不常在乎一姓；考以德势，则盛衰在乎强弱，论以终始，则废兴在乎期运。唐、虞历数，不在厥子而在舜、禹。舜、禹虽怀克让之意迫，群后执玉帛而朝之，兆民怀欣戴而归之，率土扬歌谣而咏之，故其守节之拘，不可得而常处，达节之权，不可得而久避；是以或逊位而不吝，或受禅而不辞，不吝者未必厌皇宠，不辞者未必渴帝祚，各迫天命而不得以已。既禅之后，则唐氏之子为宾于有虞，虞氏之胄为客于夏代，然则禅代之义，非独受之者实应天福，授之者亦与有余庆焉。汉自章、和之后，世多变故，稍以陵迟，洎乎孝灵，不恒其心，虐贤害仁，聚敛无度，政在嬖竖，视民如仇，遂令上天震怒，百姓从风如归；当时则四海鼎沸，既没则祸发宫庭，宠势并竭，帝室遂卑，若在帝舜之末节，犹择圣代而授之，荆人抱玉璞，犹思良工而刊之，况汉国既往，莫之能匡，推器移君，委之圣哲，固其宜也。汉朝委质，既愿禅礼之速定也，天祚率土，必将有主；主率土者，非陛下其孰能任之？所谓论德无与为比，考功无推让矣。天命不可久稽，民望不可久违，臣等慺慺，不胜大愿。伏请陛下割执谦之志，修受禅之礼，副人神之意，慰外内之愿。”令曰：“以德则孤不足，以时则戎虏未灭。若以群贤之灵，得保首领，终君魏国，于孤足矣。若孤者，胡足以辱四海？至乎天瑞人事，皆先王圣德遗庆，孤何有焉？是以未敢闻命。”

己巳，魏王上书曰：“臣闻舜有宾于四门之勋，乃受禅于陶唐，禹有存国七百之功，乃承禄于有虞。臣以蒙蔽，德非二圣，猥当天统，不敢闻命。敢屡抗疏，略陈私愿，庶章通紫庭，得全微节，情达宸极，永守本志。而音重复衔命，申制诏臣，臣实战惕，不发玺书，而音迫于严诏，不敢复命。愿陛下驰传骋驿，召音还台。不胜至诚，谨使宗奉书。”

相国歆、太尉诩、御史大夫朗及九卿奏曰：“臣等伏读诏书，于邑益甚。臣等闻《易》称圣人奉天时，《论语》云君子畏天命，天命有去就，然后帝者有禅代。是以唐之禅虞，命在尔躬，虞之顺唐，谓之受终；尧知天命去已，故不得不禅舜，舜知历数在躬，故不敢不受；不得不禅，奉天时也，不敢不受，畏天命也。汉朝虽承季末陵迟之余，犹务奉天命以则尧之道，是以愿禅帝位而归二女。而陛下正于大魏受命之初，抑虞、夏之达节，尚延陵之让退，而所枉者大，所直者小，所详者轻，所略者重，中人凡士犹为陛下陋之。没者有灵，则重华必忿愤于苍梧之神墓，大禹必郁悒于会稽之山阴，武王必不悦于高陵之玄宫矣。是以臣等敢以死请。且汉政在阉宦，禄去帝室七世矣，遂集矢石于其宫殿，而二京为之丘墟。当是之时，四海荡覆，天下分崩，武王亲衣甲而冠胄，沐雨而栉风，为民请命，则活万国，为世拨乱，则致升平，鸠民而立长，筑宫而置吏，元元无过，罔于前业，而始有造于华夏。陛下即位，光昭文德，以翊武功，勤恤民隐，视之如伤，惧者宁之，劳者息之，寒者以暖，饥者以充，远人以德服，寇敌以恩降，迈恩种德，光被四表；稽古笃睦，茂于放勋，网漏吞舟，弘乎周文。是以布政未期，人神并和，皇天则降甘露而臻四灵，后土则挺芝草而吐醴泉，虎豹鹿兔，皆素其色，雉鸠燕雀，亦白其羽，连理之木，同心之瓜，五采之鱼，珍祥瑞物，杂遝于其间者，无不毕备。古人有言：‘微禹，吾其鱼乎！’微大魏，则臣等之白骨交横于旷野矣。伏省群臣外内前后章奏，所以陈叙陛下之符命者，莫不条河洛之图书，据天地之瑞应，因汉朝之款诚，宣万方之景附，可谓信矣著矣；三王无以及，五帝无以加。民命之悬于魏邦，民心之系于魏政，三十有余年矣，此乃千世时至之会，万载一遇之秋；达节广度，宜昭于斯际，拘牵小节，不施于此时。久稽天命，罪在臣等。辄营坛场，具礼仪，择吉日，昭告昊天上帝，秩群神之礼，须禋祭毕，会群寮于朝堂，议年号、正朔、服色当施行，上。”复令曰：“昔者大舜饭糗茹草，将终身焉，斯则孤之前志也。及至承尧禅，被袗裘，妻二女，若固有之，斯则顺天命也。群公卿士诚以天命不可拒，民望不可违，孤亦曷以辞焉！”

庚午，册诏魏王曰：“昔尧以配天之德，秉六合之重，犹睹历运之数，移于有虞，委让帝位，忽如遗迹。今天既讫我汉命，乃眷北顾，帝皇之业，实在大魏。朕守空名以窃古义，顾视前事，犹有惭德，而王逊让至于三四，朕用惧焉。夫不辞万乘之位者，知命达节之数也，虞、夏之君，处之不疑，故勋烈垂于万载，美名传于无穷。今遣守尚书令侍中觊喻，王其速陟帝位，以顺天人之心，副朕之大愿。”

于是尚书令桓阶等奏曰：“今汉氏之命已四至，而陛下前后固辞，臣等伏以为上帝之临圣德，期运之隆大魏，斯岂数载？《传》称周之有天下，非甲子之朝，殷之去帝位，非牧野之日也，故《诗》序商汤，追本玄王之至，述姬周，上录后稷之生，是以受命既固，厥德不回。汉氏衰废，行次已绝，三辰垂其征，史官著其验，耆老记先古之占，百姓协歌谣之声。陛下应天受禅，当速即坛场，柴燎上帝，诚不宜久停神器，拒亿兆之愿。臣辄下太史令择元辰，今月二十九日，可登坛受命，请诏三公群卿，具条礼仪别奏。”令曰：“可。”

⑳《献帝传》曰：辛未，魏王登坛受禅，公卿、列侯、诸将、匈奴单于、四夷朝者数万人陪位，燎祭天地、五岳、四渎，曰：“皇帝臣丕敢用玄牡昭告于皇皇后帝：汉历世二十有四，践年四百二十有六，四海困穷，三纲不立，五纬错行，灵祥并见，推术数者，虑之古道，咸以为天之历数，运终兹世，凡诸嘉祥民神之意，比昭有汉数终之极，魏家受命之符。汉主以神器宜授于臣，宪章有虞，致位于丕。丕震畏天命，虽休勿休。群公庶尹六事之人，外及将士，洎于蛮夷君长，佥曰：‘天命不可以辞拒，神器不可以久旷，群臣不可以无主，万几不可以无统。’丕祗承皇象，敢不钦承。卜之守龟，兆有大横，筮之三易，兆有革兆，谨择元日，与群寮登坛受帝玺绶，告类于尔大神；唯尔有神，尚飨永吉，兆民之望，祚于有魏世享。”遂制诏三公：“上古之始有君也，必崇恩化以美风俗，然百姓顺教而刑辟厝焉。今朕承帝王之绪，其以延康元年为黄初元年，议改正朔，易服色，殊徽号，同律度量，承土行，大赦天下；自殊死以下，诸不当得赦，皆赦除之。”

《魏氏春秋》曰：帝升坛礼毕，顾谓群臣曰：“舜、禹之事，吾知之矣。”

干宝《搜神记》曰：宋大夫邢史子臣明于天道，周敬王之三十七年，景公问曰：“天道其何祥？”对曰：“后五十年五月丁亥，臣将死；死后五年五月丁卯，吴将亡；亡后五年，君将终；终后四百年，邾王天下。”俄而皆如其言。所云邾王天下者，谓魏之兴也。邾，曹姓，魏亦曹姓，皆邾之后。其年数则错，未知邢史失其数邪，将年代久远，注记者传而有谬也？

㉑臣松之案：诸书记是时帝居北宫，以建始殿朝群臣，门曰承明，陈思王植诗曰“谒帝承明庐”是也。至明帝时，始于汉南宫崇德殿处起太极、昭阳诸殿。

《魏书》曰：以夏数为得天，故即用夏正，而服色尚黄。

《魏略》曰：诏以汉火行也，火忌水，故“洛”去“水”而加“隹”。魏于行次为土，土，水之牡也，水得土而乃流，土得水而柔，故除“隹”加“水”，变“雒”为“洛”。

㉒臣松之以为礼天子以春分朝日，秋分夕月；寻此年正

月郊祀，有月无日，乙亥朝日，则有日无月，盖文之脱也。案明帝朝日夕月，皆如礼文，故知此纪为误者也。

㉓《魏书》载诏曰："颍川，先帝所由起兵征伐也。官渡之役，四方瓦解，远近顾望，而此郡守义，丁壮荷戈，老弱负粮。昔汉祖以秦中为国本，光武恃河内为王基，今朕复于此登坛受禅，天以此郡翼成大魏。"

㉔《魏略》曰：改长安、谯、许昌、邺、洛阳为五都；立石表，西界宜阳，北循太行，东北界阳平，南循鲁阳，东界郯，为中都之地。令天下听内徙，复五年，后又增其复。

㉕《魏书》：甲辰，以京师宗庙未成，帝亲祠武皇帝于建始殿，躬执馈奠，如家人之礼。

㉖《魏书》曰：己亥，公卿朝朔旦，并引故汉太尉杨彪，待以客礼，诏曰："夫先王制几杖之赐，所以宾礼黄耇褒崇元老也。昔孔光、卓茂皆以淑德高年，受兹嘉锡。公故汉宰臣，乃祖已来，世著名节，年过七十，行不逾矩，可谓老成人矣，所宜宠异以章旧德。其赐公延年杖及冯几；谒请之日，便使杖入，又可使著鹿皮冠。"彪辞让不听，竟著布单衣、皮弁以见。

《续汉书》曰：彪见汉祚将终，自以累世为三公，耻为魏臣，遂称足挛，不复行。积十余年，帝即王位，欲以为太尉，令近臣宣旨。彪辞曰："尝以汉朝为三公，值世衰乱，不能立尺寸之益，若复为魏臣，于国之选，亦不为荣也。"帝不夺其意。黄初四年，诏拜光禄大夫，秩中二千石，朝见位次三公，如孔光故事。彪上章固让，帝不听，又为门施行马，致吏卒，以优崇之。年八十四，以六年薨。子修，事见《陈思王传》。

㉗《魏书》曰：十一月辛未，镇西将军曹真命众将及州郡兵讨破叛胡治元多、卢水、封赏等，斩首五万余级，获生口十万，羊一百一十一万口，牛八万，河西遂平。帝初闻胡决水灌显美，谓左右诸将曰："昔隗嚣灌略阳，而光武因其疲弊，进兵灭之。今胡决水灌显美，其事正相似，破胡事今至不久。"旬日，破胡告檄到，上大笑曰："吾策之于帷幕之内，诸将奋击于万里之外，其相应若合符节。前后战克获虏，未有如此也。"

㉘《魏书》曰：癸亥，孙权上书，说："刘备支党四万人，马二三千匹，出秭归，请往扫扑，以克捷为效。"帝报曰："昔隗嚣之弊，祸发栒邑，子阳之禽，变起扞关，将军其亢厉威武，勉蹈奇功，以称吾意。"

㉙应劭《汉书注》曰：款，叩也；皆叩塞门来服从。

㉚《魏书》曰：权及领南郡太守史郃等三百一十八人，诣荆州刺史奉上所假印绶、棨戟、幢麾、牙门、鼓车。权等诣行在所，帝置酒设乐，引见于承光殿。权、郃等人人前自陈，帝为论说军旅成败去就之分，诸将无不喜悦。赐权金帛、车马、衣裘、帷帐、妻妾，下及偏裨皆有差。拜权为侍中镇南将军，封列侯，即日召使骖乘；及封史郃等四十二人皆为列侯，为将军郎将百余人。

㉛孙盛曰：夫经国营治，必凭俊哲之辅，贤达令德，必居参乱之任，故虽周室之盛，有妇人与焉。然则坤道承天，南面罔二，三从之礼，谓之至顺，至于号令自天子出，奏事专行，非古义也。昔在申、吕，实匡有周。苟以天下为心，惟德是杖，则亲疏之授，至公一也，何至后族而必斥远之哉？二汉之季世，王道陵迟，故令外戚凭宠，职为乱阶。此自时昏道丧，运祚将移，纵无王、吕之难，岂乏田、赵之祸乎？而后世观其若此，深怀酖毒之戒也。至于魏文，遂发一概之诏，可谓有识之爽言，非帝者之宏议。

㉜臣松之按：礼，天子诸侯之棺，各有重数；棺之亲身者曰椑。

㉝《吕氏春秋》：尧葬于穀林，通树之；舜葬于纪，市廛不变其肆；禹葬会稽，不变人徒。

㉞《魏书》载丙午诏曰："孙权残害民物，朕以寇不可长，故分命猛将三道并征。今征东诸军与权党吕范等水战，则斩首四万，获船万艘。大司马据守濡须，其所禽获亦以万数。中军、征南，攻围江陵，左将军张郃等舳舻直渡，击其南渚，贼赴水溺死者数千人，又为地道攻城，城中外雀鼠不得出入，此几上肉耳！而贼中疠气疾病，夹江涂地，恐相染污。昔周武伐殷，

旋师孟津,汉祖征隗嚣,还军高平,皆知天时而度贼情也。且成汤解三面之网,天下归仁。今开江陵之围,以缓成死之禽。且休力役,罢省繇戍,畜养士民,咸使安息。”

㉟《魏书》曰:辛酉,有司奏造二庙,立太皇帝庙,大长秋特进侯与高祖合祭,亲尽以次毁;特立武皇帝庙,四时享祀,为魏太祖,万载不毁也。

㊱《魏书》曰:七月乙未,大军当出,使太常以特牛一告祠于郊。

臣松之按:魏郊祀奏中,尚书卢毓议祀厉殃事云:“具牺牲祭器,如前后师出告郊之礼。”如此,则魏氏出师,皆告郊也。

㊲《魏书》曰:有司奏改汉氏宗庙《安世乐》曰《正世乐》,《嘉至乐》曰《迎灵乐》,《武德乐》曰《武颂乐》,《昭容乐》曰《昭业乐》,《云翘舞》曰《凤翔舞》,《育命舞》曰《灵应舞》,《武德舞》曰《武颂舞》,《文始舞》曰《大韶舞》,《五行舞》曰《大武舞》。

㊳《魏书》曰:十二月丙寅,赐山阳公夫人汤沐邑,公女曼为长乐郡公主,食邑各五百户。是冬,甘露降芳林园。臣松之按:芳林园即今华林园,齐王芳即位,改为华林。

㊴《魏书》载癸酉诏曰:“近之不绥,何远之怀?今事多而民少,上下相弊以文法,百姓无所措其手足。昔太山之哭者,以为苛政甚于猛虎,吾备儒者之风,服圣人之遗教,岂可以目玩其辞,行违其诫者哉?广议轻刑,以惠百姓。”

㊵《魏略》载诏曰:“昔轩辕建四面之号,周武称‘予有乱臣十人’,斯盖先圣所以体国君民,亮成天工,多贤为贵也。今内有公卿以镇京师,外设牧伯以监四方,至于元戎出征,则军中宜有柱石之贤帅,辎重所在,又宜有镇守之重臣,然后车驾可以周行天下,无内外之虑。吾今当征贼,欲守之积年。其以尚书令颍乡侯陈群为镇军大将军,尚书仆射西乡侯司马懿为抚军大将军。若吾临江授诸将方略,则抚军当留许昌,督后诸军,录后台文书事;镇军随车驾,当董督众军,录行尚书事;皆假节鼓吹,给中军兵骑六百人。吾欲去江数里,筑宫室,往来其中,见贼可击之形,便出奇兵击之;若或未可,则当舒六军以游猎,飨赐军士。”

㊶《魏书》载帝于马上为诗曰:“观兵临江水,水流何汤汤!戈矛成山林,玄甲耀日光。猛将怀暴怒,胆气正从横。谁云江水广,一苇可以航,不战屈敌虏,戢兵称贤良。古公宅岐邑,实始翦殷商。孟献营虎牢,郑人惧稽颡。充国务耕植,先零自破亡。兴农淮、泗间,筑室都徐方。量宜运权略,六军咸悦康;岂如《东山诗》,悠悠多忧伤。”

㊷《魏书》曰:殡于崇华前殿。

㊸《魏氏春秋》曰:明帝将送葬,曹真、陈群、王朗等以暑热固谏,乃止。

孙盛曰:夫窀穸之事,孝子之极痛也,人伦之道,于斯莫重。故天子七月而葬,同轨毕至。夫以义感之情,犹尽临隧之哀,况乎天性发中,敦礼者重之哉!魏氏之德,仍世不基矣。昔华元厚葬,君子以为弃君于恶,群等之谏,弃孰甚焉!

鄄城侯植为诔曰:“惟黄初七年五月十七日,大行皇帝崩,呜呼哀哉!于时天震地骇,崩山陨霜,阳精薄景,五纬错行,百姓呼嗟,万国悲伤,若丧考妣,思慕过唐,擗踊郊野,仰想穹苍,佥曰何辜,早世殒丧,呜呼哀哉!悲夫大行,忽焉光灭。永弃万国,云往雨绝。承问荒忽,惛懵哽咽。袖锋抽刃,叹自僵毙,追慕三良,甘心同穴。感惟南风,惟以郁滞。终于偕没,指景自誓。考诸先记,寻之哲言。生若浮寄,唯德可论。朝闻夕逝,孔志所存。皇虽一没,天禄永延。何以述德?表之素旃。何以咏功?宣之管弦。乃作诔曰:皓皓太素,两仪始分。中和产物,肇有人伦。爰暨三皇,实秉道真。降逮五帝,继以懿纯。三代制作,踵武立勋。季嗣不维,网漏于秦。崩乐灭学,儒坑礼焚。二世而歼,汉氏乃因。弗求古训,嬴政是遵。王纲帝典,阒尔无闻。末光幽昧,道究运迁。乾坤回历,简圣授贤。乃眷大行,属以黎元。龙飞启祚,合契上玄。五行定纪,改号革年。明明赫赫,受命于天。仁风偃物,德以礼宣。祥惟圣质,嶷在幼妍。庶几六典,学不过庭。潜心无罔,抗志青冥。才秀藻朗,如玉之莹。听察无向,瞻睹未形。其刚如金,其贞如琼。如冰之洁,如砥之平。爵公无私,戮违无轻。心镜万机,揽照下情。思良股肱，嘉昔伊吕。搜扬侧陋，举汤代禹。拔才岩穴，取士蓬户。唯德是萦，弗拘祢祖。宅土之表，道义是图。弗营厥险，六合是虞。齐契共遵，下以纯民。恢拓规矩，克绍前人。科条品制，褒贬以因。乘殷之辂，行夏之辰。金根黄屋，翠葆龙鳞。绋冕崇丽，衡紞维新。尊肃礼容，瞩之若神。方牧妙举，钦于恤民。虎将荷节，镇彼四邻。朱旗所剿，九壤被震。畴克不若，孰敢不臣？县旌海表，万里无尘。虏备凶彻，鸟殪江岷。权若涸鱼，乾腊矫鳞。肃慎纳贡，越裳效珍。条支绝域，侍子内宾。德侪先皇，功侔太古。上灵降瑞，黄初叔祜。河龙洛龟，凌波游下。平钧应绳，神鸾翔舞。数荚阶除，系风扇暑。皓兽素禽，飞走郊野。神钟宝鼎，形自旧土。云英甘露，瀸涂被宇。灵芝冒沼，朱华荫渚。回回凯风，祁祁甘雨。稼穑丰登，我稷我黍。家佩惠君，户蒙慈父。图致太和，洽德全义。将登介山，先皇作俪。镌石纪勋，兼录众瑞。方隆封禅，归功天地。宾礼百灵，勋命视规。望祭四岳，燎封奉柴。肃于南郊，宗祀上帝。三牲既供，夏禘秋尝。元侯佐祭，献璧奉璋。鸾舆幽蔼，龙旗太常。爰迄太庙，钟鼓锽锽。颂德咏功，八佾锵锵。皇祖既飨，烈考来享。神具醉止，降兹福祥。天地震荡，大行康之。三辰暗昧，大行光之。皇纮绝维，大行纲之。神器莫统，大行当之。礼乐废弛，大行张之。仁义陆沈，大行扬之。潜龙隐凤，大行翔之。疏狄遐康，大行匡之。在位七载，元功仍举。将永太和，绝迹三五。宜作物师，长为神主。寿终金石，等算东父。如何奄忽，摧身后土。俾我茕茕，靡瞻靡顾。嗟嗟皇穹，胡宁忍务？呜呼哀哉！明监吉凶，体远存亡。深垂典制，申之嗣皇。圣上虔奉，是顺是将。乃创玄宇，基为首阳。拟迹縠林，追尧慕唐，合山同陵，不树不疆。涂车刍灵，珠玉靡藏。百神警侍，来宾幽堂，耕禽田兽，望魂之翔。于是，俟大隧之致功兮，练元辰之淑祯。潜华体于梓宫兮，冯正殿以居灵。顾望嗣之号咷兮，存临者之悲声。悼晏驾之既修兮，感容车之速征。浮飞魂于轻霄兮，就黄墟以灭形。背三光之昭晰兮，归玄宅之冥冥。嗟一往之不反兮，痛閟闼之长扃。咨远臣之眇眇兮，感凶讳以怛惊。心孤绝而靡告兮，纷流涕而交颈。思恩荣以横奔兮，阂阙塞之峣峥。顾衰绖以轻举兮，迫关防之我婴。欲高飞而遥憩兮，惮天网之远经。遥投骨于山足兮，报恩养于下庭。慨拊心而自悼兮，惧施重而命轻。嗟微躯之是效兮，甘九死而忘生。几司命之役籍兮，先黄发而陨零。天盖高而察卑兮，冀神明之我听。独郁伊而莫诉兮，追顾景而怜形。奏斯文以写思兮，结翰墨以敷诚。呜呼哀哉！”

㊹《魏书》曰：帝初在东宫，疫疠大起，时人凋伤，帝深感叹，与素所敬者大理王朗书曰：“生有七尺之形，死唯一棺之土，唯立德扬名，可以不朽，其次莫如著篇籍。疫疠数起，士人凋落，余独何人，能全其寿？”故论撰所著《典论》、诗赋，盖百余篇，集诸儒于肃城门内，讲论大义，侃侃无倦。常嘉汉文帝之为君，宽仁玄默，务欲以德化民，有贤圣之风。时文学诸儒，或以为孝文虽贤，其于聪明，通达国体，不如贾谊。帝由是著《太宗论》曰：“昔有苗不宾，重华舞以干戚，尉佗称帝，孝文抚以恩德，吴王不朝，锡之几杖以抚其意，而天下赖安；乃弘三章之教，恺悌之化，欲使曩时累息之民，得阔步高谈，无危惧之心。若贾谊之才敏，筹划国政，特贤臣之器，管、晏之姿，岂若孝文大人之量哉？”三年之中，以孙权不服，复颁《太宗论》于天下，明示不愿征伐也。他日又从容言曰：“顾我亦有所不取于汉文帝者三：杀薄昭；幸邓通；慎夫人衣不曳地，集上书囊为帐帷。以为汉文俭而无法，舅后之家，但当养育以恩而不当假借以权，既触罪法，又不得不害矣。”其欲秉持中道，以为帝王仪表者如此。

胡冲《吴历》曰：帝以素书所著《典论》及诗赋饷孙权，又以纸写一通与张昭。

㊺《典论》帝《自叙》曰：初平之元，董卓杀主鸩后，荡覆王室。是时四海既困中平之政，兼恶卓之凶逆，家家思乱，人人自危。山东牧守，咸以《春秋》之义，“卫人讨州吁于濮”，言人人皆得讨贼。于是大兴义兵，名豪大侠，富室强族，飘扬云会，万里相赴；兖、豫之师战于荥阳，河内之甲军于孟津。卓遂迁

大驾，西都长安。而山东大者连郡国，中者婴城邑，小者聚阡陌，以还相吞灭。会黄巾盛于海岱，山寇暴于并、冀，乘胜转攻，席卷而南，乡邑望烟而奔，城郭睹尘而溃，百姓死亡，暴骨如莽。余时年五岁，上以世方扰乱，教余学射，六岁而知射，又教余骑马，八岁而能骑射矣。以时之多故，每征，余常从。建安初，上南征荆州，至宛，张绣降。旬日而反，亡兄孝廉子修、从兄安民遇害。时余年十岁，乘马得脱。夫文武之道，各随时而用，生于中平之季，长于戎旅之间，是以少好弓马，于今不衰；逐禽辄十里，驰射常百步，日多体健，心每不厌。建安十年，始定冀州，濊、貊贡良弓，燕、代献名马。时岁之暮春，勾芒司节，和风扇物，弓燥手柔，草浅兽肥，与族兄子丹猎于邺西，终日手获獐鹿九，雉兔三十。后军南征次曲蠡，尚书令荀彧奉使犒军，见余谈论之末，彧言："闻君善左右射，此实难能。"余言："执事未睹夫项发口纵，俯马蹄而仰月支也。"彧喜笑曰："乃尔！"余曰："埒有常径，的有常所，虽每发辄中，非至妙也。若驰平原，赴丰草，要狡兽，截轻禽，使弓不虚弯，所中必洞，斯则妙矣。"时军祭酒张京在坐，顾彧拊手曰"善"。余又学击剑，阅师多矣，四方之法各异，唯京师为善。桓、灵之间，有虎贲王越善斯术，称于京师。河南史阿言昔与越游，具得其法，余从阿学之精熟。尝与平虏将军刘勋、奋威将军邓展等共饮，宿闻展善有手臂，晓五兵，又称其能空手入白刃。余与论剑良久，谓言将军法非也，余顾尝好之，又得善术，因求与余对。时酒酣耳热，方食芊蔗，便以为杖，下殿数交，三中其臂，左右大笑。展意不平，求更为之。余言吾法急属，难相中面，故齐臂耳。展言愿复一交，余知其欲突以取交中也，因伪深进，展果寻前，余却脚鄛，正截其颡，坐中惊视。余还坐，笑曰："昔阳庆使淳于意去其故方，更授以秘术，今余亦愿邓将军捐弃故伎，更受要道也。"一坐尽欢。夫事不可自谓己长，余少晓持复，自谓无对；俗名双戟为坐铁室，镶楯为蔽木户；后从陈国袁敏学，以单攻复，每为若神，对家不知所出，先日若逢敏于狭路，直决耳！余于他戏弄之事少所喜，唯弹棋略尽其巧，少为之赋。昔京师先工有马合乡侯、东方安世、张公子，常恨不得与彼数子者对。上雅好诗书文籍，虽在军旅，手不释卷，每每定省从容，常言人少好学则思专，长则善忘，长大而能勤学者，唯吾与袁伯业耳。余是以少诵诗、论，及长而备历五经、四部，《史》、《汉》、诸子百家之言，靡不毕览。

《博物志》曰：帝善弹棋，能用手巾角。时有一书生，又能低头以所冠著葛巾角撇棋。

三国志卷三 魏书三

明帝纪第三

明皇帝讳叡，字元仲，文帝太子也。生而太祖爱之，常令在左右。①年十五，封武德侯，黄初二年为齐公，三年为平原王。以其母诛，故未建为嗣。②七年夏五月，帝病笃，乃立为皇太子。丁巳，即皇帝位，大赦。尊皇太后曰太皇太后，皇后曰皇太后。诸臣封爵各有差。③癸未，追谥母甄夫人曰文昭皇后。壬辰，立皇弟蕤为阳平王。

明皇帝名叡，字元仲，是文帝的太子。曹叡出生后太祖就喜欢他，常常让他在自己身边。十五岁时，封为武德侯，文帝黄初二年封为齐公，黄初三年封为平原王。因为他的母亲甄皇后是被赐死的，所以他没有被立为继承人。黄初七年夏季五月，文帝病情严重，才立为皇太子。丁巳日，登上皇帝位，大赦天下。尊称皇太后卞后为太皇太后，皇后郭后为皇太后。大臣们赐封爵位各有等次差别。六月癸未日，追谥母亲甄夫人为文昭皇后。壬辰日，立弟弟曹蕤为阳平王。

八月，孙权攻江夏郡，太守文聘坚守。朝议欲发兵救之，帝曰："权习水战，所以敢下船陆攻者，几掩不备也。今已与聘相持，夫攻守势倍，终不敢久也。"先时遣治书侍御史荀禹慰劳边方，禹到，于江夏发所经县兵及所从步骑千人乘山举火，权退走。

黄初七年八月，孙权进攻江夏郡，江夏郡太守文聘坚守城池。朝廷商议准备派兵救援文聘，明帝说："孙权熟悉水战，他之所以敢于下船上岸进攻，只是趁我们没有防备。现在他已经和文聘互相对峙，攻守的力量相差一倍，孙权终究不敢长久地打下去。"前些时候派遣治书侍御史荀禹到边境去慰劳，荀禹到达后，在江夏发动所经过各县的士兵及他随从的骑兵一千人，上山点起火把，孙权便撤退了。

辛巳，立皇子冏为清河王。吴将诸葛瑾、张霸等寇襄阳，抚军大将军司马宣王讨破之，斩霸，征东大将军曹休又破其别将于寻阳。论功行赏各有差。冬十月，清河王冏薨。十二月，以太尉钟繇为太傅，征东大将军曹休为大司马，中军

辛巳日，立皇子曹冏为清河王。吴国将领诸葛瑾、张霸等人侵犯襄阳，抚军大将军司马宣王（司马懿）讨伐打败了他们，杀了张霸，征东大将军曹休又在寻阳打败了配合主力军作战的部队的将领。论功行赏各有等次差别。冬季十月，清河王曹冏去世。十二月，任命太尉钟繇为太傅，征东大将军曹休为大

大将军曹真为大将军，司徒华歆为太尉，司空王朗为司徒，镇军大将军陈群为司空，抚军大将军司马宣王为骠骑大将军。

司马，中军大将军曹真为大将军，司徒华歆为太尉，司空王朗为司徒，镇东大将军陈群为司空，抚军大将军司马宣王为骠骑将军。

太和元年春正月，郊祀武皇帝以配天，宗祀文皇帝于明堂以配上帝。分江夏南部，置江夏南部都尉。西平麹英反，杀临羌令、西都长，遣将军郝昭、鹿磐讨斩之。二月辛未，帝耕于籍田。辛巳，立文昭皇后寝庙于邺。丁亥，朝日于东郊。夏四月乙亥，行五铢钱。甲申，初营宗庙。秋八月，夕月于西郊。冬十月丙寅，治兵于东郊。焉耆王遣子入侍。十一月，立皇后毛氏。赐天下男子爵人二级，鳏寡孤独不能自存者赐谷。十二月，封后父毛嘉为列侯。新城太守孟达反，诏骠骑将军司马宣王讨之。④

太和元年春季正月，在京郊祭祀武皇帝与天配享，在明堂祭祀文皇帝与上帝配享。划出江夏郡南部，设置江夏南部都尉。西平郡人麹英反叛，杀死临羌县令、西都县县长，明帝派遣将军郝昭、鹿磐讨伐并斩杀了他们。二月辛未日，明帝在籍田耕种。辛巳日，在邺城修建文昭皇后的寝庙。丁亥日，在东郊祭祀太阳。夏季四月乙亥日，使用五铢钱。甲申日，开始营建宗庙。秋季八月，在西郊祭祀月亮。冬季十月丙寅日，在东郊训练军队。焉耆王送自己的儿子入朝侍奉。十一月，立毛氏为皇后。赏赐天下男子爵位每人二级，对鳏寡孤独不能自己谋生的赐给粮食。十二月，封皇后的父亲毛嘉为列侯。新城太守孟达反叛，下诏命令骠骑将军司马宣王去讨伐他。

二年春正月，宣王攻破新城，斩达，传其首。⑤分新城之上庸、武陵、巫县为上庸郡，锡县为锡郡。

太和二年春正月，司马宣王攻克新城郡，杀了孟达，把他的首级传送到京都。分出新城郡的上庸、武陵、巫县为上庸郡，改锡县为锡郡。

蜀大将诸葛亮寇边，天水、南安、安定三郡吏民叛应亮。⑥遣大将军曹真都督关右，并进兵。右将军张郃击亮于街亭，大破之。亮败走，三郡平。丁未，行幸长安。⑦夏四月丁酉，还洛阳宫。⑧赦系囚非殊死以下。乙巳，论讨亮功，封爵增邑各有差。五月，大旱。六月，诏曰："尊儒贵学，王教之本

蜀国大将诸葛亮进犯边界，天水、南安、安定三郡的官民反叛响应诸葛亮。明帝派遣大将军曹真统领关右各路军队，一起进军。右将军张郃在街亭阻击诸葛亮，大败蜀军。诸葛亮败走，三郡平定。丁未日，明帝巡行到长安。夏季四月丁酉日，返回洛阳宫。赦免被囚禁但并非判处死刑的犯人。乙巳日，评定讨伐诸葛亮的战功，赐封爵位增加食邑的等级各有差别。五月，大旱。六月，明帝下诏书说："尊崇儒家，重视学者，这是天子进行教化的根本。近来有的

也。自顷儒官或非其人，将何以宣明圣道？其高选博士，才任侍中、常侍者。申敕郡国，贡士以经学为先。”秋九月，曹休率诸军至皖，与吴将陆议战于石亭，败绩。乙酉，立皇子穆为繁阳王。庚子，大司马曹休薨。冬十月，诏公卿近臣举良将各一人。十一月，司徒王朗薨。十二月，诸葛亮围陈仓，曹真遣将军费曜等拒之。[9]辽东太守公孙恭兄子渊，劫夺恭位，遂以渊领辽东太守。

儒官不称职，这怎么能宣扬光大圣贤之道？要择优选拔博士，以及才能可以担任侍中、常侍的人。告诫各郡国，向朝廷荐举人才首先要考察他的经学成就。”秋季九月，曹休率领各军到皖县，与吴国将领陆议在石亭交战，被打得大败。九月乙酉日，立皇子曹穆为繁阳王。庚子日，大司马曹休去世。冬季十月，诏令三公九卿和亲近大臣各荐举优秀将领一人。十一月，司徒王朗去世。十二月，诸葛亮围攻陈仓，曹真派遣将军曹曜等人前去抵抗。辽东太守公孙恭哥哥的儿子公孙渊，篡夺了公孙恭的职位，于是魏国任命公孙渊兼任辽东太守。

三年夏四月，元城王礼薨。六月癸卯，繁阳王穆薨。戊申，追尊高祖大长秋曰高皇帝，夫人吴氏曰高皇后。

太和三年夏季四月，元城王曹礼去世。六月癸卯日，繁阳王曹穆去世。戊申日，追尊高祖父大长秋曹腾为高皇帝，曹腾夫人吴氏为高皇后。

秋七月，诏曰：“礼，王后无嗣，择建支子以继大宗，则当纂正统而奉公义，何得复顾私亲哉！汉宣继昭帝后，加悼考以皇号；哀帝以外藩援立，而董宏等称引亡秦，惑误时朝，既尊恭皇，立庙京都，又宠藩妾，使比长信，叙昭穆于前殿，并四位于东宫，僭差无度，人神弗佑，而非罪师丹忠正之谏，用致丁、傅焚如之祸。自是之后，相踵行之。昔鲁文逆祀，罪由夏父；宋国非度，讥在华元。其令公卿有司，深以前世行事为戒。后嗣万一有由诸侯入奉大统，则当明为人后之义；敢为佞邪导谀时君，妄建非正之号以干正统，谓考为皇，称妣为后，则股肱大臣，诛

秋季七月，明帝下诏书说：“古礼规定，王后没有儿子，遴选庶子继承大宗，就应继承正统来奉守公义，怎么能再顾及原来的私亲呢！汉宣帝继承昭帝之后，追尊他的生父皇号为悼；哀帝以藩王的身份入继帝位，而董宏等人援引亡秦的例子，迷惑当时的朝廷，既尊称哀帝的生父刘康为恭皇，在京都建立宗庙，又加宠于王的姬妾丁氏、傅氏，使他们与皇太后、太皇太后等同，在前殿排列昭穆次序，在东宫让四人的地位并列，超越礼制没有法度，人神不会保佑他们，却指责惩处师丹的忠诚正直的进谏，终于招致丁氏、傅氏掘冢焚尸的祸害。自此以后，相继推行同样的做法。从前鲁文公颠倒祭祀次序，罪过是由夏父弗忌造成的；宋国不遵守法令，应当谴责华元。现在命令三公九卿文武百官，把前代所做的那些事情作为鉴戒。以后继位的人万一有由诸侯入朝继承帝位的，应当明白做继承人的大义；有谁胆敢用花言巧语引诱逢迎当时的君主，随便建立非正统的称号来干犯正统，称生父为‘皇’，称生母为‘后’，那么朝廷的辅佐大臣，定要将他们诛杀不赦。

之无赦。其书之金策，藏之宗庙，著于令典。”

把这诏书写在金策上，藏在宗庙里，记载在国家的法典中。”

冬十月，改平望观曰听讼观。帝常言“狱者，天下之性命也”，每断大狱，常幸观临听之。

冬季十月，将平望观改称听讼观。明帝常说“刑狱，关系天下人的生命”，每当判决重大的案子时，常常亲自到听讼观聆听。

初，洛阳宗庙未成，神主在邺庙。十一月，庙始成，使太常韩暨持节迎高皇帝、太皇帝、武帝、文帝神主于邺，十二月己丑至，奉安神主于庙。⑩

当初，洛阳的宗庙没有完工，神主安放在邺城宗庙里。十一月，宗庙才建成，派遣太常韩暨持符节到邺城迎接高皇帝曹腾、太皇帝曹嵩、武帝曹操、文帝曹丕的神主，十二月己丑日到达洛阳，敬奉神主安放在洛阳宗庙内。

癸卯，大月氏王波调遣使奉献，以调为亲魏大月氏王。

癸卯日，大月氏王波调派遣使者前来进贡，任命波调为亲魏大月氏王。

四年春二月壬午，诏曰：“世之质文，随教而变。兵乱以来，经学废绝，后生进趣，不由典谟。岂训导未洽，将进用者不以德显乎？其郎吏学通一经，才任牧民，博士课试，擢其高第者，亟用；其浮华不务道本者，皆罢退之。”戊子，诏太傅三公：以文帝《典论》刻石，立于庙门之外。癸巳，以大将军曹真为大司马，骠骑将军司马宣王为大将军，辽东太守公孙渊为车骑将军。夏四月，太傅钟繇薨。六月戊子，太皇太后崩。丙申，省上庸郡。秋七月，武宣卞后祔葬于高陵。诏大司马曹真、大将军司马宣王伐蜀。八月辛巳，行东巡，遣使者以特牛祠中岳。⑪乙未，幸许昌宫。九月，大雨，伊、洛、河、汉水溢，诏真等班师。冬十月乙卯，行还洛阳宫。庚申，令：“罪非殊死听赎各有差。”十一

太和四年春季二月壬午日，明帝下诏书说：“社会风气的朴实和浮华，随着教化而变易。自从战乱以来，经学教育荒废断绝，青年人的进取，不是通过学习经典的途径。这难道不是教诲、引导不恰当，要任用的官吏不是由于德行显著的缘故吗？今后郎吏能精通一经，才可以胜任治民长官，由博士主持考试，选拔成绩优异的人，优先录用；对那些浮华不务正道的人，都罢免辞退。”戊子日，下诏太傅、三公：将文帝的《典论》刻在石碑上，竖立在太庙门外。癸巳日，任命大将军曹真为大司马，骠骑将军司马宣王为大将军，辽东太守公孙渊为车骑将军。夏季四月，太傅钟繇去世。六月戊子日，太皇太后逝世。丙申日，撤除上庸郡。秋季七月，将武宣卞皇后合葬在武帝曹操的高陵。诏命大司马曹真、大将军司马宣王征讨蜀国。八月辛巳日，明帝往东巡视，派遣使者用公牛祭祀中岳。乙未日，明帝亲临许昌宫。九月，大雨，伊水、洛水、黄河、汉水泛滥，明帝诏令曹真等人调回军队。冬季十月乙卯日，明帝巡行返回洛阳宫。庚申日，明帝下令：“没有犯死罪的犯人，可按不同的等级让他们赎罪。”十一月，太白金星运行在木

月,太白犯岁星。十二月辛未,改葬文昭甄后于朝阳陵。丙寅,诏公卿举贤良。

星附近。十二月辛未日,将文昭甄皇后改葬在朝阳陵。丙寅日,诏令三公九卿推举有德行才干的人。

五年春正月,帝耕于籍田。三月,大司马曹真薨。诸葛亮寇天水,诏大将军司马宣王拒之。自去冬十月至此月不雨,辛巳,大雩。夏四月,鲜卑附义王轲比能率其种人及丁零大人兒禅诣幽州贡名马。复置护匈奴中郎将。秋七月丙子,以亮退走,封爵增位各有差。[12]乙酉,皇子殷生,大赦。

太和五年春季正月,明帝到籍田耕作。三月,大司马曹真去世。诸葛亮进犯天水,诏令大将军司马宣王抵御。从去年冬季十月开始到这个月都没有下雨,辛巳日,举行盛大的求雨祭典。夏季四月,鲜卑附义王轲比能率领他的部族以及丁零部落首领兒禅到幽州进献名马。重新设置护匈奴中郎将。秋季七月丙子日,因诸葛亮退走,有功将吏受赐封爵位和增加爵位的等级各有差异。乙酉日,皇子曹殷降生,大赦天下。

八月,诏曰:"古者诸侯朝聘,所以敦睦亲亲协和万国也。先帝著令,不欲使诸王在京都者,谓幼主在位,母后摄政,防微以渐,关诸盛衰也。朕惟不见诸王十有二载,悠悠之怀,能不兴思!其令诸王及宗室公侯各将適子一人朝。后有少主、母后在宫者,自如先帝令,申明著于令。"冬十一月乙酉,月犯轩辕大星。戊戌晦,日有蚀之。十二月甲辰,月犯镇星。戊午,太尉华歆薨。

秋季八月,明帝下诏书说:"古代的诸侯朝见天子,是为了使亲属间和睦亲密,协调各国的关系。先帝制定诏令,不让诸王留在京都,是因为幼小的君主在位,由母亲皇太后代行国政,在事端刚刚出现之时加以防止,这关系到国家的兴衰。朕有十二年没见到诸王了,心中悠悠的怀念之情,怎么能不思念呢!现在命令诸王以及宗室的公、侯各带一位嫡子入朝。以后有幼小的君主、母后在宫里的,自应依照先帝的诏令,申述明白并把它写在法令中。"冬季十一月乙酉日,月亮运行到轩辕大星附近。戊戌日晦,发生日食。十二月甲辰日,月亮侵犯镇星。戊午日,太尉华歆去世。

六年春二月,诏曰:"古之帝王,封建诸侯,所以藩屏王室也。《诗》不云乎,'怀德维宁,宗子维城'。秦、汉继周,或强或弱,俱失厥中。大魏创业,诸王开国,随时之宜,未有定制,非所以永为后法也。其改封诸侯王,皆以郡为国。"三月癸酉,行东巡,所过存问高年鳏寡孤独,赐谷帛。乙亥,月犯

太和六年春季二月,下诏书说:"古代的帝王,分封建立诸侯国,是用来保卫王室的。《诗经》不是说过吗,'有德能使国家安宁,同姓诸侯王是捍卫国家的城墙'。秦、汉继周之后,有时强有时弱,都失之于中正之道。大魏开创基业,诸王分土建国,是适应当时的形势,没有一定的制度,不能以此永久地作为今后的法规。现在改封诸侯王,都以郡为国。"三月癸酉日,明帝巡视东方,所到之处慰问老人、鳏夫、寡妇、孤儿、年老无子的人,赐给他们粮食和丝织物。乙亥日,月亮运行到轩辕大星附近。夏季四月

轩辕大星。夏四月壬寅，行幸许昌宫。甲子，初进新果于庙。五月，皇子殷薨，追封谥安平哀王。秋七月，以卫尉董昭为司徒。九月，行幸摩陂，治许昌宫，起景福、承光殿。冬十月，殄夷将军田豫帅众讨吴将周贺于成山，杀贺。十一月丙寅，太白昼见。有星孛于翼，近太微上将星。庚寅，陈思王植薨。十二月，行还许昌宫。

壬寅日，明帝巡行亲临许昌宫。甲子日，开始向宗庙进献鲜果。五月，皇子曹殷去世，追封谥号为安平哀王。秋季七月，任用卫尉董昭为司徒。九月，明帝巡行亲临摩陂，整修许昌宫，兴建景福殿、承光殿。冬季十月，殄夷将军田豫率领部众在成山讨伐吴国将领周贺，杀了周贺。十一月丙寅日，太白星白天出现。在翼星座旁出现彗星，接近太微垣的上将星。庚寅日，陈思王曹植去世。十二月，明帝巡行返回许昌宫。

青龙元年春正月甲申，青龙见郏之摩陂井中。二月丁酉，幸摩陂观龙，于是改年；改摩陂为龙陂，赐男子爵人二级，鳏寡孤独无出今年租赋。三月甲子，诏公卿举贤良笃行之士各一人。夏五月壬申，诏祀故大将军夏侯惇、大司马曹仁、车骑将军程昱于太祖庙庭。⑬戊寅，北海王蕤薨。闰月庚寅朔，日有蚀之。丁酉，改封宗室女非诸王女皆为邑主。诏诸郡国山川不在祠典者勿祠。六月，洛阳宫鞠室灾。

青龙元年春季正月甲申日，郏县摩陂水井中显现青龙。二月丁酉日，明帝亲临摩陂观看青龙，于是更改年号；改摩陂为龙陂，赐给天下男子爵位每人二级，鳏寡孤独的人免交当年的租赋。三月甲子日，下令三公九卿每人荐举一名品德高尚、行为淳厚的士人。夏季五月壬申日，下令在太祖庙的前庭祭祀已故大将军夏侯惇、大司马曹仁、车骑将军程昱。戊寅日，北海王曹蕤去世。闰五月庚寅初一，发生日食。丁酉日，改封宗室中非诸侯王女儿的女子都为邑主。诏令各郡国不要祭祀未列入祭典的山川。六月，洛阳宫内的鞠室(踢球的房子)发生火灾。

保塞鲜卑大人步度根与叛鲜卑大人轲比能私通，并州刺史毕轨表，辄出军以外威比能，内镇步度根。帝省表曰：“步度根以为比能所诱，有自疑心。今轨出军，适使二部惊合为一，何所威镇乎？”促敕轨，以出军者慎勿越塞过句注也。比诏书到，轨以进军屯阴馆，遣将军苏尚、董弼追鲜卑。比能遣子将千余骑迎步度根

保卫边塞的鲜卑首领步度根与反叛的鲜卑首领轲比能私下勾结，并州刺史毕轨上表报告，并出动军队对外威慑轲比能，对内镇定安抚步度根。明帝看到表章说：“步度根已经被轲比能引诱，存有怀疑之心。现在毕轨出兵，只能使这两个部落惊慌地结合在一起，怎么能威镇得住他们呢？”立即命令毕轨，已经出兵的千万不要越出边塞跨过句注山。等到诏书到达，毕轨已经进军驻扎在阴馆，派遣将军苏尚、董弼追击鲜卑。轲比能派遣他的儿子带领一千多骑兵迎接步度根的部落，与苏尚、董弼相遇，在

部落，与尚、弼相遇，战于楼烦，二将败没。步度根部落皆叛出塞，与比能合寇边。遣骁骑将军秦朗将中军讨之，虏乃走漠北。

楼烦交战，二将战败战死。步度根部落全部叛乱逃出塞外，与轲比能共同掠夺边境。明帝派遣骁骑将军秦朗率领中军讨伐他们，于是敌人逃往大漠以北。

秋九月，安定保塞匈奴大人胡薄居姿职等叛，司马宣王遣将军胡遵等追讨，破降之。

秋季九月，安定郡保卫边塞的匈奴首领胡薄居姿职等人叛乱，司马宣王派遣将军胡遵等人追击讨伐，打败并降服了他们。

冬十月，步度根部落大人戴胡阿狼泥等诣并州降，朗引军还⑭。

冬季十月，步度根部落首领戴胡阿狼泥等人到并州投降，秦朗带领军队返回。

十二月，公孙渊斩送孙权所遣使张弥、许晏首，以渊为大司马乐浪公。⑮

十二月，公孙渊斩杀并送来孙权所派遣的使者张弥、许晏的首级，明帝任命公孙渊为大司马、乐浪公。

二年春二月乙未，太白犯荧惑。癸酉，诏曰："鞭作官刑，所以纠慢怠也，而顷多以无辜死。其减鞭杖之制，著于令。"三月庚寅，山阳公薨，帝素服发哀，遣使持节典护丧事。己酉，大赦。夏四月，大疫。崇华殿灾。丙寅，诏有司以太牢告祠文帝庙。追谥山阳公为汉孝献皇帝，葬以汉礼。⑯

青龙二年春季二月乙未日，太白星侵犯荧惑星。癸酉日，诏令说："鞭刑作为官刑，是用来纠正办事怠惰的人，而近来有很多人无辜被打死。现减少鞭杖的量次范围，写明在法令上。"三月庚寅日，山阳公刘协逝世，明帝穿着丧服公告天下，派遣使者持符节主持办理丧事。己酉日，实行大赦。夏季四月，大瘟疫流行。洛阳宫内的崇华殿发生火灾。丙寅日，下诏书命令有关官员用牛羊豕三牲全备祭祀文帝庙。追赐山阳公的谥号为汉孝献皇帝，用汉朝的礼制安葬。

是月，诸葛亮出斜谷，屯渭南，司马宣王率诸军拒之。诏宣王："但坚壁拒守以挫其锋，彼进不得志，退无与战，久停则粮尽，虏略无所获，则必走矣。走而追之，以逸待劳，全胜之道也。"⑰

这个月，诸葛亮从斜谷出兵，驻扎在渭南，司马宣王率领各军抵抗他。明帝下诏给司马宣王说："只需坚守军垒抵御阻击来挫败蜀军的前锋，这样他们想前进不能如愿，退却无法作战，停留久了粮食就会吃光，进行抢掠又一无所得，那么他们一定会退兵。退兵就追击，用我方的休逸来对付敌方的疲劳，这是取得全面胜利的方法。"

五月，太白昼见。孙权入居巢湖口，向合肥新城，又遣将陆议、孙韶各将万余人入淮、沔。六月，征东将军满宠进军拒之。宠欲拔新城守，致贼

五月，白天出现太白星。孙权进入居巢湖口，向合肥的新城进军，又派遣将军陆议、孙韶各率领一万余人开进淮水、沔水地区。六月，征东将军满宠进军抵抗。满宠打算放弃新城防守，引诱敌人到寿春，

寿春，帝不听，曰："昔汉光武遣兵县据略阳，终以破隗嚣，先帝东置合肥，南守襄阳，西固祁山，贼来辄破于三城之下者，地有所必争也。纵权攻新城，必不能拔。敕诸将坚守，吾将自往征之，比至，恐权走也。"秋七月壬寅，帝亲御龙舟东征，权攻新城，将军张颖等拒守力战，帝军未至数百里，权遁走，议、韶等亦退。群臣以为大将军方与诸葛亮相持未解，车驾可西幸长安。帝曰："权走，亮胆破，大将军以制之，吾无忧矣。"遂进军幸寿春，录诸将功，封赏各有差。八月己未，大曜兵，飨六军，遣使者持节犒劳合肥、寿春诸军。辛巳，行还许昌宫。

明帝不同意，说："从前汉光武帝派遣军队深入敌后占领略阳，终于因此打败隗嚣，先帝在东面置防合肥，南面守住襄阳，西面固守祁山，敌人来进攻总是被打败在这三城之下，因为在地势上都是兵家必争的。即使孙权进入新城，也一定不能攻克。命令将领们坚守阵地，我将亲自出征，等我到达，恐怕孙权就逃跑了。"秋七月壬寅日，明帝亲乘龙舟东征，孙权进攻新城，将军张颖等人拒守苦战，明帝的军队没有到达还相距几百里时，孙权就逃走了，陆议、孙韶等人也撤退了。群臣以为大将军正与诸葛亮对峙未见胜负，皇上可以往西亲临长安。明帝说："孙权逃走了，诸葛亮闻风丧胆，大将军已制服他，我没有忧虑了。"于是进军亲临寿春，记录诸将的战功，封官授赏各有差别。八月己未日，检阅军队炫耀武功，设酒宴请全军将士，派遣使者持符节慰问合肥、寿春各军。辛巳日，明帝巡行返回许昌宫。

司马宣王与亮相持，连围积日，亮数挑战，宣王坚垒不应。会亮卒，其军退还。

司马宣王与诸葛亮对峙，连续围攻许多日子，诸葛亮屡次挑战，司马宣王坚守营垒不应战。适逢诸葛亮去世，蜀军撤退回去。

冬十月乙丑，月犯镇星及轩辕。戊寅，月犯太白。十一月，京都地震，从东南来，隐隐有声，摇动屋瓦。十二月，诏有司删定大辟，减死罪。

冬季十月乙丑日，月亮运行到镇星和轩辕星附近。戊寅日，月亮运行到太白星附近。十一月，京都洛阳发生地震，来自东南方向，有隐隐的声音，震动房屋上的瓦片。十二月，明帝诏令有关官员删定关于死刑的法令，减少判处死刑的人。

三年春正月戊子，以大将军司马宣王为太尉。己亥，复置朔方郡。京都大疫。丁巳，皇太后崩。乙亥，陨石于寿光县。三月庚寅，葬文德郭后，营陵于首阳陵涧西，如终制。[18]

青龙三年春季正月戊子日，以大将军司马宣王为太尉。己亥日，又设置朔方郡。京都洛阳发生大瘟疫。二月丁巳日，皇太后郭氏逝世。乙亥日，有陨石落在寿光县。三月庚寅日，安葬文德郭皇后，在首阳陵涧西营建陵墓，按照文帝颁发的关于丧葬的文告办理。

是时，大治洛阳宫，起昭阳、太极殿，筑总章观。百姓失农时，直臣杨阜、高堂隆等各

这时，大规模修建洛阳宫，兴建昭阳殿、太极殿，建筑总章观。百姓耽误了农时，直言谏诤的大臣杨阜、高堂隆等人多次恳切地进谏，明帝虽然不能

数切谏,虽不能听,常优容之。[19]

秋七月,洛阳崇华殿灾。八月庚午,立皇子芳为齐王,询为秦王。丁巳,行还洛阳宫。命有司复崇华,改名九龙殿。冬十月己酉,中山王兖薨。壬申,太白昼见。十一月丁酉,行幸许昌宫。[20]

四年春二月,太白复昼见,月犯太白,又犯轩辕一星,入太微而出。夏四月,置崇文观,征善属文者以充之。五月乙卯,司徒董昭薨。丁巳,肃慎氏献楛矢。

六月壬申,诏曰:"有虞氏画象而民弗犯,周人刑错而不用。朕从百王之末,追望上世之风,邈乎何相去之远?法令滋章,犯者弥多,刑罚愈众,而奸不可止。往者按大辟之条,多所蠲除,思济生民之命,此朕之至意也。而郡国蔽狱,一岁之中尚过数百,岂朕训导不醇,俾民轻罪,将苛法犹存,为之陷阱乎?有司其议狱缓死,务从宽简,及乞恩者,或辞未出而狱以报断,非所以究理尽情也。其令廷尉及天下狱官,诸有死罪具狱以定,非谋反及手杀人,亟语其亲治,有乞恩者,使与奏当文书俱上,朕将思所以全之。其布告天下,使明朕意。"

秋七月,高句骊王宫斩送孙权使胡卫等首,诣幽州。甲寅,太白犯轩辕大星。冬十月

听从,但常常宽容他们。

秋季七月,洛阳宫的崇华殿发生火灾。八月庚午日,立皇子曹芳为齐王,曹询为秦王。丁巳日,明帝巡行返回洛阳宫。下令有关官员修复崇华殿,改名为九龙殿。冬季十月己酉日,中山王曹兖去世。壬申日,太白星在白天出现。十一月丁酉日,明帝巡行亲临许昌宫。

青龙四年春季二月,太白星又在白天出现,月亮运行到太白星附近,又运行到轩辕星座中的一颗星,进入太微星座然后出来。夏季四月,设置崇文观,征召善于撰写文章的人来充实崇文观。五月乙卯日,司徒董昭去世。丁巳日,肃慎氏来进献楛木做的箭。

六月壬申日,明帝下诏书说:"有虞氏画像象征刑罚而百姓不犯法,周代无人犯法刑法搁置不用。我追随历代各帝王之后,仰望前世帝王的风范,怎么相去这么远呢?法令越多,而犯法的人就越多,处罚的人越多,而邪恶却不能禁止。过去按照判处死刑的条款,减免了很多人的死罪,想挽救百姓的生命,这是朕极深远的用意。各郡国死于狱中的人,一年之中还超过数百,难道是朕教诲开导不够纯正,使百姓轻易犯罪,或者是苛刻的法令还存在,给百姓设置了陷阱吗?有关官员在评论宽赦死罪案件时,务必宽大。至于罪犯要求恩典,有的没有申诉而案件已经判决定案,这不是合理尽情的做法。现在命令廷尉以及全国的执法官,凡是犯有死罪已经定案的人,只要不是谋反和亲手杀人的,就赶快告诉他们朕要亲自处理,有请求恩典的人,把他们和上奏判决的文书一起送上,朕将考虑怎样来保全他们。现在布告天下百姓,使他们明白朕的意思。"

秋季七月,高句骊的国王宫斩了孙权的使者胡卫等人的首级,送到幽州。甲寅日,太白星侵犯轩辕大星。冬季十月己卯日,明帝巡行返回洛阳宫。甲申

己卯，行还洛阳宫。甲申，有星孛于大辰，乙酉，又孛于东方。十一月己亥，彗星见，犯宦者天纪星。十二月癸巳，司空陈群薨。乙未，行幸许昌宫。

日，在大辰星座出现彗星，乙酉日，在东方又出现彗星。十一月己亥日，彗星出现，侵犯宦者星座的天纪星。十二月癸巳日，司空陈群去世。乙未日，明帝巡行亲临许昌宫。

景初元年春正月壬辰，山茌县言黄龙见。于是有司奏，以为魏得地统，宜以建丑之月为正。三月，定历改年为孟夏四月。㉑服色尚黄，牺牲用白，戎事乘黑首白马，建大赤之旂，朝会建大白之旗。㉒改太和历曰景初历。其春夏秋冬孟仲季月虽与正岁不同，至于郊祀、迎气、礿祠、蒸尝、巡狩、蒐田、分至启闭、班宣时令、中气早晚、敬授民事，皆以正岁斗建为历数之序。

景初元年春季正月壬辰日，山茌县传说有黄龙出现。这时有关官员上奏，认为魏国得三统中的地统，应当用殷历的建丑之月（夏历的十二月）为岁首。三月，确定历法更换年号，把青龙五年三月改为景初元年孟夏四月。衣服的颜色崇尚黄色，祭祀用的祭品用白色，出征时乘坐黑头白马，竖大红旂旗，朝会时竖大白旗。把太和历改为景初历。春夏秋冬及孟仲季各月虽然与正岁不同，至于郊外祭祀天地、祭祀五帝，祈求丰年、春秋祭祀宗庙、秋冬祭祀、帝王巡行、田猎、春分、秋分、夏至、冬至，立春、立夏、立秋、立冬，颁布月令、节气的迟早、委派付与民众力役之事，都以正岁北斗星运转所指的方位作为历法的推算次序。

五月己巳，行还洛阳宫。己丑，大赦。六月戊申，京都地震。己亥，以尚书令陈矫为司徒，尚书右仆射卫臻为司空。丁未，分魏兴之魏阳、锡郡之安富、上庸为上庸郡。省锡郡，以锡县属魏兴郡。

五月己巳日，明帝巡行返回洛阳宫。己丑日，实行大赦。六月戊申日，京都洛阳发生地震。己亥日，以尚书令陈矫为司徒，尚书右仆射卫臻为司空。丁未日，分出魏兴郡的魏阳县、锡郡的安富县、上庸县设置上庸郡。撤销锡郡，把锡县划归魏兴郡。

有司奏：武皇帝拨乱反正，为魏太祖，乐用武始之舞。文皇帝应天受命，为魏高祖，乐用咸熙之舞。帝制作兴治，为魏烈祖，乐用章斌之舞。三祖之庙，万世不毁。其余四庙，亲尽迭毁，如周后稷、文、武庙祧之制。㉓

有关官员上奏：武皇帝拨乱反正，是魏国的太祖，祭祀的音乐用武始舞乐。文皇帝顺应上天接受天命，是魏国的高祖，祭祀的音乐用咸熙舞乐。皇上制作典章历法，振兴治理，是魏国的烈祖，祭祀的音乐用章斌舞乐。三祖的祭庙千秋万代永不撤毁。其余的四庙，亲缘关系疏远了就依次撤毁，按照周朝后稷、文王、武王祭祀祖庙的制度。

秋七月丁卯，司徒陈矫薨。孙权遣将朱然等二万人围江夏郡，荆州刺史胡质等击

秋季七月丁卯日，司徒陈矫去世。孙权派遣部将朱然等两万人围攻江夏郡，荆州刺史胡质等人抗

之，然退走。初，权遣使浮海与高句骊通，欲袭辽东。遣幽州刺史毌丘俭率诸军及鲜卑、乌丸屯辽东南界，玺书征公孙渊。渊发兵反，俭进军讨之，会连雨十日，辽水大涨，诏俭引军还。右北平乌丸单于寇娄敦、辽西乌丸都督王护留等居辽东，率部众随俭内附。己卯，诏辽东将吏士民为渊所胁略不得降者，一切赦之。辛卯，太白昼见。渊自俭还，遂自立为燕王，置百官，称绍汉元年。

诏青、兖、幽、冀四州大作海船。九月，冀、兖、徐、豫四州民遇水，遣侍御史循行没溺死亡及失财产者，在所开仓振救之。庚辰，皇后毛氏卒。冬十月丁未，月犯荧惑。癸丑，葬悼毛后于愍陵。乙卯，营洛阳南委粟山为圜丘。㉔十二月壬子冬至，始祀。丁巳，分襄阳临沮、宜城、旍阳、邔四县，置襄阳南部都尉。己未，有司奏文昭皇后立庙京都。分襄阳郡之鄀叶县属义阳郡。㉕

二年春正月，诏太尉司马宣王帅众讨辽东。㉖

二月癸卯，以大中大夫韩暨为司徒。癸丑，月犯心距星，又犯心中央大星。夏四月庚子，司徒韩暨薨。壬寅，分沛国萧、相、竹邑、符离、蕲、铚、龙亢、山桑、洨、虹十县为汝阴郡。宋县、陈郡苦县皆属谯郡。以沛、杼秋、公丘、彭城丰国、

击他们，朱然退走。起初，孙权派遣使者渡海与高句骊通好，打算袭击辽东。明帝派遣幽州刺史毌丘俭率领众军及鲜卑、乌丸驻扎在辽东郡的南面边界，用盖有魏明帝曹叡印章的文书征召公孙渊。公孙渊出兵反叛，毌丘俭进军讨伐他，正好遇上连续下了十天雨的情况，辽河水大涨，明帝下诏要毌丘俭率军返回右北平郡。乌丸单于寇娄敦、辽西乌丸都督王护留等人居住在辽东，带领他们的部众跟随毌丘俭归附朝廷。己卯日，诏令宣告凡辽东的官兵百姓因被公孙渊胁迫掳掠不能受降朝廷的人，一律免罪。辛卯日，太白星在白天出现。公孙渊自从毌丘俭回右北平后，就自己立为燕王，设置各级官职，自称年号为绍汉元年。

明帝诏令青州、兖州、幽州、冀州四州大力建造海船。九月，冀州、兖州、徐州、豫州四州的百姓遭遇水灾，明帝派遣侍御史巡视被淹死的和失去财产的人，在受灾地方打开粮仓进行赈济。庚辰日，皇后毛氏去世。冬季十月丁未日，月亮运行到火星附近。癸丑日，在愍陵安葬悼毛后。乙卯日，洛阳南面的委粟山营建祭天的圆形高坛。十二月壬子日冬至，开始祭祀。丁巳日，分出襄阳郡的临沮、宜城、旍阳、邔县四县，设置襄阳南部都尉。己未日，有关官员奏呈在京都洛阳建立文昭皇后的祭庙。分出襄阳郡的鄀叶县划归义阳郡。

景初二年春季正月，诏令太尉司马宣王率领部众讨伐辽东。

二月癸卯日，以大中大夫韩暨为司徒。癸丑日，月亮运行到心宿的距星附近，又侵犯运行到宿的中央大星附近。夏季四月庚子日，司徒韩暨去世。壬寅日，分出沛国的萧、相、竹邑、符离、蕲、铚、龙亢、山桑、洨、虹十县为汝阴郡。宋县、陈郡的苦县都划归谯郡。以沛、杼秋、公丘、彭城郡的丰国、广戚县，合

广戚，并五县为沛王国。庚戌，大赦。五月乙亥，月犯心距星，又犯中央大星。[27]六月，省渔阳郡之狐奴县，复置安乐县。

并五县为沛王国。庚戌日，实行大赦。五月乙亥日，月亮运行到心宿的距星附近，又运行到中央大星附近。六月，撤销渔阳郡的狐奴县，又设置安乐县。

秋八月，烧当羌王芒中、注诣等叛，凉州刺史率诸郡攻讨，斩注诣首。癸丑，有彗星见张宿。[28]

秋季八月，烧当羌王芒中、注诣等人反叛，凉州刺史率领所属各郡部队讨伐，将注诣斩首。九月癸丑日，有彗星出现在张宿星域。

丙寅，司马宣王围公孙渊于襄平，大破之，传渊首于京都，海东诸郡平。冬十一月，录讨渊功，太尉宣王以下增邑封爵各有差。初，帝议遣宣王讨渊，发卒四万人。议臣皆以为四万兵多，役费难供。帝曰："四千里征伐，虽云用奇，亦当任力，不当稍计役费。"遂以四万人行。及宣王至辽东，霖雨不得时攻，群臣或以为渊未可卒破，宜诏宣王还。帝曰："司马懿临危制变，擒渊可计日待也。"卒皆如所策。

丙寅日，司马宣王在襄平围攻公孙渊，大败公孙渊，传送公孙渊的首级到京都，大海以东各郡平定。冬季十一月，记录讨伐公孙渊的功劳，太尉司马宣王以下的将领增加食邑赐封爵位各有差别。开始，明帝商议派遣司马宣王讨伐公孙渊，派兵四万。参加议事的大臣都认为四万兵力太多，军费供应困难。明帝说："到四千里远的地方去征伐，虽说要用奇谋取胜，也应当有相当武力，不应当过于计较军费开支。"于是仍以四万人出征。待司马宣王到达辽东，连日下雨，不能趁机进攻，群臣中有的人认为公孙渊不可能一下子被打败，应该诏令司马宣王返回。明帝说："司马懿面临危险能随机应变，捉到公孙渊是指日可待了。"最终全如明帝所预料的那样。

壬午，以司空卫臻为司徒，司隶校尉崔林为司空。闰月，月犯心中央大星。十二月乙丑，帝寝疾不豫。辛巳，立皇后。赐天下男子爵人二级，鳏寡孤独谷。以燕王宇为大将军，甲申免，以武卫将军曹爽代之。[29]

壬午日，以司空卫臻为司徒，司隶校尉崔林为司空。闰月，月亮运行到心宿的中央大星附近。十二月乙丑日，明帝患病卧床不安适。辛巳日，立郭夫人为皇后。赐天下男子爵位每人二级，赐给鳏寡孤独粮食。任命燕王曹宇为大将军，甲申日被免官，以武卫将军曹爽代替他。

初，青龙三年中，寿春农民妻自言为天神所下，命为登女，当营卫帝室，蠲邪纳福。饮人以水，及以洗疮，或多愈者。于是立馆后宫，下诏称扬，甚见优宠。及帝疾，饮水无验，于

当初，青龙三年间，寿春县有个农民的妻子自称是天神下降，自称为登女，应当护卫皇室，驱邪纳福。她取水给病人喝，以及用水洗疮口，有不少人被治好了。于是明帝在后宫设置了馆舍，下诏书赞扬她，对她很宠信优待。等到明帝患病时，喝了她的水没有效验，于是将她杀了。

是杀焉。

三年春正月丁亥，太尉宣王还至河内，帝驿马召到，引入卧内，执其手谓曰："吾疾甚，以后事属君，君其与爽辅少子。吾得见君，无所恨！"宣王顿首流涕。[30]即日，帝崩于嘉福殿，[31]时年三十六。[32]癸丑，葬高平陵。[33]

景初三年春季正月丁亥日，太尉司马宣王返回河内，明帝用驿马把他召回，并被引进卧室内，明帝握着司马宣王的手对他说："我的病很重，我把后事托付给您，希望您与曹爽辅佐我的小儿子。我能够见到您，就没有什么遗恨了！"司马宣王叩头流下眼泪。当天，明帝在嘉福殿逝世，享年三十六岁。癸丑日，安葬在高平陵。

评曰：明帝沉毅断识，任心而行，盖有君人之至概焉。于时百姓凋弊，四海分崩，不先聿修显祖，阐拓洪基，而遽追秦皇、汉武，宫馆是营，格之远猷，其殆疾乎！

评论说：明帝沉着、刚毅、果断有胆识，任意行事，有国君极好的风度气概。当时百姓贫困，天下四分五裂，他不先修明祖先的功德，开拓宏大的基业，而急切地追仿秦始皇、汉武帝，营建宫殿馆阁，用远大谋略的标准来衡量，这恐怕是他的毛病吧！

---

①《魏书》曰：帝生数岁而有岐嶷之姿。武皇帝异之，曰："我基于尔三世矣。"每朝宴会同，与侍中近臣并列帷幄。好学多识，特留意于法理。

②《魏略》曰：文帝以郭后无子，诏使子养帝。帝以母不以道终，意甚不平。后不获已，乃敬事郭后，旦夕因长御问起居。郭后亦自以无子，遂加慈爱。文帝始以帝不悦，有意欲以他姬子京兆王为嗣，故久不拜太子。

《魏末传》曰：帝常从文帝猎，见子母鹿。文帝射杀鹿母，使帝射鹿子，帝不从，曰："陛下已杀其母，臣不忍复杀其子。"因涕泣。文帝即放弓箭，以此深奇之，而树立之意定。

③《世语》曰：帝与朝士素不接，即位之后，群下想闻风采。居数日，独见侍中刘晔，语尽日。众人侧听，晔既出，问："何如？"晔曰："秦始皇、汉孝武之俦，才具微不及耳。"

④《三辅决录》曰：伯郎，凉州人，名不令休。其注曰：伯郎姓孟，名他，扶风人。灵帝时，中常侍张让专朝政，让监奴典护家事。他仕不遂，乃尽以家财赂监奴，与共结亲，积年家业为之破尽。众奴皆惭，问他所欲，他曰："欲得卿曹拜耳。"奴被恩久，皆许诺。时宾客求见让者，门下车常数百乘，或累日不得通。他最后到，众奴伺其至，皆迎车而拜，径将他车独入。众人悉惊，谓他与让善，争以珍物遗他。他得之，尽以赂让，让大喜。他又以蒲桃酒一斛遗让，即拜凉州刺史。他生达，少入蜀。其处蜀事迹在《刘封传》。

《魏略》曰：达以延康元年率部曲四千余家归魏。文帝时初即王位，既宿知有达，闻其来，甚悦，令贵臣有识察者往观之，还曰"将帅之才也"，或曰"卿相之器也"，王益钦达。逆与达书曰："近日有命，未足达旨，何者？昔伊挚背商而归周，百里去虞而入秦，乐毅感鸱夷以蝉蜕，王遵识逆顺以去就，皆审兴废之符效，知成败之必然，故丹青画其形容，良史载其功勋。闻卿姿度纯茂，器量优绝，当骋能明时，收名传记。今者翻然濯鳞清流，甚相嘉乐，虚心西望，依依若旧，下笔属辞，欢心从之。昔虞卿入赵，再见取相，陈平就汉，一觐参乘，孤今于卿，情过于往，故致所御马物以昭忠爱。"又曰："今者海内清定，万里一统，三垂无边尘之警，中夏无狗吠之虞，以是弛罔阔禁，与世无疑，保官空虚，初无质任。卿来相就，当明孤意，慎勿令家人缤纷道路，以亲骇疏也。若卿欲来相见，且当先安部曲，有所保固，然后徐徐轻骑来东。”达既至谯，进见闲雅，才辩过人，众莫不属目。又王近出，乘小辇，执达手，抚其背戏之曰：“卿得无为刘备刺客邪？”遂与同载。又加拜散骑常侍，领新城太守，委以西南之任。时众臣或以为待之太猥，又不宜委以方任。王闻之曰：“吾保其无他，亦譬以蒿箭射蒿中耳。”达既为文帝所宠，又与桓阶、夏侯尚亲善，及文帝崩，时桓、尚皆卒，达自以羁旅久在疆场，心不自安。诸葛亮闻之，阴欲诱达，数书招之，达与相报答。魏兴太守申仪与达有隙，密表达与蜀潜通，帝未之信也。司马宣王遣参军梁几察之，又劝其入朝。达惊惧，遂反。

干宝《晋纪》曰：达初入新城，登白马塞，叹曰：“刘封、申耽，据金城千里而失之乎！”

⑤《魏略》曰：宣王诱达将李辅及达甥邓贤，贤等开门纳军。达被围旬有六日而败，焚其首于洛阳四达之衢。

⑥《魏书》曰：是时朝臣未知计所出，帝曰：“亮阻山为固，今者自来，既合兵书致人之术；且亮贪三郡，知进而不知退，今因此时，破亮必也。”乃部勒兵马步骑五万拒亮。

⑦《魏略》载帝露布天下并班告益州曰：“刘备背恩，自窜巴蜀。诸葛亮弃父母之国，阿残贼之党，神人被毒，恶积身灭。亮外慕立孤之名，而内贪专擅之实。刘升之兄弟守空城而已。亮又侮易益土，虐用其民，是以利狼、宕渠、高定、青羌莫不瓦解，为亮仇敌。而亮反裘负薪，里尽毛殚，刖趾适屦，刻肌伤骨，反更称说，自以为能。行兵于井底，游步于牛蹄。自朕即位，三边无事，犹哀怜天下数遭兵革，且欲养四海之耆老，长后生之孤幼，先移风于礼乐，次讲武于农隙，置亮画外，未以为虞。而亮怀李熊愚勇之志，不思荆邯度德之戒，驱略吏民，盗利祁山。王师方振，胆破气夺，马谡、高祥，望旗奔败。虎臣逐北，蹈尸涉血，亮也小子，震惊朕师。猛锐踊跃，咸思长驱。朕惟率土莫非王臣，师之所处，荆棘生焉，不欲使千室之邑忠信贞良，与夫淫昏之党，共受涂炭。故先开示，以昭国诚，勉思变化，无滞乱邦。巴蜀将吏士民诸为亮所劫迫，公卿已下皆听束手。”

⑧《魏略》曰：是时讹言，云帝已崩，从驾群臣迎立雍丘王植。京师自卞太后群公尽惧。及帝还，皆私察颜色。卞太后悲喜，欲推始言者，帝曰：“天下皆言，将何所推？”

⑨《魏略》曰：先是，使将军郝昭筑陈仓城；会亮至，围昭，不能拔。昭字伯道，太原人，为人雄壮，少入军为部曲督，数有战功，为杂号将军，遂镇守河西十余年，民夷畏服。亮围陈仓，使昭乡人靳详于城外遥说之，昭于楼上应详曰：“魏家科法，卿所练也；我之为人，卿所知也。我受国恩多而门户重，卿无可言者，但有必死耳。卿还谢诸葛，便可攻也。”详以昭语告亮，亮又使详重说昭，言人兵不敌，无为空自破灭。昭谓详曰：“前言已定矣。我识卿耳，箭不识也。”详乃去。亮自以有众数万，而昭兵才千余人，又度东救未能便到，乃进兵攻昭，起云梯冲车以临城。昭于是以火箭逆射其云梯，梯然，梯上人皆烧死。昭又以绳连石磨压其冲车，冲车折。亮乃更为井阑百尺以射城中，以土丸填堑，欲直攀城，昭又于内筑重墙。亮又为地突，欲踊出于城里，昭又于城内穿地横截之。昼夜相攻拒二十余日，亮无计，救至，引退。诏嘉昭善守，赐爵列侯。及还，帝引见慰劳之，顾谓中书令孙资曰：“卿乡里乃有尔曹快人，为将灼如此，朕复何忧乎？”仍欲大用之。会病亡，遗令戒其子凯曰：“吾为将，知将不可为也。吾数发冢，取其木以为攻战具，又知厚葬无益于死者也。汝必敛以时服。且人，生有处所耳，死复何在耶？今去本墓远，东西南北，在汝而已。”

⑩臣松之按：黄初四年，有司奏立二庙，太皇帝大长秋与文帝之高祖共一庙，特立武帝庙，百世不毁。今此无高祖神主，盖以亲尽毁也。此则魏初唯立亲庙，祀四室而已。至景初元年，始定七庙之制。

孙盛曰：事亡犹存，祭如神在，迎迁神主，正斯宜矣。

⑪《魏书》曰：行过繁昌，使执金吾臧霸行太尉事，以特牛祠受禅坛。

臣松之按：《汉纪》章帝元和三年，诏高邑县祠即位坛，五成陌，比腊祠门户。此虽前代已行故事，然为坛以祀天，而坛非神也，今无事于上帝，而致祀于虚坛，求之义典，未详所据。

⑫《魏书》曰：初，亮出，议者以为亮军无辎重，粮必不继，不击自破，无为劳兵；或欲自芟上邽左右生麦以夺贼食，帝皆不从。前后遣兵增宣王军，又敕使护麦。宣王与亮相持，赖得此麦以为军粮。

⑬《魏书》载诏曰："昔先王之礼，于功臣存则显其爵禄，没则祭于大蒸，故汉氏功臣，祀于庙庭。大魏元功之臣功勋优著、终始休明者，其皆依礼祀之。"于是以惇等配飨。

⑭《魏氏春秋》曰：朗字元明，新兴人。《献帝传》曰：朗父名宜禄，为吕布使诣袁术，术妻以汉宗室女。其前妻杜氏留下邳。布之被围，关羽屡请于太祖，求以杜氏为妻，太祖疑其有色，及城陷，太祖见之，乃自纳之。宜禄归降，以为铚长。及刘备走小沛，张飞随之，过谓宜禄曰："人取汝妻，而为之长，乃蚩蚩若是邪！随我去乎？"宜禄从之数里，悔欲还，飞杀之。朗随母氏畜于公宫，太祖甚爱之，每坐席，谓宾客曰："世有人爱假子如孤者乎？"

《魏略》曰：朗游遨诸侯间，历武、文之世而无尤也。及明帝即位，授以内官，为骁骑将军、给事中，每车驾出入，朗常随从。时明帝喜发举，数有以轻微而致大辟者，朗终不能有所谏止，又未尝进一善人，帝亦以是亲爱；每顾问之，多呼其小字阿稣，数加赏赐，为起大第于京城中。四方虽知朗无能为益，犹以附近至尊，多赂遗之，富均公侯。

《世语》曰：朗子秀，劲厉能直言，为晋武帝博士。

《魏略》以朗与孔桂俱在《佞幸篇》。桂字叔林，天水人也。建安初，数为将军杨秋使诣太祖，太祖表拜骑都尉。桂性便辟，晓博弈、蹹鞠，故太祖爱之，每在左右，出入随从。桂察太祖意，喜乐之时，因言次曲有所陈，事多见从，数得赏赐，人多馈遗，桂由此侯服玉食。太祖既爱桂，五官将及诸侯亦皆亲之。其后桂见太祖久不立太子，而有意于临菑侯，因更亲附临菑侯而简于五官将，将甚衔之。及太祖薨，文帝即王位，未及致其罪。黄初元年，随例转拜驸马都尉。而桂私受西域货赂，许为人事。事发，有诏收问，遂杀之。鱼豢曰：为上者不虚授，处下者不虚受，然后外无伐檀之叹，内无尸素之刺，雍熙之美著，太平之律显矣。而佞幸之徒，但姑息人主，至乃无德而荣，无功而禄，如是焉得不使中正日朘，倾邪滋多乎！以武皇帝之慎赏，明皇帝之持法，而犹有若此等人，而况下斯者乎？

⑮《世语》曰：并州刺史毕轨送汉故度辽将军范明友鲜卑奴，年三百五十岁，言语饮食如常人。奴云："霍显，光后小妻。明友妻，光前妻女。"

《博物志》曰：时京邑有一人，失其姓名，食啖兼十许人，遂肥不能动。其父曾作远方长吏，官徙送彼县，令故义传供食之；一二年中，一乡中辄为之俭。

《傅子》曰：时太原发冢破棺，棺中有一生妇人，将出与语，生人也。送之京师，问其本事，不知也。视其冢上树木可三十岁，不知此妇人三十岁常生于地中邪？将一朝欻生，偶与发冢者会也？

⑯《献帝传》曰：帝变服，率群臣哭之，使使持节行司徒太常和洽吊祭，又使持节行大司空大司农崔林监护丧事。诏曰："盖五帝之事尚矣，仲尼盛称尧、舜巍巍荡荡之功者，以为禅代乃大圣之懿事也。山阳公深识天禄永终之运，禅位文皇帝以顺天命。先帝命公行汉正朔，郊天祀祖以天子之礼，言事不称臣，此舜事尧之义也。昔放勋殂落，四海如丧考妣，遏密八音，明丧葬之礼同于王者也。今有司奏丧礼比诸侯王，此岂古之遗制而先帝之至音哉？今谥公汉孝献皇帝。"使太尉具以一太牢告祠文帝庙，曰："叡闻夫礼也者，反本修古，不忘厥初，是以先代之君，尊尊亲亲，咸有尚焉。今山阳公寝疾弃国，有司建言丧纪之礼视诸侯王。叡惟山阳公昔知天命永终于己，深观历数允在圣躬，传祚禅位，尊我民主，斯乃陶唐懿德之事也。黄初受终，命公于国行汉正朔，郊天祀祖礼乐制度率乃汉旧，斯亦舜、禹明堂之义也。上考遂初，皇极攸建，允熙克让，莫朗于兹。盖子以继志嗣训为孝，臣以配命钦述为忠，故《诗》

称'匪棘其犹，聿追来孝'，《书》曰'前人受命，兹不忘大功'。叡敢不奉承徽典，以昭皇考之神灵。今追谥山阳公曰孝献皇帝，册赠玺绂。命司徒、司空持节吊祭护丧，光禄、大鸿胪为副，将作大匠、复土将军营成陵墓，及置百官群吏，车旗服章丧葬礼仪，一如汉氏故事；丧葬所供群官之费，皆仰大司农。立其后嗣为山阳公，以通三统，永为魏宾。"于是赠册曰："呜呼，昔皇天降戾于汉，俾逆臣董卓，播厥凶虐，焚灭京都，劫迁大驾。于时六合云扰，奸雄熛起。帝自西京，徂唯求定，臻兹洛邑。畴咨圣贤，聿改乘辕，又迁许昌，武皇帝是依。岁在玄枵，皇师肇征，迄于鹑尾，十有八载，群寇歼殄，九域咸乂。惟帝念功，祚兹魏国，大启土宇。爰及文皇帝，齐圣广渊，仁声旁流，柔远能迩，殊俗向义，乾精承祚，坤灵吐曜，稽极玉衡，允膺历数，度于轨仪，克厌帝心。乃仰钦七政，俯察五典，弗采四岳之谋，不俟师锡之举，幽赞神明，承天禅位。祚逮朕躬，统承洪业。盖闻昔帝尧，元、恺既举，凶族未流，登舜百揆，然后百揆时序，内平外成，授位明堂，退终天禄，故能冠德百王，表功嵩岳。自往迄今，弥历七代，岁暨三千，而大运来复，庸命底绩，纂我民主，作建皇极。念重光，绍咸池，继韶夏，超群后之遐踪，邈商、周之惭德，可谓高朗令终，昭明洪烈之懿盛者矣。非夫汉、魏与天地合德，与四时合信，动和民神，格于上下，其孰能至于此乎？朕惟孝献享年不永，钦若顾命，考之典谟，恭述皇考先灵遗意，阐崇弘谥，奉成圣美，以章希世同符之隆，以传亿载不朽之荣。魂而有灵，嘉兹弘休。呜呼哀哉！"八月壬申，葬于山阳国，陵曰禅陵，置园邑。葬之日，帝制锡衰弁绖，哭之恸。適孙桂氏乡侯康，嗣立为山阳公。

⑰《魏氏春秋》曰：亮既屡遣使交书，又致巾帼妇人之饰，以怒宣王。宣王将出战，辛毗杖节奉诏，勒宣王及军吏已下，乃止。宣王见亮使，唯问其寝食及其事之烦简，不问戎事。使对曰："诸葛公夙兴夜寐，罚二十已上，皆亲览焉；所啖食不过数升。"宣王曰："亮体毙矣，其能久乎？"

⑱顾恺之《启蒙注》曰：魏时人有开周王冢者，得殉葬女子，经数日而有气，数月而能语；年可二十。送诣京师，郭太后爱养之。十余年，太后崩，哀思哭泣，一年余而死。

⑲《魏略》曰：是年起太极诸殿，筑总章观，高十余丈，建翔凤于其上；又于芳林园中起陂池，楫棹越歌；又于列殿之北，立八坊，诸才人以次序处其中，贵人夫人以上，转南附焉，其秩石拟百官之数。帝常游宴在内，乃选女子知书可付信者六人，以为女尚书，使典省外奏事，处当画可，自贵人以下至尚保，及给掖庭洒扫，习伎歌者，各有千数。通引穀水过九龙殿前，为玉井绮栏，蟾蜍含受，神龙吐出。使博士马均作司南车，水转百戏。岁首建巨兽，鱼龙曼延，弄马倒骑，备如汉西京之制，筑阊阖诸门阙外罘罳。太子舍人张茂以吴、蜀数动，诸将出征，而帝盛兴宫室，留意于玩饰，赐与无度，帑藏空竭；又录夺士女前已嫁为吏民妻者，还以配士，既听以生口自赎，又简选其有姿色者内之掖庭，乃上书谏曰："臣伏见诏书，诸士女嫁非士者，一切录夺，以配战士，斯诚权时之宜，然非大化之善者也。臣请论之。陛下，天之子也，百姓吏民，亦陛下之子也。礼，赐君子小人不同日，所以殊贵贱也。吏属君子，士为小人，今夺彼以与此，亦无以异于夺兄之妻妻弟也，于父母之恩偏矣。又诏书听得以生口年纪、颜色与妻相当者自代，故富者则倾家尽产，贫者举假贷贳，贵买生口以赎其妻；县官以配士为名而实内之掖庭，其丑恶者乃出与士。得妇者未必有欢心，而失妻者必有忧色，或穷或愁，皆不得志。夫君有天下而不得万姓之欢心者，鲜不危殆。且军师在外数千万人，一日之费非徒千金，举天下之赋以奉此役，犹将不给，况复有宫庭非员无录之女，椒房母后之家，赏赐横兴，内外交引，其费半军。昔汉武帝好神仙，信方士，掘地为海，封土为山，赖是时天下为一，莫敢与争者耳。自衰乱以来，四五十载，马不舍鞍，士不释甲，每一交战，血流丹野，创痍号痛之声，于今未已。犹强寇在疆，图危魏室。陛下不兢兢业业，念崇节约，思所以安天下者，而乃奢靡是务，中尚方纯作玩弄之物，炫耀后园，建承露之盘，斯诚快耳目之观，然亦足以骋寇仇之心矣。惜乎，舍尧舜之节

俭，而为汉武之侈事，臣窃为陛下不取也。愿陛下沛然下诏，万几之事有无益而有损者悉除去之，以所除无益之费，厚赐将士父母妻子之饥寒者，问民所疾而除其所恶，实仓廪，缮甲兵，恪恭以临天下。如是，吴贼面缚，蜀虏舆榇，不待诛而自服，太平之路可计日而待也。陛下可无劳神思于海表，军师高枕，战士备员。今群公皆结舌，而臣所以不敢不献瞽言者，臣昔上《要言》，散骑奏臣书，以《听谏篇》为善，诏曰：'是也'，擢臣为太子舍人；且臣作书讥为人臣不能谏诤，今有可谏之事而臣不谏，此为作书虚妄而不能言也。臣年五十，常恐至死无以报国，是以投躯没命，冒昧以闻，惟陛下裁察。"书通，上顾左右曰："张茂恃乡里故也。"以事付散骑而已。茂字彦林，沛人。

⑳《魏氏春秋》曰：是岁张掖郡删丹县金山玄川溢涌，宝石负图，状象灵龟，广一丈六尺，长一丈七尺一寸，围五丈八寸，立于川西。有石马七，其一仙人骑之，其一羁绊，其五有形而不善成。有玉匣关盖于前，上有玉字，玉玦二，璜一。麒麟在东，凤鸟在南，白虎在西，牺牛在北，马自中布列四面，色皆苍白。其南有五字，曰"上上三天王"；又曰"述大金，大讨曹，金但取之，金立中，大金马一匹在中，大吉开寿，此马甲寅述水"。凡"中"字六，"金"字十；又有若八卦及列宿孛彗之象焉。

《世语》曰：又有一鸡象。

《搜神记》曰：初，汉元、成之世，先识之士有言曰，魏年有和，当有开石于西三千余里，系五马，文曰"大讨曹"。及魏之初兴也，张掖之柳谷，有开石焉，始见于建安，形成于黄初，文备于太和，周围七寻，中高一仞，苍质素章，龙马、麟鹿、凤皇、仙人之象，粲然咸著，此一事者，魏、晋代兴之符也。至晋泰始三年，张掖太守焦胜上言，以留郡本国图校今石文，文字多少不同，谨具图上。按其文有五马象，其一有人平上帻，执戟而乘之，其一有若马形而不成，其字有"金"，有"中"，有"大司马"，有"王"，有"大吉"，有"正"，有"开寿"，其一成行，曰"金当取之"。

《汉晋春秋》曰：氐池县大柳谷口夜激波涌溢，其声如雷，晓而有苍石立水中，长一丈六尺，高八尺，白石画文，为十三马，一牛，一鸟，八卦玉玦之象，皆隆起，其文曰"大讨曹，适水中，甲寅"。帝恶其"讨"也，使凿去为"计"，以苍石窒之，宿昔而白石满焉。至晋初，其文愈明，马象皆焕彻如玉焉。

㉑《魏书》曰：初，文皇帝即位，以受禅于汉，因循汉正朔弗改。帝在东宫著论，以为五帝三王虽同气共祖，礼不相袭，正朔自宜改变，以明受命之运。及即位，优游者久之，史官复著言宜改，乃诏三公、特进、九卿、中郎将、大夫、博士、议郎、千石、六百石博议，议者或不同。帝据古典，甲子诏曰："夫太极运三辰五星于上，元气转三统五行于下，登降周旋，终则又始。故仲尼作《春秋》，于三微之月，每月称王，以明三正迭相为首。今推三统之次，魏得地统，当以建丑之月为正月。考之群艺，厥义章矣。其改青龙五年三月为景初元年四月。"

㉒臣松之按：魏为土行，故服色尚黄。行殷之时，以建丑为正，故牺牲旂旗一用殷礼。《礼记》云："夏后氏尚黑，故戎事乘骊，牲用玄；殷人尚白，戎事乘翰，牲用白；周人尚赤，戎事乘骠，牲用骍。"郑玄云："夏后氏以建寅为正，物生色黑；殷以建丑为正，物牙色白；周以建子为正，物萌色赤。翰，白色马也，《易》曰'白马翰如'。"《周礼·巾车职》"建大赤以朝"，"大白以即戎"，此则周以正色之旗以朝，先代之旗即戎。今魏用殷礼，变周之制，故建大白以朝，大赤即戎。

㉓孙盛曰：夫谥以表行，庙以存容，皆于既没然后著焉，所以原始要终，以示百世也。未有当年而逆制祖宗，未终而豫自尊显。昔华乐以厚敛致讥，周人以豫凶违礼，魏之群司，于是乎失正。

㉔《魏书》载诏曰："盖帝王受命，莫不恭承天地以章神明，尊祀世统以昭功德，故先代之典既著，则禘郊祖宗之制备也。昔汉氏之初，承秦灭学之后，采摭残缺，以备郊祀，自甘泉后土、雍宫五畤，神祇兆位，多不见经，是以制度无常，一彼一此，四百余年，废无禘祀。古代之所更立者，遂有阙焉。曹氏系世，出自有虞氏，今祀圜丘，以始祖帝舜配，号圜丘曰皇皇帝天；方丘所祭曰皇皇后地，以舜妃伊氏配；天郊所祭曰皇天之

神,以太祖武皇帝配;地郊所祭曰皇地之祇,以武宣后配;宗祀皇考高祖文皇帝于明堂,以配上帝。"至晋泰始二年,并圜丘、方丘二至之祀于南北郊。

㉕《魏略》曰:是岁,徙长安诸钟簴、骆驼、铜人、承露盘。盘折,铜人重不可致,留于霸城。大发铜铸作铜人二,号曰翁仲,列坐于司马门外。又铸黄龙、凤皇各一,龙高四丈,凤高三丈余,置内殿前。起土山于芳林园西北陬,使公卿群僚皆负土成山,树松竹杂木善草于其上,捕山禽杂兽置其中。

《汉晋春秋》曰:帝徙盘,盘折,声闻数十里,金狄或泣,因留霸城。

《魏略》载司徒军议掾河东董寻上书谏曰:"臣闻古之直士,尽言于国,不避死亡。故周昌比高祖于桀、纣,刘辅譬赵后于人婢。天生忠直,虽白刃沸汤,往而不顾者,诚为时主爱惜天下也。建安以来,野战死亡,或门殚户尽,虽有存者,遗孤老弱。若今宫室狭小,当广大之,犹宜随时,不妨农务,况乃作无益之物,黄龙、凤皇,九龙、承露盘,土山、渊池,此皆圣明之所不兴也,其功参倍于殿舍。三公九卿侍中尚书,天下至德,皆知非道而不敢言者,以陛下春秋方刚,心畏雷霆。今陛下既尊群臣,显以冠冕,被以文绣,载以华舆,所以异于小人;而使穿方举土,面目垢黑,沾体涂足,衣冠了鸟,毁国之光以崇无益,甚非谓也。孔子曰:'君使臣以礼,臣事君以忠。'无忠无礼,国何以立!故有君不君,臣不臣,上下不通,心怀郁结,使阴阳不和,灾害屡降,凶恶之徒,因间而起,谁当为陛下尽言事者乎?又谁当千万乘以死为戏乎?臣知言出必死,而臣自比于牛之一毛,生既无益,死亦何损?秉笔流涕,心与世辞。臣有八子,臣死之后,累陛下矣!"将奏,沐浴。既通,帝曰:"董寻不畏死邪!"主者奏收寻,有诏勿问。后为贝丘令,清省得民心。

㉖干宝《晋纪》曰:帝问宣王:"度公孙渊将何计以待君?"宣王对曰:"渊弃城预走,上计也;据辽水拒大军,其次也;坐守襄平,此为成禽耳。"帝曰:"然则三者何出?"对曰:"唯明智审量彼我,乃预有所割弃,此既非渊所及,又谓今往县远,不能持久,必先拒辽水,后守也。"帝曰:"住还几日?"对曰:"往百日,攻百日,还百日,以六十日为休息,如此,一年足矣。"

《魏名臣奏》载散骑常侍何曾表曰:"臣闻先王制法,必于全慎,故建官授任,则置假辅,陈师命将,则立监贰,宣命遣使,则设介副,临敌交刃,则参御右,盖以尽谋思之功,防安危之变也。是以在险当难,则权足相济,陨缺不预,则才足相代,其为固防,至深至远。及至汉氏,亦循旧章。韩信伐赵,张耳为贰;马援讨越,刘隆副军。前世之迹,著在篇志。今懿奉辞诛罪,步骑数万,道路回阻,四千余里,虽假天威,有征无战,寇或潜遁,消散日月,命无常期,人非金石,远虑详备,诚宜有副。今北边诸将及懿所督,皆为僚属,名位不殊,素无定分,卒有变急,不相镇摄。存不忘亡,圣达所戒,宜选大臣名将威重宿著者,盛其礼秩,遣诣懿军,进同谋略,退为副佐。虽有万一不虞之灾,军主有储,则无患矣。"《毌丘俭志记》云,时以俭为宣王副也。

㉗《魏书》载戊子诏曰:"昔汉高祖创业,光武中兴,谋除残暴,功昭四海,而坟陵崩颓,童儿牧竖践蹈其上,非大魏尊崇所承代之意也。其表高祖、光武陵四面百步,不得使民耕牧樵采。"

㉘《汉晋春秋》曰:史官言于帝曰:"此周之分野也,洛邑恶之。"于是大修禳祷之术以厌焉。

《魏书》曰:九月,蜀阴平太守廖惇反,攻守善羌侯宕蕈营。雍州刺史郭淮遣广魏太守王赟、南安太守游奕将兵讨惇。淮上书:"赟、奕等分兵夹山东西,围落贼表,破在旦夕。"帝曰:"兵势恶离。"促诏淮敕奕诸别营非要处者,还令据便地。诏敕未到,奕军为惇所破;赟为流矢所中死。

㉙《汉晋春秋》曰:帝以燕王宇为大将军,使与领军将军夏侯献、武卫将军曹爽、屯骑校尉曹肇、骁骑将军秦朗等对辅政。中书监刘放、令孙资久专权宠,为朗等素所不善,惧有后害,阴图间之,而宇常在帝侧,故未得有言。甲申,帝气微,宇下殿呼曹肇有所议,未还,而帝少闲,惟曹爽独在。放知之,呼资与谋。资曰:"不可动也。"放曰:"俱入鼎镬,何不可之有?"

乃突前见帝，垂泣曰："陛下气微，若有不讳，将以天下付谁？"帝曰："卿不闻用燕王耶？"放曰："陛下忘先帝诏敕，藩王不得辅政。且陛下方病，而曹肇、秦朗等便与才人侍疾者言戏。燕王拥兵南面，不听臣等入，此即竖刁、赵高也。今皇太子幼弱，未能统政，外有强暴之寇，内有劳怨之民，陛下不远虑存亡，而近系恩旧。委祖宗之业，付二三凡士，寝疾数日，外内壅隔，社稷危殆，而己不知，此臣等所以痛心也。"帝得放言，大怒曰："谁可任者？"放、资乃举爽代宇，又白宜诏司马宣王使相参，帝从之。放、资出，曹肇入，泣涕固谏，帝使肇敕停。肇出户，放、资趋而往，复说止帝，帝又从其言。放曰："宜为手诏。"帝曰："我困笃，不能。"放即上床，执帝手强作之，遂赍出，大言曰："有诏免燕王宇等官，不得停省中。"于是宇、肇、献、朗相与泣而归第。

㉚《魏略》曰：帝既从刘放计，召司马宣王，自力为诏，既封，顾呼宫中常所给使者曰："辟邪来！汝持我此诏授太尉也。"辟邪驰去。先是，燕王为帝画计，以为关中事重，宜便道遣宣王从河内西还，事以施行。宣王得前诏，斯须复得后手笔，疑京师有变，乃驰到，入见帝。劳问讫，乃召齐、秦二王以示宣王，别指齐王谓宣王曰："此是也，君谛视之，勿误也！"又教齐王令前抱宣王颈。

《魏氏春秋》曰：时太子芳年八岁，秦王九岁，在于御侧。帝执宣王手，目太子曰："死乃复可忍，朕忍死待君，君其与爽辅此。"宣王曰："陛下不见先帝属臣以陛下乎？"

㉛《魏书》曰：殡于九龙前殿。

㉜臣松之按：魏武以建安九年八月定邺，文帝始纳甄后，明帝应以十年生，计至此年正月，整三十四年耳。时改正朔，以故年十二月为今年正月，可强名三十五年，不得三十六也。

㉝《魏书》曰：帝容止可观，望之俨然。自在东宫，不交朝臣，不问政事，唯潜思书籍而已。即位之后，褒礼大臣，料简功能，真伪不得相贸，务绝浮华谮毁之端，行师动众，论决大事，谋臣将相，咸服帝之大略。性特强识，虽左右小臣官簿性行，名迹所履，及其父兄子弟，一经耳目，终不遗忘。含垢藏疾，容受直言，听受吏民士庶上书，一月之中至数十百封，虽文辞鄙陋，犹览省究竟，意无厌倦。

孙盛曰：闻之长老，魏明帝天资秀出，立发垂地，口吃少言，而沉毅好断。初，诸公受遗辅导，帝皆以方任处之，政自己出。而优礼大臣，开容善直，虽犯颜极谏，无所摧戮，其君人之量如此之伟也。然不思建德垂风，不固维城之基，至使大权偏据，社稷无卫，悲夫！

三国志卷四　魏书四

三少帝纪第四

齐王讳芳，字兰卿。明帝无子，养王及秦王询；宫省事秘，莫有知其所由来者。①青龙三年，立为齐王。景初三年正月丁亥朔，帝甚病，乃立为皇太子。是日，即皇帝位，大赦。尊皇后曰皇太后。大将军曹爽、太尉司马宣王辅政。诏曰："朕以眇身，继承鸿业，茕茕在疚，靡所控告。大将军、太尉奉受末命，夹辅朕躬，司徒、司空、冢宰、元辅总率百寮，以宁社稷，其与群卿大夫勉勖乃心，称朕意焉。诸所兴作宫室之役，皆以遗诏罢之。官奴婢六十已上，免为良人。"二月，西域重译献火浣布，诏大将军、太尉临试以示百寮。②

齐王名芳，字兰卿。明帝没有儿子，收养了齐王曹芳和秦王曹询；这是宫廷内很秘密的事，没有人知道他们的来历。青龙三年，曹芳立为齐王。景初三年正月丁亥初一，明帝病情严重，于是立曹芳为皇太子。这天，登皇帝位，实行大赦。尊皇后为皇太后。大将军曹爽、太尉司马宣王辅佐政事。齐王下诏书说："朕以一个微不足道的人，继承大业，内心孤独忧虑，无处诉说。大将军、太尉接受父王临终时的遗命，在左右辅佐朕。司徒、司空、冢宰、元辅统率百官，以安定国家，希望你们和众卿大夫相互勉励忠于王室，使朕称心满意。各处兴建宫殿所征发的徭役，都根据遗诏停止。官府的奴婢年在六十岁以上的，宽免为平民。"二月，西域辗转翻译前来进献火浣布，诏令大将军、太尉当面试验给百官看。

丁丑诏曰："太尉体道正直，尽忠三世，南擒孟达，西破蜀虏，东灭公孙渊，功盖海内。昔周成建保傅之官，近汉显宗崇宠邓禹，所以优隆隽乂，必有尊也。其以太尉为太傅，持节统兵都督诸军事如故。"三月，以征东将军满宠为太尉。夏六月，以辽东东沓县吏民渡海居齐郡界，以故纵城为新沓县以居徙民。秋七月，上始亲

丁丑日诏书说："太尉司马懿履行道义，为人正直，尽忠我朝三世，南擒孟达，西破蜀军，东灭公孙渊，功盖天下。以前周成王设置太保、太傅的官职，近代汉明帝尊宠邓禹，用来优待尊重贤德之人，一定要给以尊贵的地位。现在任命太尉为太傅，跟以前一样持符节统率军队都督各军军事。"三月，任命征东将军满宠为太尉。夏季六月，因为辽东东沓县吏民渡海到齐郡境内，把原先的纵城改为新沓县来安置移民。秋季七月，曹芳开始亲自临朝，听取三公

临朝，听公卿奏事。八月，大赦。冬十月，以镇南将军黄权为车骑将军。

九卿禀奏政事。八月，实行大赦。冬季十月，任命镇南将军黄权为车骑将军。

十二月，诏曰："烈祖明皇帝以正月弃背天下，臣子永惟忌日之哀，其复用夏正；虽违先帝通三统之义，斯亦礼制所由变改也。又夏正于数为得天正，其以建寅之月为正始元年正月，以建丑月为后十二月。"

十二月，下诏书说："烈祖明皇帝在正月离开天下，臣下们永远记住这个哀伤的忌日，现在恢复使用夏历正月为岁首，虽然违背先帝通晓人、地、天三统意旨，但这也是由于礼仪制度的原因改变的。加之夏历正月在气数上得天时之正，现在以建寅之月为正始元年正月，将建丑之月作为岁末十二月。"

正始元年春二月乙丑，加侍中中书监刘放、侍中中书令孙资为左右光禄大夫。丙戌，以辽东汶、北丰县民流徙渡海，规齐郡之西安、临菑、昌国县界为新汶、南丰县，以居流民。

正始元年春季二月乙丑日，加封侍中中书监刘放、侍中中书令孙资为左右光禄大夫。丙戌日，因为辽东郡的汶县、北丰县的百姓流亡迁移过海，划出齐郡的西安、临菑、昌国三县设置新汶县、南丰县，用来安置流民。

自去冬十二月至此月不雨。丙寅，诏令狱官亟平冤枉，理出轻微；群公卿士谠言嘉谋，各悉乃心。夏四月，车骑将军黄权薨。秋七月，诏曰："《易》称损上益下，节以制度，不伤财，不害民。方今百姓不足而御府多作金银杂物，将奚以为？今出黄金银物百五十种，千八百余斤，销冶以供军用。"八月，车驾巡省洛阳界秋稼，赐高年力田各有差。

从去年冬天十二月到这个月都没有下过雨。丙寅日，诏令管理监狱官吏尽快平反冤案，审理释放犯轻罪的人；众公卿士人的直言善谋，各自尽心提出来。夏季四月，车骑将军黄权去世。秋季七月，少帝下诏书说："《易经》讲'减损上面，增益下面'，用制度来调节，不损伤财物，不伤害百姓。当今百姓不得温饱而宫中府库却用很多金银制作杂物，是为了什么？现在拿出金银器物一百五十种，一千八百多斤，销熔冶炼用以供军用。"八月，曹芳视察洛阳边界的秋庄稼，赏赐给老年人及力田乡官各有差别。

二年春二月，帝初通《论语》，使太常以太牢祭孔子于辟雍，以颜渊配。

正始二年春季二月，皇帝开始通读《论语》，派遣太常在辟雍用太牢祭祀孔子，以颜渊配享。

夏五月，吴将朱然等围襄阳之樊城，太傅司马宣王率众拒之[3]。六月辛丑，退。己卯，以征东将军王凌为车骑将军。冬

夏季五月，吴国将领朱然等人围攻襄阳郡的樊城，太傅司马宣王率领部众抵御。六月辛丑日，吴军撤退。己卯日，任命征东将军王凌为车骑将军。冬季

十二月，南安郡地震。

三年春正月，东平王徽薨。三月，太尉满宠薨。秋七月甲申，南安郡地震。乙酉，以领军将军蒋济为太尉。冬十二月，魏郡地震。

四年春正月，帝加元服，赐群臣各有差。夏四月乙卯，立皇后甄氏，大赦。五月朔，日有食之，既。秋七月，诏祀故大司马曹真、曹休、征南大将军夏侯尚、太常桓阶、司空陈群、太傅钟繇、车骑将军张郃、左将军徐晃、前将军张辽、右将军乐进、太尉华歆、司徒王朗、骠骑将军曹洪、征西将军夏侯渊、后将军朱灵、文聘、执金吾臧霸、破虏将军李典、立义将军庞德、武猛校尉典韦于太祖庙庭。冬十二月，倭国女王俾弥呼遣使奉献。

五年春二月，诏大将军曹爽率众征蜀。夏四月朔，日有蚀之。五月癸巳，讲《尚书》经通，使太常以太牢祀孔子于辟雍，以颜渊配；赐太傅、大将军及侍讲者各有差。丙午，大将军曹爽引军还。秋八月，秦王询薨。九月，鲜卑内附，置辽东属国，立昌黎县以居之。冬十一月癸卯，诏祀故尚书令荀攸于太祖庙庭。④己酉，复秦国为京兆郡。十二月，司空崔林薨。

六年春二月丁卯，南安郡地震。丙子，以骠骑将军赵俨为司空；夏六月，俨薨。八月丁

十二月，南安郡发生地震。

正始三年春季正月，东平王曹徽去世。三月，太尉满宠去世。秋季七月甲申日，南安郡发生地震。乙酉日，任命领军将军蒋济为太尉。冬季十二月，魏郡发生地震。

正始四年春季正月，曹芳举行加冠礼，赏赐群臣各有差别。夏季四月乙卯日，立甄氏为皇后，进行大赦。五月初一，发生日食。秋季七月，下诏在太祖庙庭祭祀已故大司马曹真、曹休、征南大将军夏侯尚、太常桓阶、司空陈群、太傅钟繇、车骑将军张郃、左将军徐晃、前将军张辽，右将军乐进、太尉华歆、司徒王朗、骠骑将军曹洪、征西将军夏侯渊、后将军朱灵、文聘、执金吾臧霸、破虏将军李典、立义将军庞德、武猛校尉典韦。冬季十二月，倭国女王俾弥呼派遣使者前来朝廷进贡。

正始五年春季二月，诏令大将军曹爽率领部众征伐蜀国。夏季四月初一，发生日食。五月癸巳日，讲完《尚书》经一遍，派遣太常用牛、羊、豕三牲全备在辟雍祭祀孔子，以颜渊配享；赐给太傅、大将军以及侍讲的人各有差别。丙午日，大将军曹爽带领军队返回。秋季八月，秦王曹询去世。九月，鲜卑归附朝廷，设置辽东属国，建立昌黎县给他们安居。冬季十一月癸卯日，下诏在太祖曹操庙庭祭祀已故尚书令荀攸。己酉日，恢复秦国为京兆郡。十二月，司空崔林去世。

六年春季二月丁卯日，南安郡发生地震。丙子日，任命骠骑将军赵俨为司空；夏季六月，赵俨去世。八月丁卯日，任命太常高柔为司空。癸巳日，任

卯,以太常高柔为司空。癸巳,以左光禄大夫刘放为骠骑将军,右光禄大夫孙资为卫将军。冬十一月,袷祭太祖庙,始祀前所论佐命臣二十一人。十二月辛亥,诏故司徒王朗所作《易传》,令学者得以课试。乙亥,诏曰:“明日大会群臣,其令太傅乘舆上殿。”

命左光禄大夫刘放为骠骑将军,右光禄大夫孙资为卫将军。冬季十一月,在太祖庙合祭远近祖先的神主,开始祭祀前已评定祭祀的二十一位辅佐大臣。十二月辛亥日,下诏说已故司徒王朗所著《易传》,凡学习《易》的人必须作为考核的内容。乙亥日,下诏书说:“明天大会群臣,令太傅乘车上殿。”

七年春二月,幽州刺史毌丘俭讨高句骊,夏五月,讨濊貊,皆破之。韩那奚等数十国各率种落降。秋八月戊申,诏曰:“属到市观见所斥卖官奴婢,年皆七十,或癃疾残病,所谓天民之穷者也。且官以其力竭而复鬻之,进退无谓,其悉遣为良民。若有不能自存者,郡县振给之。”⑤

七年春季二月,幽州刺史毌丘俭讨伐高句骊,夏季五月,讨伐濊貊,都打败了他们。韩那奚等几十个属国各自带领部落的人投降。秋季八月戊申日,下诏书说:“宫中官属到市上看到送出被变卖的官府奴婢,年纪都有七十岁,有的衰老病残,这就是所说的平民中的穷困人。官府因为他们体力衰竭而再变卖,他们进退两难,现在将他们全部遣送回去做平民。假如有不能自己维持生计的,各郡、县官府要救济他们。”

己酉,诏曰:“吾乃当以十九日亲祠,而昨出已见治道,得雨当复更治,徒弃功夫。每念百姓力少役多,夙夜存心。道路但当期于通利,闻乃挝捶老小,务崇修饰,疲困流离,以至哀叹,吾岂安乘此而行,致馨德于宗庙邪?自今已后,明申敕之。”冬十二月,讲《礼记》通,使太常以太牢祀孔子于辟雍,以颜渊配。⑥

己酉日,下诏书说:“我应当在十九日亲自祭祀,昨天出去已看到修好的道路,下雨后又要重新修整,白白地浪费了工夫。每当想到百姓劳力少徭役多,就会日夜都把这事放在心上。道路要求畅通便利就行了,我听说为修好道路鞭打了年老年少的民众,一味追求修饰,百姓疲劳困苦,流离失所,甚至哀叹不已,我怎能安心沿着这条路乘车通行,向宗庙敬献美好的德行呢?从今以后,公开告诫此事。”冬十二月,讲述《礼记》一遍,派遣太常用三牲全备的太牢在辟雍祭祀孔子,以颜渊配享。

八年春二月朔,日有蚀之。夏五月,分河东之汾北十县为平阳郡。

正始八年春季二月初一,发生日食。夏季五月,划出河东郡汾水以北十个县为平阳郡。

秋七月,尚书何晏奏曰:“善为国者必先治其身,治其身者慎其所习。所习正则其身

秋季七月,尚书何晏上奏说:“善于治理国家的人一定首先修治自身,修治自身的人慎重地对待他所习染的东西。所习染的东西是正当的,那么他的

正，其身正则不令而行；所习不正则其身不正，其身不正则虽令不从。是故为人君者，所与游必择正人，所观览必察正象，放郑声而弗听，远佞人而弗近，然后邪心不生而正道可弘也。季末闇主，不知损益，斥远君子，引近小人，忠良疏远，便辟亵狎，乱生近昵，譬之社鼠；考其昏明，所积以然，故圣贤谆谆以为至虑。舜戒禹曰'邻哉邻哉'，言慎所近也，周公戒成王曰'其朋其朋'，言慎所与也。《书》云：'一人有庆，兆民赖之。'可自今以后，御幸式乾殿及游豫后园，皆大臣侍从，因从容戏宴，兼省文书，询谋政事，讲论经义，为万世法。"冬十二月，散骑常侍谏议大夫孔乂奏曰："礼，天子之宫，有斲砻之制，无朱丹之饰，宜循礼复古。今天下已平，君臣之分明，陛下但当不懈于位，平公正之心，审赏罚以使之。可绝后园习骑乘马，出必御辇乘车，天下之福，臣子之愿也。"晏、乂咸因阙以进规谏。

行为就会端正，他的行为端正，即便不下命令，人们也会遵守奉行。所习染的东西不正当，那么自身行为就会不端正，自身行为不端正，即使下达命令也没有人服从。所以做君主的，一定要选择正派的人交游，观察事物必须观察正确的现象。舍弃淫靡的乐曲不听，远离奸诈小人不去接近，然后邪心就不会萌生而正道得以弘扬。历朝末代的昏昧君主，不知自身该去掉什么增益什么，排斥疏远正人君子，招引亲近小人，忠良的人被疏远，逢迎谄媚的人受到宠幸，祸乱从亲近的人中产生，这些人好比托身土地庙的老鼠；考察君主的昏庸、英明，都是积累而成，所以圣贤谆谆教诲作为最重要的思虑。虞舜告诫大禹说'身边的人啊，身边的人啊'，讲的是要谨慎对待所亲近的人。周公告诫成王说'朋友啊，朋友啊'，讲的是谨慎对待所交往的人。《尚书》说：'一个人办了好事，众百姓都受益。'从今以后，皇上亲临式乾殿和后园游览，都由大臣侍从，趁此从容地游乐宴会，同时审阅文书，咨询商量政事，讲述讨论经书大义，作为万世的楷模。"冬季十二月，散骑常侍谏议大夫孔乂上奏说："按照礼制，天子的宫殿，有将椽木砍平磨光的规定，不用朱红色涂饰，应该遵循礼制，恢复古法。现在天下已平定，君臣的名分已经明确，陛下只应不松懈自己，当用公正正直的心，慎重地行使赏罚来治理朝政。应该杜绝在后园练习骑马，外出一定要乘天子的专车，这是天下人的福分，臣子的心愿啊。"何晏、孔乂都针对皇上的欠缺进行规劝。

九年春二月，卫将军中书令孙资，癸巳，骠骑将军中书监刘放，三月甲午，司徒卫臻，各逊位，以侯就第，位特进。四月，以司空高柔为司徒；光禄大夫徐邈为司空，固辞不受。秋九月，以车骑将军王凌为司空。冬十月，大风发屋折树。

正始九年春季二月，卫将军中书令孙资，癸巳日，骠骑将军中书监刘放，三月甲午日，司徒卫臻，各自退位，以侯爵身份归家，赐位特进。四月，任命司空高柔为司徒；光禄大夫徐邈为司空，徐邈坚决推辞不肯接受。秋季九月，任命车骑将军王凌为司空。冬季十月，大风刮倒房屋、折断树枝。

嘉平元年春正月甲午，车驾谒高平陵。⑦太傅司马宣王奏免大将军曹爽、爽弟中领军羲、武卫将军训、散骑常侍彦官，以侯就第。戊戌，有司奏收黄门张当付廷尉，考实其辞，爽与谋不轨。又尚书丁谧、邓飏、何晏、司隶校尉毕轨、荆州刺史李胜、大司农桓范皆与爽通奸谋，夷三族。语在《爽传》。丙午，大赦。丁未，以太傅司马宣王为丞相，固让乃止。⑧

嘉平元年春季正月甲午日，曹芳拜谒明帝曹叡的高平陵。太傅司马宣王上奏罢免大将军曹爽、曹爽的弟弟中领军曹羲、武卫将军曹训、散骑常侍曹彦的官职，以侯爵身份归家。戊戌日，有关官员奏报逮捕黄门张当交付廷尉，核实他的供词，曹爽与他图谋不轨。还有尚书丁谧、邓飏、何晏、司隶校尉毕轨、荆州刺史李胜、大司农桓范都与曹爽勾结谋反，被诛杀三族。这事记载在《曹爽传》中。丙午日，实行大赦。丁未日，任命太傅司马宣王为丞相，他坚决推辞才作罢。

夏四月乙丑，改年。丙子，太尉蒋济薨。冬十二月辛卯，以司空王凌为太尉。庚子，以司隶校尉孙礼为司空。

夏季四月乙丑日，改换年号。丙子日，太尉蒋济去世。冬季十二月辛卯日，任命司空王凌为太尉。庚子日，任命司隶校尉孙礼为司空。

二年夏五月，以征西将军郭淮为车骑将军。冬十月，以特进孙资为骠骑将军。十一月，司空孙礼薨。十二月甲辰，东海王霖薨。乙未，征南将军王昶渡江，掩攻吴，破之。

嘉平二年夏季五月，任命征西将军郭淮为车骑将军。冬季十月，任命赐位特进的孙资为骠骑将军。十一月，司空孙礼去世。十二月甲辰日，东海王曹霖去世。乙未日，征南将军王昶渡过长江，偷袭吴国，打败吴军。

三年春正月，荆州刺史王基、新城太守州泰攻吴，破之，降者数千口。二月，置南郡之夷陵县以居降附。三月，以尚书令司马孚为司空。四月甲申，以征南将军王昶为征南大将军。壬辰，大赦。丙午，闻太尉王凌谋废帝，立楚王彪，太傅司马宣王东征凌。五月甲寅，凌自杀。六月，彪赐死。秋七月壬戌，皇后甄氏崩。辛未，以司空司马孚为太尉。戊寅，太傅司马宣王薨，以卫将军司马景王为抚军大将军，录尚书

嘉平三年春季正月，荆州刺史王基、新城太守州泰进攻吴国，把吴军打败，投降的人有几千。二月，设置南郡的夷陵县给投降归附的人居住。三月，任命尚书令司马孚为司空。四月甲申日，任命征南将军王昶为征南大将军。壬辰日，实行大赦。丙午日，听说太尉王凌阴谋废黜少帝曹芳，另立楚王曹彪，太傅司马宣王向东征讨王凌。五月甲寅日，王凌自杀。六月，曹芳赐死楚王曹彪。秋季七月壬戌日，皇后甄氏逝世。辛未日，任命司空司马孚为太尉。八月戊寅日，太傅司马宣王去世，任命卫将军司马景王为抚军大将军，总领尚书事。乙未日，皇后甄氏被

事。乙未，葬怀甄后于太清陵。庚子，骠骑将军孙资薨。十一月，有司奏诸功臣应飨食于太祖庙者，更以官为次，太傅司马宣王功高爵尊，最在上。十二月，以光禄勋郑冲为司空。

安葬在太清陵。庚子日，骠骑将军孙资去世。十一月，有关官吏上奏各位功臣应在太祖庙享受祭祀的人，改变为以官位为次序，太傅司马宣王功高爵尊，神位在最上面。十二月，任命光禄勋郑冲为司空。

四年春正月癸卯，以抚军大将军司马景王为大将军。二月，立皇后张氏，大赦。夏五月，鱼二，见于武库屋上。[9]冬十一月，诏征南大将军王昶、征东将军胡遵、镇南将军毌丘俭等征吴。十二月，吴大将军诸葛恪拒战，大破众军于东关。不利而还。[10]

嘉平四年春季正月癸卯日，任命抚军大将军司马景王为大将军。二月，立皇后张氏，实行大赦。夏季五月，有两条鱼出现在武器库的房顶上。冬季十一月，诏书命令征南大将军王昶，征东将军胡遵、镇南将军毌丘俭等人出征吴国。十二月，吴国大将军诸葛恪率兵抵抗，在关东大败众军。魏军出征不利而返回。

五年夏四月，大赦。五月，吴太傅诸葛恪围合肥新城，诏太尉司马孚拒之。[11]秋七月，恪退还。[12]

嘉平五年夏季四月，实行大赦。五月，吴国太傅诸葛恪围攻合肥新城，诏令太尉司马孚抵抗。秋季七月，诸葛恪撤军返回。

八月，诏曰："故中郎西平郭脩，砥节厉行，秉心不回。乃者蜀将姜维寇钞脩郡，为所执略。往岁伪大将军费祎驱率群众，阴图窥窬，道经汉寿，请会众宾，脩于广坐之中手刃击祎，勇过聂政，功逾介子，可谓杀身成仁，释生取义者矣。夫追加褒宠，所以表扬忠义；祚及后胤，所以奖劝将来。其追封脩为长乐乡侯，食邑千户，谥曰威侯；子袭爵，加拜奉车都尉赐银千饼，绢千匹，以光宠存亡，永垂来世焉。"[13]

八月，诏书说："已故中郎将西平郡郭脩磨炼节操修养德行，保持忠心不动摇。从前蜀将姜维侵犯掠劫郭脩的西平郡，被蜀军抓走。去年蜀大将费祎率领部众，阴谋伺机进犯，途经汉寿县，邀请会见众宾客，郭脩在大庭广众之中手执利刃刺杀费祎，勇武超过聂政，功劳超越傅介子，可说是'杀身成仁，舍生取义'的人了。死后追加褒扬，是为了表彰他的忠义行为；福禄延及子孙，是为了奖励后人。现在追封郭脩为长乐乡侯，给食邑一千户，谥号为威侯；儿子继承爵位，加封奉车都尉，赏赐白银千锭，绢绸千匹，以光耀恩宠活着和死去的人，永远流传后世。"

自帝即位至于是岁，郡国县道多所置省，俄或还复，不可胜纪。

从少帝曹芳即位到这一年，郡、国、县、道有多处被撤销，不久有的又恢复，不能全部记载下来。

六年春二月己丑，镇东将军毌丘俭上言："昔诸葛恪围合肥新城，城中遣士刘整出围传消息，为贼所得，考问所传，语整曰：'诸葛公欲活汝，汝可具服。'整骂曰：'死狗，此何言也！我当必死为魏国鬼，不苟求活，逐汝去也。欲杀我者，便速杀之。'终无他辞。又遣士郑像出城传消息，或以语恪，恪遣马骑寻围迹索，得像还。四五人靮头面缚，将绕城表，敕语像，使大呼，言'大军已还洛，不如早降。'像不从其言，更大呼城中曰：'大军近在围外，壮士努力！'贼以刀筑其口，使不得言，像遂大呼，令城中闻知。整、像为兵，能守义执节，子弟宜有差异。"诏曰："夫显爵所以褒元功，重赏所以宠烈士。整、像召募通使，越蹈重围，冒突白刃，轻身守信，不幸见获，抗节弥厉，扬六军之大势，安城守之惧心，临难不顾，毕志传命。昔解杨执楚，有陨无贰，齐路中大夫以死成命，方之整、像，所不能加。今追赐整、像爵关中侯，各除士名，使子袭爵，如部曲将死事科。"

嘉平六年春季二月己丑日，镇东将军毌丘俭上奏说："过去诸葛恪围攻合肥新城，城中派遣士兵刘整突围传递消息，被贼军捉住，拷问他传递什么消息，对刘整说：'诸葛公想让你活命，你应该全部招供。'刘整骂道：'死狗，这是什么话!我死当做魏国的鬼，不求苟且求活，跟着你们跑。你们打算杀我，就赶快杀。'刘整始终没说别的话，又派士兵郑像出城传递消息，有人告诉诸葛恪，诸葛恪派遣骑兵绕城追踪搜索，把郑像捉回。四五个人用马缰绳捆住他的头，带他在城外绕行示众，诸葛恪告诫郑像，要他大声喊叫，说'大军已返回洛阳，不妨早早投降'。郑像不听他的话，反而对城中大喊：'大军近在城外，壮士们努力啊！'贼兵用刀打他的嘴，使他不能说话，郑像就大喊，使城中的人都听到他的声音。刘整、郑像作为士兵，能坚持正义保持节操，应给他们的子弟不同的封赏。"下诏说："显贵的爵位是用来嘉奖功大的人，重赏是用来尊崇义烈之士。刘整、郑像只是招募来的送信人，却能越过重重包围，甘冒雪白的刀刃，不惜性命保持信义，不幸被捕，坚持节操，益加振奋，显扬军队的强大威势，打消守城将士的畏惧心理，面对危难不顾自己，坚定意志传送消息。古代解杨被楚王捉住，砍头也无二心，齐国的路中大夫用性命完成使命，和刘整、郑像相比，也未能超过。现追赐刘整、郑像为关中侯，各人除去兵士名籍，使他们的儿子继承爵位，按照为国死亡的部曲将领条例办理。"

庚戌，中书令李丰与皇后父光禄大夫张缉等谋废易大臣，以太常夏侯玄为大将军。事觉，诸所连及者皆伏诛。辛亥，大赦。三月，废皇后张氏。夏四月，立皇后王氏，大赦。五月，封后父奉车都尉王夔为广

庚戌日，中书令李丰与皇后的父亲光禄大夫张缉等人谋划废除改换大臣，以太常夏侯玄为大将军。事情被发觉，许多受牵连的人都服罪被杀。辛亥日，实行大赦。三月，废除皇后张氏。夏季四月，立皇后王氏，实行大赦。五月，封皇后王氏的父亲奉车都尉王夔为广明乡侯、光禄大夫，赐位特进，封王夔的妻子田氏为宣阳乡君。秋季九月，大将军司马景王

明乡侯、光禄大夫，位特进，妻田氏为宣阳乡君。秋九月，大将军司马景王将谋废帝，以闻皇太后。⑭甲戌，太后令曰："皇帝芳春秋已长，不亲万机，耽淫内宠，沉漫女德，日延倡优，纵其丑谑；迎六宫家人留止内房，毁人伦之叙，乱男女之节；恭孝日亏，悖傲滋甚，不可以承天绪，奉宗庙。使兼太尉高柔奉策，用一元大武告于宗庙，遣芳归藩于齐，以避皇位。"⑮是日迁居别宫，年二十三。使者持节送卫，营齐王宫于河内之重门，制度皆如藩国之礼。⑯

谋划废黜皇帝曹芳，上告皇太后。甲戌日，太后下令说："皇帝曹芳已经成年，不亲自处理国家大事，迷恋后宫姬妾，沉溺在女色之中，每天引进歌人舞女，恣意调笑嘻乐；迎接皇宫六院的家人留住内房，败坏了人伦次序，搞乱了男女的礼节；恭顺孝敬的品德日益减少，狂悖傲慢的行为愈加厉害，不能继承帝业，奉祀宗庙。派遣兼任太尉高柔持策书，用礼牛告祭宗庙，遣送曹芳回封地齐国，让出皇帝之位。"这天齐王移到另外的宫室居住，这年二十三岁。使者持符节护送到卫，在河内郡的重门营建齐王宫，礼制都按照诸侯王国一样。

丁丑，令曰："东海王霖，高祖文皇帝之子。霖之诸子，与国至亲，高贵乡公髦有大成之量，其以为明皇帝嗣。"⑰

丁丑日，下诏说："东海王曹霖，是高祖文皇帝的儿子。曹霖的几位儿子，与皇族关系最亲密，高贵乡公曹髦有成就帝王大业的气量，现在以他为明皇帝的继承人。"

高贵乡公讳髦，字彦士，文帝孙，东海定王霖子也。正始五年，封郯县高贵乡公。少好学，夙成。齐王废，公卿议迎立公。十月己丑，公至于玄武馆，群臣奏请舍前殿，公以先帝旧处，避止西厢；群臣又请以法驾迎，公不听。庚寅，公入于洛阳，群臣迎拜西掖门南，公下舆将答拜，傧者请曰："仪不拜。"公曰："吾人臣也。"遂答拜。至止车门下舆。左右曰："旧乘舆入。"公曰："吾被皇太后征，未知所为！"遂步至太极东堂，见于太后。其日即皇帝位于太极前殿，百僚陪位者欣

高贵乡公名髦，字彦士，是魏文帝的孙子，东海定王曹霖的儿子。正始五年，封为郯县高贵乡公。从小好学，成熟得早。齐王曹芳被废黜以后，公卿商议迎立高贵乡公。十月己丑日，高贵乡公到玄武馆，群臣上奏请他住在前殿，高贵乡公认为前殿是先帝曾经住过的地方，就回避住在西厢房；群臣又请求用皇帝乘坐的车驾迎接，高贵乡公不同意。庚寅日，高贵乡公进入洛阳，群臣在西掖门南叩拜迎接，他打算下车回拜，引导的人请求说："按照礼仪不必答拜。"高贵乡公说："我现在仍是臣子。"于是答拜。到止车门下车。左右侍从说："过去是乘车进入。"高贵乡公说："我被皇太后征召，不知叫我干什么！"于是步行到太极殿东堂，参见郭太后。那天就在太极殿前登上皇帝位，陪同的百官显出很高兴的神情。诏

欣焉。[18]诏曰："昔三祖神武圣德，应天受祚。齐王嗣位，肆行非度，颠覆厥德。皇太后深惟社稷之重，延纳宰辅之谋，用替厥位，集大命于余一人。以眇眇之身，托于王公之上，夙夜祗畏，惧不能嗣守祖宗之大训，恢中兴之弘业，战战兢兢，如临于谷。今群公卿士股肱之辅，四方征镇宣力之佐，皆积德累功，忠勤帝室；庶凭先祖先父有德之臣，左右小子，用保乂皇家，俾朕蒙闇，垂拱而治。盖闻人君之道，德厚侔天地，润泽施四海，先之以慈爱，示之以好恶，然后教化行于上，兆民听于下。朕虽不德，昧于大道，思与宇内共臻兹路。《书》不云乎：'安民则惠，黎民怀之。'"大赦，改元。减乘舆服御，后宫用度，及罢尚方御府百工技巧靡丽无益之物。

书说："过去三祖神明威武、德行非凡，顺应天意、继承皇位。齐王继位，行为放纵，不合法度，缺少德行。皇太后深以国家为重，采纳了辅政大臣的意见，用我替换他空缺的皇位，国家的命运集中在我一人的身上。把我这微不足道的人，置身于王公之上，日夜敬畏，恐惧不能承继并遵守祖宗先王的圣哲教言，光大中兴的伟业，战战兢兢，如临深谷。现在有各公卿士的得力辅佐，四方统兵镇守武将的尽力帮助，他们都积累功德，忠诚王室；欣幸凭借先祖先父的有德之臣，辅佐我，以保卫皇家，使朕这样蒙昧无知的人，不费大力就可治理好国家。听说帝王治国之道，品德高尚与天地相等，恩泽广施天下，首先用慈爱之心，向百姓显示自己的好恶，然后在上推行教化，百姓在下听从。朕虽然无德，不明大道，但想与海内臣民共同走上这条治国之路。《尚书》上不是说到吗：'安定人民就是仁爱，百姓就会怀念他。'"之后实行大赦，改换年号。减少乘车服饰、后宫开支，同时禁止尚方府工匠制作奢侈华丽无益的器物。

正元元年冬十月壬辰，遣侍中持节分适四方，观风俗，劳士民，察冤枉失职者。癸巳，假大将军司马景王黄钺，入朝不趋，奏事不名，剑履上殿。戊戌，黄龙见于邺井中。甲辰，命有司论废立定策之功，封爵、增邑、进位、班赐各有差。

正元元年冬季十月壬辰日，皇上派遣侍中持符节分赴各地，观察风俗，慰问士人百姓，审察遭受冤枉和玩忽职守的人。癸巳日，赐给大将军司马景王黄钺，入朝不用小步快走，向皇上奏陈事情不必报名字，可以佩剑穿鞋上殿。戊戌日，黄龙在邺城的井中出现。甲辰日，命令有关官员评定废旧君立新君、拥立皇帝的功劳，分封爵位，增加食邑，提升官职，颁发赏赐各有差别。

二年春正月乙丑，镇东将军毌丘俭、扬州刺史文钦反。戊寅，大将军司马景王征之。癸未，车骑将军郭淮薨。闰月己亥，破钦于乐嘉。钦遁走，遂奔吴。甲辰，安风津都尉斩俭，

正元二年春季正月乙丑日，镇东将军毌丘俭、扬州刺史文钦反叛。戊寅日，大将军司马景王征讨他们。癸未日，车骑将军郭淮去世。闰月己亥日，在乐嘉县打败文钦。文钦逃走，投奔吴国。甲辰日，安风津都尉斩杀毌丘俭，把他的首级送到京都洛阳。

传首京都。[19]壬子，复特赦淮南士民诸为俭、钦所诖误者。以镇南将军诸葛诞为镇东大将军。司马景王薨于许昌。二月丁巳，以卫将军司马文王为大将军，录尚书事。

壬子日，又特赦被毌丘俭、文钦所欺骗的淮南士人和百姓。任命镇南将军诸葛诞为镇东大将军。司马景王在许昌去世。二月丁巳日，任命卫将军司马文王为大将军，总领尚书政事。

甲子，吴大将孙峻等众号十万至寿春，诸葛诞拒击破之，斩吴左将军留赞，献捷于京都。三月，立皇后卞氏，大赦。夏四月甲寅，封后父卞隆为列侯。甲戌，以征南大将军王昶为骠骑将军。秋七月，以征东大将军胡遵为卫将军，镇东大将军诸葛诞为征东大将军。

甲子日，吴国大将孙峻等人的部众号称十万人到寿春县，诸葛诞出兵抗击，打败他们，杀了吴国左将军留赞，将俘虏和战利品进献京师。三月，立卞氏为皇后，实行大赦。夏季四月甲寅日，赐封卞皇后的父亲卞隆为列侯。甲戌日，任命征南大将军王昶为骠骑将军。秋季七月，任命征东大将军胡遵为卫将军，镇东大将军诸葛诞为征东大将军。

八月辛亥，蜀大将军姜维寇狄道，雍州刺史王经与战洮西，经大败，还保狄道城。辛未，以长水校尉邓艾行安西将军，与征西将军陈泰并力拒维。戊辰，复遣太尉司马孚为后继。九月庚子，讲《尚书》业终，赐执经亲授者司空郑冲、侍中郑小同等各有差。甲辰，姜维退还。冬十月，诏曰："朕以寡德，不能式遏寇虐，乃令蜀贼陆梁边陲。洮西之战，至取负败，将士死亡，计以千数，或没命战场，冤魂不反，或牵掣虏手，流离异域，吾深痛愍，为之悼心。其令所在郡典农及安抚夷二护军各部大吏慰恤其门户，无差赋役一年；其力战死事者，皆如旧科，勿有所漏。"

八月辛亥日，蜀国大将军姜维进犯狄道，雍州刺史王经与他在洮水以西交战，王经大败，返回据守狄道城。辛未日，任命长水校尉邓艾代理安西将军，与征西将军陈泰协力抵抗姜维。戊辰日，又派遣太尉司马孚为后援。九月庚子日，讲授《尚书》的课业结束，给手持经书亲自讲授的司空郑冲、侍中郑小同等人的赏赐各有差别。甲辰日，姜维退兵回去。冬季十月，诏书说："朕因缺少德行，不能阻止敌人的侵犯，致使蜀贼在边境猖獗。洮西的战斗，最终失败，官兵死亡，数以千计，有的在战场上牺牲，冤魂不能返回家园，有的束缚于敌人之手，流落离散在异地，我深感痛心哀怜，为他们伤心。现在命令所在郡的典农中郎将和安夷、抚夷二护军及各部的主要官员慰问抚恤他们的家属，免除一年的赋税徭役；对那些奋力作战而死的人，都按原有的规定抚恤，不能有所遗漏。"

十一月甲午，以陇右四郡及金城连年受敌，或亡叛投贼，其亲戚留在本土者不安，皆特赦之。癸丑，诏曰："往者洮西之战，将吏士民或临陈战亡，或沉溺洮水，骸骨不收，弃于原野，吾常痛之。其告征西、安西将军，各令部人于战处及水次钩求尸丧，收敛藏埋，以慰存亡。"

甘露元年春正月辛丑，青龙见轵县井中。乙巳，沛王林薨。⑳

夏四月庚戌，赐大将军司马文王兖冕之服，赤舄副焉。

丙辰，帝幸太学，问诸儒曰："圣人幽赞神明，仰观俯察，始作八卦，后圣重之为六十四，立爻以极数，凡斯大义，罔有不备，而夏有《连山》，殷有《归藏》，周曰《周易》，《易》之书，其故何也？"《易》博士淳于俊对曰："包羲因燧皇之图而制八卦，神农演之为六十四，黄帝、尧、舜通其变，三代随时，质文各繇其事。故《易》者，变易也，名曰《连山》，似山出内云气，连天地也；《归藏》者，万事莫不归藏于其中也。"帝又曰："若使包羲因燧皇而作《易》，孔子何以不云燧人氏没包羲氏作乎？"俊不能答。帝又问曰："孔子作彖、象，郑玄作注，虽圣贤不同，其所释经义一也。今彖、象不与经文相连，而注连之，何也？"俊对曰：

十一月甲午日，因陇右四郡及金城郡连年遭受敌人的侵扰，有的人逃亡叛变投敌，他们的亲戚留在本乡的感到不安，对这些人都实行特赦。癸丑日，诏书说："过去洮西的战斗，将领和士兵中有的在阵地战死，有的沉入洮水溺死，尸骨无人收殓，抛弃在旷野，我常为他们感到痛心。现在通告征西、安西将军，各自命令部下在作战的地方及水边寻找尸骨，收殓埋葬，以告慰活着和死去的人。"

甘露元年春季正月辛丑日，青龙在轵县的井中出现。乙巳日，沛王曹林去世。

夏季四月庚戌日，赐给大将军司马文王礼服、礼帽，配以红色的礼鞋。

丙辰日，曹髦亲临太学，询问儒士们说："圣人深通神明之道，仰观天文、俯察地理，才制作八卦，后来圣人把八卦重叠演变为六十四卦，创立爻辞来深究事物的道理，凡此种种大义，没有不完备的，而夏朝有《连山》，殷朝有《归藏》，周朝称《周易》，《易》这类书，名称不同，原因何在？"《易》博士淳于俊回答说："包羲氏根据燧人氏的图而制作八卦，神农氏推演八卦为六十四卦，黄帝、尧、舜贯通这些变化，夏商周三代依据时代的变迁，文辞朴质华美，各由其事而定。因此《易》，就是变易，取名《连山》，好像山吐纳云气，连接天地；取名《归藏》，是说万事没有不归藏在其中的。"曹髦又说："假如包羲氏根据燧人氏制作《易》，孔子为什么不说燧人氏死后包羲氏制作呢？"淳于俊不能回答。曹髦又问："孔子作彖传、象传，郑玄作注，虽然圣人贤人不同，但所解释的经义是一致的。现在彖传、象传不和经文相连，而注文却连在一起，为什么？"淳于俊回答说："郑玄把

"郑玄合彖、象于经者,欲使学者寻省易了也。"帝曰:"若郑玄合之,于学诚便,则孔子曷为不合以了学者乎?"俊对曰:"孔子恐其与文王相乱,是以不合,此圣人以不合为谦。"帝曰:"若圣人以不合为谦,则郑玄何独不谦邪?"俊对曰:"古义弘深,圣问奥远,非臣所能详尽。"帝又问曰:"《系辞》云'黄帝、尧、舜垂衣裳而天下治',此包羲、神农之世为无衣裳。但圣人化天下,何殊异尔邪?"俊对曰:"三皇之时,人寡而禽兽众,故取其羽皮而天下用足,及至黄帝,人众而禽兽寡,是以作为衣裳以济时变也。"帝又问:"乾为天,而复为金,为玉,为老马,与细物并邪?"俊对曰:"圣人取象,或远或近,近取诸物,远则天地。"

彖传、象传合在经中的原因,是想使学习的人查检简易明白。"皇帝说:"如果郑玄合在一起的做法,对于学习确实方便,那么孔子为什么不合在一起使学习的人明白呢?"淳于俊回答说:"孔子是担心自己作的彖、象与文王作的卦辞、爻辞混淆,因此不合在一起,这是圣人以不合为谦虚。"曹髦说:"如果圣人以为不合在一起为谦虚,那么为什么唯独郑玄不谦虚呢?"淳于俊回答说:"古书意义博大精深,皇上所问深远,不是臣能够详细讲清楚的。"曹髦又问:"《系辞》说'黄帝、尧、舜穿上长大的上衣下裳而天下得以治理。'这说明包羲氏、神农氏的时代是没有衣裳的。但是圣人教化天下,为什么有这样大的区别呢?"淳于俊回答说:"三皇的时代,人少而禽兽多,所以取禽兽的羽毛兽皮天下的人就够穿了,到了黄帝时代,人多而禽兽少,所以制作衣裳来适应时代的变化。"曹髦又问:"乾代表天,又代表金、代表玉、代表老马的物象,天与细小的事物并列吗?"淳于俊回答说:"圣人所取比喻,有远有近,近的取身边的各种事物,远的则从天地间取得。"

讲《易》毕,复命讲《尚书》。帝问曰:"郑玄曰'稽古同天,言尧同于天也'。王肃云'尧顺考古道而行之'。二义不同,何者为是?"博士庾峻对曰:"先儒所执,各有乖异,臣不足以定之。然《洪范》称'三人占,从二人之言'。贾、马及肃皆以为'顺考古道'。以《洪范》言之,肃义为长。"帝曰:"仲尼言'唯天为大,唯尧则之'。尧之大美,在乎则天,顺考古道,非其至也。今发篇开义以明圣德,而舍其大,更称其细,岂作者之意邪?"峻对

讲解《易经》完毕,又命令讲解《尚书》。曹髦问道:"郑玄说'考察往古与天等同,是讲尧和天等同'。王肃说'尧能顺考古道而加以实行'。郑玄、王肃二人的意义不同,哪个是对的?"博士庾峻回答说:"先代儒者所持的观点,各有不同,我不能确定是非。但《洪范》说'三个人占卜,应当听从两个人的判断'。贾逵、马融及王肃都认为是'顺考古道'。按《洪范》说的,王肃的释义较好。"曹髦说:"孔子说'只有天为最大,只有尧能效法它'。尧的最大美德,在于能效法天,顺考古道,不是他最高的境界。现在开篇讲义来阐明圣德,却舍弃大的,改而称赞小的,难道是作者的意思吗?"庾峻回答说:"臣遵奉师长

曰："臣奉遵师说，未喻大义，至于折中，裁之圣思。"次及四岳举鲧，帝又问曰："夫大人者，与天地合其德，与日月合其明，思无不周，明无不照，今王肃云'尧意不能明鲧，是以试用'。如此，圣人之明有所未尽邪？"峻对曰："虽圣人之弘，犹有所未尽，故禹曰'知人则哲，惟帝难之'，然卒能改授圣贤，缉熙庶绩，亦所以成圣也。"帝曰："夫有始有卒，其唯圣人。若不能始，何以为圣？其言'惟帝难之'，然卒能改授，盖谓知人，圣人所难，非不尽之言也。《经》云：'知人则哲，能官人。'若尧疑鲧，试之九年，官人失叙，何得谓之圣哲？"峻对曰："臣窃观经传，圣人行事不能无失，是以尧失之四凶，周公失之二叔，仲尼失之宰予。"帝曰："尧之任鲧，九载无成，汨陈五行，民用昏垫。至于仲尼失之宰予，言行之间，轻重不同也。至于周公、管、蔡之事，亦《尚书》所载，皆博士所当通也。"峻对曰："此皆先贤所疑，非臣寡见所能究论。"次及"有鳏在下曰虞舜"，帝问曰："当尧之时，洪水为害，四凶在朝，宜速登贤圣济斯民之时也。舜年在既立，圣德光明，而久不进用，何也？"峻对曰："尧咨嗟求贤，欲逊己位，岳曰'否德忝帝位'。尧复使岳扬举仄陋，然后荐舜。荐

的学说，不能明白大义，至于公正判断折中，由圣上裁决。"其次讨论到四岳诸侯长推荐鲧的事，曹髦又问道："伟大的人物，与天地同德，与日月同辉，思考不会不周到的，明亮得没有照不到的地方，现在王肃说'尧的意思是不能明察鲧，因此试用他'。像这样，圣人的英明也有不完备的吗？"庾峻回答说："虽然圣人伟大，但还是有不完备的地方，所以夏禹说'能知人善恶就是圣哲，这连帝尧也感到困难'，但是最终能改用圣贤，取得各种事业的光辉，这也是他能成为圣人的原因。"曹髦说："有始有终，才算是圣人。如果不能有好的开始，怎么能算圣人？他说'连帝尧也感到困难'，但最终能改用善人，大概是讲知人善恶，圣人认为困难的事，不是圣人有不完全之处的意思。《经》上说：'能知人善恶就是圣哲，能任用人。'如果帝尧怀疑鲧，试用了九年，用人不能正确评定才能高低，怎么能说他是圣哲？"庾峻回答说："臣下阅读经文、传注，圣人做事不能没有失误，因此尧看待四凶有失误，周公看待管叔、蔡叔有失误，孔子看待宰予有失误。"帝说："尧帝任用鲧，九年没有成绩，扰乱了五行，百姓迷惘失落。至于孔子看待宰予有失误，是因为言论行动之间，轻重各不相同。至于周公、管叔、蔡叔的事，也在《尚书》中有记载，都是博士应该通晓的。"庾峻回答说："这都是先贤感到疑难之处，不是臣的浅见能够研究探讨的。"接着讨论"在下面有个穷困的人，名叫虞舜"，曹髦问道："在尧的时代，洪水造成灾害，四凶在朝，是应该迅速选用贤人拯救百姓的时候。舜年纪正好三十岁，德行高尚光明，而长期不能进用，为什么呢？"庾峻回答说："尧帝感叹要寻找贤人，想让出自己的帝位，诸侯长说'我们德行鄙陋不配登帝位'。尧帝又让诸侯长推举出身低贱的人，诸侯长之后推荐了舜。推荐舜的本意，实在是出于帝尧，这大概是

舜之本，实由于尧，此盖圣人欲尽众心也。"帝曰："尧既闻舜而不登用，又时忠臣亦不进达，乃使岳扬仄陋而后荐举，非急于用圣恤民之谓也。"峻对曰："非臣愚见所能逮及。"

圣人想听取众人的意见。"曹髦说："帝尧已经听说过舜而不进用，同时当时的忠臣也不将他推荐上来，而是要诸侯长推举出身低贱的然后才推荐他，这不是急于任用圣贤怜惜百姓的说法。"庾峻回答说："这不是臣下的愚见能够理解到的。"

于是复命讲《礼记》。帝问曰："'太上立德，其次务施报'。为治何由而教化各异；皆修何政而能致于立德，施而不报乎？"博士马照对曰："太上立德，谓三皇五帝之世以德化民，其次报施，谓三王之世以礼为治也。"帝曰："二者致化薄厚不同，将主有优劣邪？时使之然乎？"照对曰："诚由时有朴文，故化有薄厚也。"㉑

于是又命令讲解《礼记》。曹髦问道："'上古时期崇尚道德，后来讲究有所施与，有所报答'。治理国家为什么教化各不相同，那都应当修行什么样的政治才能做到树立淳厚的道德，施恩于人而不求报答呢？"博士马照回答说："太上立德，讲的是三皇五帝的时代用道德感化人，其次报答，是讲三王时代用礼治理国家。"皇帝说："二者所达到的教化程度厚薄不同，是君主有优劣之分呢？还是时代不同使得这样呢？"马照回答说："确实是由于时代有朴实、浮华的区别，所以教化程度有厚薄的不同。"

五月，邺及上洛并言甘露降。夏六月丙午，改元为甘露。乙丑，青龙见元城县界井中。秋七月己卯，卫将军胡遵薨。

五月，邺城和上洛郡都有人说天降甘露。夏季六月丙午日，改年号为甘露。乙丑日，青龙出现在元城县境内的井中。秋季七月己卯日，卫将军胡遵去世。

癸未，安西将军邓艾大破蜀大将姜维于上邽，诏曰："兵未极武，丑虏摧破，斩首获生，动以万计，自顷战克，无如此者。今遣使者犒赐将士，大会临飨，饮宴终日，称朕意焉。"

癸未日，安西将军邓艾在上邽大败蜀国大将姜维，诏书说："军队没有滥用武力，敌人被彻底打败，斩首的和活捉的常常以万计，近来打的胜仗，没有比得上这次的。现在派遣使者用酒食财物慰劳赏赐将士，举行盛大宴会，让将士们聚在一起饮酒吃饭一整天，以符合朕的心意。"

八月庚午，命大将军司马文王加号大都督，奏事不名，假黄钺。癸酉，以太尉司马孚为太傅。九月，以司徒高柔为太尉。冬十月，以司空郑冲为司徒，尚书左仆射卢毓为司空。

八月庚午日，命令给大将军司马文王加授大都督封号，向皇上奏陈事情不必报姓名，赐给黄钺。癸酉日，任命太尉司马孚为太傅。九月，任命司徒高柔为太尉。冬季十月，任命司空郑冲为司徒，尚书左仆射卢毓为司空。

二年春二月，青龙见温县井中。三月，司空卢毓薨。

甘露二年春季二月，有青龙出现在温县井中。三月，司空卢毓去世。

夏四月癸卯，诏曰："玄菟郡高显县吏民反叛，长郑熙为贼所杀。民王简负担熙丧，晨夜星行，远致本州，忠节可嘉。其特拜简为忠义都尉，以旌殊行。"

夏季四月癸卯日，诏书说："玄菟郡高显县的官吏百姓反叛，县长郑熙被叛贼杀害。平民王简担荷郑熙的遗体，日夜兼程地赶路，远送到本州，王简的忠义节操值得嘉奖。今特以忠义都尉的官职授给王简，以表彰他的突出行为。"

甲子，以征东大将军诸葛诞为司空。

甲子日，任命征东大将军诸葛诞为司空。

五月辛未，帝幸辟雍，会命群臣赋诗。侍中和逌、尚书陈骞等作诗稽留，有司奏免官，诏曰："吾以暗昧，爱好文雅，广延诗赋，以知得失，而乃尔纷纭，良用反仄。其原逌等。主者宜敕自今以后，群臣皆当玩习古义，修明经典，称朕意焉。"

五月辛未日，皇上亲临大学馆，汇集群臣命大家赋诗。侍中和逌、尚书陈骞等人因作诗迟缓，有关官员上奏请求免除他们的官职，下诏说："我因愚昧，爱好艺文礼乐，广引诗赋，以知得失，却招致如此纷纭多事，由此深感不安。我要原谅和逌等人。主管官员应当告诫从今以后，群臣都要研习体味古文义理，学习理解经典深意，以符合朕的心意。"

乙亥，诸葛诞不就征，发兵反，杀扬州刺史乐綝。丙子，赦淮南将吏士民为诞所诖误者。丁丑，诏曰："诸葛诞造为凶乱，荡覆扬州。昔黥布逆叛，汉祖亲戎，隗嚣违戾，光武西伐，及烈祖明皇帝躬征吴、蜀，皆所以奋扬赫斯，震耀威武也。今宜皇太后与朕暂共临戎，速定丑虏，时宁东夏。"己卯，诏曰："诸葛诞造构逆乱，迫胁忠义，平寇将军临渭亭侯庞会、骑督偏将军路蕃，各将左右，斩门突出，忠壮勇烈，所宜嘉异。其进会爵乡侯，蕃封亭侯。"

乙亥日，诸葛诞不接受征召，起兵反叛，杀死扬州刺史乐綝。丙子日，赦免受诸葛诞欺骗的淮南将士民众。丁丑日，下诏书说："诸葛诞制造暴乱，摧毁扬州。从前黥布反叛，汉高祖亲自征讨，隗嚣背叛，光武帝出兵西征，以及烈祖皇帝亲自征伐吴国、蜀国，都是用武力显扬国威，显耀军威。现在应当由皇太后与朕暂时共同出征，迅速平定敌人，及时安定华夏东部。"己卯日，诏书说："诸葛诞制造叛乱，逼迫威胁忠义之士，平寇将军临渭亭侯庞会、骑督偏将军路蕃，各带左右随从破门冲出，忠勇壮烈，应该特别嘉奖。现晋封庞会为乡侯，路蕃为亭侯。"

六月乙巳，诏："吴使持节都督夏口诸军事镇军将军沙羡侯孙壹，贼之枝属，位为上

六月乙巳日，诏书说："吴国的使持节都督夏口诸军事镇军将军沙羡侯孙壹，是逆贼孙权的旁系亲属，处于上将之位，敬畏上天深知天命，以历代祸福

将，畏天知命，深鉴祸福，翻然举众，远归大国，虽微子去殷，乐毅遁燕，无以加之。其以壹为侍中车骑将军、假节、交州牧、吴侯，开府辟召仪同三司，依古侯伯八命之礼，衮冕赤舄，事从丰厚。”[22]

为借鉴，猛然改悔，带领部众，从远道来归附大国，即使微子离开殷朝，乐毅逃离燕国，也未能超过孙壹。现任用孙壹为侍中车骑将军、假节、交州牧、吴侯，开府征召的礼仪与三公相同，依照古代侯、伯八等命爵的礼仪，穿戴礼服、礼帽、礼鞋，各事以丰厚的标准办理。”

甲子，诏曰：“今车驾驻项，大将军恭行天罚，前临淮浦。昔相国大司马征讨，皆与尚书俱行，今宜如旧。”乃令散骑常侍裴秀、给事黄门侍郎钟会咸与大将军俱行。秋八月，诏曰：“昔燕刺王谋反，韩谊等谏而死，汉朝显登其子。诸葛诞创造凶乱，主簿宣隆、部曲督秦絜秉节守义，临事固争，为诞所杀，所谓无比干之亲而受其戮者。其以隆、絜子为骑都尉，加以赠赐，光示远近，以殊忠义。”

甲子日，下达诏书说：“现在我驻在项县，大将军奉行天意进行惩罚叛逆，前往淮浦。从前相国、大司马外出讨伐，都与尚书同行，现在也应照旧。”于是命令散骑常侍裴秀、给事黄门侍郎钟会都与大将军一同前往。秋季八月，诏书说：“从前燕刺王刘旦谋反，韩谊等人因劝谏而被杀，汉朝重用他的儿子。诸葛诞制造暴乱，主簿宣隆、部曲督秦絜保持节操坚守忠义，在事变发生时坚决劝阻，被诸葛诞杀死，可说是没有像比干与纣王那样的亲属关系而被杀的人。现任命宣隆、秦絜的儿子为骑都尉，并加赐赏，明白告知远近，特别表彰忠义之士。”

九月，大赦。冬十二月，吴大将全端、全怿等率众降。

九月，实行大赦。冬季十二月，吴国大将全端、全怿等人带领部众前来投降。

三年春二月，大将军司马文王陷寿春城，斩诸葛诞。三月，诏曰：“古者克敌，收其尸以为京观，所以惩昏逆而章武功也。汉孝武元鼎中，改桐乡为闻喜，新乡为获嘉，以著南越之亡。大将军亲总六戎，营据丘头，内夷群凶，外殄寇虏，功济兆民，声振四海。克敌之地，宜有令名，其改丘头为武丘，明以武平乱，后世不忘，亦京观二邑之义也。”

甘露三年春季二月，大将军司马文王攻陷寿春城，杀了诸葛诞。三月，诏书说：“古代打了胜仗，把敌人的尸首收集起来，封土堆成高冢，用来惩罚作恶的叛逆之徒而表彰有战功的人。汉武帝元鼎年间，改桐乡县为闻喜县，新乡县为获嘉县，是为了表明南越被灭亡。大将军亲自统领六军，驻守在丘头，对内平定群凶，对外消灭蜀、吴敌人，其功绩拯救了众多百姓，声威振于全国。战胜敌人的地方，应当有一个美名，现在将丘头改为武丘，表明是以武力平定叛乱，使后世的人永不忘记，这也是封土为京观和改换两个县名的意义。”

夏五月，命大将军司马文

夏季五月，命令大将军司马文王担任相国，封

王为相国，封晋公，食邑八郡，加之九锡，文王前后九让乃止。

为晋公，赐给食邑八个郡，加赐九锡，司马文王先后九次推让，才作罢。

六月丙子，诏曰："昔南阳郡山贼扰攘，欲劫质故太守东里衮，功曹应余独身捍衮，遂免于难。余颠沛殒毙，杀身济君。其下司徒，署余孙伦吏，使蒙伏节之报。"[23]

六月丙子日，下诏书说："从前南阳郡的山贼进行骚扰，打算抢劫原太守东里衮作为人质，功曹应余只身保护东里衮，东里衮才免受灾难。应余跌倒身亡，舍身救主。现下令司徒，授给应余的孙子应伦官职，作为应余受到殉节而死的酬报。"

辛卯，大论淮南之功，封爵行赏各有差。

辛卯日，广泛讨论平定淮南的战功，赐封的爵位、赏赐的财物各有差别。

秋八月甲戌，以骠骑将军王昶为司空。丙寅，诏曰："夫养老兴教，三代所以树风化垂不朽也，必有三老、五更以崇至敬，乞言纳诲，著在惇史，然后六合承流，下观而化。宜妙简德行，以充其选。关内侯王祥，履仁秉义，雅志淳固。关内侯郑小同，温恭孝友，帅礼不忒。其以祥为三老，小同为五更。"车驾亲率群司，躬行古礼焉[24]。

秋季八月甲戌日，任命骠骑将军王昶为司空。丙寅日，下诏书说："供养老人推行教化，是夏、商、周三代用来树立好的风尚永传不衰的方法，一定要设立三老、五更之位来表示特别尊敬；征求意见接受教诲，把善言美德记载下来，然后在全国继承传布，让百姓见了受到感化。应该善于选择有德行的人，作为三老、五更的人选。关内侯王祥，履行仁德，坚持忠义，志趣高雅，淳厚坚毅。关内侯郑小同，温和恭敬孝顺友善，遵循礼制没有差错。现以王祥为三老，以郑小同为五更。"皇上亲自率领百官，推行古礼。

是岁，青龙、黄龙仍见顿丘、冠军、阳夏县界井中。

这一年，青龙、黄龙屡次出现在顿丘县、冠军县、阳夏县境内的井中。

四年春正月，黄龙二，见宁陵县界井中。[25]夏六月，司空王昶薨。秋七月，陈留王峻薨。冬十月丙寅，分新城郡，复置上庸郡。十一月癸卯，车骑将军孙壹为婢所杀。

甘露四年春季正月，两条黄龙，出现在宁陵县境内的井中。夏季六月，司空王昶去世。秋季七月，陈留王曹峻去世。冬季十月丙寅日，把新城郡分出，又设置上庸郡。十一月癸卯日，车骑将军孙壹被婢女杀死。

五年春正月朔，日有蚀之。夏四月，诏有司率遵前命，复进大将军司马文王位为相国，封晋公，加九锡。

甘露五年春季正月初一日，发生日食。夏季四月，下诏给有关官员按照以前的命令，再次晋升大将军司马文王为相国，封晋公，加赐九锡。

五月己丑，高贵乡公卒，

五月己丑日，高贵乡公去世，享年二十岁。皇太

年二十。[26]皇太后令曰:“吾以不德,遭家不造,昔援立东海王子髦,以为明帝嗣,见其好书疏文章,冀可成济,而情性暴戾,日月滋甚。吾数呵责,遂更忿恚,造作丑逆不道之言以诬谤吾,遂隔绝两宫。其所言道,不可忍听,非天地所覆载。吾即密有令语大将军,不可以奉宗庙,恐颠覆社稷,死无面目以见先帝。大将军以其尚幼,谓当改心为善,殷勤执据。而此儿忿戾,所行益甚,举弩遥射吾宫,祝当令中吾项,箭亲堕吾前。吾语大将军,不可不废之,前后数十。此儿具闻,自知罪重,便图为弑逆,赂遗吾左右人,令因吾服药,密行鸩毒,重相设计。事已觉露,直欲因际会举兵入西宫杀吾,出取大将军,呼侍中王沈、散骑常侍王业、[27]尚书王经,出怀中黄素诏示之,言今日便当施行。吾之危殆,过于累卵。吾老寡,岂复多惜余命邪?但伤先帝遗意不遂,社稷颠覆为痛耳。赖宗庙之灵,沈、业即驰语大将军,得先严警,而此儿便将左右出云龙门,雷战鼓,躬自拔刃,与左右杂卫共入兵陈间,为前锋所害。此儿既行悖逆不道,而又自陷大祸,重令吾悼心不可言。昔汉昌邑王以罪废为庶人,此儿亦宜以民礼葬之,当令内外咸知此儿所行。又尚书王经,凶逆无状,其

后下令说:“我因无德,家遭不幸,过去引立东海王曹霖的儿子曹髦,作为明帝的继承人,看到他爱好读书论文,期望他可成就大业。可是他性情粗暴乖戾,一天比一天厉害。我多次训诫,他更为恼恨,编造恶毒的大逆不道的话来诬蔑诽谤我,于是两宫断绝来往。他所说的话,不堪入耳,不是天地所能容忍的。我就密令告诉大将军,不能以他奉祀宗庙,恐怕他会颠覆曹氏社稷,死后我没有脸面去见先帝。大将军认为他还年幼,说他会回心转意变好,反复据理力争。可是这孩子蛮横无理,所作所为变本加厉,拿着强弓在远处射击我的西宫,祈祷箭射中我的后颈,箭头落在我跟前。我告诉大将军,不废黜曹髦不行,前后讲了数十次。这孩子全都听到了,自知罪行严重,就企图大逆不道杀死我,贿赂我的左右侍从,叫他们趁我服药之时,秘密地投放鸩毒,多次设计下手。事情已经败露,只想趁机带兵进入西宫杀我,出宫攻取大将军,他招呼侍中王沈、散骑常侍王业、尚书王经,从怀中掏出写在黄色绸缎上的诏书给他们看,说今天就要执行。我的处境危险,超过堆叠起来的蛋。我年老寡居,难道还过多地吝惜残余的生命?只是伤心先帝的遗志不能完成,为国家将被颠覆而痛心。依赖宗庙的神灵,王沈、王业立刻骑马飞驰向大将军报告,得以预先严加警戒,而这孩子便带领左右的人从云龙门出去,擂起战鼓,亲自拔刀,与左右卫兵、侍从一起进入兵阵中,被前锋杀死。这孩子既干出悖逆不道的事,又使自己陷入大祸,我伤心得说不出话来。从前汉代的昌邑因犯罪被废黜为平民,这孩子也应该用平民的礼仪埋葬。应当使朝廷内外的人都知道这孩子的所作所为。还有尚书王经,凶狠悖逆难以形容,应收捕王经和他的家属都交付廷尉法办。”

收经及家属皆诣廷尉。”

庚寅，太傅孚、大将军文王、太尉柔、司徒冲稽首言：“伏见中令，故高贵乡公悖逆不道，自陷大祸，依汉昌邑王罪废故事，以民礼葬。臣等备位，不能匡救祸乱，式遏奸逆，奉令震悚，肝心悼栗。《春秋》之义，王者无外，而书‘襄王出居于郑’，不能事母，故绝之于位也。今高贵乡公肆行不轨，几危社稷，自取倾覆，人神所绝，葬以民礼，诚当旧典。然臣等伏惟殿下仁慈过隆，虽存大义，犹垂哀矜，臣等之心实有不忍，以为可加恩以王礼葬之。”太后从之。㉘

庚寅日，太傅司马孚、大将军司马文王、太尉高柔、司徒郑冲叩头说：“看到皇太后的命令，已故高贵乡公悖逆不道，自己陷入大祸，按照过去汉代昌邑王犯罪被废黜的前例，采用平民的礼仪安葬。臣等徒据官位，不能匡正挽救祸乱，制止坏人作恶反叛，接受命令后震惊惶恐，内心恐惧战栗。《春秋》的大义，帝王没有外域，而记载说‘襄王出外住在郑国’，不能侍奉母亲，所以自绝王位。现在高贵乡公放肆干出不合法度的事，几乎危及国家，自取灭亡，这是人神所不容的。用平民的礼仪安葬他，确实符合以前的法典。但臣等想到皇太后仁慈深厚，即使坚持《春秋》大义，仍能下赐哀怜，臣等确有不忍之心，认为可以加恩，用王爵的礼仪安葬他。”郭太后同意了。

使使持节行中护军中垒将军司马炎北迎常道乡公璜嗣明帝后。辛卯，群公奏太后曰：“殿下圣德光隆，宁济六合，而犹称令，与藩国同。请自今殿下令书，皆称诏制，如先代故事。”

派遣使者持节，中护军中垒将军司马炎往北迎接常道乡公曹璜为明帝继承人。辛卯日，三公等大臣奏请太后说：“殿下德行光明高尚，安定拯救全国，但下书仍称‘令’，与王国相同。请从现在开始殿下下达令书，都称诏制，像前代旧例一样。”

癸卯，大将军固让相国、晋公、九锡之宠。太后诏曰：“夫有功不隐，《周易》大义，成人之美，古贤所尚，今听所执，出表示外，以章公之谦光焉。”

癸卯日，大将军坚决推让担任相国、受封晋公、受赐九锡的恩宠。郭太后下诏书说；“有功不隐瞒，是《周易》的大义，成全别人的美事，是古代贤人崇尚的，现在听从大将军坚持的意见，将他的奏章明示天下，以表彰他的谦逊美德。”

戊申，大将军文王上言：“高贵乡公率将从驾人兵，拔刃鸣金鼓向臣所止；惧兵刃相接，即敕将士不得有所伤害，违令以军法从事。骑督成倅弟太子舍人济，横入兵陈伤公，遂至陨命；辄收济行军法。臣

戊申日，大将军司马文王进言说：“高贵乡公带领随从士兵，拔刀擂鼓鸣金冲向臣下的住所；臣下怕刀兵交战，即命令将士不能有所伤害，违反命令的按军法处治。骑督成倅的弟弟，太子舍人成济，冲入兵阵伤害了高贵乡公，以至丧命；当即收捕成济执行军法。臣下听说人臣的节操，只有求死没有第

闻人臣之节，有死无二，事上之义，不敢逃难。前者变故卒至，祸同发机，诚欲委身守死，唯命所裁。然惟本谋乃欲上危皇太后，倾覆宗庙。臣忝当大任，义在安国，惧虽身死，罪责弥重。欲遵伊、周之权，以安社稷之难，即骆驿申敕，不得迫近辇舆，而济遽入陈间，以致大变。哀怛痛恨，五内摧裂，不知何地可以陨坠。科律大逆无道，父母妻子同产皆斩。济凶戾悖逆，干国乱纪，罪不容诛。辄敕侍御史收济家属，付廷尉，结正其罪。”[29]太后诏曰：“夫五刑之罪，莫大于不孝。夫人有子不孝，尚告治之，此儿岂复成人主邪？吾妇人不达大义，以谓济不得便为大逆也。然大将军志意恳切，发言恻怆，故听如所奏。当班下远近，使知本末也。”[30]

二种选择，服侍皇上的大义、不敢逃避危难。前时的事变突然到来，灾祸就像拨动弩弓的发矢机，臣下确实想舍身等死，只听皇上裁决。但高贵乡公本意是想危害皇太后，颠覆国家。臣下愧当重任，理应安定国家，害怕虽然身死，罪责会更加深重。想遵照伊尹、周公的权宜之计，以安定国家的危难，就派人告诫众人，不得逼近皇上的车辇，而成济突然冲入战阵中，以致造成大事故。事后臣下哀伤痛恨，五脏碎裂，不知道在什么地方可以撞死。法律条文中规定大逆不道的人，父母妻儿及同母兄弟都要斩首。成济凶狠悖逆，干扰国事搞乱法纪，他的罪行就是杀了他也抵不清。当即命令侍御史收捕成济家属，交付廷尉，结案判定他的罪行。”太后下诏说：“五种刑法中要判处的罪恶，没有大于不孝的。人有儿子不孝，还要告官治他的罪，这小子怎么还能算君主呢？我是妇辈不懂大道理，认为成济不能算作大逆不道。但大将军情意恳切，出言悲怆，所以听从他的奏请。应当颁布远近，使众人知道事情的始末。”

六月癸丑，诏曰：“古者人君之为名字，难犯而易讳。今常道乡公讳字甚难避，其朝臣博议改易，列奏。”

六月癸丑日，诏说：“古代君主取名字，使人难得犯讳而容易避讳。现常道乡公的名字很难避讳，希望朝臣广泛讨论改换，然后上奏。”

陈留王讳奂，字景明，武帝孙，燕王宇子也。甘露三年，封安次县常道乡公。高贵乡公卒，公卿议迎立公。六月甲寅，入于洛阳，见皇太后，是日即皇帝位于太极前殿，大赦，改年，赐民爵及谷帛各有差。

陈留王名奂，字景明，是魏武帝的孙子，燕王曹宇的儿子，甘露三年，封为安次县常道乡公。高贵乡公去世。公卿们商议迎立常道乡公。六月甲寅日，迎入京都洛阳，拜见皇太后，当日在太极殿前殿登上皇帝位，实行大赦，改换年号，赐给民众爵位和粮食、丝绸各有差别。

景元元年夏六月丙辰，进大将军司马文王位为相国，封晋公，增封二郡，并前满十，加

景元元年夏季六月丙辰日，晋升大将军司马文王为相国，封晋公，增封两个郡，加上以前的封郡满十个，加赐九锡的礼器，一切都像以前下达的诏书

九锡之礼，一如前诏；诸群从子弟，其未有侯者皆封亭侯，赐钱千万，帛万匹，文王固让乃止。己未，故汉献帝夫人节薨，帝临于华林园，使使持节追谥夫人为献穆皇后。及葬，车服制度皆如汉氏故事。癸亥，以尚书右仆射王观为司空，冬十月，观薨。

那样；他的亲族子弟，没有封侯的都封亭侯，赐钱千万，丝绸万匹，司马文王坚决辞让才作罢。己未日，已故汉献帝的夫人曹节去世，曹奂亲自到华林园，派遣使者持符节追谥夫人为献穆皇后。到安葬时，车舆、服饰的制度都按照汉朝的旧例。癸亥日，任命尚书右仆射王观为司空，冬季十月，王观去世。

十一月，燕王上表贺冬至，称臣。诏曰："古之王者，或有所不臣，王将宜依此义。表不称臣乎！又当为报。夫后大宗者，降其私亲，况所继者重邪！若便同之臣妾，亦情所未安。其皆依礼典处，当务尽其宜。"有司奏，以为"礼莫崇于尊祖，制莫大于正典。陛下稽德期运，抚临万国，绍大宗之重，隆三祖之基。伏惟燕王体尊戚属，正位藩服，躬秉虔肃，率蹈恭德以先万国；其于正典，阐济大顺，所不得制。圣朝诚宜崇以非常之制，奉以不臣之礼。臣等平议以为燕王章表，可听如旧式。中诏所施，或存好问，准之义类，则'燕觌之敬'也，可少顺圣敬，加崇仪称，示不敢斥，宜曰'皇帝敬问大王侍御'。至于制书，国之正典，朝廷所以辨章公制，宣昭轨仪于天下者也，宜循法，故曰'制诏燕王'。凡诏命、制书、奏事、上书诸称燕王者，可皆上平。其非宗庙助祭之事，皆不得称王名，奏事、上书、文书

十一月，燕王曹宇上表祝贺冬至，称自己为臣。下诏书说："古代的君王，对有的人不用臣下的礼仪相待，对燕王以后应当依照这个道理。上表不称臣！我这是对你的回答。继嫡系长房之后的人，可以降格为私亲关系，何况后继的人身居重位！如果就同臣妾一样对待，情感上有所不安。现在都要依照礼制来处理，应当力求适宜。"有关官员上奏，认为"礼制中没有比尊崇祖先更为重要的，制度中没有比国家颁定的典章制度更大的。陛下德合时运，统治万国，继承大宗的重位，弘扬武帝、文帝、明帝三祖的基业。臣俯伏思考，燕王是皇帝亲属的尊长，是王国中的正位，他亲自保持敬肃，带头实践恭顺的美德作为万国的榜样；这在国家颁定的典章制度中，对开创并使社稷得到安定局面，没有成文制度。朝廷确实应该用不同一般的制度尊崇他，用不称臣的礼仪敬奉他。臣等评议认为燕王的章表，可按照原来的格式。皇帝非正式手诏，有时表示问候，按照义理，则属于'家人宴会相敬之礼'，可稍为表示皇上的敬意，增加礼仪的称呼，表示不敢直呼其名，应该写上'皇帝敬问大王侍御'。至于正式制书，是国家的正典，是朝廷用来辨明国家制度，向天下的人宣布诏示礼法的，应该遵循正法，所以写上'制诏燕王'。凡是诏命、制书、奏事、上书各称燕王的，都可往上提行平头书写。不是宗庙助祭的大事，都不能直称燕王的名字，奏事、上书、文书及官民都不能触

及吏民皆不得触王讳，以彰殊礼，加于群后。上遵王典尊祖之制，俯顺圣敬烝烝之心，二者不愆，礼实宜之，可普告施行。”

犯燕王的大名，以表明特殊的礼遇，在诸王国之上。这样上能遵守王典中能尊崇祖先的制度，下能顺从皇上尊敬父亲的淳厚情意，两方面没错，按礼制来说确实合适，可以布告施行。”

十二月甲申，黄龙见华阴县井中。甲午，以司隶校尉王祥为司空。

十二月甲申日，黄龙出现在华阴县的井里。甲午日，任命司隶校尉王祥为司空。

二年夏五月朔，日有食之。秋七月，乐浪外夷韩、濊貊各率其属来朝贡。八月戊寅，赵王幹薨。甲寅，复命大将军进爵晋公，加位相国，备礼崇锡，一如前诏；又固辞乃止。

景元二年夏季五月初一日，发生日食。秋季七月，乐浪郡外族的韩、濊貊各自带领他们的部属前来朝贡。八月戊寅日，赵王曹幹去世。甲寅日，又下令晋升大将军的爵位为晋公，加封相国之位，准备了崇高的九锡之礼，一切都像以前下达的命令一样；司马文王又坚决辞让才作罢。

三年春二月，青龙见于轵县井中。夏四月，辽东郡言肃慎国遣使重译入贡，献其国弓三十张，长三尺五寸，楛矢长一尺八寸，石弩三百枚，皮骨铁杂铠二十领，貂皮四百枚。冬十月，蜀大将姜维寇洮阳，镇西将军邓艾拒之，破维于侯和，维遁走。是岁，诏祀故军祭酒郭嘉于太祖庙庭。

景元三年春季二月，青龙出现在轵县的井内。夏季四月，辽东郡报告肃慎国派遣使者辗转翻译入朝进贡，进献该国的弓三十张，弓长三尺五寸，用楛木做的箭长一尺八寸，石弩三百枚，皮骨铁杂铠甲二十件，貂皮四百张。冬季十月，蜀国大将姜维进犯洮阳，镇西将军邓艾抵御，在侯和打败姜维，姜维逃跑了。这一年，下诏在太祖庙的前庭祭祀已故军祭酒郭嘉。

四年春二月，复命大将军进位爵赐一如前诏，又固辞乃止。

景元四年春季二月，又一次下令晋升大将军的爵位和加赐九锡，一切如以前的诏书，司马昭还是坚决辞让，因而作罢。

夏五月，诏曰：“蜀，蕞尔小国，土狭民寡，而姜维虐用其众，曾无废志；往岁破败之后，犹复耕种沓中，刻剥众羌，劳役无已，民不堪命。夫兼弱攻昧，武之善经，致人而不致于人，兵家之上略。蜀所恃赖，唯维而已，因其远离巢窟，用力为易。今使征西将军邓艾督

夏季五月，下诏书说：“蜀国，是个区区小国，地域狭小，人口稀少，而姜维残暴地役使他的百姓，竟然没有停息的想法；去年被打败之后，还在沓中屯田耕种，苛刻剥削羌民，劳役没完没了，百姓无法活命。兼并弱小，攻击昏暗之国，是用武的好方法，调动敌人而不被敌人调动，这是兵家的上策。蜀国所依靠的，只有姜维而已，因为他远离巢穴，对他动用武力容易。现在派遣征西将军邓艾统率各军，前往

帅诸军，趣甘松、沓中以罗取维，雍州刺史诸葛绪督诸军趣武都、高楼，首尾蹴讨。若擒维，便当东西并进，扫灭巴蜀也。”又命镇西将军钟会由骆谷伐蜀。

甘松县和沓中一带围捉姜维，雍州刺史诸葛绪统率各军直奔武都、高楼，首尾紧逼。假如捉到姜维，就应东西方向并进，彻底消灭巴蜀。”又命令镇西将军钟会从骆谷出发讨伐蜀国。

秋九月，太尉高柔薨。冬十月甲寅，复命大将军进位爵赐一如前诏。癸卯，立皇后卞氏，十一月，大赦。

秋季九月，太尉高柔去世。冬季十月甲寅日，又下令晋升大将军的爵位和加赐九锡，一切都如以前下诏书所说的。癸卯日，立卞氏为皇后，十一月，实行大赦。

自邓艾、钟会率众伐蜀，所至辄克。是月，蜀主刘禅诣艾降，巴蜀皆平。十二月庚戌，以司徒郑冲为太保。壬子，分益州为梁州。癸丑，特赦益州士民，复除租赋之半五年。

自从邓艾、钟会带领部众征伐蜀国，所到之处都被攻克。这月，蜀主刘禅到邓艾处投降，巴郡和蜀郡都平定。十二月庚戌日，任命司徒郑冲为太保。壬子日，划出益州部分郡县设置梁州。癸丑日，特赦益州军民，五年内免除租赋的一半。

乙卯，以征西将军邓艾为太尉，镇西将军钟会为司徒。皇太后崩。

乙卯日，任命征西将军邓艾为太尉，镇西将军钟会为司徒。皇太后逝世。

咸熙元年春正月壬戌，槛车征邓艾。甲子，行幸长安。壬申，使使者以璧币祀华山。是月，钟会反于蜀，为众所讨；邓艾亦见杀。二月辛卯，特赦诸在益土者。庚申，葬明元郭后。三月丁丑，以司空王祥为太尉，征北将军何曾为司徒，尚书左仆射荀顗为司空。己卯，进晋公爵为王，封十郡，并前二十。[31]丁亥，封刘禅为安乐公。夏五月庚申，相国晋王奏复五等爵。甲戌，改年。癸未，追命舞阳宣文侯为晋宣王，舞阳忠武侯为晋景王。六月，镇西将军卫瓘上雍州兵于成都县获璧玉印各一，印文似“成

咸熙元年春季正月壬戌日，用囚车召邓艾回京都洛阳。甲子日，曹奂亲临长安。壬申日，派遣使者用璧玉和缯帛祭祀华山。这一月，钟会在蜀国反叛，被众军讨伐；邓艾也被杀。二月辛卯日，特赦所有在益州乡土的人。庚申日，安葬明元郭皇后。三月丁丑日，任命司空王祥为太尉，征北将军何曾为司徒，尚书右仆射荀顗为司空。己卯日，晋升晋公爵位为王，赐封十个郡，加上以前的共二十个郡。丁亥日，封刘禅为安乐公。夏季五月庚申日，相国晋王上奏恢复五等封爵。甲戌日，改换年号。癸未日，追命舞阳宣文侯司马懿为晋宣王，舞阳忠武侯司马师为晋景王。六月，镇西将军卫瓘呈上雍州战士屯驻在成都县获得的璧和玉印各一块，印文好像有“成信”字

信"字，依周成王归禾之义，宣示百官，藏于相国府。[32]

初，自平蜀之后，吴寇屯逼永安，遣荆、豫诸军掎角赴救。七月，贼皆遁退。八月庚寅，命中抚军司马炎副贰相国事，以同鲁公拜后之义。

癸巳，诏曰："前逆臣钟会构造反乱，聚集征行将士，劫以兵威，始吐奸谋，发言桀逆，逼胁众人，皆使下议，仓卒之际，莫不惊慑。相国左司马夏侯和、骑士曹属朱抚时使在成都，中领军司马贾辅、郎中羊琇各参会军事；和、琇、抚皆抗节不挠，拒会凶言，临危不顾，词指正烈。辅语散将王起，说'会奸逆凶暴，欲尽杀将士'，又云'相国已率三十万众西行讨会'，欲以称张形势，感激众心。起出，以辅言宣语诸军，遂使将士益怀奋励。宜加显宠，以彰忠义。其进和、辅爵为乡侯，琇、抚爵关内侯。起宣传辅言，告令将士，所宜赏异。其以起为部曲将。"

癸卯，以卫将军司马望为骠骑将军。九月戊午，以中抚军司马炎为抚军大将军。

辛未，诏曰："吴贼政刑暴虐，赋敛无极。孙休遣使邓句，敕交阯太守锁送其民，发以为兵。吴将吕兴因民心愤怒，又承王师平定巴蜀，即纠合豪杰，诛除句等，驱逐太守长吏，抚和吏民，以待国命。九真、日

样，按照周成王馈赠嘉禾的本意，向百官展示，收藏在相国府。

当初，自从平定蜀国之后，吴国敌人向永安逼进，派遣荆州、豫州各军牵制敌人，援救永安。七月，敌人全部逃跑了。八月庚寅日，下令中抚军司马炎辅佐相国掌管政事，如同从前封伯禽为鲁公之后的意义。

癸巳日，诏书说："以前叛臣钟会制造叛乱，聚集官兵出征，用武力相逼，才泄漏自己的阴谋，说话凶狠忤逆，胁逼众人，都要部下议论，事情发生得很突然，无不惊怕。相国左司马夏侯和、骑士曹属官朱抚当时正出使在成都，中领军司马贾辅、郎中羊琇都是钟会的参军；夏侯和、羊琇、朱抚都坚守节操不屈不挠，抵御钟会的恶言，在危难面前不顾生死，言辞严正激烈。贾辅告诉散将王起，说'钟会奸诈凶暴，想杀尽将士，'又说'相国已经率领三十万人马向西征讨钟会'，打算用这些话夸张形势，激励人心。王起出去，将贾辅的话传告各军，就使官兵们振奋激励。应对他们给以显要的荣宠，以表彰忠诚正义。现在晋封夏侯和、贾辅爵位为乡侯，羊琇、朱抚爵位为关内侯。王起传告贾辅的话，告诉官兵，应当特别赏赐。现在任命王起为部曲将。"

癸卯日，任命卫将军司马望为骠骑将军。九月戊午日，任命中抚军司马炎为抚军大将军。

辛未日，诏书说："吴国的政令和刑罚残暴肆虐，征收赋税无限度。孙休派遣使者邓句，命令交阯太守将他的百姓捆绑着送来，征发去当兵。吴国将领吕兴趁着百姓心情愤怒，又趁着我王师平定巴郡和蜀郡的时机，就纠集联合豪杰，诛杀邓句等人，赶走太守长吏，安抚官吏百姓，等待我国家的命令。九真、日南郡的人听说吕兴离开叛逆而归顺，也一齐

南郡闻兴去逆即顺，亦齐心响应，与兴协同。兴移书日南州郡，开示大计，兵临合浦，告以祸福；遣都尉唐谱等诣进乘县，因南中都督护军霍弋上表自陈。又交阯将吏各上表，言'兴创造事业，大小承命。郡有山寇，入连诸郡，惧其计异，各有携贰。权时之宜，以兴为督交阯诸军事、上大将军、定安县侯，乞赐褒奖，以慰边荒'。乃心款诚，形于辞旨。昔仪父朝鲁，《春秋》所美；窦融归汉，待以殊礼。今国威远震，抚怀六合，方包举殊裔，混一四表。兴首向王化，举众稽服，万里驰义，请吏帅职，宜加宠遇，崇其爵位。既使兴等怀忠感悦，远人闻之，必皆竞劝。其以兴为使持节、都督交州诸军事、南中大将军，封定安县侯，得以便宜从事，先行后上。"策命未至，兴为下人所杀。

响应，与吕兴协力同心。吕兴传送文书给日南州郡，宣传重大决策，军队开近合浦，将利害祸福告诉官民；派遣都尉唐谱等前往进乘县，通过南中都督护军霍弋上表陈述自己的意见。还有交阯郡的将吏各自上表，说'吕兴创建事业，大小官吏都服从他的命令。郡内有山贼，接连进入各郡，恐怕他们另有阴谋，怀有背叛之心。变通的办法，应任命吕兴为督交阯诸军事、上大将军、定安县侯，请求恩赐奖赏，以抚慰边疆民众'。其心意忠诚，在言辞中表现出来。从前邾仪父归顺鲁国，被《春秋》赞美；窦融归向汉朝，用特殊的礼仪对待他。现在国威远震，安定全国，正要招抚边远部族，统一四方。吕兴最先向往朝廷的教化，带领众人归服，奔驰万里归向仁义，请求任官守职，应该加以优待，晋升他的爵位。这样既使吕兴等人心怀忠诚而感动悦服，远方的人听了，也一定会争相劝勉。现任命吕兴为使持节、都督交州诸军事、南中大将军，封为定安县侯，遇事可以自行决断处置，先施行后上奏。"册封的命令还没到，吕兴就被部下杀死。

冬十月丁亥，诏曰："昔圣帝明王，静乱济世，保大定功，文武殊涂，勋烈同归。是故或舞干戚以训不庭，或陈师旅以威暴慢。至于爱民全国，康惠庶类，必先修文教，示之轨仪，不得已然后用兵，此盛德之所同也。往者季汉分崩，九土颠覆，刘备、孙权乘间作祸。三祖绥宁中夏，日不暇给，遂使遗寇僭逆历世。幸赖宗庙威灵，宰辅忠武，爰发四方，拓定庸、蜀，役不浃时，一征而克。自顷

冬季十月丁亥日，诏书说："过去圣明的帝王，平定动乱、拯救时世，保全大局，安定国家，文才武略各有不同，功勋业绩却是一样的。因此有的持干戚舞来教导不归顺朝廷的人，有的出动大军去威慑凶暴悖慢之人。至于爱护民众保卫国家，使百姓安乐受惠，一定首先修治文教，显示法度，不得已才动用武力，这是有大德的君主都相同的。以前汉朝末年四分五裂，九州倾倒。刘备、孙权乘机兴作祸乱。武帝、文帝、明帝安定中原，每天忙碌没有空闲，因而使留下的贼寇冒称帝号对抗王朝，历经几代。有幸依靠祖宗的威力神灵，辅佐大臣忠诚勇武，征发四方兵力，平定益州蜀国，战争不到几个月，一次征讨就取得胜利。近来江南衰败，政令刑罚昏暗，巴

江表衰弊，政刑荒暗，巴、汉平定，孤危无援，交、荆、扬、越，靡然向风。今交阯伪将吕兴已帅三郡，万里归命；武陵邑侯相严等纠合五县，请为臣妾；豫章庐陵山民举众叛吴，以助北将军为号。又孙休病死，主帅改易，国内乖违，人各有心。伪将施绩，贼之名臣，怀疑自猜，深见忌恶。众叛亲离，莫有固志，自古及今，未有亡征若此之甚。若六军震曜，南临江、汉，吴会之域必扶老携幼以迎王师，必然之理也。然兴动大众，犹有劳费，宜告喻威德，开示仁信，使知顺附和同之利。相国参军事徐绍、水曹掾孙彧，昔在寿春，并见虏获。绍本伪南陵督，才质开壮；彧，孙权支属，忠良见事。其遣绍南还，以彧为副，宣扬国命，告喻吴人，诸所示语，皆以事实，若其觉悟，不损征伐之计，盖庙胜长算，自古之道也。其以绍兼散骑常侍，加奉车都尉，封都亭侯；彧兼给事黄门侍郎，赐爵关内侯。绍等所赐妾及男女家人在此者，悉听自随，以明国恩，不必使还，以开广大信。”

郡、汉中郡平定后，孤立危急无人声援，交州、荆州、扬州、吴越，都随风倒向我朝。现交阯伪将吕兴已率领三郡，不远万里归向朝廷；武陵邑侯相严等人联合五县，请求称臣；豫章郡、庐陵郡山民率众叛吴，以助北将军为号。又孙休病死，主帅改换，国内将士背离，各怀异心。伪将施绩，是吴的名臣，自相猜疑，深受忌恨。众叛亲离，没有坚定的意志，从古到今，灭亡的迹象没有像这样明显的。如果大军振武扬威，南赴长江、汉水一带，吴郡会稽郡境内一定会扶老携幼来迎接朝廷大军，这是必然之理。但是发动大军，仍然有劳役费用，所以应该宣扬朝廷的威信德望，公开示以仁义信用，使他们知道归顺统一的好处。相国参军事徐绍、水曹掾孙彧，以前在寿春时，一起被俘虏。徐绍本是伪南陵督，才能气质开朗英武，孙彧，是孙权的同族支派，忠良之性已表现在政事中。现派遣徐绍回南方，以孙彧为副，宣扬王朝命令，告喻吴境的人，这许多宣告的话，都是事实，如果他们觉悟了，也不会损害征伐大计，因为在朝廷制定必胜的长远策略，也是自古以来的道理。现任命徐绍兼任散骑常侍，加授奉车都尉，封为都亭侯；孙彧兼任给事黄门侍郎，赐爵关内侯，赐给徐绍等人的婢妾和男女家人在这里的，去留都听从他们自便，以宣明国家的恩典，也不必要他们回来，以广泛申明朝廷的大信。”

丙午，命抚军大将军新昌乡侯炎为晋世子。是岁，罢屯田官以均政役，诸典农皆为太守，都尉皆为令长；劝募蜀人能内移者，给廪二年，复除二十岁。安弥、福禄县各言嘉禾

丙午日，命令抚军大将军新昌乡侯司马炎为晋王的世子。这一年，撤销屯田官以便统一征收赋税和徭役，各郡的典农中郎将都改为太守，都尉都改为令长；鼓励招募蜀人能迁往内地的，发给两年的口粮，免除徭役和赋税二十年。安弥县、福禄县都传说长出嘉禾。

生。

二年春二月甲辰，朐䏰县获灵龟以献，归之于相国府。庚戌，以虎贲张脩昔于成都驰马至诸营言钟会反逆，以至没身，赐脩弟倚爵关内侯。夏四月，南深泽县言甘露降。吴遣使纪陟、弘璆请和。

咸熙二年春季二月甲辰日，朐䏰县获得灵龟进献给朝廷，把它放在相国府。庚戌日，因为虎贲张脩过去在成都曾骑马到各军营传告钟会反叛的消息，以至身亡，赐封张脩的弟弟张倚为关内侯的爵位。夏季四月，南深泽县传说天降甘露。吴国派遣使者纪陟、弘璆前来求和。

五月，诏曰："相国晋王诞敷神虑，光被四海；震耀武功，则威盖殊荒；流风迈化，则旁洽无外。愍恤江表，务存济育，戢武崇仁，示以威德。文告所加，承风向慕，遣使纳献，以明委顺，方宝纤珍，欢以效意。而王谦让之至，一皆簿送，非所以慰副初附，从其款愿也。孙皓诸所献致，其皆还送，归之于王，以协古义。"王固辞乃止。又命晋王冕十有二旒，建天子旌旗，出警入跸，乘金根车、六马，备五时副车，置旄头云罕，乐舞八佾，设钟虡宫县。进王妃为王后，世子为太子，王子、王女、王孙，爵命之号如旧仪。癸未，大赦。秋八月辛卯，相国晋王薨。壬辰，晋太子炎绍封袭位，总摄百揆，备物典册，一皆如前。是月，襄武县言有大人见，长三丈余，迹长三尺二寸，白发，著黄单衣，黄巾，柱杖，呼民王始语云："今当太平。"九月乙未，大赦。戊午，司徒何曾为晋丞相。癸亥，以骠骑将军司马望为司徒，征东大将军石苞为骠骑将军，征

五月，诏书说："相国晋王广施高超的谋略，光照天下；出军显示武功，威震边远地区；推行美好的教化，普遍实施毫无例外。怜悯江南民众，尽力帮助教育，止息战争、崇尚仁爱，显示威德，文告传到的地方，都接受教化向往朝廷，派出使者前来进献，以表明归顺之心，当地的宝物、细巧的珍品，都高兴地呈献以表心意。而晋王非常谦让，一概都记载交送给朝廷，这不是慰抚迎合才归附的人，是遵从他们的意愿的做法。孙皓进献的一切财物，都送回，归还晋王，以符合古人尊贤之义。"晋王坚决推辞才作罢。又下令规定晋王的官帽上装饰十二个悬垂玉串，竖立天子的旌旗，出入进行警戒，禁止行人通行，乘坐金银车，驾车用六匹马，配备五辆五方位的五色副车，设置有旄头的骑兵和前导的旌旗，乐舞采用纵横均八人的规模，宫室内悬挂钟虡。晋升王妃为王后，世子为太子，王子、王女、王孙，爵位的命名按照过去的礼仪。癸未日，实行大赦。秋季八月辛卯日，相国晋王司马昭去世。壬辰日，晋太子司马炎继承王位，总领百官，器物典册，一切都和以前一样。这一月，襄武县传说有一个巨人出现，高三丈多，脚印长三尺二寸，白头发，穿黄色单衣，戴黄色头巾，拄着拐杖，对平民王始说："现在天下应当太平。"九月乙未日，实行大赦。戊午日，司徒何曾担任晋丞相。癸亥日，任命骠骑将军司马望为司徒，征东大将军石苞为骠骑将军，征南大将军陈骞为车骑将军。乙亥日，安葬晋文王。闰月庚辰日，康居国、大宛国前来进献名马，诏令都送到相国府，以表彰相国安抚万国，显示边远地区归附朝廷的功勋。

南大将军陈骞为车骑将军。乙亥，葬晋文王。闰月庚辰，康居、大宛献名马，归于相国府，以显怀万国致远之勋。

十二月壬戌，天禄永终，历数在晋。诏群公卿士具仪设坛于南郊，使使者奉皇帝玺绶册，禅位于晋嗣王，如汉魏故事。甲子，使使者奉策。遂改次于金墉城，而终馆于邺，时年二十。㉝

评曰：古者以天下为公，唯贤是与。后代世位，立子以適；若適嗣不继，则宜取旁亲明德，若汉之文、宣者，斯不易之常准也。明帝既不能然，情系私爱，抚养婴孩，传以大器，托付不专，必参枝族，终于曹爽诛夷，齐王替位。高贵公才慧夙成，好问尚辞，盖亦文帝之风流也；然轻躁忿肆，自蹈大祸。陈留王恭己南面，宰辅统政，仰遵前式，揖让而禅，遂飨封大国，作宾于晋，比之山阳，班宠有加焉。

十二月壬戌日，上天赐予曹魏王朝的福禄永远终结，上天安排朝代更替的次序轮到了晋。诏令各公卿士大夫准备礼仪在南郊设置祭坛，派遣使者捧着皇帝的玉玺、绶带和典册，让帝位给晋王的继承人，像汉代让位给魏的旧例那样。甲子日，派遣使者捧着策书将魏帝封为陈留王。于是陈留王前往金墉城，最后居住在邺县，当时二十岁。

评论说：古代君王以天下为公，只推举贤明的人为帝王。后代世世相传，把嫡长子立为继承人；如果没有嫡长子继承，那就应当选取旁系中有美德的人，像汉代的文帝、宣帝，这是不可改变的常规。明帝曹叡就不能这样，而是情感出于私爱，抚养婴儿，把皇位传给他，托付的大臣又不专一，一定要宗室旁支的人参与，终于使曹爽被杀，齐王曹芳被废黜。高贵乡公曹髦才智早成，勤学好问，爱好辞章，大概也有文帝的风度；可是他轻浮急躁，怨恨肆意，自己投入大祸之中。陈留王曹奂恭谨以律己，居尊位，宰相辅佐统掌政事，恭敬地遵循以前的法度和规范，拱手让位于晋，于是受封成为大国，成为晋朝的宾客，比起山阳公刘协，所给予他的地位、荣宠又高一些了。

---

①《魏氏春秋》曰：或云任城王楷子。

②《异物志》曰：斯调国有火州，在南海中。其上有野火，春夏自生，秋冬自死。有木生于其中而不消也，枝皮更活，秋冬火死则皆枯瘁。其俗常冬采其皮以为布，色小青黑；若尘垢污之，便投火中，则更鲜明也。

《傅子》曰：汉桓帝时，大将军梁冀以火浣布为单衣，常大会宾客，冀阳争酒，失杯而污之，伪怒，解衣曰："烧之。"布得火，炜晔赫然，如烧凡布，垢尽火灭，粲然絜白，若用灰水焉。

《搜神记》曰：昆仑之墟，有炎火之山，山上有鸟兽草木，皆生于炎火之中，故有火浣布，非此山草木之皮枲，则其鸟兽之毛也。汉世西域旧献此布，中间久绝；至魏初，时人疑其无有。文帝以为火性酷烈，无含生之气，著之《典论》，明其不然之事，绝智者之听。及明帝立，诏三公曰："先帝昔著《典论》，不朽之格言，其刊石于庙门之外及太学，与石经并，以永示来世。"至是西域使至而献火浣布焉，于是刊灭此论，而天下笑之。

臣松之昔从征西至洛阳，历观旧物，见《典论》石在太学者尚存，而庙门外无之，问诸长老，云晋初受禅，即用魏庙，移此石于太学，非两处立也。窃谓此言为不然。

又东方朔《神异经》曰：南荒之外有火山，长三十里，广五十里，其中皆生不烬之木，昼夜火烧，得暴风不猛，猛雨不灭。火中有鼠，重百斤，毛长二尺余，细如丝，可以作布。常居火中，色洞赤，时时出外而色白，以水逐而沃之即死，绩其毛，织以为布。

③干宝《晋纪》曰：吴将全琮寇芍陂，朱然、孙伦五万人围樊城，诸葛瑾、步骘寇柤中；琮已破走而樊围急。宣王曰："柤中民夷十万，隔在水南，流离无主，樊城被攻，历月不解，此危事也，请自讨之。"议者咸言："贼远围樊城不可拔，挫于坚城之下，有自破之势，宜长策以御之。"宣王曰："军志有之：将能而御之，此为縻军；不能而任之，此为覆军。今疆场骚动，民心疑惑，是社稷之大忧也。"六月，督诸军南征，车驾送津阳城门外。宣王以南方暑湿，不宜持久，使轻骑挑之，然不敢动。于是乃令诸军休息洗沐，简精锐，募先登，申号令，示必攻之势。然等闻之，乃夜遁。追至三州口，大杀获。

④臣松之以为故魏氏配飨不及荀彧，盖以其末年异议，又位非魏臣故也。至于升程昱而遗郭嘉，先钟繇而后荀攸，则未详厥趣也。徐他谋逆而许褚心动，忠诚之至远同于日磾，且潼关之危，非褚不济，褚之功烈有过典韦，今祀韦而不及褚，又所未达也。

⑤臣松之案：帝初即位，有诏"官奴婢六十以上免为良人"。既有此诏，则宜遂为永制。七八年间，而复货年七十者，且七十奴婢及癃疾残病，并非可售之物，而鬻之于市，此皆事之难解。

⑥习凿齿《汉晋春秋》曰：是年，吴将朱然入柤中，斩获数千；柤中民吏万余家渡沔。司马宣王谓曹爽曰："若便令还，必复致寇，宜权留之。"爽曰："今不修守沔南，留民沔北，非长策也。"宣王曰："不然。凡物置之安地则安，危地则危，故兵书曰，成败，形也，安危，势也，形势御众之要，不可不审。设令贼二万人断沔水，三万人与沔南诸军相持，万人陆钞柤中，君将何以救之？"爽不听，卒令还。然后袭破之。袁淮言于爽曰："吴楚之民脆弱寡能，英才大贤不出其土，比技量力，不足与中国相抗，然自上世以来常为中国患者，盖以江汉为池，舟楫为用，利则陆钞，不利则入水，攻之道远，中国之长技无所用之也。孙权自十数年以来，大畋江北，缮治甲兵，精其守御，数出盗窃，敢远其水，陆次平土，此中国所愿闻也。夫用兵者，贵以饱待饥，以逸击劳，师不欲久，行不欲远，守少则固，力专则强。当今宜捐淮、汉以南，退却避之。若贼能入居中央，来侵边境，则随其所短，中国之长技得用矣。若不敢来，则边境得安，无钞盗之忧矣。使我国富兵强，政修民一，陵其国不足为远矣。今襄阳孤在汉南，贼循汉而上，则断而不通，一战而胜，则不攻而自服，故置之无益于国，亡之不足为辱。自江夏已东，淮南诸郡，三后已来，其所亡几何以近贼疆界易钞掠之故哉！若徙之淮北，远绝其间，则民人安乐，何鸣吠之惊乎？"遂不徙。

⑦孙盛《魏世谱》曰：高平陵在洛水南大石山，去洛城九十里。

⑧孔衍《汉魏春秋》曰：诏使太常王肃册命太傅为丞相，增邑万户，群臣奏事不得称名，如汉霍光故事。太傅上书辞让曰："臣亲受顾命，忧深责重，凭赖天威，摧弊奸凶，赎罪为幸，功不足论。又三公之官，圣王所制，著之典礼。至于丞相，始自秦政。汉氏因之，无复变改。今三公之官皆备，横复宠臣，违越先典，革圣明之经，袭秦汉之路，虽在异人，臣所宜正，况当臣身而不固争，四方议者将谓臣何！"书十余上，诏乃许之，复加九锡之礼。太傅又言："太祖有大功大德，汉氏崇重，故加九锡，此乃历代异事，非后代之君臣所得议也。"又辞不受。

⑨《汉晋春秋》曰：初，孙权筑东兴堤以遏巢湖。后征淮南，坏不复修。是岁诸葛恪帅军更于堤左右结山挟筑两城，使全端、留略守之，引军而还。诸葛诞言于司马景王曰："'致人而不致于人'者，此之谓也。今因其内侵，使文舒逼江陵，仲恭向武昌，以羁吴之上流，然后简精卒攻两城，比救至，可大获

也。”景王从之。

⑩《汉晋春秋》曰：毌丘俭、王昶闻东军败，各烧屯走。朝议欲贬黜诸将，景王曰：“我不听公休，以至于此。此我过也，诸将何罪？”悉原之。时司马文王为监军，统诸军，唯削文王爵而已。是岁，雍州刺史陈泰求敕并州并力讨胡，景王从之。未集，而雁门、新兴二郡以为将远役，遂惊反。景王又谢朝士曰：“此我过也，非玄伯之责！”于是魏人愧悦，人思其报。

习凿齿曰：司马大将军引二败以为己过，过消而业隆，可谓智矣。夫民忘其败，而下思其报，虽欲不康，其可得邪？若乃讳败推过，归咎万物，常执其功而隐其丧，上下离心，贤愚解体，是楚再败而晋再克也，谬之甚矣！君人者，苟统斯理而以御国，则朝无秕政，身靡留愆，行失而名扬，兵挫而战胜，虽百败可也，况于再乎！

⑪《汉晋春秋》曰：是时姜维亦出围狄道。司马景王问虞松曰：“今东西有事，二方皆急，而诸将意沮，若之何？”松曰：“昔周亚夫坚壁昌邑而吴楚自败，事有似弱而强，或似强而弱，不可不察也。今恪悉其锐众，足以肆暴，而坐守新城，欲以致一战耳。若攻城不拔，请战不得，师老众疲，势将自走，诸将之不径进，乃公之利也。姜维有重兵而县军应恪，投食我麦，非深根之寇也。且谓我并力于东，西方必虚，是以径进。今若使关中诸军倍道急赴，出其不意，殆将走矣。”景王曰：“善！”乃使郭淮、陈泰悉关中之众，解狄道之围；敕毌丘俭等案兵自守，以新城委吴。姜维闻淮进兵，军食少，乃退屯陇西界。

⑫是时，张特守新城。

《魏略》曰：特字子产，涿郡人。先时领牙门，给事镇东诸葛诞，诞不以为能也，欲遣还护军。会毌丘俭代诞，遂使特屯守合肥新城。及诸葛恪围城，特与将军乐方等三军众合有三千人，吏兵疾病及战死者过半，而恪起土山急攻，城将陷，不可护。特乃谓吴人曰：“今我无心复战也。然魏法，被攻过百日而救不至者，虽降，家不坐也。自受敌以来，已九十余日矣。此城中本有四千余人，而战死者已过半，城虽陷，尚有半人不欲降，我当还为相语之，条名别善恶，明日早送名，且持我印绶去以为信。”乃投其印绶以与之。吴人听其辞而不取印绶。不攻。顷之，特还，乃夜彻诸屋材栅，补其缺为二重。明日，谓吴人曰：“我但有斗死耳！”吴人大怒，进攻之，不能拔，遂引去。朝廷嘉之，加杂号将军，封列侯，又迁安丰太守。

⑬《魏氏春秋》曰：脩字孝先，素有业行，著名西州。姜维劫之，脩不为屈。刘禅以为左将军，脩欲刺禅而不得亲近，每因庆贺，且拜且前，为禅左右所遏，事辄不克，故杀祎焉。

臣松之以为古之舍生取义者，必有理存焉，或感恩怀德，投命无悔，或利害有机，奋发以应会，诏所称聂政、介子是也。事非斯类，则陷乎妄作矣。魏之与蜀，虽为敌国，非有赵襄灭智之仇，燕丹危亡之急；且刘禅凡下之主，费祎中才之相，二人存亡，固无关于兴丧。郭脩在魏，西州之男子耳，始获于蜀，既不能抗节不辱，于魏又无食禄之责，不为时主所使，而无故规规然糜身于非所，义无所加，功无所立，可谓“折柳樊圃”，其狂也且，此之谓也。

⑭《世语》及《魏氏春秋》并云：此秋，姜维寇陇右。时安东将军司马文王镇许昌，征还击维，至京师，帝于平乐观以临军过。中领军许允与左右小臣谋，因文王辞，杀之，勒其众以退大将军。已书诏于前。文王入，帝方食栗，优人云午等唱曰：“青头鸡，青头鸡。”青头鸡者，鸭也。帝惧不敢发。文王引兵入城，景王因是谋废帝。

臣松之案《夏侯玄传》及《魏略》，许允此年春与李丰事相连。丰既诛，即出允为镇北将军，未发，以放散官物收付廷尉，徙乐浪，追杀之。允此秋不得故为领军而建此谋。

⑮《魏书》曰：是日，景王承皇太后令，诏公卿中朝大臣会议，群臣失色。景王流涕曰：“皇太后令如是，诸君其若王室何！”咸曰：“昔伊尹放太甲以宁殷，霍光废昌邑以安汉，夫权定社稷以济四海，二代行之于古，明公当之于今，今日之事，亦唯公命。”景王曰：“诸君所以望师者重，师安所避之？”于是乃与群臣共为奏永宁宫曰：“守尚书令太尉长社侯臣孚、大将军武阳侯臣师、司徒万岁亭侯臣柔、司空文阳亭侯臣冲、行征

西安东将军新城侯臣昭、光禄大夫关内侯臣邕、太常臣晏、卫尉昌邑侯臣伟、太仆臣嶷、廷尉定陵侯臣毓、大鸿胪臣芝、大司农臣祥、少府臣袤、永宁卫尉臣桢、永宁太仆臣阁、大长秋臣模、司隶校尉颍昌侯臣曾、河南尹兰陵侯臣肃、城门校尉臣虑、中护军永安亭侯臣望、武卫将军安寿亭侯臣演、中坚将军平原侯臣德、中垒将军昌武亭侯臣廙、屯骑校尉关内侯臣陔、步兵校尉临晋侯臣建、射声校尉安阳乡侯臣温、越骑校尉睢阳侯臣初、长水校尉关内侯臣超、侍中臣小同、臣顗、臣酆、博平侯臣表、侍中中书监安阳亭侯臣诞、散骑常侍臣瓌、臣仪、关内侯臣芝、尚书仆射光禄大夫高乐亭侯臣毓、尚书关内侯臣观、臣嘏、长合乡侯臣亮、臣赞、臣骞、中书令臣康、御史中丞臣钤、博士臣范、臣峻等稽首言：臣等闻天子者，所以济育群生，永安万国，三祖勋烈，光被六合。皇帝即位，纂继洪业，春秋已长，未亲万机，耽淫内宠，沉漫女色，废捐讲学，弃辱儒士，日延小优郭怀、袁信等于建始芙蓉殿前裸袒游戏，使与保林、女尚等为乱，亲将后宫瞻观。又于广望观上，使怀、信等于观下作辽东妖妇，嬉亵过度，道路行人掩目，帝于观上以为谯笑。于陵云台曲中施帷，见九亲妇女，帝临宣曲观，呼怀、信使入帷共饮酒。怀、信等更行酒，妇女皆醉，戏侮无别。使保林李华、刘勋等与怀、信等戏，清商令令狐景呵华、勋曰：'诸女，上左右人，各有官职，何以得尔？'华、勋数谗毁景。帝常喜以弹弹人，以此恚景，弹景不避首目。景语帝曰：'先帝持门户急，今陛下日将妃后游戏无度，至乃共观倡优，裸袒为乱，不可令皇太后闻。景不爱死，为陛下计耳。'帝言：'我作天子，不得自在邪？太后何与我事！'使人烧铁灼景，身体皆烂。甄后崩后，帝欲立王贵人为皇后。太后更欲外求，帝恚语景等：'魏家前后立皇后，皆从所爱耳，太后必违我意，知我当往不也？'后卒待张皇后疏薄。太后遭郃阳君丧，帝日在后园，倡优音乐自若，不数往定省。清商丞庞熙谏帝：'皇太后至孝，今遭重忧，水浆不入口，陛下当数往宽慰，不可但在此作乐。'帝言：'我自尔，谁能奈我何？'皇太后还北宫，杀张美人及禺婉，帝恚望，语景等：'太后横杀我所宠爱，此无复母子恩。'数往至故处啼哭，私使暴室厚殡棺，不令太后知也。每见九亲妇女有美色，或留以付清商。帝至后园竹间戏，或与从官携手共行。熙白：'从官不宜与至尊相提挈。'帝怒，复以弹弹熙。日游后园，每有外文书入，帝不省，左右曰'出'，帝亦不索视。太后令帝常在式乾殿上讲学，不欲，使行来，帝径去；太后来问，辄诈令黄门答言'在'耳。景、熙等畏恐，不敢复止，更共谄媚。帝肆行昏淫，败人伦之叙，乱男女之节，恭孝弥颓，凶德浸盛。臣等忧惧倾覆天下，危坠社稷，虽杀身毙命不足以塞责。今帝不可以承天绪，臣请依汉霍光故事，收帝玺绶。帝本以齐王践祚，宜归藩于齐。使司徒臣柔持节，与有司以太牢告祀宗庙。臣谨昧死以闻。"奏可。

⑯《魏略》曰：景王将废帝，遣郭芝入白太后，太后与帝对坐。芝谓帝曰："大将军欲废陛下，立彭城王据。"帝乃起去。太后不悦。芝曰："太后有子不能教，今大将军意已成，又勒兵于外以备非常，但当顺旨，将复何言！"太后曰："我欲见大将军，口有所说。"芝曰："何可见邪？但当速取玺绶。"太后意折，乃遣傍侍御取玺绶著坐侧。芝出报景王，景王甚欢。又遣使者授齐王印绶，当出就西宫。帝受命，遂载王车，与太后别，垂涕，始从太极殿南出，群臣送者数十人，太尉司马孚悲不自胜，余多流涕。王出后，景王又使使者请玺绶。太后曰："彭城王，我之季叔也，今来立，我当何之！且明皇帝当绝嗣乎？吾以为高贵乡公者，文皇帝之长孙，明皇帝之弟子，于礼，小宗有后大宗之义，其详议之。"景王乃更召群臣，以皇太后令示之，乃定迎高贵乡公。是时太常已发二日，待玺绶于温。事定，又请玺绶。太后令曰："我见高贵乡公，小时识之，明日我自欲以玺绶手授之。"

⑰《魏书》曰：景王复与群臣共奏永宁宫曰："臣等闻人道亲亲故尊祖，尊祖故敬宗。礼，大宗无嗣，则择支子之贤者；为人后者，为之子也。东海定王子高贵乡公，文皇帝之孙，宜承正统，以嗣烈祖明皇帝后。率土有赖，万邦幸甚，臣请征公诣洛阳宫。"奏可。使中护军望、兼太常河南尹肃持节，与少府

衮、尚书亮、侍中表等奉法驾，迎公于元城。

《魏世谱》曰：晋受禅，封齐王为邵陵县公。年四十三，泰始十年薨，谥曰厉公。

⑱《魏氏春秋》曰：公神明爽俊，德音宣朗。罢朝，景王私曰："上何如主也？"钟会对曰："才同陈思，武类太祖。"景王曰："若如卿言，社稷之福也。"

⑲《世语》曰：大将军奉天子征俭，至项；俭既破，天子先还。

臣松之检诸书都无此事，至诸葛诞反，司马文王始挟太后及帝与俱行耳。故发诏引汉二祖及明帝亲征以为前比，知明帝已后始有此行也。案张璠、虞溥、郭颁皆晋之令史，璠、颁出为官长，溥，鄱阳内史。璠撰《后汉纪》，虽似未成，辞藻可观。溥著《江表传》，亦粗有条贯。惟颁撰《魏晋世语》，蹇乏全无宫商，最为鄙劣，以时有异事，故颇行于世。干宝、孙盛等多采其言以为《晋书》，其中虚错如此者，往往而有之。

⑳《魏氏春秋》曰：二月丙辰，帝宴群臣于太极东堂，与侍中荀颉、尚书崔赞、袁亮、钟毓、给事中中书令虞松等并讲述礼典，遂言帝王优劣之差。帝慕夏少康，因问颉等曰："有夏既衰，后相殆灭，少康收集夏众，复禹之绩，高祖拔起陇亩，驱帅豪俊，芟夷秦、项，包举寓内，斯二主可谓殊才异略，命世大贤者也。考其功德，谁宜为先？"颉等对曰："夫天下重器，王者天授，圣德应期，然后能受命创业。至于阶缘前绪，兴复旧绩，造之与因，难易不同。少康功德虽美，犹为中兴之君，与世祖同流可也。至如高祖，臣等以为优。"帝曰："自古帝王，功德言行，互有高下，未必创业者皆优，绍继者咸劣也。汤、武、高祖虽俱受命，贤圣之分，所觉县殊。少康、殷宗中兴之美，夏启、周成守文之盛，论德较实，方诸汉祖，吾见其优，未闻其劣；顾所遇之时殊，故所名之功异耳。少康生于灭亡之后，降为诸侯之隶，崎岖逃难，仅以身免，能布其德而兆其谋，卒灭过、戈，克复禹绩，祀夏配天，不失旧物，非至德弘仁，岂济斯勋？汉祖因土崩之势，仗一时之权，专任智力以成功业，行事动静，多违圣检；为人子则数危其亲，为人君则囚系贤相，为人父则不能卫子；身没之后，社稷几倾，若与少康易时而处，或未能复大禹之绩也。推此言之，宜高夏康而下汉祖矣。诸卿具论详之。"翌日丁巳，讲业既毕，颉、亮等议曰："三代建国，列土而治，当其衰弊，无土崩之势，可怀以德，难屈以力。逮至战国，强弱相兼，去道德而任智力。故秦之弊可以力争。少康布德，仁者之英也；高祖任力，智者之俊也。仁智不同，二帝殊矣。《诗》、《书》述殷中宗、高宗，皆列大雅，少康功美过于二宗，其为大雅明矣。少康为优，宜如诏旨。"赞、毓、松等议曰："少康虽积德累仁，然上承大禹遗泽余庆，内有虞、仍之援，外有靡、艾之助，寒浞谗慝，不德于民，浇、豷无亲，外内弃之，以此有国，盖有所因。至于汉祖，起自布衣，率乌合之士，以成帝者之业。论德则少康优，课功则高祖多，语资则少康易，校时则高祖难。"帝曰："诸卿论少康因资，高祖创造，诚有之矣，然未知三代之世，任德济勋如彼之难，秦、项之际，任力成功如此之易。且太上立德，其次立功，汉祖功高，未若少康盛德之茂也。且夫仁者必有勇，诛暴必用武，少康武烈之威，岂必降于高祖哉？但夏书沦亡，旧文残缺，故勋美阙而罔载，唯有伍员粗述大略，其言复禹之绩，不失旧物，祖述圣业，旧章不愆，自非大雅兼才，孰能与于此，向令坟、典具存，行事详备，亦岂有异同之论哉？"于是群臣咸悦服。中书令松进曰："少康之事，去世久远，其文昧如，是以自古及今，议论之士莫有言者，德美隐而不宣。陛下既垂心远鉴，考详古昔，又发德音，赞明少康之美，使显于千载之上，宜录以成篇，永垂于后。"帝曰："吾学不博，所闻浅狭，惧于所论，未获其宜；纵有可采，亿则屡中，又不足贵，无乃致笑后贤，彰吾暗昧乎！"于是侍郎钟会退论次焉。

㉑《帝集》载帝自叙始生祯祥曰："昔帝王之生，或有祯祥，盖所以彰显神异也。惟予小子，支胤末流，谬为灵祇之所相佑也，岂敢自比于前哲，聊记录以示后世焉。其辞曰：惟正始三年九月辛未朔，二十五日乙未直成，予生。于时也，天气清明，日月辉光，爰有黄气，烟煴于堂，照曜室宅，其色煌煌。相而论之曰：未者为土，魏之行也；厥日直成，应嘉名也；烟煴

之气，神之精也；无灾无害，蒙神灵也。齐王不吊，颠覆厥度，群公受予，绍继皇祚。以眇眇之身，质性顽固，未能涉道，而遵大路，临深履冰，涕泗忧惧。古人有云，惧则不亡。伊予小子，曷敢怠荒？庶不忝辱，永奉烝尝。”

傅畅《晋诸公赞》曰：帝常与中护军司马望、侍中王沈、散骑常侍裴秀、黄门侍郎钟会等讲宴于东堂，并属文论。名秀为儒林丈人，沈为文籍先生，望、会亦各有名号。帝性急，请召欲速。秀等在内职，到得及时，以望在外，特给追锋车，虎贲卒五人，每有集会，望辄奔驰而至。

㉒臣松之以为壹畏逼归命，事无可嘉，格以古义，欲盖而弥彰者也。当时之宜，未得远遵式典，固应量才受赏，足以酬其来情而已。至乃光锡八命，礼同台鼎，不亦过乎！于招携致远，又无取焉。何者？若使彼之将守，与时无嫌，终不悦于殊宠，坐生叛心，以叛而愧，辱孰甚焉？如其忧危将及，非奔不免，则必逃死苟存，无希荣利矣，然则高位厚禄何为者哉？魏初有孟达、黄权，在晋有孙秀、孙楷；达、权爵赏，比壹为轻，秀、楷礼秩，优异尤甚。及至吴平，而降黜数等，不承权舆，岂不缘在始失中乎？

㉓《楚国先贤传》曰：余字子正，天姿方毅，志尚仁义，建安二十三年为郡功曹。是时吴、蜀不宾，疆场多虞。宛将侯音扇动山民，保城以叛。余与太守东里衮当扰攘之际，迸窜得出。音即遣骑追逐，去城十里相及，贼便射衮，飞矢交流。余前以身当箭，被七创，因谓追贼曰：“侯音狂狡，造为凶逆，大军寻至，诛夷在近。谓卿曹本是善人，素无恶心，当思反善，何为受其指挥？我以身代君，以被重创，若身死君全，陨没无恨。”因仰天号哭泣涕，血泪俱下。贼见其义烈，释衮不害。贼去之后，余亦命绝。征南将军曹仁讨平音，表余行状，并修祭醊。太祖闻之，嗟叹良久，下荆州复表门闾，赐谷千斛。衮后为于禁司马，见《魏略·游说传》。

㉔《汉晋春秋》曰：帝乞言于祥，祥对曰：“昔者明王礼乐既备，加之以忠诚，忠诚之发，形于言行。夫大人者，行动乎天地；天且弗违，况于人乎？”祥事别见《吕虔传》。小同，郑玄孙也。《玄别传》曰：“玄有子，为孔融吏，举孝廉。融之被围，往赴，为贼所害。有遗腹子，以丁卯日生；而玄以丁卯岁生，故名曰小同。”

《魏名臣奏》载太尉华歆表曰：“臣闻励俗宣化，莫先于表善，班禄叙爵，莫美于显能，是以楚人思子文之治，复命其胤，汉室嘉江公之德，用显其世。伏见故汉大司农北海郑玄，当时之学，名冠华夏，为世儒宗。文皇帝旌录先贤，拜玄適孙小同以为郎中，长假在家。小同年逾三十，少有令质，学综六经，行著乡邑。海、岱之人莫不嘉其自然，美其气量。迹其所履，有质直不渝之性，然而恪恭静默，色养其亲，不治可见之美，不竞人间之名，斯诚清时所宜式叙，前后明诏所斟酌而求也。臣老病委顿，无益视听，谨具以闻。”

《魏氏春秋》曰：小同诣司马文王，文王有密疏，未之屏也。如厕还，谓之曰：“卿见吾疏乎？”对曰：“否。”文王犹疑而鸩之，卒。

郑玄注《文王世子》曰“三老、五更各一人，皆年老更事致仕者也”。注《乐记》曰“皆老人更知三德五事者也”。

蔡邕《明堂论》云：“更”应作“叟”。叟，长老之称，字与“更”相似，书者遂误以为“更”。“嫂”字“女”傍“叟”，今亦以为“更”，以此验知应为“叟”也。臣松之以为邕谓“更”为“叟”，诚为有似，而诸儒莫之从，未知孰是。

㉕《汉晋春秋》曰：是时龙仍见，咸以为吉祥。帝曰：“龙者，君德也。上不在天，下不在田，而数屈于井，非嘉兆也。”仍作《潜龙》之诗以自讽，司马文王见而恶之。

㉖《汉晋春秋》曰：帝见威权日去，不胜其忿。乃召侍中王沈、尚书王经、散骑常侍王业，谓曰：“司马昭之心，路人所知也。吾不能坐受废辱，今日当与卿等自出讨之。”王经曰：“昔鲁昭公不忍季氏，败走失国，为天下笑。今权在其门，为日久矣，朝廷四方皆为之致死，不顾逆顺之理，非一日也。且宿卫空阙，兵甲寡弱，陛下何所资用，而一旦如此，无乃欲除疾而更深之邪！祸殆不测，宜见重详。”帝乃出怀中版令投地，曰：“行之决矣。正使死，何所惧？况不必死邪！”于是入白太后，

沈、业奔走告文王，文王为之备。帝遂帅僮仆数百，鼓噪而出。文王弟屯骑校尉伷入，遇帝于东止车门，左右呵之，伷众奔走。中护军贾充又逆帝战于南阙下，帝自用剑。众欲退，太子舍人成济问充曰："事急矣。当云何？"充曰："畜养汝等，正谓今日。今日之事，无所问也。"济即前刺帝，刃出于背。文王闻，大惊，自投于地曰："天下其谓我何！"太傅孚奔往，枕帝股而哭，哀甚，曰："杀陛下者，臣之罪也。"臣松之以为习凿齿书，虽最后出，然述此事差有次第。故先载习语，以其余所言微异者次其后。

《世语》曰：王沈、王业驰告文王，尚书王经以正直不出，因沈、业申意。

《晋诸公赞》曰：沈、业将出，呼王经。经不从，曰："吾子行矣！"

干宝《晋纪》曰：成济问贾充曰："事急矣。若之何？"充曰："公畜养汝等，为今日之事也。夫何疑！"济曰："然。"乃抽戈犯跸。

《魏氏春秋》曰：戊子夜，帝自将冗从仆射李昭、黄门从官焦伯等下陵云台，铠仗授兵，欲因际会，自出讨文王。会雨，有司奏却日，遂见王经等出黄素诏于怀曰："是可忍也，孰不可忍也！今日便当决行此事。"入白太后，遂拔剑升辇，帅殿中宿卫苍头官僮击战鼓，出云龙门。贾充自外而入，帝师溃散，犹称天子，手剑奋击，众莫敢逼。充帅厉将士，骑督成倅弟成济以矛进，帝崩于师。时暴雨雷霆，晦冥。

《魏末传》曰：贾充呼帐下督成济谓曰："司马家事若败，汝等岂复有种乎？何不出击！"倅兄弟二人乃帅帐下人出，顾曰："当杀邪？执邪？"充曰："杀之。"兵交，帝曰："放仗！"大将军士皆放仗。济兄弟因前刺帝，帝倒车下。

㉗《世言》曰：业，武陵人，后为晋中护军。

㉘《汉晋春秋》曰：丁卯，葬高贵乡公于洛阳西北三十里瀍涧之滨。下车数乘，不设旌旐，百姓相聚而观之，曰："是前日所杀天子也。"或掩面而泣，悲不自胜。

臣松之以为若但下车数乘，不设旌旐，何以为王礼葬乎？斯盖恶之过言，所谓"不如是之甚者"。

㉙《魏氏春秋》曰：成济兄弟不即伏罪，袒而升屋，丑言悖慢；自下射之，乃殪。

㉚《世语》曰：初，青龙中，石苞鬻铁于长安，得见司马宣王，宣王知焉。后擢为尚书郎，历青州刺史、镇东将军。甘露中入朝，当还，辞高贵乡公，留中尽日。文王遣人要令过。文王问苞："何淹留也？"苞曰："非常人也。"明日发至荥阳，数日而难作。

㉛《汉晋春秋》曰：晋公既进爵为王，太尉王祥、司徒何曾、司空荀𫖮并诣王。𫖮曰："相王尊重，何侯与一朝之臣皆已尽敬，今日便当相率而拜，无所疑也。"祥曰："相国位势，诚为尊贵，然要是魏之宰相，吾等魏之三公；公、王相去，一阶而已，班列大同，安有天子三公可辄拜人者！损魏朝之望，亏晋王之德，君子爱人以礼，吾不为也。"及入，𫖮遂拜，而祥独长揖。王谓祥曰："今日然后知君见顾之重！"

㉜孙盛曰：昔公孙述自以起成都，号曰成。二玉之文，殆述所作也。

㉝《魏世谱》曰：封帝为陈留王。年五十八，太安元年崩，谥曰元皇帝。

三国志卷五 魏书五

后妃传第五

《易》称“男正位乎外，女正位乎内；男女正，天地之大义也”。古先哲王，莫不明后妃之制，顺天地之德，故二妃嫔妫，虞道克隆，任、姒配姬，周室用熙，废兴存亡，恒此之由。《春秋说》云天子十二女，诸侯九女，考之情理，不易之典也。而末世奢纵，肆其侈欲，至使男女怨旷，感动和气，惟色是崇，不本淑懿，故风教陵迟而大纲毁泯，岂不惜哉！呜呼，有国有家者，其可以永鉴矣！

《周易》认为：“男子在外恪守正道，女子在内恪守正道，男女各守正道，这是天地间的大道理。”古代贤明的君主，没有不彰明后妃制度，来顺应天地之间的准则的，所以尧的两个女儿嫁到妫水湾里，虞舜能够兴隆发展；任氏嫁与王季、太姒嫁与文王，周的事业就蓬勃兴旺，帝王的兴衰成败，常常都是由于这个缘故。纬书《春秋说》上讲，天子娶十二个女子，诸侯娶九个女子，考察当时的情理，这的确是不能更改的制度。可是近代君主骄奢放纵，恣意淫欲，以致男女百姓因得不到配偶而怨恨，破坏了阴阳调和的自然规律，他们一味追求美色，选择后妃不是把美好的道德品质作为依据，所以社会风气败坏、人伦纲纪毁灭，岂不可惜！唉，治理国家的君主们，应该永远以此为借鉴啊！

汉制，帝祖母曰太皇太后，帝母曰皇太后，帝妃曰皇后，其余内官十有四等。魏因汉法，母后之号，皆如旧制，自夫人以下，世有增损。太祖建国，始命王后，其下五等：有夫人，有昭仪，有倢伃，有容华，有美人。文帝增贵嫔、淑媛、修容、顺成、良人。明帝增淑妃、昭华、修仪；除顺成官。太和中始复命夫人，登其位于淑妃之上。自夫人以下爵凡十二等：贵嫔、夫人，位次皇后，爵无所视；淑妃位视相国，爵比诸侯王；淑媛位视御史大夫，爵比

汉代制度，皇帝的祖母称为太皇太后，皇帝的母亲称为皇太后，皇帝的正妻称为皇后，其余的内宫妃嫔共分为十四个等级。魏承汉制，母后的称号，都和原来一样，从夫人以下的等级，各代的设置有增有减。太祖初建魏国时，开始任命王后，王后之下分为五等：有夫人、昭仪、倢伃、容华、美人。文帝时增加了贵嫔、淑媛、修容、顺成、良人。明帝时增加了淑妃、昭华、修仪；但废除了顺成这一等级。太和年间又开始恢复册命夫人，并把她的地位提升到淑妃的上面。从夫人以下爵位共有十二个等级：贵嫔和夫人，地位仅次于皇后，爵位则没有可比的；淑妃的地位和相国一样，爵位与诸侯王相当；淑媛的地位和御史大夫一样，爵位和县公相当；昭仪的爵位和

县公；昭仪比县侯；昭华比乡侯；修容比亭侯；修仪比关内侯；倢伃视中二千石；容华视真二千石；美人视比二千石；良人视千石。

县侯相当；昭华的爵位和乡侯相当；修容的爵位和亭侯相当；修仪的爵位和关内侯相当；倢伃的爵位和中二千石相当；容华的爵位和真二千石相当；美人的爵位和二千石相当；良人的爵位和千石相当。

武宣卞皇后，琅邪开阳人，文帝母也。本倡家，[1]年二十，太祖于谯纳后为妾。后随太祖至洛。及董卓为乱，太祖微服东出避难。袁术传太祖凶问，时太祖左右至洛者皆欲归，后止之曰："曹君吉凶未可知，今日还家，明日若在，何面目复相见也？正使祸至，共死何苦！"遂从后言。太祖闻而善之。建安初，丁夫人废，遂以后为继室。诸子无母者，太祖皆令后养之。[2]文帝为太子，左右长御贺后曰："将军拜太子，天下莫不欢喜，后当倾府藏赏赐。"后曰："王自以丕年大，故用为嗣，我但当以免无教导之过为幸耳，亦何为当重赐遗乎！"长御还，具以语太祖。太祖悦曰："怒不变容，喜不失节，故是最为难。"

武宣卞皇后，是琅邪郡开阳县人，她是魏文帝曹丕的母亲。卞皇后本来是一名歌妓，二十岁的时候，太祖在谯县纳她为妾。后来便随太祖到了洛阳。等到董卓作乱时，太祖穿着平民服装逃向洛阳以东的地方去避难。后来袁术传来太祖的死讯，当时随太祖到洛阳的一些左右近臣都想回去，卞皇后制止说："曹君是凶是吉，还不知道，现在你们都跑回去，如果曹君还活着，有什么脸面再相见呢？即使真的有祸患到来，和曹君同死难道有什么遗憾！"大家听从了卞皇后的意见。太祖听说后称赞了她。建安初年，废了原配丁夫人，于是以卞后为继室。太祖儿子中失去了母亲的，太祖都要卞后抚养他们。文帝被立为太子时，王宫左右的女官都向卞后祝贺说："将军被立为太子，天下人人都非常高兴，王后应当把府库的财宝拿出来进行赏赐。"卞后说："魏王只因曹丕年纪最大，所以决定让他做继承人，我只应该庆幸自己免除了对儿子教导不力的过失，又有什么理由去重赏手下的人！"女官回来，详细地告诉了太祖。太祖听了很高兴地说："愤怒的时候能够面不改色，欢喜的时候能够不失节度，这是最难得的。"

二十四年，拜为王后，策曰："夫人卞氏，抚养诸子，有母仪之德。今进位王后，太子诸侯陪位，群卿上寿，减国内死罪一等。"二十五年，太祖崩，文帝即王位，尊后曰王太后，及践阼，尊后曰皇太后，称永寿宫。[3]明帝即位，尊太后曰太皇太后。

建安二十四年，太祖策命卞后为王后，策书说："卞氏夫人，尽心抚养几个儿子，而且有作为天下母亲们典范的德行。现在进位为王后，太子、诸侯列席庆典，百官们也纷纷表示祝贺，减免国内死刑犯人的罪刑一等。"二十五年，太祖去世，文帝继承王位，尊卞后为王太后，到文帝当了皇帝以后，尊卞后为皇太后，把卞太后的宫室叫永寿宫。明帝继承皇位以后，尊卞后为太皇太后。

黄初中，文帝欲追封太后

黄初年间，文帝想要追封卞太后的父母，尚书

父母，尚书陈群奏曰："陛下以圣德应运受命，创业革制，当永为后式。案典籍之文，无妇人分土命爵之制。在礼典，妇因夫爵。秦违古法，汉氏因之，非先王之令典也。"帝曰："此议是也，其勿施行。以作著诏下藏之台阁，永为后式。"至太和四年春，明帝乃追谥太后祖父广曰开阳恭侯，父远曰敬侯，祖母周封阳都君及敬侯夫人，皆赠印绶。其年五月，后崩。七月，合葬高陵。

陈群上奏说："陛下以至圣的品德顺应天命，创立大业、革新制度，应该作为后世永恒的典范。考查古代的典籍，没有妇女分封食邑、授予爵位的制度。按照礼制的规定，妇人可以享受丈夫爵位的一切待遇。秦朝违背了古法，汉代又承袭秦制，但这并不是古代君主的佳典。"文帝说："这个意见很对，追封的事就不要实行了。就把这个规定公布并下令交尚书台收藏，永远作为后代的准则。"到了太和四年的春天，明帝才追加卞太后的祖父卞广的谥号为开阳恭侯，父亲卞远的谥号为敬侯，祖母周氏封为阳都君，母亲封为敬侯夫人，都赠送了印玺、绶带。这年五月，卞太后去世，七月，和太祖合葬在高陵。

初，太后弟秉，以功封都乡侯，黄初七年进封开阳侯，邑千二百户，为昭烈将军。[④]秉薨，子兰嗣。少有才学，[⑤]为奉车都尉、游击将军，加散骑常侍。兰薨，子晖嗣。[⑥]又分秉爵，封兰弟琳为列侯，官至步兵校尉。兰子隆女为高贵乡公皇后，隆以后父为光禄大夫，位特进，封睢阳乡侯，妻王为显阳乡君。追封隆前妻刘为顺阳乡君，后亲母故也。琳女又为陈留王皇后，时琳已没，封琳妻刘为广阳乡君。

当初卞太后的弟弟卞秉，因为有功被封为都乡侯，黄初七年晋封为开阳侯，食邑为一千二百户，担任昭烈将军。卞秉去世，儿子卞兰继承了爵位。卞兰少年时代就很有才学，担任了奉车都尉、游击将军，还特加散骑常侍。卞兰死后，儿子卞晖继承了爵位。又分出卞秉的爵禄，封卞兰的弟弟卞琳为列侯，卞琳官至步兵校尉。卞兰的儿子卞隆有个女儿是高贵乡公曹髦的皇后，卞隆就以皇后父亲的身份当上光禄大夫，还加上特进的地位，封为睢阳乡侯，卞隆的妻子王氏被封为显阳乡君。追封卞隆的前妻刘氏为顺阳乡君，因为刘氏是皇后亲母的缘故。卞琳的女儿又是陈留王曹奂的皇后，当时卞琳已去世了，封卞琳的妻子刘氏为广阳乡君。

文昭甄皇后，中山无极人，明帝母，汉太保甄邯后也，世吏二千石。父逸，上蔡令。后三岁失父。[⑦]后天下兵乱，加以饥馑，百姓皆卖金银珠玉宝物，时后家大有储谷，颇以买之。后年十余岁，白母曰："今世乱而多买宝物，匹夫无罪，怀璧为罪。又左右皆饥乏，不

文昭甄皇后，是中山郡无极县人，是明帝的母亲，西汉太保甄邯的后代，甄家好几代都是二千石的高官。甄后的父亲甄逸，是上蔡县县令。甄后三岁时父亲便去世了。后来天下兵荒马乱，加上饥荒严重，百姓都出卖金银珠玉宝物维持生活，当时甄后家里粮食储蓄很多，因此很是收买了一些金银珠宝。那时甄后十几岁，便向母亲说："现在世道混乱而我们家还拼命收购珠宝，俗话说平民百姓没有罪，怀藏玉璧才是罪。而且现在周围的百姓都处在

如以谷振给亲族邻里，广为恩惠也。”举家称善，即从后言。[8]

饥荒困乏之中，我们不如以粮食来救济亲朋好友和街坊邻里，广施恩惠。”全家都认为甄后说得对，立即按她说的办。

建安中，袁绍为中子熙纳之。熙出为幽州，后留养姑。及冀州平，文帝纳后于邺，有宠，生明帝及东乡公主。[9]延康元年正月，文帝即王位，六月，南征，后留邺。黄初元年十月，帝践阼。践阼之后，山阳公奉二女以嫔于魏，郭后、李、阴贵人并爱幸，后愈失意，有怨言。帝大怒，二年六月，遣使赐死，葬于邺。[10]

建安年间，袁绍为他的二儿子袁熙娶了她。后来袁熙出守幽州，甄后留在邺地的家里侍奉婆婆。等到冀州平定，文帝曹丕在邺城娶了甄后，甄后很得宠爱，生下了明帝及东乡公主。延康元年正月，文帝登上王位，六月，带兵去南方征讨，甄后留在邺城。黄初元年十月，文帝当了皇帝。称帝以后，山阳公将自己的两个女儿献给文帝为妃子，同时郭后、李贵人、阴贵人都受宠爱，甄后越来越失宠了，讲些怨恨的话。文帝非常生气，黄初二年六月，派使者逼甄后自杀，将她埋葬在邺地。

明帝即位，有司奏请追谥，使司空王朗持节奉策以太牢告祠于陵，又别立寝庙。[11]太和元年三月，以中山魏昌之安城乡户千，追封逸，谥曰敬侯；適孙像袭爵。四月，初营宗庙，掘地得玉玺，方一寸九分，其文曰“天子羡思慈亲”，明帝为之改容，以太牢告庙。又尝梦见后，于是差次舅氏亲疏高下，叙用各有差，赏赐累钜万；以像为虎贲中郎将。是月，后母薨，帝制缌服临丧，百僚陪位。四年十一月，以后旧陵庳下，使像兼太尉，持节诣邺，昭告后土，十二月，改葬朝阳陵。像还，迁散骑常侍。青龙二年春，追谥后兄俨曰安城乡穆侯。夏，吴贼寇扬州，以像为伏波将军，持节监诸将东征，还，复为射声校尉。三年薨，追赠卫将军，改封魏昌县，谥曰贞

明帝曹叡当了皇帝，有关官员上奏请求对甄后追加谥号，曹叡派司空王朗拿着符节、捧着简册文书用太牢的礼节在甄后坟前进行祭祀，同时又特别为甄后建立祭庙。太和元年三月，以中山郡魏昌县安城乡一千户的食邑，追封给甄后的父亲甄逸，并追加甄逸的谥号为敬侯；甄逸的嫡孙甄像继承祖父的爵位。四月，开始建造皇室宗庙，挖地基时挖到一块玉玺，长宽一寸九分，上面有文字说“天子非常思念慈祥的母亲”，明帝因而脸上显出感动的神情，用牛、羊、豕三牲全备的礼节祭告甄后。明帝又曾梦见甄后，于是将舅舅家里按亲疏关系和辈分高低排定先后位次，按不同位次加以任用，赏赐累计达到数万；任命甄像为虎贲中郎将。这个月，甄后的母亲去世，明帝穿着缌麻孝服亲临丧礼，百官都陪同。太和四年十一月，因为甄后原来的坟墓地势低下，派甄像兼任太尉，拿着符节到邺城，祭告土地神，十二月，改葬甄后于朝阳陵。甄像回来以后，升任散骑常侍。青龙二年春天，又追加甄后的哥哥甄俨的谥号为安城乡穆侯。这年夏天，东吴侵犯扬州，派甄像担任伏波将军，拿着符节监督各位将军征讨吴国，回来以后，又任射声校尉。青龙三年，甄像去世，追封为卫将军，改封为魏昌县侯，定其谥号为贞侯；儿子

侯;子畅嗣。又封畅弟温、辫、艳皆为列侯。四年,改逸、俨本封皆曰魏昌侯,谥因故。封俨世妇刘为东乡君,又追封逸世妇张为安喜君。

甄畅继承爵位。又把甄畅的弟弟甄温、甄辫、甄艳都封为列侯。青龙四年,改甄逸、甄俨原封的安城乡侯为魏昌县侯,谥号则和原来一样。封甄俨的妻子刘氏为东乡君,又追封甄逸的妻子张氏为安喜君。

景初元年夏,有司议定七庙。冬,又奏曰:"盖帝王之兴,既有受命之君,又有圣妃协于神灵,然后克昌厥世,以成王业焉。昔高辛氏卜其四妃之子皆有天下,而帝挚、陶唐、商、周代兴。周人上推后稷,以配皇天,追述王初,本之姜嫄,特立宫庙,世世享尝,《周礼》所谓'奏夷则,歌中吕,舞大濩,以享先妣'者也。诗人颂之曰:'厥初生民,时维姜嫄。'言王化之本,生民所由。又曰:'閟宫有侐,实实枚枚,赫赫姜嫄,其德不回。'《诗》、《礼》所称姬宗之盛,其美如此。大魏期运,继于有虞,然崇弘帝道,三世弥隆,庙祧之数,实与周同。今武宣皇后、文德皇后各配无穷之祚,至于文昭皇后膺天灵符,诞育明圣,功济生民,德盈宇宙,开诸后嗣,乃道化之所兴也。寝庙特祀,亦姜嫄之閟宫也,而未著不毁之制,惧论功报德之义,万世或阙焉,非所以昭孝示后世也。文昭庙宜世世享祀奏乐,与祖庙同,永著不毁之典,以播圣善之风。"于是与七庙议并勒金策,藏之金匮。

景初元年夏天,有关官员讨论建立祭祀祖先的宗庙。这年冬天,又奏报说:"大凡帝王事业的兴盛,既有承受天命的君王,又有圣明的后妃与神灵协调和谐,这样才能使国家昌盛,王业成功。从前高辛氏卜得他四个妃子的儿子都能享有天下,果然帝挚、唐尧、商契、周后稷一代一代兴盛。周人尊后稷为其始祖,以后稷配享上天,他们追述后稷的出生,又溯源到后稷的母亲姜嫄,特别为姜嫄建立宫庙,世世代代进行祭祀,这就是《周礼》所讲的'演奏夷则,歌唱中吕,跳大濩舞曲,来祭享后稷的母亲姜嫄'。诗人歌颂说:'最早生育周人的,就是有邰氏的姜嫄。'这说的是帝王教化的根本,周族人民的由来。诗人还歌颂说:'姜嫄的宫庙是这样的清静,宫庙坚固又稠密,赫赫显著的姜嫄,品德纯正不邪辟。'《诗经》、《周礼》所称道的姬姓宗族的兴盛,是如此美好。大魏机运立国,是继承着虞舜,光大帝王的功业,在武帝、文帝、明帝三个朝代更加隆盛,所以宗庙的数目,实在应和西周一样。现在武宣皇后、文德皇后各配享无穷的福禄,至于文昭皇后承受了上天神灵的启示,生育了聪明至圣的皇帝,她的功德普济众生,德行充满天地,开拓了曹魏帝业的继承,这是王业风化兴盛的原因。为她建立宗庙进行特别的祭祀,也和周代为姜嫄建立閟宫一样,但是没有明令颁布永远享祭的制度,恐怕论功报答的大义,万代后可能失去,这不是向后世子孙昭明孝道的做法。文昭皇后的寝庙应该世世代代享有奏乐祭祀,和祭祀祖庙一样,并颁布永远享祭的制度,以便传扬圣明、善良的风化。"于是和立七庙的事一同刻在金属的简册上,将简册藏在金柜里。

帝思念舅氏不已。畅尚

明帝非常思念舅舅。甄畅年纪还小,景初末年,

幼，景初末，以畅为射声校尉，加散骑常侍，又特为起大第，车驾亲自临之。又于其后园为像母起观庙，名其里曰渭阳里，以追思母氏也。嘉平三年正月，畅薨，追赠车骑将军，谥曰恭侯；子绍嗣。太和六年，明帝爱女淑薨，追封谥淑为平原懿公主，为之立庙。取后亡从孙黄与合葬，追封黄列侯，以夫人郭氏从弟悳为之后，承甄氏姓，封悳为平原侯，袭公主爵。[12]青龙中，又封后从兄子毅及像弟三人，皆为列侯。毅数上疏陈时政，官至越骑校尉。嘉平中，复封畅子二人为列侯。后兄俨孙女为齐王皇后，后父已没，封后母为广乐乡君。

任命甄畅为射声校尉，并加散骑常侍的官衔，又特别为他建造大府宅，明帝还亲自到他的家里。又在府宅后园替甄像母亲盖起观庙，并把所住的里弄命名为渭阳里，借以追念母亲。嘉平三年正月，甄畅去世，追封为车骑将军，谥号叫恭侯；儿子甄绍继承了爵位。太和六年，明帝爱女曹淑死去，追封曹淑的谥号为平原懿公主，替她立庙。将甄后死去的侄孙甄黄同她合葬在一起，追封甄黄为列侯，又以夫人郭氏的堂弟郭悳做她的后代，继承甄氏的姓，封郭悳为平原侯，承袭平原公主的爵位。青龙年间，又封甄后堂兄的儿子甄毅和甄像的三个弟弟，都为列侯。甄毅多次上书陈述他对政局的看法，最后官做到了越骑校尉。嘉平年间，又封甄畅的两个儿子为列侯。甄后哥哥甄俨的孙女是齐王曹芳的皇后，她的父亲已死，封她的母亲为广乐乡君。

文德郭皇后，安平广宗人也。祖世长吏。[13]后少而父永奇之曰：“此乃吾女中王也。”遂以女王为字。早失二亲，丧乱流离，没在铜鞮侯家。太祖为魏公时，得入东宫。后有智数，时时有所献纳。文帝定为嗣，后有谋焉。太子即王位，后为夫人，及践阼，为贵嫔。甄后之死，由后之宠也。黄初三年，将登后位，文帝欲立为后，中郎栈潜上疏曰：“在昔帝王之治天下，不惟外辅，亦有内助，治乱所由，盛衰从之。故西陵配黄，英娥降妫，并以贤明，流芳上世。桀奔南巢，祸阶末喜；纣以炮烙，怡悦妲己。是以圣哲

文德郭皇后，是安平郡广宗县人。祖上世代任长吏。郭后年少时父亲郭永对她感到惊奇说：“这是我家的女中王。”于是以女王作为她的字。郭皇后早年死了双亲，遭遇乱世流离失所，最后沦落到铜鞮侯家为奴。太祖做魏公的时候，她得以选入东宫。郭后很有智慧和谋略，经常出些主意被太祖采纳。文帝曹丕定为继承人，就出自郭后的计谋。曹丕做了魏王，郭后被封为夫人，当皇帝以后，郭后当上了贵嫔。甄后的死，正是郭后的专宠所造成的。黄初三年，将册立皇后，文帝要立她为皇后，中郎栈潜向文帝上疏说：“过去的帝王治理天下，不只是外有辅佐的臣子，也有后妃在内协助，后妃的品德是国家太平或混乱的根由，盛衰都与她有关。所以西陵国的女儿嫁给黄帝为妻子，女英、娥皇下嫁妫水湾给虞舜做妃子，都因为贤良明智，流芳前世。夏桀逃跑到安徽南巢，祸源就是妺喜；商纣王施行炮烙酷刑，是为了讨妲己欢乐。所以明智的君王谨慎地选择皇

慎立元妃，必取先代世族之家，择其令淑以统六宫，虔奉宗庙，阴教聿修。《易》曰：‘家道正而天下定。’由内及外，先王之令典也。《春秋》书宗人衅夏云，无以妾为夫人之礼。齐桓誓命于葵丘，亦曰‘无以妾为妻’。今后宫嬖宠，常亚乘舆。若因爱登后，使贱人暴贵，臣恐后世下陵上替，开张非度，乱自上起也。”文帝不从，遂立为皇后。⑭

后，一定选取前代世族人家，选择人品美好的淑女来统率后宫，虔诚地奉祀宗庙，使妇德修明。《周易》说：‘家庭伦理道德端正而后天下安定。’说的是治内可以安外，这是前代君王留下的美好典则。《春秋》记载宗人衅夏的话说，没有以妾做夫人的制度。齐桓公在葵丘和各诸侯国盟誓也说‘不以妾做妻子’。今天后宫中受宠的姬妾，地位常常仅次于皇帝。如果因为宠爱而立为皇后，使卑贱的人突然高贵，臣只怕到了后代下贱的人会凌驾甚至废弃高贵的人，开启了不守法度的行为，祸乱是从上面开始的。”文帝不听从，于是立郭后为皇后。

后早丧兄弟，以从兄表继永后，拜奉车都尉。后外亲刘斐与他国为婚，后闻之，敕曰：“诸亲戚嫁娶，自当与乡里门户匹敌者，不得因势强与他方人婚也。”后姊子孟武还乡里，求小妻，后止之。遂敕诸家曰：“今世妇女少，当配将士，不得因缘取以为妾也。宜各自慎，无为罚首。”⑮

郭后的兄弟早死，由堂兄郭表做郭永的后嗣，被任命为奉车都尉。郭后外家亲戚刘斐和其他地域的人通婚，郭后听说后，告诫说：“各亲戚嫁女娶妻，应当找本乡本土门当户对的人家，不得凭借势力强与其他地方的人结成婚姻。”郭后姐姐的儿子孟武回到家乡，想娶个妾，郭后制止了他。于是告诫各亲戚说：“现在世宦人家的女儿少，应当许配给将士，不得借故娶来做妾。希望各自慎重不要做首先受罚的人。”

五年，帝东征，后留许昌永始台。时霖雨百余日，城楼多坏，有司奏请移止。后曰：“昔楚昭王出游，贞姜留渐台，江水至，使者迎而无符，不去，卒没。今帝在远，吾幸未有是患，而便移止，奈何？”群臣莫敢复言。六年，帝东征吴，至广陵，后留谯宫。时表留宿卫，欲遏水取鱼。后曰：“水当通运漕，又少材木，奴客不在目前，当复私取官竹木作梁遏。今奉车所不足者，岂鱼乎？”

黄初五年，文帝东征，郭后留在许昌永始台。当时连续下了一百多天的大雨，很多城楼都坏了，有关官员请求她迁移住地。郭后说：“过去楚昭王出游，贞姜留在渐台，江水到来时，使者前来接她转移出去但没有持符节，贞姜不肯离去，终于被江水淹死。今日皇帝在很远的地方，我有幸还没有遭遇水灾，便就迁换住地，这怎么可以呢？”群臣中没有人敢再说什么。黄初六年，文帝东征吴国，到了广陵郡，郭后留在谯宫。当时郭表留在宫里警卫，他想要堵水捕鱼。郭后说：“水路应当畅通无阻运送粮草，况且又缺少木排，而仆人们不在面前，势必拿取公家储备应急的竹木来筑堰堵水。今日你奉车都尉缺乏的东西，难道是鱼吗？”

明帝即位，尊后为皇太

明帝当上皇帝，尊郭后为皇太后，郭太后所居

后,称永安宫。太和四年,诏封表安阳亭侯,又进爵乡侯,增邑并前五百户,迁中垒将军。以表子详为骑都尉。其年,帝追谥太后父永为安阳乡敬侯,母董为都乡君。迁表昭德将军,加金紫,位特进,表第二子训为骑都尉。及孟武母卒,欲厚葬,起祠堂,太后止之曰:"自丧乱以来,坟墓无不发掘,皆由厚葬也;首阳陵可以为法。"青龙三年春,后崩于许昌,以终制营陵,三月庚寅,葬首阳陵西。⑯帝进表爵为观津侯,增邑五百,并前千户。迁详为驸马都尉。四年,追改封永为观津敬侯,世妇董为堂阳君。追封谥后兄浮为梁里亭戴侯,都为武城亭孝侯,成为新乐亭定侯,皆使使者奉策,祠以太牢。表薨,子详嗣,又分表爵封详弟述为列侯。详薨,子钊嗣。

称永安宫。太和四年,皇帝下令封郭表为安阳亭侯,不久又将爵位晋升为乡侯,增加他的封地连同以前的共五百户,升为中垒将军。任命郭表的儿子郭详为骑都尉。这一年,明帝追加郭太后父亲郭永的谥号为安阳乡敬侯,母亲董氏为都乡君。升郭表为昭德将军,特加金印紫绶,还加上特进的地位,郭表的第二个儿子郭训任骑都尉。孟武的母亲去世时,准备厚葬,并起造祠堂,郭太后制止说:"自从祸乱以来,坟墓没有不被发掘的,都因厚葬的缘故;其实首阳陵就可以作为榜样。"青龙三年春天,郭太后死在许昌,按照丧葬制度营建陵墓,三月庚寅日,埋葬在首阳陵西边。明帝进封郭表的爵位为观津侯,增加食邑五百户,连同以前的共一千户。升郭详为驸马都尉。青龙四年,改封郭永谥号为观津敬侯,封其妻董氏为堂阳君。追封郭太后的哥哥郭浮为梁里亭戴侯,郭都为武城亭孝侯,郭成为新乐亭定侯,都派使者带上简册,用太牢的礼仪进行祭祀。郭表死后,儿子郭详继承了爵位,又分出郭表爵禄的一部分用来封郭详的弟弟郭述为列侯。郭详去世后,儿子郭钊继承了爵位。

明悼毛皇后,河内人也。黄初中,以选入东宫,明帝时为平原王,进御有宠,出入与同舆辇。及即帝立,以为贵嫔。太和元年,立为皇后。后父嘉,拜骑都尉,后弟曾,郎中。

明悼毛皇后,是河内郡人。黄初年间,被选入东宫,明帝当时是平原王,毛后进见时得到宠爱,出进都和明帝同车。到明帝做了皇帝后,以毛后为贵嫔。太和元年,被立为皇后。毛后的父亲毛嘉,被任命为骑都尉。毛后的弟弟毛曾,被任命为郎中。

初,明帝为王,始纳河内虞氏为妃,帝即位,虞氏不得立为后,太皇卞太后慰勉焉。虞氏曰:"曹氏自好立贱,未有能以义举者也。然后职内事,君听外政,其道相由而成,苟不能以善始,未有能令终者

当初,明帝做平原王时,先娶河内郡人虞氏为妃,等到做了皇帝,虞氏却不能立为皇后,为这事太皇卞太后还劝慰了她。虞氏说:"曹氏自来好立微贱的人做皇后,从来没有能用德义为标准选拔皇后的。然而皇后主管宫内的事,君王治理国事,他们的作用相辅相成,如果不能有好的开始,就不会有好的结果。恐怕一定会由此亡国断祀了。"虞氏因此被

也。殆必由此亡国丧祀矣!”虞氏遂绌还邺宫。进嘉为奉车都尉,曾骑都尉,宠赐隆渥。顷之,封嘉博平乡侯,迁光禄大夫,曾驸马都尉。嘉本典虞车工,卒暴富贵,明帝令朝臣会其家饮宴,其容止举动甚蚩騃,语辄自谓“侯身”,时人以为笑。[17]后又加嘉位特进,曾迁散骑侍郎。青龙三年,嘉薨,追赠光禄大夫,改封安国侯,增邑五百,并前千户,谥曰节侯。四年,追封后母夏为野王君。

贬逐到邺宫。明帝提升毛嘉为奉车都尉,毛曾为骑都尉,备受宠爱,得到的赏赐极为优厚。不久,又封毛嘉为博平乡侯,升任光禄大夫,毛曾为驸马都尉。毛嘉原本担任典虞车工,突然富贵起来,明帝叫朝臣到他家聚会宴饮,他的言语举止很呆笨,讲话时总是自称“侯身”,当时被人当做笑话。后来又加封毛嘉特进的地位,毛曾升任散骑侍郎。青龙三年,毛嘉去世,追封光禄大夫,并改封为安国县侯,增加食邑五百户,连同以前的共一千户,赐予节侯的谥号。青龙四年,追封毛后的亡母夏氏为野王君。

帝之幸郭元后也,后爱宠日弛。景初元年,帝游后园,召才人以上曲宴极乐。元后曰“宜延皇后”,帝弗许。乃禁左右,使不得宣。后知之,明日,帝见后,后曰:“昨日游宴北园,乐乎?”帝以左右泄之,所杀十余人。赐后死,然犹加谥,葬愍陵。迁曾散骑常侍,后徙为羽林虎贲中郎将、原武典农。

明帝宠爱郭元后以后,对毛后的宠爱日渐减弱。景初元年,明帝游览后花园,召集才人以上的妃嫔在花园设私宴,尽情玩乐。元后说“应该邀请毛皇后”,明帝不允许。并严禁身边的人,不准她们说出这件事。但毛后还是知道了,第二天,明帝见到毛后,毛后说:“昨天在北园游玩宴饮,快乐吗?”明帝认为是身边的人泄露了这件事,被杀的有十多人。而且赐毛后自尽,然而还是加了谥号,埋葬在愍陵。提升毛曾任散骑常侍,后改为羽林虎贲中郎将、原武典农中郎将。

明元郭皇后,西平人也,世河右大族。黄初中,本郡反叛,遂没入宫。明帝即位,甚见爱幸,拜为夫人。叔父立为骑都尉,从父芝为虎贲中郎将。帝疾困,遂立为皇后。齐王即位,尊后为皇太后,称永宁宫,追封谥太后父满为西都定侯,以立子建绍其爵。封太后母杜为郃阳君。芝迁散骑常侍、长水校尉,[18]立,宣德将军,皆封列侯。建兄德,出养甄氏。德及

明元郭皇后,是西平郡人,郭家历代都是河西的大族。黄初年间,西平郡发生反叛朝廷之事,郭元后沦落进入皇宫。明帝做皇帝后,她很受宠爱,被封为夫人。元后的叔父郭立担任了骑都尉,堂叔父郭芝担任了虎贲中郎将。明帝病重时,便立元后做皇后。齐王曹芳当皇帝后,尊郭元后为皇太后,郭太后所居称永宁宫。追封郭太后的父亲郭满的谥号为西都定侯,以郭立的儿子郭建继承他的爵位。封郭太后的母亲杜氏为郃阳君。提升郭芝担任散骑常侍、长水校尉,郭立任宣德将军,都封为列侯。郭建的哥哥郭德,过继给甄氏做后代。郭德和郭建都担任镇

建俱为镇护将军，皆封列侯，并掌宿卫。值三主幼弱，宰辅统政，与夺大事，皆先咨启于太后而后施行。毌丘俭、钟会等作乱，咸假其命而以为辞焉。景元四年十二月崩，五年二月，葬高平陵西。⑲

评曰：魏后妃之家，虽云富贵，未有若衰汉乘非其据，宰割朝政者也。鉴往易轨，于斯为美。追观陈群之议，栈潜之论，适足以为百王之规典，垂宪范乎后叶矣。

护将军，都封为列侯，一同在宫廷值宿警卫。正值当时三个皇帝——齐王曹芳、高贵乡公曹髦、陈留王曹奂幼小懦弱，由宰相总揽朝政，赏赐与惩罚等大事情，都要先请示郭太后然后施行。所以毌丘俭、钟会等人作乱，都假借郭太后的命令作为借口。景元四年十二月郭太后去世，五年二月，埋葬在高平陵的西边。

评论说：曹魏后妃的家，虽说富贵，但没有像东汉衰败时那种凭借外戚的权势，主宰干预朝廷大政的。以过去作为镜子来改变制度，在这一点上是做得好的。回顾陈群的奏议，栈潜的议论，完全可以作为百代帝王的准则典制，成为法式典范流传于后世。

---

①《魏书》曰：后以汉延熹三年十二月己巳生齐郡白亭，有黄气满室移日。父敬侯怪之，以问卜者王旦，旦曰："此吉祥也。"

②《魏略》曰：太祖始有丁夫人，又刘夫人生子修及清河长公主。刘早终，丁养子修。子修亡于穰，丁常言："将我儿杀之，都不复念！"遂哭泣无节。太祖忿之，遣归家，欲其意折。后太祖就见之，夫人方织，外人传云"公至"，夫人踞机如故。太祖到，抚其背曰："顾我共载归乎！"夫人不顾，又不应。太祖却行，立于户外，复云："得无尚可邪！"遂不应，太祖曰："真诀矣。"遂与绝，欲其家嫁之，其家不敢。初，丁夫人既为嫡，加有子修，丁视后母子不足。后为继室，不念旧恶，因太祖出行，常四时使人馈遗，又私迎之，延以正坐而己下之，迎来送去，有如昔日。丁谢曰："废放之人，夫人何能常尔邪！"其后丁亡，后请太祖殡葬，许之，乃葬许城南。后太祖病困，自虑不起，叹曰："我前后行意，于心未曾有所负也。假令死而有灵，子修若问'我母所在'，我将何辞以答！"

《魏书》曰：后性约俭，不尚华丽，无文绣珠玉，器皆黑漆。太祖常得名珰数具，命后自选一具，后取其中者，太祖问其故，对曰："取其上者为贪，取其下者为伪，故取其中者。"

③《魏书》曰：后以国用不足，减损御食，诸金银器物皆去之。东阿王植，太后少子，最爱之。后植犯法，为有司所奏，文帝令太后弟子奉车都尉兰持公卿议白太后，太后曰："不意此儿所作如是，汝还语帝，不可以我故坏国法。"及自见帝，不以为言。

臣松之案：文帝梦磨钱，欲使文灭而更愈明，以问周宣。宣答曰："此陛下家事，虽意欲尔，而太后不听。"则太后用意，不得如此书所言也。

《魏书》又曰：太后每随军征行，见高年白首，辄住车呼问，赐与绢帛，对之涕泣曰："恨父母不及我时也。"太后每见外亲，不假以颜色，常言"居处当务节俭，不当望赏赐，念自佚也。外舍当怪吾遇之太薄，吾自有常度故也。吾事武帝四五十年，行俭日久，不能自变为奢，有犯科禁者，吾且能加罪一等耳，莫望钱米恩贷也。"帝为太后弟秉起第，第成，太后幸第请诸家外亲，设下厨，无异膳。太后左右，菜食粟饭，无鱼肉。其俭如此。

④《魏略》曰：初，卞后弟秉，当建安时得为别部司马，后常对太祖怨言，太祖答言："但得与我作妇弟，不为多邪？"后

又欲太祖给其钱帛，太祖又曰："但汝盗与，不为足邪？"故讫太祖世，秉官不移，财亦不益。

⑤《魏略》曰：兰献赋赞述太子德美，太子报曰："赋者，言事类之所附也，颂者，美盛德之形容也，故作者不虚其辞，受者必当其实。兰此赋，岂吾实哉？昔吾丘寿王一陈宝鼎，何武等徒以歌颂，犹受金帛之赐，兰事虽不谅，义足嘉也。今赐牛一头。"由是遂见亲敬。

⑥《魏略》曰：明帝时，兰见外有二难，而帝留意于宫室，常因侍从，数切谏。帝虽不能从，犹纳其诚款。后兰苦酒消渴，时帝信巫女用水方，使人持水赐兰，兰不肯饮。诏问其意，兰言："治病自当以方药，何信于此？"帝为变色，而兰终不服。后渴稍甚，以至于亡。故时人见兰好直言，谓帝面折之而兰自杀，其实不然。

⑦《魏书》曰：逸娶常山张氏，生三男五女：长男豫，早终；次俨，举孝廉，大将军掾、曲梁长；次尧，举孝廉；长女姜，次脱，次道，次荣，次即后。后以汉光和五年十二月丁酉生。每寝寐，家中仿佛见如有人持玉衣覆其上者，常共怪之。逸薨，加号慕，内外益奇之。后相者刘良相后及诸子，良指后曰："此女贵乃不可言。"后自少至长，不好戏弄。年八岁，外有立骑马戏者，家人诸姊皆上阁观之，后独不行。诸姊怪问之，后答言："此岂女人之所观邪？"年九岁，喜书，视字辄识，数用诸兄笔砚，兄谓后言："汝当习女工。用书为学，当作女博士邪？"后答言："闻古者贤女，未有不学前世成败，以为己诫。不知书，何由见之？"

⑧《魏略》曰：后年十四，丧中兄俨，悲哀过制，事寡嫂谦敬，事处其劳，拊养俨子，慈爱甚笃。后母性严，待诸妇有常，后数谏母："兄不幸早终，嫂年少守节，顾留一子，以大义言之，待之当如妇，爱之宜如女。"母感后言流涕，便令后与嫂共止，寝息坐起常相随，恩爱益密。

⑨《魏略》曰：熙出在幽州，后留侍姑。及邺城破，绍妻及后共坐皇堂上。文帝入绍舍，见绍妻及后，后怖，以头伏姑膝上，绍妻两手自搏。文帝谓曰："刘夫人云何如此？令新妇举头！"姑乃捧后令仰，文帝就视，见其颜色非凡，称叹之。太祖闻其意，遂为迎取。

《世语》曰：太祖下邺，文帝先入袁尚府，有妇人被发垢面，垂涕立绍妻刘后，文帝问之，刘答"是熙妻"，顾揽发髻，以巾拭面，姿貌绝伦。既过，刘谓后"不忧死矣"！遂见纳，有宠。

《魏书》曰：后宠愈隆而弥自挹损，后宫有宠者劝勉之，其无宠者慰诲之，每因闲宴，常劝帝，言"昔黄帝子孙蕃育，盖由妾媵众多，乃获斯祚耳。所愿广求淑媛，以丰继嗣。"帝心嘉焉。其后帝欲遣任氏，后请于帝曰："任既乡党名族，德、色，妾等不及也，如何遣之？"帝曰："任性狷急不婉顺，前后忿吾非一，是以遣之耳。"后流涕固请曰："妾受敬遇之恩，众人所知，必谓任之出，是妾之由。上惧有见私之讥，下受专宠之罪，愿重留意！"帝不听，遂出之。

十六年七月，太祖征关中，武宣皇后从，留孟津，帝居守邺。时武宣皇后体小不安，后不得定省，忧怖，昼夜泣涕；左右骤以差问告，后犹不信，曰："夫人在家，故疾每动，辄历时，今疾便差，何速也？此欲慰我意耳！"忧愈甚。后得武宣皇后还书，说疾已平复，后乃欢悦。十七年正月，大军还邺，后朝武宣皇后，望幄座悲喜，感动左右。武宣皇后见后如此，亦泣，且谓之曰："新妇谓吾前病如昔时困邪？吾时小小耳，十余日即差，不当视我颜色乎！"嗟叹曰："此真孝妇也。"二十一年，太祖东征，武宣皇后、文帝及明帝、东乡公主皆从，时后以病留邺。二十二年九月，大军还，武宣皇后左右侍御见后颜色丰盈，怪问之曰："后与二子别久，下流之情，不可为念，而后颜色更盛，何也？"后笑答之曰："睿等自随夫人，我当何忧！"后之贤明以礼自持如此。

⑩《魏书》曰：有司奏建长秋宫，帝玺书迎后，诣行在所，后上表曰："妾闻先代之兴，所以飨国久长，垂祚后嗣，无不由后妃焉。故必审选其人，以兴内教。令践阼之初，诚宜登进贤淑，统理六宫。妾自省愚陋，不任粢盛之事，加以寝疾，敢守微志。"玺书三至而后三让，言甚恳切。时盛暑，帝欲须秋凉乃更迎后。会后疾遂笃，夏六月丁卯，崩于邺。帝哀痛咨嗟，策赠皇

后玺绶。

臣松之以为《春秋》之义，内大恶讳，小恶不书。文帝之不立甄氏，及加杀害，事有明审。魏史若以为大恶邪，则宜隐而不言，若谓为小恶邪，则不应假为之辞，而崇饰虚文乃至于是，异乎所闻于旧史。推此而言，其称卞、甄诸后言行之善，皆难以实论。陈氏删落，良有以也。

⑪《魏书》载三公奏曰："盖孝敬之道，笃乎其亲，乃四海所以承化，天地所以明察，是谓生则致其养，殁则光其灵，诵述以尽其美，宣扬以显其名者也。今陛下以圣懿之德，绍承洪业，至孝烝烝，通于神明，遭罹殷忧，每劳谦让。先帝迁神山陵，大礼既备，至于先后，未有显谥。伏惟先后恭让著于幽微，至行显于不言，化流邦国，德侔《二南》，故能膺神灵嘉祥，为大魏世妃。虽夙年登遐，万载之后，永播融烈，后妃之功莫得而尚也。案谥法：'圣闻周达曰昭。德明有功曰昭。'昭者，光明之至，盛久而不昧者也。宜上尊谥曰文昭皇后。"是月，三公又奏曰："自古周人始祖后稷，又特立庙以祀姜嫄。今文昭皇后之于万嗣，圣德至化，岂有量哉！夫以皇家世妃之尊，而克让允恭，固推盛位，神灵迁化，而无寝庙以承享祀，非所以报显德，昭孝敬也。稽之古制，宜依《周礼》，先妣别立寝庙。"并奏可之。

⑫孙盛曰：于礼，妇人既无封爵之典，况于孩末，而可建以大邑乎？悳自异族，援继非类，匪功匪亲，而袭母爵，违情背典，于此为甚。陈群虽抗言，杨阜引事比并，然皆不能极陈先王之礼，明封建继嗣之义，忠至之辞，犹有阙乎！《诗》云："赫赫师尹，民具尔瞻。"宰辅之职，其可略哉！

《晋诸公赞》曰：悳字彦孙。司马景王辅政，以女妻德。妻早亡，文王复以女继室，即京兆长公主。景、文二王欲自结于郭后，是以频繁为婚。德虽无才学，而恭谨谦顺。甄温字仲舒，与郭建及德等皆后族，以事宜见宠。咸熙初，封郭建为临渭县公，德广安县公，邑皆千八百户。温本国侯，进为辅国大将军，加侍中，领射声校尉，德镇军大将军。泰始元年，晋受禅，加建、德、温三人位特进。德为人贞素，加以世祖姊夫，是以遂贵当世。德暮年官更转为宗正，迁侍中。太康中，大司马齐王攸当之藩，德与左卫将军王济共谏请，时人嘉之。世祖以此望德，由此出德为大鸿胪，加侍中、光禄大夫，寻疾薨，赠中军大将军，开府侍中如故，谥恭公，子喜嗣。喜精粹有器美，历中书郎、右卫将军、侍中，位至辅国大将军，加散骑常侍。喜与国姻亲，而经赵王伦、齐王冏事故，能不豫际会，良由其才短，然亦以退静免之。

⑬《魏书》曰：父永，官至南郡太守，谥敬侯。母姓董氏，即堂阳君，生三男二女：长男浮，高唐令，次女昱，次即后，后弟都，弟成。后以汉中平元年三月乙卯生，生而有异常。

⑭《魏书》曰：后上表谢曰："妾无皇、英釐降之节，又非姜、任思齐之伦，诚不足以假充女君之盛位，处中馈之重任。"后自在东宫，及即尊位，虽有异宠，心愈恭肃，供养永寿宫，以孝闻。是时柴贵人亦有宠，后教训奖导之。后宫诸贵人时有过失，常弥覆之，有谴让，辄为帝言其本末，帝或大有所怒，至为之顿首请罪，是以六宫无怨。性俭约，不好音乐，常慕汉明德马后之为人。

⑮《魏书》曰：后常敕戒表、武等曰："汉氏椒房之家，少能自全者，皆由骄奢，可不慎乎！"

⑯《魏略》曰：明帝既嗣立，追痛甄后之薨，故太后以忧暴崩。甄后临没，以帝属李夫人。及太后崩，夫人乃说甄后见谮之祸，不获大敛，被发覆面，帝哀恨流涕，命殡葬太后，皆如甄后故事。

《汉晋春秋》曰：初，甄后之诛，由郭后之宠，及殡，令被发覆面，以糠塞口，遂立郭后，使养明帝。帝知之，心常怀忿，数泣问甄后死状。郭后曰："先帝自杀，何以责问我？且汝为人子，可追雠死父，为前母枉杀后母邪？"明帝怒，遂逼杀之，敕殡者使如甄后故事。

《魏书》载哀策曰："维青龙三年三月壬申，皇太后梓宫启殡，将葬于首阳之西陵。哀子皇帝叡亲奉册祖载，遂亲遣奠，叩心擗踊，号咷仰诉，痛灵魂之迁幸，悲容车之向路，背三光以潜翳，就黄垆而安厝。呜呼哀哉！昔二女妃虞，帝道以彰，三母嫔周，圣善弥光，既多受祉，享国延长。哀哀慈妣，兴化闺房，龙飞紫极，作合圣皇，不虞中年，暴罹灾殃。愍予小子，茕茕摧伤，魂虽永逝，定省曷望？呜呼哀哉！”

⑰孙盛曰：古之王者，必求令淑以对扬至德，恢王化于《关雎》，致淳风于《麟趾》。及臻三季，并乱兹绪，义以情溺，位由宠昏，贵贱无章，下陵上替，兴衰隆废，皆是物也。魏自武王，暨于烈祖，三后之升，起自幽贱，本既卑矣，何以长世？《诗》云：“绨兮绤兮，凄其以风。”其此之谓乎！

⑱《魏略》曰：诸郭之中，芝最壮直。先时自以他功封侯。

⑲《晋诸公赞》曰：建安叔始，有器局而强问，泰始中疾薨。子嘏嗣，为给事中。

三国志卷六　魏书六

董二袁刘传第六

董卓字仲颖，陇西临洮人也。[①]少好侠，尝游羌中，尽与诸豪帅相结。后归耕于野，而豪帅有来从之者，卓与俱还，杀耕牛与相宴乐。诸豪帅感其意，归相敛，得杂畜千余头以赠卓。[②]汉桓帝末，以六郡良家子为羽林郎。卓有才武，旅力少比，双带两鞬，左右驰射。为军司马，从中郎将张奂征并州有功，拜郎中，赐缣九千匹，卓悉以分与吏士。迁广武令，蜀郡北部都尉，西域戊己校尉，免。征拜并州刺史、河东太守，[③]迁中郎将，讨黄巾，军败抵罪。韩遂等起凉州，复为中郎将，西拒遂。于望垣硖北，为羌、胡数万人所围，粮食乏绝。卓伪欲捕鱼，堰其还道当所渡水为池，使水渟满数十里，默从堰下过其军而决堰。比羌、胡闻知追逐，水已深，不得渡。时六军上陇西，五军败绩，卓独全众而还，屯住扶风。拜前将军，封斄乡侯，征为并州牧。[④]

董卓字仲颖，是陇西郡临洮县人。年轻时喜欢行侠仗义，曾漫游羌人居住的地区，与羌族头领有交往。后来回到故乡从事农耕，头领们有来投奔他的，董卓和他们一起回到家里，杀耕牛与他们一同宴饮作乐。头领们为感谢他的美意，回去后收集财物，把得到的各种牲畜一千多头赠送给他。东汉桓帝末年，董卓以六郡大户子弟的身份担任了羽林郎。董卓有才能、武艺，体力上很少有人能和他相比，身上两边都挂有弓袋，能骑马奔驰左右发射。他担任军司马时，跟随中郎将张奂讨伐并州有功，被任命为郎中，赏赐细绢九千匹，董卓将它全分给了部下官兵。之后逐渐升任广武县令，蜀郡北部都尉，西域戊己校尉，任上被免职。后来又被征召担任并州刺史、河东郡太守，升任中郎将，在讨伐黄巾军时，打了败仗而被撤职抵罪。韩遂等人在凉州起兵，董卓又担任中郎将，被派西去抵御韩遂。在望垣硖北边，被羌、胡族的几万人包围，粮食断绝。董卓假装要捕鱼，筑堤挡住他回军时要渡过的河水成为水池。使之积聚充盈达数十里水面，让他的军队暗地从堤下通过后决开土堤。等到羌人、胡人听到消息来追时，水已经很深，不能渡过。当时有六支军队到陇西，其中五支军队战败，唯独董卓的军队全军返回，驻扎在扶风地区。因此朝廷任他为前将军，封为斄乡侯，并征召为并州牧。

灵帝崩，少帝即位。大将军何进与司隶校尉袁绍谋诛诸阉官，太后不从。进乃召卓使将兵诣京师，并密令上书

灵帝刘宏死后，少帝刘辩继承皇位。大将军何进和司隶校尉袁绍商量杀掉朝中宦官，但何太后反对。何进就派人找董卓要他带兵进京，并且秘密指

曰:“中常侍张让等窃幸乘宠,浊乱海内。昔赵鞅兴晋阳之甲,以逐君侧之恶。臣辄鸣钟鼓如洛阳,即讨让等。”欲以胁迫太后。卓未至,进败。⑤中常侍段珪等劫帝走小平津,卓遂将其众迎帝于北芒,还宫。⑥时进弟车骑将军苗为进众所杀,⑦进、苗部曲无所属,皆诣卓。卓又使吕布杀执金吾丁原,并其众,故京都兵权唯在卓。⑧

先是,进遣骑都尉太山鲍信所在募兵,适至,信谓绍曰:“卓拥强兵,有异志,今不早图,将为所制;及其初至疲劳,袭之可禽也。”绍畏卓,不敢发,信遂还乡里。

于是以久不雨,策免司空刘弘而卓代之,俄迁太尉,假节钺虎贲。遂废帝为弘农王。寻又杀王及何太后。立灵帝少子陈留王,是为献帝。⑨卓迁相国,封郿侯,赞拜不名,剑履上殿,又封卓母为池阳君,置家令、丞。卓既率精兵来,适值帝室大乱,得专废立,据有武库甲兵,国家珍宝,威震天下。卓性残忍不仁,遂以严刑胁众,睚眦之隙必报,人不自保。⑩尝遣军到阳城。时适二月社,民各在其社下,悉就断其男子头,驾其车牛,载其妇女财物,以所断头系车辕轴,连轸而还洛,云攻贼大获,称万岁。入开阳城门,焚烧其头,以妇女与甲兵为婢妾。至于奸乱宫人公

使他向皇帝上书说:“中常侍张让等人窃恃宠幸,把国家搞得污浊混乱。从前赵鞅发动晋阳的军队,来驱除皇帝身边的坏人。现在臣下立即率领部队鸣钟击鼓进军洛阳,就是要讨伐张让等人。”想以此来威胁逼迫太后。但是董卓还没有到京城,何进就失败了。中常侍段珪等人劫持皇帝逃到小平津渡口,董卓便带他的军队在北芒山迎接皇帝,回到宫中。这时何进的弟弟、车骑将军何苗被何进的部将杀掉,何进、何苗的部队没有归属,都归附到董卓那里。董卓又叫吕布杀了执金吾丁原,并吞了他的队伍,所以京都的兵权独在董卓一人手中。

在这之前,何进曾派骑都尉太山人鲍信在所处之地招募士兵,正好鲍信回到洛阳,便向袁绍说:“董卓拥有强大的兵力,另有打算,今日不趁早除掉他,将会被他控制;趁他才到京城部队十分疲劳时,进行袭击可以把他抓住。”袁绍害怕董卓,不敢发动,鲍信就回故乡去了。

这时以久不下雨为借口,少帝下诏免除了司空刘弘的职务而由董卓代替,不久升任太尉,赐给他符节、斧钺、虎贲勇士。于是董卓居然废少帝为弘农王。不久又杀掉弘农王和何太后。立灵帝的小儿子陈留王刘协为皇帝,这就是汉献帝。董卓升任相国,封为郿侯,朝见皇帝时司仪可以不称他的姓名,他还可以带剑穿鞋上殿。又封董卓的母亲为池阳君,设置有家令、家丞。董卓既率领精兵来到京城,又恰逢皇室大乱,所以他得以专权废立皇帝,掌有了武器库里的铠甲、兵器,以及国家的珍贵宝物,威震天下。董卓性情残忍凶暴极不仁慈,动辄便用严刑威胁众人,即使瞪他一眼这样的小怨恨也必定报复,搞得人人自身难保。董卓曾派军队到阳城县。正好是二月民间祭土地神的日子,乡民都在各自的土地坛下,董卓的部队竟砍下全部男子的头,驾着他们的牛车,装载着妇女和财物,把砍下的头挂在车辕和车轴上,一辆接一辆地回到洛阳,说是攻击盗贼取得了大胜利,高呼万岁。进入开阳城门后,焚烧了那些人头,把掳掠来的妇女赏给士兵做婢女或小妾。

主。其凶逆如此。

甚至还淫乱宫人和公主。他凶残悖逆竟到了这样的程度。

初，卓信任尚书周毖，城门校尉伍琼等，用其所举韩馥、刘岱、孔伷、张咨、张邈等出宰州郡。而馥等至官，皆合兵将以讨卓。卓闻之，以为毖、琼等通情卖己，皆斩之。[11]

当初，董卓信任尚书周毖、城门校尉伍琼等人，任用他们所举荐的韩馥、刘岱、孔伷、张咨、张邈等人出京担任州、郡的长官。而韩馥等人到任后，都联合军队来讨伐董卓。董卓听到后，以为周毖、伍琼等人和韩馥等人串通起来，出卖自己，就把周毖、伍琼等人都杀了。

河内太守王匡，遣泰山兵屯河阳津，将以图卓。卓遣疑兵若将于平阴渡者，潜遣锐众从小平北渡，绕击其后，大破之津北，死者略尽。卓以山东豪杰并起，恐惧不宁。初平元年二月，乃徙天子都长安。焚烧洛阳宫室，悉发掘陵墓，取宝物。[12]卓至西京，为太师，号曰尚父。乘青盖金华车，爪画两轓，时人号曰竿摩车。[13]卓弟旻为左将军，封鄠侯；兄子璜为侍中中军校尉典兵；宗族内外并列朝廷。[14]公卿见卓，谒拜车下，卓不为礼。召呼三台尚书以下自诣卓府启事。[15]筑郿坞，高与长安城埒，积谷为三十年储，[16]云事成，雄据天下，不成，守此足以毕老。尝至郿行坞，公卿已下祖道于横门外。卓豫施帐幔饮，诱降北地反者数百人，于坐中先断其舌，或斩手足，或凿眼，或镬煮之，未死，偃转杯案间，会者皆战栗亡失匕箸，而卓饮食自若。太史望气，言当有大臣戮死者。故太尉张温时为卫尉，素不善卓，卓心怨之，因天有

河内郡太守王匡，派泰山兵驻扎在河阳县境内的黄河渡口，准备讨伐董卓。董卓派出疑兵装作要在平阴县渡河，暗地派精锐部队从小平津过河到达北岸，绕到王匡军队的背后进行袭击，在河阳津北岸大败他们，泰山兵几乎死光了。董卓由于山东一带豪杰纷纷起兵，心中恐惧不安。初平元年二月，胁迫献帝迁都长安。同时焚烧洛阳宫室，发掘洛阳一带全部的陵墓，盗取宝物。董卓来到长安后，当了太师，号称尚父。坐的是青色顶盖金花装饰的车。在车盖头如爪形的车厢两边扮成反出如耳的遮盖，当时的人称它为竿摩车。董卓的弟弟董旻担任左将军，封为鄠侯；他的侄儿董璜担任侍中、中军校尉掌握兵权；董姓家族和亲戚都在朝廷做官。公卿见了董卓，自报姓名跪拜车下，董卓也不回礼。并且召唤三台尚书以下的官员自行到董卓家中禀报政事。董卓修筑郿坞，城高和长安相等，积聚的粮食可做三十年储备，他说事业成了，就占据天下称雄，不成，就守着这些可以度过一生。他曾经到郿坞巡视，公卿以下的官吏都在横门外为他设宴送行。董卓预先设置了帐篷酒席，诱降了北地反叛来的几百人，在座位上先割掉他们的舌头，或者砍掉手脚，或者凿掉眼睛，或用大锅煮，没有死的，跌倒翻滚在餐桌之间，参加宴会的人都吓得战战兢兢的，手中的筷子和汤匙都掉了，而董卓喝酒吃菜，神情自如。当时有太史观察天象，说会有大臣被杀。原太尉张温当时担任卫尉，和董卓素来关系不好，董卓心里恨他，因为天象有灾变，想拿他开刀来挡祸，便派人扬言张温

变,欲以塞咎,使人言温与袁术交关,遂笞杀之。[17]法令苛酷,爱憎淫刑,更相被诬,冤死者千数。百姓嗷嗷,道路以目。[18]悉椎破铜人、钟虡,及坏断五铢钱。更铸为小钱,大五分,无文章,肉好无轮郭,不磨鑢。于是货轻而物贵,谷一斛至数十万。自是后钱货不行。

三年四月,司徒王允、尚书仆射士孙瑞、卓将吕布共谋诛卓。是时,天子有疾新愈,大会未央殿。布使同郡骑都尉李肃等,将亲兵十余人,伪著卫士服守掖门。布怀诏书。卓至,肃等格卓。卓惊呼:“布所在?”布曰“有诏”,遂杀卓,夷三族。主簿田景前趋卓尸,布又杀之;凡所杀三人,余莫敢动。[19]长安士庶咸相庆贺,诸阿附卓者皆下狱死。[20]

初,卓女婿中郎将牛辅典兵别屯陕,分遣校尉李傕、郭汜、张济略陈留、颍川诸县。卓死,吕布使李肃至陕,欲以诏命诛辅。辅等逆与肃战,肃败走弘农,布诛肃。[21]其后辅营兵有夜叛出者,营中惊,辅以为皆叛,乃取金宝,独与素所厚支胡赤儿等五六人相随,逾城北渡河,赤儿等利其金宝,斩首送长安。

比傕等还,辅已败,众无所依,欲各散归。既无赦书,而闻长安中欲尽诛凉州人,忧恐不知所为。用贾诩策,遂将其

和袁术有勾结,于是把他鞭打致死。董卓的法令苛刻残酷,随自己的爱憎滥用刑罚,人们互相诬告,被冤死的有上千人。老百姓怨声载道,路上相见只能以目示意。董卓又把所有的铜人、悬钟的格架砸碎,还废掉五铢钱。另外铸成小钱。每个值五分,上面没有文字和花纹,钱的边和钱眼没有轮廓,也不磨治。于是出现了币值轻而物价贵,谷一斛达到几十万钱的现象。从此以后钱币不能通行。

献帝初平三年四月,司徒王允、尚书仆射士孙瑞、董卓部将吕布共同策划杀掉董卓。当时,献帝有病刚好,在未央殿大会群臣。吕布叫同郡人骑都尉李肃等人,带领亲兵十多人,穿上宫廷卫士的服装假冒卫士守卫皇宫北面的旁门。吕布怀里揣着皇帝的诏书。董卓到后,李肃等人击杀董卓。董卓惊慌呼叫:“吕布在哪里?”吕布说“有皇帝的诏书”,于是把董卓杀死,并灭除他的三族。当时主簿田景扑向董卓的尸体,吕布又把他杀了;共杀了三人,其余的人就不敢动了。长安城的各界人士以及平民百姓都互相庆贺,那些阿谀依附董卓的人都被关入狱处了死刑。

当初,董卓的女婿中郎将牛辅统领军队另外驻扎在陕县,牛辅派遣校尉李傕、郭汜、张济劫掠陈留、颍川各县。董卓死后,吕布派李肃到陕县,准备以皇帝的命令杀掉牛辅。牛辅等人迎战李肃,李肃被打败逃到弘农,吕布杀了李肃。后来牛辅军营中有士兵趁夜间叛变逃出,兵营中惊慌不安,牛辅以为都叛变了,便带上金银珠宝,只同平素最友好的支胡赤儿等五六人一起出走,穿越城北渡过黄河,支胡赤儿等人贪他的金银珠宝,杀了牛辅并将头送到长安。

等到李傕等人从陈留回来,牛辅已经失败,众人没有了依靠,想各自解散回家。然而既没有朝廷赦罪的公文,又听说长安城里要杀尽凉州人,忧愁害怕不知如何是好。李傕等人采用贾诩的计策,带

众而西，所在收兵，比至长安，众十余万，[22]与卓故部曲樊稠、李蒙、王方等合围长安城。十日城陷，与布战城中，布败走。傕等放兵略长安老少，杀之悉尽，死者狼籍。诛杀卓者，尸王允于市。[23]葬卓于郿，大风暴雨震卓墓，水流入藏，漂其棺椁。傕为车骑将军、池阳侯，领司隶校尉、假节。汜为后将军、美阳侯。稠为右将军、万年侯。傕、汜、稠擅朝政。[24]济为骠骑将军、平阳侯，屯弘农。

领他的部众向西进军，一路上收集失散的官兵，等到长安时，部队已有了十多万人，李傕就和董卓的老部下樊稠、李蒙、王方等人合兵包围长安城。打了十天才把长安城攻破，又和吕布在城中交战，吕布战败逃走。李傕等人放纵士兵掳掠长安的老人小孩，把他们全部杀尽，死的人纵横散乱地倒在地上。诛杀那些谋害董卓的人，把王允的尸体暴露在大街示众。把董卓埋葬在郿县，下葬的时候大风暴雨震开了董卓的坟墓，雨水流进墓穴，棺材竟漂浮起来。李傕当上车骑将军、池阳侯，兼任司隶校尉、持符节。郭汜当了后将军、美阳侯。樊稠当了右将军、万年侯。三人把持朝廷大政。张济当上骠骑将军、平阳侯，驻扎在弘农。

是岁，韩遂、马腾等降，率众诣长安。以遂为镇西将军，遣还凉州，腾征西将军，屯郿。侍中马宇与谏议大夫种邵、左中郎将刘范等谋，欲使腾袭长安，己为内应，以诛傕等。腾引兵至长平观，宇等谋泄，出奔槐里。稠击腾，腾败走，还凉州；又攻槐里，宇等皆死。时三辅民尚数十万户，傕等放兵劫略，攻剽城邑，人民饥困，二年间相啖食略尽。[25]

这年，韩遂、马腾等人向朝廷投降，带领部众来到长安。朝廷任用韩遂为镇西将军，派他回凉州，马腾为征西将军，驻军郿县。侍中马宇和谏议大夫种邵、左中郎将刘范等人密谋策划，想要马腾偷袭长安，他们自己作为内应，来杀掉李傕等人。待马腾带兵到达长平观时，马宇等人的计谋泄露，逃跑到槐里。樊稠于是攻打马腾，马腾战败逃走，回到凉州；樊稠又进攻槐里，马宇等人全部战死。当时三辅地区的人民还有几十万户，李傕等人放纵部队进行掠夺，在城乡到处攻杀抢劫，人民饥饿困苦，两年之内竟至人吃人而死亡殆尽。

诸将争权，遂杀稠，并其众。[26]汜与傕转相疑，战斗长安中。[27]傕质天子于营，烧宫殿城门，略官寺，尽收乘舆服御物置其家。[28]傕使公卿诣汜请和，汜皆执之。[29]相攻击连月，死者万数。[30]

将领们互相争权，于是李傕等人杀了樊稠，吞并了他的队伍。郭汜和李傕又互相怀疑，在长安城里发生战斗。李傕把献帝扣押在兵营里做人质，放火烧了宫殿城门，抢夺官府，尽收献帝的车马、衣服、物品，全部放在自己家里。李傕指令公卿到郭汜那里请求讲和，郭汜把他们全部扣押。互相攻击了几个月，死的人上万。

傕将杨奉与傕军吏宋果等谋杀傕，事泄，遂将兵叛傕。傕众叛，稍衰弱。张济自陕和解之，天子乃得出，至新丰、霸

李傕的部将杨奉和军吏宋果等人密谋诛杀李傕，事情泄露后，便带上队伍背叛了李傕。李傕因部队发生叛变，势力逐渐衰弱。张济从陕县来长安调和他们之间的矛盾，献帝方被放出来，到达新丰、霸

陵间。㉛郭汜复欲胁天子还都郿。天子奔奉营，奉击汜破之。汜走南山，奉及将军董承以天子还洛阳。傕、汜悔遣天子，复相与和，追及天子于弘农之曹阳。奉急招河东故白波帅韩暹、胡才、李乐等合，与傕、汜大战。奉兵败，傕等纵兵杀公卿百官，略官人入弘农。㉜天子走陕，北渡河，失辎重，步行，唯皇后、贵人从，至大阳，止人家屋中。㉝奉、暹等遂以天子都安邑，御乘牛车。太尉杨彪、太仆韩融近臣从者十余人。以暹为征东、才为征西、乐征北将军，并与奉、承持政。遣融至弘农，与傕、汜等连和，还所略官人公卿百官，及乘舆车马数乘。是时蝗虫起，岁旱无谷，从官食枣菜。㉞诸将不能相率，上下乱，粮食尽。奉、暹、承乃以天子还洛阳。出箕关，下轵道，张杨以食迎道路，拜大司马。语在《杨传》。天子入洛阳，宫室烧尽，街陌荒芜，百官披荆棘，依丘墙间。州郡各拥兵自卫，莫有至者。饥穷稍甚，尚书郎以下，自出樵采，或饥死墙壁间。

陵之间。郭汜又想强行胁迫献帝回郿县建都。献帝急忙逃到杨奉的兵营，杨奉打败郭汜。郭汜逃到南山，杨奉和将军董承请献帝回洛阳。李傕、郭汜都后悔放走献帝，重又和好，在弘农郡曹阳县追上了献帝。杨奉急忙招请河东郡原白波起义首领韩暹、胡才、李乐等人会合，同李傕、郭汜进行大战。杨奉军队战败，李傕等人纵容士兵屠杀公卿百官，掳掠宫人并带到弘农郡。献帝急忙往陕县逃走，向北渡过黄河，因为丢弃了车马行李，只好步行，只有皇后和贵人跟随，走到大阳县，歇宿在百姓人家的屋里。杨奉、韩暹等人便请献帝暂且建都安邑县，献帝坐的是牛车。太尉杨彪、太仆韩融和献帝的亲近臣子跟随的只有十多人。献帝任命韩暹为征东将军、胡才为征西将军、李乐为征北将军，和杨奉、董承一起主持朝政。派遣韩融到弘农，和李傕、郭汜等人讲和。李傕、郭汜才放回掳去的宫人和公卿百官，以及献帝的数套车马。这时蝗虫为害，又遭干旱没有粮食，跟随的官员只好吃枣、菜。而各将领又互不统属，上下混乱，粮食都吃光了。杨奉、韩暹、董承便请献帝回洛阳。在过箕关，下轵道时，太守张杨带着粮食在路上迎接，献帝封张杨为大司马。这事记载在《张杨传》中。献帝进入洛阳，只见宫室烧尽，街道荒废长满杂草，百官只好拔除荆棘乱草，就在土堆断墙旁边安身。州郡长官都拥兵自卫，没有谁来保卫献帝。饥饿穷困更加厉害，尚书郎以下的官员，都要自己出城砍柴、采摘野菜，有的就饿死在断墙破壁之间。

太祖乃迎天子都许。暹、奉不能奉王法，各出奔，寇徐、扬间，为刘备所杀。㉟董承从太祖岁余，诛。建安二年，遣谒者仆射裴茂率关西诸将诛傕，夷三族。㊱汜为其将五习所袭，死于郿。济饥饿，至南阳寇略，为

太祖于是迎接献帝在许昌建都。韩暹、杨奉因为不能奉行王法，各自逃跑，在徐州、扬州一带侵扰掳掠，被刘备杀掉。董承跟随太祖一年多，也被杀。建安二年，朝廷派遣谒者仆射裴茂带领关西诸将杀了李傕，并灭了他的三族。郭汜被他的部将五习袭击，死在郿县。张济因缺乏粮食，到南阳一带抢劫，

穰人所杀，从子绣摄其众。才、乐留河东，才为怨家所杀，乐病死。遂、腾自还凉州，更相寇。后腾入为卫尉，子超领其部曲。十六年，超与关中诸将及遂等反，太祖征破之。语在《武纪》。遂奔金城，为其将所杀。超据汉阳，腾坐夷三族。赵衢等举义兵讨超，超走汉中从张鲁，后奔刘备，死于蜀。

被穰人杀死，侄儿张绣统领了他的部众。胡才、李乐留在河东郡，后来胡才被仇家杀掉，李乐病死。韩遂、马腾自从回到凉州，又互相攻击。后来马腾到朝廷当了卫尉，他的儿子马超统领了他的部队。建安十六年，马超和关中诸将以及韩遂等人叛反，太祖带兵征讨并打败了他们。这事记载在《武帝纪》中。韩遂逃跑到金城，被他的部将杀了。马超占据汉阳县，马腾因此受到牵连被灭三族。赵衢等人组织义军讨伐马超，马超逃到汉中依附张鲁。后来又投奔刘备，死在蜀地。

袁绍字本初，汝南汝阳人也。高祖父安，为汉司徒。自安以下四世居三公位，由是势倾天下。[37]绍有姿貌威容，能折节下士，士多附之，太祖少与交焉。以大将军掾为侍御史，[38]稍迁中军校尉，至司隶。

袁绍字本初，是汝南郡汝阳县人。他的高祖父袁安，在东汉章帝时担任司徒。从袁安以下四代都官居三公的高位，因此袁家势力倾盖全国。袁绍长得仪表堂堂，能够放下架子结交有识之士。有识之士大多依附他，太祖年轻时也和他有交往。他由大将军何进的属官做了侍御史，慢慢升任中军校尉，一直做到司隶校尉。

灵帝崩，太后兄大将军何进与绍谋诛诸阉官，[39]太后不从。乃召董卓，欲以胁太后。常侍、黄门闻之，皆诣进谢，唯所错置。时绍劝进便可于此决之，至于再三，而进不许。令绍使洛阳方略武吏，检司诸宦者。又令绍弟虎贲中郎将术选温厚虎贲二百人，当入禁中，代持兵黄门陛守门户。中常侍段珪等矫太后命，召进入议，遂杀之，宫中乱。[40]术将虎贲烧南宫嘉德殿青琐门，欲以迫出珪等。珪等不出，劫帝及帝弟陈留王走小平津。绍既斩宦者所署司隶校尉许相，遂勒兵捕诸阉人，无少长皆杀之。或有无须而误死者，至自发露形体而后得免。宦者或有行善自守

灵帝死后，太后的哥哥大将军何进和袁绍策划杀掉所有的宦官，太后不同意。何进就召进董卓，想用他来威胁太后。中常侍、小黄门听到这个消息，都到何进那里谢罪，一切听候他的处置。当时袁绍劝何进趁此将宦官一网打尽，并再三劝说，然而何进终不答应。他命令袁绍让洛阳有谋略的武官，检察监视宦官的行踪。又指派袁绍的兄弟虎贲中郎将袁术选拔温厚勇士二百人，到禁城里，代替手持兵器的宦官守卫宫门。中常侍段珪等人假传太后的命令，召唤何进到宫里议事，趁机杀了他，宫中大乱。袁术率领武士烧了南宫嘉德殿青琐门，想以此逼迫段珪等人出来。段珪等人不肯出来，并劫持了少帝刘辩和他的弟弟陈留王刘协逃到小平津。袁绍杀了宦官所任命的司隶校尉许相后，便指挥士兵捉拿所有的宦官，无论年龄大小都杀掉。有不少没有胡子的人被误作宦官杀死，以至有的人自行裸露下身表明不是宦官后才免一死。宦官中有行为善良安分守

而犹见及。其滥如此。死者二千余人。急追珪等，珪等悉赴河死。帝得还宫。

己的也都被杀了。他的乱杀到了这样的程度。被杀死的达二千余人。袁绍急忙追赶段珪等人，段珪等人逃到黄河边全都投河自杀。少帝才得以回宫。

董卓呼绍，议欲废帝，立陈留王。是时绍叔父隗为太傅，绍伪许之，曰："此大事，出当与太傅议。"卓曰："刘氏种不足复遗。"绍不应，横刀长揖而去。[41]绍既出，遂亡奔冀州。侍中周毖、城门校尉伍琼、议郎何颙等，皆名士也，卓信之，而阴为绍，乃说卓曰："夫废立大事，非常人所及。绍不达大体，恐惧故出奔，非有他志也。今购之急，势必为变。袁氏树恩四世，门生故吏遍于天下，若收豪杰以聚徒众，英雄因之而起，则山东非公之有也。不如赦之，拜一郡守，则绍喜于免罪，必无患矣。"卓以为然，乃拜绍勃海太守，封邟乡侯。

董卓把袁绍叫去，商议准备废掉少帝，另外立陈留王刘协为皇帝。这时袁绍的叔父袁隗为太傅，袁绍假装答应，说："这是大事，回去当和太傅商议。"董卓说："刘氏族类不值得再留下了。"袁绍不回答，横拿着佩刀深深作了揖而离去。袁绍走出以后，就逃奔到冀州。侍中周毖、城门校尉伍琼、议郎何颙等人，都是知名人士，董卓信任他们，而他们暗地里替袁绍出力，就劝董卓说："废立皇帝是件大事，不是平常的人所能做到的。袁绍不识大体，害怕所以出奔，并没有别的图谋。现在急于捉拿他，势必引起叛变。袁家树党施恩已历四代，门生和旧的属吏遍布全国，如果他纠集豪杰聚集徒众，英雄都会因此而举兵，那么太行山以东的地区就不是您的了。不如赦免他，任命他当个郡守，那么袁绍因免罪而欣喜，必然没有祸患了。"董卓认为说得对，就任命袁绍担任勃海郡太守，封为邟乡侯。

绍遂以勃海起兵，将以诛卓。语在《武纪》。绍自号车骑将军，主盟，与冀州牧韩馥立幽州牧刘虞为帝，遣使奉章诣虞，虞不敢受。后馥军安平，为公孙瓒所败。瓒遂引兵入冀州，以讨卓为名，内欲袭馥。馥怀不自安。[42]会卓西入关，绍还军延津，因馥惶遽，使陈留高幹、颍川荀谌等说馥曰："公孙瓒乘胜来向南，而诸郡应之，袁车骑引军东向，此其意不可知，窃为将军危之。"馥曰："为之奈何？"谌曰："公孙提燕、代之卒，其锋不可当。袁氏一时

于是袁绍从勃海起兵，准备讨伐董卓。这事记载在《武帝纪》中。袁绍自称车骑将军，主持讨董会盟，和冀州牧韩馥一道立幽州牧刘虞做皇帝，派遣使者拿着奏章进见刘虞，刘虞不敢接受。后来韩馥的军队驻在安平，被公孙瓒打败。公孙瓒便带兵进入冀州，以讨伐董卓为名，实际上想袭击韩馥。韩馥心里很不安宁。正好董卓西入函谷关，袁绍就率领军队回到延津，趁韩馥内心恐惧之时，叫陈留郡人高幹、颍川郡人荀谌等人劝韩馥说："公孙瓒乘胜来到南方，而各郡都响应他。车骑将军袁绍带兵向东移动，他的意图还不能知道，我们私下为将军感到危险。"韩馥说："那怎么办呢？"荀谌说："公孙瓒率领燕、代两地的士兵，他的锋芒无法抵挡。袁绍是当

之杰，必不为将军下。夫冀州，天下之重资也，若两雄并力，兵交于城下，危亡可立而待也。夫袁氏，将军之旧，且同盟也，当今为将军计，莫若举冀州以让袁氏。袁氏得冀州，则瓒不能与之争，必厚德将军。冀州入于亲交，是将军有让贤之名，而身安于泰山也。愿将军勿疑！”馥素恇怯，因然其计。馥长史耿武、别驾闵纯、治中李历谏馥曰：“冀州虽鄙，带甲百万，谷支十年。袁绍孤客穷军，仰我鼻息，譬如婴儿在股掌之上，绝其哺乳，立可饿杀。奈何乃欲以州与之？”馥曰：“吾，袁氏故吏，且才不如本初，度德而让，古人所贵，诸君独何病焉！”从事赵浮、程奂请以兵拒之，馥又不听。乃让绍，[43]绍遂领冀州牧。

从事沮授说绍曰：“将军弱冠登朝，则播名海内；值废立之际，则忠义奋发；单骑出奔，则董卓怀怖；济河而北，则勃海稽首。振一郡之卒，撮冀州之众，威震河朔，名重天下。虽黄巾猾乱，黑山跋扈，举军东向，则青州可定；还讨黑山，则张燕可灭；回众北首，则公孙必丧；震胁戎狄，则匈奴必从。横大河之北，合四州之地，收英雄之才，拥百万之众，迎大驾于西京，复宗庙于洛邑，号令天下，以讨未复，以此争锋，谁能敌之？比及数年，此功

今的豪杰，必然不会甘居将军之下。而冀州，是天下借以建功立业的要地，如果他们两个强有力的人并力来攻您，交战于城下，灭亡立刻就会到来。袁氏是您的老朋友，又是讨伐董卓的同盟，现在替将军打算，不如把整个冀州让给袁氏。袁氏得了冀州，那么公孙瓒就不能和他争夺，袁氏必然会重重感激将军。冀州到了亲密的朋友手里，这使将军有让贤的美名，而自己也像泰山那样安稳。希望将军不要疑虑！”韩馥素来胆小畏缩，因而认为荀谌的计议很对。韩馥的长史耿武、别驾闵纯、治中李历劝阻韩馥说：“冀州虽然偏远，但有披甲的将士百万，粮食可以支持十年。袁绍是一支势单力薄、穷途末路的军队，要依赖我们的声势才能生存，譬如婴儿在手掌之上，断绝喂他的奶汁，立刻就会饿死。怎么要把冀州让给他？”韩馥说：“我，本来是袁氏的老部下，而且才能又不如袁绍，衡量自己的才德而让位给贤者，这是古人都认为可贵的，各位为什么要责怪我呢！”从事赵浮、程奂请求用武力抵抗袁绍，韩馥又不听从。却把冀州让给了袁绍，袁绍于是做了冀州牧。

从事沮授劝袁绍说：“将军二十岁在朝廷做官，就名扬四海；当董卓废少帝、立献帝的时候，您忠义奋发；只身跑出京城，就使董卓感到恐惧；渡过黄河向北而去，就使勃海的豪杰低头下拜。整顿勃海一郡的军队，掌握整个冀州的人马，声威震动黄河以北的地区，名望重于天下。虽然黄巾军狡诈作乱，黑山军强横野蛮，将军带兵东征，那么青州的黄巾军就可以平定；回军再讨伐黑山军，那么张燕就可以灭掉；部众掉头向北进军，那么公孙瓒必定丧命；以强大的军威震撼威胁戎狄，那么匈奴必定会服从。横扫黄河以北，合并四州的地域，聚集英雄的人才，统领百万大军，在长安迎接献帝，在洛阳恢复宗庙，向全国发号施令，讨伐还没有归附朝廷的人，以这样的力量来争强取胜，哪个能抵抗得了？等到几年以后，建立这样的功业不难了。”袁绍高兴地说：“这

不难。"绍喜曰："此吾心也。"即表授为监军、奋威将军。[44]卓遣执金吾胡母班、将作大匠吴脩赍诏书喻绍，绍使河内太守王匡杀之。[45]卓闻绍得关东，乃悉诛绍宗族太傅隗等。当是时，豪侠多附绍，皆思为之报，州郡蜂起，莫不假其名。馥怀惧，从绍索去，往依张邈。[46]后绍遣使诣邈，有所计议，与邈耳语。馥在坐上，谓见图构，无何起至溷自杀。[47]

正是我的心意。"于是就向献帝推荐沮授担任监军、奋威将军。董卓派遣执金吾胡母班、将作大匠吴脩带了献帝的诏书劝导袁绍，袁绍指使河内郡太守王匡杀了他们二人。董卓听说袁绍得了函谷关以东的地区，就全部杀掉袁绍家族包括太傅袁隗等人。这个时候，豪杰侠士大都依附袁绍，都想替他报仇，州郡纷纷起兵，没有不假借他的旗号的。韩馥心中害怕，就向袁绍要求离去，前往投靠张邈。后来袁绍派遣使者到张邈那里，有事商议，使者和张邈附耳密语。韩馥在座位上看见，以为会要谋害他，没有多久就起身到厕所自杀了。

初，天子之立非绍意，及在河东，绍遣颍川郭图使焉。图还说绍迎天子都邺，绍不从。[48]会太祖迎天子都许，收河南地，关中皆附。绍悔，欲令太祖徙天子都鄄城以自密近，太祖拒之。天子以绍为太尉，转为大将军，封邺侯，[49]绍让侯不受。顷之。击破瓒于易京，并其众。[50]出长子谭为青州，沮授谏绍："必为祸始。"绍不听，曰："孤欲令诸儿各据一州也。"[51]又以中子熙为幽州，甥高幹为并州。众数十万，以审配、逢纪统军事，田丰、荀谌、许攸为谋主，颜良、文丑为将率，简精卒十万，骑万匹，将攻许。[52]

当初，扶立献帝不是袁绍的心意，等献帝流落到了河东，袁绍派遣颍川郡人郭图作为使者朝见献帝。郭图回来劝说袁绍迎接献帝在邺城建都，袁绍不同意。恰逢太祖迎接献帝在许昌建都，收取黄河以南各地，关中地区都归附。袁绍后悔了，想让太祖使献帝迁都到鄄城，以便自己密切接近献帝，太祖拒绝了他。献帝让袁绍任太尉，不久转任大将军，封为邺侯，袁绍推辞不接受。不久，他在易京打败公孙瓒，兼并了他的部众。派出大儿子袁谭担任青州刺史，沮授劝告袁绍说："这样做必然是祸乱的开始。"袁绍不听，说："我要儿子们各自占据一州。"又让第二个儿子袁熙任幽州刺史，外甥高幹任并州刺史。袁绍拥有部众几十万人，以审配、逢纪主管军事，田丰、荀谌、许攸为主要谋士，颜良、文丑为将领，选拔精锐兵士十万人，战马万匹，准备进攻许昌。

先是，太祖遣刘备诣徐州拒袁术。术死，备杀刺史车胄，引军屯沛。绍遣骑佐之。太祖遣刘岱、王忠击之，不克。建安五年，太祖自东征备。田丰说绍袭太祖后，绍辞以子疾，不许，丰举杖击地曰："夫遭难遇

在这之前，太祖派遣刘备到徐州抵御袁术。袁术死后，刘备杀了徐州刺史车胄，带兵驻扎在沛县。袁绍派遣骑兵协助他。太祖派遣刘岱、王忠袭击刘备，没有取胜。建安五年，太祖亲自东征刘备。田丰劝说袁绍袭击太祖的后方，袁绍以儿子有病推辞，竟没有答应。田丰举起手杖敲打着地面说："遇到这样一个难逢的机会，却因小孩生病失去机会，可惜

之机，而以婴儿之病失其会，惜哉！”太祖至，击破备；备奔绍。[53]

绍进军黎阳，遣颜良攻刘延于白马。沮授又谏绍：“良性促狭，虽骁勇不可独任。”绍不听。太祖救延，与良战，破斩良。[54]绍渡河，壁延津南，使刘备、文丑挑战。太祖击破之，斩丑，再战，禽绍大将。绍军大震。[55]太祖还官渡。沮授又曰：“北兵数众而果劲不及南，南谷虚少而货财不及北；南利在于急战，北利在于缓搏。宜徐持久，旷以日月。”绍不从。连营稍前，逼官渡，合战，太祖军不利，复壁。绍为高橹，起土山，射营中，营中皆蒙楯，众大惧。太祖乃为发石车，击绍楼，皆破，绍众号曰霹雳车。[56]绍为地道，欲袭太祖营。太祖辄于内为长堑以拒之，又遣奇兵袭击绍运车，大破之，尽焚其谷。太祖与绍相持日久，百姓疲乏，多叛应绍，军食乏。会绍遣淳于琼等将兵万余人北迎运车，沮授说绍：“可遣将蒋奇别为支军于表，以断曹公之钞。”绍复不从。琼宿乌巢，去绍军四十里。太祖乃留曹洪守，自将步骑五千，候夜潜往攻琼。绍遣骑救之，败走。破琼等，悉斩之。太祖还，未至营，绍将高览、张郃等率其众降。绍众大溃，绍与谭单骑退渡河。余众伪降，尽坑之。[57]沮授不及绍

啊！”太祖到徐州，打败刘备；刘备投奔了袁绍。

袁绍进军黎阳，派遣颜良到白马进攻东郡太守刘延。沮授又劝袁绍说：“颜良气量狭小，性情急躁，虽然勇猛，不可以让他独当一面。”袁绍没有听从。太祖援救刘延，与颜良交战，打败并杀了颜良。袁绍渡过黄河，在延津南边设立营垒，派刘备、文丑挑战。太祖打败了他们，杀了文丑，再战，俘虏了袁绍的大将。袁绍的军队大为震惊。太祖回师到官渡。沮授又对袁绍说：“北方的军队数量众多而果敢强劲不如南方军队，南方军队粮食储存少而军需物资不如北方军队；南方的曹军宜于速战，北方的我军宜于缓斗。我们应该持久作战，拖延时间。”袁绍没有听从。把军营连接起来并逐渐向前移动，逼近官渡，双方交战，太祖军队失利，回军坚守壁垒。袁绍在营中建起高大的望敌楼，堆积土山，向敌人军营射箭，太祖营中的官兵都拿着盾牌护身，部众大为恐慌。太祖便建造发石车，攻击袁绍的望敌楼，把它全部摧毁，袁绍部众称发石车为霹雳车。袁绍挖掘地道，想偷袭太祖的营寨。太祖就在营内挖了长长的深沟来抵御他，又派遣奇兵袭击袁绍的运粮车，大败了他的运粮队伍，烧尽他的粮食。太祖与袁绍相持时间很久，百姓疲劳困乏，大多背叛太祖投顺袁绍，军粮也已缺乏。恰好袁绍派遣淳于琼等人带兵万余人往北迎接运粮车，沮授劝诫袁绍说：“应该派遣将军蒋奇率军队在淳于琼的外围作为支援，来防止曹公的抢掠。”袁绍又不听从。淳于琼的军队在乌巢宿营，离袁绍的军队四十里。太祖便留曹洪防守军营，亲自带领步兵、骑兵五千人等到夜间偷偷地前去攻击淳于琼。袁绍派遣骑兵援救，被打败逃走。太祖打败淳于琼等人，将他们全部杀掉。太祖回军，还没到营，袁绍的部将高览、张郃等人率领他们的部众前来投降。袁绍的军队大溃，袁绍和儿子袁谭单枪匹马后退渡过黄河。剩下的人假装投降，全被活埋。沮授来不及和袁绍一同过黄河，被曹军抓获，送去见

渡，为人所执，诣太祖，[58]太祖厚待之。后谋还袁氏，见杀。

初，绍之南也，田丰说绍曰："曹公善用兵，变化无方，众虽少，未可轻也，不如以久持之。将军据山河之固，拥四州之众，外结英雄，内修农战，然后简其精锐，分为奇兵，乘虚迭出，以扰河南，救右则击其左，救左则击其右，使敌疲于奔命，民不得安业；我未劳而彼已困，不及二年，可坐克也。今释庙胜之策，而决成败于一战，若不如志，悔无及也。"绍不从。丰恳谏，绍怒甚，以为沮众，械系之。绍军既败，或谓丰曰："君必见重。"丰曰："若军有利，吾必全，今军败，吾其死矣。"绍还，谓左右曰："吾不用田丰言，果为所笑。"遂杀之。[59]绍外宽雅，有局度，忧喜不形于色，而内多忌害，皆此类也。

冀州城邑多叛，绍复击定之。自军败后发病，七年，忧死。

绍爱少子尚，貌美，欲以为后而未显。[60]审配、逢纪与辛评、郭图争权，配、纪与尚比，评、图与谭比。众以谭长，欲立之。配等恐谭立而评等为己害，缘绍素意，乃奉尚代绍位。谭至，不得立，自号车骑将军。由是谭、尚有隙。太祖北征谭、尚。谭军黎阳，尚少与谭兵，而使逢纪从谭。谭求益兵，配等

太祖，太祖对他很优待。后来沮授企图逃归袁绍，被杀。

当初，袁绍率军南下时，田丰劝袁绍说："曹公很会用兵，变化无常，部众虽少，不可轻视，不如长久地和他对峙。将军依据山河的险固，拥有四州的人力，对外结交英雄，对内重视农耕、加强战备，然后选拔精锐部队，分成奇兵，乘对方空虚的机会不断出击，以此骚扰黄河南岸，曹军救右边我们就攻击他的左边，救左边就攻击他的右边，使敌人疲于奔命，人民不能安居乐业；这样我们没有疲劳而敌人已经困乏，不到两年，可以坐取胜利。如今放弃朝廷预先制定的克敌制胜的谋略，而把成败决定于一次会战，假若不能如愿，后悔就来不及了。"袁绍不采纳。田丰恳切苦劝，袁绍十分愤怒，认为是沮丧了士气，将他铐上刑具关进监牢。袁绍的军队被打败后，有人对田丰说："这回你必然受到重用了。"田丰说："如果打了胜仗，我还能保全生命，现在军队打了败仗，我肯定要死了。"袁绍回来，对身边的人说："我不采用田丰的意见，果然被他取笑。"便杀了田丰。袁绍为人外表宽大能容，有才干，哀乐都不在脸上流露出来，但内心却妒贤嫉能，都类似于处理田丰这样。

冀州所属城邑大多叛变，袁绍派军出击重新平定了这些地方。自从官渡之战失败以后袁绍就生了病，到建安七年，忧愤而死。

袁绍喜爱小儿子袁尚，他长得俊美，袁绍想让他做继承人但没有明显地表露出来。当时审配、逢纪和辛评、郭图争权夺利，审配、逢纪同袁尚勾结，辛评、郭图同袁谭勾结。大家认为袁谭是大儿子，想立他做袁绍的继承人。审配等人害怕袁谭被拥立后辛评等人会成为自己的祸害，于是根据袁绍本来的想法，便拥护袁尚继承了袁绍的职位。袁谭回到冀州，不能够立为继承人，便自称车骑将军。从此袁谭和袁尚有了矛盾。太祖北上征伐袁谭、袁尚。当时袁谭驻军黎阳，袁尚给他很少的兵力，还派逢纪跟着

议不与。谭怒,杀纪。[61]太祖渡河攻谭,谭告急于尚。尚欲分兵益谭,恐谭遂夺其众,乃使审配守邺，尚自将兵助谭,与太祖相拒于黎阳。自九月至二月,大战城下,谭、尚败退,入城守。太祖将围之,乃夜遁。追至邺,收其麦,拔阴安,引军还许。太祖南征荆州,军至西平。谭、尚遂举兵相攻,谭败奔平原。尚攻之急,谭遣辛毗诣太祖请救。太祖乃还救谭,十月至黎阳。[62]尚闻太祖北,释平原还邺。其将吕旷、吕翔叛尚归太祖，谭复阴刻将军印假旷、翔。太祖知谭诈,与结婚以安之,乃引军还。尚使审配、苏由守邺,复攻谭平原。太祖进军将攻邺,到洹水,去邺五十里,由欲为内应,谋泄,与配战城中,败,出奔太祖。太祖遂进攻之,为地道,配亦于内作堑以当之。配将冯礼开突门,内太祖兵三百余人,配觉之,从城上以大石击突中栅门，栅门闭,入者皆没。太祖遂围之,为堑,周四十里,初令浅,示若可越。配望而笑之,不出争利。太祖一夜掘之,广深二丈,决漳水以灌之，自五月至八月,城中饿死者过半。尚闻邺急,将兵万余人还救之，依西山来,东至阳平亭，去邺十七里,临滏水,举火以示城中,城中亦举火相应。配出兵城北,欲与尚对决围。太祖逆击之,败还,

袁谭。袁谭要求增加兵力。审配等人经过商议后不答应增兵。袁谭愤怒,杀了逄纪。太祖渡过黄河攻击袁谭,袁谭向袁尚告急。袁尚打算派出部分军队支援袁谭,又怕袁谭趁机夺走他的部队,便命审配留守邺城,自己带兵来协助袁谭,与太祖在黎阳互相对峙。从头年九月到次年二月,在黎阳城下大战,袁谭、袁尚败退,进入城里固守。太祖准备包围他们,袁谭、袁尚夜间逃跑了。太祖追到邺城,收割了那里的麦子,攻占了阴安县,然后带军回到许昌。太祖向南征伐荆州,军队到了西平。这时袁谭、袁尚发兵互相攻击,袁谭失败后逃跑到平原。袁尚进攻得很急,袁谭派遣辛毗到太祖那里请求援救。太祖便回军援救袁谭,十月间到了黎阳。袁尚听说太祖向北进军,立刻解除了平原的包围退回邺城。他的部将吕旷、吕翔背叛他投降了太祖,袁谭又暗地刻了将军的印信授给吕旷、吕翔。太祖知道袁谭狡诈,便让自己的儿子与袁谭的女儿结婚来安定他的心,于是率军队回去。袁尚令审配、苏由留守邺城,再次向据守平原的袁谭进攻。太祖进军准备攻邺,到达洹水,离邺城五十里,苏由准备投降太祖作为内应,阴谋泄露后,就和审配在城中打了起来,苏由被打败,逃出城来投奔太祖。太祖便进攻邺城,挖了地道,审配也在城里挖了壕沟进行抵抗。审配的部将冯礼打开突门,放太祖的兵士三百多人进城,审配发觉后,从城上用大石头轰击突门砸中了栅门,栅门关闭了,进入突门的人都被打死。太祖便包围邺城,挖了壕沟,周长四十里,开始时要士兵挖得浅,表示好像可以越过去。审配望见感到好笑,没有出兵争夺有利机会。太祖下令连夜再挖,挖了一条宽深两丈的沟,又挖开漳水灌到沟里,从五月到八月,城中饿死的人在一半以上。袁尚听说邺城情况紧急,带兵一万多人回来援救,沿着西山而来,向东到了阳平亭,离邺城十七里,靠近滏水,烧起大火向城中表示救兵来到,城中也燃火和他相呼应。审配率领军队开北门出城,想和袁尚内外夹击冲破包围。太祖迎击他们,审配败回城中,袁尚也被打败逃跑,靠着漳水拐弯处

尚亦破走,依曲漳为营,太祖遂围之。未合,尚惧,遣阴夔、陈琳乞降,不听。尚还走滥口,进复围之急,其将马延等临陈降,众大溃,尚奔中山。尽收其辎重,得尚印绶、节钺及衣物,以示其家,城中崩沮。配兄子荣守东门,夜开门内太祖兵,与配战城中,生禽配。配声气壮烈,终无挠辞,见者莫不叹息。遂斩之。[63]高幹以并州降,复以幹为刺史。

扎营,太祖便包围了他。还没有合围,袁尚恐惧,派阴夔、陈琳请求投降,太祖不答应。袁尚返回跑到滥口,太祖进军又把他们包围坚实,袁尚的部将马延等人临阵投降,队伍大溃散,袁尚逃到中山。太祖全部缴获了他的军需物资,得到袁尚的印信、符节、斧钺和衣物,把这些东西拿给他家人看,城里守军士气崩溃。审配哥哥的儿子审荣守东门,黑夜开城门放进太祖的军队,曹军和审配在城中交战,活捉了审配。审配意气壮烈,始终没有一句求饶的话,见到的人没有不叹息的。太祖便杀了他。高幹献出并州投降,太祖要高幹仍然担任并州刺史。

太祖之围邺也,谭略取甘陵、安平、勃海、河间,攻尚于中山。尚走故安从熙,谭悉收其众。太祖将讨之,谭乃拔平原,并南皮,自屯龙凑。十二月,太祖军其门,谭不出,夜遁奔南皮,临清河而屯。十年正月,攻拔之,斩谭及图等。熙、尚为其将焦触、张南所攻,奔辽西乌丸。触自号幽州刺史,驱率诸郡太守令长,背袁向曹,陈兵数万,杀白马盟,令曰:“违命者斩!”众莫敢语,各以次歃。至别驾韩珩,曰:“吾受袁公父子厚恩,今其破亡,智不能救,勇不能死,于义阙矣;若乃北面于曹氏,所弗能为也。”一坐为珩失色。触曰:“夫兴大事,当立大义,事之济否,不待一人,可卒珩志,以励事君。”高幹叛,执上党太守,举兵守壶口关。遣乐进、李典击之,未拔。十一年,太祖征幹。幹乃留其将夏昭、邓升守

太祖包围邺城的时候,袁谭侵占了甘陵县、安平王国、勃海县、河间王国,并向据守中山的袁尚发动攻击。袁尚逃到故安投靠袁熙,袁谭全部收编了他的部众。太祖准备讨伐袁谭,袁谭便占领了平原,并吞了南皮县,自己屯守龙凑。十二月,太祖兵临龙凑城门下,袁谭不敢出战,夜晚逃跑到南皮县,靠近清河驻扎。建安十年正月,太祖攻破清河,杀了袁谭和郭图等人。袁熙、袁尚被他的部将焦触、张南攻击,逃跑到辽西郡乌丸部落。焦触自号幽州刺史,胁迫各郡的太守、县令、县长,背叛袁氏归向曹军,集合部队几万人,杀白马结盟宣誓,下令说:“违抗命令的杀头!”大家都不敢讲话,各人按次序饮牲血以示诚意。轮到别驾韩珩时,他说:“我受袁家父子厚恩,今日袁家败亡,我的智慧不能救他们,勇气上不能为他们死,道义已经欠缺了;如果我投降曹氏,那是我不能做的。”满座的人听了都为韩珩的话惊恐变色。焦触说:“凡干大事,应当树立大义,事情成不成,不靠一个人,可以成全韩珩的志愿,来勉励侍奉君主的人。”高幹背叛了太祖,拘留了上党太守,进兵扼守壶口关。太祖派乐进、李典袭击他,没有攻破。建安十一年,太祖征讨高幹。高幹便留他的部将夏昭、邓升守城,自己到匈奴单于那里求救,没有得

城，自诣匈奴单于求救，不得，独与数骑亡，欲南奔荆州，上洛都尉捕斩之。[64]十二年，太祖至辽西击乌丸。尚、熙与乌丸逆军战，败走奔辽东，公孙康诱斩之，送其首。[65]太祖高韩珩节，屡辟不至，卒于家。[66]

到救兵，高干单独与几名骑兵逃亡，想要南奔荆州，却被上洛县的都尉抓住杀了。建安十二年，太祖到辽西郡攻打乌丸。袁尚、袁熙和乌丸的军队迎战，战败后逃奔到辽东郡，被公孙康诱杀，把他们的头送给太祖。太祖赞赏韩珩的高尚气节，屡次召他做官他不去，最后他死在家中。

袁术字公路，司空逢子，绍之从弟也。以侠气闻。举孝廉，除郎中，历职内外，后为折冲校尉、虎贲中郎将。董卓之将废帝，以术为后将军；术亦畏卓之祸，出奔南阳。会长沙太守孙坚杀南阳太守张咨，术得据其郡。南阳户口数百万，而术奢淫肆欲，征敛无度，百姓苦之。既与绍有隙，又与刘表不平而北连公孙瓒；绍与瓒不和而南连刘表。其兄弟携贰，舍近交远如此。[67]引军入陈留。太祖与绍合击，大破术军。术以余众奔九江，杀扬州刺史陈温，领其州。[68]以张勋、桥蕤等为大将军。李傕入长安，欲结术为援，以术为左将军，封阳翟侯，假节，遣太傅马日磾因循行拜授。术夺日磾节，拘留不遣。[69]

袁术字公路，是司空袁逢的儿子，袁绍的堂弟。以行侠仗义闻名。被举荐为孝廉，授任郎中，在朝廷内外历任官职，后来担任折冲校尉、虎贲中郎将。董卓准备废黜少帝，派袁术任后将军；但是袁术也害怕董卓作乱，出奔到南阳郡。恰逢长沙太守孙坚杀了南阳太守张咨，袁术得以占据南阳郡。南阳户口有几百万，而袁术骄奢荒淫，向老百姓征粮征税无节制，老百姓深以为苦。袁术既同袁绍有矛盾，又同刘表不和而与北边的公孙瓒联结；袁绍同公孙瓒有仇而向南结交刘表。他们兄弟离心离德，舍近交远竟达到这种程度。袁术领军北上进入陈留郡。太祖和袁绍联合袭击他，打败了袁术军。袁术带着剩下的队伍逃到九江郡，杀了扬州刺史陈温，占领了扬州。任命张勋、桥蕤等人担任大将军。李傕进入长安，想结交袁术作为外援，以献帝的名义让袁术任左将军，封为阳翟侯，授予符节，并派太傅马日磾借巡行视察之名授予袁术官职。袁术夺了马日磾的符节，扣留他不让回朝廷。

时沛相下邳陈珪，故太尉球弟子也。术与珪俱公族子孙，少共交游，书与珪曰："昔秦失其政，天下群雄争而取之，兼智勇者卒受其归。今世事纷扰，复有瓦解之势矣，诚英乂有为之时也。与足下旧交，岂肯左右之乎？若集大事，

当时沛相下邳县人陈珪，是原太尉陈球弟弟的儿子。袁术和陈珪都是公族子孙，年轻时一起交往过，袁术写信给陈珪说："以往秦朝丧失政权，天下众多英雄争相夺取，智勇兼备的人终于获得权力。当今世上纷争扰乱，又出现了瓦解的形势，这正是英雄杰出人物大有作为的时刻。我与你是老朋友，怎么会随意支配你呢？如果聚众干大事，你实在是

子实为吾心膂。"珪中子应时在下邳，术并胁质应，图必致珪。珪答书曰："昔秦末世，肆暴恣情，虐流天下，毒被生民，下不堪命，故遂土崩。今虽季世，未有亡秦苛暴之乱也。曹将军神武应期，兴复典刑，将拨平凶慝，清定海内，信有征矣。以为足下当戮力同心，匡翼汉室，而阴谋不轨，以身试祸，岂不痛哉！若迷而知反，尚可以免。吾备旧知，故陈至情，虽逆于耳，骨肉之惠也。欲吾营私阿附，有犯死不能也。"

兴平二年冬，天子败于曹阳。术会群下谓曰："今刘氏微弱，海内鼎沸。吾家四世公辅，百姓所归，欲应天顺民，于诸君意如何？"众莫敢对。主簿阎象进曰："昔周自后稷至于文王，积德累功，三分天下有其二，犹服事殷。明公虽奕世克昌，未若有周之盛，汉室虽微，未若殷纣之暴也。"术嘿然不悦。用河内张炯之符命，遂僭号。[70]以九江太守为淮南尹。置公卿，祠南北郊。荒侈滋甚，后宫数百皆服绮縠，余粱肉，[71]而士卒冻馁，江淮间空尽，人民相食。术前为吕布所破，后为太祖所败，奔其部曲雷薄、陈兰于灊山，复为所拒，忧惧不知所出。将归帝号于绍，欲至青州从袁谭，发病道死。[72]妻子依术故吏庐江太守刘勋，孙策破勋，复见收视。术女入孙权

我的亲信得力的人。"陈珪的第二个儿子陈应当时正在下邳县，袁术劫持他做人质，希望陈珪一定来投靠他。陈珪回信答复说："从前秦朝衰败的时候，任意残暴胡作非为，虐政流毒天下，伤害遍及人民，下面的人无法活命，所以也就土崩瓦解了。当今虽是衰微之世，但还没有秦亡时那样的苛暴混乱。而曹将军英明威武顺应时运，恢复国家的制度，将要派兵扫除各地军阀，安定国家，已经明明白白了。我一直认为足下会同心协力，扶助汉室，想不到你竟然在暗地里策划不守法度的事来自找灾祸。怎么不叫人痛心！如果迷了路而能够知道回头，还可以免祸。我作为你的老朋友，所以表述最诚恳的意见，虽然刺耳，却是骨肉之间才有的情意。要想让我谋私利来投靠你，我是死也不会的。"

兴平二年冬季，汉献帝在曹阳墟打了败仗。袁术召集部下对他们说："现在刘氏已经衰败微弱，国内局势极不安定。我家四代担任公卿辅佐皇帝，为百姓所拥护，我想要顺应天意人心，各位意见如何？"众人不敢答话，主簿阎象进言说："从前周朝从后稷到文王，积累了功勋恩德，拥有三分之二的国土，仍然作为臣子服侍商王朝。您虽然几代兴旺发达，还不如周王朝那样昌盛，汉室虽然微弱，也还不至如纣王那样残暴。"袁术听了没有吭声，很不高兴。他还是用河内郡人张炯编造的符命，称起了皇帝。封九江太守做淮南尹。设置公卿百官，在南北郊外祭祀天地。袁术自己荒淫奢侈得更加厉害，后宫几百人都穿着绫罗绸缎，山珍海味吃不完，而士兵们饥寒交迫，江淮之间财物耗尽，出现了人吃人的惨相。袁术先是被吕布打败，后来又被太祖打败，到灊山投奔他的部将雷薄、陈兰，又被他们拒绝，所以忧虑恐惧不知所从。他准备把皇帝的尊号送给袁绍，想到青州投奔袁谭，只走到半路上就得病死了。妻子儿女投靠他的老部下庐江太守刘勋。孙策打败刘勋后，他们又被孙策收留。袁术的女儿选入孙权宫

官，子耀拜郎中，耀女又配于权子奋。

中，儿子袁耀被任命为郎中，袁耀的女儿又嫁给孙权的儿子孙奋。

刘表字景升，山阳高平人也。少知名，号八俊。[73]长八尺余，姿貌甚伟。以大将军掾为北军中候。灵帝崩，代王睿为荆州刺史。是时山东兵起，表亦合兵军襄阳。[74]袁术之在南阳也，与孙坚合从，欲袭夺表州，使坚攻表。坚为流矢所中死，军败，术遂不能胜表。李傕、郭汜入长安，欲连表为援，乃以表为镇南将军、荆州牧，封成武侯，假节。天子都许，表虽遣使贡献，然北与袁绍相结。治中邓羲谏表，表不听，[75]羲辞疾而退，终表之世。张济引兵入荆州界，攻穰城，为流矢所中死。荆州官属皆贺，表曰："济以穷来，主人无礼，至于交锋，此非牧意，牧受吊，不受贺也。"使人纳其众；众闻之喜，遂服从。长沙太守张羡叛表，[76]表围之连年不下。羡病死，长沙复立其子怿，表遂攻并怿，南收零、桂，北据汉川，地方数千里，带甲十余万。[77]

刘表字景升，是山阳郡高平县人。年轻时很有名，号为八俊。身高八尺多，姿态容貌非常魁梧。凭大将军属官的身份担任北军中候。灵帝死后，他代替王睿担任荆州刺史。这时崤山以东纷纷起兵，刘表也集合队伍驻军襄阳。袁术在南阳的时候，和孙坚联合，想偷袭夺取刘表的州郡，他让孙坚攻击刘表。孙坚为飞箭射中而死，军队失败，袁术因此不能战胜刘表。李傕、郭汜进入长安后，想联结刘表作为外援，便任命刘表为镇南将军、荆州牧，封为成武侯，授予符节。献帝在许昌建都，刘表虽然派使者进贡，却在北边与袁绍相互勾结。治中邓羲劝刘表不要这样，刘表不听，邓羲借口有病辞官离去，直到刘表死。张济带兵进入荆州界内，进攻穰城，被飞箭射中而死。荆州的官员都来道贺，刘表说："张济潦倒穷困而来，主人没有按礼迎接，乃至互相交战，这不是我的本意，我只接受哀悼，不接受庆贺。"派人收留了张济的部众；部众听了很高兴，便服从刘表的统率。长沙郡太守张羡背叛刘表，刘表把他包围连续几年攻打不下。不久张羡病死，长沙人又拥立他的儿子张怿，刘表便攻占长沙并吞了张怿，向南攻取了零陵、桂阳二郡，北边占据汉川，土地方圆几千里，军队十几万。

太祖与袁绍方相持于官渡，绍遣人求助，表许之而不至，亦不佐太祖，欲保江汉间，观天下变。从事中郎韩嵩、别驾刘先说表曰："豪杰并争，两雄相持，天下之重，在于将军。将军若欲有为，起乘其弊可也；若不然，固将择所从。将军拥十万之众，安坐而观望。夫

太祖和袁绍在官渡正相对峙时，袁绍派人向刘表求助，刘表虽答应他却并不派兵去，也不帮助太祖，想保住江、汉之间的地盘，静观天下的变化。从事中郎韩嵩、别驾刘先劝刘表说："现在豪杰互相争夺，袁、曹两雄相持不下，天下的关键，在于将军。将军如果想有所作为，正可乘他们筋疲力尽的时候起兵；如果不这样，就应该选择站在哪一边。将军拥有十万部众，却安然坐着观望。如果遇到有才能的一

见贤而不能助，请和而不得，此两怨必集于将军，将军不得中立矣。夫以曹公之明哲，天下贤俊皆归之，其势必举袁绍，然后称兵以向江汉，恐将军不能御也。故为将军计者，不若举州以附曹公，曹公必重德将军；长享福祚，垂之后嗣，此万全之策也。”表大将蒯越亦劝表，表狐疑，乃遣嵩诣太祖以观虚实。嵩还，深陈太祖威德，说表遣子入质。表疑嵩反为太祖说，大怒，欲杀嵩，考杀随嵩行者，知嵩无他意，乃止。[78]表虽外貌儒雅，而心多疑忌，皆此类也。

方而不帮助他，曹、袁两方面和好更不可能，这样两家的怨恨必然集中在将军身上，将军要保持中立是不可能的。就凭曹公的聪明才智，天下贤士俊杰都将归附他，他的发展趋势必然消灭袁绍，然后举兵直指江汉，恐怕将军不能抵抗。所以替将军着想，不如率领整个荆州归附曹公，曹公必然十分感激将军；那么将军可以长久地享受福禄，还可传给子孙后代，这是万全的计策。”刘表的大将蒯越也劝刘表这样做，刘表狐疑不决，便派遣韩嵩到太祖那里观察虚实。韩嵩回来，极力称赞太祖的威武恩德，并劝刘表派儿子去做人质。刘表怀疑韩嵩反转来为太祖做说客，大发脾气，要杀韩嵩，将韩嵩的随行人员严刑拷打，后来知道韩嵩没有他意，才不追究。刘表虽然外表文雅，而内心多疑忌刻，都类似上面所说的这种情况。

刘备奔表，表厚待之，然不能用。[79]建安十三年，太祖征表，未至，表病死。

刘备投奔刘表，刘表非常厚待他，但不能用他。建安十三年，太祖征讨刘表，曹军还没有到达，刘表就病死了。

初，表及妻爱少子琮，欲以为后，而蔡瑁、张允为之支党，乃出长子琦为江夏太守，众遂奉琮为嗣。琦与琮遂为仇隙。[80]越、嵩及东曹掾傅巽等说琮归太祖，琮曰：“今与诸君据全楚之地，守先君之业，以观天下，何为不可乎？”巽对曰：“逆顺有大体，强弱有定势。以人臣而拒人主，逆也；以新造之楚而御国家，其势弗当也；以刘备而敌曹公，又弗当也。三者皆短，欲以抗王兵之锋，必亡之道也。将军自料何与刘备？”琮曰：“吾不若也。”巽曰：“诚以刘备不足御曹公乎，则虽保楚之地，不足以自存也；

当初，刘表和妻子喜爱小儿子刘琮，想让他做自己的继承人，而蔡瑁、张允又是刘琮的党羽，于是把大儿子刘琦派出去任江夏太守，众人便拥戴刘琮做了刘表的继承人。刘琦和刘琮因此成了仇敌。蒯越、韩嵩和东曹掾傅巽等人都劝说刘琮归附太祖，刘琮说：“今天我和大家占据了整个荆楚之地，守着先父遗留下的基业，以此来观察天下的变化，有什么不可以呢？”傅巽说：“叛逆和忠顺有基本的原则，强和弱有一定的趋势。以臣属地位而抗拒君王，这是叛逆；以新开辟的楚地而和朝廷对抗，从情势上看不是对手；利用刘备去对抗曹公，也不是对手。三者我们都是劣势，而想抵抗朝廷军队的锋芒，是必然要灭亡的。将军自己衡量一下比刘备何如？”刘琮说：“我不如刘备。”傅巽说：“如果确实认为刘备不足以抵抗曹公，那么虽然已占有楚地，还是不能保

诚以刘备足御曹公乎，则备不为将军下也。愿将军勿疑。”太祖军到襄阳，琮举州降。备走奔夏口。[81]

全自己；如果确实认为刘备能够抵抗曹公，那么刘备也不会屈居将军之下的。希望将军不要再犹豫了。”太祖的军队到达襄阳后，刘琮率领整个荆州投降。刘备跑到夏口去了。

太祖以琮为青州刺史、封列侯。[82]蒯越等侯者十五人。越为光禄勋；[83]嵩，大鸿胪；[84]羲，侍中；[85]先，尚书令；其余多至大官。[86]

太祖任命刘琮担任青州刺史、封为列侯。蒯越等人被封侯的有十五人。蒯越担任了光禄勋；韩嵩，任大鸿胪；邓羲，任侍中；刘先，任尚书令；其余的人也多当了大官。

评曰：董卓狼戾贼忍，暴虐不仁，自书契已来，殆未之有也。[87]袁术奢淫放肆，荣不终己，自取之也。[88]袁绍、刘表，咸有威容、器观，知名当世。表跨蹈汉南，绍鹰扬河朔，然皆外宽内忌，好谋无决，有才而不能用，闻善而不能纳，废嫡立庶，舍礼崇爱，至于后嗣颠蹶，社稷倾覆，非不幸也。昔项羽背范增之谋，以丧其王业；绍之杀田丰，乃甚于羽远矣！

评论说：董卓如同豺狼盗贼一样凶恶残忍，暴虐而不仁慈，自有书籍记载以来，大概还从没有过。袁术奢侈荒淫、放纵无度，荣禄不能终身，这是咎由自取。袁绍、刘表都仪表出众、器宇不凡，当世闻名。刘表称雄江汉，袁绍逞威河北，但他们都是外貌宽和而内心忌刻，好谈计谋而不能决断，拥有人才而不能任用，听到善言而不能采纳，废弃长子另立庶子，违背礼制而宠信嬖爱，弄到后代子孙流离失所，国家败亡，这并不是什么命运不幸的缘故。从前项羽不听范增的计谋，丧失了西楚霸王的基业；袁绍杀掉田丰，和项羽相比更是有过之而无不及了。

---

①《英雄记》曰：卓父君雅，由微官为颍川纶氏尉。有三子：长子擢，字孟高，早卒；次即卓；卓弟旻字叔颖。

②《吴书》曰：郡召卓为吏，使监领盗贼。胡尝出钞，多虏民人，凉州刺史成就辟卓为从事，使领骑讨捕，大破之，斩获千计。并州刺史段颎荐卓公府，司徒袁隗辟为掾。

③《英雄记》曰：卓数讨羌、胡，前后百余战。

④《灵帝纪》曰：中平五年，征卓为少府，敕以营吏士属左将军皇甫嵩，诣行在所。卓上言：“凉州扰乱，鲸鲵未灭，此臣奋发效命之秋。吏士踊跃，恋恩念报，各遮臣车，辞声恳恻，未得即路也。辄且行前将军事，尽心慰恤，效力行陈。”六年，以卓为并州牧，又敕以吏兵属皇甫嵩。卓复上言：“臣掌戎十年，士卒大小，相狎弥久，恋臣畜养之恩，乐为国家奋一旦之命，乞将之州，效力边陲。”卓再违诏敕，会为何进所召。

⑤《续汉书》曰：进字遂高，南阳人，太后异母兄也。进本屠家子，父曰真。真死后，进以妹倚黄门得入掖庭，有宠，光和三年立为皇后，进由是贵幸。中平元年，黄巾起，拜进大将军。

《典略》载卓表曰：“臣伏惟天下所以有逆不止者，各由黄门常侍张让等侮慢天常，操擅王命，父子兄弟并据州郡，一书出门，便获千金，京畿诸郡数百万膏腴美田皆属让等，至使怨气上蒸，妖贼蜂起。臣前奉诏讨於扶罗，将士饥乏，不肯渡河，皆言欲诣京师先诛阉竖以除民害，从台阁求乞资直。臣随慰抚，以至新安。臣闻扬汤止沸，不如灭火去薪，溃痈虽痛，胜于养肉，及溺呼船，悔之无及。”

⑥张璠《汉纪》曰：帝以八月庚午为诸黄门所劫，步出榖门，走至河上。诸黄门既投河死。时帝年十四，陈留王年九岁，兄弟独夜步行欲还宫，暗暝，逐萤火而行，数里，得民家以露车载送。辛未，公卿以下与卓共迎帝于北芒阪下。

《献帝春秋》曰：先是童谣曰：“侯非侯，王非王，千乘万骑走北芒。”卓时适至，屯显阳苑。闻帝当还，率众迎帝。

《典略》曰：帝望见卓兵涕泣。群公谓卓曰：“有诏却兵。”卓曰：“公诸人为国大臣，不能匡正王室，至使国家播荡，何却兵之有！”遂俱入城。

《献帝纪》曰：卓与帝语，语不可了。乃更与陈留王语，问祸乱由起；王答，自初至终，无所遗失。卓大喜，乃有废立意。

《英雄记》曰：河南中部掾闵贡扶帝及陈留王上至雒舍止。帝独乘一马，陈留王与贡共乘一马，从雒舍南行。公卿百官奉迎于北芒阪下，故太尉崔烈在前导。卓将步骑数千来迎，烈呵使避，卓骂烈曰：“昼夜三百里来，何云避，我不能断卿头邪？”前见帝曰：“陛下令常侍小黄门作乱乃尔，以取祸败，为负不小邪？”又趋陈留王，曰：“我董卓也，从我抱来。”乃于贡抱中取王。

《英雄记》曰：一本云王不就卓抱，卓与王并马而行也。

⑦《英雄记》云：苗，太后之同母兄，先嫁朱氏之子。进部曲将吴匡，素怨苗不与进同心，又疑其与宦官通谋，乃令军中曰：“杀大将军者，车骑也。”遂引兵与卓弟旻共攻杀苗于朱爵阙下。

⑧《九州春秋》曰：卓初入洛阳，步骑不过三千，自嫌兵少，不为远近所服；率四五日，辄夜遣兵出四城门，明日陈旌鼓而入，宣言云“西兵复入至洛中”。人不觉，谓卓兵不可胜数。

⑨《献帝纪》曰：卓谋废帝，会群臣于朝堂，议曰：“大者天地，次者君臣，所以为治。今皇帝暗弱，不可以奉宗庙，为天下主。欲依伊尹、霍光故事，立陈留王，何如？”尚书卢植曰：“案《尚书》太甲既立不明，伊尹放之桐宫。昌邑王立二十七日，罪过千余，故霍光废之。今上富于春秋，行未有失，非前事之比也。”卓怒，罢坐，欲诛植，侍中蔡邕劝之，得免。九月甲戌，卓复大会群臣曰：“太后逼迫永乐太后，令以忧死，逆妇姑之礼，无孝顺之节。天子幼质，软弱不君。昔伊尹放太甲，霍光废昌邑，著在典籍，佥以为善。今太后宜如太甲，皇帝宜如昌邑。陈留王仁孝，宜即尊皇祚。”

《献帝起居注》载策曰：“孝灵皇帝不究高宗眉寿之祚，早弃臣子。皇帝承绍，海内侧望，而帝天姿轻佻，威仪不恪，在丧慢惰，衰如故焉；凶德既彰，淫秽发闻，损辱神器，忝污宗庙。皇太后教无母仪，统政荒乱。永乐太后暴崩，众论惑焉。三纲之道，天地之纪，而乃有阙，罪之大者。陈留王协，圣德伟茂，规矩邈然，丰下兑上，有尧图之表；居丧哀戚，言不及邪，岐嶷之性，有周成之懿。休声美称，天下所闻，宜承洪业，为万世统，可以承宗庙。废皇帝为弘农王。皇太后还政。”尚书读册毕，群臣莫有言，尚书丁宫曰：“天祸汉室，丧乱弘多。昔祭仲废忽立突，《春秋》大其权。今大臣量宜为社稷计，诚合天人，请称万岁。”卓以太后见废，故公卿以下不布服，会葬，素衣而已。

⑩《魏书》曰：卓所愿无极，语宾客曰：“我相，贵无上也。”

《英雄记》曰：卓欲震威，侍御史扰龙宗诣卓白事，不解剑，立挝杀之，京师震动。发何苗棺，出其尸，枝解节弃于道边。又收苗母舞阳君杀之，弃尸于苑枳落中，不复收敛。

⑪《英雄记》曰：毖字仲远，武威人。琼字德瑜，汝南人。

谢承《后汉书》曰：伍孚字德瑜，少有大节，为郡门下书佐。其本邑长有罪，太守使孚出教，敕曹下督邮收之。孚不肯受教，伏地仰谏曰：“君虽不君，臣不可不臣，明府奈何令孚受教，敕外收本邑长乎？更乞授他吏。”太守奇而听之。后大将军何进辟为东曹属，稍迁侍中、河南尹、越骑校尉。董卓作乱，百僚震栗。孚著小铠，于朝服里挟佩刀见卓，欲伺便刺杀之。语阕辞去，卓送至阁中，孚因出刀刺之。卓多力，退却不中，即收孚。卓曰：“卿欲反邪？”孚大言曰：“汝非吾君，吾非汝臣，何反之有？汝乱国篡主，罪盈恶大，今是吾死日，故来诛奸贼耳，恨不车裂汝于市朝以谢天下。”遂杀孚。

谢承记孚字及本郡，则与琼同，而致死事乃与孚异也，不知孚为琼之别名，为别有伍孚也？盖未详之。

⑫华峤《汉书》曰：卓欲迁都长安，召公卿以下大议。司徒杨彪曰：“昔盘庚五迁，殷民胥怨，故作三篇以晓天下之民。今海内安稳，无故移都，恐百姓惊动，麋沸蚁聚为乱。”卓曰：“关中肥饶，故秦得并吞六国。今徙西京，设令关东豪强敢有动者，以我强兵蹴之，可使诣沧海。”彪曰：“海内动之甚易，安之甚难。又长安宫室坏败，不可卒复。”卓曰：“武帝时居杜陵南山下，有成瓦窑数千处，引凉州材木东下以作宫室，为功不难。”卓意不得，便作色曰：“公欲沮我计邪？边章、韩约有书来，欲令朝廷必徙都。若大兵东下，我不能复相救，公便可与袁氏西行。”彪曰：“西方自彪道径也，顾未知天下何如耳！”议罢。卓敕司隶校尉宣播以灾异劾奏，因策免彪。

《续汉书》曰：太尉黄琬、司徒杨彪、司空荀爽俱诣卓，卓言：“昔高祖都关中，十一世后中兴，更都洛阳。从光武至今复十一世，案《石苞室谶》，宜复还都长安。”坐中皆惊愕，无敢应者。彪曰：“迁都改制，天下大事，皆当因民之心，随时之宜。昔盘庚五迁，殷民胥怨，故作三篇以晓之。往者王莽篡逆，变乱五常，更始赤眉之时，焚烧长安，残害百姓，民人流亡，百无一在。光武受命，更都洛邑，此其宜也。今方建立圣主，光隆汉祚，而无故捐宫庙，弃园陵，恐百姓惊愕，不解此意，必麋沸蚁聚以致扰乱。《石苞室谶》，妖邪之书，岂可信用？”卓作色曰：“杨公欲沮国家计邪？关东方乱，所在贼起。崤函险固，国之重防。又陇右取材，功夫不难。杜陵南山下有孝武故陶处，作砖瓦，一朝可办。宫室官府，盖何足言！百姓小民，何足与议。若有前郤，我以大兵驱之，岂得自在。”百寮皆恐怖失色。琬谓卓曰：“此大事。杨公之语，得无重思！”卓罢坐，即日令司隶奏彪及琬，皆免官。大驾即西。卓部兵烧洛阳城外面百里。又自将兵烧南北宫及宗庙、府库、民家，城内扫地殄尽。又收诸富室，以罪恶没入其财物；无辜而死者，不可胜计。

《献帝纪》曰：卓获山东兵，以猪膏涂布十余匹，用缠其身，然后烧之，先从足起。获袁绍豫州从事李延，煮杀之。卓所爱胡，恃宠放纵，为司隶校尉赵谦所杀。卓大怒曰：“我爱狗，尚不欲令人呵之，而况人乎！”乃召司隶都官挝杀之。

⑬《魏书》曰：言其逼天子也。

《献帝纪》曰：卓既为太师，复欲称尚父，以问蔡邕。邕曰：“昔武王受命，太公为师，辅佐周室，以伐无道，是以天下尊之，称为尚父。今公之功德诚为巍巍，宜须关东悉定，车驾东还，然后议之。”乃止。京师地震，卓又问邕。邕对曰：“地动阴盛，大臣逾制之所致也。公乘青盖车，远近以为非宜。”卓从之，更乘金华皂盖车也。

⑭《英雄记》曰：卓侍妾怀抱中子，皆封侯，弄以金紫。孙女名白，时尚未笄，封为渭阳君。于郿城东起坛，从广二丈余，高五六尺，使白乘轩金华青盖车，都尉、中郎将、刺史二千石在郿者，各令乘轩簪笔，为白导从，之坛上，使兄子璜为使者授印绶。

⑮《山阳公载记》曰：初卓为前将军，皇甫嵩为左将军，俱征韩遂，各不相下。后卓征为少府并州牧，兵当属嵩，卓大怒。及为太师，嵩为御史中丞，拜于车下。卓问嵩：“义真服未乎？”嵩曰：“安知明公乃至于是？”卓曰：“鸿鹄固有远志，但燕雀自不知耳。”嵩曰：“昔与明公俱为鸿鹄，不意今日变为凤皇耳。”卓笑曰：“卿早服，今日可不拜也。”

张璠《汉纪》曰：卓抵其手谓皇甫嵩曰：“义真怖未乎？”嵩对曰：“明公以德辅朝廷，大庆方至，何怖之有？若淫刑以逞，将天下皆惧，岂独嵩乎？”卓默然，遂与嵩和解。

⑯《英雄记》曰：郿去长安二百六十里。

⑰《傅子》曰：灵帝时榜门卖官，于是太尉段颎、司徒崔烈、太尉樊陵、司空张温之徒，皆入钱上千万下五百万以买三公。颎数征伐有大功，烈有北州重名，温有杰才，陵能偶时，皆一时显士，犹以货取位，而况于刘嚣、唐珍、张颢之党乎！

《风俗通》曰：司隶刘嚣，以党诸常侍，致位公辅。

《续汉书》曰：唐珍，中常侍唐衡弟。张颢，中常侍张奉弟。

⑱《魏书》曰：卓使司隶校尉刘嚣籍吏民有为子不孝，为臣不忠，为吏不清，为弟不顺，有应此者皆身诛，财物没官。于是爱憎互起，民多冤死。

⑲《英雄记》曰：时有谣言曰："千里艸，何青青，十日卜，犹不生。"又作《董逃》之歌。又有道士书布为"吕"字以示卓，卓不知其为吕布也。卓当入会，陈列步骑，自营至宫，朝服导引行其中。马踬不前，卓心怪欲止，布劝使行，乃衷甲而入。卓既死，当时日月清净，微风不起。旻、璜等及宗族老弱悉在郿，皆还，为其群下所斫射。卓母年九十，走至坞门曰"乞脱我死"，即斩首。袁氏门生故吏，改殡诸袁死于郿者，敛聚董氏尸于其侧而焚之。暴卓尸于市。卓素肥，膏流浸地，草为之丹。守尸吏暝以为大炷，置卓脐中以为灯，光明达旦，如是积日。后卓故部曲收所烧者灰，并以一棺棺之，葬于郿。卓坞中金有二三万斤，银八九万斤，珠玉锦绮奇玩杂物皆山崇阜积，不可知数。

⑳谢承《后汉书》曰：蔡邕在王允坐，闻卓死，有叹惜之音。允责邕曰："卓，国之大贼，杀主残臣，天地所不佑，人神所同疾。君为王臣，世受汉恩，国主危难，曾不倒戈，卓受天诛，而更嗟痛乎？"便使收付廷尉。邕谢允曰："虽以不忠，犹识大义，古今安危，耳所厌闻，口所常玩，岂当背国而向卓也？狂瞽之词，谬出患入，愿黥首为刑，以继汉史。"公卿惜邕才，咸共谏允。允曰："昔武帝不杀司马迁，使作谤书，流于后世。方今国祚中衰，戎马在郊，不可令佞臣执笔在幼主左右，后令吾徒并受谤议。"遂杀邕。

臣松之以为蔡邕虽为卓所亲任，情必不党。宁不知卓之奸凶，为天下所毒，闻其死亡，理无叹惜。纵复令然，不应反言于王允之坐。斯殆谢承之妄记也。史迁纪传，博有奇功于世，而云王允谓孝武应早杀迁，此非识者之言。但迁为不隐孝武之失，直书其事耳，何谤之有乎？王允之忠正，可谓内省不疚者矣，既无惧于谤，且欲杀邕，当论邕应死与不，岂可虑其谤己而枉戮善人哉！此皆诬罔不通之甚者。

张璠《汉纪》曰：初，蔡邕以言事见徙，名闻天下，义动志士。及还，内宠恶之。邕恐，乃亡命海滨，往来依太山羊氏，积十年。卓为太尉，辟为掾，以高第为侍御史治书，三日中遂至尚书。后迁巴东太守，卓上留拜侍中，至长安为左中郎将。卓重其才，厚遇之。每有朝廷事，常令邕具草。及允将杀邕，时名士多为之言，允悔欲止，而邕已死。

㉑《魏书》曰：辅恇怯失守，不能自安。常把辟兵符，以铁锧致其旁，欲以自强。见客，先使相者相之，知有反气与不，又筮知吉凶，然后乃见之。中郎将董越来就辅，辅使筮之，得兑下离上，筮者曰："火胜金，外谋内之卦也。"即时杀越。

《献帝纪》云：筮人常为越所鞭，故因此以报之。

㉒《九州春秋》曰：傕等在陕，皆恐怖，急拥兵自守。胡文才、杨整脩皆凉州大人，而司徒王允素所不善也。及李傕之叛，允乃呼文才、整脩使东解释之，不假借以温颜，谓曰："关东鼠子欲何为邪？卿往呼之。"于是二人往，实召兵而还。

㉓张璠《汉纪》曰：布兵败，驻马青琐门外，谓允曰："公可以去。"允曰："安国家，吾之上愿也，若不获，则奉身以死。朝廷幼主恃我而已，临难苟免，吾不为也。努力谢关东诸公，以国家为念。"傕、汜入长安城，屯南宫掖门，杀太仆鲁馗、大鸿胪周奂、城门校尉崔烈、越骑校尉王颀。吏民死者不可胜数。司徒王允挟天子上宣平城门避兵，傕等于城门下拜，伏地叩头。帝谓傕等曰："卿无作威福，而乃放兵纵横，欲何为乎？"傕等曰："董卓忠于陛下，而无故为吕布所杀。臣等为卓报仇，弗敢为逆也。请事竟，诣廷尉受罪。"允穷逼出见傕，傕诛允及妻子宗族十余人。长安城中男女大小莫不流涕。允字子师，太原祁人也。少有大节，郭泰见而奇之，曰："王生一日千里，王佐之才也。"泰虽先达，遂与定交。三公并辟，历豫州刺史，辟荀爽、孔融为从事，迁河南尹、尚书令。及为司徒，其所以扶持王室，甚得大臣之节，自天子以下，皆倚赖焉。卓亦推信之，委以朝廷。

华峤曰：夫士以正立，以谋济，以义成，若王允之推董卓而分其权，伺其间而弊其罪。当此之时，天下之难解矣，本之皆主于忠义也，故推卓不为失正，分权不为不义，伺间不为狙诈，是以谋济义成，而归于正也。

㉔《英雄记》曰：傕，北地人。汜，张掖人，一名多。

㉕《献帝纪》曰：是时新迁都，宫人多亡衣服，帝欲发御府缯以与之，李傕弗欲，曰："宫中有衣，胡为复作邪？"诏卖厩马百余匹，御府大司农出杂缯二万匹，与所卖厩马直，赐公卿以下及贫民不能自存者。李傕曰"我邸阁储偫少"，乃悉载置其营。贾诩曰"此上意，不可拒"，傕不从之。

㉖《九州春秋》曰：马腾、韩遂之败，樊稠追至陈仓。遂语稠曰："天地反覆，未可知也。本所争者非私怨，王家事耳。与足下州里人，今虽小违，要当大同，欲相与善语以别。邂逅万一不如意，后可复相见乎！"俱却骑前，接马交臂相加，共语良久而别。傕兄子利随稠，利还告傕，韩、樊交马语，不知所道，意爱甚密。傕以是疑稠与韩遂私和而有异意。稠欲将兵东出关，从傕索益兵。因请稠会议，便于坐杀稠。

㉗《典略》曰：傕数设酒请汜，或留汜止宿。汜妻惧傕与汜婢妾而夺己爱，思有以离间之。会傕送馈，妻乃以豉为药，汜将食，妻曰："食从外来，倘或有故！"遂摘药示之，曰："一栖不二雄，我固疑将军之信李公也。"他日傕复请汜，大醉。汜疑傕药之，绞粪汁饮之乃解。于是遂生嫌隙，而治兵相攻。

㉘《献帝起居注》曰：初，汜谋迎天子幸其营，夜有亡告傕者，傕使兄子暹将数千兵围宫，以车三乘迎天子。杨彪曰："自古帝王无在人臣家者。举事当合天下心，诸君作此，非是也。"暹曰："将军计定矣。"于是天子一乘，贵人伏氏一乘，贾诩、左灵一乘，其余皆步从。是日，傕复移乘舆幸北坞，使校尉监坞门，内外隔绝。诸侍臣皆有饥色，时盛暑热，人尽寒心。帝求米五斛、牛骨五具以赐左右，傕曰："朝铺上饭，何用米为？"乃与腐牛骨，皆臭不可食。帝大怒，欲诘责之。侍中杨琦上封事曰："傕，边鄙之人，习于夷风，今又自知所犯悖逆，常有怏怏之色，欲辅车驾幸黄白城以纾其愤。臣愿陛下忍之，未可显其罪也。"帝纳之。初，傕屯黄白城，故谋欲徙之。傕以司徒赵温不与己同，乃内温坞中。温闻傕欲移乘舆，与傕书曰："公前托为董公报仇，然实屠陷王城，杀戮大臣，天下不可家见而户释也。今争睚眦之隙，以成千钧之仇，民在涂炭，各不聊生，曾不改寤，遂成祸乱。朝廷仍下明诏，欲令和解，诏命不行，恩泽日损，而复欲辅乘舆于黄白城，此诚老夫所不解也。于《易》，一过为过，再为涉，三而弗改，灭其顶，凶。不如早共和解，引兵还屯，上安万乘，下全生民，岂不幸甚！"傕大怒，欲遣人害温。其从弟应，温故掾也，谏之数日乃止。帝闻温与傕书，问侍中常洽曰："傕弗知臧否，温言太切，可为寒心。"对曰："李应已解之矣。"帝乃悦。

㉙华峤《汉书》曰：汜飨公卿，议欲攻傕。杨彪曰："群臣共斗，一人劫天子，一人质公卿，此可行乎？"汜怒，欲手刃之，中郎将杨密及左右多谏，汜乃归之。

㉚《献帝起居注》曰：傕性喜鬼怪左道之术，常有道人及女巫歌讴击鼓下神，祠祭六丁，符劾厌胜之具，无所不为。又于朝廷省门外，为董卓作神坐，数以牛羊祠之，讫，过省阁问起居，求入见。傕带三刀，手复与鞭合持一刃。侍中、侍郎见傕带仗，皆惶恐，亦带剑持刀，先入在帝侧。傕对帝，或言"明陛下"，或言"明帝"，为帝说郭汜无状，帝亦随其意答应之。傕喜，出言"明陛下真贤圣主"，意遂自信，自谓良得天子欢心也。虽然，犹不欲令近臣带剑在帝边，谓人言"此曹子将欲图我邪？而皆持刀也"。侍中李祯，傕州里，素与傕通，语傕"所以持刀者，军中不可不尔，此国家故事"。傕意乃解。天子以谒者仆射皇甫郦凉州旧姓，有专对之才，遣令和傕、汜。郦先诣汜，汜受诏命。诣傕，傕不肯，曰："我有讨吕布之功，辅政四年，三辅清静，天下所知也。郭多，盗马虏耳，何敢乃欲与吾等邪。必欲诛之。君为凉州人，观吾方略士众，足办多不？多又劫质公卿，所为如是，而君苟欲利郭多，李傕有胆自知之。"郦答曰："昔有穷后羿恃其善射，不思患难，以至于毙。近董公之强，明将军目所见，内有王公以为内主，外有董旻、承、璜以为鲠毒，

吕布受恩而反图之，斯须之间，头县竿端，此有勇而无谋也。今将军身为上将，把钺仗节，子孙握权，宗族荷宠，国家好爵而皆据之。今郭多劫质公卿，将军胁至尊，谁为轻重邪？张济与郭多、杨定有谋，又为冠带所附。杨奉，白波帅耳，犹知将军所为非是，将军虽拜宠之，犹不肯尽力也。”傕不纳郦言，而呵之令出。郦出，诣省门，白傕不肯从诏，辞语不顺。侍中胡邈为傕所幸，呼传诏者令饰其辞。又谓郦曰：“李将军于卿不薄，又皇甫公为太尉，李将军力也。”郦答曰：“胡敬才，卿为国家常伯，辅弼之臣也，语言如此，宁可用邪？”邈曰：“念卿失李将军意，恐不易耳！我与卿何事者？”郦言：“我累世受恩，身又常在帏幄，君辱臣死，当坐国家，为李傕所杀，则天命也。”天子闻郦答语切，恐傕闻之，便敕遣郦。郦裁出营门，傕遣虎贲王昌呼之。昌知郦忠直，纵令去，还答傕，言追之不及。天子使左中郎将李固持节拜傕为大司马，在三公之右。傕自以为得鬼神之力，乃厚赐诸巫。

㉛《献帝起居注》曰：初，天子出到宣平门，当度桥，汜兵数百人遮桥问“是天子邪”，车不得前。傕兵数百人皆持大戟在乘舆车左右，侍中刘艾大呼云：“是天子也。”使侍中杨琦高举车帷。帝言诸兵：“汝不却，何敢迫近至尊邪？”汜等兵乃却。既度桥，士众咸呼万岁。

㉜《献帝纪》曰：时尚书令士孙瑞为乱兵所害。

《三辅决录注》曰：瑞字君荣，扶风人，世为学门。瑞少传家业，博达无所不通，仕历显位。卓既诛，迁大司农，为国三老。每三公缺，瑞常在选中。太尉周忠、皇甫嵩，司徒淳于嘉、赵温，司空杨彪、张喜等为公，皆辞拜让瑞。天子都许，追论瑞功，封子萌澹津亭侯。萌字文始，亦有才学，与王粲善。临当就国，粲作诗以赠萌，萌有答，在《粲集》中。

㉝《献帝纪》曰：初，议者欲令天子浮河东下，太尉杨彪曰：“臣弘农人，从此已东，有三十六滩，非万乘所当从也。”刘艾曰：“臣前为陕令，知其危险，有师犹有倾覆，况今无师，太尉谋是也。”乃止。及当北渡，使李乐具船。天子步行趋河岸，岸高不得下，董承等谋欲以马羁相续以系帝腰。时中宫仆伏德扶中宫，一手持十匹绢，乃取德绢连续为辇。行军校尉尚弘多力，令弘居前负帝，乃得下登船。其余不得渡者甚众，复遣船收诸不得渡者，皆争攀船，船上人以刃栎断其指，舟中之指可掬。

㉞《魏书》曰：乘舆时居棘篱中，门户无关闭。天子与群臣会，兵士伏篱上观，互相镇压以为笑。诸将专权，或擅笞杀尚书。司隶校尉出入，民兵抵掷之。诸将或遣婢诣省阁，或自赍酒啖，过天子饮，侍中不通，喧呼骂詈，遂不能止。又竞表拜诸营壁民为部曲，求其礼遗。医师、走卒，皆为校尉，御史刻印不供，乃以锥画，示有文字，或不时得也。

㉟《英雄记》曰：备诱奉与相见，因于坐上执之。暹失奉势孤，时欲走还并州，为杼秋屯帅张宣所邀杀。

㊱《典略》曰：傕头至，有诏高县。

㊲华峤《汉书》曰：安字邵公，好学有威重。明帝时为楚郡太守，治楚王狱，所申理者四百余家，皆蒙全济，安遂为名臣。章帝时至司徒，生蜀郡太守京。京弟敞为司空。京子汤，太尉。汤四子：长子平，平弟成，左中郎将，并早卒；成弟逢，逢弟隗，皆为公。

《魏书》曰：自安以下，皆博爱容众，无所拣择；宾客入其门，无贤愚皆得所欲，为天下所归。绍即逢之庶子，术异母兄也，出后成为子。

《英雄记》曰：成字文开，壮健有部分，贵戚权豪自大将军梁冀以下皆与结好，言无不从。故京师为作谚曰：“事不谐，问文开。”

㊳《英雄记》曰：绍生而父死，二公爱之。幼使为郎，弱冠除汉阳长，有清名。遭母丧，服竟，又追行父服，凡在冢庐六年。礼毕，隐居洛阳，不妄通宾客，非海内知名，不得相见。又好游侠，与张孟卓、何伯求、吴子卿、许子远、伍德瑜等皆为奔走之友。不应辟命。中常侍赵忠谓诸黄门曰：“袁本初坐作声价，不应呼召而养死士，不知此儿欲何所为乎？”绍叔父隗闻之，责数绍曰：“汝且破我家！”绍于是乃起应大将军之命。

臣松之案:《魏书》云“绍,逢之庶子,出后伯父成”。如此记所言,则似实成所生。夫人追服所生,礼无其文,况于所后而可以行之!二书未详孰是。

㊴《续汉书》曰:绍使客张津说进曰:“黄门、常侍秉权日久,又永乐太后与诸常侍专通财利,将军宜整顿天下,为海内除患。”进以为然,遂与绍结谋。

㊵《九州春秋》曰:初绍说进曰:“黄门、常侍累世太盛,威服海内,前窦武欲诛之而反为所害,但坐言语漏泄,以五营士为兵故耳。五营士生长京师,服畏中人,而窦氏反用其锋,遂果叛走归黄门,是以自取破灭。今将军以元舅之尊,二府并领劲兵,其部曲将吏,皆英雄名士,乐尽死力,事在掌握,天赞其时也。今为天下诛除贪秽,功勋显著,垂名后世,虽周之申伯,何足道哉?今大行在前殿,将军以诏书领兵卫守,可勿入宫。”进纳其言,后更狐疑。绍惧进之改变,胁进曰:“今交构已成,形势已露,将军何为不早决之?事留变生,后机祸至。”进不从,遂败。

㊶《献帝春秋》曰:卓欲废帝,谓绍曰:“皇帝冲暗,非万乘之主。陈留王犹胜,今欲立之。人有少智,大或痴,亦知复何如,为当且尔;卿不见灵帝乎?念此令人愤毒!”绍曰;“汉家君天下四百许年,恩泽深渥,兆民戴之来久。今帝虽幼冲,未有不善宣闻天下,公欲废適立庶,恐众不从公议也。”卓谓绍曰:“竖子!天下事岂不决我?我今为之,谁敢不从?尔谓董卓刀为不利乎!”绍曰:“天下健者,岂唯董公?”引佩刀横揖而出。

臣松之以为绍于时与卓未构嫌隙,故卓与之谘谋。若但以言议不同,便骂为竖子,而有推刃之心,及绍复答,屈强为甚,卓又安能容忍而不加害乎?且如绍此言,进非亮正,退违诡逊,而显其竞爽之旨,以触哮阚之锋,有志功业者,理岂然哉!此语,妄之甚矣。

㊷《英雄记》曰:逢纪说绍曰:“将军举大事而仰人资给,不据一州,无以自全。”绍答云:“冀州兵强,吾士饥乏,设不能办,无所容立。”纪曰:“可与公孙瓒相闻,导使来南,击取冀州。公孙必至而馥惧矣,因使说利害,为陈祸福,馥必逊让。于此之际,可据其位。”绍从其言而瓒果来。

㊸《九州春秋》曰:馥遣都督从事赵浮、程奂将强弩万张屯河阳。浮等闻馥欲以冀州与绍,自孟津驰东下。时绍尚在朝歌清水口,浮等从后来,船数百艘,众万余人,整兵鼓夜过绍营,绍甚恶之。浮等到,谓馥曰:“袁本初军无斗粮,各已离散,虽有张杨、於扶罗新附,未肯为用,不足敌也。小从事等请自以见兵拒之,旬日之间,必土崩瓦解;明将军但当开阁高枕,何忧何惧!”馥不从,乃避位,出居赵忠故舍。遣子赍冀州印绶于黎阳与绍。

㊹《献帝纪》曰:沮授,广平人,少有大志,多权略。仕州别驾,举茂才,历二县令,又为韩馥别驾,表拜骑都尉。袁绍得冀州,又辟焉。

《英雄记》曰:是时年号初平,绍字本初,自以为年与字合,必能克平祸乱。

㊺《汉末名士录》曰:班字季皮,太山人,少与山阳度尚、东平张邈等八人并轻财赴义,振济人士,世谓之八厨。

谢承《后汉书》曰:班,王匡之妹夫,董卓使班奉诏到河内,解释义兵。匡受袁绍旨。收班系狱,欲杀之以徇军。班与匡书云:“自古以来,未有下土诸侯举兵向京师者。《刘向传》曰‘掷鼠忌器’,器犹忌之,况卓今处宫阙之内,以天子为藩屏,幼主在宫,如何可讨?仆与太傅马公、太仆赵岐、少府阴修俱受诏命。关东诸郡,虽实嫉卓,犹以衔奉王命,不敢玷辱。而足下独囚仆于狱,欲以衅鼓,此悖暴无道之甚者也。仆与董卓有何亲戚,义岂同恶?而足下张虎狼之口,吐长蛇之毒,恚卓迁怒,何甚酷哉!死,人之所难,然耻为狂夫所害。若亡者有灵,当诉足下于皇天。夫婚姻者祸福之机,今日著矣。曩为一体,今为血仇。亡人子二人,则君之甥,身没之后,慎勿令临仆尸骸也。”匡得书,抱班二子而泣。班遂死于狱。班尝见太山府君及河伯,事在《搜神记》,语多不载。

㊻《英雄记》曰:绍以河内朱汉为都官从事。汉先时为馥所不礼,内怀怨恨,且欲邀迎绍意,擅发城郭兵围守馥第,拔

刃登屋。馥走上楼，收得馥大儿，槌折两脚。绍亦立收汉，杀之。馥犹忧怖，故报绍索去。

㊼《英雄记》曰：公孙瓒击青州黄巾贼，大破之，还屯广宗，改易守令，冀州长吏无不望风响应，开门受之。绍自往征瓒，合战于界桥南二十里。瓒步兵三万余人为方陈，骑为两翼，左右各五千余匹，白马义从为中坚，亦分作两校，左射右，右射左，旌旗铠甲，光照天地。绍令麹义以八百兵为先登，强弩千张夹承之，绍自以步兵数万结陈于后。义久在凉州，晓习羌斗，兵皆骁锐。瓒见其兵少，便放骑欲陵蹈之。义兵皆伏楯下不动，未至数十步，乃同时俱起，扬尘大叫，直前冲突，强弩雷发，所中必倒，临陈斩瓒所署冀州刺史严纲甲首千余级。瓒军败绩，步骑奔走，不复还营。义追至界桥；瓒殿兵还战桥上，义复破之，遂到瓒营，拔其牙门，营中余众皆复散走。绍在后，未到桥十数里，下马发鞍，见瓒已破，不为设备，惟帐下强弩数十张，大戟士百余人自随。瓒部迸骑二千余匹卒至，便围绍数重，弓矢雨下。别驾从事田丰扶绍欲却入空垣，绍以兜鍪扑地曰："大丈夫当前斗死，而入墙间，岂可得活乎？"强弩乃乱发，多所杀伤。瓒骑不知是绍，亦稍引却；会麹义来迎，乃散去。瓒每与虏战，常乘白马，追不虚发，数获戎捷，虏相告云"当避白马"。因虏所忌，简其白马数千匹，选骑射之士，号为白马义从；一曰胡夷健者常乘白马，瓒有健骑数千，多乘白马，故以号焉。绍既破瓒，引军南到薄落津，方与宾客诸将共会，闻魏郡兵反，与黑山贼于毒共覆邺城，遂杀太守栗成。贼十余部，众数万人，聚会邺中。坐上诸客有家在邺者，皆忧怖失色，或起啼泣，绍容貌不变，自若也。贼陶升者，故内黄小吏也，有善心，独将部众逾西城入，闭守州门，不内他贼，以车载绍家及诸衣冠在州内者，身自捍卫，送到斥丘乃还。绍到，遂屯斥丘，以陶升为建义中郎将。乃引军入朝歌鹿场山苍岩谷讨于毒，围攻五日，破之，斩毒及长安所署冀州牧壶寿。遂寻山北行，薄击诸贼左髭丈八等，皆斩之。又击刘石、青牛角、黄龙、左校、郭大贤、李大目、于氐根等，皆屠其屯壁，奔走得脱，斩首数万级。绍复还屯邺。初平四年，天子使太傅马日磾、太仆赵岐和解关东。岐别诣河北，绍出迎于百里上，拜奉帝命。岐住绍营，移书告瓒。瓒遣使具与绍书曰："赵太仆以周召之德，衔命来征，宣扬朝恩，示以和睦，旷若开云见日，何喜如之？昔贾复、寇恂亦争士卒，欲相危害，遇光武之宽，亲俱陛见，同舆共出，时人以为荣。自省边鄙，得与将军共同此福，此诚将军之眷，而瓒之幸也。"麹义后恃功而骄恣，绍乃杀之。

㊽《献帝传》曰：沮授说绍云："将军累叶辅弼，世济忠义。今朝廷播越，宗庙毁坏，观诸州郡外托义兵，内图相灭，未有存主恤民者。且今州城粗定，宜迎大驾，安宫邺都，挟天子而令诸侯，畜士马以讨不庭，谁能御之！"绍悦，将从之。郭图、淳于琼曰："汉室陵迟，为日久矣，今欲兴之，不亦难乎！且今英雄据有州郡，众动万计，所谓秦失其鹿，先得者王。若迎天子以自近，动辄表闻，从之则权轻，违之则拒命，非计之善者也。"授曰："今迎朝廷，至义也，又于时宜大计也，若不早图，必有先人者也。夫权不失机，功在速捷，将军其图之！"绍弗能用。案此书称沮授之计，则与本传违也。

㊾《献帝春秋》曰：绍耻班在太祖下，怒曰："曹操当死数矣，我辄救存之，今乃背恩，挟天子以令我乎！"太祖闻，而以大将军让于绍。

㊿《典略》曰：自此绍贡御希慢，私使主薄耿苞密白曰："赤德衰尽，袁为黄胤，宜顺天意。"绍以苞密白事示军府将吏。议者咸以苞为妖妄宜诛，绍乃杀苞以自解。

《九州春秋》曰：绍延征北海郑玄而不礼，赵融闻之曰："贤人者，君子之望也。不礼贤，是失君子之望也。夫有为之君，不敢失万民之欢心，况于君子乎？失君子之望，难乎以有为矣。"

《英雄记》载太祖作《董卓歌》，辞云："德行不亏缺，变故自难常。郑康成行酒，伏地气绝，郭景图命尽于园桑。"如此之文，则玄无病而卒。余书不见，故载录之。

51《九州春秋》载授谏辞曰："世称一兔走衢，万人逐之，一人获之，贪者悉止，分定故也。且年均以贤，德均则卜，古之制也。愿上惟先代成败之戒，下思逐兔分定之义。”绍曰：“孤欲令四儿各据一州，以观其能。”授出曰：“祸其始此乎！”谭始至青州，为都督，未为刺史，后太祖拜为刺史。其土自河而西，盖不过平原而已。遂北排田楷，东攻孔融，曜兵海隅，是时百姓无主，欣戴之矣。然信用群小，好受近言，肆志奢淫，不知稼穑之艰难。华彦、孔顺皆奸佞小人也，信以为腹心；王脩等备官而已。然能接待宾客，慕名敬士。使妇弟领兵在内，至令草窃，市井而外，虏掠田野；别使两将募兵下县，有赂者见免，无者见取，贫弱者多，乃至于窜伏丘野之中，放兵捕索，如猎鸟兽。邑有万户者，著籍不盈数百，收赋纳税，参分不入一。招命贤士，不就；不趋赴军期，安居族党，亦不能罪也。

52《世语》曰：绍步卒五万，骑八千。孙盛评曰：案魏武谓崔琰曰“昨案贵州户籍，可得三十万众”。由此推之，但冀州胜兵已如此，况兼幽、并及青州乎？绍之大举，必悉师而起，十万近之矣。

《献帝传》曰：绍将南师，沮授、田丰谏曰：“师出历年，百姓疲弊，仓庾无积，赋役方殷，此国之深忧也。宜先遣使献捷天子，务农逸民；若不得通，乃表曹氏隔我王路，然后进屯黎阳，渐营河南，益作舟船，缮治器械，分遣精骑，钞其边鄙，令彼不得安，我取其逸。三年之中，事可坐定也。”审配、郭图曰：“兵书之法，十围五攻，敌则能战。今以明公之神武，跨河朔之强众，以伐曹氏。譬若覆手，今不时取，后难图也。”授曰：“盖救乱诛暴，谓之义兵；恃众凭强，谓之骄兵。兵义无敌，骄者先灭。曹氏迎天子安宫许都，今举兵南向，于义则违。且庙胜之策，不在强弱。曹氏法令既行，士卒精练，非公孙瓒坐受围者也。今弃万安之术，而兴无名之兵，窃为公惧之！”图等曰：“武王伐纣，不曰不义，况兵加曹氏而云无名！且公师武臣力，将士愤怒，人思自骋，而不及时早定大业，虑之失也。夫天与弗取，反受其咎，此越之所以霸，吴之所以亡也。监军之计，计在持牢，而非见时知机之变也。”绍从之。图等因是谮授“监统内外，威震三军，若其浸盛，何以制之？夫臣与主不同者昌，主与臣同者亡，此《黄石》之所忌也。且御众于外，不宜知内。”绍疑焉。乃分监军为三都督，使授及郭图、淳于琼各典一军，遂合而南。

53《魏氏春秋》载绍檄州郡文曰：“盖闻明主图危以制变，忠臣虑难以立权。曩者强秦弱主，赵高执柄，专制朝命，威福由己，终有望夷之祸，污辱至今。及臻吕后，禄、产专政，擅断万机，决事省禁，下陵上替，海内寒心。于是绛侯、朱虚兴威奋怒，诛夷逆乱，尊立太宗，故能道化兴隆，光明显融，此则大臣立权之明表也。司空曹操，祖父腾，故中常侍，与左悺、徐璜并作妖孽，饕餮放横，伤化虐民。父嵩，乞丐携养，因赃假位，舆金辇璧，输货权门，窃盗鼎司，倾覆重器。操赘阉遗丑，本无令德，僄狡锋侠，好乱乐祸。幕府昔统鹰扬，扫夷凶逆。续遇董卓侵官暴国，于是提剑挥鼓，发命东夏，方收罗英雄，弃瑕录用，故遂与操参咨策略，谓其鹰犬之才，爪牙可任。至乃愚佻短虑，轻进易退，伤夷折衄，数丧师徒。幕府辄复分兵命锐，修完补辑，表行东郡太守、兖州刺史，被以虎文，授以偏师，奖蹙威柄，冀获秦师一克之报。而操遂乘资跋扈，肆行酷烈，割剥元元，残贤害善。故九江太守边让，英才俊逸，天下知名，以直言正色，论不阿谄，身首被枭县之戮，妻孥受灰灭之咎。自是士林愤痛，民怨弥重，一夫奋臂，举州同声，故躬破于徐方，地夺于吕布，彷徨东裔，蹈据无所。幕府唯强干弱枝之义，且不登叛人之党，故复援旌擐甲，席卷赴征，金鼓响震，布众破沮，拯其死亡之患，复其方伯之任，是则幕府无德于兖土之民，而有大造于操也。后会銮驾东反，群虏乱政。时冀州方有北鄙之警，匪遑离局，故使从事中郎徐勋就发遣操，使缮修郊庙，翼卫幼主。而便放志专行，胁迁省禁，卑侮王官，败法乱纪，坐召三台，专制朝政，爵赏由心，刑戮在口，所爱光五宗，所恶灭三族，群谈者蒙显诛，腹议者蒙隐戮，道路以目，百寮钳口，尚书记朝会，公卿充员品而已。故太尉杨彪，历典三司，享国极位，操因睚眦，被以非罪，榜楚并兼，五毒俱至，触情放慝，不顾宪章。又议郎赵彦，忠谏直言，议有可纳，故圣朝含听，改容加锡，操欲迷夺时权，杜绝言路，擅收立杀，不俟报闻。又梁孝王，先帝母弟，坟陵尊显，松柏桑梓，犹宜恭肃，而操率将校吏士亲临发掘，破棺裸尸，略取金宝，至令圣朝流涕，士民伤怀。又署发丘中郎将、摸金校尉，所过隳突，无骸不露。身处三公之官，而行桀虏之态，殄国虐民，毒流人鬼。加其细政苛惨，科防互设，缯缴充蹊，坑井塞路，举手挂网罗，动足蹈机陷，是以兖、豫有无聊之民，帝都有吁嗟之怨。历观古今书籍，所载贪残虐烈无道之臣，于操为甚。幕府方诘外奸，未及整训，加意含覆，冀可弥缝。而操豺狼野心，潜苞祸谋，乃欲挠折栋梁，孤弱汉室，除灭中正，专为枭雄。往岁伐鼓北征，讨公孙瓒，强御桀逆，拒围一年。操因其未破，阴交书命，欲托助王师，以相掩袭，故引兵造河，方舟北济。会其行人发露，瓒亦枭夷，故使锋芒挫缩，厥图不果。屯据敖仓，阻河为固，乃欲以螳螂之斧，御隆车之隧。幕府奉汉威灵，折冲宇宙，长戟百万，胡骑千群，奋中黄、育、获之材，骋良弓劲弩之势，并州越太行，青州涉济、漯，大军泛黄河以角其前，荆州下宛、叶而掎其后，雷震虎步，并集虏庭，若举炎火以焫飞蓬，覆沧海而沃熛炭，有何不消灭者哉？当今汉道陵迟，纲弛纪绝。操以精兵七百，围守宫阙，外称陪卫，内以拘执，惧其篡逆之祸，因斯而作。乃忠臣肝脑涂地之秋，烈士立功之会也，可不勖哉！"此陈琳之辞。

㊴《献帝传》曰：绍临发，沮授会其宗族，散资财以与之曰："夫势在则威无不加，势亡则不保一身，哀哉！"其弟宗曰："曹公士马不敌，君何惧焉！"授曰："以曹兖州之明略，又挟天子以为资，我虽克公孙，众实疲弊，而将骄主忕，军之破败，在此举也。扬雄有言，'六国蚩蚩，为嬴弱姬'，今之谓也。"

㊵《献帝传》曰：绍将济河，沮授谏曰："胜负变化，不可不详。今宜留屯延津，分兵官渡，若其克获，还迎不晚，设其有难，众弗可还。"绍弗从。授临济叹曰："上盈其志，下务其功，悠悠黄河，吾其不反乎！"遂以疾辞。绍恨之，乃省其所部兵属郭图。

㊶《魏氏春秋》曰：以古有矢石，又《传》言"旝动而鼓"，《说文》曰"旝，发石也"，于是造发石车。

㊷张璠《汉纪》云：杀绍卒凡八万人。

㊸《献帝传》云：授大呼曰："授不降也，为军所执耳！"太祖与之有旧，逆谓授曰："分野殊异，遂用圮绝，不图今日乃相禽也！"授对曰："冀州失策，以取奔北。授智力俱困，宜其见禽耳。"太祖曰："本初无谋，不用君计，今丧乱过纪，国家未定，当相与图之。"授曰："叔父、母、弟，县命袁氏，若蒙公灵，速死为福。"太祖叹曰："孤早相得，天下不足虑。"

㊹《先贤行状》曰：丰字元皓，钜鹿人，或云勃海人。丰天姿瑰杰，权略多奇，少丧亲，居丧尽哀，日月虽过，笑不至矧。博览多识，名重州党。初辟太尉府，举茂才，迁侍御史。阉宦擅朝，英贤被害，丰乃弃官归家。袁绍起义，卑辞厚币以招致丰，丰以王室多难，志存匡救，乃应绍命，以为别驾。劝绍迎天子，绍不纳。绍后用丰谋，以平公孙瓒。逢纪惮丰亮直，数谗之于绍，绍遂忌丰。绍军之败也，土崩奔北，师徒略尽，军皆拊膺而泣曰："向令田丰在此，不至于是也。"绍谓逢纪曰："冀州人闻吾军败，皆当念吾，惟田别驾前谏止吾，与众不同，吾亦惭见之。"纪复曰："丰闻将军之退，拊手大笑，喜其言之中也。"绍于是有害丰之意。初，太祖闻丰不从戎，喜曰："绍必败矣。"及绍奔遁，复曰："向使绍用田别驾计，尚未可知也。"

孙盛曰：观田丰、沮授之谋，虽良、平何以过之？故君贵审才，臣尚量主；君用忠良，则伯王之业隆，臣奉暗后，则覆亡之祸至：存亡荣辱，常必由兹。丰知绍将败，败则己必死，甘冒虎口以尽忠规，烈士之于所事，虑不存己。夫诸侯之臣，义有去就，况丰与绍非纯臣乎？《诗》云"逝将去汝，适彼乐土"，言去乱邦，就有道可也。

㊺《典论》曰：谭长而惠，尚少而美。绍妻刘氏爱尚，数称其才，绍亦奇其貌，欲以为后，未显而绍死。刘氏性酷妒，绍死，僵尸未殡，宠妾五人，刘尽杀之。以为死者有知，当复见绍于地下，乃髡头墨面以毁其形。尚又为尽杀死者之家。

㊻《英雄记》曰：纪字元图。初，绍去董卓出奔，与许攸及纪俱诣冀州，绍以纪聪达有计策，甚亲信之，与共举事。后审

配任用，与纪不睦。或有谗配于绍，绍问纪，纪称“配天性烈直，古人之节，不宜疑之”。绍曰：“君不恶之邪？”纪答曰：“先日所争者私情，今所陈者国事。”绍善之，卒不废配。配由是更与纪为亲善。

㊷《魏氏春秋》载刘表遗谭书曰：“天笃降害，祸难殷流，尊公殂殒，四海悼心。贤胤承统，遐迩属望，咸欲展布旅力，以投盟主，虽亡之日，犹存之愿也。何寤青蝇飞于干旍，无极游于二垒，使股肱分为二体，背膂绝为异身！昔三王五伯，下及战国，父子相残，盖有之矣；然或欲以成王业，或欲以定霸功，或欲以显宗主，或欲以固冢嗣，未有弃亲即异，抏其本根，而能崇业济功，垂祚后世者也。若齐襄复九世之雠，士匄卒荀偃之事，是故《春秋》美其义，君子称其信。夫伯游之恨于齐，未若太公之忿曹；宣子之承业，未若仁君之继统也。且君子之违难不适仇国，岂可忘先君之怨，弃至亲之好，为万世之戒，遗同盟之耻哉！冀州不弟之傲，既已然矣；仁君当降志辱身，以匡国为务；虽见憎于夫人，未若郑庄之于姜氏，兄弟之嫌，未若重华之于象傲也。然庄公有大隧之乐，象受有鼻之封。愿弃捐前忿，远思旧义，复为母子昆弟如初。”又遗尚书曰：“知变起辛、郭，祸结同生，追阏伯、实沈之踪，忘《常棣》死丧之义，亲寻干戈，僵尸流血，闻之哽咽，虽存若亡。昔轩辕有涿鹿之战，周武有商、奄之师，皆所以翦除秽害而定王业，非强弱之争，喜怒之忿也。故虽灭亲不为尤，诛兄不伤义。今二君初承洪业，纂继前轨，进有国家倾危之虑，退有先公遗恨之负，当唯义是务，唯国是康。何者？金木水火以刚柔相济，然后克得其和，能为民用。今青州天性峭急，迷于曲直。仁君度数弘广，绰然有余，当以大包小，以优容劣，先除曹操以卒先公之恨，事定之后，乃议曲直之计，不亦善乎！若留神远图，克己复礼，当振旆长驱，共奖王室，若迷而不反，违而无改，则胡夷将有诮让之言，况我同盟，复能戮力为君之役哉？此韩卢、东郭自困于前而遗田父之获者也。愤踊鹤望，冀闻和同之声。若其泰也，则袁族其与汉升降乎！如其否也，则同盟永无望矣。”谭、尚尽不从。

《汉晋春秋》载审配献书于谭曰：“《春秋》之义，国君死社稷，忠臣死王命。苟有图危宗庙，败乱国家，王纲典律，亲疏一也。是以周公垂泣而蔽管、蔡之狱，季友歔欷而行鍼叔之鸩。何则？义重人轻，事不得已也。昔卫灵公废蒯聩而立辄，蒯聩为不道，入戚以篡，卫师伐之。《春秋传》曰：‘以石曼姑之义，为可以拒之。’是以蒯聩终获叛逆之罪，而曼姑永享忠臣之名。父子犹然，岂况兄弟乎！昔先公废绌将军以续贤兄，立我将军以为適嗣，上告祖灵，下书谱牒，先公谓将军为兄子，将军谓先公为叔父，海内远近，谁不备闻？且先公即世之日，我将军斩衰居庐，而将军斋于垩室，出入之分，于斯益明。是时凶臣逢纪，妄画蛇足，曲辞谄媚，交乱懿亲，将军奋赫然之怒，诛不旋时，我将军亦奉命承旨，加以淫刑。自是之后，痈疽破溃，骨肉无丝发之嫌，自疑之臣，皆保生全之福。故悉遣强胡，简命名将，料整器械，选择战士，殚府库之财，竭食土之实，其所以供奉将军，何求而不备？君臣相率，共卫旌麾，战为雁行，赋为币主，虽倾仓覆库，翦剥民物，上下欣戴，莫敢告劳。何则？推恋恋忠赤之情，尽家家肝脑之计，唇齿辅车，不相为赐。谓为将军心合意同，混齐一体，必当并威偶势，御寇宁家。何图凶险谗慝之人，造饰无端，诱导奸利，至令将军翻然改图，忘孝友之仁，听豺狼之谋，诬先公废立之言，违近者在丧之位，悖纪纲之理，不顾逆顺之节，横易冀州之主，欲当先公之继。遂放兵钞拨，屠城杀吏，交尸盈原，裸民满野，或有髡剃发肤，割截支体，冤魂痛于幽冥，创痍号于草棘。又乃图获邺城，许赐秦、胡，财物妇女，豫有分界。或闻告令吏士云：‘孤虽有老母，辄使身体完具而已。’闻此言者，莫不惊愕失气，悼心挥涕，使太夫人忧哀愤懑于堂室，我州君臣士友假寐悲叹，无所措其手足；念欲静师拱默以听执事之图，则惧违《春秋》死命之节，贻太夫人不测之患，陨先公高世之业。且三军愤慨，人怀私怒，我将军辞不获已，以及馆陶之役。是时外为御难，内实乞罪，既不见赦，而屠各二三其心，临陈叛戾。我将军进退无功，首尾受敌，引军奔避，不敢告辞。亦谓将军当少垂亲亲之仁，贶以缓追之惠，而乃寻踪蹑轨，无所逃命。困兽必斗，以干严行，而将军师旅土崩瓦解，此非人力，乃天意也。是后又望将军改往修来，克己复礼，追还孔怀如初之爱；而纵情肆怒，趣破家门，企踵鹤立，连结外仇，散锋放火，播增毒螫，烽烟相望，涉血千里，遗城厄民，引领悲怨，虽欲勿救，恶得已哉！故遂引军东辕，保正疆埸，虽近郊垒，未侵境域，然望旌麾，能不永叹？配等备先公家臣，奉废立之命。而图等干国乱家，礼有常刑。故奋敝州之赋，以除将军之疾，若乃天启于心，早行其诛，则我将军匍匐悲号于将军股掌之上，配等亦袒躬布体以待斧钺之刑。若必不悛，有以国毙，图头不县，军不旋踵。愿将军详度事宜，锡以环玦。”

《典略》曰：谭得书怅然，登城而泣。既劫于郭图，亦以兵锋累交，遂战不解。

63《先贤行状》曰：配字正南，魏郡人，少忠烈慷慨，有不可犯之节。袁绍领冀州，委以腹心之任，以为治中别驾，并总幕府。初，谭之去，皆呼辛毗、郭图家得出，而辛评家独被收。及配兄子开城门内兵，时配在城东南角楼上，望见太祖兵入，忿辛、郭坏败冀州，乃遣人驰诣邺狱，指杀仲治家。是时，辛毗在军，闻门开，驰走诣狱，欲解其兄家，兄家已死。是日生缚配，将诣帐下，辛毗等逆以马鞭击其头，骂之曰：“奴，汝今日真死矣！”配顾曰：“狗辈，正由汝曹破我冀州，恨不得杀汝也！且汝今日能杀生我邪？”有顷，公引见，谓配：“知谁开卿城门？”配曰：“不知也。”曰：“自卿子荣耳。”配曰：“小儿不足用乃至此！”公复谓曰：“曩日孤之行围，何弩之多也？”配曰：“恨其少耳！”公曰：“卿忠于袁氏父子，亦自不得不尔也。”有意欲活之。配既无挠辞，而辛毗等号哭不已，乃杀之。初，冀州人张子谦先降，素与配不善，笑谓配曰：“正南，卿竟何如我？”配厉声曰：“汝为降虏，审配为忠臣，虽死，岂若汝生邪！”临行刑，叱持兵者令北向，曰：“我君在北。”

乐资《山阳公载记》及袁暐《献帝春秋》并云太祖兵入城，审配战于门中，既败，逃于井中，于井获之。

臣松之以为配一代之烈士，袁氏之死臣，岂当数穷之日，方逃身于井，此之难信，诚为易了。不知资、暐之徒竟为何人，未能识别然否，而轻弄翰墨，妄生异端，以行其书。如此之类，正足以诬罔视听，疑误后生矣。实史籍之罪人，达学之所不取者也。

64《典略》曰：上洛都尉王琰获高幹，以功封侯；其妻哭于室，以为琰富贵将更娶妾媵而夺己爱故也。

65《典略》曰：尚为人有勇力，欲夺取康众，与熙谋曰：“今到，康必相见，欲与兄手击之，有辽东犹可以自广也。”康亦心计曰：“今不取熙、尚，无以为说于国家。”乃先置其精勇于厩中，然后请熙、尚。熙、尚入，康伏兵出，皆缚之，坐于冻地。尚寒，求席，熙曰：“头颅方行万里，何席之为！”遂斩首。谭，字显思。熙，字显奕。尚，字显甫。

《吴书》曰：尚有弟名买，与尚俱走辽东。《曹瞒传》云：买，尚兄子。未详。

66《先贤行状》曰：珩字子佩，代郡人，清粹有雅量。少丧父母，奉养兄姊，宗族称孝悌焉。

67《吴书》曰：时议者以灵帝失道，使天下叛乱，少帝幼弱，为贼臣所立，又不识母所出。幽州牧刘虞宿有德望，绍等欲立之以安当时，使人报术。术观汉室衰陵，阴怀异志，故外托公义以拒绍。绍复与术书曰：“前与韩文节共建永世之道，欲海内见再兴之主。今西名有幼君，无血脉之属，公卿以下皆媚事卓，安可复信！但当使兵往屯关要，皆自蹙死于西。东立圣君，太平可冀，如何有疑！又室家见戮，不念子胥，可复北面乎？违天不祥，愿详思之。”术答曰：“圣主聪睿，有周成之质。贼卓因危乱之际，威服百寮，此乃汉家小厄之会。乱尚未厌，复欲兴之。乃云今主‘无血脉之属’，岂不诬乎！先人以来，奕世相承，忠义为先。太傅公仁慈恻隐，虽知贼卓必为祸害，以信徇义，不忍去也。门户灭绝，死亡流漫，幸蒙远近来相赴助，不因此时上讨国贼，下刷家耻，而图于此，非所闻也。又曰‘室家见戮，可复北面’，此卓所为，岂国家哉？君命，天也，天不可仇，况非君命乎！悽悽赤心，志在灭卓，不识其他。”

⑱臣松之案《英雄记》:"陈温字元悌,汝南人。先为扬州刺史,自病死。袁绍遣袁遗领州,败散,奔沛国,为兵所杀。袁术更用陈瑀为扬州。瑀字公玮,下邳人。瑀既领州,而术败于封丘,南向寿春,瑀拒术不纳。术退保阴陵,更合军攻瑀,瑀惧走归下邳。"如此,则温不为术所杀,与本传不同。

⑲《三辅决录注》曰:日䃅字翁叔,马融之族子。少传融业,以才学进。与杨彪、卢植、蔡邕等典校中书,历位九卿,遂登台辅。

《献帝春秋》曰:术从日䃅借节观之,因夺不还,备军中千余人,使促辟之。日䃅谓术曰:"卿家先世诸公,辟士云何,而言促之,谓公府掾可劫得乎!"从术求去,而术留之不遣;既以失节屈辱,忧恚而死。

⑳《典略》曰:术以袁姓出陈,陈,舜之后,以土承火,得应运之次。又见谶文云:"代汉者,当涂高也。"自以名字当之,乃建号称仲氏。

㉑《九州春秋》曰:司隶冯方女,国色也,避乱扬州,术登城见而悦之,遂纳焉,甚爱幸。诸妇害其宠,语之曰:"将军贵人有志节,当时时涕泣忧愁,必长见敬重。"冯氏以为然,后见术辄垂涕,术以有心志,益哀之。诸妇人因共绞杀,悬之厕梁,术诚以为不得志而死,乃厚加殡敛。

㉒《魏书》曰:术归帝号于绍曰:"汉之失天下久矣,天子提挈,政在家门,豪雄角逐,分裂疆宇,此与周之末年七国分势无异,卒强者兼之耳。加袁氏受命当王,符瑞炳然。今君拥有四州,民户百万,以强则无与比大,论德则无与比高。曹操欲扶衰拯弱,安能续绝命救已灭乎?"绍阴然之。

《吴书》曰:术既为雷薄等所拒,留住三日,士众绝粮,乃还至江亭,去寿春八十里。问厨下,尚有麦屑三十斛。时盛暑,欲得蜜浆,又无蜜。坐櫺床上,叹息良久,乃大咤曰:"袁术至于此乎!"因顿伏床下,呕血斗余而死。

㉓张璠《汉纪》曰:表与同郡人张隐、薛郁、王访、宣靖、公绪恭、刘祇、田林为八交,或谓之八顾。

《汉末名士录》云:表与汝南陈翔字仲麟、范滂字孟博、鲁国孔昱字世元、勃海苑康字仲真、山阳檀敷字文友、张俭字元节、南阳岑晊字公孝为八友。

谢承《后汉书》曰:表受学于同郡王畅。畅为南阳太守,行过乎俭。表时年十七,进谏曰:"奢不僭上,俭不逼下,盖中庸之道,是故蘧伯玉耻独为君子。府君若不师孔圣之明训,而慕夷齐之末操,无乃皎然自遗于世!"畅答曰:"以约,失之者鲜矣。且以矫俗也。"

㉔司马彪《战略》曰:刘表之初为荆州也,江南宗贼盛,袁术屯鲁阳,尽有南阳之众。吴人苏代领长沙太守,贝羽为华容长,各阻兵作乱。表初到,单马入宜城,而延中庐人蒯良、蒯越、襄阳人蔡瑁与谋。表曰:"宗贼甚盛,而众不附,袁术因之,祸今至矣!吾欲征兵,恐不集,其策安出?"良曰:"众不附者,仁不足也,附而不治者,义不足也;苟仁义之道行,百姓归之如水之趣下,何患所至之不从而问兴兵与策乎?"表顾问越,越曰:"治平者先仁义,治乱者先权谋。兵不在多,在得人也。袁术勇而无断,苏代、贝羽皆武人,不足虑。宗贼帅多贪暴,为下所患。越有所素养者,使示之以利,必以众来。君诛其无道,抚而用之。一州之人,有乐存之心,闻君盛德,必襁负而至矣。兵集众附,南据江陵,北守襄阳,荆州八郡可传檄而定。术等虽至,无能为也。"表曰:"子柔之言,雍季之论也。异度之计,臼犯之谋也。"遂使越遣人诱宗贼,至者五十五人,皆斩之。袭取其众,或即授部曲。唯江夏贼张虎、陈生拥众据襄阳,表乃使越与庞季单骑往说降之,江南遂悉平。

㉕《汉晋春秋》曰:表答羲曰:"内不失贡职,外不背盟主,此天下之达义也。治中独何怪乎?"

㉖《英雄记》曰:张羡,南阳人。先作零陵、桂阳长,甚得江、湘间心,然性屈强不顺。表薄其为人,不甚礼也。羡由是怀恨,遂叛表焉。

㉗《英雄记》曰:州界群寇既尽,表乃开立学官,博求儒士,使綦毋闿、宋忠等撰《五经章句》,谓之《后定》。

㉘《傅子》曰:初表谓嵩曰:"今天下大乱,未知所定,曹公拥天子都许,君为我观其衅。"嵩对曰:"圣达节,次守节。嵩,

守节者也。夫事君为君，君臣名定，以死守之；今策名委质，唯将军所命，虽赴汤蹈火，死无辞也。以嵩观之，曹公至明，必济天下。将军能上顺天子，下归曹公，必享百世之利，楚国实受其佑，使嵩可也；设计未定，嵩使京师，天子假嵩一官，则天子之臣，而将军之故吏耳。在君为君，则嵩守天子之命，义不得复为将军死也。唯将军重思，无负嵩。”表遂使之，果如所言，天子拜嵩侍中，迁零陵太守，还称朝廷、曹公之德也。表以为怀贰，大会寮属数百人，陈兵见嵩，盛怒，持节将斩之，数曰：“韩嵩敢怀贰邪！”众皆恐，欲令嵩谢。嵩不动，谓表曰：“将军负嵩，嵩不负将军！”具陈前言。表怒不已，其妻蔡氏谏之曰：“韩嵩，楚国之望也；且其言直，诛之无辞。”表乃弗诛而囚之。

⑲《汉晋春秋》曰：太祖之始征柳城，刘备说表使袭许，表不从。及太祖还，谓备曰：“不用君言，故失此大会也。”备曰：“今天下分裂，日寻干戈，事会之来，岂有终极乎？若能应之于后者，则此未足为恨也。”

⑳《典略》曰：表疾病，琦还省疾。琦性慈孝，瑁、允恐琦见表，父子相感，更有托后之意，谓曰：“将军命君抚临江夏，为国东藩，其任至重；今释众而来，必见谴怒，伤亲之欢心以增其疾，非孝敬也。”遂遏于户外，使不得见，琦流涕而去。

㉛《傅子》曰：巽子公悌，瑰伟博达，有知人鉴。辟公府，拜尚书郎，后客荆州，以说刘琮之功，赐爵关内侯。文帝时为侍中，太和中卒，巽在荆州，目庞统为半英雄，证裴潜终以清行显；统遂附刘备，见待次于诸葛亮，潜位至尚书令，并有名德。及在魏朝，魏讽以才智闻，巽谓之必反，卒如其言。巽弟子嘏，别有传。

《汉晋春秋》曰：王威说刘琮曰：“曹操得将军既降，刘备已走，必解弛无备，轻行单进；若给威奇兵数千，徼之于险，操可获也。获操即威震天下，坐而虎步，中夏虽广，可传檄而定，非徒收一胜之功，保守今日而已。此难遇之机，不可失也。”琮不纳。

《搜神记》曰：建安初，荆州童谣曰：“八九年间始欲衰，至十三年无孑遗。”言自中平以来，荆州独全，及刘表为牧，民又丰乐，至建安八年九年当始衰。始衰者，谓刘表妻死，诸将并零落也。十三年无孑遗者，表当又死，因以丧破也。是时，华容有女子忽啼呼云：“荆州将有大丧。”言语过差，县以为妖言，系狱月余，忽于狱中哭曰：“刘荆州今日死。”华容去州数百里，即遣马吏验视，而刘表果死，县乃出之。续又歌吟曰：“不意李立为贵人。”后无几，太祖平荆州，以涿郡李立字建贤为荆州刺史。

㉜《魏武故事》载令曰：“楚有江、汉山川之险，后服先强，与秦争衡，荆州则其故地。刘镇南久用其民矣。身没之后，诸子鼎峙，虽终难全，犹可引日。青州刺史琮，心高志洁，智深虑广，轻荣重义，薄利厚德，蔑万里之业，忽三军之众，笃中正之体，敦令名之誉，上耀先君之遗尘，下图不朽之余祚；鲍永之弃并州，窦融之离五郡，未足以喻也。虽封列侯一州之位，犹恨此宠未副其人；而比有笺求还州。监史虽尊，秩禄未优。今听所执，表琮为谏议大夫，参同军事。”

㉝《傅子》曰：越，蒯通之后也，深中足智，魁杰有雄姿。大将军何进闻其名，辟为东曹掾。越劝进诛诸阉官，进犹豫不决。越知进必败，求出为汝阳令，佐刘表平定境内，表得以强大。诏书拜章陵太守，封樊亭侯。荆州平，太祖与荀彧书曰：“不喜得荆州，喜得蒯异度耳。”建安十九年卒。临终，与太祖书，托以门户。太祖报书曰：“死者反生，生者不愧。孤少所举，行之多矣。魂而有灵，亦将闻孤此言也。”

㉞《先贤行状》曰：嵩字德高，义阳人。少好学，贫不改操。知世将乱，不应三公之命，与同好数人隐居于郦西山中。黄巾起，嵩避难南方，刘表逼以为别驾，转从事中郎。表郊祀天地，嵩正谏不从，渐见违忤。奉使到许，事在前注。荆州平，嵩疾病，就在所拜授大鸿胪印绶。

㉟羲，章陵人。

㊱《零陵先贤传》曰：先字始宗，博学强记，尤好黄老言，明习汉家典故。为刘表别驾，奉章诣许，见太祖。时宾客并会，太祖问先：“刘牧如何郊天地？”先对曰：“刘牧托汉室肺腑，处

牧伯之位，而遭王道未平，群凶塞路，抱玉帛而无所聘频，修章表而不获达御，是以郊天祀地，昭告赤诚。”太祖曰：“群凶为谁？”先曰：“举目皆是。”太祖曰：“今孤有熊罴之士，步骑十万，奉辞伐罪，谁敢不服？”先曰：“汉道陵迟，群生憔悴，既无忠义之士，翼戴天子，绥宁海内，使万邦归德，而阻兵安忍，曰莫己若，既蚩尤、智伯复见于今也。”太祖嘿然。拜先武陵太守。荆州平，先始为汉尚书，后为魏国尚书令。

先甥同郡周不疑，字元直，零陵人。《先贤传》称不疑幼有异才，聪明敏达，太祖欲以女妻之，不疑不敢当。太祖爱子仓舒，夙有才智，谓可与不疑为俦。及仓舒卒，太祖心忌不疑，欲除之。文帝谏以为不可，太祖曰：“此人非汝所能驾御也。”乃遣刺客杀之。

挚虞《文章志》曰：不疑死时年十七，著《文论》四首。

《世语》曰：表死后八十余年，至晋太康中，表冢见发。表及妻身形如生，芬香闻数里。

㊇《英雄记》曰：昔大人见临洮而铜人铸，临洮生卓而铜人毁；世有卓而大乱作，大乱作而卓身灭，抑有以也。

㊈臣松之以为桀、纣无道，秦、莽纵虐，皆多历年所，然后众恶乃著。董卓自窃权柄，至于陨毙，计其日月，未盈三周，而祸崇山岳，毒流四海。其残贼之性，实豺狼不若。“书契未有”，斯言为当。但评既曰“贼忍”，又云“不仁”，贼忍，不仁，于辞为重。袁术无毫芒之功，纤介之善，而猖狂于时，妄自尊立，固义夫之所扼腕，人鬼之所同疾。虽复恭俭节用，而犹必覆亡不暇，而评但云“奢淫不终”，未足见其大恶。

三国志卷七　魏书七

吕布张邈臧洪传第七

吕布字奉先，五原郡九原人也。以骁武给并州。刺史丁原为骑都尉，屯河内，以布为主簿，大见亲待。灵帝崩，原将兵诣洛阳。①与何进谋诛诸黄门，拜执金吾。进败，董卓入京都，将为乱，欲杀原，并其兵众。卓以布见信于原，诱布令杀原。布斩原首诣卓，卓以布为骑都尉，甚爱信之，誓为父子。

吕布字奉先，是五原郡九原县人。凭着勇猛威武在并州任职。刺史丁原任骑都尉，驻兵河内郡，任命吕布担任主簿，备受亲近、厚待。灵帝死后，丁原带兵到洛阳。和大将军何进策划杀掉宦官，被任命为执金吾。何进失败后，董卓带兵进入京城，准备作乱，想杀死丁原，吞并他的部众。董卓因为吕布受丁原信任，劝说吕布要他杀掉丁原。吕布斩下丁原的头去见董卓，董卓任命吕布担任骑都尉，十分宠爱信任他，两人发誓认作父子。

布便弓马，膂力过人，号为飞将。稍迁至中郎将，封都亭侯。卓自以遇人无礼，恐人谋己，行止常以布自卫。然卓性刚而褊，忿不思难，尝小失意，拔手戟掷布。布拳捷避之，②为卓顾谢，卓意亦解。由是阴怨卓。卓常使布守中阁，布与卓侍婢私通，恐事发觉，心不自安。

吕布很会骑马射箭，体力超过一般的人，号称“飞将”。不久，升到中郎将，封为都亭侯。董卓知道自己平时待人无礼，怕别人谋害自己，外出或居家都要吕布保卫他。然而董卓性情刚猛而心胸狭窄，愤怒的时候不考虑后果，曾经因稍不顺意，便拔出手戟掷向吕布。吕布奋力快速避开，然后和颜悦色地向董卓赔礼道歉，董卓的怒气得以缓解。吕布由此暗恨董卓。董卓常常要吕布守卫内室，吕布和董卓身边的婢女私通，又恐怕事情被发觉，内心不安。

先是，司徒王允以布州里壮健，厚接纳之。后布诣允，陈卓几见杀状。时允与仆射士孙瑞密谋诛卓，是以告布使为内应。布曰：“奈如父子何！”允曰：“君自姓吕，本非骨肉。今忧死不暇，何谓父子？”布遂许之，手刃刺卓。语在《卓传》。允

在这以前，司徒王允因为吕布是州里强健的人，对他厚礼相待。后来吕布到王允那里，讲了董卓几乎要杀死他的情况。当时王允和仆射士孙瑞密谋杀掉董卓，因此告诉吕布要他做内应。吕布说：“我和他如同父子，怎么能这样呢？”王允说：“你自姓吕，本不是亲生骨肉，现在担心被杀还来不及，还说什么父子！”吕布便答应了，亲手杀死了董卓。这事记载在《董卓传》中。王允任命吕布为奋武将军，授予

以布为奋武将军，假节，仪比三司，进封温侯，共秉朝政。布自杀卓后，畏恶凉州人，凉州人皆怨。由是李傕等遂相结还攻长安城。[③]布不能拒，傕等遂入长安。卓死后六旬，布亦败。[④]将数百骑出武关，欲诣袁术。

符节，出入仪仗与三公相同，进封温侯，共同主持朝政。吕布自从杀掉董卓以后，畏惧凉州人，凉州人也都怨恨他。于是李傕等人就互相勾结回军攻打长安城，吕布抵抗不住，李傕等人便进入长安。董卓死后六十天，吕布也失败了。他带了几百骑兵逃出武关，想投靠袁术。

布自以杀卓为术报仇，欲以德之。术恶其反覆，拒而不受。北诣袁绍，绍与布击张燕于常山。燕精兵万余，骑数千。布有良马曰赤兔。[⑤]常与其亲近成廉、魏越等陷锋突陈，遂破燕军。而求益兵众，将士钞掠，绍患忌之。布觉其意，从绍求去。绍恐还为己害，遣壮士夜掩杀布，不获。事露，布走河内，[⑥]与张杨合。绍令众追之，皆畏布，莫敢逼近者。[⑦]

吕布自以为杀了董卓是替袁术报了仇，想要袁术对他以德相报。袁术恨他反复无常，拒绝接纳他。于是吕布往北投奔袁绍，袁绍和吕布在常山攻击张燕。张燕有精兵一万多人，战马几千匹。吕布有匹好马叫赤兔。经常和他的亲信成廉、魏越等人在战场上冲锋陷阵，终于打败了张燕的军队。于是吕布要求扩充队伍，而他的士兵又抢劫掠夺，袁绍为此担忧而忌恨他。吕布发觉了他的心思，向袁绍请求离去。袁绍怕他以后成为自己的祸害，派壮士乘夜刺杀吕布，没有成功。事情败露后，吕布逃到河内郡，和张杨联合。袁绍派兵追他，但追的人都害怕吕布，没有人敢逼近他。

张邈字孟卓，东平寿张人也。少以侠闻，振穷救急，倾家无爱，士多归之。太祖、袁绍皆与邈友。辟公府，以高第拜骑都尉，迁陈留太守。董卓之乱，太祖与邈首举义兵。汴水之战，邈遣卫兹将兵随太祖。袁绍既为盟主，有骄矜色，邈正议责绍。绍使太祖杀邈，太祖不听，责绍曰："孟卓，亲友也，是非当容之。今天下未定，不宜自相危也。"邈知之，益德太祖。太祖之征陶谦，敕家曰："我若不还，往依孟卓。"后还，见邈，垂泣相对。其亲如此。

张邈字孟卓，是东平郡寿张县人。年轻时以侠义闻名，赈济贫穷救助危急，倾家荡产而毫不吝啬，士人有很多归附他。太祖、袁绍都和他是朋友。曾被征召到三公官府，因政绩优秀被授予任骑都尉，升任陈留太守。董卓作乱，太祖和张邈首先举兵起义。与董卓在汴水交战时，张邈派部将卫兹带兵跟随太祖。袁绍做了盟主以后，露出了骄傲自满的神色，张邈义正词严责备了他。袁绍便要太祖杀掉张邈，太祖不听，责备袁绍说："孟卓，是我们的亲密朋友，对、错都应当宽容他。现在天下还没有安定，不应该自相残杀。"张邈知道后，更加感激太祖。太祖征伐陶谦时，告诉家里人说："我如果不能生还，你们便去投靠孟卓。"后来回来，见到张邈，两人相对而哭。他们亲密到了如此程度。

吕布之舍袁绍从张杨也，过邈临别，把手共誓。绍闻之，

吕布离开袁绍投奔张杨时，专程拜访张邈向他作别，两人握手发誓。袁绍听说后，对张邈非常痛

大恨。邈畏太祖终为绍击己也，心不自安。兴平元年，太祖复征谦，邈弟超，与太祖将陈宫、从事中郎许汜、王楷共谋叛太祖。宫说邈曰："今雄杰并起，天下分崩，君以千里之众，当四战之地，抚剑顾眄，亦足以为人豪，而反制于人，不以鄙乎！今州军东征，其处空虚，吕布壮士，善战无前，若权迎之，共牧兖州，观天下形势，俟时事之变通，此亦纵横之一时也。"邈从之。太祖初使宫将兵留屯东郡，遂以其众东迎布为兖州牧，据濮阳。郡县皆应，唯鄄城、东阿、范为太祖守。太祖引军还，与布战于濮阳，太祖军不利，相持百余日。是时岁旱、虫蝗、少谷，百姓相食，布东屯山阳。二年间，太祖乃尽复收诸城，击破布于钜野。布东奔刘备。[8]邈从布，留超将家属屯雍丘。太祖攻围数月，屠之，斩超及其家。邈诣袁术请救未至，自为其兵所杀。[9]

恨。张邈害怕太祖最终会替袁绍来攻打自己，内心很不安。兴平元年，太祖再次征伐陶谦，张邈的弟弟张超，和太祖的部将陈宫、从事中郎许汜、王楷共同策划背叛太祖。陈宫劝张邈说："现在英雄豪杰纷纷起兵，天下四分五裂，你拥有方圆千里的民众，居于四面可出击之地，手把着佩剑左右雄视，也足可以做人中豪杰，却反而受别人控制，岂不是太没出息了吗！今日兖州军队随曹操东征，城内空虚，吕布是位壮士，能征善战，一往无前，如果暂且迎接他来，共同统治兖州，静观天下形势，等待时局的变化，这也是大显身手的机会啊。"张邈听从了他的话。太祖当初派陈宫带兵留守东郡，陈宫率部东迎吕布任兖州牧，据守濮阳。兖州所属郡县都起来响应吕布，只有鄄城、东阿、范县仍为太祖坚守。太祖带兵回来，与吕布在濮阳大战，太祖军战斗不利，和吕布相持一百多天。这时天旱，又发生蝗灾，缺少粮食，百姓人吃人，吕布于是向东驻守山阳郡。在两年的时间里，太祖便全部收回各城，在钜野县打败了吕布。吕布向东投奔刘备。张邈跟随吕布，留弟弟张超带领家属驻扎在雍丘县。太祖围攻雍丘几个月，最后屠杀了全城的人，杀了张超和他的全家。张邈到袁术那里请救兵还没有走到，中途被部下杀掉。

备东击术，布袭取下邳，备还归布。布遣备屯小沛。布自称徐州刺史。[10]术遣将纪灵等步骑三万攻备，备求救于布。布诸将谓布曰："将军常欲杀备，今可假手于术。"布曰："不然。术若破备，则北连太山诸将，吾为在术围中，不得不救也。"便严步兵千、骑二百，驰往赴备。灵等闻布至，皆敛兵不敢复攻。布于沛西南一里

刘备往东攻打袁术，吕布则偷袭并夺取了下邳县，刘备回来归附吕布。吕布派刘备驻扎在小沛县。吕布自称徐州刺史。袁术派部将纪灵等人率步兵骑兵三万人进攻刘备，刘备向吕布求救。吕布的部将对吕布说："将军常想杀刘备，现在可以借袁术的手杀他。"吕布说："不能这样，袁术如果打败刘备，那他就会和北方太山郡的一些将领联合起来，我们就会陷在他的包围中，所以不能不救刘备。"便急调一千名步兵、二百名骑兵奔赴刘备那里。纪灵等人听说吕布来了，都收兵不敢再攻。吕布在小沛县城西南一里的地方安营驻扎，派遣侍卫去邀请纪灵等人

安屯，遣铃下请灵等，灵等亦请布共饮食。布谓灵等曰：“玄德，布弟也。弟为诸君所困，故来救之。布性不喜合斗，但喜解斗耳。”布令门候于营门中举一只戟，布言：“诸君观布射戟小支，一发中者诸君当解去，不中可留决斗。”布举弓射戟，正中小支。诸将皆惊，言“将军天威也”！明日复欢会，然后各罢。

前来做客，纪灵等人也请吕布一同饮酒赴宴。吕布对纪灵等人说：“玄德，是我的弟弟。弟弟被各位围困，所以来救他。我天性不喜欢和人争斗，只喜欢为人调解争斗。”吕布要军候在营门竖立一支戟，吕布说：“各位请看我射这支戟的小支，如果一次射中了，各位就应当解散离去，射不中就留下再决战。”于是吕布举弓射戟，正中戟的小支。将士们都震惊了，说：“将军真是天生的神威啊！”第二天又聚会欢饮，然后各自撤兵。

术欲结布为援，乃为子索布女，布许之。术遣使韩胤以僭号议告布，并求迎妇。沛相陈珪恐术、布成婚，则徐、扬合从，将为国难，于是往说布曰：“曹公奉迎天子，辅赞国政，威灵命世，将征四海，将军宜与协同策谋，图太山之安。今与术结婚，受天下不义之名，必有累卵之危。”布亦怨术初不己受也，女已在涂，追还绝婚，械送韩胤，枭首许市。珪欲使子登诣太祖，布不肯遣。会使者至，拜布左将军。布大喜，即听登往，并令奉章谢恩。[11]登见太祖，因陈布勇而无计，轻于去就，宜早图之。太祖曰：“布，狼子野心，诚难久养，非卿莫能究其情也。”即增珪秩中二千石，拜登广陵太守。临别，太祖执登手曰：“东方之事，便以相付。”令登阴合部众以为内应。

袁术想联合吕布作为外援，便替他的儿子求吕布的女儿做妻子，吕布答应了他。袁术派使者韩胤把他想称皇帝的图谋告知吕布，同时要求迎接儿媳。沛相陈珪恐怕袁术、吕布结成亲家，那么徐州、扬州就会连成一片，这将是国家的灾难，于是去劝吕布说：“曹公恭敬地迎接献帝，辅佐国政，威武英明举世闻名，将要征服天下，将军应该和他同心合力共同谋划，使自己如泰山一样地安稳。今日和袁术结成婚姻亲家，承受天下人不义的名声，你的处境一定会危险至极。”吕布也怨恨袁术当初不容纳自己，虽然女儿已经在路上了，但还是把她追回并断绝了亲事，把韩胤加上刑具送到太祖那儿，在许昌杀头示众。陈珪想派儿子陈登去见太祖，吕布不肯派遣。恰好这时朝廷的使者到来，任命吕布担任左将军。吕布非常高兴，就让陈登去京城许昌，并且要他带着奏章去谢恩。陈登见到太祖，向他报告说吕布有勇无谋，轻率地与人离合，要早点对他下手。太祖说：“吕布，狼子野心，确实不能久养，除了你没有人能这样透彻地了解他的实情。”于是增加陈珪的俸禄为中二千石，任命陈登担任广陵太守。临分别时，太祖拉着陈登的手说：“东方的事情，就托付给你了。”要陈登暗地集结部队作为内应。

始，布因登求徐州牧，登还，布怒，拔戟斫几曰：“卿父

起初，吕布委托陈登向朝廷要求自己担任徐州牧，陈登回来后，吕布发怒，拔戟砍桌子说：“你的父

劝吾协同曹公，绝婚公路；今吾所求无一获，而卿父子并显重，为卿所卖耳！卿为吾言，其说云何？”登不为动容，徐喻之曰：“登见曹公言：‘待将军譬如养虎，当饱其肉，不饱则将噬人。’公曰：‘不如卿言也。譬如养鹰，饥则为用，饱则扬去。’其言如此。”布意乃解。

亲劝我协助曹公，同袁术断绝儿女婚事；今天我所求的一无所获，而你们父子却都显赫起来，我被你们出卖了！你对我说说，曹公到底是怎么说的？”陈登脸色不变，慢慢开导说：“我见了曹公时说：‘对待将军就像养虎一样，一定要让老虎吃饱肉，不饱就会咬人。’曹公说：‘不是像你说的那样。是像养鹰一样，饿的时候就为我们所用，饱的时候就飞走了。’他就是这样说的。”吕布听后怒气才消解。

术怒，与韩暹、杨奉等连势，遣大将张勋攻布。布谓珪曰：“今致术军，卿之由也，为之奈何？”珪曰：“暹、奉与术，卒合之军耳，策谋不素定，不能相维持，子登策之，比之连鸡，势不俱栖，可解离也。”布用珪策，遣人说暹、奉，使与己并力共击术军，军资所有，悉许暹、奉。于是暹、奉从之，勋大破败。[12]

袁术非常愤怒，和韩暹、杨奉等人联合起来，派大将张勋进攻吕布。吕布对陈珪说：“今日招惹来袁术的大军，都是你的缘故，怎么办？”陈珪说：“韩暹、杨奉和袁术，只不过是仓促联合的军队，平素又没有制定计谋策略，因而不能维持长久，我的儿子陈登对此定下一个计策，他们好比缚在一起的鸡，不能同时一起栖息，可以离散他们。”吕布用陈珪的计策，派人说服韩暹、杨奉，要他们和自己合力共同攻击袁术的军队，并答应将获得的所有军需物资，全部给韩暹、杨奉。于是韩暹、杨奉答应了他，张勋被打得大败。

建安三年，布复叛为术，遣高顺攻刘备于沛，破之。太祖遣夏侯惇救备，为顺所败。太祖自征布，至其城下，遗布书，为陈祸福。布欲降，陈宫等自以负罪深，沮其计。[13]布遣人求救于术，自将千余骑出战，败走，还保城，不敢出。[14]术亦不能救。布虽骁猛，然无谋而多猜忌，不能制御其党，但信诸将。诸将各异意自疑，故每战多败。太祖堑围之三月，上下离心，其将侯成、宋宪、魏续缚陈宫，将其众降。[15]布与其麾下登白门楼。兵围急，乃下降。遂生缚布，布曰：“缚太急，小缓

建安三年，吕布又叛变太祖替袁术出力，派高顺到小沛县进攻刘备，打败了他。太祖派夏侯惇援救刘备，被高顺打败。太祖亲自征讨吕布，到达下邳城下，给吕布送去信，向他分析了祸福利害。吕布想投降，陈宫等人自认为背上了很深的罪名，阻拦他的打算。吕布派人向袁术求救，自己则带领一千多人马出来作战，战败逃走，回来坚守城池，不敢出战。袁术也不能来援救他。吕布虽然勇猛，但是没有谋略又多猜测疑忌，不能控制驾驭他的党羽，只相信几个将领。将领们则各有各的想法甚至互相猜疑，所以每次战斗大多失败。太祖挖了壕沟包围下邳长达三个月，吕布部众上下离心，他的部将侯成、宋宪、魏续捆绑陈宫，带领他们的部众投降了太祖。吕布和他的部下登上白门楼。太祖的士兵包围紧急，吕布这才下楼投降。曹军于是活捉捆绑吕布，吕布说：“绑得太紧了，稍微松一点。”太祖说：“捆绑老

之。”太祖曰：“缚虎不得不急也。”布请曰：“明公所患不过于布，今已服矣，天下不足忧。明公将步，令布将骑，则天下不足定也。”太祖有疑色。刘备进曰：“明公不见布之事丁建阳及董太师乎！”太祖颔之。布因指备曰：“是儿最叵信者。”⑯于是缢杀布。布与宫、顺等皆枭首送许，然后葬之。⑰

虎不得不紧啊。”吕布请求说：“您顾虑的不过是我，今日我已经降服，您争夺天下已没有什么可顾虑的了。您率领步兵，让我率领骑兵，那么天下完全可以平定了。”太祖听后有疑虑的神色。刘备进言说：“明公不是看到吕布怎么对待丁原和董卓的吗！”太祖点点头。吕布因此指着刘备说：“这小子是最不可信任的人。”太祖于是把吕布绞死。吕布和陈宫、高顺等人都被砍了头送到许昌示众，然后埋葬了他们。

太祖之禽宫也，问宫欲活老母及女不，宫对曰：“宫闻孝治天下者不绝人之亲，仁施四海者不乏人之祀，老母在公，不在宫也。”太祖召养其母终其身，嫁其女。⑱

太祖捉住陈宫时，问陈宫想不想要老母和女儿活下去，陈宫答复说：“我听说以孝道治理天下的人不杀害别人的父母，以仁德施行天下的人不断绝别人的祭祀，老母的生死全在于公，不在于我。”太祖把他的母亲召养到去世，并出嫁了陈宫的女儿。

陈登者，字元龙，在广陵有威名。又掎角吕布有功，加伏波将军，年三十九卒。后许汜与刘备并在荆州牧刘表坐，表与备共论天下人，汜曰：“陈元龙湖海之士，豪气不除。”备谓表曰：“许君论是非？”表曰：“欲言非，此君为善士，不宜虚言；欲言是，元龙名重天下。”备问汜：“君言豪，宁有事邪？”汜曰：“昔遭乱过下邳，见元龙。元龙无客主之意，久不相与语，自上大床卧，使客卧下床。”备曰：“君有国士之名，今天下大乱，帝主失所，望君忧国忘家，有救世之意，而君求田问舍，言无可采，是元龙所讳也，何缘当与君语？如小人，欲卧百尺楼上，卧君于地，何但上下床之间邪？”表大笑。备因言

陈登，字元龙，在广陵一带有威望的名声。又因牵制吕布有功，加封为伏波将军，三十九岁时死去。后来许汜和刘备同在荆州牧刘表那里做客，刘表和刘备一起评论天下的人物，许汜说：“陈元龙是个有豪侠气概的人，桀骜蛮横的习气没有去掉。”刘备对刘表说：“许汜的评论对还是不对？”刘表说：“要说不对，许汜是一个善良的人，不会讲假话；要说对，陈元龙在天下名气很大。”刘备又问许汜：“您说陈元龙桀骜蛮横，有事实根据吗？”许汜说：“从前遭兵乱时我经过下邳县，拜访陈元龙。他没有待客的诚意，见面很久也不与我说话，自己上大床睡觉，让我睡下床。”刘备说：“您有国士的美名，现在天下大乱，献帝也流离失所，希望您忧国忘家，立志拯救时局，可是您只图购置田产房舍，说的话一无可取，这正是陈元龙所忌讳的，他如何会和您交谈呢？要是我，会自己睡到百尺楼上去，请您在地下睡，哪里只是上下床之间呢？”刘表听了大笑起来。刘备又趁机说：“像陈元龙这样文武双全有胆识有志气的人，只

曰:“若元龙文武胆志，当求之于古耳,造次难得比也。”⑲

臧洪字子源,广陵射阳人也。父旻，历匈奴中郎将,中山、太原太守,所在有名。⑳洪体貌魁梧,有异于人,举孝廉为郎。时选三署郎以补县长;琅邪赵昱为莒长,东莱刘繇下邑长,东海王朗菑丘长,洪即丘长。灵帝末,弃官还家,太守张超请洪为功曹。

董卓杀帝，图危社稷,洪说超曰:“明府历世受恩,兄弟并据大郡,今王室将危,贼臣未枭,此诚天下义烈报恩效命之秋也。今郡境尚全,吏民殷富,若动枹鼓,可得二万人,以此诛除国贼，为天下倡先,义之大者也。”超然其言,与洪西至陈留,见兄邈计事。邈亦素有心，会于酸枣，邈谓超曰:“闻弟为郡守,政教威恩,不由己出,动任臧洪,洪者何人?”超曰:“洪才略智数优超,超甚爱之,海内奇士也。”邈即引见洪,与语大异之。致之于刘兖州公山、孔豫州公绪,皆与洪亲善。乃设坛场,方共盟誓,诸州郡更相让,莫敢当,咸共推洪。洪乃升坛操槃歃血而盟曰:“汉室不幸，皇纲失统,贼臣董卓乘衅纵害，祸加至尊,虐流百姓，大惧沦丧社稷,翦覆四海。兖州刺史岱、豫州刺史伷、陈留太守邈、东郡太守瑁、广陵太守超等,纠合义兵,

好到古人当中去找,仓促之间难得找到与他相比的人哩。”

臧洪字子源,是广陵郡射阳县人。父亲臧旻,历任匈奴中郎将,中山、太原郡太守,在他任职的地方很有名声。臧洪的体格高大壮实,和常人不同,被推举为孝廉,担任了郎官。当时朝廷选拔三署的郎官充任县长;琅邪郡人赵昱任莒县县长,东莱郡人刘繇任下邑县长,东海郡人王朗任菑丘县长,臧洪任即丘县长。灵帝末年,臧洪辞去官职回到家乡,太守张超聘请他担任功曹。

董卓杀了少帝,图谋危害国家,臧洪对张超说:“您世代受皇帝的恩德,兄弟都掌握着大郡,现在国家将有危险,贼臣没有消灭,这正是天下忠义壮烈之士报答皇恩为国效命的时候。现在广陵郡仍然完整,官民富足,如果擂动战鼓,可招募到两万人,用这支队伍铲除国贼,为全国首倡,这是大义啊。”张超赞同他的话,和臧洪一同西行到陈留,会见哥哥张邈商议起兵的大事。张邈素来就有这种想法,于是他们在酸枣县相会,张邈对张超说:“听说弟弟担任郡守,政事、教化、奖励、惩罚等这些大事,不由自己决定,什么事都委任臧洪,臧洪究竟是什么人?”张超说:“臧洪才能胆略智慧都比我强，我很喜欢他,他是国内的一个奇士。”张邈就请臧洪相见,和他谈话后对他大为惊异，把他介绍给兖州刺史刘岱、豫州刺史孔伷,他们也都和臧洪亲密友好。于是设立了祭坛,一同宣誓结盟,各州郡的太守刺史都互相推让,没有人敢担当盟主,共同推举臧洪。臧洪便登上祭坛端起放有杯子的长盘喝了一杯血酒,宣誓说:“汉朝王室遭到不幸,朝廷的纲纪失控,贼臣董卓乘机恣肆作乱,灾祸加到皇帝头上,暴虐连及百姓,最可怕的是国家沦亡,江山颠覆。今天兖州刺史刘岱、豫州刺史孔伷、陈留太守张邈、东郡太守乔瑁、广陵太守张超等人,聚集义军,共赴国难。所有

并赴国难。凡我同盟，齐心勠力，以致臣节，殒首丧元，必无二志。有渝此盟，俾坠其命，无克遗育。皇天后土，祖宗明灵，实皆鉴之！”洪辞气慷慨，涕泣横下，闻其言者，虽卒伍厮养，莫不激扬，人思致节。㉑顷之，诸军莫适先进，而食尽众散。

参加我们盟会的人，都要齐心合力，以尽为臣的大节，即使掉脑袋，也没有二心。如果违背同盟誓言，将会丧失性命，不能留有后代。天地神明，祖宗英灵，都将明察！”臧洪言辞慷慨，涕泪横流，听到他这番誓词的人，即使是士兵仆役，也没有不激动振奋的，人人都愿意尽节。不久，各部队竟没有人做主带头率先进攻，粮食吃完以后队伍都散了。

超遣洪诣大司马刘虞谋，值公孙瓒之难，至河间，遇幽、冀二州交兵，使命不达。而袁绍见洪，又奇重之，与结分合好。会青州刺史焦和卒，绍使洪领青州以抚其众。㉒洪在州二年，群盗奔走。绍叹其能，徙为东郡太守，治东武阳。

张超派臧洪去见大司马刘虞，共同谋划大事，恰遇公孙瓒进攻刘虞，臧洪走到河间郡，碰上幽州和冀州的军队交战，使命不能传达。而袁绍一见到臧洪，就特别器重他，和他结成好朋友。恰好青州刺史焦和死去，袁绍要臧洪兼任青州刺史来安抚他的部众。臧洪在青州两年，盗匪都逃跑了。袁绍叹服他的才能，改任他为东郡太守，治所在东武阳县。

太祖围张超于雍丘，超言：“唯恃臧洪，当来救吾。”众人以为袁、曹方睦，而洪为绍所表用，必不败好招祸，远来赴此。超曰：“子源，天下义士，终不背本者，但恐见禁制，不相及逮耳。”洪闻之，果徒跣号泣，并勒所领兵，又从绍请兵马，求欲救超，而绍终不听许。超遂族灭。洪由是怨绍，绝不与通。绍兴兵围之，历年不下。绍令洪邑人陈琳书与洪，喻以祸福，责以恩义。洪答曰：

太祖在雍丘县围攻了张超，张超说：“现在我只能依靠臧洪，他一定会来救我。”大家以为袁绍和曹操正在要好的时候，而臧洪被袁绍上表推荐请予任用，必然不会破坏友好关系来招致灾祸，老远来这里救援。张超说：“子源，是天下的义士，是绝不会违背原意的，只怕他被人家牵制，不能及时赶到。”臧洪听到张超被围的消息，果然赤脚号哭，同时调集自己带领的兵众，并向袁绍请求增派兵马，想要救援张超，而袁绍终于没有答应。于是张超整个家族被诛灭。臧洪由此怨恨袁绍，断绝和他来往。袁绍出兵包围了他，经过一年的时间也攻打不下。袁绍叫臧洪的同乡人陈琳写信给臧洪，晓以利害祸福，责备他忘恩负义。臧洪回信说：

隔阔相思，发于寤寐。幸相去步武之间耳，而以趣舍异规，不得相见，其为怆恨，可为心哉！前日不遗，比辱雅贶，述叙祸福，公私切至。所以不即奉答者，既学薄才钝，不足塞诘；亦以吾子携负侧室，息肩

久别相思，日夜萦怀。所幸相隔几步之遥，但由于志向不同，竟不能相见，悲痛之情，耿耿于怀！前些日子承您不弃，屡次来信，陈述祸福，于公于私恳切之至。我之所以没有及时作答，既因为才疏学浅，不能回答您的问题；也因为您携妾带小，栖身在主人

主人，家在东州，仆为仇敌。以是事人，虽披中情，堕肝胆，犹身疏有罪，言甘见怪，方首尾不救，何能恤人？且以子之才，穷该典籍，岂将暗于大道，不达余趣哉？然犹复云云者，仆以是知足下之言，信不由衷，将以救祸也。必欲算计长短，辩谘是非，是非之论，言满天下，陈之更不明，不言无所损。又言伤告绝之义，非吾所忍行也，是以捐弃纸笔，一无所答。亦冀遥忖其心，知其计定，不复渝变也。重获来命，援引古今，纷纭六纸，虽欲不言，焉得已哉！

处，我们家都在东部地区，现在我成为您的仇敌。以我这样的处境侍奉袁绍，即使披露真情，袒露肝胆，还是会被疏远而获罪。说得再好也会被责怪，自身难保，又怎么能体恤他人呢？况且凭您的才华，又读尽了典籍，难道还不明白大道理，不了解我的志趣吗？然而您还反复如此劝说，所以我知道您说的话，的确不是出自本心，不过是想使我免于祸患罢了。如果一定要计较利弊得失，明辨谁是谁非，那么这种议论是非的言论，已经布满天下，陈述将会更不清楚，不陈述也没有什么损害。因言语伤人而使友谊断绝，这不是我忍心想做的，所以放下纸笔，一句话也没有答复。也希望您能够深深地体谅我的心意，知道我的主意已定，不会再改变了。这次又收到您的来信，引用古今事理，洋洋洒洒写满六张纸，虽然我不想作答，又怎么可以呢！

仆小人也，本因行役，寇窃大州，恩深分厚，宁乐今日自还接刃？每登城勒兵，望主人之旗鼓，感故友之周旋，抚弦搦矢，不觉流涕之覆面也。何者？自以辅佐主人，无以为悔。主人相接，过绝等伦。当受任之初，自谓究竟大事，共尊王室。岂悟天子不悦，本州见侵，郡将遘牖里之厄，陈留克创兵之谋，谋计栖迟，丧忠孝之名，杖策携背，亏交友之分。揆此二者，与其不得已，丧忠孝之名与亏交友之道，轻重殊涂，亲疏异画，故便收泪告绝。若使主人少垂故人，住者侧席，去者克己，不汲汲于离友，信刑戮以自辅，则仆抗季札之志，不为今日之战矣。何以效之？昔张景明亲登坛喢血，奉

我是一个小人物，只是为了公务而出外跋涉，便得以据大州的职位，这是袁绍待我恩情深厚的缘故，我难道会乐意和他刀兵相见吗？每当登上城楼部署军队的时候，望见主人的旗鼓，又有感于老朋友的周旋，所以抚摸着弓弦拿着箭杆，禁不住泪流满面。为什么呢？自以为过去辅佐主人，没有什么遗憾的事情。主人对我，也超过了同辈。当初接受任命时，自以为深明国家大事，共同尊奉皇室。哪知道天子不高兴，豫州因此受到了侵犯，郡将张超遭到周文王被囚羑里那样的厄运，当时在陈留制订了创建联军共讨董卓的计划，但计划被搁置，丧失了忠孝的名声，现在策马而行，背离了主人，又亏损了交友的情分。估量这两个方面，与其在不得已时，要做出丧失忠孝名声和损害友谊的选择，这两者轻重不同，亲疏的界限明显，不如因此就止住眼泪宣告绝交。假使主人稍微垂念旧友，对留下的表示敬重，对离去的克制自己，不急于断绝友谊，任意刑罚来维护自己的统治，那么我将会效法吴季札那样的高尚志节，不会有今日的战事发生了。何以见得呢？从前张景明曾亲自登坛歃血盟誓，又奉主人指令奔走联

辞奔走，卒使韩牧让印，主人得地；然后但以拜章朝主，赐爵获传之故，旋时之间，不蒙观过之贷，而受夷灭之祸。[23]吕奉先讨卓来奔，请兵不获，告去何罪？复见斫刺，滨于死亡。刘子璜奉使逾时，辞不获命，畏威怀亲，以诈求归，可谓有志忠孝，无损霸道者也；然辄僵毙麾下，不蒙亏除。[24]仆虽不敏，又素不能原始见终，睹微知著，窃度主人之心，岂谓三子宜死，罚当刑中哉？实且欲一统山东，增兵讨仇，惧战士狐疑，无以沮劝，故抑废王命以崇承制，慕义者蒙荣，待放者被戮，此乃主人之利，非游士之愿也。故仆鉴戒前人，困穷死战。仆虽下愚，亦尝闻君子之言矣。此实非吾心也，乃主人招焉。凡吾所以背弃国民，用命此城者，正以君子之违，不适敌国故也。是以获罪主人，见攻逾时，而足下更引此义以为吾规，无乃辞同趋异，非君子所为休戚者哉！

络，终使冀州牧韩馥交出印信，主人得到冀州；后来只因他呈上奏章朝见献帝，献帝赐给他爵禄符信的缘故，转眼之间，竟没有受到观察错误之后再作处理的宽待，就遭到了杀身之祸。吕布先刺杀董卓后投奔主人，他向主人求兵未得应允，要求离开又有什么罪呢？却又被暗杀，几乎被杀死。刘勋奉命出使超过了期限，告辞回去又不同意，他畏惧主人的威严，怀念家中的亲属，只好讲了谎话要求回去，可以说他是有志于忠君孝顺的，对主人的霸业并无损失；然而随即陈尸于主人的军旗之下，未获减罪和赦免。我虽不够明智，一向不能从追溯事物的本源来预见事物的结果，不能从细微处看到事物的变化，但私下里猜测主人的心理，难道认为这三个人都应该处死，主人的惩罚得当量刑合理吗？实际上主人是想统一太行山以东地区，加强兵力来讨伐所有的仇敌，因害怕部众狐疑散去，无法劝留，所以违背侯王之命来顺承皇帝的旨意，慕虚名的受到嘉奖，要求离去的被杀害，这纯是主人为了自身的利益，绝不是游士们的意愿。因此我以前人的遭遇作为鉴戒，即使走投无路也要死战到底。我虽愚蠢至极，也曾听到过君子的言论。这实在不是我的本意，是主人逼我这样干的。我之所以背弃国家民众，在此孤城拼命死守，正因为君子逃亡，不往敌国的缘故。所以得罪主人，被他围攻很长时间了，现在您竟引用这个道理来规劝我，不正好是言辞相同而意思相反，那不是君子感到悲伤的吗！

吾闻之也，义不背亲，忠不违君，故东宗本州以为亲援，中扶郡将以安社稷，一举二得以徼忠孝，何以为非？而足下欲吾轻本破家，均君主人。主人之于我也，年为吾兄，分为笃友，道乖告去，以安君亲，可谓顺矣。若子之言，则包胥宜致命于伍员，不当号哭于秦庭矣。苟区区于攘患，不知

我听说过，讲道德的人不背弃父母，尽忠诚的人不背弃君王，所以在东面尊重本州作为亲近的声援，在内部支持郡将来安定社稷，这是一举两得求得忠孝双全的行为，怎会不对呢？现在您竟要我轻视国家破坏一家，和您一起去听命于主人。主人对于我来说，年龄上是我的兄长，情分上是我的真诚朋友，然而理想不同而分道扬镳，以安宁君王和双亲，也可以说是顺理成章的事。如果按您的意见，那么申包胥应该为伍子胥卖命，不应当到秦国朝廷上号哭求救了。如果只是为了避祸，岂不知这些已经

言乖乎道理矣。足下或者见城围不解，救兵未至，感婚姻之义，惟平生之好，以屈节而苟生，胜守义而倾覆也。昔晏婴不降志于白刃，南史不曲笔以求生，故身著图象，名垂后世，况仆据金城之固，驱士民之力，散三年之畜，以为一年之资，匡困补乏，以悦天下，何图筑室反耕哉！但惧秋风扬尘，伯珪马首南向，张杨、飞燕，膂力作难，北鄙将告倒县之急，股肱奏乞归之诚耳。主人当鉴我曹辈，反旌退师，治兵邺垣，何宜久辱盛怒，暴威于吾城下哉？足下讥吾恃黑山以为救，独不念黄巾之合从邪！加飞燕之属悉以受王命矣。昔高祖取彭越于钜野，光武创基兆于绿林，卒能龙飞中兴，以成帝业，苟可辅主兴化，夫何嫌哉！况仆亲奉玺书，与之从事。

违背道理了。您或者只是看到孤城被围无力解救，援兵未到，念及您和我的亲戚情义，想起您和我平生友好，以为失节归附委屈来苟全性命，要比坚守正义而招致覆灭强得多。从前晏婴不肯在刀刃下降低志向，南史也不为了苟求活命而歪曲史实，因此他们的身形画成画像，名声流传到后代，何况我据有坚固的城池，驱使大众的力量，用三年的积累，来做一年的费用，以救济贫困补救不足，从而使天下人高兴，哪里会怕主人长期屯兵呢？我只怕秋风扬起尘土，公孙瓒会出兵南下，张杨、张燕，共同发难，北方边境将出现处境极其危急的情况，而主人的亲信也会提出罢兵回家的请求。主人应该明察我的意志，掉转旗帜撤退人马，回邺城练兵，何必长久地怒气冲天，在我城下大耍威风呢？您讥笑我只依仗张燕黑山军的援救，唯独没想会和黄巾军联合啊！加上张燕的黑山军都已接受天子之诏归顺朝廷了。从前汉高祖在钜野收编彭越，光武帝创建基业始于绿林军的力量，他们最后都登基称帝，成就帝业，如果能辅佐君主弘扬教化，又有什么可嫌弃的呢！何况我还亲自得到皇帝的诏书，准许我和他们合作。

行矣孔璋！足下徼利于境外，臧洪授命于君亲；吾子托身于盟主，臧洪策名于长安。子谓余身死而名灭，仆亦笑子生死而无闻焉，悲哉！本同而末离，努力努力，夫复何言！

再见了孔璋！您在境外谋求利益，我听命于朝廷；您寄身于盟主，我则只能出仕长安。您认为我将身死而名亡，我也笑您至死无闻，可悲呵！我们原来志同道合而最后却分离了，各自努力努力吧，还要再说什么呢！

绍见洪书，知无降意，增兵急攻。城中粮谷以尽，外无强救，洪自度必不免，呼吏士谓曰："袁氏无道，所图不轨，且不救洪郡将。洪于大义，不得不死，念诸君无事空与此祸！可先城未败，将妻子出。"将吏士民皆垂泣曰："明府与

袁绍看到臧洪的信，知道他没有投降的意思，增加兵力急速进攻。城中粮食已尽，城外又没有强大的救兵，臧洪估计自己一定不免于死，便招呼官兵对他们说："袁氏大逆不道，图谋不轨，而且不肯援救我的郡将。我为了大义，不能不死，想到各位本来与此无关，何必白白遭受这个灾祸！可以趁城破以前，带着妻子儿女逃出去。"将士官民都流下眼泪说："明府君您同袁氏本来没有仇恨，今日因为张超

袁氏本无怨隙，今为本朝郡将之故，自致残困，吏民何忍当舍明府去也！”初尚掘鼠煮筋角，后无可复食者。主簿启内厨米三斗，请中分稍以为糜粥，洪叹曰：“独食此何为！”使作薄粥，众分歠之，杀其爱妾以食将士。将士咸流涕，无能仰视者。男女七八千人相枕而死，莫有离叛。

郡将的缘故，自己招来灾难，官民怎能忍心丢开您而离去呢！”起初守城官民还能挖掘老鼠煮烂皮革充饥，后来再没有可吃的东西了。主簿打开内厨拿出剩下的三斗米，请求分出一些为臧洪稍微煮点稠粥喝，臧洪感叹说：“我怎能独自吃它呢！”要他煮作稀粥，大家分着喝，又杀死自己的爱妾把肉分给将士吃。将士都流着眼泪，没有人能抬头仰望。男女七八千人互相倚靠着活活饿死，没有人背叛逃离。

城陷，绍生执洪。绍素亲洪，盛施帏幔，大会诸将见洪，谓曰：“臧洪，何相负若此！今日服未？”洪据地瞋目曰：“诸袁事汉，四世五公，可谓受恩。今王室衰弱，无扶翼之意，欲因际会，希冀非望，多杀忠良以立奸威。洪亲见呼张陈留为兄，则洪府君亦宜为弟，同共戮力，为国除害，何为拥众观人屠灭？惜洪力劣，不能推刃为天下报仇，何谓服乎！”绍本爱洪，意欲令屈服，原之；见洪辞切，知终不为己用，乃杀之。㉕洪邑人陈容少为书生，亲慕洪，随洪为东郡丞；城未败，洪遣出。绍令在坐，见洪当死，起谓绍曰：“将军举大事，欲为天下除暴，而专先诛忠义，岂合天意？臧洪发举为郡将，奈何杀之？”绍惭，左右使人牵出，谓曰：“汝非臧洪俦，空复尔为？”容顾曰：“夫仁义岂有常，蹈之则君子，背之则小人。今日宁与臧洪同日而死，不与将军同日而生？”复见杀。在绍坐

城市陷落后，袁绍活捉了臧洪。袁绍素来和臧洪亲善，张设华丽的帐幕，集合所有的将领同臧洪见面，对他说：“臧洪，你为什么辜负我到这种程度！今日服不服？”臧洪席地而坐，睁大眼睛说：“袁家世代在汉朝做官，四代之中五人封为公爵，可说是深受皇恩。今日皇室衰弱，你没有扶助的意思，还想趁机会，达到非分的希望，杀害很多忠良的人来树立自己的淫威。我亲眼看到你叫陈留太守张邈为哥哥，那么我的府君张超也应该是你的弟弟，你和他应当共同努力，为国除害才对，为什么你拥有部众却看着张超被消灭呢？可惜我力量薄弱，不能拔刀为天下人报仇，说什么服不服呢！”袁绍本来爱惜臧洪，想叫他屈服于自己，就可以原谅他；看到臧洪言词激烈，知道他始终不会替自己所用，便杀了他。臧洪的同乡陈容少年时是个书生，爱慕臧洪，跟随臧洪在东郡担任郡丞；城还没有失守时，臧洪就叫他逃出去。袁绍叫陈容在座，看到臧洪将被处死，陈容起身对袁绍说：“将军要担负天下大任，为天下铲除暴虐，却专门先杀忠臣义士，这难道合乎天意？臧洪起兵完全是为了郡将，为什么要杀他呢？”袁绍很惭愧，他叫身边的人把陈容拉出去，对陈容说：“你不是臧洪的同党，为何白白地要去送死呢？”陈容回头看着袁绍说：“仁义哪有一定的模式，遵循它就是君子，违反它就是小人。今日我宁愿和臧洪同一天死，不愿和将军同一天活！”他也被杀死。在袁绍座上的

者无不叹息，窃相谓曰："如何一日杀二烈士！"先是，洪遣司马二人出，求救于吕布；比还，城已陷，皆赴敌死。

人没有不叹息的，私下互相议论说："怎么一天杀害两个有志之士呵！"起初，臧洪派两名司马出城，向吕布求救；等到回来时，城已失守，都同赴敌阵奋战而死。

评曰：吕布有虓虎之勇，而无英奇之略，轻狡反覆，唯利是视。自古及今，未有若此不夷灭也。昔汉光武谬于庞萌，近魏太祖亦蔽于张邈。知人则哲，唯帝难之，信矣！陈登、臧洪并有雄气壮节，登降年夙陨，功业未遂，洪以兵弱敌强，烈志不立，惜哉！

评论说：吕布有猛虎般的勇敢，而没有英雄不凡的谋略，轻率狡猾而反复无常，唯利是图。从古至今，像这样的人没有不灭亡的。过去汉光武常被庞萌所误，近日魏太祖又受张邈蒙蔽。能了解人才是明智的，即使是尧舜也难以做到，这话真对呀！陈登、臧洪同有英雄气概、壮烈节操，陈登英年早逝，功业没有完成，臧洪以弱兵对抗强兵，壮志不能实现，可惜啊！

---

①《英雄记》曰：原子建阳。本出自寒家，为人粗略，有武勇，善骑射。为南县吏，受使不辞难，有警急，追寇虏，辄在其前。裁知书，少有吏用。

②《诗》曰："无拳无勇，职为乱阶。"注："拳，力也。"

③《英雄记》曰：郭汜在城北。布开城门，将兵就汜，言"且却兵，但身决胜负"。汜、布乃独共对战，布以矛刺中汜，汜后骑遂前救汜，汜、布遂各两罢。

④臣松之案《英雄记》曰：诸书，布以四月二十三日杀卓，六月一日败走，时又无闰，不及六旬。

⑤《曹瞒传》曰：时人语曰："人中有吕布，马中有赤兔。"

⑥《英雄记》曰：布自以有功于袁氏，轻傲绍下诸将，以为擅相署置，不足贵也。布求还洛，绍假布领司隶校尉。外言当遣，内欲杀布。明日当发，绍遣甲士三十人，辞以送布。布使止于帐侧，伪使人于帐中鼓筝。绍兵卧，布无何出帐去，而兵不觉。夜半兵起，乱斫布床被，谓为已死。明日，绍讯问，知布尚在，乃闭城门。布遂引去。

⑦《英雄记》曰：杨及部曲诸将，皆受傕、汜购募，共图布。布闻之，谓杨曰："布，卿州里也。卿杀布，于卿弱。不如卖布，可极得汜、傕爵宠。"杨于是外许汜、傕，内实保护布。汜、傕患之，更下大封诏书，以布为颍川太守。

⑧《英雄记》曰：布见备，甚敬之，谓备曰："我与卿同边地人也。布见关东起兵，欲诛董卓。布杀卓东出，关东诸将无安布者，皆欲杀布尔。"请备于帐中坐妇床上，令妇向拜，酌酒饮食，名备为弟。备见布语言无常，外然之而内不说。

⑨《献帝春秋》曰：袁术议称尊号，邈谓术曰："汉据火德，绝而复扬，德泽丰流，诞生明公。公居轴处中，入则享于上席，出则为众目之所属，华、霍不能增其高，渊泉不能同其量，可谓巍巍荡荡，无与为贰。何为舍此而欲称制？恐福不盈眦，祸将溢世。庄周之称郊祭牺牛，养饲经年，衣以文绣，宰执鸾刀，以入庙门，当此之时，求为孤犊不可得也！"

按《本传》，邈诣术，未至而死。而此云谏称尊号，未详孰是。

⑩《英雄记》曰：布初入徐州，书与袁术。术报书曰："昔董卓作乱，破坏王室，祸害术门户，术举兵关东，未能屠裂卓。将军诛卓，送其头首，为术扫灭仇耻，使术明目于当世，死生不愧，其功一也。昔将金元休向兖州，甫诣封丘，曹操逆所拒破，流离迸走，几至灭亡。将军破兖州，术复明目于遐迩，其功二

也。术生年已来，不闻天下有刘备，备乃举兵与术对战；术凭将军威灵，得以破备，其功三也。将军有三大功在术，术虽不敏，奉以生死。将军连年攻战，军粮苦少，今送米二十万斛，迎逢道路，非直此止，当骆驿复致；若兵器战具，它所乏少，大小唯命。”布得书大喜，遂造下邳。

《典略》曰：元休名尚，京兆人也。尚与同郡韦休甫、第五文休俱著名，号为三休。尚，献帝初为兖州刺史，东之郡，而太祖已临兖州。尚南依袁术。术僭号，欲以尚为太尉，不敢显言，私使人讽之，尚无屈意，术亦不敢强也。建安初，尚逃还，为术所害。其后尚丧与太傅马日磾丧俱至京师，天子嘉尚忠烈，为之咨嗟，诏百官吊祭，拜子玮郎中，而日磾不与焉。

《英雄记》曰：布水陆东下，军到下邳西四十里。备中郎将丹杨许耽夜遣司马章诳来诣布，言“张益德与下邳相曹豹共争，益德杀豹，城中大乱，不相信。丹杨兵有千人屯西白门城内，闻将军来东，大小踊跃，如复更生。将军兵向城西门，丹杨军便开门内将军矣”。布遂夜进，晨到城下。天明，丹杨兵悉开门内布兵。布于门上坐，步骑放火，大破益德兵，获备妻子军资及部曲将吏士家口。建安元年六月夜半时，布将河内郝萌反，将兵入布所治下邳府，诣厅事阁外，同声大呼攻阁，阁坚不得入。布不知反者为谁，直牵妇，科头袒衣，相将从溷上排壁出，诣都督高顺营，直排顺门入。顺问：“将军有所隐不？”布言“河内儿声”。顺言“此郝萌也”。顺即严兵入府，弓弩并射萌众；萌众乱走，天明还故营。萌将曹性反萌，与对战，萌刺伤性，性斫萌一臂。顺斫萌首，床舆性，送诣布。布问性，言“萌受袁术谋。”“谋者悉谁？”性言“陈宫同谋”。时宫在坐上，面赤，傍人悉觉之。布以宫大将，不问也。性言“萌常以此问，性言吕将军大将有神，不可击也，不意萌狂惑不止。”布谓性曰：“卿健儿也！”善养视之。创愈，使安抚萌故营，领其众。

⑪《英雄记》曰：初，天子在河东，有手笔版书召布来迎。布军无畜积，不能自致，遣使上书。朝廷以布为平东将军，封平陶侯。使人于山阳界亡失文字，太祖又手书厚加慰劳布，说起迎天子，当平定天下意，并诏书购捕公孙瓒、袁术、韩暹、杨奉等。布大喜，复遣使上书于天子曰：“臣本当迎大驾，知曹操忠孝，奉迎都许。臣前与操交兵，今操保傅陛下，臣为外将，欲以兵自随，恐有嫌疑，是以待罪徐州，进退未敢自宁。”答太祖曰：“布获罪之人，分为诛首，手命慰劳，厚见褒奖。重见购捕袁术等诏书，布当以命为效。”太祖更遣奉车都尉王则为使者，赍诏书，又封平东将军印绶来拜布。太祖又手书与布曰：“山阳屯送将军所失大封，国家无好金，孤自取家好金更相为作印，国家无紫绶，自取所带紫绶以籍心。将军所使不良。袁术称天子，将军止之，而使不通章。朝廷信将军，使复重上，以相明忠诚。”布乃遣登奉章谢恩，并以一好绶答太祖。

⑫《九州春秋》载布与暹、奉书曰：“二将军拔大驾来东，有元功于国，当书勋竹帛，万世不朽。今袁术造逆，当共诛讨，奈何与贼臣还共伐布？布有杀董卓之功，与二将军俱为功臣，可因今共击破术，建功于天下，此时不可失也。”暹、奉得书，即回计从布。布进军，去勋等营百步，暹、奉兵同时并发，斩十将首，杀伤堕水死者不可胜数。《英雄记》曰：布后又与暹、奉二军向寿春，水陆并进，所过虏略。到钟离，大获而还。既渡淮北，留书与术曰：“足下恃军强盛，常言猛将武士，欲相吞灭，每抑止之耳！布虽无勇，虎步淮南，一时之间，足下鼠窜寿春，无出头者。猛将武士，为悉何在？足下喜为大言以诬天下，天下之人安可尽诬？古者兵交，使在其间，造策者非布先唱也。相去不远，可复相闻。”布渡毕，术自将步骑五千扬兵淮上，布骑皆于水北大咍笑之而还。时有东海萧建为琅邪相，治莒，保城自守，不与布通。布与建书曰：“天下举兵，本以诛董卓耳。布杀卓，来诣关东，欲求兵西迎大驾，光复洛京，诸将自还相攻，莫肯念国。布，五原人也，去徐州五千余里，乃在天西北角，今不来共争天东南之地。莒与下邳相去不远，宜当共通。君如自遂以为郡郡作帝，县县自王也！昔乐毅攻齐，呼吸下齐七十余城，唯莒、即墨二城不下，所以然者，中有田单故也。布虽非乐毅，君亦非田单，可取布书与智者详共议之。”建得书，即遣主簿赍笺上礼，贡良马五匹。建寻为臧霸所袭破，得建资

实。布闻之,自将步骑向莒。高顺谏曰:“将军躬杀董卓,威震夷狄,端坐顾盼,远近自然畏服,不宜轻自出军;如或不捷,损名非小。”布不从。霸畏布钞暴,果登城拒守。布不能拔,引还下邳。霸后复与布和。

⑬《献帝春秋》曰:太祖军至彭城。陈宫谓布:“宜逆击之,以逸击劳,无不克也。”布曰:“不如待其来攻,蹙著泗水中。”及太祖军攻之急,布于白门楼上谓军士曰:“卿曹无相困,我当自首明公。”陈宫曰:“逆贼曹操,何等明公!今日降之,若卵投石,岂可得全也!”

⑭《英雄记》曰:布遣许汜、王楷告急于术。术曰:“布不与我女,理自当败,何为复来相闻邪?”汜、楷曰:“明上今不救布,为自败耳!布破,明上亦破也。”术时僭号,故呼为明上。术乃严兵为布作声援。布恐术为女不至,故不遣兵救也,以绵缠女身,缚著马上,夜自送女出与术,与太祖守兵相触,格射不得过,复还城。布欲令陈宫、高顺守城,自将骑断太祖粮道。布妻谓曰:“将军自出断曹公粮道是也。宫、顺素不和,将军一出,宫、顺必不同心共城守也,如有蹉跌,将军当于何自立乎?愿将军谛计之,无为宫等所误也。妾昔在长安,已为将军所弃,赖得庞舒私藏妾身耳,今不须顾妾也。”布得妻言,愁闷不能自决。

《魏氏春秋》曰:陈宫谓布曰:“曹公远来,势不能久。若将军以步骑出屯,为势于外,宫将余众闭守于内,若向将军,宫引兵而攻其背,若来攻城,将军为救于外。不过旬日,军食必尽,击之可破。”布然之。布妻曰:“昔曹氏待公台如赤子,犹舍而来。今将军厚公台不过于曹公,而欲委全城,捐妻子,孤军远出,若一旦有变,妾岂得为将军妻哉!”布乃止。

⑮《九州春秋》曰:初,布骑将侯成遣客牧马十五匹,客悉驱马去,向沛城,欲归刘备。成自将骑逐之,悉得马还。诸将合礼贺成,成酿五六斛酒,猎得十余头猪,未饮食,先持半猪五斗酒自入诣布前,跪言:“间蒙将军恩,逐得所失马,诸将来相贺,自酿少酒,猎得猪,未敢饮食,先奉上微意。”布大怒曰:“布禁酒,卿酿酒,诸将共饮食作兄弟,共谋杀布邪?”成大惧而去,弃所酿酒,还诸将礼。由是自疑,会太祖围下邳,成遂领众降。

⑯《英雄记》曰:布谓太祖曰:“布待诸将厚也,诸将临急皆叛布尔。”太祖曰:“卿背妻,爱诸将妇,何以为厚?”布默然。

《献帝春秋》曰:布问太祖:“明公何瘦?”太祖曰:“君何以识孤?”布曰:“昔在洛,会温氏园。”太祖曰:“然。孤忘之矣。所以瘦,恨不早相得故也。”布曰:“齐桓舍射钩,使管仲相;今使布竭股肱之力,为公前驱,可乎?”布缚急,谓刘备曰:“玄德,卿为坐客,我为执虏,不能一言以相宽乎?”太祖笑曰:“何不相语,而诉明使君乎?”意欲活之,命使宽缚。主簿王必趋进曰:“布,勍虏也。其众近在外,不可宽也。”太祖曰:“本欲相缓,主簿复不听,如之何?”

⑰《英雄记》曰:顺为人清白有威严,不饮酒,不受馈遗。所将七百余兵,号为千人,铠甲斗具皆精练齐整,每所攻击无不破者,名为陷陈营。顺每谏布,言“凡破家亡国,非无忠臣明智者也,但患不见用耳。将军举动,不肯详思,辄喜言误,误不可数也”。布知其忠,然不能用。布从郝萌反后,更疏顺。以魏续有外内之亲,悉夺顺所将兵以与续。及当攻战,故令顺将续所领兵,顺亦终无恨意。

⑱鱼氏《典略》曰:陈宫字公台,东郡人也。刚直烈壮,少与海内知名之士皆相连结。及天下乱,始随太祖,后自疑,乃从吕布,为布画策,布每不从其计。下邳败,军士执布及宫,太祖皆见之,与语平生,故布有求活之言。太祖谓宫曰:“公台,卿平常自谓智计有余,今竟何如?”宫顾指布曰:“但坐此人不从宫言,以至于此。若其见从,亦未必为禽也。”太祖笑曰:“今日之事当云何?”宫曰:“为臣不忠,为子不孝,死自分也。”太祖曰:“卿如是,奈卿老母何?”宫曰:“宫闻将以孝治天下者不害人之亲,老母之存否,在明公也。”太祖曰:“若卿妻子何?”宫曰:“宫闻将施仁政于天下者不绝人之祀,妻子之存否,亦在明公也。”太祖未复言。宫曰:“请出就戮,以明军法。”遂趋出,不可止。太祖泣而送之,宫不还顾。宫死后,太祖待其家皆厚如初。

⑲《先贤行状》曰：登忠亮高爽，沈深有大略，少有扶世济民之志。博览载籍，雅有文艺，旧典文章，莫不贯综。年二十五，举孝廉，除东阳长，养耆育孤，视民如伤。是时，世荒民饥，州牧陶谦表登为典农校尉，乃巡土田之宜，尽凿溉之利，秔稻丰积。奉使到许，太祖以登为广陵太守，令阴合众以图吕布。登在广陵，明审赏罚，威信宣布。海贼薛州之群万有余户，束手归命。未及期年，功化以就，百姓畏而爱之。登曰："此可用矣。"太祖到下邳，登率郡兵为军先驱。时登诸弟在下邳城中，布乃质执登三弟，欲求和同。登执意不挠，进围日急。布刺奸张弘，惧于后累，夜将登三弟出就登。布既伏诛，登以功加拜伏波将军，甚得江、淮间欢心，于是有吞灭江南之志。孙策遣军攻登于匡琦城。贼初到，旌甲覆水，群下咸以今贼众十倍于郡兵，恐不能抗，可引军避之，与其空城。水人居陆，不能久处，必寻引去。登厉声曰："吾受国命，来镇此土。昔马文渊之在斯位，能南平百越，北灭群狄，吾既不能遏除凶慝，何逃寇之为邪！吾其出命以报国，仗义以整乱，天道与顺，克之必矣。"乃闭门自守，示弱不与战，将士衔声，寂若无人。登乘城望形势，知其可击。乃申令将士，宿整兵器，昧爽，开南门，引军诣贼营，步骑钞其后。贼周章，方结陈，不得还船。登手执军鼓，纵兵乘之，贼遂大破，皆弃船迸走。登乘胜追奔，斩虏以万数。贼忿丧军，寻复大兴兵向登。登以兵不敌，使功曹陈矫求救于太祖。登密去城十里治军营处所，令多取柴薪，两束一聚，相去十步，纵横成行，令夜俱起火，火然其聚。城上称庆，若大军到。贼望火惊溃，登勒兵追奔，斩首万级。迁登为东城太守。广陵吏民佩其恩德，共拔郡随登，老弱襁负而追之。登晓语令还，曰："太守在卿郡，频致吴寇，幸而克济。诸卿何患无令君乎？"孙权遂跨有江外。太祖每临大江而叹，恨不早用陈元龙计，而令封豕养其爪牙。文帝追美登功，拜登息肃为郎中。

⑳谢承《后汉书》曰：旻有干事才，达于从政，为汉良吏。初从徐州从事辟司徒府，除卢奴令，冀州举尤异，迁扬州刺史、丹杨太守。是时边方有警，羌、胡出寇，三府举能，迁旻匈奴中郎将。讨贼有功，征拜议郎，还京师。见太尉袁逢，逢问其西域诸国土地、风俗、人物、种数。旻具答言西域本三十六国，后分为五十五，稍散至百余国；其国大小，道里近远，人数多少，风俗燥湿，山川、草木、鸟兽、异物名种，不与中国同者，悉口陈其状，手画地形。逢奇其才，叹息言："虽班固作《西域传》，何以加此？"旻转拜长水校尉，终太原太守。

㉑臣松之案：于时此盟止有刘岱等五人而已。《魏氏春秋》横内刘表等数人，皆非事实。表保据江、汉，身未尝出境，何由得与洪同坛而盟乎？

㉒《九州春秋》曰：初平中，焦和为青州刺史。是时英雄并起，黄巾寇暴，和务及同盟，俱入京畿，不暇为民保障，引军逾河而西。未久而袁、曹二公与卓将战于荥阳，败绩。黄巾遂广，屠裂城邑。和不能御，然军器尚利，战士尚众，而耳目侦逻不设，恐动之言妄至，望寇奔走，未尝接风尘交旗鼓也。欲作陷冰丸沈河，令贼不得渡，祷祈群神，求用兵必利，蓍筮常陈于前，巫祝不去于侧；入见其清谈干云，出则浑乱，命不可知。州遂萧条，悉为丘墟也。

㉓臣松之案《英雄记》云："袁绍使张景明、郭公则、高元才等说韩馥，使让冀州。"然则馥之让位，景明亦有其功。其余之事未详。

㉔臣松之案：公孙瓒表列绍罪过云："绍与故虎牙将军刘勋首共造兵，勋仍有效，而以小忿枉害于勋，绍罪七也。"疑此是子璜也。

㉕徐众《三国评》曰：洪敦天下名义，救旧君之危，其恩足以感人情，义足以励薄俗。然袁亦知己亲友，致位州郡，虽非君臣，且实盟主，既受其命，义不应贰。袁、曹方睦，夹辅王室，吕布反覆无义，志在逆乱，而邈、超擅立布为州牧，其于王法，乃一罪人也。曹公讨之，袁氏弗救，未为非理也。洪本不当就袁请兵，又不当还为怨雠。为洪计者，苟力所不足，可奔他国以求赴救，若谋力未展以待事机，则宜徐更观衅，效死于超。何必誓守穷城而无变通，身死殄民，功名不立，良可哀也！

三国志卷八　魏书八

二公孙陶四张传第八

公孙瓒字伯珪，辽西令支人也。为郡门下书佐。有姿仪，大音声，侯太守器之，以女妻焉，①遣诣涿郡卢植读经。后复为郡吏。刘太守坐事征诣廷尉，瓒为御车，身执徒养。及刘徙日南，瓒具米肉，于北芒上祭先人，举觞祝曰："昔为人子，今为人臣，当诣日南。日南瘴气，或恐不还，与先人辞于此。"再拜慷慨而起，时见者莫不歔欷。刘道得赦还。瓒以孝廉为郎，除辽东属国长史。尝从数十骑出行塞，见鲜卑数百骑，瓒乃退入空亭中，约其从骑曰："今不冲之，则死尽矣。"瓒乃自持矛，两头施刃，驰出刺胡，杀伤数十人，亦亡其从骑半，遂得免。鲜卑惩艾，后不敢复入塞。迁为涿令。光和中，凉州贼起，发幽州突骑三千人，假瓒都督行事传，使将之。军到蓟中，渔阳张纯诱辽西乌丸丘力居等叛，劫略蓟中，自号将军，②略吏民攻右北平、辽西属国诸城，所至残破。瓒将所领，追讨纯等有功，迁骑都尉。属国乌丸贪至王率种人诣瓒降。迁中郎将，封都亭侯，进

公孙瓒字伯珪，是辽西郡令支县人。曾担任郡里的门下书佐。他有美好的仪态，洪亮的声音，侯太守很器重他，把女儿嫁给他，送他到涿郡卢植那里读经书。后来又担任郡吏。刘太守因犯罪被押解到廷尉处受审时，公孙瓒为他驾车，亲自侍奉他的生活。等到刘太守发配日南郡时，公孙瓒备好米肉，到北芒山上祭奠祖先，举起酒杯向祖先祭告说："过去为人之子，今日为人之臣，应当陪主子到日南去。日南有瘴气，或者恐怕不能回来，与祖先在这里告辞。"拜了两拜后慷慨激昂地站了起来，当时看到的人没有不叹息的。后来刘太守在途中得到赦免回来。公孙瓒回到郡里凭着孝廉身份做了郎官，被任命为辽东属国长史。他曾经带领数十个骑兵出外巡行边塞，遇见鲜卑族的几百骑兵，公孙瓒就退到空亭子里，和跟随他的人相约说："今日不向敌人冲过去，我们就会全死光。"于是公孙瓒手拿长矛，矛的两头都装有刀刃，飞奔出亭子刺杀鲜卑人，杀伤几十人，跟随他的骑兵也死去一半，于是才得以脱身。鲜卑人接受了这次教训，后来不敢再入塞内。公孙瓒升任涿县县令。光和年间，凉州发生反叛，朝廷征发幽州精锐骑兵三千人，授给公孙瓒总管军事的符信，要他带领这三千人。军队到了蓟中，渔阳郡人张纯引诱辽西乌丸族酋长丘力居等人反叛，抢劫掠夺蓟中，张纯等人自称将军，胁迫官吏民众进攻右北平和辽西属国各个县城，所到之处残缺破败。公孙瓒率领所属部队，追击讨伐张纯等人有功，升任骑都尉。属国乌丸贪至王率领他部落的人到公孙瓒那里投降。公孙瓒升任中郎将，封为都亭侯，进驻该属

屯属国，与胡相攻击五六年。丘力居等钞略青、徐、幽、冀，四州被其害，瓒不能御。

国，和胡人互相攻击五六年。丘力居等人抢劫掳掠青、徐、幽、冀四州，四州被他残害，而公孙瓒也不能抵御。

朝议以宗正东海刘伯安既有德义，昔为幽州刺史，恩信流著，戎狄附之，若使镇抚，可不劳众而定，乃以刘虞为幽州牧。[3]虞到，遣使至胡中，告以利害，责使送纯首。丘力居等闻虞至，喜，各遣译自归。瓒害虞有功，乃阴使人徼杀胡使。胡知其情，间行诣虞。虞上罢诸屯兵，但留瓒将步骑万人屯右北平。纯乃弃妻子，逃入鲜卑，为其客王政所杀，送首诣虞。封政为列侯。虞以功即拜太尉，封襄贲侯。[4]会董卓至洛阳，迁虞大司马，瓒奋武将军，封蓟侯。

朝廷经过商议认为宗正东海郡人刘伯安有德有义，过去任幽州刺史时，恩德信义流传显著，戎狄族都归附于他，如果要他坐镇安抚，可以不必兴师动众而自然安定，便任命刘虞担任幽州牧。刘虞到任后，派使者到胡人部落，晓以利害关系，责成他们把张纯的头送来。丘力居等人听说刘虞到来，大喜，都派了翻译前来自行归顺。公孙瓒嫉妒刘虞有功，便暗中派人在路杀害胡人的使者。胡人知道这一情况后，走另外的小路去见刘虞。刘虞上奏朝廷请求撤退所有驻军，只留下公孙瓒率领的步兵、骑兵万余人驻扎右北平。张纯就丢弃妻子儿女，逃到鲜卑，被他的门客王政杀掉，把他的头送到刘虞那里。朝廷封王政为列侯。刘虞因为有功被任命为太尉，封为襄贲侯。恰逢这时董卓到了洛阳，便升任刘虞为大司马，公孙瓒为奋武将军，封为蓟侯。

关东义兵起，卓遂劫帝西迁，征虞为太傅，道路隔塞，信命不得至。袁绍、韩馥议，以为少帝制于奸臣，天下无所归心。虞，宗室知名，民之望也，遂推虞为帝。遣使诣虞，虞终不肯受。绍等复劝虞领尚书事，承制封拜，虞又不听，然犹与绍等连和。[5]虞子和为侍中，在长安。天子思东归，使和伪逃卓，潜出武关诣虞，令将兵来迎。和道经袁术，为说天子意。术利虞为援，留和不遣，许兵至俱西，令和为书与虞。虞得和书，乃遣数千骑诣和。瓒知术有异志，不欲遣兵，止虞，虞不可。瓒惧术闻而怨之，亦

关东地区讨伐董卓的义兵纷纷起事，董卓便劫持献帝西迁长安，召刘虞担任太傅，由于道路隔绝阻塞，任命的诏书不能送到。袁绍和韩馥商量，认为献帝年轻被奸臣控制，天下人心无所归向。刘虞，是刘氏皇族中的知名人士，民众都仰望他，便拥戴刘虞做皇帝。派使者去见刘虞，刘虞始终不肯接受。袁绍等人又劝刘虞兼任尚书事，秉承献帝意旨封爵任官，刘虞又不听从，但还是与袁绍等人往来友好。刘虞的儿子刘和担任侍中，就在长安。献帝想东回洛阳，要刘和伪装逃离董卓，暗地逃出武关面见其父刘虞，叫刘虞带兵来迎接。刘和经过袁术那里，向他陈述了献帝的意思。袁术正想利用刘虞做外援，便留住刘和不让他走，答应等刘虞的兵到后一起西进，要刘和写信给刘虞。刘虞收到刘和的信后，就派出骑兵几千人到刘和那里。公孙瓒知道袁术有野心，不想派兵去，劝阻刘虞，刘虞不听。公孙瓒害怕袁术知道后会恨自己，也派了他的堂弟公孙越带骑

遣其从弟越将千骑诣术以自结,而阴教术执和,夺其兵。由是虞、瓒益有隙。和逃术来北,复为绍所留。

是时,术遣孙坚屯阳城拒卓,绍使周昂夺其处。术遣越与坚攻昂,不胜,越为流矢所中死。瓒怒曰:"余弟死,祸起于绍。"遂出军屯磐河,将以报绍。绍惧,以所佩勃海太守印绶授瓒从弟范,遣之郡,欲以结援。范遂以勃海兵助瓒,破青、徐黄巾,兵益盛,进军界桥。⑥以严纲为冀州,田楷为青州,单经为兖州,置诸郡县。绍军广川,令将麹义先登与瓒战,生禽纲。瓒军败走勃海,与范俱还蓟,于大城东南筑小城,与虞相近,稍相恨望。

虞惧瓒为变,遂举兵袭瓒。虞为瓒所败,出奔居庸。瓒攻拔居庸,生获虞,执虞还蓟。会卓死,天子遣使者段训增虞邑,督六州;瓒迁前将军,封易侯。瓒诬虞欲称尊号,胁训斩虞。⑦瓒上训为幽州刺史。瓒遂骄矜,记过忘善,多所贼害。⑧虞从事渔阳鲜于辅、齐周、骑都尉鲜于银等,率州兵欲报瓒,以燕国阎柔素有恩信,共推柔为乌丸司马。柔招诱乌丸、鲜卑,得胡、汉数万人,与瓒所置渔阳太守邹丹战于潞北,大破之,斩丹。袁绍又遣麹义及虞子和,将兵与辅合击瓒。瓒军数败,乃走还易京固

兵一千人去见袁术以示自己愿与他结交,而暗中教唆袁术扣押刘和,吞并他的部队。因此刘虞与公孙瓒更加有了矛盾。刘和从袁术那里逃走到北方,又被袁绍扣留。

这时,袁术派孙坚驻军阳城县抗拒董卓,袁绍派周昂夺取阳城。袁术派公孙越和孙坚一起攻打周昂,不能取胜,公孙越还被飞箭射中而死。公孙瓒大怒说:"我弟弟的死,祸首就是袁绍。"便出兵驻扎磐河,准备向袁绍报仇。袁绍感到害怕,于是把自己佩戴的勃海太守印信交给公孙瓒的堂弟公孙范,派他到勃海郡,想和他交结作为外援。公孙范便以勃海郡的兵力援助公孙瓒,打败了青州、徐州的黄巾军,部队更加壮大,一直进军到界桥。公孙瓒任命部将严纲为冀州刺史,田楷为青州刺史,单经为兖州刺史,设置了很多郡县。袁绍的军队驻扎在广川,命部将麹义带兵先冲上去迎战公孙瓒,活捉了严纲。公孙瓒的军队败逃到勃海,和公孙范一起回到蓟城,在蓟城东南方筑了一座小城,和刘虞邻近,相互之间更加怨恨起来。

刘虞怕公孙瓒作乱,便出兵袭击公孙瓒。结果刘虞被公孙瓒打败,逃奔居庸。公孙瓒又攻占居庸,活捉了刘虞,将刘虞押回蓟城。恰逢这时董卓死了,献帝派使者段训来增加刘虞的食邑,命他统领六州的军事;公孙瓒升任前将军,封为易侯。公孙瓒诬陷刘虞想称帝,胁迫段训杀了刘虞。并向献帝推举段训担任幽州刺史。公孙瓒便骄傲自负,只记得别人的过失而忘掉别人的好处,被他伤害的人很多。刘虞的从事渔阳人鲜于辅、齐周、骑都尉鲜于银等人,率领幽州的部队要向公孙瓒报仇,他们认为燕国人阎柔素来有恩德信义,共同推举他担任乌丸司马。阎柔诱骗乌丸、鲜卑人,共得胡、汉几万人,同公孙瓒任命的渔阳太守邹丹在潞北大战,大败邹丹军,杀了邹丹。袁绍又派麹义和刘虞的儿子刘和,带兵和鲜于辅联合进攻公孙瓒。公孙瓒的军队多次失败,便跑回易县坚守。在易县四周挖了十道壕沟,在

守。⑨为围堑十重，于堑里筑京，皆高五六丈，为楼其上；中堑为京，特高十丈，自居焉，积谷三百万斛。⑩瓒曰："昔谓天下事可指麾而定，今日视之，非我所决，不如休兵，力田畜谷。兵法，百楼不攻。今吾楼橹千重，食尽此谷，足知天下之事矣。"欲以此弊绍。绍遣将攻之，连年不能拔。⑪建安四年，绍悉军围之。瓒遣子求救于黑山贼，复欲自将突骑直出，傍西南山，拥黑山之众，陆梁冀州，横断绍后。长史关靖说瓒曰："今将军将士，皆已土崩瓦解，其所以能相守持者，顾恋其居处老小，以将军为主耳。将军坚守旷日，袁绍要当自退；自退之后，四方之众必复可合也。若将军今舍之而去，军无镇重，易京之危，可立待也。将军失本，孤在草野，何所成邪！"瓒遂止不出。⑫救至，欲内外击绍。遣人与子书，刻期兵至，举火为应。⑬绍候者得其书，如期举火。瓒以为救兵至，遂出欲战。绍设伏击，大破之，复还守。绍为地道，突坏其楼，稍至中京。⑭瓒自知必败，尽杀其妻子，乃自杀。⑮

沟里兴筑高大土丘，每个土丘都有五六丈高，又在土丘上盖起楼台；而中间壕沟里所筑的土丘，特别高大足有十丈，公孙瓒自己住在里面，积存粮食三百万斛。公孙瓒说："过去以为天下很容易就可平定，今天看来，天下事不是我能够解决的了，倒不如停止战事，尽力种田储蓄粮食。兵书上说过，百尺高楼不能攻打。今天我的防御高台有千尺之高，等到吃尽了里面的粮食，那时也就完全可以看清楚天下的形势了。"想用这种方法把袁绍拖垮。袁绍派部将攻打它，连续几年都不能攻下。建安四年，袁绍率全军包围它。公孙瓒派儿子向黑山起义军求援，又想亲自带领突骑直冲出去，沿着西南山，拥有黑山的部众，在冀州一带横行无阻，拦腰截断袁绍的退路。长史关靖劝公孙瓒说："现在将军的将士，都已彻底崩溃，他们之所以还能坚守阵地，是因为眷恋着家里的老小，要依靠将军为之做主了。将军坚守城池拖延时日，袁绍或者会自行退却；他退兵以后，四方分散的队伍一定可以再会合起来。如果将军今日舍弃他们而去，军队没有权威的人物，易京的危机，便要立即出现了。将军失去根本，如同孤身在荒郊野外，如何能有成就！"公孙瓒便打消了念头不再出击。等到黑山救兵到来后，准备内外夹攻袁绍。公孙瓒派人送信给他的儿子，限定援兵到达的日期，以举火做信号。袁绍的侦探得到了这封信，按期举火。公孙瓒以为救兵到了，便出城会战。袁绍设置埋伏进行袭击，大败公孙瓒，公孙瓒再回城防守。袁绍的军队挖掘地道，突击摧毁了城楼，而且慢慢地推进到城中的高丘。公孙瓒知道自己必然失败，杀尽妻子儿女，于是自杀了。

鲜于辅将其众奉王命。以辅为建忠将军，督幽州六郡。太祖与袁绍相拒于官渡，阎柔遣使诣太祖受事，迁护乌丸校尉。而辅身诣太祖，拜左度辽将军，封亭侯，遣还镇抚本州。⑯

鲜于辅率领他的部众听从皇帝的命令。汉献帝任命他为建忠将军，统领幽州六郡的军事。太祖和袁绍在官渡对峙时，阎柔曾派使者到太祖那里领受任务，阎柔升为护乌丸校尉。鲜于辅亲自拜见太祖，被任命为左度辽将军，封为亭侯，派他仍回幽州镇守。太祖攻打南皮时，阎柔率领部队和鲜卑人贡献

太祖破南皮,柔将部曲及鲜卑献名马以奉军,从征三郡乌丸,以功封关内侯。[17]辅亦率其众从。文帝践阼,拜辅虎牙将军,柔度辽将军,皆进封县侯。位特进。

名马以供军用,并跟随太祖征伐三郡乌丸,因有功封为关内侯。鲜于辅也率领他的部队跟随太祖。文帝当皇帝后,任命鲜于辅为虎牙将军,阎柔为度辽将军,都进封县侯,享受特进的地位。

陶谦字恭祖,丹杨人。[18]少好学,为诸生,仕州郡,举茂才,除卢令,[19]迁幽州刺史,征拜议郎,参车骑将军张温军事,西讨韩遂。[20]会徐州黄巾起,以谦为徐州刺史,击黄巾,破走之。董卓之乱,州郡起兵,天子都长安,四方断绝,谦遣使间行致贡献,迁安东将军、徐州牧,封溧阳侯。是时,徐州百姓殷盛,谷米丰赡,流民多归之。而谦背道任情:广陵太守琊邪赵昱,徐方名士也,以忠直见疏;[21]曹宏等,谗慝小人也,谦亲任之。刑政失和,良善多被其害,由是渐乱。下邳阙宣自称天子,谦初与合从寇钞,后遂杀宣,并其众。

陶谦字恭祖,是丹杨郡人。年轻时爱学习,是个儒生,在州郡做官,被举为茂才,担任卢县县令,升任幽州刺史,征召到朝廷并任命为议郎,参与谋划车骑将军张温的军事,向西讨伐韩遂。恰逢徐州黄巾军起义,任陶谦为徐州刺史,攻打黄巾军,击败并赶走了他们。董卓作乱时,各州郡都起兵讨伐,献帝建都长安,朝廷与四方的来往断绝,陶谦派使者从小路向献帝进贡,朝廷升任他为安东将军、徐州牧,封为溧阳侯。这时,徐州百姓殷实富裕,粮食充足,流民大多归顺他。而陶谦却背弃道义恣意用事:广陵太守琅邪人赵昱,是徐州地方的知名人士,因为忠诚直率被陶谦疏远;曹宏等人,是奸佞邪恶的小人,陶谦却亲近信任他们。吏治司法一片混乱,善良的人大多遭受祸害,因此局势逐渐混乱。下邳县人阙宣自称皇帝,陶谦起初同他一起进行掠夺,后来便杀了阙宣,吞并了他的队伍。

初平四年,太祖征谦,攻拔十余城,至彭城大战。谦兵败走,死者万数,泗水为之不流。谦退守郯。太祖以粮少引军还。[22]兴平元年,复东征,略定琅邪、东海诸县。谦恐,欲走归丹杨。会张邈叛迎吕布,太祖还击布。是岁,谦病死。[23]

初平四年,太祖征伐陶谦,攻占了十多座城池,追至彭城与陶谦大战。陶谦的军队失败逃走,死亡数以万计,泗水被尸体堵塞竟不流了。陶谦退到郯城防守。太祖因为军粮缺少就带兵退回去了。兴平元年,太祖又东征陶谦,攻取、平定了琅邪、东海等郡各县。陶谦害怕,想回到老家丹杨去。恰逢张邈背叛太祖迎接吕布,太祖回军攻击吕布。这年,陶谦病死。

张杨字稚叔,云中人也。以武勇给并州,为武猛从事。灵帝末,天下乱,帝以所宠小黄门蹇硕为西园上军校尉,军

张杨字稚叔,是云中郡人。因为英武勇猛在并州供职,任武猛从事。灵帝末年,天下大乱,灵帝用他宠信的小黄门蹇硕担任西园上军校尉,把军队驻

京都，欲以御四方，征天下豪杰以为偏裨。太祖及袁绍等皆为校尉，属之。㉔并州刺史丁原遣杨将兵诣硕，为假司马。灵帝崩，硕为何进所杀。杨复为进所遣，归本州募兵，得千余人，因留上党，击山贼。进败，董卓作乱。杨遂以所将攻上党太守于壶关，不下，略诸县，众至数千人。山东兵起，欲诛卓。袁绍至河内，杨与绍合，复与匈奴单于於夫罗屯漳水。单于欲叛，绍、杨不从。单于执杨与俱去，绍使将麴义追击于邺南，破之。单于执杨至黎阳，攻破度辽将军耿祉军，众复振。卓以杨为建义将军、河内太守。天子之在河东，杨将兵至安邑，拜安国将军，封晋阳侯。杨欲迎天子还洛，诸将不听；杨还野王。建安元年，杨奉、董承、韩暹挟天子还旧京，粮乏。杨以粮迎道路，遂至洛阳。谓诸将曰："天子当与天下共之，幸有公卿大臣，杨当捍外难，何事京都？"遂还野王。即拜为大司马。㉕杨素与吕布善。太祖之围布，杨欲救之，不能。乃出兵东市，遥为之势。其将杨丑，杀杨以应太祖。杨将眭固杀丑，将其众，欲北合袁绍。太祖遣史涣邀击，破之于犬城，斩固，尽收其众也。㉖

扎在京城，想凭此统治四方，同时征召天下的豪杰担任副将。太祖和袁绍等人都曾担任校尉，属蹇硕统领。这时并州刺史丁原派遣张杨带兵到蹇硕那里，张杨担任了代理司马。灵帝死后，蹇硕被何进杀死。张杨又受何进的派遣，回本州招募新兵，得到一千多人，就留在上党，攻打山贼。何进失败后，董卓作乱。张杨便带领他的人马在壶关进攻上党太守，没有攻下，劫掠各县，队伍发展到几千人。当时太行山以东各路军马纷纷起事，准备讨伐董卓。袁绍到了河内，张杨便和袁绍联合，又和匈奴单于於夫罗一同驻兵在漳水。於夫罗单于打算背叛朝廷，袁绍、张杨都不同意。于是单于捉了张杨强迫他一同离去，袁绍派部将麴义追击到邺城的南边，将他们打败。於夫罗单于又劫持张杨到黎阳，打败了度辽将军耿祉的军队，一时力量又振兴起来。董卓任命张杨为建义将军、河内太守。献帝在河东时，张杨带兵到安邑，被任命为安国将军，封为晋阳侯。张杨打算迎接献帝回洛阳，将领们不同意；张杨便回到野王。建安元年，杨奉、董承、韩暹挟持献帝回原来的京都洛阳，当时粮食缺乏。张杨带着粮食在路上迎接献帝，才将献帝送回洛阳。张杨对将领们说："皇帝应当由天下人共同拥戴，幸好朝廷有公卿大臣辅佐，我应当抵御外难，为什么留在京都呢？"于是便回到野王。献帝当即任命他为大司马。张杨素来和吕布要好。太祖包围吕布时，张杨打算救他，但力量不够。只好出兵东市，在远处为他造造声势。张杨的部将杨丑，杀了张杨响应太祖。张杨的另一个部将眭固杀了杨丑，统领了他的部队，打算投奔北方联合袁绍。太祖派史涣路上截击，在犬城打败了他，杀了眭固，全部收编了他的部众。

公孙度字升济，本辽东襄平人也。度父延，避吏居玄菟，任度为郡吏。时玄菟太守公孙

公孙度字升济，本是辽东郡襄平县人。公孙度的父亲公孙延，因逃避狱吏的追捕住在玄菟郡，玄菟郡太守让公孙度担任郡吏。当时玄菟太守公孙琙

珹，子豹，年十八岁，早死。度少时名豹，又与珹子同年，珹见而亲爱之，遣就师学，为取妻。后举有道，除尚书郎，稍迁冀州刺史，以谣言免。同郡徐荣为董卓中郎将，荐度为辽东太守。度起玄菟小吏，为辽东郡所轻。先时，属国公孙昭守襄平令，召度子康为伍长。度到官，收昭，笞杀于襄平市。郡中名豪大姓田韶等宿遇无恩，皆以法诛，所夷灭百余家，郡中震栗。东伐高句骊，西击乌丸，威行海外。初平元年，度知中国扰攘，语所亲吏柳毅、阳仪等曰："汉祚将绝，当与诸卿图王耳。"[27]时襄平延里社生大石，长丈余，下有三小石为之足。或谓度曰："此汉宣帝冠石之祥，而里名与先君同。社主土地，明当有土地，而三公为辅也。"度益喜。故河内太守李敏，郡中知名，恶度所为，恐为所害，乃将家属入于海。度大怒，掘其父冢，剖棺焚尸，诛其宗族。[28]分辽东郡为辽西中辽郡，置太守。越海收东莱诸县，置营州刺史。自立为辽东侯、平州牧，追封父延为建义侯。立汉二祖庙，承制设坛墠于襄平城南，郊祀天地，藉田，治兵，乘鸾路，九旒，旄头羽骑。太祖表度为武威将军，封永宁乡侯，度曰："我王辽东，何永宁也！"藏印绶武库。度死，子康嗣位，以永宁乡侯封弟恭。

的儿子公孙豹，年仅十八岁时，就死了。公孙度小的时候也叫豹，又同公孙珹的儿子同年，公孙珹看见公孙度后非常喜欢他，要他去从师求学，替他娶妻。后来举荐为有道科，被授予尚书郎的官职，逐渐升任到冀州刺史，后因谣言被免职。与公孙度同郡的徐荣是董卓的中郎将，推荐公孙度担任辽东郡太守。由于公孙度从玄菟郡的小官吏起家，因此被辽东郡的人看不起。先前，辽东属国公孙昭代理襄平县县令，召唤公孙度的儿子公孙康去担任伍长。公孙度上任后，收捕了公孙昭，在襄平市的集市上将他鞭打致死。郡中有名的富豪大姓田韶等人平素对他没有恩情，都被他以违法罪名杀死，被诛灭的有一百多家，郡中震动恐惧。他又向东征伐高句骊，向西攻击乌丸，声威传到海外。初平元年，公孙度看到中原一带战乱不宁，对他的亲信官吏柳毅、阳仪等人说："汉朝的命运要断绝了，我当和各位谋求建立帝王的事业。"当时襄平县延里地方土地庙里长出了一块石头，长一丈多，下面有三块小石做它的脚。有人对公孙度说："这块石头有汉宣帝时冠石一样的吉祥征兆，而延里的名称又和你死去的父亲名字相同。土地神是管土地的，这表明你应当拥有天下的土地，而有三公做你的辅佐。"公孙度更加欢喜。原来的河内太守李敏，是郡内的知名人士，他讨厌公孙度的所作所为，又恐被他陷害，便带领家属上了海岛。公孙度大怒，挖掘他父亲的坟墓，劈开棺材焚烧尸体，杀死他同族的人。公孙度把辽东郡分为辽西、中辽两郡，设置太守。又渡过渤海夺取东莱各县，设置营州刺史。自称为"辽东侯"、"平州牧"，追封他的父亲公孙延为建义侯。建立西汉高祖、东汉世祖两位祖宗的祭庙，以皇帝的资格在襄平城南设立坛墠，在郊外祭祀天地，亲耕"籍田"，训练军队，乘坐挂有铜铃的皇帝专车，戴着垂有九条玉串的皇冠，外出时有头戴旄帽的羽林军开道。太祖上表推荐公孙度担任武威将军，封为永宁乡侯，公孙度说："我做了辽东王，永宁侯算什么！"把印章放在武器库藏起来。公孙度死后，儿子公孙康继承父位，把永宁乡

是岁建安九年也。

十二年，太祖征三郡乌丸，屠柳城。袁尚等奔辽东，康斩送尚首。语在《武纪》。封康襄平侯，拜左将军。康死，子晃、渊等皆小，众立恭为辽东太守。文帝践阼，遣使即拜恭为车骑将军，假节，封平郭侯；追赠康大司马。

初，恭病阴消为阉人，劣弱不能治国。太和二年，渊胁夺恭位。明帝即拜渊扬烈将军、辽东太守。渊遣使南通孙权，往来赂遗。[29]权遣使张弥、许晏等，赍金玉珍宝，立渊为燕王。渊亦恐权远不可恃，且贪货物，诱致其使，悉斩送弥、晏等首，[30]明帝于是拜渊大司马，封乐浪公，持节、领郡如故。[31]使者至，渊设甲兵为军陈，出见使者，又数对国中宾客出恶言。[32]景初元年，乃遣幽州刺史毌丘俭等赍玺书征渊。渊遂发兵，逆于辽隧，与俭等战。俭等不利而还。渊遂自立为燕王，置百官有司。遣使者持节，假鲜卑单于玺，封拜边民，诱呼鲜卑，侵扰北方。[33]二年春，遣太尉司马宣王征渊。六月，军至辽东。[34]渊遣将军卑衍、杨祚等步骑数万屯辽隧，围堑二十余里。宣王军至，令衍逆战。宣王遣将军胡遵等击破之。宣王令军穿围，引兵东南向，而急东北，即趋襄平。衍等恐襄平无守，夜走。诸军进

侯的爵位封给弟弟公孙恭。这年正是建安九年。

建安十二年，太祖带兵征伐三郡乌丸，屠杀了柳城的人民。袁尚等人投奔辽东，公孙康杀了袁尚并将他的头送给太祖。此事记录在《武帝纪》中。朝廷封公孙康为襄平侯，任命他为左将军。公孙康死去，他的儿子公孙晃、公孙渊等人都还小，大家立公孙恭为辽东太守。文帝即位后，派使者任命公孙恭为车骑将军，授予符节，封为平郭侯；追封公孙康为大司马。

当初，公孙恭曾患阳痿病成为阉人，身体虚弱不能治理国家。太和二年，公孙渊要挟并夺取了他的权位。明帝就任命公孙渊为扬烈将军、辽东太守。公孙渊又派使者和南方的孙权联系，互相往来馈赠。孙权派使者张弥、许晏等人，带上金玉珍宝，立公孙渊为燕王。公孙渊也怕孙权相隔太远不可依靠，但又贪图他的钱财宝物，于是诱来孙权的使者，将他们全部杀害并将张弥、许晏等人的头送到朝廷，明帝于是任命公孙渊为大司马，封为乐浪公，仍和过去一样秉持符节、统治辽东郡。朝廷使者到来时，公孙渊安排士兵手拿武器排成阵列，出来会见使者，又几次对国内来的客人讲些难听的话。景初元年，明帝便派幽州刺史毌丘俭等人带上明帝的诏书召公孙渊来洛阳。公孙渊便发兵，在辽隧迎战，和毌丘俭等人打了起来。毌丘俭等人因交战不利退回。于是公孙渊就自立为燕王，设置百官与有关机构。又派使者手拿符节，送给鲜卑单于印信，对沿边的一些人封爵任官，诱使鲜卑人，侵扰魏国的北方。景初二年春季，明帝派太尉司马懿讨伐公孙渊。六月，司马懿的军队到了辽东。公孙渊派遣将军卑衍、杨祚等人率领步兵、骑兵几万人驻守辽隧，周围构筑壕沟达二十多里。司马懿的军队一到，公孙渊就命令卑衍迎战。司马懿派将军胡遵等人打败了他。司马懿命令军队越过壕沟，带兵往东南方向去，而后急转到东北，直向襄平奔去。卑衍等人怕襄平没有守备，乘夜逃跑。司马懿的各路军队到达首山，公

至首山，渊复遣衍等迎军殊死战。复击，大破之，遂进军造城下，为围堑。会霖雨三十余日，辽水暴长，运船自辽口径至城下。雨霁，起土山、修橹，为发石连弩射城中。渊窘急。粮尽，人相食，死者甚多。将军杨祚等降。八月丙寅夜，大流星长数十丈，从首山东北坠襄平城东南。壬午，渊众溃，与其子修将数百骑突围东南走，大兵急击之，当流星所坠处，斩渊父子。城破，斩相国以下首级以千数，传渊首洛阳，辽东、带方、乐浪、玄菟悉平。

孙渊又派卑衍等人迎着司马懿的军队进行殊死决战。司马懿的军队再次出击，大败卑衍军，乘胜进军直抵襄平城下，挖了包围襄平城的壕沟。恰逢下了三十多天大雨，辽河水位暴涨。运输船队可以从辽口一直抵达襄平城下。雨停以后，司马懿令部队筑起土山、修起攻城的高台，不断地用石头和箭射到城中。公孙渊困窘危急。粮食吃光以后，城内出现了人吃人的情况，死的人很多。将军杨祚等人投降了司马懿。八月丙寅日晚上，有大流星长几十丈，从首山东北坠落到襄平城东南。壬午日，公孙渊的部队大败，公孙渊和他的儿子公孙修带领几百骑兵突围向东南方向逃走，司马懿令大军急行追击他们，正在流星坠落的地方，斩杀了公孙渊父子。襄平城被攻破后，斩杀相国以下人员的首级数以千计，把公孙渊的头送到洛阳，辽东、带方、乐浪、玄菟四郡相继平定了。

初，渊家数有怪，犬冠帻绛衣上屋，炊有小儿蒸死甑中。襄平北市生肉，长围各数尺，有头目口喙，无手足而动摇。占曰："有形不成，有体无声，其国灭亡。"始度以中平六年据辽东，至渊三世，凡五十年而灭。[35]

当初，公孙渊家里多次发生怪事，狗戴上头巾穿着红衣窜上屋顶，做饭时有小孩蒸死在饭甑里。襄平北市上生出一块肉，长宽各几尺，有脑袋、眼睛、嘴巴，没有手脚而能动弹。占辞说："有形状而不完全，有躯体而不能发声，这个国家必然灭亡。"起初公孙度在中平六年占据辽东，到公孙渊传了三代，总共五十年而灭亡。

张燕，常山真定人也，本姓褚。黄巾起，燕合聚少年为群盗，在山泽间转攻，还真定，众万余人。博陵张牛角亦起众，自号将兵从事，与燕合。燕推牛角为帅，俱攻瘿陶。牛角为飞矢所中。被创且死，令众奉燕，告曰："必以燕为帅。"牛角死，众奉燕，故改姓张。燕剽捍捷速过人，故军中号曰飞燕。其后人众寖广，常山、赵郡、中山、上党、河内诸山谷皆

张燕，是常山郡真定县人，原本姓褚。黄巾军兴起后，张燕召集少年成了一群盗贼，在山林沼泽间辗转出击，后来回到真定，队伍发展到万余人。博陵郡人张牛角也组织队伍，自称为将兵从事，并和张燕联合在一起。张燕推举张牛角做统帅，一同进攻瘿陶。张牛角被飞箭射中，负伤将死时，命令部众拥戴张燕，告诫部下说："一定由张燕做统帅。"张牛角死后，大家拥戴张燕，所以他由姓褚改姓张。张燕勇猛矫捷超过了一般人，所以队伍里叫他"飞燕"。这以后投奔张燕的人渐渐多起来，与常山、赵郡、中山、上党、河内等山区中的队伍都互相取得了联系，这一带的小头目孙轻、王当等人，各带自己的人马

相通，其小帅孙轻、王当等，各以部众从燕，众至百万，号曰黑山。灵帝不能征，河北诸郡被其害。燕遣人至京都乞降，拜燕平难中郎将。[36]是后，董卓迁天子于长安，天下兵数起，燕遂以其众与豪杰相结。袁绍与公孙瓒争冀州，燕遣将杜长等助瓒，与绍战，为绍所败，人众稍散，太祖将定冀州，燕遣使求佐王师，拜平北将军；率众诣邺，封安国亭侯，邑五百户。燕薨，子方嗣。方薨，子融嗣。[37]

投奔张燕，队伍竟发展到百万，号称“黑山”。灵帝无力征伐，河北很多州郡都遭到他们的袭击。张燕派人到京都洛阳请求投降，朝廷任命张燕担任平难中郎将。这以后，董卓把献帝劫持到长安，天下纷纷起兵讨伐董卓，张燕便带他的队伍和豪杰们互相取得联系。袁绍和公孙瓒争夺冀州时，张燕派部将杜长等人帮助公孙瓒，和袁绍激战，被袁绍打败，人马稍微散去一些，太祖将要平定冀州时，张燕派使者要求协助朝廷的军队作战，被任命为平北将军；他率领部队到达邺城，被封为安国亭侯，赐给食邑五百户。张燕死后，儿子张方继承了他的爵位，张方死后，儿子张融继承了爵位。

张绣，武威祖厉人，骠骑将军济族子也。边章、韩遂为乱凉州，金城麴胜袭杀祖厉长刘隽。绣为县吏，间伺杀胜，郡内义之。遂招合少年，为邑中豪杰。董卓败，济与李傕等击吕布，为卓报仇。语在《卓传》。绣随济，以军功稍迁至建忠将军，封宣威侯。济屯弘农，士卒饥饿，南攻穰，为流矢所中死。绣领其众，屯宛，与刘表合。太祖南征，军淯水，绣等举众降。太祖纳济妻，绣恨之。太祖闻其不悦，密有杀绣之计。计漏，绣掩袭太祖。太祖军败，二子没。绣还保穰，[38]太祖比年攻之，不克。太祖拒袁绍于官渡，绣从贾诩计，复以众降。语在《诩传》。绣至，太祖执其手，与欢宴，为子均取绣女，拜扬武将军。官渡之役，绣力战有功，迁破羌将军。从破袁谭于南

张绣，是武威郡祖厉县人，骠骑将军张济的堂侄。边章、韩遂在凉州作乱时，金城人麴胜乘机袭击杀死了祖厉县长刘隽。张绣当时担任县吏，寻找机会杀了麴胜，郡里的人称赞他很讲道义。于是他召集年轻人，成了乡中豪杰。董卓失败后，张济和李傕等人袭击吕布，替董卓报仇。这事记载在《董卓传》中。张绣跟随张济，凭借军功渐渐地升到建忠将军，封为宣威侯。张济驻扎在弘农时，士兵没有饭吃，于是向南进攻穰城，被飞箭射中死去。张绣带领他的部众，驻扎在宛城，和刘表联合。太祖往南讨伐，军队驻扎在淯水，张绣等人带领军队来投降。太祖将张济的妻子纳入后宫，张绣因而恨他。太祖听说张绣不高兴，秘密地定下杀张绣的计划。计划不慎泄露，张绣乘其不备袭击太祖。太祖的军队打了败仗，两个儿子遇难。张绣退保穰城，太祖连年攻打，终究不能取胜。太祖在官渡和袁绍对峙时，张绣听从贾诩的计谋，又带队伍投降了太祖。这事记载在《贾诩传》中。张绣到官渡时，太祖握着他的手，与他尽兴宴饮，还替儿子曹均娶张绣的女儿为妻，任命张绣为扬武将军。在官渡之战中，张绣奋力作战有功，升为破羌将军。后来跟随太祖在南皮打败袁谭，又增加封邑共二千户。当时天下户口急剧减少，十家中

皮,复增邑凡二千户。是时天下户口减耗,十裁一在,诸将封未有满千户者,而绣特多。从征乌丸于柳城,未至,薨,谥曰定侯。[39]子泉嗣,坐与魏讽谋反诛,国除。

才有一家存在,各将军中封地没有满千户的,而张绣却特别多。后来跟随太祖到柳城讨伐乌丸,还没到达,就死了,赐给他谥号为定侯。儿子张泉继承了他的爵位,张泉后来犯了参与魏讽谋反的罪而被杀,封国被取消。

张鲁字公祺,沛国丰人也。祖父陵,客蜀,学道鹄鸣山中,造作道书以惑百姓,从受道者出五斗米,故世号米贼。陵死,子衡行其道。衡死,鲁复行之。益州牧刘焉以鲁为督义司马,与别部司马张脩将兵击汉中太守苏固,鲁遂袭脩杀之,夺其众。焉死,子璋代立,以鲁不顺,尽杀鲁母家室。鲁遂据汉中,以鬼道教民,自号"师君"。其来学道者,初皆名"鬼卒"。受本道已信,号"祭酒"。各领部众,多者为治头大祭酒。皆教以诚信不欺诈,有病自首其过,大都与黄巾相似。诸祭酒皆作义舍,如今之亭传。又置义米肉,县于义舍,行路者量腹取足;若过多,鬼道辄病之。犯法者,三原,然后乃行刑。不置长吏,皆以祭酒为治,民夷便乐之。雄据巴、汉垂三十年。[40]汉末,力不能征,遂就宠鲁为镇民中郎将,领汉宁太守,通贡献而已。民有地中得玉印者,群下欲尊鲁为汉宁王。鲁功曹巴西阎圃谏鲁曰:"汉川之民,户出十万,财富土沃,四面险固;上匡天子,则为桓、文,次及窦融,不失富贵。今

张鲁字公祺,是沛国丰邑人。他的祖父张陵,寄居四川,在鹄鸣山中学道,假造道书来迷惑百姓,跟随他学道的人都要出五斗米,所以当时人们叫他"米贼"。张陵死后,儿子张衡继续奉行他的五斗米道。张衡死,儿子张鲁又奉行其道。后来益州牧刘焉任命张鲁为督义司马,派他和别部司马张脩一同带兵袭击汉中太守苏固,张鲁趁机袭击张脩并杀了他,吞并了他的部众。刘焉死后,儿子刘璋代理他做了益州牧,刘璋认为张鲁不顺从,杀了张鲁的母亲及全家人。张鲁于是占据汉中,用他的鬼道教化百姓,自称"师君"。那些来学道的人,开始时都叫做"鬼卒"。等到接受该道教笃信不疑后,叫做"祭酒"。每个祭酒都统领部下教民,统领人数多的叫"治头大祭酒"。祭酒教育部下都要诚实守信,不要欺诈,有病自己先坦白自己的过错,很多方面都和黄巾军相同。各祭酒都修建了免费供行人歇宿的旅舍,相当于当今的驿站。又备办义米义肉,悬挂在义舍里。过路人根据自己的饭量吃饱为止;如果吃得过多,鬼神就会谴责他。对犯法的教徒,先原谅三次,然后才动用刑罚。不设长官小吏,一切由祭酒管理,汉人和少数民族都以为便利而喜欢。张鲁便在巴山、汉中称雄近三十年。东汉末年,朝廷力量弱小不能讨伐,于是拉拢张鲁为镇民中郎将,兼任汉宁太守,只要他向朝廷进贡而已。民间有人在地下挖到一颗玉印,张鲁的部下借这个机会想尊他为汉宁王。张鲁的功曹巴西人阎圃劝告张鲁说:"汉川民众,户口超过了十万家,物资丰富土地肥沃,四面险要坚固;我们对上辅佐皇帝,可以成就齐桓公、晋文公那样的霸业,次一等仿效窦融,可以不失富贵。今日您秉承皇帝的命令设置官府任命官员,权势足以专断一

承制署置，势足斩断，不烦于王。愿且不称，勿为祸先。”鲁从之。韩遂、马超之乱，关西民从子午谷奔之者数万家。

方，不为称王而烦恼。希望您暂且不称王，不要先招来灾祸。”张鲁听从了他的劝告。韩遂、马超作乱的时候，关西民众从子午谷过来投奔他的有几万家。

建安二十年，太祖乃自散关出武都征之，至阳平关。鲁欲举汉中降，其弟卫不肯，率众数万人拒关坚守。太祖攻破之，遂入蜀。[41]鲁闻阳平已陷，将稽颡归降，圃又曰：“今以迫往，功必轻；不如依杜濩赴朴胡相拒，然后委质，功必多。”于是乃奔南山入巴中。左右欲悉烧宝货仓库，鲁曰：“本欲归命国家，而意未达。今之走，避锐锋，非有恶意。宝货仓库，国家之有。”遂封藏而去。太祖入南郑，甚嘉之。又以鲁本有善意，遣人慰喻。鲁尽将家出，太祖逆拜鲁镇南将军，待以客礼，封阆中侯，邑万户。封鲁五子及阎圃等皆为列侯。[42]为子彭祖取鲁女。鲁薨，谥之曰原侯。子富嗣。[43]

建安二十年，太祖便从大散关出兵武都征伐张鲁，到达阳平关。张鲁想献出汉中率众投降，他的弟弟张卫不肯，带领部众几万人在阳平关拒关坚守。太祖打败了张卫，于是进入四川。张鲁听说阳平关已经陷落，准备请罪投降，阎圃又说：“现在被形势所迫才去投降，功劳必然小；不如依附杜濩、投奔朴胡与他对抗，然后称臣投降，功劳必然大。”于是就从南山进入巴中。身边的人想要全部烧掉金银财宝与物资仓库，张鲁说：“我本来就想归附朝廷，这个愿望没有实现。今日出逃，只是躲避锐利的锋芒，并没有什么恶意。财宝和物资仓库，都是朝廷所有。”便封好仓库后离开。太祖进入南郑县，对此很赞赏。又因张鲁本有投降的好意，就派人去安慰开导他。张鲁带全家出来投降，太祖迎接并任命他为镇南将军，以宾客的礼节对待他，封他做阆中侯，食邑一万户。还封张鲁的五个儿子和阎圃等人为列侯。替儿子彭祖娶了张鲁的女儿做妻子。张鲁死后，赐给他谥号为原侯。儿子张富继承爵位。

评曰：公孙瓒保京，坐待夷灭。度残暴而不节，渊仍业以载凶，只足覆其族也。陶谦昏乱而忧死，张杨授首于臣下，皆拥据州郡，曾匹夫之不若，固无可论者也。燕、绣、鲁舍群盗，列功臣，去危亡，保宗祀，则于彼为愈焉。

评论说：公孙瓒固守易京，徒然坐待灭亡。公孙度残暴好杀而无节制，公孙渊继承家业而逞凶，正好招来灭族之祸。陶谦头脑迷糊以至忧郁而死，张杨为部下所杀，他们都割据州郡拥兵称雄，竟然比不上一个普通老百姓，实在没有什么可评论的。至于张燕、张绣、张鲁一改强盗的行径，名列功臣，免掉了危险灭亡的命运，保全了祖宗的祭祀，比以上那些自取灭亡的人好多了。

①《典略》曰：瓒性辩慧，每白事不肯稍入，常总说数曹事，无有忘误，太守奇其才。

②《九州春秋》曰：纯自号弥天将军、安定王。

③《吴书》曰：虞，东海恭王之后也。遭世衰乱，又与时主疏远，仕县为户曹吏。以能治身奉职，召为郡吏，以孝廉为郎，累迁至幽州刺史，转甘陵相，甚得东土戎狄之心。后以疾归家，常降身隐约，与邑党州闾同乐共恤，等齐有无，不以名位自殊，乡曲咸共宗之。时乡曲有所诉讼，不以诣吏，自投虞平之；虞以情理为之论判，皆大小敬从，不以为恨。尝有失牛者，骨体毛色，与虞牛相似，因以为是，虞便推与之；后主自得本牛，乃还谢罪。会甘陵复乱，吏民思虞治行，复以为甘陵相，甘陵大治。征拜尚书令、光禄勋，以公族有礼，更为宗正。

《英雄记》曰：虞为博平令，治正推平，高尚纯朴，境内无盗贼，灾害不生。时邻县接壤，蝗虫为害，至博平界，飞过不入。

《魏书》曰：虞在幽州，清静俭约，以礼义化民。灵帝时，南宫灾，吏迁补州郡者，皆责助治宫钱，或一千万，或二千万，富者以私财办，或发民钱以备之，贫而清慎者，无以充调，或至自杀。灵帝以虞清贫，特不使出钱。

④《英雄记》曰：虞让太尉，因荐卫尉赵谟、益州牧刘焉、豫州牧黄琬、南阳太守羊续，并任为公。

⑤《九州春秋》曰：绍、馥使故乐浪太守甘陵张岐赍议诣虞，使即尊号。虞厉声呵岐曰："卿敢出此言乎！忠孝之道，既不能济。孤受国恩，天下扰乱，未能竭命以除国耻，望诸州郡烈义之士戮力西面，援迎幼主，而乃妄造逆谋，欲涂污忠臣邪！"

《吴书》曰：馥以书与袁术，云帝非孝灵子，欲依绛、灌诛废少主，迎立代王故事；称虞功德治行，华夏少二，当今公室枝属，皆莫能及。又云："昔光武去定王五世，以大司马领河北，耿弇、冯异劝即尊号，卒代更始。今刘公自恭王枝别，其数亦五，以大司马领幽州牧，此其与光武同。"是时有四星会于箕尾，馥称《谶》云神人将在燕分。又言济阴男子王定得玉印，文曰"虞为天子"。又见两日出于代郡，谓虞当代立。绍又别书报术。是时术阴有不臣之心，不利国家有长主，外托公义以答拒之。绍亦使人私报虞，虞以国有正统，非人臣所宜言，固辞不许；乃欲图奔匈奴以自绝，绍等乃止。虞于是奉职修贡，愈益恭肃；诸外国羌、胡有所贡献，道路不通，皆为传送，致之京师。

⑥《典略》载瓒表绍罪状曰："臣闻皇、羲以来，始有君臣上下之事，张化以导民，刑罚以禁暴。今行车骑将军袁绍，托其先轨，寇窃人爵，既性暴乱，厥行淫秽。昔为司隶校尉，会值国家丧祸之际，太后承摄，何氏辅政，绍专为邪媚，不能举直，至令丁原焚烧孟津，招来董卓，造为乱根，绍罪一也。卓既入雒而主见质，绍不能权谲以济君父，而弃置节传，迸窜逃亡，忝辱爵命，背上不忠，绍罪二也。绍为勃海太守，默选戎马，当攻董卓，不告父兄，至使太傅门户，太仆母子，一旦而毙，不仁不孝，绍罪三也。绍既兴兵，涉历二年，不恤国难，广自封殖，乃多以资粮专为不急，割剥富室，收考责钱，百姓吁嗟，莫不痛怨，绍罪四也。韩馥之迫，窃其虚位，矫命诏恩，刻金印玉玺，每下文书，皂囊施检，文曰'诏书一封，邟乡侯印'。邟，口浪反。昔新室之乱，渐以即真，今绍所施，拟而方之，绍罪五也。绍令崔巨业候视星日，财货赂遗，与共饮食，克期会合，攻钞郡县，此岂大臣所当宜为？绍罪六也。绍与故虎牙都尉刘勋首共造兵，勋仍有效，又降伏张杨，而以小忿枉害于勋，信用谗慝，杀害有功，绍罪七也。绍又上故上谷太守高焉、故甘陵相姚贡，横责其钱，钱不备毕，二人并命，绍罪八也。《春秋》之义，子以母贵。绍母亲为婢使，绍实微贱，不可以为人后，以义不宜，乃据丰隆之重任，忝污王爵，损辱袁宗，绍罪九也。又长沙太守孙坚，前领豫州刺史，驱走董卓，扫除陵庙，其功莫大；绍令周昂盗居其位，断绝坚粮，令不得入，使卓不被诛，绍罪十也。臣又每得后将军袁术书，云绍非术类也。绍之罪戾，虽南山之竹不能载。昔姬周政弱，王道陵迟，天子迁都，诸侯背叛，于是齐桓立柯亭之盟，晋文为践土之会，伐荆楚以致菁茅，诛曹、卫以彰无礼。臣虽阘茸，名非先贤，蒙被朝恩，当此重任，职在铁钺，奉辞伐罪，辄与诸将州郡兵讨绍等。若事克捷，罪人斯得，庶续桓、文忠诚之效，攻战形状，前后续上。"遂举兵与绍对战，绍不胜。

⑦《魏氏春秋》曰：初，刘虞和辑戎狄，瓒以胡夷难御，当

因不宾而讨之，今加财赏，必益轻汉，效一时之名，非久长深虑。故虞所赏赐，瓒辄钞夺。虞数请会，称疾不往。至是战败，虞欲讨之，告东曹掾右北平人魏攸。攸曰：“今天下引领，以公为归，谋臣爪牙，不可无也。瓒，文武才力足恃，虽有小恶，固宜容忍。”乃止。后一年，攸病死。虞又与官属议，密令众袭瓒。瓒部曲放散在外，自惧败，掘东城门欲走。虞兵无部伍，不习战，又爱民屋，敕令勿烧。故瓒得放火，因以精锐冲突。虞众大溃，奔居庸城。瓒攻及家属以还，杀害州府，衣冠善士殆尽。

《典略》曰：瓒曝虞于市而祝曰：“若应为天子者，天当降雨救之。”时盛暑，竟日不雨，遂杀虞。

《英雄记》曰：虞之见杀，故常山相孙瑾、掾张逸、张瓒等忠义愤发，相与就虞，骂瓒极口，然后同死。

⑧《英雄记》曰：瓒统内外，衣冠子弟有材秀者，必抑使困在穷苦之地。或问其故，答曰：“今取衣冠家子弟及善士富贵之，皆自以为职当得之，不谢人善也。”所宠遇骄恣者，类多庸儿，若故卜数师刘纬台、贩缯李移子、贾人乐何当等三人，与之定兄弟之誓，自号为伯，谓三人者为仲叔季，富皆巨亿，或取其女以配己子，常称古者曲周、灌婴之属以譬也。

⑨《英雄记》曰：先是有童谣曰：“燕南垂，赵北际，中央不合大如砺，惟有此中可避世。”瓒以易当之，乃筑京固守。瓒别将有为敌所围，义不救也。其言曰：“救一人，使后将恃救不力战；今不救此，后将当念在自勉。”是以袁绍始北击之时，瓒南界上别营自度守则不能自固，又知必不见救，是以或自杀其将帅，或为绍兵所破，遂令绍军径至其门。

臣松之以为童谣之言，无不皆验；至如此记，似若无征。谣言之作，盖令瓒终始保易，无事远略。而瓒因破黄巾之威，意志张远，遂置三州刺史，图灭袁氏，所以致败也。

⑩《英雄记》曰：瓒诸将家家各作高楼，楼以千计。瓒作铁门，居楼上，屏去左右，婢妾侍侧，汲上文书。

⑪《汉晋春秋》曰：袁绍与瓒书曰：“孤与足下，既有前盟旧要，申之以讨乱之誓，爱过夷、叔，分著丹青，谓为旅力同轨，足踵齐、晋，故解印释绂，以北带南，分割膏腴，以奉执事，此非孤赤情之明验邪？岂寤足下弃烈士之高义，寻祸亡之险踪，辍而改虑，以好易怨，盗遣士马，犯暴豫州。始闻甲卒在南，亲临战陈，惧于飞矢迸流，狂刃横集，以重足下之祸，徒增孤之咎衅也，故为荐书恳恻，冀可改悔。而足下超然自逸，矜其威诈，谓天罔可吞，豪雄可灭，果令贵弟殒于锋刃之端。斯言犹在于耳，而足下曾不寻讨祸源，克心罪己，苟欲逞其无疆之怒，不顾逆顺之津，匿怨害民，骋于余躬。遂跃马控弦，处我疆土，毒遍生民，辜延白骨。孤辞不获已，以登界桥之役。是时足下兵气霆震，骏马电发；仆师徒肇合，机械不严，强弱殊科，众寡异论，假天之助，小战大克，遂陵蹑奔背，因垒馆谷，此非天威棐谌，福丰有礼之符表乎？足下志犹未厌，乃复纠合余烬，率我蛑贼，以焚爇勃海。孤又不获宁，用及龙河之师。羸兵前诱，大军未济，而足下胆破众散，不鼓而败，兵众扰乱，君臣并奔。此又足下之为，非孤之咎也。自此以后，祸隙弥深，孤之师旅，不胜其忿，遂至积尸为京，头颅满野，愍彼无辜，未尝不慨然失涕也。后比得足下书，辞意婉约，有改往修来之言。仆既欣于旧好克复，且愍兆民之不宁，每辄引师南驾，以顺简书。弗盈一时，而北边羽檄之文，未尝不至。孤是用痛心疾首，靡所错情。夫处三军之帅，当列将之任，宜令怒如严霜，喜如时雨，臧否好恶，坦然可观。而足下二三其德，强弱易谋，急则曲躬，缓则放逸，行无定端，言无质要，为壮士者固若此乎！既乃残杀老弱，幽土愤怨，众叛亲离，孑然无党。又乌丸、濊貊，皆足下同州，仆与之殊俗，各奋迅激怒，争为锋锐；又东西鲜卑，举踵来附。此非孤德所能招，乃足下驱而致之也。夫当荒危之世，处干戈之险，内违同盟之誓，外失戎狄之心，兵兴州壤，祸发萧墙，将以定霸，不亦难乎！前以西山陆梁，出兵平讨，会麹义余残，畏诛逃命，故遂住大军，分兵扑荡，此兵孤之前行，乃界桥搴旗拔垒，先登制敌者也。始闻足下镌金纡紫，命以元帅，谓当因兹奋发，以报孟明之耻，是故战夫引领，竦望旌旆，怪遂含光匿影，寂尔无闻，卒臻屠灭，相为惜之。夫有

平天下之怒，希长世之功，权御师徒，带养戎马，叛者无讨，服者不收，威怀并丧，何以立名？今旧京克复，天罔云补，罪人斯亡，忠干翼化，华夏俨然，望於穆之作，将戢干戈，放散牛马，足下独何守区区之士，保军内之广，甘恶名以速朽，亡令德之久长？壮而筹之，非良策也。宜释憾除嫌，敦我旧好。若斯言之玷，皇天是闻。”瓒不答，而增修戎备。谓关靖曰：“当今四方虎争，无有能坐吾城下相守经年者明矣。袁本初其若我何！”

⑫《英雄记》曰：关靖字士起，太原人。本酷吏也，谄而无大谋，特为瓒所信幸。

⑬《典略》曰：瓒遣行人文则赍书告子续曰：“袁氏之攻，似若神鬼，鼓角鸣于地中，梯冲舞吾楼上。日穷月蹶，无所聊赖。汝当碎首于张燕，速致轻骑，到者当起烽火于北，吾当从内出。不然，吾亡之后，天下虽广，汝欲求安足之地，其可得乎！”

《献帝春秋》曰：瓒梦蓟城崩，知必败，乃遣间使与续书。绍候者得之，使陈琳更其书曰：“盖闻在昔衰周之世，僵尸流血，以为不然，岂意今日身当其冲！”其余语与《典略》所载同。

⑭《英雄记》曰：袁绍分部攻者掘地为道，穿穴其楼下，稍稍施木柱之，度足达半，便烧所施之柱，楼辄倾倒。

⑮《汉晋春秋》曰：关靖曰：“吾闻君子陷人于危，必同其难，岂可独生乎！”乃策马赴绍军而死。绍悉送其首于许。

⑯《魏略》曰：辅从太祖于官渡。袁绍破走，太祖喜，顾谓辅曰：“如前岁本初送公孙瓒头来，孤自视忽然耳，而今克之。此既天意，亦二三子之力。”

⑰《魏略》曰：太祖甚爱阎柔，每谓之曰：“我视卿如子，亦欲卿视我如父也。”柔由此自托于五官将，如兄弟。

⑱《吴书》曰：谦父，故余姚长。谦少孤，始以不羁闻于县中。年十四，犹缀帛为幡，乘竹马而戏，邑中儿童皆随之。故苍梧太守同县甘公出遇之涂，见其容貌，异而呼之，住车与语，甚悦，因许妻以女。甘公夫人闻之，怒曰：“妾闻陶家儿敖戏无度，如何以女许之？”公曰：“彼有奇表，长必大成。”遂妻之。

⑲《吴书》曰：谦性刚直，有大节，少察孝廉，拜尚书郎，除舒令。郡守张磐，同郡先辈，与谦父友，意殊亲之，而谦耻为之屈。与众还城，因以公事进见，坐罢，磐常私还入，与谦饮宴，或拒不为留。常以舞属谦，谦不为起，固强之；及舞，又不转。磐曰：“不当转邪？”曰：“不可转，转则胜人。”由是不乐，卒以构隙。谦在官清白，无以纠举，祠灵星，有羸钱五百，欲以臧之。谦委官而去。

⑳《吴书》曰：会西羌寇边，皇甫嵩为征西将军，表请武将。召拜谦扬武都尉，与嵩征羌，大破之。后边章、韩遂为乱，司空张温衔命征讨；又请谦为参军事，接遇甚厚，而谦轻其行事，心怀不服。及军罢还，百寮高会，温属谦行酒，谦众辱温。温怒，徙谦于边。或说温曰：“陶恭祖本以材略见重于公，一朝以醉饮过失，不蒙容贷，远弃不毛，厚德不终，四方人士安所归望！不如释憾除恨，克复初分，于以远闻德美。”温然其言，乃追还谦。谦至，或又谓谦曰：“足下轻辱三公，罪自己作，今蒙释宥，德莫厚矣；宜降志卑辞以谢之。”谦曰：“诺。”又谓温曰：“陶恭祖今深自罪责，思在变革。谢天子礼毕，必诣公门。公宜见之，以慰其意。”时温于宫门见谦，谦仰曰：“谦自谢朝廷，岂为公邪？”温曰：“恭祖痴病尚未除邪？”遂为之置酒，待之如初。

㉑谢承《后汉书》曰：昱年十三，母尝病，经涉三月。昱惨戚消瘠，至目不交睫，握粟出卜，祈祷泣血，乡党称其孝。就处士东莞綦毌君受《公羊传》，兼该群业。至历年潜志，不窥园圃，亲疏希见其面。时人定省父母，须臾即还。高絜廉正，抱礼而立，清英俨恪，莫干其志；旌善以兴化，殚邪以矫俗。州郡请召，常称病不应。国相檀谟、陈遵共召，不起；或兴盛怒，终不回意。举孝廉，除莒长，宣扬五教，政为国表。会黄巾作乱，陆梁五郡，郡县发兵，以为先办。徐州刺史巴祗表功第一，当受迁赏，昱深以为耻，委官还家。徐州牧陶谦初辟别驾从事，辞疾逊遁。谦重令扬州从事会稽吴范宣旨，昱守意不移；欲威以刑罚，然后乃起。举茂才，迁广陵太守。贼笮融从临淮见讨，进

入郡界，昱将兵拒战，败绩见害。

㉒《吴书》曰：曹公父于泰山被杀，归咎于谦。欲伐谦而畏其强，乃表令州郡一时罢兵。诏曰："今海内扰攘，州郡起兵，征夫劳瘁，寇难未弭，或将吏不良，因缘讨捕，侵侮黎民，离害者众；风声流闻，震荡城邑，丘墙惧于横暴，贞良化为群恶，此何异乎抱薪救焚，扇火止沸哉！今四民流移，托身他方，携白首于山野，弃稚子于沟壑，顾故乡而哀叹，向阡陌而流涕，饥厄困苦，亦已甚矣。虽悔往者之迷谬，思奉教于今日，然兵连众结，锋镝布野，恐一朝解散，夕见系虏，是以阻兵屯据，欲止而不敢散也。诏书到，其各罢遣甲士，还亲农桑，惟留常员吏以供官署，慰示远近，咸使闻知。"谦被诏，乃上书曰："臣闻怀远柔服，非德不集；克难平乱，非兵不济。是以涿鹿、阪泉、三苗之野有五帝之师，有扈、鬼方、商、奄四国有王者之伐，自古在昔，未有不扬威以弭乱，震武以止暴者也。臣前初以黄巾乱治，受策长驱，匪遑启处。虽宪章敕戒，奉宣威灵，敬行天诛，每伐辄克，然妖寇类众，殊不畏死，父兄歼殪，子弟群起，治屯连兵，至今为患。若承命解甲，弱国自虚，释武备以资乱，损官威以益寇，今日兵罢，明日难必至，上忝朝廷宠授之本，下令群凶日月滋蔓，非所以强干弱枝遏恶止乱之务也。臣虽愚蔽，忠恕不昭，抱恩念报，所不忍行。辄勒部曲，申令警备。出芟强寇，惟力是视，入宣德泽，躬奉职事，冀效微劳，以赎罪负。"又曰："华夏沸扰，于今未弭，包茅不入，职贡多阙，寤寐忧叹，无日敢宁。诚思贡献必至，荐羞获通，然后销锋解甲，臣之愿也。臣前调谷百万斛，已在水次，辄敕兵卫送。"曹公得谦上事，知不罢兵。乃进攻彭城，多杀人民。谦引兵击之，青州刺史田楷亦以兵救谦。公引兵还。

臣松之案：此时天子在长安，曹公尚未秉政。罢兵之诏，不得由曹氏出。

㉓《吴书》曰：谦死时，年六十三，张昭等为之哀辞曰："猗欤使君，君侯将军，膺秉懿德，允武允文，体足刚直，守以温仁。令舒及卢，遗爱于民；牧幽暨徐，甘棠是均。憬憬夷、貊，赖侯以清；蠢蠢妖寇，匪侯不宁。唯帝念绩，爵命以章，既牧且侯，启土溧阳。遂升上将，受号安东，将平世难，社稷是崇。降年不永，奄忽殂薨，丧覆失恃，民知困穷。曾不旬日，五郡溃崩，哀我人斯，将谁仰凭？追思靡及，仰叫皇穹。呜呼哀哉！"谦二子：商、应，皆不仕。

㉔《灵帝纪》曰：以虎贲中郎将袁绍为中军校尉，屯骑校尉鲍鸿为下军校尉，议郎曹操为典军校尉，赵融、冯芳为助军校尉，夏牟、淳于琼为左右校尉。

㉕《英雄记》曰：杨性仁和，无威刑。下人谋反，发觉，对之涕泣，辄原不问。

㉖《典略》曰：固字白兔，既杀杨丑，军屯射犬。时有巫诫固曰："将军字兔而此邑名犬，兔见犬，其势必惊，宜急移去。"固不从，遂战死。

㉗《魏书》曰：度语毅、仪："谶书云孙登当为天子，太守姓公孙，字升济，升即登也。"

㉘《晋阳秋》曰：敏子追求敏，出塞，越二十余年不娶。州里徐邈责之曰："不孝莫大于无后，何可终身不娶乎！"乃娶妻，生子胤而遣妻，常如居丧之礼，不胜忧，数年而卒。胤生不识父母，及有识，蔬食哀戚亦如三年之丧。以祖父不知存亡，设主奉之。由是知名，仕至司徒。

臣松之案：《本传》云敏将家入海，而复与子相失，未详其故。

㉙《吴书》载渊表权曰："臣伏惟遭天地反易，遇无妄之运；王路未夷，倾侧扰攘。自先人以来，历事汉、魏，阶缘际会，为国效节，继世享任，得守藩表，犹知符命未有攸归。每感厚恩，频辱显使，退念人臣交不越境，是以固守所执，拒违前使。虽义无二信，敢忘大恩！陛下镇抚，长存小国，前后裴校尉、葛都尉等到，奉被敕诫，圣旨弥密，重纨累素，幽明备著，所以申示之事，言提其耳。臣昼则讴吟，宵则发梦，终身诵之，志不知足。季末凶荒，乾坤否塞，兵革未戢，人民荡析。仰此天命将有眷顾，私从一隅永瞻云日。今魏家不能采录忠善，褒功臣之后，乃令谗讹得行其志，听幽州刺史、东莱太守诳误之言，猥

兴州兵，图害臣郡。臣不负魏，而魏绝之。盖闻人臣有去就之分；田饶适齐，乐毅走赵，以不得事主，故保有道之君；陈平、耿况，亦睹时变，卒归于汉，勒名帝籍。伏惟陛下德不再出，时不世遇，是以偻偻怀慕自纳，望远视险，有如近易。诚愿神谟蚤定洪业，奋六师之势，收河、洛之地，为圣代宗。天下幸甚！”

《魏略》曰：国家知渊两端，而恐辽东吏民为渊所误。故公文下辽东，因赦之曰：“告辽东、玄菟将校吏民：逆贼孙权遭遇乱阶，因其先人劫略州郡，遂成群凶，自擅江表，含垢藏疾。冀其可化，故割地王权，使南面称孤，位以上将，礼以九命。权亲叉手，北向稽颡。假人臣之宠，受人臣之荣，未有如权者也。狼子野心，告令难移，卒归反覆，背恩叛主，滔天逆神，乃敢僭号。恃江湖之险阻，王诛未加。比年已来，复远遣船，越渡大海，多持货物，诳诱边民。边民无知，与之交关。长吏以下，莫肯禁止。至使周贺浮舟百艘，沈滞津岸，贸迁有无。既不疑拒，赍以名马，又使宿舒随贺通好。十室之邑，犹有忠信，陷君于恶，《春秋》所书也。今辽东、玄菟奉事国朝，纡青拖紫，以千百为数，戴缅垂缨，咸佩印绶，曾无匡正纳善之言。龟玉毁于椟，虎兕出于匣，是谁之过欤？国朝为子大夫羞之！昔狐突有言：‘父教子贰，何以事君？策名委质，贰乃辟也。’今乃阿顺邪谋，胁从奸惑，岂独父兄之教不详，子弟之举习非而已哉！若苗秽害田，随风烈火，芝艾俱焚，安能白别乎？且又此事固然易见，不及鉴古成败，书传所载也。江南海北有万里之限，辽东君臣无怵惕之患，利则义所不利，贵则义所不贵，此为厌安乐之居，求危亡之祸，贱忠贞之节，重背叛之名。蛮、貊之长，犹知爱礼，以此事人，亦难为颜！且又宿舒无罪，挤使入吴，奉不义之使，始与家诀，涕泣而行。及至贺死之日，覆众成山，舒虽脱死，魂魄离身。何所逼迫，乃至于此！今忠臣烈将，咸忿辽东反覆携贰，皆欲乘桴浮海，期于肆意。朕为天下父母，加念天下新定，既不欲劳动干戈，远涉大川，费役如彼，又悼边陲遗余黎民，迷误如此，故遣郎中卫慎、邵瑁等且先奉诏示意。若股肱忠良，能效节立信以辅时君，反邪就正以建大功，福莫大焉。傥恐自嫌已为恶逆所见染污，不敢倡言，永怀伊戚。其诸与贼使交通，皆赦除之，与之更始。”

㉚《魏略》载渊表曰：“臣前遣校尉宿舒、郎中令孙综，甘言厚礼，以诱吴贼。幸赖天道福助大魏，使此贼虏暗然迷惑，违戾群下，不从众谏，承信臣言，远遣船使，多将士卒，来致封拜。臣之所执，得如本志，虽忧罪衅，私怀幸甚。贼众本号万人，舒、综伺察，可七八千人，到沓津。伪使者张弥、许晏与中郎将万泰、校尉裴潜将吏兵四百余人，赍文书命服什物，下到臣郡。泰、潜别赍致遗货物，欲因市马。军将贺达、虞咨领余众在船所。臣本欲须凉节乃取弥等，而弥等人兵众多，见臣不便承受吴命，意有猜疑。惧其先作，变态妄生，即进兵围取，斩弥、晏、泰、潜等首级。其吏从兵众，皆士伍小人，给使东西，不得自由，面缚乞降，不忍诛杀，辄听纳受，徙充边城。别遣将韩起等率将三军，驰行至沓。使领长史柳远设宾主礼诱请达、咨，三军潜伏以待其下，又驱群马货物，欲与交市。达、咨怀疑不下，使诸市买者五六百人下，欲交市。起等金鼓始震，锋矢乱发，斩首三百余级，被创赴水没溺者可二百余人，其散走山谷，来归降及藏窜饥饿死者，不在数中。得银印、铜印、兵器、资货，不可胜数。谨遣西曹掾公孙珩奉送贼权所假臣节、印绶、符策、九锡、什物，及弥等伪节、印绶、首级。”又曰：“宿舒、孙综前到吴，贼权问臣家内小大，舒、综对臣有三息，脩别属亡弟。权敢奸巧，便擅拜命。谨封送印绶、符策。臣虽无昔人洗耳之风，惭为贼权污损所加，既行天诛，犹有余忿。”又曰：“臣父康，昔杀权使，结为仇隙。今乃谲欺，遣使诱致，令权倾心，虚国竭禄，远命上卿，宠授极位，震动南土，备尽礼数。又权待舒、综，契阔委曲，君臣上下，毕欢竭情。而令四使见杀，枭示万里，士众流离，屠戮津渚，惭耻远布，痛辱弥天。权之怨疾，将刻肌骨。若天衰其业，使至丧陨，权将内伤愤激而死。若期运未讫，将播毒螫，必恐长蛇来为寇害。徐州诸屯及城阳诸郡，与相接近，如有船众后年向海门，得其消息，乞速告臣，使得备豫。”又曰：“臣门户受恩，实深实重，自臣承摄即事以来，

连被荣宠，殊特无量，分当陨越，竭力致死。而臣狂愚，意计迷暗，不即禽贼，以至见疑。前章表所陈情趣事势，实但欲罢弊此贼，使困自绝，诚不敢背累世之恩，附僭盗之虏也。而后爱憎之人，缘事加诬，伪生节目，卒令明听疑于市虎，移恩改爱，兴动威怒，几至沉没，长为负忝。幸赖慈恩，犹垂三宥，使得补过，解除愆责。如天威远加，不见假借，早当麋碎，辱先废祀，何缘自明，建此微功。臣既喜于事捷，得自申展，悲于畴昔，至此变故，余怖踊跃，未敢便宁。唯陛下既崇春日生全之仁，除忿塞隙，抑弭纤介，推今亮往，察臣本心，长令抱戴，衔分三泉。"又曰："臣被服光荣，恩情未报，而以罪衅，自招谴怒，分当即戮，为众社戒。所以越典诡常，伪通于吴，诚自念穷迫，报效未立，而为天威督罚所加，长恐奄忽不得自洗。故敢自阙替废于一年，遣使诱吴，知其必来，权之求郡，积有年岁，初无倡答一言之应，今权得使，来必不疑，至此一举，果如所规，上卿大众，翕赫丰盛，财货赂遗，倾国极位，到见禽取，流离死亡，千有余人，灭绝不反。此诚暴猾贼之锋，摧矜夸之巧，昭示天下，破损其业，足以惭之矣。臣之惓惓念效于国，虽有非常之过，亦有非常之功，愿陛下原其逾阙之愆，采其毫毛之善，使得国恩，保全终始矣。"

㉛《魏名臣奏》载中领军夏侯献表曰："公孙渊昔年敢违王命，废绝计贡者，实挟两端。既恃阻险，又怙孙权。故敢跋扈，恣睢海外。宿舒亲见贼权军众府库，知其弱少不足凭恃，是以决计斩贼之使。又高句丽、濊貊与渊为仇，并为寇钞。今外失吴援，内有胡寇，心知国家能从陆道，势不得不怀惶惧之心。因斯之时，宜遣使示以祸福。奉车都尉鄾弘，武皇帝时始奉使命，开通道路。文皇帝即位，欲通使命，遣弘将妻子还归乡里，赐其车、牛，绢百匹。弘以受恩，归死国朝，无有还意，乞留妻子，身奉使命。公孙康遂称臣妾。以弘奉使称意，赐爵关内侯。弘性果烈，乃心於国，夙夜拳拳，念自竭效。冠族子孙，少好学问，博通书记，多所关涉，口论速捷，辩而不俗，附依典诰，若出胸臆，加仕本郡，常在人右，彼方士人素所敬服。若当遣使，以为可使弘行。弘乃自旧土，习其国俗，为说利害，辩足以动其意，明足以见其事，才足以行之，辞足以见信。若其计从，虽郦生之降齐王，陆贾之说尉佗，亦无以远过也。欲进远路，不宜释骐骥；将已笃疾，不宜废扁鹊。愿察愚言也。"

㉜《吴书》曰：魏遣使者傅容、聂夔拜渊为乐浪公。渊计吏从洛阳还，语渊曰："使者左骏伯，使皆择勇力者，非凡人也。"渊由是疑怖。容、夔至，住学馆中。渊先以步骑围之，乃入受拜。容、夔大怖，由是还洛言状。

㉝《魏书》曰：渊知此变非独出俭，遂为备。遣使谢吴，自称燕王，求为与国。然犹令官属上书自直于魏曰："大司马长史臣郭昕、参军臣柳浦等七百八十九人言：奉被今年七月己卯诏书，伏读恳切，精魄散越，不知身命所当投措！昕等伏自惟省，蝼蚁小丑，器非时用，遭值千载，被受公孙渊祖考以来光明之德，惠泽沾渥，滋润荣华，无寸尺之功，有负乘之累；遂蒙褒奖，登名天府，并以驽蹇附龙托骥，纡青拖紫，飞腾云梯，感恩惟报，死不择地。臣等闻明君在上，听政采言，人臣在下，得无隐情，是以因缘诉讼，冒犯愬冤。郡在藩表，密迩不羁，平昔三州，转轮费调，以供赏赐，岁用累亿，虚耗中国。然犹跋扈，虔刘边陲，烽火相望，羽檄相逮，城门昼闭，路无行人，州郡兵戈，奔散覆没。渊祖父度初来临郡，承受荒残，开日月之光，建神武之略，聚乌合之民，扫地为业，威震耀于殊俗，德泽被于群生。辽土之不坏，实度是赖。孔子曰：'微管仲，吾其被发左衽。'向不遭度，则郡早为丘墟，而民系于虏廷矣。遗风余爱，永存不朽。度既薨殂，吏民感慕，欣戴子康，尊而奉之。康践统洪绪，克壮徽猷，文昭武烈，迈德种仁；乃心京辇，翼翼虔恭，佐国平乱，效绩纷纭，功隆事大，勋藏王府。度、康当值武皇帝休明之会，合策名之计，夹辅汉室，降身委质，卑己事魏。匪处小厌大，畏而服焉，乃慕托高风，怀仰盛懿也。武皇帝亦虚心接纳，待以不次，功无巨细，每不见忘。又命之曰：'海北土地，割以付君，世世子孙，实得有之。'皇天后土，实闻德音。臣庶小大，豫在下风，奉以周旋，不敢失坠。渊生有兰石之姿，少含恺悌之训，允文允武，忠惠且直；生民钦仰，莫弗怀爱。渊

纂戎祖考，君临万民，为国以礼，淑化流行，独见先睹，罗结遐方，勤王之义，视险如夷，世载忠亮，不陨厥名。孙权慕义，不远万里，连年遣使，欲自结援，虽见绝杀，不念旧怨，纤纤往来，求成恩好。渊执节弥固，不为利回，守志匪石，确乎弥坚。犹惧丹心未见保明，乃卑辞厚币，诱致权使，枭截献馘，以示无二。吴虽在远，水道通利，举帆便至，无所隔限。渊不顾敌仇之深，念存人臣之节，绝强吴之欢，昭事魏之心，灵祇明鉴，普天咸闻。陛下嘉美洪烈，懿兹武功，诞锡休命，宠亚齐、鲁，下及陪臣，普受介福。诚以天覆之恩，当卒终始，得竭股肱，永保禄位，不虞一旦，横被残酷。惟育养之厚，念积累之效，悲思不遂，痛切见弃，举国号咷，拊膺泣血。夫三军所伐，蛮夷戎狄，骄逸不虔，于是致武，不闻义国反受诛讨。盖圣王之制，五服之域，有不供职，则修文德，而又不至，然后征伐。渊小心翼翼，恪恭于位，勤事奉上，可谓勉矣。尽忠竭节，还被患祸。《小弁》之作，《离骚》之兴，皆由此也。就或佞邪，盗言孔甘，犹当清览，憎而知善；谗巧似直，惑乱圣听，尚望文告，使知所由。若信有罪，当垂三宥；若不改寤，计功减降，当在八议。而潜军伺袭，大兵奄至，舞戈长驱，冲击辽土。犬马恶死，况于人类！吏民昧死，挫辱王师。渊虽冤枉，方临危殆，犹恃圣恩，怅然重奔，冀必奸臣矫制，妄肆威虐，乃谓臣等曰：'汉安帝建光元年，辽东属国都尉庞奋，受三月乙未诏书，曰收幽州刺史冯焕、玄菟太守姚光。推案无乙未诏书，遣侍御史幽州收考奸臣矫制者。今刺史或傥谬承矫制乎？'臣等议：以为刺史兴兵，摇动天下，殆非矫制，必是诏命。渊乃俯仰叹息，自伤无罪。深惟土地所以养人，窃慕古公杖策之岐，乃欲投冠释绂，逝归林麓。臣等维持，誓之以死，屯守府门，不听所执。而七营虎士，五部蛮夷，各怀素饱，不谋同心，奋臂大呼，排门遁出。近郊农民，释其耨镈，伐薪制梃，改案为櫓，奔驰赴难，军旅行成，虽蹈汤火，死不顾生。渊虽见孤弃，怨而不怒，比遣敕军，勿得干犯，及手书告语，恳恻至诚。而吏士凶悍，不可解散，期于毕命，投死无悔。渊惧吏士不从教令，乃躬驰骛，自往化解，仅乃止之。一饭之惠，匹夫所死，况渊累叶信结百姓，恩著民心。自先帝初兴，爰暨陛下，荣渊累叶，丰功懿德，策名褒扬，辩著廊庙，胜衣举履，诵咏明文，以为口实。埋而掘之，古人所耻。小白、重耳，衰世诸侯，犹慕著信，以隆霸业。《诗》美文王作孚万邦，《论语》称仲尼去食存信；信之为德，固亦大矣。今吴、蜀共帝，鼎足而居，天下摇荡，无所统一，臣等每为陛下惧此危心。渊据金城之固，仗和睦之民，国殷兵强，可以横行。策名委质，守死善道，忠至义尽，为九州表。方今二敌窥窬，未知孰定，是之不戒，而渊是害。茹柔吐刚，非王者之道也。臣等虽鄙，诚窃耻之。若无天乎，臣一郡吉凶，尚未可知；若云有天，亦何惧焉！臣等闻仕于家者，二世则主之，三世则君之。臣等生于荒裔之土，出于圭窦之中，无大援于魏，世隶于公孙氏，报生与赐，在于死力。昔蒯通言直，汉祖赦其诛；郑詹辞顺，晋文原其死。臣等顽愚，不达大节，苟执一介，披露肝胆，言逆龙鳞，罪当万死。惟陛下恢崇抚育，亮其控告，使疏远之臣，永有保持。"

㉞《汉晋春秋》曰：公孙渊自立，称绍汉元年。闻魏人将讨，复称臣于吴，乞兵北伐以自救。吴人欲戮其使，羊衜曰："不可，是肆匹夫之怒而捐霸王之计也。不如因而厚之，遣奇兵潜往以要其成。若魏伐渊不克，而我军远赴，是恩结遐夷，义盖万里，若兵连不解，首尾离隔，则我虏其傍郡，驱略而归，亦足以致天之罚，报雪曩事矣。"权曰："善"。乃勒兵大出。谓渊使曰："请俟后问，当从简书，必与弟同休戚，共存亡，虽陨于中原，吾所甘心也。"又曰："司马懿所向无前，深为弟忧也。"

㉟《魏略》曰：始渊兄晃为恭任子，在洛，闻渊劫夺恭位，谓渊终不可保，数自表闻，欲令国家讨渊。帝以渊已秉权，故因而抚之。及渊叛，遂以国法系晃。晃虽有前言，冀不坐，然内以骨肉，知渊破则己从及。渊首到，晃自审必死，与其子相对啼哭。时上亦欲活之，而有司以为不可，遂杀之。

㊱《九州春秋》曰：张角之反也，黑山、白波、黄龙、左校、牛角、五鹿、羝根、苦蝤、刘石、平汉、大洪、司隶、缘城、罗市、

雷公、浮云、飞燕、白爵、杨凤、于毒等各起兵，大者二三万，小者不减数千。灵帝不能讨，乃遣使拜杨凤为黑山校尉，领诸山贼，得举孝廉计吏。后遂弥漫，不可复数。

《典略》曰：黑山、黄巾诸帅，本非冠盖，自相号字，谓骑白马者为张白骑，谓轻捷者为张飞燕，谓声大者为张雷公，其饶须者则自称于羝根，其眼大者自称李大目。

㊲张璠《汉纪》云：又有左校、郭大贤、左髭丈八三部也。

陆机《晋惠帝起居注》曰：门下通事令史张林，飞燕之曾孙。林与赵王伦为乱，未及周年，位至尚书令、卫将军，封郡公。寻为伦所杀。

㊳《傅子》曰：绣有所亲胡车儿，勇冠其军。太祖爱其骁健，手以金与之。绣闻而疑太祖欲因左右刺之，遂反。

《吴书》曰：绣降，凌统用贾诩计，乞徙军就高道，道由太祖屯中。绣又曰："车少而重，乞得使兵各被甲。"太祖信绣，皆听之。绣乃严兵入屯，掩太祖。太祖不备，故败。

㊴《魏略》曰：五官将数因请会，发怒曰："君杀吾兄，何忍持面视人邪！"绣心不自安，乃自杀。

㊵《典略》曰：熹平中，妖贼大起，三辅有骆曜。光和中，东方有张角，汉中有张脩。骆曜教民缅匿法，角为太平道，脩为五斗米道。太平道者，师持九节杖为符祝，教病人叩头思过，因以符水饮之，得病或日浅而愈者，则云此人信道，其或不愈，则为不信道。脩法略与角同，加施静室，使病者处其中思过。又使人为奸令祭酒，祭酒主以《老子》五千文，使都习，号为奸令。为鬼吏，主为病者请祷。请祷之法，书病人姓名，说服罪之意。作三通，其一上之天，著山上，其一埋之地，其一沉之水，谓之三官手书。使病者家出米五斗以为常，故号曰五斗米师。实无益于治病，但为淫妄，然小人昏愚，竞共事之。后角被诛，脩亦亡。及鲁在汉中，因其民信行脩业，遂增饰之。教使作义舍，以米肉置其中以止行人；又教使自隐，有小过者，当治道百步，则罪除；又依月令，春夏禁杀；又禁酒。流移寄在其地者，不敢不奉。

臣松之谓张脩应是张衡，非《典略》之失，则传写之误。

㊶《魏名臣奏》载董昭表曰："武皇帝承凉州从事及武都降人之辞，说张鲁易攻，阳平城下南北山相远，不可守也，信以为然。及往临履，不如所闻，乃叹曰：'他人商度，少如人意。'攻阳平山上诸屯，既不时拔，士卒伤夷者多。武皇帝意沮，便欲拔军截山而还，遣故大将军夏侯惇、将军许褚呼山上兵还。会前军未还，夜迷惑，误入贼营，贼便退散。侍中辛毗、刘晔等在兵后，语惇、褚，言'官兵已据得贼要屯，贼已散走'。犹不信之。惇前自见，乃还白武皇帝，进兵定之，幸而克获。此近事，吏士所知。"又杨暨表曰："武皇帝始征张鲁，以十万之众，身亲临履，指授方略，因就民麦以为军粮。张卫之守，盖不足言。地险守易，虽有精兵虎将，势不能施。对兵三日，欲抽军还，言'作军三十年，一朝持与人，如何'。此计已定，天祚大魏，鲁守自坏，因以定之。"

《世语》曰：鲁遣五官掾降，弟卫横山筑阳平城以拒，王师不得进。鲁走巴中。军粮尽，太祖将还。西曹掾东郡郭谌曰："不可。鲁已降，留使既未反，卫虽不同，偏携可攻。县军深入，以进必克，退必不免。"太祖疑之。夜有野麋数千突坏卫营，军大惊。夜，高祚等误与卫众遇，祚等多鸣鼓角会众。卫惧，以为大军见掩，遂降。

㊷臣松之以为张鲁虽有善心，要为败而后降，今乃宠以万户，五子皆封侯，过矣。

习凿齿曰：鲁欲称王，而阎圃谏止之，今封圃为列侯。夫赏罚者，所以惩恶劝善也，苟其可以明轨训于物，无远近幽深矣。今阎圃谏鲁勿王，而太祖追封之，将来之人孰不思顺！塞其本源而末流自止，其此之谓与！若乃不明于此而重燋烂之功，丰爵厚赏止于死战之士，则民利于有乱，俗竞于杀伐，阻兵仗力，干戈不戢矣。太祖之此封，可谓知赏罚之本，虽汤武居之，无以加也。

《魏略》曰：黄初中，增圃爵邑，在礼请中。后十余岁病死。

《晋书》云：西戎司马阎缵，圃孙也。

㊸《魏略》曰：刘雄鸣者，蓝田人也。少以采药射猎为事，常居覆车山下，每晨夜，出行云雾中，以识道不迷，而时人因

谓之能为云雾。郭、李之乱，人多就之。建安中，附属州郡，州郡表荐为小将。马超等反，不肯从，超破之。后诣太祖，太祖执其手谓之曰："孤方入关，梦得一神人，即卿邪！"乃厚礼之，表拜为将军，遣令迎其部党。部党不欲降，遂劫以反，诸亡命皆往依之，有众数千人，据武关道口。太祖遣夏侯渊讨破之，雄鸣南奔汉中。汉中破，穷无所之，乃复归降。太祖捉其须曰："老贼，真得汝矣！"复其官，徙勃海。时又有程银、侯选、李堪，皆河东人也，兴平之乱，各有众千余家。建安十六年，并与马超合。超破走，堪临陈死。银、选南入汉中，汉中破，诣太祖降，皆复官爵。

三国志卷九　魏书九

诸夏侯曹传第九

夏侯惇字元让，沛国谯人，夏侯婴之后也。年十四，就师学，人有辱其师者，惇杀之，由是以烈气闻。太祖初起，惇常为裨将，从征伐。太祖行奋武将军，以惇为司马，别屯白马，迁折冲校尉，领东郡太守。太祖征陶谦，留惇守濮阳。张邈叛迎吕布，太祖家在鄄城，惇轻军往赴，适与布会，交战。布退还，遂入濮阳，袭得惇军辎重。遣将伪降，共执持惇，责以宝货，惇军中震恐。惇将韩浩乃勒兵屯惇营门，召军吏诸将，皆案甲当部不得动，诸营乃定。遂诣惇所，叱持质者曰："汝等凶逆，乃敢执劫大将军，复欲望生邪？且吾受命讨贼，宁能以一将军之故，而纵汝乎？"因涕泣谓惇曰："当奈国法何！"促召兵击持质者。持质者惶遽叩头，言"我但欲乞资用去耳"！浩数责，皆斩之。惇既免，太祖闻之，谓浩曰："卿此可为万世法。"乃著令，自今已后有持质者，皆当并击，勿顾质。由是劫质者遂绝。①

太祖自徐州还，惇从征吕布，为流矢所中，伤左目。②复

夏侯惇字元让，是沛国谯县人，他是夏侯婴的后代。十四岁时，跟随老师学习，有人侮辱他的老师，夏侯惇就杀了他，因此以气性刚直而闻名。太祖开始起兵时，夏侯惇经常担任副将，跟随太祖征伐。后来太祖兼任奋武将军，便让夏侯惇担任司马，单独驻扎在白马县，后来又升为折冲校尉，兼任东郡太守。太祖征伐陶谦时，留夏侯惇驻守濮阳。张邈背叛朝廷迎接吕布，当时太祖家在鄄城，夏侯惇便率领部队轻装赶到那里，恰好和吕布遭遇，同他交战。吕布退回后，随即占领了濮阳，偷袭夺取了夏侯惇军队的军需物资。又派遣将领向夏侯惇假投降，内外配合扣押了夏侯惇，向他索取财宝货物，夏侯惇的军队十分震惊。这时夏侯惇的部将韩浩便部署队伍守候在夏侯惇的营门口，召集官兵将领，都按兵坚守岗位不许轻举妄动，各兵营才安定下来。韩浩便来到夏侯惇的处所，叱责劫持人质的人说："你们这些凶恶悖逆的人，竟敢劫持扣押大将军，还想活命吗？况且我受命讨伐叛贼，怎能因为一位将军的缘故，而纵容你们呢？"又哭着对夏侯惇说："面对国法能咋办啊！"于是紧急召集士兵袭击劫持人质的人。劫持人质的人非常恐惧急忙叩头，说："我们只想搞点物资用品就离开。"韩浩多次训斥后，将他们都杀掉。夏侯惇已经脱离危险，太祖才听说这事，对韩浩说："你这种行动可为千秋万世效法。"于是制定法令，规定从今以后有劫持人质的，应当合力打击，不必顾虑人质的安全。因此劫持人质的事便再没发生了。

太祖从徐州回来后，夏侯惇又跟随他征讨吕布，被飞箭射中，伤了左眼。后来又受命兼任陈留、

领陈留、济阴太守，加建武将军，封高安乡侯。时大旱，蝗虫起，惇乃断太寿水作陂，身自负土，率将士劝种稻，民赖其利。转领河南尹。太祖平河北，为大将军后拒。邺破，迁伏波将军，领尹如故，使得以便宜从事，不拘科制。建安十二年，录惇前后功，增封邑千八百户，并前二千五百户。二十一年，从征孙权还，使惇都督二十六军，留居巢。赐伎乐名倡，令曰："魏绛以和戎之功，犹受金石之乐，况将军乎！"二十四年，太祖军于摩陂，召惇常与同载，特见亲重，出入卧内，诸将莫得比也。拜前将军，③督诸军还寿春，徙屯召陵。文帝即王位，拜惇大将军，数月薨。

惇虽在军旅，亲迎师受业。性清俭，有余财辄以分施，不足资之于官，不治产业。谥曰忠侯。子充嗣。帝追思惇功，欲使子孙毕侯，分惇邑千户，赐惇七子二孙爵皆关内侯。惇弟廉及子楙素自封列侯。初，太祖以女妻楙，即清河公主也。楙历位侍中尚书、安西镇东将军，假节。④充薨，子廙嗣。廙薨，子劭嗣。⑤

韩浩者，河内人。沛国史涣与浩俱以忠勇显。浩至中护军，涣至中领军，皆掌禁兵，封列侯。⑥

夏侯渊字妙才，惇族弟

济阴太守，加授建武将军，并封为高安乡侯。当时遇上大旱，蝗虫四起，夏侯惇便截断太寿水修建蓄水湖，亲自搬运土石，率领将士努力种植水稻，老百姓也获得了好处。后来又调职兼任河南尹。太祖平定河北时，夏侯惇作为大将军的后援部队。邺城攻破后，升任伏波将军，并和过去一样仍然担任河南尹，授权可以根据情况方便行事，不受制度的限制。建安十二年，记录夏侯惇前后的功劳，增加他的食邑一千八百户，加上以前的共有二千五百户。建安二十一年，跟随太祖征讨孙权回来，太祖要夏侯惇统领二十六军，留守居巢县。太祖又赐给他舞女歌伎，令上说："魏绛因为有同戎人和好的功劳，还得到钟鼓音乐的赏赐，何况你夏侯将军呢！"建安二十四年，太祖的军队驻扎在摩陂，经常召见夏侯惇一同坐车外出，特别显得亲切看重，夏侯惇还能在太祖的卧室里出入，其他将领没有谁能和他相比。后来又被任命为前将军，带领各军回到寿春，移驻到召陵。文帝当魏王后，任命夏侯惇为大将军，几个月后夏侯惇便死去了。

夏侯惇虽然身在军旅，还亲自迎请老师接受学业。他的性格清廉俭朴，有多余的钱财常常分给别人，用度不够靠公府资助，从不购置私人的财产家业。他死后赐给的谥号叫忠侯。他的儿子夏侯充继承了他的爵位。文帝追念夏侯惇的功勋，想使他的子孙世代全都能封侯，分出夏侯惇的食邑一千户，赐给他七个儿子二个孙儿的爵位都为关内侯。夏侯惇的弟弟夏侯廉和儿子夏侯楙本来都各被封为列侯。当初，太祖把女儿嫁给夏侯楙做妻子，这就是清河公主。夏侯楙历任侍中尚书、安西镇东将军等职位，并被赐予符节。夏侯充死后，他的儿子夏侯廙继承爵位。夏侯廙死后，儿子夏侯劭继承爵位。

韩浩，是河内郡人。沛国人史涣和韩浩都以忠诚、勇敢而闻名。韩浩做到了中护军的官职，史涣也担任过中领军，他们都掌管禁军，封为列侯。

夏侯渊字妙才，是夏侯惇的同族弟弟。太祖在

也。太祖居家，曾有县官事，渊代引重罪，太祖营救之，得免。[7]太祖起兵，以别部司马、骑都尉从，迁陈留、颍川太守。及与袁绍战于官渡，行督军校尉。绍破，使督兖、豫、徐州军粮；时军食少，渊传馈相继，军以复振。昌狶反，遣于禁击之，未拔，复遣渊与禁并力，遂击狶，降其十余屯，狶诣禁降。渊还，拜典军校尉。[8]济南、乐安黄巾徐和、司马俱等攻城，杀长吏，渊将泰山、齐、平原郡兵击，大破之，斩和，平诸县，收其粮谷以给军士。十四年，以渊为行领军。太祖征孙权还，使渊督诸将击庐江叛者雷绪，绪破，又行征西护军，督徐晃击太原贼，攻下二十余屯，斩贼帅商曜，屠其城。从征韩遂等，战于渭南。又督朱灵平隃麋、汧氐。与太祖会安定，降杨秋。

十七年，太祖乃还邺，以渊行护军将军，督朱灵、路招等屯长安，击破南山贼刘雄，降其众。围遂、超余党梁兴于鄠，拔之，斩兴，封博昌亭侯。马超围凉州刺史韦康于冀，渊救康，未到，康败。去冀二百余里，超来逆战，军不利。汧氐反，渊引军还。十九年，赵衢、尹奉等谋讨超，姜叙起兵卤城以应之。衢等谲说超，使出击叙，于后尽杀超妻子。超奔汉中，还围祁山。叙等急求救，诸将议者欲须太祖节度。渊曰：

家乡时，曾在县里犯了官司，夏侯渊替他承受重罪，幸得太祖营救他，才免受刑罚。太祖起兵时，夏侯渊以别部司马、骑都尉的身份跟随他，升任陈留、颍川太守。等到太祖同袁绍在官渡作战，夏侯渊兼任督军校尉。袁绍被打败后，太祖派他监督办理兖、豫、徐州的军粮；当时军粮缺乏，夏侯渊转送供给粮食从未间断，曹军士气又旺盛起来。昌狶反叛时，太祖派遣于禁讨伐，没有取胜，再派夏侯渊和于禁合力攻击，便打败了昌狶，使昌狶的十几个屯兵点投降，于是昌狶便向于禁投降。夏侯渊回来，被任命为典军校尉。济南、乐安的黄巾军徐和、司马俱等人攻打县城，诛杀县长等官吏，夏侯渊率领泰山、齐、平原几郡的军队出击，大败他们，杀了徐和，平定各县，收缴了他们的粮食来供给士兵。建安十四年，由夏侯渊担任行领军。太祖征伐孙权回来，派夏侯渊督领各将讨伐庐江郡反叛的雷绪，打败雷绪后，又兼征西护军，督领徐晃袭击太原郡贼军，攻下二十多个屯兵点，杀掉贼军首领商曜，屠杀全城的军民。后来又跟随太祖征伐韩遂等人，在渭南作战。又督领朱灵的部队平定隃麋、汧县的氐族。和太祖在安定会师，收降了杨秋。

建安十七年，太祖才回到邺城，派夏侯渊代理护军将军职务，督领朱灵、路招等兵马驻扎在长安，打败终南山的贼军刘雄，收降了他的部众。在鄠县包围了韩遂、马超的余党梁兴，攻克鄠县，杀了梁兴，被封为博昌亭侯。马超在冀县包围了凉州刺史韦康，夏侯渊赶去救韦康，还没到达，韦康已经失败。在距离冀县二百多里的地方，马超来迎战，渊军失利，汧县的氐人也随着反叛，夏侯渊带部队撤回。建安十九年，赵衢、尹奉等人策划征讨马超，姜叙在卤城起兵响应他们。赵衢等人欺骗马超，要他出城攻打姜叙，他们则抄后路杀尽马超的妻子儿女。马超逃跑到汉中，回军包围祁山。姜叙等人紧急求救，各将商议认为要等太祖回来调度。夏侯渊说："太祖在邺城，来回四千里，等到回信，姜叙等人已经失

"公在邺，反覆四千里，比报，叙等必败，非救急也。"遂行，使张郃督步骑五千在前，从陈仓狭道入，渊自督粮在后。郃至渭水上，超将氐羌数千逆郃。未战，超走，郃进军收超军器械。渊到，诸县皆已降。韩遂在显亲，渊欲袭取之，遂走。渊收遂军粮，追至略阳城，去遂二十余里，诸将欲攻之，或言当攻兴国氐。渊以为遂兵精，兴国城固，攻不可卒拔，不如击长离诸羌。长离诸羌多在遂军，必归救其家。若舍羌独守则孤，救长离则官兵得与野战，可必虏也。渊乃留督将守辎重，轻兵步骑到长离，攻烧羌屯，斩获甚众。诸羌在遂军者，各还种落。遂果救长离，与渊军对陈。诸将见遂众，恶之，欲结营作堑乃与战。渊曰："我转斗千里，今复作营堑，则士众罢弊，不可久。贼虽众，易与耳。"乃鼓之，大破遂军，得其旌麾，还略阳，进军围兴国。氐王千万逃奔马超，余众降。转击高平屠各，皆散走，收其粮谷牛马。乃假渊节。

初，枹罕宋建因凉州乱，自号河首平汉王。太祖使渊帅诸将讨建。渊至，围枹罕，月余拔之，斩建及所置丞相已下。渊别遣张郃等平河关，渡河入小湟中，河西诸羌尽降，陇右平。太祖下令曰："宋建造为乱逆三十余年，渊一举灭之，虎

败，不是救急的办法。"便立即出发，派张郃带步兵骑兵五千人在前面，从陈仓县峡谷前进，夏侯渊亲自在后面押粮。张郃到了渭水边，马超率领数千氐人、羌人迎击张郃。没有交战，马超就逃跑了，张郃进军收缴了马超军队的器械。待夏侯渊来到时，各县都已投降。韩遂驻军显亲县时，夏侯渊想要袭击他，韩遂便逃走了。夏侯渊收缴了韩遂的军粮，追到略阳城，离韩遂只有二十多里，将领们要进攻韩遂，有的却说应当先进攻兴国县的氐人。夏侯渊以为韩遂的军队精锐，而兴国县的城垣坚固，进攻不可能很快攻下，不如攻打长离一带的那些羌人。长离的那些羌人大多在韩遂的部队里，听到攻打他们家乡的消息必然回去援救。如果韩遂舍弃羌人的援助独自防守势力就会孤单，如果他援救长离我们就能够和他在野外作战，肯定能俘虏他。夏侯渊便留将领看守辎重，自己率步兵、骑兵轻装到长离，进攻焚毁了羌人的村落，斩首与俘虏了很多人。那些在韩遂军队中的羌人，便各自回到自己的部落中去。韩遂果然去救长离，同夏侯渊的军队对阵。将领们发现韩遂的兵很多，感到不好对付，打算先行连营、挖掘壕沟再同他作战。夏侯渊说："我们已转战千里，今日再筑营垒挖壕沟，那么士兵们会疲劳困乏，就不能持久了。其实敌人虽多，是很容易对付的。"于是擂起战鼓，大败韩遂的军队，夺得他主将的指挥旗。回军略阳，进军包围兴国。氐王千万投奔马超，剩下的部队投降。夏侯渊辗转袭击了高平县的匈奴族屠各部落，匈奴各部落都溃散逃走，夏侯渊部收缴了他们的粮草牛马。朝廷便赐给夏侯渊符节。

当初，枹罕人宋建乘凉州战乱之机，自称河首平汉王。太祖派夏侯渊统率将领们讨伐宋建。夏侯渊到后，包围枹罕城，一个多月便攻破了县城，杀了宋建和他设置的丞相以下的官吏。夏侯渊另派张郃等人平定河关县，渡过黄河进入小湟中，河西的羌人部落全部投降，因而陇山以西的地区全部平定。太祖下令说："宋建叛逆作乱三十多年，夏侯渊一举消灭了他，称雄关西地区，所向无敌。孔子说过：'我

步关右，所向无前。仲尼有言：‘吾与尔不如也。’”二十一年，增封三百户，并前八百户。还击武都氐羌下辩，收氐谷十余万斛。太祖西征张鲁，渊等将凉州诸将侯王已下，与太祖会休亭。太祖每引见羌、胡，以渊畏之。会鲁降，汉中平，以渊行都护将军，督张郃、徐晃等平巴郡。太祖还邺，留渊守汉中，即拜渊征西将军。二十三年，刘备军阳平关，渊率诸将拒之，相守连年。二十四年正月，备夜烧围鹿角。渊使张郃护东围，自将轻兵护南围。备挑郃战，郃军不利。渊分所将兵半助郃，为备所袭，渊遂战死。谥曰愍侯。

和你都不如他。’”建安二十一年，增加夏侯渊的食邑三百户，加上以前的共八百户。夏侯渊回军后在下辩县袭击了武都郡氐人、羌人，收缴氐人的粮食十多万斛。太祖西征张鲁时，夏侯渊等人带领凉州将领及侯王以下的官吏，和太祖在休亭相会。太祖每次同羌人、胡人相见，都让夏侯渊陪坐来威慑他们。张鲁投降后，汉中平定，由夏侯渊代理都护将军，督率张郃、徐晃等人平定了巴郡。太祖回邺城，留夏侯渊驻守汉中，当即任命他为征西将军。建安二十三年，刘备的军队驻扎在阳平关，夏侯渊率领将领和他对抗，这样相持了一年多。建安二十四年正月，刘备趁夜焚烧夏侯渊军营四周的防卫物。夏侯渊命令张郃保护军营东面的防御工事，自己带领轻骑保护南面的军营。刘备向张郃挑战，张郃军作战不利。夏侯渊把他带的兵分出一半帮助张郃，自己却遭到刘备的袭击，夏侯渊战死。赐谥号为愍侯。

初，渊虽数战胜，太祖常戒曰：“为将当有怯弱时，不可但恃勇也。将当以勇为本，行之以智计；但知任勇，一匹夫敌耳。”

当初，夏侯渊虽然屡次打胜仗，太祖还是经常劝诫他说：“作为将领也应当有怯弱的时候，不可以仅仅凭勇敢。将军应当以勇敢为根本，而凭智谋计略来发挥它；只知道逞勇，不过是一个普通人的对手罢了。”

渊妻，太祖内妹。长子衡，尚太祖弟海阳哀侯女，恩宠特隆。衡袭爵，转封安宁亭侯。黄初中，赐中子霸，太和中，赐霸四弟，爵皆关内侯。霸，正始中为讨蜀护军右将军，进封博昌亭侯，素为曹爽所厚。闻爽诛，自疑，亡入蜀。以渊旧勋赦霸子，徙乐浪郡。[9]霸弟威，官至兖州刺史。[10]威弟惠，乐安太守。[11]惠弟和，河南尹。[12]衡薨，子绩嗣，为虎贲中郎将。绩薨，子褒嗣。

夏侯渊的妻子，是太祖妻子的妹妹。他的大儿子夏侯衡，娶太祖弟弟海阳哀侯的女儿做妻子，受到的优遇宠幸特别多。夏侯衡继承了父亲的爵位，改封安宁亭侯。文帝黄初年间，赐予第二个儿子夏侯霸爵位，明帝太和年间，又赐予夏侯霸的四个弟弟爵位，都是关内侯。夏侯霸，在齐王曹芳正始年间担任了讨蜀护军右将军，后来又晋封为博昌亭侯，向来为曹爽所器重。他听说曹爽被杀后，怀疑自己会受株连，逃亡到蜀国。朝廷念及夏侯渊原来的功勋赦免了夏侯霸的儿子，把他迁移到乐浪郡。夏侯霸的弟弟夏侯威，官做到兖州刺史。夏侯威的弟弟夏侯惠，任乐安太守。夏侯惠的弟弟夏侯和，任河南尹。夏侯衡死后，他的儿子夏侯绩继承了他的爵位，担任虎贲中郎将。夏侯绩死后,儿子夏侯褒继承了爵位。

曹仁字子孝,太祖从弟也。[13]少好弓马弋猎。后豪杰并起,仁亦阴结少年,得千余人,周旋淮、泗之间,遂从太祖为别部司马,行厉锋校尉。太祖之破袁术,仁所斩获颇多。从征徐州,仁常督骑,为军前锋。别攻陶谦将吕由,破之,还与大军合彭城,大破谦军。从攻费、华、即墨、开阳,谦遣别将救诸县,仁以骑击破之。太祖征吕布,仁别攻句阳,拔之,生获布将刘何。太祖平黄巾,迎天子都许,仁数有功,拜广阳太守。太祖器其勇略,不使之郡,以议郎督骑。太祖征张绣,仁别徇旁县,虏其男女三千余人。太祖军还,为绣所追,军不利,士卒丧气,仁率厉将士甚奋,太祖壮之,遂破绣。

曹仁字子孝,是太祖的堂弟。少年时喜爱骑马射箭游猎。后来豪杰纷纷起兵,曹仁也暗地结交少年,召集了一千多人,周旋于淮水、泗水之间,便跟随太祖做了别部司马,兼厉锋校尉。太祖打败袁术的时候,曹仁杀伤敌人缴获物资都很多。跟随太祖征伐徐州时,曹仁经常督领骑兵,作为部队的先锋。他又单独被派去进攻陶谦的部将吕由,打败吕由后,返回和大军在彭城会合,大败陶谦的军队。后来进攻费县、华县、即墨县、开阳县,陶谦派遣其他将领援救这几个县,曹仁用骑兵打败了他。太祖征伐吕布时,曹仁单独进攻句阳县,占领了它,活捉了吕布的部将刘何。太祖平定黄巾军,迎接献帝在许昌建都时,曹仁多次立功,任命为广阳太守。太祖器重他有勇敢智谋,不让他到郡里任职,而让他以议郎身份统率骑兵。太祖征伐张绣时,曹仁单独攻取其他的县城,俘虏了那儿的男女三千多人。太祖回军时,被张绣追击,曹军不利,士气沮丧,曹仁激励将士,士气十分振奋,太祖赞许他们,终于打败了张绣。

太祖与袁绍久相持于官渡,绍遣刘备徇㶏彊诸县,多举众应之。自许以南,吏民不安,太祖以为忧。仁曰:“南方以大军方有目前急,其势不能相救,刘备以强兵临之,其背叛固宜也。备新将绍兵,未能得其用,击之可破也。”太祖善其言,遂使将骑击备,破走之,仁尽复收诸叛县而还。绍遣别将韩荀钞断西道,仁击荀于鸡洛山,大破之。由是绍不敢复分兵出。复与史涣等钞绍运车,烧其粮谷。

太祖同袁绍在官渡长时间互相对峙时,袁绍派刘备攻取㶏彊各县,很多县都起兵响应他。从许昌以南,官吏人民都不安宁,太祖为此感到忧虑。曹仁说:“南方诸郡县认为我军目前处于紧急状态,势必不能援救他们,而刘备以强兵压境,他们背叛本是合乎情理的。刘备新近才率领袁绍的部队,不能得心应手,只要派军袭击就可以打败他。”太祖认为他说得对,便派他带骑兵攻击刘备,打败并赶跑了刘备,曹仁乘势全部收复那些已背叛了的县城胜利而回。袁绍派另外的部将韩荀在西边路上进行突袭,曹仁在鸡洛山攻击韩荀,大败了他。于是袁绍不敢再分兵出击。曹仁又和史涣等人掠夺袁绍的运粮车,烧掉了他的粮草。

河北既定,从围壶关。太祖令曰:“城拔,皆坑之。”连月不下。仁言于太祖曰:“围城必示之活门,所以开其生路也。今公告之必死,将人自为守。且城固而粮多,攻之则士卒伤,守之则引日久;今顿兵坚城之下,以攻必死之虏,非良计也。”太祖从之,城降。于是录仁前后功,封都亭侯。

黄河以北已经平定,曹仁跟随太祖包围壶关。太祖下令说:“城攻下后,俘虏全部活埋。”连续几个月攻不下。曹仁便对太祖说:“围城一定要让敌人看到能够逃跑活命的一面,这是给敌人敞开一条生路。如今你告诉他们只有死路,他们会人人奋勇守卫。而且壶关城池坚固粮食又多,强攻则会使士兵伤亡,围守便会旷日持久;今日陈兵坚城下,去攻击必死的敌人,不是好办法。”太祖采纳了他的意见,城上守军投降了。于是记录曹仁前后的功劳,封为都亭侯。

从平荆州,以仁行征南将军,留屯江陵,拒吴将周瑜。瑜将数万众来攻,前锋数千人始至,仁登城望之,乃募得三百人,遣部曲将牛金逆与挑战。贼多,金众少,遂为所围。长史陈矫俱在城上,望见金等垂没,左右皆失色。仁意气奋怒甚,谓左右取马来,矫等共援持之。谓仁曰:“贼众盛,不可当也。假使弃数百人何苦,而将军以身赴之!”仁不应,遂被甲上马,将其麾下壮士数十骑出城。去贼百余步,迫沟,矫等以为仁当住沟上,为金形势也,仁径渡沟直前,冲入贼围,金等乃得解。余众未尽出,仁复直还突之,拔出金兵,亡其数人,贼众乃退。矫等初见仁出,皆惧,及见仁还,乃叹曰:“将军真天人也!”三军服其勇。太祖益壮之,转封安平亭侯。

曹仁又跟随太祖平定荆州,太祖任命曹仁兼征南将军,留守在江陵,抵抗吴将周瑜。周瑜带领几万部众来进攻,前锋几千人刚到,曹仁上城看到这情形,便挑选了三百人,派部将牛金迎敌挑战。敌人很多,牛金部众少,便被包围。长史陈矫也在城上,看到牛金等人将要覆没,身边的人都惊恐失色。曹仁则情绪震怒到极点,叫旁边的人快取马来,陈矫等人一齐伸手拉着他。对曹仁说:“敌人多而气盛,不可抵挡。纵使丢弃了几百人没什么关系,何必要将军亲身赴难呢!”曹仁不听,于是披甲上马,带领部下的几十名壮士出城。在距离敌人百多步的地方,接近壕沟,陈矫等人以为曹仁会停在沟上,为牛金大造声势罢了,岂料曹仁竟径直过沟一直向前,冲进敌人的包围,牛金等人才得以解脱。剩余的人还没有完全突出包围,曹仁又回头直冲进去,带出牛金的士兵,杀死几个人,敌人的人马才退。陈矫等人起初看到曹仁出击,都感到害怕,等看到曹仁回来,才惊叹说:“将军真是神人啊!”三军无不佩服他的勇敢。太祖更加赏识他,改封为安平亭侯。

太祖讨马超,以仁行安西将军,督诸将拒潼关,破超渭南。苏伯、田银反,以仁行骁骑

太祖征讨马超时,让曹仁兼安西将军,统领各将在潼关和马超对抗,在渭南打败了马超。当苏伯、田银叛变时,太祖让曹仁兼骁骑将军,统领七军讨

将军，都督七军讨银等，破之。复以仁行征南将军，假节，屯樊，镇荆州。侯音以宛叛，略傍县众数千人，仁率诸军攻破音，斩其首，还屯樊，即拜征南将军。关羽攻樊，时汉水暴溢，于禁等七军皆没，禁降羽。仁人马数千人守城，城不没者数板。羽乘船临城，围数重，外内断绝，粮食欲尽，救兵不至。仁激厉将士，示以必死，将士感之皆无二。徐晃救至，水亦稍减，晃从外击羽，仁得溃围出，羽退走。

伐田银等人，打败了他们。又让曹仁兼征南将军，赐予符节，驻扎在樊城，镇守荆州。侯音在宛城叛变，掳掠邻近县城几千人，曹仁率领各军打败侯音，斩了他的头，然后回军樊城，随即被任命为征南将军。关羽进攻樊城，当时汉水猛涨，于禁等七支军队全部覆灭，于禁投降了关羽。曹仁的几千人马驻守城内，城墙只差几板未被淹没了。关羽乘坐战船迫近城下，包围几层，内外消息断绝，城中粮食也快完了，而救兵还没到来。曹仁勉励将士，向他们表示必死的决心，将士大受感动都表示没有二心。不久徐晃的救兵到来，水势也稍微退去，徐晃从外面袭击关羽，曹仁才得以冲出包围，关羽也退走了。

仁少时不修行检，及长为将，严整奉法令，常置科于左右，案以从事。鄢陵侯彰北征乌丸，文帝在东宫，为书戒彰曰：“为将奉法，不当如征南邪！”及即王位，拜仁车骑将军，都督荆、扬、益州诸军事，进封陈侯，增邑二千，并前三千五百户。追赐仁父炽谥曰陈穆侯，置守冢十家。后召还屯宛。孙权遣将陈邵据襄阳，诏仁讨之。仁与徐晃攻破邵，遂入襄阳，使将军高迁等徙汉南附化民于汉北，文帝遣使即拜仁大将军。又诏仁移屯临颍，迁大司马，复督诸军据乌江，还屯合肥。黄初四年薨，谥曰忠侯。[14]子泰嗣，官至镇东将军，假节，转封甯陵侯。泰薨，子初嗣。又分封泰弟楷、范，皆为列侯，而牛金官至后将军。

曹仁年轻时不注意自己行为的检点，可是等年纪大了当上将军后，却能严格整顿军队奉行法令，常常把法令制度放在身边，按章办事。鄢陵侯曹彰北征乌桓，文帝在东宫当太子，写信告诫曹彰说：“做将军的人奉守法令，难道不应该像征南将军曹仁那样吗!”等到文帝当了魏王，任命曹仁为车骑将军，统领荆、扬、益各州的军事，并进封曹仁为陈侯，增加食邑二千户，连同以前的共有三千五百户。追赐曹仁父亲曹炽的谥号为陈穆侯，设十户人家看守坟墓。后来文帝召回曹仁驻兵宛城。孙权派部将陈邵占领了襄阳，文帝命令曹仁征讨他。曹仁和徐晃打败陈邵，便进入襄阳，派将军高迁等人把汉水以南归附接受教化的百姓移往汉水以北，文帝派使者任命曹仁为大将军。又诏令曹仁移驻临颍，升为大司马，再督领各军据守乌江，后来又回军驻扎在合肥。黄初四年曹仁去世，赐谥号为忠侯。儿子曹泰继承了他的爵位，官职升到镇东将军，赐予符节，改封甯陵侯。曹泰死后，儿子曹初继承了他的爵位。又分封曹泰的弟弟曹楷和曹范，都封为列侯，而牛金也升到后将军。

仁弟纯，[15]初以议郎参司

曹仁的弟弟曹纯，起初以议郎的身份参与司空

空军事，督虎豹骑从围南皮。袁谭出战，士卒多死。太祖欲缓之，纯曰："今千里蹈敌，进不能克，退必丧威；且县师深入，难以持久。彼胜而骄，我败而惧，以惧敌骄，必可克也。"太祖善其言，遂急攻之，谭败。纯麾下骑斩谭首。及北征三郡，纯部骑获单于蹋顿。以前后功封高陵亭侯，邑三百户。从征荆州，追刘备于长阪，获其二女辎重，收其散卒。进降江陵，从还谯。建安十五年薨。文帝即位，追谥曰威侯。[16]子演嗣，官至领军将军，正元中进封平乐乡侯。演薨，子亮嗣。

军事，统领虎豹骑兵跟随太祖包围南皮。袁谭率兵出战，曹军士兵伤亡很大。太祖想暂缓进攻，曹纯说："今日奔走千里来杀敌，如果不能向前消灭敌人，后退必然丧失军威；而且我们孤军深入，势难持久。现在敌人因胜利而骄傲，我军因失败而恐惧，如果以恐惧对抗骄傲，必然可以战胜。"太祖认为他说得对，便急攻袁谭，袁谭战败。曹纯部下的骑兵斩了袁谭的首级。等到北征三郡的时候，曹纯部下的骑兵抓获单于蹋顿。于是按他前后的功劳封为高陵亭侯，食邑三百户。后来曹纯又跟随太祖出征荆州，在长阪追击刘备，虏获了刘备的两个女儿和军需物资，收编了逃散的士卒。进而迫使江陵投降，然后跟随太祖回到谯县。建安十五年曹纯去世。文帝即位后，追赐曹纯的谥号叫威侯。儿子曹演继承了他的爵位。官职升到领军将军，正元年间晋封为平乐乡侯。曹演去世，儿子曹亮继承了他的爵位。

曹洪字子廉，太祖从弟也。[17]太祖起义兵讨董卓，至荥阳，为卓将徐荣所败。太祖失马，贼追甚急，洪下，以马授太祖，太祖辞让，洪曰："天下可无洪，不可无君。"遂步从到汴水，水深不得渡，洪循水得船，与太祖俱济，还奔谯。扬州刺史陈温素与洪善，洪将家兵千余人，就温募兵，得庐江上甲二千人，东到丹杨复得数千人，与太祖会龙亢。太祖征徐州，张邈举兖州叛迎吕布。时大饥荒，洪将兵在前，先据东平、范，聚粮谷以继军。太祖讨邈、布于濮阳，布破走，遂据东阿，转击济阴、山阳、中牟、阳武、京、密十余县，皆拔之。以前后功拜鹰扬校尉，迁扬武中郎将。天子都许，拜洪谏议大

曹洪字子廉，是太祖的堂弟。太祖发动义兵讨伐董卓时，到荥阳，被董卓的部将徐荣打败。太祖失去战马，而敌人追赶很急，曹洪下马，把马让给太祖，太祖推辞不受，曹洪说："天下可以没有曹洪，但是不能没有您。"自己步行跟随太祖到达汴水，水很深不能渡过，曹洪沿着汴水找到船只，和太祖一同渡过汴水，回奔谯县。扬州刺史陈温素来和曹洪友好，曹洪带家兵一千多人，在陈温那里招募兵卒，得到庐江最好的壮士两千人，东至丹杨又得到几千人，便和太祖在龙亢会合。太祖征伐徐州时，张邈率领兖州兵背叛朝廷迎接吕布。当时发生了大饥荒，曹洪带兵走在前面，先占领东平、范县，征集粮草接济部队。太祖在濮阳讨伐张邈、吕布，吕布大败逃跑，曹洪便占领东阿，转过来袭击济阴、山阳、中牟、阳武、京、密等十多个县城，全部攻下了。按照他前后的功劳授予鹰扬校尉，又升为扬武中郎将。汉献帝在许昌建都时，任命曹洪为谏议大夫。后来曹洪

夫。别征刘表，破表别将于舞阳、阴叶、堵阳、博望，有功，迁厉锋将军，封国明亭侯。累从征伐，拜都护将军。文帝即位，为卫将军，迁骠骑将军，进封野王侯，益邑千户，并前二千一百户，位特进；后徙封都阳侯。

又征伐刘表，在舞阳、阴叶、堵阳、博望等地打败刘表的其他将领，因有战功，升任为厉锋将军，封为国明亭侯。曹洪屡次跟随太祖征伐，被任命为都护将军。文帝做了皇帝，他又担任卫将军，升任骠骑将军，进封野王侯，增加食邑一千户，连同以前的食邑共为二千一百户，位列特进；后来又改封为都阳侯。

始，洪家富而性吝啬，文帝少时假求不称，常恨之，遂以舍客犯法，下狱当死。群臣并救莫能得。卞太后谓郭后曰："令曹洪今日死，吾明日敕帝废后矣。"于是泣涕屡请，乃得免官削爵土。[18]洪先帝功臣，时人多为觖望。明帝即位，拜后将军，更封乐城侯，邑千户，位特进，复拜骠骑将军。太和六年薨，谥曰恭侯。子馥，嗣侯。初，太祖分洪户封子震列侯。洪族父瑜，修慎笃敬，官至卫将军，封列侯。

当初，曹洪家产富有而生性吝啬，文帝年轻时向他借贷而没有如愿，常常为此而怨恨他，于是以他家的门客犯法为由，把他关在牢里要处死刑。群臣一齐相救而未能获得文帝的许可。卞太后对郭皇后说："要是曹洪今日被杀，我明日就叫皇帝废了你这个皇后。"于是郭皇后多次哭着向文帝求情，曹洪才得到免去官职、削去爵位和食邑的处理。曹洪是先帝的功臣，当时有很多人对这种处理不满。明帝做了皇帝后，任命他为后将军，改封为乐城侯，食邑一千户，位列特进，又任命他为骠骑将军。太和六年曹洪去世，赐谥号为恭侯。儿子曹馥，继承了他的爵位。当初，太祖将曹洪的食邑分封给他的儿子曹震，封他为列侯。曹洪同族的叔父曹瑜，言行谨慎厚重恭敬，官做到卫将军，封为列侯。

曹休字文烈，太祖族子也。天下乱，宗族各散去乡里。休年十余岁，丧父，独与一客担丧假葬，携将老母，渡江至吴。[19]以太祖举义兵，易姓名转至荆州，间行北归，见太祖。太祖谓左右曰："此吾家千里驹也。"使与文帝同止，见待如子。常从征伐，使领虎豹骑宿卫。刘备遣将吴兰屯下辩，太祖遣曹洪征之，以休为骑都尉，参洪军事。太祖谓休曰："汝虽参军，其实帅也。"洪闻此令，亦委事于休。备遣张飞

曹休字文烈，是太祖同族的侄子。天下大乱的时候，族人都逃离乡里。当时曹休才十几岁，父亲已死去，他独自和一个门客承担丧事临时埋葬了父亲，带着老母，渡江到吴郡。听说太祖发动了义兵，于是改换姓名辗转到达荆州，再抄小路回到北方，见到太祖。太祖对身边的人说："这是我家的千里马啊。"让他和文帝住在一起，像自己的儿子一样看待他。曹休经常跟随太祖一同出征，太祖让他率领虎豹骑兵在宫中值宿守卫。刘备派部将吴兰驻军下辩县时，太祖派遣曹洪去讨伐，派曹休做骑都尉，参与曹洪的军事。太祖对曹休说："你虽然是参军，其实是统帅。"曹洪听到这句话后，也就委托曹休处理军务。刘备派张飞驻扎在固山，想要切断曹军的后路。

屯固山，欲断军后。众议狐疑，休曰："贼实断道者，当伏兵潜行。今乃先张声势，此其不能也。宜及其未集，促击兰，兰破则飞自走矣。"洪从之，进兵击兰，大破之，飞果走。太祖拔汉中，诸军还长安，拜休中领军。文帝即王位，为领军将军，录前后功，封东阳亭侯。夏侯惇薨，以休为镇南将军，假节都督诸军事，车驾临送，上乃下舆执手而别。孙权遣将屯历阳，休到，击破之，又别遣兵渡江，烧贼芜湖营数千家。迁征东将军，领扬州刺史，进封安阳乡侯。[20]帝征孙权，以休为征东大将军，假黄钺，督张辽等及诸州郡二十余军，击权大将吕范等于洞浦，破之。拜扬州牧。明帝即位，进封长平侯。吴将审悳屯皖，休击破之，斩悳首，吴将韩综、翟丹等前后率众诣休降。增邑四百，并前二千五百户，迁大司马，都督扬州如故。太和二年，帝为二道征吴，遣司马宣王从汉水下，休督诸军向寻阳。贼将伪降，休深入，战不利，退还宿石亭。军夜惊，士卒乱，弃甲兵辎重甚多。休上书谢罪，帝遣屯骑校尉杨暨慰谕，礼赐益隆。休因此痈发背薨，谥曰壮侯。子肇嗣。[21]

当时曹军内众人议论纷纷狐疑不定，曹休说："敌人真要切断后路，应当埋伏军队秘密进行。如今却事先张扬声势，这表明他们不会这样做。因此应该趁他的部队还没有集结，进军攻击吴兰，吴兰被打败，张飞自然就退走了。"曹洪接受了这个意见，进兵袭击吴兰，大败了他，张飞果然退走。太祖占领汉中，各军回到长安，太祖任命曹休为中领军。文帝做了魏王，曹休被任命为领军将军，记录他前后的功劳，封为东阳亭侯。夏侯惇死后，由曹休担任镇南将军，授予符节统率一方军事，文帝还坐车亲自为他送行，下车与他握着手告别。孙权派遣部将驻兵历阳，曹休到后，打败了他，又另外派兵渡过长江，烧掉敌人在芜湖的营垒几千家。曹休于是升任征东将军，兼任扬州刺史，晋封为安阳乡侯。文帝征伐孙权时，派曹休担任征东大将军，授予象征皇帝权威的斧钺，率领张辽和各州郡的二十多支军队，在洞浦袭击孙权的大将吕范等人，打败了他们。曹休被任命为扬州牧。明帝当皇帝后，进封他为长平侯。吴将审悳驻扎在皖县，曹休打败了他，杀了审悳，吴将韩综、翟丹等人先后率领部队到曹休这里投降。明帝增加他的食邑四百户，连同以前的共二千五百户，升为大司马，仍旧统管扬州的军政。太和二年，明帝兵分两路征伐东吴，派司马懿从汉水南下，曹休率领各军向寻阳进发。敌人的将领假装向他投降，曹休深入敌军，作战不利，军队退回石亭宿营。到夜晚部队突然惊惶，士兵发生混乱，丢弃很多兵器等军用物资。曹休于是向明帝上书请罪，明帝派屯骑校尉杨暨前去劝慰，赐予的礼物更多。曹休因此时背发毒疮死去，赐谥号为壮侯。儿子曹肇继承了他的爵位。

肇有当世才度，为散骑常侍、屯骑校尉。明帝寝疾，方与燕王宇等属以后事。帝意寻

曹肇有从政治世的才能风度，担任了散骑常侍、屯骑校尉。明帝病重卧床不起时，曹肇和燕王曹宇等人接受了明帝的后事嘱托。但明帝不久又改变

变，诏肇以侯归第。正始中薨。追赠卫将军。子兴嗣。初，文帝分休户三百封肇弟纂为列侯，后为殄吴将军，薨，追赠前将军。[22]

了主意，竟命令曹肇以侯爵身份回家。曹芳正始年间曹肇去世，追封为卫将军。儿子曹兴继承了他的爵位。当初，文帝分出曹休的食邑三百户封曹给肇的弟弟曹纂，封他为列侯，后来曹纂担任了殄吴将军，死后，追封为前将军。

曹真字子丹，太祖族子也。太祖起兵，真父邵募徒众，为州郡所杀。[23]太祖哀真少孤，收养与诸子同，使与文帝共止。常猎，为虎所逐，顾射虎，应声而倒。太祖壮其鸷勇，使将虎豹骑。讨灵丘贼，拔之，封灵寿亭侯。以偏将军将兵击刘备别将于下辩，破之，拜中坚将军。从至长安，领中领军。是时，夏侯渊没于阳平，太祖忧之。以真为征蜀护军，督徐晃等破刘备别将高详于阳平。太祖自至汉中，拔出诸军，使真至武都迎曹洪等还屯陈仓。文帝即王位，以真为镇西将军，假节都督雍、凉州诸军事。录前后功，进封东乡侯。张进等反于酒泉，真遣费曜讨破之，斩进等。黄初三年还京都，以真为上军大将军，都督中外诸军事，假节钺。与夏侯尚等征孙权，击牛渚屯，破之。转拜中军大将军，加给事中。七年，文帝寝疾，真与陈群、司马宣王等受遗诏辅政。明帝即位，进封邵陵侯，[24]迁大将军。

曹真字子丹，是太祖同族的侄子。太祖起兵的时候，曹真的父亲曹邵因招募队伍，被州郡杀掉。太祖哀怜曹真少年丧父，便收养他如同自己的儿子一样，要他和文帝住在一起。曹真经常打猎，有一次被老虎追赶，当即回转身来射虎，老虎应声而倒。太祖欣赏他凶猛勇敢，要他统领虎豹骑兵。他在讨伐灵丘贼兵时，夺取了灵丘县，封为灵寿亭侯。又以偏将军的身份带兵在下辩县袭击了刘备驻军的部将，并打败了他，被任命为中坚将军。曹真跟随太祖到长安，兼任中领军。这时，夏侯渊死在阳平，太祖为此忧虑。让曹真担任征蜀护军，督领徐晃等人在阳平打败刘备的驻军将领高详。太祖亲自到汉中，将曹真从诸军中抽调出来，派他到武都迎接曹洪等人回来驻扎在陈仓。文帝继承王位后，命曹真担任镇西将军，持符节统领雍州、凉州的军事。记录他前后的功劳，晋封为东乡侯。张进等人在酒泉反叛时，曹真派遣费曜前去讨伐并打败了他，杀了张进等人。黄初三年回到京都，让曹真担任上军大将军，统管内外一切军事，授予他符节和斧钺。曹真又和夏侯尚等人讨伐孙权，袭击牛渚屯，攻占了它。文帝又改任他为中军大将军，加授给事中的官衔。黄初七年，文帝病重，曹真和陈群、司马懿等人接受遗命辅佐朝政。明帝做皇帝后，进封曹真为邵陵侯，升为大将军。

诸葛亮围祁山，南安、天水、安定三郡反应亮。帝遣真督诸军军郿，遣张郃击亮将马谡，大破之。安定民杨条等略

诸葛亮包围祁山，南安、天水、安定三郡背叛朝廷响应了诸葛亮。明帝派遣曹真统领各军驻扎在郿县，派遣张郃攻击诸葛亮的部将马谡，大败了他。安定郡的百姓杨条等人掳掠官吏百姓保卫月支城，曹

吏民保月支城，真进军围之。条谓其众曰:“大将军自来，吾愿早降耳。”遂自缚出。三郡皆平。真以亮惩于祁山，后出必从陈仓，乃使将军郝昭、王生守陈仓，治其城。明年春，亮果围陈仓，已有备而不能克。增邑，并前二千九百户。四年，朝洛阳，迁大司马，赐剑履上殿，入朝不趋。真以“蜀连出侵边境，宜遂伐之。数道并入，可大克也”。帝从其计。真当发西讨，帝亲临送。真以八月发长安，从子午道南入。司马宣王泝汉水，当会南郑。诸军或从斜谷道，或从武威入。会大霖雨三十余日，或栈道断绝，诏真还军。

真进军包围了月支。杨条对他的部众说:“大将军亲自来，我愿意早日投降。”便自己把自己捆绑着出来。三郡因而都平定了。曹真认为诸葛亮鉴于祁山失败的教训，以后出兵必定从陈仓进攻，便派将军郝昭、王生把守陈仓，修筑城垣。第二年春天，诸葛亮果然包围陈仓，因已经有了防备没有攻下来。明帝增加了曹真的封地，连同以前封的共二千九百户。太和四年，曹真到洛阳朝见明帝，明帝升他为大司马，赐给他佩剑穿鞋上殿、朝见皇帝不用小步快走的待遇。曹真认为“蜀国不断侵犯边境，应当立即讨伐它，如果各将领几路同时进击，可以获得大胜”。明帝采纳了他的计策。当曹真出发西征的时候，明帝亲自到驻地送行。曹真于八月在长安发兵，从子午道向南进击。司马懿逆汉水而上，将在南郑会师。各军有的从斜谷，有的从武威同时并进。就在这时连续下了三十多天大雨，栈道完全断绝，明帝下诏要曹真把军队撤回。

真少与宗人曹遵、乡人朱赞并事太祖。遵、赞早亡，真愍之，乞分所食邑封遵、赞子。诏曰:“大司马有叔向抚孤之仁，笃晏平久要之分。君子成人之美，听分真邑赐遵、赞子爵关内侯，各百户。”真每征行，与将士同劳苦，军赏不足，辄以家财班赐，士卒皆愿为用。真病还洛阳，帝自幸其第省疾。真薨，谥曰元侯。子爽嗣。帝追思真功，诏曰:“大司马蹈履忠节，佐命二祖，内不恃亲戚之宠，外不骄白屋之士，可谓能持盈守位，劳谦其德者也。其悉封真五子羲、训、则、彦、皑皆为列侯。”初，文帝分真邑二百户，封真弟彬为列侯。

曹真年轻时和同族人曹遵、同乡人朱赞一同侍奉太祖。曹遵、朱赞早死，曹真怜悯他们，请求把自己的封地分封给曹遵、朱赞的儿子。皇帝下令说:“大司马曹真有叔向抚养孤儿的仁义，深具晏平信守旧约的情分。君子应当成全别人的美德，同意分出曹真的封地，赐给曹遵、朱赞的儿子关内侯的爵位，各得封地百户。”曹真每次行军作战，和将士们同甘共苦，军费赏赐不够，常常用自己的家财颁赏将士，士兵都愿意替他出力。曹真患病回到洛阳时，明帝亲自到他家里探望病情。曹真死后，明帝赐予他谥号为元侯，儿子曹爽继承了他的爵位。明帝怀念曹真的功绩，诏令说:“大司马身体力行忠诚的节操，辅佐太祖、文帝二位祖先，在内不依仗自己是皇帝亲属的专宠，在外不傲视贫寒的士人，可说是能够保持荣誉尊贵谨守高位，具有勤劳谦虚美德的人。当全部分封曹真的五个儿子曹羲、曹训、曹则、曹彦、曹皑，都为列侯。”当初，文帝分出曹真的封地二百户，封曹真的弟弟曹彬为列侯。

爽字昭伯，少以宗室谨重，明帝在东宫，甚亲爱之。及即位，为散骑侍郎，累迁城门校尉，加散骑常侍，转武卫将军，宠待有殊。帝寝疾，乃引爽入卧内，拜大将军，假节钺，都督中外诸军事，录尚书事，与太尉司马宣王并受遗诏辅少主。明帝崩，齐王即位，加爽侍中，改封武安侯，邑万二千户，赐剑履上殿，入朝不趋，赞拜不名。丁谧画策，使爽白天子，发诏转宣王为太傅，外以名号尊之，内欲令尚书奏事，先来由己，得制其轻重也。㉕爽弟羲为中领军，训武卫将军，彦散骑常侍侍讲，其余诸弟，皆以列侯侍从，出入禁闼，贵宠莫盛焉。南阳何晏、邓飏、李胜，沛国丁谧、东平毕轨咸有声名，进趣于时，明帝以其浮华，皆抑黜之；及爽秉政，乃复进叙，任为腹心。飏等欲令爽立威名于天下，劝使伐蜀，爽从其言，宣王止之不能禁。正始五年，爽乃西至长安，大发卒六七万人，从骆谷入。是时，关中及氐、羌转输不能供，牛马骡驴多死，民夷号泣道路。入谷行数百里，贼因山为固，兵不得进。爽参军杨伟为爽陈形势，宜急还，不然将败。㉖飏与伟争于爽前，伟曰："飏、胜将败国家事，可斩也。"爽不悦，乃引军还。㉗

曹爽字昭伯，年轻时因为是宗室子弟为人特别谨慎持重，明帝为皇太子时，对他很亲爱。等到明帝当了皇帝后，任曹爽为散骑侍郎，不断提升到城门校尉，加官任散骑常侍，后来又转任武卫将军，宠信、优待都与别人不同。明帝重病在床时，把曹爽召到卧室内，任命他担任大将军，授予符节、斧钺，都督内外所有的军事，又总领尚书事，和太尉司马懿一同接受遗命辅佐年轻的皇帝。明帝死后，齐王曹芳即皇帝位，加曹爽为侍中，改封为武安侯，食邑一万二千户，赐予带剑穿鞋上殿，入朝不必快走，向皇帝朝拜不必唱出姓名等特殊待遇。丁谧替曹爽出谋划策，要他请示皇帝，发布诏书转升司马懿为太傅，外表上用太傅的名号尊重他，实际上想使尚书向皇帝奏事时，先通过自己，这样就能控制奏事的主次。曹爽的弟弟曹羲任中领军，曹训任武卫将军，曹彦任散骑常侍讲书官，其余各弟，都以列侯身份侍从皇帝，出入于皇帝居住的宫室，富贵宠幸没有谁能超过他们的了。南阳人何晏、邓飏、李胜、沛国人丁谧、东平人毕轨都有声望名气，但都喜欢趋炎附势，明帝认为他们为人虚浮而不诚实，都贬斥不用；等到曹爽执政，便又把他们按等级晋升，作为自己的心腹。邓飏等人想使曹爽在全国树立威名，劝说他出兵征伐蜀国，曹爽听从了他们的意见，司马懿制止不住他们。齐王正始五年，曹爽便西行到长安，大量征发士卒六七万人，从骆谷向蜀进军。这时，从关中和氐人、羌人输送的给养供应不足，途中牛马骡驴大多死掉，汉人、胡人在路上号哭埋怨。曹军进入骆谷走了几百里，敌人依靠大山防守坚固，队伍不能前进。曹爽的参军杨伟给曹爽说明所处的形势，认为应当急速撤兵，不然会失败。邓飏和杨伟在曹爽面前争论起来，杨伟说："邓飏、李胜将要败坏国家大事，应该处死。"曹爽很不高兴，但也只好带兵撤回。

初，爽以宣王年德并高，

当初，曹爽因为司马懿的年龄德行都高，始终

恒父事之,不敢专行。及晏等进用,咸共推戴,说爽以权重不宜委之于人。乃以晏、飏、谧为尚书,晏典选举,轨司隶校尉,胜河南尹,诸事希复由宣王。宣王遂称疾避爽。[28]晏等专政,共分割洛阳、野王典农部桑田数百顷,及坏汤沐地以为产业,承势窃取官物,因缘求欲州郡。有司望风,莫敢忤旨。晏等与廷尉卢毓素有不平,因毓吏微过,深文致毓法,使主者先收毓印绶,然后奏闻。其作威如此。爽饮食车服,拟于乘舆;尚方珍玩,充牣其家;妻妾盈后庭,又私取先帝才人七八人,及将吏、师工、鼓吹、良家子女三十三人,皆以为伎乐。诈作诏书,发才人五十七人送邺台,使先帝倢伃教习为伎。擅取太乐乐器,武库禁兵。作窟室,绮疏四周,数与晏等会其中,饮酒作乐。羲深以为大忧,数谏止之。又著书三篇,陈骄淫盈溢之致祸败,辞旨甚切,不敢斥爽,托戒诸弟以示爽。爽知其为己发也,甚不悦。羲或时以谏喻不纳,涕泣而起。宣王密为之备。九年冬,李胜出为荆州刺史,往诣宣王。宣王称疾困笃,示以羸形。胜不能觉,谓之信然。[29]

像对待父辈一样对待他,凡事不敢专行。等到何晏等人被提拔任用后,他们都一齐拥戴曹爽,劝说他权力重要不应托付给旁人。于是曹爽用何晏、邓飏、丁谧等人担任尚书,何晏主持选举,毕轨任司隶校尉,李胜任河南尹,各项事务不再通过司马懿做主。司马懿也就借口有病回避曹爽。何晏等人专政,共同瓜分洛阳、野王两地由典农部掌管的屯田几百顷,并且侵蚀皇帝给予大臣的汤沐邑作为自己的产业,仗势窃取公家财物,寻找机会勒索州郡。有关官员顺风转舵,不敢抗拒。何晏等人和廷尉卢毓素来有仇恨,借卢毓的部下有小过失,便夸大其事把卢毓加以法办,要主管此案的官吏先没收卢毓的官印,然后报奏皇帝知道。他们作威作福竟到这种程度。曹爽的饮食车服,跟皇帝的一样;尚方官署的珍贵玩物,充满了他的家宅;后院妻妾无数,又私取明帝的才人七八个及将吏、工匠、乐师、良家子女共三十三人,都作为歌伎舞女。曹爽还假造诏书,将五十七名才人发送到邺台,要明帝的倢伃训练为歌伎舞女。擅自拿取皇家太乐的乐器,武库的兵器。建造地下室,室内四周墙壁饰以镂空的花纹,经常和何晏等人在里面聚会,饮酒作乐。曹羲大为忧虑,几次劝止他。又写成三篇文章,说明骄傲享受过度会招来灾祸失败,内容和言语都很恳切,不敢直接批评曹爽,假托告诫各个兄弟拿来给曹爽看。曹爽知道他是针对自己而作,很不高兴。曹羲有时因为劝告批评未被采纳,竟哭着起身告辞。司马懿秘密地准备着。正始九年的冬天,李胜出任荆州刺史,前去会见司马懿。司马懿诉说病重困苦,把瘦弱的身体显示给他看。李胜不能察觉,说司马懿真的病成这样了。

十年正月,车驾朝高平陵,爽兄弟皆从。[30]宣王部勒兵马,先据武库,遂出屯洛水浮桥。奏爽曰:“臣昔从辽东还,

正始十年正月,少帝朝拜明帝的高平陵,曹爽兄弟一齐跟随。司马懿部署了兵马,先占领武库,接着就派兵出城驻守洛水浮桥。于是向少帝上奏曹爽的罪行说:“我当年从辽东回朝时,先帝召见陛下、

先帝诏陛下、秦王及臣升御床，把臣臂，深以后事为念。臣言'二祖亦属臣以后事，此自陛下所见，无所忧苦，万一有不如意，臣当以死奉明诏'。黄门令董箕等，才人侍疾者，皆所闻知。今大将军爽背弃顾命，败乱国典，内则僭拟，外专威权；破坏诸营，尽据禁兵，群官要职，皆置所亲；殿中宿卫，历世旧人皆复斥出，欲置新人以树私计；根据槃互，纵恣日甚。外既如此，又以黄门张当为都监，专共交关，看察至尊，候伺神器，离间二宫，伤害骨肉。天下汹汹，人怀危惧，陛下但为寄坐，岂得久安！此非先帝诏陛下及臣升御床之本意也。臣虽朽迈，敢忘往言？昔赵高极意，秦氏以灭；吕、霍早断，汉祚永世。此乃陛下之大鉴，臣受命之时也。太尉臣济、尚书令臣孚等，皆以爽为有无君之心，兄弟不宜典兵宿卫，奏永宁宫。皇太后令敕臣如奏施行。臣辄敕主者及黄门令罢爽、羲、训吏兵，以侯就第，不得逗留以稽车驾；敢有稽留，便以军法从事。臣辄力疾将兵屯洛水浮桥，伺察非常。"㉛

爽得宣王奏事，不通，迫窘不知所为。㉜大司农沛国桓范闻兵起，不应太后召，矫诏开平昌门，拔取剑戟，略将门候，南奔爽。宣王知，曰："范画策，爽必不能用范计。"范说爽

秦王和我同登御床，先帝握着臣的手臂，对身后的事深以为虑。当时臣说：'太祖、高祖也把后事嘱托给我，这是陛下亲眼看见的，没有什么悲苦和忧虑的，万一出现不如意的事情，我当不顾性命来奉行您的英明指示。'这事黄门令董箕等人，护理先帝的才人，都是听见过和知道的。今日大将军曹爽背弃明帝的遗命，败坏国家的典章，对内就自比皇帝，对外则专行威权；破坏各军营，控制所有禁军，文武百官中的重要职务，都安排他的亲信；皇宫里的警卫人员，历代久任的人都排斥赶走，打算安插新人以树立私党；亲信裙带关系盘根错节，胡作非为一天比一天厉害。外面既已这样，宫内又用黄门张当任都监，内外互相勾结，监视皇帝的一举一动，想打皇位的主意，离间皇帝母子的关系，伤害骨肉感情。使得天下动荡不安，人人心怀危惧，陛下处于只是暂时借坐宝位的境地，怎么能保持久安呢！这不是当年先帝召见陛下和臣到御床边的本意。臣虽然腐朽老迈，岂敢忘记过去自己的承诺呢？从前秦朝赵高任意横行，秦氏因此灭亡；汉朝诸吕、霍氏之乱得以及早解决，汉朝江山能够世代继续。这些都是陛下的重要借鉴，是臣下接受使命的时候了。太尉蒋济、尚书令司马孚等人，都认为曹爽心目中已无君上，他们兄弟不适宜再统领宫中警卫，已经报告皇太后。皇太后命令臣按上奏的意见执行。臣只好专擅责成主管官员和黄门令罢免曹爽、曹羲、曹训的官职和兵权，以侯爵的身份回家，不准继续逗留在朝廷里来阻挠皇帝御驾回宫；胆敢拖延停留的，便按军法行事。臣竭力支撑病体，带兵进驻洛水浮桥，观察动静以防非常之变。"

曹爽得到司马懿的奏书，没有给少帝看，惊慌失措不知如何是好。大司农沛国人桓范听说司马懿起兵，不顾太后的召见，假称有少帝诏令打开平昌门，拔出剑戟，劫持了守门的官吏，往南投奔曹爽。司马懿知道后，说："桓范出谋划策，曹爽必定不会采用他的计策。"桓范建议曹爽让少帝驾临许昌，征

使车驾幸许昌,招外兵。爽兄弟犹豫未决,范重谓羲曰:“当今日,卿门户求贫贱复可得乎?且匹夫持质一人,尚欲望活,今卿与天子相随,令于天下,谁敢不应者?”羲犹不能纳。侍中许允、尚书陈泰说爽,使早自归罪。爽于是遣允、泰诣宣王,归罪请死,乃通宣王奏事。[33]遂免爽兄弟,以侯还第。[34]

调外地的兵马。曹爽兄弟犹豫不决,桓范又对着曹羲说:“事到如今,以你家的地位想做一个平民还可能吗?而且普通人劫持一个人质,还想活命,今日你和少帝相随,号令天下,谁敢不响应?”曹羲还是不能采纳。侍中许允、尚书陈泰都劝说曹爽,要他早日认罪。曹爽于是派遣许允、陈泰去见司马懿,承认有罪请求处死,同时才向皇帝送上司马懿的奏书。于是免去曹爽兄弟的官职,以侯爵的身份回家。

初,张当私以所择才人张、何等与爽。疑其有奸,收当治罪。当陈爽与晏等阴谋反逆,并先习兵,须三月中欲发,于是收晏等下狱。会公卿朝臣廷议,以为“《春秋》之义,‘君亲无将,将而必诛’。爽以支属,世蒙殊宠,亲受先帝握手遗诏,托以天下,而包藏祸心,蔑弃顾命,乃与晏、飏及当等谋图神器,范党同罪人,皆为大逆不道”。于是收爽、羲、训、晏、飏、谧、轨、胜、范、当等,皆伏诛,夷三族。[35]嘉平中,绍功臣世,封真族孙熙为新昌亭侯,邑三百户,以奉真后。[36]

当初,张当私自把他挑选的才人张氏、何氏等人献给曹爽。因此司马懿怀疑他与曹爽有阴谋,逮捕张当治罪。张当揭发曹爽和何晏等人阴谋叛反,共同事先训练兵马,等到三月中旬要发难的事实,于是司马懿逮捕了何晏等人关进牢里。并召集公卿大臣在朝廷商议,大家认为:“《春秋》的道理是‘对于君主、父母不能萌生任何叛逆的念头,否则必定诛杀’。曹爽以皇帝旁系亲属的资格,世代受到特殊宠爱,亲身受到先帝握手嘱托后事的遗诏,把国家大事托付给他,他却怀着祸心,蔑视和抛弃遗命,竟和何晏、邓飏以及张当等人阴谋篡夺皇位,桓范和罪犯结党,都属大逆不道。”于是逮捕曹爽、曹羲、曹训、何晏、邓飏、丁谧、毕轨、李胜、桓范、张当等人,全都处死,并诛灭三族。嘉平年间,为了延续功臣的后嗣,封曹真的族孙曹熙为新昌亭侯,食邑三百户,作为后代来奉祀曹真。

晏,何进孙也。母尹氏,为太祖夫人。晏长于宫省,又尚公主,少以才秀知名,好老庄言,作《道德论》及诸文赋著述凡数十篇。[37]

何晏,是何进的孙子。母亲尹氏,改嫁为太祖的夫人。何晏在宫廷里长大,又娶了皇帝的女儿为妻,年轻时因为才智优秀而闻名,喜好老庄之学,著有《道德论》及各种文章辞赋共几十篇。

夏侯尚字伯仁,渊从子也。文帝与之亲友。[38]太祖定冀州,尚为军司马,将骑从征伐,后为五官将文学。魏国初建,

夏侯尚字伯仁,是夏侯渊的堂侄。文帝和他亲密友好。太祖平定冀州时,夏侯尚担任军司马,率领骑兵跟随征伐,后来担任五官将文学。魏国建立之初,升任黄门侍郎。代郡胡人叛乱,太祖派鄢陵侯曹

迁黄门侍郎。代郡胡叛，遣鄢陵侯彰征讨之，以尚参彰军事，定代地，还。太祖崩于洛阳，尚持节，奉梓宫还邺。并录前功，封平陵亭侯，拜散骑常侍，迁中领军。文帝践阼，更封平陵乡侯，迁征南将军，领荆州刺史，假节都督南方诸军事。尚奏："刘备别军在上庸，山道险难，彼不我虞，若以奇兵潜行，出其不意，则独克之势也。"遂勒诸军击破上庸，平三郡九县，迁征南大将军。孙权虽称藩，尚益修攻讨之备，权后果有贰心。黄初三年，车驾幸宛，使尚率诸军与曹真共围江陵。权将诸葛瑾与尚军对江，瑾渡入江中渚，而分水军于江中。尚夜多持油船，将步骑万余人，于下流潜渡，攻瑾诸军，夹江烧其舟船，水陆并攻，破之。城未拔，会大疫，诏敕尚引诸军还。益封六百户，并前千九百户，假钺，进为牧。荆州残荒，外接蛮夷，而与吴阻汉水为境，旧民多居江南。尚自上庸通道，西行七百余里，山民蛮夷多服从者，五六年间，降附数千家。五年，徙封昌陵乡侯。尚有爱妾嬖幸，宠夺適室；適室，曹氏女也，故文帝遣人绞杀之。尚悲感，发病恍惚，既葬埋妾，不胜思见，复出视之。文帝闻而恚之曰："杜袭之轻薄尚，良有以也。"然以旧臣，恩宠不衰。六年，尚疾

彰出征讨伐，任用夏侯尚参与曹彰的军事，等到平定了代地，回到京城。太祖在洛阳去世，夏侯尚手持符节，送太祖的灵柩回邺城。一并叙录以前的功劳，封为平陵亭侯，任命为散骑常侍，不久又升任中领军。等到文帝登基，改封为平陵乡侯，升任征南将军，兼任荆州刺史，授予符节统领南方一切军事。夏侯尚上奏："刘备在上庸另驻扎了军队，那里山路艰难险阻，他不会防备我们，如果出奇兵秘密前进，出其不意，这是特殊取胜的好时机。"于是部署各军攻破上庸，平定了三郡九县，夏侯尚升任征南大将军。孙权虽然向朝廷自称藩属，但夏侯尚还是增加了攻击讨伐他的准备，后来孙权果然有二心。黄初三年，文帝亲临宛城，派夏侯尚带领各军和曹真共同包围江陵。孙权的部将诸葛瑾和夏侯尚隔江对峙，诸葛瑾过江到达江中的小洲上，分一部分水军在江中。夏侯尚趁黑夜带许多油船，率步兵、骑兵万余人，在下游秘密过江，攻击诸葛瑾各军，在江的两边夹击烧毁他的船只，水陆两路同时进攻，打败了诸葛瑾。江陵城还没有攻下，正好遇上大瘟疫，文帝命令夏侯尚带各军撤回。文帝增加夏侯尚的封地六百户，连同以前的封地共一千九百户，赐给他斧钺，晋升为州牧。荆州残破荒废，南面和蛮夷接壤，同吴国以汉水相隔作为边境，老的居民大多住在江南。夏侯尚从上庸开辟道路，向西开发七百多里，山民蛮夷大多数都归顺他，五六年时间里，投降归附的有几千家。黄初五年，改封为昌陵乡侯。夏侯尚有个爱妾很受宠幸，宠爱胜过正妻；这位正妻，是曹氏的女儿，所以文帝派人绞死了那个宠妾。夏侯尚悲哀伤感，生病以至精神恍惚，宠妾已经埋葬，不胜思念想见，又把她挖出来看。文帝听了发怒说："杜袭看不起夏侯尚，确实是有原因的。"然而因为是旧臣，对他的恩宠没有减少。黄初六年，夏侯尚病重，回到京

笃，还京都，帝数临幸，执手涕泣。尚薨，谥曰悼侯。[39]子玄嗣。又分尚户三百，赐尚弟子奉爵关内侯。

都，文帝几次到他家中探视，握着夏侯尚的手流泪痛哭。夏侯尚死后，文帝赐给他谥号为悼侯。儿子夏侯玄继承了他的爵位。又分出夏侯尚的封地三百户，赐给夏侯尚弟弟的儿子夏侯奉爵位为关内侯。

玄字太初。少知名，弱冠为散骑黄门侍郎。尝进见，与皇后弟毛曾并坐，玄耻之，不悦形之于色。明帝恨之，左迁为羽林监。正始初，曹爽辅政。玄，爽之姑子也。累迁散骑常侍、中护军。[40]

夏侯玄字太初。年轻时很有名气，二十岁就担任了散骑黄门侍郎。曾经进见明帝时，和皇后的弟弟毛曾坐在一起，夏侯玄深感羞耻，不高兴的神色流露在脸上。明帝为此恨他，降为羽林监。齐王正始初年，曹爽辅佐朝政。夏侯玄，是曹爽姑母的儿子。多次升迁直到散骑常侍、中护军。

太傅司马宣王问以时事，玄议以为："夫官才用人，国之柄也，故铨衡专于台阁，上之分也，孝行存乎闾巷，优劣任之乡人，下之叙也。夫欲清教审选，在明其分叙，不使相涉而已。何者？上过其分，则恐所由之不本，而干势驰骛之路开；下逾其叙，则恐天爵之外通，而机权之门多矣。夫天爵下通，是庶人议柄也；机权多门，是纷乱之原也。自州郡中正品度官才之来，有年载矣，缅缅纷纷，未闻整齐，岂非分叙参错，各失其要之所由哉！若令中正但考行伦辈，伦辈当行均，斯可官矣。何者？夫孝行著于家门，岂不忠恪于在官乎？仁恕称于九族，岂不达于为政乎？义断行于乡党，岂不堪于事任乎？三者之类，取于中正，虽不处其官名，斯任官可知矣。行有大小，比有高下，

太傅司马懿向夏侯玄询问时政，夏侯玄议论以为："任命有才能的人做官，是国家的权柄，所以官吏的量才录用专门由尚书台负责，这是上面的职分，而穷闾僻巷之间存在着孝敬的行为，优劣自有乡人的公论，这是下边的评叙。要使社会风尚清廉、人才评选得当，在于明确上面的职分和下边评叙的界限，不使互相干扰罢了。为什么呢？因为上面超过了职分，恐怕人才的提拔不会遵循根本原则，而请托钻营趋炎附势门路就会大开；下面逾越了评叙的范围，那么道德高尚的认可完全由下面所左右，这样投机取巧玩弄权术的门径就多了起来。道德高尚的认可完全由下层操纵，这十足成了老百姓嘲讽的话柄；而投机取巧玩弄权术的门径大开，则是产生混乱的根源。自从州郡设立九品中正来品评官职、衡量官吏的才能以来，已经好多年了，但这种制度混乱不明，没有统一，这难道不是上面职分和下面评叙杂乱不齐，各自失去了应该掌握的要领所造成的吗！如果中正官只是考察品行的高低等级，所评等第恰当，其人的品行公正，就可以任以官职了。为什么呢？因为在家以孝顺著称，岂有不忠诚尽职于官位的呢？在九族中享有仁爱宽容美名的，岂有不明白怎么为政的呢？在乡里之间处置事情公正适宜的人，岂有不能胜任于职事的呢？孝行、仁恕、义断这三类人，都取决于中正官的考察，虽然中正官不能任他们的官职，但这些人可以胜任官职是很清楚

则所任之流，亦涣然明别矣。奚必使中正干铨衡之机于下，而执机柄者有所委仗于上，上下交侵，以生纷错哉？且台阁临下，考功校否，众职之属，各有官长，旦夕相考，莫究于此；闾阎之议，以意裁处，而使匠宰失位，众人驱骇，欲风俗清静，其可得乎？天台县远，众所绝意。所得至者，更在侧近，孰不修饰以要所求？所求有路，则修己家门者，已不如自达于乡党矣。自达乡党者，已不如自求之于州邦矣。苟开之有路，而患其饰真离本，虽复严责中正，督以刑罚，犹无益也。岂若使各帅其分，官长则各以其属能否献之台阁，台阁则据官长能否之第，参以乡闾德行之次，拟其伦比，勿使偏颇。中正则唯考其行迹，别其高下，审定辈类，勿使升降。台阁总之，如其所简，或有参错，则其责负自在有司。官长所第，中正辈拟，比随次率而用之，如其不称，责负在外。然则内外相参，得失有所，互相形检，孰能相饰？斯则人心定而事理得，庶可以静风俗而审官才矣。”又以为：“古之建官，所以济育群生，统理民物也，故为

的了。品行有高有低，评的等级有上有下，这样对所任官职的品级，也就能清清楚楚地加以区别了。何必使得中正官在下面侵犯属于台阁的铨衡之权，而执掌铨衡之权的台阁却高高在上放弃自己的职责，以致上下互相侵犯，产生纷乱差错呢？况且台阁大臣居高临下，考核政绩查处不称职的官员，而各种职司又有上下统属，都有自己的长官，早晚对他们进行考核，没有谁比这更清楚的了；而民间的议论，终不免以主观意志来评选，这样将造成执政大臣失去对官吏任命的控制，而众官吏也都会疲劳奔命惊恐万分，要想使社会风气清纯干净，又怎么能办到呢？掌铨衡之权的台阁如在天上远不可及，他和被评人才之间失去沟通。能够接近他、达到个人目的的，便只有他自己身旁近处的人了，因此哪个不伪装巧饰以便能够达到自己的追求呢？有了达到自己要求的门路，那么安分守己在家坐等的，已经比不上在乡里自求显达的人了。在乡里自求显达的人，又比不上自己在州郡求门路的人了。如果打开了这种请托的门路，却又担心评选的人才掩饰了真情不是原来的面目，即使再去严厉责备中正官的失职，甚至用刑罚督责他们，也无济于事了。还不如使各自遵循他们的职分，地方长官把他们属下有才能和无能的人都上报台阁，台阁根据地方长官评定的才能等第，参照那里乡间闾巷对品德行为的评价，拟出他们的类型等第，不使发生偏颇。而中正官只是考察所评选人的品行事迹，区分其高下，审定其等列，不使偏高偏低。尚书台汇总起来，如果这样选拔出来的人才，或有参差失误，那么责任自应由有关官员承担。地方长官对候选人评定的次第，中正官对考察的人所评的等列，尚书台可以参照一定的准则来使用，如果不称职，责任就由在外的官员来承担了。如此内外互相参照，考察得对或不对也有人来承担责任，互相之间进行对照、考核，谁能粉饰伪装呢？这样人心也就自然安定而事情也办得合乎情理，大概可以使风俗清纯进而审慎地任用人才了。”夏侯玄又认为：“古代设立官职，是为了救助抚育万

之君长以司牧之。司牧之主，欲一而专，一则官任定而上下安，专则职业修而事不烦。夫事简业修，上下相安而不治者，未之有也。先王建万国，虽其详未可得而究，然分疆画界，各守土境，则非重累羁绊之体也。下考殷、周五等之叙，徒有小大贵贱之差，亦无君官臣民而有二统互相牵制者也。夫官统不一，则职业不修；职业不修，则事何得而简？事之不简，则民何得而静？民之不静，则邪恶并兴，而奸伪滋长矣。先王达其如此，故专其职司而一其统业。始自秦世，不师圣道，私以御职，奸以待下；惧宰官之不修，立监牧以董之，畏督监之容曲，设司察以纠之；宰牧相累，监察相司，人怀异心，上下殊务。汉承其绪，莫能匡改。魏室之隆，日不暇及，五等之典，虽难卒复，可粗立仪准以一治制。今之长吏，皆君吏民，横重以郡守，累以刺史。若郡所摄，唯在大较，则与州同，无为再重。宜省郡守，但任刺史；刺史职存则监察不废，郡吏万数，还亲农业，以省烦费，丰财殖谷，一也。大县之才，皆堪郡守，是非之讼，每生意异，顺从则安，直己则争。夫和羹之美，在于合异，上下之益，在能相济，顺从乃安，此琴

民，总管民事的，所以为他们设置君主、长官来治理他们。治民的官吏，要固一而且有专职，固一则官吏的责任明确而上下相安，有专职则职务范围内的事就会用心研究使政事不会烦琐。政事简省业务熟练，上下相安而事情还办不好的，那是从来没有过的事。从前先王建立了许多藩国，虽然当时的详细情况现在已无从考究，然而划分疆界，使他们各自守卫领土范围，不至成为互相重复、牵累的体制。后来考察商周两朝五等封爵的等级，仅有大小贵贱的区别，并没有君主与大臣、百官与民众这样的两个系统来互相牵制着的。官吏的统属紊乱，那么专职的业务就不精；业务不精，政务怎么可能简省？政事不简省，老百姓怎么可能安宁？老百姓不能安宁，歪门邪道的事情就会同时发生，刁钻欺诈的人就越来越多了。先王知道会发生这样的毛病，所以使百官的职掌专一统属整齐。自秦代开始，不效法圣人之道，用私心去奉行官职，用奸诈去对待下属；害怕主宰官员德行败坏，就设立监察官员进行督责，又害怕监督官员曲意包容，于是设立司察来纠正他们；中央的宰官与地方的牧守互相重叠，监督与司察彼此防范，搞得人人怀有异心，上下政务不能统一。汉朝继承秦代的传统，对此也未能匡救改正。到曹魏兴起的时候，没有时间顾及到这个方面，五等封爵的制度虽难仓猝恢复，但可粗略订立一些章程准则用来整齐政治体制。现在的地方长官可以直接管理老百姓和下属官吏，却在中间重叠郡守一职，与刺史重累。如果郡守所兼代的职务，只在一些大的方面，那么和州一级的刺史相同，就没有必要重复了。应该裁省郡守这一级，仅任用刺史；刺史职掌存在则对下属的监视督察就不会荒废了，那么郡一级数以万计的官员，回去亲自务农，以节省大量费用，可以丰富资财增加粮食，这是第一点好处。能够治理一个大县的人才，都能任郡守，遇到是非争论，郡县两级看法不一，县令服从郡守就相安无事，县令坚持己见就不免发生争论了。宰相综理朝政能卓有成效，就在于团结不同的意见，而上下级之间和谐相

瑟一声也，荡而除之，则官省事简，二也。又干郡之吏，职监诸县，营护党亲，乡邑旧故，如有不副，而因公掣顿，民之困弊，咎生于此，若皆并合，则乱原自塞，三也。今承衰弊，民人凋落，贤才鲜少，任事者寡，郡县良吏，往往非一，郡受县成，其剧在下，而吏之上选，郡当先足，此为亲民之吏，专得底下，吏者民命，而常顽鄙，今如并之，吏多选清良者造职，大化宣流，民物获宁，四也。制使万户之县，名之郡守，五千以上，名之都尉，千户以下，令长如故，自长以上，考课迁用，转以能升，所牧亦增，此进才效功之叙也，若经制一定，则官才有次，治功齐明，五也。若省郡守，县皆径达，事不拥隔，官无留滞，三代之风，虽未可必，简一之化，庶几可致，便民省费，在于此矣。"又以为："文质之更用，犹四时之迭兴也，王者体天理物，必因弊而济通之，时弥质则文之以礼，时泰侈则救之以质。今承百王之末，秦汉余流，世俗弥文，宜大改之以易民望。今科制自公、

处所产生的效应，也就在于能互相补救，顺从才能相安，这如同琴瑟和谐发出一致的声音一样，把郡守一级剔除掉，则可以官职精简、政务不繁，这是第二点好处。另外管郡的官员，他们的职责是监督各县，而他们往往袒护自己的同党亲友，同乡旧交，对那些不合他们心意的官员，便借助公家名义进行打击，造成人民困难疾苦的罪过，都产生在这方面，倘若把郡县合并，致乱的缘由自然会塞住，这是第三点好处。现在承袭着前代种种衰败的弊端，人口减少，贤才短缺，能干事的人不多，但郡县才德兼备的好官吏，常常不是一样，郡的官吏，都坐享县官之成，真正麻烦困难的事都在下面处理，但官吏的进阶举拔，郡府先要得到满足，这就使得亲近老百姓的官吏却只能居处底层，官吏是老百姓的命运所系，却常常由一些贪玩卑鄙的人充当，现在如果把郡县合并为一级，官吏多挑选一些清廉优良的人才到职，伟大的教化得以宣扬流播，老百姓也都可获安宁，这是第四点好处。现在作出规定使万户人口的县，长官可以称郡守，五千户以上的县，长官称为都尉，千户以下的县，则和过去一样或称令或称长，从县长以上，要考察政绩才选拔任用，调动工作要凭才能提升，管辖的户数也随着增加，这是引进人才、量功行赏的一定程序，如果这种原则性的制度一经制定下来，那么官吏的才能也就能够分出等次，号令整齐功绩明显，这是第五点好处。如果省去了郡守一级，县里的事情可以径直向上汇报，要办的事情不致在中间受到壅塞阻隔，有才干的官吏不会长期滞留在下层，三代优良的风尚，虽然未必完全能恢复，精简纯一的教化，大致可以做到，既方便人民又节省费用，就在于此了。"夏侯玄又认为："文采和质朴的更换使用，犹如四季的轮流运行，人君体察自然规律来治理政事，一定会针对出现的弊端进行补救而使之理顺，如果时俗过于简朴就要用礼仪进行文饰，时俗过于奢侈就要用朴素来补救。现在继承古代百王之后，踵接着秦汉两朝的余波，世俗过于崇尚浮华，应该大加改正以便转变人民过分

列侯以下，位从大将军以上，皆得服绫锦、罗绮、纨素、金银饰镂之物，自是以下，杂彩之服，通于贱人，虽上下等级，各示有差，然朝臣之制，已得侔至尊矣，玄黄之采，已得通于下矣。欲使市不鬻华丽之色，商不通难得之货，工不作雕刻之物，不可得也。是故宜大理其本，准度古法，文质之宜，取其中则，以为礼度。车舆服章，皆从质朴，禁除末俗华丽之事，使干朝之家，有位之室，不复有锦绮之饰，无兼采之服，纤巧之物，自上以下，至于朴素之差，示有等级而已，勿使过一二之觉。若夫功德之赐，上恩所特加，皆表之有司，然后服用之。夫上之化下，犹风之靡草。朴素之教兴于本朝，则弥侈之心自消于下矣。”

的期望。现在的条律规定从公、侯以下，官阶在大将军以上的，都可以穿华丽的绫罗绸缎，佩戴金银首饰，使用金银雕饰的物品，从公侯大将军以下，各种颜色鲜艳的服装都可以穿戴，一直到卑贱的贫民都是如此，虽然官吏的等级，都显示出差别，但朝廷官吏的服制，已经能和皇帝等同了，玄黄两种颜色，已经通行于臣下了。想使市面上不出售颜色华丽的服装，商人不贩运稀世的货物，工匠不制作精雕细刻的装饰品，是不可能了。因此应该大大地治理一下根本，以古代的制度制定衡量的标准，使文、质两方面都能认可，则取其适中的标准，用以作为制度。皇帝所乘车辆、所用冠服、旌旗等，都要朴素，禁止那种坏的风俗习气及追求奢华富丽的东西，使辅弼大臣和有爵位的官吏的家庭，不再有华美绮丽的装饰，也没有五颜六色的服装，以及精致的用品，从上到下，达到只有朴素的差别，显示出不同的等级就行了，不要使它超过一二级的差别。至于因功德显著而得到的赏赐，这是皇帝施恩特别加赐的，都要经专管部门公布，然后才能服用。君上感化下民的风俗习惯，就如同草木顺风而倒一样。朴素的教化在朝廷兴起，那么过分奢侈的思想自然在下面消除了。”

宣王报书曰：“审官择人，除重官，改服制，皆大善。礼乡闾本行，朝廷考事，大指如所示。而中间一相承习，卒不能改。秦时无刺史，但有郡守长吏。汉家虽有刺史，奉六条而已，故刺史称传车，其吏言从事，居无常治，吏不成臣，其后转更为官司耳。昔贾谊亦患服制，汉文虽身服弋绨，犹不能使上下如意。恐此三事，当待贤能然后了耳。”玄又书曰：“汉文虽身衣弋绨，而不革正法度，内外有僭拟之服，宠臣

司马宣王给夏侯玄的回信说：“谨慎地任命官员选择人才，除掉重复的官职，改革服饰制度，这些都很好。按制度由邻里乡民评价他的品行，朝廷考核他的事迹，大体如你所说的那样。可是这中间有着一贯相承的习俗，一下子也不能改变。秦朝没有设刺史，只有郡守县吏。汉代虽设了刺史，也只是秉承六条问事而已，所以当时刺史称作传车，他的属吏称为从事，刺史没有经常的办事衙门，属吏也不成其为臣，后来刺史才转变为固定的长官与专设的机构。以前贾谊也担心过制服紊乱的问题，汉文帝虽然自己穿黑色的粗绢，还是不能使上上下下按他的意愿行事。恐怕这三件事，要等到有贤能的人才能办得了。”夏侯玄又写信说：“汉文帝虽然自己穿黑色粗绢，但没有改正朝廷的规章制度，乃至朝廷

受无限之赐，由是观之，似指立在身之名，非笃齐治制之意也。今公侯命世作宰，追踪上古，将隆至治，抑末正本，若制定于上，则化行于众矣。夫当宜改之时，留殷勤之心，令发之日，下之应也犹响寻声耳，犹垂谦谦，曰'待贤能'，此伊周不正殷姬之典也。窃未喻焉。"

内外百官竟穿超越本分的衣服，宠爱的大臣享受了皇帝对他的没有限制的赏赐，由此可以看出，汉文帝似乎只是树立了本人自己的名声，谈不上有使政治制度整齐淳厚的用意。现在您有名于世乃本朝的宰辅，可以追踪上古的优良传统，能把本朝的治理搞得更好，抑制末节匡正根本，如果在上面制定出好的制度，教化就可以推行到群众中去。现在正是应当改制的时候了，只要全心全意去做，那么政令发出的当天，下面的响应就会像回音追随本声一样迅速，如果还按照谦谦君子的作风，说什么'等待贤能'，这等于是伊尹周公不肯端正商周的规章制度一样。我私下对此是很不理解的。"

顷之，为征西将军，假节都督雍、凉州诸军事。[41]与曹爽共兴骆谷之役，时人讥之。爽诛，征玄为大鸿胪，数年徙太常。玄以爽抑绌，内不得意。中书令李丰虽宿为大将军司马景王所亲待，然私心在玄，遂结皇后父光禄大夫张缉，谋欲以玄辅政。丰既内握权柄，子尚公主，又与缉俱冯翊人，故缉信之。丰阴令弟兖州刺史翼求入朝，欲使将兵入，并力起。会翼求朝，不听。嘉平六年二月，当拜贵人，丰等欲因御临轩，诸门有陛兵，诛大将军，以玄代之，以缉为骠骑将军。丰密语黄门监苏铄、永宁署令乐敦、冗从仆射刘贤等曰："卿诸人居内，多有不法，大将军严毅，累以为言，张当可以为诫。"铄等皆许以从命。[42]大将军微闻其谋，请丰相见，丰不知而往，即杀之。[43]事下有司，收玄、缉、铄、敦、贤等送廷尉。[44]

不久，任命夏侯玄担任征西将军，授予符节统领雍州、凉州的各种军务。他和曹爽共同发起了进攻蜀汉的骆谷战役，为当时所人讥笑。曹爽被处死后，召夏侯玄担任大鸿胪，几年之后升为太常。夏侯玄因曹爽而受到压抑，内心很不得意。中书令李丰尽管一直被大将军司马景王亲信厚待，但他私下是倾心夏侯玄的，于是结交皇后的父亲光禄大夫张缉，计划要用夏侯玄来辅政。李丰在内掌握了国家权柄，儿子李韬娶了公主为妻，又与张缉都是左冯翊人，所以张缉很相信他。李丰暗地要他的弟弟兖州刺史李翼请求入朝，想要他带兵进入朝廷，合力发动政变。偏巧李翼请求上朝，没被许可。到嘉平六年二月，要册封贵人，李丰等人想乘皇帝亲登前殿，各宫门都有禁兵把守时，杀掉大将军司马景王，而以夏侯玄代替，以张缉为骠骑将军。李丰秘密威胁黄门监苏铄、永宁宫守宫官乐敦、冗从仆射刘贤等人说："各位都身居大内，做了许多不法之事，大将军非常严厉，常常说起这些，张当的下场你们应该引以为戒啊。"苏铄等人都答应接受李丰的指挥。大将军稍稍听到了他们政变的计谋，于是假装请李丰来会面，李丰还不知道政变计谋泄露便去会见，大将军当即把李丰杀了。然后把这件案子交到主管部门，逮捕夏侯玄、张缉、苏铄、乐敦、刘贤等人并把他们送交廷尉判处。廷尉钟毓上奏说："李丰等人阴谋

廷尉钟毓奏:“丰等谋迫胁至尊,擅诛冢宰,大逆无道,请论如法。”于是会公卿朝臣廷尉议,咸以为“丰等各受殊宠,典综机密,缉承外戚椒房之尊,玄备世臣,并居列位,而包藏祸心,构图凶逆,交关阉竖,授以奸计,畏惮天威,不敢显谋,乃欲要君胁上,肆其诈虐,谋诛良辅,擅相建立,将以倾覆京室,颠危社稷。毓所正皆如科律,报毓施行”。诏书:“齐长公主,先帝遗爱,原其三子死命。”于是丰、玄、缉、敦、贤等皆夷三族,㊺其余亲属徙乐浪郡。玄格量弘济,临斩东市,颜色不变,举动自若,时年四十六。㊻正元中,绍功臣世,封尚从孙本为昌陵亭侯,邑三百户,以奉尚后。

要挟皇帝,擅自杀害大臣,大逆不道,请按照法律论处。”于是召集公卿、朝臣和廷尉一起讨论,一致认为“李丰等人都受到了朝廷特殊的宠爱,主管朝廷的机密,张缉身受后妃戚属的尊荣,夏侯玄家族累世为朝廷大臣,位居列卿地位,然而竟怀着野心,图谋叛逆,勾结宦官,授给他们奸计,由于害怕皇帝天威,不敢明目张胆地谋反,因此想要挟持皇帝,施展欺诈残忍的手段,杀害贤良的大臣,擅自封官许愿,将要危害朝廷,颠覆国家。钟毓所定的罪行都符合条律,请批复钟毓执法处理”。皇帝下诏书说:“齐长公主,是先帝的爱女,她所生的三个儿子免除死刑。”于是李丰、夏侯玄、张缉、乐敦、刘贤等人都被灭了三族,其他的亲属也都流放到乐浪郡。夏侯玄品格度量宽宏通达,临到刑场,脸色不变,举动自然,死时才四十六岁。正元年间,续封功臣的后裔,封夏侯尚的侄孙夏侯本为昌陵亭侯,食邑三百户,以作为夏侯尚的后嗣。

初,中领军高阳许允与丰、玄亲善。先是有诈作尺一诏书,以玄为大将军,允为太尉,共录尚书事。有何人天未明乘马以诏版付允门吏,曰“有诏”,因便驰走。允即投书烧之,不以开呈司马景王。后丰等事觉,徙允为镇北将军,假节督河北诸军事。未发,以放散官物,收付廷尉,徙乐浪,道死。㊼

当初,中领军高阳郡人许允和李丰、夏侯玄亲密友好。在这之前有人假造一尺长的诏书,诏书上写着任夏侯玄做大将军,许允做太尉,共同总揽朝政。不知什么人天没亮就骑马把诏版交给许允的门官,说“有诏书”,说完就驱马而走。许允当即把“诏书”丢到火里烧掉,没有把它拆开送呈司马景王。后来李丰等人的事情被揭露,朝廷调任许允为镇北将军,授予符节管理北方军事。还没出发,就以滥发公家财物的罪名,逮捕送交廷尉,发配到乐浪郡,在路上死去。

清河王经亦与允俱称冀州名士。甘露中为尚书,坐高贵乡公事诛。始经为郡守,经母谓经曰:“汝田家子,今仕至二千石,物太过不祥,可以止

清河郡人王经也和许允一样都是冀州的知名人士。甘露年间担任尚书,因受高贵乡公曹髦的牵连而被杀。起初王经担任郡守,王经的母亲对王经说:“你是作田人家的儿子,今日官做到二千石了,事物太过分了便不吉祥,可以到此为止了。”王经未

矣。”经不能从，历二州刺史，司隶校尉，终以致败[48]。允友人同郡崔赞，亦尝以处世太盛戒允云。[49]

能接受，历任二州刺史，司隶校尉，终于导致败亡。许允的友人同郡人崔赞，据说也曾以处世不要太过劝告过许允。

评曰：夏侯、曹氏，世为婚姻，故惇、渊、仁、洪、休、尚、真等并以亲旧肺腑，贵重于时，左右勋业，咸有效劳。爽德薄位尊，沈溺盈溢，此固《大易》所著，道家所忌也。玄以规格局度，世称其名，然与曹爽中外缱绻；荣位如斯，曾未闻匡弼其非，援致良才。举兹以论，焉能免之乎！

评论说：夏侯氏和曹氏两家，世代通婚，所以夏侯惇、夏侯渊、曹仁、曹洪、曹休、夏侯尚、曹真等人都因为是帝王的亲戚，尊贵显赫于当时，追随君王左右而建立功业，都对国家有贡献。曹爽德行浅薄、地位尊贵，沉浸在利欲中过分享受，这正是《周易》所批判，道家所忌讳的事。夏侯玄因为气度不凡，世人称道他的美名，然而和曹爽竟以中表亲谊里外勾结；地位如此尊贵，而从没听说他帮助曹爽纠正错误，招纳人才。就以这件事来论，他又怎能避免败亡呢。

---

①孙盛曰：案《光武纪》，建武九年，盗劫阴贵人母弟，吏以不得拘质迫盗，盗遂杀之也。然则合击者，乃古制也。自安、顺已降，政教陵迟，劫质不避王公，而有司莫能遵奉国宪者，浩始复斩之，故魏武嘉焉。

②《魏略》曰：时夏侯渊与惇俱为将军，军中号惇为盲夏侯。惇恶之，每照镜恚怒，辄扑镜于地。

③《魏书》曰：时诸将皆受魏官号，惇独汉官，乃上疏自陈不当不臣之礼。太祖曰：“吾闻太上师臣，其次友臣。夫臣者，贵德之人也，区区之魏，而臣足以屈君乎？”惇固请，乃拜为前将军。

④《魏略》曰：楙字子林，惇中子也。文帝少与楙亲，及即位，以为安西将军、持节，承夏侯渊处都督关中。楙性无武略，而好治生。至太和二年，明帝西征，人有白楙者，遂召还为尚书。楙在西时，多畜伎妾，公主由此与楙不和。其后群弟不遵礼度，楙数切责，弟惧见治，乃共构楙以诽谤，公主奏之，有诏收楙。帝意欲杀之，以问长水校尉京兆段默，默以为“此必清河公主与楙不睦，出于谮构，冀不推实耳。且伏波与先帝有定天下之功，宜加三思”。帝意解，曰：“吾亦以为然。”乃发诏推问为公主作表者，果其群弟子臧、子江所构也。

⑤《晋阳秋》曰：泰始二年，高安乡侯夏侯佐卒，惇之孙也，嗣绝。诏曰：“惇，魏之元功，勋书竹帛。昔庭坚不祀，犹或悼之，况朕受禅于魏，而可以忘其功臣哉！宜择惇近属劭封之。”

⑥《魏书》曰：韩浩字元嗣。汉末起兵，县近山薮，多寇，浩聚徒众为县藩卫。太守王匡以为从事，将兵拒董卓于盟津。时浩舅杜阳为河阴令，卓执之，使招浩，浩不从。袁术闻而壮之，以为骑都尉。夏侯惇闻其名，请与相见，大奇之，使领兵从征伐。时大议损益，浩以为当急田。太祖善之，迁护军。太祖欲讨柳城，领军史涣以为道远深入，非完计也，欲与浩共谏。浩曰：“今兵势强盛，威加四海，战胜攻取，无不如志，不以此时遂除天下之患，将为后忧。且公神武，举无遗策，吾与君为中军主，不宜沮众。”遂从破柳城，改其官为中护军，置长史、司马。从讨张鲁，鲁降。议者以浩智略足以绥边，欲留使都督诸军，镇汉中。太祖曰：“吾安可以无护军？”乃与俱还。其见亲任如此。及薨，太祖愍惜之。无子，以养子荣嗣。史涣字公刘。

少任侠，有雄气。太祖初起，以客从，行中军校尉，从征伐，常监诸将，见亲信，转拜中领军。十四年薨。子静嗣。

⑦《魏略》曰：时兖、豫大乱，渊以饥乏，弃其幼子，而活亡弟孤女。

⑧《魏书》曰：渊为将，赴急疾，常出敌之不意，故军中为之语曰："典军校尉夏侯渊，三日五百，六日一千。"

⑨《魏略》曰：霸字仲权。渊为蜀所害，故霸常切齿，欲有报蜀意。黄初中为偏将军。子午之役，霸召为前锋，进至兴势围，安营在曲谷中。蜀人望知其是霸也，指下兵攻之。霸手战鹿角间，赖救至，然后解。后为右将军，屯陇西，其养士和戎，并得其欢心。至正始中，代夏侯儒为征蜀护军，统属征西。时征西将军夏侯玄，于霸为从子，而玄于曹爽为外弟。及司马宣王诛曹爽，遂召玄，玄来东。霸闻曹爽被诛而玄又征，以为祸必转相及，心既内恐；又霸先与雍州刺史郭淮不和，而淮代玄为征西，霸尤不安，故遂奔蜀。南趋阴平而失道，入穷谷中，粮尽，杀马步行，足破，卧岩石下，使人求道，未知何之。蜀闻之，乃使人迎霸。初，建安五年，时霸从妹年十三四，在本郡，出行樵采，为张飞所得。飞知其良家女，遂以为妻，产息女，为刘禅皇后。故渊之初亡，飞妻请而葬之。及霸入蜀，禅与相见，释之曰："卿父自遇害于行间耳，非我先人之手刃也。"指其儿子以示之曰："此夏侯氏之甥也。"厚加爵宠。

⑩《世语》曰：威字季权，任侠。贵历荆、兖二州刺史。子骏，并州刺史。次庄，淮南太守。庄子湛，字孝若，以才博文章，至南阳相、散骑常侍。庄，晋景阳皇后姊夫也。由此一门侈盛于时。

⑪《文章叙录》曰：惠字稚权，幼以才学见称，善属奏议。历散骑黄门侍郎，与钟毓数有辩驳，事多见从。迁燕相、乐安太守。年三十七卒。

⑫《世语》曰：和字义权，清辩有才论。历河南尹、太常。渊第三子称，第五子荣。从孙湛为其序曰："称字叔权。自孺子而好合聚童儿，为之渠帅，戏必为军旅战陈之事，有违者辄严以鞭捶，众莫敢逆。渊阴奇之，使读《项羽传》及兵书，不肯，曰：'能则自为耳，安能学人？'年十六，渊与之田，见奔虎，称驱马逐之，禁之不可，一箭而倒。名闻太祖，太祖把其手喜曰：'我得汝矣！'与文帝为布衣之交，每宴会，气陵一坐，辩士不能屈。世之高名者多从之游。年十八卒。弟荣，字幼权。幼聪惠，七岁能属文，诵书日千言，经目辄识之。文帝闻而请焉。宾客百余人，人一奏刺，悉书其乡邑名氏，世所谓爵里刺也，客示之，一寓目，使之遍谈，不谬一人。帝深奇之。汉中之败，荣年十三，左右提之走，不肯，曰：'君亲在难，焉所逃死！'乃奋剑而战，遂没陈。"

⑬《魏书》曰：仁祖褒，颍川太守。父炽，侍中、长水校尉。

⑭《魏书》曰：仁时年五十六。

《傅子》曰：曹大司马之勇，贲、育弗加也。张辽其次焉。

⑮《英雄记》曰：纯字子和。年十四而丧父，与同产兄仁别居。承父业，富于财，僮仆人客以百数，纯纲纪督御，不失其理，乡里咸以为能。好学问，敬爱学士，学士多归焉，由是为远近所称。年十八，为黄门侍郎。二十，从太祖到襄邑募兵，遂常从征战。

⑯《魏书》曰：纯所督虎豹骑，皆天下骁锐，或从百人将补之，太祖难其帅。纯以选为督，抚循甚得人心。及卒，有司白选代，太祖曰："纯之比，何可复得！吾独不中督邪？"遂不选。

⑰《魏书》曰：洪伯父鼎为尚书令，任洪为蕲春长。

⑱《魏略》曰：文帝收洪，时曹真在左右，请之曰："今诛洪，洪必以真为谮也。"帝曰："我自治之，卿何豫也？"会卞太后责怒帝，言"梁、沛之间，非子廉无有今日"。诏乃释之。犹尚没入其财产。太后又以为言，后乃还之。初，太祖为司空时，以己率下，每岁发调，使本县平赀。于时谯令平洪赀财与公家等，太祖曰："我家赀那得如子廉耶！"文帝在东宫，尝从洪贷绢百匹，洪不称意。及洪犯法，自分必死，既得原，喜，上书谢曰："臣少不由道，过在人伦，长窃非任，遂蒙含贷。性无检度知足之分，而有豺狼无厌之质，老惛倍贪，触突国网，罪迫三千，不在赦宥，当就辜诛，弃诸市朝，犹蒙天恩，骨肉更生。臣

仰视天日，愧负灵神，俯惟愆阙，惭愧怖悸，不能雉经以自裁割，谨涂颜阙门，拜章陈情。”

⑲《魏书》曰：休祖父尝为吴郡太守。休于太守舍，见壁上祖父画像，下榻拜涕泣，同坐者皆嘉叹焉。

⑳《魏书》曰：休丧母至孝。帝使侍中夺丧服，使饮酒食肉，休受诏而形体益憔悴。乞归谯葬母，帝复遣越骑校尉薛乔奉诏节其忧哀，使归家治丧，一宿便葬，葬讫诣行在所。帝见，亲自宽慰之。其见爱重如此。

㉑《世语》曰：肇字长思。

㉒张隐《文士传》曰：肇孙摅，字颜远，少厉志操，博学有才藻。仕晋，辟公府，历洛阳令，有能名。大司马齐王冏辅政，摅与齐人左思俱为记室督。从中郎出为襄阳太守、征南司马。值天下乱，摅讨贼向吴，战败死。

㉓《魏略》曰：真本姓秦，养曹氏。或云其父伯南夙与太祖善。兴平末，袁术部党与太祖攻劫，太祖出，为寇所追，走入秦氏，伯南开门受之。寇问太祖所在，答云：“我是也。”遂害之。由此太祖思其功，故变其姓。

《魏书》曰：邵以忠笃有才智，为太祖所亲信。初平中，太祖兴义兵，邵募徒众，从太祖周旋。时豫州刺史黄琬欲害太祖，太祖避之而邵独遇害。

㉔臣松之案：真父名邵。封邵陵侯，若非书误，则事不可论。

㉕《魏书》曰：爽使弟羲为表曰：“臣亡父真，奉事三朝，入备冢宰，出为上将。先帝以臣肺腑遗绪，奖饬拔擢，典兵禁省，进无忠恪积累之行，退无羔羊自公之节。先帝圣体不豫，臣虽奔走，侍疾尝药，曾无精诚翼日之应，猥与太尉懿俱受遗诏，且惭且惧，靡所厎告。臣闻虞舜序贤，以稷、契为先，成汤褒功，以伊、吕为首，审选博举，优劣得所，斯诚辅世长民之大经，录勋报功之令典，自古以来，未之或阙。今臣虚暗，位冠朝首，顾惟越次，中心愧惕，敢竭愚情，陈写至实。夫天下之达道者三，谓德、爵、齿也。懿本以高明中正，处上司之位，名足镇众，义足率下，一也。包怀大略，允文允武，仍立征伐之勋，遐迩归功，二也。万里旋旆，亲受遗诏，翼亮皇家，内外所向，三也。加之耆艾，纪纲邦国，体练朝政；论德则过于吉甫、樊仲；课功则逾于方叔、召虎：凡此数者，懿实兼之。臣抱空名而处其右，天下之人将谓臣以宗室见私，知进而不知退。陛下岐嶷，克明克类，如有以察臣之言，臣以为宜以懿为太傅、大司马，上昭陛下进贤之明，中显懿身文武之实，下使愚臣免于谤诮。”于是帝使中书监刘放、令孙资为诏曰：“昔吴汉佐光武，有征定四方之功，为大司马，名称于今。太尉体履正直，功盖海内，先帝本以前后欲更其位者辄不弥久，是以迟迟不施行耳。今大将军荐太尉宜为大司马，既合先帝本旨，又放推让，进德尚勋，乃欲明贤良、辩等列、顺长少也。虽旦、奭之属，宗师吕望，念在引领以处其下，何以过哉！朕甚嘉焉。朕惟先帝固知君子乐天知命，纤芥细疑，不足为忌，当顾柏人彭亡之文，故用低徊，有意未遂耳！斯亦先帝敬重大臣，恩爱深厚之至也。昔成王建保傅之官，近汉显宗以邓禹为太傅，皆所以优崇俊乂，必有尊也。其以太尉为太傅。”

㉖《世语》曰：伟字世英，冯翊人。明帝治宫室，伟谏曰：“今作宫室，斩伐生民墓上松柏，毁坏碑兽石柱，辜及亡人，伤孝子心，不可以为后世之法则。”

㉗《汉晋春秋》曰：司马宣王谓夏侯玄曰：“《春秋》责大德重，昔武皇帝再入汉中，几至大败，君所知也。今兴平路势至险，蜀已先据；若进不获战，退见徼绝，覆军必矣。将何以任其责！”玄惧，言于爽，引军退。费祎进兵据三岭以截爽，爽争崄苦战，仅乃得过。所发牛马运转者，死失略尽，羌、胡怨叹，而关右悉虚耗矣。

㉘初，宣王以爽魏之肺腑，每推先之，爽以宣王名重，亦引身卑下，当时称焉。丁谧、毕轨等既进用，数言于爽曰：“宣王有大志而甚得民心，不可以推诚委之。”由是爽恒猜防焉。礼貌虽存，而诸所兴造，皆不复由宣王。宣王力不能争，且惧其祸，故避之。

㉙《魏末传》曰：爽等令胜辞宣王，并伺察焉。宣王见胜，胜自陈无他功劳，横蒙特恩，当为本州，诣阁拜辞，不悟加恩，得蒙引见。宣王令两婢侍边，持衣，衣落；复上指口，言渴求

饮，婢进粥，宣王持杯饮粥，粥皆流出沾胸。胜愍然，为之涕泣，谓宣王曰："今主上尚幼，天下恃赖明公。然众情谓明公方旧风疾发，何意尊体乃尔！"宣王徐更宽言，才令气息相属，说："年老沉疾，死在旦夕。君当屈并州，并州近胡，好善为之，恐不复相见，如何！"胜曰："当还忝本州，非并州也。"宣王乃复阳为昏谬，曰："君方到并州，努力自爱！"错乱其辞，状如荒语。胜复曰："当忝荆州，非并州也。"宣王乃若微悟者，谓胜曰："懿年老，意荒忽，不解君言。今还为本州刺史，盛德壮烈，好建功勋。今当与君别，自顾气力转微，后必不更会，因欲自力，设薄主人，生死共别。令师、昭兄弟结君为友，不可相舍去，副懿区区之心。"因流涕哽咽。胜亦长叹，答曰："辄当承教，须待敕命。"胜辞出，与爽等相见，说："太傅语言错误，口不摄杯，指南为北。又云吾当作并州，吾答言当还为荆州，非并州也。徐徐与语，有识人时，乃知当还为荆州耳。又欲设主人祖送。不可舍去，宜须待之。"更向爽等垂泪云："太傅患不可复济，令人怆然。"

㉚《世语》曰：爽兄弟先是数俱出游，桓范谓曰："总万机，典禁兵，不宜并出，若有闭城门，谁复内入者？"爽曰："谁敢尔邪！"由此不复并行。至是乃尽出也。

㉛《世语》曰：初，宣王勒兵从阙下趋武库，当爽门，人逼车住。爽妻刘怖，出至厅事，谓帐下守督曰："公在外。今兵起，如何？"督曰："夫人勿忧。"乃上门楼，引弩注箭欲发。将孙谦在后牵止之曰："天下事未可知！"如此者三，宣王遂得过去。

㉜干宝《晋纪》曰：爽留车驾宿伊水南，伐木为鹿角，发屯甲兵数千人以为卫。

《魏末传》曰：宣王语弟孚，陛下在外不可露宿，促送帐幔、太官食具诣行在所。

㉝干宝《晋书》曰：桓范出赴爽，宣王谓蒋济曰："智囊往矣。"济曰："范则智矣，驽马恋栈豆，爽必不能用也。"

《世语》曰：宣王使许允、陈泰解语爽，蒋济亦与书达宣王之旨，又使爽所信殿中校尉尹大目谓爽，唯免官而已，以洛水为誓。爽信之，罢兵。

《魏氏春秋》曰：爽既罢兵，曰："我不失作富家翁。"范哭曰："曹子丹佳人，生汝兄弟，犊耳！何图今日坐汝等族灭矣！"

㉞《魏末传》曰：爽兄弟归家，敕洛阳县发民八百人，使尉部围爽第四角，角作高楼，令人在上望视爽兄弟举动。爽计穷愁闷，持弹到后园中，楼上人便唱言"故大将军东南行！"爽还厅事上，与兄弟共议，未知宣王意深浅，作书与宣王曰："贱子爽哀惶恐怖，无状招祸，分受屠灭，前遣家人迎粮，于今未反，数日乏匮，当烦见饷，以继旦夕。"宣王得书大惊，即答书曰："初不知乏粮，甚怀踧踖。令致米一百斛，并肉脯、盐豉、大豆。"寻送。爽兄弟不达变数，即便喜欢，自谓不死。

㉟《魏略》曰：邓飏字玄茂，邓禹后也。少得士名于京师。明帝时为尚书郎，除洛阳令，坐事免，拜中郎，又入兼中书郎。初，飏与李胜等为浮华友，及在中书，浮华事发，被斥出，遂不复用。正始初，乃出为颍川太守，转大将军长史，迁侍中尚书。飏为人好货，前在内职，许臧艾授以显官，艾以父妾与飏，故京师为之语曰："以官易妇邓玄茂。"每所荐达，多如此比。故何晏选举不得人，颇由飏之不公忠，遂同其罪，盖由交友非其才。

丁谧，字彦靖。父斐，字文侯。初，斐随太祖，太祖以斐乡里，特饶爱之。斐性好货，数请求犯法，辄得原宥。为典军校尉，总摄内外，每所陈说，多见从之。建安末，从太祖征吴。斐随行，自以家牛羸困，乃私易官牛，为人所白，被收送狱，夺官。其后太祖问斐曰："文侯，印绶所在？"斐亦知见戏，对曰："以易饼耳。"太祖笑，顾谓左右曰："东曹毛掾数白此家，欲令我重治，我非不知此人不清，良有以也。我之有斐，譬如人家有盗狗而善捕鼠，盗虽有小损，而完我囊贮。"遂复斐官，听用如初。后数岁，病亡。谧少不肯交游，但博观书传。为人沈毅，颇有才略。太和中，常住邺，借人空屋，居其中。而诸王亦欲借之，不知谧已得，直开门入。谧望见王，交脚卧而不起，而呼其奴客曰："此何等人？促呵使去。"王怒其无礼，还具上言。明帝收谧，系邺狱，以其功臣子，原出。后帝闻其有父风，召拜度支郎中。曹爽宿与相亲,时爽为武卫将军,数为帝称其可大用。会帝崩,爽辅政,乃拔谧为散骑常侍,遂转尚书。谧为人外似疏略,而内多忌。其在台阁,数有所弹驳,台中患之,事不得行。又其意轻贵,多所忽略,虽与何晏、邓飏等同位,而皆少之,唯以势屈于爽。爽亦敬之,言无不从。故于时谤书,谓"台中有三狗,二狗崖柴不可当,一狗凭默作疽囊。"三狗,谓何、邓、丁也。默者,爽小字也。其意言三狗皆欲啮人,而谧尤甚也。奏使郭太后出居别宫,及遣乐安王使北诣邺,又遣文钦令还淮南,皆谧之计。司马宣王由是特深恨之。毕轨,字昭先。父字子礼,建安中为典农校尉。轨以才能,少有名声。明帝在东宫时,轨在文学中。黄初末,出为长史。明帝即位,入为黄门郎,子尚公主,居处殷富。迁并州刺史。其在并州,名为骄豪。时杂虏数为暴,害吏民,轨辄出军击鲜卑轲比能,失利。中护军蒋济表曰:"毕轨前失,既往不咎,但恐是后难可以再。凡人材有长短,不可强成。轨文雅志意,自为美器。今失并州,换置他州,若入居显职,不毁其德,于国事实善。此安危之要,唯圣恩察之。"至正始中,入为中护军,转侍中尚书,迁司隶校尉。素与曹爽善,每言于爽,多见从之。

李胜字公昭。父休字子朗,有智略。张鲁前为镇北将军,休为司马,家南郑。时汉中有甘露降,子朗见张鲁精兵数万人,有四塞之固,遂建言赤气久衰,黄家当兴,欲鲁举号,鲁不听。会鲁破,太祖以其劝鲁内附,赐爵关内侯,署散官骑从,诣邺。至黄初中,仕历上党、钜鹿二郡太守,后以年老还,拜议郎。胜少游京师,雅有才智,与曹爽善。明帝禁浮华,而人白胜堂有四窗八达,各有主名。用是被收,以其所连引者多,故得原,禁锢数岁。帝崩,曹爽辅政,胜为洛阳令。夏侯玄为征西将军,以胜为长史。玄亦宿与胜厚。骆谷之役,议从胜出,由是司马宣王不悦于胜。累迁荥阳太守、河南尹。胜前后所宰守,未尝不称职,为尹岁余,厅事前屠苏坏,令人更治之,小材一枚激堕,正挝受符吏石虎头,断之。后旬日,迁为荆州刺史,未及之官而败也。

桓范字元则,世为冠族。建安末,入丞相府。延康中,为羽林左监。以有文学,与王象等典集《皇览》。明帝时为中领军尚书,迁征虏将军、东中郎将,使持节都督青、徐诸军事,治下邳。与徐州刺史邹岐争屋,引节欲斩岐,为岐所奏,不直,坐免还。复为兖州刺史,怏怏不得意。又闻当转为冀州牧。是时冀州统属镇北,而镇北将军吕昭才实仕进,本在范后。范谓其妻仲长曰:"我宁作诸卿,向三公长跪耳,不能为吕子展屈也。"其妻曰:"君前在东,坐欲擅斩徐州刺史,众人谓君难为作下,今复羞为吕屈,是复难为作上也。"范忿其言触实,乃以刀环撞其腹。妻时怀孕,遂堕胎死。范亦竟称疾,不赴冀州。正始中拜大司农。范前在台阁,号为晓事,及为司农,又以清省称。范尝抄撮《汉书》中诸杂事,自以意斟酌之,名曰《世要论》。蒋济为太尉,尝与范会社下,群卿列坐有数人,范怀其所撰,欲以示济,谓济当虚心观之。范出其书以示左右,左右传之示济,济不肯视,范心恨之。因论他事,乃发怒谓济曰:"我祖薄德,公辈何似邪?"济性虽强毅,亦知范刚毅,睨而不应,各罢。范于沛郡,仕次在曹真后。于时曹爽辅政,以范乡里老宿,于九卿中特敬之,然不甚亲也。及宣王起兵,闭城门,以范为晓事,乃指召之,欲使领中领军。范欲应召,而其子谏之,以为车驾在外,不如南出。范疑有顷,儿又促之。范欲去而司农丞吏皆止范。范不从,乃突出至平昌城门,城门已闭。门候司蕃,故范举吏也,范呼之,举手中版以示之,矫曰:"有诏召我,卿促开门!"蕃欲求见诏书,范呵之,言:"卿非我故吏邪,何以敢尔?"乃开之。范出城,顾谓蕃曰:"太傅图逆,卿从我去!"蕃徒行不能及,遂避侧。范南见爽,劝爽兄弟以天子诣许昌,征四方以自辅。爽疑,羲又无言。范自谓羲曰:"事昭然,卿用读书何为邪!于今日卿等门户倒矣!"俱不言。范又谓羲曰:"卿别营近在阙南,洛阳典农治在城外,呼召如意。今诣许昌,不过中宿,许昌别库,足相被假;所忧当在谷食,而大司农印章在我身。"羲兄弟默然不从,甲夜至五鼓,爽乃投刀于地,谓诸从驾群臣曰:"我度太傅意,亦不过欲令我兄弟向己也。我独有以不合于远近耳!"遂进谓帝曰:"陛下作诏免臣官,报皇太后令。”范知爽首免而已必坐唱义也。范乃曰:“老子今兹坐卿兄弟族矣!”爽等既免,帝还宫,遂令范随从。到洛水浮桥北,望见宣王,下车叩头而无言。宣王呼范姓曰:“桓大夫何为尔邪!”车驾入宫,有诏范还复位。范诣阙拜章谢,待报。会司蕃诣鸿胪自首,具说范前临出所道。宣王乃忿然曰:“诬人以反,于法何应?”主者曰:“科律,反受其罪。”乃收范于阙下。时人持范甚急,范谓部官曰:“徐之,我亦义士耳。”遂送廷尉。

《世语》曰:初,爽梦二虎衔雷公,雷公若二升碗,放著庭中。爽恶之,以问占者,灵台丞马训曰:“忧兵。”训退,告其妻曰:“爽将以兵亡,不出旬日。”

《汉晋春秋》曰:安定皇甫谧以九年冬梦至洛阳,自庙出,见车骑甚众,以物呈庙云:“诛大将军曹爽。”寤而以告其邑人,邑人曰:“君欲作曹人之梦乎!朝无公孙彊如何?且爽兄弟典重兵,又权尚书事,谁敢谋之?”谧曰:“爽无叔振铎之请,苟失天机则离矣,何恃于彊?昔汉之阎显,倚母后之尊,权国威命,可谓至重矣,阉人十九人一旦尸之,况爽兄弟乎?”

《世语》曰:初,爽出,司马鲁芝留在府,闻有事,将营骑斫津门出赴爽。爽诛,擢为御史中丞。及爽解印绶,将出,主簿杨综止之曰:“公挟主握权,舍此以至东市乎?”爽不从。有司奏综导爽反,宣王曰:“各为其主也。”宥之,以为尚书郎。芝字世英,扶风人也。以后仕进至特进光禄大夫。综字初伯,后为安东将军司马文王长史。

臣松之案:夏侯湛为芝铭及干宝《晋纪》并云爽既诛,宣王即擢芝为并州刺史,以综为安东参军。与《世语》不同。

㊱干宝《晋纪》曰:蒋济以曹真之勋力,不宜绝祀,故以熙为后。济又病其言之失信于爽,发病卒。

㊲晏字平叔。《魏略》曰:“太祖为司空时,纳晏母并收养晏,其时秦宜禄儿阿苏亦随母在公家,并见宠如公子。苏即朗也。苏性谨慎,而晏无所顾惮,服饰拟于太子,故文帝特憎之,每不呼其姓字,尝谓之为“假子”。晏尚主,又好色,故黄初时无所事任。及明帝立,颇为冗官。至正始初,曲合于曹爽,亦以才能,故爽用为散骑侍郎,迁侍中尚书。晏前以尚主,得赐爵为列侯,又其母在内,晏性自喜,动静粉白不去手,行步顾影。晏为尚书,主选举,其宿与之有旧者,多被拔擢。

《魏末传》曰:晏妇金乡公主,即晏同母妹。公主贤,谓其母沛王太妃曰:“晏为恶日甚,将何保身?”母笑曰:“汝得无妒晏邪!”俄而晏死。有一男,年五六岁,宣王遣人录之。晏母归藏其子王宫中,向使者搏颊,乞白活之,使者具以白宣王。宣王亦闻晏妇有先见之言,心常嘉之;且为沛王故,特原不杀。

《魏氏春秋》曰:初,夏侯玄、何晏等名盛于时,司马景王亦预焉。晏尝曰:“唯深也,故能通天下之志,夏侯泰初是也;唯几也,故能成天下之务,司马子元是也;惟神也,不疾而速,不行而至,吾闻其语,未见其人。”盖欲以神况诸已也。初,宣王使晏与治爽等狱。晏穷治党与,冀以获宥。宣王曰:“凡有八族。”晏疏丁、邓等七姓。宣王曰:“未也。”晏穷急,乃曰:“岂谓晏乎!”宣王曰:“是也。”乃收晏。

臣松之案:《魏末传》云晏取其同母妹为妻,此搢绅所不忍言,虽楚王之妻媦,不是甚也已。设令此言出于旧史,犹将莫之或信,况底下之书乎!案《诸王公传》,沛王出自杜夫人所生。晏母姓尹,公主若与沛王同生,焉得言与晏同母?

皇甫谧《列女传》曰:爽从弟文叔,妻谯郡夏侯文宁之女,名令女。文叔早死,服阕,自以年少无子,恐家必嫁己,乃断发以为信。其后,家果欲嫁之,令女闻,即复以刀截两耳,居止常依爽。及爽被诛,曹氏尽死。令女叔父上书与曹氏绝婚,强迎令女归。时文宁为梁相,怜其少,执义,又曹氏无遗类,冀其意沮,乃微使人讽之。令女叹且泣曰:“吾亦惟之,许之是也。”家以为信,防之少懈。令女于是窃入寝室,以刀断鼻,蒙被而卧。其母呼与语,不应,发被视之,血流满床席。举家惊惶,奔往视之,莫不酸鼻。或谓之曰:“人生世间,如轻尘栖弱草耳,何至辛苦乃尔!且夫家夷灭已尽,守此欲谁为哉?”令女曰:“闻仁者不以盛衰改节,义者不以存亡易心,曹氏前盛之时,尚欲保终,况今衰亡,何忍弃之!禽兽之行,吾岂为乎?”司马宣王闻而嘉之，听使乞子字养，为曹氏后，名显于世。

㊳《魏书》曰：尚有筹画智略，文帝器之，与为布衣之交。

㊴《魏书》载诏曰："尚自少侍从，尽诚竭节，虽云异姓，其犹骨肉，是以入为腹心，出当爪牙。智略深敏，谋谟过人，不幸早殒，命也奈何！赠征南大将军、昌陵侯印绶。"

㊵《世语》曰：玄世名知人，为中护军，拔用武官，参戟牙门，无非俊杰，多牧州典郡。立法垂教，于今皆为后式。

㊶《魏略》曰：玄既迁，司马景王代为护军。护军总统诸将，任主武官选举，前后当此官者，不能止货赂。故蒋济为护军时，有谣言"欲求牙门，当得千匹；百人督，五百匹"。宣王与济善，间以问济，济无以解之，因戏曰："洛中市买，一钱不足则不行。"遂相对欢笑。玄代济，故不能止绝人事。及景王之代玄，整顿法令，人莫犯者。

㊷《魏书》曰：玄素贵，以爽故废黜，居常怏怏不得意。中书令李丰与玄及后父光禄大夫张缉阴谋为乱，缉与丰同郡，倾巧人也，以东莞太守召，为后家，亦不得意，故皆同谋。初，丰自以身处机密，息韬又以列侯给事中，尚齐长公主，有内外之重，心不自安。密谓韬曰："玄既为海内重人，加以当大任，年时方壮而永见废，又亲曹爽外弟，于大将军有嫌。吾得玄书，深以为忧。缉有才用，弃兵马大郡，还坐家巷。各不得志，欲使汝以密计告之。"缉尝病创卧，丰遣韬省病，韬屏人语缉曰："韬尚公主，父子在机近，大将军秉事，常恐不见明信，太常亦怀深忧。君侯虽有后父之尊，安危未可知，皆与韬家同虑者也，韬父欲与君侯谋之。"缉默然良久曰："同舟之难，吾焉所逃？此大事，不捷即祸及宗族。"韬于是往报丰。密语黄门监苏铄等，苏铄等答丰："惟君侯计。"丰言曰："今拜贵人，诸营兵皆屯门。陛下临轩，因此便共迫胁，将群寮人兵，就诛大将军。卿等当共密白此意。"铄等曰："陛下傥不从人，奈何？"丰等曰："事有权宜，临时若不信听，便当劫将去耳。那得不从？"铄等许诺。丰曰："此族灭事，卿等密之。事成，卿等皆当封侯常侍也。"丰复密以告玄、缉。缉遣子邈与丰相结，同谋起事。《世语》曰：丰遣子韬以谋报玄，玄曰"宜详之耳"，而不以告也。

㊸《世语》曰：大将军闻丰谋，舍人王羕请以命请丰。"丰若无备，情屈势迫，必来，若不来，羕一人足以制之；若知谋泄，以众挟轮，长戟自卫，径入云龙门，挟天子登凌云台，台上有三千人仗，鸣鼓会众，如此，羕所不及也"。大将军乃遣羕以车迎之。丰见劫迫，随羕而至。

《魏氏春秋》曰：大将军责丰，丰知祸及，遂正色曰："卿父子怀奸，将倾社稷，惜吾力劣，不能相禽灭耳！"大将军怒，使勇士以刀环筑丰腰，杀之。

《魏略》曰：丰字安国，故卫尉李义子也。黄初中，以父任召随军。始为白衣时，年十七八，在邺下名为清白，识别人物，海内翕然，莫不注意。后随军在许昌，声称日隆。其父不愿其然，遂令闭门，敕使断客。初，明帝在东宫，丰在文学中。及即尊位，得吴降人，问"江东闻中国名士为谁"？降人云："闻有李安国者是。"时丰为黄门郎，明帝问左右安国所在，左右以丰对。帝曰："丰名乃被于吴越邪？"后转骑都尉、给事中。帝崩后，为永宁太仆，以名过其实，能用少也。正始中，迁侍中尚书仆射。丰在台省，常多托疾，时台制，疾满百日当解禄，丰疾未满数十日，辄暂起，已复卧，如是数岁。初，丰子韬以选尚公主，丰虽外辞之，内不甚惮也。丰弟翼及伟，仕数岁间，并历郡守。丰尝于人中显诫二弟，言当用荣位为□。及司马宣王久病，伟为二千石，荒于酒，乱新平、扶风二郡而丰不召，众人以为恃宠。曹爽专政，丰依违二公间，无有适莫，故于时有谤书曰："曹爽之势热如汤，太傅父子冷如浆，李丰兄弟如游光。"其意以为丰虽外示清净，而内图事，有似于游光也。及宣王奏诛爽，住车阙下，与丰相闻，丰怖，遽气索，足委地不能起。至嘉平四年宣王终后，中书令缺，大将军咨问朝臣："谁可补者？"或指向丰。丰虽知此非显选，而自以连婚国家，思附至尊，因伏不辞，遂奏用之。丰为中书二岁，帝比每独召与语，不知所说。景王知其议己，请丰，丰不以实告，乃杀之。其事秘。丰前后仕历二朝，不以家计为意，仰俸廪而已。韬虽尚公主，丰常约敕不得有所侵取，时得赐钱帛，辄以外施亲族；及得赐宫人，多与子弟，而丰皆以与诸外甥。及死后，有司籍其家，家无余积。

《魏氏春秋》曰：夜送丰尸付廷尉，廷尉钟毓不受，曰："非法官所治也。"以其状告，且敕之，乃受。帝怒，将问丰死意，太后惧，呼帝入，乃止。遣使收翼。

《世语》曰：翼后妻，散骑常侍荀廙姊，谓翼曰："中书事发，可及书未至赴吴，何为坐取死亡！左右可共同赴水火者谁？"翼思未答，妻曰："君在大州，不知可与同死生者，去亦不免。"翼曰："二儿小，吾不去。今但从坐，身死，二儿必免。"果如翼言。翼子斌，杨骏外甥也。晋惠帝初，为河南尹，与骏俱死，见《晋书》。

㊹《世语》曰：玄至廷尉，不肯下辞。廷尉钟毓自临治玄。玄正色责毓曰："吾当何辞？卿为令史责人也，卿便为吾作。"毓以其名士，节高不可屈，而狱当竟，夜为作辞，令与事相附，流涕以示玄。玄视，颔之而已。毓弟会，年少于玄，玄不与交，是日于毓坐狎玄，玄不受。

孙盛《杂语》曰：玄在囹圄，会因欲狎而友玄，玄正色曰："钟君何相逼如此也！"

㊺《魏书》曰：丰子韬，以尚主，赐死狱中。

㊻《魏略》曰：玄自从西还，不交人事，不蓄华妍。

《魏氏春秋》曰：初，夏侯霸将奔蜀，呼玄欲与之俱。玄曰："吾岂苟存自客于寇虏乎？"遂还京师。太傅薨，许允谓玄曰："无复忧矣。"玄叹曰："士宗，卿何不见事乎？此人犹能以通家年少遇我，子元、子上不吾容也。"玄尝著《乐毅》、《张良》及《本无》、《肉刑论》，辞旨通远，咸传于世。玄之执也，卫将军司马文王流涕请之，大将军曰："卿忘会赵司空葬乎？"先是，司空赵俨薨，大将军兄弟会葬，宾客以百数，玄时后至，众宾客咸越席而迎，大将军由是恶之。臣松之案：曹爽以正始五年伐蜀，时玄已为关中都督，至十年，爽诛灭后，方还洛耳。案《少帝纪》，司空赵俨以六年亡，玄则无由得会俨葬，若云玄入朝，纪、传又无其事。斯近妄不实。

㊼《魏略》曰：允字士宗，世冠族。父据，仕历典农校尉、郡守。允少与同郡崔赞俱发名于冀州，召入军。明帝时为尚书选曹郎，与陈国袁侃对，同坐职事，皆收送狱，诏旨严切，当有死者，正直者为重。允谓侃曰："卿，功臣之子，法应八议，不忧死也。"侃知其指，乃为受重。允刑竟复吏，出为郡守，稍迁为侍中尚书中领军。允闻李丰等被收，欲往见大将军，已出门，回遑不定，中道还取裤，丰等已收讫。大将军闻允前遽，怪之曰："我自收丰等，不知士大夫何为匆匆乎？"是时朝臣遽者多耳，而众人咸以为意在允也。会镇北将军刘静卒，朝廷以允代静。已受节传，出止外舍。大将军与允书曰："镇北虽少事，而都典一方，念足下震华鼓，建朱节，历本州，此所谓著绣昼行也。"允心甚悦，与台中相闻，欲易其鼓吹旌旗。其兄子素颇闻众人说允前见嫌意，戒允"但当趣耳，用是为邪"！允曰："卿俗士不解，我以荣国耳，故求之。"帝以允当出，乃诏会群臣，群臣皆集，帝特引允以自近；允前为侍中，顾当与帝别，涕泣歔欷。会讫，罢出，诏促允令去。会有司奏允前擅以厨钱谷乞诸俳及其官属，故遂收送廷尉，考问竟，减死徙边。允以嘉平六年秋徙，妻子不得自随，行道未到，以其年冬死。

《魏氏春秋》曰：允为吏部郎，选郡守。明帝疑其所用非次，召入，将加罪。允妻阮氏跣出，谓曰："明主可以理夺，难以情求。"允颔之而入。帝怒诘之，允对曰："某郡太守虽限满文书先至，年限在后，某守虽后，日限在前。"帝前取事视之，乃释遣出。望其衣败，曰："清吏也。"赐之。允之出为镇北也，喜谓其妻曰："吾知免矣！"妻曰："祸见于此，何免之有？"允善相印，将拜，以印不善，使更刻之，如此者三。允曰："印虽始成而已被辱。"问送印者，果怀之而坠于厕。《相印书》曰："相印法本出陈长文，长文以语韦仲将，印工杨利从仲将受法，以语许士宗。利以法术占吉凶，十可中八九。仲将问长文'从谁得法'？长文曰：'本出汉世，有《相印》、《相笏经》，又有《鹰经》、《牛经》、《马经》。印工宗养以法语程申伯，是故有一十二家相法传于世。'"允妻阮氏贤明而丑，允始见愕然，交礼毕，无复入意。妻遣婢觇之，云"有客姓桓"，妻曰："是必桓范，将劝使入也。”既而範果劝之。允入，须臾便起，妻捉裾留之。允顾谓妇曰：“妇有四德，卿有其几？”妇曰：“新妇所乏唯容。士有百行，君有其几？”许曰：“皆备。”妇曰：“士有百行，以德为首，君好色不好德，何谓皆备？”允有惭色，知其非凡，遂雅相亲重。生二子，奇、猛，少有令闻。允后为景王所诛，门生走入告其妇，妇正在机，神色不变，曰：“早知尔耳。”门生欲藏其子，妇曰：“无预诸儿事。”后移居墓所，景王遣钟会看之，若才艺德能及父，当收。儿以语母，母答：“汝等虽佳，才具不多，率胸怀与会语，便自无忧，不须极哀，会止便止。又可多少问朝事。”儿从之。会反命，具以状对，卒免其祸，皆母之教也。虽会之识鉴，而输贤妇之智也。果庆及后嗣，追封子孙而已。

《世语》曰：允二子：奇字子泰，猛字子豹，并有治理才学。晋元康中，奇为司隶校尉，猛幽州刺史。

傅畅《晋诸公赞》曰：猛礼乐儒雅，当时最优。奇子遐，字思祖，以清尚称，位至侍中。猛子式，字仪祖，有才干，至濮阳内史、平原太守。

㊽《世语》曰：经字彦纬，初为江夏太守。大将军曹爽附绢二十匹令交市于吴，经不发书，弃官归。母问归状，经以实对。母以经典兵马而擅去对，送吏杖经五十，爽闻，不复罪。经为司隶校尉，辟河内向雄为都官从事，王业之出，不申经意以及难。经刑于东市，雄哭之，感动一市。刑及经母，雍州故吏皇甫晏以家财收葬焉。

《汉晋春秋》曰：经被收，辞母。母颜色不变，笑而应曰：“人谁不死？往所以不止汝者，恐不得其所也。以此并命，何恨之有哉？”晋武帝太始元年诏曰：“故尚书王经，虽身陷法辟，然守志可嘉。门户堙没，意常愍之，其赐经孙郎中。”

㊾荀绰《冀州记》曰：赞子洪，字良伯，清恪有匪躬之志，为晋吏部尚书、大司农。

三国志卷十 魏书十

荀彧荀攸贾诩传第十

荀彧字文若，颍川颍阴人也。祖父淑，字季和，朗陵令。当汉顺、桓之间，知名当世。有子八人，号曰八龙。彧父绲，济南相。叔父爽，司空。①

彧年少时，南阳何颙异之，曰："王佐才也。"②永汉元年，举孝廉，拜守宫令。董卓之乱，求出补吏。除亢父令，遂弃官归，谓父老曰："颍川，四战之地也，天下有变，常为兵冲，宜亟去之，无久留。"乡人多怀土犹豫，会冀州牧同郡韩馥遣骑迎之，莫有随者，彧独将宗族至冀州。而袁绍已夺馥位，待彧以上宾之礼。彧弟谌及同郡辛评、郭图，皆为绍所任。彧度绍终不能成大事，时太祖为奋武将军，在东郡，初平二年，彧去绍从太祖。太祖大悦曰："吾之子房也。"以为司马，时年二十九。是时，董卓威陵天下，太祖以问彧，彧曰："卓暴虐已甚，必以乱终，无能为也。"卓遣李傕等出关东，所过虏略，至颍川、陈留而还。乡人留者多见杀略。明年，太祖领兖州牧，后为镇东将军，彧常以司马从。兴平元年，太祖征

荀彧字文若，是颍川郡颍阴县人。祖父荀淑，字季和，曾任朗陵县令。在汉顺帝、桓帝期间，他在社会上很有名气。荀淑有八个儿子，号称“八龙”。荀彧的父亲荀绲，曾任济南王国的国相。叔父荀爽，曾任司空。

荀彧年轻时，南阳人何颙认为他与众不同，说：“这是辅佐帝王的人才。”永汉元年，荀彧被郡里推举为孝顺廉洁的人，受任为守宫令。董卓作乱时，他请求出任地方官。被任命为亢父县令，于是辞官回家，对父老乡亲说：“颍川，是四面受敌的地方，天下一有变乱，常常成为战事的要冲，应当赶快离开这里，不能久留。”乡亲们大多眷恋乡土，内心迟疑不决，恰逢冀州牧同郡人韩馥派来骑兵迎接颍川人，但没有人跟他走，只有荀彧带领族人迁到冀州。而这时袁绍已经夺了韩馥的州官，袁绍用对上宾的礼节接待荀彧。荀彧的弟弟荀谌及同郡人辛评、郭图，都被袁绍任用。荀彧预料袁绍最终不能成就大事，当时太祖担任奋武将军，驻扎在东郡，初平二年，荀彧离开袁绍追随太祖。太祖非常高兴地说：“你是我的张子房啊。”任命荀彧做司马，当时年仅二十九岁。这时，董卓的声威超越天下，太祖为此询问荀彧，荀彧说：“董卓过分凶暴残虐，一定会以作乱告终，是不可能有作为的。”董卓派李傕等人到关东，所到之处大肆掳掠，到了颍川、陈留一带然后返回。这一带没有离乡背井的人很多都遭到屠杀、掳掠。第二年，太祖兼任兖州牧，后来担任镇东将军，荀彧常以司马的身份随从太祖。兴平元年，太祖征讨陶谦，任用荀彧主管留守的事。恰逢张邈、陈宫在兖州

陶谦,任彧留事。会张邈、陈宫以兖州反,潜迎吕布。布既至,邈乃使刘翊告彧曰:“吕将军来助曹使君击陶谦,宜亟供其军食。”众疑惑。彧知邈为乱,即勒兵设备,驰召东郡太守夏侯惇,而兖州诸城皆应布矣。时太祖悉军攻谦,留守兵少,而督将大吏多与邈、宫通谋。惇至,其夜诛谋叛者数十人,众乃定。豫州刺史郭贡帅众数万来至城下,或言与吕布同谋,众甚惧。贡求见彧,彧将往。惇等曰:“君,一州镇也,往必危,不可。”彧曰:“贡与邈等,分非素结也,今来速,计必未定;及其未定说之,纵不为用,可使中立,若先疑之,彼将怒而成计。”贡见彧无惧意,谓鄄城未易攻,遂引兵去。又与程昱计,使说范、东阿,卒全三城,以待太祖。太祖自徐州还击布濮阳,布东走。二年夏,太祖军乘氏,大饥,人相食。

反叛,暗中迎接吕布。吕布到达后,张邈就派刘翊告诉荀彧说:“吕将军是来帮助曹使君攻打陶谦的,你应该赶快供应他军粮。”部众对此话都产生疑惑。荀彧预料张邈将要作乱,马上调动军队设防,派骑兵紧急召回东郡太守夏侯惇,可是兖州各城都已响应吕布了。当时太祖全军进攻陶谦,留守的兵力很少,可是督战的将领和主要官员大多与张邈、陈宫勾结,一起谋反。夏侯惇到达后,当夜就杀掉通敌谋反的将领和官员几十人,部众才安定下来。这时豫州刺史郭贡带领部众几万人马来到鄄城外,有人说他与吕布同谋,部众都很害怕。郭贡要求会见荀彧,荀彧准备前去会面。夏侯惇等人劝阻说:“您是一州的镇守,前往相见一定会有危险,不能去。”荀彧说:“郭贡与张邈等人,并非向来就有勾结,现在郭贡来得紧急,一定是主意未定;趁他主意未定时劝说他,即使他不能被我们利用,也可使他处于中立,假如事先就怀疑他,他将会在气怒的情况下定下计策。”郭贡看到荀彧没有畏惧的心理,认为鄄城不易攻下,于是带兵撤离鄄城。荀彧又与程昱商议,派程昱去劝说范县、东阿县,终于保住了鄄城、范县、东阿三个县城,荀彧以此等待太祖回军。太祖从徐州返回,在濮阳进攻吕布,吕布往东逃跑。兴平二年夏季,太祖的军队驻扎在乘氏县,当地发生严重饥荒,出现人吃人的情况。

陶谦死,太祖欲遂取徐州,还乃定布。彧曰:“昔高祖保关中,光武据河内,皆深根固本以制天下,进足以胜敌,退足以坚守,故虽有困败而终济大业。将军本以兖州首事,平山东之难,百姓无不归心悦服。且河、济,天下之要地也,今虽残坏,犹易以自保,是亦将军之关中、河内也,不可以不先定。今以破李封、薛兰,若分兵东击陈宫,宫必不敢西

陶谦死后,太祖想趁机夺取徐州,回头再平定吕布。荀彧说:“从前汉高祖保住关中,汉光武帝据守河内,都是为了建立牢固的根基来控制天下,前进时完全可以战胜敌人,后退时完全可以坚持防守,所以虽有困难失败,但最终完成了大业。将军本来是凭借兖州起兵,平定了关东的祸乱,老百姓没有不心悦诚服的。况且黄河、济水流域是天下的要地,如今虽然残破,但还是容易据守自保的,这也就像是将军的关中、河内,不可不首先稳定。现在已经打败了李封、薛兰,如果调动部分兵力往东攻打陈宫,陈宫一定不敢顾及西面,在这段空隙时间率兵

顾，以其间勒兵收熟麦，约食畜谷，一举而布可破也。破布，然后南结扬州，共讨袁术，以临淮、泗。若舍布而东，多留兵则不足用，少留兵则民皆保城，不得樵采。布乘虚寇暴，民心益危，唯鄄城、范、卫可全，其余非己之有，是无兖州也。若徐州不定，将军当安所归乎？且陶谦虽死，徐州未易亡也。彼惩往年之败，将惧而结亲，相为表里。今东方皆以收麦，必坚壁清野以待将军，将军攻之不拔，略之无获，不出十日，则十万之众未战而自困耳。③前讨徐州，威罚实行，④其子弟念父兄之耻，必人自为守，无降心，就能破之，尚不可有也。夫事固有弃此取彼者，以大易小可也，以安易危可也，权一时之势，不患本之不固可也。今三者莫利，愿将军熟虑之。”太祖乃止。大收麦，复与布战，分兵平诸县。布败走，兖州遂平。

建安元年，太祖击破黄巾。汉献帝自河东还洛阳。太祖议奉迎都许，或以山东未平，韩暹、杨奉新将天子到洛阳，北连张杨，未可卒制。彧劝太祖曰：“昔晋文纳周襄王而诸侯景从，高祖东伐为义帝缟素而天下归心。自天子播越，将军首唱义兵，徒以山东扰乱，未能远赴关右，然犹分遣将帅，蒙险通使，虽御难于外，

收割成熟的麦子，节约粮食，积蓄谷物，一发兵就可打败吕布。打败吕布之后，南面联络扬州，共同讨伐袁术，以控制淮水、泗水一带。假如放弃吕布不打却向东进攻徐州，那么就会出现以下的问题：多留兵力守城，进攻徐州的兵力就不足，少留兵力守城，那么老百姓就都得去守城，不能外出打柴拾草。吕布就会乘虚而入，残暴地进行掠夺，百姓更加恐惧，只有鄄城、范县、卫县可以保全，其余地方就不是我们所有了，这等于没有兖州。假如徐州攻不下，那么将军将回到哪里去呢？况且尽管陶谦死了，徐州仍不易攻克。他们将会汲取以往战败的教训，怕被灭亡而更加团结亲近，里应外合。现在东边都已进入麦收季节，一定会加固防御工事，将粮食等物收藏起来以防备将军，将军如果不攻下他们，夺取没有收获，不超出十天，那么十万的部众就会不战而自己处于无法摆脱的困境。前次讨伐徐州，实行了严厉的惩罚，那些受惩罚者的子弟想到父兄受到的耻辱，一定会人人拼死守卫，不会有投降的想法，即使攻克下来，还是不能占有它。事情本来就有弃此取彼的情况，有用大换小、用安全换危险的情况，权衡一时的形势，可以不用担忧根基不稳固。现在，对这三个方面都没利，希望将军深思熟虑。”太祖于是停止攻打徐州。大力收割麦子以后，再与吕布作战，调派兵力平定各县。吕布被打败逃跑，兖州也就平定了。

建安元年，太祖打败黄巾军。汉献帝从河东回到洛阳。太祖议定迎接汉献帝迁都许县，有人认为关东没有平定，韩暹、杨奉最近把天子送到洛阳，北面联合张杨，不可能很快控制他们。荀彧劝太祖说：“从前晋文公迎接周襄王返回王城，诸侯像影子一样跟着他，汉高祖东征项羽，为义帝穿白色的孝服而使天下人心归服。自从天子流亡在外，将军首先发起建立义军，只因关东作乱，没能远到关中、陇右地区，但还是派遣了将帅，冒险与朝廷联系，虽在外

乃心无不在王室，是将军匡天下之素志也。今车驾旋轸，东京榛芜，义士有存本之思，百姓感旧而增哀。诚因此时，奉主上以从民望，大顺也；秉至公以服雄杰，大略也；扶弘义以致英俊，大德也。天下虽有逆节，必不能为累，明矣。韩暹、杨奉其敢为害！若不时定，四方生心，后虽虑之，无及。”太祖遂至洛阳，奉迎天子都许。天子拜太祖大将军，进彧为汉侍中，守尚书令。常居中持重，⑤太祖虽征伐在外，军国事皆与彧筹焉。⑥太祖问彧：“谁能代卿为我谋者？”彧言“荀攸、钟繇”。先是，彧言策谋士，进戏志才。志才卒，又进郭嘉。太祖以彧为知人，诸所进达皆称职，唯严象为扬州，韦康为凉州，后败亡。⑦

抵御暴乱，但您的内心无时无刻不放在朝廷，这是将军匡扶天下的夙愿。现在皇上大驾回到京都，东京草木丛生，义士们怀有保存朝廷根基的想法，百姓感怀旧主而更加伤感。如果趁此时机，拥戴皇上来顺从百姓的愿望，这就是最大的顺从；持最公正的态度使英雄豪杰归服，这就是最大的谋略；匡扶大义来招引优秀的人才，这就是最大的德行。天下即使有叛逆，一定不会成为累赘，这是显而易见的。韩暹、杨奉怎敢为害！如不及时平定，各地都会产生疑心，事后即使想到这一点，也来不及了。”太祖于是前往洛阳，迎接天子迁都许昌。汉献帝任命太祖为大将军，晋升荀彧为汉朝侍中，代理尚书令。荀彧常在朝中担当重任，太祖虽然征伐在外，军国大事都与荀彧一起筹划。太祖问荀彧：“谁能代替您为我谋划呢？”荀彧说：“荀攸、钟繇。”在这以前，荀彧谈及出谋划策的人时，推荐过戏志才。戏志才死后，又推荐过郭嘉。太祖认为荀彧能鉴察人的品行、才能，他推荐的许多人都很称职，只有严象担任扬州刺史时，被李术杀害，韦康担任凉州刺史时，被马超打败身亡。

自太祖之迎天子也，袁绍内怀不服。绍既并河朔，天下畏其强。太祖方东忧吕布，南拒张绣，而绣败太祖军于宛。绍益骄，与太祖书，其辞悖慢。太祖大怒，出入动静变于常，众皆谓以失利于张绣故也。钟繇以问彧，彧曰：“公之聪明，必不追咎往事，殆有他虑。”则见太祖问之，太祖乃以绍书示彧，曰：“今将讨不义，而力不敌，何如？”彧曰：“古之成败者，诚有其才，虽弱必强，苟非其人，虽强易弱，刘、项之存亡，足以观矣。今与公争天下

自从太祖将汉献帝接到许昌后，袁绍心怀不服。这时袁绍已经兼并了黄河以北地区，天下人都害怕他的强大。太祖正在担心东边的吕布，又在抵抗南边的张绣，可是张绣在宛县打败了太祖的军队。此时袁绍更加骄傲，给太祖写信，措辞无理傲慢。太祖大怒，连出入举止都不同于平常，大家都认为这是与张绣作战失利的缘故。钟繇为这事询问荀彧，荀彧说：“曹公是个聪明人，一定不会追悔过去的事，或许有其他思虑。”荀彧就进见太祖询问此事，太祖就将袁绍的信给荀彧看，说：“我现在打算讨伐不讲道义的人，可是力量敌不过他，怎么办呢？”荀彧说：“自古以来较量胜负的人，如果是确实有才能的，即使开始时弱小，最终一定强大，如果不是那样的人，即使开始时强大，最终也会变得弱小，刘邦、项羽的存亡，就完全可以看出这道理。当今与

者，唯袁绍尔。绍貌外宽而内忌，任人而疑其心，公明达不拘，唯才所宜，此度胜也。绍迟重少决，失在后机，公能断大事，应变无方，此谋胜也。绍御军宽缓，法令不立，士卒虽众，其实难用，公法令既明，赏罚必行，士卒虽寡，皆争致死，此武胜也。绍凭世资，从容饰智，以收名誉，故士之寡能好问者多归之，公以至仁待人，推诚心不为虚美，行己谨俭，而与有功者无所吝惜，故天下忠正效实之士咸愿为用，此德胜也。夫以四胜辅天子，扶义征伐，谁敢不从？绍之强其何能为！”太祖悦。彧曰：“不先取吕布，河北亦未易图也。”太祖曰：“然。吾所惑者，又恐绍侵扰关中，乱羌、胡，南诱蜀汉，是我独以兖、豫抗天下六分之五也。为将奈何？”彧曰：“关中将帅以十数，莫能相一，唯韩遂、马超最强。彼见山东方争，必各拥众自保。今若抚以恩德，遣使连和，相持虽不能久安，比公安定山东，足以不动。钟繇可属以西事。则公无忧矣。”

您争夺天下的人，只有袁绍。袁绍外表宽容但内心猜忌，用人却又怀疑被用者的思想，您明智通达，不拘一格，只要有才能就适当任用，这在气度上就超过了袁绍。袁绍处事犹豫不决，失败在于错失时机，您能决断大事，随机应变，这在谋略上超过了袁绍。袁绍治军不严，不制法令，士兵虽多，实际上很难调动，您法令严明，奖罚必行，士兵虽少，都能竞相拚死，这在用兵上超过了袁绍。袁绍凭借他世世代代的资望，举止装得富有智慧，为的是沽名钓誉，所以士人中那些缺少才能喜欢出名的人大多归附他，您用最仁爱的心待人，推心置腹，不做虚假的赞美，自己的行为谨慎生活俭朴，但赏赐有功的人从不吝惜，所以天下忠诚正直注重实际的人都愿被您任用，这在德行上超过了袁绍。凭这四方面的优势辅佐天子，匡扶正义，讨伐逆臣，哪个敢不服从？袁绍虽然强大，但他能有什么作为哩！”太祖很是高兴。荀彧说：“不首先攻下吕布，黄河以北的地区也就不易图谋。”太祖说：“是的。我所困惑的，就是还担心袁绍侵扰关中地区，引发羌、胡作乱，南面引诱蜀汉，这样我只能凭兖、豫二州对抗天下六分之五的地方。这将怎么办呢？”荀彧说：“关中的将帅以十计算，没有人能够统一起来，只有韩遂、马超力量最强。他们看到山东正在争战，一定会各自聚集部众保全自己。现在如果能以恩德招抚他们，派遣使者去与他们联合讲和，即使相互不能维持长久的安定，等到您安定山东地区时，完全可以使他们安处不动。西边的事可以托付给钟繇。那么您就无后顾之忧了。”

三年，太祖既破张绣，东禽吕布，定徐州，遂与袁绍相拒。孔融谓彧曰：“绍地广兵强；田丰、许攸，智计之士也，为之谋；审配、逢纪，尽忠之臣也，任其事；颜良、文丑，勇冠三军，统其兵：殆难克乎！”彧

建安三年，太祖已经打败张绣，在东面捉到吕布，平定了徐州，于是与袁绍相对抗。孔融对荀彧说：“袁绍地盘宽广，兵力强大；田丰、许攸，是有智谋的人，给他出谋划策；审配、逢纪，是竭尽忠诚的臣下，为他处理政事；颜良、文丑，勇冠三军，为他统领部队：恐怕难以战胜他哩！”荀彧说：“袁绍兵力虽

曰："绍兵虽多而法不整。田丰刚而犯上，许攸贪而不治。审配专而无谋，逢纪果而自用，此二人留知后事，若攸家犯其法，必不能纵也，不纵，攸必为变。颜良、文丑，一夫之勇耳，可一战而禽也。"五年，与绍连战。太祖保官渡，绍围之。太祖军粮方尽，书与彧，议欲还许以引绍。彧曰："今军食虽少，未若楚、汉在荥阳、成皋间也。是时刘、项莫肯先退，先退者势屈也。公以十分居一之众，画地而守之，扼其喉而不得进，已半年矣。情见势竭，必将有变，此用奇之时，不可失也。"太祖乃住。遂以奇兵袭绍别屯，斩其将淳于琼等，绍退走。审配以许攸家不法，收其妻子，攸怒叛绍；颜良、文丑临阵授首；田丰以谏见诛：皆如彧所策。

多而军法不严。田丰性格刚直而好冒犯上司，许攸贪婪而不能治理。审配独断专行而无谋略，逢纪果断但刚愎自用，要是这两人留下主持后方的事务，假如许攸的家人触犯法规，他们一定不会放过，不肯放过，许攸一定会叛变。颜良、文丑，不过是匹夫之勇而已，只要打一仗就可以把他们捉住。"建安五年，太祖与袁绍连续作战。太祖保卫官渡，袁绍围攻他。太祖的军粮快要吃光时，写信给荀彧，与荀彧商量，打算返回许昌来引退袁绍。荀彧说："现在军粮虽然缺少，但不像楚、汉在荥阳、成皋一带相持的情况。那时刘邦、项羽都不肯首先撤退，认为首先撤退自己就会处于弱势。您以占敌人十分之一的兵力，画地坚守，掐住敌人的咽喉使他不能前进，已有半年了。现在情况表现出势力衰竭，但一定会有变化，这是运用奇兵的时机，不可失去机会！"太祖才没有撤退。就用出其不意的兵力突袭袁绍的别处军营，斩杀了袁绍的部将淳于琼等人，袁绍撤退逃走了。审配以许攸的家人不守法为由，逮捕了他的妻子儿女，许攸气怒之下叛变了袁绍；颜良、文丑临阵被杀；田丰因为劝谏袁绍被杀：情况都像荀彧所预料的那样。

六年，太祖就谷东平之安民，粮少，不足与河北相支，欲因绍新破，以其间击讨刘表。彧曰："今绍败，其众离心，宜乘其困，遂定之；而背兖、豫，远师江、汉，若绍收其余烬，承虚以出人后，则公事去矣。"太祖复次于河上。绍病死。太祖渡河，击绍子谭、尚，而高幹、郭援侵略河东，关右震动，钟繇帅马腾等击破之。语在《繇传》。八年，太祖录彧前后功，表封彧为万岁亭侯。[8]九年，太祖拔邺，领冀州牧。或说太祖

建安六年，太祖为了就地取得供给将军队调到东平王国的安民城，由于粮食缺少，没有足够的力量与黄河以北的敌人相对抗，想乘袁绍刚被打败的形势，利用这一间隙讨伐刘表。荀彧说："现在袁绍被打败，他的部众思想涣散，应当乘他处于困境，顺势平定他；但是离开兖州、豫州，远征长江、汉水一带，如果袁绍收罗他的残兵败将，乘虚进入我们的后方，那么您的大事就失去成功的希望了。"太祖军还是驻扎在黄河岸边。袁绍病死。这时太祖渡过黄河，攻打袁绍的儿子袁谭、袁尚，这时高幹、郭援侵夺河东，关西动荡，钟繇率领马腾等人打败了他们。这事写在《钟繇传》里。建安八年，太祖记录荀彧前后的功劳，上表封荀彧为万岁亭侯。建安九年，太祖攻克邺城，兼任冀州牧。有人劝说太祖"应当恢复古

“宜复古置九州岛，则冀州所制者广大，天下服矣”。太祖将从之，彧言曰：“若是，则冀州当得河东、冯翊、扶风、西河、幽、并之地，所夺者众。前日公破袁尚，禽审配，海内震骇，必人人自恐不得保其土地，守其兵众也；今使分属冀州，将皆动心。且人多说关右诸将以闭关之计；今闻此，以为必以次见夺。一旦生变，虽有守善者，转相胁为非，则袁尚得宽其死，而袁谭怀贰，刘表遂保江、汉之间，天下未易图也。愿公急引兵先定河北，然后修复旧京，南临荆州，责贡之不入，则天下咸知公意，人人自安。天下大定，乃议古制，此社稷长久之利也。”太祖遂寝九州议。

代设置的九州，那么冀州所管辖的地方就能扩大，天下就容易归服了”。太祖打算采纳这一意见，荀彧说：“要是这样，那么冀州应当得到河东、冯翊、扶风、西河、幽州、并州这些地方，被夺取的地方人口众多。前段时间您打败袁尚，捉到审配，天下的人都感到震惊，一定会使人担心不能保住自己的地盘，保存自己的军队；现在把这些地方划属冀州，人心都将动摇。况且很多人都在劝说关西的将领们采取闭关自守的办法；现在听到这个消息，关西的将领们认为一定会被一个一个地夺去权力。一旦形势发生变化，即使有坚持为善的人，也会被迫转干坏事，那么袁尚能延缓他的灭亡，袁谭就会怀有异心，刘表就能保住长江、汉水一带的地方，天下就不易谋取了。希望您赶快率领军队首先平定黄河以北地区，然后修复原来的京都洛阳，向南逼临荆州，谴责刘表不向天子朝贡，那么全国的人都会理解您的心意，人人内心安定。天下非常安定后，再商议恢复古制，这才是国家长远的利益。”太祖把复置九州的建议搁置下来了。

是时荀攸常为谋主。彧兄衍以监军校尉守邺，都督河北事。太祖之征袁尚也，高幹密遣兵谋袭邺，衍逆觉，尽诛之，以功封列侯。⑨太祖以女妻彧长子恽，后称安阳公主。彧及攸并贵重，皆谦冲节俭，禄赐散之宗族知旧，家无余财。十二年，复增彧邑千户，合二千户。⑩

这时荀攸常常做太祖的主谋。荀彧的哥哥荀衍以监军校尉的身份驻守邺城，统领黄河以北地区的军务。太祖去讨伐袁尚时，高幹企图秘密派兵袭击邺城，荀衍事先觉察，把他们全部杀了，他因为有功被封为列侯。太祖把女儿嫁给荀彧的长子荀恽做妻子，后来被称为安阳公主。荀彧和荀攸都担任高官执掌大权，都为人谦虚生活节俭，把所得的俸禄送给族人和知己好友，家中没有积余的财产。建安十二年，太祖又给荀彧增加食邑一千户，合计二千户。

太祖将伐刘表，问彧策安出，彧曰：“今华夏已平，南土知困矣。可显出宛、叶而间行轻进，以掩其不意。”太祖遂行。会表病死，太祖直趋宛、叶如彧计，表子琮以州逆降。

太祖打算讨伐刘表，询问荀彧采用什么计策。荀彧说：“现在中原地区已平定，南方的占领者知道处境困难了。可以公开地从宛县、叶县出发，但要抄小路轻装前进，出其不意地袭击他们。”太祖就开始行动。这时恰逢刘表病死，太祖采用荀彧的计策直奔宛县、叶县，刘表的儿子刘琮献出荆州表示投降。

十七年，董昭等谓太祖宜

建安十七年，董昭等人认为太祖应当晋升爵位

进爵国公，九锡备物，以彰殊勋，密以谘彧。彧以为太祖本兴义兵以匡朝宁国，秉忠贞之诚，守退让之实；君子爱人以德，不宜如此。太祖由是心不能平。会征孙权，表请彧劳军于谯，因辄留彧，以侍中光禄大夫持节，参丞相军事。太祖军至濡须，彧疾留寿春，以忧薨，时年五十。谥曰敬侯。明年，太祖遂为魏公矣。[11]

为国公，备置了车马、衣服、乐器、朱户、纳陛、虎贲百人、鈇钺、弓矢、秬鬯九类重物，用来表彰太祖的特殊功劳，为此暗地里征求荀彧的意见。荀彧认为太祖成立义军的本意是为了匡扶朝廷安定国家，胸怀忠诚坚贞的诚意，坚持退让的行动；作为君子应用高尚的品德去爱他人，董昭等人不应该这样做。太祖听后从此内心不平静。这时恰逢征讨孙权，太祖上表请求派荀彧到谯县去慰劳军队，乘机随即留下荀彧，荀彧以侍中光禄大夫的身份执持符节，参与丞相府军务。太祖的军队到达濡须，荀彧因病留在寿春县，因心情忧郁而死去，当时年纪五十岁。谥号为敬侯。第二年，太祖就被封为魏公了。

子恽，嗣侯，官至虎贲中郎将。初，文帝与平原侯植并有拟论，文帝曲礼事彧。及彧卒，恽又与植善，而与夏侯尚不穆，文帝深恨恽。恽早卒，子甝、霬，以外甥故犹宠待。恽弟俣，御史中丞，俣弟诜，大将军从事中郎，皆知名，早卒。[12]诜弟顗，咸熙中为司空。[13]恽子甝嗣，为散骑常侍，进爵广阳乡侯，年三十薨。子頵嗣。[14]霬官至中领军，薨，谥曰贞侯，追赠骠骑将军。子恺嗣。霬妻，司马景王、文王之妹也，二王皆与亲善。咸熙中，开建五等，霬以著勋前朝，改封恺南顿子。[15]

荀彧的儿子荀恽，继承父亲的侯爵，官做到虎贲中郎将。当初，魏文帝与平原侯曹植都有被立为太子的议论，文帝用非同寻常的礼节对待荀彧。等到荀彧死后，荀恽又和曹植友好，但与夏侯尚不和，文帝十分恼恨荀恽。荀恽早年死去，他有两个儿子，叫荀甝、荀霬，因是外甥的缘故仍受宠爱。荀恽的弟弟荀俣，曾任御史中丞，荀俣的弟弟荀诜，曾任大将军从事中郎，都很有名，早年死去。荀诜和弟弟荀顗，在咸熙年间担任司空。荀恽的儿子荀甝，继承官职担任散骑常侍，后来晋升为广阳乡侯，三十岁时死去。他的儿子荀頵继承爵位。荀霬官做到中领军，死后谥号为贞侯，追赠骠骑将军。他的儿子荀恺继承爵位。荀霬的妻子，是司马景王、文王的妹妹，司马景王和文王都与荀霬亲密友好。咸熙年间，开始设置公、侯、伯、子、男五等爵位，荀霬因在前朝建有卓著的功勋，改封他的儿子荀恺为南顿县的子爵。

荀攸字公达，彧从子也。祖父昙，广陵太守。[16]攸少孤。及昙卒，故吏张权求守昙墓。攸年十三，疑之，谓叔父衢曰："此吏有非常之色，殆将有奸！"衢寤，乃推问，果杀人亡命。由是异之。[17]何进秉政，征海内名士攸等二十余人。攸

荀攸字公达，是荀彧的侄子。他的祖父荀昙，曾任广陵太守。荀攸小时候父亲去世。荀昙死后，他过去的部下张权要求看守荀昙的坟墓。当时荀攸年仅十三岁，对张权心存怀疑，一天，他对叔父荀衢说："这个人有不正常的神情，恐怕会有奸诈行为！"荀衢警觉，便去盘问张权，果然是个杀人的逃犯。叔父从此认为荀攸与众不同。何进执政时，征召全国名士荀攸等二十多人。荀攸到职后，受命为黄门侍郎。

到，拜黄门侍郎。董卓之乱，关东兵起，卓徙都长安。攸与议郎郑泰、何颙、侍中种辑、越骑校尉伍琼等谋曰："董卓无道，甚于桀纣，天下皆怨之，虽资强兵，实一匹夫耳。今直刺杀之以谢百姓，然后据殽、函，辅王命，以号令天下，此桓文之举也。"事垂就而觉，收颙、攸系狱，颙忧惧自杀，[18]攸言语饮食自若，会卓死得免。[19]弃官归，复辟公府，举高第，迁任城相，不行。攸以蜀汉险固，人民殷盛，乃求为蜀郡太守，道绝不得至，驻荆州。

董卓作乱，关东地区的军队起来讨伐，董卓把京都迁到长安。荀攸与议郎郑泰、何颙、侍中种辑、越骑校尉伍琼等人谋划说："董卓没有道义，超过夏桀商纣，天下的百姓都痛恨他，虽然他依仗强大的兵力，其实只是一个匹夫罢了。现在我们径直去把他杀了以此来告诉百姓，然后据守殽山、函谷关，辅佐帝王，来号令天下的人，这是齐桓公、晋文公的举动。"事情将成时被发觉，董卓把何颙、荀攸囚进监狱，何颙因忧虑害怕自杀了，荀攸谈吐饮食仍像往常一样自如，适逢董卓死去，他得到免罪。辞官回家，后来再次被征召进入三公府署，被推举为政绩优异者，升迁任城国相，他没有到任。荀攸认为蜀汉地方险要坚固，人民生活富裕，就请求担任蜀郡太守，由于蜀地道路艰险阻隔没有到达蜀郡，停留在荆州。

太祖迎天子都许，遗攸书曰："方今天下大乱，智士劳心之时也，而顾观变蜀汉，不已久乎！"于是征攸为汝南太守，入为尚书。太祖素闻攸名，与语大悦，谓荀彧、钟繇曰："公达，非常人也，吾得与之计事，天下当何忧哉！"以为军师。建安三年，从征张绣。攸言于太祖曰："绣与刘表相恃为强，然绣以游军仰食于表，表不能供也，势必离。不如缓军以待之，可诱而致也；若急之，其势必相救。"太祖不从，遂进军之穰，与战。绣急，表果救之。军不利。太祖谓攸曰："不用君言至是。"乃设奇兵复战，大破之。

太祖迎奉天子迁都许昌后，给荀攸写信说："当今天下大乱，是有才智的人操心的时候，你在蜀郡、汉中一带观察时局的变化，不是已经很久了么！"于是征召荀攸担任汝南太守，后来又让他入朝担任尚书。太祖平素就听到过荀攸的名声，与荀攸谈话后很高兴，对荀彧、钟繇说："公达是个不同寻常的人，我能与他商量大事，天下还有什么担忧的哩！"任用他做军师。建安三年，荀攸跟从太祖出征张绣。荀攸对太祖说："张绣与刘表相互依靠因而变得强大，但是张绣带领游动部队依赖刘表供给粮草，刘表不能供应，两人必定分离。不如推迟进军等待张绣，可以引诱张绣来归降；如果急于攻打张绣，刘表势必进行援救。"太祖没有接受荀攸的意见，就进军到穰县，与张绣交战。张绣处境危急，刘表果然出兵援救他。曹军处于不利情况。太祖对荀攸说："没有采纳您的意见才落到这个地步。"于是部署出其不意的突袭部队再打，张绣被打得溃不成军。

是岁，太祖自宛征吕布，[20]至下邳，布败退固守，攻之不拔，连战，士卒疲，太祖欲还。

这一年，太祖从宛县出发征讨吕布，到达下邳县，吕布被打败，但仍顽固坚守，太祖攻它不下，连续作战，士兵疲惫不堪，太祖打算回师。荀攸与郭嘉

攸与郭嘉说曰:“吕布勇而无谋,今三战皆北,其锐气衰矣。三军以将为主,主衰则军无奋意。夫陈宫有智而迟,今及布气之未复,宫谋之未定,进急攻之,布可拔也。”乃引沂、泗灌城,城溃,生禽布。

劝太祖说:“吕布勇猛但没有谋略,现在吕军三次交战都被打败,他的锐气衰竭。军队以将帅为主,将帅的锐气衰竭那么军队就没有斗志了。陈宫虽有智谋但行动迟缓,现在趁吕布的锐气没有恢复,陈宫的谋略没有确定,加紧进攻,吕布就可以打败。”于是引沂、泗二河水淹灌下邳城,下邳城被水冲破,活捉了吕布。

后从救刘延于白马,攸画策斩颜良。语在《武纪》。太祖拔白马还,遣辎重循河而西。袁绍渡河追,卒与太祖遇。诸将皆恐,说太祖还保营,攸曰:“此所以禽敌,奈何去之!”太祖目攸而笑。遂以辎重饵贼,贼竞奔之,陈乱。乃纵步骑击,大破之,斩其骑将文丑,太祖遂与绍相拒于官渡。军食方尽,攸言于太祖曰:“绍运车旦暮至,其将韩莫锐而轻敌,击可破也。”[21]太祖曰:“谁可使?”攸曰:“徐晃可。”乃遣晃及史涣邀击破走之,烧其辎重。会许攸来降,言绍遣淳于琼等将万余兵迎运粮,将骄卒惰,可要击也。众皆疑。唯攸与贾诩劝太祖。太祖乃留攸及曹洪守。太祖自将攻破之,尽斩琼等。绍将张郃、高览烧攻橹降,绍遂弃军走。郃之来,洪疑不敢受,攸谓洪曰:“郃计不用,怒而来,君何疑?”乃受之。

荀攸后来跟随太祖到白马县援救刘延,荀攸出主意斩杀了颜良。这事写在《武帝纪》中。太祖攻下白马县凯旋,就派遣供应军需物资的部队沿着黄河西进。袁绍渡过黄河追击,突然与太祖遭遇。将领们都很惶恐,劝说太祖回军去保卫军营,荀攸说:“这正是捉拿敌人的时机,为什么撤离!”太祖看看荀攸笑了笑。于是决定用军械等物资来引诱敌人,敌人果然跑去争抢,军阵一片混乱。太祖发令放出步兵、骑兵一齐攻打,把敌人打得落花流水,斩杀了他们的骑兵将领文丑,太祖于是与袁绍在官渡对抗。军粮将要吃完时,荀攸对太祖说:“袁绍的运粮车早晚就会到来,他的将领韩莫迅猛但是轻敌,一击就可打败。”太祖说:“可以派遣谁去?”荀攸说:“徐晃可以。”于是派遣徐晃及史涣从中途拦截,敌人被打败并且逃跑了,把他们运送军用物资的车辆烧掉了。正逢许攸前来投降,许攸说袁绍派遣淳于琼等人率领一万多士兵迎运粮食,袁军将领骄傲,士兵懒散,可以在中途拦击。大家对许攸的说法都表示怀疑,只有荀攸与贾诩劝说太祖。太祖就留下荀攸和曹洪守营。太祖亲自带领军队打败淳于琼,把淳于琼等人全杀了。袁绍的部将张郃、高览烧毁进攻用的望楼之后前来投降,袁绍就丢下军队逃跑了。张郃前来投降,曹洪怀疑不敢受降,荀攸对曹洪说:“是张郃的计策没有被袁绍采纳,他气怒之下前来投降,你怀疑什么?”曹洪这才接受张郃投降。

七年,从讨袁谭、尚于黎阳。明年,太祖方征刘表,谭、尚争冀州。谭遣辛毗乞降请救,太祖将许之,以问群下。群

建安七年,荀攸随从太祖在黎阳讨伐袁谭、袁尚。第二年,太祖正征伐刘表时,袁谭、袁尚兄弟俩为争夺冀州在争战。袁谭派遣辛毗向太祖乞求投降并请求援救,太祖打算援助袁谭,为此事询问部下。

下多以为表强，宜先平之，谭、尚不足忧也。攸曰："天下方有事，而刘表坐保江、汉之间，其无四方志可知矣。袁氏据四州之地，带甲十万，绍以宽厚得众，借使二子和睦以守其成业，则天下之难未息也。今兄弟遘恶，此势不两全。若有所并则力专，力专则难图也。及其乱而取之，天下定矣，此时不可失也。"太祖曰："善。"乃许谭和亲，遂还击破尚。其后谭叛，从斩谭于南皮。冀州平，太祖表封攸曰："军师荀攸，自初佐臣，无征不从，前后克敌，皆攸之谋也。"于是封陵树亭侯。十二年，下令大论功行封，太祖曰："忠正密谋，抚宁内外，文若是也。公达其次也。"增邑四百，并前七百户，[22]转为中军师。魏国初建，为尚书令。

部下大多认为刘表强大，应首先平定他，袁谭、袁尚不值得担心。荀攸说："天下正在大变。刘表却坐守长江、汉水一带，他没有成就大事的志向是可想而知的。袁绍占据青、冀、幽、并四州的地盘，拥有士兵十万，袁绍因为人宽厚得到众多的人马，假使他的两个儿子和睦相处来保住他们现有的基业，那么天下的灾难就难消除。现在兄弟构成仇敌，争战的结果势必是兄弟俩不可能都得保全。如果一方吞并另一方，那么袁氏力量就会集中，力量集中就难征伐了。趁他们内乱之时去攻取，天下就可安定了，这个时机不可错过。"太祖说："好。"便同意与袁谭结亲，最终回头击败袁尚。后来袁谭背叛，荀攸跟随太祖在南皮县斩杀了袁谭。冀州平定后，太祖上表奏封荀攸说："军师荀攸，从开创时起就辅佐下臣，没有哪次征战不跟随，先后数次打败敌人，都是荀攸的谋划。"于是封荀攸为陵树亭侯。建安十二年，下令大张旗鼓地评功赐封，太祖说："忠诚正直，谋划周密，安抚内外的是文若。其次是公达。"给荀攸增加食邑四百户，合计以前的共七百户，转升为中军师。魏国初建时，荀攸担任尚书令。

攸深密有智防，自从太祖征伐，常谋谟帷幄，时人及子弟莫知其所言。[23]太祖每称曰："公达外愚内智，外怯内勇，外弱内强，不伐善，无施劳，智可及，愚不可及，虽颜子、甯武不能过也。"文帝在东宫，太祖谓曰："荀公达，人之师表也，汝当尽礼敬之。"攸曾病，世子问病，独拜床下，其见尊异如此。攸与钟繇善，繇言："我每有所行，反覆思惟，自谓无以易；以咨公达，辄复过人意。"公达前后凡画奇策十二，唯繇知之。繇撰集未就，会薨，故世不得

荀攸思想深邃缜密，富有智计，且能严守军事机密，自从跟随太祖征伐以来，他常在军营中出谋划策，一般的人和他的子弟都不知他所计议的军国要事。太祖每每称赞他说："公达外表愚憨，内心聪明，外表胆怯，内心勇敢，外表软弱，内心刚强，不夸耀自己的长处，不炫耀自己的功劳，他的聪明人们比得上，他的愚憨人们比不上，即使是颜子、甯武子也没有超过他。"魏文帝身为太子时，太祖对他说："荀公达，是人们的师表，你应当竭尽礼仪尊敬他。"荀攸有一次生病，太子去看望他，独自跪在病榻前，可见他被太子特别看待尊敬到这种程度。荀攸与钟繇友好，钟繇说："我每次有事要做，经过反复思考，自己认为办法无可改变了；拿去询问荀攸的意见，他的答复总是出人意料。"公达先后共谋划妙计十二条，只有钟繇知道。钟繇把公达的奇谋编撰成集，

尽闻也。[24]攸从征孙权,道薨。太祖言则流涕。[25]

长子缉,有攸风,早没。次子適嗣,无子,绝。黄初中,绍封攸孙彪为陵树亭侯,邑三百户,后转封丘阳亭侯。正始中,追谥攸曰敬侯。

贾诩字文和,武威姑臧人也。少时人莫知,唯汉阳阎忠异之,谓诩有良、平之奇。[26]察孝廉为郎,疾病去官,西还至汧,道遇叛氐,同行数十人皆为所执。诩曰:"我段公外孙也,汝别埋我,我家必厚赎之。"时太尉段颎,昔久为边将,威震西土,故诩假以惧氐。氐果不敢害,与盟而送之,其余悉死。诩实非段甥,权以济事,咸此类也。

董卓之入洛阳,诩以太尉掾为平津都尉,迁讨虏校尉。卓婿中郎将牛辅屯陕,诩在辅军。卓败,辅又死,众恐惧,校尉李傕、郭汜、张济等欲解散,间行归乡里。诩曰:"闻长安中议欲尽诛凉州人,而诸君弃众单行,即一亭长能束君矣。不如率众而西,所在收兵,以攻长安,为董公报仇,幸而事济,奉国家以征天下,若不济,走未后也。"众以为然。傕乃西攻长安。语在《卓传》。[27]后诩为左冯翊,傕等欲以功侯之,诩曰:"此救命之计,何功之有!"固辞不受。又以为尚书仆射,诩

集子还没完成他就死了,所以世人无法知道荀攸所谋划的全部奇策妙计。荀攸随从太祖征伐孙权,在途中死去。太祖一谈到他就悲痛地流出眼泪。

荀攸的长子荀缉,也有荀攸的风度,早年死去。次子荀适继承官爵,他没有儿子,爵位无人继承。黄初年间,继封荀攸的孙子荀彪为陵树亭侯,食邑三百户,后来改封为丘阳亭侯。正始年间,追赐荀攸的谥号为敬侯。

贾诩字文和,是武威郡姑臧县人。年轻时,没人知晓他,只有汉阳人阎忠认为他与众不同,说贾诩有张良、陈平的特殊才智。他被荐举为孝廉,担任郎官,后来因病辞去官职,西回汧县,途中遇到叛乱的氐族人,与他同行的几十人都被捉住。贾诩说:"我是段颎的外孙,你们把我另外藏起来,我家一定会用重金来赎人的。"当时的太尉段颎,过去长期担任边疆的将领,在西边的国土上威名远扬,所以贾诩借他的威名来恐吓氐族人。氐人果然不敢伤害他,与他订盟并且送他回去,其余的人全被杀死。贾诩其实并不是段颎的甥孙,他能随机应变地办成事情,他的处事都像这类情况。

董卓进入洛阳时,贾诩以太尉属营的身份担任平津都尉,后来升任讨虏校尉。董卓的女婿中郎将牛辅驻军陕县,贾诩在牛辅的军队里。董卓失败,牛辅又死去,部众都感到害怕,校尉李傕、郭汜、张济等人想解散部队,抄小路回家乡。贾诩说:"听说长安城中有人在商议想杀尽凉州人,你们各位丢开部众单独行动,即使只有一个亭长也能把你们捆绑起来。不如带领部众往西去,在所到之处招兵买马,来攻打长安,替董公报仇,如果事情侥幸成功,我们就可以尊奉朝廷之命来征服天下,如果不成功,再解散也不算晚。"大家认为是对的。李傕就向西攻打长安。这事写在《董卓传》中。后来贾诩担任左冯翊,李傕等人想根据他的功劳封他为侯,贾诩说:"这是一个救命的办法,哪有什么功劳!"坚决推让不肯接受。后来又任用他为尚书仆射,贾诩说:"尚书仆射,

曰："尚书仆射，官之师长，天下所望，诩名不素重，非所以服人也。纵诩昧于荣利，奈国朝何！"乃更拜诩尚书，典选举，多所匡济，傕等亲而惮之。[28]会母丧去官，拜光禄大夫。傕、汜等斗长安中，[29]傕复请诩为宣义将军。[30]傕等和，出天子，佑护大臣，诩有力焉。[31]天子既出，诩上还印绶。是时将军段煨屯华阴，[32]与诩同郡，遂去傕托煨。诩素知名，为煨军所望。煨内恐其见夺，而外奉诩礼甚备，诩愈不自安。

张绣在南阳，诩阴结绣，绣遣人迎诩。诩将行，或谓诩曰："煨待君厚矣，君安去之？"诩曰："煨性多疑，有忌诩意，礼虽厚，不可恃，久将为所图。我去必喜，又望吾结大援于外，必厚吾妻子。绣无谋主，亦愿得诩，则家与身必俱全矣。"诩遂往，绣执子孙礼，煨果善视其家。诩说绣与刘表连和。[33]太祖比征之，一朝引军退，绣自追之。诩谓绣曰："不可追也，追必败。"绣不从，进兵交战，大败而还。诩谓绣曰："促更追之，更战必胜。"绣谢曰："不用公言，以至于此。今已败，奈何复追？"诩曰："兵势有变，亟往必利。"绣信之，遂收散卒赴追，大战，果以胜还。问诩曰："绣以精兵追退军，而公曰必败；退以败卒击胜兵，而公曰必克。悉如公言，何其反

是官员们的师长，是天下众望所归的，我贾诩的名声向来不大，没有什么使人信服之处。即使我贾诩贪图荣誉和名利，对朝廷会怎样呢！"于是改任贾诩为尚书，掌管选择举用人才，他对选用人才有很多纠正错误改变举措的意见，李傕等人既亲近又畏惧他。适逢母亲去世贾诩辞去官职，后来又受任为光禄大夫。李傕、郭汜等人在长安城争战时，李傕再次请贾诩担任宣义将军。李傕等人讲和，放出天子，保护大臣，贾诩在这些事上都有功劳。天子已经放出，贾诩就上交了官印和绶带。这时段煨将军驻守在华阴县。段煨与贾诩是同郡人，于是贾诩离开李傕投身段煨。贾诩向来有名气，受段煨的部下敬仰。段煨害怕自己的权力被贾诩夺去，可是在表面上对贾诩的礼节非常周到，这样贾诩自己反倒更感不安。

张绣在南阳时，贾诩暗中与张绣联络，张绣派人迎接贾诩。贾诩将要启程时，有人对贾诩说："段煨待您已很优厚了，您为什么要离开他？"贾诩说："段煨性格多疑，有顾忌我的想法，礼遇虽然优厚，但不可长久依靠，时间一长将被他谋算。我离开后，他一定高兴，还希望我在外面结交强大的势力作为他的援助，他一定会厚待我的妻室儿女。张绣没有谋主，也希望得到我，那么我的家室与我本人一定都能保全。"贾诩就走了，张绣以晚辈的礼节待他，段煨果然也对他的家属很好。贾诩劝说张绣与刘表联合讲和。太祖连续几次征伐张绣，一天早晨太祖突然率军撤退，张绣亲自带兵追击他。贾诩对张绣说："不能追击，追击一定会吃败仗。"张绣不听取贾诩的意见，发兵与太祖交战，结果大败回来。贾诩对张绣说："赶快再去追击，再打定能取得胜利。"后来张绣追悔地说："没有采用您的意见，才弄到这般地步。现已失败，怎么再追？"贾诩说："军情有了变化，赶紧去追击一定胜利。"张绣信了他的话，于是召集败散的士兵前去追击，打一大仗后，果然凯旋。张绣问贾诩说："我用精锐的兵力去追击撤退的军队，您说一定失败；回头又用吃了败仗的士兵去攻打取胜的士兵，您却说一定取胜。事实上全都如您所说，为

而皆验也？"诩曰："此易知耳。将军虽善用兵，非曹公敌也。军虽新退，曹公必自断后；追兵虽精，将既不敌，彼士亦锐，故知必败。曹公攻将军无失策，力未尽而退，必国内有故；已破将军，必轻军速进，纵留诸将断后，诸将虽勇，亦非将军敌，故虽用败兵而战必胜也。"绣乃服。是后，太祖拒袁绍于官渡，绍遣人招绣，并与诩书结援。绣欲许之，诩显于绣坐上谓绍使曰："归谢袁本初，兄弟不能相容，而能容天下国士乎？"绣惊惧曰："何至于此！"窃谓诩曰："若此，当何归？"诩曰："不如从曹公。"绣曰："袁强曹弱，又与曹为仇，从之如何？"诩曰："此乃所以宜从也。夫曹公奉天子以令天下，其宜从一也。绍强盛，我以少众从之，必不以我为重。曹公众弱，其得我必喜，其宜从二也。夫有霸王之志者，固将释私怨，以明德于四海，其宜从三也。愿将军无疑！"绣从之，率众归太祖。太祖见之，喜，执诩手曰："使我信重于天下者，子也。"表诩为执金吾，封都亭侯，迁冀州牧。冀州未平，留参司空军事。袁绍围太祖于官渡，太祖粮方尽，问诩计焉出，诩曰："公明胜绍，勇胜绍，用人胜绍，决机胜绍，有此四胜而半年不定者，但顾万全故也。必决其机，须臾可定

何反而全都验证了？"贾诩说："这是容易理解的事。将军虽然善于用兵，但不是曹公的对手。曹军虽然刚刚撤退，曹公一定会亲自截断后路；追击的兵力虽然精良，但将领已不能对抗，他们的士兵也精锐，所以知道一定失败。曹公进攻将军时没有什么失策，在战斗力没有耗尽时撤退，一定是国内有事；曹公既已打败将军，一定会轻装快速前进，即使留下将领们截断后路，将领们虽勇敢，也不是将军的对手，所以即使用战败的士兵去打也一定能取胜。"张绣才信服。这事之后，太祖在官渡抵抗袁绍，袁绍派人招揽张绣，并写信给贾诩希望相互联合支援。张绣想答应袁绍，贾诩在张绣的坐席上毫不隐讳地对袁绍的使者说："请回去谢绝袁本初，袁氏兄弟间尚且不能相容，反而能容纳天下的杰出人物吗？"张绣惊恐地说："怎么会到如此地步！"私下对贾诩说："既已这样，该归附谁？"贾诩说："不如归附曹公。"张绣说："袁绍强大，曹公弱小，我又与曹公结了怨仇，怎么可以归附他呢？"贾诩说："这就是您应该归附他的原因。曹公是奉天子之命来号令天下的，这是应该归附他的第一个原因。袁绍强大，我们以很少的部众归附他，一定不会重视我们。曹公的部众弱少，他得到我们一定高兴，这是应该归附他的第二个原因。凡有霸王志向的人，本应放弃私怨，在天下人面前表现自己高尚的德行，这是应该归附他的第三个原因。希望将军不要疑虑！"张绣听取了他的意见，率领部众归附太祖。太祖看到贾诩，非常高兴，握着贾诩的手说："使我的信誉被天下看重的人，就是您。"上表奏请让贾诩担任执金吾，封为都亭侯，后来升任冀州牧。当时冀州还没平定，留下他参与司空府的军事。袁绍在官渡包围了太祖，太祖的军粮正要吃光，问贾诩能想出什么办法，贾诩说："您的精明超过袁绍，勇敢超过袁绍，任用人才超过袁绍，果断地把握时机超过袁绍，您有这四个方面超过袁绍的长处，但半年还没有平定袁绍的原因，只是因为要顾及万无一失。您一定要果断地把握时机，在极短的时间里就可平定。"太祖说："好。"于是

也。"太祖曰："善。"乃并兵出，围击绍三十余里营，破之。绍军大溃，河北平。太祖领冀州牧，徙诩为太中大夫。建安十三年，太祖破荆州，欲顺江东下。诩谏曰："明公昔破袁氏，今收汉南，威名远著，军势既大；若乘旧楚之饶，以飨吏士，抚安百姓，使安土乐业，则可不劳众而江东稽服矣。"太祖不从，军遂无利。[34]太祖后与韩遂、马超战于渭南，超等索割地以和，并求任子。诩以为可伪许之。又问诩计策，诩曰："离之而已。"太祖曰："解。"一一承用诩谋。语在《武纪》。卒破遂、超，诩本谋也。

集中兵力，围攻袁绍长达三十多里的营垒，打败了他。袁绍的军队大败，黄河以北的地区平定。太祖兼任冀州牧，升贾诩为太中大夫。建安十三年，太祖攻下荆州，打算沿长江东下。贾诩劝谏说："明公过去打败了袁绍，如今又收取了汉南，威名远扬，军队势力壮大；如果利用原来楚地的富饶物产，来犒赏官兵，抚慰安顿百姓，使他们安居乐业，那么可以不必劳师动众江东便诚服了。"太祖没有听取他的意见，军事上终于不利。太祖后来在渭南与韩遂、马超作战，马超等人要求割地讲和，并请求派送人质。贾诩认为可以假装同意。太祖又向贾诩询问计策，贾诩说："这不过是离间他们的关系罢了。"太祖说："理解了。"一一采用贾诩的计谋。这事写在《武帝纪》中。最后打败韩遂、马超，这本来就是贾诩的计谋。

是时，文帝为五官将，而临菑侯植才名方盛，各有党与，有夺宗之议。文帝使人问诩自固之术，诩曰："愿将军恢崇德度，躬素士之业，朝夕孜孜，不违子道。如此而已。"文帝从之，深自砥砺。太祖又尝屏除左右问诩，诩嘿然不对。太祖曰："与卿言而不答，何也？"诩曰："属适有所思，故不即对耳。"太祖曰："何思？"诩曰："思袁本初、刘景升父子也。"太祖大笑，于是太子遂定。诩自以非太祖旧臣，而策谋深长，惧见猜疑，阖门自守，退无私交，男女嫁娶，不结高门，天下之论智计者归之。

这时，魏文帝担任五官中郎将，临菑侯曹植却正是才名大显的时候，兄弟俩各有党羽，时有争夺王位继承权的说法。文帝派人询问贾诩巩固自己地位的办法，贾诩说："希望将军发扬光大德行气度，亲自修研寒素士人的学业，日夜孜孜不倦，不违背做儿子的道德。这样就可以了。"文帝听取了他的意见，刻苦地磨炼自己。太祖还曾避开身旁的人询问贾诩，贾诩默语不答。太祖说："我与你说话，你却不回答，这是为什么？"贾诩说："我恰巧正在思考问题，所以没有马上回答。"太祖说："在想什么？"贾诩说："在想袁本初、刘景升父子。"太祖听后一声大笑，于是立太子的事就定下来了。贾诩认为自己不是太祖的老臣，可是谋划的时间久远，怕被猜疑。闭门自守，回家不与他人交往，儿女婚嫁，不攀高门，天下人谈论起有智慧计谋的人都赞许他。

文帝即位，以诩为太尉，[35]进爵魏寿乡侯，增邑三百，并

文帝即位后，任用贾诩为太尉，他的爵位晋升为魏寿乡侯，增加食邑三百户，合计以前的共八百

前八百户。又分邑二百，封小子访为列侯。以长子穆为驸马都尉。帝问诩曰："吾欲伐不从命以一天下，吴、蜀何先？"对曰："攻取者先兵权，建本者尚德化。陛下应期受禅，抚临率土，若绥之以文德而俟其变，则平之不难矣。吴、蜀虽蕞尔小国，依阻山水，刘备有雄才，诸葛亮善治国，孙权识虚实，陆议见兵势，据险守要，泛舟江湖，皆难卒谋也。用兵之道，先胜后战，量敌论将，故举无遗策。臣窃料群臣，无备、权对，虽以天威临之，未见万全之势也。昔舜舞干戚而有苗服，臣以为当今宜先文后武。"文帝不纳。后兴江陵之役，士卒多死。诩年七十七，薨，谥曰肃侯。子穆嗣，历位郡守。穆薨，子模嗣。㊱

户。还分出食邑二百户，封他的小儿子贾访为列侯。任用他的长子贾穆为驸马都尉。文帝询问贾诩说："我想征伐不听从命令的人来统一天下，吴、蜀两国先征伐哪一国？"贾诩回答说："夺取领土首先要靠军队，建立根本大业要崇尚德行教化。陛下顺应天命接受王位，安抚天下，假如用文教德行来安抚民众以等待变化，那么平定吴、蜀就不困难了。吴、蜀虽是区区小国，但它们有山川险阻，刘备有雄武的才能，诸葛亮善于治理国家，孙权懂得敌我的强弱，陆议善于分析军事形势，占据扼守着险要的地势，水军游弋江湖，这些都是难以一下子取胜的。用兵的方法，是先要有取胜的信心，然后再战，估量敌人挑选将领，所以打起仗来就不会失策。我私下料想群臣中没有刘备、孙权的对手，即使陛下以帝王的威严亲征，也不见得是万无一失的形势。从前舜帝发动战争而使有苗降服，臣认为现在应该首先用文治，然后用武功。"文帝没有采纳他的意见。后来发动江陵之战，很多士兵战死沙场。贾诩七十七岁时去世，谥号为肃侯。他的儿子贾穆继承爵位，历任郡守。贾穆死后，儿子贾模继承爵位。

评曰：荀彧清秀通雅，有王佐之风，然机鉴先识，未能充其志也。㊲荀攸、贾诩，庶乎算无遗策，经达权变，其良、平之亚欤！㊳

评论说：荀彧清廉优秀，通达高雅，有辅佐帝王的风度，他虽机智明达并有远见的卓识，但未能实现他匡扶汉室的志向。荀攸、贾诩，谋算几乎没有失误，筹划通达，又能随机应变，大概是仅次于张良、陈平一类的人物吧！

---

①《续汉书》曰：淑有高才，王畅、李膺皆以为师，为朗陵侯相，号称神君。

张璠《汉纪》曰：淑博学有高行，与李固、李膺同志友善，拔李昭于小吏，友黄叔度于幼童，以贤良方正征，对策讥切梁氏，出补朗陵侯相，卒官。八子：俭、绲、靖、焘、诜、爽、肃、旉。爽字慈明，幼好学，年十二，通《春秋》、《论语》，耽思经典，不应征命，积十数年。董卓秉政，复征爽，爽欲遁去，吏持之急。诏下郡，即拜平原相。行至苑陵，又追拜光禄勋。视事三日，策拜司空。爽起自布衣，九十五日而至三公。淑旧居西豪里，县令苑康曰昔高阳氏有才子八人，署其里为高阳里。靖字叔慈，亦有至德，名几亚爽，隐居终身。

皇甫谧《逸士传》：或问许子将，靖与爽孰贤？子将曰："二人皆玉也，慈明外朗，叔慈内润。"

②《典略》曰：中常侍唐衡欲以女妻汝南傅公明，公明不

娶,转以与彧。父绲慕衡势,为彧娶之。彧为论者所讥。臣松之案:《汉纪》云唐衡以桓帝延熹七年死,计彧于时年始二岁,则彧婚之日,衡之没久矣。慕势之言为不然也。臣松之又以为绲八龙之一,必非苟得者也,将有逼而然,何云慕势哉?昔郑忽以违齐致讥,隽生以拒霍见美,致讥在于失援,见美嘉其虑远,并无交至之害,故得各全其志耳。至于阉竖用事,四海屏气;左悺、唐衡,杀生在口。故于时谚云"左回天,唐独坐",言威权莫二也。顺之则六亲以安,忤违则大祸立至;斯诚以存易亡,蒙耻期全之日。昔蒋诩姻于王氏,无损清高之操,绲之此婚,庸何伤乎!

③臣松之以为于时徐州未平,兖州又叛,而云十万之众,虽是抑抗之言,要非寡弱之称。益知官渡之役,不得云兵不满万也。

④《曹瞒传》云:自京师遭董卓之乱,人民流移东出,多依彭城间。遇太祖至,坑杀男女数万口于泗水,水为不流。陶谦帅其众军武原,太祖不得进。引军从泗南攻取虑、睢陵、夏丘诸县,皆屠之;鸡犬亦尽,墟邑无复行人。

⑤《典略》曰:彧折节下士,坐不累席。其在台阁,不以私欲挠意。彧有群从一人,才行实薄,或谓彧:"以君当事,不可不以某为议郎邪?"彧笑曰:"官者所以表才也,若如来言,众人其谓我何邪!"其持心平正皆类此。

⑥《典略》曰:彧为人伟美。又《平原祢衡传》曰:衡字正平,建安初,自荆州北游许都,恃才傲逸,臧否过差,见不如己者不与语,人皆以是憎之。唯少府孔融高贵其才,上书荐之曰:"淑质贞亮,英才卓荦。初涉艺文,升堂睹奥;目所一见,辄诵于口,耳所暂闻,不忘于心。性与道合,思若有神。弘羊心计,安世默识,以衡准之,诚不足怪。"衡时年二十四。是时许都虽新建,尚饶人士。衡尝书一刺怀之,字漫灭而无所适。或问之曰:"何不从陈长文、司马伯达乎?"衡曰:"卿欲使我从屠沽儿辈也!"又问曰:"当今许中,谁最可者?"衡曰:"大儿有孔文举,小儿有杨德祖。"又问:"曹公、荀令君、赵荡寇皆足盖世乎?"衡称曹公不甚多;又见荀有仪容,赵有腹尺,因答曰:"文若可借面吊丧,稚长可使监厨请客。"其意以为荀但有貌,赵健啖肉也。于是众人皆切齿。衡知众不悦,将南还荆州。装束临发,众人为祖道,先设供帐于城南,自共相诫曰:"衡数不逊,今因其后到,以不起报之。"及衡至,众人皆坐不起,衡乃号咷大哭。众人问其故,衡曰:"行尸柩之间,能不悲乎?"衡南见刘表,表甚礼之。将军黄祖屯夏口,祖子射与衡善,随到夏口。祖嘉其才,每在坐,席有异宾,介使与衡谈。后衡骄蹇,答祖言俳优饶言,祖以为骂己也,大怒,顾伍伯捉头出。左右遂扶以去,拉而杀之。

臣松之以本传不称彧容貌,故载《典略》与《衡传》以见之。又潘勖为彧碑文,称彧"瓌姿奇表"。张衡《文士传》曰:孔融数荐衡于太祖,欲与相见,而衡疾恶之,意常愤懑。因狂疾不肯往,而数有言论。太祖闻其名,图欲辱之,乃录为鼓史。后至八月朝,大宴,宾客并会。时鼓史击鼓过,皆当脱其故服,易着新衣。次衡,衡击为渔阳参挝,容态不常,音节殊妙。坐上宾客听之,莫不慷慨。过不易衣,吏呵之,衡乃当太祖前,以次脱衣,裸身而立,徐徐乃著裈帽毕,复击鼓参挝,而颜色不怍。太祖大笑,告四坐曰:"本欲辱衡,衡反辱孤。"至今有渔阳参挝,自衡造也。融深责数衡,并宣太祖意,欲令与太祖相见。衡许之,曰:"当为卿往。"至十月朝,融先见太祖,说"衡欲求见"。至日晏,衡著布单衣,疏布履,坐太祖营门外,以杖捶地,数骂太祖。太祖敕外厩急具精马三匹,并骑二人,谓融曰:"祢衡竖子,乃敢尔!孤杀之无异于雀鼠,顾此人素有虚名,远近所闻,今日杀之,人将谓孤不能容。今送与刘表,视卒当何如?"乃令骑以衡置马上,两骑扶送至南阳。

《傅子》曰:衡辩于言而克于论,见荆州牧刘表日,所以自结于表者甚至,表悦之以为上宾。衡称表之美盈口,而论表左右不废绳墨。于是左右因形而谮之,曰:"衡称将军之仁,西伯不过也,唯以为不能断;终不济者,必由此也。"是言实指表智短,而非衡所言也。表不详察,遂疏衡而逐之。衡以交绝于刘表,智穷于黄祖,身死名灭,为天下笑者,谮之者有形也。

⑦《三辅决录注》曰:象字文则,京兆人。少聪博,有胆智。

以督军御史中丞诣扬州讨袁术，会术病卒，因以为扬州刺史。建安五年，为孙策庐江太守李术所杀，时年三十八。象同郡赵岐作《三辅决录》，恐时人不尽其意，故隐其书，唯以示象。

康字元将，亦京兆人。孔融与康父端书曰："前日元将来，渊才亮茂，雅度弘毅，伟世之器也。昨日仲将又来，懿性贞实，文敏笃诚，保家之主也。不意双珠，近出老蚌，甚珍贵之。"端从凉州牧征为太仆，康代为凉州刺史，时人荣之。后为马超所围，坚守历时，救军不至，遂为超所杀。仲将名诞，见《刘邵传》。

⑧《彧别传》载太祖表曰："臣闻虑为功首，谋为赏本，野绩不越庙堂，战多不逾国勋。是故典阜之锡，不后营丘，萧何之土，先于平阳。珍策重计，古今所尚。侍中守尚书令彧，积德累行，少长无悔，遭世纷扰，怀忠念治。臣自始举义兵，周游征伐，与彧戮力同心，左右王略，发言授策，无施不效。彧之功业，臣由以济，用披浮云，显光日月。陛下幸许，彧左右机近，忠恪祗顺，如履薄冰，研精极锐，以抚庶事。天下之定，彧之功也。宜享高爵，以彰元勋。"彧固辞无野战之劳，不通太祖表。太祖与彧书曰："与君共事已来，立朝廷，君之相为匡弼，君之相为举人，君之相为建计，君之相为密谋，亦以多矣。夫功未必皆野战也，愿君勿让。"彧乃受。

⑨《荀氏家传》曰：衍字休若，彧第三兄。彧第四兄谌，字友若，事见《袁绍传》。陈群与孔融论汝、颍人物，群曰："荀文若、公达、休若、友若、仲豫，当今并无对。"衍子绍，位至太仆。绍子融，字伯雅，与王弼、钟会俱知名，为洛阳令，参大将军军事，与弼、会论《易》、《老》义，传于世。谌子闳，字仲茂，为太子文学掾。时有甲乙疑论，闳与钟繇、王朗、袁涣议各不同。文帝与繇书曰"袁、王国士，更为唇齿，荀闳劲悍，往来锐师，真君侯之勍敌，左右之深忧也。"终黄门侍郎。闳从孙辉字景文，太子中庶子，亦知名。与贾充共定音律，又作《易集解》。仲豫名悦，朗陵长俭之少子，彧从父兄也。

张璠《汉纪》称悦清虚沈静，善于著述。建安初为秘书监侍中，被诏删《汉书》作汉纪三十篇，因事以明臧否，致有典要；其书大行于世。

⑩《彧别传》曰：太祖又表曰："昔袁绍侵入郊甸，战于官渡。时兵少粮尽，图欲还许，书与彧议，彧不听臣。建宜住之便，恢进讨之规，更起臣心，易其愚虑，遂摧大逆，覆取其众。此彧睹胜败之机，略不世出也。及绍破败，臣粮亦尽，以为河北未易图也，欲南讨刘表。彧复止臣，陈其得失，臣用反旆，遂吞凶族，克平四州。向使臣退于官渡，绍必鼓行而前，有倾覆之形，无克捷之势。后若南征，委弃兖、豫，利既难要，将失本据。彧之二策，以亡为存，以祸致福，谋殊功异，臣所不及也。是以先帝贵指纵之功，薄搏获之赏；古人尚帷幄之规，下攻拔之捷。前所赏录，未副彧巍巍之勋，乞重平议，畴其户邑。"彧深辞让，太祖报之曰："君之策谋，非但所表二事。前后谦冲，欲慕鲁连先生乎？此圣人达节者所不贵也。昔介子推有言'窃人之财，犹谓之盗'。况君密谋安众，光显于孤者以百数乎！以二事相还而复辞之，何取谦亮之多邪！"太祖欲表彧为三公，彧使荀攸深让，至于十数，太祖乃止。

⑪《魏氏春秋》曰：太祖馈彧食，发之乃空器也，于是饮药而卒。咸熙二年，赠彧太尉。

《彧别传》曰：彧自为尚书令，常以书陈事，临薨，皆焚毁之，故奇策密谋不得尽闻也。是时征役草创，制度多所兴复，彧尝言于太祖曰："昔舜分命禹、稷、契、皋陶以揆庶绩，教化征伐，并时而用。及高祖之初，金革方殷，犹举民能善教训者，叔孙通习礼仪于戎旅之间，世祖有投戈讲艺、息马论道之事，君子无终食之间违仁。今公外定武功，内兴文学，使干戈戢睦，大道流行，国难方弭，六礼俱治，此姬旦宰周之所以速平也。既立德立功，而又兼立言，诚仲尼述作之意；显制度于当时，扬名于后世，岂不盛哉！若须武事毕而后制作，以稽治化，于事未敏。宜集天下大才通儒，考论六经，刊定传记，存古今之学，除其烦重，以一圣真，并隆礼学，渐敦教化，则王道两济。"彧从容与太祖论治道，如此之类甚众，太祖常嘉纳之。彧德行周备，非正道不用心，名重天下，莫不以为仪表，海内英隽咸宗焉。司马宣王常称书传远事，吾自耳目所从闻见，逮百数十年间，贤才未有及荀令君者也。前后所举者，命世大才，邦邑则荀攸、钟繇、陈群，海内则司马宣王，及引致当世知名郗虑、华歆、王朗、荀悦、杜袭、辛毗、赵俨之俦，终为卿相，以十数人。取士不以一揆，戏志才、郭嘉等有负俗之讥，杜畿简傲少文，皆以智策举之，终各显名。荀攸后为魏尚书令，亦推贤进士。太祖曰："二荀令之论人，久而益信，吾没世不忘。"钟繇以为颜子既没，能备九德，不贰其过，唯荀彧然。或问繇曰："君雅重荀君，比之颜子，自以不及，可得闻乎？"曰："夫明君师臣，其次友之。以太祖之聪明，每有大事，常先谘之荀君，是则古师友之义也。吾等受命而行，犹或不尽，相去顾不远邪！"

《献帝春秋》曰：董承之诛，伏后与父完书，言司空杀董承，帝方为报怨。完得书以示彧，彧恶之，久隐而不言。完以示妻弟樊普，普封以呈太祖，太祖阴为之备。彧后恐事觉，欲自发之，因求使至邺，劝太祖以女配帝。太祖曰："今朝廷有伏后，吾女何得以配上，吾以微功见录，位为宰相，岂复赖女宠乎！"彧曰："伏后无子，性又凶邪，往常与父书，言辞丑恶，可因此废也。"太祖曰："卿昔何不道之？"彧阳惊曰："昔已尝为公言也。"太祖曰："此岂小事而吾忘之！"彧又惊曰："诚未语公邪！昔公在官渡与袁绍相持，恐增内顾之念，故不言尔。"太祖曰："官渡事后何以不言？"彧无对，谢阙而已。太祖以此恨彧，而外含容之，故世莫得知。至董昭建立魏公之议，彧意不同，欲言之于太祖。及赍玺书犒军，饮飨礼毕，彧留请间。太祖知彧欲言封事，揖而遣之，彧遂不得言。彧卒于寿春，寿春亡者告孙权，言太祖使彧杀伏后，彧不从，故自杀。权以露布于蜀，刘备闻之，曰："老贼不死，祸乱未已。"臣松之案《献帝春秋》云彧欲发伏后事而求使至邺，而方诬太祖云"昔已尝言"。言既无征，回托以官渡之虞，俯仰之间，辞情顿屈，虽在庸人，犹不至此，何以玷累贤哲哉！凡诸云云，皆出自鄙俚，可谓以吾侪之言而厚诬君子者矣。袁玮虚罔之类，此最为甚也。

⑫《荀氏家传》曰：恽字长倩，俣字叔倩，诜字曼倩，俣子寓，字景伯。《世语》曰：寓少与裴楷、王戎、杜默俱有名京邑，仕晋，位至尚书，名见显著。子羽嗣，位至尚书。

⑬《晋阳秋》曰：颛字景倩，幼为姊夫陈群所异。博学洽闻，意思慎密。司马宣王见颛，奇之，曰："荀令君之子也。近见袁侃，亦曜卿之子也。"擢拜散骑侍郎。颛佐命晋室，位至太尉，封临淮康公。尝难钟会"《易》无互体"，见称于世。颛弟粲，字奉倩。何劭为粲传曰：粲字奉倩，粲诸兄并以儒术论议，而粲独好言道，常以为子贡称夫子之言性与天道，不可得闻，然则六籍虽存，固圣人之糠秕。粲兄俣难曰："《易》亦云圣人立象以尽意，系辞焉以尽言，则微言胡为不可得而闻见哉？"粲答曰："盖理之微者，非物象之所举也。今称立象以尽意，此非通于意外者也。系辞焉以尽言，此非言乎系表者也；斯则象外之意，系表之言，固蕴而不出矣。"及当时能言者不能屈也。又论父彧不如从兄攸。彧立德高整，轨仪以训物，而攸不治外形，慎密自居而已。粲以此言善攸，诸兄怒而不能回也。太和初，到京邑与傅嘏谈。嘏善名理而粲尚玄远，宗致虽同，仓卒时或有格而不相得意。裴徽通彼我之怀，为二家骑驿，顷之，粲与嘏善。夏侯玄亦亲。常谓嘏、玄曰："子等在世涂间，功名必胜我，但识劣我耳！"嘏难曰："能盛功名者，识也。天下孰有本不足而末有余者邪？"粲曰："功名者，志局之所奖也。然则志局自一物耳，固非识之所独济也。我以能使子等为贵，然未必齐子等所为也。"粲常以妇人者，才智不足论，自宜以色为主。骠骑将军曹洪女有美色，粲于是娉焉，容服帷帐甚丽，专房欢宴。历年后，妇病亡，未殡，傅嘏往喭粲；粲不哭而神伤。嘏问曰："妇人才色并茂为难。子之娶也，遗才而好色。此自易遇，今何哀之甚？"粲曰："佳人难再得！顾逝者不能有倾国之色，然未可谓之易遇。"痛悼不能已，岁余亦亡，时年二十九。粲简贵，不能与常人交接，所交皆一时俊杰。至葬夕，赴者裁十余人，皆同时知名士也，哭之，感动路人。

⑭《荀氏家传》曰：顗字温伯，为羽林右监，早卒。顗子崧，字景猷。《晋阳秋》称崧少有志操，雅好文学，孝义和爱，在朝

恪勤，位至左右光禄大夫、开府仪同三司。崧子羡，字令则，清和有才。尚公主，少历显位，年二十八为北中郎将，徐、兖二州刺史，假节都督徐、兖、青三州诸军事。在任十年，遇疾解职，卒于家，追赠骠骑将军。羡孙伯子，今御史中丞也。

⑮《荀氏家传》曰：恺，晋武帝时为侍中。

干宝《晋纪》曰：武帝使侍中荀顗、和峤俱至东宫，观察太子。顗还称太子德识进茂，而峤云圣质如初。孙盛曰"遣荀勖"，其余语则同。

臣松之案和峤为侍中，荀顗亡没久矣。荀勖位亚台司，不与峤同班，无缘方称侍中。二书所云，皆为非也。考其时位，恺实当之。恺位至征西大将军。恺兄憺，少府。弟悝，护军将军，追赠车骑大将军。

⑯《荀氏家传》曰：昙字元智。兄昱，字伯脩。张璠《汉纪》称昱、昙并杰俊有殊才。昱与李膺、王畅、杜密等号为八俊，位至沛相。攸父彝，州从事。彝于彧为从祖兄弟。

⑰《魏书》曰：攸年七八岁，衢曾醉，误伤攸耳，而攸出入游戏，常避护不欲令衢见。衢后闻之，乃惊其夙智如此。

《荀氏家传》曰：衢子祈，字伯旗，与族父愔俱著名。祈与孔融论肉刑，愔与孔融论圣人优劣，并在《融集》。祈位至济阴太守；愔后征有道，至丞相祭酒。

⑱张璠《汉纪》曰：颙字伯求，少与郭泰、贾彪等游学洛阳，泰等与同风好。颙显名太学，于是中朝名臣太傅陈蕃、司隶李膺等皆深接之。及党事起，颙亦名在其中，乃变名姓亡匿汝南间，所至皆交结其豪杰。颙既奇太祖而知荀彧，袁绍慕之，与为奔走之友。是时天下士大夫多遇党难，颙常岁再三私入洛阳，从绍计议，为诸穷窘之士解释患祸。而袁术亦豪侠，与绍争名。颙未常造术，术深恨之。

《汉末名士录》曰：术常于众坐数颙三罪，曰："王德弥先觉儁老，名德高亮，而伯求疏之，是一罪也。许子远凶淫之人，性行不纯，而伯求亲之，是二罪也。郭、贾寒窭，无他资业，而伯求肥马轻裘，光耀道路，是三罪也。"陶丘洪曰："王德弥大贤而短于济时，许子远虽不纯而赴难不惮濡足。伯求举善则以德弥为首，济难则以子远为宗。且伯求尝为虞伟高手刃复仇，义名奋发。其怨家积财巨万，文马百驷，而欲使伯求羸牛疲马，顿伏道路，此为披其胸而假仇敌之刃也。"术意犹不平。后与南阳宗承会于阙下，术发怒曰："何伯求，凶德也，吾当杀之。"承曰："何生英俊之士，足下善遇之，使延令名于天下。"术乃止。后党禁除解，辟司空府。每三府掾属会议，颙策谋有余，议者皆自以为不及。迁北军中候，董卓以为长史。后荀彧为尚书令，遣人迎叔父司空爽丧，使并置颙尸，而葬之于爽冢傍。

⑲《魏书》云攸使人说卓得免，与此不同。

⑳《魏书》曰：议者云表、绣在后而还袭吕布，其危必也。攸以为表、绣新破，势不敢动。布骁猛，又恃袁术，若纵横淮、泗间，豪杰必应之。今乘其初叛，众心未一，往可破也。太祖曰："善。"比行，布以败刘备，而臧霸等应之。

㉑臣松之案诸书，韩莫或作韩猛，或云韩若，未详孰是。

㉒《魏书》曰：太祖自柳城还，过攸舍，称述攸前后谋谟劳勋，曰："今天下事略已定矣，孤愿与贤士大夫共飨其劳。昔高祖使张子房自择邑三万户，今孤亦欲君自择所封焉。"

㉓《魏书》曰：攸姑子辛韬曾问攸说太祖取冀州时事。攸曰："佐治为袁谭乞降，王师自往平之，吾何知焉？"自是韬及内外莫敢复问军国事也。

㉔臣松之案：攸亡后十六年，钟繇乃卒，撰攸奇策，亦有何难？而年造八十，犹云未就，遂使攸从征机策之谋不传于世，惜哉！

㉕《魏书》曰：时建安十九年，攸年五十八。计其年大彧六岁。

《魏书》载太祖令曰："孤与荀公达周游二十余年，无毫毛可非者。"又曰："荀公达真贤人也，所谓'温良恭俭让以得之'。孔子称'晏平仲善与人交，久而敬之'，公达即其人也。"

《傅子》曰：或问近世大贤君子，答曰："荀令君之仁，荀军师之智，斯可谓近世大贤君子矣。荀令君仁以立德，明以举贤，行无谄黩，谋能应机。孟轲称'五百年而有王者兴，其间必有命世者'，其荀令君乎！太祖称'荀令君之进善，不进不休，荀军师之去恶，不去不止'也。"

㉖《九州春秋》曰：中平元年，车骑将军皇甫嵩既破黄巾，威震天下。阎忠时罢信都令，说嵩曰："夫难得而易失者时也，时至而不旋踵者机也，故圣人常顺时而动，智者必因机以发。今将军遭难得之运，蹈易解之机，而践运不抚，临机不发，将何以享大名乎？"嵩曰："何谓也？"忠曰："天道无亲，百姓与能，故有高人之功者，不受庸主之赏。今将军授钺于初春，收功于末冬，兵动若神，谋不再计，旬月之间，神兵电扫，攻坚易于折枯，摧敌甚于汤雪，七州席卷，屠三十六方，夷黄巾之师，除邪害之患，或封户刻石，南向以报德，威震本朝，风驰海外。是以群雄回首，百姓企踵，虽汤武之举，未有高于将军者。身建高人之功，北面以事庸主，将何以图安？"嵩曰："心不忘忠，何为不安？"忠曰："不然。昔韩信不忍一餐之遇，而弃三分之利，拒蒯通之忠，忽鼎跱之势，利剑已揣其喉，乃叹息而悔，所以见烹于儿女也。今主势弱于刘、项，将军权重于淮阴，指麾可以振风云，叱咤足以兴雷电；赫然奋发，因危抵颓，崇恩以绥前附，振武以临后服；征冀方之士，动七州之众，羽檄先驰于前，大军震响于后，蹈迹漳河，饮马孟津，举天网以网罗京都，诛阉宦之罪，除群怨之积忿，解久危之倒悬。如此则攻守无坚城，不招必影从，虽儿童可使奋空拳以致力，女子可使其褰裳以用命，况厉智能之士，因迅风之势，则大功不足合，八方不足同也。功业已就，天下已顺，乃燎于上帝，告以天命，混齐六合，南面以制，移神器于己家，推亡汉以定祚，实神机之至决，风发之良时也。夫木朽不雕，世衰难佐，将军难欲委忠难佐之朝，雕画朽败之木，犹逆坂而走丸，必不可也。方今权宦群居，同恶如市，主上不自由，诏命出左右。如有至聪不察，机事不先，必婴后悔，亦无及矣。"嵩不从，忠乃亡去。

《英雄记》曰：凉州贼王国等起兵，共劫忠为主，统三十六部，号车骑将军。忠感慨发病而死。

㉗臣松之以为《传》称"仁人之言，其利博哉"！然则不仁之言，理必反是。夫仁功难著，而乱源易成，是故有祸机一发而殃流百世者矣。当是时，元恶既枭，天地始开，致使厉阶重结，大梗殷流，邦国遘殄悴之哀，黎民婴周余之酷，岂不由贾诩片言乎？诩之罪也，一何大哉！自古兆乱，未有如此之甚。

㉘《献帝纪》曰：郭汜、樊稠与傕互相违戾，欲斗者数矣。诩辄以道理责之，颇受诩言。

《魏书》曰：诩典选举，多选旧名以为令仆，论者以此多诩。

㉙《献帝纪》曰：傕等与诩议，迎天子置其营中。诩曰："不可。胁天子，非义也。"傕不听。张绣谓诩曰："此中不可久处，君胡不去？"诩曰："吾受国恩，义不可背。卿自行，我不能也。"

㉚《献帝纪》曰：傕时召羌、胡数千人，先以御物缯采与之，又许以宫人妇女，欲令攻郭汜。羌、胡数来窥省门，曰："天子在中邪！李将军许我宫人美女，今皆安在？"帝患之，使诩为之方计。诩乃密呼羌、胡大帅饮食之，许以封爵重宝，于是皆引去。傕由此衰弱。

㉛《献帝纪》曰：天子既东，而李傕来追，王师败绩。司徒赵温、太常王伟、卫尉周忠、司隶荣邵皆为傕所嫌，欲杀之。诩谓傕曰："此皆天子大臣，卿奈何害之？"傕乃止。

㉜《典略》称煨在华阴时，修农事，不虏略。天子东还，煨迎道贡遗周急。

《献帝纪》曰：后以煨为大鸿胪光禄大夫，建安十四年，以寿终。

㉝《傅子》曰：诩南见刘表，表以客礼待之。诩曰："表，平世三公才也；不见事变，多疑无决，无能为也。"

㉞臣松之以为诩之此谋，未合当时之宜。于时韩、马之徒尚狼顾关右，魏武不得安坐郢都以威怀吴会，亦已明矣。彼荆州者，孙、刘之所必争也。荆人服刘主之雄姿，惮孙权之武略，为日既久，诚非曹氏诸将所能抗御。故曹仁守江陵，败不旋踵，何抚安之得行，稽服之可期？将此既新平江、汉，威慑扬、越，资刘表水战之具，藉荆楚楫棹之手，实震荡之良会，廓定

之大机。不乘此取吴，将安俟哉？至于赤壁之败，盖有运数。实由疾疫大兴，以损凌厉之锋，凯风自南，用成焚如之势。天实为之，岂人事哉？然则魏武之东下，非失算也。诩之此规，为无当矣。魏武后克平张鲁，蜀中一日数十惊，刘备虽斩之而不能止，由不用刘晔之计，以失席卷之会，斤石既差，悔无所及，即亦此事之类也。世咸谓刘计为是，即愈见贾言之非也。

㉟《魏略》曰：文帝得诩之对太祖，故即位首登上司。

《荀勖别传》曰：晋司徒阙，武帝问其人于勖。答曰："三公具瞻所归，不可用非其人。昔魏文帝用贾诩为三公，孙权笑之。"

㊱《世语》曰：模，晋惠帝时为散骑常侍、护军将军，模子胤，胤弟龛，从弟疋，皆至大官，并显于晋也。

㊲世之论者，多讥彧协规魏氏，以倾汉祚；君臣易位，实彧之由。虽晚节立异，无救运移；功既违义，识亦疚焉。陈氏此评，盖亦同乎世识。臣松之以为斯言之作，诚未得其远大者也。彧岂不知魏武之志气，非衰汉之贞臣哉？良以于时王道既微，横流已极，雄豪虎视，人怀异心，不有拨乱之资，仗顺之略，则汉室之亡忽诸，黔首之类殄矣。夫欲翼赞时英，一匡屯运，非斯人之与而谁与哉？是故经纶急病，若救身首，用能动于崄中，至于大亨，苍生蒙舟航之接，刘宗延二纪之祚，岂非荀生之本图，仁恕之远致乎？及至霸业既隆，翦汉迹著，然后亡身殉节，以申素情，全大正于当年，布诚心于百代，可谓任重道远，志行义立。谓之未充，其殆诬欤！

㊳臣松之以为列传之体，以事类相从。张子房青云之士，诚非陈平之伦。然汉之谋臣，良、平而已。若不共列，则余无所附，故前史合之，盖其宜也。魏氏如诩之俦，其比幸多，诩不编程、郭之篇，而与二荀并列，失其类矣。且攸、诩之为人，其犹夜光之与蒸烛乎！其照虽均，质则异焉。今荀、贾之评，共同一称，尤失区别之宜也。

三国志卷十一　魏书十一

袁张凉国田王邴管传第十一

袁涣字曜卿，陈郡扶乐人也。父滂，为汉司徒。①当时诸公子多越法度，而涣清静，举动必以礼。郡命为功曹，郡中奸吏皆自引去。后辟公府，举高第，迁侍御史。除谯令，不就。刘备之为豫州，举涣茂才。后避地江、淮间，为袁术所命。术每有所咨访，涣常正议，术不能抗，然敬之不敢不礼也。顷之，吕布击术于阜陵，涣往从之，遂复为布所拘留。布初与刘备和亲，后离隙。布欲使涣作书詈辱备，涣不可，再三强之，不许。布大怒，以兵胁涣曰："为之则生，不为则死。"涣颜色不变，笑而应之曰："涣闻唯德可以辱人，不闻以骂。使彼固君子邪，且不耻将军之言，彼诚小人邪，将复将军之意，则辱在此不在于彼。且涣他日之事刘将军，犹今日之事将军也，如一旦去此，复骂将军，可乎？"布惭而止。

袁涣字曜卿，是陈郡扶乐县人。父亲袁滂，曾任汉朝司徒。当时王公大臣的子弟们大多不遵守法令制度，可是袁涣心性纯正恬静，举止定用礼制规范。郡府任命他为功曹，郡府内奸诈邪恶的官吏都自动辞官离去。后来他被征召到三公官府，推选为政绩优异者，升任侍御史。他受命担任谯县县令，没有到职。刘备到豫州任职时，荐举袁涣为秀才。后来为躲避战乱迁居长江、淮河一带，接受袁术的任用。袁术每当有事总是去咨询他，袁涣常常直率地发表意见，袁术无法反驳，可是不敢不以礼敬待他。不久，吕布在阜陵攻打袁术，袁涣跟随袁术前去，于是又被吕布扣留。最初吕布与刘备友好亲善，后来产生矛盾分离了。吕布想叫袁涣写信辱骂刘备，袁涣不答应，吕布再三强迫他，他还是不答应。吕布大发脾气，用兵器威胁袁涣说："你写信骂他就活，不写就死。"袁涣脸不改色，笑着回答说："我袁涣听说只有用德行可以使人感到羞辱，没有听说用谩骂可以使人羞辱的。假如刘备本来是个君子，就不会因为将军的话感到羞辱，如果刘备确实是个小人，就会用将军的语意回骂你，那么受辱骂的是你而不是他。况且我过去侍奉过刘将军，就像今日侍奉将军一样，如果我有朝一日离开你，反过来辱骂将军，可以吗？"吕布感到惭愧没再逼他写信了。

布诛，涣得归太祖。②涣言曰："夫兵者，凶器也，不得已而用之。鼓之以道德，征之以仁义，兼抚其民而除其害。夫然，故可与之死而可与之生。

吕布被杀后，袁涣得以归附太祖。袁涣说："武器，是凶器，在不得已的情况下才使用它。要用道德宣教，用仁义征服，同时安抚百姓并消除他们的祸害。只有这样，才可与百姓同生共死。自从董卓暴乱

自大乱以来十数年矣,民之欲安,甚于倒悬,然而暴乱未息者,何也?意者政失其道欤!涣闻明君善于救世,故世乱则齐之以义,时伪则镇之以朴;世异事变,治国不同,不可不察也。夫制度损益,此古今之不必同者也。若夫兼爱天下而反之于正,虽以武平乱而济之以德,诚百王不易之道也。公明哲超世,古之所以得其民者,公既勤之矣,今之所以失其民者,公既戒之矣,海内赖公,得免于危亡之祸,然而民未知义,其惟公所以训之,则天下幸甚!"太祖深纳焉。拜为沛南部都尉。

是时新募民开屯田,民不乐,多逃亡。涣白太祖曰:"夫民安土重迁,不可卒变,易以顺行,难以逆动,宜顺其意,乐之者乃取,不欲者勿强。"太祖从之,百姓大悦。迁为梁相。涣每敕诸县:"务存鳏寡高年,表异孝子贞妇。常谈曰'世治则礼详,世乱则礼简',全在斟酌之间耳。方今虽扰攘,难以礼化,然在吾所以为之。"为政崇教训,恕思而后行,外温柔而内能断。③以病去官,百姓思之。后征为谏议大夫、丞相军祭酒。前后得赐甚多,皆散尽之,家无所储,终不问产业,乏则取之于人,不为皦察之行,然时人服其清。

魏国初建,为郎中令,行

以来十几年了,百姓渴求安定,急切的心情超过了身处倒悬的危急境地盼望解救的人,可是暴乱没有平息,原因是什么呢?或者是政治偏离正道的缘故吧!我袁涣听说英明的君主善于拯救世道,所以在世道混乱时就用仁义来治理,社会风尚虚假时就用朴实来抑止;时代不同,事物变易,治理国家的办法就要不同,不可不明察。制度的革新与完善,这在古今是不必相同的。至于为爱护天下百姓而拨乱反正,即使是用武力平息暴乱也要用道德来辅助,这确实是历代君王不能改变的治国办法。您的明智超世,古代君王得到民心的办法,您已经努力去做了,当今的君王失去民心的做法,您已引以为戒了,天下百姓都依靠您,才得免遭危亡的祸害,可是百姓不懂大义,只希望您教诲他们,那么天下的人就很幸运了!"太祖从内心深处接受了袁涣的意见。任命袁涣为沛郡南部都尉。

这时开始招募百姓开垦田地,百姓不乐意,许多人逃跑。袁涣禀告太祖说:"百姓有安处故土,不喜欢迁移的想法,不能突然改变他们的思想,依顺百姓的意愿来办事就容易进行,违背百姓的意愿行事就难以进行,应当依顺他们的意愿,乐意去的就招收他们,不愿意去的不要强迫他们。"太祖听取了他的意见,百姓很高兴。袁涣调升为梁国国相。袁涣常常告诫各县说:"一定要慰问鳏夫寡妇和老人,表彰那些孝子和节妇。常言说'社会安定礼仪就周详,社会动乱礼仪就简略',全在酌情确定。当今社会虽然不太平,难以用礼仪教化,然而还是在于我们用来治理的方法。"袁涣从政崇尚教诲开导,用宽恕之心思考后再办事,他外表温柔而内心善于决断。因病辞去官职后,百姓想念他。后来接受征召担任谏议大夫、丞相军祭酒。先后得到很多赏赐,但他把所得赏赐全都分给别人,家中无积蓄,他始终不过问家产,贫困时就向别人借取,他不有意显示自己行为清白,可是当时的人都佩服他的清廉。

魏国刚刚建立,袁涣担任郎中令,代行御史大

御史大夫事。涣言于太祖曰："今天下大难已除，文武并用，长久之道也。以为可大收篇籍，明先圣之教，以易民视听，使海内斐然向风，则远人不服可以文德来之。"太祖善其言。时有传刘备死者，群臣皆贺；涣以尝为备举吏，独不贺。居官数年卒，太祖为之流涕，赐谷二千斛，一教"以太仓谷千斛赐郎中令之家"，一教"以垣下谷千斛与曜卿家"，外不解其意。教曰："以太仓谷者，官法也；以垣下谷者，亲旧也。"又帝闻涣昔拒吕布之事，问涣从弟敏："涣勇怯何如？"敏对曰："涣貌似和柔，然其临大节，处危难，虽贲育不过也。"涣子侃，亦清粹闲素，有父风，历位郡守尚书。④

初，涣从弟霸，公恪有功干，魏初为大司农，及同郡何夔并知名于时。而霸子亮，夔子曾，与侃复齐声友善。亮贞固有学行，疾何晏、邓飏等，著论以讥切之，位至河南尹、尚书。⑤霸弟徽，以儒素称。遭天下乱，避难交州。司徒辟，不至。⑥徽弟敏，有武艺而好水功，官至河堤谒者。

张范字公仪，河内修武人也。祖父歆，为汉司徒。父延，为太尉。太傅袁隗欲以女妻范，范辞不受。性恬静乐道，忽于荣利，征命无所就。弟承字公先，亦知名，以方正征，拜议

夫的职事。袁涣对太祖说："现在天下大难已经消除，文德武功要同时运用，这是国家长治久安的办法。我认为可以大量收集篇章典籍，宣扬先代圣人的教诲，用来改变百姓的观念，使天下百姓富有文采的样子，远方的人们听说后会十分向往，远方的人如果不归服，就可以用礼乐教化把他们招来。"太祖赞赏他的建议。当时有刘备死去的传闻，大臣们都庆贺；袁涣因曾被刘备荐举为官，只有他不庆贺。袁涣任职几年后死去，太祖为他的死流了眼泪，赏赐他谷子二千斛，一道命令说"用京城大仓的谷子千斛赏赐给郎中令的家属"，另一道命令说"用官署小仓的谷子千斛赏赐给曜卿家"，外人不理解是什么意思。太祖的命令中说："用京城大仓的谷子赏赐是官府法规；用官署小仓的谷子赏赐，因为他是亲近故旧。"文帝还听说袁涣过去拒绝吕布要他写信辱骂刘备的事，就去问袁涣的堂弟袁敏："袁涣勇敢还是胆怯呢？"袁敏回答说："袁涣外表好像宽和柔顺，可是他面临大节，处在危难时，即使是孟贲、夏育也赶不上他。"袁涣的儿子袁侃，也清廉、纯洁、文雅、质朴，有他父亲的风范，曾经做过郡守尚书。

当初，袁涣的堂弟袁霸，为人公正、谨慎，有功劳才干，魏国初期担任大司农，他与同郡人何夔在当时都有名气。还有袁霸的儿子袁亮，何夔的儿子何曾，与袁侃又都有名声，相互友好。袁亮坚守节操，有学问和德行，他憎恨何晏、邓飏等人，撰写文章讽刺指责他们，他的官位升至河南尹、尚书。袁霸的弟弟袁徽，一向以具有儒者的品德操行著称。他遭逢天下大乱，逃到交州避难。司徒征召他担任属官，他不肯到职。袁徽的弟弟袁敏，有武艺而且爱好水利事业，官做到河堤谒者。

张范，字公仪，是河内郡修武县人。祖父张歆，担任汉朝司徒。父亲张延，担任太尉。太傅袁隗想把女儿嫁给张范做妻子，张范表示谢绝没有同意。张范性格安静，他的行为遵守正道，轻视名利，征聘召命他做官全都不去。他的弟弟张承，字公先，也有名气，朝廷以方正科目的名义征召他，任命他为议郎，

郎，迁伊阙都尉。董卓作乱，承欲合徒众与天下共诛卓。承弟昭时为议郎，适从长安来，谓承曰："今欲诛卓，众寡不敌，且起一朝之谋，战阡陌之民，士不素抚，兵不练习，难以成功。卓阻兵而无义，固不能久；不若择所归附，待时而动，然后可以如志。"承然之，乃解印绶间行归家，与范避地扬州。袁术备礼招请，范称疾不往，术不强屈也。遣承与相见，术问曰："昔周室陵迟，则有桓、文之霸；秦失其政，汉接而用之。今孤以土地之广，士民之众，欲徼福齐桓，拟迹高祖，何如？"承对曰："在德不在强。夫能用德以同天下之欲，虽由匹夫之资，而兴霸王之功，不足为难。若苟僭拟，干时而动，众之所弃，谁能兴之？"术不悦。是时，太祖将征冀州，术复问曰："今曹公欲以弊兵数千，敌十万之众，可谓不量力矣！子以为何如？"承乃曰："汉德虽衰，天命未改，今曹公挟天子以令天下，虽敌百万之众可也。"术作色不怿，承去之。

调升伊阙都尉。董卓作乱，张承打算联合他的部众与天下百姓共同诛杀董卓。张承的弟弟张昭当时担任议郎，正巧从长安来，对张承说："现在要杀董卓，但部众太少，恐怕不能与董卓匹敌，况且凭着一时的主意，调发农民去作战，士兵平素没有受过抚慰，也没有经过训练，恐怕难以成功。董卓拥有军队又不讲道义，本就是不可能长久地维持下去的；不如选择能归附的人，等待时机再行动，这样就可以实现理想了。"张承同意他的看法，于是解下官印抄小路回家，与张范一起到扬州避难。这时袁术准备礼物招请他，张范声称有病没去，袁术没有强求他依从。张范派张承去见袁术，袁术问："从前周王室衰落时，就有齐桓公、晋文公称霸；秦朝丧失政权，汉朝接替掌权。现在我凭借广阔的土地，众多的士兵和百姓，想求得齐桓公一样的福祉，仿效汉高祖的功业，你看怎样？"张承回答他说："统一天下在于德行不在于力量的强大。有用德来统一天下的想法，即使是出于一个普通人的天资，建立霸王的功业，不足以成为困难。假如用不正当的手段超越本分，违背时势的发展而行动，那么就会被众人唾弃，谁能建立霸业呢？"袁术听后不高兴。这时，太祖将要征伐冀州，袁术再次问张承："现在曹公想用几千名疲困的士兵，与我十万部众对抗，可以说是自不量力了！您认为怎么样？张承说："汉朝的德政虽然衰败了，但是天意没有改变，现在曹公挟制天子向天下发号施令，即使与百万大军对抗也是可以的。"袁术表露出不愉快的脸色，张承离他而去。

太祖平冀州，遣使迎范。范以疾留彭城，遣承诣太祖，太祖表以为谏议大夫。范子陵及承子戬为山东贼所得，范直诣贼请二子，贼以陵还范。范谢曰："诸君相还儿厚矣。夫人情虽爱其子，然吾怜戬之小，请以陵易之。"贼义其言，悉以

太祖平定冀州后，派遣使者迎接张范。张范因病留在彭城，打发张承前往太祖处，太祖上表奏请朝廷任命他为谏议大夫。张范的儿子张陵和张承的儿子张戬被关东强盗捉去，张范径直跑到强盗那里要求放回两个人的儿子，强盗把张陵交还张范。张范感谢说："各位把儿子还给我，待我够宽厚的了。疼爱儿子虽是人之常情，但是我怜悯我的侄子张戬年纪小，我请求用张陵换回张戬。"强盗听后认为他

还范。太祖自荆州还，范得见于陈，以为议郎，参丞相军事，甚见敬重。太祖征伐，常令范及邴原留，与世子居守。太祖谓文帝：“举动必谘此二人。”世子执子孙礼。救恤穷乏，家无所余，中外孤寡皆归焉。赠遗无所逆，亦终不用，及去，皆以还之。建安十七年卒。魏国初建，承以丞相参军祭酒领赵郡太守，政化大行。太祖将西征，征承参军事，至长安，病卒。⑦

的话有道义，就把两个孩子都交还给了张范。太祖从荆州回来，张范在陈县见到太祖，太祖任用他为议郎，参与丞相府的军事，他很受敬重。太祖出征，常常叫张范及邴原留下，与儿子即曹丕留守。太祖对文帝说：“你的一举一动定要询问这两个人。”曹丕对他们两人行晚辈的礼节。张承常常援助、周济贫困的人，家中没有多余财产，各地的孤儿寡母都心向张承。他人送给的财物，他不拒收，但最终也不使用。等到送者走了，全部还给送主。他建安十七年去世。魏国建立初期，张承以丞相参军祭酒身份兼任赵郡太守，大力推行政治教化。太祖准备西征时，征召张承参与军事，张承到达长安，因病去世。

凉茂字伯方，山阳昌邑人也。少好学，论议常据经典，以处是非。太祖辟为司空掾，举高第，补侍御史。时泰山多盗贼，以茂为泰山太守，旬月之间，襁负而至者千余家。⑧转为乐浪太守。公孙度在辽东，擅留茂，不遣之官，然茂终不为屈。度谓茂及诸将曰：“闻曹公远征，邺无守备，今吾欲以步卒三万，骑万匹，直指邺，谁能御之？”诸将皆曰：“然。”⑨又顾谓茂曰：“于君意何如？”茂答曰：“比者海内大乱，社稷将倾，将军拥十万之众，安坐而观成败，夫为人臣者，固若是邪？曹公忧国家之危败，愍百姓之苦毒，率义兵为天下诛残贼，功高而德广，可谓无二矣。以海内初定，民始安集，故未责将军之罪耳！而将军乃欲称兵西向，则存亡之效，不崇朝而决。将军其勉之！”诸将闻茂

凉茂字伯方，是山阳郡昌邑县人。少年时喜爱读书，谈论问题时常引经据典来判断是非。太祖征召他担任司空的属官，推荐为政绩优异者，在补充官员时任侍御史。当时泰山郡盗贼很多，太祖任用凉茂为泰山郡太守，一月以内，百姓拖儿带女地移居泰山郡的达千余家。后来，他改任乐浪郡太守。公孙度在辽东郡，擅自阻留凉茂，不让他到任，可是凉茂终不屈从。公孙度对凉茂及各位将领说：“听说曹操远征，邺城没有防备，现在我想用步兵三万，骑兵一万，径直攻打邺城，有谁能抵挡呢？”各位将领都说：“对。”公孙度又看看凉茂说：“在您看来怎样？”凉茂回答说：“近来天下大乱，国家将要灭亡，将军您拥有十万兵力，安然地坐观胜败，作为臣下，难道就能这样吗？曹操忧虑国家的危亡，怜悯百姓的疾苦灾难，率领仁义的军队为天下百姓消灭凶残的盗贼，真是功高德广，可以说没有第二个人了。由于天下刚刚稳定，百姓刚刚安定，所以没有谴责将军的罪过！可是将军竟想向西发兵，那么谁胜谁败很快就可见分晓了，您这是不尊崇朝廷来决裂天下。请将军好自为之吧！”各位将领听到凉茂的话，都感

言，皆震动。良久，度曰："凉君言是也。"后征还为魏郡太守、甘陵相，所在有绩。文帝为五官将，茂以选为长史，迁左军师。魏国初建，迁尚书仆射，后为中尉奉常。文帝在东宫，茂复为太子太傅，甚见敬礼。卒官。⑩

到震惊。过了很久，公孙度说："凉君的话是对的。"后来凉茂升任为魏郡太守、甘陵相，他任过职的地方都有政绩。文帝担任五官将时，凉茂被选为长史，升任左军师。魏国建立初期，升任尚书仆射，后来担任中尉奉常。魏文帝在东宫时，凉茂再次担任太子太傅，很受敬重和礼遇。死在任职期内。

国渊字子尼，乐安盖人也。师事郑玄。⑪后与邴原、管宁等避乱辽东。⑫既还旧土，太祖辟为司空掾属，每于公朝论议，常直言正色，退无私焉。太祖欲广置屯田，使渊典其事。渊屡陈损益，相土处民，计民置吏，明功课之法，五年中仓廪丰实，百姓竞劝乐业。太祖征关中，以渊为居府长史，统留事。田银、苏伯反河间，银等既破，后有余党，皆应伏法。渊以为非首恶，请不行刑。太祖从之，赖渊得生者千余人。破贼文书，旧以一为十，及渊上首级，如其实数。太祖问其故，渊曰："夫征讨外寇，多其斩获之数者，欲以大武功，且示民听也。河间在封域之内，银等叛逆，虽克捷有功，渊窃耻之。"太祖大悦，迁魏郡太守。

国渊字子尼，是乐安郡盖县人。他拜郑玄为师并侍奉他。后与邴原、管宁等人在辽东躲避战乱。回到故里后，太祖征召他为司空的属官，每次在朝廷商讨国事时，国渊常神色庄重，态度严肃，退朝后不徇私情。太祖打算大面积开垦荒田，派国渊掌管屯田的事。国渊多次向太祖陈述利弊，勘察土地安置百姓，统计百姓的人数设置官吏，实行公开考核官吏业绩的办法，五年以内粮仓充盈，百姓互相勉励，愉快地从事自己的事业。太祖征讨关中地区时，任用国渊为留居官府的长史，统管留守事务。田银、苏伯在河间反叛，田银等被打败后，残余分子都应处死刑。国渊认为如果不是首恶分子，请求不要判刑。太祖听取了他的意见，靠国渊的请求得以活命的有千余人。以往打败敌人后向上报功的文书是把"一"说成"十"，到国渊上报灭敌人数时，都与实数相符。太祖问他缘由时，国渊说："讨伐外来的侵略者，多报斩杀和俘虏敌人数目，是想用来夸大自己的武功，并想让百姓知道。河间县在我的领域内，田银等人反叛，战胜他们我虽有功，但我内心认为是耻辱。"太祖特别高兴，调升他担任魏郡太守。

时有投书诽谤者，太祖疾之，欲必知其主。渊请留其本书，而不宣露。其书多引《二京赋》，渊敕功曹曰："此郡既大，今在都辇，而少学问者。其简开解年少，欲遣就师。"功曹差三人，临遣引见，训以"所学未

当时有人投寄信件进行诽谤，太祖痛恨这人，很想知道是谁干的。国渊请求留下这封诽谤信，不要把这事泄漏出去。这封信多处引用了张衡所著的《二京赋》，国渊指示功曹说："这个郡地域广大，现又是京都所在地，但有学问的人不多。你可选择聪明懂事的年轻人，派他们去从师学习。"功曹选派了三个人，临走时国渊接见了他们，教导他们"你们学

及，《二京赋》，博物之书也，世人忽略，少有其师，可求能读者从受之。"又密喻旨。旬日得能读者，遂往受业。吏因请使作笺，比方其书，与投书人同手。收摄案问，具得情理。迁太仆。居列卿位，布衣蔬食，禄赐散之旧故宗族，以恭俭自守，卒官。⑬

得的知识还不够，《二京赋》，是博记事物的书，世人忽视了它，很少有人能当这部书的教师，可以寻找能读懂这部书的人跟从他学习。"还秘密地把旨意告诉这三个人。十天之内就找到了能读懂这部书的人，他们三个人于是前往学习。某日有官吏趁机请这人写封信，拿回一比看，这封信的字迹与投寄的诽谤信字迹相同。就收捕这人进行审问，弄清了全部情况。国渊调升太仆。位居九卿，但他平时穿着朴素，粗茶淡饭，把所得俸禄和赏赐送给了亲戚、故友和同族，自己保持恭谨节俭的作风，死在任职期内。

田畴字子泰，右北平无终人也。好读书，善击剑。初平元年，义兵起，董卓迁帝于长安。幽州牧刘虞叹曰："贼臣作乱，朝廷播荡，四海俄然，莫有固志。身备宗室遗老，不得自同于众。今欲奉使展效臣节，安得不辱命之士乎？"众议咸曰："田畴虽年少，多称其奇。"畴时年二十二矣。虞乃备礼请与相见，大悦之，遂署为从事，具其车骑。将行，畴曰："今道路阻绝，寇虏纵横，称官奉使，为众所指名。愿以私行，期于得达而已。"虞从之。畴乃归，自选其家客与年少之勇壮慕从者二十骑俱往。虞自出祖而遣之。⑭既取道，畴乃更上西关，出塞，傍北山，直趣朔方，循间径去，遂至长安致命。诏拜骑都尉。畴以为天子方蒙尘未安，不可以荷佩荣宠，固辞不受。朝廷高其义。三府并辟，皆不就。得报，驰还，未至，虞已为公孙瓒所害。畴至，谒祭虞墓，陈发章表，哭泣而去。瓒闻

田畴字子泰，是右北平郡无终县人。喜爱读书，擅长击剑。初平元年，拥戴朝廷的军队出征，董卓把汉献帝迁往长安。幽州州牧刘虞叹息说："叛贼作乱，朝廷流离动荡，全国人心惶恐不安，没有坚定的信念。我作为皇室的老臣，自己不能与普通百姓等同。现在我要派使者去朝廷，表达臣下效忠皇上的节操，怎能找到不辱使命的人呢？"大家议论说："田畴虽然年轻，但多数人称赞他是特殊的人才。"当时田畴年纪才二十二岁。刘虞就准备礼物请他来会面，见面后非常喜欢他，就让他暂任州牧的助理，给他准备了车马。将要出发时，田畴说："现在道路阻隔，敌寇横行，我以官员身份奉命出使，会被众人注目。我愿意以个人的身份出行，只期望能平安到达就行了。"刘虞同意他的意见。田畴回去后，自己挑选了家客与一些年轻勇敢身体强壮又仰慕他的随从二十人一起骑马前去。刘虞亲自为田畴饯行并发送他。上路以后，田畴就改路上西关，出了边塞，顺着北山，直向北方，顺着小路前进到达长安，最终完成使命。皇上下诏任命他为骑都尉。田畴认为皇上正流亡遭难，政局动荡不安，自己不可接受官位和恩宠，坚决推辞不肯接受。朝廷推崇他的德行。三公官府同时征召他，他都没应召。他得到答复后，驱马返回，还未到达幽州，刘虞已经被公孙瓒杀害。田畴回到幽州，拜祭了刘虞的坟墓，陈述了朝廷签发的文书，痛哭一场后离去。公孙瓒听到这一情况后大

之大怒，购求获畴，谓曰："汝何自哭刘虞墓，而不送章报于我也？"畴答曰："汉室衰颓，人怀异心，唯刘公不失忠节。章报所言，于将军未美，恐非所乐闻，故不进也。且将军方举大事以求所欲，既灭无罪之君，又仇守义之臣，诚行此事，则燕、赵之士将皆蹈东海而死耳，岂忍有从将军者乎！"瓒壮其对，释不诛也。拘之军下，禁其故人莫得与通。或说瓒曰："田畴义士，君弗能礼，而又囚之，恐失众心。"瓒乃纵遣畴。

畴得北归，率举宗族他附从数百人，扫地而盟曰："君仇不报，吾不可以立于世！"遂入徐无山中，营深险平敞地而居，躬耕以养父母。百姓归之，数年间至五千余家。畴谓其父老曰："诸君不以畴不肖，远来相就。众成都邑，而莫相统一，恐非久安之道，愿推择其贤长者以为之主。"皆曰："善。"同佥推畴。畴曰："今来在此，非苟安而已，将图大事，复怨雪耻。窃恐未得其志，而轻薄之徒自相侵侮，偷快一时，无深计远虑。畴有愚计，愿与诸君共施之，可乎？"皆曰："可。"畴乃为约束相杀伤、犯盗、诤讼之法，法重者至死，其次抵罪，二十余条。又制为婚姻嫁娶之礼，兴举学校讲授之业，班行其众，众皆便之，至道不拾遗。北边翕然服其威信，乌丸、鲜

发雷霆，用重金悬赏缉拿到了田畴，对田畴说："你为什么私自到刘虞墓前哭泣，却不把朝廷的文书送给我？"田畴回答说："现在汉朝衰落，就有人怀有异心，只有刘公不失忠臣气节。朝廷文书上所说的，对于将军未必是好话，恐怕不是您乐意听的，所以没有交给您，况且将军正在进行一件大事以求达到自己的目的，你已经杀了无罪的州牧，又仇视坚守义节的臣下，如果真的这样做，那么燕、赵一带的义士都将跳入东海死去，您哪能容忍随从将军的人呢！"公孙瓒赞赏他的回答，就给他松了绑没有杀他。把他拘禁在军中，禁止他的朋友和他联系。有人劝公孙瓒说："田畴是位义士，您不以礼待他，却把他囚禁起来，恐怕会失去民心。"公孙瓒才释放了田畴。

田畴回到北方的家乡，带领全族及其他随从几百人，打扫地面发誓说："州牧的仇不报，我们不可能活在世上！"就进入徐无山，在幽深险要但又平坦开阔的地方安营住下，亲自从事耕种来养活父母。百姓纷纷来归附他，几年内发展到五千多家。田畴对父老们说："各位父老不认为田畴不成材，从远处赶来相聚，这里人多了就成了城邑，但没有人统领，恐怕不是长久安处的办法，希望推选贤能年长的人当大家的首领。"大家说："好。"全都推举田畴。田畴说："现在来到这里，不是为苟且偷安，而是要图谋大事，报仇雪耻。我自个担心还没实现这个大志，而那些轻浮鄙薄的人自相欺侮，只图痛快一时，没有深谋远虑。我有一个不高明的主意，愿意与各位共同来实施，可以吗？"大家说："可以。"田畴就制定了限制相互残杀、偷盗、发生纷争的法规，严重违反法规的处死，次重的抵罪，共二十多条。还制订了婚姻嫁娶的礼制，兴办学校讲授学业，制订的法规在公众中颁布实行，大家都感到适当，做到在路上不拾别人遗失的财物。北方边境的人一致佩服他的威信，乌丸、鲜卑人都派翻译使者送来贡品，田畴安抚

卑并各遣译使致贡遗，畴悉抚纳，令不为寇。袁绍数遣使招命，又即授将军印，因安辑所统，畴皆拒不受。绍死，其子尚又辟焉，畴终不行。

他们并接受全部贡物，嘱咐他们不要侵犯。袁绍几次派遣使者招请他，还立刻授给他将军官印，想趁机安抚收编他所统领的部众，田畴都拒绝没有接受。袁绍死后，他儿子袁尚又招请田畴，田畴始终没去。

畴常忿乌丸昔多贼杀其郡冠盖，有欲讨之意而力未能。建安十二年，太祖北征乌丸，未至，先遣使辟畴，又命田豫喻指。畴戒其门下趣治严。门人谓曰："昔袁公慕君，礼命五至，君义不屈；今曹公使一来而君若恐弗及者，何也？"畴笑而应之曰："此非君所识也。"遂随使者到军，署司空户曹掾，引见谘议。明日出令曰："田子泰非吾所宜吏者。"即举茂才，拜为蓨令，不之官，随军次无终。时方夏水雨，而滨海洿下，泞滞不通，虏亦遮守蹊要，军不得进。太祖患之，以问畴。畴曰："此道，秋夏每常有水，浅不通车马，深不载舟船，为难久矣。旧北平郡治在平冈，道出卢龙，达于柳城；自建武以来，陷坏断绝，垂二百载，而尚有微径可从。今虏将以大军当由无终，不得进而退，懈弛无备。若嘿回军，从卢龙口越白檀之险，出空虚之地，路近而便，掩其不备，蹋顿之首可不战而禽也。"太祖曰："善。"乃引军还，而署大木表于水侧路傍曰："方今暑夏，道路不通，且俟秋冬，乃复进军。"虏候骑见之，诚以为大军

田畴常常痛恨乌丸人过去多次杀害这个郡的官吏，有征讨他们的想法，但力量不够。建安十二年，太祖征伐北方的乌丸人，出征前，事先派遣使者征召田畴，又命田豫把意旨告诉田畴。田畴得知太祖的意旨后吩咐门客赶快整理行装。门客对他说："以前袁绍仰慕您，三番五次送来按礼制规定征聘的文书，您讲大义不屈行；现在曹公使者一来，您却好像担心去得太晚，这是为什么？"田畴笑着回答说："这不是你所知道的。"于是跟随使者到达曹公军营，曹公让他暂任司空户曹的属官，太祖接见了他并与他商议了大事。第二天太祖发出命令："田子泰不是我适合用为府吏的人。"立刻推荐他为秀才，任命他为蓨县县令，他没有上任，跟随军队驻在无终县。当时正是夏季，大雨滂沱，这里近海地势低洼，道路泥泞不通，敌人也隐蔽地拦守在小路和险要地方，军队不能前进。太祖忧虑，因而询问田畴。田畴说："这条路，秋夏季节常常有水，水浅时车马不能通行，水深时船只不能航行，造成这样的困难很久了。前北平郡治所在平冈，有条道路经过卢龙，到达柳城；自从建武年间以来，路已毁坏断绝，将近二百年，但还有小路可通行。现在敌人的将领认为我军定从无终出击，遇阻不能前进就会后退，士兵没有思想准备定会士气松懈。假如我军悄悄地返回，从卢龙口越过白檀县的险要处，从空虚的地方出兵，路近又便利，可乘敌人没有防备，乌丸酋长蹋顿的首级就可以不战而擒斩了。"太祖说："好。"于是率兵返回，在水路旁立了一块大木牌，木牌上写着："现在正当酷暑夏季，道路不通，等到秋冬季节，再次进军。"敌人的侦察骑兵看到这块大木牌，以为

去也。太祖令畴将其众为乡导,上徐无山,出卢龙,历平冈,登白狼堆,去柳城二百余里,虏乃惊觉。单于身自临陈,太祖与交战,遂大斩获,追奔逐北,至柳城。军还入塞,论功行封,封畴亭侯,邑五百户。⑮畴自以始为居难,率众循逃,志义不立,反以为利,非本意也,固让。太祖知其至心,许而不夺。⑯

太祖的大军真的撤退了。太祖命令田畴率领他的部下担任向导,登上徐无山,从卢龙口出去,经过平冈县,登上白狼堆,离柳城两百多里,敌人才惊觉。单于亲自临阵,太祖与单于交战,终于斩杀和俘虏了大批敌人,追击败敌直到柳城。太祖回军进入塞内后,论功行赏,封田畴为亭侯,给食邑五百户。田畴自己认为当初是处于困难境地,才带领众人逃走的,现在大志没有实现,反而因此得利,不是自己本来的想法,坚决推让。太祖理解他的忠诚心意,同意他的意见,没有强要他接受赏赐。

辽东斩送袁尚首,令“三军敢有哭之者斩”。畴以尝为尚所辟,乃往吊祭。太祖亦不问。⑰畴尽将其家属及宗人三百余家居邺。太祖赐畴车马谷帛,皆散之宗族知旧。从征荆州还,太祖追念畴功殊美,恨前听畴之让,曰:“是成一人之志,而亏王法大制也。”于是乃复以前爵封畴。⑱畴上疏陈诚,以死自誓。太祖不听,欲引拜之,至于数四,终不受。有司劾畴狷介违道,苟立小节,宜免官加刑。太祖重其事,依违者久之。乃下世子及大臣博议,世子以畴同于子文辞禄,申胥逃赏,宜勿夺以优其节。尚书令荀彧、司隶校尉钟繇亦以为可听。⑲太祖犹欲侯之。畴素与夏侯惇善,太祖语惇曰:“且往以情喻之,自从君所言,无告吾意也。”惇就畴宿,如太祖所戒。畴揣知其指,不复发言。惇临去,乃拊畴背曰:“田君,主意殷勤,曾不能顾乎!”畴答

辽东太守公孙康斩了袁尚,把他的脑袋送来,太祖下令:“军队中有胆敢为袁尚而哀哭的,也要斩杀。”田畴曾经被袁尚任用过,便前去吊丧祭祀。太祖也不过问。田畴把他的家属及同族人三百多家迁到邺城。太祖赐给他的车马、谷物、丝绵织品,他都分给了他的族人和老朋友。田畴跟随太祖征伐荆州回来,太祖回想起田畴的战功特别卓著,后悔以前听依了田畴的推让,说:“这是成全了个人的愿望行事,但破坏了王法制度。”于是还是要将以前赐封田畴的爵位给他。田畴呈上奏章,陈述自己的诚意,用死发誓,表示不受。太祖没有接受他的请求,想荐举他,以至四次,田畴最终没有接受。有关官员举发田畴洁身自好,违背臣道,贪立小节,应当免去官职,施加刑罚。太祖慎重地对待这件事,迟疑了很久,才下令让世子及大臣们广泛地讨论,世子认为田畴与春秋时楚国的令尹子文辞受俸禄、楚国的申胥逃赏相同,应当不强要他改变想法而应嘉奖他的节操。尚书令荀彧、司隶校尉钟繇也认为可以听任他。太祖还是想封他为侯。田畴向来与夏侯惇友好,太祖对夏侯惇说:“你到田畴那里凭情谊开导他,他自然会听从你的话,但不要告诉他这是我的意思。”夏侯惇到了田畴住所,像太祖嘱咐他的那样去做。田畴揣摩到了夏侯惇的来意,不再讲话了。夏侯惇将走时,拍着田畴的背说:“田君,太祖的心意恳切,难道还不能考虑吗!”田畴回答说:“你这是什么话,说得

曰:“是何言之过也！畴,负义逃窜之人耳,蒙恩全活,为幸多矣。岂可卖卢龙之塞,以易赏禄哉？纵国私畴,畴独不愧于心乎？将军雅知畴者,犹复如此,若必不得已,请愿效死刎首于前。”言未卒,涕泣横流。惇具答太祖。太祖喟然知不可屈,乃拜为议郎。年四十六卒。子又早死。文帝践阼,高畴德义,赐畴从孙续爵关内侯,以奉其嗣。

过分了吧!我田畴,是个违背仁义逃跑流窜的人,承蒙恩典我能活下来,已是很幸运了。我难道可以拿进军卢龙要塞做资本,来换取封赏和荣禄吗？即使国家偏爱我,难道我田畴不从内心感到惭愧吗？将军你平素是了解我的人,还是这样,如果迫不得已,请允许我在你面前自杀。”话未说完,涕泪横流。夏侯惇回去后把全部情况回报太祖。太祖听后长声叹息,知道不能使田畴屈从,于是任命田畴为议郎。田畴四十六岁去世。他的儿子也早死。文帝即位,推崇田畴的德行仁义,赐给田畴的侄孙田续关内侯的爵位,让田续作为他的继承人。

王修字叔治,北海营陵人也。年七岁丧母。母以社日亡,来岁邻里社,修感念母,哀甚。邻里闻之,为之罢社。年二十,游学南阳,止张奉舍。奉举家得疾病,无相视者,修亲隐恤之,病愈乃去。初平中,北海孔融召以为主簿,守高密令。高密孙氏素豪侠,人客数犯法。民有相劫者,贼入孙氏,吏不能执。修将吏民围之,孙氏拒守,吏民畏惮不敢近。修令吏民:“敢有不攻者与同罪。”孙氏惧,乃出贼。由是豪强慑服。举孝廉,修让邴原,融不听。[20]时天下乱,遂不行。顷之,郡中有反者。修闻融有难,夜往奔融。贼初发,融谓左右曰:“能冒难来,唯王修耳！”言终而修至。复署功曹。时胶东多贼寇,复令修守胶东令。胶东人公沙卢宗强,自为营堑,不肯应发调。修独将数骑径入其门,斩卢兄弟,公沙氏惊愕莫敢动。

王修字叔治,是北海郡营陵县人。七岁时母亲去世。母亲去世这天是祭祀土神的日子,第二年邻里们祭祀土神的这天,王修怀念母亲,非常悲哀。邻居们听到他的哭泣声,便停止祭祀。王修二十岁时,到南阳游学。暂住在张奉家里。张奉全家人生病,没有人去看望他们,王修怜悯救助他们,待他们病好了才离去。初平年间,北海国国相孔融征召他担任主簿,代理高密县县令。高密县的孙氏向来是个豪强侠客,他的族人家客多次犯法。百姓中时有被抢劫的,盗贼逃进孙氏家中,官吏们不敢进去逮捕。王修带领官吏、百姓包围孙家,孙氏抗拒防守,官吏、百姓害怕得不敢走近。王修命令官吏、百姓说:“如果有不敢攻打的人,与盗贼同样治罪。”孙氏害怕了,才把盗贼交出来。从此高密县强横霸道的人都害怕屈服。王修被荐举为孝顺廉洁的人,他要把孝廉让给邴原,但孔融不同意。当时天下动乱,荐举孝廉的事就搁置下来。不久,郡里有人反叛。王修听到孔融遭受危难,连夜奔往孔融处。盗贼开始作乱时,孔融就对身边的人说:“能够冒着危险来救助我的,我看只有王修！”话刚说完,王修就赶到了。王修再次担任代理功曹。当时胶东一带盗匪很多,又命令王修代理胶东县令。胶东人公沙卢是豪强大族,自己修建有营垒壕沟,不肯应征官府的徭役和赋税。王修独自率领几名骑士直闯公沙卢家里,斩杀了公

修抚慰其余，由是寇少止。融每有难，修虽休归在家，无不至。融常赖修以免。

袁谭在青州，辟修为治中从事，别驾刘献数毁短修。后献以事当死，修理之，得免。时人益以此多焉。袁绍又辟修除即墨令，后复为谭别驾。绍死，谭、尚有隙。尚攻谭，谭军败，修率吏民往救谭。谭喜曰："成吾军者，王别驾也。"谭之败，刘询起兵漯阴，诸城皆应。谭叹息曰："今举州背叛，岂孤之不德邪！"修曰："东莱太守管统虽在海表，此人不反，必来。"后十余日，统果弃其妻子来赴谭，妻子为贼所杀，谭更以统为乐安太守。谭复欲攻尚，修谏曰："兄弟还相攻击，是败亡之道也。"谭不悦，然知其志节。后又问修："计安出？"修曰："夫兄弟者，左右手也。譬人将斗而断其右手，而曰'我必胜'，若是者可乎？夫弃兄弟而不亲，天下其谁亲之？属有谗人，固将交斗其间，以求一朝之利，愿明使君塞耳勿听也。若斩佞臣数人，复相亲睦，以御四方，可以横行天下。"谭不听，遂与尚相攻击，请救于太祖。太祖既破冀州，谭又叛。太祖遂引军攻谭于南皮。修时运粮在乐安，闻谭急，将所领兵及诸从事数十人往赴谭。至高密，闻谭死，下马号

沙卢的兄弟，公沙卢惊吓得不敢动弹。王修抚慰其他的人，从此盗贼活动稍有停息。孔融每次遇到祸难，王修即使在家休假，也没有不赶去救助的。孔融常靠王修的帮助得以免除祸难。

袁谭在青州时，征召王修担任治中从事，别驾刘献多次毁谤贬低王修。后来刘献因出事应当判死刑，王修办理他的案子，刘献获免了死罪。当时人们因此更加称赞王修。袁绍又征召王修担任即墨县县令，后来又担任袁谭的别驾。袁绍死后，袁谭、袁尚有矛盾。袁尚攻打袁谭，袁谭的军队被打败，王修率领官民前去援救袁谭。袁谭高兴地说："保全我军的人，是王别驾。"袁谭失败时，刘询在漯阴发兵，各城都响应。袁谭叹息说："现在全州背叛我，难道是我没有德行吗！"王修说："东莱太守管统虽然在海边，这个人不会反叛，一定会来的。"过后十多天，管统果然丢下妻子、儿女奔赴袁谭，管统的妻子、儿女被盗匪杀害，袁谭改任管统为乐安太守。袁谭又想攻打袁尚，王修劝谏说："兄弟之间相互攻击，是必然会失败灭亡的。"袁谭听后不高兴，但他了解王修的志向节操。后来又问王修："还有什么办法？"王修说："兄弟就像是人的左右手。譬如一个人将要与别人搏斗时，却砍断自己的右手，反而说'我一定胜利'，像这样的情况可以取胜吗？抛开兄弟而不相亲，天下还有谁能亲近呢？下属中有说坏话的人，本意就是从中离间，挑起相互争斗，来求得暂时的利益，希望您这样英明的人把耳朵塞住不要去听。如果杀掉几个巧言献媚的官吏，兄弟俩重又亲爱和睦，来抵御四面八方的攻击，就可称霸天下了。"袁谭没有听取王修的意见，最终还是与袁尚相互攻击，袁谭向太祖请求救援。太祖攻下冀州以后，袁谭又背叛太祖。太祖就率领军队在南皮攻打袁谭。王修当时在乐安运粮，听到袁谭处于危急中，带领士兵和各从事几十人奔赴袁谭那里。王修到达高密

哭曰:“无君焉归?”遂诣太祖,乞收葬谭尸。太祖欲观修意,默然不应。修复曰:“受袁氏厚恩,若得收敛谭尸,然后就戮,无所恨。”太祖嘉其义,听之。[21]以修为督军粮,还乐安。谭之破,诸城皆服,唯管统以乐安不从命。太祖命修取统首,修以统亡国之忠臣,因解其缚,使诣太祖。太祖悦而赦之。袁氏政宽,在职势者多畜聚。太祖破邺,籍没审配等家财物赀以万数。及破南皮,阅修家,谷不满十斛,有书数百卷。太祖叹曰:“士不妄有名。”乃礼辟为司空掾,行司金中郎将,迁魏郡太守。为治,抑强扶弱,明赏罚,百姓称之。[22]魏国既建,为大司农郎中令。太祖议行肉刑,修以为时未可行,太祖采其议。徙为奉常。其后严才反,与其徒属数十人攻掖门。修闻变,召车马未至,便将官属步至宫门。太祖在铜爵台望见之,曰:“彼来者必王叔治也。”相国钟繇谓修:“旧,京城有变,九卿各居其府。”修曰:“食其禄,焉避其难?居府虽旧,非赴难之义。”顷之,病卒官。子忠,官至东莱太守、散骑常侍。初,修识高柔于弱冠,异王基于幼童,终皆远至,世称其知人。[23]

县,听说袁谭死了,下马后顿时号啕大哭说:“没有您我归向哪里?”于是到太祖处,请求收敛埋葬袁谭的尸体。太祖想观察一下王修的心意,默不作声没有回应。王修又说:“我蒙受袁氏的深厚恩德,假使能够让我收敛袁谭的尸体,然后接受诛杀,我也没有什么遗憾。”太祖赞扬他的义气,听由了他。后来任用王修做运粮督军,回到乐安。袁谭被战败后,各城都降服,只有管统在乐安不服命令。太祖命令王修去斩取管统的脑袋。王修认为管统是亡国的忠臣,于是给他松绑,叫他去拜见太祖。太祖高兴地赦免了他。袁氏的政令宽松,有职有权的人都聚敛了很多财物。太祖攻下邺城后,没收审配等人的财物数以万计。等到攻下南皮,查看王修家里,谷物还不够十斛,却有书籍几百卷。太祖叹息说:“士人不是虚有名声。”于是按照礼制征召王修担任司空的属官,代理司金中郎将,升任魏郡太守。王修处理政务,压制豪强,扶助弱民,赏罚严明,因此百姓都称赞他。魏国建立以后,王修担任大司农郎中令。太祖与群臣商议采用肉刑,王修认为当时不能采用,太祖采纳了他的意见。王修被调升奉常。后来严才反叛,与他的部属几十人从皇宫的边门进攻。王修听说发生事变,调发的车马未到,便带领官属步行到宫门。太祖在铜雀台远远地看到他,说:“那个来的人一定是王叔治。”相国钟繇对王修说:“从前,京城发生变乱,九卿都居留在各自的官府。”王修说:“吃了国家的俸禄,怎么能躲避国家的祸难呢?居留在官府即使是旧例,但不符奔赴国难的义节。”没过多久,王修病死在任职期间。他的儿子王忠,官做到东莱太守、散骑常侍。当初,王修就看出才二十岁的高柔将来会有出息,还看出处在童年时期的王基与众不同,最终他们都成为才能出众,前程无量的人,社会上的人都称赞王修是个能察识人才的人。

邴原字根矩,北海朱虚人也。少与管宁俱以操尚称,州府辟命皆不就。黄巾起,原将

邴原字根矩,是北海国朱虚县人。年轻时与管宁都因节操高尚而著名,州府征召他们,都不去任官。黄巾军兴起,邴原带领他的家属逃到海边,住在

家属入海，住郁洲山中。时孔融为北海相，举原有道。原以黄巾方盛，遂至辽东，与同郡刘政俱有勇略雄气。辽东太守公孙度畏恶欲杀之，尽收捕其家，政得脱。度告诸县：“敢有藏政者与同罪。”政窘急，往投原，[24]原匿之月余，时东莱太史慈当归，原因以政付之。既而谓度曰：“将军前日欲杀刘政，以其为己害。今政已去，君之害岂不除哉？”度曰：“然。”原曰：“君之畏政者，以其有智也。今政已免，智将用矣，尚奚拘政之家？不若赦之，无重怨。”度乃出之。原又资送政家，皆得归故郡。原在辽东，一年中往归原居者数百家，游学之士，教授之声，不绝。

郁洲山里。当时孔融担任北海国的国相，荐举邴原为有道（汉代选举科目之一）。邴原认为黄巾军正是强大的时候，便去了辽东，与同郡人刘政都有勇敢谋略和英雄的气概。辽东太守公孙度既害怕又憎恨刘政，想杀掉他，把他全家人逮捕起来，刘政设法逃脱了。公孙度告知各县：“如果有敢藏匿刘政的人，与刘政同样治罪。”刘政处境困难危急，去投奔邴原，邴原把他隐藏了一个多月，当时正值东莱郡的太史慈回乡，邴原趁机将刘政托付给了太史慈。然后对公孙度说：“将军您前些日子要杀刘政，认为他是您的祸害。现在刘政已经走了，您的祸害难道不是除掉了吗？”公孙度说：“是的。”邴原说：“您害怕刘政，是因为他有智谋。现在刘政已经被免职，您的智谋可以施展了，为什么还要拘留刘政的家人呢？不如赦免他们，不要结怨过深。”公孙度于是把刘政的家属放了。邴原还资助刘政的家属回到了老家。邴原在辽东时，一年之内去归附他的就有几百家，游学的士人络绎不绝，传授学业的声音朗朗不绝。

后得归，太祖辟为司空掾。原女早亡，时太祖爱子仓舒亦没，太祖欲求合葬，原辞曰：“合葬，非礼也。原之所以自容于明公，公之所以待原者，以能守训典而不易也。若听明公之命，则是凡庸也，明公焉以为哉？”太祖乃止，徙署丞相征事。[25]崔琰为东曹掾，记让曰：“征事邴原、议郎张范，皆秉德纯懿，志行忠方，清静足以厉俗，贞固足以干事，所谓龙翰凤翼，国之重宝。举而用之，不仁者远。”代凉茂为五官将长史，闭门自守，非公事不出。太祖征吴，原从行，卒。[26]

后来邴原从辽东返回，太祖征召他担任司空的属官。邴原的女儿早死，在同一时间太祖心爱的儿子仓舒也死了，太祖想把自己的儿子与邴原的女儿葬在一起，邴原推辞说：“合葬，是不合礼制的。我邴原之所以自愿安身在您这儿，您曹公之所以这样待我，是因为我能恪守先贤的常规法则不作改变。如果我听从您的意见，那我就是个平庸的人，您认为怎么样呢？”太祖就没有坚持将两个孩子合葬，调邴原代理丞相征事。崔琰担任东曹的属官，他在记载谦让的贤臣时说：“征事邴原、议郎张范，他们都能执守高尚完美的道德，思想德行忠诚方正，心性纯正恬静足以激励世俗，坚守正道足以办好大事，他们是人们所比喻的龙的羽毛、凤的翅膀，是国家的重宝。推举并任用他们，不讲仁义的人就会远离。”邴原代理凉茂担任五官将长史，常常闭门自守，没有公事决不外出。太祖征伐吴国，邴原跟随出征，后来死去。

是后大鸿胪钜鹿张泰、河南尹扶风庞迪以清贤称，[27]永宁太仆东郡张阁以简质闻。[28]

以后大鸿胪钜鹿人张泰、河南尹扶风人庞迪因清廉贤良而著名，永宁宫太仆东郡人张阁因生活俭朴而闻名。

管宁字幼安，北海朱虚人也。[29]年十六丧父，中表愍其孤贫，咸共赠赗，悉辞不受，称财以送终。长八尺，美须眉。与平原华歆、同县邴原相友，俱游学于异国，并敬善陈仲弓。天下大乱，闻公孙度令行于海外，遂与原及平原王烈等至于辽东。度虚馆以候之。既往见度，乃庐于山谷。时避难者多居郡南，而宁居北，示无迁志，后渐来从之。太祖为司空，辟宁，度子康绝命不宣。[30]

管宁字幼安，是北海国朱虚县人。十六岁时父亲去世，表兄弟们可怜他孤苦贫穷，在他父亲去世时都一起送他用于出葬的物品，他全都辞谢了没有接受，自己借债安葬了父亲。管宁身高八尺，头发胡须都长得很美。与平原郡的华歆、同县人邴原友好，都在外地游学，他们都敬重陈仲弓。天下大乱时，他们听说公孙度的号令推行到了沿海一带，就与邴原以及平原郡的王烈等人到了辽东。公孙度为他们准备了住所迎候他们。他们去会见公孙度，就居住在山里。当时躲避战难的人大多住在郡南，可是管宁住在郡北，表现出没有搬迁的想法，后来人们渐渐来归服他。太祖担任司空时，曾召聘管宁，公孙度的儿子公孙康将太祖的召聘令扣压下来，不告诉管宁。

王烈者，字彦方，于时名闻在原、宁之右。辞公孙度长史，商贾自秽。太祖命为丞相掾征事，未至，卒于海表。[31]

王烈，字彦方，在当时他的名气在邴原、管宁之上。他辞去公孙度的长史，去经营商业，自己玷污名声。太祖任命他担任丞相属官征事，他没有到职，死在海边。

中国少安，客人皆还，唯宁晏然若将终焉。黄初四年，诏公卿举独行君子，司徒华歆荐宁。文帝即位，征宁，遂将家属浮海还郡，公孙恭送之南郊，加赠服物。自宁之东也，度、康、恭前后所资遗，皆受而藏诸。既已西渡，尽封还之。[32]诏以宁为太中大夫，固辞不受。[33]明帝即位，太尉华歆逊位让宁，[34]遂下诏曰："太中大夫管宁，耽怀道德，服膺六艺，清虚足以侔古，廉白可以当世。曩遭王道衰缺，浮海遁居，大魏受命，则襁负而至，斯盖应

国内稍稍安定，辽东的客人都回去了，只有管宁安然不动，好像将在这里终老。黄初四年，朝廷下令公卿们荐举德行特别高尚的人，司徒华歆推荐管宁。文帝继位，征召管宁，于是管宁携带家属渡海回乡，公孙恭送他们到南郊，还送给他衣物。自从管宁到辽东后，公孙度、公孙康、公孙恭前后所送的财物，他都接受但把它们收藏起来。渡海西回以后，他把所接受的财物原封不动地全部退还给了他们。朝廷下诏任用管宁为太中大夫，管宁坚决推辞，不肯接受。明帝继位，太尉华歆让位给管宁，于是下达诏书说："太中大夫管宁，深怀道德，六部经典(《诗》、《书》、《礼》、《乐》、《易》、《春秋》)牢记在心，他淡泊名利超脱世俗，完全可以与古人等同，廉洁清正，可以出任官职。从前，遇到王道衰败，渡海隐居，现在大魏王朝承受天命建立，你要携儿带女地归来，这

龙潜升之道，圣贤用舍之义。而黄初以来，征命屡下，每辄辞疾，拒违不至。岂朝廷之政，与生殊趣，将安乐山林，往而不能反乎！夫以姬公之圣，而耇德不降，则鸣鸟弗闻。[35]以秦穆之贤，犹思询乎黄发。况朕寡德，曷能不愿闻道于子大夫哉！今以宁为光禄勋。礼有大伦，君臣之道，不可废也。望必速至，称朕意焉。”又诏青州刺史曰：“宁抱道怀贞，潜翳海隅，比下征书，违命不至，盘桓利居，高尚其事。虽有素履幽人之贞，而失考父兹恭之义，使朕虚心引领历年，其何谓邪？徒欲怀安，必肆其志，不惟古人亦有翻然改节以隆斯民乎！日逝月除，时方已过，澡身浴德，将以曷为？仲尼有言：‘吾非斯人之徒与而谁与哉！’其命别驾从事郡丞掾，奉诏以礼发遣宁诣行在所，给安车、吏从、茵蓐、道上厨食，上道先奏。”宁称草莽臣上疏曰：“臣海滨孤微，罢农无伍，禄运幸厚。横蒙陛下纂承洪绪，德侔三皇，化溢有唐。久荷渥泽，积祀一纪，不能仰答陛下恩养之福。沉委笃痾，寝疾弥留，逋违臣隶颠倒之节，夙宵战怖，无地自厝。臣元年十一月被公车司马令所下州郡，八月甲申诏书征臣，更赐安车、衣被、茵蓐，以礼发遣，光宠并臻，优命屡至，怔营竦息，悼心失图。思

是顺应神龙潜升的规律，这是圣贤出仕隐退的义节。可是黄初以来，多次下达征召的命令，你每次总是托病推辞，违令拒不到任。难道朝廷的政事，与先生的志趣不同，你乐意隐居在深山老林中领略情趣，去了就不能返回么！像周公那样圣明，年老有德就不归依，那么人们就会听不到凤凰的叫声。像秦穆公那样贤达，还想着要向老人请教。何况朕德行不够，怎么不希望从你那儿听到治理国家的办法哩！现在我任命你为光禄勋。礼有大的准则，君臣间的原则，是不可废弃的。希望你一定迅速来朝，满足朕的心意。”同时又下令青州刺史说：“管宁持守正道，胸怀贞操，隐居在偏远的海边，朝廷接连下达征召文书，他违命不来到任，逗留简居，认为这几次是高尚的事情。虽有淳朴隐士的节操，可是丢掉了考父位愈高就愈谦恭的理义，他使朕诚心翘首盼望多年，这是为什么呢？是他只想贪图安逸，一定要放纵自己的思想，不想想古人也有很快改变操守来使国盛民安的呀！日月运转，时间流逝，修养身心使德行高洁，这样做是为了什么？孔子说过：‘我不和这类人在一起又与谁在一起呢！’现在命令别驾从事郡丞属官，敬捧诏书按照礼仪送管宁到天子所在地来，供给他安坐的小车、随从差役、褥垫、路上需用的食具和食品，管宁上路前事先奏报。”管宁自称草莽臣呈上奏条说：“臣是海滨孤单卑微的人，停止务农又不与人为伍，我感到幸运的是食禄的运气很好。现在又意外地赶上陛下继承大业，陛下德行与三皇等同，教化超过唐尧。臣久蒙朝廷的恩惠，至今已有十二年，臣不能报答陛下恩养我的福泽。我身患重病，在卧床久病不愈的情况下，违背了作为臣下属于君王的大节，颠倒了君臣的关系，我从早到晚战战兢兢，自恨无地自容。臣于太和元年十一月接到公车司马令下到州郡的八月甲申日朝廷征召臣下的诏书，还赐给安车、衣被、褥垫，按礼仪发送，荣耀恩宠一齐到来，皇上的命令多次下达，使我内心恐惧，睡卧不安，失去主意。臣想上表向皇上陈述，申说我的情怀，可是皇上下诏制止，不让臣下写

自陈闻，申展愚情，而明诏抑割，不令稍修章表，是以郁滞，讫于今日。诚谓乾覆，恩有纪极，不意灵润，弥以隆赫。奉今年二月被州郡所下三年十二月辛酉诏书，重赐安车、衣服，别驾从事与郡功曹以礼发遣，又特被玺书，以臣为光禄勋，躬秉劳谦，引喻周、秦，损上益下。受诏之日，精魄飞散，靡所投死。臣重自省揆，德非园、绮而蒙安车之荣，功无窦融而蒙玺封之宠，棨棁驽下，荷栋梁之任，垂没之命，获九棘之位，惧有朱博鼓妖之眚。又年疾日侵，有加无损，不任扶舆进路以塞元责，望慕阊阖，徘徊阙庭，谨拜章陈情，乞蒙哀省，抑恩听放，无令骸骨填于衢路。”自黄初至于青龙，征命相仍，常以八月赐牛酒。诏书问青州刺史程喜：“宁为守节高乎，审老疾尪顿邪？”喜上言：“宁有族人管贡为州吏，与宁邻比，臣常使经营消息。贡说：‘宁常著皂帽、布襦袴、布裙，随时单复，出入闺庭，能自任杖，不须扶持。四时祠祭，辄自力强，改加衣服，著絮巾，故在辽东所有白布单衣，亲荐馔馈，跪拜成礼。宁少而丧母，不识形象，常特加觞，泫然流涕。又居宅离水七八十步，夏时诣水中澡洒手足，窥于园圃。’臣揆宁前后辞让之意，独自以生长潜逸，耆艾智衰，是以栖迟，每执

章上表，因此我内心忧郁不畅快，直到今日。臣下的确认为是皇恩普施天下，但恩有终极，没想到皇上恩泽广远绵长，日益深厚显赫。臣接到今年二月由州郡转下的三年十二月辛酉日下达的诏书，再赐我安车、衣服，别驾从事与郡功曹，按礼仪发送我上路，又接到皇上特别颁发给臣下的诏书，让臣担任光禄勋，皇上亲自劳神，辞意谦和，还援引周、秦二代的故事相劝喻，这是有损皇上尊严，优宠臣下的事。接到诏书之日，我魂飞魄散，无处寻死。臣再三自己反省揣度，我没有汉初商山东园公、绮里季的德行，却恩蒙乘坐安车的光荣，没有东汉窦融的功劳，却恩受玺书封赐的宠待，才能低下，却肩负栋梁重任，垂危的生命，却获得九卿的职位，臣下害怕会发生像西汉丞相朱博那样被人诬为鼓妖而被迫自杀的灾难。臣下年老多病，病情有增无减，不能胜任进谏，来敷衍塞责地对待大任。臣下仰慕宫门，徘徊朝廷，恭敬地呈上奏章，说明不能效忠的情由，请求皇上怜悯省察，减少恩赐，听任臣下置身朝外，只不要把我的尸骨丢弃在路上。”从黄初年间到青龙年间，朝廷征召他的诏令仍然接连不断，常常在八月赐他牛和酒。朝廷下诏询问青州刺史程喜：“管宁是认为坚持节操高尚？还是确因年老有病，身体衰弱不堪？”程喜上奏说：“管宁有个族人叫管贡，他担任州中小官，与管宁是邻居，我常让他去打听管宁的消息。管贡说：‘管宁常戴黑帽，穿布衣、套裤，随时令变化增减衣服，出入家门，能够自扶拐杖行走，不需他人搀扶。四季祭祀祖宗神鬼，总是自己勉强进行，祭祀时他改换穿戴，头系絮巾，穿过去在辽东时的白布单衣，亲自敬献祭品，行跪拜礼。管宁少年时母亲去世，现已不记得母亲的模样，祭祀时常常特地在母亲牌位前奉上一杯酒，伤心地流下眼泪。他的住宅离水塘才七八十步，夏天常到水塘中洗涤手脚，常到园圃观看。’臣下揣测到管宁前后几次辞让的意思，他自认为出生隐居都在边远地方，年纪老大，智力衰减，因而常持谦让的态度，隐退不仕。这是管宁想要保全自己的志向操守，不是自持清高。”

谦退。此宁志行所欲必全,不为守高。”㊱

正始二年,太仆陶丘一、永宁卫尉孟观、侍中孙邕、中书侍郎王基荐宁曰:

臣闻龙凤隐耀,应德而臻,明哲潜遁,俟时而动。是以鹭鹭鸣岐,周道隆兴,四皓为佐,汉帝用康。伏见太中大夫管宁,应二仪之中和,总九德之纯懿,含章素质,冰絜渊清,玄虚澹泊,与道逍遥;娱心黄老,游志六艺,升堂入室,究其阃奥,韬古今乾胸怀,包道德之机要。中平之际,黄巾陆梁,华夏倾荡,王纲弛顿。遂避时难,乘桴越海,羁旅辽东三十余年。在乾之姤,匿景藏光,嘉遁养浩,韬韫儒墨,潜化傍流,畅于殊俗。

黄初四年,高祖文皇帝畴谘群公,思求俊乂,故司徒华歆举宁应选,公车特征,振翼遐裔,翻然来翔。行遇屯厄,遭罹疾病,即拜太中大夫。烈祖明皇帝嘉美其德,登为光禄勋。宁疾弥留,未能进道。今宁旧疾已瘳,行年八十,志无衰倦。环堵筚门,偃息穷巷,饭鬻糊口,并日而食,吟咏《诗》《书》,不改其乐。困而能通,遭难必济,经危蹈险,不易其节,金声玉色,久而弥彰。揆其终

正始二年,太仆陶丘一、永宁宫的卫尉孟观、侍中孙邕、中书侍郎王基荐举管宁说:

臣下听说,龙凤隐藏光彩,是要印证帝王的德政才到来,有智慧才能超群的人隐退,是要等待时运而行动。因此凤凰在岐山鸣叫,周朝的大业就兴盛起来,四皓(秦末汉初的东园公、角里先生、绮里季、夏黄公)担任辅佐,因此汉朝帝王强盛。臣下认为太中大夫管宁,体现了天地、阴阳达到和谐境界,具备忠、信、敬、刚、柔、和、固、贞、顺九种高尚完美的品德,深涵文采与朴素的品质,品德像冰雪一样纯洁,像深泉一样清纯,他淡泊名利,随顺自然,安闲自得;以黄帝、老子的学说修养思想,全神贯注地研究儒家六艺,升入前堂进入内室,探究隐微深奥的道理,他胸藏古今经典,囊括道德的精义要旨。中平年间,黄巾军猖獗,中原地区动荡倾覆,朝廷的纲纪松弛败落。管宁为躲避当时的灾难,乘船渡海,旅居辽东三十多年。这正是乾卦中姤卦的卦象,隐藏形影和光彩,认为隐居是处世良法,可颐养浩然正气,他蕴涵融会儒、墨二家的学说、潜移默化其他流派的学说,通晓不同地域的风俗。

黄初四年,高祖文皇帝咨询各位大臣,希望找到才能出众的人,所以司徒华歆荐举管宁应选,朝廷用公车特意征召,管宁从边远的地方像只展翅高飞的大鹏很快回飞。途中历尽艰难困苦,又受疾病折磨,朝廷授他太中大夫。明皇帝称赞他的德行,晋升他为光禄勋。管宁病重滞留下来,没有前行。现在他的旧病已愈,年纪将近八十,但意志没有衰退。他的住宅四周土墙环围,用荆条编门,他安居在穷陋的小巷内,终日稀饭糊口,有时两天才吃一顿,却吟《诗》诵《书》,乐趣不改。身处困境却内心通达,所以遭遇祸难,终能渡过,历经危难,节操不改,犹如铜钟之声,美玉之色,时间愈久愈显洪亮光彩。考察他的一贯表现,大概是上天赐福,他应当辅佐大魏,协

始，殆天所祚，当赞大魏，辅亮雍熙。衮职有阙，群下属望。昔高宗刻象，营求贤哲，周文启龟，以卜良佐。况宁前朝所表，名德已著，而久栖迟，未时引致，非所以奉遵明训，继成前志也。陛下践阼，纂承洪绪。圣敬日跻，超越周成。每发德音，动谘师傅。若继二祖招贤故典，宾礼俊迈，以广缉熙，济济之化，侔于前代。

助开创社会太平、百姓和乐的局面。现在三公职位有空缺，管宁是众望所归的人选。以往，高宗有意刻制圣贤的形象，是为寻求贤良明智的人，周文王用龟壳占卜，是为卜求贤良的辅佐。何况管宁是前朝所表彰的人，名望德行已很卓著，但长期隐居不仕，没有及时来朝廷，这不是遵奉圣贤的教导，继承先王遗志的做法。陛下登基，继承大业。圣上的威望日益提高，超过了周成王。每次发布圣旨，常向太师、太傅咨询。如能继承高祖和烈祖招纳贤人的典章，礼遇才高的长者，让德光普照天下，那么我朝美好的教化，就可以与前代等同了。

宁清高恬泊，拟迹前轨，德行卓绝，海内无偶。历观前世玉帛所命，申公、枚乘、周党、樊英之俦，测其渊源，览其清浊，未有厉俗独行若宁者也。诚宜束帛加璧，备礼征聘，仍授几杖，延登东序，敷陈坟素，坐而论道，上正璇玑，协和皇极，下阜群生，彝伦攸叙，必有可观，光益大化。若宁固执匪石，守志箕山，追迹洪崖，参踪巢、许。斯亦圣朝同符唐、虞，优贤扬历，垂声千载。㊲虽出处殊涂，俯仰异体，至于兴治美俗，其揆一也。

管宁清高淡泊，效仿先贤的治国准则，德行超群，海内无双。纵观前代朝廷所征召的贤人，像申公、枚乘、周党、樊英一类的人物，观察他们学问的深广，考察他们品德的清浊，没有谁像管宁那样志节高尚可以激励风俗的。朝廷确实应该准备丝绸和美玉，用完备的礼节征召聘用他，还要授给他几案、手杖，请他登上最高学府的讲坛，让他讲述解说各种经典，谋划国家政事，对上可以匡正国事，协调皇上治国的法则，对下可以使百姓富足兴旺，使天、地、人保持和谐的顺序，这样一定会有显著成效，国家的教化就能发扬光大。假如管宁定要坚持自己的意志，追踪传说中的仙人洪崖，追踪巢父、许由隐居箕山，决不出仕。这也说明我们圣朝可与陶唐氏、有虞氏相比，优待贤人，表扬他们的政绩，这是名扬千古的好事。虽然出仕和隐居迥然不同，在野在朝完全有异，但对于大兴治理，美化风俗，它的道理却是一样的。

于是特具安车蒲轮，束帛加璧聘焉。会宁卒，时年八十四。拜子邈郎中，后为博士。初，宁妻先卒，知故劝更娶，宁曰："每省曾子、王骏之言，意常嘉之，岂自遭之而违本心哉？"㊳

于是朝廷特地准备用蒲草包裹软轮的坐乘小车，丝绸加美玉征聘管宁。适逢管宁去世，时年八十四岁。朝廷授任管宁的儿子管邈为郎中，后来担任博士。当初，管宁的妻子先死，知己故友劝他续娶，管宁说："每当我想到曾子、王骏的话，内心常常赞美他们，怎能自己遭遇这类事情，就违背本来的想法呢？"

时钜鹿张臶，字子明，颍

当时钜鹿人张臶，字子明，颍川人胡昭，字孔

川胡昭，字孔明，亦养志不仕。臶少游太学，学兼内外，后归乡里。袁绍前后辟命，不应，移居上党。并州牧高幹表除乐平令，不就，徙循常山，门徒且数百人，迁居任县。太祖为丞相，辟，不诣。太和中，诏求隐学之士能消灾复异者，郡累上臶，发遣，老病不行。广平太守卢毓到官三日，纲纪白承前致版谒臶。毓教曰："张先生所谓上不事天子，下不友诸侯者也。此岂版谒所可光饰哉？"但遣主簿奉书致羊酒之礼。青龙四年辛亥诏书："张掖郡玄川溢涌，激波奋荡，宝石负图，状像灵龟，宅于川西，嶷然磐峙，仓质素章，麟凤龙马，焕炳成形，文字告命，粲然著明。太史令高堂隆上言："古皇圣帝所未尝蒙，实有魏之祯命，东序之世宝。"[39]事颁天下。任令于绰连赍以问臶，臶密谓绰曰："夫神以知来，不追已往，祯祥先见而后废兴从之。汉已久亡，魏已得之，何所追兴征祥乎！此石，当今之变异而将来之祯瑞也。"正始元年，戴鵀之鸟，巢臶门阴。臶告门人曰："夫戴鵀阳鸟，而巢门阴，此凶祥也。"乃援琴歌咏，作诗二篇，旬日而卒，时年一百五岁。是岁，广平太守王肃至官，教下县曰："前在京都，闻张子明，来至问之，会其已亡，致痛惜之。此君笃学隐居，不与时竞，

明，也要培养自己不慕荣利的志向，不去做官。张臶少年时游学太学，学问兼通内典和外典，后来回到故里。袁绍先后几次征召他，他不肯应征，迁到上党郡居住。并州牧高幹上表朝廷,任命他为乐平县令。他不去就任，迁往常山郡隐居，门徒将近几百人，后又迁到任县居住。太祖当了丞相，征召他，他也不去。太和年间，明帝下诏寻求隐居的能消除灾害变异的学者，郡府多次向上推荐张臶，并送他上路，因他年老体病没有成行。广平太守卢毓到任三天，主簿告诉他要像前任那样递上名帖去拜见张臶。卢毓训示说："张先生是所谓对上不侍奉天子，对下不亲近诸侯的人。这样的人难道是持名帖拜见可以使他感到荣耀的吗？"卢毓只派遣主簿带信以及羊和酒等礼物去。青龙四年某月辛亥日，明帝下诏："张掖郡河流涨水，大水泛滥，波涛汹涌，大水冲出宝石，石上有河图，石形像神龟，滞留在河床西面，高高地耸立着，颜色青黑，图像白色，上有麒麟、凤凰、飞龙、奔马，形象鲜明，上有告喻的文字，清晰可见。太史令高堂隆上书说："古代圣皇明君也未见过这种宝石，这实在是大魏国运吉祥的征兆，是陈列在东序的大玉、夷玉、天球、河图一类的传世国宝。"朝廷将这事颁告天下。任县县令于绰几次带了礼物去请教张臶，张臶私下对于绰说："神灵宝物可以预知未来，但不可以追究往事，常常是吉祥征兆先头出现，然后兴废的事就接踵而来。汉朝早已灭亡，魏室已得天下，哪里是追究兴起的吉祥征兆哩！这块石头，应是现在灾害变异的征兆，将来的吉兆。"正始元年，一天戴鵀鸟在张臶家门后筑巢。张臶告诉门人说："戴鵀是阳鸟，但在门后筑巢，这是凶兆。"他于是操琴唱歌，吟成两首诗，十多天后他去世了，死时一百零五岁。这一年，广平太守王肃到任，下令下属县说："我以前在京城，听说过张子明，到任后问起这个人，正逢张臶去世，对他我表示哀痛怜惜。这位先生学问深广，隐居不仕，与世无争，顺应自然规律，娱乐身心。从前绛县老人处于困窘境地时，赵孟提携他做官，各国诸侯因此和睦。我怜悯张臶，他年

以道乐身。昔绛县老人屈在泥涂，赵孟升之，诸侯用睦。愍其耄勤好道，而不蒙荣宠，书到，遣吏劳问其家，显题门户，务加殊异，以慰既往，以劝将来。”

老勤勉，遵循正道，却没有接受荣禄恩宠。我的信函到后，你县要派官员慰问他的家人，要在他家的门上题写匾额加以颂扬，一定要给予他特殊的荣誉，以此来抚慰逝去的贤人，勉励后人。”

胡昭始避地冀州，亦辞袁绍之命，遁还乡里。太祖为司空丞相，频加礼辟。昭往应命，既至，自陈一介野生，无军国之用，归诚求去。太祖曰：“人各有志，出处异趣，勉卒雅尚，义不相屈。”昭乃转居陆浑山中，躬耕乐道，以经籍自娱。闾里敬而爱之。[40]建安二十三年，陆浑长张固被书调丁夫，当给汉中。百姓恶惮远役，并怀扰扰。民孙狼等因兴兵杀县主簿，作为叛乱，县邑残破。固率将十余吏卒，依昭住止，招集遗民，安复社稷。狼等遂南附关羽。羽授印给兵，还为寇贼，到陆浑南长乐亭，自相约誓，言：“胡居士贤者也，一不得犯其部落。”一川赖昭，咸无怵惕。天下安辑，徙宅宜阳。[41]正始中，骠骑将军赵俨、尚书黄休、郭彝、散骑常侍荀顗、钟毓、太仆庾嶷、[42]弘农太守何桢等[43]递荐昭曰：“天真高絜，老而弥笃。玄虚静素，有夷、皓之节。宜蒙征命，以励风俗。”[44]至嘉平二年，公车特征，会卒，年八十九。拜子纂郎中。初，昭善史书，与钟繇、邯郸淳、卫顗、韦诞并有名，尺牍之迹，动见

开始时胡昭住在冀州避难，他也谢绝袁绍的征聘，逃回故里。后来太祖担任司空丞相时，多次以礼征召他。胡昭前往应召，到任后，自我介绍说我是一个粗野的人，没有什么本领可为军队国家所用，真心地请求回去。太祖说：“人各有志，出仕或隐退，各有不同的乐趣，我不勉强你很快改变高雅的志向，从道义出发不使你屈就。”胡昭于是迁到陆浑县的山中居住。亲自耕作，愉快地遵循自己所信奉的道德准则，拿研读经书典籍自娱，邻里们敬爱他。建安二十三年，陆浑县县长张固接到征调丁夫的公文，应当派丁夫去汉中。老百姓厌恶害怕去远方服役，都心情纷乱不安。县民孙狼等人乘机发兵杀害县主簿，发动叛乱，县城遭到破坏。张固带领十多名官兵，去依附胡昭并在他那里安身，招纳集合剩下的县民，平定叛乱，安定恢复社会秩序。孙狼等人就逃到南方依附关羽。关羽授予孙狼官印，给他士兵，让他回去当寇贼，孙狼等人回到陆浑南面的长乐亭，相互立约发誓，说：“胡居士是个有德的好人，一律不准侵犯他居住的地方。”这一带的人依靠胡昭，都没有担惊受怕。天下太平后，他搬家到了宜阳县。正始年间，骠骑将军赵俨、尚书黄休、郭彝、散骑常侍荀顗、钟毓、太仆庾嶷、弘农太守何桢等人接连几次举荐胡昭说：“胡昭本性纯真高洁，年老更加忠诚。神智清明，性情沉静，朴素纯洁，有伯夷与四皓的节操。应当受到征召，以勉励风俗。”到嘉平二年，朝廷用公车特意征召，正赶上他死了，享年八十九岁。朝廷授任他儿子胡纂为郎中。当初，胡昭擅长书法，与钟繇、邯郸淳、卫顗、韦诞都有名声，胡昭书信的字迹，往往被人视为习字的范本。

模楷焉。⑮

评曰：袁涣、邴原、张范躬履清蹈，进退以道，⑯盖是贡禹、两龚之匹。凉茂、国渊亦其次也。张承名行亚范，可谓能弟矣。田畴抗节，王修忠贞，足以矫俗；管宁渊雅高尚，确然不拔；张臶、胡昭阖门守静，不营当世：故并录焉。

评论说：袁涣、邴原、张范亲身履行为人清正的道德准则，进仕、隐退都遵循道义，这可以与西汉时的贡禹、两龚（龚胜、龚舍）相比。凉茂、国渊也是同一层次的人物。张承的名声和操行次于张范，可说是张范有才能的弟弟。田畴坚守节操，王修忠诚坚贞，他们的德行完全可以矫正世俗；管宁知识广博，学问高深，品德高尚，志节坚定不移；张臶、胡昭闭门不出，保持清静，在当代不谋求官职：因此一起记录在本传中。

---

①袁宏《汉纪》曰：滂字公熙，纯素寡欲，终不言人之短。当权宠之盛，或以同异致祸，滂独中立于朝，故爱憎不及焉。

②《袁氏世纪》曰：布之破也，陈群父子时亦在布之军，见太祖皆拜。涣独高揖不为礼，太祖甚严惮之。时太祖又给众官车各数乘，使取布军中物，唯其所欲。众人皆重载，唯涣取书数百卷。资粮而已，众人闻之，大惭。涣谓所亲曰："脱我以行陈，令军发足以为行粮而已，不以此为我有。由是厉名也，大悔恨之。"太祖益以此重焉。

③《魏书》曰：谷熟长吕岐善朱渊、爰津，遣使行学还，召用之，与相见，出署渊师友祭酒，津决疑祭酒。渊等因各归家，不受署。岐大怒，将吏民收渊等，皆杖杀之，议者多非焉。涣教勿劾，主簿孙徽等以为"渊等罪不足死，长吏无专杀之义，孔子称'唯器与名，不可以假人'。谓之师友而加大戮，刑名相伐，不可以训。"涣教曰："主簿以不请为罪，此则然矣。谓渊等罪不足死，则非也。夫师友之名，古今有之。然有君之师友，有士大夫之师友。夫君置师友之官者，所以敬其臣也；有罪加于刑焉，国之法也。今不论其罪而谓之戮师友，斯失之矣。主簿取弟子戮师之名，而加君诛臣之实，非其类也。夫圣哲之治，观时而动，故不必循常，将有权也。间者世乱，民陵其上，虽务尊君卑臣，犹或未也，而反长世之过，不亦谬乎！"遂不劾。

④《袁氏世纪》曰：涣有四子，侃、寓、奥、准。侃字公然，论议清当，柔而不犯，善与人交。在废兴之间，人之所趣务者，常谦退不为也。时人以是称之。历位黄门选部郎，号为清平。稍迁至尚书，早卒。寓字宣厚，精辩有机理，好道家之言，少被病，未官而卒。奥字公荣，行足以厉俗，言约而理当，终于光禄勋。准字孝尼，忠信公正，不耻下问，唯恐人之不胜己。以世事多险，故常恬退而不敢求进。著书十余万言，论治世之务，为《易》、《周官》、《诗》传，及论五经滞义，圣人之微言，以传于世。此准之自序也。

《荀绰九州记》称准有俊才，泰始中为给事中。袁氏子孙世有名位，贵达至今。

⑤《晋诸公赞》曰：亮子粲，字仪祖，文学博识，累为儒官，至尚书。

⑥袁宏《汉纪》曰：初，天下将乱，涣慨然叹曰："汉室陵迟，乱无日矣。苟天下扰攘，逃将安之？若天未丧道，民以义存，唯强而有礼，可以庇身乎！"徽曰："古人有言：'知机其神乎！'见机而作，君子所以元吉也。天理盛衰，汉其亡矣！夫有大功必有大事，此又君子之所深识，退藏于密者也。且兵革既兴，外患必众，徽将远迹山海，以求免身。"及乱作，各行其志。

⑦《魏书》曰：文帝即位，以范子参为郎中。承孙邵，晋中

护军，与舅杨骏俱被诛。事见《晋书》。

⑧《博物记》曰：襁，织缕为之，广八寸，长尺二，以约小儿于背上，负之而行。

⑨臣松之案此传云公孙度闻曹公远征，邺无守备，则太祖定邺后也。案《度传》，度以建安九年卒，太祖亦以此年定邺，自后远征，唯有北征柳城耳。征柳城之年，度已不复在矣。

⑩《英雄记》曰：茂名在八友中。

⑪《玄别传》曰：渊始未知名，玄称之曰："国子尼，美才也，吾观其人，必为国器。"

⑫《魏书》曰：渊笃学好古，在辽东，常讲学于山岩，士人多推慕之，由此知名。

⑬《魏书》曰：太祖以其子泰为郎。

⑭《先贤行状》曰：畴将行，引虞密与议。畴因说虞曰："今帝主幼弱，奸臣擅命，表上须报，惧失事机。且公孙瓒阻兵安忍，不早图之，必有后悔。"虞不听。

⑮《先贤行状》载太祖表论畴功曰："文雅优备，忠武又著，和于抚下，慎于事上，量时度理，进退合义。幽州始扰，胡、汉交萃，荡析离居，靡所依怀。畴率宗人避难于无终山，北拒卢龙，南守要害，清静隐约，耕而后食，人民化从，咸共资奉。及袁绍父子威力加于朔野，远结乌丸，与为首尾，前后召畴，终不陷挠。后臣奉命，军次易县，畴长驱自到，陈讨胡之势，犹广武之建燕策，薛公之度淮南。又使部曲持臣露布，出诱胡众，汉民或因亡来，乌丸闻之震荡。王旅出塞，涂由山中九百余里，畴帅兵五百，启导山谷，遂灭乌丸，荡平塞表。畴文武有效，节义可嘉，诚应宠赏，以旌其美。"

⑯《魏书》载太祖令曰："昔伯成弃国，夏后不夺，将欲使高尚之士，优贤之主，不止于一世也。其听畴所执。"

⑰臣松之以为田畴不应袁绍父子之命，以其非正也。故尽规魏祖，建卢龙之策。致使袁尚奔进，授首辽东，皆畴之由也。既以明其为贼，胡为复吊祭其首乎？若以尝被辟命，义在其中，则不应为人设谋，使其至此也。畴此举，止，良为进退无当，与王脩哭袁谭，貌同而心异也。

⑱《先贤行状》载太祖命曰："蓨令田畴，至节高尚，遭值州里戎夏交乱，引身深山，研精味道，百姓从之，以成都邑。袁贼之盛，命召不屈。慷慨守志，以徼真主。及孤奉诏征定河北，遂服幽都，将定胡寇，时加礼命。畴即受署，陈建攻胡蹊路所由，率齐山民，一时向化，开塞导送，供承使役，路近而便，令虏不意。斩蹋顿于白狼，遂长驱于柳城，畴有力焉。及军入塞，将图其功，表封亭侯，食邑五百，而畴恳恻，前后辞赏。出入三载，历年未赐，此为成一人之高，甚违王典，失之多矣。宜从表封，无久留吾过。"

⑲《魏书》载世子议曰："昔薳敖逃禄，传载其美，所以激浊世，励贪夫，贤于尸录素餐之人也。故可得而小，不可得而毁。至于田畴，方斯近矣。免官加刑，于法为重。"

《魏略》载教曰："昔夷、齐弃爵而讥武王，可谓愚暗，孔子犹以为'求仁得仁'。畴之所守，虽不合道，但欲清高耳。使天下悉如畴志，即墨翟兼爱尚同之事，而老聃使民结绳之道也。外议虽善，为复使令司隶以决之。"

《魏书》载荀彧议，以为"君子之道，或出或处，期于为善而已。故匹夫守志，圣人各因而成之"。钟繇以为"原思辞粟，仲尼不与，子路拒牛，谓之止善，虽可以激清励浊，犹不足多也。畴虽不合大义，有益推让之风，宜如世子议。"臣松之案《吕氏春秋》："鲁国之法，鲁人有为臣妾于诸侯，有能赎之者取其金于府。子贡赎人而辞不取金，孔子曰：'赐失之矣。自今以来鲁人不赎矣。'子路拯溺者，其人拜之以牛，子路受之。孔子曰：'鲁人必拯溺矣。'"案此语不与繇所引者相应，未详为繇之事误邪，而事将别有所出耳？

⑳《融集》有融答脩教曰："原之贤也，吾已知之矣。昔高阳氏有才子八人，尧不能用，舜实举之。原可谓不患无位之士。以遗后贤，不亦可乎！"脩重辞，融答曰："掾清身絜己，历试诸难，谋而鲜过，惠训不倦。余嘉乃勋，应乃懿德，用升尔于王庭，其可辞乎！"

㉑《傅子》曰：太祖既诛袁谭，枭其首，令曰："敢哭之者戮

及妻子。"于是王叔治、田子泰相谓曰:"生受辟命,亡而不哭,非义也。畏死忘义,何以立世?"遂造其首而哭之,哀动三军。军正白行其戮,太祖曰:"义士也。"赦之。

臣松之案《田畴传》,畴为袁尚所辟,不被谭命。《傅子》合而言之,有违事实。

㉒《魏略》曰:脩为司金中郎将,陈黄白异议,因奏记曰:"脩闻枳棘之林,无梁柱之质;涓流之水,无洪波之势。是以在职七年,忠谠不昭于时,功业不见于事,欣于所受,俯惭不报,未尝不长夜起坐,中饭释餐。何者?力少任重,不堪而惧也。谨贡所议如左。"太祖甚然之,乃与脩书曰:"君澡身浴德,流声本州,忠能成绩,为世美谈,名实相副,过人甚远。孤以心知君,至深至熟,非徒耳目而已也。察观先贤之论,多以盐铁之利,足赡军国之用。昔孤初立司金之官,念非屈君,余无可者。故与君教曰:'昔遏父陶正,民赖其器用,及子妫满,建侯于陈;近桑弘羊,位至三公。此君元龟之兆先告者也',是孤用君之本言也,或恐众人未晓此意。自是以来,在朝之士,每得一显选,常举君为首,及闻袁军师众贤之议,以为不宜越君。然孤执心将有所底,以军师之职,间于司金,至于建功,重于军师。孤之精诚,足以达君;君之察孤,足以不疑。但恐傍人浅见,以蠡测海,为蛇画足,将言前后百选,辄不用之,而使此君沉滞冶官。张甲李乙,尚犹先之,此主人意待之不优之效也。孤惧有此空声冒实,淫蛙乱耳。假有斯事,亦庶钟期不失听也;若其无也,过备何害?昔宣帝察少府萧望之才任宰相,故复出之,令为冯翊。从正卿往,似于左迁。上使侍中宣意曰:'君守平原日浅,故复试君三辅,非有所间也。'孤揆先主中宗之意,诚备此事。既君崇勋业以副孤意。公叔文子与君俱升,独何人哉!"后无几而迁魏郡太守。

㉓王隐《晋书》曰:脩一子,名仪,字朱表,高亮雅直。司马文王为安东,仪为司马。东关之败,文王曰:"近日之事,谁任其咎?"仪曰:"责在军师。"文王怒曰:"司马欲委罪于孤邪?"遂杀之。子裒,字伟元。少立操尚,非礼不动。身长八尺四寸,容貌绝异。痛父不以命终,绝世不仕。立屋墓侧,以教授为务。旦夕常至墓前拜,辄悲号断绝。墓前有一柏树,裒常所攀援,涕泣所著,树色与凡树不同。读《诗》至"哀哀父母,生我劳悴",未尝不反覆流涕,泣下沾襟。家贫躬耕,计口而田,度身而蚕。诸生有密为裒刈麦者,裒遂弃之;自是莫敢复佐刈者。裒门人为本县所役,求裒为属,裒曰:"卿学不足以庇身,吾德薄不足以荫卿,属之何益?且吾不捉笔已四十年。"乃步担干饭,儿负盐豉,门徒从者千余人。安丘令以为见己,整衣出迎之于门。裒乃下道至土牛,磬折而立,云:"门生为县所役,故来送别。"执手涕泣而去。令即放遣诸生,一县以为耻。同县管彦,少有才力,未知名,裒独以为当自达,常友爱之;男女各始生,共许为婚。彦果为西夷校尉。裒后更以女嫁人,彦弟馥问裒,裒曰:"吾薄志毕愿,山薮自处,姊妹皆远,吉凶断绝,以此自誓。贤兄子葬父于帝都,此则洛阳之人也,岂吾欲婚之本指邪?"馥曰:"嫂,齐人也。当还临淄。"裒曰:"安有葬父河南,随母还齐!用意如此,何婚之有?"遂不婚。

邴春者,根矩之后也。少立志操,寒苦自居,负笈游学,身不停家,乡邑翕然,以为能系其先也。裒以为春性险狭,慕名意多,终必不成,及后春果无学业,流离远外,有识以此归之。裒常以为人所行,其当归于善道,不可以己所能而责人所不能也。有致遗者,皆不受。及洛都倾覆,寇贼蜂起,裒宗亲悉欲移江东,裒恋坟垅。贼大盛,乃南达泰山郡。裒思土不肯去,贼害之。

《汉晋春秋》曰:裒与济南刘兆字延世,俱以不仕显名。裒以父为文王所滥杀,终身不应征聘,未尝西向坐,以示不臣于晋也。

《魏略纯固传》以脂习、王脩、庞淯、文聘、成公英、郭宪、单固七人为一传。其脩、淯、聘三人自各有传,成公英别见《张既传》,单固见《王凌传》,余习、宪二人列于《脩传》后也。

脂习字元升,京兆人也。中平中仕郡,公府辟,举高第,除太医令。天子西迁及东诣许昌,习常随从。与少府孔融亲善。太祖为司空,威德日盛,而融故以旧意,书疏倨傲。习常责融,欲令改节,融不从。会融被诛,当时许中百官先与融亲善者,莫敢收恤，而习独往抚而哭之曰："文举，卿舍我死，我当复与谁语者？"哀叹无已。太祖闻之，收习，欲理之，寻以其事直见原，徙许东土桥下。习后见太祖，陈谢前愆。太祖呼其字曰："元升，卿故慷慨！"因问其居处，以新移徙，赐谷百斛。至黄初，诏欲用之，以其年老，然嘉其敦旧，有栾布之节，赐拜中散大夫。还家，年八十余卒。

郭宪字幼简，西平人，为其郡右姓。建安中为郡功曹，州辟不就，以仁笃为一郡所归。至十七年，韩约失众，从羌中还，依宪。众人多欲取约以徼功，而宪皆责怒之，言："人穷来归我，云何欲危之？"遂拥护厚遇之。其后约病死，而田乐、阳逵等就斩约头，当送之。逵等欲条疏宪名，宪不肯在名中，言我尚不忍生图之，岂忍取死人以要功乎？逵等乃止。时太祖方攻汉中，在武都，而逵等送约首到。太祖宿闻宪名，及视条疏，怪不在中，以问逵等，逵具以情对。太祖叹其志义，乃并表列与逵等并赐爵关内侯，由是名震陇右。黄初元年病亡。正始初，国家追嘉其事，复赐其子爵关内侯。

㉔《魏氏春秋》曰：政投原曰："穷鸟入怀。"原曰："安知斯怀之可入邪？"

㉕《献帝起居注》曰：建安十五年，初置征事二人，原与平原王烈俱以选补。

㉖《原别传》曰：原十一而丧父，家贫，早孤。邻有书舍，原过其旁而泣。师问曰："童子何悲？"原曰："孤者易伤，贫者易感。夫书者，必皆具有父兄者，一则羡其不孤，二则羡其得学，心中恻然而为涕零也。"师亦哀原之言而为之泣曰："欲书可耳！"答曰："无钱资。"师曰："童子苟有志，我徒相教，不求资也。"于是遂就书。一冬之间，诵《孝经》、《论语》。自在童龀之中，嶷然有异。及长，金玉其行。欲远游学，诣安丘孙崧。崧辞曰："君乡里郑君，君知之乎？"原答曰："然。"崧曰："郑君学览古今，博闻强识，钩深致远，诚学者之师模也。君乃舍之，蹑屣千里，所谓以郑为东家丘者也。君似不知而曰然者，何？"原曰："先生之说，诚可谓苦药良针矣；然犹未达仆之微趣也。人各有志，所规不同，故乃有登山而采玉者，有入海而采珠者，岂可谓登山者不知海之深，入海者不知山之高哉！君谓仆以郑为东家丘，君以仆为西家愚夫邪？"崧辞谢焉。又曰："兖、豫之士，吾多所识，未有若君者；当以书相分。"原重其意，难辞之，持书而别。原心以为求师启学，志高者通，非若交游待分而成也。书何为哉？乃藏书于家而行。原旧能饮酒，自行之后，八九年间，酒不向口。单步负笈，苦身持力，至陈留则师韩子助，颍川则宗陈仲弓，汝南则交范孟博，涿郡则亲卢子幹。临别，师友以原不饮酒，会米肉送原。原曰："本能饮酒，但以荒思废业，故断之耳。今当远别，因见贶饯，可一饮燕。"于是共坐饮酒，终日不醉。归以书还孙崧，解不致书之意。后为郡所召，署功曹主簿。时鲁国孔融在郡，教选计当任公卿之才，乃以郑玄为计掾，彭璆为计吏，原为计佐。融有所爱一人，常盛嗟叹之。后恚望，欲杀之，朝吏皆请。时其人亦在坐，叩头流血，而融意不解。原独不为请。融谓原曰："众皆请而君何独不？"原对曰："明府于某，本不薄也，常言岁终当举之，此所谓'吾一子'也。如是，朝吏受恩未有在某前者矣，而今乃欲杀之。明府爱之，则引而方之于子，憎之，则推之欲危其身。原愚，不知明府以何爱之？以何恶之？"融曰："某生于微门，吾成就其兄弟，拔擢而用之；某今孤负恩施。夫善则进之，恶则诛之，固君道也。往者应仲远为泰山太守，举一孝廉，旬月之间而杀之。夫君人者，厚薄何常之有！"原对曰："仲远举孝廉，杀之，其义焉在？夫孝廉，国之俊选也。举之若是，则杀之非也；若杀之是，则举之非也。《诗》云：'彼己之子，不遂其媾。'盖讥之也。《语》云：'爱之欲其生，恶之欲其死。既欲其生，又欲其死，是惑也。'仲远之惑甚矣。明府奚取焉？"融乃大笑曰："吾直戏耳！"原又曰："君子于其言，出乎身，加乎民；言行，君子之枢机也。安有欲杀人而可以为戏者哉？"融无以答。是时汉朝陵迟，政以贿成，原乃将家人入郁洲山中。郡举有道，融书喻原曰："修性保贞，清虚守高，危邦不入，久潜乐土。王室多难，西迁镐京。圣朝劳谦，畴咨隽乂。我徂求定，策命恳恻。国之将陨，嫠不恤纬，家之将亡，缇萦跋涉，彼匹妇也，犹执此义。实望根矩，仁为己任，授手援溺，振民于难。乃或晏晏居

息，莫我肯顾，谓之君子，固如此乎！根矩，根矩，可以来矣！”原遂到辽东。辽东多虎，原之邑落独无虎患。原尝行而得遗钱，拾以系树枝，此钱既不见取，而系钱者愈多。问其故，答者谓之神树。原恶其由己而成淫祀，乃辨之，于是里中遂敛其钱以为社供。后原欲归乡里，止于三山。孔融书曰：“随会在秦，贾季在翟，谘仰靡所，叹息增怀。顷知来至，近在三山。《诗》不云乎，‘来归自镐，我行永久’。今遣五官掾，奉问榜人舟楫之劳，祸福动静告慰。乱阶未已，阻兵之雄，若棋弈争枭。”原于是遂复反还。积十余年，后乃遁还。南行已数日，而度甫觉。度知原之不可复追也，因曰：“邴君所谓云中白鹤，非鹑鷃之网所能罗矣。又吾自遣之，勿复求也。”遂免危难。自反国土，原于是讲述礼乐，吟咏诗书，门徒数百，服道数十。时郑玄博学洽闻，注解典籍，故儒雅之士集焉。原亦自以高远清白，颐志澹泊，口无择言，身无择行，故英伟之士向焉。是时海内清议，云青州有邴、郑之学。魏太祖为司空，辟原署东阁祭酒。太祖北伐三郡单于，还住昌国，燕士大夫。酒酣，太祖曰：“孤反，邺守诸君必将来迎，今日明旦，度皆至矣。其不来者，独有邴祭酒耳！”言讫未久，而原先至。门下通谒，太祖大惊喜，揽履而起，远出迎原曰：“贤者诚难测度！孤谓君将不能来，而远自屈，诚副饥虚之心。”谒讫而出，军中士大夫诣原者数百人。太祖怪而问之，时荀文若在坐，对曰：“独可省问邴原耳！”太祖曰：“此君名重，乃亦倾士大夫心？”文若曰：“此一世异人，士之精藻，公宜尽礼以待之。”太祖曰：“固孤之宿心也。”自是之后，见敬益重。原虽在军历署，常以病疾，高枕里巷，终不当事，又希会见。河内张范，名公之子也，其志行有与原符，甚相亲敬。令曰：“邴原名高德大，清规邈世，魁然而峙，不为孤用。闻张子颇欲学之，吾恐造之者富，随之者贫也。”魏太子为五官中郎将，天下向慕，宾客如云，而原独守道持常，自非公事不妄举动。太祖微使人从容问之，原曰：“吾闻国危不事冢宰，君老不奉世子，此典制也。”于是乃转五官长史，令曰：“子弱不才，惧其难正，贪欲相屈，以匡励之。虽云利贤，能不愿愿！”太子燕会，众宾百数十人，太子建议曰：“君父各有笃疾，有药一丸，可救一人，当救君邪，父邪？”众人纷纭，或父或君。时原在坐，不与此论。太子谘之于原，原悖然对曰：“父也。”太子亦不复难之。

㉗荀绰《冀州记》曰：钜鹿张貔，字邵虎。祖父泰，字伯阳，有名于魏。父邈，字叔辽，辽东太守。著名《自然好学论》，在《嵇康集》。为人弘深有远识，恢恢然，使求之者莫之能测也。官历二宫，元康初为城阳太守，未行而卒。

㉘杜恕著《家戒》称阁曰：“张子台，视之似鄙朴人，然其心中不知天地间何者为美，何者为好，敦然似如与阴阳合德者。作人如此，自可不富贵，然而患祸当何从而来？世有高亮如子台者，皆多力慕，体之不如也。”

㉙《傅子》曰：齐相管仲之后也。昔田氏有齐而管氏去之，或适鲁，或适楚。汉兴有管少卿为燕令，始家朱虚，世有名节，九世而生宁。

㉚《傅子》曰：宁往见度，语惟经典，不及世事。还乃因山为庐，凿坏为室。越海避难者，皆来就之而居，旬月而成邑。遂讲《诗》、《书》，陈俎豆，饰威仪，明礼让，非学者无见也。由是度安其贤，民化其德。邴原性刚直，清议以格物，度已下心不安之。宁谓原曰：“潜龙以不见成德，言非其时，皆招祸之道也。”密遣令西还。度庶子康代居郡，外以将军太守为号，而内实有王心，卑己崇礼，欲官宁以自镇辅，而终莫敢发言，其敬惮如此。

皇甫谧《高士传》曰：宁所居屯落，会井汲者，或男女杂错，或争井斗阋。宁患之，乃多买器，分置井傍，汲以待之，又不使知。来者得而怪之，问知宁所为，乃各相责，不复斗讼。邻有牛暴宁田者，宁为牵牛着凉处，自为饮食，过于牛主。牛主得牛，大惭，若犯严刑。是以左右无斗讼之声，礼让移于海表。

㉛《先贤行状》曰：烈通识达道，秉义不回。以颍川陈太丘为师，二子为友。时颍川荀慈明、贾伟节、李元礼、韩元长皆就陈君学，见烈器业过人，叹服所履，亦与相亲。由是英名著于海内。道成德立，还归旧庐，遂遭父丧，泣泪三年。遇岁饥馑，

路有饿殍，烈乃分釜庾之储，以救邑里之命。是以宗族称孝，乡党归仁。以典籍娱心，育人为务，遂建学校，敦崇庠序。其诱人也，皆不因其性气，诲之以道，使之从善远恶。益者不自觉，而大化隆行，皆成宝器。门人出入，容止可观，时在市井，行步有异，人皆别之。州闾成风，咸竞为善。时国中有盗牛者，牛主得之。盗者曰："我邂逅迷惑，从今已后将为改过。子既已赦宥，幸无使王烈闻之。"人有以告烈者，烈以布一端遗之。或问："此人既为盗，畏君闻之，反与之布，何也？"烈曰："昔秦穆公，人盗其骏马食之，乃赐之酒。盗者不爱其死，以救穆公之难。今此盗人能悔其过，惧吾闻之，是知耻恶。知耻恶，则善心将生，故与布劝为善也。"间年之中，行路老父担重，人代担行数十里，欲至家，置而去，问姓名，不以告。顷之，老父复行，失剑于路。有人行而遇之，欲置而去，惧后人得之，剑主于是永失，欲取而购募，或恐差错，遂守之。至暮，剑主还见之，前者代担人也。老父揽其袂，问曰："子前者代吾担，不得姓名，今子复守吾剑于路，未有若子之仁，请子告吾姓名，吾将以告王烈。"乃语之而去。老父以告烈，烈曰："世有仁人，吾未之见。"遂使人推之，乃昔时盗牛人也。烈叹曰："韶乐九成，虞宾以和：人能有感，乃至于斯也！"遂使国人表其闾而异之。时人或讼曲直，将质于烈，或至涂而反，或望庐而还，皆相推以直，不敢使烈闻之。时国主皆亲骖乘适烈私馆，畴谘政令。察孝廉，三府并辟，皆不就。会董卓作乱，避地辽东，躬秉农器，编于四民，布衣蔬食，不改其乐。东域之人，奉之若君。时衰世弊，识真者少，朋党之人，互相谗谤。自避世在东国者，多为人所害，烈居之历年，未尝有患。使辽东强不凌弱，众不暴寡，商贾之人，市不二价。太祖累征召，辽东为解而不遣。以建安二十三年寝疾，年七十八而终。

㉜《傅子》曰：是时康又已死，嫡子不立而立弟恭，恭懦弱，而康孽子渊有隽才。宁曰："废嫡立庶，下有异心，乱之所由起也。"乃将家属乘海即受征。宁在辽东，积三十七年乃归，其后渊果袭夺恭位，叛国家而南连吴，僭号称王，明帝使相国宣文侯征灭之。辽东之死者以万计，如宁所筹。宁之归也，海中遇暴风，船皆没，唯宁乘船自若。时夜风晦冥，船人尽惑，莫知所泊。望见有火光，辄趣之，得岛。岛无居人，又无火烬，行人咸异焉，以为神光之佑也。皇甫谧曰："积善之应也。"

㉝《傅子》曰：宁上书天子，且以疾辞，曰："臣闻傅说发梦，以感殷宗，吕尚启兆，以动周文，以通神之才悟于圣主，用能匡佐帝业，克成大勋。臣之器朽，实非其人。虽贪清时，释体蝉蜕。内省顽病，日薄西山。唯陛下听野人山薮之愿，使一老者得尽微命。"书奏，帝亲览焉。

㉞《傅子》曰：司空陈群又荐宁曰："臣闻王者显善以消恶，故汤举伊尹，不仁者远。伏见征士北海管宁，行为世表，学任人师，清俭足以激浊，贞正足以矫时。前虽征命，礼未优备。昔司空荀爽，家拜光禄，先儒郑玄，即授司农，若加备礼，庶必可致。至延西序，坐而论道，必能昭明古今，有益大化。"

㉟《尚书·君奭》曰："耇造德不降，我则鸣鸟不闻，矧曰其有能格。"郑玄曰："耇，老也。造，成也。诗云：'小子有造。'老成德之人，不降志与我并在位，则鸣鸟之声不得闻，况乃曰有能德格于天者乎！言必无也。鸣鸟谓凤也。"

㊱《高士传》曰：管宁自越海及归，常坐一木榻，积五十余年，未尝箕股，其榻上当膝处皆穿。

㊲《今文尚书》曰"优贤扬历"，谓扬其所历试。左思《魏都赋》曰："优贤著于扬历"也。

㊳《傅子》曰：宁以衰乱之时，世多妄变氏族者，违圣人之制，非礼命姓之意，故著《氏姓论》以原本世系，文多不载。每所居姻亲、知旧、邻里有困穷者，家储虽不盈担石，必分以赡救之。与人子言，教以孝；与人弟言，训以悌；言及人臣，诲以忠。貌甚恭，言甚顺，观其行，邈然若不可及，即之熙熙然，甚柔而温，因其事而导之于善，是以渐之者无不化焉。宁之亡，天下知与不知，闻之无不嗟叹。醇德之所感若此，不亦至乎！

㊴《尚书·顾命篇》曰："大玉、夷玉、天球、《河图》在东序。"注曰："《河图》，图出于河，帝王圣者之所受。"

㊵《高士传》曰：初，晋宣帝为布衣时，与昭有旧。同郡周生等

谋害帝，昭闻而步陟险，邀生于崤、渑之间，止生，生不肯。昭泣与结诚，生感其义，乃止。昭因与斫枣树共盟而别。昭虽有阴德于帝，口终不言，人莫知之。信行著于乡党。建安十六年，百姓闻马超叛，避兵入山者千余家，饥乏，渐相劫略，昭常逊辞以解之，是以寇难消息，众咸宗焉。故其所居部落中，三百里无相侵暴者。

㊶《高士传》曰：幽州刺史杜恕尝过昭所居草庐之中，言事论理，辞意谦敬，恕甚重焉。太尉蒋济辟，不就。

㊷案《庾氏谱》：嶷字劭然，颍川人。子龗字玄默，晋尚书、阳翟子。嶷弟遁，字德先，太中大夫。遁胤嗣克昌，为世盛门。侍中峻、河南尹纯，皆遁之子，豫州牧长史顗，遁之孙，太尉文康公亮、司空冰皆遁之曾孙，贵达至今。

㊸《文士传》曰：桢字元干，庐江人，有文学器干，容貌甚伟。历幽州刺史、廷尉，入晋为尚书光禄大夫。桢子龛，后将军；勖，车骑将军；恽，豫州刺史；其余多至大官。自后累世昌阜，司空文穆公充，恽之孙也，贵达至今。

㊹《高士传》曰：朝廷以戎车未息，征命之事，且须后之，昭以故不即征。后顗、休复与庾嶷荐昭，有诏访于本州评议。侍中韦诞驳曰："礼贤征士，王政之所重也，古者考行于乡。今顗等位皆常伯纳言，嶷为卿佐，足以取信。附下罔上，忠臣之所不行也。昭宿德耆艾，遗逸山林，诚宜嘉异。"乃从诞议也。

㊺《傅子》曰：胡徵君怡怡无不爱也，虽仆隶，必加礼焉。外同乎俗，内秉纯絜，心非其好，王公不能屈，年八十而不倦于书籍者，吾于胡徵君见之矣。

时有隐者焦先，河东人也。《魏略》曰：先字孝然。中平末，白波贼起。时先年二十余，与同郡侯武阳相随。武阳年小，有母，先与相扶接，避白波，东客扬州取妇。建安初来西还，武阳诣大阳占户，先留陕界。至十六年，关中乱。先失家属，独窜于河渚间，食草饮水，无衣履。时大阳长朱南望见之，谓为亡士，欲遣船捕取。武阳语县："此狂痴人耳！"遂注其籍。给廪，日五升。后有疫病，人多死者，县常使埋藏，童儿竖子皆轻易之。然其行不践邪径，必循阡陌；及其捃拾，不取大穗；饥不苟食，寒不苟衣，结草以为裳，科头徒跣。每出，见妇人则隐翳，须去乃出。自作一瓜牛庐，净扫其中。营木为床，布草蓐其上。至天寒时，构火以自炙，呻吟独语。饥则出为人客作，饱食而已，不取其直。又出于道中，邂逅与人相遇，辄下道藏匿。或问其故，常言"草茅之人，与狐兔同群"。不肯妄语。太和、青龙中，尝持一杖南渡浅河水，辄独云未可也，由是人颇疑其不狂。至嘉平中，太守贾穆初之官，故过其庐。先见穆再拜。穆与语，不应；与食，不食。穆谓之曰："国家使我来为卿作君，我食卿，卿不肯食，我与卿语，卿不应我，如是，我不中为卿作君，当去耳！"先乃曰："宁有是邪？"遂不复语。其明年，大发卒将伐吴。有窃问先："今讨吴何如？"先不肯应，而谬歌曰："祝衄祝衄，非鱼非肉，更相追逐，本心为当杀牂羊，更杀其羖䍽邪！"郡人不知其谓。会诸军败，好事者乃推其意，疑牂羊谓吴，羖䍽谓魏，于是后人佥谓之隐者也。议郎河东董经特嘉异节，与先非故人，密往观之。经到，乃奋其白须，为如与之有旧者，谓曰："阿先阔乎！念共避白波时不？"先熟视而不言。经素知其昔受武阳恩，因复曰："念武阳不邪？"先乃曰："已报之矣。"经又复挑欲与语，遂不肯复应。后岁余病亡，时年八十九矣。

《高士传》曰：世莫知先所出。或言生乎汉末，自陕居大阳，无父母兄弟妻子。见汉室衰，乃自绝不言。及魏受禅，常结草为庐于河之湄，独止其中。冬夏恒不着衣，卧不设席，又无草蓐，以身亲土，其体垢污皆如泥漆，五形尽露，不行人间。或数日一食，欲食则为人赁作，人以衣衣之，乃使限功受直，足得一食辄去，人欲多与，终不肯取，亦有数日不食时。行不由邪径，目不与女子逆视。口未尝言，虽有惊急，不与人语。遗以食物皆不受。河东太守杜恕尝以衣服迎见，而不与语。司马景王闻而使安定太守董经因事过视，又不肯语，经以为大贤。其后野火烧其庐，先因露寝。遭冬雪大至，先袒卧不移，人以为死，就视如故，不以为病，人莫能审其意。度年可百岁余乃卒。或问皇甫谧曰："焦先何人？"曰："吾不足以知之也。考之于表，可略而言矣。夫世之所常趣者荣味也，形之所不可释者衣裳也，身之所不可离者室宅也，口之所不能已者言语也，心之不可绝者亲戚也。今焦先弃荣味，释衣服，离室宅，绝亲戚，闭口不言，旷然以天地为栋宇，暗然合至道之前，出群形之表，入玄寂之幽，一世之人不足以挂其意，四海之广不能以回其顾，妙乎与夫三皇之先者同矣。结绳已来，未及其至也，岂群言之所能仿佛，常心之所得测量哉！彼行人所不能行，堪人所不能堪，犯寒暑不以伤其性，居旷野不以恐其形，遭惊急不以迫其虑，离荣爱不以累其心，损视听不以污其耳目，舍足于不损之地，居身于独立之处，延年历百，寿越期颐，虽上识不能尚也。自羲皇已来，一人而已矣！”

《魏氏春秋》曰：故梁州刺史耿黼以先为“仙人也”，北地傅玄谓之“性同禽兽”，并为之传，而莫能测之。

《魏略》又载扈累及寒贫者。累字伯重，京兆人也。初平中，山东人有青牛先生者，字正方，客三辅。晓知星历、风角、鸟情。常食青葙芫华。年似如五六十者，人或亲识之，谓其已百余岁矣。初，累年四十余，随正方游学，人谓之得其术。有妇，无子。建安十六年，三辅乱，又随正方南入汉中。汉中坏，正方入蜀，累与相失，随徙民诣邺，遭疾疫丧其妇。至黄初元年，又徙诣洛阳，遂不复娶妇。独居道侧，以甎砖为障，施一厨床，食宿其中。昼日潜思，夜则仰视星宿，吟咏内书。人或问之，闭口不肯言。至嘉平中，年八九十，裁若四五十者。县官以其孤老，给廪日五升。五升不足食，颇行佣作以裨粮，粮尽复出，人与不取。食不求美，衣弊缊故，后一二年病亡。寒贫者，本姓石，字德林，安定人也。建安初，客三辅。是时长安有宿儒栾文博者，门徒数千，德林亦就学，始精《诗》、《书》。后好内事，于众辈中最玄默。至十六年，关中乱，南入汉中。初不治产业，不畜妻孥，常读《老子》五千文及诸内书，昼夜吟咏。到二十五年，汉中破，随众还长安，遂痴愚不复识人。食不求味，冬夏常衣弊布连结衣。体如无所胜，目如无所见。独居穷巷小屋，无亲里。人与之衣食，不肯取。郡县以其鳏穷，给廪日五升，食不足，颇行乞，乞不取多。人问其姓字，又不肯言，故因号之曰寒贫也。或素有与相知者，往存恤之，辄拜跪，由是人谓其不痴。车骑将军郭淮以意气呼之，问其所欲，亦不肯言。淮因与脯糒及衣，不取其衣，取其脯一朐、糒一升而止。

臣松之案《魏略》云：焦先及杨沛，并作瓜牛庐，止其中。以为瓜当作蜗；蜗牛，螺虫之有角者也，俗或呼为黄犊。先等作圜舍，形如蜗牛蔽，故谓之蜗牛庐。《庄子》曰：“有国于蜗之左角者曰触氏，有国于右角者曰蛮氏，时相与争地而战，伏尸数万，逐北旬有五日而后反。”谓此物也。

㊻臣松之以为蹈犹履也，“躬履清蹈”，近非言乎！

三国志卷十二　魏书十二

崔毛徐何邢鲍司马传第十二

崔琰字季珪，清河东武城人也。少朴讷，好击剑，尚武事。年二十三，乡移为正，始感激，读《论语》、《韩诗》。至年二十九，乃结公孙方等就郑玄受学。学未期，徐州黄巾贼攻破北海，玄与门人到不其山避难。时谷籴县乏，玄罢谢诸生。琰既受遣，而寇盗充斥，西道不通。于是周旋青、徐、兖、豫之郊，东下寿春，南望江、湖。自去家四年乃归，以琴书自娱。

崔琰字季珪，是清河郡东武城县人。年轻时性格敦厚，说话迟钝，喜好击剑，崇尚军事。二十三岁时，由乡兵转入军队当兵，从此开始奋发努力，阅读《论语》、《韩诗》。到二十九岁时，就结识了公孙方等人，到郑玄门下受业。学习没满一年，徐州黄巾军攻下北海郡，郑玄与弟子们到山东不其山避难。当时能买到的粮食很少，郑玄停止讲学劝退各位弟子。崔琰被劝退回去，但当时匪盗横行，往西去的道路不通。崔琰只得在青州、徐州、兖州、豫州的郊外辗转，往东到寿春县，面向南方祭祀了江、湖。自从离开家乡四年后才回家，在家以弹琴、读书为乐。

大将军袁绍闻而辟之。时士卒横暴，掘发丘陇，琰谏曰："昔孙卿有言：'士不素教，甲兵不利，虽汤武不能以战胜。'今道路暴骨，民未见德，宜敕郡县掩骼埋胔，示憯怛之爱，追文王之仁。"绍以为骑都尉。后绍治兵黎阳，次于延津，琰复谏曰："天子在许，民望助顺，不如守境述职，以宁区宇。"绍不听，遂败于官渡。及绍卒，二子交争，争欲得琰。琰称疾固辞，由是获罪，幽于囹圄，赖阴夔、陈琳营救得免。

大将军袁绍听说了就征召他。当时袁绍的士兵横行霸道，挖掘坟墓，崔琰劝谏说："过去荀卿说过：'士兵平时不教育，武器不锐利，即使是商汤王、周武王也不能打胜仗。'现在路上尸骨暴露，百姓没受到恩德，应当命令各郡县掩埋尸骨，表现出忧伤悲痛的爱心，追效周文王的仁德。"袁绍任用他为骑都尉。后来袁绍出兵到黎阳，驻扎在延津，崔琰又劝谏说："天子在许都，百姓希望帮助顺应朝廷的人，我们不如安守边境向天子陈述职守，使天下得到安宁。"袁绍没有听取他的建议，便在官渡打了败仗。等到袁绍死后，他的两个儿子相互争斗，都想争得崔琰。崔琰声称有病坚决推辞，因此获罪，被囚禁在监狱中，幸亏得到阴夔、陈琳的营救才获救免罪。

太祖破袁氏，领冀州牧，辟琰为别驾从事，谓琰曰："昨

太祖打败袁绍，兼任冀州牧，征召崔琰担任别驾从事，对崔琰说："昨天我查阅了户籍簿，我们可

案户籍，可得三十万众，故为大州也。”琰对曰：“今天下分崩，九州幅裂，二袁兄弟亲寻干戈，冀方蒸庶暴骨原野。未闻王师仁声先路，存问风俗，救其涂炭，而校计甲兵，唯此为先，斯岂鄙州士女所望于明公哉！”太祖改容谢之。于时宾客皆伏失色。

以征到三十万人，所以冀州将成为一个大州了。”崔琰回答说：“现在天下分崩离析，九州四分五裂，袁尚、袁谭亲兄弟互相使用武力，冀州一带黎民百姓的尸骨遍野。没有听说皇家的军队怀着仁爱之心首先带头来做这些事，慰问百姓，激励风俗，把老百姓从水深火热中拯救出来，却把较量武器、计算士兵数量、占据地盘的大小放在首位，这哪里是我们州的男女对您的期望啊！”太祖神色显出歉意。当时在场的宾客也都低头失色。

太祖征并州，留琰傅文帝于邺。世子仍出田猎，变易服乘，志在驱逐。琰书谏曰：“盖闻盘于游田，《书》之所戒，鲁隐观鱼，《春秋》讥之，此周、孔之格言，二经之明义。殷鉴夏后，《诗》称不远，子卯不乐，《礼》以为忌，此又近者之得失，不可不深察也。袁族富强，公子宽放，盘游滋侈，义声不闻，哲人君子，俄有色斯之志，熊罴壮士，堕于吞噬之用，固所以拥徒百万，跨有河朔，无所容足也。今邦国殄瘁，惠康未洽，士女企踵，所思者德。况公亲御戎马，上下劳惨，世子宜遵大路，慎以行正，思经国之高略，内鉴近戒，外扬远节，深惟储副，以身为宝。而猥袭虞旅之贱服，忽驰骛而陵险，志雉兔之小娱，忘社稷之为重，斯诚有识所以恻心也。唯世子燔翳捐褶，以塞众望，不令老臣获罪于天。”世子报曰：“昨奉嘉命，惠示雅数，欲使燔翳捐褶，翳已坏矣，褶亦去焉。

太祖征伐并州，留下崔琰在邺城辅佐文帝。这时太子经常外出打猎，改换衣着和车辆，一心想着追逐猎物。崔琰上书进谏说：“听说沉溺于游玩打猎，是《尚书》所禁戒的，鲁隐公到棠地观鱼，《春秋》便加以指责，这是周公、孔子的格言，两部经书的明确旨义。殷商以夏桀为鉴戒，《诗经》说为时不远，甲子、乙卯二日不能娱乐，《礼记》认为是忌讳的日子，这又是近来的成败教训，不能不深刻省察。袁氏家族富强，公子行为放纵，游乐更加过度，谈仁讲义的话充耳不闻，明达有才智的人，看到这种情形立刻会有离去的想法，勇猛的壮士，成了袁氏兄弟互相吞并的牺牲品，袁氏父子即使拥有百万大军，据有黄河以北广大地区，但最终会落得没有立足之地。现在国家困苦，仁惠安乐没有普施，男男女女踮起脚跟，所渴望的就是仁德。何况是您的父亲亲自统率军队，上下劳苦，太子应该遵循正道，谨慎行事，考虑治理国家的最好谋略，对内以近事为鉴戒，对外弘扬先贤的节操，深思皇位继承者的重任，要以自身的修养为重。您却只顾穿着管理山林人穿的下等衣服，急速地纵横奔驰，登越险阻，您一心想着捕获野鸡、野兔的小娱乐，忘记了最为重要的国家大事，这确实是有志之士感到痛心的。希望太子烧掉弓矢，丢弃骑服，来满足众人的期望，不要使我老臣得罪上天。”太子回复说：“昨天接受善意的教诲，告诉我高雅的道理，想叫我焚烧弓矢，丢弃骑服。现在弓矢已经焚烧，骑服也已丢弃。以后再有这类事情，

后有此比，蒙复诲诸。”

太祖为丞相，琰复为东西曹掾属征事。初授东曹时，教曰：“君有伯夷之风，史鱼之直，贪夫慕名而清，壮士尚称而厉，斯可以率时者已。故授东曹，往践厥职。”魏国初建，拜尚书。时未立太子，临菑侯植有才而爱。太祖狐疑，以函令密访于外。唯琰露板答曰：“盖闻《春秋》之义，立子以长，加五官将仁孝聪明，宜承正统。琰以死守之。”植，琰之兄女婿也。太祖贵其公亮，喟然叹息，[①]迁中尉。

琰声姿高畅，眉目疏朗，须长四尺，甚有威重，朝士瞻望，而太祖亦敬惮焉。[②]琰尝荐钜鹿杨训，虽才好不足，而清贞守道，太祖即礼辟之。后太祖为魏王，训发表称赞功伐，褒述盛德。时人或笑训希世浮伪，谓琰为失所举。琰从训取表草视之，与训书曰：“省表，事佳耳！时乎时乎，会当有变时。”琰本意讥论者好谴呵而不寻情理也。有白琰此书傲世怨谤者，太祖怒曰：“谚言‘生女耳’，‘耳’非佳语。‘会当有变时’，意指不逊。”于是罚琰为徒隶，使人视之，辞色不挠。太祖令曰：“琰虽见刑，而通宾客，门若市人，对宾客虬须直视，若有所瞋。”遂赐琰死。[③]

始琰与司马朗善，晋宣王方壮，琰谓朗曰：“子之弟，聪

请您再次教诲我。”

太祖担任丞相，崔琰又担任东西曹的属官征事。开始授给他东曹属官时，太祖告谕他说：“您有伯夷（为商末的廉士）的风尚，史鱼（春秋末卫国史官）的正直，贪鄙的人仰慕你的名声能够清廉，壮士尊崇你的名号能激励自己，你真可以做时代的表率。因此任命你为东曹属官，前去就职上任吧。”魏国刚建立时，任命他为尚书。当时还没有封立太子，临淄侯曹植有才学又受宠爱。当时太祖对立太子的事犹豫不决，用书信密令在朝外访察。只有崔琰用不缄封的信回答说：“听说《春秋》的大义，是立长子为太子，加之五官将仁义忠孝，聪明能干，适宜继承皇位。我崔琰用生命保卫他。”曹植，是崔琰兄长的女婿。太祖看重崔琰公正诚信，长声赞叹，晋升他为中尉。

崔琰声音洪亮，身材高大，眉目清秀，须长四尺，很有威严持重的仪态，朝中官员都仰慕他，而太祖也敬畏他。崔琰曾经向太祖推荐钜鹿郡人杨训，杨训虽然才学不够，但廉洁正直，遵守正道，太祖就以礼征召他。后来太祖当了魏王，杨训上表章称赞太祖的武功，赞颂他盛大的功德。当时有人讥笑杨训迎合世俗、浮夸虚伪，说崔琰荐举杨训是失误。崔琰从杨训那里拿到表章草稿看了后，给杨训写信说：“我看了你的表章，觉得事情办得好啊！时世啊时世，应当是有变化的时候了。”崔琰的本意是讥讽那些发表议论的人喜好指责他人而不探求情理。有人禀告太祖说崔琰这封信是傲视世人，胸怀怨恨进行诽谤，太祖发怒说：“俗话说‘生了个女孩而已’，用‘而已’这个词不是好的语意。‘会当有变时’，意旨不谦逊。”于是惩罚崔琰去服劳役，派人去监视他，崔琰的言辞和态度都不屈服。太祖下令说：“崔琰虽被判刑，可是还与宾客交际，他的客人像街市的行人那样多，对宾客吹胡瞪眼的，好像怀有不满的情绪。”于是下令赐崔琰自杀。

起初，崔琰与司马朗友好，司马懿正是壮年，崔琰对司马朗说：“你的弟弟，聪慧多识，明智诚信，刚

哲明允，刚断英跱，殆非子之所及也。”[4]朗以为不然，而琰每秉此论。琰从弟林，少无名望，虽姻族犹多轻之，而琰常曰：“此所谓大器晚成者也，终必远至。”涿郡孙礼、卢毓始入军府，琰又名之曰：“孙疏亮亢烈，刚简能断，卢清警明理，百炼不消，皆公才也。”后林、礼、毓咸至鼎辅。及琰友人公孙方、宋阶早卒，琰抚其遗孤，恩若己子。其鉴识笃义，类皆如此。[5]

毅果断，才德出众，恐怕不是你所赶得上的。”司马朗认为不是这样，可是璀琰常持这种观点。崔琰的堂弟崔林，年轻时没有名望，即使是他的亲戚、族人也大多看不起他，可是崔琰常说：“这就是所说的大器晚成的人，最终一定会有大的成就。”涿郡的孙礼、卢毓刚进入军府，崔琰又称赞他们说：“孙礼豁达明智，刚直不阿，处事果断，卢毓清廉机敏，明智达理，意志坚强，他们都是任三公的人才。”后来崔林、孙礼、卢毓为官都做到执政的大臣。崔琰的朋友公孙方、宋阶去世得早，崔琰抚育了他们留下的孤儿，疼爱他们如同自己的子女。对他人有审察辨识的能力、为人很重情义，一般都像这样。

初，太祖性忌，有所不堪者，鲁国孔融、[6]南阳许攸、[7]娄圭，皆以恃旧不虔见诛。[8]而琰最为世所痛惜，至今冤之。[9]

当初，太祖性情忌刻，时有不能容忍他人，如鲁国的孔融、南阳郡的许攸、娄圭，都因仗着与太祖是老朋友对他不恭敬而被诛杀。但崔琰的被杀，最为世人所痛惜，直到现在还有人认为是太祖冤枉了他。

毛玠字孝先，陈留平丘人也。少为县吏，以清公称。将避乱荆州，未至，闻刘表政令不明，遂往鲁阳。太祖临兖州，辟为治中从事。玠语太祖曰：“今天下分崩，国主迁移，生民废业，饥馑流亡，公家无经岁之储，百姓无安固之志，难以持久。今袁绍、刘表，虽士民众强，皆无经远之虑，未有树基建本者也。夫兵义者胜，守位以财，宜奉天子以令不臣，修耕植，畜军资，如此则霸王之业可成也。”太祖敬纳其言，转幕府功曹。

毛玠字孝先，是陈留郡平丘县人。年轻时担任县吏，以清廉公正著称。他打算到荆州躲避战乱，还没到荆州，听说刘表的政令不清明，就去了鲁阳县。太祖治理兖州时，征召他担任治中从事。毛玠对太祖说：“当今天下四分五裂，君主迁移，百姓荒废生产，饥寒交迫，流离失所，国家没有一年的储粮，百姓没有安居稳定的思想，这样难以长久维持下去。现在袁绍、刘表，虽然兵强民众，但都没有长远的谋划，没有能建立根基大业的人。用兵正义的可以取胜，巩固地位要靠财力，应当拥戴天子来号令不忠于君主的下臣，发展农耕，积储军用物资，这样霸王的事业就可以成就了。”太祖深怀敬意地接受了他的建议，让他改任幕府功曹。

太祖为司空丞相，玠尝为东曹掾，与崔琰并典选举。其所举用，皆清正之士，虽于时

太祖担任司空、丞相时，毛玠曾经担任东曹属官，与崔琰一起主管选举。他们所选拔任用的人，都是清廉正直的士人，那些在当时虽享有盛名但行为

有盛名而行不由本者，终莫得进。务以俭率人，由是天下之士莫不以廉节自励，虽贵宠之臣，舆服不敢过度。太祖叹曰："用人如此，使天下人自治，吾复何为哉！"文帝为五官将，亲自诣玠，属所亲眷。玠答曰："老臣以能守职，幸得免戾，今所说人非迁次，是以不敢奉命。"大军还邺，议所并省。玠请谒不行，时人惮之，咸欲省东曹。乃共白曰："旧西曹为上，东曹为次，宜省东曹。"太祖知其情，令曰："日出于东，月盛于东，凡人言方，亦复先东，何以省东曹？"遂省西曹。初，太祖平柳城，班所获器物，特以素屏风素冯几赐玠，曰："君有古人之风，故赐君古人之服。"玠居显位，常布衣蔬食，抚育孤兄子甚笃，赏赐以振施贫族，家无所余。迁右军师。魏国初建，为尚书仆射，复典选举。⑩时太子未定，而临菑侯植有宠，玠密谏曰："近者袁绍以嫡庶不分，覆宗灭国。废立大事，非所宜闻。"后群僚会，玠起更衣，太祖目指曰："此古所谓国之司直，我之周昌也。"

不遵循正道的人，最终没有得到任用。他努力以俭朴的美德去引导他人，因此天下的士人没有不用廉洁的节操勉励自己的，即使是受到尊宠的朝臣，在乘车、着装上也不敢超过标准。太祖赞叹说："像这样任用人才，能使天下人自己管理自己，还要我做什么呢！"文帝担任五官中郎将，亲自看望毛玠，托付他任用自己的亲信。毛玠回答说："老臣因为能守职尽责，才侥幸免罪。现在您提到的人不符合升用的等次，所以我不敢遵命。"大军回到邺城后，商议精简机构之事。凡是到毛玠处请托做官的人都没有行得通，所以当时求官的人都害怕他，因此嫉恨他的人都想精减东曹。就一起禀告太祖说："过去是西曹为上，东曹为次，应当精减东曹。"太祖知道他们的用意，下令说："太阳从东方出来，月亮最明时也是在东方，凡是人们说到方向，也是首先提到东方，为什么要精减东曹呢？"于是精减了西曹。太祖平定柳城时，分发所缴获的胜利品，特意将古朴的屏风和靠椅赐给毛玠，说："您有古人的风范，所以赐给您古人的用具。"毛玠处在显贵地位，常常穿着朴素，粗茶淡饭，情深意笃地抚育兄长的孤儿，所得赏赐用来救济贫苦的族人，家里没有多余的财物。后升任右军师。魏国建立初期，担任尚书仆射，再次主管选拔人才。当时还没封立太子，可是临淄侯曹植受到宠爱，毛玠秘密地进谏说："近来的事有袁绍因为嫡庶不分，弄得宗族倾覆国家灭亡。废立太子是件大事，不应像我们听到的传闻那样做。"后来群臣百官聚会时，毛玠起身进厕所，太祖目送毛玠说："这就是古人所说的国家的司直（官名），我的周昌（汉初的御史大夫）。"

崔琰既死，玠内不悦。后有白玠者："出见黥面反者，其妻子没为官奴婢，玠言曰'使天不雨者盖此也'。"太祖大怒，收玠付狱。大理钟繇诘玠曰："自古圣帝明王，罪及妻

崔琰死后，毛玠心中闷闷不乐。后来有人向太祖禀告毛玠的情况说："是因毛玠外出时看到了受墨刑的反叛者，他们的妻子儿女也被收入官府做奴婢，毛玠便说：'老天不下雨，大概就是这个原因吧。'"太祖听后大发脾气，把毛玠逮捕后关进监狱。大理钟繇责问毛玠说："自古以来英明的帝王，给罪

子。《书》云:‘左不共左,右不共右,予则孥戮女。’司寇之职,男子入于罪隶,女子入于舂稿。汉律,罪人妻子没为奴婢,黥面。汉法所行黥墨之刑,存于古典。今真奴婢祖先有罪,虽历百世,犹有黥面供官,一以宽良民之命,二以宥并罪之辜。此何以负于神明之意,而当致旱?案典谋,急恒寒若,舒恒燠若,宽则亢阳,所以为旱。玠之吐言,以为宽邪,以为急也?急当阴霖,何以反旱?成汤圣世,野无生草,周宣令主,旱魃为虐。亢旱以来,积三十年,归咎黥面,为相值不?卫人伐邢,师兴而雨,罪恶无征,何以应天?玠讥谤之言,流于下民,不悦之声,上闻圣听。玠之吐言,势不独语,时见黥面,凡为几人?黥面奴婢,所识知邪?何缘得见,对之叹言?时以语谁?见答云何?以何日月?于何处所?事已发露,不得隐欺,具以状对。”玠曰:“臣闻萧生缢死,困于石显;贾子放外,谗在绛、灌;白起赐剑于杜邮;晁错致诛于东市;伍员绝命于吴都:斯数子者,或妒其前,或害其后。臣垂龆执简,累勤取官,职在机近,人事所窜。属臣以私,无势不绝,语臣以冤,无细不理。人情淫利,为法所禁,法禁于利,势能害之。青蝇横生,

犯治罪都要连及妻子儿女。《尚书·甘誓》说:‘车左的人不奉行车左的职责,车右的人不奉行车右的职责。我要把你们降为奴隶或者杀死你们。’司寇的职责,是将男子没入官府做奴隶,女子收入官府舂米、做箭杆。汉代的法律规定,犯人的妻子儿女没入官府做奴婢,脸上要刺刻涂墨,这种墨刑保存在古代典籍中。现在的奴婢是他们的祖先有罪,即使经历百年之后,还会有要黥面送去给官府做奴婢的,一是为减轻良民的劳役,二是可以减轻案犯的罪过。这怎么是违背上天的意旨,而导致旱灾呢?按照经典记载,政治长期苛急就像天气寒冷,政策长期宽松就像天气温暖,宽松就会阳气太盛,出现干旱。你毛玠所说的话,是认为宽松,还是苛急呢?苛急就会导致阴雨连绵,怎么反而干旱呢?成汤时代是圣明的,但是郊野没有青草,周宣王也是贤明的君主,但旱魔作恶。自从大旱以来,总共三十年了,把天旱不雨归咎于黥面,是恰当的吗?春秋时卫国人攻打邢国,军队出发后就下雨了,要是罪恶没有征兆,怎么会感应上天呢?你毛玠讥讽诽谤的话,流传到了下层百姓当中,不满的呼声,皇上已经听到了。你毛玠所说的话,当时不会是自言自语。当时看到黥面的,总共是几个人?黥面的奴婢,你认识吗?怎么能见到他们,是对他们发感叹牢骚?当时你是对谁说这些话?听到他们回答了什么?在哪月哪日?在什么地方?事情已经被揭露,不能隐瞒欺骗,要将全部情况交代出来。”毛玠说:“臣听说过萧望之上吊自杀,是由于被石显陷害,使他处于困境;贾谊被流放到外地,是由于被绛侯周勃、颍阴侯灌婴的谗言中伤;白起接受秦昭王所赐之剑在杜邮自杀;晁错以至于在东市被斩杀;伍员在吴国的都城被迫自杀:这几个人,有的是被人公开嫉妒的,有的是被人暗中陷害的。臣从小就执简苦读,任职一贯勤勤恳恳才得到官位,身处机要职位,置身在复杂的人事关系之中。凡将私事托付给臣的,没有哪个有权势的人不被拒绝,凡将冤屈申诉给臣的,没有哪件小案不加以审理。人性是贪图利益的,它被法律禁止,法律禁止贪

为臣作谤，谤臣之人，势不在他。昔王叔、陈生争正王廷，宣子平理。命举其契，是非有宜，曲直有所，《春秋》嘉焉，是以书之。臣不言此，无有时、人。说臣此言，必有征要。乞蒙宣子之辨，而求王叔之对。若臣以曲闻，即刑之日，方之安驷之赠；赐剑之来，比之重赏之惠。谨以状对。"时桓阶、和洽进言救玠。玠遂免黜，卒于家。⑪太祖赐棺器钱帛，拜子机郎中。

利，势必有人陷害。像苍蝇一样的好进谗言的小人到处存在，对臣进行诽谤，诽谤臣的人，一定不在其他事情。过去王叔、陈生在朝廷争辩曲直时，是由范宣子评判是非，要双方举出记录讼辞的契卷文书，对是非曲直判断合理，《春秋》这部书称赞他，所以记载了这件事。毛玠说，臣没有说过这样的话，没有时间、证人。说臣讲过这样的话，一定要有证据。请求派范宣子那样的人来判断是非，请求王叔那样的诬告者来对质。假如臣说得不对，临刑的那天，就好比是给我送来安车；送来自杀的利剑，好比是得到重赏般的恩惠。谨用文状回答如上。"当时桓阶、和洽进言营救毛玠。毛玠终被免职罢官，死在家里。太祖赐给他棺材、银钱和丝织品，任用他的儿子毛机做郎中。

徐奕字季才，东莞人也。避难江东，孙策礼命之。奕改姓名，微服还本郡。太祖为司空，辟为掾属，从西征马超。超破，军还。时关中新服，未甚安，留奕为丞相长史，镇抚西京，西京称其威信。转为雍州刺史，复还为东曹属。丁仪等见宠于时，并害之，而奕终不为动。⑫出为魏郡太守。太祖征孙权，徙为留府长史，谓奕曰："君之忠亮，古人不过也，然微太严。昔西门豹佩韦以自缓，夫能以柔弱制刚强者，望之于君也。今使君统留事，孤无复还顾之忧也。"魏国既建，为尚书，复典选举，迁尚书令。

徐奕字季才，是东莞郡人。因逃避战乱到了江东，孙策按礼仪任命他。徐奕改名换姓，穿着平民衣服回到家乡。太祖担任司空时，征召他担任属官，随从太祖西征马超。马超被打败，军队胜利返回。当时关中刚刚归服，不很安定，太祖留下徐奕担任丞相长史，镇守安抚长安，西京的人称赞他的威信。后调任雍州刺史，回来后又担任东曹属官。丁仪等人在当时很受宠信，一起陷害他，可是徐奕始终没有动摇。后出任魏郡太守。太祖征伐孙权，调他担任留守公府的长史，对徐奕说："您的忠诚正直，古人也没有谁能超过，可是稍嫌太苛严。过去西门豹用佩带皮绳的办法警戒自己性急的缺点，使性子和缓一点，能够用柔弱克制刚强，这是我对您的希望啊。现在分派你统管留守公府的事，我就再没有后顾之忧了。"魏国建立后，徐奕担任尚书，又掌管选拔荐举人才之事，后升任尚书令。

太祖征汉中，魏讽等谋反，中尉杨俊左迁。太祖叹曰："讽所以敢生乱心，以吾爪牙之臣无遏奸防谋者故也。安得如诸葛丰者，使代俊乎！"桓阶

太祖征伐汉中，魏讽等策划叛乱，中尉杨俊被降职。太祖叹息说："魏讽之所以敢于产生叛乱之心，是因为我的得力臣子中没有能遏制邪恶、提防阴谋叛乱的人。怎么能得一个像诸葛丰那样的人，让他代替杨俊呢！"桓阶说："徐奕就是那样的人。"

曰:“徐奕其人也。”太祖乃以奕为中尉,手令曰:“昔楚有子玉,文公为之侧席而坐;汲黯在朝,淮南为之折谋。《诗》称‘邦之司直’,君之谓与!”在职数月,疾笃乞退,拜谏议大夫,卒。⑬

太祖就任用徐奕担任中尉,太祖亲自写的命令说:“从前楚国有子玉,晋文公因此坐不安稳;汲黯在朝廷,淮南王的图谋受挫。《诗经》说的‘国家的司直’,说的就是您吧!”只在职几个月,因病重请求引退,太祖任命他为谏议大夫,后来病逝。

何夔字叔龙,陈郡阳夏人也。曾祖父熙,汉安帝时官至车骑将军。⑭夔幼丧父,与母兄居,以孝友称。长八尺三寸,容貌矜严。⑮避乱淮南。后袁术至寿春,辟之,夔不应,然遂为术所留。久之,术与桥蕤俱攻围蕲阳,蕲阳为太祖固守。术以夔彼郡人,欲胁令说蕲阳。夔谓术谋臣李业曰:“昔柳下惠闻伐国之谋而有忧色,曰‘吾闻伐国不问仁人,斯言何为至于我哉’!”遂遁匿灊山。术知夔终不为己用,乃止。术从兄山阳太守遗母,夔从姑也,是以虽恨夔而不加害。

何夔字叔龙,是陈郡阳夏县人。曾祖父何熙,在汉安帝时官做到车骑将军。何夔幼年时父亲去世,与母亲、哥哥住在一起,以孝顺父母友爱兄弟而著称。身高八尺三寸,容貌端庄严肃。因躲避战乱到了淮南。后来袁术到寿春县,征聘他,何夔没有答应,但最终被袁术留下。过了很久,袁术与桥蕤都围攻蕲阳县,蕲阳县被太祖牢牢守住。袁术认为何夔是那个郡的人,想胁迫他去劝降蕲阳。何夔对袁术的谋臣李业说:“从前柳下惠听到要进攻别国的谋划后面带忧虑的神色,说:‘我听说进攻一个国家是不要去询问有仁义的人的,这话为何问到我这儿来了呢!’”于是出逃躲藏到灊山。袁术知道何夔最终不会被自己任用,才没有再征用他。袁术的堂兄山阳太守袁遗的母亲,是何夔的堂姑母,所以袁术虽然怀恨何夔,但没有害他。

建安二年,夔将还乡里,度术必急追,乃间行得免,明年到本郡。顷之,太祖辟为司空掾属。时有传袁术军乱者,太祖问夔曰:“君以为信不?”夔对曰:“天之所助者顺,人之所助者信。术无信顺之实,而望天人之助,此不可以得志于天下。夫失道之主,亲戚叛之,而况于左右乎!以夔观之,其乱必矣。”太祖曰:“为国失贤则亡。君不为术所用;乱,不亦宜乎!”太祖性严,掾属公事,

建安二年,何夔打算返回故里,估计袁术一定会紧急追赶自己,于是绕小路行走得以逃脱,第二年回到本郡。不久,太祖征聘他担任司空的属官。当时有袁术军队发生内乱的传闻,太祖问何夔说:“您认为是否可信?”何夔回答说:“上天所帮助的是顺应百姓的人,百姓所帮助的是取信百姓的人。袁术没有信顺的实际行动,却希望得到老天和百姓的帮助,这是不可能在天下得志的。失去道义的君主,连亲戚都要叛离他,何况他身边的属下呢!据我观察,他的军队发生内乱是必定的。”太祖说:“治理国家失去贤才就会灭亡。您不接受袁术的聘用;袁术军队就发生内乱,不也是应当的么!”太祖生性严厉,属官处理公事,常常遭受棒打;何夔平时总是准备

往往加杖；夔常畜毒药，誓死无辱，是以终不见及。[16]出为城父令。[17]迁长广太守。郡滨山海，黄巾未平，豪杰多背叛，袁谭就加以官位。长广县人管承，徒众三千余家，为寇害。议者欲举兵攻之。夔曰："承等非生而乐乱也，习于乱，不能自还，未被德教，故不知反善。今兵迫之急，彼恐夷灭，必并力战。攻之既未易拔，虽胜，必伤吏民，不如徐喻以恩德，使容自悔，可不烦兵而定。"乃遣郡丞黄珍往，为陈成败，承等皆请服。夔遣吏成弘领校尉，长广县丞等郊迎奉牛酒，诣郡。牟平贼从钱，众亦数千，夔率郡兵与张辽共讨定之。东牟人王营，众三千余家，胁昌阳县为乱。夔遣吏王钦等，授以计略，使离散之。旬月皆平定。

毒药，心想宁死也不受侮辱，但始终没有遭受棒打。后来何夔出任城父县令。升任长广郡太守。这个郡靠山临海，黄巾军没有被平定时，豪杰多数背叛朝廷，这时袁谭就给他们封官授职。长广县人管承，拥有部众三千多家，干着抢劫掠夺的坏事。有人说要带兵去攻打管承。何夔说："管承等人并不是生来喜欢作乱，习惯作乱，是不能自拔，没有受到道德教育，所以不知道改邪归正。现在军队进逼得紧，他们害怕被消灭，必然合力作战。攻打他们并不容易取胜，即使取胜，一定伤害官民。不如慢慢地用恩德去开导，允许他们自己悔悟，可以不要劳师动众去平定。"于是派郡丞黄珍前去，对他们说明成败的利害，管承等人都请求归服。何夔派遣县吏成弘兼任校尉，长广县县丞等人带着牛和酒在城郊迎接，到达长广郡。牟平县的盗匪从钱，他的部众也有几千人，何夔带领长广郡的部队与张辽一起讨伐平定了他。东牟县人王营，拥有部众三千多家，胁迫昌阳县的人作乱。何夔派遣官员王钦等人，给他们出了计谋，前去离散王营的部众。一个月的时间叛乱全都被平定。

是时太祖始制新科下州郡，又收租税绵绢。夔以郡初立，近以师旅之后，不可卒绳以法，乃上言曰："自丧乱已来，民人失所，今虽小安，然服教日浅。所下新科，皆以明罚敕法，齐一大化也。所领六县，疆域初定，加以饥馑，若一切齐以科禁，恐或有不从教者。有不从教者不得不诛，则非观民设教随时之意也。先王辨九服之赋以殊远近，制三典之刑以平治乱，愚以为此郡宜依远域新邦之典，其民间小事，使长吏临时随宜，上不背正法，

这时太祖开始制订新的法令下发各州郡，还征收租税和丝绵织品。何夔认为郡刚刚建立，又处在打仗后不久，不可仓猝用法令来约束，于是上书说："自从暴乱以来，百姓流离失所，现在虽然稍微安定，但是百姓接受教化的时间不长。所下达的新法令，都是用明文规定的惩罚办法，告诫人们遵守法令，教化民众统一国家。我所统领的六个县，边界刚刚划定，加之闹饥荒，假如一切用法令来禁止，恐怕会有不服从教化的人。有不服从教化的人又不得不杀，那么就不是观察民情顺应时势对百姓进行教化了。先王把京都以外的地方根据远近的不同分为九等来征收赋税，制订三类轻、中、重不同的刑法来平息动乱，我不算高明的看法认为这个郡应当按照边远地域新封王国的法令对待，那些民间小事，派长吏临时根据情况采取措施，对上来说不违背国家的

下以顺百姓之心。比及三年，民安其业，然后齐之以法，则无所不至矣。”太祖从其言。征还，参丞相军事。海贼郭祖寇暴乐安、济南界，州郡苦之。太祖以夔前在长广有威信，拜乐安太守。到官数月，诸城悉平。

入为丞相东曹掾。夔言于太祖曰：“自军兴以来，制度草创，用人未详其本，是以各引其类，时忘道德。夔闻以贤制爵，则民慎德；以庸制禄，则民兴功。以为自今所用，必先核之乡闾，使长幼顺叙，无相逾越。显忠直之赏，明公实之报，则贤不肖之分，居然别矣。又可修保举故不以实之令，使有司别受其负。在朝之臣，时受教与曹并选者，各任其责。上以观朝臣之节，下以塞争竞之源，以督群下，以率万民，如是则天下幸甚。”太祖称善。魏国既建，拜尚书仆射[18]。文帝为太子，以凉茂为太傅，夔为少傅；特命二傅与尚书东曹并选太子诸侯官属。茂卒，以夔代茂。每月朔，太傅入见太子，太子正法服而礼焉；他日无会仪。夔迁太仆，太子欲与辞，宿戒供，夔无往意；乃与书请之，夔以国有常制，遂不往。其履正如此。然于节俭之世，最为豪汰。文帝践阼，封成阳亭侯，邑三百户。疾病，屡乞逊位。诏报曰：“盖礼贤亲旧，帝王之常务也。以亲则君有辅弼之勋焉，

根本大法，对下来说也顺应百姓的心意。等到三年以后，百姓都会安心自己的事业，然后统一法令，就没有什么地方不能施行了。”太祖采纳了他的意见。征召他回京，参与丞相府的军事。海贼郭祖在乐安、济南一带大肆掠夺，州郡民众大受其害。太祖认为何夔以前在长广郡有威信，任命他做乐安太守。到职几个月后，各县城全都平定。

何夔调入丞相府担任东曹属官。何夔对太祖说：“自从起兵以来，各种制度才制定，用人没有详细了解他们的底细，所以各自引荐自己的同伙，往往忘记被引荐者的道德好坏。我听说根据德才的标准制定爵位，那么人们就会谨慎地修养德行；根据功劳制定俸禄，那么人们就会争立功勋。我认为从今以后选用人才，一定要先到乡里考察，使得晋用的人才长幼依次，不相互超越。显示出对忠诚正直之臣的奖赏，表明对公正朴实之臣的酬报，那些德行良好的与不正派的人就明显地区别开了。还可以制定对有意不按实际情况举用人才者的处罚条律，使主管官员各自承担责任。在朝廷的大臣，是要经常接受教令的人，要与各曹的主管同时选用人才，要各自承担责任。这样对上可用来观察朝廷大臣的节操，对下可以用来堵塞互相争进的源头，用这种措施监督群臣，这样率领全民，天下就很有希望了。太祖称赞他说得好。魏国建立后，任命何夔为尚书仆射。文帝是太子时，是凉茂担任太傅，何夔为少傅；特别命令太傅、少傅与尚书东曹共同挑选太子诸侯的属官。凉茂死后，任命何夔代替凉茂。每月初一，太傅进宫谒见太子，太子端正礼服以礼接待他；其他的日子则没有会见的礼仪。何夔提升为太仆，太子打算与他谈话，在住所准备了斋戒的供品，何夔没有前去的想法；于是太子写信请他，何夔认为国家有常法，最终未去。他就是这样履行正道。可是他在节俭的时代，最为奢侈。文帝登基即位，赐封何夔为成阳亭侯，食邑三百户。他身体有病，多次请求退位。文帝下诏回复说：“对贤良的人要以礼相待，对故旧要亲善，这是帝王经常要努力做到的。以亲

以贤则君有醇固之茂焉。夫有阴德者必有阳报,今君疾虽未瘳,神明听之矣。君其即安,以顺朕意。"夔,谥曰靖侯。子曾嗣,咸熙中为司徒。⑲

邢颙字子昂,河间鄚人也。举孝廉,司徒辟,皆不就。易姓字,适右北平,从田畴游。积五年,而太祖定冀州。颙谓畴曰:"黄巾起来二十余年,海内鼎沸,百姓流离。今闻曹公法令严。民厌乱矣,乱极则平。请以身先。"遂装还乡里。田畴曰:"邢颙,民之先觉也。"乃见太祖,求为乡导以克柳城。

太祖辟颙为冀州从事,时人称之曰:"德行堂堂邢子昂。"除广宗长,以故将丧弃官。有司举正,太祖曰:"颙笃于旧君,有一致之节。"勿问也。更辟司空掾,除行唐令,劝民农桑,风化大行。入为丞相门下督,迁左冯翊,病,去官。是时,太祖诸子高选官属,令曰:"侯家吏,宜得渊深法度如邢颙辈。"遂以为平原侯植家丞。颙防闲以礼,无所屈挠,由是不合。庶子刘桢书谏植曰:"家丞邢颙,北土之彦,少秉高节,玄静澹泊,言少理多,真雅士也。桢诚不足同贯斯人,并列左右。而桢礼遇殊特,颙反疏简,私惧观者将谓君侯习近不肖,礼贤不足,采庶子之春华,忘家丞之秋实。为上招谤,其罪不小,以此反侧。"后参丞

旧而论您有辅佐的功勋,以贤德而论您有淳朴坚强的优秀品德。有阴德的人就一定会有阳报的,现在您的病虽未痊愈,但神明听到后。您的病马上就会好的,以顺应朕的心意。"何夔死后,谥号为靖侯。儿子何曾继承他的爵位,咸熙年间担任司徒。

邢颙字子昂,是河间郡鄚县人。他被推举为孝廉,司徒征聘他,都不接受。他改名换姓,前往右北平,跟从田畴交游。过了五年,太祖平定了冀州。邢颙对田畴说:"黄巾军起事以来已二十多年,国内动荡不安,百姓流离失所。现在听说曹公的法令严明。百姓厌恶内乱,乱到了极点就会安定的。请允许我先去投奔他。"于是整装回故里。田畴称赞他说:"邢颙,是民众中先知先觉的人。"邢颙便去见太祖,请求担任向导,去攻打柳城。

太祖征聘邢颙担任冀州从事,当时的人称赞他说:"邢子昂是个德行堂堂正正的人。"他被任命为广宗县县长,因为过去的老将领死去而辞官。有关官员要列举罪过惩治他,太祖说:"邢颙对旧主有深情厚意,与旧主有相同的节操。"不要过问他了。后来改聘邢颙为司空属官,任命他做行唐县令,他勉励百姓从事耕田植桑,广泛地进行教化。他被调进丞相府担任门下督,升任左冯翊,因病,辞去官职。这时,太祖的几个儿子以高标准征选属官,太祖下征令说:"王侯家的官吏,应当是像邢颙那样精通法令制度的人。"于是任用他为平原侯曹植的家吏。邢颙注意以礼仪来对待曹植,但也没有屈从曹植的地方,因此与曹植合不来。庶子(太子官属)刘桢写信劝谏曹植说:"您的家丞邢颙,是北方才德杰出的人,年轻时就执守高尚的节操,他深沉静默,说话虽少但多有道理,真是一位高尚的士人。我确实不够与这位高上的士人同列在您的左右。但您对我礼遇特殊,对邢颙反而疏忽简慢,我个人担心旁观者将会说您喜欢亲近没有才德的人,礼待贤士不够,您这是喜欢庶子(服劳役的人)采摘的春天的花朵,忘掉了家丞收获的秋天的果实。给您招来指责,我的

相军事，转东曹掾。初，太子未定，而临菑侯植有宠，丁仪等并赞翼其美。太祖问颙，颙对曰："以庶代宗，先世之戒也。愿殿下深重察之！"太祖识其意，后遂以为太子少傅，迁太傅。文帝践阼，为侍中尚书仆射，赐爵关内侯，出为司隶校尉，徙太常。黄初四年薨。子友嗣。[20]

罪过就会不小，因此睡卧不安。"后来邢颙参与丞相府的军事。改任东曹属官。起初，还没有封立太子，临淄侯曹植受到宠爱，丁仪等人都赞扬他，帮助他。太祖为封立太子的事问邢颙，邢颙回答说："拿庶子代替长宗，这是先代禁戒的。希望殿下深思慎重地省察!"太祖理解了他的意思，后来就任用他为太子少傅，又升任太傅。文帝即位后，邢颙担任侍中尚书仆射，受赐爵位为关内侯，出任司隶校尉，升任太常。黄初四年去世。儿子邢友继承他的爵位。

鲍勋字叔业，泰山平阳人也，汉司隶校尉鲍宣九世孙。宣后嗣有从上党徙泰山者，遂家焉。勋父信，灵帝时为骑都尉，大将军何进遣东募兵。后为济北相，协规太祖，身以遇害。语在《董卓传》、《武帝纪》。[21]建安十七年，太祖追录信功，表封勋兄邵新都亭侯。[22]辟勋丞相掾。[23]

鲍勋字叔业，是泰山郡平阳县人，汉朝司隶校尉鲍宣的第九代孙。鲍宣的后代有的是从上党郡迁来泰山的，便安家在这里。鲍勋的父亲鲍信，汉灵帝时担任骑都尉，大将军何进派他到东边去招募士兵。后来担任济北国相，协助太祖谋划国事，因此身遭杀害。这些事记载在《董卓传》、《武帝纪》里。建安十七年，太祖给鲍信追记了功绩，上表封鲍勋的哥哥鲍邵为新都亭侯。征召鲍勋担任丞相的属官。

二十二年，立太子，以勋为中庶子。徙黄门侍郎，出为魏郡西部都尉。太子郭夫人弟为曲周县吏，断盗官布，法应弃市。太祖时在谯，太子留邺，数手书为之请罪。勋不敢擅纵，具列上。勋前在东宫，守正不挠，太子固不能悦，及重此事，恚望滋甚。会郡界休兵有失期者，密敕中尉奏免勋官。久之，拜侍御史。延康元年，太祖崩，太子即王位，勋以驸马都尉兼侍中。

建安二十二年，封立太子，任用鲍勋担任中庶子。后调任黄门侍郎，出任魏郡的西部都尉。太子郭夫人的弟弟担任曲周县的小官，因偷盗官府的布匹被判罪，按法应当处死陈尸示众。太祖当时在谯县，太子留在邺城，多次亲手写信替内弟请罪。鲍勋不敢擅自释放他，把太子内弟的罪行全部列举上报。鲍勋以前在东宫时，坚守正道决不动摇，太子本来对他就不高兴，等到又出现这件事，怨恨之情更为严重。恰逢郡界上休整的士兵中有超过规定期限不归队的，太子就秘密地命令中尉上奏罢免鲍勋的官职。过了很长一段时间，任命鲍勋担任侍御史。延康元年，太祖逝世，太子即王位，鲍勋以驸马都尉的身份兼任侍中。

文帝受禅，勋每陈"今之所急，唯在军农，宽惠百姓。台榭苑囿，宜以为后"。文帝将出

文帝接受禅让登上帝位，鲍勋常向文帝陈述说："现在当务之急，只有军事和农事，对百姓宽厚慈惠。亭台楼榭和园林的建设，应当放在以后。"文

游猎，勋停车上疏曰："臣闻五帝三王，靡不明本立教，以孝治天下。陛下仁圣恻隐，有同古烈。臣冀当继踪前代，令万世可则也。如何在谅闇之中，修驰骋之事乎！臣冒死以闻，唯陛下察焉。"帝手毁其表而竟行猎，中道顿息，问侍臣曰："猎之为乐，何如八音也？"侍中刘晔对曰："猎胜于乐。"勋抗辞曰："夫乐，上通神明，下和人理，隆治致化，万邦咸乂。移风易俗，莫善于乐。况猎，暴华盖于原野，伤生育之至理，栉风沐雨，不以时隙哉？昔鲁隐观渔于棠，《春秋》讥之。虽陛下以为务，愚臣所不愿也。"因奏："刘晔佞谀不忠，阿顺陛下过戏之言。昔梁丘据取媚于遄台，晔之谓也。请有司议罪以清皇朝。"帝怒作色，罢还，即出勋为右中郎将。

黄初四年，尚书令陈群、仆射司马宣王并举勋为宫正，宫正即御史中丞也。帝不得已而用之，百寮严惮，罔不肃然。六年秋，帝欲征吴，群臣大议，勋面谏曰："王师屡征而未有所克者，盖以吴、蜀唇齿相依，凭阻山水，有难拔之势故也。往年龙舟飘荡，隔在南岸，圣躬蹈危，臣下破胆。此时宗庙几至倾覆，为百世之戒。今又劳兵袭远，日费千金，中国虚耗，令黠虏玩威，臣窃以为不可。"帝益忿之，左迁勋为治书

帝将要出宫巡游打猎，鲍勋阻拦御车呈上奏条说："我听说五帝三王，没有谁不懂得治国的根本是要施行教化，用孝道治理天下。陛下仁爱怜悯百姓，如同古代建立功业的先祖。臣希望陛下追从前代的足迹，使千秋万代都可效法。怎么能在服丧的日子里，从事狩猎的事呢！臣愿冒死罪让陛下听到我的进言，希望陛下明察。"文帝亲手撕毁了鲍勋的表章强行纵情地去打猎，在半路上休息时，问侍候他的近臣说："打猎的乐趣，与听音乐相比怎样？"侍中刘晔回答说："打猎的乐趣超过听音乐。"鲍勋争辩说："音乐，上能通达神明，下能调和人事，兴盛政治，进行教化，各国安定。移风易俗，没有比音乐再好的了。况且打猎，使皇上乘坐的车子暴露在原野，伤害生育养性的根本道理，风吹雨淋，不得空闲的时间吗？从前鲁隐公在棠地观看捕鱼，《春秋》这部书就指责这件事。即使陛下认为是要事，也是愚臣所不希望的。"于是接着上奏说："刘晔巧言谄媚不忠，是阿谀顺从陛下戏弄的话。从前梁丘据在遄台逢迎齐侯，刘晔就是这样的人。臣下请求有关的官员给他定罪，来清除朝廷的奸邪。"这时文帝显出气怒的脸色，结束打猎，回去后，当即将鲍勋调出朝廷，立即让鲍勋担任右中郎将。

黄初四年，尚书令陈群、仆射司马宣王一起推举鲍勋担任宫正，宫正就是御史中丞。文帝不得已任用了他，官员们都尊敬畏惧他，没有谁敢有不恭敬的样子。黄初六年秋天，文帝打算攻打吴国，大臣们广泛讨论，鲍勋当面向文帝进谏说："朝廷的军队多次出征却没有打败敌人，是因为吴国和蜀国唇齿相依，凭借山水的险阻，有难以攻克的地势的缘故。往年龙舟在江面上飘荡，阻隔在南岸，圣上身处危险之中，臣下惊吓万分。这时宗庙几乎到了倾覆的地步，成为世代的警戒。现在又要出动军队去袭击远方，每天耗费许多的钱财，国库空竭，让狡猾的敌人耍弄威风，臣下个人认为不可这样做。"文帝更加不高兴，把鲍勋降职，让他担任治书执法。

执法。

帝从寿春还，屯陈留郡界。太守孙邕见，出过勋。时营垒未成，但立标埒，邕邪行不从正道，军营令史刘曜欲推之，勋以堑垒未成，解止不举。大军还洛阳，曜有罪，勋奏绌遣，而曜密表勋私解邕事。诏曰："勋指鹿作马，收付廷尉。"廷尉法议："正刑五岁。"三官驳："依律罚金二斤。"帝大怒曰："勋无活分，而汝等敢纵之！收三官已下付刺奸，当令十鼠同穴。"太尉钟繇、司徒华歆、镇军大将军陈群、侍中辛毗、尚书卫臻、守廷尉高柔等并表"勋父信有功于太祖"，求请勋罪。帝不许，遂诛勋。勋内行既修，廉而能施，死之日，家无余财。后二旬，文帝亦崩，莫不为勋叹恨。

文帝从寿春回来，驻扎在陈留郡的边界。陈留郡太守孙邕谒见文帝，出来以后路过时拜访了鲍勋。当时营垒没有筑好，只树有封道的标志，孙邕只得绕行小路没有走正路，军营令史刘曜想要追究孙邕，鲍勋认为是壕沟和营垒还没筑成的缘故，制止并免除了追究，没有举报。大军回到洛阳后，刘曜有罪，鲍勋上奏要贬退刘曜，而刘曜秘密上表告发鲍勋私下免除追究孙邕罪过的事。文帝下诏说："鲍勋指鹿为马，逮捕他并送交廷尉审理。"廷尉按法律定罪："判刑五年。"廷尉正、廷尉监、廷尉平进行辩驳："依照法律罚金二斤。"文帝发怒说："鲍勋已无存活的名分，而你们这些人竟敢宽纵他！把三官以下的人收捕交付刺奸(其职督察执法)官员，应当让十只老鼠同处一个洞穴。"太尉钟繇、司徒华歆、镇军大将军陈群、侍中辛毗、尚书卫臻、代理廷尉高柔等人一起上书说："鲍勋的父亲鲍信对太祖有功"，请求免去鲍勋的罪过。文帝不同意，还是杀了鲍勋。鲍勋注意修养品行，为政廉洁又能施舍他人，死的时候，家里没有多余的财产。过了二十天，文帝也去世了，鲍勋被诛杀，人们无不为他叹息悲痛。

司马芝字子华，河内温人也。少为书生，避乱荆州，于鲁阳山遇贼，同行者皆弃老弱走，芝独坐守老母。贼至，以刃临芝，芝叩头曰："母老，唯在诸君！"贼曰："此孝子也，杀之不义。"遂得免害，以鹿车推载母。居南方十余年，躬耕守节。

司马芝字子华，是河内郡温县人。年轻时是个读书人，到荆州躲避战乱，在鲁阳山遇到强盗，同行的人都丢下老弱的人跑了，唯独司马芝坐着守护他的老母亲。强盗来了，用刀逼近司马芝，司马芝连连求饶叩头说："母亲年老，生死全在各位！"强盗听到后说："这是个孝子，杀了他是不道义的。"于是得以免害，他用手推车载着母亲逃难。他居住在南方十多年，亲自耕种，坚守节操。

太祖平荆州，以芝为菅长。时天下草创，多不奉法。郡主簿刘节，旧族豪侠，宾客千余家，出为盗贼，入乱吏治。顷之，芝差节客王同等为兵，掾史据白："节家前后未尝给繇，若至时藏匿，必为留负。"芝不

太祖平定荆州，任用司马芝任菅县县长。当时国家初建，许多人都不守法。郡府的主簿刘节，出自社会上的豪门家族，是动武任侠的人，拥有宾客一千多家，他们外出做盗贼，回郡扰乱地方官吏的治理。没多久，司马芝征派刘节的门客王同等人服兵役，属官据情禀告："刘节家向来不曾服徭役，如果到时候王同等人藏匿起来，一定留下忧虑。"司马芝

听，与节书曰："君为大宗，加股肱郡，而宾客每不与役，既众庶怨望，或流声上闻。今调同等为兵，幸时发遣。"兵已集郡，而节藏同等，因令督邮以军兴诡责县，县掾史穷困，乞代同行。芝乃驰檄济南，具陈节罪。太守郝光素敬信芝，即以节代同行，青州号芝"以郡主簿为兵"。迁广平令。征虏将军刘勋，贵宠骄豪，又芝故郡将，宾客子弟在界数犯法。勋与芝书，不著姓名，而多所属托，芝不报其书，一皆如法。后勋以不轨诛，交关者皆获罪，而芝以见称。㉔

没有听取属官的意见，给刘节写信说："您家是有势力的家族，您又是郡守的辅佐，可是您的门客常常不服徭役，这已使广大百姓怨愤了，这情况有可能传出去让上司知道。现在调征王同等人服兵役，希望按时发送。"服兵役的人已经集中到了郡府，刘节却藏匿王同等人，司马芝于是下令督邮以延误军需假装责备县府，县府属吏束手无策，只得要求代替王同等人去服兵役。司马芝便将文书速送济南郡，陈述了刘节所有的罪过。太守郝光向来敬重信任司马芝，马上要刘节代王同服兵役，打这以后青州就有司马芝"让郡府主簿当兵的传说"。司马芝后升任广平县令。征虏将军刘勋，地位显贵，为人骄横，又是司马芝的同乡将军，他的门客、子弟在边界多次犯法。刘勋写信给司马芝，不署姓名，大多是为门客、子弟们求情，司马芝不给他回信，一律按法律办事。后来刘勋因为行为越轨被杀，与他有牵连的人都获罪，司马芝因此受人称赞。

迁大理正。有盗官练置都厕上者，吏疑女工，收以付狱。芝曰："夫刑罪之失，失在苛暴。今赃物先得而后讯其辞，若不胜掠，或至诬服。诬服之情，不可以折狱。且简而易从，大人之化也。不失有罪，庸世之治耳。今宥所疑，以隆易从之义，不亦可乎！"太祖从其议。历甘陵、沛、阳平太守，所在有绩。黄初中，入为河南尹，抑强扶弱，私请不行。会内官欲以事托芝，不敢发言，因芝妻伯父董昭。昭犹惮芝，不为通。芝为教与群下曰："盖君能设教，不能使吏必不犯也。吏能犯教，而不能使君必不闻也。夫设教而犯，君之劣也；犯教而闻，吏之祸也。君劣于上，

司马芝升任大理正。有人偷窃官府的白丝绢藏在厕所里，官吏怀疑是女工所为，逮捕女工交付牢狱。司马芝说："惩罚犯罪的失误，失误在苛严残暴。现在先拿到赃物然后再去讯问供词，如果受不住拷打，有可能会无辜认罪。无辜认罪的情况不能定案。拿取证据是简明又易行的办法，这是圣人的教化。不漏掉有罪的人，这是一般朝代的治罪原则。现在宽免所怀疑的人，是用来进一步说明获取证据定案既简明又易行这一道理，不也是可以吗！"太祖接受了他的建议。司马芝历任甘陵、沛、阳平三郡太守，他在这三郡任职期间都有政绩。黄初年间，调任河南尹，他抑制豪强扶助弱势，私下请他办事他决不办理。遇上朝内官员有事想托付司马芝，不敢开口，就通过司马芝妻子的伯父董昭。董昭也畏惧司马芝，不给传话。司马芝给下属制定教令说："君主能设立教令，不能使官员一定不触犯。官员触犯了教令，但不能使君主一定不知道。设立教令而被触犯，是君主的低劣无能；官员触犯了教令而被君主知道，是官员遭灾。君主在上低劣无能，官员在下遭受

吏祸于下，此政事所以不理也。可不各勉之哉！"于是下吏莫不自励。门下循行尝疑门干盗簪，干辞不符，曹执为狱。芝教曰："凡物有相似而难分者，自非离娄，鲜能不惑。就其实然，循行何忍重惜一簪，轻伤同类乎！其寝勿问。"

灾祸，这就是政事治理不好的原因。可以不各自勉励吗！"从此他的下属官吏没有不自勉的。他门下的循行曾经怀疑给司马芝守门的仆役偷盗簪子。仆役的供词与事实不符，官署的官吏逮捕守门仆役交付监狱。司马芝教导大家说："凡是事物就有相像而难以区分的情况，除非像古代离娄那样眼力好的人，很少能不出现疑惑。即使实际情况是那样，循行怎么忍心为珍爱一个簪子，去轻易伤害自己的同事哩！希望停止审问。"

明帝即位，赐爵关内侯。顷之，特进曹洪乳母当，与临汾公主侍者共事无涧神[25]系狱。卞太后遣黄门诣府传令，芝不通，辄敕洛阳狱考竟，而上疏曰："诸应死罪者，皆当先表须报。前制书禁绝淫祀以正风俗，今当等所犯妖刑，辞语始定，黄门吴达诣臣，传太皇太后令。臣不敢通，惧有救护，速闻圣听，若不得已，以垂宿留。由事不早竟，是臣之罪，是以冒犯常科，辄敕县考竟，擅行刑戮，伏须诛罚。"帝手报曰："省表，明卿至心，欲奉诏书，以权行事，是也。此乃卿奉诏之意，何谢之有？后黄门复往，慎勿通也。"芝居官十一年，数议科条所不便者。其在公卿间，直道而行。会诸王来朝，与京都人交通，坐免。

明帝即位，赐给司马芝关内侯爵位。不久，特进曹洪的奶妈当氏，与临汾公主的侍者一起去祭祀无涧山山神获罪而被囚禁在监狱。卞太后派遣黄门宦官到司马芝的官府传达命令，司马芝不准他通报，立即下令洛阳狱官拷打审问，然后上疏说："他们几个是应该处死的罪犯，都应事先上表等待回复。以前制定禁绝不合礼制的祭祀文书，为的是纠正风俗，现在当氏等人犯下滥祭妖神的邪恶罪刑，供词已审定，黄门宦官吴达来到臣下这里，传达太皇太后的命令。臣不敢让他通报，担心有人营救当氏等人，臣紧急上报皇上，如不得已，请皇上下令保护。因为不能及早结案，是臣的罪责，因此冒犯常法，臣立即命令县狱拷打审问，擅自执行刑法，下臣等待皇上治罪。"皇上亲自写诏书回复说："看了奏表，明白你的一片忠心，你想遵奉诏书旨意灵活地处理案子，这是对的。这是你遵奉诏书的想法，有什么要请罪的呢？以后黄门宦官再到你处，千万不可让他们通报。"司马芝当官十一年，多次参与讨论法律条文中不合理的部分。他在公卿中，正直行事。恰遇各诸侯王朝见皇上，由于与京都人交往，获罪被免去官职。

后为大司农。先是诸典农各部吏民，末作治生，以要利入。芝奏曰："王者之治，崇本抑末，务农重谷。《王制》：'无三年之储，国非其国也。'《管子·区言》以积谷为急。方今二

司马芝后来担任大司农。先前主管屯田的各部官民，是以经营工商业维生，为的是牟取财利。司马芝上奏说："君王治理国家，应推崇农耕，抑制工商业，努力发展农业，重视粮食生产。《礼记·王制上》说：'没有三年的粮食储备，国家就不成其为国家了。'《管子·区言》认为积蓄粮食是当务之急。现在

虏未灭，师旅不息，国家之要，惟在谷帛。武皇帝特开屯田之官，专以农桑为业。建安中，天下仓廪充实，百姓殷足。自黄初以来，听诸典农治生，各为部下之计，诚非国家大体所宜也。夫王者以海内为家，故《传》曰：'百姓不足，君谁与足！'富足之田，在于不失天时而尽地力。今商旅所求，虽有加倍之显利，然于一统之计，已有不赀之损，不如垦田益一亩之收也。夫农民之事田，自正月耕种，耘锄条桑，耕熯种麦，获刈筑场，十月乃毕。治廪系桥，运输租赋，除道理梁，墐涂室屋，以是终岁，无日不为农事也。今诸典农，各言'留者为行者宗田计，课其力，势不得不尔。不有所废，则当素有余力。'臣愚以为不宜复以商事杂乱，专以农桑为务，于国计为便。"明帝从之。

吴、蜀二敌没有消灭，军队作战接连不断，国家的大事，就在粮食、布帛方面。武皇帝特别设置屯田官，专为发展农桑业。建安年间，天下粮仓充实，百姓富裕。自黄初年间以来，听任各主管屯田官员经营产业，各为部下考虑，这确实不是适合国家大局的做法。君王要以天下为家，因此《传》上说：'百姓不富足，国君与谁一起富足！'富足的根本，是在于不要失去天时又要尽量发挥土地的作用。现在商人所追求的，虽然有成倍的明显利润，但对于全国统一的大计，已经产生了不可估量的损失，不如开垦田亩增加田亩的收入。农夫干农活，从正月开始耕种，锄草采桑，烧取草灰作肥料，耕地种麦，收割打场，直到十月才结束。修缮仓库，捆好桔槔，运送粮食，交纳租赋，修筑道路，架设桥梁，粉刷房屋，就这样过完一年，没有哪天不在干农活。现在各位管屯田的官员，都说：'留下的人耕种外出的人的宗田，征用他们的劳力，形势不得不这样做。要做到没有荒废的地方，那么应该让平时有多余的劳力。'臣认为不应再让工商业来干扰农业，应当专以农桑为当务之急，这对国家大计有利。"明帝接受了他的意见。

每上官有所召问，常先见掾史，为断其意故，教其所以答塞之状，皆如所度。芝性亮直，不矜廉隅。与宾客谈论，有不可意，便面折其短，退无异言。卒于官，家无余财，自魏迄今为河南尹者莫及芝。

每当上级官员有所召问时，司马芝常常事先召见属官，替他们判断召问的原因，教他们怎么答复满足上级官员的情形，都像他所预料的那样。司马芝性格诚实正直，从不骄傲自满，清正廉洁。与宾客交谈时，有不合意的地方，就当面指出他们的不足之处，离去后没有不同的意见。司马芝死在官任上，家里没有多余的财产，从魏朝到现在担任河南尹的人没有赶得上司马芝的。

芝亡，子岐嗣，从河南丞转廷尉正，迁陈留相。梁郡有系囚，多所连及，数岁不决。诏书徙狱于岐属县，县请豫治牢具。岐曰："今囚有数十，既巧

司马芝死后，他的儿子司马岐继承爵位，从河南丞转任廷尉正，升任陈留相。梁郡有在押的囚犯，牵连很多人，案子几年不能判决。皇上下达诏书把囚犯转到司马岐下属的县狱，县里请求预先准备牢具。司马岐说："现在囚犯有几十人，他们既狡诈供

诈难符，且已倦楚毒，其情易见。岂当复久处囹圄邪！”及囚室，诘之，皆莫敢匿诈，一朝决竟，遂超为廷尉。是时大将军爽专权，尚书何晏、邓飏等为之辅翼。南阳圭泰尝以言迕指，考系廷尉。飏讯狱，将致泰重刑。岐数飏曰：“夫枢机大臣，王室之佐，既不能辅化成德，齐美古人，而乃肆其私忿，枉论无辜。使百姓危心，非此焉在？”飏于是惭怒而退。岐终恐久获罪，以疾去官。居家未期而卒，年三十五。子肇嗣。[26]

词又难符实情，并且对于鞭打拷问已经感到厌倦痛苦，那种情况是显而易见的。怎能再长久地关在牢狱里呢！”等到把囚犯们提来，司马岐审问他们，都不敢隐瞒欺骗，一个早晨案子就判决完毕，司马岐于是被越级提升为廷尉。这时大将军曹爽独揽大权，尚书何晏、邓飏等人充当他的羽翼。南阳人圭泰曾因讲话冒犯曹爽，交给廷尉关进监狱拷打审问。邓飏审理此案，打算判处圭泰重刑。司马岐多次对邓飏说：“作为机要大臣，是朝廷的辅佐，既不能辅助皇上推行教化实施恩德，与古代贤良媲美，却发泄私愤，屈判无罪的人。使老百姓心存戒惧，不是这样又是什么呢？”邓飏于是惭愧气怒地退下。司马岐担心时间久了终将获罪，以有病为由辞官。回家未满一年就去世了，时年三十五岁。他的儿子司马肇继承了爵位。

评曰：徐奕、何夔、邢颙贵尚峻厉，为世名人。毛玠清公素履，司马芝忠亮不倾，庶乎不吐刚茹柔。崔琰高格最优，鲍勋秉正无亏，而皆不免其身，惜哉！《大雅》贵“既明且哲”，《虞书》尚“直而能温”，自非兼才，畴克备诸！

评论说：徐奕、何夔、刑颙崇尚严厉，是当世的名人。毛玠清廉公正，质朴慎行，司马芝忠诚坚贞，行为不偏，为人不欺软怕硬。崔琰人格高尚，最为优秀，鲍勋秉持正义，没有缺陷，可是他们都不免身遭陷害，可惜啊！《大雅·烝民》崇尚“既聪达又明智”的人，《虞书·舜典》崇尚“正直又温和”的人，本来就没有全才，谁能十全十美呢！

---

①《世语》曰：植妻衣绣，太祖登台见之，以违制命，还家赐死。

②《先贤行状》曰：琰清忠高亮，雅识经远，推方直道，正色于朝。魏氏初载，委授铨衡，总齐清议，十有余年。文武群才，多所明拔。朝廷归高，天下称平。

③《魏略》曰：人得琰书，以裹帻笼，行都道中。时有与琰宿不平者，遥见琰名著帻笼，从而视之，遂白之。太祖以为琰腹诽心谤，乃收付狱，髡刑输徒。前所白琰者又复白之云：“琰为徒，虬须直视，心似不平。”时太祖亦以为然，遂欲杀之。乃使清公大吏往经营琰，敕吏曰：“三日期消息。”琰不悟，后数日，吏故白琰平安。公忿然曰：“崔琰必欲使孤行刀锯乎！”吏以是教告琰，琰谢吏曰：“我殊不宜，不知公意至此也！”遂自杀。

④臣松之案：“跱”或作“特”，窃谓“英特”为是也。

⑤《魏略》曰：明帝时，崔林尝与司空陈群共论冀州人士，称琰为首。群以“智不存身”贬之。林曰：“大丈夫为有邂逅耳，即如卿诸人，良足贵乎！”

⑥融字文举。《续汉书》曰：融，孔子二十世孙也。高祖父尚，钜鹿太守。父宙，太山都尉。融幼有异才。时河南尹李膺有重名，敕门下简通宾客，非当世英贤及通家子孙弗见也。融

年十余岁，欲观其为人，遂造膺门，语门者曰："我，李君通家子孙也。"膺见融，问曰："高明父祖，尝与仆周旋乎？"融曰："然。先君孔子与君先人李老君，同德比义而相师友，则融与君累世通家也。"众坐奇之，佥曰："异童子也。"太中大夫陈炜后至，同坐以告炜，炜曰："人小时了了者，大亦未必奇也。"融答曰："即如所言，君之幼时，岂实慧乎！"膺大笑，顾谓曰："高明长大，必为伟器。"山阳张俭，以中正为中常侍侯览所忿疾，览为刊章下州郡捕俭。俭与融兄褒有旧，亡投褒。遇褒出，时融年十六，俭以其少，不告也。融知俭长者，有窘迫色，谓曰："吾独不能为君主邪！"因留舍藏之。后事泄，国相以下密就掩捕，俭得脱走，登时收融及褒送狱。融曰："保纳藏舍者融也，融当坐之。"褒曰："彼来求我，罪我之由，非弟之过，我当坐之。"兄弟争死，郡县疑不能决，乃上谳，诏书令褒坐焉。融由是名震远近，与平原陶丘洪、陈留边让，并以俊秀，为后进冠盖。融持论经理不及让等，而逸才宏博过之。司徒大将军辟举高第，累迁北军中候、虎贲中郎将、北海相，时年三十八。承黄巾残破之后，修复城邑，崇学校，设庠序，举贤才，显儒士。以彭璆为方正，邴原为有道，王脩为孝廉。告高密县为郑玄特立一乡，名为郑公乡。又国人无后，及四方游士有死亡者，皆为棺木而殡葬之。郡人甄子然孝行知名，早卒，融恨不及之，乃令配食县社。其礼贤如此。在郡六年，刘备表融领青州刺史。建安元年，征还为将作大匠，迁少府。每朝会访对，辄为议主，诸卿大夫寄名而已。

司马彪《九州春秋》曰：融在北海，自以智能优赡，溢才命世，当时豪俊皆不能及。亦自许大志，且欲举军曜甲，与群贤要功，自于海岱结殖根本，不肯碌碌如平居郡守，事方伯、赴期会而已。然其所任用，好奇取异，皆轻剽之才。至于稽古之士，谬为恭敬，礼之虽备，不与论国事也。高密郑玄，称之郑公，执子孙礼。及高谈教令，盈溢官曹，辞气温雅，可玩而诵。论事考实，难可悉行。但能张磔网罗，其自理甚疏。租赋少稽，一朝杀五部督邮。奸民污吏，猾乱朝市，亦不能治。幽州精兵乱，至徐州，卒到城下，举国皆恐。融直出说之，令无异志。遂与别校谋夜覆幽州，幽州军败，悉有其众。无几时，还复叛亡。黄巾将至，融大饮醇酒，躬自上马，御之涞水之上。寇令上部与融相拒，两翼径涉水，直到所治城。城溃，融不得入，转至南县，左右稍叛。连年倾覆，事无所济，遂不能保鄣四境，弃郡而去。后徙徐州，以北海相自还领青州刺史，治郡北陲。欲附山东，外接辽东，得戎马之利，建树根本，孤立一隅，不与共也。于时曹、袁、公孙共相首尾，战士不满数百，谷不至万斛。王子法、刘孔慈凶辩小才，信为腹心。左丞祖、刘义逊清俊之士，备在坐席而已，言此民望，不可失也。丞祖劝融自托强国，融不听而杀之。义逊弃去。遂为袁谭所攻，自春至夏，城小寇众，流矢雨集。然融凭几安坐，读书论议自若。城坏众亡，身奔山东，室家为谭所虏。

张璠《汉纪》曰：融在郡八年，仅以身免。帝初都许，融以为宜略依旧制，定王畿，正司隶所部为千里之封，乃引公卿上书言其义。是时天下草创，曹、袁之权未分，融所建明，不识时务。又天性气爽，颇推平生之意，狎侮太祖。太祖制酒禁，而融书嘲之曰："天有酒旗之星，地列酒泉之郡，人有旨酒之德，故尧不饮千钟，无以成其圣。且桀纣以色亡国，今令不禁婚姻也。"太祖外虽宽容，而内不能平。御史大夫郗虑知旨，以法免融官。岁余，拜太中大夫。虽居家失势，而宾客日满其门，爱才乐酒，常叹曰："坐上客常满，樽中酒不空，吾无忧矣。"虎贲士有貌似蔡邕者，融每酒酣，辄引与同坐，曰："虽无老成人，尚有典刑。"其好士如此。

《续汉书》曰：太尉杨彪与袁术婚姻，术僭号，太祖与彪有隙，因是执彪，将杀焉。融闻之，不及朝服，往见太祖曰："杨公累世清德，四叶重光，《周书》'父子兄弟，罪不相及'，况以袁氏之罪乎？《易》称'积善余庆'，但欺人耳。"太祖曰："国家之意也。"融曰："假使成王欲杀召公，则周公可得言不知邪？今天下缨緌搢绅之士所以瞻仰明公者，以明公聪明仁智，辅相汉朝，举直措枉，致之雍熙耳。今横杀无辜，则海内观听，谁不解体？孔融鲁国男子，明日便当褰衣而去，不复朝矣。"太祖意解，遂理出彪。

《魏氏春秋》曰：袁绍之败也，融与太祖书曰："武王伐纣，以妲己赐周公。"太祖以融学博，谓书传所纪。后见，问之，对曰："以今度之，想其当然耳！"十三年，融对孙权使，有讪谤之言，坐弃市。二子年八岁，时方弈棋，融被收，端坐不起。左右曰："而父见执，不起何也？"二子曰："安有巢毁而卵不破者乎！"遂俱见杀。融有高名清才，世多哀之。太祖惧远近之议也，乃令曰："太中大夫孔融既伏其罪矣，然世人多采其虚名，少于核实，见融浮艳，好作变异，眩其诳诈，不复察其乱俗也。此州人说平原祢衡受传融论，以为父母与人无亲，譬若缶器，寄盛其中，又言若遭饥馑，而父不肖，宁赡活余人。融违天反道，败伦乱理，虽肆市朝，犹恨其晚。更以此事列上，宣示诸军将校掾属，皆使闻见。"

《世语》曰：融二子，皆龆龀。融见收，顾谓二子曰："何以不辞？"二子俱曰："父尚如此，复何所辞！"以为必俱死也。

臣松之以为《世语》云融二子不辞，知必俱死，犹差可安。如孙盛之言，诚所未譬。八岁小儿，能玄了祸福，聪明特达，卓然既远，则其忧乐之情，宜其有过成人，安有见父收执而曾无变容，弈棋不起，若在暇豫者乎？昔申生就命，言不忘父，不以己身将死而废念父之情也。父安犹尚若兹，而况于颠沛哉？盛以此为美谈，无乃贼夫人之子与！盖由好奇情多，而不知言之伤理。

⑦《魏略》曰：攸字子远，少与袁绍及太祖善。初平中随绍在冀州，尝在坐席言议。官渡之役，谏绍勿与太祖相攻，语在《绍传》。绍自以强盛，必欲极其兵势。攸知不可为谋，乃亡诣太祖。绍破走，及后得冀州，攸有功焉。攸自恃勋劳，时与太祖相戏，每在席，不自限齐，至呼太祖小字，曰："某甲，卿不得我，不得冀州也。"太祖笑曰："汝言是也。"然内嫌之。其后从行出邺东门，顾谓左右曰："此家非得我，则不得出入此门也。"人有白者，遂见收之。

⑧《魏略》曰：娄圭字子伯，少与太祖有旧。初平中在荆州北界合众，后诣太祖。太祖以为大将，不使典兵，常在坐席言议。及河北平定，随在冀州。其后太祖从诸子出游，子伯时亦随从。子伯顾谓左右曰："此家父子，如今日为乐也。"人有白者，太祖以为有腹诽意，遂收治之。

《吴书》曰：子伯少有猛志，尝叹息曰："男儿居世，会当得数万兵千匹骑著后耳！"侪辈笑之。后坐藏亡命，被系当死，得逾狱出，捕者追之急，子伯乃变衣服如助捕者，吏不能觉，遂以得免。会天下义兵起，子伯亦合众与刘表相依。后归曹公，遂为所用，军国大计常与焉。刘表亡，曹公向荆州。表子琮降，以节迎曹公，诸将皆疑诈，曹公以问子伯。子伯曰："天下扰攘，各贪王命以自重，今以节来，是必至诚。"曹公曰："大善。"遂进兵。宠秩子伯，家累千金，曰："娄子伯富乐于孤，但势不如孤耳！"从破马超等，子伯功为多。曹公常叹曰："子伯之计，孤不及也。"后与南郡习授同载，见曹公出，授曰："父子如此，何其快耶！"子伯曰："居世间，当自为之，而但观他人乎！"授乃白之，遂见诛。

鱼豢曰：古人有言曰："得鸟者，罗之一目也，然张一目之罗，终不得鸟矣。鸟能远飞，远飞者，六翮之力也，然无众毛之助，则飞不远矣。"以此推之，大魏之作，虽有功臣，亦未必非兹辈胥附之由也。

⑨《世语》曰：琰兄孙谅，字士文，以简素称，仕晋为尚书大鸿胪。荀绰《冀州记》云谅即琰之孙也。

⑩《先贤行状》曰：玠雅亮公正，在官清恪。其典选举，拔贞实，斥华伪，进逊行，抑阿党。诸宰官治民功绩不著而私财丰足者，皆免黜停废，久不选用。于时四海翕然，莫不励行。至乃长吏还者，垢面羸衣，常乘柴车。军吏入府，朝服徒行。人拟壶飧之絜，家象濯缨之操，贵者无秽欲之累，贱者绝奸货之求，吏絜于上，俗移乎下，民到于今称之。

⑪孙盛曰：魏武于是失政刑矣。《易》称"明折庶狱"，《传》有"举直措枉"，庶狱明则国无怨民，枉直当则民无不服，未有征青蝇之浮声，信浸润之谮诉，可以允厘四海，惟清缉熙者也。昔者汉高狱萧何，出复相之，玠之一责，永见摈放，二主度量，岂不殊哉！

⑫《魏书》曰：或谓奕曰："夫以史鱼之直，孰与蘧伯玉之智？丁仪方贵重，宜思所以下之。"奕曰："以公明圣，仪岂得久行其伪乎！且奸以事君者，吾所能御也，子宁以他规我。"

《傅子》曰：武皇帝，至明也。崔琰、徐奕，一时清贤，皆以忠信显于魏朝；丁仪间之，徐奕失位而崔琰被诛。

⑬《魏书》曰：文帝每与朝臣会同，未尝不嗟叹，思奕之为人。奕无子，诏以其族子统为郎，以奉奕后。

⑭华峤《汉书》曰：熙字孟孙，少有大志，不拘小节。身长八尺五寸，体貌魁梧，善为容仪。举孝廉，为谒者，赞拜殿中，音动左右。和帝伟之，历位司隶校尉、大司农。永初三年，南单于与乌丸俱反，以熙行车骑将军征之，累有功。乌丸请降，单于复称臣如旧。会熙暴疾卒。

⑮《魏书》曰：汉末阉宦用事，夔从父衡为尚书，有直言，由是在党中，诸父兄皆禁锢。夔叹曰："天地闭，贤人隐。"故不应宰司之命。

⑯孙盛曰：夫君使臣以礼，臣事君以忠，是以上下休嘉，道光化洽。公府掾属，古之造士也，必擢时隽，搜扬英逸，得其人则论道之任隆，非其才则覆悚之患至。苟有疵衅，刑黜可也。加其捶扑之罚，肃以小惩之戒，岂"导之以德，齐之以礼"之谓与！然士之出处，宜度德投趾；可不之节，必审于所蹈。故高尚之徒，抗心于青云之表，岂王侯之所能臣，名器之所羁绁哉！自非此族，委身世涂，否泰荣辱，制之由时，故箕子安于孥戮，柳下夷于三黜，萧何、周勃亦在缧绁，夫岂不辱，君命故也。夔知时制，而甘其宠，挟药要君，以避微耻。《诗》云"唯此褊心"，何夔其有焉。放之，可也；宥之，非也。

⑰《魏书》曰：自刘备叛后，东南多变。太祖以陈群为酂令，夔为城父令，诸县皆用名士以镇抚之，其后吏民稍定。

⑱《魏书》曰：时丁仪兄弟方进宠，仪与夔不合。尚书傅巽谓夔曰："仪不相好已甚，子友毛玠，玠等仪已害之矣。子宜少下之！"夔曰："为不义适足害其身，焉能害人？且怀奸佞之心，立于明朝，其得久乎！"夔终不屈志，仪后果以凶伪败。

⑲干宝《晋纪》曰：曾字颖考。正元中为司隶校尉。时毌丘俭孙女适刘氏，以孕系廷尉。女母荀，为武卫将军荀颛所表活，既免，辞诣廷尉，乞为官婢以赎女命。曾使主簿程咸为议，议曰："大魏承秦、汉之弊，未及革制。所以追戮已出之女，诚欲殄丑类之族也。若已产育，则成他家之母。于防则不足惩奸乱之源，于情则伤孝子之思，男不御罪于他族，而女独婴戮于二门，非所以哀矜女弱，均法制之大分也。臣以为在室之女，可从父母之刑，既醮之妇，使从夫家之戮。"朝廷从之，乃定律令。

《晋诸公赞》曰：曾以高雅称，加性纯孝，位至太宰，封朗陵县公。年八十余薨，谥曰元公。子劭嗣。劭字敬祖，才识深博，有经国体仪。位亦至太宰，谥康公。子蕤嗣。劭庶兄遵，字思祖，有干能。少经清职，终于太仆。遵子绥，字伯蔚，亦以干事称。永嘉中为尚书，为司马越所杀。傅子称曾及荀颛曰："以文王之道事其亲者，其颍昌何侯乎！其荀侯乎！古称曾、闵，今曰荀、何。内尽其心以事其亲，外崇礼让以接天下。孝子，百世之宗；仁人，天下之令也。有能行仁孝之道者，君子之仪表矣。"

⑳《晋诸公赞》曰：颙曾孙乔，字曾伯。有体量局干，美于当世。历清职。元康中，与刘涣俱为尚书吏部郎，稍迁至司隶校尉。

㉑《魏书》曰：信父丹，官至少府侍中，世以儒雅显。少有大节，宽厚爱人，沈毅有谋。大将军何进辟拜骑都尉，遣归募兵，得千余人，还到成皋而进已遇害。信至京师，董卓亦始到。信知卓必为乱，劝袁绍袭卓，绍畏卓不敢发。语在《绍传》。信乃引军还乡里，收徒众二万，骑七百，辎重五千余乘。是岁，太祖始起兵于己吾，信与弟韬以兵应太祖。太祖与袁绍表信行破虏将军，韬裨将军。时绍众最盛，豪杰多向之。信独谓太祖曰："夫略不世出，能总英雄以拨乱反正者，君也。苟非其人，虽强必毙。君殆天之所启！"遂深自结纳，太祖亦亲异焉。汴水之败，信被疮，韬在陈战亡。绍劫夺韩馥位，遂据冀州。信言于太祖曰："奸臣乘衅，荡覆王室，英雄奋节，天下响应者，义

也。今绍为盟主，因权专利，将自生乱，是复有一卓也。若抑之，则力不能制，祇以遘难，又何能济？且可规大河之南，以待其变。”太祖善之。太祖为东郡太守，表信为济北相。会黄巾大众入州界，刘岱欲与战，信止之，岱不从，遂败。语在《武纪》。太祖以贼恃胜而骄，欲设奇兵挑击之于寿张。先与信出行战地，后步军未至，而卒与贼遇，遂接战。信殊死战，以救太祖，太祖仅得溃围出，信遂没，时年四十一。虽遭乱起兵，家本修儒，治身至俭，而厚养将士，居无余财，士以此归之。

㉒《魏书》曰：邵有父风，太祖嘉之，加拜骑都尉，使持节。邵薨，子融嗣。

㉓《魏书》曰：勋清白有高节，知名于世。

㉔《魏略》曰：勋字子台，琅邪人。中平末，为沛国建平长，与太祖有旧。后为庐江太守，为孙策所破，自归太祖，封列侯，遂从在散伍议中。勋兄为豫州刺史，病亡。兄子威，又代从政。勋自恃与太祖有宿，日骄慢，数犯法，又诽谤。为李申成所白，收治，并免威官。

㉕臣松之案：无涧，山名，在洛阳东北。

㉖肇，晋太康中为冀州刺史、尚书，见《百官名》。

三国志卷十三　魏书十三

钟繇华歆王朗传第十三

钟繇字元常，颍川长社人也。①尝与族父瑜俱至洛阳，道遇相者，曰："此童有贵相，然当厄于水，努力慎之！"行未十里，度桥，马惊，堕水几死。瑜以相者言中，益贵繇，而供给资费，使得专学。举孝廉，②除尚书郎、阳陵令，以疾去。辟三府，为廷尉正、黄门侍郎。是时，汉帝在西京，李傕、郭汜等乱长安中，与关东断绝。太祖领兖州牧，始遣使上书。③傕、汜等以为"关东欲自立天子，今曹操虽有使命，非其至实"，议留太祖使，拒绝其意。繇说傕、汜等曰："方今英雄并起，各矫命专制，唯曹兖州乃心王室，而逆其忠款，非所以副将来之望也。"傕、汜等用繇言，厚加答报，由是太祖使命遂得通。太祖既数听荀彧之称繇，又闻其说傕、汜，益虚心。后傕胁天子，繇与尚书郎韩斌同策谋。天子得出长安，繇有力焉。拜御史中丞，迁侍中尚书仆射，并录前功封东武亭侯。

钟繇字元常，是颍川郡长社县人。他曾与同族父辈钟瑜一起到洛阳，在途中遇上看相的人，看相的人说："这孩子有贵人的相貌，但将有遭水淹的厄运。要尽力小心谨慎！"走了不到十里，过桥时，因马受惊，跌到水中几乎淹死。钟瑜认为看相的人说中了，更加看重钟繇，于是给他钱财，让他能专心学习。后来钟繇被郡国荐举为孝廉，被任命为尚书郎、阳陵县令，后因病辞去官职。三公官府征召他，担任廷尉正、黄门侍郎。这时，汉献帝在长安，李傕、郭汜等人在长安城里作乱，与关东断绝了联系。太祖兼任兖州牧，才派遣使者上书朝廷。李傕、郭汜等人以为"关东打算自立天子，现在曹操虽然派来使者，但并不是他的真心实意"，李傕、郭汜等人商议扣留太祖派来的使者，拒绝太祖的心意。钟繇劝李傕、郭汜等人说："当今英雄辈出，各自假称是皇上的命令独断专行，只有兖州牧曹操忠于朝廷，你们却拒绝他的真诚，这不符合我们将来的愿望。"李傕、郭汜等人采纳了钟繇的意见，并给予优厚的报答，从此太祖的使命终竟能够传达。太祖曾经多次听到荀彧称赞钟繇，还听到他劝说李傕、郭汜的事，对钟繇更加仰慕。后来李傕胁迫献帝，钟繇与尚书郎韩斌一起谋划对策。献帝能够离开长安，钟繇是有功劳的。朝廷授命钟繇担任御史中丞，后升任侍中尚书仆射，加上他以前的功劳封他为东武亭侯。

时关中诸将马腾、韩遂等，各拥强兵相与争。太祖方有事山东，以关右为忧。乃表

当时关中各将马腾、韩遂等人，各自聚集强大的兵力互相争战。太祖正在崤山以东有战事，担心关西局势。于是上表让钟繇以侍中身份代行司隶校

繇以侍中守司隶校尉，持节督关中诸军，委之以后事，特使不拘科制。繇至长安，移书腾、遂等，为陈祸福，腾、遂各遣子入侍。太祖在官渡，与袁绍相持，繇送马二千余匹给军。太祖与繇书曰："得所送马，甚应其急。关右平定，朝廷无西顾之忧，足下之勋也。昔萧何镇守关中，足食成军，亦适当尔。"其后匈奴单于作乱平阳，繇帅诸军围之，未拔；而袁尚所置河东太守郭援到河东，众甚盛。诸将议欲释之去，繇曰："袁氏方强，援之来，关中阴与之通，所以未悉叛者，顾吾威名故耳。若弃而去，示之以弱，所在之民，谁非寇仇？纵吾欲归，其得至乎！此为未战先自败也。且援刚愎好胜，必易吾军，若渡汾为营，及其未济击之，可大克也。"张既说马腾会击援，腾遣子超将精兵逆之。援至，果轻渡汾，众止之，不从。济水未半，击，大破之，④斩援，降单于。语在《既传》。其后河东卫固作乱，与张晟、张琰及高幹等并为寇，繇又率诸将讨破之。⑤自天子西迁，洛阳人民单尽，繇徙关中民，又招纳亡叛以充之，数年间民户稍实。太祖征关中，得以为资，表繇为前军师。

尉，持掌节符督率关中各军，将后方的事委托给他，特许他不受条律制度的限制。钟繇到达长安，写信给马腾、韩遂等人，为的是向他们陈述祸福关系，马腾、韩遂各自派儿子进京侍奉皇上。太祖在官渡，与袁绍相互对峙，钟繇送去两千多匹马供给太祖的军队。太祖给钟繇写信说："得到您所送来的马匹，很应急需。关西平定，朝廷没有西顾之忧，这是您的功劳。从前萧何镇守关中，用足够的粮食满足了军需，您的功劳恰好与他相当。"此后匈奴单于在平阳郡作乱，钟繇率领各军围攻，没有攻下；袁尚所设置的河东太守郭援到达河东，他的部下很多。将领们商议打算放弃平阳离去，钟繇说："袁氏正是强大的时候，郭援到来，关中有人暗中与他勾结，他们之所以没有全部背叛，是因为顾忌我的威望名声罢了。假如放弃这里离去，是向他们显示自己的软弱，所在地的百姓，哪个不是我们的仇敌？即使我们想回去，能够回去吗？这就是还没交战就自认失败了。况且郭援刚愎自用，好胜心强，一定会轻视我军，假使他们渡过汾河安设兵营，等他们没来得及渡河时攻打他们，可以大败他们。"张既劝说马腾联合攻打郭援，马腾派他的儿子马超率领精兵迎战。郭援到达，果然轻率地要渡汾河，部下劝阻他，他没有听取意见。当他们渡河还不到一半时，钟繇发兵出击，大败他们，杀了郭援，降服了单于。这事记在《张既传》中。后来河东卫固作乱，与张晟、张琰及高幹等人一起劫掠，钟繇又率各将领征伐并打败他们。自从献帝西迁长安，洛阳人口很少，钟繇从关中迁来百姓，还招收叛逃的人来补充人口，几年之内百姓人口渐渐增多。太祖征伐关中时，能靠这些人作为兵源，太祖上表朝廷任命钟繇为前军师。

魏国初建，为大理，迁相国。文帝在东宫，赐繇五熟釜，为之铭曰："于赫有魏，作汉藩

魏国建立初期，钟繇担任大理卿，后升为相国。文帝封为太子时，赐给钟繇五熟釜炊具，在釜上镂刻的文字称颂说："显耀啊魏国，是汉朝的辅佐。只

辅。厥相惟钟，实干心膂。靖恭夙夜，匪遑安处。百寮师师，楷兹度矩。”⑥数年，坐西曹掾魏讽谋反，策罢就第。⑦文帝即王位，复为大理。及践阼，改为廷尉，进封崇高乡侯。迁太尉，转封平阳乡侯。时司徒华歆、司空王朗，并先世名臣。文帝罢朝，谓左右曰：“此三公者，乃一代之伟人也，后世殆难继矣！”⑧明帝即位，进封定陵侯，增邑五百，并前千八百户，迁太傅。繇有膝疾，拜起不便。时华歆亦以高年疾病，朝见皆使载舆车，虎贲舁上殿就坐。是后三公有疾，遂以为故事。

有那相国钟繇，是魏国最亲信得力的人。他日夜尽忠皇上守职尽责。他是百官效法的楷模。”几年以后，由于受西曹属官魏讽谋反的牵连，钟繇被罢官回家。文帝即王位，钟繇又担任大理卿。等到文帝登基当皇帝，改任廷尉，进封崇高乡侯。后升任太尉，改封平阳乡侯。当时司徒华歆、司空王朗，同是前代名臣。文帝退朝时，对身边的人说：“这三公，是一代的伟人，后世大概难以继承了！”明帝登王位后，进封钟繇为定陵侯，增加食邑五百户，合计以前的共一千八百户，后调任太傅。钟繇因膝关节有毛病，朝见时跪拜起立都不方便。当时华歆也因年迈有病，朝见时都让他们乘坐舆车进宫，由虎贲卫士抬着上殿就座。这以后三公有病，朝见时都照前例行事。

初，太祖下令，使平议死刑可宫割者。繇以为“古之肉刑，更历圣人，宜复施行，以代死刑”。议者以为非悦民之道，遂寝。及文帝临飨群臣，诏谓“大理欲复肉刑，此诚圣王之法。公卿当善共议。”议未定，会有军事，复寝。太和中，繇上疏曰：“大魏受命，继踪虞、夏。孝文革法，不合古道。先帝圣德，固天所纵，坟典之业，一以贯之。是以继世，仍发明诏，思复古刑，为一代法。连有军事，遂未施行。陛下远追二祖遗意，惜斩趾可以禁恶，恨入死之无辜，使明习律令，与群臣共议。出本当右趾而入大辟者，复行此刑。《书》云：‘皇帝清问下民，鳏寡有辞于苗。’此言尧当除蚩尤、有苗之刑，先

起初，太祖颁发命令，叫大家讨论死刑可否改判为宫刑的问题。钟繇认为：“古代的肉刑，经过以往圣人设置，应当再度施行，用来代替死刑。”讨论的人认为这不是百姓乐于接受的办法，于是搁置下来。等到文帝亲用酒食犒劳群臣时，下达诏书说：“大理卿打算恢复肉刑，这确实是圣王的刑法。公卿们应当在一起好好讨论。”讨论后没作决定，正逢发生战事，再次搁置下来。太和年间，钟繇上书说：“大魏奉受天命，继承追踪有虞氏、夏后氏。汉孝文帝改革法令，不符合古代圣王的做法。先帝至高无上的德行，本是上天所赐，对古代的典章制度，要一直贯彻到底。所以继承皇位后，连连发布英明的诏书，想恢复古代的刑法，让它成为一个朝代的法令。因为连续发生战事，最终没有实施。陛下追念太祖曹操、高祖曹丕的遗愿，怜惜那些被砍去脚趾可以不再继续作恶的人，悲痛那些无辜的人被判死刑，叫我学懂法律，与大臣们一起商讨。对本来只当砍去右脚趾却被列入死刑的人，就是恢复实行这种刑法。《尚书》中说：‘皇帝询问下层的百姓时，鳏夫孤寡都对有苗有怨言。’这话的意思是说帝尧在免除蚩尤、有

审问于下民之有辞者也。若今蔽狱之时，讯问三槐、九棘、群吏、万民，使如孝景之令，其当弃市，欲斩右趾者许之。其黥、劓、左趾、宫刑者，自如孝文，易以髡、笞。能有奸者，率年二十至四五十，虽斩其足，犹任生育。今天下人少于孝文之世，下计所全，岁三千人。张苍除肉刑，所杀岁以万计。臣欲复肉刑，岁生三千人。子贡问能济民可谓仁乎？子曰：'何事于仁，必也圣乎，尧、舜其犹病诸！'又曰：'仁远乎哉？我欲仁，斯仁至矣。'若诚行之，斯民永济。"书奏，诏曰："太傅学优才高，留心政事，又于刑理深远。此大事，公卿群僚善共平议。"司徒王朗议，以为："繇欲轻减大辟之条，以增益刖刑之数，此即起偃为竖，化尸为人矣。然臣之愚，犹有未合微异之意。夫五刑之属，著在科律，自有减死一等之法，不死即为减。施行已久，不待远假斧凿于彼肉刑，然后有罪次也。前世仁者，不忍肉刑之惨酷，是以废而不用。不用已来，历年数百。今复行之，恐所减之文未彰于万民之目，而肉刑之问已宣于寇仇之耳，非所以来远人也。今可按繇所欲轻之死罪，使减死之髡、刖。嫌其轻者，可倍其居作之岁数。内有以生易死不訾之恩，外无以刖易钛骇耳之声。"议者百余人，

苗的刑罚时，首先要仔细询问那些有怨言的下层百姓。如果现在断案时，询问三公、九卿、群臣、百姓，让他们像对待孝景帝的法令那样，对那些应当判处死刑的人，可以改判斩去右脚趾。对那些被判黥刑、劓刑、砍左趾刑、宫刑的犯人，自然像孝文帝时代那样，改用髡刑、笞刑。犯有奸淫罪的人，通常年龄在二十岁到四五十岁，即使砍去他们的脚，还是让他们有生育能力。现在国家的人口比孝文帝时代少，改用肉刑，我估计能保全的人，每年有三千。张苍取消肉刑，所杀的人每年以万计数。我想恢复肉刑，每年可使三千人活命。子贡问孔子能够拯救百姓可以说是仁道吗？孔子说：'哪里仅是仁道，那一定也是圣德了，尧、舜都难以做到吧！'又说：'仁道离我们远吗？我想要实行仁道，这仁道就到了。'如果确实实行仁道，百姓就会永远得利。"奏书呈上后，明帝下达诏令说："太傅学优才高，关心政事，又对刑法有深入研究。这是件大事，公卿百官要一起好好商讨。"司徒王朗发表意见，认为："钟繇想轻易减少死刑条款，增加断足的人数，这是要使倒下的人站起，变死尸为活人。但臣下的意见，还有与他略有差异的地方。五刑的条款，写在法律条文上，本有减免死刑一等的法律，不处死刑就是减刑。这种办法实施已久，不必远借斧凿施用肉刑，然后才有罪刑的等次。前代推行仁政的人，不忍看到肉刑的残酷，所以废除不用。自从不用以来，已经经历了几百年。现在又实行肉刑，恐怕要减死刑的条文还没有在百姓面前公布，可是实行肉刑的消息就已传到了仇敌的耳内，这不是使远方的人来归服的办法。现在可以按照钟繇所要减的死罪，把死刑减为髡刑、刖刑。如果嫌判刑太轻，可以增加他们服劳役的年数。这样对内有用生来换死的不可估量的恩德，对外没有用断足来代替用脚镣的骇人听闻的名声。"参加讨论的

与朗同者多。帝以吴、蜀未平，且寝。⑨

太和四年，繇薨。帝素服临吊，谥曰成侯。⑩子毓嗣。初，文帝分毓户邑，封繇弟演及子劭、孙豫列侯。

毓字稚叔。年十四为散骑侍郎，机捷谈笑，有父风。太和初，蜀相诸葛亮围祁山，明帝欲西征，毓上疏曰："夫策贵庙胜，功尚帷幄，不下殿堂之上，而决胜千里之外。车驾宜镇守中土，以为四方威势之援。今大军西征，虽有百倍之威，于关中之费，所损非一。且盛暑行师，诗人所重，实非至尊动轫之时也。"迁黄门侍郎。时大兴洛阳宫室，车驾便幸许昌，天下当朝正许昌。许昌偪狭，于城南以毡为殿，备设鱼龙曼延，民罢劳役。毓谏，以为"水旱不时，帑藏空虚，凡此之类，可须丰年。"又上"宜复关内开荒地，使民肆力于农。"事遂施行。正始中，为散骑常侍。大将军曹爽盛夏兴军伐蜀，蜀拒守，军不得进。爽方欲增兵，毓与书曰："窃以为庙胜之策，不临矢石；王者之兵，有征无战。诚以干戚可以服有苗，退舍足以纳原寇，不必纵吴汉于江关，骋韩信于井陉也。见可而进，知难而退，盖自古之政。惟公侯详之！"爽无功而还。后以失爽意，徙侍中，出为魏郡太守。爽既诛，入为御史中丞、侍

有一百多人，与王朗意见相同的占多数。明帝认为吴、蜀还未平定，就将恢复肉刑的事暂且搁置下来。

太和四年，钟繇去世。明帝穿孝服亲临吊丧，赐钟繇谥号为成侯。儿子钟毓继承爵位。当初，文帝分出钟毓的部分食邑，封钟繇的兄弟钟演及其儿子钟劭、孙子钟豫为列侯。

钟毓字稚叔。年仅十四岁就担任散骑侍郎，机智敏捷，谈笑风生，有他父亲的风度。太和初年，蜀国丞相诸葛亮围攻祁山，明帝打算西征，钟毓上书说："国家大事的决策可贵的是在朝廷制定克敌制胜的谋略，不下殿堂，建立功业高明的是在军营中进行，决定千里以外的胜利。皇上应当镇守中原，来作为各地强有力的后援。现在大军西征，即使有巨大的威力，在关中的消耗、损失并非只有一点点。况且要在酷热的夏季行军，是诗人所重视的，实在不是皇上起行的时候。"后来钟毓升为黄门侍郎。当时大力兴建洛阳宫殿，皇上顺便亲临许昌，正当天下官员要到许昌做正月朝拜。许昌城内地方狭窄，就在城南用毡布搭了殿堂，安排了鱼龙漫游的游乐。百姓被这些劳役弄得十分疲惫。钟毓进谏，认为"水灾、旱灾时有发生，国库空虚，凡游乐这类事，可等到丰收之年进行"。他又上书说："应当再开垦关内的荒地，使百姓致力于农业生产。"这些事终于实施。正始年间，钟毓担任散骑常侍。大将军曹爽在酷暑炎天发兵讨伐蜀国，蜀国抵抗坚守，曹军不能前进。曹爽正准备增加兵力，钟毓给他写信说："我个人认为临战前朝廷制定的克敌制胜的谋略，不是面对箭矢与石块；君王的军队，只征讨不交战。这确实是用舞干戚可以征服有苗，像晋侯退却三十里可以使原国降服一样，不必像吴汉那样发兵到江关，像韩信那样征战到井陉。看到顺利就前进，知道困难就撤退，这大概是自古以来征伐的办法。希望您审慎考虑！"曹爽没有战功返回。后来因为不合曹爽的心意，钟毓被调任侍中，又出任魏郡太守。曹爽被诛杀后，钟毓入朝担任御史中丞、侍中廷尉。听到君父

中廷尉。听君父已没,臣子得为理谤,及士为侯,其妻不复配嫁,毓所创也。

死后,臣子能够为他们申辩,等到士人封为侯爵,他的妻子不再婚配出嫁,这些都是钟毓所创立的法令。

正元中,毌丘俭、文钦反,毓持节至扬、豫州班行赦令,告谕士民,还为尚书。诸葛诞反,大将军司马文王议自诣寿春讨诞。会吴大将孙壹率众降,或以为"吴新有衅,必不能复出军。东兵已多,可须后问"。毓以为"夫论事料敌,当以己度人。今诞举淮南之地以与吴国,孙壹所率,口不至千,兵不过三百。吴之所失,盖为无几。若寿春之围未解,而吴国之内转安,未可必其不出也。"大将军曰:"善。"遂将毓行。[11]淮南既平,为青州刺史,加后将军,迁都督徐州诸军事,假节,又转都督荆州。景元四年薨,追赠车骑将军,谥曰惠侯。子骏嗣。毓弟会,自有传。

正元年间,毌丘俭、文钦等人反叛,钟毓持节符到扬州、豫州颁布实行赦免令,告知官民,回朝后担任尚书。诸葛诞反叛,大将军司马文王决定亲自去寿春县讨伐诸葛诞。这时正值吴国大将孙壹率领部下前来投降,有人认为"这表明吴国近来产生矛盾,一定不能再次出兵。我们在东面的军队已经很多,可等以后再说"。钟毓认为"研究事物分析敌情,应当根据自己的情况推测他人。现在诸葛诞将整个淮南地方给了吴国,孙壹管辖的,人口不到一千,士兵不超过三百。吴国所失去的,大概没有多少。如果寿春受包围得不到解除,而吴国国内又变得安定,吴国未必一定不出兵。"大将军说:"对。"于是带领钟毓出征。淮南平定后,钟毓担任青州刺史,兼任后将军,升任都督主管徐州各种军事,持掌节符,又改任荆州都督。景元四年去世,追赠车骑将军名号,谥号惠侯。儿子钟骏继承他的爵位。钟毓的弟弟钟会,各自有传。

华歆字子鱼,平原高唐人也。高唐为齐名都,衣冠无不游行市里。歆为吏,休沐出府,则归家阖门。议论持平,终不毁伤人。[12]同郡陶丘洪亦知名,自以明见过歆。时王芬与豪杰谋废灵帝。语在《武纪》。[13]芬阴呼歆、洪共定计,洪欲行,歆止之曰:"夫废立大事,伊、霍之所难。芬性疏而不武,此必无成,而祸将及族。子其无往!"洪从歆言而止。后芬果败,洪乃服。举孝廉,除郎中,病,去

华歆字子鱼,是平原郡高唐县人。高唐是齐国的名都,士大夫没有不到高唐市内交游的。华歆做官时,休假的日子离开官府,回家后闭门不出。谈论问题保持公允,不诋毁他人。同郡人陶丘洪也很知名,自认为聪明见识超过华歆。当时王芬与地方豪强策划废黜汉灵帝。这事记载在《武帝纪》中。王芬暗中跟华歆、陶丘洪打招呼,共同商定计策,陶丘洪打算前往,华歆劝阻他说:"废立皇帝是件大事,商初大臣伊尹和西汉大臣霍光都感到为难。王芬性格放纵又不勇猛,这事一定不会成功的,而灾难将要连及家族。你不要去!"陶丘洪听取了华歆的意见没有去。后来王芬果然失败,这时陶丘洪才信服了华歆。华歆被郡国荐举为孝廉,受命为郎中,因病辞去

官。灵帝崩，何进辅政，征河南郑泰、颍川荀攸及歆等。歆到，为尚书郎。董卓迁天子长安，歆求出为下邽令，病不行，遂从蓝田至南阳。[14]时袁术在穰，留歆。歆说术使进军讨卓，术不能用。歆欲弃去，会天子使太傅马日磾安集关东，日磾辟歆为掾。东至徐州，诏即拜歆豫章太守，以为政清静不烦，吏民感而爱之。[15]孙策略地江东，歆知策善用兵，乃幅巾奉迎。策以其长者，待以上宾之礼。[16]后策死。太祖在官渡，表天子征歆。孙权欲不遣，歆谓权曰："将军奉王命，始交好曹公，分义未固，使仆得为将军效心，岂不有益乎？今空留仆，是为养无用之物，非将军之良计也。"权悦，乃遣歆。宾客旧人送之者千余人，赠遗数百金。歆皆无所拒，密各题识，至临去，悉聚诸物，谓诸宾客曰："本无拒诸君之心，而所受遂多。念单车远行，将以怀璧为罪，愿宾客为之计。"众乃各留所赠，而服其德。

官职。灵帝逝世后，何进辅助朝政，征召河南郡的郑泰、颍川郡的荀攸及华歆等人。华歆到达后，担任尚书郎。董卓把献帝劫持到长安，这时华歆请求出朝任下邽县令，因病没有到职，从蓝田县到了南阳郡。当时袁术在穰县，留下华歆。华歆劝说袁术派遣军队讨伐董卓，袁术没有听取他的劝说。华歆打算离开，适逢天子派太傅马日磾去安定关东，马日磾聘任华歆为属官。往东到达徐州，皇上立即下诏任命华歆为豫章郡太守，由于处理政事公正廉洁不烦琐，官民都感激和爱戴他。孙策占领江东，华歆知道孙策善于用兵，于是头缠幅巾前往迎接。孙策认为他是长者，用上宾的礼节对待他。后来孙策死了。太祖在官渡，上表天子征聘华歆。孙权不想放他走，华歆对孙权说："将军您尊奉皇上的命令，刚开始与曹公友好，情谊还不牢固，让我能为将军效劳，难道没有好处吗？现在白白地留下我，这像是豢养了无用的东西，不是将军的好计策。"孙权听了很高兴，就打发华歆走了。宾客、故旧来送行的有一千多人，赠送他几百两金子。华歆全都没有拒收，暗地里一一做上记号，到临走时，把所接受的礼金全都聚集在一起，对各位宾客故旧说："我本来没有拒收各位的礼金的想法，可是现在接受得很多。考虑到独个儿坐车远行，将会因怀藏美玉遭害，希望宾客们为我着想。"宾客们就各自收回所赠的礼金，个个佩服他的美德。

歆至，拜议郎，参司空军事，入为尚书，转侍中，代荀彧为尚书令。太祖征孙权，表歆为军师。魏国既建，为御史大夫。文帝即王位，拜相国，封安乐乡侯。及践阼，改为司徒。[17]歆素清贫，禄赐以振施亲戚故人，家无担石之储。公卿尝并赐没入生口，唯歆出而嫁之。

华歆到达后，受任议郎，参与司空府军务，后入朝担任尚书，改任侍中，代替荀彧担任尚书令。太祖征伐孙权，上表任命华歆担任军师。魏国建立后，担任御史大夫。文帝登上王位，受任相国，封为安乐乡侯。到文帝即位后，改任司徒。华歆向来清贫，他把所得俸禄和赏赐用来救济施舍亲戚故旧，家中连一石储备的粮食都没有。公卿都曾受赐没入官府的女仆，只有华歆把她们嫁出去。文帝赞叹，下诏说："司

帝叹息,[18]下诏曰:“司徒,国之俊老,所与和阴阳理庶事也。今大官重膳,而司徒蔬食,甚无谓也。”特赐御衣,及为其妻子男女皆作衣服。[19]三府议:“举孝廉,本以德行,不复限以试经。”歆以为“丧乱以来,六籍堕废,当务存立,以崇王道。夫制法者,所以经盛衰。今听孝廉不以经试,恐学业遂从此而废。若有秀异,可特征用。患于无其人,何患不得哉?”帝从其言。

徒,是国家才智杰出的三公元老人,是参与协调国内外各种大事的人。现在大臣们有丰盛的膳食,可是司徒粗茶淡饭,这实在是没有必要。”皇上特别赐给他御服,还为他的妻子、儿女都做了衣服。经三公官府商议:“推举孝廉,本来根据德行标准,不再用考试经典来限制。”华歆认为:“自从祸乱以来,六经(《诗》、《书》、《礼》、《乐》、《易》、《春秋》)散失废弃,应当努力收藏保存,用来推崇王道。制定法令,是为了治理衰世。现在听说推举孝廉不用六经来考试,担心学业就会从此荒废。如有特别优秀的人才,可以特殊征用。只怕没有那样的人,怎么担心有那样的人而得不到呢?”文帝听取了他的意见。

黄初中,诏公卿举独行君子,歆举管宁,帝以安车征之。明帝即位,进封博平侯,增邑五百户,并前千三百户,转拜太尉。[20]歆称病乞退,让位于宁。帝不许。临当大会,乃遣散骑常侍缪袭奉诏喻指曰:“朕新莅庶事,一日万几,惧听断之不明。赖有德之臣,左右朕躬,而君屡以疾辞位。夫量主择君,不居其朝,委荣弃禄,不究其位,古人固有之矣,顾以为周公、伊尹则不然。絜身徇节,常人为之,不望之于君。君其力疾就会,以惠予一人。将立席几筵,命百官总己,以须君到,朕然后御坐。”又诏袭:“须歆必起,乃还。”歆不得已,乃起。

黄初年间,诏书令公卿们推举品德节操高尚的人,华歆推荐管宁,文帝用可以安坐的小车征召他。明帝即位,进封华歆为博平侯,增加食邑五百户,合计以前的共一千三百户,改任太尉。华歆说自己有病请求退职,把官位让给管宁。明帝不同意。正当明帝大会群臣时,就派散骑常侍缪袭拿着诏书宣明皇上的意旨说:“朕刚刚登基面临众多政事,日理万机,担心处理不贤明。想依靠有才德的大臣,在左右辅助朕,可是您多次以疾病为由辞职。衡量和选择君主,不在朝廷做官,抛弃荣誉和俸禄。不谋求职位,古人中固然有这样的人,但从前的周公、伊尹就不是这样。洁身自好,坚守节操,这是普通人做的,朕不希望您这样做。希望您尽力支撑病体参加朝会,来惠助朕。朕将站在席位旁,命令百官各自统管自己的职事,等待您的到来,朕然后就座。”还诏命缪袭:“你必须等到华歆起行,才可返回。”华歆不得已才起行赴朝。

太和中,遣曹真从子午道伐蜀,车驾东幸许昌。歆上疏曰:“兵乱以来,过逾二纪。大魏承天受命,陛下以圣德当成

太和年间,明帝派遣曹真从子午道攻打蜀国,明帝东临许昌。华歆上书说:“自从战乱以来,时间超过二十四年。大魏尊奉天命,陛下凭着至高无上的德行正处在周成王、康王那样的鼎盛时期,应当

康之隆，宜弘一代之治，绍三王之迹。虽有二贼负险延命，苟圣化日跻，远人怀德，将襁负而至。夫兵不得已而用之，故戢而时动。臣诚愿陛下先留心于治道，以征伐为后事。且千里运粮，非用兵之利；越险深入，无独克之功。如闻今年征役，颇失农桑之业。为国者以民为基，民以衣食为本。使中国无饥寒之患，百姓无离土之心，则天下幸甚，二贼之衅，可坐而待也。臣备位宰相，老病日笃，犬马之命将尽，恐不复奉望銮盖，不敢不竭臣子之怀，唯陛下裁察！”帝报曰：“君深虑国计，朕甚嘉之。贼凭恃山川，二祖劳于前世，犹不克平，朕岂敢自多，谓必灭之哉！诸将以为不一探取，无由自弊，是以观兵以窥其衅。若天时未至，周武还师，乃前事之鉴，朕敬不忘所戒。”时秋大雨，诏真引军还。太和五年，歆薨，谥曰敬侯。㉑子表嗣。初，文帝分歆户邑，封歆弟缉列侯。表，咸熙中为尚书。㉒

王朗字景兴，东海郯人也。以通经，拜郎中，除菑丘长。师太尉杨赐，赐薨，弃官行服。举孝廉，辟公府，不应。徐州刺史陶谦察朗茂才。时汉帝在长安，关东兵起，朗为谦治中，与别驾赵昱等说谦曰：“《春秋》之义，求诸侯莫如勤王。今天子越在西京，宜遣使

弘扬一代的治国政绩，继承夏禹、商汤、周文王的业绩。虽然有吴、蜀二贼依仗天险苟延残喘，如果您的圣明教化日益强化，远方的人感怀恩德，他们将会背着婴儿前来投奔。军队是在不得已的情况下才动用的，所以聚集起来要到必要时才出动。臣下忠心地希望陛下首先注重治理国家的措施，把征战作为后事。况且从千里之外运送粮食，这不是用兵的有利条件；越过险阻深入敌境，不会有独自取胜的功效。听说今年要征集兵役，这对农耕桑蚕很有损失。治理国家的人要以百姓为基础，百姓以穿衣吃饭为根本。假使国家没有挨饿受冻的忧患，百姓没有离开乡土的想法，那么天下的人就很幸运，吴、蜀二贼的内乱，可以坐等他们到来了。下臣居宰相职位，年老多病，病情日益严重，像犬马一般的生命即将结束，担心不能再效奉陛下了，下臣不敢不尽臣子的心意，希望陛下判断省察!”明帝回复说：“您深忧国家大计，朕很赞赏。吴、蜀二贼依仗山河险要，太祖、文帝在前世操劳，还是没有平定，朕哪敢自夸，说要一定消灭他们呢！将领们认为不去试攻一下，他们不可能自己败亡，所以观察敌军是要窥伺他们的破绽。如果天时未到，那么从前周武王撤军的事，就是我们的借鉴，朕谨慎地行事，不忘警戒自己。”当时正值秋季大雨，诏令曹真带领军队返回。太和五年，华歆去世，赠他谥号为敬侯。他的儿子华表继承爵位。起初，文帝从华歆的食邑中分出一部分给华歆的弟弟华缉，封华歆的弟弟华缉为列侯。华表，咸熙年间担任尚书。

王朗字景兴，是东海郡郯县人。因通晓经学，受官郎中，后受命担任菑丘县县长。师从太尉杨赐，杨赐去世，他辞官守孝。后被郡国推荐为孝廉，受三公官府征召，没有去应征。徐州刺史陶谦荐举王朗为茂才。当时汉献帝在长安，关东发生战事，王朗担任陶谦的治中，与别驾赵昱等人劝陶谦说：“按《春秋》的义理，想当诸侯不如为帝王尽力。现在天子远在长安，应当派遣使者前去接受帝王的命令。”陶谦就

奉承王命。"谦乃遣昱奉章至长安。天子嘉其意,拜谦安东将军。以昱为广陵太守,朗会稽太守。[23]孙策渡江略地。朗功曹虞翻以为力不能拒,不如避之。朗自以身为汉吏,宜保城邑,遂举兵与策战,败绩,浮海至东冶。策又追击,大破之。朗乃诣策。策以朗儒雅,诘让而不害。[24]虽流移穷困,朝不谋夕,而收恤亲旧,分多割少,行义甚著。

派遣赵昱拿着奏章前往长安。献帝赞扬他的心意,任命陶谦担任安东将军。任用赵昱担任广陵郡太守,王朗担任会稽郡太守。孙策渡过长江占据地盘。王朗的功曹虞翻认为力量敌不过孙策,不如避开他。王朗自认身为汉朝官员,应当保卫城邑,于是带兵与孙策交战,王朗被打败,渡海到了东冶县。孙策继续追击,大败王朗。王朗就到了孙策那里。孙策认为王朗是博学的儒士,只是责备了他但没有伤害他。王朗虽流离穷困,朝不保夕,可是他收容、抚恤亲人旧友,将自己稍多一点的东西分给比自己还少的人,他的品行与道德很有名。

太祖表征之,朗自曲阿展转江海,积年乃至。[25]拜谏议大夫,参司空军事。[26]魏国初建,以军祭酒领魏郡太守,迁少府、奉常、大理。务在宽恕,罪疑从轻。钟繇明察当法,俱以治狱见称[27]。

太祖上表征召王朗,王朗从曲阿县辗转入长江走海道,共花了一年时间才到达。受任谏议大夫,参与司空府的军务。魏国刚建立时,王朗以军祭酒身份兼任魏郡太守,后升任少府、奉常、大理等职。办案尽力宽恕,罪行难以决断时从轻判处。钟繇对当时的法令很有研究,他们都以办理诉讼案件著称。

文帝即王位,迁御史大夫,封安陵亭侯。上疏劝育民省刑曰:"兵起已来三十余年,四海荡覆,万国殄瘁。赖先王芟除寇贼,扶育孤弱,遂令华夏复有纲纪。鸠集兆民,于兹魏土,使封鄙之内,鸡鸣狗吠,达于四境,蒸庶欣欣,喜遇升平。今远方之寇未宾,兵戎之役未息,诚令复除足以怀远人,良宰足以宣德泽,阡陌咸修,四民殷炽,必复过于曩时而富于平日矣。《易》称敕法,《书》著祥刑,一人有庆,兆民赖之,慎法狱之谓也。昔曹相国以狱市为寄,路温舒疾治狱之吏。夫治狱者得其情,则无

文帝登上王位,王朗升任御史大夫,受封安陵亭侯。王朗上书劝谏文帝要养育百姓减轻刑罚说:"发生战事以来已有三十多年,天下动荡不安,各地百姓困苦不堪。依靠先王削除了寇贼,扶助抚育孤老弱小,才使国家恢复了法度。百姓聚集在魏国的土地上,使我们的疆土之内,鸡鸣狗吠之声传遍四方,百姓欢欢喜喜,高兴赶上太平盛世。现在远地的贼寇没有归服,征伐的战事没有停息,如果真的下令免除徭役赋税就完全可以归服远处的人,有才德的宰相完全可以宣扬皇上的恩德,农田全部修好,士、农、工、商富裕兴旺,一定会再超过从前而比平时富裕。《易经》上提倡整顿法令,《尚书》上写着要用善刑,即德教,天子一个人做了好事,亿万百姓就受益,这就是说要审慎地执法治狱。从前相国曹参把诉讼政务托付给继任者,路温舒痛恨管理刑狱的官员。执法治狱的人能够掌握真实情况,那么就没有被冤屈而死的囚犯;壮年男子能够努力耕种土

冤死之囚；丁壮者得尽地力，则无饥馑之民；穷老者得仰食仓廪，则无餧饿之殍；嫁娶以时，则男女无怨旷之恨；胎养必全，则孕者无自伤之哀；新生必复，则孩者无不育之累；壮而后役，则幼者无离家之思；二毛不戎，则老者无顿伏之患。医药以疗其疾，宽繇以乐其业，威罚以抑其强，恩仁以济其弱，赈贷以赡其乏。十年之后，既笄者必盈巷。二十年之后，胜兵者必满野矣。”

地，那么就没有遭受饥荒的百姓；贫穷老弱的人能够依靠粮仓供应的粮食，那么就不会有饿死的人；男婚女嫁及时，那么男女就都没有单居孤独的遗恨；胎儿保养必须健全，那么孕妇自己就没有伤痛的苦衷；一定要免征有新生婴儿家庭的徭役，那么儿童就没有养育不好的忧患；壮年以后服徭役，那么年幼的人就不会有远离家人的思念；头发斑白的老人不服兵役，那么老年人就没有困顿摔跌的忧虑。用药物来治疗百姓的疾病，减轻徭役的负担，使百姓安居乐业，用严厉的惩罚来抑制强暴，用恩惠仁爱来帮助那些弱者，用救济借贷的办法供给那些贫穷的人。十年以后，成年的妇女一定充满里巷。二十年以后，能够服兵役的人一定遍布田野。”

及文帝践阼，改为司空，进封乐平乡侯。[28]时帝颇出游猎，或昏夜还宫。朗上疏曰：“夫帝王之居，外则饰周卫，内则重禁门，将行则设兵而后出幄，称警而后践墀，张弧而后登舆，清道而后奉引，遮列而后转毂，静室而后息驾，皆所以显至尊，务戒慎，垂法教也。近日车驾出临捕虎，日昃而行，及昏而反，违警跸之常法，非万乘之至慎也。”帝报曰：“览表，虽魏绛称虞箴以讽晋悼，相如陈猛兽以戒汉武，未足以喻。方今二寇未殄，将帅远征，故时入原野以习戎备。至于夜还之戒，已诏有司施行。”[29]

等到文帝登基以后，王朗改任司空，晋封为乐平乡侯。当时文帝常常出外狩猎，有时到天黑才回皇宫。王朗上书说：“帝王的居室，外面设置周密的警卫，里面严格把守宫门，皇上将要外出就派卫兵守护然后才从帷幄中出来，做好戒备然后才步下殿阶，卫兵们张开弓弦然后皇上才登上车驾，清道禁止行人来往后才导引车驾，掩蔽后才发车，居室经过检查清理后皇上才休息，这一切都是为了显示出皇上的至高无上，尽力谨慎戒备，给后人留下效法的典范。近几天皇上出外捕猎猛虎，太阳西斜时出发，到天黑才返回，这违背了帝王出入严加戒备的常规，皇上没有做到高度的谨慎。”文帝回复说：“看了你的表章，即使魏绛引用虞人的话来委婉劝诫晋悼公，司马相如陈述狩猎猛兽的事来劝诫汉武帝，都不像你说的这样使人明白。现在吴、蜀二寇还没消灭，将帅们在远方征战，所以时常要到野外演习战备。至于夜间返回时的警戒，已下诏有关警卫的官吏施行。”

初，建安末，孙权始遣使称藩，而与刘备交兵。诏议“当兴师与吴并取蜀不”？朗议曰：“天子之军，重于华、岱，诚宜坐曜天威，不动若山。假使权

起初，建安末年，孙权开始派遣使者前来自称属国，而与刘备交战。皇上下诏让大臣们商议：“应不应出兵与吴国一起夺取蜀国？”王朗发表意见说：“天子的军队，重于华山、泰山，确实应当坐着炫耀天子的威严，像大山一样岿然不动。假使孙权亲自

亲与蜀贼相持，搏战旷日，智均力敌，兵不速决，当须军兴以成其势者，然后宜选持重之将，承寇贼之要，相时而后动，择地而后行，一举更无余事。今权之师未动，则助吴之军无为先征。且雨水方盛，非行军动众之时。”帝纳其计。黄初中，鹈鹕集灵芝池，诏公卿举独行君子。朗荐光禄大夫杨彪，且称疾，让位于彪。帝乃为彪置吏卒，位次三公。诏曰：“朕求贤于君而未得，君乃翻然称疾，非徒不得贤，更开失贤之路，增玉铉之倾。无乃‘居其室，出其言不善’，见违于君子乎？君其勿有后辞。”朗乃起。

与蜀贼相对抗，旷日持久地拼战，当双方智谋和力量相当，战争不能很快决定出胜负，必须出动军队来实现平定天下的形势时，然后才应挑选稳重的将领。打击寇贼的要害，观察时机，选择地形然后行动，一战成功不再留下后患。现在孙权的军队还没有行动，那么援助吴国的军队没有必要先行。况且正是雨水很多的季节，不是兴师动众的时候。”皇上接受了他的意见。文帝黄初年间，鹈鹕鸟集聚在灵芝池，皇上下诏要公卿们推举品德节操高尚的人。王朗荐举了光禄大夫杨彪，并且说自己有病，想把职位让给杨彪。皇上就给杨彪安排了属官士卒，位列三公。皇上下诏说：“朕向你寻求有才德的人没有得到，您却突然说自己有病，不但没有得到贤人，反而还开了失去贤人的路径，增加了朕失去大臣的忧虑。莫非是我‘居住在宫里说过不好的话’，违背了你的心意吗？你以后不要再说让位杨彪的事了。”王朗于是起身继续任职。

孙权欲遣子登入侍，不至。是时车驾徙许昌，大兴屯田，欲举军东征。朗上疏曰：“昔南越守善，婴齐入侍，遂为冢嗣，还君其国。康居骄黠，情不副辞，都护奏议以为宜遣侍子，以黜无礼。且吴濞之祸，萌于子入，隗嚣之叛，亦不顾子。往者闻权有遣子之言而未至，今六军戒严，臣恐舆人未畅圣旨，当谓国家愠于登之逋留，是以为之兴师。设师行而登乃至，则为所动者至大，所致者至细，犹未足以为庆。设其傲狠，殊无入志，惧彼舆论之未畅者，并怀伊邑。臣愚以为宜敕别征诸将，各明奉禁令，以慎守所部。外曜烈威，内广耕

孙权打算派儿子孙登入朝侍奉魏文帝，还没到朝廷。这时魏文帝迁都到许昌，大力开垦田地，打算率领军队东征。王朗呈上奏条说：“从前南越王坚持为善，派遣太子婴齐进宫侍奉皇上，就被立为太子，回去后当了南越国的君主。康居王傲慢狡猾，言行不一，西域都护呈奏朝廷，认为应当命他派遣侍子入朝，为惩戒康居王的无礼。况且吴王刘濞的祸患，也是由他儿子入侍萌发的，隗嚣的反叛，也不顾惜他的儿子。先前听说孙权有派遣儿子入侍的说法，但未见到达，现在朝廷的军队戒备森严，臣下担心众人不理解皇上的意旨，会认为是国家对孙登拖延入朝日期而恼怒，所以为此出兵。假如军队出动孙登就到，那么采取的行动极大，所得到的极小，还是不值得庆幸。假如孙权傲慢凶狠，毫无派子入侍的想法，担心那不理解您意旨的人，都怀着抑郁的心情。臣下自个认为应当分别命令出征的各将领，各自严明地奉行禁令，谨慎地统领自己的部队。对外显示强大的威势，对内扩大农耕，使他们恬静如山，

稼，使泊然若山，澹然若渊，势不可动，计不可测。”是时，帝以成军遂行，权子不至，车驾临江而还。[30]

安定如潭，威势不可动摇，计谋不可推测。”这时，文帝因已集结军队就出发了，孙权的儿子还没有到达，文帝到达江边就返回了。

明帝即位，进封兰陵侯，增邑五百，并前千二百户。使至邺省文昭皇后陵，见百姓或有不足。是时方营修宫室，朗上疏曰：“陛下即位已来，恩诏屡布，百姓万民莫不欣欣。臣顷奉使北行，往反道路，闻众徭役，其可得蠲除省减者甚多。愿陛下重留日昃之听，以计制寇。昔大禹将欲拯天下之大患，故乃先卑其宫室，俭其衣食，用能尽有九州，弼成五服。勾践欲广其御儿之疆，[31]馘夫差于姑苏，故亦约其身以及家，俭其家以施国，用能囊括五湖，席卷三江，取威中国，定霸华夏。汉之文、景亦欲恢弘祖业，增崇洪绪，故能割意于百金之台，昭俭于弋绨之服，内减太官而不受贡献，外省徭赋而务农桑，用能号称升平，几致刑错。孝武之所以能奋其军势，拓其外境，诚因祖考畜积素足，故能遂成大功。霍去病，中才之将，犹以匈奴未灭，不治第宅。明恤远者略近，事外者简内。自汉之初及其中兴，皆于金革略寝之后，然后凤阙猥闶，德阳并起。今当建始之前足用列朝会，崇华之后足用序内官，华林、天渊足用展游宴，若且先成阊阖之象

明帝曹叡登上王位后，王朗晋封为兰陵侯，增加食邑五百户，合计以前的共一千二百户。明帝派他到邺城去察看文昭甄皇后的陵墓，途中王朗看到有的百姓衣食不足。当时正营建修缮宫室。王朗上疏说：“陛下登位以来，施行恩德的诏书多次发布，广大百姓无不欢欣鼓舞。臣下近来奉命到了北方，在来往的途中，知道那些服役者，他们之中很多人是可以免除或减轻徭役的。希望陛下重视事物发展到一定程度就要向相反方向转化的道理，这如同太阳到了中午就要西斜一般，用计策制胜敌人。从前大禹准备去消除天下的祸患，所以就先住在低矮的宫室里，节衣缩食，因而能拥有九州，四周的藩国形成五服。越王勾践想扩大御儿这个地方的疆土，把吴王夫差杀死在姑苏，因此也约束自己以及家人，使节俭的家风推广到全国，因而能总揽五湖，占有三江，在中原获得威望，在华夏确立霸权。汉代的文帝和景帝也想弘扬祖业，扩展伟业，所以能够打消耗费百金建筑露台的念头，用着粗布衣服来表明节俭，在朝内减少少府的属官人数，并且不接受贡献，在朝外减轻劳役赋税，并让百姓努力从事农耕植桑，因此能称得上是太平盛世，几乎到了刑罚搁置不用的地步。武帝之所以能发挥军事优势，开拓疆界，确实是因祖先的积蓄充足，所以最终能成就伟大功业。霍去病，是中等才能的将领，也因匈奴未灭，他不修建府宅。这都说明考虑长远的人先要减少眼前的享受，在外要建立功业的人先要求内部简省。从汉初到中兴，都是在战争停息以后，然后才宫殿林立，宗庙齐建。现在建始殿前完全可以用于百官列队举行朝会，崇华殿后完全可以排列内官，华林园、天渊池完全可以用来举办游乐、宴请之类的事，假如暂且先建成皇宫正门的门阙，让它可以用

魏，使足用列远人之朝贡者，修城池，使足用绝逾越，成国险，其余一切，且须丰年。一以勤耕农为务，习戎备为事，则国无怨旷，户口滋息，民充兵强，而寇戎不宾，缉熙不足，未之有也。”转为司徒。

时屡失皇子，而后宫就馆者少，朗上疏曰：“昔周文十五而有武王，遂享十子之祚，以广诸姬之胤。武王既老而生成王，成王是以鲜于兄弟。此二王者，各树圣德，无以相过，比其子孙之祚，则不相如。盖生育有早晚，所产有众寡也。陛下既德祚兼彼二圣，春秋高于姬文育武之时矣，而子发未举于椒兰之奥房，藩王未繁于掖庭之众室。以成王为喻，虽未为晚，取譬伯邑，则不为夙。《周礼》六宫内官百二十人，而诸经常说，咸以十二为限，至于秦汉之末，或以千百为数矣。然虽弥猥，而就时于吉馆者或甚鲜，明‘百斯男’之本，诚在于一意，不但在于务广也。老臣慺慺，愿国家同祚于轩辕之五五，而未及周文之二五，用为伊邑。且少小常苦被褥泰温，泰温则不能便柔肤弱体，是以难可防护，而易用感慨。若常令少小之缊袍，不至于甚厚，则必咸保金石之性，而比寿于南山矣。”帝报曰：“夫忠至者辞笃，爱重者言深。君既劳思虑，又手笔将顺，三

来安排从远方来朝贡的人，修建城池，让它用来禁绝攀越，成为国都的险要构筑，其余一切建筑，暂且等待丰收之年。一切都要以努力发展农耕为当务之急，以战备训练为要事，那么国内百姓就没有因服兵役与亲人离别得久所产生的怨恨，人口增长，民富军强，那么敌寇不降服，前景不光明的局面，是不会有的。”王朗被改任司徒。

当时多次出现皇子夭折的情况，而后宫嫔妃生子的又少，王朗上疏说：“从前周文王十五岁就生了周武王，于是享有十个儿子的福气，他为的是增多姬姓的后代。周武王已经老了的时候，才生成王，因此成王兄弟少。这两位帝王，各人都建树有大德，彼此不相上下，但拿他们享有子孙的福气相比较，就各不相同了。大概是与生育有早晚，生的子女多少有关系。陛下兼有文王和武王的大德与福气，年龄比文王生武王的时候要大，但皇太子姬发还没有在后宫中出生，藩王在各妃嫔的居室中也没有繁衍后代。拿武王生成王做比，虽不算晚，拿文王生长子伯邑考做比较，那就不算早了。《周礼》规定六宫中嫔妃一百二十人，可是各种经书中常说，都以十二人为限，到了秦汉末年，有的嫔妃多到以千百计数。即使妃嫔人数再多，但是到时居住在吉馆临产的嫔妃很少，说明‘多子’的根本，的确在于专心于一人，不只在力求嫔妃众多。老臣诚心诚意地希望国家有福祉，皇上像轩辕黄帝一样享有二十五个儿子的福气，而现在还没赶上周文王有十个儿子，因而心情抑郁。并且新生的小孩常常苦于被褥过分暖和，被褥太暖就不适合小孩柔嫩的肌肤和弱小的身体，因此难以预防疾病，加以养护，而容易因此情感愤激。如果常常让小孩穿的絮袍不至于太厚，那么小孩一定能保有金石般结实的体质，他们就会寿比南山了。”明帝回答说：“特别忠诚的人说话情深意厚，最最仁爱的人语意深切。你既勤于思考，又亲笔上书

复德音，欣然无量。朕继嗣未立，以为君忧，钦纳至言，思闻良规。”朗著《易》、《春秋》、《孝经》、《周官》传，奏议论记，咸传于世。[32]太和二年薨，谥曰成侯。子肃嗣。初，文帝分朗户邑，封一子列侯，朗乞封兄子详。

顺势助成朕的美德，你三次上奏美言，朕无限高兴。朕的继承人还没封立，就已成为你的忧虑，我钦佩地接受你的至理之言，愿意听到你善意的规劝。”王朗著有《易》、《春秋》、《孝经》、《周官》等经传，还有奏议论记等文章，都流传在世。太和二年去世，谥号为成侯。他儿子王肃继承爵位。王朗在世时，文帝从王朗的食邑中分出一部分给王肃，封他的一个儿子为列侯，王朗请求改封他哥哥的儿子王详。

肃字子雍。年十八，从宋忠读《太玄》，而更为之解。[33]黄初中，为散骑黄门侍郎。太和三年，拜散骑常侍。四年，大司马曹真征蜀，肃上疏曰：“前志有之，‘千里馈粮，士有饥色，樵苏后爨，师不宿饱’，此谓平涂之行军者也。又况于深入阻险，凿路而前，则其为劳必相百也。今又加之以霖雨，山坂峻滑，众逼而不展，粮县而难继，实行军者之大忌也。闻曹真发已逾月而行裁半谷，治道功夫，战士悉作。是贼偏得以逸而待劳，乃兵家之所惮也。言之前代，则武王伐纣，出关而复还；论之近事，则武、文征权，临江而不济。岂非所谓顺天知时，通于权变者哉！兆民知圣上以水雨艰剧之故，休而息之，后日有衅，乘而用之，则所谓‘悦以犯难，民忘其死者’矣。”于是遂罢。又上疏：“宜遵旧礼，为大臣发哀，荐果宗庙。”事皆施行。又上疏陈政本曰：“除无事之位，损不急之禄，止浮食之费，并从容之官；使官必有职，职任其事，事必

王肃字子雍。十八岁时，跟随宋忠读扬雄的《太玄》经，并能重作解释。黄初年间，担任散骑黄门侍郎。太和三年，受命担任散骑常侍。太和四年，大司马曹真征伐蜀国，王肃上疏说：“以前志书上有记载，‘千里运送军粮，士兵面有饥色，要等到砍柴打草以后再去煮饭，士兵们不可能隔夜吃饱’，这说的是在平坦的道路上行军的情况。又何况现在是深入艰险的地方，要开辟道路前进，那么士兵们的劳苦程度必定增添百倍。现在又加上连绵大雨，山高坡滑，士兵们被地形所迫不能前进，粮食相距遥远很难供应。这实在是行军最要避免的。听说曹真出发已经一月有余，可是才走到子午谷的一半，开路的工作，战士们全都要干。这样使敌人得以以逸待劳，这是兵家所害怕的。说到前代，就有周武王讨伐殷纣王，出了函谷关就返回；说到近事，就有魏武帝、文帝征讨孙权，到了长江边却不渡。这难道不是所说的顺应上天了解时势，懂得随机应变的人吗！百姓会知道皇上是因为天下雨道路又十分艰难的缘故，才让士兵们休息，以后有战事，便趁机使用他们，这叫做‘心甘情愿地冒险，百姓就会舍生忘死’了。”于是停止发兵。他还上疏说：“应当遵循过去的礼仪，对大臣们表示哀思，在宗庙进献果品。”这些事都按他的建议办了。又上疏陈述重要的政事：“应当撤销那些没有事干的职位，减少不需急发的俸禄，取消不事耕作而食者的费用，裁减办事拖沓的官员；使官员必须有专职，任职就要干任内的事，干事就必定接受俸禄，用俸禄代替他所要从事的耕种，这是自古以来的常规，也是适合现在的。官员很

受禄，禄代其耕，乃往古之常式，当今之所宜也。官寡而禄厚，则公家之费鲜，进仕之志劝。各展才力，莫相倚仗。敷奏以言，明试以功，能之与否，简在帝心。是以唐、虞之设官分职，申命公卿，各以其事，然后惟龙为纳言，犹今尚书也，以出内帝命而已。夏、殷不可得而详。《甘誓》曰'六事之人'，明六卿亦典事者也。《周官》则备矣，五日视朝，公卿大夫并进，而司士辨其位焉。其《记》曰：'坐而论道，谓之王公；作而行之，谓之士大夫。'及汉之初，依拟前代，公卿皆亲以事升朝。故高祖躬追反走之周昌，武帝遥可奉奏之汲黯，宣帝使公卿五日一朝，成帝始置尚书五人。自是陵迟，朝礼遂阙。可复五日视朝之仪，使公卿尚书各以事进。废礼复兴，光宣圣绪，诚所谓名美而实厚者也。"

青龙中，山阳公薨，汉主也。肃上疏曰："昔唐禅虞，虞禅夏，皆终三年之丧，然后践天子之尊。是以帝号无亏，君礼犹存。今山阳公承顺天命，允答民望，进禅大魏，退处宾位。公之奉魏，不敢不尽节。魏之待公，优崇而不臣。既至其薨，榇敛之制，舆徒之饰，皆同之于王者，是故远近归仁，以为盛美。且汉总帝皇之号，号曰皇帝。有别称帝，无别称皇，

少，但是俸禄丰厚，那么国家的开支就可减少，做官的思想就会受到鼓励。各自施展自己的才能和力量，不会相互依赖。让官员们陈述政绩，公开地考核他们的功绩，他们能否胜任本职，皇上选拔官员就会心中有数。所以陶唐氏、有虞氏设官分职，命令公卿，各行其是，然后想让龙担任上传下达的官员，就像今天的尚书，让他上传下达皇上的命令。夏朝和商朝的情况不能详细知道。《尚书·甘誓》上说：'六事之人'，说明六卿是主管政事的人。《周官》就记载得详备，皇上每隔五天上朝理事，公卿大夫一起朝见，夏官司马之属司士的职责是掌管群臣的爵位和俸禄分辨朝臣们的升降增减的情况。那部《周礼·冬官考工记》上说：'坐在朝廷考虑治国方针的人，叫做王公；具体执行治国方针的人，叫做士大夫。'到了汉初，依照前代旧例，公卿们都亲自进朝办事。所以就有汉高祖亲自追赶回头就跑的周昌的故事，就有汉武帝坐在帷帐中派近侍传话批准了汲黯奏报的故事，汉宣帝让公卿五天一朝会，汉成帝开始设置尚书五人。从此以后制度衰败，朝见的礼仪就取消了。可以恢复五日一朝见的礼仪，让公卿、尚书将各自要办的事上报。废除的礼仪应复兴，要发扬光大圣王的事业，这的确是所谓名声好又实效多的措施。"

青龙年间，山阳公刘协逝世，他是汉朝的皇帝。王肃上书说："过去唐尧让位给虞舜，虞舜让位给夏禹，都服满三年的丧期，然后登上天子的王位。因此对帝王的称号没有损害，君王的礼仪还存在。现在山阳公顺应天命，符合民众的愿望，让位给大魏，退居宾位。山阳公尊奉魏国，不敢不尽臣节。魏国对待山阳公，特别尊崇不把他看作下臣。一直到他逝世，入棺收敛的礼制，灵车的装饰和徒役们的服饰，规格都与帝王相同，因此远近的人都归服皇上的仁德，认为这是非常美好的事。并且汉朝总具帝与皇的称号，称为皇帝。有的分开称帝，没有分开称皇

则皇是其差轻者也。故当高祖之时，土无二王，其父见在而使称皇，明非二王之嫌也。况今以赠终，可使称皇以配其谥。”明帝不从使称皇，乃追谥曰汉孝献皇帝。㉞

的，就是说皇是稍轻一些的称号。所以在汉高祖的时候，国土上就没有两个帝王，他的父亲还健在时，让他称皇，表明避免在一国之内有两个帝王的嫌疑。况且现在是寿终追赠，可以称皇来与他的谥号相配。”明帝不同意让他称皇，就追赠谥号为汉孝献皇帝。

后肃以常侍领秘书监，兼崇文观祭酒。景初间，宫室盛兴，民失农业，期信不敦，刑杀仓卒。肃上疏曰：“大魏承百王之极，生民无几，干戈未戢，诚宜息民而惠之以安静遐迩之时也。夫务畜积而息疲民，在于省徭役而勤稼穑。今宫室未就，功业未讫，运漕调发，转相供奉。是以丁夫疲于力作，农者离其南亩，种谷者寡，食谷者众，旧谷既没，新谷莫继。斯则有国之大患，而非备豫之长策也。今见作者三四万人，九龙可以安圣体，其内足以列六宫，显阳之殿，又向将毕，惟泰极已前，功夫尚大，方向盛寒，疾疢或作。诚愿陛下发德音，下明诏，深愍役夫之疲劳，厚矜兆民之不赡，取常食廪之士，非急要者之用，选其丁壮，择留万人，使一期而更之，咸知息代有日，则莫不悦以即事，劳而不怨矣。计一岁有三百六十万夫，亦不为少。当一岁成者，听且三年。分遣其余，使皆即农，无穷之计也。仓有溢粟，民有余力：以此兴功，何功不立？以此行化，何化不成？夫信之于民，国家大宝也。仲

后来王肃以散骑常侍的身份兼任秘书监，还兼任崇文观祭酒。景初年间，大建宫室，因此百姓误了农业生产，官府又不守信用，处以死刑仓猝。王肃呈上书说：“大魏承继百王之后，百姓很少，战争没有停息过，确实应当让百姓休养生息并让他们过上长久的安宁日子。要努力积蓄财物让疲惫不堪的百姓得到休息，要减少徭役让他们辛勤耕种。现在宫室没有建成，建国的大业没有完成，由水路调运粮食，辗转供应。所以民工们被劳役弄得很疲惫，农夫离开他们的田地，种粮的人少，吃粮的人多，陈粮已经吃完，新粮没有接继得上。这样国家就会有大灾难，而不是事先有准备的长远计策。现在看到服劳役的有三四万人，九龙殿可以使圣上安居，它的里面完全可以安排六宫，显阳殿将近竣工，只有泰极殿前面，工程还很大，现在正接近大寒季节，疾病可能发生。臣恳切地希望陛下发出福音，下达圣明的诏书，深切地怜悯服役者的疲劳，多多同情广大民众的生活不充裕，裁去那些经常吃国家粮食的人，节省不急需的费用，挑选那些身体强壮的人，从中再选择一万人留下，让他们服役一期就更换，让那些服劳役的人都知道休息替代会有一定的日期，那么就没有不高兴去做事的，即使劳苦也不会埋怨了。总计一年有三百六十万民工，也不算少。应当一年建成的，让它三年完成。分批遣送那些多余的民工，让他们都回去干农活，这是好处无穷的办法。这样粮仓里会有多余的粮食，百姓会有剩余的劳力：用这样的办法来建立功业，什么功业不能建成？用这样的办法来施行教化，什么教化不能成功？在百姓中取得信用，是国家的大宝。孔子说：‘自古以来人都要

尼曰:'自古皆有死,民非信不立。'夫区区之晋国,微微之重耳,欲用其民,先示以信,是故原虽将降,顾信而归,用能一战而霸,于今见称。前车驾当幸洛阳,发民为营,有司命以营成而罢。既成,又利其功力,不以时遣。有司徒营其目前之利,不顾经国之体。臣愚以为自今以后,倘复使民,宜明其令,使必如期。若有事以次,宁复更发,无或失信。凡陛下临时之所行刑,皆有罪之吏,宜死之人也。然众庶不知,谓为仓卒。故愿陛下下之于吏而暴其罪。钧其死也,无使污于宫掖而为远近所疑。且人命至重,难生易杀,气绝而不续者也,是以圣贤重之。孟轲称杀一无辜以取天下,仁者不为也。汉时有犯跸惊乘舆马者,廷尉张释之奏使罚金,文帝怪其轻,而释之曰:'方其时,上使诛之则已。今下廷尉。廷尉,天下之平也,一倾之,天下用法皆为轻重,民安所措其手足?'臣以为大失其义,非忠臣所宜陈也。廷尉者,天子之吏也,犹不可以失平,而天子之身,反可以惑谬乎?斯重于为己,而轻于为君,不忠之甚也。周公曰:'天子无戏言;言则史书之,工诵之,士称之。'言犹不戏,而况行之乎?故释之之言不可不察,周公之戒不可不法也。"又陈"诸鸟兽无用之

死,没有取得百姓的信用功业就不能建成。'一个小小的晋国,微不足道的重耳,想利用他的百姓,首先向民众表现出他的信用,所以原国虽然将要投降,但考虑到信用就撤军回去,因而只打一仗就称霸,这事直到现在还被称颂。前些日子正当皇上亲临洛阳时,征发百姓构筑营垒,负责征调的官员说在营垒建成后结束劳役。等到营垒建成后,又继续利用他们的劳力,不按时遣送。负责征调的官员只谋求眼前利益,不顾治国的根本。下臣不高明地认为:从今以后,倘若再征用百姓,应当明确征用的法令,征用一定要按期。假如有事要继续征用,宁可再另外征调,也绝不要失去信用。凡是陛下临时执行刑罚的,都是有罪的官吏,是应当判处死刑的人。可是广大百姓不知道他们的罪行,认为是处理仓猝。所以希望陛下将他们下交执法官员,让执法官去揭露他们的罪过。同样的是处死他们,不要让他们玷污了宫廷又被远近的人所怀疑。况且人的生命最为重要,难生易杀,气断以后就不能续气,所以圣人贤者都很重视决定人的生死问题。孟轲说杀一个无罪的人来取得天下,仁义的人是不干这种事的。汉代有个人违犯了帝王外出时的戒严令,使皇上驾车的马受到惊吓,廷尉张释之奏报汉文帝要对他实施罚款,汉文帝责怪他处罚太轻,可是张释之说:'在当时,皇上叫人杀死他也就罢了。现在要交给廷尉。廷尉,是天下主持公正的人,运用刑法一旦倾斜,天下运用法律的人都会任意从轻或从重,百姓怎么知道该如何做呢?'臣下认为张释之的话大大地背离了仁义,这不是忠臣所应当陈奏的。廷尉,是天子的官员,尚且不可以失去公平,而天子自己,反而可以糊涂错误吗?张释之的话是只为自己着想,却不替君主考虑,是很不忠诚的表现。周公说:'天子的话不是开玩笑的;说话就有史官记录它,乐工吟诵它,士大夫引用它。'说话尚且不是开玩笑,何况是行动呢?所以张释之的话不可不审察,周公的告诫不可不效法。"还陈述说:"各种鸟兽都是没用的东西,只是浪费草谷和饲养人的劳力,都将它们放掉。"

物，而有刍谷人徒之费，皆可蠲除。”

帝尝问曰：“汉桓帝时，白马令李云上书言：‘帝者，谛也。是帝欲不谛。’当何得不死？”肃对曰：“但为言失逆顺之节。原其本意，皆欲尽心，念存补国。且帝者之威，过于雷霆，杀一匹夫，无异蝼蚁。宽而宥之，可以示容受切言，广德宇于天下。故臣以为杀之未必为是也。”帝又问：“司马迁以受刑之故，内怀隐切，著《史记》非贬孝武，令人切齿。”对曰：“司马迁记事，不虚美，不隐恶。刘向、扬雄服其善叙事，有良史之才，谓之实录。汉武帝闻其述《史记》，取孝景及已本纪览之，于是大怒，削而投之。于今此两纪有录无书。后遭李陵事，遂下迁蚕室。此为隐切在孝武，而不在于史迁也。”

明帝曾经问王肃说：“汉桓帝时期，白马县县令李云上书说：‘帝，就是谛的意思。是帝王不想细察。’当时李云怎么不被处死？”王肃回答说：“作为臣下李云说话只是失去顺与不顺的分寸。推究话的本意，都是想尽心意，想着对国家有益。况且帝王的威望，超过雷霆，杀死一个普通人，与踩死一只蝼蛄和蚂蚁没有区别。宽免了他，可以表明能容纳激烈的言辞，向天下广施恩德。所以下臣认为杀了他未必是对的。”明帝又问：“司马迁因受刑的缘故，内心深怀伤痛，撰写《史记》来非议贬评汉武帝，叫人切齿痛恨。”王肃回答说：“司马迁记事，不凭空赞美，不隐讳丑恶。刘向、扬雄佩服他善于叙事，有良史的才能，认为他所著的《史记》是如实记录。汉武帝听说司马迁写《史记》后，将写孝景帝以及写自己的本纪拿来阅读。阅后大怒，削去简策上的字迹后把它扔了。所以到现在这两个本纪有目录而无内容记载。后来司马迁遭遇李陵事件，于是被投进牢狱受宫刑。这是汉武帝心怀切齿痛恨，而司马迁并无罪过。”

正始元年，出为广平太守。公事征还，拜议郎。顷之，为侍中，迁太常。时大将军曹爽专权，任用何晏、邓飏等。肃与太尉蒋济、司农桓范论及时政，肃正色曰：“此辈即弘恭、石显之属，复称说邪？”爽闻之，戒何晏等曰：“当共慎之！公卿已比诸君前世恶人矣。”坐宗庙事免。后为光禄勋。时有二鱼长尺，集于武库之屋，有司以为吉祥。肃曰：“鱼生于渊而亢于屋，介鳞之物失其所

正始元年，王肃调出朝廷担任广平郡太守。因有公事征召他回朝，任命他为议郎。不久，担任侍中，升任太常。当时大将军曹爽独揽大权，任用何晏、邓飏等人。王肃与太尉蒋济、司农桓范谈论到当时的政治，王肃严肃地说：“何晏这类人就是弘恭、石显之流，还用得着称道他们吗？”曹爽听说后，告诫何晏等人说：“你们都应当谨慎！公卿已将各位比作前代的恶人了。”王肃因与祭祀宗庙的事有牵连而获罪被免官。后来担任光禄勋。当时有两条一尺长的鱼，聚集在武器库的房顶上，管理武器仓库的官员认为是吉祥的征兆。王肃说：“鱼是生长在深潭里的，可是现在待在高高的房顶上，有鳞甲的动物失去了它赖以生存的环境。大概是有守边的将领丢

也。边将其殆有弃甲之变乎?”其后果有东关之败。徙为河南尹。嘉平六年,持节兼太常,奉法驾,迎高贵乡公于元城。是岁,白气经天,大将军司马景王问肃其故,肃答曰:“此蚩尤之旗也,东南其有乱乎?君若修己以安百姓,则天下乐安者归德,唱乱者先亡矣。”明年春,镇东将军毌丘俭、扬州刺史文钦反,景王谓肃曰:“霍光感夏侯胜之言,始重儒学之士,良有以也。安国宁主,其术焉在?”肃曰:“昔关羽率荆州之众,降于禁于汉滨,遂有北向争天下之志。后孙权袭取其将士家属,羽士众一旦瓦解。今淮南将士父母妻子皆在内州,但急往御卫,使不得前,必有关羽土崩之势矣。”景王从之,遂破俭、钦。后迁中领军,加散骑常侍,增邑三百,并前二千二百户。甘露元年薨,门生缞绖者以百数。追赠卫将军,谥曰景侯。子恽嗣。恽薨,无子,国绝。景元四年,封肃子恂为兰陵侯。咸熙中,开建五等,以肃著勋前朝,改封恂为丞子。㉟

铠弃甲的事故发生吧?”后来果然有安徽东关(吴、魏间的要冲)的失败。后改任河南尹。嘉平六年,掌持符节兼任太常,敬奉皇帝的车驾,到河北元城县迎接高贵乡公。这一年,有白气从天空经过,大将军司马景王向王肃询问这一现象的原因,王肃回答说:“这是蚩尤的旗帜,大概东南方向将有叛乱吧?您如果修养自己来安抚百姓,那么天下喜欢安定的人会归服于仁德,带头作乱的人会首先灭亡。”第二年春天,镇东将军毌丘俭、扬州刺史文钦反叛,司马景王对王肃说:“霍光被夏侯胜的话所感动,开始重视儒家的读书人,确实是有原因的。使国家、君主安定,办法在哪里呢?”王肃说:“过去关羽率领荆州的部众,在汉水边降服了于禁,就有向北争夺天下的想法。后来孙权偷袭并收取了关羽的将士、家属,关羽的士兵一下就瓦解了。现在淮南将士的父母、妻子都在内地,只要赶紧前去抵御保卫,使他们不能前进,一定会出现像关羽那样土崩瓦解的局面。”司马景王听取了王肃的意见,就打败了毌丘俭、文钦。后来王肃升任中领军,兼任散骑常侍,增加食邑三百户,合计以前的共二千二百户。他甘露元年去世,门生披麻戴孝的以百计数。王肃被追赠卫将军,谥号为景侯。他的儿子王恽继承爵位。王恽去世后,没有儿子继承爵位,封国被撤销。景元四年,封王肃的儿子王恂为兰陵侯。咸熙年间,开始建立五等爵位,因为王肃在前朝的功劳卓著,改封王恂为山东丞县的子爵。

初,肃善贾、马之学,而不好郑氏,采会同异,为《尚书》、《诗》、《论语》、《三礼》、《左氏》解,及撰定父朗所作《易传》,皆列于学官。其所论驳朝廷典制、郊祀、宗庙、丧纪、轻重,凡百余篇。时乐安孙叔然,㊱受学

起初,王肃爱好贾逵、马融的学说,却不喜欢郑玄的学说,他采集融汇各家的异同,为《尚书》、《诗经》、《论语》、《三礼》、《左氏春秋》作注解,还写定父亲王朗所作的《易传》,这些书都被列入学校应备的书籍。他所辩论驳正的朝廷典制、郊祀、宗庙、丧纪轻重的文章,共一百多篇。当时乐安郡的孙叔然,在郑玄门下受学,人们称他为东州大儒。朝廷征召他

郑玄之门,人称东州大儒。征为秘书监,不就。肃集《圣证论》以讥短玄,叔然驳而释之,及作《周易》、《春秋例》,《毛诗》、《礼记》、《春秋三传》、《国语》、《尔雅》诸注,又著书十余篇。自魏初征士燉煌周生烈,㊲明帝时大司农弘农董遇等,亦历注经传,颇传于世。㊳

为秘书监,他没有就职。王肃撰写《圣证论》是为讥讽郑玄的短处,郑玄的弟子孙叔然进行反驳并加以解释,作了《周易》、《春秋例》、《毛诗》、《礼记》、《春秋三传》、《国语》、《尔雅》等书的注解,还写文章十多篇。从魏初敦煌郡的隐士周生烈,到明帝时大司农弘农郡人董遇等人,也都注解经、传,在社会上流传很广。

评曰:钟繇开达理干,华歆清纯德素,王朗文博富赡,诚皆一时之俊伟也。魏氏初祚,肇登三司,盛矣夫!王肃亮直多闻,能析薪哉!㊴

评论说:钟繇开朗豁达,治事干练,华歆清正纯洁,品德高洁,王朗学问渊博,知识丰富,确实都是一个时代的杰出的人才。魏国初建,他们开始登上三公的职位,真是兴盛啊!王肃忠诚正直,见多识广,善于分析事理啊!

---

①《先贤行状》曰:钟皓字季明,温良笃慎,博学诗律,教授门生千有余人,为郡功曹。时太丘长陈寔为西门亭长,皓深独敬异。寔少皓十七岁。常礼待与同分义。会辟公府,临辞,太守问:"谁可代君?"皓曰:"明府欲必得其人,西门亭长可用。"寔曰:"钟君似不察人为意,不知何独识我?"皓为司徒掾,公出,道路泥泞,导从恶其相洒,去公车绝远。公椎轼言:"司徒今日为独行耳!"还府向阁,铃下不扶,令揖掾属,公奋手不顾。时举府掾属皆投劾出,皓为西曹掾,即开府门分布晓语已出者,曰:"臣下不能得自直于君,若司隶举绳墨,以公失宰相之礼,又不胜任,诸君终身何所任邪?"掾属以故皆止。都官果移西曹掾,问空府去意,皓召都官吏,以见掾属名示之,乃止。前后九辟三府,迁南乡、林虑长,不之官。时郡中先辈为海内所归者,苍梧太守定陵陈稚叔、故黎阳令颍阴荀淑及皓。少府李膺常宗此三人,曰:"荀君清识难尚,陈、钟至德可师。"膺之姑为皓兄之妻,生子觐,与膺年齐,并有令名。觐又好学慕古,有退让之行。为童幼时,膺祖太尉脩言:"觐似我家性,国有道不废,国无道免于刑戮者也。"复以膺妹妻之。觐辟州宰,未尝屈就。膺谓觐曰:"孟轲以为人无好恶是非之心,非人也。弟于人何太无皂白邪!"觐尝以膺之言白皓,皓曰:"元礼,祖公在位,诸父并盛,韩公之甥,故得然耳。国武子好招人过,以为怨本,今岂其时!保身全家,汝道是也。"觐早亡,膺虽荷功名,位至卿佐,而卒陨身世祸。皓年六十九,终于家。皓二子迪、敷,并以党锢不仕。繇则迪之孙。

②谢承《后汉书》曰:南阳阴脩为颍川太守,以旌贤擢俊为务,举五官掾张仲方正,察功曹钟繇、主簿荀彧、主记掾张礼、贼曹掾杜祐、孝廉荀攸、计吏郭图为吏,以光国朝。

③《世语》曰:太祖遣使从事王必致命天子。

④司马彪《战略》曰:袁尚遣高幹、郭援将兵数万人,与匈奴单于寇河东,遣使与马腾、韩遂等连和,腾等阴许之。傅幹说腾曰:"古人有言'顺道者昌,逆德者亡'。曹公奉天子诛暴乱,法明国治,上下用命,有义必赏,无义必罚,可谓顺道矣。袁氏背王命,驱胡虏以陵中国,宽而多忌,仁而无断,兵虽强,实失天下心,可谓逆德矣。今将军既事有道,不尽其力,阴怀两端,欲以坐观成败,吾恐成败既定,奉辞责罪,将军先为诛

首矣。”于是腾惧。幹曰：“智者转祸为福。今曹公与袁氏相持，而高幹、郭援独制河东，曹公虽有万全之计，不能禁河东之不危也。将军诚能引兵讨援，内外击之，其势必举。是将军一举，断袁氏之臂，解一方之急，曹公必重德将军。将军功名，竹帛不能尽载也。唯将军审所择！”腾曰：“敬从教。”于是遣子超将精兵万余人，并将遂等兵，与繇会击援等，大破之。

⑤《魏略》曰：诏征河东太守王邑。邑以天下未定，心不愿征，而吏民亦恋邑，郡掾卫固及中郎将范先等各诣繇求乞邑。而诏已拜杜畿为太守，畿已入界。繇不听先等，促邑交符。邑佩印绶，径从河北诣许自归。繇时治在洛阳，自以威禁失督司之法，乃上书自劾曰：“臣前上言故镇北将军领河东太守安阳亭侯王邑巧辟治官，犯突科条，事当推劾，检实奸诈。被诏书当如所纠。以其归罪，故加宽赦。又臣上言吏民大小，各怀顾望，谓邑当还，拒太守杜畿，今皆反悔，共迎畿之官。谨案文书，臣以空虚，被蒙拔擢，入充近侍，兼典机衡，忝膺重任，总统偏方。既无德政以惠民物，又无威刑以检不恪，至使邑违犯诏书，郡掾卫固诳迫吏民，讼诉之言，交驿道路，渐失其礼，不虔王命。今虽反悔，丑声流闻，咎皆用繇威刑不摄。臣又疾病，前后历年，气力日微，尸素重禄，旷废职任，罪明法正。谨按侍中守司隶校尉东武亭侯钟繇，幸得蒙恩，以斗筲之才，仍见拔擢，显从近密，衔命督使。明知诏书深疾长吏政教宽弱，检下无刑，久病淹滞，众职荒顿，法令失张。邑虽违科，当必绳正法，既举文书，操弹失理，至乃使邑远诣阙廷。隳忝使命，挫伤爪牙。而固诳迫吏民，拒畿连月，今虽反悔，犯顺失正，海内凶赫，罪一由繇威刑暗弱。又繇久病，不任所职，非繇大臣当所宜为。繇轻慢宪度，不畏诏令，不与国同心，为臣不忠，无所畏忌，大为不敬。又不承用诏书，奉诏不谨。又聪明蔽塞，为下所欺，弱不胜任。数罪谨以劾，臣请法车征诣廷尉治繇罪，大鸿胪削爵土。臣久婴笃疾，涉夏盛剧，命县呼吸，不任部官。辄以文书付功曹从事马適议，免冠徒跣，伏须罪诛。”诏不听。

⑥《魏略》曰：繇为相国，以五熟釜鼎范因太子铸之，釜成，太子与繇书曰：“昔有黄三鼎，周之九宝，咸以一体使调一味，岂若斯釜五味时芳？盖鼎之烹饪，以飨上帝，以养圣贤，昭德祈福，莫斯之美。故非大人，莫之能造；故非斯器，莫宜盛德。今之嘉釜，有逾兹美。夫周之尸臣，宋之考父，卫之孔悝，晋之魏颗，彼四臣者，并以功德勒名钟鼎。今执事寅亮大魏，以隆圣化。堂堂之德，于斯为盛。诚太常之所宜铭，彝器之所宜勒。故作斯铭，勒之釜口，庶可赞扬洪美，垂之不朽。”

臣松之按《汉书·郊祀志》，孝宣时，美阳得鼎，京兆尹张敞上议曰：“按鼎有刻书曰：‘王命尸臣，官此栒邑。赐尔鸾旗，黼黻琱戈。尸臣拜手稽首曰敢对扬天子丕显休命！’此殆周之所以褒赐大臣，大臣子孙刻铭其先功，藏之于宫庙也。”考父铭见《左氏传》，孔悝铭在《礼记》，事显故不载。《国语》曰：“昔克潞之役，秦来图败晋功，魏颗以其身追秦师于辅氏，亲止杜回；其勒铭于景钟，至于今不遗类，其子孙不可不兴也。”太子所称四铭者也。

《魏略》曰：后太祖征汉中，太子在孟津，闻繇有玉玦，欲得之而难公言。密使临菑侯转因人说之，繇即送之。太子与繇书曰：“夫玉以比德君子，见美诗人。晋之垂棘，鲁之玙璠，宋之结绿，楚之和璞，价越万金，贵重都城，有称畴昔，流声将来。是以垂棘出晋，虞、虢双禽；和璧入秦，相如抗节。窃见玉书，称美玉白若截肪，黑譬纯漆，赤拟鸡冠，黄侔蒸栗。侧闻斯语，未睹厥状。虽德非君子，义无诗人，高山景行，私所慕仰。然四宝邈焉以远，秦、汉未闻有良匹。是以求之旷年，未遇厥真，私愿不果，饥渴未副。近见南阳宗惠叔称君侯昔有美玦，闻之惊喜，笑与抃俱。当自白书，恐传言未审，是以令舍弟子建因荀仲茂转言鄙旨。乃不忽遗，厚见周称，邺骑既到，宝玦初至，捧跪发匣，烂然满目。猥以蒙鄙之姿，得观希世之宝，不烦一介之使，不损连城之价，既有秦昭章台之观，而无蔺生诡夺之诳。嘉贶益腆，敢不钦承！”繇报书曰：“昔忝近任，并得赐玦。尚方耆老，颇识旧物。名其符采。必得处所。以为执事有珍此者，是以鄙之，用未奉贡。幸而纡意，实以悦怿。在昔和氏，殷勤忠笃，而繇待命，是怀愧耻。”

⑦《魏略》曰：孙权称臣，斩送关羽。太子书报繇，繇答书曰：“臣同郡故司空荀爽言：‘人当道情，爱我者一何可爱！憎我者一何可憎！’顾念孙权，了更妩媚。”太子又书曰：“得报，知喜南方。至于荀公之清谈，孙权之妩媚，执书嗢噱，不能离手。若权复黠，当折以汝南许劭月旦之评。权优游二国，俯仰荀、许，亦已足矣。”

⑧陆氏《异林》曰：繇尝数月不朝会，意性异常，或问其故，云：“常有好妇来，美丽非凡。”问者曰：“必是鬼物，可杀之。”妇人后往，不即前，止户外。繇问何以，曰：“公有相杀意。”繇曰：“无此。”乃勤勤呼之，乃入。繇意恨，有不忍之心，然犹斫之伤髀。妇人即出，以新绵拭血竟路。明日使人寻迹之，至一大冢，木中有好妇人，形体如生人，著白练衫，丹绣裲裆，伤左髀，以裲裆中绵拭血。叔父清河太守说如此。清河，陆云也。

⑨袁宏曰：夫民心乐全而不能常全，盖利用之物悬于外，而嗜欲之情动于内也。于是有进取贪竞之行，希求放肆之事。进取不已，不能充其嗜欲，则苟且侥幸之所生也；希求无厌，无以惬其欲，则奸伪忿怒之所兴也。先王知其如此，而欲救其弊，或先德化以陶其心；其心不化，然后加以刑辟。《书》曰：“百姓不亲，五品不逊。汝作司徒而敬敷五教。蛮夷猾夏，寇贼奸宄。汝作士，五刑有服。”然则德、刑之设，参而用之者也。三代相因，其义详焉。《周礼》：“使墨者守门，劓者守关，宫者守内，刖者守囿。”此肉刑之制可得而论者也。荀卿亦云，杀人者死，伤人者刑，百王之所同，未有知其所由来者也。夫杀人者死，而相杀者不已，是大辟可以惩未杀，不能使天下无杀也。伤人者刑，而害物者不息，是黥、劓可以惧未刑，不能使天下无刑也。故将欲止之，莫若先以德化。夫罪过彰著，然后入于刑辟，是将杀人者不必死，欲伤人者不必刑。纵而弗化，则陷于刑辟。故刑之所制，在于不可移之地。礼教则不然，明其善恶，所以潜劝其情，消之于未杀也；示之耻辱，所以内愧其心，治之于未伤也。故过微而不至于著，罪薄而不及于刑。终入罪辟者，非教化之所得也，故虽残一物之生，刑一人之体，是除天下之害，夫何伤哉！率斯道也，风化可以渐淳，刑罚可以渐少，其理然也。苟不能化其心，而专任刑罚，民失义方，动罹刑网，求世休和，焉可得哉？周之成、康，岂按三千之文而致刑错之美乎？盖德化渐渍，致斯有由也。汉初惩酷刑之弊，务宽厚之论，公卿大夫，相与耻言人过。文帝登朝，加以玄默。张武受赂，赐金以愧其心；吴王不朝，崇礼以训其失。是以吏民乐业，风流笃厚，断狱四百，几致刑措，岂非德刑兼用已然之效哉？世之欲言刑罚之用，不先德教之益，失之远矣。今大辟之罪，与古同制。免死已下，不过五岁，既释钳锁，复得齿于人伦。是以民无耻恶，数为奸盗，故刑徒多而乱不治也。苟教之所去，罚当其罪，一离刀锯，没身不齿，邻里且犹耻之，而况于乡党乎？而况朝廷乎？如此，则夙沙、赵高之俦，无施其恶矣。古者察其言，观其行，而善恶彰焉。然则君子之去刑辟，固已远矣。过误不幸，则八议之所宥也。若夫卞和、史迁之冤，淫刑之所及也。苟失其道，或不免于大辟，而况肉刑哉！《汉书》：“斩右趾及杀人先自言告，吏坐受赇，守官物而即盗之，皆弃市。”此班固所谓当生而令死者也。今不忍刻截之惨，而安剿绝之悲，此最治体之所先，有国所宜改者也。

⑩《魏书》曰：有司议谥，以为繇昔为廷尉，辨理刑狱，决嫌明疑，民无怨者，由于、张之在汉也。诏曰：“太傅功高德茂，位为师保，论行赐谥，常先依此，兼叙廷尉于、张之德耳。”乃策谥曰成侯。

⑪臣松之以为诸葛诞举淮南以与吴，孙壹率三百人以归魏，谓吴有衅，本非有理之言。毓之此议，盖何足称耳！

⑫《魏略》曰：歆与北海邴原、管宁俱游学，三人相善，时人号三人为“一龙”，歆为龙头，原为龙腹，宁为龙尾。

臣松之以为邴根矩之徽猷懿望，不必有愧华公，管幼安含德高蹈，又恐弗当为尾。《魏略》此言，未可以定其先后也。

⑬《魏书》称芬有大名于天下。

⑭华峤《谱叙》曰：歆少以高行显名。避西京之乱，与同志

郑泰等六七人,间步出武关。道遇一丈夫独行,愿得俱,皆哀欲许之。歆独曰:“不可。今已在危险之中,祸福患害,义犹一也。无故受人,不知其义。既以受之,若有进退,可中弃乎!”众不忍,卒与俱行。此丈夫中道堕井,皆欲弃之。歆曰:“已与俱矣,弃之不义。”相率共还出之,而后别去。众乃大义之。

⑮《魏略》曰:扬州刺史刘繇死,其众愿奉歆为主。歆以为因时擅命,非人臣之宜。众守之连月,卒谢遣之,不从。

⑯胡冲《吴历》曰:孙策击豫章,先遣虞翻说歆。歆答曰:“歆久在江表,常欲北归;孙会稽来,吾便去也。”翻还报策,策乃进军。歆葛巾迎策,策谓歆曰:“府君年德名望,远近所归;策年幼稚,宜修子弟之礼。”便向歆拜。

华峤《谱叙》曰:孙策略有扬州,盛兵徇豫章,一郡大恐。官属请出郊迎,教曰:“无然。”策稍进,复白发兵,又不听。及策至,一府皆造阁,请出避之。乃笑曰:“今将自来,何遽避之?”有顷,门下白曰:“孙将军至。”请见,乃前与歆共坐,谈议良久,夜乃别去。义士闻之,皆长叹息而心自服也。策遂亲执子弟之礼,礼为上宾。是时四方贤士大夫避地江南者甚众,皆出其下,人人望风。每策大会,坐上莫敢先发言,歆时起更衣,则论议讙哗。歆能剧饮,至石余不乱,众人微察,常以其整衣冠为异,江南号之曰“华独坐”。

虞溥《江表传》曰:孙策在椒丘,遣虞翻说歆。翻既去,歆请功曹刘壹入议。壹劝歆住城,遣檄迎军。歆曰:“吾虽刘刺史所置,上用,犹是剖符吏也。今从卿计,恐死有余责矣。”壹曰:“王景兴既汉朝所用,且尔时会稽人众盛强,犹见原恕,明府何虑?”于是夜逆作檄,明旦出城,遣吏赍迎。策便进军,与歆相见,待以上宾,接以朋友之礼。

孙盛曰:夫大雅之处世也,必先审隐显之期,以定出处之分,否则括囊以保其身,泰则行义以达其道。歆既无夷、皓韬邈之风,又失王臣匪躬之操,故挠心于邪儒之说,交臂于陵肆之徒,位夺于一竖,节堕于当时。昔许、蔡失位,不得列于诸侯;州公实来,鲁人以为贱耻。方之于歆,咎孰大焉!

⑰《魏书》曰:文帝受禅,歆登坛相仪,奉皇帝玺绶,以成受命之礼。

华峤《谱叙》曰:文帝受禅,朝臣三公已下并受爵位,歆以形色忤时,徙为司徒,而不进爵。魏文帝久不怿,以问尚书令陈群曰:“我应天受禅,百辟群后,莫不人人悦喜,形于声色,而相国及公独有不怡者,何也?”群起离席长跪曰:“臣与相国曾臣汉朝,心虽悦喜,义形其色,亦惧陛下实应且憎。”帝大悦,遂重异之。

⑱孙盛曰:盛闻庆赏威刑,必宗于主,权宜宥怒,出自人君。子路私馈,仲尼毁其食器;田氏盗施,《春秋》著以为讥。斯褒贬之成言,已然之显义也。孥戮之家,国刑所肃,受赐之室,乾施所加,若在哀矜,理无偏宥。歆居股肱之任。同元首之重,则当公言皇朝,以彰天泽,而默受嘉赐,独为君子,既犯作福之嫌,又违必去之义,可谓匹夫之仁,蹈道则未也。

《魏书》曰:歆性周密,举动详慎。常以为人臣陈事,务以讽谏合道为贵,就有所言,不敢显露,故其事多不见载。

华峤《谱叙》曰:歆淡于财欲,前后宠赐,诸公莫及,然终不殖产业。陈群常叹曰:“若华公,可谓通而不泰,清而不介者矣。”

《傅子》曰:敢问今之君子?曰:“袁郎中积德行俭,华太尉积德居顺,其智可及也,其清不可及也。事上以忠,济下以仁,晏婴、行父何以加诸?”

⑲《魏书》曰:又赐奴婢五十人。

⑳《列异传》曰:歆为诸生时,尝宿人门外。主人妇夜产。有顷,两吏诣门,便辟易却,相谓曰:“公在此。”踌躇良久,一吏曰:“籍当定,奈何得住?”乃前向歆拜,相将入。出并行,共语曰:“当与几岁?”一人曰:“当三岁。”天明,歆去。后欲验其事,至三岁,故往问儿消息,果已死。歆乃自知当为公。

臣松之按《晋阳秋》说魏舒少时寄宿事,亦如之。以为理无二人俱有此事,将由传者不同。今宁信《列异》。

㉑《魏书》云:歆时年七十五。

㉒华峤《谱叙》曰：歆有三子。表字伟容，年二十余为散骑侍郎。时同僚诸郎共平尚书事，年少，并兼厉锋气，要召名誉。尚书事至，或有不便，故遗漏不视，及传书者去，即入深文论驳。惟表不然，事来有不便，辄与尚书共论尽其意，主者固执，不得已，然后共奏议。司空陈群等以此称之。仕晋，历太子少傅、太常。称疾致仕，拜光禄大夫。性清淡，常虑天下退理。司徒李胤、司隶王弘等常称曰："若此人者，不可得而贵，不可得而贱，不可得而亲，不可得而疏。"中子博，历三县内史，治有名迹。少子周，黄门侍郎、常山太守，博学有文思。中年遇疾，终于家。表有三子。长子廙，字长骏。

《晋诸公赞》曰：廙有文翰，历位尚书令、太子少傅，追赠光禄大夫开府。峤字叔骏，有才学，撰《后汉书》，世称为良史。为秘书监、尚书。澹字玄骏，最知名，为河南尹。廙三子。昆字敬伦，清粹有检，为尚书。荟字敬叔。《世语》称荟贵正。恒字敬则，以通理称。昆，尚书；荟，河南尹；恒，左光禄大夫开府。澹子轶，字彦夏。有当世才志，为江州刺史。

㉓《朗家传》曰：会稽旧祀秦始皇，刻木为像，与夏禹同庙。朗到官，以为无德之君，不应见祀，于是除之。居郡四年，惠爱在民。

㉔《献帝春秋》曰：孙策率军如闽、越讨朗。朗泛舟浮海，欲走交州，为兵所逼，遂诣军降。策令使者诘朗曰："问逆贼故会稽太守王朗：朗受国恩当官，云何不惟报德，而阻兵安忍？大军征讨，幸免枭夷，不自扫屏，复聚党众，屯住郡境。远劳王诛，卒不悟顺。捕得云降，庶以欺诈，用全首领，得尔与不，具以状对。"朗称禽虏，对使者曰："朗以琐才，误窃朝私，受爵不让，以遘罪网。前见征讨，畏死苟免。因治人物，寄命须臾。又迫大兵，惶怖北引。从者疾患，死亡略尽。独与老母，共乘一櫺。流矢始交，便弃櫺就俘，稽颡自首于征役之中。朗惶惑不达，自称降虏。缘前迷谬，被诘惭惧。朗愚浅驽怯，畏威自惊。又无良介，不早自归。于破亡之中，然后委命下隶。身轻罪重，死有余辜。申脰就鞅，蹴足入绊，叱咤听声，东西惟命。"

㉕朗被征未至。孔融与朗书曰："世路隔塞，情问断绝，感怀增思。前见章表，知寻汤武罪己之迹，自投东裔同鲧之罚，览省未周，涕陨潸然。主上宽仁，贵德宥过。曹公辅政，思贤并立。策书屡下，殷勤款至。知櫂舟浮海，息驾广陵，不意黄熊突出羽渊也。谈笑有期，勉行自爱！"

《汉晋春秋》曰：孙策之始得朗也，谴让之。使张昭私问朗，朗誓不屈，策忿而不敢害也，留置曲阿。建安三年，太祖表征朗，策遣之。太祖问曰："孙策何以得至此邪？"朗曰："策勇冠一世，有俊才大志。张子布，民之望也，北面而相之。周公瑾，江淮之杰，攘臂而为其将。谋而有成，所规不细，终为天下大贼，非徒狗盗而已。"

㉖《朗家传》曰：朗少与沛国名士刘阳交友。阳为莒令，年三十而卒，故后世鲜闻。初，阳以汉室渐衰，知太祖有雄才，恐为汉累，意欲除之而事不会。及太祖贵，求其嗣子甚急。其子惶窘，走伏无所。阳亲旧虽多，莫敢藏者。朗乃纳受积年，及从会稽还，又数开解。太祖久乃赦之，阳门户由是得全。

㉗《魏略》曰：太祖请同会，啁朗曰："不能效君昔在会稽折粳米饭也。"朗仰而叹曰："宜适难值！"太祖问："云何？"朗曰："如朗昔者，未可折而折；如明公今日，可折而不折也。"太祖以孙权称臣遣贡谘朗，朗答曰："孙权前笺，自诡躬讨虏以补前愆，后疏称臣，以明无二。牙兽屈膝，言鸟告欢，明珠、南金，远珍必至。情见乎辞，效著乎功。三江五湖，为沼于魏，西吴东越，化为国民。鄢、郢既拔，荆门自开。席卷巴、蜀，形势已成。重休累庆，杂沓相随。承旨之日，抚掌击节。情之畜者，辞不能宣。"

㉘《魏名臣奏》载朗节省奏曰："诏问所宜损益，必谓东京之事也。若夫西京云阳、汾阴之大祭，千有五百之群，祀通天之台，入阿房之宫，斋必百日，养牺五载，牛则三千其重，玉则七千其器；文绮以饰重席，童女以蹈舞缀；酿酎必贯三时而后成，乐人必三千四百而后备；内宫美人数至近千，学官博士弟子七千余人；中厩则骓騄駙马六万余匹，外牧则扈养三万而马十之；执金吾从骑六百，走卒倍焉；太常行陵赤车千乘，太

官赐官奴婢六千，长安城内治民为政者三千，中二千石蔽罪断刑者二十有五狱。政充事猥，威仪繁富，隆于三代，近过礼中。夫所以极奢者，大抵多受之于秦余。既违茧栗悫诚之本，扫地简易之指，又失替质而损文、避泰而从约之趣。岂夫当今隆兴盛明之时，祖述尧舜之际，割奢务俭之政，除繁崇省之令，详刑慎罚之教，所宜希慕哉？及夫寝庙日一太牢之祀，郡国并立宗庙之法，丞相御史大夫官属吏从之数，若此之辈，既已屡改于哀、平之前，不行光武之后矣。谨按图牒所改奏，在天地及五帝、六宗、宗庙、社稷，既已因前代之兆域矣。夫天地则扫地而祭，其余则皆坛而埒之矣。明堂所以祀上帝，灵台所以观天文，辟雍所以修礼乐，太学所以集儒林，高禖所以祈休祥，又所以察时务，扬教化。稽古先民，开诞庆祚，旧时皆在国之阳，并高栋夏屋，足以肆飨射，望云物。七郊虽尊祀尚质，犹皆有门宇便坐，足以避风雨。可须军罢年丰，以渐修治。旧时虎贲羽林五营兵，及卫士并合，虽且万人，或商贾惰游子弟，或农野谨钝之人；虽有乘制之处，不讲戎陈，既不简练，又希更寇，虽名实不副，难以备急。有警而后募兵，军行而后运粮，或乃兵既久屯，而不务营佃，不修器械，无有贮聚，一隅驰羽檄，则三面并荒扰，此亦汉氏近世之失而不可式者也。当今诸夏已安，而巴蜀在画外。虽未得偃武而韬甲，放马而戢兵，宜因年之大丰，遂寄军政于农事。吏士小大，并勤稼穑，止则成井里于广野，动则成校队于六军，省其暴繇，赡其衣食。《易》称'悦以使民，民忘其劳；悦以犯难，民忘其死'，今之谓矣。粮畜于食，勇畜于势，虽坐曜烈威而众未动，画外之蛮，必复稽颡以求改往而效用矣。若畏威效用，不战而定，则贤于交兵而后威立，接刃而后功成远矣。若奸凶不革，遂迷不反，犹欲以其所虐用之民，待大魏投命报养之士，然后徐以前歌后舞乐征之众，临彼倒戟折矢乐服之群，伐腐摧枯，未足以为喻。"

㉙《王朗集》载朗为大理时上："主簿赵郡张登，昔为本县主簿，值黑山贼围郡，登与县长王隽帅吏兵七十二人直往赴救，与贼交战，吏兵散走。隽殆见害，登手格一贼，以全隽命。又守长夏逸，为督邮所枉，登身受考掠，理逸之罪。义济二君。宜加显异。"太祖以所急者多，未遑擢叙。至黄初初，朗又与太尉钟繇连名表闻，兼称登在职勤劳。诏曰："登忠义彰著，在职功勤。名位虽卑，直亮宜显。饔膳近任，当得此吏。今以登为太官令。"

㉚《魏书》曰：车驾既还，诏三公曰："三世为将，道家所忌。穷兵黩武，古有成戒。况连年水旱，士民损耗，而功作倍于前，劳役兼于昔，进不灭贼，退不和民。夫屋漏在上，知之在下，然迷而知反，失道不远，过而能改，谓之不过。今将休息，栖备高山，沉权九渊，割除摈弃，投之画外。车驾当以今月中旬到谯，淮、汉众军，亦各还反，不腊西归矣。"

㉛御儿，吴界边戍之地名。

㉜《魏略》曰：朗本名严，后改为朗。《魏书》曰：朗高才博雅，而性严整慷慨，多威仪，恭俭节约，自婚姻中表礼贽无所受。常讥世俗有好施之名，而不恤穷贱，故用财以周急为先。

㉝肃父朗与许靖书云：肃生于会稽。

㉞孙盛曰：化合神者曰皇，德合天者曰帝。是故三皇创号，五帝次之。然则皇之为称，妙于帝矣。肃谓为轻，不亦谬乎！

臣松之以为上古谓皇皇后帝，次言三、五，先皇后帝，诚如盛言。然汉氏诸帝，虽尊父为皇，其实则贵而无位，高而无民，比之于帝，得不谓之轻乎！魏因汉礼，名号无改。孝献之崩，岂得远考古义？肃之所云，盖就汉制而为言耳。谓之为谬，乃是讥汉，非难肃也。

㉟《世语》曰：恂字良夫，有通识，在朝忠正。历河南尹、侍中，所居有称。乃心存公，有匪躬之节。鬲令袁毅馈以骏马，知其贪财，不受。毅竟以黩货而败。建立二学，崇明五经，皆恂所建。卒时年四十余，赠车骑将军。肃女适司马文王，即文明皇后，生晋武帝、齐献王攸。

《晋诸公赞》曰：恂兄弟八人。其达者，虔字恭祖，以功干见称，位至尚书。弟恺，字君夫，少有才力而无行检，与卫尉石崇友善，俱以豪侈竞于世，终于后将军。虔子康、隆，仕亦宦达，为后世所重。

㊱臣松之案叔然与晋武帝同名，故称其字。

㊲臣松之案此人姓周生，名烈。何晏《论语集解》有烈《义例》，余所著述，见晋武帝中《经簿》。

㊳《魏略》曰：遇字季直，性质讷而好学。兴平中，关中扰乱，与兄季中依将军段煨。采稆负贩，而常挟持经书，投间习读。其兄笑之而遇不改。及建安初，王纲小设，郡举孝廉，稍迁黄门侍郎。是时，汉帝委政太祖，遇旦夕侍讲，为天子所爱信。至二十二年，许中百官矫制，遇虽不与谋，犹被录诣邺，转为冗散。常从太祖西征，道由孟津，过弘农王冢。太祖疑欲谒，顾问左右，左右莫对，遇乃越第进曰："《春秋》之义，国君即位未逾年而卒，未成为君。弘农王即阼既浅，又为暴臣所制，降在藩国，不应谒。"太祖乃过。黄初中，出为郡守。明帝时，入为侍中、大司农。数年，病亡。初，遇善治《老子》，为《老子》作训注。又善《左氏传》，更为作朱墨别异。人有从学者，遇不肯教，而云"必当先读百遍"。言"读书百遍而义自见"。从学者云："苦渴无日。"遇言"当以三余"。或问三余之意，遇言"冬者岁之余，夜者日之余，阴雨者时之余也"。由是诸生少从遇学，无传其朱墨者。

《世语》曰：遇子绥，位至秘书监，亦有才学。齐王冏功臣董艾，即绥之子也。

《魏略》以遇及贾洪、邯郸淳、薛夏、隗禧、苏林、乐详等七人为儒宗，其序曰："从初平之元，至建安之末，天下分崩，人怀苟且，纲纪既衰，儒道尤甚。至黄初元年之后，新主乃复始扫除太学之灰炭，补旧石碑之缺坏，备博士之员录，依汉甲乙以考课。申告州郡，有欲学者，皆遣诣太学。太学始开，有弟子数百人。至太和、青龙中，中外多事，人怀避就。虽性非解学，多求诣太学。太学诸生有千数，而诸博士率皆粗疏，无以教弟子。弟子本亦避役，竟无能习学，冬来春去，岁岁如是。又虽有精者，而台阁举格太高，加不念统其大义，而问字指墨法点注之间，百人同试，度者未十。是以志学之士，遂复陵迟，而末求浮虚者各竞逐也。正始中，有诏议圜丘，普延学士。是时郎官及司徒领吏二万余人，虽复分布，见在京师者尚且万人，而应书与议者略无几人。又是时朝堂公卿以下四百余人，其能操笔者未有十人，多皆相从饱食而退。嗟夫！学业沈陨，乃至于此。是以私心常区区贵乎数公者，各处荒乱之际，而能守志弥敦者也。"

贾洪字叔业，京兆新丰人也。好学有才，而特精于《春秋左传》。建安初，仕郡，举计掾，应州辟。时州中自参军事以下百余人，唯洪与冯翊严苞文通才学最高。洪历守三县令，所在辄开除厩舍，亲授诸生。后马超反，超劫洪，将诣华阴，使作露布。洪不获已，为作之。司徒钟繇在东，识其文，曰："此贾洪作也。"及超破走，太祖召洪署军谋掾。犹以其前为超作露布文，故不即叙。晚乃出为阴泉长。延康中，转为白马王相。善能谈戏。王彪亦雅好文学，常师宗之，过于三卿。数岁病亡，亡时年五十余，时人为之恨仕不至二千石。而严苞亦历守二县，黄初中，以高才入为秘书丞，数奏文赋，文帝异之。出为西平太守，卒官。

薛夏字宣声，天水人也。博学有才。天水旧有姜、阎、任、赵四姓，常推于郡中，而夏为单家，不为降屈。四姓欲共治之，夏乃游逸，东诣京师。太祖宿闻其名，甚礼遇之。后四姓又使囚遥引夏，关移颍川，收捕系狱。时太祖已在冀州，闻夏为本郡所质，抚掌曰："夏无罪也。汉阳儿辈直欲杀之耳！"乃告颍川使理出之，召署军谋掾。文帝又嘉其才，黄初中为秘书丞，帝每与夏推论书传，未尝不终日也。每呼之不名，而谓之薛君。夏居甚贫，帝又顾其衣薄，解所御服袍赐之。其后征东将军曹休来朝，时帝方与夏有所咨论，而外启休到，帝引入。坐定，帝顾夏言之于休曰："此君，秘书丞天水薛宣声也，宜共谈。"其见遇如此。寻欲用之，会文帝崩。至太和中，尝以公事移兰台。兰台自以台也，而秘书署耳，谓夏为不得移也，推使当有坐者。夏报之曰："兰台为外台，秘书为内阁，台、阁，一也，何不相移之有？"兰台屈无以折。自是之后，遂以为常。后数岁病亡，敕其子无还天水。

隗禧字子牙，京兆人也。世单家。少好学。初平中，三辅乱，禧南客荆州，不以荒扰，担负经书，每以采稆余日，则诵习之。太祖定荆州，召署军谋掾。黄初中，为谯王郎中。王宿闻其儒者，常虚心从学。禧亦敬恭以授王，由是大得赐遗。以病还，拜郎中。年八十余，以老处家，就之学者甚多。禧既明经，又善星官，常仰瞻天文，叹息谓鱼豢曰："天下兵戈尚犹未息，如之何？"豢又常从问《左氏传》，禧答曰："欲知幽微莫若《易》，人伦之纪莫若《礼》，多识山川草木之名莫若《诗》，《左氏》直相斫书耳，不足精意也。"豢因从问《诗》，禧说齐、韩、鲁、毛四家义，不复执文，有如讽诵。又撰作诸经解数十万言，未及缮写而得聋，后数岁病亡也。

其邯郸淳事在《王粲传》，苏林事在《刘卲》、《高堂隆传》，乐详事在《杜畿传》。

鱼豢曰：学之资于人也，其犹蓝之染于素乎！故虽仲尼，犹曰"吾非生而知之者"，况凡品哉！且世人所以不贵学者，必见夫有"诵诗三百而不能专对于四方"故也。余以为是则下科耳，不当顾中庸以上，材质适等，而加之以文乎！今此数贤者，略余之所识也。检其事能，诚不多也。但以守学不辍，乃上为帝王所嘉，下为国家名儒，非由学乎？由是观之，学其胡可以已哉！

㊴刘寔以为肃方于事上而好下佞己，此一反也。性嗜荣贵而不求苟合，此二反也。吝惜财物而治身不秽，此三反也。

三国志卷十四 魏书十四

程郭董刘蒋刘传第十四

程昱字仲德，东郡东阿人也。长八尺三寸，美须髯。黄巾起，县丞王度反应之，烧仓库。县令逾城走，吏民负老幼东奔渠丘山。昱使人侦视度，度等得空城不能守，出城西五六里止屯。昱谓县中大姓薛房等曰："今度等得城郭不能居，其势可知。此不过欲虏掠财物，非有坚甲利兵攻守之志也。今何不相率还城而守之？且城高厚，多谷米，今若还求令，共坚守，度必不能久，攻可破也。"房等以为然。吏民不肯从，曰："贼在西，但有东耳。"昱谓房等："愚民不可计事。"乃密遣数骑举幡于东山上，令房等望见，大呼言"贼已至"，便下山趣城，吏民奔走随之，求得县令，遂共城守。度等来攻城，不能下，欲去。昱率吏民开城门急击之，度等破走。东阿由此得全。

程昱字仲德，是东郡东阿县人。身高八尺三寸，有一嘴漂亮的胡须。黄巾起义时，东阿县丞王度在城中响应，烧毁仓库。县令越过城墙逃走，城中人们携老背幼往东奔向渠丘山。程昱派人侦察王度的动向，发现王度等人夺得空城无法坚守，出城在城西五六里的地方驻兵。程昱对县中的大姓薛房等人说："目前王度等人得到城郭无法居守，他们的势力可想而知，他们只不过想掳掠财物，并没有坚甲利兵攻守的打算。我们为什么不率领人们返回城中坚守呢？县城城墙高厚，粮食又多。现在如果返回去找到县令，共同坚守，王度必然不能持久，我们便可以攻破他们。"薛房等人均认为有道理。但老百姓却不肯听从，说："贼军在西面，我们只能往东去。"程昱告诉薛房等人："愚民无法共同议事。"就秘密派遣几名骑兵在东山上高举旗帜，让薛房等人看到，大叫："贼军已到。"便迅速下山奔赴城内，百姓们奔走相随，找到了县令后，于是共同坚守县城。王度率军攻城，无法攻下，准备撤离，程昱率领军民打开城门迅速攻击，王度败走，东阿县城因此得以保全。

初平中，兖州刺史刘岱辟昱，昱不应。是时岱与袁绍、公孙瓒和亲，绍令妻子居岱所，瓒亦遣从事范方将骑助岱。后绍与瓒有隙。瓒击破绍军，乃遣使语岱，令遣绍妻子，使与

汉献帝初平二年，兖州刺史刘岱征召程昱，程昱没有应召。这时刘岱和袁绍、公孙瓒和睦相亲，袁绍将他的妻子儿女寄居在刘岱处，公孙瓒也派遣从事范方率领骑兵帮助刘岱。后来袁绍与公孙瓒有了矛盾，公孙瓒攻击打败了袁绍的军队，就派使者告诉刘岱，让他将袁绍的妻儿送回袁绍处，以表示同

绍绝。别敕范方："若岱不遣绍家，将骑还。吾定绍，将加兵于岱。"岱议连日不决，别驾王彧白岱："程昱有谋，能断大事。"岱乃召见昱，问计，昱曰："若弃绍近援而求瓒远助，此假人于越以救溺子之说也。夫公孙瓒，非袁绍之敌也。今虽坏绍军，然终为绍所禽。夫趣一朝之权而不虑远计，将军终败。"岱从之。范方将其骑归，未至，瓒大为绍所破。岱表昱为骑都尉，昱辞以疾。

袁绍断交。另外命令范方："如果刘岱不送走袁绍的家属，你就带兵返回。等我平定了袁绍，再一齐向刘岱用兵。"刘岱商议了数日仍不能决断。别驾王彧告诉刘岱："程昱有智谋，可以决断大事。"刘岱就召见程昱询问对策。程昱说："假如抛弃袁绍的近援而寻求公孙瓒的远助，这正好像有人溺水，却要远道求助越人来救的说法一样。那公孙瓒不是袁绍的对手，目前他虽然打败了袁军，但终究会被袁绍所擒。如果趋附一朝的权势而不考虑长远利益，将军终究会失败。"刘岱听从了程昱的意见，没有送回袁绍的妻儿。范方带领骑兵返回公孙瓒处，军队还没有到达，公孙瓒已被袁绍打败。刘岱上表推荐程昱做骑都尉，程昱称病辞谢。

刘岱为黄巾所杀。太祖临兖州，辟昱。昱将行，其乡人谓曰："何前后之相背也？"昱笑而不应。太祖与语，说之，以昱守寿张令。太祖征徐州，使昱与荀彧留守鄄城。张邈等叛迎吕布，郡县响应，唯鄄城、范、东阿不动。布军降者，言陈宫欲自将兵取东阿，又使氾嶷取范，吏民皆恐。彧谓昱曰："今兖州反，唯有此三城。宫等以重兵临之，非有以深结其心，三城必动。君，民之望也，归而说之，殆可！"昱乃归，过范，说其令靳允曰："闻吕布执君母弟妻子，孝子诚不可为心！今天下大乱，英雄并起，必有命世，能息天下之乱者，此智者所详择也。得主者昌，失主者亡。陈宫叛迎吕布而百城皆应，似能有为，然以君观之，布何如人哉？夫布，粗中少亲，刚而无礼，匹夫之雄耳。宫等以

刘岱被黄巾军所杀。太祖镇守兖州，征召程昱，程昱准备前往，他的同乡人说："你为什么前后行动不一致？"程昱笑而不答。太祖同程昱交谈后，十分高兴，任命程昱担任寿张县令。太祖率兵征伐徐州，派程昱与荀彧留守鄄城。这时，陈留太守张邈与陈宫等人反叛迎接吕布，郡县纷纷响应，只剩下鄄城、范、东阿三城没有举动。吕布军中来降的人说陈宫将亲自率兵夺取东阿县城，氾嶷则要袭取范城，老百姓和官吏都很害怕。荀彧对程昱说："现在兖州已经反叛，只剩下这三城了，陈宫等人又重兵威胁，如果没有办法稳定三城官吏百姓的心，那三城也一定会动荡。程君，是百姓的希望，你回去游说他们共同坚守，也许可以稳定军心！"程昱就返回东阿，经过范城时，对范城县令靳允说："听说吕布拘捕了你的母亲、弟弟和妻儿，作为孝子你心里实在受不了。现在天下大乱，英雄并起，必定会出现能平息大乱的人，这是聪明人需要慎重选择的。得到明主的人昌盛，失去明主的人必定失败。陈宫叛迎吕布而很多城邑都响应，好像能有所作为。但从您这里看来，吕布是个什么样的人呢？吕布性格粗暴而不能团结人，强横而不懂礼仪，只不过凭着个人的勇敢而已。陈宫等人因吕布势力大而勉强结合，不能尽心辅佐

势假合，不能相君也。兵虽众，终必无成。曹使君智略不世出，殆天所授！君必固范，我守东阿，则田单之功可立也。孰与违忠从恶而母子俱亡乎？唯君详虑之！”允流涕曰：“不敢有二心。”时汜嶷已在县，允乃见嶷，伏兵刺杀之，归勒兵守。[1]昱又遣别骑绝仓亭津，陈宫至，不得渡。昱至东阿，东阿令枣祗已率厉吏民，拒城坚守。又兖州从事薛悌与昱协谋，卒完三城，以待太祖。太祖还，执昱手曰：“微子之力，吾无所归矣。”乃表昱为东平相，屯范。[2]

他。他们兵虽多，最终必定失败，曹使君智慧谋略当世无二，这大概是天授的吧！你一定要坚守范城，我守卫东阿，我们便可以建立像战国时代齐国将军田单用火牛阵大破燕军一样的功勋。是坚守范城建立功勋，还是违忠从恶使母子都亡呢？希望你仔细考虑!”靳允流泪说：“我不敢有二心。”这时汜嶷在范城，靳允就求见汜嶷，埋伏下士兵将他杀了，回去后率兵坚守范城。程昱又另外派骑兵断绝仓津渡口，陈宫兵到，无法渡过。东阿令枣祗已经率领百姓和士兵，拒城坚守。另外兖州从事薛悌也与程昱同心协力，三城终于得到保全，等待太祖归来。曹操回军，拉着程昱的手说：“如果没有你的努力，我就无处可归了。”于是上表举荐程昱为东平相,让他驻守范城。

太祖与吕布战于濮阳，数不利。蝗虫起，乃各引去。于是袁绍使人说太祖连和，欲使太祖遣家居邺。太祖新失兖州，军食尽，将许之。时昱使适还，引见，因言曰：“窃闻将军欲遣家，与袁绍连和，诚有之乎？”太祖曰：“然。”昱曰：“意者将军殆临事而惧，不然何虑之不深也！夫袁绍据燕、赵之地，有并天下之心，而智不能济也。将军自度能为之下乎？将军以龙虎之威，可为韩、彭之事邪？今兖州虽残，尚有三城。能战之士，不下万人。以将军之神武，与文若、昱等，收而用之，霸王之业可成也。愿将军更虑之！”太祖乃止。[3]

太祖和吕布在濮阳交战，屡次失利。当时蝗虫遍地，双方都率军离开了战场，这时袁绍派人游说太祖与自己联合，想让太祖把家迁居到邺县。太祖刚失去兖州，又加上军粮已尽，准备答应袁绍的要求。这时程昱出使刚好返回，被太祖接见，他趁机进行劝说：“我听说您想迁家居邺县，同袁绍联合，果真有此事吗？”太祖答：“是的。”程昱又说：“人们想您大概是遇到困难而害怕了，不然为什么考虑得如此不深远呢？袁绍占领燕赵之地，怀有并吞天下的野心，但可惜才智短浅不能成事。您自己想想能做他的下属吗？您有着龙虎般的威势，怎么可以做出像韩信、彭越那样臣服于人的事呢？现在兖州虽然残破，但还有三城。能战斗的士兵也不下万人，以将军的英武神明，与文若、我等一起将他人收为己用，这样霸王的事业就可以成功了，请您再考虑考虑吧！”太祖就停止了与袁绍的联合。

天子都许，以昱为尚书。兖州尚未安集，复以昱为东中郎将，领济阴太守，都督兖州

汉献帝迁都许昌，任命程昱担任尚书。当时兖州还没有安定，又任命程昱为东中郎将，兼任济阳太守，管理兖州政事。刘备丢失徐州后来归顺太祖，

事。刘备失徐州，来归太祖。昱说太祖杀备，太祖不听。语在《武纪》。后又遣备至徐州要击袁术，昱与郭嘉说太祖曰："公前日不图备，昱等诚不及也。今借之以兵，必有异心。"太祖悔，追之不及。会术病死，备至徐州，遂杀车胄，举兵背太祖。顷之，昱迁振威将军。袁绍在黎阳，将南渡。时昱有七百兵守鄄城，太祖闻之，使人告昱，欲益二千兵。昱不肯，曰："袁绍拥十万众，自以所向无前。今见昱兵少，必轻易，不来攻。若益昱兵，过则不可不攻，攻之必克，徒两损其势。愿公无疑！"太祖从之。绍闻昱兵少，果不往。太祖谓贾诩曰："程昱之胆，过于贲、育。"昱收山泽亡命，得精兵数千人，乃引军与太祖会黎阳，讨袁谭、袁尚。谭、尚破走，拜昱奋武将军，封安国亭侯。太祖征荆州，刘备奔吴。论者以为孙权必杀备，昱料之曰："孙权新在位，未为海内所惮。曹公无敌于天下，初举荆州，威震江表，权虽有谋，不能独当也。刘备有英名，关羽、张飞皆万人敌也，权必资之以御我。难解势分，备资以成，又不可得而杀也。"权果多与备兵，以御太祖。是后中夏渐平，太祖拊昱背曰："兖州之败，不用君言，吾何以至此？"宗人奉牛酒大会，昱曰："知足不辱，吾可以退矣。"乃

程昱劝说太祖杀掉刘备，太祖不听，此事记载在《武帝纪》中。后来太祖又派遣刘备到徐州截击袁术，程昱同郭嘉一道劝说太祖："曹公前些日子不除掉刘备，我们实在比不上您有这样的气度。现在借给他兵力，他肯定会生二心。"太祖后悔了，派兵追赶未能追上。当时正值袁术病死，刘备到了徐州，杀掉徐州刺史车胄，举兵反叛太祖。不久，程昱升任振威将军。袁绍在黎阳，准备渡黄河南下。这时程昱率七百士兵守卫鄄城，太祖听到袁军南渡的消息后，派人告诉程昱，准备给他增加两千士兵。程昱不同意，禀告太祖说："袁绍拥兵十万，自以为所向无前。现在看到我兵少，必定会轻视而不来进攻。如果增加我的兵力，袁军经过时必然会进攻，而攻就必然攻克，这样两条战线都会遭受损耗，希望您不要顾虑鄄城!"太祖听从了他的意见。袁绍听到程昱兵少，果然不去进攻。太祖对贾诩说："程昱的胆量，比古代勇士孟贲和夏育更大。"程昱召集山泽中逃亡的人，从中选得精兵数千，就领兵与太祖会合黎阳讨伐袁谭和袁尚，袁谭、袁尚败走。太祖任命程昱为奋武将军，封为安国亭侯。太祖征伐荆州，刘备逃往吴国。其他人认为孙权肯定要杀刘备，程昱推测道："孙权刚刚即位，不为海内所畏惧。曹公天下无敌，刚刚夺取荆州，威震江南，孙权虽然有谋略，但不能独当曹公。刘备素有英名，关羽、张飞都是可敌万人的勇将，孙权一定会帮助刘备，来共同抵抗我们的进攻。等患难解除，孙、刘势必分离，但这时刘备得到帮助已羽翼丰满，孙权又无法杀他了。"孙权果然多给刘备兵力，以抵抗太祖。以后中原地区逐渐平定，太祖轻轻拍着程昱的肩背说："兖州失败后，要是不听你的，我怎么会有今天这样的成功了？"同乡人敬献牛酒聚会相庆，程昱说："知足的人就不会被羞辱，我可以引退了。"于是自动上表交还兵权，闭门不出。

自表归兵，阖门不出。④

昱性刚戾，与人多迕。人有告昱谋反，太祖赐待益厚。魏国既建，为卫尉，与中尉邢贞争威仪，免。文帝践阼，复为卫尉，进封安乡侯，增邑三百户，并前八百户。分封少子延及孙晓列侯。方欲以为公，会薨，帝为流涕，追赠车骑将军，谥曰肃侯。⑤子武嗣。武薨，子克嗣。克薨，子良嗣。

程昱性情刚直猛烈，与人相交多有抵触。有人告发程昱谋反，太祖给程昱的赏赐待遇更加优厚。魏国建国后，程昱担任卫尉，同中尉邢贞争仪仗、随从，被免职。文帝登基后，又担任卫尉，进封乡侯，增加封地三百户，加上以前的一共八百户。分封他的小儿子程延和孙子程晓为列侯。正准备任用程昱为公时，适逢程昱去世，文帝为之流泪，追赠为车骑将军，谥号肃侯。儿子程武接替程昱的爵位，程武死后，儿子程克继承，程克死后，儿子程良继承爵位。

晓，嘉平中为黄门侍郎。⑥时校事放横，晓上疏曰："《周礼》云：'设官分职，以为民极。'《春秋传》曰：'天有十日，人有十等。'愚不得临贤，贱不得临贵。于是并建圣哲，树之风声。明试以功，九载考绩。各修厥业，思不出位。故栾书欲拯晋侯，其子不听；死人横于街路，邴吉不问。上不责非职之功，下不务分外之赏，吏无兼统之势，民无二事之役，斯诚为国要道，治乱所由也。远览典志，近观秦汉，虽官名改易，职司不同，至于崇上抑下，显分明例，其致一也。初无校事之官干与庶政者也。昔武皇帝大业草创，众官未备，而军旅勤苦，民心不安，乃有小罪，不可不察，故置校事，取其一切耳，然检御有方，不至纵恣也。此霸世之权宜，非帝王之正典。其后渐蒙见任，复为疾病，转相因仍，莫正其本。遂令上察宫庙，下摄众司，官无局

程晓，嘉平年间担任黄门侍郎。当时校事恣肆横行，程晓上疏说："《周礼》说：'设立官职，区分职责，以此作为老百姓的准则。'《春秋传》说：'天有十日，人有十等。'愚蠢的不能位于贤能之上，低贱的不能位于高贵者之上。于是共同建立好的风气，公开考核官吏业绩，经常记载考核成绩。各自修治自己的本业，思考问题不越出职责范围。所以春秋时晋国大夫栾书想救助晋厉公，他的儿子认为不妥；死人横在街道，汉宣帝时的丞相邴吉不去过问。君主不要求越出职分的功劳，臣下不谋取本分之外的赏赐，官吏没有同时管理不同的事情的权力，百姓不要他们同时服两种劳役，这些确实是治理国家的重要途径，是政治清明安定与否的根由。远览典籍记载，近观秦汉王朝，虽然官吏名称改变，职务权限不同，但崇敬君主，抑制臣下专权，确定权职范围和职责条例，那都是一致的。从来没有过校事类的官职干预各种政务的。以前武帝初创魏国大业，许多官职还没设立，而行军打仗辛劳，百姓也没安定，官吏如有小罪，不能不及时检察，所以设置校事，这只是一时的权宜之计，虽然如此，对校事的约束，限制也有一定办法，不至于使他们放肆。这是争夺天下时的权宜之计，不是帝王的正式法典。从这以后，校事逐渐被君王信任，又成为干预朝政的弊端，辗转沿袭没有人按照朝纲，正其根本。这就令校事上察宫廷庙堂，对下统领各个官署，官员没有固定的职

业，职无分限，随意任情，唯心所适。法造于笔端，不依科诏；狱成于门下，不顾覆讯。其选官属，以谨慎为粗疏，以谑诇为贤能。其治事，以刻暴为公严，以循理为怯弱。外则托天威以为声势，内则聚群奸以为腹心。大臣耻与分势，含忍而不言，小人畏其锋芒，郁结而无告。至使尹模公于目下肆其奸慝；罪恶之著，行路皆知，纤恶之过，积年不闻。既非《周礼》设官之意，又非《春秋》十等之义也。今外有公卿将校总统诸署，内有侍中尚书综理万机，司隶校尉督察京辇，御史中丞董摄宫殿，皆高选贤才以充其职，申明科诏以督其违。若此诸贤犹不足任，校事小吏，益不可信。若此诸贤各思尽忠，校事区区，亦复无益。若更高选国士以为校事，则是中丞司隶重增一官耳。若如旧选，尹模之奸今复发矣。进退推算，无所用之。昔桑弘羊为汉求利，卜式以为独烹弘羊，天乃可雨。若使政治得失必感天地，臣恐水旱之灾，未必非校事之由也。曹恭公远君子，近小人，《国风》托以为刺。卫献公舍大臣，与小臣谋，定姜谓之有罪。纵令校事有益于国，以礼义言之，尚伤大臣之心，况奸回暴露，而复不罢，是衮阙不补，迷而不返也。"于是遂罢校事官。晓迁汝南太守，

能，职权没有分别界限，放任他们的意愿与情绪，随心所欲。法令就生在他们笔下，不依照条律和诏令；官司案件在门庭下草率判断，不进行察看、讯问。他们挑选官员，将谨慎认为是粗心疏忽，把夸大虚妄当成贤能。他们管理政务，将苛刻凶狠认为是公正严明，而将遵守法度当成是怯弱。对外则凭借帝王威严提高自己的声势，对内则收罗奸人作为心腹。大臣耻于与他们划分权势，隐含忍耐而不敢说话，平民百姓畏惧他们，忧虑积在心中而不敢上告。致使尹模公然在众人眼前放肆进行邪恶的勾当，罪恶昭著，连行路的人都知道，但细小的错误，却也多年不闻不问。这样既不符合《周礼》设官的意思，也不符合《春秋》人有十等的大义啊。现在外有公卿将校总领各官署，内有侍中尚书协助帝王处理纷繁政务，司隶校尉督察京师，御史中丞督察宫殿，朝廷都是挑选贤才担任这些职务，他们申明法令诏命以督察官员的违法行为。如果这些贤能官员仍不能胜任，校事这样的小官，就更不能相信了。如果这些官员都尽忠尽责，小小的校事，也就更没必要设置了。如果再高选国中贤才担任校事，则只是在司隶校尉、御史中丞之中再重复设置一个官职。如仍像过去那样设置校事，尹模之流的恶行今天又会重新出现了。无论从进退各方面考虑，都用不着设置校事。当年桑弘羊为汉王朝谋求利益，卜式认为只有烹死桑弘羊，天才会下雨。如果政治的得失一定会感动天地的话，我担心国家的水旱之灾，未必不是校事横行所引起的。曹恭公疏远君子，亲近小人，《国风·候人》托信讽刺他。卫献公舍弃大臣，与小臣谋划，定姜认为他有罪。即使校事对国家有益，从礼义来看，仍伤害大臣的心。何况邪恶暴露，如果再不罢免，这就是帝王有过失而不补救，迷途而不能知返。"于是下诏废除校事官职。程晓后任汝南太守，

年四十余薨。⑦

郭嘉字奉孝，颍川阳翟人也。⑧初，北见袁绍，谓绍谋臣辛评、郭图曰："夫智者审于量主，故百举百全而功名可立也。袁公徒欲效周公之下士，而未知用人之机。多端寡要，好谋无决，欲与共济天下大难，定霸王之业，难矣！"于是遂去之。先是时，颍川戏志才，筹画士也，太祖甚器之。早卒。太祖与荀彧书曰："自志才亡后，莫可与计事者。汝、颍固多奇士，谁可以继之？"彧荐嘉。召见，论天下事。太祖曰："使孤成大业者，必此人也。"嘉出，亦喜曰："真吾主也。"表为司空军祭酒。⑨

征吕布，三战破之，布退固守。时士卒疲倦，太祖欲引军还，嘉说太祖急攻之，遂禽布。语在《荀攸传》。⑩

孙策转斗千里，尽有江东，闻太祖与袁绍相持于官渡，将渡江北袭许。众闻皆惧，嘉料之曰："策新并江东，所诛皆英豪雄杰，能得人死力者也。然策轻而无备，虽有百万之众，无异于独行中原也。若刺客伏起，一人之敌耳。以吾观之，必死于匹夫之手。"策临江未济，果为许贡客所杀。⑪

从破袁绍，绍死，又从讨谭、尚于黎阳，连战数克。诸将欲乘胜遂攻之，嘉曰："袁绍爱此二子，莫適立也。有郭图、逢

年纪四十多岁时去世。

郭嘉字奉孝，是颍川郡阳翟县人。年轻时，他北上见袁绍，对袁绍的谋士辛评、郭图说："聪明的人会详细衡量选择君主，所以能百次行动百次成功而建立功名。袁公只想仿效周公的礼贤下士，却不懂得用人的道理。思虑很多，却抓不到要领，喜欢谋算却不能决断。想同他共同拯救天下的危难，建立霸王的事业，很难啊！"于是就离开了袁绍。在这以前，颍川的戏志才，是个善于出谋划策的人，太祖很器重他。可戏志才却很早就去世了。太祖写信给荀彧："自从志才去世后，没有人可以一同商量大事了。汝南、颍川一带本来多有奇特之士，谁可以接替戏志才呢？"荀彧推荐郭嘉。太祖召见了郭嘉，谈论天下大事。太祖说："帮助我建立事业的，必定是这个人。"郭嘉出来后也高兴地说："这才真正是我想投奔的主人。"太祖任命郭嘉担任司空军祭酒。

太祖征讨吕布，三战打败了他，吕布退却固守。当时军队非常疲乏，太祖想率军返回。郭嘉劝说太祖迅速出兵攻击，终于俘获吕布。这一段话在《荀攸传》中有记载。

孙策转战千里，占有了江东全部地区。听说太祖与袁绍在官渡相持不下，准备渡过长江北上袭击许昌。将领们听说后都很害怕。郭嘉估计说："孙策刚刚吞并了江东，杀掉了很多能得到别人拼死出力的英雄豪杰。而且孙策为人轻率，缺少戒备，虽然他有百万大军，但仍像一个人单独行走在中原一样。如果遇到埋伏的刺客，孙策只是一个人的对手。依我看来，他一定死在平常人的手上。"孙策率军准备渡江时，果然被许贡的门客所杀。

郭嘉跟随太祖打败袁绍，袁绍死后，又随太祖在黎阳讨伐袁谭、袁尚，屡战屡胜。诸将建议乘胜进攻。郭嘉说："袁绍生前最喜欢这两个儿子，没有确立谁当继承人。有郭图、逢纪分别作为他们的谋臣，

纪为之谋臣，必交斗其间，还相离也。急之则相持，缓之而后争心生。不如南向荆州若征刘表者，以待其变；变成而后击之，可一举定也。”太祖曰：“善。”乃南征。军至西平，谭、尚果争冀州。谭为尚军所败，走保平原，遣辛毗乞降。太祖还救之，遂从定邺。又从攻谭于南皮，冀州平。封嘉洧阳亭侯。⑫

一定会在他们中间挑起争执和冲突，引起他们分离。如果我们急忙进攻，他们就会互相支持，我们暂缓进攻，他们就会互相争斗。我们不如南下荆州假装进攻刘表，以等待他们的变化；等他们内部发生变故，然后出兵攻击，可以一举平定。”太祖说：“好。”就率军南征。军队走到西平，袁谭、袁尚果然互相争夺冀州。袁谭被袁尚打败，逃走退保平原，派辛毗向太祖请求投降。太祖还军救援袁谭，顺便攻取了邺城。接着又在南皮攻击袁谭，平定了冀州。封郭嘉为洧阳亭侯。

太祖将征袁尚及三郡乌丸，诸下多惧刘表使刘备袭许以讨太祖，嘉曰：“公虽威震天下，胡恃其远，必不设备。因其无备，卒然击之，可破灭也。且袁绍有恩于民夷，而尚兄弟生存。今四州之民，徒以威附，德施未加，舍而南征，尚因乌丸之资，招其死主之臣，胡人一动，民夷俱应，以生蹋顿之心，成觊觎之计，恐青、冀非己之有也。表，坐谈客耳，自知才不足以御备，重任之则恐不能制，轻任之则备不为用，虽虚国远征，公无忧矣。”太祖遂行。至易，嘉言曰：“兵贵神速。今千里袭人，辎重多，难以趣利，且彼闻之，必为备；不如留辎重，轻兵兼道以出，掩其不意。”太祖乃密出卢龙塞，直指单于庭。虏卒闻太祖至，惶怖合战。大破之，斩蹋顿及名王已下。尚及兄熙走辽东。

太祖准备征讨袁尚及三郡乌丸，他的部下们大都害怕刘表派遣刘备袭击许昌以征讨太祖。郭嘉对太祖说：“您虽然威震天下，但胡人依仗他们地处偏远，肯定会不加防备。我们乘他们没有防备，突然袭击，可以打败消灭他们。况且袁绍对乌丸的胡人和汉人都有恩惠，同时袁尚兄弟还活着。现在青、冀、幽、并四州的人民，只是迫于压力而归附我们，我们并没施以恩惠，如果我们舍弃征讨乌丸而南征刘表，袁尚就可以借乌丸的支持，召集愿意为他们死战的部下，而乌丸一动，汉胡百姓一齐响应，就会使蹋顿产生入侵的野心，成全了他窥伺进犯的阴谋，这样恐怕青州、冀州又不是我们所有了。刘表不过是个缺乏实际能力的清谈客，他自知才能不足以驾驭刘备，如重用刘备则担心控制不了，不重用，刘备则不会为他出力。所以我们即使全军出动远征乌丸，您也不必为此忧虑。”太祖就率军出征乌丸。大军到达易县，郭嘉建议说：“兵贵神速，现在我们远行千里袭击敌人，带的军用物资很多，难以取胜，而且敌人知道后一定会预先防备；不如留下物资，轻兵兼程前进，出其不意，发动袭击。”太祖听从了郭嘉的意见，就率轻骑秘密通过卢龙塞，直指单于的驻地。乌丸军队突然听说太祖带兵到来，仓促应战。曹军大胜，斩了蹋顿及名王以下的不少将领。袁尚和他的兄弟袁熙逃往辽东。

嘉深通有算略，达于事

郭嘉博识多才很有智慧谋略，通晓事理人情，

情。太祖曰:“唯奉孝为能知孤意。”年三十八,自柳城还,疾笃,太祖问疾者交错。及薨,临其丧,哀甚,谓荀攸等曰:“诸君年皆孤辈也,唯奉孝最少。天下事竟,欲以后事属之,而中年夭折,命也夫!”乃表曰:“军祭酒郭嘉,自从征伐,十有一年。每有大议,临敌制变。臣策未决,嘉辄成之。平定天下,谋功为高。不幸短命,事业未终。追思嘉勋,实不可忘。可增邑八百户,并前千户。”[13]谥曰贞侯。子奕嗣。[14]

太祖说:“只有奉孝能知道我的心意。”三十八岁时,郭嘉从柳城返回,病势严重,太祖派出探问病情的人接连不断。郭嘉去世,太祖亲自参加丧礼,十分哀痛,对荀攸等人说:“你们都是我的同辈人,只有奉孝最年轻。原想等天下平定之后,将国家大事托付给他,但他中年夭折,这真是天命啊!”随即上表说:“军祭酒郭嘉,跟随我南征北战十一年,每有大事商议,都能面临敌情随机应变。臣计策还没决定,郭嘉就成竹在胸。平定天下,他出谋划策功劳最高。不幸短命早逝,事业未成。追思郭嘉的功勋,实在不可忘记。可以增加他的封邑八百,加上以前的共一千户。”封郭嘉的谥号为贞侯。其子郭奕继承爵位。

后太祖征荆州还,于巴丘遇疾疫,烧船,叹曰:“郭奉孝在,不使孤至此。”[15]初,陈群非嘉不治行检,数廷诉嘉,嘉意自若。太祖愈益重之,然以群能持正,亦悦焉。[16]奕为太子文学,早薨。子深嗣。深薨,子猎嗣。[17]

后来太祖征伐荆州返回,在巴丘遇上了疫病,烧掉船只,感叹说:“郭奉孝要是还在,不会让我到这种地步。”起初,陈群批评郭嘉行为不检点,多次在朝廷上指责郭嘉,郭嘉神态自如,太祖更加器重他。同时因为陈群能坚持正道,也喜欢陈群。郭嘉的儿子郭奕担任太子文学,早年去世,儿子郭深继承爵位。郭深去世,儿子郭猎继承爵位。

董昭字公仁,济阴定陶人也。举孝廉,除瘿陶长、柏人令,袁绍以为参军事。绍逆公孙瓒于界桥,钜鹿太守李邵及郡冠盖,以瓒兵强,皆欲属瓒。绍闻之,使昭领钜鹿。问:“御以何术?”对曰:“一人之微,不能消众谋,欲诱致其心,唱与同议,及得其情,乃当权以制之耳。计在临时,未可得言。”时郡右姓孙伉等数十人专为谋主,惊动吏民。昭至郡,伪作绍檄告郡云:“得贼罗候安平张吉辞,当攻钜鹿,贼故孝廉

董昭字公仁,是济阴郡定陶县人。曾被推举为孝廉,授予了瘿陶县长、柏人县令,袁绍任用他为参军事。袁绍拒公孙瓒于界桥,钜鹿太守李邵和郡中其他官员,都认为公孙瓒兵力强大,想归附公孙瓒。袁绍知道情况后,派董昭兼任钜鹿太守,并问他:“你用什么办法驾驭他们?”董昭回答说:“一个人的力量很微弱,无法改变众人的打算。我想先诱导他们的心,对他们提出同样的建议,等到了解了他们的情况,再根据情况加以处理。计划临事时才能决定,现在不可能说得出。”当时郡中大姓孙伉等数十人专门主谋反叛,常使官员和百姓震惊骚动。董昭到钜鹿后,假造了袁绍的檄文告喻郡中百姓:“我们抓到敌人侦探安平人张吉,他的供词说,公孙瓒准备进攻钜鹿,他以前的孝廉孙伉等人作为内应,檄

孙伉等为应，檄到收行军法，恶止其身，妻子勿坐。”昭案檄告令，皆即斩之。一郡惶恐，乃以次安慰，遂皆平集。事讫白绍，绍称善。会魏郡太守栗攀为兵所害，绍以昭领魏郡太守。时郡界大乱，贼以万数，遣使往来，交易市买。昭厚待之，因用为间，乘虚掩讨，辄大克破。二日之中，羽檄三至。

文一到立刻拘捕孙伉等人行以军法，罪过只惩罚到他自身，妻子儿女不要株连。”董昭按照檄文，立即将孙伉等人斩首。全郡人都很惊慌恐惧，董昭依次安抚慰问，就这样平息了事件。事情结束后禀告袁绍，袁绍说处理得好。当时魏郡太守栗攀被乱兵所杀，袁绍任命董昭兼任魏郡太守。这时魏郡边界十分混乱，贼人数以万计，派遣使者同魏郡往来，进行商业买卖。董昭厚待使者，用他们作为间谍内应，乘对方内部空虚而迅速出兵袭击，大破贼军，两天之内，捷报三次传来。

昭弟访，在张邈军中。邈与绍有隙，绍受谗将致罪于昭。昭欲诣汉献帝，至河内，为张杨所留。因杨上还印绶，拜骑都尉。时太祖领兖州，遣使诣杨，欲令假涂西至长安，杨不听。昭说杨曰：“袁、曹虽为一家，势不久群。曹今虽弱，然实天下之英雄也，当故结之。况今有缘，宜通其上事，并表荐之；若事有成，永为深分。”杨于是通太祖上事，表荐太祖。昭为太祖作书与长安诸将李傕、郭汜等，各随轻重致殷勤。杨亦遣使诣太祖。太祖遗杨犬马金帛，遂与西方往来。天子在安邑，昭从河内往，诏拜议郎。

董昭的弟弟董访，当时在张邈的军队里，张邈同袁绍有仇隙，袁绍听信谗言，准备让董昭获罪。董昭想去见汉献帝，到了河内，被张杨留下。通过张杨交还了郡守的印绶，被任命为骑都尉。当时太祖任兖州刺史，派遣使者来见张杨，想借道西去长安，张杨不答应。董昭劝说张杨：“袁绍、曹操目前虽然是一家，但势必不会长久联合。曹操现在虽然弱小，但他实在是天下的英雄，你应当特意结交他。何况现在有了机会，我们应当设法疏通曹操同朝廷的关系，并上表推荐他。如果事情成功，这永远是我们给他的厚重情分。”张杨于是向朝廷表达太祖的意见，并上表推荐。董昭又为太祖写信给长安诸将李傕、郭汜等人，按照他们各自的身份和对太祖的作用分别致以恳切的问候。张杨也派使者拜见太祖。太祖送给张杨犬马、金银和布匹。这样太祖同朝廷和长安诸将有了交往。当时天子在安邑，董昭从河内赶到安邑，被任命为议郎。

建安元年，太祖定黄巾于许，遣使诣河东。会天子还洛阳，韩暹、杨奉、董承及杨各违戾不和。昭以奉兵马最强而少党援，作太祖书与奉曰：“吾与将军闻名慕义，便推赤心。今将军拔万乘之艰难，反之旧都，翼佐之功，超世无畴，何其

建安元年，太祖在许昌平定黄巾军，派使者前往河东。当时正值汉献帝返回洛阳，韩暹、杨奉、董承和张杨都互相悖逆不和。董昭因杨奉兵马最强而缺少同党的支援，以太祖名义写信给杨奉说：“我和将军彼此仰慕名声和道义，相互之间推心置腹、真诚相待。现在将军在艰难之中拯救皇帝，返回旧都，辅佐的功劳，世上无人匹敌，多么了不起啊!当今群

休哉！方今群凶猾夏，四海未宁，神器至重，事在维辅；必须众贤以清王轨，诚非一人所能独建。心腹四支，实相恃赖，一物不备，则有阙焉。将军当为内主，吾为外援。今吾有粮，将军有兵，有无相通，足以相济，死生契阔，相与共之。”奉得书喜悦，语诸将军曰：“兖州诸军近在许耳，有兵有粮，国家所当依仰也。”遂共表太祖为镇东将军，袭父爵费亭侯；昭迁符节令。

凶扰乱华夏，四海尚未安宁，皇帝的宝座十分重要，事情的关键在于辅佐的人；必须依靠众多贤才以理清王法，不是哪一个人所能办到的。心腹和四肢相互依赖，一样东西不具备，就有缺陷。将军您在内主持策划，我做外援。现在我有粮草，将军有兵力，粮草兵力互通往来，足以互相接济，生死离散，我们当患难与共。”杨奉接到信后十分高兴，对诸将军说：“兖州的军队近在许昌，有兵有粮，国家应当依靠他们。”就一同上表封太祖为镇东将军，继承他父亲的爵位为费亭侯；董昭升任符节令。

太祖朝天子于洛阳，引昭并坐，问曰：“今孤来此，当施何计？”昭曰：“将军兴义兵以诛暴乱，入朝天子，辅翼王室，此五伯之功也。此下诸将，人殊意异，未必服从，今留匡弼，事势不便，惟有移驾幸许耳。然朝廷播越，新还旧京，远近跂望，冀一朝获安。今复徙驾，不厌众心。夫行非常之事，乃有非常之功，愿将军算其多者。”太祖曰：“此孤本志也。杨奉近在梁耳，闻其兵精，得无为孤累乎？”昭曰：“奉少党援，将独委质。镇东、费亭之事，皆奉所定，又闻书命申束，足以见信。宜时遣使厚遗答谢，以安其意。说‘京都无粮，欲车驾暂幸鲁阳，鲁阳近许，转运稍易，可无县乏之忧’。奉为人勇而寡虑，必不见疑，比使往来，足以定计。奉何能为累！”太祖曰：“善。”即遣使诣奉。徙大驾

太祖在洛阳朝见汉献帝，叫来董昭一起坐。太祖问董昭说：“现在我来洛阳，应该采用什么计谋。”董昭说：“您兴正义之师以诛暴乱，入朝觐见天子，辅佐王室，这如同五伯的功劳。这里的诸位将军，各人情况不同，意见不一样，未必会服从您。现在留下来辅佐皇帝，看形势可能不利，只有护送天子去许昌，您才能稳定朝廷。但朝廷长期流亡，刚刚返回洛阳，大家都举踵翘望，希望迅速安定。如果再次迁都，不会令大家满意。然而只有敢做不平常的事，才会有不寻常的功劳。希望您权衡利弊，选择利多弊少的办法。”太祖说：“这是我本来的愿望。杨奉近在梁地，听说他兵力很强，会不会成为我的障碍呢？”董昭回答说：“杨奉缺少同党的援助，他将独自来进见。您被封为镇东将军和承袭费亭侯这件事，都是杨奉所促成的。他又看到您信中恳切的言辞，因而会完全相信我们。我们应该不断地派遣使者携带厚礼答谢他，以安定他的心意。说：‘京都没有粮食，想护卫汉献帝去鲁阳。鲁阳临近许昌，运输比较容易，可以减除粮食匮乏的忧虑。’杨奉为人勇猛而缺少思虑，一定不会怀疑，等到使者返回，就足以确定迁都的计划，杨奉又怎么能成为障碍!”太祖说：“好。”随即派遣使者告诉杨奉，将皇帝迁到许昌。杨奉因

至许。奉由是失望,与韩暹等到定陵钞暴。太祖不应,密往攻其梁营,降诛即定。奉、暹失众,东降袁术。三年,昭迁河南尹。时张杨为其将杨丑所杀,杨长史薛洪、河内太守缪尚城守待绍救。太祖令昭单身入城,告喻洪、尚等,即日举众降。以昭为冀州牧。

此失望,和韩暹等人到定陵劫掠天子。太祖不理,却秘密率军攻击杨奉在梁的营地,迅速平定杨奉。杨奉、韩暹失去部下,往东投降袁术。建安三年,董昭升任河南尹。当时张杨被他的部将杨丑杀害。张杨的长史薛洪、河内太守缪尚守城等待袁绍的援救。太祖命令董昭单身进城,晓谕薛洪、缪尚等人,他们当天便率众投降。董昭被任命为冀州牧。

太祖令刘备拒袁术,昭曰:“备勇而志大,关羽、张飞为之羽翼,恐备之心未可得论也!”太祖曰:“吾已许之矣。”备到下邳,杀徐州刺史车胄,反。太祖自征备,徙昭为徐州牧。袁绍遣将颜良攻东郡,又徙昭为魏郡太守,从讨良。良死后,进围邺城。袁绍同族春卿为魏郡太守,在城中,其父元长在扬州,太祖遣人迎之。昭书与春卿曰:“盖闻孝者不背亲以要利,仁者不忘君以徇私,志士不探乱以徼幸,智者不诡道以自危。足下大君,昔避内难,南游百越,非疏骨肉,乐彼吴会,智者深识,独或宜然。曹公愍其守志清恪,离群寡俦,故特遣使江东,或迎或送,今将至矣。就令足下处偏平之地,依德义之主,居有泰山之固,身为乔松之偶,以义言之,犹宜背彼向此,舍民趣父也。且邾仪父始与隐公盟,鲁人嘉之,而不书爵,然则王所未命,爵尊不成,《春秋》之义也。况足下今日之所托者乃

太祖命令刘备抵御袁术,董昭说:“刘备勇猛而志向远大,又有关羽、张飞做他的辅佐,恐怕我们难以预料他的心思。”太祖说:“我已答应了刘备。”刘备到下邳,杀掉徐州刺史车胄,反叛太祖。太祖亲自率军征讨刘备,调董昭担任徐州牧。袁绍派遣大将颜良攻打东郡,太祖又调董昭担任魏郡太守,跟随他征讨颜良。颜良死后,进军包围邺城。当时袁绍同族人春卿担任魏郡太守,正在邺城中,他的父亲元长在扬州,太祖派人接来他的父亲。董昭写信给春卿说:“听说孝顺的人不背离父母去获得利益;仁义的人不忘记君王去屈从私情,有志之士不乘时局动乱而侥幸获得成功,聪明的人不搞奸诈之道而危害自己。您的父亲过去躲避内乱,南游百越一带,并非疏远儿女,而是陶醉于吴会的山水。明哲的人见识深远,认为这很恰当。曹公怜惜他坚守志向廉洁恭谨,远离亲友和同伴,所以特派使者前往江东、有迎有送,现在快到此地了。即使你处于偏僻平静的地方,依赖有仁义道德的主人,位置像泰山一样稳固,又有王子乔、赤松子那样的仙人相伴,从道义来说,你仍然应当离开,舍弃百姓而伺奉父亲。在春秋时,邾仪父开始同隐公结盟,鲁人褒奖他,但因为他没有尊奉王命,故不记录爵位。这样说来君王没有任命,就不能尊以爵位,这是《春秋》所阐明的大义。何况您现在所依赖的是一个危乱之国,接受的是假托

危乱之国,所受者乃矫诬之命乎？苟不逞之与群,而厥父之不恤,不可以言孝。忘祖宗所居之本朝,安非正之奸职,难可以言忠。忠孝并替,难以言智。又足下昔日为曹公所礼辟,夫戚族人而疏所生,内所寓而外王室,怀邪禄而叛知己,远福祚而近危亡,弃明义而收大耻,不亦可惜邪！若能翻然易节,奉帝养父,委身曹公,忠孝不坠,荣名彰矣。宜深留计,早决良图。"邺既定,以昭为谏议大夫。后袁尚依乌丸蹋顿,太祖将征之。患军粮难致,凿平虏、泉州二渠入海通运,昭所建也。太祖表封千秋亭侯,转拜司空军祭酒。

的命令呢？如果与不法之徒为伍,而自己的父亲却不能恤养,不能说是孝。忘记祖宗所居住的本朝,担任非正统的伪职,很难说是忠。忠孝都已废弃,不能说是智。再说你曾经被曹公以礼相召,这样,你亲同族人而疏远父母,依靠袁绍而远离王室,留恋不正当的俸禄而背叛知己,远离幸福而接受危亡,抛弃明白的道义而蒙受奇耻大辱,不也很可惜吗！如果你能迅速改过,辅佐皇帝奉养父亲,跟随曹公,忠孝都不丧失,荣誉功名也很显著。你应该仔细留意谋划,早日决出上策。"邺城平定后,任命董昭为谏议大夫。后来袁尚投靠乌丸蹋顿,太祖准备征讨,担心军粮不能运到,开凿平虏、泉州二渠入海通运,这也是董昭的建议,太祖上表封董昭为千秋亭侯。继而又任命他担任司空军祭酒。

后昭建议:"宜修古建封五等。"太祖曰:"建设五等者,圣人也,又非人臣所制,吾何以堪之？"昭曰:"自古以来,人臣匡世,未有今日之功。有今日之功,未有久处人臣之势者也。今明公耻有惭德而未尽善,乐保名节而无大责,德美过于伊、周,此至德之所极也。然太甲、成王未必可遭,今民难化,甚于殷、周,处大臣之势,使人以大事疑己,诚不可不重虑也。明公虽迈威德,明法术,而不定其基,为万世计,犹未至也。定基之本,在地与人,宜稍建立,以自藩卫。明公忠节颖露,天威在颜,耿弇床下之言,朱英无妄之论,不得

后来董昭建议:"应当遵循古代的礼制,恢复公、侯、伯、子、男五等爵位。"太祖说:"设置五等爵位,是古代的圣人,不是一般臣下所能制定的,我怎么能担当这样的重任呢？"董昭说:"自古以来,人臣扶正世道,都没有今天您这样的功劳,即使有您今天这样的功劳,也不能像您那样长久处在大臣的地位上。现在您因为行事有缺点而内愧于心,感到未能尽善尽美。乐意保全名节而没有大的失误,道德仁义已经超过了伊尹和周公,达到了最高的道德境界。即使太甲,成王也未必能遇上您这样的人来辅佐。现在的老百姓难以教化,比殷、周时代还要严重。您处于大臣的地位,使人因为大事怀疑自己,确实不能不再三考虑啊。曹公您虽然努力实现声威和德行,申明法术,但不奠定统治的基础,为万世考虑,仍然不能算考虑周全。奠定基础的根本,在于土地和百姓,应当逐渐建立礼制,以保卫自身。您忠诚的节操充分显现,异乎寻常的威信体现在身上,即使耿弇奉劝光武帝统一天下,朱英希望春申君取代

过耳。昭受恩非凡，不敢不陈。”[18]后太祖遂受魏公、魏王之号，皆昭所创。

楚王的论述，也不能超过。董昭蒙受恩典太多，不敢不如实陈述这些。”以后太祖接受了魏公、魏王的名号，都是董昭所创议的。

及关羽围曹仁于樊，孙权遣使辞以“遣兵西上，欲掩取羽。江陵、公安累重，羽失二城，必自奔走，樊军之围，不救自解。乞密不漏，令羽有备。”太祖诘群臣，群臣咸言宜当密之。昭曰：“军事尚权，期于合宜。宜应权以密，而内露之。羽闻权上，若还自护，围则速解，便获其利。可使两贼相对衔持，坐待其弊。秘而不露，使权得志，非计之上。又，围中将吏不知有救，计粮怖惧，傥有他意，为难不小。露之为便。且羽为人强梁，自恃二城守固，必不速退。”太祖曰：“善。”即敕救将徐晃以权书射著围里及羽屯中，围里闻之，志气百倍。羽果犹豫。权军至，得其二城，羽乃破败。

等到关羽在樊城包围了曹仁时，孙权派遣使者致辞曹操：“吴军准备派兵西上，想乘关羽不备突然袭击战败他。江陵、公安两城坚固，关羽丢失这两城，一定会自己逃走，樊城军队的围困，不出兵救援便解除了。请求您对此事保密不要泄露，以免使关羽有防备。”太祖询问群臣，群臣都说应当保密。董昭说：“军事上崇尚机变，只要能合乎实际情况。我们应当答应孙权保密的要求，而暗地里将此泄露出去。关羽听到孙权西上的消息，如果返回去保护江陵、公安，樊城之围便能迅速解除，我们就得到了好处。这样可以让吴、蜀两军对垒相持，我们坐等他们的失败。如果保密而不泄露，让孙权得志，不是上策。另外，被围的将士不知道有救兵，担心粮食用尽而恐慌，倘若他们有其他意图，就会带来不少的困难，还是泄露有好处。而且关羽为人勇武，自恃两城防守坚固，肯定不会迅速退兵。”太祖说：“好。”立即命令救援将领徐晃将孙权的信射进包围圈里和关羽的军营中。城中将士听到消息后，志气百倍。关羽果然犹豫不决。孙权军到，攻克江陵、公安二城，关羽就被打败了。

文帝即王位，拜昭将作大匠。及践阼，迁大鸿胪，进封右乡侯。二年，分邑百户，赐昭弟访爵关内侯，徙昭为侍中。三年，征东大将军曹休临江在洞浦口，自表：“愿将锐卒虎步江南，因敌取资，事必克捷；若其无臣，不须为念。”帝恐休便渡江，驿马诏止。时昭侍侧，因曰：“窃见陛下有忧色，独以休济江故乎？今者渡江，人情所难，就休有此志，势不独行，当须诸将。臧霸等既富且贵，无

曹丕继承王位，任命董昭担任将作大匠。等到正式登上帝位，又升任董昭为大鸿胪，晋封为右乡侯。黄初二年，分出董昭封邑百户，赐给他的弟弟董访关内侯的爵位，调任董昭为侍中。黄初三年，征东大将军曹休进兵长江驻扎在洞浦口，亲自上表：“臣愿率领精兵锐卒征战江南，从敌人那里取得给养，征战之事必然胜利；如果臣不幸阵亡，不需挂念。”曹丕担心曹休立即渡江，派遣传递公文的人传诏制止。当时董昭侍立旁边，就说：“我看陛下脸有忧色，仅仅是因为曹休准备渡江的缘故吗？现在渡江，人们都不愿意，就算曹休有此志向，势必不能单独行动，必须依靠其他将领。臧霸等将领已经富贵，没有

复他望，但欲终其天年，保守禄祚而已，何肯乘危自投死地，以求徼幸？苟霸等不进，休意自沮。臣恐陛下虽有敕渡之诏，犹必沉吟，未便从命也。”是后无几，暴风吹贼船，悉诣休等营下，斩首获生，贼遂迸散。诏敕诸军促渡。军未时进，贼救船遂至。

其他愿望了，只想保全性命，以终天年，守住俸禄地位罢了，怎么肯踏上危险境地自投死地，去求得侥幸的胜利呢？如果臧霸等人不肯进军，曹休渡江的愿望就会自动终止。臣担心陛下虽然下达了渡江的诏令，将领们都会犹豫，未必会马上听从命令。”这以后不久，暴风袭击吴军船只，船只全都漂到曹休的军营边，有人被斩首，有人被活捉，吴军奔散逃走。曹丕下令诸军迅速渡江。曹军没有及时进军，吴军救援的船队就到了。

大驾幸宛，征南大将军夏侯尚等攻江陵，未拔。时江水浅狭，尚欲乘船将步骑入渚中安屯，作浮桥，南北往来，议者多以为城必可拔。昭上疏曰：“武皇帝智勇过人，而用兵畏敌，不敢轻之若此也。夫兵好进恶退，常然之数。平地无险，犹尚艰难，就当深入，还道宜利，兵有进退，不可如意。今屯渚中，至深也；浮桥而济，至危也；一道而行，至狭也：三者兵家所忌，而今行之。贼频攻桥，误有漏失，渚中精锐，非魏之有，将转化为吴矣。臣私戚之，忘寝与食，而议者怡然不以为忧，岂不惑哉！加江水向长，一旦暴增，何以防御？就不破贼，尚当自完。奈何乘危，不以为惧？事将危矣，惟陛下察之！”帝悟昭言，即诏尚等促出。贼两头并前，官兵一道引去，不时得泄，将军石建、高迁仅得自免。军出旬日，江水暴长。帝曰：“君论此事，何其审也！正使张、陈当之，何以复加。”五年，徙封成都乡侯，拜太常。其

文帝驾临宛城，征南大将军夏侯尚等人进攻江陵，没有攻克。当时江水浅，江面不宽，夏侯尚准备乘船率领步兵骑兵进入江中小洲上安营，搭设浮桥，南北往来，议论的人多认为江陵城一定可以攻克。董昭上疏说：“武皇帝智勇过人，但用兵仍然十分警惕敌方，不敢轻率到这种地步。行军打仗，易攻难退，这是通常的道理。平地没有险阻，撤退尚且很艰难，就算应当深入，返回的道路也一定要畅通。用兵有进有退，不能依人的意愿而定。现在驻兵渚中，陷得最深；靠浮桥而过河，最危险；一条路行进，最狭窄。这三条都是兵家忌讳的，我们却实行了。一旦吴军频繁进攻浮桥，浮桥一旦有了闪失，渚中的精兵便不是魏国所有而成为吴军了。臣私下十分忧虑，废寝忘食，但议论的人却安适自在，不以为忧，这不是糊涂吗！加之江水趋涨，一旦暴增，靠什么来防御？就算不消灭吴军，也应该保全自己。为什么处于危险之地，还不感到可怕？事情就要危险了，希望陛下明察！”文帝领悟了董昭的劝告，立即诏告夏侯尚等人，督促赶快撤军。吴军两路并进，魏军仅从一条路上退却，不能及时退出，将军石建、高迁等人仅自身脱离了危险。军队退出十日后，江水暴涨。曹丕说：“董昭议论此事多么周密详审啊！即使张良、陈平，也无法超过。”黄初五年，转封董昭为成都乡侯，担任太常。同一年，调任光禄大夫、给事中。跟随文

年，徙光禄大夫、给事中。从大驾东征，七年还，拜太仆。明帝即位，进爵乐平侯，邑千户，转卫尉。分邑百户，赐一子爵关内侯。

帝东征，黄初七年返回，授任太仆。明帝曹叡继位，晋封为乐平侯，食邑千户，转任卫尉。董昭封邑百户，赐封他的一个儿子爵号为关内侯。

太和四年，行司徒事，六年，拜真。昭上疏陈末流之弊曰："凡有天下者，莫不贵尚敦朴忠信之士，深疾虚伪不真之人者，以其毁教乱治，败俗伤化也。近魏讽则伏诛建安之末，曹伟则斩戮黄初之始。伏惟前后圣诏，深疾浮伪，欲以破散邪党，常用切齿；而执法之吏皆畏其权势，莫能纠擿，毁坏风俗，侵欲滋甚。窃见当今年少，不复以学问为本，专更以交游为业；国士不以孝悌清修为首，乃以趋势游利为先。合党连群，互相褒叹，以毁訾为罚戮，用党誉为爵赏，附己者则叹之盈言，不附者则为作瑕衅。至乃相谓'今世何忧不度邪，但求人道不勤，罗之不博耳；又何患其不知己矣，但当吞之以药而柔调耳'。又闻或有使奴客名作在职家人，冒之出入，往来禁奥，交通书疏，有所探问。凡此诸事，皆法之所不取，刑之所不赦，虽讽、伟之罪，无以加也。"帝于是发切诏，斥免诸葛诞、邓飏等。昭年八十一薨，谥曰定侯。子胄嗣。胄历位郡守、九卿。

太和四年，董昭代行司徒的职事。六年，正式任命为司徒。董昭上书陈述风气败坏的害处说："凡是拥有天下的君王，没有谁不重视推崇纯真朴素、公正诚实的人，痛恨虚伪不诚实的人，因为那些人破坏礼教，扰乱国家安定，败坏良好的风俗教化。建安末年魏讽被斩首，黄初元年曹伟被诛杀。我思考前后下达的诏令，对虚伪浮华深恶痛绝，想以此破除邪党，常常因此而切齿痛恨。但目前的执法官都畏惧权势，不敢矫正揭发，所以败坏风俗的习气愈加严重。我看到当今的年轻人，不再以学问为根本，而变成专门以交游朋友为正业；国家中有才能的人不把孝顺父母、敬爱兄长、操行洁美放在首位，竟然以趋附权势，营求私利为先。结党拉派，互相嘉奖称美，以诋毁诽谤作为对别人的惩罚，用同党人的称誉做封赏，对依附自己的人则浮言夸奖，不依附自己的人则专门挑剔陷害。以至于互相宣称：'当今之世不愁躲不过灾难，只是不能广交朋党，不去广泛地网罗他们罢了；不用担心人们不知道自己，只要多说好话，就像给他们服下美药而使他们感到柔服调顺就行了。'又听说有的人指使奴婢、门客冒名顶替在职官员的下属，出入宫禁之中，互通书信疏奏，探问有关人事。凡是这类事情，都是法令所不能允许，刑律所不能赦免的，即使魏讽、曹伟的罪行，也不比这严重。"明帝于是下达严厉的诏令，斥免诸葛诞、邓飏等人。董昭去世时，享年八十一岁，赐谥号为定侯。儿子董胄继承爵位，董胄历任郡守和九卿。

刘晔字子扬，淮南成悳人，汉光武子阜陵王延后也。

刘晔字子扬，是淮南郡成悳县人。汉光武帝之子阜陵王刘延的后代。父亲名普，母亲名脩，生了刘

父普，母脩，产涣及晔。涣九岁，晔七岁，而母病困。临终，戒涣、晔以普之侍人，有谄害之性。"身死之后，惧必乱家。汝长大能除之，则吾无恨矣。"晔年十三，谓兄涣曰："亡母之言，可以行矣。"涣曰："那可尔！"晔即入室杀侍者，径出拜墓。舍内大惊，白普。普怒，遣人追晔。晔还拜谢曰："亡母顾命之言，敢受不请擅行之罚。"普心异之，遂不责也。汝南许劭名知人，避地扬州，称晔有佐世之才。

涣和刘晔。刘涣九岁，刘晔七岁时，母亲病危。临终时告诫刘涣、刘晔说："你父亲身边的侍妾，有谄媚害人的习性，我去世后，担心她会乱家，你们长大后能杀掉她，我就没有遗憾了。"刘晔十三岁时，对哥哥刘涣说："母亲的话可以实现了。"刘涣回答："怎么可以这样！"刘晔就进入室内杀了侍妾，直接出门拜谒母亲的陵墓。满屋的人大为惊讶，告诉了他的父亲。刘普大怒，派人追赶刘晔。刘晔回家向父亲跪拜谢罪说："这是母亲临终时的嘱咐，儿子愿意承受没有请示擅自行动的惩罚。"刘普心中惊异，就不责怪他了。汝南人许劭以善于知人著称，当时正避难在扬州，称赞刘晔有辅助治国的才能。

扬士多轻侠狡桀，有郑宝、张多、许乾之属，各拥部曲。宝最骁果，才力过人，一方所惮。欲驱略百姓越赴江表，以晔高族名人，欲强逼晔使唱导此谋。晔时年二十余，心内忧之，而未有缘。会太祖遣使诣州，有所案问。晔往见，为论事势，要将与归，驻止数日。宝果从数百人赍牛酒来候使，晔令家僮将其众坐中门外，为设酒饭；与宝于内宴饮。密勒健儿，令因行觞而斫宝。宝性不甘酒，视候甚明，觞者不敢发。晔因自引取佩刀斫杀宝，斩其首以令其军，云："曹公有令，敢有动者，与宝同罪。"众皆惊怖，走还营。营有督将精兵数千，惧其为乱，晔即乘宝马，将家僮数人，诣宝营门，呼其渠帅，喻以祸福，皆叩头开门内晔。晔抚慰安怀，咸悉悦服，推

扬州豪强中多轻生重义狡猾凶暴的人，当时有郑宝、张多、许乾等人，各自拥有自己的武装。郑宝最为骁勇果敢，能力过人，为大家所畏惧。他想驱逐劫持百姓远赴长江以南，因为刘晔是当地大族中的知名人物，便想强迫刘晔倡导这一计划。刘晔当时二十来岁，心里很忧虑，但又没有机会除掉郑宝。正赶上太祖派使者来扬州，查问有关情况。刘晔前往拜见，为之议论天下时势，邀请使者一同回家，在家中留居多日。郑宝果然带领数百人携带牛酒来问候使者，刘晔命令家僮带领郑宝的部下坐在中门外，给他们设置酒饭；自己同郑宝在内室饮酒。秘密部署勇士，命令他们趁行酒的机会杀掉郑宝。但郑宝生性不喜爱喝酒，没有丝毫醉意，观察室内动静很清楚，行酒的人不敢行动。于是刘晔自己拔出佩刀杀死郑宝，斩下头来告示他的部下，说："曹公有命令，谁敢行动，和郑宝同罪。"郑宝的部下都很恐惧，奔走返回营地。营中还有督将精兵数千人，刘晔担心他们制造叛乱，立即骑上郑宝的马，带上家僮数人，前往郑宝营门，喊来营中的首领，告诉他们利害关系，这些人都叩头开门迎入刘晔。刘晔逐一安抚他们，大家都心悦诚服，共推刘晔为统帅。刘晔目睹汉皇室

晔为主。晔睹汉室渐微，己为支属，不欲拥兵，遂委其部曲与庐江太守刘勋。勋怪其故，晔曰："宝无法制，其众素以钞略为利，仆宿无资，而整齐之，必怀怨难久，故相与耳。"时勋兵强于江、淮之间。孙策恶之，遣使卑辞厚币，以书说勋曰："上缭宗民，数欺下国，忿之有年矣。击之，路不便，愿因大国伐之。上缭甚实，得之可以富国，请出兵为外援。"勋信之，又得策珠宝、葛越，喜悦。外内尽贺，而晔独否。勋问其故，对曰："上缭虽小，城坚池深，攻难守易，不可旬日而举，则兵疲于外，而国内虚。策乘虚而袭我，则后不能独守。是将军进屈于敌，退无所归。若军必出，祸今至矣。"勋不从。兴兵伐上缭，策果袭其后。勋穷踧，遂奔太祖。

日渐衰微，想到自己为皇室亲属，不愿拥有军队，就将部众托付给庐江太守刘勋。刘勋感到奇怪，刘晔说："郑宝没有以法治军，他的部下一向靠抢劫掠夺获利，我平素没有什么地位，而整顿军队使他们服从命令，他们必然会心怀怨恨，难以持久，所以将他们交给你。"当时刘勋的兵力在江淮一带比较强大，孙策很恼恨他，派遣使者带着谦恭言辞的信件和厚重的礼物来见刘勋，信上说："上缭的土著民族，多次欺负我们所在的小国，憎恨他们很多年了。出兵攻击，路途遥远很不方便，希望借大国的兵力讨伐他们。上缭很富有，得到它可以富国，请您出兵作为我们的外援。"刘勋相信孙策的话，又得到孙策赠送的珠宝、葛布，十分高兴，准备出兵。大家都前来庆贺，独有刘晔不以为然。刘勋问他原因，刘晔说："上缭虽小，城坚池深，进攻很难，坚守容易，不是十几天就能攻克的，久攻不下，外面的士卒疲惫，国内空虚。孙策乘虚袭击我们，则后方不能坚守。这样将军您进则会被敌人挫败，退又没有归处。如果您执意要出兵，大祸现在就要临头了。"刘勋不接受刘晔的意见。兴兵讨伐上缭，孙策果然尾随袭击。刘勋处境窘迫，就投奔了太祖。

太祖至寿春，时庐江界有山贼陈策，众数万人，临险而守。先时遣偏将致诛，莫能禽克。太祖问群下，可伐与不？咸云："山峻高而溪谷深隘，守易攻难；又无之不足为损，得之不足为益。"晔曰："策等小竖，因乱赴险，遂相依为强耳，非有爵命威信相伏也。往者偏将资轻，而中国未夷，故策敢据险以守。今天下略定，后伏先诛。夫畏死趋赏，愚知所同，故广武君为韩信画策，谓其威名足以先声后实而服邻国也。岂

太祖率军到了寿春，当时庐江界内有山贼陈策，部下数万人，依靠天险据守。早些时候曾派偏将讨伐，没能攻克。太祖问部下现在可不可以出兵讨伐，部下都说："峰峻山高，溪谷幽深狭窄，防守容易进攻难；再加之没有这块地盘不是我们的损失，有了也得不到什么好处。"刘晔说："陈策这些小子，因为战乱而赴险地，依靠险地又称强割据，并不是用王命爵位和威信使人信服。过去派的偏将资历太浅，而当时天下没有平定，所以陈策敢于据险而守。现在天下大局已定，后投降的人先被诛杀。害怕死亡追求奖赏，对于愚者和智者都是一样的，所以广武君为韩信出谋划策，说他的威名完全可以先用声名，再用行动去征服邻国。何况您的功德，已是向东

况明公之德，东征西怨，先开赏募，大兵临之，令宣之日，军门启而虏自溃矣。”太祖笑曰：“卿言近之！”遂遣猛将在前，大军在后，至则克策，如晔所度。太祖还，辟晔为司空仓曹掾。⑲

征伐而西方抱怨大军不来，现在先公开赏募，大兵压境，号令宣告之日，军门大开而贼人就自然溃散了。”太祖笑着说：“你的话还差不多！”于是派猛将在前，大军压后，到了那里迅速制服了陈策，就像刘晔预料的那样。太祖返回后，任命刘晔为司空仓曹掾。

太祖征张鲁，转晔为主簿。既至汉中，山峻难登，军食颇乏。太祖曰：“此妖妄之国耳，何能为有无？吾军少食，不如速还。”便自引归，令晔督后诸军，使以次出。晔策鲁可克，加粮道不继，虽出，军犹不能皆全，驰白太祖：“不如致攻。”遂进兵，多出弩以射其营。鲁奔走，汉中遂平。晔进曰：“明公以步卒五千，将诛董卓，北破袁绍，南征刘表，九州百郡，十并其八，威震天下，势慑海外。今举汉中，蜀人望风，破胆失守，推此而前，蜀可传檄而定。刘备，人杰也，有度而迟，得蜀日浅，蜀人未恃也。今破汉中，蜀人震恐，其势自倾。以公之神明，因其倾而压之，无不克也。若小缓之，诸葛亮明于治而为相，关羽、张飞勇冠三军而为将，蜀民既定，据险守要，则不可犯矣。今不取，必为后忧。”太祖不从，⑳大军遂还。晔自汉中还，为行军长史，兼领军。延康元年，蜀将孟达率众降。达有容止才观，文帝甚器爱之，使达为新城太守，加散骑常侍。晔以为“达有苟

太祖征讨张鲁，调任刘晔担任主簿。到了汉中后，山峰险峻难以攀登，军队的粮食也很缺乏。太祖说：“这是怪异荒诞的地方，有没有它无关紧要，我军缺少粮食，不如迅速收兵。”于是自己率军返回，命令刘晔督促后面的军队，按序撤出。刘晔预料张鲁可以攻克，加上运粮的道路难以通畅，虽然退出，军队仍然不能完全保全，就骑马飞奔去禀告太祖：“不如尽力进攻。”于是就进攻张鲁，多用弩弓射击他的营地。张鲁逃走，汉中得以平定。刘晔进一步劝说太祖：“您以步兵五千，讨伐董卓，北破袁绍，南征刘表，九州百郡，兼并了十分之八，威震天下，势力使海外都为之慑服。现在攻克汉中，蜀人听到风声，十分惊恐，城池失守，在这基础上乘胜前进，蜀地可不战而得。刘备，是人中豪杰，有计谋但起事较晚，得到蜀地的日子不久，蜀地百姓还没有将他作为依靠。现在我们攻克汉中，蜀人都很震惊，按形势发展他们会自行倾覆。以您的圣明，借有利形势而迅速出兵逼迫，没有不能攻克的。假如稍微延缓进攻，诸葛亮通晓治国之道而担任丞相，关羽、张飞勇冠三军而任大将，蜀地百姓安定之后，他们凭借天险，据守要道，就没有人可以攻克了。现在不进攻，以后一定会成为后患。”太祖没有采纳刘晔的意见，率大军返回。刘晔从汉中返回，担任行军长史，兼任领军。延康元年，蜀将孟达率领部众投降。孟达有好的仪容举止和才能，文帝十分器重他，任命他担任新城太守，加任散骑常侍。刘晔认为：“孟达有苟且取合的

得之心，而恃才好术，必不能感恩怀义。新城与吴、蜀接连，若有变态，为国生患”。文帝竟不易，后达终于叛败。㉑

黄初元年，以晔为侍中，赐爵关内侯。诏问群臣令料刘备当为关羽出报吴不。众议咸云：“蜀，小国耳，名将唯羽。羽死军破，国内忧惧，无缘复出。”晔独曰：“蜀虽狭弱，而备之谋欲以威武自强，势必用众以示其有余。且关羽与备，义为君臣，恩犹父子；羽死不能为兴军报敌，于终始之分不足。”后备果出兵击吴。吴悉国应之，而遣使称藩。朝臣皆贺，独晔曰：“吴绝在江、汉之表，无内臣之心久矣。陛下虽齐德有虞，然丑虏之性，未有所感。因难求臣，必难信也。彼必外迫内困，然后发此使耳，可因其穷，袭而取之。夫一日纵敌，数世之患，不可不察也。”备军败退，吴礼敬转废，帝欲兴众伐之，晔以为“彼新得志，上下齐心，而阻带江湖，必难仓卒”。帝不听。㉒五年，幸广陵泗口，命荆、扬州诸军并进。会群臣，问：“权当自来不？”咸曰：“陛下亲征，权恐怖，必举国而应。又不敢以大众委之臣下，必自将而来。”晔曰：“彼谓陛下欲以万乘之重牵己，而超越江湖者在于别将，必勒兵待事，未有进退也。”大驾停住积日，权果不至，帝乃旋师。云：

心理，而且自负有才能，喜爱权术，一定不会感激恩德，心怀仁义。新城与吴、蜀两国相连，假如发生变故，国家就会出现灾祸。”文帝始终不肯听从刘晔的劝告，后来孟达果然谋叛而败亡。

黄初元年，任命刘晔为侍中，赐关内侯爵位。此时，关羽被吴军所杀，文帝下诏询问群臣，让他们分析刘备会不会为了给关羽报仇而出兵攻吴。大家议论认为：“蜀国，是个小国，名将只有关羽。关羽死了，军力削弱，国内都心存恐惧，没有机会再出兵。”刘晔独自认为：“蜀国虽然狭窄弱小，但刘备的谋略是想靠实力壮大自己，一定会用兵显示他们的兵力有余。而且关羽同刘备，礼义上是君臣，恩情如同父子；关羽死而刘备不为他兴军报仇，会显得他们自始至终的情分不够。”后来刘备果然出兵攻吴。吴举国应战，同时派遣使者向魏国称臣。朝廷群臣都来祝贺文帝，只有刘晔说：“吴国远隔在江、汉之外，没有称臣归服的心已很久了。陛下虽然德行可比虞舜，但吴国这些蛮人的习性，很难得到感化。他们因为有了灾难而来称臣，肯定难以相信。那必定是外有蜀军压迫，内有困难，才派遣这一使者，我们可以乘他们困难，突袭而攻克吴国。一日放纵敌人，几世都会成为隐患，陛下不可不看清楚。”果然，刘备军队刚战败退走，吴国的恭敬态度就很快改变，文帝准备兴兵讨伐，刘晔认为：“吴国新败蜀军，上下齐心，而且有江湖阻隔，我们此时出兵必定难以迅速取胜。”文帝不听。黄初五年，亲自率军到广陵泗口，命令荆州、扬州诸军同时开进。文帝召见群臣，问：“孙权会亲自来不？”众人都说：“陛下亲自率军征讨，孙权惊恐不安，一定会出动全国兵力来迎战，他又不敢将大军委托臣下，一定会亲自率军前来。”刘晔说：“孙权认为您以天子之尊来牵制自己，跨越江湖征战还有别的将领，他一定会整治军队等待战事发展，不会随便进退。”文帝在这停留多日，孙权果然不来，文帝就下令回师朝廷，说：“你的估计是对的，

“卿策之是也。当念为吾灭二贼,不可但知其情而已。”

明帝即位,进爵东亭侯,邑三百户。诏曰:“尊严祖考,所以崇孝表行也;追本敬始,所以笃教流化也。是以成汤、文、武,实造商、周,《诗》、《书》之义,追尊稷、契,歌颂有娀、姜嫄之事,明盛德之源流,受命所由兴也。自我魏室之承天序,既发迹于高皇、太皇帝,而功隆于武皇、文皇帝。至于高皇之父处士君,潜修德让,行动神明,斯乃乾坤所福飨,光灵所从来也。而精神幽远,号称罔记,非所谓崇孝重本也。其令公卿已下,会议号谥。”晔议曰:“圣帝孝孙之欲褒崇先祖,诚无量已。然亲疏之数,远近之降,盖有礼纪,所以割断私情,克成公法,为万世式也。周王所以上祖后稷者,以其佐唐有功,名在祀典故也。至于汉氏之初,追谥之义,不过其父。上比周室,则大魏发迹自高皇始;下论汉氏,则追谥之礼不及其祖。此诚往代之成法,当今之明义也。陛下孝思中发,诚无已已,然君举必书,所以慎于礼制也。以为追尊之义,宜齐高皇而已。”尚书卫臻与晔议同,事遂施行。辽东太守公孙渊夺叔父位,擅自立,遣使表状。晔以为公孙氏汉时所用,遂世官相承,水则由海,陆则阻山,故胡夷绝远难制,

还应当为我考虑如何消灭吴、蜀的方略,不能仅仅了解敌情就算了。”

魏明帝曹叡登上帝位,赐刘晔东亭侯的爵位,食邑三百户。下诏说:“崇敬祖先,是为了推崇孝道,表彰孝行;追溯根本,尊重传统,是表示重视教化并使之广为传播。因此商汤、周文王和周武王,创建了商、周,而《诗》、《书》的旨意,却追尊后稷、商契,歌颂有娀、姜嫄的事迹,这是倡明大德的起源和发展,天命授受即由此而兴。自从我魏王室秉承上天的安排,从高皇、太皇帝开始发迹,而功德兴盛于武皇帝和文皇帝。上推到高皇帝的父亲处士君,他潜心修习道德善行,行动圣明,这些就是天地的赐福,光彩威灵所来的根源。而神灵幽深清远,称号却无记载,这不是所谓推崇孝道,重视根本。因此诏令公卿以下的大臣,集众商议谥号。”刘晔建议说:“圣明帝王的仁孝子孙想褒扬先祖,孝心实在是无法计量。但人主的礼仪,远近的等级,一概都有礼和法度,因而能割断私情,制成公认的法规,成为万世的准则。周王之所以往上追尊后稷,是因为他辅佐唐尧有功,他的名字记载在祭礼的典籍中的缘故。到了西汉初年,追尊谥号不超过他的父亲。往上同周王室相比,那么大魏的发迹从高皇开始;往下比较汉代,追封谥号的礼仪不用于他们的祖父。这实在是历代遵循的法规,也是现在明白公正的礼义。陛下的孝心发自内心,确实无法自已,但君王的举动一定会见之于史册,这就是君王在礼制方面必须谨慎的原因。臣下认为追尊的礼义应当限于高皇帝而止。”尚书卫臻与刘晔的意见相同,追谥的事情就按他们的意见实行了。辽东太守孙渊篡夺了叔父的职位,擅自任太守,派遣使者上书。刘晔以为公孙氏在汉代就已任命为官,官职世代的承袭,辽东地势,水路经由海道,陆地有山阻挡,所以胡人的政权偏远难以控制,

而世权日久。今若不诛,后必生患。若怀贰阻兵,然后致诛,于事为难。不如因其新立,有党有仇,先其不意,以兵临之,开设赏募,可不劳师而定也。后渊竟反。

晔在朝,略不交接时人。或问其故,晔答曰:"魏室即阼尚新,智者知命,俗或未咸。仆在汉为支叶,于魏备腹心,寡偶少徒,于宜未失也。"太和六年,以疾拜太中大夫。有间,为大鸿胪,在位二年逊位,复为太中大夫,薨。谥曰景侯。子寓嗣。[23]少子陶,亦高才而薄行,官至平原太守。[24]

蒋济字子通,楚国平阿人也。仕郡计吏、州别驾。建安十三年,孙权率众围合肥。时大军征荆州,遇疾疫,唯遣将军张喜单将千骑,过领汝南兵以解围,颇复疾疫。济乃密白刺史伪得喜书,云步骑四万已到雩娄,遣主簿迎喜。三部使赍书语城中守将,一部得入城,二部为贼所得。权信之,遽烧围走,城用得全。明年使于谯,太祖问济曰:"昔孤与袁本初对官渡,徙燕、白马民,民不得走,贼亦不敢钞。今欲徙淮南民,何如?"济对曰:"是时兵弱贼强,不徙必失之。自破袁绍,北拔柳城,南向江、汉,荆州交臂,威震天下,民无他志。然百姓怀土,实不乐徙,惧必不安。"太祖不从,而江、淮间十

因而具有世袭权力已久。现在假如不借机除掉,一定会生出后患。如果公孙渊心怀二心,拥兵自强,然后再去消灭他,事情就难办了。不如趁他刚担任辽东太守,篡位又树立了不少敌人,趁他没有防备,以大兵压境,逼迫他臣服,就可以不用劳师而平定辽东了。以后公孙渊终于谋反。

刘晔在朝廷中,一般不结交当时的名人。有人问他原因,刘晔回答说:"魏王室刚刚即位,聪明人懂得这是天命所致,一般的人却不以为然。我在汉是皇室亲属,在魏又是心腹之臣,少结交一些同辈和追随者,不失为一个合适的做法。"太和六年,刘晔因病担任太中大夫。病稍愈后,又担任大鸿胪,两年后退位,再担任太史大夫,不久去世。谥号为景侯。儿子刘寓继承爵位。小儿子刘陶,才气高但德行差,担任过平原太守。

蒋济字子通,是楚国平阿县人。担任过郡计吏和州别驾。建安十三年,孙权率军包围合肥。当时曹军征伐荆州,遇上了流行疾疫,没办法派大军解合肥之围,只派遣将军张喜率领千名骑兵,经过汝南郡兼率那里的兵力以解合肥之围,他们又再次遇上了流行疾疫。蒋济暗地里告诉合肥刺史假装得到了张喜的书信,说步兵骑兵四万已经到了雩娄,同时派遣主簿迎接张喜。三次派遣使者送书信给守城将士,一次入了城,另外两次被吴军所得。孙权信以为真,就马上烧掉围城的营帐和工事,撤军返回,合肥城因此得以保全。第二年,蒋济出使谯县。太祖问他:"当年我与袁绍在官渡对峙,迁移燕地和白马的老百姓,老百姓没有离散,袁绍的军队也不敢抢掠。现在我打算迁移淮南百姓,你看怎么样?"蒋济回答说:"当时我弱敌强,不迁移百姓就会失去他们。自从打败了袁绍,北面攻克柳城,南向征伐江、汉,荆州刘琮拱手投降,您威震天下,百姓再没有投靠他人的愿望。况且百姓怀恋故土,实在不乐意迁徙,如要强行迁移,会使他们恐惧不安。"太祖没有听从蒋济的意见,江淮之间十余万百姓,听到迁移的消息后

余万众，皆惊走吴。后济使诣邺，太祖迎见大笑曰：“本但欲使避贼，乃更驱尽之。”拜济丹阳太守。大军南征还，以温恢为扬州刺史，济为别驾。令曰：“季子为臣，吴宜有君。今君还州，吾无忧矣。”民有诬告济为谋叛主率者，太祖闻之，指前令与左将军于禁、沛相封仁等曰：“蒋济宁有此事！有此事，吾为不知人也。此必愚民乐乱，妄引之耳。”促理出之。辟为丞相主簿西曹属。令曰：“舜举皋陶，不仁者远；臧否得中，望于贤属矣。”关羽围樊、襄阳。太祖以汉帝在许，近贼，欲徙都。司马宣王及济说太祖曰：“于禁等为水所没，非战攻之失，于国家大计未足有损。刘备、孙权，外亲内疏，关羽得志，权必不愿也。可遣人劝蹑其后，许割江南以封权，则樊围自解。”太祖如其言。权闻之，即引兵西袭公安、江陵。羽遂见禽。

都惊恐地逃奔吴国。后来蒋济出使邺城，太祖遇见后大笑说：“我本来只是想使百姓躲避吴军骚扰，哪知反而全部赶走了他们。”任命蒋济担任丹阳太守。大军南征返回后，太祖任命温恢为扬州刺史，蒋济为别驾。诏令说：“春秋时吴公子季札虽为贤臣，吴国仍然应该有君王。现在你回到了扬州，我没有什么忧虑了。”老百姓中有人诬告蒋济是反叛的主谋。太祖听说后，指着上次的诏令对左将军于禁、沛相封仁等人说：“蒋济怎么会有这种事！有这种事，那就是我不了解人了。这一定是愚民乐于兴乱，胡乱牵扯罢了。”督促查清此事。征召蒋济为丞相主簿西曹属。诏令说：“舜推荐了皋陶为官，使不仁之人远远离开；要品评选拔人才恰到好处，寄希望于你们这些贤明的部属了。”关羽包围樊城、襄阳。太祖因为汉献帝在许昌，临近蜀军，准备迁都。司马懿和蒋济劝太祖说：“于禁等人被水所淹，不是战攻的失误，对于国家大局没有什么伤害。刘备和孙权，外表亲密，实际上疏远。关羽得志，孙权肯定不愿意。可以派人劝说孙权跟随在关羽的后面，答应割让江南封赏孙权，这样樊城之围就会自然解除。”太祖依照他们的意见行事。孙权知道后，立即率兵袭击公安、江陵，关羽于是被吴军擒获。

文帝即王位，转为相国长史。及践阼，出为东中郎将。济请留，诏曰：“高祖歌曰‘安得猛士守四方’！天下未宁，要须良臣以镇边境。如其无事，乃还鸣玉，未为后也。”济上《万机论》，帝善之。入为散骑常侍。时有诏，诏征南将军夏侯尚曰：“卿腹心重将，特当任使。恩施足死，惠爱可怀。作威作福，杀人活人。”尚以示济。

文帝曹丕继承王位，改任蒋济为相国长史。等到曹丕正式登上帝位，蒋济外出担任东中郎将。蒋济请求留在京城，诏书说：“汉高祖的《大风歌》说：‘安得猛士守四方！’现在天下没有平定，需要贤能的大臣来镇守边境。如果边境太平无事，你再返回京城，继续任职，也并不晚。”蒋济上《万机论》，文帝很喜欢。入朝担任散骑常侍。当时有诏书，诏令征南将军夏侯尚说：“你是心腹大将，应当特别给你使命。施恩德足以令死者享用，行惠爱能令人怀念不忘。你可以专行赏罚，有杀生大权。”夏侯尚将这诏书出示给蒋济。蒋济到了朝廷，文帝问他：“你听说

济既至,帝问曰:"卿所闻见天下风教何如?"济对曰:"未有他善,但见亡国之语耳。"帝忿然作色而问其故,济具以答,因曰:"夫'作威作福',《书》之明诫。'天子无戏言',古人所慎。惟陛下察之!"于是帝意解,遣追取前诏。黄初三年,与大司马曹仁征吴,济别袭羡谿。仁欲攻濡须洲中,济曰:"贼据西岸,列船上流,而兵入洲中,是为自内地狱,危亡之道也。"仁不从,果败。仁薨,复以济为东中郎将,代领其兵。诏曰:"卿兼资文武,志节慷慨,常有超越江湖吞吴会之志,故复授将率之任。"顷之,征为尚书。车驾幸广陵,济表水道难通,又上《三州论》以讽帝。帝不从,于是战船数千皆滞不得行。议者欲就留兵屯田,济以为东近湖,北临淮,若水盛时,贼易为寇,不可安屯。帝从之,车驾即发。还到精湖,水稍尽,尽留船付济。船本历适数百里中,济更凿地作四五道,蹴船令聚;豫作土豚遏断湖水,皆引后船,一时开遏入淮中。帝还洛阳,谓济曰:"事不可不晓。吾前决谓分半烧船于山阳池中,卿于后致之,略与吾俱至谯。又每得所陈,实入吾意。自今讨贼计画,善思论之。"

和看见当今社会的风俗、教化怎么样?"蒋济回答:"没有发现其他善行,只听到亡国的话语。"文帝脸上出现愤怒的神色,问蒋济这是什么原因。蒋济用夏侯尚得诏书的事情作答,说:"'作威作福',这是《书经·洪范》明白告诫的。'天子无戏言',这是古人谨慎的教训。请您明察此事!"于是,文帝的不满消除,派人追回前面的诏令。黄初三年,蒋济和大司马曹仁一起征伐吴国,蒋济另率军队袭击羡谿。曹仁准备进攻濡须水中的小洲。蒋济劝说道:"吴军据守西岸,战船排列在我们上游。我们的军队进入洲中,是自己进入地狱,这实在是危险的道路。"曹仁没有采纳蒋济的意见,果然失败。曹仁去世后,蒋济又被任命为东中郎将,代领曹仁的兵马。诏令说:"你文才武略双全,志向节操风发昂扬,经常有渡过长江吞并吴国的志向,因此再授予统帅的责任。"不久,又被征召为尚书。文帝出征广陵,蒋济上表陈述水路难以通行,又上《三州论》讽喻文帝,文帝不听劝告。这时战船数千艘都滞留水路不能行进。群臣议论想就此在这里留下军队垦殖荒地。蒋济认为此地东靠洪泽湖,北面又临近淮水,假如水大时,吴军容易入侵,不能安屯。文帝听从了蒋济的意见,车驾立即出发。返回到精湖时,水渐渐干了,文帝将船只全部交给蒋济率领。船队本来散布在数百里水面上,蒋济下令凿成四五条水道,把船只聚拢;事先修筑土墩阻断湖水,将后面船只都牵引到一起,一下子掘开土墩,船只乘着水势全部进入淮河。文帝返回洛阳后,对蒋济说:"办事不能不了解情况。我原来决定分一半船只在山阳烧掉,你率船从后面赶来,不但没有烧船,反而差不多与我一同到谯县。再说每次听到你的陈述,总是符合我的心意。从今往后征讨吴、蜀的谋虑筹划,你多思考建议。"

明帝即位,赐爵关内侯。大司马曹休帅军向皖,济表以

明帝曹叡即位,赐蒋济关内侯的爵位。大司马曹休率军进攻皖地。蒋济上表认为:"我军深入吴军

为“深入虏地，与权精兵对，而朱然等在上流，乘休后，臣未见其利也。”军至皖，吴出兵安陆，济又上疏曰：“今贼示形于西，必欲并兵图东，宜急诏诸军往救之。”会休军已败，尽弃器仗辎重退还。吴欲塞夹石，遇救兵至，是以官军得不没。迁为中护军。时中书监、令号为专任，济上疏曰：“大臣太重者国危，左右太亲者身蔽，古之至戒也。往者大臣秉事，外内扇动。陛下卓然自览万机，莫不祗肃。夫大臣非不忠也，然威权在下，则众心慢上，势之常也。陛下既已察之于大臣，愿无忘于左右。左右忠正远虑，未必贤于大臣，至于便辟取合，或能工之。今外所言，辄云中书，虽使恭慎不敢外交，但有此名，犹惑世俗。况实握事要，日在目前，傥因疲倦之间有所割制，众臣见其能推移于事，即亦因时而向之。一有此端，因当内设自完，以此众语，私招所交，为之内援。若此，臧否毁誉，必有所兴，功负赏罚，必有所易；直道而上者或壅，曲附左右者反达。因微而入，缘形而出，意所狎信，不复猜觉。此宜圣智所当早闻，外以经意，则形际自见。或恐朝臣畏言不合而受左右之怨，莫适以闻。臣窃亮陛下潜神默思，公听并观，若事有未尽于理而物有未周于用，将改曲易

地界，与孙权的精锐部队相对。吴军将领朱然等人又在上游，尾随曹休之后，臣没有见到此时出兵的好处。”军队到了皖地，吴军出兵安陆。蒋济又上疏说：“现在吴军显露出向西行动的迹象，一定是想合并兵力图谋进攻东面，应当迅速命令诸军赶去救援。”当时曹休军队已战败，丢掉了武器、物资退回。吴军准备截断夹石，遇上曹军的救兵赶到，曹休的军队才没有全军覆没。蒋济因此升为中护军。当时中书监刘放、中书令孙资专权。蒋济上疏说：“大臣权力太大，国家就有危险。帝王身边的人太亲近了，就会蒙蔽帝王，这是自古以来的重要告诫。过去大臣主持国事，朝廷内外人心骚动。陛下自己高明地处理各种政务，臣下们无不大为恭敬。大臣不是不忠诚，但威望权力在大臣手中，大家就会怠慢君王，这是势态发展的一般规律。陛下既已察觉了大臣专权这件事，希望不要过分地依赖近侍。身边的近侍在忠诚正直、深谋远虑方面，未必会比大臣强。而逢迎谄媚，曲从迎合，恐怕更擅长。现在外面谈论，都是说中书如何如何，虽然可以使他们恭敬谨慎，不敢与外结交，但有了这种名气，仍能迷惑一般人。何况他们实际上担任要职，每天都在君王跟前，假如您因一时疲倦，由他们决定或改变某些事情，大家见他们能影响或改变君王的决定，就会依据时势依附他们。一有这种迹象，于是大家都会私自结交中书监，会以他们作为内援。假如这样，任意品评毁誉人的风气，一定会有所兴起，功罪赏罚，也一定会有所改变；沿正直之道而上的人便会受挫，曲从依附近侍的人反而通达。他们因卑微而进入朝廷，靠攀缘权势出人头地，而君王仍轻易亲近相信他们，没有发现他们的奸情。这是圣明的君王早应该发现的，只要对外留心注意，他们的形迹自然可以察觉。有的人担心朝臣怕言辞不合而受到近侍的怨恨，没有人敢做主向上报告。我诚信陛下会静心思考，公正听取意见并同时仔细观察，如果事情不完全符合道理，措施有不太适用的，就改变这些做法。这样，远

调，远与黄、唐角功，近昭武、文之迹，岂近习而已哉！然人君犹不可悉天下事以适己明，当有所付。三官任一臣，非周公旦之忠，又非管夷吾之公，则有弄机败官之弊。当今柱石之士虽少，至于行称一州，智效一官，忠信竭命，各奉其职，可并驱策，不使圣明之朝有专吏之名也。”诏曰：“夫骨鲠之臣，人主之所仗也。济才兼文武，服勤尽节，每军国大事，辄有奏议，忠诚奋发，吾甚壮之。”就迁为护军将军，加散骑常侍。㉕

可以同黄帝、唐尧比功，近可以彰明武帝、文帝的功业。岂能局限于亲信侍从呢！可是君王仍然不可能全部知晓天下的事情来体现自己的英明，应当将权力有所托付。如果三个官职同时由一人担任，那人又没有周公的忠诚，也没有管仲的公正，就会有玩弄权术，败坏朝廷的弊端。现在国家柱石之才虽少，但品行可以符合州官要求，智慧可以胜任一官之职，忠诚正直、竭力奉行王命的人，依然不少，他们各自奉行职守，可以供陛下同时驱使，不要使圣明的王朝有独断专行的官吏。”明帝下诏书说：“正直的大臣是君王的依靠。蒋济兼有文武之才，服侍勤苦，尽心尽责，每逢有军国大事，就有奏议，忠诚奋发，我特别欣赏。”就升为护军将军，加官散骑常侍。

景初中，外勤征役，内务宫室，怨旷者多，而年谷饥俭。济上疏曰：“陛下方当恢崇前绪，光济遗业，诚未得高枕而治也。今虽有十二州，至于民数，不过汉时一大郡。二贼未诛，宿兵边陲，且耕且战，怨旷积年。宗庙宫室，百事草创，农桑者少，衣食者多，今其所急，唯当息耗百姓，不至甚弊。弊攰之民，傥有水旱，百万之众，不为国用。凡使民必须农隙，不夺其时。夫欲大兴功之君，先料其民力而燠休之。勾践养胎以待用，昭王恤病以雪仇，故能以弱燕服强齐，羸越灭劲吴。今二敌不攻不灭，不事即侵，当身不除，百世之责也。以陛下圣明神武之略，舍其缓者，专心讨贼，臣以为无难矣。又欢娱之耽，害于精爽；神太

景初年间，由于朝廷对外勤于征伐，对内大兴宫室，举国上下怨恨别离的人很多，而一年的谷物收成又不足。蒋济上疏说：“陛下正应当发扬前人传统，光大祖先遗业，实在不能高枕无忧地治理国家。目前虽然有十二州，但百姓的人数还超不过汉代的一个大郡。吴、蜀未平，陈兵边境。我们一边耕种一边打仗，多年来人们怨恨离别。修建宗庙、宫殿，各种事情都才开始，如此下去从事农桑的人会减少，而等待穿衣吃饭的人很多，当务之急，只有停止消耗百姓，使他们不至于太困乏。贫乏的人民，如果再遇上水旱之灾，那百万民众就不能为国所用。役使百姓必须在农事闲暇时，不能耽误农时。想建立大功业的君王，应先估计百姓的人力、财力而加以抚慰。勾践鼓励生育，增加人口等待战争之用，燕昭王吊死问疾是为了雪仇，所以他们能以弱小的燕国而征服强大的齐国，用疲病的越国消灭强劲的吴国。现在吴、蜀两国不攻不灭，不好好对付他们便会遭到他们侵略，在您这一代不消灭他们，就会成为百世的隐患。以陛下圣哲明察和神武的谋略，舍弃那些可以延缓的事情，专事征讨吴、蜀两国，我认为不难成功。再者沉溺于欢娱之中，对精神有害;精神过分

用则竭，形太劳则弊。愿大简贤妙，足以充'百斯男'者。其冗散未齿，且悉分出，务在清静。"诏曰："微护军，吾弗闻斯言也。"㉖

消耗则会枯竭,身体过分劳累则容易疲惫。希望您选择贤良的、足以生育众多儿子的女性,宫中那些多余的和年少之人,应当都分出去,以求得清静。"明帝下诏书说:"若没有护军,我听不到这种话了。"

齐王即位，徙为领军将军，进爵昌陵亭侯，㉗迁太尉。初，侍中高堂隆论郊祀事，以魏为舜后，推舜配天。济以为舜本姓妫，其苗曰田，非曹之先，著文以追诘隆。㉘是时，曹爽专政，丁谧、邓飏等轻改法度。会有日蚀变，诏群臣问其得失，济上疏曰："昔大舜佐治，戒在比周；周公辅政，慎于其朋；齐侯问灾，晏婴对以布惠；鲁君问异，臧孙答以缓役。应天塞变，乃实人事。今二贼未灭，将士暴露已数十年，男女怨旷，百姓贫苦。夫为国法度，惟命世大才，乃能张其纲维以垂于后，岂中下之吏所宜改易哉？终无益于治，适足伤民，望宜使文武之臣各守其职，率以清平，则和气祥瑞可感而致也。"以随太傅司马宣王屯洛水浮桥，诛曹爽等，进封都乡侯，邑七百户。济上疏曰："臣忝宠上司，而爽敢苞藏祸心，此臣之无任也。太傅奋独断之策，陛下明其忠节，罪人伏诛，社稷之福也。夫封宠庆赏，必加有功。今论谋则臣不先知，语战则非臣所率，而上失其制，下受其弊。臣备宰司，民所具瞻，诚恐冒赏之渐

齐王曹芳即帝位,蒋济转任领军将军,进封昌陵亭侯的爵位,升任太尉。明帝初年,侍中高堂隆论述郊祀之事,认为魏是舜帝的后代,祭祀时尊崇舜为祖先配享。蒋济认为舜本来姓妫,他的后代姓田,不是曹氏的祖先,撰写文章追问高堂隆。当时,曹爽专政,丁谧、邓飏等人随便修改法令制度。正值有日食出现,曹芳诏见群臣问政治的得失。蒋济上疏说:"过去大舜辅佐治国,禁止结党营私;周公辅佐政务,对于任命亲朋好友十分慎重;齐景公询问灾情,晏婴回答说要广布恩惠;鲁僖公询问灾异,臧孙答道应该缓行劳役。顺应天命,防止变故,这才是实实在在的人事。现在吴蜀未灭,我军将士连年征战不能安居已经有几十年了,男女长期别离,百姓生活贫苦。为国制定法令制度,只有治世的贤才,才能张扬纲纪法度,使之流传后世,怎么能让一般官吏随意改动呢?这样会无益于治国,严重伤害了百姓。应当使文武之臣各守其职,以清廉公平作表率,这样和气祥瑞就会感应而生。"蒋济因追随太傅司马懿驻扎洛水浮桥,诛杀曹爽等人,进封都乡侯,食邑七百户。蒋济上疏说:"臣枉蒙恩宠,忝居太尉的职务,而曹爽竟敢心怀祸心,这是我的失职。太傅毅然独自决断,陛下明察他的忠贞节操,罪人伏法被杀,这是国家的洪福。封爵赏赐,一定要给有功之臣。现在论谋略下臣事先并不知道,言战功也不是我亲率将士,如果上面违背了分封功臣的制度,下面就会承认这种弊害。臣处百官之长,为众人所仰望,实在担心假冒领赏的风气从这产生兴起,推让荣誉的风气

自此而兴，推让之风由此而废。”固辞，不许。[29]是岁薨，谥曰景侯。[30]子秀嗣。秀薨，子凯嗣。咸熙中，开建五等，以济著勋前朝，改封凯为下蔡子。

从这废弃。”坚决推辞加封，没有被允许。这一年蒋济去世，谥号为景侯。儿子蒋秀继承爵位。蒋秀去世，儿子蒋凯继承爵位。咸熙年间，开始设五等爵位，因为蒋济在前朝功勋卓著，改封蒋凯为下蔡县子爵。

刘放字子弃，涿郡人，汉广阳顺王子西乡侯宏后也。历郡纲纪，举孝廉。遭世大乱，时渔阳王松据其土，放往依之。太祖克冀州，放说松曰：“往者董卓作逆，英雄并起，阻兵擅命，人自封殖，惟曹公能拔拯危乱，翼戴天子，奉辞伐罪，所向必克。以二袁之强，守则淮南冰消，战则官渡大败；乘胜席卷，将清河朔，威刑既合，大势以见。速至者渐福，后服者先亡，此乃不俟终日驰骛之时也。昔黥布弃南面之尊，仗剑归汉，诚识废兴之理，审去就之分也。将军宜投身委命，厚自结纳。”松然之。会太祖讨袁谭于南皮，以书招松，松举雍奴、泉州、安次以附之。放为松答太祖书，其文甚丽。太祖既善之，又闻其说，由是遂辟放。建安十年，与松俱至。太祖大悦，谓放曰：“昔班彪依窦融而有河西之功，今一何相似也！”乃以放参司空军事，历主簿记室，出为郃阳、祋栩、赞令。

刘放字子弃，是涿郡人。系汉广阳顺王的儿子西乡侯刘宏的后代。历任郡主簿，被郡守举荐为孝廉。后遇上天下大乱，当时渔阳人王松据守涿郡，刘放前往依附他。太祖攻克冀州，刘放劝说王松：“过去董卓谋反，各路豪杰纷纷起兵，仗恃军队擅自发号施令，不受节制，每人都聚敛财物。只有曹公能拯救危乱，辅佐拥戴天子，奉天子之命征伐有罪之人，所到之处攻无不克。以袁绍、袁术的强大，防守则袁术在淮南一败涂地，征战则袁绍在官渡大败；曹公乘胜统一天下，将使河朔太平，声威与征伐合一，统一天下的趋势已经呈现。迅速投奔他的人可以逐渐得到好处，最后归顺的必定会先被消灭，这是一天都不能贻误，必须尽快投靠的时候了。过去英布抛弃南面称王的尊严，率军归顺汉朝，实在是懂得盛衰的道理，明察进退的区别。您应该投奔曹公为他效力，与他结为深交。”王松认为刘放说得对。当时太祖在南皮县征讨袁谭，以书信招抚王松。王松率雍奴、泉州、安次三县归附太祖。刘放替王松起草的回复太祖的书信，文辞十分华丽，太祖很喜欢，又听说刘放劝王松归顺的事情，于是就征召刘放。建安十年，刘放同王松一同来见太祖。太祖十分高兴，对刘放说：“过去班彪劝窦融归顺汉朝，因而拥有劝说窦融带着河西之地归顺汉朝的功劳。现在你与他多么相似啊！”于是任命刘放为参司空军事，历任主簿记室，后又外出担任郃阳、祋栩、赞县的县令。

魏国既建，与太原孙资俱为秘书郎。先是，资亦历县令，参丞相军事。[31]文帝即位，放、资转为左右丞。数月，放徙为令。黄初初，改秘书为中书，以

魏国建立后，刘放和太原人孙资一同担任秘书郎。在这以前，孙资也担任过县令，参谋丞相军事。文帝继承皇位，刘放和孙资转任左、右丞。几个月后，刘放升任秘书令。黄初初年，改秘书为中书，刘放担任中书监、孙资担任中书令。两人各加官给事

放为监，资为令，各加给事中；放赐爵关内侯，资为关中侯，遂掌机密。三年，放进爵魏寿亭侯，资关内侯。明帝即位，尤见宠任，同加散骑常侍；进放爵西乡侯，资乐阳亭侯。[32]太和末，吴遣将周贺浮海诣辽东，招诱公孙渊。帝欲邀讨之，朝议多以为不可。惟资决行策，果大破之，进爵左乡侯。[33]放善为书檄，三祖诏命有所招喻，多放所为。青龙初，孙权与诸葛亮连和，欲俱出为寇。边候得权书，放乃改易其辞，往往换其本文而傅合之，与征东将军满宠，若欲归化，封以示亮。亮腾与吴大将步骘等，骘等以见权。权惧亮自疑，深自解说。是岁，俱加侍中、光禄大夫。[34]景初二年，辽东平定，以参谋之功，各进爵，封本县，放方城侯，资中都侯。

中；赐以刘放关内侯的爵位，孙资为关中侯，共同掌管机密。黄初三年，刘放被赐封为魏寿亭侯，孙资被封为关内侯。明帝曹叡即位后，对刘放、孙资更加宠爱信任，两人都加官散骑常侍；晋封刘放西乡侯的爵位，孙资乐阳亭侯的爵位。太和末年，吴国派遣将军周贺航海去辽东，招抚诱降公孙渊。明帝想阻截周贺的军队，朝臣们都认为不可行。只有孙资认为可以阻截，果然大破吴军，于是晋封孙资为左乡侯爵位。刘放善于起草书信檄文，三位皇帝的诏命中那些征召告喻的文字，大多出自刘放的手笔。青龙初年，孙权同诸葛亮联合，想一同出兵讨伐魏国。边境守将得到了孙权的书信，刘放就改变了信中的言辞，处处变换了原来的文字而又能接近书信的原意。信写给征东将军满宠，说准备归顺魏国，封好信后送给诸葛亮。诸葛亮转给吴国大将步骘，步骘将信送给孙权。孙权担心诸葛亮产生疑心，亲自多方解说。这一年，刘放、孙资都加官侍中、光禄大夫。景初二年，辽东平定，刘放、孙资因为参谋有功，都赐封爵位，分封本县县侯，刘放为方城县侯，孙资为中都县侯。

其年，帝寝疾，欲以燕王宇为大将军，及领军将军夏侯献、武卫将军曹爽、屯骑校尉曹肇、骁骑将军秦朗共辅政。宇性恭良，陈诚固辞。帝引见放、资，入卧内，问曰："燕王正尔为？"放、资对曰："燕王实自知不堪大任故耳。"帝曰："曹爽可代宇不？"放、资因赞成之。又深陈宜速召太尉司马宣王，以纲维皇室。帝纳其言，即以黄纸授放作诏。放、资既出，帝意复变，诏止宣王勿使来。寻更见放、资曰："我自召太

这一年，明帝卧病不起，准备任命燕王曹宇为大将军，同领军将军夏侯献、武卫将军曹爽、屯骑校尉曹肇、骁骑将军秦朗共同辅佐政事。燕王曹宇性情谦恭善良，言辞诚恳坚决辞谢。明帝召见刘放、孙资进入卧室内，明帝问："燕王为什么会是这样？"两人回答："燕王实在知道自己不能胜任这样的重任。"明帝又问："曹爽可不可以代替曹宇？"两人都赞成这个决定。又恳切陈述应该迅速召回太尉司马懿，以扶持皇室。明帝采纳了他们的意见，随即将黄纸授给刘放起草诏命。刘放、孙资已经退出，明帝的意图再次改变，下诏阻止司马懿不要来京城。不久明帝又召见刘放、孙资说："我自己要召回太尉，但

尉，而曹肇等反使吾止之，几败吾事！”命更为诏，帝独召爽与放、资俱受诏命，遂免宇、献、肇、朗官。太尉亦至，登床受诏，然后帝崩。[35]齐王即位，以放、资决定大谋，增邑三百，放并前千一百，资千户；封爱子一人亭侯，次子骑都尉，余子皆郎中。正始元年，更加放左光禄大夫，资右光禄大夫，金印紫绶，仪同三司。六年，放转骠骑，资卫将军，领监、令如故。七年，复封子一人亭侯，各年老逊位，以列侯朝朔望，位特进。[36]曹爽诛后，复以资为侍中，领中书令。嘉平二年，放薨，谥曰敬侯。子正嗣。[37]资复逊位归第，就拜骠骑将军，转侍中，特进如故。三年薨，谥曰贞侯。子宏嗣。

曹肇等人反而让我阻止他来，几乎坏了我的大事！”命令刘放再写诏书，明帝单独召见曹爽与刘放、孙资一同接受诏命，于是罢免了曹宇、夏侯献、曹肇与秦朗的官职。太尉司马懿也到了，到明帝床前接受诏命，然后明帝去世。齐王曹芳继承皇位，因为刘放、孙资决定辅政的大策，每人增加食邑三百户。刘放加上原来所封的食邑，一共一千一百户，孙资一千户。分封他们的爱子各一人为亭侯，次子为骑都尉，其他的儿子都担任郎中。正始元年，再加授刘放为左光禄大夫，孙资为右光禄大夫。使用金印紫绶，仪制等同三公。正始六年，刘放改任骠骑将军，孙资改任卫将军，两人仍兼任中书监、中书令。正始七年，再封他们的一个儿子为亭侯，两人均因年老退位，以列侯身份每月初一和十五上朝，官位特进。曹爽被诛杀后，再任命孙资为侍中，兼中书令。嘉平二年，刘放去世，追封谥号为敬侯。儿子刘正继承爵位。孙资再次退位归家，被任命为骠骑将军，继而转任侍中，仍享有特进官位。嘉平三年去世，追封为贞侯，儿子孙宏继承爵位。

放才计优资，而自修不如也。放、资既善承顺主上，又未尝显言得失，抑辛毗而助王思，以是获讥于世。然时因群臣谏诤，扶赞其义，并时密陈损益，不专导谀言云。及咸熙中，开建五等，以放、资著勋前朝，改封正方城子，宏离石子。[38]

刘放的才能和计谋胜过孙资，但自我修养不如他。两人既能承顺帝王旨意，又未曾明显谈论帝王得失，贬斥辛毗而帮助王思，因此获得世人讥讽。但当时群臣的直言规劝，刘放、孙资能赞同支持，并且不时向帝王秘密陈述事情的利弊，不是专说阿谀之言。到咸熙年间，设立五等爵位，因为刘放、孙资在前朝功勋卓著，改封刘正为方城县子爵，孙宏为离石县子爵。

评曰：程昱、郭嘉、董昭、刘晔、蒋济才策谋略，世之奇士，虽清治德业，殊于荀攸，而筹画所料，是其伦也。刘放文翰，孙资勤慎，并管喉舌，权闻当时，雅亮非体，是故讥谀之声，每过其实矣。

评论说：程昱、郭嘉、董昭、刘晔、蒋济具有才华谋略，是当时德行才智出众的人，虽然在清明的治绩和德行、功业方面，不同于荀攸，但出谋划策，预测时机，他们彼此相当。刘放善写文书，孙资勤勉谨慎，两人共掌机要，权倾当时，但高尚正直，他们又还够不上，因此讥讽他们阿谀的舆论，每每言过其实。

①徐众《评》曰：允于曹公，未成君臣。母，至亲也，于义应去。昔王陵母为项羽所拘，母以高祖必得天下，因自杀以固陵志。明心无所系，然后可得成事人尽死之节。卫公子开方仕齐，积年不归，管仲以为不怀其亲，安能爱君，不可以为相。是以求忠臣必于孝子之门，允宜先救至亲。徐庶母为曹公所得，刘备乃遣庶归，欲为天下者恕人子之情也。曹公亦宜遣允。

②《魏书》曰：昱少时常梦上泰山，两手捧日。昱私异之，以语荀彧。及兖州反，赖昱得完三城。于是彧以昱梦白太祖。太祖曰："卿当终为吾腹心。"昱本名立，太祖乃加其上"日"，更名昱也。

③《魏略》载昱说太祖曰："昔田横，齐之世族，兄弟三人更王，据千里之地，拥百万之众，与诸侯并南面称孤。既而高祖得天下，而横顾为降虏。当此之时，横岂可为心哉！"太祖曰："然。此诚丈夫之至辱也。"昱曰："昱愚，不识大旨，以为将军之志，不如田横。田横，齐一壮士耳，犹羞为高祖臣。今闻将军欲遣家往邺，将北面而事袁绍。夫以将军之聪明神武，而反不羞为袁绍之下，窃为将军耻之！"其后语与本传略同。

④《魏书》曰：太祖征马超，文帝留守，使昱参军事。田银、苏伯等反河间，遣将军贾信讨之。贼有千余人请降，议者皆以为宜如旧法，昱曰："诛降者，谓在扰攘之时，天下云起，故围而后降者不赦，以示威天下，开其利路，使不至于围也。今天下略定，且在邦域之中，此必降之贼，杀之无所威惧，非前日诛降之意。臣以为不可诛也；纵诛之，宜先启闻。"众议者曰："军事有专，无请。"昱不答。文帝起入，特引见昱曰："君有所不尽邪？"昱曰："凡专命者，谓有临时之急，呼吸之间者耳。今此贼制在贾信之手，无朝夕之变，故老臣不愿将军行之也。"文帝曰："君虑之善。"即白太祖，太祖果不诛。太祖还，闻之甚说，谓昱曰："君非徒明于军计，又善处人父子之间。"

⑤《魏书》曰：昱时年八十。

《世语》曰：初，太祖乏食，昱略其本县，供三日粮，颇杂以人脯，由是失朝望，故位不至公。

⑥《世语》曰：晓字季明，有通识。

⑦《晓别传》曰：晓大著文章多亡失，今之存者不能十分之一。

⑧《傅子》曰：嘉少有远量。汉末天下将乱。自弱冠匿名迹，密交结英隽，不与俗接，故时人多莫知，惟识达者奇之。年二十七，辟司徒府。

⑨《傅子》曰：太祖谓嘉曰："本初拥冀州之众，青、并从之，地广兵强，而数为不逊。吾欲讨之，力不敌，如何？"对曰："刘、项之不敌，公所知也。汉祖唯智胜；项羽虽强，终为所禽。嘉窃料之，绍有十败，公有十胜，虽兵强，无能为也。绍繁礼多仪，公体任自然，此道胜一也。绍以逆动，公奉顺以率天下，此义胜二也。汉末政失于宽，绍以宽济宽，故不摄，公纠之以猛而上下知制，此治胜三也。绍外宽内忌，用人而疑之，所任唯亲戚子弟，公外易简而内机明，用人无疑，唯才所宜，不间远近，此度胜四也。绍多谋少决，失在后事，公策得辄行，应变无穷，此谋胜五也。绍因累世之资，高议揖让以收名誉，士之好言饰外者多归之，公以至心待人，推诚而行，不为虚美，以俭率下，与有功者无所吝，士之忠正远见而有实者皆愿为用，此德胜六也。绍见人饥寒，恤念之形于颜色，其所不见，虑或不及也，所谓妇人之仁耳，公于目前小事，时有所忽，至于大事，与四海接，恩之所加，皆过其望，虽所不见，虑之所周，无不济也，此仁胜七也。绍大臣争权，谗言惑乱，公御下以道，浸润不行，此明胜八也。绍是非不可知，公所是进之以礼，所不是正之以法，此文胜九也。绍好为虚势，不知兵要，公以少克众，用兵如神，军人恃之，敌人畏之，此武胜十也。"太祖笑曰："如卿所言，孤何德以堪之也！"嘉又曰："绍方北击公孙瓒，可因其远征，东取吕布。不先取布，若绍为寇，布为之援，此深害也。"太祖曰："然。"

⑩《傅子》曰：太祖欲引军还，嘉曰："昔项籍七十余战，未尝败北，一朝失势而身死国亡者，恃勇无谋故也。今布每战辄破，气衰力尽，内外失守。布之威力不及项籍，而困败过之，若乘胜攻之，此成禽也。"太祖曰："善。"

《魏书》曰：刘备来奔，以为豫州牧。或谓太祖曰："备有英雄志，今不早图，后必为患。"太祖以问嘉，嘉曰："有是。然公提剑起义兵，为百姓除暴，推诚仗信以招俊杰，犹惧其未也。今备有英雄名，以穷归己而害之，是以害贤为名，则智士将自疑，回心择主，公谁与定天下？夫除一人之患，以沮四海之望，安危之机，不可不察！"太祖笑曰："君得之矣。"

《傅子》曰：初，刘备来降，太祖以客礼待之，使为豫州牧。嘉言于太祖曰："备有雄才而甚得众心。张飞、关羽者，皆万人之敌也，为之死用。嘉观之，备终不为人下，其谋未可测也。古人有言：'一日纵敌，数世之患。'宜早为之所。"是时，太祖奉天子以号令天下，方招怀英雄以明大信，未得从嘉谋。会太祖使备要击袁术，嘉与程昱俱驾而谏太祖曰："放备，变作矣！"时备已去，遂举兵以叛。太祖恨不用嘉之言。

案《魏书》所云，与傅子正反也。

⑪《傅子》曰：太祖欲速征刘备，议者惧军出，袁绍击其后，进不得战而退失所据。语在《武纪》。太祖疑，以问嘉。嘉劝太祖曰："绍性迟而多疑，来必不速。备新起，众心未附，急击之必败。此存亡之机，不可失也。"太祖曰："善。"遂东征备。备败奔绍，绍果不出。

臣松之案《武纪》，决计征备，量绍不出，皆出自太祖。此云用嘉计，则为不同。又本传称嘉料孙策轻佻，必死于匹夫之手，诚为明于见事。然自非上智，无以知其死在何年也。今正以袭许年死，此盖事之偶合。

⑫《傅子》曰：河北既平，太祖多辟召青、冀、幽、并知名之士，渐臣使之，以为省事掾属。皆嘉之谋也。

⑬《魏书》载太祖表曰："臣闻褒忠宠贤，未必当身，念功惟绩，恩隆后嗣。是以楚宗孙叔，显封厥子；岑彭既没，爵及支庶。故军祭酒郭嘉，忠良渊淑，体通性达。每有大议，发言盈庭，执中处理，动无遗策。自在军旅，十有余年，行同骑乘，坐共幄席，东禽吕布，西取眭固，斩袁谭之首，平朔土之众，逾越险塞，荡定乌丸，震威辽东，以枭袁尚。虽假天威，易为指麾，至于临敌，发扬誓命，凶逆克殄，勋实由嘉。方将表显，短命早终。上为朝廷悼惜良臣，下自毒恨丧失奇佐。宜追增嘉封，并前千户，褒亡为存，厚往劝来也。"

⑭《魏书》称奕通达见理。奕字伯益，见王昶《家诫》。

⑮《傅子》曰：太祖又云："哀哉奉孝！痛哉奉孝！惜哉奉孝！"

⑯《傅子》曰：太祖与荀彧书，追伤嘉曰："郭奉孝年不满四十，相与周旋十一年，阻险艰难，皆共罹之。又以其通达，见世事无所凝滞，欲以后事属之，何意卒尔失之，悲痛伤心。今表增其子满千户，然何益亡者，追念之感深。且奉孝乃知孤者也；天下人相知者少，又以此痛惜。奈何奈何！"又与彧书曰："追惜奉孝，不能去心。其人见时事兵事，过绝于人。又人多畏病，南方有疫，常言'吾往南方，则不生还'。然与共论计，云当先定荆。此为不但见计之忠厚，必欲立功分，弃命定。事人心乃尔，何得使人忘之！"

⑰《世语》曰：嘉孙敞，字泰中，有才识，位散骑常侍。

⑱《献帝春秋》曰：昭与列侯诸将议，以丞相宜进爵国公，九锡备物，以彰殊勋；书与荀彧曰："昔周旦、吕望，当姬氏之盛，因二圣之业，辅翼成王之幼，功勋若彼，犹受上爵，锡土开宇。末世田单，驱强齐之众，报弱燕之怨，收城七十，迎复襄王；襄王加赏于单，使东有掖邑之封，西有菑上之虞。前世录功，浓厚如此。今曹公遭海内倾覆，宗庙焚灭，躬擐甲胄，周旋征伐，栉风沐雨，且三十年，芟夷群凶，为百姓除害，使汉室复存，刘氏奉祀。方之曩者数公，若太山之与丘垤，岂同日而论乎？今徒与列将功臣，并侯一县，此岂天下所望哉！"

⑲《傅子》曰：太祖征晔及蒋济、胡质等五人，皆扬州名士。每舍亭传，未曾不讲，所以见重；内论国邑先贤、御贼固守、行军进退之宜，外料敌之变化、彼我虚实、战争之术，夙夜

不解。而晔独卧车中,终不一言。济怪而问之,晔答曰:“对明主非精神不接,精神可学而得乎?”及见太祖,太祖果问扬州先贤,贼之形势。四人争对,待次而言,再见如此,太祖每和悦,而晔终不一言。四人笑之。后一见太祖止无所复问,晔乃设远言以动太祖,太祖适知便止。若是者三。其旨趣以为远言宜征精神,独见以尽其机,不宜于猥坐说也。太祖已探见其心矣,坐罢,寻以四人为令,而授晔以心腹之任;每有疑事,辄以函问晔,至一夜数十至耳。

⑳《傅子》曰:居七日,蜀降者说:“蜀中一日数十惊,备虽斩之而不能安也。”太祖延问晔曰:“今尚可击不?”晔曰:“今已小定,未可击也。”

㉑《傅子》曰:初,太祖时,魏讽有重名,自卿相以下皆倾心交之。其后孟达去刘备归文帝,论者多称有乐毅之量。晔一见讽、达而皆云必反,卒如其言。

㉒《傅子》曰:孙权遣使求降,帝以问晔。晔对曰:“权无故求降,必内有急。权前袭杀关羽,取荆州四郡,备怒,必大兴师伐之。外有强寇,众心不安,又恐中国承其衅而伐之,故委地求降,一以却中国之兵,二则假中国之援,以强其众而疑敌人。权善用兵,见策知变,其计必出于此。今天下三分,中国十有其八。吴、蜀各保一州,阻山依水,有急相救,此小国之利也。今还自相攻,天亡之也。宜大兴师,径渡江袭其内。蜀攻其外,我袭其内,吴之亡不出旬月矣。吴亡则蜀孤。若割吴半,蜀固不能久存,况蜀得其外,我得其内乎!”帝曰:“人称臣降而伐之,疑天下欲来者心,必以为惧,其殆不可!孤何不且受吴降,而袭蜀之后乎?”对曰:“蜀远吴近,又闻中国伐之,便还军,不能止也。今备已怒,故兴兵击吴,闻我伐吴,知吴必亡,必喜而进与我争割吴地,必不改计抑怒救吴,必然之势也。”帝不听,遂受吴降,即拜权为吴王。晔又进曰:“不可。先帝征伐,天下十兼其八,威震海内,陛下受禅即真,德合天地,声暨四远,此实然之势,非卑臣颂言也。权虽有雄才,故汉骠骑将军南昌侯耳,官轻势卑。士民有畏中国心,不可强迫与成所谋也。不得已受其降,可进其将军号,封十万户侯,不可即以为王也。夫王位,去天子一阶耳,其礼秩服御相乱也。彼直为侯,江南士民未有君臣之义也。我信其伪降,就封殖之,崇其位号,定其君臣,是为虎傅翼也。权既受王位,却蜀兵之后,外尽礼事中国,使其国内皆闻之,内为无礼以怒陛下。陛下赫然发怒,兴兵讨之,乃徐告其民曰:‘我委身事中国,不爱珍货重宝,随时贡献,不敢失臣礼也,无故伐我,必欲残我国家,俘我民人子女以为僮隶仆妾。’吴民无缘不信其言也。信其言而感怒,上下同心,战加十倍矣。”又不从。遂即拜权为吴王。权将陆议大败刘备,杀其兵八万余人,备仅以身免。权外礼愈卑,而内行不顺,果如晔言。

㉓《傅子》曰:晔事明皇帝,又大见亲重。帝将伐蜀,朝臣内外皆曰“不可”。晔入与帝议,因曰“可伐”;出与朝臣言,因曰“不可伐”。晔有胆智,言之皆有形。中领军杨暨,帝之亲臣,又重晔,持不可伐蜀之议最坚,每从内出,辄过晔,晔讲不可之意。后暨从驾行天渊池,帝论伐蜀事,暨切谏。帝曰:“卿书生,焉知兵事!”暨谦谢曰:“臣出自儒生之末,陛下过听,拔臣群萃之中,立之六军之上,臣有微心,不敢不尽言。臣言诚不足采,侍中刘晔先帝谋臣,常曰蜀不可伐。”帝曰:“晔与吾言蜀可伐。”暨曰:“晔可召质也。”诏召晔至,帝问晔,终不言。后独见,晔责帝曰:“伐国,大谋也,臣得与闻大谋,常恐眯梦漏泄以益臣罪,焉敢向人言之?夫兵,诡道也,军事未发,不厌其密也。陛下显然露之,臣恐敌国已闻之矣。”于是帝谢之。晔见出,责暨曰:“夫钓者中大鱼,则纵而随之,须可制而后牵,则无不得也。人主之威,岂徒大鱼而已!子诚直臣,然计不足采,不可不精思也。”暨亦谢之。晔能应变持两端如此。或恶晔于帝曰:“晔不尽忠,善伺上意所趋而合之。陛下试与晔言,皆反意而问之,若皆与所问反者,是晔常与圣意合也。复每问皆同者,晔之情必无所逃矣。”帝如言以验之,果得其情,从此疏焉。晔遂发狂,出为大鸿胪,以忧死。谚曰“巧诈不如拙诚”,信矣。以晔之明智权计,若居之以德义,行之以忠信,古之上贤,何以加诸?独任才智,不与世士相经纬,内不推心事上,外

困于俗，卒不能自安于天下，岂不惜哉！

㉔《王弼传》曰：淮南人刘陶，善论纵横，为当时所推。

《傅子》曰：陶字季冶，善名称，有大辩。曹爽时为选部郎，邓飏之徒称之以为伊吕。当此之时，其人意陵青云，谓玄曰："仲尼不圣。何以知其然？智者图国；天下群愚，如弄一丸于掌中，而不能得天下。"玄以其言大惑，不复详难也。谓之曰："天下之质，变无常也。今见卿穷！"爽之败，退居里舍，乃谢其言之过。

干宝《晋纪》曰：毌丘俭之起也，大将军以问陶，陶答依违。大将军怒曰："卿平生与吾论天下事，至于今日而更不尽乎？"乃出为平原太守，又追杀之。

㉕司马彪《战略》曰：太和六年，明帝遣平州刺史田豫乘海渡，幽州刺史王雄陆道，并攻辽东。蒋济谏曰："凡非相吞之国，不侵叛之臣，不宜轻伐。伐之而不制，是驱使为贼。故曰'虎狼当路，不治狐狸。先除大害，小害自已'。今海表之地，累世委质，岁选计考，不乏职贡。议者先之，正使一举便克，得其民不足益国，得其财不足为富；傥不如意，是为结怨失信也。"帝不听，豫行竟无成而还。

㉖《汉晋春秋》曰：公孙渊闻魏将来讨，复称臣于孙权，乞兵自救。帝问济："孙权其救辽东乎？"济曰："彼知官备以固，利不可得，深入则非力所能，浅入则劳而无获；权虽子弟在危，犹将不动，况异域之人，兼以往者之辱乎！今所以外扬此声者，谲其行人疑于我，我之不克，冀折后事已耳。然沓渚之间，去渊尚远，若大军相持，事不速决，则权之浅规，或能轻兵掩袭，未可测也。"

㉗《列异传》曰：济为领军，其妇梦见亡儿涕泣曰："死生异路，我生时为卿相子孙，今在地下为泰山伍伯，憔悴困辱，不可复言。今太庙西讴士孙阿，今见召为泰山令，愿母为白侯，属阿令转我得乐处。"言讫，母忽然惊寤，明日以白济。济曰："梦为尔耳，不足怪也。"明日暮，复梦曰："我来迎新君，止在庙下。未发之顷，暂得来归。新君明日日中当发，临发多事，不复得归，永辞于此。侯气强，难感悟，故自诉于母，愿重启侯，何惜不一试验之？"遂道阿之形状，言甚备悉。天明，母重启侯："虽云梦不足怪，此何太适适？亦何惜不一验之？"济乃遣人诣太庙下，推问孙阿，果得之，形状证验悉如儿言。济涕泣曰："几负吾儿！"于是乃见孙阿，具语其事。阿不惧当死，而喜得为泰山令，惟恐济言不信也。曰："若如节下言，阿之愿也。不知贤子欲得何职？"济曰："随地下乐者与之。"阿曰："辄当奉教。"乃厚赏之，言讫遣还。济欲速知其验，从领军门至庙下，十步安一人，以传阿消息。辰时传阿心痛，巳时传阿剧，日中传阿亡。济泣曰："虽哀吾儿之不幸，且喜亡者有知。"后月余，儿复来语母曰："已得转为录事矣。"

㉘臣松之案蒋济《立郊议》称《曹腾碑文》云"曹氏族出自邾"，《魏书》述曹氏胤绪亦如之。魏武作《家传》，自云曹叔振铎之后。故陈思王作《武帝诔》曰："于穆武皇，胄稷胤周。"此其不同者也。及至景初，明帝从高堂隆议，谓魏为舜后，后魏为《禅晋文》，称"昔我皇祖有虞"，则其异弥甚。寻济难隆，及与尚书缪袭往反，并有理据，文多不载。济亦未能定氏族所出，但谓"魏非舜后而横祀非族，降黜太祖，不配正天，皆为缪妄"。然于时竟莫能正。济又难：郑玄注《祭法》云"有虞以上尚德，禘郊祖宗，配用有德，自夏已下，稍用其姓氏"。济曰："夫虬龙神于獭，獭自祭其先，不祭虬龙也。骐驎白虎仁于豺，豺自祭其先，不祭骐虎也。如玄之说，有虞已上，豺獭之不若邪？臣以为祭法所云，见疑学者久矣，郑玄不考正其违而就通其义。"济豺獭之譬，虽似俳谐，然其义旨，有可求焉。

㉙孙盛曰：蒋济之辞邑，可谓不负心矣。语曰"不为利回，不为义疚"，蒋济其有焉。

㉚《世语》曰：初，济随司马宣王屯洛水浮桥，济书与曹爽，言宣王旨"惟免官而已"，爽遂诛灭。济病其言之失信，发病卒。

㉛《资别传》曰：资字彦龙。幼而岐嶷，三岁丧二亲，长于兄嫂。讲业太学，博览传记，同郡王允一见而奇之。太祖为司空，又辟资。会兄为乡人所害，资手刃报仇，乃将家属避地河东，故遂不应命。寻复为本郡所命，以疾辞。友人河东贾逵谓

资曰："足下抱逸群之才，值旧邦倾覆，主将殷勤，千里延颈，宜崇古贤桑梓之义。而久盘桓，拒违君命，斯犹曜和璧于秦王之庭，而塞以连城之价耳。窃为足下不取也！"资感其言，遂往应之。到署功曹，举计吏。尚书令荀彧见资，叹曰："北州承丧乱已久，谓其贤智零落，今日乃复见孙计君乎！"表留以为尚书郎。辞以家难，得还河东。

㉜《资别传》曰：诸葛亮出在南郑，时议者以为可因大发兵，就讨之，帝意亦然，以问资。资曰："昔武皇帝征南郑，取张鲁，阳平之役，危而后济。又自往拔出夏侯渊军，数言'南郑直为天狱中，斜谷道为五百里石穴耳'，言其深险，喜出渊军之辞也。又武皇帝圣于用兵，察蜀贼栖于山岩，视吴虏窜于江湖，皆挠而避之，不责将士之力，不争一朝之忿，诚所谓见胜而战，知难而退也。今若进军就南郑讨亮，道既险阻，计用精兵又转运镇守南方四州遏御水贼，凡用十五六万人，必当复更有所发兴。天下骚动，费力广大，此诚陛下所宜深虑。夫守战之力，力役参倍。但以今日见兵，分命大将据诸要险，威足以震摄强寇，镇静疆埸，将士虎睡，百姓无事。数年之间，中国日盛，吴蜀二虏必自罢弊。"帝由是止。时吴人彭绮又举义江南，议者以为因此伐之，必有所克。帝问资，资曰："鄱阳宗人前后数有举义者，众弱谋浅，旋辄乖散。昔文皇帝尝密论贼形势，言洞浦杀万人，得船千万，数日间船人复会；江陵被围历月，权裁以千数百兵住东门，而其土地无崩解者。是有法禁，上下相奉持之明验也。以此推绮，惧未能为权腹心大疾也。"绮果寻败亡。

㉝《魏氏春秋》曰：乌丸校尉田豫帅西部鲜卑泄归尼等出塞，讨轲比能、智郁筑鞬，破之，还至马邑故城，比能帅三万骑围豫。帝闻之，计未有所出，如中书省以问监，令。令孙资对曰："上谷太守阎志，柔弟也，为比能素所归信。令驰诏使说比能，可不劳师而自解矣。"帝从之，比能果释豫而还。

㉞《资别传》曰：是时，孙权、诸葛亮号称剧贼，无岁不有军征。而帝总摄群下，内图御寇之计，外规庙胜之画，资皆管之。然自以受腹心，常让事于帝曰："动大众，举大事，宜与群下共之；既以示明，且于探求为广。"既朝臣会议，资奏当其是非，择其善者推成之，终不显己之德也。若众人有谴过及爱憎之说，辄复为请解，以塞谮润之端。如征东将军满宠、凉州刺史徐邈，并有谮毁之者，资皆盛陈其素行，使卒无纤介。宠、邈得保其功名者，资之力也。初，资在邦邑，名出同类之右。乡人司空掾田豫、梁相宗艳皆妒害之，而杨丰党附豫等，专为资构造谤端，怨隙甚重。资既不以为言，而终无恨意。豫等惭服，求释宿憾，结为婚姻。资谓之曰："吾无憾心，不知所释。此为卿自薄之，卿自厚之耳！"乃为长子宏取其女。及当显位，而田豫老疾在家。资遇之甚厚，又致其子于本郡，以为孝廉。而杨丰子后为尚方吏，帝以职事谴怒，欲致之法，资请活之。其不念旧恶如此。

㉟《世语》曰：放、资久典机任，献、肇心内不平。殿中有鸡栖树，二人相谓："此亦久矣，其能复几？"指谓放、资。放、资惧，乃劝帝召宣王。帝作手诏，令给使辟邪至，以授宣王。宣王在汲，献等先诏令于轵关西还长安，辟邪又至，宣王疑有变，呼辟邪具问，乃乘追锋车驰至京师。帝问放、资："谁可与太尉对者？"放曰："曹爽。"帝曰："堪其事不？"爽在左右，流汗不能对。放蹑其足，耳之曰："臣以死奉社稷。"曹肇弟纂为大将军司马，燕王颇失指。肇出，纂见，惊曰："上不安，云何悉共出？宜还。"已暮，放、资宣诏宫门，不得复内肇等，罢燕王。肇明日至门，不得入，惧，诣延尉，以处事失宜免。帝谓献曰："吾已差，便出。"献流涕而出，亦免。案《世语》所云树置先后，与《本传》不同。

《资别传》曰：帝诏资曰："吾年稍长，又历观书传中，皆叹息无所不念。图万年后计，莫过使亲人广据职势，兵任又重。今射声校尉缺，久欲得亲人，谁可用者？"资曰："陛下思深虑远，诚非愚臣所及。书传所载，皆圣听所究，向使汉高不知平、勃能安刘氏，孝武不识金、霍付属以事，殆不可言！文皇帝始召曹真还时，亲诏臣以重虑，及至晏驾，陛下即阼，犹有曹休外内之望，赖遭日月，御勒不倾，使各守分职，纤介不间。以此推之，亲臣贵戚，虽当据势握兵，宜使轻重素定。若诸侯典兵，力均衡平，宠齐爱等，则不相为服；不相为服，则意有异同。今五营所领见兵，常不过数百，选授校尉，如其辈类，为有畴匹。至于重大之任，能有所维纲者，宜以圣恩简择，如平、勃、金、霍、刘章等一二人，渐殊其威重，使相镇固，于事为善。”帝曰："然。如卿言，当为吾远虑所图。今日可参平、勃，侔金、霍，双刘章者，其谁哉？"资曰："臣闻知人则哲，惟帝难之。唐虞之圣，凡所进用，明试以功。陈平初事汉祖，绛、灌等谤平有受金盗嫂之罪。周勃以吹箫引强，始事高祖，亦未知名也；高祖察其行迹，然后知可付以大事。霍光给事中二十余年，小心谨慎，乃见亲信。日磾夷狄，以至孝质直，特见擢用，左右尚曰'妄得一胡儿而重贵之'。平、勃虽安汉嗣，其终，勃被反名，平劣自免于吕须之谗。上官桀、桑弘羊与霍光争权，几成祸乱。此诚知人之不易，为臣之难也。又所简择，当得陛下所亲，当得陛下所信，诚非愚臣之所能识别。"

臣松之以为孙、刘于时号为专任，制断机密，政事无不综。资、放被托付之问，当安危所断，而更依违其对，无有适莫。受人亲任，理岂得然？案本传及诸书并云放、资称赞曹爽，劝召宣王，魏室之亡，祸基于此。资之别传，出自其家，欲以是言掩其大失，然恐负国之玷，终莫能磨也。

㊱《资别传》曰：大将军爽专事，多变易旧章。资叹曰："吾累世蒙宠，加以豫闻属托，今纵不能匡弼时事，可以坐受素餐之禄邪？"遂固称疾。九年二月，乃赐诏曰："君掌机密三十余年，经营庶事，勋著前朝。暨朕统位，动赖良谋。是以曩者增崇宠章，同之三事，外帅群官，内望谠言。属以年耆疾笃，上还印绶，前后郑重，辞旨恳切。天地以大顺成德，君子以善恕成仁，重以职事，违夺君志，今听所执，赐钱百万，使兼光禄勋少府亲策诏君养疾于第。君其勉进医药，颐神和气，以永无疆之祚。置舍人官骑，加以日秩肴酒之膳焉。"

㊲臣松之案《头责子羽》曰：士卿刘许字文生，正之弟也。与张华六人，并称文辞可观，意思详序。晋惠帝世，许为越骑校尉。

㊳案《孙氏谱》：宏为南阳太守。宏子楚，字子荆。《晋阳秋》曰：楚乡人王济，豪俊公子也，为本州大中正。访问关求楚品状，济曰："此人非卿所能名。"自状之曰："天才英博，亮拔不群。"楚位至讨虏护军、冯翊太守。楚子洵，颍川太守。洵子盛，字安国，给事中，秘书监。盛从父弟绰，字兴公，廷尉正。楚及盛、绰，并有文藻，盛又善言名理，诸所论著，并传于世。

三国志卷十五 魏书十五

刘司马梁张温贾传第十五

刘馥字元颖，沛国相人也。避乱扬州，建安初，说袁术将戚寄、秦翊，使率众与俱诣太祖。太祖悦之，司徒辟为掾。后孙策所置庐江太守李述攻杀扬州刺史严象，庐江梅乾、雷绪、陈兰等聚众数万在江、淮间，郡县残破。太祖方有袁绍之难，谓馥可任以东南之事，遂表为扬州刺史。

刘馥字元颖，是沛国相县人。早年为躲避战乱到扬州。建安初年，他劝说袁术部将戚寄、秦翊，使他们率领军队一道归顺太祖。太祖很高兴，让司徒征召刘馥为部属。后来孙策设置的庐江太守李述攻克扬州，杀死扬州刺史严象。庐江人梅乾、雷绪、陈兰等聚集数万人横行在江淮一带，郡县残破。当时正好遇上袁绍大举进攻曹军，太祖认为刘馥能担负治理东南方面的重任，就上表推荐他担任扬州刺史。

馥既受命，单马造合肥空城，建立州治，南怀绪等，皆安集之，贡献相继。数年中恩化大行，百姓乐其政，流民越江山而归者以万数。于是聚诸生，立学校，广屯田，兴治芍陂及茄陂、七门、吴塘诸堨以溉稻田，官民有畜。又高为城垒，多积木石，编作草苫数千万枚，益贮鱼膏数千斛，为战守备。

刘馥接受命令后，单枪匹马来到空城合肥，建立扬州治所。他在南面招抚雷绪等人，一一对他们进行安抚，因而他们的进贡接连不断。几年的时间，扬州恩惠教化普遍施行，老百姓拥护刘馥的治理，数以万计流亡在外的人跋山涉水来归附他。于是刘馥聚集儒生，兴办学校，广为屯田。先后兴修整治了芍陂、茄陂、七门、吴塘等水利工程，用以灌溉稻田，官府与百姓都有了积蓄。同时再高建城垒，多储备木石，编织了数千万张草苫，贮存了数千斛鱼膏，作为作战守城的备用品。

建安十三年卒。孙权率十万众攻围合肥城百余日，时天连雨，城欲崩，于是以苫蓑覆之，夜然脂照城外，视贼所作而为备，贼以破走。扬州士民益追思之，以为虽董安于之守晋阳，不能过也。及陂塘之利，至今为用。

建安十三年，刘馥去世。孙权率十万军队围攻合肥城达一百来天。当时连降大雨，城墙将要坍塌，守城士兵就用草蓑衣覆盖城墙，夜晚点燃鱼脂照亮城外，注视吴军的行动而采取相应的防备，吴军不得不撤走。扬州的百姓因此更加追思刘馥，认为刘馥守合肥的功劳即使是董安于守晋阳，也无法相比。至于兴修陂塘带来的好处，一直到现在人们还在享用。

馥子靖，黄初中从黄门侍郎迁庐江太守，诏曰："卿父昔为彼州，今卿复据此郡，可谓克负荷者也。"转在河内，迁尚书，赐爵关内侯，出为河南尹。散骑常侍应璩书与靖曰："入作纳言，出临京任。富民之术，日引月长。藩落高峻，绝穿窬之心。五种别出，远水火之灾。农器必具，无失时之阙。蚕麦有苫备之用，无雨湿之虞。封符指期，无流连之吏。鳏寡孤独，蒙廪振之实。加之以明擿幽微，重之以秉宪不挠；有司供承王命，百里垂拱仰办。虽昔赵、张、三王之治，未足以方也。"靖为政类如此。初虽如碎密，终于百姓便之，有馥遗风。母丧去官，后为大司农卫尉，进封广陆亭侯，邑三百户。上疏陈儒训之本曰："夫学者，治乱之轨仪，圣人之大教也。自黄初以来，崇立太学二十余年，而寡有成者，盖由博士选轻，诸生避役，高门子弟，耻非其伦，故无学者。虽有其名而无其人，虽设其教而无其功。宜高选博士，取行为人表，经任人师者，掌教国子。依遵古法，使二千石以上子孙，年从十五，皆入太学。明制黜陟荣辱之路，其经明行修者，则进之以崇德；荒教废业者，则退之以惩恶；举善而教不能则劝，浮华交游，不禁自息矣。阐弘大化，以绥未宾；六合承风，

刘馥的儿子刘靖，黄初年间从黄门侍郎升迁为庐江太守，诏书说："你的父亲过去担任过庐江太守，今天你又奉命治理此郡，可以称得上是子承父业啊。"转而又到河内任职，升迁为尚书，赐给关内侯的爵位，出任河南尹。散骑常侍应璩写信给刘靖说："你在京城担任纳言的要职，出外担任当护卫京师的重任。你心中使老百姓富强的方法，一定会一天比一天多。村落的屏障高峻坚固，可以打消小偷行窃的念头。种出各种不同的谷物，可以远离水火灾害。耕种的农具一一备足，就不会有误失农时的错误。养蚕种麦有草苫备用，就没有被雨淋湿的担忧。封官有规定的时期，就没有留滞在外的官吏。鳏夫寡妇、孤儿老弱可以受到仓粮的救济。再加上你明察细微，执法公正，使官吏服从王命，可以从容地治理好辖区政务。即使过去执法严明、以政绩著称的赵广汉、张敞、王尊、王章、王骏，也无法同你相比。"刘靖为政大多都像这样。开始时虽然有些烦琐，但最终使百姓得到好处，大有刘馥的遗风。母亲去世后，刘靖辞官回乡。后来又出任大司农卫尉，晋封广陆亭侯，食邑三百户。他上疏陈述儒家教育的根本："儒学是治理动乱的法则，是圣人的伟大教化。自从黄初以来，隆重设立太学，已有二十余年了，但很少有有成就的人，大概因为挑选博士过于轻率，太学生为避劳役才来就学，而豪门大族的子弟，又羞愧于太学生不是他们的同类，所以没有立志求学的人。虽有其名而无其人，虽设立教育机构而并没有取得相应成效。从今以后应当严格选择博士，选取德行可以为人表率，经学可以胜任人师的人，担当教育公卿子弟的重任。遵循古代法度，使二千石以上官员的子孙，年满十五岁后，全入太学。要明确制定进退荣辱的途径，那些通晓经书，品行美善的人，就重用他们以尊崇有道德的人；那些荒废教化和学业的人，就开除他们以惩罚恶行；能提拔好人而教育能力弱的人，人们就都会勤勉，华而不实、夸夸其谈的交游，不禁止也会自然停息。推阐弘扬伟大的教化，以安抚还没归顺的人们。这样，普天之下

远人来格。此圣人之教，致治之本也。”后迁镇北将军，假节都督河北诸军事。靖以为“经常之大法，莫善于守防，使民夷有别”。遂开拓边守，屯据险要。又修广戾陵渠大堨，水溉灌蓟南北；三更种稻，边民利之。嘉平六年薨，追赠征北将军，进封建成乡侯，谥曰景侯。子熙嗣。①

都会接受教化，远方的人也会前来归顺。这是圣人的教诲，是达到国家长治久安的根本。”以后，刘靖升迁镇北将军，授予符节统领河北诸军事。刘靖认为：“长期使用的重要办法，没有比守备和防卫更好的，使老百姓与胡民有所区别。”于是开拓边境扩大防守，屯兵据守险要的地方。又整治加宽戾陵渠大坝，用以灌溉蓟县南北，多次种植水稻，使边界的百姓受益。嘉平六年刘靖去世，追赠征北将军，进封建成乡侯的爵位，赐谥号为景侯。儿子刘熙继承爵位。

司马朗字伯达，河内温人也。②九岁，人有道其父字者，朗曰：“慢人亲者，不敬其亲者也。”客谢之。十二，试经为童子郎，监试者以其身体壮大，疑朗匿年，劾问。朗曰：“朗之内外，累世长大，朗虽稚弱，无仰高之风，损年以求早成，非志所为也。”监试者异之。后关东兵起，故冀州刺史李邵家居野王，近山险，欲徙居温。朗谓邵曰：“唇齿之喻，岂唯虞、虢，温与野王即是也；今去彼而居此，是为避朝亡之期耳。且君，国人之望也，今寇未至而先徙，带山之县必骇，是摇动民之心而开奸宄之原也，窃为郡内忧之。”邵不从。边山之民果乱，内徙，或为寇钞。

司马朗字伯达，是河内温县人。九岁时，有客人直接叫他父亲的名字，司马朗说：“怠慢他人父亲的人，也是不尊敬自己父亲的人。”客人因此向他道歉。十二岁时，通过经书考试录取为童子郎。监考的人因为他长得壮实高大，怀疑司马朗隐瞒了年龄，便询问他。司马朗说：“我家的人，世世代代都长得高大，我虽然年龄尚小，但没有攀高的习气，少报年岁来求得早成，并不符合我的志向。”监考人很惊异他的回答。以后关东兵起，原冀州刺史李邵家住野王，临近兵荒之地，想移居温县。司马朗劝李邵说：“唇亡齿寒的比喻，难道只是虞国和虢国吗？温县和野王也是这样。现在您离开野王而居温县，这只能躲避一时的危害。而且刺史为一州百姓所仰望，现在乱兵未到您却先迁居，您治下的郡县必定恐慌，这恐怕容易动摇民心从而让为非作歹的人犯法作乱，我为郡内人民担忧。”李邵没有听从司马朗的劝说终于迁居。靠近山区的百姓果然动乱，纷纷内迁，有的被强盗抢劫。

是时董卓迁天子都长安，卓因留洛阳。朗父防为治书御史，当徙西，以四方云扰，乃遣朗将家属还本县。或有告朗欲逃亡者，执以诣卓，卓谓朗曰：“卿与吾亡儿同岁，几大相负！”朗因曰：“明公以高世之

这时董卓迁徙天子改都长安，董卓仍留在洛阳。司马朗的父亲司马防担任治书御史，应当随朝廷迁往长安，因为到处战乱，就派司马朗带家属返回本县。有人举报司马朗想逃跑，抓住他去见董卓。董卓对他说：“你和我死去的儿子同岁，几乎大大有负于我！”司马朗就说：“您以超乎世俗的德行，遇上

德，遭阳九之会，清除群秽，广举贤士，此诚虚心垂虑，将兴至治也。威德以隆，功业以著，而兵难日起，州郡鼎沸，郊境之内，民不安业，捐弃居产，流亡藏窜，虽四关设禁，重加刑戮，犹不绝息，此朗之所以于邑也。愿明公监观往事，少加三思，即荣名并于日月，伊、周不足侔也。”卓曰：“吾亦悟之，卿言有意！”③

了连年战乱的时代，清除群凶，广荐贤士，这实在是虚心谋划，国家将要兴盛从而达到大治了。您的声威德行也因此而增高，功勋事业因此而显著，但是战乱仍一天天严重，州郡形势纷扰动乱，京城境内百姓不能安居乐业，纷纷抛弃了自己的财产，逃亡隐藏。虽然您在四关建立了禁卡，加重刑罚，逃亡的人仍然没有停止，这就是我悲哀愤懑的原因。希望您观察借鉴往事，稍加深思，那样您的荣誉功名就会与日月同辉，即使伊尹、周公也无法相比。”董卓说：“我也想到了这些，你的话很有意义！”

朗知卓必亡，恐见留，即散财物以赂遗卓用事者，求归乡里。到谓父老曰：“董卓悖逆，为天下所仇，此忠臣义士奋发之时也。郡与京都境壤相接，洛东有成皋，北界大河，天下兴义兵者若未得进，其势必停于此。此乃四分五裂战争之地，难以自安，不如及道路尚通，举宗东到黎阳。黎阳有营兵，赵威孙乡里旧婚，为监营谒者，统兵马，足以为主。若后有变，徐复观望未晚也。”父老恋旧，莫有从者，惟同县赵咨，将家属俱与朗往焉。后数月，关东诸州郡起兵，众数十万，皆集荥阳及河内。诸将不能相一，纵兵钞掠，民人死者且半。久之，关东兵散，太祖与吕布相持于濮阳，朗乃将家还温。时岁大饥，人相食，朗收恤宗族，教训诸弟，不为衰世解业。

司马朗知道董卓一定要灭亡，担心被留在洛阳，立即发散财物用来贿赂董卓手下的当权者，请求回归家乡。回到家乡后对家乡父老说：“董卓谋逆叛乱，为天下人所仇恨，这正是忠臣义士奋起的机会。河内郡同洛阳疆界相连，洛阳东面有成皋县，北面毗连黄河，如果各义军不能进驻洛阳，军队肯定会停留在河内。这是军队交战争夺的地方，会四分五裂很难安定自守，不如趁现在道路还畅通，全族人东迁黎阳。黎阳有营兵，赵威孙与乡亲过去有婚姻关系，现在担任监营谒者，统率兵马，足以担任首领。我们先去投奔他，如果以后再有变故，慢慢观望也不晚。”乡中父老留恋家园，没有人跟随前去。只有同县人赵咨带领家属和司马朗一同前往黎阳。过了几个月，关东诸州郡纷纷起兵，达数十万人，都集结在荥阳和河内。诸将不能统一指挥，纵兵抢劫，老百姓死亡的将近半数。过了好久，关东兵散，曹操和吕布在濮阳互相对峙，司马朗就带领全家返回温县。当年发生大饥荒，出现人吃人的现象。司马朗收容赈济同族人，教育训导宗族子弟，丝毫没有因为世道衰乱而懈怠了家业。

年二十二，太祖辟为司空掾属，除成皋令，以病去，复为堂阳长。其治务宽惠，不行鞭

司马朗二十二岁时，太祖征召他为司空掾属，担任成皋令，因病辞职，病愈后担任堂阳长。他治理政事力求宽厚和仁惠，不用鞭杖，而老百姓却不违

杖，而民不犯禁。先时，民有徙充都内者，后县调当作船，徙民恐其不办，乃相率私还助之，其见爱如此。迁元城令，入为丞相主簿。朗以为天下土崩之势，由秦灭五等之制，而郡国无搜狩习战之备故也。今虽五等未可复行，可令州郡并置兵，外备四夷，内威不轨，于策为长。又以为宜复井田。往者以民各有累世之业，难中夺之，是以至今。今承大乱之后，民人分散，土业无主，皆为公田，宜及此时复之。议虽未施行，然州郡领兵，朗本意也。迁兖州刺史，政化大行，百姓称之。虽在军旅，常粗衣恶食，俭以率下。雅好人伦典籍，乡人李觌等盛得名誉，朗常显贬下之；后觌等败，时人服焉。钟繇、王粲著论云："非圣人不能致太平。"朗以为"伊、颜之徒虽非圣人，使得数世相承，太平可致"。④建安二十二年，与夏侯惇、臧霸等征吴。到居巢，军士大疫，朗躬巡视，致医药。遇疾卒，时年四十七。遗命布衣幅巾，敛以时服，州人追思之。⑤明帝即位，封朗子遗昌武亭侯，邑百户。朗弟孚又以子望继朗后。遗薨，望子洪嗣。⑥

初朗所与俱徙赵咨，官至太常，为世好士。⑦

梁习字子虞，陈郡柘人也，为郡纲纪。太祖为司空，辟

犯禁令。以前，县中百姓有的被迫迁移去充实京都的人口，后来堂阳县被征调造船，迁移的百姓担心司马朗无法按期完成征调任务，相继私自返回帮助他造船，司马朗被百姓爱戴竟然到了这种地步。后来他担任元城令，继而入京城担任丞相主簿。司马朗认为天下分裂的形势，是由于秦朝废除了五等封爵制度，而郡国又没有打猎习武的战备活动的缘故。现在虽然五等封爵制不能恢复实行，但可以命令州郡设置军队，对外防御四方异族，对内威慑图谋不轨的人，这才是上策。司马朗又认为应该恢复井田。过去因为老百姓都有历代积累的产业，患难之际被夺去，所以至今不能恢复井田。现在趁大乱之后，百姓流离失散，土地产业没有主人，都为公田，应当趁此机会恢复井田。恢复井田的建议虽然没有施行，但州郡可以领兵，却是采纳了司马朗意见。不久司马朗升兖州刺史，在兖州普遍施行教化，老百姓都称颂他。在军队中，他经常穿粗衣吃劣食，以俭朴来为部下做表率。司马朗平素喜爱有关评论人物的典籍，同乡人李觌当时颇负盛名，司马朗经常公开贬低他。后来李觌等人败落，人们就更佩服司马朗了。钟繇、王粲著文说："不是圣人不能使天下太平。"司马朗认为："伊尹、颜回虽然不是圣人，但只要像他们那样的人历代相承，太平仍然可以达到。"建安二十二年，司马朗同夏侯惇、臧霸等人征讨吴国。到了居巢，军中流行传染病，司马朗亲自巡视，给士兵送医送药。不幸染病去世，时年四十七岁。留下遗言说只要着粗布衣服，头系幅巾，用普通服装殡敛就可以了。兖州的人民更加追思他。明帝即位后，封司马朗的儿子司马遗为昌武亭侯，食邑百户。司马朗的弟弟司马孚又把儿子司马望过继给司马朗做子嗣。司马遗去世后，司马望的儿子司马洪继承爵位。

起初和司马朗一同迁往黎阳的同县人赵咨，官至太常，也是当时的优秀人物。

梁习字子虞，是陈郡柘县人。曾经担任过陈郡的主簿。太祖任司空时，征召他为漳县长，继而担任

召为漳长，累转乘氏、海西、下邳令，所在有治名。还为西曹令史，迁为属。并土新附，习以别部司马领并州刺史。时承高幹荒乱之余，胡狄在界，张雄跋扈，吏民亡叛，入其部落；兵家拥众，作为寇害，更相扇动，往往棋跱。习到官，诱谕招纳，皆礼召其豪右，稍稍荐举，使诣幕府；豪右已尽，乃次发诸丁强以为义从；又因大军出征，分请以为勇力。吏兵已去之后，稍移其家，前后送邺，凡数万口；其不从命者，兴兵致讨，斩首千数，降附者万计。单于恭顺，名王稽颡，部曲服事供职，同于编户。边境肃清，百姓布野，勤劝农桑，令行禁止。贡达名士，咸显于世，语在《常林传》。太祖嘉之，赐爵关内侯，更拜为真。长老称咏，以为自所闻识，刺史未有及习者。建安十八年，州并属冀州，更拜议郎、西部都督从事，统属冀州，总故部曲。又使于上党取大材供邺宫室。习表置屯田都尉二人，领客六百夫，于道次耕种菽粟，以给人牛之费。后单于入侍，西北无虞，习之绩也。[8]文帝践阼，复置并州，复为刺史，进封申门亭侯，邑百户；政治常为天下最。太和二年，征拜大司农。习在州二十余年，而居处贫穷，无方面珍物，明帝异之，礼赐甚厚。四年，薨，子施嗣。

乘氏、海西、下邳县的县令，所到之县都以政绩好而闻名。从县令任上返回后担任西曹令史，升为西曹属。这时并州刚刚归附太祖，梁习以别部司马兼任并州刺史。当时正值高幹叛乱之余，匈奴在并州边界，骄横强暴，并州的官吏百姓被迫逃亡反叛，加入匈奴部落；郡中豪强拥兵自保，互相煽动，危害乡里，常常与官府形成对立。梁习上任后，诱导告谕，以礼征召地方豪强，逐渐荐举他们进入幕府担任官职，以消除他们拥兵自重的危害。豪强大族安排完后，又依次派遣他们的部下，说服他们自愿从军，借大军出征的机会，分别请求诸位将军任用他们做勇士。官吏和兵士离开后，再逐渐迁移他们的家庭，把他们迁往邺城，先后达数万人。对其中不听从命令的人，兴兵前去征讨，斩杀千余人，投降归顺的人数以万计。从此，匈奴单于恭敬顺从，名王俯首听命，他们的部下，或从事劳役，或担任公职，等同于编入户籍的百姓。边境清平，老百姓安于故土。梁习则经常鼓励农桑，有令则行，有禁则止。他推荐的当地知名人士，都扬名于世，记载在《常林传》中。太祖为此嘉奖梁习，赐以关内侯的爵位，正式任命他为并州刺史。并州的老人们都称颂梁习的政绩，认为在他们见到和听到的刺史当中，没有人比得上梁习。建安十八年，并州合并属于冀州，梁习担任议朗和西部都督从事，统领冀州和原来的部下。后又出使上党选取高大木材供应邺城修筑宫室。梁习上书请求设置屯田都尉两人，率领六百人，在沿途种植粮食，以供应人和牛的消耗。以后单于入京城侍奉朝廷，西北没有忧患，这都是梁习的功劳。文帝登上皇位后，重新设置并州，梁习又担任并州刺史。进封申门亭侯，食邑百户。梁习管理政事为当时天下第一。太和二年，征召他为大司农。梁习担任刺史二十余年，但生活贫穷，没有当地的珍贵财物，明帝曹叡很惊讶，给他的赏赐很丰厚。太和四年，梁习去世，儿子梁施继承爵位。

初，济阴王思与习俱为西曹令史。思因直日白事，失太祖指。太祖大怒，教召主者，将加重辟。时思近出，习代往对，已被收执矣，思乃驰还，自陈己罪，罪应受死。太祖叹习之不言，思之识分，曰："何意吾军中有二义士乎？"⑨后同时擢为刺史，思领豫州。思亦能吏，然苛碎无大体，官至九卿，封列侯。⑩

起初，济阴人王思和梁习一同担任西曹令史。一次王思值日禀告事情，不合太祖的意图。太祖大怒，命令招来主事的人，准备将他们处以死刑。当时王思在附近出差，梁习代替他前去应对，已经被拘禁了，王思闻讯后迅速赶回，自己陈述错误，认为罪应受死。太祖感叹梁习不肯说出王思，王思敢于承担责任，说："没想到我军中有两位忠义之士啊！"后来两人同时被提拔为刺史，王思担任豫州刺史。他也是位能干的官员，但他办事苛求细节而不得要领，官至九卿，封为列侯。

张既字德容，冯翊高陵人也。年十六，为郡小吏。⑪后历右职，举孝廉，不行。太祖为司空，辟，未至，举茂才，除新丰令，治为三辅第一。袁尚拒太祖于黎阳，遣所置河东太守郭援、并州刺史高幹及匈奴单于取平阳，发使西与关中诸将合从。司隶校尉钟繇遣既说将军马腾等，既为言利害，腾等从之。腾遣子超将兵万余人，与繇会击幹、援，大破之，斩援首。幹及单于皆降。其后幹复举并州反。河内张晟众万余人无所属，寇崤、渑间，河东卫固、弘农张琰各起兵以应之。太祖以既为议郎，参繇军事，使西征诸将马腾等，皆引兵会击晟等，破之。斩琰、固首，幹奔荆州。封既武始亭侯。太祖将征荆州，而腾等分据关中。太祖复遣既喻腾等，令释部曲求还。腾已许之而更犹豫，既恐为变，乃移诸县促储偫，二千石郊迎。腾不得已，发东。太

张既字德容，是冯翊高陵人。十六岁时任郡里的小吏，后来担任过郡中的要职，曾被推举为孝廉，没有应荐。太祖任司空时，征召张既，他依然没有应召。后来被举荐为茂才，担任新丰令，治绩为三辅地区之冠。袁尚在黎阳抗拒太祖，派遣他设置的河东太守郭援，并州刺史高幹和匈奴单于攻取平阳，并派遣使者西去同关中诸将联合。司隶校尉钟繇派张既劝说关中马腾等人，向他们陈述利害关系，马腾等人听取了张既的意见。马腾派遣儿子马超率领万余兵马，同钟繇合击高幹、郭援，把他们打得大败，斩了郭援的头，高幹和单于都投降了。后来高幹再次在并州反叛。河内人张晟也率万余人，不归附任何人，占据崤山、渑池一带，河东卫固和弘农张琰各自起兵响应他。太祖任命张既为议郎，参与钟繇军事，派遣他西去征召马腾等各位将领，联合率兵进攻张晟等人，很快击败了他们。将张琰、卫固斩首，高幹投奔荆州。张既被封为武始亭侯。太祖准备征讨荆州，但马腾等人割据了关中。太祖再次派遣张既告谕马腾等人，命令他们离开各自统领的武装，自己返回京城。马腾已经答应，但又犹豫不决，张既担心再生变故，就下令沿途各县赶快做好接待马腾的准备，太守都要亲自到郊外迎接。马腾没有办法，只好到了洛阳。太祖向朝廷上表推荐马腾担任卫

祖表腾为卫尉，子超为将军，统其众。后超反，既从太祖破超于华阴，西定关右。以既为京兆尹，招怀流民，兴复县邑，百姓怀之。魏国既建，为尚书，出为雍州刺史。太祖谓既曰："还君本州，可谓衣绣昼行矣。"从征张鲁，别从散关入讨叛氐，收其麦以给军食。鲁降，既说太祖拔汉中民数万户以实长安及三辅。其后与曹洪破吴兰于下辩，又与夏侯渊讨宋建，别攻临洮、狄道，平之。是时，太祖徙民以充河北，陇西、天水、南安民相恐动，扰扰不安，既假三郡人为将吏者休课，使治屋宅，作水碓，民心遂安。太祖将拔汉中守，恐刘备北取武都氐以逼关中，问既。既曰："可劝使北出就谷以避贼，前至者厚其宠赏，则先者知利，后必慕之。"太祖从其策，乃自到汉中引出诸军，令既之武都，徙氐五万余落出居扶风、天水界。⑫

尉，儿子马超担任将军，统率马腾的军队。后来马超反叛，张既跟随太祖在华阴打败马超，随即西征平定关右。太祖任命张既担任京兆尹，张既上任后安抚流亡在外的百姓，兴建和恢复县城，老百姓都很愿意归顺他。魏国建立后，张既担任尚书，出任雍州刺史。太祖对张既说："你回故乡做州官，可说是穿着锦衣绣服在白日行走，引人关注了。"后来张既又跟随太祖征讨张鲁，率另一支军队从散关征讨反叛的氐族，收缴他们的小麦以供应军粮。张鲁投降后，张既劝说太祖从汉中迁出数万百姓用来充实长安和三辅地区。以后张既又同曹洪在下辩击败吴兰，同夏侯渊征讨宋建，另率军队平定了临洮、狄道。这时太祖移民来充实河北地区，陇西、天水、南安的百姓为此恐慌不安，张既借三郡中担任将吏的人休假的机会，派人帮助他们修治屋宅，制作水碓，老百姓就安定了。太祖准备从汉中撤军，又担心刘备向北攻取武都氐来威慑关中，询问张既。张既说："可以劝百姓往北到有粮食的地区躲避蜀军，先到的人重重给予奖励，这样使先到的人知道有好处，后来的人也一定会羡慕。"太祖采纳了这一计策，亲自到汉中率军撤出，命令张既到武都，迁移氐族五万余部落到扶风、天水界内。

是时，武威颜俊、张掖和鸾、酒泉黄华、西平麹演等并举郡反，自号将军，更相攻击。俊遣使送母及子诣太祖为质，求助。太祖问既，既曰："俊等外假国威，内生傲悖，计定势足，后即反耳。今方事定蜀，且宜两存而斗之，犹卞庄子之刺虎，坐收其毙也。"太祖曰："善。"岁余，鸾遂杀俊，武威王秘又杀鸾。是时不置凉州，自

这时，武威人颜俊、张掖人和鸾、酒泉人黄华、西平人麹演等，同时率领郡中人造反，自己号称将军，继而他们又互相攻击。颜俊派使者送母亲与孩子来太祖处做人质，请求太祖援助。太祖询问张既，张既回答说："颜俊等人对外凭借国威，对内却生傲慢悖逆之心，一旦计谋已定，势力已足，随后就会反叛。现在我们正要平定蜀地，无暇收复他们，姑且让他们都存在而互相争斗，像卞庄子刺虎一样，最后坐收两只死虎。"太祖说："好。"过了一年多，和鸾杀颜俊，武威人王秘又杀和鸾。这时魏国没有设置凉

三辅拒西域，皆属雍州。文帝即王位，初置凉州，以安定太守邹岐为刺史。张掖张进执郡守举兵拒岐，黄华、麹演各逐故太守，举兵以应之。既进兵为护羌校尉苏则声势，故则得以有功。既进爵都乡侯。凉州卢水胡伊健妓妾、治元多等反，河西大扰。帝忧之，曰："非既莫能安凉州。"乃召邹岐，以既代之。诏曰："昔贾复请击郾贼，光武笑曰：'执金吾击郾，吾复何忧？'卿谋略过人，今则其时。以便宜从事，勿复先请。"遣护军夏侯儒、将军费曜等继其后。既至金城，欲渡河，诸将守以为"兵少道险，未可深入"。既曰："道虽险，非井陉之隘，夷狄乌合，无左车之计，今武威危急，赴之宜速。"遂渡河。贼七千余骑逆拒军于鹯阴口，既扬声军由鹯阴，乃潜由且次出至武威。胡以为神，引还显美。既已据武威，曜乃至，儒等犹未达。既劳赐将士，欲进军击胡。诸将皆曰："士卒疲倦，虏众气锐，难与争锋。"既曰："今军无见粮，当因敌为资。若虏见兵合，退依深山，追之则道险穷饿，兵还则出候寇钞。如此，兵不得解，所谓'一日纵敌，患在数世'也。"遂前军显美。胡骑数千，因大风欲放火烧营，将士皆恐。既夜藏精卒三千人为伏，使参军成公英督千余骑挑战，敕使阳退。

州，从京兆尹、左冯翊、右扶风京畿之地到西域，都属雍州。文帝继承王位后，在黄初元年设置凉州，任命安定太守邹岐担任凉州刺史。张掖人张进拘捕郡守，领兵抗拒邹岐，黄华、麹演各自驱逐原来的太守，领兵响应张进。张既进军为护羌校尉苏则壮大声势，苏则因而得以平定凉州。张既因此进封都乡侯爵位。凉州卢水胡人伊健妓妾、治元多等人又聚众造反，河西大乱。文帝担忧，说："非张既不能安定凉州。"就召回邹岐，让张既接替凉州刺史。诏书说："过去贾复请求攻击郾贼，光武帝笑着说：'执金吾攻郾贼，我还有什么可忧虑呢？'你谋略过人，现在正是可以尽情施展的时候。你可以见机行事，不必先来奏请。"又派遣护军夏侯儒、将军费曜作为后援。张既到金城，准备渡过黄河，守将们都认为："兵力太少，道路险要，军队不能深入。"张既说："道路虽然险要，但没有井陉的狭窄险要，胡兵是乌合之众，不可能有李左车那样的计谋，现在武威危急，应当迅速赶到。"就率军迅速渡过黄河。胡兵七千余骑兵预先占据在鹯阴口，却秘密地从且次出军到武威。胡兵以为是神兵降临，退还显美。张既占据武威后，费曜的军队才到，而夏侯儒的军队还在路上。张既慰劳赏赐将士，准备进军攻击胡人。诸将都说："我军士兵疲倦，胡兵士气旺盛，难以同他们争胜负。"张既说："军中没有现成的粮草，应当夺取敌人的物资作为军用。如果胡兵看到我们合军，便会退据深山，我们去追击，则道路险恶，士兵困乏饥饿；我们还军，他们则会随时拦截骚扰。如果这样，军队就无法解脱困境，这正是古人所说的'一日纵敌，患在数世'啊。"就驱兵进军显美。胡军骑兵数千人，想趁大风烧掉魏军营房，魏军将士们都很恐慌。张既夜间埋伏精锐士卒三千人，派遣参军成公英督率千余骑兵向胡兵挑战，命令魏军假装退却。胡兵果然争相追击，张既就发伏兵截断胡兵后路。首尾夹击，

胡果争奔之，因发伏截其后，首尾进击，大破之，斩首获生以万数。[13]帝甚悦，诏曰："卿逾河历险，以劳击逸，以寡胜众，功过南仲，勤逾吉甫。此勋非但破胡，乃永宁河右，使吾长无西顾之念矣。"徙封西乡侯，增邑二百，并前四百户。

大破胡兵，斩首和俘虏胡兵数以万计。文帝十分高兴，下诏嘉奖说："你跨越黄河，身历险境，以疲劳之军攻击安逸之敌，以少胜多，功劳超过周宣王时的大将南仲，辛苦超过周宣王时率军北伐猃狁的尹吉甫。这功劳不仅在于打败了胡兵，而且使河西地区永远安宁，使我不再有担心河西的顾虑了。"改封张既为西乡侯。增加食邑两百户，加上以前的两百户，一共四百户。

酒泉苏衡反，与羌豪邻戴及丁令胡万余骑攻边县。既与夏侯儒击破之，衡及邻戴等皆降。遂上疏请与儒治左城，筑鄣塞，置烽侯、邸阁以备胡。[14]西羌恐，率众二万余落降。其后西平麴光等杀其郡守，诸将欲击之，既曰："唯光等造反，郡人未必悉同。若便以军临之，吏民羌胡必谓国家不别是非，更使皆相持著，此为虎傅翼也。光等欲以羌胡为援，今先使羌胡钞击，重其赏募，所虏获者皆以畀之。外沮其势，内杂其交，必不战而定。"乃檄告谕诸羌，为光等所诖误者原之；能斩贼帅送首者当加封赏。于是光部党斩送光首，其余咸安堵如故。

酒泉人苏衡反叛，与羌族豪强邻戴和丁令胡一同率万余名骑兵进攻边境各县。张既同夏侯儒击败他们，苏衡、邻戴都投降了。张既就上疏请求同夏侯儒一道治理左城，修筑屏障关塞，设置烽火台，修建军需仓库以用来防备胡兵。西羌恐慌，率领两万余部落来归顺。不久西平人麴光等人杀掉郡守，诸将准备进攻，张既说："只有麴光等人谋反，同郡官吏百姓未必都附和他。假如我们派军攻击，百姓、士兵和胡人都会认为国家不辨是非，就会与麴光联合而同我们相持，这是为虎添翼。麴光等人想借羌胡作为后援，现在先命令羌胡袭击他们，给予重赏，所虏获的东西都给他们。在外阻止他们的势力发展，在内离间他们的朋党，西平一定会不战而平定。"于是传檄告谕羌族各部落，被麴光所牵连的人全部宽恕；能斩了叛乱首领并送来人头的人一定封官加赏。于是麴光的部下斩了麴光的头送交张既，其余各部落都如过去一样安定下来。

既临二州十余年，政惠著闻，其所礼辟扶风庞延、天水杨阜、安定胡遵、酒泉庞淯、燉煌张恭、周生烈等，终皆有名位。[15]黄初四年薨。诏曰："昔荀桓子立勋翟土，晋侯赏以千室之邑；冯异输力汉朝，光武封其二子。故凉州刺史张既，能容民畜众，使群羌归土，可谓

张既治理雍、凉二州十多年，政绩与仁惠闻名于世，被他以礼相召的扶风人庞廷、天水人杨阜、安定人胡遵、酒泉人庞淯、敦煌人张恭、周生烈等，后来都有名声地位。黄初四年，张既去世。诏书说："往日荀桓子立功翟土，晋侯赏赐他千室之邑；冯异尽力汉朝，光武帝封赏他的两个儿子。原凉州刺史张既，能宽容爱护百姓，使群羌归顺国家，可以说是国

国之良臣。不幸薨陨，朕甚愍之，其赐小子翁归爵关内侯。”明帝即位，追谥曰肃侯。子缉嗣。

家的良臣。不幸去世，朕深感怜惜，赐他的小儿子关内侯的爵位。”明帝即位，追谥张既为肃侯。儿子张缉继承爵位。

缉以中书郎稍迁东莞太守。嘉平中，女为皇后，征拜光禄大夫，位特进，封妻向为安城乡君。缉与中书令李丰同谋，诛。语在《夏侯玄传》。⑯

张缉从中书郎渐次升任东莞太守。嘉平年间，女儿做了皇后，张缉被征拜为光禄大夫，加官特进，他的妻子向氏被封为安城乡君。以后张缉和中书令李丰共同谋反，被杀。记录在《夏侯玄传》中。

温恢字曼基，太原祁人也。父恕，为涿郡太守，卒。恢年十五，送丧还归乡里，内足于财。恢曰：“世方乱，安以富为？”一朝尽散，振施宗族。州里高之，比之郇越。举孝廉，为廪丘长，鄢陵、广川令，彭城、鲁相，所在见称。入为丞相主簿，出为扬州刺史。太祖曰：“甚欲使卿在亲近，顾以为不如此州事大。故《书》云：‘股肱良哉！庶事康哉！’得无当得蒋济为治中邪？”时济见为丹杨太守，乃遣济还州。又语张辽、乐进等曰：“扬州刺史晓达军事，动静与共咨议。”

温恢字曼基，是太原祁县人。父亲温恕，曾担任涿郡太守，去世时，温恢才十五岁，送父丧返回故乡。当时家中积蓄了不少资财，温恢说：“世道正乱，怎么能够以富裕为满足呢？”一下子散尽财物，救济同族人，州中人都认为他高尚，拿他同西汉的郇越相比。后来温恢被举荐为孝廉，担任过廪丘县长，鄢陵、广川县令和彭城、鲁国的国相，所到之处都被人称赞。接着又入京担任丞相主簿，继而出任扬州刺史。太祖说：“很想将你留在身边，只是京都不如治理扬州那么重要。因此《尚书》说：‘辅佐君主的大臣贤良！国家诸事就安宁了！’你莫非一定要蒋济担任治中吗？”当时蒋济正担任丹杨太守，于是派遣蒋济返回扬州。又告诉张辽、乐进等人说：“扬州刺史通晓军事，有什么军情可以同他商议。”

建安二十四年，孙权攻合肥，是时诸州皆屯戍。恢谓兖州刺史裴潜曰：“此间虽有贼，不足忧，而畏征南方有变。今水生而子孝县军，无有远备。关羽骁锐，乘利而进，必将为患。”于是有樊城之事。诏书召潜及豫州刺史吕贡等，潜等缓之。恢密语潜曰：“此必襄阳之急欲赴之也。所以不为急会者，不欲惊动远众。一二日必

建安二十四年，孙权进攻合肥。当时各州都派兵屯守淮南边境。温恢告诉兖州刺史裴潜说：“这里虽然也有敌军，但不值得忧虑。我担心的是征南将军那里会发生变故。现在雨季到来江水暴涨，征南将军曹仁孤军深入，没有长远的防备。关羽骁勇善战，肯定会乘江水上涨而进军，这必将成为我军的威胁。”紧接着便有了樊城失守，于禁被俘之事。诏书召裴潜和豫州刺史吕贡等人进京，裴潜等人打算拖延时间慢行。温恢暗中告诉裴潜说：“这一定是襄阳危急，急需援助。之所以没有紧急征召你们赴京，是不想惊动其他远离京城的官吏。一两天内肯定有

有密书促卿进道，张辽等又将被召。辽等素知王意，后召前至，卿受其责矣！”潜受其言，置辎重，更为轻装速发，果被促令。辽等寻各见召，如恢所策。

密信催促你上路，张辽等人也将被召见，他们一向能体察魏王的意图，后被召见却先行到京，你会受到责备的！”裴潜听了温恢的话，留下车马物资，再打点轻装迅速出发，果然催促上路的命令很快到达。张辽等人随即也被召见，一切如温恢所预料的那样。

文帝践阼，以恢为侍中，出为魏郡太守。数年，迁凉州刺史，持节领护羌校尉。道病卒，时年四十五。诏曰：“恢有柱石之质，服事先帝，功勤明著。及为朕执事，忠于王室，故授之以万里之任，任之以一方之事。如何不遂，吾甚愍之！”赐恢子生爵关内侯。生早卒，爵绝。

文帝登上帝位，任命温恢担任侍中，出任魏郡太守。几年后又出任凉州刺史，持节兼任护羌校尉。不幸在路上病逝，时年四十五岁。诏书说：“温恢有柱石之才，跟随先帝，功劳卓著。在我手下任职，尽忠王室。所以把万里之外的重任交给他，让他担负一方的政事，可为什么不尽如人意，偏偏不幸早逝，我十分哀怜他！”赐温恢的儿子温生关内侯的爵位，温生早逝，爵位废除。

恢卒后，汝南孟建为凉州刺史，有治名，官至征东将军。[17]

温恢去世后，汝南人孟建担任凉州刺史，也很有政绩，官至征东将军。

贾逵字梁道，河东襄陵人也。自为儿童，戏弄常设部伍，祖父习异之，曰：“汝大必为将率。”口授兵法数万言。[18]初为郡吏，守绛邑长。郭援之攻河东，所经城邑皆下，逵坚守，援攻之不拔，乃召单于并军急攻之。城将溃，绛父老与援要，不害逵。绛人既溃，援闻逵名，欲使为将，以兵劫之，逵不动。左右引逵使叩头，逵叱之曰：“安有国家长吏为贼叩头！”援怒，将斩之。绛吏民闻将杀逵，皆乘城呼曰：“负要杀我贤君，宁俱死耳！”左右义逵，多为请，遂得免。[19]初，逵过皮氏，曰：“争地先据者胜。”及围急，知不免，乃使人间行送印绶归

贾逵字梁道，是河东襄陵人。还在儿童时，就时常摆设部阵来游戏玩耍，他祖父贾习很惊讶，说：“你长大后一定会当将帅。”就口授兵法数万言给贾逵。贾逵一开始担任郡中官员，兼绛邑长。郭援进攻河东，所过城邑全部被攻下，只有贾逵还坚守绛邑，郭援几次进攻仍不能攻克，就联合单于的军队一齐猛烈进攻。当城即将被攻陷时，绛邑父老与郭援约定，不能杀贾逵。城陷后，郭援久闻贾逵名声，想让他做自己的将领，派兵劫持他，但贾逵不动摇。郭援的左右硬拉贾逵让他叩头，贾逵大声斥责说：“哪里有国家正式官员向叛军叩头的！”郭援大怒，要杀掉贾逵。绛县的百姓官吏听到这个消息，一齐登城高呼：“郭援负约，杀我们的好官。我们宁愿一齐去死！”郭援身边的人也认为贾逵忠义，很多人替他求情，贾逵终于得以免死。起初，贾逵经过皮氏县，曾说：“这是兵家必争之地，先占领皮氏的人能取胜。”等到绛邑被围，形势紧急时，他知道绛邑难免沦陷，就派人从小路把印绶送还郡中，而且告诉他们：“迅

郡，且曰“急据皮氏”。援既并绛众，将进兵。逵恐其先得皮氏，乃以他计疑援谋人祝奥，援由是留七日。郡从逵言，故得无败。⑳

速占领皮氏。”当时郭援已经合并绛邑军队，准备继续进军。贾逵担心他先占领皮氏，就另外用计谋迷惑郭援的军师祝奥，郭援因此在绛邑停留了七天。郡守听从了贾逵的话，迅速占领了皮氏，因此没有失败。

后举茂才，除渑池令。高幹之反，张琰将举兵以应之。逵不知其谋，往见琰。闻变起，欲还，恐见执，乃为琰画计，如与同谋者，琰信之。时县寄治蠡城，城堑不固，逵从琰求兵修城。诸欲为乱者皆不隐其谋，故逵得尽诛之。遂修城拒琰。琰败，逵以丧祖父去官，司徒辟为掾，以议郎参司隶军事。太祖征马超，至弘农，曰“此西道之要”，以逵领弘农太守。召见计事，大悦之，谓左右曰：“使天下二千石悉如贾逵，吾何忧？”其后发兵，逵疑屯田都尉藏亡民。都尉自以不属郡，言语不顺。逵怒，收之，数以罪，挝折脚，坐免。然太祖心善逵，以为丞相主簿。㉑太祖征刘备，先遣逵至斜谷观形势。道逢水衡，载囚人数十车，逵以军事急，辄竟重者一人，皆放其余。太祖善之，拜谏议大夫，与夏侯尚并掌军计。太祖崩洛阳，逵典丧事。㉒时鄢陵侯彰行越骑将军，从长安来赴，问逵先王玺绶所在。逵正色曰：“太子在邺，国有储副。先王玺绶，非君侯所宜问也。”遂奉梓宫还邺。

后来贾逵被举荐为茂才，担任渑池县令。高幹谋反，张琰准备举兵响应。贾逵不知道张琰的计划，去见张琰。当听到变故发生时，贾逵想返回渑池，却又担心被张琰扣留，就留下来假装帮张琰出谋划策，好像他的同谋，张琰相信了他，当时渑池的官署临时设在蠡城，城壕不稳固，贾逵向张琰借兵修城。城中那些想作乱的人对贾逵都不隐瞒，因此贾逵能将他们一网打尽，之后就修城抵抗张琰。张琰失败后，贾逵因祖父去世而辞官，后被司徒征召为部属，以议郎的身份参谋司隶军事。太祖征讨马超，到弘农，说：“这是西行道路的要害。”任命贾逵兼任弘农太守。召见贾逵商议事情，太祖极为高兴，对身边的人说：“如果全国的郡守都像贾逵一样，我还有什么忧虑呢？”后来出兵时，贾逵怀疑屯田都尉隐藏流亡百姓，都尉自认为不属郡守管治，出言顶撞贾逵。贾逵大怒，下令拘捕都尉，数说他的罪行，打断了他的脚，因此获罪免官。但太祖心中偏爱贾逵，又任命他为丞相主簿。太祖征伐刘备，先派贾逵到斜谷观察形势。在路上遇到水衡都尉，押载了几十车囚犯，贾逵以军情紧急为理由，只留了一个重罪的犯人，其余的全放了。太祖很赏识贾逵，任命他为谏议大夫，和夏侯尚一起掌管军中谋略。太祖在洛阳去世，贾逵主管丧事。当时鄢陵侯曹彰兼任越骑将军，从长安赶来洛阳，询问贾逵先王的印玺在什么地方，贾逵正颜厉色说：“太子在邺都，国家有继承王位的人，先王的印玺，不是你应该问的。”随即就护送太祖的棺柩返回邺都。

文帝即王位，以邺县户数

文帝继承魏王位，因为邺县数万户百姓居住在

万在都下，多不法，乃以逵为邺令。月余，迁魏郡太守。㉓大军出征，复为丞相主簿祭酒。逵尝坐人为罪，王曰："叔向犹十世宥之，况逵功德亲在其身乎？"从至黎阳，津渡者乱行，逵斩之，乃整。至谯，以逵为豫州刺史。㉔是时天下初复，州郡多不摄。逵曰："州本以御史出监诸郡，以六条诏书察长吏二千石已下，故其状皆言严能鹰扬有督察之才，不言安静宽仁有恺悌之德也。今长吏慢法，盗贼公行，州知而不纠，天下复何取正乎？"兵曹从事受前刺史假，逵到官数月，乃还；考竟其二千石以下阿纵不如法者，皆举奏免之。帝曰："逵真刺史矣。"布告天下，当以豫州为法。赐爵关内侯。

都城附近，且多不守法，就任命贾逵担任邺县令。一个多月后，升任魏郡太守。大军出征时，再担任丞相主簿祭酒。贾逵曾经因人犯罪而受牵连，文帝说："晋国大夫叔向因为立功，他的十世子孙还能受到原谅，何况贾逵功德就在自身呢？"贾逵跟随大军到黎阳，渡河的人乱哄哄地抢着上船，贾逵杀掉几个为首的人，渡河才有了秩序。到了谯县，任命贾逵担任豫州刺史。当时国家刚刚安定，州郡多不服从管理。贾逵说："州本来是以御史中丞来巡视监察各郡，为此颁布了六条诏命监察太守以下的官员，所以历来报告都说严厉威武的人有督察的才能，不谈宽仁厚道有平易近人的品德。现在郡县的官长怠慢法令，盗贼公然横行，州官知道了而不纠正，天下怎么能得到公正呢？"兵曹从事受前任太守差遣，等到贾逵任职几个月后，才返回岗位。贾逵考察他和其他太守以下的阿谀放纵、不守法令的官员，一齐上奏罢免了他们。文帝说："贾逵是真正的刺史啊。"布告天下，应当以豫州作为典范。赐给贾逵关内侯的爵位。

州南与吴接，逵明斥候，缮甲兵，为守战之备，贼不敢犯。外修军旅，内治民事，遏鄢、汝，造新陂，又断山溜长溪水，造小弋阳陂，又通运渠二百余里，所谓贾侯渠者也。黄初中，与诸将并征吴，破吕范于洞浦，进封阳里亭侯，加建威将军。明帝即位，增邑二百户，并前四百户。时孙权在东关，当豫州南，去江四百余里。每出兵为寇，辄西从江夏，东从卢江。国家征伐，亦由淮、沔。是时州军在项，汝南、弋阳诸郡，守境而已。权无北方之虞，东西有急，并军相救，故常

豫州南面同吴国相连，贾逵修建哨所，修缮武器装备，作为防守和征战的准备，吴军不敢侵犯。对外贾逵整顿军队，在州内他积极治理民事，阻断鄢、汝两水，修筑新的水塘，又阻断山间的瀑布溪水，修建了小弋阳陂。又修通了运渠的两百多里，这就是被人们称誉的贾侯渠。黄初年间，贾逵同诸将一同征伐吴国，在洞浦打败了吴国大将吕范，晋封为阳里亭侯，加官建威将军。明帝即位后，增加贾逵食邑两百户，加上前面的两百户，一共四百户。当时孙权驻兵东关，正当豫州南面，离长江四百余里。每次出兵入侵，总是西从江夏，东从庐江进军。魏国征伐吴国，也总是从淮水、沔水出发。而当时豫州军队在项城，汝南、弋阳等郡的兵力，只能守护郡土而已。孙权没有来自北方的威胁，东西方有了军情，可以互相出兵救援，所以很少失败。贾逵认为应当开一通

少败。逵以为宜开直道临江，若权自守，则二方无救；若二方无救，则东关可取。乃移屯潦口，陈攻取之计，帝善之。

道直接进入长江，这样进攻吴国时，如果孙权自守东关，那江夏、庐江两地就可以攻克；如果孙吴不能保住江夏、庐江，那东关也就可以攻取了。于是贾逵移军驻扎潦口，陈述攻取吴国的计策，明帝认为建议很好。

吴将张婴、王崇率众降。太和二年，帝使逵督前将军满宠、东莞太守胡质等四军，从西阳直向东关，曹休从皖，司马宣王从江陵。逵至五将山，休更表贼有请降者，求深入应之。诏宣王驻军，逵东与休合进。逵度贼无东关之备，必并军于皖；休深入与贼战，必败。乃部署诸将，水陆并进，行二百里，得生贼，言休战败，权遣兵断夹石。诸将不知所出，或欲待后军。逵曰："休兵败于外，路绝于内，进不能战，退不得还，安危之机，不及终日。贼以军无后继，故至此；今疾进，出其不意，此所谓先人以夺其心也，贼见吾兵必走。若待后军，贼已断险，兵虽多何益！"乃兼道进军，多设旗鼓为疑兵，贼见逵军，遂退。逵据夹石，以兵粮给休，休军乃振。初，逵与休不善。黄初中，文帝欲假逵节，休曰："逵性刚，素侮易诸将，不可为督。"帝乃止。及夹石之败，微逵，休军几无救也。[25]

吴军将领张婴、王崇率领部下投降魏国。太和二年，明帝派遣贾逵统领前将军满宠、东莞太守胡质等四支军队，从西阳直接进军东关，曹休、司马懿分别从皖县和江陵进军。贾逵率军到了五将山，曹休再次上表说吴军有愿意投降的将领，请求深入接应。明帝下诏命令司马懿就地驻军，贾逵向东和曹休共同进军。贾逵估计吴军在东关没有防备，肯定会在皖县合军；曹休孤军深入同吴军交战，必然失败。于是部署诸将，水陆两路一齐开进，行进了两百里，抓到了吴军俘虏，说曹休已被打败，孙权正派兵截断夹石。诸将不知道如何出兵，有的建议等待援军。贾逵说："曹休军队孤军深入被打败，退路被截断，无力组织进攻，撤退又受到了阻击，这正是生死存亡的关键时刻，一天都无法等待了。吴军认为我军没有后继，所以才这样部署，现在我军快速进军，出其不意，这就是所谓行动先于敌人以挫伤敌人的士气，吴军看见我军神速进军肯定会退却。如果等待后军，吴军已截断险要之处，我们兵力虽多又有什么用！"就下令加速行军，多设旗号和锣鼓迷惑吴军。吴军看到贾逵的军队，就匆忙退军了。贾逵占领了夹石，以军粮支援曹休，曹休的军队才振作起来。以前，贾逵同曹休关系不好。黄初年间，文帝准备授予贾逵假节都督的官职，曹休说："贾逵性情刚烈，平素凌辱轻视部下将领，不能担任都督。"文帝就没有授予贾逵官职。这次夹石之败，如果没有贾逵，曹休的军队几乎会全军覆没。

会病笃，谓左右曰："受国厚恩，恨不斩孙权以下见先帝。丧事一不得有所修作。"薨，谥曰肃侯。[26]子充嗣。豫州

当贾逵病重时，他对身边的人说："我受国家厚恩，遗憾的是没能斩杀孙权和他的部下再去见先帝。我的丧事一概不能铺张。"去世后，追谥他为肃侯。儿子贾充继承。豫州的官吏百姓追思贾逵，为他

吏民追思之，为刻石立祠。青龙中，帝东征，乘辇入逵祠，诏曰："昨过项，见贾逵碑像，念之怆然。古人有言，患名之不立，不患年之不长。逵存有忠勋，没而见思，可谓死而不朽者矣。其布告天下，以劝将来。"㉗充，咸熙中为中护军。㉘

雕刻碑像，建立祠堂。青龙年间，明帝曹叡东征吴国。乘车进入贾逵祠，下诏说："昨天过项城，看见贾逵碑像，追思他的功勋，真令人悲伤。古人说：'人担心声名不能树立，不担忧寿命不长。'贾逵存有忠义和功勋，去世后被人思念，可以说是死而不朽了。现在特告示全国，以勉励后来人。"贾充咸熙年间担任护军。

评曰：自汉季以来，刺史总统诸郡，赋政于外，非若曩时司察之而已。太祖创基，迄终魏业，此皆其流称誉有名实者也。咸精达事机，威恩兼著，故能肃齐万里，见述于后也。

评论说：自从汉末以来，刺史总领诸郡，在外掌握军政大权，不像过去只是行使监察职权而已。太祖创立基业，直到魏国结束，上述六人都是刺史中被人称誉而又有相符业绩的人物。他们都精通事物的关键，威严与仁惠都很卓著，所以能整肃万里，为后代所称述。

---

①《晋阳秋》曰：刘弘字叔和，熙之弟也。弘与晋世祖同年，居同里，以旧恩屡登显位。自靖至弘，世不旷名，而有政事才。晋西朝之末，弘为车骑大将军开府，荆州刺史，假节都督荆、交、广州诸军事，封新城郡公。其在江、汉，值王室多难，得专命一方，尽其器能。推诚群下，厉以公义，简刑狱，务农桑。每有兴发，手书郡国，丁宁款密，故莫不感悦，颠倒奔赴，咸曰"得刘公一纸书，贤于十部从事也"。时帝在长安，命弘得选用宰守。征士武陵伍朝高尚其事，牙门将皮初有勋江汉，弘上朝为零陵太守，初为襄阳太守。诏书以襄阳显郡，初资名轻浅，以弘婿夏侯陟为襄阳。弘曰："夫统天下者当与天下同心，治一国者当与一国推实。吾统荆州十郡，安得十女婿，然后为治哉！"乃表"陟姻亲，旧制不得相监临事，初勋宜见酬"。报听之，众益服其公当。广汉太守辛冉以天子蒙尘，四方云扰，进从横计于弘。弘怒斩之，时人莫不称善。

《晋诸公赞》曰：于时天下虽乱，荆州安全。弘有刘景升保有江汉之志，不附太傅司马越。越甚衔之。会弘病卒。子璠，北中郎将。

②司马彪《序传》曰：朗祖父儁，字元异，博学好古，倜傥有大度。长八尺三寸，腰带十围，仪状魁岸，与众有异，乡党宗族咸景附焉。位至颍川太守。父防，字建公，性质直公方，虽闲居宴处，威仪不忒。雅好《汉书》名臣列传，所讽诵者数十万言。少仕州郡，历官洛阳令、京兆尹，以年老转拜骑都尉。养志闾巷，阖门自守。诸子虽冠成人，不命曰进不敢进，不命曰坐不敢坐，不指有所问不敢言，父子之间肃如也。年七十一，建安二十四年终。有子八人，朗最长，次即晋宣皇帝也。

③臣松之案朗此对，但为称述卓功德，未相箴诲而已。了不自申释，而卓便云"吾亦悟之，卿言有意"！客主之辞如为不相酬塞也。

④《魏书》曰：文帝善朗论，命秘书录其文。

孙盛曰：繇既失之，朗亦未为得也。昔"汤举伊尹，而不仁者远矣"。《易》称"颜氏之子，其殆庶几乎！有不善未尝不知，知之未尝复行"。由此而言，圣人之与大贤，行藏道一，舒卷斯同，御世垂风，理无降异；升泰之美，岂俟积世哉？"善人为邦百年，亦可以胜残去杀"。又曰"不践迹，亦不入于室"。数世之论，其在斯乎！方之大贤，固有间矣。

⑤《魏书》曰：朗临卒，谓将士曰：“刺史蒙国厚恩，督司万里，微功未效，而遭此疫疠，既不能自救，辜负国恩。身没之后，其布衣幅巾，敛以时服，勿违吾志也。”

⑥《晋诸公赞》曰：望字子初，孚之长子。有才识，早知名。咸熙中位至司徒，入晋封义阳王，迁太尉、大司马。时孚为太宰，父子居上公位，自中代以来未之有也。洪字孔业，封河间王。

⑦咨字君初。子鄨字子仲，晋骠骑将军，封东平陵公。并见《百官名》。

⑧《魏略》曰：鲜卑大人育延，常为州所畏，而一旦将其部落五千余骑诣习，求互市。习念不听则恐其怨，若听到州下，又恐为所略，于是乃许之往与会空城中交市。遂敕郡县，自将治中以下军往就之。市易未毕，市吏收缚一胡。延骑皆惊，上马弯弓围习数重，吏民惶怖不知所施。习乃徐呼市吏，问缚胡意，而胡实侵犯人。习乃使译呼延，延到，习责延曰：“汝胡自犯法，吏不侵汝，汝何为使诸骑惊骇邪？”遂斩之，余胡破胆不敢动。是后无寇虏。至二十二年，太祖拔汉中诸军还到长安，因留骑督太原乌丸王鲁昔，使屯池阳，以备卢水。昔有爱妻，住在晋阳。昔既思之，又恐遂不得归，乃以其部五百骑叛还并州，留其余骑置山谷间，而单骑独入晋阳，盗取其妻。已出城，州郡乃觉；吏民又畏昔善射，不敢追。习乃令从事张景，募鲜卑使逐昔。昔马负其妻，重骑行迟，未及与其众合，而为鲜卑所射死。始太祖闻昔叛，恐其为乱于北边；会闻已杀之，大喜，以习前后有策略，封为关内侯。

⑨臣松之以为习与王思，同寮而已，亲非骨肉，义非刎颈，而以身代思，受不测之祸。以之为义，无乃乖先哲之雅旨乎！史迁云：“死有重于太山，有轻于鸿毛”，故君子不为苟存，不为苟亡。若使思不引分，主不加恕，则所谓自经于沟渎而莫之知也。习之死义者，岂其然哉！

⑩《魏略·苛吏传》曰：思与薛悌、郤嘉俱从微起，官位略等。三人中，悌差挟儒术，所在名为闲省。嘉与思事行相似。文帝诏曰：“薛悌驳吏，王思、郤嘉纯吏也，各赐关内侯，以报其勤。”思为人虽烦碎，而晓练文书，敬贤礼士，倾意形势，亦以是显名。正始中，为大司农，年老目瞑，瞋怒无度，下吏嗷然不知何据。性少信，时有吏父病笃，近在外舍，自白求假。思疑其不实，发怒曰：“世有思妇病母者，岂此谓乎！”遂不与假。吏父明日死，思无恨意。其为刻薄类如此。思又性急，尝执笔作书，蝇集笔端，驱去复来，如是再三。思恚怒，自起逐蝇不能得，还取笔掷地，蹋坏之。时有丹阳施畏、鲁郡倪颢、南阳胡业亦为刺史、郡守，时人谓之苛暴。又有高阳刘类，历位宰守，苛慝尤甚，以善修人事，不废于世。嘉平中，为弘农太守。吏二百余人，不与休假，专使为不急。过无轻重，辄捽其头，又乱杖挝之，牵出复入，如是数四。乃使人掘地求钱，所在市里，皆有孔穴。又外托简省，每出行，阳敕督邮不得使官属曲修礼敬，而阴识不来者，辄发怒中伤之。性又少信，每遣大吏出，辄使小吏随覆察之，白日常自于墙壁间窥闪，夜使干廉察诸曹，复以干不足信，又遣铃下及奴婢使转相检验。尝案行，宿止民家。民家二狗逐猪，猪惊走，头插栅间，号呼良久。类以为外之吏擅共饮食，不复征察，便使伍百曳五官掾孙弼入，顿头责之。弼以实对，类自愧不详，因托问以他事。民尹昌，年垂百岁，闻类出行，当经过，谓其儿曰：“扶我迎府君，我欲陈恩。”儿扶昌在道左，类望见，呵其儿曰：“用是死人，使来见我。”其视人无礼，皆此类也。旧俗，民谤官长者有三不肯，谓迁、免与死也。类在弘农，吏民患之，乃题其门曰：“刘府君有三不肯。”类虽闻之，犹不能自改。其后安东将军司马文王西征，路经弘农，弘农人告类荒耄不任宰郡，乃召入为五官中郎将。

⑪《魏略》曰：既世单家，为人有容仪。少小工书疏，为郡门下小吏，而家富。自惟门寒，念无以自达，乃常畜好刀笔及版奏，伺诸大吏有乏者辄给与，以是见识焉。

⑫《三辅决录注》曰：既为儿童，郡功曹游殷察异之，引既过家，既敬诺。殷先归，敕家具设宾馔。及既至，殷妻笑曰：“君其悖乎！张德容童昏小儿，何异客哉！”殷曰：“卿勿怪，乃方伯之器也。”殷遂与既论霸王之略。飨讫，以子楚托之；既谦不

受，殷固托之，既以殷邦之宿望，难违其旨，乃许之。殷先与司隶校尉胡轸有隙，轸诬构杀殷。殷死月余，轸得疾患，目精脱，但言“伏罪，伏罪，游功曹将鬼来”。于是遂死。于时关中称曰：“生有知人之明，死有贵神之灵。”子楚字仲允，为蒲阪令。太祖定关中时，汉兴郡缺，太祖以问既，既称楚才兼文武，遂以为汉兴太守。后转陇西。

《魏略》曰：楚为人慷慨，历位宰守，所在以恩德为治，不好刑杀。太和中，诸葛亮出陇右，吏民骚动。天水、南安太守各弃郡东下，楚独据陇西，召会吏民，谓之曰：“太守无恩德。今蜀兵至，诸郡吏民皆已应之，此亦诸卿富贵之秋也。太守本为国家守郡，义在必死，卿诸人便可取太守头持往。”吏民皆涕泪，言“死生当与明府同，无有二心”。楚复言：“卿曹若不愿，我为卿画一计。今东二郡已去，必将寇来，但可共坚守。若国家救到，寇必去，是为一郡守义，人人获爵宠也。若官救不到，蜀攻日急，尔乃取太守以降，未为晚也。”吏民遂城守。而南安果将蜀兵，就攻陇西。楚闻贼到，乃遣长史马颙出门设陈，而自于城上晓谓蜀帅，言：“卿能断陇，使东兵不上，一月之中，则陇西吏人不攻自服；卿若不能，虚自疲弊耳。”使颙鸣鼓击之，蜀人乃去。后十余日，诸军上陇，诸葛亮破走。南安、天水皆坐应亮破灭，两郡守各获重刑，而楚以功封列侯，长史掾属皆赐拜。帝嘉其治，诏特听朝，引上殿。楚为人短小而大声，自为吏，初不朝觐，被诏登阶，不知仪式。帝令侍中赞引，呼“陇西太守前”，楚当言“唯”，而大应称“诺”。帝顾之而笑，遂劳勉之。罢会，自表乞留宿卫，拜驸马都尉。楚不学问，而性好游遨音乐。乃畜歌者，琵琶、筝、箫，每行来将以自随。所在樗蒱、投壶，欢欣自娱。数岁，复出为北地太守，年七十余卒。

⑬《魏略》曰：成公英，金城人也。中平末，随韩约为腹心。建安中，约从华阴破走，还湟中，部党散去，唯英独从。

《典略》曰：韩遂在湟中，其婿阎行欲杀遂以降，夜攻遂，不下。遂叹息曰：“丈夫困厄，祸起婚姻乎！”谓英曰：“今亲戚离叛，人众转少，当从羌中西南诣蜀耳。”英曰：“兴军数十年，今虽罢败，何有弃其门而依于人乎！”遂曰：“吾年老矣，子欲何施？”英曰：“曹公不能远来，独夏侯尔。夏侯之众，不足以追我，又不能久留；且息肩于羌中，以须其去。招呼故人，绥会羌、胡，犹可以有为也。”遂从其计，时随从者男女尚数千人。遂宿有恩于羌，羌卫护之。及夏侯渊还，使阎行留后。乃合羌、胡数万将攻行，行欲走，会遂死，英降太祖。太祖见英甚喜，以为军师，封列侯。从行出猎，有三鹿走过前，公命英射之，三发三中，皆应弦而倒。公抵掌谓之曰：“但韩文约可为尽节，而孤独不可乎？”英乃下马而跪曰：“不欺明公。假使英本主人在，实不来此也。”遂流涕哽咽。公嘉其敦旧，遂亲敬之。延康、黄初之际，河西有逆谋。诏遣英佐凉州平陇右，病卒。

《魏略》曰：阎行，金城人也，后名艳，字彦明，少有健名，始为小将，随韩约。建安初，约与马腾相攻击。腾子超亦号为健。行尝刺超，矛折，因以折矛挝超项，几杀之。至十四年，为约所使诣太祖，太祖厚遇之，表拜犍为太守。行因请令其父入宿卫，西还见约，宣太祖教云：“谢文约：卿始起兵时，自有所逼，我所具明也。当早来，共匡辅国朝。”行因谓约曰：“行亦为将军兴军以来三十余年，民兵疲瘁，所处又狭，宜早自附。是以前在邺，自启当令老父诣京师，诚谓将军亦宜遣一子，以示丹赤。”约曰：“且可复观望数岁中！”后遂遣其子，与行父母俱东。会约西讨张猛，留行守旧营，而马超等结反谋，举约为都督。及约还，超谓约曰：“前钟司隶任超使取将军，关东人不可复信也。今超弃父，以将军为父，将军亦当弃子，以超为子。”行谏约，不欲令与超合。约谓行曰：“今诸将不谋而同，似有天数。”乃东诣华阴。及太祖与约交马语，行在其后，太祖望谓行曰：“当念作孝子。”及超等破走，行随约还金城。太祖闻行前意，故但诛约子孙在京师者。乃手书与行曰：“观文约所为，使人笑来。吾前后与之书，无所不说，如此何可复忍！卿父谏议，自平安也。虽然，牢狱之中，非养亲之处，且又官家亦不能久为人养老也。”约闻行父独在，欲使并遇害，以一其心，乃强以少女妻行，行不获已。太祖果疑行。会约使行别领西平郡。遂勒其部曲，与约相攻击。行不胜，乃将家人东诣太祖。太祖表拜列侯。

⑭《魏略》曰：儒字俊林，夏侯尚从弟。初为鄢陵侯彰骁骑司马，□□为征南将军，都督荆、豫州。正始二年，朱然围樊城，城中守将乙修等求救甚急。儒进屯邓塞，以兵少不敢进，但作鼓吹，设导从，去然六七里，翱翔而还，使修等遥见之，数数如是。月余，及太傅到，乃俱进，然等走。时谓儒为怯，或以为晓以少疑众，得声救之宜。儒犹以此召还，为太仆。

⑮《魏略》曰：初，既为郡小吏，功曹徐英尝自鞭既三十。英字伯济，冯翊著姓，建安初为蒲阪令。英性刚爽，自见族氏胜既，于乡里名行在前，加以前辱既，虽知既贵显，终不肯求于既。既虽得志，亦不顾计本原，犹欲与英和。尝因醉欲亲狎英，英故抗意不纳。英由此遂不复进用。故时人善既不挟旧怨，而壮英之不挠。

⑯《魏略》曰：缉字敬仲，太和中为温令，名有治能。会诸葛亮出，缉上便宜，诏以问中书令孙资，资以为有筹略，遂召拜骑都尉，遣参征蜀军。军罢，入为尚书郎，以称职为明帝所识。帝以为缉之材能，多所堪任，试呼相者相之。相者云："不过二千石。"帝曰："何材如是而位止二千石乎？"及在东莞，领兵数千人。缉性吝于财而矜于势，一旦以女征去郡，还坐里舍，悒悒躁扰。数为国家陈击吴、蜀形势，又尝对司马大将军料诸葛恪虽得胜所边土，见诛不久。大将军问其故，缉云："威震其主，功盖一国，欲不死可得乎？"及恪从合肥还，吴果杀之。大将军闻恪死，谓众人曰："诸葛恪多辈耳！近张敬仲县论恪，以为必见杀，今果然如此。敬仲之智为胜恪也。"缉与李丰通家，又居相侧近。丰时取急出，子藐往见之，有所咨道。丰被收，事与缉连，遂收送廷尉，赐死狱中，其诸子皆并诛。缉孙殷，晋永兴中为梁州刺史，见《晋书》。

⑰《魏略》曰：建字公威，少与诸葛亮俱游学。亮后出祁山，答司马宣王书，使杜子绪宣意于公威也。

⑱《魏略》曰：逵世为著姓，少孤家贫，冬常无裤，过其妻兄柳孚宿，其明无何，著孚裤去，故时人谓之通健。

⑲《魏略》曰：援捕得逵，逵不肯拜，谓援曰："王府君临郡积年，不知足下曷为者也？"援怒曰："促斩之。"诸将覆护，乃囚于壶关，闭著土窖中，以车轮盖上，使人固守。方将杀之，逵从窖中谓守者曰："此间无健儿邪，而当使义士死此中乎？"时有祝公道者，与逵非故人，而适闻其言，怜其守正危厄，乃夜盗往引出，折械遣去，不语其姓名。

⑳《孙资别传》曰：资举河东计吏，到许，荐于相府曰："逵在绛邑，帅厉吏民，与贼郭援交战，力尽而败，为贼所俘，挺然直志，颜辞不屈；忠言闻于大众，烈节显于当时，虽古之直发据鼎，罔以加也。其才兼文武，诚时之利用。"

《魏略》曰：郭援破后，逵乃知前出己者为祝公道。公道，河南人也。后坐他事，当伏法。逵救之，力不能解，为之改服焉。

㉑《魏略》曰：太祖欲征吴而大霖雨，三军多不愿行。太祖知其然，恐外有谏者，教曰："今孤戒严，未知所之，有谏者死。"逵受教，谓其同寮三主簿曰："今实不可出，而教如此，不可不谏也。"乃建谏草以示三人，三人不获已，皆署名，入白事。太祖怒，收逵等。当送狱，取造意者，逵即言"我造意"，遂走诣狱。狱吏以逵主簿也，不即著械。谓狱吏曰："促械我。尊者且疑我在近职，求缓于卿，今将遣人来察我。"逵著械适讫，而太祖果遣家中人就狱视逵。既而教曰："逵无恶意，原复其职。"始，逵为诸生，略览大义，取其可用。最好《春秋左传》，及为牧守，常自课读之，月常一遍。逵前在弘农，与典农校尉争公事，不得理，乃发愤生瘿，后所病稍大，自启愿欲令医割之。太祖惜逵忠，恐其不活，教"谢主簿，吾闻'十人割瘿九人死'"。逵犹行其意，而瘿愈大。逵本名衢，后改为逵。

㉒《魏略》曰：时太子在邺，鄢陵侯未到，士民颇苦劳役，又有疾疠，于是军中骚动。群寮恐天下有变，欲不发丧。逵建议为不可秘，乃发哀，令内外皆入临，临讫，各安叙不得动。而青州军擅击鼓相引去。众人以为宜禁止之，不从者讨之。逵以为"方大丧在殡，嗣王未立，宜因而抚之"。乃为作长檄，告所在给其廪食。

㉓《魏略》曰：初，魏郡官属颇以公事期会有所急切，会闻逵当为郡，举府皆诣县门外。及迁书到，逵出门，而郡官属悉当门，谒逵于车下。逵抵掌曰：“诣治所，何宜如是！”

㉔《魏略》曰：逵为豫州。逵进曰：“臣守天门，出入六年，天门始开，而臣在外。唯殿下为兆民计，无违天人之望。”

㉕《魏略》曰：休怨逵进迟，乃呵责逵，遂使主者敕豫州刺史往拾弃仗。逵恃心直，谓休曰：“本为国家作豫州刺史，不来相为拾弃仗也。”乃引军还。遂与休更相表奏，朝廷虽知逵直，犹以休为宗室任重，两无所非也。

《魏书》云：休犹挟前意，欲以后期罪逵，逵终无言，时人益以此多逵。

习凿齿曰：夫贤人者，外身虚己，内以下物，嫌忌之名，何由而生乎？有嫌忌之名者，必与物为对，存胜负于己身者也。若以其私憾败国殄民，彼虽倾覆，于我何利？我苟无利，乘之曷为？以是称说，臧获之心耳。今忍其私忿而急彼之忧，冒难犯危而免之于害，使功显于明君，惠施于百姓，身登于君子之涂，义愧于敌人之心，虽豺虎犹将不觉所复，而况于曹休乎？然则济彼之危，所以成我之胜，不计宿憾，所以服彼之心，公义既成，私利亦弘，可谓善争矣。在于未能忘胜之流，不由于此而能济胜者，未之有也。

㉖《魏书》曰：逵时年五十五。

㉗《魏略》曰：甘露二年，车驾东征，屯项，复入逵祠下，诏曰：“逵没有遗爱，历世见祠。追闻风烈，朕甚嘉之。昔先帝东征，亦幸于此，亲发德音，褒扬逵美，徘徊之心，益有慨然！夫礼贤之义，或扫其坟墓，或修其门闾，所以崇敬也。其扫除祠堂，有穿漏者补治之。”

㉘《晋诸公赞》曰：充字公闾，甘露中为大将军长史。高贵乡公之难，司马文王赖充以免。为晋室元功之臣，位至太宰，封鲁公。谥曰武公。

《魏略列传》以逵及李孚、杨沛三人为一卷，今列孚、沛二人继逵后耳。

孚字子宪，钜鹿人也。兴平中，本郡人民饥困。孚为诸生，当种薤，欲以成计。有从索者，亦不与一茎，亦不自食，故时人谓能行意。后为吏。建安中，袁尚领冀州，以孚为主簿。后尚与其兄谭争斗，尚出军诣平原，留别驾审配守邺城，孚随尚行。会太祖围邺，尚还欲救邺。行未到，尚疑邺中守备少，复欲令配知外动止，与孚议所遣。孚答尚言：“今使小人往，恐不足以知外内，且恐不能自达。孚请自往。”尚问孚：“当何所得？”孚曰：“闻邺围甚坚，多人则觉，以为直当将三骑足矣。”尚从其计。孚自选温信者三人，不语所之，皆敕使具脯粮，不得持兵仗，各给快马。遂辞尚来南，所在止亭传。及到梁淇，使从者斫问事杖三十枚，系著马边，自著平上帻，将三骑，投暮诣邺下。是时大将军虽有禁令，而刍牧者多。故孚因此夜到，以鼓一中，自称都督，历北围，循表而东，从东围表，又循围而南，步步呵责守围将士，随轻重行其罚。遂历太祖营前，径南过，从南围角西折，当章门，复责怒守围者，收缚之。因开其围，驰到城下，呼城上人，城上人以绳引，孚得入。配等见孚，悲喜，鼓噪称万岁。守围者以状闻，太祖笑曰：“此非徒得入也，方且复得出。”孚事讫欲得还，而顾外围必急，不可复冒。谓己使命当速反，乃阴心计，请配曰：“今城中谷少，无用老弱为也，不如驱出之以省谷也。”配从其计，乃复夜简别得数千人，皆使持白幡，从三门并出降。又使人人持火，孚乃无何将本所从作降人服，随辈夜出。时守围将士，闻城中悉降，火光照曜。但共观火，不复视围。孚出北门，遂从西北角突围得去。其明，太祖闻孚已得出，抵掌笑曰：“果如吾言也。”孚北见尚，尚甚欢喜。会尚不能救邺，破走至中山，而袁谭又追击尚，尚走。孚与尚相失，遂诣谭，复为谭主簿，东还平原。太祖进攻谭，谭战死。孚还城，城中虽必降，尚扰乱未安。孚权宜欲得见太祖，乃骑诣牙门，称冀州主簿李孚欲口白密事。太祖见之，孚叩头谢。太祖问其所白，孚言“今城中强弱相陵，心皆不定，以为宜令新降为内所识信者宣传明教。”公谓孚曰：“卿便还宣之。”孚跪请教，公曰：“便以卿意宣也。”孚还入城，宣教“各安故业，不得相侵陵。”城中以安，乃还报命，公以孚为良足用也。会为所间，裁署冗散。出守解长，名为严能。稍迁至司隶校尉，时年七十余矣，其于精断无衰，而术略不损于故。终于阳平太守。孚本姓冯，后改为李。

杨沛字孔渠，冯翊万年人也。初平中，为公府令史，以牒除为新郑长。兴平末，人多饥穷，沛课民益畜乾椹，收萱豆，阅其有余以补不足，如此积得千余斛，藏在小仓。会太祖为兖州刺史，西迎天子，所将千余人皆无粮。过新郑，沛谒见，乃皆进乾椹。太祖甚喜。及太祖辅政，迁沛为长社令。时曹洪宾客在县界，征调不肯如法，沛先挝折其脚，遂杀之。由此太祖以为能。累迁九江、东平、乐安太守，并有治迹。坐与督军争斗，髡刑五岁。输作未竟，会太祖出征在谯，闻邺下颇不奉科禁，乃发教选邺令，当得严能如杨沛比，故沛从徒中起为邺令。已拜，太祖见之，问曰："以何治邺？"沛曰："竭尽心力，奉宣科法。"太祖曰："善。"顾谓坐席曰："诸君，此可畏也。"赐其生口十人，绢百匹，既欲以励之，且以报乾椹也。沛辞去，未到邺，而军中豪右曹洪、刘勋等畏沛名，遣家骑驰告子弟，使各自检敕。沛为令数年，以功能转为护羌都尉。十六年，马超反，大军西讨，沛随军，都督孟津渡事。太祖已南过，其余未毕，而中黄门前渡，忘持行轩，私北还取之，从吏求小船，欲独先渡。吏呵不肯，黄门与吏争言。沛问黄门："有疏邪？"黄门云："无疏。"沛怒曰："何知汝不欲逃邪？"遂使人捽其头，与杖欲捶之，而逸得去，衣帻皆裂坏，自诉于太祖。太祖曰："汝不死为幸矣。"由是声名益振。及关中破，代张既领京兆尹。黄初中，儒雅并进，而沛本以事能见用，遂以议郎冗散里巷。沛前后宰历城守，不以私计介意，又不肯以事贵人，故身退之后，家无余积。治疾于家，借舍从儿，无他奴婢。后占河南几阳亭部荒田二顷，起瓜牛庐，居止其中，其妻子冻饿。沛病亡，乡人亲友及故吏民为殡葬也。

三国志卷十六 魏书十六

任苏杜郑仓传第十六

任峻字伯达，河南中牟人也。汉末扰乱，关东皆震。中牟令杨原愁恐，欲弃官走。峻说原曰："董卓首乱，天下莫不侧目，然而未有先发者，非无其心也，势未敢耳。明府若能唱之，必有和者。"原曰："为之奈何？"峻曰："今关东有十余县，能胜兵者不减万人，若权行河南尹事，总而用之，无不济矣。"原从其计，以峻为主簿。峻乃为原表行尹事，使诸县坚守，遂发兵。会太祖起关东，入中牟界，众不知所从，峻独与同郡张奋议，举郡以归太祖。峻又别收宗族及宾客家兵数百人，愿从太祖。太祖大悦，表峻为骑都尉，妻以从妹，甚见亲信。太祖每征伐，峻常居守以给军。是时岁饥旱，军食不足，羽林监颍川枣祗建置屯田，太祖以峻为典农中郎将，募百姓屯田于许下，得谷百万斛，郡国列置田官，数年中所在积粟，仓廪皆满。官渡之战，太祖使峻典军器粮运。贼数寇钞绝粮道，乃使千乘为一部，十道方行，为复陈以营卫之，贼不敢近。军国之饶，起于枣

任峻字伯达，是河南中牟县人。汉代末年时局动乱，关东地区都受到震动。中牟县令杨原感到忧虑恐惧，想要弃官逃跑。任峻劝他说："董卓首先挑起动乱，天下人没有不恨他的，但是还没有出现首先起兵讨伐他的人，不是因为人们没有这种想法，而是势力太弱不敢起兵。您如果能首先倡导，肯定会有响应的人。"杨原说："那我应该怎么办？"任峻说："现在关东有十来个县，能当兵的不下万人。如果您暂时行使河南尹的职权，统率指挥十多个县的军民，就有可能成功。"杨原听从了任峻的建议，并任命任峻担任主簿。任峻就替杨原上表请求代理河南尹，同时命令各县坚守，随即兴兵讨伐董卓。当时正值太祖在关东起兵，进入了中牟地界，大家都不知道怎么办，任峻单独和同郡人张奋商量，率领全郡归顺太祖。任峻又另外召集同族、宾客和家兵几百人，表示愿意跟随太祖。太祖大为高兴，向朝廷上表任命任峻担任骑都尉，并将堂妹嫁给他，对他非常信任。太祖每次征伐，任峻常留守以供应军队物资。当时年成饥旱，军粮不足，羽林监颍川人枣祗建议设置屯田，太祖就任命任峻为典农中郎将，征募百姓在许县附近屯田，收得谷物百万斛，并在各郡与诸侯国都设置田官，几年中，到处积贮粮食，仓库都贮满了。官渡之战时，太祖委派任峻掌管武器和粮草的运输。当时袁绍军队多次抢劫截断粮道，任峻就以千辆粮车为一队，十路并行，又设立复阵用军队护卫，使得袁军不敢接近。军队和魏国皆食用丰足，由枣祗开始的屯田而成功在于任峻的努力。

祇而成于峻。[①]太祖以峻功高，乃表封为都亭侯，邑三百户，迁长水校尉。

太祖因为任峻功高，上表分封他为都亭侯，食邑三百户，升任长水校尉。

峻宽厚有度而见事理，每有所陈，太祖多善之。于饥荒之际，收恤朋友孤遗，中外贫宗，周急继乏，信义见称。建安九年薨，太祖流涕者久之。子先嗣。先薨，无子，国除。文帝追录功臣，谥峻曰成侯。复以峻中子览为关内侯。

任峻为人宽厚有度量，而且明白事理，每当他有所陈述时，太祖大多认为很好。在饥荒时节任峻收容赈济朋友的孤儿、遗孀，对中表亲戚、贫困的同族人，任峻也总是救助危难，接济穷困，他的仁信恩义一直被人们称誉。建安九年，任峻去世，太祖为他流泪很久。他的儿子任先继承爵位。任先去世后，没有儿子，封号被撤除。魏文帝曹丕追录功臣，追加任峻成侯的谥号，又赐给他第二个儿子任贤关内侯的爵位。

苏则字文师，扶风武功人也。少以学行闻，举孝廉茂才，辟公府，皆不就。起家为酒泉太守，转安定、武都，[②]所在有威名。太祖征张鲁，过其郡，见则悦之，使为军导。鲁破，则绥定下辩诸氐，通河西道，徙为金城太守。是时丧乱之后，吏民流散饥穷，户口损耗，则抚循之甚谨。外招怀羌胡，得其牛羊，以养贫老。与民分粮而食，旬月之间，流民皆归，得数千家。乃明为禁令，有干犯者辄戮，其从教者必赏。亲自教民耕种，其岁大丰收，由是归附者日多。李越以陇西反，则率羌胡围越，越即请服。太祖崩，西平麴演叛，称护羌校尉。则勒兵讨之。演恐，乞降。文帝以其功，加则护羌校尉，赐爵关内侯。[③]

苏则字文师，是扶风郡武功县人。少年时就以学问和操行而闻名当地，被举荐为孝廉秀才，征召去公府担任官职，但他都辞谢不去。后来苏则直接由平民担任酒泉太守，又历任安定、武都太守，所到之处都有声威名望。太祖征伐张鲁时，经过苏则任职的武都郡，就召见了苏则，很赏识他，让他担任军队的先导。击败张鲁后，苏则率军安定了下辩地区的氐族各部，修通了通往河西的道路，不久又任金城太守。这时正是战乱以后。官吏百姓流离失散而且面临饥饿和穷困，户口减少很多，苏则十分认真地安抚百姓。对外则招抚羌胡诸部，得到他们的牛羊，用来供养郡中的穷人和老人。自己则和百姓一起分粮而食，仅仅一个多月的时间，流离失散的百姓就都返回了郡中，人数有几千户。苏则公开制定和宣布禁令，有敢于触犯禁令的人立即处罚，对那些听从教化的人则加以奖励。他还亲自教百姓耕种，这一年获得了大丰收，因此归顺依附的人越来越多。李越占据陇西谋反，苏则率领羌胡人包围李越，李越立刻请求归顺。太祖去世后，西平人麴演反叛，自称护羌校尉。苏则统兵征讨他，麴演恐慌，请求投降。文帝因为苏则平叛的功劳，加封苏则护羌校尉的称号，赐以关内侯的爵位。

后演复结旁郡为乱，张掖张进执太守杜通，酒泉黄华不

后来麴演再次勾结邻近的郡作乱，张掖人张进拘捕太守杜通，酒泉人黄华不接受太守辛机的管

受太守辛机，进、华皆自称太守以应之。又武威三种胡并寇钞，道路断绝。武威太守毌丘兴告急于则。时雍、凉诸豪皆驱略羌胡以从进等，郡人咸以为进不可当。又将军郝昭、魏平先是各屯守金城，亦受诏不得西度。则乃见郡中大吏及昭等与羌豪帅谋曰："今贼虽盛，然皆新合，或有胁从，未必同心；因衅击之，善恶必离，离而归我，我增而彼损矣。既获益众之实，且有倍气之势，率以进讨，破之必矣。若待大军，旷日持久，善人无归，必合于恶，善恶既合，势难卒离。虽有诏命，违而合权，专之可也。"于是昭等从之，乃发兵救武威，降其三种胡，与兴击进于张掖。演闻之，将步骑三千迎则，辞来助军，而实欲为变。则诱与相见，因斩之，出以徇军，其党皆散走。则遂与诸军围张掖，破之，斩进及其支党，众皆降。演军败，华惧，出所执乞降，河西平。乃还金城。进封都亭侯，邑三百户。

征拜侍中，与董昭同寮。昭尝枕则膝卧，则推下之，曰："苏则之膝，非佞人之枕也。"初，则及临菑侯植闻魏氏代汉，皆发服悲哭，文帝闻植如此，而不闻则也。帝在洛阳，尝从容言曰："吾应天受禅，而闻有哭者，何也？"则谓为见问，须髯悉张，欲正论以对。侍中

辖，他们两人都自称太守而响应麹演。又有武威三个部落的胡人也同时抢劫骚扰百姓，使道路断绝。武威太守毌丘兴向苏则告急。当时雍州、凉州的豪强们都驱使羌胡人跟随张进等人，郡中的人都认为无法抵挡张进的攻击。再加上将军郝昭、魏平先前各自率军驻守金城，也奉诏不能西渡黄河。这时苏则就约见郡中将领和郝昭等人同羌族豪强首领商议说："目前叛军势力虽然强盛，但都是刚刚聚合，有的还是被迫跟随，未必同心；我们趁他们有矛盾而进攻，好人坏人肯定分离，好人分离出来归顺我们，我们实力增强而叛军实力减少。这样既得到了增强实力的实效，又鼓舞了士气，然后再率军征讨，一定能击破叛军。如果等待大军到来，就会空费时日，相持长久，好人没有归顺之处，一定会与坏人合在一起，好坏一旦合流，势必难于分离。虽然现在有诏命不准军队西渡，但违背诏命而合乎权宜之计，这是我们可以行使的权力。"于是郝昭等人听从了他的意见，发兵营救武威，降服了三个部落的人，又和毌丘兴一道出兵张掖进攻张进。麹演知道后，率领三千步骑迎接苏则，口头上说是出来援助苏则，其实是想乘机叛变。苏则引诱麹演相见，趁机斩了他的头，拿来向他的军队示众，麹演的党羽纷纷逃散。苏则就同各路军马围攻张掖，攻破了张掖城，杀了张进和他的亲信，其他的人都投降了。麹演军败后，黄华恐惧，放出他所拘捕的酒泉太守，请求投降，河西之乱得以平定。苏则率兵返回金城。他被晋封为都亭侯，食邑三百户。

苏则被征召回京城担任侍中，和董昭同事。董昭曾经枕着苏则的膝盖躺着，苏则将他推开，说："苏则的膝盖不是阿谀奉承小人的枕头。"起初，苏则和临淄侯曹植听说魏取代汉朝，都穿上丧服痛哭，文帝听说了曹植这样，但没有听说苏则也哭。一次在洛阳，文帝从容舒缓地问众臣："我顺应天命而继承帝位，但是听说有痛哭的人，这是为什么？"苏则以为自己被询问，胡须都翘了起来，准备正言论述来回答。侍中傅巽掐着苏则说："不是问你啊！"苏

傅巽掐则曰:“不谓卿也。”于是乃止。[4]文帝问则曰:“前破酒泉、张掖,西域通使,燉煌献径寸大珠,可复求市益得不?”则对曰:“若陛下化洽中国,德流沙漠,即不求自至,求而得之,不足贵也。”帝默然。后则从行猎,槎桎拔,失鹿,帝大怒,踞胡床拔刀,悉收督吏,将斩之。则稽首曰:“臣闻古之圣王不以禽兽害人,今陛下方隆唐尧之化,而以猎戏多杀群吏,愚臣以为不可。敢以死请!”帝曰:“卿,直臣也。”遂皆赦之。然以此见惮。黄初四年,左迁东平相。未至,道病薨,谥曰刚侯。子怡嗣。怡薨,无子,弟愉袭封。愉,咸熙中为尚书。[5]

杜畿字伯侯,京兆杜陵人也。[6]少孤,继母苦之,以孝闻。年二十,为郡功曹,守郑县令。县囚系数百人,畿亲临狱,裁其轻重,尽决遣之,虽未悉当,郡中奇其年少而有大意也。举孝廉,除汉中府丞。会天下乱,遂弃官客荆州,建安中乃还。荀彧进之太祖,[7]太祖以畿为司空司直,迁护羌校尉,使持节,领西平太守。[8]

太祖既定河北,而高幹举并州反。时河东太守王邑被征,河东人卫固、范先外以请邑为名,而内实与幹通谋。太祖谓荀彧曰:“关西诸将,恃险与马,征必为乱。张晟寇殽、渑间,南通刘表,固等因之,吾恐

则才没有上前回答。文帝问苏则:“以前攻克酒泉、张掖,西域和我们互通使者,敦煌献了直径一寸的大珠,能再多买一些这样的大珍珠吗?”苏则回答说:“如果陛下教化普及中原,恩德遍施西域,不去寻求也会有人自动奉献,买到的算不得贵重啊。”文帝没有作声。后来苏则跟随文帝打猎,由于拦截野兽的栏杆被拔出,鹿跑掉了,文帝大怒,蹲坐在胡床上拔刀下令,要全部拘捕督察打猎的官员,准备杀掉他们。苏则叩头说:“臣听说古代的圣王不因为禽兽而伤害人,现在陛下刚开始光大尧帝的教化,却因为打猎的游戏而要杀死众多臣下,愚臣认为不能这样做。臣愿意以一死来请求赦免他们。”文帝说:“你是位耿直的大臣。”就都赦免了。但因为这件事文帝始终对苏则感到畏惧。黄初四年,苏则降职担任东平相,还没到任,就在路上因病去世,追谥号为刚侯。儿子苏怡继承爵位。苏怡去世,没有儿子,苏则的弟弟苏愉袭封爵位。苏愉在咸熙年间担任过尚书。

杜畿字伯侯,是京兆杜陵人。少年时父母双亡,继母虐待他,但杜畿仍以孝行而闻名乡里。二十岁时,杜畿担任郡功曹,兼郑县令。县里有数百名在押犯人,杜畿亲自审讯,裁决他们罪行的轻重,很快就全都判案发落了。虽然这些裁决并不都很恰当,但郡中人却惊讶他年轻而有远大志向。以后杜畿被举荐为孝廉,担任汉中府丞。当时正值天下大乱,杜畿就辞官客居荆州,建安年间才返回家乡。荀彧将他推荐给太祖,太祖任命杜畿担任司空司直,升任护羌校尉,持符节,兼任西平太守。

此时,太祖已经平定河北,而高幹带动并州反叛。当时河东太守王邑被朝廷征召,河东人卫固、范先对外以请求王邑回河东为名,而实际上却暗地参与高幹谋反。太祖对荀彧说:“关西的几位将领凭借着险要的地形和骑兵,如果征伐他们一定会起起叛乱。张晟骚扰殽山、渑池之间,南面同刘表相通,卫固等人凭借他们的势力,暗地参与谋反,我担心他

其为害深。河东被山带河，四邻多变，当今天下之要地也。君为我举萧何、寇恂以镇之。”彧曰：“杜畿其人也。”[9]于是追拜畿为河东太守。固等使兵数千人绝陕津，畿至不得渡。太祖遣夏侯惇讨之，未至。或谓畿曰：“宜须大兵。”畿曰：“河东有三万户，非皆欲为乱也。今兵迫之急，欲为善者无主，必惧而听于固。固等势专，必以死战。讨之不胜，四邻应之，天下之变未息也；讨之而胜，是残一郡之民也。且固等未显绝王命，外以请故君为名，必不害新君。吾单车直往，出其不意。固为人多计而无断，必伪受吾。吾得居郡一月，以计縻之，足矣。”遂诡道从郖津度。[10]范先欲杀畿以威众。[11]且观畿去就，于门下斩杀主簿已下三十余人，畿举动自若。于是固曰：“杀之无损，徒有恶名；且制之在我。”遂奉之。畿谓卫固、范先曰：“卫、范，河东之望也，吾仰成而已。然君臣有定义，成败同之，大事当共平议。”以固为都督，行丞事，领功曹；将校吏兵三千余人，皆范先督之。固等喜，虽阳事畿，不以为意。固欲大发兵，畿患之，说固曰：“夫欲为非常之事，不可动众心。今大发兵，众必扰，不如徐以赀募兵。”固以为然，从之，遂为赀调发，数十日乃定，诸将贪多应募而少遣

们危害很大。河东郡依山靠河，四邻多变化，是当今天下的险要之地，请你为我推荐像萧何、寇恂一类的人来镇守河东。”荀彧答道：“杜畿正是这样的人。”于是追任杜畿为河东太守。卫固等派兵数千人断绝茅津渡口，杜畿无法渡河。太祖派夏侯惇征讨卫固，军队没有到达。有人劝杜畿：“应该等大军到来。”杜畿说：“河东有三万民户，并不是都想叛乱。现在大军压境逼迫过急，想从善的人没有依靠，一定会恐惧而听从卫固的命令。卫固等人权势集中，定会死战。如果征讨他们不能取胜，四邻都会响应卫固，天下的动乱就无法平息。征讨即使取胜了，也仍然伤害了河东一郡的百姓。况且卫固等人没有公开拒绝王命，对外仍用请回原来太守的名义，一定不会马上杀害新任太守。我单车直赴河东，出乎他们的意料。卫固为人多计谋而缺乏决断，一定会表面上接受我。我只要在河东郡任职一个月，就可以用计捆住他们，足以成功了。”然后就走隐秘的小道从郖津渡过河，来到河东。范先想杀害杜畿以威慑众人。先在郡守府门下杀掉主簿以下的官员三十余人，以此观察杜畿的动向，杜畿举动自如。于是卫固说：“杀掉杜畿无损于他们，仅仅得个恶名；况且控制他的主动权在我们手中。”就奉杜畿为太守。杜畿对卫固、范先说：“你们两位在河东是众望所归，我不过坐享其成罢了。但是主管和辅佐之间有规矩，无论成败都一样，大事应当共同商议。”杜畿任命卫固担任都督，行使丞的权力，并兼任功曹。将校吏兵三千余人，都由范先统领。卫固等人十分高兴，虽然表面上服从杜畿，但并不把他放在心上。卫固想大举发兵，杜畿担心他这样做会危害大局，劝说卫固：“要想做不平常的事，就不能动摇老百姓的心。现在大举发兵，百姓一定会惊扰，不如慢慢出钱募兵。”卫固认为有道理，听从了杜畿的意见，就多方筹集钱财，几十天才定下来。各将领贪图钱财答应多多募兵但又很少派兵。杜畿又对卫固等人说：“人都是

兵。又入喻固等曰："人情顾家，诸将掾史，可分遣休息，急缓召之不难。"固等恶逆众心，又从之。于是善人在外，阴为己援；恶人分散，各还其家，则众离矣。会白骑攻东垣，高幹入濩泽，上党诸县杀长吏，弘农执郡守，固等密调兵未至。畿知诸县附己，因出，单将数十骑，赴张辟拒守，吏民多举城助畿者，比数十日，得四千余人。固等与幹、晟共攻畿，不下，略诸县，无所得。会大兵至，幹、晟败，固等伏诛，其余党与皆赦之，使复其居业。

顾念家庭的，诸位将军和副官佐吏，可以分批让他们回家，需要时再征召也不难。"卫固等人担心违背众意，就听从杜畿的意见了。于是善良的人在外面，暗地里支持杜畿，坏人分散了，各自回家，卫固的势力就削弱了。当时正值张白骑进攻东垣，高幹进入濩泽，上党诸县杀掉了负责官员，弘农郡拘捕了郡守，卫固等人秘密调兵还未到。杜畿知道各县归附自己，就出城，独自率数十骑兵赴张辟抵抗叛逆，很多官吏百姓举城援助杜畿，数十天就得到了四千多人。卫固等人同高幹、张晟共同进攻杜畿，无法攻克，抢劫诸县，也没有得到什么。等到曹军大兵来到，高幹、张晟失败，卫固等人被杀，杜畿下令其余的部下全部赦免，并且恢复他们的产业。

是时天下郡县皆残破，河东最先定，少耗减。畿治之，崇宽惠，与民无为。民尝辞讼，有相告者，畿亲见为陈大义，遣令归谛思之，若意有所不尽，更来诣府。乡邑父老自相责怒曰："有君如此，奈何不从其教？"自是少有辞讼。班下属县，举孝子、贞妇、顺孙，复其繇役，随时慰勉之。渐课民畜牸牛、草马，下逮鸡豚犬豕，皆有章程。百姓勤农，家家丰实。畿乃曰："民富矣，不可不教也。"于是冬月修戎讲武，又开学宫，亲自执经教授，郡中化之。⑫

这时全国郡县都残缺破败，只有河东是最早安定的，没有太多的损失。杜畿治理河东，崇尚宽厚仁惠，对百姓实施无为而治。百姓常有前来诉讼告状的，杜畿就亲自接见并向他们陈述道理，让他们回去仔细思考，如果还有什么想不通，再来官府。乡中父老争相严责自己："有这样的太守，我们如何不听从他的教化呢？"从此很少有人打官司。杜畿明令告诉下属诸县，推荐孝子、贞妇、顺孙，免除他们的徭役，经常安慰勉励他们。逐渐教导百姓畜养母牛雌马，下及鸡、狗、猪的驯养，都有一定的章程。老百姓勤于农耕，家家都丰衣足食。杜畿说："老百姓富裕了，就不能不教化他们。"于是冬天学习军事，又设立学校，亲自讲授经书，郡中百姓普遍受到了教化。

韩遂、马超之叛也，弘农、冯翊多举县邑以应之。河东虽与贼接，民无异心。太祖西征至蒲阪，与贼夹渭为军，军食一仰河东。及贼破，余畜二十

韩遂、马超反叛的时候，弘农、冯翊两郡许多人占据县城响应他们。河东虽然与他们交界，但老百姓没有异心。太祖西征马超到蒲阪，同马超军队隔着渭水两军相持。军队粮食全靠河东供应。等到马超兵败，还结余粮食二十多万斛。太祖下令说："河

余万斛。太祖下令曰:“河东太守杜畿,孔子所谓‘禹,吾无间然矣’。增秩中二千石。”太祖征汉中,遣五千人运,运者自率勉曰:“人生有一死,不可负我府君。”终无一人逃亡,其得人心如此。[13]魏国既建,以畿为尚书。事平,更有令曰:“昔萧何定关中,寇恂平河内,卿有其功,间将授卿以纳言之职;顾念河东吾股肱郡,充实之所,足以制天下,故且烦卿卧镇之。”畿在河东十六年,常为天下最。

东太守杜畿,正像孔子说的‘夏禹,我对他没有批评了’,增加俸禄为中二千石。”太祖征讨汉中,杜畿派遣五千人运送物资,运送的人相互勉励:“人生总有一死,不能辜负我们太守。”结果没有一人逃亡,杜畿得人心到了这种地步。魏国建立后,任命杜畿担任尚书。平定汉中后,太祖再次下令:“当年萧何平定关中,寇恂平定河内,你也有他们一样的功劳。即将授予你纳言的职务;但考虑河东是十分重要的郡,粮食充足,足以控制全国,因此仍要请你留下来镇守它。”杜畿担任河东太守十六年,政绩经常是全国之最。

文帝即王位,赐爵关内侯,征为尚书。及践阼,进封丰乐亭侯,邑百户,[14]守司隶校尉。帝征吴,以畿为尚书仆射,统留事。其后帝幸许昌,畿复居守。受诏作御楼船,于陶河试船,遇风没。帝为之流涕,[15]诏曰:“昔冥勤其官而水死,稷勤百谷而山死。[16]故尚书仆射杜畿,于孟津试船,遂至覆没,忠之至也。朕甚愍焉。”追赠太仆,谥曰戴侯。子恕嗣。[17]

文帝曹丕继承王位,赐予杜畿关内侯的爵位,征召他担任尚书。等到曹丕正式登上帝位,又晋封杜畿为丰乐亭侯,食邑百户,兼任司隶校尉。文帝率军征伐吴国,任命杜畿担任尚书仆射,统管留守朝中的政事。后来,文帝巡幸许昌,杜畿再次留守洛阳。接受诏命督造御用楼船,在孟津试船时,遇到大风沉没。文帝为杜畿之死伤心流泪,下诏说:“过去商的祖先冥忠于水官的职守而死在水中,周族始祖稷辛劳播种百谷而死于黑水之山。前尚书仆射杜畿,在孟津试船,以至于船沉身亡,真是忠心耿耿,朕很哀怜他。”追赠杜畿为太仆,谥号为戴侯。儿子杜恕继承他的爵位。

恕字务伯,太和中为散骑黄门侍郎。[18]恕推诚以质,不治饰,少无名誉。及在朝,不结交援,专心向公。每政有得失,常引纲维以正言,于是侍中辛毗等器重之。

杜恕字务伯,太和年间担任散骑黄门侍郎。杜恕以诚待人,朴实诚信,不夸饰自己,年轻时没有名气。到朝廷后,他不结交攀援,一心忠于王室。每当政事有成功或失败时,他常常引用法度来规谏,因此侍中辛毗等人很器重他。

时公卿以下大议损益,恕以为“古之刺史,奉宣六条,以清静为名,威风著称,今可勿令领兵,以专民事”。俄而镇北

当时公卿以下的官员常常议论朝政得失。杜恕认为:“古代刺史,奉诏宣告六条,以清静著名,以威风著称,现在可以不要让刺史领兵,要使他们专心民事。”不久镇北将军吕昭又兼冀州刺史,杜恕就上

将军吕昭又领冀州，[19]乃上疏曰：

帝王之道，莫尚乎安民；安民之术，在于丰财。丰财者，务本而节用也。方今二贼未灭，戎车亟驾，此自熊虎之士展力之秋也。然搢绅之儒，横加荣慕，搤腕抗论，以孙、吴为首，州郡牧守，咸共忽恤民之术，修将率之事。农桑之民，竞干戈之业，不可谓务本。帑藏岁虚而制度岁广，民力岁衰而赋役岁兴，不可谓节用。今大魏奄有十州之地，而承丧乱之弊，计其户口不如往昔一州之民，然而二方僭逆，北虏未宾，三边遘难，绕天略匝；所以统一州之民，经营九州之地，其为艰难，譬策羸马以取道里，岂可不加意爱惜其力哉？以武皇帝之节俭，府藏充实，犹不能十州拥兵；郡且二十也。今荆、扬、青、徐、幽、并、雍、凉缘边诸州皆有兵矣，其所恃内充府库外制四夷者，惟兖、豫、司、冀而已。臣前以州郡典兵，则专心军功，不勤民事，宜别置将守，以尽治理之务；而陛下复以冀州宠秩吕昭。冀州户口最多，田多垦辟，又有桑枣之饶，国家征求之府，诚不当复任以兵事也。若以北方当须镇守，自可专置大将以镇安之。计所置吏士之费，与兼官无异。然昭于人才尚复易；中朝苟乏人，兼才者势不独多。

疏说：

做帝王的方法，没有比安定百姓更重要的了。安定百姓的办法，就是使资财丰裕。多财，就是致力农耕而节省财用。现在吴蜀未灭，军队一再出征，这正是勇士们施展才力的时候。然而官员中的儒者们，纷纷羡慕战场的荣耀，扼腕大声争论，认为当以孙膑、吴起的军事为首要，州郡的刺史太守，都忽视安抚百姓的办法，去学习领兵打仗，耕田种桑的百姓，也争着去舞枪弄刀，这不能说是务本。国库一年年空虚但各种礼制法令一年年扩大，民间的人力、财力一年年衰退而赋税劳役一年年增多，这不能说是节用。现在大魏拥有十州的领土，但由于蒙受战乱的损失，统计户口还不如过去一州的百姓，然而吴、蜀两国依然犯上作乱，北方民族尚未归顺，幽、并、凉州三边疆战乱迭起，四方都不平静。因此率领一州的百姓，经营九州的土地，这种艰难，就像驱使着疲弱的马赶路一样，怎能不加倍爱惜它的力量呢？以武皇帝的节俭，国库充实，仍不能十州都拥有自己的兵力，也只有二十郡能有兵。现在荆、扬、青、徐、幽、并、雍、凉等边境各州都有军队，国家所依靠来对内充实府库，对外控制四夷的，只有兖、豫、司、冀四州。臣过去认为州郡刺史太守主管军事，就会只专心军事，不勤于民事，应该另外设置将领，以尽力治理军队。然而陛下又以冀州刺史的职位来尊宠吕昭将军。冀州户口最多，田地多已开垦，又有丰富的桑枣，是国家征求赋税的府库，刺史实在不应该再兼管军事。如果认为北方应该镇守，自然可以专门设立大将来镇守它。预计另设将吏所需要的开支，同兼官没有什么区别。吕昭这样的人才在朝廷还是容易找到的，朝中如果缺乏人才，那么兼有文武全才的人更不多。由此推论，可以知道国家是为

以此推之，知国家以人择官，不为官择人也。官得其人，则政平讼理；政平故民富实，讼理故囹圄空虚。陛下践阼，天下断狱百数十人，岁岁增多，至五百余人矣。民不益多，法不益峻。以此推之，非政教陵迟，牧守不称之明效欤？往年牛死，通率天下十能损二；麦不半收，秋种未下。若二贼游魂于疆埸，飞刍挽粟，千里不及。究此之术，岂在强兵乎？武士劲卒愈多，愈多愈病耳。夫天下犹人之体，腹心充实，四支虽病，终无大患；今兖、豫、司、冀亦天下之腹心也。是以愚臣慺慺，实愿四州之牧守，独修务本之业，以堪四支之重。然孤论难持，犯欲难成，众怨难积，疑似难分，故累载不为明主所察。凡言此者，类皆疏贱；疏贱之言，实未易听。若使善策必出于亲贵，亲贵固不犯四难以求忠爱，此古今之所常患也。

人而选择官职，不是为官职而选择人。官署有了合适的人才，就可以做到政事清明，诉讼公平。政事清明，所以百姓就富裕，诉讼公平，所以牢狱就空虚。陛下继帝位时，国家审理判决的只有一百几十人，以后年年增多，现在有五百多人了。百姓没有增加，法律也不是更加严峻，由此推论，这岂不是政治教化衰落，刺史太守不称职的明显结果吗？往年耕牛死亡，通常比例在十分之二；如今麦子收获只有五成，秋种未能播下。如果吴、蜀两国再次挑起战争，我们用车船疾运粮草，相隔千里恐怕会来不及。推究这些治理的方法，怎能说是强兵呢？军队越来越多，越多毛病越大。国家就像人的身体，腹心充实，四肢虽然有点毛病，终究没有大问题。现在兖、豫、司、冀四州就是国家腹心。因此愚臣勤恳恭谨地希望四州的刺史太守，专心致力于根本，以承受四肢的重负。但孤单的议论难以坚持，违犯上级的愿望难以成功，众人怨恨不宜积累，似是而非的问题难以区分，所以愚臣的建议数年不被英明的君主察觉。凡主张这类意见的人，大体都地位卑下，关系疏远，这样的人的意见，实在不容易听从。如果认为好的建议都出自于亲贵，亲贵本来就不会冒犯我上边所说的四难而追求忠爱，这是古往今来常常令人担忧的地方。

时又大议考课之制，以考内外众官。恕以为用不尽其人，虽才且无益，所存非所务，所务非世要。上疏曰：

当时朝廷又大议考课的制度，用来考核朝廷内外的官员。杜恕认为用人不能发挥其作用，虽然有才能也无用处，目前存在的考核制度不符合官吏应达到的要求，而对官吏的要求又不符合社会的实际需要。因此上疏说：

《书》称“明试以功，三考黜陟”，诚帝王之盛制。使有能者当其官，有功者受其禄，譬犹乌获之举千钧，良、乐之选骥足也。虽历六代而考绩之法不著，关七圣而课试之文不

《尚书》所称“公开考核官吏政绩，三次考试后决定他们的降免或提升”，实在是帝王盛行的制度。使有能力的人担任适合的官职，有功的人享受应得的爵禄，这犹如战国秦武王时大力士乌获能举千钧，王良、伯乐能选千里马一样。虽然经历了唐、虞、夏、商、周、汉六代，但考绩的法令没有著录，虽然经

垂，臣诚以为其法可粗依，其详难备举故也。语曰：“世有乱人而无乱法。”若使法可专任，则唐、虞可不须稷、契之佐，殷、周无贵伊、吕之辅矣。今奏考功者，陈周、汉之法为，缀京房之本旨，可谓明考课之要矣。于以崇揖让之风，兴济济之治，臣以为未尽善也。其欲使州郡考士，必由四科，皆有事效，然后察举，试辟公府，为亲民长吏，转以功次补郡守者，或就增秩赐爵，此最考课之急务也。臣以为便当显其身，用其言，使具为课州郡之法，法具施行，立必信之赏，施必行之罚。至于公卿及内职大臣，亦当俱以其职考课之也。

过了尧、舜、禹、汤、文、武、周公七圣，但关于考核的记载没有流传，臣以为这是由于那些方法可以粗略依循，但详情难以全部列举的缘故。常言道：“世间有乱人而没有乱法。”如果法令制度可以单独承担，那唐、虞之世就可以不需要后稷、契的辅佐，殷、周朝代也无须推崇伊尹、吕尚的辅佐了。现在上奏考功的人，陈述周、汉的法制，以汉代的京房有关官员考核的要旨为装饰，可以说是通晓考课的关键了。至于以此推崇让位于贤的风气，振兴美好的政治，臣以为并非尽善尽美。要想使州郡考核士人，必须经过儒学、文吏、孝悌、能从政四科，这才有事实上的效果，然后观察选拔，由公府召试，担任接近百姓的官职，接着因政绩次序转升为郡太守，或者就增加俸禄，赐以爵位，这是考课中最紧要的事情。臣认为就应当选用这种考核的办法，采纳上述关于考绩的意见，使它成为考核郡的制度，制度完备并且施行，建立一定守信用的奖励办法，施行一定实现的惩罚。至于公卿和在朝廷中任职的官员，也应当都按他们的职责进行考核。

古之三公，坐而论道，内职大臣，纳言补阙，无善不纪，无过不举。且天下至大，万机至众，诚非一明所能遍照。故君为元首，臣作股肱，明其一体相须而成也。是以古人称廊庙之材，非一木之支；帝王之业，非一士之略。由是言之，焉有大臣守职辨课可以致雍熙者哉！且布衣之交，犹有务信誓而蹈水火，感知己而披肝胆，徇声名而立节义者；况于束带立朝，致位卿相，所务者非特匹夫之信，所感者非徒知己之惠，所徇者岂声名而已乎！

古代三公，坐着谋虑治国的政令，朝廷大臣，宣纳王命，补救君王过失，没有善行不记载，没有过失不揭发。而且国家这么大，政务如此繁多，实在不是帝王一人的贤明所能普照的。因此帝王作为首脑，大臣作为股肱，这说明君臣是一体，需要相辅相成。所以古人称说殿屋庙堂的柱材，不是一根木头能够支撑的，帝王的基业，也不是靠一个人的谋略就能成就的。由此说来，哪有大臣忠于职守，明辨考核就可以使天下和乐的呢！而且平民百姓的交往，还有为了信守诺言而不惜赴汤蹈火，为了图报知己而披肝沥胆，为了声名不惜殉身以保持忠节信义的人，何况朝廷官员，位至公卿相国，所追求的不仅仅是平民的信义，所图报的不仅仅是知己的恩遇，所殉身的怎么能只是声名而已呢！

诸蒙宠禄受重任者，不徒

诸位蒙受宠信俸禄接受重任的人，不仅仅是想

欲举明主于唐、虞之上而已；身亦欲厕稷、契之列。是以古人不患于念治之心不尽，患于自任之意不足，此诚人主使之然也。唐、虞之君，委任稷、契、夔、龙而责成功，及其罪也，殛鲧而放四凶。今大臣亲奉明诏，给事目下，其有夙夜在公，恪勤特立，当官不挠贵势，执平不阿所私，危言危行以处朝廷者，自明主所察也。若尸禄以为高，拱默以为智，当官苟在于免负，立朝不忘于容身，絜行逊言以处朝廷者，亦明主所察也。诚使容身保位，无放退之辜，而尽节在公，抱见疑之势，公义不修而私议成俗，虽仲尼为谋，犹不能尽一才，又况于世俗之人乎！今之学者，师商、韩而上法术，竞以儒家为迂阔，不周世用，此最风俗之流弊，创业者之所致慎也。

奉立圣明的君主达到唐、虞之上，自身也想进入稷、契一类的贤臣的行列。因此古人对于不尽心考虑国家政治并不担忧，而担忧忠于自身职责的决心不足，这实在是君王使他们这样的。唐、虞之君，委任稷、契、夔、龙而督促他们成就功业，等到他们有罪时，诛杀鲧而流放四凶浑敦、穷奇、梼杌、饕餮。目前大臣亲自奉行明诏，供职在君王身边，他们中间有朝夕为公、恭谨勤苦、独立不移，当官不屈服权贵，执法不屈从私情，直言直行而立身朝廷的人，自然会为明主所察觉。至于空受俸禄不尽其职却以为高明，拱手缄默却以为有智慧，当官就在于不犯错误，立朝不忘记明哲保身，言语恭顺而立身朝廷的人，也应该会被明主所察觉。如果让安身保位的人，没有遭受放逐、罢免的罪罚，而竭尽全力、保持节守为朝廷服务的人，却处于被人怀疑的局面，公正的道义不能发扬而私下的议论却成为习俗，那么即使有孔子出谋划策，也无法发挥一个人的才能，又何况世俗之人呢！现在的学者，师法商鞅、韩非而崇尚法术，竞相以儒家为迂腐，不切世情，不能符合实际需要，这实在是历代相传的最大弊病，创业的人不能不慎重对待。

后考课竟不行。[20]

以后考课终于没有施行。

乐安廉昭以才能拔擢，颇好言事。恕上疏极谏曰：

乐安人廉昭因才能出众被提拔，很爱上书言事。杜恕上疏极力劝谏说：

伏见尚书郎廉昭奏左丞曹璠以罚当关不依诏，坐判问。又云"诸当坐者别奏"。尚书令陈矫自奏不敢辞罚，亦不敢以处重为恭，意至恳恻。臣窃悯然为朝廷惜之！夫圣人不择世而兴，不易民而治，然而生必有贤智之佐者，盖进之以道，率之以礼故也。古之帝王之所以能辅世长民者，莫不远

看到尚书郎廉昭上奏左丞曹璠因有罪罚应当禀报而没有依照诏命，认为曹璠应因此获罪被审问。诏书又说："其他应当获罪的人再另行上奏。"尚书令陈矫自己上奏说不敢推脱处罚，也不敢以重重处罚作为恭敬之举，心意十分诚恳痛切。臣私下为朝廷忧虑痛惜！圣人不选择时世而兴盛，不变换百姓而达到治世，然而圣人出现就一定有贤明聪慧的人辅佐，是因为圣人奉行道义而遵循礼教的缘故。古代帝王之所以能治理国家，统领民众，莫不是远

得百姓之欢心，近尽群臣之智力。诚使今朝任职之臣皆天下之选，而不能尽其力，不可谓能使人；若非天下之选，亦不可谓能官人。陛下忧劳万机，或亲灯火，而庶事不康，刑禁日弛，岂非股肱不称之明效欤？原其所由，非独臣有不尽忠，亦主有不能使。百里奚愚于虞而智于秦，豫让苟容中行而著节智伯，斯则古人之明验矣。今臣言一朝皆不忠，是诬一朝也；然其事类，可推而得。陛下感帑藏之不充实，而军事未息，至乃断四时之赋衣，薄御府之私谷，帅由圣意，举朝称明，与闻政事密勿大臣，宁有恳恳忧此者乎？

得百姓的欢心爱戴，近则发挥群臣们的智慧能力。如果现在朝廷中的官员全部都是天下的优秀人才，但不能发挥他们的作用，不能说会使用人；如果他们不是天下的优秀人才，也不能说是能任用人才。陛下日理万机，有时甚至夜以继日，但诸事并不安宁，刑法禁令日益松弛，这难道不是大臣不称职的明显表现吗？推究其中原因，不仅仅是朝臣不尽忠，也有君王不能很好使用人的关系。百里奚在虞国愚笨而在秦国却很聪明，豫让在中行氏手下苟且安身而在智伯那里显露忠节，这就是古人中显著的范例啊。现在臣说一朝官员都不忠，是诬陷一朝人。但这种类似的事情却可以从朝廷的做法中类推出来。陛下深感国库不充实，而战争未平息，以致减免四季进奉的衣服，减少王府的粮食，这些都出自圣上的心意，满朝称赞英明，那些参与政事的机要大臣，何曾有诚挚殷切忧虑国家的人呢？

骑都尉王才，幸乐人孟思所为不法，振动京都，而其罪状发于小吏，公卿大臣初无一言。自陛下践阼以来，司隶校尉、御史中丞宁有举纲维以督奸宄，使朝廷肃然者邪？若陛下以为今世无良才，朝廷乏贤佐，岂可追望稷、契之遐踪，坐待来世之俊乂乎！今之所谓贤者，尽有大官而享厚禄矣，然而奉上之节未立，向公之心不一者，委任之责不专，而俗多忌讳故也。臣以为忠臣不必亲，亲臣不必忠。何者？以其居无嫌之地而事得自尽也。今有疏者毁人不实其所毁，而必曰私报所憎，誉人不实其所誉，而必曰私爱所亲，左右或因之

骑都尉王才，私下免去乐人孟思所做违法之事应受到的惩罚，震动京城，但其罪状的揭发来自于下级官吏，公卿大臣起初没有谁说过一句话。自从陛下登上帝位以来，司隶校尉、御史中丞哪里有依据朝纲法纪来督察坏人，使朝廷风气肃严的呢？如果陛下认为当今没有贤良之人，朝廷缺乏贤明的辅佐，又怎么可以追望稷、契先贤的事迹，等待来世的杰出人才呢！现在所谓贤能的人，都有了大官职而且享受厚禄，但忠于君王的志节没有树立，一心为朝廷的心也没确立，是因为君王委任的职责不能专一，而世俗又颇多忌讳的原因。臣以为忠直之臣不一定亲近，亲幸之臣不一定忠正。为什么？因为他们处于没有猜疑的境地便能使自己竭尽心力。现在有被帝王疏远的官员批评人，不核查其批评是否属实，就一定说他是为了私人恩怨而去报复所憎恶的人；称誉人不核查其称誉是否属实，就一定说他是偏爱他所亲近的人，君王的左右也趁此陈述憎爱的

以进憎爱之说。非独毁誉有之，政事损益，亦皆有嫌。陛下当思所以阐广朝臣之心，笃厉有道之节，使之自同古人，望与竹帛耳。反使如廉昭者扰乱其间，臣惧大臣遂将容身保位，坐观得失，为来世戒也！

说法。不仅是毁誉如此，政事得失，也有这样的嫌疑。陛下应当思考如何充分开阔朝臣的思想，真诚勉励有道之人的忠节，使他们自己向古代的贤臣看齐，希望陛下流传于史册。如果陛下反而使像廉昭这样的人扰乱朝廷，臣担心大臣从此就将安身保官，坐观得失，陛下应当为未来警惕啊！

昔周公戒鲁侯曰“无使大臣怨乎不以”，不言贤愚，明皆当世用也。尧数舜之功，称去四凶，不言大小，有罪则去也。今者朝臣不自以为不能，以陛下为不任也；不自以为不智，以陛下为不问也。陛下何不遵周公之所以用，大舜之所以去？使侍中、尚书坐则侍帷幄，行则从华辇，亲对诏问，所陈必达，则群臣之行，能否皆可得而知；忠能者进，暗劣者退，谁敢依违而不自尽？以陛下之圣明，亲与群臣论议政事，使群臣人得自尽，人自以为亲，人思所以报，贤愚能否，在陛下之所用。以此治事，何事不办？以此建功，何功不成？每有军事，诏书常曰：“谁当忧此者邪？吾当自忧耳。”近诏又曰：“忧公忘私者必不然，但先公后私即自办也。”伏读明诏，乃知圣思究尽下情，然亦怪陛下不治其本而忧其末也。人之能否，实有本性，虽臣亦以为朝臣不尽称职也。明主之用人也，使能者不敢遗其力，而不能者不得处非其任。选举非其人，未必为有罪也；举朝共容

当年周公告诫鲁侯说：“不应当使大臣抱怨不被信任。”周公不说贤愚的区别，是因为知道无论贤愚都必须为世所用。尧称赞舜的功劳，夸奖他流放四凶，不言大小，是因为有罪就应该除去。现在朝臣不自以为缺乏能力，认为是陛下不信任他们；不自以为缺乏智慧，认为是陛下不询问他们。陛下何不遵循周公使用大臣，舜流放四凶的做法？使侍中、尚书坐则侍奉在您身边，出行则跟随御驾，亲自应对诏问，臣下的陈述一定亲自听到，那么群臣的操行和能力好坏都可以得知。忠诚而有能力的人就提拔他们，昏聩无能的人就黜退他们，谁敢反复犹疑而不竭尽心力？以陛下的圣明，亲自和群臣议论政事，使群臣人人尽心竭力，人人自认为亲近，人人思考如何报答，朝臣的贤明愚笨，能与不能全在于陛下使用。用这种方法来治理政事，什么事不可以办成呢？以此来建立功业，又有什么功业不能建成呢？每当有战事，诏书常说：“谁当忧虑这些呢？我自己应当担忧。”近来又下诏说：“忧公忘私的人必定不是这个样子，但能先公后私的人，就能自觉去办理。”臣读诏书，才知道圣上心中是深入了解下情的，但也惊讶陛下不治根本而担忧末节。人的能力的大小，确实有自己的本性，就是臣我也以为朝臣不全都称职。明主使用人，使有能力的人不敢不尽全力，而缺乏能力的人不得担任自己无法胜任的职务。荐举选拔了不当选拔的人，未必是有罪，满朝官吏都称

非其人，乃为怪耳。陛下知其不尽力也，而代之忧其职，知其不能也，而教之治其事，岂徒主劳而臣逸哉？虽圣贤并世，终不能以此为治也。

许有人担任不胜任的职务，才是怪事。陛下知道他们不竭尽心力，而代他们忧虑他们的职责，知道他们缺乏能力，而教他们处理事情，岂不是君王劳累而臣下安逸吗？即使圣贤向时出现于世，毕竟不能这样治理国家呀。

陛下又患台阁禁令之不密，人事请属之不绝，听伊尹作迎客出入之制，选司徒更恶吏以守寺门。威禁由之，实未得为禁之本也。昔汉安帝时，少府窦嘉辟廷尉郭躬无罪之兄子，犹见举奏，章劾纷纷。近司隶校尉孔羡辟大将军狂悖之弟，而有司嘿尔，望风希指，甚于受属。选举不以实，人事之大者也。[21]嘉有亲戚之宠，躬非社稷重臣，犹尚如此；以今况古，陛下自不督必行之罚以绝阿党之原耳。伊尹之制，与恶吏守门，非治世之具也。使臣之言少蒙察纳，何患于奸不削灭，而养若昭等乎！

陛下又担心尚书禁令不严密，说情请托之人络绎不绝，遵循伊尹制定迎客出入的制度，遴选司徒更换恶吏来看守衙署大门。威严禁令由他们，实在没有得到为禁的根本。过去汉安帝时，少府窦嘉征召廷尉郭躬无罪的侄儿，仍被人举奏，弹劾的奏章盛多。现在怀隶校尉孔羡征召大将军司马懿狂妄悖逆的弟弟，而主管官吏却都沉默，观察风头，迎合当权者意旨，甚至于受了私人嘱托。选举官员不依据真实才能，这是人事中的一大缺陷。窦嘉同皇上有亲戚关系，郭躬不是国家重臣，仍然如此；用现在来比古代，是因为陛下自己不督察施行必行的惩罚来杜绝阿谀结党的本源。伊尹的迎客之制，与恶吏守门，不是治理天下的好办法。假使臣下的意见能稍蒙明察采纳，怎么会担心奸邪不消灭，而豢养了像廉昭这样的小人呀！

夫纠擿奸宄，忠事也，然而世憎小人行之者，以其不顾道理而苟求容进也。若陛下不复考其终始，必以违众忤世为奉公，密行白人为尽节，焉有通人大才而更不能为此邪？诚顾道理而弗为耳。使天下皆背道而趋利，则人主之所最病者，陛下将何乐焉，胡不绝其萌乎？夫先意承旨以求容美，率皆天下浅薄无行义者，其意务在于适人主之心而已，非欲治天下安百姓也。陛下何不试变业而示之，彼岂执其所守以

纠察揭发奸人，是忠于国家的事，但世人憎恨小人来行使这件事，是因为他们不顾道义公理而只求安身和升官。假如陛下不再考察其本末，必然会把违背众意、抵触社会当成尽心奉公，将秘密报告官吏言行作为竭忠尽节。哪有学问渊博、堪负大任的人才不能做这些事呢？他们实在是顾虑道义公理而不愿意做。假如天下的人都违背道义而追逐私人利益，那么就是君王所最担忧的事情，陛下将有什么快乐呢？为什么不把这消灭在萌芽状态呢？那些先摸清意旨而追求表面做得漂亮的人，大都是浅薄而无道义的人，他们的意图只致力于迎合君王的心意罢了，并不是想治理国家安定百姓。陛下为什么不尝试改变办法而启示他们，如果这样他们又怎么

违圣意哉？夫人臣得人主之心，安业也；处尊显之官，荣事也；食千钟之禄，厚实也。人臣虽愚，未有不乐此而喜干迕者也，迫于道，自强耳。诚以为陛下当怜而佑之，少委任焉，如何反录昭等倾侧之意，而忽若人者乎？今者外有伺隙之寇，内有贫旷之民，陛下当大计天下之损益，政事之得失，诚不可以怠也。

会坚持一贯做法而违抗圣旨呢？人臣赢得君王之心，是为了安稳的官位；处于尊显的官位，是荣耀的好事；享受千钟俸禄，是丰厚的待遇。人臣虽然愚拙，却没有不喜欢这些而乐于犯上的，只不过迫于道义，强制自己罢了。实在希望陛下多加怜爱保护他们，稍加委任，为什么反而采纳任用这一类只迎合陛下意见的小人，而忽视这一类坚持道义的臣子呢？现在外有伺机进犯的敌寇，内有穷困的百姓，陛下应好好考虑国家的成败，政事的得失，实在不可以懈怠。

恕在朝八年，其论议亢直，皆此类也。

杜恕在朝八年，他的议论始终刚强正直，像上面记载的一样。

出为弘农太守，数岁转赵相，㉒以疾去官。㉓起家为河东太守，岁余，迁淮北都督护军，复以疾去。恕所在，务存大体而已，其树惠爱，益得百姓欢心，不及于畿。顷之，拜御史中丞。恕在朝廷，以不得当世之和，故屡在外任。复出为幽州刺史，加建威将军，使持节，护乌丸校尉。时征北将军程喜屯蓟，尚书袁侃等戒恕曰：“程申伯处先帝之世，倾田国让于青州。足下今俱杖节，使共屯一城，宜深有以待之。”而恕不以为意。至官未期，有鲜卑大人儿，不由关塞，径将数十骑诣州，州斩所从来小子一人，无表言上。喜于是劾奏恕，下廷尉，当死。以父畿勤事水死，免为庶人，徙章武郡，是岁嘉平元年。㉔恕倜傥任意，而思不防患，终致此败。

杜恕出任弘农太守，几年后转为赵国相，因病辞官。再度起用为河东太守，一年后，担任淮北都督护军，再次因病辞官。杜恕所在之处，只求能坚持大的原则，至于树立仁爱，求得百姓欢心，不如他的父亲杜畿。不久，杜恕再次征召为御史中丞。杜恕在朝廷，因不得当权者的喜爱，所以总是在地方上做官。不久后又出任幽州刺史，加建威将军，使持节，护乌丸校尉。当时征北将军程喜驻扎在蓟县，尚书袁侃等人告诫杜恕说：“程申伯处先帝之世，在青州倾轧陷害田国让。今天您一同杖持符节，与他共驻一个城内，应当特别注意对待他。”但杜恕不以为意。任职还没到期限，有鲜卑部落首领的儿子，不经过关塞检查，直接率数十骑兵到达州府，州官斩杀随从一人，没有上表奏明。程喜于是上奏弹劾杜恕，杜恕被廷尉拘捕，当判死罪。因为父亲杜畿忠于职守而死于水中，朝廷便只将他罢官贬为庶人，迁居章武郡，这年是嘉平元年。杜恕不拘小节随意而行，不注意提防隐患，终于导致了这样的失败。

初，恕从赵郡还，陈留阮

起初，杜恕从赵郡返回，陈留人阮武也从青河

武亦从清河太守征，俱自薄廷尉。谓恕曰：“相观才性可以由公道而持之不厉，器能可以处大官而求之不顺，才学可以述古今而志之不一，此所谓有其才而无其用。今向闲暇，可试潜思，成一家言。”在章武，遂著《体论》八篇。㉕又著《兴性论》一篇，盖兴于为己也。四年，卒于徙所。

太守的职位上被征召，都要去接受廷尉讯问。阮武对杜恕说：“观察您的相貌，才能品性可以遵循公道但执行不够严厉，器量能力可以担任大官但官运不会顺利，才力学问可以阐述古今之事但志向不专一，这就是所谓有这种才能而没有发挥作用。现在将安静无事了，你可以尝试着去潜心思考，成一家之言。”后来在章武郡，杜恕就著成《体论》八节，又著《兴性论》一篇，这些文章大概都是结合自身经历有感而发的。嘉平四年，杜恕在章武去世。

甘露二年，河东乐详年九十余，上书讼畿之遗绩，朝廷感焉。诏封恕子预为丰乐亭侯，邑百户。㉖

甘露二年，河东人乐详九十余岁，上书称颂杜畿治理河东的遗绩，朝廷有感于此，下诏封杜恕的儿子杜预为丰乐亭侯，食邑百户。

恕奏议论驳皆可观，掇其切世大事著于篇。㉗

杜恕的奏议论驳都很可观，以上只选择其中切合时世的重要政事著录于篇。

郑浑字文公，河南开封人也。高祖父众，众父兴，皆为名儒。㉘浑兄泰，与荀攸等谋诛董卓，为扬州刺史，卒。㉙浑将泰小子袤避难淮南，袁术宾礼甚厚。浑知术必败。时华歆为豫章太守，素与泰善，浑乃渡江投歆。太祖闻其笃行，召为掾，复迁下蔡长、邵陵令。天下未定，民皆剽轻，不念产殖；其生子无以相活，率皆不举。浑所在夺其渔猎之具，课使耕桑，又兼开稻田，重去子之法。民初畏罪，后稍丰给，无不举赡；所育男女，多以郑为字。辟为丞相掾属，迁左冯翊。

郑浑字文公，是河南郡开封县人。高祖父郑众，郑众的父亲郑兴，都是有名的儒家学者。郑浑的哥哥郑泰，与荀攸等人密谋诛伐董卓，曾被任用为扬州刺史，在赴任途中去世。郑浑带领郑泰的小儿子郑袤前往淮南避难，袁术以贵宾礼遇殷勤地接待他。郑浑知道袁术一定会失败。当时华歆担任豫章太守，与郑泰素有交情，郑浑就渡江投奔华歆。太祖曹操听说郑浑行为淳厚，就征召他为佐吏，再调任下蔡县长、邵陵县令。当时天下还没安定，百姓都养成了强悍轻捷的习性，不愿意从事生产耕殖；生育孩子也因无法养活，大都放弃不愿抚育。郑浑在辖区下令夺去百姓手中的渔猎工具，用规定数额征收赋税的办法迫使他们种植农桑，又开垦稻田，颁布法令加重处罚遗弃子女的人。百姓起初害怕处罚，后来衣食逐渐丰足，就没有不养育儿女的了。所生男孩女孩，多用“郑”做字。太祖又征召郑浑任丞相佐吏，提升为左冯翊郡太守。

时梁兴等略吏民五千余家为寇钞，诸县不能御，皆恐惧，寄治郡下。议者悉以为当

当时梁兴等人掳掠吏民五千余户，攻杀抢掠，附近各县不能抗御，都很恐惧，均将公署移至左冯翊郡府。议论的人都认为郡府也应迁往地势险要之

移就险，浑曰："兴等破散，窜在山阻。虽有随者，率胁从耳。今当广开降路，宣喻恩信。而保险自守，此示弱也。"乃聚敛吏民，治城郭，为守御之备。遂发民逐贼，明赏罚，与要誓，其所得获，十以七赏。百姓大悦，皆愿捕贼，多得妇女、财物。贼之失妻子者，皆还求降。浑责其得他妇女，然后还其妻子，于是转相寇盗，党与离散。又遣吏民有恩信者，分布山谷告喻，出者相继，乃使诸县长吏各还本治以安集之。兴等惧，将余众聚鄜城。太祖使夏侯渊就助郡击之，浑率吏民前登，斩兴及其支党。又贼靳富等，胁将夏阳长、邵陵令并其吏民入硙山，浑复讨击破富等，获二县长吏，将其所略还。及赵青龙者，杀左内史程休，浑闻，遣壮士就枭其首。前后归附四千余家，由是山贼皆平，民安产业。转为上党太守。

处，郑浑说："梁兴等人破败散失，流窜在深山险阻处。虽有随从的人，但都是胁迫跟从的。现在应给他们敞开投降的道路，宣传恩德信义。仅仅凭借险阻保存自己，这是向敌人示弱啊。"就聚集吏民，整修城郭，做好防御准备。同时发动百姓追捕叛贼，明确赏罚，并同百姓商定誓约，凡所获的财物，十分之七用作赏赐。百姓很高兴，都愿意捕获叛军，结果得到许多妇女和财物。叛军中丢失妻儿的人，都返回请求投降。郑浑责令他们捕获叛军中的其他妇女，然后再还给他妻儿，就这样互相捕获，梁兴的党羽很快分崩离析。郑浑又派遣素有恩德信义的吏民，分布各个山谷宣告晓谕叛军，叛军中不断有人出降，郑浑就命令诸县官员各自返回本县安抚百姓。梁兴等人感到恐惧，率领其余叛军聚集鄜城。太祖派遣夏侯渊率军支援郑浑进攻鄜城，郑浑率士民冲在前面，杀了梁兴及其部下。又有叛贼靳富等人，胁迫夏阳县长、邵陵县令及他们县中的官员和百姓进入硙山，郑浑再次率军征讨打败靳富等人，解救两县官员，让他们带领那些被胁持掳掠而去的官吏百姓返回本县。另一余党赵青龙，杀了左内史程林，郑浑听到后派遣壮士前去将他斩首示众。前后有四千余户归顺，从此山贼都被平息，百姓安居乐业。郑浑被调任为上党太守。

太祖征汉中，以浑为京兆尹。浑以百姓新集，为制移居之法，使兼复者与单轻者相伍，温信者与孤老为比，勤稼穑，明禁令，以发奸者。由是民安于农，而盗贼止息。及大军入汉中，运转军粮为最。又遣民田汉中，无逃亡者。太祖益嘉之，复入为丞相掾。文帝即位，为侍御史，加驸马都尉，迁阳平、沛郡二太守。郡界下湿，患水涝，百姓饥乏。浑于萧、相

太祖征伐汉中，任命郑浑担任京兆尹。郑浑因为这里的老百姓都是新聚集在一起的，就为他们制定移居的法令，使宗支多的大家族同单户贫民搭配居住，温厚诚信的人与孤老弱小的人结为邻居，奖励勤于农事的人，申明禁令，以揭发奸邪之人。因此百姓安心农耕，盗贼平息。等到大军入汉中时，这里运转军粮最多。以后又派遣百姓到汉中种田，没有人逃亡。太祖更加赏识他，再召他进京担任丞相佐史。文帝继位后，任命郑浑担任侍御史，加官驸马都尉，调任阳平、沛郡二地的太守。沛郡界内地势低下潮湿，百姓苦于水涝之害，饥饿困乏。郑浑在萧、相

二县界，兴陂遏，开稻田。郡人皆以为不便，浑曰："地势洿下，宜溉灌，终有鱼稻经久之利，此丰民之本也。"遂躬率吏民，兴立功夫，一冬间皆成。比年大收，顷亩岁增，租入倍常，民赖其利，刻石颂之，号曰郑陂。转为山阳、魏郡太守，其治放此。又以郡下百姓，苦乏材木，乃课树榆为篱，并益树五果；榆皆成藩，五果丰实。入魏郡界，村落齐整如一，民得财足用饶。明帝闻之，下诏称述，布告天下。迁将作大匠。浑清素在公，妻子不免于饥寒。及卒，以子崇为郎中。[30]

二县境界，兴修塘堰，开垦稻田。郡中人都感到很不习惯，郑浑说："地势低下，适宜于灌溉，终究会有收获鱼稻的长久利益，这是使百姓富裕的根本。"就亲自率领官吏百姓，动工兴建塘堰，一个冬天内就全部建成了。沛郡连年大丰收，田地每年增多，租税收入超过往年的一倍，百姓得到兴修陂塘带来的好处，刻石赞颂它，将修建的塘堰取名为"郑陂"。郑浑又被调任山阳、魏郡太守，治理的方法效法沛郡。又因为郡中百姓，十分缺乏材木，就督促百姓种植榆树为篱，并且多种桃、李、杏、栗、枣五种果树，以后榆树都长成藩篱，五果丰实。进入魏郡地界，村落整齐划一，百姓财物丰足，生活富饶。明帝曹叡听说后，下诏赞美，布告天下，升任郑浑为将作大匠。郑浑在任职期间，清白廉洁，妻子儿女不免要饥寒。等到他病逝，他的儿子郑崇被任命为郎中。

仓慈字孝仁，淮南人也。始为郡吏。建安中，太祖开募屯田于淮南，以慈为绥集都尉。黄初末，为长安令，清约有方，吏民畏而爱之。太和中，迁燉煌太守。郡在西陲，以丧乱隔绝，旷无太守二十岁，大姓雄张，遂以为俗。前太守尹奉等，循故而已，无所匡革。慈到，抑挫权右，抚恤贫羸，甚得其理。旧大族田地有余，而小民无立锥之土；慈皆随口割赋，稍稍使毕其本直。先是属城狱讼众猥，县不能决，多集治下；慈躬往省阅，料简轻重，自非殊死，但鞭杖遣之，一岁决刑曾不满十人。又常日西域杂胡欲来贡献，而诸豪族多逆断绝；既与贸迁，欺诈侮易，多不得分明。胡常怨望，慈皆劳

仓慈字孝仁，是淮南郡人。开始担任郡吏。建安中，太祖开垦荒地，招募农民在淮南屯田，任命仓慈为绥集都尉。黄初末年，调他任长安县令，仓慈为官清廉简约，治民有方，手下的官吏和百姓既敬畏又爱戴他。太和年间，升任敦煌太守。敦煌郡在西北边境，因为战乱隔绝了同中原的联系，有二十年空缺郡守，当地豪强势力扩张，已经成为习俗。前任太守尹奉等人，只能因循旧例，没有什么匡正变革的措施。仓慈到任后，抑制打击豪强势力，抚恤贫困疲弱的百姓，各项措施非常适宜。旧大族田地很多，百姓却没有立锥之地。仓慈就按照人口将大族的土地分给贫苦百姓，让他们慢慢偿还大族土地原来的田价。在此之前，下属各县狱讼案件多而杂乱，县里往往不能决断，多集中在郡里。仓慈亲自视察，斟酌分别罪行轻重，只要不是死刑罪，便责以鞭杖遣送回家，一年判死刑的还不到十人。往常西域各地胡人想来进贡，而诸豪强多先行截断。与豪强贸易时，豪强们也总是狡诈欺骗，凌辱轻视胡人，官吏也多不分辨是非。胡人常心怀怨恨。仓慈慰劳胡人，胡人中

之。欲诣洛者，为封过所，欲从郡还者，官为平取，辄以府见物与共交市，使吏民护送道路，由是民夷翕然称其德惠。数年卒官，吏民悲感如丧亲戚，图画其形，思其遗像。及西域诸胡闻慈死，悉共会聚于戊己校尉及长吏治下发哀，或有以刀画面，以明血诚，又为立祠，遥共祠之。[31]

有想去洛阳的，就给他们颁发过路凭证；想在郡中交易然后返回的，就让官府同他们公平交换，常用府库现有物与他们交易，派官吏百姓护送他们上路。因此汉民胡人都很安定和乐，称赞仓慈的仁德和恩惠。几年后仓慈在任职中逝世，官员百姓十分悲痛，如同失去了亲人，他们画出仓慈的形象，以寄托思念。死讯传到西域各民族后，各地胡人都共同聚集在戊己校尉和县令官署前表达哀思，有的人用刀划脸，表示自己出自内心的诚恳思念，又替仓慈建立祠堂，共同遥祭他。

自太祖迄于咸熙，魏郡太守陈国吴瓘、清河太守乐安任燠、京兆太守济北颜斐、弘农太守太原令狐邵、济南相鲁国孔乂，或哀矜折狱，或推诚惠爱，或治身清白，或擿奸发伏，咸为良二千石。[32]

从太祖到元帝曹奂咸熙末年，魏郡太守陈国人吴瓘，清河太守乐安人任燠、京兆太守济北人颜斐、弘农太守太原人令狐邵、济南相鲁国人孔乂，他们中有的是怜悯百姓，断决狱讼；有的以诚意相待，施行恩惠慈爱；有的为官清廉公正；有的揭发奸宄，举发隐埋的罪行，都是优秀的太守。

评曰：任峻始兴义兵，以归太祖，辟土殖谷，仓庾盈溢，庸绩致矣。苏则威以平乱，既政事之良，又矫矫刚直，风烈足称。杜畿宽猛克济，惠以康民。郑浑、仓慈，恤理有方。抑皆魏代之名守乎！恕屡陈时政，经论治体，盖有可观焉。

评论说：任峻首先兴起义兵，归顺太祖，开垦荒地，种植稻谷，使仓库充实，有很大的功绩。苏则发挥威力而平息叛乱，既有很好的政绩，又勇武刚直，风范功业值得称颂。杜畿宽大和严厉互为补充，以仁惠安定百姓。郑浑、仓慈抚恤百姓，治理政事很有办法。他们都称得上曹魏时期著名的太守啊！杜恕多次陈述规谏时政得失，用儒家经典规范治理国家的纲领，也是大有可观的地方。

---

①《魏武故事》载令曰："故陈留太守枣祗，天性忠能。始共举义兵，周旋征讨。后袁绍在冀州，亦贪祗，欲得之。祗深附托于孤，使领东阿令。吕布之乱，兖州皆叛，惟范、东阿完在，由祗以兵据城之力也。后大军粮乏，得东阿以继，祗之功也。及破黄巾定许，得贼资业，当兴立屯田，时议者皆言当计牛输谷，佃科以定。施行后，祗白以为僦牛输谷，大收不增谷，有水旱灾除，大不便。反覆来说，孤犹以为当如故，大收不可复改易。祗犹执之，孤不知所从，使与荀令君议之。时故军祭酒侯声云：'科取官牛，为官田计。如祗议，于官便，于客不便。'声怀此云云，以疑令君。祗犹自信，据计画还白，执分田之术。孤乃然之，使为屯田都尉，施设田业。其时岁则大收，后遂因此大田，丰足军用，摧灭群逆，克定天下，以隆王室。祗兴其功，不幸早没，追赠以郡，犹未副之。今重思之，祗宜受封，稽留至今，孤之过也。祗子处中，宜加封爵，以祀祗为不朽之事。"

《文士传》曰：祗本姓棘，先人避难，易为枣。孙据，字道彦，晋冀州刺史。据子嵩，字台产，散骑常侍。并有才名，多所著述。嵩兄腆，字玄方，襄城太守，亦有文采。

②《魏书》曰：则刚直疾恶，常慕汲黯之为人。

《魏略》曰：则世为著姓，兴平中，三辅乱，饥穷，避难北地。客安定，依富室师亮。亮待遇不足，则慨然叹曰："天下会安，当不久尔，必还为此郡守，折庸辈士也。"后与冯翊吉茂等隐于郡南太白山中，以书籍自娱。及为安定太守，而师亮等皆欲逃走。则闻之，豫使人解语，以礼报之。

③《魏名臣奏》载文帝令问雍州刺史张既曰："试守金城太守苏则，既有绥民平夷之功，闻又出军西定湟中，为河西作声势，吾甚嘉之。则之功效，为可加爵邑未邪？封爵重事，故以问卿。密白意，且勿宣露也。"既答曰："金城郡，昔为韩遂所见屠剥，死丧流亡，或窜戎狄，或陷寇乱，户不满五百。则到官，内抚雕残，外鸠离散，今见户千余。又梁烧杂种羌，昔与遂同恶，遂毙之后，越出障塞。则前后招怀，归就郡者三千余落，皆恤以威恩，为官效用。西平麹演等倡造邪谋，则寻出军，临其项领，演即归命送质，破绝贼粮。则既有恤民之效，又能和戎狄，尽忠效节。遭遇圣明，有功必录。若则加爵邑，诚足以劝忠臣，励风俗也。"

④《魏略》曰：旧仪，侍中亲省起居，故俗谓之执虎子。始则同郡吉茂者，是时仕甫历县令，迁为冗散。茂见则，嘲之曰："仕进不止执虎子。"则笑曰："我诚不能效汝蹇蹇驱鹿车驰也。"初，则在金城，闻汉帝禅位，以为崩也，乃发丧；后闻其在，自以不审，意颇默然。临菑侯植自伤失先帝意，亦怨激而哭。其后文帝出游，追恨临菑，顾谓左右曰："人心不同，当我登大位之时，天下有哭者。"时从臣知帝此言，有为而发也，而则以为为己，欲下马谢。侍中傅巽目之，乃悟。

孙盛曰：夫士不事其所非，不非其所事，趣舍出处，而岂徒哉！则既策名新朝，委质异代，而方怀二心生忿，欲奋爽言，岂大雅君子去就之分哉？《诗》云："士也罔极，二三其德。"士之二三，犹丧妃偶，况人臣乎？

⑤愉字休豫，历位太常光禄大夫，见《晋百官名》。山涛《启事》称愉忠笃有智意。

臣松之案愉子绍，字世嗣，为吴王师。石崇妻，绍之女兄也。绍有诗在《金谷集》。绍弟慎，左卫将军。

⑥《傅子》曰：畿，汉御史大夫杜延年之后。延年父周，自南阳徙茂陵，延年徙杜陵，子孙世居焉。

⑦《傅子》曰：畿自荆州还，后至许，见侍中耿纪，语终夜。尚书令荀彧与纪比屋，夜闻畿言，异之，旦遣人谓纪曰："有国士而不进，何以居位？"既见畿，知之如旧相识者，遂进畿于朝。

⑧《魏略》曰：畿少有大志。在荆州数岁，继母亡后，以三辅开通，负其母丧北归。道为贼所劫略，众人奔走，畿独不去。贼射之，畿请贼曰："卿欲得财耳，今我无物，用射我何为邪？"贼乃止。畿到乡里，京兆尹张时，河东人也，与畿有旧，署为功曹。尝嫌其阔达，不助留意于诸事，言此家疏诞，不中功曹也。畿窃云："不中功曹，中河东守也。"

⑨《傅子》曰：彧称畿勇足以当大难，智能应变，其可试之。

⑩《魏略》曰：初，畿与卫固少相狎侮，固尝轻畿。畿尝与固博而争道，畿尝谓固曰："仲坚，我今作河东也。"固褰衣骂之。及畿之官，而固为郡功曹。张时故任京兆。畿迎司隶，与时会华阴，时、畿相见，于仪当各持版。时叹曰："昨日功曹，今为郡将也！"

⑪《傅子》曰：先云："既欲为虎而恶食人肉，失所以为虎矣。今不杀，必为后患。"

⑫《魏略》曰：博士乐详，由畿而升。至今河东特多儒者，则畿之由矣。

⑬《杜氏新书》曰：平虏将军刘勋，为太祖所亲，贵震朝廷。尝从畿求大枣，畿拒以他故。后勋伏法，太祖得其书，叹曰："杜畿可谓'不媚于灶'者也。"称畿功美，以下州郡，曰："昔仲尼之于颜子，每言不能不叹，既情爱发中，又宜率马以

骥。今吾亦冀众人仰高山，慕景行也。”

⑭《魏略》曰：初畿在郡，被书录寡妇。是时他郡或有已自相配嫁，依书皆录夺，啼哭道路。畿但取寡者，故所送少；及赵俨代畿而所送多。文帝问畿：“前君所送何少，今何多也？”畿对曰：“臣前所录皆亡者妻，今俨送生人妇也。”帝及左右顾而失色。

⑮《魏氏春秋》曰：初，畿尝见童子谓之曰：“司命使我召子。”畿固请之，童子曰：“今将为君求相代者。君其慎勿言！”言卒，忽然不见。至此二十年矣，畿乃言之。其日而卒，时年六十二。

⑯韦昭《国语注》称《毛诗传》曰：“冥，契六世孙也，为夏水官，勤于其职而死于水。稷、周弃也，勤播百谷，死于黑水之山。”

⑰《傅子》曰：畿与太仆李恢、东安太守郭智有好。恢子丰交结英俊，以才智显于天下。智子冲有内实而无外观，州里弗称也。畿为尚书仆射，二人各修子孙礼见畿。既退，畿叹曰：“孝懿无子；非徒无子，殆将无家。君谋为不死也，其子足继其业。”时人皆以畿为误。恢死后，丰为中书令，父子兄弟皆诛；冲为代郡太守，卒继父业；世乃服畿知人。

《魏略》曰：李丰父名义，与此不同，义盖恢之别名也。

⑱《杜氏新书》曰：恕少与冯翊李丰俱为父任，总角相善。及各成人，丰砥砺名行以要世誉，而恕诞节直意，与丰殊趣。丰竟驰名一时，京师之士多为之游说。而当路者或以丰名过其实，而恕被褐怀玉也。由此为丰所不善。恕亦任其自然，不力行以合时。丰以显仕朝廷，恕犹居家自若。明帝以恕大臣子，擢拜散骑侍郎，数月，转补黄门侍郎。

⑲《世语》曰：昭字子展，东平人。长子巽，字长悌，为相国掾，有宠于司马文王。次子安，字仲悌，与嵇康善，与康俱被诛。次子粹，字季悌，河南尹。粹子预，字景虞，御史中丞。

⑳《杜氏新书》曰：时李丰为常侍，黄门郎袁侃见转为吏部郎，荀俣出为东郡太守，三人皆恕之同班友善。

㉑臣松之案大将军，司马宣王也。《晋书》云：“宣王第五弟，名通，为司隶从事。”疑恕所云狂悖者。通子顺，封龙阳亭侯。晋初受禅，以不达天命，守节不移，削爵土，徙武威。

㉒《魏书》曰：恕在弘农，宽和有惠爱。及迁，以孟康代恕为弘农。康字公休，安平人。黄初中，以于郭后有外属，并受九亲赐拜，遂转为散骑侍郎。是时，散骑皆以高才英儒充其选，而康独缘妃嫱杂在其间，故于时皆共轻之，号为阿九。康既才敏，因在冗官，博读书传，后遂有所弹驳，其文义雅而切要，众人乃更加意。正始中，出为弘农，领典农校尉。康到官，清己奉职，嘉善而矜不能，省息狱讼，缘民所欲，因而利之。郡领吏二百余人，涉春遣休，常四分遣一。事无宿诺，时出案行，皆豫敕督邮平水，不得令属官遣人探候，修设曲敬。又不欲烦损吏民，常豫敕吏卒，行各持镰，所在自刈马草，不止亭传，露宿树下，又所从常不过十余人。郡带道路，其诸过宾客，自非公法无所出给；若知旧造之，自出于家。康之始拜，众人虽知其有志量，以其未尝宰牧，不保其能也；而康恩泽治能乃尔，吏民称歌焉。嘉平末，从渤海太守征入为中书令，后转为监。

㉓《杜氏新书》曰：恕遂去京师，营宜阳一泉坞，因其垒堑之固，小大家焉。明帝崩时，人多为恕言者。

㉔《杜氏新书》曰：喜欲恕折节谢己，讽司马宋权示之以微意。恕答权书曰：“况示委曲。夫法天下事，以善意相待，无不致快也；以不善意相待，无不致嫌隙也。而议者言，凡人天性皆不善，不当待以善意，更堕其调中。仆得此辈，便欲归蹈沧海乘桴耳，不能自谐在其间也。然以年五十二，不见废弃，颇亦遭明达君子亮其本心；若不见亮，使人刳心著地，正与数斤肉相似，何足有所明，故终不自解说。程征北功名宿著，在仆前甚多，有人出征北乎！若令下官事无大小，咨而后行，则非上司弹绳之意；若咨而不从，又非上下相顺之宜。故推一心，任一意，直而行之耳。杀胡之事，天下谓之是邪，是仆谐也；呼为非邪，仆自受之，无所怨咎。程征北明之亦善，不明之亦善，诸君子自共为其心耳，不在仆言也。”喜于是遂深文劾恕。

㉕《杜氏新书》曰：以为人伦之大纲，莫重于君臣；立身之

基本，莫大于言行；安上理民，莫精于政法；胜残去杀，莫善于用兵。夫礼也者，万物之体也，万物皆得其体，无有不善，故谓之《体论》。

㉖《魏略》曰：乐详字文载。少好学，建安初，详闻公车司马令南郡谢该善《左氏传》，乃从南阳步涉诣许，从该问疑难诸要，今《左氏乐氏问七十二事》，详所撰也。所问既了而归乡里，时杜畿为太守，亦甚好学，署详文学祭酒，使教后进，于是河东学业大兴。至黄初中，征拜博士。于时太学初立，有博士十余人，学多褊狭，又不熟悉，略不亲教，备员而已。惟详五业并授，其或难解，质而不解，详无愠色，以杖画地，牵譬引类，至忘寝食，以是独擅名于远近。详学既精悉，又善推步三五，别受诏与太史典定律历。太和中，转拜骑都尉。详学优能少，故历三世，竟不出为宰守。至正始中，以年老罢归于舍，本国宗族归之，门徒数千人。

㉗《杜氏新书》曰：恕弟理，字务仲。少而机察精要，畿奇之，故名之曰理。年二十一而卒。弟宽，字务叔。清虚玄静，敏而好古。以名臣门户，少长京师，而笃志博学，绝于世务，其意欲探赜索隐，由此显名，当涂之士多交焉。举孝廉，除郎中。年四十二而卒。经传之义，多所论驳，皆草创未就，惟删集《礼记》及《春秋左氏传》解，今存于世。预字元凯，司马宣王女婿。王隐《晋书》称预智谋渊博，明于理乱，常称"德者非所以企及，立功立言，所庶几也"。大观群典，谓《公羊》、《穀梁》，诡辨之言。又非先儒说《左氏》未究丘明意，而横以二传乱之。乃错综微言，著《春秋左氏经传集解》，又参考众家，谓之《释例》，又作《盟会图》、《春秋长历》，备成一家之学，至老乃成。尚书郎挚虞甚重之，曰："左丘明本为《春秋》作传，而《左传》遂自孤行；《释例》本为传设，而所发明何但《左传》，故亦孤行。"预有大功名于晋室，位至征南大将军，开府，封当阳侯，食邑八千户。子锡，字世嘏，尚书左丞。

《晋诸公赞》曰：嘏有器局。预从兄斌，字世将，亦有才望，为黄门郎，为赵王伦所枉杀。嘏子乂，字洪治。少有令名，为丹阳丞，早卒。阮武者，亦拓落大才也。案《阮氏谱》：武父谌，字士信，征辟无所就，造《三礼图》传于世。

《杜氏新书》曰：武字文业，阔达博通，渊雅之士。位止清河太守。武弟炳，字叔文，河南尹。精意医术，撰药方一部。炳子坦，字弘舒，晋太子少傅，平东将军。坦弟柯，字士度。

荀绰《兖州记》曰：坦出绍伯父，亡，次兄当袭爵，父爱柯，言名传之，遂承封，时幼小，不能让，及长悔恨，遂幅巾而居，后虽出身，未尝释也。性纯笃闲雅，好礼无违，存心经诰，博学洽闻。选为濮阳王文学，迁领军长史，丧官。王衍时为领军，哭之甚恸。

㉘《续汉书》曰：兴字少赣，谏议大夫。众字子师，大司农。

㉙张璠《汉纪》曰：泰字公业。少有才略，多谋计，知天下将乱，阴交结豪杰。家富于财，有田四百顷，而食常不足，名闻山东。举孝廉，三府辟，公车征，皆不就。何进辅政，征用名士，以泰为尚书侍郎，加奉车都尉。进将诛黄门，欲召董卓为助，泰谓进曰："董卓强忍寡义，志欲无厌，若借之朝政，授之大事，将肆其心以危朝廷。以明公之威德，据阿衡之重任，秉意独断，诛除有罪，诚不待卓以为资援也。且事留变生，其鉴不远。"又为陈时之要务，进不能用，乃弃官去。谓颍川人荀攸曰："何公未易辅也。"进寻见害，卓果专权，废帝。关东义兵起，卓会议大发兵，群寮咸惮卓，莫敢忤旨。泰恐其强，益将难制，乃曰："夫治在德，不在兵也。"卓不悦曰："如此，兵无益邪？"众人莫不变容，为泰震栗。泰乃诡辞对曰："非以无益，以山东不足加兵也。今山东议欲起兵，州郡相连，人众相动，非不能也。然中国自光武以来，无鸡鸣狗吠之警，百姓忘战日久；仲尼有言'不教民战，是谓弃之'，虽众不能为害，一也。明公出自西州，少为国将，闲习军事，数践战场，名称当世；以此威民，民怀慑服，二也。袁本初公卿子弟，生处京师，体长妇人；张孟卓东平长者，坐不窥堂；孔公绪能清谈高论，嘘枯吹生，无军帅之才，负霜露之勤；临锋履刃，决敌雌雄，皆非明公敌，三也。察山东之士，力能跨马控弦，勇等孟贲，捷齐庆忌，信有聊城之守，策有良平之谋；可任以偏师，责以成功，未闻有其人者，四也。就有其人，王爵不相加，妇姑位不定，各恃众

怙力，将人人棋跱，以观成败，不肯同心共胆，率徒旅进，五也。关西诸郡，北接上党、太原、冯翊、扶风、安定，自顷以来，数与胡战，妇女载戟挟矛，弦弓负矢，况其悍夫；以此当山东忘战之民，譬驱群羊向虎狼，其胜可必，六也。且天下之权勇，今见在者不过并、凉、匈奴屠各、湟中义从、八种西羌，皆百姓素所畏服，而明公权以为爪牙，壮夫震栗，况小丑乎！七也。又明公之将帅，皆中表腹心，周旋日久，自三原、硖口以来，恩信醇著，忠诚可远任，智谋可特使，以此当山东解后之虚诞，实不相若，八也。夫战有三亡：以乱攻治者亡，以邪攻正者亡，以逆攻顺者亡。今明公秉国政平，讨夷凶宦，忠义克立；以三德待于三亡，奉辞伐罪，谁人敢御？九也。东州有郑康成，学该古今，儒生之所以集；北海邴根矩，清高直亮，群士之楷式。彼诸将若询其计画，案典校之强弱，燕、赵、齐、梁非不盛，终见灭于秦，吴、楚七国非不众，而不敢逾荥阳，况今德政之赫赫，股肱之邦良，欲造乱以徼不义者，必不相然赞，成其凶谋，十也。若十事少有可采，无事征兵以惊天下，使患役之民，相聚为非，弃德恃众，以轻威重。”卓乃悦，以泰为将军，统诸军击关东。或谓卓曰：“郑泰智略过人，而结谋山东，今资之士马，使就其党，窃为明公惧之。”卓收其兵马，留拜议郎。后又与王允谋共诛卓，泰脱身自武关走，东归。后将军袁术以为扬州刺史，未至官，道卒，时年四十一。

㉚《晋阳秋》曰：泰子袤，字林叔。泰与华歆、荀攸善。见袤曰：“郑公业为不亡矣。”初为临菑侯文学，稍迁至光禄大夫。泰始七年，以袤为司空，固辞不受，终于家。子默，字思玄。

《晋诸公赞》曰：默遵守家业，以笃素称，位至太常。默弟质、舒、诩，皆为卿。默子球，清直有理识，尚书右仆射、领选。球弟豫，为尚书。

㉛《魏略》曰：天水王迁，承代慈，虽循其迹，不能及也。金城赵基承迁后，复不如迁。至嘉平中，安定皇甫隆代基为太守。初，燉煌不甚晓田，常灌溉滀水，使极濡洽，然后乃耕。又不晓作耧犁，用水，及种，人牛功力既费，而收谷更少。隆到，教作耧犁，又教衍溉，岁终率计，其所省庸力过半，得谷加五。又燉煌俗，妇人作裙，挛缩如羊肠，用布一匹；隆又禁改之，所省复不訾。故燉煌人以为隆刚断严毅不及于慈，至于勤恪爱惠，为下兴利，可以亚之。

㉜瓘、燠事行无所见。《魏略》曰：颜斐字文林。有才学。丞相召为太子洗马，黄初初转为黄门侍郎，后为京兆太守。始，京兆从马超破后，民人多不专于农殖，又历数四二千石，取解目前，亦不为民作久远计。斐到官，乃令属县整阡陌，树桑果。是时民多无车牛，斐又课民以闲月取车材，使转相教匠作车。又课民无牛者，令畜猪狗，卖以买牛。始者民以为烦，一二年间，家家有丁车、大牛。又起文学，听吏民欲读书者，复其小徭。又于府下起菜园，使吏役闲锄治。又课民当输租时，车牛各因便致薪两束，为冬寒冰炙笔砚。于是风化大行，吏不烦民，民不求吏。京兆与冯翊、扶风接界，二郡道路既秽塞，田畴又荒莱，人民饥冻，而京兆皆整顿开明，丰富常为雍州十郡最。斐又清己，仰奉而已，于是吏民恐其迁转也。至青龙中，司马宣王在长安立军市，而军中吏士多侵侮县民，斐以白宣王。宣王乃发怒召军市候，便于斐前杖一百。时长安典农与斐共坐，以为斐宜谢，乃私推筑斐。斐不肯谢，良久乃曰：“斐意观明公受分陕之任，乃欲一齐众庶，必非有所左右也。而典农窃见推筑，欲令斐谢；假令斐谢，是更为不得明公意也。”宣王遂严持吏士。自是之后，军营、郡县各得其分。后数岁，迁为平原太守，吏民啼泣遮道，车不得前，步步稽留，十余日乃出界，东行至崤而疾困，斐素心恋京兆，其家人从者见斐病甚，劝之，言：“平原当自勉励作健。”斐曰：“我心不愿平原，汝曹等呼我，何不言京兆邪？”遂卒，还平原。京兆闻之，皆为流涕，为立碑，于今称颂之。

令狐邵字孔叔。父仕汉，为乌丸校尉。建安初，袁氏在冀州，邵去本郡家居邺。九年，暂出到武安毛城中。会太祖破邺，遂围毛城。城破，执邵等辈十余人，皆当斩。太祖阅见之，疑其衣冠也，问其祖考，而识其父，乃解放，署军谋掾。仍历宰守，后徙丞相主簿，出为弘农太守。所在清如冰雪，妻子希至官省；举善而教，恕以待人，不好狱讼，与下无忌。是时，郡无知经者，乃历问诸吏，有欲远行就师，辄假遣，令诣河东就乐详学经，粗明乃还，因设文学。由是弘农学业转兴。至黄初初，征拜羽林郎，迁虎贲中郎将，三岁，病亡。始，邵族子愚，为白衣时，常有高志，众人谓愚必荣令狐氏，而邵独以为"愚性倜傥，不修德而愿大，必灭我宗"。愚闻邵言，其心不平。及邵为虎贲郎将，而愚仕进已多所更历，所在有名称。愚见邵，因从容言次，微激之曰："先时闻大人谓愚为不继，愚今竟云何邪？"邵熟视而不答也。然私谓其妻子曰："公治性度犹如故也。以吾观之，终当败灭。但不知我久当坐之不邪？将逮汝曹耳！"邵没之后，十余年间，愚为兖州刺史，果与王凌谋废立，家属诛灭。邵子华，时为弘农郡丞，以属疏得不坐。

案《孔氏谱》：孔乂字元儁，孔子之后。曾祖畴，字元矩，陈相。汉桓帝立老子庙于苦县之赖乡，画孔子像于壁；畴为陈相，立孔子碑于像前，今见存。乂父祖皆二千石，乂为散骑常侍，上疏规谏。语在《三少帝纪》。至大鸿胪。子恂字士信，晋平东将军卫尉也。

三国志

文白对照

中册

章惠康◎主编

華夏出版社
HUAXIA PUBLISHING HOUSE

三国志卷十七 魏书十七

张乐于张徐传第十七

张辽字文远，雁门马邑人也。本聂壹之后，以避怨变姓。少为郡吏。汉末，并州刺史丁原以辽武力过人，召为从事，使将兵诣京都。何进遣诣河北募兵，得千余人。还，进败，以兵属董卓。卓败，以兵属吕布，迁骑都尉。布为李傕所败，从布东奔徐州，领鲁相，时年二十八。太祖破吕布于下邳，辽将其众降，拜中郎将，赐爵关内侯。数有战功，迁裨将军。袁绍破，别遣辽定鲁国诸县。与夏侯渊围昌豨于东海，数月粮尽，议引军还，辽谓渊曰："数日已来，每行诸围，豨辄属目视辽。又其射矢更稀，此必豨计犹豫，故不力战。辽欲挑与语，傥可诱也。"乃使谓豨曰："公有命，使辽传之。"豨果下与辽语，辽为说"太祖神武，方以德怀四方，先附者受大赏"。豨乃许降。辽遂单身上三公山，入豨家，拜妻子。豨欢喜，随诣太祖。太祖遣豨还，责辽曰："此非大将法也。"辽谢曰："以明公威信著于四海，辽奉圣旨，豨必不敢害故也。"从讨袁谭、袁尚于黎阳，有功，行中

张辽字文远，是雁门郡马邑县人。他原来是聂壹的后代，因为躲避仇人而改姓张。年轻时曾担任郡吏。东汉末年，并州刺史丁原听说张辽勇力过人，征召他担任兵曹从事，派他率兵去京都。何进派张辽去河北征募士兵，招募千余人。返回京都，何进失败，张辽率兵归属董卓。董卓失败后，又率兵从属吕布，升任骑都尉。吕布被李傕打败，张辽跟随吕布向东逃到徐州，兼任鲁国相，时年二十八岁。太祖在下邳打败吕布，张辽率部队投降，被任命为中郎将，赐以关内侯的爵位。屡立战功，升为裨将军。袁绍失败后，太祖派张辽另率军平定鲁国诸县。同夏侯渊在东海郡包围昌豨，几个月后军队粮草已尽，大家议论要率军返回，张辽对夏侯渊说："几天来，我每次走到营垒跟前，昌豨就注视着我。另外他们射箭一天比一天少，这必然是昌豨心中犹豫，所以不敢全力作战。我想用言语打动他，或许可诱使他归顺。"就派使者告诉昌豨："曹公有命令，派张辽传达给您。"昌豨果然下来同张辽交谈，张辽劝说他道："太祖神明英武，正用德行安抚四方，先归顺的人必然会受到大奖赏。"昌豨就答应投降。张辽于是单独上三公山，到昌豨家中，拜会他的妻子和儿子。昌豨十分高兴，随张辽去见太祖。太祖让昌豨返回，责备张辽说："你单身赴险，这不是大将应采用的方法。"张辽道歉说："因为您的威信著称于四海，我张辽奉行您的旨意，昌豨必然不敢加害于我。"接着跟随太祖在黎阳征讨袁谭、袁尚建立战功，代理中坚将军。不久又跟随太祖在邺城进攻袁尚，袁尚坚守，难以攻克。太祖返回许昌，派张辽与乐进攻克阴安，将百姓迁往黄河南岸。又跟随太祖进攻邺城，邺城攻克后，

坚将军。从攻尚于邺，尚坚守不下。太祖还许，使辽与乐进拔阴安，徙其民河南。复从攻邺，邺破，辽别徇赵国、常山，招降缘山诸贼及黑山孙轻等。从攻袁谭，谭破，别将徇海滨，破辽东贼柳毅等。还邺，太祖自出迎辽，引共载，以辽为荡寇将军。复别击荆州，定江夏诸县，还屯临颍，封都亭侯。从征袁尚于柳城，卒与虏遇，辽劝太祖战，气甚奋，太祖壮之，自以所持麾授辽。遂击，大破之，斩单于蹋顿。①

张辽另率军攻占赵国、常山，招抚降服沿山的各路贼军和黑山孙轻等人。又跟随太祖进攻袁谭，打败袁谭后，另外率军占领海滨，击败辽东柳毅等人。返回邺城时，太祖亲自出城迎接张辽，牵着他的手共乘一辆车，任命他为荡寇将军。张辽又率军进攻荆州，平定江夏诸县后，还军驻扎临颍，进封都亭侯。接着又跟随太祖前往柳城讨伐袁尚，突然同胡兵相遇，张辽劝太祖决战，士气特别振奋，太祖鼓励他，将自己手持的令旗授予张辽。张辽率军出击，大破胡兵，杀了单于蹋顿。

时荆州未定，复遣辽屯长社。临发，军中有谋反者，夜惊乱起火，一军尽扰。辽谓左右曰："勿动。是不一营尽反，必有造变者，欲以动乱人耳。"乃令军中，其不反者安坐。辽将亲兵数十人，中陈而立。有顷定，即得首谋者杀之。陈兰、梅成以氐六县叛，太祖遣于禁、臧霸等讨成，辽督张郃、牛盖等讨兰。成伪降禁，禁还。成遂将其众就兰，转入灊山。灊中有天柱山，高峻二十余里，道险狭，步径裁通，兰等壁其上。辽欲进，诸将曰："兵少道险，难用深入。"辽曰："此所谓一与一，勇者得前耳。"遂进到山下安营，攻之，斩兰、成首，尽虏其众。太祖论诸将功，曰："登天山，履峻险，以取兰、成，荡寇功也。"增邑，假节。

当时荆州还没有平定，太祖再次派遣张辽驻军长社。临出发时，军营中有谋反的人，深夜到处点火，制造混乱，全军都被骚扰。张辽对身边的人说："不要动，这不是全军造反，一定有制造变乱的人，想用骚动来扰乱人心。"就命令军队，凡是不愿谋反的人都安心坐下。张辽率领贴身卫兵数十人，站在军营的中间。不久军营就安定下来了，张辽迅速抓获了首谋，将其杀掉。陈兰、梅成带动氐人六县反叛，太祖派于禁、臧霸等人讨伐梅成，张辽督率张郃、牛盖等人讨伐陈兰。梅成假装投降于禁，于禁撤军。梅成就率他的部下靠拢陈兰，转入灊山。山中有天柱峰，高耸险峻达二十余里，道路奇险狭窄，步行小路只能勉强通行，陈兰等人在上面修筑壁垒。张辽准备进军，将领们说："兵力太少，道路险阻，难以深入。"张辽说："这正是一对一的拼搏，勇敢者才能抢先一步。"就进至山下安营，随即进攻，杀掉陈兰、梅成，全部俘虏了他的部下。太祖评论诸将功劳，说："登天柱，踏峻险，战败陈兰、梅成，这是荡寇将军的功劳。"就增加张辽的食邑，授予他假节的称号。

太祖既征孙权还，使辽与

太祖征伐孙权返回后，派遣张辽和乐进、李典

乐进、李典等将七千余人屯合肥。太祖征张鲁,教与护军薛悌,署函边曰“贼至乃发”。俄而权率十万众围合肥,乃共发教,教曰:“若孙权至者,张、李将军出战;乐将军守,护军勿得与战。”诸将皆疑。辽曰:“公远征在外,比救至,彼破我必矣。是以教指及其未合逆击之,折其盛势,以安众心,然后可守也。成败之机,在此一战,诸君何疑?”李典亦与辽同。于是辽夜募敢从之士,得八百人,椎牛飨将士,明日大战。平旦,辽被甲持戟,先登陷陈,杀数十人,斩二将,大呼自名,冲垒入,至权麾下。权大惊,众不知所为,走登高冢,以长戟自守。辽叱权下战,权不敢动,望见辽所将众少,乃聚围辽数重。辽左右麾围,直前急击,围开,辽将麾下数十人得出,余众号呼曰:“将军弃我乎!”辽复还突围,拔出余众。权人马皆披靡,无敢当者。自旦战至日中,吴人夺气,还修守备,众心乃安,诸将咸服。权守合肥十余日,城不可拔,乃引退。辽率诸军追击,几复获权。太祖大壮辽,拜征东将军。[2]建安二十一年,太祖复征孙权,到合肥,循行辽战处,叹息者良久。乃增辽兵,多留诸军,徙屯居巢。

等人率七千余人驻扎合肥。太祖征讨张鲁,交给护军薛悌一封信,在信函外面写道:“敌军来后,就打开。”不久孙权率十万人包围合肥,众将领共同将信函的告谕打开,上面命令说:“如果孙权到来,张、李将军出战,乐将军守城,护军薛悌不得出战。”诸将都很疑惑。张辽说:“曹公远征在外,等救兵赶到,敌军势必已打败我们了。所以命令我们趁敌军还没形成包围就迎击,挫败他们的锐气,以安定军心,然后就可以坚守。成败的关键,就在这一战,诸君有什么可疑惑的?”李典也赞同张辽的意见。于是张辽当晚便征募敢于跟随战斗的士卒,一共有八百人,杀牛慰劳将士,第二天准备大战。黎明,张辽披甲执戟,首先冲出敌阵,杀数十人,斩二将,大呼自己姓名,接着又冲入敌军营垒,直逼孙权的指挥所。孙权大惊,吴军将领不知所措,急忙登上高土堆,用长戟守卫孙权。张辽大声叱呼孙权下来决战,孙权不敢动,望见张辽所率的士兵很少,就指挥军队包围张辽很多层。张辽忽左忽右指挥突围,迅速朝前方猛烈攻击,包围圈冲开,张辽率领部下的勇士数十人冲出,其他士兵大声呼喊:“将军抛弃我们!”张辽再次冲入包围圈,救出其余士兵。孙权部下人马溃散,没有敢出面阻挡的人。从早上战斗到中午,吴军丧失士气,张辽返回营地加修守备工事,一时间军心安定,诸将都很佩服。孙权包围合肥十余日,始终无法攻克,就率军返回。张辽率各路军马追击,几乎再次俘获孙权。太祖大大嘉奖张辽,任命他为征东将军。建安二十一年,太祖再次征伐孙权,到合肥,巡视当年张辽出战的地方,久久感叹不已。随即增加张辽的兵力,并留下很多军队,命他移军居巢。

关羽围曹仁于樊,会权称藩,召辽及诸军悉还救仁。辽

关羽在樊城包围曹仁,正好当时孙权向魏国称臣,太祖征召张辽和诸军回营救曹仁。张辽军队还

未至，徐晃已破关羽，仁围解。辽与太祖会摩陂。辽军至，太祖乘辇出劳之，还屯陈郡。文帝即王位，转前将军。③分封兄汎及一子列侯。孙权复叛，遣辽还屯合肥，进辽爵都乡侯。给辽母舆车，及兵马送辽家诣屯，敕辽母至，导从出迎。所督诸军将吏皆罗拜道侧，观者荣之。文帝践阼，封晋阳侯，增邑千户，并前二千六百户。黄初二年，辽朝洛阳宫，文帝引辽会建始殿，亲问破吴意状。帝叹息顾左右曰："此亦古之召虎也。"为起第舍，又特为辽母作殿，以辽所从破吴军应募步卒，皆为虎贲。孙权复称藩。辽还屯雍丘，得疾。帝遣侍中刘晔将太医视疾，虎贲问消息，道路相属。疾未瘳，帝迎辽就行在所，车驾亲临，执其手，赐以御衣，太官日送御食。疾小差，还屯。孙权复叛，帝遣辽乘舟，与曹休至海陵，临江。权甚惮焉，敕诸将："张辽虽病，不可当也，慎之！"是岁，辽与诸将破权将吕范。辽病笃，遂薨于江都。帝为流涕，谥曰刚侯。子虎嗣。六年，帝追念辽、典在合肥之功，诏曰："合肥之役，辽、典以步卒八百，破贼十万，自古用兵，未之有也。使贼至今夺气，可谓国之爪牙矣。其分辽、典邑各百户，赐一子爵关内侯。"虎为偏将军，薨。子统嗣。

没到，徐晃已经打败关羽，曹仁之围解除。张辽与太祖会师摩陂。张辽军队到达后，太祖乘车前往慰军，将军队调回驻扎陈郡。文帝继承王位，张辽调任前将军。分封他哥哥张汎和一个儿子为列侯。孙权再次反叛，文帝派张辽再驻合肥，进封张辽都乡侯爵位。授给张辽母亲宫中使用的小车，派兵马送张辽家人前往张辽军营，命令等张辽母亲到达时，仪仗队出迎。张辽督率的诸军将士都环绕跪拜道路两旁，旁观的人都认为十分荣耀。文帝登上帝位，晋封张辽为晋阳侯，增加食邑千户，合并从前的共两千六百户。黄初二年，张辽在洛阳宫朝拜文帝，文帝在建始殿会见他，亲自询问他破吴的情况。文帝叹息着对身边的人说："这也是西周召虎一样的勇将。"替张辽建造府第，又特别替他的母亲建造殿宇，原来跟随张辽破吴的应募士卒，都担任虎贲郎。孙权再次称臣。张辽还军驻扎雍丘，不久生病。文帝派侍中刘晔率太医探问疾病，前往探望张辽病情的虎贲郎在路上络绎不绝。病没全好，文帝便迎张辽来到自己巡行时的住所，亲自乘车探望，握住张辽的手，赐给他御衣，让太官每天送御食。病势稍有好转，张辽就回到军中。孙权又反叛，文帝派张辽乘船，和曹休到海陵，临长江驻军。孙权十分害怕张辽，命令诸将："张辽虽然有病，仍然不可抵挡，应当谨慎行事！"这一年，张辽同诸将击败孙权手下的大将吕范。张辽病重，逝世于江都。文帝为之流泪，谥号刚侯。儿子张虎继承爵位。黄初六年，文帝追念张辽、李典的合肥之功，下诏说："合肥战役，张辽、李典率步卒八百，击败吴军十万，自古用兵，没有过这样的战例。使吴军至今仍丧失胆气，可以说是国家的良将。分封张辽、李典各百户，赐给一个儿子关内侯的爵位。"张虎担任偏将军，去世。儿子张统继承爵位。

乐进字文谦，阳平卫国人也。容貌短小，以胆烈从太祖，为帐下吏。遣还本郡募兵，得千余人，还为军假司马、陷陈都尉。从击吕布于濮阳，张超于雍丘，桥蕤于苦，皆先登有功，封广昌亭侯。从征张绣于安众，围吕布于下邳，破，别将击眭固于射犬，攻刘备于沛，皆破之，拜讨寇校尉。渡河攻获嘉，还，从击袁绍于官渡，力战，斩绍将淳于琼。从击谭、尚于黎阳，斩其大将严敬，行游击将军。别击黄巾，破之，定乐安郡。从围邺，邺定，从击袁谭于南皮，先登，入谭东门。谭败，别攻雍奴，破之。建安十一年，太祖表汉帝，称进及于禁、张辽曰："武力既弘，计略周备，质忠性一，守执节义，每临战攻，常为督率，奋强突固，无坚不陷，自援枹鼓，手不知倦。又遣别征，统御师旅，抚众则和，奉令无犯，当敌制决，靡有遗失。论功纪用，宜各显宠。"于是禁为虎威；进，折冲；辽，荡寇将军。

乐进字文谦，是阳平郡卫国人。身材矮小，凭胆识勇气跟随太祖，为帐下官员。太祖派遣他回阳平郡招募士兵，招到千余人，返回后他代理军司马，担任陷阵都尉。以后跟随太祖在濮阳进攻吕布，在雍丘进攻张超，在苦县进攻桥蕤，每次都冲锋陷阵而建立军功，被封为广昌亭侯。不久又跟随太祖在安众征讨张绣，在下邳包围吕布，击败他们所属的将领，接着在射犬攻击眭固，在沛国攻击刘备，每次都取胜了，升任讨寇校尉。渡黄河进攻获嘉县，返回后，乐进又跟随太祖在官渡进攻袁绍，他奋力作战，力斩袁绍部将淳于琼。又随太祖在黎阳攻击袁谭、袁尚，杀了他们的大将严敬，得以代行游击将军的职务。另外率军进攻黄巾军，击败他们，平定了乐安郡。又随太祖包围邺县，邺县平定后，又跟随太祖前往南皮攻击袁谭，他冲锋在前，率先冲入南皮县东门。击败袁谭后，乐进又率军进攻雍奴县，一举攻破。建安十一年，太祖上表，赞誉乐进和于禁、张辽说："他们不但武力强大，而且计谋周到全面，禀性忠诚坚定，保持忠节信义，每当攻战之时，经常身先士卒，奋发图强，攻克险阻，无坚不摧，自己击鼓进军，不知疲倦。派他们率军征讨，统率部队，能安抚众心，团结一致，遵守军令，秋毫无犯，面临大敌，制定决策，极少失误。论功任用，应当分别予以重任，以示恩宠。"于是任命于禁担任虎威将军；乐进担任折冲将军；张辽担任荡寇将军。

进别征高幹，从北道入上党，回出其后。幹等还守壶关，连战斩首。幹坚守未下，会太祖自征之，乃拔。太祖征管承，军淳于，遣进与李典击之。承破走，逃入海岛，海滨平。荆州未服，遣屯阳翟。后从平荆州，留屯襄阳，击关羽、苏非等，皆走之，南郡诸县山谷蛮夷诣进

乐进又率军另征高幹，从北面道路进入上党，抄高幹的后路。高幹等人还军坚守壶关，乐进连连进攻，击杀敌人。高幹坚守，乐进未能攻克，适逢太祖亲自率军前来，才得以攻克。太祖征伐管承，驻军淳于县，派遣乐进和李典进攻。管承败走，逃入海岛，海滨得以平定。当时荆州尚未归顺，太祖派乐进率军进驻阳翟。后来他跟随太祖平定荆州，留守襄阳，进攻关羽、苏非等人，都将他们赶走，南郡一带山谷的蛮夷都来向乐进归顺。乐进又率军征讨刘备

降。又讨刘备临沮长杜普、旌阳长梁大，皆大破之。后从征孙权，假进节。太祖还，留进与张辽、李典屯合肥，增邑五百，并前凡千二百户。以进数有功，分五百户，封一子列侯；进迁右将军。建安二十三年薨，谥曰威侯。子綝嗣。綝果毅有父风，官至扬州刺史。诸葛诞反，掩袭杀綝，诏悼惜之，追赠卫尉，谥曰愍侯。子肇嗣。

任命的临沮长杜普、旌阳长梁大，大败他们。以后又跟随太祖征讨孙权，被授予符节。太祖还军，留下乐进和张辽、李典驻守合肥，增加乐进食邑五百户，加上以前所封的食邑共一千二百户。太祖又因为乐进屡立战功，分出五百户，封他的一个儿子为列侯，乐进升任右将军。建安二十三年，乐进去世，谥号威侯。儿子乐綝继承爵位。乐綝果敢刚毅有父亲遗风，官做到扬州刺史。诸葛诞谋反，突然袭击杀掉乐綝，朝廷下诏哀悼惋惜他，追赠他为卫尉，谥号愍侯。儿子乐肇继承爵位。

于禁字文则，泰山钜平人也。黄巾起，鲍信招合徒众，禁附从焉。及太祖领兖州，禁与其党俱诣为都伯，属将军王朗。朗异之，荐禁才任大将军。太祖召见与语，拜军司马，使将兵诣徐州，攻广威，拔之，拜陷陈都尉。从讨吕布于濮阳，别破布二营于城南，又别将破高雅于须昌。从攻寿张、定陶、离狐，围张超于雍丘，皆拔之。从征黄巾刘辟、黄邵等，屯版梁，邵等夜袭太祖营，禁帅麾下击破之，斩邵等，尽降其众。迁平虏校尉。从围桥蕤于苦，斩蕤等四将。从至宛，降张绣。绣复叛，太祖与战不利，军败，还舞阴。是时军乱，各间行求太祖，禁独勒所将数百人，且战且引，虽有死伤不相离。虏追稍缓，禁徐整行队，鸣鼓而还。未至太祖所，道见十余人被创裸走，禁问其故，曰："为青州兵所劫。"初，黄巾降，号青州兵，太祖宽之，故敢因缘

于禁字文刚，是泰山郡钜平县人。黄巾起义时，鲍信招集兵众，于禁依附于他。等到太祖任兖州牧时，于禁和他的同事都来投奔，并担任了都伯，从属将军王朗。王朗惊异于禁的才能，向太祖推荐于禁，认为他的才能可以任大将军。太祖召见于禁和他谈话，任命他担任军司马，派他率兵前往徐州，进攻广威，攻克广威后，任命于禁为陷阵都尉。于禁跟随太祖前往濮阳征讨吕布，单独在城南击破吕布的两支部队，又另外率军在须昌打败高雅。他跟随太祖进攻寿张、定陶、离狐，在雍丘包围张超，都攻克了。以后又随太祖讨伐黄巾将领刘辟、黄邵等人，驻军版梁，黄邵等人深夜袭击太祖营垒，于禁指挥部下击败他，杀掉黄邵等人，并全部降服了他的部下。于禁升任平虏校尉。又跟随太祖在苦县包围桥蕤，于禁力斩桥蕤等四位将领。于禁随太祖进军宛县，降服张绣。不久，张绣又反叛，太祖与他交战失利，曹军败退，驻扎在舞阴。当时军队很乱，各个部队都擅自行动，去寻找太祖，只有于禁能控制所率的数百士卒，边战边退，虽然有伤亡但仍不溃散。等敌军追势稍缓，于禁便慢慢整顿队伍，鸣鼓而还。还没有回到驻地，在路上碰见十多位士卒带伤赤身逃跑，于禁问他们原因，士卒说："被青州兵抢劫。"起初，黄巾军投降，号称青州兵，太祖宽恕了他们，因此，他们敢利用这点到处抢劫。于禁大怒，命令部下："青州

为略。禁怒,令其众曰:“青州兵同属曹公,而还为贼乎!”乃讨之,数之以罪。青州兵遽走诣太祖自诉。禁既至,先立营垒,不时谒太祖。或谓禁:“青州兵已诉君矣,宜促诣公辨之。”禁曰:“今贼在后,追至无时,不先为备,何以待敌?且公聪明,谮诉何缘!”徐凿堑安营讫,乃入谒,具陈其状。太祖悦,谓禁曰:“淯水之难,吾其急也,将军在乱能整,讨暴坚垒,有不可动之节,虽古名将,何以加之!”于是录禁前后功,封益寿亭侯。复从攻张绣于穰,禽吕布于下邳,别与史涣、曹仁攻眭固于射犬,破斩之。

兵同属曹公统率,却依然做强盗吗?”就率军征讨,列举他们的罪行。青州兵就赶快逃走前往太祖处控诉于禁。于禁率军赶到后,先建立营垒,不马上拜见太祖。有人对于禁说:“青州兵已经告你的状了,你应当迅速面见曹公辩解。”于禁回答:“现在敌军在后,说不定什么时候就追上来了,不事先做好防备,用什么来迎战!况且曹公通达明智,诬告又有什么效果呢!”就率军从容地开凿战壕,等安营之后,才进去拜谒,一一陈述当时的情况。太祖很高兴,对于禁说:“淯水这场灾难,我很焦急,将军能在动乱中整治军队,讨伐暴徒,坚固营垒,有不可摇动的节操,即使古代名将,又怎么能超过你!”于是总录于禁前后战功,封为益寿亭侯。于禁又跟随太祖在穰县攻打张绣,在下邳擒拿吕布,又另率军同史涣、曹仁在射犬进攻眭固,打败并杀掉了眭固。

太祖初征袁绍,绍兵盛,禁愿为先登。太祖壮之,乃遣步卒二千人,使禁将,守延津以拒绍,太祖引军还官渡。刘备以徐州叛,太祖东征之。绍攻禁,禁坚守,绍不能拔。复与乐进等将步骑五千,击绍别营,从延津西南缘河至汲、获嘉二县,焚烧保聚三十余屯,斩首获生各数千,降绍将何茂、王摩等二十余人。太祖复使禁别将屯原武,击绍别营于杜氏津,破之。迁裨将军,后从还官渡。太祖与绍连营,起土山相对。绍射营中,士卒多死伤,军中惧。禁督守土山,力战,气益奋。绍破,迁偏将军。冀州平。昌豨复叛,遣禁征之。禁急进攻豨;豨与禁有旧,诣

太祖开始征讨袁绍时,袁绍兵力强大,于禁愿意担任先锋。太祖嘉奖他,派他率领两千士兵,固守延津以抵御袁绍,太祖率军返回官渡。刘备据守徐州反叛,太祖率军东征。袁绍趁机猛攻于禁,于禁率兵固守,袁绍无法攻克。于禁又和乐进等将领率五千步骑兵,袭击袁绍另外的营垒,从延津西南缘黄河而上,到达汲县和获嘉县,焚烧袁绍营垒三十余处,斩首俘获各数千人,降服袁绍部将何茂、王摩等二十余人。太祖又派于禁另外率军驻扎原武,进攻袁绍在杜氏津的其他营地,攻占它们。于禁升任裨将军,后随太祖回官渡。太祖和袁绍军营相连,垒起土山对峙。袁绍部下向太祖营中射箭,士兵多有伤亡,曹军恐惧。于禁督守土山,奋力拼战,士气日益振奋。击败袁绍后,于禁升任偏将军。冀州平定。昌豨再次反叛,太祖派于禁前往征伐。于禁率军迅速前往,攻击昌豨。昌豨同于禁过去有交情,前往于禁处

禁降。诸将皆以为豨已降，当送诣太祖，禁曰："诸君不知公常令乎！围而后降者不赦。夫奉法行令，事上之节也。豨虽旧友，禁可失节乎！"自临与豨决，陨涕而斩之。是时太祖军淳于，闻而叹曰："豨降不诣吾而归禁，岂非命耶！"益重禁。[④]东海平，拜禁虎威将军。后与臧霸等攻梅成，张辽、张郃等讨陈兰。禁到，成举众三千余人降。既降复叛，其众奔兰。辽等与兰相持，军食少，禁运粮前后相属，辽遂斩兰、成。增邑二百户，并前千二百户。是时，禁与张辽、乐进、张郃、徐晃俱为名将，太祖每征伐，咸递行为军锋，还为后拒；而禁持军严整，得贼财物，无所私入，由是赏赐特重。然以法御下，不甚得士众心。太祖常恨朱灵，欲夺其营。以禁有威重，遣禁将数十骑，赍令书，径诣灵营夺其军，灵及其部众莫敢动；乃以灵为禁部下督，众皆震服，其见惮如此。迁左将军，假节钺，分邑五百户，封一子列侯。

投降。诸将都认为昌豨已投降，应当送交太祖，于禁说："诸君知道曹公平常的命令吗？包围后再投降的人不能赦免。奉行法令，是将军应有的气节。昌豨虽然是我的旧友，于禁怎能失节啊！"便亲自同昌豨诀别，流着眼泪杀了他。这时太祖驻军淳于，听到消息后感叹说："昌豨投降不来我处而归顺于禁，难道不是命吗！"于是更加器重于禁。东海平定，太祖任命于禁担任虎威将军。后来于禁和臧霸等将领进攻梅成，张辽、张郃等将领讨伐陈兰。于禁军到，梅成率三千余人投降。不久又反叛，部众投靠陈兰。张辽与陈兰相持不下，军粮少，于禁运粮供应张辽军队接连不断，张辽因而杀了陈兰、梅成。太祖下令增加于禁食邑二百户，加上原来的食邑共一千二百户。这时，于禁同张辽、乐进、张郃、徐晃都是名将，太祖每次出军征伐，都交替任命他们担任先锋，还军时则做后卫。而于禁治军严整，缴获敌人的财物，从不私自占有，因此受到的赏赐特别多。然而于禁严厉统御部下，不太得士兵的心。太祖平常厌恶朱灵，想削夺他的兵权。因为于禁有威严，就派于禁率数十名骑兵，带着太祖的命令，直接冲入朱灵的军营夺了他的军权，朱灵及其部下吓得不敢动。太祖就让朱灵归于禁统率，大家都被慑服，于禁使人畏惧到了这种地步。不久，升任于禁为左将军，授予符节和斧钺的荣衔，又分封食邑五百户，封他的一个儿子为列侯。

建安二十四年，太祖在长安，使曹仁讨关羽于樊，又遣禁助仁。秋，大霖雨，汉水溢，平地水数丈，禁等七军皆没。禁与诸将登高望水，无所回避，羽乘大船就攻禁等，禁遂降，惟庞悳不屈节而死。太祖闻之，哀叹者久之，曰："吾知

建安二十四年，太祖在长安，派曹仁前往樊城讨伐关羽，又派于禁帮助曹仁。当时正值秋天，连降暴雨，汉水猛涨，平地积水有数丈深，于禁等七军都遭水淹。于禁同将领们登高眺望大水，没有可躲避的地方，关羽乘大船逼近攻击于禁等人，于禁就投降了关羽，只有庞德不愿屈节投降而被杀。太祖听说后，哀叹了很久，说："我信任于禁三十年，怎么会

禁三十年，何意临危处难，反不如庞悳邪！”会孙权禽羽，获其众，禁复在吴。文帝践阼，权称藩，遣禁还。帝引见禁，须发皓白，形容憔悴，泣涕顿首。帝慰谕以荀林父、孟明视故事，⑤拜为安远将军。欲遣使吴，先令北诣邺谒高陵。帝使豫于陵屋画关羽战克、庞悳愤怒、禁降服之状。禁见，惭恚发病薨。子圭嗣封益寿亭侯。谥禁曰厉侯。

想到他面临危急困难时，反而不如庞德啊！”不久孙权擒获关羽，获得了他的部众，于禁又到了吴国。文帝登上帝位，孙权称臣，将于禁送还魏国。文帝接见于禁，于禁须发纯白，脸色憔悴，流泪磕头。文帝用荀林父、孟明视的故事来劝慰他，任命他担任安远将军。准备派遣他出使吴国，先让他赴邺县拜谒太祖的陵墓。文帝预先派人在陵屋画好关羽战胜、庞德愤怒、于禁投降的情形。于禁见后，羞恨交加发病而死。儿子于圭继承益寿亭侯的封号。追谥于禁为厉侯。

张郃字俊乂，河间鄚人也。汉末应募讨黄巾，为军司马，属韩馥。馥败，以兵归袁绍。绍以郃为校尉，使拒公孙瓒。瓒破，郃功多，迁宁国中郎将。太祖与袁绍相拒于官渡，⑥绍遣将淳于琼等督运屯乌巢，太祖自将急击之。郃说绍曰：“曹公兵精，往必破琼等；琼等破，则将军事去矣，宜急引兵救之。”郭图曰：“郃计非也。不如攻其本营，势必还，此为不救而自解也。”郃曰：“曹公营固，攻之必不拔，若琼等见禽，吾属尽为虏矣。”绍但遣轻骑救琼，而以重兵攻太祖营，不能下。太祖果破琼等，绍军溃。图惭，又更谮郃曰：“郃快军败，出言不逊。”郃惧，乃归太祖。⑦

张郃字俊乂，是河间郡鄚县人。东汉末年应征讨伐黄巾军，担任军司马，属韩馥统率。韩馥失败后，张郃率兵归顺袁绍。袁绍任命张郃担任校尉，派他率军抵御公孙瓒。打败公孙瓒，张郃因战功多，升任宁国中郎将。太祖同袁绍在官渡相持，袁绍派遣将领淳于琼等人督运粮草驻扎在乌巢，太祖亲自率兵迅速攻击乌巢。张郃劝告袁绍说：“曹公兵精，进攻必然会打败淳于琼等人；淳于琼失败，那您的事业就完了，现在应当迅速派兵救援。”郭图说：“张郃的计谋不可取。不如进攻太祖的大本营，他们势必还军，这样淳于琼的危机就会不救自解。”张郃说：“太祖的大本营坚固，进攻一定不能攻克，如果淳于琼等人被擒，那我们也会全部成为俘虏了。”袁绍仅派遣少量骑兵援救淳于琼，而用重兵进攻太祖大本营，不能攻克。太祖果然打败了淳于琼等人，袁绍军队溃败。郭图惭愧，又诬陷张郃说：“张郃高兴我军失败，说的话很不好听。”张郃恐惧，就归顺太祖。

太祖得郃甚喜，谓曰：“昔子胥不早寤，自使身危，岂若微子去殷、韩信归汉邪？”拜郃偏将军，封都亭侯。授以众，从

太祖得到张郃很高兴，对张郃说：“从前伍子胥没有及早醒悟，使自己丧失性命，怎么比得上微子离开殷商，韩信归顺汉朝呀？”任命张郃担任偏将军，封都亭侯。给他兵力，随太祖一同进攻邺县，一

攻邺，拔之。又从击袁谭于渤海，别将军围雍奴，大破之。从讨柳城，与张辽俱为军锋，以功迁平狄将军。别征东莱，讨管承，又与张辽讨陈兰、梅成等，破之。从破马超、韩遂于渭南。围安定，降杨秋。与夏侯渊讨鄜贼梁兴及武都氐。又破马超，平宋建。太祖征张鲁，先遣郃督诸军讨兴和氐王窦茂。太祖从散关入汉中，又先遣郃督步卒五千于前通路。至阳平，鲁降，太祖还，留郃与夏侯渊等守汉中，拒刘备。郃别督诸军，降巴东、巴西二郡，徙其民于汉中。进军宕渠，为备将张飞所拒，引还南郑。拜荡寇将军。刘备屯阳平，郃屯广石。备以精卒万余，分为十部，夜急攻郃。郃率亲兵搏战，备不能克。其后备于走马谷烧都围，渊救火，从他道与备相遇，交战，短兵接刃。渊遂没，郃还阳平。⑧当是时，新失元帅，恐为备所乘，三军皆失色。渊司马郭淮乃令众曰："张将军，国家名将，刘备所惮；今日事急，非张将军不能安也。"遂推郃为军主。郃出，勒兵安陈，诸将皆受郃节度，众心乃定。太祖在长安，遣使假郃节。太祖遂自至汉中，刘备保高山不敢战。太祖乃引出汉中诸军，郃还屯陈仓。

举攻克。又随太祖在渤海进攻袁谭，张郃另外率军征讨雍奴，大获全胜。随太祖包围柳城，与张辽一同担任先锋，因功升任平狄将军。张郃另外率军出征东莱，讨伐管承，又与张辽一同率军讨伐陈兰、梅成等人，击败了他们。跟随太祖在渭南打败马超、韩遂。率军包围安定，降服杨秋。同夏侯渊一道讨伐鄜县贼人梁兴和武都的氐人。又击败马超，平息宋建的叛乱。太祖率军讨伐张鲁，先派张郃督帅诸军讨伐兴和氐王窦茂。太祖从散关进入汉中，又派遣张郃督帅步卒五千人在前面开路。军队开至阳平，张鲁投降，太祖还军，留下张郃和夏侯渊等人坚守汉中，抵御刘备。张郃另外督帅诸军，降服巴东、巴西二郡，将两郡百姓都迁到汉中。军队挺进宕渠时，被刘备手下大将张飞拦阻，张郃就引军回到南郑，被任命为荡寇将军。刘备驻军阳平，张郃驻军广石。刘备将万余名精兵，分为十部，夜间猛攻张郃。张郃率亲兵奋力拼搏，刘备无法攻克。以后刘备在走马谷放火烧曹军营垒，夏侯渊率军救火，在另一路上同刘备相遇，双方交战，短兵相接，夏侯渊战死，张郃率军返回阳平。当时，刚刚失去元帅夏侯渊，曹军担心刘备乘机进攻，全军都很恐慌。夏侯渊属下的军司马郭淮就命令部众说："张将军是国家的名将，刘备畏惧他。现在军情紧急，非张将军不能安定局势。"大家就推举张郃为军队统帅。张郃就任后，整治军队、部署防地，诸将都接受张郃的指挥，军心才安定下来。太祖在长安，派遣使者授予张郃符节。太祖随即亲自到汉中，刘备据守高山不敢出战，太祖才得以率领汉中诸军后撤，张郃返回驻军陈仓。

文帝即王位，以郃为左将军，进爵都乡侯。及践阼，进封

文帝继承魏王位，任命张郃为左将军，晋爵都乡侯。等到曹丕正式登上帝位，又晋封张郃为鄚侯。

鄚侯。诏郃与曹真讨安定卢水胡及东羌，召郃与真并朝许宫，遣南与夏侯尚击江陵。郃别督诸军渡江，取洲上屯坞。明帝即位，遣南屯荆州，与司马宣王击孙权别将刘阿等，追至祁口，交战，破之。诸葛亮出祁山。加郃位特进，遣督诸军，拒亮将马谡于街亭。谡依阻南山，不下据城。郃绝其汲道，击，大破之。南安、天水、安定郡反应亮，郃皆破平之。诏曰："贼亮以巴蜀之众，当虓虎之师。将军被坚执锐，所向克定，朕甚嘉之。益邑千户，并前四千三百户。"司马宣王治水军于荆州，欲顺沔入江伐吴，诏郃督关中诸军往受节度。至荆州，会冬水浅，大船不得行，乃还屯方城。诸葛亮复出，急攻陈仓，帝驿马召郃到京都。帝自幸河南城，置酒送郃，遣南北军士三万及分遣武卫、虎贲使卫郃，因问郃曰："迟将军到，亮得无已得陈仓乎？"郃知亮县军无谷，不能久攻，对曰："比臣未到，亮已走矣；屈指计亮粮不至十日。"郃晨夜进至南郑，亮退。诏郃还京都，拜征西车骑将军。

下诏命令张郃和曹真讨伐安定卢水胡和东羌，后来又征召张郃和曹真一同到许昌行宫朝见，派遣他去南方与夏侯尚一道进攻江陵。张郃另外督帅诸军渡过长江，攻占了江中小洲的土堡。明帝曹叡即位，派遣张郃驻军荆州，和司马懿一道进攻孙权手下将领刘阿等人，一直追到祁口，两军交战，击败了刘阿。诸葛亮出军祁山。明帝给予张郃特进的加官，命令他督帅诸军，在街亭阻击诸葛亮的将领马谡。马谡依靠南山作为险阻，不据守山脚的城防。张郃断绝蜀军的引水渠道，出兵攻击，大败马谡。南安、天水、安定郡都反叛以响应诸葛亮，张郃分别击败平息了他们。明帝下诏说："诸葛亮率巴蜀部众，与我们的勇猛之师相对。张将军披坚甲执锐器，所到之处立即平定，朕十分赞赏他。增加他食邑一千户，合以前的共四千三百户。"司马宣王在荆州整治水军，想顺沔水入长江讨伐吴国，明帝下诏命令张郃督帅关中诸军前往接受司马懿指挥。到荆州时，正值冬天水浅，大船不能通行，就还军驻扎方城。诸葛亮再次率军出祁山，急攻陈仓，明帝派驿马征召张郃到京都。明帝亲自驾临河南城，设置酒宴送张郃出征，调遣南北军士三万人归张郃指挥，又分别派遣武卫、虎贲等近卫军保护张郃，并问张郃："等将军赶到前线，诸葛亮该不会已经攻取陈仓了吧？"张郃知道诸葛亮孤军深入，缺乏粮草，没有长久进攻的准备，就回答说："等臣还没赶到，诸葛亮就已经退兵了，屈指计算诸葛亮的粮草，还坚持不到十天。"张郃日夜进军南郑，诸葛亮撤军。明帝下诏命令张郃返回京都，任命他担任征西车骑将军。

郃识变数，善处营陈，料战势地形，无不如计，自诸葛亮皆惮之。郃虽武将而爱乐儒士，尝荐同乡卑湛经明行修，诏曰："昔祭遵为将，奏置五经大夫，居军中，与诸生雅歌投

张郃通晓事物的变化发展，善于设置营阵，预测战争形势和地形条件，结果无不符合当时的计划，连诸葛亮都畏惧他。张郃虽为武将却喜爱儒士，曾推荐通晓五经、德行出众的同乡人卑湛，明帝下诏说："当年祭遵为将，上奏请求在军中设置五经大夫，同诸儒生歌雅诗、做投壶之戏。现在将军在外统

壶。今将军外勤戎旅，内存国朝。朕嘉将军之意，今擢湛为博士。”

率军队，心中存念朝政。我赞赏将军之意，现提拔卑湛为博士。”

诸葛亮复出祁山，诏郃督诸将西至略阳，亮还保祁山，郃追至木门，与亮军交战，飞矢中郃右膝，薨，[9]谥曰壮侯。子雄嗣。郃前后征伐有功，明帝分郃户，封郃四子列侯。赐小子爵关内侯。

诸葛亮再次率军出祁山，明帝下诏命令张郃督帅诸将西至略阳，诸葛亮还军据守祁山，张郃追到木门，与诸葛亮的军队交战，飞箭射中张郃右膝，去世，谥号为壮侯。儿子张雄继承爵位。张郃前后征伐有功，明帝把张郃的食邑分给他的儿子，并封他的四个儿子为列侯。赐小儿子关内侯爵位。

徐晃字公明，河东杨人也。为郡吏，从车骑将军杨奉讨贼有功，拜骑都尉。李傕、郭汜之乱长安也，晃说奉，令与天子还洛阳，奉从其计。天子渡河至安邑，封晃都亭侯。及到洛阳，韩暹、董承日争斗，晃说奉令归太祖；奉欲从之，后悔。太祖讨奉于梁，晃遂归太祖。

徐晃字公明，是河东郡杨县人。担任过郡吏，跟随车骑将军杨奉讨伐叛乱有功，任命为骑都尉。李傕、郭汜大乱长安时，徐晃劝说杨奉，同汉献帝一同返回洛阳，杨奉采纳了徐晃的计谋。汉献帝渡黄河到了安邑，封徐晃为都亭侯。等到了洛阳，韩暹、董承天天争斗，徐晃劝说杨奉归顺太祖。杨奉首先听从徐晃的意见，继而又反悔。太祖率军前往梁郡征讨杨奉，徐晃就归顺了太祖。

太祖授晃兵，使击卷、原武贼，破之，拜裨将军。从征吕布，别降布将赵庶、李邹等。与史涣斩眭固于河内。从破刘备，又从破颜良，拔白马，进至延津，破文醜，拜偏将军。与曹洪击㶏彊贼祝臂，破之，又与史涣击袁绍运车于故市，功最多，封都亭侯。太祖既围邺，破邯郸，易阳令韩范伪以城降而拒守，太祖遣晃攻之。晃至，飞矢城中，为陈成败。范悔，晃辄降之。既而言于太祖曰：“二袁未破，诸城未下者倾耳而听，今日灭易阳，明日皆以死守，恐河北无定时也。愿公降易阳

太祖交给徐晃兵马，派他攻打卷县、原武县的贼军，击败了他们，任命徐晃担任裨将军。徐晃又跟随太祖征伐吕布，另外又降服吕布手下将领赵庶、李邹等人。后又同史涣一道在河内斩杀了眭固。接着徐晃又跟随太祖击败了刘备，又跟随太祖击败了袁绍的手下大将颜良，攻克了白马城，进军到延津，击败了袁绍的另一大将文醜，徐晃升任为偏将军。徐晃与曹洪一道击败㶏彊县贼军祝臂，又和史涣一同在故市截击袁绍粮车，功劳最多，晋封为都亭侯。太祖已经包围邺城，攻破邯郸，易阳县令韩范假装举城投降却据城坚守，太祖派徐晃率军攻击。徐晃赶到易阳，向城中射箭传书，对韩范陈述成败得失。韩范悔悟，徐晃就招降了他。事情结束后徐晃禀告太祖说：“二袁还没有消灭，那些没有被我军攻克的城池都在侧着耳朵听，今天消灭易阳，明天他们就会拼死据守，恐怕河北没有平定的时候了。希望您

以示诸城，则莫不望风。"太祖善之。别讨毛城，设伏兵掩击，破三屯。从破袁谭于南皮，讨平原叛贼，克之。从征蹋顿，拜横野将军。从征荆州，别屯樊，讨中庐、临沮、宜城贼。又与满宠讨关羽于汉津，与曹仁击周瑜于江陵。十五年，讨太原反者，围大陵，拔之，斩贼帅商曜。韩遂、马超等反关右，遣晃屯汾阴以抚河东，赐牛酒，令上先人墓。太祖至潼关，恐不得渡，召问晃。晃曰："公盛兵于此，而贼不复别守蒲阪，知其无谋也。今假臣精兵[10]渡蒲坂津，为军先置，以截其里，贼可擒也。"太祖曰："善。"使晃以步骑四千人渡津。作堑栅未成，贼梁兴夜将步骑五千余人攻晃，晃击走之，太祖军得渡。遂破超等，使晃与夏侯渊平隃麋、汧诸氐，与太祖会安定。太祖还邺，使晃与夏侯渊平鄜、夏阳余贼，斩梁兴，降三千余户。从征张鲁。别遣晃讨攻椟、仇夷诸山氐，皆降之。迁平寇将军。解将军张顺围。击贼陈福等三十余屯，皆破之。

招降易阳以明示其他城池，那么各地都会望风而降。"太祖采纳了徐晃的建议。徐晃又另率军进攻毛城，埋下伏兵突然袭击，迅速攻占了三个驻地。他跟随太祖在南皮打败袁谭，讨伐平原的叛贼，攻下了平原。徐晃又跟随太祖出征乌桓蹋顿，升任横野将军。不久又随太祖南征荆州，另外率军驻扎樊城，讨伐中庐、临沮、宜城的贼军。又和满宠在汉津讨伐关羽，同曹仁在江陵进攻周瑜。建安十五年，徐晃率军征讨太原的反叛势力，包围大陵县，迅速攻克了它，杀了叛军首领商曜。韩遂、马超等人在关右反叛，太祖派遣徐晃驻军汾阴以安抚河东，并赐给牛酒，让他祭奠祖先墓地。太祖率军到了潼关，担心无法渡过黄河，召见徐晃征询意见。徐晃说："您大军驻扎在这里，而敌军不再另外据守蒲阪，可以知道敌军缺乏智谋。现在只要给我精兵渡过蒲阪津，作为大军的先锋，以截击敌军的后部，敌军就可以俘获了。"太祖说："好。"派徐晃率步骑四千人渡过蒲阪津。还没有修建好工事，敌将梁兴夜晚就率步骑五千余人进攻徐晃，徐晃击败了他们，太祖大军得以渡过黄河。于是迅速击败了马超等人，又派徐晃和夏侯渊一同率军平定隃麋国、汧县各地氐族，同太祖在安定会师。太祖还师邺城，派徐晃同夏侯渊继续平定鄜县、夏阳一带的残余贼军，杀掉首领梁兴，降服三千余户。徐晃跟随太祖征伐张鲁。另派徐晃率军攻伐椟、仇夷一带的山区氐族，并都降服了他们。徐晃升任平寇将军。解除了将军张顺的困境。攻击叛军陈福等人的三十余个驻地，把它们全都攻占了。

太祖还邺，留晃与夏侯渊拒刘备于阳平。备遣陈式等十余营绝马鸣阁道，晃别征破之，贼自投山谷，多死者。太祖闻，甚喜，假晃节，令曰："此阁道，汉中之险要咽喉也。刘备欲断绝外内，以取汉中。将军一举，克夺贼计，善之善者

太祖率军返回邺城，留下徐晃同夏侯渊驻守阳平抵御刘备。刘备派遣陈式等十余营兵力断绝马鸣阁道，徐晃另率军击败了他们，贼人自己跳入山谷，多有死伤。太祖听到这消息后，很高兴，授予徐晃持节，命令说："这阁道，是汉中地区的险要咽喉。刘备想断绝我军的内外联系，以攻占汉中。将军的这一举动，打破了刘备的如意算盘，真是好极了呀。"太

也。”太祖遂自至阳平,引出汉中诸军。复遣晃助曹仁讨关羽,屯宛。会汉水暴溢,于禁等没。羽围仁于樊,又围将军吕常于襄阳。晃所将多新卒,以羽难与争锋,遂前至阳陵陂屯。太祖复还,遣将军徐商、吕建等诣晃,令曰:“须兵马集至,乃俱前。”贼屯偃城。晃到,诡道作都堑,示欲截其后,贼烧屯走。晃得偃城,两面连营,稍前,去贼围三丈所。未攻,太祖前后遣殷署、朱盖等凡十二营诣晃。贼围头有屯,又别屯四冢。晃扬声当攻围头屯,而密攻四冢。羽见四冢欲坏,自将步骑五千出战,晃击之,退走,遂追陷与俱入围,破之,或自投沔水死。太祖令曰:“贼围堑鹿角十重,将军致战全胜,遂陷贼围,多斩首虏。吾用兵三十余年,及所闻古之善用兵者,未有长驱径入敌围者也。且樊、襄阳之在围,过于莒、即墨,将军之功,逾孙武、穰苴。”晃振旅还摩陂,太祖迎晃七里,置酒大会。太祖举卮酒劝晃,且劳之曰:“全樊、襄阳,将军之功也。”时诸军皆集,太祖案行诸营,士卒咸离陈观,而晃军营整齐,将士驻陈不动。太祖叹曰:“徐将军可谓有周亚夫之风矣。”

祖就亲自到阳平,率领汉中诸军返回。不久又派遣徐晃协助曹仁征讨关羽,驻军宛城。正遇到汉水暴涨,于禁诸军都淹在水中。关羽将曹仁包围在樊城,又将吕常包围在襄阳。徐晃所率军队多为新兵,难以同关羽交锋,就率军前进到阳陵陂驻扎下来。太祖再次返回,派将军徐商、吕建等人前去协助徐晃,传令说:“等兵马都赶到后,再一同进军。”蜀军驻扎偃城。徐晃率军赶到,秘密开挖壕沟,表示要抄断蜀军后路,蜀军烧了屯营后撤。徐晃占领偃城,两面连营,慢慢前进,离蜀军营地只有三丈左右的距离。徐晃没有进攻,太祖先后派殷署、朱盖等十二营兵力前往支援徐晃。蜀军在围头有军驻扎,又另外驻军四冢。徐晃扬言应当先进攻围头屯,然而却秘密进攻四冢。关羽见四冢即将被攻占,就亲自率步骑五千人出战,徐晃迅速进攻,蜀军退走,徐晃率军追击进入蜀军营区,击破蜀军包围,有的贼人自投沔水而死。太祖下令说:“敌军营区防卫工事多达十重,将军进入敌阵大获全胜,攻克敌军营垒,多斩敌军首级。我用兵三十余年,以及所听说的古代善用兵的人,没有人这样长驱直入敌人包围圈的。况且樊城、襄阳被包围,超过了战国时燕国大将乐毅、田单在莒县、即墨建立的战功,将军的功绩,也超过了孙武和司马穰苴。”徐晃整顿军队返回摩陂,太祖出迎徐晃七里地,设置酒宴为他庆功。太祖举着酒杯劝勉徐晃,并且慰劳说:“保全樊城、襄阳,是将军的功劳。”当时诸军都集结摩陂,太祖巡视诸军营地,士兵们都离开了阵地观看,只有徐晃的军营整齐,将士驻守阵地不动。太祖感叹说:“徐将军可谓有西汉名将周亚夫的风度啊。”

文帝即王位,以晃为右将军,进封逯乡侯。及践阼,进封杨侯。与夏侯尚讨刘备于上

曹丕继承魏王位,任命徐晃担任右将军,进封他为逯乡侯。文帝正式登上帝位后,又进封徐晃为杨侯。同夏侯尚在上庸征讨刘备,击败了蜀军。文帝

庸，破之。以晃镇阳平，徙封阳平侯。明帝即位，拒吴将诸葛瑾于襄阳。增邑二百，并前三千一百户。病笃，遗令敛以时服。

任命徐晃镇守阳平，改封他为阳平侯。明帝曹叡即位后，派遣徐晃在襄阳抵御吴国将领诸葛瑾。增加食邑二百户，与原来食邑合并共三千一百户。病危时，徐晃留下遗言，让人们用平时穿的服装殡殓。

性俭约畏慎，将军常远斥候，先为不可胜，然后战，追奔争利，士不暇食。常叹曰："古人患不遭明君，今幸遇之，当以功自效，何用私誉为！"终不广交援。太和元年薨，谥曰壮侯。子盖嗣。盖薨，子霸嗣。明帝分晃户，封晃子孙二人列侯。

徐晃生性节俭谨慎，率军出征时经常在远处设置侦察人员，先做不能取胜的打算，然后投入战斗，追击逃敌以争取胜利，士兵们常常顾不上吃饭。徐晃经常感叹说："古人担心不能遇上贤明的君主，现在我幸运地遇上，应当立功报效，何必要什么个人的荣誉呢？"他始终不广交朋党。太和元年去世，谥号为壮侯。他的儿子徐盖继承爵位。徐盖去世，儿子徐霸继承爵位。明帝分出徐晃的食邑，封徐晃的子孙二人为列侯。

初，清河朱灵为袁绍将。太祖之征陶谦，绍使灵督三营助太祖，战有功。绍所遣诸将各罢归，灵曰："灵观人多矣，无若曹公者，此乃真明主也。今已遇，复何之？"遂留不去。所将士卒慕之，皆随灵留。灵后遂为好将，名亚晃等，至后将军，封高唐亭侯。⑪

早年，清河人朱灵为袁绍部将。太祖征伐陶谦，袁绍派遣朱灵督帅三营协助太祖，战斗有功。袁绍派遣的其他将领都收兵返回了，朱灵说："我观察的人已有很多了，没有比得上曹公的，这才是真正贤明的君主。现在我已经遇到，还要再去哪里？"就留下不离开了。朱灵所率领的士兵都向慕朱灵，便跟随他全部留下。朱灵后来也是一名好的将领，名声仅次于徐晃等人，位至后将军，封为高唐亭侯。

评曰：太祖建兹武功，而时之良将，五子为先。于禁最号毅重，然弗克其终。张郃以巧变为称，乐进以骁果显名，而鉴其行事，未副所闻。或注记有遗漏，未如张辽、徐晃之备详也。

评论说：太祖建立这赫赫武功，而当时的良将，这五人应列在前面。于禁最称得上果敢坚毅，但不能善终。张郃以灵巧机变著称，乐进以骁勇果敢闻名，但考察所记载的事迹，与听说到的两人的名声不符。或者是记述有遗漏，不如张辽、徐晃的事迹那样全面详细。

---

①《傅子》曰：太祖将征柳城，辽谏曰："夫许，天子之会也。今天子在许，公远北征，若刘表遣刘备袭许，据之以号令四方，公之势去矣。"太祖策表必不能任备，遂行也。

②孙盛曰：夫兵固诡道，奇正相资，若乃命将出征，推毂委权，或赖率然之形，或凭犄角之势，群帅不和，则弃师之道也。至于合肥之守，县弱无援，专任勇者则好战生患，专任怯者则惧心

难保。且彼众我寡，必怀贪惶；以致命之兵，击贪惶之卒，其势必胜；胜而后守，守则必固。是以魏武推选方员，参以同异，为之密教，节宣其用；事至而应，若合符契，妙矣夫！

③《魏书》曰：王赐辽帛千匹，谷万斛。

④臣松之以为围而后降，法虽不赦；囚而送之，未为违命。禁曾不为旧交希冀万一，而肆其好杀之心，以戾众人之议，所以卒为降虏，死加恶谥，宜哉。

⑤《魏书》载制曰："昔荀林父败绩于邲，孟明丧师于殽，秦、晋不替，使复其位。其后晋获狄土，秦霸西戎，区区小国，犹尚若斯，而况万乘乎？樊城之败，水灾暴至，非战之咎，其复禁等官。"

⑥《汉晋春秋》曰：郃说绍曰："公虽连胜，然勿与曹公战也，密遣轻骑钞绝其南，则兵自败矣。"绍不从之。

⑦臣松之案《武纪》及《袁绍传》并云袁绍使张郃、高览攻太祖营，郃等闻淳于琼破，遂来降，绍众于是大溃。是则缘郃等降而后绍军坏也。至如此传，为绍军先溃，惧郭图之谮，然后归太祖，为参错不同矣。

⑧《魏略》曰：渊虽为都督，刘备惮郃而易渊。及杀渊，备曰："当得其魁，用此何为邪！"

⑨《魏略》曰：亮军退，司马宣王使郃追之，郃曰："军法，围城必开出路，归军勿追。"宣王不听。郃不得已，遂进。蜀军乘高布伏，弓弩乱发，矢中郃髀。

⑩臣松之云：案晃于时未应称臣，传写者误也。

⑪《九州春秋》曰：初，清河季雍以鄃叛袁绍而降公孙瓒，瓒遣兵卫之。绍遣灵攻之。灵家在城中，瓒将灵母弟置城上，诱呼灵。灵望城涕泣曰："丈夫一出身与人，岂复顾家耶！"遂力战拔之，生擒雍而灵家皆死。

《魏书》曰：灵字文博。太祖既平冀州，遣灵将新兵五千人骑千匹守许南。太祖戒之曰："冀州新兵，数承宽缓，暂见齐整，意尚怏怏。卿名先有威严，善以道宽之，不然即有变。"灵至阳翟，中郎将程昂等果反，即斩昂，以状闻。太祖手书曰："兵中所以为危险者，外对敌国，内有奸谋不测之变。昔邓禹中分光武军西行，而有宗歆、冯愔之难，后将二十四骑还洛阳，禹岂以是减损哉？来书恳恻，多引咎过，未必如所云也。"文帝即位，封灵鄃侯，增其户邑。诏曰："将军佐命先帝，典兵历年，威过方、邵，功逾绛、灌。图籍所美，何以加焉？朕受天命，帝有海内，元功之将，社稷之臣，皆朕所与同福共庆，传之无穷者也。今封隃侯。富贵不归故乡，如夜行衣绣。若平常所志，愿勿难言。"灵谢曰："高唐，宿所愿。"于是更封高唐侯，薨，谥曰威侯。子术嗣。

三国志卷十八　魏书十八

二李臧文吕许典二庞阎传第十八

李典字曼成，山阳钜野人也。典从父乾，有雄气，合宾客数千家在乘氏。初平中，以众随太祖，破黄巾于寿张，又从击袁术，征徐州。吕布之乱，太祖遣乾还乘氏，慰劳诸县。布别驾薛兰、治中李封招乾，欲俱叛，乾不听，遂杀乾。太祖使乾子整将乾兵，与诸将击兰、封。兰、封破，从平兖州诸县有功，稍迁青州刺史。整卒，典徙颍阴令，为中郎将，将整军，①迁离狐太守。

李典字曼成，山阳郡钜野县人。李典的叔父李乾，具有英雄之气，在乘氏县聚集了数千家宾客。初平年间，李乾率领大众跟随太祖曹操，在寿张县击败黄巾军，又跟从太祖进击袁术，征讨徐州。吕布作乱时，太祖派李乾回到乘氏县，慰劳各县军民。吕布的别驾从事史薛兰、治中从事史李封招来李乾，想要他一道叛乱，李乾不听从，于是薛兰、李封杀了李乾。太祖指派李乾的儿子李整率领李乾的兵马，与各路将领一起进攻薛兰、李封。薛兰、李封被打败，李整跟从太祖平定兖州各县有功，渐渐升到青州刺史。李整去世后，李典调任颍阴县令，担任中郎将，统率李整的军队，后升任离狐太守。

时太祖与袁绍相拒官渡，典率宗族及部曲输谷帛供军。绍破，以典为裨将军，屯安民。太祖击谭、尚于黎阳，使典与程昱等以船运军粮。会尚遣魏郡太守高蕃将兵屯河上，绝水道，太祖敕典、昱："若船不得过，下从陆道。"典与诸将议曰："蕃军少甲而恃水，有懈怠之心，击之必克。军不内御；苟利国家，专之可也，宜亟击之。"昱亦以为然。遂北渡河，攻蕃，破之，水道得通。刘表使刘备北侵，至叶，太祖遣典从夏侯惇拒之。备一旦烧屯去，惇率诸军追击之，典曰："贼无

这时，太祖与袁绍两军相拒于官渡，李典率领族人和军队运输粮食、衣物供应曹军。袁绍被打败后，太祖任命李典为裨将军，驻军于安民亭。太祖在黎阳进攻袁谭、袁尚，命李典与程昱等人用船运输军粮。此时正好袁尚派遣魏郡太守高蕃率领军队驻扎在黄河边，截断了水上通道，太祖命令李典、程昱说："如果船不能通过，可下船从陆路来。"李典与诸将商议说："高蕃的军队缺少铠甲而依靠着水，士兵有松懈麻痹的思想，进攻他们必定会取胜。军队在外可以不接受朝廷的指挥，只要有利于国家，我们自作主张是可以的，应该马上进攻他们。"程昱也表示同意。于是他们向北渡过黄河，进攻高蕃，将其击败，水路得以畅通。刘表派刘备向北侵扰，到达叶县，太祖派遣李典随夏侯惇去抵御。刘备一天早晨烧掉营房退走，夏侯惇率领各军追赶，李典说："贼

故退，疑必有伏。南道狭窄，草木深，不可追也。”惇不听，与于禁追之，典留守。惇等果入贼伏里，战不利，典往救，备望见救至，乃散退。从围邺，邺定，与乐进围高幹于壶关，击管承于长广，皆破之。迁捕虏将军，封都亭侯。典宗族部曲三千余家，居乘氏，自请愿徙诣魏郡。太祖笑曰：“卿欲慕耿纯邪？”典谢曰：“典驽怯功微，而爵宠过厚，诚宜举宗陈力；加以征伐未息，宜实郊遂之内，以制四方，非慕纯也。”遂徙部曲宗族万三千余口居邺。太祖嘉之，迁破虏将军。与张辽、乐进屯合肥，孙权率众围之，辽欲奉教出战。进、典、辽皆素不睦，辽恐其不从，典慨然曰：“此国家大事，顾君计何如耳，吾可以私憾而忘公义乎！”乃率众与辽破走权。增邑百户，并前三百户。

兵无故退却，我怀疑一定有埋伏。往南去的道路狭窄，草木丛生，不能追赶。”夏侯惇不听，与于禁一道追赶，让李典留守。夏侯惇等人果然陷入刘军的埋伏中，交战失利，李典前往援救，刘备看到救兵来了，便撤退了。李典跟从太祖围攻邺城，邺城平定后，又与乐进去壶口关围攻高幹，到长广县进攻管承，把他们都打败了。李典升任捕虏将军，封为都亭侯。李典的宗族、军队三千多家，居住在乘氏县，他向太祖请求愿意迁移到魏郡。太祖笑着说：“你想效法耿纯吗？”李典辞谢说：“我才疏胆怯、功劳微小，而所受的爵禄、宠爱却太多了，理应让整个宗族贡献力量。加上战争没有停息，应该加强充实都城，以控制四方，这不是效法耿纯。”于是李典迁移军队、宗族一万三千多人到邺城居住。太祖嘉奖他，把他升为破虏将军。李典与张辽、乐进屯兵合肥，孙权率领大军包围他们，张辽准备按照命令出战。乐进、李典、张辽平素不和睦，张辽担心他们不听从，李典激奋地说：“这是国家大事，只看你计谋怎样，我们岂可因私怨而忘公义呢！”便率军与张辽打败、赶跑了孙权的军队。李典增加食邑一百户，连同以前所封的共三百户。

典好学问，贵儒雅，不与诸将争功。敬贤士大夫，恂恂若不及，军中称其长者。年三十六薨，子祯嗣。文帝践阼，追念合肥之功，增祯邑百户，赐典一子爵关内侯，邑百户；谥典曰愍侯。

李典勤学好问，注重温文尔雅的风度，不与诸将争功。敬重贤能的士大夫，谦恭谨慎，常常感到不足，军队中都称他是一位长者。他三十六岁逝世，他的儿子李祯为继承人。文帝即位，追念李典在合肥的战功，给李祯增加食邑一百户，又赐给李典另一个儿子关内侯的爵位，封给食邑一百户。追谥李典为愍侯。

李通字文达，江夏平春人也。②以侠闻于江、汝之间。与其郡人陈恭共起兵于朗陵，众多归之。时有周直者，众二千余家，与恭、通外和内违。通欲图杀直而恭难之。通知恭无

李通字文达，江夏郡平春县人。他以侠义著称于江夏郡、汝南郡之间。与同郡人陈恭共同在朗陵县起兵，很多民众都归附他们。当时有个叫周直的人，拥有民众二千余家，与陈恭、李通表面上和睦而内心有矛盾。李通想杀掉周直而陈恭感到为难。李通知道陈恭不果断，于是独自定下计策，与周直约

断，乃独定策，与直克会，酒酣杀直。众人大扰，通率恭诛其党帅，尽并其营。后恭妻弟陈郃，杀恭而据其众。通攻破郃军，斩郃首以祭恭墓。又生禽黄巾大帅吴霸而降其属。遭岁大饥，通倾家振施，与士分糟糠，皆争为用，由是盗贼不敢犯。

建安初，通举众诣太祖于许。拜通振威中郎将，屯汝南西界。太祖讨张绣，刘表遣兵以助绣，太祖军不利。通将兵夜诣太祖，太祖得以复战，通为先登，大破绣军。拜裨将军，封建功侯。分汝南二县，以通为阳安都尉。通妻伯父犯法，朗陵长赵俨收治，致之大辟。是时杀生之柄，决于牧守，通妻子号泣以请其命。通曰："方与曹公戮力，义不以私废公。"嘉俨执宪不阿，与为亲交。太祖与袁绍相拒于官渡。绍遣使拜通征南将军，刘表亦阴招之，通皆拒焉。通亲戚部曲流涕曰："今孤危独守，以失大援，亡可立而待也，不如亟从绍。"通按剑以叱之曰："曹公明哲，必定天下。绍虽强盛，而任使无方，终为之虏耳。吾以死不贰。"即斩绍使，送印绶诣太祖。又击郡贼瞿恭、江宫、沈成等，皆破残其众，送其首。遂定淮、汝之地。改封都亭侯，拜汝南太守。时贼张赤等五千余家聚桃山，通攻破之。刘备与

定日期相会，在饮酒饮到高兴时杀了周直。众人大乱，李通率领陈恭诛杀周直党羽中的头目，吞并了周直的全部人马。后来陈恭的妻弟陈郃，杀掉陈恭并把持了陈恭所率领的部队。李通击败陈郃的军队，斩下陈郃的头，在陈恭墓上进行祭奠。后来他又活捉了黄巾军的大头目吴霸并招降了他的部属。当时遇上大饥荒，李通把全部家产都拿出来救赈灾民，与部下一道分吃粗劣食品，大家都争着为他效力，因此盗贼不敢侵犯。

建安初期，李通带领人马前往许县投奔太祖。太祖任命李通为振威中郎将，驻扎到汝南郡西部边界。太祖讨伐张绣，刘表派遣军队援助张绣，太祖军队战斗失利。李通带兵连夜赶到太祖军中，太祖因此能够再战，李通冲锋在前，大败张绣军。李通被任命为裨将军，封为建功侯。太祖从汝南郡中分出两个县设置阳安郡，让李通担任安都尉。李通妻子的伯父犯了法，郎陵县长赵俨将他逮捕治罪，判处死刑。这时生杀大权，掌握在州牧、郡守手中，李通的妻子儿女哭叫着请求保全他的性命。李通说："我现在正与曹公合力同心，决不能因私废公。"李通嘉许赵俨执法不阿，与他成为很亲密的朋友。太祖与袁绍在官渡相拒，袁绍派遣使者封李通为征南将军，刘表也暗地里拉拢李通，李通都予以拒绝。李通的亲戚、部属都流着眼泪说："现在我们力孤势危独守此处，失去这些强大的援助，败亡的结局很快就会降临，不如立即跟从袁绍。"李通握着佩剑大声呵斥说："曹公英明睿智，定可平定天下。袁绍虽然强盛，但他统领无方，终究会成为曹公的俘虏。我至死也不会有二心。"马上杀了袁绍的使者，将袁绍送来的印章送交给太祖。李通又进攻郡内盗贼瞿恭、江宫、沈成等人，将他们全都击溃、摧毁，将首级送给太祖。于是平定了淮水、汝水一带地方。他被改封为都亭侯，任命为汝南太守。这时盗匪张赤等五千余家聚集在桃山，李通又消灭了他们。刘备与周瑜把曹

周瑜围曹仁于江陵，别遣关羽绝北道。通率众击之，下马拔鹿角入围，且战且前，以迎仁军，勇冠诸将。通道得病薨，时年四十二。追增邑二百户，并前四百户。文帝践阼，谥曰刚侯。诏曰："昔袁绍之难，自许、蔡以南，人怀异心。通秉义不顾，使携贰率服，朕甚嘉之。不幸早薨，子基虽已袭爵，未足酬其庸勋。基兄绪，前屯樊城，又有功。世笃其劳，其以基为奉义中郎将，绪平虏中郎将，以宠异焉。"③

仁围困在江陵城，又派关羽截断北边的道路。李通率领人马进攻，下马拔掉敌人设置的障碍物进入包围圈，边交战边前进，迎接曹仁军，在诸将中最为勇敢。李通在路上患病去世，时年四十二岁。给他追增食邑二百户，连同以前所封的共四百户。曹丕登上帝位后，追谥他为刚侯。并下诏书说："以前与袁绍作战的困难时期，从许县、蔡县以南，人人都怀有二心。李通坚持正义、不顾一切，使怀有二心的人多归服了，我对此非常赞许。他不幸过早去世，他的儿子李基虽然继承了封爵，但还不足以酬劳他的功勋。李基的哥哥李绪，以前驻军樊城，又有功劳。世人都很看重他们的功劳，现封李基为奉义中郎将，李绪为平虏中郎将，以表示对他们的特殊恩宠。"

臧霸字宣高，泰山华人也。父戒，为县狱掾，据法不听太守欲所私杀。太守大怒，令收戒诣府，时送者百余人。霸年十八，将客数十人径于费西山中要夺之，送者莫敢动，因与父俱亡命东海，由是以勇壮闻。黄巾起，霸从陶谦击破之，拜骑都尉。遂收兵于徐州，与孙观、吴敦、尹礼等并聚众，霸为帅，屯于开阳。太祖之讨吕布也，霸等将兵助布。既禽布，霸自匿。太祖募索得霸，见而悦之，使霸招吴敦、尹礼、孙观、观兄康等，皆诣太祖。太祖以霸为琅邪相，敦利城、礼东莞、观北海、康城阳太守，割青、徐二州，委之于霸。太祖之在兖州，以徐翕、毛晖为将。兖州乱，翕、晖皆叛。后兖州定，翕、晖亡命投霸。太祖语刘备，令语霸送二人首。霸谓备曰：

臧霸字宣高，泰山郡华县人。父亲臧戒，任县狱掾，他依法不同意太守企图以私怨杀人。太守大怒，下令收捕臧戒到郡府，当时押送臧戒的有一百多人。这时臧霸十八岁，带领数十名门客从小路到费西山中拦截并夺过父亲，押送者没人敢动，于是臧霸与父亲一道逃命到了东海郡，从此他以勇猛豪壮闻名于世。黄巾起义发生后，臧霸跟从陶谦打败了当地黄巾军，被任命为骑都尉。于是他在徐州收兵，与孙观、吴敦、尹礼等人一起聚集人马，臧霸为统帅，驻扎在开阳。太祖征讨吕布时，臧霸等人带兵帮助吕布。吕布被擒后，臧霸躲藏起来。太祖募人寻找到臧霸，见到臧霸很喜欢，要他去招降吴敦、尹礼、孙观和孙观的哥哥孙康等人，让他们都来到太祖这里。太祖让臧霸担任琅邪国相，吴敦担任利城郡太守、尹礼担任东莞郡太守、孙观担任北海郡太守、孙康担任城阳郡太守，分割青、徐二州的一部分，交给臧霸管理。太祖在兖州时，以徐翕、毛晖为将军。兖州发生叛乱后，徐翕、毛晖都叛变了。后来兖州平定，徐翕、毛晖逃命投奔臧霸。太祖跟刘备说，要他告诉臧霸将二人首级交来。臧霸对刘备说："我臧霸

"霸所以能自立者，以不为此也。霸受公生全之恩，不敢违命。然王霸之君可以义告，愿将军为之辞。"备以霸言白太祖，太祖叹息，谓霸曰："此古人之事而君能行之，孤之愿也。"乃皆以翕、晖为郡守。时太祖方与袁绍相拒，而霸数以精兵入青州，故太祖得专事绍，不以东方为念。太祖破袁谭于南皮，霸等会贺。霸因求遣子弟及诸将父兄家属诣邺，太祖曰："诸君忠孝，岂复在是！昔萧何遣子弟入侍，而高祖不拒，耿纯焚室舆榇以从，而光武不逆，吾将何以易之哉！"东州扰攘，霸等执义征暴，清定海岱，功莫大焉，皆封列侯。霸为都亭侯，加威虏将军。又与于禁讨昌豨，与夏侯渊讨黄巾余贼徐和等，有功，迁徐州刺史。沛国武周为下邳令，霸敬异周，身诣令舍。部从事谌詷不法，周得其罪，便收考竟，霸益以善周。从讨孙权，先登，再入巢湖，攻居巢，破之。张辽之讨陈兰，霸别遣至皖，讨吴将韩当，使权不得救兰。当遣兵逆霸，霸与战于逢龙，当复遣兵邀霸于夹石，与战破之，还屯舒。权遣数万人乘船屯舒口，分兵救兰，闻霸军在舒，遁还。霸夜追之，比明，行百余里，邀贼前后击之。贼窘急，不得上船，赴水者甚众。由是贼不得救兰，辽遂破

能自立于世的原因，就是因为我不干这样的事。但我受曹公保全性命的大恩，不敢违反他的命令。然而建立王霸之业的君主是可以用情义说服的，希望将军为我说一说。"刘备将臧霸的话转告太祖，太祖赞叹，对臧霸说："这是古人才能做到的事，而你能实行，这是我的愿望。"于是太祖让徐翕、毛晖都担任郡太守。当时太祖正与袁绍对峙，臧霸多次带领精兵进入青州，所以太祖能够全力对付袁绍，不必以东方为忧。太祖在南皮县打败袁谭，臧霸等人前往祝贺。臧霸要求遣送子弟以及诸将的父兄等家属前往邺城，太祖说："各位的忠孝之心，怎么需要表现在这方面！从前萧何派遣子弟到汉高祖身边侍奉，高祖未予拒绝；耿纯焚烧房屋、带着棺材跟从光武帝，光武帝也没有反对，我又为什么要改变这种态度呢！"东方州郡混乱，臧霸等人主持正义、征伐强暴，平定了海岱地区，功劳非常大，都封为列侯。臧霸被封为都亭侯，加官为威虏将军。臧霸又与于禁讨伐昌豨，与夏侯渊征讨黄巾军的残余势力徐和等人，建立了功劳，升任徐州刺史。沛国人武周担任下邳县令，臧霸很敬重武周，亲自到这位县令的住处看望。臧霸手下的从事轻浮、鲁莽，违法乱纪，武周了解了他的罪行，便将他逮捕入狱、拷问致死，臧霸更加善待武周。臧霸跟从太祖征讨孙权，冲锋在前，两次进入巢湖地区，进攻居巢县，打败了吴军。张辽讨伐陈兰时，另遣臧霸到皖县，讨伐吴将韩当，使孙权不能援救陈兰。韩当派兵迎战臧霸，臧霸与他们交战于逢龙，韩当又派兵在夹石拦阻臧霸，臧霸打败了他们，回军驻扎到舒县。孙权派几万人乘船驻扎到舒口，分兵援救陈兰，听说臧霸的军队在舒县，便往回跑。臧霸连夜追击，到天亮时，行军一百多里，将吴军前后拦住攻打。吴军窘迫危急，不能上船，落入水中的很多。因此吴军不能援救陈兰，张辽便将陈兰打败了。臧霸跟从太祖前往濡须口讨伐孙

之。霸从讨孙权于濡须口，与张辽为前锋，行遇霖雨，大军先及，水遂长，贼船稍进，将士皆不安。辽欲去，霸止之曰："公明于利钝，宁肯捐吾等邪？"明日果有令。辽至，以语太祖。太祖善之，拜扬威将军，假节。后权乞降，太祖还，留霸与夏侯惇等屯居巢。

权，他与张辽为先锋，行军途中遇到大雨不断，魏军主力先到，江河涨水，吴军船只渐渐前进，将士们都感到不安。张辽想退兵，臧霸制止他说："曹公明察利弊，怎肯抛弃我们呢？"第二天果然来了命令。张辽回到太祖那里后，把臧霸的话告诉太祖。太祖很赞赏，任命臧霸为扬威将军，授予符节。后来孙权要求投降，太祖回军，留臧霸与夏侯惇等人驻军居巢。

文帝即王位，迁镇东将军，进爵武安乡侯，都督青州诸军事。及践阼，进封开阳侯，徙封良成侯。与曹休讨吴贼，破吕范于洞浦，征为执金吾，位特进。每有军事，帝常咨访焉。④明帝即位，增邑五百，并前三千五百户。薨，谥曰威侯。子艾嗣。⑤艾官至青州刺史、少府。艾薨，谥曰恭侯。子权嗣。霸前后有功，封子三人列侯，赐一人爵关内侯。⑥

曹丕继承魏王王位后，提升臧霸为镇东将军，将他的爵位晋升为武安乡侯，统率青州各军。曹丕登上帝位后，进封臧霸为开阳侯，又改封为良成侯。臧霸与曹休讨伐吴军，在洞浦打败吕范，朝廷征拜他为执金吾，赐位特进。每当有战事发生，曹丕常常询问他的意见。明帝曹叡继承帝位后，给他增加食邑五百户，连同以前的共三千五百户。臧霸逝世后，谥号为威侯。儿子臧艾为继承人。臧艾官至青州刺史、少府。臧艾死后，谥号为恭侯。臧艾的儿子臧权为继承人。臧霸前后立过大功，他的三个儿子被封为列侯，一个儿子赐爵关内侯。

而孙观亦至青州刺史，假节，从太祖讨孙权，战被创，薨。子毓嗣，亦至青州刺史。⑦

孙观也官至青州刺史，授予符节，跟从太祖征讨孙权，在战斗中受伤，去世。他的儿子孙毓为继承人，也官至青州刺史。

文聘字仲业，南阳宛人也，为刘表大将，使御北方。表死，其子琮立。太祖征荆州，琮举州降，呼聘欲与俱，聘曰："聘不能全州，当待罪而已。"太祖济汉，聘乃诣太祖，太祖问曰："来何迟邪？"聘曰："先日不能辅弼刘荆州以奉国家，荆州虽没，常愿据守汉川，保全土境，生不负于孤弱，死无愧于地下，而计不得已，以至于此。实怀悲惭，无颜早见

文聘字仲业，南阳郡宛县人，是刘表的大将，刘表派他防御北方。刘表死后，他的儿子刘琮继任荆州刺史。太祖征伐荆州，刘琮率整个荆州投降，想叫文聘一道去，文聘说："我不能保全荆州，只该在家待罪而已。"太祖渡过汉水，文聘才去见太祖，太祖问他说："你怎么来得这么迟呢？"文聘说："我以前不能辅助刘表为国家出力，刘荆州虽然去世，我也常想据守汉水，保全荆州土地，活着时对得起刘表的孤儿弱子，死后无愧于已长眠于地下的刘表。而我的谋划不能实现，以至于到了这种地步，实在是感到悲痛、惭愧，没有脸面早来相见。"于是欷歔流

耳。"遂欷歔流涕。太祖为之怆然,曰:"仲业,卿真忠臣也。"厚礼待之。授聘兵,使与曹纯追讨刘备于长阪。太祖先定荆州,江夏与吴接,民心不安,乃以聘为江夏太守,使典北兵,委以边事,赐爵关内侯。[⑧]与乐进讨关羽于寻口,有功,进封延寿亭侯,加讨逆将军。又攻羽辎重于汉津,烧其船于荆城。文帝践阼,进爵长安乡侯,假节。与夏侯尚围江陵,使聘别屯沔口,止石梵,自当一队,御贼有功,迁后将军,封新野侯。孙权以五万众自围聘于石阳,甚急。聘坚守不动,权住二十余日乃解去。聘追击破之。[⑨]增邑五百户,并前千九百户。

泪。太祖也为他感到悲伤,说:"仲业,你真是位忠臣。"用厚礼待他。太祖给予文聘军队,命他与曹纯到长坂追击刘备。太祖先安定荆州,江夏郡与东吴接壤,民心不安,就命文聘为江夏太守,让他指挥从北方来的军队,委托他管理边境之事,赐给他关内侯的爵位。文聘与乐进在寻口讨伐关羽,立了功,晋封为延寿亭侯,加官为讨逆将军。又在汉津袭击关羽的军用物资,在荆城烧毁关羽的船只。曹丕登上帝位后,晋封文聘为长安乡侯,授予他符节。文聘与夏侯尚围攻江陵,让文聘单独驻兵沔口,据守石梵,他独当一面,抵御贼兵有功,升为后将军,封新野侯。孙权率兵五万人将文聘包围在石阳,围攻甚急。文聘坚守不动,孙权住了二十多天才解围而去。文聘追击打败了吴军。朝廷给文聘增加食邑五百户,连同以前的共一千九百户。

聘在江夏数十年,有威恩,名震敌国,贼不敢侵。分聘户邑封聘子岱为列侯,又赐聘从子厚爵关内侯。聘薨,谥曰壮侯。岱又先亡,聘养子休嗣。卒,子武嗣。

文聘在江夏几十年,威严恩惠兼施,名声震慑敌国,敌军不敢侵犯。朝廷从文聘的食邑中分出一部分封给他的儿子文岱为列侯,又赐文聘的侄子文厚为关内侯。文聘死后,谥为壮侯。文岱死于文聘之前,文聘的养子文休为继承人。文休死后,他的儿子文武为继承人。

嘉平中,谯郡桓禺为江夏太守,清俭有威惠,名亚于聘。

嘉平年间,谯郡人桓禺担任江夏太守,他清正廉洁而有威严、仁惠,名声次于文聘。

吕虔字子恪,任城人也。太祖在兖州,闻虔有胆策,以为从事,将家兵守湖陆。襄贲校尉杜松部民炅母等作乱,与昌豨通。太祖以虔代松。虔到,招诱炅母渠率及同恶数十人,赐酒食。简壮士伏其侧,虔察炅母等皆醉,使伏兵尽格杀之。抚其余众,群贼乃平。太祖以虔领泰山太守。郡接山海,

吕虔字子恪,任城县人。太祖在兖州时,听说吕虔有胆略,就任用他为从事,让他率领家兵镇守湖陆县。襄贲校尉杜松管辖区域里的老百姓炅母等人作乱,与昌豨串通。太祖让吕虔取代杜松的职务。吕虔到职后,引诱炅母等首领以及与他共同作乱的几十人,赐给他们酒食。挑选壮士埋伏在旁边,吕虔观察炅母等人都喝醉了,就命令伏兵把他们全都杀死。然后安抚其余的人,匪贼便平息了。太祖让吕虔任泰山郡太守。泰山郡接山近海,社会混乱,很多老

世乱，闻民人多藏窜。袁绍所置中郎将郭祖、公孙犊等数十辈，保山为寇，百姓苦之。虔将家兵到郡，开恩信，祖等党属皆降服，诸山中亡匿者尽出安土业。简其强者补战士，泰山由是遂有精兵，冠名州郡。济南黄巾徐和等，所在劫长吏，攻城邑。虔引兵与夏侯渊会击之，前后数十战，斩首获生数千人。太祖使督青州诸郡兵以讨东莱群贼李条等，有功。太祖令曰："夫有其志，必成其事，盖烈士之所徇也。卿在郡以来，禽奸讨暴，百姓获安，躬蹈矢石，所征辄克。昔寇恂立名于汝、颍，耿弇建策于青、兖，古今一也。"举茂才，加骑都尉，典郡如故。虔在泰山十数年，甚有威惠。文帝即王位，加裨将军，封益寿亭侯，迁徐州刺史，加威虏将军。请琅邪王祥为别驾，民事一以委之，世多其能任贤。[10]讨利城叛贼，斩获有功。明帝即位，徙封万年亭侯，增邑二百，并前六百户。虔薨，子翻嗣。翻薨，子桂嗣。

百姓都躲藏起来或者逃跑了。袁绍所任命的中郎将郭祖、公孙犊等几十人，占山为强盗，老百姓非常苦恼。吕虔带领家兵到郡上任，广施恩惠、讲究信用，郭祖之徒都投降归附，在山中逃亡、躲藏的百姓全都出来安居乐业了。吕虔从中挑选强壮的人补充到军队里，泰山郡从此便有了精兵，名冠州郡。济南黄巾军徐和等人到处杀县官，攻城镇。吕虔领兵与夏侯渊会合进攻他们，前后打了几十仗，杀死、活捉了几千人。太祖命他统率青州各郡军队去讨伐东莱郡盗贼李条等人，立了功。太祖下令说："立下志愿，并且一定成就事业，这是愿意为功业献身的人所追求的。你在泰山郡以来，捉拿奸人、讨伐强暴，百姓获得安宁。你亲自冒着箭石，所征讨之处总是获得胜利。从前寇恂在汝南、颍川建立功名，耿弇在青州、兖州提出奇策，古今都是一样的。"吕虔被荐举为茂才，兼任骑都尉，仍管理泰山郡。吕虔在泰山郡十多年，很有威严和仁惠。曹丕继承魏王王位后，吕虔兼任裨将军，封益寿亭侯，后升迁为徐州刺史，兼任威虏将军。吕虔请琅邪人王祥为别驾从事史，民政全部委托给他办理，世人赞许吕虔能任用贤人。他征讨利城反叛的强盗，斩杀、活捉敌人有功。明帝继承帝位后，改封吕虔为万年亭侯，增加食邑二百户，连同以前的共六百户。吕虔死后，他的儿子吕翻为继承人。吕翻死后，儿子吕桂为继承人。

许褚字仲康，谯国谯人也。长八尺余，腰大十围，容貌雄毅，勇力绝人。汉末，聚少年及宗族数千家，共坚壁以御寇。时汝南葛陂贼万余人攻褚壁，褚众少不敌，力战疲极。兵矢尽，乃令壁中男女，聚治石如杅斗者置四隅。褚飞石掷

许褚字仲康，谯国谯县人。他身高八尺多，腰大十围，容貌雄壮、坚毅，勇敢和力气超过他人。东汉末年，许褚聚集青年以及本宗族几千家，共同修筑坚固的营垒来抵御盗匪。当时汝南郡葛陂的盗贼一万多人进攻许褚的营垒，许褚人少不能抵敌，奋力战斗，筋疲力尽。兵器弓箭用完了，许褚就命令营垒中的男女，将经过打制的、形状像饮水器和酒器的石头收集起来，堆放在营垒的四角。许褚将石头抛

之，所值皆摧碎。贼不敢进。粮乏，伪与贼和，以牛与贼易食，贼来取牛，牛辄奔还。褚乃出陈前，一手逆曳牛尾，行百余步。贼众惊，遂不敢取牛而走。由是淮、汝、陈、梁间，闻皆畏惮之。

掷出去，石头打中哪里，哪里就被击得粉碎。贼匪不敢前进。营垒里的粮食不足了，许褚便假装与贼匪讲和，用牛与贼匪交换粮食，贼匪前来取牛，牛便奔跑回来了。许褚走出阵前，一只手倒拖着牛尾，走了一百多步。贼匪都十分惊恐，于是不敢取牛便跑了。从此淮南、汝南、陈、梁等地的人，听到许褚的名字都很害怕。

太祖徇淮、汝，褚以众归太祖。太祖见而壮之曰："此吾樊哙也。"即日拜都尉，引入宿卫。诸从褚侠客，皆以为虎士。从征张绣，先登，斩首万计，迁校尉。从讨袁绍于官渡。时常从士徐他等谋为逆，以褚常侍左右，惮之不敢发。伺褚休下日，他等怀刀入。褚至下舍心动，即还侍。他等不知，入帐见褚，大惊愕。他色变，褚觉之，即击杀他等。太祖益亲信之，出入同行，不离左右。从围邺，力战有功，赐爵关内侯。从讨韩遂、马超于潼关。太祖将北渡，临济河，先渡兵，独与褚及虎士百余人留南岸断后。超将步骑万余人，来奔太祖军，矢下如雨。褚白太祖，贼来多，今兵渡已尽，宜去，乃扶太祖上船。贼战急，军争济，船重欲没。褚斩攀船者，左手举马鞍蔽太祖。船工为流矢所中死，褚右手并溯船，仅乃得渡。是日，微褚几危。其后太祖与遂、超等单马会语，左右皆不得从，唯将褚。超负其力，阴欲前突太祖，素闻褚勇，疑从骑是褚。乃问太祖曰："公有虎侯者

太祖征伐淮南、汝南郡一带，许褚率领部下投奔太祖。太祖见到许褚，认为他雄壮，说："这是我的樊哙。"当天就任命他为都尉，安排在左右值宿、警卫。那些跟从许褚的侠客，都让他们做了虎士。许褚跟从太祖征讨张绣，率先冲锋陷阵，斩杀的敌兵数以万计，被升为校尉。许褚跟从太祖到官渡讨伐袁绍。当时经常随侍在太祖身边的徐他等人图谋杀害太祖，由于许褚经常侍卫在太祖左右，他们害怕许褚而不敢动手。等到许褚休假的日子，徐他等人怀刀而入。许褚回到住处时心动不安，便立即返回侍卫太祖。徐他等人不知道，进入营帐看见许褚，非常吃惊。徐他脸色大变，被许褚觉察出来了，许褚立即打杀徐他等人。太祖更加亲信许褚，出入同行，不让许褚离开左右。他跟从太祖包围邺城，奋力作战有功，被赐给关内侯的爵位。又跟从太祖到潼关征讨韩遂、马超。太祖准备北渡黄河，临渡河时，先让士兵渡过去，太祖只与许褚以及虎士一百多人留在南岸断后。马超率领步兵、骑兵一万多人，奔向太祖的军队，箭下如雨。许褚对太祖说，贼兵来得很多，现在士兵渡完了，您应该离开这里。于是扶太祖上船。马超军追杀很急，曹军争着渡河，船载得很重，很快要沉没了。许褚斩杀攀船的人，左手举着马鞍遮蔽着太祖。船工被乱箭射死了，许褚右手拿桨摇船，才得以渡过去。这天，如果没有许褚，太祖就有丧失性命的危险。后来太祖与韩遂、马超等人单马对话，左右的人都不准跟从，只带了许褚。马超自恃力气大，暗地里想突然袭击太祖，他平素听说许褚勇猛，怀疑跟从的人就是许褚。就问太祖说："你有个叫虎侯的

安在？”太祖顾指褚，褚瞋目眄之。超不敢动，乃各罢。后数日会战，大破超等，褚身斩首级，迁武卫中郎将。武卫之号，自此始也。军中以褚力如虎而痴，故号曰虎痴；是以超问虎侯，至今天下称焉，皆谓其姓名也。

人在哪里？”太祖回头指向许褚，许褚瞪眼望着马超。马超不敢动手，于是双方收兵。过了几天交战，曹军大败马超，许褚亲自斩杀敌兵，升为武卫中郎将。“武卫”的名号，就是从这时开始的。军中因为许褚力大如虎而为人憨痴，所以叫他为“虎痴”。因此，马超问“虎侯”，到现在天下的人还这样称呼，都说是许褚的姓名。

褚性谨慎奉法，质重少言。曹仁自荆州来朝谒，太祖未出，入与褚相见于殿外。仁呼褚入便坐语，褚曰：“王将出。”便还入殿，仁意恨之。或以责褚曰：“征南宗室重臣，降意呼君，君何故辞？”褚曰：“彼虽亲重，外藩也。褚备内臣，众谈足矣，入室何私乎？”太祖闻，愈爱待之，迁中坚将军。太祖崩，褚号泣欧血。文帝践阼，进封万岁亭侯，迁武卫将军，都督中军宿卫禁兵，甚亲近焉。初，褚所将为虎士者从征伐，太祖以为皆壮士也，同日拜为将，其后以功为将军封侯者数十人，都尉、校尉百余人，皆剑客也。明帝即位，进封牟乡侯，邑七百户，赐子爵一人关内侯。褚薨，谥曰壮侯。子仪嗣。褚兄定，亦以军功为振威将军，都督徼道虎贲。太和中，帝思褚忠孝，下诏褒赞，复赐褚子孙二人爵关内侯。仪为钟会所杀。泰始初，子综嗣。

许褚为人谨慎守法，朴素憨厚而少言语。曹仁从荆州来谒见太祖，太祖尚未出来，曹仁进门后在殿外遇上许褚。曹仁喊许褚进入侧殿坐着说话，许褚说：“魏王快出来了。”便退出来进入大殿，曹仁心中很怨恨。有人责备许褚说：“征南将军曹仁是魏王的宗族重臣，他放下架子喊你说话，你为何拒绝？”许褚说：“他虽然是亲属重臣，但他是外边的藩卫之臣。而我是内臣，当众谈谈就够了，进入室内说话有什么隐秘的事呢？”太祖知道后更加喜爱、厚待他，升他为中坚将军。太祖逝世，许褚嚎哭得吐血。文帝登上帝位后，晋封许褚为万岁亭侯，升任武卫将军，统率中军在宫禁中警卫的士兵，对他非常亲近。当初，许褚所带领的虎士跟从太祖征战，太祖认为他们都是壮士，在同一天任命他们为将领，后来他们凭战功任将军、封侯的有几十人，任都尉、校尉的有一百多人，他们都是侠义而又精武之人。明帝继承帝位后，进封许褚为牟乡侯，食邑七百户，赐封他的一个儿子为关内侯。许褚死后，谥为壮侯。儿子许仪为继承人。许褚的哥哥许定，也凭战功担任振威将军，统率禁卫之地的警卫士兵。太和年间，明帝追思许褚的忠孝，下诏褒扬、赞颂，又赐给许褚的子孙二人以关内侯的爵位。许仪被钟会所杀，到泰始初年，许仪的儿子许综为继承人。

典韦，陈留己吾人也。形貌魁梧，旅力过人，有志节任侠。襄邑刘氏与睢阳李永为

典韦，陈留郡己吾县人。他身材高大，体力过人，有志气节操，能仗义行侠。襄邑县刘氏与睢阳县李永结仇，典韦替刘氏报仇。李永原为富春县长，防

仇，韦为报之。永故富春长，备卫甚谨。韦乘车载鸡酒，伪为候者，门开，怀匕首入杀永，并杀其妻，徐出，取车上刀戟，步去。永居近市，一市尽骇。追者数百，莫敢近。行四五里，遇其伴，转战得脱。由是为豪杰所识。初平中，张邈举义兵，韦为士，属司马赵宠。牙门旗长大，人莫能胜，韦一手建之，宠异其才力。后属夏侯惇，数斩首有功，拜司马。太祖讨吕布于濮阳。布有别屯在濮阳西四五十里，太祖夜袭，比明破之。未及还，会布救兵至，三面掉战。时布身自搏战，自旦至日昳数十合，相持急。太祖募陷陈，韦先占，将应募者数十人，皆重衣两铠，弃楯，但持长矛撩戟。时西面又急，韦进当之，贼弓弩乱发，矢至如雨，韦不视，谓等人曰："虏来十步，乃白之。"等人曰："十步矣。"又曰："五步乃白。"等人惧，疾言"虏至矣"！韦手持十余戟，大呼起，所抵无不应手倒者。布众退。会日暮，太祖乃得引去。拜韦都尉，引置左右，将亲兵数百人，常绕大帐。韦既壮武，其所将皆选卒，每战斗，常先登陷陈。迁为校尉。性忠至谨重，常昼立侍终日，夜宿帐左右，稀归私寝。好酒食，饮啖兼人，每赐食于前，大饮长歠，左右相属，数人益乃供，太祖壮之。韦好持大双戟与长刀等，军中为

备护卫很严密。典韦乘车带着鸡和酒，假装成看望李永的人，李家的门一开，他就怀揣着匕首进去杀了李永，并杀了李永的妻子，然后慢慢出来，从车上取下刀戟，步行离开。李永的住处靠近市镇，全市人都惊恐。追赶的人数多达几百，却无人敢靠近。典韦走了四五里路，遇上他的同伴，便辗转进行拼战后得以脱身。从此他被那些豪杰之士所赏识。初平年间，张邈组织义军，典韦为军士，为司马赵宠的部下。军营门前的牙旗很高大，没有人能举得起，典韦一只手便把它竖立起来了，赵宠非常惊异他的才力。典韦后来成为夏侯惇的部下，多次杀敌立功，被任命为司马。太祖在濮阳讨伐吕布。吕布另有一个军营在濮阳县城西四五十里的地方，太祖夜间偷袭，到天明时攻破营垒。还没来得及返回，正值吕布的救兵到了，太祖军队三面来回交战。这时吕布亲自上阵搏杀，从早晨到日落进行了几十次围攻，双方僵持、情况紧急。太祖招募破阵突围的勇士，典韦首先应募，他带领几十位应募者，都重叠地穿两层铠甲，丢掉盾牌，只拿长矛和戟。这时西面进攻紧急，典韦上前阻挡，贼兵弓弩乱射，箭下如雨，典韦不看，对同伴说："敌兵来十步，便告诉我。"同伴说："已经来了十步了。"典韦又说："来五步再告诉我。"同伴害怕，急匆匆地说："敌兵已经到了！"典韦手拿十多支戟，大喊而起，他所刺的人无不应手而倒。吕布的人马向后退却。正好天快黑了，太祖才得以率兵离开。太祖任命典韦为都尉，把他安排在身边，带领亲兵数百人，常常环绕在大帐周围。典韦本人很雄壮、勇武，他所带的士兵都是经过挑选的精兵，每次作战，他们常常冲锋陷阵。典韦后升任校尉。他生性忠厚、谨慎，常常白天在太祖身边站着侍卫终日，夜晚又歇宿在太祖营帐左右，很少回自己的住处。他喜欢酒食，吃东西能顶好几个人。每当太祖赐酒食，他就大吃大喝，左右两手不断地抓取进食，要几个人增添酒食，才能供给需要，太祖夸奖他雄壮。典韦喜欢使用大双戟与长刀等武器，军中为他编了一

之语曰:“帐下壮士有典君,提一双戟八十斤。”

句韵语,说:“帐下壮士有典君,提一双戟八十斤。”

太祖征荆州,至宛,张绣迎降。太祖甚悦,延绣及其将帅,置酒高会。太祖行酒,韦持大斧立后,刃径尺,太祖所至之前,韦辄举斧目之。竟酒,绣及其将帅莫敢仰视。后十余日,绣反,袭太祖营,太祖出战不利,轻骑引去。韦战于门中,贼不得入。兵遂散从他门并入。时韦校尚有十余人,皆殊死战,无不一当十。贼前后至稍多,韦以长戟左右击之,一叉入,辄十余矛摧。左右死伤者略尽。韦被数十创,短兵接战,贼前搏之。韦双挟两贼击杀之,余贼不敢前。韦复前突贼,杀数人,创重发,瞋目大骂而死。贼乃敢前,取其头,传观之,覆军就视其躯。太祖退住舞阴,闻韦死,为流涕,募间取其丧,亲自临哭之,遣归葬襄邑,拜子满为郎中。车驾每过,常祠以中牢。太祖思韦,拜满为司马,引自近。文帝即王位,以满为都尉,赐爵关内侯。

太祖征讨荆州,到达宛城,张绣迎接太祖,表示愿意投降。太祖很高兴,邀请张绣和他的将帅,设酒举行盛大宴会。太祖依次给大家敬酒,典韦拿着大斧立于太祖身后,斧刃有一尺长。凡太祖给人敬酒时,典韦都要举起斧头看着对方。一直到酒筵结束,张绣和他的将帅都不敢抬头看。十多天后,张绣反叛,偷袭太祖的军营,太祖出战失利,率轻骑离去。典韦战守在军营门中,贼兵不能进。贼兵就分散从其他的营门进去。这时典韦这一校军队还剩下十几个人,都拼命作战,无不以一当十。贼兵陆续赶到,人数逐渐增多。典韦用长戟前后左右还击,他一叉刺入,贼兵就有十多支矛被折断。他身边的人差不多都战死了。典韦身受几十处伤,用短兵器交战,贼兵上前与他搏斗。典韦左右两腋各挟死一个贼兵,其余的贼兵不敢上前。典韦又向前冲杀贼兵,杀死数人,这时他所受的伤剧烈地发作,便瞪眼大骂而死。贼兵这时才敢上前,割取他的脑袋,互相传观,再俯身靠近去看他的尸体。太祖退驻舞阴县,听说典韦死了,为他流泪,招募间谍取回他的尸体,亲自来到灵柩前哭奠,派人将灵柩送回原籍襄邑安葬,任命典韦的儿子典满为郎中。太祖车驾每次经过襄邑,总要用中牢的礼节(即用猪、羊)进行祭祀。太祖怀念典韦,任命典满为司马,安排在自己身边。曹丕继魏王之位后,任命典满为都尉,赐给他关内侯的爵位。

庞德字令明,南安狟道人也。少为郡吏州从事。初平中,从马腾击反羌叛氐。数有功,稍迁至校尉。建安中,太祖讨袁谭、尚于黎阳,谭遣郭援、高幹等略取河东,太祖使钟繇率关中诸将讨之。德随腾子超拒援、幹于平阳,德为军锋,进攻援、幹,大破之,亲斩援首。[11]拜

庞德字令明,南安郡狟道县人。年轻时担任过郡吏、州从事。初平年间,跟从马腾反击羌、氐叛军。多次立功,逐渐提升为校尉。建安年间,太祖在黎阳讨伐袁谭、袁尚,袁谭派遣郭援、高幹等人去夺取河东郡,太祖派钟繇率领关中各将领讨伐他们。庞德跟随马腾的儿子马超在平阳郡抵御郭援、高幹,庞德为军队前锋,进攻郭援、高幹,大败郭、高军队,亲手斩了郭援。庞德被任命为中郎将,封都亭侯。后来

中郎将，封都亭侯。后张白骑叛于弘农，德复随腾征之，破白骑于两殽间。每战，常陷陈却敌，勇冠腾军。后腾征为卫尉，德留属超。太祖破超于渭南，德随超亡入汉阳，保冀城。后复随超奔汉中，从张鲁。太祖定汉中，德随众降。太祖素闻其骁勇，拜立义将军，封关门亭侯，邑三百户。

张白骑在弘农郡反叛，庞德又跟从马腾前往征讨，在两座殽山之间打败了张白骑。每次作战，庞德总是冲锋陷阵打退敌军，他的勇猛在马腾军中首屈一指。后来马腾被征召为卫尉，庞德留下来归属马超。太祖在渭水南岸打败马超，庞德随马超逃入汉阳郡，保守冀城。后来他又跟随马超跑到汉中郡，投靠张鲁。太祖平定汉中后，庞德跟随众人投降了。太祖向来听说庞德勇猛，任命他为立义将军，封关门亭侯，食邑三百户。

侯音、卫开等以宛叛，德将所领与曹仁共攻拔宛，斩音、开，遂南屯樊，讨关羽。樊下诸将以德兄在汉中，颇疑之。[12]德常曰：“我受国恩，义在效死。我欲身自击羽。今年我不杀羽，羽当杀我。”后亲与羽交战，射羽中额。时德常乘白马，羽军谓之白马将军，皆惮之。仁使德屯樊北十里，会天霖雨十余日，汉水暴溢，樊下平地五六丈，德与诸将避水上堤。羽乘船攻之，以大船四面射堤上。德被甲持弓，箭不虚发。将军董衡、部曲将董超等欲降，德皆收斩之。自平旦力战至日过中，羽攻益急，矢尽，短兵接战。德谓督将成何曰：“吾闻良将不怯死以苟免，烈士不毁节以求生，今日，我死日也。”战益怒，气愈壮，而水浸盛，吏士皆降。德与麾下将一人，五伯二人，弯弓傅矢，乘小船欲还仁营。水盛船覆，失弓矢，独抱船覆水中，为羽所得，立而不跪。羽谓曰：“卿兄

侯音、卫开等人在宛城反叛，庞德率领自己的部下与曹仁共同攻占了宛城，杀了侯音、卫开，就往南驻扎于樊城，讨伐关羽。樊城诸将因庞德的哥哥在汉中，颇有些怀疑庞德。庞德常常说：“我受国家恩德，理应拼死效力。我要亲自击杀关羽。今年我不杀关羽，关羽定会杀我。”后来他亲自与关羽作战，射中关羽前额。当时庞德常常骑白马，关羽军中的将士称他为白马将军，都怕他。曹仁令庞德驻扎在樊城北十里，正碰上连续下雨十多天，汉水猛涨，樊城一带的平地水深五六丈，庞德与诸将上高堤避水。关羽乘船进攻，在大船上从四面向堤上射箭。庞德穿着铠甲、手持弓箭，箭无虚发。将军董衡、部下将领董超等人都打算投降，庞德将他们都斩首了。从天刚亮就奋力战斗，一直到午后，关羽进攻得更急，庞德军中的箭用完了，便用刀剑等兵器交战。庞德对督将成何说：“我听说良将不因怕死而求得苟且免难，有志节的人不毁坏自己的气节来求得生存，今天是我的死日了。”他战斗的精神更加奋发，气概更加豪壮，但水势越来越大，军中官吏、士兵都投降了。庞德与部下将领一人，行刑衙役二人，弯弓上箭，乘着小船打算返回曹仁军营。水势汹涌，他们的船翻了，弓箭丢失了，庞德独个抱着船淹没在水中，被关羽抓住，他站着不跪。关羽对他说：“你的哥哥

在汉中，我欲以卿为将，不早降何为？”德骂羽曰：“竖子，何谓降也！魏王带甲百万，威振天下。汝刘备庸才耳，岂能敌邪？我宁为国家鬼，不为贼将也。”遂为羽所杀。太祖闻而悲之，为之流涕，封其二子为列侯。文帝即王位，乃遣使就德墓赐谥，策曰：“昔先轸丧元，王蠋绝脰，陨身徇节，前代美之。惟侯戎昭果毅，蹈难成名，声溢当时，义高在昔，寡人愍焉，谥曰壮侯。”又赐子会等四人爵关内侯，邑各百户。会勇烈有父风，官至中卫将军，封列侯。⑬

在汉中，我想用你为将军，你不早早投降，还想干什么？”庞德骂关羽说：“你这小子，什么叫做投降！魏王带领百万人马，威震天下。你们刘备不过是个庸才罢了，怎能抵挡？我宁愿做国家的鬼，也不愿做贼兵的将！”于是被关羽杀了。太祖知道后很悲伤，为他流泪，封他的两个儿子为列侯。曹丕继魏王之位后，便派遣使者到庞德坟墓上赐给谥号，策书上说：“从前先轸丧失脑袋，王蠋绞断颈项，他们牺牲生命、保全气节，前代的人都赞美他们。你果敢坚毅，身赴危难，成就美名。你的声誉传遍当时，你的道义超过往昔，我实在感到哀怜，赐给你谥号‘壮侯’。”又赐给庞德的儿子庞会等四人以关内侯的爵位，食邑各百户。庞会勇敢刚烈，具有父亲的风采气概，官至中尉将军，封为列侯。

庞淯字子异，酒泉表氏人也。初以凉州从事守破羌长，会武威太守张猛反，杀刺史邯郸商，猛令曰：“敢有临商丧，死不赦。”淯闻之，弃官，昼夜奔走，号哭丧所讫，诣猛门，衷匕首，欲因见以杀猛。猛知其义士，敕遣不杀，由是以忠烈闻。⑭太守徐揖请为主簿。后郡人黄昂反，围城。淯弃妻子，夜逾城出围，告急于张掖、燉煌二郡。初疑未肯发兵，淯欲伏剑，二郡感其义，遂为兴兵。军未至而郡城邑已陷，揖死。淯乃收敛揖丧，送还本郡，行服三年乃还。太祖闻之，辟为掾属。文帝践阼，拜驸马都尉，迁西海太守，赐爵关内侯。后征拜中散大夫，薨。子曾嗣。

庞淯字子异，酒泉郡表氏县人。起初以凉州从事兼任破羌县长，当时正值武威太守张猛反叛，杀死刺史邯郸商，张猛下令说：“有敢为邯郸商哭奠的人，定斩不赦。”庞淯听说后，便丢弃官职，日夜奔跑，到邯郸商的尸体停放处号哭后，到张猛的府门，藏好匕首，想趁见面的时候杀死张猛。张猛知道他是个忠义之士，命令打发他回去不杀他。从此，庞淯以忠贞刚烈著称。太守徐揖请他做主簿。后来本郡人黄昂谋反，包围了郡城。庞淯离开妻子儿女，晚上爬过城墙冲出包围圈，向张掖、敦煌二郡告急。二郡太守开始有顾虑不肯出兵，庞淯准备用剑自杀，二郡太守被他的忠义感动，于是为他出兵。军队还没有到达，郡城已经陷落，徐揖死了。庞淯便收殓好徐揖的尸体，送回老家，守丧三年才回去。太祖听说后，征辟他为丞相府属官。文帝登上帝位后，任命庞淯为驸马都尉，又调任西海太守，赐给关内侯的爵位。后来征拜他为中散大夫。他逝世后，他的儿子庞曾为继承人。

初，淯外祖父赵安为同县

原先，庞淯的外祖父赵安被同县人李寿杀了，

李寿所杀，淯舅兄弟三人同时病死，寿家喜。淯母娥自伤父仇不报，乃帏车袖剑，白日刺寿于都亭前，讫，徐诣县，颜色不变，曰："父仇已报，请受戮。"禄福长尹嘉解印绶纵娥，娥不肯去，遂强载还家。会赦得免，州郡叹贵，刊石表闾。⑮

庞淯的舅父兄弟三人同时病死，李寿家很高兴。庞淯的母亲庞娥为未能报父仇而伤心，尹嘉于是坐着用帏帐遮着的车子，袖中藏着剑，大白天在都亭前刺杀李寿。杀死李寿后，她从容地走到县衙，脸色不变，说："父仇已报，我愿接受诛杀。"禄福县长尹嘉愿意弃官不做，放走庞娥，庞娥不肯离去，尹嘉于是用车载着强迫她回家。正碰上大赦得以免罪，州郡都对她表示赞叹、推重，在她所住的里巷，为她刻石立碑，进行表彰。

阎温字伯俭，天水西城人也。以凉州别驾守上邽令。马超走奔上邽，郡人任养等举众迎之。温止之，不能禁，乃驰还州。超复围州所治冀城甚急，州乃遣温密出，告急于夏侯渊。贼围数重，温夜从水中潜出。明日，贼见其迹，遣人追遮之，于显亲界得温，执还诣超。超解其缚，谓曰："今成败可见，足下为孤城请救而执于人手，义何所施？若从吾言，反谓城中，东方无救，此转祸为福之计也。不然，今为戮矣。"温伪许之，超乃载温诣城下。温向城大呼曰："大军不过三日至，勉之！"城中皆泣，称万岁。超怒数之曰："足下不为命计邪？"温不应。时超攻城久不下，故徐诱温，冀其改意。复谓温曰："城中故人，有欲与吾同者不？"温又不应。遂切责之，温曰："夫事君有死无贰，而卿乃欲令长者出不义之言，吾岂苟生者乎？"超遂杀之。

阎温字伯俭，天水郡西城县人。他以凉州别驾的身份兼任上邽县令。马超逃奔到上邽，当地人任养等人率众迎接他。阎温加以制止，但禁止不住，于是骑马跑回州里。马超又包围凉州治所冀城，并紧急攻城，州府便派遣阎温秘密出城，向夏侯渊告急。马超军队包围好几层，阎温夜间从水里偷偷出来。第二天，军队发现了他的痕迹，派人追赶、拦截，在显亲县界捉住了阎温，抓回来交给马超。马超解开绳索，对他说："现在成败已可看出，您替孤城请求救兵而被人抓住，您还怎么表现忠义？如果听从我的话，反过来对城中说，东方没有救兵来，这是转祸为福的方法。不这样，现在就会被杀死。"阎温假装同意，马超便用车载着阎温到城下。阎温向城中大声喊道："大军不超过三天就会赶到，你们努力吧！"城中人都哭了，高呼万岁。马超怒骂他说："你不为自己性命考虑吗？"阎温不回答。当时马超很长时间没有把城攻下来，所以慢慢地诱导阎温，希望他改变主意。马超又对阎温说："你在城中的熟人，有愿意归顺我的吗？"阎温又不回答。马超便严厉地斥责他，阎温说："侍奉君主至死无二心，而你却想要长者讲出不合道义的话来，我难道是苟且偷生的人吗？"马超便把他杀了。

先是，河右扰乱，隔绝不通，燉煌太守马艾卒官，府又

在此之前，黄河以西地区纷扰混乱，与中原隔断，没有联系。敦煌太守马艾在任上逝世，郡府又没

无丞。功曹张恭素有学行，郡人推行长史事，恩信甚著，乃遣子就东诣太祖，请太守。时酒泉黄华、张掖张进各据其郡，欲与恭并势。就至酒泉，为华所拘执，劫以白刃。就终不回，私与恭疏曰："大人率厉燉煌，忠义显然，岂以就在困厄之中而替之哉？昔乐羊食子，李通覆家，经国之臣，宁怀妻孥邪？今大军垂至，但当促兵以掎之耳；愿不以下流之爱，使就有恨于黄壤也。"恭即遣从弟华攻酒泉沙头、乾齐二县。恭又连兵寻继华后，以为首尾之援。别遣铁骑二百，迎吏官属，东缘酒泉北塞，径出张掖北河，逢迎太守尹奉。于是张进须黄华之助；华欲救进，西顾恭兵，恐急击其后，遂诣金城太守苏则降。就竟平安。奉得之官。黄初二年，下诏褒扬，赐恭爵关内侯，拜西域戊己校尉。数岁征还，将授以侍臣之位，而以子就代焉。恭至燉煌，固辞疾笃。太和中卒，赠执金吾。就后为金城太守，父子著称于西州。⑯

有丞。功曹史张恭向来具有学识、高行，郡人推举他代行长史的职责，他重恩德信用，闻名于世，于是他派儿子张就往东去见太祖，请求设置太守。当时酒泉郡黄华、张掖郡张进各自盘踞着自己的郡，想与张恭联合成为一方势力。张就到达酒泉郡，就被黄华抓住，用刀威逼他。张就终究不肯返回，暗中写信给张恭说："大人统率治理敦煌郡，忠义昭著，怎可因我处在困境之中而改变呢？从前乐羊为了进攻敌国，喝儿子的肉做成的汤；李通为光武帝首创大谋，全家被杀。治国之臣，岂可顾及妻子儿女呢？现在大军将到，只可督促军队从后方牵制他们。希望您不要因为对儿子的爱，而使我在九泉之下怀有遗憾。"张恭便派遣堂弟张华进攻酒泉郡的沙头、乾齐二县。接着，张恭又出兵，作为张华的后续部队，使首尾能互相支援。另外派遣精锐骑兵二百人，迎接太守的官员，向东沿着酒泉郡北边的要塞走，从小道穿过张掖郡北部的河流，去迎接太守尹奉。这时张进需要黄华的援助，黄华想救张进，又担心西边张恭的部队，恐怕他们突然进攻自己的后面，于是到金城太守苏则那里投降。张就终究平安无事。尹奉得以到官上任。黄初二年，文帝下诏褒奖，赐给张恭关内侯的爵位，任命他为西域戊己校尉。过了几年，召他还朝，准备让他在朝廷为官，而让他的儿子张就接任其职务。张恭到达敦煌，因病重执意要求辞职。太和年间张恭逝世，朝廷追赠他为执金吾。张就后来担任金城太守，父子二人都在凉州很有名声。

评曰：李典贵尚儒雅，义忘私隙，美矣。李通、臧霸、文聘、吕虔镇卫州郡，并著威惠。许褚、典韦折冲左右，抑亦汉之樊哙也。庞德授命叱敌，有周苛之节。庞淯不惮伏剑，而诚感邻国。阎温向城大呼，齐解、路之烈焉。

评论说：李典温文尔雅，不计个人恩怨，多好啊。李通、臧霸、文聘、吕虔镇守州郡，都以威严、仁惠著称。许褚、典韦保卫在魏王左右，也可比得上汉初的樊哙了。庞德舍命叱责敌人，具有周苛的气节。庞淯不怕伏剑自杀，忠诚感动了邻国。阎温对着城墙高喊，与解杨、路中大夫的刚烈气节相同。

①《魏书》曰：典少好学，不乐兵事，乃就师读《春秋左氏传》，博观群书。太祖善之，故试以治民之政。

②《魏略》曰：通小字万亿。

③王隐《晋书》曰：绪子秉，字玄胄，有俊才，为时所贵，官至秦州刺史。秉尝答司马文王问，因以为《家诫》曰："昔侍坐于先帝，时有三长吏俱见。临辞出，上曰：'为官长当清，当慎，当勤，修此三者，何患不治乎？'并受诏,既出，上顾谓吾等曰：'相诫敕正当尔不？'侍坐众贤，莫不赞善。上又问曰：'必不得已，于斯三者何先？'或对曰：'清固为本。'次复问吾，对曰：'清慎之道，相须而成，必不得已，慎乃为大。夫清者不必慎，慎者必自清，亦由仁者必有勇，勇者不必有仁，是以《易》称括囊无咎，藉用白茅，皆慎之至也。'上曰：'卿言得之耳。可举近世能慎者谁乎？'诸人各未知所对，吾乃举故太尉荀景倩、尚书董仲连、仆射王公仲并可谓为慎。上曰：'此诸人者，温恭朝夕，执事有恪，亦各其慎也。然天下之至慎，其惟阮嗣宗乎！每与之言，言及玄远，而未曾评论时事，臧否人物，真可谓至慎矣。'吾每思此言，亦足以为明诫。凡人行事，年少立身，不可不慎，勿轻论人，勿轻说事，如此则悔吝何由而生，患祸无从而至矣。"

秉子重，字茂曾。少知名，历位吏部郎、平阳太守。《晋诸公赞》曰：重以清尚称。相国赵王伦以重望取为右司马。重以伦将为乱，辞疾不就。伦逼之不已，重遂不复自活，至于困笃，扶曳受拜，数日卒，赠散骑常侍。重二弟，尚字茂仲，矩字茂约，永嘉中并典郡；矩至江州刺史。重子式，字景则，官至侍中。

④《魏略》曰：霸一名奴寇。孙观名婴子。吴敦名黯奴。尹礼名卢儿。建安二十四年，霸遣别军在洛。会太祖崩，霸所部及青州兵，以为天下将乱，皆鸣鼓擅去。文帝即位，以曹休都督青、徐，霸谓休曰："国家未肯听霸耳！若假霸步骑万人，必能横行江表。"休言之于帝，帝疑霸军前擅去，今意壮乃尔！遂东巡，因霸来朝而夺其兵。

⑤《魏书》曰：艾少以才理称，为黄门郎，历位郡守。

⑥霸一子舜，字太伯，晋散骑常侍，见《武帝百官名》。此《百官名》，不知谁所撰也，皆有题目，称舜"才颖条畅，识赞时宜"也。

⑦《魏书》曰：孙观字仲台，泰山人。与臧霸俱起，讨黄巾，拜骑都尉。太祖破吕布，使霸招观兄弟，皆厚遇之。与霸俱战伐，观常为先登，征定青、徐群贼，功次于霸，封吕都亭侯。康亦以功封列侯。与太祖会南皮，遣子弟入居邺，拜观偏将军，迁青州刺史。从征孙权于濡须口，假节。攻权，为流矢所中，伤左足，力战不顾，太祖劳之曰："将军被创深重，而猛气益奋，不当为国爱身乎？"转振威将军，创甚，遂卒。

⑧孙盛曰：资父事君，忠孝道一。臧霸少有孝烈之称，文聘著垂泣之诚，是以魏武一面，委之以二方之任，岂直壮武见知于仓卒之间哉！

⑨《魏略》曰：孙权尝自将数万众卒至。时大雨，城栅崩坏，人民散在田野，未及补治。聘闻权到，不知所施，乃思惟莫若潜默可以疑之。乃敕城中人使不得见，又自卧舍中不起。权果疑之，语其部党曰："北方以此人忠臣也，故委之以此郡，今我至而不动，此不有密图，必当有外救。"遂不敢攻而去。《魏略》此语，与《本传》反。

⑩孙盛《杂语》曰：祥字休徵。性至孝，后母苛虐，每欲危害祥，祥色养无怠。盛寒之月，后母曰："吾思食生鱼。"祥脱衣，将剖冰求之，少顷，坚冰解，下有鱼跃出，因奉以供，时人以为孝感之所致也。供养三十余年，母终乃仕，以淳诚贞粹见重于时。

王隐《晋书》曰：祥始出仕，年过五十矣，稍迁至司隶校尉。高贵乡公入学，以祥为三老，迁司空太尉。司马文王初为晋王，司空荀顗要祥尽敬，祥不从。语在《三少帝纪》。晋武践阼，拜祥为太保，封睢陵公。泰始四年，年八十九薨。祥弟览，字玄通，光禄大夫。《晋诸公赞》称览率素有至行。览子孙繁衍,颇有贤才相系,奕世之盛,古今少比焉。

⑪《魏略》曰:德手斩一级,不知是援。战罢之后,众人皆言援死而不得其首。援,钟繇之甥。德晚后于鞬中出一头,繇见之而哭。德谢繇,繇曰:"援虽我甥,乃国贼也。卿何谢之?"

⑫《魏略》曰:德从兄名柔,时在蜀。

⑬王隐《蜀记》曰:钟会平蜀,前后鼓吹,迎德尸丧还葬邺,冢中身首如生。

臣松之案德死于樊城,文帝即位,又遣使至德墓所,则其尸丧不应在蜀。此王隐之虚说也。

⑭《魏略》曰:猛兵欲来缚淯,猛闻之,叹曰:"猛以杀刺史为罪。此人以至忠为名,如又杀之,何以劝一州履义之士邪!"遂使行服。

《典略》曰:张猛字叔威,本燉煌人也。猛父奂,桓帝时仕历郡守、中郎将、太常,遂居华阴,终因葬焉。建安初,猛仕郡为功曹,是时河西四郡以去凉州治远,隔以河寇,上书求别置州。诏以陈留人邯郸商为雍州刺史,别典四郡。时武威太守缺,诏又以猛父昔在河西有威名,乃以猛补之。商、猛俱西。初,猛与商同岁,每相戏侮,及共之官,行道更相责望。暨到,商欲诛猛。猛觉之,遂勒兵攻商。商治舍与猛侧近,商闻兵至,恐怖登屋,呼猛字曰:"叔威,汝欲杀我耶?然我死者有知,汝亦族矣。请和解,尚可乎?"猛因呼曰:"来。"商逾屋就猛,猛因责数之,语毕,以商属督邮。督邮录商,闭置传舍。后商欲逃,事觉,遂杀之。是岁建安十四年也。至十五年,将军韩遂自上讨猛,猛发兵遣军东拒。其吏民畏遂,乃反共攻猛。初奂为武威太守时,猛方在孕。母梦带奂印绶,登楼而歌,旦以告奂。奂讯占梦者,曰:"夫人方生男,后当复临此郡,其必死官乎!"及猛被攻,自知必死,曰:"使死者无知则已矣,若有知,岂使吾头东过华阴历先君之墓乎?"乃登楼自烧而死。

⑮皇甫谧《列女传》曰:酒泉烈女庞娥亲者,表氏庞子夏之妻,禄福赵君安之女也。君安为同县李寿所杀,娥亲有男弟三人,皆欲报仇,寿深以为备。会遭灾疫,三人皆死。寿闻大喜,请会宗族,共相庆贺,云:"赵氏强壮已尽,唯有女弱,何足复忧!"防备懈弛。娥亲子淯出行,闻寿此言,还以启娥亲。娥亲既素有报仇之心,及闻寿言,感激愈深,怆然陨涕曰:"李寿,汝莫喜也,终不活汝!戴履天地,为吾门户,吾三子之羞也。焉知娥亲不手刃杀汝,而自侥幸邪?"阴市名刀,挟长持短,昼夜哀酸,志在杀寿。寿为人凶豪,闻娥亲之言,更乘马带刀,乡人皆畏惮之。比邻有徐氏妇,忧娥亲不能制,恐逆见中害,每谏止之,曰:"李寿,男子也,凶恶有素,加今备卫在身。赵虽有猛烈之志,而强弱不敌。邂逅不制,则为重受祸于寿,绝灭门户,痛辱不轻也。愿详举动,为门户之计。"娥亲曰:"父母之仇,不同天地共日月者也。李寿不死,娥亲视息世间,活复何求!今虽三弟早死,门户泯绝,而娥亲犹在,岂可假手于人哉!若以卿心况我,则李寿不可得杀;论我之心,寿必为我所杀明矣。"夜数磨砺所持刀讫,扼腕切齿,悲涕长叹,家人及邻里咸共笑之。娥亲谓左右曰:"卿等笑我,直以我女弱不能杀寿故也。要当以寿颈血污此刀刃,令汝辈见之。"遂弃家事,乘鹿车伺寿。至光和二年二月上旬,以白日清时,于都亭之前,与寿相遇,便下车扣寿马,叱之。寿惊愕,回马欲走。娥亲奋刀斫之,并伤其马。马惊,寿挤道边沟中。娥亲寻复就地斫之,探中树兰,折所持刀。寿被创未死,娥亲因前欲取寿所佩刀杀寿,寿护刀瞋目大呼,跳梁而起。娥亲乃挺身奋手,左抵其额,右桩其喉,反覆盘旋,应手而倒。遂拔其刀以截寿头,持诣都亭,归罪有司,徐步诣狱,辞颜不变。时禄福长汉阳尹嘉不忍论娥亲,即解印绶去官,弛法纵之。娥亲曰:"仇塞身死,妾之明分也。治狱制刑,君之常典也。何敢贪生以枉官法?"乡人闻之,倾城奔往,观者如堵焉,莫不为之悲喜慷慨嗟叹也。守尉不敢公纵,阴语使去,以便宜自匿。娥亲抗声大言曰:"枉法逃死,非妾本心。今仇人已雪,死则妾分,乞得归法以全国体。虽复万死,于娥亲毕足,不敢贪生为明廷负也。"尉故不听所执,娥亲复言曰:"匹妇虽微,犹知宪制。杀人之罪,法所不纵。今既犯之,义无可逃。乞就刑戮,陨身朝市,肃明王法,娥亲之愿也。"辞气愈厉,面无惧色。尉知其难夺,强载还家。

凉州刺史周洪、酒泉太守刘班等并共表上，称其烈义，刊石立碑，显其门闾。太常弘农张奂贵尚所履，以束帛二十端礼之。海内闻之者，莫不改容赞善，高大其义。故黄门侍郎安定梁宽追述娥亲，为其作传。玄晏先生以为父母之仇，不与共天地，盖男子之所为也。而娥亲以女弱之微，念父辱之酷痛，感仇党之凶言，奋剑仇颈，人马俱摧，塞亡父之怨魂，雪三弟之永恨，近古已来，未之有也。《诗》云"修我戈矛，与子同仇"，娥亲之谓也。

⑯《世语》曰：就子斆，字祖文，弘毅有干正，晋武帝世为广汉太守。王濬在益州，受中制募兵讨吴，无虎符，斆收濬从事列上，由此召斆还。帝责斆："何不密启而便收从事？"斆曰："蜀汉绝远，刘备尝用之。辄收，臣犹以为轻。"帝善之。官至匈奴中郎将。斆子固，字元安，有斆风，为黄门郎，早卒。斆，一本作勃。

《魏略·勇侠传》载孙宾硕、祝公道、杨阿若、鲍出等四人，宾硕虽汉人，而鱼豢编之魏书，盖以其人接魏，事义相类故也。论其行节，皆庞、阎之流。其祝公道一人，已见《贾逵传》。今列宾硕等三人于后。

孙宾硕者，北海人也，家素贫。当汉桓帝时，常侍左悺、唐衡等权侔人主。延熹中，衡弟为京兆虎牙都尉，秩比二千石，而统属郡。衡弟初之官，不修敬于京兆尹，入门不持版，郡功曹赵息呵廊下曰："虎牙仪如属城，何得放臂入府门？"促收其主簿。衡弟顾促取版，既入见尹，尹欲修主人，敕外为市买。息又启云："衡悺子弟，来为虎牙，非德选，不足为特酤买，宜随中舍菜食而已。"及其到官，遣吏奉笺谢尹，息又敕门，言"无常见此无阴儿辈子弟邪，用其笺记为通乎？"晚乃通之，又不得即令报。衡弟皆知之，甚恚，欲灭诸赵。因书与衡，求为京兆尹，旬月之间，得为之。息自知前过，乃逃走。时息从父仲台，见为凉州刺史，于是衡为诏征仲台，遣归。遂诏中都官及郡部督邮，捕诸赵尺儿以上，及仲台皆杀之，有藏者与同罪。时息从父岐为皮氏长，闻有家祸，因从官舍逃，走之河间，变姓字，又转诣北海，著絮巾布裤，常于市中贩胡饼。宾硕时年二十余，乘犊车，将骑入市。观见岐，疑其非常人也。因问之曰："自有饼邪，贩之邪？"岐曰："贩之。"宾硕曰："买几钱？卖几钱？"岐曰："买三十，卖亦三十。"宾硕曰："视处士之望，非似卖饼者，殆有故！"乃开车后户，顾所将两骑，令下马扶上之。时岐以为是唐氏耳目也，甚怖，面失色。宾硕闭车后户，下前襜，谓之曰："视处士状貌，既非贩饼者，加今面色变动，即不有重怨，则当亡命。我北海孙宾硕也，阖门百口，又有百岁老母在堂，势能相度者也，终不相负，必语我以实。"岐乃具告之。宾硕遂载岐驱归。住车门外，先入白母，言："今日出，得死友在外，当来入拜。"乃出，延岐入，椎牛钟酒，快相娱乐。一二日，因载著别田舍，藏置复壁中。后数岁，唐衡及弟皆死。岐乃得出，还本郡。三府并辟，展转仕进，至郡守、刺史、太仆，而宾硕亦从此显名于东国，仕至青州刺史。初平末，宾硕以东方饥荒，南客荆州。至兴平中，赵岐以太仆持节使安慰天下，南诣荆州，乃复与宾硕相遇，相对流涕。岐为刘表陈其本末，由是益礼宾硕。顷之，宾硕病亡，岐在南，为行丧也。

杨阿若后名丰，字伯阳，酒泉人。少游侠，常以报仇解怨为事，故时人为之号曰："东市相斫杨阿若，西市相斫杨阿若。"至建安年中，太守徐揖诛郡中强族黄氏。时黄昂得脱在外，乃以其家粟金数斛，募众得千余人以攻揖。揖城守。丰时在外，以昂为不义，乃告揖，捐妻子走诣张掖求救。会张掖又反，杀太守，而昂亦陷城杀揖，二郡合势。昂恚丰不与己同，乃重募取丰，欲令张掖以麻系其头，生致之。丰遂逃走。武威太守张猛假丰为都尉，使赍檄告酒泉，听丰为揖报仇。丰遂单骑入南羌中，合众得千余骑，从乐涫南山中出，指趋郡城。未到三十里，皆令骑下马，曳柴扬尘。酒泉郡人望见尘起，以为东大兵到，遂破散。昂独走出，羌捕得昂，丰谓昂曰："卿前欲生系我颈，今反为我所系，云何？"昂惭谢，丰遂杀之。时黄华在东，又还领郡。丰畏华，复走依燉煌。至黄初中，河西兴复，黄华降，丰乃还郡。郡举孝廉，州表其义勇，诏即拜驸马都尉。后二十余年，病亡。

鲍出字文才，京兆新丰人也。少游侠。兴平中，三辅乱，出与老母兄弟五人家居本县，以饥饿，留其母守舍，相将行采蓬实，合得数升，使其二兄初、雅及其弟成持归，为母作食，独与小弟在后采蓬。初等到家，而啖人贼数十人已略其母，以绳贯其手掌，驱去。初等怖恐，不敢追逐。须臾，出从后到，知母为贼所略，欲追贼。兄弟皆云："贼众，当如何？"出怒曰："有母而使贼贯其手，将去煮啖之，用活何为？"乃攘臂结衽独追之，行数里及贼。贼望见出，乃共布列待之。出到，回从一头斫贼四五人。贼走，复合聚围出，出跳越围斫之，又杀十余人。时贼分布，驱出母前去。贼连击出，不胜，乃走与前辈合。出复追击之，还见其母与比舍妪同贯相连，出遂复奋击贼。贼问出曰："卿欲何得？"出责数贼，指其母以示之，贼乃解还出母。比舍妪独不解，遥望出求哀。出复斫贼，贼谓出曰："已还卿母，何为不止？"出又指求哀妪："此我嫂也。"贼复解还之。出得母还，遂相扶侍，客南阳。建安五年，关中始开，出来北归，而其母不能步行，兄弟欲共舆之。出以舆车历山险危，不如负之安稳，乃以笼盛其母，独自负之，到乡里。乡里士大夫嘉其孝烈，欲荐州郡，郡辟召出，出曰："田民不堪冠带。"至青龙中，母年百余岁乃终，出时年七十余，行丧如礼，于今年八九十，才若五六十者。

鱼豢曰：昔孔子叹颜回，以为三月不违仁者，盖观其心耳，孰如孙、祝菜色于市里，颠倒于牢狱，据有实事哉？且夫濮阳周氏不敢匿迹，鲁之朱家不问情实，是何也？惧祸之及，且心不安也。而太史公犹贵其竟脱季布，岂若二贤，厥义多乎？今故远收孙、祝，而近录杨、鲍，既不欲其泯灭，且敦薄俗。至于鲍出，不染礼教，心痛意发，起于自然，迹虽在编户，与笃烈君子何以异乎？若夫杨阿若，少称任侠，长遂蹈义，自西徂东，摧讨逆节，可谓勇而有仁者也。

三国志卷十九　魏书十九

任城陈萧王传第十九

任城威王彰,字子文。少善射御,膂力过人,手格猛兽,不避险阻。数从征伐,志意慷慨。太祖尝抑之曰:“汝不念读书慕圣道,而好乘汗马击剑,此一夫之用,何足贵也!”课彰读《诗》、《书》,彰谓左右曰:“丈夫一为卫、霍,将十万骑驰沙漠,驱戎狄,立功建号耳,何能作博士邪?”太祖尝问诸子所好,使各言其志。彰曰:“好为将。”太祖曰:“为将奈何?”对曰:“被坚执锐,临难不顾,为士卒先;赏必行,罚必信。”太祖大笑。建安二十一年,封鄢陵侯。

任城威王曹彰,字子文。年轻时就擅长射箭和驾车驭马,体力过人,敢徒手与猛兽格斗,不顾危险。多次从军征伐,意气高昂。太祖曹操曾经告诫他说:“你不想读书,倾心于圣人之道,却喜欢骑马击剑,这只是逞个人之能,何足珍贵!”便教曹彰读《诗经》、《尚书》,曹彰对身边的人说:“大丈夫应当做卫青、霍去病那样的人,带领十万人马驰骋于沙漠,驱逐戎狄,建立功勋博得封号,怎么能做专精一艺的博士呢?”太祖曾经问儿子们的爱好,让他们各自谈谈自己的志愿。曹彰回答说:“喜欢当将军。”太祖又问:“当将军要怎么做?”曹彰回答说:“穿着坚固的铠甲,拿着锐利的武器,遇上危难毫不顾及,做士兵的榜样;有功者一定奖赏,有过者一定处罚。”太祖大笑。建安二十一年,被封为鄢陵侯。

二十三年,代郡乌丸反,以彰为北中郎将,行骁骑将军。临发,太祖戒彰曰:“居家为父子,受事为君臣,动以王法从事,尔其戒之!”彰北征,入涿郡界,叛胡数千骑卒至。时兵马未集,唯有步卒千人,骑数百匹。用田豫计,固守要隙,虏乃退散。彰追之,身自搏战,射胡骑,应弦而倒者前后相属。战过半日,彰铠中数箭,意气益厉,乘胜逐北,至于桑乾,①去代二百余里。长史诸将

建安二十三年,代郡乌丸反叛,以曹彰为北中郎将,兼任骁骑将军。临出发时,太祖告诫他说:“在家中我们是父子,接受国事就是君臣,一切都按王法处理,你要谨慎啊!”曹彰北征,进入涿郡地界时,叛军的几千骑兵突然到来。这时兵马尚未聚集,只有步兵千人,战马几百匹。曹彰采纳田豫的计谋,坚守要塞,敌军才退走。曹彰追赶他们,亲自与敌兵拼战,用箭射敌人骑兵,应弦而倒的一个接一个。战斗持续了大半天,曹彰的铠甲上中了几箭,意气更加勇猛,乘胜追赶败兵,一直追到桑乾,离代县已有二百多里。长史和将领们都认为刚刚长途跋涉,人马

皆以为新涉远，士马疲顿，又受节度，不得过代，不可深进，违令轻敌。彰曰："率师而行，唯利所在，何节度乎？胡走未远，追之必破。从令纵敌，非良将也。"遂上马，令军中："后出者斩。"一日一夜与虏相及，击，大破之，斩首获生以千数。彰乃倍常科大赐将士，将士无不悦喜。时鲜卑大人轲比能将数万骑观望强弱，见彰力战，所向皆破，乃请服。北方悉平。时太祖在长安，召彰诣行在所。彰自代过邺，太子谓彰曰："卿新有功，今西见上，宜勿自伐，应对常若不足者。"彰到，如太子言，归功诸将。太祖喜，持彰须曰："黄须儿竟大奇也！"②

疲惫，又受指挥节制，不得越过代县，不可深入敌境，不可违反军令轻视敌人。曹彰说："率领军队行动，只看如何有利，怎能受指挥节制呢？胡兵逃跑不远，继续追击，一定能消灭他们。服从了命令而放纵了敌人，这不是好将军。"于是上马，下令军中："后出击者斩首。"经过一日一夜，赶上敌军，立即进攻，大败敌军，杀死的和被活捉的敌兵数以千计。于是曹彰打破常规加倍地赏赐将士，将士们没有不高兴的。当时鲜卑首领轲比能带领几万骑兵观望双方强弱，看见曹彰奋力作战，所到之处都被击破，于是请求归服。北方便都平定了。这时太祖在长安，召曹彰到他那里去。曹彰从代郡出发经过邺城，太子曹丕对他说："你刚立了功，现在西去见父王，切不可自夸，应答之间要常常表现出自己还做得很不够的样子。"曹彰到达长安后，按照太子所说的，将功劳归给将领们。太祖很高兴，握着曹彰的胡须说："黄须儿竟然出乎我的意料之外！"

太祖东还，以彰行越骑将军，留长安。太祖至洛阳，得疾，驿召彰，未至，太祖崩。③文帝即王位，彰与诸侯就国。④诏曰："先王之道，庸勋亲亲，并建母弟，开国承家，故能藩屏大宗，御侮厌难。彰前受命北伐，清定朔土，厥功茂焉。增邑五千，并前万户。"黄初二年，进爵为公。三年，立为任城王。四年，朝京都，疾薨于邸，谥曰威。⑤至葬，赐銮辂、龙旗，虎贲百人，如汉东平王故事。子楷嗣，徙封中牟。五年，改封任城县。太和六年，复改封任城国，食五县二千五百户。青龙三年，楷坐私遣官属诣中尚方作

太祖东归，令曹彰兼任越骑将军，留守长安。太祖到达洛阳，患了病，召曹彰通过驿站换马快速赶来，曹彰还没有赶到，太祖就去世了。曹丕继承王位，曹彰与诸侯都回到自己的封国去了。文帝下诏说："先王的治理之道，重用功臣爱护亲属，封同母所生的兄弟，开创诸侯国，继承家业，所以能捍卫嫡系长房，抵御外侮，克服危难。曹彰以前奉命北伐，平定北方国土，他的功劳很大。增加封邑五千户，连同以前的共一万户。"黄初二年，曹彰晋升公爵。黄初三年，立为任城王。黄初四年，到京都朝见，因病死在京师住所，谥号为"威"。到安葬时，赐给车驾龙旗，宫廷卫士一百人，为他送葬，像东汉东平王安葬时一样。他的儿子曹楷为继承人，改封到中牟。黄初五年，改封任城县。太和六年，又改封任城国，食邑五县共二千五百户。青龙三年，曹楷因私自派下属官员到中尚方署制作禁物，削减食邑二千户。正始

禁物，削县二千户。正始七年，徙封济南，三千户。正元、景元初，连增邑，凡四千四百户。[⑥]

七年，改封到济南，食邑三千户。正元、景元初年，连续增加食邑，共四千四百户。

陈思王植字子建。年十岁余，诵读《诗》、《论》及辞赋数十万言，善属文。太祖尝视其文，谓植曰："汝倩人邪？"植跪曰："言出为论，下笔成章，顾当面试，奈何倩人？"时邺铜爵台新成，太祖悉将诸子登台，使各为赋。植援笔立成，可观，太祖甚异之。[⑦]性简易，不治威仪。舆马服饰，不尚华丽。每进见难问，应声而对，特见宠爱。建安十六年，封平原侯。十九年，徙封临菑侯。太祖征孙权，使植留守邺，戒之曰："吾昔为顿邱令，年二十三。思此时所行，无悔于今。今汝年亦二十三矣，可不勉与！"植既以才见异，而丁仪、丁廙、杨脩等为之羽翼。太祖狐疑，几为太子者数矣。而植任性而行，不自彫励，饮酒不节。文帝御之以术，矫情自饰，宫人左右，并为之说，故遂定为嗣。二十二年，增植邑五千，并前万户。植尝乘车行驰道中，开司马门出。太祖大怒，公车令坐死。由是重诸侯科禁，而植宠日衰。[⑧]太祖既虑终始之变，以杨脩颇有才策，而又袁氏之甥也，于是以罪诛脩。植益内不自安。[⑨]二十四年，曹仁为关羽所围。太祖以植为南中郎将，行征虏将军，欲遣救仁，呼有所敕戒。植

陈思王曹植字子建。十多岁时，诵读《诗经》、《论语》以及辞赋等几十万字的文章，擅长写文章。太祖曾经看他的文章，对曹植说："你请别人代作的吗？"曹植跪着说："出口成论，下笔成章，只管当面考试，怎么会请人代作？"当时邺城铜雀台刚建成，太祖带着全部儿子登台，要他们每人写一篇赋。曹植拿起笔来很快就写成了，文辞很可观，太祖很惊奇。曹植生性随和，不讲究容貌举止。他的车马、衣着，不追求华丽。他在进见太祖时常被提问，他总是应对敏捷，因而特别受到父亲的宠爱。建安十六年，封为平原侯。十九年，迁为临淄侯。太祖征伐孙权时，令曹植留守邺城，告诫他说："我以前担任顿邱县令时，年龄只有二十三岁。回想我当时的所作所为，今天也无遗憾之处。现在你的年龄也是二十三岁了，能不好好努力吗？"曹植已经凭着才气被另眼相看，而丁仪、丁廙、杨脩等人又做他的辅佐。太祖犹豫未决，有好几次几乎立他为太子了。而曹植任性而行，不注意约束自己，饮酒无节制。文帝玩弄手段，虚伪地粉饰自己，太祖宫中的人和左右侍奉的人员，都为他说好话，所以就被太祖定为继承人。建安二十二年，给曹植增加食邑五千户，连同以前所封的共一万户。曹植有一次乘车在御街上奔跑，开司马门出去。太祖大怒，主管宫门的官因此被杀。太祖从此很注重对诸侯的科条禁令，而曹植所受的宠爱，一天天减弱。太祖担心留有后患，因杨脩很有才能、计谋，又是袁术的外甥，于是加上罪名杀了杨脩。曹植内心更加不安。建安二十四年，曹仁被关羽围困。太祖封曹植为南中郎将，兼任征虏将军，准备派遣他去援救曹仁，喊他来当面指示告诫。曹植喝

醉不能受命，于是悔而罢之。[10]

醉了酒，不能接受命令，太祖于是后悔，停止了曹植的这次军事行动。

文帝即王位，诛丁仪、丁廙并其男口。[11]植与诸侯并就国。黄初二年，监国谒者灌均希指，奏"植醉酒悖慢，劫胁使者"。有司请治罪，帝以太后故，贬爵安乡侯。[12]其年改封鄄城侯。三年，立为鄄城王，邑二千五百户。

曹丕继承王位后，杀了丁仪、丁廙和他们家中的男子。曹植与诸侯都回到自己的封国去了。黄初二年，监国谒者灌均秉承文帝意旨，上奏章说："曹植醉酒，行为荒诞傲慢，要挟使者。"有关官员请求治曹植的罪，文帝因太后的缘故，将曹植的爵位贬为安乡侯。这一年又改封为鄄城侯。黄初三年，封为鄄城王，封邑二千五百户。

四年，徙封雍丘王。其年，朝京都。上疏曰：

黄初四年，又改为雍丘王。这年，曹植到京都朝见皇帝。上疏说：

臣自抱衅归藩，刻肌刻骨，追思罪戾，昼分而食，夜分而寝。诚以天罔不可重离，圣恩难可再恃。窃感《相鼠》之篇，无礼遄死之义，形影相吊，五情愧赧。以罪弃生，则违古贤"夕改"之劝，忍活苟全，则犯诗人"胡颜"之讥。伏惟陛下德象天地，恩隆父母，施畅春风，泽如时雨。是以不别荆棘者，庆云之惠也；七子均养者，尸鸠之仁也；舍罪责功者，明君之举也；矜愚爱能者，慈父之恩也。是以愚臣徘徊于恩泽而不能自弃者也。

我自从戴罪回到封国，刻骨铭心，反省罪过，到中午才吃饭，半夜才就寝。的确认为朝廷法令不可重犯，皇恩难以再加依恃。我私下感悟到《相鼠》诗篇中，"人不守礼法，不如速死"的含义，形影相吊，深感惭愧。如果因罪自尽，则违背了古代贤人"早上有错，晚上改正就好"的劝勉；如果苟且偷生，则又犯了诗人"何不速死"的讥讽。陛下的德行如同天地，恩惠高过父母，您的施与如和畅的春风，您的恩泽如及时的雨水。因此对荆棘不另眼相看，这是瑞云的恩惠；对七个子女都同样地养育，这是尸鸠的仁爱；不追究罪过而要求他立功，这是贤明君主的举动；怜悯愚者、爱惜贤者，这是慈父的恩德。这就是我徘徊在您的恩泽之中而不能自弃的原因。

前奉诏书，臣等绝朝，心离志绝，自分黄耇无复执珪之望。不图圣诏猥垂齿召，至止之日，驰心辇毂。僻处西馆，未奉阙廷，踊跃之怀，瞻望反仄。谨拜表献诗二篇，其辞曰："於穆显考，时惟武皇，受命于天，宁济四方。朱旗所拂，九土披攘，玄化滂流，荒服来王。超商

上次接到诏书，禁止我们朝会，我感到心灰意冷，料想一直到老死也再没有朝见的希望了。没有想到圣旨下达，仍视为同类予以召见，我到京城，渴望见到陛下。但偏居于西馆，未能朝见皇上，内心焦急，翘首盼望以至坐卧不安。谨上此表并献诗二首，其辞说："伟大的先父，就是武皇，接受天命，安定四方。红旗所过，九州归降，道德广布，臣服远方。超越

越周，与唐比踪。笃生我皇，奕世载聪，武则肃烈，文则时雍，受禅炎汉，临君万邦。万邦既化，率由旧则；广命懿亲，以藩王国。帝曰尔侯，君兹青土，奄有海滨，方周于鲁，车服有辉，旗章有叙，济济俊乂，我弼我辅。伊予小子，恃宠骄盈，举挂时网，动乱国经。作藩作屏，先轨是堕，傲我皇使，犯我朝仪。国有典刑，我削我绌，将置于理，元凶是率。明明天子，时笃同类，不忍我刑，暴之朝肆，违彼执宪，哀予小子。改封兖邑，于河之滨，股肱弗置，有君无臣，荒淫之阙，谁弼予身？茕茕仆夫，于彼冀方，嗟予小子，乃罹斯殃。赫赫天子，恩不遗物，冠我玄冕，要我朱绂。朱绂光大，使我荣华，剖符授玉，王爵是加。仰齿金玺，俯执圣策，皇恩过隆，祗承怵惕。咨我小子，顽凶是婴，逝惭陵墓，存愧阙廷。匪敢傲德，实恩是恃，威灵改加，足以没齿。昊天罔极，性命不图，常惧颠沛，抱罪黄垆。愿蒙矢石，建旗东岳，庶立豪氂，微功自赎。危躯授命，知足免戾，甘赴江、湘，奋戈吴、越。天启其衷，得会京畿，迟奉圣颜，如渴如饥。心之云慕，怆矣其悲，天高听卑，皇肯照微！”又曰：“肃承明诏，应会皇都，星陈夙驾，秣马脂车。命彼掌徒，肃我征旅，朝发鸾台，夕宿兰渚。芒芒原隰，祁祁士女，经

商周，赶上唐尧。生下我皇，一样聪明，武既威严，文也雍容，受禅汉帝，统率万邦。万邦受教化，遵循过去的规章，广封兄弟，捍卫王国。皇帝说封你为侯，统治这个青州，海滨归你所有，犹如周王待鲁，车马服饰多么光辉夺目，表示等第的旗帜高悬上头，贤才济济，共同来辅佐参谋。唉，我这小子，恃宠骄傲，触犯法令，扰乱国家制度。作为皇室藩屏，却破坏先帝准则，傲慢对待皇帝的使者，冒犯朝廷礼仪。国有刑律，贬我爵位削我食邑，还准备送交执法官，罪同元凶。圣明天子，厚待兄弟，不忍让我受刑，暴尸于朝市；不同意执法官的意见，哀怜我这小子。将我改封兖州，地处黄河之边。没有给我安排辅佐，有君而无臣，我放荡的过失，谁来给我纠正？我孤苦伶仃，到了冀州，唉，我这小子，竟遭到这样的祸殃。圣明的天子，施恩无遗漏，让我头戴黑色礼冠，腰系红色丝绶。红色丝绶非常显耀，使我增添荣华。授给我符节、玉圭，加封我为王。我仰接金玺，俯持封策，深感皇恩浩大，我恭敬承恩惶恐不安。唉，我这小子，生性顽固，总是罪过缠身，死去羞见先父，活着愧对朝廷。我不是敢傲视您的大德，实在是依恃您的恩宠，您给我的威严、恩宠，我至死不能忘怀。广阔的天空无边无际，而人的寿夭不可预知，我常恐早死，戴罪于黄泉。愿冒箭、石，南征孙吴，或许能立微功，赎我的罪过。我甘冒危险献出生命，免除罪过即已满足，愿赴长江、湘水，挥戈于吴、越。皇上开启爱护兄弟之心，使我们能相会于京都，我侍奉皇上的愿望，如饥似渴。内心仰慕，十分悲伤。上天高远却能听到低近的声音，皇上可明察我的微诚！”又说：“恭敬地接受您的诏命，将要相会于皇都。星夜整治车马，清晨驾车出发，喂好马儿，涂好车油。命令那从行官吏，为旅途做好戒备。早晨从鸾台出发，晚上宿于兰渚。广阔的原野，众多的男女，经过那些公田，高兴地看

彼公田，乐我稷黍。爰有樛木，重阴匪息；虽有糇粮，饥不遑食。望城不过，面邑匪游，仆夫警策，平路是由。玄驷蔼蔼，扬镳漂沫；流风翼衡，轻云承盖。涉涧之滨，缘山之隈，遵彼河浒，黄阪是阶。西济关谷，或降或升；骓骖倦路，再寝再兴。将朝圣皇，匪敢晏宁；弭节长骛，指日遄征。前驱举燧，后乘抗旌；轮不辍运，鸾无废声。爰暨帝室，税此西墉；嘉诏未赐，朝觐莫从。仰瞻城阈，俯惟阙廷；长怀永慕，忧心如酲。"

帝嘉其辞义，优诏答勉之。⑬

六年，帝东征，还过雍丘，幸植宫，增户五百。太和元年，徙封浚仪。二年，复还雍丘。植常自愤怨，抱利器而无所施，上疏求自试曰：

臣闻士之生世，入则事父，出则事君；事父尚于荣亲，事君贵于兴国。故慈父不能爱无益之子，仁君不能畜无用之臣。夫论德而授官者，成功之君也；量能而受爵者，毕命之臣也。故君无虚授，臣无虚受；虚授谓之谬举，虚受谓之尸禄，《诗》之"素餐"所由作也。昔二虢不辞两国之任，其德厚也；旦、奭不让燕、鲁之封，其功大也。今臣蒙国重恩，三世于今矣。正值陛下升平之际，沐浴圣泽，潜润德教，可谓厚幸矣。而窃位东藩，爵在上列，

到高粱和黄米。遇到婆娑树木，纵有浓荫也不休息；虽有干粮，饿了也无暇食用。望见城市也不进去，看到村邑也不游息，仆夫挥着马鞭，从平路上行走。四匹黑马整齐地奔跑，马首高昂、口中流沫；风在车轭旁吹过，云在车盖下浮动。时而涉涧到岸边，时而翻山越岭，时而沿河岸而行，时而登上黄土坡。向西穿过关口、太谷，时上时下；人马疲倦，夜宿早行。将要朝见皇上，何敢安处。或按节徐行，或长久奔驰，按照预定日期迅速赶路。夜间跑在前面的人举着火把，走在后边的人高举旗帜；车轮不停地运转，鸾铃不停地发出响声。现已到达京都，住宿在这西城。您召见的美诏还未下达，无由朝见。我仰望城上的门楣，俯思皇上所居的宫廷，长久地怀念、想慕，心中忧虑如醉了酒一般。"

皇帝嘉许这两首诗的文辞，下诏书好言回答并加以勉励。

黄初六年，文帝东征，返回时经过雍丘，到曹植宫中，给他增加食邑五百户。太和元年，曹植改封到浚仪。太和二年，又回到雍丘。曹植常常愤恨抱怨，认为自己具有高才而无处施展，上疏请求皇上任用自己，说：

我听说士人生活在世间，在家庭内就侍奉好父亲，在朝廷上就侍奉好君主。侍奉父亲最重要的是使家族荣耀，侍奉君主最可贵的是使国家兴旺。所以慈爱的父亲不能爱无益的儿子，仁慈的君主不能蓄养无用的臣子。按德行授予官职的君主，是成功的君主；按自己的才能接受封爵的臣子，是尽力效命的臣子。所以国君不凭空将官职授给臣子，臣子也不能白白地接受爵位。凭空授予官职叫做错误地使用人才，白白地接受爵位叫做虚受俸禄，这就是《诗经》中"不做事而白吃饭"的诗句写作的原因。从前，虢仲、虢叔不推辞封给他们的两个国家，是因为他们的德行深厚；周公旦、召公奭不拒绝封给他们的燕国和鲁国，是因为他们的功劳巨大。现在我蒙受国家重恩，至今已经三代了。目前正值陛下把国家治理得很太平的时候，我所蒙受的皇上的恩泽，所

身被轻暖,口厌百味,目极华靡,耳倦丝竹者,爵重禄厚之所致也。退念古之受爵禄者,有异于此,皆以功勤济国,辅主惠民。今臣无德可述,无功可纪,若此终年无益国朝,将挂风人"彼其"之讥。是以上惭玄冕,俯愧朱绂。

领受的德政教化,可以说是很重很多的了。但我却位居东藩,封爵处在上等,身穿轻软暖和的衣服,口中吃足了各种美味,眼睛看尽了各种豪华的东西,耳朵听够了美妙的音乐,这都是爵位高、俸禄多所带来的。我闲居时想到古时候接受爵位、俸禄的人,与此不同,都是因为他们建立了功劳,为国家出了力,辅佐国君、造福人民。现在我没有德行可讲,也无功劳可记,像这样长年无益于国家,将遭受到诗人"他这个人,才德与官服不相称"的讥笑。所以我上愧头上的王冠,下愧腰间的朱绂。

方今天下一统,九州晏如,而顾西有违命之蜀,东有不臣之吴,使边境未得脱甲,谋士未得高枕者,诚欲混同宇内以致太和也。故启灭有扈而夏功昭,成克商、奄而周德著。今陛下以圣明统世,将欲卒文、武之功,继成、康之隆,简贤授能,以方叔、召虎之臣镇御四境,为国爪牙者,可谓当矣。然而高鸟未挂于轻缴,渊鱼未县于钩饵者,恐钓射之术或未尽也。昔耿弇不俟光武,亟击张步,言不以贼遗于君父。故车右伏剑于鸣毂,雍门刎首于齐境,若此二士,岂恶生而尚死哉?诚忿其慢主而陵君也。⑭夫君之宠臣,欲以除患兴利;臣之事君,必以杀身靖乱,以功报主也。昔贾谊弱冠,求试属国,请系单于之颈而制其命;终军以妙年使越,欲得长缨缨其王,羁致北阙。此二臣,岂好为夸主而耀世哉?志或郁结,欲逞其才力,输能于明君也。昔汉武为霍去病治

现在国家统一,国内安定,但西边有违抗命令的蜀,东边有不愿称臣的吴。使边境将士不能脱下铠甲,谋士不能高枕无忧的原因,确实是想统一天下达到太平。所以夏启灭了有扈而夏王朝的功劳昭著;周成王平定了商、奄的叛乱而周王朝的仁德显著。现在陛下凭着您的英明治国,打算完成像周文王、武王那样的功业,继续周成王、康王那样的盛世,选择贤能授给官职,用方叔、召虎那样的臣子镇守四方,作为捍卫国家的勇猛之臣,这是很正确的。但是高飞之鸟没有被射中,深潭之鱼没有上钩,恐怕是钓鱼和射鸟的方法还不够完善。从前耿弇不等待光武帝的到来,就急切地进攻张步,他说不要把贼人留给君父来处理。所以从前齐国车右卫士在车轴发出响声烦扰齐王之时就用剑自杀了;雍门狄在越军侵入齐境时就刎颈而死了,像这两个人,难道是厌恶生存而愿意死亡吗?确实只是因为愤恨那轻慢、侮辱国君的行为。君主宠爱臣子,是想臣子消除祸患兴办有利之事;臣子侍奉君主,务必献出生命以平息祸乱,用功劳来报答国君。从前贾谊在二十岁的时候,请求皇上任命他为典属国,要拴住单于的脖子而置于死地;终军在年轻时出使南越,要拿长缨捆缚南越王,押解他到京城。这两位臣子,难道是喜欢向皇帝夸口、向世人炫耀吗?或许是因为壮志受到压抑,想表现他们的才能,献给贤明的君主。从前汉武帝为霍去病修建府第,霍去病辞谢说:"匈

第，辞曰："匈奴未灭，臣无以家为！"夫忧国忘家，捐躯济难，忠臣之志也。今臣居外，非不厚也，而寝不安席，食不遑味者，伏以二方未克为念。

奴没有消灭，我没有办法治家！"为国分忧而忘家，献出生命来帮助国家克服困难，这是忠臣的志愿。现在我居住在外，待遇不是不优厚，但睡觉不能安席，吃东西无心去品味，是因为惦念着蜀、吴二方未曾平定。

伏见先武皇帝武臣宿将，年耆即世者有闻矣。虽贤不乏世，宿将旧卒，犹习战陈，窃不自量，志在效命，庶立毛发之功，以报所受之恩。若使陛下出不世之诏，效臣锥刀之用，使得西属大将军，当一校之队，若东属大司马，统偏舟之任，必乘危蹈险，骋舟奋骊，突刃触锋，为士卒先。虽未能禽权馘亮，庶将虏其雄率，歼其丑类，必效须臾之捷，以灭终身之愧，使名挂史笔，事列朝策。虽身分蜀境，首县吴阙，犹生之年也。如微才弗试，没世无闻，徒荣其躯而丰其体，生无益于事，死无损于数，虚荷上位而忝重禄，禽息鸟视，终于白首，此徒圈牢之养物，非臣之所志也。流闻东军失备，师徒小衄，辍食弃餐，奋袂攘衽，抚剑东顾，而心已驰于吴会矣。

臣看到已故武皇帝的武臣旧将，因年老去世的时有所闻。虽然世上不乏贤者，老将旧兵，还在操练战阵，但我不自量力，立志为国献身，希望能建立微小的功劳，来报答我所受的大恩。假如陛下能下达非同寻常的诏书，让我能发挥小小的作用，使我西属于大将军曹真，带领一校人马；或者东属于大司马曹休，统率一部分水军，我一定赴危蹈险，驾着船或骑着马奋勇向前，出入于刀锋剑刃之中，成为士兵的先锋。即使不能活捉孙权、杀死诸葛亮，或许也会俘虏他们的大将，消灭那些坏人，一定要获得片刻的胜利，来消除我终生的惭愧，使我能名垂青史，事迹列入朝廷策书。即使我身体被分割在蜀国的土地，头颅悬挂在吴国的城头上，也还像活着一样。如果我的微小的才能未曾使用，一辈子默默无闻，白白地使躯体受到优厚的待遇，活着对国事没有什么好处，死了也没有什么损害，空占高位，愧获重禄，像鸟雀一般的活着，一直到老死，这只不过是猪圈羊牢中豢养的牲畜，而不是我的志愿。传闻东边军队疏于防备，部队遭到小的挫折，我饮食不进，挥袖提襟，按剑东望，心已奔向吴境了。

臣昔从先武皇帝南极赤岸，东临沧海，西望玉门，北出玄塞，伏见所以行军用兵之势，可谓神妙矣。故兵者不可豫言，临难而制变者也。志欲自效于明时，立功于圣世。每览史籍，观古忠臣义士，出一朝之命，以徇国家之难，身虽

臣从前跟随武皇帝南达赤岸，东到沧海，西望玉门，北出边塞，我看到他行军用兵的方法，真是非常神妙。所以用兵难以预先料定，要到遇上危难时再随机应变。我立志要为这个政治清明的时代出力，为这个盛世立功。每当我观览史书，看到古时忠臣义士，一旦献出生命，尽忠于国家的危难，躯体虽然被人分割，但是功勋被铭刻在鼎钟上，名字被书

屠裂，而功铭著于鼎钟，名称垂于竹帛，未尝不拊心而叹息也。臣闻明主使臣，不废有罪。故奔北败军之将用，秦、鲁以成其功；[15]绝缨盗马之臣赦，楚、赵以济其难。[16]臣窃感先帝早崩，威王弃世，臣独何人，以堪长久！常恐先朝露，填沟壑，坟土未干，而身名并灭。臣闻骐骥长鸣，则伯乐照其能；卢狗悲号，则韩国知其才。是以效之齐、楚之路，以逞千里之任；试之狡兔之捷，以验搏噬之用。今臣志狗马之微功，窃自惟度，终无伯乐、韩国之举，是以于邑而窃自痛者也。

写在史书上，我未曾不抚心而叹息。我听说贤明的君主使用臣下，不舍弃有罪的人。所以任用打过败仗的将军，秦国和鲁国最终获得成功；赦免了"绝缨"和"盗马"的臣民，楚国和赵国终于渡过危难。我想到先帝早死，威王去世，我是何人，能独活得长久吗！常常担心很快死亡，填进沟壑，坟头之土尚未干燥，而身和名就都消亡了。我听说骐骥长长嘶鸣，伯乐就洞察了它的能力；卢狗悲哀地号叫，韩国就知道了它的本领。因此让马跑齐、楚之路来验证它，展示它日行千里的才能；让狗去抓敏捷的兔子，来验证它攫取、咬啮猎物的本领。现在我有志于建立狗马那样微小的功劳，但我揣想，终究没有伯乐、韩国这样的人来荐举，因此心情抑郁而感到痛苦。

夫临搏而企竦，闻乐而窃抃者，或有赏音而识道也。昔毛遂，赵之陪隶，犹假锥囊之喻，以寤主立功，何况巍巍大魏多士之朝，而无慷慨死难之臣乎！夫自衒自媒者，士女之丑行也。干时求进者，道家之明忌也。而臣敢陈闻于陛下者，诚与国分形同气，忧患共之者也。冀以尘雾之微补益山海，荧烛末光增辉日月，是以敢冒其丑而献其忠。[17]

遇到别人做"博"这种游戏就踮起脚跟看，听到有人弹奏乐曲就暗暗地打拍子，这是因为能鉴赏音乐、知道"博"中的路数。从前的毛遂，不过是赵国诸侯的门客，尚且借锥处囊中的比喻，来启发主人任用自己，从而立下功劳，何况我们伟大的魏国是人才众多的朝代，就没有意气高昂愿意为国难而捐躯的臣子吗！自我吹嘘、自找婆家，这是士人、女子的可耻行为；干预时势、求取进用，这是道家最突出的忌讳。而我敢将自己的要求陈述出来让陛下知道，确实是因为我是君王的骨肉至亲，与皇室忧患与共的缘故。希望用微小的尘土雾露来使山和海有所增加，用萤火虫和蜡烛的小光来为日月增辉，因此敢冒羞耻献出我的忠诚。

三年，徙封东阿。五年，复上疏求存问亲戚，因致其意曰：

臣闻天称其高者，以无不覆；地称其广者，以无不载；日月称其明者，以无不照；江海称其大者，以无不容。故孔子曰："大哉尧之为君！惟天为

太和三年，曹植改封到东阿。太和五年，又上疏要求问候亲戚，因而表达他的意思说：

臣听说人们称许天空高远，是因为它没有什么不覆盖的；称许大地广阔，是因为它没有什么不容载的；称许日月光明，是因为它没有什么不照耀的；称许江海浩大，是因为它没有什么不包容的。所以孔子说："伟大啊，尧作为国君!世间以天为最大，而

大,惟尧则之。”夫天德之于万物,可谓弘广矣。盖尧之为教,先亲后疏,自近及远。其《传》曰:“克明峻德,以亲九族;九族既睦,平章百姓。”及周之文王亦崇厥化,其《诗》曰:“刑于寡妻,至于兄弟,以御于家邦。”是以雍雍穆穆,风人咏之。昔周公吊管、蔡之不咸,广封懿亲以藩屏王室,《传》曰:“周之宗盟,异姓为后。”诚骨肉之恩爽而不离,亲亲之义实在敦固,未有义而后其君,仁而遗其亲者也。

伏惟陛下资帝唐钦明之德,体文王翼翼之仁,惠洽椒房,恩昭九族,群后百寮,番休递上,执政不废于公朝,下情得展于私室,亲理之路通,庆吊之情展,诚可谓恕己治人,推惠施恩者矣。至于臣者,人道绝绪,禁锢明时,臣窃自伤也。不敢过望交气类,修人事,叙人伦。近且婚媾不通,兄弟乖绝,吉凶之问塞,庆吊之礼废,恩纪之违,甚于路人,隔阂之异,殊于胡越。今臣以一切之制,永无朝觐之望,至于注心皇极,结情紫闼,神明知之矣。然天实为之,谓之何哉!退唯诸王常有戚戚具尔之心,愿陛下沛然垂诏,使诸国庆问,四节得展,以叙骨肉之欢恩。全怡怡之笃义。妃妾之家,膏沐之遗,岁得再通,齐义于贵宗,等惠于百司,如此,则古人

尧效法它。”天德对于万物,可以说是宽广的了。尧施行教化,是先亲后疏,由近及远。古代典籍上说:“尧能够任用有大德的人,使宗族和睦,宗族和睦后,又能使百官定性别族。”到周代的文王也推崇尧的这种教化原则。《诗经》上说:“首先做妻子的榜样,然后在兄弟中做榜样,一直推广到治理整个宗族和国家。”因此雍容和美,得到诗人咏叹。从前周公伤心管叔、蔡叔不同心同德,广泛地分封皇室亲族为诸侯来保卫周王朝,古代典籍上说:“周王举行盟会,异姓诸侯排列在同姓的后面。”这的确表明骨肉之间的恩情,虽有小差错,但不疏远;爱自己亲族的道义实在是笃厚和牢固。没有讲求道义的人而把君主放在后边的,也没有讲求仁爱的人而把亲族遗漏掉的。

陛下具有唐尧恭敬聪明的品德,效法周文王小心谨慎的美德,您的恩惠广布后宫,恩德照耀九族,列侯百官,轮流休息,依次入值,您在朝廷上没有被废弃的政事,在私室中能得到下面的真情,亲族之间的正常交往之路得以畅通,祝贺和吊慰之情也可互相表达,的确可以说是以己推人去治理百姓,广施恩惠的了。至于我,与亲属断绝了联系,禁锢在这个清明的时代,我暗自感到悲伤。不敢过分地希望与志同道合的人结交,讲求与亲友来往,叙说亲人的情谊。近来亲戚无联系,兄弟无来往,吉凶祸福的消息被堵塞,祝贺与吊慰的礼节废弃了,亲戚之间的感情疏远,比不相识的路人还厉害,隔阂之大,胜过相距遥远的胡越。现在我因一次临时的规定,就永远没有朝见的希望,至于倾心皇上,情系朝廷,神明是知道的。然而这是皇上规定的,有什么可说的呢!我闲居时思索,魏室诸王常常有休戚相关、希望聚首的心情,希望陛下迅速下诏,使诸侯国相互祝贺、问候的活动,在四季的节日里能够进行,以便叙说骨肉之间的欢乐恩爱,成全兄弟之间的深厚情谊。妃子、妾妇的家庭,互赠膏沐,一年之中可进行两次,使之与贵戚享有一样的待遇,和百官获得同等的恩惠。这样的话,古人所赞叹、诗人所歌颂的情

之所叹，风雅之所咏，复存于圣世矣。

景，又存在于当今这个圣明的时代了。

臣伏自惟省，无锥刀之用。及观陛下之所拔授，若以臣为异姓，窃自料度，不后于朝士矣。若得辞远游，戴武弁，解朱组，佩青绂，驸马、奉车，趣得一号，安宅京室，执鞭珥笔，出从华盖，入侍辇毂，承答圣问，拾遗左右，乃臣丹诚之至愿，不离于梦想者也。远慕《鹿鸣》君臣之宴，中咏《常棣》匪他之诫，下思《伐木》友生之义，终怀《蓼莪》罔极之哀；每四节之会，块然独处，左右惟仆隶，所对惟妻子，高谈无所与陈，发义无所与展，未尝不闻乐而拊心，临觞而叹息也。臣伏以为犬马之诚不能动人，譬人之诚不能动天。崩城、陨霜，臣初信之，以臣心况，徒虚语耳。若葵藿之倾叶太阳，虽不为之回光，然向之者诚也。窃自比于葵藿，若降天地之施，垂三光之明者，实在陛下。

臣思考反省，没有微小的用处。又看陛下所提拔授职的人，如果把我看做异姓人，我私下估计，不会比在朝的士大夫差。如果能去掉远游冠，戴上武夫帽子，解下红色带子，佩上青色带子，在驸马都尉或奉车都尉中，取得一职，安居于京城，拿着鞭子插上笔，出外跟从皇帝仪仗队，入内侍奉天子车驾，回答皇上的问题，在皇上身边帮助弥补朝政遗漏，这是我最赤诚的愿望，是我梦寐以求的。我很羡慕《鹿鸣》所描绘的君臣宴会的场面，又常常咏唱《常棣》“兄弟不是外人”的诗句，也常常想着《伐木》重视“友生”的深远含义，还常常怀抱着《蓼莪》无法报答父母之恩的悲哀。每当到了四季节日亲族相会之时，我独居一处，左右只有奴仆，面前只有妻子儿女，无人和我一起高谈阔论，也无人和我讨论事理，听到音乐未尝不捶胸，面对酒杯未尝不叹息。我认为狗马的忠诚不能打动人心，就如人的忠诚不能打动上天一样。杞梁妻哭崩城墙，夏天为蒙冤的人降霜，我以前相信，但用我的心来比较，这也只是虚假之言。像葵藿的叶子倾向太阳，太阳虽不为它回照光辉，然而它向着太阳的意愿是诚恳的。我私下将自己比作葵藿，至于降下天地般的施舍，洒下日、月、星那样的光明，确实在于陛下了。

臣闻《文子》曰：“不为福始，不为祸先。”今之否隔，友于同忧，而臣独倡言者，窃不愿于圣世使有不蒙施之物。有不蒙施之物，必有惨毒之怀，故《柏舟》有“天只”之怨，《谷风》有“弃予”之叹。故伊尹耻其君不为尧舜，孟子曰：“不以舜之所以事尧事其君者，不敬其君者也。”臣之愚蔽，固非虞、伊，至于欲使陛下崇光被

我听说《文子》上讲：“不率先造福，不率先招祸。”现在疏远隔绝，兄弟们同样忧闷，唯独我首先说出，是不愿意在这圣明的时代存在不蒙受恩惠的人。有不蒙受恩惠的人，就一定有幽怨的情怀。所以《柏舟》有“母也天只，不谅人只”的怨恨，《谷风》有“将安将乐，女转弃予”的喟叹。所以伊尹以他的君主不能成为尧舜之君为可耻，孟子说：“不用舜侍奉尧的态度来侍奉自己君主的人，是不尊敬君主的人。”我很愚笨，本来就比不上虞舜、伊尹，至于想让陛下推崇尧普及道德、使百姓和美融洽的美政，发

时雍之美，宣缉熙章明之德者，是臣慺慺之诚，窃所独守，实怀鹤立企伫之心。敢复陈闻者，冀陛下傥发天聪而垂神听也。

扬尧光明、显著的品德，这是我一片恭谨的诚心，我一直保持着，实在是像鹤一样伫立着、盼望着我的愿望能实现。之所以又冒昧地向您陈述，是希望陛下或许能张开神明的听觉，予以采纳。

诏报曰："盖教化所由，各有隆弊，非皆善始而恶终也，事使之然。故夫忠厚仁极草木，则《行苇》之诗作；恩泽衰薄，不亲九族，则《角弓》之章刺。今令诸国兄弟，情理简怠，妃妾之家，膏沐疏略，朕纵不能敦而睦之，王援古喻义备悉矣，何言精诚不足以感通哉？夫明贵贱，崇亲亲，礼贤良，顺少长，国之纲纪，本无禁固诸国通问之诏也，矫枉过正，下吏惧谴，以至于此耳。已敕有司，如王所诉。"

明帝下诏回复他说："教化的发展，有时兴隆，有时衰敝，并非都是一开始搞得好而到后来就变坏了，而是事势使然。所以忠厚、仁爱之心到达草木，《行苇》之诗就写作出来了；恩泽衰退、减少，不亲爱九族，《角弓》之诗就进行讥刺了。现在使各诸侯国兄弟之间，情感上和人伦上的联系削弱了，妃子妾妇家庭，膏沐馈赠少了，朕即使不能使他们变得敦厚和睦，但你援引古训阐明意义十分全面了，怎能说这种精诚不能使其感化相通呢？分别贵贱，崇尚爱护亲族，礼遇贤才，理顺少长关系，这是国家的根本秩序和法纪。朝廷本来没有下达禁止诸侯国互通问候的诏书，由于纠正偏差过了头，下边官吏惧怕责罚，才到了这种地步。现已令有关官员，按照你所申诉的去办。"

植复上疏陈审举之义，曰：

曹植又上疏陈述明察和选拔官吏的道理，说：

臣闻天地协气而万物生，君臣合德而庶政成；五帝之世非皆智，三季之末非皆愚，用与不用，知与不知也。既时有举贤之名，而无得贤之实，必各援其类而进矣。谚曰："相门有相，将门有将。"夫相者，文德昭者也；将者，武功烈者也。文德昭，则可以匡国朝，致雍熙，稷、契、夔、龙是也；武功烈，则所以征不庭，威四夷，南仲、方叔是矣。昔伊尹之为媵臣，至贱也，吕尚之处屠钓，至陋也，及其见举于汤武、周文，诚道合志同，玄谟神通，岂复

我听说天地气候适宜，万物便生长；群臣同德，各种政务便成功；五帝的时代并非人人都聪明，夏、商、周三代的末年并非人人都愚蠢，在于对贤才用还是不用，知还是不知。既然时常有选拔贤才之名，而没有得到贤才之实，那么必然各自援引自己的同类向朝廷推荐了。谚语说："丞相家中出丞相，将帅家里出将帅。"丞相，是文德昭著的人；将帅，是武功显赫的人。文德昭著，就可以匡辅朝廷，使国家和乐清明，稷、契、夔、龙就是这样；武功显赫，就可以征伐不服朝廷的人，慑服四方外族，南仲、方叔就是这样。从前伊尹当奴仆之时，是最下贱的；吕尚在杀牛、钓鱼时，是最鄙陋的。等到他们被汤武王、周文王举拔之后，的确是志同道合，心神相通，哪里还要

假近习之荐，因左右之介哉。《书》曰:“有不世之君，必能用不世之臣;用不世之臣，必能立不世之功。”殷周二王是矣。若夫龌龊近步，遵常守故，安足为陛下言哉?故阴阳不和，三光不畅，官旷无人，庶政不整者，三司之责也。疆埸骚动，方隅内侵，没军丧众，干戈不息者，边将之忧也。岂可虚荷国宠而不称其任哉?故任益隆者负益重，位益高者责益深，《书》称“无旷庶官”,《诗》有“职思其忧”,此其义也。

借助亲近之人的推荐，依靠左右侍从的介绍呢。《尚书》上说:“有非常之君，定能用非常之臣;用非常之臣，定能立非常之功。”殷、周的汤王、文王就是这样。至于拘谨、浅陋，遵循常规固守旧制的人，哪里值得向陛下说呢?所以阴阳不调和，三光不顺畅，官位空缺无人，各种政务不能治理好，这是三司的责任。边疆骚乱，邻国内侵，军队败亡，士兵死伤，战争不断，这是守边将领的忧患。怎么可以空受国家的恩宠而不称职呢?所以职务越高，负担也就越重;地位越高，责任也就越大。《尚书》上说“不要让不称职的人任官”,《诗经》有“主掌其事的人承担忧患”的诗句，就是这个意思。

陛下体天真之淑圣，登神机以继统，冀闻《康哉》之词，偃武行文之美。而数年以来，水旱不时，民困衣食，师徒之发，岁岁增调，加东有覆败之军，西有殪没之将，至使蚌蛤浮翔于淮、泗，鼲鼬讙哗于林木。臣每念之，未尝不辍食而挥餐，临觞而搤腕矣。昔汉文发代，疑朝有变，宋昌曰:“内有朱虚、东牟之亲，外有齐、楚、淮南、琅邪，此则磐石之宗，愿王勿疑。”臣伏惟陛下远览姬文二虢之援，中虑周成召、毕之辅，下存宋昌磐石之固。昔骐骥之于吴坂，可谓困矣，及其伯乐相之，孙邮御之，形体不劳而坐取千里。盖伯乐善御马，明君善御臣;伯乐驰千里，明君致太平;诚任贤使能之明效也。若朝司惟良，万机内理，武将行师，方难克弭。

陛下具有天生的美好品德，登上皇位以继承帝业，希望能听到《康哉》的歌声，实行停止战事修明文教的美政。而多年来，水灾旱灾还时不时发生，人民缺衣少食，军队的征发，年年增加，加上东边伐吴的军队失败，西边伐蜀的军队有将军阵亡，以至使蚌蛤在淮水、泗水浮游，鼲鼬在林木上喧哗。我每想到这些，未尝不因心中难过而停止吃饭，面对酒杯而扼腕愤激不已。从前汉文帝从代国出发时，怀疑朝廷有变故，宋昌说:“在内有朱虚侯、东牟侯等亲人，外面有齐王、楚王、淮南王、琅邪王，这些都是坚如磐石的宗族。希望大王不要迟疑。”我希望陛下看看距今较远的周文王有虢仲、虢叔的援助，其次想想周成王有召公奭、毕公高的辅佐，最后再把宋昌关于宗族坚如磐石的说法记在心中。从前骐骥在吴坂，可以说是很困窘的了，等到伯乐发现了它的才能，孙邮驾驭它，形体不受劳累而轻易地日行千里。伯乐善于驾驭马，明君善于使用臣下;伯乐驰骋千里，明君达到太平。这实在是任用贤能的明显的效果。如果朝廷三公很贤良，繁多的政务能处理好，武将统军作战，边疆的战火能够平息，陛下可以在都

陛下可得雍容都城，何事劳动銮驾，暴露于边境哉？

城从容自得，何必劳动銮驾，暴露在边境之上呢？

臣闻“羊质虎皮，见草则悦，见豺则战，忘其皮之虎也”。今置将不良，有似于此。故语曰：“患为之者不知，知之者不得为也。”昔乐毅奔赵，心不忘燕；廉颇在楚，思为赵将。臣生乎乱，长乎军，又数承教于武皇帝，伏见行师用兵之要，不必取孙、吴而暗与之合。窃揆之于心，常愿得一奉朝觐，排金门，蹈玉陛，列有职之臣，赐须臾之间，使臣得一散所怀，摅舒蕴积，死不恨矣。

我听说“羊披上虎皮，看见野草就高兴，看见豺狼就发抖，忘记自己的皮是虎皮了”。现在如果任用的将帅不好，也与这个相似。所以有人说：“怕就怕任事的人不知道做，而知道做的人不能任事。”从前乐毅奔往赵国，内心不忘燕国；廉颇在楚国，心中想着当赵国的将军。我出生于乱世，成长在军中，又屡次在武皇帝面前接受教育，我曾看到他行军用兵的要领，不必取孙武、吴起兵法之书来对照，而与兵法暗合。我在心中揣度，常希望能够在朝廷侍奉，进金门，踏玉阶，排列在有职务的臣子的行列中，陛下给一点点时间询问我的意见，使我能放开胸怀、抒发郁闷之情，我就死也没有遗憾了。

被鸿胪所下发士息书，期会甚急。又闻豹尾已建，戎轩鹜驾，陛下将复劳玉躬，扰挂神思。臣诚竦息，不遑宁处。愿得策马执鞭，首当尘露，撮风后之奇，接孙、吴之要，追慕卜商起予左右，效命先驱，毕命轮毂，虽无大益，冀有小补。然天高听远，情不上通，徒独望青云而拊心，仰高天而叹息耳。屈平曰：“国有骥而不知乘，焉皇皇而更索！”昔管、蔡放诛，周、召作弼；叔鱼陷刑，叔向匡国。三监之衅，臣自当之；二南之辅，求必不远。华宗贵族，藩王之中，必有应斯举者。故《传》曰：“无周公之亲，不得行周公之事。”唯陛下少留意焉。

最近看到鸿胪所下达的征调士兵儿子的文书，限期会合的时间很急迫。又听说皇帝的车驾已安排好了，兵车很快就要出发，陛下又将劳累玉体，烦扰精神。我确实感到忧惧不安，无暇安居。希望能够驱马执鞭，走在前面蒙受风尘雾露，掌握风后的奇计，把握孙、吴用兵的要领，像卜商一样能领会陛下的思想，冒死充当先锋，在车轮之下献出生命，虽然没有大的作用，但希望有小的补益。但上天听觉高远，我的这些真情不能上达，只能是独望青云而捶胸，仰望高天而叹息罢了。屈平说：“国有骐骥而不知乘坐，为什么急急忙忙再寻求其他的马！”从前管叔、蔡叔或流放、或诛杀，而周公、召公辅佐朝政；叔鱼陷入法网，而叔向匡扶国家。“三监”那样的罪过，由我承担；周公、召公那样的辅佐，求取必不遥远。在王室贵族之内，各诸侯王之中，一定有合适的人选。所以古籍上说：“没有周公与成王那种亲近的关系，不能做周公所做的事。”望陛下稍微加以注意。

近者汉氏广建藩王，丰则连城数十，约则餐食祖祭而

近世汉代广泛地设立藩王，大的有数十个城市连在一起，小的仅能供奉祭祀祖先罢了，不如周代

已，未若姬周之树国，五等之品制也。若扶苏之谏始皇，淳于越之难周青臣，可谓知时变矣。夫能使天下倾耳注目者，当权者是矣，故谋能移主，威能慑下。豪右执政，不在亲戚；权之所在，虽疏必重，势之所去，虽亲必轻，盖取齐者田族，非吕宗也。分晋者赵、魏，非姬姓也。唯陛下察之。苟吉专其位，凶离其患者，异姓之臣也。欲国之安，祈家之贵，存共其荣，没同其祸者，公族之臣也。今反公族疏而异姓亲，臣窃惑焉。

封建诸侯国，有五等爵位的制度。至于扶苏规劝秦始皇，淳于越驳斥周青臣，可以说是懂得时势的变化的。能使天下之人倾耳而听，注目而视的人，就是当权者，所以计谋能改变主上的意旨，权威可以使下属慑服。士族中有权力的人执政，政权不在亲戚手中；掌握权力的人，即使原本关系疏远，也一定会得到器重；失去权势的人，即使原本关系亲密，也一定会受到轻视。夺取齐国政权的是田氏家族，不是吕氏宗族。瓜分晋国的是赵、魏，不是姬姓之人。希望陛下予以明察。平安时专心于职位，困厄时避开祸患的人，是异姓之臣。希望国家安定，求得家族显贵，生存时共享荣华，危亡时同受祸患的人，是皇室宗族之臣。现在反而公族疏远而异姓亲近，我私下实在迷惑不解。

臣闻孟子曰："君子穷则独善其身，达则兼善天下。"今臣与陛下践冰履炭，登山浮涧，寒温燥湿，高下共之，岂得离陛下哉？不胜愤懑，拜表陈情。若有不合，乞且藏之书府，不便灭弃，臣死之后，事或可思。若有豪厘少挂圣意者，乞出之朝堂，使夫博古之士，纠臣表之不合义者。如是，则臣愿足矣。

我听说孟子说过："君子政治上的抱负不能够实现就独自修养好自己的品德；政治上的抱负能够实现就要兼利天下的人。"现在我与陛下踏薄冰、踩火炭，登高山、涉深涧，无论寒温燥湿，高高低低都共同对付，怎么会离开陛下呢？心中十分愤懑，谨上表陈述衷情。如果认为不正确，也要求陛下暂且收藏在书府中，不要马上把它废弃。我死之后，我讲的这些话或许还可追思。如果有一丝一毫合陛下的心意之处，请把它拿到朝堂上，让博通古事的人，纠正我表章上不合事理的地方。如果这样，那么我的心愿就满足了。

帝辄优文答报。[18]

皇帝就以好言回复。

其年冬，诏诸王朝六年正月。其二月，以陈四县封植为陈王，邑三千五百户。植每欲求别见独谈，论及时政，幸冀试用，终不能得。既还，怅然绝望。时法制，待藩国既自峻迫，寮属皆贾竖下才，兵人给其残老，大数不过二百人。又植以前过，事事复减半，十一年中

这年冬天，诏命诸王在太和六年正月到京师朝见。二月，将陈郡四县封曹植为陈王，食邑三千五百户。曹植常想要求另见皇上单独叙谈，议论时政，希望能够得到任用，但终究未能实现。返回封地后，心中惆怅绝望。当时法制，对待藩国很苛刻，官吏下属都是些鄙俗无才的人，军士也只给些老弱残兵，最多不超过二百人。曹植又因为以前的过错，各方面待遇又减去一半，在十一年中三次迁徙封国，常常

而三徙都，常汲汲无欢，遂发疾薨，时年四十一。[19]遗令薄葬。以小子志，保家之主也，欲立之。初，植登鱼山，临东阿，喟然有终焉之心，遂营为墓。子志嗣，徙封济北王。景初中诏曰："陈思王昔虽有过失，既克己慎行，以补前阙，且自少至终，篇籍不离于手，诚难能也。其收黄初中诸奏植罪状，公卿已下议尚书、秘书、中书三府、大鸿胪者皆削除之。撰录植前后所著赋颂诗铭杂论凡百余篇，副藏内外。"志累增邑，并前九百九十户。[20]

闷闷不乐，于是发病去世，时年四十一岁。曹植遗嘱要节俭地安葬。他认为小儿子曹志，是个能保存家业的主子，准备立为继承人。以前，曹植登上鱼山，俯瞰东阿，长长叹息，有终老在此的心意，于是在这里营造坟墓。儿子曹志继承封爵，改封为济北王。景初年间下诏书说："陈思王过去虽然有过失，但后来能约束自己、行为谨慎，以弥补以前的错误。而且自始至终，书籍不离于手，真是难能可贵。令收集黄初年间那些上告曹植罪状的奏书，以及公卿以下的官员关于曹植的议论文字，凡收藏在尚书、秘书、中书三府、大鸿胪处的全部销毁。收录曹植前后所著的赋、颂、诗、铭、杂论共一百余篇，抄成副本收藏在朝廷内外的藏书处。"曹志被多次加增食邑，连同以前的共九百九十户。

萧怀王熊，早薨。黄初二年追封谥萧怀公。太和三年，又追封爵为王。青龙二年，子哀王炳嗣，食邑二千五百户。六年薨，无子，国除。

萧怀王曹熊，早已逝世。黄初二年追封谥为萧怀公。太和三年，又追封为王爵。青龙二年，他的儿子哀王曹炳为继承人，食邑二千五百户。青龙六年曹炳去世，没有儿子，王国被取消了。

评曰：任城武艺壮猛，有将领之气。陈思文才富艳，足以自通后叶，然不能克让远防，终致携隙。《传》曰"楚则失之矣。而齐亦未为得也"，其此之谓欤！[21]

评论说：任城王曹彰武艺雄壮勇猛，具有将领的气质。陈思王曹植文才富赡、辞采艳丽，足以流传后世，但是不能谨慎谦让、早加防范，终于招致嫌隙。古籍上说"楚国是失误了，而齐国也并不正确"，说的就是这个吧！

---

①臣松之案桑乾县属代郡，今北虏居之，号为索干之都。

②《魏略》曰：太祖在汉中，而刘备栖于山头，使刘封下挑战。太祖骂曰："卖履舍儿，长使假子拒汝公乎！待呼我黄须来，令击之。"乃召彰。彰晨夜进道，西到长安而太祖已还，从汉中而归。彰须黄，故以呼之。

③《魏略》曰：彰至，谓临菑侯植曰："先王召我者，欲立汝也。"植曰："不可。不见袁氏兄弟乎！"

④《魏略》曰：太子嗣立，既葬，遣彰之国。始彰自以先王见任有功，冀因此遂见授用，而闻当随例，意甚不悦，不待遣而去。时以鄢陵瘠薄，使治中牟。及帝受禅，因封为中牟王。是后大驾幸许昌，北州诸侯上下，皆畏彰之刚严；每过中牟，不敢不速。

⑤《魏氏春秋》曰：初，彰问玺绶，将有异志，故来朝不即得见。彰忿怒暴薨。

⑥楷，泰始初为崇化少府，见《百官名》。

⑦阴澹《魏纪》载植赋曰“从明后而嬉游兮，登层台以娱情。见太府之广开兮，观圣德之所营。建高门之嵯峨兮，浮双阙乎太清。立中天之华观兮，连飞阁乎西城。临漳水之长流兮，望园果之滋荣。仰春风之和穆兮，听百鸟之悲鸣。天云垣其既立兮，家愿得而获逞。扬仁化于宇内兮，尽肃恭于上京。惟桓文之为盛兮，岂足方乎圣明！休矣美矣！惠泽远扬。翼佐我皇家兮，宁彼四方。同天地之规量兮，齐日月之晖光。永贵尊而无极兮，等年寿于东王”云云。太祖深异之。

⑧《魏武故事》载令曰：“始者谓子建，儿中最可定大事。”又令曰：“自临菑侯植私出，开司马门至金门，令吾异目视此儿矣。”又令曰：“诸侯长史及帐下吏，知吾出辄将诸侯行意否？从子建私开司马门来，吾都不复信诸侯也。恐吾适出，便复私出，故摄将行。不可恒使吾以谁为心腹也！”

⑨《典略》曰：杨脩字德祖，太尉彪子也。谦恭才博。建安中，举孝廉，除郎中，丞相请署仓曹属主簿。是时，军国多事，脩总知外内，事皆称意。自魏太子已下，并争与交好。又是时临菑侯植以才捷爱幸，来意投脩，数与脩书，书曰：“数日不见，思子为劳；想同之也。仆少好辞赋，迄至于今二十有五年矣。然今世作者，可略而言也。昔仲宣独步于汉南，孔璋鹰扬于河朔，伟长擅名于青土，公幹振藻于海隅，德琏发迹于大魏，足下高视于上京。当此之时，人人自谓握灵蛇之珠，家家自谓抱荆山之玉也。吾王于是设天网以该之，顿八纮以掩之，今尽集兹国矣。然此数子，犹不能飞翰绝迹，一举千里也。以孔璋之才，不闲辞赋，而多自谓与司马长卿同风，譬画虎不成还为狗者也。前为书嘲之，反作论盛道仆赞其文。夫钟期不失听，于今称之。吾亦不敢妄叹者，畏后之嗤余也。世人著述，不能无病。仆常好人讥弹其文；有不善者，应时改定。昔丁敬礼尝作小文，使仆润饰之，仆自以才不能过若人，辞不为也。敬礼云：‘卿何所疑难乎！文之佳丽，吾自得之。后世谁相知定吾文者邪？’吾常叹此达言，以为美谈。昔尼父之文辞，与人通流；至于制《春秋》，游、夏之徒不能错一字。过此而言不病者，吾未之见也。盖有南威之容，乃可以论于淑媛；有龙渊之利，乃可以议于割断。刘季绪才不逮于作者，而好诋呵文章，掎摭利病。昔田巴毁五帝，罪三王，呰五伯于稷下，一旦而服千人，鲁连一说，使终身杜口。刘生之辩未若田氏，今之仲连求之不难，可无叹息乎！人各有所好尚。兰茝荪蕙之芳，众人之所好，而海畔有逐臭之夫；《咸池》、《六英》之发，众人所乐，而墨翟有非之之论：岂可同哉！今往仆少小所著词赋一通相与。夫街谈巷说，必有可采，击辕之歌，有应风雅，匹夫之思，未易轻弃也。辞赋小道，固未足以揄扬大义，彰示来世也。昔扬子云，先朝执戟之臣耳，犹称‘壮夫不为’也；吾虽薄德，位为藩侯，犹庶几戮力上国，流惠下民，建永世之业，流金石之功，岂徒以翰墨为勋绩，辞颂为君子哉？若吾志不果，吾道不行，亦将采史官之实录，辩时俗之得失，定仁义之衷，成一家之言，虽未能藏之名山，将以传之同好，此要之白首，岂可以今日论乎！其言之不怍，恃惠子之知我也。明早相迎，书不尽怀。”脩答曰：“不侍数日，若弥年载，岂独爱顾之隆，使系仰之情深邪！损辱来命，蔚矣其文。诵读反覆，虽《风》、《雅》、《颂》，不复过也。若仲宣之擅江表，陈氏之跨冀域，徐、刘之显青、豫，应生之发魏国，斯皆然矣。至如脩者，听采风声，仰德不暇，目周章于省览，何惶骇于高视哉？伏惟君侯，少长贵盛，体旦、发之质，有圣善之教。远近观者，徒谓能宣昭懿德，光赞大业而已，不谓复能兼览传记，留思文章。今乃含王超陈，度越数子；观者骇视而拭目，听者倾首而耸耳；非夫体通性达，受之自然，其谁能至于此乎？又尝亲见执事握牍持笔，有所造作，若成诵在心，借书于手，曾不斯须少留思虑。仲尼日月，无得逾焉。脩之仰望，殆如此矣。是以对鹖而辞，作《暑赋》弥日而不献，见西施之容，归憎其貌者也。伏想执事不知其然，猥受顾赐，教使刊定。《春秋》之成，莫能损益。《吕氏》、《淮南》，字直千金；然而弟子钳口，市人拱手者，圣贤卓荦，固所以殊绝凡庸也。今之赋颂，古诗之流，不更孔公，风雅无别耳。脩家子云，老不晓事，强著一书，悔其少

作。若此，仲山、周旦之徒，则皆有愆乎！君侯忘圣贤之显迹，述鄙宗之过言，窃以为未之思也。若乃不忘经国之大美，流千载之英声，铭功景钟，书名竹帛，此自雅量素所蓄也，岂与文章相妨害哉？辄受所惠，窃备蒙瞍诵歌而已。敢忘惠施，以忝庄氏！季绪琐琐，何足以云。”其相往来，如此甚数。植后以骄纵见疏，而植故连缀脩不止，脩亦不敢自绝。至二十四年秋，公以脩前后漏泄言教，交关诸侯，乃收杀之。脩临死，谓故人曰：“我固自以死之晚也。”其意以为坐曹植也。脩死后百余日而太祖薨，太子立，遂有天下。初，脩以所得王髦剑奉太子，太子常服之。及即尊位，在洛阳，从容出宫，追思脩之过薄也，抚其剑，驻车顾左右曰：“此杨德祖昔所说王髦剑也。髦今焉在？”及召见之，赐髦谷帛。

挚虞《文章志》曰：刘季绪名脩，刘表子。官至东安太守。著诗、赋、颂六篇。

臣松之案《吕氏春秋》曰：“人有臭者，其兄弟妻子皆莫能与居，其人自苦而居海上。海上人有悦其臭者，昼夜随之而不能去。”此植所云“逐臭之夫”也。田巴事出《鲁连子》，亦见《皇览》，文多故不载。

《世语》曰：脩年二十五，以名公子有才能，为太祖所器。与丁仪兄弟，皆欲以植为嗣。太子患之，以车载废簏，内朝歌长吴质与谋。脩以白太祖，未及推验。太子惧，告质，质曰：“何患？明日复以簏受绢车内以惑之，脩必复重白，重白必推，而无验，则彼受罪矣。”世子从之，脩果白，而无人，太祖由是疑焉。脩与贾逵、王凌并为主簿，而为植所友。每当就植，虑事有阙，忖度太祖意，豫作答教十余条，敕门下，教出以次答。教裁出，答已入，太祖怪其捷，推问始泄。太祖遣太子及植各出邺城一门，密敕门不得出，以观其所为。太子至门，不得出而还。脩先戒植：“若门不出侯，侯受王命，可斩守者。”植从之。故脩遂以交构赐死。脩子嚣，嚣子凖，皆知名于晋世。嚣，泰始初为典军将军，受心膂之任，早卒。凖字始丘，惠帝末为冀州刺史。

荀绰《冀州记》曰：凖见王纲不振，遂纵酒，不以官事为意，逍遥卒岁而已。成都王知凖不治，犹以其为名士，惜而不责，召以为军谋祭酒。府散停家，关东诸侯议欲以凖补三事，以示怀贤尚德之举。事未施行而卒。凖子峤字国彦，髦字士彦，并为后出之俊。凖与裴頠、乐广善，遣往见之。頠性弘方，爱峤之有高韵，谓凖曰：“峤当及卿，然髦小减也。”广性清淳，爱髦之有神检，谓凖曰：“峤自及卿，然髦尤精出。”凖叹曰：“我二儿之优劣，乃裴、乐之优劣也。”评者以为峤虽有高韵，而神检不逮，广言为得。傅畅云：“峤似凖而疏。”峤弟俊，字惠彦，最清出。峤、髦皆为二千石。俊，太傅掾。

⑩《魏氏春秋》曰：植将行，太子饮焉，逼而醉之。王召植，植不能受王命，故王怒也。

⑪《魏略》曰：丁仪字正礼，沛郡人也。父冲，宿与太祖亲善，时随乘舆。见国家未定，乃与太祖书曰：“足下平生常喟然有匡佐之志，今其时矣。”是时张杨适还河内，太祖得其书，乃引军迎天子东诣许，以冲为司隶校尉。后数来过诸将饮，酒美不能止，醉烂肠死。太祖以冲前见开导，常德之。闻仪为令士，虽未见，欲以爱女妻之，以问五官将。五官将曰：“女人观貌，而正礼目不便，诚恐爱女未必悦也。以为不如与伏波子楙。”太祖从之。寻辟仪为掾，到与论议，嘉其才朗，曰：“丁掾，好士也，即使其两目盲，尚当与女，何况但眇？是吾儿误我。”时仪亦恨不得尚公主，而与临菑侯亲善，数称其奇才。太祖既有意欲立植，而仪又共赞之。及太子立，欲治仪罪，转仪为右刺奸掾，欲仪自裁而仪不能。乃对中领军夏侯尚叩头求哀，尚为涕泣而不能救。后遂因职事收付狱，杀之。

廙字敬礼，仪之弟也。文士传曰：廙少有才姿，博学洽闻。初辟公府，建安中为黄门侍郎。廙尝从容谓太祖曰：“临菑侯天性仁孝，发于自然，而聪明智达，其殆庶几。至于博学渊识，文章绝伦。当今天下之贤才君子，不问少长，皆愿从其游而为之死，实天所以钟福于大魏，而永授无穷之祚也。”欲以劝动太祖。太祖答曰：“植，吾爱之，安能若卿言！吾欲立之为嗣，何如？”廙曰：“此国家之所以兴衰，天下之所以存亡，非愚劣琐贱者所敢与及。廙闻知臣莫若于君，知子莫若于父。至于君不论明暗，父不问贤愚，而能常知其臣子者何？盖由相知非一事一物，相尽非一旦一夕。况明公加之以圣哲，习之以人子。今发明达之命，吐永安之言，可谓上应天命，下合人心，得之于须臾，垂之于万世者也。廙不避斧钺之诛，敢不尽言！”太祖深纳之。

⑫《魏书》载诏曰：“植，朕之同母弟。朕于天下无所不容，而况植乎？骨肉之亲，舍而不诛，其改封植。”

⑬《魏略》曰：初植未到关，自念有过，宜当谢帝。乃留其从官著关东，单将两三人微行，入见清河长公主，欲因主谢。而关吏以闻，帝使人逆之，不得见。太后以为自杀也，对帝泣。会植科头负𫓧锧，徒跣诣阙下，帝及太后乃喜。及见之，帝犹严颜色，不与语，又不使冠履。植伏地泣涕，太后为不乐。诏乃听复王服。

《魏氏春秋》曰：是时待遇诸国法峻。任城王暴薨，诸王既怀友于之痛。植及白马王彪还国，欲同路东归，以叙隔阔之思，而监国使者不听。植发愤告离而作诗曰：“谒帝承明庐，逝将归旧疆。清晨发皇邑，日夕过首阳。伊、洛旷且深，欲济川无梁。泛舟越洪涛，怨彼东路长。回顾恋城阙，引领情内伤。大谷何寥廓，山树郁苍苍。霖雨泥我涂，流潦浩从横。中逵绝无轨，改辙登高冈。修阪造云日，我马玄以黄。玄黄犹能进，我思郁以纡。郁纡将何念？亲爱在离居。本图相与偕，中更不克俱。鸱枭鸣衡轭，豺狼当路衢；苍蝇间白黑，谗巧反亲疏。欲还绝无蹊，揽辔止踟蹰。踟蹰亦何留，相思无终极。秋风发微凉，寒蝉鸣我侧。原野何萧条，白日忽西匿。孤兽走索群，衔草不遑食。归鸟赴高林，翩翩厉羽翼。感物伤我怀，抚心长叹息。叹息亦何为，天命与我违。奈何念同生，一往形不归！孤魂翔故域，灵柩寄京师。存者勿复过，亡没身自衰。人生处一世，忽若朝露晞。年在桑榆间，影响不能追。自顾非金石，咄咤令心悲。心悲动我神，弃置莫复陈。丈夫志四海，万里犹比邻。恩爱苟不亏，在远分日亲。何必同衾帱，然后展殷勤。仓卒骨肉情，能不怀苦辛？苦辛何虑思，天命信可疑。虚无求列仙，松子久吾欺。变故在斯须，百年谁能持？离别永无会，执手将何时？王其爱玉体，俱享黄发期。收涕即长涂，援笔从此辞。”

⑭刘向《说苑》曰：越甲至齐，雍门狄请死之。齐王曰：“鼓铎之声未闻，矢石未交，长兵未接，子何务死？知为人臣之礼邪？”雍门狄对曰：“臣闻之，昔者王田于囿，左毂鸣，车右请死之，王曰：‘子何为死？’车右曰：‘为其鸣吾君也。’王曰：‘左毂鸣者，此工师之罪也。子何事之有焉？’车右对曰：‘吾不见工师之乘，而见其鸣吾君也。’遂刎颈而死。有是乎？”王曰：“有之。”雍门狄曰：“今越甲至，其鸣吾君，岂左毂之下哉？车右可以死左毂，而臣独不可以死越甲邪？”遂刎颈而死。是日，越人引军而退七十里，曰：“齐王有臣，钧如雍门狄，疑使越社稷不血食。”遂归。齐王葬雍门狄以上卿之礼。

⑮臣松之案：秦用败军之将，事显，故不注。鲁连与燕将书曰：“曹子为鲁将，三战三北而亡地五百里，向使曹子计不反顾，义不旋踵，刎颈而死，则亦不免为败军之将矣。曹子弃三北之耻，而退与鲁君计。桓公朝天子，会诸侯，曹子以一剑之任，披桓公之心于坛坫之上，颜色不变，辞气不悖。三战之所亡，一朝而复之。天下震动，诸侯惊骇，威加吴、越。”若此二士者，非不能成小廉而行小节也。”

⑯臣松之案：楚庄掩绝缨之罪，事亦显，故不书。秦穆公有赦盗马事，赵则未闻。盖以秦亦赵姓，故互文以避上“秦”字也。

⑰《魏略》曰：植虽上此表，犹疑不见用，故曰“夫人贵生者，非贵其养体好服，终竟年寿也，贵在其代天而理物也。夫爵禄者，非虚张者也，有功德然后应之，当矣。无功而爵厚，无德而禄重，或人以为荣，而壮夫以为耻。故太上立德，其次立功，盖功德者所以垂名也。名者不灭，士之所利，故孔子有夕死之论，孟轲有弃生之义。彼一圣一贤，岂不愿久生哉？志或有不展也。是用喟然求试，必立功也。呜呼！言之未用，欲使后之君子知吾意者也。”

⑱《魏略》曰：是后大发士息，及取诸国士。植以近前诸国士息已见发，其遗孤稚弱，在者无几，而复被取，乃上书曰：“臣闻古者圣君，与日月齐其明，四时等其信，是以戮凶无重，

赏善无轻，怒若惊霆，喜若时雨，恩不中绝，教无二可，以此临朝，则臣下知所死矣。受任在万里之外，审主之所授官，必己之所以投命，虽有构会之徒，泊然不以为惧者，盖君臣相信之明效也。昔章子为齐将，人有告之反者，威王曰：'不然。'左右曰：'王何以明之？'王曰：'闻章子改葬死母；彼尚不欺死父，顾当叛生君乎？'此君之信臣也。昔管仲亲射桓公，后幽囚从鲁槛车载，使少年挽而送齐。管仲知桓公之必用己，惧鲁之悔，谓少年曰：'吾为汝唱，汝为和，声和声，宜走。'于是管仲唱之，少年走而和之，日行数百里，宿昔而至。至则相齐，此臣之信君也。臣初受封，策书曰：'植受兹青社，封于东土，以屏翰皇家，为魏藩辅。'而所得兵百五十人，皆年在耳顺，或不逾矩，虎贲官骑及亲事凡二百余人。正复不老，皆使年壮，备有不虞，检校乘城，顾不足以自救，况皆复耄耋罢曳乎？而名为魏东藩，使屏翰王室，臣窃自羞矣。就之诸国，国有士子，合不过五百人，伏以为三军益损，不复赖此。方外不定，必当须办者，臣愿将部曲倍道奔赴，夫妻负襁，子弟怀粮，蹈锋履刃，以徇国难，何但习业小儿哉？愚诚以挥涕增河，鼷鼠饮海，于朝万无损益，于臣家计甚有废损。又臣士息前后三送，兼人已竭。惟尚有小儿，七八岁已上，十六七已还，三十余人。今部曲皆年耆，卧在床席，非糜不食，眼不能视，气息裁属者，凡三十七人；疲瘵风靡，疣盲聋聩者，二十三人。惟正须此小儿，大者可备宿卫，虽不足以御寇，粗可以警小盗；小者未堪大使，为可使耘锄秽草，驱护鸟雀。休侯人则一事废，一日猎则众业散，不亲自经营则功不摄；常自躬亲，不委下吏而已。陛下圣仁，恩诏三至，士子给国，长不复发。明诏之下，有若皦日，保金石之恩，必明神之信，画然自固，如天如地。定习业者并复见送，晻若昼晦，怅然失图。伏以为陛下既爵臣百寮之右，居藩国之任，为置卿士，屋名为宫，冢名为陵，不使其危居独立，无异于凡庶。若柏成欣于野耕，子仲乐于灌园；蓬户茅牖，原宪之宅也；陋巷箪瓢，颜子之居也：臣才不见效用，常慨然执斯志焉。若陛下听臣悉还部曲，罢官属，省监官，使解玺释绂，追柏成、子仲之业，营颜渊、原宪之事，居子臧之庐，宅延陵之室。如此，虽进无成功，退有可守，身死之日，犹松、乔也。然伏度国朝终未肯听臣之若是，固当羁绊于世绳，维系于禄位，怀屑屑之小忧，执无已之百念，安得荡然肆志，逍遥于宇宙之外哉？此愿未从，陛下必欲崇亲亲，笃骨肉，润白骨而荣枯木者，惟遂仁德以副前恩诏。"皆遂还之。

⑲植常为琴瑟调歌，辞曰："吁嗟此转蓬，居世何独然！长去本根逝，夙夜无休闲。东西经七陌，南北越九阡，卒遇回风起，吹我入云间。自谓终天路，忽焉下沉渊。惊飙接我出，故归彼中田。当南而更北，谓东而反西，宕宕当何依，忽亡而复存。飘飖周八泽，连翩历五山，流转无恒处，谁知吾苦艰？愿为中林草，秋随野火燔，糜灭岂不痛，愿与根荄连。"

孙盛曰：异哉，魏氏之封建也！不度先王之典，不思藩屏之术，违敦睦之风，背维城之义。汉初之封，或权侔人主，虽云不度，时势然也。魏氏诸侯，陋同匹夫，虽惩七国，矫枉过也。且魏之代汉，非积德之由，风泽既微，六合未一，而彫翦枝干，委权异族，势同痈木，危若巢幕，不嗣忽诸，非天丧也。五等之制，万世不易之典。六代兴亡，曹冏论之详矣。

⑳《志别传》曰：志字允恭，好学有才行。晋武帝为中抚军，迎常道乡公于邺，志夜与帝相见，帝与语，从暮至旦，甚器之。及受禅，改封鄄城公。发诏以志为乐平太守，历章武、赵郡，迁散骑常侍、国子博士，后转博士祭酒。及齐王攸当之藩，下礼官议崇锡之典，志叹曰："安有如此之才，如此之亲，而不得树本助化，而远出海隅者乎？"乃建议以谏，辞旨甚切。帝大怒，免志官。后复为散骑常侍。志遭母忧，居丧尽哀，因得疾病，喜怒失常，太康九年卒，谥曰定公。

㉑鱼豢曰：谚言"贫不学俭，卑不学恭"，非人性分也，势使然耳。此实然之势，信不虚矣。假令太祖防遏植等，在于畴昔，此贤之心，何缘有窥望乎？彰之挟恨，尚无所至。至于植者，岂能兴难？乃令杨脩以倚注遇害，丁仪以希意族灭，哀夫！余每览植之华采，思若有神。以此推之，太祖之动心，亦良有以也。

三国志卷二十 魏书二十

武文世王公传第二十

武皇帝二十五男：卞皇后生文皇帝、任城威王彰、陈思王植、萧怀王熊，刘夫人生丰愍王昂、相殇王铄，环夫人生邓哀王冲、彭城王据、燕王宇，杜夫人生沛穆王林、中山恭王衮，秦夫人生济阳怀王玹、陈留恭王峻，尹夫人生范阳闵王矩，王昭仪生赵王幹，孙姬生临邑殇公子上、楚王彪、刚殇公子勤，李姬生穀城殇公子乘、郿戴公子整、灵殇公子京，周姬生樊安公均，刘姬生广宗殇公子棘，宋姬生东平灵王徽，赵姬生乐陵王茂。

武皇帝有二十五个儿子：卞皇后生文皇帝曹丕、任城威王曹彰、陈思王曹植、萧怀王曹熊，刘夫人生丰愍王曹昂、相殇王曹铄，环夫人生邓哀王曹冲、彭城王曹据、燕王曹宇，杜夫人生沛穆王曹林、中山恭王曹衮，秦夫人生济阳怀王曹玹、陈留恭王曹峻，尹夫人生范阳闵王曹矩，王昭仪生赵王曹幹，孙姬生临邑殇公子曹上、楚王曹彪、刚殇公子曹勤，李姬生穀城殇公子曹乘、郿戴公子曹整、灵殇公子曹京，周姬生樊安公曹均，刘姬生广宗殇公子曹棘，宋姬生东平灵王曹徽，赵姬生乐陵王曹茂。

丰愍王昂字子脩。弱冠举孝廉。随太祖南征，为张绣所害。无子。黄初二年追封，谥曰丰悼公。三年，以樊安公均子琬奉昂后，封中都公。其年徙封长子公。五年，追加昂号曰丰悼王。太和三年改昂谥曰愍王。嘉平六年，以琬袭昂爵为丰王。正元、景元中，累增邑，并前二千七百户。琬薨，谥曰恭王。子廉嗣。

丰愍王曹昂字子脩。二十岁左右时，被荐举为孝廉。跟随太祖南征，被张绣杀害。曹昂没有儿子。黄初二年，追封谥号为丰悼公。黄初三年，让樊安公曹均的儿子曹琬做曹昂的后代，封曹琬为中都公。这一年又改封为长子公。黄初五年，追加曹昂的封号为丰悼王。太和三年将曹昂的谥号改为愍王。嘉平六年，让曹琬承袭曹昂的封爵为丰王。正元、景元年间，多次给他增加食邑，连同以前所封的共计二千七百户。曹琬逝世后，谥号为恭王。他的儿子曹廉做继承人。

相殇王铄，早薨，太和三年追封谥。青龙元年，子愍王潜嗣，其年薨。二年，子怀王偃

相殇王曹铄，去世很早，太和三年追封食邑，追谥名号。青龙元年，他的儿子愍王曹潜做继承人，这年曹潜逝世。青龙二年，曹潜的儿子怀王曹偃做继

嗣，邑二千五百户，四年薨。无子，国除。正元二年，以乐陵王茂子阳都乡公竦继铄后。

邓哀王冲字仓舒。少聪察岐嶷，生五六岁，智意所及，有若成人之智。时孙权曾致巨象，太祖欲知其斤重，访之群下，咸莫能出其理。冲曰："置象大船之上，而刻其水痕所至，称物以载之，则校可知矣。"太祖大悦，即施行焉。时军国多事，用刑严重。太祖马鞍在库，而为鼠所啮，库吏惧必死，议欲面缚首罪，犹惧不免。冲谓曰："待三日中，然后自归。"冲于是以刀穿单衣，如鼠啮者，谬为失意，貌有愁色。太祖问之，冲对曰："世俗以为鼠啮衣者，其主不吉。今单衣见啮，是以忧戚。"太祖曰："此妄言耳，无所苦也。"俄而库吏以啮鞍闻，太祖笑曰："儿衣在侧，尚啮，况鞍县柱乎？"一无所问。冲仁爱识达，皆此类也。凡应罪戮，而为冲微所辨理，赖以济宥者，前后数十。[①]太祖数对群臣称述，有欲传后意。年十三，建安十三年疾病，太祖亲为请命。及亡，哀甚。文帝宽喻太祖，太祖曰："此我之不幸，而汝曹之幸也。"[②]言则流涕，为聘甄氏亡女与合葬，赠骑都尉印绶，命宛侯据子琮奉冲后。二十二年，封琮为邓侯。黄初二年，追赠谥冲曰邓哀侯，又追加号为公。[③]三年，进

承人，食邑二千五百户，青龙四年去世。他没有儿子，封国便取消了。正元二年，让乐陵王曹茂的儿子阳都乡公曹竦做曹铄的后代。

邓哀王曹冲字仓舒。他年幼的时候，就很聪明，长到五六岁时，智力所达到的水平，就与成年人类似了。当时孙权曾送来一只大象，太祖想知道它的重量，询问下属，都不能说出称重量的办法。曹冲说："把象放到大船上，在船身上刻下水痕记号，再用秤称物品放到船上，两者比较就可以知道象的重量了。"太祖很高兴，马上就施行。当时军队、国家多事，用刑很严很重。太祖的马鞍放在武器库中，被老鼠咬坏了，掌管武器库的官吏担心一定会被处死，商量后想把自己两手绑起来去交代自己的罪行，但还是担心不能免死。曹冲对他们说："等过三天，再去投案自首。"曹冲于是用刀刺穿单层的衣服，刺成像老鼠咬破的样子，假装很丧气，脸上现出忧愁的样子。太祖问他，曹冲回答说："社会风俗认为老鼠咬坏了衣服，对主人不吉利。现在单衣被咬坏，所以我忧愁。"太祖说："这是荒诞之言，不要担忧。"过了一会儿，武库官吏将老鼠咬坏马鞍之事告诉太祖，太祖笑着说："我儿子的衣服就在身边，尚且被咬坏了，何况马鞍悬挂在柱子上呢？"全不追问。曹冲待人仁爱、遇事有办法，大都像这一类事。凡是应该判罪受罚，而被曹冲暗中指点处理办法，依靠他的办法而得到宽恕的人，前后有几十位。太祖多次对群臣称赞曹冲，有立他为继承人的意思。建安十三年曹冲十三岁，患病，太祖亲自为他向神灵请求保佑平安。曹冲死后，太祖悲伤极了。曹丕宽慰太祖，太祖说："这是我的不幸，而是你们的幸运。"说着就流泪，为曹冲聘甄氏已死之女与他合葬，赠给他骑都尉的印绶。命宛侯曹据的儿子曹琮为曹冲的后代。建安二十二年，封曹琮为邓侯。黄初二年，追赠谥曹冲为邓哀侯，又追加他封号为公。黄初三年，提高曹

琮爵，徙封冠军公。四年，徙封己氏公。太和五年，加冲号曰邓哀王。景初元年，琮坐于中尚方作禁物，削户三百，贬爵为都乡侯。三年，复为己氏公。正始七年，转封平阳公。景初、正元、景元中，累增邑，并前千九百户。

琮的爵位，改封冠军公。黄初四年，改封己氏公。太和五年，追加曹冲的名号为邓哀王。景初元年，曹琮因到中尚方署制造禁物犯罪，减去食邑三百户，将爵位贬为都乡侯。景初三年，又封为己氏公。正始七年，改封为平阳公。景初、正元、景元年间，多次增加食邑，连同以前所封的共一千九百户。

彭城王据，建安十六年封范阳侯。二十二年，徙封宛侯。黄初二年，进爵为公。三年，为章陵王，其年徙封义阳。文帝以南方下湿，又以环太妃彭城人，徙封彭城。又徙封济阴。五年，诏曰："先王建国，随时而制。汉祖增秦所置郡，至光武以天下损耗，并省郡县。以今比之，益不及焉。其改封诸王，皆为县王。"据改封定陶县。太和六年，改封诸王，皆以郡为国，据复封彭城。景初元年，据坐私遣人诣中尚方作禁物，削县二千户。④三年，复所削户邑。正元、景元中累增邑，并前四千六百户。

彭城王曹据，建安十六年封为范阳侯。建安二十二年，改封宛侯。黄初二年，提升为公爵。黄初三年，封为章陵王，这一年又改封到义阳县。文帝因南方潮湿，又因环太妃是彭城人，便将曹据改封到彭城。之后又改封到济阴。黄初五年，文帝下诏说："先王分封诸侯国，根据时代的变化而制定制度。汉高祖在秦所设郡的基础上又增设了郡，到光武帝时由于天下耗费太大，合并减省了一些郡县。用今天的情况与东汉相比，郡县的数目更是比不上。从现在起改封诸王都为县王。"曹据改封到定陶县。太和六年，又改封诸王，都以郡作为王国，曹据又封给彭城国。景初元年，曹据因私自派人到中尚方署制作禁物，削减县邑二千户。景初三年，又恢复了所削减的户邑。正元、景元年间多次增加食邑，连同以前所封的共计四千六百户。

燕王宇字彭祖。建安十六年，封都乡侯。二十二年，改封鲁阳侯。黄初二年，进爵为公。三年，为下邳王。五年，改封单父县。太和六年，改封燕王。明帝少与宇同止，常爱异之。及即位，宠赐与诸王殊。青龙三年，征入朝。景初元年，还邺。二年夏，复征诣京都。冬十二月，明帝疾笃，拜宇为大将军，属以后事。受署四日，宇深固

燕王曹宇字彭祖。建安十六年，封为都乡侯。建安二十二年，改封为鲁阳侯。黄初二年，提升为公爵。黄初三年，封为下邳王。黄初五年，改封到单父县。太和六年，改封为燕王。明帝少年时与曹宇居住在一起，平时很喜爱他。到明帝即位，对曹宇的宠爱与赏赐不同于其他王侯。青龙三年，征召曹宇进入朝廷。景初元年，曹宇回到邺城。景初二年夏天，明帝又征召曹宇到京都。这年冬十二月，明帝病重，任命曹宇为大将军，将后事嘱托给他。曹宇受官四天，坚持要让位；明帝也改变了想法，于是免除了曹宇

让；帝意亦变，遂免宇官。三年夏，还邺。景初、正元、景元中，累增邑，并前五千五百户。常道乡公奂，宇之子，入继大宗。

的官职。景初三年夏天，曹宇回到邺城。景初、正元、景元年间，多次给曹宇增加食邑，连同以前所封的共计五千五百户。常道乡公曹奂，是曹宇的儿子，入朝为明帝的继承人。

沛穆王林，建安十六年封饶阳侯。二十二年，徙封谯。黄初二年，进爵为公。三年，为谯王。五年，改封谯县。七年，徙封鄄城。太和六年，改封沛。景初、正元、景元中，累增邑，并前四千七百户。林薨，子纬嗣。⑤

沛穆王曹林，建安十六年封为饶阳侯。建安二十二年，改封到谯县。黄初二年，进封为公爵。黄初三年，封为谯王。黄初五年，改封谯县。黄初七年，改封到鄄城。太和六年，改封到沛国。景初、正元、景元年间，多次给曹林增加食邑，连同以前所封的共计四千七百户。曹林死后，儿子曹纬为继承人。

中山恭王衮，建安二十一年封平乡侯。少好学，年十余岁能属文。每读书，文学左右常恐以精力为病，数谏止之，然性所乐，不能废也。二十二年，徙封东乡侯，其年又改封赞侯。黄初二年，进爵为公，官属皆贺，衮曰："夫生深宫之中，不知稼穑之艰难，多骄逸之失。诸贤既庆其休，宜辅其阙。"每兄弟游娱，衮独覃思经典。文学防辅相与言曰："受诏察公举错，有过当奏，及有善，亦宜以闻，不可匿其美也。"遂共表称陈衮美。衮闻之，大惊惧，责让文学曰："修身自守，常人之行耳，而诸君乃以上闻，是适所以增其负累也。且如有善，何患不闻，而遽共如是，是非益我者。"其戒慎如此。三年，为北海王。其年，黄龙见邺西漳水，衮上书赞颂。诏赐黄金十斤，诏曰："昔唐叔归禾，东平献颂，斯皆骨肉赞美，以彰懿亲。王研精坟典，耽

中山恭王曹衮，建安二十一年封为平乡侯。他少年时便很喜欢学习，在十多岁时就能写文章。每当他读书，文学和左右侍从人员常常担心他过多损耗精力而生病，多次劝阻他，但他生性爱好读书，不能放弃。建安二十二年，改封东乡侯，这一年又改封为赞侯。黄初二年，进封为公爵，官员们都向他祝贺，曹衮说："我生长在深宫中，不知道耕种收获的艰辛困难，多有骄横、放逸的过失。各位既已庆贺此美善之事，还应帮助我改正缺失。"每当兄弟们游玩娱乐时，唯独曹衮深思典籍。文学和防辅一起商量说："我们受皇上之命了解公的举止，他有过错应当上奏，他有善行，也应该让皇上知道，不能埋没他的美德。"于是一道上表称曹衮的美德。曹衮听说后，非常惊恐，责备文学说："提高品德修养完善自己，这不过是普通人的行为，而你们却奏闻皇上，这恰恰增重了我的负担啊。况且如果有善行，何必担心不被人知道，而你们竟然急急忙忙地这么办，这并不是帮助我。"他就是这样的戒备和谨慎。黄初三年，封为北海王。这一年，黄龙出现在邺城西边的漳水中，曹衮上书赞颂。文帝下诏赐给黄金十斤，诏书上说："从前唐叔馈送嘉禾，东平王刘苍进献《光武受命中兴颂》，这都是对皇室骨肉之亲的赞美，来表彰皇室之德。你探究、精通古代典籍，执著地追求、钻研真理，文采焕发，我十分欣赏。希望你能谨守大德，永远保持美好的名声。"黄初四年，改封曹衮为

味道真，文雅焕炳，朕甚嘉之。王其克慎明德，以终令闻。”四年，改封赞王。七年，徙封濮阳。太和二年就国，尚约俭，教敕妃妾纺绩织纴，习为家人之事。五年冬，入朝。六年，改封中山。

赞王。黄初七年，改封到濮阳县。太和二年曹衮回到自己的封国，推崇节俭，教育妃妾们从事纺织缝纫，练习做家务事。太和五年冬季，到京都朝见皇上。太和六年，改封到中山国。

初，衮来朝，犯京都禁。青龙元年，有司奏衮。诏曰：“王素敬慎，邂逅至此，其以议亲之典议之。”有司固执。诏削县二，户七百五十。[6]衮忧惧，戒敕官属愈谨。帝嘉其意，二年，复所削县。三年秋，衮得疾病，诏遣太医视疾，殿中、虎贲赍手诏、赐珍膳相属，又遣太妃、沛王林并就省疾。衮疾困，敕令官属曰：“吾寡德忝宠，大命将尽。吾既好俭，而圣朝著终诰之制，为天下法。吾气绝之日，自殡及葬，务奉诏书。昔卫大夫蘧瑗葬濮阳，吾望其墓，常想其遗风，愿托贤灵以弊发齿，营吾兆域，必往从之。《礼》：男子不卒妇人之手。亟以时成东堂。”堂成，名之曰遂志之堂，舆疾往居之。又令世子曰：“汝幼少，未闻义方，早为人君，但知乐，不知苦；不知苦，必将以骄奢为失也。接大臣，务以礼。虽非大臣，老者犹宜答拜。事兄以敬，恤弟以慈。兄弟有不良之行，当造膝谏之；谏之不从，流涕喻之；喻之不改，乃白其母。若犹不改，当以奏闻，并辞国土。与其守宠

起初，曹衮来京都朝见皇上，违反了京都的禁令。青龙元年，官吏将曹衮违禁之事上奏。明帝下诏说：“中山王向来严肃谨慎，偶然疏忽以至于此，可按照处理皇室宗亲的制度进行处理。”官吏坚持自己的意见。明帝下诏减去二县，七百五十户。曹衮忧虑恐惧，更加谨慎地告诫和约束他的下属。明帝很赞赏他的这种思想，青龙二年又恢复了所减去的县。青龙三年的秋天，曹衮得了病，明帝下令派遣太医去看病，又接二连三地派殿中监、虎贲拿着亲手写的诏书进行慰问，并赐给珍贵的饮食，又派杜太妃、沛王曹林一起去探视曹究的病情。曹衮病得很厉害，他告诫、命令属官们说：“我无德而受恩宠，寿命快要完了。我喜欢节俭，而圣朝有关于丧葬的制度，是天下人共同遵守的准则。我断气之日，从停放灵柩一直到安葬，务必按诏书办事。从前卫国的大夫蘧瑗安葬在濮阳，我看到他的坟墓，常常想起他的风范，我希望借他的贤灵来遮蔽我的遗骸。我的坟墓，一定要建造在他的坟墓那里。《礼记》上说：男子不应该死在妇人的手上。赶快抓紧时间为我在东边修一座殿堂。”殿堂建成后，取名“遂志之堂”，曹衮抱病登车前往居住。他又命令长子说：“你年纪幼小，不懂得办事的规矩法度，这么早便当别人的主人，只知道欢乐，不知道艰苦；不知道艰苦，就一定会有骄横、奢侈的过失。接触大臣，一定要以礼相待。即使不是大臣，是老年人，也应该答拜。侍奉兄长要尊敬，体恤弟弟要慈爱；兄弟如有不良的品行，应该当面规劝他；规劝了还不听从，应当流着眼泪去开导他；开导了还不改正，就去告诉他的母亲。如果还不改正，就应当奏闻皇上，并且辞去国土。与其守

罹祸，不若贫贱全身也。此亦谓大罪恶耳，其微过细故，当掩覆之。嗟尔小子，慎修乃身，奉圣朝以忠贞，事太妃以孝敬。闺闱之内，奉令于太妃；阃阈之外，受教于沛王。无怠乃心，以慰予灵。"其年薨。诏沛王林留讫葬，使大鸿胪持节典护丧事，宗正吊祭，赠赗甚厚。凡所著文章二万余言，才不及陈思王而好与之侔。子孚嗣。景初、正元、景元中，累增邑，并前三千四百户。

着皇上所给的宠爱而遭受祸患，不如过着贫贱的生活而保全自身。这是就犯大的罪恶而言，如果他们犯的是细枝末节的过错，就应当掩盖起来。唉，你这孩子，你要谨慎地提高自身修养，用忠诚之心侍奉朝廷，用孝敬之心侍奉太妃。在宫廷之内，要接受太妃的指令；在家门之外，要接受沛王的教诲。思想切不可怠惰，以此安慰我的在天之灵。"这年，曹衮逝世。明帝下诏命沛王曹林留下办完丧事，派大鸿胪持皇帝符节主持丧事，派宗正吊唁、祭祀，赠送了许多送葬之物。曹衮所著文章共两万多字，他的文才比不上陈思王曹植，但他喜欢与曹植相比。他的儿子曹孚为继承人。景初、正元、景元年间，多次增加食邑，连同以前所封的共三千四百户。

济阳怀王玹，建安十六年封西乡侯。早薨，无子。二十年，以沛王林子赞袭玹爵邑，早薨，无子。文帝复以赞弟壹绍玹后。黄初二年，改封济阳侯。四年，进爵为公。太和四年，追进玹爵，谥曰怀公。六年，又进号曰怀王，追谥赞曰西乡哀侯。壹薨，谥曰悼公。子恒嗣。景初、正元、景元中，累增邑，并前千九百户。

济阳怀王曹玹，建安十六年封为西乡侯。他去世很早，没有儿子。建安二十年，让沛王曹林的儿子曹赞承袭曹玹的爵位和食邑，曹赞也很早去世，没有儿子。文帝又让曹赞的弟弟曹壹做曹玹的后代。黄初二年，曹壹改封为济阳侯。黄初四年，进封为公爵。太和四年，追进曹玹的爵位，谥号为怀公。太和六年，又进号为怀王，追谥曹赞为西乡哀侯。曹壹逝世后，谥号为悼公。他的儿子曹恒为继承人。景初、正元、景元年间，多次增加食邑，连同以前所封的共一千九百户。

陈留恭王峻字子安，建安二十一年封郿侯。二十二年，徙封襄邑。黄初二年，进爵为公。三年，为陈留王。五年，改封襄邑县。太和六年，又封陈留。甘露四年薨。子澳嗣。景初、正元、景元中，累增邑，并前四千七百户。

陈留恭王曹峻字子安，建安二十一年封为郿侯。建安二十二年，改封到襄邑。黄初二年，进封为公爵。黄初三年，封为陈留王。黄初五年，改封襄邑县。太和六年，又改封陈留国。甘露四年逝世，儿子曹澳为继承人。景初、正元、景元年间，多次增加食邑，连同以前所封的共四千七百户。

范阳闵王矩，早薨，无子。建安二十二年，以樊安公均子敏奉矩后，封临晋侯。黄初三年，追封谥矩为范阳闵公。五

范阳闵王曹矩，逝世很早，没有儿子。建安二十二年，让樊安公曹均的儿子曹敏做曹矩的后代，封为临晋侯。黄初三年，追封追谥曹矩为范阳闵公。黄

年,改封敏范阳王。七年,徙封句阳,太和六年,追进矩号曰范阳闵王,改封敏琅邪王。景初、正元、景元中,累增邑,并前三千四百户。敏薨,谥曰原王。子焜嗣。

赵王幹,建安二十年封高平亭侯。二十二年,徙封赖亭侯。其年改封弘农侯。黄初二年,进爵,徙封燕公。⑦三年,为河间王。五年,改封乐城县。七年,徙封钜鹿。太和六年,改封赵王。幹母有宠于太祖。及文帝为嗣,幹母有力。文帝临崩,有遗诏,是以明帝常加恩意。青龙二年,私通宾客,为有司所奏,赐幹玺书诫诲之,曰:“《易》称‘开国承家,小人勿用’,《诗》著‘大车惟尘’之诫。自太祖受命创业,深睹治乱之源,鉴存亡之机,初封诸侯,训以恭慎之至言,辅以天下之端士,常称马援之遗诫,重诸侯宾客交通之禁,乃使与犯妖恶同。夫岂以此薄骨肉哉?徒欲使子弟无过失之愆,士民无伤害之悔耳。高祖践阼,祗慎万机,申著诸侯不朝之令。朕感诗人《常棣》之作,嘉《采菽》之义,亦缘诏文曰‘若有诏得诣京都’,故命诸王以朝聘之礼。而楚、中山并犯交通之禁,赵宗、戴捷咸伏其辜。近东平王复使属官殴寿张吏,有司举奏,朕裁削县。今有司以曹纂、王乔等因九族时节,集会王

初五年,改封曹敏为范阳王。黄初七年,改封到句阳县,太和六年,追授曹矩的名号为范阳闵王,改封曹敏为琅邪王。景初、正元、景元年间,多次增加食邑,连同以前所封的共计三千四百户。曹敏逝世后,谥号为原王。儿子曹焜为继承人。

赵王曹幹,建安二十年封为高平亭侯。建安二十二年,改封赖亭侯,这一年又改封为弘农侯。黄初二年,晋升爵位,改封为燕公。黄初三年,封为河间王。黄初五年,改封乐城县。黄初七年,改封到钜鹿。太和六年,改封为赵王。曹幹的母亲受太祖的宠爱。到曹丕定为继承人时,曹幹的母亲出了力。曹丕临死时,写了遗诏,因此明帝常对曹幹加以爱护。青龙二年,曹幹与宾客私自交往,被官吏奏闻皇上,明帝赐给曹幹诏书告诫他说:“《周易》上说‘开创国家,承传家业,都不能用小人’,《诗经》上写有‘大车的尘土遮蔽人的眼睛’的告诫。自从太祖接受天命创立国家基业以来,他深刻地看到治乱的根源,观察到存亡的关键,开始分封诸侯时,就用恭敬、谨慎从事的话来训示诸侯,用天下的正直之士来辅佐诸侯,常常称述马援留下的告诫,很重视禁止诸侯与宾客之间的交接往来。将这种私自与宾客的往来与犯邪恶之罪同等看待。难道是以此薄待自己的亲骨肉吗?只是想使子弟没有什么过失,使士民不产生被伤害的灾祸罢了。高祖登上帝位后,很恭敬谨慎地处理各种政务,颁发了诸侯不得朝见的命令。我有感于诗人作《常棣》之诗,赞赏《采菽》的大义,便下诏说‘如果有诏书可到京都来’,所以定下诸王可以定期朝见的礼制。而楚王、中山王都违反了不准私相交接往来的禁令,赵宗、戴捷都被判了罪。近来东平王又指使属官殴打寿张县吏,官吏检举上奏,我已裁减了他的县邑。现在官吏上奏曹纂、王乔等人乘九族相会时节,集会在你的家中,或者不是在

家,或非其时,皆违禁防。朕惟王幼少有恭顺之素,加受先帝顾命,欲崇恩礼,延乎后嗣,况近在王之身乎？且自非圣人,孰能无过？已诏有司宥王之失。古人有言:'戒慎乎其所不睹,恐惧乎其所弗闻,莫见乎隐,莫显乎微,故君子慎其独焉。'叔父兹率先圣之典,以纂乃先帝之遗命,战战兢兢,靖恭厥位,称朕意焉。"景初、正元、景元中,累增邑,并前五千户。

临邑殇公子上,早薨。太和五年,追封谥。无后。

楚王彪字朱虎。建安二十一年,封寿春侯。黄初二年,进爵,徙封汝阳公。三年,封弋阳王。其年徙封吴王。五年,改封寿春县。七年,徙封白马。太和五年冬,朝京都。六年,改封楚。初,彪来朝,犯禁,青龙元年,为有司所奏,诏削县三,户千五百。二年,大赦,复所削县。景初三年,增户五百,并前三千户。嘉平元年,兖州刺史令狐愚与太尉王凌谋迎彪都许昌。语在《凌传》。乃遣傅及侍御史就国案验,收治诸相连及者。廷尉请征彪治罪。于是依汉燕王旦故事,使兼廷尉大鸿胪持节赐彪玺书切责之,使自图焉。[8]彪乃自杀。妃及诸子皆免为庶人,徙平原。彪之官属以下及监国谒者,坐知情无辅导之义,皆伏诛。国除为淮

相会的节日集会,这都是违反禁令的。我考虑到你从小就有恭敬、顺从的品质,加上我受先帝的遗诏,要对你施以恩礼,并延续到后代,何况近在你自身呢？并且如果不是圣人,谁能没有过错？我已下诏有关官吏宽恕你的过失。古人有言:'在无人看见的地方也要谨慎行事,在无人听见的地方也要诚惶诚恐,不要让过失表现在隐蔽之处,不要让过失显露在细微之所,所以君子在独处时也谨慎守道。'叔父现在要遵循先圣留下的典则,承受先帝的遗命,十分小心谨慎,恭敬地对待你的职位,以让我满意。"景初、正元、景元年间,多次增加曹幹的食邑,连同以前所封的共计五千户。

临邑殇公子曹上,去世很早。太和五年,追封爵位、追赠谥号。他没有后代。

楚王曹彪字朱虎。建安二十一年,封为寿春侯。黄初二年,晋封爵位,改封汝阳公。黄初三年,封为弋阳王。这一年又改封吴王。黄初五年,改封到寿春县。黄初七年,改封白马县。太和五年冬天,到京都朝见皇上。太和六年,改封楚王。起初,曹彪来朝见皇上,违反了禁令,青龙元年,被官吏奏闻朝廷,明帝下诏削减曹彪三个县,一千五百户。青龙二年,遇到大赦,又恢复了削减的县。景初三年,增加五百户,连同以前所封的共三千户。嘉平元年,兖州刺史令狐愚与太尉王凌商议迎奉曹彪为帝,建都许昌。这件事记载在《王凌传》。朝廷便派傅和侍御史到楚国查考、取证并逮捕、审理那些有牵连的人。廷尉请求征召曹彪治罪,于是按照汉代燕王刘旦谋反被赐死的旧例,派兼廷尉大鸿胪持皇帝符节赐给曹彪诏书严厉地指责他,要他自行裁决。曹彪便自杀了。妃子及他的儿子们都被贬为平民,迁居到平原县。曹彪的官属部下以及监国谒者,因为知道内情而又不加以劝阻、开导,全都被杀。取消王国改为淮南郡。正

南郡。正元元年诏曰:“故楚王彪,背国附奸,身死嗣替,虽自取之,犹哀矜焉。夫含垢藏疾,亲亲之道也,其封彪世子嘉为常山真定王。”景元元年,增邑,并前二千五百户。⑨

元元年皇帝下诏书曰:“已故楚王曹彪,背叛国家依附奸人,招致自身死亡、后嗣废除,虽然咎由自取,但我还是很哀怜他。宽容亲属的缺点、过失,这是爱护亲属的正确态度,现封曹彪的嫡长子曹嘉为常山真定王。”景元元年,给曹嘉增加食邑,连同以前所封的共计二千五百户。

刚殇公子勤,早薨。太和五年追封谥。无后。

刚殇公子曹勤,去世很早。太和五年追封食邑、追赠谥号。他没有后代。

榖城殇公子乘,早薨。太和五年追封谥。无后。

榖城殇公子曹乘,去世很早。太和五年追封食邑、追赠谥号。他没有后代。

郿戴公子整,奉从叔父郎中绍后。建安二十二年,封郿侯。二十三年薨,无子。黄初二年追进爵,谥曰戴公。以彭城王据子范奉整后。三年,封平氏侯。四年,徙封成武。太和三年,进爵为公。青龙三年薨。谥曰悼公。无后。四年,诏以范弟东安乡公阐为郿公,奉整后。正元、景元中,累增邑,并前千八百户。

郿戴公子曹整,定为堂叔父郎中曹绍的后代。建安二十二年,封为郿侯。二十三年逝世,没有儿子。黄初二年追升他的爵位,谥号为戴公。让彭城王曹据的儿子曹范做曹整的后代。黄初三年,曹范被封为平氏侯。黄初四年,改封到成武。太和三年,晋封为公爵。青龙三年逝世,谥号为悼公。没有后代。青龙四年,皇帝下诏书以曹范的弟弟东安乡公曹阐为郿公,作为曹整的后代。正元、景元年间,多次增加食邑。连同以前所封的共计一千八百户。

灵殇公子京,早薨。太和五年追封谥。无后。

灵殇公子曹京,去世很早。太和五年追封食邑、追赠谥号。他没有后代。

樊安公均,奉叔父蓟恭公彬后。建安二十二年,封樊侯。二十四年薨。子抗嗣。黄初二年,追进公爵,谥曰安公。三年,徙封抗蓟公。四年,徙封屯留公。景初元年薨,谥曰定公。子谌嗣。景初、正元、景元中,累增邑,并前千九百户。

樊安公曹均,定为叔父蓟恭公曹彬的后代。建安二十二年,封为樊侯。建安二十四年逝世。他的儿子曹抗为继承人。黄初二年追升曹均为公爵,谥号为安公。黄初三年,改封曹抗为蓟公。黄初四年,改封屯留公。景初元年逝世,谥号为定公。儿子曹谌为继承人。景初、正元、景元年间,多次增加食邑,连同以前所封的共计一千九百户。

广宗殇公子棘,早薨。太和五年追封谥。无后。

广宗殇公子曹棘,去世很早。太和五年追封食邑、追赠谥号。他没有后代。

东平灵王徽,奉叔公朗陵哀侯玉后。建安二十二年,封历城侯。黄初二年,进爵为公。

东平灵王曹徽,定为叔父朗陵哀侯曹玉的后代。建安二十二年,封为历城侯。黄初二年,晋封为公爵。黄初三年,封为庐江王。黄初四年,改封为寿

三年，为庐江王。四年，徙封寿张王。五年，改封寿张县。太和六年，改封东平。青龙二年，徽使官属挝寿张县吏，为有司所奏。诏削县一，户五百。其年复所削县。正始三年薨。子翕嗣。景初、正元、景元中，累增邑，并前三千四百户。⑩

张王。黄初五年，改封寿张县。太和六年，改封为东平王。青龙二年，曹徽指使他的官属殴打寿张县吏，被官吏奏闻朝廷。皇帝下诏削减曹徽一个县，五百户。这一年又恢复了所削减的县。正始三年逝世。儿子曹翕为继承人。景初、正元、景元年间，多次增加食邑，连同以前所封的共计三千四百户。

乐陵王茂，建安二十二年封万岁亭侯。二十三年，改封平舆侯。黄初三年，进爵，徙封乘氏公。七年，徙封中丘。茂性傲佷，少无宠于太祖。及文帝世，又独不王。太和元年，徙封聊城公，其年为王。诏曰："昔象之为虐至甚，而大舜犹侯之有庳。近汉氏淮南、阜陵，皆为乱臣逆子，而犹或及身而复国，或至子而锡土。有虞建之于上古，汉文、明、章行之乎前代，斯皆敦叙亲亲之厚义也。聊城公茂少不闲礼教，长不务善道。先帝以为古之立诸侯也，皆命贤者，故姬姓有未必侯者，是以独不王茂。太皇太后数以为言。如闻茂顷来少知悔昔之非，欲修善将来。君子与其进，不保其往也。今封茂为聊城王，以慰太皇太后下流之念。"六年，改封曲阳王。正始三年，东平灵王薨，茂称嗌痛，不肯发哀，居处出入自若。有司奏除国土，诏削县一，户五百。五年，徙封乐陵，诏以茂租奉少，诸子多，复所削户，又增户七百。嘉平、正元、景元

乐陵王曹茂，建安二十二年封万岁亭侯。建安二十三年，改封平舆侯。黄初三年，晋封爵位，改封乘氏公。黄初七年，改封到中丘县。曹茂生性骄横、狠毒，从小不受太祖的宠爱。到文帝在位时，又唯独不封他为王。太和元年，改封为聊城公，这一年被封为王。明帝下诏书说："从前象为害到了极点，而大舜还是把他封到有庳为诸侯。近代汉朝到淮南王刘长、阜陵王刘延，都是叛乱之臣、忤逆之子，但朝廷还是让他们或在自身这一代就恢复了王国，或到儿子这一代就赐给了国土。大舜在上古做出榜样，汉文帝、明帝、章帝在我们前一代加以实行，这都表现出使亲族各有其位、爱护亲族的深厚情谊。聊城公曹茂从小不习礼教，年长后又不走正道。先帝认为古代建立诸侯国，都是任命贤者，所以周代姬姓宗族不一定都封为诸侯，因而唯独不封曹茂为王。太皇太后曾多次谈起此事。听说曹茂近来对过去的错误已稍有悔悟，并准备以后从善。君子赞许别人的进步，而不老是把眼光停留在别人的过去。现封曹茂为聊城王，以告慰太皇太后对子孙的关心。"太和六年，改封曲阳王。正始三年，东平灵王逝世，曹茂自称咽喉痛，不肯哀泣，他的行止出入仍和平时一样。官吏上奏要求削除他的国土，皇帝下诏削减他一个县，五百户。正始五年，改封乐陵，下诏书说因曹茂租税收入少，儿子多，恢复所削减的户口，又增加七百户。嘉平、正元、景元年间，多次增加食邑，连同

中，累增邑，并前五千户。

以前所封的共计五千户。

文皇帝九男：甄氏皇后生明帝，李贵人生赞哀王协，潘淑媛生北海悼王蕤，朱淑媛生东武阳怀王鉴，仇昭仪生东海定王霖，徐姬生元城哀王礼，苏姬生邯郸怀王邕，张姬生清河悼王贡，宋姬生广平哀王俨。

文皇帝九个儿子：甄氏皇后生明帝曹叡，李贵人生赞哀王曹协，潘淑媛生北海悼王曹蕤，朱淑媛生东武阳怀王曹鉴，仇昭仪生东海定王曹霖，徐姬生元城哀王曹礼，苏姬生邯郸怀王曹邕，张姬生清河悼王曹贡，宋姬生广平哀王曹俨。

赞哀王协，早薨。太和五年追封谥曰经殇公。青龙二年，更追改号谥。三年，子殇王寻嗣。景初三年，增户五百，并前三千户。正始九年薨。无子。国除。

赞哀王曹协，去世很早。太和五年追封谥号为经殇公。青龙二年，再追改谥号。青龙三年，他的儿子殇王曹寻为继承人。景初三年，增加五百户，连同以前所封的共计三千户。正始九年曹寻去世。他没有儿子。王国被取消。

北海悼王蕤，黄初七年，明帝即位，立为阳平县王。太和六年，改封北海。青龙元年薨。二年，以琅邪王子赞奉蕤后，封昌乡公。景初二年，立为饶安王。正始七年，徙封文安。正元、景元中，累增邑，并前三千五百户。

北海悼王曹蕤，黄初七年，明帝继承帝位后，被立为阳平县王。太和六年，改封北海王。青龙元年曹蕤去世。青龙二年，让琅邪王的儿子曹赞做曹蕤的后代，封为昌乡公。景初二年，封为饶安王。正始七年，改封为文安王。正元、景元年间，多次增加食邑，连同以前所封的共计三千五百户。

东武阳怀王鉴，黄初六年立。其年薨。青龙三年赐谥。无子。国除。

东武阳怀王曹鉴，黄初六年所封。这一年曹鉴去世。青龙三年赐给谥号。他没有儿子。王国被取消。

东海定王霖，黄初三年立为河东王。六年，改封馆陶县。明帝即位，以先帝遗意，爱宠霖异于诸国。而霖性粗暴，闺门之内，婢妾之间，多所残害。太和六年，改封东海。嘉平元年薨。子启嗣。景初、正元、景元中，累增邑，并前六千二百户。高贵乡公髦，霖之子也，入继大宗。

东海定王曹霖，黄初三年封为河东王。黄初六年，改封馆陶县。明帝继承帝位后，按照先帝的遗愿，对曹霖的宠爱超过其他的王。而曹霖性情粗暴，对使女、妻妾，常加残害。太和六年，改封为东海王。嘉平元年，曹霖去世。他的儿子曹启为继承人。景初、正元、景元年间，多次增加食邑，连同以前所封的共计六千二百户。高贵乡公曹髦，是曹霖的儿子，后进入朝廷继承帝位。

元城哀王礼，黄初二年封秦公，以京兆郡为国。三年，改为京兆王。六年，改封元城王。太和三年薨。五年，以任城王楷子悌嗣礼后。六年，改封梁王。景初、正元、景元中，累增邑，并前四千五百户。

元城哀王曹礼，黄初二年封为秦公，以京兆郡为封国。黄初三年，改封为京兆王。黄初六年，改封为元城王。太和三年去世。太和五年，让任城王曹楷的儿子曹悌做曹礼的后代。太和六年，改封曹悌为梁王。景初、正元、景元年间，多次增加食邑，连同以前所封的共计四千五百户。

邯郸怀王邕，黄初二年封淮南公，以九江郡为国。三年，进为淮南王。四年，改封陈。六年，改封邯郸。太和三年薨。五年，以任城王楷子温嗣邕后。六年，改封鲁阳。景初、正元、景元中，累增邑，并前四千四百户。

邯郸怀王曹邕，黄初二年封为淮南公，以九江郡作为封国。黄初三年，进封为淮南王。黄初四年，改封为陈王。黄初六年，改封为邯郸王。太和三年去世。太和五年，将任城王曹楷的儿子曹温做曹邕的后代。太和六年，改封曹温为鲁阳王。景初、正元、景元年间，多次增加食邑，连同以前所封的共计四千四百户。

清河悼王贡，黄初三年封。四年薨。无子。国除。

清河悼王曹贡，黄初三年受封。黄初四年去世。没有儿子。王国被取消。

广平哀王俨，黄初三年封。四年薨。无子。国除。

广平哀王曹俨，黄初三年受封。黄初四年去世。没有儿子。王国被取消。

评曰：魏氏王公，既徒有国土之名，而无社稷之实，又禁防壅隔，同于囹圄；位号靡定，大小岁易；骨肉之恩乖，《常棣》之义废。为法之弊，一至于此乎！⑪

评论说：魏代的王公，只是名义上有国土，而实际上并不拥有国家，又加上朝廷防范严格，使他们各自隔离如同牢狱一般；爵位、名号没有固定，时大时小，年年加以改变；使骨肉之间的感情不和谐，废弃了《常棣》篇所提倡的兄弟情义。制度的弊端，竟到了这样的程度！

---

①《魏书》曰：冲每见当刑者，辄探睹其冤枉之情而微理之。及勤劳之吏，以过误触罪，常为太祖陈说，宜宽宥之。辨察仁爱，与性俱生，容貌姿美，有殊于众，故特见宠异。

臣松之以“容貌姿美”一类之言，而分以为三，亦叙属之一病也。

②孙盛曰：《春秋》之义，立嫡以长不以贤。冲虽存也犹不宜立，况其既没，而发斯言乎？《诗》云：“无易由言。”魏武其易之也。

③《魏书》载策曰：“惟黄初二年八月丙午，皇帝曰：咨尔邓哀侯冲，昔皇天钟美于尔躬，俾聪哲之才，成于弱年。当永享显祚，克成厥终。如何不禄，早世夭昏！朕承天序，享有四海，并建亲亲，以藩王室，惟尔不逮斯荣，且葬礼未备。追悼之怀，怆然攸伤。今迁葬于高陵，使使持节兼谒者仆射郎中陈承，追赐号曰邓公，祠以太牢。魂而有灵，休兹宠荣。呜呼哀哉！”

《魏略》曰：文帝常言“家兄孝廉，自其分也。若使仓舒在，我亦无天下。”

④《魏书》载玺书曰："制诏彭城王：有司奏，王遣司马董和，赍珠玉来到京师中尚方，多作禁物，交通工官，出入近署，逾侈非度，慢令违制，绳王以法。朕用怃然，不宁于心。王以懿亲之重，处藩辅之位，典籍日陈于前，勤诵不辍于侧。加雅素奉修，恭肃敬慎，务在蹈道，孜孜不衰，岂忘率意正身，考终厥行哉？若然小疵，或谬于细人，忽不觉悟，以斯为失耳。《书》云：'惟圣罔念作狂，惟狂克念作圣。'古人垂诰，乃至于此，故君子思心无斯须远道焉。常虑所以累德者而去之，则德明矣；开心所以为塞者而通之，则心夷矣；慎行所以为尤者而修之，则行全矣：三者，王之所能备也。今诏有司宥王，削县二千户，以彰八柄与夺之法。昔羲、文作《易》，著休复之语，仲尼论行，既过能改。王其改行，茂昭斯义，率意无怠。"

⑤案《嵇氏谱》：嵇康妻，林子之女也。

⑥《魏书》载玺书曰："制诏中山王：有司奏，王乃者来朝，犯交通京师之禁。朕惟亲亲之恩，用寝吏议。然法者，所与天下共也，不可得废。今削王县二，户七百五十。夫克己复礼，圣人称仁，朝过夕改，君子与之。王其戒诸，无贰咎悔也。"

⑦《魏略》曰：幹一名良。良本陈妾子，良生而陈氏死，太祖令王夫人养之。良年五岁而太祖疾困，遗令语太子曰："此儿三岁亡母，五岁失父，以累汝也。"太子由是亲待，隆于诸弟。良年小，常呼文帝为阿翁，帝谓良曰："我，汝兄耳。"文帝又愍其如是，每为流涕。

臣松之案：此传以母贵贱为次，不计兄弟之年，故楚王彪年虽大，传在幹后。寻《朱建平传》，知彪大幹二十岁。

⑧孔衍《汉魏春秋》载玺书曰："夫先王行赏不遗仇雠，用戮不违亲戚，至公之义也。故周公流涕而决二叔之罪，孝武伤怀而断昭平之狱，古今常典也。惟王，国之至亲，作藩于外，不能祗奉王度，表率宗室，而谋于奸邪，乃与太尉王凌、兖州刺史令狐愚构通逆谋，图危社稷，有悖忒之心，无忠孝之意。宗庙有灵，王其何面目以见先帝？朕深痛王自陷罪辜，既得王情，深用怃然。有司奏王当就大理，朕惟公族甸师之义，不忍肆王市朝，故遣使者赐书。王自作孽，匪由于他，燕剌之事，宜足以观。王其自图之！"

⑨臣松之案：嘉入晋，封高邑公。元康中，与石崇俱为国子博士。嘉后为东莞太守，崇为征虏将军，监青、徐军事，屯于下邳，嘉以诗遗崇曰："文武应时用，兼才在明哲。嗟嗟我石生，为国之俊杰。入侍于皇闼，出则登九列。威检肃青、徐，风发宣吴裔。畴昔谬同位，情至过鲁、卫。分离逾十载，思远心增结。愿子鉴斯诫，寒暑不逾契。"崇答曰："昔常接羽仪，俱游青云中，敦道训胄子，儒化涣以融，同声无异响，故使恩爱隆。岂惟敦初好，款分在令终。孔不陋九夷，老氏适西戎。逍遥沧海隅，可以保王躬。世事非所务，周公不足梦。玄寂令神王，是以守至冲。"王隐《晋书》载吏部郎李重启云："魏氏宗室屈滞，每圣恩所存。东莞太守曹嘉，才干学义，不及志、翕，而良素修洁，性业逾之；又已历二郡。臣以为优先代之后，可以嘉为员外散骑侍郎。"

⑩臣松之案：翕入晋，封廪丘公。魏宗室之中，名次鄄城公。至泰始二年，翕遣世子琨奉表来朝。诏曰："翕秉德履道，魏宗之良。今琨远至，其假世子印绶，加骑都尉，赐服一具，钱十万，随才叙用。"翕撰《解寒食散方》，与皇甫谧所撰并行于世。

⑪《袁子》曰：魏兴，承大乱之后，民人损减，不可则以古始。于是封建侯王，皆使寄地空名，而无其实。王国使有老兵百余人，以卫其国。虽有王侯之号，而乃侪为匹夫。县隔千里之外，无朝聘之仪，邻国无会同之制。诸侯游猎不得过三十里，又为设防辅监国之官以伺察之。王侯皆思为布衣而不能得。既违宗国藩屏之义，又亏亲戚骨肉之恩。

《魏氏春秋》载宗室曹冏上书曰："臣闻古之王者，必建同姓以明亲亲，必树异姓以明贤贤。故《传》曰'庸勋亲亲，昵近尊贤'；《书》曰'克明俊德，以亲九族'；《诗》云'怀德维宁，宗子维城'。由是观之，非贤无与兴功，非亲无与辅治。夫亲亲之道，专用则其渐也微弱；贤贤之道，偏任则其弊也劫夺。先圣知其然也，故博求亲疏而并用之；近则有宗盟藩卫之固，远则有仁贤辅弼之助，盛则有与共其治，衰则有与守其土，安则有与享其福，危则有与同其祸。夫然，故能有其国家，保其社稷，历纪长久，本枝百世也。今魏尊尊之法虽明，亲亲之道未备。《诗》不云乎，'鹡鸰在原，兄弟急难'。以斯言之，明兄弟相救于丧乱之际，同心于忧祸之间，虽有阋墙之忿，不忘御侮之事。何则？忧患同也。今则不然，或任而不重，或释而不任，一旦疆埸称警，关门反拒，股肱不扶，胸心无卫。臣窃惟此，寝不安席，思献丹诚，贡策朱阙。谨撰合所闻，叙论成败。论曰：昔夏、殷、周历世数十，而秦二世而亡。何则？三代之君，与天下共其民，故天下同其忧。秦王独制其民，故倾危而莫救。夫与民共其乐者，人必忧其忧；与民同其安者，人必拯其危。先王知独治之不能久也，故与人共治之；知独守之不能固也，故与人共守之。兼亲疏而两用，参同异而并建。是以轻重足以相镇，亲疏足以相卫，并兼路塞，逆节不生。及其衰也，桓、文帅礼；苞茅不贡，齐师伐楚；宋不城周，晋戮其宰。王纲弛而复张，诸侯傲而复肃。二霸之后，浸以陵迟。吴、楚凭江，负固方城，虽心希九鼎，而畏迫宗姬，奸情散于胸怀，逆谋消于唇吻；斯岂非信重亲戚，任用贤能，枝叶硕茂，本根赖之与？自此之后，转相攻伐；吴并于越，晋分为三，鲁灭于楚，郑兼于韩。暨于战国，诸姬微矣，惟燕、卫独存，然皆弱小，西迫强秦，南畏齐、楚，忧惧灭亡，匪遑相恤。至于王赧，降为庶人，犹枝干相持，得居虚位，海内无主，四十余年。秦据势胜之地，骋谲诈之术，征伐关东，蚕食九国，至于始皇，乃定天位。旷日若彼，用力若此，岂非深固根蒂不拔之道乎？《易》曰：'其亡其亡，系于苞桑。'周德其可谓当之矣。秦观周之弊，以为小弱见夺，于是废五等之爵，立郡县之官，弃礼乐之教，任苛刻之政；子弟无尺寸之封，功臣无立锥之地，内无宗子以自毗辅，外无诸侯以为藩卫，仁心不加于亲戚，惠泽不流于枝叶；譬犹芟刈股肱，独任胸腹，浮舟江海，捐弃楫棹，观者为之寒心，而始皇晏然自以为关中之固，金城千里，子孙帝王万世之业也，岂不悖哉！是时淳于越谏曰：'臣闻殷、周之王，封子弟功臣千有余岁。今陛下君有海内而子弟为匹夫，卒有田常六卿之臣，而无辅弼，何以相救？事不师古而能长久者，非所闻也。'始皇听李斯偏说而绌其议，至于身死之日，无所寄付，委天下之重于凡夫之手，托废立之命于奸臣之口，至令赵高之徒，诛锄宗室。胡亥少习刻薄之教，长遵凶父之业，不能改制易法，宠任兄弟，而乃师谭申、商，谘谋赵高；自幽深宫，委政谗贼，身残望夷，求为黔首，岂可得哉？遂乃郡国离心，众庶溃叛，胜、广倡之于前，刘、项弊之于后。向使始皇纳淳于之策，抑李斯之论，割裂州国，分王子弟，封三代之后，报功臣之劳，士有常君，民有定主，枝叶相扶，首尾为用，虽使子孙有失道之行，时人无汤、武之贤，奸谋未发，而身已屠戮，何区区之陈、项而复得措其手足哉？故汉祖奋三尺之剑，驱乌集之众，五年之中，遂成帝业。自开辟以来，其兴立功勋，未有若汉祖之易也。夫伐深根者难为功，摧枯朽者易为力，理势然也。汉监秦之失，封殖子弟，及诸吕擅权，图危刘氏，而天下所以不倾动，百姓所以不易心者，徒以诸侯强大，盘石胶固，东牟、朱虚受命于内，齐、代、吴、楚作卫于外故也。向使高祖踵亡秦之法，忽先王之制，则天下已传，非刘氏有也。然高祖封建，地过古制，大者跨州兼郡，小者连城数十，上下无别，权侔京室，故有吴、楚七国之患。贾谊曰：'诸侯强盛，长乱起奸。夫欲天下之治安，莫若众建诸侯而少其力，令海内之势，若身之使臂，臂之使指，则下无背叛之心，上无诛伐之事。'文帝不从。至于孝景，猥用晁错之计，削黜诸侯，亲者怨恨，疏者震恐，吴、楚倡谋，五国从风。兆发高帝，衅钟文、景，由宽之过制，急之不渐故也。所谓末大必折，尾大难掉。尾同于体，犹或不从，况乎非体之尾，其可掉哉？武帝从主父之策，下推恩之令，自是之后，齐分为七，赵分为六，淮南三割，梁、代五分，遂以陵迟，子孙微弱，衣食租税，不预政事，或以酎金免削，或以无后国除。至于成帝，王氏擅朝。刘向谏曰：'臣闻公族者，国之枝叶；枝叶落则本根无所庇荫。方今同姓疏远，母党专政，排摈宗室，孤弱公族，非所以保守社稷，安固国嗣也。'其言深切，多所称引，成帝虽悲伤叹息而不能用。至于哀、平，异姓秉权，假周公之事，而为田常之乱，高拱而窃天位，一朝而臣四海。汉宗室王侯，解印释绂，贡奉社稷，犹惧不得为臣妾，或乃为之符命，颂莽恩德，岂不哀哉！由斯言之，非宗子独忠孝于惠、文之间，而叛逆于哀、平之际也，徒权轻势弱，不能有定耳。赖光武皇帝挺不世之姿，禽王莽于已成，绍汉嗣于既绝，斯岂非宗子之力也？而曾不监秦之失策，袭周之旧制，踵王国之法，而徼幸无疆之期。至于桓、灵，阉竖执衡，朝无死难之臣，外无同忧之国，君孤立于上，臣弄权于下，本末不能相御，身首不能相使。由是天下鼎沸，奸凶并争，宗庙焚为灰烬，宫室变为榛薮，居九州之地，而身无所安处，悲夫！魏太祖武皇帝躬圣明之资，兼神武之略，耻王纲之废绝，愍汉室之倾覆，龙飞谯、沛，凤翔兖、豫，扫除凶逆，翦灭鲸鲵，迎帝西京，定都颍邑，德动天地，义感人神。汉氏奉天，禅位大魏。大魏之兴，于今二十有四年矣，观五代之存亡而不用其长策，睹前车之倾覆而不改于辙迹；子弟王空虚之地，君有不使之民，宗室窜于闾阎，不闻邦国之政，权均匹夫，势齐凡庶；内无深根不拔之固，外无盘石宗盟之助，非所以安社稷，为万世之业也。且今之州牧、郡守，古之方伯、诸侯，皆跨有千里之土，兼军武之任，或比国数人，或兄弟并据；而宗室子弟曾无一人间厕其间，与相维持，非所以强干弱枝，备万一之虞也。今之用贤，或超为名都之主，或为偏师之帅，而宗室有文者必限小县之宰，有武者必置百人之上，使夫廉高之士，毕志于衡轭之内，才能之人，耻与非类为伍，非所以劝进贤能褒异宗室之礼也。夫泉竭则流涸，根朽则叶枯；枝繁者荫根，条落者本孤。故语曰'百足之虫，至死不僵'，以扶之者众也。此言虽小，可以譬大。且墉基不可仓卒而成，威名不可一朝而立，皆为之有渐，建之有素。譬之种树，久则深固其本根，茂盛其枝叶，若造次徙于山林之中，植于宫阙之下，虽壅之以黑坟，暖之以春日，犹不救于枯槁，而何暇繁育哉？夫树犹亲戚，土犹士民，建置不久，则轻下慢上，平居犹惧其离叛，危急将若之何？是以圣王安而不逸，以虑危也，存而设备，以惧亡也。故疾风卒至而无摧拔之忧，天下有变而无倾危之患矣。"冏，中常侍兄叔兴之后，少帝族祖也。是时天子幼稚，冏冀以此论感悟曹爽，爽不能纳。

三国志卷二十一　魏书二十一

王卫二刘傅传第二十一

王粲字仲宣，山阳高平人也。曾祖父龚，祖父畅，皆为汉三公。[①]父谦，为大将军何进长史。进以谦名公之胄，欲与为婚，见其二子，使择焉。谦弗许。以疾免，卒于家。

献帝西迁，粲徙长安，左中郎将蔡邕见而奇之。时邕才学显著，贵重朝廷，常车骑填巷，宾客盈坐。闻粲在门，倒屣迎之。粲至，年既幼弱，容状短小，一坐尽惊。邕曰："此王公孙也，有异才，吾不如也。吾家书籍文章，尽当与之。"年十七，司徒辟，诏除黄门侍郎，以西京扰乱，皆不就。乃之荆州依刘表。表以粲貌寝而体弱通侻，不甚重也。[②]表卒。粲劝表子琮，令归太祖。[③]太祖辟为丞相掾，赐爵关内侯。太祖置酒汉滨，粲奉觞贺曰："方今袁绍起河北，仗大众，志兼天下，然好贤而不能用，故奇士去之。刘表雍容荆楚，坐观时变，自以为西伯可规。士之避乱荆州者，皆海内之俊杰也；表不知所任，故国危而无辅。明公定冀州之日，下车即缮其甲卒，收其豪杰而用之，以横行天

王粲字仲宣，山阳郡高平县人。曾祖父王龚，祖父王畅，都是汉代的三公。父亲王谦，是大将军何进的长史。何进因为王谦是名公的后代，想与他联姻，引自己的两个儿子见王谦，要王谦选择一个为女婿。王谦不同意。何进以病为名免了王谦的官职，王谦后来死在家中。

汉献帝向西迁都，王粲迁移到长安，左中郎将蔡邕见到他后，认为他非同一般。当时蔡邕以才学著称，朝廷很器重他。他家的门前常常车马满巷，他家里宾客满座。有一次蔡邕听说王粲在门口求见，匆忙出迎，连鞋子都穿倒了。王粲到后，由于年纪幼小，身材矮小，满座宾客都很吃惊。蔡邕说："这是王公的孙子，有非常之才，我不如他。我家的书籍文章，当全部送给他。"王粲十七岁时，司徒征召他为官，皇帝下诏任命他为黄门侍郎，由于西京混乱，他都没有就任。于是他到荆州依附刘表。刘表因他相貌丑陋、身体瘦弱而又放达不拘小节，不很器重他。刘表去世后，王粲劝刘表的儿子刘琮，要他归附太祖。太祖任命王粲为丞相府属官，赐给他关内侯的爵位。太祖在汉水之滨摆设酒筵，王粲举起酒杯祝贺说："现在袁绍兴兵河北，依仗人多，想兼并天下，但是他喜欢贤士却不能任用，所以杰出之士都离开了他。刘表从容无事地坐镇荆州，静观时势的变化，自认为可以效法周文王。到荆州避乱的士人，都是国内的俊杰；而刘表不知任用，所以国家危亡而无人辅佐。明公平定冀州的时候，到任就整治军队，收揽豪杰并任用他们，以纵横驰骋于天下；平定长江、汉

下;及平江、汉,引其贤俊而置之列位,使海内回心,望风而愿治,文武并用,英雄毕力,此三王之举也。”后迁军谋祭酒。魏国既建,拜侍中。博物多识,问无不对。时旧仪废弛,兴造制度,粲恒典之。④

水一带以后,又招揽这里的贤俊之士并把他们安排在合适的职位上,使国内人心归附,愿意迅速得到您的治理,文才武将都予以任用,英雄豪杰尽献力量,这是夏禹、商汤、周文王的举动啊。”王粲后来升迁为军谋祭酒。魏国建立之后,任命为侍中。他学识广博,问无不答。当时旧的礼仪废弃破坏,要制定新的制度,常由王粲主持。

初,粲与人共行,读道边碑,人问曰:“卿能闇诵乎?”曰:“能。”因使背而诵之,不失一字。观人围棋,局坏,粲为覆之。棋者不信,以帊盖局,使更以他局为之。用相比校,不误一道。其强记默识如此。性善算,作算术,略尽其理。善属文,举笔便成,无所改定,时人常以为宿构;然正复精意覃思,亦不能加也。⑤著诗、赋、论、议垂六十篇。建安二十一年,从征吴。二十二年春,道病卒,时年四十一。粲二子,为魏讽所引,诛。后绝。⑥

先前,王粲与别人同行,读路边的碑文,别人问他:“你能背诵吗?”王粲说:“能。”于是要他背对着碑诵读,结果不错一字。看人下棋,棋局乱了,王粲要按照原来的布局重新摆出来。下棋的人不相信,用头巾盖住棋局,要他在另外的棋盘上摆。之后,将两者相比较,不错一道。他的记忆力强到如此程度。他生性善于计算,做算术时,能大略穷尽计算的原理。善于写文章,下笔便成,不用修改,当时人们常常以为他是事先构思好的;但是要他再专意深思,也不能写得更好了。他著有诗、赋、论、议近六十篇。建安二十一年,跟随太祖征伐吴国。二十二年春天,在路上病逝,当时四十一岁。王粲有两个儿子,为魏讽谋反一事所牵连,被杀。绝了后代。

始文帝为五官将,及平原侯植皆好文学。粲与北海徐幹字伟长、广陵陈琳字孔璋、陈留阮瑀字元瑜、汝南应玚字德琏、东平刘桢字公幹并见友善。

起初曹丕任五官中郎将时,与平原侯曹植都爱好文学。王粲与北海徐幹字伟长、广陵陈琳字孔璋、陈留阮瑀字元瑜、汝南应玚字德琏、东平刘桢字公幹,都被曹丕、曹植所友善。

乾为司空军谋祭酒掾属,五官将文学。⑦

徐幹任司空军谋祭酒属官,又任五官中郎将文学。

琳前为何进主簿。进欲诛诸宦官,太后不听,进乃召四方猛将,并使引兵向京城,欲以劫恐太后。琳谏进曰:“《易》称‘即鹿无虞’。谚有‘掩目捕雀’。夫微物尚不可欺以得志,

陈琳先前任何进的主簿。何进想杀掉宦官,太后不允许,何进就征召四方猛将,并要他们带领兵马开向京城,想以此来威逼恐吓太后。陈琳规劝何进说:“《周易》上说‘猎鹿而没有虞人的帮助就得不到鹿’,谚语也有‘遮着眼睛捕麻雀’的说法。这些微小之物尚且不能凭欺诈之法而达到目的,何况是国

况国之大事，其可以诈立乎？今将军总皇威，握兵要，龙骧虎步，高下在心；以此行事，无异于鼓洪炉以燎毛发。但当速发雷霆，行权立断，违经合道，天人顺之；而反释其利器，更征于他。大兵合聚，强者为雄，所谓倒持干戈，授人以柄；功必不成，秖为乱阶。”进不纳其言，竟以取祸。琳避难冀州，袁绍使典文章。袁氏败，琳归太祖。太祖谓曰：“卿昔为本初移书，但可罪状孤而已，恶恶止其身，何乃上及父祖邪？”琳谢罪，太祖爱其才而不咎。

家大事，怎么可以凭欺诈建立呢？现在将军总揽皇权，掌握军队，龙腾虎步，高下随心所欲；凭着这些条件办事，无异于向大炉鼓风焚烧毛发。现在，您只要速发雷霆之威，行使权力当机立断，虽违反常规而合乎道义，天意和民心就都会顺从；您却反而放弃有利条件，另求于他人。大兵聚集后，强者称雄，这就是所谓倒拿着干戈，把手柄交给别人；这样一定不会成功，只能成为祸乱的根源。”何进不采纳他的话，终于招致灾祸。陈琳避难到冀州，袁绍让他负责起草文稿。袁绍失败后，陈琳归附了太祖。太祖对他说：“你过去为袁绍写移书，只该指责我的罪状就罢了，痛恨恶人只限于他本人，为什么却向上涉及我的父亲和祖父呢？”陈琳谢罪，太祖喜欢他的才能而不予追究。

瑀少受学于蔡邕。建安中都护曹洪欲使掌书记，瑀终不为屈。太祖并以琳、瑀为司空军谋祭酒，管记室，[8]军国书檄，多琳、瑀所作也。[9]琳徙门下督，瑀为仓曹掾属。

阮瑀年少时跟随蔡邕学习。建安年间都护将军曹洪想要他主管起草书札、奏记之事，阮瑀终究没有屈从。太祖一同任命陈琳、阮瑀为司空军谋祭酒，负责起草文稿。当时军国书檄，很多是陈琳、阮瑀写的。后来陈琳调任门下督，阮瑀成为仓曹官员。

玚、桢各被太祖辟为丞相掾属。玚转为平原侯庶子，后为五官将文学。[10]桢以不敬被刑，刑竟署吏。[11]咸著文赋数十篇。

应玚、刘桢分别被太祖征召为丞相府属官。应玚转任平原侯侍从官，后来任五官中郎将文学。刘桢因“不敬”判刑，刑满后做过官吏。他们都著有文、赋数十篇。

瑀以十七年卒。幹、琳、玚、桢二十二年卒。文帝书与元城令吴质曰：“昔年疾疫，亲故多离其灾，徐、陈、应、刘，一时俱逝。观古今文人，类不护细行，鲜能以名节自立。而伟长独怀文抱质，恬淡寡欲，有箕山之志，可谓彬彬君子矣。著《中论》二十余篇，辞义典雅，足传于后。德琏常斐然有

阮瑀于建安十七年逝世。徐幹、陈琳、应玚、刘桢于建安二十二年逝世。魏文帝曹丕写信给元城令吴质说：“当年瘟疫流行，很多亲戚朋友都遭殃了，徐、陈、应、刘，同时去世。观古今文人，大多不注意小节，很少有人能靠名节自立于世。而唯独徐伟长既有文才、又有德操，心境淡泊、很少私欲，有隐居的志向，可说是文质兼备的君子了。他著有《中论》二十余篇，辞义典雅，足可流传于后世。应德琏文采焕发有著述的念头，他的才学完全可以著书，但美

述作意，其才学足以著书，美志不遂，良可痛惜！孔璋章表殊健，微为繁富。公幹有逸气，但未遒耳。元瑜书记翩翩，致足乐也。仲宣独自善于辞赋，惜其体弱，不起其文；至于所善，古人无以远过也。昔伯牙绝弦于钟期，仲尼覆醢于子路，痛知音之难遇，伤门人之莫逮也。诸子但为未及古人，自一时之俊也。[12]”

好的志愿未能实现，实在令人痛惜!陈孔璋的章表写得特别好，只是不够精练。刘公幹文气奔放，只是不够紧凑罢了。阮元瑜的书札、奏记文采优美，足可使人感到快乐。唯独王仲宣长于写辞赋，可惜体势弱小，提不起文章的气势；至于他所擅长的地方，古人也无法远远超过他。从前伯牙在钟子期死后弃琴不弹，孔子为子路之死倒掉肉酱，是痛惜知音难遇，哀伤活着的学生没人能赶得上他。以上数人虽然比不上古人，但也是一个时期中的俊杰了。”

自颍川邯郸淳、[13]繁钦、[14]陈留路粹、[15]沛国丁仪、丁廙、弘农杨脩、河内荀纬等，亦有文采，而不在此七人之例。[16]

还有颍川邯郸淳、繁钦、陈留路粹、沛国丁仪、丁廙、弘农杨脩、河内荀纬等人，也有文学才华，但未列在这七人之中。

玚弟璩，璩子贞，咸以文章显。璩官至侍中。贞咸熙中参相国军事。[17]

应玚的弟弟应璩，应璩的儿子应贞，都以文章著称。应璩官至侍中。应贞在咸熙年间参与相国府的军事谋议。

瑀子籍，才藻艳逸，而倜傥放荡，行己寡欲，以庄周为模则。官至步兵校尉。[18]

阮瑀的儿子阮籍，才思文采华美超迈，而性格洒脱任性，为人恬淡寡欲，以庄周为榜样。官至步兵校尉。

时又有谯郡嵇康，文辞壮丽，好言老、庄，而尚奇任侠。至景元中，坐事诛。[19]

当时又有谯郡嵇康，文辞豪壮华美，喜欢谈论老庄思想，追求新奇而好行侠义。至景元年间，因事获罪而被诛杀。

景初中，下邳桓威出自孤微，年十八而著《浑舆经》，依道以见意。从齐国门下书佐、司徒署吏，后为安成令。

景初年间，下邳桓威出生于寒门，十八岁时写作了《浑舆经》，依据道家思想表达自己的见解。任齐国门下书佐、司徒署吏，后来担任安成县令。

吴质，济阴人，以文才为文帝所善，官至振威将军，假节都督河北诸军事，封列侯。[20]

吴质，济阴人，凭着文才被魏文帝所友善，官至振威将军，假节督察管理河北各路军队，封为列侯。

卫觊字伯儒，河东安邑人也。少夙成，以才学称。太祖辟为司空掾属，除茂陵令、尚书郎。太祖征袁绍，而刘表为绍援，关中诸将又中立。益州牧

卫觊字伯儒，河东郡安邑县人。他年少早成，以才学著称。太祖征召他为司空府属官，任命为茂陵县令、尚书郎。太祖征讨袁绍时，刘表做袁绍的后援，关中各将领又持中立态度。益州牧刘璋与刘表

刘璋与表有隙，觊以治书侍御史使益州，令璋下兵以缀表军。至长安，道路不通，觊不得进，遂留镇关中。时四方大有还民，关中诸将多引为部曲，觊书与荀彧曰：“关中膏腴之地，顷遭荒乱，人民流入荆州者十万余家，闻本土安宁，皆企望思归。而归者无以自业，诸将各竞招怀，以为部曲。郡县贫弱，不能与争，兵家遂强。一旦变动，必有后忧。夫盐，国之大宝也，自乱来散放，宜如旧置使者监卖，以其直益市犁牛。若有归民，以供给之。勤耕积粟，以丰殖关中。远民闻之，必日夜竞还。又使司隶校尉留治关中以为之主，则诸将日削，官民日盛，此强本弱敌之利也。”彧以白太祖。太祖从之，始遣谒者仆射监盐官，司隶校尉治弘农。关中服从，乃白召觊还，稍迁尚书。[21]魏国既建，拜侍中，与王粲并典制度。文帝即王位，徙为尚书。顷之，还汉朝为侍郎，劝赞禅代之义，为文诰之诏。文帝践阼，复为尚书，封阳吉亭侯。

有矛盾，卫觊以治书侍御史的身份出使益州，要刘璋派兵牵制刘表的军队。到达长安时，由于道路不通，卫觊不能前进，于是留镇关中。当时有许多逃难的老百姓从四方返回关中，关中很多将领把这些老百姓招引为自己的部属。卫觊写信给荀彧说：“关中是土地肥沃的地方，近年间出现兵荒马乱，人民流亡到荆州的有十多万家。他们听说故乡已经安宁，都希望返回。但是返回来的人无法自己立业，诸将争相招募，作为自己的部属。郡县政府物质贫乏、力量弱小，不能与他们竞争，诸将的力量于是更加强大。一旦发生变化，必定有后患。食盐，是国家很宝贵的财富，自从大乱以来政府不曾管理，应该像过去一样设置使者监管食盐出售，用卖盐的钱多买犁和牛。如果有返回的百姓，便供给他们使用。让他们勤勉耕种、多积粮食，使关中财物丰富。远方的百姓听到消息，一定日夜兼程地争着赶回。再让司隶校尉留下镇守关中，成为这里的主持者，那么诸将的力量会一天天地削弱，地方政府和老百姓则一天天强大，这是加强根本、削弱敌人的好办法。”荀彧将他的意见禀告太祖。太祖同意，开始派遣谒者仆射监督盐官，司隶校尉将治所移驻弘农。关中归服，就禀告朝廷召卫觊回来，不久升任尚书。魏国建立之后，任命他为侍中，与王粲一起主持制定制度。曹丕继承王位后，调任为尚书。不久，回到汉朝担任侍郎，向汉献帝劝说、称赞禅让的意义，并撰写让位的诏书。魏文帝即帝位后，卫觊又担任尚书，封阳吉亭侯。

明帝即位，进封阌乡侯，三百户。觊奏曰：“九章之律，自古所传，断定刑罪，其意微妙。百里长吏，皆宜知律。刑法者，国家之所贵重，而私议之所轻贱；狱吏者，百姓之所县命，而选用者之所卑下。王政之弊，未必不由此也。请置律

明帝即帝位后，进封为阌乡侯，食邑三百户。卫觊上奏章说：“九章之律，是自古传下来的，它对于断案定罪，规定得很明细、得当。凡担任县令的，都应该懂得律。刑法，是国家所贵重的，而一般人议论时却看不起；法官，是掌握老百姓性命的人，而选用官吏的人又轻视他们。国家政治的弊端，未必不是从这里造成的。请设置律博士，一层层地进行法律

博士,转相教授。”事遂施行。时百姓凋匮而役务方殷,觊上疏曰:“夫变情厉性,强所不能,人臣言之既不易,人主受之又艰难。且人之所乐者富贵显荣也,所恶者贫贱死亡也,然此四者,君上之所制也,君爱之则富贵显荣,君恶之则贫贱死亡;顺指者爱所由来,逆意者恶所从至也。故人臣皆争顺指而避逆意,非破家为国,杀身成君者,谁能犯颜色,触忌讳,建一言,开一说哉?陛下留意察之,则臣下之情可见矣。今议者多好悦耳,其言政治则比陛下于尧舜,其言征伐则比二虏于狸鼠。臣以为不然。昔汉文之时,诸侯强大,贾谊累息以为至危。况今四海之内,分而为三,群士陈力,各为其主。其来降者,未肯言舍邪就正,咸称迫于困急,是与六国分治,无以为异也。当今千里无烟,遗民困苦,陛下不善留意,将遂凋弊不可复振。礼,天子之器必有金玉之饰,饮食之肴必有八珍之味,至于凶荒,则彻膳降服。然则奢俭之节,必视世之丰约也。武皇帝之时,后宫食不过一肉,衣不用锦绣,茵蓐不缘饰,器物无丹漆,用能平定天下,遗福子孙。此皆陛下之所亲览也。当今之务,宜君臣上下,并用筹策,计校府库,量入为出。深思句践滋民之术,由恐不及,而

教育。”这件事于是得到施行。当时,老百姓贫穷困苦而劳役又不断增多,卫觊上奏疏说:“改变人的情性,强迫他人去做不能做的事,做臣子的说出这样的话来很不容易,做国君的接受也很困难。况且,人们所喜欢的是富贵荣耀,所厌恶的是贫贱死亡。但是这四者,是由皇上控制的,皇上喜欢谁谁就富贵荣耀,皇上厌恶谁谁就贫贱死亡。顺从皇上意旨,喜爱就由此产生;违背皇上意旨,厌恶就随之而来。所以臣下都争着顺从皇上的意旨而避免违背意旨,除了破家为国、杀身为君的人外,谁能冒犯皇上脸色,触及皇上忌讳,进一言,说一语呢?陛下留心观察一下,臣下的实情就可以看到了。现在发议论的人大都喜欢说这一些悦耳之言。他们谈到政治就将陛下跟尧舜相比,他们谈到征伐就将蜀、吴二国跟野猫、老鼠相比。我认为这是不对的。从前汉文帝的时候,诸侯国强大,贾谊十分惶恐,认为极其危险。何况现在四海之内,分裂为三个国家,各种人才施展自己的才力,各自效忠于自己的国君。那些来投降的人,不肯说自己是弃邪归正,都说是被困窘、危急情况所逼,这与六国分治时的情势,是没有什么不同的。当今千里无人烟,残存下来的百姓生活困苦,陛下不好好地留心,国家就将更加凋零、衰敝,再也不能振兴起来了。按礼制,天子的器皿必以金、玉为装饰,喝的吃的必有各种珍贵的食品,遇到荒年,就撤去珍贵食品、降低衣服标准。这说明是豪奢,还是节俭,要根据社会财富的多寡来决定。武皇帝时候,后宫每餐饭不超过一盘肉,衣服不用绵绣,坐垫睡席不装饰,器具不用朱红油漆,因此能平定天下,遗留福泽给子孙。这些都是陛下所亲眼见到的。当前最重要的是,应该君臣上下,都精打细算,检查国库,根据收入情况确定开支限度。追慕越王勾践繁衍百姓的办法,尚且还担心来不及,而中尚方署制造的

尚方所造金银之物，渐更增广，工役不辍，侈靡日崇，帑藏日竭。昔汉武信求神仙之道，谓当得云表之露以餐玉屑，故立仙掌以承高露。陛下通明，每所非笑。汉武有求于露，而由尚见非，陛下无求于露而空设之；不益于好而糜费功夫，诚皆圣虑所宜裁制也。”觊历汉、魏，时献忠言，率如此。

金银器皿，却逐渐增多，工程不断，奢侈之风一天天增长，国库储藏一天天减少。从前汉武帝相信并探求神仙之道，说要得到云端的露水来调服美玉粉末，所以铸成仙掌玉盘来承接高空露水。陛下通达明鉴，常常讥笑他。汉武帝求露水，尚且受到指责，陛下并不希望得到露水而空设此承露盘，毫无益处而耗费工夫，这的确都是圣上应该正确处置的。”卫觊经历汉、魏两朝，经常献忠言，大都如此。

受诏典著作，又为《魏官仪》，凡所撰述数十篇。好古文、鸟篆、隶草，无所不善。建安末，尚书右丞河南潘勖，[22]黄初时，散骑常侍河内王象，亦与觊并以文章显。[23]觊薨，谥曰敬侯。子瓘嗣。瓘咸熙中为镇西将军。[24]

卫觊接受诏命主管修订国史，又写作了《魏官仪》，所著述的文章共有几十篇。他喜欢古文字、鸟篆、隶草，没有写不好的。建安末年，尚书右丞河南潘勖，黄初年间，散骑常侍河内王象，也与卫觊一起以文章著称。卫觊逝世后，谥为敬侯。他的儿子卫瓘为继承人。卫瓘在咸熙年间任镇西将军。

刘廙字恭嗣，南阳安众人也。年十岁，戏于讲堂上，颍川司马德操拊其头曰：“孺子，孺子，‘黄中通理’，宁自知不？”廙兄望之，有名于世，荆州牧刘表辟为从事。而其友二人，皆以谗毁，为表所诛。望之又以正谏不合，投传告归。廙谓望之曰：“赵杀鸣、犊，仲尼回轮。[25]今兄既不能法柳下惠和光同尘于内，则宜模范蠡迁化于外。坐而自绝于时，殆不可也！”望之不从，寻复见害。廙惧，奔扬州，[26]遂归太祖。太祖辟为丞相掾属，转五官将文学。文帝器之，命廙通草书。廙答书曰：“初以尊卑有逾，礼之常分也。是以贪守区区之节，

刘廙字恭嗣，南阳郡安众县人。十岁时，在讲习经书的堂上戏耍，颍川司马德操抚摸着他的脑袋，说：“小孩子，小孩子，《易经》上说‘黄色居中，兼四方之色，奉承臣职，通晓物理’，你知道吗？”刘廙的哥哥刘望之，在社会上有名望，荆州牧刘表征召他为从事。而他的两个朋友，都因为有人向刘表进谗言，被刘表所杀。刘望之又因直言规劝，不被采纳，弃官回家了。刘廙对望之说：“赵简子杀了晋国贤大夫铎鸣、犊阕，仲尼掉转车头就返回去了。现在兄长既然不能效法柳下惠随波逐流与世无争于内，那么就应该学习范蠡迁徙变易于外。坐守在此自绝于时势，恐怕不行啊！”望之不听，不久便被杀害了。刘廙恐惧，逃奔扬州，于是归附了太祖。太祖征召他为丞相府属官，转任五官中郎将文学。曹丕很器重他，命他精通草书。刘廙回信说：“我开始认为尊卑有别，是礼的本分。因此我贪守着小节，不敢习草书。您要我通草书的尊严之命，使我确实知道了您谦恭的素养，不看重尊卑之间的极大差异，品德是那样高尚，

不敢修革。必如严命,诚知劳谦之素,不贵殊异若彼之高,而惇白屋如斯之好,苟使郭隗不轻于燕,九九不忽于齐,乐毅自至,霸业以隆。㉗亏匹夫之节,成巍巍之美,虽愚不敏,何敢以辞?”魏国初建,为黄门侍郎。

而重视一个普通读书人,谦恭之德是如此美好。果真如郭隗不被燕王轻视,‘九九’小技不被齐桓公忽视,乐毅自然来到燕国,齐国的霸业就兴隆起来了。我失去小节,成全高大的美,我虽然愚昧无知,又怎敢推辞?”魏国建立之后,任黄门侍郎。

太祖在长安,欲亲征蜀,廙上疏曰:“圣人不以智轻俗,王者不以人废言。故能成功于千载者,必以近察远,智周于独断者,不耻于下问,亦欲博采必尽于众也。且韦弦非能言之物,而圣贤引以自匡。臣才智闇浅,愿自比于韦弦。昔乐毅能以弱燕破大齐,而不能以轻兵定即墨者,夫自为计者虽弱必固,欲自溃者虽强必败也。自殿下起军以来,三十余年,敌无不破,强无不服。今以海内之兵,百胜之威,而孙权负险于吴,刘备不宾于蜀。夫夷狄之臣,不当冀州之卒,权、备之籍,不比袁绍之业,然本初以亡,而二寇未捷,非闇弱于今而智武于昔也。斯自为计者,与欲自溃者异势耳。故文王伐崇,三驾不下,归而修德,然后服之。秦为诸侯,所征必服,及兼天下,东向称帝,匹夫大呼而社稷用隳。是力毙于外,而不恤民于内也。臣恐边寇非六国之敌,而世不乏才,土崩之势,此不可不察也。天下有重得,有重失:势可得而

太祖在长安,准备亲自征讨蜀国,刘廙上疏说:“圣人不凭着自己的智慧而轻视世俗,王者不因人而废言。所以,能够建立千年不朽的功业的人,一定从近处观察远处;智慧周全、能够果断处理问题的人,不耻下问,就是想向尽可能多的人广泛采纳意见。况且皮带、弓弦不是能说话的东西,而圣贤之人用它们来匡正自己的过失。我才智浅薄,愿意将自己比作皮带、弓弦。从前乐毅能凭着弱小的燕国击破强大的齐国,而不能用轻装的精兵攻占即墨的原因,就是自己想有所作为者,即使弱小也一定很坚固;而将要自我溃乱者,即使强大也一定会失败。自从殿下起兵以来,已有三十多年,敌国没有攻不破的,强者没有不服从的。现在凭着全国的军队,百战百胜的威力,可是孙权仍在吴地依靠险要的地理条件进行顽抗,刘备在蜀地不肯归服。夷狄的臣民,比不上冀州的士卒,孙权、刘备所拥有的力量,比不上袁绍的基业。但是袁本初已被您灭亡,而讨伐孙、刘二寇之战尚未告捷,并不是今天糊涂、弱小而当初聪明、强大,而是自己想有所作为者,与将要自我溃乱者的情势不同罢了。所以周文王讨伐崇国,三次兴师没有攻下,返回来进一步修明德政,然后使它归服。秦国处在诸侯国地位时,所征伐的国家都归服了,等到兼并天下,面向东方称皇帝时,平民振臂一呼政权便垮台了。这是因为对外耗尽力量,对内不体恤人民。我担心现在的外寇不是六国那样的敌人,而世上不乏人才,天下有土崩瓦解之势,这是不可不加以考察的。天下之事有重大的获得,也有重大的损失:形势有利可以得到、而我勤奋地去追求,

我勤之，此重得也；势不可得而我勤之，此重失也。于今之计，莫若料四方之险，择要害之处而守之，选天下之甲卒，随方面而岁更焉。殿下可高枕于广夏，潜思于治国；广农桑，事从节约，修之旬年，则国富民安矣。”太祖遂进前而报廙曰：“非但君当知臣，臣亦当知君。今欲使吾坐行西伯之德，恐非其人也。”

这是重大的获得；形势不利不可能得到、而我也勤奋地去追求，这是重大的损失。现在的策略，不如勘察四方的险阻，选择其中要害地方加以防守。挑选天下的士兵，依据方位每年更换一次。您可以在高大的房子里高枕无忧，专心考虑怎样治理国家；发展农业，事事提倡节约，这样治理十年，那就国家富裕、人民安乐了。”太祖回答刘廙说：“不但君主应当了解臣下，臣下也应当了解君主。现在想让我坐着推行周文王的德政，我恐怕不是那种人。”

魏讽反，廙弟伟为讽所引，当相坐诛。太祖令曰：“叔向不坐弟虎，古之制也。”特原不问，[28]徙署丞相仓曹属。廙上疏谢曰：“臣罪应倾宗，祸应覆族。遭乾坤之灵，值时来之运，扬汤止沸，使不燋烂；起烟于寒灰之上，生华于已枯之木。物不答施于天地，子不谢生于父母，可以死效，难用笔陈。”[29]廙著书数十篇，及与丁仪共论刑礼，皆传于世。文帝即王位，为侍中，赐爵关内侯。黄初二年卒。[30]无子。帝以弟子阜嗣。[31]

魏讽谋反，刘廙的弟弟刘伟被魏讽所牵连，刘廙也该诛连斩首。太祖下令说：“叔向没有因弟弟羊舌虎犯罪而被杀，这是古代已有的制度。”特别加以原谅而不追问，刘廙改任丞相府仓曹属官。刘廙上疏致谢，说：“我的罪行应该诛灭整个宗族，祸患应该使全族覆灭。我这是得天地之灵，碰上好时运，如同舀动开水停止沸滚，没有被煮得焦烂；又如同在已经冷了的灰土中再腾起烟火，在已经枯槁的树上再开出花来。万物报答不了天地的施舍，子女感谢不完父母的生育，您的大恩大德我可以用死来报效，难于用笔陈述出来。”刘廙著书数十篇，以及与丁仪共同讨论刑法、礼制的文章，都在世间流传。曹丕继承王位后，任用他为侍中，赐给关内侯的爵位。刘廙黄初二年逝世，没有儿子，文帝曹丕以他弟弟的儿子刘阜为他的继承人。

刘劭字孔才，广平邯郸人也。建安中，为计吏，诣许。太史上言：“正旦当日蚀。”劭时在尚书令荀彧所，坐者数十人，或云当废朝，或云宜却会。劭曰：“梓慎、裨灶，古之良史，犹占水火，错失天时。《礼记》曰诸侯旅见天子，及门不得终礼者四，日蚀在一。然则圣人垂制，不为变异豫废朝礼者，

刘劭字孔才，广平郡邯郸县人。建安年间，他担任计吏，到许昌。太史报告说：“正月初一，会有日食。”刘劭当时在尚书令荀彧的官府，有几十人在座，有的说这一天应当不上朝，有的说这一天应该停止元会的典礼。刘劭说：“梓慎，裨灶，是古代的良史，还在占卜水灾、火灾时，弄错了时间。《礼记》上说：‘诸侯一起去朝见天子，入了门而不能将礼仪进行完毕的情况有四种，日食是其中的一种。’圣人留下制度，不因可能发生的变异而预先废除朝礼，是因为有时灾祸消除，有时则是推算错误。”荀彧认为

或灾消异伏，或推术谬误也。”彧善其言。敕朝会如旧，日亦不蚀。㉜

他说得对。下令照常举行朝会，这天也没有发生日食。

御史大夫郗虑辟劭，会虑免，拜太子舍人，迁秘书郎。黄初中，为尚书郎、散骑侍郎。受诏集五经群书，以类相从，作《皇览》。明帝即位，出为陈留太守，敦崇教化，百姓称之。征拜骑都尉，与议郎庾嶷、荀诜等定科令，作《新律》十八篇，著《律略论》。迁散骑常侍。时闻公孙渊受孙权燕王之号，议者欲留渊计吏，遣兵讨之。劭以为“昔袁尚兄弟归渊父康，康斩送其首，是渊先世之效忠也。又所闻虚实，未可审知。古者要荒未服，修德而不征，重劳民也。宜加宽贷，使有以自新”。后渊果斩送权使张弥等首。劭尝作《赵都赋》，明帝美之，诏劭作《许都》、《洛都赋》。时外兴军旅，内营宫室，劭作二赋，皆讽谏焉。

御史大夫郗虑征召刘劭，正值郗虑又被免官，刘劭被任命为太子舍人，调任为秘书郎。黄初年间，担任尚书郎、散骑侍郎。他接受诏命收集五经群书，将材料分类编排，写成《皇览》。明帝即位后，出京担任陈留太守，提倡文教德化，老百姓都称颂他。征入朝中任命为骑都尉，与议郎庾嶷、荀诜等人制定法律条文，制订《新律》十八篇，并写作了《律略论》。后升任散骑常侍。这时听说公孙渊接受了孙权所封给他的“燕王”名号，有人建议要扣留公孙渊派到京城来的计吏，派兵去讨伐他。刘劭认为：“从前袁尚兄弟投奔公孙渊的父亲公孙康，公孙康将他们斩首，并送来首级，这是公孙渊的先人对朝廷的效忠。加上听到的情况是真是假，不能确知。古时候边远之地不归顺，提倡德政而不征伐，这是不轻易劳民。应该对他们加以宽恕，使他们自己改过图新。”后来公孙渊果然斩杀并送来了孙权派去的使者张弥等人的首级。刘劭曾经写过《赵都赋》，明帝认为写得好，命他再作《许都赋》、《洛都赋》。当时，对外兴兵征战，对内营建宫室，刘劭写这两篇赋，都含有委婉的规劝之意。

青龙中，吴围合肥，时东方吏士皆分休，征东将军满宠表请中军兵，并召休将士，须集击之。劭议以为“贼众新至，心专气锐。宠以少人自战其地，若便进击，不必能制。宠求待兵，未有所失也。以为可先遣步兵五千，精骑三千，军前发，扬声进道，震曜形势。骑到合肥，疏其行队，多其旌鼓，曜兵城下，引出贼后，拟其归路，要其粮道。贼闻大军来，骑断

青龙年间，吴国军队围攻合肥，当时魏国东方的军吏士兵都分散休假，征东将军满宠上表请求派遣中军兵马，同时召集休假将士，等汇集以后反击吴军。刘劭发表意见认为：“贼兵刚到，心志专一、士气旺盛。满宠以少数人马守住那里，如果马上进击，不一定能制服敌军。满宠请求等待援兵，这没有失算。我认为可以先派遣步兵五千，精锐骑兵三千，在大军行动之前出发，张扬着声势前进，显现出浩荡的气势。骑兵到了合肥，疏散队列，多设军旗战鼓，显露军队的威力于城下，引兵至贼兵之后，预先断其归路，拦截他们的粮道。贼兵听说大军到来，骑兵截断他们的归路，一定震惊、恐慌地逃跑，不需交

其后，必震怖遁走，不战自破贼矣。”帝从之。兵比至合肥，贼果退还。

战，贼兵自破。”皇帝采纳了他的意见。等到军队到合肥，贼兵果然退回去了。

时诏书博求众贤。散骑侍郎夏侯惠荐劭曰：“伏见常侍刘劭，深忠笃思，体周于数，凡所错综，源流弘远，是以群才大小，咸取所同而斟酌焉。故性实之士服其平和良正，清静之人慕其玄虚退让，文学之士嘉其推步详密，法理之士明其分数精比，意思之士知其沈深笃固，文章之士爱其著论属辞，制度之士贵其化略较要，策谋之士赞其明思通微，凡此诸论，皆取适己所长而举其支流者也。臣数听其清谈，览其笃论，渐渍历年，服膺弥久，实为朝廷奇其器量。以为若此人者，宜辅翼机事，纳谋帏幄，当与国道俱隆，非世俗所常有也。惟陛下垂优游之听，使劭承清闲之欢，得自尽于前，则德音上通，辉耀日新矣。”㉝

这时皇帝下诏书广求贤才。散骑侍郎夏侯惠推荐刘劭，说：“我看到散骑常侍刘劭，非常忠诚，思虑深沉，对于各种事理体察周全，他所综合融汇的学问、思想，源流既大且远，因此大大小小的才士，都从他那里汲取与自己相同之点并加以斟酌。所以生性求实的人佩服他的平和、纯正，清虚守静的人仰慕他的谦虚退让，研求经学的人推许他推算历法的详细、周密，讲究法度条理的人明白他辨析道理的精密，锐意深思的人知道他深沉专一，长于写文章的人喜欢他的文章辞采，讲究规章制度的人看重他的教化法度简略而能抓住要领，长于策划谋略的人赞颂他的思维明晰并能达到微妙之境。以上所论，都是就汲取适合自己的长处的角度而举出的某些支流方面。我多次听他谈论玄理，看他那见解深刻的论文，受他的熏陶多年，老早就非常佩服他了，我实在为朝廷感到此人器量非凡。我认为像他这样的人，应该辅佐朝廷处理大事，放在军中出谋划策，应当与国运一起兴隆，这样的人不是世间常有的人才。望陛下在悠闲之中听听我的意见，让刘劭接受您给予的欢乐，得以在您面前充分发挥自己的才力，这样善言就能上达，国家在您的光辉照耀下，便一天天地变好了。”

景初中，受诏作《都官考课》。劭上疏曰：“百官考课，王政之大较，然而历代弗务，是以治典阙而未补，能否混而相蒙。陛下以上圣之宏略，愍王纲之弛颓，神虑内鉴，明诏外发。臣奉恩旷然，得以启曚，辄作《都官考课》七十二条，又作《说略》一篇。臣学寡识浅，诚不足以宣畅圣旨，著定典制。”又以为宜制礼作乐，以移风

景初年间，刘劭受皇帝之命，写作《都官考课》。他上疏说：“对百官的考核，是政府的要务，但是历代都没有实行，因此有关这方面的制度缺而未补，有才能和无才能的官员混杂在一起不能分辨。陛下凭着最圣明的宏才大略，担心国家制度松弛衰败，既在内心考虑审察，又向外发布制定考课制度的诏书。我接受恩诏感到旷然开阔，得以启发愚蒙，就写了《都官考课》七十二条，又写《说略》一篇。我学问少见识浅，确实不足以淋漓尽致地表达圣意，著定典章制度。”他又认为应该制定礼制、创作音乐，来改变风俗习惯，著《乐论》十四篇，写完后未曾奏上。

俗，著《乐论》十四篇，事成未上。会明帝崩，不施行。正始中，执经讲学，赐爵关内侯。凡所撰述，《法论》、《人物志》之类百余篇。卒，追赠光禄勋。子琳嗣。

正值明帝逝世，没有施行。正始年间，他讲授经书，赐给关内侯的爵位。他所写作的文章，有《法论》，《人物志》等共一百多篇。逝世后，追赠光禄勋。儿子刘琳为继承人。

劭同时东海缪袭亦有才学，多所述叙，官至尚书、光禄勋。㉞

与刘劭同时的东海缪袭也有才学，多有著述，官至尚书、光禄勋。

袭友人山阳仲长统，汉末为尚书郎，早卒。著《昌言》，词佳可观省。㉟

缪袭的友人山阳仲长统，汉朝末年担任尚书郎，去世较早。他著有《昌言》，文辞佳美，值得阅读、思考。

散骑常侍陈留苏林、㊱光禄大夫京兆韦诞、㊲乐安太守谯国夏侯惠、㊳陈郡太守任城孙该、郎中令河东杜挚等亦著文赋，颇传于世。㊴

散骑常侍陈留苏林、光禄大夫京兆韦诞、乐安太守谯国夏侯惠、陈郡太守任城孙该、郎中令河东杜挚等人也著有文章、辞赋，大多流传在世上。

傅嘏字兰石，北地泥阳人，傅介子之后也。伯父巽，黄初中为侍中尚书。㊵嘏弱冠知名，㊶司空陈群辟为掾。时散骑常侍刘劭作考课法，事下三府。嘏难劭论曰："盖闻帝制宏深，圣道奥远，苟非其才，则道不虚行，神而明之，存乎其人。暨乎王略亏颓而旷载罔缀，微言既没，六籍泯玷。何则？道弘致远而众才莫晞也。案劭考课论，虽欲寻前代黜陟之文，然其制度略以阙亡。礼之存者，惟有周典，外建侯伯，藩屏九服，内立列司，筦齐六职，土有恒贡，官有定则，百揆均在，四民殊业，故考绩可理而黜陟易通也。大魏继百王之末，承秦、汉之烈，制度之流，靡所修采。

傅嘏字兰石，北地郡泥阳县人，是傅介子的后代。他的伯父傅巽，黄初年间担任侍中、尚书。傅嘏二十来岁时就有名望，司空陈群征召他为属官。这时散骑常侍刘劭制定官吏考核法，交三公府讨论。傅嘏驳难刘劭的观点，说："听说国家法度宏大高深，圣人的治道深奥久远，除非有那种合适的人才，治道就不会虚设，使它既神妙又明白，取决于执行的人。到了天子法度亏损衰败之时，法制长时间没有延续下来，精微的言论已经淹没，六经也被玷污。为什么呢？治道包罗很广而且能达到长远，但一般才士不能明白。考察刘劭的考课论，虽然想探寻前代对官吏的进退升降的方法，但是那些制度大都已散失。保存下来的礼，只有周代典籍，周代外面设置诸侯，作为京畿的屏障；内部设立各种官署，管理各行各业。各地有常年的贡品，官吏有确定的准则，百官各司其事，士、商、工、农四民各务其业，所以政绩的考核可以进行、职务的升降容易贯彻。大魏继百代帝王之后，紧承秦汉余绪，制度不断流变，无从借鉴采纳。自建安以来，直到青龙年间，武帝拨乱反正，

自建安以来，至于青龙，神武拨乱，肇基皇祚，扫除凶逆，芟夷遗寇，旌旗卷舒，日不暇给。及经邦治戎，权法并用，百官群司，军国通任，随时之宜，以应政机。以古施今，事杂义殊，难得而通也。所以然者，制宜经远，或不切近，法应时务，不足垂后。夫建官均职，清理民物，所以立本也；循名考实，纠励成规，所以治末也。本纲未举而造制未呈，国略不崇而考课是先，惧不足以料贤愚之分，精幽明之理也。昔先王之择才，必本行于州闾，讲道于庠序，行具而谓之贤，道修则谓之能。乡老献贤能于王，王拜受之，举其贤者，出使长之，科其能者，入使治之，此先王收才之义也。方今九州之民，爰及京城，未有六乡之举，其选才之职，专任吏部。案品状则实才未必当，任薄伐则德行未为叙，如此则殿最之课，未尽人才。述综王度，敷赞国式，体深义广，难得而详也。”

正始初，除尚书郎，迁黄门侍郎。时曹爽秉政，何晏为吏部尚书，嘏谓爽弟羲曰：“何平叔外静而内铦巧，好利，不念务本。吾恐必先惑子兄弟，仁人将远，而朝政废矣。”晏等遂与嘏不平，因微事以免嘏官。起家拜荥阳太守，不行。太傅司马宣王请为从事中郎。曹爽诛，为河南尹，[42]迁尚书。嘏

开始打下帝业根基，扫除凶顽叛逆，消除残余贼寇，战旗飘展，毫无空暇时间。以至治国治军，权力与法制同时使用，所有官员府署，军事政务两者兼任，因时制宜，来适应政治的需要。将古代的制度拿到今天来施行，由于事情变得复杂，内容含义也不同了，是难以行得通的。其所以如此，制度应该行之长久，或许不切合近时需要，而法制适应了当前的事务，则不足以留传后世。设立官吏分担职务，来管理人民、处理事物，这是建立国家的根本；按照名义去考察实际，纠正过去的规章制度，这只是处理细枝末节的小事。总纲没有举起来而抓鸡毛蒜皮的小事，国家的根本工作没有受到重视而先抓官吏的考核，我担心这不足以用来区分贤愚，明辨是非。以前先王选择人才，一定在乡里考察他的品行，在学校中看他讲论道理、学问，美好的品行具备了就叫做‘贤’，学问修养渊博就叫做‘能’。掌管教化的乡老将贤人、能人献给国王，国王用隆重的礼节来接受他们。推举其中的贤人，出京师担任地方的长官；选择其中的能人，入朝廷处理政务，这是先王收揽人才的办法。当今全国的人，一直到京城，没有各地的荐举，选拔人才的工作，专由吏部主持。考察他的行为品德，则实际才能不一定相当；任用有功劳的人，则他的品行不一定符合。这样看来考核的制度，不能充分地选用人才。要全面地论述君王的法度，周到地表现国家的制度，因为它来源深远、包含的内容又广，是我所难以详尽的。”

正始初年，任命傅嘏为尚书郎，转任黄门侍郎。当时曹爽执政，何晏担任吏部尚书，傅嘏对曹爽的弟弟曹羲说：“何平叔外表平静而内心尖刻、乖巧，贪图利益，不考虑根本。我担心他一定会先惑乱你的哥哥，仁义之人将被疏远，朝政会被破坏了。”何晏等人于是与傅嘏不和，借小事免除了傅嘏的官。后从家中征召他出任荥阳太守，他没有去。太傅司马宣王请他担任从事中郎。曹爽被诛后，傅嘏担任河南尹，升任尚书。傅嘏常以为“秦朝开始罢去诸侯设立郡守，设官吏分担职务，与古代不同。汉魏继承

常以为“秦始罢侯置守，设官分职，不与古同。汉、魏因循，以至于今。然儒生学士，咸欲错综以三代之礼，礼弘致远，不应时务，事与制违，名实未附，故历代而不至于治者，盖由是也。欲大改定官制，依古正本，今遇帝室多难，未能革易”。

下来，一直到现在。但是儒生、学者，都想综合、融汇夏、商、周三代的礼制。礼制广博可以致远，但不适合于当前的事物，以致事实与制度相违背，名称与实际不符合，所以历代不能达到太平，大概就是由于这个原因。想大规模改定官制，应依据古代的原则从根本上来矫正，现在遇上国家多难，不能改变。”

时论者议欲自伐吴，三征献策各不同。诏以访嘏，嘏对曰：“昔夫差陵齐胜晋，威行中国，终祸姑苏；齐闵兼土拓境，辟地千里，身蹈颠覆。有始不必善终，古之明效也。孙权自破关羽并荆州之后，志盈欲满，凶宄以极，是以宣文侯深建宏图大举之策。今权以死，托孤于诸葛恪。若矫权苛暴，蠲其虐政，民免酷烈，偷安新惠，外内齐虑，有同舟之惧，虽不能终自保完，犹足以延期挺命于深江之外矣。而议者或欲泛舟径济，横行江表；或欲四道并进，攻其城垒；或欲大佃疆埸，观衅而动：诚皆取贼之常计也。然自治兵以来，出入三载，非掩袭之军也。贼之为寇，几六十年矣，君臣伪立，吉凶共患，又丧其元帅，上下忧危，设令列船津要，坚城据险，横行之计，其殆难捷。惟进军大佃，最差完牢。兵出民表，寇钞不犯；坐食积谷，不烦运士；

当时参与谋划的人商议准备讨伐吴国，征南大将军王昶、征东将军胡遵、镇南将军毌丘俭献的计策各不相同。皇帝下诏询问傅嘏的意见，傅嘏回答说：“从前，吴王夫差侵凌齐国、打败晋国，他的威力达到中原地区，终于在姑苏遭到灭亡之祸；齐闵王兼并土地，拓宽边境，开辟国土千里，最后自身遭受颠覆。有开端不一定有好的结果，这是古代明显的验证。孙权自从击破关羽兼并荆州之后，感到目的达到了、欲望满足了，凶残为乱到了极点，因此宣文侯司马懿建立了长远宏大的规划。现在孙权已死，将太子托付给诸葛恪。如果他矫正孙权的残暴，放弃虐待人民的政策，人民免遭严峻的刑罚，暂且享受新施的恩惠，内外同心，有风雨同舟的警惕，即使不能终久保全，还是足够可以延长其拼命据守于长江之南的时间的。而发表意见的人有的主张驾船直渡，纵横驰骋于江南；有的主张兵分四路同时前进，进攻他们的城池和防守工事；有的主张大规模在边界进行武装屯垦，伺机行动：这些确实都是攻取贼兵的正常谋略。但是，自从与吴国开战以来，前后已经三年，并不是趁其不备的偷袭之军。贼兵侵犯边境，几乎有六十年了，他们伪立君臣，吉凶与共，最近又失去君主，上下警惕，假如他们把战船布防在重要港口，坚守城池，占据险要的地形，那么我们直渡长江，驰骋于江南的计划，大概难以成功。现在只有进行大规模地屯田，比较起来最为完善、牢靠。军队在人民的外围，贼寇掠夺不到人民的财物；军队可以就地吃自己生产的粮食，不需烦劳后方士兵运

乘衅讨袭，无远劳费：此军之急务也。昔樊哙愿以十万之众，横行匈奴，季布面折其短。今欲越长江，涉虏庭，亦向时之喻也。未若明法练士，错计于全胜之地，振长策以御敌之余烬，斯必然之数也。”[43]后吴大将诸葛恪新破东关，乘胜扬声欲向青、徐，朝廷将为之备。嘏议以为“淮海非贼轻行之路，又昔孙权遣兵入海，漂浪沉溺，略无孑遗，恪岂敢倾根竭本，寄命洪流，以徼乾没乎？[44]恪不过遣偏率小将素习水军者，乘海溯淮，示动青、徐，恪自并兵来向淮南耳”。后恪果图新城，不克而归。

送；乘其间隙讨伐、袭击，不必长途劳累：这是当前军事上最重要的。从前樊哙愿意以十万人马，驰骋于匈奴，季布当面指责他的不对。现在想越过长江，进入敌人内地，也与从前的樊哙一样。不如以严明的军法操练士兵，将我们的计划实行于可以获得全胜之处，扬起长长的鞭子来对付敌人的残余势力，这是必然的道理。”后来吴国大将诸葛恪在攻破东关之后，乘胜扬言要进攻青州、徐州，朝廷准备防备。傅嘏认为：“淮海不是贼兵能轻易通行的路，从前孙权派兵入海，漂荡溺死，没有留下一人，诸葛恪怎敢倾尽他的全部力量，将性命寄托在滔滔洪流中，来侥幸取利呢？诸葛恪不过是派遣偏帅小将中平素熟习水上作战的人，从海上逆行进入淮水，做出进攻青州、徐州的样子，而诸葛恪则亲自集合兵力到淮南去了。”后来诸葛恪果然包围新城，没有攻下，便率兵返回去了。

嘏常论才性同异，钟会集而论之。[45]嘉平末，赐爵关内侯。高贵乡公即尊位，进封武乡亭侯。正元二年春，毌丘俭、文钦作乱。或以司马景王不宜自行，可遣太尉孚往，惟嘏及王肃劝之。景王遂行。[46]以嘏守尚书仆射，俱东。俭、钦破败，嘏有谋焉。及景王薨，嘏与司马文王径还洛阳，文王遂以辅政。语在《钟会传》。[47]会由是有自矜色，嘏戒之曰：“子志大其量，而勋业难为也，可不慎哉！”嘏以功进封阳乡侯，增邑六百户，并前千二百户。是岁薨，时年四十七，追赠太常，谥曰元侯。[48]子祗嗣。咸熙中开建五等，以嘏著勋前朝，改封祗泾原子。[49]

傅嘏常与人讨论人的才干、气性的同异，钟会将他们的话汇集起来加以评论。嘉平末年，傅嘏被赐给关内侯的封爵。高贵乡公即帝位后，晋封他为武乡亭侯。正元二年春天，毌丘俭、文钦叛乱。有人认为司马景王不应亲自率兵征讨，可以派遣太尉司马孚前往，只有傅嘏和王肃劝他亲自去。于是景王便亲自出征。以傅嘏暂任尚书仆射，随军向东。毌丘俭、文钦被击败，傅嘏参与了谋划。等到景王逝世，傅嘏与司马文王直接返回洛阳，文王于是辅佐朝政。此事的具体经过记载在《钟会传》中。钟会因此表现出居功自傲的样子，傅嘏告诫他说：“你志向很大，但功业是难以取得的，能不谨慎吗！”傅嘏凭着功劳进封为阳乡侯，增加食邑六百户，连同以前所封的共一千二百户。这年逝世，当时四十七岁，追赠为太常，谥号元侯。儿子傅祗嗣立。咸熙年间开建五等爵，因傅嘏在前代功勋显著，改封傅祗为泾原子。

评曰：昔文帝、陈王以公子之尊，博好文采，同声相应，才士并出，惟粲等六人最见名目。而粲特处常伯之官，兴一代之制，然其冲虚德宇，未若徐幹之粹也。卫觊亦以多识典故，相时王之式。刘劭该览学籍，文质周洽。刘廙以清鉴著，傅嘏用才达显云。[50]

评论说：以前文帝曹丕、陈王曹植凭着公子的尊贵身份，非常爱好文学，志趣相同的人互相响应，才学之士大量出现，唯有王粲等六人最为著名。而王粲担任皇帝近臣，制定一代制度，但他在淡泊虚静道德风范方面，不如徐幹纯粹。卫觊也因懂得很多典章制度和历史故事，辅佐当时的君主制定制度。刘劭博览群书，文才和品德兼备。刘廙以清明的鉴识著称，傅嘏因为才能而显达。

---

①张璠《汉纪》曰：龚字伯宗，有高名于天下。顺帝时为太尉。初，山阳太守薛勤丧妻不哭，将殡，临之曰："幸不为夭，复何恨哉？"及龚妻卒，龚与诸子并杖行服，时人或两讥焉。畅字叔茂，名在八俊。灵帝时为司空，以水灾免，而李膺亦免归故郡，二人以直道不容当时。天下以畅、膺为高士，诸危言危行之徒皆推宗之，愿涉其流，惟恐不及。会连有灾异，而言事者皆言三公非其人，宜因其变，以畅、膺代之，则祯祥必至。由是宦竖深怨之，及膺诛死而畅遂废，终于家。

②臣松之曰：貌寝，谓貌负其实也。通侻者，简易也。

③《文士传》载粲说琮曰："仆有愚计，愿进之于将军，可乎？"琮曰："吾所愿闻也。"粲曰："天下大乱，豪杰并起，在仓卒之际，强弱未分，故人各各有心耳。当此之时，家家欲为帝王，人人欲为公侯。观古今之成败，能先见事机者，则恒受其福。今将军自度，何如曹公邪？"琮不能对。粲复曰："如粲所闻，曹公故人杰也。雄略冠时，智谋出世，摧袁氏于官渡，驱孙权于江外，逐刘备于陇右，破乌丸于白登，其余枭夷荡定者，往往如神，不可胜计。今日之事，去就可知也。将军能听粲计，卷甲倒戈，应天顺命，以归曹公，曹公必重德将军。保己全宗，长享福祚，垂之后嗣，此万全之策也。粲遭乱流离，托命此州，蒙将军父子重顾，敢不尽言！"琮纳其言。

臣松之案：孙权自此以前，尚与中国和同，未尝交兵，何云"驱权于江外"乎？魏武以十三年征荆州，刘备却后数年方入蜀，备身未尝涉于关、陇。而于征荆州之年，便云逐备于陇右，既已乖错；又白登在平城，亦魏武所不经，北征乌丸，与白登永不相豫。以此知张骘假伪之辞，而不觉其虚之自露也。凡骘虚伪妄作，不可覆疏，如此类者，不可胜纪。

④挚虞《决疑要注》曰：汉末丧乱，绝无玉佩。魏侍中王粲识旧佩，始复作之。今之玉佩，受法于粲也。

⑤《典略》曰：粲才既高，辩论应机。钟繇、王朗等虽名为魏卿相，至于朝廷奏议，皆阁笔不能措手。

⑥《文章志》曰：太祖时征汉中，闻粲子死，叹曰："孤若在，不使仲宣无后。"

⑦《先贤行状》曰：幹清玄体道，六行修备，聪识洽闻，操翰成章，轻官忽禄，不耽世荣。建安中，太祖特加旌命，以疾休息。后除上艾长，又以疾不行。

⑧《文士传》曰：太祖雅闻瑀名，辟之，不应，连见偪促，乃逃入山中。太祖使人焚山，得瑀，送至，召入。太祖时征长安，大延宾客，怒瑀不与语，使就技人列。瑀善解音，能鼓琴，遂抚弦而歌，因造歌曲曰："奕奕天门开，大魏应期运。青盖巡九州，在东西人怨。士为知己死，女为悦者玩。恩义苟敷畅，他人焉能乱？"为曲既捷，音声殊妙，当时冠坐，太祖大悦。

臣松之案鱼氏《典略》、挚虞《文章志》并云瑀建安初辞疾避役，不为曹洪屈。得太祖召，即投杖而起。不得有逃入山中，焚之乃出之事也。

又《典略》载太祖初征荆州，使瑀作书与刘备，及征马超，又使瑀作书与韩遂，此二书今具存。至长安之前，遂等破走，太祖始以十六年得入关耳。而张骘云初得瑀时太祖在长安，此又乖戾。瑀以十七年卒，太祖十八年策为魏公，而云瑀歌舞辞称“大魏应期运”，愈知甚妄。又其辞云“他人焉能乱”，了不成语。瑀之吐属，必不如此。

⑨《典略》曰：琳作诸书及檄，草成呈太祖。太祖先苦头风，是日疾发，卧读琳所作，翕然而起曰：“此愈我病。”数加厚赐。太祖尝使瑀作书与韩遂，时太祖适近出，瑀随从，因于马上具草，书成呈之。太祖揽笔欲有所定，而竟不能增损。

⑩《华峤》、《汉书》曰：玚祖奉，字世叔。才敏善讽诵，故世称“应世叔读书，五行俱下”。著《后序》十余篇，为世儒者。延熹中，至司隶校尉。子劭字仲远，亦博学多识，尤好事。诸所撰述《风俗通》等，凡百余篇，辞虽不典，世服其博闻。

《续汉书》曰：劭又著《中汉辑叙》、《汉官仪》及《礼仪故事》，凡十一种，百三十六卷。朝廷制度，百官仪式，所以不亡者，由劭记之。官至泰山太守。劭弟珣，字季瑜，司空掾，即玚之父。

⑪《文士传》曰：桢父名梁，字曼山，一名恭。少有清才，以文学见贵，终于野王令。

《典略》曰：文帝尝赐桢廓落带，其后师死，欲借取以为像，因书嘲桢云：“夫物因人为贵。故在贱者之手，不御至尊之侧。今虽取之，勿嫌其不反也。”桢答曰：“桢闻荆山之璞，曜元后之宝；随侯之珠，烛众士之好；南垠之金，登窈窕之首；鼲貂之尾，缀侍臣之帻：此四宝者，伏朽石之下，潜污泥之中，而扬光千载之上，发彩畴昔之外，亦皆未能初自接于至尊也。夫尊者所服，卑者所修也；贵者所御，贱者所先也。故夏屋初成而大匠先立其下，嘉禾始熟而农夫先尝其粒。恨桢所带，无他妙饰，若实殊异，尚可纳也。”桢辞旨巧妙皆如是，由是特为诸公子所亲爱。其后太子尝请诸文学，酒酣坐欢，命夫人甄氏出拜。坐中众人咸伏，而桢独平视。太祖闻之，乃收桢，减死输作。

⑫《典论》曰：今之文人，鲁国孔融、广陵陈琳、山阳王粲、北海徐幹、陈留阮瑀、汝南应玚、东平刘桢，斯七子者，于学无所遗，于辞无所假，咸自以骋骐骥于千里，仰齐足而并驰。粲长于辞赋。幹时有逸气，然非粲匹也。如粲之《初征》、《登楼》、《槐赋》、《征思》，幹之《玄猿》、《漏卮》、《圆扇》、《橘赋》，虽张、蔡不过也，然于他文未能称是。琳、瑀之章表书记，今之俊也。应玚和而不壮，刘桢壮而不密。孔融体气高妙，有过人者，然不能持论，理不胜辞，至于杂以嘲戏；及其所善，扬、班之俦也。

⑬《魏略》曰：淳一名竺，字子叔。博学有才章，又善《苍》、《雅》、虫、篆、许氏字指。初平时，从三辅客荆州。荆州内附，太祖素闻其名，召与相见，甚敬异之。时五官将博延英儒，亦宿闻淳名，因启淳欲使在文学官属中。会临菑侯植亦求淳，太祖遣淳诣植。植初得淳甚喜，延入坐，不先与谈。时天暑热，植因呼常从取水自澡讫，傅粉。遂科头拍袒，胡舞五椎锻，跳丸击剑，诵俳优小说数千言讫，谓淳曰：“邯郸生何如邪？”于是乃更著衣帻，整仪容，与淳评说混元造化之端，品物区别之意，然后论羲皇以来贤圣名臣烈士优劣之差，次颂古今文章赋诔及当官政事宜所先后，又论用武行兵倚伏之势。乃命厨宰，酒炙交至，坐席默然，无与伉者。及暮，淳归，对其所知叹植之材，谓之“天人”。而于时世子未立，太祖俄有意于植，而淳屡称植材，由是五官将颇不悦。及黄初初，以淳为博士给事中。淳作《投壶赋》千余言奏之，文帝以为工，赐帛千匹。

⑭《典略》曰：钦字休伯，以文才机辩，少得名于汝、颍。钦既长于书记，又善为诗赋。其所与太子书，记喉转意，率皆巧丽。为丞相主簿。建安二十三年卒。

⑮《典略》曰：粹字文蔚，少学于蔡邕。初平中，随车驾至三辅。建安初，以高才与京兆严像擢拜尚书郎。像以兼有文武，出为扬州刺史。粹后为军谋祭酒，与陈琳、阮瑀等典记室。及孔融有过，太祖使粹为奏，承指数致融罪，其大略言：“融昔在北海，见王室不宁，招合徒众，欲图不轨，言‘我大圣之后也，而灭于宋。有天下者何必卯金刀’？”又云：“融为九列，不

遵朝仪，秃巾微行，唐突宫掖。又与白衣祢衡言论放荡，衡与融更相赞扬。衡谓融曰：'仲尼不死也。'融答曰：'颜渊复生。'"凡说融诸如此辈，辞语甚多。融诛之后，人睹粹所作，无不嘉其才而畏其笔也。至十九年，粹转为秘书令，从大军至汉中，坐违禁贱请驴伏法。太子素与粹善，闻其死，为之叹惜。及即帝位，特用其子为长史。

鱼豢曰：寻省往者，鲁连、邹阳之徒，援譬引类，以解缔结，诚彼时文辩之俊也。今览王、繁、阮、陈、路诸人前后文旨，亦何昔不若哉？其所以不论者，时世异耳。余又窃怪其不甚见用，以问大鸿胪卿韦仲将。仲将云："仲宣伤于肥戆，休伯都无格检，元瑜病于体弱，孔璋实自粗疏，文蔚性颇忿鸷，如是彼为，非徒以脂烛自煎糜也，其不高蹈，盖有由矣。然君子不责备于一人，譬之朱漆，虽无桢幹，其为光泽亦壮观也。"

⑯仪、廙、脩事，并在《陈思王传》。荀勖《文章叙录》曰：纬字公高。少喜文学。建安中，召署军谋掾、魏太子庶子，稍迁至散骑常侍、越骑校尉。年四十二，黄初四年卒。

⑰《文章叙录》曰：璩字休琏，博学好属文，善为书记。文、明帝世，历官散骑常侍。齐王即位，稍迁侍中、大将军长史。曹爽秉政，多违法度，璩为诗以讽焉。其言虽颇谐合，多切时要，世共传之。复为侍中，典著作。嘉平四年卒，追赠卫尉。贞字吉甫，少以才闻，能谈论。正始中，夏侯玄盛有名势，贞尝在玄坐作五言诗，玄嘉玩之。举高第，历显位。晋武帝为抚军大将军，以贞参军事。晋室践阼，迁太子中庶子、散骑常侍。又以儒学与太尉荀顗撰定新礼，事未施行。泰始五年卒。贞弟纯。纯子绍，永嘉中为黄门侍郎，为司马越所杀。纯弟秀。秀子詹，镇南大将军、江州刺史。

⑱籍字嗣宗。《魏氏春秋》曰：籍旷达不羁，不拘礼俗。性至孝，居丧虽不率常检，而毁几至灭性。兖州刺史王昶请与相见，终日不得与言，昶叹赏之，自以不能测也。太尉蒋济闻而辟之，后为尚书郎、曹爽参军，以疾归田里。岁余，爽诛，太傅及大将军乃以为从事中郎。后朝论以其名高，欲显崇之，籍以世多故，禄仕而已，闻步兵校尉缺，厨多美酒，营人善酿酒，求为校尉，遂纵酒昏酣，遗落世事。尝登广武，观楚、汉战处，乃叹曰："时无英才，使竖子成名乎！"时率意独驾，不由径路，车迹所穷，辄恸哭而反。籍少时尝游苏门山，苏门山有隐者，莫知名姓，有竹实数斛、臼杵而已。籍从之，与谈太古无为之道，及论五帝三王之义，苏门生萧然曾不经听。籍乃对之长啸，清韵响亮，苏门生逌尔而笑。籍既降，苏门生亦啸，若鸾凤之音焉。至是，籍乃假苏门先生之论以寄所怀。其歌曰："日没不周西，月出丹渊中。阳精蔽不见，阴光代为雄。亭亭在须臾，厌厌将复隆。富贵俯仰间，贫贱何必终。"又叹曰："天地解兮六合开，星辰陨兮日月颓，我腾而上将何怀？"籍口不论人过，而自然高迈，故为礼法之士何曾等深所雠疾。大将军司马文王常保持之，卒以寿终。子浑字长成。《世语》曰：浑以闲澹寡欲知名京邑，为太子庶子。早卒。

⑲康字叔夜。案《嵇氏谱》：康父昭，字子远，督军粮治书侍御史。兄喜，字公穆，晋扬州刺史、宗正。喜为康传曰："家世儒学，少有俊才，旷迈不群，高亮任性，不修名誉，宽简有大量。学不师授，博洽多闻，长而好老、庄之业，恬静无欲。性好服食，尝采御上药。善属文论，弹琴咏诗，自足于怀抱之中。以为神仙者，禀之自然，非积学所致。至于导养得理，以尽性命，若安期、彭祖之伦，可以善求而得也；著《养生篇》。知自厚者所以丧其所生，其求益者必失其性，超然独达，遂放世事，纵意于尘埃之表。撰录上古以来圣贤、隐逸、遁心、遗名者，集为传赞，自混沌至于管宁，凡百一十有九人，盖求之于宇宙之内，而发之乎千载之外者矣。故世人莫得而名焉。"

虞预《晋书》曰：康家本姓奚，会稽人。先自会稽迁于谯之铚县，改为嵇氏，取"稽"字之上，加"山"以为姓，盖以志其本也。一曰铚有嵇山，家于其侧，遂氏焉。

《魏氏春秋》曰：康寓居河内之山阳县，与之游者，未尝见其喜愠之色。与陈留阮籍、河内山涛、河南向秀、籍兄子咸、琅邪王戎、沛人刘伶相与友善，游于竹林，号为七贤。钟会为大将军所昵，闻康名而造之。会，名公子，以才能贵幸，乘肥衣轻，宾从如云。康方箕踞而锻，会至，不为之礼。康问会曰："何所闻而来？何所见而去？"会曰："有所闻而来，有所见而去。"会深衔之。大将军尝欲辟康。康既有绝世之言，又从子不善，避之河东，或云避世。及山涛为选曹郎，举康自代，康答书拒绝，因自说不堪流俗，而非薄汤、武。大将军闻而怒焉。初，康与东平吕昭子巽及巽弟安亲善。会巽淫安妻徐氏，而诬安不孝，囚之。安引康为证，康义不负心，保明其事，安亦至烈，有济世志力。钟会劝大将军因此除之，遂杀安及康。康临刑自若，援琴而鼓，既而叹曰："雅音于是绝矣！"时人莫不哀之。初，康采药于汲郡共北山中，见隐者孙登。康欲与之言，登默然不对。逾时将去，康曰："先生竟无言乎？"登乃曰："子才多识寡，难乎免于今之世。"及遭吕安事，为诗自责曰："欲寡其过，谤议沸腾。性不伤物，频致怨憎。昔惭柳下，今愧孙登。内负宿心，外赧良朋。"康所著诸文论六七万言，皆为世所玩咏。

《康别传》云：孙登谓康曰："君性烈而才俊，其能免乎？"称康临终之言曰："袁孝尼尝从吾学《广陵散》，吾每固之不与。《广陵散》于今绝矣！"与盛所记不同。

又《晋阳秋》云：康见孙登，登对之长啸，逾时不言。康辞还，曰："先生竟无言乎？"登曰："惜哉！"此二书皆孙盛所述，而自为殊异如此。

《康集目录》曰：登字公和，不知何许人，无家属，于汲县北山土窟中得之。夏则编草为裳，冬则被发自覆。好读《易》鼓琴，见者皆亲乐之。每所止家，辄给其衣服食饮，得无辞让。

《世语》曰：毌丘俭反，康有力，且欲起兵应之，以问山涛，涛曰："不可。"俭亦已败。

臣松之案《本传》云康以景元中坐事诛，而干宝、孙盛、习凿齿诸书，皆云正元二年，司马文王反自乐嘉，杀嵇康、吕安。盖缘《世语》云康欲举兵应毌丘俭，故谓破俭便应杀康也。其实不然。山涛为选官，欲举康自代，康书告绝，事之明审者也。案《涛行状》，涛始以景元二年除吏部郎耳。景元与正元相较七八年，以《涛行状》检之，如《本传》为审。又《钟会传》亦云会作司隶校尉时诛康；会作司隶，景元中也。干宝云吕安兄巽善于钟会，巽为相国掾，俱有宠于司马文王，故遂抵安罪。寻文王以景元四年钟、邓平蜀后，始授相国位；若巽为相国掾时陷安，焉得以破毌丘俭年杀嵇、吕？此又干宝之疏谬，自相违伐也。

康子绍，字延祖，少知名。山涛启以为秘书郎，称绍平简温敏，有文思，又晓音，当成济者。帝曰："绍如此，便可以为丞，不足复为郎也。"遂历显位。

《晋诸公赞》曰：绍与山涛子简、弘农杨准同好友善，而绍最有忠正之情。以侍中从惠帝北伐成都王，王师败绩，百官皆走，惟绍独以身捍卫，遂死于帝侧。故累见褒崇，追赠太尉，谥曰忠穆公。

⑳《魏略》曰：质字季重，以才学通博，为五官将及诸侯所礼爱；质亦善处其兄弟之间，若前世楼君卿之游五侯矣。及河北平定，五官将为世子，质与刘桢等并在坐席。桢坐谴之际，质出为朝歌长，后迁元城令。其后大军西征，太子南在孟津小城，与质书曰："季重无恙！途路虽局，官守有限，愿言之怀，良不可任。足下所治僻左，书问致简，益用增劳。每念昔日南皮之游，诚不可忘。既妙思六经，逍遥百氏，弹棋闲设，终以博弈，高谈娱心，哀筝顺耳。驰骛北场，旅食南馆，浮甘瓜于清泉，沈朱李于寒水。皦日既没，继以朗月，同乘并载，以游后园，舆轮徐动，宾从无声，清风夜起，悲笳微吟，乐往哀来，凄然伤怀。余顾而言，兹乐难常，足下之徒，咸以为然。今果分别，各在一方。元瑜长逝，化为异物，每一念至，何时可言？方今蕤宾纪辰，景风扇物，天气和暖，众果具繁。时驾而游，北遵河曲，从者鸣笳以启路，文学托乘于后车，节同时异，物是人非，我劳如何！今遣骑到邺，故使枉道相过。行矣，自爱！"二十三年，太子又与质书曰："岁月易得，别来行复四年。三年不见，《东山》犹叹其远，况乃过之，思何可支？虽书疏往反，未足解其劳结。昔年疾疫，亲故多离其灾，徐、陈、应、刘，一时俱逝，痛何可言邪！昔日游处，行则同舆，止则接席，何尝须臾相

失！每至觞酌流行，丝竹并奏，酒酣耳热，仰而赋诗。当此之时，忽然不自知乐也。谓百年己分，长共相保，何图数年之间，零落略尽，言之伤心。顷撰其遗文，都为一集。观其姓名，已为鬼录，追思昔游，犹在心目，而此诸子化为粪壤，可复道哉！观古今文人，类不护细行，鲜能以名节自立。而伟长独怀文抱质，恬淡寡欲，有箕山之志，可谓彬彬君子矣。著《中论》二十余篇，成一家之业，辞义典雅，足传于后，此子为不朽矣。德琏常斐然有述作意，才学足以著书，美志不遂，良可痛惜。间历观诸子之文，对之抆泪，既痛逝者，行自念也。孔璋章表殊健，微为繁富。公幹有逸气，但未遒耳，至其五言诗，妙绝当时。元瑜书记翩翩，致足乐也。仲宣独自善于辞赋，惜其体弱，不足起其文。至于所善，古人无以远过也。昔伯牙绝弦于钟期，仲尼覆醢于子路，愍知音之难遇，伤门人之莫逮也。诸子但为未及古人，自一时之俊也，今之存者已不逮矣。后生可畏，来者难诬，然吾与足下不及见也。行年已长大，所怀万端，时有所虑，至乃通夕不瞑。何时复类昔日！已成老翁，但未白头耳。光武言'年已三十，在军十年，所更非一'，吾德虽不及，年与之齐。以犬羊之质，服虎豹之文，无众星之明，假日月之光，动见观瞻，何时易邪？恐永不复得为昔日游也。少壮真当努力，年一过往，何可攀援？古人思秉烛夜游，良有以也。顷何以自娱？颇复有所造述不？东望于邑，裁书叙心。"

臣松之以本传虽略载太子此书，美辞多被删落，今故悉取《魏略》所述以备其文。太子即王位，又与质书曰："南皮之游，存者三人，烈祖龙飞，或将或侯。今惟吾子，栖迟下仕，从我游处，独不及门。瓶罄罍耻，能无怀愧。路不云远，今复相闻。"初，曹真、曹休亦与质等俱在渤海游处，时休、真亦以宗亲并受爵封，出为列将，而质故为长史。王顾质有望，故称二人以慰之。始质为单家，少游遨贵戚间，盖不与乡里相沈浮。故虽已出官，本国犹不与之士名。及魏有天下，文帝征质，与车驾会洛阳。到，拜北中郎将，封列侯，使持节督幽、并诸军事，治信都。太和中，入朝。质自以不为本郡所饶，谓司徒董昭曰："我欲溺乡里耳。"昭曰："君且止，我年八十，不能老为君溺攒也。"

《世语》曰：魏王尝出征，世子及临菑侯植并送路侧。植称述功德，发言有章，左右属目，王亦悦焉。世子怅然自失，吴质耳曰："王当行，流涕可也。"及辞，世子泣而拜，王及左右咸歔欷，于是皆以植辞多华，而诚心不及也。《质别传》曰：帝尝召质及曹休欢会，命郭后出见质等。帝曰："卿仰谛视之。"其至亲如此。质黄初五年朝京师，诏上将军及特进以下皆会质所，大官给供具。酒酣，质欲尽欢。时上将军曹真性肥，中领军朱铄性瘦，质召优，使说肥瘦。真负贵，耻见戏，怒谓质曰："卿欲以部曲将遇我邪？"骠骑将军曹洪、轻车将军王忠言："将军必欲使上将军服肥，即自宜为瘦。"真愈恚，拔刀瞋目，言："俳敢轻脱，吾斩尔。"遂骂坐。质案剑曰："曹子丹，汝非屠几上肉，吴质吞尔不摇喉，咀尔不摇牙，何敢恃势骄邪？"铄因起曰："陛下使吾等来乐卿耳，乃至此邪！"质顾叱之曰："朱铄，敢坏坐！"诸将军皆还坐。铄性急，愈恚，还拔剑斩地。遂便罢也。及文帝崩，质思慕作诗曰："怆怆怀殷忧，殷忧不可居。徙倚不能坐，出入步踟蹰。念蒙圣主恩，荣爵与众殊。自谓永终身，志气甫当舒。何意中见弃，弃我归黄垆。茕茕靡所恃，泪下如连珠。随没无所益，身死名不书。慷慨自俛俛，庶几烈丈夫。"太和四年，入为侍中。时司空陈群录尚书事，帝初亲万机，质以辅弼大臣，安危之本，对帝盛称"骠骑将军司马懿，忠智至公，社稷之臣也。陈群从容之士，非国相之才，处重任而不亲事"。帝甚纳之。明日，有切诏以督责群，而天下以司空不如长文，即群，言无实也。质其年夏卒。质先以怙威肆行，谥曰丑侯。质子应仍上书论枉，至正元中乃改谥威侯。应字温舒，晋尚书。应子康，字子仲，知名于时，亦至大位。

㉑《魏书》曰：初，汉朝迁移，台阁旧事散乱。自都许之后，渐有纲纪，觊以古义多所正定。是时关西诸将，外虽怀附，内未可信。司隶校尉钟繇求以三千兵入关，外托讨张鲁，内以胁取质任。太祖使荀彧问觊，觊以为"西方诸将，皆竖夫屈起，无雄天下意，苟安乐目前而已。今国家厚加爵号，得其所志，非

有大故,不忧为变也。宜为后图。若以兵入关中,当讨张鲁,鲁在深山,道径不通,彼必疑之;一相惊动,地险众强,殆难为虑!"彧以觊议呈太祖。太祖初善之,而以繇自典其任,遂从繇议。兵始进而关右大叛,太祖自亲征,仅乃平之,死者万计。太祖悔不从觊议,由是益重觊。

㉒《文章志》曰:劭字元茂,初名芝,改名劭,后避讳。或曰劭献帝时为尚书郎,迁右丞。诏以劭前在二千石曹,才敏兼通,明习旧事,敕并领本职,数加特赐。二十年,迁东海相。未发,留拜尚书左丞。其年病卒,时年五十余。魏公九锡策命,劭所作也。劭子满,平原太守,亦以学行称。

满子尼,字正叔。《尼别传》曰:尼少有清才,文辞温雅。初应州辟,后以父老归供养。居家十余年,父终,晚乃出仕。尼尝赠陆机诗,机答之,其四句曰:"猗欤潘生,世笃其藻,仰仪前文,丕隆祖考。"位终太常。

尼从父岳,字安仁。《岳别传》曰:岳美姿容,夙以才颖发名。其所著述,清绮绝伦。为黄门侍郎,为孙秀所杀。尼、岳文翰,并见重于世。

尼从子滔,字汤仲。《晋诸公赞》:滔以博学才量为名。永嘉末,为河南尹,遇害。

㉓王象事别见《杨俊传》。

㉔《晋阳秋》曰:瓘字伯玉。清贞有名理,少为傅嘏所知。弱冠为尚书郎,遂历位内外,为晋尚书令、司空、太保。惠帝初辅政,为楚王玮所害。

《世语》曰:瓘与扶风内史燉煌索靖并善草书。瓘子恒,字巨山,黄门侍郎。恒子玠,字叔宝,有盛名,为太子洗马,早卒。

㉕刘向《新序》曰:赵简子欲专天下,谓其相曰:"赵有犊犨,晋有铎鸣,鲁有孔丘,吾杀三人者,天下可王也。"于是乃召犊犨、铎鸣而问政焉,已即杀之。使使者聘孔子于鲁,以胖牛肉迎于河上。使者谓船人曰:"孔子即上船,中河必流而杀之。"孔子至,使者致命,进胖牛之肉。孔子仰天而叹曰:"美哉水乎,洋洋乎,使丘不济此水者,命也夫!"子路趋而进曰:"敢问何谓也?"孔子曰:"夫犊犨、铎鸣,晋国之贤大夫也,赵简子未得意之时,须而后从政,及其得意也,杀之。黄龙不反于涸泽,凤皇不离其罻罗。故刳胎焚林,则麒麟不臻;覆巢破卵,则凤皇不翔;竭泽而渔,则龟龙不见。鸟兽之于不仁,犹知避之,况丘乎?故虎啸而谷风起,龙兴而景云见,击庭钟于外,而黄钟应于内。夫物类之相感,精神之相应,若响之应声,影之象形,故君子违伤其类者。今彼已杀吾类矣,何为之此乎?"于是遂回车不渡而还。

㉖《廙别传》载廙道路为笺谢刘表曰:"考匑过蒙分遇荣授之显,未有管、狐、桓、文之烈,孤德陨命,精诚不遂。兄望之见礼在昔,既无堂构昭前之绩,中规不密,用坠祸辟。斯乃明神弗佑,天降之灾。悔吝之负,哀号靡及。廙之愚浅,言行多违,惧有浸润三至之间。考匑之爱已衰,望之之责犹存,必伤天慈既往之分,门户殄灭,取笑明哲。是用迸窜,永涉川路,即日到庐江寻阳。昔钟仪有南音之操,椒举有班荆之思,虽远犹迩,敢忘前施?"

《傅子》曰:表既杀望之,荆州士人皆自危也。夫表之本心,于望之不轻也,以直迕情,而谗言得入者,以无容直之度也。据全楚之地,不能以成功者,未必不由此也。夷、叔迕武王以成名,丁公顺高祖以受戮,二主之度远也。若不远其度,惟褊心是从,难乎以容民畜众矣。

㉗《战国策》曰:有以九九求见齐桓公,桓公不纳。其人曰:"九九小术,而君纳之,况大于九九者乎?"于是桓公设庭燎之礼而见之。居无几,隰朋自远而至,齐遂以霸。

㉘《廙别传》曰:初,廙弟伟与讽善,廙戒之曰:"夫交友之美,在于得贤,不可不详。而世之交者,不审择人,务合党众,违先圣人交友之义,此非厚己辅仁之谓也。吾观魏讽,不修德行,而专以鸠合为务,华而不实,此直搅世沽名者也。卿其慎之,勿复与通。"伟不从,故及于难。

㉙《廙别传》载廙表论治道曰:"昔者周有乱臣十人,有妇人焉,九人而已,孔子称'才难,不其然乎'!明贤者难得也。况乱弊之后,百姓凋尽,士之存者盖亦无几。股肱大职,及州郡督司,边方重任,虽备其官,亦未得人也。此非选者之不用意,

盖才匮使之然耳。况于长吏以下，群职小任，能皆简练备得其人也？其计莫如督之以法。不尔而数转易，往来不已，送迎之烦，不可胜计。转易之闲，辄有奸巧，既于其事不省，而为政者亦以其不得久安之故，知惠益不得成于己，而苟且之可免于患，皆将不念尽心于恤民，而梦想于声誉，此非所以为政之本意也。今之所以为黜陟者，近颇以州郡之毁誉，听往来之浮言耳。亦皆得其事实而课其能否也？长吏之所以为佳者，奉法也，忧公也，恤民也。此三事者，或州郡有所不便，往来者有所不安。而长吏执之不已，于治虽得计，其声誉未为美；屈而从人，于治虽失计，其声誉必集也。长吏皆知黜陟之在于此也，亦何能不去本而就末哉？以为长吏皆宜使小久，足使自展。岁课之能，三年总计，乃加黜陟。课之皆当以事，不得依名。事者，皆以户口率其垦田之多少，及盗贼发兴，民之亡叛者，为得负之计。如此行之，则无能之吏，修名无益；有能之人，无名无损。法之一行，虽无部司之监，奸誉妄毁，可得而尽。"事上，太祖甚善之。

㉚《廙别传》云：时年四十二。

㉛案《刘氏谱》：阜字伯陵，陈留太守。阜子乔，字仲彦。

《晋阳秋》曰：乔有赞世志力。惠帝末，为豫州刺史。乔胄胤丕显，贵盛至今。

㉜晋永和中，廷尉王彪之与扬州刺史殷浩书曰："太史上元日合朔，谈者或有疑，应却会与不？昔建元元年，亦元日合朔，庾车骑写刘孔才所论以示八座。于时朝议有谓孔才所论为不得礼议，荀令从之，是胜人之一失也。何者？《礼》云，诸侯旅见天子，入门不得终礼而废者四：太庙火，日蚀，后之丧，雨沾服失容。寻此四事之指，自谓诸侯虽已入门而卒暴有之，则不得终礼。非为先存其事，而徼幸史官推术错谬，故不豫废朝礼也。夫三辰有灾，莫大日蚀，史官告谴，而无惧容，不修豫防之礼，而废消救之术，方大飨华夷，君臣相庆，岂是将处天灾罪已之谓？且检之事实，合朔之仪，至尊静躬殿堂，不听政事，冕服御坐门闼之制，与元会礼异。自不得兼行，则当权其事宜。合朔之礼，不轻于元会。元会有可却之准，合朔无可废之义。谓应依建元故事，却元会。"浩从之，竟却会。

㉝臣松之以为凡相称荐，率多溢美之辞，能不违中者或寡矣。惠之称劭云"玄虚退让"及"明思通微"，近于过也。

㉞《先贤行状》曰：缪斐字文雅。该览经传，事亲色养。征博士，六辟公府。汉帝在长安，公卿博举名儒。时举斐任侍中，并无所就。即袭父也。

《文章志》曰：袭字熙伯。辟御史大夫府，历事魏四世。正始六年，年六十卒。子悦字孔怿，晋光禄大夫。袭孙绍、播、征、胤等，并皆显达。

㉟袭撰统《昌言》表，称统字公理，少好学，博涉书记，赡于文辞。年二十余，游学青、徐、并、冀之间，与交者多异之。并州刺史高幹素贵有名，招致四方游士，多归焉。统过幹，幹善待遇之，访以世事。统谓幹曰："君有雄志而无雄才，好士而不能择人，所以为君深戒也。"幹雅自多，不纳统言。统去之，无几而幹败。并、冀之士，以是识统。大司农常林与统共在上党，为臣道统性倜傥，敢直言，不矜小节，每列郡命召，辄称疾不就。默语无常，时人或谓之狂。汉帝在许，尚书令荀彧领典枢机，好士爱奇，闻统名，启召以为尚书郎。后参太祖军事，复还为郎。延康元年卒，时年四十余。统每论说古今世俗行事，发愤叹息，辄以为论，名曰《昌言》，凡二十四篇。

㊱《魏略》曰：林字孝友，博学，多通古今字指，凡诸书传文间危疑，林皆释之。建安中，为五官将文学，甚见礼待。黄初中，为博士给事中。文帝作《典论》所称苏林者是也。以老归第，国家每遣人就问之，数加赐遗。年八十余卒。

㊲《文章叙录》曰：诞字仲将，太仆端之子。有文才，善属辞章。建安中，为郡上计吏，特拜郎中，稍迁侍中中书监，以光禄大夫逊位，年七十五卒于家，初，邯郸淳、卫觊及诞并善书，有名。觊孙恒撰《四体书势》，其序古文曰："自秦用篆书，焚烧先典，而古文绝矣。汉武帝时，鲁恭王坏孔子宅，得《尚书》、《春秋》、《论语》、《孝经》，时人已不复知有古文，谓之科斗书，汉世秘藏，希得见之。魏初传古文者，出于邯郸淳。敬侯写淳《尚书》，后以示淳，而淳不别。至正始中，立三字石经，转失淳

法。因科斗之名，遂效其法。太康元年，汲县民盗发魏襄王冢，得策书十余万言。案敬侯所书，犹有髣髴。”敬侯谓觊也。其序篆书曰：“秦时李斯号为工篆，诸山及铜人铭皆斯书也。汉建初中，扶风曹喜少异于斯而亦称善。邯郸淳师焉，略究其妙。韦诞师淳而不及也。太和中，诞为武都太守，以能书留补侍中，魏氏宝器铭题皆诞书云。汉末又有蔡邕采斯、喜之法，为古今杂形，然精密简理不如淳也。”其序隶书，已略见《武纪》。又曰：“师宜官为大字，邯郸淳为小字。梁鹄谓淳得次仲法，然鹄之用笔尽其势矣。”其序草书曰：“汉兴而有草书，不知作者姓名。至章帝时，齐相杜度号善作篇，后有崔瑗、崔寔亦皆称工，杜氏结字甚安而书体微瘦，崔氏甚得笔势而结字小疏。弘农张伯英者因而转精其巧。凡家之衣帛，必书而后练之，临池学书，池水尽黑。下笔必为楷则，号‘匆匆不暇草’，寸纸不见遗，至今世人尤宝之，韦仲将谓之草圣。伯英弟文舒者，次伯英。又有姜孟颖、梁孔达、田彦和及韦仲将之徒，皆伯英弟子，有名于世，然殊不及文舒也。”

㊳惠，渊子。事在《渊传》。

㊴《文章叙录》曰：该字公达。强志好学。年二十，上计掾，召为郎中。著《魏书》。迁博士司徒右长史，复还入著作。景元二年卒官。

㊵《文章叙录》曰：挚字德鲁。初上《笳赋》，署司徒军谋吏。后举孝廉，除郎中，转补校书。挚与毌丘俭乡里相亲，故为诗与俭，求仙人药一丸，欲以感切俭求助也。其诗曰：“骐骥马不试，婆娑槽枥间。壮士志未伸，坎轲多辛酸。伊挚为媵臣，吕望身操竿；夷吾困商贩，宁戚对牛叹；食其处监门，淮阴饥不餐；买臣老负薪，妻畔呼不还，释之宦十年，位不增故官。才非八子伦，而与齐其患。无知不在此，袁盎未有言。被此笃病久，荣卫动不安，闻有韩众药，信来给一丸。”俭答曰：“凤鸟翔京邑，哀鸣有所思。才为圣世出，德音何不怡！八子未遭遇，今者遭明时。胡康出垄亩，杨伟无根基，飞腾冲云天，奋迅协光熙。骏骥骨法异，伯乐观知之，但当养羽翮，鸿举必有期。体无纤微疾，安用问良医？联翩轻栖集，还为燕雀嗤。韩众药虽良，或更不能治。悠悠千里情，薄言答嘉诗。信心感诸中，中实不在辞。”挚竟不得迁，卒于秘书。

《庐江何氏家传》曰：明帝时，有谯人胡康，年十五，以异才见送，又陈损益，求试剧县。诏特引见。众论翕然，号为神童。诏付秘书，使博览典籍。帝以问秘书丞何祯：“康才何如？”祯答曰：“康虽有才，性质不端，必有负败。”后果以过见谴。

臣松之案：魏朝自微而显者，不闻胡康；疑是孟康。康事见《杜恕传》。杨伟见《曹爽传》。

㊶《傅子》曰：嘏祖父睿，代郡太守。父充，黄门侍郎。

㊷《傅子》曰：是时何晏以材辩显于贵戚之间，邓飏好变通，合徒党，鬻声名于闾阎，而夏侯玄以贵臣子少有重名，为之宗主，求交于嘏而不纳也。嘏友人荀粲，有清识远心，然犹怪之。谓嘏曰：“夏侯泰初一时之杰，虚心交子，合则好成，不合则怨至。二贤不睦，非国之利，此蔺相如所以下廉颇也。”嘏答之曰：“泰初志大其量，能合虚声而无实才。何平叔言远而情近，好辩而无诚，所谓利口覆邦国之人也。邓玄茂有为而无终，外要名利，内无关钥，贵同恶异，多言而妒前；多言多衅，妒前无亲。以吾观此三人者，皆败德也。远之犹恐祸及，况昵之乎？”

㊸《傅子》曰：河南尹内掌帝都，外统京畿，兼古六乡六遂之士。其民异方杂居，多豪门大族，商贾胡貊，天下四方会，利之所聚，而奸之所生。前尹司马芝，举其纲而太简，次尹刘静，综其目而太密，后尹李胜，毁常法以收一时之声。嘏立司马氏之纲统，裁刘氏之纲目以经纬之，李氏所毁以渐补之。郡有七百吏，半非旧也。河南俗党五官掾功曹典选职，皆授其本国人，无用异邦人者，嘏各举其良而对用之，官曹分职，而后以次考核之。其治以德教为本，然持法有恒，简而不可犯，见理识情，狱讼不加榎楚而得其实。不为小惠，有所荐达及大有益于民事，皆隐其端迹，若不由己出。故当时无赫赫之名，吏民久而后安之。

㊹司马彪《战略》载嘏此对，详于本传，今悉载之以尽其意。彪曰：嘉平四年四月，孙权死。征南大将军王昶、征东将军

胡遵,镇南将军毌丘俭等表请征吴。朝廷以三征计异,诏访尚书傅嘏,嘏对曰:"昔夫差胜齐陵晋,威行中国,不能以免姑苏之祸;齐闵辟土兼国,开地千里,不足以救颠覆之败:有始不必善终,古事之明效也。孙权自破蜀兼平荆州之后,志盈欲满,罪戮忠良,诛及胤嗣,元凶已极。相国宣文侯先识取乱侮亡之义,深建宏图大举之策。今权已死,托孤于诸葛恪。若矫权苛暴,蠲其虐政,民免酷烈,偷安新惠,外内齐虑,有同舟之惧,虽不能终自保完,犹足以延期挺命于深江之表矣。昶等或欲泛舟径渡,横行江表,收民略地,因粮于寇;或欲四道并进,临之以武,诱间携贰,待其崩坏;或欲进军大佃,偪其项领,积谷观衅,相时而动:凡此三者,皆取贼之常计也。然施之当机,则功成名立,苟不应节,必贻后患。自治兵已来,出入三载,非掩袭之军也。贼丧元帅,利存退守,若撰饰舟楫,罗船津要,坚城清野,以防卒攻,横行之计,殆难必施。贼之为寇,几六十年,君臣伪立,吉凶同患,若恪蠲其弊,天去其疾,崩溃之应,不可卒待。今边壤之守,与贼相远,贼设罗落,又持重密,间谍不行,耳目无闻。夫军无耳目,校察未详,而举大众以临巨险,此为希幸徼功,先战而后求胜,非全军之长策也。唯有进军大佃,最差完牢。可诏昶、遵等择地居险,审所错置,及令三方一时前守。夺其肥壤,使还耕瘠土,一也;兵出民表,寇钞不犯,二也;招怀近路,降附日至,三也;罗落远设,间构不来,四也;贼退其守,罗落必浅,佃作易之,五也;坐食积谷,士不运输,六也;衅隙时闻,讨袭速决,七也;凡此七者,军事之急务也。不据则贼擅便资,据之则利归于国,不可不察也。夫屯垒相偪,形势已交,智勇得陈,巧拙得用,策之而知得失之计,角之而知有余不足,虏之情伪,将焉所逃?夫以小敌大,则役烦力竭,以贫敌富,则敛重财匮。故'敌逸能劳之,饱能饥之',此之谓也。然后盛众厉兵以震之,参惠倍赏以招之,多方广似以疑之。由不虞之道,以闲其不戒;比及三年,左提右挈,虏必冰散瓦解,安受其弊,可坐算而得也。昔汉氏历世常患匈奴,朝臣谋士早朝晏罢,介胄之将则陈征伐,搢绅之徒咸言和亲,勇奋之士思展搏噬。故樊哙愿以十万之众横行匈奴,季布面折其短。李信求以二十万独举楚人,而果辱秦军。今诸将有陈越江陵险,独步虏庭,即亦向时之类也。以陛下圣德,辅相忠贤,法明士练,错计于全胜之地,振长策以御之,虏之崩溃,必然之数。故兵法曰:'屈人之兵,而非战也;拔人之城,而非攻也。'若释庙胜必然之理,而行万一不必全之路,诚愚臣之所虑也。故谓大佃而偪之计最长。"时不从嘏言。其年十一月,诏昶等征吴。五年正月,诸葛恪拒战,大破众军于东关。

㊺《汉书·张汤传》曰:汤始为小吏,乾没,与长安富贾田甲、鱼翁叔之属交私。服虔说曰:"乾没,射成败也。"如淳曰:"得利为乾,失利为没。"

臣松之以虔直以乾没为射成败,而不说乾没之义,于理犹为未畅。淳以得利为乾,又不可了。愚谓乾读宜为乾燥之乾。盖谓有所徼射,不计乾燥之与沉没而为之。

㊻《傅子》曰:嘏既达治好正,而有清理识要,好论才性,原本精微,鲜能及之。司隶校尉钟会年甚少,嘏以明智交会。臣松之案:《傅子》前云嘏了夏侯之必败,不与之交,而此云与钟会善。愚以为夏侯玄以名重致患,衅由外至;钟会以利动取败,祸自己出。然则夏侯之危兆难睹,而钟氏之败形易照也。嘏若了夏侯之必危,而不见钟会之将败,则为识有所蔽,难以言通;若皆知其不终,而情有彼此,是为厚薄由于爱憎,奚豫于成败哉?以爱憎为厚薄,又亏于雅体矣。《傅子》此论,非所以益嘏也。

㊼《汉晋春秋》曰:嘏固劝景王行,景王未从。嘏重言曰:"淮、楚兵劲,而俭等负力远斗,其锋未易当也。若诸将战有利钝,大势一失,则公事败矣。"是时景王新割目瘤,创甚,闻嘏言,蹶然而起曰:"我请舆疾而东。"

㊽《世语》曰:景王疾甚,以朝政授傅嘏,嘏不敢受。及薨,嘏秘不发丧,以景王命召文王于许昌,领公军焉。

孙盛《评》曰:晋宣、景、文王之相魏也,权重相承,王业基矣。岂蕞尔傅嘏所宜间厕?《世语》所云,斯不然矣。

㊾《傅子》曰：初，李丰与嘏同州，少有显名，早历大官，内外称之，嘏又不善也。谓同志曰："丰饰伪而多疑，矜小失而昧于权利，若处庸庸者可也，自任机事，遭明者必死。"丰后为中书令，与夏侯玄俱祸，卒如嘏言。嘏自少与冀州刺史裴徽、散骑常侍荀顗善，徽、顗早亡。又与镇北将军何曾、司空陈泰、尚书仆射荀顗、后将军钟毓并善，相与综朝事，俱为名臣。

㊿《晋诸公赞》曰：祗字子庄，嘏少子也。晋永嘉中至司空。祗子宣，字世弘。

《世语》称宣以公正知名，位至御史中丞。宣弟畅，字世道，秘书丞，没在胡中。著《晋诸公赞》及《晋公卿礼秩故事》。

51臣松之以为傅嘏识量名辈，寔当时高流。而此评但云"用才达显"，既于题目为拙，又不足以见嘏之美也。

三国志卷二十二 魏书二十二

桓二陈徐卫卢传第二十二

桓阶字伯绪，长沙临湘人也。①仕郡功曹。太守孙坚举阶孝廉，除尚书郎。父丧还乡里。会坚击刘表战死，阶冒难诣表乞坚丧，表义而与之。后太祖与袁绍相拒于官渡，表举州以应绍。阶说其太守张羡曰："夫举事而不本于义，未有不败者也。故齐桓率诸侯以尊周，晋文逐叔带以纳王。今袁氏反此，而刘牧应之，取祸之道也。明府必欲立功明义，全福远祸，不宜与之同也。"羡曰："然则何向而可？"阶曰："曹公虽弱，仗义而起，救朝廷之危，奉王命而讨有罪，孰敢不服？今若举四郡保三江以待其来，而为之内应，不亦可乎？"羡曰："善。"乃举长沙及旁三郡以拒表，遣使诣太祖。太祖大悦。会绍与太祖连战，军未得南。而表急攻羡，羡病死。城陷，阶遂自匿。久之，刘表辟为从事祭酒，欲妻以妻妹蔡氏。阶自陈已结婚，拒而不受，因辞疾告退。

桓阶字伯绪，长沙郡临湘县人。担任郡功曹。太守孙坚荐举桓阶为孝廉，任命为尚书郎。后来他由于父亲去世回到故乡。正碰上孙坚进攻刘表时战死，桓阶冒着风险到刘表处请求要回孙坚的尸体，刘表认为他讲情义便将孙坚的尸体给了他。后来太祖与袁绍的军队在官渡对峙，刘表率整个荆州声援袁绍。桓阶劝长沙太守张羡说："做事不以道义为依据，没有不失败的。所以从前齐桓公率领诸侯尊奉周王室，晋文公驱逐叔带而送周王返回王城。现在袁氏却与此相反，而刘表声援他，这是自取祸患的做法。您若一定想建立功勋、昭明道义，保全幸福、远离祸患，不可与他们相同。"张羡说："那么怎样做才好？"桓阶说："曹公势力虽弱，但他是秉持正义起兵，解救朝廷的危难，奉皇上之命讨伐有罪之臣，谁敢不服从？现在您如果率领长沙、武陵、零陵、桂阳四郡，依仗三江等待曹公到来，做他的内应，不是很好吗？"张羡说："好。"于是率长沙以及邻近的武陵等三郡抗拒刘表，派遣使者去谒见太祖。太祖很高兴。此时正值袁绍与太祖的军队接连不断地作战之时，军队不能南来。而刘表加紧进攻张羡，张羡病死。临湘城陷落，于是桓阶躲藏起来。过了很久，刘表征召桓阶为从事祭酒，打算把妻妹蔡氏嫁给他。桓阶说自己已经结婚，拒绝不受，于是以自己有病为由辞职归家。

太祖定荆州，闻其为张羡谋也，异之，辟为丞相掾主簿，迁赵郡太守。魏国初建，为虎

太祖平定荆州后，听说桓阶曾为张羡出谋，特别看重他，聘他担任丞相掾主簿，又升任赵郡太守。魏国刚建立时，他担任虎贲中郎将侍中。当时太子

赍中郎将侍中。时太子未定，而临菑侯植有宠。阶数陈文帝德优齿长，宜为储副，公规密谏，前后恳至。②又毛玠、徐奕以刚蹇少党，而为西曹掾丁仪所不善，仪屡言其短，赖阶左右以自全保。其将顺匡救，多此类也。迁尚书，典选举。曹仁为关羽所围，太祖遣徐晃救之，不解。太祖欲自南征，以问群下。群下皆谓："王不亟行，今败矣。"阶独曰："大王以仁等为足以料事势不也？"曰："能。""大王恐二人遗力邪？"曰："不。""然则何为自往？"曰："吾恐虏众多，而晃等势不便耳。"阶曰："今仁等处重围之中而守死无贰者，诚以大王远为之势也。夫居万死之地，必有死争之心；内怀死争，外有强救，大王案六军以示余力，何忧于败而欲自往？"太祖善其言，驻军于摩陂。贼遂退。

还没有确定，而临淄侯曹植很受宠爱。桓阶多次向太祖说曹丕品德优良、年龄也大些，应该立为太子。他或当众规劝、或秘密进谏，前前后后的态度都非常恳切。另外，毛玠、徐奕由于刚烈正直，少有同党，而被西曹掾丁仪所不喜欢，丁仪多次揭他们的短，全赖桓阶帮助才得以保全。他扶持善良、匡正别人的过失，大多如此。后任尚书，负责选举。曹仁被关羽围困，太祖派徐晃前往援救，没有解围。太祖打算亲自南征，征求下属们的意见。众人都说："大王若不快去，就会失败了。"唯独桓阶说："大王认为曹仁等人能够认清形势吗？"太祖说："能。""大王担心他们二人不尽力吗？"太祖说："不担心。""那么为什么要亲自前往呢？"太祖说："我担心敌兵众多，而徐晃等人处境不利。"桓阶说："现在曹仁等人处在重围中而坚守阵地，毫无二心，确实是因大王远远地形成声援呼应之势。处在死亡之地，定有拼死搏斗之心；内有拼死搏斗之心，外有强大的救兵，再加上大王稳定朝廷军队以显示出绰绰有余的力量，何必担心他们失败而要亲自前往呢？"太祖认为他说得对，将军队驻扎在摩陂。贼兵便退回去了。

文帝践阼，迁尚书令，封高乡亭侯，加侍中。阶疾病，帝自临省，谓曰："吾方托六尺之孤，寄天下之命于卿。勉之！"徙封安乐乡侯，邑六百户，又赐阶三子爵关内侯。祐以嗣子不封，病卒，又追赠关内侯。后阶疾笃，遣使者即拜太常，薨，帝为之流涕，谥曰贞侯。子嘉嗣。以阶弟纂为散骑侍郎，赐爵关内侯。嘉尚升迁亭公主，会嘉平中，以乐安太守与吴战于东关，军败，没，谥曰壮侯。

文帝曹丕即位后，桓阶升任尚书令，封为高乡亭侯，加官为侍中。桓阶患病，文帝亲临探视，对他说："我正要以遗孤相托，把天下的命运寄托给你。请多加保重！"进封桓阶为安乐乡侯，食邑六百户，又赐桓阶三个儿子为关内侯。桓祐因为是嫡子不封，后病逝，又追赠他为关内侯。后来桓阶病重，文帝派遣使者封他为太常。桓阶逝世后，文帝为他流泪，谥号为贞侯。他的儿子桓嘉为继承人。以桓阶的弟弟桓纂为散骑侍郎，赐爵关内侯。桓嘉娶升迁亭公主，在嘉平年间，以乐安太守之职率军与吴军在东关交战，军败，死亡，谥号为壮侯。他的儿子桓翊

子翊嗣。③

为继承人。

陈群字长文，颍川许昌人也。祖父寔，父纪，叔父谌，皆有盛名。④群为儿时，寔常奇异之，谓宗人父老曰：“此儿必兴吾宗。”鲁国孔融高才倨傲，年在纪、群之间，先与纪友，后与群交，更为纪拜，由是显名。刘备临豫州，辟群为别驾。时陶谦病死，徐州迎备，备欲往，群说备曰：“袁术尚强，今东，必与之争。吕布若袭将军之后，将军虽得徐州，事必无成。”备遂东，与袁术战。布果袭下邳，遣兵助术，大破备军，备恨不用群言。举茂才，除柘令，不行，随纪避难徐州。属吕布破，太祖辟群为司空西曹掾属。时有荐乐安王模、下邳周逵者，太祖辟之。群封还教，以为模、逵秽德，终必败，太祖不听。后模、逵皆坐奸宄诛，太祖以谢群。群荐广陵陈矫、丹阳戴乾，太祖皆用之。后吴人叛，乾忠义死难，矫遂为名臣，世以群为知人。除萧、赞、长平令，父卒去官。后以司徒掾举高第，为治书侍御史，转参丞相军事。魏国既建，迁为御史中丞。

陈群字长文，颍川郡许昌县人。祖父陈寔，父亲陈纪，叔父陈谌，都很有名。陈群在儿童时期，陈寔就常认为他不一般，对宗族父老说：“这孩子一定会使我们宗族兴旺。”鲁国孔融很有才能，为人高傲，年龄在陈纪、陈群之间，他先与陈纪为友，后来又与陈群交游，改视陈纪为长辈，陈群因此出名。刘备任豫州刺史时，征召陈群任别驾。这时徐州牧陶谦病死，徐州官员迎刘备主持徐州事务，刘备打算前往，陈群劝他说：“袁术还很强大，现在您东去，一定会与他相争。吕布如果袭击您的后方，您即使得到了徐州，事情也终究不能成功。”刘备还是向东进发，与袁术交战。吕布果然袭击下邳，派遣军队帮助袁术，大败刘备军队，刘备后悔没有采纳陈群的意见。陈群被荐举为茂才，任命为柘县令，他没有就职，随同父亲陈纪避难到徐州。正值吕布失败，太祖征召陈群担任司空府西曹掾属。当时有人推荐乐安王模、下邳周逵，太祖征召他们。陈群退回太祖征召这二人的教令，他认为王模、周逵品德不好，终究会败亡，太祖不听。后来王模、周逵都因为胡作非为而被诛杀，太祖因而向陈群道歉，陈群推荐广陵陈矫、丹阳戴乾，太祖都任用了。后来吴人反叛，戴乾忠心耿耿，以身殉难；陈矫则成为名臣。世人都认为陈群善于识人。陈群先后被任命为萧县、赞县、长平县令，后因父亲去世离开官位。这以后因为任司徒掾时考绩列为优等，任命为治书侍御史，后又转任丞相参军。魏国建立后，升任为御史中丞。

时太祖议复肉刑，令曰：“安得通理君子达于古今者，使平斯事乎？昔陈鸿胪以为死刑有可加于仁恩者，正谓此也。御史中丞能申其父之论乎？”群对曰：“臣父纪以为汉除肉刑而增加笞，本兴仁恻而

当时，太祖提议恢复肉刑，下令说：“哪里有通晓事理、了解古今的君子，让他评议这件事呢？以前大鸿胪陈纪认为死刑更可以表示仁慈、恩泽，正是说的这件事。御史中丞陈群能否对你父亲的理论加以发挥呢？”陈群回答说：“臣父陈纪认为汉朝除去肉刑而增加笞刑，本来是提倡仁慈、恻隐之心，而死

死者更众，所谓名轻而实重者也。名轻则易犯，实重则伤民。《书》曰：'惟敬五刑，以成三德。'《易》著劓、刖、灭趾之法，所以辅政助教，惩恶息杀也。且杀人偿死，合于古制；至于伤人，或残毁其体而裁翦毛发，非其理也。若用古刑，使淫者下蚕室，盗者刖其足，则永无淫放穿窬之奸矣。夫三千之属，虽未可悉复，若斯数者，时之所患，宜先施用。汉律所杀殊死之罪，仁所不及也，其余逮死者，可以刑杀。如此，则所刑之与所生足以相贸矣。今以笞死之法易不杀之刑，是重人支体而轻人躯命也。"时钟繇与群议同，王朗及议者多以为未可行。太祖深善繇、群言，以军事未罢，顾众议，故且寝。

群转为侍中，领丞相东西曹掾。在朝无适无莫，雅杖名义，不以非道假人。文帝在东宫，深敬器焉，待以交友之礼，常叹曰："自吾有回，门人日以亲。"及即王位，封群昌武亭侯，徙为尚书。制九品官人之法，群所建也。及践阼，迁尚书仆射，加侍中，徙尚书令，进爵颍乡侯。帝征孙权，至广陵，使群领中领军。帝还，假节，都督水军。还许昌，以群为镇军大将军，领中护军，录尚书事。帝寝疾，群与曹真、司马宣王等并受遗诏辅政。明帝即位，进封颍阴侯，增邑五百，并前千

的人更多，正是所谓名义上减轻，而实际上加重了。名义上减轻了人民更容易犯罪，实质上加重了就更伤害人民。《尚书》上说：'要慎重对待五刑，以成就三德。'《易经》上写了劓、刖、灭趾的刑罚，借以辅佐政治、帮助教化，惩罚坏人、去掉诛杀。而且杀人抵命，符合古代法制；至于伤人，或者残害身体、剪下毛发，是不合情理的。如果用古代刑法，使淫乱的人下蚕室，将盗窃犯砍掉双脚，那就永远不会有淫乱和行窃的不法行为了。古时刑法三千条，虽然不可全部恢复，像以上这两条，正是当前社会上的严重问题，应该先行采用。按汉代法律所杀的十恶不赦的罪犯，是不能施用仁爱的，其余刚及死罪的，可以使用肉刑。这样，施肉刑所受之苦，换得了性命，两者就平衡了。现在用鞭打致死的办法代替不杀的刑法，这是重视人的肢体而轻视人的身躯性命了。"当时钟繇与陈群的意见相同，王朗及其他参与议论的人大多认为不可施行。太祖很同意钟繇、陈群的意见，但由于战争尚未停止，考虑到大多数人的意见，所以暂且搁置下来了。

陈群转任侍中，兼任丞相府东西曹掾。他在朝无偏颇厚薄，很重名节，不用不正当的手段对待别人。曹丕当太子时，对他非常敬重，用朋友的礼节对待他，常常借孔子的话叹息道："自从我有了颜回，门人对我一天比一天亲近。"他继承魏王位后，封陈群为昌武亭侯，调任尚书。制定九品官人之法，就是陈群建议的。文帝登上帝位之后，陈群被提升为尚书仆射，加领侍中，又转任尚书令，爵位提升为颍乡侯。文帝征讨孙权，到达广陵，令陈群兼任中领军。文帝返回时，授予陈群符节，让他统率水军。文帝回到许昌后，任命陈群为镇东大将军，兼任中护军，总领尚书事务。文帝卧病，陈群与曹真、司马懿等人一道接受遗诏辅佐朝政。明帝继承帝位后，进封陈群为颍阴侯，增加食邑五百户，连同以前所封的共一

三百户，与征东大将军曹休、中军大将军曹真、抚军大将军司马宣王并开府。顷之，为司空，故录尚书事。

千三百户，与征东大将军曹休、中军大将军曹真、抚军大将军司马懿都可开建府署、自辟属官。不久，陈群任司空，照旧总理朝政。

是时，帝初莅政，群上疏曰："《诗》称'仪刑文王，万邦作孚'；又曰'刑于寡妻，至于兄弟，以御于家邦'。道自近始，而化洽于天下。自丧乱已来，干戈未戢，百姓不识王教之本，惧其陵迟已甚。陛下当盛魏之隆，荷二祖之业，天下想望至治，唯有以崇德布化，惠恤黎庶，则兆民幸甚。夫臣下雷同，是非相蔽，国之大患也。若不和睦则有雠党，有雠党则毁誉无端，毁誉无端则真伪失实，不可不深防备，有以绝其源流。"太和中，曹真表欲数道伐蜀，从斜谷入。群以为"太祖昔到阳平攻张鲁，多收豆麦以益军粮，鲁未下而食犹乏。今既无所因，且斜谷阻险，难以进退，转运必见钞截，多留兵守要，则损战士，不可不熟虑也"。帝从群议。真复表从子午道。群又陈其不便，并言军事用度之计。诏以群议下真，真据之遂行。会霖雨积日，群又以为宜诏真还，帝从之。

此时，明帝刚开始亲理朝政，陈群上疏说："《诗经》称'只要效法文王，万邦都会信任你'；又说'首先在妻子面前做榜样，然后在兄弟之中做榜样，再推广到治理整个宗族和国家'。治理国家之道从身边开始实行，可以影响整个国家。自从大乱以来，战争未曾停止，老百姓不了解国家政教的根本，我担心政教已衰败得非常严重了。陛下正处在我们大魏兴盛之时，继承太祖、高祖的功业，天下老百姓向往最美好的政治局面，只有推崇德治，广施教化，体恤百姓，那么人民就幸运极了。而臣属们随声附和，不辨是非，是国家极大的祸患。如果不和睦就会出现敌对的派别，出现了敌对派别就会无根据地进行诋毁或称颂，无根据地进行诋毁或称颂，事情的真假就会失实，对此不可不严加防范，采取措施将其源流堵塞。"太和年间，曹真上表打算兵分几路讨伐蜀国，从斜谷攻入。陈群认为："从前太祖到阳平关攻打张鲁，多收豆子、麦子来增加军粮，但张鲁还未攻破就缺乏军粮了。现在既无军粮方面的依靠，而且斜谷险要，难以进退，运输粮草一定会被掠夺、拦截。如果多留兵士据守要害之处，那就会减少参加战斗的士兵，对此不可不深思熟虑。"明帝同意陈群的意见。曹真又上表准备从子午谷进攻蜀。陈群又陈述了从该处进攻的不利条件，并且陈述了有关军事行动、军费开支方面的意见。明帝下诏将陈群的意见交给曹真斟酌，曹真以诏书为据便率军出发了。正碰上连日下大雨，陈群又认为应该召曹真返回，明帝听从了他的意见。

后皇女淑薨，追封谥平原懿公主。群上疏曰："长短有命，存亡有分。故圣人制礼，或抑或致，以求厥中。防墓有不修之俭，嬴、博有不归之魂。夫

后来明帝的女儿曹淑逝世，明帝追封谥她为平原懿公主。陈群上疏说："寿命长短是命中注定的，生死是有定数的。所以圣人制定礼制，有的加以限制，有的却又放宽，以求适中。孔子对设在防地的父母合葬之墓不加修饰，表现出俭朴的风尚，延陵季

大人动合天地，垂之无穷，又大德不逾闲，动为师表故也。八岁下殇，礼所不备，况未期月，而以成人礼送之，加为制服，举朝素衣，朝夕哭临，自古已来，未有此比。而乃复自往视陵，亲临祖载。愿陛下抑割无益有损之事，但悉听群臣送葬，乞车驾不行，此万国之至望也。闻车驾欲幸摩陂，实到许昌，二宫上下，皆悉俱东，举朝大小，莫不惊怪。或言欲以避衰，或言欲于便处移殿舍，或不知何故。臣以为吉凶有命，祸福由人，移徙求安，则亦无益。若必当移避，缮治金墉城西宫，及孟津别宫，皆可权时分止。可无举宫暴露野次，废损盛节蚕农之要。又贼地闻之，以为大衰。加所烦费，不可计量。且吉士贤人，当盛衰，处安危，秉道信命，非徙其家以宁，乡邑从其风化，无恐惧之心。况乃帝王万国之主，静则天下安，动则天下扰；行止动静，岂可轻脱哉！”帝不听。

青龙中，营治宫室，百姓失农时。群上疏曰：“禹承唐、虞之盛，犹卑宫室而恶衣服，况今丧乱之后，人民至少，比汉文、景之时，不过一大郡。⑤加边境有事，将士劳苦，若有水旱之患，国家之深忧也。且吴、蜀未灭，社稷不安。宜及其未动，讲武劝农，有以待之。今舍此急而先宫室，臣惧百姓遂

子将儿子安葬在嬴、博之间，远离家乡。圣人的行为合乎天地的法则，永远垂范后世。古人说‘在大的节操上不超越界限’，这是由于行动要成为后世师表的缘故。八岁到十一岁的孩子死了，无须举行丧礼，何况还是未满月的孩子，却用成人的礼节送葬，特地缝制丧服，满朝官员穿着白衣，早晚哭奠死者，从古以来，没有这样的情况。而且皇上还亲自去观察陵园，亲自参加祭祀路神和将灵柩升载至车上的仪式。希望陛下放弃这种无益有害之事，只管听凭群臣送葬好了，请车驾不要去，这是天下人民最大的希望。听说陛下打算去摩陂，实际上要到许昌，太后宫和皇后宫上下人员，全都东行。朝廷大小官员，无不感到惊骇、奇怪。有的说陛下想借此避灾，有的说陛下准备在方便的地方迁移宫室，还有的说不知道什么缘故。我认为吉凶自有天命，祸福则靠人事，移徙住处,以求平安，这不可能得到益处。如果一定要移居避灾，那么修缮好金墉城西宫，以及孟津别馆，都可以暂时居住。无须把整个皇宫的人暴露在旷野露天之下住宿，以免蚕农在大忙季节时停止工作或遭受损失。如果吴蜀二地闻知此事，还以为是皇上驾崩。加上移徙所费，不可计算。而且吉士贤人，碰上盛衰变化之际，处在安危无常之时，也能坚持正道,相信天命，不靠迁徙家室来求安宁，乡邑百姓受其影响，不生恐惧之心。何况帝王是万国之主，静则天下安宁，动则天下扰乱；行动举止，怎可轻率啊！”明帝不听。

青龙年间，明帝营建宫室，致使老百姓失去农作时机。陈群上疏说：“夏禹继承唐尧、虞舜的盛世，尚且住简陋的宫室，穿朴素的衣服，何况现在处在天下大乱之后，老百姓的人数最少，与汉代文帝、景帝时代相比，不超过当时的一个大郡。加上边境上有战争，将士劳苦，如果发生水、旱灾患，这是国家深深的忧虑啊。况且吴、蜀没有消灭，国家不安定。应该趁他们没有行动前，讲习武事,鼓励农耕，做好准备来对付他们。现在放弃这个当务之急而先营建宫室，我担心百姓会陷入困境，将靠什么来对付敌

困，将何以应敌？昔刘备自成都至白水，多作传舍，兴费人役，太祖知其疲民也。今中国劳力，亦吴、蜀之所愿。此安危之机也，惟陛下虑之。”帝答曰：“王者宫室，亦宜并立。灭贼之后，但当罢守耳，岂可复兴役邪？是故君之职，萧何之大略也。”群又曰：“昔汉祖唯与项羽争天下，羽已灭，宫室烧焚，是以萧何建武库、太仓，皆是要急，然犹非其壮丽。今二虏未平，诚不宜与古同也。[6]夫人之所欲，莫不有辞，况乃天王，莫之敢违。前欲坏武库，谓不可不坏也；后欲置之，谓不可不置也。若必作之，固非臣下辞言所屈；若少留神，卓然回意，亦非臣下之所及也。汉明帝欲起德阳殿，钟离意谏，即用其言，后乃复作之；殿成，谓群臣曰：‘钟离尚书在，不得成此殿也。’夫王者岂惮一臣，盖为百姓也。今臣曾不能少凝圣听，不及意远矣。”帝于是有所减省。

人？以前刘备从成都到白水，大量修建传舍，耗费人力，太祖知道他劳民伤财了。现在我们中原耗费人力，这也是吴、蜀所希望的。这是安危的关键，请陛下考虑。”明帝回答说：“成就王业与建造宫室，应同时进行。消灭敌国之后，只要撤去防守就行了，怎么可以再动人力大兴土木呢？所以你这个司空的职责，与萧何大致相同。”陈群又说：“从前汉高祖只是与项羽争天下，项羽灭亡后，宫室烧毁了，因此萧何修建武库、太仓，都是当时的要务、急事，但刘邦还是指责他搞得过于壮观华丽。现在吴蜀没有平定，实在不应该与古代相同。人为了满足欲望，没有不找借口的，何况您是皇上，没有谁敢违抗。以前要拆掉武器库，说是不可不拆；后来想重建，又说不可不重建。您如果一定要干，本非臣下言语所能说服得了的；如果稍加留神，高明地回心转意，也不是臣下所能比得上的。汉明帝准备修建德阳殿，钟离意进行劝阻，汉明帝马上采纳他的意见，后来却又重新建造。德阳殿造成后，他对群臣说：‘钟离尚书在，不可能建成此殿。’帝王怎能怕一个臣子，应该为百姓着想。现在我却不能稍许留住您的听闻，比钟离意差得远了。”于是，明帝稍有减省。

初，太祖时，刘廙坐弟与魏讽谋反，当诛。群言之太祖，太祖曰：“廙，名臣也，吾亦欲赦之。”乃复位。廙深德群，群曰：“夫议刑为国，非为私也；且自明主之意，吾何知焉？”其弘博不伐，皆此类也。青龙四年薨，谥曰靖侯。子泰嗣。帝追思群功德，分群户邑，封一子列侯。[7]

当初，在太祖那个时候，刘廙因弟弟参与魏讽的谋反，应当斩首。陈群向太祖谈了自己的看法，太祖说：“刘廙是个名臣，我也想赦免他。”于是，恢复了刘廙的职位。刘廙深深地感激陈群，陈群说：“讨论刑罚是为了国家，不是为了私人，并且这是明主的意见，我知道什么？”他处事坦率、大度、不自夸，都像这一类事情。青龙四年，陈群逝世，谥为靖侯。他的儿子陈泰为继承人。明帝追思陈群的功德，分取陈群的食邑，封他的一个儿子为列侯。

泰字玄伯。青龙中,除散骑侍郎。正始中,徙游击将军,为并州刺史,加振威将军,使持节,护匈奴中郎将,怀柔夷民,甚有威惠。京邑贵人多寄宝货,因泰市奴婢,泰皆挂之于壁,不发其封,及征为尚书,悉以还之。嘉平初,代郭淮为雍州刺史,加奋威将军。蜀大将军姜维率众依麹山筑二城,使牙门将句安、李歆等守之,聚羌胡质任等寇偪诸郡。征西将军郭淮与泰谋所以御之,泰曰:“麹城虽固,去蜀险远,当须运粮。羌夷患维劳役,必未肯附。今围而取之,可不血刃而拔其城;虽其有救,山道阻险,非行兵之地也。”淮从泰计,使泰率讨蜀护军徐质、南安太守邓艾等进兵围之,断其运道及城外流水。安等挑战,不许,将士困窘,分粮聚雪以稽日月。维果来救,出自牛头山,与泰相对。泰曰:“兵法贵在不战而屈人。今绝牛头,维无反道,则我之禽也。”敕诸军各坚垒勿与战,遣使白淮,欲自南渡白水,循水而东,使淮趣牛头,截其还路,可并取维,不惟安等而已。淮善其策,进率诸军军洮水。维惧,遁走,安等孤县,遂皆降。

陈泰字玄伯。青龙年间,任命为散骑侍郎。正始年间,改任游击将军,担任并州刺史,加领振威将军,皇帝授予符节,任护匈奴中郎将,安抚异族百姓,很有威严和恩惠。京城很多达官贵人寄钱币给陈泰,想通过他购买奴婢,他把寄来的钱币都挂在墙上,不启封,等到他被征召为尚书时,就将钱币全部如数归还。嘉平初年,陈泰代郭淮担任雍州刺史,加领奋威将军。蜀国大将军姜维率领军队在麹山修筑两座城,派牙门将句安、李歆等人镇守,聚集羌胡的人质侵犯边境诸郡。征西将军郭淮与陈泰商量抵御的办法,陈泰说:“麹城虽然坚固,但离蜀遥远,且路途险阻,他们必须靠运输粮草维持生活。羌族百姓不满姜维派给他们的劳役,一定不肯归附。现在包围这两座城,可以刀不沾血而夺取;即使他们有救兵,山路也很险阻,不是行兵的地方。”郭淮同意陈泰的意见,让陈泰率领讨蜀护军徐质、南安太守邓艾等人进军包围二城,截断他们的运粮之道以及城外的流水。句安等人挑战,陈泰不许应战,城中将士处境困难,只好将粮食分给士兵,聚雪为水以拖延时间。姜维果然来救,从牛头山进军,与陈泰对峙。陈泰说:“用兵之法贵在不用打仗而使对方屈服。现在截断牛头山,使姜维没有退路,就会成为我们手中的猎物了。”命令各军坚守营垒,不要与对方交战,派人禀告郭淮,准备自己南渡白水,然后沿白水向东,要郭淮火速向牛头山进军,截断姜维的归路,连同姜维也可一起攻破,不仅仅是句安等人而已。郭淮认为他的计策很好,率领各路人马进驻洮水。姜维恐惧,逃跑了,句安等人孤军远悬,于是都投降了。

淮薨,泰代为征西将军,假节都督雍、凉诸军事。后年,雍州刺史王经白泰,云姜维、夏侯霸欲三道向祁山、石营、

郭淮逝世,陈泰代理征西将军,持皇帝符节统率雍州、凉州各军。后年,雍州刺史王经禀告陈泰,说姜维、夏侯霸准备分三路向祁山、石营、金城进

金城，求进兵为翅，使凉州军至枹罕，讨蜀护军向祁山。泰量贼势终不能三道，且兵势恶分，凉州未宜越境，报经："审其定问，知所趣向，须东西势合乃进。"时维等将数万人至枹罕，趣狄道。泰敕经进屯狄道，须军到，乃规取之。泰进军陈仓。会经所统诸军于故关与贼战不利，经辄渡洮。泰以经不坚据狄道，必有他变，并遣五营在前，泰率诸军继之。经已与维战，大败，以万余人还保狄道城，余皆奔散。维乘胜围狄道。泰军上邽，分兵守要，晨夜进前。邓艾、胡奋、王秘亦到，即与艾、秘等分为三军，进到陇西。艾等以为"王经精卒破衄于西，贼众大盛，乘胜之兵既不可当，而将军以乌合之卒，继败军之后，将士失气，陇右倾荡。古人有言：'蝮蛇螫手，壮士解其腕。'《孙子》曰：'兵有所不击，地有所不守。'盖小有所失而大有所全故也。今陇右之害，过于蝮蛇，狄道之地，非徒不守之谓。姜维之兵，是所辟之锋。不如割险自保，观衅待弊，然后进救，此计之得者也。"泰曰："姜维提轻兵深入，正欲与我争锋原野，求一战之利。王经当高壁深垒，挫其锐气。今乃与战，使贼得计，走破王经，封之狄道。若维以战克之威，进兵东向，据栎阳积谷之实，放兵收降，招

军，要求让他进兵为翅，让凉州军队到枹罕，讨蜀护军进兵祁山。陈泰分析贼军势力不可能分三路进兵，并且兵力忌讳分散，凉州军队不宜越境行动，回答王经说："要了解他们的真实消息，知道他们的去向，等我们东西两边的军队汇合才进兵。"这时姜维等人率领几万人马到了枹罕，并向狄道进军。陈泰命令王经率兵进驻狄道，等大军到了，再商议进攻。陈泰进兵陈仓。此时，王经所率领的军队在故关与敌兵交战失利，王经便渡过洮水。陈泰认为王经不坚守狄道，一定会有其他变故，于是同时派遣五营军队先行进兵，陈泰率领各军随后出发。王经已与姜维交战，被打得大败，只有一万多人回来保守狄道城，其余的人都散了。姜维乘胜包围了狄道城。陈泰到达上邽，分兵把守要害之处，然后日夜向前进发。邓艾、胡奋、王秘等人也赶到了，陈泰便与邓艾、王秘等人分为三军，前进到陇西。邓艾等人认为"王经的精兵在西边失败，贼兵势力很大，乘胜之兵是不可阻挡的；而将军带着一群乌合之众，处在败军之后，将士们已灰心丧气，整个陇右地区动荡不安。古人有言：'蝮蛇咬伤了手，壮士就斩去手腕。'《孙子》说：'军队有时不能去进击，土地有时不能据守。'这是因为在小的方面有损失而在大的方面却得到了保全。现在陇右地区的祸害，超过蝮蛇；狄道这块土地，还不仅是不能守的问题。姜维的军队，是应该避免的锋芒。不如放弃这个危险之地保全自己，观察时机等待对方有了弊端，然后再进兵救援，这是可行之计。"陈泰说："姜维带领轻兵深入，正想与我们在野外作战，以求得战争的胜利。王经应该加固防守工事，挫败姜维的锐气。现在却与姜维交战，使姜维计策得逞，击败王经，把他围困在狄道。如果姜维凭着战胜的余威，向东进兵，占据栎阳的粮仓，分兵受降，招纳羌胡民众，继续东进争夺关、陇，向陇西、

纳羌、胡，东争关、陇，传檄四郡，此我之所恶也。而维以乘胜之兵，挫峻城之下，锐气之卒，屈力致命，攻守势殊，客主不同。兵书云‘修橹轒辒，三月乃成，拒堙三月而后已’。诚非轻军远入，维之诡谋仓卒所办。县军远侨，粮谷不继，是我速进破贼之时也，所谓疾雷不及掩耳，自然之势也。洮水带其表，维等在其内，今乘高据势，临其项领，不战必走。寇不可纵，围不可久，君等何言如此？”遂进军度高城岭，潜行，夜至狄道东南高山上，多举烽火，鸣鼓角。狄道城中将士见救者至，皆愤踊。维始谓官救兵当须众集乃发，而卒闻已至，谓有奇变宿谋，上下震惧。自军之发陇西也，以山道深险，贼必设伏。泰诡从南道，维果三日施伏。[⑧]定军潜行，卒出其南。维乃缘山突至，泰与交战，维退还。凉州军从金城南至沃干阪。泰与经共密期，当共向其还路，维等闻之，遂遁，城中将士得出。经叹曰：“粮不至旬，向不应机，举城屠裂，覆丧一州矣。”泰慰劳将士，前后遣还，更差军守，并治城垒，还屯上邽。

南安、天水、广魏四郡发布文告，这是我们所忌讳的。但现在姜维却率获胜之军，受挫于高城之下；具有锐气的士兵，竭力拼命，攻守的形势已变，客主的位置不同了。兵书上说：‘修治大盾牌和攻城用的战车，要三个月才能办成；堆积一座土山要三个月才能做到。’这的确不是轻兵深入，靠姜维的诡计在仓促之间所能办到的。他们孤军深入，粮草供应不上，这是我们迅速进军击破敌人的好时机，正所谓迅雷不及掩耳，是必然的形势。洮水环绕在外，姜维的军队在里面，现在我们居高临下、占据有利地形，进攻他们的要害之处，他们定会不战而逃。敌人不可放纵，包围不能长久，你们几位怎么说出这等话？”于是进军越过高城岭，悄悄行进，夜间到达狄道东南高山上，燃起大量烽火，鼓角齐鸣。狄道城中的将士见救兵到来，都很振奋、踊跃。姜维开始以为曹魏救兵会等到众军汇集后才出发，而现在突然听说已经到了，以为发生了突然的变化，事先有了谋划，全军上下都感到震惊、恐惧。陈泰军队从陇西出发，由于山深路险，陈泰估计贼兵定会设置埋伏。陈泰巧妙地从南道进击。姜维果然派军队埋伏了三天。陈泰稳定军队，偷偷前行，突然出现在狄道的南边。姜维沿山而行，很快到达南边。陈泰与姜维交战，姜维退兵而回。凉州军队从金城的南边到达沃干阪，陈泰与王经秘密约定日期，准备同时追向姜维的归路。姜维等人听到后，就逃走了，城中将士得以解围而出。王经叹道：“粮食已维持不到十天了，假如在这个关键时刻救兵不至，那就会全城遭到屠戮，整个一州都会丧失了。”陈泰慰劳将士，前后在此据守的军队都调遣回去，另外选择军队在此据守。同时修治城墙和防御工事，然后返回屯兵上邽。

初，泰闻经见围，以州军将士素皆一心，加得保城，非维所能卒倾。表上进军晨夜速到还。众议以经奔北，城不足自固，维若断凉州之道，兼四

起初，陈泰听说王经被围，认为雍州军将士平素同心同德，加上要保住城池，不是姜维一下子所能倾覆的。他将情况上表报告朝廷，日夜兼程解王经之围而回。朝廷众官员议论认为王经大败，城池已不能固守，姜维如果截断凉州之路，拥有四郡汉夷

郡民夷，据关、陇之险，敢能没经军而屠陇右。宜须大兵四集，乃致攻讨。大将军司马文王曰："昔诸葛亮常有此志，卒亦不能。事大谋远，非维所任也。且城非仓卒所拔，而粮少为急，征西速救，得上策矣。"泰每以一方有事，辄以虚声扰动天下，故希简白上事，驿书不过六百里。司马文王语荀颉曰："玄伯沈勇能断，荷方伯之重，救将陷之城，而不求益兵，又希简上事，必能办贼故也。都督大将，不当尔邪？"

民众，占据关、陇地区的险要之处，就可能使王经军队覆灭而陇右遭到屠杀。应该从四方调集大军，才能前往攻讨。大将军司马昭说："以前诸葛亮常有这个打算，但终究未能成功。此事关系重大，需要深谋远虑，不是姜维能胜任的。况且城池不是仓促之间所能夺取的，而城中粮少形势紧急，征西将军迅速救援，这是上策。"陈泰常认为一方有事，就虚张声势以扰乱天下，是不好的，所以他很少上奏，通过驿站传递公文也不超过六百里。司马昭对荀颉说："玄伯沉着勇敢，能果断处事，担负一方重任，援救即将陷落的城池，而不要求增兵，又很少上奏，一定是能够处置贼兵。担任都督、大将的人，不应当这样吗？"

后征泰为尚书右仆射，典选举，加侍中光禄大夫。吴大将孙峻出淮、泗。以泰为镇军将军，假节都督淮北诸军事，诏徐州监军已下受泰节度。峻退，军还，转为左仆射。诸葛诞作乱寿春，司马文王率六军军丘头，泰总署行台。司马景王、文王皆与泰亲友，及沛国武陔亦与泰善。文王问陔曰："玄伯何如其父司空也？"陔曰："通雅博畅，能以天下声教为己任者，不如也；明统简至，立功立事，过之。"泰前后以功增邑二千六百户，赐子弟一人亭侯，二人关内侯。景元元年薨，追赠司空，谥曰穆侯。[9]子恂嗣。恂薨，无嗣。弟温绍封。咸熙中开建五等，以泰著勋前朝，改封温为慎子。[10]

后来征召陈泰担任尚书右仆射，负责选举，加领侍中、光禄大夫。吴国大将孙峻从淮水、泗水入侵。以陈泰为镇军将军，持皇帝符节统率淮北各路军队，皇帝下诏命令徐州监军以下的将领都由陈泰指挥。孙峻退兵回去后，陈泰也领军返回，改任左仆射。诸葛诞在寿春叛乱时，司马昭率领朝廷军队驻扎在丘头，陈泰暂时主管随行于外的尚书台的工作。司马师、司马昭都与陈泰亲密、友好，还有沛国武陔也与陈泰友善。司马昭问武陔说："玄伯与他的父亲司空陈群相比，怎么样？"武陔说："陈群为人通达高雅，学识渊博，待人和畅，能把天下的教化作为自己的责任，在这些方面陈泰不如他父亲；陈泰明于纲纪、法制，为人简易，建立功勋、开创事业，在这些方面陈泰超过他父亲。"陈泰凭着功劳先后增加食邑二千六百户，赐给他的子弟一人为亭侯，二人为关内侯。景元元年陈泰逝世，追赠司空，谥号为穆侯。他的儿子陈恂为继承人。陈恂逝世后，没有后代，他的弟弟陈温继承封爵。咸熙年间设立五等爵，因陈泰在前朝功勋卓著，改封陈温为慎子。

陈矫字季弼，广陵东阳人也。避乱江东及东城，辞孙策、

陈矫字季弼，广陵郡东阳县人。避乱到江东和东城，辞去孙策、袁术的任命，返回本郡。广陵太守

袁术之命,还本郡。太守陈登请为功曹,使矫诣许,谓曰:“许下论议,待吾不足;足下相为观察,还以见诲。”矫还曰:“闻远近之论,颇谓明府骄而自矜。”登曰:“夫闺门雍穆,有德有行,吾敬陈元方兄弟;渊清玉絜,有礼有法,吾敬华子鱼;清修疾恶,有识有义,吾敬赵元达;博闻强记,奇逸卓荦,吾敬孔文举;雄姿杰出,有王霸之略,吾敬刘玄德:所敬如此,何骄之有!余子琐琐,亦焉足录哉?”登雅意如此,而深敬友矫。

陈登请他担任功曹,派他到许昌,对他说:“许昌的人们正在议论,说我的不足之处,您为我了解一下,回来赐教。”陈矫回来说:“我听到远远近近的议论,有一些人认为您骄傲自大。”陈登说:“家门和睦,讲德操、有高行,这方面我敬佩陈元方兄弟;为人冰清玉洁,知礼知法,这方面我敬佩华子鱼;自身清正、憎恨丑恶,有识见、讲道义,这方面我敬佩赵元达;见闻广博、记忆特强,超群出众,这方面我敬佩孔文举;具有英雄气概、超凡脱俗,有图王称霸的韬略,这方面我敬佩刘玄德:我敬佩这样的一批人,哪有什么骄傲!其余的人都是些凡夫俗子,哪里值得一提呢?”陈登志趣如此高雅,但很敬重、友爱陈矫。

郡为孙权所围于匡奇,登令矫求救于太祖。矫说太祖曰:“鄙郡虽小,形便之国也,若蒙救援,使为外藩,则吴人剉谋,徐方永安,武声远震,仁爱滂流,未从之国,望风景附,崇德养威,此王业也。”太祖奇矫,欲留之。矫辞曰:“本国倒县,本奔走告急,纵无申胥之效,敢忘弘演之义乎?”[11]太祖乃遣赴救。吴军既退,登多设间伏,勒兵追奔,大破之。

广陵郡匡奇城被孙权围困,陈登命陈矫向太祖求救。陈矫劝太祖说:“我们郡虽然小,却是地理形势很有利的地方。如果承蒙您援救,让我们成为您外边的屏障,那么就会挫败吴人的计谋,徐州那一方永远安宁。您的武力声威会震慑远方,仁爱也会像大水一样流遍各地。那些没有臣服的地方,会闻风归附。推崇仁德、树立威望,这是帝王之业啊!”太祖认为陈矫非同一般,想留住他。陈矫辞谢说:“我国正处于危急之中,我本是跑来告急的,纵然没有申包胥求秦救楚的成效,怎敢忘记弘演报国忠君的牺牲精神呢?”太祖便派兵去援救。吴军撤退,陈登多设伏兵,指挥军队迅速追赶,大败吴军。

太祖辟矫为司空掾属,除相令,征南长史,彭城、乐陵太守,魏郡西部都尉。曲周民父病,以牛祷,县结正弃市。矫曰:“此孝子也。”表赦之。迁魏郡太守。时系囚千数,至有历年。矫以为周有三典之制,汉约三章之法,今惜轻重之理,而忽久系之患,可谓谬矣。悉

太祖征召陈矫为司空府掾属,又先后任命他为相县县令,征南将军长史,彭城、乐陵太守,魏郡西部都尉。曲周县有个老百姓的父亲病了,这个人杀死耕牛祷告神灵,当地政府把他捆绑着正准备处以死刑。陈矫说:“这是孝子。”上表赦免了他。陈矫升任魏郡太守。当时监狱中关的囚犯数以千计,甚至有的已关押多年。陈矫认为周代有“三典”的制度,汉代也曾约法三章,现在只重视囚犯罪行的轻重,而忽视长久关押囚犯所带来的祸患,可以说是很错

自览罪状，一时论决。大军东征，入为丞相长史。军还，复为魏郡，转西曹属。从征汉中，还为尚书。行前未到邺，太祖崩洛阳，群臣拘常，以为太子即位，当须诏命。矫曰："王薨于外，天下惶惧。太子宜割哀即位，以系远近之望。且又爱子在侧，彼此生变，则社稷危矣。"即具官备礼，一日皆办。明旦，以王后令，策太子即位，大赦荡然。文帝曰："陈季弼临大节，明略过人，信一时之俊杰也。"帝既践阼，转署吏部，封高陵亭侯，迁尚书令。明帝即位，进爵东乡侯，邑六百户。车驾尝卒至尚书门，矫跪问帝曰："陛下欲何之？"帝曰："欲案行文书耳。"矫曰："此自臣职分，非陛下所宜临也。若臣不称其职，则请就黜退。陛下宜还。"帝惭，回车而反。其亮直如此。[12]加侍中光禄大夫，迁司徒。景初元年薨，谥曰贞侯。[13]

误的。于是亲自查阅全部罪状，很快定罪判决。太祖大军东征，调陈矫进朝廷担任丞相府长史。军队返回后，又任魏郡太守，后转任西曹属。跟从太祖出征汉中，返回时担任尚书。尚未到达邺城，太祖便在洛阳逝世了。群臣拘于常规，认为太子即位，应当有皇帝的诏命。陈矫说："大王在外逝世，天下惶恐不安。太子应该克制悲哀马上即位，以维系远近人心。况且大王宠爱的儿子曹彰正在灵柩之旁，倘若万一发生变化，国家就危险了。"便立即配备官员、准备礼仪，一天之内全部办齐。第二天早晨，用王后的命令，策命太子继承魏王王位，进行大赦而朝野面貌一新。文帝曹丕说：'陈季弼处理大事，见识过人，确为一时俊杰。"文帝登上皇位后，陈矫暂时调任吏部，封高陵亭侯，又升任尚书令。明帝即皇位后，晋封爵位为东乡侯，食邑六百户。明帝车驾曾经突然来到尚书台门前，陈矫跪着问道："陛下要到哪里去？"明帝说："我要考查一下你这里的公文。"陈矫说："这本是我的职责，不是陛下所应该亲临处理的。如果我不称职，那就请给我罢官撤职。陛下应该回去。"明帝感到惭愧，转车返回去了。陈矫就是如此的诚实、正直。加领侍中、光禄大夫，提升为司徒。景初元年逝世，谥号为贞侯。

子本嗣，历位郡守、九卿。所在操纲领，举大体，能使群下自尽。有统御之才，不亲小事，不读法律而得廷尉之称，优于司马岐等，精练文理。迁镇北将军，假节都督河北诸军事。薨，子粲嗣。本弟骞，咸熙中为车骑将军。[14]

儿子陈本为继承人，前后担任过郡太守、九卿。陈本在其任职之处能抓要领，管大事，能使他的下属各尽其力。他具有管理、驾驭之才，不亲自处理琐事。他不读法律而得到廷尉的称号，比担任过廷尉的司马岐等人要强，并精通文理。他升任镇北将军，持皇帝符节统率河北各军。他逝世后，儿子陈粲为继承人。陈本的弟弟陈骞，咸熙年间任车骑将军。

初，矫为郡功曹，使过泰山。泰山太守东郡薛悌异之，结为亲友。戏谓矫曰："以郡吏而交二千石，邻国君屈从陪臣

原先陈矫担任郡功曹时，受太守派遣经过泰山。泰山太守东郡人薛悌认为他不同一般，与他结为好友。薛悌对陈矫开玩笑说："你凭郡吏的身份结交二千石的大官，如同邻国之主屈尊与陪臣交游，

游，不亦可乎！”悌后为魏郡及尚书令，皆承代矫云。⑮

不也可以吗？”薛悌后来担任魏郡太守以及尚书令，都是继任陈矫的职务。

徐宣字宝坚，广陵海西人也。避乱江东，又辞孙策之命，还本郡。与陈矫并为纲纪，二人齐名而私好不协，然俱见器于太守陈登，与登并心于太祖。海西、淮浦二县民作乱，都尉卫弥、令梁习夜奔宣家，密送免之。太祖遣督军扈质来讨贼，以兵少不进。宣潜见责之，示以形势，质乃进破贼。太祖辟为司空掾属，除东缗、发干令，迁齐郡太守，入为门下督，从到寿春。会马超作乱，大军西征，太祖见官属曰：“今当远征，而此方未定，以为后忧，宜得清公大德以镇统之。”乃以宣为左护军，留统诸军。还，为丞相东曹掾，出为魏郡太守。太祖崩洛阳，群臣入殿中发哀。或言可易诸城守，用谯、沛人。宣厉声曰：“今者远近一统，人怀效节，何必谯、沛，而沮宿卫者心。”文帝闻曰：“所谓社稷之臣也。”帝既践阼，为御史中丞，赐爵关内侯，徙城门校尉，旬月迁司隶校尉，转散骑常侍。从至广陵，六军乘舟，风浪暴起，帝船回倒，宣病在后，陵波而前，群寮莫先至者。帝壮之，迁尚书。

徐宣字宝坚，广陵郡海西县人。他避乱到了江东，后辞去孙策的任命，回到本郡。与陈矫一起担任郡府的纲纪，综理府内事务，二人名望相当而私人感情不够融洽，但都被太守陈登所器重，与陈登一个心眼向着太祖。海西、淮浦二县百姓闹事，都尉卫弥、海西县令梁习夜间逃到徐宣家，徐宣将他们秘密转移而免遭于难。太祖派遣督军扈质来讨伐贼兵，扈质因兵少而按兵不动。徐宣暗中去见扈质，责备他，向他讲明当时的形势，扈质便进兵打破贼兵。太祖征聘徐宣为司空掾属，又先后任命他担任东缗、发干县令，提升为齐郡太守，又调进司空府任门下督，随太祖军队到达寿春。正好马超作乱，大军西征，太祖召见官属说：“现在准备远征，但此地尚未安定，会成为我们的后顾之忧，应该由一位清正为公、具有大德的人镇守这里。”于是任命徐宣为左护军，留下来统率诸军。太祖返回后，让徐宣担任丞相府东曹掾，后又调出担任魏郡太守。太祖在洛阳逝世，群臣进入殿中处理丧事。有的人说应该撤换各城守将，全都用谯、沛人担任。徐宣厉声说：“现在远近一体，人人都怀有效忠之心，为何一定要用谯、沛人，而使所有保卫国家的忠臣伤心。”曹丕听到后，说：“这真是能担国家重任的臣子！”曹丕登上皇位后，徐宣任御史中丞，被赐给关内侯爵位，后又调任城门校尉，刚过一个月又升任司隶校尉，再转任散骑常侍。他随文帝曹丕出征到广陵，军队都乘船，这时突然掀起风浪，文帝所乘之船被风浪掀得旋转、倾斜，徐宣恨自己处在后面，于是顶风破浪前进，群臣没有谁比他先赶到。文帝认为他勇敢，升他为尚书。

明帝即位，封津阳亭侯，邑二百户。中领军桓范荐宣曰：“臣闻帝王用人，度世授才，争夺之时，以策略为先，分

明帝继承皇位后，徐宣被封为津阳亭侯，食邑二百户。中领军桓范推荐徐宣说：“臣听说帝王用人，是根据世事的变化使用人才。在争夺天下的时候，以有无谋略作为先决条件；国家安定之后，以是

定之后，以忠义为首。故晋文行舅犯之计而赏雍季之言，[16]高祖用陈平之智而托后于周勃也。窃见尚书徐宣，体忠厚之行，秉直亮之性；清雅特立，不拘世俗；确然难动，有社稷之节；历位州郡，所在称职。今仆射缺，宣行掌后事；腹心任重，莫宜宣者。”帝遂以宣为左仆射，后加侍中光禄大夫。车驾幸许昌，总统留事。帝还，主者奏呈文书。诏曰：“吾省与仆射何异？”竟不视。尚方令坐猥见考竟，宣上疏陈威刑大过，又谏作宫殿穷尽民力，帝皆手诏嘉纳。宣曰：“七十有县车之礼，今已六十八，可以去矣。”乃固辞疾逊位，帝终不许。青龙四年薨，遗令布衣疏巾，敛以时服。诏曰：“宣体履至实，直内方外，历在三朝，公亮正色，有托孤寄命之节，可谓柱石臣也。常欲倚以台辅，未及登之，惜乎大命不永！其追赠车骑将军，葬如公礼。”谥曰贞侯。子钦嗣。

否忠诚作为首要标准。所以，晋文公采用舅犯的计谋却赏识雍季的见解，汉高祖利用陈平的智慧却将后事托付给周勃。臣私下认为尚书徐宣，具有忠厚的品行，保持着正直的性格；清正高雅，出类拔萃，不拘于世俗；刚强坚毅不易动摇，具有辅佐国家的大节；先后担任过州、郡的职务，无论在哪里都很称职。现在尚书仆射缺位，徐宣可代理主管仆射之事；仆射责任重大，没有人比徐宣更适宜了。”明帝便任命徐宣为左仆射，后来加领侍中、光禄大夫。明帝车驾到许昌，让徐宣留下总管政务。明帝返回后，尚书台各曹的主持者呈上文书。明帝说：“我处理与仆射处理有何区别？”终不加处理。尚方令因制造器物时加入杂物而被严加拷问死在狱中，徐宣上疏认为刑罚太重，又提意见认为，营造宫殿耗尽了民力，明帝都亲手写诏书表示乐意接受。徐宣说：“古代有七十岁辞官家居的制度，我今年已有六十八岁，可以离职了。”于是以身体有病坚决要求辞职，明帝始终不允许。青龙四年徐宣逝世，遗嘱上表明要用粗布的衣服、头巾，用当时季节穿的衣服入殓。明帝下诏说：“徐宣行事最讲实际，内心正直、外有棱角，历仕三朝都很公正、坦诚，具有托付遗孤、寄托国家命运的大节，真可谓柱石般的臣子。我常想让他当丞相，还没有来得及任命，可惜他寿命不长！追赠他为车骑将军，用公爵的礼仪安葬。”谥号为贞侯。儿子徐钦为继承人。

卫臻字公振，陈留襄邑人也。父兹，有大节，不应三公之辟。太祖之初至陈留，兹曰：“平天下者，必此人也。”太祖亦异之，数诣兹议大事。从讨董卓，战于荥阳而卒。太祖每涉郡境，辄遣使祠焉。[17]夏侯惇为陈留太守，举臻计吏，命妇出宴，臻以为“末世之俗，非礼之正”。惇怒，执臻，既而赦之。

卫臻字公振，陈留郡襄邑县人。父亲卫兹，具有大节，不接受三公的征聘。太祖刚到陈留郡时，卫兹说：“平定天下的，一定是此人。”太祖也认为卫兹非同一般，多次登门与他商议大事。卫兹跟从太祖讨伐董卓，在荥阳战死。太祖后来每次到这个郡，总是派人祭祀卫兹。夏侯惇担任陈留太守时，选拔卫臻担任计吏，他让妻子出席宴会，卫臻认为这是“朝代衰亡时的风气，不符合正规的礼仪”。夏侯惇发怒，把卫臻抓起来，不久又赦免了他。卫臻后来担任汉

后为汉黄门侍郎。东郡朱越谋反，引臻。太祖令曰："孤与卿君同共举事，加钦令问。始闻越言，固自不信。及得荀令君书，具亮忠诚。"会奉诏命，聘贵人于魏，因表留臻参丞相军事。追录臻父旧勋，赐爵关内侯，转为户曹掾。文帝即王位，为散骑常侍。及践阼，封安国亭侯。时群臣并颂魏德，多抑损前朝。臻独明禅授之义，称扬汉美。帝数目臻曰："天下之珍，当与山阳共之。"迁尚书，转侍中吏部尚书。帝幸广陵，行中领军，从。征军大将军曹休表得降贼辞，"孙权已在濡须口"。臻曰："权恃长江，未敢抗衡，此必畏怖伪辞耳。"考核降者，果守将诈所作也。

朝的黄门侍郎。东郡朱越谋反，牵连到卫臻。太祖下令说："我与你父亲共同起事，加上又钦佩你美好的名声。开始听到朱越的话，我本就不相信。等收到荀令君的书信，就完全明白了你的忠诚。"这时正好卫臻奉汉献帝之命，到魏聘娶贵人，太祖便上表留卫臻任丞相府参军。追录卫臻父亲过去的功勋，赐给卫臻关内侯爵位，转任户曹掾。曹丕继承魏王王位后，卫臻任散骑常侍。到曹丕登上皇位后，卫臻被封为安国亭侯。当时群臣都赞颂魏朝的大德，许多人贬低汉朝。唯独卫臻阐明禅让的大义，颂扬汉朝的优点。文帝几次看着卫臻说："天下的珍贵之物，我当与山阳公(指汉献帝)共同享有。"卫臻升任尚书，又转任侍中、吏部尚书。文帝到广陵去，卫臻代理中领军，随文帝前往。征东大将军曹休上表说他得到投降的贼兵的话："孙权已经在濡须口。" 卫臻说："孙权依靠长江，不敢抗衡，这一定是因恐惧而散布的假话。"对投降者进行拷问、核实，果然是吴军守将为欺骗部属而编造出来的。

明帝即位，进封康乡侯，后转为右仆射，典选举如前，加侍中。中护军蒋济遗臻书曰："汉祖遇亡虏为上将，周武拔渔父为太师；布衣厮养，可登王公，何必守文，试而后用？"臻答曰："古人遗智慧而任度量，须考绩而加黜陟；今子同牧野于成、康，喻断蛇于文、景，好不经之举，开拔奇之津，将使天下驰骋而起矣。"诸葛亮寇天水，臻奏："宜遣奇兵入散关，绝其粮道。"乃以臻为征蜀将军，假节督诸军事，到长安，亮退。还，复职，加光禄大夫。是时，帝方隆意于殿舍，臻数切谏。及殿中监擅收兰台

明帝继承皇位后，卫臻进封为康乡侯，后来转任尚书右仆射，负责选举，仍如以前一样加领侍中。中护军蒋济写信给卫臻说："汉高祖擢升逃犯为上将，周武王提拔渔夫当太师，平民百姓甚至奴仆，可以登上王公之位，为什么一定死守法令条文，经过考试之后才录用？"卫臻回答说："古人轻才智而重人的气质、胸襟，等待考核官吏政绩以后再决定进退升降。现在你把周武王在牧野大战的时代与成、康承平之世等同起来，把汉高祖斩蛇起义的时代与文、景太平盛世混为一谈，喜欢违反常规的举动，开启举拔奇才的途径，将会使天下奔竞不息了。"诸葛亮进犯天水，卫臻上奏说："应该派遣奇兵到散关，截断他们的粮道。"朝廷于是让卫臻担任征蜀将军，持皇帝符节督察各军。卫臻到达长安，诸葛亮便退兵了。卫臻返回朝廷，恢复原职，加领光禄大夫。这时，明帝正注重营建殿舍，卫臻多次言辞激切地进行规劝。到殿中监擅自逮捕了兰台令史后，卫臻上奏

令史，臻奏案之。诏曰："殿舍不成，吾所留心，卿推之何？"臻上疏曰："古制侵官之法，非恶其勤事也，诚以所益者小，所堕者大也。臣每察校事，类皆如此，惧群司将遂越职，以至陵迟矣。"亮又出斜谷；征南上："朱然等军已过荆城。"臻曰："然，吴之骁将，必下从权，且为势以缀征南耳。"权果召然入居巢，进攻合肥。帝欲自东征，臻曰："权外示应亮，内实观望。且合肥城固，不足为虑。车驾可无亲征，以省六军之费。"帝到寻阳而权竟退。

幽州刺史毌丘俭上疏曰："陛下即位已来，未有可书。吴、蜀恃险，未可卒平，聊可以此方无用之士克定辽东。"臻曰："俭所陈皆战国细术，非王者之事也。吴频岁称兵，寇乱边境，而犹案甲养士，未果寻致讨者，诚以百姓疲劳故也。且渊生长海表，相承三世，外抚戎夷，内修战射，而俭欲以偏军长驱，朝至夕卷，知其妄矣。"俭行军遂不利。

臻迁为司空，徙司徒。正始中，进爵长垣侯，邑千户，封一子列侯。初，太祖久不立太子，而方奇贵临菑侯。丁仪等为之羽翼，劝臻自结，臻以大义拒之。及文帝即位，东海王霖有宠，帝问臻："平原侯何如？"臻称明德美而终不言。曹爽辅政，使夏侯玄宣指，欲引

要求查办。明帝下诏说："殿舍没有建成，是我最关心的，你为何追究此事？"卫臻上疏说："古代制订了禁止官府互相侵犯职权的令，并不是厌恶他们勤奋工作，只是因为这样做益处很小，而带来的损害却很大。我经常看到校事之官，大都与此相同。我担心各官署将更加超出职权范围，以至使整个制度衰败下去。"诸葛亮又一次兵出斜谷，征南将军也上奏说："吴将朱然等人的军队已经越过荆城。"卫臻说："朱然，是吴国的勇将，一定是听从孙权之命而来，只不过暂且做出架势来牵制征南将军罢了。"孙权果然召朱然到居巢，进攻合肥。明帝打算亲自东征吴军，卫臻说："孙权表面上做出与诸葛亮呼应的姿态，其实内心只抱观望的态度。况且合肥城池坚固，不值得忧虑。陛下可不必亲征，以节省朝廷军队的费用。"明帝到达寻阳而孙权终于退兵了。

幽州刺史毌丘俭上疏说："陛下即位以来，还没有建树值得写入史册的大功。吴、蜀两国依靠险要地形，不能很快平定，姑且可以让我们这里无所事事的军队去平定辽东。"卫臻说："毌丘俭所说的都是战国时代用的小技，不是建立王业的人所应该办的大事。吴国连年用兵，侵扰边境，而我们还是按甲养兵，没有进行征讨，完全是因为百姓疲劳的缘故。并且辽东公孙渊生长在海外，已传承三代，他对外安抚戎夷诸族，对内加强战备，而毌丘俭想用一支偏军长驱直进，早晨到达、晚上就占领，这是荒谬的。"毌丘俭进军终于失利。

卫臻提升为司空，又转任司徒。正始年间，爵位进升为长垣侯，食邑千户，他的一个儿子封为列侯。原先，太祖长时间不确立太子，而很器重临淄侯曹植。丁仪等人充当曹植的党羽，劝卫臻结交曹植，卫臻以大义拒绝了他们。到文帝即位后，东海王曹霖受到文帝的宠爱，文帝问卫臻："他与平原侯曹植相比怎么样？"卫臻盛称曹霖美德而始终不说可以立为太子。曹爽辅政时，派夏侯玄传达他的意思，想要卫臻试任尚书令，以及想为他的弟弟求婚，卫臻都

臻入守尚书令，及为弟求婚，皆不许。固乞逊位。诏曰："昔干木偃息，义压强秦；留侯颐神，不忘楚事。谠言嘉谋，望不吝焉。"赐宅一区，位特进，秩如三司。薨，追赠太尉，谥曰敬侯。子烈嗣，咸熙中为光禄勋。[18]

卢毓字子家，涿郡涿人也。父植，有名于世。[19]毓十岁而孤，遇本州乱，二兄死难。当袁绍、公孙瓒交兵，幽冀饥荒，养寡嫂孤兄子，以学行见称。文帝为五官将，召毓署门下贼曹。崔琰举为冀州主簿。时天下草创，多逋逃，故重士亡法，罪及妻子。亡士妻白等，始适夫家数日，未与夫相见，大理奏弃市。毓驳之曰："夫女子之情，以接见而恩生，成妇而义重。故《诗》云'未见君子，我心伤悲；亦既见止，我心则夷'。又《礼》'未庙见之妇而死，归葬女氏之党，以未成妇也'。今白等生有未见之悲，死有非妇之痛，而吏议欲肆之大辟，则若同牢合卺之后，罪何所加？且《记》曰'附从轻'，言附人之罪，以轻者为比也。又《书》云'与其杀不辜，宁失不经'，恐过重也。苟以白等皆受礼聘，已入门庭，刑之为可，杀之为重。"太祖曰："毓执之是也。又引经典有意，使孤叹息。"由是为丞相法曹议令史，转西曹议令史。

魏国既建，为吏部郎。文

不同意。卫臻坚决要求退休让位。皇帝下诏说："从前段干木安卧家中，他的正义行为压倒强秦；留侯张良患病在家颐养精神，不忘与楚军交战之事。正直的言论和美好的计谋，希望你不吝献出。"赐给卫臻一栋住宅，并赐位特进，俸禄仍如三司一样。卫臻逝世后，追赠太尉，谥号为敬侯。他的儿子卫烈为继承人。咸熙中任光禄勋。

卢毓字子家，涿郡涿县人。父亲卢植，在社会上很著名。卢毓十岁时父亲去世，遇本州战乱，两位兄长在战乱中死去。当时袁绍与公孙瓒交战，幽州和冀州发生饥荒，卢毓供养寡嫂和兄长的遗孤，他的学识和品行被人称道。曹丕为五官中郎将时，征召卢毓主管门下贼曹。崔琰荐举他为冀州主簿。当时国家正处于开创阶段，常有许多人逃亡，所以很重视惩处逃亡士人的法律，逃亡的人要株连到妻室儿女。逃亡士人的妻子白氏等人，刚嫁到丈夫家只有几天，还没有与丈夫见面，大理上奏要处以死刑。卢毓反驳说："按女子的常情，与丈夫接触后才产生恩爱，成为夫妇后情义才厚重。所以《诗经》上说：'没有见到那男子，我心中很悲伤；已经见到了，我心中就平静。'《礼记》上说：'尚未在宗庙中参见公婆亡灵的妇人死了，要送回女方亲族的墓地中安葬，因为她还没有正式成为儿媳。'现在白氏等人生前有未见丈夫的悲哀，死后有未成妻子的痛苦，而官员们议论着准备对她施以死刑，那么，如果是已经与丈夫同桌而食、共枕而眠的妇人，又将如何加罪呢？并且《礼记》上说'施刑从轻'，就是说治人的罪过，要以轻的处罚条例为比照。《尚书》上说：'宁可放走不守法的人，也不滥杀无辜。'这是担心处罚过重。如果认为白氏等人都已接受聘礼，已入男方家门，要施以刑罚是可以的，但处死却太重了。"太祖说："卢毓所持的看法是对的。他又引经据典，很有深意，使我赞叹。"因此卢毓任丞相府法曹议令史，后转任西曹议令史。

魏国建立后，卢毓担任吏部郎。文帝登上皇位

帝践阼，徙黄门侍郎，出为济阴相，梁、谯二郡太守。帝以谯旧乡，故大徙民充之，以为屯田。而谯土地垸瘠，百姓穷困，毓愍之，上表徙民于梁国就沃衍，失帝意。虽听毓所表，心犹恨之，遂左迁毓，使将徙民为睢阳典农校尉。毓心在利民，躬自临视，择居美田，百姓赖之。迁安平、广平太守，所在有惠化。

青龙二年，入为侍中。先是，散骑常侍刘劭受诏定律，未就。毓上论古今科律之意，以为法宜一正，不宜有两端，使奸吏得容情。及侍中高堂隆数以宫室事切谏，帝不悦，毓进曰："臣闻君明则臣直，古之圣王恐不闻其过，故有敢谏之鼓。近臣尽规，此乃臣等所以不及隆。隆诸生，名为狂直，陛下宜容之。"在职三年，多所驳争。诏曰："官人秩才，圣帝所难，必须良佐，进可替否。侍中毓禀性贞固，心平体正，可谓明试有功，不懈于位者也。其以毓为吏部尚书。"使毓自选代，曰："得如卿者乃可。"毓举常侍郑冲，帝曰："文和，吾自知之，更举吾所未闻者。"乃举阮武、孙邕，帝于是用邕。

前此诸葛诞、邓飏等驰名誉，有四聪八达之诮，帝疾之。时举中书郎，诏曰："得其人与否，在卢生耳。选举莫取有名，

后，卢毓改任黄门侍郎，又调出京城先后担任济阴相、梁郡和谯郡的太守。皇上因为谯郡是自己的故乡，所以迁徙大量民众搬到那里，让他们聚集开垦田地。但谯郡土地贫瘠，老百姓生活贫困。卢毓很哀怜他们，便上表要求将人民迁移到梁国平坦肥美的土地上去，这便违反了皇上的心意。皇上虽表面上同意卢毓所说的意见，但心中很恨他，于是降低卢毓的官职，派他带领移民到睢阳担任典农校尉。卢毓的心思在使民众获利上，他亲自察看土地，选择肥美的田地让百姓居住，百姓很信赖他。后升任安平、广平太守，任职之处他都施以仁惠。

青龙二年，卢毓被调入京城任侍中。在此之前，散骑常侍刘劭曾接受皇帝诏命制定法律，尚未完成。卢毓上疏论述古今法律的意义，认为法律应该一致，不应有模棱两可之处，使那些奸猾之吏得以容纳私情。侍中高堂隆多次对明帝营建宫殿之事提出尖锐的意见，明帝很不高兴，卢毓说："我听说君王贤明，臣下就正直，古代圣明的君王担心看不到自己的过错，所以设置让臣下敢于进谏的鼓。亲近的臣子尽心规劝，这正是我们这些人不如高堂隆的地方。高堂隆，大家都认为他狂放直率，陛下应该宽容他。"卢毓任侍中三年，多次对朝政发表争论的意见。皇帝下诏书说："任命官吏、按才能评定品级，这是连圣明的君主都感到难办的事，必须要有好的辅佐，推荐适合的人才，废弃不称职的人。侍中卢毓生性坚贞，心境公平，为人纯正，可以说是通过检验具有成绩，在自己的职位上坚持不懈工作的人。现任命卢毓担任吏部尚书。"明帝要卢毓自己挑选接替他的工作的人，说："能像你这样的人才行。"卢毓荐举散骑常侍郑冲，明帝说："文和这个人，我很了解，再荐举我所不知道的人。" 于是卢毓又荐举阮武、孙邕，明帝便任用孙邕。

在此之前诸葛诞、邓飏等人博取名誉，当时有所谓"四聪"、"八达"的讥嘲，明帝很讨厌他们。这时要荐举中书郎，明帝下诏说："能不能得到适合的人，就取决于卢先生了。挑选、举拔人才不能取决于

名如画地作饼,不可啖也。”毓对曰:“名不足以致异人,而可以得常士。常士畏教慕善,然后有名,非所当疾也。愚臣既不足以识异人,又主者正以循名案常为职,但当有以验其后。故古者敷奏以言,明试以功。今考绩之法废,而以毁誉相进退,故真伪浑杂,虚实相蒙。”帝纳其言,即诏作考课法。会司徒缺,毓举处士管宁,帝不能用。更问其次,毓对曰:“敦笃至行,则太中大夫韩暨;亮直清方,则司隶校尉崔林;贞固纯粹,则太常常林。”帝乃用暨。毓于人及选举,先举性行,而后言才。黄门李丰尝以问毓,毓曰:“才所以为善也,故大才成大善,小才成小善。今称之有才而不能为善,是才不中器也。”丰等服其言。

名声,名声好像画在地上的饼,是不能吃的。”卢毓回答说:“根据名声选拔不能得到特殊的人才,但可以得到普通的人才。普通的人才服从教令、向往善行,然后便有了名声,这是不应该讨厌的。愚臣既无能识别特殊人才,而我主管的工作又正是以根据名声考察普通人才为职责的,只是应当在其任职后有办法考察其是否真正合格。所以古代先让臣下陈述自己的工作情况,然后以实际的政绩来检验。现在考核的办法已经废除,而根据人们的褒贬来决定官吏的进退升降,所以真假混杂、虚实难分。”明帝采纳他的意见,马上下诏制订考察官吏的制度。正好司徒缺位,卢毓荐举处士管宁担任,明帝不能任用。明帝又问还有谁可担任,卢毓回答说:“如果就忠诚、厚道、身体力行而言,则是太中大夫韩暨;如果就坦率、正直、清廉而言,则是司隶校尉崔林;如果就坚贞、为人纯正而言,则是太常常林。”明帝便任用了韩暨。卢毓评价人以及挑选、提拔官员,首先着眼于气质、品行,然后再讲才干。黄门侍郎李丰曾经问卢毓这样做的原因,卢毓回答说:“才干是用来办好事的,所以大才办成大好事,小才办成小好事,现在被称为有才干的人却不能办好事,这是才干不符合标准。”李丰等人佩服他的见解。

齐王即位,赐爵关内侯。时曹爽秉权,将树其党,徙毓仆射,以侍中何晏代毓。顷之,出毓为廷尉,司隶毕轨又枉奏免官。众论多讼之,乃以毓为光禄勋。爽等见收,太傅司马宣王使毓行司隶校尉,治其狱。复为吏部尚书,加奉车都尉,封高乐亭侯,转为仆射,故典选举,加光禄大夫。高贵乡公即位,进封大梁乡侯。封一子亭侯。毌丘俭作乱,大将军司马景王出征,毓纲纪后事,加侍中。正元三年,疾病,逊

齐王继承皇位后,赐给卢毓关内侯的爵位。当时曹爽把持政权,准备树立他的党羽,调卢毓任尚书仆射,让侍中何晏接替卢毓的职务。不久,又把卢毓调出尚书台担任廷尉,司隶校尉毕轨又向皇上诬陷卢毓而罢免了卢毓的职务。许多官员为卢毓辩冤,于是让卢毓担任光禄勋。曹爽等人被逮捕后,太傅司马懿让卢毓代理司隶校尉,审理曹爽的案件。接着又担任吏部尚书,加领奉车都尉,封为高乐亭侯,转任尚书仆射,照旧负责选举,加领光禄大夫。高贵乡公继承皇位后,卢毓进封为大梁乡侯。卢毓的一个儿子封为亭侯。毌丘俭叛乱时,大将军司马师出兵征讨,卢毓留在京城管理朝廷事务,加领侍中。正元三年,卢毓患病,要求退位。朝廷提升他任

位。迁为司空，固推骠骑将军王昶、光禄大夫王观、司隶校尉王祥。诏使使者即授印绶，进爵封容城侯，邑二千三百户。甘露二年薨，谥曰成侯。孙藩嗣。毓子钦、珽，咸熙中钦为尚书，珽泰山太守。[20]

司空，卢毓坚决推荐骠骑将军王昶、光禄大夫王观、司隶校尉王祥担任。皇帝当即下诏派使者授予卢毓印章，晋爵为容城侯，食邑二千三百户。甘露二年卢毓逝世，谥号为成侯。他的孙子卢藩为继承人。卢毓的儿子卢钦、卢珽，咸熙年间，卢钦任尚书，卢珽任泰山太守。

评曰：桓阶识睹成败，才周当世。陈群动仗名义，有清流雅望；泰弘济简至，允克堂构矣。魏世事统台阁，重内轻外，故八座尚书，即古六卿之任也。陈、徐、卫、卢，久居斯位，矫、宣刚断骨鲠，臻、毓规鉴清理，咸不忝厥职云。

评论说：桓阶能看清成败，在当时可称才识周备。陈群很重名节，有高雅声望；陈泰广助天下，为人简易，确实能继承父祖的遗业。魏代政务都归台阁，重视尚书台而轻忽其他机构，所以八位尚书，即相当于古代六卿之职。陈、徐、卫、卢，都久居此位，陈矫、徐宣刚直、果断；卫臻、卢毓见识深刻、精于事理，他们都无愧于所任的职务。

---

①《魏书》曰：阶祖父超，父胜，皆历典州郡。胜为尚书，著名南方。

②《魏书》称阶谏曰："今太子仁冠群子，名昭海内，仁圣达节，天下莫不闻；而大王甫以植而问臣，臣诚惑之。"于是太祖知阶笃于守正，深益重焉。

③《世语》曰：阶孙陵，字元徽，有名于晋武帝世，至荥阳太守，卒。

④寔字仲弓，纪字元方，谌字季方。《魏书》曰：寔德冠当时，纪、谌并名重于世。寔为太丘长，遭党锢，隐居荆山，远近宗师之。灵帝崩，何进辅政，引用天下名士，征寔，欲以为参军，以老病，遂不屈节。谌为司空掾，早卒。纪历位平原相、侍中、大鸿胪，著书数十篇，世谓之《陈子》。寔之亡也，司空荀爽、太仆令韩融并制缌麻，执子孙礼。四方至者车数千乘，自太原郭泰等无不造门。

《傅子》曰：寔亡，天下致吊，会其葬者三万人，制缞麻者以百数。

《先贤行状》曰：大将军何进遣属吊祠，谥曰文范先生。于时，寔、纪高名并着，而谌又配之，世号曰三君。每宰府辟命，率皆同时，羔雁成群，丞掾交至。豫州百姓皆图画寔、纪、谌之形象。

⑤臣松之案：《汉书地理志》云：元始二年，天下户口最盛，汝南郡为大郡，有三十余万户。则文、景之时不能如是多也。案《晋太康三年地记》，晋户有三百七十七万，吴、蜀户不能居半。以此言之，魏虽始承丧乱，方晋亦当无乃大殊。长文之言，于是为过。

⑥孙盛曰：《周礼》，天子之宫，有斲砻之制。然质文之饰，与时推移。汉承周、秦之弊，宜敦简约之化，而何崇饰宫室，示侈后嗣。此乃武帝千门万户所以大兴，岂无所复增之谓邪？况乃魏氏方有吴、蜀之难，四海罹涂炭之艰，而述萧何之过议，以为令轨，岂不惑于大道而昧得失之辨哉？使百代之君，眩于奢俭之中，何之由矣。《诗》云："斯言之玷，不可为也。"其斯之谓乎！

⑦《魏书》曰：群前后数密陈得失，每上封事，辄削其草，时人及其子弟莫能知也。论者或讥群居位拱默，正始中诏撰群臣上书，以为《名臣奏议》，朝士乃见群谏事，皆叹息焉。

《袁子》曰：或云"故少府杨阜岂非忠臣哉？见人主之非，则勃然怒而触之，与人言未尝不道也，岂非所谓'王臣謇謇，匪躬之故'者欤！"答曰："然可谓直士，忠则吾不知也。夫仁者爱人，施于君谓之忠，施于亲谓之孝。忠孝者，其本一也。故仁爱之至者，君亲有过，谏而不入，求之反覆，不得已而言，不忍宣也。今为人臣，见人主失道，直诋其非而播扬其恶，可谓直士，未为忠臣也。故司空陈群则不然，其谈论终日，未尝言人主之非；书数十上而外人不知。君子谓群于是乎长者矣。"

⑧臣松之案：此传云"谓救兵当须众集，而卒闻已至，谓有奇变，上下震惧"，此则救至出于不意。若不知救至，何故伏兵深险乃经三日乎？设伏相伺，非不知之谓。此皆语之不通也。

⑨干宝《晋纪》曰：高贵乡公之杀，司马文王会朝臣谋其故。太常陈泰不至，使其舅荀顗召之。顗至，告以可否。泰曰："世之论者，以泰方于舅，今舅不如泰也。"子弟内外咸共逼之，垂涕而入。王待之曲室，谓曰："玄伯，卿何以处我？"对曰："诛贾充以谢天下。"文王曰："为我更思其次。"泰曰："泰言惟有进于此，不知其次。"文王乃不更言。

《魏氏春秋》曰：帝之崩也，太傅司马孚、尚书右仆射陈泰枕帝尸于股，号哭尽哀。时大将军入于禁中，泰见之悲恸，大将军亦对之泣，谓曰："玄伯，其如我何？"泰曰："独有斩贾充，少可以谢天下耳。"大将军久之曰："卿更思其他。"泰曰："岂可使泰复发后言。"遂呕血薨。

臣松之案本传，泰不为太常，未详干宝所由知之。孙盛改易泰言，虽为小胜。然检盛言诸所改易，皆非别有异闻，率更自以意制，多不如旧。凡记言之体，当使若出其口。辞胜而违实，固君子所不取，况复不胜而徒长虚妄哉？《案博物记》曰：太丘长陈寔、寔子鸿胪纪、纪子司空群、群子泰四世，于汉、魏二朝并有重名，而其德渐渐小减。时人为其语曰："公惭卿，卿惭长。"

⑩案《陈氏谱》：群之后，名位遂微。谌孙佐，官至青州刺史。佐弟坦，廷尉。佐子准，太尉，封广陵郡公。准弟戴、徽及从弟堪，并至大位。准孙逵，字林道，有誉江左，为西中郎将，追赠卫将军。

⑪刘向《新序》曰：齐桓公求婚于卫，卫不与，而嫁于许。卫为狄所伐，桓公不救，至于国灭君死。懿公尸为狄人所食，惟有肝在。懿公有臣曰弘演，适使反，致命于肝曰："君为其内，臣为其外。"乃刳腹内肝而死。齐桓公曰："卫有臣若此而尚灭，寡人无有，亡无日矣！"乃救卫，定其君。

⑫《世语》曰：刘晔以先进见幸，因谮矫专权。矫惧，以问长子本，本不知所出。次子骞曰："主上明圣，大人大臣，今若不合，不过不作公耳。"后数日，帝见矫，矫又问二子，骞曰："陛下意解，故见大人也。"既入，尽日，帝曰："刘晔构君，朕有以迹君；朕心故已了。"以金五铤授之，矫辞。帝曰："岂以为小惠？君已知朕心，顾君妻子未知故也。"帝忧社稷，问矫："司马公忠正，可谓社稷之臣乎？"矫曰："朝廷之望；社稷，未知也。"

⑬《魏氏春秋》曰：矫本刘氏子，出嗣舅氏而婚于本族。徐宣每非之，庭议其阙。太祖惜矫才量，欲拥全之，乃下令曰："丧乱已来，风教彫薄，谤议之言，难用褒贬。自建安五年已前，一切勿论。其以断前诽议者，以其罪罪之。"

⑭案《晋书》曰：骞字休渊，为晋佐命功臣，至太傅，封高平郡公。

⑮《世语》曰：悌字孝威。年二十二，以兖州从事为泰山太守。初，太祖定冀州，以悌及东平王国为左右长史，后至中领军，并悉忠贞练事，为世吏表。

⑯《吕氏春秋》曰：昔晋文公将与楚人战于城濮，召咎犯而问曰："楚众我寡，奈何而可？"咎犯对曰："臣闻繁礼之君，不足于文，繁战之君，不足于诈，君亦诈之而已。"文公以咎犯言告雍季，雍季曰："竭泽而渔，岂不得鱼，而明年无鱼。焚薮而田，岂不得兽，而明年无兽。诈伪之道，虽今偷可，后将无复，非长术也。"文公用咎犯之言，而败楚人于城濮。反而为赏，雍季在上。左右谏曰："城濮之功，咎犯之谋也。君用其言而后其身，或者不可乎！"文公曰："雍季之言，百代之利也；咎犯之言，一时之务也。焉有以一时之务，先百代之利乎？"

⑰《先贤行状》曰：兹字子许。不为激诡之行，不徇流俗之名；明虑渊深，规略宏远。为车骑将军何苗所辟，司徒杨彪再加旌命。董卓作乱，汉室倾荡，太祖到陈留，始与兹相见，遂同盟，计兴武事。兹答曰："乱生久矣，非兵无以整之。"且言"兵之兴者，自今始矣"。深见废兴，首赞弘谋。合兵三千人，从太祖入荥阳，力战终日，失利，身殁。

《郭林宗传》曰："兹弱冠与同郡圈文生俱称盛德。林宗与二人共至市，子许买物，随价雠直，文生訾呵，减价乃取。林宗曰："子许少欲，文生多情，此二人非徒兄弟，乃父子也。"后文生以秽货见损，兹以烈节垂名。

⑱臣松之案旧事及《傅咸集》，烈终于光禄勋。烈二弟京、楷，皆二千石。楷子权，字伯舆。晋大司马汝南王亮辅政，以权为尚书郎。傅咸与亮笺曰："卫伯舆贵妃兄子，诚有才章，应作台郎，然未得东宫官属。东宫官属，前患杨骏，亲理塞路，今有伯舆，复越某作郎。一犬吠形，群犬吠声，惧于群吠，遂至回听。"权作左思《吴都赋》叙及注，叙粗有文辞，至于为注，了无所发明，直为尘秽纸墨，不合传写也。

⑲《续汉书》曰：植字子幹。少事马融，与郑玄同门相友。植刚毅有大节，常喟然有济世之志，不苟合取容，不应州郡命召。建宁中，征博士，出补九江太守，以病去官。作《尚书章句》、《礼记解诂》。稍迁侍中、尚书。张角起，以植为北中郎将征角，失利抵罪。顷之，复以为尚书。张让劫少帝奔小平津，植手剑责数让等，让等皆放兵，垂泣谢罪，遂自杀。董卓议欲废帝，众莫敢对，植独正言，语在《卓传》。植以老病去位，隐居上谷军都山，初平三年卒。太祖北征柳城，过涿郡，令告太守曰："故北中郎将卢植，名著海内，学为儒宗，士之楷模，乃国之桢幹也。昔武王入殷，封商容之间，郑丧子产而仲尼陨涕。孤到此州，嘉其余风。《春秋》之义，贤者之后，有异于人。敬遣丞掾修坟墓，并致薄醊，以彰厥德。"植有四子，毓最小。

⑳《世语》曰：钦字子若，珽字子笏。钦泰始中为尚书仆射，领选，咸宁四年卒，追赠卫将军，开府。

虞预《晋书》曰：钦少居名位，不顾财利，清虚淡泊，动修礼典。同郡张华，家单少孤，不为乡邑所知，惟钦贵异焉。钦子浮，字子云。

《晋诸公赞》曰：张华博识多闻，无物不知。浮高朗经博，有美于华，起家太子舍人，病疽，截手，遂废。朝廷器重之，就家以为国子博士，迁祭酒。永平中为秘书监。珽及子皓、志并至尚书。志子谌，字子谅。温峤表称谌清出有文思。

《谌别传》曰：谌善著文章。洛阳倾覆，北投刘琨，琨以为司空从事中郎。琨败，谌归段末波。元帝之初，累召为散骑中书侍郎，不得南赴。永和六年，卒于胡中，子孙过江。妖贼帅卢循，谌之曾孙。

三国志卷二十三　魏书二十三

和常杨杜赵裴传第二十三

和洽字阳士，汝南西平人也。举孝廉，大将军辟，皆不就。袁绍在冀州，遣使迎汝南士大夫。洽独以"冀州土平民强，英桀所利，四战之地。本初乘资，虽能强大，然雄豪方起，全未可必也。荆州刘表无他远志，爱人乐士，土地险阻，山夷民弱，易依倚也"。遂与亲旧俱南从表，表以上客待之。洽曰："所以不从本初，辟争地也。昏世之主，不可黩近，久而阽危，①必有谗慝间其中者。"遂南度武陵。

和洽字阳士，汝南郡西平县人。被推举为孝廉，大将军们征召他去当官，他却不就职。袁绍在冀州任职的时候，派使者迎接汝南郡的士大夫们。和洽独独认为："冀州土地平坦，人民强悍，常被英雄豪杰们利用，是四方争战之地。袁本初借助这个地方做据点，即使能强大起来，但是各地的英雄豪杰正在兴起，他能否保全还不一定。荆州的刘表没有别的远大志向，爱护人民，喜欢有才之士，荆州地势险恶，山地平静，人民弱小，容易作为依靠。"于是和洽与亲戚故旧一起到南方跟从刘表，刘表用上宾之礼对待他。和洽说："我之所以不跟随袁本初，是为了躲避那块争战之地。刘表又是这样不明时势的主子，也不能过于接近，时间久了将会面临危险，一定会有说坏话的邪恶小人从中挑拨离间。"于是和洽又南迁到武陵郡。

太祖定荆州，辟为丞相掾属。时毛玠、崔琰并以忠清干事，其选用先尚俭节。洽言曰："天下大器，在位与人，不可以一节检也。俭素过中，自以处身则可，以此节格物，所失或多。今朝廷之议，吏有著新衣、乘好车者，谓之不清；长吏过营，形容不饰，衣裘敝坏者，谓之廉洁。至令士大夫故污辱其衣，藏其舆服；朝府大吏，或自挈壶餐以入官寺。夫立教观俗，贵处中庸，为可继也。今崇一概难堪之行以检殊涂，勉而

太祖平定荆州后，和洽被征召为丞相府掾属。当时毛玠、崔琰都凭忠直清廉治事，他们选用人才首先重视节俭的品德。和洽进言说："治理天下最宝贵的，在于根据职位选拔人才，不能够以节俭做唯一标准来要求所有的人。对节俭朴素要求过了头，自己拿来做处世原则还可以，如果拿这一标准去规范所有的人，失误恐怕会很多。当今朝廷上有一种议论，官员中有穿新衣、乘好车的人，就说他们不清廉；大官们到治所来，不修饰容貌，衣服皮袍破旧的人，就认为他们廉洁。这使得士大夫们故意穿脏破的衣服，把表明他们等级的车子、衣服藏起来不用；朝廷和丞相府的大官，有的人自己提着酒食到官署来。建立教化的标准和观察社会风气，贵在恰到好处，这样才可以延续下去。现在推崇一个死板的难

为之，必有疲瘁。古之大教，务在通人情而已。凡激诡之行，则容隐伪矣。”②

以被大家接受的行为标准来要求不同的人，如果勉强推行下去，一定会出现弊端。古代最重要的教化，只要努力做到通人情就行了。一切过激离奇的办法，反而容易被利用来掩盖假象。”

魏国既建，为侍中，后有白毛玠谤毁太祖，太祖见近臣，怒甚。洽陈玠素行有本，求案实其事。罢朝，太祖令曰：“今言事者白玠不但谤吾也，乃复为崔琰觖望。此损君臣恩义，妄为死友怨叹，殆不可忍也。昔萧、曹与高祖并起微贱，致功立勋。高祖每在屈笮，二相恭顺，臣道益彰，所以祚及后世也。和侍中比求实之，所以不听，欲重参之耳。”洽对曰：“如言事者言，玠罪过深重，非天地所覆载。臣非敢曲理玠以枉大伦也，以玠出群吏之中，特见拔擢，显在首职，历年荷宠，刚直忠公，为众所惮，不宜有此。然人情难保，要宜考核，两验其实。今圣恩垂含垢之仁，不忍致之于理，更使曲直之分不明，疑自近始。”太祖曰：“所以不考，欲两全玠及言事者耳。”洽对曰：“玠信有谤上之言，当肆之市朝；若玠无此，言事者加诬大臣以误主听；二者不加检核，臣窃不安。”太祖曰：“方有军事，安可受人言便考之邪？狐射姑刺阳处父于朝，此为君之诫也。”

魏国建立后，和洽担任侍中。后来有人禀告说毛玠在背后诽谤太祖，太祖在接见身边大臣时，非常愤怒。和洽陈述说，毛玠平素的行为都有一定的准则，因此要求太祖核实这件事。退朝时，太祖下令说：“最近禀告事情的人讲，毛玠不只是诽谤我，而且又替崔琰鸣不平。这样做既损害了君臣之间的恩义，又妄自替死去的朋友埋怨悲叹，实在不能容忍。往昔萧何、曹参和汉高祖在地位低下时一同起事建立功勋。汉高祖每次处境困难，这两位丞相都恭敬顺从，使为臣之道更加显明，所以福泽延续到他们的后代。和侍中最近要求核实这件事。我之所以不听从他的意见，是因为我想慎重参酌。”和洽回答说：“如果像告事人说的那样，毛玠的罪过就很大，天地也不能容忍。我并不敢歪曲事实赞美毛玠而违背君臣之间的伦理大道，因为毛玠出于众官之中，受到特别提拔，官位显要而担任着最重要的职位，多年来受到您的恩宠，刚强正直、忠诚公正，大家都畏惧他，照理不应当有这样的事。但是人情难保不出偏差，首要的是应该慎重考查，两方面都要查明实际情况。现今圣恩显示出容忍污垢的仁情，不忍心交给狱吏治理，更重要的是如果有理与无理区别不清楚，疑心就会从现在开始。”太祖说：“我不考查的原因，是想让毛玠和告事的人两方面都相安无事。”和洽回答说：“毛玠若确实有诽谤您的言论，就应当将他处死后暴尸于众；如果毛玠没有这样的事，告事的人就是有意诬陷大臣而使主上判断错误；这两方面不考查核实，我内心不安。”太祖说：“现在正在打仗，怎能听了别人的话就考查呢？晋国狐射姑在朝廷刺杀阳处父之事，应是对国君的警戒。”

太祖克张鲁，洽陈便宜以时拔军徙民，可省置守之费。

太祖打败张鲁以后，和洽提出应及时转移军队迁徙人民，这样可减少设置守备的费用。太祖没有

太祖未纳，其后竟徙民弃汉中。出为郎中令。文帝践阼，为光禄勋，封安城亭侯。明帝即位，进封西陵乡侯，邑二百户。

采纳，后来竟然移民而放弃了汉中郡。后来和洽调出担任郎中令。文帝登位后，和洽担任光禄勋，封为安城亭侯。明帝即位后，晋封为西陵乡侯，食邑二百户。

太和中，散骑常侍高堂隆奏："时风不至，而有休废之气，必有司不勤职事以失天常也。"诏书谦虚引咎，博谘异同。洽以为："民稀耕少，浮食者多。国以民为本，民以谷为命。故废一时之农，则失育命之本。是以先王务蠲烦费，以专耕农。自春夏以来，民穷于役，农业有废，百姓嚣然，时风不至，未必不由此也。消复之术，莫大于节俭。太祖建立洪业，奉师徒之费，供军赏之用，吏士丰于资食，仓府衍于谷帛，由不饰无用之宫，绝浮华之费。方今之要，固在息省劳烦之役，损除他余之务，以为军戎之储。三边守御，宜在备豫。料贼虚实，蓄士养众，算庙胜之策，明攻取之谋，详询众庶以求厥中。若谋不素定，轻弱小敌，军人数举，举而无庸，所谓'悦武无震'，古人之诫也。"

魏明帝太和年间，散骑常侍高堂隆上奏说："顺应季节的风不来，反而出现衰败之气，一定是有官吏不尽职尽责而引起天道失调。"明帝下诏书谦虚地承认错误，广泛地咨询不同的意见。和洽以为："人口稀少而农耕的人很少，游食的人却很多。国家以人民为根本，人民以粮食为生命。因此如果荒废了一个季节的农业生产，就丧失了养育人民的根本。所以先王都努力免除繁杂之事，以便专一发展农业。自从春夏以来，人民被劳役困扰，农业有所荒废，老百姓忧愁不堪，顺应季节的风不来，未必不是因为这个原因。消除灾情恢复元气的办法，没有比节俭更重要的了。太祖建立大业，供给士兵的费用，提供奖励军队的用度，官员们钱财粮食丰富，仓库里粮食布帛充足，这都是因为不修饰无用的宫殿，断绝了浮华的费用。当前最重要的，是一定要停止和减少劳苦繁杂的劳役，去掉多余的事务，拿节省的钱财作军需储备。边防的守御，应该预先准备。了解敌人的虚实，蓄养军队士兵，谋划好朝廷制胜的策略，搞清楚进攻取胜的谋略，详细询问众人以求得正确恰当的意见。如果不早先定好谋略，轻视弱小的敌人，频繁地出动军队，出动军队又没有取得功效，所谓'爱动武反而无威严'，这就是古人对我们的告诫。"

转为太常，清贫守约，至卖田宅以自给。明帝闻之，加赐谷帛。薨，谥曰简侯。子离嗣。离弟逌，才爽开济，官至廷尉、吏部尚书。③

和洽后来调任太常，生活清贫而保持俭约，以致要卖掉土地房屋来养活自己。明帝听到这事，就多赐给他粮食丝帛。死后，谥号为简侯。儿子和离继承他的封爵。和离的弟弟和逌，才气清爽能创业济时，官职一直升到廷尉、吏部尚书。

洽同郡许混者，许劭子也。清醇有鉴识，明帝时为尚书。④

与和洽同郡的许混，是许劭的儿子。许混高洁醇厚、见识高明，魏明帝时担任尚书。

常林字伯槐，河内温人也。年七岁，有父党造门，问林："伯先在否？汝何不拜！"林曰："虽当下客，临子字父，何拜之有？"于是咸共嘉之。[5]太守王匡起兵讨董卓，遣诸生于属县微伺吏民罪负，便收之，考责钱谷赎罪，稽迟则夷灭宗族，以崇威严。林叔父挝客，为诸生所白，匡怒收治，举宗惶怖，不知所责多少，惧系者不救。林往见匡同县胡母彪曰："王府君以文武高才，临吾鄙郡。鄙郡表里山河，土广民殷，又多贤能，惟所择用。今主上幼冲，贼臣虎据，华夏震栗，雄才奋用之秋也。若欲诛天下之贼，扶王室之微，智者望风，应之若响，克乱在和，何征不捷。苟无恩德，任失其人，覆亡将至，何暇匡翼朝廷，崇立功名乎？君其藏之！"因说叔父见拘之意。彪即书责匡，匡原林叔父。林乃避地上党，耕种山阿。当时旱蝗，林独丰收，尽呼比邻，升斗分之。依故河间太守陈延壁。陈、冯二姓，旧族冠冕。张杨利其妇女，贪其资货。林率其宗族，为之策谋。见围六十余日，卒全堡壁。

常林字伯槐，河内郡温县人。他七岁的时候，有一位父辈亲戚到他家，问常林："伯先在家吗？你为何不下拜!"常林说："虽然应当向客人下拜，但对着儿子直呼他父亲的名字，哪里值得下拜呢？"于是大家都称赞他。河内郡太守王匡起兵讨伐董卓，派遣很多门生到下属各县暗地探察官民的罪过，有错就逮捕起来拷问，要家人拿钱财粮食赎罪，拖延时限的就灭掉他的宗族，想用这样的方式增加自己的威严。常林的叔叔拷打佃户，被门生们告发，王匡愤怒地逮捕处治他的叔叔，全族惊惶恐怖，不知要被索取多少钱财，怕无法解救被拘囚的人。常林前去拜见王匡的同县人胡母彪说："王太守以他的文才武略，统领我们这个偏僻的河内郡。河内郡外有黄河内有高山，土地宽广人民殷富，又有很多贤士能人，任凭他选择任用。现在皇上幼小，乱臣贼子各据一方，天下震动，人心惶惶，这正是英雄豪杰奋起施展才能的时代。如果想消灭天下叛逆之臣，扶助微弱的皇室，那么聪明的人就会望风而动，纷纷响应，讨伐乱臣重在和睦一心，这样征伐哪里会不胜利呢？如果不讲恩德，任用人有失误，灭亡就在眼前，哪还有工夫去辅佐朝廷，建立功名呢？您最好还是隐退吧！"接着又说了自己叔父被拘留的事情。胡母彪当即写信去向王匡求情，王匡就赦免了常林的叔父。常林于是到上党郡避乱，在高山深处耕田种地。当时旱灾蝗灾并发，常林独独丰收，他把邻居都叫来，用升斗把粮食分给他们。后来依附在原河间郡太守陈延的坞堡。陈、冯两姓，是当地的世家大族。河内太守张杨贪求他们的妇女，贪图他们的资产财货。常林率领本族的人，为陈延出谋划策。被张杨围困六十多天，最终保全了坞堡。

并州刺史高幹表为骑都尉，林辞不受。后刺史梁习荐州界名士林及杨俊、王凌、王象、荀纬，太祖皆以为县长。林宰南和，治化有成，超迁博陵太守、幽州刺史，所在有绩。文

并州刺史高幹上书推荐常林为骑都尉，常林推辞不接受。后来刺史梁习推荐并州内的名士常林和杨俊、王凌、王象、荀纬，太祖都让他们担任县长。常林任南和县长，治理政事推行教化有成效，被越级提拔为博陵郡太守、幽州刺史，所到之处都有政绩。

帝为五官将，林为功曹。太祖西征，田银、苏伯反，幽、冀扇动。文帝欲亲自讨之，林曰："昔忝博陵，又在幽州，贼之形势，可料度也。北方吏民，乐安厌乱，服化已久，守善者多。银、伯犬羊相聚，智小谋大，不能为害。方今大军在远，外有强敌，将军为天下之镇也，轻动远举，虽克不武。"文帝从之，遣将往伐，应时克灭。

魏文帝担任五官将的时候，常林任功曹。太祖西征时，田银、苏伯反叛，幽州、冀州动荡不安。文帝想亲自讨伐他们，常林说："以前我曾充任博陵太守，又在幽州任过刺史，反贼的情形，可以预先估计一些。北方的官民，喜欢安定、讨厌动乱，归附朝廷已经很久，守善道的多。田银、苏伯像犬羊聚合在一块，智慧小而野心大，不能成为大害。现在军队主力在远方，外有强大的敌人，您是天下的重心所在，如果轻易动兵远征，胜利了也不足以显示威武。"文帝听从了他的意见，另派将领去讨伐，立刻就消灭了他们。

出为平原太守、魏郡东部都尉，入为丞相东曹属。魏国既建，拜尚书。文帝践阼，迁少府，封乐阳亭侯，⑥转大司农。明帝即位，进封高阳乡侯，徙光禄勋太常。晋宣王以林乡邑耆德，每为之拜。或谓林曰："司马公贵重，君宜止之。"林曰："司马公自欲敦长幼之叙，为后生之法。贵非吾之所畏，拜非吾之所制也。"言者踧踖而退。⑦时论以林节操清峻，欲致之公辅，而林遂称疾笃。拜光禄大夫。年八十三，薨，追赠骠骑将军，葬如公礼，谥曰贞侯。子旹嗣，为泰山太守，坐法诛。旹弟静绍封。⑧

常林被调出任平原郡太守、魏郡东部都尉，又调进任丞相府东曹属官。魏国建立以后，被任命为尚书。文帝登皇帝位后，升为少府，被封为乐阳亭侯，转任大司农。明帝即位后，进封为高阳乡侯，调任光禄勋太常。晋宣王司马懿认为常林是同乡中德高望重的人，经常给他下拜。有人对常林说："司马公位高权大，您应该阻止他下拜。"常林说："司马公自己要注重长幼辈分的礼节，成为后生的榜样。我既不惧怕权贵，也不能制止他下拜。"说话的人只得尴尬地退下去。当时的评论认为常林品德清雅高洁，要推他为三公辅相，常林就假托病重难以任职。后任命他为光禄大夫。八十三岁时逝世，朝廷追赠他为骠骑将军，以三公之礼埋葬他，谥号为贞侯。儿子常旹继承封爵，任泰山郡太守，因犯法而处死刑。常旹的弟弟常静继承封爵。

杨俊字季才，河内获嘉人也。受学陈留边让，让器异之。俊以兵乱方起，而河内处四达之衢，必为战场，乃扶持老弱诣京、密山间，同行者百余家。俊振济贫乏，通共有无。宗族知故为人所略作奴仆者凡六家，俊皆倾财赎之。司马宣王

杨俊字季才，河内郡获嘉县人。曾做陈留郡边让的学生，边让特别器重他。杨俊认为当时正是兵荒马乱的时代，而河内郡是通达四方的要道，一定会成为战场，于是扶老携幼躲避到京县、密县的山中，同他一起去的有一百多家。杨俊救济贫困的人，与他们互通有无。他的同族和故旧有六家被人抢去做奴仆，杨俊都用尽家中所有的钱财把他们赎回。宣王司马懿十六七岁时，与杨俊相遇，杨俊说："这

年十六七，与俊相遇，俊曰："此非常之人也。"又司马朗早有声名，其族兄芝，众未之知，惟俊言曰："芝虽夙望不及朗，实理但有优耳。"俊转避地并州。本郡王象，少孤特，为人仆隶，年十七八，见使牧羊而私读书，因被箠楚。俊嘉其才质，即赎象著家，聘娶立屋，然后与别。

是一位不同一般的人。"同时司马朗早就有很高的名声，他的族兄司马芝，众人还不知道，只有杨俊说："司马芝的声望虽然赶不上司马朗，实际上只怕是比司马朗还优秀些。"杨俊转移到并州郡避乱。并州郡人王象，小时候孤立无靠，给人做奴仆，十七八岁时，主人叫他去放羊，他却偷偷地读书，因而被主人鞭打。杨俊赞美他的才气和品质，立即把他赎出来留在自己家中，为他娶妻建房，然后才和他告别。

太祖除俊曲梁长，入为丞相掾属，举茂才，安陵令，迁南阳太守。宣德教，立学校，吏民称之。徙为征南军师。魏国既建，迁中尉。太祖征汉中，魏讽反于邺，俊自劾诣行在所。俊以身方罪免，笺辞太子。太子不悦，曰："杨中尉便去，何太高远邪！"遂被书左迁平原太守。文帝践阼，复在南阳。时王象为散骑常侍，荐俊曰："伏见南阳太守杨俊，秉纯粹之茂质，履忠肃之弘量，体仁足以育物，笃实足以动众，克长后进，惠训不倦，外宽内直，仁而有断。自初弹冠，所历垂化，再守南阳，恩德流著，殊邻异党，襁负而至。今境守清静，无所展其智能，宜还本朝，宣力辇毂，熙帝之载。"

太祖任命杨俊做曲梁县长，又调进丞相府任属官，并荐举他为茂才，任安陵县令，提升为南阳郡太守。他传播道德教化，为民建立学校，官员老百姓都称颂他。又调任征南将军的军师。魏国建立后，升任中尉。太祖讨伐汉中郡时，魏讽在邺县谋反，杨俊主动到皇上的行宫认罪。杨俊因为刚强正直被免职，于是写信向太子辞行。太子不高兴，说："杨中尉这就要离去，为什么那么清高呢！"于是受书降职为平原郡太守。文帝登位后，又在南阳任太守。当时王象任散骑常侍，推荐杨俊说："我暗自认为南阳太守杨俊，具有洁白无瑕的优秀品质，忠诚肃敬、弘度大量，以仁为本，足以抚育万物；忠厚老实，足以感动民众。又能培植后辈，培养教训他们，毫不倦怠，外表宽大而内心正直，仁爱而果断。从他开始当官以来，治理的地方都留下了良好的风气，两次当南阳太守，恩德流传、成绩显著，邻郡和不同乡党的人，都扶老携幼到他治理的地方来。现在南阳境内清静无事，已经没有他施展才能的机会，现在应该把他调回朝廷，让他在皇帝身边效力，以便发扬光大帝王的功业。"

俊自少及长，以人伦自任。同郡审固、陈留卫恂本皆出自兵伍，俊资拔奖致，咸作佳士；后固历位郡守，恂御史、县令，其明鉴行义多此类也。初，临菑侯与俊善，太祖適嗣

杨俊从少年时代到年老，常以品评人物的好坏为己任。他同郡的审固、陈留郡的卫恂都是当兵出身，杨俊资助提拔、奖励招用他们，他们都成为优秀的人才；后来审固历任郡守，卫恂历任御史、县令，他明鉴人才和行为正义还有很多像这样的例子。当初，临菑侯曹植和杨俊关系很好，太祖还没有确定

未定，密访群司。俊虽并论文帝、临菑才分所长，不適有所据当，然称临菑犹美，文帝常以恨之。黄初三年，车驾至宛，以市不丰乐，发怒收俊。尚书仆射司马宣王、常侍王象、荀纬请俊，叩头流血，帝不许。俊曰："吾知罪矣。"遂自杀。众冤痛之。⑨

继位的太子，秘密地征求百官的意见。杨俊虽然同时论述了魏文帝和临菑侯的长处，不应措置失当，有所偏袒，但认为临菑侯更好，文帝常常因此恨他。黄初三年，文帝的车驾到宛县，就以市面不丰盛人民不安乐为理由，发怒逮捕了杨俊。尚书仆射司马宣王、常侍王象、荀纬为杨俊求情，叩头流血，文帝仍不答应。杨俊说："我知道我犯的罪了。"于是自杀。众人都为他受的冤屈而哀痛。

杜袭字子绪，颍川定陵人也。曾祖父安，祖父根，著名前世。⑩袭避乱荆州，刘表待以宾礼。同郡繁钦数见奇于表，袭喻之曰："吾所以与子俱来者，徒欲龙蟠幽薮，待时凤翔。岂谓刘牧当为拨乱之主，而规长者委身哉？子若见能不已，非吾徒也。吾其与子绝矣！"钦慨然曰："请敬受命。"袭遂南适长沙。

杜袭字子绪，颍川郡定陵县人。他的曾祖父杜安、祖父杜根，在前代都很有名。杜袭到荆州避乱，刘表以宾客之礼相待。同郡人繁钦多次向刘表显示自己的奇才，杜袭告诉他说："我之所以与您一起到荆州来，只是想像龙屈身于幽深的湖泽之中，等待时机到来后，能像凤凰一样展翅飞翔。哪里是认为刘州牧会成为拨乱反正的主子，而规劝长者您投身于他呢？您如果不断显示自己的才能，就不是我的朋友了。我恐怕要与您绝交了！"繁钦感慨地说："请让我接受您的教导。"杜袭于是往南投奔到长沙郡。

建安初，太祖迎天子都许。袭逃还乡里，太祖以为西鄂长。县滨南境，寇贼纵横。时长吏皆敛民保城郭，不得农业。野荒民困，仓庾空虚。袭自知恩结于民，乃遣老弱各分散就田业，留丁强备守，吏民欢悦。会荆州出步骑万人来攻城，袭乃悉召县吏民任拒守者五十余人，与之要誓。其亲戚在外欲自营护者，恣听遣出；皆叩头愿致死。于是身执矢石，率与戮力。吏民感恩，咸为用命。临陈斩数百级，而袭众死者三十余人，其余十八人尽被创，贼得入城。袭帅伤痍吏

建安初年，太祖迎接天子在许昌建都。杜袭逃回家乡，太祖任命他为西鄂县长。西鄂县靠近南边，盗贼经常到这里骚扰。当时的官员都聚集民众保卫城郭，人们没法从事农业生产。因此，田地荒芜，人民贫困，仓库空虚。杜袭知道恩惠应该施给民众，于是派出老弱百姓分散到各地种地，留下强壮的百姓防守城邑，官吏百姓都很高兴。遇到荆州方面派出一万多步兵骑兵来攻城，杜袭就把担任守备的五十多个官民全部招来，与他们盟约发誓。其中有的人亲友在城外，想自己去营救保护他们，杜袭表示任凭他们出城；他们都磕头表示愿意效死力。杜袭于是亲自拉弓投石，带领官民同心合力作战。官民感恩戴德，都为之不惜生命。临阵杀敌时斩首好几百颗，而杜袭的人也死了三十多个，其余的十八个人都受了伤，寇贼得以入城。杜袭率领受伤的官吏百姓突

民决围得出，死丧略尽，而无反背者。遂收散民，徙至摩陂营，吏民慕而从之如归。[11]

围出城，当时人差不多死光了，但没有一个叛变的。杜袭重新聚集失散的人民，转移到摩陂营，官民们都仰慕他，一个个像回家一样来跟从他。

司隶钟繇表拜议郎参军事。荀彧又荐袭，太祖以为丞相军祭酒。魏国既建，为侍中，与王粲、和洽并用。粲强识博闻，故太祖游观出入，多得骖乘，至其见敬不及洽、袭。袭尝独见，至于夜半。粲性躁竞，起坐曰："不知公对杜袭道何等也？"洽笑答曰："天下事岂有尽邪？卿昼侍可矣，悒悒于此，欲兼之乎！"后袭领丞相长史，随太祖到汉中讨张鲁。太祖还，拜袭驸马都尉，留督汉中军事。绥怀开导，百姓自乐出徙洛、邺者，八万余口。夏侯渊为刘备所没，军丧元帅，将士失色。袭与张郃、郭淮纠摄诸军事，权宜以郃为督，以一众心，三军遂定。太祖东还，当选留府长史，镇守长安，主者所选多不当，太祖令曰："释骐骥而不乘，焉皇皇而更索？"遂以袭为留府长史，驻关中。

司隶钟繇上奏推举，任命他为议郎参军事。荀彧又推荐杜袭，太祖任命他为丞相军祭酒。魏国建立后，任侍中，与王粲、和洽同时并用。王粲记忆力强，见闻广博，因此太祖游观出入，王粲经常陪坐在车子的两边，至于受敬重却赶不上和洽、杜袭。杜袭曾单独被太祖接见，谈话一直到半夜。王粲性格急躁好胜，坐起来说："不知曹公对杜袭讲些什么？"和洽笑着回答说："天下事怎么谈得完呢？你白天陪侍就可以了，又为此郁郁不乐，你想一人把白天黑夜都包尽吧！"后来杜袭兼任丞相长史，随太祖到汉中郡讨伐张鲁。太祖返回，任命杜袭为驸马都尉，留在那里督察汉中军事。杜袭对人民安抚关怀、启发开导，以致老百姓自己乐意迁出汉中郡到洛阳、邺都的，有八万多人。夏侯渊被刘备军杀死，军队丧失元帅，将士惊惶失色。杜袭和张郃、郭淮督察统领各军事务，暂且以张郃为总督军事长官，以便统一军心，三军于是安定下来。太祖回东方，要选拔留府长史，镇守长安，主持者选拔的人大多不适当，太祖下令说："放下千里马不骑，怎么匆匆忙忙到别处去索求？"于是任命杜袭为留府长史，驻守关中。

时将军许攸拥部曲，不附太祖而有慢言。太祖大怒，先欲伐之。群臣多谏："可招怀攸，共讨强敌。"太祖横刀于膝，作色不听。袭入欲谏，太祖逆谓之曰："吾计以定，卿勿复言。"袭曰："若殿下计是邪，臣方助殿下成之；若殿下计非邪，虽成宜改之。殿下逆臣，令勿言之，何待下之不阐乎？"太

当时将军许攸自己拥有军队，不但不归附太祖，而且有轻慢的话。太祖非常愤怒，想首先讨伐他。群臣中很多人劝谏说："可以招抚许攸，共同讨伐强敌。"太祖把刀横放在膝盖上，满脸怒气，不听从大家的意见。杜袭进去想劝谏，太祖先截住他的话对他说："我主意已定，你不要再说了。"杜袭说："如果殿下的主意是对的，臣正要帮助殿下成功；如果殿下的计谋是错的，即使决定了也要改变。您截住我的话，叫我不要讲了，为什么不等臣下把道理阐明呢？"太祖说："许攸轻慢我，怎么可以置之不理

祖曰:“许攸慢吾,如何可置乎?”袭曰:“殿下谓许攸何如人邪?”太祖曰:“凡人也。”袭曰:“夫惟贤知贤,惟圣知圣,凡人安能知非凡人邪?方今豺狼当路而狐狸是先,人将谓殿下避强攻弱,进不为勇,退不为仁。臣闻千钧之弩不为鼷鼠发机,万石之钟不以莛撞起音,今区区之许攸,何足以劳神武哉?”太祖曰:“善。”遂厚抚攸,攸即归服。时夏侯尚昵于太子,情好至密。袭谓尚非益友,不足殊待,以闻太祖。文帝初甚不悦,后乃追思。语在《尚传》。其柔而不犯,皆此类也。

呢?”杜袭说:“殿下认为许攸是个怎样的人呢?”太祖说:“一个平凡的人。”杜袭说:“只有贤人才了解贤人,圣人才了解圣人,平凡人怎么能了解不平凡的人呢?当今豺狼当路而先对付一只狐狸,人们将要说您避强攻弱,前进不算勇敢,后退不算仁爱。我听说千斤力的强弩不会为小鼷鼠而发动机关,万石重的洪钟不会被一根草茎撞响,现在一个小小的许攸,怎么值得烦劳您的神明威武呢?”太祖说:“说得好。”于是以厚礼招抚许攸,许攸当即归服太祖。当时夏侯尚与太子亲昵,感情非常亲密。杜袭认为夏侯尚不是对人有益的朋友,不值得特殊对待,就把这事报告太祖。文帝开始时很不高兴,后来才怀念这件事。这事已记在《夏侯尚传》。杜袭温顺却不可冒犯的事例,大都像这样。

文帝即王位,赐爵关内侯。及践阼,为督军粮御史,封武平亭侯,更为督军粮执法,入为尚书。明帝即位,进封平阳乡侯。诸葛亮出秦川,大将军曹真督诸军拒亮,徙袭为大将军军师,分邑百户赐兄基爵关内侯。真薨,司马宣王代之,袭复为军师,增邑三百,并前五百五十户。以疾征还,拜太中大夫。薨,追赠少府。谥曰定侯。子会嗣。

文帝即魏王位,杜袭被赐以关内侯的爵位。到文帝登位,任命他为督军粮御史,封为武平亭侯,后改任督军粮执法,调进京城任尚书。明帝登位,晋封为平阳乡侯。诸葛亮出兵秦川,大将军曹真督率各军抵抗诸葛亮,调杜袭任大将军军师,分出采邑一百户赐给他的哥哥杜基,封杜基为关内侯。曹真死后,宣王司马懿代替他,杜袭仍任司马懿的军师,增加采邑三百户,与以前封的一起共五百五十户。后来杜袭因病被召回,任命为太中大夫。死后,追赠为少府,谥号为定侯。他的儿子杜会继承封爵。

赵俨字伯然,颍川阳翟人也。避乱荆州,与杜袭、繁钦通财同计,合为一家。太祖始迎献帝都许,俨谓钦曰:“曹镇东应期命世,必能匡济华夏,吾知归矣。”建安二年,年二十七,遂扶持老弱诣太祖,太祖

赵俨字伯然,颍川郡阳翟县人。他到荆州避乱,和杜袭、繁钦互通钱财,共同计账,合为一家。太祖开始迎接献帝到许昌建都时,赵俨对繁钦说:“曹镇东将军顺应时势,担负着时代的重任,一定能辅助拯救华夏,我已经知道自己的归宿了。”建安二年,赵俨二十七岁时,就扶老携幼投奔太祖,太祖任命

以俨为朗陵长。县多豪猾，无所畏忌。俨取其尤甚者，收缚案验，皆得死罪。俨既囚之，乃表府解放，自是威恩并著。时袁绍举兵南侵，遣使招诱豫州诸郡，诸郡多受其命。惟阳安郡不动，而都尉李通急录户调。俨见通曰："方今天下未集，诸郡并叛，怀附者复收其绵绢，小人乐乱，能无遗恨！且远近多虞，不可不详也。"通曰："绍与大将军相持甚急，左右郡县背叛乃尔。若绵绢不调送，观听者必谓我顾望，有所须待也。"俨曰："诚亦如君虑；然当权其轻重，小缓调，当为君释此患。"乃书与荀彧曰："今阳安郡当送绵绢，道路艰阻，必致寇害。百姓困穷，邻城并叛，易用倾荡，乃一方安危之机也。且此郡人执守忠节，在险不贰。微善必赏，则为义者劝。善为国者，藏之于民。以为国家宜垂慰抚，所敛绵绢，皆俾还之。"彧报曰："辄白曹公，公文下郡，绵绢悉以还民。"上下欢喜，郡内遂安。

赵俨为朗陵县长。这个县有很多不守法的豪强，什么也不畏惧忌讳。赵俨就择取其中最厉害的豪强，逮捕查验，把他们都判处死罪。赵俨已经囚禁了他们，又上书上级官府释放他们。从此他的威严和恩德同等显著，当时袁绍起兵侵犯南方，派使者引诱招纳豫州各郡，很多郡接受了袁绍的任命。只有阳安郡不动，而郡都尉李通正紧急登录每户应征的赋税。赵俨去见李通说："现在天下未定，各郡都背叛朝廷，归附的人还征收他们的赋税绵绢，小人们喜欢乘机作乱，怎能没有遗憾的事发生！而且远近多有忧患，不能不仔细考虑啊。"李通说："袁绍和大将军争斗非常激烈，左右郡县背叛朝廷如此。如果赋税不调送，旁观的人一定说我们在观望等待。"赵俨说："确实也像您所顾虑的那样；但是也应该仔细权衡这件事的轻重，请您稍微延缓一下征调，我当为您解除这个忧患。"于是写信给荀彧说："现在阳安郡应当调送绵绢，但道路艰险阻隔，一定会遭到贼寇侵害。老百姓穷困，邻近各城都已背叛，一有事就容易引起动乱，这是一方安危的关键时刻。况且这个郡的人民坚守忠于朝廷的大节，处在危险中也没有二心。对小善事必定给予奖赏，就是对坚持正义的人的鼓励。善于治国的人，将财富藏在人民中间。我认为国家当前应该好好抚慰人民，所收取的绵绢，都应使郡县退还给民众。"荀彧回信说："我已及时报告了曹公，现在公文下发到各郡，征收的绵绢全都退还给人民。"这样，上下欢喜，郡内也就安定无事。

入为司空掾属主簿。[12]时于禁屯颍阴，乐进屯阳翟，张辽屯长社，诸将任气，多共不协；使俨并参三军，每事训喻，遂相亲睦。太祖征荆州，以俨领章陵太守，徙都督护军，护于禁、张辽、张郃、朱灵、李典、路招、冯楷七军。复为丞相主簿，迁扶风太守。太祖徙出故

后进京任司空掾属主簿。当时于禁驻军颍阴县，乐进驻守阳翟县，张辽驻兵长社县，几位将领意气用事，经常不能协调一致。于是派遣赵俨同时担任三方的参军，每件事赵俨都明训晓谕，三位将领于是亲近和睦。太祖南征荆州，让赵俨兼任章陵太守，又转任都督护军，监领于禁、张辽、张郃、朱灵、李典、路招、冯楷七军。后来又任丞相主簿，调任扶风太守。太祖调出原来韩遂、马超等人的部下士兵

韩遂、马超等兵五千余人，使平难将军殷署等督领，以俨为关中护军，尽统诸军。羌虏数来寇害，俨率署等追到新平，大破之。屯田客吕并自称将军，聚党据陈仓，俨复率署等攻之，贼即破灭。

五千多人，派平难将军殷署等人统领，任赵俨为关中护军，全面统率各军。羌族人多次来骚扰危害，赵俨率领殷署等人追到新平郡，把他们打得大败。屯田佃户吕并自称将军，聚集党徒占据陈仓县，赵俨又率领殷署等人攻打他们，寇贼很快就被消灭。

时被书差千二百兵往助汉中守，署督送之。行者卒与室家别，皆有忧色。署发后一日，俨虑其有变，乃自追至斜谷口，人人慰劳，又深戒署。还宿雍州刺史张既舍。署军复前四十里，兵果叛乱，未知署吉凶。而俨自随步骑百五十人，皆与叛者同部曲，或婚姻，得此问，各惊，被甲持兵，不复自安。俨欲还，既等以为“今本营党已扰乱，一身赴之无益，可须定问”。俨曰：“虽疑本营与叛者同谋，要当闻行者变，乃发之。又有欲善不能自定，宜及犹豫，促抚宁之。且为之元帅，既不能安辑，身受祸难，命也。”遂去。行三十里止，放马息，尽呼所从人，喻以成败，慰励恳切。皆慷慨曰：“死生当随护军，不敢有二。”前到诸营，各召料简诸奸结叛者八百余人，散在原野，惟取其造谋魁率治之，余一不问。郡县所收送，皆放遣，乃即相率还降。俨密白：“宜遣将诣大营，请旧兵镇守关中。”太祖遣将军刘柱将二千人，当须到乃发遣，而事露，诸营大骇，不可安喻。俨

当时受命差遣一千二百名兵士去帮助汉中太守，殷署督送他们。远行的士卒与家室亲人告别，都满脸忧愁。殷署出发后一天，赵俨担忧他们路上叛乱，于是亲自追到斜谷口，慰劳每个人，又反复告诫殷署。返回时住在雍州刺史张既的府中。殷署带领的军队又往前走了四十里，士兵果然叛乱，也不知殷署吉凶如何。而赵俨自己带领的一百五十个随行的步兵骑士，都与叛乱的人属于同一部队编制，有的还两家互通婚姻，得到这个消息，个个惊慌，都穿好军衣拿着武器，不再安心。赵俨想再返回去，张既等人认为：“现在本营的同党已骚乱，单身前去没有用处，可以等候确切消息。”赵俨说：“虽然怀疑本营士兵与叛兵同谋，但重要的是先听说远行的军士叛乱，就应发兵前去。又有那些想向善而不能自己拿定主意的，应在他们犹豫时很快抚慰稳住他们。况且自己是他们的元帅，既然不能使他们安心亲睦，身受祸难，也是命该如此。”于是离开雍州。走了三十里停下，放马休息。当时赵俨把随从的人都叫在一起，向他们讲清楚成败的利害关系，安慰鼓励的言辞十分恳切。随从的人听后都慷慨激昂地说：“死活都跟随您，决不敢有二心。”前进到各军营，赵俨召集八百多个估计会勾结叛变的人，分散在野外，只捉拿那些制造叛乱的头目治罪，其余的人一个也不追问。郡县捕捉送来的人，都放掉他们，并把他们打发走，于是叛兵都先后回来投降。越俨又秘密禀告丞相：“应该派遣将领来带他们到大营，调动旧兵来镇守关中。”太祖派遣将军刘柱带领二千人，等他们到达后就遣送出发，但事情泄露，各营都十分惊骇，无法说清缘由来安定军心。赵俨对各将领说：

谓诸将曰:"旧兵既少,东兵未到,是以诸营图为邪谋。若或成变,为难不测。因其狐疑,当令早决。"遂宣言当差留新兵之温厚者千人镇守关中,其余悉遣东。便见主者,内诸营兵名籍,案累重,立差别之。留者意定,与俨同心。其当去者亦不敢动,俨一日尽遣上道,因使所留千人,分布罗落之。东兵寻至,乃复胁喻,并徙千人,令相及共东,凡所全致二万余口。⑬

"旧兵既是很少,东边来的军队又没有到,因为各营谋划干坏事。如果酿成叛变,造成的灾难将不可预测。趁他们犹豫未决之时,应当下令及早解决。"于是扬言说要派遣一千个温和忠厚的新兵留下来镇守关中,其余的都送到东边。同时立即召见主管的人,交纳各营的军士名册,按照家属财产,定出等次区别对待。这样被留下的人思想安定,与赵俨同心合力。那些应当离开的也不敢乱动,赵俨在一天之内全部派遣上路,于是使留下的一千人,分布在各地加以控制。东边派来的军士不久就到了,赵俨于是又是威胁,又是讲理,同时迁出这一千人,命令他们一起回东边去,完满地送回了两万多人。

关羽围征南将军曹仁于樊。俨以议郎参仁军事南行,与平寇将军徐晃俱前。既到,羽围仁遂坚,余救兵未到。晃所督不足解围,而诸将呵责晃促救。俨谓诸将曰:"今贼围素固,水潦犹盛。我徒卒单少,而仁隔绝不得同力,此举适所以弊内外耳。当今不若前军偪围,遣谍通仁,使知外救,以励将士。计北军不过十日,尚足坚守。然后表里俱发,破贼必矣。如有缓救之戮,余为诸军当之。"诸将皆喜,便作地道,箭飞书与仁,消息数通,北军亦至,并势大战。羽军既退,舟船犹据沔水,襄阳隔绝不通,而孙权袭取羽辎重,羽闻之,即走南还。仁会诸将议,咸曰:"今因羽危惧,必可追禽也。"俨曰:"权邀羽连兵之难,欲掩制其后,顾羽还救,恐我承其两疲,故顺辞求效,乘衅因变,

关羽在樊城包围征南将军曹仁。赵俨以议郎之职参与曹仁军务而南行,与平寇将军徐晃一同前进。到达以后,关羽已把曹仁包围得非常坚固,其余的救兵还没有到。徐晃带领的人马不足以解围,而各将领都叫喊要求徐晃赶紧援救。赵俨对将领们说:"现在敌兵的包围已很坚固,水势又很大。我们兵力单薄,而曹仁已被隔断,不能与我们一致行动,这样做只有使包围圈内外的将士都疲惫不堪。当今之计不如让军队前锋逼近包围圈,同时派间谍通知曹仁,使他知道外有救兵,以激励将士。估计北方的援兵不过十天就可以到达,现在还可以坚守一段时间。然后里外同时发动攻势,一定会打败敌人。如果因此而有援救迟缓的罪责,由我来替各军承担。"各位将领听了都很高兴,于是挖掘地道,用箭射书信给曹仁,多次互通消息。不久北方援兵也到了,于是合力大战。关羽的军队被打退以后,水军的船只还控制着汉水,襄阳仍阻隔不通,而孙权乘机袭击,想夺取关羽的军事物资,关羽听到消息,立即往南撤兵。曹仁召集诸将讨论,诸将都说:"现在趁着关羽危难害怕,一定可以追上去捉住他。"赵俨说:"孙权乘关羽长线布兵的弱点进攻,是想袭击控制他的后方,既顾及到关羽回军救援,又怕我们趁他们双方疲惫得利,因此言辞卑顺,请求为我们效力,实际上

以观利钝耳。今羽已孤迸，更宜存之以为权害。若深入追北，权则改虞于彼，将生患于我矣。王必以此为深虑。”仁乃解严。太祖闻羽走，恐诸将追之，果疾敕仁，如俨所策。

是趁着空子利用事态的变化，以便坐观形势得到利益。现在关羽势力孤单，仓促逃窜，更应该使他存在作为孙权的祸害。我们如果深入追赶他们，孙权就会改变主意而和他们和好，那就将对我们不利。魏王对此事一定会深思熟虑。”曹仁于是解除了戒严。太祖听说关羽逃走，担心诸将追赶，果然迅速告诫曹仁不要追赶，一切就像赵俨所策划的那样。

文帝即王位，为侍中。顷之，拜驸马都尉，领河东太守，典农中郎将。黄初三年，赐爵关内侯。孙权寇边，征东大将军曹休统五州军御之，征俨为军师。权众退，军还，封宜土亭侯，转为度支中郎将，迁尚书。从征吴，到广陵，复留为征东军师。明帝即位，进封都乡侯，邑六百户，监荆州诸军事，假节。会疾，不行，复为尚书，出监豫州诸军事，转大司马军师，入为大司农。齐王即位，以俨监雍、凉诸军事，假节，转征蜀将军，又迁征西将军，都督雍、凉。正始四年，老疾求还，征为骠骑将军，⑭迁司空。薨，谥曰穆侯。子亭嗣。初，俨与同郡辛毗、陈群、杜袭并知名，号曰辛、陈、杜、赵云。

文帝即王位，赵俨任侍中。不久，任命他为驸马都尉，兼河东太守，典农中郎将。黄初三年，赐予他关内侯的爵位。孙权侵犯边境，征东大将军曹休带领五州的兵马抵御他们，征召赵俨为军师。孙权兵退后，各军回州，封赵俨为宜土亭侯，调任度支中郎将，提升为尚书。跟着征讨吴国，到广陵郡，又留下任征东将军的军师。明帝即位，晋封为都乡侯，食邑六百户，并监领荆州各军军事，授予符节。正碰上有病，没去上任，仍任尚书，出京监领豫州各郡军事，转任大司马军师，调进京城任大司农。齐王即位，任命赵俨监领雍州、凉州各郡军事，授予符节，转任征蜀将军，又调任征西将军，统领雍州、凉州军事。正始四年，因年老多病请求回京，被征召为骠骑将军，提升为司空。死后，谥号为穆侯。儿子赵亭继承封爵。当初，赵俨和同郡的辛毗、陈群、杜袭等人同时出名，被人号称为“辛、陈、杜、赵”。

裴潜字文行，河东闻喜人也。⑮避乱荆州，刘表待以宾礼。潜私谓所亲王粲、司马芝曰：“刘牧非霸王之才，乃欲西伯自处，其败无日矣。”遂南适长沙。太祖定荆州，以潜参丞相军事，出历三县令，入为仓曹属。太祖问潜曰：“卿前与刘备俱在荆州，卿以备才略何

裴潜字文行，河东郡闻喜县人。到荆州避乱，刘表以宾客之礼对待他。裴潜暗地里对他所亲近的王粲、司马芝说：“刘州牧没有称霸称王的才能，却想以周文王自居，他没有多少天就要失败了。”于是往南到长沙。太祖平定荆州后，任命裴潜为丞相府参军，调出京连任三个县的县令，调进京任丞相府仓曹属官。太祖问裴潜道：“你原先与刘备一起在荆州，你认为刘备的才略怎么样？”裴潜说：“如果让他

如?”潜曰:“使居中国,能乱人而不能为治也。若乘间守险,足以为一方主。”

处于中原地区，只能扰乱别人而不能治理好中原。如果钻空子占据一方险阻,他又足以成为一方的霸主。”

时代郡大乱,以潜为代郡太守。乌丸王及其大人,凡三人,各自称单于,专制郡事。前太守莫能治正,太祖欲授潜精兵以镇讨之。潜辞曰:“代郡户口殷众,士马控弦,动有万数。单于自知放横日久，内不自安。今多将兵往,必惧而拒境,少将则不见惮。宜以计谋图之,不可以兵威迫也。”遂单车之郡。单于惊喜。潜抚之以静。单于以下脱帽稽颡,悉还前后所掠妇女、器械、财物。潜案诛郡中大吏与单于为表里者郝温、郭端等十余人,北边大震,百姓归心。在代三年,还为丞相理曹掾，太祖褒称治代之功，潜曰:“潜于百姓虽宽,于诸胡为峻。今计者必以潜为理过严,而事加宽惠;彼素骄恣,过宽必弛，既弛又将摄之以法,此讼争所由生也。以势料之,代必复叛。”于是太祖深悔还潜之速。后数十日,三单于反问至,乃遣鄢陵侯彰为骁骑将军征之。

当时代郡大乱,任命裴潜为代郡太守。乌丸王和他下面的部落首领,一起三人,各自号称单于,控制了代郡局势。前任太守没有谁能治理好,太祖想给裴潜精兵去镇守讨伐他们。裴潜推辞说:“代郡人口众多,骑兵弓箭手,一动就有几万人。单于知道自己放纵骄横很长时间了,内心也不安。现在带领很多兵去,他们一定感到害怕而在边界抵抗。如果少带些兵士,他们就不会害怕。应该用计谋战胜他们,不可用武力威逼他们。”于是,裴潜只坐一辆车子到郡上任。单于惊喜。裴潜用平静的心态抚慰他们。单于以下的首领都脱帽磕头,全部交还前后掠去的妇女、器械、财物。裴潜考察杀掉郡中十多个与单于里应外合的官吏,如郝温、郭端等人,于是北边大为震动,百姓的心都归向朝廷。裴潜在代郡当官三年,回京任丞相府理曹属官,太祖表彰称赞他治理代郡的功劳,裴潜说:“我对人民虽然宽大,但对胡人是严峻的。现在的主政者一定认为我治理过严,而处事过于宽大仁惠;那些胡人平常骄横放纵,太宽大一定会松弛,松弛了又将要用刑法威慑他们,这就是争斗产生的原因。从形势来推想,代郡一定会再次出现叛乱。”于是太祖十分后悔把裴潜召回得太快了。几十天后,三个单于叛乱的消息传来,太祖派鄢陵侯曹彰为骁骑将军前去征讨。

潜出为沛国相,迁兖州刺史。太祖次摩陂,叹其军陈齐整,特加赏赐。文帝践阼,入为散骑常侍。出为魏郡、颍川典农中郎将,奏通贡举,比之郡国,由是农官进仕路泰。迁荆州刺史,赐爵关内侯。明帝即

裴潜调出京任沛国相,提升为兖州刺史。太祖在摩陂驻扎时,赞叹裴潜军阵齐整,特别加以赏赐。文帝登位,调进京任散骑常侍。又调出京任魏郡、颍川郡的典农中郎将,准许他上奏陈述意见和选拔推荐人才,相当于郡太守与国相,从他开始,典农中郎将当官提升的路子就畅达起来了。后调任荆州刺史,赐给关内侯的爵位。明帝即位,调进京任尚书。

位，入为尚书。出为河南尹，转太尉军师、大司农，封清阳亭侯，邑二百户。入为尚书令，奏正分职，料简名实，出事使断官府者百五十余条。丧父去官，拜光禄大夫。正始五年薨，追赠太常，谥曰贞侯。[16]子秀嗣。遗令俭葬，墓中惟置一坐，瓦器数枚，其余一无所设。秀，咸熙中为尚书仆射。[17]

又调出任河南尹，转调为太尉军师、大司农，封为清阳亭侯，食邑二百户。调进京任尚书令，他在位时陈述纠正各种职位的责任权利，推求考查名分和实际的关系，出京办事，正确判断处理一百五十多条官府的事情。父亲死后因服丧离官，后任命为光禄大夫。正始五年去世，追赠为太常，谥号贞侯。儿子裴秀继承官爵。裴潜死时留下遗言，要后人节俭办丧事，墓中只放置一个座位，几件瓦器，其他东西全不陈设，裴秀在咸熙年间任尚书仆射。

评曰：和洽清和干理，常林素业纯固，杨俊人伦行义，杜袭温粹识统，赵俨刚毅有度，裴潜平恒贞干，皆一世之美士也。至林能不系心于三司，以大夫告老，美矣哉！

评论说：和洽清静和平，有才干，明事理；常林守清素之业，纯朴专一；杨俊品评人物，好行义事；杜袭温和纯粹，能识大体；赵俨正直刚毅，坚守法度；裴潜心气平和，有恒心，有节操，有才干。这些人都是一代优秀人才。至于常林能不追求三公这样的高官厚禄，只以大夫的身份告老退休，品德更是高尚啊！

---

①臣松之案《汉书·文纪》曰"阽于死亡"，《食货志》曰"阽危若是"，注曰："阽音盐，如屋檐，近边欲堕之意也。"一曰"临危曰阽"。

②孙盛曰：昔先王御世，观民设教，虽质文因时，损益代用，至于车服礼秩，贵贱等差，其归一揆。魏承汉乱，风俗侈泰，诚宜仰思古制，训以约简，使奢不陵肆，俭足中礼，进无蟋蟀之刺，退免采莫之讥；如此则治道隆而颂声作矣。夫矫枉过正则巧伪滋生，以克训下则民志险隘，非圣王所以陶化民物，闲邪存诚之道。和洽之言，于是允矣。

③《晋诸公赞》曰：和峤字长舆，逌之子也。少知名，以雅重称。常慕其舅夏侯玄之为人，厚自封植，嶷然不群。于黄门郎迁中书令，转尚书。愍怀太子初立，以峤为少保，加散骑常侍。家产丰富，拟于王公，而性至俭吝。峤同母弟郁，素无名，峤轻侮之，以此为损。卒于官，赠光禄大夫。郁以公强当世，致位尚书令。

④劭字子将。《汝南先贤传》曰：召陵谢子微，高才远识，见劭年十八时，乃叹息曰："此则希世出众之伟人也。"劭始发明樊子昭于鬻帻之肆，出虞永贤于牧竖，召李淑才乡闾之间，擢郭子瑜鞍马之吏，援杨孝祖，举和阳士，兹六贤者，皆当世之令懿也。其余中流之士，或举之于淹滞，或显之乎童齿，莫不赖劭顾叹之荣。凡所拔育，显成令德者，不可殚记。其探擿伪行，抑损虚名，则周之单襄，无以尚也。劭宗人许栩，沉没荣利，致位司徒。举宗莫不匍匐栩门，承风而驱，官以贿成，惟劭不过其门。广陵徐孟玉来临汝南，闻劭高名，请为功曹。饕餮放流，絜士盈朝。袁绍公族好名，为濮阳长，弃官来还，有副车从骑，将入郡界，绍乃叹曰："吾之舆服，岂可使许子将见之乎？"遂单车而归。辟公府掾，拜鄢陵令，方正征，皆不就。避乱江南，所历之国，必翔而后集。终于豫章，时年四十六。有子曰混，显名魏世。

⑤《魏略》曰：林少单贫。虽贫，自非手力，不取之于人。性好学，汉末为诸生，带经耕鉏。其妻常自馈饷之，林虽在田野，

其相敬如宾。

⑥《魏略》曰：林性既清白，当官又严。少府寺与鸿胪对门，时崔林为鸿胪。崔性阔达，不与林同，数数闻林挝吏声，不以为可。林夜挝吏，不胜痛，叫呼敖敖彻曙。明日，崔出门，与林车相遇，乃啁林曰："闻卿为廷尉，乐邪？"林不觉答曰："不也。"崔曰："卿不为廷尉，昨夜何故考囚乎？"林大惭，然不能自止。

⑦《魏略》曰：初，林少与司马京兆善。太傅每见林，辄欲跪。林止之曰："公尊贵矣，止也！"及司徒缺，太傅有意欲以林补之。案《魏略》此语，与本传反。臣松之以为林之为人，不畏权贵者也。论其然否，谓本传为是。

⑧案《晋书》，诸葛诞反，大将军东征，旹坐称疾，为司马文王所法。

《魏略》以林及吉茂、沐并、时苗四人为《清介传》。

吉茂字叔畅，冯翊池阳人也，世为著姓。好书，不耻恶衣恶食，而耻一物之不知。建安初，关中始平，茂与扶风苏则共入武功南山，隐处精思数岁。州举茂才，除临汾令，居官清静，吏民不忍欺。转为武德侯庶子。二十二年，坐其宗人吉本等起事被收。先是科禁内学及兵书，而茂皆有，匿不送官。及其被收，不知当坐本等，顾谓其左右曰："我坐书也。"会钟相国证茂、本服第已绝，故得不坐。后以茂为武陵太守，不之官。转酂相，以国省，拜议郎。景初中病亡。自茂修行，从少至长，冬则被裘，夏则裋褐，行则步涉，食则茨藿，臣役妻子，室如悬磬。其或馈遗，一不肯受。虽不以此高人，亦心疾不义而贵且富者。先时国家始制九品，各使诸郡选置中正，差叙自公卿以下，至于郎吏，功德材行所任。茂同郡护羌校尉王琰，前数为郡守，不名为清白。而琰子嘉仕历诸县，亦复为通人。嘉时还为散骑郎，冯翊郡移嘉为中正。嘉叙茂虽在上第，而状甚下，云："德优能少。"茂愠曰："痛乎，我效汝父子冠帻劫人邪！"初，茂同产兄黄，以十二年中从公府掾为长陵令。是时科禁长吏擅去官，而黄闻司徒赵温薨，自以为故吏，违科奔丧，为司隶钟繇所收，遂伏法。茂时为白衣，始有清名于三辅，以为兄坐追义而死，怨怒不肯哭。至岁终，繇举茂。议者以为茂必不就，及举既到而茂就之，故时人或以茂为畏繇，或以茂为髦士也。

沐并字德信，河间人也。少孤苦，袁绍父子时，始为名吏。有志介，尝过姊，姊为杀鸡炊黍而不留也。然为人公果，不畏强御，丞相召署军谋掾。黄初中，为成皋令。校事刘肇出过县，遣人呼县吏，求索稿谷。是时蝗旱，官无有见。未办之间，肇人从入并之阁下，呴呼骂吏。并怒，因蹋履提刀而出，多从吏卒，欲收肇。肇觉知驱走，具以状闻。有诏："肇为牧司爪牙吏，而并欲收缚，无所忌惮，自恃清名邪？"遂收欲杀之。髡决减死，刑竟复吏，由是放散十余年。至正始中，为三府长史。时吴使朱然、诸葛瑾攻围樊城，遣船兵于岘山东斫材，牂牁人兵作食，有先熟者呼后熟者，言："共食来。"后熟者答言："不也。"呼者曰："汝欲作沐德信邪？"其名流布，播于异域如此。虽自华夏，不知者以为前世人也。为长史八年，晚出为济阴太守，召还，拜议郎。年六十余，自虑身无常，豫作终制，戒其子以俭葬，曰："告云、仪等：夫礼者，生民之始教，而百世之中庸也。故力行者则为君子，不务者终为小人，然非圣人莫能履其从容也。是以富贵者有骄奢之过，而贫贱者讥于固陋，于是养生送死，苟窃非礼。由斯观之，阳虎玙璠，甚于暴骨，桓魋石椁，不如速朽。此言儒学拨乱反正、鸣鼓矫俗之大义也，未是夫穷理尽性、陶冶变化之实论也。若能原始要终，以天地为一区，万物为刍狗，该览玄通，求形景之宗，同祸福之素，一死生之命，吾有慕于道矣。夫道之为物，惟怳惟忽，寿为欺魄，夭为凫没，身沦有无，与神消息，含悦阴阳，甘梦太极。奚以棺椁为牢，衣裳为缠？尸系地下，长幽桎梏，岂不哀哉！昔庄周阔达，无所适莫；又杨王孙裸体，贵不久容耳。至夫末世，缘生怨死之徒，乃有含珠鳞柙，玉床象衽，杀人以徇；圹穴之内，锢以纻絮，藉以蜃炭，千载僵燥，托类神仙。于是大教陵迟，竞于厚葬，谓庄子为放荡，以王孙为戮尸，岂复识古有衣薪之鬼，而野有狐狸之齰乎哉？吾以材质滓浊，污于清流。昔忝国恩，历试宰守，所在无效，代匠伤指，狼跋首尾，无以雪耻。如不可求，从吾所好。今年过耳顺，奄忽无常，苟得获没，即以吾身袭于王孙矣。上冀以赎市朝之逋罪，下以亲道化之灵祖。顾尔幼昏，未知臧否，若将逐俗，抑废吾志，私称从令，未必为孝；而犯魏颗听治之贤，尔为弃父之命，谁或矜之！使死而有知，吾将尸视。”至嘉平中，病甚。临困，又敕豫掘埳。戒气绝，令二人举尸即埳，绝哭泣之声，止妇女之送，禁吊祭之宾，无设抟治粟米之奠。又戒后亡者不得入藏，不得封树。妻子皆遵之。

时苗字德胄，钜鹿人也。少清白，为人疾恶。建安中，入丞相府。出为寿春令，令行风靡。扬州治在其县，时将济为治中。苗以初至往谒济，济素嗜酒，适会其醉，不能见苗。苗恚恨还，刻木为人，署曰“酒徒蒋济”，置之墙下，旦夕射之。州郡虽知其所为不恪，然以其履行过人，无若之何。又其始之官，乘薄軬。车，黄牸牛，布被囊。居官岁余，牛生一犊。及其去，留其犊，谓主簿曰：“令来时本无此犊，犊是淮南所生有也。”群吏曰：“六畜不识父，自当随母。”苗不听，时人皆以为激，然由此名闻天下。还为太官令，领其郡中正，定九品，于叙人才不能宽，然纪人之短，虽在久远，衔之不置。如所忿蒋济者，仕进至太尉，济不以苗前毁己为嫌，苗亦不以济贵更屈意。为令数岁，不肃而治。迁典农中郎将。年七十余，以正始中病亡也。

⑨《世语》曰：俊二孙：览字公质，汝阴太守；猗字公彦，尚书：晋东海王越舅也。览子沈，字宣弘，散骑常侍。

《魏略》曰：王象字羲伯。既为俊所知拔，果有才志。建安中，与同郡荀纬等俱为魏太子所礼待。及王粲、陈琳、阮瑀、路粹等亡后，新出之中，惟象才最高。魏有天下，拜象散骑侍郎，迁为常侍，封列侯。受诏撰《皇览》，使象领秘书监。象从延康元年始撰集，数岁成，藏于秘府，合四十余部，部有数十篇，通合八百余万字。象既性器和厚，又文采温雅，用是京师归美，称为儒宗。车驾南巡，未到宛，有诏百官不得干豫郡县。及车驾到，而宛令不解诏旨，闭市门。帝闻之，忿然曰：“吾是寇邪？”乃收宛令及太守杨俊。诏问尚书：“汉明帝杀几二千石？”时象见诏文，知俊必不免。乃当帝前叩头，流血竟面，请俊减死一等。帝不答，欲释入禁中。象引帝衣，帝顾谓象曰：“我知杨俊与卿本末耳。今听卿，是无我也。卿宁无俊邪？无我邪？”象以帝言切，乃缩手。帝遂入，决俊法，然后乃出。象自恨不能济俊，遂发病死。

⑩《先贤行状》曰：安年十岁，名称乡党。至十三，入太学，号曰神童。既名知人，清高绝俗。洛阳令周纡数候安，安常逃避不见。时贵戚慕安高行，多有与书者，辄不发，以虑后患，常凿壁藏书。后诸与书者果有大罪，推捕所与交通者，吏至门，安乃发壁出书，印封如故，当时皆嘉其虑远。三府并辟，公车特征，拜宛令。先是宛有报雠者，其令不忍致理，将与俱亡。县中豪强有告其处者，致捕得。安深疾恶之，到官治戮，肆之于市。惧有司绳弹，遂自免。后征拜巴郡太守，率身正下，以礼化俗。以病卒官，时服薄敛，素器不漆，子自将车。州郡贤之，表章坟墓。根举孝廉，除郎中。时和熹邓后临朝，外戚横恣，安帝长大，犹未归政。根乃与同时郎上书直谏，邓后怒，收根等伏诛。诛者皆绢囊盛，于殿上扑地。执法者以根德重事公，默语行事人，使不加力。诛讫，车载城外，根以扑轻得苏息，遂闭目不动摇。经三日，乃密起逃窜，为宜城山中酒家客，积十五年，酒家知其贤，常厚敬待。邓后崩，安帝谓根久死。以根等忠直，普下天下，录见诛者子孙。根乃自出，征诣公车，拜符节令。或问根：“往日遭难，天下同类知故不少，何至自苦历年如此？”根答曰：“周旋人间，非绝迹之处。邂逅发露，祸及亲知，故不为也。”迁济阴太守，以德让为政，风移俗改。年七十八以寿终，棺不加漆，敛以时服。长吏下车，常先诣安、根墓致祠。

⑪《九州春秋》曰：建安六年，刘表攻西鄂，西鄂长杜子绪帅县男女婴城而守。时南阳功曹柏孝长亦在城中，闻兵攻声，恐惧，入室闭户，牵被覆头。相攻半日，稍敢出面。其明，侧立而听。二日，往出户问消息。至四五日，乃更负楯亲斗，语子绪曰：“勇可习也。”

⑫《魏略》曰：太祖北拒袁绍，时远近无不私遗笺记，通意于绍者。俨与领阳安太守李通同治，通亦欲遣使。俨为陈绍必

败意，通乃止。及绍破走，太祖使人搜阅绍记室，惟不见通书疏，阴知俨必为之计，乃曰："此必赵伯然也。"

臣松之案《魏武纪》：破绍后，得许下军中人书，皆焚之。若故使人搜阅，知其有无，则非所以安人情也。疑此语为不然。

⑬孙盛曰：盛闻为国以礼，民非信不立。周成不弃桐叶之言，晋文不违伐原之誓，故能隆刑措之道，建一匡之功。俨既诈留千人，使效心力，始虽权也，宜以信终。兵威既集，而又逼徙。信义丧矣，何以临民？

⑭《魏略》曰：旧故四征有官厨财籍，迁转之际，无不因缘。而俨叉手上车，发到霸上，忘持其常所服药。雍州闻之，乃追送杂药材数箱，俨笑曰："人言语殊不易，我偶问所服药耳，何用是为邪？"遂不取。

⑮《魏略》曰：潜世为著姓。父茂，仕灵帝时，历县令、郡守、尚书。建安初，以奉使率导关中诸将讨李傕有功，封列侯。潜少不修细行，由此为父所不礼。

⑯《魏略》曰：时远近皆云当为公，会病亡。始潜自感所生微贱，无舅氏，又为父所不礼，即折节仕进，虽多所更历，清省恪然。每之官，不将妻子。妻子贫乏，织藜芘以自供。又潜为兖州时，尝作一胡床，及其去也，留以挂柱。又以父在京师，出入薄軬车；群弟之田庐，常步行；家人小大或并日而食；其家教上下相奉，事有似于石奋。其履检校度，自魏兴少能及者。潜为人材博，有雅容，然但如此而已，终无所推进，故世归其絜而不宗其余。

⑰《文章叙录》曰：秀字季彦。弘通博济，八岁能属文，遂知名。大将军曹爽辟。丧父服终，推财与兄弟。年二十五，迁黄门侍郎。爽诛，以故吏免。迁卫国相，累迁散骑常侍、尚书仆射令、光禄大夫。咸熙中，晋文王始建五等，命秀典为制度，封广川侯。晋室受禅，进左光禄大夫，改封钜鹿公，迁司空。著《易》及《乐》论，又画《地域图》十八篇，传行于世。《盟会图》及《典治官制》皆未成。年四十八，泰始七年薨，谥元公，配食宗庙。少子頠，字逸民，袭封。

荀绰《冀州记》曰：頠为人弘雅有远识，博学稽古，履行高整，自少知名。历位太子中庶子、侍中尚书。元康末，为尚书左仆射。赵王伦以其望重，畏而恶之，知其不与贾氏同心，犹被枉害。

臣松之案陆机《惠帝起居注》称"頠雅有远量，当朝名士也"，又曰"民之望也"。頠理具渊博，赡于论难，著崇有、贵无二论，以矫虚诞之弊，文辞精富，为世名论。子嵩，字道文。荀绰称嵩有父祖风。为中书郎，早卒。頠从父弟邈，字景声，有隽才，为太傅司马越从事中郎，假节监中外营诸军事。

潜少弟徽，字文季，冀州刺史。有高才远度，善言玄妙。事见荀粲、傅嘏、王弼、管辂诸传。徽长子黎，字伯宗，一名演，游击将军。次康，字仲豫，太子左卫率。次楷，字叔则，侍中中书令、光禄大夫、开府。次绰，字季舒，黄门侍郎，早卒，追赠长水校尉。康、楷、绰皆为名士，而楷才望最重。

《晋诸公赞》曰：康有弘量，绰以明达为称，楷少与琅邪王戎俱为掾发名，钟会致之大将军司马文王曰："裴楷清通，王戎简要。"文王即辟为掾，进历显位。谢鲲为《乐广传》，称楷隽朗有识具，当时独步。黎子苞，秦州刺史。康子纯，黄门侍郎。次盾，徐州刺史。次郃，有器望。晋元帝为安东将军，郃为长史，侍中王旷与司马越书曰："裴郃在此，虽不治事，然识量弘淹，此下人士大敬附之。"次廓，中垒将军。楷子瓒，中书郎。次宪，豫州刺史。绰子遐，太傅主簿。瓒、遐并有盛名，早卒。

《晋诸公赞》称宪有清识。

《魏略列传》以徐福、严幹、李义、张既、游楚、梁习、赵俨、裴潜、韩宣、黄朗十人共卷，其既、习、俨、潜四人自有传，徐福事在《诸葛亮传》，游楚事在《张既传》。余幹等四人载之于后。

严幹字公仲，李义字孝懿，皆冯翊东县人也。冯翊东县旧无冠族，故二人并单家，其器性皆重厚。当中平末，同年二十余，幹好击剑，义好办护丧事。冯翊甲族桓、田、吉、郭及故侍中郑文信等，颇以其各有器实，共纪识之。会三辅乱，人多流宕，而幹、义不去，与诸知故相浮沉，采樵自活。逮建安初，关中始开。诏分冯翊西数县为左内史郡，治高陵；以东数县为本郡，治临晋。义于县分当西属，义谓幹曰："西县儿曹，不可与争坐席，今当共作方床耳。"遂相附结，皆仕东郡为右职。司隶辟幹，不至。岁终，郡举幹孝廉，义上计掾。义留京师，为平陵令，迁冗从仆射，遂历显职。逮魏封十郡，请义以为军祭酒，又为魏尚书左仆射。及文帝即位，拜谏议大夫、执金吾卫尉，卒官。义子丰，字宣国，见《夏侯玄传》。幹以孝廉拜蒲阪令，病，去官。复举至孝，为公车司马令。为州所请，诏拜议郎，还参州事。会以建策捕高幹，又追录前讨郭援功，封武乡侯，迁弘农太守。及马超反，幹郡近超，民人分散。超破，为汉阳太守。迁益州刺史，以道不通，黄初中，转为五官中郎将。明帝时，迁永安太仆，数岁卒。始李义以直道推诚于人，故于时陈群等与之齐好。虽无他材力，而终仕进不顿踬。幹从破乱之后，更折节学问，特善《春秋公羊》。司隶钟繇不好《公羊》而好《左氏》，谓《左氏》为太官，而谓《公羊》为卖饼家，故数与幹共辩析长短。繇为人机捷，善持论，而幹讷口，临时屈无以应。繇谓幹曰："公羊高竟为左丘明服矣。"幹曰："直故吏为明使君服耳，公羊未肯也。"

韩宣字景然，勃海人也。为人短小。建安中，丞相召署军谋掾，冗散在邺。尝于邺出入宫，于东掖门内与临菑侯植相遇。时天新雨，地有泥潦。宣欲避之，阂潦不得去。乃以扇自障，住于道边。植嫌宣既不去，又不为礼，乃驻车，使其常从问宣何官？宣云："丞相军谋掾也。"植又问曰："应得唐突列侯否？"宣曰："《春秋》之义，王人虽微，列于诸侯之上，未闻宰士而为下士诸侯礼也。"植又曰："即如所言，为人父吏，见其子应有礼否？"宣又曰："于礼，臣、子一例也，而宣年又长。"植知其枝柱难穷，乃释去，具为太子言，以为辩。黄初中，为尚书郎，尝以职事当受罚于殿前，已缚束，杖未行。文帝辇过，问："此为谁？"左右对曰："尚书郎勃海韩宣也。"帝追念前临菑侯所说，乃寤曰："是子建所道韩宣邪！"特原之，遂解其缚。时天大寒，宣前以当受杖，豫脱袴，缠裈面缚；及其原，裈腰不下，乃趋而去。帝目而送之，笑曰："此家有瞻谛之士也。"后出为清河、东郡太守。明帝时，为尚书大鸿胪，数岁卒。宣前后当官，在能否之间，然善以己恕人。始南阳韩暨以宿德在宣前为大鸿胪，暨为人贤，及宣在后亦称职，故鸿胪中为之语曰："大鸿胪，小鸿胪，前后治行曷相如。"案本志，宣名都不见，惟《魏略》有此传，而《世语》列于名臣之流。

黄朗字文达，沛郡人也。为人弘通有性实。父为本县卒，朗感其如此，抗志游学，由是为方国及其郡士大夫所礼异。特与东平右姓王惠阳为硕交，惠阳亲拜朗母于床下。朗始仕黄初中，为长吏，迁长安令，会丧母不赴，复为魏令，迁襄城典农中郎将、涿郡太守。以明帝时疾病卒。始朗为君长，自以父故，常忌不呼铃下伍伯，而呼其姓字，至于忿怒，亦终不言。朗既仕至二千石，而惠阳亦历长安令、酒泉太守。故时人谓惠阳外似粗疏而内坚密，能不顾朗之本末，事朗母如己母，为通度也。

鱼豢曰：世称君子之德其犹龙乎，盖以其善变也。昔长安市侩有刘仲始者，一为市吏所辱，乃感激，蹋其尺折之，遂行学问，经明行修，流名海内。后以有道征，不肯就，众人归其高。余以为前世偶有此耳，而今徐、严复参之，若皆非似龙之志也，其何能至于此哉？李推至道，张工度主，韩见识异，黄能拔萃，各著根于石上，而垂阴乎千里，亦未为易也。游翁慷慨，展布腹心，全躯保郡，见延帝王，又放陆生，优游宴戏，亦一实也。梁、赵及裴，虽张杨不足，至于检己，老而益明，亦难能也。

三国志卷二十四 魏书二十四

韩崔高孙王传第二十四

韩暨字公至，南阳堵阳人也。①同县豪右陈茂，谮暨父兄，几至大辟。暨阳不以为言，庸赁积资，阴结死士，遂追呼寻禽茂，以首祭父墓，由是显名。举孝廉，司空辟，皆不就。乃变名姓，隐居避乱鲁阳山中。山民合党，欲行寇掠。暨散家财以供牛酒，请其渠帅，为陈安危。山民化之，终不为害。避袁术命召，徙居山都之山。荆州牧刘表礼辟，遂遁逃，南居孱陵界，所在见敬爱，而表深恨之。暨惧，应命，除宜城长。

韩暨字公至，南阳郡堵阳县人。同县的豪强大族陈茂，诬陷韩暨的父亲和哥哥，他们差点儿被判处死刑。韩暨表面上不为这件事说一句话，实际上却受雇替别人干活、积累资财，暗地里交结一些不怕死的人。这些人就跟踪叫喊着寻找和捉拿陈茂，韩暨拿陈茂的脑袋在父亲坟墓前奠祭，因为这件事他也出了名，被推举为孝廉，司空征召他，他都不就职。于是改名换姓，到鲁阳县的大山中隐居避乱。山民结成团伙。想抢劫掠夺他人财物。韩暨就散布家财，准备牛肉酒食，请来他们的首领，向他们陈述事情的利害祸福。山民受到感化教育，再也不干为害他人的事了。为了躲避袁术的征召，他又移居到山都县的深山中。荆州刺史刘表备礼征召他，他又逃走，住到南边的孱陵县境内，所到之处受人敬爱，而刘表为此事非常恨他。韩暨害怕，只好接受刘表的征召，被任命为宜城县长。

太祖平荆州，辟为丞相士曹属。后迁乐陵太守，徙监冶谒者。旧时冶，作马排，每一熟石用马百匹；更作人排，又费功力；暨乃因长流为水排，计其利益，三倍于前。在职七年，器用充实。制书褒叹，就加司金都尉，班亚九卿。文帝践阼，封宜城亭侯。黄初七年，迁太常，进封南乡亭侯，邑二百户。

太祖平定荆州后，召他为丞相府士曹的属官。后来升为乐陵郡太守，转任监冶谒者。以前冶炼金属都是使用马排鼓风，每次冶炼矿石成金属要用一百匹马；改为用人排风，又花费人力；韩暨于是利用长流水制成水排鼓风，计算它的功益，是以前的三倍。任职七年，他管理的部门器具资金都很充实。皇帝下命令称赞褒奖，当即提升为司金都尉，官位仅次于九卿。文帝登位，封他为宜城亭侯。黄初七年，又提升为太常，加封为南乡亭侯，食邑二百户。

时新都洛阳，制度未备，而宗庙主祏皆在邺都。②暨奏请迎邺四庙神主，建立洛阳

当时刚刚开始在洛阳建都，制度还不完备，而且祖宗庙堂的神主及保存神主的石匣，都还在邺都。韩暨上奏请求迎来邺都四庙的神主，在洛阳建

庙，四时蒸尝，亲奉粢盛。崇明正礼，废去淫祀，多所匡正。在官八年，以疾逊位。景初二年春，诏曰："太中大夫韩暨，澡身浴德，志节高絜，年逾八十，守道弥固，可谓纯笃，老而益劭者也。其以暨为司徒。"夏四月薨，遗令敛以时服，葬为土藏。谥曰恭侯。③子肇嗣。肇薨，子邦嗣。④

立祖庙，以便四季祭祀，由皇帝亲自供奉祭品。为了尊崇辨明正统礼仪，废除过分而不恰当的祭祀，韩暨提出了很多改正的措施。担任太常八年，因病退职。景初二年春，明帝下诏书说："太中大夫韩暨，修身养性，思想纯贞，志气节操高洁，年过八十，遵守道德标准更加坚定，可以说是纯朴敦厚、年老而更加自强不息的典范。现任命韩暨为司徒。"当年夏季四月逝世，他留下遗令，要后人用当时一般人所穿的衣服收敛他，用土葬。谥号为恭侯，儿子韩肇继承封爵。韩肇死，儿子韩邦继承封爵。

崔林字德儒，清河东武城人也。少时晚成，宗族莫知，惟从兄琰异之。太祖定冀州，召除鄔长，贫无车马，单步之官。太祖征壶关，问长吏德政最者，并州刺史张陟以林对，于是擢为冀州主簿，徙署别驾、丞相掾属。魏国既建，稍迁御史中丞。

崔林字德儒，清河国东武城县人。青年时代较晚才有成就，同族人中没有人了解他，只有堂兄崔琰认为他特别出众。太祖平定冀州后，征召他为鄔县县长，他贫穷没有车马，一个人步行到官府上任。太祖征讨壶关时，询问政绩最显著的官员，并州刺史张陟回答说，崔林政绩显著，太祖于是提拔崔林为冀州主簿，后调为代理别驾从事、丞相府属官。魏国建立以后，逐渐提升为御史中丞。

文帝践阼，拜尚书，出为幽州刺史。北中郎将吴质统河北军事，涿郡太守王雄谓林别驾曰："吴中郎将，上所亲重，国之贵臣也。仗节统事，州郡莫不奉笺致敬，而崔使君初不与相闻。若以边塞不修斩卿，使君宁能护卿邪？"别驾具以白林，林曰："刺史视去此州如脱屣，宁当相累邪？此州与胡虏接，宜镇之以静，扰之则动其逆心，特为国家生北顾忧，以此为寄。"在官一期，寇窃寝息；⑤犹以不事上司，左迁河间太守，清论多为林怨也。⑥

文帝登位，任命他为尚书，后调出京城任幽州刺史。北中郎将吴质统领河北军事，涿郡太守王雄对崔林的别驾说："吴中郎将，是皇上亲近看重的人，是国家的显贵大臣。他持节统领军事，各州郡没有谁不向他写信致敬的，但是崔刺史从来不和他相往来。如果吴中郎将以边塞没治理好为由要杀掉您，崔刺史难道能保护您吗？"别驾把这些话都告诉了崔林，崔林说："我这个刺史把离开这个州看得像脱掉鞋子一样，难道会牵累你吗？这个州与北方的匈奴等外族接界，应该用清静的政策安定他们，侵扰他们就会触动他们的反叛之心，那就只会给国家产生对北方的忧虑，我只是系心在此。"任官一届，外族的侵犯骚扰都停息了；但仍因为不会巴结上司，被降职为河间郡太守，公正的舆论都替崔林鸣不平。

迁大鸿胪。龟兹王遣侍子来朝，朝廷嘉其远至，褒赏其

后升为大鸿胪。龟兹王派儿子到朝廷来，朝廷赞美他不远千里而来，奖赏龟兹王的礼物很丰厚。

王甚厚。余国各遣子来朝，间使连属，林恐所遣或非真的，权取疏属贾胡，因通使命，利得印绶，而道路护送，所损滋多。劳所养之民，资无益之事，为夷狄所笑，此曩时之所患也。乃移书燉煌喻指，并录前世待遇诸国丰约故事，使有恒常。明帝即位，赐爵关内侯，转光禄勋、司隶校尉。属郡皆罢非法除过员吏。林为政推诚，简存大体，是以去后每辄见思。

其他属国也都派儿子到朝廷来，使者接连不断，崔林担心他们派来的人有的不是真的，只是暂且找些疏远的亲属和经商的胡人，借他们来通使命，可以得到封赠之利，但道路上要派人护送他们，损失很多。这样劳苦自己的百姓，在无益的事情上耗费资财，被夷狄讥笑，这是过去就担忧的。崔林于是发文书到敦煌说明意图，并抄录前代接待各国礼物多少的旧例，使接待之礼有固定的标准。明帝即位，赐给关内侯的封爵，又转任为光禄勋、司隶校尉。他下属的郡都精简非法任命的超编官吏。崔林治理政务以诚待人，只选择保留那些主要条例，因此离任后人民常常思念他。

散骑常侍刘劭作《考课论》，制下百僚。林议曰："案《周官》考课，其文备矣，自康王以下，遂以陵迟，此即考课之法存乎其人也。及汉之季，其失岂在乎佐吏之职不密哉？方今军旅，或猥或卒，备之以科条，申之以内外，增减无常，固难一矣。且万目不张举其纲，众毛不整振其领。皋陶仕虞，伊尹臣殷，不仁者远。五帝三王未必如一，而各以治乱。《易》曰：'易简，而天下之理得矣。'太祖随宜设辟，以遗来今，不患不法古也。以为今之制度，不为疏阔，惟在守一勿失而已。若朝臣能任仲山甫之重，式是百辟，则孰敢不肃？"

散骑常侍刘劭作《考课论》，皇帝命令发给百官们讨论。崔林议论说："查《周官》中考查官吏政绩的记载，它的条文已经很完备，从周康王以后，就已经衰落，这说明考查政绩的方法完全在于执行的人。到汉朝末年，他们的失误难道在于辅佐官吏的职责规定得不细密吗？当前的战争既频繁又突然，只能预先制定好法令条规，在内外重申，如果或增或减没有常规，确实难得统一啊。况且渔网不张开只要提举它的总纲绳就可以了，皮袍子的毛不整齐只要提起它的衣领就可以了，皋陶当虞舜的刑官，伊尹做商汤王的大臣，不仁的人都逃得远远的。五帝三王的治政措施不一定是一样的，但各自都凭借它得到了治理。《易经》说：'平易简单，那么天下的道理就都得到了。'太祖按照需要设立法度，以留传给后世，并不怕没有遵行古代的制度，我认为当今的制度不算不严密，只是在于能保持一致而不丧失罢了。如果朝廷的大臣们都能担当起像仲山甫那样的重任，给百官们做好榜样，那么谁敢不恭敬严肃？"

景初元年，司徒、司空并缺，散骑侍郎孟康荐林曰："夫宰相者，天下之所瞻效，诚宜得秉忠履正本德仗义之士，足为海内所师表者。窃见司隶校

景初元年，司徒、司空两职都空缺无人，散骑侍郎孟康推荐崔林说："宰相，是天下敬仰效法的人，确实应该得到秉性忠贞、履行正道、以立德为根本、坚守正义的贤士，足以成为全国民众师表的人。我认为司隶校尉崔林，禀受了天地自然的正气，体现

尉崔林，禀自然之正性，体高雅之弘量。论其所长以比古人，忠直不回则史鱼之俦，清俭守约则季文之匹也。牧守州郡，所在而治，及为外司，万里肃齐，诚台辅之妙器，衮职之良才也。”后年遂为司空，封安阳亭侯，邑六百户。三公封列侯，自林始也。⑦顷之，又进封安阳乡侯。

出高雅宽宏的度量。论他的优点来和古人相比，忠直不屈和史鱼一样，清廉节俭、坚守法度和季文子相当。要他担任州刺史和郡太守之职，处处都治理得很好，到任地方官时，他管辖的范围严肃统一，确实是三公之位的出色人选，辅助帝王之业的优秀人才。”第二年朝廷就任命崔林为司空，封他为安阳亭侯，食邑六百户。三公被封为列侯，就是从崔林开始的。不久，又晋封为安阳乡侯。

鲁相上言：“汉旧立孔子庙，褒成侯岁时奉祠，辟雍行礼，必祭先师，王家出谷，春秋祭祀。今宗圣侯奉嗣，未有命祭之礼，宜给牲牢，长吏奉祀，尊为贵神。”制三府议，博士傅祗以《春秋传》言立在祀典，则孔子是也。宗圣适足继绝世，章盛德耳。至于显立言，崇明德，则宜如鲁相所上。林议以为“宗圣侯亦以王命祀，不为未有命也。周武王封黄帝、尧、舜之后，及立三恪，禹、汤之世，不列于时，复特命他官祭也。今周公已上，达于三皇，忽焉不祀，而其礼经亦存其言。今独祀孔子者，以世近故也。以大夫之后，特受无疆之祀，礼过古帝，义逾汤、武，可谓崇明报德矣，无复重祀于非族也。”⑧

鲁国相上书说：“过去汉朝建立孔子庙，由褒成侯每年按时敬奉祭祀，大学举行典礼时，一定要祭祀先师孔子，并由王家公室支出粮食，春秋两季举行祭祀。现在宗圣侯继承封爵，但没有举行祭祀的礼仪，应该供给祭祀的牲畜，让官员敬奉祭祀，尊崇孔子为贵神。”皇帝命令三公府讨论此事，博士傅祗以《春秋传》作根据说，在祭祀制度订立的条例中，孔子是应该祭祀的。宗圣侯恰好足以继承已断绝的世祀，彰明盛大的德行。至于光大孔子创立的学说，尊崇圣人完美的德行，就应该像鲁国相上书所说的那样做。崔林议论时认为：“宗圣侯也是按照王命祭祀，不能说没有受命举行祭祀的礼仪。周武王分封黄帝、尧、舜的后代，以至立为三国，夏禹、商汤的世系，不列在时祭之中，又特地命令其他官府祭祀。现在周公以上，直到三皇，忽略不祭，但是祭祀他们的礼仪经典仍然保存着这些记载。现在唯独祭祀孔子，只是因为世代较近罢了。一个大夫的后代，特别受到无穷尽的祭祀，礼仪超过古代的帝王，义理超过商汤、周武，可以说算得上尊崇明德、报答恩惠了，不要再由其他宗族的人来祭祀。”

明帝又分林邑，封一子列侯。正始五年薨，谥曰孝侯。子述嗣。⑨

魏明帝又分出崔林的食邑，封他的一个儿子为列侯。崔林于正始五年逝世，谥号为孝侯。儿子崔述继承封爵。

高柔字文惠，陈留圉人也。父靖，为蜀郡都尉。⑩柔留

高柔字文惠，陈留郡圉县人。父亲高靖，任蜀郡都尉。高柔留在家乡，对同乡人说：“当今英雄同时

乡里，谓邑中曰："今者英雄并起，陈留四战之地也。曹将军虽据兖州，本有四方之图，未得安坐守也。而张府君先得志于陈留，吾恐变乘间作也，欲与诸君避之。"众人皆以张邈与太祖善，柔又年少，不然其言。柔从兄幹，袁绍甥也，⑪在河北呼柔，柔举宗从之。会靖卒于西州，时道路艰涩，兵寇纵横，而柔冒艰险诣蜀迎丧，辛苦荼毒，无所不尝，三年乃还。

兴起，陈留郡是四方争战的地方。曹将军虽然已占据兖州，他本来就有占据全国的意图，不会安心坐守兖州。而张邈太守先占领了陈留郡，我担心事变会乘机发作，想和各位逃避这场灾难。"众人都认为张邈和太祖相好，高柔年纪又小，不认为他说得对。高柔的堂兄高幹，是袁绍的外甥，在黄河以北召唤高柔去，高柔就带领全族人去跟从他。刚好碰到高靖死在西边的蜀郡，当时道路艰险难走，到处乱兵贼寇横行，而高柔冒着艰险到蜀郡迎丧，辛苦灾害，无所不尝，历经三年才回来。

太祖平袁氏，以柔为菅长。县中素闻其名，奸吏数人，皆自引去。柔教曰："昔邴吉临政，吏尝有非，犹尚容之。况此诸吏，于吾未有失乎！其召复之。"咸还，皆自励，咸为佳吏。高幹既降，顷之以并州叛。柔自归太祖，太祖欲因事诛之，以为刺奸令史；处法允当，狱无留滞，辟为丞相仓曹属。⑫太祖欲遣钟繇等讨张鲁，柔谏，以为今猥遣大兵，西有韩遂、马超，谓为己举，将相扇动作逆，宜先招集三辅，三辅苟平，汉中可传檄而定也。繇入关，遂、超等果反。

太祖平定袁术、袁绍，任高柔为菅县县长，县中的人早就听说过高柔的名声，几个奸猾的县吏，都自己引退离去。高柔教导县吏们说："过去邴吉治政，小吏曾有错误，尚且宽容他们。何况这些县吏，对我没有过失呢！还是把他们叫回来吧！"那些离去的县吏都回来了，并都勉励自己，一个个都成为好官。高幹投降曹操以后，不久又在并州叛乱。高柔自己归向太祖，太祖想找理由杀掉他，就任他为刺奸令史。但高柔按法律处理案件公正恰当，案件从不停留积压，于是太祖任他为丞相府仓曹的属官。太祖想派遣钟繇等人讨伐张鲁，高柔劝谏，认为当今如果频繁地调遣军队，西边的韩遂、马超见了，会说是为他们而举兵，将会互相煽动而发动叛乱。当前应当先招抚三辅：京兆尹、左冯翊、右扶风地区，三辅地区如果平定，汉中地区发布一道文书就可以平定。钟繇带兵进入函谷关，韩遂、马超等人果然反叛。

魏国初建，为尚书郎。转拜丞相理曹掾，令曰："夫治定之化，以礼为首。拨乱之政，以刑为先。是以舜流四凶族，皋陶作士。汉祖除秦苛法，萧何定律。掾清识平当，明于宪典，勉恤之哉！"鼓吹宋金等在合

魏国建立之初，高柔任尚书郎，后来调任丞相府理曹掾，朝廷下令说："政治安定的教化，以礼为最重要；拨乱反正的政令，以刑法为先导。因此舜流放四凶之族，任皋陶做刑官。汉高祖废除秦朝严苛的法律，命萧何制定汉律。理曹掾见识高明，公平正确，熟悉法律，要勤勉努力啊！"担任军中鼓吹的宋金等人在合肥逃走。按旧法，军队中兵士逃亡，要拷

肥亡逃。旧法,军征士亡,考竟其妻子。太祖患犹不息,更重其刑。金有母妻及二弟皆给官,主者奏尽杀之。柔启曰:“士卒亡军,诚在可疾,然窃闻其中时有悔者。愚谓乃宜贷其妻子,一可使贼中不信,二可使诱其还心。正如前科,固已绝其意望,而猥复重之,柔恐自今在军之士,见一人亡逃,诛将及己,亦且相随而走,不可复得杀也。此重刑非所以止亡,乃所以益走耳。”太祖曰:“善。”即止不杀金母、弟,蒙活者甚众。

打死他的妻子和儿女。太祖怕逃兵制止不住,进一步加重刑法。宋金的母亲、妻子和两个弟弟都被抓到官府服役,主管人上奏要全部杀掉他们。高柔启奏说:“士兵从军中逃走,确实可恨,但我听说他们当中常常有后悔的人。我认为应该宽免他们的妻室儿女,一方面可以使敌方不信任他们,另一方面可诱导他们回心转意。真正按以前的条文,本来就已经断绝了他们回来的愿望,现在又不断地加重处罚,我恐怕以后在军中的士卒,见一人逃走,担心诛杀将连及自己,也将相随而逃走,不能再抓到他们杀掉了。这样加重刑法不但不是阻止士兵逃走的方法,反而会增加逃跑的人数。”太祖听了说:“说得好。”立即停止行斩,不杀宋金的母亲、弟弟。像这样被高柔救活的人还有很多。

迁为颍川太守,复还为法曹掾。时置校事卢洪、赵达等,使察群下,柔谏曰:“设官分职,各有所司。今置校事,既非居上信下之旨。又达等数以憎爱擅作威福,宜检治之。”太祖曰:“卿知达等,恐不如吾也。要能刺举而辨众事,使贤人君子为之,则不能也。昔叔孙通用群盗,良有以也。”达等后奸利发,太祖杀之以谢于柔。

高柔被调出京任颍川郡太守,后又调回京任法曹掾。当时设置校事卢洪、赵达等人,让他们察探百官的行动,高柔劝谏说:“设置官员、划分职责,各有主管的事务。现设置校事,已经违背上级信任下级的宗旨。加上赵达等人多次凭自己的爱憎擅自作威作福,应该查明惩治。”太祖说:“你了解赵达等人,恐怕不如我。重要的是能刺探检举后辨明众人的情况,如果叫贤人君子去干这样的事,就不可能了。过去叔孙通任用许多强盗,确实是有原因的。”赵达等人后来干坏事得利的事暴露出来,太祖就杀掉他们以表示向高柔致歉。

文帝践阼,以柔为治书侍御史,赐爵关内侯,转加治书执法。民间数有诽谤妖言,帝疾之,有妖言辄杀,而赏告者。柔上疏曰:“今妖言者必戮,告之者辄赏。既使过误无反善之路,又将开凶狡之群相诬罔之渐,诚非所以息奸省讼,缉熙治道也。昔周公作诰,称殷之祖宗,咸不顾小人之怨。在汉

文帝登位,任命高柔为治书侍御史,赐给他关内侯的爵位,调任治书执法。当时民间多次出现诽谤朝廷的妖言邪说,文帝十分痛恨,出现妖言就杀掉传播的人,并奖赏告发的人。高柔上疏说:“现在传播邪言的人一定被杀掉,检举告发的人就奖赏。这样既使犯了错误的人没有回头向善的路可走,又将成为凶恶狡诈的人诬陷别人的借口,这的确不是平息奸诈、减少争讼、光明正大的治国之道。过去周公发布文告,称赞殷商的祖宗,完全不顾忌小人的怨恨。汉文帝在位期间,也下令免除诽谤妖言之罪。

太宗，亦除妖言诽谤之令。臣愚以为宜除妖谤赏告之法，以隆天父养物之仁。”帝不即从，而相诬告者滋甚。帝乃下诏：“敢以诽谤相告者，以所告者罪罪之。”于是遂绝。校事刘慈等，自黄初初数年之间，举吏民奸罪以万数，柔皆请惩虚实；其余小小挂法者，不过罚金。四年，迁为廷尉。

臣认为应该废除出现妖言诽谤奖赏告发的法令，以尊崇上天养育万物的仁慈之心。”文帝没有立即听从，而互相诬告的人越来越多。文帝才下诏：“有敢于以不实之辞诬告别人的人，按照被他诬告的人所应得的罪来判处他本人的罪。”这样诬告之风才断绝。校事刘慈等人，从黄初初年以来的数年之间，检举臣民罪行的事有几万件，高柔都请求按虚实来惩办；其他犯了一点小法的人，不过处以罚金。黄初四年，高柔被提拔为廷尉。

魏初，三公无事，又希与朝政。柔上疏曰：“天地以四时成功，元首以辅弼兴治；成汤仗阿衡之佐，文、武凭旦、望之力，逮至汉初，萧、曹之俦并以元勋代作心膂，此皆明王圣主任臣于上，贤相良辅股肱于下也。今公辅之臣，皆国之栋梁，民所具瞻，而置之三事，不使知政，遂各偃息养高，鲜有进纳，诚非朝廷崇用大臣之义，大臣献可替否之谓也。古者刑政有疑，辄议于槐棘之下。自今之后，朝有疑议及刑狱大事，宜数以咨访三公。三公朝朔望之日，又可特延入，讲论得失，博尽事情，庶有裨起天听，弘益大化。”帝嘉纳焉。

魏朝初年，三公没有职内的事，又很少参与朝政，高柔上疏说：“天地因有四季的变更才生成万物，帝王因有大臣的辅助才能治理天下；商汤王依靠阿衡伊尹的辅助，周文王、周武王凭借周公姬旦和姜太公吕望的力量，到汉朝初年，萧何、曹参等人都以元勋一代一代作为朝廷的心腹骨干，这些都是英明贤圣的帝王在上信任大臣，贤能的宰相、优良的辅佐在下做股肱的最好例证。现在三公等辅助大臣，都是国家的栋梁，为全国民众所瞻仰，但是把他们安排在三公的位置上，却不让参与政事，他们就各自休息养老，很少有进献治国良策的，这确实不是朝廷重用大臣的正理，也不是大臣进献正确建议、废除不好政策的做法。古代刑法政务有疑难，就在种植于朝廷的三槐九棘听讼的处所召集三公九卿讨论，从今以后，朝廷有疑难和刑狱大事，应多次咨询三公。三公在每月初一、十五日上朝朝见，有事也可以特别延请他们入朝，以便研究讨论政治的得失，广泛而全面地弄清政事的真实情况，这样或许有益于启发帝王的听闻，光大皇上教化的大业。”文帝赞许并采纳了高柔的意见。

帝以宿嫌，欲枉法诛治书执法鲍勋，而柔固执不从诏命。帝怒甚，遂召柔诣台；遣使者承指至廷尉考竟勋，勋死乃遣柔还寺。

文帝因为有旧怨，想以私意歪曲法律杀掉治书执法鲍勋，而高柔坚持不执行皇上的命令。文帝十分愤怒，就召见高柔到尚书台；然后派遣使者奉旨到廷尉寺把鲍勋拷问致死，鲍勋死后才让高柔回官署。

明帝即位，封柔延寿亭

明帝即位，封高柔为延寿亭侯。当时博士执经

侯。时博士执经，柔上疏曰："臣闻遵道重学，圣人洪训；褒文崇儒，帝者明义。昔汉末陵迟，礼乐崩坏，雄战虎争，以战陈为务，遂使儒林之群，幽隐而不显。太祖初兴，愍其如此，在于拨乱之际，并使郡县立教学之官。高祖即位，遂阐其业，兴复辟雍，州立课试，于是天下之士，复闻庠序之教，亲俎豆之礼焉。陛下临政，允迪睿哲，敷弘大猷，光济先轨，虽夏启之承基，周成之继业，诚无以加也。然今博士皆经明行修，一国清选，而使迁除限不过长，惧非所以崇显儒术，帅励怠惰也。孔子称'举善而教不能则劝'，故楚礼申公，学士锐精，汉隆卓茂，搢绅竞慕。臣以为博士者，道之渊薮，六艺所宗，宜随学行优劣，待以不次之位。敦崇道教，以劝学者，于化为弘。"帝纳之。

授业，高柔上疏说："臣听说遵循圣道、重视教育，是圣人的伟大教导；褒文崇儒，是帝王的圣明大义。往昔汉末衰落，礼崩乐坏，英雄争战，以战阵为大事，于是使得读书人被埋没冷落而不能显露。太祖开始兴起时，哀怜处于这种状态下的读书人，在拨乱反正的时候，同时使郡县建立主管教学的机构。高祖即位，终于显明教学大业，恢复学校，各州建立考核制度，于是天下之士，又能接受学校教育，亲自学习祭祀礼仪。陛下当政，确实能启发聪明才智，发扬昭明大道，光大完成前辈的法度。夏启继承前辈的基业，周成王继承前辈的事业，功业也不能超过陛下。现在博士们都精通经典、德行优良，但是全国精选人才时却使他们任职的限度不超过县长。臣担心这不是崇尚显明儒家学术、引导激励怠惰人的办法。孔子称道'推举优秀人才、教育没有才能的人就能鼓励大家'，因此楚元王对申培公以礼相待，学士们都奋发向上；东汉尊重卓茂，士大夫们都竞相敬慕。臣以为博士，是大道的汇集，六艺的宗主，应该根据品行学问的优劣，安排在不按等次升迁的职位上。重视推崇道德教化，以勉励求学上进的人，这对于推行教化的作用是巨大的。"明帝采纳了他的意见。

后大兴殿舍，百姓劳役；广采众女，充盈后宫；后宫皇子连夭，继嗣未育。柔上疏曰："二虏狡猾，潜自讲肄，谋动干戈，未图束手；宜畜养将士，缮治甲兵，以逸待之。而顷兴造殿舍，上下劳扰；若使吴、蜀知人虚实，通谋并势，复俱送死，甚不易也。昔汉文惜十家之资，不营小台之娱；去病虑匈奴之害，不遑治第之事。况今所损者非惟百金之费，所忧者非徒北狄之患乎？可粗成见所

后来朝廷大举兴建宫殿馆舍，老百姓服役劳苦；又到处挑选美女，充满后宫；皇宫里皇子接连早死，一直没有养育继位的太子。高柔上疏说："吴、蜀二虏诡计多端，暗地训练军队，计划发动战争，从来没有想过要停止进攻我们；我们应该养育将士，修理武器，以养精蓄锐来对付他们。而最近兴建宫殿馆舍，上下劳累烦扰；如果吴国、蜀国知道我们的虚实，共同策划、联合兵力进攻我们，再要人民都去送死卖命，那就非常不容易了。过去汉文帝因怜惜十家老百姓的资产，不营建供他娱乐的小小的露台；霍去病担忧匈奴侵犯骚扰，没有空闲考虑建造私人的府宅。何况今天损害的不只是十家百姓一百金的费用，忧患的不只是北方少数民族的骚扰呢？我认

营立，以充朝宴之仪。乞罢作者，使得就农。二方平定，复可徐兴。昔轩辕以二十五子，传祚弥远；周室以姬国四十，历年滋多。陛下聪达，穷理尽性，而顷皇子连多夭逝，熊罴之祥又未感应。群下之心，莫不悒戚。《周礼》，天子后妃以下百二十人，嫔嫱之仪，既以盛矣。窃闻后庭之数，或复过之，圣嗣不昌，殆能由此。臣愚以为可妙简淑媛，以备内官之数，其余尽遣还家。且以育精养神，专静为宝。如此，则螽斯之征，可庶而致矣。”帝报曰：“知卿忠允，乃心王室，辄克昌言；他复以闻。”

为可以粗略完成现在已营建的房舍，以供朝廷必要礼仪之用。请求放回那些兴建宫殿的百姓，使他们能从事农业生产。吴、蜀二方平定以后，才可以再慢慢兴建。过去轩辕因有二十五个儿子，才传位久远；周王室凭借四十个姬姓国，经历的年代才长久。陛下聪颖明达，通晓理性，而最近皇子接连夭折，又没有显露生儿子的吉兆。当臣子的都为此事忧愁不安。按《周礼》规定，天子的皇后妃子一共一百二十人，宫廷内嫔妃的礼仪，已经很盛大了。臣听说现在后宫嫔妃的数目，可能又超过了这个规定，皇上的继嗣不昌盛，可能就是因为这个原因。我认为可以精选贤良的美女，来充后宫之数，其余的女子要全部遣返回家。而且蓄精养神，以专心安静为最可贵。这样，子孙发达的征兆，差不多就可以实现了。”皇帝回批道：“知道你忠诚，一心向往王室，总是能直言不讳；其他意见可再上奏。”

时猎法甚峻。宜阳典农刘龟窃于禁内射兔，其功曹张京诣校事言之。帝匿京名，收龟付狱。柔表请告者名，帝大怒曰：“刘龟当死，乃敢猎吾禁地。送龟廷尉，廷尉便当考掠，何复请告者主名，吾岂妄收龟邪？”柔曰：“廷尉，天下之平也，安得以至尊喜怒而毁法乎？”重复为奏，辞指深切。帝意寤，乃下京名。即还讯，各当其罪。

当时打猎的法律很严。宜阳典农中郎将刘龟偷偷在皇帝禁地内射兔子，他的功曹张京到校事处告发这件事。皇帝隐瞒张京的姓名，逮捕刘龟入狱。高柔上表请问告发人的姓名，皇帝大怒，说：“刘龟应当处死，竟然胆敢在我的禁地打猎，把刘龟送交廷尉，廷尉就应当拷打问罪，为什么又请示了解告发者的姓名，我难道会随便逮捕刘龟吗？”高柔说：“廷尉是全国的天平，怎么能按皇上的喜怒毁坏法律呢？”又重新写好奏章，文辞情深意切，皇帝感悟才告诉他张京的名字。高柔立即审讯案件，各人按法判罪。

时制，吏遭大丧者，百日后皆给役。有司徒吏解弘遭父丧，后有军事，受敕当行，以疾病为辞。诏怒曰：“汝非曾、闵，何言毁邪？”促收考竟。柔见弘信甚羸劣，奏陈其事，宜加宽

当时的制度，官员遇到父母丧亡，给一百天丧假以后都要照常供职。司徒府吏员解弘的父亲死了，后来有军事行动，应接受命令随军出征，解弘以有重病为理由推辞。皇帝下诏发怒地说：“你又不是像曾参、闵子骞那样的孝子，为什么假言哀痛过度伤害了身体呢？”催促廷尉逮捕解弘入狱，要把他拷问致死。高柔见解弘确实非常瘦弱，上奏陈述这件

贷。帝乃诏曰:"孝哉弘也!其原之。"

初,公孙渊兄晃,为叔父恭任内侍,先渊未反,数陈其变。及渊谋逆,帝不忍市斩,欲就狱杀之。柔上疏曰:"《书》称'用罪伐厥死,用德彰厥善',此王制之明典也。晃及妻子,叛逆之类,诚应枭县,勿使遗育。而臣窃闻晃先数自归,陈渊祸萌,虽为凶族,原心可恕。夫仲尼亮司马牛之忧,祁奚明叔向之过,在昔之美义也。臣以为晃信有言,宜贷其死;苟自无言,便当市斩。今进不赦其命,退不彰其罪,闭著囹圄,使自引分,四方观国,或疑此举也。"帝不听,竟遣使赍金屑饮晃及其妻子,赐以棺、衣,殡敛于宅。⑬

是时,杀禁地鹿者身死,财产没官,有能觉告者厚加赏赐。柔上疏曰:"圣王之御世,莫不以广农为务,俭用为资。夫农广则谷积,用俭则财畜,畜财积谷而有忧患之虞者,未之有也。古者,一夫不耕,或为之饥;一妇不织,或为之寒。中间已来,百姓供给众役,亲田者既减,加顷复有猎禁,群鹿犯暴,残食生苗,处处为害,所伤不赀。民虽障防,力不能御。至如荥阳左右,周数百里,岁略不收,元元之命,实可矜伤。方今天下生财者甚少,而麋鹿之损者甚多。卒有兵戎之役,

事,认为应当宽恕他。皇帝于是下诏说:"孝顺啊解弘!还是赦免他吧。"

起初,公孙渊的哥哥公孙晃,替叔叔公孙恭到皇宫内当内侍,在公孙渊反叛之前,他曾多次上告公孙渊有叛变的预谋。到公孙渊谋反事暴露后,皇上不忍心把他暴尸于市,想在狱中杀掉他。高柔上疏说:"《尚书》说'根据罪行判处他的死刑,按照品德表彰他的善行',这是帝王法制的英明典范。公孙晃和他的妻子儿女,若是叛逆之类,确实应该枭首示众,不使他再有后代。但臣听说公孙晃先前曾多次归向朝廷,陈述公孙渊作乱的苗头,虽然是叛逆的同族,但推求他的心思可以原谅。孔仲尼体谅到司马牛的忧愁,祁奚辨明叔向的错误,这是古人的美德。臣认为公孙晃确实上言过,就应赦免他的死罪;如果没有上言,就应暴尸于市。现在进不赦免他的死罪,退不明确他的罪行,关闭在监牢中,使他自杀,全国各地观察朝廷,也许会怀疑这种做法。"皇上不听从他的意见,最后派使者送去金属粉末要公孙晃和他的妻子儿女喝下自杀,赐给他棺材、衣服,在他家里装敛停放灵柩。

这时杀了禁地里的鹿的人要被处死,财产没收到官府,有能够发现上告的人给予重赏。高柔上疏说:"英明的帝王治理国家,没有谁不是把发展农业生产作为大事,把勤俭节约作为根本。农业发展了粮食就会有积蓄,用度节俭了财物就会有贮存,贮存了财物积蓄了粮食而还有忧患的,从来没有出现过。古代,一个男子不种田,有人会因此挨饿;一个女子不纺织,有人会因此受冻。近年来,老百姓因承担各种劳役,亲自参与种地的人已经减少,加上近来又有猎禁,大批鹿群侵犯农田,损害吃掉生长的禾苗,到处造成危害,造成的损失不可计量。百姓虽然设置障碍防护,但力量不足,不能抗御。至于荥阳附近,几百里范围之内,每年收成非常不好,老百姓的命运,实在应当怜惜。现在全国生产的财物很少而麋鹿损坏的却很多。万一突然有战争发生,或者

凶年之灾，将无以待之。惟陛下览先圣之所念，愍稼穑之艰难，宽放民间，使得捕鹿，遂除其禁，则众庶久济，莫不悦豫矣。”⑭

年成不好发生灾荒，将没有办法对待。希望陛下观览过去圣人思念的事情，哀怜农业劳动的艰难困苦，放宽对人民的限制，使他们能够捕鹿，免除这些禁令，那么平民百姓长久地得到救助，就没有谁不感到高兴了。”

顷之，护军营士窦礼近出不还。营以为亡，表言逐捕，没其妻盈及男女为官奴婢。盈连至州府，称冤自讼，莫有省者。乃辞诣廷尉。柔问曰：“汝何以知夫不亡？”盈垂泣对曰：“夫少单特，养一老妪为母，事甚恭谨，又哀儿女，抚视不离，非是轻狡不顾室家者也。”柔重问曰：“汝夫不与人有怨仇乎？”对曰：“夫良善，与人无仇。”又曰：“汝夫不与人交钱财乎？”对曰：“尝出钱与同营士焦子文，求不得。”时子文适坐小事系狱，柔乃见子文，问所坐。言次，曰：“汝颇曾举人钱不？”子文曰：“自以单贫，初不敢举人钱物也。”柔察子文色动，遂曰：“汝昔举窦礼钱，何言不邪？”子文怪知事露，应对不次。柔曰：“汝已杀礼，便宜早服。”子文于是叩头，具首杀礼本末，埋藏处所。柔便遣吏卒，承子文辞往掘礼，即得其尸。诏书复盈母子为平民。班下天下，以礼为戒。

不久，护军营的士兵窦礼出外到附近没有回来。护军营以为他逃走了，上表要追捕他，将他的妻子盈和儿女没收到官府做奴婢。盈接连不断地来到州府，喊冤叫屈为自己申辩，没有谁能省察。最后告到廷尉。高柔问：“你怎么知道丈夫不会逃走？”盈哭着回答说：“我丈夫小时孤单，奉养一位老婆婆做母亲，侍奉得非常恭敬谨慎，又怜爱儿女，抚养他们从不离开，他不是那种轻狂狡诈不顾家室的人。”高柔又问：“你丈夫不是与别人有冤仇吧？”盈回答说：“我丈夫善良，与别人无冤无仇。”高柔又问：“你丈夫与别人没有钱财来往吗？”盈回答说：“他曾经借钱给同营的士兵焦子文，要他还钱没能收回。”当时焦子文刚好因犯小罪坐牢，高柔就去见焦子文，问他犯的罪。言谈中间，又问：“你曾经向别人借过钱没有？”焦子文说：“我自幼因为孤独贫穷，从来不敢借别人的钱物。”高柔观察焦子文的脸色有变化，于是说：“你过去借过窦礼的钱，为什么说没有呢？”焦子文感到奇怪，知道事情已经败露，回答时语无伦次。高柔说：“你已杀掉窦礼，就应该早早服罪。”焦子文于是磕头，完全交待了杀窦礼的全部经过和埋葬的地方。高柔就派吏卒，根据焦子文的供辞去挖掘，马上找到了窦礼的尸体，皇上下诏书恢复盈母子为平民，并颁布全国，以处理窦礼的事件为警戒。

在官二十三年，转为太常，旬日迁司空，后徙司徒。太傅司马宣王奏免曹爽，皇太后诏召柔假节行大将军事，据爽营。太傅谓柔曰：“君为周勃

任职二十三年后，转为太常，十多天后又升为司空，后转为司徒。太傅司马宣王上奏免除曹爽的职务，皇太后下诏召高柔加授符节称号代理大将军职务，进驻曹爽军营。太傅对高柔说：“你就是周勃

矣。”爽诛，进封万岁乡侯。高贵乡公即位，进封安国侯，转为太尉。常道乡公即位，增邑并前四千，前后封二子亭侯。景元四年，年九十薨，谥曰元侯。孙浑嗣。咸熙中，开建五等，以柔等著勋前朝，改封浑昌陆子。[15]

了。”曹爽被诛，进封高柔为万岁乡侯。高贵乡公登位，进封为安国侯，转为太尉，常道乡公登位，增加封邑和以前的封邑加在一起共四千户，先后封他的两个儿子为亭侯。景元四年，高柔活到九十岁去世，谥号为元侯。孙子高浑继承封爵。咸熙年间，朝廷开设五等爵位，认为高柔等人在前朝功勋卓著，改封高浑为昌陆子。

孙礼字德达，涿郡容城人也。太祖平幽州，召为司空军谋掾。初丧乱时，礼与母相失，同郡马台求得礼母，礼推家财尽以与台。台后坐法当死，礼私导令逾狱自首，既而曰：“臣无逃亡之义。”径诣刺奸主簿温恢。恢嘉之，具白太祖，各减死一等。

孙礼字德达，涿郡容城县（今河北省容城县北）人。太祖平定幽州后，征召他为司空军谋掾。国家开始发生丧乱时，孙礼与母亲失散，同郡人马台找到孙礼的母亲，孙礼就把家里的财产全部给马台。马台后来犯法应当处死，孙礼私自指使他越狱自首，不久又说：“当臣子的没有逃跑的道理。”直接到刺奸主簿温恢那里认罪。温恢赞许他们的行为，将事情经过全部禀告太祖，太祖下令各人减死罪一等。

后除河间郡丞，稍迁荥阳都尉。鲁中贼数百人，保固险阻，为民作害；乃徙礼为鲁相。礼至官，出俸谷，发吏民，募首级，招纳降附，使还为间，应时平泰。历山阳、平原、平昌、琅邪太守。从大司马曹休征吴于夹石，礼谏以为不可深入，不从而败。迁阳平太守，入为尚书。

后来被任命为河间郡丞，逐渐升为荥阳郡都尉。鲁国山中有几百个盗贼，占据险阻，给人民造成祸害；于是调孙礼任鲁国相。孙礼到职，拿出自己的俸禄粮食，派出吏民，收买贼人首级，招收接纳愿意投降和归附官府的人，使他们回去当间谍，鲁国立刻平安无事。历任山阳、平原、平昌、琅邪等郡太守。跟随大司马曹休到夹石征伐吴国，孙礼劝谏，认为不能深入敌地。曹休不听从他的意见而被吴国打败。调为阳平郡太守，后来进京任尚书。

明帝方修宫室，而节气不和，天下少谷。礼固争罢役，诏曰：“敬纳谠言，促遣民作。”时李惠监作，复奏留一月，有所成讫。礼径至作所，不复重奏，称诏罢民，帝奇其意而不责也。

当时明帝正修宫殿房舍，而时令节气不调和，全国缺少粮食。孙礼坚决争议，反对修建宫殿房舍，于是朝廷停止修建的劳役，并下诏书说：“接受正直的言论，赶快遣散服役的百姓。”当时李惠监督修建工作，又上奏请求将服役的百姓再留一个月，以便完成在建的几项工程。孙礼直接到修建场所，不再重新上奏，宣称诏令免去百姓的劳役，明帝认为他的做法高明而不责备他。

帝猎于大石山，虎趋乘

明帝到大石山打猎，老虎奔向皇上乘坐的车

舆，礼便投鞭下马，欲奋剑斫虎，诏令礼上马。明帝临崩之时，以曹爽为大将军，宜得良佐，于床下受遗诏，拜礼大将军长史，加散骑常侍。礼亮直不挠，爽弗便也，以为扬州刺史，加伏波将军，赐爵关内侯。吴大将全琮帅数万众来侵寇，时州兵休使，在者无几。礼躬勒卫兵御之，战于芍陂，自旦及暮，将士死伤过半。礼犯蹈白刃，马被数创，手秉枹鼓，奋不顾身，贼众乃退。诏书慰劳，赐绢七百匹。礼为死事者设祀哭临，哀号发心，皆以绢付亡者家，无以入身。

子，孙礼就丢下鞭子下马，想奋力用剑砍死老虎，皇上下令孙礼上马。明帝临死时，任命曹爽为大将军，并认为他应该得到一个好的辅佐，曹爽在床下接受遗诏，任命孙礼为大将军长史，加官散骑常侍。孙礼忠直不屈，曹爽办事不方便，调他任扬州刺史，加伏波将军的称号，赐爵号为关内侯。东吴大将全琮带领几万大军来扬州侵犯骚扰，当时州兵休假，留在州里的士兵不多。孙礼亲自率领卫兵抵御吴兵，在芍陂作战，从早到晚，将士死伤超过一半。孙礼冒着敌人的刀剑冲锋陷阵，战马多处受伤，仍手执鼓槌击鼓进军，奋不顾身，敌军才被打退。皇上下令慰劳，赐给他七百匹绢，孙礼为战死的人设祭痛哭，悲声发自内心，并把皇上赐给的绢全部送给死者家属，自己一匹也不要。

征拜少府，出为荆州刺史，迁冀州牧。太傅司马宣王谓礼曰："今清河、平原争界八年，更二刺史，靡能决之；虞、芮待文王而了，宜善令分明。"礼曰："讼者据墟墓为验，听者以先老为正，而老者不可加以榎楚，又墟墓或迁就高敞，或徙避仇雠。如今所闻，虽皋陶犹将为难。若欲使必也无讼，当以烈祖初封平原时图决之。何必推古问故，以益辞讼？昔成王以桐叶戏叔虞，周公便以封之。今图藏在天府，便可于坐上断也，岂待到州乎？"宣王曰："是也。当别下图。"礼到，案图宜属平原。而曹爽信清河言，下书云："图不可用，当参异同。"礼上疏曰："管仲霸者之佐，其器又小，犹能夺伯氏

后来被召回京师任命为少府，调出京任荆州刺史，又调任冀州刺史。太傅司马宣王对孙礼说："现在清河郡和平原郡争边界八年了，换了两任刺史，都不能解决这个问题；虞、芮两国争田要等周文王才能了结，你应该妥善地下令其分清两郡边界。"孙礼说："争讼的人拿从葬的墓地作为证据，听讼的人认为死去的前辈的订约是正确的，但死去的人不能再到公堂诉讼争辩接受刑法，而丘墓有的迁到明敞的高地，有的为避免仇人而移走。现在听到的情况，即使皋陶在世也将难以判决。如果想使他们一定不再争执，应当拿烈祖当初分封平原王时的地图来断决。何必要推求古人询问旧事来助长争讼呢？过去周成王开玩笑拿桐叶做珪分封叔虞，周公就把唐封给他。现在地图收藏在皇上的府库中，此事在座位上就可断决，难道还要等到到州里去吗？"宣王说："是这样的，应当另外颁下地图。"孙礼到州，按地图应将争讼的地方归属平原郡，但曹爽相信清河郡的话，下书说："地图不能作为依据，应该参考其他不同的情况。"孙礼上疏说："管仲是霸主的辅佐，他器量又小，尚且能夺去伯氏的骈邑，使他终身没有怨

骈邑，使没齿无怨言。臣受牧伯之任，奉圣朝明图，验地著之界，界实以王翁河为限；而鄃以马丹候为验，诈以鸣犊河为界。假虚讼诉，疑误台阁。窃闻众口铄金，浮石沈木，三人成市虎，慈母投其杼。今二郡争界八年，一朝决之者，缘有解书图画，可得寻案擿校也。平原在两河，向东上，其间有爵堤，爵堤在高唐西南，所争地在高唐西北，相去二十余里，可谓长叹息流涕者也。案解与图奏而鄃不受诏，此臣软弱不胜其任，臣亦何颜尸禄素餐。"辄束带著履，驾车待放。爽见礼奏，大怒。劾礼怨望，结刑五岁。在家期年，众人多以为言，除城门校尉。

言。臣接受州刺史的重任，遵照朝廷明白的地图，验明两郡的地界，地界实际是以王翁河为界；而鄃县以马丹候为凭证，假说以鸣犊河为界。他们用虚假的诉讼之辞，使台阁产生疑误。我听说众口铄金，假话可使人相信石头浮在水面而木头却沉在水底，三人说市上有虎就有人信，谎言可使曾子的母亲丢下织机上的梭子越墙而跑。现在两郡争界八年，一下子就能决断，是因为有证书地图，能够选择证据校正疑误。平原郡在两河地带，往东向上，中间有爵堤，爵堤在高唐县西南，有争执的地界却在高唐县西北，相距二十多里，可说是值得叹息流涕的事情。按照证书与地图上奏而鄃县不接受诏令，这说明我软弱无能不能承担这个重任，我还有什么脸面占据这个官位吃白饭呢！"于是穿好衣服鞋子，驾好车子等待被贬谪免官。曹爽见到孙礼的奏章，非常愤怒。于是弹劾孙礼，说他心怀不满，判刑五年。在家闲居一年，众人都为他说话，又任他为城门校尉。

时匈奴王刘靖部众强盛，而鲜卑数寇边，乃以礼为并州刺史，加振武将军，使持节，护匈奴中郎将。往见太傅司马宣王，有忿色而无言。宣王曰："卿得并州，少邪？恚理分界失分乎？今当远别，何不欢也？"礼曰："何明公言之乖细也！礼虽不德，岂以官位往事为意邪？本谓明公齐踪伊、吕，匡辅魏室，上报明帝之托，下建万世之勋。今社稷将危，天下凶凶，此礼之所以不悦也。"因涕泣横流。宣王曰："且止，忍不可忍。"爽诛后，入为司隶校尉，凡临七郡五州，皆有威信。迁司空，封大利亭侯，邑一百

当时匈奴王刘靖的部落十分强盛，而鲜卑族多次侵扰边境，于是派孙礼任并州刺史，加上振武将军、使持节、护匈奴中郎将等称号。孙礼去见太傅司马宣王，满脸怨愤，不说话。宣王说："你得到并州刺史的职位，官位太小吗？还是怨恨处理边界的纠纷不恰当呢？现在就要分别远离，为什么不高兴？"孙礼说："您说话为什么这样不精当！孙礼虽然品德不高，怎么会把私人的官位和以往的旧事放在心上呢？我本来以为您可以赶得上伊尹、吕望，辅正魏国天下，上报明帝的托付，下建万代的功业。现在国家危急，天下骚动不安，这才是我不高兴的真正原因。"于是痛哭流涕。宣王说："暂且停止哭泣，忍受那些不可忍受的事。"曹爽被诛后，孙礼被调进京任司隶校尉。他一共治理过七郡五州，都有威信。升迁为司空，封为大利亭侯，食邑一百户。孙礼和卢毓是

户。礼与卢毓同郡时辈，而情好不睦。为人虽互有长短，然名位略齐云。嘉平二年薨，谥曰景侯。孙元嗣。

同郡同时的人，但感情不和。为人虽各有优缺点，但名望地位大致相同。嘉平二年死，谥号为景侯。孙子孙元继承其封爵。

王观字伟台，东郡廪丘人也。少孤贫励志，太祖召为丞相文学掾，出为高唐、阳泉、鄼、任令，所在称治。文帝践阼，入为尚书郎、廷尉监，出为南阳、涿郡太守。涿北接鲜卑，数有寇盗，观令边民十家已上，屯居，筑京候。时或有不愿者，观乃假遣朝吏，使归助子弟，不与期会，但敕事讫各还。于是吏民相率不督自劝，旬日之中，一时俱成。守御有备，寇钞以息。明帝即位，下诏书使郡县条为剧、中、平者。主者欲言郡为中平，观教曰："此郡滨近外虏，数有寇害，云何不为剧邪？"主者曰："若郡为外剧，恐于明府有任子。"观曰："夫君者，所以为民也。今郡在外剧，则于役条当有降差。岂可为太守之私而负一郡之民乎？"遂言为外剧郡，后送任子诣邺。时观但有一子而又幼弱。其公心如此。观治身清素，帅下以俭，僚属承风，莫不自励。

王观字伟台，东郡廪丘县人。年幼时孤单贫穷，但从小就勤勉奋发，被太祖召为丞相文学掾，后调出京历任高唐、阳泉、鄼县、任县县令，任职期间到处都说治理得好。文帝即位，调进京城任尚书郎、廷尉监，又调出任南阳郡、涿郡太守。涿郡北边与鲜卑族接界，多次有贼寇骚扰抢劫，王观下令，让边境人民十家以上，聚集在一块居住，并修筑瞭望台。当时有不愿这样做的人，王观就借调朝廷吏员，使他们回去帮助乡村子弟，不限定回京日期，只要求事情办成后就回。于是吏员民众共同努力，无须官府的督促就互相勉励，十多天事情全部办成。防守抵御有了准备，盗寇侵犯骚扰也就停止了。明帝即位，下诏书要各郡县按繁难、中等、平治三等分条列举上报朝廷。主管官员想说涿郡为中平，王观告谕说："此郡边界接近外族，屡次受到侵害，为什么不算繁难呢？"主管官员说："如果涿郡算边境繁难地区，恐怕您太守要派儿子入朝去做人质。"王观说："做长官，就是为人民办事的。现在涿郡属边陲繁难地区，那么在上报役条中就应当降低等级。难道可以为了太守的私利而做对不起一郡人民的事吗？"于是上报为边陲繁难之郡，后来送儿子到邺都做人质。当时王观只有一个儿子，而且年幼体弱。他办事一心为公就是这样。王观本人清廉朴素，率领下面的人勤俭节约，他下边的人受他好作风的影响，人人都自觉严格要求、勉励自己。

明帝幸许昌，召观为治书侍御史，典行台狱。时多有仓卒喜怒，而观不阿意顺指。太尉司马宣王请观为从事中郎，迁为尚书，出为河南尹，徙少府。大将军曹爽使材官张达斫

明帝到许昌，征召王观任治书侍御史，兼管御史台的牢狱。当时皇上经常喜怒无常，常常发生意想不到的事，而王观从不随便迎合顺从朝廷的意图。太尉司马宣王请求任命王观为从事中郎，升迁为尚书，调出京任河南尹，又调任少府。大将军曹爽派材官校尉张达砍伐盖房屋的木材以及调用很多

家屋材，及诸私用之物，观闻知，皆录夺以没官。少府统三尚方御府内藏玩弄之宝，爽等奢放，多有干求，惮观守法，乃徙为太仆。司马宣王诛爽，使观行中领军，据爽弟羲营，赐爵关内侯，复为尚书，加驸马都尉。高贵乡公即位，封中乡亭侯。顷之，加光禄大夫，转为右仆射。常道乡公即位，进封阳乡侯，增邑千户，并前二千五百户。迁司空，固辞，不许，遣使即第拜授。就官数日，上送印绶，辄自舆归里舍。薨于家，遗令藏足容棺，不设明器，不封不树。谥曰肃侯。子悝嗣。咸熙中，开建五等，以观著勋前朝，改封悝胶东子。

私人用的东西，王观听说后，都登记没收到官府。少府统管三尚方令中皇宫内保藏的玩好器物等宝器，曹爽等人奢侈放纵，多次想派人求取，但害怕王观执法公正，于是调他任太仆。司马宣王诛灭曹爽，使王观代理中领军，进驻曹爽的弟弟曹羲的军营，并赐爵关内侯，恢复尚书的职位，加驸马都尉称号。高贵乡公即位，封王观为中乡亭侯。不久，加光禄大夫称号，调任右仆射。常道乡公即位，进封为阳乡侯，增加食邑一千户，和以前的封邑一起共二千五百户。朝廷要提升他为司空，王观坚决推辞，皇上不答应，派使者到府宅授职。任职几天，又送上官印，即刻自己乘车回老家。死在家中，留下遗言，要后人把自己埋藏在只需足够容纳尸体的棺材中，不要设置随葬品，不要聚土起坟和种植松柏。谥号为肃侯。儿子王悝继承其封爵。咸熙年间，开设五等爵位，因为王观在前朝功勋卓著，改封王悝为胶东子。

评曰：韩暨处以静居行化，出以任职流称；崔林简朴知能；高柔明于法理；孙礼刚断伉厉；王观清劲贞白：咸克致公辅。及暨年过八十，起家就列；柔保官二十年，元老终位：比之徐邈、常林，于兹为疚矣。

评论说：韩暨静居在家就推行教化，出外任职做官被广为称赞；崔林简朴而有才能；高柔明晓法律；孙礼刚毅果断、高傲不屈；王观高洁正直、忠诚清廉：都可以官居三公之位。至于韩暨年过八十，又从家中出来任三公之职；高柔保持官位二十多年，以国家元老结束官位：他俩和徐邈、常林比起来，在这方面应该是有愧的。

---

①《楚国先贤传》曰：暨，韩王信之后。祖术，河东太守。父纯，南郡太守。

②《春秋传》曰：命我先人典司宗祏。注曰："宗庙所以藏主石室者。"

③《楚国先贤传》曰：暨临终遗言曰："夫俗奢者，示之以俭，俭则节之以礼。历见前代送终过制，失之甚矣。若尔曹敬听吾言，敛以时服，葬以土藏，穿毕便葬，送以瓦器，慎勿有增益。"又上疏曰："生有益于民，死犹不害于民。况臣备位台司，在职日浅，未能宣扬圣德以广益黎庶。寝疾弥留，奄即幽冥。方今百姓农务，不宜劳役，乞不令洛阳吏民供设丧具。惧国典有常，使臣私愿不得展从，谨冒以闻，惟蒙哀许。"帝得表嗟叹，乃诏曰："故司徒韩暨，积德履行，忠以立朝，至于黄发，直亮不亏。既登三事，望获毗辅之助，如何奄忽，天命不永！曾参临没，易箦以礼；晏婴尚俭，遣车降制。今司徒知命，遗言恤民，必欲崇约，可谓善始令终者也。其丧礼

所设，皆如故事，勿有所阙。特赐温明、秘器，衣一称，五时朝服，玉具剑佩。”

④《楚国先贤传》曰：邦字长林。少有才学。晋武帝时为野王令，有称绩。为新城太守，坐举野王故吏为新城计吏，武帝大怒，遂杀邦。暨次子繇，高阳太守。繇子洪，侍御史。洪子寿，字德贞。

《晋诸公赞》曰：自暨已下，世治素业，寿能敦尚家风，性尤忠厚。早历清职，惠帝践阼，为散骑常侍，迁守河南尹。病卒，赠骠骑将军。寿妻贾充女。充无后，以寿子谧为嗣，弱冠为秘书监侍中，性骄佚而才出众。少子蔚，亦有器望，并为赵王伦所诛。韩氏遂灭。

⑤案《王氏谱》：雄字元伯，太保祥之宗也。

《魏名臣奏》载安定太守孟达荐雄曰：“臣闻明君以求贤为业，忠臣以进善为效，故《易》称‘拔茅连茹’，《传》曰‘举尔所知’。臣不自量，窃慕其义。臣昔以人乏，谬充备部职。时涿郡太守王雄为西部从事，与臣同僚。雄天性良固，果而有谋。历试三县，政成人和。及在近职，奉宣威恩，怀柔有术，清慎持法。臣往年出使，经过雄郡。自说特受陛下拔擢之恩，常励节精心，思投命为效。言辞激扬，情趣款恻。臣虽愚闇，不识真伪，以谓雄才兼资文武，忠烈之性，逾越伦辈。今涿郡领户三千，孤寡之家，参居其半，北有守兵藩卫之固，诚不足舒雄智力，展其勤干也。臣受恩深厚，无以报国，不胜倦倦浅见之情，谨冒陈闻。”诏曰：“昔萧何荐韩信，邓禹进吴汉，惟贤知贤也。雄有胆智技能文武之姿，吾宿知之。今便以参散骑之选，方使少在吾门下知指归，便大用之矣。天下之士，欲使皆先历散骑，然后出据州郡，是吾本意也。”雄后为幽州刺史。子浑，凉州刺史。次乂，平北将军。司徒安丰侯戎，浑之子。太尉武陵侯衍、荆州刺史澄，皆乂之子。

⑥《魏名臣奏》载侍中辛毗奏曰：“昔桓阶为尚书令，以崔林非尚书才，迁以为河间太守。”与此传不同。

⑦臣松之以为汉封丞相邑，为荀悦所讥。魏封三公，其失同也。

⑧臣松之以为孟轲称宰我之辞曰：“以予观夫子，贤于尧舜远矣。”又曰：“生民以来，未有盛于孔子者也。”斯非通贤之格言，商较之定准乎！虽妙极则同，万圣犹一，然淳薄异时，质文殊用，或当时则荣，没则已焉，是以遗风所被，实有深浅。若乃经纬天人，立言垂制，百王莫之能违，彝伦资之以立，诚一人而已耳。周监二代，斯文为盛。然于六经之道，未能及其精致。加以圣贤不兴，旷年五百，道化陵夷，宪章殆灭，若使时无孔门，则周典几乎息矣。夫能光明先王之道，以成万世之功，齐天地之无穷，等日月之久照，岂不有逾于群圣哉？林曾无史迁洞想之诚，梅真慷慨之志，而守其蓬心以塞明义，可谓多见其不知量也。

⑨《晋诸公赞》曰：述弟随，晋尚书仆射。为人亮济。赵王伦篡位，随与其事。伦败，随亦废锢而卒。林孙玮，性率而疏，至太子右卫率也。初，林识拔同郡王经于民伍之中，卒为名士，世以此称之。

⑩《陈留耆旧传》曰：靖高祖父固，不仕王莽世，为淮阳太守所害，以烈节垂名。固子慎，字孝甫。敦厚少华，有沈深之量。抚育孤兄子五人，恩义甚笃。琅邪相何英嘉其行履，以女妻焉。英即车骑将军熙之父也。慎历二县令、东莱太守。老病归家，草屋蓬户，瓮缶无储。其妻谓之曰：“君累经宰守，积有年岁，何能不少为储畜以遗子孙乎？”慎曰：“我以勤身清名为之基，以二千石遗之，不亦可乎！”子式，至孝，常尽力供养。永初中，螟蝗为害，独不食式麦，圉令周强以表州郡。太守杨舜举式孝子，让不行。后以孝廉为郎。次子昌，昌弟赐，并为刺史、郡守。式子弘，孝廉。弘生靖。

⑪谢承《后汉书》曰：幹字元才。才志弘邈，文武秀出。父躬，蜀郡太守。祖赐，司隶校尉。

案《陈留耆旧传》及谢承书，幹应为柔从父，非从兄也。未知何者为误。

⑫《魏氏春秋》曰：柔既处法平允，又夙夜匪懈，至拥膝抱文书而寝。太祖尝夜微出，观察诸吏，见柔，哀之，徐解裘覆柔而去。自是辟焉。

⑬孙盛曰：闻五帝无诰誓之文，三王无盟祝之事，然则盟誓之文，始自三季，质任之作，起于周微。夫贞夫之一，则天地可动，机心内萌，则鸥鸟不下。况信不足焉而祈物之必附，猜生于我而望彼之必怀，何异挟冰求温，抱炭希凉者哉？且夫要功之伦，陵肆之类，莫不背情任计，昧利忘亲，纵怀慈孝之爱，或虑倾身之祸。是以周、郑交恶，汉高请羹，隗嚣捐子，马超背父，其为酷忍如此之极也，安在其因质委诚，取任永固哉？世主若能远览先王闲邪之至道，近鉴狡肆徇利之凶心，胜之以解网之仁，致之以来苏之惠，耀之以雷霆之威，润之以时雨之施，则不恭可敛衽于一朝，炰哮可屈膝于象魏矣。何必拘厥亲以来其情，逼所爱以制其命乎？苟不能然，而仗夫计术，笼之以权数，检之以一切，虽览一室而庶征于四海，法生鄙局，冀或半之暂益。自不得不有不忍之刑，以遂孥戮之罚，亦犹渎盟由乎一人，而云俾坠其师，无克遗育之言耳。岂得复引四罪不及之典，司马牛获宥之义乎？假令任者皆不保其父兄，辄有二三之言，曲哀其意而悉活之，则长人子危亲自存之悖。子弟虽质，必无刑戮之忧，父兄虽逆，终无剿绝之虑。柔不究明此术非盛王之道，宜开张远义，蠲此近制，而陈法内之刑以申一人之命，可谓心存小善，非王者之体。古者杀人之中，又有仁焉。刑之于狱，未为失也。

臣松之以为辨章事理，贵得当时之宜，无为虚唱大言而终归无用。浮诞之论，不切于实，犹若画魑魅之象，而踬于犬马之形也。质任之兴，非仿近世，况三方鼎峙，辽东偏远，羁其亲属以防未然，不为非矣。柔谓晃有先言之善，宜蒙原心之宥。而盛责柔不能开张远理，蠲此近制。不达此言竟为何谓？若云猜防为非，质任宜废，是谓应大明先王之道，不预任者生死也。晃之为任，历年已久，岂得于杀活之际，方论至理之本。是何异丛棘既繁，事须判决，空论刑措之美，无闻当不之实哉？其为迂阔，亦已甚矣。汉高事穷理迫，权以济亲，而总之酷忍之科，既已大有所诬。且自古以来，未有子弟妄告父兄以图全身者，自存之悖，未之或闻。晃以兄告弟，而其事果验。谓晃应杀，将以遏防。若言之亦死，不言亦死，岂不杜归善之心，失正刑之中哉？若赵括之母，以先请获免，钟会之兄，以密言全子，古今此比，盖为不少。晃之前言，事同斯例，而独遇否闭，良可哀哉！

⑭《魏名臣奏》载柔上疏曰："臣深思陛下所以不早取此鹿者，诚欲使极蕃息，然后大取以为军国之用。然臣窃以为今鹿但有日耗，终无从得多也。何以知之？今禁地广轮且千余里，臣下计无虑其中有虎大小六百头，狼有五百头，狐万头。使大虎一头三日食一鹿，一虎一岁百二十鹿，是为六百头虎一岁食七万二千头鹿也。使十狼日共食一鹿，是为五百头狼一岁共食万八千头鹿。鹿子始生，未能善走，使十狐一日共食一子，比至健走一月之间，是为万狐一月共食鹿子三万头也。大凡一岁所食十二万头。其雕鹗所害，臣置不计。以此推之，终无从得多，不如早取之为便也。"

⑮《晋诸公赞》曰：柔长子儁，大将军掾，次诞，历三州刺史、太仆。诞放率不伦，而决烈过人。次光，字宣茂，少习家业，明练法理。晋武帝世，为黄沙御史，与中丞同，迁守廷尉，后即真。兄诞与光异操，谓光小节，常轻侮之，而光事诞愈谨。终于尚书令。追赠司空。

三国志卷二十五　魏书二十五

辛毗杨阜高堂隆传第二十五

辛毗字佐治，颍川阳翟人也。其先建武中，自陇西东迁。毗随兄评从袁绍。太祖为司空，辟毗，毗不得应命。及袁尚攻兄谭于平原，谭使毗诣太祖求和。[1]太祖将征荆州，次于西平。毗见太祖致谭意，太祖大悦。后数日，更欲先平荆州，使谭、尚自相弊。他日置酒，毗望太祖色，知有变，以语郭嘉。嘉白太祖，太祖谓毗曰："谭可信？尚必可克不？"毗对曰："明公无问信与诈也，直当论其势耳。袁氏本兄弟相伐，非谓他人能间其间，乃谓天下可定于己也。今一旦求救于明公，此可知也。显甫见显思困而不能取，此力竭也。兵革败于外，谋臣诛于内，兄弟谗阋，国分为二；连年战伐，而介胄生虮虱，加以旱蝗，饥馑并臻，国无囷仓，行无裹粮，天灾应于上，人事困于下，民无愚智，皆知土崩瓦解，此乃天亡尚之时也。兵法称有石城汤池带甲百万而无粟者，不能守也。今往攻邺，尚不还救，即不能自守。还救，即谭踵其后。以明公之威，应困穷之敌，击疲弊之寇，无

辛毗字佐治，颍川郡阳翟县人。东汉建武年间，他的先人从陇西郡向东迁移到这里。辛毗跟着哥哥辛评随从袁绍。太祖曹操任司空时，征召辛毗，辛毗不能从命。到袁尚在平原郡攻打他哥哥袁谭的时候，袁谭派辛毗到太祖那里求和。当时太祖将要征讨荆州，驻扎在西平县。辛毗见到太祖后转达袁谭想要讲和求救的意思，太祖非常高兴。几天以后，太祖改变主意想先平定荆州，使袁谭、袁尚自相残败。有一天，太祖摆酒设宴，辛毗看太祖的脸色，知道事情有变化，对郭嘉讲这件事。郭嘉禀告太祖，太祖对辛毗说："袁谭可以信任吗？袁尚是否一定可以打败？"辛毗回答说："您不要问是可信还是欺诈，只应当研究当前的形势。袁氏本来是兄弟互相攻伐，不认为别人能在他们中间插手，只认为天下可由他们自己定夺。现在来向您求救，其中的情况就可以知道了。袁显甫眼见袁显思困顿不堪，但不能打败他，这说明他也已经筋疲力尽了。在外边被别人打败，在内部谋臣被诛灭，兄弟之间互相争斗，土地一分为二；连年争战，而士兵的铠甲头盔上长满虮虱，加上旱灾蝗害，饥饿和灾荒一起到来，粮仓里没有粮食，外出没有携带的干粮，上天报以天灾，下面人事困顿，百姓不论愚蠢还是聪明，都知道袁氏会土崩瓦解，这正是上天灭亡袁尚的时候。兵法上说过，即使有石头垒成的城墙和像注满沸水的护城河以及百万士兵把守，但是如果没有粮食，仍然不能守住。现在您如果前去攻打邺县，袁尚不返回救援，邺县就不能自己守护。返回救援，那么袁谭就会跟随在他的后边。凭借您的武威，对付走向穷途末路的敌人，打击疲弊无力的贼寇，和疾风扫除秋天的落叶

异迅风之振秋叶矣。天以袁尚与明公，明公不取而伐荆州。荆州丰乐，国未有衅。仲虺有言:‘取乱侮亡。’方今二袁不务远略而内相图，可谓乱矣；居者无食，行者无粮，可谓亡矣。朝不谋夕，民命靡继，而不绥之，欲待他年；他年或登，又自知亡而改修厥德，失所以用兵之要矣。今因其请救而抚之，利莫大焉。且四方之寇，莫大于河北；河北平，则六军盛而天下震。”太祖曰:“善。”乃许谭平，次于黎阳。明年攻邺，克之，表毗为议郎。

没有两样。上天把袁尚交给您消灭，您却不攻取，反而带兵去攻打荆州。荆州物产丰富，人民安乐，郡国上下团结一心，没有空子可钻。仲虺说过:‘攻取乱国，欺侮行将灭亡之国。’现在二袁不努力考虑长远利益而在内部互相争斗，可以算是乱了；家居没有吃的，行路没有干粮，可以算是行将灭亡了。老百姓过了早上就无法考虑晚上怎么过，人民的生命不能延续下去了，您却不去及时安抚他们，还想等到以后。以后可能会丰收，袁氏也可能会自知灭亡而提高道德修养，那就会失掉得以用兵的最重要的条件了。现在趁着他请求救援的机会去安抚百姓，得到的利益没有比这更大的了。况且四方的敌人，没有比黄河以北的袁氏更强大的了；黄河以北平定了，那么您的军队就会军威大盛而使天下震动。”太祖说:“说得好。”于是答应和袁谭讲和，驻扎在黎阳县。第二年攻打邺县，攻下邺县，上表推举辛毗为议郎。

久之，太祖遣都护曹洪平下辩，使毗与曹休参之，令曰:“昔高祖贪财好色，而良、平匡其过失。今佐治、文烈忧不轻矣。”军还，为丞相长史。

很久以后，太祖派都护将军曹洪平定下辩县，让辛毗和曹休参与其事，下令说:“以前汉高祖贪财好色，而有张良、陈平纠正他的过失。现今辛佐治、曹文烈的责任不轻啊！”征讨大军返回，任命辛毗为丞相长史。

文帝践阼，迁侍中，赐爵关内侯。时议改正朔。毗以魏氏遵舜、禹之统，应天顺民；至于汤、武，以战伐定天下，乃改正朔。孔子曰“行夏之时”，《左氏传》曰“夏数为得天正”，何必期于相反。帝善而从之。

文帝即位，辛毗被提升为侍中，赐予关内侯的封爵。当时有人议论要改变纪时历法制度。辛毗认为魏国遵照虞舜、夏禹的历法传统，上应苍天，下顺人民；至于商汤王、周武王，凭借战争征伐平定天下后，才改变纪时历法制度。孔子说“实行夏朝的历法制度”，《春秋左氏传》说“夏朝的历法能与天地气象相适应”，何必希望采取和它相反的历法制度。皇上称赞他说得不错，并听从了他的意见。

帝欲徙冀州士家十万户实河南。时连蝗民饥，群司以为不可，而帝意甚盛。毗与朝臣俱求见，帝知其欲谏，作色以见之，皆莫敢言。毗曰:“陛下欲徙士家，其计安出？”帝曰:“卿谓我徙之非邪？”毗曰:

文帝想迁移冀州十万户士兵的家庭来充实河南。当时连年发生蝗灾，百姓挨饿，朝廷百官都认为不可移民，但文帝的态度却十分坚决。辛毗和朝臣们都请求见皇上，文帝知道他们想劝谏，满脸怒气地接见他们，众臣中没有人敢说话。辛毗说:“陛下想迁移士家，为什么出这个主意？”文帝说:“你认为我迁移他们错了吗？”辛毗说:“确实认为是错误

"诚以为非也。"帝曰:"吾不与卿共议也。"毗曰:"陛下不以臣不肖,置之左右,厕之谋议之官,安得不与臣议邪!臣所言非私也,乃社稷之虑也,安得怒臣!"帝不答,起入内;毗随而引其裾,帝遂奋衣不还,良久乃出,曰:"佐治,卿持我何太急邪?"毗曰:"今徙,既失民心,又无以食也。"帝遂徙其半。尝从帝射雉,帝曰:"射雉乐哉!"毗曰:"于陛下甚乐,而于群下甚苦。"帝默然,后遂为之稀出。

的。"文帝说:"我不与你共同讨论这件事。"辛毗说:"陛下不认为我才能低下,把我放在您身边,使我参加到谋议朝政官员的行列,怎么能不和臣讨论政事呢?臣讲的不是我个人的私事,是为国家考虑的大事,您怎么能对臣发怒!"文帝不回答,站起来走入内宫;辛毗跟上去拉着文帝的前襟,文帝就挣脱衣襟进去不出来,过了很久才出来,说:"佐治,你为什么这样急迫地逼我呢?"辛毗说:"现在移民,既会丧失民心,又没有粮食给他们吃。"文帝于是只迁移了一半士家。辛毗曾跟随皇上外出打野鸡,文帝说:"打野鸡真快乐啊!"辛毗说:"对陛下来说非常快乐,但对众臣民来说非常痛苦。"文帝没有说话,以后就因此很少外出打猎了。

上军大将军曹真征朱然于江陵,毗行军师。还,封广平亭侯。帝欲大兴军征吴,毗谏曰:"吴、楚之民,险而难御,道隆后服,道洿先叛,自古患之,非徒今也。今陛下祚有海内,夫不宾者,其能久乎?昔尉佗称帝,子阳僭号,历年未几,或臣或诛。何则,违逆之道不久全,而大德无所不服也。方今天下新定,土广民稀。夫庙算而后出军,犹临事而惧,况今庙算有阙而欲用之,臣诚未见其利也。先帝屡起锐师,临江而旋。今六军不增于故,而复循之,此未易也。今日之计,莫若修范蠡之养民,法管仲之寄政,则充国之屯田,明仲尼之怀远;十年之中,强壮未老,童龀胜战,兆民知义,将士思奋,

上军大将军曹真到江陵征伐朱然,辛毗代理军师。返回后,辛毗被封为广平亭侯。文帝又想大肆兴兵征伐东吴,辛毗劝谏说:"吴、楚等地的人民,不驯服而难以治理,国家政治兴盛以后他们才服从,政治污秽就先叛离朝廷,从古以来的统治者就害怕他们,不只现在是这样。如果陛下在四海之内建立王朝,那些不归服的人能延续长久吗?以前南海尉赵佗背叛汉朝称帝,公孙子阳冒称帝号,历时不久,一个谢罪称臣,一个拒降被诛灭。为什么呢?叛逆之道终究不能长久地保全自己,而推行好的政治措施就没有不服从的人。现在天下刚刚平定,土地广阔,百姓稀少。即使朝廷先制定好克敌制胜的谋略然后再出军,在面对情况的变化时仍然要担忧害怕,何况现今朝廷的谋略还不完美就想用兵,臣确实没有看到这样做能得到什么好处。先帝多次出动精锐的军队,但是每次都是只到长江边就被迫返回。现在大军和过去比没有增加,而又按过去的方法办,这不是容易的事。现在的军国大计,不如学习范蠡休养生息的政策,效法管仲做内政而寓军令的改革,仿效赵充国屯田西北的策略,宣扬孔子教化边远地区的仁政。十年之内,现在强壮的人还没有老,现在七八岁的小孩也能够打仗了,亿万民众深明大义,将

然后用之，则役不再举矣。”帝曰：“如卿意，更当以虏遗子孙邪？”毗对曰：“昔周文王以纣遗武王，唯知时也。苟时未可，容得已乎？”帝竟伐吴，至江而还。

士们都想奋发向前，然后用兵，就会一战获胜，不要第二次举兵了。”皇上说：“按照你的主张，还应当把敌人留给子孙去消灭吗？”辛毗回答说：“过去周文王把商纣王留给周武王去消灭，就是知道唯有等待时机成熟。如果时机不成熟，容得这样吗？”皇上最后仍然攻伐东吴，结果到长江边不胜而回。

明帝即位，进封颍乡侯，邑三百户。时中书监刘放、令孙资见信于主，制断时政，大臣莫不交好，而毗不与往来。毗子敞谏曰：“今刘、孙用事，众皆影附，大人宜小降意，和光同尘；不然必有谤言。”毗正色曰：“主上虽未称聪明，不为闇劣。吾之立身，自有本末。就与刘、孙不平，不过令吾不作三公而已，何危害之有？焉有大丈夫欲为公而毁其高节者邪？”冗从仆射毕轨表言：“尚书仆射王思精勤旧吏，忠亮计略不如辛毗，毗宜代思。”帝以访放、资，放、资对曰：“陛下用思者，诚欲取其效力，不贵虚名也。毗实亮直，然性刚而专，圣虑所当深察也。”遂不用。出为卫尉。

明帝即位后，进封辛毗为颍乡侯，食邑三百户。当时中书监刘放、中书令孙资被皇上信任，控制垄断朝政，朝中大臣都与他们交接友好，辛毗却不与他们往来。辛毗的儿子辛敞劝谏说：“现在刘放、孙资掌权，众人都像影子一样依附他们，您应该略微压抑一下自己，随波逐流算了；不然的话，一定会有人传布诽谤您的话。”辛毗严肃地对儿子说：“明帝虽然说不上聪明，但也不算昏聩无能。我立身社会，自知根本大德与生活小节的区分。即使与刘放、孙资不和，最多只不过不让我担任三公之职而已，有什么危害？哪有大丈夫想任三公之职而损害自己的高风亮节的呢？”冗从仆射毕轨上表说：“尚书仆射王思是精诚勤勉的老臣，但在忠诚正直和出谋划策方面不如辛毗，应该要辛毗代替王思的职务。”明帝向刘放、孙资询问这件事，刘放、孙资趁机回答说：“陛下之所以用王思，确实是想取他肯为陛下效力的优点，而不是看重虚名。辛毗确实忠实，但性格刚强而专断，陛下应当仔细考虑一下。”于是皇上不用辛毗。辛毗被调出京城任卫尉。

帝方修殿舍，百姓劳役，毗上疏曰：“窃闻诸葛亮讲武治兵，而孙权市马辽东，量其意指，似欲相左右。备豫不虞，古之善政，而今者宫室大兴，加连年谷麦不收。《诗》云：‘民亦劳止，迄可小康，惠此中国，以绥四方。’唯陛下为社稷计。”帝报曰：“二虏未灭而治宫室，直谏者立名之时也。夫

明帝当时正大修宫殿馆舍，老百姓为此服劳役，辛毗上疏说：“臣听说诸葛亮正在研究战术训练军队，孙权也从辽东郡购买战马，估计他们的意图，是想与我们争个高低。预防不测，是古代的善政，而现在却大兴宫室，加上连年粮食歉收。《诗经》上说：‘人民已经非常劳苦，应使他们略微安康，爱护这些中原地区的人民，以便安抚天下四方。’希望陛下多多为国家着想。”皇上回批道：“吴、蜀二敌没有消灭而修治宫室，这正是劝谏的人建立功名的时候。帝王的京都，应该在人民劳苦之时同时加紧办理，这

王者之都，当及民劳兼办，使后世无所复增，是萧何为汉规摹之略也。今卿为魏重臣，亦宜解其大归。”帝又欲平北芒，令于其上作台观，则见孟津。毗谏曰：“天地之性，高高下下，今而反之，既非其理；加以损费人功，民不堪役。且若九河盈溢，洪水为害，而丘陵皆夷，将何以御之？”帝乃止。②

样就会使后代不要再增加扩建，这正是萧何替汉朝规划社稷宫室的大略。现在你是魏国的大臣，也应该了解这些大道理。”皇上又想平整北芒山，并命令在山上修建楼台宫阁，那样就可以望见孟津渡口。辛毗又劝谏说：“天地自然生成的面貌，有高有低，现在违反自然的本性，既不是天地本有之理；加之会因此损耗人力，人民将受不了这样重的劳役。况且如果黄河及其支流涨水泛滥，洪水成灾，而山陵都铲平了，将用什么去防御洪水呢？”皇上于是停止平山。

青龙二年，诸葛亮率众出渭南。先是，大将军司马宣王数请与亮战，明帝终不听。是岁恐不能禁，乃以毗为大将军军师，使持节；六军皆肃，准毗节度，莫敢犯违。③亮卒，复还为卫尉。薨，谥曰肃侯。子敞嗣，咸熙中为河内太守。④

魏明帝青龙二年，诸葛亮率领大军出兵到渭水以南。在这以前，大将军司马宣王多次请求领军与诸葛亮作战，明帝始终不听从。到了这年恐怕不能禁止此事，于是任辛毗为大将军军师，加使持节号；全军都整肃一致，听从辛毗调度，没有人敢违犯军纪。诸葛亮死，辛毗又返回任卫尉。辛毗去世，谥号为肃侯。儿子辛敞继承其封爵，在魏元帝咸熙年间任河内太守之职。

杨阜字义山，天水冀人也。⑤以州从事为牧韦端使诣许，拜安定长史。阜还，关右诸将问袁、曹胜败孰在，阜曰：“袁公宽而不断，好谋而少决；不断则无威，少决则失后事，今虽强，终不能成大业。曹公有雄才远略，决机无疑，法一而兵精，能用度外之人，所任各尽其力，必能济大事者也。”长史非其好，遂去官。而端征为太仆，其子康代为刺史，辟阜为别驾。察孝廉，辟丞相府，州表留参军事。

杨阜字义山，天水郡冀县人。曾以州从事的身份替州刺史韦端出使到许昌，被任命为安定郡长史。杨阜返回后，关西各位将领问他袁绍、曹操究竟谁胜谁败，杨阜说：“袁绍宽容而不果断，喜欢谋划而少决断；不果断就没有威望，少决断就会错失以后该办的大事，现在袁氏虽然强大，但最终不能成就大业。曹公有雄才远略，决断而不迟疑，法令统一而军队精良，而且能破格选用人才，任用的人都各尽其力，一定是一个能成就大业的人。”长史的职位他并不喜欢，于是辞官而去。后来韦端被征召为太仆，他的儿子韦康代替他为刺史，征召杨阜为别驾从事史。杨阜又被推举为孝廉，要征召到丞相府，州里上表请求留他在州里任参军。

马超之战败渭南也，走保诸戎。太祖追至安定，而苏伯反河间，将引军东还。阜时奉使，言于太祖曰：“超有信、布

马超在渭水以南被打败，于是逃走到西部保守各少数民族地区。太祖追击到安定郡，而这时苏伯乘机在河间郡叛乱，太祖将要带军回东边去。杨阜这时奉命出使到太祖营中，对太祖说：“马超有韩

之勇，甚得羌、胡心，西州畏之。若大军还，不严为之备，陇上诸郡非国家之有也。”太祖善之，而军还仓卒，为备不周。超率诸戎渠帅以击陇上郡县，陇上郡县皆应之，惟冀城奉州郡以固守。超尽兼陇右之众，而张鲁又遣大将杨昂以助之，凡万余人，攻城。阜率国士大夫及宗族子弟胜兵者千余人，使从弟岳于城上作偃月营，与超接战，自正月至八月拒守而救兵不至。州遣别驾阎温循水潜出求救，为超所杀，于是刺史、太守失色，始有降超之计。阜流涕谏曰：“阜等率父兄子弟以义相励，有死无二；田单之守，不固于此也。弃垂成之功，陷不义之名，阜以死守之。”遂号哭。刺史、太守卒遣人请和，开城门迎超。超入，拘岳于冀，使杨昂杀刺史、太守。

信、吕布那样的勇力，很得羌、胡等族人的拥护，西州都畏惧他。如果大军返回中原，不严密地防备他，陇上各郡就不再属于国家所有了。”太祖认为他说得对，但大军回去得太匆忙，设防仍不够周密。马超就率领各少数民族头领来攻打陇上各郡、县，陇上各郡、县都响应他，只有冀城拥护州、郡官员坚守县城。马超合并陇右的所有军众，张鲁又派大将杨昂来援助他，两路大军加起来共一万多人，合力攻打冀城。杨阜率领郡国将士官员以及同族能打仗的子弟一千多人，派堂弟杨岳在城墙上部署偃月营阵，和马超交战。从正月抗守到八月，但救兵仍然不到。州刺史派别驾从事史阎温从水中潜水出城求救，被马超杀掉，于是州刺史、郡太守都吓得满脸发白，开始商量投降马超。杨阜见了，痛哭流涕地劝谏他们说：“我们率领父兄子弟坚持大义、互相激励，拼死杀敌，没有二心；田单当时在即墨城抗燕保齐，城池还没有现在这样牢固。现在你们却要放弃接近成就的功业，陷于不义的名声，我杨阜要拼死守城。”说完大声号哭。刺史、太守最后还是派人求和，打开城门迎接马超。马超进城后，把杨岳拘留在冀城，派杨昂杀掉刺史、太守。

阜内有报超之志，而未得其便。顷之，阜以丧妻求葬假。阜外兄姜叙屯历城。阜少长叙家，见叙母及叙，说前在冀中时事，歔欷悲甚。叙曰：“何为乃尔？”阜曰：“守城不能完，君亡不能死，亦何面目以视息于天下！马超背父叛君，虐杀州将，岂独阜之忧责，一州士大夫皆蒙其耻。君拥兵专制而无讨贼心，此赵盾所以书弑君也。超强而无义，多衅易图耳。”叙母慨然，敕叙从阜计。计定，外与乡人姜隐、赵昂、尹

杨阜心怀向马超报仇的志向，但没有找到适当的机会。不久，杨阜因妻子去世请假回家埋葬妻子。杨阜的表兄姜叙驻军在历城。杨阜少年时在姜叙家长大，见到姜叙的母亲及姜叙，说到以前在冀县中时的事情，说到伤心处不禁哽咽哭泣，十分悲痛。姜叙说：“为什么这样悲伤呢？”杨阜说：“守城而不能保全县城，长官死亡而不能为他们献身，还有什么脸面在世上苟且偷生！马超背叛父亲与君王，残暴地杀害州郡将领，难道只是我杨阜一个人的忧愁和责任？实际上一州的将士官员都蒙受了这个耻辱。您拥有军队和权力却没有讨伐叛逆的想法，这就是当初赵盾被史官记为‘弑其君’的原因。马超强大而不讲礼义，内部有很多破绽，容易谋取。”姜叙的母亲听后也感慨万端，命令姜叙听从杨阜的主张。于

奉、姚琼、孔信、武都人李俊、王灵结谋，定讨超约，使从弟谟至冀语岳，并结安定梁宽、南安赵衢、庞恭等。约誓既明，十七年九月，与叙起兵于卤城。超闻阜等兵起，自将出。而衢、宽等解岳，闭冀城门，讨超妻子。超袭历城，得叙母。叙母骂之曰："汝背父之逆子，杀君之桀贼，天地岂久容汝，而不早死，敢以面目视人乎？"超怒，杀之。阜与超战，身被五创，宗族昆弟死者七人。超遂南奔张鲁。

是商定，在外与同乡人姜隐、赵昂、尹奉、姚琼、孔信和武都郡人李俊、王灵结成同盟共同谋划，相互约定讨伐马超的日期，派堂弟姜谟到冀县告诉杨岳，并联合安定郡梁宽、南安郡赵衢、庞恭等人。誓约明确后，十七年九月，杨阜和姜叙在卤城起兵。马超听说杨阜等人起兵，自己带兵出城。赵衢、梁宽等乘机解开杨岳，关闭冀县城门，杀掉马超的妻室儿女。马超袭击历城，捉住姜叙的母亲。姜母骂马超说："你这个背叛父亲的逆子，杀害长官的凶贼，天地怎能长久容忍你，你不早死，还有面目见人吗？"马超被激怒，杀了她。杨阜与马超作战，身上五处受伤，同族兄弟有七人战死。马超于是往南投奔张鲁。

陇右平定，太祖封讨超之功，侯者十一人，赐阜爵关内侯。阜让曰："阜君存无扞难之功，君亡无死节之效，于义当绌，于法当诛；超又不死，无宜苟荷爵禄。"太祖报曰："君与群贤共建大功，西土之人以为美谈。子贡辞赏，仲尼谓之止善。君其剖心以顺国命。姜叙之母，劝叙早发，明智乃尔，虽杨敞之妻盖不过此。贤哉，贤哉！良史记录，必不坠于地矣。"⑥

陇右平定以后，太祖奖励讨伐马超的有功之人，被封侯的有十一人，赐给杨阜关内侯的封爵。杨阜推辞说："我在长官活着的时候没有抵御灾难的功劳，刺史等人死后也没有为他们献身的节操，按道义上讲应该被贬退，按法律论应当被诛灭；现在马超还没有死，我不应该随便接受爵禄。"太祖回答说："你与群贤共建大功，陇右的人民都传为美谈。以往子贡辞退赏金，孔仲尼认为这样做实际是阻止了行善之道。你还是推心置腹地顺从国家的命令吧！姜叙的母亲，勉励姜叙早早起兵，如此明智，即使杨敞的妻子大概也不能超过她。贤良啊，贤良啊！优秀的史官记录历史，一定不会把这样的事迹遗弃吧！"

太祖征汉中，以阜为益州刺史。还，拜金城太守，未发，转武都太守。郡滨蜀汉，阜请依龚遂故事，安之而已。会刘备遣张飞、马超等从沮道趣下辩，而氐雷定等七部万余落反应之。太祖遣都护曹洪御超等，超等退还。洪置酒大会，令女倡著罗縠之衣，蹋鼓，一坐

太祖征伐汉中郡，任命杨阜为益州刺史。征伐大军返回，又任命他为金城郡太守，还没出发上任，转调为武都郡太守。武都郡接近蜀汉，杨阜请求按照西汉太守龚遂治渤海郡的旧例，只求安定罢了。恰好刘备派遣张飞、马超等人从沮县取道向下辩进军，而氐族头领雷定等七个部落一万多个村子也一起反叛响应他们。太祖派遣都护曹洪抵御马超等人，马超等人退回。曹洪设酒宴与诸将聚会，命舞女穿着极薄的罗縠衣，穿舞鞋在鼓上踏步跳舞，在座

皆笑。阜厉声责洪曰:“男女之别,国之大节,何有于广坐之中裸女人形体!虽桀、纣之乱,不甚于此。”遂奋衣辞出。洪立罢女乐,请阜还坐,肃然惮焉。

的人观看时都大笑起来。杨阜大声责备曹洪说:“男女之间各有分别,这是国家的最大礼节,哪里有使女人在大众广座之中赤身裸体的道理!即使夏桀王、商纣王那样的乱政,也不会比这样厉害。”于是拂袖离开。曹洪立刻停止女乐,请杨阜返回座位,对他肃然起敬、十分畏惧。

及刘备取汉中以逼下辩,太祖以武都孤远,欲移之,恐吏民恋土。阜威信素著,前后徙民、氐,使居京兆、扶风、天水界者万余户,徙郡小槐里,百姓襁负而随之。为政举大纲而已,下不忍欺也。文帝问侍中刘晔等:“武都太守何如人也?”皆称阜有公辅之节。未及用,会帝崩。在郡十余年,征拜城门校尉。

到刘备夺取汉中郡逼取下辩时,太祖因为武都郡孤单遥远,想移走这郡的人民,但又害怕官民留恋故土。杨阜的威信一向远闻于外,他先后移走汉人及氐族人民一万多户,使他们居住到京兆、扶风、天水等郡界,并把郡的治所移到小槐里,老百姓都毫无怨言地拖儿带女跟着他。杨阜治政只推行大的原则,不忍心欺负人民。文帝曾问侍中刘晔等人:“武都太守是一个怎样的人?”刘晔等人都称赞杨阜有担任三公之职的节操。还没来得及用他,就遇上文帝逝世。杨阜在郡任职十多年,之后被召回授任城门校尉。

阜常见明帝着绣帽,被缥绫半袖,阜问帝曰:“此于礼何法服也?”帝默然不答,自是不法服不以见阜。

杨阜经常看见明帝戴着绣花帽,穿着缥绫做的短袖衣,杨阜问皇上说:“按礼仪的规定这是什么样的礼服?”皇上默默地不回答,但从此以后不穿正规礼服便不接见杨阜。

迁将作大匠。时初治宫室,发美女以充后庭,数出入弋猎。秋,大雨震电,多杀鸟雀。阜上疏曰:“臣闻明主在上,群下尽辞。尧、舜圣德,求非索谏;大禹勤功,务卑宫室;成汤遭旱,归咎责己;周文刑于寡妻,以御家邦;汉文躬行节俭,身衣弋绨:此皆能昭令问,贻厥孙谋者也。伏惟陛下奉武皇帝开拓之大业,守文皇帝克终之元绪,诚宜思齐往古圣贤之善治,总观季世放荡之恶政。所谓善治者,务俭约、重民力也;所谓恶政者,从心恣

杨阜调任将作大匠。当时皇上开始修治宫室,征发民间美女充实后宫,并经常出入打猎。这年秋天,大雨如注,雷鸣电闪,杀死了很多鸟雀。杨阜上疏说:“臣听说上有英明的君主,下面的大臣们就会畅所欲言。尧、舜具有高尚的品德,尚且请求大臣批评劝谏;大禹辛勤地建功立业,却只追求低矮的房屋;商汤王遇到旱灾,就归罪责备自己;周文王先给自己的妻子做出榜样,然后才进而推广到治理国家;汉文帝亲自推行节俭,身穿黑色粗厚的丝织品:这些人都能显明自己的好名声,给他们的子孙留下好谋略。陛下继承武皇帝开拓的大业,守护文皇帝善始善终的事业,确实应该考虑如何赶上往昔圣明贤良帝王的善政,并观察每朝末年当政者放纵荒淫的恶政。所谓善政,就是要努力做到勤俭节约、看重民力;所谓恶政,就是尽力满足自己的私欲、触犯了

欲,触情而发也。惟陛下稽古世代之初所以明赫,及季世所以衰弱至于泯灭,近览汉末之变,足以动心诫惧矣。曩使桓、灵不废高祖之法,文、景之恭俭,太祖虽有神武,于何所施其能邪?而陛下何由处斯尊哉?今吴、蜀未定,军旅在外,愿陛下动则三思,虑而后行,重慎出入,以往鉴来,言之若轻,成败甚重。顷者天雨,又多卒暴,雷电非常,至杀鸟雀。天地神明,以王者为子也,政有不当,则见灾谴。克己内讼,圣人所记。惟陛下虑患无形之外,慎萌纤微之初,法汉孝文出惠帝美人,令得自嫁;顷所调送小女,远闻不令,宜为后图。诸所缮治,务从约节。《书》曰:'九族既睦,协和万国。'事思厥宜,以从中道,精心计谋,省息费用。吴、蜀以定,尔乃上安下乐,九亲熙熙。如此以往,祖考心欢,尧舜其犹病诸。今宜开大信于天下,以安众庶,以示远人。"时雍丘王植怨于不齿,藩国至亲,法禁峻密,故阜又陈九族之义焉。诏报曰:"间得密表,先陈往古明王圣主,以讽阍政,切至之辞,款诚笃实。退思补过,将顺匡救,备至悉矣。览思苦言,吾甚嘉之。"

自己就发怒。希望陛下考察古代建朝之初光明显赫的原因,以及末世衰弱以致灭亡的缘故,当前只要观察汉末的变乱,就足够使陛下惊心动魄,警戒害怕了。过去假使汉桓帝和汉灵帝不废除汉高祖的成法和汉文帝、汉景帝的恭俭美德,太祖即使有神勇威武,又到哪里施展他的才能呢?陛下又怎么能处于这样尊贵的地位呢?现在吴、蜀还没有平定,军队羁留在外,希望陛下每一个行动都多加思考,考虑好以后再行动,慎重地行事,以过去的历史作为将来的借鉴,这些事说起来好像很容易,但对于国家的成败却很重要。近来老天下大雨,大雨经常来得急促猛烈,雷电很不正常,以致杀死鸟雀。天地神明,把帝王当做自己的儿子,帝王治政不恰当,就出现灾害以示谴责。克制约束自己,内心经常自责,是圣人记下的格言。希望陛下在忧患还没显露的时候就预先考虑到,谨慎地处理刚刚萌发的事端,效法汉文帝放出惠帝后宫的美人,让她们自行嫁人的做法;最近各地调送年幼女子到朝廷来,远方人听了对陛下声名有损,陛下应该为将来多加考虑。各种修治的工程,应该按勤俭节约的原则办理。《尚书》上说:'同族人团结亲近,然后协调和合四方诸侯。'办事要想一想怎样才适宜,遵循中庸之道,精心计谋,节省和停止不必要的费用。吴、蜀平定以后,皇上才会安心,百姓才会欢乐,九亲也就和睦团结。这样下去,祖先心里高兴,尧舜还会忧虑这样的事吗?现在应该向天下显示诚信,以便安定民众,以便昭示远方。"当时雍丘王曹植因为不被同等相待而有怨言,当时对藩国最亲的人,朝廷法律禁令非常严密,因此杨阜又陈述同姓九族应行的礼义。皇上下诏回答说:"最近得到你的秘密表章,先陈述往昔明王圣主的品德,以批评昏暗的政治,表中切中要害的言辞,表明了你恳切诚挚、忠厚老实的品格。如果退而思考补救过错,并听从你批评匡正的话,措施就会非常全面了。观览思考你的良苦之言,我十分赞美。"

后迁少府。是时大司马曹

后被提升为少府。当时大司马曹真讨伐蜀国,

真伐蜀，遇雨不进。阜上疏曰："昔文王有赤乌之符，而犹日昃不暇食；武王白鱼入舟，君臣变色。而动得吉瑞，犹尚忧惧，况有灾异而不战竦者哉？今吴、蜀未平，而天屡降变，陛下宜深有以专精应答，侧席而坐，思示远以德，绥迩以俭。间者诸军始进，便有天雨之患，稽阂山险，以积日矣。转运之劳，担负之苦，所费以多，若有不继，必违本图。《传》曰：'见可而进，知难而退，军之善政也。'徒使六军困于山谷之间，进无所略，退又不得，非主兵之道也。武王还师，殷卒以亡，知天期也。今年凶民饥，宜发明诏损膳减服，技巧珍玩之物，皆可罢之。昔邵信臣为少府于无事之世，而奏罢浮食；今者军用不足，益宜节度。"帝即召诸军还。

遇到下雨不能进军。杨阜上疏说："过去周文王尽管有大火化为赤色乌鸦的吉符，但还是礼贤下士，勤苦治政，太阳西斜了都没空闲吃饭；周武王渡黄河时遇到白鱼跃入船中的好预兆，君臣们仍为伐纣的成败担忧得变了脸色。行动能得到吉祥的兆头，尚且忧惧，难道有灾异发生还不害怕恐惧吗？现在吴、蜀没有平定，而上天多次降下灾变，陛下应该集中精力以专心应答，要坐卧不安，多加思虑，考虑如何向边远地区显示自己的德政，怎样用节俭的美德安抚附近地区。近来各军刚刚开始进军，就遇到天降大雨的祸患，大军在高山险阻中延滞阻隔，已经很多天了。军队转运劳累，士兵负担苦重，耗费的资财已经很多，如果不能继续支持下去，一定会违背原来出兵时的意愿。《左传》上说：'看到可以进军才前进，知道进军困难就退兵，这是带兵打仗的最好策略。'白白使大军困在山谷中间，进军没有战果，后退又不能，这不是统率军队的方法。周武王伐纣曾经退兵回营，但殷商最终还是因此灭亡，因为周武王知道天命。现在年成不好，百姓饥饿，陛下应该明白地颁布诏书，宣布节省皇室膳食，减少宫廷服饰，奇巧玩弄的珍宝器物，都停止纳贡。西汉大臣邵信臣在天下太平的世道担任少府，还上奏请示停止浮食之政；现在军队用度不足，更应该节俭用度。"皇上阅疏后就把各路大军召回。

后诏大议政治之不便于民者，阜议以为："致治在于任贤，兴国在于务农。若舍贤而任所私，此忘治之甚者也。广开宫馆，高为台榭，以妨民务，此害农之甚者也。百工不敦其器，而竞作奇巧，以合上欲，此伤本之甚者也。孔子曰：'苛政甚于猛虎。'今守功文俗之吏，为政不通治体，苟好烦苛，此乱民之甚者也。当今之急，宜

以后皇上下诏广泛讨论不利于人民的政治时，杨阜发表议论认为："要治理好天下，主要在于任用贤人，要国家兴旺主要在于重视农业。如果舍弃贤良而任用自己私爱的人，这是忘记了最重要的治国之道。到处扩建宫殿馆舍，高筑楼观台榭，妨害民众要干的事，这是最伤害农业生产的。各种工匠不勤勉地提高技术，而互相攀比做奇巧的物件，以符合皇上的意愿，这是最伤害治国的根本大计的。孔子说：'苛刻的政治比猛虎还厉害。'现在那些拘守功利安于习俗的官吏，治政不精通治理的纲领，随随便便地喜好那些烦琐苛刻的条文，这是扰乱人民最厉害的。当前最急迫的事，是应该去掉这四种最坏

去四甚，并诏公卿郡国，举贤良方正敦朴之士而选用之，此亦求贤之一端也。”

的做法，并且下诏给朝廷和郡国的官员，让他们推举贤良公正敦厚朴实的人而选用他们，这也是求贤的一个方面。”

阜又上疏欲省宫人诸不见幸者，乃召御府吏问后宫人数。吏守旧令，对曰：“禁密，不得宣露。”阜怒，杖吏一百，数之曰：“国家不与九卿为密，反与小吏为密乎？”帝闻而愈敬惮阜。

杨阜又想上疏减少那些不被皇上宠幸的宫女，于是召集御府吏询问后宫宫女人数。御府吏遵守老法规，回答说：“这是宫禁的秘密，不能泄露。”杨阜发怒，打了御府吏一百杖，指责他说：“国家大事不交给九卿保密，反而要交给你这个小吏保密吗？”皇上听说了这件事后更加尊敬害怕杨阜。

帝爱女淑，未期而夭，帝痛之甚，追封平原公主，立庙洛阳，葬于南陵。将自临送，阜上疏曰：“文皇帝、武宣皇后崩，陛下皆不送葬，所以重社稷、备不虞也。何至孩抱之赤子而可送葬也哉？”帝不从。

皇上喜爱的女儿曹淑，不满周岁就死了，皇上非常悲痛，追封她为平原公主，并在洛阳建立庙堂祭祀，把她埋葬在南陵。还将亲自送葬，杨阜上疏说：“文皇帝、武宣皇后逝世，陛下都不送葬，因为要以国家为重，防备不测。为什么一个还在怀抱中的小孩子死了却可以送葬了呢？”皇上不听从。

帝既新作许宫，又营洛阳宫殿观阁。阜上疏曰：“尧尚茅茨而万国安其居，禹卑宫室而天下乐其业；及至殷、周，或堂崇三尺，度以九筵耳。古之圣帝明王，未有极宫室之高丽以彫弊百姓之财力者也。桀作璇室、象廊，纣为倾宫、鹿台，以丧其社稷，楚灵以筑章华而身受其祸；秦始皇作阿房而殃及其子，天下叛之，二世而灭。夫不度万民之力，以从耳目之欲，未有不亡者也。陛下当以尧、舜、禹、汤、文、武为法则，夏桀、殷纣、楚灵、秦皇为深诫。高高在上，实监后德。慎守天位，以承祖考，巍巍大业，犹恐失之。不夙夜敬止，允恭恤民，而乃自暇自逸，惟宫台是

皇上刚刚建造好许都的宫殿，又大肆营建洛阳的宫殿馆阁。杨阜为此事上疏说：“帝尧崇尚住茅屋而四方诸侯安居乐业，大禹修建低矮的宫室而人民生活安定；到殷商和周代，有的王宫堂高只有三尺，有的明堂的宽度只用九尺的席子来度量。古代圣明的帝王，没有谁把宫室建得极其高大华丽来损伤老百姓的财力的。夏桀王兴建用美玉装饰的宫室、用象牙装饰的房廊，商纣王修建高耸入云的宫殿和高大的鹿台，因此丧失了国家，楚灵王因为筑章华台而身受其祸；秦始皇兴建阿房宫以致灾祸延及他的儿子，天下人民反叛朝廷，秦朝只传两代就灭亡了。不估量人民的财力，而纵欲无度的国君，没有不灭亡的。陛下应该以尧、舜、夏禹王、商汤王、周武王做榜样，以夏桀王、商纣王、楚灵王、秦始皇为鉴戒。陛下高高在上，实在应该拿先王之德做镜子来经常对照自己。谨慎地保守王位，继承祖先的事业，坚实宏伟的基业，还恐怕丧失掉。不早晚敬慎，诚信恭敬地忧念人民，反而安闲自乐，只是一味扩建装饰宫室

侈是饰，必有颠覆危亡之祸。《易》曰：'丰其屋，蔀其家，窥其户，阒其无人。'王者以天下为家，言丰屋之祸，至于家无人也。方今二虏合从，谋危宗庙，十万之军，东西奔赴，边境无一日之娱；农夫废业，民有饥色。陛下不以是为忧，而营作宫室，无有已时。使国亡而臣可以独存，臣又不言也；⑦君作元首，臣为股肱，存亡一体，得失同之。《孝经》曰：'天子有争臣七人，虽无道不失其天下。'臣虽驽怯，敢忘争臣之义？言不切至，不足以感寤陛下。陛下不察臣言，恐皇祖烈考之祚，将坠于地。使臣身死有补万一，则死之日，犹生之年也。谨叩棺沐浴，伏俟重诛。"奏御，天子感其忠言，手笔诏答。每朝廷会议，阜常侃然以天下为己任。数谏争，不听，乃屡乞逊位，未许。会卒，家无余财。孙豹嗣。

高堂隆字升平，泰山平阳人，鲁高堂生后也。少为诸生，泰山太守薛悌命为督邮。郡督军与悌争论，名悌而呵之。隆按剑叱督军曰："昔鲁定见侮，仲尼历阶；赵弹秦筝，相如进缶。临臣名君，义之所讨也。"督军失色，悌惊起止之。后去吏，避地济南。

建安十八年，太祖召为丞相军议掾，后为历城侯徽文学，转为相。徽遭太祖丧，不

台阁，一定会发生被颠覆灭亡的灾祸。《易经》上说：'扩大他的房屋，用席子装饰覆盖他的家室，从他的门里往里看，一定会寂静无人。'这里讲的是帝王应以天下为家，如果只是扩建自己的房屋，一定会导致家中寂静无人的祸害。现在吴、蜀两家结为同盟，阴谋危害国家的统治，为平定天下，十万大军，奔赴东西，边境一天也没有安定过；农夫荒废了田业，人民面带饥色。陛下不担忧这些事，而营造宫室没有停止的时候。如果国家灭亡臣可以单独存在，臣就不说了；君主为一国首脑，大臣为君王的股肱，存亡连为一体，得失相同。《孝经》上说'天子有七个敢于直言劝谏的大臣，即使政治措施不当也不会丧失天下。'我虽然才能低下怯弱，难道敢忘记做直言劝谏之臣的大义？言辞不非常深切，不足够感动启发陛下。陛下如果不省察臣的话，恐怕祖先创建的帝业，将会坠落到地下。假如臣的生命能弥补万分之一，那么臣死的那天，就如臣的再生之年。臣走近棺材沐浴完毕，俯伏在地等待您重重地诛灭臣了。"奏章进上，皇上被他的忠言感动，亲自提笔下诏回答。每次朝廷集会讨论，杨阜经常把治理天下看做自己的神圣职责而理直气壮地直抒己见。由于多次直言劝谏，皇上不听从，于是他多次请求退位，皇上不同意。死时，家中没有多余的财物。死后孙子杨豹继承封爵。

高堂隆字升平，泰山郡平阳县人，是汉代鲁国儒生高堂生的后代。年少时为诸生，泰山郡太守薛悌就任命他为督邮。郡督军和薛悌发生争议，督军直呼薛悌的名字来呵斥他。高堂隆按剑叱斥督军说："过去鲁定公被侮辱，孔仲尼两次登阶陈辞；秦王要挟赵王弹秦筝，蔺相如针锋相对，反过来进缶给秦王。对着下级直接叫长官的名字，从道义上讲应该受到惩治。"督军吓得脸色发白，薛悌惊慌地站起来制止他。高堂隆以后离官，到济南避难。

汉献帝建安十八年，太祖召他为丞相军议掾，后任历城侯曹徽的文学，转为王国相。曹徽遇上太祖逝世，不举哀，反而游玩打猎，到处驰骋；高堂隆

哀，反游猎驰骋；隆以义正谏，甚得辅导之节。黄初中，为堂阳长，以选为平原王傅。王即尊位，是为明帝。以隆为给事中、博士、驸马都尉。帝初践阼，群臣或以为宜飨会，隆曰："唐、虞有遏密之哀，高宗有不言之思，是以至德雍熙，光于四海。"以为不宜为会，帝敬纳之。迁陈留太守。犊民酉牧，年七十余，有至行，举为计曹掾；帝嘉之，特除郎中以显焉。征隆为散骑常侍，赐爵关内侯。⑧

青龙中，大治殿舍，西取长安大钟。隆上疏曰："昔周景王不仪刑文、武之明德，忽公旦之圣制，既铸大钱，又作大钟，单穆公谏而弗听，泠州鸠对而弗从，遂迷不反，周德以衰，良史记焉，以为永鉴。然今之小人，好说秦、汉之奢靡以荡圣心，求取亡国不度之器，劳役费损，以伤德政，非所以兴礼乐之和，保神明之休也。"是日，帝幸上方，隆与卞兰从。帝以隆表授兰，使难隆曰："兴衰在政，乐何为也？化之不明，岂钟之罪？"隆曰："夫礼乐者，为治之大本也。故箫韶九成，凤皇来仪，雷鼓六变，天神以降，政是以平，刑是以错，和之至也。新声发响，商辛以陨，大钟既铸，周景以弊，存亡之机，恒由斯作，安在废兴之不阶也？君举必书，古之道也，作而不法，何以示后？圣王乐闻其

用大义直言劝谏，辅助王侯的节操表现得非常出色。魏文帝黄初年间，任堂阳县长，又选任为平原王曹叡的傅。平原王后来即帝位，就是魏明帝。明帝任高堂隆为给事中、博士、驸马都尉。明帝刚即位，群臣中有的认为应该举行大宴会，高堂隆说："唐尧、虞舜逝世，百姓悲哀得三年静绝音乐；殷高宗考虑兴复殷商，三年不言政事。因此最高尚的道德能够和谐兴盛，光照四海。"他的话就是认为不应该举行大宴会，明帝恭敬地接纳了他的意见。之后升为陈留郡太守。犊民酉牧，年纪有七十多岁了，有很高尚的品德，高堂隆推举他为计曹掾；皇上十分赞赏他，特地任命他为郎中来显明他。又征召高堂隆为散骑常侍，赐给关内侯的封爵。

青龙年间，明帝大肆修建宫殿馆舍，要到西边去取来长安的大钟。高堂隆上疏说："过去周景王不效法周文王、周武王的英明品德，忽略周公旦制订的神圣制度，既铸大钱，又造大钟，单穆公劝谏他而不听从，泠州鸠批评他也不理睬，以致昏迷不回头，周朝的政治因此衰败，优秀的史官记录了这件事，把它作为永久的鉴戒。但是现今的小人们，喜欢述说秦朝、汉朝奢侈浪费的排场来扰乱皇上的思想，求取导致灭国的不讲法度的器物，搞得人民劳苦不堪，耗费财力，以致损害国家的美好政治，这实在不是用来建成和美礼乐，保持神明美善的方法。"这天，皇上亲自到尚方署，高堂隆和卞兰跟从。皇上把高堂隆的表章给卞兰，令卞兰责难高堂隆说："国家的兴盛衰败由政治决定，和音乐有什么关系呢？教化不显明，难道是钟的罪过？"高堂隆说："礼乐是治国的根本。因此舜的箫韶之乐九次演奏，连凤凰也来礼拜，雷鼓六次变更演奏，天神也因此降临，国政因此太平安定，刑法因此废弃不用，这就是和乐到了极点。新淫声响起，商纣王的统治因此崩溃，大钟铸成后，周景王的统治因此衰落，国家存亡的关键，经常由这里产生，怎么能说国家的兴亡不是从这里一步步逐渐发展的呢？国君的举动一定要载入史册，这是古代的规矩，国君的行为不符合法规，拿什

阙，故有箴规之道；忠臣愿竭其节，故有匪躬之义也。”帝称善。

么给后人看呢？圣王高兴听到别人指出他的缺点，因此有规劝的措施；忠臣愿意为忠君的大节尽力，因此有尽忠而不顾自己安危的大义。”皇上称赞他说得好。

迁侍中，犹领太史令。崇华殿灾，诏问隆：“此何咎？于礼，宁有祈禳之义乎？”隆对曰：“夫灾变之发，皆所以明教诫也，惟率礼修德，可以胜之。《易传》曰：‘上不俭，下不节，孽火烧其室。’又曰：‘君高其台，天火为灾。’此人君苟饰宫室，不知百姓空竭，故天应之以旱，火从高殿起也。上天降鉴，故谴告陛下；陛下宜增崇人道，以答天意。昔太戊有桑榖生于朝，武丁有雊雉登于鼎，皆闻灾恐惧，侧身修德，三年之后，远夷朝贡，故号曰中宗、高宗。此则前代之明鉴也。今案旧占，灾火之发，皆以台榭宫室为诫。然今宫室之所以充广者，实由宫人猥多之故。宜简择留其淑懿，如周之制，罢省其余。此则祖己之所以训高宗，高宗之所以享远号也。”诏问隆：“吾闻汉武帝时，柏梁灾，而大起宫殿以厌之，其义云何？”隆对曰：“臣闻《西京》‘柏梁既灾，越巫陈方，建章是经，以厌火祥’。乃夷越之巫所为，非圣贤之明训也。《五行志》曰：‘柏梁灾，其后有江充巫蛊卫太子事。’如《志》之言，越巫建章无所厌也。孔子曰：‘灾者修类应行，精祲相感，以

后提升为侍中，仍兼太史令之职。这时崇华殿发生火灾，皇上下诏问高堂隆：“这是什么灾祸？在礼法方面，有求福除灾的方法吗？”高堂隆回答说：“灾变的发生，都是上天用来显示教诫的，只有遵循礼法修养道德，才可以战胜它。《易传》上说：‘上面不俭约，下面不节制，灾火就会烧毁他们的房屋。’又说：‘国君高筑他的楼台，天火就会造成灾害。’国君如果只知修饰宫室，不知道老百姓会因此财物空竭，上天就会用旱灾感应它，灾火就从高殿发生。这次上天降下鉴戒，特意谴责告诫陛下；陛下应该重视人道，来回答天意。过去太戊遇上桑榖生长在朝廷的事，武丁时也发生野鸡登上鼎耳鸣叫的怪事，他们俩听说灾变都不敢正坐，恐惧不安，兢兢业业地修养品德，结果三年之后，远方的少数民族都来朝贡，因此他们享有中宗、高宗的名号。这就是前代的明鉴。如果考察过去的占卜，火灾的发生，都是由于修建台榭宫室而产生的上天告诫。然而现在扩建宫室的原因，实在是因为宫女太多。目前应该精选留下那些善良美好的宫女，按照周朝的制度，减省那些多余的宫女。这也就是祖己教训高宗，高宗能享受长远美号的原因。”皇上又下诏问高堂隆：“我听说汉武帝的时候，柏梁台发生火灾，汉武帝反而大建宫殿来制服它，那是什么道理？”高堂隆回答说：“臣听说西都柏梁台发生火灾后，越巫提供了制服的方法，于是营建建章宫，来镇住火灾造成的灾祸；这只是越巫的做法，并不是圣贤的英明训导。《五行志》说：‘柏梁发生火灾，以后就发生了江充诬蔑卫太子巫蛊汉武帝以致卫太子自杀的事情。’按《五行志》的说法，越巫建议修建建章宫并没有制服什么灾祸。孔子说：‘灾害是警戒人事、报应人的行为的，是由阴阳灾害之气相互感应，来告诫国君

戒人君。’是以圣主睹灾责躬，退而修德，以消复之。今宜罢散民役。宫室之制，务从约节，内足以待风雨，外足以讲礼仪。清埽所灾之处，不敢于此有所立作，萐莆、嘉禾必生此地，以报陛下虔恭之德。岂可疲民之力，竭民之财！实非所以致符瑞而怀远人也。”帝遂复崇华殿，时郡国有九龙见，故改曰九龙殿。

的。’因此圣明的君主看到灾害就责备自己，退下来修养品德，以便消除灾祸恢复正常，现在陛下应该解除百姓的劳役。宫室的规格，务必遵守节俭的原则，在里边足够避风雨，在外面足够讲礼仪就行了。如果清除打扫发生火灾的地方，不敢在这里再建造宫殿，那么萐莆、嘉禾等吉祥之物一定会在这里生长出来，以报答陛下诚信恭敬上天的品德。怎么可以使人民疲弊不堪，耗尽人民的财力呢！这实在不是导致吉祥、招抚远方的措施。”皇上于是恢复崇华殿，当时郡国奏称有九条龙出现，因此把崇华殿改名为九龙殿。

陵霄阙始构，有鹊巢其上，帝以问隆，对曰：“《诗》云‘维鹊有巢，维鸠居之’。今兴宫室，起陵霄阙，而鹊巢之，此宫室未成身不得居之象也。天意若曰，宫室未成，将有他姓制御之，斯乃上天之戒也。夫天道无亲，惟与善人，不可不深防，不可不深虑。夏、商之季，皆继体也，不钦承上天之明命，惟谗谄是从，废德适欲，故其亡也忽焉。太戊、武丁，睹灾竦惧，祗承天戒，故其兴也勃焉。今若休罢百役，俭以足用，增崇德政，动遵帝则，除普天之所患，兴兆民之所利，三王可四，五帝可六，岂惟殷宗转祸为福而已哉？臣备腹心，苟可以繁祉圣躬，安存社稷，臣虽灰身破族，犹生之年也。岂惮忤逆之灾，而令陛下不闻至言乎？”于是帝改容动色。

当时开始修建陵霄阙，有乌鹊在上面做窝，皇上向高堂隆询问这件事，高堂隆回答说：“《诗经》上说：‘乌鹊筑好了窝，鸠居住在里边。’现在兴建宫室，修起陵霄阙，而乌鹊在上面做窝，这是宫室没有建成而自己就不能居住的象征。上天的意思好像是说，宫室没有建成，将会有别姓的人来控制它，这是上天的告诫。天道没有亲人，只帮助那些善良有德的人，对这样的告诫不能不严加提防，不能不仔细思考。夏朝、商朝末年，都是继位的国君当政，他们不敬奉上天的明确告诫，只听从谗言和奉承话，废除德政，满足私欲，因此他们灭亡得很快。太戊、武丁，看到灾祸就恐惧担扰，敬奉上天的警戒，因此他们一下子就兴旺起来。现在如果停止各种劳役，节俭开支以使用度充足，重视推行德政，每个行动都遵循帝王的规则，免除对全国人民有害的事情，兴建对人民有利的事业，那么三王可以有第四个，五帝可以有第六个，难道只有殷商的祖先可以转祸为福吗？臣作为朝廷的腹心之臣，只要可以为陛下增添幸福，安定保存社稷，臣即使粉身碎骨家庭破灭，也好像是我的再生之年。怎么会害怕蒙受违逆圣上的罪名，而使陛下不能听到最应该听到的话呢？”于是皇上改变了脸色，有所惊惧。

是岁，有星孛于大辰。隆上疏曰：“凡帝王徙都立邑，皆先定天地社稷之位，敬恭以奉

这年，在大辰星次出现彗星。高堂隆又上疏说：“凡是帝王迁都建邑，都要先安定天神、地神、土神、谷神的神位，恭敬地奉祀他们。将要营建宫室，就首

之。将营宫室，则宗庙为先，厩库为次，居室为后。今圜丘、方泽、南北郊、明堂、社稷，神位未定，宗庙之制又未如礼，而崇饰居室，士民失业。外人咸云宫人之用，与兴戎军国之费，所尽略齐。民不堪命，皆有怨怒。《书》曰‘天聪明自我民聪明，天明畏自我民明威’，舆人作颂，则向以五福，民怒吁嗟，则威以六极，言天之赏罚，随民言，顺民心也。是以临政务在安民为先，然后稽古之化，格于上下，自古及今，未尝不然也。夫采椽卑宫，唐、虞、大禹之所以垂皇风也；玉台琼室，夏癸、商辛之所以犯昊天也。今之宫室，实违礼度，乃更建立九龙，华饰过前。天彗章灼，始起于房心，犯帝坐而干紫微，此乃皇天子爱陛下，是以发教戒之象，始卒皆于尊位，殷勤郑重，欲必觉寤陛下；斯乃慈父恳切之训，宜崇孝子祗耸之礼，以率先天下，以昭示后昆，不宜有忽，以重天怒。”

先修好祖宗庙堂，然后修建府库马厩，最后才建造居住的房舍。现在圆丘、方泽、南北郊祭、明堂、土神、谷神的神位都没有定下，宗庙的祭祀制度又没有按照礼法，却高建和修饰居住的宫室，人民都流离失所。外边的人都说宫人的用度，与兴治国家的开支和军费，差不多相等。人民经受不住这样的政令，都怀有埋怨愤怒之情。《尚书》上说：‘上天的视听依从民众的视听，上天的赏罚依从臣民的赏罚’，众人唱起颂歌，上天就会降五福以劝导人向善，人民怨怒忧叹，上天就会用六极警戒人，这说明上天的赏罚，是按照人民的言论，顺从人民的心意的。因此治政要努力做到先安定人民，然后考察古代圣王的教化，量度天地间的大事，从古到今，没有不是这样的。英明的帝王只用不加斫削的柞木建成低矮的宫室，因此唐尧、虞舜、大禹的帝王风范流传至今；昏暗之君用美玉装饰楼台宫室，因此夏桀王、商纣王触犯上天后很快灭亡。现在的宫室，的确已经违背了礼仪法度，还要改建九龙殿，殿中华丽的装饰超过以前。彗星闪耀，开始从房宿心宿兴起，侵犯帝坐星进而干犯紫微星座，这是皇天像对待儿子一样爱抚陛下，因此显示教诫的迹象，从开始到最后都是针对尊位，恳切郑重，一定想让陛下觉悟。这是上天慈父般的恳切训导，陛下应该崇尚孝子敬重长辈之礼，为天下先做好榜样，以便明白地显示给后代子孙，不应该忽略不理，而加重上天的愤怒。”

时军国多事，用法深重。隆上疏曰：“夫拓迹垂统，必俟圣明，辅世匡治，亦须良佐，用能庶绩其凝而品物康乂也。夫移风易俗，宣明道化，使四表同风，回首面内，德教光熙，九服慕义，固非俗吏之所能也。今有司务纠刑书，不本大道，是以刑用而不措，俗弊而不

当时国家多事，军事频繁，刑法深重。高堂隆上疏说：“要开创基业传位给后代子孙，一定要有英明的君主，治国救世，改正错误，也需要优良的辅相，因为他们能成就各种事业，治理安定众事。移风易俗，宣扬显明仁政教化，使四方边远地区的人民同受教化，归向朝廷，让善政光明远照，使全国各地的民众都敬慕仁义，这本来就不是一般的官吏能够办到的。现在官员们只知纠缠刑律条文，不以仁政大道为根本，因此施用刑法而犯法的人仍然不断，民

敦。宜崇礼乐，班叙明堂，修三雍、大射、养老，营建郊庙，尊儒士，举逸民，表章制度，改正朔，易服色，布恺悌，尚俭素，然后备礼封禅，归功天地，使雅颂之声盈于六合，缉熙之化混于后嗣。斯盖至治之美事，不朽之贵业也。然九域之内，可揖让而治，尚何忧哉？不正其本而救其末，譬犹棼丝，非政理也。可命群公卿士通儒，造具其事，以为典式。”隆又以为改正朔，易服色，殊徽号，异器械，自古帝王所以神明其政，变民耳目，故三春称王，明三统也。于是敷演旧章，奏而改焉。帝从其议，改青龙五年春三月为景初元年孟夏四月，服色尚黄，牺牲用白，从地正也。

俗衰败而不敦厚。陛下应该尊崇礼乐，在明堂按次序排列行礼，修建辟雍、明堂、灵台等三雍和推行大射、养老等礼仪，营建郊祭庙堂，尊重儒生，推举隐逸志士，宣扬显明礼法制度，改定纪时历法，变换车马祭牲的颜色，提倡和乐简易的风气，崇尚勤俭朴素，然后备好礼品举行封禅大典，把功劳归于天神地祇，使雅颂等盛世之乐充满天地四方，让光明的教化流传于后世子孙。这大概应是最美好的治国大事，不朽的高尚事业。这样，九州之内，只需拱手讲礼就可以治理好，还担忧什么别的事呢？不端正治国的根本而纠正那些细枝末节的小事，就好像要理丝反而扰乱了丝线，这不是治国理政的原则。陛下还可以命令三公、朝廷官员和知识渊博的儒生，研究制定这一类事情的法规，作为国家的规范。”高堂隆又认为改定纪时历法，规定车马祭牲的颜色，制定特定的旗号标志，使用不同的器械，是自古以来帝王显明政令，改变人民视听的措施，因此春季三个月加“王”字称呼，以显明天统、地统、人统等不同的历法制度。于是他详细陈述旧的规章制度，上奏给朝廷要求改变当时的有关制度。皇上听从他的建议，改青龙五年春三月为景初元年孟夏四月，服色崇尚黄色，祭牲用白色，按正月建丑的地统制度纪时。

迁光禄勋。帝愈增崇宫殿，雕饰观阁，凿太行之石英，采榖城之文石，起景阳山于芳林之园，建昭阳殿于太极之北，铸作黄龙凤皇奇伟之兽，饰金墉、陵云台、陵霄阙。百役繁兴，作者万数，公卿以下至于学生，莫不展力，帝乃躬自掘土以率之。而辽东不朝。悼皇后崩。天作淫雨，冀州水出，漂没民物。隆上疏切谏曰：

后被提升为光禄勋。这时皇上进一步加高宫殿，装饰观阁，派人到太行山开凿石英石，到榖城县采办有纹理的石头，在芳林园内堆起景阳山，在太极殿以北修建昭阳殿，铸造黄龙凤凰等奇特高大的野兽之形，装饰金墉、陵云台、陵霄阙。以致各种劳役繁杂，修建的人要好几万，从公卿大夫到学生，没有不出力的，皇上还亲自挖土来带动大家。而辽东郡这时不再来朝见。悼皇后逝世。天降大雨，冀州涨大水，冲走淹没民众与财物。于是高堂隆上疏恳切地劝谏说：

盖“天地之大德曰生，圣人之大宝曰位；何以守位？曰

“天地的大德叫生，圣人的大宝叫位；用什么守住宝位？用仁；用什么聚集人民？用财。”如此说来，

仁；何以聚人？曰财”。然则士民者，乃国家之镇也；谷帛者，乃士民之命也。谷帛非造化不育，非人力不成。是以帝耕以劝农，后桑以成服，所以昭事上帝，告虔报施也。昔在伊唐，世值阳九厄运之会，洪水滔天，使鲧治之，绩用不成，乃举文命，随山刊木，前后历年二十二载。灾眚之甚，莫过于彼，力役之兴，莫久于此，尧、舜君臣，南面而已。禹敷九州，庶士庸勋，各有等差，君子小人，物有服章。今无若时之急，而使公卿大夫并与厮徒共供事役，闻之四夷，非嘉声也，垂之竹帛，非令名也。是以有国有家者，近取诸身，远取诸物，妪煦养育，故称“恺悌君子，民之父母”。今上下劳役，疾病凶荒，耕稼者寡，饥馑荐臻，无以卒岁；宜加愍恤，以救其困。

士民，是国家的基石；粮食布帛，是民众的生命。粮食布帛没有天地自然不能培育，没有人力不会长成。因此帝王亲自耕种以鼓励农业生产，皇后亲自采桑来促进织布制衣，这是明奉上帝，申告虔诚报答上天施恩的方法。过去在唐尧之时，世逢阳九数穷、灾荒厄运之际，地上洪水泛滥，波浪滔天，尧派鲧治理大水，鲧没有成功，于是推举大禹，大禹顺着高山伐木开道，前后经过二十二年才成功。灾害厉害的程度，没有超过那次的，劳役兴起的时间，没有比这次更长久的，但尧、舜君臣，却只是面向南边坐着发号施令而已。大禹分治九州，上下官员的功劳，各有差别，君子小人，服饰各有等第。现在没有那时事情紧急，却使公卿大夫等官员和服役之徒共同服劳役，这事传到四方少数民族区域，不是好声誉，写在竹帛典籍中传到后代，也不是美名声。因此诸侯大夫，近的取法于身，远的取象于物，大家共同生养抚育生民，故《诗经》称颂他们说：“和乐简易的君子，就是人民的父母。”现在上下劳苦，疾病灾荒到处发生，从事农业生产的人少，饥饿灾荒一起到来，人民无法度过时日；陛下应该忧怜他们，解救他们的困苦。

臣观在昔书籍所载，天人之际，未有不应也。是以古先哲王，畏上天之明命，循阴阳之逆顺，矜矜业业，惟恐有违。然后治道用兴，德与神符，灾异既发，惧而修政，未有不延期流祚者也。爰及末叶，暗君荒主，不崇先王之令轨，不纳正士之直言，以遂其情志，恬忽变戒，未有不寻践祸难，至于颠覆者也。

臣观览过去书籍上所记载的，天人之间，没有不相互感应的。因此古代圣明的帝王，都畏惧上天的明命，遵循阴阳的逆顺规律，兢兢业业，戒慎自持，生怕有违背的地方。这样，国家政治就会兴盛起来，道德与神明一致，灾异已经发生，就心中恐惧而采取措施修明国政，这样的圣王没有不延续王朝而流传给后代的。到了每朝的末年，昏暗荒淫的君主，不崇尚先王的好法度，不接纳忠直之士的直言劝谏，而凭感情用事，对于变异和上天的告诫毫不在意，这样的昏君没有不随即就走向灾难，以致国家倾覆的。

天道既著，请以人道论之。夫六情五性，同在于人，嗜欲廉贞，各居其一。及其动也，

天道已经明白了，现请求允许我拿人道来论述。喜、怒、哀、乐、爱、恶等六情和仁、义、礼、智、信等五性，每一个人都同样具有，贪嗜欲望与清廉贞

交争于心。欲强质弱，则纵滥不禁；精诚不制，则放溢无极。夫情之所在，非好则美，而美好之集，非人力不成，非谷帛不立。情苟无极，则人不堪其劳，物不充其求。劳求并至，将起祸乱。故不割情，无以相供。仲尼云："人无远虑，必有近忧。"由此观之，礼义之制，非苟拘分，将以远害而兴治也。

洁，各占一部分。到它们活动时，就在心中互相争斗。如果欲望强盛而本质虚弱，就会放纵泛滥不能禁止；精诚之心不能控制欲望，就会放荡得没有极限。人们的情欲追求的，不是好的就是美的东西，而美好的东西的积累，没有人力不会成功，没有粮食布帛不能产生。情欲如果没有极限，那么人们就承受不了这样的劳苦，粮食布帛就满足不了这样的追求。有的人劳苦不堪，有的人追求享乐，二者同时存在，就会发生灾祸与动乱。因此不忍痛割掉自己的情欲，人民就无法供给满足。孔仲尼说："人没有长远的考虑，一定会有立即到来的忧患。"由此看来，礼义的制定，不仅是为了苟且地拘守本分，也是为了远离祸害而使国家兴盛太平。

今吴、蜀二贼，非徒白地小虏、聚邑之寇，乃据险乘流，跨有士众，僭号称帝，欲与中国争衡。今若有人来告，权、禅并修德政，复履清俭，轻省租赋，不治玩好，动咨耆贤，事遵礼度。陛下闻之，岂不惕然恶其如此，以为难卒讨灭，而为国忧乎？若使告者曰，彼二贼并为无道，崇侈无度，役其士民，重其征赋，下不堪命，吁嗟日甚。陛下闻之，岂不勃然忿其困我无辜之民，而欲速加之诛，其次，岂不幸彼疲弊而取之不难乎？苟如此，则可易心而度，事义之数亦不远矣。

现在吴、蜀二贼，不只是那种占据地盘的小股喽啰、聚集在小镇的盗贼，而是凭借险阻和江河的阻隔，拥有人才和民众，称王称帝，想和中原争夺天下的大盗。现在如果有人来报告，孙权、刘禅都在修理德政，又履行清廉俭朴之风，减省赋税，不修制玩物宝器，每一行动都询问年高贤能的人，办事遵守礼仪法度。陛下听说了，难道不忧惧地痛恨他们这样做，认为他们最终难以消灭，而把他们作为国家的忧患吗？如果报告的人说，这两方敌人都推行无道，荒淫奢侈而没有限度，搞得士民劳苦不堪，不断加重人民的赋税，下边的人民经受不了这样的政命，忧叹之声一天比一天高。陛下听说了，难道不愤怒地痛恨他们使我们无辜的人民受苦受难，而想立即诛灭他们，其次，难道不庆幸他们疲弊不堪而容易攻取吗？如果这样，我们就可以换一个角度来考虑，事情的道理也就非常明白了。

且秦始皇不筑道德之基，而筑阿房之宫，不忧萧墙之变，而修长城之役。当其君臣为此计也，亦欲立万世之业，使子孙长有天下，岂意一朝匹夫大呼，而天下倾覆哉？故臣以为使先代之君知其所行必

秦始皇不修筑道德的基础，而修筑阿房宫，不担心内部潜在的祸变，而为防御外敌兴起修建万里长城的苦役。在他们君臣计划这些事的时候，也想创立万代基业，使他们的子孙长期统治天下，怎么会想到有朝一日一个普通人大声疾呼，秦朝的一统天下就倾覆了呢？因此臣认为假使前代的国君知道他们的做法一定会导致失败的话，他们就不会那样

将至于败，则弗为之矣。是以亡国之主自谓不亡，然后至于亡；贤圣之君自谓将亡，然后至于不亡。昔汉文帝称为贤主，躬行约俭，惠下养民，而贾谊方之，以为天下倒悬，可为痛哭者一，可为流涕者二，可为长叹息者三。况今天下凋弊，民无儋石之储，国无终年之畜，外有强敌，六军暴边，内兴土功，州郡骚动，若有寇警，则臣惧版筑之士不能投命虏庭矣。

做了。因此亡国之主自己认为不会灭亡，但是最终走向灭亡；贤圣的君主自己认为将会灭亡，最终却不至于灭亡。往昔汉文帝被人们称为贤主，亲自推行勤俭节约，爱护抚育人民，但贾谊还上疏比喻，认为天下的人民像被倒吊着一样，面对这样的局面他一要为之痛哭，二要为之流泪，三要为之长叹息。何况现今天下凋零疲弊，人民连微小的储备都没有，国家没有一年的积蓄，外边有强大的敌人，军队在边境日晒雨淋，宫廷里边大兴土木，州郡动乱不安，如果一旦有敌军进犯的警报传来，那么臣惧怕那些修筑宫殿的士民不会为打击敌寇而舍生忘死了。

又，将吏奉禄，稍见折减，方之于昔，五分居一；诸受休者又绝廪赐，不应输者今皆出半：此为官入兼多于旧，其所出与参少于昔。而度支经用，更每不足，牛肉小赋，前后相继。反而推之，凡此诸费，必有所在。且夫禄赐谷帛，人主所以惠养吏民而为之司命者也，若今有废，是夺其命矣。既得之而又失之，此生怨之府也。《周礼》，大府掌九赋之财，以给九式之用，入有其分，出有其所，不相干乘而用各足。各足之后，乃以式贡之余，供王玩好。又上用财，必考于司会。今陛下所与共坐廊庙治天下者，非三司九列，则台阁近臣，皆腹心造膝，宜在无讳。若见丰省而不敢以告，从命奔走，惟恐不胜，是则具臣，非鲠辅也。昔李斯教秦二世曰："为人主而不恣睢，命之曰天下桎

同时，当前将领官员们的俸禄，逐渐被减少，和过去相比，只有过去的五分之一；各位退休的官员又断绝粮食给养，不应该缴纳的赋税现在都要交纳一半：这说明官府的收入是过去的两倍，付出却比过去少了三分之一。而规划计算经费用度时，经常感到不够用，新增加的缴纳牛肉等费用，前后连续不断。反过来推论，各种增加的经费，一定用在某个地方。俸禄赏赐、粮食布帛，是君主用来抚养官员民众而使他们维持生命的东西，如果现在废除了，这就等于夺取他们的生命。已经得到了的东西又要失掉，这就是产生怨恨的根源。《周礼》规定，大府掌管各种赋税交纳的金玉布帛等财物，以供给各种用度，财物的收入有一定的法度，支出有一定的规定，各项收支不互相干预取用而各种用度就会充足。各种用度充足之后，才把按法度征收的贡赋的多余部分，供给君王享受玩乐。同时皇上使用的财物，一定要由主管财政经济的司会考查。现在和陛下一起坐朝廷治理天下的人，不是三公九卿，就是尚书台的大臣，都是陛下最亲近的人，应该毫不避讳。如果看到财政收入的增减而不敢及时报告，只知听从命令，唯唯诺诺，只担心自己不能坐稳官位，这就只是滥竽充数不称职的臣子，而不是正直敢谏的辅臣。过去李斯教育秦二世说："做了君主却不任意放纵

梏。”二世用之，秦国以覆，斯亦灭族。是以史迁议其不正谏，而为世诫。

及时行乐，这叫做得了天下反而像给自己套上了脚镣手铐。”秦二世用这样的方法治国，秦国因此倾覆，李斯也被灭族。因此太史令司马迁评论他不能正直地劝谏，而作为后世的鉴戒。

书奏，帝览焉，谓中书监、令曰：“观隆此奏，使朕惧哉！”

书上奏后，皇上阅读了它，对中书监、中书令说：“看了高堂隆的这封奏章，真使我惧怕啊！”

隆疾笃，口占上疏曰：

高堂隆病重时，口述上呈文书说：

曾子有疾，孟敬子问之。曾子曰：“鸟之将死，其鸣也哀；人之将死，其言也善。”臣寝疾病，有增无损，常惧奄忽，忠款不昭。臣之丹诚，岂惟曾子，愿陛下少垂省览！涣然改往事之过谬，勃然兴来事之渊塞，使神人向应，殊方慕义，四灵效珍，玉衡曜精，则三王可迈，五帝可越，非徒继体守文而已也。

曾子有病，孟敬子问候他。曾子说：“鸟将要死的时候，它的叫声是悲哀的；人将要死的时候，他的话是善良的。”臣卧床病重，病情有增无减，经常害怕突然死掉，而不能表明我的一片忠诚之心。我的赤诚之心，难道只像曾子，希望陛下稍微察看一下！迅速改正过去的错误，蓬勃兴起以后笃实深远的事业，使得上帝人民共同响应，四面八方仰慕德义，麟凤龟龙敬献珍宝，北斗星精闪耀光芒，那么陛下就可以赶上三王，超过五帝，不只是继承君位遵守成法而已。

臣常疾世主莫不思绍尧、舜、汤、武之治，而蹈踵桀、纣、幽、厉之迹，莫不蚩笑季世惑乱亡国之主，而不登践虞、夏、殷、周之轨。悲夫！以若所为，求若所致，犹缘木求鱼，煎水作冰，其不可得，明矣。寻观三代之有天下也，圣贤相承，历载数百，尺土莫非其有，一民莫非其臣，万国咸宁，九有有截；鹿台之金，巨桥之粟，无所用之，仍旧南面，夫何为哉！然癸、辛之徒，恃其旅力，知足以拒谏，才足以饰非，谄谀是尚，台观是崇，淫乐是好，倡优是说，作靡靡之乐，安濮上之音。上天不蠲，眷然回顾，宗国为

臣经常痛心世上的君主人人都想继承尧、舜、商汤王、周武王的英明政治，实际上自己却走夏桀王、商纣王、周幽王、周厉王的老路，人人都讥笑末代惑乱亡国的君主，实际上自己却不遵循虞舜、夏禹王、商汤王、周武王的正轨。可悲啊！用这样的做法，追求那样的目的，就好像攀登到树上去找鱼，用火烧水来制作冰块一样，这样做终究不能达到目的，这是非常明显的。考察夏、商、周三代拥有天下，圣贤的君主一个接一个，经历了好几百年，土地没有一尺不是他们的国土，人民没有一个不是他们的臣子，各诸侯国都安定团结，九州整齐划一；鹿台的黄金，巨桥的粮食，多得无处去用，仍旧能南面称君，那是为什么呢？然而商纣王、夏桀王之类的人，依仗他们的武力，智慧足够拒绝忠臣的劝谏，才能足够掩饰自己的过错，崇尚阿谀奉承，高筑楼台馆所，喜好奢侈淫乐，喜欢歌儿舞女，制作靡靡之音，沉迷于濮水一带的淫乱音乐。上天不赦免他们的罪过，而关怀眷念百姓，结果他们的祖庙、国都化为废

墟，下夷于隶，纣县白旗，桀放鸣条。天子之尊，汤、武有之，岂伊异人，皆明王之胄也。且当六国之时，天下殷炽，秦既兼之，不修圣道，乃构阿房之宫，筑长城之守，矜夸中国，威服百蛮，天下震竦，道路以目；自谓本枝百叶，永垂洪晖，岂寤二世而灭，社稷崩圮哉？近汉孝武乘文、景之福，外攘夷狄，内兴宫殿，十余年间，天下嚣然。乃信越巫，怼天迁怒，起建章之宫，千门万户，卒致江充妖蛊之变，至于宫室乖离，父子相残，殃咎之毒，祸流数世。

墟，被下面的奴隶们消灭，商纣王的头被悬挂在白旗上，夏桀王被放逐到鸣条而死。天子的尊严，商汤王、周武王都有，难道他们都是特异的人、都是英明帝王的后代吗？在六国纷乱的时候，天下争斗激烈，秦国已经兼并六国，但他们不推行圣王的政治，却动用民力修筑阿房宫，修建防守外敌的万里长城，在中原夸耀武力，凭威风降服各少数民族，以致天下震动恐惧，人民在道路上相遇只能用眼睛示意。他们自己认为根基巩固，枝叶繁茂，秦国的统治会永久流传下去，谁知只传了两代就灭亡，社稷也随之崩溃倾覆呢？近代汉武帝继承汉文帝、汉景帝的洪福，对外抗拒匈奴，在内大兴宫殿，十多年间，天下忧愁。于是就相信越国巫人的话，怨恨上天并把怒气加在别人身上，修建的建章宫，千门万户，最后导致江充诬蔑太子诬蛊的事变，以致宫廷内部众叛亲离，父子之间互相残杀，灾祸造成的毒害，流传了好几代。

臣观黄初之际，天兆其戒，异类之鸟，育长燕巢，口爪胸赤，此魏室之大异也，宜防鹰扬之臣于萧墙之内。可选诸王，使君国典兵，往往棋跱，镇抚皇畿，翼亮帝室。昔周之东迁，晋、郑是依，汉吕之乱，实赖朱虚，斯盖前代之明鉴。夫皇天无亲，惟德是辅。民咏德政，则延期过历，下有怨叹，掇录授能。由此观之，天下之天下，非独陛下之天下也。臣百疾所钟，气力稍微，辄自舆出，归还里舍，若遂沈沦，魂而有知，结草以报。

臣观察黄初年间，上天降下告诫的征兆，不同种类的鸟，在燕子的窝里生育成长，嘴巴、脚爪和胸部都是红的，这是魏国的大怪事，应该预防在朝廷内部出现奋发威武、胸怀野心的人。因此，可以选择各国诸侯王，使他们在采邑封国之内掌管军事，经常处于相持之势，镇守扶助京师附近，辅助光大皇室。过去周平王向东迁都，依靠晋国、郑国的辅助，汉朝平定诸吕之乱，实在是依赖朱虚侯刘章，这都是前代明明白白的鉴戒。皇天没有特别亲近的人，只辅助那些有道德的人。人民歌颂德政，就能延续皇统，人民怨怒哀叹，就要选择和授予有才能的人来统治天下。由此看来，天下是天下民众的天下，不只是陛下个人的天下。臣现在百病聚集在身，气力逐渐衰微，就要自己坐车出京，回到故乡老家，如果就此死去，魂魄能有知觉，一定对陛下感恩报德，至死不忘。

诏曰："生廉追伯夷，直过史鱼，执心坚白，謇謇匪躬，如何微疾未除，退身里舍？昔邴

皇上下诏书说："先生的廉洁赶上了伯夷，正直超过了史鱼，用心坚贞洁白，忠直而不顾个人私利，为什么一点小病没有消除，就退位回家乡？过去邴

吉以阴德,疾除而延寿;贡禹以守节,疾笃而济愈。生其强饭专精以自持。”隆卒,遗令薄葬,敛以时服。[9]

吉因为积累阴德,结果疾病消除而延年益寿;贡禹因为保持节操,虽然病重而终能治愈。先生还是努力加餐,专心一致地保养自己。”高堂隆死,留下遗言要后人俭薄地埋葬自己,只用当时一般的服装装敛自己。

初,太和中,中护军蒋济上疏曰“宜遵古封禅”。诏曰:“闻济斯言,使吾汗出流足。”事寝历岁,后遂议修之,使隆撰其礼仪。帝闻隆没,叹息曰:“天不欲成吾事,高堂生舍我亡也。”子琛嗣爵。

当初,魏明帝太和年间,中护军蒋济上疏说:“应该遵循古代的封禅制度。”皇上下诏说:“听到蒋济这样的话,使我汗流不止以至淌到脚下。”这件事停止了几年,以后议论提倡这件事,让高堂隆撰写封禅的礼仪。皇上听说高堂隆死了,叹息说:“上天不想成就我的事业,高堂先生舍弃我先走了。”高堂隆的儿子高堂琛继承其封爵。

始,景初中,帝以苏林、秦静等并老,恐无能传业者。乃诏曰:“昔先圣既没,而其遗言余教,著于六艺。六艺之文,礼又为急,弗可斯须离者也。末俗背本,所由来久。故闵子讥原伯之不学,荀卿丑秦世之坑儒,儒学既废,则风化曷由兴哉?方今宿生巨儒,并各年高,教训之道,孰为其继?昔伏生将老,汉文帝嗣以晁错;《穀梁》寡畴,宣帝承以十郎。其科郎吏高才解经义者三十人,从光禄勋隆、散骑常侍林、博士静,分受四经三礼,主者具为设课试之法。夏侯胜有言:‘士病不明经术,经术苟明,其取青紫如俯拾地芥耳。’今学者有能究极经道,则爵禄荣宠,不期而至。可不勉哉!”数年,隆等皆卒,学者遂废。

开始,魏明帝景初年间,皇上因为苏林、秦静等人都老了,担心没有能传下他们学业的人。于是下诏说:“过去先圣已经逝世,但他们留下的的言论和教化,都写在《诗》、《书》、《礼》、《乐》、《易》、《春秋》六部经典著作中。六经的文章,礼又是最紧要的,不能够片刻离开。把提倡好风俗看做小事而违背礼这个根本,由来已久了。因此闵子指责原伯闭口不谈学问,荀卿憎恶秦始皇焚书坑儒,儒学既已废除,那么风俗教化从哪里兴起呢?现在老辈学者和大儒学家,都已经年老,在教化的大业方面,谁是他们的继承人呢?过去伏生将要老了,汉文帝要晁错继承他的学业。《穀梁传》缺少志同道合的研究者,汉宣帝命蔡千秋选十位郎官跟他学习。现从郎官中选拔三十个才能出众、理解经义的人,跟随光禄勋高堂隆、散骑常侍苏林、博士秦静,分别学习《诗》、《书》、《易》、《春秋》四经和《周礼》、《仪礼》、《礼记》三礼,主管人都为此设置考试的法规。夏侯胜曾说过:‘儒士最大的缺点是不明经术,经术如果能明晓通达,那么要得到卿大夫等官位就像弯腰捡草芥那样容易。’现在如果有能够研究精通经学之道的人,那么你不想得到高官厚禄也会得到。大家可以不勉励自己吗!”几年以后,高堂隆等人都死了,学习经术的人都废弃了学业。

初,任城栈潜,太祖世历

当初,任城国的栈潜,在太祖时历任县令,曾督

县令，[10]尝督守邺城。时文帝为太子，耽乐田猎，晨出夜还。潜谏曰："王公设险以固其国，都城禁卫，用戒不虞。《大雅》云：'宗子维城，无俾城坏。'又曰：'犹之未远，是用大谏。'若逸于游田，晨出昏归，以一日从禽之娱，而忘无垠之衅，愚窃惑之。"太子不悦，然自后游出差简。黄初中，文帝将立郭贵嫔为皇后，潜上疏谏，语在《后妃传》。明帝时，众役并兴，戚属疏斥，潜上疏曰："天生蒸民而树之君，所以覆焘群生，熙育兆庶，故方制四海匪为天子，裂土分疆匪为诸侯也。始自三皇，爰暨唐、虞，咸以博济加于天下，醇德以洽，黎元赖之。三王既微，降逮于汉，治日益少，丧乱弘多，自时厥后，亦罔克乂。太祖浚哲神武，芟除暴乱，克复王纲，以开帝业。文帝受天明命，廓恢皇基，践阼七载，每事未遑。陛下圣德，纂承洪绪，宜崇晏晏，与民休息。而方隅匪宁，征夫远戍，有事海外，县旌万里，六军骚动，水陆转运，百姓舍业，日费千金。大兴殿舍，功作万计，徂来之松，刊山穷谷，怪石珷玞，浮于河、淮，都圻之内，尽为甸服，当供稿秸铚粟之调，而为苑囿择禽之府，盛林莽之秽，丰鹿兔之薮；伤害农功，地繁茨棘，灾疫流行，民物大溃，上减和

守邺城。当时文帝还是太子，迷上了打猎，早晨出猎夜里才回宫。栈潜劝谏他说："王公设置险阻是用来巩固国家的，都城的禁卫制度，是用来戒备不测的事情的。《大雅》上说：'国君的嫡子就像京城的城墙，不要使这个城墙崩毁。'又说：'不能谋划长远的事业，因此要极力劝谏。'如果只喜欢打猎，早出晚归，因为整天贪求追逐禽兽的欢乐，而忘记了无边无际的灾祸，我暗自对这感到迷惑不解。"太子听了不高兴，但从此以后略微减少了出游打猎的次数。黄初年间，文帝要立郭贵嫔为皇后，栈潜上疏劝谏，劝谏的话记在《后妃传》中。魏明帝的时候，各种劳役一齐兴起，皇亲国戚被疏远排斥，栈潜于是上疏说："天生众民而为他们树立国君，国君是用来爱护保护众人、养育万民的，因此控制四海不仅仅是为了天子，分割土地划分边界不仅仅是为了诸侯。从三皇开始，到唐尧、虞舜，都能在天下广施恩惠，救助民众，敦厚朴实的美德因此和洽，老百姓都依赖他们。三王衰微以后，下到汉朝，安定太平的日子越来越少，丧乱越来越多，从此以后，国家不能得到很好的治理。太祖智慧深邃，神明威武，铲除暴乱，恢复朝廷的纲纪，因此开创了帝业。文帝接受上天的明命，发扬光大帝王的基业，登位七年，为了治理各种大事，以至没有空闲休息。陛下圣明伟大，继承大业，应该崇尚安定和平，让人民休养生息。现在边境不安宁，征战的士兵到远方防守，境外战事不息，大军挂旗出征于万里之外，各路军队动荡不安，不断从水路、陆路转运粮草，老百姓舍弃了农业生产，每天消费成千上万的钱财。又大兴宫殿馆舍，工程上万，因为砍伐徂来山的松树，山上都被砍得光光的，怪特的石头和珷玞等美石，在黄河、淮河运送不绝，京城周围方圆千里的地方，都变为王畿的外围，原是民众完成供给马料、粮食调赋的地方，现在都成了皇家苑囿选择禽物的府库，草木繁茂、杂草丛生的荒地和鹿兔等野兽聚积的场所；这样做伤害了农业生产，土地长满了荆棘，灾疫到处流行，民众财物消耗得精光，上天气节不调畅，庄稼不能生长。我听

气，嘉禾不植。臣闻文王作丰，经始勿亟，百姓子来，不日而成。灵沼、灵囿，与民共之。今宫观崇侈，雕镂极妙，忘有虞之总期，思殷辛之琼室，禁地千里，举足投网，丽拟阿房，役百乾谿，臣恐民力彫尽，下不堪命也。昔秦据殽函以制六合，自以德高三皇，功兼五帝，欲号谥至万叶，而二世颠覆，愿为黔首，由枝干既扤，本实先拔也。盖圣王之御世也，克明俊德，庸勋亲亲；俊乂在官，则功业可隆，亲亲显用，则安危同忧；深根固本，并为干翼，虽历盛衰，内外有辅。昔成王幼冲，未能莅政，周、吕、召、毕，并在左右；今既无卫侯、康叔之监，分陕所任，又非旦、奭。东宫未建，天下无副。愿陛下留心关塞，永保无极，则海内幸甚。”后为燕中尉，辞疾不就，卒。

说周文王建立丰邑，开始度量筹划时并不急于求成，但老百姓都携儿带女地聚集来，没有几天就建成了。文王的灵沼、灵囿，与人民共同所有。现在宫殿台观一味追求华丽奢侈，粉饰雕刻得极其奇妙，完全忘记了虞舜在明堂用草盖举行仪礼的俭朴精神，整天想的是像商纣王用美玉装饰宫室那样奢侈浪费，设禁的土地上千里，人民的一举一动都要触犯法网，宫室华丽的程度与秦代的阿房宫相比拟，劳役是楚灵王乾谿建章华台的一百倍，我恐怕民力凋弊殆尽，人民会经受不住这样的政令。过去秦国凭借殽山、函谷关等险阻而控制天下，自认为品德比三皇还高，功劳是五帝的总和，想定立流传万代的称号，但只有二代就倾覆了，昔日的君主只得心甘情愿去做普通老百姓，这都是由于枝干已经动摇，根本早已拔出的缘故。圣王治理天下，能尊重才智出众的有德之士，团结亲人建立功业；有才德的人都担任官职，功业就可以兴隆，亲近的人被提拔重用，他们就会与王室安危与共，同舟共济；国家根本巩固了，大家都会辅助朝廷，即使经历兴盛和衰落的不同时期，内外都有人辅佐。过去周成王年幼，不能临政，周公、吕望、召公、毕公都在左右扶持；现在既没有卫侯、康叔那样监管前朝余民的人，又没有像周公、召公那样能担任分陕而治大业的人。太子没有确立，天下没有副君。希望陛下把心思放在边塞上，永远保守无尽之业，那么海内人民就会非常幸运了。”后来栈潜被任命为燕国中尉，因病辞官不就职，去世。

评曰：辛毗、杨阜，刚亮公直，正谏匪躬，亚乎汲黯之高风焉。高堂隆学业修明，志在匡君，因变陈戒，发于恳诚，忠矣哉！及至必改正朔，俾魏祖虞，所谓意过其通者欤！

评论说：辛毗、杨阜，刚毅忠诚而公正耿直，正言规谏而不顾个人安危，仅次于汲黯的高风亮节。高堂隆精通经学而品德高尚，一心匡正国君，利用已发生的灾变陈述历史的鉴戒，一切出于恳切忠诚，确实是一片忠心啊！至于建议一定要改变纪时历法，使魏国追认虞为始祖，似乎是人们常说的坚持己意超过了他所精通的事理吧！

①《英雄记》曰：谭、尚战于外门，谭军败奔北。郭图说谭曰："今将军国小兵少，粮匮势弱，显甫之来，久则不敌。愚以为可呼曹公来击显甫。曹公至，必先攻邺，显甫还救。将军引兵而西，自邺以北皆可虏得。若显甫军破，其兵奔亡，又可敛取以拒曹公。曹公远侨而来，粮饷不继，必自逃去。比此之际，赵国以北皆我之有，亦足与曹公为对矣。不然，不谐。"谭始不纳，后遂从之。问图："谁可使？"图答："辛佐治可。"谭遂遣毗诣太祖。

②《魏略》曰：诸葛亮围祁山，不克，引退。张郃追之，为流矢所中死。帝惜郃，临朝而叹曰："蜀未平而郃死，将若之何！"司空陈群曰："郃诚良将，国所依也。"毗心以为郃虽可惜，然已死，不当内弱主意，而示外以不大也。乃持群曰："陈公，是何言欤！当建安之末，天下不可一日无武皇帝也，及委国祚，而文皇帝受命。黄初之世，亦谓不可无文皇帝也，及委弃天下，而陛下龙兴。今国内所少，岂张郃乎？"陈群曰："亦诚如辛毗言。"帝笑曰："陈公可谓善变矣。"

臣松之以为拟人必于其伦，取譬宜引其类，故君子于其言，无所苟而已矣。毗欲弘广主意，当举若张辽之畴，安有于一将之死而可以祖宗为譬哉？非所宜言，莫过于兹。进违其类，退似谄佞，佐治刚正之体，不宜有此。《魏略》既已难信，习氏又从而载之，窃谓斯人受诬不少。

③《魏略》曰：宣王数数欲进攻，毗禁不听。宣王虽能行意，而每屈于毗。

④《世语》曰：敞字泰雍，官至卫尉。毗女宪英，适太常泰山羊耽，外孙夏侯湛为其传曰："宪英聪明有才鉴。初文帝与陈思王争为太子，既而文帝得立，抱毗颈而喜曰：'辛君知我喜不？'毗以告宪英，宪英叹曰：'太子代君主宗庙社稷者也。代君不可以不戚，主国不可以不惧，宜戚而喜，何以能久？魏其不昌乎！'弟敞为大将军曹爽参军。司马宣王将诛爽，因爽出，闭城门。大将军司马鲁芝将爽府兵，犯门斩关，出城门赴爽，来呼敞俱去。敞惧，问宪英曰：'天子在外，太傅闭城门，人云将不利国家，于事可得尔乎？'宪英曰：'天下有不可知，然以吾度之，太傅殆不得不尔！明皇帝临崩，把太傅臂，以后事付之，此言犹在朝士之耳。且曹爽与太傅俱受寄托之任，而独专权势，行以骄奢，于王室不忠，于人道不直，此举不过以诛曹爽耳。'敞曰：'然则事就乎？'宪英曰：'得无殆就！爽之才非太傅之偶也。'敞曰：'然则敞可以无出乎？'宪英曰：'安可以不出。职守，人之大义也。凡人在难，犹或恤之；为人执鞭而弃其事，不祥，不可也。且为人死，为人任，亲昵之职也，从众而已。'敞遂出。宣王果诛爽。事定之后，敞叹曰：'吾不谋于姊，几不获于义。'逮钟会为镇西将军，宪英谓从子羊祜曰：'钟士季何故西出？'祜曰：'将为灭蜀也。'宪英曰：'会在事纵恣，非持久处下之道，吾畏其有他志也。'祜曰：'季母勿多言。'其后会请子琇为参军，宪英忧曰：'他日见钟会之出，吾为国忧之矣。今日难至吾家，此国之大事，必不得止也。'琇固请司马文王，文王不听。宪英语琇曰：'行矣，戒之！古之君子，入则致孝于亲，出则致节于国，在职思其所司，在义思其所立，不遗父母忧患而已。军旅之间，可以济者，其惟仁恕乎！汝其慎之！'琇竟以全身。宪英年至七十有九，泰始五年卒。"

⑤《魏略》曰：阜少与同郡尹奉次曾、赵昂伟章俱发名，伟章、次曾与阜俱为凉州从事。

⑥皇甫谧《列女传》曰：姜叙母者，天水姜伯奕之母也。建安中，马超攻冀，害凉州刺史韦康，州人凄然，莫不感愤。叙为抚夷将军，拥兵屯历。叙姑子杨阜，故为康从事，同等十余人，皆略属超，阴相结为康报仇，未有间。会阜妻死，辞超宁归西，因过至历，候叙母，说康被害及冀中之难，相对泣良久。姜叙举室感悲，叙母曰："咄！伯奕，韦使君遇难，岂一州之耻，亦汝之负，岂独义山哉？汝无顾我，事淹变生。人谁不死？死国，忠义之大者。但当速发，我自为汝当之，不以余年累汝也。"因敕叙与阜参议，许诺，分人使语乡里尹奉、赵昂及安定梁宽等，

令叙先举兵叛超，超怒，必自来击叙，宽等因从后闭门。约誓以定，叙遂进兵入卤，昂、奉守祁山。超闻，果自出击叙，宽等从后闭冀门，超失据。过卤，叙守卤。超因进至历，历中见超往，以为叙军还。又传闻超以走奔汉中，故历无备。及超入历，执叙母，母怒骂超。超被骂大怒，即杀叙母及其子，烧城而去。阜等以状闻，太祖甚嘉之，手令褒扬，语如本传。

臣松之案：谧称阜为叙姑子，而本传云叙为阜外兄，与今名内外为不同。谧又载赵昂妻曰：赵昂妻异者，故益州刺史天水赵伟璋妻，王氏女也。昂为羌道令，留异在西。会同郡梁双反，攻破西城，害异两男。异女英，年六岁，独与异在城中。异见两男已死，又恐为双所侵，引刀欲自刎，顾英而叹曰："身死尔弃，当谁恃哉！吾闻西施蒙不絜之服，则人掩鼻，况我貌非西施乎？"乃以溷粪涅麻而被之，鲜食瘠形，自春至冬。双与州郡和，异竟以是免难。昂遣吏迎之，未至三十里，止谓英曰："妇人无符信保傅，则不出房闱。昭姜沈流，伯姬待烧，每读其传，心壮其节。今吾遭乱不能死，将何以复见诸姑？所以偷生不死，惟怜汝耳。今官舍已近，吾去汝死矣。"遂饮毒药而绝。时适有解毒药良汤，撅口灌之，良久乃苏。建安中，昂转参军事，徙居冀。会马超攻冀，异躬著布韛，佐昂守备，又悉脱所佩环、黼黻以赏战士。及超攻急，城中饥困，刺史韦康素仁，悯吏民伤残，欲与超和。昂谏不听，归以语异，异曰："君有争臣，大夫有专利之义；专不为非也。焉知救兵不到关陇哉？当共勉卒高勋，全节致死，不可从也。"比昂还，康与超和。超遂背约害康，又劫昂，质其嫡子月于南郑。欲要昂以为己用，然心未甚信。超妻杨闻异节行，请与谯终日。异欲信昂于超以济其谋，谓杨曰："昔管仲入齐，立九合之功；由余适秦，穆公成霸。方今社稷初定，治乱在于得人，凉州士马，乃可与中夏争锋，不可不详也。"杨深感之，以为忠于己，遂与异重相接结。昂所以得信于超，全功免祸者，异之力也。及昂与杨阜等结谋讨超，告异曰："吾谋如是，事必万全，当奈月何？"异厉声应曰："忠义立于身，雪君父之大耻，丧元不足为重，况一子哉？夫项托、颜渊，岂复百年，贵义存耳。"昂曰："善。"遂共闭门逐超，超奔汉中，从张鲁得兵还。异复与昂保祁山，为超所围，三十日救兵到，乃解。超卒杀异子月。凡自冀城之难，至于祁山，昂出九奇，异辄参焉。

⑦臣松之以为忠至之道，以亡己为理。是以匡救其恶，不为身计。而阜表云"使国亡而臣可以独存，臣又不言也"，此则发愤为己，岂为国哉？斯言也，岂不伤谠烈之义，为一表之病乎！

⑧《魏略》曰：太史上汉历不及天时，因更推步弦望朔晦，为太和历。帝以隆学问优深，于天文又精，乃诏使隆与尚书郎杨伟、太史待诏骆禄参共推校。伟、禄是太史，隆故据旧历更相劾奏，纷纭数岁，伟称禄得日蚀而月晦不尽，隆不得日蚀而月晦尽，诏从太史。隆所争虽不得，而远近犹知其精微也。

⑨习凿齿曰：高堂隆可谓忠臣矣。君侈每思谏其恶，将死不忘忧社稷，正辞动于昏主，明戒验于身后，謇谔足以励物，德音没而弥彰，可不谓忠且智乎！《诗》云："听用我谋，庶无大悔。"又曰："曾是莫听，大命以倾。"其高堂隆之谓也。

⑩潜字彦皇，见应璩《书林》。

三国志卷二十六 魏书二十六

满田牵郭传第二十六

满宠字伯宁，山阳昌邑人也。年十八，为郡督邮。时郡内李朔等各拥部曲，害于平民，太守使宠纠焉。朔等请罪，不复钞略。守高平令。县人张苞为郡督邮，贪秽受取，干乱吏政。宠因其来在传舍，率吏卒出收之，诘责所犯，即日考竟，遂弃官归。

满宠字伯宁，山阳郡昌邑县人。十八岁就任郡督邮。当时郡内李朔等人各自拥有私人军队，残害平民百姓，郡太守派满宠督察。李朔等人主动请罪，不再抢掠。满宠试用为高平县令。高平县的张苞任郡督邮，贪污受贿，搞乱了政治风气。满宠趁他来县住在县传舍的机会，带领吏卒们逮捕了他，并立即审问他犯的罪行，当天把他拷问致死，满宠于是弃官回家。

太祖临兖州，辟为从事。及为大将军，辟署西曹属，为许令。时曹洪宗室亲贵，有宾客在界，数犯法，宠收治之。洪书报宠，宠不听。洪白太祖，太祖召许主者。宠知将欲原，乃速杀之。太祖喜曰："当事不当尔邪？"故太尉杨彪收付县狱，尚书令荀彧、少府孔融等并属宠："但当受辞，勿加考掠。"宠一无所报，考讯如法。数日，求见太祖，言之曰："杨彪考讯无他辞语。当杀者宜先彰其罪；此人有名海内，若罪不明，必大失民望，窃为明公惜之。"太祖即日赦出彪。初，彧、融闻考掠彪，皆怒，及因此得了，更善宠。①

太祖治兖州时，征召满宠任从事。到太祖为大将军时，召他代理西曹属官，任许县令。当时曹洪是太祖的亲戚，地位也高，他有门客在许县内多次犯法，满宠逮捕来治罪。曹洪写信告诉满宠，满宠不理睬。曹洪又禀告太祖，太祖召见许县主办的官吏。满宠知道太祖将要赦免罪犯，于是很快把他杀掉。太祖高兴地说："处理政事难道不应该这样吗？"原太尉杨彪被逮捕后交到许县审理，尚书令荀彧、少府孔融等人都嘱咐满宠："只应该记录供词，不要拷打他。"满宠一个也不答复，仍按法拷问。几天后，他求见太祖，对太祖说："杨彪通过拷问没有另外犯罪的供词。判决杀头的应该先公布他的罪状；这个人在全国有名，如果罪状不明，一定会大大失去民心，我私下替您可惜。"太祖当天就赦免了杨彪，并放了他。起初，荀彧、孔融听说满宠拷打杨彪，都很恼怒，等到因满宠而了结此案时，便反倒认为满宠不错。

时袁绍盛于河朔，而汝南绍之本郡，门生宾客布在诸

当时袁绍在黄河以北势力强大，而汝南郡又是袁绍家乡所在的郡，他的门生宾客分布郡内各县，

县,拥兵拒守。太祖忧之,以宠为汝南太守。宠募其服从者五百人,率攻下二十余壁,诱其未降渠帅,于坐上杀十余人,一时皆平。得户二万,兵二千人,令就田业。

建安十三年,从太祖征荆州。大军还,留宠行奋威将军,屯当阳。孙权数扰东陲,复召宠还为汝南太守,赐爵关内侯。关羽围襄阳,宠助征南将军曹仁屯樊城拒之,而左将军于禁等军以霖雨水长为羽所没。羽急攻樊城,樊城得水,往往崩坏,众皆失色。或谓仁曰:“今日之危,非力所支。可及羽围未合,乘轻船夜走,虽失城,尚可全身。”宠曰:“山水速疾,冀其不久。闻羽遣别将已在郏下,自许以南,百姓扰扰,羽所以不敢遂进者,恐吾军掎其后耳。今若遁去,洪河以南,非复国家有也;君宜待之。”仁曰:“善。”宠乃沈白马,与军人盟誓。会徐晃等救至,宠力战有功,羽遂退。进封安昌亭侯。文帝即王位,迁扬武将军。破吴于江陵有功,更拜伏波将军,屯新野。大军南征,到精湖,宠帅诸军在前,与贼隔水相对。宠敕诸将曰:“今夕风甚猛,贼必来烧军,宜为其备。”诸军皆警。夜半,贼果遣十部伏夜来烧,宠掩击破之,进封南乡侯。黄初三年,假宠节钺。五年,拜前将军。明帝即位,进封昌邑

这些人都拥有军队防守。太祖对此很担心,就任满宠为汝南郡太守。满宠招募了五百个服从他的人,率领他们攻下了二十多个壁垒,又诱来那些没有降服的头领,在座位上杀掉十多人,一下子就完全平定了全郡。这次一共夺得二万户人家,二千士兵,满宠命令他们回家去从事生产。

汉献帝建安十三年,他跟随太祖征讨荆州。太祖大军返回,留下满宠代理奋威将军,驻军防守当阳。因为孙权多次侵扰东边边境,太祖又召满宠回郡任汝南太守,并赐给他关内侯的封爵。关羽围攻襄阳,满宠协助征南将军曹仁驻扎在樊城抗御关羽,而左将军于禁等军因长期下雨、江河涨水被关羽淹没。关羽急攻樊城,樊城涨水,处处崩坏,众人都担心害怕。有人对曹仁说:“今天所处的危境,不是我们的力量支撑得了的。我们可以在关羽的包围圈还没有形成的时候,乘坐快船夜里逃跑,这样虽然丢失了樊城,但还可以保全性命。”满宠说:“山水来去都很快,看来不会持续很久。听说关羽派遣的其他将领已到郏县之下,许县以南的老百姓都纷乱不安,关羽之所以不敢轻率地前进,就是害怕我军在后边牵制他。现在如果逃走,洪河以南就不再归国家所有了;您应该坚守在这里等待时机。”曹仁说:“说得好。”满宠于是把白马沉到水中,与军人们歃盟发誓。恰好徐晃等人的救兵赶到,加上满宠奋力战斗有功,关羽于是退兵。满宠被晋封为安昌亭侯。文帝即王位,他被提升为扬武将军。在江陵打败吴军有功,又被任命为伏波将军,驻军新野。大军南征,进军到精湖,满宠率领各军在前,与敌人隔水相对。满宠告诫各将领说:“今天晚风很猛,敌人一定会来放火烧军营,应该预先做好准备。”各军听了,都高度警惕。半夜,敌军果然派十部兵士趁夜晚天黑来焚烧军营,满宠突然出击打败了他们,被晋封为南乡侯。魏文帝黄初三年,授予他符节斧钺。黄初五年,任命他为前将军。明帝即位,晋封为昌邑侯。

侯。太和二年，领豫州刺史。三年春，降人称吴大严，扬声欲诣江北猎，孙权欲自出。宠度其必袭西阳而为之备，权闻之，退还。秋，使曹休从庐江南入合肥，令宠向夏口。宠上疏曰："曹休虽明果而希用兵，今所从道，背湖旁江，易进难退，此兵之洼地也。若入无彊口，宜深为之备。"宠表未报，休遂深入。贼果从无彊口断夹石，要休还路。休战不利，退走。会朱灵等从后来断道，与贼相遇。贼惊走，休军乃得还。是岁休薨，宠以前将军代都督扬州诸军事。汝南兵民恋慕，大小相率，奔随道路，不可禁止。护军表上，欲杀其为首者。诏使宠将亲兵千人自随，其余一无所问。四年，拜宠征东将军。其冬，孙权扬声欲至合肥，宠表召兖、豫诸军，皆集。贼寻退还，被诏罢兵。宠以为今贼大举而还，非本意也，此必欲伪退以罢吾兵，而倒还乘虚，掩不备也，表不罢兵。后十余日，权果更来，到合肥城，不克而还。其明年，吴将孙布遣人诣扬州求降，辞云："道远不能自致，乞兵见迎。"刺史王凌腾布书，请兵马迎之。宠以为必诈，不与兵，而为凌作报书曰："知识邪正，欲避祸就顺，去暴归道，甚相嘉尚。今欲遣兵相迎，然计兵少则不足相卫，多则事必远闻。且先密计以成本志，

魏明帝太和二年，兼豫州刺史。太和三年春天，来投降的人都说吴国上下戒备森严，扬言要进攻长江以北地区，孙权想亲自出征。满宠估计他们一定要袭击西阳县，便因此早早做好了准备，孙权听说了，就退军回去。秋天，明帝派曹休从庐江郡南部进入合肥，命令满宠向夏口镇进发。满宠上疏说："曹休虽然聪明果敢，但很少带兵作战，现在他们经过的路线，背靠巢湖、依傍长江，容易前进而难于后退，这是军队陷入困境的地带。如果进入了无彊口，应该特别做好准备。"满宠的表章还没有上报，曹休就已深入到庐江。敌军果然从无彊口截断夹石通路，在半路上截断曹休的退路。曹休作战不利，撤退逃跑。刚好朱灵等人从后面来阻绝道路，与敌军相遇。敌军惊骇逃走，曹休的军队得以退回。这年曹休死，满宠以前将军的职务代理总揽扬州各军军事。汝南郡的军民留恋仰慕他，男女老幼，互相带领，奔来跟在满宠进军的路上，满宠不能禁止。护军呈表上奏，想杀掉那些为首的人。皇上下诏让满宠带领一千名亲兵跟随自己，其余的一个也不过问。太和四年，又任命满宠为征东将军。这年冬天，孙权扬言要进军合肥，满宠上表要求召集兖州、豫州各军，各军都汇集在一起。敌军不久就退回，满宠接到诏书撤离军队。满宠认为现在敌军大举进兵而又返回，这不是他们的本意，他们一定是假装撤退来诱使我军撤离，然后再倒过来乘虚回军，趁我们不防备时搞突然袭击，因而上表请求不要撤军。十多天后，孙权果然再来，进军到合肥城，结果不能取胜而回去。第二年，吴国将领孙布派人到扬州请求投降，来信说："道路太远，凭自己的力量不能到达扬州，请求派兵迎接我们。"刺史王凌派人送上孙布的信，请求派兵马迎接孙布。满宠认为孙布一定是欺诈我方，不给王凌军队，而替王凌写回信说："能分辨是非好坏，想避免祸害来归顺朝廷，离开残暴，归向正道，值得称赞崇敬。现准备派兵迎接你们，但想到派兵太少则不足以护卫你们，派兵太多则事情一定会暴露，消息会传到远方。请先通过秘密计划来达到你们的目

临时节度其宜。”宠会被书当入朝，敕留府长史：“若凌欲往迎，勿与兵也。”凌于后索兵不得，乃单遣一督将步骑七百人往迎之。布夜掩击，督将迸走，死伤过半。初，宠与凌共事不平，凌支党毁宠疲老悖谬，故明帝召之。既至，体气康强，见而遣还。②宠屡表求留，诏报曰：“昔廉颇强食，马援据鞍，今君未老而自谓已老，何与廉、马之相背邪？其思安边境，惠此中国。”

的，临时可根据实情采用最恰当的方式办理。”恰好满宠受命要进京朝见皇上，临走前告诫留府长史说：“如果王凌想去迎接，不要给他军队。”王凌之后求兵不到，就只派一名将领率七百步兵骑兵前去迎接。孙布夜里突然出击，督将逃走，军士死伤过半。当初，满宠与王凌共事有矛盾，王凌手下的党羽诋毁满宠年老糊涂、处事不当，因此魏明帝召见满宠。到了朝堂，满宠身强体壮、精神很好，明帝接见后打发他返回扬州。满宠多次上表请求留下，皇帝下诏答复说：“过去廉颇为了显示自己未老而强使自己多吃饭，马援为了表示自己还能披甲上马而按着马鞍，现在你没老却说已经老了，为什么与廉颇、马援背道而驰呢？还是想想怎样安定边境，给京城里的人带来好处吧。”

明年，吴将陆逊向庐江，论者以为宜速赴之。宠曰：“庐江虽小，将劲兵精，守则经时。又贼舍船二百里来，后尾空县，尚欲诱致，今宜听其遂进，但恐走不可及耳。”整军趋杨宜口。贼闻大兵东下，即夜遁。时权岁有来计。青龙元年，宠上疏曰：“合肥城南临江湖，北远寿春，贼攻围之，得据水为势；官兵救之，当先破贼大辈，然后围乃得解。贼往甚易，而兵往救之甚难，宜移城内之兵，其西三十里，有奇险可依，更立城以固守，此为引贼平地而掎其归路，于计为便。”护军将军蒋济议，以为：“既示天下以弱，且望贼烟火而坏城，此为未攻而自拔。一至于此，劫略无限，必以淮北为守。”帝未许。宠重表曰：“孙子言，兵者，诡道也。故能而示之以弱不

第二年，吴国将领陆逊向庐江郡进军，讨论此事的人认为应该迅速带领大军奔赴到那里。满宠说：“庐江郡虽然小，但那里的将领强劲、军队精良，防守可以坚持一段时间。而且敌军舍弃船只走两百里陆路而来，后边防守没有着落，我正还想引诱他们来，现在他们来了就应该听任他们顺利进军，到时候只怕他们逃跑还来不及哩！”于是满宠整顿军队奔向杨宜口。敌军听说大军向东进发，就在夜里逃走了。当时孙权年年想来进攻。青龙元年，满宠上疏说：“合肥城南方面对长江巢湖，北边远离寿春，敌军进军围攻它，必须依靠江水湖水等有利条件；官军解救合肥，应该先打败敌军的大股力量，然后才能解围。敌军去进攻很容易，而大军去解救却很困难，应该转移城内的兵力，在它的西边三十里，有特别的险阻可凭借的地方，再修建新城来加强防守，这样既引诱敌军到平地而又控制了他们的退路，对于防守大计来说，这样做更合宜。”护军将军蒋济发表意见，认为：“已经向天下示弱，又望见敌人进攻的迹象就毁坏城墙，这等于敌人没进攻自己就打败了自己。一到这种地步，敌人的骚扰抢掠就会没有限度，一定要凭借淮河以北作为防守的基地。”皇帝没有同意满宠的建议。满宠又上表说：“孙子讲，用

能，骄之以利，示之以慑。此为形实不必相应也。又曰‘善动敌者形之’。今贼未至而移城却内，此所谓形而诱之也。引贼远水，择利而动，举得于外，则福生于内矣。”尚书赵咨以宠策为长，诏遂报听。其年，权自出，欲围新城，以其远水，积二十日不敢下船。宠谓诸将曰：“权得吾移城，必于其众中有自大之言，今大举来欲要一切之功，虽不敢至，必当上岸耀兵以示有余。”乃潜遣步骑六千，伏肥城隐处以待之。权果上岸耀兵，宠伏军卒起击之，斩首数百，或有赴水死者。明年，权自将号十万，至合肥新城。宠驰往赴，募壮士数十人，折松为炬，灌以麻油，从上风放火，烧贼攻具，射杀权弟子孙泰。贼于是引退。三年春，权遣兵数千家佃于江北。至八月，宠以为田向收熟，男女布野，其屯卫兵去城远者数百里，可掩击也。遣长吏督三军循江东下，摧破诸屯，焚烧谷物而还。诏美之，因以所获尽为将士赏。

景初二年，以宠年老征还，迁为太尉。宠不治产业，家无余财。诏曰：“君典兵在外，专心忧公，有行父、祭遵之风。赐田十顷，谷五百斛，钱二十万，以明清忠俭约之节焉。”宠前后增邑，凡九千六百户，封子孙二人亭侯。正始三年薨，

兵，就是诡诈之道。因此自己有能力却向敌人显示自己软弱无能，用小利诱使敌人骄傲，向敌人表示害怕。这就是表面现象和实际情况不一定要一致。孙子又说‘善于调动指挥敌人的人要给敌人以假象。’现在敌人没到而移城后退，这就是所谓用假象引诱敌人。引诱敌军远离江湖，选择有利的时机行动，一旦举兵就会外有所获，内可得福。”尚书赵咨认为满宠的策略高一筹，皇帝就下诏同意。这年，孙权亲自率军出征，想围攻合肥的新城，因为新城远离江湖，等了二十天不敢下船。满宠对各位将领说：“孙权知道我们迁移到新城，在他的军队中一定会说自高自大的话，现在大举进攻是想马到成功，虽然他们不敢贸然而来，但一定会上岸炫耀武力来表示他们力量有余。”于是暗地派六千步兵骑兵，埋伏在合肥城隐蔽之处等待他们。孙权果然上岸炫耀武力，满宠埋伏的军队突然跃起袭击他们，斩首几百，有很多人被迫跳到水中淹死。第二年，孙权自己带兵，号称十万，到合肥新城。满宠驰马前往，招募几十个壮士，折断松枝做火把，用麻油浇灌后，从上风放火，焚烧敌军的进攻器具，射死孙权弟弟的儿子孙泰。敌军于是撤退。青龙三年春，孙权派遣几千家兵士到长江以北垦荒种地。到了八月，满宠认为庄稼趋于成熟，可以收割了，敌方男男女女都分布在田野里，驻守的卫军离城远的有几百里，可以突然袭击。于是派官员督领军队沿江东下，攻破各个驻守点，焚烧谷物后返回。皇帝下诏称赞他，他于是把得到的东西全部奖赏给将士们。

景初二年，朝廷因为满宠年老而召回他，提升他为太尉。满宠不置办家产，家里没有多余的财物。皇帝下诏说：“你在外统兵，一心忧虑国家，有季行父和祭遵那样的好作风。现赐给你十顷土地，五百斛粮食，二十万钱，以表彰你清廉忠诚勤俭节约的品德。”满宠前后增加的封邑，一共九千六百户，子孙两人被封为亭侯。魏齐王正始三年逝世，定谥号

谥曰景侯。子伟嗣。伟以格度知名,官至卫尉。③

为景侯。儿子满伟继承其封爵。满伟因为风格、度量大而远近闻名,官至卫尉。

田豫字国让,渔阳雍奴人也。刘备之奔公孙瓒也,豫时年少,自托于备,备甚奇之。备为豫州刺史,豫以母老求归,备涕泣与别,曰:"恨不与君共成大事也。"

田豫字国让,渔阳郡雍奴县人。刘备投奔公孙瓒时,田豫年纪还很轻,就把自己托付给刘备,刘备认为他与众不同。刘备任豫州刺史时,田豫因母亲年老请求回家,刘备流着眼泪与他分手,说:"遗憾的是不能和你一起干成大事业。"

公孙瓒使豫守东州令,瓒将王门叛瓒,为袁绍将万余人来攻。众惧欲降。豫登城谓门曰:"卿为公孙所厚而去,意有所不得已也;今还作贼,乃知卿乱人耳。夫挈瓶之智,守不假器,吾既受之矣;何不急攻乎?"门惭而退。瓒虽知豫有权谋而不能任也。瓒败而鲜于辅为国人所推,行太守事,素善豫,以为长史。时雄杰并起,辅莫知所从。豫谓辅曰:"终能定天下者,必曹氏也。宜速归命,无后祸期。"辅从其计,用受封宠。太祖召豫为丞相军谋掾,除颍阴、朗陵令,迁弋阳太守,所在有治。

公孙瓒试用田豫为东州县令,公孙瓒手下的将领王门背叛公孙瓒,替袁绍带领一万多人来攻打县城。大家害怕想投降。田豫登上城楼对王门说:"你被公孙瓒看重而离开他,想必是出于迫不得已;现在返回来做寇贼,才知道你是一个作乱的人。我虽然没什么本领,但替人保守器具绝不会把它轻易借给别人,我已经接受了别人的嘱托;为什么不加紧攻城呢?"王门听了感到惭愧便主动退兵。公孙瓒虽然知道田豫有谋略却不能重用他。公孙瓒失败后鲜于辅被众人推举,兼管渔阳郡太守事务,鲜于辅一向对田豫不错,任命他为长史。当时英雄豪杰同时起兵,鲜于辅不知跟从谁好。田豫对鲜于辅说:"最终能平定天下的,一定是曹操。应该赶快归顺他,不要在灾祸到来后才拿主意。"鲜于辅听从他的计策,因此受到重用和宠爱。太祖召田豫任丞相府军谋掾,又任命他担任颍阴县令、朗陵县令,后又升为弋阳郡太守,处处都治理得很好。

鄢陵侯彰征代郡,以豫为相。军次易北,虏伏骑击之,军人扰乱,莫知所为。豫因地形,回车结圜陈,弓弩持满于内,疑兵塞其隙。胡不能进,散去。追击,大破之,遂前平代,皆豫策也。

鄢陵侯曹彰征讨代郡,任命田豫为相。军队驻扎在易水以北,胡虏埋伏骑兵袭击他们,军士被扰乱,没有人知道该怎么办。田豫凭借地形,回旋战车结成圜阵,士兵在阵内拉满弓弩严阵以待,力量薄弱的地方则到处布满疑兵。胡人不能进攻,散开离去。曹彰又跟踪追击,把他们打得大败,于是进军平定了代郡,这都是田豫献的计策。

迁南阳太守。先时,郡人侯音反,众数千人在山中为群盗,大为郡患。前太守收其党与五百余人,表奏皆当死。豫

田豫被提升为南阳郡太守。在这以前,南阳郡的侯音反叛朝廷,带领几千人在山中做盗贼,是郡内的一大祸患。前太守逮捕他的同党五百多人,呈表上奏,要把他们全部处死。田豫接见所有在押的

悉见诸系囚，慰谕，开其自新之路，一时破械遣之。诸囚皆叩头，愿自效，即相告语，群贼一朝解散，郡内清静。具以状上，太祖善之。

文帝初，北狄强盛，侵扰边塞，乃使豫持节护乌丸校尉，牵招、解儁并护鲜卑。自高柳以东，濊貊以西，鲜卑数十部，比能、弥加、素利割地统御，各有分界；乃共要誓，皆不得以马与中国市。豫以戎狄为一，非中国之利，乃先搆离之，使自为仇敌，互相攻伐。素利违盟，出马千匹与官，为比能所攻，求救于豫。豫恐遂相兼并，为害滋深，宜救善讨恶，示信众狄。单将锐卒，深入虏庭，胡人众多，钞军前后，断截归路。豫乃进军，去虏十余里结屯营，多聚牛马粪然之，从他道引去。胡见烟火不绝，以为尚在，去，行数十里乃知之。追豫到马城，围之十重，豫密严，使司马建旌旗，鸣鼓吹，将步骑从南门出，胡人皆属目往赴之。豫将精锐自北门出，鼓噪而起，两头俱发，出虏不意，虏众散乱，皆弃弓马步走，追讨二十余里，僵尸蔽地。又乌丸王骨进桀黠不恭，豫因出塞案行，单将麾下百余骑入进部。进逆拜，遂使左右斩进，显其罪恶以令众。众皆怖慑不敢动，便以进弟代进。自是胡人破胆，威震沙漠。山贼高艾，众

囚犯，用好话安慰劝解他们，指明他们的改过自新之路，一下子打开镣铐放走他们。囚犯们都叩头致谢，愿意为他效力，并立即相互转告，盗贼一时解散，郡内清静无事。他把这些情况全部呈文上表，太祖大加称赞。

文帝初年，北方的狄族人十分强盛，经常侵犯骚扰边境，朝廷于是派田豫加持节号任护乌丸校尉，牵招、解儁同时任护鲜卑校尉。从高柳以东，到濊貊以西，鲜卑族有几十个部落，比能、弥加、素利等人割地统治，各有分界；并共同约束发誓，都不能用马与中原做买卖。田豫认为各部落联合在一起，对中原不利，就先设计离间他们，使他们自己成为仇敌，相互攻伐。素利违反盟约，输出一千匹马卖给官府，被比能攻打，向田豫求救。田豫怕他们互相兼并，造成的危害更大，朝廷应该救援善良的而讨伐凶恶的，向各族表示信用。于是单独率领精锐部队，深入到敌人统治区域内，鲜卑族人马众多，在田豫的军队前后骚扰，断绝了归路。田豫于是进军，离敌军十多里结成军营，聚积很多牛粪马粪燃起烟火，暗地里从另外的道路退走。鲜卑人见烟火不断，以为他们还在，在他们离开走了几十里后，才知道已经不在。鲜卑人追赶田豫到马城，把他们围了上十重，田豫上下整肃严密，派司马高举旗帜，奏起军乐，带领步兵骑兵从南门出城，鲜卑人都注视着他们奔赴那里。田豫带领精锐部队从北门出城，高声呼喊，一跃而出，两头同时迸发，出乎敌人意料之处，敌军惊散慌乱，都丢弃弓箭马匹徒步逃跑，田豫从后面追击二十多里，敌军尸体遍野。又有乌丸王骨进凶暴狡诈不恭敬，田豫于是出塞巡视，并单独带领部下一百多骑兵进入骨进的部落。骨进迎拜，田豫就叫左右的人杀掉骨进，明白公布他的罪恶来号令众人。众人都害怕得不敢动，田豫于是让骨进的弟弟代骨进为王。从此鲜卑、乌丸等族都胆战心惊，田豫威震沙漠。山中盗贼高艾，有部众几千人，

数千人,寇钞,为幽、冀害,豫诱使鲜卑素利部斩艾,传首京都。封豫长乐亭侯。为校尉九年,其御夷狄,恒摧抑兼并,乖散强猾。凡逋亡奸宄,为胡作计不利官者,豫皆构刺搅离,使凶邪之谋不遂,聚居之类不安。事业未究,而幽州刺史王雄支党欲令雄领乌丸校尉,毁豫乱边,为国生事。遂转豫为汝南太守,加殄夷将军。

经常侵扰掠夺民众,是幽、冀两州的祸害,田豫诱使鲜卑族素利的部下杀掉高艾,把他的头送到京都示众。朝廷封田豫为长乐亭侯。田豫任护乌丸校尉九年,他防御鲜卑、乌丸等部落,经常采用挫败控制兼并等策略来离散强大狡猾的部落。凡是逃亡的为非作歹的、替胡人出主意做不利官府的事的人,田豫都制造矛盾、扰乱离散他们,使他们凶邪的阴谋不能实现,聚居在一起也不安定。事业还没有完成,而幽州刺史王雄下边的党羽想要王雄兼乌丸校尉,诋毁田豫扰乱边境,为国家多生事端。于是田豫转调为汝南太守,加殄夷将军称号。

太和末,公孙渊以辽东叛,帝欲征之而难其人,中领军杨暨举豫应选。④乃使豫以本官督青州诸军,假节,往讨之。会吴贼遣使与渊相结,帝以贼众多,又以渡海,诏豫使罢军。豫度贼船垂还,岁晚风急,必畏漂浪,东随无岸,当赴成山。成山无藏船之处,辄便循海,案行地势,及诸山岛,徼截险要,列兵屯守。自入成山,登汉武之观。贼还,果遇恶风,船皆触山沉没,波荡著岸,无所逃窜,尽虏其众。初,诸将皆笑于空地待贼,及贼破,竞欲与谋,求入海钩取浪船。豫惧穷虏死战,皆不听。初,豫以太守督青州,青州刺史程喜内怀不服,军事之际,多相违错。喜知帝宝爱明珠,乃密上:"豫虽有战功而禁令宽弛,所得器仗珠金甚多,放散皆不纳官。"由是功不见列。

太和末年,公孙渊在辽东郡叛乱,皇帝想征讨他而难找到适合的人,中领军杨暨推举田豫应选。于是朝廷派田豫以本职督领青州各军,加假节称号,前往征讨公孙渊。刚好吴国派使者与公孙渊相互勾结,皇帝认为敌军众多,又因为要渡海,就下诏命令田豫停兵不进。田豫估计敌人的船只将要返回,年底风急,他们一定会害怕巨浪,向东边停靠又没有岸,估计他们应该前往成山。成山没有掩藏船只的地方,于是田豫沿海前行,考察地势,到各个山岛上,拦截险要的地方,布置士兵驻守。他自己则进入成山,登上汉武帝当年祭日的高楼。敌人返回,果然遇到凶险的大风,船都撞在山上沉没大海,波浪推着他们附在岸边,他们找不到掩盖和逃窜的地方,田豫就全部俘虏了这些人。开始,各位将领都取笑他在空地上等待敌人,到敌军败破,又争先恐后想参与谋划,要求入海钩取漂流的船只。田豫害怕穷途末路的敌人会拼力死战,都不听从。当初,田豫凭郡太守的资格督领青州各军,青州刺史程喜心里不服气,在调动军事力量时,经常不听指挥。程喜知道皇上喜爱明珠,就秘密上奏:"田豫虽有战功,而军令松弛,得到的器具兵仗珍珠金银很多,都流散在下不交纳官库。"因此,朝廷没有评定田豫的功劳。

后孙权号十万众攻新城,征东将军满宠欲率诸军救之。

后来孙权号称率领十万大军攻打合肥新城,征东将军满宠想率领各军救援。田豫说:"敌人全部出

豫曰："贼悉众大举，非徒投射小利，欲质新城以致大军耳。宜听使攻城，挫其锐气，不当与争锋也。城不可拔，众必罢怠；罢怠然后击之，可大克也。若贼见计，必不攻城，势将自走。若便进兵，适入其计。又大军相向，当使难知，不当使自画也。"豫辄上状，天子从之。会贼遁走。后吴复来寇，豫往拒之，贼即退。诸军夜惊，云："贼复来！"豫卧不起，令众"敢动者斩"。有顷，竟无贼。

动大举进攻，不只是投机取巧贪图小利，是想以新城做靶子来引诱我们的大部队。现应听任他们攻城，乘机挫败他们的锐气，不应当与他们正面交锋。新城不能攻破，敌军必然会疲息，疲息以后再攻打他们，可获大胜。如果敌人看出我们的计划，一定不会攻城，势必自行逃走。如果我们进军，正好中了他们的计。同时大军所向，应使别人难以知道，不应当自己限定自己。"田豫立即呈上奏状，天子听从了他的意见。正好敌军暗中逃走。后来吴国又来侵扰，田豫前往抵御，敌军立即退走。各军夜里惊慌，说："敌人又来了！"田豫睡着不起来，命令军士"敢于乱动的斩首"。过了一会儿，终究没有敌人。

景初末，增邑三百，并前五百户。正始初，迁使持节护匈奴中郎将，加振威将军，领并州刺史。外胡闻其威名，相率来献。州界宁肃，百姓怀之。征为卫尉。屡乞逊位，太傅司马宣王以为豫克壮，书喻未听。豫书答曰："年过七十而以居位，譬犹钟鸣漏尽而夜行不休，是罪人也。"遂固称疾笃。拜太中大夫，食卿禄。年八十二薨。子彭祖嗣。⑤

景初末年，增加封邑三百户，连同以前的共五百户。正始初年，升为使持节护匈奴中郎将，外加振威将军称号，兼并州刺史。塞外匈奴等族听到他的威名，都接连不断地来献纳财物。他在职时，州界平静整肃，人民都归向他。后召为卫尉。他多次请求退职，太傅宣王司马懿认为他还强壮，下书告知不允许。田豫上书回答说："年过七十还坐在官位上，就像在深夜钟鸣漏尽之时而行走不停一样，这是国家的罪人。"于是坚决声称病重。朝廷任命他为太中大夫，享受九卿的俸禄。八十二岁逝世。儿子田彭祖继承其封爵。

豫清俭约素，赏赐皆散之将士。每胡、狄私遗，悉簿藏官，不入家；家常贫匮。虽殊类，咸高豫节。⑥嘉平六年，下诏褒扬，赐其家钱谷。语在《徐邈传》。

田豫清廉节俭朴素，得到赏赐都分给将士。每次鲜卑、狄等族私自赠送的东西，都登在账簿上保存在官府，不收进自己家里；家里经常贫穷困乏。即使与他不同类别的人，也都称赞他的品德。魏齐王嘉平六年，皇帝下诏表扬，赐给他家钱谷。有关诏语在《徐邈传》中可见。

牵招字子经，安平观津人也。年十余岁，诣同县乐隐受学。后隐为车骑将军何苗长史，招随卒业。值京都乱，苗、隐见害，招俱与隐门生史路等

牵招字子经，安平国观津县人。十几岁的时候，拜同县人乐隐为师学习。后来乐隐任车骑将军何苗的长史，牵招跟随他到京城完成学业。正碰上京都大乱，何苗、乐隐被害，牵招和乐隐的门生史路等人一起冒着被刀枪杀害的危险，共同收敛乐隐的尸

触蹈锋刃，共殡敛隐尸，送丧还归。道遇寇钞，路等皆悉散走。贼欲斫棺取钉，招垂泪请赦。贼义之，乃释而去。由此显名。

体，送丧返回家乡。路上遇到盗贼抢掠，史路等人全都逃散跑了。盗贼想砍开棺材拔掉铁钉，牵招流着泪请求赦免。贼人认为他讲节义，于是放手离开。牵招因此闻名。

冀州牧袁绍辟为督军从事，兼领乌丸突骑。绍舍人犯令，招先斩乃白，绍奇其意而不见罪也。绍卒，又事绍子尚。建安九年，太祖围邺。尚遣招至上党，督致军粮。未还，尚破走，到中山。时尚外兄高幹为并州刺史，招以并州左有恒山之险，右有大河之固，带甲五万，北阻强胡，劝幹迎尚，并力观变。幹既不能，而阴欲害招。招闻之，间行而去，道隔不得追尚，遂东诣太祖。太祖领冀州，辟为从事。

冀州刺史袁绍征召他任督军从事，兼领乌丸突骑。袁绍的舍人触犯了法令，牵招先斩首以后才禀告，袁绍认为他的主意不寻常也不惩处他。袁绍死后，他又侍奉他的儿子袁尚。建安九年，太祖围攻邺县。袁尚派牵招到上党郡督送军粮。从上党还没有返回，袁尚败走，逃到中山国。当时袁尚的表兄高幹任并州刺史，牵招认为并州左边有恒山做险阻，右边有黄河做防护，拥有军士五万，北边被匈奴阻隔，于是劝高幹迎接袁尚，合并军力静观事态的变化。高幹既没有才能，又想暗中陷害牵招。牵招听说了，秘密出走，离开并州，因为道路阻隔不能追上袁尚，于是往东投奔太祖。太祖兼任冀州刺史，就征召他为从事。

太祖将讨袁谭，而柳城乌丸欲出骑助谭。太祖以招尝领乌丸，遣诣柳城。到，值峭王严，以五千骑当遣诣谭。又辽东太守公孙康自称平州牧，遣使韩忠赍单于印绶往假峭王。峭王大会群长，忠亦在坐。峭王问招："昔袁公言受天子之命，假我为单于；今曹公复言当更白天子，假我真单于；辽东复持印绶来。如此，谁当为正？"招答曰："昔袁公承制，得有所拜假；中间违错，天子命曹公代之，言当白天子，更假真单于，是也。辽东下郡，何得擅称拜假也？"忠曰："我辽东在沧海之东，拥兵百万，又有

太祖将要征讨袁谭，而柳城的乌丸族想派骑兵援助袁谭。太祖因为牵招曾经督领乌丸，派他到柳城。牵招到了那里，正碰上峭王苏仆延上下严整，将把五千骑兵派到袁谭那里去。同时辽东太守公孙康自称为平州刺史，派使者韩忠携带单于印绶前来授予峭王。峭王会集群长，韩忠也在座。峭王问牵招："过去袁绍讲接受天子的命令，授我为单于；现在曹公又讲应当再禀告天子，授我为真单于；辽东又拿印绶来。像这样，究竟谁是正统？"牵招回答说："过去袁绍秉承皇帝旨意，能够有授予之权；袁氏中间有过失，天子命曹公代替他，曹公说应当禀告天子，再授予真单于称号，这是正确的。辽东为下属之郡，怎能擅自称授命呢？"韩忠说："我辽东在大海之东，拥有百万军队，又有扶馀、濊貊等国为我们所用；现

扶馀、濊貊之用；当今之势，强者为右，曹操独何得为是也？”招呵忠曰：“曹公允恭明哲，翼戴天子，伐叛柔服，宁静四海，汝君臣顽嚚，今恃险远，背违王命，欲擅拜假，侮弄神器，方当屠戮，何敢慢易咎毁大人？”便捉忠头顿筑，拔刀欲斩之。峭王惊怖，徒跣抱招，以救请忠，左右失色。招乃还坐，为峭王等说成败之效，祸福所归。皆下席跪伏，敬受敕教，便辞辽东之使，罢所严骑。

在的形势，力量强大的为尊，怎么只有曹操才能算得上正确呢？”牵招呵斥韩忠说：“曹公忠信恭敬聪明，辅助拥戴天子，讨伐叛逆，安抚顺民，平定天下，你们君臣凶暴愚悍，现依仗山川险阻，路途遥远，违背天子的命令，想擅自授命，侮辱帝王的符节玉玺，正应当斩首，怎么敢轻慢地诋毁大人？”于是抓住韩忠的头往地上撞，拔出刀要杀掉他。峭王惊骇恐惧，赤着脚跑上前抱住牵招，请求救韩忠，左右的人都吓得脸色发白。这样牵招才回到座位上，对峭王等人说明成功失败的不同效果，灾祸幸福的不同归向。在座的人都离座跪伏，接受牵招的告诫教诲，于是峭王辞退辽东使者，停止派严整的骑兵援助袁谭。

太祖灭谭于南皮，署招军谋掾，从讨乌丸。至柳城，拜护乌丸校尉。还邺，辽东送袁尚首，县在马市，招睹之悲感，设祭头下。太祖义之，举为茂才。从平汉中，太祖还，留招为中护军。事罢，还邺，拜平虏校尉，将兵督青、徐州郡诸军事，击东莱贼，斩其渠率，东土宁静。

太祖在南皮县消灭袁谭，命牵招代理军谋掾，跟随太祖征讨乌丸。到达柳城，任命他为护乌丸校尉。回到邺县，辽东送袁尚的首级来，悬挂在马市，牵招见到很悲伤，在头下设物祭奠。太祖认为他讲节义，推举他为茂才。跟随太祖平定汉中，太祖返回，留牵招任中护军。事毕，他回到邺县，被任命为平虏校尉，带兵督领青、徐两州州郡的各军军事，攻击东莱郡的叛贼，杀掉他们的头目，于是东边安定无事。

文帝践阼，拜招使持节护鲜卑校尉，屯昌平。是时，边民流散山泽，又亡叛在鲜卑中者，处有千数。招广布恩信，招诱降附。建义中郎将公孙集等，率将部曲，咸各归命；使还本郡。又怀来鲜卑素利、弥加等十余万落，皆令款塞。

文帝即皇帝位，任命牵招为使持节护鲜卑校尉，驻军昌平县。这时候，边境的人民流散到山野沼泽，又逃亡到鲜卑中间，各处有一千多人。牵招广泛施与恩德和信用，招引降服这些人。建义中郎将公孙集等人，带领部队，都一一归顺朝廷，牵招让他们回到本郡。同时安抚招来鲜卑的素利、弥加等十多万个村落，都让他们和中原友好往来。

大军欲征吴，召招还，至，值军罢，拜右中郎将，出为雁门太守。郡在边陲，虽有候望之备，而寇钞不断。招既教民战陈，又表复乌丸五百余家租调，使备鞍马，远遣侦候。虏每

大军想征讨吴国，召牵招返回京城，到达京城后，正好朝廷停止军事行动，就任命他为中郎将，出任雁门太守。雁门郡地处边疆，虽然有侦察瞭望等戒备措施，但敌寇仍侵扰掠夺不断。牵招一边教人民练武打仗，一边上表请求免除五百多家乌丸人的租税户调，使他们准备鞍马，派遣他们到远方侦察。

犯塞，勒兵逆击，来辄摧破，于是吏民胆气日锐，荒野无虞。又搆间离散，使虏更相猜疑。鲜卑大人步度根、泄归泥等与轲比能为隙，将部落三万余家诣郡附塞。敕令还击比能，杀比能弟苴罗侯，及叛乌丸归义侯王同、王寄等，大结怨雠。是以招自出，率将归泥等讨比能于云中故郡，大破之。招通河西鲜卑附头等十余万家，缮治陉北故上馆城，置屯戍以镇内外，夷虏大小，莫不归心，诸叛亡虽亲戚不敢藏匿，咸悉收送。于是野居晏闭，寇贼静息。招乃简选有才识者，诣太学受业，还相授教，数年中庠序大兴。郡所治广武，井水咸苦，民皆担辇远汲流水，往返七里。招准望地势，因山陵之宜，凿原开渠，注水城内，民赖其益。

敌寇每次侵犯边塞，牵招就带兵迎击，敌寇来就攻破挫败他们，于是官民们的胆子越来越大，志气越来越高，荒野中也不担心意外事故发生。同时牵招又设计离间，使敌人相互猜疑。鲜卑族大人步度根、泄归泥等人和轲比能有隔阂，带领本部落三万多家到郡依附在边塞。牵招命令他们回去攻击轲比能，杀掉比能的弟弟苴罗侯，和叛变的乌丸归义侯王同、王寄等，大结怨仇。因此牵招亲自出征，带领泄归泥等人到云中故郡征讨轲比能，把他打得大败。牵招交结河西鲜卑族归附的头领等十万多家，修治陉岭以北的原上馆城，设置守卫部队镇守内外，鲜卑等族上上下下，没有不归向他的，只要有叛逃的人即使亲戚也不敢隐藏，都全部被捉住送回。于是户外户内，平安无事，盗贼平息。牵招于是又挑选有才识的人，到太学从师学习，回郡再教授学生，几年间学校教育大兴。郡治所广武城内，井水又咸又苦，人民都要挑着担子、推着车子到远处汲取河水，来回要走七里路。牵招用水平器测量地势，顺着山丘的合宜地势，凿开水源，挖通渠道，把水灌注到城内，人民依靠他得到不少益处。

明帝即位，赐爵关内侯。太和二年，护乌丸校尉田豫出塞，为轲比能所围于故马邑城，移招求救。招即整勒兵马，欲赴救豫。并州以常宪禁招，招以为节将见围，不可拘于吏议，自表辄行。又并驰布羽檄，称陈形势，云当西北掩取虏家，然后东行，会诛虏身。檄到，豫军踊跃。又遗一通于虏蹊要，虏即恐怖，种类离散。军到故平城，便皆溃走。比能复大合骑来，到故平州塞北。招潜行扑讨，大斩首级。招以蜀虏诸葛亮数出，而比能狡猾，

明帝即位，赐给他关内侯的封爵。太和二年，护乌丸校尉田豫出塞，被轲比能围困在旧马邑城，派人送信给牵招请求救援。牵招立即整顿带领兵马，要去救援田豫。并州刺史按常法禁止牵招带兵前往，牵招认为朝廷的持节将领被围，不能被官员们的议论限制，自己上表要求立刻行军出发。同时派快骑递送紧急文书，陈述当时的形势，说明应当往西北袭击夺取敌寇老巢，然后向东进军，会合消灭敌寇本身。文书到达，田豫军中上下踊跃。牵招又留下一份文书在敌寇小路险要之处，敌寇恐怖万分，族人都分离逃散。牵招带大军到原平城，贼寇都奔溃逃跑。轲比能又会合大批骑兵来进攻，进军到原平(武)州边塞以北。牵招秘密行军讨伐，大肆斩杀。牵招因为蜀国诸葛亮多次出击，而轲比能狡猾，双

能相交通，表为防备，议者以为县远，未之信也。会亮时在祁山，果遣使连结比能。比能至故北地石城，与相首尾。帝乃诏招，使从便宜讨之。时比能已还漠南，招与刺史毕轨议曰："胡虏迁徙无常。若劳师远追，则迟速不相及。若欲潜袭，则山溪艰险，资粮转运，难以密办。可使守新兴、雁门二牙门，出屯陉北，外以镇抚，内令兵田，储畜资粮，秋冬马肥，州郡兵合，乘衅征讨，计必全克。"未及施行，会病卒。招在郡十二年，威风远振。其治边之称，次于田豫，百姓追思之。而渔阳傅容在雁门有名绩，继招后，在辽东又有事功云。

方能互相勾结，于是呈表要求预先防备，议论的人认为双方相隔太远，不相信会这样。刚好诸葛亮当时在祁山，果然派使者联结轲比能。轲比能到原北地郡石城，和诸葛亮首尾呼应。皇帝于是诏令牵招，让他抓住有利时机讨伐他。当时轲比能已回到沙漠以南，牵招与刺史毕轨商议说："鲜卑人迁移无常。如果使军队劳累到远方去追赶，则速度赶不上。如果想暗中袭击，则山河道路艰险，军用物资和粮食的转运，难以秘密办理。可以派人守住新兴、雁门二郡的军营，同时到陉岭以北驻守，外边可以镇守安抚，里面可使他们垦荒种地，储蓄物资粮食，秋冬季节军马肥壮时，州郡的军队会合在一起，趁机征讨，想必能获全胜。"这些措施还没来得及施行，牵招就病死了。牵招在郡十二年，威名远扬。他治理边境的业绩，仅次于田豫，老百姓一直怀念他。渔阳郡人傅容在雁门郡很出名，有政绩，紧接牵招之后，在辽东又建有功劳。

招子嘉嗣。次子弘，亦猛毅有招风，以陇西太守随邓艾伐蜀有功，咸熙中为振威护军。嘉与晋司徒李胤同母，早卒。⑦

牵招的儿子牵嘉继承其封爵。他的第二个儿子牵弘，也勇猛刚毅，有牵招的风范，以陇西太守的资格随邓艾讨伐蜀国有功，魏元帝咸熙年间，任振威将军。牵嘉与晋朝司徒李胤为同母兄弟，早死。

郭淮字伯济，太原阳曲人也。⑧建安中举孝廉，除平原府丞。文帝为五官将，召淮署为门下贼曹，转为丞相兵曹议令史，从征汉中。太祖还，留征西将军夏侯渊拒刘备，以淮为渊司马。渊与备战，淮时有疾不出。渊遇害，军中扰扰，淮收散卒，推荡寇将军张郃为军主，诸营乃定。其明日，备欲渡汉水来攻。诸将议众寡不敌，备便乘胜，欲依水为陈以拒之。淮曰："此示弱而不足挫敌，非

郭淮字伯济，太原郡阳曲县人。汉献帝建安年间被推举为孝廉，任命为平原郡府丞。文帝任五官中郎将时，召郭淮为门下贼曹属官，转任丞相府兵曹议令史，跟随太祖征讨汉中郡。太祖返回，留下征西将军夏侯渊抵御刘备，任命郭淮为夏侯渊的司马。夏侯渊与刘备作战，郭淮当时有病不能出阵。夏侯渊遇害，军中动乱不安，郭淮收集逃散的士兵，推举荡寇将军张郃为军中主将，各军营才安定下来。第二天，刘备想渡过汉水来进攻。诸将商议认为双方人马多少不相等，刘备便于乘势取胜，都想依傍汉水摆阵抵御刘备。郭淮说："这样做是向敌人示弱而不能挫败敌人，不是好策略。不如远离汉水摆阵，

算也。不如远水为陈，引而致之，半济而后击，备可破也。”既陈，备疑不渡，淮遂坚守，示无还心。以状闻，太祖善之，假郃节，复以淮为司马。文帝即王位，赐爵关内侯，转为镇西长史。又行征羌护军，护左将军张郃、冠军将军杨秋讨山贼郑甘、卢水叛胡，皆破平之。关中始定，民得安业。

引诱敌人过河来，趁他们没有完全过河就发动进攻，这样就可以打败刘备。”已经摆好阵势后，刘备疑虑而不渡河，郭淮就坚守不退，表示没有返回之意。将情况用奏状呈上，太祖认为不错，授予张郃假节号，又以郭淮为司马。文帝即王位，郭淮被赐予关内侯的封爵，转任镇西将军长史。又兼任征羌护军，护卫左将军张郃、冠军将军杨秋讨伐山中盗贼郑甘、卢水反叛的胡人，都打败了他们。于是关中开始安定，人民安居乐业。

黄初元年，奉使贺文帝践阼，而道路得疾，故计远近为稽留。及群臣欢会，帝正色责之曰：“昔禹会诸侯于涂山，防风后至，便行大戮。今溥天同庆而卿最留迟，何也？”淮对曰：“臣闻五帝先教，导民以德，夏后政衰，始用刑辟。今臣遭唐虞之世，是以自知免于防风之诛也。”帝悦之，擢领雍州刺史，封射阳亭侯，五年为真。安定羌大帅辟蹏反，讨破降之。每羌、胡来降，淮辄先使人推问其亲理，男女多少，年岁长幼；及见，一二知其款曲，讯问周至，咸称神明。

黄初元年，郭淮奉使命祝贺魏文帝登位，但在路上得病，因此按路途远近计算是延滞了日期。到群臣欢会的时候，皇帝严肃地责备他说：“往昔大禹在涂山会集诸侯，防风后到，禹就杀了他。现在普天同庆而你却到得最迟，为什么呢？”郭淮回答说：“我听说五帝最先的教化是用恩德引导人民，夏王的政治衰落，才开始施用刑法。现在我正逢尧舜之世，因此知道会免除像防风那样的诛罚。”皇帝听了很高兴，提拔他兼雍州刺史，封为射阳亭侯，五年后正式任命为雍州刺史。安定郡羌族大帅辟蹏反叛，郭淮前往征讨，打败了辟蹏并收降了他。每当羌、胡等族人来投降，郭淮总是先派人询问他们的亲戚关系，男女多少，年纪多大；到见面时，一两句话就知道了他们的详细情况，问起话来周到详细，人们都称赞他神明。

太和二年，蜀相诸葛亮出祁山，遣将军马谡至街亭，高详屯列柳城。张郃击谡，淮攻详营，皆破之。又破陇西名羌唐蹏于枹罕，加建威将军。五年，蜀出卤城。是时，陇右无谷，议欲关中大运，淮以威恩抚循羌、胡，家使出谷，平其输调，军食用足，转扬武将军。青龙二年，诸葛亮出斜谷，并田

魏明帝太和二年，蜀国丞相诸葛亮出兵祁山，派遣将军马谡到街亭，高详在列柳城驻守。张郃进击马谡，郭淮攻打高详的兵营，都打败了他们。又在枹罕打败陇西郡有名的羌族头领唐蹏，朝廷下令加上建威将军号。太和五年，蜀军出兵卤城。这时，陇右一带没有粮食，计划想在关中大量运粮，郭淮则威严恩德并用，安抚羌、胡等族，每家让他们拿出粮食，平衡谷物的转运调配，于是军队粮食用度都很充足，转任扬武将军。青龙二年，诸葛亮出兵斜谷，并在兰坑垦田种地。这时宣王司马懿在渭水以南驻

于兰坑。是时司马宣王屯渭南；淮策亮必争北原，宜先据之，议者多谓不然。淮曰："若亮跨渭登原，连兵北山，隔绝陇道，摇荡民、夷，此非国之利也。"宣王善之，淮遂屯北原。堑垒未成，蜀兵大至，淮逆击之。后数日，亮盛兵西行，诸将皆谓欲攻西围，淮独以为此见形于西，欲使官兵重应之，必攻阳遂耳。其夜果攻阳遂，有备不得上。

正始元年，蜀将姜维出陇西。淮遂进军，追至彊中，维退，遂讨羌迷当等，按抚柔氐三千余落，拔徙以实关中。迁左将军。凉州休屠胡梁元碧等，率种落二千余家附雍州。淮奏请使居安定之高平，为民保障，其后因置西州都尉。转拜前将军，领州如故。

五年，夏侯玄伐蜀，淮督诸军为前锋。淮度势不利，辄拔军出，故不大败。还假淮节。八年，陇西、南安、金城、西平诸羌饿何、烧戈、伐同、蛾遮塞等相结叛乱，攻围城邑，南招蜀兵，凉州名胡治无戴复叛应之。讨蜀护军夏侯霸督诸军屯为翅。淮军始到狄道，议者佥谓宜先讨定枹罕，内平恶羌，外折贼谋。淮策维必来攻霸，遂入沨中，转南迎霸。维果攻为翅，会淮军适至，维遁退。进讨叛羌，斩饿何、烧戈，降服者万余落。九年，遮塞等屯河关、

军，郭淮推测诸葛亮一定要争夺北原，应该先占据它，议论的人多认为不会这样。郭淮说："如果诸葛亮跨过渭水，登上北原，在北山连兵，隔断陇道，动摇民心，这对国家不利。"宣王认为他说得不错，郭淮于是驻兵北原。堡垒壕沟还没修成，蜀国的大批军队就到了北原，郭淮迎击蜀军。几天后，诸葛亮带领大批军队向西行军，各位将领都说是要攻打官军西线，郭淮单单认为这是在西边显示假象，想使官兵用重兵应付西线，实际一定会攻打阳遂。这天夜里果然来攻打阳遂，因郭淮预先有准备以致诸葛亮不能攻占阳遂。

魏齐王正始元年，蜀国将领姜维出兵陇西。郭淮于是进军，追赶到彊中，姜维退兵，于是讨伐羌人迷当等人，安抚羌、氐等族三千多个村落，并让他们迁移到内地以充实关中。被提拔为左将军。凉州休屠胡人梁元碧等人，率领部落二千多家依附雍州。郭淮上奏请求让他们住在安定郡的高平，作为人民的保护屏障，因此以后在这里设置西州都尉。郭淮转任前将军，兼州刺史如前。

正始五年，夏侯玄攻打蜀国，郭淮督领各军为前锋。郭淮估计形势不利，就带领军队离开蜀国，因此损失不大。回来后授予郭淮持节的官号。正始八年，陇西、南安、金城、西平各郡羌人饿何、烧戈、伐同、蛾遮塞等人相互勾结叛乱，围攻城镇，在南边招引蜀军，凉州有名的胡人头领治无戴又叛变响应他们。讨蜀护军夏侯霸督领各军在为翅驻兵防守。郭淮的军队刚到狄道，议论的人都说应先讨伐平定枹罕，这样在内能平定凶暴的羌人，在外能挫败敌人的计谋。郭淮认为姜维一定会来攻打夏侯霸，于是进入沨中，往南接应夏侯霸。姜维果然进攻为翅，恰好郭淮军刚刚到，姜维只得逃走撤退。郭淮于是进军征讨叛变的羌人，杀掉饿何、烧戈，羌人投降归顺的有一万多个部落。正始九年，蛾遮塞等人在河关、

白土故城,据河拒军。淮见形上流,密于下渡兵据白土城,击,大破之。治无戴围武威,家属留在西海。淮进军趋西海,欲掩取其累重,会无戴折还,与战于龙夷之北,破走之。令居恶虏在石头山之西,当大道止,断绝王使。淮还过讨,大破之。姜维出石营,从彊川,乃西迎治无戴,留阴平太守廖化于成重山筑城,敛破羌保质。淮欲分兵取之。诸将以维众西接强胡,化以据险,分军两持,兵势转弱,进不制维,退不拔化,非计也,不如合而俱西,及胡、蜀未接,绝其内外,此伐交之兵也。淮曰:“今往取化,出贼不意,维必狼顾。比维自致,足以定化,且使维疲于奔命。兵不远西,而胡交自离,此一举而两全之策也。”乃别遣夏侯霸等追维于沓中,淮自率诸军就攻化等。维果驰还救化,皆如淮计。进封都乡侯。

嘉平元年,迁征西将军,都督雍、凉诸军事。是岁,与雍州刺史陈泰协策,降蜀牙门将句安等于翅上。二年,诏曰:“昔汉川之役,几至倾覆。淮临危济难,功书王府。在关右三十余年,外征寇虏,内绥民夷。比岁以来,摧破廖化,禽虏句安,功绩显著,朕甚嘉之。今以淮为车骑将军、仪同三司,持节、都督如故。”进封阳曲侯,邑凡二千七百八十户,分三百

白土故城驻兵防守,凭借黄河抵抗官军。郭淮在上游显示渡河假象,秘密在下游渡军占据白土故城,进击,把蛾遮塞打得大败。治无戴围攻武威城,家属留在西海。郭淮进军奔向西海,想袭击他的家属子女,刚好治无戴折回,郭淮和他在龙夷北边会战,打败了治无戴,治无戴只好逃跑了。令居县凶恶的贼人在石头山西边,面临大路停兵,断绝国家使者的往来。郭淮回军路过讨伐他,打败了他。姜维出兵石营,经过彊川,于是在西边迎接治无戴,留阴平太守廖化在成重山修筑城池,聚集打败的羌人做人质。郭淮想分兵攻取他们。各位将领认为姜维的军队西边与强大的胡人相接,廖化已经有险阻可以凭依,分兵两边控制,兵力转弱,进不能控制姜维,退不能打败廖化,不是好计策,不如合力全部往西,赶在胡人和蜀军没有勾结的时候,断绝他们的内外勾结,这就是攻破敌军与盟国联结的用兵之法。郭淮说:“现在去攻取廖化,出乎敌人意料之外,姜维一定会非常害怕。等到姜维自己到来,我们有足够的把握平定廖化,而且使姜维疲于奔命。军队不用远去西进,而姜维与胡人的联结自然离散,这是一举两得的策略。”于是另外派遣夏侯霸等人到沓中追赶姜维,郭淮自己带领各军去攻打廖化等人。姜维果然急速返回救援廖化,一切都如郭淮谋划的那样。郭淮被晋封为都乡侯。

魏齐王嘉平元年,郭淮被提升为征西将军,都督雍州、凉州各军军事。这一年,和雍州刺史陈泰共同谋划,在翅上降服蜀国牙门将句安等人。嘉平二年,皇帝下诏说:“过去汉川一战,几乎全军倾覆。郭淮临危济难,功劳记在皇室。在关右三十多年,对外征讨贼寇,对内安抚人民。近年来,打败廖化,捉住句安,功绩显著,朕十分赞赏。现任命郭淮为车骑将军、仪同三司,持节号、都督职务依旧。”晋封为阳曲侯,食邑一共二千七百八十户,分出三百户,封他的

户，封一子亭侯。[9]正元二年薨，追赠大将军，谥曰贞侯。子统嗣。统官至荆州刺史，薨。子正嗣。咸熙中，开建五等，以淮著勋前朝，改封汾阳子。[10]

评曰：满宠立志刚毅，勇而有谋。田豫居身清白，规略明练。牵招秉义壮烈，威绩显著。郭淮方策精详，垂问秦、雍。而豫位止小州，招终于郡守，未尽其用也。

一个儿子为亭侯。高贵乡公正元二年逝世，追赠大将军称号，定谥号为贞侯。儿子郭统继承其封爵。郭统的官职升到荆州刺史，去世。儿子郭正继承封爵。魏元帝咸熙年间，开始建公侯伯子男五等爵位，因为郭淮在前朝功勋卓著，改封为汾阳子。

评论说：满宠立志刚毅，勇敢而有谋略。田豫立身清白，经略谋划英明练达。牵招持守正义而且勇敢有气节，威绩显著。郭淮谋略精详，声誉流传于秦、雍一带。而田豫的官位只升为一个小州的刺史，牵招死于郡太守之职，都没有充分发挥他们的作用。

---

①臣松之以为杨公积德之门，身为名臣，纵有愆负，犹宜保佑，况淫刑所滥，而可加其楚掠乎？若理应考讯，荀、孔二贤岂其妄有相请属哉？宠以此为能，酷吏之用心耳。虽有后善，何解前虐？

②《世语》曰：王凌表宠年过耽酒，不可居方任。帝将召宠，给事中郭谋曰："宠为汝南太守、豫州刺史二十余年，有勋方岳。及镇淮南，吴人惮之。若不如所表，将为所窥。可令还朝，问以方事以察之。"帝从之。宠既至，进见，饮酒至一石不乱。帝慰劳之，遣还。

③《世语》曰：伟字公衡。伟子长武，有宠风，年二十四，为大将军掾。高贵乡公之难，以掾守闾阖掖门，司马文王弟安阳亭侯幹欲入。幹妃，伟妹也。长武谓幹曰："此门近，公且来，无有入者，可从东掖门。"幹遂从之。文王问幹入何迟，幹言其故。参军王羡亦不得入，恨之。既而羡因王左右启王，满掾断门不内人，宜推劾。寿春之役，伟从文王至许，以疾不进。子从，求还省疾，事定乃从归，由此内见恨。收长武考死杖下，伟免为庶人。时人冤之。伟弟子奋，晋元康中至尚书令、司隶校尉。宠、伟、长武、奋，皆长八尺。荀绰《冀州记》曰：奋性清平，有识检。《晋诸公赞》曰：奋体量通雅，有宠风也。

④臣松之案：暨字休先，荥阳人，事见《刘晔传》。暨子肇，晋荆州刺史。山涛《启事》称肇有才能。肇子潭字道元，次歆字公嗣，潭子彧字长文，次经字仲武，皆见《潘岳集》。

⑤《魏略》曰：豫罢官归，居魏县。会汝南遣健步诣征北，感豫宿恩，过拜之。豫为杀鸡炊黍，送诣至陌头，谓之曰："罢老，苦汝来过。无能有益，若何？"健步愍其贫羸，流涕而去，还为故吏民说之。汝南为具资数千匹，遣人饷豫，豫一不受。会病亡，戒其妻子曰："葬我必于西门豹祠边。"妻之难之，言："西门豹古之神人，那可葬于其边乎？"豫言："豹所履行与我敌等耳，使死而有灵，必与我善。"妻子从之。汝南闻其死也，悲之，既为画像，又就为立碑铭。

⑥《魏略》曰：鲜卑素利等数来客见，多以牛马遗豫；豫转送官。胡以为前所与豫物显露，不如持金。乃密怀金三十斤，谓豫曰："愿避左右，我欲有所道。"豫从之，胡因跪曰："我见公贫，故前后遗公牛马，公辄送官，今密以此上公，可以为家资。"豫张袖受之，答其厚意。胡去之后，皆悉付外，具以状闻。于是诏褒之曰："昔魏绛开怀以纳戎赂，今卿举袖以受狄金，朕甚嘉焉。"乃即赐绢五百匹。豫得赐，分以其半藏小府，后胡复来，以半与之。

⑦按《晋书》：弘后为扬州、凉州刺史，以果烈死事于边。嘉子秀，字成叔。

荀绰《冀州记》曰：秀有隽才，性豪侠有气，弱冠得美名。

于太康中为卫瓘、崔洪、石崇等所提携，以新安令博士为司空从事中郎。与帝舅黄门侍郎王恺素相轻侮。恺讽司隶荀恺，令都官诬奏秀夜在道中载高平国守士田兴妻。秀即表诉被诬陷之由，论恺秽行，文辞尤厉。于时朝臣虽多证明，秀名誉由是而损。后张华请为长史，稍迁至尚书。河间王以秀为平北将军，假节，在冯翊遇害。世人玩其辞赋，惜其材干。

⑧按郭氏谱：淮祖全，大司农；父缊，雁门太守。

⑨《世语》曰：淮妻，王凌之妹。凌诛，妹当从坐，御史往收。督将及羌、胡渠帅数千人叩头请淮表留妻，淮不从。妻上道，莫不流涕，人人扼腕，欲劫留之。淮五子叩头流血请淮，淮不忍视，乃命左右追妻。于是追者数千骑，数日而还。淮以书白司马宣王曰："五子哀母，不惜其身；若无其母，是无五子；无五子，亦无淮也。今辄追还，若于法未通，当受罪于主者，觐展在近。"书至，宣王亦宥之。

⑩《晋诸公赞》曰：淮弟配，字仲南，有重名，位至城阳太守。裴秀、贾充皆配女婿。子展，字泰舒。有器度干用，历职著绩，终于太仆。次弟豫，字泰宁，相国参军，知名，早卒。女适王衍。配弟镇，字季南，谒者仆射。镇子奕，字泰业。《山涛启事》称奕高简有雅量，历位雍州刺史、尚书。

三国志卷二十七　魏书二十七

徐胡二王传第二十七

徐邈字景山，燕国蓟人也。太祖平河朔，召为丞相军谋掾，试守奉高令，入为东曹议令史。魏国初建，为尚书郎。时科禁酒，而邈私饮至于沈醉。校事赵达问以曹事，邈曰："中圣人。"达白之太祖，太祖甚怒。度辽将军鲜于辅进曰："平日醉客谓酒清者为圣人，浊者为贤人，邈性修慎，偶醉言耳。"竟坐得免刑。后领陇西太守，转为南安。文帝践阼，历谯相，平阳、安平太守，颍川典农中郎将，所在著称，赐爵关内侯。车驾幸许昌，问邈曰："颇复中圣人不？"邈对曰："昔子反毙于穀阳，御叔罚于饮酒，臣嗜同二子，不能自惩，时复中之。然宿瘤以丑见传，而臣以醉见识。"帝大笑，顾左右曰："名不虚立。"迁抚军大将军军师。

徐邈字景山，是燕国蓟县人。魏太祖平定黄河以北地区后，征召他担任丞相军谋掾，试任奉高县令，又调入朝廷担任东曹议令史。魏王国建立之初，他担任尚书郎。那时法规禁止饮酒，但徐邈却私下喝得大醉。校事赵达向他询问所在部门的事务，徐邈却回答说："中圣人。"赵达向太祖报告了这件事，太祖非常愤怒。度辽将军鲜于辅上前说："平时醉酒之徒把清亮的酒称为圣人，把浑浊的酒称为贤人，徐邈一向品行端恭谨慎，这次是偶然喝醉胡说罢了。"徐邈最终因而免于刑罚。后来，他兼任陇西太守，又调任南安太守。文帝当了皇帝后，徐邈历任谯国相，平阳、安平太守，颍川典农中郎将，每到一处任职，都名声显赫，被赐以关内侯的爵位。文帝巡视许昌，问徐邈说："你还经常中圣人吗？"徐邈回答说："从前子反因喝了穀阳献的酒误事而死，御叔也因饮酒而受处罚，我爱喝酒与他们二人相同，不能引为教训而警戒自己，还时常要喝一点。然而宿瘤因为长得丑陋而被载入书传，我则因为醉酒而被皇上记得。"文帝听了大笑，看看左右侍臣，对他们说："真是名不虚立。"调任徐邈为抚军大将军军师。

明帝以凉州绝远，南接蜀寇，以邈为凉州刺史，使持节领护羌校尉。至，值诸葛亮出祁山，陇右三郡反，邈辄遣参军及金城太守等击南安贼，破之。河右少雨，常苦乏谷，邈上修武威、酒泉盐池以收虏谷，

明帝考虑到凉州处于边远之地，南与蜀汉接壤，便任命徐邈为凉州刺史，使持节兼任护羌校尉。徐邈到任，正碰上诸葛亮出兵祁山，陇右三郡反叛，徐邈于是派遣参军和金城太守等人进击南安贼众，并打败他们。河右地区很少下雨，人们常因缺乏粮食而困苦，徐邈上奏朝廷请求准许修整武威、酒泉地方的盐池以换敌方的粮食，他又大量开辟水田，

又广开水田，募贫民佃之，家家丰足，仓库盈溢。乃支度州界军用之余，以市金帛犬马，通供中国之费。以渐收敛民间私仗，藏之府库。然后率以仁义，立学明训，禁厚葬，断淫祀，进善黜恶，风化大行，百姓归心焉。西域流通，荒戎入贡，皆邈勋也。讨叛羌柯吾有功，封都亭侯，邑三百户，加建威将车。邈与羌、胡从事，不问小过；若犯大罪，先告部帅，使知，应死者乃斩以徇，是以信服畏威。赏赐皆散与将士，无入家者，妻子衣食不充；天子闻而嘉之，随时供给其家。弹邪绳枉，州界肃清。

招募贫民耕种，于是凉州家家粮食丰足，把仓库堆得满满的还有多余。于是他把一州军用之后所剩余的粮食，用来交换金属布帛犬马，运往中原供应朝廷的消费。又逐渐地收集民间私下所有的兵器，将其收藏于政府库房。然后施行仁义以做表率，建立学校修明教化，禁止厚葬，断绝不合礼制的祭祀，进用善良而黜退丑恶，良好的社会风气大为流行，老百姓的心都归向于他。中原与西域交流往来，远方的少数民族向朝廷进贡，这都是徐邈的功劳。他讨伐叛乱的羌人柯吾立下功劳，被封为都亭侯，给予食邑三百户，加授建威将军称号。徐邈与羌人、胡人共事，不计较追究他们的小过错；假如他们犯了大罪，就先告知其部落首领，让他知道，然后才把应处死的人斩首示众，因此羌人、胡人信服且敬畏他的威严。他所得赏赐都分给部下将士，没有拿回家去的，供妻子儿子穿衣吃饭都不足够。天子听说后嘉奖他，按时令供给他家度用。徐邈镇压邪恶纠正不良，所辖州内社会太平。

正始元年，还为大司农。迁为司隶校尉，百寮敬惮之。公事去官。后为光禄大夫，数岁即拜司空，邈叹曰："三公论道之官，无其人则缺，岂可以老病忝之哉？"遂固辞不受。嘉平元年，年七十八，以大夫薨于家，用公礼葬，谥曰穆侯。子武嗣。六年，朝廷追思清节之士，诏曰："夫显贤表德，圣王所重；举善而教，仲尼所美。故司空徐邈、征东将军胡质、卫尉田豫皆服职前朝，历事四世，出统戎马，入赞庶政，忠清在公，忧国忘私，不营产业，身没之后，家无余财，朕甚嘉之。其赐邈等家谷二千斛，钱三十万，布告天下。"邈同郡韩观曼

正始元年，徐邈回到京师担任大司农。又升为司隶校尉，百官都敬畏他。他因公务上的原因被免官。后又担任光禄大夫，几年时间就被拜为司空，徐邈感叹说："三公是谋划议论国家大政的官职，没有合适的人选就应空缺，我怎能以年老体病之身愧处于这个位置呢？"于是他坚决推辞不接受这个任命。嘉平元年，他以光禄大夫的身份在家去世，朝廷用三公的丧礼为他举行安葬，给予他穆侯的谥号。儿子徐武继承了他的爵位。嘉平六年，朝廷追思具有清白节操的已故人士，颁布诏令说："显扬表彰贤能有德之士，这是圣明之君所重视的；选拔善人而教育其他人，这是孔圣人仲尼所赞美的。已故司空徐邈、征东将军胡质、卫尉田豫在前朝任职，经历侍奉我四代君主，他们出外则统率军队，在朝则辅佐处理各种政务，任职忠诚清廉，忧国忘记自我，不经营家产私业，逝世之后，家中没有一点多余的财产，我非常赞赏他们。赐给徐邈等人每家谷二千斛，钱三十万，布告天下。"徐邈同郡人韩观字曼游，有洞察

游，有鉴识器干，与邈齐名，而在孙礼、卢毓先，为豫州刺史，甚有治功，卒官。①卢钦著书，称邈曰："徐公志高行洁，才博气猛。其施之也，高而不狷，洁而不介，博而守约，猛而能宽。圣人以清为难，而徐公之所易也。"或问钦："徐公当武帝之时，人以为通，自在凉州及还京师，人以为介，何也？"钦答曰："往者毛孝先、崔季珪等用事，贵清素之士，于时皆变易车服以求名高，而徐公不改其常，故人以为通。比来天下奢靡，转相仿效，而徐公雅尚自若，不与俗同，故前日之通，乃今日之介也。是世人之无常，而徐公之有常也。"

事理的本领才干，和徐邈齐名，并在孙礼、卢毓之先，任豫州刺史，很有些政绩，在任职期间死去。卢钦著书，称赞徐邈说："徐公志节高尚品行纯洁，才能广博气质威猛。这些素质具体表现出来时，就是志节高尚却不拘谨，品行纯洁而不固执，才能广博而能提纲挈领，气质威猛却宽厚待人。圣人都认为清纯难以做到，可是对徐公来说则是容易的事情。"有人问卢钦："徐公在武帝的时候，人们认为他通达，自他在凉州和回到京师以后，人们又认为他固执，这是什么原因？"卢钦回答说："从前毛孝先、崔季圭等人当权，看重清高廉洁的人，在那时候人们都改变服饰车子来求得高名，可是徐公不改变他惯常的车子服饰，所以人们认为他通达。近来社会上挥霍浪费，大家互相模仿效法，但徐公仍坚持平素的风尚，不与世俗同流，因此他前日的通达，就是今日的固执。这是因为世人没有一贯的操守，而徐公却有啊！"

胡质字文德，楚国寿春人也。少与蒋济、朱绩俱知名于江、淮间，仕州郡。蒋济为别驾，使见太祖。太祖问曰："胡通达，长者也，宁有子孙不？"济曰："有子曰质，规模大略不及于父，至于精良综事过之。"②太祖即召质为顿丘令。县民郭政通于从妹，杀其夫程他，郡吏冯谅系狱为证。政与妹皆耐掠隐抵，谅不胜痛，自诬，当反其罪。质至官，察其情色，更详其事，检验具服。

胡质字文德，是楚国寿春县人。他少年时与蒋济、朱绩都在江、淮一带知名，在州郡里任职。蒋济担任别驾，被上司派去见太祖，太祖问他："胡通达，是应当敬重的长辈，他难道没有子孙吗？"蒋济回答说："他有儿子名胡质，整体谋划比不上他父亲，至于精心细致地处理各种事务则比他父亲强。"太祖立即征召胡质担任顿丘县令。县民郭政与堂妹私通，杀了堂妹夫程他，郡吏冯谅被作为证人关进监狱。郭政与其堂妹都忍着拷问的痛楚而隐瞒抵赖不肯承认，冯谅不能忍受痛苦只好承认是做了伪证，按刑律应当以诬告治罪。胡质到任重新处理此案，他观察犯人的脸色神情，又详细察究事情始末，经检查验证使罪犯终于承认了全部罪行。

入为丞相东曹议令史，州请为治中。将军张辽与其护军武周有隙。辽见刺史温恢求请质，质辞以疾。辽出谓质曰："仆委意于君，何以相辜如

后调进朝廷担任东曹议令史，扬州刺史向朝廷请求让胡质担任他的治中。将军张辽和他的护军武周产生了嫌隙。他面见刺史要求让胡质去代替武周，胡质借口有病加以推辞。张辽出来对胡质说："我看中了你，你为什么这样地辜负我一片心意

此？"质曰："古人之交也，取多知其不贪，奔北知其不怯，闻流言而不信，故可终也。武伯南身为雅士，往者将军称之不容于口，今以睚眦之恨，乃成嫌隙。况质才薄，岂能终好？是以不愿也。"辽感言，复与周平。③

呢？"胡质回答说："古人交友，对方索取虽多却知道他并非贪婪，打仗临阵逃跑也了解他并非怯懦，听到流言也不相信，因此双方的友谊能够保持长久。武伯南是个才德俱佳的人，过去将军曾对他赞不绝口，如今因为一点小小怨愤，就产生了嫌隙。何况我胡质才能低下，难道能与你长久地相处好？因此我不愿当你的护军。"张辽对胡质所说深有感触，于是与武周重新和好。

太祖辟为丞相属。黄初中，徙吏部郎，为常山太守，迁任东莞。士卢显为人所杀，质曰："此士无雠而有少妻，所以死乎！"悉见其比居年少，书吏李若见问而色动，遂穷诘情状。若即自首，罪人斯得。每军功赏赐，皆散之于众，无入家者。在郡九年，吏民便安，将士用命。

太祖征召胡质担任丞相佐吏。黄初年间，调任为吏部郎，又外调担任常山太守，转任东莞太守。士人卢显被人杀害，胡质说："这个士人没有仇人但有年轻的妻子，是因为这才被杀的吧！"他召见了卢显邻居中的所有年轻人，书吏李若被询问时神色不对头，于是胡质追问事情经过。李若立即就自首了，这样就查明了罪犯。胡质每因军功而得到的赏赐，都分给众人，从不把东西带回家。他在东莞郡担任太守九年，官吏百姓都安适满意，军官士兵全都服从命令。

迁荆州刺史，加振威将军，赐爵关内侯。吴大将朱然围樊城，质轻军赴之。议者皆以为贼盛不可迫，质曰："樊城卑下，兵少，故当进军为之外援；不然，危矣。"遂勒兵临围，城中乃安。迁征东将军，假节都督青、徐诸军事。广农积谷，有兼年之储，置东征台，且佃且守。又通渠诸郡，利舟楫，严设备以待敌。海边无事。

后升任荆州刺史，加授振威将军称号，被赐予关内侯的爵位。东吴大将朱然围攻樊城，胡质带了部队轻装前往援救解围。议论的人都认为东吴兵势正盛，不可逼近与之接战，胡质说："樊城地势低下，兵力又少，所以应当挥军前进以为外援，不这样的话，樊城就危险了。"于是指挥部队逼近包围圈，城中军队因此得以安定。胡质升任征东将军，被授予假节都督青州、徐州诸军事。他在任时大力发展农业生产积储粮食，得有两年的存粮，并修筑东征台，一边耕种一边防守边境。又在各郡间开凿渠道，以方便舟船往来，严密地整修防御设施来对付敌人。海边地区得以平安无战事。

性沉实内察，不以其节检物，所在见思。嘉平二年薨，家无余财，惟有赐衣书箧而已。军师以闻，追进封阳陵亭侯，邑百户，谥曰贞侯。子威嗣。六年，诏书褒述质清行，赐其家

胡质性格稳重朴实内省自律，不以自己的处世准则来要求别人，所到之处都被人怀念。嘉平二年去世，家中没有余留的财物，只有朝廷所赐衣物和书籍而已。他的军师把这情形报告了朝廷，朝廷追加他为阳陵亭侯，食邑百户，谥号贞侯。儿子胡威继承了他的爵位。嘉平六年，朝廷颁布诏书褒扬胡质

钱谷。语在《徐邈传》。威，咸熙中官至徐州刺史，[④]有殊绩，历三郡守，所在有名。卒于安定。

清高的操行，赏赐他家钱财谷物。这在《徐邈传》中已做了记述。胡威，咸熙年间官至徐州刺史，有突出的政绩，历任三郡太守，所到之处都有名望。在安定太守任上死去。

王昶字文舒，太原晋阳人也。[⑤]少与同郡王凌俱知名。凌年长，昶兄事之。文帝在东宫，昶为太子文学，迁中庶子。文帝践阼，徙散骑侍郎，为洛阳典农。时都畿树木成林，昶斫开荒莱，勤劝百姓，垦田特多。迁兖州刺史。明帝即位，加扬烈将军，赐爵关内侯。昶虽在外任，心存朝廷，以为魏承秦、汉之弊，法制苛碎，不大厘改国典以准先王之风，而望治化复兴，不可得也。乃著《治论》，略依古制而合于时务者二十余篇，又著《兵书》十余篇，言奇正之用，[⑥]青龙中奏之。

王昶字文舒，是太原郡晋阳县人。少年时和同郡人王凌都有名声。王凌年纪比王昶大些，王昶像兄长一样对待他。文帝在东宫当太子的时候，王昶担任太子文学，又调任中庶子。文帝即帝位，王昶升任散骑侍郎，调任洛阳典农。当时京城及附近地区树木成林，王昶砍伐林木开垦荒地，勤恳劝勉百姓，开垦田地特别多。调任兖州刺史。明帝即位，加授他扬烈将军，赐予关内侯爵位。王昶当时虽然在外地任职，但他心中想着朝廷，认为魏国沿袭了秦朝、汉朝的弊端，法制苛刻琐碎，不对国家典章制度大大改革一番使之合乎先王的规制典范，要想希望政治局面和社会风气重新好转，是不可能的。于是他写了《治论》一书，书中大体依据古代制度而又合乎现实情况的议论有二十多篇，又著《兵书》十多篇，阐述用兵方策的具体应用，青龙年间他把二书上奏给朝廷。

其为兄子及子作名字，皆依谦实，以见其意，故兄子默字处静，沈字处道，其子浑字玄冲，深字道冲。遂书戒之曰：

他为侄儿和儿子起名字，全本于谦虚充实的意义，来表达他的深意，所以他的一个侄儿名默字处静，另一个名沉字处道，他的儿子一个名浑字玄冲，一个名深字道冲。他又写信告诫他们说：

夫人为子之道，莫大于宝身全行，以显父母。此三者人知其善，而或危身破家，陷于灭亡之祸者，何也？由所祖习非其道也。夫孝敬仁义，百行之首，行之而立，身之本也。孝敬则宗族安之，仁义则乡党重之，此行成于内，名著于外者矣。人若不笃于至行，而背本逐末，以陷浮华焉，以成朋党焉；浮华则有虚伪之累，朋党则有彼此之患。此二者之戒，

人们作为儿辈应遵循的原则，没有什么比珍惜生命完善德行，从而显扬父母之名更重要的了。这三点人们都知道是善，但有的人却身遭险恶家被破坏，陷于破灭败亡的灾祸，这是为什么？只是因为他们崇奉仿效的不是正道啊！孝敬仁义，这是各种美好品行中最重要的，实行这些美德从而立身于世，这是自身的根本大事。孝敬长辈就宗族安宁，仁义待人则乡人敬重，这样就可以操行成就于自身，名声显扬于社会。人如果不真诚地培养高尚的操行，舍弃根本去追求枝末，那就会陷于浮华，而结成不守正道的团伙，浮华就将受到虚伪的牵累，团伙之内也常互相猜忌而起祸患。这两种情形的教训，清

昭然著明，而循覆车滋众，逐末弥甚，皆由惑当时之誉，昧目前之利故也。夫富贵声名，人情所乐，而君子或得而不处，何也？恶不由其道耳。患人知进而不知退，知欲而不知足，故有困辱之累，悔吝之咎。语曰："如不知足，则失所欲。"故知足之足常足矣。览往事之成败，察将来之吉凶，未有干名要利，欲而不厌，而能保世持家，永全福禄者也。欲使汝曹立身行己，遵儒者之教，履道家之言，故以玄默冲虚为名，欲使汝曹顾名思义，不敢违越也。古者盘杅有铭，几杖有诫，俯仰察焉，用无过行；况在己名，可不戒之哉！夫物速成则疾亡，晚就则善终。朝华之草，夕而零落；松柏之茂，隆寒不衰。是以大雅君子恶速成，戒阙党也。若范匄对秦客而武子击之，折其委笄，恶其掩人也。⑦夫人有善鲜不自伐，有能者寡不自矜，伐则掩人，矜则陵人。掩人者人亦掩之，陵人者人亦陵之。故三郤为戮于晋，王叔负罪于周，不惟矜善自伐好争之咎乎？故君子不自称，非以让人，恶其盖人也。夫能屈以为伸，让以为得，弱以为强，鲜不遂矣。夫毁誉，爱恶之原而祸福之机也，是以圣人慎之。孔子曰："吾之于人，谁毁谁誉；如有所誉，必有所试。"又曰："子贡方人。赐也贤

楚明白，可重蹈覆辙的人越来越多，追逐枝末愈加厉害，这都是被眼前的称誉所迷惑，被暂时的好处弄昏了头的缘故。富贵和名声，是人情所喜欢的，但君子有时得到了富贵名声却并不安然处之，这是为什么？是厌恶它不是从正当途径得来的罢了。担忧的是人只知进取而不知退避，只知需求而不知满足，因此就有了困顿受辱的牵累和悔恨的祸事。俗语说："如果不知满足，就将失去所喜欢的东西。"因此知足的人就可以经常得到满足了。看看往事的成功与失败，考察将要发生的吉凶，从来就没有追名逐利，一味贪求而不知满足，却能保持家世不衰，幸福禄位永远完全的人。我希望你们立身社会表现自己，要遵从儒家的教导，实践道家的道理，因此我要用玄默冲虚等字作为你们的名字，是想让你们顾名思义，不敢违规越矩啊。古时候盘盂上刻着铭文，几案手杖上也写着诫语，俯身抬头之间就可以看到它们而自省，从而不会发生错误的行为，何况自己的名字，能不对之时刻警戒吗！事物成就迅速那么消亡得也快，成就迟晚就结局美好。早晨开花的小草，晚上就会凋零败落；松柏的茂盛，即使严寒之时也不会衰败。因此志行高尚的君子厌恶成就迅速，这是听从孔圣人的教导。就如那范匄答解了秦国使者的问题但武子却要打他，把他帽子上的委笄也打断了，这是因为武子恨他突出了自己贬低了旁人。人们有长处很少不自夸，有才能也很少不自傲，自夸那就掩抑了别人，自傲那也压低了别人。掩抑别人的人别人也会掩抑他；压低别人的人别人也会压低他。所以三郤在晋国被杀，王叔对周王室犯下了罪过，不就是自夸自傲好胜争强而带来的祸患吗？因此君子不称美自己，并非是礼让别人，而是嫌恶这样做贬抑了别人。能够把屈当做伸，把让当做得，把弱当做强，那就很少有什么目的不能达到的了。诋毁和称誉，是爱恨的根源和祸福的缘起，因此圣人对之非常谨慎。孔子说："我对于别人，诋毁了谁又称誉了谁呢？如果我称誉过某人，一定对他进行过考验。"他又说："子贡喜欢褒贬评论人。他也真是高

乎哉，我则不暇。”以圣人之德，犹尚如此，况庸庸之徒而轻毁誉哉？

明呀，我是没有这闲工夫的。”以孔圣人的高尚品德，尚且还这样，何况庸碌之辈去轻易地毁誉别人呢？

昔伏波将军马援戒其兄子，言：“闻人之恶，当如闻父母之名；耳可得而闻，口不可得而言也。”斯戒至矣。[8]人或毁己，当退而求之于身。若己有可毁之行，则彼言当矣；若己无可毁之行，则彼言妄矣。当则无怨于彼，妄则无害于身，又何反报焉？且闻人毁己而忿者，恶丑声之加人也，人报者滋甚，不如默而自修己也。谚曰：“救寒莫如重裘，止谤莫如自修。”斯言信矣。若与是非之士，凶险之人，近犹不可，况与对校乎？其害深矣。夫虚伪之人，言不根道，行不顾言，其为浮浅较可识别；而世人惑焉，犹不检之以言行也。近济阴魏讽、山阳曹伟皆以倾邪败没，荧惑当世，挟持奸慝，驱动后生。虽刑于铁钺，大为炯戒，然所污染，固以众矣。可不慎与！[9]

从前伏波将军马援告诫他的侄儿说：“听到别人的丑恶，应该像听到父母的名字一样，耳朵可以去听，嘴巴却不可以去说。”这告诫是完全正确的。别人有时诋毁我们，我们就应当退而反省自己的行为。要是自己确实有应受诋毁的行为，那他所说就是恰当的；要是自己没有可以诋毁的行为，那他所说就是虚妄的。所说恰当就不必怨恨别人，所说虚妄对自己不会有害，又何必去反驳回击呢？并且听到别人诋毁自己就愤愤然的原因，是恨坏名声会背到自己身上，而反驳回击后别人的诋毁只会更加厉害，不如当做没听到而去修养自己的品行。谚语说：“防寒没有什么比得上厚厚的皮衣服，停止别人诽谤没有什么比得上自我修养。”这话确实正确。假如碰上那好弄是非、凶恶危险的人，接近他尚且不可以，何况去和他当面计较抗辩呢？这样做危害就大了。虚伪的人，说话不依据正道，行为与所说又不相符合，他们的浮浅比较能够被人识别；可是世人却仍被他们迷惑，就是不去观察他们的言论来衡量他们的品行。不久前济阴郡人魏讽、山阳郡人曹伟都因图谋不轨心怀邪恶而事败身死，他们迷惑当代世人，怀有奸诈邪恶之心，唆使煽动年轻一辈。虽然他们已被依法处死，成为明戒教训，但是受他们影响而变坏的人，已经是很多了。可以不谨慎小心吗！

若夫山林之士，夷、叔之伦，甘长饥于首阳，安赴火于绵山，虽可以激贪励俗，然圣人不可为，吾亦不愿也。今汝先人世有冠冕，惟仁义为名，守慎为称，孝悌于闺门，务学于师友。吾与时人从事，虽出处不同，然各有所取。颍川郭伯益，好尚通达，敏而有知。其为人弘旷不足，轻贵有余；得

至于那山林之间的隐士，伯夷、叔齐一类人物，他们心甘情愿在首阳山长期忍饥挨饿，心安理得地在绵山让火烧死，虽然这种行为可以激励贪鄙庸俗的人们，可是圣人是不可以这样做的，我也不愿你们这样做。现在你们的先辈世代仕宦为官，他们只因仁义而出名，因自持谨慎被人称誉，在家中孝敬长辈友爱兄弟，在师友之间研讨学问。我与同代人们结交往来，他们虽然显达落拓各有不同，然而都有各自的长处。颍川郡人郭伯益，追崇通达，聪明智慧。他为人宽宏大度不足，权衡计较则有余，认为某

其人重之如山，不得其人忽之如草。吾以所知亲之昵之，不愿儿子为之。⑩北海徐伟长，不治名高，不求苟得，澹然自守，惟道是务。其有所是非，则托古人以见其意，当时无所褒贬。吾敬之重之，愿儿子师之。东平刘公幹，博学有高才，诚节有大意，然性行不均，少所拘忌，得失足以相补。吾爱之重之，不愿儿子慕之。⑪乐安任昭先，淳粹履道，内敏外恕，推逊恭让，处不避洿，怯而义勇，在朝忘身。吾友之善之，愿儿子遵之。⑫若引而伸之，触类而长之，汝其庶几举一隅耳。及其用财先九族，其施舍务周急，其出入存故老，其论议贵无贬，其进仕尚忠节，其取人务实道，其处世戒骄淫，其贫贱慎无戚，其进退念合宜，其行事加九思，如此而已。吾复何忧哉？

人有德就看得他像山一样重，认为某人无德就看得他和草一样轻。我因为了解他而亲他近他，但不希望儿辈们仿效他。北海人徐伟长，不追求显赫的名声，不追求不正当所得，心胸恬淡自持其身，所追求的只是正道。他若要肯定什么批评什么，就假借古人的话来表达自己的意见，当场不表露其褒贬之意。我敬重他，希望儿辈们学习他。东平人刘公幹，学问渊博才能又高，正直有节操而又意向远大，可是他的脾性行为不平和，为人不谨慎少顾忌，他的优点缺点正好相抵。我喜欢他看重他，但不希望儿辈们仰慕他。乐安人任昭先，朴实纯洁遵从正道，内心敏慧外表宽和，推让谦逊恭敬礼让，在人群中不怕居下，看似怯懦却见义勇为，在朝任职克己无私。我友爱他赞美他，希望儿辈们学习他。如果引申开来，把我的意思推而广之，那前边所说就只能算给你们举举例子罢了。更有那享用财物让亲族在先，施舍助人必救困济难，出门归来要问候年长乡人，发表议论注重不含贬损，任职朝廷崇尚忠诚气节，结朋交友取其本真实行，处世待人力戒骄纵淫逸，贫穷位卑但不悲戚痛苦，进取退避考虑合乎时宜，办理事情必经深思熟虑，能做到这样就可以了。我还有什么可忧虑的呢？

青龙四年，诏“欲得有才智文章，谋虑渊深，料远若近，视昧而察，筹不虚运，策弗徒发，端一小心，清修密静，乾乾不解，志尚在公者，无限年齿，勿拘贵贱，卿校已上各举一人”。太尉司马宣王以昶应选。正始中，转在徐州，封武观亭侯，迁征南将军，假节都督荆、豫诸军事。昶以为国有常众，战无常胜；地有常险，守无常势。今屯宛，去襄阳三百余里，诸军散屯，船在宣池，有急不

青龙四年，诏书说：“打算选拔具有才干智慧文章学问，谋划思虑深远，预料未来有如眼前，洞见暗昧而能明察，运筹方略从不落空，凡有策划必见成效，正直忠诚细心恭谨，操行洁美缜密沉静，勤勉努力少有松懈，心志追求只为朝廷的人，不限年龄，不管尊贵卑贱，卿校以上官员每人荐举一人。”太尉司马宣王举荐了王昶来朝廷应选。正始年间，王昶调任为徐州刺史，封武观亭侯，升任征南将军，被授予假节都督荆州、豫州诸军事。王昶认为国家虽然经常保持有一定规模的军队，但打起仗来并不能保证常胜不败；地形虽具固有的险要，但防守却无一定的模式。现在征南将军屯驻宛城，离襄阳三百多里，各军又分散驻扎，战船远在宣池，一旦战事紧急就

足相赴，乃表徙治新野，习水军于二州，广农垦殖，仓谷盈积。

不能火速赴敌，于是他上表请求移驻新野，在二州操练水军，广辟田地发展生产，仓库里粮食堆得满满的。

嘉平初，太傅司马宣王既诛曹爽，乃奏博问大臣得失。昶陈治略五事：其一，欲崇道笃学，抑绝浮华，使国子入太学而修庠序；其二，欲用考试，考试犹准绳也，未有舍准绳而意正曲直，废黜陟而空论能否也；其三，欲令居官者久于其职，有治绩则就增位赐爵；其四，欲约官实禄，励以廉耻，不使与百姓争利；其五，欲绝侈靡，务崇节俭，令衣服有章，上下有叙，储谷畜帛，反民于朴。诏书褒赞。因使撰百官考课事，昶以为唐虞虽有黜陟之文，而考课之法不垂。周制冢宰之职，大计群吏之治而诛赏，又无校比之制。由此言之，圣主明于任贤，略举黜陟之体，以委达官之长，而总其统纪，故能否可得而知也。其大指如此。

嘉平初年，太傅司马宣王杀掉曹爽以后，上奏朝廷多方咨询大臣们关于政事得失的意见。王昶陈述了有关治国方略的五件事情：第一，应该尊崇正道注重学问，抑制消灭浮华的风气，让公卿大夫的子弟进入太学并努力办好学校教育；第二，应该推行考试制度，考试就好比准绳，没有不用准绳而仅凭主观就能断定曲直，废弃进退考核的标准却能凭空衡量官员的胜任与否的；第三，应该让官员担任职务的时间长久一些，有了政绩就升擢官品赐予爵位；第四，应该控制官员的数量丰厚官员的俸禄，用廉洁知耻来激励他们，不让他们和老百姓争利；第五，应该消灭奢侈浪费风气，一定要推崇节约勤俭，并让人们穿着符合他们各自身份的服饰，让上上下下等级分明，要储积谷物布帛，使老百姓恢复朴实的风气。朝廷下诏对王昶的建议加以褒扬称赞。因而又让他编定考核百官的办法，王昶认为虽然尧舜的时候就有了考核升降官员的规定，但其具体考核办法却没有流传下来。周代的制度设有冢宰这一官职，掌管考核百官的政绩以决定处罚奖赏，但却没有考核官员的具体制度。由此说来，圣明的君主对任用贤才是明智的，他们提出升降官员的总体要求，具体实行的办法则让冢宰或宰相负责，自己只掌握总的纲纪，因而他对官员的胜任与否可以得知了解。王昶的主要意思大致就是如此。

二年，昶奏："孙权流放良臣，適庶分争，可乘衅而制吴、蜀；白帝、夷陵之间，黔、巫、秭归、房陵皆在江北，民夷与新城郡接，可袭取也。"乃遣新城太守州泰袭巫、秭归、房陵，荆州刺史王基诣夷陵，昶诣江陵，两岸引竹絙为桥，渡水击之。贼奔南岸，凿七道并来攻。

嘉平二年，王昶上奏朝廷说："孙权流放忠良之臣，他的嫡子庶子闹得矛盾纷纷，我们可乘其内部不和而制胜吴国和蜀国；从白帝城到夷陵之间，黔、巫、秭归、房陵等地都在长江以北，这里的百姓与我新城郡百姓接触密切，可以袭击攻取。"朝廷于是派遣新城太守州泰进攻巫县、秭归县、房陵县，荆州刺史王基去攻打夷陵，王昶去攻打江陵，王昶在两岸牵引粗大的竹索作为桥梁，部队渡过河去打击吴军。敌人逃奔南岸，开了七条通道一起来进攻魏军。

于是昶使积弩同时俱发，贼大将施绩夜遁入江陵城，追斩数百级。昶欲引致平地与合战，乃先遣五军案大道发还，使贼望见以喜之，以所获铠马甲首，驰环城以怒之，设伏兵以待之。绩果追军，与战，克之。绩遁走，斩其将钟离茂、许旻，收其甲首旗鼓珍宝器仗，振旅而还。王基、州泰皆有功。于是迁昶征南大将军、仪同三司，进封京陵侯。毌丘俭、文钦作乱，引兵拒俭、钦有功，封二子亭侯、关内侯，进位骠骑将军。诸葛诞反，昶据夹石以逼江陵，持施绩、全熙使不得东。诞既诛，诏曰："昔孙膑佐赵，直凑大梁。西兵骤进，亦所以成东征之势也。"增邑千户，并前四千七百户，迁司空，持节、都督如故。甘露四年薨，谥曰穆侯。子浑嗣，咸熙中为越骑校尉。⑬

于是王昶让连弩同时发射，敌军大将施绩连夜逃入江陵城，魏兵追击砍下了几百敌人的头。王昶想把敌人引诱到平地和他们作战，于是让部队顺着大路撤回，让敌人望见高兴，并让人披上缴获的铠甲骑上缴获的战马提着斩杀的吴兵头颅，围着江陵城来回奔跑以此来激怒吴军，并设下埋伏准备伏击他们。施绩果然追赶魏军，魏军回头与吴军作战，把施绩打败。施绩逃跑了，魏军斩了他的部将钟离茂、许旻，缴获了吴军的士兵首级、旌旗战鼓、兵器珍宝仪仗，军心大振而回师。王基、州泰都立了战功。于是朝廷升王昶为征南大将军，并给他仪同三司的待遇，进封他为京陵侯。毌丘俭和文钦兴兵作乱，王昶指挥部队进击毌丘俭、文钦二人有功，朝廷封他的两个儿子为亭侯、关内侯，王昶本人升任骠骑将军。诸葛诞反叛，王昶占据夹石以威逼压制江陵的吴军，牵制施绩、全熙的吴军使其不能东进声援诸葛诞。诸葛诞被诛杀后，朝廷下诏书说："从前孙膑佐助赵国，率军直扑大梁。王昶挥军西逼江陵，这也壮大了我军东征诸葛诞的威势。"增加王昶食邑千户，加上以前的共有四千七百户，升任司空，持节、都督仍和过去一样。甘露四年去世，谥号穆侯。儿子王浑继承了他的爵位，咸熙年间，王浑担任越骑校尉。

王基字伯舆，东莱曲城人也。少孤，与叔父翁居。翁抚养甚笃，基亦以孝称。年十七，郡召为吏，非其好也，遂去，入琅邪界游学。黄初中，察孝廉，除郎中。是时青土初定，刺史王凌特表请基为别驾，后召为秘书郎，凌复请还。顷之，司徒王朗辟基，凌不遣。朗书劾州曰："凡家臣之良，则升于公辅，公臣之良，则入于王职，是故古者侯伯有贡士之礼。今州取宿卫之臣，留秘阁之吏，所希闻

王基字伯舆，是东莱郡曲城县人。小时候他就失去了父亲，和叔父王翁住在一起。王翁抚养王基非常尽心，王基也以孝敬叔父而被人称赞。十七岁时，郡守征召他当了小官，这不是他的所好，于是离职而去，来到琅邪郡境内游学。黄初年间，被举荐为孝廉，授给郎中的职位。那时青州刚刚平定，刺史王凌特地上表朝廷请求准让王基担任他的别驾，后来朝廷征召王基为秘书郎，王凌又请求朝廷让王基回青州。不久，司徒王朗征召王基，王凌不让王基前去。王朗上书弹劾王凌说："凡是家臣中的优秀者，就应进献给公卿宰辅，公卿宰辅臣属中的优秀者，就应进献给皇上而任职朝廷，因而古时候有规定侯伯贡士的礼制。现在王凌取用本应警卫皇宫的人

也。”凌犹不遣。凌流称青土，盖亦由基协和之辅也。大将军司马宣王辟基，未至，擢为中书侍郎。

臣，留任可充职尚书台的官吏，这很少听说过。”王凌还是不放王基。王凌被人称扬名声遍于青州，这也是因为王基协助赞和之力。大将军司马宣王征召王基，尚未到任，王基被朝廷提升为中书侍郎。

明帝盛修宫室，百姓劳瘁。基上疏曰：“臣闻古人以水喻民，曰‘水所以载舟，亦所以覆舟’。故在民上者，不可以不戒惧。夫民逸则虑易，苦则思难，是以先王居之以约俭，俾不至于生患。昔颜渊云东野子之御，马力尽矣而求进不已，是以知其将败。今事役劳苦，男女离旷，愿陛下深察东野之弊，留意舟水之喻，息奔驷于未尽，节力役于未困。昔汉有天下，至孝文时唯有同姓诸侯，而贾谊忧之曰：‘置火积薪之下而寝其上，因谓之安也。’今寇贼未殄，猛将拥兵，检之则无以应敌，久之则难以遗后，当盛明之世，不务以除患，若子孙不竞，社稷之忧也。使贾谊复起，必深切于曩时矣。”

明帝大修宫室，老百姓因而劳累困顿。王基上书说：“我听说古人用水来比喻老百姓，说‘水可以浮起舟船，也可以使舟船翻沉’。所以统治老百姓的人，不可不防备恐惧。百姓生活安适就心思平和，生活困苦就心怀怨仇，因此先王用节约俭省来治理国家，使祸患不至于发生。从前颜渊议论东野子驾驭马车，说马力已竭而他仍只图前进不止，因而知道就要出乱子。现在老百姓服役劳累困苦，夫妻离别久不相聚，希望陛下深察东野子驭马的弊害，留意舟水的取喻，在奔马力气还未用尽之前让它休息，在老百姓尚未困顿之际就节制劳役。从前汉朝得了天下，到孝文帝时仅有同姓诸侯，而贾谊却为汉朝忧虑说：‘把火放在成堆的柴薪下面而生火人却躺在柴堆上面，这还可称为安宁？’现在敌国尚未消灭，国内大将各拥重兵，若约束限制他们就没有力量对付敌人，这样长久下去就难以交付后代，正当盛明之世，不去全力消除隐患，假若子孙后代不够争气，这将是国家的忧患啊！如果贾谊复生，一定要比往昔发表更深刻痛切的感慨了。”

散骑常侍王肃著诸经传解及论定朝仪，改易郑玄旧说，而基据持玄义，常与抗衡。迁安平太守，公事去官。大将军曹爽请为从事中郎，出为安丰太守。郡接吴寇，为政清严有威惠，明设防备，敌不敢犯。加讨寇将军。吴尝大发众集建业，扬声欲入攻扬州，刺史诸葛诞使基策之。基曰：“昔孙权再至合肥，一至江夏，其后全琮出庐江，朱然寇襄阳，皆无

散骑常侍王肃撰写著作，对儒家各经及传进行解说，以及议论制定朝廷的各种礼仪制度，改变郑玄旧的说法，但王基却坚持郑玄旧说之义，常常与王肃争论。王基调任安平太守，后因政事而被免官。大将军曹爽请准朝廷让王基担任从事中郎，又出任安丰郡太守。安丰郡与吴国接界，王基在此为政清廉严正、威严宽惠，整备修治防务设施，敌人不敢来犯。加授为讨寇将军。吴国曾调动大量军队集中到建业，造声势说准备进攻扬州，扬州刺史诸葛诞让王基对情况进行预测筹划。王基说：“从前孙权两次进攻合肥县，一次攻打江夏郡，后来全琮出兵攻庐江郡，朱然进犯襄阳，他们都毫无功效而撤军。现在

功而还。今陆逊等已死，而权年老，内无贤嗣，中无谋主。权自出则惧内衅卒起，痈疽发溃；遣将则旧将已尽，新将未信。此不过欲补定支党，还自保护耳。”后权竟不能出。时曹爽专柄，风化陵迟，基著《时要论》以切世事。以疾征还，起家为河南尹，未拜，爽伏诛，基尝为爽官属，随例罢。

其年为尚书，出为荆州刺史，加扬烈将军，随征南王昶击吴。基别袭步协于夷陵，协闭门自守。基示以攻形，而实分兵取雄父邸阁，收米三十余万斛，虏安北将军谭正，纳降数千口。于是移其降民，置夷陵县。赐爵关内侯。基又表城上昶，徙江夏治之，以逼夏口，由是贼不敢轻越江。明制度，整军农，兼修学校，南方称之。时朝廷议欲伐吴，诏基量进趣之宜。基对曰：“夫兵动而无功，则威名折于外，财用穷于内，故必全而后用也。若不资通川聚粮水战之备，则虽积兵江内，无必渡之势矣。今江陵有沮、漳二水，溉灌膏腴之田以千数。安陆左右，陂池沃衍。若水陆并农，以实军资，然后引兵诣江陵、夷陵，分据夏口，顺沮、漳，资水浮谷而下。贼知官兵有经久之势，则拒天诛者意沮，而向王化者益固。然后率合蛮夷以攻其内，精卒劲兵以讨其外，则夏口以上必拔，

陆逊等人已死，孙权年纪又老，儿辈中没有一个是贤明的继承人，朝中也找不到好的谋臣。孙权若亲自率军出征则担忧内部矛盾突然激化，就像痈疽突然溃破不可收拾；派遣将领出征则原有大将已经死尽，而新任将领又不敢信任。吴国这样做不过是想修补内部缺漏，回头保护自身罢了。”后来孙权终究未能出兵。那时曹爽把持朝政，风气教化日益衰坏，王基就撰写了《时要论》来批评世事。因为有病请求回乡，后来从家里出任河南尹，尚未正式就职，曹爽被诛杀，王基曾当过曹爽属官，按惯例也被免职。

这一年王基任尚书，又出任荆州刺史，加授扬烈将军，跟随征南将军王昶进攻吴国。王基率领另一路军队前往夷陵县袭击步协，步协紧闭城门自守。王基做出进攻的姿态，而实际上却分兵去攻下了雄父邸阁，缴获大米三十多万斛，俘虏了吴国安北将军谭正，还接纳了吴国投降者数千人。于是他迁移吴国降民安置在夷陵县。被赐予关内侯爵位。他又上表请求在上昶地方筑城，把江夏郡治所迁来这里，从而逼近吴国夏口，因此吴兵不敢渡江。他严明制度，整备军务和农耕，又修建学校，南方人都称赞他。当时朝廷议论准备征伐吴国，下诏让王基策划考虑进攻的适当时机。王基答复说：“军队行动而不能取得功效，那么在外国家的威名就会受到损害，在内就会导致财用匮乏，因此必须准备周全而后用兵。假如不做好渡江储粮水战的准备，那么即使已集结了军队在江北，也还是没能具备可以渡江的形势。现在江陵有沮、漳二水，灌溉着数千顷肥沃农田。安陆县附近，到处都有池塘，土地肥沃。假如水田旱地都加以耕种，收获粮食充实军用，然后挥军进攻江陵、夷陵，分兵去占据夏口，顺着沮河、漳河，利用河水船运粮食而下。吴军知道我军具备了长期作战的优势，那么抗拒朝廷征伐的人就会丧失斗志，而向往我朝教化的人将愈益坚定。然后我军鼓动联合蛮夷各族在吴国之内发动攻势，用强大的兵力从外征讨，那么夏口以上地区就一定可以攻

而江外之郡不守。如此，吴、蜀之交绝，交绝而吴禽矣。不然，兵出之利，未可必矣。”于是遂止。

取，而江南的郡县也将守不住了。这样一来，蜀国与吴国间的联系交往必然断绝，吴人必定要为我所擒服。如果不是这样，我军出征作战的胜利，未必能够取得。”于是朝廷进攻吴国的计划就终止了。

司马景王新统政，基书戒之曰：“天下至广，万机至猥，诚不可不矜矜业业，坐而待旦也。夫志正则众邪不生，心静则众事不躁，思虑审定则教令不烦，亲用忠良则远近协服。故知和远在身，定众在心。许允、傅嘏、袁侃、崔赞皆一时正士，有直质而无流心，可与同政事者也。”景王纳其言。

司马景王刚上台执掌朝政，王基写信告诫他说：“国家很广阔，朝廷事务众多繁杂，确实不可不兢兢业业，坐着等待天亮而不敢休息。秉志端正则各种邪恶无从产生，心绪沉静则处理各种事务不会急躁，思虑缜密又有主见则法规政令简而不繁，亲近任用忠诚良善者则远近的人都会和谐顺服。因此可以知道和绥远方在于自己的行动，安定众人在于自己的心意。许允、傅嘏、袁侃、崔赞等都是当今的正直人士，他们有着端正的品质而没有流移放纵的心思，是可以和你一道商处国家政事的人选。”景王采纳了王基的意见。

高贵乡公即尊位，进封常乐亭侯。毌丘俭、文钦作乱，以基为行监军、假节，统许昌军，适与景王会于许昌。景王曰：“君筹俭等何如？”基曰：“淮南之逆，非吏民思乱也，俭等诳胁迫惧，畏目下之戮，是以尚群聚耳。若大兵临逼，必土崩瓦解，俭、钦之首，不终朝而县于军门矣。”景王曰：“善。”乃令基居军前。议者咸以俭、钦慓悍，难与争锋。诏基停驻。基以为：“俭等举军足以深入，而久不进者，是其诈伪已露，众心疑沮也。今不张示威形以副民望，而停军高垒，有似畏懦，非用兵之势也。若或虏略民人，又州郡兵家为贼所得者，更怀离心；俭等所迫胁者，自顾罪重，不敢复还，此为错兵无用之地，而成奸宄之源。吴

高贵乡公即皇位，王基晋封为常乐亭侯。毌丘俭、文钦发动叛乱，朝廷让王基担任代理监军、授予符节，统率许昌的军队，正好与景王在许昌会合。景王问他：“你认为毌丘俭等人将会怎样？”王基说：“淮南郡这次反叛朝廷，并不是那里的官吏百姓想要作乱，而是毌丘俭等人欺骗胁迫使他们恐惧，害怕立即被杀，因此不得不还聚合着罢了。如果大军逼近，他们一定会土崩瓦解，毌丘俭、文钦的脑袋，不到一个早晨就会被挂到军营的门上。”景王说：“讲得好。”于是命令王基率军走在全军前面。议论的人都认为毌丘俭、文钦剽悍，难以和他们对阵而占先，景王就下令让王基停下驻扎。王基认为：“毌丘俭等人率领军队完全可以深入我境，但却久久不挥军前进，这是他们的奸诈欺伪已经暴露，他们的部众已产生疑惧沮丧情绪的缘故。现在我军不显扬军威来满足百姓希望，却停下军队高壁深垒，表现出似乎畏惧怯懦的样子，这不是用兵打仗的姿态。假如叛敌掳掠百姓，而我士兵家属有被敌虏获的，那些士兵就必怀离去之心；而被毌丘俭等人胁迫参加叛乱的人，想到自己罪过深重，就不敢回到我们这边来，这是把兵置于不能发挥作用的地方，反而

寇因之，则淮南非国家之有，谯、沛、汝、豫危而不安，此计之大失也。军宜速进据南顿，南顿有大邸阁，计足军人四十日粮。保坚城，因积谷，先人有夺人之心，此平贼之要也。”基屡请，乃听进据濦水。既至，复言曰：“兵闻拙速，未睹工迟之久。方今外有强寇，内有叛臣，若不时决，则事之深浅未可测也。议者多欲将军持重。将军持重是也，停军不进非也。持重非不行之谓也，进而不可犯耳。今据坚城，保壁垒，以积实资虏，县运军粮，甚非计也。”景王欲须诸军集到，犹尚未许。基曰：“将在军，君令有所不受。彼得则利，我得亦利，是谓争城，南顿是也。”遂辄进据南顿，俭等从项亦争欲往，发十余里，闻基先到，复还保项。时兖州刺史邓艾屯乐嘉，俭使文钦将兵袭艾。基知其势分，进兵逼项，俭众遂败。钦等已平，迁镇南将军，都督豫州诸军事，领豫州刺史，进封安乐乡侯。上疏求分户二百，赐叔父子乔爵关内侯，以报叔父拊育之德。有诏特听。

造成叛贼奸邪作乱存在下去的根源。吴国敌寇乘机向我进攻，那么淮南就将非我国所有，谯、沛、汝、豫等地也将会发生危险不得安宁，这是策略上的大大失误。我军应该迅速前进占据南顿县，南顿县有大邸阁，存有足够我军吃四十天的粮食。保有坚固的城池，利用屯聚的粮食，抢在敌人前面就可以从心理上压倒敌人，这是扫平敌人的关键所在。”王基多次请求，才被允许进据濦水。王基进据濦水之后，又上言说：“用兵打仗只听说宁可笨拙些也要追求速胜，没见过为求巧而久拖不决的。现在正是外有强大的敌国，内有叛乱的臣民的关键时刻，假如不立即解决战事，那么事情发展的好坏就很难预料了。议论的人大都希望将军持重行事，将军持重是正确的，但停军不进就错了。持重并非停滞不前的意思，而是前进但不让敌人有可犯之机。现在占据着坚城，保护着壁垒，把积蓄的物资让给敌人，自己却从老远运来军粮，这是很不正确的打算。”景王想等到各路人马集结完毕，还是不准王基的请求。王基说：“将领在外指挥部队，君令有时可以不接受。敌军占据了有利，我军占据了也有利，这样的地方就叫必争之城，南顿县正是这样的必争之城。”于是就前进占据了南顿，毌丘俭等人从项县也准备前往争夺南顿县，队伍已经出发行进了十多里，听说王基已先到了南顿县，就又退回保据项县。当时兖州刺史邓艾屯驻在乐嘉，毌丘俭派文钦带兵去攻袭邓艾。王基得知毌丘俭兵力分散，就挥兵进逼项县，毌丘俭的部众于是溃败了。毌丘俭等人已被扫平，王基升任镇南将军，都督豫州诸军事，兼任豫州刺史，晋封为安乐乡侯。他上疏请求把自己的食邑分出二百户，转赐关内侯的爵位给叔父的儿子王乔，以此来报答叔父抚育自己的恩德。朝廷下诏特别准许了他的请求。

诸葛诞反，基以本官行镇东将军，都督扬、豫诸军事。时大军在项，以贼兵精，诏基敛军坚垒。基累启求进讨。会吴

诸葛诞反叛朝廷，王基以本官镇南将军的身份代理镇东将军，都督扬州、豫州诸军事。当时王基大军屯驻在项县，因逆贼兵马精锐，朝廷命令王基集中军队坚固营垒。王基多次报告请求进攻讨伐叛

遣朱异来救诞,军于安城。基又被诏引诸军转据北山,基谓诸将曰:“今围垒转固,兵马向集,但当精修守备以待越逸,而更移兵守险,使得放纵,虽有智者不能善后矣。”遂守便宜上疏曰:“今与贼家对敌,当不动如山。若迁移依险,人心摇荡,于势大损。诸军并据深沟高垒,众心皆定,不可倾动,此御兵之要也。”书奏,报听。大将军司马文王进屯丘头,分部围守,各有所统。基督城东城南二十六军,文王敕军吏入镇南部界,一不得有所遣。城中食尽,昼夜攻垒,基辄拒击,破之。寿春既拔,文王与基书曰:“初议者云云,求移者甚众,时未临履,亦谓宜然。将军深算利害,独秉固志,上违诏命,下拒众议,终至制敌禽贼,虽古人所述,不是过也。”文王欲遣诸将轻兵深入,招迎唐咨等子弟,因衅有荡覆吴之势。基谏曰:“昔诸葛恪乘东关之胜,竭江表之兵,以围新城,城既不拔,而众死者太半。姜维因洮上之利,轻兵深入,粮饷不继,军覆上邽。夫大捷之后,上下轻敌,轻敌则虑难不深。今贼新败于外,又内患未弭,是其修备设虑之时也。且兵出逾年,人有归志,今俘馘十万,罪人斯得,自历代征伐,未有全兵独克如今之盛者也。武皇

军。正好吴国派遣朱异来援救诸葛诞,驻扎在安城。王基又被命令带领各军转据北山,王基对诸将说:“现在围困叛军的营垒日益坚固,兵马也已逐渐集中,只应当精心整修防守设施来等待窜逃的敌人,可现在却移动部队去守御险要,使叛军得以去了束缚而行动自由,这样即使智者指挥也不可能得到好的结果。”于是便等待适当机会上书说:“现在我军与敌人对阵作战,应该像山一样稳扎不动。如果移动部队去傍山依险驻守,这将使部队人心动荡,对我军的形势是很大的损害。现在各军都已驻守在深沟高垒里,大家都心志安定,不可全部移动,这是指挥部队的关键所在。”上面答复,按王基的意思办。大将军司马文王进驻于丘头,分遣各部围困守御,各部都有管辖系统。王基负责统辖城东城南二十六军,文王下令凡军将进入镇南将军王基所辖地界,一概不得有所指令遣使。城中叛军粮食吃光了,就日夜攻打王基营垒。王基则依托营垒抵挡反击,最终攻破了敌城。寿春城被攻克后,文王写信给王基说:“起初议论的人纷纷攘攘,请求移动部队的说法很多,当时我未亲临现场考察,也认为移动部队较为合适。将军深思熟虑地分析了利弊,独自坚持自己的意见,对上违背命令,对下不听众人的意见,最终获得打败敌人擒获叛贼的胜利,即使与古人所称述的名将相比,也不算过分。”文王又打算派遣诸将带领轻装部队深入吴国境内,去招纳迎接唐咨等人的家属子弟,并乘吴国内部矛盾而造成颠覆吴国的局面。王基劝谏说:“从前诸葛恪趁东关打了胜仗,就竭尽江南兵力去围攻新城,新城没能攻下,而他的部队却战死了一多半。姜维也趁洮上之捷,轻兵深入我境,结果粮饷供应不上,他的部队在上邽遭到覆灭。大捷之后,上上下下都轻视敌人,轻视敌人对急难就估计不足。现在敌人在外刚打了败仗,又加上内患没有消除,这正是他们整修守备深思反省之际。并且我军出征已超过一年了,大家都怀着归家之情,现在俘获斩杀敌人十万,叛逆罪人已尽行捉获,自历代征伐以来,从来没有像现在这样自身

帝克袁绍于官渡,自以所获已多,不复追奔,惧挫威也。"文王乃止。以淮南初定,转基为征东将军,都督扬州诸军事,进封东武侯。基上疏固让,归功参佐,由是长史司马等七人皆侯。

军队未受损失而全胜敌人的盛况。武皇帝在官渡战胜了袁绍,自以为所俘获的已经很多,不再追击逃奔之敌,因为他担心军威受挫。"文王这才打消了派将深入的念头。因为淮南刚平定,朝廷将王基调任为征东将军,都督扬州诸军事,晋封为东武侯。王基上疏坚决推让,把功劳归于他的僚属官佐,因此他手下的长史、司马等七人都被封侯。

是岁,基母卒,诏秘其凶问,迎基父豹丧合葬洛阳,追赠豹北海太守。甘露四年,转为征南将军,都督荆州诸军事。常道乡公即尊位,增邑千户,并前五千七百户。前后封子二人亭侯、关内侯。

这一年,王基的母亲去世,朝廷下诏不公开他母亲的死讯,并迎取王基父亲王豹的灵柩到洛阳与他母亲合葬,追赠王豹为北海郡太守。甘露四年,王基调任征南将军,都督荆州诸军事。常道乡公登上皇位,给王基增加食邑一千户,加上以前的一共有五千七百户。王基先后有两个儿子被封为亭侯、关内侯。

景元二年,襄阳太守表吴贼邓由等欲来归化,基被诏,当因此震荡江表。基疑其诈,驰驿陈状。且曰:"嘉平以来,累有内难,当今之务,在于镇安社稷,绥宁百姓,未宜动众以求外利。"文王报书曰:"凡处事者,多曲相从顺,鲜能确然共尽理实。诚感忠爱,每见规示,辄敬依来指。"后由等竟不降。⑭

景元二年,襄阳郡太守上表说吴贼邓由等人打算来归顺,王基得到命令,应当乘此机会发动攻势扫荡江南。王基怀疑邓由投降包藏阴谋,就昼夜兼程上书陈述意见,并且说:"嘉平以来,多次发生内难,现在的急务,在于镇服内乱安定国家,安抚百姓使之顺服,而不兴师动众去追求外来之利。"文王回信说:"人们处理事务,大多委曲顺从,很少能坚定地坚持自己的意见并和上司共同讨论以求符合道理和实际。我确实感受到你的忠诚和爱护,每当看到你的规劝教示,就恭敬地依从你的意思。"后来邓由等人到底没来投降。

是岁基薨,追赠司空,谥曰景侯。子徽嗣,早卒。咸熙中,开建五等,以基著勋前朝,改封基孙廙,而以东武余邑赐一子爵关内侯。晋室践阼,下诏曰:"故司空王基既著德立勋,又治身清素,不营产业,久在重任,家无私积,可谓身没行显,足用励俗者也。其以奴婢二人赐其家。"

这一年王基去世,被追赠为司空,谥号景侯。儿子王徽继承了他的爵位,很早就去世了。咸熙年间,朝廷建立五等爵位制,因为王基在前朝功勋卓著,改封王基的孙子王廙,而将他东武侯余下的食邑赐给他的一个儿子并封为关内侯的爵位。晋王室取得天下后,下诏说:"已故司空王基德高功大,又修身清廉,不营置财产家业,长期担任要职,家中没有家私积蓄,可说是身虽死而德行显扬,足以劝励世俗。赐给王基家奴婢二人。"

评曰:徐邈清尚弘通,胡

评论说:徐邈清廉高尚广博通达,胡质在职清

质素业贞粹，王昶开济识度，王基学行坚白，皆掌统方任，垂称著绩。可谓国之良臣，时之彦士矣。

廉正直纯粹，王昶创业济时有见识谋虑，王基学问操行坚实纯洁，他们都曾总管一方的职任，死后政绩被人称颂。他们都可以称为国家的良臣，一时的才德杰出之士。

①《魏名臣奏》载黄门侍郎杜恕表，称："韩观、王昶，信有兼才，高官重任，不但三州。"

②案《胡氏谱》：通达名敏，以方正征。

③虞预《晋书》曰：周字伯南，沛国竹邑人。位至光禄大夫。子陔，字元夏。陔及二弟韶、茂，皆总角见称，并有器望，虽乡人诸父，未能觉其多少。时同郡刘公荣，名知人，尝造周。周谓曰："卿有知人之明，欲使三儿见卿，卿为目高下，以效郭、许之听可乎？"公荣乃自诣陔兄弟，与共言语，观其举动。出语周曰："君三子皆国士也。元夏器量最优，有辅佐之风，展力仕宦，可为亚公。叔夏、季夏，不减常伯、纳言也。"陔少出仕宦，历职内外，泰始初为吏部尚书，迁左仆射、右光禄大夫、开府仪同三司，卒于官。陔以在魏已为大臣，本非佐命之数，怀逊让，不得已而居位，故在官职，无所荷任，夙夜思恭而已。终始全洁，当世以为美谈。韶历二官吏部郎。《山涛启事》称韶清白有诚，终于散骑常侍。茂至侍中、尚书。颍川荀恺，宣帝外孙，世祖姑子，自负贵戚，要与茂交。茂拒而不答，由是见怒。元康元年，杨骏被诛。恺时为尚书仆射，以茂骏之姨弟，陷为骏党，遂枉见杀，众咸冤痛之。

④《晋阳秋》曰：威字伯虎。少有志尚，厉操清白。质之为荆州也，威自京都省之。家贫，无车马童仆，威自驱驴单行，拜见父。停厩中十余日，告归。临辞，质赐绢一匹，为道路粮，威跪曰："大人清白，不审于何得此绢？"质曰："是吾俸禄之余，故以为汝粮耳。"威受之，辞归。每至客舍，自放驴，取樵炊爨，食毕，复随旅进道，往还如是。质帐下都督，素不相识，先其将归，请假还家，阴资装百余里要之，因与为伴，每事佐助经营之，又少进饮食，行数百里。威疑之，密诱问，乃知其都督也，因取向所赐绢答谢而遣之。后因他信，具以白质。质杖其都督一百，除吏名。其父子清慎如此。于是名誉著闻，历位宰牧。晋武帝赐见，论边事，语及平生。帝叹其父清，谓威曰："卿清孰与父清？"威对曰："臣不如也。"帝曰："以何为不如？"对曰："臣父清恐人知，臣清恐人不知，是臣不如者远也。"官至前将军、青州刺史。太康元年卒，追赠镇东将军。威弟罴，字季象，征南将军；威子奕，字次孙，平东将军；并以洁行垂名。

⑤案《王氏谱》：昶伯父柔，字叔优；父泽，字季道。

《郭林宗传》曰：叔优、季道幼少之时，闻林宗有知人之鉴，共往候之，请问才行所宜，以自处业。林宗笑曰："卿二人皆二千石才也，虽然，叔优当以仕宦显，季道宜以经术进，若违才易务，亦不至也。"叔优等从其言。叔优至北中郎将，季道代郡太守。

⑥《孙子兵法》曰：兵以正合，以奇胜；奇正还相生，若循环之无端。

⑦《国语》曰：范文子暮退于朝，武子曰："何暮也？"对曰："有秦客廋辞于朝，大夫莫之能对也，吾知三焉。"武子怒曰："大夫非不能也，让父兄也。尔童子而三掩人于朝，吾不在，晋国亡无日也。"击之以杖，折其委笄。臣松之案：对秦客者，范燮也。此云范匄，盖误也。

⑧臣松之以为援之此诫，可谓切至之言，不刊之训也。凡道人过失，盖谓居室之愆，人未之知，则由己而发者也。若乃行事，得失已暴于世，因其善恶，即以为诫，方之于彼，则有愈焉。然援诫称龙伯高之美，言杜季良之恶，致使事彻时主，季良以败。言之伤人，孰大于此？与其所诫，自相违伐。

⑨《世语》曰：黄初中，孙权通章表。伟以白衣登江上，与

权交书求赂，欲以交结京师，故诛之。

⑩伯益名奕，郭嘉之子。

⑪臣松之以为文舒复拟则文渊，显言人之失。魏讽、曹伟，事陷恶逆，著以为诫，差无可尤。至若郭伯益、刘公幹，虽其人皆往，善恶有定；然既友之于昔，不宜复毁之于今，而乃形于翰墨，永传后叶，于旧交则违久要之义，于子孙则扬人前世之恶。于夫鄙怀，深所不取。善乎东方之诫子也，以首阳为拙，柳下为工，寄旨古人，无伤当时。方之马、王，不亦远哉！

⑫昭先名嘏。《别传》曰：嘏，乐安博昌人。世为著姓，夙智性成，故乡人为之语曰："蒋氏翁，任氏童。"父旐，字子旐，以至行称。汉末，黄巾贼起，天下饥荒，人民相食。寇到博昌，闻旐姓字，乃相谓曰："宿闻任子旐，天下贤人也。今虽作贼，那可入其乡邪？"遂相帅而去。由是声闻远近，州郡并招举孝廉，历酸枣、祝阿令。嘏八岁丧母，号泣不绝声，自然之哀，同于成人，故幼以至性见称。年十四始学，疑不再问，三年中诵五经，皆究其义，兼包群言，无不综览，于时学者号之神童。遂遇荒乱，家贫卖鱼，会官税鱼，鱼贵数倍，嘏取直如常。又与人共买生口，各雇八匹。后生口家来赎，时价直六十匹。共买者欲随时价取赎，嘏自取本价八匹。共买者惭，亦还取本价。比居者擅耕嘏地数十亩种之，人以语嘏，嘏曰："我自以借之耳。"耕者闻之，惭谢还地。及邑中争讼，皆诣嘏质之，然后意厌。其子弟有不顺者，父兄窃数之曰："汝所行，岂可令任君知邪！"其礼教所化，率皆如此。会太祖创业，召海内至德，嘏应其举，为临菑侯庶子、相国东曹属、尚书郎。文帝时，为黄门侍郎。每纳忠言，辄手书怀本，自在禁省，归书不封。帝嘉其淑慎，累迁东郡、赵郡、河东太守，所在化行，有遗风余教。嘏为人淳粹恺悌，虚己若不足，恭敬如有畏。其修身履义，皆沉默潜行，不显其美，故时人少得称之。著书三十八篇，凡四万余言。嘏卒后，故吏东郡程威、赵国刘固、河东上官崇等，录其事行及所著书奏之。诏下秘书，以贯群言。

⑬案《晋书》：浑自越骑入晋，累居方任，平吴有功，封一子江陵侯，位至司徒。浑子济，字武子，有隽才令望，为河南尹、太仆。早卒，追赠骠骑将军。浑弟深，冀州刺史。深弟湛，字处冲，汝南太守。湛子承，字安期，东海内史。承子述，字怀祖，尚书令、卫将军。述子坦之，字文度，北中郎将，徐、兖二州刺史。昶诸子中，湛最有德誉，而承亦自为名士，述及坦之并显重于世，为时盛门云。自湛已下事，见《晋阳秋》也。

⑭司马彪《战略》载基此事，详于本传。曰："景元二年春三月，襄阳太守胡烈表上'吴贼邓由、李光等，同谋十八屯，欲来归化，遣将张吴、邓生，并送质任。克期欲令郡军临江迎拔'。大将军司马文王启闻。诏征南将军王基部分诸军，使烈督万人径造沮水，荆州、义阳南屯宜城，承书夙发。若由等如期到者，便当因此震荡江表。基疑贼诈降，诱致官兵，驰驿止文王，说由等可疑之状。'且当清澄，未宜便举重兵深入应之'。又曰：'夷陵东道，当由车御，至赤岸乃得渡沮，西道当出箭溪口，乃趣平土，皆山险狭，竹木丛蔚，卒有要害，弩马不陈。今者筋角弩弱，水潦方降，废盛农之务，徼难必之利，此事之危者也。昔子午之役，兵行数百里而值霖雨，桥阁破坏，后粮腐败，前军县乏。姜维深入，不待辎重，士众饥饿，覆军上邽。文钦、唐咨，举吴重兵，昧利寿春，身没不反。此皆近事之鉴戒也。嘉平以来，累有内难。当今之宜，当镇安社稷，抚宁上下，力农务本，怀柔百姓，未宜动众以求外利也。得之未足为多，失之伤损威重。'文王累得基书，意疑。寻敕诸军已上道者，且权停住所在，须后节度。基又言于文王曰：'昔汉祖纳郦生之说，欲封六国，寤张良之谋，而趣销印。基谋虑浅短，诚不及留侯，亦惧襄阳有食其之谬。'文王于是遂罢军严，后由等果不降。"

三国志卷二十八 魏书二十八

王毌丘诸葛邓钟传第二十八

王凌字彦云，太原祁人也。叔父允，为汉司徒，诛董卓。卓将李傕、郭汜等为卓报仇，入长安，杀允，尽害其家。凌及兄晨，时年皆少，逾城得脱，亡命归乡里。凌举孝廉，为发干长，[①]稍迁至中山太守，所在有治，太祖辟为丞相掾属。

文帝践阼，拜散骑常侍，出为兖州刺史，与张辽等至广陵讨孙权。临江，夜大风，吴将吕范等船漂至北岸。凌与诸将逆击，捕斩首虏，获舟船，有功，封宜城亭侯，加建武将军，转在青州。是时海滨乘丧乱之后，法度未整。凌布政施教，赏善罚恶，甚有纲纪，百姓称之，不容于口。后从曹休征吴，与贼遇于夹石，休军失利，凌力战决围，休得免难。仍徙为扬、豫州刺史，咸得军民之欢心。始至豫州，旌先贤之后，求未显之士，各有条教，意义甚美。初，凌与司马朗、贾逵友善，及临兖、豫，继其名迹。正始初，为征东将军，假节都督扬州诸军事。二年，吴大将全琮数万众寇芍陂，凌率诸军逆讨，与

王凌，字彦云，太原郡祁县人。他的叔父王允担任汉朝司徒，杀了董卓。董卓的部将李傕、郭汜等人为董卓报仇，领兵攻入长安，杀了王允，他一家全被杀光。王凌和他的哥哥王晨，当时都很年轻，翻越城池得以逃脱，改名换姓逃回故乡。后来王凌被荐举为孝廉，当了发干县的县长，逐渐升迁至中山郡的太守。他所任官职的地方都治理得很好，魏太祖征召他为丞相府的属官。

魏文帝居皇帝位后，授任王凌为散骑常侍，后来调出京都任兖州刺史，同张辽等人到广陵讨伐孙权。走到江边，夜里刮起大风，东吴将领吕范等人的船顺水漂流到长江北岸。王凌同各位将领迎头猛击东吴军队，杀死和俘虏了许多敌人，缴获了许多船只，立了功，被封为宜城亭侯，并加授建武将军的称号，又调任为青州刺史。这时海滨一带在经历了国家衰亡、社会混乱的局面以后，法令制度都没有得到整顿。王凌发布政令施行教化，奖励良善的好人、惩罚奸邪恶徒，使这一带社会秩序变好，百姓称颂他的话，简直说不完。后来王凌跟随曹休征讨吴国，与敌军在夹石遭遇，曹休军队打了败仗，王凌奋力死战冲破了包围，使曹休幸免于死。接着王凌又被调任为扬州、豫州刺史，都深得军民的欢迎和爱戴。他刚到豫州时，就表彰前代贤士的后裔，求访那些还没有显达的人才，各方面都有法令教化，所以名声很好。当初，王凌与司马朗、贾逵很亲密，到他出任兖州、豫州刺史时，继承发扬了司马朗与贾逵治理兖州和豫州的名声、政绩。正始初年，王凌被升迁为征东将军，持节钺统率扬州所有军队。正始二年，吴国大将全琮统领数万人入侵芍陂，王凌率领诸军

贼争塘，力战连日，贼退走。进封南乡侯，邑千三百五十户。迁车骑将军、仪同三司。

是时，凌外甥令狐愚以才能为兖州刺史，屯平阿。舅甥并典兵，专淮南之重。凌就迁为司空。司马宣王既诛曹爽，进凌为太尉，假节钺。凌、愚密协计，谓齐王不任天位，楚王彪长而才，欲迎立彪都许昌。嘉平元年九月，愚遣将张式至白马，与彪相问往来。凌又遣舍人劳精诣洛阳，语子广。广言："废立大事，勿为祸先。"[②]其十一月，愚复遣式诣彪，未还，会愚病死。[③]二年，荧惑守南斗，凌谓："斗中有星，当有暴贵者。"[④]三年春，吴贼塞涂水。凌欲因此发，大严诸军，表求讨贼；诏报不听。凌阴谋滋甚，遣将军杨弘以废立事告兖州刺史黄华，华、弘连名以白太傅司马宣王。宣王将中军乘水道讨凌，先下赦赦凌罪，又将尚书广东，使为书喻凌，大军掩至百尺逼凌。凌自知势穷，乃乘船单出迎宣王，遣掾王彧谢罪，送印绶、节钺。军到丘头，凌面缚水次。宣王承诏遣主簿解缚反服，见凌，慰劳之，还印绶、节钺，遣步骑六百人送还京都。凌至项，饮药死。[⑤]宣王遂至寿春。张式等皆自首，乃穷治其事。彪赐死，诸相连者悉夷三族。[⑥]朝议咸以为

迎头讨伐，与敌军在芍陂展开争夺战，连续奋战多日，吴军败退逃走。王凌晋封为南乡侯，食邑一千三百五十户，升为车骑将军，仪仗与三公相同。

这时，王凌的外甥令狐愚凭着自己的才能当上了兖州刺史，驻军平阿县。他们舅甥都统率着军队，专独掌握着淮南的重大权力。王凌不久调回京都升为司空。司马宣王诛杀曹爽之后，又晋封王凌为太尉，并赐予王凌朝廷的符节、斧钺。王凌与令狐愚秘密地商量谋划，认为齐王没有君德居于天子之位，楚王曹彪已成年而且有才干，想要迎立曹彪在许昌称帝。嘉平元年九月，令狐愚派遣将领张式到白马，与曹彪互相问候，联络往来。王凌又派遣舍人劳精到洛阳，把这件事告诉他的儿子王广。王广说："废立皇帝是大事，不要成为灾祸的开始。"这年十一月，令狐愚又派张式去拜见曹彪，张式还没有返回，恰好遇上令狐愚病死。嘉平二年，火星的位置移到了南斗旁边，王凌说："斗宿中有了别的星星，应当有骤然得到高位的人出现。"嘉平三年春天，吴军堵塞了涂水。王凌想借此机会发难，他严令所属各部队待命出征，向朝廷上表称去讨伐敌人，朝廷下诏回复不同意。王凌的密谋策划更加厉害，派遣将军杨弘把废立皇帝的事告诉兖州刺史黄华。黄华与杨弘连名将王凌造反的事报告太傅宣王司马懿。宣王亲自统率朝廷大军沿水路讨伐王凌，先下令赦免了王凌的罪行，又带着尚书王广东行，命令王广写信晓谕王凌，大军乘王陵不备迅速到达百尺威逼王凌。王凌自己知道大势已去，就坐船单独出来迎见宣王，派下属官吏王彧到宣王营中请罪，送还朝廷所赐的官印、符节、斧钺。大军到达丘头时，王凌要人将他两手反绑站在水边请罪。宣王奉诏命派主簿给王凌松绑、将朝服送还王凌，见了王凌，好言安慰他，又将朝廷所赐的官印、符节、斧钺送还给他，派遣步兵、骑兵共六百人押送王凌回京都。王凌到达项城时，服毒自杀而死。宣王于是到达寿春。张式等人都投案自首，司马宣王就彻底追查处理这件事。曹彪由皇帝下令处死，其他与此案相关的人全都被

《春秋》之义，齐崔杼、郑归生皆加追戮，陈尸斲棺，载在方策。凌、愚罪宜如旧典。乃发凌、愚冢，剖棺，暴尸于所近市三日，烧其印绶、朝服，亲土埋之。⑦进弘、华爵为乡侯。广有志尚学行，死时年四十余。⑧

灭三族。朝廷议论都认为按《春秋》上说的惩治事例，齐国大夫崔杼、郑国公子归生都在死后，对他们的尸体施以刑戮，抛尸毁棺，这些都在典籍上有明确记载。王凌、令狐愚的罪行应该像过去典籍上记载的那样受到惩罚。于是掘开王凌、令狐愚的坟墓，劈开他们的棺材，把尸体抛在市肆的附近示众三天，烧毁了他们墓中陪葬的官印和他们身穿的朝服，把尸体再抛入土坑中埋葬。杨弘、黄华都因揭发的功劳晋封为乡侯。王广有志向崇尚学问品行，死时四十多岁。

毌丘俭字仲恭，河东闻喜人也。父兴，黄初中为武威太守，伐叛柔服，开通河右，名次金城太守苏则。讨贼张进及讨叛胡有功，封高阳乡侯。⑨入为将作大匠。俭袭父爵，为平原侯文学。明帝即位，为尚书郎，迁羽林监。以东宫之旧，甚见亲待。出为洛阳典农。时取农民以治宫室，俭上疏曰："臣愚以为天下所急除者二贼，所急务者衣食。诚使二贼不灭，士民饥冻，虽崇美宫室，犹无益也。"迁荆州刺史。

毌丘俭，字仲恭，河东郡闻喜县人。他父亲毌丘兴，魏文帝黄初年间任武威郡太守。讨伐叛逆之贼、安抚归附之民，开辟黄河以西地区，声名仅次于金城太守苏则。因讨伐反贼张进和平息叛乱的胡人有功，被封为高阳乡侯。后来调入朝廷担任将作大匠。毌丘俭承袭了他父亲的爵位，任平原侯曹叡的文学。魏明帝曹叡即皇帝位后，毌丘俭迁升为尚书郎，后来又升为羽林监。凭他与太子过去的旧谊，很受曹叡的亲近信任。后来出任洛阳郡的典农。当时征发农民修筑宫殿，毌丘俭向朝廷上书说："以臣的愚见认为天下要急于消灭的是东吴与西蜀，急于处理的政务是发展衣食的生产。如果两个敌国不能消灭，人民受饥挨冻，即使宫殿修筑得高大华丽，也是没有好处的。"毌丘俭迁升为荆州刺史。

青龙中，帝图讨辽东，以俭有干策，徙为幽州刺史，加度辽将军，使持节，护乌丸校尉。率幽州诸军至襄平，屯辽隧。右北平乌丸单于寇娄敦、辽西乌丸都督率众王护留等，昔随袁尚奔辽东者，率众五千余人降。寇娄敦遣弟阿罗槃等诣阙朝贡，封其渠率二十余人为侯、王，赐舆马缯采各有差。公孙渊逆与俭战，不利，引还。明年，帝遣太尉司马宣王统中

青龙年间，明帝想征伐辽东，认为毌丘俭有办事的才能和谋略，调他担任幽州刺史，加封度辽将军称号，让他持有朝廷所赐的符节，并兼任护乌丸校尉。他统率幽州各路兵马到达襄平，驻扎在辽隧。右北平的乌丸单于寇娄敦、辽西乌丸都督率领众王护留等人，和过去随袁尚逃到辽东的将校，带领五千多人向毌丘俭投降。寇娄敦又派遣他的弟弟阿罗槃等人到朝廷朝贡，朝廷将他们的头领二十多人封为侯、王，还分别赏给了数量不等的车马和丝绸、彩缎。公孙渊率军迎战毌丘俭，公孙渊战败，退回幽州。第二年，魏明帝派遣太尉宣王司马懿统率京都

军及俭等众数万讨渊，定辽东。俭以功进封安邑侯，食邑三千九百户。

的朝廷大军和毌丘俭等的部队数万人讨伐公孙渊，平定了辽东。毌丘俭因军功晋封为安邑侯，食邑三千九百户。

正始中，俭以高句骊数侵叛，督诸军步骑万人出玄菟，从诸道讨之。句骊王宫将步骑二万人，进军沸流水上，大战梁口，宫连破走。俭遂束马县车，以登丸都，屠句骊所都，斩获首虏以千数。句骊沛者名得来，数谏宫，[10]宫不从其言。得来叹曰："立见此地将生蓬蒿。"遂不食而死，举国贤之。俭令诸军不坏其墓，不伐其树，得其妻子，皆放遣之。宫单将妻子逃窜。俭引军还。六年，复征之，宫遂奔买沟。俭遣玄菟太守王颀追之，[11]过沃沮千有余里，至肃慎氏南界，刻石纪功，刊丸都之山，铭不耐之城。诸所诛纳八千余口，论功受赏，侯者百余人。穿山溉灌，民赖其利。

正始年间，毌丘俭由于高句骊部落多次侵扰叛乱，督率各路军队步兵骑兵一万多人由玄菟郡出发，从各路讨伐他们。高句骊王名宫，他率领步兵、骑兵两万人，进军至沸流水河边迎战，两军在梁口大战，宫的军队接连失败而逃跑。毌丘俭于是包裹马脚，拴牢车马，率军队登上丸都，在高句骊的都城中屠杀，杀死和俘获的敌人数以千计。高句骊的沛叫做得来，曾经多次劝谏宫，宫不听从他的话。得来叹息说："马上就会看到这个地方生蓬蒿了。"于是绝食而死，全乌丸国的人都认为他是一个贤士。毌丘俭传令各军不许损坏得来的坟墓，不允许砍伐他坟墓边的树木，俘虏了他的妻子儿女的都要释放并送回家。宫只带着妻子儿女逃跑了。毌丘俭率军回到幽州。正始六年，毌丘俭又率军去征讨宫，宫于是逃到买沟。毌丘俭派遣玄菟郡太守王颀追击宫，越过沃沮一千多里，一直追到肃慎部落的南面疆界，而且在乌丸山和不耐城中都刻石树碑，纪念这次征战的胜利。各军共杀死和收降高骊人八千多人，按军功给予赏赐，封侯的人达一百多人。毌丘俭在那里凿山修渠灌溉农田，老百姓因此得到了好处。

迁左将军，假节监豫州诸军事，领豫州刺史，转为镇南将军。诸葛诞战于东关，不利，乃令诞、俭对换。诞为镇南，都督豫州。俭为镇东，都督扬州。吴太傅诸葛恪围合肥新城，俭与文钦御之，太尉司马孚督中军东解围，恪退还。

毌丘俭升为左将军，持朝廷所赐的符节监察豫州各军事务，兼豫州刺史，又调任镇南将军。诸葛诞在东关作战，打了败仗，朝廷就命令诸葛诞与毌丘俭对调。诸葛诞任镇南将军，都督豫州各军事务。毌丘俭任镇东将军，都督扬州各军事务。东吴太傅诸葛恪统领大军围困合肥新城，毌丘俭与文钦率军抵御，太尉司马孚督率朝廷大军东进解了围，诸葛恪退回东吴。

初，俭与夏侯玄、李丰等厚善。扬州刺史前将军文钦，曹爽之邑人也，骁果粗猛，数有战功，好增虏获，以徼宠赏，多不见许，怨恨日甚。俭以计

当初，毌丘俭与夏侯玄、李丰等人友谊深厚。扬州刺史前将军文钦是曹爽的同乡，他是一名骁勇、果毅而粗犷的猛将，多次立下战功。他喜欢夸大俘虏和缴获物质的战功，以求得朝廷更多的宠幸和赏赐，却大多不被朝廷认可，因此他对朝廷的怨恨一

厚待钦，情好欢洽。钦亦感戴，投心无贰。正元二年正月，有彗星数十丈，西北竟天，起于吴、楚之分。俭、钦喜，以为己祥。遂矫太后诏，罪状大将军司马景王，移诸郡国，举兵反。迫胁淮南将守诸别屯者，及吏民大小，皆入寿春城，为坛于城西，歃血称兵为盟，分老弱守城，俭、钦自将五六万众渡淮，西至项。俭坚守，钦在外为游兵。⑫

天比一天厉害。毌丘俭用心机优厚地对待文钦，两人感情很好，亲密融洽。文钦也很感激爱戴毌丘俭，诚心归附没有二心。正元二年正月，出现彗星数十丈长，直贯西北天空，升起在春秋时的吴地和楚地的分界线。毌丘俭和文钦心里大喜，认为这是自己吉祥的预兆，于是假称太后的诏命，宣布大将军景王司马师的罪行，发布檄文到各郡和各诸侯国，兴兵造反。逼迫威胁驻守各处的淮南将领，以及官吏百姓，大大小小全都进入寿春城，在城西筑了一个祭坛，发誓结盟起兵。分派老弱兵士守卫城池，毌丘俭和文钦自己率五六万精兵渡过淮河，西进项城。毌丘俭领兵坚守城池，文钦率军在外流动作战。

大将军统中外军讨之，别使诸葛诞督豫州诸军从安风津拟寿春，征东将军胡遵督青、徐诸军出于谯、宋之间，绝其归路。大将军屯汝阳，使监军王基督前锋诸军据南顿以待之。令诸军皆坚壁勿与战。俭、钦进不得斗，退恐寿春见袭，不得归，计穷不知所为。淮南将士，家皆在北，众心沮散，降者相属，惟淮南新附农民为之用。大将军遣兖州刺史邓艾督泰山诸军万余人至乐嘉，示弱以诱之，大将军寻自洙至。钦不知，果夜来欲袭艾等，会明，见大军兵马盛，乃引还。⑬大将军纵骁骑追击，大破之，钦遁走。是日，俭闻钦战败，恐惧夜走，众溃。比至慎县，左右人兵稍弃俭去，俭独与小弟秀及孙重藏水边草中。安风津都尉部民张属就射杀俭，传首京都。属封侯。秀、重走入吴。将士诸为俭、钦所迫胁者，悉归

大将军司马师统率朝廷和各地方的军队征讨毌丘俭，另外派诸葛诞统领豫州各路军马从安风津计划攻取寿春，征东将军胡遵督领青州、徐州各军从谯郡和宋国之间出击，切断毌丘俭的退路。大将军的军队驻扎在汝阳，派监军王基督领前锋部队占领南顿严阵以待。司马师命令各路军队坚守城池营垒不与毌丘俭军队交战。毌丘俭与文钦前进不能与朝廷军队战斗，退后又怕寿春被袭击，不能回去，无计可施，不知该怎么办。淮南军中的军官和士兵，家乡都在北方，他们都士气低落，众心离散，向朝廷军队投降的人接连不断，只有淮南新归附的农民替他们效力。大将军派遣兖州刺史邓艾督领泰山郡各路人马一万多人到达乐嘉，显出一副弱不堪击的样子引诱叛军，大将军随即就领兵从洙水赶到。文钦不知是计，果真在夜间来袭击邓艾等军，这时刚好天亮，文钦看到朝廷的兵马很多，于是引军退却。大将军命令精锐的骑兵乘势追击，大败文钦的军队，文钦逃走。当天，毌丘俭听说文钦战败，吓得丢下项城连夜逃跑，部队溃散了。等他逃到慎县时，左右的人和士兵逐渐抛弃毌丘俭逃走了，毌丘俭只与他的小弟毌丘秀和孙儿毌丘重藏在水边的野草中。安风津都尉管辖下的农民张属乘机射死了毌丘俭，割下了他的头送到京城。张属封了侯。毌丘秀与毌丘重侥幸逃到东吴。被毌丘俭、文钦逼迫威胁参与反叛的

降。[14]

将领和士兵全都归降了朝廷。

俭子甸为治书侍御史，先时知俭谋将发，私出将家属逃走新安灵山上。别攻下之，夷俭三族。[15]

毌丘俭的儿子毌丘甸当时任治书侍御史，他在先就知道毌丘俭将要兴兵谋反，便带着家属偷偷出京城逃到新安郡的灵山上。朝廷另外派军队攻下灵山，灭了毌丘俭的三族。

钦亡入吴，吴以钦为都护、假节、镇北大将军、幽州牧、谯侯。[16]

文钦逃到东吴，东吴任命文钦为都护，赐给他符节，封他为镇北大将军、幽州牧、谯侯。

诸葛诞字公休，琅邪阳都人，诸葛丰后也。初以尚书郎为荥阳令，[17]入为吏部郎。人有所属托，辄显其言而承用之，后有当否，则公议其得失以为褒贬，自是群僚莫不慎其所举。累迁御史中丞尚书，与夏侯玄、邓飏等相善，收名朝廷，京都翕然。言事者以诞、飏等修浮华，合虚誉，渐不可长。明帝恶之，免诞官。[18]会帝崩，正始初，玄等并在职。复以诞为御史中丞尚书，出为扬州刺史，加昭武将军。

诸葛诞，字公休，琅邪郡阳都县人，诸葛丰的后代。当初他以尚书郎的资格做了荥阳县令，后来调入京都任吏部郎。别人有举荐人才的嘱托，他总是公开这些人的举荐之言而接受被推举人的试用，以后的得当与否，则由大家评议这个人办事的得失来作为对举荐者的褒贬评价，从此官吏们没有不慎重地对待自己所要荐举的人的。他逐渐地升迁为御史中丞尚书，与夏侯玄、邓飏等人亲善友好，在朝廷获得了名声，京都的士大夫都争相趋附他们。谏官们认为诸葛诞、邓飏等人善于修饰自己浮华不实的言辞，获取虚浮的名声，不能放任他们的行为发展滋长。明帝厌恶他们，罢免了诸葛诞的官。恰逢明帝去世，正始初年，夏侯玄等人都在朝廷任职。又让诸葛诞复职担任御史中丞尚书，调出朝廷做了扬州刺史，并加封昭武将军的称号。

王凌之阴谋也，太傅司马宣王潜军东伐，以诞为镇东将军、假节都督扬州诸军事，封山阳亭侯。诸葛恪兴东关，遣诞督诸军讨之，与战，不利。还，徙为镇南将军。

王凌阴谋兴兵造反时，太傅宣王司马懿秘密进军东征。任命诸葛诞为镇东将军，持朝廷赐予的符节督理扬州诸军事务，封他为山阳亭侯。东吴诸葛恪兴兵攻打东关，朝廷派诸葛诞督率各路军马讨伐吴军，与吴军交战，诸葛诞战败。返回后，诸葛诞被调任为镇南将军。

后毌丘俭、文钦反，遣使诣诞，招呼豫州士民。诞斩其使，露布天下，令知俭、钦凶逆。大将军司马景王东征，使诞督豫州诸军，渡安风津向寿春。俭、钦之破也，诞先至寿春。寿春中十余万口，闻俭、钦

后来，毌丘俭、文钦造反，派遣使者来见诸葛诞，要他号召豫州军民造反。诸葛诞斩了使者，布告天下，使大家都知道毌丘俭、文钦的叛逆大罪。大将军景王司马师东征，派诸葛诞督领豫州各路军马，从安风津渡过黄河向寿春进军。当毌丘俭、文钦被打败时，诸葛诞最先到达寿春。寿春城中十多万人，听说毌丘俭、文钦被打败，害怕被杀，全都打破城门

败，恐诛，悉破城门出，流迸山泽，或散走入吴。以诞久在淮南，乃复以为镇东大将军、仪同三司、都督扬州。吴大将孙峻、吕据、留赞等闻淮南乱，会文钦往，乃帅众将钦径至寿春；时诞诸军已至，城不可攻，乃走。诞遣将军蒋班追击之，斩赞，传首，收其印节。进封高平侯，邑三千五百户，转为征东大将军。

跑出，流亡逃散在山泽中，有的分散逃到吴国。朝廷因为诸葛诞久在淮南做官，又任命他为镇东将军，并让他享有如同三公一样自选官僚开设府署的权利，督管扬州。东吴大将孙峻、吕据、留赞等人听说淮南发生叛乱，就会合文钦一同前往，统率众将和文钦径直到寿春城。这时诸葛诞统领的各军已经先占了寿春城。城池已不能攻取，吴军就退兵。诸葛诞派将军蒋班追击吴军，斩了留赞，将其首级送往京都，缴获了留赞的官印符节。诸葛诞晋封为高平侯，食邑三千五百户，转升为征东大将军。

诞既与玄、飏等至亲，又王凌、毌丘俭累见夷灭，惧不自安，倾帑藏振施以结众心，厚养亲附及扬州轻侠者数千人为死士。[19]甘露元年冬，吴贼欲向徐堨，计诞所督兵马足以待之，而复请十万众守寿春，又求临淮筑城以备寇，内欲保有淮南。朝廷微知诞有自疑心，以诞旧臣，欲入度之。二年五月，征为司空。诞被诏书，愈恐，遂反。召会诸将，自出攻扬州刺史乐綝，杀之。[20]敛淮南及淮北郡县屯田口十余万官兵，扬州新附胜兵者四五万人，聚谷足一年食，闭城自守。遣长史吴纲将小子靓至吴请救。[21]吴人大喜，遣将全怿、全端、唐咨、王祚等，率三万众，密与文钦俱来应诞。以诞为左都护、假节、大司徒、骠骑将军、青州牧、寿春侯。是时镇南将军王基始至，督诸军围寿春，未合。咨、钦等从城东北，因山乘险，得将其众突入城。

诸葛诞既因为同夏侯玄、邓飏等人关系最为亲密，又加上见王凌、毌丘俭等人接二连三地被消灭，所以心中恐惧，担心不能保自身的安全，于是拿出所有的钱财救济施舍部下以收买众人之心，以优厚的待遇培养亲信和扬州轻生重义的侠客数千人为敢死之士。甘露元年冬天，吴军企图攻打徐堨，诸葛诞所统率的兵马足可以对付他们，而他又向朝廷请求派十万人守卫寿春，又要求在淮河边再修筑城池来防备吴军，心中想要自己保有淮南。朝廷也察觉诸葛诞有怀疑自身地位不安的心思，便以诸葛诞是先王的旧臣为名，想把他调入朝廷。甘露二年五月，征诏诸葛诞为司空。诸葛诞接到朝廷诏书，心中越发恐惧，于是就造反。他召集各位将领，亲自领兵攻打扬州刺史乐綝，并杀了他。收集了淮南和淮北郡县屯田的十余万军队，收纳了扬州新归附的败兵四五万人，备足了一年的粮食，关闭城门亲自带兵坚守。诸葛诞又派长史吴纲带他的小儿子诸葛靓到东吴去请救兵。东吴大喜，派遣将军全怿、全端、唐咨、王祚等人，率领三万军队，秘密地与文钦一起来接应诸葛诞。东吴朝廷封诸葛诞为左都护、持节、大司徒、骠骑将军、青州牧、寿春侯。这时镇南将军王基才到，督领各路军队包围寿春城，包围圈还没有合拢，唐咨、文钦等人就从城的东北面，凭借着山势险要的地形，率领他们的军队冲进城中。

六月，车驾东征，至项。大将军司马文王督中外诸军二十六万众，临淮讨之。大将军屯丘头。使基及安东将军陈骞等四面合围，表里再重，堑垒甚峻。又使监军石苞督兖州刺史州泰等，简锐卒为游军，备外寇。钦等数出犯围，逆击走之。吴将朱异再以大众来迎诞等，渡黎浆水，泰等逆与战，每摧其锋。孙綝以异战不进，怒而杀之。城中食转少，外救不至，众无所恃。将军蒋班、焦彝，皆诞爪牙计事者也，弃诞，逾城自归大将军。[22]大将军乃使反间，以奇变说全怿等，怿等率众数千人开门来出。城中震惧，不知所为。

甘露二年六月，皇帝御驾东征，到达项县。大将军文王司马昭督率朝廷和各地方的军队共二十六万人，亲临淮南讨伐诸葛诞。大将军兵营驻扎在丘头，派王基和安东将军陈骞等将领指挥军队四面包围寿春，里外两层，并在寿春城四周开挖了很深的壕沟，修筑了高峻的壁垒。又派监军石苞、兖州刺史州泰等人，选拔精兵作为机动部队，防备外来支援叛军的敌寇。文钦等人多次出城冲击包围圈，朝廷军队将他们迎头击退。东吴将领朱异两次率大军来与诸葛诞等人会合，渡过黎浆水，州泰等人迎面堵击与他们激战，每次都摧折了他们进攻的锋芒。东吴大将军孙綝因朱异不能战胜魏军前进，发怒而杀了朱异。寿春城中的粮食渐少，外面的救兵又不能到，大家觉得没有了依靠。将军蒋班、焦彝，都是诸葛诞的爪牙和出谋划策的人，他们抛弃了诸葛诞，越过城池自己归降了大将军司马昭。大将军就派他们去施离间计，用奇计劝说全怿等人。全怿等人带领数千人打开城门出来投降。城中的人震惊恐惧，不知怎么办。

三年正月，诞、钦、咨等大为攻具，昼夜五六日攻南围，欲决围而出。[23]围上诸军，临高以发石车火箭逆烧破其攻具，弩矢及石雨下，死伤者蔽地，血流盈堑。复还入城，城内食转竭，降出者数万口。钦欲尽出北方人，省食，与吴人坚守，诞不听，由是争恨。钦素与诞有隙，徒以计合，事急愈相疑。钦见诞计事，诞遂杀钦。钦子鸯及虎将兵在小城中，闻钦死，勒兵驰赴之，众不为用。鸯、虎单走，逾城出，自归大将军。军吏请诛之，大将军令曰：

甘露三年正月，诸葛诞、文钦、唐咨等人大量制造进攻的器械，连续五六天昼夜不停地攻打包围圈的南面，想要冲破包围圈逃出去。壁垒上的守军居高临下用炮车发射石弹和火箭迎着烧坏了他们进攻的器械，箭和石头如雨点般落下，叛军死伤的人遍地都是，鲜血把壕沟都流满了。叛军只得又退回城中，城中的粮食已经渐渐没有了，城里出去投降的有数万人。文钦想让北方人全部出城，以节省粮食，同吴军坚守城池，诸葛诞不听从，因此互相争吵仇视。文钦向来同诸葛诞有矛盾，只是因为一时的计划目的才凑合在一起，事态这样紧急的情况下就越发互相猜忌。文钦去诸葛诞那里商议事情，诸葛诞就趁机杀了文钦。文钦的儿子文鸯和文虎带兵驻扎在小城中，听说文钦被杀死，指挥军队奔赴去打诸葛诞，但士兵们不听他们的指挥。文鸯、文虎只好单独逃走，越过城池出来，自己投降了大将军司马昭。军中官吏请求诛杀他们，大将军司马昭下令说：

"钦之罪不容诛，其子固应当戮，然鸯、虎以穷归命，且城未拔，杀之是坚其心也。"乃赦鸯、虎，使将兵数百骑驰巡城，呼语城内云："文钦之子犹不见杀，其余何惧？"表鸯、虎为将军，各赐爵关内侯。城内喜且扰，又日饥困，诞、咨等智力穷。大将军乃自临围，四面进兵，同时鼓噪登城，城内无敢动者。诞窘急，单乘马，将其麾下突小城门出。大将军司马胡奋部兵逆击，斩诞，传首，夷三族。诞麾下数百人，坐不降见斩，皆曰："为诸葛公死，不恨。"其得人心如此。[24]唐咨、王祚及诸裨将皆面缚降，吴兵万众，器仗军实山积。

"文钦的罪恶即使诛杀也抵偿不了，他的儿子本来应该被斩首，但是文鸯、文虎走投无路而来归顺，况且寿春城还没有被攻取，杀了他们就是坚定了城内叛军顽抗到底的决心。"于是赦免了文鸯、文虎，派他们带领数百骑兵环绕寿春城奔走，同时向城中呼喊道："文钦的儿子投降都没有被杀掉，其余的人投降还怕什么呢？"司马昭上表朝廷封文鸯、文虎为将军，分别赐封为关内侯。城中的人得到消息惊喜而骚动，又加上一天天的饥饿困乏，诸葛诞、唐咨等人智谋用尽了。大将军司马昭亲临包围圈，指挥四面进兵攻打，同时擂鼓呐喊登城，城中没有敢于抵抗的人。诸葛诞困窘慌急，独自骑马率领他的帐下兵士冲出小城门。大将军司马胡奋指挥部下迎击，斩了诸葛诞，把他的头传送到京都，灭了诸葛诞三族。诸葛诞帐下数百人，都因不降而被杀，都说："为诸葛公死，没有遗憾。"诸葛诞的得人心就像这样。唐咨、王祚及各位副将都反绑双手投降，吴兵投降的人上万，器械、武器及其他军用物资堆积如山。

初围寿春，议者多欲急攻之，大将军以为："城固而众多，攻之必力屈，若有外寇，表里受敌，此危道也。今三叛相聚于孤城之中，天其或者将使同就戮，吾当以全策縻之，可坐而制也。"诞以二年五月反，三年二月破灭。六军按甲，深沟高垒，而诞自困，竟不烦攻而克。[25]及破寿春，议者又以为淮南仍为叛逆，吴兵室家在江南，不可纵，宜悉坑之。大将军以为古之用兵，全国为上，戮其元恶而已。吴兵就得亡还，适可以示中国之弘耳。一无所杀，分布三河近郡以安处之。

当初刚刚包围寿春城时，参与商议的人大多想立即攻城，大将军认为："寿春城坚固而守城的军队多，攻打城池必然使力量消耗尽，倘若有支援叛军的敌寇到来，就会内外遭受敌军的夹击，这是危险的做法。现在三个叛贼聚集在一座孤城中，上天或许是想将他们一同灭亡吧，我们应当以周密的部署围困他们，那样就可以安坐而制服敌人了。"诸葛诞在甘露二年五月造反，甘露三年二月灭亡。朝廷的军队按兵不动，深掘壕沟、高筑壁垒，而使诸葛诞自己陷入困境，终于不用攻打而收复城池。到寿春城被攻破，参与议事的人又认为淮南屡次成为叛乱的策源地，吴兵的家乡和亲人都在江南，不可以放过他们，应当全部活埋他们。大将军认为古代用兵之道，以完整地征服敌国为上策，仅诛杀敌军的首恶罢了。吴兵中就算是有能逃回江南去的人，也正好显示了中原魏国的宽宏大量。于是参与叛乱的士兵一个也没有杀，并把吴人分散在三河附近的各郡而使他们安居下来。

唐咨本利城人。黄初中，利城郡反，杀太守徐箕，推咨为主。文帝遣诸军讨破之，咨走入海，遂亡至吴，官至左将军，封侯、持节。诞、钦屠戮，咨亦生禽，三叛皆获，天下快焉。[26]拜咨安远将军，其余裨将咸假号位，吴众悦服。江东感之，皆不诛其家。其淮南将吏士民诸为诞所胁略者，惟诛其首逆，余皆赦之。听鸯、虎收敛钦丧，给其车牛，致葬旧墓。[27]

唐咨本来是魏国利城郡人。魏文帝黄初年间，利城郡造反，杀死了太守徐箕，推选唐咨为首领。文帝派遣各路军队征讨攻破利城郡，唐咨逃到海上，于是逃亡到吴国，官职迁升至左将军，封侯并持有朝廷所赐的符节。诸葛诞、文钦被杀死，唐咨也被活捉，三个叛逆被一网打尽，天下人心大快。朝廷封唐咨为安远将军，其余副将都封有临时性的称号和官位，吴国人都心悦诚服。江东吴国为此感动，都没有杀害那些投降将士的家属。那些被诸葛诞所威胁逼迫的淮南将士官民，只杀了他们之中为首叛逆的人，其余的人都被赦免了。允许文鸯、文虎收殓了文钦的尸体，并供给他们牛车，拉到他家的祖墓安葬。

邓艾字士载，义阳棘阳人也。少孤，太祖破荆州，徙汝南，为农民养犊。年十二，随母至颍川，读故太丘长陈寔碑文，言“文为世范，行为士则”，艾遂自名范，字士则。后宗族有与同者，故改焉。为都尉学士，以口吃，不得作干佐。为稻田守丛草吏。同郡吏父怜其家贫，资给甚厚，艾初不称谢。每见高山大泽，辄规度指画军营处所，时人多笑焉。后为典农纲纪，上计吏，因使见太尉司马宣王。宣王奇之，辟之为掾，[28]迁尚书郎。

邓艾，字士载，义阳郡棘阳县人。他从小失去了父亲，魏太祖曹操破荆州后，邓艾迁移到汝南郡，替农民养牛。他十二岁时随母亲迁移到颍川郡，读到已经去世的太丘县长陈寔的碑文，碑文上说：“文辞是世人的典范，品行是士大夫的准则。”邓艾就自己改名为范，字士则。后来因为宗族中有和他名字相同的人，所以又改了回来。他任都尉的属官学士，因为口吃，不能做主管文书事务的官吏，担任了稻田守的丛草吏。一个与他同郡官吏的父亲怜悯他家中贫穷，资助他很多，邓艾当时没有在口头上表示感谢。每次当他看到高山大泽，总是规划测度，指点并画出驻扎军营的处所，当时许多人讥笑他。后来做了典农都尉的纲纪，再后来又担任上计吏，因为奉使命见到了太尉司马宣王。宣王认为他是个奇才，征召他做了府中属官，后又升为尚书郎。

时欲广田畜谷，为灭贼资，使艾行陈、项已东至寿春。艾以为“田良水少，不足以尽地利，宜开河渠，可以引水浇溉，大积军粮，又通运漕之道。”乃著《济河论》以喻其指。又以为“昔破黄巾，因为屯田，积谷于许都以制四方。今三隅已定，事在淮南，每大军征举，

当时朝廷想扩大开垦良田积蓄粮食，作为消灭敌人的军需物资，派邓艾巡视陈县、项县以东直至寿春一带，计划实行屯垦。邓艾认为“田地肥沃而水却缺少，不能充分发挥土地的效益，应当开凿河渠，可以用来引水灌溉，既满足了大量生产军粮的需要，又开通了运粮的水道”。于是他写了《济河论》来表明他的意见。他又认为“过去消灭黄巾军，因为实行屯田，在许都积蓄了大量粮食因而控制了四方。现在三方已经平定，国家大规模的军事行动在淮水

运兵过半，功费巨亿，以为大役。陈、蔡之间，土下田良，可省许昌左右诸稻田，并水东下。令淮北屯二万人，淮南三万人，十二分休，常有四万人，且田且守。水丰常收三倍于西，计除众费，岁完五百万斛以为军资。六七年间，可积三千万斛于淮上，此则十万之众五年食也。以此乘吴，无往而不克矣。”宣王善之，事皆施行。正始二年，乃开广漕渠，每东南有事，大军兴众，泛舟而下，达于江、淮，资食有储而无水害，艾所建也。

以南，每逢大规模的征伐兴兵，运输粮草的士兵超过了总兵力的半数以上，花费的工夫无数，成为一项巨大的劳役。陈县、蔡县之间，地势低平，田地肥沃，可以减少许昌附近的稻田，汇合水流让它们向东流下。派两万人在淮水以北屯垦，三万人在淮水以南屯垦，十分之二的人轮休，经常有四万人参加屯垦，一边耕作一边守卫。水量充足的话，经常可以获得比西边田地高三倍的收成，除去各种费用，每年可以完成五百万斛粮食作为军粮。六七年中，可以在淮河两岸积蓄三千万斛粮食，这就是十万人五年的食粮啊！凭这些军粮战胜吴国，兵锋所向没有不能攻克的了”。宣王认为这些意见很好，事情都付诸实施。正始二年，开凿了广漕渠，每逢东南有战事发生，军队大规模地行动，乘船而下，直达江、淮之间，物资、粮食都有充足的储备而没有水害，这些都是邓艾所建树的功绩。

出参征西军事，迁南安太守。嘉平元年，与征西将军郭淮拒蜀偏将军姜维。维退，淮因西击羌。艾曰：“贼去未远，或能复还，宜分诸军以备不虞。”于是留艾屯白水北。三日，维遣廖化自白水南向艾结营。艾谓诸将曰：“维今卒还，吾军人少，法当来渡而不作桥。此维使化持吾，令不得还。维必自东袭取洮城。”洮城在水北，去艾屯六十里。艾即夜潜军径到，维果来渡，而艾先至据城，得以不败。赐爵关内侯，加讨寇将军，后迁城阳太守。

邓艾被调出京都，到征西将军郭淮帐下参谋军事，升为南安太守。嘉平元年，他同征西将军郭淮一起抵抗蜀国偏将军姜维。姜维退兵，郭淮要乘便向西进攻羌兵。邓艾说：“贼军离开这儿没有多远，有可能又返回来，应当分部分军队来防备意外。”于是郭淮留下邓艾领兵在白水北岸驻扎。三天后，姜维派廖化在白水南岸对着邓艾扎营。邓艾对各位将领说：“姜维现在突然返回来，我军人少，按兵法他们应当来渡河作战，而他们却不架桥。这是姜维派廖化来牵制我们，使我们不能返回去，姜维一定带兵从东面偷袭洮城。”洮城在洮水的北面，距离邓艾驻地有六十里。邓艾在当晚秘密行军直至洮城，姜维果真来这里渡河，而邓艾军先到，占据了洮城，因此没有吃败仗。邓艾被赐封关内侯爵位，加封讨寇将军，后来调任城阳郡太守。

是时并州右贤王刘豹并为一部，艾上言曰：“戎狄兽心，不以义亲，强则侵暴，弱则内附，故周宣有猃狁之寇，汉祖有平城之围。每匈奴一盛，

这时并州右贤王刘豹将原来居住在并州境内的匈奴各部合并统一在自己的统领之下，邓艾上书朝廷说：“戎狄心同野兽一样，不能以道义使他们真心亲附，他们强盛了就暴虐地侵犯掠夺，势弱了就暂时归附，所以周宣王时代有猃狁的入侵，汉高祖

为前代重患。自单于在外，莫能牵制长卑。诱而致之，使来入侍。由是羌夷失统，合散无主。以单于在内，万里顺轨。今单于之尊日疏，外土之威浸重，则胡虏不可不深备也。闻刘豹部有叛胡，可因叛割为二国，以分其势。去卑功显前朝，而子不继业，宜加其子显号，使居雁门。离国弱寇，追录旧勋，此御边长计也。”又陈：“羌胡与民同处者，宜以渐出之，使居民表崇廉耻之教，塞奸宄之路。”大将军司马景王新辅政，多纳用焉。迁汝南太守，至则寻求昔所厚己吏父，久已死，遣吏祭之，重遗其母，举其子与计吏。艾所在，荒野开辟，军民并丰。

曾有被围困于平城的大难。每当匈奴强盛，就成为前代严重的祸患。由于单于在塞外，没有办法能够牵制长卑（单于名，即下文中的去卑）。后来引诱招致他，使他来归附朝廷。从此羌夷失去了统一，聚合分散都没有了首领。因为单于在内地，所以万里之域都遵顺朝廷的法度。现在单于尊位的影响日益轻微，而塞外侯王的威信在渐渐地扩大，那么胡虏就不可以不深加防备了。听说刘豹部下有叛离的胡人，可以利用这些叛离的胡人把它分割为两国，以此分散胡人的势力。去卑在前朝有显赫的功勋，而他儿子不能继承他的功业，应当加封给他儿子显贵的称号，让他居住在雁门。分离敌国来削弱敌寇的力量，追赏从前去卑的功勋，这才是守御边疆长治久安的大计。”邓艾又陈述说：“凡羌胡与中原人杂居在一起的，应逐步使他们从汉人中分离出来，使其居于编民之外以推崇廉耻教化，堵塞为非作歹的道路。”大将军司马景王新任为辅政大臣，多采用邓艾的这些建议。后来邓艾又被调任为汝南郡太守，他到那里后就寻找过去给予他家很多资助的那个官吏的父亲，那人早已死了，邓艾就派官吏去祭奠他，并送了很多礼物给那个官吏的母亲，举荐他的儿子做了计吏。邓艾所管辖的地方，荒芜的田野都被开辟出来了，军队和老百姓都能丰衣足食。

诸葛恪围合肥新城，不克，退归。艾言景王曰：“孙权已没，大臣未附，吴名宗大族，皆有部曲，阻兵仗势，足以建命。恪新秉国政，而内无其主，不念抚恤上下以立根基，竞于外事，虐用其民，悉国之众，顿于坚城，死者万数，载祸而归，此恪获罪之日也。昔子胥、吴起、商鞅、乐毅皆见任时君，主没而败。况恪才非四贤，而不虑大患，其亡可待也。”恪归，果见诛。迁兖州刺史，加振威

诸葛恪率领军队包围了合肥新城，没有攻克，退回东吴。邓艾对景王说：“孙权已经去世，大臣没有亲附，东吴的名门大族，都有自己的私人武装，拥有重兵，依仗威势，足以违抗朝廷的命令。诸葛恪刚刚掌握国家大权，而对内不把皇帝放在眼里，不考虑抚恤上下臣民来树立根基，却急于对外用兵，暴虐地役使百姓，全国大军，摧折在坚固的城下，死亡的人上万，带着大祸回到东吴，这就是诸葛恪获罪的日子。过去伍子胥、吴起、商鞅、乐毅都被当时的国君信任，国君一死就败亡了。何况诸葛恪的才能比不上这四位贤人，却不忧虑灾祸，也不顾忌，他的灭亡不会久了。”诸葛恪回到东吴后，果然被杀。后来邓艾又升为兖州刺史，加封振威将军称号。他上

将军。上言曰:“国之所急,惟农与战,国富则兵强,兵强则战胜。然农者,胜之本也。孔子曰‘足食足兵’,食在兵前也。上无设爵之劝,则下无财畜之功。今使考绩之赏,在于积粟富民,则交游之路绝,浮华之原塞矣。”

高贵乡公即尊位,进封方城亭侯。毌丘俭作乱,遣健步赍书,欲疑惑大众,艾斩之,兼道进军,先趣乐嘉城,作浮桥。司马景王至,遂据之。文钦以后大军破败于城下,艾追之至丘头。钦奔吴。吴大将军孙峻等号十万众,将渡江,镇东将军诸葛诞遣艾据肥阳,艾以与贼势相远,非要害之地,辄移屯附亭,遣泰山太守诸葛绪等于黎浆拒战,遂走之。其年征拜长水校尉。以破钦等功,进封方城乡侯,行安西将军。解雍州刺史王经围于狄道,姜维退驻钟提,乃以艾为安西将军,假节、领护东羌校尉。议者多以为维力已竭,未能更出。艾曰:“洮西之败,非小失也;破军杀将,仓廪空虚,百姓流离,几于危亡。今以策言之,彼有乘胜之势,我有虚弱之实,一也。彼上下相习,五兵犀利,我将易兵新,器杖未复,二也。彼以船行,吾以陆军,劳逸不同,三也。狄道、陇西、南安、祁山,各当有守,彼专为一,我分为四,四也。从南安、陇西,因

书说:“国家的当务之急,就是发展农业生产和准备战争,国家富足军队就会强大,军队强大就能打胜仗。这样,农业就是胜利的根本。孔子说:‘足食足兵’,粮食是放在兵马之前的。上面没有设置爵位的鼓励,下面就不会有人因为向国家输纳财物而立下功勋。现在把考核官吏政绩的奖赏,放在积蓄粮食使黎民百姓富足方面,那么交际游说的道路就会断绝,浮夸不实的源头就会堵塞。”

高贵乡公曹髦即皇帝位,邓艾晋封为方城亭侯。毌丘俭作乱,派善走的信使送来书信,想迷惑大家,邓艾杀了使者,日夜兼程进军,先直奔乐嘉城,架设浮桥。司马景王率军到达,于是占据了乐嘉城。文钦的军队因为比朝廷大军后到乐嘉,而在城下被打败,邓艾率军追击文钦直到丘头。文钦逃亡到东吴。东吴大将军孙峻等人统领军队号称十万之众,将要渡江,镇东将军诸葛诞派邓艾据守肥阳,邓艾认为那里与敌军相距太远,不是要害地方,就移兵到附亭驻扎,派泰山郡太守诸葛绪等人在黎浆抵御吴军,于是打退了吴军。这一年邓艾被征诏任命为长水校尉。因为击破文钦等人的功劳,被封为方城乡侯,代理安西将军。雍州刺史王经在狄道被包围时邓艾去解了围,姜维领兵撤退到钟提驻扎,朝廷就任命邓艾为安西将军,赐以符节,兼任护东羌校尉。参谋军事的人多数认为姜维力量已经穷竭,不可能再出兵了。邓艾说:“我军在洮西的失败,不是小小的失利。军队被击败,将领被杀死,仓廪中储备空虚,百姓流离失所,几乎接近死亡。目前以兵法论之,他们有乘胜进军的优势,我们存在军用物资空虚、军队战斗力弱的实际,这是第一。他们将士之间彼此熟悉,兵器精良,我们将领更换,士兵是新征的,兵器装备没有补充完备,这是第二。他们乘船,我们步行,劳逸不同,这是第三。狄道、陇西、南安、祁山,各处都应当派军队守卫,他们可以专门攻打一处,我们被迫兵分四处守卫,这是第四。从南安、陇西进军,他们顺道吃羌人供给的粮食,若从祁山

食羌谷，若趣祁山，熟麦千顷，为之县饵，五也。贼有黠数，其来必矣。"顷之，维果向祁山，闻艾已有备，乃回从董亭趣南安，艾据武城山以相持。维与艾争险，不克，其夜，渡渭东行，缘山趣上邽，艾与战于段谷，大破之。甘露元年诏曰："逆贼姜维连年狡黠，民夷骚动，西土不宁。艾筹画有方，忠勇奋发，斩将十数，馘首千计；国威震于巴、蜀，武声扬于江、岷。今以艾为镇西将军、都督陇右诸军事，进封邓侯。分五百户封子忠为亭侯。"二年，拒姜维于长城，维退还。迁征西将军，前后增邑凡六千六百户。景元三年，又破维于侯和，维却保沓中。四年秋，诏诸军征蜀，大将军司马文王皆指授节度，使艾与维相缀连；雍州刺史诸葛绪要维，令不得归。艾遣天水太守王颀等直攻维营，陇西太守牵弘等邀其前，金城太守杨欣等诣甘松。维闻钟会诸军已入汉中，引退还。欣等追蹑于强川口，大战，维败走。闻雍州已塞道，屯桥头，从孔函谷入北道，欲出雍州后。诸葛绪闻之，却还三十里。维入北道三十余里，闻绪军却，寻还，从桥头过，绪趣截维，较一日不及。维遂东引，还守剑阁。钟会攻维未能克。艾上言："今贼摧折，宜遂乘之，从阴平由邪径经汉德阳亭趣

进军，那里有成熟的麦子千顷，就像为他们准备的现成食物一样，这是第五。总之敌军有狡猾的伎俩，他们一定会再来。"不久，姜维果然进军祁山，听说邓艾已有准备，就撤回再从董亭进兵南安，邓艾占据武城山与蜀军相持。姜维与邓艾争夺险要，没有成功，当天夜晚渡过渭水东进。蜀军沿着山路直奔上邽，邓艾又领兵与蜀军在段谷交战，把蜀军打得大败。甘露元年朝廷下诏书说："逆贼姜维多年来诡计多端，使得中原黎民和各地少数民族都受骚扰，西部地区不得安宁。邓艾筹划指挥很有方略，忠诚勇武、奋发有为，斩杀敌将十多人，消灭敌军以千计。使魏国的声威震动了巴蜀，他勇武的名声在长江、岷山一带传扬。现在任命邓艾为镇西将军、督理陇西各军的事务，晋封为邓侯。分五百户食邑封他的儿子邓忠为亭侯。"甘露二年，邓艾在长城抵御姜维，姜维退回。邓艾升为征西将军，先后增加他的食邑总共达到六千六百户。景元三年，邓艾又在侯和打败了姜维，姜维退回保卫沓中。景元四年秋天，朝廷下诏，命令各路大军征伐蜀国，由大将军司马文王统一指挥部署调度，派邓艾去牵制姜维。雍州刺史诸葛绪截击姜维，使他不能回去。邓艾派天水郡太守王颀等将直接攻打姜维的营地，派陇西太守牵弘等人在前头拦击蜀军，派金城太守杨欣等人进兵甘松山。姜维听说钟会率领的多路军队已经进入汉中，于是引兵退还。杨欣等人跟踪追击到强川口，两军展开大战，姜维失败逃走。听说雍州刺史已经阻断了通路，驻兵桥头，姜维就领兵从孔函谷进入北面的道路，想从雍州刺史军的后面绕过去。诸葛绪听到此消息，退回三十里。姜维进入北道三十多里，听说诸葛绪军退出桥头，随即又引军折回，从桥头通过，诸葛绪又赶去堵截姜维，已经迟了一天没有赶上。姜维于是向东退却，回到蜀中把守剑阁。钟会领兵攻打姜维没有能够取胜。邓艾上书说："现在敌军已经被摧折了锋芒，应当乘胜攻击他们，从阴平走小路经过汉时的德阳亭直奔涪县，从剑阁西面百

涪，出剑阁西百里，去成都三百余里，奇兵冲其腹心。剑阁之守必还赴涪，则会方轨而进；剑阁之军不还，则应涪之兵寡矣。军志有之曰：'攻其无备，出其不意。'今掩其空虚，破之必矣。"

冬十月，艾自阴平道行无人之地七百余里，凿山通道，造作桥阁。山高谷深，至为艰险，又粮运将匮，频于危殆。艾以毡自裹，推转而下。将士皆攀木缘崖，鱼贯而进。先登至江由，蜀守将马邈降。蜀卫将军诸葛瞻自涪还绵竹，列陈待艾。艾遣子惠唐亭侯忠等出其右，司马师纂等出其左。忠、纂战不利，并退还，曰："贼未可击。"艾怒曰："存亡之分，在此一举，何不可之有？"乃叱忠、纂等，将斩之。忠、纂驰还更战，大破之，斩瞻及尚书张遵等首，进军到雒。刘禅遣使奉皇帝玺绶，为笺诣艾请降。

艾至成都，禅率太子诸王及群臣六十余人面缚舆榇诣军门，艾执节解缚焚榇，受而宥之。检御将士，无所虏略，绥纳降附，使复旧业，蜀人称焉。辄依邓禹故事，承制拜禅行骠骑将军，太子奉车、诸王驸马都尉。蜀群司各随高下拜为王官，或领艾官属。以师纂领益州刺史，陇西太守牵弘等领蜀中诸郡。使于绵竹筑台以为京观，用彰战功。士卒死事者，皆

余里绕道而行，离成都只有三百余里地，用奇兵袭击蜀国的心腹地区。剑阁的守军一定会回头赶赴涪县增援，那么钟会的军队正好可以循道向西南前进。若剑阁的守军不回去增援，那么蜀军接应涪县的兵力就少了。兵书上有这样的话：'攻击敌人没有防备的地方，在敌人没有意料到的时候出击。'现在若袭击他们空虚的地方，击败蜀军是必然的了。"

景元四年冬天十月，邓艾从阴平道进军，通过了七百多里无人之地，凿穿山崖开通道路，修造桥梁栈道。山高谷深，艰辛危险到了极点，又加上运的粮食快完了，几乎陷入危险的绝境。邓艾用毡布裹在身上，从山上滚下去。将士们都攀援树木、山崖，像游鱼一般一个跟一个前进。先头部队到达江由城，蜀国守将马邈投降。蜀国卫将军诸葛瞻从涪县返回绵竹，摆好阵势等待邓艾。邓艾命令他儿子惠唐亭侯邓忠等将从右进攻，命令司马师纂等将从左面进攻。邓忠、师纂打了败仗，都退了回来，说："敌军不可以攻击。"邓艾发怒说："生死存亡的关键，就在这一仗，还有什么不可以的！"于是怒斥了邓忠、师纂等将，并要将他们斩首。邓忠和师纂飞马回到军中再战，大败蜀军，斩下了诸葛瞻和尚书张遵等人的头，乘胜进军到雒县。刘禅派遣使臣捧着皇帝的印玺绶带，写下降书来见邓艾请求投降。

邓艾到达成都，刘禅带着太子、诸王以及众大臣共有六十多人两手反绑用车载着棺材来到邓艾的军营门前，邓艾持朝廷所赐的符节给刘禅等人松了绑、烧毁了棺材，接受了他们的投降、宽恕了蜀国君臣。他检查约束魏军将士，不允许掳掠，安抚接纳投降归顺的人民，让他们依旧从事自己的职业，因此蜀国人都称赞邓艾。他又依照东汉时邓禹的前例，秉承皇帝的意旨任命刘禅代理骠骑将军，太子为奉车都尉，诸王都封为驸马都尉。蜀国的官吏都依据他们原来官位的高低封了魏国的官职，有的兼任邓艾的下属官员。任命师纂兼任益州刺史，陇西太守牵弘等人分别兼任蜀中各郡的太守。派人在绵

与蜀兵同共埋藏。艾深自矜伐，谓蜀士大夫曰："诸君赖遭某，故得有今日耳。若遇吴汉之徒，已殄灭矣。"又曰："姜维自一时雄儿也，与某相值，故穷耳。"有识者笑之。

十二月，诏曰："艾曜威奋武，深入虏庭，斩将搴旗，枭其鲸鲵，使僭号之主，稽首系颈，历世逋诛，一朝而平。兵不逾时，战不终日，云彻席卷，荡定巴蜀。虽白起破强楚，韩信克劲赵，吴汉禽子阳，亚夫灭七国，计功论美，不足比勋也。其以艾为太尉，增邑二万户，封子二人亭侯，各食邑千户。"㉙艾言司马文王曰："兵有先声而后实者，今因平蜀之势以乘吴，吴人震恐，席卷之时也。然大举之后，将士疲劳，不可便用，且徐缓之；留陇右兵二万人，蜀兵二万人，煮盐兴冶，为军农要用，并作舟船，豫顺流之事，然后发使告以利害，吴必归化，可不征而定也。今宜厚刘禅以致孙休，安士民以来远人，若便送禅于京都，吴以为流徙，则于向化之心不劝。宜权停留，须来年秋冬，比尔吴亦足平。以为可封禅为扶风王，锡其资财，供其左右。郡有董卓坞，为之宫舍。爵其子为公侯，食郡内县，以显归命之宠。开广陵、城阳以待吴人，则畏威怀德，望风而从矣。"文王

竹筑起高台作为京观，用来表彰魏军战功。魏军战死的兵士，都和蜀兵一起埋葬。邓艾十分自负，大肆夸耀，对蜀国的士大夫说："你们幸好遇上了我，所以才有今天。倘若遇上吴汉之类的人，你们已经全被消灭了。"又说："姜维自然算得是一时的健儿，遇上了我，也就无计可施了。"有见识的人都讥笑他。

景元四年十二月，朝廷下诏书说："邓艾扬威耀武，深入敌寇的巢穴，斩杀敌将拔除敌旗，将凶恶的敌人悬首示众，使称帝伪主，俯首请降，多年来逃脱诛杀的罪魁，在一朝之内被平定。出征之师不超过预定的时间，攻敌之战不到一整天而结束，如乌云彻底散开，席子卷物般全部干净，扫荡平定了巴蜀。即使白起攻破强大的楚国，韩信战胜强劲的赵军，吴汉擒拿公孙述，周亚夫平定七国之乱，计较功劳、评论美绩，都不足以同邓艾的功勋相比。现在任命邓艾为太尉，增加食邑二万户，封他的两个儿子亭侯，每人食邑一千户。"邓艾对文王司马昭说："用兵有先扬声威然后进行实战的，现在凭借平定蜀国的声势去攻打东吴，吴国人必定震惊恐惧，正是一口气将它占领的时机。但是大规模兴兵作战之后，将士们疲劳，不可以立即用兵，姑且慢慢来吧。留下陇右兵两万人，蜀兵两万人，煮盐炼铁，作为军备和农业的需要之用，并且造作船只，预备顺流而下进军东吴的大事，然后派使者以安危利害警告东吴，东吴必然归服于王朝的教化，这样就可以不用征战而平定了。现在应当厚待刘禅以招致孙休，安定西蜀的士子、黎民而招徕远方的吴人归服。如果就将刘禅押送到京都，吴国人会认为这是流放，那么对于倾向归顺王化的心没有鼓励。应当暂时让刘禅留下来，等到明年秋冬，那时东吴也足可以平定了。我认为可以封刘禅为扶风王，赐给他财物，供他左右的人生活需要。扶风郡有个董卓坞，将那里作为他的宫室。赐封他的儿子为公侯，在扶风郡的县里享受食邑，以此来显示归顺后朝廷的优待和宠幸。开放广陵、城阳两郡接待吴人的归顺，那么吴人畏惧朝廷天威，感怀朝廷恩德，看到这种形势就会归顺

使监军卫瓘喻艾：“事当须报，不宜辄行。”艾重言曰：“衔命征行，奉指授之策，元恶既服；至于承制拜假，以安初附，谓合权宜。今蜀举众归命，地尽南海，东接吴会，宜早镇定。若待国命，往复道途，延引日月。《春秋》之义，大夫出疆，有可以安社稷，利国家，专之可也。今吴未宾，势与蜀连，不可拘常以失事机。兵法，进不求名，退不避罪，艾虽无古人之节，终不自嫌以损于国也。”钟会、胡烈、师纂等皆白艾所作悖逆，变衅以结。诏书槛车征艾。[30]

了。”文王派监军卫瓘晓谕邓艾说：“行事都必须先报告，不能擅自施行。”邓艾又回复说：“我受命向西征伐，奉皇帝的圣旨和授予指挥权的策命，首恶现在已经归服，至于秉承皇帝意旨任命一些临时性的官职，以安定刚刚归附的蜀人的心，这是符合权宜之计的。现在西蜀全部归顺，地域南至南海郡，东接吴郡、会稽郡，应当使这里早些安定。倘若等待朝廷的命令，道路往返，拖延时日。按《春秋》的古义，大夫离开了国境，有可以安定社稷，便利国家的事情，是可以擅自决定的。现在东吴没有宾服，势力同西蜀相连，不能够拘泥于常规而失掉大好时机。兵书上说过，进攻不是为了求名，应当退却时也不能为避罪而不退。我邓艾虽然没有古人那样的节操，但终究不会为使自己避嫌而使国家遭受损失。”钟会、胡烈、师纂都报告邓艾的所作所为是背叛朝廷的行为，并说邓艾在军中杀牲会盟。于是朝廷下诏书用囚车押送邓艾回京师。

艾父子既囚，钟会至成都，先送艾，然后作乱。会已死，艾本营将士追出艾槛车，迎还。瓘遣田续等讨艾，遇于绵竹西，斩之。子忠与艾俱死，余子在洛阳者悉诛，徙艾妻子及孙于西域。[31]

邓艾父子被囚禁起来后，钟会到达了成都，先命令押送邓艾回京，然后就发动叛乱。钟会死后，邓艾军营的将士追赶着去将邓艾父子从囚车中救出来，迎接回成都。卫瓘派田续等将领讨伐邓艾，他们在绵竹县西面遇上了邓艾，杀了他。邓艾的儿子邓中和他一起被杀，其余的儿子也在洛阳全被杀害，并将邓艾的妻子和孙子流放到西域。

初，艾当伐蜀，梦坐山上而有流水，以问殄虏护军爰邵。邵曰：“按《易》卦，山上有水曰《蹇》。《蹇》繇曰：‘《蹇》利西南，不利东北。’孔子曰：‘《蹇》利西南，往有功也；不利东北，其道穷也。’往必克蜀，殆不还乎！”艾怃然不乐。[32]

当初，邓艾正要去征伐蜀国时，曾梦见坐在山上而山上有流水，以此询问殄虏护军爰邵。爰邵说：“按照《易》卦，山上有水叫做《蹇》。《蹇》卦的卦辞说：‘《蹇》利西南，不利东北。’孔子说：‘《蹇》利于向西南，往西南一定能够建立功勋，不利于向东北，因为东北道路穷尽。’这次出征一定会攻克西蜀，只是恐怕回不来了。”邓艾听了心中失意很不愉快。

泰始元年，晋室践阼，诏曰：“昔太尉王凌谋废齐王，而王竟不足以守位。征西将军邓艾，矜功失节，实应大辟。然被

泰始元年，晋王朝建立，下诏书说：“过去太尉王凌图谋废除齐王，而齐王也终究不足以守住帝位。征西将军邓艾，因功自骄而失去臣节，实在应该处以死刑。但他接到朝廷治罪的诏书时，能制止将

书之日，罢遣人众，束手受罪，比于求生遂为恶者，诚复不同。今大赦得还，若无子孙者听使立后，令祭祀不绝。”三年，议郎段灼上疏理艾曰：“艾心怀至忠而荷反逆之名，平定巴蜀而受夷灭之诛，臣窃悼之。惜哉，言艾之反也！艾性刚急，轻犯雅俗，不能协同朋类，故莫肯理之。臣敢言艾不反之状。昔姜维有断陇右之志，艾修治备守，积谷强兵。值岁凶旱，艾为区种，身被乌衣，手执耒耜，以率将士。上下相感，莫不尽力。艾持节守边，所统万数，而不难仆虏之劳，士民之役，非执节忠勤，孰能若此？故落门、段谷之战，以少击多，摧破强贼。先帝知其可任，委艾庙胜，授以长策。艾受命忘身，束马县车，自投死地，勇气陵云，士众乘势，使刘禅君臣面缚，叉手屈膝。艾功名以成，当书之竹帛，传祚万世。七十老公，反欲何求！艾诚恃养育之恩，心不自疑，矫命承制，权安社稷；虽违常科，有合古义，原心定罪，本在可论。钟会忌艾威名，构成其事。忠而受诛，信而见疑，头县马市，诸子并斩，见之者垂泣，闻之者叹息。陛下龙兴，阐弘大度，释诸嫌忌，受诛之家，不拘叙用。昔秦民怜白起之无罪，吴人伤子胥之

士动武，遣散人众，束手接受治罪，和那些为了求得自己生存就拥兵作恶的人来比，确实有所不同。现在大赦他的妻子后代让他们得以回到中原，如果没有子孙就听任他的家属确立后嗣，使他祭祀不绝。”泰始三年，议郎段灼上书为邓艾申冤说：“邓艾怀着赤胆忠心而背着谋反叛逆的罪名，平定巴蜀反遭灭族的屠杀，我私下里为他痛心。可悲啊，说邓艾谋反！邓艾性格刚烈急躁，冒犯了上上下下的人，不能与同僚们和合，所以没有人肯为他辩白。臣敢说邓艾没有谋反的情状。过去姜维有占据陇西郡的意图，邓艾修筑工事加强守备，囤积粮食加强军队训练。遇到干旱饥荒之年，邓艾带领百姓进行区种，亲自披着乌衣，手中拿着农具，以自身作为将士的表率。上下都为之感动，没有谁不尽力的。邓艾持节镇守边疆，所统领的人马成千上万，而他却能不把奴仆们的劳作之事当做艰难，也不怕干一般百姓的劳役之事，若不是秉持有忠于朝廷、勤于国事的志节，谁能像他这样呢？所以他在落门、段谷的战役中，能够以少量的部队击败大量的蜀军，摧折挫败强大的敌寇。先帝知道他可以担当重任，所以把克敌制胜的战略大事委托给邓艾，把安定天下的大计交付给邓艾。邓艾接受国命，忘我奋斗，裹束好马脚、拴牢战车，亲自投身于有死亡危险的境地，忠勇之气直冲云天，将士们乘势奋进，使刘禅君臣自缚双手，跪地请降。邓艾已经功成名就，本应功载史册，传福万代。他已是年至七十的老翁了，反叛是为求得什么呢!邓艾诚心依恃朝廷的养育之恩，内心没有存在猜疑之心，假传皇帝的命令，是安定社稷的权宜之计，虽然违反一般常规，却有符合古义之处。寻究他最初的动机，给他适当定罪，本来也是说得过去的。钟会妒忌邓艾的威望名声，捏造邓艾谋反叛逆的事情。忠心而受诛杀，诚信而被猜疑，头颅悬挂马市示众，几个儿子都被屠杀，眼见此景的人都流泪，听说此事的人都叹息。陛下开辟新朝，宽宏大量，消除各种猜疑，对犯法被处死刑的人的后代，不拘泥于他们先人的罪过而分别任用。过去秦国百姓悲哀白起

冤酷，皆为立祠。今天下民人为艾悼心痛恨，亦犹是也。臣以为艾身首分离，捐弃草土，宜收尸丧，还其田宅。以平蜀之功，绍封其孙，使阖棺定谥，死无余恨。赦冤魂于黄泉，收信义于后世，葬一人而天下慕其行，埋一魂而天下归其义，所为者寡而悦者众矣。”九年，诏曰：“艾有功勋，受罪不逃刑，而子孙为民隶，朕常愍之。其以嫡孙朗为郎中。”

无罪被杀，吴国人痛惜伍子胥死得冤枉，都为他们立了祠庙。现在天下的百姓为邓艾的死而伤心痛惜，也像这样。我认为邓艾身首异处，被抛弃在荒草野地之中，应该重新收拾他的尸首，归还他的田地、住宅。凭他平定西蜀的功劳，继续封赐他的孙子，给邓艾在盖棺之后赐封一个谥号，使死者没有遗恨。赦免黄泉之下冤魂的罪名，在后世取得有诚信仁义的赞誉，安葬一个人而天下的人都仰慕这种行为，掩埋一个魂灵而天下的人都归服朝廷的仁义，所做的事情虽少而高兴的人就很多了。”泰始九年，朝廷下诏书说：“邓艾有功勋，接受治罪时也不逃避刑罚，而他的子孙却成了一般的百姓和奴仆，朕常常怜悯他。今任命他的嫡孙邓朗为郎中。”

艾在西时，修治障塞，筑起城坞。泰始中，羌虏大叛，频杀刺史，凉州道断。吏民安全者，皆保艾所筑坞焉。[33]

邓艾在陇西时，修筑了城堡和关口，建造了城池和土堡。泰始年间，羌人大规模叛乱，接二连三地杀死刺史，凉州的道路被阻断。官吏和百姓中能安然无恙的，都是依靠邓艾所建筑的城坞而自保的。

艾州里时辈南阳州泰，亦好立功业，善用兵，官至征虏将军、假节都督江南诸军事。景元二年薨，追赠卫将军，谥曰壮侯。[34]

与邓艾同州的同辈人南阳郡的州泰，也喜欢建功立业，会用兵，官职升至征虏将军，持朝廷所赐的符节督理江南各军事务。景元二年去世，追封为卫将军，谥号称壮侯。

钟会字士季，颍川长社人，太傅繇小子也。少敏惠夙成。[35]中护军蒋济著论，谓“观其眸子，足以知人。”会年五岁，繇遣见济，济甚异之，曰：“非常人也。”及壮，有才数技艺，而博学精练名理，以夜续昼，由是获声誉。正始中，以为秘书郎，迁尚书中书侍郎。[36]高贵乡公即尊位，赐爵关内侯。

钟会字士季，颍川郡长社县人。他是太傅钟繇的小儿子，小时聪明灵慧早成。中护军蒋济曾经在文章中说：“观察人的眼珠子，就足可以了解一个人是不是人才。”钟会五岁时，钟繇派他去见蒋济，蒋济感到很惊讶，说：“这是个不平常的人啊。”钟会成年后，具有才略技艺，又博览群书精研名理，夜以继日地用功，因此获得了名声和赞誉。正始年间，钟会担任了秘书郎，后来升为尚书中书侍郎。高贵乡公曹髦登上帝位后，赐封他为关内侯。

毌丘俭作乱，大将军司马景王东征，会从，典知密事，卫将军司马文王为大军后继。景王薨于许昌，文王总统六军，

毌丘俭发动叛乱时，大将军景王司马师领兵东征，钟会跟随司马师，主管机密之事，卫将军文王司马昭领兵作为大军的后续部队。景王在许昌去世，文王统率朝廷大军，钟会在文王帐下出谋划策。当

会谋谟帷幄。时中诏敕尚书傅嘏，以东南新定，权留卫将军屯许昌为内外之援，令嘏率诸军还。会与嘏谋，使嘏表上，辄与卫将军俱发，还到雒水南屯住。于是朝廷拜文王为大将军、辅政，会迁黄门侍郎，封东武亭侯，邑三百户。

时皇帝下诏书命令尚书傅嘏，说是因为东南地区刚刚平定，暂留卫将军驻扎许昌作为内外援军，命令傅嘏率领其余各军回京城。钟会同傅嘏商计，要傅嘏以表章上奏朝廷任命文王为大将军，就同卫将军一起统兵进发，回到洛水南面驻扎。于是朝廷被迫任命文王司马昭为大将军，辅佐朝政，钟会升为黄门侍郎，被封为东武亭侯，食邑三百户。

甘露二年，征诸葛诞为司空，时会丧宁在家，策诞必不从命，驰白文王。文王以事已施行，不复追改。[37]及诞反，车驾住项，文王至寿春，会复从行。

甘露二年，下诏征调诸葛诞任司空，当时钟会在家守母丧。他预料诸葛诞一定不会服从朝廷的诏命，飞马禀告文王。文王因任命之事已经施行，不好接着又改变。到诸葛诞谋反，皇帝御驾亲征至项城，文王到达寿春城，钟会又跟随文王了。

初，吴大将全琮，孙权之婚亲重臣也，琮子怿、孙静、从子端、翩、缉等，皆将兵来救诞。怿兄子辉、仪留建业，与其家内争讼，携其母，将部曲数十家渡江，自归文王。会建策，密为辉、仪作书，使辉、仪所亲信赍入城告怿等，说吴中怒怿等不能拔寿春，欲尽诛诸将家，故逃来归命。怿等恐惧，遂将所领开东城门出降，皆蒙封宠，城中由是乖离。寿春之破，会谋居多，亲待日隆，时人谓之子房。军还，迁为太仆，固辞不就。以中郎在大将军府管记室事，为腹心之任。以讨诸葛诞功，进爵陈侯，屡让不受。诏曰："会典综军事，参同计策，料敌制胜，有谋谟之勋，而推宠固让，辞指款实，前后累重，志不可夺。夫成功不处，古人所重，其听会所执，以成其

当初，东吴大将全琮，是同孙权有婚姻亲戚关系的重臣。全琮的儿子全怿、孙子全静、侄子全端、全翩、全缉等人，都领兵来援救诸葛诞。全怿哥哥的儿子全辉、全仪留在建业，与他们家族内的人发生争吵，就带着母亲，率领家丁仆人数十家渡过长江，归降了文王司马昭。钟会献了一个计策，暗地代全辉、全仪写了一封家信，派全辉、全仪的亲信携带进入寿春城告诉全怿等人，谎称东吴朝廷对全怿等人不能解寿春之围十分恼怒，要把众将领的家属全都杀死，所以逃出来归顺魏国。全怿等人都很恐惧，于是各自率领所属军队打开东城门出来投降，都受到了封赏宠信，城内因此出现分离不和。寿春城被攻破，钟会出的计谋最多，司马昭对他日益亲近信任，当时的人称他为张子房。收兵回朝后，钟会被升为太仆，他坚决辞让不就职。他以中郎的身份在大将军府中做记室的事，这是心腹之人担任的职务。由于讨伐诸葛诞的功劳，进爵位封他为陈侯，他屡次辞让不接受。朝廷下诏书说："钟会综合主管军事，一同参谋筹划计策，预料敌情取得胜利，有出谋划策的功劳，而他推辞恩宠坚持谦让，言辞诚恳朴实，先后数次，他的心志不可以勉强改变。一个人成就了功业而不以功自居，这是古人所推重的，朝廷同

美。”迁司隶校尉。虽在外司，时政损益，当世与夺，无不综典。嵇康等见诛，皆会谋也。

文王以蜀大将姜维屡扰边陲，料蜀国小民疲，资力单竭，欲大举图蜀。惟会亦以为蜀可取，豫共筹度地形，考论事势。景元三年冬，以会为镇西将军、假节都督关中诸军事。文王敕青、徐、兖、豫、荆、扬诸州，并使作船，又令唐咨作浮海大船，外为将伐吴者。四年秋，乃下诏使邓艾、诸葛绪各统诸军三万余人，艾趣甘松、沓中连缀维，绪趣武街、桥头绝维归路。会统十余万众，分从斜谷、骆谷入。先命牙门将许仪在前治道，会在后行，而桥穿，马足陷，于是斩仪。仪者，许褚之子，有功王室，犹不原贷。诸军闻之，莫不震竦。蜀令诸围皆不得战，退还汉、乐二城守。魏兴太守刘钦趣子午谷，诸军数道平行，至汉中。蜀监军王含守乐城，护军蒋斌守汉城，兵各五千。会使护军荀恺、前将军李辅各统万人，恺围汉城，辅围乐城。会径过，西出阳安口，遣人祭诸葛亮之墓。使护军胡烈等行前，攻破关城，得库藏积谷。姜维自沓中还，至阴平，合集士众，欲赴关城。未到，闻其已破，退趣白水，与蜀将张翼、廖化等合守剑阁拒会。会移檄蜀将吏士民

意钟会拿定的主意，以成全他的美德。”后来迁升为司隶校尉。虽然他在宫廷外任职，但时政的兴革损益，朝廷的奖惩赏罚，没有他不总揽掌握的。嵇康等人被诛杀，都是钟会主谋的。

文王认为蜀国大将姜维屡次骚扰边疆，估料蜀国国小，老百姓疲惫，资财和实力单薄困竭，便想要大举兴兵攻取蜀国。只有钟会也认为蜀国可以取得，参与共同谋划、测度地形，研究分析时局形势的工作。景元三年冬天，朝廷任命钟会为镇西将军，持符节都督关中诸军事务。文王下令给青州、徐州、兖州、豫州、荆州、扬州，一齐制造船只，又命令唐咨造航海大船，对外打出将要讨伐东吴的口号。景元四年秋天，皇帝下诏书派遣邓艾、诸葛绪各领三万多人，邓艾进军甘松山、沓中牵制姜维，诸葛绪进军武街、桥头断绝姜维的退路。钟会统领十万大军，分别从斜谷、骆谷入蜀。先命令牙门将许仪在前面修整和开辟道路，钟会统率大军走在后面，走到许仪部队架的桥上时，桥面穿了洞，马足陷了下去，于是钟会下令杀了许仪。许仪，是许褚的儿子，许褚为朝廷立下过大功却还不原谅饶恕他的儿子。各军听了这件事，没有人不震惊恐惧。蜀军统帅命令所有城堡，都不许出战，退回到汉城、乐城守卫。魏兴郡太守刘钦直赴子午谷，各军数路一齐推进，到达汉中。蜀监军王含奉命守卫乐城，护军蒋斌守卫汉城，各带兵五千人。钟会派护军荀恺、前将军李辅各带一万人，荀恺围困汉城，李辅包围乐城。钟会统领大军在两城之间径直通过，向西直插阳安关口，途中派人祭奠了诸葛亮的陵墓。派遣护军胡烈等领兵作为前部先行，攻破关城，缴获了蜀军贮藏的物资、粮食。姜维从沓中回师，到达阴平，集结军队，正要赶赴关城。还没有到达，就听说关城已经被魏军攻破，退兵奔赴白水，同蜀国将领张翼、廖化等人一起把守剑阁，抵抗钟会的军队。钟会向蜀国文武官员、士兵和百姓们发出檄文说：

曰：

往者汉祚衰微，率土分崩，生民之命，几于泯灭。太祖武皇帝神武圣哲，拨乱反正，拯其将坠，造我区夏。高祖文皇帝应天顺民，受命践阼。烈祖明皇帝奕世重光，恢拓洪业。然江山之外，异政殊俗，率土齐民未蒙王化，此三祖所以顾怀遗恨也。今主上圣德钦明，绍隆前绪，宰辅忠肃明允，劬劳王室，布政垂惠而万邦协和，施德百蛮而肃慎致贡。悼彼巴蜀，独为匪民，愍此百姓，劳役未已。是以命授六师，龚行天罚，征西、雍州、镇西诸军，五道并进。古之行军，以仁为本，以义治之；王者之师，有征无战；故虞舜舞干戚而服有苗，周武有散财、发廪、表闾之义。今镇西奉辞衔命，摄统戎重，庶弘文告之训，以济元元之命，非欲穷武极战，以快一朝之政，故略陈安危之要，其敬听话言。

过去汉朝国运衰落，九州大地分崩离析，天下苍生，几乎没有活路。太祖武皇帝圣明威武，有超凡的道德才智，拨乱反正，拯救汉朝于垂危之中，重新造就了整个华夏。高祖文皇帝顺应天意民心，受命登上帝位。烈祖明皇帝继承两位先帝的文武德化之功如同日月之光，发扬开拓大业。然而大魏江山之外，还有不同的政教和风俗，天下的民众没有都蒙受天子的恩泽教化，这是三祖耿耿于怀死有遗恨的原因。当今皇上德高无比，十分英明，继承光大前人留下的伟业，当朝大臣忠诚恭敬，贤明公正，为王室之事而不辞辛劳，发布政令垂降恩惠而使万邦亲睦和谐，德泽施及百蛮之地而使肃慎国称臣纳贡。可悲啊，巴蜀的黎民，唯独你们没有被当做人看待，怜悯这些百姓，终年累月劳役没完没了。因此皇上授命六军，恭敬地执行上天降给的惩罚。征西将军、雍州刺史、镇西将军各统大军，五路齐进。古代实行军事征讨，以仁德作为根本，以正义惩治不义。天子的大军，只要被征讨者服罪而并不要进行流血战争。所以虞舜持兵器舞蹈就使有苗部落诚心归服，周武王有散发钱财、粮食、表彰商容里巷的义举。现在镇西将军钟会敬奉天子的诏书使命，统率大军前来，是希望弘扬光大文告的教诲作用，以拯救百姓的生命，并不是为了夸耀武力，血战一场，以一时的征战为痛快，所以简略地陈述蜀国目前安危的大要，希望你们能恭听善言。

益州先主以命世英才，兴兵朔野，困踬冀、徐之郊，制命绍、布之手，太祖拯而济之，与隆大好。中更背违，弃同即异，诸葛孔明仍规秦川，姜伯约屡出陇右，劳动我边境，侵扰我氐、羌，方国家多故，未遑修九伐之征也。今边境乂清，方内无事，畜力待时，并兵一向，而巴蜀一州之众，分张守备，难

益州先主刘备凭着闻名于世的英雄才干，起兵于北方原野，在冀州、徐州一带郊野遭遇了困难和挫折，命运被袁绍、吕布所主宰，太祖拯救帮助他，与他深结友好。而刘备中途背离，抛弃同盟，亲近异敌，诸葛孔明频繁地窥探秦川，姜伯约屡次侵犯陇右，使我边境地区劳师动众，使我氐羌人民遭受侵扰。当时国家多难，没有闲暇来实行天子的征讨。现在边境肃清，国内太平，积蓄力量等待出征的时机，集中军队征讨一个方向，而巴蜀只有一个州的人众，分兵各处守卫，难于抵御天下的大军，在段谷、

以御天下之师。段谷、侯和沮伤之气，难以敌堂堂之陈。比年以来，曾无宁岁，征夫勤瘁，难以当子来之民。此皆诸贤所亲见也。蜀相壮见禽于秦，公孙述授首于汉，九州之险，是非一姓。此皆诸贤所备闻也。明者见危于无形，智者规祸于未萌，是以微子去商，长为周宾，陈平背项，立功于汉。岂晏安酖毒，怀禄而不变哉？今国朝隆天覆之恩，宰辅弘宽恕之德，先惠后诛，好生恶杀。往者吴将孙壹举众内附，位为上司，宠秩殊异。文钦、唐咨为国大害，叛主仇贼，还为戎首。咨困逼禽获，钦二子还降，皆将军、封侯；咨与闻国事。壹等穷踧归命，犹加盛宠，况巴蜀贤知见机而作者哉！诚能深鉴成败，邈然高蹈，投迹微子之踪，错身陈平之轨，则福同古人，庆流来裔，百姓士民，安堵旧业，农不易亩，市不回肆，去累卵之危，就永安之福，岂不美与！若偷安旦夕，迷而不反，大兵一发，玉石皆碎，虽欲悔之，亦无及已。其详择利害，自求多福，各具宣布，咸使闻知。

侯和两次战败中挫伤低落的士气，难以抵挡威武盛大的战阵。连年以来，你们没有安宁的岁月，辛勤疲劳的征夫，更无法抗拒民心归附、自愿驱驰的魏国人民。这些都是诸位贤士所亲眼见到的。古代蜀相陈壮被秦国所擒，公孙述被汉光武斩首，九州的任何险要地区，都不是某一姓的统治者能够长久依侍的。这些都是各位贤士亲耳详闻的史实。明白人能预见还没有形迹的危险，聪明人能看到还没有萌生的祸害，所以微子离开商纣王，长久地成为周朝的上宾，陈平背弃项羽，在汉朝立下大功。哪能苟且偷安喝毒酒，留恋利禄而不弃暗投明呢？当今国家朝廷厚施如天宇覆盖一般的大恩，辅朝大臣弘扬宽恕仁爱的德化，把施与恩惠摆在首位，实行征伐置于后面，爱惜生灵而厌恶残杀。过去东吴将领孙壹率众归附，位居高官，宠幸厚待非同一般。文钦、唐咨曾为国家的大害，背叛君主的仇敌，回头归顺仍被任用为武将。唐咨在走投无路时被擒获，文钦的两个儿子回头归降，都被封为将军、列侯；唐咨还参与闻知国家大事。孙壹等人在走投无路的困境下归顺，还受到极大的恩宠，何况巴蜀的贤智之士能够根据情势采取明智的行动呢？果真能够深入地借鉴古今成败之事，远走高飞，追随微子的踪迹，置身于陈平的道路，那么洪福定能与古人相同，吉祥定可以流传后世，百姓官民，安居旧业，农民不改变耕种的田地，商人不变更买卖的市肆，离开累卵一般的危险境地，走向永远安定的幸福生活，这难道不是很美好的吗！若只图眼前的安逸，走上迷途而不知返回，大军一旦进发，就将玉石俱碎，那时虽然想反悔，也来不及了。希望你们审慎地选择利与害，为自己谋求大福。以上各条陈述公布于众，使大家都听闻知晓。

邓艾追姜维到阴平，简选精锐，欲从汉德阳入江由、左儋道诣绵竹，趣成都，与诸葛绪共行。绪以本受节度邀姜维，西行非本诏，遂进军前向

邓艾追击姜维到阴平，挑选精兵锐卒，想从东汉时的德阳县进入江由、通过左儋道到绵竹，进军成都，与诸葛绪的军队同行。诸葛绪因原本受调遣拦截姜维，向西进军不是本来的命令，于是率军向

白水，与会合。会遣将军田章等从剑阁西，径出江由。未至百里，章先破蜀伏兵三校，艾使章先登。遂长驱而前。会与绪军向剑阁，会欲专军势，密白绪畏懦不进，槛车征还。军悉属会，[38]进攻剑阁，不克，引退，蜀军保险拒守。艾遂至绵竹，大战，斩诸葛瞻。维等闻瞻已破，率其众东入于巴。会乃进军至涪，遣胡烈、田续、庞会等追维。艾进军向成都，刘禅诣艾降，遣使敕维等令降于会。维至广汉郪县，令兵悉放器仗，送节传于胡烈，便从东道诣会降。会上言曰："贼姜维、张翼、廖化、董厥等逃死遁走，欲趣成都。臣辄遣司马夏侯咸、护军胡烈等，经从剑阁，出新都、大渡截其前，参军爰彭、将军句安等蹑其后，参军皇甫闿、将军王买等从涪南出冲其腹，臣据涪县为东西势援。维等所统步骑四五万人，擐甲厉兵，塞川填谷，数百里中首尾相继，凭恃其众，方轨而西。臣敕咸、闿等令分兵据势，广张罗罔，南杜走吴之道，西塞成都之路，北绝越逸之径，四面云集，首尾并进，蹊路断绝，走伏无地。臣又手书申喻，开示生路，群寇困逼，知命穷数尽，解甲投戈，面缚委质，印绶万数，资器山积。昔舜舞干戚，有苗自服；牧野之师，商旅倒戈：有征无战，帝王之盛

白水前进，与钟会会合。钟会派将军田章等人从剑阁西面，径直往江由。在距江由百里左右的地方，田章先击败了埋伏在那儿的蜀兵三千余人。邓艾派田章领兵先登江由城，自己领兵长驱前进。钟会与诸葛绪军一同向剑阁挺进，钟会想独掌兵权，密告朝廷说诸葛绪畏惧懦弱不敢前进，朝廷命令用囚车解押诸葛绪回洛阳。军队便全归钟会统率。魏军进攻剑阁，没有攻下，军队退却，蜀军占据险要防守。邓艾的部队于是进军到了绵竹，在那里与蜀军大战，杀了蜀军统帅诸葛瞻。姜维等人听说诸葛瞻军被打败，率领部队向东进入巴郡。钟会进军到涪县，派遣胡烈、田续、庞会等将追击姜维。邓艾进军成都，刘禅到邓艾军前投降，并派遣使者命令姜维等人向钟会投降。姜维军到达广汉郡的郪县时，命令全军放下武器，把军中的符节、印绶送交给胡烈，然后带兵从东路到钟会军前投降。钟会向朝廷上奏说："逆贼姜维、张翼、廖化、董厥等人为逃避灭亡而逃跑，想奔向成都。臣派遣司马夏侯咸、护军胡烈等人，径直从剑阁出发，兵出新都、大渡堵截他们前进的去路，派参军爰彭、将军句安等人从后面追击，又命参军皇甫闿、将军王买等人从涪县的南面拦腰冲击其中部，臣本人据守涪县做东西两路部队的援军。姜维所统领的步兵、骑兵有四五万人，他们身披坚固的铠甲，手执锐利的兵器，堵塞河道、充满山谷，数百里中自首至尾连续不断，依仗人多，正沿路向西而行。臣命令夏侯咸、皇甫闿等人分兵把守和占据有利的地势，遍地张开罗网，南面杜绝向东吴逃跑的道路，西面阻塞往成都去的归路，北面断绝出逃的小道，四面八方如云一般地聚合拢来，诸军同时推进，大路、小路全部卡断，逃跑躲藏都没有容身之地。臣又亲笔写下文告晓谕蜀军，给他们指明求生之路，他们被围困追逼，知道命运气数已尽，只得解除盔甲、放下武器，自己绑缚投降。所缴获的官印数以万计，物资器械堆积如山。过去虞舜持兵器舞蹈，有苗部落自然臣服；牧野之战中，商军反戈攻打纣王：有征伐而不必血战，这是帝王盛大的功业。使敌

业。全国为上，破国次之；全军为上，破军次之：用兵之令典。陛下圣德，侔踪前代，翼辅忠明，齐轨公旦，仁育群生，义征不譓，殊俗向化，无思不服，师不逾时，兵不血刃，万里同风，九州共贯。臣辄奉宣诏命，导扬恩化，复其社稷，安其闾伍，舍其赋调，弛其征役，训之德礼以移其风，示之轨仪以易其俗，百姓欣欣，人怀逸豫，后来其苏，义无以过。"会于是禁检士众不得钞略，虚己诱纳，以接蜀之群司，与维情好欢甚。[39]十二月诏曰："会所向摧弊，前无强敌，缄制众城，罔罗迸逸。蜀之豪帅，面缚归命，谋无遗策，举无废功。凡所降诛，动以万计，全胜独克，有征无战。拓平西夏，方隅清晏。其以会为司徒，进封县侯，增邑万户。封子二人亭侯，邑各千户。"

国全部降服为上策，用武力击破为次策；使敌人全军投降为上策，用武力攻破为次策：这是用兵的经典。皇上的圣德，与前代圣王可以比肩并列，辅佐的大臣忠诚贤明，与周公旦可以对等齐观，仁慈恩泽哺育天下众生，以正义之师征讨不顺叛逆，不同风俗的民族都向往仁德的教化，没有人不想着真心归服，出师不超过预定的时间，兵器没有染上敌人的鲜血，就使万里疆域内风俗齐同，九州大地上习惯与共。臣就奉命宣布皇上的诏命，宣扬恩德王化，恢复蜀主的王侯社稷，安定闾伍中的百姓，免去黎民的赋税，减轻百姓的劳役，用仁德和礼义教育民众来改变他们的民风，以法规明示百姓来更易他们的习俗，百姓都欢欣鼓舞，人人都心怀安愉，圣王的恩泽降至，人民得到了复生，大仁大义无可比拟。"钟会于是发出禁令约束部下士卒不允许骚扰抢夺，自己做出谦虚的姿态诱使蜀人归附于他，以此接待蜀国的众官吏，与姜维的感情非常好。景元四年十二月皇帝下诏书说："钟会所向摧枯拉朽，军锋面前没有强敌，完整地克复所有城池，网罗了所有逃散的敌人。蜀国将帅，自缚归降。钟会谋划军事从无失策，举兵作战无不成功。被他逼降和诛杀的敌人，常常数以万计，完全彻底地战胜敌人，虽有出兵征讨，却无须流血交战。开拓平定了华夏西部的疆土，四方边境太平。任命钟会为司徒，进封县侯，增加食邑一万户。分封他的两个儿子为亭侯，食邑各一千户。"

会内有异志，因邓艾承制专事，密白艾有反状，[40]于是诏书槛车征艾。司马文王惧艾或不从命，敕会并进军成都，监军卫瓘在会前行，以文王手笔令宣喻艾军，艾军皆释仗，遂收艾入槛车。会所惮惟艾，艾既禽而会寻至，独统大众，威震西土。自谓功名盖世，不可复为人下，加猛将锐卒皆在己手，遂谋反。欲使姜维等皆将

钟会内心有叛逆的野心，因为邓艾秉承皇帝的意旨有权单独行事，就秘密向朝廷谎报邓艾有谋反的迹象。于是皇帝下诏书用囚车解押邓艾入京治罪。文王司马昭担心邓艾或许不服从诏命，命令钟会同时进军成都，监军卫瓘在钟会前头先行，以文王的亲笔命令宣告晓谕邓艾的部队。邓艾的部队都放下了武器，卫瓘于是收捕邓艾入囚车。钟会所惧怕的人只有邓艾，邓艾被捕后钟会随即就到了，钟会独自统率大军，威名震动了西蜀。他认为自己功名盖世，不可再在别人手下称臣，加之猛将精兵都在自己手中，于是就谋反。钟会计划派姜维等人率

蜀兵出斜谷,会自将大众随其后。既至长安,令骑士从陆道,步兵从水道顺流浮渭入河,以为五日可到孟津,与骑会洛阳,一旦天下可定也。会得文王书云:“恐邓艾或不就征,今遣中护军贾充将步骑万人径入斜谷,屯乐城,吾自将十万屯长安,相见在近。”会得书,惊呼所亲语之曰:“但取邓艾,相国知我能独办之;今来大重,必觉我异矣,便当速发。事成,可得天下;不成,退保蜀汉,不失作刘备也。我自淮南以来,画无遗策,四海所共知也。我欲持此安归乎!”会以五年正月十五日至,其明日,悉请护军、郡守、牙门骑督以上及蜀之故官,为太后发丧于蜀朝堂。矫太后遗诏,使会起兵废文王,皆班示坐上人,使下议讫,书版署置,更使所亲信代领诸军。所请群官,悉闭著益州诸曹屋中,城门宫门皆闭,严兵围守。会帐下督丘建本属胡烈,烈荐之文王,会请以自随,任爱之。建愍烈独坐,启会,使听内一亲兵出取饮食,诸牙门随例各内一人。烈绐语亲兵及疏与其子曰:“丘建密说消息,会已作大坑,白棓数千,欲悉呼外兵入,人赐白帢,拜为散将,以次棓杀坑中。”诸牙门亲兵亦咸说此语,一夜传相告,皆遍。或谓会:“可尽杀牙门骑督以上。”会犹

领蜀兵由斜谷出击,钟会自己统率大军在后面跟进。大军到长安后,就命令骑兵从陆路进军,步兵从水路乘船顺流经渭水进入黄河,以为这样五天就可以到达孟津,与骑兵在洛阳会合,一时之间就可以取得天下了。钟会收到文王的信,信中说:“担心邓艾不服从朝廷的征诏,现在派遣中护军贾充统领步兵、骑兵一万人直接进入斜谷,驻扎在乐城。我亲自统率十万大军到长安驻扎,相见之时已经近了。”钟会得到信,惊恐地对他所亲信的人说:“如果只逮捕邓艾,相国知道我能单独办理它。现在来的军队太多,一定察觉我的异心了,就应当迅速发兵。大事若能成功,可以取得整个天下,事情若不成功,退守蜀汉,也不失做刘备那样的君王。我从淮南平叛的战役以来,谋划从未失策,这是天下人所共知的。我凭着这样的才能归服谁呢?”钟会于景元五年正月十五日到达成都,第二天,他请所有的护军、郡守、牙门骑督以上的将领和蜀国过去的官员,在蜀国的朝堂发布太后死去的消息,举行丧仪。假传太后留下诏命,命令钟会兴兵废掉文王司马昭,向当时在座的人颁布宣示,让他们商议决定,并在盟誓上签名画押,同时派自己的亲信替换众将领去统领他们的军队。把所请来的将领,全部关押在益州各官署中,城门和宫门都关闭,派兵严密地包围看守。钟会帐下督丘建本是胡烈的部下,胡烈把他推荐给文王,钟会向文王请求让丘建跟随自己,他对丘建非常信任喜爱。丘建可怜胡烈被单独关押在一处,禀告钟会,请求允许胡烈的一个亲兵进到他关押的屋里去为他取饮食,众牙门将也依此例各派一亲兵进出。胡烈哄骗亲兵并且托书信给他的儿子说:“丘建密告消息,钟会已经挖好了一个大坑,做了数千条白棒,要把宫外的士兵全叫进去,每人赐一顶白帢帽,任命他们为散将,对于不跟随造反的将领要挨个用棒子打死在大坑中。”众牙门将的亲兵也都说这种话。一夜之间所有军营都传遍了。有人对钟会说:“应该把牙门骑督以上的军官全杀掉。”钟会犹豫不决。十八日正午时分,胡烈的士兵和胡烈的儿子敲

豫未决。十八日日中,烈军兵与烈儿雷鼓出门,诸军兵不期皆鼓噪出,曾无督促之者,而争先赴城。时方给与姜维铠杖,白外有匈匈声,似失火,有顷,白兵走向城。会惊,谓维曰:"兵来似欲作恶,当云何?"维曰:"但当击之耳。"会遣兵悉杀所闭诸牙门郡守,内人共举机以柱门,兵斫门,不能破。斯须,门外倚梯登城,或烧城屋,蚁附乱进,矢下如雨,牙门、郡守各缘屋出,与其卒兵相得。姜维率会左右战,手杀五六人,众既格斩维,争赴杀会。会时年四十,将士死者数百人。㊶

起战鼓杀出营门,各部士兵都不约而同地擂鼓呐喊杀出,虽然没有人督促他们,却都争先恐后地向城中冲来。当时钟会正给姜维发铠甲、武器。有人报告说城外有骚扰喧哗的声音,好像失了火。过了一会儿,又报告说士兵们向城内冲来。钟会大吃一惊,对姜维说:"士兵好像要作乱,你说应当怎么办?"姜维说:"只有还击他们了。"钟会派兵去杀众牙门将和郡守,里面的人共举器械顶住了门,士兵用刀砍门,不能砍破。不久,城门外的士兵竖起梯子登上城墙,有的人放火烧城内的房子,士兵们如蚂蚁附壁一般爬进城来,箭像下雨一般落下,众牙门将、郡守都攀援上房逃出来,与他们各自的士兵相合在一起。姜维率领钟会的左右卫士战斗,亲手杀死了五六个人,众人杀死姜维后,争着冲上来杀钟会。钟会死时四十岁,将士被杀死的有数百人。

初,艾为太尉,会为司徒,皆持节、都督诸军如故,咸未受命而毙。会兄毓,以四年冬薨,会竟未知问。会兄子邕,随会与俱死。会所养兄子毅及峻、辿等下狱,当伏诛。司马文王表天子下诏曰:"峻等祖父繇,三祖之世,极位台司,佐命立勋,飨食庙庭。父毓,历职内外,干事有绩。昔楚思子文之治,不灭斗氏之祀。晋录成宣之忠,用存赵氏之后。以会、邕之罪,而绝繇、毓之类,吾有愍然!峻、辿兄弟特原,有官爵者如故。惟毅及邕息伏法。"或曰,毓曾密启司马文王,言会挟术难保,不可专任,故宥峻等云。㊷

当初,邓艾任太尉,钟会任司徒,都持有符节,像过去一样统率各路兵马,都没有正式接受皇帝的赐封就毙命了。钟会的哥哥钟毓,在景元四年冬死去,钟会竟没得到消息。钟会兄长的儿子钟邕,跟随钟会与他一起死去。钟会所抚养的兄长的儿子钟毅和钟峻、钟辿等人都被捕入狱应当判处死刑。文王司马昭上表请求天子下诏说:"钟峻等人的祖父钟繇,在三祖时代,官至三公之位,辅佐先君,立下功勋,享有附在太庙祭祀的特别优待。他们的父亲钟毓,在朝廷内外历任多种官职,处理政事有成绩。从前楚王念及斗子文治理楚国有功,因而没有灭绝斗氏一门的香火;晋侯念及赵成子、赵宣子的忠诚,因而保存了赵氏的后代。倘若因为钟会、钟邕的罪恶,而使钟繇、钟毓绝后,我于心有悲悯之情。现在特地下诏赦免钟峻、钟辿兄弟,有官爵的仍恢复原职。只有钟毅与钟邕的儿子依法惩办。"有人说,钟毓曾经秘密地禀告过文王司马昭,说钟会身挟权术难保不叛,不可以让钟会独掌大权行事,所以司马昭宽宥了钟峻等人。

初，文王欲遣会伐蜀，西曹属邵悌求见曰："今遣钟会率十余万众伐蜀，愚谓会单身无重任，不若使余人行。"文王笑曰："我宁当复不知此耶？蜀为天下作患，使民不得安息，我今伐之如指掌耳，而众人皆言蜀不可伐。夫人心豫怯则智勇并竭，智勇并竭而强使之，适为敌禽耳。惟钟会与人意同，今遣会伐蜀，必可灭蜀。灭蜀之后，就如卿所虑，当何所能一办耶？凡败军之将不可以语勇，亡国之大夫不可与图存，心胆以破故也。若蜀以破，遗民震恐，不足与图事；中国将士各自思归，不肯与同也。若作恶，祗自灭族耳。卿不须忧此，慎莫使人闻也。"及会白邓艾不轨，文王将西，悌复曰："钟会所统，五六倍于邓艾，但可敕会取艾，不足自行。"文王曰："卿忘前时所言邪，而更云可不须行乎？虽尔，此言不可宣也。我要自当以信义待人，但人不当负我，我岂可先人生心哉？近日贾护军问我，言：'颇疑钟会不？'我答言：'如今遣卿行，宁可复疑卿邪？'贾亦无以易我语也。我到长安，则自了矣。"军至长安，会果已死，咸如所策。[43]

当初，文王想派遣钟会征伐蜀国。西曹属邵悌求见文王说："现在派遣钟会统率十余万大军征伐蜀国，愚臣认为钟会独自一人不要委以重权，不如派遣别人去。"文王笑着说："我难道还不了解这一点吗？蜀国给天下兴起灾难，使黎民不得安宁生息，我现在讨伐它，胜利如在指掌之中，而众人都说蜀国不可以征伐，人心犹豫胆怯，那么智慧和勇气就会丧失干净，智慧和勇气都没有了的人，而勉强派他去与敌人作战，他只会成为敌人的俘虏罢了。只有钟会与我的主意相同，现在派钟会去征伐蜀国，一定可以将蜀国灭亡。蜀国灭亡之后，即使像你担心的那样，应当如何才能处理呢？凡是败军之将不可以同他谈论勇气，亡国了的大夫不可以与他谋划保存国家，因为他们的心胆都已被吓破了。倘若西蜀被攻破，亡国之民惊慌恐怖，就不足以与他们图谋起事了；中原的将士各自都想着要回家乡，就不肯与他同心协力了。倘若谋反作乱，只会自取灭族之祸罢了。你不必忧虑这事，小心莫让别人知道这些话。"等到钟会禀告邓艾有反叛的迹象，文王统兵将要西进，邵悌又说："钟会所统领的军队是邓艾军队的五六倍，只要命令钟会逮捕邓艾就可以了，不值得您再亲自领兵去。"文王说："你忘记了你前些时候说的话吗，怎么又说我可以不必亲自去呢？虽然如此，这些话也还是不可以公开的。我自己应当以诚信仁义对待他人，只是他人也不应当辜负我，我怎么能首先对人家产生疑心呢？最近有一天中护军贾充问我说：'是否有些怀疑钟会？'我回答说：'如今我派遣你去，难道又可以怀疑你吗？'贾充也没有什么话来对答我的话。我一到长安，事情就自然会了结了。"司马昭军队到长安时，钟会果真已经死了，都如司马昭预料的一样。

会尝论《易》无互体、才性同异。及会死后，于会家得书二十篇，名曰《道论》，而实刑名家也，其文似会。初，会弱冠

钟会曾经论述"《易》无互体"和"才性同异"。等到钟会死后，在钟会家里得到文章二十篇，书名叫做《道论》，而实际是属于刑名家的理论，这些文章表达的思想和风格就如钟会本人的思想风格一样。

与山阳王弼并知名。弼好论儒道，辞才逸辩，注《易》及《老子》，为尚书郎，年二十余卒。[44]

当初，钟会二十岁左右就与山阳的王弼一样闻名。王弼喜欢谈论儒家和道家的学说，口才敏捷而言辞雄辩，他还注释了《周易》和《老子》两本书，后来担任尚书郎，二十多岁去世。

评曰：王凌风节格尚，毌丘俭才识拔干，诸葛诞严毅威重，钟会精练策数，咸以显名，致兹荣任，而皆心大志迂，不虑祸难，变如发机，宗族涂地，岂不谬惑邪！邓艾矫然强壮，立功立事，然闇于防患，咎败旋至，岂远知乎诸葛恪而不能近自见，此盖古人所谓目论者也。[45]

评论说："王凌风骨气节品格高尚，毌丘俭才能见识卓越超群，诸葛诞性格刚毅而威严，钟会精通策略，长于智谋，他们都因此而获得了显赫的名声，取得了这样荣耀的官位，却都因为野心太大，志向不切实际，不考虑自身的灾祸，事变如机关发动那么快，宗族遭诛、血流满地，难道不是荒唐糊涂吗？邓艾矫健刚强，建功立业，但却不明白自身要注意防止灾祸，于是凶灾立即就来了，这难道不是远能预知诸葛恪的死难，而近不能看见自己身边的灾祸吗？这就是古人所说的眼睛能看清毫毛，却看不见自己的睫毛啊！

---

①《魏略》曰：凌为长，遇事，髡刑五岁，当道扫除。时太祖车过，问此何徒，左右以状对。太祖曰："此子师兄子也，所坐亦公耳。"于是主者选为骁骑主簿。

②《汉晋春秋》曰：凌、愚谋，以帝幼制于强臣，不堪为主，楚王彪长而才，欲迎立之，以兴曹氏。凌使人告广，广曰："凡举大事，应本人情。今曹爽以骄奢失民，何平叔虚而不治，丁、毕、桓、邓虽并有宿望，皆专竞于世。加变易朝典，政令数改，所存虽高而事不下接，民习于旧，众莫之从。故虽势倾四海，声震天下，同日斩戮，名士减半，而百姓安之，莫或之哀，失民故也。今懿情虽难量，事未有逆，而擢用贤能，广树胜己，修先朝之政令，副众心之所求。爽之所以为恶者，彼莫不必改，夙夜匪懈，以恤民为先。父子兄弟，并握兵要，未易亡也。"凌不从。

臣松之以为如此言之类，皆前史所不载，而犹出习氏。且制言法体不似于昔，疑悉凿齿所自造者也。

③《魏书》曰：愚字公治，本名浚，黄初中，为和戎护军。乌丸校尉田豫讨胡有功，小违节度，愚以法绳之。帝怒，械系愚，免官治罪，诏曰"浚何愚"！遂以名之。正始中，为曹爽长史，后出为兖州刺史。

《魏略》曰：愚闻楚王彪有智勇。初东郡有讹言云："白马河出妖马，夜过官牧边鸣呼，众马皆应，明日见其迹，大如斛，行数里，还入河中。"又有谣言："白马素羁西南驰，其谁乘者朱虎骑。"楚王小字朱虎，故愚与王凌阴谋立楚王。乃先使人通意于王，言"使君谢王，天下事不可知，愿王自爱"！彪亦阴知其意，答言"谢使君，知厚意也。"

④《魏略》曰：凌闻东平民浩详知星，呼问详。详疑凌有所挟，欲悦其意，不言吴当有死丧，而言淮南楚分也，今吴、楚同占，当有王者兴。故凌计遂定。

⑤《魏略》载凌与太傅书曰："卒闻神军密发，已在百尺，虽知命穷尽，迟于相见，身首分离，不以为恨，前后遣使，有书未得还报，企踵西望，无物以譬。昨遣书之后，便乘船来相迎，宿丘头，旦发于浦口，奉被露布赦书，又得二十三日况，累纸诲示，闻命惊愕，五内失守，不知何地可以自处。仆久忝朝恩，

历试无效，统御戎马，董齐东夏，事有阙废，中心犯义，罪在三百，妻子同县，无所祷矣。不图圣恩天覆地载，横蒙视息，复睹日月。亡甥令狐愚携惑群小之言，仆即时呵抑，使不得竟其语。既人已知，神明所鉴，夫非事无阴，卒至发露，知此枭夷之罪也。生我者父母，活我者子也。”又重曰：“身陷刑罪，谬蒙赦宥。今遣掾送印绶，顷至，当如诏书自缚归命。虽足下私之，官法有分。”及到，如书。太傅使人解其缚。凌既蒙赦，加怙旧好，不复自疑，径乘小船自趣太傅。太傅使人逆止之，住船淮中，相去十余丈。凌知见外，乃遥谓太傅曰：“卿直以折简召我，我当敢不至邪？而乃引军来乎！”太傅曰：“以卿非肯逐折简者故也。”凌曰：“卿负我！”太傅曰：“我宁负卿，不负国家。”遂使人送来西。凌自知罪重，试索棺钉，以观太傅意，太傅给之。

凌行到项，夜呼掾属与决曰：“行年八十，身名并灭邪！”遂自杀。干宝《晋纪》曰：凌到项，见贾逵祠在水侧，凌呼曰：“贾梁道，王凌固忠于魏之社稷者，唯尔有神，知之。”其年八月，太傅有疾，梦凌、逵为疠，甚恶之，遂薨。

⑥《魏略》载：山阳单固，字恭夏，为人有器实。正始中，兖州刺史令狐愚与固父伯龙善，辟固，欲以为别驾。固不乐为州吏，辞以疾。愚礼意愈厚，固不欲应。固母夏侯氏谓固曰：“使君与汝父久善，故命汝不止，汝亦故当仕进，自可往耳。”固不获已，遂往，与兼治中从事杨康并为愚腹心。后愚与王凌通谋，康、固皆知其计。会愚病，康应司徒召诣洛阳，固亦以疾解禄。康在京师露其事，太傅乃东取王凌。到寿春，固见太傅，太傅问曰：“卿知其事为邪？”固对不知。太傅曰：“且置近事。问卿，令狐反乎？”固又曰无。而杨康白，事事与固连。遂收捕固及家属，皆系廷尉，考实数十，固故云无有。太傅录杨康，与固对相诘。固辞穷，乃骂康曰：“老庸既负使君，又灭我族，顾汝当活邪！”辞定，事上，须报廷尉，以旧皆听得与其母妻子相见。固见其母，不仰视，其母知其惭也，字谓之曰：“恭夏，汝本自不欲应州郡也，我强故耳。汝为人吏，自当尔耳。此自门户衰，我无恨也。汝本意与我语。”固终不仰，又不语，以至于死。初，杨康自以白其事，冀得封拜，后以辞颇参错，亦并斩。临刑，俱出狱，固又骂康曰：“老奴，汝死自分耳。若令死者有知，汝何面目以行地下也。”

⑦干宝《晋纪》曰：兖州武吏东平马隆，托为愚家客，以私财更殡葬，行服三年，种植松柏。一州之士愧之。

⑧《魏氏春秋》曰：广字公渊。弟飞枭、金虎，并才武过人。太傅尝从容问蒋济，济曰：“凌文武俱赡，当今无双。广等志力，有美于父耳。”退而悔之，告所亲曰：“吾此言，灭人门宗矣。”

《魏末传》曰：凌少子字明山，最知名。善书，多技艺，人得其书，皆以为法。走向太原，追军及之，时有飞鸟集桑树，随枝低印，举弓射之即倒，追人乃止不复进。明山投亲家食，亲家告吏，乃就执之。

⑨《魏名臣奏》载雍州刺史张既表曰：“河右遐远，丧乱弥久，武威当诸郡路道喉辖之要，加民夷杂处，数有兵难。领太守毌丘兴到官，内抚吏民，外怀羌、胡，卒使柔附，为官效用。黄华、张进初图逆乱，扇动左右，兴志气忠烈，临难不顾，为将校民夷陈说祸福，言则涕泣。于时男女万口，咸怀感激，形毁发乱，誓心致命。寻率精兵踧胁张掖，济拔领太守杜通、西海太守张睦。张掖番和、骊靬二县吏民及郡杂胡弃恶诣兴，兴皆安恤，使尽力田。兴每所历，尽竭心力，诚国之良吏。殿下即位，留心万机，苟有毫毛之善，必有赏录，臣伏缘圣旨，指陈其事。”

⑩臣松之按《东夷传》：沛者，句骊国之官名。

⑪《世语》曰：颀字孔硕，东莱人，晋永嘉中大贼王弥，颀之孙。

⑫俭、钦等表曰：“故相国懿，匡辅魏室，历事忠贞，故烈祖明皇帝授以寄托之任。懿戮力尽节，以宁华夏。又以齐王聪明，无有秽德，乃心勤尽忠以辅上，天下赖之。懿欲讨灭二虏以安宇内，始分军粮，克时同举，未成而薨。齐王以懿有辅己大功，故遂使师承统懿业，委以大事。而师以盛年在职，无疾

托病，坐拥强兵，无有臣礼，朝臣非之，义士讥之，天下所闻，其罪一也。懿造计取贼，多舂军粮，克期有日。师为大臣，当除国难，又为人子，当卒父业。哀声未绝而便罢息，为臣不忠，为子不孝，其罪二也。贼退过东关，坐自起众，三征同进，丧众败绩，历年军实，一旦而尽，致使贼来，天下骚动，死伤流离，其罪三也。贼举国悉众，号五十万，来向寿春，图诣洛阳，会太尉孚与臣等建计，乃杜塞要险，不与争锋，还固新城。淮南将士，冲锋履刃，昼夜相守，勤瘁百日，死者涂地，自魏有军已来，为难苦甚，莫过于此。而师遂意自由，不论封赏，权势自在，无所领录，其罪四也。故中书令李丰等，以师无人臣节，欲议退之。师知而请丰，其夕拉杀，载尸埋棺。丰等为大臣，帝王腹心，擅加酷暴，死无罪名，师有无君之心，其罪五也。懿每叹说齐王自堪人主，君臣之义定。奉事以来十有五载，始欲归政，按行武库，诏问禁兵不得妄出。师自知奸慝，人神所不佑，矫废君主，加之以罪。孚，师之叔父，性甚仁孝，追送齐王，悲不自胜。群臣皆怒而师怀忍，不顾大义，其罪六也。又故光禄大夫张缉，无罪而诛，夷其妻子，并及母后，逼恐至尊，强催督遣，临时哀愕，莫不伤痛；而师称庆，反以欢喜，其罪七也。陛下践阼，聪明神武，事经圣心，欲崇省约，天下闻之，莫不欢庆；而师不自改悔，修复臣礼，而方征兵募士，毁坏宫内，列侯自卫。陛下即阼，初不朝觐。陛下欲临幸师舍以省其疾，复拒不通，不奉法度，其罪八也。近者领军许允当为镇北，以厨钱给赐，而师举奏加辟，虽云流徙，道路饿杀，天下闻之，莫不哀伤，其罪九也。三方之守，一朝阙废，多选精兵，以自营卫，五营领兵，阙而不补，多载器杖，充聚本营，天下所闻，人怀愤怨，讹言盈路，以疑海内，其罪十也。多休守兵，以占高第，以空虚四表，欲擅强势，以逞奸心，募取屯田，加其复赏，阻兵安忍，坏乱旧法。合聚诸藩王公以著邺，欲悉诛之，一旦举事废主。天不长恶，使目肿不成，其罪十一也。臣等先人皆随从太祖武皇帝征讨凶暴，获成大功，与高祖文皇帝即受汉禅，开国承家，犹尧舜相传也。臣与安丰护军郑翼、庐江护军吕宣、太守张休、淮南太守丁尊、督守合肥护军王休等议，各以累世受恩，千载风尘，思尽躯命，以完全社稷安主为效。斯义苟立，虽焚妻子，吞炭漆身，死而不恨也。按师之罪，宜加大辟，以彰奸慝。《春秋》之义，一世为善，十世宥之。懿有大功，海内所书，依古典议，废师以侯就弟。弟昭，忠肃宽明，乐善好士，有高世君子之度，忠诚为国，不与师同。臣等碎首所保，可以代师辅导圣躬。太尉孚，忠孝小心，所宜亲宠，授以保傅。护军散骑常侍望，忠公亲事，当官称能，远迎乘舆，有宿卫之功，可为中领军。《春秋》之义，大义灭亲，故周公诛弟，石碏戮子，季友鸩兄，上为国计，下全宗族。殛鲧用禹，圣人明典，古今所称。乞陛下下臣等所奏，朝堂博议。臣言当道，使师逊位避贤者，罢兵去备，如三皇旧法，则天下协同。若师负势恃众不自退者，臣等率将所领，昼夜兼行，惟命是授。臣等今日所奏，惟欲使大魏永存，使陛下得行君意，远绝亡之祸，百姓安全，六合一体，使忠臣义士，不愧于三皇五帝耳。臣恐兵起，天下扰乱，臣辄上事，移三征及州郡国典农，各安慰所部吏民，不得妄动，谨具以状闻。惟陛下爱养精神，明虑危害，以宁海内。师专权用势，赏罚自由，闻臣等举众，必下诏禁绝关津，使驿书不通，擅复征调，有所收捕。此乃师诏，非陛下诏书，在所皆不得复承用。臣等道远，惧文书不得皆通，辄临时赏罚，以便宜从事，须定表上也。”

⑬《魏氏春秋》曰：钦中子俶，小名鸯。年尚幼，勇力绝人，谓钦曰：“及其未定，击之可破也。”于是分为二队，夜夹攻军。俶率壮士先至，大呼大将军，军中震扰。钦后期不应。会明，俶退，钦亦引还。

《魏末传》曰：殿中人姓尹，字大目，小为曹氏家奴，常侍在帝侧，大将军将俱行。大目知大将军一目已突出，启云：“文钦本是明公腹心，但为人所误耳，又天子乡里。大目昔为文钦所信，乞得追解语之，令还与公复好。”大将军听遣大目单身往，乘大马，被铠胄，追文钦，遥相与语。大目心实欲曹氏安，谬言：“君侯何苦若不可复忍数日中也！”欲使钦解其旨。钦殊不悟，乃更厉声骂大目：“汝先帝家人，不念报恩，而反与司马师作逆；不顾上天，天不佑汝！"乃张弓傅矢欲射大目，大目涕泣曰："世事败矣，善自努力也。"

⑭钦与郭淮书曰："大将军昭伯与太傅俱受顾命，登床把臂，托付天下，此远近所知。后以势利，乃绝其祀，及其亲党，皆一时之俊，可为痛心，奈何奈何！公侯恃与大司马公恩亲分著，义贯金石，当此之时，想益毒痛，有不可堪也。王太尉嫌其专朝，潜欲举兵，事竟不捷，复受诛夷，害及楚王，想甚追恨。太傅既亡，然其子师继承父业，肆其虐暴，日月滋甚，放主弑后，残戮忠良，包藏祸心，遂至篡弑。此可忍也，孰不可忍？钦以名义大故，事君有节，忠愤内发，忘寝与食，无所吝顾也。会毌丘子邦自与父书，腾说公侯，尽事主之义，欲奋白发，同符太公，惟须东问，影响相应，闻问之日，能不慷慨！是以不顾妻孥之痛，即与毌丘镇东举义兵三万余人，西趋京师，欲扶持王室，扫除奸逆。企踵西望，不得声问，鲁望高子，不足喻急。夫当仁不让，况救君之难，度道远艰，故不果期要耳。然同舟共济，安危势同，祸痛已连，非言饰所解，自公侯所明也。共事曹氏，积信魏朝，行道之人，皆所知见。然在朝之士，冒利偷生，烈士所耻，公侯所贱，贾竖所不忍为也，况当涂之士邪？军屯住项，小人以闰月十六日别进兵，就于乐嘉城讨师，师之徒众，寻时崩溃，其所斩截，不复訾原，但当长驱径至京师，而流言先至，毌丘不复详之，更谓小人为误，诸军便尔瓦解。毌丘还走，追寻释解，无所及。小人还项，复遇王基等十二军追寻毌丘，进兵讨之，即时克破，所向全胜，要那后无继何？孤军梁昌，进退失所，还据寿春，寿春复走，狼狈踬阂，无复他计，惟当归命大吴，借兵乞食，继踵伍员耳。不若，仆隶如何快心，复君之仇，永使曹氏少享血食，此亦大国之所佑念也。想公侯不使程婴、杵臼擅名于前代，而使大魏独无鹰扬之士与？今大吴敦崇大义，深见愍悼。然仆于国大分连接，远同一势，日欲俱举，瓜分中国，不愿偏取以为己有。公侯必欲共忍帅胸怀，宜广大势，恐秦川之卒不可孤举。今者之计，宜屈己伸人，托命归汉，东西俱举，尔乃可克定师党耳。深思鄙言，若愚计可从，宜使汉军克制期要，使六合校考，与周、召同封，以托付儿孙。此亦非小事也，大丈夫宁处其落落，是以远呈忠心，时望嘉应。"时郭淮已卒，钦未知，故有此书。

《世语》曰：毌丘俭之诛，党与七百余人，传侍御史杜友治狱，惟举首事十人，余皆奏散。友字季子，东郡人，仕晋冀州刺史、河南尹。子默，字世玄，历吏部郎、卫尉。

⑮《世语》曰：甸字子邦，有名京邑。齐王之废也，甸谓俭曰："大人居方岳重任，国倾覆而晏然自守，将受四海之责。"俭然之。大将军恶其为人也。及俭起兵，问屈颓所在，云不来无能为也。俭初起兵，遣子宗四人入吴。太康中，吴平，宗兄弟皆还中国。宗字子仁，有俭风，至零陵太守。宗子奥，巴东监军、益州刺史。

习凿齿曰：毌丘俭感明帝之顾命，故为此役。君子谓毌丘俭事虽不成，可谓忠臣矣。夫竭节而赴义者我也，成之与败者时也，我苟无时，成何可必乎？忘我而不自必，乃所以为忠也。古人有言："死者复生，生者不愧。"若毌丘俭可谓不愧也。

⑯钦降吴表曰："禀命不幸，常隶魏国，两绝于天。虽侧伏隅都，自知无路。司马师滔天作逆，废害二主，辛、癸、高、莽，恶不足喻。钦累世受魏恩，乌鸟之情，窃怀愤踊，在三之义，期于弊仆。前与毌丘俭、郭淮等俱举义兵，当共讨师，扫除凶孽，诚臣偻偻愚管所执。智虑浅薄，微节不骋，进无所依，悲痛切心。退惟不能扶翼本朝，抱愧俯仰，靡所自厝。冒缘古义，固有所归，庶假天威，得展万一，僵仆之日，亦所不恨。辄相率将，归命圣化，惭偷苟生，非辞所陈。谨上还所受魏使持节、前将军、山桑侯印绶。临表惶惑，伏须罪诛。"

《魏书》曰：钦字仲若，谯郡人。父稷，建安中为骑将，有勇力。钦少以名将子，材武见称。魏讽反，钦坐与讽辞语相连，及下狱，掠笞数百，当死，太祖以稷故赦之。太和中，为五营校督，出为牙门将。钦性刚暴无礼，所在倨傲陵上，不奉官法，辄见奏遣，明帝抑之。后复以为淮南牙门将，转为庐江太守、鹰扬将军。王凌奏钦贪残，不宜抚边，求免官治罪，由是征钦还。曹爽以钦乡里，厚养待之，不治钦事。复遣还庐江，加冠军将军，贵宠逾前。钦以故益骄，好自矜伐，以壮勇高人，颇得虚名于三军。曹爽诛后，进钦为前将军以安其心，后代诸葛诞为扬州刺史。自曹爽之诛，钦常内惧，与诸葛诞相恶，无所与谋。会诞去兵，毌丘俭往，乃阴共结谋。战败走，昼夜间行，追者不及，遂得入吴，孙峻厚待之。钦虽在他国，不能屈节下人，自吕据、朱异等诸大将皆憎疾之，惟峻常左右之。

⑰《魏氏春秋》曰：诞为郎，与仆射杜畿试船陶河，遭风覆没，诞亦俱溺。虎贲浮河救诞，诞曰："先救杜侯。"诞飘于岸，绝而复苏。

⑱《世语》曰：是时，当世俊士散骑常侍夏侯玄、尚书诸葛诞、邓飏之徒，共相题表，以玄、畴四人为四聪，诞、备八人为八达，中书监刘放子熙、孙资子密、吏部尚书卫臻子烈三人，咸不及比，以父居势位，容之为三豫，凡十五人。帝以构长浮华，皆免官废锢。

⑲《魏书》曰：诞赏赐过度。有犯死罪者，亏制以活之。

⑳《世语》曰：司马文王既秉朝政，长史贾充以为宜遣参佐慰劳四征，于是遣充至寿春。充还启文王："诞再在扬州，有威名，民望所归。今征，必不来，祸小事浅；不征，事迟祸大。"乃以为司空。书至，诞曰："我作公当在王文舒后，今便为司空！不遣使者，健步赍书，使以兵付乐綝，此必綝所为。"乃将左右数百人至扬州，扬州人欲闭门，诞叱曰："卿非我故吏邪！"径入，綝逃上楼，就斩之。

《魏末传》曰：贾充与诞相见，谈说时事，因谓诞曰："洛中诸贤，皆愿禅代，君所知也。君以为云何？"诞厉色曰："卿非贾豫州子？世受魏恩，如何负国，欲以魏室输人乎？非吾所忍闻。若洛中有难，吾当死之。"充默然。诞既被征，请诸牙门置酒饮宴，呼牙门从兵，皆赐酒令醉，谓众人曰："前作千人铠仗始成，欲以击贼，今当还洛，不复得用，欲暂出，将见人游戏，须臾还耳；诸君且止。"乃严鼓将士七百人出。乐綝闻之，闭州门。诞历南门宣言曰："当还洛邑，暂出游戏，扬州何为闭门见备？"前至东门，东门复闭，乃使兵缘城攻门，州人悉走，因风放火，焚其府库，遂杀綝。诞表曰："臣受国重任，统兵在东。扬州刺史乐綝专诈，说臣与吴交通，又言被诏当代臣位，无状日久。臣奉国命，以死自立，终无异端。忿綝不忠，辄将步骑七百人，以今月六日讨綝，即日斩首，函头驿马传送。若圣朝明臣，臣即魏臣；不明臣，臣即吴臣。不胜发愤有日，谨拜表陈愚，悲感泣血，哽咽断绝，不知所如，乞朝廷察臣至诚。"

臣松之以为《魏末传》所言，率皆鄙陋。疑诞表言曲，不至于此也。

㉑《世语》曰：黄初末，吴人发长沙王吴芮冢，以其砖于临湘为孙坚立庙。芮容貌如生，衣服不朽。后豫发者见吴纲曰："君何类长沙王吴芮，但微短耳。"纲瞿然曰："是先祖也，君何由见之？"见者言所由，纲曰："更葬否？"答曰："即更葬矣。"自芮之卒年至冢发，四百余年，纲，芮之十六世孙矣。

㉒《汉晋春秋》曰：蒋班、焦彝言于诸葛诞曰："朱异等以大众来而不能进，孙綝杀异而归江东，外以发兵为名，而内实坐须成败，其归可见矣。今宜及众心尚固，士卒思用，并力决死，攻其一面，虽不能尽克，犹可有全者。"文钦曰："江东乘战胜之威久矣，未有难北方者也。况公今举十余万之众内附，而钦与全端等皆同居死地，父子兄弟尽在江表，就孙綝不欲，主上及其亲戚岂肯听乎？且中国无岁无事，军民并疲，今守我一年，势力已困，异图生心，变故将起，以往准今，可计日而望也。"班、彝固劝之，钦怒，而诞欲杀班。二人惧，且知诞之必败也，十一月，乃相携而降。

㉓《汉晋春秋》曰：文钦曰："蒋班、焦彝谓我不能出而走，全端、全怿又率众逆降，此敌无备之时也，可以战矣。"诞及唐咨等皆以为然，遂共悉众出攻。

㉔干宝《晋纪》曰：数百人拱手为列，每斩一人，辄降之，竟不变，至尽，时人比之田横。吴将于诠曰："大丈夫受命其主，以兵救人，既不能克，又束手于敌，吾弗取也。"乃免胄冒陈而死。

㉕干宝《晋纪》曰：初，寿春每岁雨潦，淮水溢，常淹城邑。故文王之筑围也，诞笑之曰："是固不攻而自败也。"及大军之

攻，亢旱逾年。城既陷，是日大雨，围垒皆毁。诞子靓，字仲思，吴平还晋。靓子恢，字道明，位至尚书令，追赠左光禄大夫开府。

㉖《傅子》曰：宋建椎牛祷赛，终自焚灭。文钦日祠祭事天，斩于人手。诸葛诞夫妇聚会神巫，淫祀求福，伏尸淮南，举族诛夷。此天下所共见，足为明鉴也。

㉗习凿齿曰：自是天下畏威怀德矣。君子谓司马大将军于是役也，可谓能以德攻矣。夫建业者异矣，各有所尚，而不能兼并也。故穷武之雄毙于不仁，存义之国丧于懦退，今一征而禽三叛，大虏吴众，席卷淮浦，俘馘十万，可谓壮矣。而未及安坐，丧王基之功，种惠吴人，结异类之情，宠鸯葬钦，忘畴昔之隙，不咎诞众，使扬士怀愧，功高而人乐其成，业广而敌怀其德，武昭既敷，文算又洽，推此道也，天下其孰能当之哉？丧王基，语在《基传》。

鸯一名俶。《晋诸公赞》曰，俶后为将军，破凉州虏，名闻天下。太康中为东夷校尉、假节。当之职，人辞武帝，帝见而恶之，托以他事免俶官。东安公繇，诸葛诞外孙，欲杀俶，因诛杨骏，诬俶谋逆，遂夷三族。

㉘《世语》曰：邓艾少为襄城典农部民，与石苞皆年十二三。谒者阳翟郭玄信，武帝监军郭诞元奕之子。建安中，少府吉本起兵许都，玄信坐被刑在家，从典农司马求人御，以艾、苞与御，行十余里，与语，悦之，谓二人皆当远至为佐相。艾后为典农功曹，奉使诣宣王，由此见知，遂被拔擢。

㉙《袁子》曰：诸葛亮，重人也，而骤用蜀兵，此知小国弱民难以久存也。今国家一举而灭蜀，自征伐之功，未有如此之速者也。方邓艾以万人入江由之危险，钟会以二十万众留剑阁而不得进，三军之士已饥，艾虽战胜克将，使刘禅数日不降，则二将之军难以反矣。故功业如此之难也。国家前有寿春之役，后有灭蜀之劳，百姓贫而仓廪虚，故小国之虑，在于时立功以自存，大国之虑，在于既胜而力竭，成功之后，戒惧之时也。

㉚《魏氏春秋》曰：艾仰天叹曰："艾忠臣也，一至此乎！白起之酷，复见于今日矣。"

㉛《汉晋春秋》曰：初艾之下江由也，以续不进，欲斩，既而舍之。及瓘遣续，谓曰："可以报江由之辱矣。"杜预言于众曰："伯玉其不免乎！身为名士，位望已高，既无德音，又不御下以正，是小人而乘君子之器，将何以堪其责乎？"瓘闻之，不俟驾而谢。

《世语》曰：师纂亦与艾俱死。纂性急少恩，死之日体无完皮。

㉜荀绰《冀州记》曰：邵起自干吏，位至卫尉。长子翰，河东太守。中子敞，大司农。少子倩，字君幼，宽厚有器局，勤于当世，历位冀州刺史、太子右卫率。翰子俞，字世都，清贞贵素，辩于论议，采公孙龙之辞以谈微理。少有能名，辟太尉府，稍历显位，至侍中中书令，迁为监。

臣松之按：蹇彖辞云"《蹇》利西南，往得中也"，不云"有功"；下云"利见大人，往有功也"。

㉝《世语》曰：咸宁中，积射将军樊震为西戎牙门，得见辞，武帝问震所由进，震自陈曾为邓艾伐蜀时帐下将，帝遂寻问艾，震具申艾之忠，言之流涕。先是以艾孙朗为丹水令，由此迁为定陵令。次孙千秋有时望，光禄大夫王戎辟为掾。永嘉中，朗为新都太守，未之官，在襄阳失火，朗及母妻子举室烧死，惟子韬子行得免。千秋先卒，二子亦烧死。

㉞《世语》曰：初，荆州刺史裴潜以泰为从事，司马宣王镇宛，潜数遣诣宣王，由此为宣王所知。及征孟达，泰又导军，遂辟泰。泰频丧考、妣、祖，九年居丧，宣王留缺待之，至三十六日，擢为新城太守。宣王为泰会，使尚书钟繇调泰："君释褐登宰府，三十六日拥麾盖，守兵马郡；乞儿乘小车，一何驶乎？"泰曰："诚有此。君，名公之子，少有文采，故守吏职；猕猴骑土牛，又何迟也！"众宾咸悦。后历兖、豫州刺史，所在有筹算绩效。

㉟会为其母传曰："夫人张氏，字昌蒲，太原兹氏人，太傅定陵成侯之命妇也。世长吏二千石。夫人少丧父母，充成侯家，修身正行，非礼不动，为上下所称述。贵妾孙氏，摄嫡专家，心害其贤，数谗毁无所不至。孙氏辨博有智巧，言足以饰

非成过，然竟不能伤也。及妊娠，愈更嫉妒，乃置药食中，夫人中食，觉而吐之，瞑眩者数日。或曰：'何不向公言之？'答曰：'嫡庶相害，破家危国，古今以为鉴诫。假如公信我，众谁能明其事？彼以心度我，谓我必言，固将先我；事由彼发，顾不快耶！'遂称疾不见。孙氏果谓成侯曰：'妾欲其得男，故饮以得男之药，反谓毒之！'成侯曰：'得男药佳事，暗于食中与人，非人情也。'遂讯侍者具服，孙氏由是得罪出。成侯问夫人何能不言，夫人言其故，成侯大惊，益以此贤之。黄初六年，生会，恩宠愈隆。成侯既出孙氏，更纳正嫡贾氏。"

臣松之按：钟繇于时老矣，而方纳正室。盖《礼》所云宗子虽七十无无主妇之义也。

《魏氏春秋》曰：会母见宠于繇，繇为之出其夫人。卞太后以为言，文帝诏繇复之。繇恚愤，将引鸩，弗获，餐椒致噤，帝乃止。

㊱《世语》曰：司马景王命中书令虞松作表，再呈辄不可意，命松更定。以经时，松思竭不能改，心苦之，形于颜色。会察其有忧，问松，松以实答。会取视，为定五字。松悦服，以呈景王，王曰："不当尔邪，谁所定也？"松曰："钟会。向亦欲启之，会公见问，不敢饕其能。"王曰："如此，可大用，可令来。"会问松王所能，松曰："博学明识，无所不贯。"会乃绝宾客，精思十日，平旦入见，至鼓二乃出。出后，王独拊手叹息曰："此真王佐材也！"

松字叔茂，陈留人，九江太守边让外孙。松弱冠有才，从司马宣王征辽东，宣王命作檄，及破贼，作露布。松从还，宣王辟为掾，时年二十四，迁中书郎，遂至太守。松子濬，字显弘，晋廷尉。

臣松之以为钟会名公之子，声誉夙著，弱冠登朝，已历显位，景王为相，何容不悉，而方于定虞松表然后乃蒙接引乎？设使先不相识，但见五字而便知可大用，虽圣人其犹病诸，而况景王哉？

㊲会时遭所生母丧。其母传曰："夫人性矜严，明于教训，会虽童稚，勤见规诲。年四岁授《孝经》，七岁诵《论语》，八岁诵《诗》，十岁诵《尚书》，十一诵《易》，十二诵《春秋左氏传》、《国语》，十三诵《周礼》、《礼记》，十四诵成侯《易记》，十五使入太学问四方奇文异训。谓会曰：'学猥则倦，倦则意怠；吾惧汝之意怠，故以渐训汝，今可以独学矣。'雅好书籍，涉历众书，特好《易》、《老子》，每读《易》孔子说鸣鹤在阴、劳谦君子、籍用白茅、不出户庭之义，每使会反复读之，曰：'《易》三百余爻，仲尼特说此者，以谦恭慎密，枢机之发，行己至要，荣身所由故也，顺斯术已往，足为君子矣。'正始八年，会为尚书郎，夫人执会手而诲之曰：'汝弱冠见叙，人情不能不自足，则损在其中矣，勉思其戒！'是时大将军曹爽专朝政，日纵酒沉醉，会兄侍中毓宴还，言其事。夫人曰：'乐则乐矣，然难久也。居上不骄，制节谨度，然后乃无危溢之患。今奢僭若此，非长守富贵之道。'嘉平元年，车驾朝高平陵，会为中书郎，从行。相国宣文侯始举兵，众人恐惧，而夫人自若。中书令刘放、侍郎卫瓘、夏侯和等家皆怪问：'夫人一子在危难之中，何能无忧？'答曰：'大将军奢僭无度，吾常疑其不安。太傅义不危国，必为大将军举耳。吾儿在帝侧何忧？闻且出兵无他重器，其势必不久战。'果如其言，一时称明。会历机密十余年，颇豫政谋。夫人谓曰：'昔范氏少子为赵简子设伐邾之计，事从民悦，可谓功矣。然其母以为乘伪作诈，末业鄙事，必不能久。其识本深远，非近人所言，吾常乐其为人。汝居心正，吾知免矣。但当修所志以辅益时化，不忝先人耳。常言人谁能皆体自然，但力行不倦，抑亦其次。虽接鄙贱，必以言信。取与之间，分画分明。'或问：'此无乃小乎？'答曰：'君子之行，皆积小以致高大，若以小善为无益而弗为，此乃小人之事耳。希通慕大者，吾所不好。'会自幼少，衣不过青绀，亲营家事，自知恭俭。然见得思义，临财必让。会前后赐钱帛数百万计，悉送供公家之用，一无所取。年五十有九，甘露二年二月暴疾薨。比葬，天子有手诏，命大将军高都侯厚加赗赠，丧事无巨细，一皆供给。议者以为公侯有夫人，有世妇，有妻，有妾，所谓外命妇也。依《春秋》成风、定姒之义，宜崇典礼，不得总称妾名，于是称成侯命妇。殡葬之事，有取于古制，礼也。"

㊳按《百官名》：绪入晋为太常崇礼卫尉。子冲，廷尉。

荀绰《兖州记》曰：冲子诠，字德林，玫字仁林，并知名显达。诠，兖州刺史。玫，侍中御史中丞。

㊴《世语》曰：夏侯霸奔蜀，蜀朝问“司马公如何德”？霸曰：“自当作家门。”“京师俊士”？曰：“有钟士季，其人管朝政，吴、蜀之忧也。”

《汉晋春秋》曰：初，夏侯霸降蜀，姜维问之曰：“司马懿既得彼政，当复有征伐之志不？”霸曰：“彼方营立家门，未遑外事。有钟士季者，其人虽少，终为吴、蜀之忧，然非非常之人亦不能用也。”后十五年而会果灭蜀。

按习凿齿此言，非出他书，故采用《世语》而附益也。

㊵《世语》曰：会善效人书，于剑阁要艾章表白事，皆易其言，令辞指悖傲，多自矜伐。又毁文王报书，手作以疑之也。

㊶《晋诸公赞》曰：胡烈儿名渊，字世元，遵之孙也。遵，安定人，以才兼文武，累居藩镇，至车骑将军。子奋，字玄威，亦历方任。女为晋武帝贵人，有宠。太康中，以奋为尚书仆射，加镇军大将军、开府。弟广，字宣祖，少府。次烈，字玄武，秦州刺史。次岐，字玄嶷，并州刺史。广子喜，凉州刺史。渊小字鹞鸱，时年十八，既杀会救父，名震远近。后赵王伦篡位，三王兴义，伦使渊与张泓将兵御齐王，屡破齐军。会成都战克，渊乃归降伏法。

㊷《汉晋春秋》曰：文王嘉其忠亮，笑答毓曰：“若如卿言，必不以及宗矣。”

㊸按《咸熙元年百官名》：邵悌字符伯，阳平人。

《汉晋春秋》曰：文王闻钟会功曹向雄之收葬会也，召而责之曰：“往者王经之死，卿哭于东市而我不问，今钟会躬为叛逆而又辄收葬，若复相容，其如王法何！”雄曰：“昔先王掩骼埋胔，仁流朽骨，当时岂先卜其功罪而后收葬哉？今王诛既加，于法已备，雄感义收葬，教亦无阙。法立于上，教弘于下，以此训物，雄曰可矣！何必使雄背死违生，以立于时。殿下雠对枯骨，捐之中野，百岁之后，为臧获所笑，岂仁贤所掩哉？”王悦，与宴谈而遣之。

习凿齿曰：向伯茂可谓勇于蹈义也，哭王经而哀感市人，葬钟会而义动明主，彼皆忠烈奋劲，知死而往，非存生也。况使经、会处世，或身在急难，而有不赴者乎？故寻其奉死之心，可以见事生之情，览其忠贞之节，足以愧背义之士矣。王加礼而遣，可谓明达。

㊹弼字辅嗣。何劭为其传曰：弼幼而察慧，年十余，好《老氏》，通辩能言。父业，为尚书郎。时裴徽为吏部郎，弼未弱冠，往造焉。徽一见而异之，问弼曰：“夫无者诚万物之所资也，然圣人莫肯致言，而老子申之无已者何？”弼曰：“圣人体无，无又不可以训，故不说也。老子是有者也，故恒言无所不足。”寻亦为傅嘏所知。于时何晏为吏部尚书，甚奇弼，叹之曰：“仲尼称后生可畏，若斯人者，可与言天人之际乎！”正始中，黄门侍郎累缺。晏既用贾充、裴秀、朱整，又议用弼。时丁谧与晏争衡，致高邑王黎于曹爽，爽用黎。于是以弼补台郎。初除，觐爽，请间，爽为屏左右，而弼与论道，移时无所他及，爽以此嗤之。时爽专朝政，党与共相进用，弼通儁不治名高。寻黎无几时病亡，爽用王沈代黎，弼遂不得在门下，晏为之叹恨。弼在台既浅，事功亦雅非所长，益不留意焉。淮南人刘陶善论纵横，为当时所推。每与弼语，常屈弼。弼天才卓出，当其所得，莫能夺也。性和理，乐游宴，解音律，善投壶。其论道傅会文辞，不如何晏，自然有所拔得，多晏也，颇以所长笑人，故时为士君子所疾。弼与钟会善，会论议以校练为家，然每服弼之高致。何晏以为圣人无喜怒哀乐，其论甚精，钟会等述之。弼与不同，以为圣人茂于人者神明也，同于人者五情也，神明茂故能体冲和以通无，五情同故不能无哀乐以应物，然则圣人之情，应物而无累于物者也。今以其无累，便谓不复应物，失之多矣。弼注《易》，颍川人荀融难弼《大衍义》。弼答其意，白书以戏之曰：“夫明足以寻极幽微，而不能去自然之性。颜子之量，孔父之所预在，然遇之不能无乐，丧之不能无哀。又常狭斯人，以为未能以情从理者也，而今乃知自然之不可革。足下之量，虽已定乎胸怀之内，然而隔逾旬朔，何其相思之多乎？故知尼父之于颜子，可以无大过矣。”弼注《老子》，为之指略，致有理统。著《道略论》，注《易》，往往有高丽言。太原王济好

谈，病《老》、《庄》，常云："见弼《易注》，所悟者多。"然弼为人浅而不识物情，初与王黎、荀融善，黎夺其黄门郎，于是恨黎，与融亦不终。正始十年，曹爽废，以公事免。其秋遇疠疾亡，时年二十四，无子绝嗣。弼之卒也，晋景王闻之，嗟叹者累日，其为高识所惜如此。

孙盛曰：《易》之为书，穷神知化，非天下之至精，其孰能与于此？世之注解，殆皆妄也。况弼以傅会之辨而欲笼统玄旨者乎？故其叙浮义则丽辞溢目，造阴阳则妙颐无间，至于六爻变化，群象所效，日时岁月，五气相推，弼皆摈落，多所不关。虽有可观者焉，恐将泥夫大道。

《博物记》曰：初，王粲与族兄凯俱避地荆州，刘表欲以女妻粲，而嫌其形陋而用率，以凯有风貌，乃以妻凯。凯生业，业即刘表外孙也。蔡邕有书近万卷，末年载数车与粲，粲亡后，相国掾魏讽谋反，粲子与焉，既被诛，邕所与书悉入业。业字长绪，位至谒者仆射。子宏字正宗，司隶校尉。宏，弼之兄也。

《魏氏春秋》曰：文帝既诛粲二子，以业嗣粲。

㊺《史记》曰：越王无疆与中国争强，当楚威王时，越北伐齐，齐威王使人说越云，越王不纳。齐使者曰："幸也，越之不亡也。吾不贵其用智之如目，目见毫毛而不自见其睫也。今王知晋之失计，不自知越之过，是目论也。"

三国志卷二十九　魏书二十九

方技传第二十九

华佗字元化，沛国谯人也，一名旉。[①]游学徐土，兼通数经。沛相陈珪举孝廉，太尉黄琬辟，皆不就。晓养性之术，时人以为年且百岁而貌有壮容。又精方药，其疗疾，合汤不过数种，心解分剂，不复称量，煮熟便饮，语其节度，舍去辄愈。若当灸，不过一两处，每处不过七八壮，病亦应除。若当针，亦不过一两处，下针言"当引某许，若至，语人"。病者言"已到"，应便拔针，病亦行差。若病结积在内，针药所不能及，当须刳割者，便饮其麻沸散，须臾便如醉死无所知，因破取。病若在肠中，便断肠湔洗，缝腹膏摩，四五日差，不痛，人亦不自寤，一月之间，即平复矣。

华佗字元化，沛国谯县人，又名旉。他漫游徐州求学，同时通晓数家经典。沛国相陈珪荐举他为孝廉，太尉黄琬征召他为属官，他都没有去就任。华佗通晓养生之术，当时的人认为他年近百岁而容貌却像壮年人。又精通医方药物，他治疗疾病，配制汤剂的药物不过几种，他心里了解每种药的分量，不必再用秤称，熬好就喝，并告诉病人一些规矩分量，药吃下去病就好了。若是应当进行药灸，不过一两处地方，每处不过七八下，病也会除去。若是应当针刺，也不过刺一两处，下针前说"针应当刺到某个位置，要是针已刺到位，就告诉医生"。病人说"已到位"，应声拔出针来，病也将近痊愈。若是病结积在体内，针和药力都不能够达到的地方，应当或必须挖割的，就饮用他的麻沸散，一会儿就像醉死了一般没有知觉，于是剖开肌肉取出结积的病体。疾病若在肠道中，就割开肠子清洗，再将腹部缝合涂上药膏，四五天就痊愈，也不痛，病人自己也没有什么感觉，一个月之内伤口就平复了。

故甘陵相夫人有娠六月，腹痛不安，佗视脉，曰："胎已死矣。"使人手摸知所在，在左则男，在右则女。人云"在左"，于是为汤下之，果下男形，即愈。

以前的甘陵国相的夫人有了六个月的身孕，腹内疼痛不安，华佗诊脉说："胎儿已经死了。"叫人用手摸胎儿在腹部的位置，在左边就是男孩，在右边就是女孩。摸的人说："胎儿在左边。"于是做了汤药打下胎儿，果然堕下一个男胎，病就好了。

县吏尹世苦四支烦，口中干，不欲闻人声，小便不利。佗曰："试作热食，得汗则愈；不

县吏尹世因四肢疲劳很痛苦，口中干渴，不愿听见人声，小便不通畅。华佗说："你试试做些热食吃下去，出了汗病就会好，不出汗，三天之后就会

汗，后三日死。”即作热食而不汗出，佗曰：“藏气已绝于内，当啼泣而绝。”果如佗言。

死。”尹世当即就做热食吃了却不出汗。华佗说：“元气已经在体内耗尽，将会哭泣而死。”果真像华佗说的一样。

府吏兒寻、李延共止，俱头痛身热，所苦正同。佗曰：“寻当下之，延当发汗。”或难其异，佗曰：“寻外实，延内实，故治之宜殊。”即各与药，明旦并起。

府吏兒寻、李延同住在一起，都头痛、身体发烧，他们所感觉的痛苦完全一样。华佗说：“兒寻应当下泻，李延应当发汗。”有人诘问，为什么治疗的方法不同呢？华佗说：“兒寻是外实内虚，李延是内实外虚，所以治疗应有区别。”就分别给他们服药，第二天早晨两人都能起床了。

盐渎严昕与数人共候佗，适至，佗谓昕曰：“君身中佳否？”昕曰：“自如常。”佗曰：“君有急病见于面，莫多饮酒。”坐毕归，行数里，昕卒头眩堕车，人扶将还，载归家，中宿死。

盐渎县的严昕与几个人一起等候华佗，华佗一到，就对严昕说：“您的身体是不是欠佳？”严昕说：“和往常一样。”华佗说：“您有急病已经显露在脸上了，不要多喝酒。”他们坐了一阵各自回家。走了几里路，严昕突然头晕眼花掉下车去，别人搀扶起他，用车把他送回家，半夜就死了。

故督邮顿子献得病已差，诣佗视脉，曰：“尚虚，未得复，勿为劳事，御内即死。临死，当吐舌数寸。”其妻闻其病除，从百余里来省之，止宿交接，中间三日发病，一如佗言。

从前任过督邮的顿子献得病已经好了，到华佗那儿请他看脉。华佗说：“你的身体还很虚弱，没有复原，不要干劳累的活，若过性生活就会死。临死时，舌头会吐出来数寸长。”顿子献的妻子听说他的病好了，从百里外赶来探望他，夫妻共宿发生了性关系。过了三天顿子献的病复发而死，完全像华佗说的那样。

督邮徐毅得病，佗往省之。毅谓佗曰：“昨使医曹吏刘租针胃管讫，便苦欬嗽，欲卧不安。”佗曰：“刺不得胃管，误中肝也，食当日减，五日不救。”遂如佗言。

督邮徐毅得了病，华佗前去诊治。徐毅对华佗说：“昨天让医曹吏刘租用针刺了胃道以后，便被咳嗽所苦，想要睡也睡不安。”华佗说：“针刺没有刺中胃道，而是误刺了肝脏，饮食会一日比一日减少，五天后就无法挽救了。”结果就像华佗所说的一样。

东阳陈叔山小男二岁得疾，下利常先啼，日以羸困。问佗，佗曰：“其母怀躯，阳气内养，乳中虚冷，儿得母寒，故令不时愈。”佗与四物女宛丸，十日即除。

东阳郡陈叔山的小儿子两岁得病，下泻时常先哭，日渐疲惫衰弱。请华佗诊视，华佗说：“他的母亲怀孕时，阳气在体内温养，乳汁中虚寒，小儿得了母体的寒气，因此使他时常疲困。”华佗给他服了用四种药物制成的小宛丸，十天就根治了这个毛病。

彭城夫人夜之厕，虿螫其

彭城王的夫人夜里上厕所，被毒虫蜇了手，痛

手，呻呼无赖。佗令温汤近热，渍手其中，卒可得寐，但旁人数为易汤，汤令暖之，其旦即愈。

得呻吟呼叫没有一点办法。华佗叫人把药液烧得有些热，让夫人把手浸泡在药液里，终于能够安睡，只是需要别人多次为她换上热药汤，药液使她的手保持温暖，第二天天明就好了。

军吏梅平得病，除名还家，家居广陵，未至二百里，止亲人舍。有顷，佗偶至主人许，主人令佗视平，佗谓平曰："君早见我，可不至此。今疾已结，促去可得与家相见，五日卒。"应时归，如佗所刻。

军吏梅平得了病，退役回家去。他家住在广陵郡，离家还有两百里路，住宿在亲戚家中。不一会儿，华佗偶然来到主人的家里有事商量，主人请华佗替梅平看病，华佗对梅平说："您要是早些遇见我，病情就不会发展到这种地步。现在病已积结在体内，您赶快回去可以同家人见面，五天之内会死亡。"梅平随即赶回家中，死的时间正如华佗的计算。

佗行道，见一人病咽塞，嗜食而不得下，家人车载欲往就医。佗闻其呻吟，驻车往视，语之曰："向来道边有卖饼家蒜齑大酢，从取三升饮之，病自当去。"即如佗言，立吐蛇一枚，县车边，欲造佗。佗尚未还，小儿戏门前，逆见，自相谓曰："似逢我公，车边病是也。"疾者前入坐，见佗北壁县此蛇辈约以十数。

华佗在路上行走，看见一个人有吞食困难的病，想吃东西而吞不下，他家里人用车子载着他想去找医生治疗。华佗听见他呻吟的声音，停车走过去诊视，他对病人说："我过来的路边有一家卖饼的店，那里有蒜汁大醋，从那儿取三升蒜汁大醋喝下去，病自然会去掉。"病人就按华佗说的那样做了，立即呕吐出一条蛇，他把蛇挂在车边，想去拜见华佗。华佗还没有回去，他的小孩子在门前嬉戏，迎面见了那挂着蛇的车，便自言自语说："好像遇上了我父亲，车子边悬挂的蛇就是见证。"病人走上前去入室坐下，看到华佗家北面墙壁上，悬挂着这样的蛇有十来条。

又有一郡守病，佗以为其人盛怒则差，乃多受其货而不加治，无何弃去，留书骂之。郡守果大怒，令人追捉杀佗。郡守子知之，属使勿逐。守瞋恚既甚，吐黑血数升而愈。

又有一个郡守得了病，华佗认为这个人心中大怒病就会好，就接受了他许多财物而不给他治疗。不久，又离开这郡守走了，留下一封信骂他。郡守果然大怒，命令手下人去追捕，要捉住华佗杀死。郡守的儿子知道这件事情的底细，嘱咐部下不去追。郡守愤怒已极，口中吐出黑血数升，病就好了。

又有一士大夫不快，佗云："君病深，当破腹取。然君寿亦不过十年，病不能杀君，忍病十岁，寿俱当尽，不足故自刳裂。"士大夫不耐痛痒，必欲除之。佗遂下手，所患寻差，

又有一个士大夫身体不舒服，华佗说："您的病在体内深处，得剖腹才能取出病体。然而您的寿命也不过再活十年，这病也不能危及您的生命，忍住病痛十年，寿命与病就都应当尽了，不值得因此病的缘故而使自己腹部剖裂。"士大夫忍耐不了痛痒，一定要摘除病体。华佗于是下手剖取，他患的病不

十年竟死。

久就好了,但十年后他终究还是死了。

广陵太守陈登得病,胸中烦懑,面赤不食。佗脉之曰:"府君胃中有虫数升,欲成内疽,食腥物所为也。"即作汤二升,先服一升,斯须尽服之。食顷,吐出三升许虫,赤头皆动,半身是生鱼脍也,所苦便愈。佗曰:"此病后三期当发,遇良医乃可济救。"依期果发动,时佗不在,如言而死。

广陵郡太守陈登得了病,胸中感到烦闷,脸色赤红,没有食欲。华佗诊脉说:"府君的胃里面有数升虫,将要成为你体内的块状毒疮,这是由于你吃腥的东西太多造成的。"立即替他做了两升药汤,让他先服下一升,隔一会儿再全部喝下去。药喝下去不久,吐出虫三升左右,红色的头都能蠕动,半个身子都是生鱼肉,陈登的痛苦就好了。华佗说:"这病三年后又会复发,遇到好医生才可以疗救。"到期果然病又复发了,当时华佗没在那里,陈登就像华佗说的那样死了。

太祖闻而召佗,佗常在左右。太祖苦头风,每发,心乱目眩,佗针鬲,随手而差。②

魏太祖曹操听到华佗的名声而征召他,华佗经常在他身边。太祖被头痛病弄得很痛苦,每次发病就感到心中烦乱,两眼昏花。华佗用针刺他的横膈膜,病应手就痊愈。

李将军妻病甚,呼佗视脉,曰:"伤娠而胎不去。"将军言:"闻实伤娠,胎已去矣。"佗曰:"案脉,胎未去也。"将军以为不然。佗舍去,妇稍小差。百余日复动,更呼佗,佗曰:"此脉故事有胎。前当生两儿,一儿先出,血出甚多,后儿不及生。母不自觉,旁人亦不寤,不复迎,遂不得生。胎死,血脉不复归,必燥著母脊,故使多脊痛。今当与汤,并针一处,此死胎必出。"汤针既加,妇痛急如欲生者。佗曰:"此死胎久枯,不能自出,宜使人探之。"果得一死男,手足完具,色黑,长可尺所。

李将军的妻子病得很厉害,叫华佗诊脉,华佗说:"伤了孕而胎没有去掉。"将军说:"听说确实是伤了孕,但胎儿已经去掉了。"华佗说:"从诊脉看,胎儿没有去掉。"将军认为不是这样。华佗离去,妇人病情渐渐好转。一百多天后妇人的病又复发,再叫华佗来诊断,华佗说:"按此脉的惯例诊断,有胎。以前应生两个小孩,一小孩先生下,因出血很多,后一小孩就没有来得及生下来。母亲自己没有察觉,旁边的人也不知道,没有继续接生,于是没有能生下来。胎儿死后,血脉不能回复到原状,胎儿一定干燥地黏附在母亲的脊背上了,所以使夫人多脊背痛。现在应当给她喝下药汤,并同时用针刺一处穴位,这死胎一定会出来。"饮药针刺之后,妇人疼痛得好像快要生小孩一样。华佗说:"这死胎枯干太久了,不能自己出来,应请人用手探取。"果真得到了一个死了的男胎,手脚齐全,黑色,长一尺左右。

佗之绝技,凡此类也。然本作士人,以医见业,意常自悔,后太祖亲理,得病笃重,使佗专视。佗曰:"此近难济,恒

华佗的绝妙医术,大凡都是这样高明。然而他原本是个读书人,以行医来作为自己的职业,心中常有后悔之意,后来太祖曹操亲自处理朝政,得了重病,让华佗专门为他诊治。华佗说:"这病短时间

事攻治，可延岁月。”佗久远家思归，因曰：“当得家书，方欲暂还耳。”到家，辞以妻病，数乞期不反。太祖累书呼，又敕郡县发遣。佗恃能厌食事，犹不上道。太祖大怒，使人往检。若妻信病，赐小豆四十斛，宽假限日；若其虚诈，便收送之。于是传付许狱，考验首服。荀彧请曰：“佗术实工，人命所悬，宜含宥之。”太祖曰：“不忧，天下当无此鼠辈耶？”遂考竟佗。佗临死，出一卷书与狱吏，曰：“此可以活人。”吏畏法不受，佗亦不强，索火烧之。佗死后，太祖头风未除。太祖曰：“佗能愈此。小人养吾病，欲以自重，然吾不杀此子，亦终当不为我断此根原耳。”及后爱子仓舒病困，太祖叹曰：“吾悔杀华佗，令此儿强死也。”

初，军吏李成苦欬嗽，昼夜不寤，时吐脓血，以问佗。佗言：“君病肠臃，欬之所吐，非从肺来也。与君散两钱，当吐二升余脓血讫，快自养，一月可小起，好自将爱，一年便健。十八岁当一小发，服此散，亦行复差。若不得此药，故当死。”复与两钱散。成得药，去五六岁，亲中人有病如成者，谓成曰：“卿今强健，我欲死，何忍无急去药，[3]以待不祥？先持贷我，我差，为卿从华佗更索。”成与之。已故到谯，适值佗见收，匆匆不忍从求。后十

内难以见效，必须经常不断地治疗，才可以延长寿命。”华佗长久地远离家乡，心中思归，于是说：“才收到一封家信，正要暂时回家一趟。”他回到家中，以妻子有病来推辞，多次请求延长假期，不返回朝廷。太祖屡次写信叫他，又下令郡县派人送回。华佗倚恃自己的本领，厌恶食朝廷俸禄而被官府役使，还是不肯上路。太祖大怒，派人前往查看。若华佗妻子确实病了，就赐他小豆四十斛，宽容限定的日期；若是他弄虚作假，就将他逮捕押送。于是华佗被用传车解押投进许都监狱，经过拷打审问，自首服罪。荀彧向太祖请求说：“华佗医术实在高明，关系着人们的生命，应该包含宽宥他。”太祖说：“不用忧虑，天下难道就没有这类老鼠一般的贱人了吗？”终于把华佗拷打致死。华佗临死时，拿出一卷书给狱吏说：“这本书可以救活人。”狱吏畏惧朝廷法律不敢接受，华佗也不勉强，取火把书烧了。华佗死后，太祖的头痛病没有消除。太祖说：“华佗能够治愈这个病，但这小人让这个病保留在我身上，想借此来增加他自己的身价，我若不杀这个人，他也终究不会为我断了这病根。”后来他的爱子仓舒病危，太祖才叹息说：“我后悔杀了华佗，使这孩子死得冤枉。”

当初，军官李成为咳嗽所苦，白天夜里都感到昏昏沉沉的，时常口吐脓血，他拿这个病问华佗。华佗说：“你得了肠臃病，咳嗽吐出来的东西，不是从肺部来的。我给你两钱药散，服后将会吐出两升多脓血，咳嗽就止住了，自己赶快调养，一个月后可以稍稍起床活动，自己好好地注意保养身体，一年后就会恢复健康。十八年后将会轻度复发一次，服下这种药散，也将再恢复健康。若是得不到这种药，仍旧会死去。”华佗又给了李成两钱药散。李成得药后过了五六年，亲戚中有个患李成那种病的人。病人对李成说：“您现在身体强健，我将会死，您怎么忍心没有急病而收藏这药物，用它来等待不幸的到来呢？先拿来供我服用，我病愈后，再为您找华佗求取这种药。”李成给了他。因为这个缘故李成专门到谯县去找华佗，恰好遇上华佗被捕，仓促之间不忍心

八岁，成病竟发，无药可服，以至于死。[4]

追着华佗要药。十八年后李成的病终究复发了，没有药可以服用，以至于死了。

广陵吴普、彭城樊阿皆从佗学。普依准佗治，多所全济。佗语普曰："人体欲得劳动，但不当使极尔。动摇则谷气得消，血脉流通，病不得生，譬犹户枢不朽是也。是以古之仙者为导引之事，熊颈鸱顾，引挽腰体，动诸关节，以求难老。吾有一术，名五禽之戏，一曰虎，二曰鹿，三曰熊，四曰猿，五曰鸟，亦以除疾，并利蹄足，以当导引。体中不快，起作一禽之戏，沾濡汗出，因上著粉，身体轻便，腹中欲食。"普施行之，年九十余，耳目聪明，齿牙完坚。阿善针术。凡医咸言背及胸藏之间不可妄针，针之不过四分，而阿针背入一二寸，巨阙胸藏针下五六寸，而病辄皆瘳。阿从佗求可服食益于人者，佗授以漆叶青黏散。漆叶屑一升，青黏屑十四两，以是为率，言久服去三虫，利五藏，轻体，使人头不白。阿从其言，寿百余岁。漆叶处所而有，青黏生于丰、沛、彭城及朝歌云。[5]

广陵人吴普、彭城人樊阿都跟随华佗学医术。吴普依照华佗传授的医术治疗，他所治疗的病人大多康复。华佗告诉吴普说："人的身体需要劳作与活动，只是不应当到极限罢了。身体活动摇摆，食物的营养成分才能消化，血脉流得通畅，病才不会产生，譬如门轴经常转动而不致朽坏就是这样。因此古代的仙人做导引的活动，像熊一样转动脖颈，像鸱鸟一样回头顾视，曲腰伸体，活动各个关节，以此来求得不易衰老。我有一种锻炼方法，名叫五禽之戏，一叫虎，二叫鹿，三叫熊，四叫猿，五叫鸟，也可以用它来消除疾病，并且便利腿脚，以此当做导引。身体有不舒适，站起来做一套这样的活动，微微出一身汗，就在身上敷一层药粉，身体会变得轻便，腹中有了食欲。"吴普坚持用五禽之戏锻炼，九十多岁还耳聪目明，牙齿坚固完好。樊阿擅长针灸术。大凡医师都说背部和心脏之间不可以随便针刺，即使用针刺也不能超过四分深，而樊阿刺背部深达一两寸，刺巨阙穴至胸脏下五六寸，而病总是都能痊愈。樊阿跟从华佗学习寻求可以服用而且对人体有补益的药物，华佗教给他漆叶青黏散。取漆叶屑一升，青黏屑十四两，用这种比例作为配方标准，说长期服用能除去人体内寄生虫，对心肝脾胃肾等五脏有益，身体轻捷，使人头发不白。樊阿听从华佗的话，寿命长达一百多岁。漆叶到处都有，青黏生长在丰县、沛县、彭城及朝歌县等地方。

杜夔字公良，河南人也。以知音为雅乐郎，中平五年，疾去官。州郡司徒礼辟，以世乱奔荆州。荆州牧刘表令与孟曜为汉主合雅乐，乐备，表欲庭观之，夔谏曰："今将军号为天子合乐，而庭作之，无乃不可乎！"表纳其言而止。后表子

杜夔，字公良，河南郡人。因他通晓音乐担任了雅乐郎，汉灵帝中平五年，因病离职。州郡的司徒以礼征召他，他因时世混乱而来到荆州。荆州牧刘表命他和孟曜为汉朝皇帝调制雅乐，音乐创制完备后，刘表要求在庭院中观赏，杜夔劝告说："现在将军号称为天子调制音乐，却要在自己庭院中演奏，恐怕不可以这样做吧？"刘表接受了他的劝谏而停止了这场演奏。后来刘表的儿子刘琮投降了魏太祖曹

琮降太祖，太祖以夔为军谋祭酒，参太乐事，因令创制雅乐。

夔善钟律，聪思过人，丝竹八音，靡所不能，惟歌舞非所长。时散郎邓静、尹齐善咏雅乐，歌师尹胡能歌宗庙郊祀之曲，舞师冯肃、服养晓知先代诸舞，夔总统研精，远考诸经，近采故事，教习讲肄，备作乐器，绍复先代古乐，皆自夔始也。

黄初中，为太乐令、协律都尉。汉铸钟工柴玉巧有意思，形器之中，多所造作，亦为时贵人见知。夔令玉铸铜钟，其声均清浊多不如法，数毁改作。玉甚厌之，谓夔清浊任意，颇拒捍夔。夔、玉更相白于太祖，太祖取所铸钟，杂错更试，然后知夔为精而玉之妄也，于是罪玉及诸子，皆为养马士。文帝爱待玉，又尝令夔与左骥等于宾客之中吹笙鼓琴，夔有难色，由是帝意不悦。后因他事系夔，使骥等就学，夔自谓所习者雅，仕宦有本，意犹不满，遂黜免以卒。

弟子河南邵登、张泰、桑馥，各至太乐丞，下邳陈颃司律中郎将。自左延年等虽妙于音，咸善郑声，其好古存正莫及夔。⑥

朱建平，沛国人也。善相术，于闾巷之间，效验非一。太祖为魏公，闻之，召为郎。文帝为五官将，坐上会客三十余

操，太祖让杜夔做了军谋祭酒，参与太乐署的事，并因此命令他创作调制雅乐。

杜夔擅长音律乐器，聪明智慧过人。各种管弦乐器，无所不会，只有歌舞不是他的特长。当时散郎邓静、尹齐善于吟唱雅乐，歌师尹胡能够歌唱宗庙郊祀时用的乐曲，舞师冯肃、服养通晓前代各种舞蹈。杜夔总管歌舞音乐的事情，精心研究，考究远古的各种经典，采集近代的轶闻旧事，教授讲习，制造了各种乐器，继承复兴前代的古乐，都是从杜夔开始的。

黄初年间，杜夔担任了太乐令、协律都尉。曾为汉朝廷铸钟的工匠柴玉有巧妙的心思，各种形铸乐器，大多是他制作的。柴玉也被当时的显贵们赏识。杜夔令柴玉铸造铜钟，铜钟的声韵清浊大都不合音律的要求，多次销毁改制。柴玉很厌烦，说杜夔衡量音韵清浊的标准是任意的，对杜夔相当抵触。杜夔、柴玉轮番向太祖禀告，太祖取来所铸的铜钟，交错反复地敲击试听，这才了解杜夔真正精通音乐，而柴玉只是徒有虚妄的名声，于是降罪给柴玉和他的儿子们，让他们去养马。魏文帝曹丕爱惜柴玉，又曾经命令杜夔与左骥等人在宾客之中吹笙弹琴，杜夔当时显出为难的神色，因此文帝心中不高兴。后来借别的事关押了杜夔，而派左骥等人去他那里学习。杜夔自己认为他研习的是雅乐，担任主管音乐的官员是有根基的，心中仍然不满，于是被废黜免职一直到死。

杜夔的弟子，河南人邵登、张泰、桑馥，后来都分别升官至太乐丞，下邳陈颃升官至司律中郎将。自左延年以下等人，虽然精通音乐，但都只擅长于郑声一类的俗乐，他们在爱好古乐保存正声方面，没有谁能比得上杜夔。

朱建平是沛国人。他擅长相术，在城乡之间，他占卜应验的例子很多。太祖受封为魏公时，听说他的名声，征召他为郎。魏文帝担任五官中郎将时，曾经聚会宾客，当时在座的有三十多人，文帝向朱建

人，文帝问己年寿，又令遍相众宾。建平曰："将军当寿八十，至四十时当有小厄，愿谨护之。"谓夏侯威曰："君四十九位为州牧，而当有厄，厄若得过，可年至七十，致位公辅。"谓应璩曰："君六十二位为常伯，而当有厄，先此一年，当独见一白狗，而旁人不见也。"谓曹彪曰："君据藩国，至五十七当厄于兵，宜善防之。"

平询问自己能有多长的寿命，又要他给所有的宾客都看个相。朱建平说："将军您应当活八十岁，但到四十岁时会有小小的困厄，希望您小心养护自己。"对夏侯威说："您四十九岁时官位为州牧，然而将有困厄，困厄若是能度过，可以活到七十岁，官位可以做到三公宰相。"对应璩说："您六十二岁时官位为侍中，然而会有困厄，在这之前一年，应该独有您自己看见一条白狗，而旁边的人都看不见。"对曹彪说："您据有藩国，到五十七岁时，将会遭受兵祸，应当小心防范。"

初，颍川荀攸、钟繇相与亲善。攸先亡，子幼。繇经纪其门户，欲嫁其妾。与人书曰："吾与公达曾共使朱建平相，建平曰：'荀君虽少，然当以后事付钟君。'吾时啁之曰：'惟当嫁卿阿鹜耳。'何意此子竟早陨没，戏言遂验乎！今欲嫁阿鹜，使得善处。追思建平之妙，虽唐举、许负何以复加也！"

当初，颍川郡的荀攸和钟繇相互之间亲密友好。荀攸先死，荀攸的儿子年幼。钟繇替荀家料理家事，要出嫁荀攸的妾。他在给别人的信中说："我曾经和公达一起请朱建平相面，朱建平说：'荀君虽然年轻些，然而身后之事必定交付钟君料理。'我当时开玩笑说：'只不过把您的阿鹜嫁出去罢了。'如何会想到这位先生竟然真会早去世，当时开玩笑的话竟应验了呢！现在要把阿鹜嫁出去，使她得到一个较好的归宿。回想起朱建平相面术的神妙，即使是唐举、许负也没有什么更高出他的了！"

文帝黄初七年，年四十，病困，谓左右曰："建平所言八十，谓昼夜也，吾其决矣。"顷之，果崩。夏侯威为兖州刺史，年四十九，十二月上旬得疾，念建平之言，自分必死，豫作遗令及送丧之备，咸使素办。至下旬转差，垂以平复。三十日日昃，请纪纲大吏设酒，曰："吾所苦渐平，明日鸡鸣，年便五十，建平之戒，真必过矣。"威罢客之后，合瞑疾动，夜半遂卒。璩六十一为侍中，直省内，欻见白狗，问之众人，悉无

魏文帝黄初七年，文帝四十岁，病得很重，对左右人说："朱建平所说的八十，是指白天夜晚的合计，我将要与你们永诀了。"一会儿果真死去。夏侯威担任兖州刺史那年正好是四十九岁，他十二月上旬得病，想起朱建平的话，自己料定一定会死，便预先写好了遗嘱并要全家人做好送葬的准备，都按丧事办。到十二月下旬，病情好转，将近于康复。三十日这天太阳偏西时，他要主管府中事务的官吏摆设酒席，他在酒宴上说："我所感到痛苦的疾病逐渐好了，明天鸡叫时，年龄就到了五十岁，建平所提出的告诫，真的定会度过去了。"夏侯威送走客人之后，刚一合眼疾病就复发，夜半时就死了。应璩六十一岁做侍中，在宫内值班，忽然看见一条白狗，他问了许多人，全都没有看见。于是他多次与宾客朋友聚

见者。于是数聚会，并急游观田里，饮宴自娱，过期一年，六十三卒。曹彪封楚王，年五十七，坐与王凌通谋，赐死。凡说此辈，无不如言，不能具详，故粗记数事。惟相司空王昶、征北将军程喜、中领军王肃有蹉跌云。肃年六十二，疾笃，众医并以为不愈。肃夫人问以遗言，肃云："建平相我逾七十，位至三公，今皆未也，将何虑乎？"而肃竟卒。

会宴乐，并且赶紧辞官回故乡游玩观光，经常饮酒，自娱自乐，过了一年，六十三岁逝世。曹彪被封为楚王，五十七岁那年，因为同王凌通谋造反，被赐死。凡说的这些人，没有不与朱建平预测的结果一样的，不能全都详细写下来，所以粗略地记叙了几件。只有给司空王昶、征北将军程喜、中领军王肃相面有失误。王肃六十二岁那年病重，许多医生都认为他无法救治了。王肃的夫人问他有什么遗言，王肃说："朱建平给我相面时说我年寿要超过七十岁，官位将要升到三公，现在都没有到，我还不会死，你又忧虑什么呢？"而王肃终究还是死了。

建平又善相马。文帝将出，取马外入，建平道遇之，语曰："此马之相，今日死矣。"帝将乘马，马恶衣香，惊啮文帝膝，帝大怒，即便杀之。建平黄初中卒。

朱建平又善于相马。魏文帝将要出去，侍从把马从外面牵来，朱建平恰好在路上遇见那匹马说道："看这马的相，今天会死了！"文帝将要骑上马，那马讨厌文帝身上衣服的香味，受惊咬了文帝的膝盖。文帝大发脾气，立即就把马杀了。朱建平黄初年间去世。

周宣字孔和，乐安人也。为郡吏。太守杨沛梦人曰："八月一日曹公当至，必与君杖，饮以药酒。"使宣占之。是时黄巾贼起，宣对曰："夫杖起弱者，药治人病，八月一日，贼必除灭。"至期，贼果破。

周宣字孔和，乐安郡人，担任郡吏。太守杨沛梦见有人对他说："八月一日曹公会到，一定会给您一根拐杖，并且拿药酒给您喝。"杨沛让周宣占这个梦。这时黄巾匪贼兴起，周宣回答说："拐杖是帮助体弱的人站起来，药是用来治人的疾病的，八月一日，贼寇一定会被消灭。"到那天，贼军果真被消灭了。

后东平刘桢梦蛇生四足，穴居门中，使宣占之，宣曰："此为国梦，非君家之事也。当杀女子而作贼者。"顷之，女贼郑、姜遂俱夷讨，以蛇女子之祥，足非蛇之所宜故也。

后来东平人刘桢梦见蛇生了四只脚，在门中打洞栖身。他让周宣占这个梦，周宣说："这是有关国家之事的梦，不是您家中的事情。应当会有做强盗的女子被杀。"不久，姓郑和姓姜的女强盗都被平定讨灭，因为蛇是女子的征兆，而脚对蛇来说是不适合的。

文帝问宣曰："吾梦殿屋两瓦堕地，化为双鸳鸯，此何谓也？"宣对曰："后宫当有暴死者。"帝曰："吾诈卿耳！"宣对曰："夫梦者意耳，苟以形

魏文帝问周宣说："我梦见宫殿有两片瓦落到地面，变成了一对鸳鸯，这有什么预兆呢？"周宣回答说："后宫中会有突然死去的人。"文帝说："我骗您罢了。"周宣回答说："梦只是一种意念而已，假如这种意念在语言中表露出来，就能预示吉凶。"话还

言,便占吉凶。”言未毕,而黄门令奏宫人相杀。无几,帝复问曰:“我昨夜梦青气自地属天。”宣对曰:“天下当有贵女子冤死。”是时,帝已遣使赐甄后玺书,闻宣言而悔之,遣人追使者不及。帝复问曰:“吾梦摩钱文,欲令灭而更愈明,此何谓邪?”宣怅然不对。帝重问之,宣对曰:“此自陛下家事,虽意欲尔而太后不听,是以文欲灭而明耳。”时帝欲治弟植之罪,逼于太后,但加贬爵。以宣为中郎,属太史。

尝有问宣曰:“吾昨夜梦见刍狗,其占何也?”宣答曰:“君欲得美食耳!”有顷,出行,果遇丰膳。后又问宣曰:“昨夜复梦见刍狗,何也?”宣曰:“君欲堕车折脚,宜戒慎之。”顷之,果如宣言。后又问宣:“昨夜复梦见刍狗,何也?”宣曰:“君家欲失火,当善护之。”俄遂火起。语宣曰:“前后三时,皆不梦也。聊试君耳,何以皆验邪?”宣对曰:“此神灵动君使言,故与真梦无异也。”又问宣曰:“三梦刍狗而其占不同,何也?”宣曰:“刍狗者,祭神之物。故君始梦,当得饮食也。祭祀既讫,则刍狗为车所轹,故中梦当堕车折脚也。刍狗既车轹之后,必载以为樵,故后梦忧失火也。”宣之叙梦,凡此类也。十中八九,世以比建平之

没有说完,黄门令就来报告有两个宫女相互杀害而死。没隔多久,文帝又问道:“我昨天夜里梦见青气从地上一直连接到天空。”周宣回答说:“天下会有显贵的女子受冤屈而死。”这时,文帝已经派使者赐了甄皇后一道要她自杀的诏书,听了周宣的话后悔了,派人追赶使者没有追上。文帝又问:“我梦见磨钱上的花纹,越是想把它磨掉,花纹反而越明显了,这说明什么?”周宣怅然不回答。文帝再问这事,周宣回答说:“这只是陛下的家事,虽然你心中想这么做,但太后不同意,因此你想把花纹磨掉反而更明亮了。”当时,文帝想治弟弟曹植的罪,但迫于太后的压力,只是贬了曹植的爵位。任用拜周宣为中郎,兼太史。

曾经有人问周宣说:“我昨晚梦见草结的狗,这预兆着什么呢?”周宣回答说:“您将要得到美味的食物罢了。”一会儿这人出门走到路上,果然遇到了一顿丰盛的膳食。后来又问周宣说:“昨晚又梦见草结的狗,这又预兆什么呢?”周宣说:“您将会从车上摔下来折断脚,应当警惕小心。”不久,果然像周宣说的那样。后来这个人又问周宣说:“昨晚又梦见草结的狗,这又会预兆什么呢?”周宣说:“你家会失火,应当好好防护。”顷刻之间他家里就失火了。他对周宣说:“前后三个夜晚,我都没有梦见草结的狗,姑且试试您而已,却为什么都应验了呢?”周宣回答说:“这是神灵影响您让您说的,所以就跟您真正梦见没有不同。”那人又问周宣说:“三个晚上都梦见草结的狗,而这些梦占测预兆却不同,这又是为什么呢?”周宣说:“草结的狗是用来祭祀神灵的东西。所以您首先做的梦就预示着您应当得到祭神之后留下的食物。祭神已经完毕,那么草结的狗就要被车轮所辗轧,所以您做的第二个梦就预兆您从车上摔下来折断脚。草结的狗被车轮辗轧后,一定会装载着做烧柴,所以您的最后一个梦就预示着失火的忧患。”周宣的解梦,大概就像这一类。十个梦会有八九个梦说得中,当世的人把他的占梦和朱建

相矣。其余效故不次列。明帝末卒。

平的相术等同。其余占梦的效验就不一一举出了。魏明帝末年周宣去世。

管辂字公明，平原人也。容貌粗丑，无威仪而嗜酒，饮食言戏，不择非类，故人多爱之而不敬也。⑦

管辂字公明，平原郡人。他容貌粗俗而丑陋，没有威严的仪表，而又特别爱喝酒。饮食和言谈嬉戏，不择对象，所以人们大多喜欢他，却不尊敬他。

父为利漕，利漕民郭恩兄弟三人，皆得躄疾，使辂筮其所由。辂曰："卦中有君本墓，墓中有女鬼，非君伯母，当叔母也。昔饥荒之世，当有利其数升米者，排著井中，啧啧有声，推一大石，下破其头，孤魂冤痛，自诉于天。"于是恩涕泣服罪。⑧

他父亲是管理利漕渠的官，利漕渠的百姓郭恩家里兄弟三人都得了脚不能行走的疾病。他请管辂占卜寻究得病的由来。管辂说："卦象中有您家先人的坟墓，坟墓中有一个女鬼，不是您的伯母，就是叔母。过去在饥荒年间，应当有一个贪图她手中几升米的人，把她推入井里，她在井中大呼求救，这人又推下一块大石头，落下去砸破了她的头，这女鬼的孤魂冤屈悲痛，自己向苍天控诉。"于是郭恩哭泣着认了罪。

广平刘奉林妇病困，已买棺器。时正月也，使辂占，曰："命在八月辛卯日日中之时。"林谓必不然，而妇渐差，至秋发动，一如辂言。⑨

广平郡刘奉林的妻子病危，已经买好了棺材和办丧事用的其他器物。当时是正月，请管辂占卜，管辂说："她的命绝应该在八月辛卯日的正午时分。"刘奉林认为一定不是这样，而他妻子的病却渐渐好了。到秋天又复发，一切都同管辂说的一样。

辂往见安平太守王基，基令作卦，辂曰："当有贱妇人，生一男儿，堕地便走入灶中死。又床上当有一大蛇衔笔，小大共视，须臾去之也。又乌来入室中，与燕共斗，燕死，乌去。有此三怪。"基大惊，问其吉凶。辂曰："直客舍久远，魑魅魍魉为怪耳。儿生便走，非能自走，直宋无忌之妖将其入灶也。大蛇衔笔，直老书佐耳。乌与燕斗，直老铃下耳。今卦中见象而不见其凶，知非妖咎之征，自无所忧也。"后卒无患。⑩

管辂去拜见安平太守王基，王基让管辂占卦预卜住宅的吉凶，管辂说："宅中会有一个低贱的女人生下一个男孩，男孩落地后就自己走进灶中死去。另外床上会出现一条大蛇衔着笔，大大小小的人都能看见，不一会儿就离开了。还会有一只乌鸦飞进室中同燕子相斗，燕子死了，乌鸦便飞走。这宅中会有这么三件怪事。"王基大吃一惊，问这些怪事预示着什么吉凶。管辂说："只是因为这官舍的年代久了，魑魅魍魉在其中兴妖作怪罢了。小儿刚生下就能走，不是他自己能走，只是因为火精怪宋无忌将他带入灶里。大蛇衔笔，只不过是老死的文书佐吏变化成精罢了。乌鸦和燕子相互拼斗，只不过是老死的铃下变化成精而已。现在卦象中显示了它们的形象，而没有显示其凶煞，知道不是妖怪制造灾祸的征兆，自然没有什么所要忧虑的。"后来终于没有祸患。

时信都令家妇女惊恐，更互疾病，使辂筮之。辂曰："君北堂西头，有两死男子，一男持矛，一男持弓箭，头在壁内，脚在壁外。持矛者主刺头，故头重痛不得举也。持弓箭者主射胸腹，故心中悬痛不得饮食也。昼则浮游，夜来病人，故使惊恐也。"于是掘徙骸骨，家中皆愈。⑪

当时信都县令家的妇女个个惊慌恐惧，轮番得病，请管辂以蓍草占卜。管辂说："你府宅北堂的西头，有两具男尸，一个持矛，一个持弓箭，头在墙壁内，脚在墙壁外。持矛的人专门刺人的头，所以使人感到头沉重疼痛，不能向上抬起。持弓箭的人专门射人的胸腹，所以使人感到心中虚空，疼痛不能饮食。这两个死鬼白天就四处游荡，夜里就来伤害人，所以使你家里的人惊恐不安。"于是县令派人挖出尸骨，迁葬它处，他家中妇女们的病全都好了。

清河王经去官还家，辂与相见。经曰："近有一怪，大不喜之，欲烦作卦。"卦成，辂曰："爻吉，不为怪也。君夜在堂户前，有一流光如燕爵者，入君怀中，殷殷有声，内神不安，解衣彷徉，招呼妇人，觅索余光。"经大笑曰："实如君言。"辂曰："吉，迁官之征也，其应行至。"顷之，经为江夏太守。⑫

清河县的王经辞去官职回到家，管辂与他相见。王经对管辂说："近年有一件怪事，使我很不高兴，想麻烦您占一卦。"卦象形成后，管辂说："爻辞说明是吉利的，不是凶怪。您有一夜站在堂屋门前，有一道流光好像燕雀一样，射入您的怀中，还有嘤嘤的声音，您因此而感到心神不安，解开衣服徘徊不定，呼唤妇人，寻觅这道流光的余光。"王经大笑说："确实如您说的那样。"管辂说："吉祥，这是升官的预兆。它的应验将要到了。"不久，王经就升迁为江夏郡太守。

辂又至郭恩家，有飞鸠来在梁头，鸣甚悲。辂曰："当有老公从东方来，携豚一头，酒一壶。主人虽喜，当有小故。"明日果有客，如所占。恩使客节酒、戒肉、慎火，而射鸡作食，箭从树间激中数岁女子手，流血惊怖。⑬

管辂又有一次来到郭恩家，有一只鸠飞来落在屋梁的末端，叫声很悲哀。管辂说："会有一位老公公从东边来到你家，带着一头小猪，一壶酒。主人虽然欢喜，却会发生一个小小的事故。"第二天果真有一个客人到来，形貌和所携礼物就同管辂所占测的一样。郭恩请客人节制喝酒，不吃肉，并且小心火烛，而射杀一只鸡来做食物，箭从树枝中间反弹出来，误中了几岁的女孩子的手，因流很多血而惊慌害怕。

辂至安德令刘长仁家，有鸣鹊来在阁屋上，其声甚急。辂曰："鹊言东北有妇昨杀夫，牵引西家人夫离娄，候不过日在虞渊之际，告者至矣。"到时，果有东北同伍民来告，邻妇手杀其夫，诈言西家人与夫

管辂来到安德县令刘长仁家中，有一只鸣叫的鹊飞来停在阁楼上，它的叫声很急促。管辂说："鹊说东北方昨天有个妇人杀了丈夫，牵扯到西边人家的男子离娄，不超过太阳落山的时候，告状的人就会到来了。"到太阳快要落山时，果真有东北方同伍的居民来告状，邻家的妇人亲手杀死了她的丈夫，而诈称是西边人家的人同她丈夫有仇怨，来杀死了

有嫌，来杀我婿。[14]

自己的夫婿。

辂至列人典农王弘直许，有飘风高三尺余，从申上来，在庭中幢幢回转，息以复起，良久乃止。直以问辂，辂曰："东方当有马吏至，恐父哭子，如何！"明日胶东吏到，直子果亡。直问其故，辂曰："其日乙卯，则长子之候也。木落于申，斗建申，申破寅，死丧之候也。日加午而风发，则马之候也。离为文章，则吏之候也。申未为虎，虎为大人，则父之候也。"有雄雉飞来，登直内铃柱头，直大以不安，令辂作卦，辂曰："到五月必迁。"时三月也，至期，直果为勃海太守。[15]

管辂来到列人县典农校尉王弘直那儿，忽然有一股旋风三尺多高，从西面刮来，在庭院中晃动着回旋，停息以后又再起，很久以后才停止。王弘直以这现象预兆什么问管辂。管辂说："东方将有骑马的吏员来报信，恐怕父亲哭儿子，怎么办！"第二天胶东有一吏员来到，王弘直的儿子果然死了。王弘直询问那风能够预卜吉凶的缘故，管辂说："那天是乙卯日，是长子的征候。木叶在申陨落，北斗斗柄指向申辰，申破寅（申配秋、配杀；寅配春、配生），这就是死丧的征候。日至午时而旋风骤发，午时属马，所以是马将至的征候。风起风息为离，相间相离就成为文章，这是吏到的征候。申未属虎，虎是大人，所以是父的征兆。"有一只雄野鸡飞来，落在王弘直府内铃阁的柱子上端，王弘直因此而心里很不安，要管辂占卦，管辂说："到五月你一定升官。"当时是三月，到五月王弘直果然升任为勃海郡太守。

馆陶令诸葛原迁新兴太守，辂往祖饯之，宾客并会。原自起取燕卵、蜂窠、鼅鼄著器中，使射覆。卦成，辂曰："第一物，含气须变，依乎宇堂，雄雌以形，翅翼舒张，此燕卵也。第二物，家室倒悬，门户众多，藏精育毒，得秋乃化，此蜂窠也。第三物，觳觫长足，吐丝成罗，寻网求食，利在昏夜，此鼅鼄也。"举坐惊喜。[16]

馆陶县令诸葛原升迁为新兴郡太守，管辂去为他设宴饯行。宾客们到齐后，诸葛原亲自起身拿了燕卵、蜂巢、蜘蛛放置在容器中，让管辂猜度。管辂占了一卦说："第一样东西包含精气等待变化，依傍于屋檐、厅堂，等到雌雄形成，就会生出翅膀，这是燕卵。第二样东西，它们的家室是倒悬着的，门户很多，蕴藏着精气，孕育着毒素，到秋天就变化，这是蜂窠。第三样东西，长着颤抖着的长脚，吐丝织成罗网，依靠罗网而求取食物，利于在黄昏夜间活动，这是蜘蛛。"所有在座的人都感到又惊讶又欢喜。

辂族兄孝国，居在斥丘，辂往从之，与二客会。客去后，辂谓孝国曰："此二人天庭及口耳之间同有凶气，异变俱起，双魂无宅[17]，流魂于海，骨归于家，少许时当并死也。"复数十日，二人饮酒醉，夜共载车，牛惊下道入漳河中，皆即

管辂的堂兄管孝国，住在斥丘县，管辂到那儿随他与两个客人相会。客人离开后，管辂对管孝国说："这两个人的天庭和口耳之间都有凶气，多种怪异的变化一齐发生，他们的魂魄不附体，在四海流动漂泊，尸骨却回到了家中，不多时就会一齐死去。"又过了几十天，那两个人喝醉了酒，夜晚同坐一辆车，拉车的牛受惊奔下车道，掉入漳河中，就都淹死了。

溺死也。

当此之时，辂之邻里，外户不闭，无相偷窃者。清河太守华表，召辂为文学掾。安平赵孔曜荐辂于冀州刺史裴徽曰：“辂雅性宽大，与世无忌，仰观天文则同妙甘公、石申，俯览《周易》则齐思季主。今明使君方垂神幽薮，留精九皋，辂宜蒙阴和之应，得及羽仪之时。”徽于是辟为文学从事，引与相见，大善友之。徙部钜鹿，迁治中别驾。

初应州召，与弟季儒共载，至武城西，自卦吉凶，语儒云：“当在故城中见三狸，尔者乃显。”前到河西故城角，正见三狸共踞城侧，兄弟并喜。正始九年举秀才。⑱

十二月二十八日，吏部尚书何晏请之，邓飏在晏许。晏谓辂曰：“闻君著爻神妙，试为作一卦，知位当至三公不？”又问：“连梦见青蝇数十头，来在鼻上，驱之不肯去，有何意故？”辂曰：“夫飞鸮，天下贱鸟，及其在林食椹，则怀我好音，况辂心非草木，敢不尽忠？昔元、凯之弼重华，宣惠慈和，周公之翼成王，坐而待旦，故能流光六合，万国咸宁。此乃履道休应，非卜筮之所明也。今君侯位重山岳，势若雷电，而怀德者鲜，畏威者众，殆非小心翼翼多福之仁。又鼻者艮，此天中之山，⑲高而不危，

那个时候，管辂的乡邻，大门都不用关，没有偷窃的人。清河郡太守华表，征召管辂为文学掾。安平人赵孔曜向冀州刺史裴徽推荐管辂说：“管辂度量宽宏，与世无争。他仰视天文精妙如同古代的甘公、石申，俯览《周易》神思相当于古代的司马季主。现在贤明的使君您正注意寻求如潜没在幽深大泽中一般的俊才，留心搜索如隐伏于深远淤地里一样的贤士。管辂应该受到您求贤之心的感应，得到成为您羽翼的时机。”裴徽于是征召管辂为文学从事，管辂被引来与他相见，他待管辂十分亲善友好。后来官署迁徙到钜鹿郡，管辂升为治中别驾。

当初管辂应州刺史的征召，同弟弟管季儒共乘一辆车，到武城县西时，自己占卦预测吉凶。他对季儒说：“应当会在武城县故城中看见三只狸猫，那样你就会显达了。”他们的车向前行到河西故城的城角，正好看见三只狸猫一起蹲在城旁，兄弟二人都大喜。正始九年，管季儒被荐举为秀才。

正始九年十二月二十八日，吏部尚书何晏邀请管辂，邓飏在何晏府上。何晏对管辂说：“听说您占卦之术神妙，请试为我占一卦，预知我的官位会升到三公不？”又问管辂说：“连续几夜梦见青蝇数十只，飞来落在鼻子上，驱赶它们都不肯离开，这是什么缘故？”管辂说：“飞翔的凶禽，是天下的贱鸟，等到它们在树林中食桑葚，就向人们发出好听的声音，何况我管辂心不是草木，哪儿敢不对您尽忠心呢？从前八元、八凯辅佐虞舜，广施恩惠，慈爱和睦。周公辅助成王，坐着等待天明处理政事，所以能够流福泽于天下，使万国都安宁。这就是因为履行正道得到美好吉庆的回应，不是卜筮所预先显示的。现在君侯您的地位重如山岳，威势有如雷电，而怀念您恩德的人很少，畏惧您威风的人众多，恐怕不是小心翼翼自求多福的仁者之道。再则鼻子为艮，这是天中的山，虽高而不峻，因此能够长守尊贵。现

所以长守贵也。今青蝇臭恶，而集之焉。位峻者颠，轻豪者亡，不可不思害盈之数，盛衰之期。是故山在地中曰谦，雷在天上曰壮；谦则裒多益寡，壮则非礼不履。未有损己而不光大，行非而不伤败。愿君侯上追文王六爻之旨，下思尼父彖象之义，然后三公可决，青蝇可驱也。”飏曰：“此老生之常谭。”辂答曰：“夫老生者见不生，常谭者见不谭。”晏曰：“过岁更当相见。”⑳辂还邑舍，具以此言语舅氏，舅氏责辂言太切至。辂曰：“与死人语，何所畏邪？”舅大怒，谓辂狂悖。岁朝，西北大风，尘埃蔽天，十余日，闻晏、飏皆诛，然后舅氏乃服。㉑

在青蝇气味恶劣，而聚集到您的鼻子上。地位高的人容易倾倒，轻佻和豪横的人容易灭亡，不可以不思考灾害福禄的命运，兴盛衰败的气数。所以山在地中就叫做谦，雷在天中就叫做壮。谦就是减少多余以补不足，壮就是非礼之事不行。没有折损自己而不光大，行为不端正而不遭到伤败的人。希望君侯上则追想文王六爻的要旨，下则思考孔子彖象的意义，这样以后三公的地位就可以定，青蝇也可以驱走了。”邓飏说：“这是老书生的平常之谈。”管辂回答说：“老生看见不能生的人，常谈的人看见不能说话的人。”何晏说：“过年之后再见吧。”管辂回到城中的住舍，将这些话全都告诉了他舅舅，他舅舅责怪他的话说得太直而且过分。管辂说：“同死人讲话，有什么可怕的呢？”他舅舅大怒，说管辂狂妄悖理。嘉平元年正月初一，刮起很大的西北风，尘埃遮天蔽地，十多天后，听说何晏、邓飏等人被诛杀，从这以后管辂的舅舅才心服管辂的神妙。

始辂过魏郡太守钟毓，共论《易》义，辂因言“卜可知君生死之日”。毓使筮其生日月，如言无蹉跌。毓大愕然，曰：“君可畏也。死以付天，不以付君。”遂不复筮。毓问辂：“天下当太平否？”辂曰：“方今四九天飞，利见大人，神武升建，王道文明，何忧不平？”毓未解辂言，无几，曹爽等诛，乃觉寤云。㉒

当初管辂曾经拜访魏郡太守钟毓，共同讨论《周易》的义理，管辂顺便说：“占卜可以知道您生和死的日子。”钟毓请他占测出生的月、日，结果管辂说的一点儿也没有差误。钟毓大惊，说：“您真正可畏啊！死的日子就交给天去决定，不要交给您了。”于是没有再占测死的日子。钟毓询问管辂说：“天下将会太平吗？”管辂说：“当今龙至四九而飞上了天，有利于大人物出现，神明勇武高高建树，以仁义治理天下而文德辉煌。还愁什么天下不太平？”钟毓当时没有能够理解管辂的话，没有过多久，曹爽等人被杀，才对管辂的话有所领悟。

平原太守刘邠取印囊及山鸡毛著器中，使筮。辂曰：“内方外圆，五色成文，含宝守信，出则有章，此印囊也。高岳岩岩，有鸟朱身，羽翼玄黄，鸣不失晨，此山鸡毛也。”邠曰：

平原郡太守刘邠拿印盒和山鸡的毛放在器物中，使管辂占卦。管辂说：“里面方外面圆，各种彩色形成花纹，含宝物守信用，拿出来就有印章，这是印盒。高高的山岳险峻耸峙，有一只鸟身体朱红，羽翼黑色与黄色相间，鸣叫的时间不会误过早晨，这是山鸡的毛。”刘邠说：“这郡府官舍中接连出现异变

"此郡官舍,连有变怪,使人恐怖,其理何由?"辂曰:"或因汉末之乱,兵马扰攘,军尸流血,污染丘山,故因昏夕,多有怪形也。明府道德高妙,自天佑之,愿安百禄,以光休宠。"㉓

和怪事,使人恐怖害怕,这是什么原因呢?"管辂说:"也许因为汉末乱世,兵荒马乱,阵亡兵士的尸体流血,污染了丘山,因而在黄昏夜晚就有许多奇怪的形象出现。贤明的府君有崇高美好的道德,自然有老天庇佑,祝您安享百福,以光大皇上对您的美好恩宠。"

清河令徐季龙使人行猎,令辂筮其所得。辂曰:"当获小兽,复非食禽,虽有爪牙,微而不强,虽有文章,蔚而不明,非虎非雉,其名曰狸。"猎人暮归,果如辂言。季龙取十三种物,著大箧中,使辂射。云:"器中藉藉有十三种物。"先说鸡子,后道蚕蛹,遂一一名之,惟以梳为枇耳。㉔

清河县县令徐季龙派人去打猎,请管辂占卜出去打猎的人将会获得什么。管辂说:"应当猎得小野兽,但又不是可食的飞禽,虽然有爪有牙,但软弱而不刚利。虽然身上有花纹,却多而不鲜明,不是老虎,不是野鸡,它的名字叫做狸。"猎人们傍晚归来,所获猎物果然同管辂说的一样。徐季龙取了十三样东西放进一个大箱子中,请管辂猜测。管辂说:"容器中杂乱地放着十三样东西。"他先说了鸡子,后说了蚕蛹,于是一件一件地叫出名字来,只是把梳子说成篦子罢了。

辂随军西行,过毌丘俭墓下,倚树哀吟,精神不乐。人问其故,辂曰:"林木虽茂,无形可久;碑诔虽美,无后可守。玄武藏头,苍龙无足,白虎衔尸,朱雀悲哭,四危以备,法当灭族。不过二载,其应至矣。"卒如其言。后得休,过清河倪太守。时天旱,倪问辂雨期,辂曰:"今夕当雨。"是日旸燥,昼无形似,府丞及令在坐,咸谓不然。到鼓一中,星月皆没,风云并起,竟成快雨。于是倪盛修主人礼,共为欢乐。㉕

管辂跟随军队向西行进,经过毌丘俭父亲的坟墓,靠着树干悲伤地吟唱,神情很不快乐。有人问他是什么原因。管辂说:"这儿树木虽然繁茂,但它们的形体存在不了很久;碑上的诔文虽然很美,却没有后人可以来奉守。北方玄武七宿藏起了头,东方苍龙七宿不见其足,西方白虎七宿似乎衔着尸体,南面朱雀七宿好像在悲哀地哭泣,四方都有危险等候,按律法毌氏一门会被灭族。不超过两年,它的应验就会到了。"结果终于同管辂说的一样。后来得闲,管辂探访清河郡倪太守。当时正是天大旱,倪太守问管辂下雨的日期,管辂说:"今天夜间就会下雨。"这一天晴朗干燥,白天没有一点儿像要下雨的征候,府丞和清河县令在座,都说不会下雨。到夜晚一鼓正,星星和月亮都被掩盖了,风云齐起,竟然下了一场透雨。于是倪太守丰盛地备办了主人的礼数,一起欢乐庆贺。

正元二年,弟辰谓辂曰:"大将军待君意厚,冀当富贵乎?"辂长叹曰:"吾自知有分直耳,然天与我才明,不与我

正元二年,他弟弟管辰对管辂说:"大将军待您情意深厚,有希望富贵吗?"管辂长叹说:"我知道自己应有的名份位置,只是天给了我才干和聪明,不给

年寿，恐四十七八间，不见女嫁儿娶妇也。若得免此，欲作洛阳令，可使路不拾遗，枹鼓不鸣。但恐至太山治鬼，不得治生人，如何！”辰问其故，辂曰：“吾额上无生骨，眼中无守精，鼻无梁柱，脚无天根，背无三甲，腹无三壬，此皆不寿之验。又吾本命在寅，加月食夜生。天有常数，不可得讳，但人不知耳。吾前后相当死者过百人，略无错也。”是岁八月，为少府丞。明年二月卒，年四十八。㉖

我年岁寿命，恐怕只能活到四十七、八岁之间，不能见到女儿出嫁儿子娶媳妇了。若是能够免于这一死，想做洛阳县令，可以将那里治理得路不拾遗，巡夜的更鼓也不用敲打。不过恐怕自己会到泰山去治理鬼，没有机会治理活人了。无可奈何啊！”管辰询问缘故，管辂说：“我的额上没有生骨，眼中没有守精，鼻上没有梁柱，脚没有天根，背上没有三甲，腹部没有三壬，这都是寿命不长的预兆。又因为我本命在寅，加之又是在月食之夜出生。天道有它固有的规律，不可能违抗，只是人们自己不知道罢了。我前前后后给应当死亡的人相面超过了一百人，几乎没有差错。”这一年八月，管辂担任了少府丞。第二年二月逝世，享年正好四十八岁。

评曰：华佗之医诊，杜夔之声乐，朱建平之相术，周宣之相梦，管辂之术筮，诚皆玄妙之殊巧，非常之绝技矣。昔史迁著扁鹊、仓公、日者之传，所以广异闻而表奇事也。故存录云尔。

评论说：华佗的医疗技术，杜夔的音乐才能，朱建平的相面之术，周宣解梦的玄机，管辂的卜筮占测之术，确实都幽深奥妙到了特别奇巧的地步，是极不平常的绝技了。过去司马迁著录扁鹊、仓公、占候卜筮的人的事迹写成传记，是用来广传异闻和表述奇事。所以我也把这些存录了下来。

---

①臣松之案：古“敷”字与“专”相似，写书者多不能别。寻佗字元化，其名宜为旉也。

②《佗别传》曰：有人病两脚躄不能行，舆诣佗，佗望见云：“已饱针灸服药矣，不复须看脉。”便使解衣，点背数十处，相去或一寸，或五寸，纵邪不相当。言灸此各十壮，灸创愈即行。后灸处夹脊一寸，上下行端直均调，如引绳也。

③臣松之案：古语以藏为去。

④《佗别传》曰：人有在青龙中见山阳太守广陵刘景宗，景宗说中平日数见华佗，其治病手脉之候，其验若神。琅邪刘勋为河内太守，有女年几二十，左脚膝里上有疮，痒而不痛。疮愈数十日复发，如此七八年，迎佗使视，佗曰：“是易治之。当得稻糠黄色犬一头，好马二匹。”以绳系犬颈，使走马牵犬，马极辄易，计马走三十余里，犬不能行，复令步人拖曳，计向五十里。乃以药饮女，女即安卧不知人。因取大刀断犬腹近后脚之前，以所断之处向疮口，令去二三寸。停之须臾，有若蛇者从疮中而出，便以铁椎横贯蛇头。蛇在皮中动摇良久，须臾不动，乃牵出，长三尺所，纯是蛇，但有眼处而无童子，又逆鳞耳。以膏散著疮中，七日愈。又有人苦头眩，头不得举，目不得视，积年。佗使悉解衣倒悬，令头去地一二寸，濡布拭身体，令周匝，候视诸脉，尽出五色。佗令弟子数人以铍刀决脉，五色血尽，视赤血，乃下，以膏摩被覆，汗自出周匝，饮以亭历犬血散，立愈。又有妇人长病经年，世谓寒热注病者。冬十一月中，佗令坐石槽中，平旦用寒水汲灌，云当满

百。始七八灌，会战欲死，灌者惧，欲止。佗令满数。将至八十灌，热气乃蒸出，嚣嚣高二三尺。满百灌，佗乃使然火温床，厚覆，良久汗洽出，著粉，汗燥便愈。又有人病腹中半切痛，十余日中，鬓眉堕落。佗曰："是脾半腐，可刳腹养治也。"使饮药令卧，破腹就视，脾果半腐坏。以刀断之，刮去恶肉，以膏傅疮，饮之以药，百日平复。

⑤《佗别传》曰：青黏者，一名地节，一名黄芝，主理五藏，益精气。本出于迷入山者，见仙人服之，以告佗。佗以为佳，辄语阿，阿又秘之。近者人见阿之寿而气力强盛，怪之，遂责阿所服，因醉乱误道之。法一施，人多服者，皆有大验。

文帝《典论》论郤俭等事曰："颍川郤俭能辟谷，饵伏苓。甘陵甘始亦善行气，老有少容。庐江左慈知补导之术。并为军吏。初，俭之至，市伏苓价暴数倍。议郎安平李覃学其辟谷，餐伏苓，饮寒水，中泄利，殆至陨命。后始来，众人无不鸱视狼顾，呼吸吐纳。军谋祭酒弘农董芬为之过差，气闭不通，良久乃苏。左慈到，又竞受其补导之术，至寺人严峻，往从问受。阉竖真无事于斯术也，人之逐声，乃至于是。光和中，北海王和平亦好道术，自以当仙。济南孙邕少事之，从至京师。会和平病死，邕因葬之东陶，有书百余卷，药数囊，悉以送之。后弟子夏荣言其尸解。邕至今恨不取其宝书仙药。刘向惑于《鸿宝》之说，君游眩于子政之言，古今愚谬，岂唯一人哉！"

东阿王作《辩道论》曰："世有方士，吾王悉所招致，甘陵有甘始，庐江有左慈，阳城有郤俭。始能行气导引，慈晓房中之术，俭善辟谷，悉号三百岁。卒所以集之于魏国者，诚恐斯人之徒，接奸宄以欺众，行妖慝以惑民，岂复欲观神仙于瀛洲，求安期于海岛，释金辂而履云舆，弃六骥而美飞龙哉？自家王与太子及余兄弟咸以为调笑，不信之矣。然始等知上遇之有恒，奉不过于员吏，赏不加于无功，海岛难得而游，六黻难得而佩，终不敢进虚诞之言，出非常之语。余尝试郤俭绝谷百日，躬与之寝处，行步起居自若也。夫人不食七日则死，而俭乃如是。然不必益寿，可以疗疾而不惮饥馑焉。左慈善修房内之术，差可终命，然自非有志至精，莫能行也。甘始者，老而有少容，自诸术士咸共归之。然始辞繁寡实，颇有怪言。余常辟左右，独与之谈，问其所行，温颜以诱之，美辞以导之，始语余：'吾本师姓韩字世雄，尝与师于南海作金，前后数四，投数万斤金于海。'又言：'诸梁时，西域胡来献香罽、腰带、割玉刀，时悔不取也。'又言：'车师之西国。儿生，擘背出脾，欲其食少而弩行也。'又言：'取鲤鱼五寸一双，合其一煮药，俱投沸膏中，有药者奋尾鼓鳃，游行沉浮，有若处渊，其一者已熟而可啖。'余时问：'言率可试不？'言：'是药去此逾万里，当出塞；始不自行不能得也。'言不尽于此，颇难悉载，故粗举其巨怪者。始若遭秦始皇、汉武帝，则复为徐市、栾大之徒也。"

⑥时有扶风马钧，巧思绝世。傅玄序之曰："马先生，天下之名巧也，少而游豫，不自知其为巧也。当此之时，言不及巧，焉可以言知乎？为博士居贫，乃思绫机之变，不言而世人知其巧矣。旧绫机五十综者五十蹑，六十综者六十蹑，先生患其丧功费日，乃皆易以十二蹑。其奇文异变，因感而作者，犹自然之成形，阴阳之无穷，此轮扁之对不可以言言者，又焉可以言校也。先生为给事中，与常侍高堂隆、骁骑将军秦朗争论于朝，言及指南车，二子谓古无指南车，记言之虚也。先生曰：'古有之，未之思耳，夫何远之有！'二子哂之曰：'先生名钧字德衡，钧者器之模，而衡者所以定物之轻重；轻重无准而莫不模哉！'先生曰：'虚争空言，不如试之易效也。'于是二子遂以白明帝，诏先生作之，而指南车成。此一异也，又不可以言者也，从是天下服其巧矣。居京都，城内有地，可以为园，患无水以灌之，乃作翻车，令童儿转之，而灌水自覆，更入更出，其巧百倍于常。此二异也。其后人有上百戏者，能设而不能动也。帝以问先生：'可动否？'对曰：'可动。'帝曰：'其巧可益否？'对曰：'可益。'受诏作之。以大木雕构，使其形若轮，平地施之，潜以水发焉。设为女乐舞象，至令木人击鼓吹箫；作山岳，使木人跳丸掷剑，缘絙倒立，出入自在；百官行署，舂磨斗鸡，变巧百端。此三异也。先生见诸葛亮连弩，曰：'巧则巧矣，未

尽善也。'言作之可令加五倍。又患发石车，敌人之于楼边县湿牛皮，中之则堕，石不能连属而至。欲作一轮，县大石数十，以机鼓轮为常，则以断县石飞击敌城，使首尾电至。尝试以车轮县瓴甓数十，飞之数百步矣。有裴子者，上国之士也，精通见理，闻而哂之。乃难先生，先生口屈不对。裴子自以为难得其要，言之不已。傅子谓裴子曰：'子所长者言也，所短者巧也。马氏所长者巧也，所短者言也。以子所长，击彼所短，则不得不屈。以子所短，难彼所长，则必有所不解者矣。夫巧，天下之微事也，有所不解而难之不已，其相击刺，必已远矣。心乖于内，口屈于外，此马氏所以不对也。'傅子见安乡侯，言及裴子之论，安乡侯又与裴子同。傅子曰：'圣人具体备物，取人不以一揆也：有以神取之者，有以言取之者，有以事取之者。有以神取之者，不言而诚心先达，德行颜渊之伦是也。以言取之者，以变辩是非，言语宰我、子贡是也。以事取之者，若政事冉有、季路，文学子游、子夏。虽圣人之明尽物，如有所用，必有所试，然则试冉、季以政，试游、夏以学矣。游、夏犹然，况自此而降者乎！何者？悬言物理，不可以言尽也，施之于事，言之难尽而试之易知也。今若马氏所欲作者，国之精器，军之要用也。费十寻之木，劳二人之力，不经时而是非定。难试易验之事而轻以言抑人异能，此犹以己智任天下之事，不易其道以御难尽之物，此所以多废也。马氏所作，因变而得是，则初所言者不皆是矣。其不皆是，因不用之，是不世之巧无由出也。夫同情者相妒，同事者相害，中人所不能免也。故君子不以人害人，必以考试为衡石；废衡石而不用，此美玉所以见诬为石，荆和所以抱璞而哭之也。'于是安乡侯悟，遂言之武安侯，武安侯忽之，不果试也。此既易试之事，又马氏巧名已定，犹忽而不察，况幽深之才，无名之璞乎？后之君子其鉴之哉！马先生之巧，虽古公输般、墨翟、王尔，近汉世张平子，不能过也。公输般、墨翟皆见用于时，乃有益于世。平子虽为侍中，马先生虽给事省中，俱不典工官，巧无益于世。用人不当其才，闻贤不试以事，良可恨也。"裴子者，裴秀。安乡侯者，曹羲。武安侯者，曹爽也。

⑦《辂别传》曰：辂年八九岁，便喜仰视星辰，得人辄问其名，夜不肯寐。父母常禁之，犹不可止。自言"我年虽小，然眼中喜视天文。"常云："家鸡野鹄，犹尚知时，况于人乎？"与邻比儿共戏土壤中，辄画地作天文及日月星辰。每答言说事，语皆不常，宿学耆人不能折之，皆知其当有大异之才。及成人，果明《周易》，仰观、风角、占、相之道，无不精微。体性宽大，多所含受；憎己不仇，爱己不褒，每欲以德报怨。常谓："忠孝信义，人之根本，不可不厚；廉介细直，士之浮饰，不足为务也。"自言："知我者稀，则我贵矣，安能断江、汉之流，为激石之清？乐与季主论道，不欲与渔父同舟，此吾志也。"其事父母孝，笃兄弟，顺爱士友，皆仁和发中，终无所阙。臧否之士，晚亦服焉。父为琅玡即丘长，时年十五，来至官舍读书。始读《诗》、《论语》及《易》本，便开渊布笔，辞义斐然。于时黉上有远方及国内诸生四百余人，皆服其才也。琅玡太守单子春雅有材度，闻辂一黉之俊，欲得见，辂父即遣辂造之。大会宾客百余人，坐上有能言之士，辂问子春："府君名士，加有雄贵之姿，辂既年少，胆未坚刚，若欲相观，惧失精神，请先饮三升清酒，然后言之。"子春大喜，便酌三升清酒，独使饮之。酒尽之后，问子春："今欲与辂为对者，若府君四坐之士邪？"子春曰："吾欲自与卿旗鼓相当。"辂言："始读《诗》、《论》、《易》本，学问微浅，未能上引圣人之道，陈秦、汉之事，但欲论金木水火土鬼神之情耳。"子春言；"此最难者，而卿以为易邪？"于是唱大论之端，遂经于阴阳，文采葩流，枝叶横生，少引圣籍，多发天然。子春及众士互共攻劫，论难锋起，而辂人人答对，言皆有余。至日向暮，酒食不行。子春语众人曰："此年少盛有才器，听其言论，正似司马犬子游猎之赋，何其磊落雄壮，英神以茂，必能明天文地理变化之数，不徒有言也。"于是发声徐州，号之神童。

⑧《辂别传》曰：利漕民郭恩，字义博，有才学，善《周易》、《春秋》，又能仰观。辂就义博读《易》，数十日中，意便开发，言难逾师。于此分蓍下卦，用思精妙，占黉上诸生疾病死亡贫富

丧衰，初无差错，莫不惊怪，谓之神人也。又从义博学仰观，三十日中通夜不卧，语义博："君但相语墟落处所耳，至于推运会，论灾异，自当出吾天分。"学未一年，义博反从辂问《易》及天文事要。义博每听辂语，未尝不推几慷慨。自言"登闻君至论之时，忘我笃疾，明暗之不相逮，何其远也"！义博设主人，独请辂，具告辛苦，自说："兄弟三人俱得躄疾，不知何故？试相为作卦，知其所由。若有咎殃者，天道赦人，当为吾祈福于神明，勿有所爱。兄弟俱行，此为更生。"辂便作卦，思之未详。会日夕，因留宿，至中夜，语义博曰："吾以此得之。"既言其事，义博悲涕沾衣，曰："皇汉之末，实有斯事。君不名主，讳也。我不得言，礼也。兄弟躄来三十余载，脚如棘子，不可复治，但愿不及子孙耳。"辂言火形不绝，水形无余，不及后也。

⑨《辂别传》曰：鲍子春为列人令，有明思才理，与辂相见，曰："闻君为刘奉林卜妇死亡日，何其详妙！试为论其意义。"辂论爻象之旨，说变化之义，若规圆矩方，无不合也。子春自言："吾少好谭《易》，又喜分蓍，可谓盲者欲视白黑，聋者欲听清浊，苦而无功也。听君语后，自视体中，真为愦愦者也。"

⑩《辂别传》曰：基与辂共论《易》，数日中，大以为喜乐，语辂言："俱相闻善卜，定共清论，君一时异才，当上竹帛也。"辂为基出卦，知其无咎，因谓基曰："昔高宗之鼎，非雉所鸲，殷之阶庭，非木所生，而野鸟一鸲，武丁为高宗，桑穀暂生，太戊以兴。焉知三事不为吉祥，愿府君安身养德，从容光大，勿以知神奸污累天真。"

⑪《辂别传》曰：王基即遣信都令迁掘其室中，入地八尺，果得二棺，一棺中有矛，一棺中有角弓及箭，箭久远，木皆消烂，但有铁及角完耳。及徙骸骨，去城一十里埋之，无复疾病。基曰："吾少好读《易》，玩之以久，不谓神明之数，其妙如此。"便从辂学《易》，推论天文。辂每开变化之象，演吉凶之兆，未尝不纤微委曲，尽其精神。基曰："始闻君言，如何可得，终以皆乱，此自天授，非人力也。"于是藏《周易》，绝思虑，不复学卜筮之事。辂乡里乃太原问辂："君往者为王府君论怪，云老书佐为蛇，老铃下为乌，此本皆人，何化之微贱乎？为见于爻象，出君意乎？"辂言："苟非性与天道，何由背爻象而任胸心者乎？夫万物之化，无有常形，人之变异，无有常体，或大为小，或小为大，固无优劣。夫万物之化，一例之道也。是以夏鲧，天子之父，赵王如意，汉祖之子，而鲧为黄熊，如意为苍狗，斯亦至尊之位而为黔喙之类也。况蛇者协辰巳之位，乌者栖太阳之精，此乃腾黑之明象，白日之流景，如书佐、铃下，各以微躯化为蛇、乌，不亦过乎！"

⑫《辂别传》曰：经欲使辂卜，而有疑难之言，辂笑而咎之曰："君侯州里达人，何言之鄙！昔司马季主有言，夫卜者必法天地，象四时，顺仁义。伏羲作八卦，周文王三百八十四爻，而天下治。病者或以愈，且死或以生，患或以免，事或以成，嫁女娶妻或以生长，岂直数千钱哉？以此推之，急务也。苟道之明，圣贤不让，况吾小人，敢以为难！"彦纬敛手谢辂："前言戏之耳。"于是辂为作卦，其言皆验。经每论辂，以为得龙云之精，能养和通幽者，非徒合会之才也。

⑬《辂别传》曰：义博从辂学鸟鸣之候，辂言君虽好道，天才既少，又不解音律，恐难为师也。辂为说八风之变，五音之数，以律吕为众鸟之商，六甲为时日之端，反复谴曲，出入无穷。义博静然沉思，驰精数日，卒无所得。义博言："才不出位，难以追征于此。"遂止。

⑭《辂别传》曰：勃海刘长仁有辩才，初虽闻辂能晓鸟鸣，后每见难辂曰："夫生民之音曰言，鸟兽之声曰鸣，故言者则有知之贵灵，鸣者则无知之贱名，何由以鸟鸣为语，乱神明之所异也？孔子曰'吾不与鸟兽同群'，明其贱也。"辂答曰："夫天虽有大象而不能言，故运星精于上，流神明于下，验风云以表异，役鸟兽以通灵。表异者必有浮沉之候，通灵者必有宫商之应，是以宋襄失德，六鹢并退，伯姬将焚，鸟唱其灾，四国未火，融风已发，赤鸟夹日，殃在荆楚。此乃上天之所使，自然之明符。考之律吕则音声有本，求之人事则吉凶不失。昔在秦祖，以功受封，葛卢听音，著在《春秋》，斯皆典谟之实，非圣贤

之虚名也。商之将兴，由一燕卵也。文王受命，丹乌衔书，此乃圣人之灵祥，周室之休祚，何贱之有乎？夫鸟鸣之听，精在鹑火，妙在八神，自非斯伦，犹子路之于死生也。”长仁言：“君辞虽茂，华而不实，未敢之信。”须臾有鸣鹊之验，长仁乃服。

⑮《辂别传》曰：辂又曰：“夫风以时动，爻以象应，时者神之驱使，象者时之形表，一时其道，不足为难。”王弘直亦大学问，有道术，皆不能精。问辂：“风之推变，乃可尔乎？”辂言：“此但风之毛发，何足为异？若夫列宿不守，众神乱行，八风横起，怒气电飞，山崩石飞，树木摧倾，扬尘万里，仰不见天，鸟兽藏窜，兆民骇惊，于是使梓慎之徒，登高台，望风气，分灾异，刻期日，然后知神思遐幽，灵风可惧。”

⑯《辂别传》曰：诸葛原字景春，亦学士。好卜筮，数与辂共射覆，不能穷之。景春与辂有荣辱之分，因辂饯之，大有高谭之客。诸人多闻其善卜、仰观，不知其有大异之才，于是先与辂共论圣人著作之原，又叙五帝、三王受命之符。辂解景春微旨，遂开张战地，示以不固，藏匿孤虚，以待来攻。景春奔北，军师摧衄，自言吾睹卿旌旗，城池已坏也。其欲战之士，于此鸣鼓角，举云梯，弓弩大起，牙旗雨集。然后登城曜威，开门受敌，上论五帝，如江如汉，下论三王，如翮如翰；其英者若春华之俱发，其攻者若秋风之落叶。听者眩惑，不达其义，言者收声，莫不心服，虽白起之坑赵卒，项羽之塞濉水，无以尚之。于时客皆欲面缚衔璧，求束手于军鼓之下。辂犹总干山立，未便许之。至明日离别之际，然后有腹心始终、一时海内俊士八九人矣。蔡元才在朋友中最有清才，在众人中言：“本闻卿作狗，何意为龙？”辂言：“潜阳未变，非卿所知，焉有狗耳得闻龙声乎！”景春言：“今当远别，后会何期？且复共一射覆。”辂占既皆中。景春大笑，“卿为我论此卦意，纾我心怀”。辂为开爻散理，分赋形象，言征辞合，妙不可述。景春及众客莫不言听后论之美，胜于射覆之乐。景春与辂别，戒以二事，言：“卿性乐酒，量虽温克，然不可保，宁当节之。卿有水镜之才，所见者妙，仰观虽神，祸如膏火，不可不慎。持卿睿才，游于云汉之间，不忧不富贵也。”辂言：“酒不可极，才不可尽，吾欲持酒以礼，持才以愚，何患之有也？”

⑰《辂别传》曰：辂又曰：“厚味腊毒，天精幽夕，坎为棺椁，兑为丧车。”

⑱《辂别传》曰：辂为华清河所召，为北黉文学，一时士友无不叹慕。安平赵孔曜，明敏有思识，与辂有管、鲍之分，故从发干来，就郡黉上与辂相见，言：“卿腹中汪汪，故时死人半，今生人无双，当去俗腾飞，翱翔昊苍，云何在此？闻卿消息，使吾食不甘味也。冀州裴使君才理清明，能释玄虚，每论《易》及老、庄之道，未尝不注精于严、瞿之徒也。又眷吾意重，能相明信者。今当故往，为卿陈感虎开石之诚。”辂言：“吾非四渊之龙，安能使白日昼阴？卿若能动东风，兴朝云，吾志所不让也。”于是遂至冀州见裴使君。使君言：“君颜色何以消减于故邪？”孔曜言：“体中无药石之疾，然见清河郡内有一骐骥，拘絷后厩历年，去王良、伯乐百八十里，不得骋天骨，起风尘，以此憔悴耳。”使君言：“骐骥今何在也？”孔曜言：“平原管辂字公明，年三十六，雅性宽大，与世无忌，可谓士雄。仰观天文则能同妙甘公、石申，俯览《周易》则能思齐季主，游步道术，开神无穷，可谓士英。抱荆山之璞，怀夜光之宝，而为清河郡所录北黉文学，可为痛心疾首也。使君方欲流精九皋，垂神幽薮，欲令明主不独治，逸才不久滞，高风遐被，莫不草靡，宜使辂特蒙阴和之应，得及羽仪之时，必能翼宣隆化，扬声九围也。”裴使君闻言，则慷慨曰：“何乃尔邪！虽在大州，未见异才可用释人郁闷者，思还京师，得共论道耳，况草间自有清妙之才乎？如此便相为取之，莫使骐骥更为凡马，荆山反成凡石。”即檄召辂为文学从事。一相见，清论终日，不觉罢倦。天时大热，移床在庭前树下，乃至鸡向晨，然后出。再相见，便转为钜鹿从事。三见，转治中。四见，转为别驾。至十月，举为秀才。辂辞裴使君，使君言：“何、邓二尚书，有经国才略，于物理无不精也。何尚书神明精微，言皆巧妙，巧妙之志，殆破秋毫，君当慎之！自言不解《易》九事，必当以相问。比至洛，宜善精其理也。”辂言：“何若巧妙，以攻难之才，游形之表，未入于神。

夫入神者，当步天元，推阴阳，探玄虚，极幽明，然后览道无穷，未暇细言。若欲差次老、庄而参爻、象，爱微辩而兴浮藻，可谓射侯之巧，非能破秋毫之妙也。若九事皆至义者，不足劳思也。若阴阳者，精之以久。辂去之后，岁朝当有时刑大风，风必摧破树木。若发于乾者，必有天威，不足共清谭者。"

⑲臣松之案：相书谓鼻之所在为天中。鼻有山象，故曰："天中之山"也。

⑳《辂别传》曰：辂为何晏所请，果共论《易》九事，九事皆明。晏曰："君论阴阳，此世无双。"时邓飏与晏共坐，飏言："君见谓善《易》，而语初不及《易》中辞义，何故也？"辂寻声答之曰："夫善《易》者不论《易》也。"晏含笑而赞之"可谓要言不烦也"。因请辂为卦。辂既称引鉴戒，晏谢之曰："知几其神乎，古人以为难；交疏而吐其诚，今人以为难。今君一面而尽二难之道，可谓明德惟馨。《诗》不云乎，'中心藏之，何日忘之'！"

㉑《辂别传》曰：舅夏大夫问辂："前见何、邓之日，为已有凶气未也？"辂言："与祸人共会，然后知神明交错；与吉人相近，又知圣贤求精之妙。夫邓之行步，则筋不束骨，脉不制肉，起立倾倚，若无手足，谓之鬼躁。何之视候，则魂不守宅，血不华色，精爽烟浮，容若槁木，谓之鬼幽。故鬼躁者为风所收，鬼幽者为火所烧，自然之符，不可以蔽也。"辂后因得休，裴使君问："何平叔一代才名，其实何如？"辂曰："其才若盆盎之水，所见者清，所不见者浊。神在广博，志不务学，弗能成才。欲以盆盎之水，求一山之形，形不可得，则智由此惑。故说老、庄则巧而多华，说《易》生义则美而多伪；华则道浮，伪则神虚；得上才则浅而流绝，得中才则游精而独出，辂以为少功之才也。"裴使君曰："诚如来论。吾数与平叔共说老、庄及《易》，常觉其辞妙于理，不能折之。又时人吸习，皆归服之焉，益令不了。相见得清言，然后灼灼耳。"

㉒《辂别传》云：魏郡太守钟毓，清逸有才，难辂《易》二十余事，自以为难之至精也。辂寻声投响，言无留滞，分张爻象，义皆殊妙。毓即谢辂。辂卜知毓生日月，毓愕然曰："圣人运神通化，连属事物，何聪明乃尔！"辂言："幽明同化，死生一道，悠悠太极，终而复始。文王损命，不以为忧，仲尼曳杖，不以为惧，绪烦蓍筮，宜尽其意。"毓曰："生者好事，死者恶事，哀乐之分，吾所不能齐，且以付天，不以付君也。"石苞为邺典农，与辂相见，问曰："闻君乡里翟文耀能隐形，其事可信乎？"辂言："此但阴阳蔽匿之数，苟得其数，则四岳可藏，河海可逃。况以七尺之形，游变化之内，散云雾以幽身，布金水以灭迹，术足数成，不足为难。"苞曰："欲闻其妙，君且善论其数也。"辂言："夫物不精不为神，数不妙不为术，故精者神之所合，妙者智之所遇，合之几微，可以性通，难以言论。是故鲁班不能说其手，离朱不能说其目。非言之难，孔子曰'书不尽言'，言之细也，'言不尽意'，意之微也，斯皆神妙之谓也。请举其大体以验之。夫白日登天，运景万里，无物不照，及其入地，一炭之光，不可得见。三五盈月，清耀烛夜，可以远望，及其在昼，明不如镜。今逃日月者必阴阳之数，阴阳之数通于万类，鸟兽犹化，况于人乎！夫得数者妙，得神者灵，非徒生者有验，死亦有征。是以杜伯乘火气以流精，彭生托水变以立形。是故生者能出亦能入，死者能显亦能幽，此物之精气，化之游魂，人鬼相感，数使之然也。"苞曰："目见阴阳之理，不过于君，君何以不隐？"辂曰："夫陵虚之鸟，爱其清高，不愿江、汉之鱼；渊沼之鱼，乐其濡湿，不易腾风之鸟：由性异而分不同也。仆自欲正身以明道，直己以亲义，见数不以为异，知术不以为奇，夙夜研几，孳孳温故，而素隐行怪，未暇斯务也。"

㉓《辂别传》曰：故郡将刘邠字令元，清和有思理，好《易》而不能精。与辂相见，意甚喜欢，自说注《易》向讫也。辂言："今明府欲劳不世之神，经纬大道，诚富美之秋。然辂以为注《易》之急，急于水火；水火之难，登时之验，《易》之清浊，延于万代，不可不先定其神而后垂明思也。自旦至今，听采圣论，未有《易》之一分，《易》安可注也！辂不解古之圣人，何以处乾位于西北，坤位于西南。夫乾坤者天地之象，然天地至大，为神明君父，覆载万物，生长无首，何以安处二位与六卦同列？乾之象彖曰：'大哉乾元，万物资始，乃统天。'夫统者，属也。

尊莫大焉，何由有别位也？”邠依《易系词》，诸为之理以为注，不得其要。辂寻声下难，事皆穷析。曰：“夫乾坤者，易之祖宗，变化之根源，今明府论清浊者有疑，疑则无神，恐非注《易》之符也。”辂于此为论八卦之道及爻象之精，大论开廓，众化相连。邠所解者，皆以为妙，所不解者，皆以为神。自说：“欲注《易》八年，用思勤苦，历载靡宁，定相得至论，此才不及《易》，不爱久劳，喜承雅言，如此相为高枕偃息矣。”欲从辂学射覆，辂言：“今明府以虚神于注《易》，亦宜绝思于灵蓍。灵蓍者，二仪之明数，阴阳之幽契，施之于道则定天下吉凶，用之于术则收天下毫纤。纤微，未可以为《易》也。”邠曰：“以为术者《易》之近数，欲求其端耳。若如来论，何事于斯？”留辂五日，不遑恤官，但共清谭。邠自言：“数与何平叔论《易》及老、庄之道，至于精神遐流，与化周旋，清若金水，郁若山林，非君侣也。”邠又曰：“此郡官舍，连有变怪，变怪多形，使人怖恐，君似当达此数者，其理何由也。”辂言：“此郡所以名平原者，本有原，山无木石，与地自然；含阴不能吐云，含阳不能激风，阴阳虽弱，犹有微神；微神不真，多聚凶奸，以类相求，魍魉成群。或因汉末兵马扰攘，军尸流血，污染丘岳，强魂相感，变化无常，故因昏夕之时，多有怪形也。昔夏禹文明，不怪于黄龙，周武信时，不惑于暴风，今明府道德高妙，神不惧妖，自天佑之，吉无不利，愿安百禄以光休宠也。”邠曰：“听雅论为近其理，每有变怪，辄闻鼓角声音，或见弓剑形象。夫以土山之精，伯有之魂，实能合会，干犯明灵也。”邠问辂：“《易》言刚健笃实，辉光日新，斯为同不也？”辂曰：“不同之名，朝旦为辉，日中为光。”

《晋诸公赞》曰：邠本名炎，犯晋太子讳，改为邠。位至太子仆。子粹，字纯嘏，侍中。次宏，字终嘏，太常。次汉，字仲嘏，光禄大夫。汉清冲有贵识，名亚乐广。宏子咸，徐州刺史。次耽，晋陵内史。耽子恢，字真长，尹丹杨，为中兴名士也。

㉔《辂别传》曰：清河令徐季龙，字开明，有才机。与辂相见，共论龙动则景云起，虎啸则谷风至，以为火星者龙，参星者虎，火出则云应，参出则风到，此乃阴阳之感化，非龙虎之所致也。辂言：“夫论难当先审其本，然后求其理，理失则机谬，机谬则荣辱之主。若以参星为虎，则谷风更为寒霜之风，寒霜之风非东风之名。是以龙者阳精，以潜为阴，幽灵上通，和气感神，二物相扶，故能兴云。夫虎者，阴精而居于阳，依木长啸，动于巽林，二气相感，故能运风。若磁石之取铁，不见其神而金自来，有征应以相感也。况龙有潜飞之化，虎有文明之变，招云召风，何足为疑？”季龙言：“夫龙之在渊，不过一井之底，虎之悲啸，不过百步之中，形气浅弱，所通者近，何能灟景云而驰东风？”辂言：“君不见阴阳燧在掌握之中，形不出手，乃上引太阳之火，下引太阴之水，嘘吸之间，烟景以集。苟精气相感，县象应乎二燧；苟不相感，则二女同居，志不相得。自然之道，无有远近。”季龙言：“世有军事，则感鸡雉先鸣，其道何由？复有他占，惟在鸡雉而已？”辂言：“贵人有事，其应在天，在天则日月星辰也。兵动民忧，其应在物，在物则山林鸟兽也。夫鸡者兑之畜，金者兵之精，雉者离之鸟，兽者武之神，故太白扬辉则鸡鸣，荧惑流行则雉惊，各感数而动。又兵之神道，布在六甲，六甲推移，其占无常。是以晋柩牛呴，果有西军，鸿嘉石鼓，鸣则有兵，不专近在于鸡雉也。”季龙言：“鲁昭公八年，有石言于晋，师旷以为作事不时，怨讟动于民，则有非言之物而言，于理为合不？”辂言：“晋平奢泰，崇饰宫室，斩伐林木，残破金石，民力既尽，怨及山泽，神痛人感，二精并作，金石同气，则兑为口舌，口舌之妖，动于灵石。传曰轻百姓，饰城郭，则金不从革，此之谓也。”季龙钦嘉，留辂经数日。辂占猎既验，季龙曰：“君虽神妙，但不多藏物耳，何能皆得之？”辂言：“吾与天地参神，蓍龟通灵，抱日月而游杳冥，极变化而览未然，况兹近物，能蔽聪明？”季龙大笑，“君既不谦，又念穷在近矣。”辂言：“君尚未识谦言，焉能论道？夫天地者则乾坤之卦，蓍龟者则卜筮之数，日月者离坎之象，变化者阴阳之爻，杳冥者神化之源，未然者则幽冥之先，此皆《周易》之纪纲，何仆之不谦？”季龙于是取十三种物，欲以穷之，辂射之皆中。季龙乃叹曰：“作者之谓圣，述者之谓明，岂此之谓乎！”

㉕《辂别传》曰：辂与倪清河相见，既刻雨期，倪犹未信。辂曰："夫造化之所以为神，不疾而速，不行而至。十六日壬子，直满，毕星中已有水气，水气之发，动于卯辰，此必至之应也。又天昨檄召五星，宣布星符，刺下东井，告命南箕，使召雷公、电母、风伯、雨师，群岳吐阴，众川激精，云汉垂泽，蛟龙含灵，烨烨朱电，吐咀杳冥，殷殷雷声，嘘吸雨灵，习习谷风，六合皆同，欻唾之间，品物流形。天有常期，道有自然，不足为难也。"倪曰："谭高信寡，相为忧之。"于是便留辂，往请府丞及清河令。若夜雨者当为啖二百斤犊肉，若不雨当住十日。辂曰："言念费损！"至日向暮，了无云气，众人并嗤辂。辂言："树上已有少女微风，树间又有阴鸟和鸣。又少男风起，众鸟和翔，其应至矣。"须臾，果有艮风鸣鸟。日未入，东南有山云楼起。黄昏之后，雷声动天。到鼓一中，星月皆没，风云并兴，玄气四合，大雨河倾。倪调辂言："误中耳，不为神也。"辂曰："误中与天期，不亦工乎！"

㉖《辂别传》曰：既有明才，遭朱阳之运，于时名势赫奕，若火猛风疾。当途之士，莫不枝附叶连。宾客如云，无多少皆为设食。宾无贵贱，候之以礼。京城纷纷，非徒归其名势而已，然亦怀其德焉。向不夭命，辂之荣华，非世所测也。弟辰尝欲从辂学卜及仰观事，辂言："卿不可教耳。夫卜非至精不能见其数，非至妙不能睹其道，《孝经》、《诗》、《论》，足为三公，无用知之也。"于是遂止。子弟无能传其术者。辰叙曰："夫晋、魏之士，见辂道术神妙，占候无错，以为有隐书及象甲之数。辰每观辂书传，惟有《易林》、《风角》及《鸟鸣》、《仰观星书》三十余卷，世所共有。然辂独在少府官舍，无家人子弟随之，其亡没之际，好奇不哀丧者，盗辂书，惟余《易林》、《风角》及《鸟鸣书》还耳。夫术数有百数十家，其书有数千卷，书不少也。然而世鲜名人，皆由无才，不由无书也。裴冀州、何、邓二尚书及乡里刘太常、颍川兄弟，以辂禀受天才，明阴阳之道，吉凶之情，一得其源，遂涉其流，亦不为难，常归服之。辂自言与此五君共语使人精神清发，昏不暇寐。自此以下，殆白日欲寝矣。又自言当世无所愿，欲得与鲁梓慎、郑裨灶、晋卜偃、宋子韦、楚甘公、魏石申共登灵台，披神图，步三光，明灾异，运蓍龟，决狐疑，无所复恨也。辰不以暗浅，得因孔怀之亲，数与辂有所谘论。至于辨人物，析臧否，说近义，弹曲直，拙而不工也。若敷皇、羲之典，扬文、孔之辞，周流五曜，经纬三度，口满声溢，微言风集，若仰眺飞鸿，漂漂兮景没，若俯临深溪，杳杳兮精绝；逼以攻难，而失其端，欲受学求道，寻以迷昏，无不扼腕椎指，追响长叹也。昔京房虽善卜及风律之占，卒不免祸，而辂自知四十八当亡，可谓明哲相殊。又京房目见遘谗之党，耳听青蝇之声，面谏不从，而犹道路纷纭。辂处魏、晋之际，藏智以朴，卷舒有时，妙不见求，愚不见遗，可谓知几相邈也。京房上不量万乘之主，下不避佞谄之徒，欲以天文、洪范，利国利身，困不能用，卒陷大刑，可谓枯龟之余智，膏烛之末景，岂不哀哉！世人多以辂畴之京房，辰不敢许也。至于仰察星辰，俯定吉凶，远期不失年岁，近期不失日月，辰以甘、石之妙不先也。射覆名物，见术流速，东方朔不过也。观骨形而审贵贱，览形色而知生死，许负、唐举不超也。若夫疏风气而探微候，听鸟鸣而识神机，亦一代之奇也。向使辂官达，为宰相大臣，膏腴流于明世，华曜列乎竹帛，使幽验皆举，秘言不遗，千载之后，有道者必信而贵之，无道者必疑而怪之；信者以妙过真，夫妙与神合者，得神无所惑也。恨辂才长命短，道贵时贱，亲贤遐潜，不宣于良史，而为鄙弟所见追述，既自暗浊，又从来久远，所载卜占事，虽不识本卦，捃拾残余，十得二焉。至于仰观灵曜，说魏、晋兴衰，及五运浮沉，兵革灾异，十不收一。无源何以成河？无根何以垂荣？虽秋菊可采，不及春英，临文慷慨，伏用哀惭。将来君子，幸以高明求其义焉。往孟荆州为列人典农，尝问亡兄，昔东方朔射覆得何卦，正知守宫、蜥蜴二物者。亡兄于此为安卦生象，辞喻交错，微义豪起，变化相推，会于辰巳，分别龙蛇，各使有理。言绝之后，孟荆州长叹息曰：'吾闻君论，精神腾跃，殆欲飞散，何其汪汪乃至于斯邪！'"

臣松之案：辰所称乡里刘太常者，谓刘寔也。辰撰辂传，寔时为太常，颍川则寔弟智也。寔、智并以儒学为名，无能言之。《世语》称寔博辩，犹不足以并裴、何之流也。又案辂自说，云“本命在寅”，则建安十五年生也。至正始九年，应三十九，而传云三十六，以正元三年卒，应四十七，传云四十八，皆为不相应也。近有阎续伯者，名缵，该微通物，有良史风。为天下补缀遗脱，敢以所闻列于篇左。皆从受之于大人先哲，足以取信者，冀免虚诬之讥云尔。尝受辰传所谓刘太常者曰：“辂始见闻，由于为邻妇卜亡牛，云当在西面穷墙中，县头上向。教妇人令视诸丘冢中，果得牛。妇人因以为藏己牛，告官案验，乃知以术知，故裴冀州遂闻焉。”又云：“路中小人失妻者，辂为卜，教使明旦于东阳城门中伺担豚人牵与共斗。具如其言，豚逸走，即共追之。豚入人舍，突破主人瓮，妇从瓮中出。”刘侯云甚多此类，辰所载才十一二耳。刘侯云：“辰，孝廉才也。”中书令史纪玄龙，辂乡里人，云：“辂在田舍，尝候远邻，主人患数失火。辂卜，教使明日于南陌上伺，当有一角巾诸生，驾黑牛故车，必引留，为设宾主，此能消之。即从辂戒。诸生有急求去，不听，遂留当宿，意大不安，以为图己。主人罢入，生乃把刀出门，倚两薪积间，侧立假寐。欻有一小物直来过前，如兽，手中持火，以口吹之。生惊，举刀斫，正断要，视之则狐。自此主人不复有灾。”前长广太守陈承佑口受城门校尉华长骏语云：“昔其父为清河太守时，召辂作吏，骏与少小，后以乡里，遂加恩意，常与同载周旋，具知其事。云诸要验，三倍于传。辰既短才，又年县小，又多在田舍，故益不详。辰仕宦至州主簿、部从事，太康之初物故。”骏又云：“辂卜亦不悉中，十得七八，骏问其故，辂云：‘理无差错，来卜者或言不足以宣事实，故使尔。’华城门夫人者，魏故司空涿郡卢公女也，得疾，连年不差。华家时居西城下南缠里中，三厩在其东南。辂卜当有师从东方来，自言能治，便听使之，必得其力。后无何，有南征厩驺，当充甲卒，来诣卢公，占能治女郎。公即表请留之，专使其子将诣华氏疗疾，初用散药，后复用丸治，寻有效，即奏除驺名，以补太医。”又云：“随辂父在利漕时，有治下屯民捕鹿者，其晨行还，见毛血，人取鹿处来诣厩告辂，辂为卦语云：‘此有盗者，是汝东巷中第三家也。汝径往门前，伺无人时，取一瓦子，密发其碓屋东头第七椽，以瓦著下，不过明日食时，自送还汝。’其夜，盗者父病头痛，壮热烦疼，然亦来诣辂卜。辂为发祟，盗者具服。辂令担皮肉藏还著故处，病当自愈。乃密教鹿主往取。又语使复往如前，举椽弃瓦。盗父病差。又都尉治内史有失物者，辂使明晨于寺门外看，当逢一人，使指天画地，举手四向，自当得之。暮果获于故处矣。”

三国志卷三十 魏书三十

乌丸鲜卑东夷传第三十

《书》载“蛮夷猾夏”，《诗》称“猃狁孔炽”，久矣其为中国患也。秦、汉以来，匈奴久为边害。孝武虽外事四夷，东平两越、朝鲜，西讨贰师、大宛，开邛苲、夜郎之道，然皆在荒服之外，不能为中国轻重。而匈奴最逼于诸夏，胡骑南侵则三边受敌，是以屡遣卫、霍之将，深入北伐，穷追单于，夺其饶衍之地。后遂保塞称藩，世以衰弱。建安中，呼厨泉南单于入朝，遂留内侍，使右贤王抚其国，而匈奴折节，过于汉旧。然乌丸、鲜卑稍更强盛，亦因汉末之乱，中国多事，不遑外讨，故得擅漠南之地，寇暴城邑，杀略人民，北边仍受其困。会袁绍兼河北，乃抚有三郡乌丸，宠其名王而收其精骑。其后尚、熙又逃于蹋顿。蹋顿又骁武，边长老皆比之冒顿，恃其阻远，敢受亡命，以雄百蛮。太祖潜师北伐，出其不意，一战而定之，夷狄慑服，威振朔土。遂引乌丸之众服从征讨，而边民得用安息。后鲜卑大人轲比能复制御群狄，尽收匈奴故地，自云中、五原以东抵辽

《尚书》上记载“蛮夷扰乱华夏”，《诗经》上说“猃狁的气焰非常炽盛”，边境民族为害中原是很久的了。秦汉以来，匈奴长期为害边境。汉武帝虽然对四边蛮夷采取攻势，在东边平定了两越、朝鲜，在西边征讨贰师、大宛，开通了邛苲、夜郎的道路，但是这些地方都在边远地域之外，它们对中原并不发生多大的影响。而匈奴最逼近中原地区，他们的骑兵南侵，三边幽、并、凉等州立刻就受到敌人威胁，因此汉武帝多次派遣卫青、霍去病等将领，深入敌境进行北伐，穷追单于，攻取其富饶平坦的地区。后来匈奴终于安居边塞向朝廷称臣，一代代衰弱下去。建安年间，呼厨泉南单于来朝廷，就被留了下来在朝廷供职，而让右贤王回去管理国家，因而匈奴恭顺臣服，其程度超过了汉朝以往的时候。但是乌丸、鲜卑却渐渐强盛起来，这也是因为东汉末年天下混乱，中原战事频繁，没有时间对外用兵之故，因而他们得以控制了漠南地区，进犯抢掠城镇乡村，杀害掳掠人民百姓，北部边境不断受到他们的威胁。当袁绍兼并了黄河以北地区，于是招抚三郡乌丸，优待乌丸中有名望的首领而收编其精锐骑兵。后来袁尚、袁熙又逃亡到蹋顿那里。蹋顿骁悍勇武，边境老人们都把他比作冒顿，他依仗其地方遥远隔绝，敢于接纳中原的逃亡者，以称雄于边境各蛮夷种族。太祖秘密出兵北伐，出其不意，一战就平定了蹋顿，夷蛮各族都惧怕臣服，太祖的声威震撼了北方。于是率领乌丸部众随军征战讨伐，因而边境人民得以安定养息。后来鲜卑首领轲比能又制服统御了鲜卑各部，占有了匈奴的全部旧地，从云中、五原以东直到辽水边上，都成为鲜卑控制的地区。鲜卑多次侵

水，皆为鲜卑庭。数犯塞寇边，幽、并苦之。田豫有马城之围，毕轨有陉北之败。青龙中，帝乃听王雄，遣剑客刺之。然后种落离散，互相侵伐，强者远遁，弱者请服。由是边陲差安，漠南少事，虽时颇钞盗，不能复相扇动矣。乌丸、鲜卑即古所谓东胡也。其习俗、前事，撰汉记者已录而载之矣。故但举汉末魏初以来，以备四夷之变云。①

扰攻掠边境，幽州、并州的官吏百姓苦于其害。田豫曾遭受马城之围，毕轨也有过陉北之败。青龙年间，魏明帝才听从王雄的计策，派剑客去刺杀了轲比能。这以后鲜卑部落离散，互相侵犯攻打，力量强些的部落远远地遁逃了，力量较弱的部落就请求归附。于是边境基本安定下来，漠南地区也少有战事，虽然鲜卑人不时还来抢劫抄盗，但各部落再也不能互相联结大规模为害了。乌丸、鲜卑就是古时所说的东胡。他们的习俗、以前的情形，修撰汉朝历史的人已经将其记录下来写在书里了。因此我只选录汉末魏初以来的史事，从而使四边民族的历史变迁能完整地被人们了解。

汉末，辽西乌丸大人丘力居，众五千余落，上谷乌丸大人难楼，众九千余落，各称王，而辽东属国乌丸大人苏仆延，众千余落，自称峭王，右北平乌丸大人乌延，众八百余落，自称汗鲁王，皆有计策勇健。中山太守张纯叛入丘力居众中，自号弥天安定王，为三郡乌丸元帅，寇略青、徐、幽、冀四州，杀略吏民。灵帝末，以刘虞为幽州牧，募胡斩纯首，北州乃定。后丘力居死，子楼班年小，从子蹋顿有武略，代立，总摄三王部，众皆从其教令。袁绍与公孙瓒连战不决，蹋顿遣使诣绍求和亲，助绍击瓒，破之。绍矫制赐蹋顿、峭王、汗鲁王印绶，皆以为单于。②

汉朝末年，辽西乌丸大人丘力居，拥有五千多落的部众，上谷乌丸大人难楼，拥有九千多帐户的部众，他们各自都称王，而辽东属国的乌丸大人苏仆延，拥有一千多帐户的部众，自称峭王，右北平乌丸大人乌延，拥有八百多帐户的部众，自称汗鲁王，他们都有计策谋划而勇猛壮健。中山太守张纯背叛朝廷逃到丘力居部众里，自称弥天安定王，成为三郡乌丸的元帅，攻打抢掠青、徐、幽、冀四州，杀害掳掠官吏百姓。汉灵帝末年，朝廷任命刘虞为幽州牧，招募胡人斩下了张纯的头，北方四州才安定下来。后来丘力居死了，他的儿子楼班年纪还小，侄儿蹋顿勇武而有谋略，就代替楼班当了首领，统辖三郡乌丸各部，众人都服从他的命令。袁绍与公孙瓒接连交战而不分胜负，蹋顿派使者到袁绍那里请求和亲，又帮助袁绍攻打公孙瓒，把公孙瓒打败了。袁绍就假借汉朝皇帝的名义下诏赐蹋顿、峭王、汗鲁王印玺绶带，承认他们都是单于。

后楼班大，峭王率其部众奉楼班为单于，蹋顿为王。然蹋顿多画计策。广阳阎柔，少没乌丸、鲜卑中，为其种所归信。柔乃因鲜卑众，杀乌丸校

后来楼班长大成人，峭王率领部众推拥楼班当了单于，蹋顿当王。然而出谋划策的多是蹋顿。广阳郡人阎柔，少年时流落到乌丸、鲜卑人中，为他们所归服信任。于是阎柔利用鲜卑部众，杀了乌丸校尉

尉邢举代之，绍因宠慰以安北边。后袁尚败奔蹋顿，凭其势，复图冀州。会太祖平河北，柔帅鲜卑、乌丸归附，遂因以柔为校尉，犹持汉使节，治广宁如旧。建安十一年，太祖自征蹋顿于柳城，潜军诡道，未至百余里，虏乃觉。尚与蹋顿将众逆战于凡城，兵马甚盛。太祖登高望虏陈，抑军未进，观其小动，乃击破其众，临陈斩蹋顿首，死者被野。速附丸、楼班、乌延等走辽东，辽东悉斩，传送其首。其余遗迸皆降。及幽州、并州柔所统乌丸万余落，悉徙其族居中国，帅从其侯王大人种众与征伐。由是三郡乌丸为天下名骑。③

邢举自己取而代之，袁绍就势对他加以优宠抚慰以安定北方边疆。后来袁尚失败逃奔蹋顿，凭借蹋顿的力量，图谋重新占领冀州。正遇太祖平定了黄河以北地区，阎柔带领鲜卑、乌丸之众归附他，太祖仍让阎柔担任乌丸校尉，仍然持汉使节，治所也和以前一样仍设在广宁。建安十一年，太祖亲自带兵前往柳城征讨蹋顿，从隐蔽的道路秘密进军，离敌人不到百余里了，敌人才发觉。袁尚和蹋顿率领部众在凡城迎战，兵马很是强盛。太祖登上高处观察敌人阵势，停下军队暂缓进攻，等看到敌军骚动不安之际，就进攻打败了蹋顿的部众，在阵上砍了蹋顿的头，杀死的敌人布满了山野。速附丸、楼班、乌延等人逃奔辽东，辽东太守将他们全都杀了，还把他们的头传送给太祖。其他逃跑溃散的残余敌人全部投降。对幽州、并州阎柔统辖的那一万多落乌丸部众，太祖则将他们全都迁到中原居住，并让各部的侯王大人及其部众随他一起征伐作战。因此三郡乌丸成为天下著名的骑兵。

鲜卑④步度根既立，众稍衰弱，中兄扶罗韩亦别拥众数万为大人。建安中，太祖定幽州，步度根与轲比能等因乌丸校尉阎柔上贡献。后代郡乌丸能臣氐等叛，求属扶罗韩，扶罗韩将万余骑迎之。到桑干，氐等议，以为扶罗韩部威禁宽缓，恐不见济，更遣人呼轲比能。比能即将万余骑到，当共盟誓。比能便于会上杀扶罗韩，扶罗韩子泄归泥及部众悉属比能。比能自以杀归泥父，特又善遇之。步度根由是怨比能。文帝践阼，田豫为乌丸校尉，持节并护鲜卑，屯昌平。步度根遣使献马，帝拜为王。后数与轲比能更相攻击，步度根

鲜卑步度根被立为大人后，鲜卑部众就逐渐衰弱了，步度根二哥扶罗韩也另外拥有数万部众当了大人。建安年间，太祖平定了幽州，步度根与轲比能等人通过乌丸校尉阎柔向朝廷进献贡品。后来代郡乌丸能臣氐等人反叛朝廷，请求依附于扶罗韩，扶罗韩就带了一万多骑兵去迎接他们。来到桑干后，能臣氐等人商议，认为扶罗韩所部军威不立禁令宽松，恐怕难成气候，于是又派人去与轲比能联系。轲比能立即带着一万多骑兵到来，与能臣氐等人结盟立誓。轲比能在盟会上把扶罗韩杀了。扶罗韩的儿子泄归泥及其部众全被轲比能收编。轲比能考虑到自己杀了归泥的父亲，对归泥就特别地加以优待。步度根因为此事怨恨轲比能。魏文帝即位，田豫当了乌丸校尉，持节并护理鲜卑部众，屯驻在昌平县。步度根派遣使者向朝廷献马，文帝封步度根为王。后来与轲比能多次互相攻打，步度根的部众逐渐衰

部众稍寡弱，将其众万余落保太原、雁门郡。步度根乃使人招呼泄归泥曰：“汝父为比能所杀，不念报仇，反属怨家。今虽厚待汝，是欲杀汝计也。不如还我，我与汝是骨肉至亲，岂与仇等？”由是归泥将其部落逃归步度根，比能追之弗及。至黄初五年，步度根诣阙贡献，厚加赏赐，是后一心守边，不为寇害，而轲比能众遂强盛。明帝即位，务欲绥和戎狄，以息征伐，羁縻两部而已。至青龙元年，比能诱步度根深结和亲，于是步度根将泄归泥及部众悉保比能，寇钞并州，杀略吏民。帝遣骁骑将军秦朗征之，归泥叛比能，将其部众降，拜归义王，赐幢麾、曲盖、鼓吹，居并州如故。步度根为比能所杀。

减弱小，带着一万多落部众依于太原、雁门两郡以自保。步度根于是派人招引呼唤泄归泥说：“你的父亲被轲比能所杀，你不想着报仇，反而依附仇家。现在轲比能虽待你宽厚，这是要杀你的计谋罢了。不如回我这里来，我与你是骨肉至亲，怎能像仇家那样？”于是泄归泥带着他的部众逃归步度根，轲比能追赶泄归泥没能追上。到黄初五年，步度根来朝廷进献贡物，朝廷给了厚重的赏赐，这以后步度根一心守御边塞，不再干危害边地的事情，而轲比能的部众便强盛起来。魏明帝即位，一心想安抚戎狄与之和好，以便停止征伐，只是对步度根、轲比能两部鲜卑加以笼络控制而已。到青龙元年，轲比能引诱步度根与他和好结亲，于是步度根带领着泄归泥及其部众都归附于轲比能，抢劫抄掠并州，杀害掳掠官吏百姓。明帝就派遣骁骑将军秦朗去征讨他们，泄归泥背叛轲比能，带着他的部众投降了，朝廷封他为归义王，赐给他幢麾、曲盖、鼓吹，仍让他像以前一样居住在并州。步度根则被轲比能杀掉了。

轲比能本小种鲜卑，以勇健，断法平端，不贪财物，众推以为大人。部落近塞，自袁绍据河北，中国人多亡叛归之，教作兵器铠楯，颇学文字。故其勒御部众，拟则中国，出入弋猎，建立旌麾，以鼓节为进退。建安中，因阎柔上贡献。太祖西征关中，田银反河间，比能将三千余骑随柔击破银。后代郡乌丸反，比能复助为寇害，太祖以鄢陵侯彰为骁骑将军，北征，大破之。比能走出塞，后复通贡献。延康初，比能遣使献马，文帝亦立比能为附

轲比能本来出身于鲜卑中的弱小部落，因为勇敢壮健，处理纠纷公正平允，不贪财物，部众推拥他当了大人。其部落靠近边塞，从袁绍占据黄河以北之后，中原人民多有叛变逃亡到轲比能那里去的，他们教轲比能制造兵器铠甲盾牌，轲比能还用心学习文字。因此他统领指挥部众，模仿效法中原，来往射猎，设立旌旗进行指挥，用鼓点节奏做前进后退的信号。建安年间，他通过阎柔向朝廷进贡物品。太祖西征关中，田银在河间反叛作乱，轲比能带了三千多骑兵跟随田柔去攻打击败了田银。后来代郡乌丸反叛朝廷，轲比能却又帮他们抢掠为害。太祖让鄢陵侯曹彰担任骁骑将军，往北征讨他，打得他大败。轲比能逃奔到塞外去了，后来又向朝廷贡献物品。延康初年，轲比能派使者到朝廷献马，文帝也就把轲比能立为附义王。黄初二年，轲比能让居于鲜

义王。黄初二年,比能出诸魏人在鲜卑者五百余家,还居代郡。明年,比能帅部落大人小子代郡乌丸修武卢等三千余骑,驱牛马七万余口交市,遣魏人千余家居上谷。后与东部鲜卑大人素利及步度根三部争斗,更相攻击。田豫和合,使不得相侵。五年,比能复击素利,豫帅轻骑径进掎其后。比能使别小帅琐奴拒豫,豫进讨,破走之,由是怀贰。乃与辅国将军鲜于辅书曰:"夷狄不识文字,故校尉阎柔保我于天子。我与素利为仇,往年攻击之,而田校尉助素利。我临陈使琐奴往,闻使君来,即便引军退。步度根数数钞盗,又杀我弟,而诬我以钞盗。我夷狄虽不知礼义,兄弟子孙受天子印绶,牛马尚知美水草,况我有人心邪!将军当保明我于天子。"辅得书以闻,帝复使豫招纳安慰。比能众遂强盛,控弦十余万骑。每钞略得财物,均平分付,一决目前,终无所私,故得众死力,余部大人皆敬惮之,然犹未能及檀石槐也。

卑部落中的魏人五百多家,回到代郡居住。第二年,轲比能又率领其部落的大人小孩及代郡乌丸修武卢等三千多骑兵,驱赶着七万多头牛马来和中原交易,又把一千多家魏人送回上谷郡居住。后来轲比能与东部鲜卑大人素利及步度根他们三部鲜卑争斗,互相攻打。田豫为他们调和关系,让他们不要互相侵犯。黄初五年,轲比能又攻打素利,田豫率领轻骑径直进攻轲比能后方。轲比能派了别部一个叫琐奴的小头领来抵拒田豫,田豫进讨,把琐奴打败赶跑,因此轲比能对朝廷又怀有二心。于是他给辅国将军鲜于辅写信说:"我们夷狄不识文字,已故的乌丸校尉阎柔在天子面前为我保举。我与素利结下仇恨,往年我去攻打他,可田豫校尉却帮助素利。我在阵前派琐奴前去抵挡,听说田使君到来,马上就引军退避了。步度根一次再次地抄掠我部,又杀了我的兄弟,却反诬我抄掠他们。我夷狄虽然不懂礼义,但我兄弟子孙领受了天子的印玺绶带,牛马尚且知道追慕水草的丰美,何况我是有人心的呢!将军当要在天子面前为我担保辩明。"鲜于辅收到信后就把轲比能的意思报告了朝廷,文帝仍令田豫对轲比能抚慰招纳。于是轲比能部众强盛起来,拥有能弯弓射箭的骑士十多万人。轲比能每次抄掠来的财物,都平均分配,当着部众之面就处理完毕,从不私下多得一点,因此能得到部众的卖命支持,其余各部大人都敬畏他,然而他还是比不上檀石槐。

太和二年,豫遣译夏舍诣比能女婿郁筑鞬部,舍为鞬所杀。其秋,豫将西部鲜卑蒲头、泄归泥出塞讨郁筑鞬,大破之。还至马城,比能自将三万骑围豫七日。上谷太守阎志,柔之弟也,素为鲜卑所信。志往解喻,即解围去。后幽州刺

太和二年,田豫派翻译夏舍到轲比能女婿郁筑鞬部那里,夏舍被郁筑鞬杀害。这年秋天,田豫带着西部鲜卑蒲头、泄归泥出塞去征讨郁筑鞬,把他打得大败。回师到马城,轲比能亲自带了三万骑兵把田豫包围了七天。上谷郡太守阎志,是阎柔的弟弟,一向很为鲜卑所信任。他来到马城劝喻轲比能,于是轲比能解围离去。后来幽州刺史王雄兼任乌丸校

史王雄并领校尉，抚以恩信。比能数款塞，诣州奉贡献。至青龙元年，比能诱纳步度根，使叛并州，与结和亲，自勒万骑迎其累重于陉北。并州刺史毕轨遣将军苏尚、董弼等击之，比能遣子将骑与尚等会战于楼烦，临陈害尚、弼。至三年中，雄遣勇士韩龙刺杀比能，更立其弟。

尉，用恩宠信任来安抚他。轲比能多次入塞，到幽州进奉贡物。到青龙元年，轲比能引诱招纳步度根，使步度根反叛了并州，与他结和亲好，他还亲自带领一万多骑兵到陉北去迎接步度根的家室资产。并州刺史毕轨派了将军苏尚、董弼等人去追击他们，轲比能让他的儿子率骑兵与苏尚等人在楼烦交战，在阵上杀了苏尚、董弼。到了青龙三年，王雄派勇士韩龙刺杀了轲比能，改立他的弟弟为其部落首领。

素利、弥加、厥机皆为大人，在辽西、右北平、渔阳塞外，道远初不为边患，然其种众多于比能。建安中，因阎柔上贡献，通市，太祖皆表宠以为王。厥机死，又立其子沙末汗为亲汉王。延康初，又各遣使献马。文帝立素利、弥加为归义王。素利与比能更相攻击。太和二年，素利死。子小，以弟成律归为王，代摄其众。

素利、弥加、厥机等都是鲜卑大人，居住在辽西、右北平、渔阳塞外。路途遥远，起初还未能对中原造成边患，但他们的部众比轲比能多。建安年间，通过阎柔向朝廷进贡，与中原进行交易，太祖上奏朝廷宠信他们并把他们全都封为王。厥机死后，朝廷又立他的儿子沙末汗为亲汉王。延康初年，他们又各自派了使者向朝廷献马。文帝立素利、弥加为归义王。素利与轲比能互相攻打。太和二年，素利死了。他的儿子年纪还小，就立了他的弟弟成律归为王，代为统辖他的部众。

《书》称“东渐于海，西被于流沙”。其九服之制，可得而言也。然荒域之外，重译而至，非足迹车轨所及，未有知其国俗殊方者也。自虞暨周，西戎有白环之献，东夷有肃慎之贡，皆旷世而至，其遐远也如此。及汉氏遣张骞使西域，穷河源，经历诸国，遂置都护以总领之，然后西域之事具存，故史官得详载焉。魏兴，西域虽不能尽至，其大国龟兹、于寘、康居、乌孙、疏勒、月氏、鄯善、车师之属，无岁不奉朝贡，略如汉氏故事。而公孙渊仍父

《尚书》上说：“往东到大海，往西到沙漠。”这都是所谓九服之内，对这可以了解并能说出大概。可是荒域之外的地方，通过辗转翻译才能来到中原，不是我们步行乘车可以到达的，没有谁了解那地方的奇异风俗。从虞舜到周代，西戎曾进献过白环，东夷肃慎曾进奉贡物，但是隔好几个朝代才来一次，那些地方的遥远到了如此程度。到了汉朝派张骞出使西域，一直走到河源尽头，历经西域各国，于是汉朝设立西域都护来管辖西域各国，这以后西域的事情才被了解，因而史官得以把它们详细记载下来。魏国建立后，西域各国虽然没有都来中原朝贡，但其中的大国如龟兹、于寘、康居、乌孙、疏勒、月氏、鄯善、车师等，没有一年不来朝贡，大体和从前汉朝时情形一样。然而公孙渊承袭其父亲祖父三代占据

祖三世有辽东，天子为其绝域，委以海外之事，遂隔断东夷，不得通于诸夏。景初中，大兴师旅，诛渊，又潜军浮海，收乐浪、带方之郡，而后海表谧然，东夷屈服。其后高句丽背叛，又遣偏师致讨，穷追极远，逾乌丸、骨都，过沃沮，践肃慎之庭，东临大海。长老说有异面之人，近日之所出，遂周观诸国，采其法俗，小大区别，各有名号，可得详纪。虽夷狄之邦，而俎豆之象存。中国失礼，求之四夷，犹信。故撰次其国，列其同异，以接前史之所未备焉。

夫余在长城之北，去玄菟千里，南与高句丽，东与挹娄，西与鲜卑接，北有弱水，方可二千里。户八万，其民土著，有宫室、仓库、牢狱。多山陵、广泽，于东夷之域最平敞。土地宜五谷，不生五果。其人粗大，性强勇谨厚，不寇钞。国有君王，皆以六畜名官，有马加、牛加、猪加、狗加、大使、大使者、使者。邑落有豪民，名下户皆为奴仆。诸加别主四出，道大者主数千家，小者数百家。食饮皆用俎豆，会同、拜爵、洗爵，揖让升降。以殷正月祭天，国中大会，连日饮食歌舞，名曰迎鼓，于是时断刑狱，解囚徒。在国衣尚白，白布大袂，袍、裤，履革鞜。出国则尚缯绣锦罽，大人加狐狸、狖白、黑貂

辽东，天子考虑到那地方太遥远，就放弃了那海外地方的事情，于是公孙渊隔断了中原与东夷的联系，东夷不能来往于中原。景初年间，朝廷大举出兵，诛灭了公孙渊，又秘密进军渡过大海，攻取乐浪、带方二郡，从这以后海外安宁，东夷屈服。这以后高句丽反叛朝廷，朝廷又派偏师进行征讨，穷追到极远的地方，越过乌丸、骨都，经过沃沮，踏进肃慎境内，往东直到大海边上。这里老人们说曾见过面貌奇异的人，他们住在靠近太阳升起的地方，于是得以遍观各国，采录它们的制度习俗，加以区分整理，都各有不同的讲法和名目，因而可以把它们详细记录下来。虽然是夷狄之国，但也有着讲究礼仪的风气。中原的古代礼仪失传了，可以在四方民族中去寻访，这话仍是确实可信的。因此我编排撰录这些国家的情形，叙述它们的同异之处，用来补充以前史书记述的不完备之处。

夫余在长城以北，距离玄菟有千里之遥，南面与高句丽，东面与挹娄，西面与鲜卑接界，北面有弱水，方圆约两千里。人民有八万户，夫余人世代居住在这里，建有宫室、仓库、牢狱。夫余地方山岭多、湖泽大，在东夷中，其地形最为平坦开阔。其土地适宜粮食作物生长，但不出产各种果子。这里的人们身材高大粗壮，本性坚强勇敢但又忠厚拘谨，不抢劫抄掠。国内有君王，其官长都用六畜名称命名，其名称有马加、牛加、猪加、狗加、大使、大使者、使者等。各地村落都有豪强，其所管人户都是奴仆。各加分别主管各方，势力大的统治数千家百姓，势力小的统治数百家。夫余人饮食用俎豆，一起饮宴，主人客人互相敬酒，洗了酒杯再敬酒，拱手礼让上前退后都有讲究。在殷历正月祭天，国中人们聚在一起，连日的饮宴歌舞，这称作迎鼓，在这时他们判决罪犯，释放囚徒。在国内人们服饰喜好白颜色，穿白布制的大袖衣服，着袍子、裤子，穿皮制的鞋子。出国则最喜穿绣有各种花纹的毛织服装，当官的还要穿上狐皮、白狖皮、黑貂皮制的皮衣，戴上用金银装饰的

之裘，以金银饰帽。译人传辞，皆跪，手据地窃语。用刑严急，杀人者死，没其家人为奴婢。窃盗一责十二。男女淫，妇人妒，皆杀之。尤憎妒，已杀，尸之国南山上，至腐烂。女家欲得，输牛马乃与之。兄死妻嫂，与匈奴同俗。其国善养牲，出名马、赤玉、貂狖、美珠。珠大者如酸枣。以弓矢刀矛为兵，家家自有铠仗。国之耆老自说古之亡人。作城栅皆员，有似牢狱。行道昼夜无老幼皆歌，通日声不绝。有军事亦祭天，杀牛观蹄以占吉凶，蹄解者为凶，合者为吉。有敌，诸加自战，下户俱担粮饮食之。其死，夏月皆用冰。杀人殉葬，多者百数。厚葬，有椁无棺。⑤

帽子。翻译传译双方意思时，要俯下身子，以手据地低声轻语。用刑严厉峻急，杀人者处死，其家人没入官家当奴婢。偷盗者则责令他赔偿相当所偷物品十二倍价值的东西。男女淫乱，妇女妒恨，都要处死。尤其痛恨妇女妒恨，杀死之后，还要暴尸于其国的南山之上，直到尸体腐烂。被处死的妇人家中想要收尸，拿牛马去换才给尸体。哥哥死了，弟弟娶嫂子当妻子，这与匈奴人的习俗相同。这个国家善于饲养牲口，出产名马、赤玉、貂狖和好珍珠。珍珠大得就如酸枣一般。以弓箭、刀矛做兵器，家家都自备有铠甲兵仗。国中老人们说自己是古时逃亡者的后人。建造城堡寨栅都成圆形，就像牢狱一样。人们走路时，不管白天黑夜也无论老少都要唱歌，整日里歌声不断。有军事行动也要祭天，杀牛观察牛蹄来预测凶吉，牛蹄分开了就凶，合拢则吉。如果来了敌人，各位加们亲自作战，下户小民则都运送粮食供应他们吃喝。人死了，夏天都用冰来防腐。杀人殉葬，多的要用上百人。讲究厚葬，只用外棺而无内棺。

夫余本属玄菟。汉末，公孙度雄张海东，威服外夷，夫余王尉仇台更属辽东。时句丽、鲜卑强，度以夫余在二虏之间，妻以宗女。尉仇台死，简位居立。无適子，有孽子麻余。位居死，诸加共立麻余。牛加兄子名位居，为大使，轻财善施，国人附之，岁岁遣使诣京都贡献。正始中，幽州刺史毌丘俭讨句丽，遣玄菟太守王颀诣夫余，位居遣大加郊迎，供军粮。季父牛加有二心，位居杀季父父子，籍没财物，遣使簿敛送官。旧夫余俗，水旱不调，五谷不熟，辄归咎于王，或言当易，或言当杀。麻余死，其

夫余本来归玄菟郡管辖。汉朝末年，公孙度在辽东割据称雄，威服境外各族，夫余王尉仇台改属于辽东。当时高句丽、鲜卑强盛，公孙度考虑到夫余处于这二强之间，就把本宗姑娘嫁给了夫余王。尉仇台死了，简位居继立。简位居没有嫡子，只有庶子名叫麻余。简位居死后，各加共立麻余为王。牛加哥哥的儿子名叫位居，担任大使，不重钱财乐善好施，夫余国人都归附于他，他每年都派使者到中原京城贡献物品。正始年间，幽州刺史毌丘俭征讨高句丽，派玄菟太守王颀来到夫余，位居派大加到城外迎接，并提供军粮。位居的叔父牛加有二心，位居把叔父父子杀了，抄没了他的家产，派人列出清单送到王颀的官府。以前夫余习俗，如果水旱灾害发生，粮食失收，就归罪于国王，有的说应换掉国王，有的说应杀掉国王。麻余死后，他的儿子依虑年纪只有六岁，被立为王。汉朝时，夫余王死了要用玉匣安葬，平时就预先准备了玉匣在玄菟郡，夫余王死了就迎

子依虑年六岁，立以为王。汉时，夫余王葬用玉匣，常豫以付玄菟郡，王死则迎取以葬。公孙渊伏诛，玄菟库犹有玉匣一具。今夫余库有玉璧、珪、瓒数代之物，传世以为宝，耆老言先代之所赐也。⑥其印文言“濊王之印”，国有故城名濊城，盖本濊貊之地，而夫余王其中，自谓“亡人”，抑有以也。⑦

取玉匣回来安葬。公孙渊被诛灭后，玄菟郡的库房里还存有一具玉匣。现今夫余王国库里存有玉璧、玉圭、玉瓒等好几代的东西，夫余人把它们当做宝物世代相传，老人们说这是前代朝廷赐给他们的。夫余王印玺上的文字是“濊王之印”，夫余国内有座故城叫濊城，大约夫余是濊貊之地，夫余人在这里建国称王，说自己是逃亡者的后人，或者是有根据的吧。

高句丽在辽东之东千里，南与朝鲜、濊貊，东与沃沮，北与夫余接。都于丸都之下，方可二千里，户三万。多大山深谷，无原泽。随山谷以为居，食涧水。无良田，虽力佃作，不足以实口腹。其俗节食，好治宫室，于所居之左右立大屋，祭鬼神，又祀灵星、社稷。其人性凶急，善寇钞。其国有王，其官有相加、对卢、沛者、古雏加、主簿、优台丞、使者、皂衣先人，尊卑各有等级。东夷旧语以为夫余别种，言语诸事，多与夫余同，其性气衣服有异。本有五族，有涓奴部、绝奴部、顺奴部、灌奴部、桂娄部。本涓奴部为王，稍微弱，今桂娄部代之。汉时赐鼓吹技人，常从玄菟郡受朝服衣帻，高句丽令主其名籍。后稍骄恣，不复诣郡，于东界筑小城，置朝服衣帻其中，岁时来取之，今胡犹名此城为帻沟溇。沟溇者，句丽名城也。其置官，有对卢则不置沛者，有沛者则不置对

高句丽在辽东东面千里的地方，它的南面和朝鲜、濊貊，东面和沃沮，北面与夫余相接。都城在丸都山下，方圆约两千里，有三万户人民。其地多为大山深谷，没有平原湖泊。高句丽人依傍山谷居住，饮用涧水。没有良田，虽然勉力耕作，还是难以填饱肚子。他们有节食的习惯，但却喜好建造宫室。在居住的左右建造大房子，祭礼鬼神，并祭祀灵星、土神和谷神。高句丽人性情凶狠暴躁，喜好抢劫抄掠。国有君王，官号有相加、对卢、沛者、古雏加、主簿、优台丞、使者、皂衣先人，尊卑地位各有等级。东夷人以前说高句丽是夫余别种，他们的语言及各方面风俗，大多和夫余相同，只是人的性情气质和服饰方面有些差异。高句丽原来有五个部族，即涓奴部、绝奴部、顺奴部、灌奴部、桂娄部。原本是涓奴部为王，后来渐渐衰弱，现今桂娄部已取代了涓奴部为王。汉朝时候朝廷赐给高句丽鼓吹艺人，他们常来到玄菟郡接受朝服衣帽，高句丽县令掌管他们的名册。以后高句丽人逐渐骄横放纵，不再到玄菟郡来，在东面边界建了一个小城，朝服衣帽就放置其中，每年一定时候来这里取去，直到现在胡人仍把这个小城叫做帻沟溇。所谓沟溇，就是高句丽人对城的叫法。高句丽设置官职，设了对卢就不设沛者，设了沛者就不设对卢。国王的宗族，凡担任大加的都称古

卢。王之宗族,其大加皆称古雏加。涓奴部本国主,今虽不为王,适统大人,得称古雏加,亦得立宗庙,祠灵星、社稷。绝奴部世与王婚,加古雏之号。诸大加亦自置使者、皂衣先人,名皆达于王,如卿大夫之家臣,会同坐起,不得与王家使者、皂衣先人同列。其国中大家不佃作,坐食者万余口,下户远担米粮鱼盐供给之。其民喜歌舞,国中邑落,暮夜男女群聚,相就歌戏。无大仓库,家家自有小仓,名之为桴京。其人絜清自喜,喜藏酿。跪拜申一脚,与夫余异,行步皆走。以十月祭天,国中大会,名曰东盟。其公会,衣服皆锦绣金银以自饰。大加主簿头着帻,如帻而无余,其小加着折风,形如弁。其国东有大穴,名隧穴,十月国中大会,迎隧神还于国东上祭之,置木隧于神坐。无牢狱,有罪诸加评议,便杀之,没入妻子为奴婢。其俗作婚姻,言语已定,女家作小屋于大屋后,名婿屋,婿暮至女家户外,自名跪拜,乞得就女宿,如是者再三,女父母乃听使就小屋中宿,傍顿钱帛,至生子已长大,乃将妇归家。其俗淫。男女已嫁娶,便稍作送终之衣。厚葬,金银财币,尽于送死,积石为封,列种松柏。其马皆小,便登山。国人有气力,习战斗,沃沮、东濊皆属

雏加。涓奴部本来是高句丽国王,现在虽然不是国王了,但这个部落世代传袭的大人,也可以称古雏加,也可以设立宗庙,祭祀灵星、土神和谷神。绝奴部世代与国王通婚,也加上古雏加的称号。各大加也都自置使者、皂衣先人等官职,任职者姓名都报告国王,如中原以前的卿大夫的家臣,遇上一同起坐,但不能和国王任命的使者、皂衣先人处于同等地位。他们国中的大户豪门不事耕作生产,坐着吃白食的常有上万人,下户人家则老远运来粮米鱼盐供他们食用。高句丽人喜爱歌舞,国中村落,一到晚上就男男女女聚在一起,互相对歌嬉戏。国中没有大仓库,家家户户自有小仓,叫做桴京。高句丽人喜爱清洁,善于酿酒。跪拜时伸出一脚,这和夫余人不同,走起路来都是跑。他们在十月祭天,是时国中人们群聚大会,名叫东盟。他们官家会集,官员们都穿着锦绣服装并饰以金银打扮自己。大加主簿都头戴朝帽,如果朝帽被他们戴完没有多余的了,小加们就只好戴折风,折风的样子就像弁。高句丽国东部有一个大洞穴,叫隧穴,十月国中举行祭天大会,人们将隧神迎接回来,到其国都东边祭祀,把木雕的隧神放到神座上。国中没有牢狱,谁犯了罪就由各位加对他评议,然后就杀了他,把其妻子儿女没入官家当奴婢。高句丽习俗男女缔结婚姻,双方说定之后,女家就在其大屋后造一小屋,名叫婿屋,女婿晚上来到女家门外,自报姓名跪拜在地,请求允许与女同宿,这样再三请求之后,女方父母才答应他与女儿到小屋里同宿,这以后夫妻积蓄钱财,等到生下儿女已经长大,男方才带着妻子回家居住。他们的习俗淫侈浪费,男女结婚之后,就开始逐渐地制备死时穿的衣服。讲究厚葬,金银钱财,几乎全用在送别死者之上,用石块砌成坟墓,旁边种上成行的松柏。高句丽的马都形体矮小,适于登山。高句丽人强壮有力,擅长战斗,沃沮、东濊都依附于高句

焉。又有小水貊。句丽作国，依大水而居，西安平县北有小水，南流入海，句丽别种依小水作国，因名之为小水貊，出好弓，所谓貊弓是也。

丽。另有一个叫小水貊的部族。高句丽建国，依傍大河居住，西安平县的北边有一条小河，向南流入大海，高句丽族有一别种依傍这条小河立国居住，因此被称为小水貊，这里出产好弓，就是人们所说的貊弓。

王莽初发高句丽兵以伐胡，不欲行，强迫遣之，皆亡出塞为寇盗。辽西大尹田谭追击之，为所杀。州郡县归咎于句丽侯驹，严尤奏言："貊人犯法，罪不起于驹，且宜安慰。今猥被之大罪，恐其遂反。"莽不听，诏尤击之。尤诱期句丽侯驹至而斩之，传送其首诣长安。莽大悦，布告天下，更名高句丽为下句丽。当此时为侯国，汉光武帝八年，高句丽王遣使朝贡，始见称王。

王莽初年征发高句丽兵去讨伐北方胡族，他们不愿意去，王莽强迫他们前往，高句丽兵都逃出塞外做寇盗。辽西大尹田谭去追击他们，被他们杀害。州郡县等地方官员把这归罪于句丽侯驹，严尤上奏说："貊人犯法，并不是由于句丽侯驹的罪过，应该对他安抚慰问。现在突然把大罪加在他的身上，恐怕他就要反叛了。"王莽对此不加理会，下诏让严尤去攻击句丽侯驹。严尤诱使句丽侯驹前来约会，到来时将他杀了，把他的头传送到长安。王莽非常高兴，布告全国，把高句丽改名为下句丽。在那时候高句丽是侯国，到汉光帝八年，高句丽王派使者来朝献贡，这时才见高句丽称王。

至殇、安之间，句丽王宫数寇辽东，更属玄菟。辽东太守蔡风、玄菟太守姚光以宫为二郡害，兴师伐之。宫诈降请和，二郡不进。宫密遣军攻玄菟，焚烧候城，入辽隧，杀吏民。后宫复犯辽东，蔡风轻将吏士追讨之，军败没。

到东汉殇帝、安帝在位时，高句丽国王名字叫宫。他多次侵掠辽东郡，还祸及玄菟郡。辽东太守蔡风、玄菟太守姚光认为宫是二郡的祸害，兴兵去讨伐他。宫假意投降请和，两郡的兵马停下不进攻。宫却秘密派兵攻打玄菟郡，焚烧了候城县，又攻进辽隧县，杀害官吏百姓。后来宫又来进犯辽东，蔡风轻率地带领将士们去追击他，结果全军覆没。

宫死，子伯固立。顺、桓之间，复犯辽东，寇新安、居乡，又攻西安平，于道上杀带方令，略得乐浪太守妻子。灵帝建宁二年，玄菟太守耿临讨之，斩首虏数百级，伯固降，属辽东。熹平中，伯固乞属玄菟。公孙度之雄海东也，伯固遣大加优居、主簿然人等助度击富山贼，破之。

宫死之后，他的儿子伯固继立。东汉顺帝、桓帝时，高句丽又进犯辽东，抄掠新安、居乡，又攻打西安平，在路上杀了带方县令，掳掠了乐浪太守的妻子儿女。汉灵帝建宁二年，玄菟太守耿临对高句丽进行征讨，斩杀了数百敌人，伯固投降了，归属于辽东郡。熹平年间，伯固请求改属玄菟郡。公孙度在辽东割据称雄时，伯固派了大加优居、主簿然人等人帮助公孙度去攻打富山贼，打败了他们。

伯固死，有二子，长子拔奇，小子伊夷模。拔奇不肖，国人便共立伊夷模为王。自伯固时，数寇辽东，又受亡胡五百余家。建安中，公孙康出军击之，破其国，焚烧邑落。拔奇怨为兄而不得立，与涓奴加各将下户三万余口诣康降，还住沸流水。降胡亦叛伊夷模，伊夷模更作新国，今日所在是也。拔奇遂往辽东，有子留句丽国，今古雏加驳位居是也。其后复击玄菟，玄菟与辽东合击，大破之。

伯固死后，他有两个儿子，大儿子名拔奇，小儿子名伊夷模。拔奇缺少才德，高句丽人就共立伊夷模当了国王。从伯固时起，高句丽多次攻掠辽东，又接纳了五百多家逃亡的胡人。建安年间，公孙康出兵攻打高句丽，攻入其国，焚烧了那里的城镇村落。拔奇因自己是长兄却没有当上国王而心怀怨愤，于是与涓奴部首带领了各自的下户百姓共三万多人向公孙康投降，公孙康让他们仍然回到沸流水去居住。原先依附高句丽的胡人也背叛了伊夷模，伊夷模重新建立了一个新都，就是现在高句丽的国都所在。拔奇于是到辽东郡去了，他有儿子留在高句丽国，就是现在的古雏加驳位居。后来高句丽又攻打玄菟郡，玄菟郡与辽东郡合力反击，把高句丽打得大败。

伊夷模无子，淫灌奴部，生子名位宫。伊夷模死，立以为王，今句丽王宫是也。其曾祖名宫，生能开目视，其国人恶之，及长大，果凶虐，数寇钞，国见残破。今王生堕地，亦能开目视人。句丽呼相似为位，似其祖，故名之为位宫。位宫有力勇，便鞍马，善猎射。景初二年，太尉司马王率众讨公孙渊，宫遣主簿大加将数千人助军。正始三年，宫寇西安平，其五年，为幽州刺史毌丘俭所破。语在《俭传》。

伊夷模没有儿子，他奸淫了灌奴部女人，生下一个儿子名叫位宫。伊夷模死后，位宫被立为王，他就是今日的高句丽王位宫。位宫的曾祖父名字叫宫，一生下来就能睁眼看东西，高句丽人认为这不是好现象，等到他长大了，果然凶狠残虐，多次对外抢掠抄盗，以致高句丽国遭到破坏。今日的高句丽王刚生下来，也能睁眼看人，高句丽人把相似叫做位，与他曾祖父相似，因此给他起名叫位宫。位宫有力气又勇健，骑马熟练，善于射箭打猎。景初二年，太尉司马宣王率领军队讨伐公孙渊，位宫派了主簿大加带着数千人帮助司马宣王的部队。正始三年，位宫攻扰西安平县，正始五年，位宫被幽州刺史毌丘俭打败。这事记载在《毌丘俭传》中。

东沃沮在高句丽盖马大山之东，滨大海而居。其地形东北狭，西南长，可千里，北与挹娄、夫余，南与濊貊接。户五千，无大君王，世世邑落，各有长帅。其言语与句丽大同，时时小异。汉初，燕亡人卫满王朝鲜，时沃沮皆属焉。汉武帝

东沃沮在高句丽盖马大山的东面，人们靠近大海居住。其地形东北狭窄，西南长，方圆大约一千里，北面与挹娄、夫余，南面与濊貊接界。东沃沮有人民五千户，没有大君王，世世代代各地村落部族，各有长帅统治。东沃沮语言与高句丽基本相同，有些地方有些小差异。汉朝初年，燕国的逃亡者卫满在朝鲜称王，那时沃沮地方都在其管辖之内。汉武帝元封二年，兴兵讨伐朝鲜，杀掉了卫满的孙子右

元封二年，伐朝鲜，杀满孙右渠，分其地为四郡，以沃沮城为玄菟郡。后为夷貊所侵，徙郡句丽西北，今所谓玄菟故府是也。沃沮还属乐浪。汉以土地广远，在单单大领之东，分置东部都尉，治不耐城，别主领东七县，时沃沮亦皆为县。汉建武六年，省边郡，都尉由此罢。其后皆以其县中渠帅为县侯，不耐、华丽、沃沮诸县皆为侯国。夷狄更相攻伐，唯不耐濊侯至今犹置功曹、主簿诸曹，皆濊民作之。沃沮诸邑落渠帅，皆自称三老，则故县国之制也。国小，迫于大国之间，遂臣属句丽。句丽复置其中大人为使者，使相主领，又使大加统责其租税，貊布、鱼、盐、海中食物，千里担负致之，又送其美女以为婢妾，遇之如奴仆。

渠，把他统治的地区分置为四郡，以沃沮城作为玄菟郡的治所。后来这地方被夷貊侵扰，朝廷把郡治迁移到高句丽西北，这里就是今日所说的玄菟故府。沃沮还归乐浪郡管辖。汉朝因为这里地域辽阔遥远，于是在单单大领的东面，分置东部都尉，治所设在不耐城，另外管辖领东七县，当时沃沮地方也是东部都尉管辖的县。汉朝建武六年，裁省边郡，东部都尉也因此撤废。这以后朝廷都用沃沮各地首领充任县侯，不耐、华丽、沃沮各县都是侯国。夷狄互相攻打征伐，只有不耐濊侯直到今日还设置功曹、主簿等郡县属曹职官，并都由濊民担任这些职务。沃沮各地村落部族的首领，都自称为三老，这还是原来汉朝统治时的郡县乡官制度。沃沮国小，又处于大国夹缝之间，于是只能臣属于高句丽。高句丽又让沃沮各部大人当使者，让他们管辖沃沮，又派高句丽大加负责向沃沮人催交租税，貊布、鱼、盐、海中的其他可食之物，都让沃沮人不远千里挑着背着运到高句丽，还要把沃沮人中的美女送去给高句丽人当婢女妾妇，高句丽对待沃沮人就像对待奴仆一样。

其土地肥美，背山向海，宜五谷，善田种。人性质直强勇，少牛马，便持矛步战。食饮居处，衣服礼节，有似句丽。⑧其葬作大木椁，长十余丈，开一头作户。新死者皆假埋之，才使覆形，皮肉尽，乃取骨置椁中。举家皆共一椁，刻木如生形，随死者为数。又有瓦鬲，置米其中，编县之于椁户边。

沃沮土地肥美，背山向海，适于各种粮食作物生长，沃沮人善于耕种。人民性情质朴正直坚强勇敢，缺少牛马，善于手持长矛步战。他们的饮食起居，服饰礼节，与高句丽有些相似。沃沮人制作大木椁安葬死者，长十多丈，在其一端开口做门。刚死的人都暂时埋了，仅盖一层薄土掩蔽尸体，等到尸体皮肉腐烂已尽，就把尸骨取回放于大椁中。全家人共用一具大椁，雕刻木偶就像死者活着的形态，木偶数和死者之数一样。又有瓦鬲，里面放着米，按顺序悬挂在大椁的门边。

毌丘俭讨句丽，句丽王宫奔沃沮，遂进师击之。沃沮邑落皆破之，斩获首虏三千余级，宫奔北沃沮。北沃沮一名

毌丘俭征讨高句丽，高句丽王位宫逃到沃沮，毌丘俭于是挥师进攻其地。沃沮城镇乡村都遭到了破坏，毌丘俭砍下沃沮人的头有三千多颗，位宫又逃到北沃沮。北沃沮又叫置沟娄，距离南沃沮有八

置沟娄，去南沃沮八百余里，其俗南北皆同，与挹娄接。挹娄喜乘船寇钞，北沃沮畏之，夏月恒在山岩深穴中为守备，冬月冰冻，船道不通，乃下居村落。王颀别遣追讨宫，尽其东界。问其耆老“海东复有人不”，耆老言国人尝乘船捕鱼，遭风见吹数十日，东得一岛，上有人，言语不相晓，其俗常以七月取童女沈海。又言有一国亦在海中，纯女无男。又说得一布衣，从海中浮出，其身如中人衣，其两袖长三丈。又得一破船，随波出在海岸边，有一人项中复有面，生得之，与语不相通，不食而死。其域皆在沃沮东大海中。

百多里，风俗习惯则南北沃沮都相同，北沃沮与挹娄接界。挹娄人喜欢乘船去抢劫抄掠，北沃沮人对他们非常畏惧，夏天经常居住在山岩深洞之中防备着挹娄人，到冬天冰雪封冻，船路不通，他们才下山回到村落里居住。王颀派了另一支军队去追击位宫，一直追到北沃沮东面边界。他们问这里老人“东面海中还有人没有”，老人回答说他们国中人曾有人乘船捕鱼，遇上风暴被刮了几十天，来到东方一个岛上，岛上有人，但听不懂他们说的话，岛上的风俗是人们常在七月把童女沉入海里。又说有一国也在海中，那里尽是女人而无男子。又说曾见过一件衣服，从海里浮出，这衣的腰身与中等身材的人的衣服差不多，但两只袖子却有三丈长。又说曾见过一条破船，随着海浪出现在岸边，船上有一个人他项后还长有一副脸，把这人活捉了，和他说话但言语不通，这人不吃东西而死了。以上地方都在沃沮东面的大海中。

挹娄在夫余东北千余里，滨大海，南与北沃沮接，未知其北所极。其土地多山险。其人形似夫余，言语不与夫余、句丽同。有五谷、牛、马、麻布。人多勇力，无大君长，邑落各有大人。处山林之间，常穴居，大家深九梯，以多为好。土气寒，剧于夫余。其俗好养猪，食其肉，衣其皮。冬以猪膏涂身，厚数分，以御风寒。夏则裸袒，以尺布隐其前后，以蔽形体。其人不絜，作溷在中央，人围其表居。其弓长四尺，力如弩，矢用楛，长尺八寸，青石为镞，古之肃慎氏之国也。善射，射人皆入目。矢施毒，人中皆死。出赤玉，好貂，今所谓挹娄貂

挹娄在夫余东北一千多里的地方，其地靠近大海，南面和北沃沮相接，北面不知延伸到什么地方。其土地山高地险。这里的人外貌与夫余人相似，语言和夫余、高句丽不同。出产五谷、牛、马和麻布。挹娄人大多勇敢强壮，没有一个最高君长，各村落部族都自有头领。人们生活在山林之间，常住在洞穴里，大户人家的洞穴纵深达九张梯子那么长，洞穴越多越好。挹娄之地气候严寒，比夫余冷得更厉害。其习俗喜好养猪，人们吃猪肉，穿猪皮制的衣服。冬天用猪油涂身，厚达数分，用这样的办法来抵御风寒。夏天则光着身子，仅以短布盖在前后，用以遮蔽身体。挹娄人不爱清洁，把厕所建在中间，人在厕所周围居住。他们的弓长四尺，弓力与弩一样强劲，用楛木做箭杆，长一尺八寸，用青石做箭头，这里就是古时的肃慎氏之国。挹娄人擅长射箭，若射人必中眼睛。箭头上涂上毒药，人被射中必死。这里出赤玉、出质量上乘的貂皮，这就是今天人们所说的挹娄貂。从汉朝以来，挹娄人受夫余统治，夫余责令他

是也。自汉已来，臣属夫余，夫余责其租赋重，以黄初中叛之。夫余数伐之，其人众虽少，所在山险，邻国人畏其弓矢，卒不能服也。其国便乘船寇盗，邻国患之。东夷饮食类皆用俎豆，唯挹娄不，法俗最无纲纪也。

们交纳沉重的租赋，因而挹娄在黄初年间反叛了夫馀。夫余多次兴兵讨伐挹娄，挹娄人民数量虽少，但他们国家山势险要，邻国人畏惧他们的弓箭，终究不能制服他们。挹娄人惯于乘船抄盗，邻国人对此经常担惊受怕。东夷各族的饮食大抵都使用俎豆，只有挹娄不是这样，他们的规矩风俗，是最无上下秩序的。

濊南与辰韩，北与高句丽、沃沮接，东穷大海，今朝鲜之东皆其地也。户二万。昔箕子既适朝鲜，作八条之教以教之，无门户之闭而民不为盗。其后四十余世，朝鲜侯准僭号称王。陈胜等起，天下叛秦，燕、齐、赵民避地朝鲜数万口。燕人卫满，魋结夷服，复来王之。汉武帝伐灭朝鲜，分其地为四郡。自是之后，胡、汉稍别。无大君长，自汉已来，其官有侯邑君、三老，统主下户。其耆老旧自谓与句丽同种。其人性愿悫，少嗜欲，有廉耻，不请匄。言语法俗大抵与句丽同，衣服有异。男女衣皆着曲领，男子系银花广数寸以为饰。自单单大山领以西属乐浪，自领以东七县，都尉主之，皆以濊为民。后省都尉，封其渠帅为侯，今不耐濊皆其种也。汉末更属句丽。其俗重山川，山川各有部分，不得妄相涉入。同姓不婚。多忌讳，疾病死亡辄捐弃旧宅，更作新居。有麻布，蚕桑作绵。晓候星宿，豫知年岁丰约。不以珠玉为宝。常用

濊的南面与辰韩，北面与高句丽、沃沮接界，东面直到大海边，现在的朝鲜东部原来都在濊的境内。濊有人民两万户。从前箕子来到朝鲜后，制定了八条教令来教化当地人民，不须关门闭户而百姓从不偷盗。从这以后过了四十多年，朝鲜侯箕准超越本分称王。陈胜等人起义，天下反叛秦朝，燕国、齐国、赵国的人民逃到朝鲜躲避战乱的有数万人。燕国人卫满，聚合边境人们，又来到这里称王。汉武帝派兵征讨并灭掉了朝鲜，分置其地为四个郡。从这以后，胡人、汉人逐渐有了差别。濊人没有一个最高君长，从汉朝以来，他们的官有侯邑君、三老，统治下户百姓。濊国中的老人们说自己与高句丽是同一种族。濊人性情谨慎朴实，少有嗜好贪欲，有廉耻之心，不乞求于人。语言法令风俗与高句丽基本相同，穿着服饰有些差异。男女都穿圆领衣，男子在衣服上系着几寸大小的银花做饰物。从单单大山领往西归乐浪郡管辖，从单单大山领往东的七县，由都尉管理，两个地区内的百姓都是濊民。后来裁撤都尉，汉朝就封濊人的首领为侯，现今的不耐濊都是濊人的种族。汉朝末年濊人改归高句丽管辖。濊人习俗看重山林河川，山林河川都各有所属，不能随意互相进入。濊人同姓之间不通婚。忌讳的事很多，家中有人生病死亡，就把旧住房丢了不要，另外再建新房居住。这里出产麻布，种桑养蚕制作丝绵。常在清晨观察星象进行占验，从而预知一年的收成丰歉。濊人不把珠玉看成宝贵物品。常在十月时节祭天，

十月节祭天，昼夜饮酒歌舞，名之为舞天，又祭虎以为神。其邑落相侵犯，辄相罚责生口牛马，名之为责祸。杀人者偿死。少寇盗。作矛长三丈，或数人共持之，能步战。乐浪檀弓出其地。其海出班鱼皮，土地饶文豹，又出果下马，汉桓时献之。⑨

日夜饮酒歌舞，叫做舞天，又把老虎当神来祭祀。濊人村寨部落间互相侵扰攻犯，失败一方被罚责令交出奴隶、牛马，叫做责祸。杀人者偿命。这里很少发生抢劫偷盗之事。制作的矛有三丈长，有时要几人共持一支，善于徒步战斗。乐浪檀弓就出在这里。这里海中出斑鱼皮，陆地文豹也很多，还出产果下马，汉桓帝的时候濊人曾向朝廷进献这些特产。

正始六年，乐浪太守刘茂、带方太守弓遵以领东濊属句丽，兴师伐之，不耐侯等举邑降。其八年，诣阙朝贡，诏更拜不耐濊王。居处杂在民间，四时诣郡朝谒。二郡有军征赋调，供给役使，遇之如民。

正始六年，乐浪太守刘茂、带方太守弓遵因为领东濊归附了高句丽，就对其兴兵讨伐。不耐侯等人带着他们的全部百姓归降。正始八年，到朝廷朝贡，朝廷下诏封他为不耐濊王。濊民与汉人百姓杂居一起，年年按季来乐浪、带方两郡参拜郡守。两郡若有军事征伐赋役租调，也向濊民调发征收，对待他们与对待汉族百姓一个样。

韩在带方之南，东西以海为限，南与倭接，方可四千里。有三种，一曰马韩，二曰辰韩，三曰弁韩。辰韩者，古之辰国也。马韩在西。其民土著，种植，知蚕桑，作绵布。各有长帅，大者自名为臣智，其次为邑借，散在山海间，无城郭。有爰襄国、牟水国、桑外国、小石索国、大石索国、优休牟涿国、臣濆沽国、伯济国、速卢不斯国、日华国、古诞者国、古离国、怒蓝国、月支国、咨离牟卢国、素谓乾国、古爰国、莫卢国、卑离国、占离卑国、臣衅国、支侵国、狗卢国、卑弥国、监奚卑离国、古蒲国、致利鞠国、冉路国、儿林国、驷卢国、内卑离国、感奚国、万卢国、辟卑离国、臼斯乌旦国、一离国、

韩在带方郡的南面，东边西边直到大海边上，南边与倭国接界，方圆大约四千里。韩有三部分，其一叫马韩，其二叫辰韩，其三叫弁韩。辰韩，就是古时候的辰国。马韩在西部。其人民世代居住在这里，懂得耕种，会种桑养蚕，制作绵布。各部落都自有首领，首领大的自称为臣智，其次的自称为邑借，人们散住在山地海边之间，没有城郭。有爰襄国、牟水国、桑外国、小石索国、大石索国、优休牟涿国、臣濆沽国、伯济国、速卢不斯国、日华国、古诞者国、古离国、怒蓝国、月支国、咨离牟卢国、素谓乾国、古爰国、莫卢国、卑离国、占离卑国、臣衅国、支侵国、狗卢国、卑弥国、监奚卑离国、古蒲国、致利鞠国、冉路国、儿林国、驷卢国、内卑离国、感奚国、万卢国、辟卑离国、臼斯乌旦国、一离国、不弥国、支半国、狗素

不弥国、支半国、狗素国、捷卢国、牟卢卑离国、臣苏涂国、莫卢国、古腊国、临素半国、臣云新国、如来卑离国、楚山涂卑离国、一难国、狗奚国、不云国、不斯濆邪国、爰池国、乾马国、楚离国,凡五十余国。大国万余家,小国数千家,总十余万户。辰王治月支国。臣智或加优呼臣云遣支报安邪踧支濆臣离儿不例拘邪秦支廉之号。其官有魏率善、邑君、归义侯、中郎将、都尉、伯长。

国、捷卢国、牟卢卑离国、臣苏涂国、莫卢国、古腊国、临素半国、臣云新国、如来卑离国、楚山涂卑离国、一难国、狗奚国、不云国、不斯濆邪国、爰池国、乾马国、楚离国,一共五十多国。大国人户一万多家,小国数千家,总共有十多万户。辰王的治所在月支国。臣智或加优被称为臣云遣支报安邪踧支濆臣离儿不例拘邪秦支廉的称号。辰王属下的官职有魏率善、邑君、归义侯、中郎将、都尉、伯长。

侯准既僭号称王,为燕亡人卫满所攻夺,⑩将其左右宫人走入海,居韩地,自号韩王。⑪其后绝灭,今韩人犹有奉其祭祀者。汉时属乐浪郡,四时朝谒。⑫

侯准僭号称王之后,被燕国逃亡来的卫满攻打夺取了他的地盘,侯准就带着近臣和宫人逃入大海,来到韩地居住,自称韩王。后来侯准灭绝了,现在韩人还有把侯准奉为神来祭祀的。汉朝时韩归乐浪郡管辖,每年四季韩人都到乐浪郡拜见郡守。

桓、灵之末,韩濊强盛,郡县不能制,民多流入韩国。建安中,公孙康分屯有县以南荒地为带方郡,遣公孙模、张敞等收集遗民,兴兵伐韩濊,旧民稍出,是后倭韩遂属带方。景初中,明帝密遣带方太守刘昕、乐浪太守鲜于嗣越海定二郡,诸韩国臣智加赐邑君印绶,其次与邑长。其俗好衣帻,下户诣郡朝谒,皆假衣帻,自服印绶衣帻千有余人。部从事吴林以乐浪本统韩国,分割辰韩八国以与乐浪,吏译转有异同,臣智激韩忿,攻带方郡崎离营。时太守弓遵、乐浪太守刘茂兴兵伐之,遵战死,二郡

桓帝、灵帝末年,韩濊强盛,郡县不能制服他们,中原百姓多有流亡到韩国去的。建安年间,公孙康把屯有县以南的荒远之地分置为带方郡,派遣公孙模、张敞等人招集流亡到韩地的汉民,兴兵讨伐韩濊,于是流亡的汉民逐渐离开韩地回到汉郡,这以后倭国、韩国就归带方郡管辖。景初年间,明帝秘密派遣带方太守刘昕、乐浪太守鲜于嗣渡海平定了二郡,韩国各部的臣智被赐以邑君的印绶,臣智以下的则赐以邑长之职。其习俗喜爱服饰冠戴,下户百姓到带方郡拜见郡守,总要讨取朝服冠帽,而私自穿朝服戴冠帽携带自备的印绶的韩人有一千多。带方郡部从事吴林认为韩国本归乐浪郡管辖,就把带方郡所辖的辰韩八国分给乐浪郡管辖,译员翻译这个决定与原意有出入,韩国臣智对此不满于是激发韩人愤怒,兴兵攻打带方郡崎离营。当时带方太守弓遵、乐浪太守刘茂举兵讨伐韩国,弓遵战死,带方、乐浪二郡于是灭掉了韩国。

遂灭韩。

其俗少纲纪，国邑虽有主帅，邑落杂居，不能善相制御。无跪拜之礼。居处作草屋土室，形如冢，其户在上，举家共在中，无长幼男女之别。其葬有椁无棺，不知乘牛马，牛马尽于送死。以璎珠为财宝，或以缀衣为饰，或以悬颈垂耳，不以金银锦绣为珍。其人性强勇，魁头露紒，如炅兵，衣布袍，足履革跻蹋。其国中有所为及官家使筑城郭，诸年少勇健者，皆凿脊皮，以大绳贯之，又以丈许木锸之，通日嚾呼作力，不以为痛，既以劝作，且以为健。常以五月下种讫，祭鬼神，群聚歌舞，饮酒昼夜无休。其舞，数十人俱起相随，踏地低昂，手足相应，节奏有似铎舞。十月农功毕，亦复如之。信鬼神，国邑各立一人主祭天神，名之天君。又诸国各有别邑，名之为苏涂。立大木，悬铃鼓，事鬼神。诸亡逃至其中，皆不还之，好作贼。其立苏涂之义，有似浮屠，而所行善恶有异。其北方近郡诸国差晓礼俗，其远处直如囚徒奴婢相聚。无他珍宝。禽兽草木略与中国同。出大栗，大如梨。又出细尾鸡，其尾皆长五尺余。其男子时时有文身。又有州胡在马韩之西海中大岛上，其人差短小，言语不与韩同，皆髡头如鲜卑，但衣韦，好养牛及猪。

马韩习俗缺少法度约束，各国虽有首领，但村落部众散处杂居，首领不能进行有效的统理。没有跪拜的礼节。住的地方是草顶土坑的房屋，其形好像坟堆，门开在顶上，全家人住在里面，不分长幼男女共处一室。他们安葬死者只用外椁而无内棺，不懂得乘马役牛，牛马都用于葬礼上。把璎珠当财宝，有的人把它连缀在衣上做饰物，有的人则把它挂到颈上或耳上，他们不认为金银锦绣珍贵。马韩人性情强悍勇敢，将头发盘成尖尖的发髻不戴头巾，如闪亮的兵器，穿布袍，脚着皮制的鞋子。马韩国中民间兴工动土或者官家役使修筑城郭，那些年轻勇健的壮汉，都把自己的背脊皮肤穿一洞孔，用大绳贯穿，又把丈多长的木头插在上面，终日大声呼叫全力劳作，并不觉得疼痛，用这样的方式劝励劳动，而且以此显示自己勇健。他们常在五月下种完毕时祭祀鬼神，大家聚到一起唱歌跳舞，日夜饮酒不休息。他们跳起舞来，数十人一起相随动作，踩脚踏地时高时低，手足配合和谐相应，舞蹈节奏和中原的铎舞很是接近。十月农事完毕，也要如此欢乐一番。他们信鬼神，每个国里都各立一人主持祭祀天神，称之为天君。各国又另外建有村落，称之为苏涂。这里树着大木柱，悬挂着铃鼓，用来和鬼神打交道。逃亡者们到了这里，都不再回去，在此好做盗贼。马韩人建立苏涂的本意，与佛家建造浮屠有些相似，但二者所带来的后果却有善恶不同的区别。马韩北部靠近带方郡的各国稍微懂得一些礼俗，而离带方郡较远的各国则简直像囚徒奴婢聚合在一处一样。没有什么别的珍宝。禽兽草木与中原地区大致相同。出产大栗，其大如梨。又出产细尾鸡，尾巴有五尺多长。男子中常可见到在身上刻有花纹的。又有州胡在马韩西边海中大岛上，那里的人较为矮小，语言与马韩不同，他们都剃着光头就和鲜卑人一样，只穿熟皮制的衣服，喜爱养牛养猪。他们的衣服只有

其衣有上无下，略如裸势。乘船往来，市买韩中。

上衣而无下衣，与光身子差不多。州胡常坐船来往，到韩国买卖交易。

辰韩在马韩之东，其耆老传世，自言古之亡人避秦役来适韩国，马韩割其东界地与之。有城栅。其言语不与马韩同，名国为邦，弓为弧，贼为寇，行酒为行觞。相呼皆为徒，有似秦人，非但燕、齐之名物也。名乐浪人为阿残；东方人名我为阿，谓乐浪人本其残余人。今有名之为秦韩者。始有六国，稍分为十二国。

辰韩在马韩的东面，其老人们世代相传，说他们先人是古时的逃亡者为了躲避秦朝徭役而来到韩国，马韩把东部地界划给他们居住。这里有城堡寨栅。他们语言与马韩不同，把国叫做邦，弓叫做弧，贼叫做寇，行酒叫做行觞。互相称呼则叫做徒，这些叫法就和秦人一样，不仅只是与燕国、齐国人对事物的称谓相同。他们把乐浪人称做阿残；东方人称我为阿，说乐浪人本是他们所杀戮后剩留下的人。现在有把辰韩叫做秦韩的。最初辰韩有六国，后来逐渐分为十二国。

弁辰亦十二国，又有诸小别邑，各有渠帅，大者名臣智，其次有险侧，次有樊濊，次有杀奚，次有邑借。有已柢国、不斯国、弁辰弥离弥冻国、弁辰接涂国、勤耆国、难弥离弥冻国、弁辰古资弥冻国、弁辰古淳是国、冉奚国、弁辰半路国、弁辰乐奴国、军弥国、弁辰弥乌邪马国、如湛国、弁辰甘路国、户路国、州鲜国、马延国、弁辰狗邪国、弁辰走漕马国、弁辰安邪国、弁辰渎卢国、斯卢国、优由国。弁、辰韩合二十四国，大国四五千家，小国六七百家，总四五万户。其十二国属辰王。辰王常用马韩人作之，世世相继。辰王不得自立为王。⑬土地肥美，宜种五谷及稻，晓蚕桑，作缣布，乘驾牛马。嫁娶礼俗，男女有别。以大鸟羽送死，其意欲使死者飞扬。⑭国出铁，韩、濊、倭皆从取

弁辰也有十二国，各国又有小的部落，各部落都有首领，大首领叫臣智，次一点的叫险侧，再次一点的叫樊濊，再次的叫杀奚，再次的叫邑借。有已柢国、不斯国、弁辰弥离弥冻国、弁辰接涂国、勤耆国、难弥离弥冻国、弁辰古资弥冻国、弁辰古淳是国、冉奚国、弁辰半路国、弁辰乐奴国、军弥国、弁辰弥乌邪马国、如湛国、弁辰甘路国、户路国、州鲜国、马延国、弁辰狗邪国、弁辰走漕马国、弁辰安邪国、弁辰渎卢国、斯卢国、优由国。弁韩、辰韩一共有二十四国，大国有人户四五千家，小国也有六七百家，总共有四五万户。其中十二国属辰王管辖。辰王常常是由马韩人充任，世代相传袭。辰韩人不得自立为辰王。辰韩土地肥美，适宜种植五谷和水稻，人们懂得种桑养蚕，织做缣布，乘马役牛。其婚姻嫁娶礼仪习俗，男女有别。他们用大鸟羽毛送葬死者，其意是想让死者飞升上天。这里出产铁，韩人、濊人、倭人都

之。诸市买皆用铁，如中国用钱，又以供给二郡。俗喜歌舞饮酒。有瑟，其形似筑，弹之亦有音曲。儿生，便以石厌其头，欲其褊。今辰韩人皆褊头。男女近倭，亦文身。便步战，兵仗与马韩同。其俗，行者相逢，皆住让路。

从这里取用。各地市场买卖都用铁当货币，就像中原使用铜钱，还将铁供给乐浪、带方二郡。其习俗喜爱歌舞饮酒。有瑟，瑟的形状就像筑，弹奏瑟也可发出好听的乐曲。小孩出生，就用石头压他的头，希望他的头能长成扁状。现在辰韩人都是扁头。男女长相与倭人相似，也有文身的习惯。他们熟习步战，兵器与马韩相同。他们的风俗，人们在路上相逢，都停下不动让对方先走。

弁辰与辰韩杂居，亦有城郭。衣服居处与辰韩同。言语法俗相似，祠祭鬼神有异，施灶皆在户西。其渎卢国与倭接界。十二国亦有王，其人形皆大。衣服絜清，长发。亦作广幅细布。法俗特严峻。

弁辰与辰韩杂居在一起，也有城郭。衣服住室与辰韩相同。语言礼法规矩风俗习惯也与辰韩相似，祭祀鬼神则有区别，他们把灶都造在门的西边。弁韩中的渎卢国与倭国接界。弁韩十二国也各有王，弁韩人形体高大。他们的衣服清洁，留长头发。他们也织做宽幅细布。其法规礼俗特别严厉苛刻。

倭人在带方东南大海之中，依山岛为国邑。旧百余国，汉时有朝见者，今使译所通三十国。从郡至倭，循海岸水行，历韩国，乍南乍东，到其北岸狗邪韩国，七千余里，始度一海，千余里至对马国。其大官曰卑狗，副曰卑奴母离。所居绝岛，方可四百余里，土地山险，多深林，道路如禽鹿径。有千余户，无良田，食海物自活，乘船南北市籴。又南渡一海千余里，名曰瀚海，至一大国，官亦曰卑狗，副曰卑奴母离。方可三百里，多竹木丛林，有三千许家，差有田地，耕田犹不足食，亦南北市籴。又渡一海，千余里至末卢国，有四千余户，滨山海居，草木茂盛，行不见前人。好捕鱼鳆，水无深浅，皆沉没取之。东南陆行五百

倭人居住在带方郡东南的大海之中，依傍山岛修建城镇村落。从前有一百多国，汉朝时曾有来朝见过的倭人，现在与中国保持使者往来、翻译相通的有三十国。从带方郡前往倭国，沿着海岸航行，经过韩国，忽而向南忽而往东，来到倭国北岸的狗邪韩国，到此已是七千多里，开始渡过一海，航行一千多里来到对马国。对马国的大官叫卑狗，副职叫卑奴母离。这里所在是一绝岛，方圆四百多里，其地山岭险峻，茂密的树林极多，道路狭窄像禽鸟野兽所走的小路。有一千多户人家，没有良田，人们靠吃海中出产之物养活，乘船往南北各地去买粮食。从这里往南又渡一海一千多里，名叫瀚海，到一大国，此处的官名也叫卑狗，副职叫卑奴母离。方圆三百多里，竹木丛林很多，有三千来户人家，略微有些田地，但只靠耕田还是不够食用，也要往南或北去买粮食。从这里又渡一海，航行一千多里来到末卢国，这里有四千多户人家依傍山海之间居住，草木茂盛，走在路上后面的人看不见前面的人。人们喜好采捕鳆鱼，不管水的深浅，都潜入海底采取。从这里往东南方向由陆路走五百里，就到了伊都国，此处

里，到伊都国，官曰尔支，副曰泄谟觚、柄渠觚。有千余户，世有王，皆统属女王国，郡使往来常所驻。东南至奴国百里，官曰兕马觚，副曰卑奴母离，有二万余户。东行至不弥国百里，官曰多模，副曰卑奴母离，有千余家。南至投马国，水行二十日，官曰弥弥，副曰弥弥那利，可五万余户。南至邪马壹国，女王之所都，水行十日，陆行一月。官有伊支马，次曰弥马升，次曰弥马获支，次曰奴佳鞮，可七万余户。自女王国以北，其户数道里可得略载，其余旁国远绝，不可得详。次有斯马国，次有已百支国，次有伊邪国，次有都支国，次有弥奴国，次有好古都国，次有不呼国，次有姐奴国，次有对苏国，次有苏奴国，次有呼邑国，次有华奴苏奴国，次有鬼国，次有为吾国，次有鬼奴国，次有邪马国，次有躬臣国，次有巴利国，次有支惟国，次有乌奴国，次有奴国，此女王境界所尽。其南有狗奴国，男子为王，其官有狗古智卑狗，不属女王。自郡至女王国万二千余里。

的官叫尔支，副职叫泄谟觚、柄渠觚。有一千多户人家，世代有王，都归女王国统辖，带方郡使者来往常在这里停驻。从这里往东南方向到奴国有一百里，奴国的官叫兕马觚，副职叫卑奴母离，有二万多户人家。从这里往东到不弥国有一百里，不弥国的官叫多模，副职叫卑奴母离，有一千多户人家。又往南到投马国，由水路航行二十天，投马国的官叫弥弥，副职叫弥弥那利，人民有五万多户。从这里往南到邪马壹国，是女王都城所在，从海路走需十天，陆路走则要一个月。邪马壹国的官叫伊支马，其次叫弥马升，再次叫弥马获支，又次叫奴佳鞮，人民有七万多户。从女王国往北，人户数目和道路里程能够大略记载，其他各方之国距离遥远，不能得知它们的详情。其次有斯马国，有已百支国，有伊邪国，有都支国，有弥奴国，有好古都国，有不呼国，有姐奴国，有对苏国，有苏奴国，有呼邑国，有华奴苏奴国，有鬼国，有为吾国，有鬼奴国，有邪马国，有躬臣国，有巴利国，有支惟国，有乌奴国，有奴国，到此就是女王辖地的尽头了。从这里再往南就是狗奴国，是男子当国王，狗奴国的官有狗古智卑狗，不归女王管辖。从带方郡到女王国共一万二千多里路程。

男子无大小皆黥面文身。自古以来，其使诣中国，皆自称大夫。夏后少康之子封于会稽，断发文身以避蛟龙之害。今倭水人好沉没捕鱼蛤，文身亦以厌大鱼水禽，后稍以为

倭人男子不管年纪大小都在身上脸上刺有花纹。自古以来，倭人使者来到中国，都自称大夫。夏朝国君少康的儿子被封在会稽，他断发文身以躲避蛟龙的危害。现在倭国渔人喜好潜水捕鱼取蛤，他们文身也是为了吓退大鱼水禽，后来逐渐变为一种

饰。诸国文身各异,或左或右,或大或小,尊卑有差。计其道里,当在会稽、东冶之东。其风俗不淫,男子皆露紒,以木绵招头。其衣横幅,但结束相连,略无缝。妇人被发屈紒,作衣如单被,穿其中央,贯头衣之。种禾稻、纻麻,蚕桑、缉绩,出细纻、缣绵。其地无牛马虎豹羊鹊。兵用矛、楯、木弓。木弓短下长上,竹箭或铁镞或骨镞,所有无与儋耳、朱崖同。倭地温暖,冬夏食生菜,皆徒跣。有屋室,父母兄弟卧息异处,以朱丹涂其身体,如中国用粉也。食饮用笾豆,手食。其死,有棺无椁,封土作冢。始死停丧十余日,当时不食肉,丧主哭泣,他人就歌舞饮酒。已葬,举家诣水中澡浴,以如练沐。其行来渡海诣中国,恒使一人,不梳头,不去虮虱,衣服垢污,不食肉,不近妇人,如丧人,名之为持衰。若行者吉善,共顾其生口财物;若有疾病,遭暴害,便欲杀之,谓其持衰不谨。出真珠、青玉。其山有丹,其木有柟、杼、豫樟、楺枥、投橿、乌号、枫香,其竹篠簳、桃支。有姜、橘、椒、蘘荷,不知以为滋味。有猕猴、黑雉。其俗举事行来,有所云为,辄灼骨而卜,以占吉凶,先告所卜,其辞如令龟法,视火坼占兆。其会同坐起,父子男女无别,人性嗜酒。⑮见大人所敬,但搏手

装饰。倭人各国文身各不相同,其花纹有的在左有的在右,有的大有的小,身份尊卑不同文身纹样部位也有所差别。计算到倭国的道路里程,其所在应在会稽、东冶的东面。倭人风俗不淫乱,男子露着发髻,只以木绵布扎头。他们穿腰裙,腰裙结系联结而成,大略没经缝制。妇女们披着头发发髻弯弯,制作衣服就如一张单被,在中间穿一个洞,套在头上穿着。种植禾稻、苎麻,种桑养蚕、析麻搓线,生产细麻布、细绢布和丝绵。倭国地方没有牛马虎豹羊鹊。兵器有矛、盾、木弓。木弓下短上长,竹箭杆铁箭头或骨箭头,所有这些没有一样与儋耳、朱崖相同。倭国之地气候温暖,人们冬天夏天都吃生菜,光着脚。建有房屋住室,父母兄弟睡觉休息不在一处。用朱丹涂抹身体,就像中国用粉一样。饮食使用笾豆,用手抓食。倭人死了安葬用内棺而无外棺,堆土做坟墓。刚死停尸在家十多天,这时家人不吃肉,丧主哭泣,旁人到死者家去歌舞饮酒。死者安葬以后,全家人要到河里洗澡沐浴,就像中国丧礼中的练沐一样。倭人使者渡海到中国来,经常派一个人,他不梳头,不清除身上的虮虱,衣服肮脏,不吃肉,不近妇人,就如居丧之人,这称为持衰。假若使者路途顺利平安,人们会共同照看这人的家人财物;假如使者途中生病,或者遭凶横伤害,人们就要杀了他,说他持衰不认真。倭国出真珠、青玉。山中产丹,树木则有柟、杼、豫樟、揉枥、投橿、乌号、枫香等,竹子则有筱竿、桃支。这里还产姜、橘、椒、蘘荷,但倭人不知这些都是可以吃的好东西。这里还有猕猴、黑野鸡。倭人风俗凡要办事外出往来,要说什么做什么,都要烧灼骨头来进行占卜,用这办法预测吉凶,占卜时先祷告所占之事,祷告辞就与我们用龟占卜一样,观察骨头烧灼后呈现的裂纹以预测吉凶。倭人相聚起坐,父子男女混杂而不分上下尊卑,他们性喜饮酒。碰见当官的或应当敬重的人,只以两手掌合拢,

以当跪拜。其人寿考,或百年,或八九十年。其俗,国大人皆四五妇,下户或二三妇。妇人不淫,不妒忌。不盗窃,少诤讼。其犯法,轻者没其妻子,重者灭其门户。及宗族尊卑,各有差序,足相臣服。收租赋。有邸阁。国有市,交易有无,使大倭监之。自女王国以北,特置一大率,检察诸国,诸国畏惮之。常治伊都国,于国中有如刺史。王遣使诣京都、带方郡、诸韩国,及郡使倭国,皆临津搜露,传送文书赐遗之物诣女王,不得差错。下户与大人相逢道路,逡巡入草;传辞说事,或蹲或跪,两手据地,为之恭敬。对应声曰噫,比如然诺。

这就相当于跪拜。倭人寿命长,有的活到百岁,有的八九十岁。倭人风俗,各国当官的都有四五个妻子,下户百姓有的也有两三个妻子。妇人不淫乱,不妒忌。他们不盗窃,民间少有纠纷要打官司的。倭人犯法,罪轻者将其妻子儿女没入官家,罪重者则将他满门杀灭。至于宗族地位上下尊卑,都各有等级差别,足以使人们服从统治。倭国收取租赋。建有邸阁仓库。各国都设有市场,互相买卖互通有无,派大倭对交易加以监督。从女王国往北,特设一位大率,约束监察各国,各国对大率都很畏惧。大率经常驻在伊都国,在这里他的职权和中原的刺史一样。女王派遣使者到京都、带方郡、韩国各地,以及带方郡使者出使倭国,大率都要亲临津关搜检查验,来往传送的文书以及朝廷和韩国赐送给女王的物品,都不得有所差错。下户百姓与官儿们在路上相遇,就慌慌张张避到路旁草丛中;传达辞意讲述事情,人们或蹲或跪,两手抵地,表现出恭敬小心的样子。应答之声为“噫”,这就是答应许诺的意思。

其国本亦以男子为王,住七八十年,倭国乱,相攻伐历年,乃共立一女子为王,名曰卑弥呼,事鬼道,能惑众,年已长大,无夫婿,有男弟佐治国。自为王以来,少有见者。以婢千人自侍,唯有男子一人给饮食,传辞出入。居处宫室楼观,城栅严设,常有人持兵守卫。

倭国本来也是以男子为王的,经过七八十年,其国发生内乱,互相攻打多年,后来才共立一女子为王,她名叫卑弥呼,以与鬼打交道为事,很能迷惑众人,她年龄已很大了,没有丈夫,有弟弟帮助她治理国事。自从当女王以来,很少有人见过她。用一千婢女侍奉自己,只有一个男子供给她的饮食,传达内外意见消息。住在宫室楼观之中,周围有高墙栅栏严密设防,经常有人手持兵器守卫。

女王国东渡海千余里,复有国,皆倭种。又有侏儒国在其南,人长三四尺,去女王四千余里。又有裸国、黑齿国复在其东南,船行一年可至。参问倭地,绝在海中洲岛之上,或绝或连,周旋可五千余里。

从女王国往东渡海一千多里,还有国家,都是倭人种族。又有侏儒国在倭国南面,人仅有三四尺高,离女王国四千多里。又有裸国、黑齿国还在倭国东南,乘船航行一年可到那里。考察探究倭国地方,远隔于海中洲岛之上,地形或隔断或相连,周围有五千多里。

景初二年六月,倭女王遣大夫难升米等诣郡,求诣天子

景初二年六月,倭国女王派遣难升米等人来到带方郡,请求朝见天子贡献物品,太守刘夏派吏员

朝献，太守刘夏遣吏将送诣京都。其年十二月，诏书报倭女王曰："制诏亲魏倭王卑弥呼：带方太守刘夏遣使送汝大夫难升米、次使都市牛利奉汝所献男生口四人，女生口六人、班布二匹二丈，以到。汝所在逾远，乃遣使贡献，是汝之忠孝，我甚哀汝。今以汝为亲魏倭王，假金印紫绶，装封付带方太守假授汝。其绥抚种人，勉为孝顺。汝来使难升米、牛利涉远，道路勤劳，今以难升米为率善中郎将，牛利为率善校尉，假银印青绶，引见劳赐遣还。今以绛地交龙锦五匹、[16]绛地绉粟罽十张、茜绛五十匹、绀青五十匹，答汝所献贡直。又特赐汝绀地句文锦三匹、细班华罽五张、白绢五十匹、金八两、五尺刀二口、铜镜百枚、真珠、铅丹各五十斤，皆装封付难升米、牛利还到录受。悉可以示汝国中人，使知国家哀汝，故郑重赐汝好物也。"

把他们送到京都。这年十二月，诏书回复倭国女王说："朕今下诏给亲魏倭王卑弥呼：带方太守刘夏派使者送你国大夫难升米、次使都市牛利奉上你所献的男奴四人，女奴六人，班布二匹八丈，都已收到。你所在地方遥远，还派遣使者向朝廷贡献，这是你忠孝的表现，我很怜爱你。现在将你封为亲魏倭王，并给予你金印紫绶，装封交付带方太守授予你。你要好好安抚你的部族，努力对我朝廷孝顺。你派来的使者难升米、牛利二人远途跋涉，路上辛勤劳苦，现在任命难升米为率善中郎将，牛利为率善校尉，并给予银印青绶，接见慰劳赏赐之后让他们回国。现在以绛地交龙锦五匹、绛地绉粟罽十张、茜绛五十匹、绀青五十匹，回报你所贡献之物的价值。并还特地赐给你绀地句文锦三匹、细班华罽五张、白绢五十匹、黄金八两、五尺刀两口、铜镜一百枚、真珠、铅丹各五十斤，都装封交付难升米、牛利二人回去后查收。你可把以上物品全都让你的国人们见见，使他们知道我朝廷怜爱你，因此郑重地赐给你这些好东西。"

正治元年，太守弓遵遣建忠校尉梯儁等奉诏书印绶诣倭国，拜假倭王，并赍诏赐金、帛、锦罽、刀、镜、采物，倭王因使上表答谢恩诏。其四年，倭王复遣使大夫伊声耆、掖邪狗等八人，上献生口、倭锦、绛青缣、绵衣、帛布、丹木、㹢、短弓矢。掖邪狗等壹拜率善中郎将印绶。其六年，诏赐倭难升米

正始元年，带方太守弓遵派遣建忠校尉梯儁等人带着诏书印绶前往倭国，拜授倭王，并奉诏赐给倭王金、帛、锦罽、刀、镜、采物，倭王上表托梯儁带交朝廷答谢皇帝恩赐和诏旨。正始四年，倭王又派遣大夫伊声耆、掖邪狗等八人，向朝廷献上奴隶、倭锦、绛青缣、绵衣、帛布、丹木、㹢、短弓箭等。掖邪狗等人全被朝廷授予率善中郎将的印绶。正始六年，朝廷下诏赐给倭人难升米黄幢，交付带方郡授予。

黄幢，付郡假授。其八年，太守王颀到官。倭女王卑弥呼与狗奴国男王卑弥弓呼素不和，遣倭载斯、乌越等诣郡说相攻击状。遣塞曹掾史张政等因赍诏书、黄幢，拜假难升米为檄告喻之。卑弥呼以死，大作冢，径百余步，徇葬者奴婢百余人。更立男王，国中不服，更相诛杀，当时杀千余人。复立卑弥呼宗女壹与，年十三为王，国中遂定。政等以檄告喻壹与，壹与遣倭大夫率善中郎将掖邪狗等二十人送政等还，因诣台，献上男女生口三十人，贡白珠五千，孔青大句珠二枚，异文杂锦二十匹。

正始八年，带方太守王颀到任。倭国女王卑弥呼与狗奴国男王卑弥弓呼素来不和，她派了倭人载斯、乌越等人到带方郡诉说她与狗奴国男王互相攻打的情况。王颀派遣塞曹掾史张政等人乘此机会带着诏书、黄幢，拜授难升米并发布檄文训示晓谕女王和男王。这时卑弥呼已死了，倭人为她建造了一个很大的坟墓，直径达一百多步，殉葬的奴婢有一百多人。倭国改立男王，但国中人们不服，互相争斗杀伐，当时就杀了一千多人。只得再立卑弥呼宗女壹与，她年纪刚十三岁就当了王，国中于是安定下来。张政等人发布檄文训示晓谕壹与，壹与派了倭国大夫率善中郎将掖邪狗等二十人送张政等人回到带方郡，于是乘便又到朝廷朝见，并献上男女奴隶三十人，进献白珍珠五千颗，孔青大句珠两枚，各种异色文彩的杂锦二十匹。

评曰：《史》、《汉》著朝鲜、两越，东京撰录西羌。魏世匈奴遂衰，更有乌丸、鲜卑，爰及东夷，使译时通，记述随事，岂常也哉！⑰

评论说：《史记》、《汉书》记载了朝鲜、两越的情况，有关东汉史著记录了西羌的内容。曹魏时代匈奴已经衰弱，另有乌丸、鲜卑，还有东夷兴起，这些地方与中原使者往来翻译相通，记述史实随事变化，哪能固守常规不加改变呢！

---

①《魏书》曰：乌丸者，东胡也。汉初，匈奴冒顿灭其国，余类保乌丸山，因以为号焉。俗善骑射，随水草放牧，居无常处，以穹庐为宅，皆东向。日弋猎禽兽，食肉饮酪，以毛毳为衣。贵少贱老，其性悍骜，怒则杀父兄，而终不害其母，以母有族类，父兄以己为种，无复报者故也。常推募勇健能理决斗讼相侵犯者为大人，邑落各有小帅，不世继也。数百千落自为一部，大人有所召呼，刻木为信，邑落传行，无文字，而部众莫敢违犯。氏姓无常，以大人健者名字为姓。大人已下，各自畜牧治产，不相徭役。其嫁娶皆先私通，略将女去，或半岁百日，然后遣媒人送马牛羊以为聘娶之礼。婿随妻归，见妻家无尊卑，旦起皆拜，而不自拜其父母。为妻家仆役二年，妻家乃厚遣送女，居处财物，一出妻家。故其俗从妇人计，至战斗时，乃自决之。父子男女，相对蹲踞，悉髡头以为轻便。妇人至嫁时乃养发，分为髻，著句决，饰以金碧，犹中国有冠步摇也。父兄死，妻后母执嫂；若无执嫂者，则己子以亲之次妻伯叔焉，死则归其故夫。俗识鸟兽孕乳，时以四节，耕种常用布谷鸣为候。地宜青穄、东墙，东墙似蓬草，实如葵子，至十月熟。能作白酒，而不知作麹糵。米常仰中国。大人能作弓矢鞍勒，锻金铁为兵器，能刺韦作文绣，织缕毡毼。有病，知以艾灸，或烧石自熨，烧地卧上，或随痛病处，以刀决脉出血，及祝天地山川之神，无针药。贵兵死，敛尸

有棺，始死则哭，葬则歌舞相送。肥养犬，以采绳婴牵，并取亡者所乘马、衣物、生时服饰，皆烧以送之。特属累犬，使护死者神灵归乎赤山。赤山在辽东西北数千里，如中国人以死之魂神归泰山也。至葬日，夜聚亲旧员坐，牵犬马历位，或歌哭者，掷肉与之，使二人口颂咒文，使死者魂神径至，历险阻，勿令横鬼遮护，达其赤山，然后杀犬马、衣物烧之。敬鬼神，祠天地日月星辰山川，及先大人有健名者，亦同祠以牛羊，祠毕皆烧之。饮食必先祭。其约法，违大人言死，盗不止死。其相残杀，令都落自相报，相报不止，诣大人平之，有罪者出其牛羊以赎死命，乃止。自杀其父兄无罪。其亡叛为大人所捕者，诸邑落不肯受，皆逐使至雍狂地。地无山，有沙漠、流水、草木，多蝮蛇，在丁令之西南，乌孙之东北，以穷困之。自其先为匈奴所破之后，人众孤弱，为匈奴臣服，常岁输牛马羊，过时不具，辄虏其妻子。至匈奴壹衍鞮单于时，乌丸转强，发掘匈奴单于冢，将以报冒顿所破之耻。壹衍鞮单于大怒，发二万骑以击乌丸。大将军霍光闻之，遣度辽将军范明友将三万骑出辽东追击匈奴。比明友兵至，匈奴已引去。乌丸新被匈奴兵，乘其衰弊，遂进击乌丸，斩首六千余级，获三王首还。后数复犯塞，明友辄征破之。至王莽末，并与匈奴为寇。光武定天下，遣伏波将军马援将三千骑，从五原关出塞征之，无利，而杀马千余匹。乌丸遂盛，钞击匈奴，匈奴转徙千里，漠南地空。建武二十五年，乌丸大人郝旦等九千余人率众诣阙，封其渠帅为侯王者八十余人，使居塞内，布列辽东属国、辽西、右北平、渔阳、广阳、上谷、代郡、雁门、太原、朔方诸郡界，招来种人，给其衣食，置校尉以领护之，遂为汉侦备，击匈奴、鲜卑。至永平中，渔阳乌丸大人钦志贲帅种人叛，鲜卑还为寇害，辽东太守祭肜募杀志贲，遂破其众。至安帝时，渔阳、右北平、雁门乌丸率众王无何等复与鲜卑、匈奴合，钞略代郡、上谷、涿郡、五原，乃以大司农何熙行车骑将军，左右羽林五营士，发缘边七郡黎阳营兵合二万人击之。匈奴降，鲜卑、乌丸各还塞外。是后，乌丸稍复亲附，拜其大人戎末廆为都尉。至顺帝时，戎末廆率将王侯咄归、去延等从乌丸校尉耿晔出塞击鲜卑有功，还皆拜为率众王，赐束帛。

②《英雄记》曰：绍遣使即拜乌丸三王为单于，皆安车、华盖、羽旄、黄屋、左纛。版文曰："使持节大将军督幽、青、并领冀州牧邟乡侯绍，承制诏辽东属国率众王颁下、乌丸辽西率众王蹋顿、右北平率众王汗卢：维乃祖慕义迁善，款塞内附，北捍玁狁，东拒濊貊，世守北陲，为百姓保障，虽时侵犯王略，命将徂征厥罪，率不旋时，悔愆变改，方之外夷，最又聪惠者也。始有千夫长、百夫长以相统领，用能悉乃心，克有勋力于国家，稍受王侯之命。自我王室多故，公孙瓒作难，残夷厥土之君，以侮天慢主，是以四海之内，并执干戈以卫社稷。三王奋气裔土，忿奸忧国，控弦与汉兵为表里，诚甚忠孝，朝所嘉焉。然而虎兕长蛇，相随塞路，王官爵命，否而无闻。夫有勋不赏，俾勤者怠。今遣行谒者杨林，赍单于玺绶车服，以对尔劳。其各绥静部落，教以谨慎，无使作凶作慝。世复尔祀位，长为百蛮长。厥有咎有不臧者，泯于尔禄，而丧于乃庸，可不勉乎！乌桓单于都护部众，左右单于受其节度，他如故事。"

③《魏略》曰：景初元年秋，遣幽州刺史毌丘俭率众军讨辽东。右北平乌丸单于寇娄敦、辽西乌丸都督率众王护留叶，昔随袁尚奔辽西，闻俭军至，率众五千余人降。寇娄敦遣弟阿罗槃等诣阙朝贡，封其渠帅三十余为王，赐舆马缯采各有差。

④《魏书》曰：鲜卑亦东胡之余也，别保鲜卑山，因号焉。其言语习俗与乌丸同。其地东接辽水，西当西城。常以季春大会，作乐水上，嫁女娶妇，髡头饮宴。其兽异于中国者，野马、羱羊、端牛。端牛角为弓，世谓之角端者也。又有貂、豽、鼲子，皮毛柔蠕，故天下以为名裘。鲜卑自为冒顿所破，远窜辽东塞外，不与余国争衡，未有名通于汉，而自与乌丸相接。至光武时，南北单于更相攻伐，匈奴损耗，而鲜卑遂盛。建武三十年，鲜卑大人於仇贲率种人诣阙朝贡，封於仇贲为王。永平中，祭肜为辽东太守，诱赂鲜卑，使斩叛乌丸钦志贲等首，于是鲜卑自燉煌、酒泉以东邑落大人，皆诣辽东受赏赐，青、徐二人州给钱，岁二亿七千万以为常。和帝时，鲜卑大都护校尉廆帅部

众从乌丸校尉任尚击叛者，封校尉廆为率众王。殇帝延平中，鲜卑乃东入塞，杀渔阳太守张显。安帝时，鲜卑大人燕荔阳入朝，汉赐鲜卑王印绶，赤车参驾，止乌丸校尉所治宁下。通胡市，筑南北两部质宫，受邑落质者百二十部。是后或反或降，或与匈奴、乌丸相攻击。安帝末，发缘边步骑二万余人，屯列冲要。后鲜卑八九千骑穿代郡及马城塞入害长吏，汉遣度辽将军邓遵、中郎将马续出塞追破之。鲜卑大人乌伦、其至鞬等七千余人诣遵降，封乌伦为王，其至鞬为侯，赐采帛。遵去后，其至鞬复反，围乌丸校尉于马城，度辽将军耿夔及幽州刺史救解之。其至鞬遂盛，控弦数万骑，数道入塞，趣五原曼柏，攻匈奴南单于，杀左奥鞬日逐王。顺帝时，复入塞，杀代郡太守。汉遣黎阳营兵屯中山，缘边郡兵屯塞下，调五营弩帅令教战射，南单于将步骑万余人助汉击却之。后乌丸校尉耿晔将率众王出塞击鲜卑，多斩首虏，于是鲜卑三万余落，诣辽东降。匈奴及北单于遁逃后，余种十余万落，诣辽东杂处，皆自号鲜卑兵。投鹿侯从匈奴军三年，其妻在家，有子。投鹿侯归，怪欲杀之。妻言："尝昼行闻雷震，仰天视而电入其口，因吞之，遂妊身，十月而产，此子必有奇异，且长之。"投鹿侯固不信。妻乃语家，令收养焉，号檀石槐，长大勇健，智略绝众。年十四五，异部大人卜贲邑钞取其外家牛羊，檀石槐策骑追击，所向无前，悉还得所亡。由是部落畏服，施法禁，平曲直，莫敢犯者，遂推以为大人。檀石槐既立，乃为庭于高柳北三百余里弹汗山啜仇水上，东西部大人皆归焉。兵马甚盛，南钞汉边，北拒丁令，东却夫馀，西击乌孙，尽据匈奴故地，东西万二千余里，南北七千余里，网罗山川、水泽、盐池甚广。汉患之，桓帝时使匈奴中郎将张奂征之，不克。乃更遣使者赍印绶，即封檀石槐为王，欲与和亲。檀石槐拒不肯受，寇钞滋甚。乃分其地为中东西三部。从右北平以东至辽，东接夫馀、濊貊为东部，二十余邑，其大人曰弥加、阙机、素利、槐头。从右北平以西至上谷为中部，十余邑，其大人曰柯最、阙居、慕容等，为大帅。从上谷以西至燉煌，西接乌孙为西部，二十余邑，其大人曰置鞬落罗、日律推演、宴荔游等，皆为大帅，而制属檀石槐。至灵帝时，大钞略幽、并二州。缘边诸郡，无岁不被其毒。熹平六年，遣护乌丸校尉夏育，破鲜卑中郎将田晏，匈奴中郎将臧旻与南单于出雁门塞，三道并进，径二千余里征之。檀石槐帅部众逆击，旻等败走，兵马还者什一而已。鲜卑众日多，田畜射猎，不足给食。后檀石槐乃案行乌侯秦水，广袤数百里，渟不流，中有鱼而不能得。闻汗人善捕鱼，于是檀石槐东击汗国，得千余家，徙置乌侯秦水上，使捕鱼以助粮。至于今，乌侯秦水上有汗人数百户。檀石槐年四十五死，子和连代立。和连材力不及父，而贪淫，断法不平，众叛者半。灵帝末年数为寇钞，攻北地，北地庶人善弩射者射中和连，和连即死。其子骞曼小，兄子魁头代立。魁头既立后，骞曼长大，与魁头争国，众遂离散。魁头死，弟步度根代立。自檀石槐死后，诸大人遂世相袭也。

⑤《魏略》曰：其俗停丧五月，以久为荣。其祭亡者，有生有熟。丧主不欲速而他人强之，常诤引以此为节。其居丧，男女皆纯白，妇人着布面衣，去环佩，大体与中国相仿佛也。

⑥《魏略》曰：其国殷富，自先世以来，未尝破坏。

⑦《魏略》曰：旧志又言，昔北方有高离之国者，其王者侍婢有身，王欲杀之，婢云："有气如鸡子来下，我故有身。"后生子，王捐之于溷中，猪以喙嘘之，徙至马闲，马以气嘘之，不死。王疑以为天子也，乃令其母收畜之，名曰东明，常令牧马。东明善射，王恐夺其国也，欲杀之。东明走，南至施掩水，以弓击水，鱼鳖浮为桥，东明得度，鱼鳖乃解散，追兵不得渡。东明因都王夫馀之地。

⑧《魏略》曰：其嫁娶之法，女年十岁，已相设许。婿家迎之，长养以为妇。至成人，更还女家。女家责钱，钱毕，乃复还婿。

⑨臣松之按：果下马高三尺，乘之可于果树下行，故谓之果下。见《博物志》、《魏都赋》。

⑩《魏略》曰：昔箕子之后朝鲜侯，见周衰，燕自尊为王，欲东略地，朝鲜侯亦自称为王，欲兴兵逆击燕以尊周室。其大

夫礼谏之,乃止。使礼西说燕,燕止之,不攻。后子孙稍骄虐,燕乃遣将秦开攻其西方,取地二千余里,至满番汗为界,朝鲜遂弱。及秦并天下,使蒙恬筑长城,到辽东。时朝鲜王否立,畏秦袭之,略服属秦,不肯朝会。否死,其子准立。二十余年而陈、项起,天下乱,燕、齐、赵民愁苦,稍稍亡往准,准乃置之于西方。及汉以卢绾为燕王,朝鲜与燕界于浿水。及绾反,入匈奴,燕人卫满亡命,为胡服,东度浿水,诣准降,说准求居西界,收中国亡命为朝鲜藩屏。准信宠之,拜为博士,赐以圭,封之百里,令守西边。满诱亡党,众稍多,乃诈遣人告准,言汉兵十道至,求入宿卫,遂还攻准。准与满战,不敌也。

⑪《魏略》曰:其子及亲留在国者,因冒姓韩氏。准王海中,不与朝鲜相往来。

⑫《魏略》曰:初,右渠未破时,朝鲜相历溪卿以谏右渠不用,东之辰国,时民随出居者二千余户,亦与朝鲜贡蕃不相往来。至王莽地皇时,廉斯鑡为辰韩右渠帅,闻乐浪土地美,人民饶乐,亡欲来降。出其邑落,见田中驱雀男子一人,其语非韩人。问之,男子曰:“我等汉人,名户来,我等辈千五百人伐材木,为韩所击得,皆断发为奴,积三年矣。”鑡曰:“我当降汉乐浪,汝欲去不?”户来曰:“可。”鑡因将户来出诣含资县,县言郡,郡即以鑡为译,从芩中乘大船入辰韩,逆取户来。降伴辈尚得千人,其五百人已死。鑡时晓谓辰韩:“汝还五百人。若不者,乐浪当遣万兵乘船来击汝。”辰韩曰:“五百人已死,我当出赎直耳。”乃出辰韩万五千人,弁韩布万五千匹,鑡收取直还。郡表鑡功义,赐冠帻、田宅,子孙数世,至安帝延光四年时,故受复除。

⑬《魏略》曰:明其为流移之人,故为马韩所制。

⑭《魏略》曰:其国作屋,横累木为之,有似牢狱也。

⑮《魏略》曰:其俗不知正岁四节,但计春耕秋收为年纪。

⑯臣松之以为地应为绨,汉文帝着皂衣谓之弋绨是也。此字不体,非魏朝之失,则传写者误也。

⑰《魏略西戎传》曰:氐人有王,所从来久矣。自汉开益州,置武都郡,排其种人,分窜山谷间,或在福禄,或在汧、陇左右。其种非一,称槃瓠之后,或号青氐,或号白氐,或号蚺氐,此盖虫之类而处中国,人即其服色而名之也。其自相号曰盍稚,各有王侯,多受中国封拜。近去建安中,兴国氐王阿贵、白项氐王千万各有部落万余,至十六年,从马超为乱。超破之后,阿贵为夏侯渊所攻灭,千万西南入蜀,其部落不能去,皆降。国家分徙其前后两端者,置扶风美阳,今之安夷、抚夷二部护军所典是也。其本守善,分留天水、南安界,今之广魏郡所守是也。其俗,语不与中国同,及羌杂胡同,各自有姓,姓如中国之姓矣。其衣服尚青绛。俗能织布,善田种,畜养豕牛马驴骡。其妇人嫁时着衽露,其缘饰之制有似羌,衽露有似中国袍。皆编发。多知中国语,由与中国错居故也。其自还种落间,则自氐语。其嫁娶有似于羌,此盖乃昔所谓西戎在于街、冀、豲道者也。今虽都统于郡国,然故自有王侯在其虚落间。又故武都地阴平街左右,亦有万余落。赀虏,本匈奴也,匈奴名奴婢为赀。始建武时,匈奴衰,分去,其奴婢亡匿在金城、武威、酒泉北黑水、西河东西,畜牧逐水草,钞盗凉州,部落稍多,有数万,不与东部鲜卑同也。其种非一,有大胡,有丁令,或颇有羌杂处,由本亡奴婢故也。当汉、魏之际,其大人有檀柘,死后,其枝大人南近在广魏、令居界,有秃瑰来数反,为凉州所杀。今有劭提,或降来,或遁去,常为西州道路患也。

燉煌西域之南山中,从婼羌西至葱领数千里,有月氏余种葱茈羌、白马、黄牛羌,各有酋豪,北与诸国接,不知其道里广狭。传闻黄牛羌各有种类,孕身六月生,南与白马羌邻。西域诸国,汉初开其道,时有三十六,后分为五十余。从建武以来,更相吞灭,于今有二十道。从燉煌玉门关入西域,前有二道,今有三道。从玉门关西出,经婼羌转西,越葱领,经县度,入大月氏,为南道。从玉门关西出,发都护井,回三陇沙北头,经居卢仓,从沙西井转西北,过龙堆,到故楼兰,转西诣龟兹,至葱领,为中道。从玉门关西北出,经横坑,辟三陇沙及龙堆,出五船北,到车师界戊已校尉所治高昌,转西与中道合龟兹,为新道。凡西域所出,有前史已具详,今故略说。南道西行,且志国、小宛国、精绝国、楼兰国皆并属鄯善也。戎卢国、捍弥国、渠勒国、皮山国皆并属于寘。罽宾国、大夏国、高附国、天竺国皆并属大月氏。

临儿国，《浮屠经》云其国王生浮屠。浮屠，太子也。父曰屑头邪，母云莫邪。浮屠身服色黄，发青如青丝，乳青毛，蛉赤如铜。始莫邪梦白象而孕，及生，从母左胁出，生而有结，堕地能行七步。此国在天竺城中。天竺又有神人，名沙律。昔汉哀帝元寿元年，博士弟子景卢受大月氏王使伊存口受《浮屠经》曰复立者其人也。《浮屠》所载临蒲塞、桑门、伯闻、疏问、白疏闲、比丘、晨门，皆弟子号也。《浮屠》所载与中国《老子经》相出入，盖以为老子西出关，过西域之天竺、教胡。浮屠属弟子别号，合有二十九，不能详载，故略之如此。

东离国一名礼惟特，一名沛隶王，在天竺东南三千余里，其地卑湿暑热。其王治沙奇城，有别城数十，人民怯弱，月氏、天竺击服之。其地东西南北数千里，人民男女皆长一丈八尺，乘象、橐驼以战，今月氏役税之。

盘越国一名汉越王，在天竺东南数千里，与益部相近，其人小与中国人等，蜀人贾似至焉。南道而西极转东南尽矣。

中道西行尉梨国、危须国、山王国皆并属焉耆，姑墨国、温宿国、尉头国皆并属龟兹也。桢中国、莎车国、竭石国、渠沙国、西夜国、依耐国、满犁国、亿若国、榆令国、捐毒国、休修国、琴国皆并属疏勒。自是以西，大宛、安息、条支、乌弋。乌弋一名排特，此四国次在西，本国也，无增损。前世谬以为条支在大秦西，今其实在东。前世又谬以为强于安息，今更役属之，号为安息西界。前世又谬以为弱水在条支西，今弱水在大秦西。前世又谬以为从条支西行二百余日，近日所入，今从大秦西近日所入。

大秦国一号犁靬，在安息、条支西大海之西，从安息界安谷城乘船，直截海西，遇风利二月到，风迟或一岁，无风或三岁。其国在海西，故俗谓之海西。有河出其国，西又有大海。海西有迟散城，从国下直北至乌丹城，西南又渡一河，乘船一日乃过。西南又渡一河，一日乃过。凡有大都三，却从安谷城陆道直北行之海北，复直西行之海西，复直南行经之乌迟散城，渡一河，乘船一日乃过。周回绕海，凡当渡大海六日乃到其国。国有小城邑合四百余，东西南北数千里。其王治滨侧河海，以石为城郭。其土地有松、柏、槐、梓、竹、苇、杨柳、梧桐、百草。民俗，田种五谷，畜乘有马、骡、驴、骆驼。桑蚕。俗多奇幻，口中出火，自缚自解，跳十二丸巧妙。其国无常主，国中有灾异，辄更立贤人以为王，而生放其故王，王亦不敢怨。其俗人长大平正，似中国人而胡服。自云本中国一别也，常欲通使于中国，而安息图其利，不能得过。其俗能胡书。其制度，公私宫室为重屋，旌旗击鼓，白盖小车，邮驿亭置如中国。从安息绕海北到其国，人民相属，十里一亭，三十里一置，终无盗贼。但有猛虎、狮子为害，行道不群则不得过。其国置小王数十，其王所治城周回百余里，有官曹文书。王有五宫，一宫间相去十里，其王平旦之一宫听事，至日暮一宿，明日复至一宫，五日一周。置三十六将，每议事，一将不至则不议也。王出行，常使从人持一韦囊自随，有白言者，受其辞投囊中，还宫乃省为决理。以水晶作宫柱及器物。作弓矢。其别枝封小国，曰泽散王，曰驴分王，曰且兰王，曰贤督王，曰汜复王，曰于罗王，其余小王国甚多，不能一一详之也。国出细絺。作金银钱，金钱一当银钱十。有织成细布，言用水羊毳，名曰海西布。此国六畜皆出水，或云非独用羊毛也，亦用木皮或野茧丝作，织成氍毹、毾㲪、罽帐之属皆好，其色又鲜于海东诸国所作也。又常利得中国丝，解以为胡绫，故数与安息诸国交市于海中。海水苦不可食，故往来者希到其国中。山出九色次玉石，一曰青，二曰赤，三曰黄，四曰白，五曰黑，六曰绿，七曰紫，八曰红，九曰绀。今伊吾山中有九色石，即其类。阳嘉三年时，疏勒王臣槃献海西青石、金带各一。又今《西域旧图》云罽宾、条支诸国出琦石，即次玉石也。大秦多金、银、铜、铁、铅、锡、神龟、白马、朱髦、骇鸡犀、玳瑁、玄熊、赤螭、辟毒鼠、大贝、车渠、玛瑙、南金、翠爵、羽翮、象牙、符采玉、明月珠、夜光珠、真白珠、虎珀、珊瑚、赤白黑绿黄青绀缥红紫十种流离、璆琳、琅玕、水精、玫瑰、雄黄、雌黄、碧、五色玉、黄白黑绿紫红绛绀金黄缥留黄十种氍毹、五色毾㲪、五色九色首下毾㲪、金缕绣、杂色绫、金涂布、绯持布、发陆布、绯持渠布、火浣布、阿罗得布、巴则布、度代布、温宿布、五色桃布、绛地金织帐、五色斗帐、一微木、二苏合、狄提、迷迷、兜纳、白附子、薰陆、郁金、芸胶、薰草木十二种香。大秦道既从海北陆通，又循海而南，与交趾七郡外夷比，又有水道通益州、永昌、故永昌出异物。前世但论有水道，不知有陆道，今其略如此，其民人户数不能备详也。自葱领西，此国最大，置诸小王甚多，故录其属大者矣。

泽散王属大秦，其治在海中央，北至驴分，水行半岁，风疾时一月到，最与安息安谷城相近，西南诣大秦都不知里数。驴分王属大秦，其治去大秦都二千里。从驴分城西之大秦渡海，飞桥长二百三十里，渡海道西南行，绕海直西行。且兰王属大秦。从思陶国直南渡河，乃直西行之且兰三千里。道出河南，乃西行，从且兰复直西行之汜复国六百里。南道会汜复，乃西南之贤督国。且兰、汜复直南，乃有积石，积石南乃有大海，出珊瑚，真珠。且兰、汜复、斯宾阿蛮北有一山，东西行。大秦、海西东各有一山，皆南北行。贤督王属大秦，其治东北去汜复六百里。汜复王属大秦，其治东北去于罗三百四十里渡海也。于罗属大秦，其治在汜复东北，渡河，从于罗东北又渡河，斯罗东北又渡河。斯罗国属安息，与大秦接也。大秦西有海水，海水西有河水，河水西南北行有大山，西有赤水，赤水西有白玉山，白玉山有西王母，西王母西有修流沙，流沙西有大夏国、坚沙国、属繇国、月氏国，四国西有黑水，所传闻西之极矣。

北新道西行，至东且弥国、西且弥国、单桓国、毕陆国、蒲陆国、乌贪国，皆并属车师后部王。王治于赖城，魏赐其王壹多杂守魏侍中，号大都尉，受魏王印。转西北则乌孙、康居，本国无增损也。北乌伊别国在康居北，又有柳国，又有岩国，又有奄蔡国一名阿兰，皆与康居同俗。西与大秦东南与康居接。其国多名貂，畜牧逐水草，临大泽，故时羁属康居，今不属也。

呼得国在葱岭北，乌孙西北，康居东北，胜兵万余人，随畜牧，出好马，有貂。坚昆国在康居西北，胜兵三万人，随畜牧，亦多貂，有好马。丁令国在康居北，胜兵六万人，随畜牧，出名鼠皮，白昆子、青昆子皮。此上三国，坚昆中央，俱去匈奴单于庭安习水七千里，南去车师六国五千里，西南去康居界三千里，西去康居王治八千里。或以为此丁令即匈奴北丁令也，而北丁令在乌孙西，似其种别也。又匈奴北有浑窳国，有屈射国，有丁令国，有隔昆国，有新梨国，明北海之南自复有丁令，非此乌孙之西丁令也。乌孙长老言北丁令有马胫国，其人音声似雁鹜，从膝以上身头，人也，膝以下生毛，马胫马蹄，不骑马而走疾马，其为人勇健敢战也。短人国在康居西北，男女皆长三尺，人众甚多，去奄蔡诸国甚远。康居长老传闻常有商度此国，去康居可万余里。

鱼豢议曰：俗以为营廷之鱼不知江海之大，浮游之物不知四时之气，是何也？以其所在者小与其生之短也。余今泛览外夷大秦诸国，犹尚旷若发蒙矣，况夫邹衍之所推出，《大易》、《太玄》之所测度乎！徒限处牛蹄之涔，又无彭祖之年，无缘托景风以迅游，载騕褭以遐观，但劳眺乎三辰，而飞思乎八荒耳。

三国志卷三十一　蜀书一

刘二牧传第一

刘焉字君郎，江夏竟陵人也，汉鲁恭王之后裔，章帝元和中徙封竟陵，支庶家焉。焉少仕州郡，以宗室拜中郎，后以师祝公丧去官。[①]居阳城山，积学教授，举贤良方正，辟司徒府，历雒阳令、冀州刺史、南阳太守、宗正、太常。焉睹灵帝政治衰缺，王室多故，乃建议言："刺史、太守，货赂为官，割剥百姓，以致离叛。可选清名重臣以为牧伯，镇安方夏。"焉内求交阯牧，欲避世难。议未即行，侍中广汉董扶私谓焉曰："京师将乱，益州分野有天子气。"焉闻扶言，意更在益州。会益州刺史郤俭赋敛烦扰，谣言远闻，[②]而并州杀刺史张壹，凉州杀刺史耿鄙，焉谋得施。出为监军使者，领益州牧，封阳城侯，当收俭治罪；[③]扶亦求为蜀郡西部属国都尉，及太仓令巴西赵韪去官，俱随焉。[④]

刘焉字君郎，江夏郡竟陵县人，是西汉鲁恭王的后代，东汉章帝元和年间被迁封到竟陵，宗族旁出的支脉就在那里安家。刘焉年轻时在州郡做官，凭借宗室的身份被授予中郎，后因老师祝公去世守丧而辞去官职。他退居在阳城山，积研学问，教授生徒，被推举为贤良方正，应召到司徒幕府，历任过洛阳令、冀州刺史、南阳太守、宗正、太常等官职。刘焉看到汉灵帝政治衰败，王室多变故，于是向朝廷建议说："刺史、太守行贿买官，残害、剥夺百姓，以致人们离散叛乱。可选派清廉的大臣担任州郡长官，以便镇定安抚国家。" 刘焉暗中请求出任交阯郡的行政长官，想借此躲避社会的祸难。建议尚未被采纳，侍中广汉人董扶私下对刘焉说："京城将会出乱子，益州一带有天子气。"刘焉听了董扶的话，便想改赴益州任职。恰逢益州刺史郤俭赋敛烦苛扰害百姓，有关他的歌谣四处传播，又因并州杀了刺史张壹，凉州杀了刺史耿鄙，刘焉的谋划因而得以实现。他出任监军使者，兼任益州牧，被封为阳城侯，奉命逮捕郤俭治罪；董扶也请求出任蜀郡西部属国都尉，加上太仓令巴西郡人赵韪离任，也一同跟随刘焉。

是时益州逆贼马相、赵祗等于绵竹县自号黄巾，合聚疲役之民，一二日中得数千人，先杀绵竹令李升，吏民翕集，合万余人，便前破雒县，攻益

这时益州叛贼马相、赵祗等人在绵竹县自称为黄巾军，聚合为劳役所苦的百姓，一两天内便得到数千人。他们先杀了绵竹县令李升，集合官吏百姓，共万余人，便前往攻破雒县，进攻益州，杀了郤俭，

州杀俭，又到蜀郡、犍为，旬月之间，破坏三郡。相自称天子，众以万数。州从事贾龙领家兵数百人在犍为东界，摄敛吏民，得千余人，攻相等，数日破走，州界清静。龙乃选吏卒迎焉。焉徙治绵竹，抚纳离叛，务行宽惠，阴图异计。张鲁母始以鬼道，又有少容，常往来焉家，故焉遣鲁为督义司马，住汉中，断绝谷阁，杀害汉使。焉上书言米贼断道，不得复通，又托他事杀州中豪强王咸、李权等十余人，以立威刑。⑤犍为太守任岐及贾龙由此反攻焉，焉击杀岐、龙。⑥

又到了蜀郡、犍为郡，旬月之间，攻破了三个郡。马相自称天子，部众数以万计。益州从事贾龙率领家兵数百人在犍为郡的东界，收集官吏百姓，共得一千多人，进攻马相等人，几天后马相失败逃走，益州边界得以平静。贾龙于是选派官兵迎接刘焉。刘焉将治所迁到绵竹，招降安抚离散和叛乱的人，勉力实行宽厚仁惠的政令，暗中却另谋打算。张鲁的母亲开初用鬼神迷信起事，又有些姿色，常往来于刘焉家中，因此刘焉派遣张鲁担任督义司马，进驻汉中，截断夹谷中的栈道，杀害汉朝的使臣。刘焉报告皇上说，信五斗米教的强盗截断了道路，不能通行。他又假托另外的事情杀了州中豪强王咸、李权等十多人，想用刑法来建立威严。犍为郡太守任岐及贾龙因此反过来攻击刘焉，刘焉击杀了任岐、贾龙。

焉意渐盛，造作乘舆车具千余乘。荆州牧刘表表上焉有似子夏在西河疑圣人之论。时焉子范为左中郎将，诞治书御史，璋为奉车都尉，皆从献帝在长安，⑦惟叔子别部司马瑁素随焉。献帝使璋晓谕焉，焉留璋不遣。⑧时征西将军马腾屯郿而反，焉及范与腾通谋，引兵袭长安。范谋泄，奔槐里，腾败，退还凉州，范应时见杀，于是收诞行刑。⑨议郎河南庞羲与焉通家，乃募将焉诸孙入蜀。时焉被天火烧城，车具荡尽，延及民家。焉徙治成都，既痛其子，又感祅灾，兴平元年，痈疽发背而卒。州大吏赵韪等贪璋温仁，共上璋为益州刺史，诏书因以为监军使者，领益州牧，以韪为征东中郎将，

刘焉的意向逐渐明显，竟制作皇帝乘坐的车子千余辆。荆州牧刘表给皇帝的奏文中有刘焉在益州好像子夏在西河比拟圣人一样的话。当时刘焉的儿子刘范担任左中郎将，刘诞担任治书御史，刘璋担任奉车都尉，都跟随献帝在长安，只有排行第三的儿子别部司马刘瑁一直跟随着刘焉。献帝派遣刘璋去告诫刘焉，刘焉却留住刘璋不让他回长安。当时驻扎在郿县的征西将军马腾反叛，刘焉、刘范与马腾共同谋划，拟率领军队袭击长安。因为计谋泄露，刘范逃到槐里，马腾战败，退回凉州，刘范不久被杀，于是朝廷将刘诞逮捕施刑。议郎河南人庞羲与刘焉是姻亲，就招人将刘焉的孙子们送入蜀地。这时刘焉所住的城府被天火烧毁，车具也荡然无存，大火还蔓延到民房。刘焉将治所迁往成都。他既痛失儿子，又为妖灾所惊吓，兴平元年，背上长毒疮病死了。益州大吏赵韪等人探知刘璋温厚仁和，共同上书推荐刘璋为益州刺史，皇帝下诏任命刘璋为监军使者，兼任益州牧，刘璋任命赵韪为征东中郎将，

率众击刘表。[10]

璋,字季玉,既袭焉位,而张鲁稍骄恣,不承顺璋,璋杀鲁母及弟,遂为仇敌。璋累遣庞羲等攻鲁,数为所破。鲁部曲多在巴西,故以羲为巴西太守,领兵御鲁。[11]后羲与璋情好携隙,赵韪称兵内向,众散见杀,皆由璋明断少而外言入故也。[12]璋闻曹公征荆州,已定汉中,遣河内阴溥致敬于曹公。加璋振威将军,兄瑁平寇将军。瑁狂疾物故。[13]璋复遣别驾从事蜀郡张肃送叟兵三百人并杂御物于曹公,曹公拜肃为广汉太守。璋复遣别驾张松诣曹公,曹公时已定荆州,走先主,不复存录松,松以此怨。会曹公军不利于赤壁,兼以疫死。松还,疵毁曹公,劝璋自绝,[14]因说璋曰:"刘豫州,使君之肺腑,可与交通。"璋皆然之,遣法正连好先主,寻又令正及孟达送兵数千助先主守御,正遂还。后松复说璋曰:"今州中诸将庞羲、李异等皆恃功骄豪,欲有外意,不得豫州,则敌攻其外,民攻其内,必败之道也。"璋又从之,遣法正请先主。璋主簿黄权陈其利害,从事广汉王累自倒县于州门以谏,璋一无所纳,敕在所供奉先主,先主入境如归。先主至江州,北由垫江水。诣涪,去成都三百六十里,是岁建安十六年也。璋率步骑三万余

让他率领人马进攻刘表。

刘璋,字季玉。他继承刘焉的职位之后,张鲁逐渐骄横放肆,不顺从刘璋,刘璋杀了张鲁的母亲和他的弟弟,于是成为仇敌。刘璋多次派遣庞羲等人进攻张鲁,都被张鲁打败。张鲁的部队大多驻在巴西,因此刘璋派庞羲任巴西太守,带兵抵御张鲁。后来庞羲和刘璋感情破裂,赵韪又率兵向内反叛,后因部众失散被杀,这都是由于刘璋缺少明察果断而轻信外人的话所致。刘璋听说曹公征讨荆州,已经攻下了汉中,便派遣河内人阴溥向曹公表示敬意。曹公加封刘璋为振威将军,他的兄长刘瑁任平寇将军,刘瑁犯癫狂病去世。刘璋又派遣别驾从事蜀郡人张肃送蜀地兵三百人和一些皇家杂物给曹公,曹公任命张肃为广汉太守。刘璋又派别驾张松到曹公那里去,这时曹公已经攻下荆州,赶走刘备,不再录用张松,张松因此怨恨曹公。正碰上曹公的军队在赤壁战败,加上病疫流行,死亡甚众。张松回来后,诋毁曹公,劝刘璋主动与曹公断绝往来,还趁机劝刘璋说:"刘备,是您的心腹之人,可以与他建立联系。"刘璋认为他说得对,派遣法正去与刘备联好,不久又命令法正和孟达送数千兵士帮助刘备防守,法正就回来了。后来张松又劝刘璋说:"现在州中庞羲、李异等将领都居功自傲,有向外的心意,如果得不到刘备的帮助,一旦敌人从外面进攻,民众从里面进攻,就必定要走向失败。"刘璋又听从了张松的话,派遣法正去请刘备。刘璋的主簿黄权陈述这种做法的危害,从事广汉人王累将自己倒悬在州城的大门口来劝谏,刘璋都不采纳,命令凡刘备所到之处都进行供奉,刘备进入益州境内犹如回到了家乡。刘备到江州,从北面垫江水路到达涪县,这里离成都三百六十里,这年是建安十六年。刘璋率领步兵骑兵三万多人,车辆的帐幔,在太阳下精光闪耀,

人，车乘帐幔，精光曜日，往就与会；先主所将将士，更相之适，欢饮百余日。璋资给先主，使讨张鲁，然后分别。[15]

前往与刘备相会；刘备所率领的将士陆续到来，欢享饮宴了一百多天。刘璋供给资助刘备，要他去讨伐张鲁，然后才分别。

明年，先主至葭萌，还兵南向，所在皆克。十九年，进围成都数十日，城中尚有精兵三万人，谷帛支一年，吏民咸欲死战。璋言："父子在州二十余年，无恩德以加百姓。百姓攻战三年，肌膏草野者，以璋故也，何心能安！"遂开城出降，群下莫不流涕。先主迁璋于南郡公安，尽归其财物及故佩振威将军印绶。孙权杀关羽，取荆州，以璋为益州牧，驻秭归。璋卒，南中豪率雍闿据益郡反，附于吴。权复以璋子阐为益州刺史，处交、益界首。丞相诸葛亮平南土，阐还吴，为御史中丞。[16]初，璋长子循妻，庞羲女也。先主定蜀，羲为左将军司马，璋时从羲启留循，先主以为奉车中郎将。是以璋二子之后，分在吴、蜀。

第二年，刘备到达葭萌，回军向南进攻刘璋，所到之处全部攻克。建安十九年，进军围攻成都数十天，城内还有精兵三万人，粮食布帛可维持一年，官吏百姓都愿意冒死抵抗。刘璋说："我父子在益州二十多年，没有恩德施加给百姓。百姓攻战三年，横尸遍野，都是因为我刘璋啊，我怎么能心安！"于是打开城门出来投降，部下莫不流泪。刘备将刘璋迁移到南郡的公安县，把他的财物和他以前所佩的振威将军印绶全部还给他。孙权杀死关羽，夺取荆州，命刘璋担任益州牧，驻扎在秭归。刘璋去世后，益州南中地方豪强首领雍闿盘踞益州郡反叛，归附吴国。孙权又以刘璋的儿子刘阐为益州刺史，驻守在交州、益州交界的地带。丞相诸葛亮平定南方后，刘阐返回吴国，担任御史中丞。当初，刘璋长子刘循的妻子，是庞羲的女儿。刘备平定蜀地，庞羲担任左将军司马，刘璋执政时听从庞羲的请求留下刘循，刘备任命刘循担任奉车中郎将。因此刘璋两个儿子的后代，分别在吴国和蜀国。

评曰：昔魏豹闻许负之言则纳薄姬于室，[17]刘歆见图谶之文则名字改易，终于不免其身，而庆钟二主。此则神明不可虚要，天命不可妄冀，必然之验也。而刘焉闻董扶之辞则心存益土，听相者之言则求婚吴氏，遽造舆服，图窃神器，其惑甚矣。璋才非人雄，而据土乱世，负乘致寇，自然之理，其见夺取，非不幸也。[18]

评论说：从前魏豹听了许负的话就把薄姬纳为自己的妻子，刘歆看了图谶上的文字就改换自己的名字，但终究未能免遭祸害，而幸福却汇集于两位皇帝。这就说明神明不可假求，天命不可乱想，它是必然要应验的。刘焉听了董扶的话就心想益州，听了看相人的话就请求与吴氏联姻，立即制造车仗服饰，图谋窃取帝位，也太糊涂了。刘璋才智平庸，却据土扰乱天下，小人居君子之位而招致侵犯，这是自然的道理，他的地盘被人夺取，并不是不幸的事。

①臣松之案：祝公，司徒祝恬也。

②俭，郤正祖也。

③《续汉书》曰：是时用刘虞为幽州，刘焉为益州，刘表为荆州，贾琮为冀州。虞等皆海内清名之士，或从列卿尚书以选为牧伯，各以本秩居任。旧典：传车参驾，施赤为帷裳。

臣松之按：灵帝崩后，义军起，孙坚杀荆州刺史王叡，然后刘表为荆州，不与焉同时也。

《汉灵帝纪》曰：帝引见焉，宣示方略，加以赏赐，敕焉为益州刺史。前刺史刘隽、郤俭皆贪残放滥，取受狼籍，元元无聊，呼嗟充野，焉到便收摄行法，以示万姓，勿令漏露，使痈疽决溃，为国生梗。焉受命而行，以道路不通，住荆州东界。

④陈寿《益部耆旧传》曰：董扶字茂安。少从师学，兼通数经，善欧阳《尚书》，又事聘士杨厚，究极图谶。遂至京师，游览太学，还家讲授，弟子自远而至。永康元年，日有蚀之，诏举贤良方正之士，策问得失。左冯翊赵谦等举扶，扶以病不诣，遥于长安上封事，遂称疾笃归家。前后宰府十辟，公车三征，再举贤良方正、博士、有道皆不就，名称尤重。大将军何进表荐扶曰："资游、夏之德，述孔氏之风，内怀焦、董消复之术。方今并、凉骚扰，西戎蠢叛，宜敕公车特召，待以异礼，谘谋奇策。"于是灵帝征扶，即拜侍中。在朝称为儒宗，甚见器重。求为蜀郡属国都尉。扶出一岁而灵帝崩，天下大乱。后去官，年八十二卒于家。始扶发辞抗论，益部少双，故号曰至止，言人莫能当，所至而谈止也。后丞相诸葛亮问秦宓以扶所长，宓曰："董扶褒秋毫之善，贬纤芥之恶。"

⑤《益部耆旧杂记》曰：李权字伯豫，为临邛长。子福。见犍为杨戏《辅臣赞》。

⑥《英雄记》曰：刘焉起兵，不与天下讨董卓，保州自守。犍为太守任岐自称将军，与从事陈超举兵击焉，焉击破之。董卓使司徒赵谦将兵向州，说校尉贾龙，使引兵还击焉，焉出青羌与战，故能破杀。岐、龙等皆蜀郡人。

⑦《英雄记》曰：范父焉为益州牧，董卓所征发，皆不至。收范兄弟三人，锁械于郿坞，为阴狱以系之。

⑧《典略》曰：时璋为奉车都尉，在京师。焉托疾召璋，璋自表省焉，焉遂留璋不还。

⑨《英雄记》曰：范从长安亡之马腾营，从焉求兵。焉使校尉孙肇将兵往助之，败于长安。

⑩《英雄记》曰：焉死，子璋代为刺史。会长安拜颍川扈瑁为刺史，入汉中。荆州别驾刘阖，璋将沈弥、娄发、甘宁反，击璋不胜，走入荆州。璋使赵韪进攻荆州，屯朐䏰。

⑪《英雄记》曰：庞羲与璋有旧，又免璋诸子于难，故璋厚德羲，以羲为巴西太守，遂专权势。

⑫《英雄记》曰：先是，南阳、三辅人流入益州数万家，收以为兵，名曰东州兵。璋性宽柔，无威略，东州人侵暴旧民，璋不能禁，政令多阙，益州颇怨。赵韪素得人心，璋委任之。韪因民怨谋叛，乃厚赂荆州请和，阴结州中大姓，与俱起兵，还击璋。蜀郡、广汉、犍为皆应韪。璋驰入成都城守，东州人畏韪，咸同心并力助璋，皆殊死战，遂破反者，进攻韪于江州。韪将庞乐、李异反杀韪军，斩韪。

《汉献帝春秋》曰：汉朝闻益州乱，遣五官中郎将牛亶为益州刺史；征璋为卿，不至。

⑬臣松之案：魏台访"物故"之义，高堂隆答曰："闻之先师：物，无也；故，事也；言无复所能于事也。"

⑭《汉晋书春秋》曰：张松见曹公，曹公方自矜伐，不存录松。松归，乃劝璋自绝。

习凿齿曰：昔齐桓一矜其功而叛者九国，曹操暂自骄伐而天下三分，皆勤之于数十年之内而弃之于俯仰之顷，岂不惜乎！是以君子劳谦日昃，虑以下人，功高而居之以让，势尊而守之以卑。情近于物，故虽贵而人不厌其重；德洽群生，故业广而天下愈欣其庆。夫然，故能有其富贵，保其功业，隆显当时，传福百世，何骄矜之有哉！君子是以知曹操之不能遂兼天下者也。

⑮《吴书》曰：璋以米二十万斛，骑千匹，车千乘，缯絮锦帛，以资送刘备。

⑯《吴书》曰：阐一名纬，为人恭恪，轻财爱义，有仁让之风，后疾终于家。

⑰孔衍《汉魏春秋》曰：许负，河内温县之妇人，汉高祖封为明雌亭侯。

臣松之以为今东人呼母为负，衍以许负为妇人，如为有似，然汉高祖时封皆列侯，未有乡亭之爵，疑此封为不然。

⑱张璠曰：刘璋愚弱而守善言，斯亦宋襄公、徐偃王之徒，未为无道之主也。张松、法正，虽君臣之义不正，然固以委名附质，进不显陈事势，若韩嵩、先之说刘表，退不告绝奔亡，若陈平、韩信之去项羽，而两端携贰，为谋不忠，罪之次也。

三国志卷三十二　蜀书二

先主传第二

先主姓刘，讳备，字玄德，涿郡涿县人，汉景帝子中山靖王胜之后也。胜子贞，元狩六年封涿县陆城亭侯。坐酎金失侯，因家焉。①先主祖雄，父弘，世仕州郡。雄举孝廉，官至东郡范令。

先主少孤，与母贩履织席为业。舍东南角篱上有桑树生高五丈余，遥望见童童如小车盖，往来者皆怪此树非凡，或谓当出贵人。②先主少时，与宗中诸小儿于树下戏，言："吾必当乘此羽葆盖车。"叔父子敬谓曰："汝勿妄语，灭吾门也？"年十五，母使行学，与同宗刘德然、辽西公孙瓒俱事故九江太守同郡卢植。德然父元起常资给先主，与德然等。元起妻曰："各自一家，何能常尔邪？"起曰："吾宗中有此儿，非常人也。"而瓒深与先主相友。瓒年长，先主以兄事之。先主不甚乐读书，喜狗马、音乐、美衣服。身长七尺五寸，垂手下膝，顾自见其耳。少语言，善下人，喜怒不形于色。好交结豪侠，年少争附之。中山大商张世平、苏双等赀累千金，贩马周

先主姓刘，名备，字玄德，涿郡涿县人，是汉景帝之子中山靖王刘胜的后代。刘胜的儿子刘贞，元狩六年被封为涿县陆城亭侯。因在宗庙祭祀时献助祭金不合规格而失去了侯爵，便在那里安了家。先主的祖父刘雄，父亲刘弘，相继在州郡做官。刘雄被推举为孝廉，官做到东郡范县县令。

刘备早年丧父，与母亲靠贩卖草鞋织席为生。他家院子东南角篱笆边有棵五丈多高的桑树，远远望去枝叶重叠好像小车盖，来往的人都奇怪这棵树长得不同寻常，有人预言这家会出贵人。刘备年少时，和同宗的小孩们在树下游玩，他说："我将来必定会乘坐这种以羽毛装饰车盖的车子。"叔父刘子敬告诫他说："你不要胡说，惹出灭门之祸！"十五岁时，母亲让他去求学，他与同族刘德然、辽西人公孙瓒，一同侍奉原九江太守同郡人卢植。刘德然的父亲刘元起常常资助刘备，将他与刘德然一样看待。刘元起的妻子说："各有各的家，怎能经常这样呢？"刘元起说："我们族中的这个孩子，不是一般的人。"公孙瓒与刘备有很深的交情。公孙瓒年龄大一些，刘备对待他像待兄长一样。刘备不太喜欢读书，而喜欢玩狗骑马、听音乐、穿漂亮的衣服。他身高七尺五寸，两手下垂过了膝盖，回头可以看见自己的耳朵。平时寡言少语，善于屈己尊人，喜怒之情从不外露。喜好结交豪侠，年轻人争着归附他。中山郡大商人张世平、苏双等人积有千金资产，贩马来往于涿

旋于涿郡，见而异之，乃多与之金财。先主由是得用合徒众。

郡，见刘备后感到惊异，便给他很多钱财。刘备因此能用来组织队伍。

灵帝末，黄巾起，州郡各举义兵，先主率其属从校尉邹靖讨黄巾贼有功，除安喜尉。③督邮以公事到县，先主求谒，不通，直入缚督邮，杖二百，解绶系其颈著马枊，弃官亡命。④顷之，大将军何进遣都尉毌丘毅诣丹杨募兵，先主与俱行，至下邳遇贼，力战有功，除为下密丞。复去官。后为高唐尉，迁为令。⑤为贼所破，往奔中郎将公孙瓒，瓒表为别部司马，使与青州刺史田楷以拒冀州牧袁绍。数有战功，试守平原令，后领平原相。郡民刘平素轻先主，耻为之下，使客刺之。客不忍刺，语之而去。其得人心如此。⑥

灵帝末年，黄巾起义爆发，州郡各自组织义兵，刘备率领他的部属跟随校尉邹靖征讨黄巾起义军有功，被授予安喜县尉。督邮因为公事到安喜县，刘备求见，没被允许，便径直闯进去将督邮捆绑起来，打了二百棍，并解下身上系印的丝带套住督邮的脖子，将他绑在拴马桩上，然后弃官逃跑。不久，大将军何进派遣都尉毌丘毅到丹杨招募士兵，刘备与他同行，到下邳遇上黄巾起义军，他奋力作战有功，被任命为下密县丞。不久又辞去官职。后来担任高唐县尉，并提升为县令。被黄巾起义军攻破后，前往投奔中郎将公孙瓒，公孙瓒上表荐他担任别部司马，让他与青州刺史田楷一起抵御冀州牧袁绍。他屡立战功，试用为平原县令，后兼任平原国相。郡中人刘平一向看不起刘备，以受他的管辖感到耻辱，派人刺杀他。刺客不忍心下手，把这件事告诉刘备后走了。刘备就是如此地得人心。

袁绍攻公孙瓒，先主与田楷东屯齐。曹公征徐州，徐州牧陶谦遣使告急于田楷，楷与先主俱救之。时先主自有兵千余人及幽州乌丸杂胡骑，又略得饥民数千人。既到，谦以丹杨兵四千益先主，先主遂去楷归谦。谦表先主为豫州刺史，屯小沛。谦病笃，谓别驾麋竺曰："非刘备不能安此州也。"谦死，竺率州人迎先主，先主未敢当。下邳陈登谓先主曰："今汉室陵迟，海内倾覆，立功立事，在于今日。彼州殷富，户口百万，欲屈使君抚临州事。"

袁绍进攻公孙瓒时，刘备和田楷向东驻兵齐地。曹公征讨徐州，徐州牧陶谦派使者向田楷告急，田楷和刘备一起前往援救。当时，刘备自己有兵士千余人，还有幽州乌丸各部族的一些骑兵，又抓到了数千饥民。到达徐州后，陶谦把四千丹杨士兵补充给刘备，刘备于是离开田楷，归附陶谦。陶谦上表荐举刘备为豫州刺史，驻扎小沛。陶谦病重，对别驾麋竺说："非刘备不能安定这个州。"陶谦死，麋竺率州人迎接刘备，刘备不肯就任。下邳人陈登对刘备说："现在汉朝衰颓，天下倾覆，要建功立业，就在今天。这个州物资富足，户口百万，想委屈你来主持州里的大事。"刘备说："袁公路近在寿春，他家四代中

先主曰："袁公路近在寿春，此君四世五公，海内所归，君可以州与之。"登曰："公路骄豪，非治乱之主。今欲为使君合步骑十万，上可以匡主济民，成五霸之业，下可以割地守境，书功于竹帛。若使君不见听许，登亦未敢听使君也。"北海相孔融谓先主曰："袁公路岂忧国忘家者邪？冢中枯骨，何足介意。今日之事，百姓与能，天与不取，悔不可追。"先主遂领徐州。[7]袁术来攻先主，先主拒之于盱眙、淮阴。曹公表先主为镇东将军，封宜城亭侯，是岁建安元年也。先主与术相持经月，吕布乘虚袭下邳。下邳守将曹豹反，间迎布。布虏先主妻子，先主转军海西。[8]杨奉、韩暹寇徐、扬间，先主邀击，尽斩之。先主求和于吕布，布还其妻子。先主遣关羽守下邳。

有五人位至三公，海内人都归附他，您可以把徐州交托给他。"陈登说："袁公路骄傲自负，不是治理乱世的英才。我现在想为你集合步骑兵十万人，上可以辅佐君主救助百姓，成就五霸的功业，下可以据地自守，功垂青史。如果你不听从答应我，我陈登也就不敢听从你了。"北海相孔融对刘备说："袁公路难道是忧国忘家的人吗？不过是坟墓中的枯骨，哪里值得介意。今天的形势是，百姓拥戴贤能之主，上天欲给你你不取，后悔就来不及了。"刘备于是接管了徐州。袁术进攻刘备，刘备将他阻截在盱眙、淮阴一带。曹公上表荐举刘备为镇东将军，封宜城亭侯，这年是建安元年。刘备与袁术相持一个月，吕布乘虚袭击下邳。下邳守将曹豹反叛，暗中迎接吕布。吕布俘虏了刘备的妻儿，刘备率军转入海西。杨奉、韩暹进犯徐州、扬州之间，刘备截击，将他们杀尽。刘备向吕布求和，吕布交还他的妻儿。刘备派关羽驻守下邳。

先主还小沛，[9]复合兵得万余人。吕布恶之，自出兵攻先主，先主败走归曹公。曹公厚遇之，以为豫州牧。将至沛收散卒，给其军粮，益与兵使东击布。布遣高顺攻之，曹公遣夏侯惇往，不能救，为顺所败，复虏先主妻子送布。曹公自出东征，[10]助先主围布于下邳，生禽布。先主复得妻子，从曹公还许。表先主为左将军，礼之愈重，出则同舆，坐则同席。袁术欲经徐州北就袁绍，

刘备回到小沛，又集合了一万多士兵。吕布痛恨他，亲自率兵进攻刘备，刘备战败跑去归附曹公。曹公厚待他，让他担任豫州牧。他打算到沛县去收集失散的士兵，曹公供给他军粮，并给他增派部队让他东攻吕布。吕布派遣高顺进攻刘备，曹公派夏侯惇前往，不能援救，反被高顺打败，又俘虏了刘备的妻儿送给吕布。曹公亲自带兵东征，帮助刘备在下邳围攻吕布，活捉了吕布。刘备又得到了妻儿，跟从曹公回到许都。曹公上表荐举刘备担任左将军，对他更加敬重，外出则同车，入坐则同席。袁术想经过徐州往北到袁绍那里去，曹公派刘备率领朱灵、

曹公遣先主督朱灵、路招要击术。未至,术病死。

路招拦腰截击袁术。袁术还没有到达,就病死了。

先主未出时,献帝舅车骑将军董承⑪辞受帝衣带中密诏,当诛曹公。先主未发。是时曹公从容谓先主曰:“今天下英雄,唯使君与操耳。本初之徒,不足数也。”先主方食,失匕箸。⑫遂与承及长水校尉种辑、将军吴子兰、王子服等同谋。会见使,未发。事觉,承等皆伏诛。⑬

刘备被派出兵之前,献帝的丈人车骑将军董承接受了献帝写在衣带上的密令,要刘备诛杀曹公。刘备未行动。这时曹公不经意地对刘备说:“当今天下的英雄,只有你和我。袁绍一类的人,是算不上的。”当时刘备正在吃饭,听了这话吓得汤勺筷子都掉到地上。于是与董承及长水校尉种辑、将军吴子兰、王子服等人共同谋划。适逢刘备被派遣出兵,没来得及行动。事情败露后,董承等人都被处死。

先主据下邳。灵等还,先主乃杀徐州刺史车胄,留关羽守下邳,而身还小沛。⑭东海昌霸反,郡县多叛曹公为先主,众数万人,遣孙乾与袁绍连和,曹公遣刘岱、王忠击之,不克。五年,曹公东征先主,先主败绩。⑮曹公尽收其众,虏先主妻子,并禽关羽以归。

刘备占据下邳。朱灵等人返回许都,刘备于是杀了徐州刺史车胄,留关羽守下邳,自己回到小沛。东海郡昌霸反叛,许多郡县都背叛曹公而拥护刘备,达数万人,刘备派遣孙乾去与袁绍联盟讲和,曹公派刘岱、王忠来攻打,没有取胜。建安五年,曹公亲自东征刘备,刘备大败。曹公夺取了他的全部军队,俘虏了他的妻儿,并活捉了关羽回营。

先主走青州。青州刺史袁谭,先主故茂才也,将步骑迎先主。先主随谭到平原,谭驰使白绍。绍遣将道路奉迎,身去邺二百里,与先主相见。⑯驻月余日,所失亡士卒稍稍来集。曹公与袁绍相拒于官渡,汝南黄巾刘辟等叛曹公应绍。绍遣先主将兵与辟等略许下。关羽亡归先主。曹公遣曹仁将兵击先主,先主还绍军,阴欲离绍,乃说绍南连荆州牧刘表。绍遣先主将本兵复至汝南,与贼龚都等合,众数千人。曹公遣蔡阳击之,为先主所

刘备逃到青州。青州刺史袁谭,是刘备原来举荐的秀才,他率领步兵和骑兵迎接刘备。刘备随袁谭到达平原县,袁谭派使者骑马飞速报告袁绍。袁绍派遣将领到路上迎接,自己在距邺城二百里的地方与刘备相会。留驻一个多月,刘备散失的士兵渐渐前来会合。曹公与袁绍对阵于官渡,汝南郡黄巾军首领刘辟等人背叛曹公响应袁绍。袁绍派刘备率军队与刘辟等人攻夺许县。关羽逃归刘备。曹公派曹仁率兵攻打刘备,刘备归还袁绍的军队,暗地里想脱离袁绍,于是劝说袁绍南连荆州牧刘表。袁绍派刘备率本部兵马再到汝南,与黄巾军龚都等人会合,共有数千人。曹公派蔡阳攻打刘备,被刘备杀死。

杀。

曹公既破绍，自南击先主。先主遣麋竺、孙乾与刘表相闻，表自郊迎，以上宾礼待之，益其兵，使屯新野。荆州豪杰归先主者日益多，表疑其心，阴御之。[17]使拒夏侯惇、于禁等于博望。久之，先主设伏兵，一旦自烧屯伪遁，惇等追之，为伏兵所破。

曹公攻破袁绍以后，亲自往南攻打刘备。刘备派麋竺、孙乾去荆州报信联络，刘表亲自到郊外迎接，用上等宾客的礼节接待刘备，增加他的军队，让他进驻新野。荆州的豪杰之士归附刘备的日益增多，刘表怀疑刘备的用心，暗地里防备他。让他到博望去阻击夏侯惇、于禁等人。过了些时候，刘备埋设伏兵，一天早上自己放火烧了营房假装逃跑，夏侯惇等人带兵追赶他，被伏兵打败。

十二年，曹公北征乌丸，先主说表袭许，表不能用。[18]曹公南征表，会表卒，[19]子琮代立，遣使请降。先主屯樊，不知曹公卒至，至宛乃闻之，遂将其众去。过襄阳，诸葛亮说先主攻琮，荆州可有。先主曰："吾不忍也。"[20]乃驻马呼琮，琮惧不能起。琮左右及荆州人多归先主。[21]比到当阳，众十余万，辎重数千两，日行十余里，别遣关羽乘船数百艘，使会江陵。或谓先主曰："宜速行保江陵，今虽拥大众，被甲者少，若曹公兵至，何以拒之？"先主曰："夫济大事必以人为本，今人归吾，吾何忍弃去！"[22]

建安十二年，曹公北征乌丸，刘备劝说刘表袭击许县，刘表没有采纳。曹公南征刘表，适逢刘表病逝，他的儿子刘琮代立，刘琮派使者向曹公请求投降。刘备驻扎在樊城，不知道曹公突然来临，曹军已达宛县他才得知，于是率领人马撤离。经过襄阳时，诸葛亮劝说刘备攻打刘琮，可占有荆州。刘备说："我不忍心。"于是停住马呼喊刘琮，刘琮吓得站立不起。刘琮的左右及荆州人大多归附刘备。等到达当阳时，跟随的民众达十多万，运载包裹箱笼的车子数千辆，每天行走十多里，另派关羽乘船数百艘，让他到江陵会合。有人对刘备说："应该迅速前进保卫江陵，现在虽然拥有大量百姓，但穿盔戴甲的战士少，如果曹军赶上，怎么抵抗呢？"刘备说："成大事必定以人为根本，现在百姓都归附我，我怎么忍心丢下他们呢！"

曹公以江陵有军实，恐先主据之，乃释辎重，轻军到襄阳。闻先主已过，曹公将精骑五千急追之，一日一夜行三百余里，及于当阳之长坂。先主弃妻子，与诸葛亮、张飞、赵云等数十骑走，曹公大获其人众辎重。先主斜趋汉津，适与羽船会，得济沔，遇表长子江夏

曹公因为江陵屯有军需物资，恐怕被刘备占有，便卸下军用器械、粮草，轻装赶到襄阳。听说刘备已经过去，曹公就率领精锐骑兵五千人急忙追赶，一天一夜行军三百多里，在当阳县的长坂赶上了。刘备抛下妻儿，与诸葛亮、张飞、赵云等数十人骑马逃走，曹公俘获了他的大批人马及车辆物资。刘备从近路奔向汉津，正好与关羽的船队相会，得以渡过沔水，遇见刘表的大儿子江夏太守刘琦部众

太守琦众万余人，与俱到夏口。先主遣诸葛亮自结于孙权，[23]权遣周瑜、程普等水军数万，与先主并力，[24]与曹公战于赤壁，大破之，焚其舟船。先主与吴军水陆并进，追到南郡，时又疾疫，北军多死，曹公引归。[25]

万多人，和他一起到达夏口。刘备派诸葛亮主动与孙权联合，孙权派周瑜、程普等水军数万人，和刘备并力协作，跟曹公在赤壁交战，大败曹军，焚烧了他们的船只。刘备与吴国军队水陆并进，追到南郡，这时又流行疾病瘟疫，北方的许多兵士病死，曹公只得领军回归北方。

先主表琦为荆州刺史，又南征四郡。武陵太守金旋、长沙太守韩玄、桂阳太守赵范、零陵太守刘度皆降。[26]庐江雷绪率部曲数万口稽颡。琦病死，群下推先主为荆州牧，治公安。权稍畏之，进妹固好。先主至京见权，绸缪恩纪。[27]权遣使云欲共取蜀，或以为宜报听许，吴终不能越荆有蜀，蜀地可为己有。荆州主簿殷观进曰："若为吴先驱，进未能克蜀，退为吴所乘，即事去矣。今但可然赞其伐蜀，而自说新据诸郡，未可兴动，吴必不敢越我而独取蜀。如此进退之计，可以收吴、蜀之利。"先主从之，权果辍计。迁观为别驾从事。[28]

刘备上表荐举刘琦为荆州刺史，又出兵往南征讨武陵、长沙、桂阳、零陵四郡。武陵太守金旋、长沙太守韩玄、桂阳太守赵范、零陵太守刘度向刘备投降。庐江郡雷绪率领私人武装数万人给刘备磕头。刘琦病死，部下推举刘备为荆州牧，治所设在公安。孙权渐渐惧怕刘备，将自己的妹妹嫁给刘备以巩固友好关系。刘备到京口会见孙权，以加深感情。孙权派使者来告诉说想与刘备共同夺取蜀地，刘备手下有人认为应该答应同意，因为吴国终究不能越过荆州占有蜀地，蜀地可以为自己所有。荆州主簿殷观进言说："如果替吴国做先锋，进不能攻克蜀地，退则给吴国以可乘之机，那大事就完了。现在只可以赞成他们征伐蜀地，而自己则说刚占据各郡，不能兴师动众，吴国必定不敢越过我们而单独夺取蜀地。这样的可进可退之计，就可以坐收吴、蜀双方的好处。"刘备听从了这个意见，孙权果然停止了这项计划。刘备提升殷观为别驾从事。

十六年，益州牧刘璋遥闻曹公将遣钟繇等向汉中讨张鲁，内怀恐惧。别驾从事蜀郡张松说璋曰："曹公兵强无敌于天下，若因张鲁之资以取蜀土，谁能御之者乎？"璋曰："吾固忧之而未有计。"松曰："刘豫州，使君之宗室而曹公之深仇也，善用兵，若使之讨鲁，鲁

建安十六年，益州牧刘璋听说曹公将派钟繇等人向汉中讨伐张鲁，心中惶恐。别驾从事蜀郡人张松劝刘璋说："曹公军队强大天下无敌，如果据有张鲁的资财来攻取蜀地，谁能抵挡得住呢？"刘璋说："我本来就忧虑这件事，只是没有办法。"张松说："刘备，是你的宗室，却是曹公的大仇敌，善于用兵，如果让他征讨张鲁，张鲁必定失败。张鲁被攻破，那

必破。鲁破,则益州强,曹公虽来,无能为也。"璋然之,遣法正将四千人迎先主,前后赂遗以巨亿计。正因陈益州可取之策。[29]先主留诸葛亮、关羽等据荆州,将步卒数万人入益州。至涪,璋自出迎,相见甚欢。张松令法正白先主,及谋臣庞统进说,便可于会所袭璋。先主曰:"此大事也,不可仓卒。"璋推先主行大司马,领司隶校尉;先主亦推璋行镇西大将军,领益州牧。璋增先主兵,使击张鲁,又令督白水军。先主并军三万余人,车甲器械资货甚盛。是岁,璋还成都。先主北到葭萌,未即讨鲁,厚树恩德,以收众心。

益州就强大了,即使曹公到来,也不能有所作为。"刘璋认为他说得对,派法正率四千人去迎接刘备,前后送给刘备的财物多得以亿计。法正趁机向刘备陈述可以夺取益州的计策。刘备留下诸葛亮、关羽等人据守荆州,自己率领步兵数万人进入益州。到涪县后,刘璋亲自出来迎接,相见非常高兴。张松让法正禀告刘备,等到谋臣庞统进献计谋时,便可在会见的地方袭击刘璋。刘备说:"这是大事,不能仓促。"刘璋推举刘备代理大司马,兼任司隶校尉;刘备也推举刘璋代理镇西大将军,兼任益州牧。刘璋给刘备增加军队,派他进攻张鲁,又让他监管白水关的军队。刘备合并各军共三万多人,车辆甲胄器械财物也很多。这年,刘璋返回成都。刘备往北到达葭萌,没有立即讨伐张鲁,却厚树恩德,以收买人心。

明年,曹公征孙权,权呼先主自救。先主遣使告璋曰:"曹公征吴,吴忧危急。孙氏与孤本为唇齿,又乐进在青泥与关羽相拒,今不往救羽,进必大克,转侵州界,其忧有甚于鲁。鲁自守之贼,不足虑也。"乃从璋求万兵及资实,欲以东行。璋但许兵四千,其余皆给半。[30]张松书与先主及法正曰:"今大事垂可立,如何释此去乎?"松兄广汉太守肃,惧祸逮己,白璋发其谋。于是璋收斩松,嫌隙始构矣。[31]璋敕关戍诸将文书勿复关通先主。先主大怒,召璋白水军督杨怀,责以无礼,斩之。乃使黄忠、卓膺勒兵向璋。先主径至关中,质诸

第二年,曹公征讨孙权,孙权呼请刘备来援救。刘备派使者告诉刘璋说:"曹公征伐吴国,吴国忧虑危急。孙权与我唇齿相依,又加上乐进与关羽在青泥对峙,现在不前去救关羽,乐进必定大胜,转而侵犯益州边界,这种忧患大大超过张鲁。张鲁只不过是自守自护的强盗,不值得忧虑。"于是向刘璋请求给一万军队及军需物资,想借此东进。刘璋只答应给兵四千,其余物资都只给一半。张松写信给刘备和法正说:"现在大事就要成功,为什么放弃此地离开呢?"张松的哥哥广汉太守张肃,害怕祸事连累自己,向刘璋告发了他们的阴谋。于是刘璋捕杀了张松,从此刘璋与刘备的仇怨开始产生了。刘璋下令守关各将不得再将文书传送给刘备。刘备非常愤怒,召见刘璋白水关督军杨怀,谴责他无礼,斩杀了他。接着派黄忠、卓膺统领军队进攻刘璋。刘备直接来到白水关内,将守关将领及士兵妻室儿女扣押起

将并士卒妻子，引兵与忠、膺等进到涪，据其城。璋遣刘璝、冷苞、张任、邓贤等拒先主于涪，[32]皆破败，退保绵竹。璋复遣李严督绵竹诸军，严率众降先主。先主军益强，分遣诸将平下属县，诸葛亮、张飞、赵云等将兵泝流定白帝、江州、江阳，惟关羽留镇荆州。先主进军围雒；时璋子循守城，被攻且一年。

来做人质，领军与黄忠、卓膺等人进至涪县，占据了县城。刘璋派刘璝、冷苞、张任、邓贤等人在涪县抵御刘备，都被打败，只得退守绵竹县。刘璋又派李严统领绵竹各路兵马，李严率领各部人马投降了刘备。刘备的军队更加强大，分别派遣各个将领平定州属各县，诸葛亮、张飞、赵云等人率军逆流而上平定了白帝、江州、江阳，只有关羽留守荆州。刘备进军包围雒县，当时刘璋的儿子刘循守城，被围攻了将近一年。

十九年夏，雒城破，[33]进围成都数十日，璋出降。[34]蜀中殷盛丰乐，先主置酒大飨士卒，取蜀城中金银分赐将士，还其谷帛。先主复领益州牧，诸葛亮为股肱，法正为谋主，关羽、张飞、马超为爪牙，许靖、麋竺、简雍为宾友。及董和、黄权、李严等本璋之所授用也，吴壹、费观等又璋之婚亲也，彭羕又璋之所排摈也，刘巴者宿昔之所忌恨也，皆处之显任，尽其器能。有志之士，无不竞劝。

建安十九年夏天，刘备军攻破雒城，进而包围成都数十天，刘璋出城投降。蜀地物产富饶百姓安乐，刘备设置酒宴犒赏士卒，取出蜀城中的金银分赐将士，又将谷物布帛归还原主。刘备再次兼任益州牧，以诸葛亮为辅佐，法正为主要谋士，关羽、张飞、马超为武将，许靖、麋竺、简雍为幕僚，至于董和、黄权、李严等人本来是刘璋所任用的，吴壹、费观等人又是刘璋的姻亲，但彭羕则是受刘璋排挤的，刘巴是刘备以前所痛恨的，但都让他们担任显要的官职，充分发挥他们的才能。有志之士，无不竞相劝勉。

二十年，孙权以先主已得益州，使使报欲得荆州。先主言："须得凉州，当以荆州相与。"权忿之，乃遣吕蒙袭夺长沙、零陵、桂阳三郡。先主引兵五万下公安，令关羽入益阳。是岁，曹公定汉中，张鲁遁走巴西。先主闻之，与权连和，分荆州，江夏、长沙、桂阳东属，南郡、零陵、武陵西属，引军还江州。遣黄权将兵迎张鲁，张

建安二十年，孙权因为刘备已取得了益州，派遣使者告诉刘备想要收回荆州。刘备说："等取得了凉州，就把荆州还给他。"孙权很气愤，派吕蒙袭击攻取长沙、零陵、桂阳三郡。刘备率领军队五万人东下公安，命令关羽进入益阳。这年，曹公平定汉中，张鲁逃跑到巴西。刘备听到这个消息后，与孙权讲和，分荆州东部的江夏、长沙、桂阳三郡属吴；西部的南郡、零陵、武陵三郡属蜀，率军返回江州。派黄权率兵迎击张鲁，张鲁此时已经投降了曹公。曹公

鲁已降曹公。曹公使夏侯渊、张郃屯汉中，数数犯暴巴界。先主令张飞进兵宕渠，与郃等战于瓦口，破郃等，郃收兵还南郑。先主亦还成都。

派夏侯渊、张郃驻守汉中，常常侵犯巴郡的边界。刘备命令张飞进军宕渠，与张郃等人在瓦口交战，攻破张郃等人，张郃收兵退回到南郑。刘备也返回成都。

二十三年，先主率诸将进兵汉中。分遣将军吴兰、雷铜等入武都，皆为曹公军所没。先主次于阳平关，与渊、郃等相拒。

建安二十三年，刘备率各路将领进军汉中。分派将军吴兰、雷铜等人进军武都，但都被曹公军队消灭。刘备驻扎在阳平关，与夏侯渊、张郃等人对峙。

二十四年春，自阳平南渡沔水，缘山稍前，于定军兴势作营。渊将兵来争其地。先主命黄忠乘高鼓噪攻之，大破渊军，斩渊及曹公所署益州刺史赵颙等。曹公自长安举众南征。先主遥策之曰："曹公虽来，无能为也，我必有汉川矣。"及曹公至，先主敛众拒险，终不交锋，积月不拔，亡者日多。夏，曹公果引军还，先主遂有汉中。遣刘封、孟达、李平等攻申耽于上庸。

建安二十四年春天，刘备从阳平关南渡沔水，沿着山脚慢慢推进，在定军兴势两山构筑营寨。夏侯渊率兵来争夺这个地方。刘备命令黄忠登上高处击鼓呐喊进攻，大败夏侯渊的军队，杀了夏侯渊以及曹公所委派的益州刺史赵颙等人。曹公从长安率领全部人马南征。刘备预先推断说："曹公即使到来，也无能为力了，我必定占有汉川。"等曹公到来，刘备集合部队凭险据守，始终不与曹公交战，曹军好几个月不能攻下定军山营寨，逃跑的人一天天增多。到这年夏天，曹公果然率领军队退回去了，刘备于是占有了汉中。派刘封、孟达、李平等人往上庸郡进攻申耽。

秋，群下上先主为汉中王，表于汉帝曰："平西将军都亭侯臣马超、左将军长史领镇军将军臣许靖、营司马臣庞羲、议曹从事中郎军议中郎将臣射援、[35]军师将军臣诸葛亮、荡寇将军汉寿亭侯臣关羽、征虏将军新亭侯臣张飞、征西将军臣黄忠、镇远将军臣赖恭、扬武将军臣法正、兴业将军臣李严等一百二十人上言曰：昔唐尧至圣而四凶在朝，周成仁贤而四国作难，高后称制而诸

秋天，群臣拥立刘备做汉中王，上表给汉献帝说："平西将军都亭侯臣马超、左将军长史兼镇军将军臣许靖、营司马臣庞羲、议曹从事中郎军议中郎将臣射援、军师将军臣诸葛亮、荡寇将军汉寿亭侯臣关羽、征虏将军新亭侯臣张飞、征西将军臣黄忠、镇远将军臣赖恭、扬武将军臣法正、兴业将军臣李严等一百二十人进言说：从前唐尧非常圣明而有四大元凶在朝廷，周成王仁慈贤良而有四个侯国发动叛乱，吕后行使皇帝职权而诸吕窃夺了国家的权

吕窃命，孝昭幼冲而上官逆谋，皆冯世宠，藉履国权，穷凶极乱，社稷几危。非大舜、周公、朱虚、博陆，则不能流放禽讨，安危定倾。伏惟陛下诞姿圣德，统理万邦，而遭厄运不造之艰。董卓首难，荡覆京畿，曹操阶祸，窃执天衡；皇后太子，鸩杀见害，剥乱天下，残毁民物。久令陛下蒙尘忧厄，幽处虚邑。人神无主，遏绝王命，厌昧皇极，欲盗神器。左将军领司隶校尉豫、荆、益三州牧宜城亭侯备，受朝爵秩，念在输力，以殉国难。睹其机兆，赫然愤发，与车骑将军董承同谋诛操，将安国家，克宁旧都。会承机事不密，令操游魂得遂长恶，残泯海内。臣等每惧王室大有阎乐之祸，小有定安之变，㊱夙夜惴惴，战栗累息。昔在《虞书》，敦序九族，周监二代，封建同姓，《诗》著其义，历载长久。汉兴之初，割裂疆土，尊王子弟，是以卒折诸吕之难，而成太宗之基。臣等以备肺腑枝叶，宗子藩翰，心存国家，念在弭乱。自操破于汉中，海内英雄望风蚁附，而爵号不显，九锡未加，非所以镇卫社稷，光昭万世也。奉辞在外，礼命断绝。昔河西太守梁统等值汉中兴，限于山河，位同权均，不能相率，咸推窦融以为元帅，卒立效绩，摧破隗嚣。今社稷之难，急于陇、蜀，操外吞天

力，孝昭帝年幼而上官桀阴谋作乱，这些人都是靠着世代所得的恩宠，借机篡夺了国家权柄，穷凶极恶，国家几乎倾危。如果没有舜、周公、朱虚侯刘章、博陆侯霍光，就不能将这些人流放、擒拿、讨伐，使危险倾覆的局面得以安定。俯伏思惟，陛下以伟大的资质和圣明的品德治理天下，却遭受厄运和不幸。董卓首先作乱，京城一带动摇倾覆，曹操延续祸乱，窃掌皇权；皇后与太子，被处死或鸩酒毒杀，搅乱天下，摧残百姓，毁坏财物。长期使陛下流亡在外忧愁困厄，被禁闭在空城之中。致使神无主祭、人无主宰，君王的命令被阻绝，帝王统治的准则被掩盖、欺瞒，企图窃取帝位。左将军兼司隶校尉豫州、荆州、益州三州州牧、宜城亭侯刘备，受朝廷的爵位和俸禄，志在贡献自己的力量，为赴国难而献身。他发现曹操的阴谋征兆，勃然震怒，激昂奋起，与车骑将军董承共商谋杀曹操，用以安定国家，光复旧都。碰上董承行事不机密，致使曹操保全性命，继续作恶，残害天下。我们常常担心朝廷大则有阎乐杀秦二世那样的祸难，小则有王莽废孺子刘婴为定安公那样的政变，日夜惶恐不安，战战兢兢以至呼吸急促。从前《虞书》上说，应按照次第顺序去亲近九族；周朝借鉴夏、商二代的教训，将同姓同宗封邦建国，《诗经》彰明这个宗旨，历时已很久了。汉代建立初年，分割土地，尊同姓子弟为王，因而终于挫败了吕姓的篡权灾难，成就了文帝的基业。我们认为刘备是帝王的后裔，王室的辅翼，一心想着国家，志在消除动乱。自从曹操在汉中被刘备攻破，天下英雄望风归附，而他的爵位名号却不尊显，帝王赏赐给有功大臣的九种物品也没有赏给他，这不是守卫国家、光照万代的做法。我们奉命在外，按朝廷礼制规定颁发的升迁文书也断绝了。往昔河西太守梁统等几人正值汉代中兴，由于山河阻隔，官位相同权力相等，不能互相统率，他们共同推举窦融担任首领，终于取得成效，打垮了隗嚣。现在国家危难，比隗嚣据陇西、公孙述割据川蜀更加严重，曹操外则企图吞

下，内残群寮，朝廷有萧墙之危，而御侮未建，可为寒心。臣等辄依旧典，封备汉中王，拜大司马，董齐六军，纠合同盟，扫灭凶逆。以汉中、巴、蜀、广汉、犍为为国，所署置依汉初诸侯王故典。夫权宜之制，苟利社稷，专之可也。然后功成事立，臣等退伏矫罪，虽死无恨。”遂于沔阳设坛场，陈兵列众，群臣陪位，读奏讫，御王冠于先主。

并天下，内则残害群臣百官，朝廷潜藏着内乱的危机，王室宗亲还没有同心协力来御侮，这真使人寒心。我们就依照原来的典章制度，封刘备为汉中王，授官大司马，统督六军，联合同盟，扫灭叛逆元凶。以汉中郡、巴郡、蜀郡、广汉郡、犍为郡的土地建立封国，设置官署都依照汉初诸侯王的旧规定。这种因时而变的制度，只要对国家有利，专断也是可以的。将来功业建立大事成功，我们退而承担假托诏命之罪，即使死也无遗恨。”于是在沔阳筑建高台，陈列军队和百姓，群臣站列两旁，读完奏章便把王冠戴在刘备头上。

先主上言汉帝曰：“臣以具臣之才，荷上将之任，董督三军，奉辞于外，不得扫除寇难，靖匡王室，久使陛下圣教陵迟，六合之内，否而未泰，惟忧反侧，疢如疾首。曩者董卓造为乱阶，自是之后，群凶纵横，残剥海内。赖陛下圣德威灵，人神同应，或忠义奋讨，或上天降罚，暴逆并殪，以渐冰消。惟独曹操，久未枭除，侵擅国权，恣心极乱。臣昔与车骑将军董承图谋讨操，机事不密，承见陷害，臣播越失据，忠义不果。遂得使操穷凶极逆，主后戮杀，皇子鸩害。虽纠合同盟，念在奋力，懦弱不武，历年未效。常恐殒没，孤负国恩，寤寐永叹，夕惕若厉。今臣群寮以为在昔《虞书》敦叙九族，庶明励翼，[37]五帝损益，此道不废。周监二代，并建诸姬，实赖晋、郑夹辅之福。高祖龙兴，尊王子弟，大启九国，卒斩诸吕，

刘备给汉献帝上书说：“我以备位充数的才能，担负上将的重任，统率三军，奉命在外，未能扫除贼寇祸难，安辅朝廷，致使陛下的圣明教诲长期衰微，四海之内，混乱不安，我思虑愁苦，辗转难眠，痛心疾首。往昔董卓首先制造祸乱，自那以后，群魔横行，残害天下。全靠陛下圣德扬威显灵，人神共同响应，有的因忠诚义士奋力征讨，有的因上天降下责罚，凶暴的叛逆相继死亡，有如冰雪消散融化。只有曹操，一直没有被铲除，他篡夺国家的权力，随心所欲地制造祸乱。我以前与车骑将军董承谋议讨伐曹操，因计划泄密，董承被害，我流亡失所，忠肝义胆没有取得成果。终让曹操能穷凶极恶地干尽坏事，皇后被杀戮，皇子被毒死。我虽然集合了一批志同道合之士，志在奋发努力，但由于懦弱而不英武，多年未能奏效。常常担心突然死去，辜负了朝廷恩惠，所以睡梦中也长长叹息，一天到晚勤奋谨慎，不敢懈怠。现在我的部下认为以前《虞书》提出按照顺序次第来亲近九族，使众多贤明辅佐国家，五帝的做法虽然有增有减，但这个义理没有废弃。周朝借鉴夏、商二代的教训，建立起众多姬姓侯国，周平王东迁实在是依靠晋国、郑国全力辅佐之福。高祖即位后，将同姓子弟尊为诸侯王，大举建立九个诸侯国，终于灭了吕氏各门，稳定了刘氏江山。现在曹操嫉

以安大宗。今操恶直丑正，寔繁有徒，包藏祸心，篡盗已显。既宗室微弱，帝族无位，斟酌古式，依假权宜，上臣大司马汉中王。臣伏自三省，受国厚恩，荷任一方，陈力未效，所获已过，不宜复忝高位以重罪谤。群寮见逼，迫臣以义。臣退惟寇贼不枭，国难未已，宗庙倾危，社稷将坠，成臣忧责碎首之负。若应权通变，以宁靖圣朝，虽赴水火，所不得辞，敢虑常宜，以防后悔。辄顺众议，拜受印玺，以崇国威。仰惟爵号，位高宠厚，俯思报效，忧深责重，惊怖累息，如临于谷。尽力输诚，奖厉六师，率齐群义，应天顺时，扑讨凶逆，以宁社稷，以报万分，谨拜章因驿上还所假左将军、宜城亭侯印绶。”于是还治成都。拔魏延为都督，镇汉中。㊳时关羽攻曹公将曹仁，禽于禁于樊。俄而孙权袭杀羽，取荆州。

二十五年，魏文帝称尊号，改年曰黄初。或传闻汉帝见害，先主乃发丧制服，追谥曰孝愍皇帝。是后在所并言众瑞，日月相属，故议郎阳泉侯刘豹、青衣侯向举、偏将军张裔、黄权、大司马属殷纯、益州别驾从事赵莋、治中从事杨洪、从事祭酒何宗、议曹从事杜琼、劝学从事张爽、尹默、谯周等上言：“臣闻《河图》、《洛书》，五经谶、纬，孔子所甄，验

害正直的人，实在有很多例证，他包藏着险恶的用心，篡夺帝位的意图已很明显。现在宗室已经衰弱，皇族无地位，所以我的部下参照古代的范例，依据因时因地变通的原则，拥立我担任大司马、汉中王。我反复考虑，觉得领受了朝廷的深恩，担负着一方重任，虽出力却未见成效，所得到的官职已经过分，不宜再忝居高位以增加自己的过错和他人对我的指责。然而部下以道义来逼迫我。我退而考虑贼寇还未铲灭，国难还未消除，朝廷将要倾覆，国家将要崩塌，这确实使我深忧自责有以死报国的责任。如果顺应大势因时变通，使圣朝得以安定，我即使赴汤蹈火，在所不辞，岂敢按常规考虑，用来防备后悔。就擅自顺从众人的意见，拜受了印章，以提高国家的声威。我抬头想到自己的爵位和名号，地位高而宠遇厚，低头想到报效国家，忧虑至深，责任至重，内心惊恐，呼吸急促，好像临近万丈深谷。我决心尽力进献至诚，奖励军队，统率全体正义之士，顺应天意和时势，扫灭凶暴逆贼，以此安定国家，用来报答朝廷隆恩的万分之一。谨拜写奏章由驿站送还原来授予的左将军、宜城亭侯印绶。”接着刘备回到成都建立治所。提拔魏延为都督，镇守汉中。当时关羽进攻曹公的将领曹仁，在樊城擒拿了于禁。不久孙权袭击荆州杀害了关羽，夺取了荆州。

建安二十五年，魏文帝曹丕称帝，改年号为黄初。有传闻说汉献帝已被害，刘备于是穿上丧服为献帝发丧，追加汉献帝谥号为孝愍皇帝。此后各地都传出许多吉祥的征兆，每日每月接连不断地发生，所以议郎阳泉侯刘豹、青衣侯向举、偏将军张裔、黄权、大司马属官殷纯、益州别驾从事赵莋、治中从事杨洪，从事祭酒何宗、议曹从事杜琼、劝学从事张爽、尹默、谯周等人上书说：“我们听说《河图》、《洛书》，五经的谶、纬，都经孔子鉴别选取，应验自

应自远。谨案《洛书·甄曜度》曰：'赤三日德昌，九世会备，合为帝际。'《洛书·宝号命》曰：'天度帝道备称皇，以统握契，百成不败。'《洛书·录运期》曰：'九侯七杰争命民炊骸，道路籍籍履人头，谁使主者玄且来。'《孝经·钩命决录》曰：'帝三建九会备。'臣父群未亡时，言西南数有黄气，直立数丈，见来积年，时时有景云祥风，从璇玑下来应之，此为异瑞。又二十二年中，数有气如旗，从西竟东，中天而行，《图》、《书》曰'必有天子出其方'。加是年太白、荧惑、填星，常从岁星相追。近汉初兴，五星从岁星谋；岁星主义，汉位在西，义之上方，故汉法常以岁星候人主。当有圣主起于此州，以致中兴。时许帝尚存，故群下不敢漏言。顷者荧惑复追岁星，见在胃昴毕；昴毕为天纲，《经》曰'帝星处之，众邪消亡'。圣讳豫睹，推揆期验，符合数至，若此非一。臣闻圣王先天而天不违，后天而奉天时，故应际而生，与神合契。愿大王应天顺民，速即洪业，以宁海内。"

然是很深远的。按照《洛书·甄曜度》上说：'属火德的第三个人主出现便道德昌盛，经历多代遇上备，应当做皇帝。'《洛书·宝号命》上说：'天考虑帝王之道备称皇，以正统的身份掌握符命，定能成功而不失败。'《洛书·录运期》上说：'九个侯王七个豪杰争夺天命使老百姓拿人骨头烧火做饭，道路上纷乱地踩着人头，谁将成为主宰呢？名中有玄字的人快来了。'《孝经·钩命决录》上说：'三个帝王建立九世遇上备。'臣下的父辈在世时，说西南方多次有黄色的云气，直立高数丈，出现好几年了，时时有庆云祥风，从北斗星下来与它会合，这是特异的吉祥征兆。还有建安二十二年中，多次有像旗一样的气，从西边一直延伸到东边，在天空中运行，《河图》、《洛书》上说：'必定有天子出现在这个地方。'加上这年金星、火星、填星，常常跟着岁星追赶。近来蜀汉刚刚建立，五大行星跟岁星聚合，岁星主管'义'，蜀汉的位置在西方，正是义所在的方位，汉代历来的常规是以岁星来观测人主的。因此一定有圣明的君主从这个州出现，致使国家中兴。当时汉献帝还在，所以部下不敢把话说出来。近来火星又追赶岁星，出现在胃、昴、毕等星宿的地方，昴星、毕星是天的中枢，《经》书上说：'帝王星处在这个位置，一切邪恶都会消灭。'您的圣名已预先见到，推论应验，多次与符命相合，这样的现象已不止一次。我们听说圣王行动在天象之前天不会违背他，圣王的行动在天象之后就是遵奉天时，所以顺应天时而行动，就与神灵的意旨合拍。希望大王顺应天意民心，迅速登上帝位，以安定天下。"

太傅许靖、安汉将军麋竺、军师将军诸葛亮、太常赖恭、光禄勋黄柱、少府王谋等上言："曹丕篡弑，湮灭汉室，窃据神器，劫迫忠良，酷烈无道。人鬼忿毒，咸思刘氏。今上

太傅许靖、安汉将军麋竺、军师将军诸葛亮、太常赖恭、光禄勋黄柱、少府王谋等人上书说："曹丕杀害君主篡夺帝位，覆灭汉朝，窃取权柄，劫持胁迫忠良之士，残酷暴烈无道。人鬼愤恨，都思念刘汉王室。现在上无天子，天下人心惶惶，无所仰仗。群臣

无天子，海内惶惶，靡所式仰。群下前后上书者八百余人，咸称述符瑞，图、谶明征。间黄龙见武阳赤水，九日乃去。《孝经·援神契》曰‘德至渊泉则黄龙见’，龙者，君之象也。《易》乾九五‘飞龙在天’，大王当龙升，登帝位也。又前关羽围樊、襄阳，襄阳男子张嘉、王休献玉玺，玺潜汉水，伏于渊泉，晖景烛耀，灵光彻天。夫汉者，高祖本所起定天下之国号也，大王袭先帝轨迹，亦兴于汉中也。今天子玉玺神光先见，玺出襄阳，汉水之末，明大王承其下流，授与大王以天子之位，瑞命符应，非人力所致。昔周有乌鱼之瑞，咸曰休哉。二祖受命，《图》、《书》先著，以为征验。今上天告祥，群儒英俊，并进《河》、《洛》，孔子谶、记，咸悉具至。伏惟大王出自孝景皇帝中山靖王之胄，本支百世，乾祇降祚，圣姿硕茂，神武在躬，仁覆积德，爱人好士，是以四方归心焉。考省《灵图》，启发谶、纬，神明之表，名讳昭著。宜即帝位，以纂二祖，绍嗣昭穆，天下幸甚。臣等谨与博士许慈、议郎孟光，建立礼仪，择令辰，上尊号。”即皇帝位于成都武担之南。[39]为文曰：“惟建安二十六年四月丙午，皇帝备敢用玄牡，昭告皇天上帝后土神祇：汉有天下，历数无疆。曩者王莽篡盗，光武皇帝震怒

前后上书的有八百多人，都称述符命和祥瑞，纬书上的图和预告吉凶的隐语都显示明证。近来黄龙出现在武阳、赤水，九天才离去。《孝经·援神契》说‘德泽达到深泉时黄龙就出现’，龙是君主的象征。《易经·乾卦》九五爻‘飞龙在天’，大王应当如龙升天、登上帝位。加上前些时候关羽包围樊城、襄阳时，襄阳男子张嘉、王休献出帝王的印玺，印玺落入汉水，伏在深水中，光辉闪耀，灵光彻天。汉，本来是高祖兴起平定天下所定的国号，大王顺着先帝的轨迹，也在汉中这个地方兴起。现在天子玉玺的神光已预先出现，玉玺出于襄阳，在汉水的下游，表明大王承继它的下游，将授给大王以天子的职位。祥瑞和符应，这是人力所不能达到的。以前，周武王时有赤乌、白鱼的祥瑞，都说这是很美好的事。高祖刘邦和光武帝刘秀接受天命，《河图》、《洛书》预先就显示出来，作为验证。现在上天告知祥瑞，许多英俊有识之士，一同发现《河图》、《洛书》的机密，还有孔子审定的图谶著述的全部征兆都具备了。大王是孝景皇帝的儿子中山靖王刘胜的后代，嫡系庶出已传多世，天地降福，圣上身材高大，威武神勇，仁德广布天下，爱护民众喜欢贤士，因此博得天下人的爱戴拥护。考察《灵图》，阐释谶、纬，神明的标记，您的名字十分明显。您应该登上帝位，以继承高祖和光武帝，接续宗庙中的位次，这样天下人就非常荣幸了。我们谨与博士许慈、议郎孟光制定礼节仪式，选择美好的时辰，奉上至尊的称号。”刘备于是在成都武担山的南边登上皇帝位。撰文说：“建安二十六年四月初六，皇帝刘备冒昧祭以黑色的雄畜，明告皇天上帝、后土神灵：汉朝拥有天下，天运无穷。昔日王莽篡夺帝位，光武皇帝勃然震怒将他诛灭，国家又

致诛，社稷复存。今曹操阻兵安忍，戮杀主后，滔天泯夏，罔顾天显。操子丕，载其凶逆，窃居神器。群臣将士以为社稷堕废，备宜修之，嗣武二祖，龚行天罚。备惟否德，惧忝帝位。询于庶民，外及蛮夷君长，佥曰'天命不可以不答，祖业不可以久替，四海不可以无主'。率土式望，在备一人。备畏天明命，又惧汉阼将湮于地，谨择元日，与百寮登坛，受皇帝玺绶。修燔瘗，告类于天神，惟神飨祚于汉家，永绥四海！"[40]

得以保存。现在曹操依仗兵力残忍地杀戮皇后皇子，罪恶滔天，淹及华夏，全不顾上天显示的意愿。曹操的儿子曹丕，继承他的凶恶暴逆，窃居帝位。群臣将士认为国家衰落颓败，刘备应将它修复，继承高祖和光武帝的事业，恭行上天的惩罚。我自思德行低下，怕有辱帝位。内则询问百姓，外及少数民族的君长，都说：'天命不能不回答，祖宗的基业不能长时间废弃，天下不能没有君主。'境域之内所仰慕的，只有我刘备一人。我不敢违抗上天显明的旨意，又害怕汉朝的国统将泯灭于地下，谨选择吉祥时日，与百官登上祭坛，接受皇帝的印玺。举行祭祀天地的礼仪，把皇帝登位之事，向天神报告，求神灵赐福汉家，永安天下。"

章武元年夏四月，大赦，改年。以诸葛亮为丞相，许靖为司徒。置百官，立宗庙，祫祭高皇帝以下。[41]五月，立皇后吴氏，子禅为皇太子。六月，以子永为鲁王，理为梁王。车骑将军张飞为其左右所害。初，先主忿孙权之袭关羽，将东征，秋七月，遂帅诸军伐吴。孙权遣书请和，先主盛怒不许，吴将陆议、李异、刘阿等屯巫、秭归；将军吴班、冯习自巫攻破异等，军次秭归，武陵五溪蛮夷遣使请兵。

章武元年夏四月，蜀国大赦罪犯，改换年号，以诸葛亮为丞相，许靖为司徒。设置百官，建立宗庙，合祭高皇帝刘邦以下的先祖。五月，立吴氏为皇后，立儿子刘禅为皇太子。六月，以儿子刘永为鲁王，刘理为梁王。车骑将军张飞被他的部下杀害。当初，刘备对孙权袭杀关羽非常愤慨，将要东征，秋七月，便率领各路军队讨伐吴国。孙权派人送信请求讲和，刘备极为愤怒不答应。此时，吴国将领陆议、李异、刘阿等人驻扎在巫县、秭归；将军吴班、冯习从巫县攻破李异等人，军队驻扎在秭归，武陵郡五溪的少数民族派使者来请求出兵安定地方。

二年春正月，先主军还秭归，将军吴班、陈式水军屯夷陵，夹江东西岸。二月，先主自秭归率诸将进军，缘山截岭，于夷道猇亭驻营，自佷山通武陵，遣侍中马良安慰五谿蛮夷，咸相率响应。镇北将军黄权督江北诸军，与吴军相拒于

章武二年春正月，刘备率军队返回秭归，将军吴班、陈式的水军屯驻夷陵，在长江的东西两岸扎营。二月，刘备从秭归率诸将进军，翻山越岭，在夷道县猇亭筑营驻军，从佷山打通向武陵的道路，派侍中马良去安抚五谿的少数民族，他们都相继响应。镇北将军黄权统督长江北面各路军队，与吴军对峙于夷陵道。夏季的六月，有黄气十余里在秭归

夷陵道。夏六月，黄气见自秭归十余里中，广数十丈。后十余日，陆议大破先主军于猇亭，将军冯习、张南等皆没。先主自猇亭还秭归，收合离散兵，遂弃船舫，由步道还鱼复，改鱼复县曰永安。吴遣将军李异、刘阿等踵蹑先主军，屯驻南山。秋八月，收兵还巫。司徒许靖卒。冬十月，诏丞相亮营南北郊于成都。孙权闻先主住白帝，甚惧，遣使请和。先主许之，遣太中大夫宗玮报命。冬十二月，汉嘉太守黄元闻先主疾不豫，举兵拒守。

出现，宽数十丈。这以后十多天，陆议在猇亭大败刘备的军队，将军冯习、张南等人都战死。刘备从猇亭退还秭归，收集被打散的士兵，丢弃船只，从陆路回到鱼复，改鱼复县为永安县。吴国派将军李异、刘阿等人跟踪追击刘备的军队，屯扎在南山。秋季的八月，刘备收兵返回巫县。司徒许靖去世。冬季的十月，下诏书令丞相诸葛亮在成都南北营造郊祀天地的祭坛。孙权听说刘备住在白帝城，非常害怕，派遣使者请求讲和。刘备答应了，派太中大夫宗玮去回复。冬季的十二月，汉嘉太守黄元听说刘备有病且心情不畅快，便发动军队据险坚守。

三年春二月，丞相亮自成都到永安。三月，黄元进兵攻临邛县。遣将军陈曶讨元，元军败，顺流下江，为其亲兵所缚，生致成都，斩之。先主病笃，托孤于丞相亮，尚书令李严为副。夏四月癸巳，先主殂于永安宫，时年六十三。[42]

章武三年春季的二月，丞相诸葛亮从成都到永安。三月，黄元进兵攻打临邛县。刘备派将军陈曶讨伐黄元，黄元军战败，顺长江东下，被他的亲兵捆绑，押送到成都，被处死。刘备病重，把辅佐太子的事托付给丞相诸葛亮，让尚书令李严为副手。夏季的四月二十四日，刘备在永安宫去世，时年六十三岁。

亮上言于后主曰："伏惟大行皇帝迈仁树德，覆焘无疆，昊天不吊，寝疾弥留，今月二十四日奄忽升遐，臣妾号咷，若丧考妣。乃顾遗诏，事惟大宗，动容损益；百寮发哀，满三日除服，到葬期复如礼；其郡国太守、相、都尉、县令长，三日便除服。臣亮亲受敕戒，震畏神灵，不敢有违。臣请宣下奉行。"五月，梓宫自永安还成都，谥曰昭烈皇帝。秋，八月，葬惠陵。[43]

诸葛亮上书给后主说："已故皇帝施仁义树恩德，泽被无边，但苍天不善，致患重病卧床不起，本月二十四日溘然长逝，群臣与妃嫔都放声痛哭，犹如死去父母。顾念遗诏，国事由太子执掌，服丧期间您的动作举止要适度；群臣百官表示哀痛，满三天就除去丧服，到安葬时再按葬礼行事；那些郡国太守、相、都尉、县令、县长，三天便除去丧服。我诸葛亮亲自接受先主的告诫，敬畏先主的神灵，不敢有所违背。我请求您向天下宣告并予以施行。"五月，刘备的灵柩从永安县运回成都，谥号为昭烈皇帝。秋季，八月，安葬在惠陵。

评曰：先主之弘毅宽厚，知人待士，盖有高祖之风，英雄之器焉。及其举国托孤于诸葛亮，而心神无贰，诚君臣之至公，古今之盛轨也。机权干略，不逮魏武，是以基宇亦狭。然折而不挠，终不为下者，抑揆彼之量必不容己，非唯竞利，且以避害云尔。

评论说：刘备气度恢弘、意志坚毅、性情宽厚，了解他人、善待人才，有汉高祖刘邦的风范，英雄的器量。当他把整个国家和辅佐太子的大事托付给诸葛亮时，心中别无杂念，这确实是君臣都出以公心，成了古今最好的榜样。刘备的机智权变与才能谋略，不及魏武帝曹操，因此国家疆域也狭小。但是他百折不挠，始终不愿屈居曹操之下，或许是因为他揣度曹操的器量必定不能容留自己，这不仅是为了争权夺利，也是要靠此来避免祸害，如此而已。

---

①《典略》曰：备本临邑侯枝属也。

②《汉晋春秋》曰：涿人李定云："此家必出贵人。"

③《典略》曰：平原刘子平知备有武勇，时张纯反叛，青州被诏，遣从事将兵讨纯，过平原，子平荐备于从事，遂与相随，遇贼于野，备中创阳死，贼去后，故人以车载之，得免。后以军功，为中山安喜尉。

④《典略》曰：其后州郡被诏书，其有军功为长吏者，当沙汰之，备疑在遣中。督邮至县，当遣备，备素知之。闻督邮在传舍，备欲求见督邮，督邮称疾不肯见备，备恨之，因还治，将吏卒更诣传舍，突入门，言"我被府君密教收督邮"。遂就床缚之，将出到界，自解其绶以系督邮颈，缚之著树，鞭杖百余下，欲杀之。督邮求哀，乃释去之。

⑤《英雄记》云：灵帝末年，备尝在京师，后与曹公俱还沛国，募召合众。会灵帝崩，天下大乱，备亦起军从讨董卓。

⑥《魏书》曰：刘平结客刺备，备不知而待客甚厚，客以状语之而去。是时人民饥馑，屯聚钞暴。备外御寇难，内丰财施，士之下者，必与同席而坐，同簋而食，无所简择。众多归焉。

⑦《献帝春秋》曰：陈登等遣使诣袁绍曰："天降灾沴，祸臻鄙州，州将殂殒，生民无主，恐惧奸雄一旦承隙，以贻盟主日昃之忧，辄共奉故平原相刘备府君以为宗主，永使百姓知有依归。方今寇难纵横，不遑释甲，谨遣下吏奔告于执事。"绍答曰："刘玄德弘雅有信义，今徐州乐戴之，诚副所望也。"

⑧《英雄记》曰：备留张飞守下邳，引兵与袁术战于淮阴石亭，更有胜负。陶谦故将曹豹在下邳，张飞欲杀之。豹众坚营自守，使人招吕布。布取下邳，张飞败走。备闻之，引兵还，比至下邳，兵溃。收散卒东取广陵，与袁术战，又败。

⑨《英雄记》曰：备军在广陵，饥饿困踧，吏士大小自相啖食，穷饿侵逼，欲还小沛，遂使吏请降布。布令备还州，并势击术。具刺史车马童仆，发遣备妻子部曲家属于泗水上，祖道相乐。

《魏书》曰：诸将谓布曰："备数反覆难养，宜早图之。"布不听，以状语备。备心不安而求自托，使人说布，求屯小沛，布乃遣之。

⑩《英雄记》曰：建安三年春，布使人赍金欲诣河内买马，为备兵所钞。布由是遣中郎将高顺、北地太守张辽等攻备。九月，遂破沛城，备单身走，获其妻息。十月，曹公自征布，备于梁国界中与曹公相遇，遂随公俱东征。

⑪臣松之案：董承，汉灵帝母董太后之侄，于献帝为丈人。盖古无丈人之名，故谓之舅也。

⑫《华阳国志》云：于时正当雷震，备因谓操曰："圣人云'迅雷风烈必变'，良有以也。一震之威，乃可至于此也！"

⑬《献帝起居注》曰：承等与备谋未发，而备出。承谓服曰："郭多有数百兵，坏李傕数万人，但足下与我同不耳！昔吕不韦之门，须子楚而后高，今吾与子由是也。"服曰："惶惧不

敢当，且兵又少。”承曰：“举事讫，得曹公成兵，顾不足邪？”服曰：“今京师岂有所任乎？”承曰：“长水校尉种辑、议郎吴硕是我腹心办事者。”遂定计。

⑭胡冲《吴历》曰：曹公数遣亲近密觇诸将有宾客酒食者，辄因事害之。备时闭门，将人种芜菁，曹公使人窥门。既去，备谓张飞、关羽曰：“吾岂种菜者乎？曹公必有疑意，不可复留。”其夜开后栅，与飞等轻骑俱去，所得赐遗衣服，悉封留之，乃往小沛收合兵众。

臣松之案：魏武帝遣先主统诸将要击袁术，郭嘉等并谏，魏武不从，其事显然，非因种菜遁逃而去。如胡冲所云，何乖僻之甚乎！

⑮《魏书》曰：是时，公方有急于官渡，乃分留诸将屯官渡，自勒精兵征备。备初谓公与大敌连，不得东，而候骑卒至，言曹公自来。备大惊，然犹未信。自将数十骑出望公军，见麾旌，便弃众而走。

⑯《魏书》曰：备归绍，绍父子倾心敬重。

⑰《九州春秋》曰：备住荆州数年，尝于表坐起至厕，见髀里肉生，慨然流涕。还坐，表怪问备，备曰：“吾常身不离鞍，髀肉皆消。今不复骑，髀里肉生。日月若驰，老将至矣，而功业不建，是以悲耳。”

《世语》曰：备屯樊城，刘表礼焉，惮其为人，不甚信用。曾请备宴会，蒯越、蔡瑁欲因会取备，备觉之，伪如厕，潜遁出。所乘马名的卢，骑的卢走，堕襄阳城西檀溪水中，溺不得出。备急曰：“的卢：今日厄矣，可努力！”的卢乃一踊三丈，遂得过，乘浮渡河，中流而追者至，以表意谢之，曰：“何去之速乎！”

孙盛曰：此不然之言。备时羁旅，客主势殊，若有此变，岂敢晏然终表之世而无衅故乎？此皆世俗妄说，非事实也。

⑱《汉晋春秋》曰：曹公自柳城还，表谓备曰：“不用君言，故为失此大会。”备曰：“今天下分裂，日寻干戈，事会之来，岂有终极乎？若能应之于后者，则此未足为恨也。”

⑲《英雄记》曰：表病，上备领荆州刺史。

《魏书》曰：表病笃，托国于备，顾谓曰：“我儿不才，而诸将并零落，我死之后，卿便摄荆州。”备曰：“诸子自贤，君其忧病。”或劝备宜从表言，备曰：“此人待我厚，今从其言，人必以我为薄，所不忍也。”

臣松之以为表夫妻素爱琮，舍適立庶，情计久定，无缘临终举荆州以授备，此亦不然之言。

⑳孔衍《汉魏春秋》曰：刘琮乞降，不敢告备。备亦不知，久之乃觉，遣所亲问琮。琮令宋忠诣备宣旨。是时曹公在宛，备乃大惊骇，谓忠曰：“卿诸人作事如此，不早相语，今祸至方告我，不亦太剧乎！”引刀向忠曰：“今断卿头，不足以解忿，亦耻大丈夫临别复杀卿辈！”遣忠去，乃呼部曲议。或劝备劫将琮及荆州吏士径南到江陵，备答曰：“刘荆州临亡托我以孤遗，背信自济，吾所不为，死何面目以见刘荆州乎！”

㉑《典略》曰：备过辞表墓，遂涕泣而去。

㉒习凿齿曰：先主虽颠沛险难而信义愈明，势逼事危而言不失道。追景升之顾，则情感三军；恋赴义之士，则甘与同败。观其所以结物情者，岂徒投醪抚寒含蓼问疾而已哉！其终济大业，不亦宜乎！

㉓《江表传》曰：孙权遣鲁肃吊刘表二子，并令与备相结。肃未至而曹公已济汉津。肃故进前，与备相遇于当阳。因宣权旨，论天下事势，致殷勤之意。且问备曰：“豫州今欲何至？”备曰：“与苍梧太守吴巨有旧，欲往投之。”肃曰：“孙讨虏聪明仁惠，敬贤礼士，江表英豪，咸归附之，已据有六郡，兵精粮多，足以立事。今为君计，莫若遣腹心使自结于东，崇连和之好，共济世业，而云欲投吴巨，巨是凡人，偏在远郡，行将为人所并，岂足托乎？”备大喜，进住鄂县，即遣诸葛亮随肃诣孙权，结同盟誓。

㉔《江表传》曰：备从鲁肃计，进住鄂县之樊口。诸葛亮诣吴未还，备闻曹公军下，恐惧，日遣逻吏于水次候望权军。吏望见瑜船，驰往白备，备曰：“何以知非青徐军邪？”吏对曰：“以船知之。”备遣人慰劳之。瑜曰：“有军任，不可得委署，傥能屈威，诚副其所望。”备谓关羽、张飞曰：“彼欲致我，我今自结托于东而不往，非同盟之意也。”乃乘单舸往见瑜，问曰：“今拒曹公，深为得计。战卒有几？”瑜曰：“三万人。”备曰：“恨

少。”瑜曰：“此自足用，豫州但观瑜破之。”备欲呼鲁肃等共会语，瑜曰：“受命不得妄委署，若欲见子敬，可别过之。又孔明已俱来，不过三两日到也。”备虽深愧异瑜，而心未许之能必破北军也，故差池在后，将二千人与羽、飞俱，未肯系瑜，盖为进退之计也。

孙盛曰：刘备雄才，处必亡之地，告急于吴，而获奔助，无缘复顾望江渚而怀后计。《江表传》之言，当是吴人欲专美之辞。

㉕《江表传》曰：周瑜为南郡太守，分南岸地以给备。备别立营于油江口，改名为公安。刘表吏士见从北军，多叛来投备。备以瑜所给地少，不足以安民，复从权借荆州数郡。

㉖《三辅决录注》曰：金旋字符机，京兆人，历位黄门郎、汉阳太守，征拜议郎，迁中郎将，领武陵太守，为备所攻劫死。子祎，事见《魏武本纪》。

㉗《山阳公载记》曰：备还，谓左右曰：“孙车骑长上短下，其难为下，吾不可以再见之。”乃昼夜兼行。

臣松之案：《魏书》载刘备与孙权语，与《蜀志》述诸葛亮与权语正同。刘备未破魏军之前，尚未与孙权相见，不得有此说。故知《蜀志》为是。

㉘《献帝春秋》曰：孙权欲与备共取蜀，遣使报备曰：“米贼张鲁居王巴、汉，为曹操耳目，规图益州。刘璋不武，不能自守。若操得蜀，则荆州危矣。今欲先攻取璋，进讨张鲁，首尾相连，一统吴、楚，虽有十操，无所忧也。”备欲自图蜀，拒答不听，曰：“益州民富强，土地险阻，刘璋虽弱，足以自守。张鲁虚伪，未必尽忠于操。今暴师于蜀、汉，转运于万里，欲使战克攻取，举不失利，此吴起不能定其规，孙武不能善其事也。曹操虽有无君之心，而有奉主之名，议者见操失利于赤壁，谓其力屈，无复远志也。今操三分天下已有其二，将欲饮马于沧海，观兵于吴会，何肯守此坐须老乎？今同盟无故自相攻伐，借枢于操，使敌承其隙，非长计也。”权不听，遣孙瑜率水军住夏口。备不听军过，谓瑜曰：“汝欲取蜀，吾当被发入山，不失信于天下也。”使关羽屯江陵，张飞屯秭归，诸葛亮据南郡，备自住孱陵。权知备意，因召瑜还。

㉙《吴书》曰：备前见张松，后得法正，皆厚以恩意接纳，尽其殷勤之欢。因问蜀中阔狭，兵器府库人马众寡，及诸要害道里远近，松等具言之，又画地图山川处所，由是尽知益州虚实也。

㉚《魏书》曰：备因激怒其众曰：“吾为益州征强敌，师徒勤瘁，不遑宁居；今积帑藏之财而吝于赏功，望士大夫为出死力战，其可得乎！”

㉛《益部耆旧杂记》曰：张肃有威仪，容貌甚伟。松为人短小，放荡不治节操，然识达精果，有才干。刘璋遣诣曹公，曹公不甚礼；公主簿杨脩深器之，白公辟松，公不纳。脩以公所撰兵书示松，松宴饮之间一看便暗诵。脩以此益异之。

㉜《益部耆旧杂记》曰：张任，蜀郡人，家世寒门。少有胆勇，有志节，仕州为从事。

㉝《益部耆旧杂记》曰：刘璋遣张任、刘璝率精兵拒捍先主于涪，为先主所破，退与璋子循守雒城。任勒兵出于雁桥，战复败。禽任。先主闻任之忠勇，令军降之，任厉声曰：“老臣终不复事二主矣。”乃杀之。先主叹惜焉。

㉞《傅子》曰：初，刘备袭蜀，丞相掾赵戬曰：“刘备其不济乎？拙于用兵，每战则败，奔亡不暇，何以图人？蜀虽小区，险固四塞，独守之国，难卒并也。”征士傅幹曰：“刘备宽仁有度，能得人死力。诸葛亮达治知变，正而有谋，而为之相；张飞、关羽勇而有义，皆万人之敌，而为之将：此三人者，皆人杰也。以备之略，三杰佐之，何为不济也？”《典略》曰：赵戬，字叔茂，京兆长陵人也。质而好学，言称《诗》《书》，爱恤于人，不论疏密。辟公府，入为尚书选部郎。董卓欲以所私并充台阁，戬拒不听。卓怒，召戬欲杀之，观者皆为戬惧，而戬自若。及见卓，引辞正色，陈说是非，卓虽凶戾，屈而谢之。迁平陵令。故将王允被害，莫敢近者，戬弃官收敛之。三辅乱，戬客荆州，刘表以为宾客。曹公平荆州，执戬手曰：“何相见之晚也！”遂辟为掾。后为五官将司马，相国钟繇长史，年六十余卒。

㉟《三辅决录注》曰：援字文雄，扶风人也。其先本姓谢，

与北地诸谢同族。始祖谢服为将军出征,天子以谢服非令名,改为射,子孙氏焉。兄坚,字文固,少有美名,辟公府,为黄门侍郎。献帝之初,三辅饥乱,坚去官,与弟援南入蜀依刘璋,璋以坚为长史。刘备代璋,以坚为广汉、蜀郡太守。援亦少有名行,太尉皇甫嵩贤其才而以女妻之,丞相诸葛亮以援为祭酒,迁从事中郎,卒官。

㊱赵高使阎乐杀二世。王莽废孺子以为定安公。

㊲郑玄《注》曰:庶,众也;励,作也;叙,次序也。序九族而亲之,以众明作羽翼之臣也。

㊳《典略》曰:备于是起馆舍,筑亭障,从成都至白水关,四百余区。

㊴《蜀本纪》曰:武都有丈夫化为女子,颜色美好,盖山精也。蜀王娶以为妻,不习水土,疾病欲归国,蜀王留之,无几物故。蜀王发卒之武都担土,于成都郭中葬,盖地数亩,高十丈,号曰武担也。

臣松之案:武担,山名,在成都西北,盖以乾位在西北,故就之以即阼。

㊵《魏书》曰:备闻曹公薨,遣掾韩冉奉书吊,并致赙赠之礼。文帝恶其因丧求好,敕荆州刺史斩冉,绝使命。

《典略》曰:备遣军谋掾韩冉赍书吊,并贡锦布。冉称疾,住上庸。上庸致其书,适会受终,有诏报答以引致之。备得报书,遂称制。

㊶臣松之以为先主虽云出自孝景,而世数悠远,昭穆难明,既绍汉祚,不知以何帝为元祖以立亲庙。于时英贤作辅,儒生在官,宗庙制度,必有宪章,而载记阙略,良可恨哉!

㊷《诸葛亮集》载先主遗诏敕后主曰:"朕初疾但下痢耳,后转杂他病,殆不自济。人五十不称夭,年已六十有余,何所复恨,不复自伤,但以卿兄弟为念。射君到,说丞相叹卿智量,甚大增修,过于所望,审能如此,吾复何忧!勉之,勉之!勿以恶小而为之,勿以善小而不为。惟贤惟德,能服于人。汝父德薄,勿效之。可读《汉书》、《礼记》,闲暇历观诸子及《六韬》、《商君书》,益人意智。闻丞相为写《申》、《韩》、《管子》、《六韬》一通已毕,未送,道亡,可自更求闻达。"临终时,呼鲁王与语:"吾亡之后,汝兄弟父事丞相,令卿与丞相共事而已。"

㊸葛洪《神仙传》曰:仙人李意其,蜀人也。传世见之,云是汉文帝时人。先主欲伐吴,遣人迎意其。意其到,先主礼敬之,问以吉凶。意其不答而求纸笔,画作兵马器仗数十纸已,便一一以手裂坏之,又画作一大人,掘地埋之,便径去。先主大不喜。而自出军征吴,大败还,忿耻发病死,众人乃知其意。其画作大人而埋之者,即是言先主死意。

三国志卷三十三 蜀书三

后主传第三

后主讳禅，字公嗣，先主子也。建安二十四年，先主为汉中王，立为王太子。及即尊号，册曰："惟章武元年五月辛巳，皇帝若曰：太子禅，朕遭汉运艰难，贼臣篡盗，社稷无主，格人群正，以天明命，朕继大统。今以禅为皇太子，以承宗庙，祗肃社稷。使使持节丞相亮授印绶，敬听师傅，行一物而三善皆得焉，可不勉与！"[①]三年夏四月，先主殂于永安宫。五月，后主袭位于成都，时年十七。尊皇后曰皇太后。大赦，改元。是岁魏黄初四年也。[②]

建兴元年夏，牂牁太守朱褒拥郡反。[③]先是，益州郡有大姓雍闿反，流太守张裔于吴，据郡不宾，越嶲夷王高定亦背叛。是岁，立皇后张氏。遣尚书郎邓芝固好于吴，吴王孙权与蜀和亲使聘，是岁通好。

二年春，务农殖谷，闭关息民。

三年春三月，丞相亮南征四郡，四郡皆平。改益州郡为建宁郡，分建宁、永昌郡为云南郡，又分建宁、牂牁为兴古郡。十二月，亮还成都。

后主名禅，字公嗣，是先主刘备的儿子。建安二十四年，先主做汉中王时，被立为王太子。等到先主登上皇帝位，册封后主说："章武元年五月辛巳这天，皇帝这样说：太子禅，我正碰上汉朝国运艰难的时候，贼臣篡夺了帝位，国家无主，社会贤达、文武百官，按照上天旨意，要我继承帝位。今日立刘禅为皇太子，以继承宗庙祭祀，恭敬地从事国家大事。特派遣使臣丞相诸葛亮持符节授给太子印绶。你要敬听师傅的辅导，每做一件事都要符合爱亲人、尊君王、敬长者这三种道德规范，不可不努力啊！"章武三年四月，先主在永安宫去世。这年五月，后主在成都继承帝位，当时才十七岁。尊奉皇后为皇太后。大赦天下，改用新的年号。这一年正是魏文帝黄初四年。

建兴元年(公元223年)夏天，牂牁郡太守朱褒据郡反叛。在此之前，益州郡有一个富豪雍闿叛乱，他将太守张裔流放到吴国，占据郡地不服从管辖，越嶲郡少数民族首领高定也背叛。这一年，后主立张飞的长女为皇后。派遣尚书郎邓芝去稳固与吴国的友好关系，吴国国君孙权与蜀汉和好亲善并派使者访问，这一年两国互通友好。

建兴二年春天，努力发展农业生产、增殖五谷，关闭关隘以使老百姓能休养生息。

建兴三年春三月，丞相诸葛亮往南出征讨伐益州、永昌、越嶲、牂牁四郡，四郡都被平定。将益州郡改名为建宁郡，分建宁、永昌郡设置云南郡，又分建宁、牂牁郡设置兴古郡。这年十二月，诸葛亮回到成都。

四年春，都护李严自永安还住江州，筑大城。④

建兴四年春，都护李严从永安移驻江州，修筑江州大城。

五年春，丞相亮出屯汉中，营沔北阳平石马。⑤

建兴五年春天，丞相诸葛亮出军驻扎在汉中，在沔水北的阳平、石马一带扎下营盘。

六年春，亮出攻祁山，不克。冬，复出散关，围陈仓，粮尽退。魏将王双率军追亮，亮与战，破之，斩双，还汉中。

建兴六年春天，诸葛亮出军进攻祁山，未能取胜。这年冬天，再出军散关，包围陈仓县，因为粮尽退军。魏国将领王双率领军队追赶诸葛亮，诸葛亮与王双交战，打败王双的军队，杀了王双，带军回到汉中。

七年春，亮遣陈式攻武都、阴平，遂克定二郡。冬，亮徙府营于南山下原上，筑汉、乐二城。是岁，孙权称帝，与蜀约盟，共交分天下。

建兴七年春天，诸葛亮派遣陈式进攻武都、阴平，最终攻占、平定了这两个郡。这年冬天，诸葛亮将大本营迁移到终南山下的平原地带，建筑了汉、乐二城。这年，孙权称帝，与蜀国相邀结盟，约定两家平分天下。

八年秋，魏使司马懿由西城，张郃由子午，曹真由斜谷，欲攻汉中。丞相亮待之于城固、赤阪，大雨道绝，真等皆还。是岁，魏延破魏雍州刺史郭淮于阳谿。徙鲁王永为甘陵王，梁王理为安平王，皆以鲁、梁在吴分界故也。

建兴八年秋天，魏国派遣司马懿从西城、张郃从子午、曹真从斜谷出兵，准备进攻汉中。诸葛亮在城固、赤阪迎战，因为大雨栈道断绝，曹真等人皆退军。这一年魏延在阳谿打败了魏国雍州刺史郭淮的军队。后主改封鲁王刘永为甘陵王，改封梁王刘理为安平王，因为鲁、梁两地都与吴国接壤分界的缘故。

九年春二月，亮复出军围祁山，始以木牛运。魏司马懿、张郃救祁山。夏六月，亮粮尽退军，郃追至青封，与亮交战，被箭死。秋八月，都护李平废徙梓潼郡。⑥

建兴九年春二月，诸葛亮再次出军围攻祁山，开始以木牛运送军粮。魏国司马懿、张郃领军抵御。夏六月，诸葛亮因粮尽退军，张郃追击到青封，与诸葛亮交战，被箭射死。秋八月，都护李平被废为平民，流放到梓潼郡。

十年，亮休士劝农于黄沙，作流马木牛毕，教兵讲武。

建兴十年，诸葛亮在黄沙城休整士卒、奖励农耕，做完流马木牛，训练军队、讲习武艺。

十一年冬，亮使诸军运米，集于斜谷口，治斜谷邸阁。是岁，南夷刘胄反，将军马忠破平之。

建兴十一年冬天，诸葛亮派各路军队运送粮米，集结于斜谷口，修建了斜谷储粮所。这一年，南方少数民族首领刘胄反叛，将军马忠带兵击败、平定了这次叛乱。

十二年春二月，亮由斜谷出，始以流马运。秋八月，亮卒

建兴十二年春二月，诸葛亮由斜谷出兵，开始以流马运送粮食。秋天八月，诸葛亮病死于渭水之

于渭滨。征西大将军魏延与丞相长史杨仪争权不和，举兵相攻，延败走；斩延首，仪率诸军还成都。大赦。以左将军吴壹为车骑将军，假节督汉中。以丞相留府长史蒋琬为尚书令，总统国事。

滨。征西大将军魏延与丞相长史杨仪争权不和睦，带兵互相攻杀，魏延败逃；杨仪斩杀魏延，带领各路军队回到成都。这年蜀国大赦。任命左将军吴壹为车骑将军，授以符节镇守汉中。任命丞相留府长史蒋琬为尚书令，统管国事。

十三年春正月，中军师杨仪废徙汉嘉郡。夏四月，进蒋琬位为大将军。

建兴十三年春正月，中军师杨仪被废为平民流放到汉嘉郡。夏四月，提拔蒋琬担任大将军。

十四年夏四月，后主至湔，⑦登观阪，看汶水之流，旬日还成都。徙武都氐王苻健及氐民四百余户于广都。

建兴十四年夏四月，后主刘禅到湔县，登上观阪，观赏岷江的流水，十天后返回成都。将武都氐族首领苻健及氐民四百余户迁移到广都。

十五年夏六月，皇后张氏薨。

建兴十五年夏六月，皇后张氏去世。

延熙元年春正月，立皇后张氏。大赦，改元。立子璿为太子，子瑶为安定王。冬十一月，大将军蒋琬出屯汉中。

延熙元年（公元238年）春正月，立前皇后之妹张氏为皇后。实行大赦，改用新年号。立刘璿为太子，刘瑶为安定王。这年冬天十一月，大将军蒋琬出兵驻扎汉中。

二年春三月，进蒋琬位为大司马。

延熙二年春三月，提升蒋琬为大司马。

三年春，使越嶲太守张嶷平定越嶲郡。

延熙三年春，任命张嶷为越嶲郡太守，令他平定越嶲郡内的叛乱。

四年冬十月，尚书令费祎至汉中，与蒋琬谘论事计，岁尽还。

延熙四年冬十月，尚书令费祎到达汉中，与蒋琬商讨军国大计，年末回到成都。

五年春正月，监军姜维督偏军，自汉中还屯涪县。

延熙五年春正月，监军姜维率领部分军队，自汉中回到涪县驻扎。

六年冬十月，大司马蒋琬自汉中还，住涪。十一月，大赦。以尚书令费祎为大将军。

延熙六年冬十月，大司马蒋琬从汉中返回，住在涪县。十一月，实行大赦。任命尚书令费祎担任大将军。

七年闰月，魏大将军曹爽、夏侯玄等向汉中，镇北大将军王平拒兴势围，大将军费祎督诸军往赴救，魏军退。夏

延熙七年闰月，魏大将军曹爽、夏侯玄等人带军进攻汉中，镇北大将军王平在兴势山营垒进行抵抗，遭到围困，大将军费祎带领各路军队前往营救，魏军败退。这年夏四月，安平王刘理去世。秋九月，

四月，安平王理卒。秋九月，祎还成都。

费祎回到成都。

八年秋八月，皇太后薨。十二月，大将军费祎至汉中，行围守。

延熙八年秋八月，先主穆皇后去世。十二月，大将军费祎到汉中，巡视各营垒的守备。

九年夏六月，费祎还成都。秋，大赦。冬十一月，大司马蒋琬卒。⑧

延熙九年夏六月，费祎回到成都。这年秋天，实行大赦。冬十一月，大司马蒋琬去世。

十年，凉州胡王白虎文、治无戴等率众降，卫将军姜维迎逆安抚，居之于繁县。是岁，汶山平康夷反，维往讨，破平之。

延熙十年，甘肃凉州少数民族首领白虎文、治无戴等人率领部落归降，卫将军姜维迎接和安抚他们，将他们安置在繁县。这一年，汶山郡平康县少数民族反叛，姜维前往讨伐，平定了这次叛乱。

十一年夏五月，大将军费祎出屯汉中。秋，涪陵属国民夷反，车骑将军邓芝往讨，皆破平之。

延熙十一年夏五月，大将军费祎出兵进驻汉中。这年秋天，涪陵郡少数民族聚居地区反叛，车骑将军邓芝率军前往讨伐，平定了这次叛乱。

十二年春正月，魏诛大将军曹爽等，右将军夏侯霸来降。夏四月，大赦。秋，卫将军姜维出攻雍州，不克而还。将军句安、李韶降魏。

延熙十二年春正月，魏国诛杀了大将军曹爽等人，魏国右将军夏侯霸前来投降。夏四月，实行大赦。这年秋天，卫将军姜维带军进攻雍州，不胜而还。将军句安、李韶投降魏国。

十三年，姜维复出西平，不克而还。

延熙十三年，姜维再次带军进攻西平，未胜而回。

十四年夏，大将军费祎还成都。冬，复北驻汉寿。大赦。

延熙十四年夏，大将军费祎回到成都。这年冬天，费祎再次带军屯驻北边的汉寿县。国中实行大赦。

十五年，吴王孙权薨。立子琮为西河王。

延熙十五年，吴王孙权去世。蜀后主立儿子刘琮为西河王。

十六年春正月，大将军费祎为魏降人郭循所杀于汉寿。夏四月，卫将军姜维复率众围南安，不克而还。

延熙十六年春正月，大将军费祎在汉寿被投降的魏国人郭循刺杀。这年夏天四月，卫将军姜维再次带军队围攻南安，未胜而回。

十七年春正月，姜维还成都。大赦。夏六月，维复率众出陇西。冬，拔狄道、河关、临洮

延熙十七年春正月，姜维回到成都。蜀国实行大赦。夏六月，姜维再次带领军队进攻陇西。这年冬天，姜维攻陷了陇西郡狄道、河关、临洮三县，将三

三县民，居于绵竹、繁县。

县民众迁居到四川绵竹、繁县。

十八年春，姜维还成都。夏，复率诸军出狄道，与魏雍州刺史王经战于洮西，大破之。经退保狄道城，维却住钟题。

延熙十八年春，姜维回到成都。夏天，姜维再次带领各路军队进攻狄道，在洮水西岸大败魏将雍州刺史王经。王经退守狄道城，姜维后撤驻扎钟题。

十九年春，进姜维位为大将军，督戎马，与镇西将军胡济期会上邽，济失誓不至。秋八月，维为魏大将军邓艾所破于上邽。维退军还成都。是岁，立子瓒为新平王。大赦。

延熙十九年春，晋升姜维为大将军，统率军马，与镇西将军胡济相约会师于上邽，胡济失约未到。这年秋八月，姜维在上邽被魏大将军邓艾打败。姜维撤军回到成都。这一年，后主立儿子刘瓒为新平王。实行大赦。

二十年，闻魏大将军诸葛诞据寿春以叛，姜维复率众出骆谷，至芒水。是岁大赦。

延熙二十年，得知魏国大将军诸葛诞据寿春反叛，姜维再次带领大军出兵骆谷，到达芒水。这年实行大赦。

景耀元年，姜维还成都。史官言景星见，于是大赦，改年。宦人黄皓始专政。吴大将军孙綝废其主亮，立琅邪王休。

后主景耀元年（公元258年），姜维回到成都。史官报告德星出现，于是实行大赦，改换年号。宦官黄皓开始专断国政。吴国大将军孙綝废黜吴国国君孙亮，改立琅邪王孙休为国君。

二年夏六月，立子谌为北地王，恂为新兴王，虔为上党王。

景耀二年夏六月，后主立儿子刘谌为北地王，立刘恂为新兴王，立刘虔为上党王。

三年秋九月，追谥故将军关羽、张飞、马超、庞统、黄忠。

景耀三年秋九月，为已去世的将军关羽、张飞、马超、庞统和黄忠追加谥号。

四年春三月，追谥故将军赵云。冬十月，大赦。

景耀四年春三月，为已去世的将军赵云追加谥号。这年冬十月，实行大赦。

五年春正月，西河王琮卒。是岁，姜维复率众出侯和，为邓艾所破，还住沓中。

景耀五年春正月，西河王刘琮去世。这年，姜维再次带领大军进攻侯和，被邓艾打败，撤军退驻沓中。

六年夏，魏大兴徒众，命征西将军邓艾、镇西将军钟会、雍州刺史诸葛绪数道并攻。于是遣左右车骑将军张翼、廖化、辅国大将军董厥等拒之。大赦。改元为炎兴。冬，

景耀六年夏，魏国调集大量军队，命令征西将军邓艾、镇西将军钟会、雍州刺史诸葛绪几路同时进攻蜀国。这时蜀国派遣左右车骑将军张翼、廖化、辅国大将军董厥等人进行抵抗。国中实行大赦。改年号为炎兴。这年冬天，邓艾在绵竹击破了卫将军

邓艾破卫将军诸葛瞻于绵竹。用光禄大夫谯周策，降于艾，奉书曰："限分江、汉，遇值深远，阶缘蜀土，斗绝一隅，干运犯冒，渐苒历载，遂与京畿攸隔万里。每惟黄初中，文皇帝命虎牙将军鲜于辅，宣温密之诏，申三好之恩，开示门户，大义炳然，而否德暗弱，窃贪遗绪，俯仰累纪，未率大教。天威既震，人鬼归能之数，怖骇王师，神武所次，敢不革面，顺以从命！辄敕群帅投戈释甲，官府帑藏一无所毁。百姓布野，余粮栖亩，以俟后来之惠，全元元之命。伏惟大魏布德施化，宰辅伊、周，含覆藏疾。谨遣私署侍中张绍、光禄大夫谯周、驸马都尉邓良奉赍印绶，请命告诚，敬输忠款，存亡敕赐，惟所裁之。舆榇在近，不复缕陈。"是日，北地王谌伤国之亡，先杀妻子，次以自杀。[⑨]绍、良与艾相遇于雒县。艾得书，大喜，即报书，[⑩]遣绍、良先还。艾至城北，后主舆榇自缚，诣军垒门。艾解缚焚榇，延请相见。[⑪]因承制拜后主为骠骑将军。诸围守悉被后主敕，然后降下。艾使后主止其故宫，身往造焉。资严未发，明年春正月，艾见收。钟会自涪至成都作乱。会既死，蜀中军众钞略，死丧狼籍，数日乃安集。

诸葛瞻的军队。蜀后主采纳光禄大夫谯周的主张，向邓艾投降。上投降书说："因为有长江、汉水的阻隔，适逢路途遥远，凭借蜀国地势险要的一角，负隅顽抗，触犯了国家的大运，历经数年，终于与京都远隔万里。每每想到黄初年间，魏文帝派遣虎牙将军鲜于辅，宣告情辞恳切的诏令，申明三善的美好恩德，敞开门户，大义昭明，可是我德行鄙薄、愚昧软弱，私心贪恋前人未竟的功业，俯仰之间竟达几十年，未遵循圣明的教诲。天威既已震怒，人鬼都归向亲善的道路，王室的军队令人惊恐害怕，神明勇武的军队所向，岂敢不洗心革面，恭顺地听从命令！我立即告诫各军统帅放下武器，叫官府国库保存财物不得有一点毁损。百姓排列在郊野，余粮停放在田间，以等待君主到来赐给恩惠，保全百姓的性命。想我大魏王室广施恩德教化，任用伊尹、周公一类贤臣为宰辅，定会包容亡国之人、收留造成疾患的我们这些人。敬派遣私人府署侍中张绍、光禄大夫谯周、驸马都尉邓良上交印绶，向您请示报告表白我的诚意，敬献一片忠心；生死存亡告诫赐予，完全听从您的裁决。棺材已装在车上(表示有罪当死)，不再详细陈奏。"这天，北地王刘谌感伤蜀国的灭亡，先杀死妻子，接着自杀。张绍、邓良与邓艾在雒县相会。邓艾得后主的投降书后，大喜，随即回信，遣送张绍、邓良先回成都。邓艾到达成都北郊，后主将棺木装在车上，捆绑着自己，前往邓艾军营门前请罪。邓艾解下捆绑的绳索，焚烧车上的棺木，邀请后主相见。并秉承帝王的旨意授予后主骠骑将军官爵。各营垒全都接受后主的命令，然后投降。邓艾让后主住在原来的宫室，亲自前往拜访。但财货物资均未启运，第二年春正月，邓艾被逮捕。魏将钟会从涪县到达成都进行叛乱。钟会死后，驻扎在蜀中的军队抢劫掠夺，死丧者很多，经过许多天才安定。

后主举家东迁，既至洛阳，策命之曰："惟景元五年三

后主全家东迁，到达洛阳后，魏国皇帝对后主册封说："景元五年三月丁亥，皇帝在殿前，派遣太

月丁亥。皇帝临轩，使太常嘉命刘禅为安乐县公。於戏，其进听朕命！盖统天载物，以咸宁为大，光宅天下，以时雍为盛。故孕育群生者，君人之道也，乃顺承天者，坤元之义也。上下交畅，然后万物协和，庶类获乂。乃者汉氏失统，六合震扰。我太祖承运龙兴，弘济八极，是用应天顺民，抚有区夏。于时乃考因群杰虎争，九服不静，乘间阻远，保据庸蜀，遂使西隅殊封，方外壅隔。自是以来，干戈不戢，元元之民，不得保安其性，几将五纪。朕永惟祖考遗志，思在绥缉四海，率土同轨，故爰整六师，耀威梁、益。公恢崇德度，深秉大正，不惮屈身委质，以爱民全国为贵，降心回虑，应机豹变，履言思顺，以享左右无疆之休，岂不远欤！朕嘉与君公长飨显禄，用考咨前训，开国胙土，率遵旧典，锡兹玄牡，苴以白茅，永为魏藩辅，往钦哉！公其祗服朕命，克广德心，以终乃显烈。"食邑万户，赐绢万匹，奴婢百人，他物称是。子孙为三都尉封侯者五十余人。尚书令樊建、侍中张绍、光禄大夫谯周、秘书令郤正、殿中督张通并封列侯。⑫公泰始七年薨于洛阳。⑬

评曰：后主任贤相则为循理之君，惑阉竖则为昏暗之后，传曰"素丝无常，唯所染

常卿嘉赐封刘禅为安乐县公。呜呼，望前来听取我的命令。统理万物，以全都平安为大，据有天下，以时世清平为美。因此养育民众，是国君的道德，而顺承天意，是地德的本义。上下都通畅，然后万事协调和谐，万物安定。往昔汉王朝失去纲纪，天下震动混乱。我太祖承受天命建立新王朝，普救天下，正是顺应天意民心，据有中原。当时你的父亲因众多豪杰角逐较量，国家不安宁，乘机凭借远方的险阻，割据蜀地，遂使西部边陲封赐不同，边远地区壅塞阻隔。从那时以来，战争不息，黎民百姓，生命不能保全，将近六十年。我长久地思虑祖先的遗志，意在安定协和四海，统一全国，因此统率大军，在梁州、益州显耀军威。你弘扬推崇德行，秉持大义，不惜屈身归顺，以爱护民众、保全国家为重，抑制心志、改变意图，顺应时机、改变方略，遵守信用，诚心归服，以享受无限的福禄，这谋虑且不远大？我嘉奖赏赐你长久地享受优厚的俸禄，因此考察前代的法则，建国赐土，遵循先前的典章制度，赐予这黑色的土地，以白色的茅草包裹，永做魏王室的藩篱辅佐。去努力吧!你要恭敬地执行我的命令，扩大你的德心，以完成你显赫的功业。"赐给后主收取万户租税的土地，绢万匹，奴婢一百人，其他财物也有相当的数量。后主的子孙被任命为三都尉，封给侯爵的有五十余人。尚书令樊建、侍中张绍、光禄大夫谯周、秘书令郤正、殿中督张通同时封为列侯。安乐县公刘禅在晋泰始七年(公元271年)死于洛阳。

评论说：后主任用贤明的丞相就可成为一个遵循事理的国君，被宦官蒙蔽就成为昏庸糊涂的君主。传语说："白色的丝没有固定不变的颜色，只看

之”,信矣哉！礼,国君继体,逾年改元,而章武之三年,则革称建兴,考之古义,体理为违。又国不置史,注记无官,是以行事多遗,灾异靡书。诸葛亮虽达于为政,凡此之类,犹有未周焉。然经载十二而年名不易,军旅屡兴而赦不妄下,不亦卓乎！自亮没后,兹制渐亏,优劣著矣。⑭

用什么颜料来染它。”确实是这样啊!按照礼法,国君继位,第二年改用新年号纪年,可是章武三年,便改年号叫做建兴,用古代的规定来考察,这违背了事理规矩。另外,国家不设置史官,记录无人,因此经历的事很多都遗漏了,自然灾害和特异的自然现象也没有记载。诸葛亮虽精通国家政务,大凡这类事情,仍有考虑不够周全完备之处。然而他经历了十二年却不轻易更换年号,多次出师却不乱下赦宥令,不也是很卓越的吗！自从诸葛亮去世后,这种制度逐渐损坏,好坏差别就非常明显了。

---

①《礼记》曰:行一物而三善者,惟世子而已,其齿于学之谓也。郑玄日:物犹事也。

②《魏略》曰:初备在小沛,不意曹公卒至,遑遽弃家属,后奔荆州。禅时年数岁,窜匿,随人西入汉中,为人所卖。及建安十六年,关中破乱,扶风人刘括避乱入汉中,买得禅,问知其良家子,遂养为子,与娶妇,生一子。初禅与备相失时,识其父字玄德。比舍人有姓简者,及备得益州而简为将军,备遣简到汉中,舍都邸。禅乃诣简,简相检讯,事皆符验。简喜,以语张鲁,鲁为洗沐送诣益州,备乃立以为太子。初备以诸葛亮为太子太傅,及禅立,以亮为丞相,委以诸事,谓亮曰:“政由葛氏,祭则寡人。”亮亦以禅未闲于政,遂总内外。

臣松之案:《二主妃子传》曰“后主生于荆州”,《后主传》云“初即帝位,年十七”,则建安十二年生也。十三年败于长阪,备弃妻子走,《赵云传》曰“云身抱弱子以免”,即后主也。如此,备与禅未尝相失也。又诸葛亮以禅立之明年领益州牧,其年与主簿杜微书曰“朝廷今年十八”,与禅传相应,理当非虚。而鱼豢云备败于小沛,禅时年始生,及奔荆州,能识其父字玄德,计当五六岁。备败于小沛时,建安五年也,至禅初立,首尾二十四年,禅应过三十矣。以事相验,理不得然。此则《魏略》之妄说,乃至二百余言,异也！又案诸书记及《诸葛亮集》,亮亦不为太子太傅。

③《魏氏春秋》曰:初,益州从事常房行部,闻褒将有异志,收其主簿案问,杀之。褒怒,攻杀房,诬以谋反。诸葛亮诛房诸子,徙其四弟于越嶲,欲以安之。褒犹不悛改,遂以郡叛应雍闿。

臣松之案:以为房为褒所诬,执政所宜澄察,安有妄杀不辜以悦奸慝？斯殆妄矣！

④今巴郡故城是。

⑤《诸葛亮集》载禅三月下诏曰:“朕闻天地之道,福仁而祸淫;善积者昌,恶积者丧,古今常数也。是以汤、武修德而王,桀、纣极暴而亡。曩者汉祚中微,网漏凶慝,董卓造难,震荡京畿。曹操阶祸,窃执天衡,残剥海内,怀无君之心。子丕孤竖,敢寻乱阶,盗据神器,更姓改物,世济其凶。当此之时,皇极幽昧,天下无主,则我帝命陨越于下。昭烈皇帝体明睿之德,光演文武,应乾坤之运,出身平难,经营四方,人鬼同谋,百姓与能。兆民欣戴。奉顺符谶,建位易号,丕承天序,补弊兴衰,存复祖业,诞膺皇纲,不坠于地。万国未定,早世遐殂。朕以幼冲,继统鸿基,未习保傅之训,而婴祖宗之重。六合壅否,社稷不建,永惟所以,念在匡救,光载前绪,未有攸济,朕甚惧焉。是以夙兴夜寐,不敢自逸,每从菲薄以益国用,劝分务穑以阜民财,授方任能以参其听,断私降意以养将士。欲奋剑长驱,指讨凶逆,朱旗未举,而丕复陨丧,斯所谓不燃我薪而自焚也。残类余丑,又支天祸,恣睢河、洛,阻兵未弭。诸葛丞相

弘毅忠壮，忘身忧国，先帝托以天下，以勖朕躬。今授之以旄钺之重，付之以专命之权，统领步骑二十万众，董督元戎，龚行天罚，除患宁乱，克复旧都，在此行也。昔项籍总一强众，跨州兼土，所务者大，然卒败垓下，死于东城，宗族焚如，为笑千载，皆不以义，陵上虐下故也。今贼效尤，天人所怨，奉时宜速，庶凭炎精祖宗威灵相助之福，所向必克。吴王孙权同恤灾患，潜军合谋，掎角其后。凉州诸国王各遣月支、康居胡侯支富、康植等二十余人诣受节度，大军北出，便欲率将兵马，奋戈先驱。天命既集，人事又至，师贞势并，必无敌矣。夫王者之兵，有征无战，尊而且义，莫敢抗也，故鸣条之役，军不血刃，牧野之师，商人倒戈。今旍麾首路，其所经至，亦不欲穷兵极武。有能弃邪从正，箪食壶浆以迎王师者，国有常典，封宠大小，各有品限。及魏之宗族、支叶、中外，有能规利害、审逆顺之数，来诣降者，皆原除之。昔辅果绝亲于智氏，而蒙全宗之福，微子去殷，项伯归汉，皆受茅土之庆。此前世之明验也。若其迷沈不反，将助乱人，不式王命，戮及妻孥，罔有攸赦。广宣恩威，贷其元帅，吊其残民。他如诏书律令，丞相其露布天下，使称朕意焉。”

⑥《汉晋春秋》曰：冬十月，江阳至江州有鸟从江南飞渡江北，不能达，堕水死者以千数。

⑦臣松之案：湔，县名也，属蜀郡，音翦。

⑧《魏略》曰：琬卒，禅乃自摄国事。

⑨《汉晋春秋》曰：后主将从谯周之策，北地王谌怒曰：“若理穷力屈，祸败必及，便当父子君臣背城一战，同死社稷，以见先帝可也。”后主不纳，遂送玺绶。是日，谌哭于昭烈之庙，先杀妻子，而后自杀，左右无不为涕泣者。

⑩王隐《蜀记》曰：艾报书云：“王纲失道，群英并起，龙战虎争，终归真主，此盖天命去就之道也。自古圣帝，爰逮汉、魏，受命而王者，莫不在乎中土。河出《图》，洛出《书》，圣人则之，以兴洪业，其不由此，未有不颠覆者也。隗嚣凭陇而亡，公孙述据蜀而灭，此皆前世覆车之鉴也。圣上明哲，宰相忠贤，将比隆黄轩，侔功往代。衔命来征，思闻嘉响，果烦来使，告以德音，此非人事，岂天启哉！昔微子归周，实为上宾，君子豹变，义存《大易》，来辞谦冲，以礼舆榇，皆前哲归命之典也。全国为上，破国次之，自非通明智达，何以见王者之义乎！”禅又遣太常张峻、益州别驾汝超受节度，遣太仆蒋显有命敕姜维。又遣尚书郎李虎送士民簿，领户二十八万，男女口九十四万，带甲将士十万二千，吏四万人，米四十余万斛，金银各二千斤，锦绮彩绢各二十万匹，余物称此。

⑪《晋诸公赞》曰：刘禅乘骡车诣艾，不具亡国之礼。

⑫《汉晋春秋》曰：司马文王与禅宴，为之作故蜀技，旁人皆为之感怆，而禅喜笑自若。王谓贾充曰：“人之无情，乃可至于是乎！虽使诸葛亮在，不能辅之久全，而况姜维邪？”充曰：“不如是，殿下何由并之。”他日，王问禅曰：“颇思蜀否？”禅曰：“此间乐，不思蜀。”郤正闻之，求见禅曰：“若王后问，宜泣而答曰‘先人坟墓远在陇、蜀，乃心西悲，无日不思’，因闭其目。”会王复问，对如前，王曰：“何乃似郤正语邪！”禅惊视曰：“诚如尊命。”左右皆笑。

⑬《蜀记》云：谥曰思公，子恂嗣。

⑭《华阳国志》曰：丞相亮时，有言公惜赦者，亮答曰：“治世以大德，不以小惠，故匡衡、吴汉不愿为赦。先帝亦言吾周旋陈元方、郑康成间，每见启告，治乱之道悉矣，曾不语赦也。若刘景升、季玉父子，岁岁赦宥，何益于治！”

臣松之以为“赦不妄下”，诚为可称，至于“年名不易”，犹所未达。案建武、建安之号，皆久而不改，未闻前史以为美谈。“经载十二”，盖何足云？岂别有他意，求之未至乎！亮殁后，延熙之号，数盈二十，“兹制渐亏”，事又不然也。

三国志卷三十四 蜀书四

二主妃子传第四

先主甘皇后，沛人也。先主临豫州，住小沛，纳以为妾。先主数丧嫡室，常摄内事。随先主于荆州，产后主。值曹公军至，追及先主于当阳长阪，于时困偪，弃后及后主，赖赵云保护，得免于难。后卒，葬于南郡。章武二年，追谥皇思夫人，迁葬于蜀，未至而先主殂陨。丞相亮上言："皇思夫人履行修仁，淑慎其身。大行皇帝昔在上将，嫔妃作合，载育圣躬，大命不融。大行皇帝存时，笃义垂恩，念皇思夫人神柩在远飘飖，特遣使者奉迎。会大行皇帝崩，今皇思夫人神柩以到，又梓宫在道，园陵将成，安厝有期。臣辄与太常臣赖恭等议：《礼记》曰：'立爱自亲始，教民孝也；立敬自长始，教民顺也。'不忘其亲，所由生也。《春秋》之义，母以子贵。昔高皇帝追尊太上昭灵夫人为昭灵皇后，孝和皇帝改葬其母梁贵人，尊号曰恭怀皇后，孝愍皇帝亦改葬其母王夫人，尊号曰灵怀皇后。今皇思夫人宜有尊号，以慰寒泉之思，辄与恭等案谥法，宜曰昭烈皇后。

先主甘皇后，沛县人。先主任豫州刺史时，居住在沛县，娶甘皇后为妾。先主由于多次丧妻，甘皇后便经常协助处理家庭内部事务。她跟随先主到荆州后，生了后主。当时正遇上曹公大军南下，追赶先主到当阳县的长阪坡，情势急迫，刘备丢下了甘皇后及后主，全靠赵云的保护，他们才得以免除了这场灾难。甘皇后去世后，安葬在南郡。章武二年，追赐谥号为皇思夫人，并将灵柩迁到蜀郡安葬，灵柩还未运到时，先主就去世了。丞相诸葛亮向后主上书说："皇思夫人具有美好的品行和仁德，为人善良谨慎。大行皇帝从前任大将军时，同她婚配，生育陛下，可惜她的寿命不长。大行皇帝在世时，对她义厚情深，挂念她的灵柩在远方飘零，特派遣使者前去奉迎。适遇大行皇帝去世，现在皇思夫人的灵柩已经运到，又值大行皇帝的梓宫正运回途中，坟墓即将建成，安葬的日期可以定下了。我与太常大臣赖恭等人商议：《礼记》上说：'树立爱心当从爱父母开始，便可教导百姓讲孝道；树立敬顺的美德当从敬长辈开始，便可教导百姓讲究恭顺。'不忘记父母，是因为自己是由父母生育的。《春秋》提倡的大义之一，是母亲靠儿子的尊荣而显贵。先前汉高祖追尊他的母亲昭灵夫人为昭灵皇后，孝和帝改葬他的母亲梁贵人，追赠尊号叫恭怀皇后，汉献帝改葬他的母亲王夫人，追赠尊号为灵怀皇后。现在皇思夫人也应该有一个尊号，以表示对九泉之下的亡魂的思念。我与赖恭等人根据谥法，认为应该尊号为昭烈皇后。《诗经》上说：'活着的时候居住在不同的房

《诗》曰:‘谷则异室,死则同穴。’[①]故昭烈皇后宜与大行皇帝合葬,臣请太尉告宗庙,布露天下,具礼仪别奏。”制曰可。

间,死后则葬在同一墓穴中。’所以昭烈皇后应该同大行皇帝合葬,我请求陛下诏命太常将此事向宗庙祷告,布告于天下,我和赖恭等人准备好礼节仪式的细则后,另行报告。”后主刘禅批示说可以。

先主穆皇后,陈留人也。兄吴壹,少孤,壹父素与刘焉有旧,是以举家随焉入蜀。焉有异志,而闻善相者相后当大贵。焉时将子瑁自随,遂为瑁纳后。瑁死,后寡居。先主既定益州,而孙夫人还吴,[②]群下劝先主聘后。先主疑与瑁同族,法正进曰:“论其亲疏,何与晋文之于子圉乎?”于是纳后为夫人。[③]建安二十四年,立为汉中王后。章武元年夏五月,策曰:“朕承天命,奉至尊,临万国。今以后为皇后,遣使持节丞相亮授玺绶,承宗庙,母天下,皇后其敬之哉!”建兴元年五月,后主即位,尊后为皇太后,称长乐宫。壹官至车骑将军,封县侯。延熙八年,后薨,合葬惠陵。[④]

先主刘备的穆皇后,陈留郡人。穆皇后的兄长是吴壹,早年丧父,吴壹的父亲历来与刘焉有交情,因此全家跟随刘焉迁入蜀郡。刘焉有篡夺帝位的心意,听说善于看相的人观察了穆皇后的相貌后判定她必将大贵。当时刘焉带着儿子刘瑁跟随在身边,于是便替刘瑁娶穆皇后为妻。刘瑁死后,穆皇后守寡在家。先主平定益州后,孙夫人返回了吴国,群臣便规劝先主迎娶穆皇后。先主因与刘瑁同宗共族而有点犹豫。法正进言说:“讲到亲疏,拿晋文公与子圉(叔侄关系)来比哪个更近呢?”先主于是娶穆皇后为夫人。建安二十四年,穆皇后被立为汉中王后。章武元年夏季五月,先主下诏书册封说:“我承受上天的命令,登上至高无上的帝位,治理天下。现赐封汉中王后为皇后,派遣丞相诸葛亮带着符节授予皇后印玺,继承宗庙祭祀,为天下之母。皇后对此当谨慎啊!”建兴元年五月,后主即位,尊穆皇后为皇太后,称其所居宫室为长乐宫。吴壹官至车骑将军,封为县侯。延熙八年,穆皇后去世,与先主合葬于惠陵。

后主敬哀皇后,车骑将军张飞长女也。章武元年,纳为太子妃。建兴元年,立为皇后。十五年薨,葬南陵。

后主的敬哀皇后,是车骑将军张飞的长女。章武元年,嫁给太子刘禅为妻子。建兴元年,被立为皇后。建兴十五年去世,安葬在南陵。

后主张皇后,前后敬哀之妹也。建兴十五年,入为贵人。延熙元年春正月,策曰:“朕统承大业,君临天下,奉郊庙社稷。今以贵人为皇后,使行丞相事左将军向朗持节授玺绶。勉修中馈,恪肃禋祀,皇后其

后主的张皇后,是前敬哀皇后的妹妹。建兴十五年,入宫为贵人。延熙元年春季正月,后主下诏书册封说:“我继承君位,统理天下,主持天地祖庙祭祀。现赐封贵人为皇后,派遣代理丞相左将军向朗持符节授予皇后印玺。希望皇后勤勉地克尽妇职,恭谨地参加祭祀,皇后可要谨慎啊!”咸熙元年,张

敬之哉！”咸熙元年，随后主迁于洛阳。⑤

皇后跟随后主迁往洛阳。

刘永字公寿，先主子，后主庶弟也。章武元年六月，使司徒靖立永为鲁王，策曰：“小子永，受兹青土。朕承天序，继统大业，遵修稽古，建尔国家，封于东土，奄有龟蒙，世为藩辅。呜呼，恭朕之诏！惟彼鲁邦，一变适道，风化存焉。人之好德，世兹懿美。王其秉心率礼，绥尔士民，是飨是宜，其戒之哉！”建兴八年，改封为甘陵王。初，永憎宦人黄皓，皓既信任用事，谮构永于后主，后主稍疏外永，至不得朝见者十余年。咸熙元年，永东迁洛阳，拜奉车都尉，封为乡侯。

刘永字公寿，是先主的儿子，后主的异母弟。章武元年六月，先主派司徒许靖封刘永为鲁王。策文说：“儿子刘永，接受这白茅包裹的青土。我承接帝王的世系，继续统理国家大业，遵循古训，建置你的国家，封给东方的土地，统有龟山蒙山，世世代代作为国家的藩篱辅卫。唉，你要恭顺地听从我的诏命！鲁国那个地方，一变而归向大道，风俗教化在那里能得到保存。人们崇尚德行，受到世人的赞美。鲁王当潜心遵循礼义，安抚你的士民，虔诚地祭祀，谨慎地办事啊！”建兴八年，刘永被改封为甘陵王。起初，刘永憎恨宦官黄皓，黄皓受到信任参与政事后，向后主进谗言陷害刘永，后主渐渐疏远刘永，以至刘永十多年不能朝见后主。咸熙元年，刘永被东迁到洛阳，受任奉车都尉，被封为乡侯。

刘理字奉孝，亦后主庶弟也，与永异母。章武元年六月，使司徒靖立理为梁王，策曰：“小子理，朕统承汉序，祗顺天命，遵修典秩，建尔于东，为汉藩辅。惟彼梁土，畿甸之邦，民狎教化，易导以礼。往悉乃心，怀保黎庶，以永尔国，王其敬之哉！”建兴八年，改封理为安平王。延熙七年卒，谥曰悼王。子哀王胤嗣，十九年卒。子殇王承嗣，二十年卒。景耀四年诏曰：“安平王，先帝所命。三世早夭，国嗣颓绝，朕用伤悼。其以武邑侯辑袭王位。”辑，理子也，咸熙元年，东迁洛阳，拜奉车都尉，封乡侯。

刘理字奉孝，也是后主的异母弟，与刘永也不同母。章武元年六月，先主派司徒许靖封刘理为梁王，策文说：“儿子刘理，我承继汉王室的帝统，恭敬地顺应上天的旨意，遵循法典规则，分封你去东方，作为汉王室的藩篱辅卫。梁那个地方，是京都郊外的邦国，民众轻侮教化，要改变当用礼法进行引教。去后要竭尽你的忠心，安抚保护黎民百姓，以此长久地保有你的国家。梁王当要敬慎啊！”建兴八年，后主改封刘理为安平王。刘理在延熙七年去世，被追谥为悼王。刘理的儿子哀王刘胤继承王位，于延熙十九年去世。刘胤的儿子殇王刘承接替王位，于延熙二十年去世。景耀四年，后主下诏书说：“安平王，是先帝所封立的王位。一家三代早死，王位的继承人断绝，我为此悲伤。当以武邑侯刘辑继承王位。”刘辑，是刘理的儿子，咸熙元年，刘辑东迁洛阳，受任奉车都尉，封为乡侯。

后主太子璿，字文衡。母

后主的太子刘璿，字文衡。他的母亲王贵人，原

王贵人，本敬哀张皇后侍人也。延熙元年正月策曰："在昔帝王，继体立嗣，副贰国统，古今常道。今以璿为皇太子，昭显祖宗之威命，使行丞相事左将军朗持节授印绶。其勉修茂质，祗恪道义，谘询典礼，敬友师傅，斟酌众善，翼成尔德，可不务修以自勖哉！"时年十五。景耀六年冬，蜀亡。咸熙元年正月，钟会作乱于成都，璿为乱兵所害。⑥

本是敬哀张皇后的侍女。延熙元年正月策文说："以往的帝王，继位即确立继承人，来辅佐国家政务，这是古今常规。现今以刘璿为皇太子，以昭示显耀祖宗的威德，派遣代理丞相左将军向朗持符节授予太子印玺。皇太子当努力修养完善的品行，恭顺地遵守道义，学习典章礼仪，尊敬友爱师长，吸取众人的长处，以成就你的品德。你能不努力进修自勉吗！"当时刘璿十五岁。景耀六年冬，蜀国灭亡。咸熙元年正月，钟会在成都策动叛乱，刘璿被叛乱的士兵杀死。

评曰：《易》称有夫妇然后有父子，夫人伦之始，恩纪之隆，莫尚于此矣。是故纪录，以究一国之体焉。

评论说：《易经》上说有夫妇然后才有父子，大抵人与人之间的关系及行为准则的发生，恩情的深厚，再没有什么超过它了。因此将这些史事记录下来，以便从这里考究一个国家的体制。

---

①《礼》云：上古无合葬，中古后因时方有。

②《汉晋春秋》云：先主入益州，吴遣迎孙夫人。夫人欲将太子归吴，诸葛亮使赵云勒兵断江留太子，乃得止。

③习凿齿曰：夫婚姻，人伦之始，王化之本，匹夫犹不可以无礼，而况人君乎？晋文废礼行权，以济其业，故子犯曰，有求于人，必先从之，将夺其国，何有于妻，非无故而违礼教者也。今先主无权事之偪，而引前失以为譬，非导其君以尧、舜之道者。先主从之，过矣。

④孙盛《蜀世谱》曰：壹孙乔，没李雄中三十年，不为雄屈也。

⑤《汉晋春秋》曰：魏以蜀宫人赐诸将之无妻者，李昭仪曰："我不能二三屈辱。"乃自杀。

⑥孙盛《蜀世谱》曰：璿弟，瑶、琮、瓒、谌、恂、璩六人。蜀败，谌自杀，余皆内徙。值永嘉大乱，子孙绝灭。唯永孙玄奔蜀，李雄伪署安乐公以嗣禅后。永和三年讨李势，盛参戎行，见玄于成都也。

三国志卷三十五　蜀书五

诸葛亮传第五

诸葛亮字孔明，琅邪阳都人也。汉司隶校尉诸葛丰后也。父珪，字君贡，汉末为太山郡丞。亮早孤，从父玄为袁术所署豫章太守，玄将亮及亮弟均之官。会汉朝更选朱皓代玄。玄素与荆州牧刘表有旧，往依之。①玄卒，亮躬耕陇亩，好为《梁父吟》。②身长八尺，每自比于管仲、乐毅，时人莫之许也。惟博陵崔州平、颍川徐庶元直与亮友善，谓为信然。③

诸葛亮，字孔明，琅邪郡阳都县人。汉代司隶校尉诸葛丰的后代。父亲名珪，字君贡，汉朝末年曾任泰山郡郡丞。诸葛亮幼年丧父，叔父诸葛玄被袁术任命为豫章太守，诸葛玄带领诸葛亮及其弟弟诸葛均前去上任。恰遇汉朝改派朱皓代替诸葛玄。诸葛玄向来与荆州牧刘表有交情，便前往依附刘表。诸葛玄去世后，诸葛亮亲自耕种田地，喜欢吟诵《梁父吟》。他身高八尺，常常把自己比做管仲、乐毅，当时的人却没有谁这样看。只有博陵人崔州平、颍川人徐元直与诸葛亮很友好，认为确实如此。

时先主屯新野。徐庶见先主，先主器之，谓先主曰：“诸葛孔明者，卧龙也，将军岂愿见之乎？”④先主曰：“君与俱来。”庶曰：“此人可就见，不可屈致也。将军宜枉驾顾之。”由是先主遂诣亮，凡三往，乃见。因屏人曰：“汉室倾颓，奸臣窃命，主上蒙尘。孤不度德量力，欲信大义于天下，而智术浅短，遂用猖蹶，至于今日。然志犹未已，君谓计将安出？”亮答曰：“自董卓已来，豪杰并起，跨州连郡者不可胜数。曹操比于袁绍，则名微而众寡，然操遂能克绍，以弱为强者，非惟天时，抑亦人谋也。今操已拥

当时刘备驻军新野。徐庶前往拜见刘备，刘备器重他，徐庶对刘备说：“诸葛孔明是条卧龙，将军难道不愿见他一面吗？”刘备说：“你与他一起来吧。”徐庶说：“这人只能俯就求见，不能委屈他而招他来。将军应该亲自登门去拜访他。”因此刘备就去拜访诸葛亮，总共去了三次，才见到。刘备于是屏退旁人说：“汉家江山倾覆衰败，奸臣盗用天子的命令，天子被迫流亡在外。我不考虑自己的德行估计自己的能力，想要为天下伸张大义，但智谋短浅，因而遭受挫败，以致落到今天这地步。但是我的壮志还没有消失，先生认为应该用什么样的计策？”诸葛亮说：“自从董卓谋反以来，各路豪杰同时起兵，跨越州县、连接各郡、扩大地盘的人不可胜数。曹操与袁绍相比，名望低微而且兵马也少，但是曹操能战胜袁绍，变弱为强的原因，并不只是天意，也在于人的谋划。现在曹操已经拥有百万大军，挟持天子对

百万之众，挟天子而令诸侯，此诚不可与争锋。孙权据有江东，已历三世，国险而民附，贤能为之用，此可以为援而不可图也。荆州北据汉、沔，利尽南海，东连吴会，西通巴、蜀，此用武之国，而其主不能守，此殆天所以资将军，将军岂有意乎？益州险塞，沃野千里，天府之土，高祖因之以成帝业。刘璋暗弱，张鲁在北，民殷国富而不知存恤，智能之士思得明君。将军既帝室之胄，信义著于四海，总揽英雄，思贤如渴，若跨有荆、益，保其岩阻，西和诸戎，南抚夷越，外结好孙权，内修政理；天下有变，则命一上将将荆州之军以向宛、洛，将军身率益州之众出于秦川，百姓孰敢不箪食壶浆以迎将军者乎？诚如是，则霸业可成，汉室可兴矣。”先主曰：“善！”于是与亮情好日密。关羽、张飞等不悦，先主解之曰：“孤之有孔明，犹鱼之有水也。愿诸君勿复言。”羽、飞乃止。⑤

诸侯发号施令，这确实不能与他争强。孙权占据江东，已经历了三代，那里地势险要，百姓归附他，又有贤良能干的人替他效力，这种情况使我们可以把他作为外援但不能图谋他。荆州北边据有汉水、沔水，南海的一切资源都可以得到，东边连接吴郡、会稽郡，西边与巴郡、蜀郡相通，这是用兵的好地方，但是这里的主人却不能守住这块地方，这大概是天意要以此来帮助将军，将军有意于这块地方吗？益州地势险要，沃土千里，世称天府之国，汉高祖依靠它而完成了帝王大业。刘璋昏庸软弱，张鲁在北边，人口众多地方富饶却不知体恤爱惜，有智有能的人都想得到贤明的君主。将军既是王室的后代，又以诚信道义闻名四海，能聚集英雄，求贤若渴，如果一并占有荆州、益州，依靠这里的险要地势，西边与各少数民族议和，南边对各少数民族加以安抚，对外与孙权结交友好，对内修明政治；如若时势有变，就命令一位上将军率领荆州的军队向宛城、洛阳一带进发，将军亲自率领益州的人马出师秦川，老百姓谁敢不箪食壶浆来迎接将军呢？确实能这样的话，那么统一的大业便能成就，汉家王室可以再度兴盛。”刘备说：“说得好！”从此与诸葛亮情意相好日胜一日。关羽、张飞等人对此不高兴，刘备解释说：“我有了孔明，就像鱼儿有了水。希望各位不要再说了。”关羽、张飞这才不做声了。

刘表长子琦，亦深器亮。表受后妻之言，爱少子琮，不悦于琦。琦每欲与亮谋自安之术，亮辄拒塞，未与处画。琦乃将亮游观后园，共上高楼，饮宴之间，令人去梯，因谓亮曰：“今日上不至天，下不至地，言出子口，入于吾耳，可以言未？”亮答曰：“君不见申生在内而危，重耳在外而安乎？”琦

刘表的大儿子刘琦，也很器重诸葛亮。刘表听信后妻的话，喜爱小儿子刘琮，不喜欢刘琦，刘琦每次想与诸葛亮商量保全自己的办法，诸葛亮常常阻止不听，不与他一起谋划。刘琦于是带诸葛亮游玩观赏后花园，共登高楼，饮宴之间，派人拿走楼梯，趁机对诸葛亮说：“今天上不接天，下不着地，话从你的口说出，进入我的耳朵，可以说了吗？”诸葛亮回答说：“您不知道申生在朝廷内就危险，重耳在朝廷外就安全吗？”刘琦心里领悟，暗地里谋划外出的

意感悟，阴规出计。会黄祖死，得出，遂为江夏太守。俄而表卒，琮闻曹公来征，遣使请降。先主在樊闻之，率其众南行，亮与徐庶并从，为曹公所追破，获庶母。庶辞先主而指其心曰："本欲与将军共图王霸之业者，以此方寸之地也。今已失老母，方寸乱矣，无益于事，请从此别。"遂诣曹公。⑥

计策。正好黄祖死了，刘琦得到了外任的机会，便出外担任江夏太守。不久，刘表去世。刘琮听说曹公前来征讨，派人向曹公请求投降。刘备在樊城听到这件事，率领兵马向南退却，诸葛亮和徐庶一同跟随行军，被曹公追击打败，俘获了徐庶的母亲。徐庶向刘备告辞并指着自己的心说："本想与将军一起共图王霸大业，是凭着这方寸之地。现在已失去老母亲，心也乱了，对大业已无益处，请让我就此向您告别。"于是徐庶就到曹公那儿去了。

先主至于夏口，亮曰："事急矣，请奉命求救于孙将军。"时权拥军在柴桑，观望成败。亮说权曰："海内大乱，将军起兵据有江东，刘豫州亦收众汉南，与曹操并争天下。今操芟夷大难，略已平矣，遂破荆州，威震四海。英雄无所用武，故豫州遁逃至此。将军量力而处之：若能以吴、越之众与中国抗衡，不如早与之绝；若不能当，何不案兵束甲，北面而事之！今将军外托服从之名，而内怀犹豫之计，事急而不断，祸至无日矣！"权曰："苟如君言，刘豫州何不遂事之乎？"亮曰："田横，齐之壮士耳，犹守义不辱，况刘豫州王室之胄，英才盖世，众士慕仰，若水之归海，若事之不济，此乃天也，安能复为之下乎！"权勃然曰："吾不能举全吴之地，十万之众，受制于人。吾计决矣！非刘豫州莫可以当曹操者，然豫州新败之后，安能抗此难乎？"亮曰："豫州军虽败于长阪，今战

刘备到达夏口，诸葛亮说："时局很紧急了，请让我奉您的命令去向孙将军求救。"当时，孙权带领军队驻扎在柴桑，观望胜败。诸葛亮劝孙权说："国家大乱，将军起兵占据江东，刘备也在汉水之南收集部队，与曹操共争天下。现在曹操已消灭各路割据势力，中原大体已经平定，又趁势攻破荆州，威震四海。英雄已无用武之地，所以刘备退避到这里。请您衡量一下自己的力量来应付这种局势：如果能凭借吴、越的兵力与中原对抗，不如趁早与曹操断绝；如若不能抵挡，为什么不收起兵器铠甲，向曹操投降称臣呢？现在您表面上假托服从的名义，内心却迟疑不决，事情紧急而不决断，祸难临头没有几天了。"孙权说："假使情况像您所说的那样，刘备为什么不投降曹操呢？"诸葛亮说："田横只不过是齐国的一位壮士，尚且能坚守节义不肯投降受辱，何况刘备是皇族的后代，英才盖世，士人们仰慕他，就像水归大海一样，如果事情不能成功，这也是天意，怎能再做曹操的下属呢？"孙权勃然大怒，说："我不能拥有整个东吴的土地，拥有十万兵力，还要去受别人的控制。我的主意已经定了，除了刘备再没有人能抵挡曹操，不过刘备刚刚败下来，怎能挡得住这个危难呢？"诸葛亮说："刘备军队虽然在长阪吃了败

士还者及关羽水军精甲万人，刘琦合江夏战士亦不下万人。曹操之众，远来疲弊，闻追豫州，轻骑一日一夜行三百余里，此所谓‘强弩之末，势不能穿鲁缟’者也。故兵法忌之，曰‘必蹶上将军’。且北方之人，不习水战；又荆州之民附操者，偪兵势耳，非心服也。今将军诚能命猛将统兵数万，与豫州协规同力，破操军必矣。操军破，必北还，如此则荆、吴之势强，鼎足之形成矣。成败之机，在于今日。”权大悦，即遣周瑜、程普、鲁肃等水军三万，随亮诣先主，并力拒曹公。⑦曹公败于赤壁，引军归邺。先主遂收江南，以亮为军师中郎将，使督零陵、桂阳、长沙三郡，调其赋税，以充军实。⑧

仗，但现在失散归来的战士和关羽的水军总计还有精兵一万人。刘琦所属部队和在江夏的兵士也不下一万人。曹操的军队，经过远道行军作战，已经十分疲乏，听说他们追击刘备，轻骑兵一天一夜要赶三百多里，这就是所谓‘强弩之末，势不能穿鲁缟’。所以兵法上禁忌这种做法，认为这将‘必然挫败上将军’。况且北方兵士，不习惯水战，加上荆州的民众依附曹操，是被兵势所逼罢了，并非心服。现在您如果能命令猛将统兵数万，与刘备同心协力，打败曹军是可以肯定的了。曹操军队战败后，必定要回北方。这样，荆州和东吴的势力增强，鼎足三分的局面就形成了。成功与失败的关键，就在于今天。”孙权很高兴，立即派遣周瑜、程普、鲁肃等人领水军三万，跟随诸葛亮到刘备处，共同抗拒曹公。曹公在赤壁战败，率领军队返回邺县。刘备收复了江南，让诸葛亮担任军师中郎将，派他统管零陵、桂阳、长沙三郡，调拨那里的赋税，以供应军队费用。

建安十六年，益州牧刘璋遣法正迎先主，使击张鲁。亮与关羽镇荆州。先主自葭萌还攻璋，亮与张飞、赵云等率众溯江，分定郡县，与先主共围成都。成都平，以亮为军师将军，署左将军府事。先主外出，亮常镇守成都，足食足兵。二十六年，群下劝先主称尊号，先主未许，亮说曰：“昔吴汉、耿弇等初劝世祖即帝位，世祖辞让，前后数四，耿纯进言曰：‘天下英雄喁喁，冀有所望。如不从议者，士大夫各归求主，无为从公也。’世祖感纯言深至，遂然诺之。今曹氏篡汉，天

建安十六年，益州牧刘璋派法正去迎接刘备，让刘备攻打张鲁。诸葛亮和关羽镇守荆州。刘备从葭萌回兵攻打刘璋，诸葛亮与张飞、赵云等人率兵溯长江而上，分头平定各郡县，与刘备一起包围了成都。成都平定后，刘备任诸葛亮为军师将军，兼管左将军府中事。刘备外出，诸葛亮常镇守成都，备足粮草和兵员。建安二十六年，众臣劝刘备称帝，刘备不答应，诸葛亮劝他说：“以前吴汉、耿弇等人劝世祖即位，世祖推辞，前后数次，耿纯向世祖进言说：‘天下英雄如喁喁之鱼景仰你，是希望有所依靠。如果不听从大家的建议，士大夫们各自回去另求其主，便没有办法再跟从您了。’世祖深感耿纯的话恳切深刻，就答应了。现在曹操篡夺汉室，天下无主，

下无主,大王刘氏苗族,绍世而起,今即帝位,乃其宜也。士大夫随大王久勤苦者,亦欲望尺寸之功如纯言耳。"先主于是即帝位,策亮为丞相曰:"朕遭家不造,奉承大统,兢兢业业,不敢康宁,思靖百姓,惧未能绥。於戏!丞相亮其悉朕意,无怠辅朕之阙,助宣重光,以照明天下,君其勖哉!"亮以丞相录尚书事,假节。张飞卒后,领司隶校尉。⑨

大王您是刘氏后裔,继世而起,现在登基即位,是很适当的。士大夫跟随大王长期辛勤劳苦,也如耿纯所说的想建立一点功勋。"刘备于是登了帝位,封诸葛亮为丞相,说:"我遇上家室不幸,继承帝位,兢兢业业,不敢安居,想让百姓平安,恐怕不能使他们安宁。唉!丞相诸葛亮是知道我的全部心意的人,你辅佐我不要懈怠,要补救我的过失,帮助我重新昭示汉室的光辉,用以普照天下。你要好好努力啊!"诸葛亮以丞相之职兼录尚书事,被授予符节。张飞去世后,又兼任司隶校尉。

章武三年春,先主于永安病笃,召亮于成都,属以后事,谓亮曰:"君才十倍曹丕,必能安国,终定大事。若嗣子可辅,辅之;如其不才,君可自取。"亮涕泣曰:"臣敢竭股肱之力,效忠贞之节,继之以死!"先主又为诏敕后主曰:"汝与丞相从事,事之如父。"⑩建兴元年,封亮武乡侯,开府治事。顷之,又领益州牧。政事无巨细,咸决于亮。南中诸郡,并皆叛乱,亮以新遭大丧,故未便加兵,且遣使聘吴,因结和亲,遂为与国。⑪

章武三年春天,刘备在永安病重,把诸葛亮从成都召来,将后事托付给他,对诸葛亮说:"您的才能比曹丕强十倍,一定能安邦定国,最后成就大业。如果我的儿子能够辅佐,就辅佐他;如若他没有才能,您可以自己取代他。"诸葛亮哭泣着说:"臣怎敢不尽股肱之力,贡献出我忠诚坚贞的节操,直到死亡之日!"刘备又写下诏书告诫刘禅说:"你和丞相共事,要像侍奉父亲一样侍奉他。"建兴元年,刘禅封诸葛亮为武乡侯,诸葛亮建立府署处理政事。不久,又兼任益州牧。蜀国政事不分大小,全由诸葛亮决断。这时南中各郡,都发生叛乱,诸葛亮因刘备刚刚去世,不便用兵,暂且派遣使者访问吴国,建立和善的关系,与东吴结成友好的国家。

三年春,亮率众南征,⑫其秋悉平。军资所出,国以富饶,⑬乃治戎讲武,以俟大举。五年,率诸军北驻汉中,临发,上疏曰:

建兴三年春天,诸葛亮率兵南征,这年秋天便全部平定了南中地区。军需物资全由南中供给,国家因而富饶起来,于是便整治军队,进行训练,以等待进行大的举动。建兴五年,诸葛亮率领各路军队北上进驻汉中。临行之际,给后主上奏章说:

先帝创业未半而中道崩殂,今天下三分,益州疲弊,此诚危急存亡之秋也。然侍卫之臣不懈于内,忠志之士忘身于

先帝开创事业还没有成就一半便在中途辞世了,现在天下三分,益州国力困乏,这确实是到了危急存亡的关头了。但是侍卫的臣子在朝廷内并不懈怠,忠诚志士在外舍生忘死,都是因为追念先帝的

外者，盖追先帝之殊遇，欲报之于陛下也。诚宜开张圣听，以光先帝遗德，恢弘志士之气，不宜妄自菲薄，引喻失义，以塞忠谏之路也。宫中府中俱为一体，陟罚臧否，不宜异同。若有作奸犯科及为忠善者，宜付有司论其刑赏，以昭陛下平明之理，不宜偏私，使内外异法也。侍中、侍郎郭攸之、费祎、董允等，此皆良实，志虑忠纯，是以先帝简拔以遗陛下。愚以为宫中之事，事无大小，悉以咨之，然后施行，必能裨补阙漏，有所广益。将军向宠，性行淑均，晓畅军事，试用于昔日，先帝称之曰能，是以众议举宠为督。愚以为营中之事，悉以咨之，必能使行陈和睦，优劣得所。亲贤臣，远小人，此先汉所以兴隆也；亲小人，远贤臣，此后汉所以倾颓也。先帝在时，每与臣论此事，未尝不叹息痛恨于桓、灵也。侍中、尚书、长史、参军，此悉贞良死节之臣，愿陛下亲之信之，则汉室之隆，可计日而待也。

特殊恩遇，想报答陛下。您确实应该广开言路听取群臣的意见，发扬光大先帝的遗德，振奋志士的气概，不应当随便轻视自己，说话办事有所失当，因而堵塞忠诚谏议的道路。皇帝的宫中和丞相官府都应一视同仁，提拔、处罚、表扬、批评不应当有所不同。倘有干坏事违犯法令的人和忠诚善良的人，都应当交给官吏来评定对他们的惩罚或奖赏，以显示陛下治道的公平明察，您不该有褊狭私心，使宫内府外有不同的法律。侍中、侍郎郭攸之、费祎、董允等人都贤良诚实，志向思虑忠正纯一，所以先帝选拔出来留为陛下辅佐。愚意以为宫里的事情，不论大小，都征求他们的意见，然后再施行，一定能够补短塞漏，得到很大的益处。将军向宠，性格品行善良平和，通晓军务大事，以前试用时，先帝称赞他能干，所以大家推举他做中部督。愚意以为军中之事，都向他征求意见，必定能够使得部队和睦，使才能高和才能低的人都得到合理的安排。亲近贤人，疏远小人，这是先汉能够兴旺隆盛的原因；亲近小人，远离贤臣，这是后汉倾覆衰败的原因。先帝在世时，每次与我议论起这些事，没有不对桓帝、灵帝深怀痛恨和遗憾的。侍中郭攸之、费祎、尚书陈震、长史张裔、参军蒋琬，都是忠诚坚贞能以死报国的臣子，希望陛下亲近他们信任他们，这样汉朝的兴盛，就可计日而待了。

臣本布衣，躬耕于南阳，苟全性命于乱世，不求闻达于诸侯。先帝不以臣卑鄙，猥自枉屈，三顾臣于草庐之中，谘臣以当世之事，由是感激，遂许先帝以驱驰。后值倾覆，受任于败军之际，奉命于危难之间，尔来二十有一年矣。⑭先帝

臣本是一个平民百姓，在南阳亲自耕种，只想在乱世中苟且保全性命，不希望在诸侯中扬名显达。先帝不因为臣低微鄙陋，有辱他亲自枉驾屈就，三次到草庐中拜访臣，询问臣当今天下的事情，因此臣感到奋发，许身报答为先帝奔走。后来遇上先帝战败，臣在兵败之际接受重任，于危难之时接受使命。从那以来已是二十一年了啊！先帝知道臣谨

知臣谨慎，故临崩寄臣以大事也。受命以来，夙夜忧叹，恐托付不效，以伤先帝之明，故五月渡泸，深入不毛。⑮今南方已定，兵甲已足，当奖率三军，北定中原，庶竭驽钝，攘除奸凶，兴复汉室，还于旧都。此臣所以报先帝，而忠陛下之职分也。

慎，故在临死时将大事托付给臣。臣接受使命以来，朝夕忧虑叹息，唯恐所托之事没有效果，毁坏了先帝的明察。所以臣于五月间渡过泸水，深入不毛之地。现在南方已经平定，兵力武器已经备足，应当勉励和率领三军，挥戈北上平定中原，或许能尽我驽钝平庸的能力，扫除奸凶邪恶，兴复汉朝，回到原来的都城。这是我报答先帝，忠于陛下的职分。

至于斟酌损益，进尽忠言，则攸之、祎、允之任也。愿陛下托臣以讨贼兴复之效；不效，则治臣之罪，以告先帝之灵。若无兴德之言，则责攸之、祎、允等之慢，以彰其咎。陛下亦宜自谋，以谘诹善道，察纳雅言，深追先帝遗诏。臣不胜受恩感激。今当远离，临表涕零，不知所言。遂行，屯于沔阳。⑯

至于对政事的斟酌取舍增减得失，进言尽忠，那是郭攸之、费祎、董允的责任。希望陛下交托给臣以讨伐奸贼兴复汉室的重任；如果没有成就，就治我的罪，以告慰先帝的英灵。倘若没有兴扬德政的进言，那就责备郭攸之、费祎、董允等人的懈怠，公开谴责他们的过失。陛下也应该自己多谋划，询问求教选择那些善良的意见，审察并采纳那些纯正的言论，深深追念先帝的遗诏。臣禁不住因蒙受深恩而感动奋发。现在就要远离陛下，臣一边草写奏章一边泪落涕零，不知应当说些什么。于是便启程，进驻沔阳。

六年春，扬声由斜谷道取郿，使赵云、邓芝为疑军，据箕谷，魏大将军曹真举众拒之。亮身率诸军攻祁山，戎陈整齐，赏罚肃而号令明，南安、天水、安定三郡叛魏应亮，关中响震。⑰魏明帝西镇长安，命张郃拒亮，亮使马谡督诸军在前，与郃战于街亭。谡违亮节度，举动失宜，大为郃所破。亮拔西县千余家，还于汉中，⑱戮谡以谢众。上疏曰："臣以弱才，叨窃非据，亲秉旄钺以厉三军，不能训章明法，临事而惧，至有街亭违命之阙，箕谷不戒之失，咎皆在臣授任无

建兴六年春天，诸葛亮虚张声势要从斜谷道攻取郿县，派赵云、邓芝出兵疑惑敌人，占据箕谷，魏国大将军曹真率领人马抵抗。诸葛亮则亲自率领各路军马进攻祁山，军阵整齐，赏罚严格，号令严明，南安、天水、安定三郡都背叛魏国接应诸葛亮，关中地区震惊响应。魏明帝在西边坐镇长安，命令张郃抗击诸葛亮，诸葛亮派马谡统领各路军马在前面，与张郃交战于街亭。马谡违背诸葛亮的部署，行动失当，被张郃打得大败。诸葛亮带了西县一千多户百姓，回到汉中，杀了马谡以向众人谢罪。接着又给后主上奏章说："我以愚弱之才，有辱于我所占据的不应占据的职位，亲自职掌大权以激励各路军队，不能训导法规严明法纪，不能遇事心存戒慎，以至于有在街亭违背命令这样的失误，在箕谷不能严守戒备这样的过失，罪责都在于我任人没有固定的法

方。臣明不知人，恤事多闇，《春秋》责帅，臣职是当。请自贬三等，以督厥咎。”于是以亮为右将军，行丞相事，所总统如前。⑲

度。我明白我不能知人善任，考虑事情也多不明智，根据《春秋》之义兵败应由将帅负责，我应该担当这个责任。请允许我自贬三级，以追究我的那些过错。”于是任诸葛亮为右将军，代理丞相职事，所总管统领之事和以前一样。

冬，亮复出散关，围陈仓，曹真拒之，亮粮尽而还。魏将王双率骑追亮，亮与战，破之，斩双。七年，亮遣陈式攻武都、阴平。魏雍州刺史郭淮率众欲击式，亮自出至建威，淮退还，遂平二郡。诏策亮曰：“街亭之役，咎由马谡，而君引愆，深自贬抑，重违君意，听顺所守。前年耀师，馘斩王双；今岁爰征，郭淮遁走；降集氐、羌，兴复二郡，威镇凶暴，功勋显然。方今天下骚扰，元恶未枭，君受大任，干国之重，而久自挹损，非所以光扬洪烈矣。今复君丞相，君其勿辞。”⑳

这年冬天，诸葛亮再次出兵散关，围攻陈仓，曹真出兵抗击，诸葛亮因粮草用尽只得还师。魏国将领王双率领骑兵追击诸葛亮，诸葛亮与他交战，打败了他，斩杀了王双。建兴七年，诸葛亮派遣陈式攻打武都郡、阴平郡。魏国雍州刺史郭淮率领兵马准备攻击陈式，诸葛亮亲自出兵到建威城，郭淮退兵回师，于是平定了武都、阴平两郡。后主下诏给诸葛亮说：“街亭之战，错误在马谡，而先生自引为过失，深深贬责自己，我难以违背先生的意思，听从了先生的请求。上一年先生出师扬威，斩了王双；今年出征，郭淮逃跑；降服了氐族、西羌，恢复了武都、阴平两郡，威风震慑凶顽恶暴，功勋显赫。现在天下骚乱不安，首恶还没有诛杀，先生接受重大的使命，担负着国家的重任，贬抑自己时间太久，这不是发扬光大宏伟事业的做法。现在，特恢复您的丞相职位，先生一定不要推辞。”

九年，亮复出祁山，以木牛运，㉑粮尽退军，与魏将张郃交战，射杀郃。㉒十二年春，亮悉大众由斜谷出，以流马运，据武功五丈原，与司马宣王对于渭南。亮每患粮不继，使己志不申，是以分兵屯田，为久驻之基。耕者杂于渭滨居民之间，而百姓安堵，军无私焉。㉓相持百余日。其年八月，亮疾病，卒于军，时年五十四。㉔及军退，宣王案行其营垒处所，曰：“天下奇才也！”㉕

建兴九年，诸葛亮再一次出兵祁山，用木牛运载军需物资，因粮草用完退兵。与魏将张郃交战时，射杀了张郃。建兴十二年春，诸葛亮率领全部人马经斜谷道出兵，用流马运载军需物资，占据了武功县的五丈原，与司马宣王对峙于渭水南岸。诸葛亮忧虑每次出兵都因粮草供应不上，使自己的抱负不得施展，因此分兵垦种，打好长期驻扎的基础。耕种的兵士夹杂在渭水河畔的居民中间，而老百姓却安居如有垣墙，军队将士并无任何私产。两军相持了一百多天。这一年八月，诸葛亮病重，在军营中去世，时年五十四岁。等到诸葛亮军队撤走后，司马宣王巡视诸葛亮的营垒住处，赞叹说：“诸葛亮真是天下奇才啊！”

亮遗命葬汉中定军山，因山为坟，冢足容棺，敛以时服，

诸葛亮留下遗言，死后葬在汉中郡的定军山，依山造坟，坟墓只要能容纳棺材，用当时季节所穿

不须器物。诏策曰:"惟君体资文武,明睿笃诚,受遗托孤,匡辅朕躬,继绝兴微,志存靖乱;爰整六师,无岁不征,神武赫然,威镇八荒,将建殊功于季汉,参伊、周之巨勋。如何不吊,事临垂克,遘疾陨丧!朕用伤悼,肝心若裂。夫崇德序功,纪行命谥,所以光昭将来,刊载不朽。今使使持节左中郎将杜琼,赠君丞相武乡侯印绶,谥君为忠武侯。魂而有灵,嘉兹宠荣。呜呼哀哉!呜呼哀哉!"

的衣服进行装殓,不必用其他器物。后主的诏策说:"只有先生天赋能文能武,聪明智慧忠贞诚信,接受先父托孤的遗命,辅佐我执政,继承濒临灭亡的朝廷,振兴微弱的基业,立志平定乱世;整治军队,没有哪年不出征,神勇威武显赫,雄威慑镇八方荒远之地,在汉朝末年建立了特殊的功勋,可与伊尹、周公的巨大功勋鼎立而三。为何如此不祥,在事业接近成功之际,却染病身亡!我哀伤痛悼,心肝摧裂。我推崇您的恩德彰扬您的功业,记下您的功绩,封给您谥号,这都是为了昭示后代,名载青史使之不朽。现在派持节使左中郎将杜琼,赠您以丞相武乡侯印绶,赐您谥号为忠武侯。您的魂魄如若有灵,定会喜欢如此殊荣。呜呼哀哉!呜呼哀哉!"

初,亮自表后主曰:"成都有桑八百株,薄田十五顷,子弟衣食,自有余饶。至于臣在外任,无别调度,随身衣食,悉仰于官,不别治生,以长尺寸。若臣死之日,不使内有余帛,外有赢财,以负陛下。"及卒,如其所言。

当初,诸葛亮上表给后主说:"我在成都有桑树八百株,有贫瘠的田地十五顷,子弟的衣服食用,完全丰足有余。至于我在外任职,没有别的安排,随身的衣食,全部仰仗于朝廷,没有另外经营产业,用来增补半点收入。在我死的那一天,不让家里有剩余的布帛,外面有盈余的财物,以免辜负了陛下。"他死后,他家的情况果真像他所说的那样。

亮性长于巧思,损益连弩,木牛流马,皆出其意;推演兵法,作八陈图,咸得其要云。[26]亮言教书奏多可观,别为一集。

诸葛亮生性擅长于巧思,改造可以连发数箭的弓,制作木牛流马,都是出自他的主意;他推究演习兵法,作八阵图,都能得其要领。诸葛亮的言论教诲、书文奏章大多可观,总为一集。

景耀六年春,诏为亮立庙于沔阳。[27]秋,魏镇西将军钟会征蜀,至汉川,祭亮之庙,令军士不得于亮墓所左右刍牧樵采。亮弟均,官至长水校尉。亮子瞻,嗣爵。[28]

景耀六年春天,后主下诏为诸葛亮在沔阳建立祠庙。秋天,魏国镇西将军钟会征伐蜀汉,到达汉川时,祭祀诸葛亮的祠庙,命令军士不得在诸葛亮墓的周围割草放牧砍柴采摘。诸葛亮的弟弟诸葛均,官至长水校尉。诸葛亮的儿子诸葛瞻,继承了爵位。

诸葛氏集目录

开府作牧第一

权制第二

诸葛氏集目录

开府作牧第一

权制第二

南征第三
北出第四
计算第五
训厉第六
综核上第七
综核下第八
杂言上第九
杂言下第十
贵和第十一
兵要第十二
传运第十三
与孙权书第十四
与诸葛瑾书第十五
与孟达书第十六
废李平第十七
法检上第十八
法检下第十九
科令上第二十
科令下第二十一
军令上第二十二
军令中第二十三
军令下第二十四

右二十四篇，凡十万四千一百一十二字。

南征第三
北出第四
计算第五
训厉第六
综核上第七
综核下第八
杂言上第九
杂言下第十
贵和第十一
兵要第十二
传运第十三
与孙权书第十四
与诸葛瑾书第十五
与孟达书第十六
废李平第十七
法检上第十八
法检下第十九
科令上第二十
科令下第二十一
军令上第二十二
军令中第二十三
军令下第二十四

以上二十四篇，总共十万四千一百一十二字。

臣寿等言：臣前在著作郎，侍中领中书监济北侯臣荀勖、中书令关内侯臣和峤奏，使臣定故蜀丞相诸葛亮故事。亮毗佐危国，负阻不宾，然犹存录其言，耻善有遗，诚是大晋光明至德，泽被无疆，自古以来，未之有伦也。辄删除复重，随类相从，凡为二十四篇，篇名如右。

臣下陈寿等人说：臣从前任著作郎时，侍中兼任中书监职的济北侯荀勖、中书令关内侯和峤上奏朝廷批准，让臣下订正已故蜀国丞相诸葛亮的旧事。诸葛亮辅佐危亡之国，凭借险阻而不归服，然而还是要记录保存他的言论，唯恐善言有所遗漏，这确实是大晋王朝的光明至德，恩泽覆盖天下，自古以来，没有与这同类的事。于是删除重复的，按类分别，共为二十四篇，篇名如上。

亮少有逸群之才，英霸之器，身长八尺，容貌甚伟，时人

诸葛亮年少时就有超群的才能，有英武宏伟的器识，身高八尺，相貌十分魁伟，当时人都认为他是

异焉。遭汉末扰乱，随叔父玄避难荆州，躬耕于野，不求闻达。时左将军刘备以亮有殊量，乃三顾亮于草庐之中；亮深谓备雄姿杰出，遂解带写诚，厚相结纳。及魏武帝南征荆州，刘琮举州委质，而备失势众寡，无立锥之地。亮时年二十七，乃建奇策，身使孙权，求援吴会。权既宿服仰备，又睹亮奇雅，甚敬重之，即遣兵三万人以助备。备得用与武帝交战，大破其军，乘胜克捷，江南悉平。后备又西取益州。益州既定，以亮为军师将军。备称尊号，拜亮为丞相，录尚书事。及备殂没，嗣子幼弱，事无巨细，亮皆专之。于是外连东吴，内平南越，立法施度，整理戎旅，工械技巧，物究其极，科教严明，赏罚必信，无恶不惩，无善不显，至于吏不容奸，人怀自厉，道不拾遗，强不侵弱，风化肃然也。

一个异人。他碰上汉朝末年骚扰动乱的时局，跟随叔父诸葛玄避难到荆州，亲身在田野上耕种，不求闻名显达。当时左将军刘备认为诸葛亮有特殊的才识，三次到茅草屋中拜访诸葛亮；诸葛亮也深知刘备英雄气概杰出不凡，于是出山竭诚投效，与刘备结下深厚的情意。到魏武帝南征荆州时，刘琮率领整个荆州军民投降，刘备正处劣势，兵马又少，没有了立足之地。诸葛亮当时二十七岁，就制定了不凡的策略，亲自出使孙权，来到吴地求援。孙权早就佩服敬仰刘备，又看到诸葛亮有奇才雅识，非常敬重他，立即派兵三万人援助刘备。刘备得以与魏武帝交战，大败魏武帝的军队，并乘胜攻克多处，江南地区全部平定。后来刘备又向西攻取益州。益州平定以后，任命诸葛亮为军师将军。刘备登基称帝，拜诸葛亮为丞相，录尚书事。刘备去世后，继位的儿子年幼弱小，事情不分大小，都由诸葛亮决断。于是诸葛亮对外与东吴结好，对内平定了南中地区，建立法规施行各种制度，整顿治理军队，制作工具器械十分巧妙，推寻事物原理，法令规制严明，奖赏处罚讲求信用，没有邪恶不遭受惩罚的，没有美善不受表彰的，以至当官的人都容不得奸诈作伪，人人自我振奋，道不拾遗，强不欺弱，风俗教化肃然。

当此之时，亮之素志，进欲龙骧虎视，苞括四海，退欲跨陵边疆，震荡宇内。又自以为无身之日，则未有能蹈涉中原、抗衡上国者，是以用兵不戢，屡耀其武。然亮才，于治戎为长，奇谋为短，理民之干，优于将略。而所与对敌，或值人杰，加众寡不侔，攻守异体，故虽连年动众，未能有克。昔萧何荐韩信，管仲举王子城父，皆忖己之长，未能兼有故也。

在那个时候，诸葛亮向来的抱负，是进则企望龙骧虎视，统治中原，退也想跨越边疆，震荡天下。他又担心到死的那一天，还不能够进军中原，与强国抗衡，因而用兵不止，多次炫耀他的武力。然而诸葛亮的才能，在带兵打仗方面是他的长处，而在出奇制胜方面却是他的短处，治理国家的才干，比他带兵作战的谋略强。而与他作对的敌人，有的正好是人中豪杰，加上兵力的多少悬殊，进攻与防守的情况不同，所以他虽然连年兴师动众，总不能克敌取胜。过去萧何推荐韩信，管仲力举王子城父，都是他们揣度自己的长处，不能兼有各种才能的缘故。

亮之器能政理，抑亦管、萧之亚匹也，而时之名将无城父、韩信，故使功业陵迟，大义不及邪？盖天命有归，不可以智力争也。

诸葛亮的才能和为政之道，虽然也与管仲、萧何同类，但是当时的名将没有城父、韩信这样的人，所以使得功业衰微，这难道是大义不及吗？只是因为天命有一定的归宿，不能用智慧和力量去争取啊。

青龙二年春，亮帅众出武功，分兵屯田，为久驻之基。其秋病卒，黎庶追思，以为口实。至今梁、益之民，咨述亮者，言犹在耳，虽《甘棠》之咏召公，郑人之歌子产，无以远譬也。孟轲有云："以逸道使民，虽劳不怨；以生道杀人，虽死不忿。"信矣！论者或怪亮文彩不艳，而过于丁宁周至。臣愚以为咎繇大贤也，周公圣人也，考之《尚书》，咎繇之谟略而雅，周公之诰烦而悉。何则？咎繇与舜、禹共谈，周公与群下矢誓故也。亮所与言，尽众人凡士，故其文指不得及远也。然其声教遗言，皆经事综物，公诚之心，形于文墨，足以知其人之意理，而有补于当世。

青龙二年春天，诸葛亮率领军队出兵武功，分兵开垦种田，打好长期驻军的基础。这年秋天他就病逝，老百姓追想怀念他，到处流传着他的故事。直到现在梁州、益州地方的百姓，赞叹追忆诸葛亮的话，还到处可以听到，即使是《甘棠》歌颂召公、郑国人赞扬子产，也无法与之相比。孟轲曾说："用安民之道使用民力，民众虽然劳苦也无怨言；用保民之道去处死罪犯，罪犯虽死而无怨恨。"确实是这样啊！有些议论者责怪诸葛亮文辞不华美，而且过于叮咛烦琐。愚意以为咎繇是大贤人，周公是圣人，考察《尚书》，咎繇的谋略之言简略雅正，周公的训语多而全面。为什么是这样呢？这是咎繇与舜、禹一起商谈，周公是与他的部属臣民用誓言进行约束的缘故。与诸葛亮谈话的人，都是民众和一般的人，所以他的文辞不能讲得深微难懂。然而他的教诲遗言，都是对国家大事和百姓民情的策划思虑，他公正诚实的心迹都表现在文章中，足以借此了解他这个人的思想见解，对于现在也是有裨益的。

伏惟陛下迈踪古圣，荡然无忌，故虽敌国诽谤之言，咸肆其辞而无所革讳，所以明大通之道也。谨录写上诣著作。臣寿诚惶诚恐，顿首顿首，死罪死罪。泰始十年二月一日癸巳，平阳侯相臣陈寿上。

我想只有陛下追步古代圣人足迹，胸怀坦荡而无所忌讳，因此虽然是敌对之国的诽谤之言，都全部收集录存而不加修饰的隐讳，这是表明了宽宏通达的政治局面啊。我们恭谨地写了这些上呈到著作机构。臣下陈寿诚惶诚恐，顿首顿首，死罪死罪。泰始十年二月一日癸巳，平阳侯相陈寿上。

乔字伯松，亮兄瑾之第二子也，本字仲慎。与兄元逊俱有名于时，论者以为乔才不及兄，而性业过之。初，亮未有子，求乔为嗣，瑾启孙权遣乔

诸葛乔字伯松，是诸葛亮的哥哥诸葛瑾的第二个儿子，本字仲慎。与他的哥哥诸葛元逊在当时都有些名气，议论者都认为诸葛乔的才能不如他的哥哥，但性情品德比他哥哥好。当初，诸葛亮没有儿子，要求把诸葛乔过继给他，诸葛瑾报告孙权后，送

来西，亮以乔为己適子，故易其字焉。拜为驸马都尉，随亮至汉中。[29]年二十五，建兴六年卒。[30]子攀，官至行护军翊武将军，亦早卒。诸葛恪见诛于吴，子孙皆尽，而亮自有胄裔，故攀还复为瑾后。

诸葛乔从东吴来到了西蜀。诸葛亮把诸葛乔看做自己的嫡子，因此改了他的字。蜀国任命他为驸马都尉，跟随诸葛亮到了汉中郡。年龄二十五，建兴六年去世。诸葛乔的儿子诸葛攀，官至代理护军、翊武将军，也早逝。诸葛恪在吴国被杀，他的子孙都没有了，而诸葛亮后来自己有了儿子，所以诸葛攀仍然还为诸葛瑾的后代。

瞻字思远。建兴十二年，亮出武功，与兄瑾书曰："瞻今已八岁，聪慧可爱，嫌其早成，恐不为重器耳。"年十七，尚公主，拜骑都尉。其明年为羽林中郎将，屡迁射声校尉、侍中、尚书仆射，加军师将军。瞻工书画，强识念，蜀人追思亮，咸爱其才敏。每朝廷有一善政佳事，虽非瞻所建倡，百姓皆传相告曰："葛侯之所为也。"是以美声溢誉，有过其实。景耀四年，为行都护卫将军，与辅国大将军南乡侯董厥并平尚书事。六年冬，魏征西将军邓艾伐蜀，自阴平由景谷道旁入。瞻督诸军至涪停住，前锋破，退还，住绵竹。艾遣书诱瞻曰："若降者必表为琅邪王。"瞻怒，斩艾使。遂战，大败，临陈死，时年三十七。众皆离散，艾长驱至成都。瞻长子尚，与瞻俱没。[31]次子京及攀子显等，咸熙元年内移河东。[32]

诸葛瞻，字思远。建兴十二年，诸葛亮出兵武功时，给他的哥哥诸葛瑾写信说："诸葛瞻现在已经八岁，聪慧可爱，但嫌他成熟得太早，恐怕不是能担当重任的人。"诸葛瞻十七岁时，娶公主为妻，被任命为骑都尉。第二年任羽林中郎将，接连提升为射声校尉、侍中、尚书仆射，加封军师将军。诸葛瞻擅长书法绘画，记忆力强，蜀地人怀念诸葛亮，都爱诸葛瞻的才气敏慧。每当朝廷有一桩好的政事，即使不是诸葛瞻所倡导创建的，老百姓也都互相传告说："这是葛侯做的。"因此美名到处传颂，有些言过其实。景耀四年，任代理都护、卫将军，与辅国大将军南乡侯董厥一同任平尚书事。景耀六年冬天，魏国征西将军邓艾攻打蜀国，从阴平经景谷道旁边进击。诸葛瞻督率各路军队到达涪县停下来，前锋被攻破，只得退兵，驻扎在绵竹县。邓艾送信诱劝诸葛瞻说："如果投降一定上表请封你为琅邪王。"诸葛瞻非常气愤，杀了邓艾的使者。于是与邓艾交战，被打得大败，在阵前战死，当时三十七岁。部众都逃离散失，邓艾长驱直入到达成都。诸葛瞻的儿子诸葛尚，和诸葛瞻一同战死。第二个儿子诸葛京以及诸葛攀的儿子诸葛显等人，在咸熙元年被迁徙到河东郡。

董厥者，丞相亮时为府令史，亮称之曰："董令史，良士也。吾每与之言，思慎宜适。"徙为主簿。亮卒后，稍迁至尚书仆射，代陈祗为尚书令，迁

董厥，在丞相诸葛亮时任府令史，诸葛亮称赞他说："董令史，是个优秀的人才。我每次与他交谈，他的思虑总是谨慎恰当。"调任他做主簿。诸葛亮死后，他逐渐被提升到尚书仆射，替代陈祗任尚书令，

大将军，平台事，而义阳樊建代焉。[33]延熙十四年，以校尉使吴，值孙权病笃，不自见建。权问诸葛恪曰："樊建何如宗豫也？"恪对曰："才识不及豫，而雅性过之。"后为侍中，守尚书令。自瞻、厥、建统事，姜维常征伐在外，宦人黄皓窃弄机柄，咸共将护，无能匡矫，[34]然建特不与皓和好往来。蜀破之明年春，厥、建俱诣京都，同为相国参军，其秋并兼散骑常侍，使蜀慰劳。[35]

升任辅国大将军，平台事，而后义阳人樊建接替了他的职务。延熙十四年，樊建以校尉之职出使吴国，正好遇上孙权病重，不能亲自接见樊建。孙权问诸葛恪说："樊建与宗豫相比怎么样？"诸葛恪回答说："才识不如宗豫，而德性的高雅却超过了宗豫。"后来樊建任侍中，代理尚书令。自从诸葛瞻、董厥、樊建主管政事，姜维常常在外面领兵征战，宦官黄皓窃弄权柄，大家都迁就庇护他，不能匡扶矫正，但是樊建独不与黄皓和好往来。蜀国被灭的第二年春天，董厥、樊建都来到京都，同任相国参军，这年秋天一起兼任散骑常侍，出使蜀地慰劳安抚官吏百姓。

评曰：诸葛亮之为相国也，抚百姓，示仪轨，约官职，从权制，开诚心，布公道；尽忠益时者虽仇必赏，犯法怠慢者虽亲必罚，服罪输情者虽重必释，游辞巧饰者虽轻必戮，善无微而不赏，恶无纤而不贬；庶事精练，物理其本，循名责实，虚伪不齿；终于邦域之内，咸畏而爱之，刑政虽峻而无怨者，以其用心平而劝戒明也。可谓识治之良才，管、萧之亚匹矣。然连年动众，未能成功，盖应变将略，非其所长欤！[36]

评论说：诸葛亮担任相国，安抚百姓，建立礼仪法度，简省官职，建立合乎时宜的制度，待人真诚，处事公道；对于尽力效忠有益于时局的人，即使是仇敌也一定加以奖赏，对于违犯法度懈怠轻慢的人，即使是亲友也必定给予惩罚，对于诚心认罪说出真情的人，即使罪重也一定开释，对于浮而不实、巧言掩饰的人，即使罪轻也定将杀戮；没有微小的好事不得到奖赏的，没有细小的坏事不受到贬责的；各种事情都处理得精到干练，万事万物都从根本上加以治理，按照名分来要求实际，痛恨虚伪的人；终于让整个国土之内的人们，都畏惧而又爱戴他，他的刑法政令虽然严厉，但没有怨恨他的人，因为他用心公平而又劝诫明晓。可以说诸葛亮是会治国理民的优秀人才，管仲、萧何一类的人物。然而连年兴兵，没有能成功，大概是应付时变用兵的谋略，不是他的长处吧！

---

①《献帝春秋》曰：初，豫章太守周术病卒，刘表上诸葛玄为豫章太守，治南昌。汉朝闻周术死，遣朱皓代玄。皓从扬州刺史刘繇求兵击玄，玄退屯西城，皓入南昌。建安二年正月，西城民反，杀玄，送首诣繇。此书所云，与本传不同。

②《汉晋春秋》曰：亮家于南阳之邓县，在襄阳城西二十里，号曰隆中。

③按《崔氏谱》：州平，太尉烈子，均之弟也。

《魏略》曰：亮在荆州，以建安初与颍川石广元、徐元直、汝南孟公威等俱游学，三人务于精熟，而亮独观其大略。每晨夜从容，常抱膝长啸，而谓三人曰："卿三人仕进可至刺史郡守也。"三人问其所至，亮但笑而不言。后公威思乡里，欲北归，亮谓之曰："中国饶士大夫，遨游何必故乡邪！"

臣松之以为《魏略》此言，谓诸葛亮为公威计者可也，若谓兼为己言，可谓未达其心矣。老氏称知人者智，自知者明，凡在贤达之流，固必兼而有焉。以诸葛亮之鉴识，岂不能自审其分乎？夫其高吟俟时，情见乎言，志气所存，既已定于其始矣。若使游步中华，骋其龙光，岂夫多士所能沈翳哉！委质魏氏，展其器能，诚非陈长文、司马仲达所能颉颃，而况于余哉！苟不患功业不就，道之不行，虽志恢宇宙而终不北向者，盖以权御已移，汉祚将倾，方将翊赞宗杰，以兴微继绝克复为己任故也。岂其区区利在边鄙而已乎！此相如所谓"鹍鹏已翔于辽廓，而罗者犹视于薮泽"者矣。公威名建，在魏亦贵达。

④《襄阳记》曰：刘备访世事于司马德操。德操曰："儒生俗士，岂识时务？识时务者在乎俊杰。此间自有伏龙、凤雏。"备问为谁，曰："诸葛孔明、庞士元也。"

⑤《魏略》曰：刘备屯于樊城。是时曹公方定河北，亮知荆州次当受敌，而刘表性缓，不晓军事。亮乃北行见备，备与亮非旧，又以其年少，以诸生意待之。坐集既毕，众宾皆去，而亮独留，备亦不问其所欲言。备性好结毦，时适有人以髦牛尾与备者，备因手自结之。亮乃进曰："明将军当复有远志，但结毦而已邪！"备知亮非常人也，乃投毦而答曰："是何言与！我聊以忘忧耳。"亮遂言曰："将军度刘镇南孰与曹公邪？"备曰："不及。"亮又曰："将军自度何如也？"备曰："亦不如。"曰："今皆不及，而将军之众不过数千人，以此待敌，得无非计乎！"备曰："我亦愁之，当若之何？"亮曰："今荆州非少人也，而著籍者寡，平居发调，则人心不悦；可语镇南，令国中凡有游户，皆使自实，因录以益众可也。"备从其计，故众遂强。备由此知亮有英略，乃以上客礼之。《九州春秋》所言亦如之。

臣松之以为亮表云"先帝不以臣卑鄙，猥自枉屈，三顾臣于草庐之中，谘臣以当世之事"，则非亮先诣备，明矣。虽闻见异辞，各生彼此，然乖背至是，亦良为可怪。

⑥《魏略》曰：庶先名福，本单家子，少好任侠击剑。中平末，尝为人报仇，白垩突面，被发而走，为吏所得，问其姓字，闭口不言。吏乃于车上立柱维磔之，击鼓以令于市鄽，莫敢识者，而其党伍共篡解之，得脱。于是感激，弃其刀戟，更疏巾单衣，折节学问。始诣精舍，诸生闻其前作贼，不肯与共止。福乃卑躬早起，常独扫除，动静先意，听习经业，义理精熟。遂与同郡石韬相亲爱。初平中，中州兵起，乃与韬南客荆州，到，又与诸葛亮特相善。及荆州内附，孔明与刘备相随去，福与韬俱来北。至黄初中，韬仕历郡守、典农校尉，福至右中郎将、御史中丞。逮大和中，诸葛亮出陇右，闻元直、广元仕财如此，叹曰："魏殊多士邪！何彼二人不见用乎？"庶后数年病卒，有碑在彭城，今犹存焉。

⑦《袁子》曰：张子布荐亮于孙权，亮不肯留。人问其故，曰："孙将军可谓人主，然观其度，能贤亮而不能尽亮，吾是以不留。"臣松之以为袁孝尼著文立论，甚重诸葛之为人，至如此言则失之殊远。观亮君臣相遇，可谓希世一时，终始之分，谁能间之？宁有中违断金，甫怀择主，设使权尽其量，便当翻然去就乎？葛生行己，岂其然哉！关羽为曹公所获，遇之甚厚，可谓能尽其用矣，犹义不背本，曾谓孔明之不若云长乎！

⑧《零陵先贤传》云：亮时住临烝。

⑨《蜀记》曰：晋初扶风王骏镇关中，司马高平刘宝、长史荥阳桓隰诸官属士大夫共论诸葛亮，于时谭者多讥亮托身非所，劳困蜀民，力小谋大，不能度德量力。金城郭冲以为亮权智英略，有逾管、晏，功业未济，论者惑焉，条亮五事隐没不闻于世者，宝等亦不能复难。扶风王慨然善冲之言。

臣松之以为亮之异美，诚所愿闻，然冲之所说，实皆可疑，谨随事难之如左：其一事曰：亮刑法峻急，刻剥百姓，自君子小人咸怀怨叹，法正谏曰："昔高祖入关，约法三章，秦民知德，今君假借威力，跨据一州，初有其国，未垂惠抚；且客主之义，宜相降下，愿缓刑弛禁，以慰其望。”亮答曰：“君知其一，未知其二。秦以无道，政苛民怨，匹夫大呼，天下土崩，高祖因之，可以弘济。刘璋暗弱，自焉已来有累世之恩，文法羁縻，互相承奉，德政不举，威刑不肃。蜀土人士，专权自恣，君臣之道，渐以陵替；宠之以位，位极则贱，顺之以恩，恩竭则慢。所以致弊，实由于此。吾今威之以法，法行则知恩，限之以爵，爵加则知荣；荣恩并济，上下有节。为治之要，于斯而著。”难曰：案法正在刘主前死，今称法正谏，则刘主在也。诸葛职为股肱，事归元首，刘主之世，亮又未领益州，庆赏刑政，不出于己。寻冲所述亮答，专自有其能，有违人臣自处之宜。以亮谦顺之体，殆必不然。又云亮刑法峻急，刻剥百姓，未闻善政以刻剥为称。其二事曰：曹公遣刺客见刘备，方得交接，开论伐魏形势，甚合备计。稍欲亲近，刺者尚未得便会，既而亮入，魏客神色失措。亮因而察之，亦知非常人。须臾，客如厕，备谓亮曰；“向得奇士，足以助君补益。”亮问所在，备曰：“起者其人也。”亮徐叹曰：“观客色动而神惧，视低而忤数，奸形外漏，邪心内藏，必曹氏刺客也。”追之，已越墙而走。难曰：凡为刺客，皆暴虎冯河，死而无悔者也。刘主有知人之鉴，而惑于此客，则此客必一时之奇士也。又语诸葛云“足以助君补益”，则亦诸葛之流亚也。凡如诸葛之俦，鲜有为人作刺客者矣，时主亦当惜其器用，必不投之死地也。且此人不死，要应显达为魏，竟是谁乎？何其寂蔑而无闻！

⑩孙盛曰：夫杖道扶义，体存信顺，然后能匡主济功，终定大业。语曰弈者举棋不定犹不胜其偶，况量君之才否而二三其节，可以摧服强邻囊括四海者乎？备之命亮，乱孰甚焉！世或有谓备欲以固委付之诚，且以一蜀人之志。君子曰，不然，苟所寄忠贤，则不须若斯之诲，如非其人，不宜启篡逆之涂。是以古之顾命，必贻话言；诡伪之辞，非托孤之谓。幸值刘禅暗弱，无猜险之性，诸葛威略，足以检卫异端，故使异同之心无由自起耳。不然，殆生疑隙不逞之衅。谓之为权，不亦惑哉！

⑪《亮集》曰：是岁，魏司徒华歆、司空王朗、尚书令陈群、太史令许芝、谒者仆射诸葛璋各有书与亮，陈天命人事，欲使举国称藩。亮遂不报书，作《正议》曰：“昔在项羽，起不由德，虽处华夏，秉帝者之势，卒就汤镬，为后永戒。魏不审鉴，今次之矣；免身为幸，戒在子孙。而二三子各以耆艾之齿，承伪指而进书，有若崇、竦称莽之功，亦将偪于元祸苟免者邪！昔世祖之创迹旧基，奋羸卒数千，摧莽强旅四十余万于昆阳之郊。夫据道讨淫，不在众寡。及至孟德，以其谲胜之力，举数十万之师，救张郃于阳平，势穷虑悔，仅能自脱，辱其锋锐之众，遂丧汉中之地，深知神器不可妄获，旋还未至，感毒而死。子桓淫逸，继之以篡。纵使二三子多逞苏、张诡靡之说，奉进驩兜滔天之辞，欲以诬毁唐帝，讽解禹、稷，所谓徒丧文藻烦劳翰墨者矣。夫大人君子之所不为也。又《军诫》曰：‘万人必死，横行天下。’昔轩辕氏整卒数万，制四方，定海内，况以数十万之众，据正道而临有罪，可得干拟者哉！”

⑫诏赐亮金鈇钺一具，曲盖一，前后羽葆鼓吹各一部，虎贲六十人。事在《亮集》。

⑬《汉晋春秋》曰：亮至南中，所在战捷。闻孟获者，为夷、汉所服，募生致之。既得，使观于营陈之间，问曰：“此军何如？”获对曰：“向者不知虚实，故败。今蒙赐观看营陈，若秖如此，即定易胜耳。”亮笑，纵使更战，七纵七禽，而亮犹遣获。获止不去，曰：“公，天威也，南人不复反矣。”遂至滇池。南中平，皆即其渠率而用之。或以谏亮，亮曰：“若留外人，则当留兵，兵留则无所食，一不易也；加夷新伤破，父兄死丧，留外人而无兵者，必成祸患，二不易也；又夷累有废杀之罪，自嫌衅重，若留外人，终不相信，三不易也；今吾欲使不留兵，不运粮，而纲纪粗定，夷、汉粗安故耳。”

⑭臣松之案：刘备以建安十三年败，遣亮使吴，亮以建兴五年抗表北伐，自倾覆至此整二十年。然则备始与亮相遇，在败军之前一年时也。

⑮《汉书地理志》曰：泸惟水出牂牁郡句町县。

⑯郭冲三事曰：亮屯于阳平，遣魏延诸军并兵东下，亮惟

留万人守城。晋宣帝率二十万众拒亮，而与延军错道，径至前，当亮六十里所，侦候白宣帝说亮在城中兵少力弱。亮亦知宣帝垂至，已与相偪，欲前赴延军，相去又远，回迹反追，势不相及，将士失色，莫知其计。亮意气自若，敕军中皆卧旗息鼓，不得妄出菴幔，又令大开四城门，埽地却洒。宣帝常谓亮持重，而猥见势弱，疑其有伏兵，于是引军北趣山。明日食时，亮谓参佐拊手大笑曰："司马懿必谓吾怯，将有强伏，循山走矣。"候逻还白，如亮所言。宣帝后知，深以为恨。难曰：案阳平在汉中。亮初屯阳平，宣帝尚为荆州都督，镇宛城，至曹真死后，始与亮于关中相抗御耳。魏尝遣宣帝自宛由西城伐蜀，值霖雨，不果。此之前后，无复有于阳平交兵事。就如冲言，宣帝既举二十万众，已知亮兵少力弱，若疑其有伏兵，正可设防持重，何至便走乎？案《魏延传》云："延每随亮出，辄欲请精兵万人，与亮异道会于潼关，亮制而不许；延常谓亮为怯，叹己才用之不尽也。"亮尚不以延为万人别统，岂得如冲言，顿使将重兵在前，而以轻弱自守乎？且冲与扶风王言，显彰宣帝之短，对子毁父，理所不容，而云"扶风王慨然善冲之言"，故知此书举引皆虚。

⑰《魏略》曰：始，国家以蜀中惟有刘备。备既死，数岁寂然无声，是以略无备预；而卒闻亮出，朝野恐惧，陇右、祁山尤甚，故三郡同时应亮。

⑱郭冲四事曰：亮出祁山，陇西、南安二郡应时降，围天水，拔冀城，虏姜维，驱略士女数千人还蜀。人皆贺亮，亮颜色愀然有戚容，谢曰："普天之下，莫非汉民，国家威力未举，使百姓困于豺狼之吻。一夫有死，皆亮之罪，以此相贺，能不为愧。"于是蜀人咸知亮有吞魏之志，非惟拓境而已。难曰：亮有吞魏之志久矣，不始于此众人方知也，且于时师出无成，伤缺而反者众，三郡归降而不能有。姜维，天水之匹夫耳，获之则于魏何损？拔西县千家，不补街亭所丧，以何为功，而蜀人相贺乎？

⑲《汉晋春秋》曰：或劝亮更发兵者，亮曰："大军在祁山、箕谷，皆多于贼，而不能破贼为贼所破者，则此病不在兵少也，在一人耳。今欲减兵省将，明罚思过，校变通之道于将来；若不能然者，虽兵多何益！自今已后，诸有忠虑于国，但勤攻吾之阙，则事可定，贼可死，功可跻足而待矣。"于是考微劳，甄烈壮，引咎责躬，布所失于天下，厉兵讲武，以为后图，戎士简练，民忘其败矣。亮闻孙权破曹休，魏兵东下，关中虚弱。十一月，上言曰："先帝虑汉、贼不两立，王业不偏安，故托臣以讨贼也。以先帝之明，量臣之才，故知臣伐贼才弱敌强也；然不伐贼，王业亦亡，惟坐待亡，孰与伐之？是故托臣而弗疑也。臣受命之日，寝不安席，食不甘味，思惟北征，宜先入南，故五月渡泸，深入不毛，并日而食。臣非不自惜也，顾王业不得偏全于蜀都，故冒危难以奉先帝之遗意也，而议者谓为非计。今贼适疲于西，又务于东，兵法乘劳，此进趋之时也。谨陈其事如左：高帝明并日月，谋臣渊深，然涉险被创，危然后安。今陛下未及高帝，谋臣不如良、平，而欲以长计取胜，坐定天下，此臣之未解一也。刘繇、王朗各据州郡，论安言计，动引圣人，群疑满腹，众难塞胸，今岁不战，明年不征，使孙策坐大，遂并江东，此臣之未解二也。曹操智计殊绝于人，其用兵也，髣髴孙、吴，然困于南阳，险于乌巢，危于祁连，偪于黎阳，几败北山，殆死潼关，然后伪定一时耳，况臣才弱，而欲以不危而定之，此臣之未解三也。曹操五攻昌霸不下，四越巢湖不成，任用李服而李服图之，委夏侯而夏侯败亡，先帝每称操为能，犹有此失，况臣驽下，何能必胜？此臣之未解四也。自臣到汉中，中间期年耳，然丧赵云、阳群、马玉、阎芝、丁立、白寿、刘郃、邓铜等及曲长屯将七十余人，突将无前，賨、叟、青羌、散骑、武骑一千余人，此皆数十年之内所纠合四方之精锐，非一州之所有，若复数年，则损三分之二也，当何以图敌？此臣之未解五也。今民穷兵疲，而事不可息，事不可息，则住与行劳费正等，而不及今图之，欲以一州之地与贼持久，此臣之未解六也。夫难平者，事也。昔先帝败军于楚，当此时，曹操拊手谓，天下以定。然后先帝东连吴、越，西取巴、蜀，举兵北征，夏侯授首，此操之失计而汉事将成也。然后吴更违盟，关羽毁败，秭归蹉跌，曹丕称帝。凡事如是，难可逆见。臣鞠躬尽力，死而后已，

至于成败利钝，非臣之明所能逆睹也。”于是有散关之役。此表，《亮集》所无，出张俨《默记》。

⑳《汉晋春秋》曰：是岁，孙权称尊号，其群臣以并尊二帝来告。议者咸以为交之无益，而名体弗顺，宜显明正义，绝其盟好。亮曰：“权有僭逆之心久矣，国家所以略其衅情者，求掎角之援也。今若加显绝，仇我必深，便当移兵东伐，与之角力，须并其土，乃议中原。彼贤才尚多，将相缉穆，未可一朝定也。顿兵相持，坐而须老，使北贼得计，非算之上者。昔孝文卑辞匈奴，先帝优与吴盟，皆应权通变，弘思远益，非匹夫之为忿者也。今议者咸以权利在鼎足，不能并力，且志望以满，无上岸之情，推此，皆似是而非也。何者？其智力不侔，故限江自保；权之不能越江，犹魏贼之不能渡汉，非力有余而利不取也。若大军致讨，彼高当分裂其地以为后规，下当略民广境，示武于内，非端坐者也。若就其不动而睦于我，我之北伐，无东顾之忧，河南之众不得尽西，此之为利，亦已深矣。权僭之罪，未宜明也。”乃遣卫尉陈震庆权正号。

㉑《汉晋春秋》曰：亮围祁山，招鲜卑轲比能，比能等至故北地石城以应亮。于是魏大司马曹真有疾，司马宣王自荆州入朝，魏明帝曰：“西方事重，非君莫可付者。”乃使西屯长安，督张郃、费曜、戴陵、郭淮等。宣王使曜、陵留精兵四千守上邽，余众悉出，西救祁山。郃欲分兵驻雍、郿，宣王曰：“料前军能独当之者，将军言是也；若不能当而分为前后，此楚之三军所以为黥布禽也。”遂进。亮分兵留攻，自逆宣王于上邽。郭淮、费曜等徼亮，亮破之，因大芟刈其麦，与宣王遇于上邽之东，敛兵依险，军不得交，亮引而还。宣王寻亮至于卤城。张郃曰：“彼远来逆我，请战不得，谓我利在不战，欲以长计制之也。且祁山知大军以在近，人情自固，可止屯于此，分为奇兵，示出其后，不宜进前而不敢偪，坐失民望也。今亮县军食少，亦行去矣。”宣王不从，故寻亮。既至，又登山掘营，不肯战。贾栩、魏平数请战，因曰：“公畏蜀如虎，奈天下笑何！”宣王病之。诸将咸请战。五月辛巳，乃使张郃攻无当监何平于南围，自案中道向亮。亮使魏延、高翔、吴班赴拒，大破之，获甲首三千级，玄铠五千领，角弩三千一百张，宣王还保营。

㉒郭冲五事曰：魏明帝自征蜀，幸长安，遣宣王督张郃诸军，雍、凉劲卒三十余万，潜军密进，规向剑阁。亮时在祁山，旌旗利器，守在险要，十二更下，在者八万。时魏军始陈，幡兵适交，参佐咸以贼众强盛，非力不制，宜权停下兵一月，以并声势。亮曰：“吾闻统武行师，以大信为本，得原失信，古人所惜；去者束装以待期，妻子鹤望而计日，虽临征难，义所不废。”皆催遣令去。于是去者感悦，愿留一战，住者愤踊，思致死命。相谓曰：“诸葛公之恩，死犹不报也。”临战之日，莫不拔刃争先，以一当十，杀张郃，却宣王，一战大克，此信之由也。难曰：臣松之案：亮前出祁山，魏明帝身至长安耳，此年不复自来。且亮大军在关、陇，魏人何由得越亮径向剑阁？亮既在战场，本无久住之规，而方休兵还蜀，皆非经通之言。孙盛、习凿齿搜求异同，罔有所遗，而并不载冲言，知其乖刺多矣。

㉓《汉晋春秋》曰：亮自至，数挑战。宣王亦表固请战。使卫尉辛毗持节以制之。姜维谓亮曰：“辛佐治仗节而到，贼不复出矣。”亮曰：“彼本无战情，所以固请战者，以示武于其众耳。将在军，君命有所不受，苟能制吾，岂千里而请战邪！”

《魏氏春秋》曰：亮使至，问其寝食及其事之烦简，不问戎事。使对曰：“诸葛公夙兴夜寐，罚二十以上，皆亲揽焉；所啖食不至数升。”宣王曰：“亮将死矣。”

㉔《魏书》曰：亮粮尽势穷，忧恚欧血，一夕烧营遁走，入谷，道发病卒。

《汉晋春秋》曰：亮卒于郭氏坞。

《晋阳秋》曰：有星赤而芒角，自东北西南流，投于亮营，三投再还，往大还小。俄而亮卒。

臣松之以为亮在渭滨，魏人蹑迹，胜负之形，未可测量，而云欧血，盖因亮自亡而自夸大也。夫以孔明之略，岂为仲达欧血乎？及至刘琨丧师，与晋元帝笺亦云“亮军败欧血”，此则引虚记以为言也。其云入谷而卒，缘蜀人入谷发丧故也。

㉕《汉晋春秋》曰：杨仪等整军而出，百姓奔告宣王，宣王追焉。姜维令仪反旗鸣鼓，若将向宣王者，宣王乃退，不敢逼。于是仪结阵而去，入谷然后发丧。宣王之退也，百姓为之谚曰："死诸葛走生仲达。"或以告宣王，宣王曰："吾能料生，不便料死也。"

㉖《魏氏春秋》曰：亮作八务、七戒、六恐、五惧，皆有条章，以训厉臣子。又损益连弩，谓之元戎，以铁为矢，矢长八寸，一弩十矢俱发。

《亮集》载作木牛流马法曰："木牛者，方腹曲头，一脚四足，头入领中，舌著于腹。载多而行少，宜可大用，不可小使；特行者数十里，群行者二十里也。曲者为牛头，双者为牛脚，横者为牛领，转者为牛足，覆者为牛背，方者为牛腹，垂者为牛舌，曲者为牛肋，刻者为牛齿，立者为牛角，细者为牛鞅，摄者为牛鞦轴。牛仰双辕，人行六尺，牛行四步。载一岁粮，日行二十里，而人不大劳。流马尺寸之数，肋长三尺五寸，广三寸，厚二寸二分，左右同。前轴孔分墨去头四寸，径中二寸。前脚孔分墨二寸，去前轴孔四寸五分，广一寸。前杠孔去前脚孔分墨二寸七分，孔长二寸，广一寸。后轴孔去前杠分墨一尺五分，大小与前同。后脚孔分墨去后轴孔三寸五分，大小与前同。后杠孔去后脚孔分墨二寸七分，后载克去后杠孔分墨四寸五分。前杠长一尺八寸，广二寸，厚一寸五分。后杠与等版方囊二枚，厚八分，长二尺七寸，高一尺六寸五分，广一尺六寸，每枚受米二斛三斗。从上杠孔去肋下七寸，前后同。上杠孔去下杠孔分墨一尺三寸，孔长一寸五分，广七分，八孔同。前后四脚，广二寸，厚一寸五分。形制如象，靬长四寸，径面四寸三分。孔径中三脚杠，长二尺一寸，广一寸五分，厚一寸四分，同杠耳。"

㉗《襄阳记》曰：亮初亡，所在各求为立庙，朝议以礼秩不听，百姓遂因时节私祭之于道陌上。言事者或以为可听立庙于成都者，后主不从。步兵校尉习隆、中书郎向充等共上表曰："臣闻周人怀召伯之德，甘棠为之不伐；越王思范蠡之功，铸金以存其像。自汉兴以来，小善小德而图形立庙者多矣。况亮德范遐迩，勋盖季世，王室之不坏，实斯人是赖，而蒸尝止于私门，庙像阙而莫立，使百姓巷祭，戎夷野祀，非所以存德念功，述追在昔者也。今若尽顺民心，则渎而无典，建之京师，又偪宗庙，此圣怀所以惟疑也。臣愚以为宜因近其墓，立之于沔阳，使所亲属以时赐祭，凡其臣故吏欲奉祠者，皆限至庙。断其私祀，以崇正礼。"于是始从之。

㉘《襄阳记》曰：黄承彦者，高爽开列，为沔南名士，谓诸葛孔明曰："闻君择妇；身有丑女，黄头黑色，而才堪相配。"孔明许，即载送之。时人以为笑乐，乡里为之谚曰："莫作孔明择妇，正得阿承丑女。"

㉙亮与兄瑾书曰："乔本当还成都，今诸将子弟皆得传运，思惟宜同荣辱。今使乔督五六百兵，与诸子弟传于谷中。"书在《亮集》。

㉚干宝曰：瞻虽智不足以扶危，勇不足以拒敌，而能外不负国，内不改父之志，忠孝存焉。

《华阳国志》曰：尚叹曰："父子荷国重恩，不早斩黄皓，以致倾败，用生何为！"乃驰赴魏军而死。

㉛案《诸葛氏谱》云：京字行宗。

《晋泰始起居注》载诏曰："诸葛亮在蜀，尽其心力，其子瞻临难而死义，天下之善一也。"其孙京，随才署吏，后为郿令。尚书仆射山涛《启事》曰："郿令诸葛京，祖父亮，遇汉乱分隔，父子在蜀，虽不达天命，要为尽心所事。京治郿自复有称，臣以为宜以补东宫舍人，以明事人之理，副梁、益之论。"京位至江州刺史。

㉜案《晋百官表》：董厥字龚袭，亦义阳人。建字长元。

㉝孙盛《异同记》曰：瞻、厥等以维好战无功，国内疲弊，宜表后主，召还为益州刺史，夺其兵权；蜀长老犹有瞻表以阎宇代维故事。晋永和三年，蜀史常璩说蜀长老云："陈寿尝为瞻吏，为瞻所辱，故因此事归恶黄皓，而云瞻不能匡矫也。"

㉞《汉晋春秋》曰：樊建为给事中，晋武帝问诸葛亮之治国，建对曰："闻恶必改，而不矜过，赏罚之信，足感神明。"帝曰："善哉！使我得此人以自辅，岂有今日之劳乎！"建稽首曰：

"臣窃闻天下之论，皆谓邓艾见枉，陛下知而不理，此岂冯唐之所谓'虽得颇、牧而不能用'者乎！"帝笑曰："吾方欲明之，卿言起我意。"于是发诏治艾焉。

㉟《袁子》曰：或问诸葛亮何如人也，袁子曰：张飞、关羽与刘备俱起，爪牙腹心之臣，而武人也。晚得诸葛亮，因以为佐相，而群臣悦服，刘备足信、亮足重故也。及其受六尺之孤，摄一国之政，事凡庸之君，专权而不失礼，行君事而国人不疑，如此即以为君臣百姓之心欣戴之矣。行法严而国人悦服，用民尽其力而下不怨。及其兵出入如宾，行不寇，刍荛者不猎，如在国中。其用兵也，止如山，进退如风，兵出之日，天下震动，而人心不忧。亮死至今数十年，国人歌思，如周人之思召公也，孔子曰"雍也可使南面"，诸葛亮有焉。又问诸葛亮始出陇右，南安、天水、安定三郡人反应之，若亮速进，则三郡非中国之有也，而亮徐行不进；既而官兵上陇，三郡复，亮无尺寸之功，失此机，何也？袁子曰：蜀兵轻锐，良将少，亮始出，未知中国强弱，是以疑而尝之；且大会者不求近功，所以不进也。曰：何以知其疑也？袁子曰：初出迟重，屯营重复，后转降未进兵欲战，亮勇而能斗，三郡反而不速应，此其疑征也。曰：何以知其勇而能斗也？袁子曰：亮之在街亭也，前军大破，亮屯去数里，不救；官兵相接，又徐行，此其勇也。亮之行军，安静而坚重；安静则易动，坚重则可以进退。亮法令明，赏罚信，士卒用命，赴险而不顾，此所以能斗也。曰：亮率数万之众，其所兴造，若数十万之功，是其奇者也。所至营垒、井灶、圊溷、藩篱、障塞皆应绳墨，一月之行，去之如始至，劳费而徒为饰好，何也？袁子曰：蜀人轻脱，亮故坚用之。曰：何以知其然也？袁子曰：亮治实而不治名，志大而所欲远，非求近速者也。曰：亮好治官府、次舍、桥梁、道路，此非急务，何也？袁子曰：小国贤才少，故欲其尊严也。亮之治蜀，田畴辟，仓廪实，器械利，蓄积饶，朝会不华，路无醉人。夫本立故末治，有余力而后及小事，此所以劝其功也。曰：子之论诸葛亮，则有证也。以亮之才而少其功，何也？袁子曰：亮，持本者也，其于应变，则非所长也，故不敢用其短。曰：然则吾子美之，何也？袁子曰：此固贤者之远矣，安可以备体责也。夫能知所短而不用，此贤者之大也；知所短则知所长矣。夫前识与言而不中，亮之所不用也，此吾之所谓可也。

吴大鸿胪张俨作《默记》，其《述佐篇》论亮与司马宣王书曰：汉朝倾覆，天下崩坏，豪杰之士，竞希神器。魏氏跨中土，刘氏据益州，并称兵海内，为世霸主。诸葛、司马二相，遭值际会，托身明主，或收功于蜀汉，或册名于伊、洛。丕、备既没，后嗣继统，各受保阿之任，辅翼幼主，不负然诺之诚，亦一国之宗臣，霸王之贤佐也。历前世以观近事，二相优劣，可得而详也。孔明起巴、蜀之地，蹈一州之土，方之大国，其战士人民，盖有九分之一也，而以贡贽大吴，抗对北敌，至使耕战有伍，刑法整齐，提步卒数万，长驱祁山，慨然有饮马河、洛之志。仲达据天下十倍之地，仗兼并之众，据牢城，拥精锐，无禽敌之意，务自保全而已，使彼孔明自来自去。若此人不亡，终其志意，连年运思，刻日兴谋，则凉、雍不解甲，中国不释鞍，胜负之势，亦已决矣。昔子产治郑，诸侯不敢加兵，蜀相其近之矣。方之司马，不亦优乎！或曰，兵者凶器，战者危事也，有国者不务保安境内，绥静百姓，而好开辟土地，征伐天下，未为得计也。诸葛丞相诚有匡佐之才，然处孤绝之地，战士不满五万，自可闭关守险，君臣无事。空劳师旅，无岁不征，未能进咫尺之地，开帝王之基，而使国内受其荒残，西土苦其役调。魏司马懿才用兵众，未易可轻，量敌而进，兵家所慎；若丞相必有以策之，则未见坦然之勋，若无策以裁之，则非明哲之谓，海内归向之意也，余窃疑焉，请闻其说。答曰：盖闻汤以七十里、文王以百里之地而有天下，皆用征伐而定之。揖让而登王位者，惟舜、禹而已。今蜀、魏为敌战之国，势不俱王，自操、备时，强弱县殊，而备犹出兵阳平，禽夏侯渊。羽围襄阳，将降曹仁，生获于禁，当时北边大小忧惧，孟德身出南阳，乐进、徐晃等为救，围不即解，故蒋子通言彼时有徙许渡河之计，会国家袭取南郡，羽乃解军。玄德与操，智力多少，士众众寡，用兵行军之道，不可同年而语，犹能暂以取胜，是时又无大吴掎角之势也。今仲达之才，减于孔明，当时之势，异于曩日，玄德尚与抗衡，孔明何以不可出军而图敌邪？昔乐毅以弱燕之众，兼从五国之兵，长驱强齐，下七十余城。今蜀汉之卒，不少燕军，君臣之接，信于乐毅，加以国家为唇齿之援，东西相应，首尾如蛇，形势重大，不比于五国之兵也，何惮于彼而不可哉？夫兵以奇胜，制敌以智，土地广狭，人马多少，未可偏恃也。余观彼治国之体，当时既肃整，遗教在后，及其辞意恳切，陈进取之图，忠谋謇謇，义形于主，虽古之管、晏，何以加之乎？

《蜀记》曰：晋永兴中，镇南将军刘弘至隆中，观亮故宅，立碣表闾，命太傅掾犍为李兴为文曰："天子命我，于沔之阳，听鼓鼙而永思，庶先哲之遗光，登隆山以远望，轼诸葛之故乡。盖神物应机，大器无方，通人靡滞，大德不常。故谷风发而驺虞啸，云雷升而潜鳞骧；挚解褐于三聘，尼得招而褰裳，管豹变于受命，贡感激以回庄，异徐生之摘宝，释卧龙于深藏，伟刘氏之倾盖，嘉吾子之周行。夫有知己之主，则有竭命之良，固所以三分我汉鼎，跨带我边荒，抗衡我北面，驰骋我魏疆者也。英哉吾子，独含天灵。岂神之祇，岂人之精？何思之深，何德之清！异世通梦，恨不同生。推子八陈，不在孙、吴，木牛之奇，则非般模，神弩之功，一何微妙！千井齐甃，又何秘要！昔在颠、夭，有名无迹，孰若吾侪，良筹妙画？臧文既没，以言见称，又未若子，言行并征。夷吾反坫，乐毅不终，奚比于尔，明哲守冲。临终受寄，让过许由，负扆莅事，民言不流。刑中于郑，教美于鲁，蜀民知耻，河、渭安堵。匪皋则伊，宁彼管、晏，岂徒圣宣，慷慨屡叹！昔尔之隐，卜惟此宅，仁智所处，能无规廓。日居月诸，时殒其夕，谁能不殁，贵有遗格。惟子之勋，移风来世，咏歌余典，懦夫将厉。遐哉邈矣，厥规卓矣，凡若吾子，难可究已。畴昔之乖，万里殊涂；今我来思，觌尔故墟。汉高归魂于丰、沛，太公五世而反周，想罔两以髣髴，冀影响之有余。魂而有灵，岂其识诸！"

王隐《晋书》云：李兴，密之子；一名安。

三国志卷三十六　蜀书六

关张马黄赵传第六

关羽字云长，本字长生，河东解人也。亡命奔涿郡。先主于乡里合徒众，而羽与张飞为之御侮。先主为平原相，以羽、飞为别部司马，分统部曲。先主与二人寝则同床，恩若兄弟。而稠人广坐，侍立终日，随先主周旋，不避艰险。①先主之袭杀徐州刺史车胄，使羽守下邳城，行太守事，②而身还小沛。

关羽字云长，本来字长生，是河东郡解县人。因犯事逃亡到涿郡，正碰上先主刘备在乡里会合众人，关羽与张飞替他抵御侵侮。刘备任平原相时，以关羽、张飞为别部司马，分头统领手下部众。刘备与他们两人同床共寝，情分如亲兄弟。在人多广众的场合，他们两人整天侍立在刘备左右，跟随刘备出入应对，不避艰险。刘备袭击并杀死了徐州刺史车胄，派关羽守下邳城，代理太守的职务，而他自己回到了小沛。

建安五年，曹公东征，先主奔袁绍。曹公禽羽以归，拜为偏将军，礼之甚厚。绍遣大将颜良攻东郡太守刘延于白马，曹公使张辽及羽为先锋击之。羽望见良麾盖，策马刺良于万众之中，斩其首还，绍诸将莫能当者，遂解白马围。曹公即表封羽为汉寿亭侯。初，曹公壮羽为人，而察其心神无久留之意，谓张辽曰："卿试以情问之。"既而辽以问羽，羽叹曰："吾极知曹公待我厚，然吾受刘将军厚恩，誓以共死，不可背之。吾终不留，吾要当立效以报曹公乃去。"辽以羽言报曹公，曹公义之。③及羽杀颜良，曹公知其必去，重加赏赐。

建安五年，曹公东征，刘备投奔袁绍。曹公活捉关羽而回师，拜关羽为偏将军，待他非常客气。袁绍派遣大将军颜良到白马进攻东郡太守刘延，曹公让张辽和关羽做先锋迎击颜良。关羽远远望见了颜良的旗帜和车盖，便策马驰入千军万马之中刺杀颜良，砍下颜良的首级而回，袁绍的众多将领没有人能够抵挡他，于是解了白马之围。曹公当即上表奏请朝廷封关羽为汉寿亭侯。当初，曹公佩服关羽的为人，而观察他的心志意态并无久留之意，对张辽说："你试着以人之常情去问问他。"不久张辽询问关羽，关羽感叹地说："我非常清楚曹公待我情义深厚，但是我受刘将军的深恩，发誓与他同生死，不能背弃他。我终将不能留下，我必当立功来报答曹公后才离开。"张辽将关羽的话回报给曹公，曹公认为他是义士。关羽杀了颜良后，曹公知道他一定会离去，便重加赏赐。关羽全部封存曹公给他的赏赐，呈

羽尽封其所赐，拜书告辞，而奔先主于袁军。左右欲追之，曹公曰："彼各为其主，勿追也。"④

书告辞，到袁绍军中投奔刘备去了。曹公左右的人想要追赶关羽，曹公说："各人都是为了自己的主人，不必追了。"

从先主就刘表。表卒，曹公定荆州，先主自樊将南渡江，别遣羽乘船数百艘会江陵。曹公追至当阳长阪，先主斜趣汉津，适与羽船相值，共至夏口。⑤孙权遣兵佐先主拒曹公，曹公引军退归。先主收江南诸郡，乃封拜元勋，以羽为襄阳太守、荡寇将军，驻江北。先主西定益州，拜羽董督荆州事。羽闻马超来降，旧非故人，羽书与诸葛亮，问超人才可谁比类。亮知羽护前，乃答之曰："孟起兼资文武，雄烈过人，一世之杰，黥、彭之徒，当与益德并驱争先，犹未及髯之绝伦逸群也。"羽美须髯，故亮谓之髯。羽省书大悦，以示宾客。

关羽跟从刘备归附刘表。刘表死后，曹公平定荆州，刘备从樊城出发准备南渡长江，另派关羽乘数百艘船到江陵相会。曹公追到当阳长阪，刘备插斜路疾赴汉津，恰好与关羽的船队相遇，一同到达夏口。孙权派兵帮助刘备抵抗曹公，曹公率领军队退回。刘备收复长江以南各郡，于是赏赐建立首功的人，以关羽为襄阳太守、荡寇将军，驻守长江以北。刘备西定益州后，任命关羽统管荆州军政事务。关羽听说马超来投降，而自己以前并不与马超相识，便写信给诸葛亮，问马超的人品才能可与什么人相比。诸葛亮知道关羽好强护短，于是答复他说："孟起兼有文武之才，雄健刚烈超过一般人，是一代豪杰，与黥布、彭越是同类的人，可与益德并驾齐驱争个高下，然而还是不如你美髯公无与伦比地超群出众。"关羽胡须漂亮，所以诸葛亮称他为髯。关羽看了书信非常高兴，把信给客人看。

羽尝为流矢所中，贯其左臂，后创虽愈，每至阴雨，骨常疼痛，医曰："矢镞有毒，毒入于骨，当破臂作创，刮骨去毒，然后此患乃除耳。"羽便伸臂令医劈之。时羽适请诸将饮食相对，臂血流离，盈于盘器，而羽割炙引酒，言笑自若。

关羽曾被乱箭射中，箭穿过他的左臂，后来伤口虽然愈合，但每当阴雨天气，左臂常常疼痛。医生说："箭头上有毒，毒素深入到了骨头里面，应当割开手臂到受伤处，刮去骨头上的余毒，然后这种病痛才能消除。"关羽便伸出手臂让医生开刀。当时关羽正好请将领宴饮，手臂上的血往下流，滴满了一盘子，而关羽却割着烤肉佐酒，谈笑自若。

二十四年，先主为汉中王，拜羽为前将军，假节钺。是岁，羽率众攻曹仁于樊。曹公遣于禁助仁。秋，大霖雨，汉水泛溢，禁所督七军皆没。禁降

建安二十四年，刘备为汉中王，任命关羽为前将军，并授予符节黄钺。这年，关羽率领军队在樊城攻打曹仁。曹公派于禁援助曹仁。秋天，大雨连绵不断，汉水泛滥，于禁统领的七路兵马都被淹没。于禁

羽，羽又斩将军庞德。梁、郏、陆浑群盗或遥受羽印号，为之支党，羽威震华夏。曹公议徙许都以避其锐，司马宣王、蒋济以为关羽得志，孙权必不愿也。可遣人劝权蹑其后，许割江南以封权，则樊围自解。曹公从之。先是，权遣使为子索羽女，羽骂辱其使，不许婚，权大怒。[6]又南郡太守麋芳在江陵，将军士仁屯公安，素皆嫌羽轻己。自羽之出军，芳、仁供给军资，不悉相救。羽言"还当治之"，芳、仁咸怀惧不安。于是权阴诱芳、仁，芳、仁使人迎权。而曹公遣徐晃救曹仁，[7]羽不能克，引军退还。权已据江陵，尽虏羽士众妻子，羽军遂散。权遣将逆击羽，斩羽及子平于临沮。[8]

投降了关羽，关羽又杀了将军庞德。梁县、郏县、陆浑等地的各路盗寇有的在远处接受了关羽的官印称号，成为他的支系同党，关羽威震中原地区，曹公提议迁离许都避开关羽的锋芒，司马宣王、蒋济认为关羽得志，孙权肯定不情愿。可以派人劝说孙权偷袭关羽后方，并许诺分割长江以南的地方封赏孙权，那么樊城之围就自然而解了。曹公听从了他们的建议。在此之前，孙权派使者为儿子求关羽的女儿为妻，关羽辱骂孙权的使者，不答应这门婚事，孙权非常气愤。加之在江陵的南郡太守麋芳，驻公安的将军傅士仁，向来都嫌怨关羽轻视自己。关羽出兵征战，麋芳、傅士仁职当供应军需物资，但不全力救援。关羽说："回师后，一定要惩治他们！"麋芳、傅士仁都恐惧不安。这时，孙权暗地劝诱麋芳、傅士仁，麋芳、傅士仁派人迎接孙权。而曹公又派徐晃援救曹仁，关羽不能攻克樊城，率军退回。孙权已经占领了江陵，俘虏了关羽留守的全部兵马和妻室儿女，关羽的军队于是溃散。孙权派将领迎击关羽，在临沮杀了关羽和他的儿子关平。

追谥羽曰壮缪侯。[9]子兴嗣。兴字安国，少有令问，丞相诸葛亮深器异之。弱冠为侍中、中监军，数岁卒。子统嗣，尚公主，官至虎贲中郎将。卒，无子，以兴庶子彝续封。[10]

蜀国追赐关羽谥号为壮穆侯。他的儿子关兴继承其爵位。关兴字安国，年少时就有好名声，丞相诸葛亮很是器重赏识他。他二十岁时就任侍中、中监军，几年后去世。他的儿子关统继承了封赐，娶公主为妻，官至虎贲中郎将。关统去世后，没有儿子，以关兴的庶子关彝继承了封赐。

张飞字益德，涿郡人也，少与关羽俱事先主。羽年长数岁，飞兄事之。先主从曹公破吕布，随还许，曹公拜飞为中郎将。先主背曹公依袁绍、刘表。表卒，曹公入荆州，先主奔江南。曹公追之，一日一夜，及于当阳之长阪。先主闻曹公卒至，弃妻子走，使飞将二十骑拒后。飞据水断桥，瞋目横矛

张飞字益德，是涿郡人，年轻时就和关羽一起侍奉刘备。关羽年龄大几岁，张飞像对待兄长那样侍奉他。刘备跟从曹公打败吕布，随着回到许都，曹公任命张飞为中郎将。刘备离开曹公投奔袁绍、刘表。刘表死后，曹公攻入荆州，刘备逃往江南。曹公追赶他，一天一夜，在当阳县的长阪追赶上了。刘备听说曹公突然到来，丢下妻室儿女逃跑，派张飞带领二十几个骑兵断后。张飞据水断桥，瞪着眼睛挺着长矛大喊："我是张益德，你们可以与我来决一死

曰："身是张益德也，可来共决死！"敌皆无敢近者，故遂得免。先主既定江南，以飞为宜都太守、征虏将军，封新亭侯，后转在南郡。先主入益州，还攻刘璋，飞与诸葛亮等泝流而上，分定郡县。至江州，破璋将巴郡太守严颜，生获颜。飞呵颜曰："大军至，何以不降而敢拒战？"颜答曰："卿等无状，侵夺我州，我州但有断头将军，无有降将军也。"飞怒，令左右牵去斫头，颜色不变，曰："斫头便斫头，何为怒邪！"飞壮而释之，引为宾客。⑪飞所过战克，与先主会于成都。益州既平，赐诸葛亮、法正、飞及关羽金各五百斤，银千斤，钱五千万，锦千匹，其余颁赐各有差，以飞领巴西太守。

战！"敌人全部不敢靠近他，因此刘备等人得以逃脱。刘备平定江南以后，任命张飞为宜都太守、征虏将军，封为新亭侯，后又转任南郡太守。刘备进入益州后，又回头来攻打刘璋，张飞与诸葛亮等人溯江流而上，分头平定了各个郡县。到江州，击败刘璋的将领巴郡太守严颜，活捉了严颜。张飞呵斥严颜说："大军到来，为何不投降而竟敢抵抗？"严颜回答说："你们无礼，侵占我们的州县。我们州县中，只有断头将军，没有投降将军！"张飞大怒，命左右把严颜拉出去砍头，严颜脸色不变，说："砍头便砍头，何必发怒呢！"张飞佩服严颜的豪壮，便释放了他，反把他当做宾客。张飞所过之处都被攻克，然后与刘备在成都相会。益州平定以后，赐予诸葛亮、法正、张飞和关羽黄金各五百斤，白银千斤，钱五千万，锦缎一千匹，其余各人颁发的赏赐各有等差，任命张飞为巴西太守。

曹公破张鲁，留夏侯渊、张郃守汉川。郃别督诸军下巴西，欲徙其民于汉中，进军宕渠、蒙头、盪石，与飞相拒五十余日。飞率精卒万余人，从他道邀郃军交战，山道迮狭，前后不得相救，飞遂破郃。郃弃马缘山，独与麾下十余人从间道退，引军还南郑，巴土获安。先主为汉中王，拜飞为右将军、假节。章武元年，迁车骑将军，领司隶校尉，进封西乡侯，策曰："朕承天序，嗣奉洪业，除残靖乱，未烛厥理。今寇虏作害，民被荼毒，思汉之士，延颈鹤望。朕用怛然，坐不安席，

曹公打败了张鲁，留下夏侯渊、张郃镇守汉川。张郃另外统率各路军马南下巴西，想将巴西民众迁移到汉中，进军宕渠、蒙头、盪石，与张飞对峙五十多天。张飞率领精兵一万多人，从另外的路线进军拦截张郃的军队交战，因山路狭窄，张郃的军队前后不能互相接应救助，被张飞击败。张郃丢下坐骑攀缘山路，只与手下十多人从小路退走，率军返回了南郑，巴西各地才获得安宁。刘备为汉中王，拜张飞为右将军，授予符节。章武元年提升为车骑将军，兼领司隶校尉，晋封为西乡侯。刘备下诏书说："我秉承帝王的世系，继承大业，驱除残恶，平定逆乱，目前尚未完全成功。现在敌寇作恶，百姓遭受残害，想念汉室的人，都像鹤一样引颈盼望。我也为此事悲伤忧虑，坐不安席，食不甘味，整治军队训诫发

食不甘味，整军诰誓，将行天罚。以君忠毅，侔踪召虎，名宣遐迩，故特显命，高墉进爵，兼司于京。其诞将天威，柔服以德，伐叛以刑，称朕意焉。《诗》不云乎，'匪疚匪棘，王国来极。肇敏戎功，用锡尔祉'。可不勉欤！"

初，飞雄壮威猛，亚于关羽，魏谋臣程昱等咸称羽、飞万人之敌也。羽善待卒伍而骄于士大夫，飞爱敬君子而不恤小人。先主常戒之曰："卿刑杀既过差，又日鞭挝健儿，而令在左右，此取祸之道也。"飞犹不悛。先主伐吴，飞当率兵万人，自阆中会江州。临发，其帐下将张达、范强杀飞，持其首，顺流而奔孙权。飞营都督表报先主，先主闻飞都督之有表也，曰："噫！飞死矣。"追谥飞曰桓侯。长子苞，早夭。次子绍嗣，官至侍中尚书仆射。苞子遵为尚书，随诸葛瞻于绵竹，与邓艾战，死。

马超字孟起，扶风茂陵人也。父腾，灵帝末与边章、韩遂等俱起事于西州。初平三年，遂、腾率众诣长安。汉朝以遂为镇西将军，遣还金城，腾为征西将军，遣屯郿。后腾袭长安，败走，退还凉州。司隶校尉钟繇镇关中，移书遂、腾，为陈祸福。腾遣超随繇讨郭援、高幹于平阳，超将庞德亲斩援首。后腾与韩遂不和，求还京

誓，将要代替上天对寇贼进行惩罚。因为你的忠勇坚毅，事迹可与召穆公相比，美名扬于远近，所以特以帝王的名义授命于你，筑墙开府、提升封号，兼管京都事务。希望你大力发挥天威，施恩行德使人诚心归服，动刑用罚讨伐叛逆，令我满意。《诗经》不是这么说吗，'不要害民，也不要操之过急，一切为了国家利益。指挥作战建立军功，天将赐你荣华富贵'。能不以此勉励吗？"

当初，张飞气雄胆壮威武勇猛，仅次于关羽，魏国谋士程昱等人都称赞关羽、张飞勇气可敌万人。关羽能很好地对待士兵而对士大夫骄横傲气，张飞则敬爱有才能的人而不体恤爱护普通士兵。刘备常常劝诫他说："你刑戮杀人已经过分，天天鞭打士兵，又让他们在你身边，这样会使你遭受祸害。"张飞还是不改。刘备攻打吴国，张飞本当率领兵士一万人，从阆中出发到江州与刘备会合。临出发，他帐下的将领张达、范强杀了张飞，拿着他的头，顺流而下直奔孙权。张飞营的都督上表报告刘备，刘备听说张飞的都督有表文，说："唉！张飞死了！"追封张飞谥号为桓侯。他的长子张苞，早死。次子张绍继承封赐，官至侍中、尚书仆射。张苞的儿子张遵任尚书，跟随诸葛瞻在绵竹，与邓艾交战，阵亡。

马超字孟起，扶风郡茂陵县人。父亲马腾，灵帝末年与边章、韩遂等人一起在凉州起兵。初平三年，韩遂、马腾率领人马到达长安。汉朝任命韩遂为镇西将军，派他返回金城；任命马腾为征西将军，派他驻兵郿县。后来马腾袭击长安，失败后逃跑，退回凉州。司隶校尉钟繇坐镇关中，写信给韩遂、马腾，向他们说明如何取福避祸。马腾派马超跟随钟繇到平阳讨伐郭援、高幹，马超的部将庞德亲手斩了郭援的首级。后来马腾与韩遂不和，要求返回京城。于是

畿。于是征为卫尉，以超为偏将军，封都亭侯，领腾部曲。[12]

朝廷便征召他为卫尉，任命马超为偏将军，封为都亭侯，统领马腾的私兵部曲。

超既统众，遂与韩遂合从，及杨秋、李堪、成宜等相结，进军至潼关。曹公与遂、超单马会语，超负其多力，阴欲突前捉曹公，曹公左右将许褚瞋目眄之，超乃不敢动。曹公用贾诩谋，离间超、遂，更相猜疑，军以大败。[13]超走保诸戎，曹公追至安定，会北方有事，引军东还。杨阜说曹公曰：“超有信、布之勇，甚得羌、胡心。若大军还，不严为其备，陇上诸郡非国家之有也。”超果率诸戎以击陇上郡县，陇上郡县皆应之，杀凉州刺史韦康，据冀城，有其众。超自称征西将军，领并州牧，督凉州军事。康故吏民杨阜、姜叙、梁宽、赵衢等，合谋击超。阜、叙起于卤城，超出攻之，不能下；宽、衢闭冀城门，超不得入。进退狼狈，乃奔汉中依张鲁。鲁不足与计事，内怀于邑，闻先主围刘璋于成都，密书请降。[14]

马超统领这些军队，与韩遂联合，又与杨秋、李堪、成宜等人集结一起，进军到潼关。曹公单人匹马与韩遂、马超会谈，马超依仗自己力大，暗中准备突然上前捉拿曹公，曹公身边的将领许褚瞪着眼睛愤怒地看着马超，马超才不敢动手。曹公用贾诩的计谋，挑拨马超与韩遂的关系，使他们互相猜疑，他们的军队因此大败。马超逃跑到西北部各少数民族地区以求自保，曹公追到安定，正好北方发生了事情，就带领人马向东回师。杨阜劝曹公说：“马超有韩信、英布的勇力，很得羌人、胡人的心。如果大军回师后，这里不严加防备，陇上各郡就不归国家所有了。”马超果然率领少数民族各部落的兵马攻打陇上各郡县，陇上各郡县都响应他，他杀了凉州刺史韦康，占据冀城，拥有这里的人马。马超自称为征西将军，兼任并州牧，总督凉州的军务。韦康手下的官吏和百姓杨阜、姜叙、梁宽、赵衢等人一起谋划攻打马超。杨阜、姜叙在卤城起兵，马超出冀城向卤城进攻，但攻打不下；梁宽、赵衢关闭了冀城城门，马超不能进城，进退两难，便逃奔汉中依附张鲁。张鲁并不信任马超，凡事不与马超商议，因此马超心中闷闷不乐，听说刘备在成都围攻刘璋，便发出密信请求投降。

先主遣人迎超，超将兵径到城下。城中震怖，璋即稽首，[15]以超为平西将军，督临沮，因为前都亭侯。[16]先主为汉中王，拜超为左将军，假节。章武元年，迁骠骑将军，领凉州牧，进封斄乡侯，策曰：“朕以不德，获继至尊，奉承宗庙。曹操父子，世载其罪，朕用惨怛，疢如疾首。海内怨愤，归正反本，暨

刘备派人迎接马超，马超带领兵马径直来到成都城下。城中守将震惊恐怖，刘璋当即出城投降，刘备任命马超为平西将军，督领临沮，沿袭以前封号为都亭侯。刘备当汉中王时，拜马超为左将军，授予符节。章武元年，升为骠骑将军，兼任凉州牧，晋封斄乡侯。刘备下诏书说：“我没有很好的德性，却继承了帝位，供奉汉家宗庙。曹操父子，世代充满罪恶，我因此伤心，对此痛心疾首。海内民众怨恨愤怒，都归依正统返回根本，以至于氐、羌等族归服，

于氐、羌率服，獯鬻慕义。以君信著北土，威武并昭，是以委任授君，抗飏虓虎，兼董万里，求民之瘼。其明宣朝化，怀保远迩，肃慎赏罚，以笃汉祜，以对于天下。”二年卒，时年四十七。临没上疏曰：“臣门宗二百余口，为孟德所诛略尽，惟有从弟岱，当为微宗血食之继，深托陛下，余无复言。”追谥超曰威侯，子承嗣。岱位至平北将军，进爵陈仓侯。超女配安平王理。[17]

獯鬻仰慕大义。因你的信誉闻名于北方，威仪与勇武都显扬于世，所以委你重任，望你振扬猛虎般的雄风，统辖万里，关心老百姓的疾苦。还望你明白宣示朝廷的教化，安抚远近的人们，严肃谨慎地奖赏和惩罚，以增加汉室的福分，以谢天下之人。”章武二年马超去世，当时四十七岁。马超临死时上疏说：“我的家族两百多人口，被曹操差不多杀尽了，只有堂弟马岱是这微弱宗族祭祀的继承人了，特此深深地托付给陛下，其余再没有什么说的了。”刘备追赐他谥号为威侯，他的儿子马承继承封赐。马岱官至平北将军，晋封爵号为陈仓侯。马超的女儿嫁给安平王刘理。

黄忠字汉升，南阳人也。荆州牧刘表以为中郎将，与表从子磐共守长沙攸县。及曹公克荆州，假行裨将军，仍就故任，统属长沙守韩玄。先主南定诸郡，忠遂委质，随从入蜀。自葭萌受任，还攻刘璋，忠常先登陷陈，勇毅冠三军。益州既定，拜为讨虏将军。建安二十四年，于汉中定军山击夏侯渊。渊众甚精，忠推锋必进，劝率士卒，金鼓振天，欢声动谷，一战斩渊，渊军大败。迁征西将军。是岁，先主为汉中王，欲用忠为后将军，诸葛亮说先主曰：“忠之名望，素非关、马之伦也，而今便令同列。马、张在近，亲见其功，尚可喻指；关遥闻之，恐必不悦，得无不可乎！”先主曰：“吾自当解之。”遂与羽等齐位，赐爵关内侯。明年卒，追谥刚侯。子叙，早没，无后。

黄忠字汉升，南阳郡人。荆州牧刘表任命他为中郎将，与刘表的侄子刘磐一同驻守在长沙郡的攸县。到曹操攻下荆州后，黄忠暂时代理副将军，仍然担任原职，归长沙太守韩玄统属。刘备在南方平定了各郡之后，黄忠便归顺刘备，随刘备进入巴蜀。黄忠自从在葭萌接受刘备委任后，回师攻打刘璋，常常冲锋陷阵，英勇果毅为三军之冠。益州平定之后，被任命为讨虏将军。建安二十四年，在汉中郡的定军山攻打夏侯渊。当时夏侯渊的军队甚为精锐，黄忠冲锋在前奋勇推进，他鼓励士兵，战鼓声响彻云天，呐喊声震撼山谷，一交战便杀了夏侯渊，夏侯渊的军队被打得大败。黄忠升迁为征西将军。这一年，刘备做汉中王，想任用黄忠为后将军，诸葛亮劝刘备说：“黄忠的名望，向来不可与关羽、马超相比，而现在却让他与他们同列。马超、张飞在近处，亲眼看见了他的功劳，还可明白大义；关羽在远处听说后，恐怕一定不高兴。这样做大概不行吧！”刘备说：“我自然会解释这件事。”于是让黄忠与关羽等人的地位相等，赐封爵号为关内侯。第二年黄忠去世，被追谥为刚侯。他的儿子黄叙，早死，没有后代。

赵云字子龙，常山真定人也。本属公孙瓒，瓒遣先主为田楷拒袁绍，云遂随从，为先主主骑。[18]及先主为曹公所追于当阳长阪，弃妻子南走，云身抱弱子，即后主也，保护甘夫人，即后主母也，皆得免难。迁为牙门将军。先主入蜀，云留荆州。[19]

赵云字子龙，常山郡真定县人。原来属于公孙瓒的部下，公孙瓒派刘备替田楷阻挡袁绍，赵云于是随刘备一起同出征，为刘备指挥骑兵。当刘备在当阳县长阪坡被曹操追赶，丢下妻子儿女向南逃跑时，赵云亲自抱着他的幼子，即后主刘禅，保护了甘夫人，即后主的母亲，使他们都免于祸难。进升为牙门将军。刘备进入西蜀，赵云留在荆州。

先主自葭萌还攻刘璋，召诸葛亮。亮率云与张飞等俱泝江西上，平定郡县。至江州，分遣云从外水上江阳，与亮会于成都。成都既定，以云为翊军将军。[20]建兴元年，为中护军、征南将军，封永昌亭侯，迁镇东将军。五年，随诸葛亮驻汉中。明年，亮出军，扬声由斜谷道，曹真遣大众当之。亮令云与邓芝往拒，而身攻祁山。云、芝兵弱敌强，失利于箕谷，然敛众固守，不至大败。军退，贬为镇军将军。[21]

刘备从葭萌出兵回头进攻刘璋时，召诸葛亮进蜀。诸葛亮率赵云与张飞等人一同逆长江西上，平定了各个郡县。到江州，派赵云分兵从岷江上江阳，与诸葛亮会师成都。成都平定之后，命赵云为翊军将军。建兴元年，他担任中护军、征南将军，被封为永昌亭侯，升为镇东将军。建兴五年，随诸葛亮进驻汉中。第二年，诸葛亮出兵，扬言从斜谷道进军，曹真派大量人马抵挡诸葛亮。诸葛亮派赵云和邓芝前去抵抗曹真，而自己率兵进攻祁山。赵云、邓芝兵力弱小，敌人兵力强大，因而在箕谷失利，但是他们收拢兵马固守阵地，没有遭到大的损失。军队退回之后，赵云被贬为镇军将军。

七年卒，追谥顺平侯。

建兴七年赵云去世，被追谥为顺平侯。

初，先主时，惟法正见谥；后主时，诸葛亮功德盖世，蒋琬、费祎荷国之重，亦见谥；陈祗宠待，特加殊奖，夏侯霸远来归国，故复得谥；于是关羽、张飞、马超、庞统、黄忠及云乃追谥，时论以为荣。[22]云子统嗣，官至虎贲中郎，督行领军。次子广，牙门将，随姜维沓中，临陈战死。

当初，先主刘备在位时，只有法正被授谥号；后主刘禅在位时，诸葛亮功德盖世，蒋琬、费祎担负着国家重任，也被授予谥号；陈祗受到恩宠厚遇，加以特殊的奖赏；夏侯霸从远方来投归蜀国，因此也得到封谥；这时，关羽、张飞、马超、庞统、黄忠以及赵云也就得到追谥，当时人都认为是很荣耀的事。赵云的长子赵统继承了封爵，官位至虎贲中郎，督行领军。次子赵广，任牙门将，跟随姜维在沓中，战死在阵地上。

评曰：关羽、张飞皆称万人之敌，为世虎臣。羽报效曹

评论说：关羽、张飞都号称勇力可以抵挡万人，是一代虎将。关羽知恩图报、效力曹操，张飞讲究仁

公，飞义释严颜，并有国士之风。然羽刚而自矜，飞暴而无恩，以短取败，理数之常也。马超阻戎负勇，以覆其族，惜哉！能因穷致泰，不犹愈乎！黄忠、赵云强挚壮猛，并作爪牙，其灌、滕之徒欤？

义、释放严颜，都有国士的风范。然而关羽刚强而骄傲自负，张飞暴戾而少施恩惠。他们都因短处而招致失败，这是人情道理和天数命运的规律啊。马超依仗西戎少数民族，仗恃自己勇猛，以致全族覆灭，真可惜啊！能够由困厄而达到安宁通达，不是更为高明一些吗！黄忠、赵云意志坚强雄壮勇猛，都是得力的辅佐之臣，大概是灌婴、滕公之类的人吧！

---

①《蜀记》曰：曹公与刘备围吕布于下邳，关羽启公，布使秦宜禄行求救，乞娶其妻，公许之。临破，又屡启于公。公疑其有异色，先遣迎看，因自留之，羽心不自安。此与《魏氏春秋》所说无异也。

②《魏书》云：以羽领徐州。

③《傅子》曰：辽欲白太祖，恐太祖杀羽，不白，非事君之道，乃叹曰："公，君父也；羽，兄弟耳。"遂白之。太祖曰："事君不忘其本，天下义士也。度何时能去？"辽曰："羽受公恩，必立效报公而后去也。"

④臣松之以为曹公知羽不留而心嘉其志，去不遣追以成其义，自非有王霸之度，孰能至于此乎？斯实曹公之休美。

⑤《蜀记》曰：初，刘备在许，与曹公共猎。猎中，众散，羽劝备杀公，备不从。及在夏口，飘飖江渚，羽怒曰："往日猎中，若从羽言，可无今日之困。"备曰："是时亦为国家惜之耳；若天道辅正，安知此不为福邪！"

臣松之以为备后与董承等结谋，但事泄不克谐耳，若为国家惜曹公，其如此言何！羽若果有此劝而备不肯从者，将以曹公腹心亲戚，实繁有徒，事不宿构，非造次所行；曹虽可杀，身必不免，故以计而止，何惜之有乎！既往之事，故托为雅言耳。

⑥《典略》曰：羽围樊，权遣使求助之，敕使莫速进，又遣主簿先致命于羽。羽忿其淹迟，又自已得于禁等，乃骂曰："狢子敢尔，如使樊城拔，吾不能灭汝邪！"权闻之，知其轻己，伪手书以谢羽，许以自往。臣松之以为荆、吴虽外睦，而内相猜防，故权之袭羽，潜师密发。按《吕蒙传》云："伏精兵于（舟冓）（舟鹿）之中，使白衣摇橹，作商贾服。"以此言之，羽不求助于权，权必不语羽当往也。若许相援助，何故匿其形迹乎？

⑦《蜀记》曰：羽与晃宿相爱，遥共语，但说平生，不及军事。须臾，晃下马宣令："得关云长头，赏金千斤。"羽惊怖，谓晃曰："大兄，是何言邪！"晃曰："此国之事耳。"

⑧《蜀记》曰：权遣将军击羽，获羽及子平。权欲活羽以敌刘、曹，左右曰："狼子不可养，后必为害。曹公不即除之，自取大患，乃议徙都。今岂可生！"乃斩之。

臣松之按《吴书》：孙权遣将潘璋逆断羽走路，羽至即斩，且临沮去江陵二三百里，岂容不时杀羽，方议其生死乎？又云"权欲活羽以敌刘、曹"，此之不然，可以绝智者之口。《吴历》曰：权送羽首于曹公，以诸侯礼葬其尸骸。

⑨《蜀记》曰：羽初出军围樊，梦猪啮其足，语子平曰："吾今年衰矣，然不得还！"《江表传》曰：羽好《左氏传》，讽诵略皆上口。

⑩《蜀记》曰：庞德子会，随钟、邓伐蜀，蜀破，尽灭关氏家。

⑪《华阳国志》曰：初，先主入蜀，至巴郡，颜拊心叹曰："此所谓独坐穷山，放虎自卫也！"

⑫《典略》曰：腾字寿成，马援后也。桓帝时，其父字子硕，尝为天水兰干尉。后失官，因留陇西，与羌错居。家贫无妻，遂娶羌女，生腾。腾少贫无产业，常从彰山中斫材木，负贩诣城市，以自供给。腾为人长八尺余，身体洪大，面鼻雄异，而性贤厚，人多敬之。灵帝末，凉州刺史耿鄙任信奸吏，民王国等及

氐、羌反叛。州郡募发民中有勇力者，欲讨之，腾在募中。州郡异之，署为军从事，典领部众。讨贼有功，拜军司马，后以功迁偏将军，又迁征西将军，常屯汧、陇之间。初平中，拜征东将军。是时，西州少谷，腾自表军人多乏，求就谷于池阳，遂移屯长平岸头。而将王承等恐腾为己害，乃攻腾营。时腾近出无备，遂破走，西上。会三辅乱，不复来东，而与镇西将军韩遂结为异姓兄弟，始甚相亲，后转以部曲相侵入，更为仇敌。腾攻遂，遂走，合众还攻腾，杀腾妻子，连兵不解。建安之初，国家纲纪殆弛，乃使司隶校尉钟繇、凉州牧韦端和解之。征腾还屯槐里，转拜为前将军，假节，封槐里侯。北备胡寇，东备白骑，待士进贤，矜救民命，三辅甚安爱之。十三年，征为卫尉，腾自见年老，遂入宿卫。初，曹公为丞相，辟腾长子超，不就。超后为司隶校尉督军从事，讨郭援，为飞矢所中，乃以囊囊其足而战，破斩援首。诏拜徐州刺史，后拜谏议大夫。及腾之入，因诏拜为偏将军，使领腾营。又拜超弟休奉车都尉，休弟铁骑都尉，徙其家属皆诣邺，惟超独留。

⑬《山阳公载记》曰：初，曹公军在蒲阪，欲西渡，超谓韩遂曰："宜于渭北拒之，不过二十日，河东谷尽，彼必走矣。"遂曰："可听令渡，蹙于河中，顾不快耶！"超计不得施。曹公闻之曰："马儿不死，吾无葬地也。"

⑭《典略》曰：建安十六年，超与关中诸将侯选、程银、李堪、张横、梁兴、成宜、马玩、杨秋、韩遂等，凡十部，俱反，其众十万，同据河、潼，建列营陈。是岁，曹公西征，与超等战于河、渭之交，超等败走。超至安定，遂奔凉州。诏收灭超家属。超复败于陇上。后奔汉中，张鲁以为都讲祭酒，欲妻之以女，或谏鲁曰："有人若此不爱其亲，焉能爱人？"鲁乃止。初，超未反时，其小妇弟种留三辅，及超败，种先入汉中。正旦，种上寿于超，超捶胸吐血曰："阖门百口，一旦同命，今二人相贺邪？"后数从鲁求兵，欲北取凉州，鲁遣往，无利。又鲁将杨白等欲害其能，超遂从武都逃入氐中，转奔往蜀。是岁建安十九年也。

⑮《典略》曰：备闻超至，喜曰："我得益州矣。"乃使人止超，而潜以兵资之。超到，令引军屯城北，超至未一旬而成都溃。

⑯《山阳公载记》曰：超因见备待之厚，与备言，常呼备字，关羽怒，请杀之。备曰："人穷来归我，卿等怒，以呼我字故而杀之，何以示于天下也！"张飞曰："如是，当示之以礼。"明日大会，请超入，羽、飞并杖刀立直，超顾坐席，不见羽、飞，见其直也，乃大惊，遂一不复呼备字。明日叹曰："我今乃知其所以败。为呼人主字，几为关羽、张飞所杀。"自后乃尊事备。臣松之按以为超以穷归备，受其爵位，何容傲慢而呼备字？且备之入蜀，留关羽镇荆州，羽未尝在益土也。故羽闻马超归降，以书问诸葛亮"超人才可谁比类"，不得如书所云。羽焉得与张飞立直乎？凡人行事，皆谓其可也，知其不可，则不行之矣。超若果呼备字，亦谓于理宜尔也。就令羽请杀超，超不应闻，但见二子立直，何由便知以呼字之故，云几为关、张所杀乎？言不经理，深可忿疾也。袁暐、乐资等诸所记载，秽杂虚谬，若此之类，殆不可胜言也。

⑰《典略》曰：初超之入蜀，其庶妻董及子秋，留依张鲁。鲁败，曹公得之，以董赐阎圃，以秋付鲁，鲁自手杀之。

⑱《云别传》曰：云身长八尺，姿颜雄伟，为本郡所举，将义从吏兵诣公孙瓒。时袁绍称冀州牧，瓒深忧州人之从绍也，善云来附，嘲云曰："闻贵州人皆愿袁氏，君何独回心，迷而能反乎？"云答曰："天下讻讻，未知孰是，民有倒县之厄，鄙州论议，从仁政所在，不为忽袁公私明将军也。"遂与瓒征讨。时先主亦依托瓒，每接纳云，云得深自结托。云以兄丧，辞瓒暂归，先主知其不反，捉手而别，云辞曰："终不背德也。"先主就袁绍，云见于邺。先主与云同床眠卧，密遣云合募得数百人，皆称刘左将军部曲，绍不能知。遂随先主至荆州。

⑲《云别传》曰：初，先主之败，有人言云已北去者，先主以手戟擿之曰："子龙不弃我走也。"顷之，云至。从平江南，以为偏将军，领桂阳太守，代赵范。范寡嫂曰樊氏，有国色，范欲以配云。云辞曰："相与同姓，卿兄犹我兄。"固辞不许。时有

人劝云纳之，云曰："范迫降耳，心未可测；天下女不少。"遂不取。范果逃走，云无纤介。先是，与夏侯惇战于博望，生获夏侯兰。兰是云乡里人，少小相知，云白先主活之，荐兰明于法律，以为军正。云不用自近，其慎虑类如此。先主入益州，云领留营司马。此时先主孙夫人以权妹骄豪，多将吴吏兵，纵横不法。先主以云严重，必能整齐，特任掌内事。权闻备西征，大遣舟船迎妹，而夫人内欲将后主还吴，云与张飞勒兵截江，乃得后主还。

⑳《云别传》曰：益州既定，时议欲以成都中屋舍及城外园地桑田分赐诸将。云驳之曰："霍去病以匈奴未灭，无用家为，今国贼非但匈奴，未可求安也。须天下都定，各反桑梓，归耕本土，乃其宜耳。益州人民，初罹兵革，田宅皆可归还，今安居复业，然后可役调，得其欢心。"先主即从之。夏侯渊败，曹公争汉中地，运米北山下，数千万囊。黄忠以为可取，云兵随忠取米。忠过期不还，云将数十骑轻行出围，迎视忠等。值曹公扬兵大出，云为公前锋所击，方战，其大众至，势偪，遂前突其陈，且斗且却。公军败，已复合，云陷敌，还趣围。将张著被创，云复驰马还营迎著。公军追至围，此时沔阳长张翼在云围内，翼欲闭门拒守，而云入营，更大开门，偃旗息鼓。公军疑云有伏兵，引去。云雷鼓震天，惟以戎弩于后射公军，公军惊骇，自相蹂践，堕汉水中死者甚多。先主明旦自来至云营围视昨战处，曰："子龙一身都是胆也。"作乐饮宴至暝，军中号云为虎威将军。孙权袭荆州，先主大怒，欲讨权。云谏曰："国贼是曹操，非孙权也，且先灭魏，则吴自服。操身虽毙，子丕篡盗，当因众心，早图关中，居河、渭上流以讨凶逆，关东义士必裹粮策马以迎王师。不应置魏，先与吴战；兵势一交，不得卒解也。"先主不听，遂东征，留云督江州。先主失利于秭归，云进兵至永安，吴军已退。

㉑《云别传》曰：亮曰："街亭军退，兵将不复相录，箕谷军退，兵将初不相失，何故？"芝答曰："云身自断后，军资什物，略无所弃，兵将无缘相失。"云有军资余绢，亮使分赐将士，云曰："军事无利，何为有赐？其物请悉入赤岸府库，须十月为冬赐。"亮大善之。

㉒《云别传》载后主诏曰："云昔从先帝，功积既著。朕以幼冲，涉涂艰难，赖恃忠顺，济于危险。夫谥所以叙元勋也，外议云宜谥。"大将军姜维等议，以为云昔从先帝，劳绩既著，经营天下，遵奉法度，功效可书。当阳之役，义贯金石，忠以卫上，君念其赏；礼以厚下，臣忘其死。死者有知，足以不朽；生者感恩，足以殒身。谨按谥法，柔贤慈惠曰顺，执事有班曰平，克定祸乱曰平，应谥云曰顺平侯。

三国志卷三十七　蜀书七

庞统法正传第七

庞统字士元，襄阳人也。少时朴钝，未有识者。颍川司马徽清雅有知人鉴，统弱冠往见徽，徽采桑于树上，坐统在树下，共语自昼至夜。徽甚异之，称统当为南州士之冠冕，由是渐显。①后郡命为功曹。性好人伦，勤于长养。每所称述，多过其才，时人怪而问之，统答曰："当今天下大乱，雅道陵迟，善人少而恶人多。方欲兴风俗，长道业，不美其谭即声名不足慕企，不足慕企而为善者少矣。今拔十失五，犹得其半，而可以崇迈世教，使有志者自励，不亦可乎？"吴将周瑜助先主取荆州，因领南郡太守。瑜卒，统送丧至吴，吴人多闻其名。及当西还，并会昌门，陆绩、顾劭、全琮皆往。统曰："陆子可谓驽马有逸足之力，顾子可谓驽牛能负重致远也。"②谓全琮曰："卿好施慕名，有似汝南樊子昭。③虽智力不多，亦一时之佳也。"绩、劭谓统曰："使天下太平，当与卿共料四海之士。"深与统相结而还。

庞统字士元，襄阳人。年轻时为人朴诚钝实，没有人知道他的才能。颍川人司马徽高尚纯正，有知人之明。庞统二十岁时去拜访司马徽，司马徽在树上采摘桑叶，让庞统坐在树下，从白天一直交谈到晚上。司马徽对庞统感到非常惊异，称誉庞统在南郡士人中当是首屈一指的。从此庞统名声渐渐显露。后来郡里任命他为功曹。他生性喜好品评人物，对人多所奖誉劝励。每当他称赞某人，常对那人称赏过了头，当时人感到奇怪，问他，他总是回答说："现在天下大乱，正道衰微颓坏，好人少而坏人多。现在正需要兴起好的风俗，增强道德观念，不把他们说得好一些就不足以使人羡慕景仰，不足以使人羡慕景仰，做好事的人就少了。现在奖拔十人有五人失当，但还是能得到一半人，这一半人就可以促进世风教化，使有志者自我勉励。这不也是可以的吗？"吴国将领周瑜协助刘备夺取荆州之后，就做了南郡太守。周瑜死后，庞统送葬到吴国。吴国很多人听说庞统名声好，等到他要西返时，人们都会集到昌门为他送行，陆绩、顾劭、全琮等人都去了。庞统说："陆先生可以说是驽马但有余力，顾先生可以说是笨牛却能背重东西走远路。"对全琮说："您喜欢施舍仰慕声名，好像汝南郡的樊子昭。虽然智慧力量不足，却也是一代佼佼者。"陆绩、顾昭对庞统说："如果天下太平，要与您一起来估评天下名士。"他们与庞统结成深交才回去。

先主领荆州，统以从事守

刘备统领荆州时，庞统以州从事身份代理耒阳

耒阳令,在县不治,免官。吴将鲁肃遗先主书曰:"庞士元非百里才也,使处治中、别驾之任,始当展其骥足耳。"诸葛亮亦言之于先主,先主见与善谭,大器之,以为治中从事。④亲待亚于诸葛亮,遂与亮并为军师中郎将。⑤亮留镇荆州。统随从入蜀。

县令,但在县不理政事,被免了官。吴将鲁肃给刘备的信中说:"庞士元不是治理百里之地的人才,让他处在治中、别驾的职位上,才能施展他的良马之才。"诸葛亮也对刘备说起庞统。刘备接见庞统并与他交谈得十分投契,很器重他,任命他为治中从事。刘备亲热地厚待他,仅次于诸葛亮。从此庞统与诸葛亮同任军师中郎将。诸葛亮留守荆州,庞统跟随刘备入蜀。

益州牧刘璋与先主会涪,统进策曰:"今因此会,便可执之,则将军无用兵之劳而坐定一州也。"先主曰:"初入他国,恩信未著,此不可也。"璋既还成都,先主当为璋北征汉中,统复说曰:"阴选精兵,昼夜兼道,径袭成都;璋既不武,又素无预备,大军卒至,一举便定,此上计也。杨怀、高沛,璋之名将,各仗强兵,据守关头,闻数有笺谏璋,使发遣将军还荆州。将军未至,遣与相闻,说荆州有急,欲还救之,并使装束,外作归形;此二子既服将军英名,又喜将军之去,计必乘轻骑来见,将军因此执之,进取其兵,乃向成都,此中计也。退还白帝,连引荆州,徐还图之,此下计也。若沉吟不去,将致大困,不可久矣。"先主然其中计,即斩怀、沛,还向成都,所过辄克。于涪大会,置酒作乐,谓统曰:"今日之会,可谓乐矣。"统曰:"伐人之国而以为欢,非仁者之兵也。"先主醉,怒曰:"武王伐纣,前歌后舞,

益州牧刘璋与刘备在涪县会面时,庞统向刘备献计说:"今天趁这次相会,将刘璋捉拿。这样将军没有用兵的辛劳而能稳坐一州之地。"刘备说:"刚刚进入人家州郡内,恩德威信都没有树立,这样做是不行的。"刘璋回到成都后,刘备本当替刘璋北征汉中,庞统再次劝刘备说:"暗中挑选精干兵士,日夜兼程,抄小路袭击成都;刘璋既不勇武,又向来没有提防准备,大军突然到达,一举便可以平定,这是上策。杨怀、高沛,是刘璋的名将,各自依仗兵强,据守关卡。听说他们多次写信劝谏刘璋,要刘璋打发将军回荆州去。将军可趁此进军,当还未到他们驻地时,就派人告诉他们,说荆州有紧急事情,要回去救急,并让大家整理行装,表面上装着回归荆州的样子;这两人既佩服将军的英名,又高兴将军离去,估计必定会轻骑简从前来见您。将军趁这个机会捉住他们,进而收取他们的军队,向成都进军,这是中策。你退回白帝城,接着带领军队回荆州,慢慢地再做图谋,这是下策。如果犹豫不决,必将招来大难,不能再长时间拖延了。"刘备同意他的中策,就杀了杨怀、高沛,回师转向成都,所过之处都攻克下来。在涪县大会师时,设酒作乐,刘备对庞统说:"今天的聚会,可以说是快乐的了!"庞统说:"进攻别人的国家而以此作为欢乐,不是仁者的军队啊。"刘备喝醉了,发怒说:"武王讨伐商纣,前歌后舞,难道他不

非仁者邪？卿言不当，宜速起出！”于是统逡巡引退。先主寻悔，请还。统复故位，初不顾谢，饮食自若。先主谓曰：“向者之论，阿谁为失？”统对曰：“君臣俱失。”先主大笑，宴乐如初。[⑥]

是仁者吗？你的说法不妥当，应该快点起身出去！”于是庞统犹豫着抽身退去。刘备不久便后悔了，请庞统回来。庞统又回到了原来的座位上，开始并不回头谢罪，吃喝如常。刘备对他说：“刚才的谈论，谁有过错？”庞统回答说：“君王与臣下都有错。”刘备大笑，仍如开始时一样饮宴欢乐。

进围雒县，统率众攻城，为流矢所中，卒，时年三十六。先主痛惜，言则流涕。拜统父议郎，迁谏议大夫，诸葛亮亲为之拜。追赐统爵关内侯，谥曰靖侯。统子宏，字巨师，刚简有臧否，轻傲尚书令陈祗，为祗所抑，卒于涪陵太守。统弟林，以荆州治中从事参镇北将军黄权征吴，值军败，随权入魏，魏封列侯，至钜鹿太守。[⑦]

刘备进军围攻雒县，庞统率领兵士攻打城池，被流箭射中，去世，当时三十六岁。刘备痛心惋惜，说起来就伤心流泪。拜庞统的父亲为议郎，升为谏议大夫，诸葛亮亲自前去为他授官。追赐庞统为关内侯，封谥号为靖侯。庞统的儿子庞宏，字巨师，刚正耿直敢褒贬善恶，对尚书令陈祇轻视傲慢，被陈祇压抑，死在涪陵太守任上。庞统的弟弟庞林，以荆州治中从事的职位参与镇北将军黄权征伐东吴的战事，军队失败后，跟随黄权到了魏国，魏国封他为列侯，官至钜鹿太守。

法正字孝直，扶风郿人也。祖父真，有清节高名。[⑧]建安初，天下饥荒，正与同郡孟达俱入蜀依刘璋，久之为新都令，后召署军议校尉。既不任用，又为其州邑俱侨客者所谤无行，志意不得。益州别驾张松与正相善，忖璋不足与有为，常窃叹息。松于荆州见曹公还，劝璋绝曹公而自结先主。璋曰：“谁可使者？”松乃举正，正辞让，不得已而往。正既还，为松称说先主有雄略，密谋协规，愿共戴奉，而未有缘。后因璋闻曹公欲遣将征张鲁之有惧心也，松遂说璋宜迎先主，使之讨鲁，复令正衔命。正既宣旨，阴献策于先主曰：“以

法正字孝直，右扶风郿县人。祖父法真，有操守清廉的大名声。建安初年，全国发生饥荒，法正与同郡人孟达一起到蜀郡依附刘璋，很长时间后才做了新都县令，后来被征召代理军议校尉。他既不能受到重用，又被侨居蜀地的同乡人诽谤他品行不好，很不得志。益州别驾张松与法正相好，他们都认为不足以与刘璋有所作为，常常暗自叹息。张松在荆州会见曹操回来后，劝说刘璋与曹操断绝关系结交刘备。刘璋说：“谁可以做使者呢？”张松便荐举法正，法正推辞，推脱不得而前往。法正回来以后，对张松称赞刘备有雄才大略，秘密商议一同谋划，打算一起拥戴侍奉刘备，但是没有机会。后来因为刘璋听曹操要派将领征讨张鲁而心怀恐惧，张松便劝说刘璋应当迎接刘备，让刘备去征讨张鲁。刘璋再次命令法正奉命前去。法正说明刘璋的旨意后，私下向刘备献计说：“凭着将军的英才，利用刘璋的懦弱，张松是州中得力的助手，有他在城内响应，然后依据益州的富饶，凭借天府的险固，成就大业，好像

明将军之英才，乘刘牧之懦弱；张松，州之股肱，以响应于内；然后资益州之殷富，冯天府之险阻，以此成业，犹反掌也。”先主然之，泝江而西，与璋会涪。北至葭萌，南还取璋。

反掌一样容易啊。”刘备同意他的说法，沿长江逆流西上，与刘璋在涪县相会。刘备北到葭萌，然后回头南攻刘璋。

郑度说璋曰[9]：“左将军县军袭我，兵不满万，士众未附，野谷是资，军无辎重。其计莫若尽驱巴西、梓潼民内涪水以西，其仓廪野谷，一皆烧除，高垒深沟，静以待之。彼至，请战，勿许，久无所资，不过百日，必将自走。走而击之，则必禽耳。”先主闻而恶之，以问正。正曰：“终不能用，无可忧也。”璋果如正言，谓其群下曰：“吾闻拒敌以安民，未闻动民以避敌也。”于是黜度，不用其计。及军围雒城，正笺与璋曰：“正受性无术，盟好违损，惧左右不明本末，必并归咎，蒙耻没身，辱及执事，是以损身于外，不敢反命。恐圣听秽恶其声，故中间不有笺敬，顾念宿遇，瞻望悢悢。然惟前后披露腹心，自从始初以至于终，实不藏情，有所不尽，但愚暗策薄，精诚不感，以致于此耳。今国事已危，祸害在速，虽捐放于外，言足憎尤，犹贪极所怀，以尽余忠。明将军本心，正之所知也，实为区区不欲失左将军之意，而卒至于是者，左右不达英雄从事之道，谓可违信黩誓，而以意气相致，日

郑度劝刘璋说：“左将军刘备孤军来袭击我们，兵士不到万人，士人百姓还没有归附他。他只能在行军途中征集给养，军队缺乏武器物资。对付他的策略莫如驱赶巴西、梓潼两郡的全部百姓进入涪水以西的地方，将原来那里的仓库粮食一概烧毁清除，高高地筑起堡垒、深深地挖掘壕沟，静静地守着等待他的到来。他来到后，向我们请战，我们不应战，时间久了他们没有了所需要的物资，不过一百天，必定会自行逃跑。逃跑时再去追击，那么一定能擒住他。”刘备听说后十分痛恨郑度，拿这事去问法正。法正说：“这个计策最终不会被刘璋采用，没有什么可忧虑的。”刘璋果然像法正所说的那样，对他的群臣说：“我听说过以抵抗敌人来安定百姓，没有听说过用迁移百姓来躲避敌人的。”于是贬废郑度，不用他的计策。刘备的军队包围雒城时，法正写信给刘璋说：“我法正生性没有什么才能，现在盟誓友好的关系已被破坏，担心你左右的人不明了事情的原委真相，一定会全部归罪于我，使我蒙受耻辱送掉性命，连累你一起受辱，所以我舍身在外，不敢返回来复命。唯恐你恶烦讨厌听到我的声音，所以这期间没有写信向您表示敬意。回想过去您对我的知遇之恩，我遥望府城惆怅不已。然而思前虑后特向您表白我的心思，我从开始跟随您到最后，实在没有隐藏自己的真情，没有什么未说彻底的，只是因为我愚笨昏昧、智谋浅薄，我的精诚不能让您有所感悟，因此到了这种地步。现在国家已经危急，祸害就在眼前，虽然弃身放逐在外的人，言语足以使人憎恨埋怨，但我还是想把我心中所想到的尽量倾吐出来，以尽我最后的忠诚。您的本意，我法正是知道的，这就是小心谨慎实不想失去左将军，而终于到

月相迁，趋求顺耳悦目，随阿遂指，不图远虑为国深计故也。事变既成，又不量强弱之势，以为左将军县远之众，粮谷无储，欲得以多击少，旷日相持。而从关至此，所历辄破，离宫别屯，日自零落。雒下虽有万兵，皆坏陈之卒，破军之将，若欲争一旦之战，则兵将势力，实不相当。各欲远期计粮者，今此营守已固，谷米已积，而明将军土地日削，百姓日困，敌对遂多，所供远旷。愚意计之，谓必先竭，将不复以持久也。空尔相守，犹不相堪，今张益德数万之众，已定巴东，入犍为界，分平资中、德阳，三道并侵，将何以御之？本为明将军计者，必谓此军县远无粮，馈运不及，兵少无继。今荆州道通，众数十倍，加孙车骑遣弟及李异、甘宁等为其后继。若争客主之势，以土地相胜者，今此全有巴东，广汉、犍为，过半已定，巴西一郡，复非明将军之有也。计益州所仰惟蜀，蜀亦破坏；三分亡二，吏民疲困，思为乱者十户而八；若敌远则百姓不能堪役，敌近则一旦易主矣。广汉诸县，是明比也。又鱼复与关头实为益州福祸之门，今二门悉开，坚城皆下，诸军并破，兵将俱尽，而敌家数道并进，已入心腹，坐守都、雒，存亡之势，昭然可见。斯乃大略，其外较耳，其余

达这种地步的原因，是你左右的人不懂得英雄处事的原则，认为可以背弃信约违反誓言，而只以意气用事以致如此。随着时间的推移，大家趋向于追求顺耳之言悦目之事，随事迎合顺从意旨，这是不考虑将来替国家做长远打算的缘故。事变既已形成，又不能估量强弱差别的形势，以为左将军刘备孤军远征，没有储备粮草谷物，便想靠人多粮多来攻击人少粮少的军队，长久相持。但从白水关头到这里，刘备军所经过的地方都被攻破，各处行宫及各处军营，日趋零落。雒下虽有上万兵士，却都是败阵之兵，残军之将，如果要决战一时，那么兵马与将领的势力，双方实在是不相等的。若从长期相持所需粮食储备来考虑，现在这里营垒的守备已经巩固了，粮食已经积储了，而您的土地日益减少，百姓日益贫困，敌对势力便日益增加，人民所供给您的物质远不能及时。按我的估计，必定是您的粮食首先竭尽，将不再能持久了。只是这样地相持，您尚且不能坚持，现在张飞的数万人马，已经平定了巴东郡，进入了犍为郡的境内，又分兵平定了资中、德阳，三路一同进攻，您凭什么来抵御呢？原本那些替将军出计谋的人，一定说张飞的军队孤立在外没有粮食，运送粮草接济不上，兵少且没有兵员补充。现在至荆州的道路已经打通，人马增加了数十倍，加上孙权派遣他的弟弟以及李异、甘宁等人做刘备的后援。如果比较攻守两者间的形势，以土地来决定胜负的话，现在这里占有了整个巴东郡，广汉、犍为两郡，也大半都已平定，巴西郡也不再是将军所有了。我想益州现在所仰仗的只有蜀郡，但蜀郡也已被破坏，三分之中已经失去二分，官吏百姓疲惫困顿，想作乱的十户之中就有八户，如果在远处攻打敌人，老百姓则不能忍受远途运送军用物资的劳役，敌人临近了，老百姓便会一个早上就背离自己的旧主而迎立新主。广汉郡各县，就是明显的例子。又加之鱼复和关头确实是关系到益州生死存亡的门户，现在这两座门户已全部打开，坚固的城池都被攻下了，各路军马都被攻破，兵马将领都完了。而敌人数路

屈曲,难以辞极也。以正下愚,犹知此事不可复成,况明将军左右明智用谋之士,岂当不见此数哉?旦夕偷幸,求容取媚,不虑远图,莫肯尽心献良计耳。若事穷势迫,将各索生,求济门户,展转反覆,与今计异,不为明将军尽死难也,而尊门犹当受其忧。正虽获不忠之谤,然心自谓不负圣德,顾惟分义,实窃痛心。左将军从本举来,旧心依依,实无薄意。愚以为可图变化,以保尊门。”

军马齐头并进,已进入蜀郡心腹地带,您却死守成都、雒县,这个存亡的形势,已是清晰可见。这里所说的只是一个大概的情况,仅是表面的情况罢了。至于其他的复杂内情,还难以用言辞说透彻。根据我法正的愚蠢想法,尚且知道这件事不可能会再成功,何况将军左右的人聪明智慧、善于谋略,难道会看不到这种命运吗?他们只不过是苟且侥幸于一时,献媚讨好以求得容身,不考虑长远的谋划,不肯尽心献上良计罢了。如果事情发展到了尽头,情势逼迫,他们就会各自求生,只求保全自己的门户,他们会翻来覆去、反复无常,跟现在的打算不同,不会替将军尽忠死难,而您的一家还当承受这些忧患。我法正虽然蒙受了为人不忠的诽谤,然而自认为没有辜负你圣明的恩德。想到的只是名分与情义,实在私下里为您痛心。左将军刘备自从这次举动以来,仍旧情依依,确实没有薄情的意思。愚意以为您可以考虑改变主意,以保全您的家室。”

十九年,进围成都,璋蜀郡太守许靖将逾城降,事觉,不果。璋以危亡在近,故不诛靖。璋既稽服,先主以此薄靖不用也。正说曰:“天下有获虚誉而无其实者,许靖是也。然今主公始创大业,天下之人不可户说,靖之浮称,播流四海,若其不礼,天下之人以是谓主公为贱贤也。宜加敬重,以眩远近,追昔燕王之待郭隗。”先主于是乃厚待靖。⑩以正为蜀郡太守、扬武将军,外统都畿,内为谋主。一餐之德,睚眦之怨,无不报复,擅杀毁伤己者数人。或谓诸葛亮曰:“法正于蜀郡太纵横,将军宜启主公,抑其威福。”亮答曰:“主公之在公安也,北畏曹公之强,东

建安十九年,刘备进军包围成都。刘璋的蜀郡太守许靖想出城投降,事情被发觉,没有成功。刘璋因为危亡在即,没有杀许靖。刘璋投降以后,刘备因这事而轻视许靖不加任用。法正劝说道:“天下有获得虚名而并无其实的人,许靖就是这样的人。然而现在您才创建大业,凡事不能逐户地去向全国人解说。许靖的虚名,传扬于天下,如果对他不以礼相待,天下的人因此会说你轻视贤人。您应该加以敬重,以迷惑远近的人。您应追步从前燕昭王厚待郭隗的做法。”刘备于是厚待许靖。任法正为蜀郡太守、扬武将军,对外主管京都地区,在内充当主要谋士。法正对以前别人给一餐饭的恩德,怒目一视的怨愤,没有不报复的,他擅自杀了几个毁谤伤害过自己的人。有人对诸葛亮说:“法正在蜀郡过于骄横,将军应该告诉主公,抑制他这样作威作福。”诸葛亮回答说:“主公在公安时,北面畏惧曹操的强大,东面害怕孙权的逼迫,近处则担心孙夫人在身边发生事变。这个时候,进退两难,只有法孝直做主公的辅佐,使他翻飞翱翔,不再受他人的制约,现在

惮孙权之逼，近则惧孙夫人生变于肘腋之下；当斯之时，进退狼跋，法孝直为之辅翼，令翻然翱翔，不可复制，如何禁止法正使不得行其意邪！”初，孙权以妹妻先主，妹才捷刚猛，有诸兄之风，侍婢百余人，皆亲执刀侍立，先主每入，衷心常凛凛；亮又知先主雅爱信正，故言如此。⑪

怎么能禁止法正使他不能实现自己的意愿呢？”当初，孙权把妹妹嫁给刘备做妻子，这个妹妹才思敏捷、刚强勇猛，具有她的各位兄长的风度，她有奴婢一百多人，都亲自持刀侍立。刘备每次进入宫内，常常惊惧不安。诸葛亮又知道刘备非常喜爱法正，所以才这样说。

二十二年，正说先主曰：“曹操一举而降张鲁，定汉中，不因此势以图巴、蜀，而留夏侯渊、张郃屯守，身遽北还，此非其智不逮而力不足也，必将内有忧偪故耳。今策渊、郃才略，不胜国之将帅，举众往讨，则必可克。克之之日，广农积谷，观衅伺隙，上可以倾覆寇敌，尊奖王室，中可以蚕食雍、凉，广拓境土，下可以固守要害，为持久之计。此盖天以与我，时不可失也。”先主善其策，乃率诸将进兵汉中，正亦从行。二十四年，先主自阳平南渡沔水，缘山稍前，于定军兴势作营。渊将兵来争其地。正曰：“可击矣。”先主命黄忠乘高鼓噪攻之，大破渊军，渊等授首。曹公西征，闻正之策，曰：“吾故知玄德不办有此，必为人所教也。”⑫

建安二十二年，法正劝刘备说：“曹操一举便使张鲁投降，平定了汉中，但没有乘势攻取巴、蜀，留下夏侯渊、张郃驻守汉中，自己仓促返回北方，这并不是他的智谋不及和力量不足，一定是有内忧逼使他这样做。现在估量夏侯渊、张郃的才能谋略，不会超过我国的将帅，如果您率领全军去攻伐，一定能打败他们。到得胜之日，我们扩大农耕积蓄粮食，窥察可乘之机，上可以消灭敌人，尊崇和辅助汉王朝，中可以逐渐占领雍州、凉州，大大扩展国土，下可以坚守要害之地，做长久的打算。这大概是上天赐给我们的机会，时机不可错过啊!”刘备认为他的计谋好，便率领各路将军进兵汉中，法正也跟随前往。建安二十四年，刘备从阳平关南渡沔水，沿着山势逐渐前进，在定军山择险要地势建营。夏侯渊率领兵马来争夺这个地方。法正说：“可以出击了。”刘备命令黄忠登上高地擂鼓呐喊向敌人进攻，打败了夏侯渊的军队，夏侯渊等人被杀。曹公此时正在西征，听说了这是法正的计策，说：“我本来就知道刘玄德不具备这样的谋略，一定是别人教的。”

先主立为汉中王，以正为尚书令、护军将军。明年卒，时年四十五。先主为之流涕者累日。谥曰翼侯。赐子邈爵关内

刘备自立为汉中王，任法正为尚书令、护军将军。第二年，法正去世，时年四十五岁。刘备为他的死伤心落泪好几天。赐给法正翼侯的谥号。并赐他的儿子法邈为关内侯，官至奉车都尉、汉阳太守。诸

侯，官至奉车都尉、汉阳太守。诸葛亮与正，虽好尚不同，以公义相取。亮每奇正智术。先主既即尊号，将东征孙权以复关羽之耻，群臣多谏，一不从。章武二年，大军败绩，还住白帝。亮叹曰："法孝直若在，则能制主上，令不东行；就复东行，必不倾危矣。"⑬

葛亮与法正虽然各自的喜欢和崇尚不同，但从国家利益出发能相互取长补短。诸葛亮常常对法正的智慧谋略感到惊奇。刘备称帝以后，将要东征孙权来报复关羽被杀的耻辱，群臣都劝阻，刘备全不听从。章武二年蜀军大败，退回白帝城。诸葛亮叹息说："法孝直如果在世的话，就能制止主上，使他不向东进军；即使东征，也一定不会大败而回啊！"

评曰：庞统雅好人流，经学思谋，于时荆、楚谓之高俊。法正著见成败，有奇画策算，然不以德素称也。儗之魏臣，统其荀彧之仲叔，正其程、郭之俦俪邪！

评论说：庞统向来喜好品评人物，研究学问，思考谋划，当时在荆、楚一带被称为才智出众的人。法正能清楚地预见成败，有非凡的谋划策算才能，然而历来不是因为德行好而被人称颂。把他们和魏国的臣子相比，庞统大概是荀彧的兄弟辈，法正大概是程昱、郭嘉一类的人物吧！

---

①《襄阳记》曰：诸葛孔明为卧龙，庞士元为凤雏，司马德操为水镜，皆庞德公语也。德公，襄阳人。孔明每至其家，独拜床下，德公初不令止。德操尝造德公，值其渡沔，上祀先人墓，德操径入其室，呼德公妻子，使速作黍，"徐元直向云有客当来就我与庞公谭。"其妻子皆罗列拜于堂下，奔走供设。须臾，德公还，直入相就，不知何者是客也。德操年小德公十岁，兄事之，呼作庞公，故世人遂谓庞公是德公名，非也。德公子山民，亦有令名，娶诸葛孔明小姊，为魏黄门吏部郎，早卒。子涣，字世文，晋太康中为牂牁太守。统，德公从子也，少未有识者，惟德公重之，年十八，使往见德操。德操与语，既而叹曰："德公诚知人，此实盛德也。"

②张勃《吴录》曰：或问统曰："如所目，陆子为胜乎？"统曰："驽马虽精，所致一人耳。驽牛一日行三百里，所致岂一人之重哉！"劭就统宿，语，因问："卿名知人，吾与卿孰愈？"统曰："陶冶世俗，甄综人物，吾不及卿；论帝王之秘策，揽倚伏之要最，吾似有一日之长。"劭安其言而亲之。

③蒋济《万机论》云许子将褒贬不平，以拔樊子昭而抑许文休。刘晔曰："子昭拔自贾竖，年至耳顺，退能守静，进能不苟。"济答曰："子昭诚自长幼完洁，然观其臿齿牙，树颊胲，吐唇吻，自非文休敌也。"胲音改。

④《江表传》曰：先主与统从容宴语，问曰："卿为周公瑾功曹，孤到吴，闻此人密有白事，劝仲谋相留，有之乎？在君为君，卿其无隐。"统对曰："有之。"备叹息曰："孤时危急，当有所求，故不得不往，殆不免周瑜之手！天下智谋之士，所见略同耳。时孔明谏孤莫行，其意独笃，亦虑此也。孤以仲谋所防在北，当赖孤为援，故决意不疑。此诚出于险涂，非万全之计也。"

⑤《九州春秋》曰：统说备曰："荆州荒残，人物殚尽，东有吴孙，北有曹氏，鼎足之计，难以得志。今益州国富民强，户口百万，四部兵马，所出必具，宝货无求于外，今可权借以定大事。"备曰："今指与吾为水火者，曹操也，操以急，吾以宽；操以暴，吾以仁；操以谲，吾以忠；每与操反，事乃可成耳。今以小故而失信义于天下者，吾所不取也。"统曰："权变之时，固非一道所能定也。兼弱攻昧，五伯之事。逆取顺守，报之以义，

事定之后,封以大国,何负于信?今日不取,终为人利耳。”备遂行。

⑥习凿齿曰:夫霸王者,必体仁义以为本,仗信顺以为宗,一物不具,则其道乖矣。今刘备袭夺璋土,权以济业,负信违情,德义俱愆,虽功由是隆,宜大伤其败,譬断手全躯,何乐之有?庞统惧斯言之泄宣,知其君之必悟,故众中匡其失,而不修常谦之道,矫然太当,尽其蹇谔之风。夫上失而能正,是有臣也,纳胜而无执,是从理也;有臣则陛隆堂高,从理则群策毕举;一言而三善兼明,暂谏而义彰百代,可谓达乎大体矣。若惜其小失而废其大益,矜此过言,自绝远谠,能成业济务者,未之有也。臣松之以为谋袭刘璋,计虽出于统,然违义成功,本由诡道,心既内疚,则欢情自戢,故闻备称乐之言,不觉率尔而对也。备酣宴失时,事同乐祸,自比武王,曾无愧色,此备有非而统无失,其云“君臣俱失”,盖分谤之言耳。习氏所论,虽大旨无乖,然推演之辞,近为流宕也。

⑦《襄阳记》曰:林妇,同郡习祯妹。祯事在杨戏《辅臣赞》。曹公之破荆州,林妇与林分隔,守养弱女十有余年,后林随黄权降魏,始复集聚。魏文帝闻而贤之,赐床帐衣服,以显其义节。

⑧《三辅决录注》曰:真字高卿,少明《五经》,兼通谶纬,学无常师,名有高才。常幅巾见扶风守,守曰:“哀公虽不肖,犹臣仲尼,柳下惠不去父母之邦,欲相屈为功曹何如?”真曰:“以明府见待有礼,故四时朝觐,若欲吏使之,真将在北山之北南山之南矣。”扶风守遂不敢以为吏。初,真年未弱冠,父在南郡,步往候父,已欲去,父留之待正旦,使观朝吏会。会者数百人,真于窗中窥其与父语。毕,问真“孰贤”?真曰:“曹掾胡广有公卿之量。”其后广果历九卿三公之位,世以服真之知人。前后征辟,皆不就,友人郭正等美之,号曰玄德先生。年八十九,中平五年卒。正父衍,字季谋,司徒掾、廷尉左监。

⑨《华阳国志》曰:度,广汉人,为州从事。

⑩孙盛曰:夫礼贤崇德,为邦之要道,封墓式闾,先王之令轨,故必以体行英邈,高义盖世,然后可以延视四海,振服群黎。苟非其人,道不虚行。靖处室则友于不穆,出身则受位非所,语信则夷险易心,论识则殆为衅首,安在其可宠先而有以感致者乎?若乃浮虚是崇,偷薄斯荣,则秉直仗义之士,将何以礼之?正务眩惑之术,违贵尚之风,譬之郭隗,非其伦矣。臣松之以为郭隗非贤,犹以权计蒙宠,况文休名声夙著,天下谓之英伟,虽末年有瑕,而事不彰彻,若不加礼,何以释远近之惑乎?法正以靖方隗,未为不当,而盛以封墓式闾为难,何其迂哉!然则燕昭亦非,岂唯刘翁?至于友于不穆,失由子将,寻蒋济之论,知非文休之尤。盛又讥其受位非所,将谓仕于董卓。卓初秉政,显擢贤俊,受其策爵者森然皆是。文休为选官。在卓未至之前,后迁中丞,不为超越。以此为贬,则荀爽、陈纪之俦皆应摈弃于世矣。

⑪孙盛曰:夫威福自下,亡家害国之道,刑纵于宠,毁政乱理之源,安可以功臣而极其陵肆,嬖幸而藉其国柄者哉?故颠颉虽勤,不免违命之刑,杨干虽亲,犹加乱行之戮,夫岂不爱,王宪故也。诸葛氏之言,于是乎失政刑矣。

⑫臣松之以为蜀与汉中,其由唇齿也。刘主之智,岂不及此?将计略未展,正先发之耳。夫听用嘉谋以成功业,霸王之主,谁不皆然?魏武以为人所教,亦岂劣哉!此盖耻恨之余辞,非测实之当言也。

⑬先主与曹公争,势有不便,宜退,而先主大怒不肯退,无敢谏者。矢下如雨,正乃往当先主前,先主云:“孝直避箭。”正曰:“明公亲当矢石,况小人乎?”先主乃曰:“孝直,吾与汝俱去。”遂退。

三国志卷三十八 蜀书八

许麋孙简伊秦传第八

许靖字文休，汝南平舆人。少与从弟劭俱知名，并有人伦臧否之称，而私情不协。劭为郡功曹，排摈靖不得齿叙，以马磨自给。颍川刘翊为汝南太守，乃举靖计吏，察孝廉，除尚书郎，典选举。灵帝崩，董卓秉政，以汉阳周毖为吏部尚书，与靖共谋议，进退天下之士，沙汰秽浊，显拔幽滞。进用颍川荀爽、韩融、陈纪等为公、卿、郡守，拜尚书韩馥为冀州牧，侍中刘岱为兖州刺史，颍川张咨为南阳太守，陈留孔伷为豫州刺史，东郡张邈为陈留太守，而迁靖巴郡太守，不就，补御史中丞。馥等到官，各举兵还向京都，欲以诛卓。卓怒毖曰："诸君言当拔用善士，卓从君计，不欲违天下人心。而诸君所用人，至官之日，还来相图。卓何用相负！"叱毖令出，于外斩之。靖从兄陈相玚，又与伷合规，靖惧诛，奔伷。①伷卒，依扬州刺史陈祎。祎死，吴郡都尉许贡、会稽太守王朗素与靖有旧，故往保焉。靖收恤亲里，经纪振赡，出于仁厚。

许靖字文休，汝南郡平舆县人。年轻时和堂弟许劭都著名，同时具有品评褒贬人物的美称，但是两人感情不和。许劭任郡中功曹时，排斥许靖不让他与自己相提并论。许靖靠马拉磨维持生计。颍川人刘翊任汝南太守，于是推举许靖为计吏，推荐为孝廉，任命为尚书郎，主管选举。汉灵帝去世后，董卓执政，以汉阳人周毖担任吏部尚书，和许靖一起商量谋划，任用、黜退天下的人士，淘汰行为不正品质恶劣的人，提拔有才却被埋没无闻的人。任用颍川人荀爽、韩融、陈纪等人为公、卿、郡守，任命尚书韩馥为冀州牧，侍中刘岱为兖州刺史，颍川人张咨为南阳太守，陈留人孔伷为豫州刺史，东郡人张邈为陈留太守，而提升许靖为巴郡太守，许靖不去就职，改任为御史中丞。韩馥等人到任后，各自兴兵回攻京城，要讨伐董卓。董卓对周毖发怒说："你们说应当选拔任用天下的好人，我董卓听从你们的建议，不想违背天下人的意愿。可是你们所任用的人，到任之日，反而来谋害我。我哪一点对不起你们！"董卓大声呵斥周毖并命他出去，在外面斩了他。许靖的堂兄、陈国的相国许玚，又和孙伷共同谋划讨伐董卓，许靖害怕被杀，投奔孔伷。孔伷去世后，他投靠扬州刺史陈祎。陈祎去世后，吴郡都尉许贡、会稽太守王朗向来与许靖有交情，所以许靖前去投靠他们。许靖收容赈济亲戚和乡里人，负责救济，从仁义厚道出发。

孙策东渡江，皆走交州以避其难，靖身坐岸边，先载附从，疏亲悉发，乃从后去，当时见者莫不叹息。既至交阯，交阯太守士燮厚加敬待。陈国袁徽以寄寓交州，徽与尚书令荀彧书曰："许文休英才伟士，智略足以计事。自流宕已来，与群士相随，每有患急，常先人后己，与九族中外同其饥寒。其纪纲同类，仁恕恻隐，皆有效事，不能复一二陈之耳。"钜鹿张翔衔王命使交部，②乘势募靖，欲与誓要，靖拒而不许。靖与曹公书曰：

孙策东渡长江，人们都逃跑到交州以躲避灾难。许靖自己坐在岸边，先运走依附跟从他的人，疏的亲的都出发了，他自己才最后离去，当时看见的人没有哪个不赞叹。许靖到达交阯以后，交阯太守士燮对他格外敬重。陈国人袁徽因也寄居在交州，给尚书令荀彧写信说："许文休是个英俊奇伟的人才，他的智谋足以谋划大事。他自从流落以来，与士人们相随，每当有祸患急难，常常先考虑他人，然后才考虑自己，与九族内外的人一起忍饥受寒。他为人们做出表率，仁爱厚道具有同情心，都有事可以验证，不能再一一陈述了。"钜鹿人张翔奉君王之命出使交部，乘势招募许靖，想与他立誓结盟，许靖拒绝不答应。许靖给曹操写信说：

世路戎夷，祸乱遂合，驽怯偷生，自窜蛮貊，成阔十年，吉凶礼废。昔在会稽，得所贻书，辞旨款密，久要不忘。迫于袁术方命圮族，扇动群逆，津涂四塞，虽县心北风，欲行靡由。正礼师退，术兵前进，会稽倾覆，景兴失据，三江五湖，皆为虏庭。临时困厄，无所控告。便与袁沛、邓子孝等浮涉沧海，南至交州。经历东瓯、闽、越之国，行经万里，不见汉地，漂薄风波，绝粮茹草，饥殍荐臻，死者大半。既济南海，与领守兒孝德相见，知足下忠义奋发，整饬元戎，西迎大驾，巡省中岳。承此休问，且悲且憙，即与袁沛及徐元贤复共严装，欲北上荆州。会苍梧诸县夷、越蜂起，州府倾覆，道路阻绝，元贤被害，老弱并杀。靖寻循渚

时局动荡，发生了战争，祸患就格外集中。我愚笨胆小苟且偷生，自己逃到少数民族地区，已经阔别十年，向您贺吉吊凶的礼节早已停止。以前在会稽收到您赐的信，信中言辞亲切情意恳挚，在长久的贫困后我始终没有忘记。受袁术违背皇命残害人们，煽动叛逆，道路阻塞的逼迫，我虽然心里挂念着北方，想去却无路可走。正礼的军队后退，袁术的士兵前进，会稽郡被占领，景兴失去了根据地，三江五湖，都成为敌人的庭院。我面对这种时势穷愁困苦，无处控告。便和袁沛、邓子孝等人漂渡大海，南到交州。我等经过东瓯、闽、越等地，行程万里，不见汉王朝所管辖的土地，遭受漂泊之苦，断粮吃草，饿死的尸体接连出现，死的人有一大半。我们渡过南海以后，与兼任太守兒孝德相会，得知您忠义奋发，整治军队，西迎皇帝，巡视中岳嵩山。我听到这个好消息，又悲又喜，立即与袁沛、徐元贤一起再整装束，准备北上荆州。遇上苍梧郡各县的夷族、越族纷纷起事，州中官府被攻占，道路阻断，元贤被害，家中老弱都被杀戮。我随后沿着小州河岸走了五千多

岸五千余里，复遇疾疠，伯母陨命，并及群从，自诸妻子，一时略尽。复相扶侍，前到此郡，计为兵害及病亡者，十遗一二。生民之艰，辛苦之甚，岂可具陈哉！[③]惧卒颠仆，永为亡虏，忧瘁惨惨，忘寝与食。欲附奉朝贡使，自获济通，归死阙庭，而荆州水陆无津，交部驿使断绝。欲上益州，复有峻防，故官长吏，一不得入。前令交阯太守士威彦，深相分托于益州兄弟，又靖亦自与书，辛苦恳恻，而复寂寞，未有报应。虽仰瞻光灵，延颈企踵，何由假翼自致哉？

里，又遇上瘟疫，伯母丧命，连带一同跟来的人，各家妻室儿女，一时间差不多死尽。再相互扶持照顾，来到这个郡，总计前后被敌兵杀害或病死的人，十人中只剩下一二人了。人生的艰难，辛苦的程度，哪里能够全部陈述啊！我怕仓促之间倒下死去，永远是逃亡的罪人，忧郁劳苦，忘记了睡觉与吃饭。我想依附奉朝贡使，自己与朝廷取得联系，回到朝廷接受死刑，但荆州水陆都无路，到交部传递公文的使者也已中断。想上益州，又有严密的防守，新旧官员，都不能进入。以前曾请交阯太守士威彦，恳切地分别拜托益州兄弟，我也亲自给他们写信，言辞辛酸苦楚殷勤恳切，而仍然沉寂，没有得到回答。我虽然仰望皇上的圣光，伸长脖子踮起脚跟，从哪里借得翅膀使自己到达呢？

知圣主允明，显授足下专征之任，凡诸逆节，多所诛讨，想力竞者一心，顺从者同规矣。又张子云昔在京师，志匡王室，今虽临荒域，不得参与本朝，亦国家之藩镇，足下之外援也。[④]若荆、楚平和，王泽南至，足下忽有声命于子云，勤见保属，令得假途由荆州出，不然，当复相绍介于益州兄弟，使相纳受。倘天假其年，人缓其祸，得归死国家，解逋逃之负，泯躯九泉，将复何恨！若时有险易，事有利钝，人命无常，陨没不达者，则永衔罪责，入于裔土矣。

我知道圣主公正明察，公开地授予你出兵专征的重任，所有不守法度的人，大多被你讨伐诛杀，想必那些奋力争雄的人已经齐心，顺从归附的人已经同德。另外，张子云以前在京城，立志辅佐朝廷，现在虽身在荒远之地，不能参与朝政，但他也是国家的地方长官，你的外援啊。如果荆楚地方平安无事，圣上的恩泽向南延伸，你立即对他发布命令，尽量保护多方照看，使我能借路从荆州出来，不然的话，当再次向益州兄弟引见，让他们接纳。如果上天让我长寿，人事又能缓行祸难，能够回到国家接受死刑，解除逃亡的罪责，我即使葬身于九泉之下，又有什么遗憾呢？就像时势有险恶与太平，事情有顺利和蹇滞一样，人的命运也没有规律，若死而不能实现自己的意愿，那么将永远背负罪责，埋入边远的地方了。

昔营邱翼周，杖钺专征，博陆佐汉，虎贲警跸。[⑤]今日足下扶危持倾，为国柱石，秉师望之任，兼霍光之重，五侯九

从前营邱吕望辅佐周朝，拿着杖钺独掌征伐大权；博陆侯霍光辅助西汉，拥有勇士侍卫。现在你扶持危险倾覆的局面，成为国家的柱石，拥有师尚父吕望那样的权力，兼有霍光那样的威重，五侯九伯，

伯，制御在手，自古及今，人臣之尊未有及足下者也。夫爵高者忧深，禄厚者责重。足下据爵高之任，当责重之地，言出于口，即为赏罚，意之所存，便为祸福。行之得道，即社稷用宁；行之失道，即四方散乱。国家安危，在于足下；百姓之命，县于执事。自华及夷，颙颙注望。足下任此，岂可不远览载籍废兴之由，荣辱之机，弃忘旧恶，宽和群司，审量五材，为官择人？苟得其人，虽仇必举；苟非其人，虽亲不授。以宁社稷，以济下民，事立功成，则系音于管弦，勒勋于金石，愿君勉之！为国自重，为民自爱。

控制在手，从古到今，臣子的尊贵没有人赶得上你了。爵位高的人忧虑深，俸禄厚的人责任重。你承担爵位高的责任，又处于责任重大的地位，话从你口中说出来就成为赏罚，你想到了什么，便是祸福。实行得正确，国家就因此而安宁；实行得不正确，四方就因此而散乱。国家的安危，取决于你；百姓的性命，掌握在你手中。从汉族到少数民族，都满怀敬仰期待你。你担当如此重任，怎能不阅览先前书籍中所记载的兴盛灭亡的缘由，光荣和耻辱的要点，捐弃忘怀前嫌旧恶，宽厚平和地对待百官，考查勇、智、仁、信、忠，为国家选择人才呢？如果得到那样的人，即使是仇人也一定要举荐任用；如果不是那样的人，即使是亲属也不授予官职。因而使国家安宁，百姓得救，事业成功功勋卓著，那么，便可以用管弦谱写乐曲，在金石上镌刻功德，愿你勉励！为了国家珍重自己，为了民众爱护自己。

翔恨靖之不自纳，搜索靖所寄书疏，尽投之于水。

张翔恨许靖不接受自己的盟约，搜出许靖所托的信件和奏议，全部把它们投入水中。

后刘璋遂使使招靖，靖来入蜀。璋以靖为巴郡、广汉太守。南阳宋仲子于荆州与蜀郡太守王商书曰："文休倜傥瑰玮，有当世之具，足下当以为指南。"⑥建安十六年，转在蜀郡。⑦十九年，先主克蜀，以靖为左将军长史。先主为汉中王，靖为太傅。及即尊号，策靖曰："朕获奉洪业，君临万国，夙宵惶惶，惧不能绥。百姓不亲，五品不逊，汝作司徒，其敬敷五教，在宽。君其勖哉！秉德无怠，称朕意焉。"

后来刘璋派使者邀请许靖，许靖来到了西蜀。刘璋以许靖任巴郡、广汉郡太守。南阳人宋仲子在荆州给蜀郡太守王商写信说："许文休卓越豪迈，有为官的才干，你应当把他当作指南。"建安十六年，调任到蜀郡。十九年，刘备攻克蜀地，让许靖担任左将军长史。刘备任汉中王，许靖担任太傅。刘备即帝位后，给许靖下诏书说："我继承大业，治理全国，从早到晚，心神不定，担心不能使国家安宁。百姓不亲近，人伦不和顺，你担任司徒，一定要认真地实行五个方面的教化，关键在宽和。你要努力啊！坚守德操，不要懈怠，让我称心如意。"

靖虽年逾七十，爱乐人物，诱纳后进，清谈不倦。丞相诸葛亮皆为之拜。章武二年

许靖虽然年过七十，仍喜爱人才，招引接纳后辈，言谈清雅不知疲倦。丞相诸葛亮都对他行礼。章武二年去世。儿子许钦，比许靖早死。许钦的儿子许

卒。子钦，先靖夭没。钦子游，景耀中为尚书。始靖兄事颍川陈纪，与陈郡袁涣、平原华歆、东海王朗等亲善，歆、朗及纪子群，魏初为公辅大臣，咸与靖书，申陈旧好，情义款至，文多故不载。⑧

游，在景耀年间担任尚书。起初许靖像对待兄长一样对待颍川人陈纪，和陈郡人袁涣、平原郡人华歆、东海郡人王朗等人关系密切友好，华歆、王朗和陈纪的儿子陈群，在曹魏初年担任三公辅佐大臣，都给许靖写信，申述以前的友好关系，情义诚挚恳切。文章长，所以不载录。

麋竺字子仲，东海朐人也。祖世货殖，僮客万人，赀产钜亿。⑨后徐州牧陶谦辟为别驾从事。谦卒，竺奉谦遗命，迎先主于小沛。建安元年，吕布乘先主之出拒袁术，袭下邳，虏先主妻子。先主转军广陵海西，竺于是进妹于先主为夫人，奴客二千，金银货币以助军资；于时困匮，赖此复振。后曹公表竺领嬴郡太守，⑩竺弟芳为彭城相，皆去官，随先主周旋。先主将适荆州，遣竺先与刘表相闻，以竺为左将军从事中郎。益州既平，拜为安汉将军，班在军师将军之右。竺雍容敦雅，而干翮非所长。是以待之以上宾之礼，未尝有所统御。然赏赐优宠，无与为比。

麋竺字子仲，东海郡朐县人。祖先世代经商，奴仆一万多人，资产数亿。后来徐州牧陶谦征召他为别驾从事。陶谦去世，麋竺遵照陶谦的遗命，到小沛迎接刘备。建安元年，吕布乘刘备外出抗拒袁术之机，袭击下邳，俘虏了刘备的妻子儿女。刘备把军队转移到广陵海西县，麋竺于是把自己的妹妹献给刘备做夫人，还有奴仆二千人，金银货币，用以资助军费；当时刘备困厄匮乏，靠这些资金再次振作起来。后来曹公上表推荐麋竺兼任嬴郡太守，麋竺的弟弟麋芳担任彭城的相国，他们都弃官而去，跟随刘备四处奔波。刘备将要去荆州，派麋竺先去与刘表联系，让麋竺为左将军从事中郎。益州平定以后，任命他为安汉将军，等级在军师将军之上。麋竺从容大方厚重文雅，但充当辅佐不是他的长处。因此刘备虽以上宾之礼对待他，却从没有让他管理政务。然而赏赐优厚，无人可比。

芳为南郡太守，与关羽共事，而私好携贰，叛迎孙权，羽因覆败。竺面缚请罪，先主慰谕以兄弟罪不相及，崇待如初。竺惭恚发病，岁余卒。子威，官至虎贲中郎将。威子照，虎骑监。自竺至照，皆便弓马，善射御云。

麋芳担任南郡太守，和关羽共事，而暗怀二心，叛变迎接孙权，关羽因此覆灭失败。麋竺当面反绑着双手来请罪，刘备安慰他说，兄弟的罪互不连及，厚待如初。麋竺惭愧气愤发病，一年多后去世。儿子麋威，官至虎贲中郎将。麋威的儿子麋照，任虎骑监。从麋竺到麋照，都熟悉弓马，善于射箭骑马。

孙乾字公祐，北海人也。先主领徐州，辟为从事，⑪后随

孙乾字公祐，北海郡人。刘备兼任徐州刺史时，征召他为从事，后来跟随刘备奔波。刘备背叛曹公

从周旋。先主之背曹公,遣乾自结袁绍,将适荆州,乾又与麋竺俱使刘表,皆如意指。后表与袁尚书,说其兄弟分争之变,曰:"每与刘左将军、孙公祐共论此事,未尝不痛心入骨,相为悲伤也。"其见重如此。先主定益州,乾自从事中郎为秉忠将军,见礼次麋竺,与简雍同等。顷之,卒。

后,派孙乾主动去结交袁绍,将到荆州去,孙乾又和麋竺一起出访刘表,这些事都合乎刘备的心愿。后来刘表给袁尚写信,说到他们兄弟争斗的变故,说:"每次与刘左将军、孙公祐一起谈论这些事,没有不痛心入骨,为之悲伤的。"他被人如此看重。刘备平定益州,孙乾由从事中郎担任秉忠将军,他受到的礼遇次于麋竺,与简雍同等。不久孙乾去世。

简雍字宪和,涿郡人也。少与先主有旧,随从周旋。先主至荆州,雍与麋竺、孙乾同为从事中郎,常为谈客,往来使命。先主入益州,刘璋见雍,甚爱之。后先主围成都,遣雍往说璋,璋遂与雍同舆而载,出城归命。先主拜雍为昭德将军。优游风议,性简傲跌宕,在先主坐席,犹箕踞倾倚,威仪不肃,自纵适;诸葛亮已下则独擅一榻,项枕卧语,无所为屈。时天旱禁酒,酿者有刑。吏于人家索得酿具,论者欲令与作酒者同罚。雍与先主游观,见一男女行道,谓先主曰:"彼人欲行淫,何以不缚?"先主曰:"卿何以知之?"雍对曰:"彼有其具,与欲酿者同。"先主大笑,而原欲酿者。雍之滑稽,皆此类也。⑫

简雍字宪和,涿郡人。年轻时与刘备有交情,跟随刘备四处奔波。刘备到荆州,简雍和麋竺、孙乾同为从事中郎,常常做说客,往来执行使命。刘备进入益州,刘璋看见简雍,非常喜爱他。后来刘备包围成都,派简雍去劝说刘璋,刘璋便与简雍同坐一辆车,出城投降。刘备任命简雍为昭德将军。简雍悠然自得地讽谏议论,性情简慢孤傲,行为不检束,在刘备的坐席面前,还像簸箕一样坐着(两脚伸直岔开,两手据膝)身体斜倚,仪容举止不恭,自我放纵;在诸葛亮以下的人面前只有他独占一榻,头靠枕头躺着说话,不觉得有任何理亏。当时天旱,蜀国禁止酿酒,酿酒的人要受刑。有官吏在某人家里找出了酿酒的器具,参与讨论的人要让他和酿酒的人受同等处罚。简雍和刘备一同游览观赏,看见一男一女在路上走,他对刘备说:"那两人将要做淫乱的事,为什么不捆起来?"刘备说:"你怎么知道的?"简雍回答说:"他们都有做淫乱的事的器具,与想酿酒的人相同。"刘备大笑,宽恕了想酿酒的人。简雍的滑稽,都像这一类事。

伊籍字机伯,山阳人。少依邑人镇南将军刘表。先主之在荆州,籍常往来自托。表卒,遂随先主南渡江,从入益州。益州既定,以籍为左将军从事

伊籍字机伯,山阳郡人。年轻时依靠本镇人镇南将军刘表。刘备在荆州时,伊籍曾经自行前来投靠。刘表去世后,他便跟随刘备南渡长江,跟着进入益州。益州平定后,刘备让伊籍担任左将军从事中

中郎，见待亚于简雍、孙乾等。遣东使于吴，孙权闻其才辩，欲逆折以辞。籍适入拜，权曰：“劳事无道之君乎？”籍既对曰：“一拜一起，未足为劳。”籍之机捷，类皆如此，权甚异之。后迁昭文将军，与诸葛亮、法正、刘巴、李严共造《蜀科》；《蜀科》之制，由此五人焉。

郎，待遇仅次于简雍、孙乾等人。又派他向东出使吴国，孙权听说他富有才华，善于辩说，准备以言辞折服他。正好伊籍进来拜见，孙权说：昏君烦劳你侍奉吗？”伊籍立即回答说：“一拜一起，不算劳苦。”伊籍的机智敏捷，大约都如此，孙权非常惊异。后来升为昭文将军，与诸葛亮、法正、刘巴、李严等人共同制订《蜀科》；《蜀科》的制订，就靠这五个人。

秦宓字子勑，广汉绵竹人也。少有才学，州郡辟命，辄称疾不往。奏记州牧刘焉，荐儒士任定祖曰：“昔百里、蹇叔以耆艾而定策，甘罗、子奇以童冠而立功，故《书》美黄发，而《易》称颜渊，固知选士用能，不拘长幼，明矣。乃者以来，海内察举，率多英隽而遗旧齿，众论不齐，异同相半，此乃承平之翔步，非乱世之急务也。夫欲救危抚乱，修己以安人，则宜卓荦超伦，与时殊趣，震惊邻国，骇动四方，上当天心，下合人意；天人既和，内省不疚，虽遭凶乱，何忧何惧！昔楚叶公好龙，神龙下之，好伪彻天，何况于真？今处士任安，仁义直道，流名四远，如令见察，则一州斯服。昔汤举伊尹，不仁者远，何武贡二龚，双名竹帛，故贪寻常之高而忽万仞之嵩，乐面前之饰而忘天下之誉，斯诚往古之所重慎也。甫欲凿石索玉，剖蚌求珠，今乃随、和炳然，有如皎日，复何疑哉？诚知昼不操烛，日有余光，

秦宓字子勑，广汉郡绵竹县人。年轻时有才学，州府和郡里征召他，他总是称病不去。他向州牧刘焉上书，推荐儒生任定祖说：“从前百里奚、蹇叔在年老时制定安国大策，甘罗、子奇在年少时便立下功劳，所以《尚书》赞美老人，而《易经》称颂颜渊，可见选拔人才、使用人才，不要局限于年长年幼，是明明白白的。近时以来，国家察举人才，总是重视英俊少年而遗忘了有德望的老人。大家的议论不一致，赞同和反对各占一半，这只是太平时代的祥瑞行动，而不是乱世时的急事。如果想救助危亡整顿混乱，修养自己以使他人得到安宁，那么就应该卓越超群，和当世人志趣不同，使邻国震动，惊骇四方，上应天意，下合人心；天人和谐了，反省自己不内疚，即使遭受凶险动乱，又忧愁惧怕什么呢？以前楚国的叶公喜欢龙，神龙真的下来了，喜好假龙尚能通达上天，更何况是喜欢真龙呢？现在处士任安，仁义正派，闻名遐迩，如果让他受察举，那么一州的人就心服了。从前商汤提拔伊尹，不仁的人就远离了；何武推荐二龚，二龚双双名垂青史。所以贪求寻常的高度而忽视万仞的崇高，喜欢面前的装饰因而忘记天下的赞誉，这的确是古时格外慎重的事。你正想凿石求玉，剖蚌求珠，而现在随侯珠、和氏璧光彩夺目，如同明亮的太阳，又还有什么疑虑呢？我确实明白白天不用点蜡烛，太阳自有余光，但我还是情

但愚情区区，贪陈所见。”[13]

刘璋时，宓同郡王商为治中从事，与宓书曰：“贫贱困苦，亦何时可以终身？卞和衔玉以耀世，宜一来，与州尊相见。”宓答书曰：“昔尧优许由，非不弘也，洗其两耳；楚聘庄周，非不广也，执竿不顾。《易》曰‘确乎其不可拔’，夫何衒之有？且以国君之贤，子为良辅，不以是时建萧、张之策，未足为智也。仆得曝背乎陇亩之中，诵颜氏之箪瓢，咏原宪之蓬户，时翱翔于林泽，与沮、溺之等俦，听玄猿之悲吟，察鹤鸣于九皋，安身为乐，无忧为福，处空虚之名，居不灵之龟，知我者希，则我贵矣。斯乃仆得志之秋也，何困苦之戚焉！”后商为严君平、李弘立祠，宓与书曰：“疾病伏匿，甫知足下为严、李立祠，可谓厚党勤类者也。观严文章，冠冒天下，由、夷逸操，山岳不移，使扬子不叹，固自昭明。如李仲元不遭《法言》，令名必沦，其无虎豹之文故也，可谓攀龙附凤者矣。如扬子云潜心著述，有补于世，泥蟠不滓，行参圣师，于今海内，谈咏厥辞。邦有斯人，以耀四远，怪子替兹，不立祠堂。蜀本无学士，文翁遣相如东受七经，还教吏民，于是蜀学比于齐、鲁。故《地里志》曰：‘文翁倡其教，相如为之师。’汉家得士，盛于其世；仲舒之

意恳切、贪婪地向你陈述了我的见解。”

刘璋执政时，秦宓同郡的王商担任治中从事，给秦宓写信说：“你贫贱困苦，什么时候可以了结？卞和怀有宝玉沿街叫卖，闻名于世，你应该来一次，与州里的行政长官见见面。”秦宓回信说：“以前唐尧以为许由比自己优秀，心怀不是不恢弘，但许由清洗他的双耳；楚庄王聘请庄周为相，楚国不是不广大，但庄周拿着钓竿不回头。《易经》说‘确实啊，它是不能改变的’，有什么值得炫耀的呢？况且国君贤明，你作为好的辅佐，不在这时制定张良、萧何那样的策略，不能说是明智的。我能够在田亩之中晒太阳，吟诵着颜回‘箪食瓢饮’的语句，咏叹着原宪蓬草为门的清贫，不时在山林池泽中翱翔，与长沮、桀溺等人为伴，聆听黑猿的悲吟，察辨仙鹤在湖泽中的鸣叫，身安就是乐，无忧就是福，处在空虚的地方，像普通的龟一样生活，知道我的人少，那么我就尊贵了。这正是我得志的时候，有什么困苦忧愁呢！”后来王商替严君平、李弘建立祠堂，秦宓给他写信说：“我因病重深居不出，才知道你为严君平、李弘建立祠堂，这可以说是对同类人士的尊崇敬重了。我看严君平的文章，超过天下人，有许由、伯夷那样的高洁情操，像山岳一样坚定不移，就算扬雄不加赞叹，严君平也光彩夺目。李仲元如果不遇上《法言》，他的美名必定沦丧，这是因为他没有像虎豹那样的文采，可以说他是攀龙附凤的人了。像扬子云这样的人专心著述，对世道有所补益，犹如蟠困泥泞之中却没有变黑，品行可与圣师同列，时至今日全国上下，仍在谈论诵读他的文章。国家有这样的人，可以炫耀四方，我感到奇怪的是你废弃这样的人，不给他立祠堂。蜀地本来没有学士，文翁派司马相如东去长安学习七经，回来教育官吏百姓，于是蜀学可与齐、鲁相比。因此《地理志》说：‘文翁倡导教化，相如是教化之师。’汉朝拥有人才，这个时期兴盛一些；董仲舒这类人，不通晓封禅，是司马

徒，不达封禅，相如制其礼。夫能制礼造乐，移风易俗，非礼所秩有益于世者乎！虽有王孙之累，犹孔子大齐桓之霸，公羊贤叔术之让。仆亦善长卿之化，宜立祠堂，速定其铭。”

相如制定了封禅的礼仪。能够制礼作乐，移风易俗，这不是礼中规定的于世道有好处的秩序吗？虽然有卓王孙的牵累，但司马相如还是像孔子称赞齐桓公的称霸天下、《公羊传》赞美叔术的谦让一样，值得表彰。我也推崇司马长卿的教化，应该替他立祠堂，赶快确定铭文。”

先是，李权从宓借《战国策》，宓曰：“战国从横，用之何为？”权曰：“仲尼、严平，会聚众书，以成《春秋》、《指归》之文，故海以合流为大，君子以博识为弘。”宓报曰：“书非史记周图，仲尼不采；道非虚无自然，严平不演。海以受淤，岁一荡清；君子博识，非礼不视。今战国反覆仪、秦之术，杀人自生，亡人自存，经之所疾。故孔子发愤作《春秋》，大乎居正，复制《孝经》，广陈德行。杜渐防萌，预有所抑，是以老氏绝祸于未萌，岂不信邪！成汤大圣，睹野鱼而有猎逐之失，定公贤者，见女乐而弃朝事，⑭若此辈类，焉可胜陈。道家法曰：‘不见所欲，使心不乱。’是故天地贞观，日月贞明；其直如矢，君子所履。《洪范》记灾，发于言貌，何战国之谲权乎哉？”

这以前，李权向秦宓借《战国策》，秦宓说：“战国时代的纵横之术，用它干什么？”李权说：“仲尼、严平，收集众多书籍，写成《春秋》、《指归》这样的书，所以海洋因为汇合水流而变大了，君子以广闻博识而变得恢弘。”秦宓回信说：“书籍不是史书记载和周代图书，仲尼不采用；道不讲虚无自然，严平不推演。大海因为容纳了淤泥污浊，每年必须荡涤一次；君子广泛阅览，不合礼的不看。现在战国盛行的是张仪、苏秦的权术，杀死人家让自己活着，灭亡人家让自己生存，这是经书所痛恨的。所以孔子发愤写作《春秋》，推崇居于正道的做法，又著《孝经》，大量陈述德行。防微杜渐，预先有所抑制，因此老子把祸患杜绝在没有萌发时，难道不是正确的吗？成汤是大圣人，看见野鱼就有了打猎的过失；定公贤明，看见女乐工就荒弃了朝中的事务。像这一类人，怎么可以说得完。道家的法则说：‘不见想要的，使心里不乱。’因此天地把居于正位的显示出来，日月居于正位就明亮；正直如箭，是君子所应实践履行的。《洪范》记载灾异，从言语和外貌上入手，哪里像战国时的欺诈权变呢？”

或谓宓曰：“足下欲自比于巢、许、四皓，何故扬文藻见瑰颖乎？”宓答曰：“仆文不能尽言，言不能尽意，何文藻之有扬乎？昔孔子三见哀公，言成七卷，事盖有不可嘿嘿也。⑮接舆行且歌，论家以光篇；渔

有人对秦宓说：“你想自比巢父、许由、四皓，为什么要显扬文采表现珍奇突出的才能呢？”秦宓回答说：“我文不能尽言，言不能尽意，有什么文采可以显扬呢？以前孔子三次见鲁哀公，言论集成七卷，事情大概有不能沉默不语的。接舆边走边唱歌，著书的人以此来光耀自己的篇章；渔父歌咏沧浪水，

父咏沧浪，贤者以耀章。此二人者，非有欲于时者也。夫虎生而文炳，凤生而五色，岂以五采自饰画哉？天性自然也。盖《河》、《洛》由文兴，六经由文起，君子懿文德，采藻其何伤！以仆之愚，犹耻革子成之误，况贤于己者乎！”[16]

贤明的人以此来使自己的文章生辉。这两个人，不是对这个时代有什么欲望。虎一出生纹彩就显明，凤一出生就有五彩颜色，哪里是用五彩来自我修饰呢？是天性自然。大概《河图》、《洛书》因为文采而兴盛，六经因为文采而兴起，君子有美好的文才和德行，文采辞藻有什么伤害呢！以我这样的愚笨，尚且对革子成的错误说法感到羞耻，更何况比我更贤明的人呢！”

先主既定益州，广汉太守夏侯纂请宓为师友祭酒，领五官掾，称曰仲父。宓称疾，卧在第舍，纂将功曹古朴、主簿王普，厨膳即宓第宴谈，宓卧如故。纂问朴曰：“至于贵州养生之具，实绝余州矣，不知士人何如余州也？”朴对曰：“乃自先汉以来，其爵位者或不如余州耳，至于著作为世师式，不负于余州也。严君平见黄、老作《指归》，扬雄见《易》作《太玄》，见《论语》作《法言》，司马相如为武帝制封禅之文，于今天下所共闻也。”纂曰：“仲父何如？”宓以簿击颊，[17]曰：“愿明府勿以仲父之言假于小草，民请为明府陈其本纪。蜀有汶阜之山，江出其腹，帝以会昌，神以建福，故能沃野千里。[18]淮、济四渎，江为其首，此其一也。禹生石纽，今之汶山郡是也。[19]昔尧遭洪水，鲧所不治，禹疏江决河，东注于海，为民除害，生民已来功莫先者，此其二也。天帝布治房心，决政参伐，参伐则益州分野，三皇乘祗车出谷口，今之斜谷是

刘备平定益州以后，广汉太守夏侯纂请秦宓担任师友祭酒，并任五官掾，称为仲父。秦宓说有病，躺在家里，夏侯纂带领功曹古朴、主簿王普，并携带膳食到秦宓的住处设宴交谈，秦宓照旧躺在床上。夏侯纂问古朴说：“至于你们州的养生方法，确实是远远超出其他州，不知道你们州的读书人与其他州相比怎么样？”古朴回答说：“从先汉以来，士人中有爵位的或许不如其他州，至于著书立说做世人榜样的人，不比其他州差。严君平看了黄帝、老子而作《指归》，扬雄看了《易经》就作《太玄》，看了《论语》而作《法言》，司马相如替汉武帝创制封禅的文章，这在当今是天下人都听说了的。”夏侯纂说：“仲父怎么样？”秦宓用记事的笏板敲打面颊说：“请你不要用仲父这样的称呼假借到小民身上，小民请求向你陈述本始原委。蜀地有汶阜山，长江从它的腹地流出，上帝把昌盛集中在这里，神明在此地营建幸福，所以此地能够成为沃野千里。淮水、济水等四条河流，长江是它们的头，这是其一。禹出生于石纽，就是现在的汶山郡。以前尧遭遇洪水，鲧不能治理，禹疏通长江、黄河，使它们东入大海，为民除害，自从有人类以来功劳没有超过他的，这是其二。上帝整治房星和心星，决策参星和伐星，参星和伐星就是益州的分野，三皇乘坐尊贵的车子从谷口出来，这个谷口就是今天的斜谷。这便是我们州的方方面

也。[20]此便鄙州之阡陌，明府以雅意论之，何若于天下乎？"于是纂逡巡无以复答。

益州辟宓为从事祭酒。先主既称尊号，将东征吴，宓陈天时必无其利，坐下狱幽闭，然后贷出。建兴二年，丞相亮领益州牧，选宓迎为别驾，寻拜左中郎将、长水校尉。吴遣使张温来聘，百官皆往饯焉。众人皆集而宓未往，亮累遣使促之，温曰："彼何人也？"亮曰："益州学士也。"及至，温问曰："君学乎？"宓曰："五尺童子皆学，何必小人！"温复问曰："天有头乎？"宓曰："有之。"温曰："在何方也？"宓曰："在西方。《诗》曰：'乃眷西顾。'以此推之，头在西方。"温曰："天有耳乎？"宓曰："天处高而听卑，《诗》云：'鹤鸣于九皋，声闻于天。'若其无耳，何以听之？"温曰："天有足乎？"宓曰："有。《诗》云：'天步艰难，之子不犹。'若其无足，何以步之？"温曰："天有姓乎？"宓曰："有。"温曰："何姓？"宓曰："姓刘。"温曰："何以知之？"答曰："天子姓刘，故以此知之。"温曰："日生于东乎？"宓曰："虽生于东而没于西。"答问如响，应声而出，于是温大敬服。宓之文辩，皆此类也。迁大司农，四年卒。初宓见帝系之文，五帝皆同一族，宓辨其不然之本。又论皇帝王霸豢

面，你以高雅的意趣来评论这些，与天下其他州相比怎么样呢？"这时夏侯纂犹疑不定无话可答。

益州征召秦宓担任从事祭酒。刘备称帝以后，将东征吴国，秦宓陈述说时机必对蜀军不利，因此获罪下狱禁闭，后来宽赦放出。建兴二年，丞相诸葛亮兼任益州牧，选择秦宓担任别驾，不久任命他为左中郎将、长水校尉。吴国派遣使者张温来访问，文武百官都去饯行。大家都聚集在那里而秦宓没有去，诸葛亮多次派人催促他，张温说："他是什么人？"诸葛亮回答说："益州的学士。"等到秦宓到达，张温问他说："你读书吗？"秦宓回答说："五尺高的小孩子都读书，何况小人我呢？"张温又问他说："天有头吗？"秦宓回答说："有头。"张温说："在哪个方向？"秦宓："在西方。《诗经》上说：'于是回眸向西看。'由此推论，头在西方。"张温说："天有耳朵吗？"秦宓说："天处在高处而听得到低处，《诗经》说：'鹤在沼泽地上鸣叫，声音让天也听到了。'如果天没有耳朵，怎么听呢？"张温说："天有脚吗？"秦宓说："有。《诗经》说：'天的步子很艰难，你不要迟疑。'如果天没有脚，怎么行走呢？"张温说："天有姓吗？"秦宓说："有。"张温说："姓什么？"秦宓说："姓刘。"张温说："你怎么知道的？"回答说："天子姓刘，所以知道天也姓刘。"张温说："太阳不是从东边出来吗？"秦宓说："虽然从东边出来但在西边落下。"他的回答如同回响，应声而出，于是张温非常敬重佩服他。秦宓的文辞口才，都像这一类。升为大司农，建兴四年去世。当初秦宓看见记载帝王谱系的文章，五帝都同为一族，秦宓辨别它不是这样的。他又论述皇

龙之说，甚有通理。谯允南少时数往谘访，纪录其言于《春秋然否论》，文多故不载。

帝王霸豢养龙的传说，很有通达的理论。谯允南年轻时多次前往请教拜访，在《春秋然否论》里记录他的言论，文章长，所以不载录。

评曰：许靖夙有名誉，既以笃厚为称，又以人物为意，虽行事举动，未悉允当，蒋济以为"大较廊庙器"也。[21]麋竺、孙乾、简雍、伊籍，皆雍容风议，见礼于世。秦宓始慕肥遁之高，而无若愚之实。然专对有余，文藻壮美，可谓一时之才士矣。

评论说：许靖素来有名誉，既以笃实厚道被称颂，又以喜好人才为意趣，虽然做事行动，并不全都恰当，蒋济认为"大体上是治国的人才"。麋竺、孙乾、简雍、伊籍，都从容大方地讽谏议论，被世人所推崇。秦宓当初仰慕隐退的高节，但没有大智若愚之实。然而他应对有余，文辞壮美，可说是一时的才智之士了。

---

①《蜀记》云：靖后自表曰："党贼求生，情所不忍；守官自危，死不成义。窃念古人当难诡常，权以济其道。"

②《万机论》云：翔字元凤。

③臣松之以为孔子称"贤者避世，其次避地"，盖贵其识见安危，去就得所也。许靖羁客会稽，闾阎之士，孙策之来，于靖何为？而乃泛万里之海，入疫疠之乡，致使尊弱涂炭，百罹备经，可谓自贻矣。谋臣若斯，难以言智。孰若安时处顺，端拱吴、越，与张昭、张纮之俦同保元吉者哉？

④子云名津，南阳人，为交州刺史。见《吴志》。

⑤《汉书·霍光传》曰："光出都肄郎羽林，道上称警跸。"未详虎贲所出也。

⑥《益部耆旧传》曰：商字文表，广汉人，以才学称，声问著于州里。刘璋辟为治中从事。是时王涂隔绝，州之牧伯犹七国之诸侯也，而璋懦弱多疑，不能党信大臣。商奏记谏璋，璋颇感悟。初，韩遂与马腾作乱关中，数与璋父焉交通信，至腾子超复与璋相闻，有连蜀之意。商谓璋曰："超勇而不仁，见得不思义，不可以为唇齿。《老子》曰：'国之利器，不可以示人。'今之益部，士美民丰，宝物所出，斯乃狡夫所欲倾覆，超等所以西望也。若引而近之，则由养虎，将自遗患矣。"璋从其言，乃拒绝之。荆州牧刘表及儒者宋忠咸闻其名，遗书与商叙致殷勤。许靖号为臧否，至蜀，见商而称之曰："设使商生于华夏，虽王景兴无以加也。"璋以商为蜀郡太守。成都禽坚有至孝之行，商表其墓，追赠孝廉。又与严君平、李弘立祠作铭，以旌先贤。修学广农，百姓便之。在郡十载，卒于官，许靖代之。

⑦《山阳公载记》曰：建安十七年，汉立皇子熙为济阴王，懿为山阳王，敦为东海王。靖闻之曰："'将欲歙之，必固张之；将欲取之，必固与之'。其孟德之谓乎！"

⑧《魏略》：王朗与文休书曰："文休足下：消息平安，甚善甚善。岂意脱别三十余年而无相见之缘乎！诗人比一日之别于岁月，岂况悠悠历累纪之年者哉！自与子别，若没而复浮，若绝而复连者数矣。而今而后，居升平之京师，攀附于飞龙之圣主；侪辈略尽，幸得老与足下并为遗种之叟，而相去数千里，加有邅蹇之隔，时闻消息于风声，托旧情于思想，眇眇异处，与异世无以异也。往者随军到荆州，见邓子孝、桓元将，粗闻足下动静，云夫子既在益州，执职领郡，德素规矩，老而不堕。是时侍宿武皇帝于江陵刘景升听事之上，共道足下于通夜，拳拳饥渴，诚无已也。自天子在东宫，及即位之后，每会群

贤，论天下髦隽之见在者，岂独人尽易为英，士鲜易取最，故乃猥以原壤之朽质，感夫子之情听；每叙足下，以为谋首，岂其注意，乃复过于前世，《书》曰‘人惟求旧’，《易》称‘同声相应，同气相求’，刘将军之与大魏，兼而两之，总此二义。前世邂逅，以同为睽，非武皇帝之旨；顷者蹉跌，其泰而否，亦非足下之意也。深思《书》、《易》之义，利结分于宿好，故遣降者送吴所献致名马、貂、罽，得因无嫌。道初开通，展叙旧情，以达声问。久阔情慉，非夫笔墨所能写陈，亦想足下同其志念。今者，亲生男女凡有几人？年并几何？仆连失一男一女，今有二男：大儿名肃，年二十九，生于会稽；小儿裁岁余。临书怆恨，有怀缅然。”

又曰：“过闻‘受终于文祖’之言于《尚书》。又闻‘历数在躬，允执其中’之文于《论语》。岂自意得于老耄之齿，正值天命受于圣主之会，亲见三让之弘辞，观众瑞之总集，睹升堂穆穆之盛礼，瞻燔燎焜曜之青烟；于时忽自以为处唐、虞之运，际于紫微之天庭也。徒慨不得携子之手，共列于廿有二子之数，以听有唐‘钦哉’之命也。子虽在裔土，想亦极目而回望，侧耳而遐听，延颈而鹤立也。昔汝南陈公初拜，不依故常，让上卿于李元礼。以此推之，吾宜退身以避子位也。苟得避子以窃让名，然后缓带委质，游谈于平、勃之间，与子共陈往时避地之艰辛，乐酒酣燕，高谈大噱，亦足遗忧而忘老。捉笔陈情，随以喜笑。”

又曰：“前夏有书而未达，今重有书，而并致前问。皇帝既深悼刘将军之早世，又愍其孤之不易，又惜使足下孔明等士人气类之徒，遂沈溺于羌夷异种之间，永与华夏乖绝，而无朝聘中国之期缘，瞻睎故土桑梓之望也，故复运慈念而劳仁心，重下明诏以发德音，申敕朗等，使重为书与足下等。以足下聪明，揆殷勤之圣意，亦足悟海岱之所常在，知百川之所宜注矣。昔伊尹去夏而就殷，陈平违楚而归汉，犹曜德于阿衡，著功于宰相。若足下能弼人之遗孤，定人之犹豫，去非常之伪号，事受命之大魏，客主兼不世之荣名，上下蒙不朽之常耀，功与事并，声与勋著，考其绩效，足以超越伊、吕矣。既承诏旨，且服旧之情，情不能已。若不言足下之所能，陈足下之所见，则无以宣明诏命，弘光大之恩，叙宿昔梦想之思。若天启众心，子导蜀意，诚此意有携手之期。若险路未夷，子谋不从，则惧声问或否，复面何由！前后二书，言每及斯，希不切然有动于怀。足下周游江湖，以暨南海，历观夷俗，可谓遍矣；想子之心，结思华夏，可谓深矣。为身择居，犹愿中土；为主择安，岂可以不系意于京师，而持疑于荒裔乎？详思愚言，速示还报也。”

⑨《搜神记》曰：竺尝从洛归，未达家数十里，路傍见一妇人，从竺求寄载。行可数里，妇谢去，谓竺曰：“我天使也，当往烧东海麋竺家，感君见载，故以相语。”竺因私请之，妇曰：“不可得不烧。如此，君可驰去，我当缓行，日中火当发。”竺乃还家，遽出财物，日中而火大发。

⑩《曹公集》载公表曰：“泰山郡界广远，旧多轻悍，权时之宜，可分五县为嬴郡，拣选清廉以为守将。偏将军麋竺，素履忠贞，文武昭烈，请以竺领嬴郡太守，抚慰吏民。”

⑪《郑玄传》云：玄荐乾于州。乾被辟命，玄所举也。

⑫或曰：雍本姓耿，幽州人语谓耿为简，遂随音变之。

⑬《益部耆旧传》曰：安，广汉人。少事聘士杨厚，究极图籍，游览京师，还家讲授，与董扶俱以学行齐声。郡请功曹，州辟治中别驾，终不久居。举孝廉茂才，太尉载辟，除博士，公车征，皆称疾不就。州牧刘焉表荐安味精道度，厉节高邈，揆其器量，国之元宝，宜处弼疑之辅，以消非常之咎。玄纁之礼，所宜招命。王涂隔塞，遂无聘命。年七十九，建安七年卒，门人慕仰，为立碑铭。后丞相亮问秦宓以安所长，宓曰：“记人之善，忘人之过。”

⑭臣松之案：书传鲁定公无善可称。宓谓之贤者，浅学所未达也。

⑮刘向《七略》曰：孔子三见哀公，作《三朝记》七篇，今在《大戴礼》。臣松之案：《中经部》有《孔子三朝》八卷，一卷目录，余者所谓七篇。

⑯臣松之案：今《论语》作棘子成。子成曰：“君子质而已

矣,何以文为!”屈于子贡之言,故谓之误也。

⑰簿,手版也。

⑱《河图括地象》曰:岷山之地,上为东井络,帝以会昌,神以建福,上为天井。

左思《蜀都赋》曰:远则岷山之精,上为井络,天地运期而会昌,景福肸蠁而兴作。

⑲《帝王世纪》曰:鲧纳有莘氏女曰志,是为脩已。上山行,见流星贯昴,梦接意感,又吞神珠,臆圯胸折,而生禹于石纽。

谯周《蜀本纪》曰:禹本汶山广柔县人也,生于石纽,其地名刳儿坪,见《世帝纪》。

⑳《蜀记》曰:三皇乘祇车出谷口。未详宓所由知为斜谷也。

㉑《万机论》论许子将曰:许文休者,大较廊庙器也,而子将贬之。若实不贵之,是不明也;诚令知之,盖善人也。

三国志卷三十九 蜀书九

董刘马陈董吕传第九

董和字幼宰，南郡枝江人也，其先本巴郡江州人。汉末，和率宗族西迁，益州牧刘璋以为牛鞞、江原长、成都令。蜀土富实，时俗奢侈，货殖之家，侯服玉食，婚姻葬送，倾家竭产。和躬率以俭，恶衣蔬食，防遏逾僭，为之轨制，所在皆移风变善，畏而不犯。然县界豪强惮和严法，说璋转和为巴东属国都尉。吏民老弱相携乞留和者数千人。璋听留二年，还迁益州太守，其清约如前。与蛮夷从事，务推诚心，南土爱而信之。

董和字幼宰，南郡枝江县人，他的祖先本来是巴郡江州人。东汉末年，董和率领宗族向西迁移，益州牧刘璋让他担任牛鞞县、江原县的县长、成都的县令。蜀地富有，时俗奢侈，商人家庭，穿着像王侯一样，食物用玉器盛着吃，婚姻丧葬，耗尽所有的家产。董和亲自带头节俭，穿粗劣衣服，吃蔬菜淡饭，防止超过规定，为此制定规章制度，他所管辖的地方都风气转化、习俗变好，人们畏惧而不违犯。然而县里的豪强害怕董和的严厉法规，劝说刘璋调董和担任巴东属国的都尉。数千名年老体弱的官吏平民手拉着手请求留下董和。刘璋同意让董和留任了两年，回来后提升为益州太守，他还和以前一样清廉简约。和少数民族打交道，尽量开诚布公，南边的人爱戴信任他。

先主定蜀，征和为掌军中郎将，与军师将军诸葛亮并署左将军大司马府事，献可替否，共为欢交。自和居官食禄，外牧殊域，内干机衡，二十余年，死之日家无儋石之财。亮后为丞相，教与群下曰："夫参署者，集众思广忠益也。若远小嫌，难相违覆，旷阙损矣。违覆而得中，犹弃弊跻而获珠玉。然人心苦不能尽，惟徐元直处兹不惑，又董幼宰参署七年，事有不至，至于十反，来相

刘备平定蜀地，征召董和担任掌军中郎将，与军师将军诸葛亮共同主持左将军大司马幕府中的事务，进献可行的意见，废除不可行的想法，两个人成为很好的朋友。董和自为官享受俸禄以来，在外则统治异域，在内则管辖机要，有二十多年，死时家里没有两石米粟的财产。诸葛亮后来担任丞相，教诲群臣说："府里设置参谋僚佐的目的，在于集合众人的智慧、收到更大更好的效果。如果为了避免细小的嫌疑，便难于提出自己的不同意见来反复商讨，事业就会遭受损失。提出不同意见反复商讨而且能找到适合的办法，犹如丢弃破旧的草鞋而获得珠玉。然而人心不能都做到这点，只有徐庶遇到这种情况不迷惑，还有董和在府里工作七年，事情有办理得不周到的，他反复提意见达到十余次，来启

启告。苟能慕元直之十一，幼宰之殷勤，有忠于国，则亮可少过矣。”又曰：“昔初交州平，屡闻得失，后交元直，勤见启诲，前参事于幼宰，每言则尽，后从事于伟度，数有谏止；虽姿性鄙暗，不能悉纳，然与此四子终始好合，亦足以明其不疑于直言也。”其追思和如此。[1]

发劝告。如果大家能做到徐庶的十分之一，像董和那样诚恳认真，忠于国家，那么我诸葛亮就可以减少过错了。”又说：“以前，我开始与崔州平交往时，多次从他那里了解到我的过失，后来结交了徐庶，经常被他开导教诲，以前与董和共事，他每次说话都毫无保留，后来与胡济共事，他也屡次有所谏诤劝阻；我虽然天性浅薄不明智，不能全部采纳他们的劝谏，然而我与这四个人始终相处得很好，也足以证明他们是敢于直言，不存疑虑的。”诸葛亮是如此地追念董和。

刘巴字子初，零陵烝阳人也。少知名，[2]荆州牧刘表连辟，及举茂才，皆不就。表卒，曹公征荆州。先主奔江南，荆、楚群士从之如云，而巴北诣曹公。曹公辟为掾，使招纳长沙、零陵、桂阳。[3]会先主略有三郡，巴不得反使，遂远适交阯，[4]先主深以为恨。

刘巴字子初，零陵郡烝阳县人。年少时就出了名，荆州牧刘表多次征召他，推荐他为茂才，他都不接受。刘表去世，曹公进攻荆州。刘备逃往江南，荆、楚地方的很多人士如云一样跟从刘备，刘巴却往北投奔曹公。曹公征召他为掾，派他招降长江、零陵、桂阳三郡。恰好刘备占领了这三个郡，刘巴不能回朝复命，便远走交阯，刘备为此感到很遗憾。

巴复从交阯至蜀。[5]俄而先主定益州，巴辞谢罪负，先主不责。[6]而诸葛孔明数称荐之，先主辟为左将军西曹掾。[7]建安二十四年，先主为汉中王，巴为尚书，后代法正为尚书令。躬履清俭，不治产业，又自以归附非素，惧见猜嫌，恭默守静，退无私交，非公事不言。[8]先主称尊号，昭告于皇天上帝后土神祇，凡诸文诰策命，皆巴所作也。章武二年卒。卒后，魏尚书仆射陈群与丞相诸葛亮书，问巴消息，称曰刘君子初，甚敬重焉。[9]

刘巴又从交阯来到蜀地。不久，刘备平定了益州，刘巴请求赦免他的罪过，刘备没有责怪他。诸葛亮屡次称赞、推荐刘巴，刘备任命他为左将军西曹掾。建安二十四年，刘备为汉中王，刘巴任尚书，后来代替法正任尚书令。他清廉俭约，不经营家业，加上自己认为归附刘备并非本来的意愿，害怕被猜忌怀疑，便恭谨沉默，退朝在家没有私人朋友，不是公事不开口。刘备称帝，向皇天上帝后土神灵祭告，所有的文、诰、策、命，都是刘巴所作。章武二年去世。去世后，魏国尚书仆射陈群给诸葛亮写信，探问刘巴的情况，称呼他为“刘君子初”，非常敬重他。

马良字季常，襄阳宜城人也。兄弟五人，并有才名，乡里

马良字季常，襄阳郡宜城县人。兄弟五个，都有才名，乡里因此有谚语说：“马氏五常，白眉毛的最

为之谚曰:“马氏五常,白眉最良。”良眉中有白毛,故以称之。先主领荆州,辟为从事。及先主入蜀,诸葛亮亦从后往,良留荆州,与亮书曰:“闻雒城已拔,此天祚也。尊兄应期赞世,配业光国,魄兆见矣。[10]夫变用雅虑,审贵垂明,于以简才,宜适其时。若乃和光悦远,迈德天壤,使时闲于听,世服于道,齐高妙之音,正郑、卫之声,并利于事,无相夺伦,此乃管弦之至,牙、旷之调也。虽非钟期,敢不击节!”先主辟良为左将军掾。

良。”马良的眉毛中有白毛,所以这样称呼他。刘备兼任荆州牧,征举他为从事。刘备进兵蜀地,诸葛亮也随后入蜀,马良则留在荆州,他给诸葛亮写信说:“听说雒城已被攻克,这是天赐之福。您顺应时势辅佐君主,功配前人光耀国家,这一征兆已经显示出来了。抓住机遇,深思熟虑,审度明察,选拔人才,应该适应时势。至于才华深藏不露、使远方之人愉悦,施仁德于天下,使人们习惯于听从命令,服从事理,统一高雅美妙的音乐,纠正郑、卫的淫声,二者都对事情有利,不要搞乱了秩序,这就是最好的音乐,是伯牙、师旷的格调。我虽然不是钟子期,怎能不击节叫好!”刘备征召马良为左将军掾。

后遣使吴,良谓亮曰:“今衔国命,协穆二家,幸为良介于孙将军。”亮曰:“君试自为文。”良即为草曰:“寡君遣掾马良通聘继好,以绍昆吾、豕韦之勋。其人吉士,荆楚之令,鲜于造次之华,而有克终之美,愿降心存纳,以慰将命。”权敬待之。

后来马良被派遣出使吴国,他对诸葛亮说:“现在我接受国家使命,协调蜀、吴两国的友好关系,希望您能将我介绍给孙将军。”诸葛亮说:“你自己试着写篇文书。”马良立即起草说:“我们君主派遣他的属官马良前来通问修好,以承继昆吾、豕韦的功勋。他是好男儿,荆楚一带的优秀人才,虽缺少在仓促中能言善辩的才华,却有善始善终的美德。希望你屈尊接待,使他完成使命。”孙权恭敬地接待了他。

先主称尊号,以良为侍中。及东征吴,遣良入武陵招纳五溪蛮夷,蛮夷渠帅皆受印号,咸如意指。会先主败绩于夷陵,良亦遇害。先主拜良子秉为骑都尉。

刘备称帝,以马良为侍中。东征吴国时,派马良到武陵郡招抚五溪地区的少数民族,少数民族的首领都接受了官印、封号,他的工作完全合刘备的意愿。恰遇刘备在夷陵大败,马良也遇难。刘备任马良的儿子马秉为骑都尉。

良弟谡,字幼常,以荆州从事随先主入蜀,除绵竹成都令、越嶲太守。才器过人,好论军计,丞相诸葛亮深加器异。先主临薨谓亮曰:“马谡言过其实,不可大用,君其察之!”

马良的弟弟马谡,字幼常,以荆州从事的身份跟随刘备进入蜀地,担任绵竹县、成都县的县令,越嶲郡的太守。他气度过人,喜欢议论军事谋略,丞相诸葛亮对他特别器重。刘备临终时对诸葛亮说:“马谡言过其实,不可重用,你要认真考虑我的话!”诸

亮犹谓不然，以谡为参军，每引见谈论，自昼达夜。⑪

葛亮还认为马谡不是这样的人，任命马谡为参军，每次接见谈话，经常从白天持续到黑夜。

建兴六年，亮出军向祁山，时有宿将魏延、吴壹等，论者皆言以为宜令为先锋，而亮违众拔谡，统大众在前，与魏将张郃战于街亭，为郃所破，士卒离散。亮进无所据，退军还汉中。谡下狱物故，亮为之流涕。良死时年三十六，谡年三十九。⑫

建兴六年，诸葛亮向祁山进军，当时有作战经验丰富的老将魏延、吴壹等人，议论的人都说应该以他们为先锋，而诸葛亮违背众人的意见提拔马谡，让他统率大军在前，与魏国将领张郃在街亭交战，结果被张郃打败，士兵离散。诸葛亮进军没有了依托，只得退兵回汉中。马谡下狱而死，诸葛亮为此流泪。马良死时三十六岁，马谡死时三十九岁。

陈震字孝起，南阳人也。先主领荆州牧，辟为从事，部诸郡，随先主入蜀。蜀既定，为蜀郡北部都尉，因易郡名，为汶山太守，转在犍为。建兴三年，入拜尚书，迁尚书令，奉命使吴。七年，孙权称尊号，以震为卫尉，贺权践阼。诸葛亮与兄瑾书曰："孝起忠纯之性，老而益笃，及其赞述东西，欢乐和合，有可贵者。"震入吴界，移关候曰："东之与西，驿使往来，冠盖相望，申盟初好，日新其事。东尊应保圣祚，告燎受符，剖判土宇，天下响应，各有所归。于此时也，以同心讨贼，则何寇不灭哉！西朝君臣，引领欣赖。震以不才，得充下使，奉聘叙好，践界踊跃，入则如归。献子适鲁，犯其山讳，《春秋》讥之。望必启告，使行人睦焉。即日张旍诰众，各自约誓。顺流漂疾，国典异制，惧或有违，幸必斟诲，示其所宜。"震到武昌，孙权与震升坛歃盟，

陈震字孝起，南阳郡人。刘备担任荆州牧时召他为从事，管辖各郡。后来跟随刘备进入蜀地。蜀地平定后，担任蜀郡北部都尉，因改了郡名，担任汶山郡太守，转任犍为郡太守。建兴三年，被授予尚书之职，升任尚书令，奉命出使吴国。建兴七年，孙权称帝，刘备以陈震为卫尉，去恭贺孙权登基。诸葛亮给他的哥哥诸葛瑾写信说："孝起忠诚纯正的性情，老来更加坚定，至于他沟通东吴和西蜀的关系，使之欢乐和合，有他的可贵之处。"陈震进入吴国的边界，给守关官吏的公文说："东吴和西蜀，车马使者来往，官吏络绎不绝，恢复当初的友好关系，使两国关系日新月异。东面的君主应该保有帝位，向上天祭祀祷告接受符命，划分疆土，天下响应，使各有所归。在这个时候，同心讨伐敌人，有什么样的侵略者不能消灭呢！西蜀的君臣，翘首以待。陈震无才，得以充任使者，奉使聘问表达良好祝愿，踏上你们的国界便欢欣奋发，进入吴国如同回到家一样。范献子到鲁国，冒犯了鲁国的山讳，《春秋》指责他。希望你们一定告诉我，使使者与你们和睦相处。我当天张设旗帜，告诫众人，各自发誓遵守条约。我顺流而下，来得很快，国家的典章制度有所不同，恐怕有所违犯，希望一定斟酌教诲，告诉我应该如何做。"陈震到了武昌，孙权与陈震登上高坛，歃血结盟，平分

交分天下：以徐、豫、幽、青属吴，并、凉、冀、兖属蜀，其司州之土，以函谷关为界。震还，封城阳亭侯。九年，都护李平坐诬罔废；诸葛亮与长史蒋琬、侍中董允书曰："孝起前临至吴，为吾说正方腹中有鳞甲，乡党以为不可近。吾以为鳞甲者但不当犯之耳，不图复有苏、张之事出于不意。可使孝起知之。"十三年，震卒。子济嗣。

天下：以徐州、豫州、幽州、青州属吴国，并州、凉州、冀州、兖州属蜀国，司州的土地，以函谷关为界。陈震回国后，被封为城阳亭侯。建兴九年，都护李平因犯欺骗罪被废，诸葛亮给长史蒋琬、侍中董允的信中说："孝起以前临去吴国的时候，对我说李平肚里有鳞甲，乡里人以为不可接近。我以为有鳞甲只是不可触犯罢了，没有料想到又有苏秦、张仪那样的事情意外出现。可以使孝起知道这件事。"建兴十三年，陈震去世，其子陈济继承爵位。

董允字休昭，掌军中郎将和之子也。先主立太子，允以选为舍人，徙洗马。后主袭位，迁黄门侍郎。丞相亮将北征，住汉中，虑后主富于春秋，朱紫难别，以允秉心公亮，欲任以宫省之事。上疏曰："侍中郭攸之、费祎、侍郎董允等，先帝简拔以遗陛下，至于斟酌规益，进尽忠言，则其任也。愚以为宫中之事，事无大小，悉以咨之，必能裨补阙漏，有所广益。若无兴德之言，则戮允等以彰其慢。"亮寻请祎为参军，允迁为侍中，领虎贲中郎将，统宿卫亲兵。攸之性素和顺，备员而已。[13]献纳之任，允皆专之矣。允处事为防制，甚尽匡救之理。后主常欲采择以充后宫，允以为古者天子后妃之数不过十二，今嫔嫱已具，不宜增益，终执不听。后主益严惮之。尚书令蒋琬领益州刺史，上疏以让费祎及允，又表："允

董允字休昭，是掌军中郎将董和的儿子。刘备立太子，董允被选中担任舍人，后调任洗马。刘禅继位，他升任黄门侍郎。丞相诸葛亮将率军北征，住在汉中，考虑到刘禅年纪太轻，是非难以辨别，认为董允心性正直诚信，光明磊落，想让他在王宫内的官署任职，便给刘禅上奏议说："侍中郭攸之、费祎、侍郎董允等人，先帝选拔他们留给陛下，至于权衡取舍斟酌损益，进献忠诚之言，是他们的责任。我以为宫中的事情，无论大小，都询问他们，一定能补缺塞漏，有所启发和帮助。如果没有建德的言论，那就惩罚他们，以表明他们工作怠慢。"诸葛亮不久即请费祎担任参军，董允升为侍中，兼任虎贲中郎将，统领在宫中担任警卫的亲兵。郭攸之生性和顺，不过在官署中凑个数而已。提出和采纳意见的责任，由董允一人负责。董允处理事情，制定防备措施，很是尽到了匡正救危的责任。刘禅常想选择美女充实后宫，董允以为古时天子的后妃之数不超过十二人，现在宫廷女官已经齐备，不应再增加，终于执意不听从刘禅。刘禅更加尊敬、害怕他。尚书令蒋琬兼任益州刺史，上奏议推崇费祎和董允，又上表说："董

内侍历年，翼赞王室，宜赐爵土以褒勋劳。”允固辞不受。后主渐长大，爱宦人黄皓。皓便辟佞慧，欲自容入。允常上则正色匡主，下则数责于皓。皓畏允，不敢为非。终允之世，皓位不过黄门丞。

允在朝廷内供职多年，辅佐朝廷，应该赐给爵号土地以褒扬他的功劳。”董允坚决推辞不肯接受。刘禅渐渐长大，喜欢宦官黄皓。黄皓逢迎谄媚、巧言聪慧，想自我容饰以进入朝廷。董允常常上朝时则端庄严肃地匡扶刘禅，下朝后则屡次指责黄皓。黄皓害怕董允，不敢干坏事。一直到董允去世，黄皓的职位也没有超过黄门丞。

允尝与尚书令费祎、中典军胡济等共期游宴，严驾已办，而郎中襄阳董恢诣允修敬。恢年少官微，见允停出，逡巡求去，允不许，曰：“本所以出者，欲与同好游谈也，今君已自屈，方展阔积，舍此之谈，就彼之宴，非所谓也。”乃命解骖，祎等罢驾不行。其守正下士，凡此类也。[14]延熙六年，加辅国将军。七年，以侍中守尚书令，为大将军费祎副贰。九年，卒。[15]

董允曾与尚书令费祎、中典军胡济等人共同约定宴饮，车马已经准备好了，而郎中襄阳人董恢来董允处表示敬意。董恢年轻官小，见董允中止出去，就徘徊着请求离去，董允不同意，说：“本来出去的目的，就是想和志同道合者游玩交谈。现在你已经屈尊前来，正好可以好好叙谈久别之后的感受，舍弃这样的交谈，去参加那样的宴游，没有意义。”于是令人解开骖马，费祎等人停车不去了。董允坚守正道，对士人谦恭，都像这一类情况。延熙六年，又任辅国将军。延熙七年，以侍中暂时署理尚书令，作为大将军费祎的副手。延熙九年，去世。

陈祗代允为侍中，与黄皓互相表里，皓始预政事。祗死后，皓从黄门令为中常侍、奉车都尉，操弄威柄，终至覆国。蜀人无不追思允。及邓艾至蜀，闻皓奸险，收闭，将杀之，而皓厚赂艾左右，得免。

陈祗代董允担任侍中，与黄皓互相勾结，黄皓才开始参与政事。陈祗死后，黄皓从黄门令升为中常侍、奉车都尉，操弄权柄，终于导致亡国。蜀地人无不追念董允。邓艾到达蜀地，听说黄皓奸险，逮捕拘禁，将要杀他，而黄皓给邓艾左右的人送了许多钱财，因而得以免死。

祗字奉宗，汝南人，许靖兄之外孙也。少孤，长于靖家。弱冠知名，稍迁至选曹郎，矜厉有威容。多技艺，挟数术，费祎甚异之，故超继允内侍。吕乂卒，祗又以侍中守尚书令，加镇军将军，大将军姜维虽班在祗上，常率众在外，希亲朝政。祗上承主指，下接阉竖，深

陈祗字奉宗，汝南郡人，是许靖哥哥的外孙。年少时父母去世，在许靖家长大。二十岁时有了名气，逐渐升任为选曹郎，庄重严厉有威武的仪容，具有丰富的技艺，拥有天文、历法、占卜等方面的学问，费祎对他的才能非常惊服，所以破格让他继承董允在皇宫内服务。吕乂去世，陈祗又以侍中身份担任尚书令，加镇威将军职，大将军姜维虽然地位在陈祗之上，但因常常率兵在外，很少亲理朝政。陈祗对上顺承君主的旨意，对下与宦官相接触，深受信任

见信爱，权重于维。景耀元年卒，后主痛惜，发言流涕，乃下诏曰：“祗统职一纪，柔嘉惟则，干肃有章，和义利物，庶绩允明。命不融远，朕用悼焉。夫存有令问，则亡加美谥，谥曰忠侯。”赐子粲爵关内侯，拔次子裕为黄门侍郎。自祗之有宠，后主追怨允日深，谓为自轻，由祗媚兹一人，皓构间浸润故耳。允孙宏，晋巴西太守。⑯

吕乂字季阳，南阳人也。父常，送故将刘焉入蜀，值王路隔塞，遂不得还。乂少孤，好读书鼓琴。初，先主定益州，置盐府校尉，较盐铁之利，后校尉王连请乂及南阳杜祺、南乡刘幹等并为典曹都尉。乂迁新都、绵竹令，乃心隐恤，百姓称之，为一州诸城之首。迁巴西太守。丞相诸葛亮连年出军，调发诸郡，多不相救，乂募取兵五千人诣亮，慰喻检制，无逃窜者。徙为汉中太守，兼领督农，供继军粮。亮卒，累迁广汉、蜀郡太守。蜀郡一都之会，户口众多，又亮卒之后，士伍亡命，更相重冒，奸巧非一。乂到官，为之防禁，开喻劝导，数年之中，漏脱自出者万余口。后入为尚书，代董允为尚书令，众事无留，门无停宾。乂历职内外，治身俭约，谦靖少言，为政简而不烦，号为清能；然持法刻深，好用文俗吏，故居大官，名声损于郡县。延熙十

宠爱，权力大于姜维。景耀元年去世，刘禅十分痛惜，一说起就流眼泪。于是下诏说：“陈祗总领政事十二年，以温和美善为准则，办事干练整肃有章法。遵循正道而有利万物。万事处理公允明智。寿命不高，我极为痛悼。有了好的名声，则无须加上美好的谥号，谥为忠侯。”赐他的儿子陈粲为关内侯，提拔他的次子陈裕为黄门侍郎。自从陈祗得宠，刘禅追怨董允日甚一日，认为董允轻视自己，这是由于陈祗谄媚皇帝，黄皓离间进谗的缘故。董允的孙子董宏，后来任晋朝的巴西太守。

吕乂字季阳，南阳郡人。父亲吕常，送原任将军刘焉进入蜀地，正遇汉献帝被权臣挟持，诏令不能下达，于是留在蜀地不能返回。吕乂年少时，父母双亡，喜好读书弹琴。当初，刘备平定益州，设置盐府校尉，考校盐铁的利润，后来校尉王连请吕乂及南阳人杜祺、南乡人刘幹等人都担任黄曹都尉。吕乂升任为新都、绵竹县令，他的心地慈悲怜悯，百姓称颂他，是一州各城中治理得最好的。后来升任巴西太守。丞相诸葛亮连年出征，调派征发各郡人马，但大多不去救援，吕乂招募士兵五千人送到诸葛亮那里。通过他的安慰约束，士兵没有逃跑的。后调任为汉中太守，兼掌农业，供应军粮。诸葛亮去世，他连续升为广汉、蜀郡太守。蜀郡是州府所在地，户口众多，加上诸葛亮去世之后，士兵逃跑，冒名顶替、作奸犯科的事不少。吕乂到任，对此防备，加以禁止，启发劝导，数年之中，逃亡在外主动回乡的有一万多人。他后来入朝担任尚书，接替董允担任尚书令，事情再多也从不遗留，衙门里没有滞留的宾客。吕乂在朝廷内和地方上都担任过官职，严于律己简约节俭，谦和恭敬少言语，治政简略而不烦琐，被称为清廉能干。然而他执法严酷苛刻，喜好任用舞文弄墨才能平庸的官吏，所以做了大官，名声却比在郡县任职时要差。延熙十四年去世。儿子吕辰，景耀年间

四年卒。子辰，景耀中为成都令。辰弟雅，谒者。雅清厉有文才，著《格论》十五篇。

担任成都令。吕辰弟吕雅，担任谒者。吕雅性情耿介而有文才，著有《格论》十五篇。

杜祺历郡守监军大将军司马，刘幹官至巴西太守，皆与乂亲善，亦有当时之称，而俭素守法，不及于乂。

杜琪担任过郡守、监军、大将军司马，刘幹官至巴西太守，都与吕乂亲密友善，在当时也有称誉，但节俭朴素守法，不及吕乂。

评曰：董和蹈羔羊之素，刘巴履清尚之节，马良贞实，称为令士，陈震忠恪，老而益笃，董允匡主，义形于色，皆蜀臣之良矣。吕乂临郡则垂称，处朝则被损，亦黄、薛之流亚矣。

评论说：董和做到了《诗经·召南·羔羊》篇所称道节俭正直的美德，刘巴有清廉高尚的节操，马良忠正诚实，被称为贤士，陈震忠诚谨慎，年龄越老而越忠诚。董允辅佐君主，义形于色，他们都是蜀国大臣中的佼佼者。吕乂在郡任职被后世称道，在朝廷做官则名声遭损，也是与黄霸、薛宣一类差不多的人物。

---

①伟度者，姓胡，名济，义阳人。为亮主簿，有忠荩之效，故见褒述。亮卒，为中典军，统诸军，封成阳亭侯，迁中监军前将军，督汉中，假节领兖州刺史，至右骠骑将军。济弟博，历长水校尉尚书。

②《零陵先贤传》曰：巴祖父曜，苍梧太守。父祥，江夏太守、荡寇将军。时孙坚举兵讨董卓，以南阳太守张咨不给军粮，杀之。祥与同心，南阳士民由此怨祥，举兵攻之，与战，败亡。刘表亦素不善祥，拘巴，欲杀之，数遣祥故所亲信人密诈谓巴曰："刘牧欲相危害，可相随逃之。"如此再三，巴辄不应。具以报表，表乃不杀巴。年十八，郡署户曹史主记主簿。刘先欲遣周不疑就巴学，巴答曰："昔游荆北，时涉师门，记问之学，不足纪名，内无杨朱守静之术，外无墨翟务时之风，犹天之南箕，虚而不用。赐书乃欲令贤甥摧鸾凤之艳，游燕雀之宇，将何以启明之哉？愧于'有若无，实若虚'，何以堪之！"

③《零陵先贤传》曰：曹公败于乌林，还北时，欲遣桓阶，阶辞不如巴。巴谓曹公曰："刘备据荆州，不可也。"公曰："备如相图，孤以六军继之也。"

④《零陵先贤传》云：巴往零陵，事不成，欲游交州道还京师。时诸葛亮在临烝，巴与亮书曰："乘危历险，到值思义之民，自与之众，承天之心，顺物之性，非余身谋所能劝动。若道穷数尽，将托命于沧海，不复顾荆州矣。"亮追谓曰："刘公雄才盖世，据有荆土，莫不归德，天人去就，已可知矣。足下欲何之？"巴曰："受命而来，不成当还，此其宜也。足下何言邪！"

⑤《零陵先贤传》曰：巴入交阯，更姓为张。与交阯太守士燮计义不合，乃由牂牁道去为益州郡所拘留。太守欲杀之。主簿曰："此非常人，不可杀也。"主簿请自送至州，见益州牧刘璋，璋父焉昔为巴父祥所举孝廉，见巴惊喜，每大事辄以咨访。

臣松之案：刘焉在汉灵帝时已经宗正太常，出为益州牧，祥始以孙坚作长沙时为江夏太守，不得举焉为孝廉，明也。

⑥《零陵先贤传》曰：璋遣法正迎刘备，巴谏曰："备，雄人也，入必为害，不可内也。"既入，巴复谏曰："若使备讨张鲁，是放虎于山林也。"璋不听。巴闭门称疾。备攻成都，令军中曰："其有害巴者，诛及三族。"及得巴，甚喜。

⑦《零陵先贤传》曰：张飞尝就巴宿，巴不与语，飞遂忿

恚。诸葛亮谓巴曰："张飞虽实武人，敬慕足下。主公今方收合文武，以定大事；足下虽天素高亮，宜少降意也。"巴曰："大丈夫处世，当交四海英雄，如何与兵子共语乎？"备闻之，怒曰："孤欲定天下，而子初专乱之。其欲还北，假道于此，岂欲成孤事邪？"备又曰："子初才智绝人，如孤，可任用之，非孤者难独任也。"亮亦曰："运筹策于帷幄之中，吾不如子初远矣！若提枹鼓，会军门，使百姓喜勇，当与人议之耳。"初攻刘璋，备与士众约："若事定，府库百物，孤无预焉。"及拔成都，士众皆舍干戈，赴诸藏竞取宝物。军用不足，备甚忧之。巴曰："易耳，但当铸直百钱，平诸物贾，令吏为官市。"备从之，数月之间，府库充实。

⑧《零陵先贤传》曰：是时中夏人情未一，闻备在蜀，四方延颈。而备锐意欲即真，巴以为如此示天下不广，且欲缓之。与主簿雍茂谏备，备以他事杀茂，由是远人不复至矣。

⑨《零陵先贤传》曰：辅吴将军张昭尝对孙权论巴褊阨，不当拒张飞太甚。权曰："若令子初随世沈浮，容悦玄德，交非其人，何足称为高士乎？"

⑩臣松之以为良盖与亮结为兄弟，或相与有亲；亮年长，良故呼亮为尊兄耳。

⑪《襄阳记》曰：建兴三年，亮征南中，谡送之数十里。亮曰："虽共谋之历年，今可更惠良规。"谡对曰："南中恃其险远，不服久矣，虽今日破之，明日复反耳。今公方倾国北伐以事强贼。彼知官势内虚，其叛亦速。若殄尽遗类以除后患，既非仁者之情，且又不可仓卒也。夫用兵之道，攻心为上，攻城为下，心战为上，兵战为下，愿公服其心而已。"亮纳其策，赦孟获以服南方。故终亮之世，南方不敢复反。

⑫《襄阳记》曰：谡临终与亮书曰："明公视谡犹子，谡视明公犹父，愿深惟殛鲧兴禹之义，使平生之交不亏于此，谡虽死无恨于黄壤也。"于时十万之众为之垂涕。亮自临祭，待其遗孤若平生。蒋琬后诣汉中，谓亮曰："昔楚杀得臣，然后文公喜可知也。天下未定而戮智计之士，岂不惜乎！"亮流涕曰："孙武所以能制胜于天下者，用法明也。是以杨干乱法，魏绛戮其仆。四海分裂，兵交方始，若复废法，何用讨贼邪！"

习凿齿曰：诸葛亮之不能兼上国也，岂不宜哉！夫晋人规林父之后济，故废法而收功；楚成暗得臣之益己，故杀之以重败。今蜀僻陋一方，才少上国，而杀其俊杰，退收驽下之用，明法胜才，不师三败之道，将以成业，不亦难乎！且先主诫谡之不可大用，岂不谓其非才也？亮受诫而不获奉承，明谡之难废也。为天下宰匠，欲大收物之力，而不量才节任，随器付业；知之大过，则违明主之诫，裁之失中，即杀有益之人，难乎其可与言智者也。

⑬《楚国先贤传》曰：攸之，南阳人，以器业知名于时。

⑭《襄阳记》曰：董恢字休绪，襄阳人。入蜀，以宣信中郎副费祎使吴。孙权尝大醉问祎曰："杨仪、魏延，牧竖小人也。虽尝有鸣吠之益于时务，然既已任之，势不得轻，若一朝无诸葛亮，必为祸乱矣。诸君愦愦，曾不知防虑于此，岂所谓贻厥孙谋乎？"祎愕然四顾视，不能即答。恢目祎曰："可速言仪、延之不协起于私忿耳，而无黥、韩难御之心也。今方扫除强贼，混一区夏，功以才成，业由才广，若舍此不任，防其后患，是犹备有风波而逆废舟楫，非长计也。"权大笑乐。诸葛亮闻之，以为知言。还未满三日，辟为丞相府属，迁巴郡太守。

臣松之案：《汉晋春秋》亦载此语，不云董恢所教，辞亦小异，此二书俱出习氏而不同若此。本传云"恢年少官微"，若已为丞相府属，出作巴郡，则官不微矣。以此疑习氏之言为不审的也。

⑮《华阳国志》曰：时蜀人以诸葛亮、蒋琬、费祎及允为四相，一号四英也。

⑯臣松之以为陈群子泰，陆逊子抗，传皆以子系父，不别载姓，及王肃、杜恕、张承、顾劭之流，莫不皆然，惟董允独否，未详其意，当以允名位优重，事迹逾父故邪？夏侯玄、陈表并有骍角之美，而亦如泰者，《魏书》总名此卷云《诸夏侯曹传》，故不复稍加品藻。陈武与表俱至偏将军，以位不相过故也。

三国志

文白对照

下册

章惠康◎主编

華夏出版社
HUAXIA PUBLISHING HOUSE

三国志卷四十　蜀书十

刘彭廖李刘魏杨传第十

刘封者，本罗侯寇氏之子，长沙刘氏之甥也。先主至荆州，以未有继嗣，养封为子。及先主入蜀，自葭萌还攻刘璋，时封年二十余，有武艺，气力过人，将兵俱与诸葛亮、张飞等泝流西上，所在战克。益州既定，以封为副军中郎将。

刘封，本是罗侯寇氏的儿子，长沙郡刘氏的外甥。刘备到荆州后，因为没有传宗接代的人，收养刘封为养子。等到刘备进入蜀地，从葭萌回攻刘璋，当时刘封已有二十多岁，有武艺，力气过人，率兵与诸葛亮、张飞等人一起逆流西上，他所指挥的战斗都取得了胜利。益州平定以后，任命刘封为副军中郎将。

初，刘璋遣扶风孟达副法正，各将兵二千人，使迎先主，先主因令达并领其众，留屯江陵。蜀平后，以达为宜都太守。建安二十四年，命达从秭归北攻房陵，房陵太守蒯祺为达兵所害。达将进攻上庸，先主阴恐达难独任，乃遣封自汉中乘沔水下统达军，与达会上庸。上庸太守申耽举众降，遣妻子及宗族诣成都。先主加耽征北将军，领上庸太守员乡侯如故，以耽弟仪为建信将军、西城太守，迁封为副军将军。自关羽围樊城、襄阳，连呼封、达，令发兵自助。封、达辞以山郡初附，未可动摇，不承羽命。会羽覆败，先主恨之。又封与达忿争不和，封寻夺达鼓吹。达既惧罪，又忿恚封，遂表辞先主，率所领降魏。[1]魏文帝善

当初，刘璋派扶风人孟达作法正的副手，各率兵两千人，去迎接刘备，刘备就命令孟达统领他们所有的人马，留驻江陵。蜀地平定后，任命孟达为宜都太守。建安二十四年，刘备命令孟达从秭归向北攻打房陵，房陵太守蒯祺被孟达的士兵杀掉了。孟达将要进攻上庸，刘备暗地里担心孟达难以独担此任，于是派刘封从汉中顺沔水而下统领孟达的军队，与孟达在上庸相会。上庸太守申耽率领全体部众投降，把他的妻室儿女及宗族中的人送到成都。刘备加封申耽为征北将军，并像从前那样兼任上庸太守和员乡侯，以申耽的弟弟申仪为建信将军、西城太守，升刘封为副军将军。自从关羽被围于樊城、襄阳，多次通告刘封、孟达，命令他们发兵救援自己。刘封、孟达以上庸郡刚刚归附，不能随意行动使它不稳定为由，不接受关羽的命令。恰巧关羽全军覆灭，刘备为此怨恨刘封、孟达。又加上刘封与孟达愤争不和，刘封不久夺走了孟达军中的鼓乐仪仗，孟达既害怕获罪，又愤恨刘封，于是上表给刘备告辞，率所统领的军队投降了魏国。魏文帝欣赏孟达

达之姿才容观，以为散骑常侍、建武将军，封平阳亭侯。合房陵、上庸、西城三郡为新城郡，以达领新城太守。遣征南将军夏侯尚、右将军徐晃与达共袭封。达与封书曰：

的姿才容貌，任命他为散骑常侍、建武将军，封为平阳亭侯。合房陵、上庸、西城三郡为新城郡，让孟达兼任新城太守。又派征南将军夏侯尚、右将军徐晃和孟达共同袭击刘封。孟达给刘封写信说：

古人有言："疏不间亲，新不加旧。"此谓上明下直，谗慝不行也。若乃权君谲主，贤父慈亲，犹有忠臣蹈功以罹祸，孝子抱仁以陷难，种、商、白起、孝己、伯奇，皆其类也。其所以然，非骨肉好离，亲亲乐患也。或有恩移爱易，亦有谗间其间，虽忠臣不能移之于君，孝子不能变之于父者也。势利所加，改亲为仇，况非亲亲乎！故申生、卫伋、御寇、楚建禀受形之气，当嗣立之正，而犹如此。今足下与汉中王，道路之人耳，亲非骨血而据势权，义非君臣而处上位，征则有偏任之威，居则有副军之号，远近所闻也。自立阿斗为太子已来，有识之人相为寒心。如使申生从子舆之言，必为太伯；卫伋听其弟之谋，无彰父之讥也。且小白出奔，入而为霸；重耳逾垣，卒以克复。自古有之，非独今也。

古人有句话："疏的不能离间亲的，新的不能超过旧的。"说的是君上贤明而臣下正直，说别人坏话的恶念不能施行。至于在能因时变通的君主、贤明慈祥的父母面前，尚且有忠臣建功而遭祸，孝子有仁德而遇难的情况，文种、商鞅、白起、孝己、伯奇，都是这一类的人。他们之所以如此，不是至亲骨肉喜欢分离，生身父母喜欢灾难。有的是由于恩情迁移爱心改变，有的是因有谗言在其中离间，这样即使忠臣也不能使君主改变做法，孝子也不能使父亲改变态度。情势和利益加在一起，可以变父母为仇敌，更何况不是亲生父母呢？所以申生、卫伋、御寇、楚建秉承接受形体的元气，处于继立为太子的正位，还是如此。现在你与汉中王，不过是陌路相逢的人罢了，不是骨肉至亲，你却占有权势，本无君臣之义，你却处于高位，出征时你有独当一面的威势，拥有副军的称号，这是远近的人都知道的。自从蜀国立阿斗作为太子以来，有识之士都感到寒心。倘使申生听从子舆的话，必定成为太伯；卫伋听从他弟弟的计谋，也不会被人讥笑为出父亲的丑。况且小白外出逃亡，回国成为霸主；重耳翻墙逃命，终能恢复君位。自古就有这样的事，不只是今天才有。

夫智贵免祸，明尚夙达，仆揆汉中王虑定于内，疑生于外矣；虑定则心固，疑生则心惧，乱祸之兴作，未曾不由废立之间也。私怨人情，不能不见，恐左右必有以间于汉中王

聪明的人贵在能免除祸患，英明的人注重及早通达，我揣测汉中王内心已打定了主意，对外边的人已产生了怀疑；主意定了就固执己见，产生了怀疑就心生恐惧，叛乱祸患的出现，没有不是由于废黜和扶立之类的事情。私人的怨恨和人情，不可能不反映出来，恐怕你左右的人已有向汉中王挑拨离

矣。然则疑成怨闻，其发若践机耳。今足下在远，尚可假息一时；若大军遂进，足下失据而还，窃相为危之。昔微子去殷，智果别族，违难背祸，犹皆如斯[②]。今足下弃父母而为人后，非礼也；知祸将至而留之，非智也；见正不从而疑之，非义也。自号为丈夫，为此三者，何所贵乎？以足下之才，弃身来东，继嗣罗侯，不为背亲也；北面事君，以正纲纪，不为弃旧也；怒不致乱，以免危亡，不为徒行也。加陛下新受禅命，虚心侧席，以德怀远，若足下翻然内向，非但与仆为伦，受三百户封，继统罗国而已，当更剖符大邦，为始封之君。陛下大军，金鼓以震，当转都宛、邓；若二敌不平，军无还期。足下宜因此时早定良计。《易》有“利见大人”，《诗》有“自求多福”，行矣。今足下勉之，无使狐突闭门不出。

间的了。这样怀疑既已构成、怨恨既已反映出来，灾难就会一触即发。现在你身处远地，尚可暂时闲息一时；如果大军开进，你失去据守之地再回来时，汉中王就会暗地加害于你。以前微子离开殷，智果告别他的宗族，离祸避难，尚且都是如此。现在你背弃父母而成为人家的后嗣，这不合乎礼制；知道祸患将到而滞留不去，这并不明智；看见正道不走却怀疑它，这就是不义。自己号称为大丈夫，却做出不礼、不智、不义三种事，有什么可贵之处呢？以你的才干，舍身东来，继承罗侯的后裔，不能算是背叛父母；作为臣下侍奉君主，以端正法度，不能叫做背弃旧约；发怒而不导致祸乱，以免除危亡，不能叫做徒劳。加上陛下新即王位，虚心求贤，用德行使远方的人归服，如果您翻然改变而向内，不只是和我一样，享受三百户的封赐，继承罗国爵命，更会把统辖大国的符节分给您，成为第一个被封的君王。陛下的大军金鼓震天，将把都城转移到宛县、邓县；如果不把两个敌手消灭，大军就没有归期。您应该趁这个时机早早定下良计。《易经》有“天下人都以看见大人为有利”，《诗经》有“自己去寻求大的福佑”，行动吧。现在您好自为之，不要使我像狐突那样闭门不出。

封不从达言。

申仪叛封，封破走还成都。申耽降魏，魏假耽怀集将军，徙居南阳，仪魏兴太守，封员乡侯，屯洵口。[③]封既至，先主责封之侵陵达，又不救羽。诸葛亮虑封刚猛，易世之后终难制御，劝先主因此除之。于是赐封死，使自裁。封叹曰：“恨不用孟子度之言！”先主为之流涕。达本字子敬，避先主叔父敬，改之。[④]

刘封没有听从孟达的话。

申仪反叛刘封，刘封军败逃回成都。申耽投降魏国，魏国让申耽代理怀集将军，移居南阳，申仪任魏兴太守，封员乡侯，驻扎在洵口。刘封回到成都以后，刘备责备刘封欺侮孟达，又不援救关羽。诸葛亮担心刘封刚猛，换代之后终究难以控制，劝刘备趁此机会除掉他。于是刘备赐刘封死，让他自杀。刘封叹息说：“我悔恨当初没有听从孟子度的话！”刘备为此流下了眼泪。孟达本来字子敬，避刘备叔父敬讳，改为子度。

彭羕字永年，广汉人。身长八尺，容貌甚伟。姿性骄傲，多所轻忽，惟敬同郡秦子勑，荐之于太守许靖曰："昔高宗梦傅说，周文求吕尚，爰及汉祖，纳食其于布衣，此乃帝王之所以倡业垂统，缉熙厥功也。今明府稽古皇极，允执神灵，体公刘之德，行勿翦之惠，《清庙》之作于是乎始，褒贬之义于是乎兴，然而六翮未之备也。伏见处士绵竹秦宓，膺山甫之德，履隽生之直，枕石漱流，吟咏缊袍，偃息于仁义之途，恬惔于浩然之域，高概节行，守真不亏，虽古人潜遁，蔑以加旃。若明府能招致此人，必有忠谠落落之誉，丰功厚利，建迹立勋，然后纪功于王府，飞声于来世，不亦美哉！"

彭羕字永年，是广汉郡人。身高八尺，容貌十分英俊。天性骄傲，做事常常轻率随便，只敬重同郡人秦子勑，他向太守许靖推荐秦子勑说："以前高宗梦见傅说，周文王寻求吕尚，到了汉高祖，将郦食其从老百姓中提拔上来，善于任用人才，这就是帝王用以创立功业并把基业传给子孙，使之得到发扬光大的做法。如今您考察古代皇帝的准则，公平执政有如神明，效法公刘的德行，施行召伯的恩惠，《清庙》这样的作品就是这样开始创作的，褒贬的大义就是从这里出现的，但是你的羽翼并没有丰满。我看绵竹县处士秦宓具有仲山甫的德行，也有隽生的正直，他以石为枕、用流水洗漱，穿着乱麻为絮的袍子吟诗咏唱，在追求仁义的道路上停息，在充满浩然之气的领域清静无为，志节和品行高尚，保持自然淳朴的本性而不使它缺损，即使隐居不仕的古人，也无从超过他。如果您能招来此人，一定会享有忠诚正直、豁达开朗的美誉，获得高功厚利，建立起功勋，然后可在王府中记下您的功劳，在来世流传您的名声，这不是很好的事吗！"

羕仕州，不过书佐，后又为众人所谤毁于州牧刘璋，璋髡钳羕为徒隶。会先主入蜀，泝流北行。羕欲纳说先主，乃往见庞统。统与羕非故人，又适有宾客，羕径上统床卧，谓统曰："须客罢当与卿善谈。"统客既罢，往就羕坐，羕又先责统食，然后共语，因留信宿，至于经日。统大善之，而法正宿自知羕，遂并致之先主。先主亦以为奇，数令羕宣传军事，指授诸将，奉使称意，识遇日加。成都既定，先主领益州牧，拔羕为治中从事。羕起徒步，一朝处州人之上，形色嚣

彭羕在州里做官，没有做过比书佐大的官，后来又有许多人在州牧刘璋那里说他的坏话，刘璋施用髡刑和钳刑让他服贱役。恰好遇上先主刘备进入蜀地，逆流北上。彭羕想向先主献言，便去见庞统。庞统与彭羕不是老朋友，又正好有宾客在座，彭羕径直爬到庞统床上躺下，对庞统说："等你会完客我要与你好好谈谈。"庞统会完客，靠近彭羕坐下。彭羕又先向庞统要吃的，然后才一起谈话。于是庞统留他住了两个晚上，以至整日攀谈。庞统很欣赏他，而法正以前就了解彭羕，于是他们两个人共同把他推荐给先主。先主也认为他是奇才，多次要彭羕宣讲传授军事，给众将领指点教授，彭羕每次奉命出使都很称刘备的心意，因而对他的赏识礼遇与日俱增。成都平定以后，先主兼任益州牧，提拔彭羕为治中从事。彭羕从零起步，一下子高处于州人之上，神态举止轻狂浮躁，自傲之气因得到厚遇显得更加厉

然,自矜得遇滋甚。诸葛亮虽外接待羕,而内不能善,屡密言先主,羕心大志广,难可保安。先主既敬信亮,加察羕行事,意以稍疏,左迁羕为江阳太守。

害。诸葛亮虽然表面上接待彭羕,但内心不喜欢他,多次秘密地对先主说,彭羕心大志广,难以保证安全可靠。先主一方面敬重信任诸葛亮,同时也注意考察彭羕的所作所为,便慢慢疏远他,将彭羕降职为江阳太守。

羕闻当远出,私情不悦,往诣马超。超问羕曰:"卿才具秀拔,主公相待至重,谓卿当与孔明、孝直诸人齐足并驱,宁当外授小郡,失人本望乎?"羕曰:"老革荒悖,可复道邪!"[⑤]又谓超曰:"卿为其外,我为其内,天下不足定也。"超羁旅归国,常怀危惧,闻羕言大惊,默然不答。羕退,具表羕辞,于是收羕付有司。

彭羕听说要自己远调外任地方官,内心很不高兴,前去拜访马超。马超问彭羕:"你才干英秀出众,主公对你非常器重,说你当与孔明、孝直等人并驾齐驱,现在怎么能把外地的小郡交给你,使你失去本来的声望呢?"彭羕说:"老家伙糊涂,还能再说吗!"又对马超说:"你负责外边,我负责里面,天下可以轻松平定。"马超羁旅在外,归附蜀国,总有危险不定的感觉,听了彭羕这些话,大吃一惊,默不作声没有回答。彭羕走后,马超把彭羕的话写成表上奏,于是把彭羕逮捕交给官吏治罪。

羕于狱中与诸葛亮书曰:"仆昔有事于诸侯,以为曹操暴虐,孙权无道,振威暗弱,其惟主公有霸王之器,可与兴业致治,故乃翻然有轻举之志。会公来西,仆因法孝直自衒鬻,庞统斟酌其间,遂得诣公于葭萌,指掌而谭,论治世之务,讲霸王之义,建取益州之策,公亦宿虑明定,即相然赞,遂举事焉。仆于故州不免凡庸,忧于罪罔,得遭风云激矢之中,求君得君,志行名显,从布衣之中擢为国士,盗窃茂才。分子之厚,谁复过此。[⑥]羕一朝狂悖,自求菹醢,为不忠不义之鬼乎!先民有言,左手据天下之图,右手刎咽喉,愚夫不为也。况仆颇别菽麦者

彭羕在狱中给诸葛亮写信说:"我过去在诸侯之间奔走谋职,认为曹操凶残暴虐,孙权不讲道义,刘璋愚昧软弱,只有主公有霸王的气度,可以与他创立功业实现大治,所以有奋发向上的志向。碰到主公来西蜀,我通过法孝直主动向主公自我表白,庞统也从中协力相助,于是得以在葭萌拜见主公。我们二人抵掌而谈,讨论治理天下的事情,谈说建立王道霸业的大义,提出夺取益州的计策,主公也反复考虑明确做出决定,肯定赞成我的见解,并且见之于行动。我在家乡本不过一个平庸的人,常常忧虑犯罪触及法网,能够在遇上动荡不安的时局、渴求君主时遇到贤明之君,实现抱负、显扬名声,从一个普通百姓提拔为国家的杰出人才,窃取了秀才的称号。主公把给儿子的深厚恩情分给了我,谁能超过我呢?我彭羕一时狂妄背理,自己招致了应砍成肉酱的罪祸,将成为不忠不义的鬼!先人有言,左手拿着天下的图籍,右手却割断自己的咽喉,愚蠢的人都不会这样干,更何况我还是稍微懂得一些道

哉！所以有怨望意者，不自度量，苟以为首兴事业，而有投江阳之论，不解主公之意，意卒感激，颇以被酒，倪失'老'语。此仆之下愚薄虑所致，主公实未老也。且夫立业，岂在老少，西伯九十，宁有衰志，负我慈父，罪有百死。至于内外之言，欲使孟起立功北州，戮力主公，共讨曹操耳，宁敢有他志邪？孟起说之是也，但不分别其闲，痛人心耳。昔每与庞统共相誓约，庶托足下末踪，尽心于主公之业，追名古人，载勋竹帛。统不幸而死，仆败以取祸。自我堕之，将复谁怨！足下，当世伊、吕也，宜善与主公计事，济其大猷。天明地察，神祇有灵，复何言哉！贵使足下明仆本心耳。行矣努力，自爱，自爱！"羕竟诛死，时年三十七。

理的人呢？我之所以产生怨恨的情绪，是由于我自不量力，只认为自己建有头功，却即将被发配江阳，自己不理解主公的心意，情绪一时激动，又喝了很多酒，脱口失言'老'字。这是我非常愚蠢、考虑浅薄所造成的，主公实际上并没有老。而且创立功业，岂在老少，文王九十岁，哪有衰颓之志！我对不起我慈祥的父亲，罪该万死。至于'为内为外'的话，是想使马孟起在北方立功，合力忠于主公，共同讨伐曹操罢了。哪敢有其他的想法呢？马孟起举报我的错误言论是对的，只是不分析区别它的意思，叫人痛心。以前我常常与庞统一起发誓相约，希望附托在您的脚下，对主公的事业尽心尽力，追求古人那样的名望，在史册上记下功勋。庞统不幸而死，我则败在自己惹祸。自己堕落，又怨谁呢！您，是当世的伊尹、吕尚，应该好好与主公谋划事业，成就他的大业。天地明察，神祇有灵，还说什么呢！只不过是请您明白我的本心罢了。好了，努力吧！自爱，自爱！"彭羕最终被处死，时年三十七岁。

廖立字公渊，武陵临沅人。先主领荆州牧，辟为从事，年未三十，擢为长沙太守。先主入蜀，诸葛亮镇荆土，孙权遣使通好于亮，因问士人皆谁相经纬者，亮答曰："庞统、廖立，楚之良才，当赞兴世业者也。"建安二十年，权遣吕蒙奄袭南三郡，立脱身走，自归先主。先主素识待之，不深责也，以为巴郡太守。二十四年，先主为汉中王，征立为侍中。后主袭位，徙长水校尉。

廖立字公渊，是武陵郡临沅县人。先主兼任荆州牧时，征召为从事，年龄不到三十岁，被提拔为长沙太守。先主刘备进入蜀地，诸葛亮镇守荆州，孙权派使者与诸葛亮交好，顺便问及诸葛亮与哪些士人共同治理政事。诸葛亮回答说："庞统，廖立，是楚地的优秀人才，是能够辅佐创立功业的人。"建安二十年，孙权派吕蒙偷袭南边的三个郡。廖立脱身逃走，自己回到先主那里。刘备仍像平素那样对待他，没有多加责备，让他担任巴郡太守。建安二十四年，先主为汉中王，征召廖立担任侍中。刘禅继位，迁为长水校尉。

立本意，自谓才名宜为诸

廖立的本来意愿，认为自己的才华和名望应该

葛亮之贰，而更游散在李严等下，常怀怏怏。后丞相掾李邵、蒋琬至，立计曰：“军当远出，卿诸人好谛其事。昔先帝不取汉中，走与吴人争南三郡，卒以三郡与吴人，徒劳役吏士，无益而还。既亡汉中，使夏侯渊、张郃深入于巴，几丧一州。后至汉中，使关侯身死无孑遗，上庸覆败，徒失一方。是羽怙恃勇名，作军无法，直以意突耳，故前后数丧师众也。如向朗、文恭，凡俗之人耳。恭作治中无纲纪；朗昔奉马良兄弟，谓为圣人，今作长史，素能合道。中郎郭演长，从人者耳，不足与经大事，而作侍中。今弱世也，欲任此三人，为不然也。王连流俗，苟作掊克，使百姓疲弊，以致今日。”邵、琬具白其言于诸葛亮。亮表立曰：“长水校尉廖立，坐自贵大，臧否群士，公言国家不任贤达而任俗吏，又言万人率者皆小子也；诽谤先帝，疵毁众臣。人有言国家兵众简练，部伍分明者，立举头视屋，愤咤作色曰：‘何足言！’凡如是者不可胜数。羊之乱群，犹能为害，况立托在大位，中人以下识真伪邪？”[⑦]于是废立为民，徙汶山郡。立躬率妻子耕殖自守，闻诸葛亮卒，垂泣叹曰：“吾终为左衽矣！”后监军姜维率偏军经汶山，诣立，称立意气不衰，言论自若。立遂终徙所。妻子

是诸葛亮第二，却流落在李严等人之下，常常郁郁不乐。后来丞相掾李邵、蒋琬到来，廖立和他们商议说：“军队会远出，你们几个人要认真仔细地处事。以前先帝不夺取汉中，却去和吴人争夺南面的三个郡，最终把这三个郡送给了吴人，使官吏士兵徒有劳苦，无利而还。后又失去了汉中，使得夏侯渊、张郃深入到了巴郡，几乎丧失一个州。后来到汉中，使得关羽战死，全军覆没，在上庸彻底失败，白白失掉一片土地。这是由于关羽自恃有勇猛的名声，治军没有法度，只是凭着意气冲杀，所以前后多次损失兵力。像向朗、文恭，不过是平庸之人罢了。文恭担任治中没有法度；向朗以前侍奉马良兄弟，被称为圣人，现在担任长史，只能遵守原则。中郎郭演长，是听人使唤的人，不足以参与处理大事，却担任侍中。如今是衰弱之世，主公却要任用这三个人，这是不妥当的。王连是世俗之人，苟且贪敛，使百姓疲弊，以至到了今天这种程度。”李邵、蒋琬把他的话都禀告了诸葛亮。诸葛亮上表奏报廖立说：“长水校尉廖立，言行妄自尊大，褒贬群士，公开说国家不任用有才德名望的人而任用平庸的官吏，又说万人的统帅都是小孩子；诽谤先帝，攻击众臣。有人说国家军队简练，队伍分明，廖立便抬头看屋，脸色顿变，愤慨地怒斥说：‘有什么值得说的！’诸如此类的事，不可胜数。羊群中有一只乱群的羊，尚且能造成祸害，何况廖立身处重要位置，中等才能以下的人能辨别真假吗？”于是废廖立为平民，迁汶山郡。廖立率领妻子儿女耕种自给。听说诸葛亮去世，流泪叹息说：“我这一辈子都要穿这种前襟往左掩的服装了！”后来监军姜维率领偏军经过汶山，到廖立那里，赞许廖立意气不衰，言谈自若。廖立终于老死在迁徙的地方。妻子儿女返回蜀郡。

还蜀。

李严字正方，南阳人也。少为郡职吏，以才干称。荆州牧刘表使历诸郡县。曹公入荆州时，严宰秭归，遂西诣蜀，刘璋以为成都令，复有能名。建安十八年，署严为护军，拒先主于绵竹。严率众降先主，先主拜严裨将军。成都既定，为犍为太守、兴业将军。二十三年，盗贼马秦、高胜等起事于郪，合聚部伍数万人，到资中县。时先主在汉中，严不更发兵，但率将郡士五千人讨之，斩秦、胜等首。枝党星散，悉复民籍。又越嶲夷率高定遣军围新道县，严驰往赴救，贼皆破走。加辅汉将军，领郡如故。章武二年，先主征严诣永安宫，拜尚书令。三年，先主疾病，严与诸葛亮并受遗诏辅少主；以严为中都护，统内外军事，留镇永安。建兴元年，封都乡侯，假节，加光禄勋。四年，转为前将军。以诸葛亮欲出军汉中，严当知后事，移屯江州，留护军陈到驻永安，皆统属严。严与孟达书曰："吾与孔明俱受寄托，忧深责重，思得良伴。"亮亦与达书曰："部分如流，趋舍罔滞，正方性也。"其见贵重如此。[8]八年，迁骠骑将军。以曹真欲三道向汉川，亮命严将二万人赴汉中。亮表严子丰为江州都督督军，典严后事。亮以明年当出军，命严以中都护

李严字正方，是南阳郡人。年轻时在郡中担任职吏，以才干著称。荆州牧刘表派他遍历各郡县。曹操进入荆州时，李严主管秭归县，于是西去蜀地，刘璋让他担任成都令，在这又获得能干的名声。建安十八年，让李严代理护军，在绵竹抵抗先主刘备。后李严率领人马投降先主，先主拜李严为副将军。成都平定以后，担任犍为郡太守、兴业将军。建安二十三年，盗贼马秦、高胜等人在郪县造反，会合了数万人的队伍，开到了资中县。当时先主在汉中，李严不另外调兵，只率领郡中兵士五千人讨伐，斩了马秦、高胜等人的首级。其他同伙四处逃散，李严全部恢复了他们的平民户籍。又有越嶲郡少数民族的统帅高定派军包围新道县，李严飞速前往援救，强盗都被击败逃走。加封辅汉将军，像以前一样仍担任郡太守。章武二年，先主征召李严去永安宫，任命他为尚书令。章武三年，先主病重，李严与诸葛亮共受辅佐少主的遗诏；李严任中都护，统管内外军事，留守永安。建兴元年，封为都乡侯，授予符节，加光禄勋。建兴四年，转任前将军。因为诸葛亮要出兵汉中，李严主持后方事务，移驻江州，留下护军陈到驻守永安，都统归李严管辖。李严给孟达的信中说："我和孔明共同接受了先主托孤的遗嘱，深忧责任重大，希望得到好的伙伴。"诸葛亮也给孟达写信说："处理事情好像流水一样迅速，决定取舍没有滞碍，这是正方的特性。"他就这样被看重。建兴八年，升任骠骑将军。因为曹真准备分三路进攻汉川，诸葛亮命令李严率领两万人奔赴汉中。诸葛亮上表推荐李严的儿子李丰担任江州都督督军，主持李严走后的工作。诸葛亮因为第二年将出兵伐魏，命令李严以中都护身份代管丞相府工作。李严改名为李平。

署府事。严改名为平。

九年春，亮军祁山，平催督运事。秋夏之际，值天霖雨，运粮不继，平遣参军狐忠、督军成藩喻指，呼亮来还；亮承以退军。平闻军退，乃更阳惊，说“军粮饶足，何以便归”，欲以解己不办之责，显亮不进之愆也。又表后主，说“军伪退，欲以诱贼与战”。亮具出其前后手笔书疏本末，平违错章灼。平辞穷情竭，首谢罪负。于是亮表平曰：“自先帝崩后，平所在治家，尚为小惠，安身求名，无忧国之事。臣当北出，欲得平兵以镇汉中，平穷难纵横，无有来意，而求以五郡为巴州刺史。去年臣欲西征，欲令平主督汉中，平说司马懿等开府辟召。臣知平鄙情，欲因行之际偪臣取利也，是以表平子丰督主江州，隆崇其遇，以取一时之务。平至之日，都委诸事，群臣上下皆怪臣待平之厚也。正以大事未定，汉室倾危，伐平之短，莫若褒之。然谓平情在于荣利而已，不意平心颠倒乃尔。若事稽留，将致祸败，是臣不敏，言多增咎。”⑨乃废平为民，徙梓潼郡。⑩十二年，平闻亮卒，发病死。平常冀亮当自补复，策后人不能，故以激愤也。⑪丰官至朱提太守。⑫

建兴九年春天，诸葛亮屯兵祁山，李平催促督察运输的事情。秋夏之际，久雨不晴，运粮接应不上，李平派参军狐忠、督军成藩传达圣旨，要诸葛亮回来；诸葛亮接受命令退军。李平听说军队撤回来了，却假装吃惊，说：“军粮十分充足，为什么就回来了？”想借此解脱自己没有承办好军粮的责任，突显诸葛亮不进军的过错。又上表给刘禅，说“军队是假装撤退，想以此引诱敌人，好与之作战”。诸葛亮把李平前后亲笔写的信件、奏议原原本本都拿出来，李平的错误十分明显。李平辞穷理尽，低头认罪。于是诸葛亮上表刘禅，指责李平：“自从先帝去世后，李平所致力的是治理家业，喜欢施小恩小惠，安身求名，不忧虑国家的事情。臣将出兵北方，想要李平的军队来镇守汉中，李平百般推辞，没有前来的意思，反而要求自领五郡、担任巴州刺史。去年臣准备西征，想要李平主管汉中，李平说司马懿等人开设府署征召僚属。我知道李平庸俗鄙贱的想法，是趁着我出发西征之际逼迫我以获取好处，因此我上表推荐李平的儿子李丰主管江州，提高他的待遇，以应一时之急。李平到达之日，我将各种事情都委托给他，群臣上下都对我这么厚待李平感到奇怪。当时只是由于大事未定，汉室有倾覆的危险，指责李平的短处，不如对他予以褒奖。然而我原以为李平的目的在于谋取荣誉满足私利，没想到李平内心竟如此颠倒善恶。如果这种情况再延迟下去，将导致祸败，是我的不明智，话讲多了更增加罪责。”于是废李平为民，迁到梓潼郡。建兴十二年，李平听说诸葛亮去世，发病而死。李平常常希望诸葛亮再次起用自己，估计后来的人不能做到，所以因诸葛亮的去世而激愤。李丰官至朱提太守。

刘琰字威硕，鲁国人也。先主在豫州，辟为从事，以其宗姓，有风流，善谈论，厚亲待

刘琰字威硕，是鲁国人。先主刘备在豫州时，征召他担任从事，因为他和先主同家同姓，有风度，善谈论，先主刘备非常亲热地对待他，因此跟随在先

之，遂随从周旋，常为宾客。先主定益州，以琰为固陵太守。后主立，封都乡侯，班位每亚李严，为卫尉中军师后将军，迁车骑将军。然不豫国政，但领兵千余，随丞相亮讽议而已。车服饮食，号为侈靡，侍婢数十，皆能为声乐，又悉教诵读《鲁灵光殿赋》。建兴十年，与前军师魏延不和，言语虚诞，亮责让之。琰与亮笺谢曰："琰禀性空虚，本薄操行，加有酒荒之病，自先帝以来，纷纭之论，殆将倾覆。颇蒙明公本其一心在国，原其身中秽垢，扶持全济，致其禄位，以至今日。间者迷醉，言有违错，慈恩含忍，不致之于理，使得全完，保育性命。虽必克己责躬，改过投死，以誓神灵；无所用命，则靡寄颜。"于是亮遣琰还成都，官位如故。

主身边应酬交际，成为先主的宾客。先主占领益州，命刘琰为固陵太守。刘禅继位，封为都乡侯，等级位次常在李严之下，任卫尉中军师后将军，升为车骑将军。但不参与国政，只率兵千余人，随从丞相诸葛亮提提意见而已。他家的车马、服饰、饮食，可称奢侈靡费，侍从的婢女数十人，都能唱歌，又教她们全都诵读《鲁灵光殿赋》。建兴十年，刘琰与前军师魏延不和，说话虚妄不实，诸葛亮批评他。刘琰给诸葛亮写信道歉说："我禀性不踏实，德行本来也不好，加上有嗜酒贪杯自我放纵的毛病，自先帝以来，各种各样的议论，几乎将我压垮。承蒙您看到我一心在国的本质，原谅我身上的缺点，全力扶持帮助我，使我得到俸禄和职位，直到今天。我有时昏醉，言语多有违礼错谬，您仁慈忍耐，不把我送给法官，使得我得以全身，保有性命。今后我一定克制严格要求自己，改正过错以死相报，并向神灵发誓；但倘若撤我职位、让我无处效命，那我就没有脸面了。"于是诸葛亮送刘琰返回成都，官位与以前一样。

琰失志慌惚。十二年正月，琰妻胡氏入贺太后，太后令特留胡氏，经月乃出。胡氏有美色，琰疑其与后主有私，呼五百挞胡，至于以履搏面，而后弃遣。胡具以告言琰，琰坐下狱。有司议曰："卒非挞妻之人，面非受履之地。"琰竟弃市。自是大臣妻母朝庆遂绝。

刘琰失意后，神情恍惚。建兴十二年正月，刘琰的妻子胡氏入朝给太后送礼祝贺新春，太后命令只留下胡氏，一个月才出宫回家。胡氏漂亮，刘琰怀疑她与刘禅有私情，就叫行刑的吏卒责打胡氏，甚至用鞋子抽打她的脸，然后将她赶走。胡氏把这些情况全部说出来控告刘琰，刘琰因此下狱。官吏们议定说："吏卒不是责打妻子的人，脸部不是承受鞋子的地方。"刘琰最后被弃尸街头。从此以后，大臣的妻子、母亲入朝庆贺的礼仪就再也没有了。

魏延字文长，义阳人也。以部曲随先主入蜀，数有战功，迁牙门将军。先主为汉中王，迁治成都，当得重将以镇汉川，众论以为必在张飞，飞

魏延字文长，是义阳县人。他作为私人部队随先主刘备进入蜀地，屡立战功，迁升为牙门将军。先主为汉中王时，把治所迁到成都，需要威望较高的将领来镇守汉川，大家议论认为必定委任张飞，张

亦以心自许。先主乃拔延为督汉中镇远将军，领汉中太守，一军尽惊。先主大会群臣，问延曰："今委卿以重任，卿居之欲云何？"延对曰："若曹操举天下而来，请为大王拒之；偏将十万之众至，请为大王吞之。"先主称善，众咸壮其言。先主践尊号，进拜镇北将军。建兴元年，封都亭侯。五年，诸葛亮驻汉中，更以延为督前部，领丞相司马、凉州刺史，八年，使延西入羌中，魏后将军费瑶、雍州刺史郭淮与延战于阳豁，延大破淮等，迁为前军师征西大将军，假节，进封南郑侯。

飞心里也以为会派自己。先主却提拔魏延作为统领汉中的镇远将军，兼任汉中太守，全军都很吃惊。先主大会群臣，问魏延说："现在把重任委托给你，你处于这个位置上准备说些什么？"魏延回答说："如果曹操率领全国军队前来进攻，请让我替大王抗击他；如果曹操的偏将率领十万之众来，请让我替大王消灭他们。"先主称赞他说得好，其他人也认为他的言语豪壮有气概。先主登帝位，进而拜魏延为镇北将军。建兴元年，封为都亭侯。建兴五年，诸葛亮驻军汉中，又以魏延统率先锋部队，兼任丞相司马、凉州刺史。建兴八年，派魏延往西进入羌中，曹魏后将军费瑶、雍州刺史郭淮与魏延在阳豁交战，魏延大败郭淮等人，升为前军师征西大将军，授予符节，晋封为南郑侯。

延每随亮出，辄欲请兵万人，与亮异道会于潼关，如韩信故事，亮制而不许。延常谓亮为怯，叹恨己才用之不尽。[13]延既善养士卒，勇猛过人，又性矜高，当时皆避下之，唯杨仪不假借延，延以为至忿，有如水火。十二年，亮出北谷口，延为前锋。出亮营十里，延梦头上生角，以问占梦赵直，直诈延曰："夫麒麟有角而不用，此不战而贼欲自破之象也。"退而告人曰："角之为字，刀下用也；头上用刀，其凶甚矣。"

魏延每次随诸葛亮出征，总要请求率兵万人，与诸葛亮分道进兵在潼关会合，就像韩信以前做的那样，诸葛亮制止他，不答应他的请求。魏延常常说诸葛亮胆小，叹息自己的才能没有得到尽情施展。魏延既善待士兵，自己又勇猛过人，加上本性自视很高，当时的人都躲避他，甘居下风，只有杨仪不宽容魏延，魏延因此极为气愤，二人如同水火。建兴十二年，诸葛亮出兵北谷口，魏延担任前锋。离开诸葛亮营地十里路远，魏延梦见自己头上长出了角，以此问会占梦的赵直，赵直欺骗魏延说："麒麟有角而不用，这是不战而敌人自败的迹象。"赵直出来告诉他人说："角这个字，是刀下用；头上用刀，那是非常凶险的。"

秋，亮病困，密与长史杨仪、司马费祎、护军姜维等作身殁之后退军节度，令延断后，姜维次之；若延或不从命，军便自发。亮适卒，秘不发丧，

秋天，诸葛亮病危，秘密地与长史杨仪、司马费祎、护军姜维等人安排自己死后的退军计划，命令魏延断后，姜维在其次；如果魏延不听从命令，军队可以自行出发。诸葛亮刚死，蜀国保守秘密而不发丧，杨仪要费祎前去探测魏延的意思。魏延说："丞

仪令祎往揣延意指。延曰："丞相虽亡，吾自见在。府亲官属便可将丧还葬，吾自当率诸军击贼，云何以一人死废天下之事邪？且魏延何人，当为杨仪所部勒，作断后将乎！"因与祎共作行留部分，令祎手书与已连名，告下诸将。祎绐延曰："当为君还解杨长史，长史文吏，稀更军事，必不违命也。"祎出门驰马而去，延寻悔，追之已不及矣。延遣人觇仪等，遂使欲案亮成规，诸营相次引军还。延大怒，攙仪未发，率所领径先南归，所过烧绝阁道。延、仪各相表叛逆，一日之中，羽檄交至。后主以问侍中董允、留府长史蒋琬，琬、允咸保仪疑延。仪等槎山通道，昼夜兼行，亦继延后。延先至，据南谷口，遣兵逆击仪等，仪等令何平在前御延。平叱延先登曰："公亡，身尚未寒，汝辈何敢乃尔！"延士众知曲在延，莫为用命，军皆散。延独与其子数人逃亡，奔汉中。仪遣马岱追斩之，致首于仪，仪起自踏之，曰："庸奴！复能作恶不？"遂夷延三族。初，蒋琬率宿卫诸营赴难北行，行数十里，延死问至，乃旋。原延意不北降魏而南还者，但欲除杀仪等。平日诸将素不同，冀时论必当以代亮。本指如此。不便背叛。⑭

相虽然死了，还有我在。府中的亲属官员可以带丧回去安葬，我自然应当率领各军进攻寇贼，怎能因一个人死了而废弃国家的大事呢？况且我魏延是什么人，应当被杨仪指挥，做断后将领吗！"于是与费祎一起做出行与留的部署，命令费祎亲笔书写文告并与自己联名，把这些部署告诉下面的各位将领。费祎骗魏延说："应该替您回去向杨长史解释，杨长史是文官，不大懂军事，肯定不会违背命令。"费祎一出门便策马飞驰而去，魏延马上便后悔了，但追他已经追不上了。魏延派人窥视杨仪等人的行动，见他们已经准备按诸葛亮原来的规划，各营依次退军。魏延大怒，抢在杨仪出发之前，率领他所统领的军队径直先向南返回，所经过之处把栈道烧断。魏延、杨仪各自上表，说对方叛变，一天之中，插着羽毛的紧急军书交替而至。后主刘禅向侍中董允、留府长史蒋琬询问这件事，蒋琬、董允都护着杨仪而怀疑魏延。杨仪等人劈山开路，昼夜兼行，也跟在魏延的后面退军。魏延先到，占据了南谷口，派兵掉过头来打杨仪等人，杨仪等人命令何平在前面阻击魏延。何平呵叱魏延率先登程退兵，说："丞相去世，尸骨未寒，你们这些人怎么敢这样！"魏延的士兵都知道魏延理亏，没有人执行他的命令，军队都走散了。魏延只和他的儿子几个人逃走，奔往汉中。杨仪派马岱追杀他，马岱把他的首级交给杨仪，杨仪起身用脚踩魏延的头，说："庸奴！还能作恶吗？"于是就杀死了魏延的三族亲属。当初，蒋琬率领宿卫军务营往北赴救危难，走了数十里，听到魏延的死讯，便返回了。大家推测魏延不往北投降曹魏而往南退兵的原意，只是想除掉杨仪等人。平时各位将领的看法本来不同，魏延希望大家推戴他接替诸葛亮。他的本意就是这样，所以不便背叛。

杨仪字威公，襄阳人也。建安中，为荆州刺史傅群主

杨仪字威公，是襄阳郡人。建安年间，他担任荆州刺史傅群的主簿，背叛傅群而投靠襄阳太守关

簿，背群而诣襄阳太守关羽。羽命为功曹，遣奉使西诣先主。先主与语论军国计策，政治得失，大悦之，因辟为左将军兵曹掾。及先主为汉中王，拔仪为尚书。先主称尊号，东征吴，仪与尚书令刘巴不睦，左迁遥署弘农太守。建兴三年，丞相亮以为参军，署府事，将南行。五年，随亮汉中。八年，迁长史，加绥军将军。亮数出军，仪常规画分部，筹度粮谷，不稽思虑，斯须便了。军戎节度，取办于仪。亮深惜仪之才干，凭魏延之骁勇，常恨二人之不平，不忍有所偏废也。十二年，随亮出屯谷口。亮卒于敌场。仪既领军还，又诛讨延，自以为功勋至大，宜当代亮秉政，呼都尉赵正以《周易》筮之，卦得《家人》，默然不悦。而亮平生密指，以仪性狷狭，意在蒋琬，琬遂为尚书令、益州刺史。仪至，拜为中军师，无所统领，从容而已。

羽。关羽任命他为功曹，派他带着使命西去拜见先主刘备。先主刘备与他谈论军国计策、政事得失，非常高兴，因而征召他为左将军兵曹掾。到了先主做汉中王时，提拔杨仪担任尚书。先主登帝位，东征吴国，杨仪与尚书令刘巴不和，降职到远地代理弘农太守。建兴三年，丞相诸葛亮任命他为参军，代管丞相府的工作，自己准备南征。建兴五年，跟随诸葛亮到汉中。建兴八年，升任长史，加绥军将军。诸葛亮多次出军，杨仪常常规划部署，筹划粮食，不用很多的思考算计，很快就能处理完毕。军队的安排调度，也由杨仪经办。诸葛亮非常珍惜杨仪的才干，又依仗魏延的勇猛，常常遗憾两人不和，不忍心偏重一方、废弃一方。建兴十二年，杨仪跟随诸葛亮驻兵在谷口。诸葛亮死在战场上。杨仪既率领军队返回，又诛杀了魏延，自以为功勋最大，应当代替诸葛亮主持国政，叫都尉赵直用《周易》给他占卦，赵直占卦得《家人》卦，杨仪默然不高兴。而诸葛亮生前已背着杨仪谈过自己的想法，他认为杨仪本性器量狭小，有意要蒋琬接替自己，蒋琬于是担任尚书令、益州刺史。杨仪回蜀后，被任命为中军师，没有掌管什么具体事务，优游闲处而已。

初，仪为先主尚书，琬为尚书郎，后虽俱为丞相参军长史，仪每从行，当其劳剧，自惟年宦先琬，才能逾之，于是怨愤形于声色，叹咤之音发于五内。时人畏其言语不节，莫敢从也，惟后军师费祎往慰省之。仪对祎恨望，前后云云，又语祎曰："往者丞相亡没之际，吾若举军以就魏氏，处世宁当落度如此邪！令人追悔不可复

当初，杨仪任先主的尚书，蒋琬担任尚书郎，后来虽都担任丞相府的参军长史，杨仪常常跟从丞相出行，承担繁重的任务，自认为年龄和当官的时间都在蒋琬之上，才能也超过他，因而怨愤之情见于声色，叹息愤怒之声发自五脏六腑。当时人们害怕他说话没有节制，没有人敢跟从他，只有后军师费祎前往探慰劝喻。杨仪对费祎发泄怨恨，前前后后，如此这般，说了很多，又对费祎说："以前丞相去世的时候，我若率领部队投靠魏氏，处境怎么会沦落到如此程度呢！令人追悔莫及。"费祎把他的言行秘

及。"祎密表其言。十三年，废仪为民，徙汉嘉郡。仪至徙所，复上书诽谤，辞指激切，遂下郡收仪。仪自杀，其妻子还蜀。⑮

评曰：刘封处嫌疑之地，而思防不足以自卫。彭羕、廖立以才拔进，李严以干局达，魏延以勇略任，杨仪以当官显，刘琰旧仕，并咸贵重。览其举措，迹其规矩，招祸取咎，无不自己也。

密上告。建兴十三年，废杨仪为民，迁徙到汉嘉郡。杨仪到达迁徙的地方，又上书诽谤朝廷，言辞激切，于是令郡中逮捕杨仪。杨仪自杀，他的妻子儿女返回蜀地。

评论说：刘封处于被嫌疑的境地，而对危险的考虑和防备不足以自卫。彭羕、廖立凭着才干被提拔进用，李严因办事有才能和气度而显达，魏延靠勇猛和有谋略担任了要职，杨仪因为当官而显名，刘琰因是老部下，他们都显贵权重。纵观他们的举动，考察他们的处世原则，他们招来祸患获得责咎，全都有自身的原因。

---

①《魏略》载达辞先主表曰："伏惟殿下将建伊、吕之业，追桓、文之功，大事草创，假势吴、楚，是以有为之士深睹归趣。臣委质已来，愆戾山积，臣犹自知，况于君乎！今王朝以兴，英俊鳞集，臣内无辅佐之器，外无将领之才，列次功臣，诚自愧也。臣闻范蠡识微，浮于五湖；咎犯谢罪，逡巡于河上。夫际会之间，请命乞身。何则？欲絜去就之分也。况臣卑鄙，无元功巨勋，自系于时，窃慕前贤，早思远耻。昔申生至孝见疑于亲，子胥至忠见诛于君，蒙恬拓境而被大刑，乐毅破齐而遭谗佞，臣每读其书，未尝不慷慨流涕，而亲当其事，益以伤绝。何者？荆州覆败，大臣失节，百无一还。惟臣寻事，自致房陵、上庸，而复乞身，自放于外。伏想殿下圣恩感悟，愍臣之心，悼臣之举。臣诚小人，不能始终，知而为之，敢谓非罪！臣每闻交绝无恶声，去臣无怨辞，臣过奉教于君子，愿君王勉之也。"

②《国语》曰：智宣子将以瑶为后，智果曰："不如霄也。"宣子曰："霄也佷。"对曰："霄也佷在面，瑶之贤于人者五，其不逮者一也。美须长大则贤，射御足力则贤，技艺毕给则贤，巧文辩惠则贤，强毅果敢则贤，如是而甚不仁；以五者贤陵人，而不仁行之，其谁能待之！若果立瑶也。智宗必灭。"不听。智果别族于太史氏为辅氏。及智氏亡，惟辅果在焉。

③《魏略》曰：申仪兄名耽，字义举。初在西平、上庸间聚众数千家，后与张鲁通，又遣使诣曹公，曹公加其号为将军，因使领上庸都尉。至建安末，为蜀所攻，以其郡西属。黄初中，仪复来还，诏即以兄故号加仪，因拜魏兴太守，封列侯。太和中，仪与孟达不和，数上言达有贰心于蜀，及达反，仪绝蜀道，使救不到。达死后，仪诣宛见司马宣王，宣王劝使来朝。仪至京师，诏转拜仪楼船将军，在礼请中。

④封子林为牙门将，咸熙元年内移河东。达子兴为议督军，是岁徙还扶风。

⑤扬雄《方言》曰：惐、鲐、乾、都、耇、革，老也。郭璞注曰：皆老者皮毛枯瘁之形也。

臣松之以为皮去毛曰革。古者以革为兵，故语称兵革，革犹兵也。羕骂备为老革，犹言老兵也。

⑥臣松之以为"分子之厚"者，羕言刘主分儿子厚恩，施之于己，故其书后语云"负我慈父，罪有百死"也。

⑦《亮集》有亮表曰："立奉先帝无忠孝之心，守长沙则开门就敌，领巴郡则有暗昧阘茸其事，随大将军则诽谤讥诃，侍梓宫则挟刃断人头于梓宫之侧。陛下即位之后，普增职号，立随比为将军，面语臣曰：'我何宜在诸将军中！不表我为卿，上

当在五校！'臣答：'将军者，随大比耳。至于卿者，正方亦未为卿也。且宜处五校。'自是之后，怏怏怀恨。"诏曰："三苗乱政，有虞流宥，廖立狂惑，朕不忍刑，亟徙不毛之地。"

⑧《诸葛亮集》有严与亮书，劝亮宜受九锡，进爵称王。亮答书曰："吾与足下相知久矣，可不复相解！足下方诲以光国，戒之以勿拘之道，是以未得默已。吾本东方下士，误用于先帝，位极人臣，禄赐百亿，今讨贼未效，知己未答，而方宠齐、晋，坐自贵大，非其义也。若灭魏斩叡，帝还故居，与诸子并升，虽十命可受，况于九邪！"

⑨亮公文上尚书曰："平为大臣，受恩过量，不思忠报，横造无端，危耻不办，迷罔上下，论狱弃科，导人为奸，情狭志狂，若无天地。自度奸露，嫌心遂生，闻军临至，西向托疾还沮、漳，军临至沮，复还江阳，平参军狐忠勤谏乃止。今篡贼未灭，社稷多难，国事惟和，可以克捷，不可苞含，以危大业。辄与行中军师车骑将军都乡侯臣刘琰，使持节前军师征西大将军领凉州刺史南郑侯臣魏延、前将军都亭侯臣袁綝、左将军领荆州刺史高阳乡侯臣吴壹、督前部右将军玄乡侯臣高翔、督后部后将军安乐亭侯臣吴班、领长史绥军将军臣杨仪、督左部行中监军扬武将军臣邓芝、行前监军征南将军臣刘巴、行中护军偏将军臣费祎、行前护军偏将军汉成亭侯臣许允、行左护军笃信中郎将臣丁咸、行右护军偏将军臣刘敏、行护军征南将军当阳亭侯臣姜维、行中典军讨虏将军臣上官雝、行中参军昭武中郎将臣胡济、行参军建义将军臣阎晏、行参军偏将军臣爨习、行参军裨将军臣杜义、行参军武略中郎将臣杜祺、行参军绥戎都尉臣盛勃、领从事中郎武略中郎将臣樊岐等议，辄解平任，免官禄、节传、印绶、符策，削其爵土。"

⑩诸葛亮又与平子丰教曰："吾与君父子戮力以奖汉室，此神明所闻，非但人知之也。表都护典汉中，委君于东关者，不与人议也。谓至心感动，终始可保，何图中乖乎！昔楚卿屡绌，亦乃克复，思道则福，应自然之数也。愿宽慰都护，勤追前阙。今虽解任，形业失故，奴婢宾客百数十人，君以中郎参军居府，方之气类，犹为上家。若都护思负一意，君与公琰推心从事者，否可复通，逝可复还也。详思斯戒，明吾用心，临书长叹，涕泣而已。"

⑪习凿齿曰：昔管仲夺伯氏骈邑三百，没齿而无怨言，圣人以为难。诸葛亮之使廖立垂泣，李平致死，岂徒无怨言而已哉！夫水至平而邪者取法，镜至明而丑者无怒，水镜之所以能穷物而无怨者，以其无私也。水镜无私，犹以免谤，况大人君子怀乐生之心，流矜恕之德，法行于不可不用，刑加乎自犯之罪，爵之而非私，诛之而不怒，天下有不服者乎！诸葛亮于是可谓能用刑矣，自秦、汉以来未之有也。

⑫苏林《汉书音义》曰：朱音铢；提音如北方人名匕曰提也。

⑬《魏略》曰：夏侯楙为安西将军，镇长安。亮于南郑与群下计议，延曰："闻夏侯楙少，主婿也，怯而无谋。今假延精兵五千，负粮五千，直从褒中出，循秦岭而东，当子午而北，不过十日可到长安。楙闻延奄至，必乘船逃走。长安中惟有御史、京兆太守耳，横门邸阁与散民之谷足周食也。比东方相合聚，尚二十许日，而公从斜谷来，必足以达。如此，则一举而咸阳以西可定矣。"亮以为此县危，不如安从坦道，可以平取陇右，十全必克而无虞，故不用延计。

⑭《魏略》曰：诸葛亮病，谓延等云："我之死后，但谨自守，慎勿复来也。"令延摄行己事，密持丧去。延遂匿之，行至褒口，乃发丧。亮长史杨仪宿与延不和，见延摄行军事，惧为所害。乃张言延欲举众北附，遂率其众攻延。延本无此心，不战军走，追而杀之。臣松之以为此盖敌国传闻之言，不得与本传争审。

⑮《楚国先贤传》云：仪兄虑，字威方。少有德行，为江南冠冕。州郡礼召，诸公辟请，皆不能屈。年十七，夭，乡人号曰德行杨君。

三国志卷四十一　蜀书十一

霍王向张杨费传第十一

霍峻字仲邈，南郡枝江人也。兄笃，于乡里合部曲数百人。笃卒，荆州牧刘表令峻摄其众。表卒，峻率众归先主，先主以峻为中郎将。先主自葭萌南还袭刘璋，留峻守葭萌城。张鲁遣将杨帛诱峻，求共守城，峻曰："小人头可得，城不可得。"帛乃退去。后璋将扶禁、向存等帅万余人由阆水上，攻围峻，且一年，不能下。峻城中兵才数百人，伺其怠隙，选精锐出击，大破之，即斩存首。先主定蜀，嘉峻之功，乃分广汉为梓潼郡，以峻为梓潼太守、裨将军。在官三年，年四十卒，还葬成都。先主甚悼惜，乃诏诸葛亮曰："峻既佳士，加有功于国，欲行酹。"遂亲率群僚临会吊祭，因留宿墓上，当时荣之。

霍峻字仲邈，是南郡枝江县人。哥哥霍笃，在乡里集合了数百人的武装。霍笃死后，荆州牧刘表命令霍峻统帅霍笃的这支人马。刘表死后，霍峻率领兵马投奔了先主，先主任命霍峻为中郎将。先主从葭萌向南包围袭击刘璋时，留下霍峻驻守葭萌城。张鲁派部将杨帛来劝诱霍峻，想和霍峻一同守城，霍峻说："小人的头可以得到，但城池不能得到。"杨帛于是退去。后来，刘璋的部将扶禁、向存等人统率一万多人由阆水而上，攻打包围霍峻的军队，将近一年，也没有能攻下。霍峻城中兵士只有数百人，他们探察围城军队懈怠而有隙可乘，就挑选精锐军士出击，大败围城军队，斩了向存的头。先主平定蜀地后，嘉奖霍峻的功勋，从广汉郡中分一部分地方设立梓潼郡，任命霍峻为梓潼郡太守、裨将军。霍峻在官三年，四十岁去世，灵柩运回成都安葬。刘备很是痛悼惋惜，下诏给诸葛亮说："霍峻既是优秀人才，又有功于国，要行礼祭奠。"便亲自率领群臣到会吊祭，并留宿在霍峻墓上。当时的人都觉得霍峻很荣耀。

子弋，字绍先，先主末年为太子舍人。后主践阼，除谒者。丞相诸葛亮北驻汉中，请为记室，使与子乔共周旋游处。亮卒，为黄门侍郎。后主立太子璿，以弋为中庶子。璿好骑射，出入无度，弋援引古义，尽言规谏，甚得切磋之体。后

霍峻的儿子霍弋，字绍先，在先主晚年时任太子舍人。刘禅即位，被任命为谒者。丞相诸葛亮往北进驻汉中郡时，请他任记室，让他与自己的儿子诸葛乔交游相处。诸葛亮死后，霍弋任黄门侍郎。刘禅立太子刘璿，认命霍弋为中庶子。刘璿喜欢骑马射箭，出入皆不讲体统，霍弋引述古训，尽力说服规劝，很合互相切磋的规矩。后来任参军和庲降屯副

为参军庲降屯副贰都督，又转护军，统事如前。时永昌郡夷獠恃险不宾，数为寇害，乃以弋领永昌太守，率偏军讨之，遂斩其豪帅，破坏邑落，郡界宁静。迁监军翊军将军，领建宁太守，还统南郡事。景耀六年，进号安南将军。是岁，蜀并于魏。弋与巴东领军襄阳罗宪各保全一方，举以内附，咸因仍前任，宠待有加。①

王连字文仪，南阳人也。刘璋时入蜀，为梓潼令。先主起事葭萌，进军来南，连闭城不降，先主义之，不强偪也。及成都既平，以连为什邡令，转在广都，所居有绩。迁司盐校尉，较盐铁之利，利入甚多，有裨国用，于是简取良才以为官属，若吕乂、杜祺、刘幹等，终皆至大官，自连所拔也。迁蜀郡太守、兴业将军，领盐府如故。建兴元年，拜屯骑校尉，领丞相长史，封平阳亭侯。时南方诸郡不宾，诸葛亮将自征之，连谏以为"此不毛之地，疫疠之乡，不宜以一国之望，冒险而行"。亮虑诸将才不及己，意欲必往，而连言辄恳至，故停留者久之。会连卒。子山嗣，官至江阳太守。

向朗字巨达，襄阳宜城人也。②荆州牧刘表以为临沮长。表卒，归先主。先主定江南，使朗督秭归、夷道、巫、夷陵四县军民事。蜀既平，以朗为巴西太守，顷之转任牂牁，又徙房陵。后主践阼，为步兵校尉，代王连领丞相长史。丞相亮南征，朗留统后事。

贰都督，又转任护军，和以前一样统领事务。当时永昌郡的仡佬族等少数民族仗着地势险要，不肯归服，多次侵犯为害。于是让霍弋兼任永昌郡太守，率领偏军征讨他们，杀了那些豪强头领，破坏了他们的部落，从此郡地边界安宁平静。霍弋升为监军翊军将军，兼任建宁郡太守，很快又统领南郡的政事。景耀六年，进封安南将军。这年，蜀汉被曹魏吞并。霍弋与巴东郡领军襄阳人罗宪各自保全一方，以此归附曹魏，他们都承袭了以前的职位，恩宠厚待有加。

王连字文仪，是南阳郡人。刘璋时进入蜀地，任梓潼县令。先主在葭萌起兵，进军征讨南方，王连紧闭城门，不肯投降。先主认为他是义士，也不强行逼迫。等到成都平定以后，任命王连为什邡县令，转任广都县令，所治之处，都有政绩。升为司盐校尉，他调查研究盐铁的利润，发现利润收入很多，有利于补充国家财政需要，于是选拔优秀人才作为属官，如吕乂、杜祺、刘幹等人。他们最后都当上大官，都是王连提拔上来的。后来王连升任蜀郡太守、兴业将军，和以前一样兼管盐府的事务。建兴元年，拜为屯骑校尉，兼任丞相长史，封为平阳亭侯。当时南方各郡没有归顺，诸葛亮准备亲自征讨，王连劝谏，认为"那是不毛之地，瘟疫疾病流行的地方，不应当由一个国家所敬仰的人去冒险行动"。诸葛亮考虑到各位将领的才能不如自己，坚持一定要去，而王连每次劝谏总是恳切之至，所以停留了很久。王连去世了。他的儿子王山继承爵位，官至江阳太守。

向朗字巨达，是襄阳郡宜城县人。荆州牧刘表任命他为临沮县长。刘表死后，他归附先主刘备。先主平定长江以南后，派向朗督领秭归、夷道、巫山、夷陵四县军政事务。蜀地平定之后，任命向朗担任巴西郡太守，不久又转任牂牁郡太守，后又转任房陵郡太守。后主刘禅即位，任步兵校尉，代替王连兼任丞相长史。丞相诸葛亮南征，向郎留在府中统领后方事务。建兴五年，跟随诸葛亮到汉中。向朗平素

五年，随亮汉中。朗素与马谡善，谡逃亡，朗知情不举，亮恨之，免官还成都。数年，为光禄勋，亮卒后徙左将军，追论旧功，封显明亭侯，位特进。初，朗少时虽涉猎文学，然不治素检，以吏能见称。自去长史，优游无事垂三十年，[③]乃更潜心典籍，孜孜不倦。年逾八十，犹手自校书，刊定谬误，积聚篇卷，于时最多。开门接宾，诱纳后进，但讲论古义，不干时事，以是见称。上自执政，下及童冠，皆敬重焉。延熙十年卒。[④]子条嗣，景耀中为御史中丞。[⑤]

与马谡关系好，马谡逃亡，向朗知情不报，诸葛亮对此不满，向朗被免去官职，回到成都。数年后，任光禄勋，诸葛亮死后升为左将军，刘禅追念他往日的功劳，封他为显明亭侯，官位特进。当初，向朗年轻时虽然涉猎文学，但没有研习典籍，以做官吏的才能被人称赞。自从免去长史之职后，悠闲无事近三十年，于是就转而潜心于典籍研究，孜孜不倦。年过八十，还亲手校订书稿，刊定谬误，积聚的篇什卷数，在当时是最多的。他坦诚结交宾客，诱导接纳后辈，只谈论古义，不涉及时事，以此见称于世。上至执政官员，下到童稚少年，都敬重他。延熙十年去世。他的儿子向条继位，向条景耀年间任御史中丞。

朗兄子宠，先主时为牙门将。秭归之败，宠营特完。建兴元年封都亭侯，后为中部督，典宿卫兵。诸葛亮当北行，表与后主曰："将军向宠，性行淑均，晓畅军事，试用于昔，先帝称之曰能，是以众论举宠为督。愚以为营中之事，悉以咨之，必能使行陈和睦，优劣得所也。"迁中领军。延熙三年，征汉嘉蛮夷，遇害。宠弟充，历射声校尉尚书。[⑥]

向朗哥哥的儿子向宠，先主在世时任牙门将。秭归战败时，只有向宠的军队完好无损。建兴元年封为都亭侯，后任中部督，掌管宿卫部队。诸葛亮将去北边时，上表给后主刘禅说："将军向宠，品性善良，行为公正，通晓军事，在过去试用时，先帝称赞他是个能人，因此大家推举向宠任中部督。我认为军营中的事情，都可以拿去征求他的意见，一定能使军队和睦，才干不同的人各得其所。"向宠升为中领军。延熙三年，征讨汉嘉郡的蛮夷部族时，遇难。向宠的弟弟向充，历任射声校尉、尚书等职。

张裔字君嗣，蜀郡成都人也。治《公羊春秋》，博涉《史》、《汉》。汝南许文休入蜀，谓裔干理敏捷，是中夏钟元常之伦也。刘璋时，举孝廉，为鱼复长，还州署从事，领帐下司马。张飞自荆州由垫江入，璋授裔兵，拒张飞于德阳陌下，军败，还成都。为璋奉使诣先主，先

张裔字君嗣，是蜀郡成都县人。研究《公羊春秋》，广泛涉猎《史记》、《汉书》。汝南人许文休到西蜀后，认为张裔办事理政敏捷，是中原钟元常一类的人。刘璋执政时，推举他为孝廉，任鱼复县长，回到州府代理从事，兼任帐下司马。张飞从荆州由垫江进入蜀地，刘璋给张裔兵马，在德阳县陌下抗击张飞，军队被打败，回到成都。他为刘璋出使、拜见先主，先主答应对其君主以礼待、对其民众妥善安

主许以礼其君而安其人也，裔还，城门乃开。先主以裔为巴郡太守，还为司金中郎将，典作农战之器。先是，益州郡杀太守正昂，耆率雍闿恩信著于南土，使命周旋，远通孙权。乃以裔为益州太守，径往至郡。闿遂趑趄不宾，假鬼教曰："张府君如瓠壶，外虽泽而内实粗，不足杀，令缚与吴。"于是遂送裔于权。

置。张裔回来后，成都的城门才打开。先主任命张裔为巴郡太守，旋即任司金中郎将，负责农用和作战用的器具制造。这以前，益州郡人杀了太守正昂，年长的统领雍闿恩德信义在南部地方很有名，他受命周旋，与远在东吴的孙权沟通交流。于是任命张裔为益州太守，叫他径直去郡所上任。雍闿便犹豫不肯归服，假借鬼教的名义说："张府君像葫芦做的壶，外表虽然润泽但里面实际上很粗糙，不值得杀他，把他捆绑起来送到东吴。"于是就把张裔送给孙权。

会先主薨，诸葛亮遣邓芝使吴，亮令芝言次可从权请裔。裔自至吴数年，流徙伏匿，权未之知也，故许芝遣裔。裔临发，权乃引见，问裔曰："蜀卓氏寡女，亡奔司马相如，贵土风俗何以乃尔乎？"裔对曰："愚以卓氏之寡女，犹贤于买臣之妻。"权又谓裔曰："君还，必用事西朝，终不作田父于闾里也，将何以报我？"裔对曰："裔负罪而归，将委命有司。若蒙徼幸得全首领，五十八已前父母之年也，自此已后大王之赐也。"权言笑欢悦，有器裔之色。裔出阁，深悔不能阳愚，即便就船，倍道兼行。权果追之，裔已入永安界数十里，追者不能及。

遇上先主去世，诸葛亮派邓芝出使东吴，诸葛亮命令邓芝在讲完重要事情后可向孙权请求放还张裔。张裔自到东吴，数年来，流浪迁移，隐藏躲避，孙权并不知道他，因此答应邓芝让张裔返回蜀汉。张裔出发前，孙权才接见他，问他说："蜀地姓卓的寡妇，逃奔司马相如，贵地的风俗为什么会是这样呢？"张裔回答说："愚意以为姓卓的寡妇，还是比朱买臣的妻子贤惠。"孙权又对张裔说："先生回去以后，一定会在西蜀朝中做事，再也不作市井民间的农夫了，将怎样报答我呢？"张裔回答说："张裔负罪回去，将被交付给官府。如果承蒙侥幸能得以免罪全身，五十八岁以前是属于父母亲的年岁，自这以后是大王您的恩赐。"孙权谈笑风生，非常高兴，有器重张裔的表示。张裔出侧门之后，深深后悔没有假装愚笨，就马上坐船，加快速度兼程而行。孙权果然派人来追赶张裔，但张裔此时已进入永安县境界数十里了，追赶的人没有能赶上。

既至蜀，丞相亮以为参军，署府事，又领益州治中从事。亮出驻汉中，裔以射声校尉领留府长史，常称曰："公赏不遗远，罚不阿近，爵不可以无功取，刑不可以贵势免，此

张裔回到蜀地后，丞相诸葛亮任命他为参军，代理府中事务，又兼任益州治中从事。诸葛亮出兵进驻汉中。张裔以射声校尉的身份兼任留府长史。他常称赞诸葛亮说："公奖赏不遗漏疏远的人，惩罚不偏袒亲近的人，爵位不能无功而获，刑罚不能因地位高贵和权势而赦免，这正是使贤能的人和愚笨

贤愚之所以佥忘其身者也。”其明年，北诣亮谘事，送者数百，车乘盈路，裔还书与所亲曰：“近者涉道，昼夜接宾，不得宁息，人自敬丞相长史，男子张君嗣附之，疲倦欲死。”其谈啁流速，皆此类也。⑦少与犍为杨恭友善，恭早死，遗孤未数岁，裔迎留，与分屋而居，事恭母如母。恭之子息长大，为之娶妇，买田宅产业，使立门户。抚恤故旧，振赡衰宗，行义甚至。加辅汉将军，领长史如故。建兴八年卒。子毣嗣，历三郡守监军。毣弟郁，太子中庶子。

的人都忘我效力的原因。”第二年，向北到诸葛亮那里商议事情，送行的有数百人，车辆满路。张裔写信给他所亲近的人说：“近来远道跋涉，日夜接待宾客，不得安宁休息，人们是敬重丞相长史，可男子张君嗣附着在这上面，疲倦得要死。”他谈吐幽默直快敏捷，都是如此。张裔年轻时与犍为郡人杨恭友好，杨恭死得早，留下的孤儿还没有几岁，张裔接来留下，分房子给他居住。张裔像侍奉自己的母亲那样侍奉杨恭的母亲。杨恭的儿子长大以后，替他娶媳妇，置买田地房屋产业，让他自立门户。张裔抚恤老友，救济供养衰微的宗亲，非常讲义气。加封辅汉将军，像以前一样兼任长史。建兴八年去世。儿子张毣继嗣，历任三个郡的郡守监军。张毣的弟弟张郁，任太子中庶子。

杨洪字季休，犍为武阳人也。刘璋时历部诸郡。先主定蜀，太守李严命为功曹。严欲徙郡治舍，洪固谏不听，遂辞功曹，请退。严欲荐洪于州，为蜀部从事。先主争汉中，急书发兵，军师将军诸葛亮以问洪，洪曰：“汉中则益州咽喉，存亡之机会，若无汉中则无蜀矣，此家门之祸也。方今之事，男子当战，女子当运，发兵何疑？”时蜀郡太守法正从先主北行，亮于是表洪领蜀郡太守，众事皆办，遂使即真。顷之，转为益州治中从事。

杨洪字季休，是犍为郡武阳县人。刘璋时历任各郡长官。先主刘备平定蜀地，太守李严任命他担任功曹。李严想要迁移郡治所的房屋，杨洪坚决谏阻，李严不听，杨洪便辞去功曹职务，请求退职。李严想推荐杨洪到州府，让他担任蜀郡从事。刘备争夺汉中，急信要求调兵，军师将军诸葛亮就这件事询问杨洪。杨洪说：“汉中是益州的咽喉之地，是存亡的关键，如果没有汉中就没有蜀郡了，这是家门口的祸患。现在的事情，男子应当去参战，女子就应当参加运输，发兵还有什么可疑虑的呢？”当时蜀郡太守法正跟随先主到北边走了，诸葛亮于是上表让杨洪兼任蜀郡太守，所有事情都由他办理，终于让他正式接任。不久，转任益州治中从事。

先主既称尊号，征吴不克，还住永安。汉嘉太守黄元素为诸葛亮所不善，闻先主疾病，惧有后患，举郡反，烧临邛城。时亮东行省疾，成都单虚，

先主刘备称帝后，征讨东吴没有获胜，还师驻扎在永安。汉嘉太守黄元向来被诸葛亮认为不好，听说刘备病重，惧怕以后有祸患，率领全郡反叛，烧了临邛县城。当时诸葛亮向东去探望刘备的病情，成都力量薄弱内部空虚，因此黄元更加无所顾忌。

是以元益无所惮。洪即启太子，遣其亲兵，使将军陈曶、郑绰讨元。众议以为元若不能围成都，当由越嶲据南中。洪曰："元素性凶暴，无他恩信，何能办此？不过乘水东下，冀主上平安，面缚归死；如其有异，奔吴求活耳。敕曶、绰但于南安峡口遮即便得矣。"曶、绰承洪言，果生获元。洪建兴元年赐爵关内侯，复为蜀郡太守、忠节将军，后为越骑校尉，领郡如故。

杨洪随即启奏太子，派遣随身护卫部队，让将军陈曶、郑绰领兵讨伐黄元。大家以为，黄元如果不能围攻成都，一定会经过越嶲郡进而占据南中地区。杨洪说："黄元向来心性凶残暴虐，没有别的恩德信义，怎么能做到这样呢？他不过是顺水东下，我们希望主上平安，这样黄元他便会回来投降承受死罪；如果有异变，他便会投奔东吴，以求活路。命令陈曶、郑绰只要在南安县的峡口阻拦就可俘虏他了。"陈曶、郑绰听从杨洪的话，果然活捉了黄元。杨洪在建兴元年被赐封关内侯爵号，再任蜀郡太守、忠节将军，后任越骑校尉，依旧兼任郡职。

五年，丞相亮北住汉中，欲用张裔为留府长史，问洪何如？洪对曰："裔天姿明察，长于治剧，才诚堪之，然性不公平，恐不可专任，不如留向朗。朗情伪差少，裔随从目下，效其器能，于事两善。"初，裔少与洪亲善。裔流放在吴，洪临裔郡，裔子郁给郡吏，微过受罚，不特原假。裔后还闻之，深以为恨，与洪情好有损。及洪见亮出，至裔许，具说所言。裔答洪曰："公留我了矣，明府不能止。"时人或疑洪意自欲作长史，或疑洪知裔自嫌，不愿裔处要职，典后事也。后裔与司盐校尉岑述不和，至于忿恨。亮与裔书曰："君昔在陌下，营坏，吾之用心，食不知味；后流迸南海，相为悲叹，寝不安席；及其来还，委付大任，同奖王室，自以为与君古之石交也。石交之道，举仇以相益，

建兴五年，丞相诸葛亮北上驻军汉中，想任命张裔为留府长史，问杨洪意见如何。杨洪回答说："张裔天资英明、敏于观察，擅长治理困难局面，他的才能确能胜任这个职务，但他心性褊狭，恐怕不能独当一面，不如留下向朗。向朗弄虚作假较少，张裔可跟随在你身边贡献才能，这样，事情便两全其美。"当初，张裔年轻时与杨洪关系亲密友好，张裔流放在东吴时，杨洪统管张裔家所在的郡地，张裔的儿子张郁充任郡里的官吏，因小过错而受到处罚，杨洪没有特别宽容他。张裔回来后，听说了这事，很是不满，与杨洪的情谊有所伤害。杨洪看到诸葛亮出去了，他到张裔的处所，全部陈述了自己所说的话。张裔回答杨洪说："公(诸葛亮)留我的意思很明白，你不能够阻止。"当时人有的怀疑杨洪想自己作长史，有的怀疑杨洪知道张裔嫌恶自己，不愿张裔处于要害职位，主管后方事务。后来张裔与司盐校尉岑述不和，彼此达到相互愤恨的程度。诸葛亮给张裔写信说："您过去在陌下，吃了败仗，我为您操心，食不甘味；后来流离到南海郡，我为您悲叹，睡不安席；等您回来以后，把重任交给您，共同辅佐王室，自以为与您是古人所说的石交了。所谓石交的意思，就是推举仇人以使相互获得益处，割

割骨肉以相明，犹不相谢也，况吾但委意于元俭，而君不能忍邪？”论者由是明洪无私。

舍骨肉以表明心迹，这些尚且不会推辞，何况我只是托意给元俭，而你就不能容忍了吗？”论者因此明白了杨洪是无私心的。

洪少不好学问，而忠清款亮，忧公如家，事继母至孝。六年卒官。始洪为李严功曹，严未去犍为而洪已为蜀郡。洪迎门下书佐何祗，有才策功干，举郡吏，数年为广汉太守，时洪亦尚在蜀郡。是以西土咸服诸葛亮能尽时人之器用也。⑧

杨洪年轻时不喜欢学问，但忠诚清廉正直，忧国如忧家，侍奉继母非常孝顺。建兴六年死于任上。当初杨洪曾作李严的功曹，李严还没有去担任犍为郡太守的时候，杨洪已经是蜀郡的太守了。杨洪推荐门下书佐何祗，因他有谋略才干，推举他做了郡中官吏，几年后任广汉太守，当时杨洪也还在蜀郡太守任上。因此西部地方的人都佩服诸葛亮能使当时的人人尽其才。

费诗字公举，犍为南安人也。刘璋时为绵竹令，先主攻绵竹时，诗先举城降。成都既定，先主领益州牧，以诗为督军从事，出为牂牁太守，还为州前部司马。先主为汉中王，遣诗拜关羽为前将军，羽闻黄忠为后将军，羽怒曰：“大丈夫终不与老兵同列！”不肯受拜。诗谓羽曰：“夫立王业者，所用非一。昔萧、曹与高祖少小亲旧，而陈、韩亡命后至，论其班列，韩最居上，未闻萧、曹以此为怨。今汉王以一时之功，隆崇于汉升，然意之轻重，宁当与君侯齐乎！且王与君侯，譬犹一体，同休等戚，祸福共之，愚为君侯，不宜计官号之高下，爵禄之多少为意也。仆一介之使，衔命之人，君侯不受拜，如是便还，但相为惜此举动，恐有后悔耳！”羽大感悟，遽即受拜。

费诗字公举，是犍为郡南安县人。刘璋时任绵竹县令，先主刘备攻打绵竹时，费诗首先率领全城人投降。成都平定以后，刘备兼任益州牧，任命费诗为督军从事，出任牂牁太守，后又调回来任州前部司马。先主做汉中王，派费诗去拜关羽为前将军，关羽听说黄忠做了后将军，大怒说：“大丈夫决不与老兵同在一个位次上！”不肯接受拜赐。费诗对关羽说：“大凡建立帝王大业的人，所要用的人不会只是一个。以前萧何、曹参与汉高祖是小时候结识的新朋旧友，而陈平、韩信是后来逃命才来的，论他们的班次地位，韩信的地位最高，但没有听说萧何、曹参因此而生怨。现在汉王因他有一时的功劳而对汉升格外推崇，但是他在汉王心里的位置，难道能与您等同吗？况且汉王与您，好像同是一体，休戚与共祸福同当。我认为君侯您不应该计较官位的高下，以爵禄的多少为意。我是一个小小的使者，奉命传令的人，您不接受拜赐，我就只能回去，但是我对您的这种举动很惋惜，恐怕您会后悔的！”关羽听后大为感悟，立即接受了拜赐。

后群臣议欲推汉中王称尊号，诗上疏曰：“殿下以曹操

后来各位大臣主张要推刘备称帝，费诗上疏说：“殿下因曹操父子逼迫主上，篡夺帝位，所以才

父子偪主篡位，故乃羁旅万里，纠合士众，将以讨贼。今大敌未克，而先自立，恐人心疑惑。昔高祖与楚约，先破秦者王。及屠咸阳，获子婴，犹怀推让，况今殿下未出门庭，便欲自立邪！愚臣诚不为殿下取也。"由是忤指，左迁部永昌从事。⑨建兴三年，随诸葛亮南行，归至汉阳县，降人李鸿来诣亮，亮见鸿，时蒋琬与诗在坐。鸿曰："间过孟达许，适见王冲从南来，言往者达之去就，明公切齿，欲诛达妻子，赖先主不听耳。达曰：'诸葛亮见顾有本末，终不尔也。'尽不信冲言，委仰明公，无复已已。"亮谓琬、诗曰："还都当有书与子度相闻。"诗进曰："孟达小子，昔事振威不忠，后又背叛先主，反复之人，何足与书邪！"亮默然不答。亮欲诱达以为外援，竟与达书曰："往年南征，岁末乃还，适与李鸿会于汉阳，承知消息，慨然永叹，以存足下平素之志，岂徒空托名荣，贵为乖离乎！呜呼孟子，斯实刘封侵陵足下，以伤先主待士之义。又鸿道王冲造作虚语，云足下量度吾心，不受冲说。寻表明之言，追平生之好，依依东望，故遣有书。"达得亮书，数相交通，辞欲叛魏。魏遣司马宣王征之，即斩灭达。亮亦以达无款诚之心，故不救助也。蒋琬秉政，以诗为谏议大

漂泊万里，集合人马，率领队伍讨伐国贼。如今尚未战胜大敌，却先要自己称帝，恐怕人们心里会疑惑不解。以前高祖与楚王相约，先攻破秦朝的人为王。但等到屠烧了咸阳、俘获了子婴，高祖尚且怀有辞让之心，何况现在殿下还没有走出门庭，便要自立称帝呢！愚臣确实认为殿下的做法不可取。"费诗因为这件事违背了刘备的旨意，被降职为永昌郡从事。建兴三年，费诗随诸葛亮南征，回到汉阳县时，投降的李鸿来拜见诸葛亮，诸葛亮会见了李鸿，当时蒋琬与费诗都在坐。李鸿说："近来经过孟达的住处，正好遇见王冲从南边来，讲起孟达过去的去留，说您非常痛恨他，要杀他的妻室儿女，幸而刘备没有听从，孟达说：'诸葛亮看问题能考虑得很全面，所以终归没有那样做。'都不信王冲的话，我们都仰仗您，不再说什么了。"诸葛亮对蒋琬、费诗说："回都城时，我应当给子度捎一封信，联络一下。"费诗进言说："孟达这小子，过去侍奉振威将军刘璋时就不忠，后来又背叛先主，反复无常的人，哪里值得给他写信呢！"诸葛亮沉默不答话。诸葛亮想诱惑孟达作外援，终究与孟达写信说："去年南征，年底才返回，在汉阳遇上李鸿，得以知道你的消息，感慨长叹，因为想到你平时的心志，难道只是空求名誉，看重背离吗？哎呀，孟先生，这实在是因为刘封欺侮您，以至于伤害了先主对待士人的义气。又有李鸿说王冲捏造假话，说您能猜度估量我的心意，不听王冲所言。推求您明白事理的言语，追想我们平生的友情，情思依依、遥望东方，因而递送这封信。"孟达得到诸葛亮的信，多次和他接触交往，说要反叛曹魏。魏国派司马宣王征讨他，杀了孟达。诸葛亮也因为孟达没有真诚之心，所以不去救助他。蒋琬执政，任命费诗为谏议大夫。费诗死在家中。

夫,卒于家。

王冲者,广汉人也。为牙门将,统属江州督李严。为严所疾,惧罪降魏。魏以冲为乐陵太守。⑩

王冲,广汉人。任牙门将,隶属江州督李严。因为被李严疾恨,害怕获罪而投降了魏国。魏国任王冲为乐陵太守。

评曰:霍峻孤城不倾,王连固节不移,向朗好学不倦,张裔肤敏应机,杨洪乃心忠公,费诗率意而言,皆有可纪焉。以先主之广济,诸葛之准绳,诗吐直言,犹用陵迟,况庸后乎哉?

评论说:"霍峻守孤城而不覆败,王连保持气节而不改变,向朗好学不倦,张裔品德优美言行敏捷、能随机应变,杨洪忠诚公正,费诗率意直言,都有值得记载的。凭先主的宽宏大量和诸葛亮的坚持原则,费诗讲直话尚且仕途受阻,更何况昏庸的君主呢?

---

①《汉晋春秋》曰:霍弋闻魏军来,弋欲赴成都,后主以备敌既定,不听。及成都不守,弋素服号哭,大临三日。诸将咸劝宜速降,弋曰:"今道路隔塞,未详主之安危,大故去就,不可苟也。若主上与魏和,见遇以礼,则保境而降,不晚也。若万一危辱,吾将以死拒之,何论迟速邪!"得后主东迁之问,始率六郡将守上表曰:"臣闻人生于三,事之如一,惟难所在,则致其命。今臣国败主附,守死无所,是以委质,不敢有贰。"晋文王善之,又拜南中都督,委以本任。后遣将兵救援吕兴,平交阯、日南、九真三郡,功封列侯,进号崇赏焉。弋孙彪,晋越嶲太守。

《襄阳记》曰:罗宪字令则。父蒙,避乱于蜀,官至广汉太守。宪少以才学知名,年十三能属文。后主立太子,为太子舍人,迁庶子、尚书吏部郎,以宣信校尉再使于吴,吴人称美焉。时黄皓预政,众多附之,宪独不与同,皓恚,左迁巴东太守。时右大将军阎宇都督巴东,为领军,后主拜宪为宇副贰。魏之伐蜀,召宇西还,留宇二千人,令宪守永安城。寻闻成都败,城中扰动,江边长吏皆弃城走,宪斩称成都乱者一人,百姓乃定。得后主委质问至,乃帅所统临于都亭三日。吴闻蜀败,起兵西上,外托救援,内欲袭宪。宪曰:"本朝倾覆,吴为唇齿,不恤我难而徼其利,背盟违约。且汉已亡,吴何得久,宁能为吴降虏乎!"保城缮甲,告誓将士,厉以节义,莫不用命。吴闻钟、邓败,百城无主,有兼蜀之志,而巴东固守,兵不得过,使步协率众而西。宪临江拒射,不能御,遣参军杨宗突围北出,告急安东将军陈骞,又送文武印绶、任子诣晋王。协攻城,宪出与战,大破其军。孙休怒,复遣陆抗等帅众三万人增宪之围。被攻凡六月日而救援不到,城中疾病大半。或说宪奔走之计,宪曰:"夫为人主,百姓所仰,危不能安,急而弃之,君子不为也,毕命于此矣。"陈骞言于晋王,遣荆州刺史胡烈救宪,抗等引退。晋王即委前任,拜宪凌江将军,封万年亭侯。会武陵四县举众叛吴,以宪为武陵太守巴东监军。泰始元年改封西鄂县侯。宪遣妻子居洛阳,武帝以子袭为给事中。三年冬,入朝,进位冠军将军、假节。四年三月,从帝宴于华林园,诏问蜀大臣子弟,后问先辈宜时叙用者,宪荐蜀郡常忌、杜轸、寿良、巴西陈寿、南郡高轨、南阳吕雅、许国、江夏费恭、琅邪诸葛京、汝南陈裕,即皆叙用,咸显于世。宪还,袭取吴之巫城,因上伐吴之策。宪方亮严正,待士不倦,轻财好施,不治产业。六年薨,赠安南将军,谥曰烈侯。子袭,以凌江将军领部曲,早卒,追赠广汉太守。袭子徽,顺阳内史,永嘉五年为王如所杀。此作"献",名与本传不同,未详孰是也。

②《襄阳记》曰：朗少师事司马德操，与徐元直、韩德高、庞士元皆亲善。

③臣松之案：朗坐马谡免长史，则建兴六年中也。朗至延熙十年卒，整二十年耳，此云“三十”，字之误也。

④《襄阳记》曰：朗遗言戒子曰：“传称师克在和不在众，此言天地和则万物生，君臣和则国家平，九族和则动得所求，静得所安，是以圣人守和，以存以亡也。吾，楚国之小子耳，而早丧所天，为二兄所诱养，使其性行不随禄利以堕，今但贫耳；贫非人患，惟和为贵，汝其勉之！”

⑤《襄阳记》曰：条字文豹，亦博学多识，入晋为江阳太守、南中军司马。

⑥《襄阳记》曰：魏咸熙元年六月，镇西将军卫瓘至于成都，得璧玉印各一枚，文似“成信”字，魏人宣示百官，藏于相国府。充闻之曰：“吾闻谯周之言，先帝讳备，其训具也，后主讳禅，其训授也，如言刘已具矣，当授与人也。今中抚军名炎，而汉年极于炎兴，瑞出成都，而藏之于相国府，此殆天意也。”是岁，拜充为梓潼太守，明年十二月而晋武帝即尊位，炎兴于是乎征焉。

孙盛曰：昔公孙述自以起成都，号曰成氏，二玉之文，殆述所作乎！

⑦臣松之以为谈啁贵于机捷，书疏可容留意。今因书疏之巧，以著谈啁之速，非其理也。

⑧《益部耆旧传》《杂记》曰：每朝会，祗次洪坐。嘲祗曰：“君马何驶？”祗曰：“故吏马不敢驶，但明府未著鞭耳。”众传之以为笑。

祗字君肃，少寒贫，为人宽厚通济，体甚壮大，又能饮食，好声色，不持节俭，故时人少贵之者。尝梦井中生桑，以问占梦赵直，直曰：“桑非井中之物，会当移植；然桑字四十下八，君寿恐不过此。”祗笑言“得此足矣”。初仕郡，后为督军从事。时诸葛亮用法峻密，阴闻祗游戏放纵，不勤所职，尝奄往录狱。众人咸为祗惧。祗密闻之，夜张灯火见囚，读诸解状。诸葛晨往，祗悉已暗诵，答对解释，无所凝滞，亮甚异之。出补成都令，时郫县令缺，以祗兼二县。二县户口猥多，切近都治，饶诸奸秽，每比人，常眠睡，值其觉寤，辄得奸诈，众咸畏祗之发摘，或以为有术，无敢欺者。使人投算，祗听其读而心计之，不差升合，其精如此。汶山夷不安，以祗为汶山太守，民夷服信。迁广汉。后夷反叛，辞曰：“令得前何府君，乃能安我耳！”时难复屈祗，拔祗族人为之，汶山复得安。转祗为犍为。年四十八卒，如直所言。后有广汉王离，字伯元，亦以才干显。为督军从事，推法平当，稍迁，代祗为犍为太守，治有美绩，虽聪明不及祗，而文采过之也。

⑨习凿齿曰：夫创本之君，须大定而后正己，纂统之主，俟速建以系众心，是故惠公朝虏而子圉夕立，更始尚存而光武举号，夫岂忘主徼利，社稷之故也。今先主纠合义兵，将以讨贼。贼强祸大，主没国丧，二祖之庙，绝而不祀，苟非亲贤，孰能绍此？嗣祖配天，非咸阳之譬，杖正讨逆，何推让之有？于此时也，不知速尊有德以奉大统，使民欣反正，世睹旧物，杖顺者齐心，附逆者同惧，可谓暗惑矣。其黜降也宜哉！

臣松之以为凿齿论议，惟此论最善。

⑩孙盛《蜀世谱》曰：诗子立，晋散骑常侍。自后益州诸费有名位者，多是诗之后也。

三国志卷四十二　蜀书十二

杜周杜许孟来尹李谯郤传第十二

杜微字国辅，梓潼涪人也。少受学于广汉任安。刘璋辟为从事，以疾去官。及先主定蜀，微常称聋，闭门不出。建兴二年，丞相亮领益州牧，选迎皆妙简旧德，以秦宓为别驾，五梁为功曹，微为主簿。微固辞，轝而致之。既致，亮引见微，微自陈谢。高以微不闻人语，于坐上与书曰："服闻德行，饥渴历时，清浊异流，无缘咨覯。王元泰、李伯仁、王文仪、杨季休、丁君幹、李永南兄弟、文仲宝等，每叹高志，未见如旧。猥以空虚，统领贵州，德薄任重，惨惨忧虑。朝廷今年始十八，天姿仁敏，爱德下士。天下之人思慕汉室，欲与君因天顺民，辅此明主，以隆季兴之功，著勋于竹帛也。以谓贤愚不相为谋，故自割绝，守劳而已，不图自屈也。"微自乞老病求归，亮又与书答曰："曹丕篡弑，自立为帝，是犹土龙刍狗之有名也。欲与群贤因其邪伪，以正道灭之。怪君未有相诲，便欲求还于山野。丕又大兴劳役，以向吴、楚。今因丕多务，且以闭境勤农，育养民物，

杜微字国辅，是梓潼郡涪县人。年轻时跟随广汉郡的任安学习。刘璋征召他担任从事，因病而辞去了官职。先主刘备平定蜀地后，杜微经常口称耳聋，闭门不出。建兴二年，丞相诸葛亮任益州州牧，他所选拔和接纳的都是经过精心选择的素有德操名望的人。他任命秦宓担任别驾，五梁担任功曹，杜微担任主簿。杜微坚决推辞，诸葛亮便派车将他接了来。来了以后，诸葛亮接见了杜微，杜微表示歉意。诸葛亮自认为杜微听不见别人的讲话，就在坐席上写信给他："在下听说了您的厚德洁行，求贤若渴的心情已经很长时间了。高洁和卑浊不会同流，以致我无缘当面向您请教。王元泰、李伯仁、王文仪、杨季休、丁君幹、李永南兄弟、文仲宝等人，常常赞叹您的高洁志趣，虽然没有相见过，却已好像老相识了。我德少才浅，统领着贵州，我德望浅薄而担子沉重，忧闷焦虑。皇上今年刚刚十八岁，具有仁厚聪明的资质，爱惜德才、礼贤下士。天下百姓思慕汉朝天下，想与您一道顺从天意、顺应民情，辅助这位开明的君主，以兴盛蜀汉功业，著录功勋于青史。您若认为贤士与愚人不能相与谋划，一味地要自己与人隔绝，仅仅保持过去的功绩，没有想到自己委屈的境况。"杜微自己说年老多病而请求回归故里。诸葛亮又给他写信答复说："曹丕篡夺汉室政权，自立为帝，这好比土制的龙、草织的狗徒有其名罢了。我正准备会同各位贤士趁着他的邪行伪态，用正义之道来剿灭他。奇怪的是您还没有教诲我，就要求返回乡野旧居。现在曹丕正在大肆征发民力，以进犯吴、楚之地。如今趁着曹丕事务繁忙，姑且严守边境、致力于农耕，繁育人民、生产财物，训练军队，等

并治甲兵，以待其挫，然后伐之，可使兵不战民不劳而天下定也。君但当以德辅时耳，不责君军事，何为汲汲欲求去乎！”其敬微如此。拜为谏议大夫，以从其志。

曹魏遭到挫伤之后，再讨伐他，这样可使军队不用作战、人民不需劳苦而天下得以平安。您只须依靠您的德才辅助时政就行了，不要求您致力于军事，为什么急急切切地想要离开呢？”诸葛亮尊敬杜微到达这般程度。任命杜微担任谏议大夫，以满足他的志向。

五梁者，字德山，犍为南安人也，以儒学节操称。从议郎迁谏议大夫、五官中郎将。

五梁，字德山，犍为郡南安县人，因知晓儒学、有节操而闻名于世。他从议郎迁升为谏议大夫、五官中郎将。

周群字仲直，巴西阆中人也。父舒，字叔布，少学术于广汉杨厚，名亚董扶、任安。数被征，终不诣。时人有问：“《春秋谶》曰代汉者当涂高，此何谓也？”舒曰：“当涂高者，魏也。”乡党学者私传其语。群少受学于舒，专心候业。于庭中作小楼，家富多奴，常令奴更直于楼上视天灾，才见一气，即白群，群自上楼观之，不避晨夜。故凡有气候，无不见之者，是以所言多中。州牧刘璋，辟以为师友从事。[①]先主定蜀，署儒林校尉。先主欲与曹公争汉中，问群，群对曰：“当得其地，不得其民也。若出偏军，必不利，当戒慎之！”时州后部司马蜀郡张裕亦晓占候，而天才过群，[②]谏先主曰：“不可争汉中，军必不利。”先主竟不用裕言，果得地而不得民也。遣将军吴兰、雷铜等入武都，皆没不还，悉如群言。于是举群茂才。

周群字仲直，是巴西郡阆中县人。他的父亲周舒，字叔布，年少时跟随广汉郡的杨厚学习技艺，名声仅仅亚于董扶、任安。他多次被官府征召，但始终没去应召。当时有人问他说：“《春秋谶》说取代汉朝的人是当涂高，这是什么意思？”周舒回答说：“当涂高，指的是魏。”当地的读书人在暗中传播着他的话。周群年少时跟随周舒学习，专心致志于观测占验的学问。周舒在庭院中修建了一座小楼，因为家中富有、仆从众多，常常指派奴仆轮流值班在楼台上，观看天象的灾祥变异，一旦观察到一点细小的变化，就去告诉周群，周群就亲自上楼观察，不论早晚都是如此。所以凡是有天象变异的征兆，没有看不到的，因此他所说的也就多半应验了。益州州牧刘璋，征召周群担任从事，但以师友之礼相待。先主刘备平定蜀地后，暂时代理儒林校尉。先主要与曹操争夺汉中郡，征求周群意见，周群回答说：“会夺取到那里的土地，但不会得到那里的人民。如果只出一部分军队，一定会不利，定要警惕、慎重！”当时益州后部司马蜀郡人张裕也知晓观测天象之术，并且天资才能远在周群之上，向先主进谏说：“不可争夺汉中郡，出兵一定会不利。”刘备最终没有采纳张裕的建议，果然是占领了该地，而没有得到那里的人民。先主派遣将军吴兰、雷铜等人进攻武都，都阵亡未归，全都像周群所说的那样。于是就推举周群为茂才。

裕又私语人曰：“岁在庚子，天下当易代，刘氏祚尽矣。

张裕又私下里告诉别人说：“到庚子年，天下会改朝换代，刘氏帝位要完了。主公虽然夺得了益州，

主公得益州，九年之后，寅卯之间当失之。”人密白其言。初，先主与刘璋会涪时，裕为璋从事，侍坐。其人饶须，先主嘲之曰：“昔吾居涿县，特多毛姓，东西南北皆诸毛也，涿令称曰‘诸毛绕涿居乎’！”裕即答曰：“昔有作上党潞长，迁为涿令者，去官还家，时人与书，欲署潞则失涿，欲署涿则失潞，乃署曰‘潞涿君’。”先主无须，故裕以此及之。先主常衔其不逊，加忿其漏言，乃显裕谏争汉中不验，下狱，将诛之。诸葛亮表请其罪，先主答曰：“芳兰生门，不得不钽。”裕遂弃市。后魏氏之立，先主之薨，皆如裕所刻。又晓相术，每举镜视面，自知刑死，未尝不扑之于地也。

但九年之后，在寅卯年间又会失去它。”有人暗中把他的话告诉了刘备。当初，刘备与刘璋在涪县聚会时，张裕担任刘璋的从事，在一旁陪坐。这个人胡须很多，刘备讥笑他说：“当年我住在涿县时，姓毛的特别多，东西南北全是‘诸毛’，涿县县令说是‘诸毛围绕着涿生存吧’！”张裕当即回答：“从前有一位上党郡潞县县令，后来升迁为涿县县令，离职归家了，当时有人给他写信，想写上‘潞’就遗漏了‘涿’，想写上‘涿’就遗漏了‘潞’，于是写作‘潞涿君’。”刘备没有胡须，因此张裕以此来嘲讽他。刘备一直对张裕的不恭顺记恨在心，加之怨恨他散布流言，于是以张裕预言争夺汉中郡不灵验为理由，将其交付刑狱，准备杀掉。诸葛亮上奏章请求免除张裕的罪，刘备回答说：“芳兰长在当门的过道上，不得不铲除它。”张裕于是被杀。后来曹魏称帝，刘备去世，其年限完全像张裕所说的那样。张裕又懂得相面术，每次拿镜子看到自己的面孔，自知将被判刑处死，常常压着镜子扑倒在地上。

群卒，子巨颇传其术。

周群死后，儿子周巨颇能承传他的术数。

杜琼字伯瑜，蜀郡成都人也。少受学于任安，精究安术。刘璋时辟为从事。先主定益州，领牧，以琼为议曹从事。后主践阼，拜谏议大夫，迁左中郎将、大鸿胪、太常。为人静默少言，阖门自守，不与世事。蒋琬、费祎等皆器重之。虽学业入深，初不视天文有所论说。后进通儒谯周常问其意，琼答曰：“欲明此术甚难，须当身视，识其形色，不可信人也。晨夜苦剧，然后知之，复忧漏泄，不如不知，是以不复视也。”周因问曰：“昔周征君以为当涂

杜琼字伯瑜，是蜀郡成都县人。年少时跟从任安学习，精心研究任安传授的学说。刘璋时被征召担任从事。刘备平定益州，兼任州牧，任命杜琼担任议曹从事。刘禅继位后，任命他为谏议大夫，提升为左中郎将、大鸿胪、太常。杜琼为人沉默寡言，闭门自守，不过问外面的事。蒋琬、费祎等人都器重他。他虽然学问钻研得很深，却从来不见在天文方面有所论述。当时后辈儒士谯周常常问他的看法，杜琼回答说：“想精通天文占验十分艰难，必须亲身体验，观察天象的形态景色，不能只听信别人所说的。早晚守望、辛苦极了，然后了解了，又担心泄露天机，不如不知道的好，因此我不再观测了。”谯周于是问他说：“从前周征君认为当涂高就是魏，其中的

高者魏也，其义何也？”琼答曰：“魏，阙名也，当涂而高，圣人取类而言耳。”又问周曰：“宁复有所怪邪？”周曰：“未达也。”琼又曰：“古者名官职不言曹；始自汉已来，名官尽言曹，使言属曹，卒言侍曹，此殆天意也。”琼年八十余，延熙十三年卒。著《韩诗章句》十余万言，不教诸子，内学无传业者。周缘琼言，乃触类而长之曰：“《春秋传》著晋穆侯名太子曰仇，弟曰成师。师服曰：‘异哉君之名子也！嘉耦曰妃，怨耦曰仇，今君名太子曰仇，弟曰成师，始兆乱矣，兄其替乎？’其后果如服言。及汉灵帝名二子曰史侯、董侯，既立为帝，后皆免为诸侯，与师服言相似也。先主讳备，其训具也，后主讳禅，其训授也，如言刘已具矣，当授与人也；意者甚于穆侯、灵帝之名子。”后宦人黄皓弄权于内，景耀五年，宫中大树无故自折，周深忧之，无所与言，乃书柱曰：“众而大，期之会，具而授，若何复？”言曹者众也，魏者大也，众而大，天下其当会也。具而授，如何复有立者乎？蜀既亡，咸以周言为验。周曰：“此虽己所推寻，然有所因，由杜君之辞而广之耳，殊无神思独至之异也。”

含义在哪里？”杜琼回答：“魏，是宫阙的名称，当于道路而高大，圣人只言及其相类似的地方罢了。”又问谯周：“难道还有什么奇怪的吗？”谯周说：“还是不明白。”杜琼又说道：“古时命名官职不涉及‘曹’字；从汉代开始命名官职全都涉及‘曹’字，官吏归属曹，卒徒说侍奉曹，这大概是天意吧。”杜琼活到八十多岁，延熙十三年才去世。著有《韩诗章句》十多万字，不传授给子女们，谶纬学也没有继承的人。谯周沿用杜琼的见解，便触类扩大他的说法：“《春秋传》记载晋穆侯给太子命名叫‘仇’，给仇的弟弟命名为‘成师’。师服说：‘奇怪呀，君主竟这样给儿子取名!好的配偶叫妃，相互埋怨的夫妻叫仇。如今君主给太子取名叫仇，给他的弟弟取名叫成师，开始预示着变乱了，太子将要被废除吧？’此后果真像师服所说的那样。汉灵帝给两个儿子取名叫史侯、董侯，二人已被立为帝，但后来都被免为诸侯，与师服的预言相类似。先主忌讳‘备’，备可以训释为具备之意，后主忌讳‘禅’，禅是授与的意思。等于说刘氏政权已经具备，该授予别人了；其中的寓意超过晋穆侯、汉灵帝给儿子命名。”后来宦官黄皓在宫中耍弄权术，景耀五年，宫中的大树无缘无故自己折断，谯周深感忧愁，但无法对人说，于是在大柱上写道：“众而大，在一定的时期将要聚合；已经具备了而要授予别人，它又怎么能再挺立起来呢？”意思是说，‘曹’字的含义是‘众’，‘魏’字的含义是‘大’，众而且大，天下将要会合在一起；刘氏政权已具备了却要授予别人，怎么会再有建立的可能呢？蜀国灭亡后，都认为谯周的预言灵验。谯周说：“这些话虽然是自己推演出来的，但还是有所依据的，是根据杜琼的言辞而推广出来的，我根本没有神思独运的特别地方。”

许慈字仁笃，南阳人也。师事刘熙，善郑氏学，治《易》、《尚书》、《三礼》、《毛诗》、《论

许慈字仁笃，是南阳郡人。曾拜刘熙为师，熟悉郑玄的学说，学习和研究《易》、《尚书》、《三礼》、《毛诗》、《论语》。建安年间，与许靖等人一同从交州来

语》。建安中，与许靖等俱自交州入蜀。时又有魏郡胡潜，字公兴，不知其所以在益土。潜虽学不沾洽，然卓荦强识，祖宗制度之仪，丧纪五服之数，皆指掌画地，举手可采。先主定蜀，承丧乱历纪，学业衰废，乃鸠合典籍，沙汰众学，慈、潜并为学士，与孟光、来敏等典掌旧文。值庶事草创，动多疑议，慈、潜更相克伐，谤讟忿争，形于声色；书籍有无，不相通借，时寻楚挞，以相震撓。其矜己妒彼，乃至于此。先主愍其若斯，群僚大会，使倡家假为二子之容。效其讼阋之状，酒酣乐作，以为嬉戏，初以辞义相难，终以刀杖相屈，用感切之。潜先没，慈后主世稍迁至大长秋，卒。③子勋传其业，复为博士。

到蜀地。当时还有魏郡人胡潜，字公兴，不知什么原因也在益州。胡潜虽然学识不渊博，但聪明绝伦、记忆力强，祖先制度的规范，丧事丧服的礼数，全都像用手指在地上画写一般容易，随手可得。刘备平定蜀地时，适逢天下经历离乱多年，学业衰败荒废。于是综合典籍，淘汰杂学，许慈、胡潜同为学士，和孟光、来敏等人掌管古文典籍。当时正值万事初创，往往产生很多疑虑议论，许慈、胡潜又互相攻击，诽谤愤争，都公开表现在言行中；书籍不论有还是没有，彼此之间从不互相借阅，不时地指斥对方，直到互相殴打。这二人显耀自已、忌妒对方，竟然到了这种地步。刘备对他们如此行事十分忧虑。于是聚集群臣，让歌舞艺人打扮成两个人的模样，模仿他们争吵的状态，在酒喝得正畅快时伴着乐曲，来嬉戏娱乐。表演的人先是彼此用言辞相互非难，最终用刀棍搏斗使对方屈从，由此来感化打动他们。胡潜先去世，许慈在刘禅当政时慢慢地升迁为大长秋，后去世。他的儿子许勋承传他的学业，又担任博士。

孟光字孝裕，河南洛阳人，汉太尉孟郁之族。④灵帝末为讲部吏。献帝迁都长安，遂逃入蜀，刘焉父子待以客礼。博物识古，无书不览，尤锐意三史，长于汉家旧典。好公羊《春秋》而讥呵左氏，每与来敏争此二义，光常譊譊讙咋。先主定益州，拜为议郎，与许慈等并掌制度。后主践阼，为符节令、屯骑校尉、长乐少府，迁大司农。延熙九年秋，大赦，光于众中责大将军费祎曰："夫赦者，偏枯之物，非明世所宜有也。衰弊穷极，必不得已，

孟光字孝裕，是河南郡洛阳县人，东汉太尉孟郁的族人。汉灵帝末年担任讲部吏。汉献帝迁都到长安，孟光逃亡到了蜀地，刘焉、刘璋父子用对待宾客的礼节来对待他。孟光博通万物、知晓往古，无书不读，尤其专心致力于三史，精通刘汉王朝的典章制度。他喜爱《春秋公羊传》而责难《左氏春秋》，每当与来敏争执这两部书的深微大义时，孟光常常吵吵嚷嚷大声争辩。刘备平定益州后，拜孟光做议郎，与许慈等人一起执掌礼仪、法令等规章。刘禅登上帝位后，任命他担任符节令、屯骑校尉、长乐少府，升为大司农。延熙九年秋，蜀国实行大赦，孟光当着众人的面指责大将军费祎说："赦免，好比半边枯萎的物体，不是圣明时代应该具有的。只是衰败困顿到了极点，迫不得已，然后才可以暂且实行。当今皇

然后乃可权而行之耳。今主上仁贤，百僚称职，有何旦夕之危，倒悬之急，而数施非常之恩，以惠奸宄之恶乎？又鹰隼始击，而更原宥有罪，上犯天时，下违人理。老夫耄朽，不达治体，窃谓斯法难以经久，岂具瞻之高美，所望于明德哉！”祎但顾谢踧踖而已。光之指摘痛痒，多如是类，故执政重臣，心不能悦，爵位不登；每直言无所回避，为代所嫌。太常广汉镡承、⑤光禄勋河东裴儁等，年资皆在光后，而登据上列，处光之右，盖以此也。⑥

后进文士秘书郎郤正数从光谘访，光问正太子所习读并其情性好尚，正答曰：“奉亲虔恭，夙夜匪懈，有古世子之风；接待群僚，举动出于仁恕。”光曰：“如君所道，皆家户所有耳；吾今所问，欲知其权略智调何如也。”正曰：“世子之道，在于承志竭欢，既不得妄有所施为，且智调藏于胸怀，权略应时而发，此之有无，焉可豫设也？”光解正慎宜，不为放谈，乃曰：“吾好直言，无所回避，每弹射利病，为世人所讥嫌；省君意亦不甚好吾言，然语有次。今天下未定，智意为先，智意虽有自然，然亦可力强致也。此储君读书，宁当效吾等竭力博识以待访问，如傅士探策讲试以求爵位邪！当务其急者。”正深谓光言为

上仁慈贤明，百官称职，有什么旦夕之危，倒悬之急，非要多次施舍特大恩德，来加惠于作歹的人呢？何况狠狠惩罚坏人刚刚开始，却又原谅宽恕有罪的人，对上冒犯天时，对下违背人理。我年老糊涂，不通晓治理国家的要领，但私下认为这种办法难以持久，难道您这位被人所敬仰的人的所谓高超措施，是希望通过这样做来显示仁德的吗？”费祎只是谦让地致歉、恭让不安罢了。孟光指斥、挑剔别人的缺点错误，大多是这样，因此执政重臣，心中不高兴，孟光的爵位也就得不到提升；他常常直言而不加回避，满朝文武大臣都对他有所不满。太常广汉郡人镡承、光禄勋河东郡人裴儁等，年龄、辈分和资历都在孟光之后，却身居高位，处在比孟光尊贵显要的地位，正是因为这方面的原因。

后辈文士秘书郎郤正多次来向孟光咨询，孟光问郤正太子所学习的书以及他的性情、喜好，郤正回答说：“侍奉父母虔诚恭敬，朝夕不懈，具有古代太子的风范；接待群臣，一举一动都表现出仁爱宽厚。”孟光说：“像你所说的这些，都是一般人家子弟所共有的；我现在问的，是想知道太子的权变谋略、才智气度怎么样。”郤正回答说：“太子的处世原则，在于秉承父志、使双亲满意，不能胡乱地有所举措。况且才智气度隐藏在胸中，权变谋略也得顺应时机才显露，这方面具备或不具备，又哪里能预料得到呢？”孟光了解郤正言行谨慎而妥当，从不随便言语，于是说：“我生性喜欢直言，无所回避，常常指责朝政的弊端，被当世人讥讽、怨恨；看来你心里也不十分喜欢我的言论，然而你的回答却有伦次。现在天下没有安定，智谋是第一位的，智谋的资质虽然具有先天性，但也可以通过努力而求得。太子攻读书本，难道应该效仿我辈书生竭尽心力广记博识来等待别人咨询，或者像那些博士一样去应试讲答以求得爵位吗？太子应该在他认为重要的方面用力。”郤正非常赞同孟光的话。后来孟光因事获罪，免除

然。后光坐事免官，年九十余卒。

了官位，九十多岁时去世。

来敏字敬达，义阳新野人，来歙之后也。父艳，为汉司空。⑦汉末大乱，敏随姊奔荆州，姊夫黄琬是刘璋祖母之侄，故璋遣迎琬妻，敏遂俱与姊入蜀，常为璋宾客。涉猎书籍，善左氏《春秋》，尤精于《仓》、《雅》训诂，好是正文字。先主定益州，署敏典学校尉，及立太子，以为家令。后主践阼，为虎贲中郎将。丞相亮住汉中，请为军祭酒、辅军将军，坐事去职。⑧亮卒后，还成都为大长秋，又免，后累迁为光禄大夫，复坐过黜。前后数贬削，皆以语言不节，举动违常也。时孟光亦以枢机不慎，议论干时，然犹愈于敏，俱以其耆宿学士见礼于世。而敏荆楚名族，东宫旧臣，特加优待，是故废而复起。后以敏为执慎将军，欲令以官重自警戒也。年九十七，景耀中卒。子忠，亦博览经学，有敏风，与尚书向充等并能协赞大将军姜维。维善之，以为参军。

来敏字敬达，是义阳郡新野人，来歙的后代。父亲来艳，是汉朝的司空。汉末大乱，来敏跟随姐姐逃奔荆州，姐夫黄琬是刘璋祖母的侄儿，因此刘璋派人迎接黄琬的妻子，来敏于是一道和姐姐进入蜀地，常常作为刘璋的宾客。广泛阅读书籍，爱好左氏《春秋》，尤其精通《三仓》、《尔雅》中的训释，喜欢校订文字。刘备平定益州后，任命来敏担任典学校尉。等到确立了太子，再任命他担任太子家令。刘禅继位后，任命他为虎贲中郎将。丞相诸葛亮驻扎汉中时，请来敏担任军师祭酒、辅军将军。此后因事获罪而被免去了职位。诸葛亮去世后，来敏返回成都担任大长秋，又被免职。此后凭着资历迁升为光禄大夫，又因过失获罪被罢免。他前前后后数次降免官职，都是因为言语不节制，举动不合常规。当时孟光也因言行不慎，好发议论干预时世，但相对来敏还好一些。他们都因为是老学者大儒士在当时受到敬重。而来敏又是楚地名流，太子身边的旧臣，特别加以优待，因此废除了又再起用，后来任命来敏为执慎将军，想让他能以这一官位的名号深深地自我警戒。他活到九十七岁，景耀年间去世。他的儿子来忠，也博览儒家经典，具有来敏的风度，与尚书向充等人一同能和睦地辅佐大将军姜维。姜维待他很好，任命他做参军。

尹默字思潜，梓潼涪人也。益部多贵今文而不崇章句，默知其不博，乃远游荆州，从司马德操、宋仲子等受古学。皆通诸经史，又专精于左氏《春秋》，自刘歆条例，郑众、贾逵父子、陈元、服虔注说，咸略诵述，不复按本。先主定益

尹默字思潜，是梓潼郡涪县人。益州的学者大多看重今文经学而不崇尚篇章字句的解释，尹默看出他们的学问并不渊博，于是远去荆州游学，跟从司马德操、宋仲子等人学习古文经学。他通晓经书史籍，尤其专精于左氏《春秋》，从刘歆对经籍的义例、体例所作的阐明，到郑众、贾逵父子、陈元、服虔的注解说明，大致都能诵读、讲述，不再需要对照书本。刘备平定益州后，兼任州牧，任命尹默做劝学从

州，领牧，以为劝学从事。及立太子，以默为仆，以《左氏传》授后主。后主践阼，拜谏议大夫。丞相亮住汉中，请为军祭酒。亮卒，还成都，拜太中大夫，卒。子宗传其业，为博士。[9]

事。待到确立太子，任命他担任太子仆，用《左氏传》教授刘禅。刘禅即位后，任命他为谏议大夫。丞相诸葛亮驻扎汉中时，请尹默担任军祭酒。诸葛亮去世后，他返回成都，被任命为太中大夫，不久去世。他的儿子尹宗继嗣，担任博士。

李譔字钦仲，梓潼涪人也。父仁，字德贤，与同县尹默俱游荆州，从司马徽、宋忠等学。譔具传其业，又从默讲论义理，五经、诸子，无不该览，加博好技艺，算术、卜数，医药、弓弩、机械之巧，皆致思焉。始为州书佐、尚书令史。延熙元年，后主立太子，以譔为庶子，迁为仆。转中散大夫、右中郎将，犹侍太子。太子爱其多知，甚悦之。然体轻脱，好戏啁，故世不能重也。著古文《易》、《尚书》、《毛诗》、《三礼》、《左氏传》、《太玄》《指归》，皆依准贾、马，异于郑玄。与王氏殊隔，初不见其所述，而意归多同。景耀中卒。时又有汉中陈术，字申伯，亦博学多闻，著《释问》七篇、《益部耆旧传》及《志》，位历三郡太守。

李譔字钦仲，是梓潼郡涪县人。他父亲李仁，字德贤，与同县人尹默一起去荆州游学，跟从司马徽、宋忠等人学习。李譔全部传承了父辈学业，又与尹默研讨经义名理，五经和诸子百家的文章，没有不通读的，加上广泛爱好名类技艺、算术、占卜、医药乃至弓弩、器械的制作技巧，都进行思考研究。起初他担任州中的书佐、尚书令史。延熙元年，刘禅立为太子，任命李譔为太子庶子，升迁为太子仆。继而担任中散大夫、右中郎将，仍旧侍从太子。太子喜爱他博学多识，对他十分喜欢。然而李譔为人轻浮，好嘲弄别人，因而当时的人并不敬重他。他给古文经的《易》、《尚书》、《毛诗》、《三礼》、《左氏传》、《太玄》各书著有《指归》，其当时的人都以贾逵、马融的学说为依据，与郑玄的学说不同。虽然李譔与王肃相隔很远，当初也未见过王肃的论述，但二人阐述的意旨大体上相同。景耀年间去世。当时还有汉中郡人陈术，字申伯，也博学多识，著述有《释问》七篇、《益部耆旧传》以及《志》，前后担任过三个郡的太守。

谯周字允南，巴西西充国人也。父𡸫，字荣始，治《尚书》，兼通诸经及图、纬。州郡辟请，皆不应，州就假师友从事。周幼孤，与母兄同居。既长，耽古笃学，家贫未尝问产业，诵读典籍，欣然独笑，以忘寝食。研精《六经》，尤善书札。颇晓天文，而不以留意；诸子

谯周字允南，是巴西西充国人。他的父亲谯𡸫，字荣始，研究《尚书》，兼通各经书及《河图》、《纬书》。州、郡长官征召他做官，他都不应召，州中也就顺从他的意思任命他为师友从事。谯周年幼时成了孤儿，和母亲、哥哥同住一起。长大后，沉溺于典籍、埋头学业，家中穷困也不曾过问过家中的经营。他诵读典籍，高兴地独自发笑，以至废寝忘食。他对《六经》研究精深，尤其擅长书信。很懂得天文，但不过多地去注意；诸子所著的文章如不是心中专注

文章非心所存，不悉遍视也。身长八尺，体貌素朴，性推诚不饰，无造次辩论之才，然潜识内敏。

的，就不全部阅读。身高八尺，体态容貌质朴无华，性情坦诚而不掩饰，没有即席论辩的口才，但却恃学多才，机智敏捷。

建兴中，丞相亮领益州牧，命周为劝学从事。[10]亮卒于敌庭，周在家闻问，即便奔赴，寻有诏书禁断，惟周以速行得达。大将军蒋琬领刺史，徙为典学从事，总州之学者。

建兴年间，丞相诸葛亮兼任益州牧，任命谯周担任劝学从事。诸葛亮在前线军营去世，谯周在家中得到音讯后，立即动身奔丧，不久有诏书制止奔丧，只有谯周因为动身得早得以到达。大将军蒋琬兼任刺史，迁升谯周为典学从事，统管一州的学者。

后主立太子，以周为仆，转家令。时后主颇出游观，增广声乐。周上疏谏曰："昔王莽之败，豪杰并起，跨州据郡，欲弄神器，于是贤才智士思望所归，未必以其势之广狭，惟其德之薄厚也。是故于时更始、公孙述及诸有大众者多已广大，然莫不快情恣欲，怠于为善，游猎饮食，不恤民物。世祖初入河北，冯异等劝之曰：'当行人所不能为。'遂务理冤狱，节俭饮食，动遵法度，故北州歌叹，声布四远。于是邓禹自南阳追之，吴汉、寇恂未识世祖，遥闻德行，遂以权计举渔阳、上谷突骑迎于广阿。其余望风慕德者邳彤、耿纯、刘植之徒，至于舆病赍棺，襁负而至者，不可胜数，故能以弱为强，屠王郎，吞铜马，折赤眉而成帝业也。及在洛阳，尝欲小出，车驾已御，铫期谏曰：'天下未宁，臣诚不愿陛下细行数出。'即时还车。及征隗嚣，颍川盗起，世祖还洛阳，但遣寇

刘禅被立为太子后，任命谯周为太子仆，继而又担任家令。当时刘禅经常出外游观，增加演奏音乐的人。谯周上奏章劝谏说："以前王莽败亡，四方豪杰纷纷起事，跨州连郡，图谋夺取帝位。在那时贤才智士所思慕而想投奔的人，未必是因为他势力的大小，只是看他德义的厚薄。因此当时的更始帝、公孙述以及各路拥有部众的将领大多势力扩大了，然而没有谁不是纵情肆欲，疏怠于行善，一味地游猎宴饮，不体恤民众和爱惜财物。世祖刚进入黄河以北地区时，冯异等人就规劝说：'应当做一般人所不能做的。'于是他致力于治理冤案，节俭饮食，行动合乎法度，因此北部各州的百姓讴歌赞叹，他的名声传播到四方偏远的地方。这时邓禹从南阳来追随世祖，吴汉、寇恂虽然没有与世祖见过面，但远闻他的德行，就用计谋收罗了渔阳、上谷两郡的突骑军马来到广阿县投奔世祖。其余望风而仰慕德义的有邳彤、耿纯、刘植这一班人。至于抱病登车、带着棺材，背负婴儿来归附世祖的人，不可胜数。因此世祖能够由弱变强，杀王郎，吞并铜马军，消灭了赤眉军而成就帝王大业。他在洛阳时，曾经想就近出游，车马都备好了，铫期劝告说：'天下还没有安宁，臣确实不希望您屡次微服出游。'世祖就即刻返回。征伐隗嚣时，颍川郡盗贼蜂起，世祖返回洛阳，只派遣寇

恂往，恂曰：‘颍川以陛下远征，故奸猾起叛，未知陛下还，恐不时降；陛下自临，颍川贼必即降。’遂至颍川，竟如恂言。故非急务，欲小出不敢，至于急务，欲自安不为，故帝者之欲善也如此！故《传》曰‘百姓不徒附’，诚以德先之也。今汉遭厄运，天下三分，雄哲之士思望之时也。陛下天姿至孝，丧逾三年，言及陨涕，虽曾闵不过也。敬贤任才，使之尽力，有逾成康。故国内和一，大小戮力，臣所不能陈。然臣不胜大愿，愿复广人所不能者。夫挽大重者，其用力苦不众，拔大艰者，其善术苦不广，且承事宗庙者，非徒求福佑，所以率民尊上也。至于四时之祀，或有不临，池苑之观，或有仍出，臣之愚滞，私不自安。夫忧责在身者，不暇尽乐，先帝之志，堂构未成，诚非尽乐之时。愿省减乐官、后宫所增造，但奉修先帝所施，下为子孙节俭之教。”徙为中散大夫，犹侍太子。

恂前往颍川郡。寇恂说：‘颍川郡正因为陛下出外远征，所以奸险狡猾的人起来反叛，他们不知道陛下返回了洛阳，恐怕不会及时投降；陛下如果亲自前去征讨，颍川的贼寇一定会立即降服。’于是世祖前往颍川郡，结果就像寇恂所说的那样。因此不是急事，即使随便到外面走走也不敢，遇上非常紧迫的事，想安坐在宫中也不可能，所以帝王想要做得好就像是这样！所以《传》上说：‘老百姓是不会平白无故地归附的。’确实是因为德行居第一位。如今汉朝遭遇厄运，天下一分为三，正是勇武圣哲之士思慕盼望仁德的时候。陛下的天性非常孝顺，父丧过去三年了，一谈及此事还流眼泪，即使曾参、闵子骞也不能超过。尊敬、任用贤才，使他们尽力，胜过了成康之时。因此国内和睦一致，上下齐心，我不能一一陈述。然而下臣还有更大的愿望，愿陛下再推广一般君主所难推广的。牵引巨大重物的人，用力时苦于不能更齐心些，攻克巨大困难的人，好办法苦于不能更多一些，何况继承帝业的人，不只求取福禄保佑，而是要率领民众敬重上天啊。至于说到四季的祭祀，陛下有时候没有亲临，而池苑的游观，有时候又频频出去，我愚笨呆板，心中难以自安。忧虑着职责在身的人，没有闲心尽兴，先帝的遗志，创建帝业尚未完成，确实不是尽心享乐的时候。希望减少掌管音乐的官吏和机构及后宫的新增项目，只奉行先帝所施行的措施，给子孙们做个节俭的榜样。”谯周被改任中散大夫，仍旧侍奉太子。

于时军旅数出，百姓彫瘁，周与尚书令陈祗论其利害，退而书之，谓之《仇国论》。其辞曰：“因余之国小，而肇建之国大，并争于世而为仇敌。因余之国有高贤卿者，问于伏愚子曰：‘今国事未定，上下劳心，往古之事，能以弱胜强者，其术何如？’伏愚子曰：‘吾闻

当时军队多次出征，百姓为此疲病，谯周与尚书令陈祗谈论这样下去的利害关系，退朝后又记述出来，称为《仇国论》。文章说：“因余之国小，肇建之国大，这两个国家同时争夺于世而成为敌人。因余之国有一个叫高贤卿的人，问伏愚子说：‘现在国家统一大业还没有完成，君臣百姓都费尽心力，往古那些能以弱胜强的人，他们的策略怎么样呢？’伏愚子说：‘我听说，处于大国地位又无忧患的国君常常

之，处大无患者恒多慢，处小有忧者恒思善；多慢则生乱，思善则生治，理之常也。故周文养民，以少取多，勾践恤众，以弱毙强，此其术也。'贤卿曰：'曩者项强汉弱，相与战争，无日宁息，然项羽与汉约分鸿沟为界，各欲归息民；张良以为民志既定，则难动也，寻帅追羽，终毙项氏，岂必由文王之事乎？肇建之国方有疾疢，我因其隙，陷其边陲，觊增其疾而毙之也。'伏愚子曰：'当殷、周之际，王侯世尊，君臣久固，民习所专；深根者难拔，据固者难迁。当此之时，虽汉祖安能杖剑鞭马而取天下乎？当秦罢侯置守之后，民疲秦役，天下土崩，或岁改主，或月易公，鸟惊兽骇，莫知所从，于是豪强并争，虎裂狼分，疾博者获多，迟后者见吞。今我与肇建皆传国易世矣，既非秦末鼎沸之时，实有六国并据之势，故可为文王，难为汉祖。夫民疲劳则骚扰之兆生，上慢下暴则瓦解之形起。谚曰："射幸数跌，不如审发。"是故智者不为小利移目，不为意似改步，时可而后动，数合而后举，故汤、武之师不再战而克，诚重民劳而度时审也。如遂极武黩征，土崩势生，不幸遇难，虽有智者将不能谋之矣。若乃奇变纵横，出入无间，冲波截辙，超谷越山，不由舟楫而济盟津

会十分懈怠，处于小国地位又存在忧患的国君常常会思考善政；十分懈怠就会发生动乱，思虑善政就会治理得好，这是常理。因此周文王养育人民，以少胜多灭掉了殷商，勾践体恤百姓，以弱克强而击败吴国，这就是他们的策略。'高贤卿说：'从前项羽强大而刘邦弱小，相互战争，没有一天安宁，然而当项羽与刘邦约定划分鸿沟为国界，各自准备退兵使人民休养生息时，张良却认为民众心志已经确定，很难说服他们，不久率领军队追击项羽，终于使项羽灭亡，难道以弱胜强的例子一定要效法周文王吗？始建之国现在正有危难，我国趁着这个空隙，攻陷它的边境，正是希望增加它的危难而尽快消灭它。'伏愚子说：'殷商和周朝时候，王侯世代尊贵，君臣权位长久牢固，人民习惯于自己所专心的事务；根深的难以拔动，据守坚固的难以迁移。在这种情况下，即使是汉高祖刘邦又怎么能够持剑策马而夺取天下呢？当秦朝废止诸侯、设置郡守之后，人民疲惫于秦朝的劳役，天下土崩瓦解，有时一年改换主人，有时一月变更王公，弄得鸟兽惊骇，不知所从。这时豪强纷争，国家割裂分离，迅疾强大的获地多，迟疑后起的被吞并。如今我国和肇建之国都是经历过承传国业、改换时代的，既不是秦末民心鼎沸的时代，又具有战国时六国纷争割据的形势，所以可以成为周文王，却难以成为汉高祖。人民疲劳就预示着骚扰的发生。君主懈怠人臣凶暴则国家瓦解的局面将会出现。谚语说：与其靠运气去求取而连连栽跟头，还不如周详考虑好以后再行动。因此明智的人不为着小小利益而转移目光，不因为似是而非的意念而改变行动，时机成熟了才行动，符合了命数这才兴起，因此成汤、周武王的军队不需经历第二次战争就战胜了敌方，确实是因为重视民众的辛劳而又能明察地审度时势。如果随心所欲地滥施征伐，就会出现崩溃的局势，不幸遇上灾难，即使有明智之士也将不可能谋划了。至于发生无穷的奇策谋变，在细小处出入自如，能冲波截道，超越山谷，不使用船桨而能渡过盟津，我是愚笨的人，实在不能做到。'"

者,我愚子也,实所不及。’”

后迁光禄大夫,位亚九列。周虽不与政事,以儒行见礼,时访大议,辄据经以对,而后生好事者亦咨问所疑焉。

景耀六年冬,魏大将军邓艾克江由,长驱而前。而蜀本谓敌不便至,不作城守调度,及闻艾已入阴平,百姓扰扰,皆迸山野,不可禁制。后主使群臣会议,计无所出。或以为蜀之与吴,本为和国,宜可奔吴;或以为南中七郡,阻险斗绝,易以自守,宜可奔南。惟周以为:“自古已来,无寄他国为天子者也,今若入吴,固当臣服。且政理不殊,则大能吞小,此数之自然也。由此言之,则魏能并吴,吴不能并魏明矣。等为小称臣,孰与为大?再辱之耻,何与一辱?且若欲奔南,则当早为之计,然后可果;今大敌以近,祸败将及,群小之心,无一可保,恐发足之日,其变不测,何至南之有乎!”群臣或难周曰:“今艾以不远,恐不受降,如之何?”周曰:“方今东吴未宾,事势不得不受,受之之后,不得不礼。若陛下降魏,魏不裂土以封陛下者,周请身诣京都,以古义争之。”众人无以易周之理。

后主犹疑于入南,周上疏曰:“或说陛下以北兵深入,有欲适南之计,臣愚以为不安。何者?南方远夷之地,平常无

后来,谯周升迁光禄大夫,地位仅次于九卿。谯周虽然不参与朝政,但凭着儒学品行受到礼待,经常有人向他咨询政令得失,总是根据经典回答,后辈中爱学习的人也来询问疑惑不解的问题。

景耀六年冬天,魏国的大将军邓艾攻克江由县,长驱直入。而蜀国本来认为敌军不会轻易攻入,因而没有作守城的军事部署,等到听说邓艾已进入阴平,百姓惶恐不安,都逃散到山野中,不能阻止。后主召集大臣们相聚商议,无计可施。有人认为蜀国和吴国本来是和睦友好的邻国,可以投奔吴国;有人认为蜀国以南的七个郡,地势陡峭险峻,容易自我防守,可以逃奔南中。只有谯周认为:“自古以来没有寄身于他国来做帝王的,现在如果投奔吴国,本当屈服称臣。况且只要施政措施没有差异,大国就能吞并小国,这是命数的自然规律。由此说来,那么魏国能吞并吴国,而吴国不能吞并魏国是明明白白的了。同样是作为小人去称臣,哪一个大呢?蒙受两次耻辱,何不只蒙受一次呢?况且如果想要奔往南中,就应当早作筹划,然后行动才能成功;今大敌已经逼近,祸亡即将降临,小人们的心思,没有一个靠得住,恐怕大驾起程之日,就会发生变幻不测之事,哪里还能到达南中呢?”大臣们中有人责难谯周说:“眼下邓艾已经不远,恐怕不会接受投降,怎么办?”谯周说:“当今东吴还没有归服,依时势邓艾不得不接受投降,接受投降后,就不得不以礼相待。如果陛下投降魏国,魏国不肯分割土地授封陛下的话,我请求亲身前往京城,用往古的道义争辩。”众人无法改变谯周的说法。

后主对是否进入南中仍然犹豫不决,谯周呈上奏章说:“有人劝说陛下因为魏国军队已深入蜀国,有打算去南中的想法,臣愚笨地认为这并不妥当。为什么呢?南方是偏远的少数民族居地,平常对蜀

所供为，犹数反叛，自丞相亮南征，兵势偪之，穷乃幸从。是后供出官赋，取以给兵，以为愁怨，此患国之人也。今以穷迫，欲往依恃，恐必复反叛，一也。北兵之来，非但取蜀而已，若奔南方，必因人势衰，及时赴追，二也。若至南方，外当拒敌，内供服御，费用张广，他无所取，耗损诸夷必甚，甚必速叛，三也。昔王郎以邯郸僭号，时世祖在信都，畏偪于郎，欲弃还关中。邳彤谏曰：'明公西还，则邯郸城民不肯捐父母，背城主，而千里送公，其亡叛可必也。'世祖从之，遂破邯郸。今北兵至，陛下南行，诚恐邳彤之言复信于今，四也。愿陛下早为之图，可获爵土；若遂适南，势穷乃服，其祸必深。《易》曰：'亢之为言，知得而不知丧，知存而不知亡；知得失存亡而不失其正者，其惟圣人乎！'言圣人知命而不苟必也。故尧、舜以子不善，知天有授，而求授人；子虽不肖，祸尚未萌，而迎授与人，况祸以至乎！故微子以殷王之昆，面缚衔璧而归武王，岂所乐哉，不得已也。"于是遂从周策。刘氏无虞，一邦蒙赖，周之谋也。[11]

时晋文王为魏相国，以周有全国之功，封阳城亭侯。又下书辟周，周发至汉中，困疾不进。咸熙二年夏，巴郡文立从洛阳还蜀，过见周。周语次，

国没有进贡负担，还多次反叛。自从丞相诸葛亮南征，以兵势逼迫，无路可走才表示愿意服从。从这以后才向蜀国交纳赋税，取来作为军队给养，已经结下仇怨，他们是会对国家造成祸患的人。如今我们因为困迫，想前去依靠他们，恐怕他们一定会反叛，这是其一。魏国军队前来，不只是攻取蜀国而已，我们如果奔向南方，他们一定会趁着我们势力衰弱，及时地追击，这是其二。如果到了南方，对外要抵挡敌军，对内要供给衣物车马，费用扩大，没有别的途径获取，损耗各少数民族必定会更多，耗损他们过多则一定会加速他们的反叛，这是其三。从前王郎在邯郸越位称帝，当时刘秀在信都，遭到王郎的威逼，打算放弃地盘退回长安。邳彤劝谏说：'您大驾西还，那么邯郸城的人民不肯抛弃父母，抛弃故城主人的地位，而千里陪送你，他们在道途中逃跑反叛是必然的。'刘秀依从了邳彤，终于攻破了邯郸城。现在魏国军队已来，陛下南行，真担心邳彤的话再次得到验证，这是其四。希望陛下及早对它做好打算，还可获得爵位封地；如果终究去了南方，情势困穷时才臣服，那祸害一定很深重。《周易》说：'亢的意思是知道得到而不知道丧失，知道生存而不知道死亡；懂得得失存亡而不失去正道，能做到这些，大概只有圣人！'说的是圣人知道天命而不一味地固执。所以唐尧、虞舜由于儿子不善，懂得天意已另有所授，于是寻访应授的人；儿子虽然不才，祸患还未萌发，而已经想到了要把王位授予他人，何况如今祸患已经来到了呢!因此微子虽是商纣王之兄，仍反绑自己、口衔玉璧归降周武王，难道他心中愿意吗？是迫不得已。"于是最终依从了谯周的策略。刘氏家族免除患难，蜀国免遭战祸，都是出于谯周的谋略。

当时晋文王司马昭担任曹魏相国，因为谯周有保全国家的功劳，封他为阳城亭侯。又下文征召谯周，谯周进到汉中郡后，为疾病所困不能前往。咸熙二年夏，巴郡人文立从洛阳返回蜀地，拜访谯周。谯周言谈时，顺手在木版上写了几个字给文立看："典

因书版示立曰:“典午忽兮,月酉没兮。”典午者谓司马也,月酉者谓八月也,至八月而文王果崩。⑫晋室践阼,累下诏所在发遣周。周遂舆疾诣洛,泰始三年至。以疾不起,就拜骑都尉,周乃自陈无功而封,求还爵土,皆不听许。

午氏快了啊,月酉之时死亡。”典午指的是司马,月酉指的是八月。到八月份文王司马昭果然死去。司马炎建立晋朝称帝后,多次下诏书到谯周所住之处的官府要求遣送谯周。谯周于是抱病登车前往洛阳,泰始三年到达。因病不起,朝廷派人前来任命他为骑都尉,谯周就自我陈述无功而受封,请求回到他的封地,都没有得到允许。

五年,予尝为本郡中正,清定事讫,求休还家,往与周别。周语予曰:“昔孔子七十二、刘向、扬雄七十一而没,今吾年过七十,庶慕孔子遗风,可与刘、扬同轨,恐不出后岁,必便长逝,不复相见矣。”疑周以术知之,假此而言也。六年秋,为散骑常侍,疾笃不拜,至冬卒。⑬凡所著述,撰定《法训》、《五经论》、《古史考》之属百余篇。⑭周三子,熙、贤、同。少子同颇好周业,亦以忠笃质素为行,举孝廉,除锡令、东宫洗马,召不就。⑮

泰始五年,我曾经担任巴西郡中正,入朝将政事交代完毕后,请求归家休假,前去与谯周道别。谯周对我说:“从前孔子年七十二,刘向、扬雄年七十一而去世,现在我已年过七十,期望仰慕孔子的遗风,能与刘向、扬雄同途,恐怕过不了后年,一定会去世,不能再相见了。”我疑心谯周是用术数推知的,借此而这样说。泰始六年秋天,担任散骑常侍,因病重没有接受。到冬季去世。所著述的文章,写定《法训》、《五经论》、《古史考》之类达一百多篇。谯周的三个儿子,谯熙、谯贤、谯同。小儿子谯同十分喜欢谯周的学业,也把忠诚朴质作为行为准则,被推举为孝廉,任命他担任锡县县令、东宫洗马,但朝廷的征召他都没有赴任。

郤正字令先,河南偃师人也。祖父俭,灵帝末为益州刺史,为盗贼所杀。会天下大乱,故正父揖因留蜀。揖为将军孟达营都督,随达降魏,为中书令史。正本名纂。少以父死母嫁,单茕只立,而安贫好学,博览坟籍。弱冠能属文,入为秘书吏,转为令史,迁郎,至令。性澹于荣利,而尤耽意文章,自司马、王、扬、班、傅、张、蔡之俦遗文篇赋,及当世美书善论,益部有者,则钻凿推求,略

郤正字令先,是河南郡偃师县人。祖父郤俭,东汉灵帝末年担任益州刺史,被盗贼杀害。当时正值天下大乱,因此郤正的父亲郤揖便留在蜀地。担任将军孟达的营都督,跟随孟达投降了魏国,担任中书令史。郤正原名为纂。年少时因为父亲死了,母亲改嫁,而孤孤单单没有依靠,但他安于贫困,爱好学习,博览群书。刚成年就能写文章,入朝廷任秘书吏,继而担任令史,提升为秘书郎,直至秘书令。他生性淡泊于荣华势利,而尤其专注于文章辞赋,从司马相如、王褒、扬雄、班固、傅毅、张衡、蔡邕这班人留下的文章辞赋到当代的优秀书文论著,凡益州存有的,就钻研推究,大致都看过。他自从在朝廷任

皆寓目。自在内职，与宦人黄皓比屋周旋，经三十年，皓从微至贵，操弄威权，正既不为皓所爱，亦不为皓所憎，是以官不过六百石，而免于忧患。

依则先儒，假文见意，号曰《释讥》，其文继于崔骃《达旨》。其辞曰：

或有讥余者曰："闻之前记，夫事与时并，名与功偕，然则名之与事，前哲之急务也。是故创制作范，匪时不立，流称垂名，匪功不记，名必须功而乃显，事亦俟时以行止，身没名灭，君子所耻。是以达人研道，探赜索微，观天运之符表，考人事之盛衰，辩者驰说，智者应机，谋夫演略，武士奋威，云合雾集，风激电飞，量时揆宜，用取世资，小屈大申，存公忽私，虽尺枉而寻直，终扬光以发辉也。今三方鼎跱，九有未乂，悠悠四海，婴丁祸败，嗟道义之沈塞，愍生民之颠沛，此诚圣贤拯救之秋，烈士树功之会也。吾子以高朗之才，珪璋之质，兼览博窥，留心道术，无远不致，无幽不悉；挺身取命，干兹奥秘，踌躇紫闼，喉舌是执，九考不移，有入无出，⑯究古今之真伪，计时务之得失。虽时献一策，偶进一言，释彼官责，慰此素飡，固未能输竭忠款，尽沥胸肝，排方入直，惠彼黎元，俾吾徒草鄙并有闻焉也。盍亦绥衡缓辔，回

职，和宦官黄皓相处，打交道，经历了三十年。黄皓从卑微到显贵，耍弄权术，郤正既没有得到黄皓的好感，也不被黄皓憎恨，因此官位不超过六百石，但免却了忧患。

他效法先代儒士，借助文章来抒发心志，题名叫《释讥》，这篇文章依照崔骃《达旨》的体式。文章说：

有人指责我说："听说历史上的成功事例，是人事与天时一致，名声与功绩相符，如此看来名声与人事，是先代圣哲急迫追求的。所以创建政制订立规章，没有天时就建立不了；要流芳垂名，没有功绩就不可能记载。名声一定要等到建立了功勋才能显扬，人事也需要待到天时才决定进退。身死而名声泯灭，是君子所感到耻辱的。因此达人讲求治理之道，探索事物的精微奥秘，观测天象变幻的祥瑞征兆，以此探究人事的兴盛衰亡，善辩者纵横游说，机智者随机应变，多谋之人发挥韬略，勇武之士奋起威风，有如云合雾集，风驰电掣，衡量时势，测度机宜，取用人世资财，小处屈从而大处舒展，存公义而灭私欲，尺虽然变弯而寻却是直的，他们终究能显示出自己的光辉。如今三方鼎立对峙，国家还未统一，辽阔的国土上，遭受着祸患，嗟叹道义沉沦阻塞，哀怜百姓颠沛流离，这确实是圣贤拯救生灵的时候，有志之士建立功业的良机。您凭着高明的才干，似玉般纯洁的资质，多见博识，留心道术，没有什么深远的意义不能得到，没有什么幽微的道理不全部了解；您挺身领受使命，探求此中奥秘，在帝王宫廷中踌躇满志，执掌着下达王命的重要职位，经久不移，只进去不出来，探究古今的真伪，考虑时务的得失。您虽然有时献上一计，偶然进谏一言，应付一下那为官的责任，慰藉无功而受禄的官位，这本也是没能竭尽忠诚，披肝沥胆，在效劳朝廷之际，施惠于黎民百姓，使我辈见识粗浅者也有所耳闻。您何不停住车马，改换路途，让车安稳而马纵意，遵循

轨易涂，舆安驾肆，思马斯徂，审厉揭以投济，要夷庚之赫怃，播秋兰以芳世，副吾徒之披图，不亦盛与！”

余闻而叹曰：“呜呼，有若云乎邪！夫人心不同，实若其面，子虽光丽，既美且艳，管窥筐举，守厥所见，未可以言八纮之形埒，信万事之精练也。”

或人率尔，抑而扬衡曰：“是何言与！是何言与！”

余应之曰：“虞帝以面从为戒，孔圣以悦己为尤，若子之言，良我所思，将为吾子论而释之。昔在鸿荒，矇昧肇初，三皇应箓，五帝承符，爰暨夏、商，前典攸书。姬衰道缺，霸者翼扶，嬴氏惨虐，吞嚼八区，于是从横云起，狙诈如星，奇邪蜂动，智故萌生；或饰真以仇伪，或挟邪以干荣，或诡道以要上，或鬻技以自矜；背正崇邪，弃直就佞，忠无定分，义无常经。故鞅法穷而慝作，斯义败而奸成，吕门大而宗灭，韩辩立而身刑。夫何故哉？利回其心，宠耀其目，赫赫龙章，铄铄车服，偷幸苟得，如反如仄，淫邪荒迷，恣睢自极，和鸾未调而身在辕侧，庭宁未践而栋折榱覆。天收其精，地缩其泽，人吊其躬，鬼芟其额。初升高冈，终陨幽壑，朝含荣润，夕为枯魄。是以贤人君子，深图远虑，畏彼咎戾，超然高举，宁曳尾于涂中，秽浊世之休誉。彼

着大道行驶，详察楚水的深浅再渡河，使眼前的平路显赫宽阔，插下秋兰叫世道芬芳，符合我辈对国情的省察，那不是一件很好的事吗！”

我听后感叹说：“唉！有像这样说的吗！人心不相同，实在好比各人脸面的不一致，您虽然光彩绚丽，言辞艳美，但却见识浅陋，固守己见，不能够跟您谈论海内八方的疆界，使你相信天下万事的精深练达的道理。”

这个人不假思索，仰头扬眉说：“这是什么话啊！这是什么话啊！”

我回答说：“虞舜对当面阿谀顺从的人引以为戒，孔子认为讨好于自己的人不足取，至于您所说的，确实是我应该考虑的，我将跟您论辩和解释一番。从前太古混沌之世，原始蒙昧社会之初，三皇顺应符箓，五帝承受符命，于是延及夏朝、殷商，这是往古典籍所记载的。周朝衰微，道义损缺，各诸侯国辅佐扶助，而嬴政凶狠残暴，意欲吞并天下，于是纵横之术纷纷而起，诡诈之士多如繁星，奇策邪谋如蜂飞舞，巧诈萌生；有的掩饰真相来应付欺诈，有的心怀邪恶来求取荣耀，有的诡言道术来要挟主上，有的卖武技艺来自我吹嘘；背弃正道、崇尚邪恶，抛却正直、趋从奸巧，致使忠诚没有一定的名分，道义没有固定的标准。因此商鞅的法术困穷而邪恶之人便兴起，李斯的治国之策失败而奸诈之臣便出现，吕不韦权势膨胀而家族诛灭，韩非的政论建立而下狱身死。这是什么原因呢？利欲环绕心中，荣誉眩照其目，赫赫的王侯旗帜，辉煌的车马礼服，侥幸苟且得到，变动无常，淫邪荒迷，放纵至极，车马来不及乘坐而身死车下，宫廷还未踏入而栋折榱覆。天帝收取了他的灵魂，地神吸去了他的膏血，人间哀悼他的身躯，鬼蜮铲除他的额头。当初登上高冈，最终却坠落深渊，早晨还是繁茂滋润，傍晚就变得枯萎落魄。因此贤人君子，深谋远虑，害怕这种罪恶，纷纷超然高举，宁愿做那拖着尾巴生活在泥中的大龟，而对混浊世界的美誉感到污秽。他们难道是轻

岂轻主慢民，而忽于时务哉？盖《易》著行止之戒，《诗》有靖恭之叹，乃神之听之而道使之然也。

视君主怠慢百姓，而不注重时务吗？是因为《周易》载明了品行的鉴戒，《诗经》发出了为人恭敬的叹息，天神在监听着而道义促使他们这样的。

自我大汉，应天顺民，政治之隆，皓若阳春，俯宪坤典，仰式乾文，播皇泽以熙世，扬茂化之酴醇，君臣履度，各守厥真；上垂询纳之弘，下有匡救之责，士无虚华之宠，民有一行之迹，粲乎亹亹，尚此忠益。然而道有隆窳，物有兴废，有声有寂，有光有翳。朱阳否于素秋，玄阴抑于孟春，羲和逝而望舒系，运气匿而耀灵陈。冲、质不永，桓、灵坠败，英雄云布，豪杰盖世，家挟殊议，人怀异计，故从横者欻披其胸，狙诈者暂吐其舌也。

自从汉朝建立，顺应上天下民，政治兴隆，天下盛明有如阳春三月，下依地神法则，上效天帝准绳，传播皇帝恩泽以使世道光明，张扬淳美的教化来熏陶民众，君主人臣遵循法度，各自恪守其天性；主上敞开闻听劝谏纳取贤才的广阔胸怀，人臣各尽辅助君主救助天下的职责，文武之士没有虚假浮华的荣宠，黎民大众具有坚守德义的行为，勤勉美好光灿灿啊，都崇尚这至高的忠诚。然而治理的政道有丰厚也有粗劣，事物的变化有兴盛也有衰废，自然界有声响也有沉寂，有光明也有荫蔽。骄阳被萧瑟的秋天所蔽塞，冬日被初春所抑制，太阳西逝则月亮升起，上天的气数隐匿则人间的帝王逝世。冲帝、质帝的生命不长，桓帝、灵帝的帝业破败，英雄如云一般地密集，豪杰充满着时代。家家都有不同的议论，人人心怀奇异计策，所以纵横游说之士妄表心计，诡诈谋划之人肆意搬弄喉舌。

今天纲已缀，德树西邻，丕显祖之宏规，縻好爵于士人，兴五教以训俗，丰九德以济民，肃明祀以礿祭，几皇道以辅真。虽跱者未一，伪者未分，圣人垂戒，盖均无贫；故君臣协美于朝，黎庶欣戴于野，动若重规，静若叠矩。济济伟彦，元凯之伦也，有过必知，颜子之仁也。侃侃庶政，冉、季之治也，鹰扬鸷腾，伊、望之事也；总群俊之上略，含薛氏之三计，敷张、陈之秘策，故力征以勤世，援华英而不遑，岂暇修枯箨于榛秽哉！

如今国法已经制定，德义树于西蜀，发扬先祖的宏大规章，授予文武之士高爵，兴隆五种伦理教育以训导风俗，丰盛九种德义以帮助民众，肃穆明察四时祭祀，兆示皇天之道以辅佐真君。即使三足鼎立而未统一，伪者未能分辨，但圣人发布训诫，是要均等待民，不使他们困穷；所以君臣在朝廷中同心协力，百姓在四方乐于拥护，行动符合规范，静处也合符法则。人才济济，有如元凯之类；有错必能自省，有如颜渊的仁厚；对各种政务直抒己见，有如冉有、子路的政治态度；飞扬如鹰、腾飞如鸷，有如伊尹、乐毅的能文能武；总揽群贤的良策，品味薛公三计，施展张良、陈平神奇的谋略，因此努力经营来救济世道，征引人才都来不及，哪里有空闲在这杂乱污秽的时代去建造宫室呢！

然吾不才，在朝累纪，托

然而我缺乏才干，在朝廷中供职十数年，托身

身所天，心焉是恃。乐沧海之广深，叹嵩岳之高跱，闻仲尼之赞商，感乡校之益己，彼平仲之和羹，亦进可而替否；故曚冒瞽说，时有攸献，譬遒人之有采于市间，游童之吟咏乎疆畔，庶以增广福祥，输力规谏。若其合也，则以暗协明，进应灵符；如其违也，自我常分，退守己愚。进退任数，不矫不诬，循性乐天，夫何恨诸？此其所以既入不出，有而若无者也。狭屈氏之常醒，浊渔父之必醉，溷柳季之卑辱，褊夷叔之高怼。合不以得，违不以失，得不充诎，失不惨悸；不乐前以顾轩，不就后以虑轾，不鬻誉以干泽，不辞愆以忌绌。何责之释？何飧之恤？何方之排？何直之入？九考不移，固其所执也。

天命，心中于是有所依靠。我爱那沧海的深广，慨叹嵩山的高峻，乐闻仲尼赞美子夏，有感于乡校教育于己有益，像平仲那样调和羹汁，进言可做的以废弃不应实行的。因此虽属昏暗冒昧的人，也不时有所进献，好比掌管宣扬教化的官员在集市闾里采集民意，又如游牧儿童在四野吟唱，希望以此增广国家的福气祥瑞，因而努力劝谏。如果符合了事态，那真是以愚暗之见切合了君主之明，进而应验了神意；如果与时势相违，常常自我细辨，退而固守一己愚见。进与退任随天数，不欺诈不捏造，顺从天性、乐于天意，有什么可遗憾呢？这正是那种所谓既经进入就不出来，虽然拥有，但像没有一样的人。屈原坚持清醒而过于执著，渔父一定昏醉而过于沉浊，柳季任职三次被免而承受耻辱太污浊，伯夷、叔齐对周朝有那么深的怨恨气量太狭小。与君相合不认为是有所得，与君相违不认为是有所失。有所得而不能屈服，有所失也不感到悲惨恐惧。不喜好趋前以顾及车的前轻后重，不迁就着退后以考虑车的前重后轻，不卖弄名声来求取利益，不推却过失而害怕贬职。有什么为官之债需要偿还？有什么饱食终日的忧虑需要解脱？有什么必要一定要列位朝廷？有什么必要一定要担负入值殿中的责任？我矢志不移，本来就是这样一贯坚持的。

方今朝士山积，髦俊成群，犹鳞介之潜乎巨海，毛羽之集乎邓林，游禽逝不为之鲜，浮鲂臻不为之殷。且阳灵幽于唐叶，阴精应于商时，阳盱请而洪灾息，桑林祷而甘泽滋。[17]行止有道，启塞有期。我师遗训，不怨不尤，委命恭己，我又何辞？辞穷路单，将反初节，综坟典之流芳，寻孔氏之遗艺，缀微辞以存道，宪先轨而投制，韪叔肸之优游，美疏氏之遐逝，收止足以言归，泛

当今朝臣聚积如山，才俊之士成群结队，好比游鱼鳖甲潜藏在大海，飞鸟走兽会聚在山林，即使遨游的鸟飞走了，树林也不缺少鸟兽，浮游的鲂鱼齐集大海也不算太多。况且太阳也有受制于唐尧之世的时候，月亮也有需要应随殷商的时辰，大禹祈请于阳盱之畔而洪灾停息，商汤祷告于桑林致使雨露滋润。行为举止遵循道义，发达困穷有一定的时期。我的老师留下教导：不怨天尤人，听命于天，谦恭奉己，我又有什么可说的？言辞已尽，路途单一，我将回归当初的节操，综集典籍的精华，寻求孔子的遗训，敷写微言以保存大道。效法先人的遗迹而投合法则，赞赏叔肸的优游度日，称道疎广叔侄的远离朝政，断绝仕进之心就称得上归隐，浮泛于天

皓然以容裔，欣环堵以恬娱，免咎悔于斯世，顾兹心之未泰，惧末涂之泥滞，仍求激而增愤，肆中怀以告誓。昔九方考精于至贵，秦牙沈思于殊形；⑱薛烛察宝以飞誉，⑲瓠梁托弦以流声；⑳齐隶拊髀以济文，㉑楚客潜寇以保荆；㉒雍门援琴而挟说，㉓韩哀秉辔而驰名；㉔卢敖翱翔乎玄阙，若士竦身于云清。㉕余实不能齐技于数子，故乃静然守己而自宁。”

地间便悠闲安适，满足于清贫而安静愉快，在这个世道上免却灾祸和悔恨，回顾此心还没有彻底沉寂，担心最后的人生道路会受到羁绊，仍然追求愤激而决心进取，放纵心志来实现信誓。从前九方皋相天下名马时着重考察它的神态，秦牙相马则着重从它的形体上思考；薛烛识出了宝剑，给予至上的赞誉，瓠梁拨动琴弦，唱出了美妙的歌曲；齐国孟尝君的食客模仿鸡叫而救助了主人，楚国的贼因潜入敌营偷盗而保住了楚国；雍门周一边拨动琴弦一边游说，韩哀以善于驾驭车马而闻名；卢敖求仙遨游于天宫，好比隐士立身于清云。我确实不能与这些人一样身怀绝技，因而只得安静地奉守己志以自宁。”

景耀六年，后主从谯周之计，遣使请降于邓艾，其书，正所造也。明年正月，钟会作乱成都，后主东迁洛阳，时扰攘仓卒，蜀之大臣无翼从者，惟正及殿中督汝南张通，舍妻子单身随侍。后主赖正相导宜适，举动无阙，乃慨然叹息，恨知正之晚。时论嘉之。赐爵关内侯。泰始中，除安阳令，迁巴西太守。泰始八年诏曰：“正昔在成都，颠沛守义，不违忠节，及见受用，尽心干事，有治理之绩，其以正为巴西太守。”咸宁四年卒。凡所著述诗论赋之属，垂百篇。

景耀六年，后主采纳谯周的计策，派遣使者向邓艾请降，请降的书文，是郤正撰写的。第二年农历一月，钟会在成都作乱，后主东迁洛阳，当时由于纷扰喧乱、行程仓促，蜀国朝中大臣没有辅助随从的，只有郤正和殿中督汝南郡人张通，舍弃妻子和儿女单身跟随侍候。后主依赖郤正辅佐适宜，一举一动都没有什么闪失，于是慨然叹息，恨自己了解郤正太迟了。当时人们都在议论中称赞他，晋国赐予他关内侯的爵位。泰始年间，任命他担任安阳县令，升迁为巴西郡太守。泰始八年，皇帝下发诏书说：“郤正以前在成都时，于颠沛流离中坚守道义，没有违背忠君的气节情操，待到被晋国任用后，尽心办事，有治理的成绩，任命郤正为巴西郡太守。”咸宁四年去世。他所著述的诗赋、文论之类，将近有一百篇。

评曰：杜微修身隐静，不役当世，庶几夷、皓之概。周群占天有征，杜琼沉默慎密，诸生之纯也。许、孟、来、李，博涉多闻，尹默精于《左氏》，虽不以德业为称，信皆一时之学士。谯周词理渊通，为世硕儒，

评论说：杜微修炼身心退隐处静，不愿出仕做官，差不多也称得上具有伯夷、“四皓”的节操了。周群占测天象都有验证，杜琼为人沉静寡言、谨慎严密，称得上众儒士中的佼佼者。许慈、孟光、来敏、李譔均博学多闻，尹默精通《左氏春秋》，这些人虽不以德行和事业为时人所称道，但也确实都算得上一代学士。谯周文辞渊深通顺，是当世的大儒，具有董

有董、扬之规，郤正文辞灿烂，有张、蔡之风，加其行止，君子有取焉。二子处晋事少，在蜀事多，故著于篇。㉖

仲舒、扬雄的气度，郤正文辞灿烂，具有张衡、蔡邕的风范，加上他的行为举止，是值得君子效法的。谯周、郤正二人在晋朝的事迹少，在蜀国时的事迹多，所以著录在此篇。

---

①《续汉书》曰：建安七年，越巂有男子化为女人，时群言哀帝时亦有此，将易代之祥也。至二十五年，献帝果封于山阳。十二年十月，有星孛于鹑尾，荆州分野，群以为荆州牧将死而失土。明年秋，刘表卒，曹公平荆州。十七年十二月，星孛于五诸侯，群以为西方专据土地者皆将失土。是时，刘璋据益州，张鲁据汉中，韩遂据凉州，宋建据枹罕。明年冬，曹公遣偏将击凉州。十九年，获宋建，韩遂逃于羌中，被杀。其年秋，璋失益州。二十年秋，曹公攻汉中，张鲁降。

②裕字南和。

③孙盛曰：蜀少人士，故慈、潜等并见载述。

④《续汉书》曰：郁，中常侍孟贲之弟。

⑤《华阳国志》曰：承字公文，历郡守少府。

⑥傅畅《裴氏家记》曰：俊字奉先，魏尚书令潜弟也。俊姊夫为蜀中长史，俊送之，时年十余岁，遂遭汉末大乱，不复得还。既长知名，为蜀所推重也。子越，字令绪，为蜀督军。蜀破，迁还洛阳，拜议郎。

⑦华峤《后汉书》曰：艳好学下士，开馆养徒众。少历显位，灵帝时位至司空。

⑧《亮集》有教曰："将军来敏对上官显言'新人有何功德而夺我荣资与之邪？诸人共憎我，何故如是'？敏年老狂悖，生此怨言。昔成都初定，议者以为来敏乱群，先帝以新定之际，故遂含容，无所礼用。后刘子初选以为太子家令，先帝不悦而不忍拒也。后主即位，吾暗于知人，遂复擢为将军祭酒，违议者之审见，背先帝所疏外，自谓能以敦厉薄俗，帅之以义。今既不能，表退职，使闭门思衍。"

⑨宋仲子后在魏。

《魏略》曰：其子与魏讽谋反，伏诛。魏太子答王朗书曰："昔石厚与州吁游，父碏知其与乱；韩子昵田苏，穆子知其好仁：故君子游必有方，居必就士，诚有以也。嗟乎！宋忠无石子先识之明，老罹此祸。今虽欲愿行灭亲之诛，立纯臣之节，尚可得邪！"

⑩《蜀记》曰：周初见亮，左右皆笑。既出，有司请推笑者，亮曰："孤尚不能忍，况左右乎！"

⑪孙绰评曰：谯周说后主降魏，可乎？曰：自为天子而乞降请命，何耻之深乎！夫为社稷死则死之，为社稷亡则亡之。先君正魏之篡，不与同天矣。推过于其父，俯首而事仇，可谓苟存，岂大居正之道哉！

孙盛曰：《春秋》之义，国君死社稷，卿大夫死位，况称天子而可辱于人乎！周谓万乘之君偷生苟免，亡礼希利，要冀微荣，惑矣。且以事势言之，理有未尽。何者？禅虽庸主，实无桀、纣之酷，战虽屡北，未有土崩之乱，纵不能君臣固守，背城借一，自可退次东鄙以思后图。是时罗宪以重兵据白帝，霍弋以强卒镇夜郎。蜀土险狭，山水峻隔，绝巘激湍，非步卒所涉。若悉取舟楫，保据江州，征兵南中，乞师东国，如此则姜、廖五将自然云从，吴之三师承命电赴，何投寄之无所而虑于必亡邪？魏师之来，褰国大举，欲追则舟楫靡资，欲留则师老多虞。且屈伸有会，情势代起，徐因思奋之民，以攻骄惰之卒，此越王所以败阖闾，田单所以摧骑劫也，何为匆匆遽自囚虏，下坚壁于敌人，致斫石之至恨哉？葛生有云："事之不济则已耳，安能复为之下！"壮哉斯言，可以立懦夫之志矣。观古燕、齐、荆、越之败，或国覆主灭，或鱼县鸟窜，终能建功立事，康复社稷，岂曰天助，抑亦人谋也。向使怀苟存之计，纳谯周之言，何邦基之能构，令名之可获哉？禅既暗主，周实驽臣，方之申包、田单、范蠡、大夫种,不亦远乎!

⑫《华阳国志》曰:文立字广休,少治《毛诗》、《三礼》,兼通群书。刺史费祎命为从事,入为尚书郎,复辟祎大将军东曹掾,稍迁尚书。蜀并于魏,梁州建,首为别驾从事,举秀才。晋泰始二年,拜济阴太守。迁太子中庶子。立上言:"故蜀大官及尽忠死事者子孙,虽仕郡国,或有不才,同之齐民为剧;又诸葛亮、蒋琬、费祎等子孙流徙中畿,各宜量才叙用,以慰巴、蜀之心,倾吴人之望。"事皆施行。转散骑常侍,献可替否,多所补纳。稍迁卫尉,中朝服其贤雅,为时名卿。咸宁末卒。立章奏诗赋论颂凡数十篇。

⑬《晋阳秋》载诏曰:"朕甚悼之,赐朝服一具,衣一袭,钱十五万。"周息熙上言,周临终属熙曰:"久抱疾,未曾朝见,若国恩赐朝服衣物者,勿以加身。当还旧墓,道险行难,豫作轻棺。殡敛已毕,上还所赐。"诏还衣服,给棺直。

⑭《益部耆旧传》曰:益州刺史董荣图画周像于州学,命从事李通颂之曰:"抑抑谯侯,好古述儒,宝道怀真,鉴世盈虚,雅名美迹,终始是书。我后钦贤,无言不誉,攀诸前哲,丹青是图。嗟尔来叶,鉴兹显模。"

⑮周长子熙。熙子秀,字元彦。《晋阳秋》曰:秀性清静,不交于世,知将大乱,豫绝人事,从兄弟及诸亲里不与相见。州郡辟命,及李雄盗蜀,安车征秀,又雄叔父骧、骧子寿辟命,皆不应。常冠鹿皮,躬耕山薮。永和三年,安西将军桓温平蜀,表荐秀曰:"臣闻大朴既亏,则高尚之标显;道丧时昏,则忠贞之义彰。故有洗耳投渊以振玄邈之风,亦有秉心矫迹以惇在三之节。是以上代之君,莫不崇重斯轨,所以笃俗训民,静一流竞。伏惟大晋应符御世,运无常通,时有屯蹇,神州丘墟,三方圮裂,《兔罝》绝响于中林,《白驹》无闻于空谷,斯有识之所悼心,大雅之所叹息者也。陛下圣德嗣兴,方恢天绪。臣昔奉役,有事西土,鲸鲵既县,思宣大化;访诸故老,搜杨潜逸,庶武罗于羿、浞之墟,想王蠋于亡齐之境。窃闻巴西谯秀,植操贞固,抱德肥遁,扬清渭波。于时皇极遘道消之会,群黎蹈颠沛之艰,中华有顾瞻之哀,幽谷无迁乔之望;凶命屡招,奸威仍偪,身寄虎吻,危同朝露,而能抗节玉立,誓不降辱,杜门绝迹,不面伪庭,进免龚胜亡身之祸,退无薛方诡对之讥;虽园、绮之栖商、洛,管宁之默辽海,方之于秀,殆无以过。于今西土,以为美谈。夫旌德礼贤,化道之所先,崇表殊节,圣哲之上务。方今六合未康,豺狼当路,遗黎偷薄,义声弗闻,益宜振起道义之徒,以敦流遁之弊。若秀蒙薄帛之征,足以镇静颓风,轨训嚣俗;幽遐仰流,九服知化矣。"及萧敬叛乱,避难宕渠川中,乡人宗族冯依者以百数。秀年八十,众人以其笃老,欲代之负担,秀拒曰:"各有老弱,当先营救。吾气力自足堪此,不以垂朽之年累诸君也。"后十余年,卒于家。

⑯《尚书》曰:三载考绩,三考黜陟幽明。九考则二十七年。

⑰《淮南子》曰:禹为水,以身请于阳盱之河,汤苦旱,以身祷于桑林之际,圣人之忧民,如此其明也。

《吕氏春秋》曰:昔殷汤克夏桀而天下大旱,五年不收,汤乃以身祷于桑林曰:"余一人有罪,无及万夫,万夫有罪,在余一人,无以一人之不敏,使上帝鬼神伤民之命。"汤于是剪其发,𫍲其爪,自以为牺牲,用祈福于上帝。民乃甚悦。雨乃大至。

⑱《淮南子》曰:秦穆公谓伯乐曰:"子之年长矣,子姓有可使求马者乎?"对曰:"良马者,可以形容筋骨相也。相天下之马者,若灭若没,若失若亡,其一若此马者,绝尘却辙。臣之子皆下才也,可告以良马而不可告以天下之马。天下之马,臣有所与共儋缠采薪九方堙,此其相马,非臣之下也,请见之。"穆公见之,使之求马,三月而反,报曰:"已得马矣,在于沙丘。"穆公曰:"何马也?"对曰:"牝而黄。"使人往取之,牡而骊。穆公不悦,召伯乐而问之曰:"败矣,子之所使求马者也!毛物牝牡尚弗能知,又何马之能知?"伯乐喟然太息曰:"一至此乎!是乃所以千万臣而无数者也。若堙之所观者天机也,得其精而忘其粗,在其内而忘其外,见其所见而不见其所不见,视其所视而遗其所不视,若彼之所相者,乃有贵乎马者。"马至,而果天下之马也。

《淮南子》又曰：伯乐、寒风、秦牙、葛青，所相各异，其知马一也；盖九方观其精，秦牙察其形。

⑲《越绝书》曰：昔越王勾践有宝剑五枚，闻于天下。客有能相剑者名薛烛，王召而问之："吾有宝剑五，请以示子。"乃取豪曹、臣阙，薛烛曰："皆非也。"又取纯钩、湛卢，烛曰："观其剑钞，烂烂如列宿之行，观其光，浑浑如水之将溢于塘，观其文，涣涣如冰将释，此所谓纯钩邪？"王曰："是也。"王曰："客有直之者，有市之乡三，骏马千匹，千户之都二，可乎？"薛烛曰："不可。当造此剑之时，赤堇之山破而出锡，若邪之溪涸而出铜，雨师扫洒，雷公击鼓，太一下观，天精下之，欧冶乃因天之精，悉其伎巧，一曰纯钩，二曰湛卢。今赤堇之山已合，若邪之溪深而不测，欧冶子已死，虽倾城量金，珠玉竭河，独不得此一物。有市之乡三，骏马千匹，千户之都二，亦何足言与！"

⑳《淮南子》曰：瓠巴鼓瑟而鱏鱼听之。又曰：瓠梁之歌可随也，而以歌者不可为也。

㉑臣松之曰：按此谓孟尝君田文下坐客，能作鸡鸣以济其厄者也。凡作鸡鸣，必先拊髀，以效鸡之拊翼也。

㉒《淮南子》曰：楚将子发好求技道之士。楚有善为偷者，往见曰："闻君求技道之士，臣偷也，愿以技备一卒。"子发闻之，衣不及带，冠不暇正，出见而礼之。左右谏曰："偷者，天下之盗也，何为礼之？"君曰："此非左右之所得与。"后无几何，齐兴兵伐楚。子发将师以当之，兵三却。楚贤大夫皆尽其计而悉其诚，齐师愈强。于是卒偷进请曰："臣有薄技，愿为君行之。"君曰"诺"。偷即夜出，解齐将军之帐，而献之子发。子发使人归之，曰："卒有出采薪者，得将军之帐，使使归于执事。"明日又复往取枕，子发又使归之。明日又复往取簪，子发又使归之。齐师闻之大骇，将军与军吏谋曰："今日不去，楚军恐取吾头矣！"即旋师而去。

㉓桓谭《新论》曰：雍门周以琴见，孟尝君曰："先生鼓琴，亦能令文悲乎？"对曰："臣之所能令悲者，先贵而后贱，昔富而今贫，摈压穷巷，不交四邻；不若身材高妙，怀质抱真，逢谗罹谤，怨结而不得信；不若交欢而结爱，无怨而生离，远赴绝国，无相见期；不若幼无父母，壮无妻儿，出以野泽为邻，入用堀穴为家，困于朝夕，无所假贷；若此人者，但闻飞鸟之号，秋风鸣条，则伤心矣，臣一为之援琴而长太息，未有不凄恻而涕泣者也。今若足下，居则广厦高堂，连闼洞房，下罗帷，来清风；倡优在前，谄谀侍侧，扬激楚，舞郑妾，流声以娱耳，练色以淫目；水戏则舫龙舟，建羽旗，鼓钓乎不测之渊；野游则登平原，驰广囿，强弩下高鸟，勇士格猛兽；置酒娱乐，沈醉忘归：方此之时，视天地曾不若一指，虽有善鼓琴，未能动足下也。"孟尝君曰："固然！"雍门周曰："然臣窃为足下有所常悲。夫角帝而困秦者君也，连五国而伐楚者又君也。天下未尝无事，不从即衡；从成则楚王，衡成则秦帝。夫以秦、楚之强而报弱薛，犹磨萧斧而伐朝菌也，有识之士，莫不为足下寒心。天道不常盛，寒暑更进退，千秋万岁之后，宗庙必不血食；高台既已倾，曲池又已平，坟墓生荆棘，狐狸穴其中，游儿牧竖踯躅其足而歌其上曰：'孟尝君之尊贵，亦犹若是乎！'"于是孟尝君喟然太息，涕泪承睫而未下。雍门周引琴而鼓之，徐动宫徵，叩角羽，终而成曲，孟尝君遂歔欷而就之曰："先生鼓琴，令文立若亡国之人也。"

㉔《吕氏春秋》曰：韩哀作御。

王褒《圣主得贤臣颂》曰：及至驾啮膝，参乘旦，王良执靶，韩哀附舆，纵驰骋骛，忽如景靡，过都越国，蹶如历块，追奔电，逐遗风，周流八极，万里一息，何其辽哉！人马相得也。

㉕《淮南子》曰：卢敖游乎北海，经乎太阴，入乎玄阙，至于蒙毂之上，见一士焉，深目而玄准，戾颈而鸢肩，丰上而杀下，轩轩然方迎风而舞，顾见卢敖慢然下其臂，遁逃乎碑下。卢敖俯而视之，方卷龟壳而食合梨。卢敖乃与之语曰："惟敖为背群离党，穷观于六合之外者，非敖而已乎！敖幼而好游，长不喻解，周行四极，惟北阴之不窥，今卒睹夫子于是，子殆可与敖为交乎！"若士者齤然而笑曰："嘻乎！子中州民，宁肯而远至此？此犹光乎日月而戴列星，阴阳之所行，四时之所生，此其比夫不名之地，犹突奥也。若我南游乎罔罠之野，北

息于沈墨之乡，西穷冥冥之党，东贯鸿濛之光，此其下无地而上无天，听焉无闻，视焉则眴，此其外犹有沈沈之汜，其余一举而千万里，吾犹未能之在。今子游始至于此，乃语穷观，岂不亦远哉！然子处矣，吾与汗漫期于九垓之上，吾不可以久。”若士举臂而竦身，遂入云中。卢敖仰而视之，弗见乃止，曰：“吾比夫子也，犹黄鹄之与壤虫，终日行不离咫尺，自以为远，不亦悲哉！”

㉖张璠以为谯周所陈降魏之策，盖素料刘禅懦弱，心无害戾，故得行也。如遇忿肆之人，虽无他算，然矜殉鄙耻，或发怒妄诛，以立一时之威，快其斯须之意者，此亦夷灭之祸云。

三国志卷四十三　蜀书十三

黄李吕马王张传第十三

黄权字公衡，巴西阆中人也。少为郡吏，州牧刘璋召为主簿。时别驾张松建议，宜迎先主，使伐张鲁。权谏曰："左将军有骁名，今请到，欲以部曲遇之，则不满其心，欲以宾客礼待，则一国不容二君。若客有泰山之安，则主有累卵之危。可但闭境，以待河清。"璋不听，竟遣使迎先主，出权为广汉长。及先主袭取益州，将帅分下郡县，郡县望风景附，权闭城坚守，须刘璋稽服，乃诣降先主。先主假权偏将军。①及曹公破张鲁，鲁走入巴中，权进曰："若失汉中，则三巴不振，此为割蜀之股臂也。"于是先主以权为护军，率诸将迎鲁。鲁已还南郑，北降曹公，然卒破杜濩、朴胡，杀夏侯渊，据汉中，皆权本谋也。

黄权字公衡，是巴西郡阆中县人。年轻时担任郡中官吏，州牧刘璋征召他担任主簿。当时别驾张松建议，应该把刘备接来，叫刘备去攻打张鲁。黄权劝谏说："左将军刘备骁勇有名，现在请来，倘若以部将的待遇对待他，就不能满足其心志，倘若以宾客的礼节对待他，那么一国不能容纳两个君主。如果客人有如泰山那样的安稳，那么主人就有把鸡蛋叠起来那样的危险，目前只可关闭边境，以待黄河水清之日。"刘璋不听劝告，终究派遣使者迎来刘备，派黄权出去担任广汉县县令。等到刘备袭击攻取益州，他手下的将帅们分别攻下一些郡县后，各郡县听到风声便纷纷归附刘备，黄权关闭城门坚守，一直等到刘璋投降了，自己才去归降刘备。刘备让黄权代理偏将军。等到曹操攻破张鲁，张鲁跑到巴中，黄权向刘备进言说："如果丢失汉中，三巴就不能控制了，这就好比割断了蜀地的大腿和手臂一样啊！"于是刘备任命黄权为护军，率领众将领迎接张鲁。这时张鲁已返回南郑，向北归降了曹操，但黄权最终击破了杜濩、朴胡，杀了夏侯渊，占据汉中，这些都是黄权原来的计谋。

先主为汉中王，犹领益州牧，以权为治中从事。及称尊号，将东伐吴，权谏曰："吴人悍战，又水军顺流，进易退难，臣请为先驱以尝寇，陛下宜为后镇。"先主不从，以权为镇北将军，督江北军以防魏师；先主自在江南。及吴将军陆议乘

刘备任汉中王，还兼任益州牧，让黄权担任治中从事。到他登上帝位，将要东征吴国，黄权劝谏说："吴国人作战强悍，水军又顺流而下，前进容易后退困难。请让我担任先锋去进攻敌人，您应该在后方镇守。"刘备没有听从他的建议，让黄权为镇北将军，统领长江以北的军队来防御魏国的军队；刘备自己则在长江南岸。等到吴国将军陆议顺流而下

流断围,南军败绩,先主引退。而道隔绝,权不得还,故率将所领降于魏。有司执法,白收权妻子。先主曰:"孤负黄权,权不负孤也。"待之如初。②

断绝北岸军队的退路而包围南岸军队时,蜀国在南岸的军队大败,刘备领兵撤退。黄权因道路断绝,不能返回蜀国,便率领所带领的军队投降了魏国。有关官员按照法律,禀告刘备准备拘捕黄权的妻子儿女。刘备说:"是我对不起黄权,黄权没有什么对不起我的。"刘备仍像从前那样对待黄权的家室。

魏文帝谓权曰:"君舍逆效顺,欲追踪陈、韩邪?"权对曰:"臣过受刘主殊遇,降吴不可,还蜀无路,是以归命。且败军之将,免死为幸,何古人之可慕也!"文帝善之,拜为镇南将军,封育阳侯,加侍中,使之陪乘。蜀降人或云诛权妻子,权知其虚言,未便发丧,③后得审问,果如所言。及先主薨问至,魏群臣咸贺而权独否。文帝察权有局量,欲试惊之,遣左右诏权,未至之间,累催相属,马使奔驰,交错于道,官属侍从莫不碎魄,而权举止颜色自若。后领益州刺史,徙占河南。大将军司马宣王深器之,问权曰:"蜀中有卿辈几人?"权笑而答曰:"不图明公见顾之重也!"宣王与诸葛亮书曰:"黄公衡,快士也,每坐起叹述足下,不去口实。"景初三年,蜀延熙二年,权迁车骑将军、仪同三司。④明年卒,谥曰景侯。子邕嗣。邕无子,绝。

魏文帝对黄权说,"你舍弃不正之道而效力于正道,是想效法陈平、韩信吗?"黄权回答说:"我过去受到主人刘备的特殊恩遇,不可能投奔吴国,又无路返回蜀国,因此归顺了你。况且败军之将,能免除死罪就算是幸运了,还谈得上什么追慕古人呢?"魏文帝认为他说得好,任命他担任镇南将军,封育阳侯,兼任侍中之职,让他陪侍自己左右。有蜀军归降的人说蜀国已杀了黄权的妻子儿女,黄权知道这是虚假之辞,没有马上发丧。后来得到准确的消息,果然像他自己所说的那样。等到刘备去世的消息传到魏国后,群臣庆贺而唯独黄权不是这样。魏文帝观察到黄权有器量,想试着吓唬他一下,便派左右的人去召见黄权。黄权还没有到时,又派人接连催促,连续不断,骑马的使者来回奔驰,在路上交错行驶。官员侍从见到这种情况没有不惊魂失魄的,而黄权举止安详,形色自若。后来他兼任益州刺史,迁移驻扎在河南。大将军司马宣王非常器重他,问黄权说:"蜀中像你这样的人有几个?"黄权笑着回答说:"没有想到被你看得这么重!"宣王给诸葛亮的信中说:"黄公衡是个爽快人,常常是行坐都称道您,离不开把您作为谈话的资本。"曹魏景初三年,蜀汉延熙二年,黄权迁升为车骑将军、仪同三司。第二年去世,谥号为景侯。儿子黄邕继承官位。黄邕没有儿子,绝了后人。

权留蜀子崇,为尚书郎,随卫将军诸葛瞻拒邓艾。到涪县,瞻盘桓未进,崇屡劝瞻宜速行据险,无令敌得入平地。瞻犹与未纳,崇至于流涕。会

黄权留在蜀国的儿子黄崇,担任尚书郎,跟随卫将军诸葛瞻抵抗邓艾。诸葛瞻到达涪县后,徘徊不前,黄崇多次规劝诸葛瞻应该立即前进,占据险要位置,不要让敌人进入平地。诸葛瞻还是没有采纳他的意见,黄崇竟至于急得流下眼泪。正值邓艾

艾长驱而前，瞻却战至绵竹，崇帅厉军士，期于必死，临陈见杀。

长驱直入，诸葛瞻边战边后退至绵竹，黄崇率领军队激励士卒，抱定必死之心坚持抵抗，终于临阵被杀。

李恢字德昂，建宁俞元人也。仕郡督邮，姑夫爨习为建伶令，有违犯之事，恢坐习免官。太守董和以习方土大姓，寝而不许。⑤后贡恢于州，涉道未至，闻先主自葭萌还攻刘璋。恢知璋之必败，先主必成，乃托名郡使，北诣先主，遇于绵竹。先主嘉之，从至雒城，遣恢至汉中交好马超，超遂从命。成都既定，先主领益州牧，以恢为功曹书佐主簿。后为亡虏所诬，引恢谋反，有司执送，先主明其不然，更迁恢为别驾从事。章武元年，庲降都督邓方卒，先主问恢："谁可代者？"恢对曰："人之才能，各有长短，故孔子曰'其使人也器之'。且夫明主在上，则臣下尽情，是以先零之役，赵充国曰'莫若老臣'。臣窃不自揆，惟陛下察之。"先主笑曰："孤之本意，亦已在卿矣。"遂以恢为庲降都督，使持节领交州刺史，住平夷县。⑥

李恢字德昂，是建宁郡俞元县人。担任郡中督邮。他的姑夫爨习任建伶县令时，有违反法令的事件，李恢因受爨习牵连而被免官。太守董和因为爨习是这一地方的大姓，把案子压下不办。后来又推荐李恢到州里，李恢还在途中没有到任，听说刘备从葭萌回兵攻打刘璋，李恢知道刘璋一定会失败，刘备定会成功，就托名是郡中的使者，到北边去拜访刘备，二人在绵竹相遇，刘备赞赏他，他跟随刘备到了雒城。刘备派遣李恢到汉中结交马超，使马超听从刘备的命令。刘备平定成都后，兼任益州牧，让李恢担任功曹书佐主簿。后来李恢被逃亡的罪人诬告，他们供引李恢谋反，主管官员捉拿他上送，刘备知道他不是这样的人，改升他担任别驾从事。章武元年，庲降都督邓方去世，刘备问李恢："谁可以代替他？"李恢回答说："人的才能，各有长短，所以孔子说：'使用人时就应该量才使用'。况且明主在上，臣下必定尽心，所以先零之战，赵充国说：'不如我老臣去。'我私下不自量力，希望陛下明察。"刘备笑着说："我的本意，也是在你。"于是任命李恢担任庲降督，让他拿着符节兼任交州刺史，驻扎在平夷县。

先主薨，高定恣睢于越巂，雍闿跋扈于建宁，朱褒反叛于牂牁。丞相亮南征，先由越巂，而恢案道向建宁。诸县大相纠合，围恢军于昆明。时恢众少敌倍，又未得亮声息，绐谓南人曰："官军粮尽，欲规退还，吾中间久斥乡里，乃今

刘备去世后，高定在越巂郡放纵暴戾，雍闿在建宁郡胡作非为，朱褒在牂牁郡聚众反叛。丞相诸葛亮向南征讨，先从越巂郡开始，而李恢依照路线挥师建宁。建宁郡的许多县都将队伍纠集在一起，在昆明包围了李恢的军队。当时李恢的军队比敌人少一半，又没有得到诸葛亮的消息，他欺骗南土人说："官军粮食用完了，计划退兵，我们中间这些人久离故乡，今天才得以返回，不能再到北面去了，想

得旋，不能复北，欲还与汝等同计谋，故以诚相告。”南人信之，故围守怠缓。于是恢出击，大破之，追奔逐北，南至槃江，东接牂牁，与亮声势相连。南土平定，恢军功居多，封汉兴亭侯，加安汉将军。后军还，南夷复叛，杀害守将。恢身往扑讨，钼尽恶类，徙其豪帅于成都，赋出叟、濮耕牛战马金银犀革，充继军资，于时费用不乏。

回来与你们这班人共同谋划，因此以诚相告。”南土人相信了他的话，围攻和守备都懈怠松弛了。这时李恢乘虚出击，大败南土人，追击败兵，南到槃江，东接牂牁，与诸葛亮的声势连成一片。平定南土，李恢的功劳居多，被封为汉兴亭侯，加授安汉将军。后来军队返回，南边的少数民族又反叛，杀害驻守将领。李恢亲自前去诛杀征讨，铲除尽坏人，把那些头领迁到成都，从叟、濮等地收取耕牛、战马、金银、犀革等赋税，补充军事物资，因此蜀国当时费用不再缺乏。

建兴七年，以交州属吴，解恢刺史。更领建宁太守，以还居本郡。徙居汉中，九年卒。子遗嗣。恢弟子球，羽林右部督，随诸葛瞻拒邓艾，临陈授命，死于绵竹。

建兴七年，因为交州归属吴国，蜀国解除了李恢的交州刺史职务，让他兼任建宁太守，因而他返回本郡居住。后迁居汉中，建兴九年逝世。儿子李遗继承了爵位。李恢弟弟的儿子李球，担任羽林右部督，随诸葛瞻抗击邓艾，临阵献出生命，死在绵竹。

吕凯字季平，永昌不韦人也。[7]仕郡五官掾功曹。时雍闿等闻先主薨于永安，骄黠滋甚。都护李严与闿书六纸，解喻利害，闿但答一纸曰：“盖闻天无二日，土无二王，今天下鼎立，正朔有三，是以远人惶惑，不知所归也。”其桀慢如此。闿又降于吴，吴遥署闿为永昌太守。永昌既在益州郡之西，道路壅塞，与蜀隔绝，而郡太守改易，凯与府丞蜀郡王伉帅厉吏民，闭境拒闿。闿数移檄永昌，称说云云。凯答檄曰：“天降丧乱，奸雄乘衅，天下切齿，万国悲悼，臣妾大小，莫不思竭筋力，肝脑涂地，以除国难。伏惟将军世受汉恩，以为当躬聚党众，率先启行，上以

吕凯字季平，是永昌郡不韦县人。担任郡中五官掾、功曹。当时雍闿等人听说刘备已在永安去世，更加骄横狡诈。都护李严给雍闿写了六七张纸的信，晓以利害，雍闿只回一张纸的信说：“听说天上没有两个太阳，地上没有两个君王，现在天下如鼎足三方并立，正朔也有三种，因此远方之人惶恐迷惑，不知道到底归向谁。”其凶暴傲慢到了这种地步。后来雍闿又归降吴国，吴国在远地委任雍闿代理永昌郡太守。永昌在益州郡的西边，道路阻塞不通，与蜀地隔绝，而郡太守改换，吕凯与府中官佐蜀郡人王伉率领和激励官吏百姓，关闭郡境，抵抗雍闿，雍闿多次向永昌发出檄文，述说这般这般。吕凯回答他的檄文说：“上天降下灾难，奸雄趁机作乱，天下人切齿痛恨，万分悲痛，上至大臣，下至妻妾，不分男女老少，没有一个人不想竭尽精力，肝脑涂地，以消除国家的灾难。将军世代受到汉室的恩惠，我认为您应当亲自聚合部下，带头前进，上以报效

报国家，下不负先人，书功竹帛，遗名千载。何期臣仆吴越，背本就末乎？昔舜勤民事，陨于苍梧，书籍嘉之，流声无穷。崩于江浦，何足可悲！文、武受命，成王乃平。先帝龙兴，海内望风，宰臣聪睿，自天降康。而将军不睹盛衰之纪，成败之符，譬如野火在原，蹈履河冰，火灭冰泮，将何所依附？曩者将军先君雍侯，造怨而封，窦融知兴，归志世祖，皆流名后叶，世歌其美。今诸葛丞相英才挺出，深睹未萌，受遗托孤，翊赞季兴，与众无忌，录功忘瑕。将军若能翻然改图，易迹更步，古人不难追，鄙土何足宰哉！盖闻楚国不恭，齐桓是责，夫差僭号，晋人不长，况臣于非主，谁肯归之邪？窃惟古义，臣无越境之交，是以前后有来无往。重承告示，发愤忘食，故略陈所怀，惟将军察焉。”凯威恩内著，为郡中所信，故能全其节。

及丞相亮南征讨闿，既发在道，而闿已为高定部曲所杀。亮至南，上表曰：“永昌郡吏吕凯、府丞王伉等，执忠绝域，十有余年，雍闿、高定偪其东北，而凯等守义不与交通。臣不意永昌风俗敦直乃尔！”以凯为云南太守，封阳迁亭侯。会为叛夷所害，子祥嗣。而王伉亦封亭侯，为永昌太守。⑧

马忠字德信，巴西阆中人

国家，下以对得起祖先，在史策上记下功勋，千载留名。哪里曾料到您竟然做了吴越的臣仆，背弃根本而走向末端呢？从前舜尽力于民事，死在苍梧，书籍赞誉他，名声流传不绝。死在江边，有什么可悲的呢？周文王、周武王接受天命，周成王才平定了天下。先帝建立新王朝，普天之下望风归附，宰相大臣聪明睿智，这是上天降下的安康。而将军看不到盛衰的标志，成败的符命，好比野火在原野上燃烧，脚却踩着河里的冰块，火灭冰化，你将依附谁呢？以前将军您的父亲雍侯，虽然有怨恨但仍被封，窦融懂得兴衰，归依了光武帝，他们都流名后世，世世代代歌颂他们的美德。现在诸葛丞相英才杰出，能敏锐地发现还未萌发的事情，接受遗诏，辅佐幼主，帮助再次振兴汉朝，他和大家没有怨恨，铭记他人的功劳而忘却了他人的缺点。将军如能翻然改变主意，另择道路，也不难追踪古人，您那偏远之地有什么值得统治的呢？听说楚国不恭敬，齐桓公责备他；夫差越位而自封帝王，晋国人不把他当做兄长看待，更何况向并非君主的人称臣，谁又肯归附他呢？我私下考虑自古以来的大义，臣下不能有越境的交往，因此前后只有来信没有回信。但多少接到您的通知，非常激动以至忘了饮食，因此只简略地向您陈述我所想到的，希望将军明察。”吕凯的威望恩德在郡内显著闻名，为郡中人所信赖，所以能保全他的节操。

等到丞相诸葛亮南征雍闿，出发在途中时，雍闿已被高定的军队杀死。诸葛亮到南土后，上表说：“永昌郡官员吕凯、郡府佐吏王伉等，在极其僻远的地方效忠，十多年了。虽然雍闿、高定在他们的东北威逼，但吕凯等人坚守道义不与他们交往。我没有料想到永昌的风俗竟如此淳朴正直!”任命吕凯为云南太守，封阳迁亭侯。遇上被叛乱的少数民族杀害，儿子吕祥继承爵位。王伉也被封为亭侯，担任永昌太守。

马忠字德信，是巴西郡阆中县人。年幼时由外

也。少养外家，姓狐，名笃，后乃复姓，改名忠。为郡吏，建安末举孝廉，除汉昌长。先主东征，败绩猇亭，巴西太守阎芝发诸县兵五千人以补遗阙，遣忠送往。先主已还永安，见忠与语，谓尚书令刘巴曰："虽亡黄权，复得狐笃，此为世不乏贤也。"建兴元年，丞相亮开府，以忠为门下督。三年，亮入南，拜忠牂牁太守。郡丞朱褒反。叛乱之后，忠抚育恤理，甚有威惠。八年，召为丞相参军，副长史蒋琬署留府事。又领州治中从事。明年，亮出祁山，忠诣亮所，经营戎事。军还，督将军张嶷等讨汶山郡叛羌。十一年，南夷豪帅刘胄反，扰乱诸郡。征庲降都督张翼还，以忠代翼。忠遂斩胄，平南土，加忠监军奋威将军，封博阳亭侯。初，建宁郡杀太守正昂，缚太守张裔于吴，故都督常驻平夷县。至忠，乃移治味县，处民夷之间。又越嶲郡亦久失土地，忠率将太守张嶷开复旧郡，由此就加安南将军，进封彭乡侯。延熙五年还朝，因至汉中，见大司马蒋琬，宣传诏旨，加拜镇南大将军。七年春，大将军费祎北御魏敌，留忠成都，平尚书事。祎还，忠乃归南。十二年卒，子脩嗣⑨。

祖父母抚养，姓狐，名笃，后来才恢复原姓，改名叫忠。在郡中做官，建安末年被推举为孝廉，被任命为汉昌县县令。刘备东征，在猇亭大败，巴西太守阎芝征发各县士兵五千人以补充损失的兵员，派遣马忠送去。刘备这时已回到永安，会见了马忠与他谈话，对尚书令刘巴说："我虽然失去了黄权，又得到了狐笃，这是因世上不缺乏贤才啊。"建兴元年，丞相诸葛亮成立府署，任命马忠做门下督。建兴三年，诸葛亮进入南土，任命马忠为牂牁太守。郡丞朱褒谋反。平定叛乱以后，马忠抚恤治理，在郡中很有威望和恩信。建兴八年，征召他担任丞相参军，协助长史蒋琬管理留府事务。又兼任益州治中从事。第二年，诸葛亮出兵祁山，马忠在诸葛亮身边，协助、筹划军务。军队回来后，又监督将军张嶷等人讨伐汶山郡叛乱的羌人。建兴十一年，南边的少数民族首领刘胄谋反，扰乱各郡。召庲降都督张翼回来，用马忠代理张翼。马忠于是斩杀了刘胄，平定了南方。加封马忠监军奋威将军，封博阳亭侯。当初建宁郡杀太守正昂，捆绑太守张裔到吴国，所以都督经常驻在平夷县。到马忠时，才将治迁移到味县，处在汉人与少数民族之间。又有越嶲郡也长期地失去土地，马忠率领太守张嶷恢复原郡，由此就加授马忠为安南将军，晋封为彭乡侯。延熙五年回到朝廷，接着到汉中，见大司马蒋琬，宣布传达皇帝的旨意，加拜镇南大将军。延熙七年春天，大将军费祎向北抵御曹魏敌寇，留马忠在成都总领尚书事务。费祎回来，马忠才返回南方。延熙十二年去世，儿子马脩继承爵位。

忠为人宽济有度量，但诙啁大笑，忿怒不形于色。然处事能断，威恩并立，是以蛮夷

马忠为人宽和助人有度量，遇事只嘲谑大笑，愤怒从不外露。然而处理事情能够决断，威严和恩惠并重，因此少数民族敬畏他、喜爱他。等到他去世

畏而爱之。及卒，莫不自致丧庭，流涕尽哀，为之立庙祀，迄今犹在。

后，都自动到停放遗体的庭院流泪致哀，还替他建立祠庙祭祀，至今庙还存在。

张表，时名士，清望逾忠。阎宇，宿有功干，于事精勤。继踵在忠后，其威风称绩，皆不及忠。⑩

张表，是当时的著名人士，清高的声望超过了马忠。阎宇，素有功劳和才干，处事精细勤勉。他们继承马忠的事业，有威风和可称颂的功劳，然而都比不上马忠。

王平字子均，巴西宕渠人也。本养外家何氏，后复姓王。随杜濩、朴胡诣洛阳，假校尉，从曹公征汉中，因降先主，拜牙门将、裨将军。建兴六年，属参军马谡先锋。谡舍水上山，举措烦扰，平连规谏谡，谡不能用，大败于街亭。众尽星散，惟平所领千人，鸣鼓自持，魏将张郃疑其伏兵，不往偪也。于是平徐徐收合诸营遗迸，率将士而还。丞相亮既诛马谡及将军张休、李盛，夺将军黄袭等兵，平特见崇显，加拜参军，统五部兼当营事，进位讨寇将军，封亭侯。九年，亮围祁山，平别守南围。魏大将军司马宣王攻亮，张郃攻平，平坚守不动，郃不能克。十二年，亮卒于武功，军退还，魏延作乱，一战而败，平之功也。迁后典军、安汉将军，副车骑将军吴壹住汉中，又领汉中太守。十五年，进封安汉侯，代壹督汉中。延熙元年，大将军蒋琬住沔阳，平更为前护军，署琬府事。六年，琬还住涪，拜平前监军、镇北大将军，统汉中。

王平，字子均，是巴西郡宕渠县人。本来由外祖父何氏抚养，后来恢复王姓。他跟从杜濩、朴胡到洛阳，代理校尉。后跟随曹操出征汉中，因而归降刘备，任命为牙门将、裨将军。建兴六年，隶属参军马谡为先锋。马谡舍弃水边军营而上山扎营，行动举止冗杂繁乱，王平多次规劝，马谡都没有采纳，在街亭被打得大败。部众全部四处逃散，只有王平所统领的一千人，擂击战鼓稳住不动，魏将张郃怀疑他有伏兵，没有前去进攻。于是王平慢慢收罗各营遗散的士兵，率领将士返回。丞相诸葛亮诛杀马谡及将军张休、李盛，解除了将军黄袭等人的兵权，而王平则特别被推崇，加任参军，统率五部兵众并兼管自己所在的军队，晋升为讨寇将军，封为亭侯。建兴九年，诸葛亮围攻祁山，王平分守包围圈的南面。魏国大将军司马宣王进攻诸葛亮，张郃进攻王平，王平坚守不动，张郃不能攻克。建兴十二年，诸葛亮在武功县去世，蜀军退回，魏延作乱，但一战就失败了，这又是王平的功劳。迁升为后典军、安汉将军，协助车骑将军吴壹驻扎汉中，又兼任汉中太守。建兴十五年，晋封为安汉侯，代替吴壹督领汉中。延熙元年，大将军蒋琬驻沔阳，王平改任为前护军，代管蒋琬府中事务。延熙六年，蒋琬收兵．驻扎涪县，任命王平为前监军、镇北大将军，统领汉中。

七年春，魏大将军曹爽率

延熙七年春天，魏国大将军曹爽统领步兵、骑

步骑十余万向汉川，前锋已在骆谷。时汉中守兵不满三万，诸将大惊。或曰："今力不足以拒敌，听当固守汉、乐二城，遇贼令入，比尔间，涪军足得救关。"平曰："不然。汉中去涪垂千里。贼若得关，便为祸也。今宜先遣刘护军、杜参军据兴势，平为后拒；若贼分向黄金，平率千人下自临之，比尔间，涪军行至，此计之上也。"惟护军刘敏与平意同，即便施行。涪诸军及大将军费祎自成都相继而至，魏军退还，如平本策。是时，邓芝在东，马忠在南，平在北境，咸著名迹。

兵十多万人直指汉川，前锋已到骆谷。当时汉中的蜀国守兵不足三万人，将领们大为惊骇。有人说："现在力量不足以抵抗敌人，应当坚守汉、乐二城，遇上曹军让他进来。顷刻之间，驻扎在涪县的军队便完全可以救援阳平关。"王平说："不能这样。汉中离涪县将近一千里。敌人如果夺取阳平关，就是灾祸。现在应该先派遣刘护军、杜参军占据兴势山，我在后面抵挡；如果敌人分兵向黄金进攻，我就率领一千人亲自去抗击。不要多久，驻扎在涪县的军队就会到来，这是上策。"只有护军刘敏与王平的意见相同，他们迅速行动。驻扎在涪县的各路军马以及大将军费祎从成都相继赶到，魏军退走，正如王平所谋划的一样。这时，邓芝在东，马忠在南，王平在北，都有显赫的名声和功业。

平生长戎旅，手不能书，其所识不过十字，而口授作书，皆有意理。使人读《史》、《汉》诸纪传，听之，备知其大义，往往论说不失其指。遵履法度，言不戏谑，从朝至夕，端坐彻日，憬无武将之体，然性狭侵疑，为人自轻，以此为损焉。十一年卒，子训嗣。

王平生长在军队里，提笔不会写字，他所认识的字不超过十个。然而口授书信，却都有意趣条理，他让人给他读《史记》、《汉书》中的"纪""传"，听完后，完全懂得其中的大意，并且常常谈论而不弄错其中的意思。他遵循和施行法度，言语庄重而不开玩笑，从早到晚，整天端正地坐着，显得斯文而没有武将的样子，然而性情狭隘多疑，为人轻狂，因为这点他受到损害。延熙十一年去世，儿子王训继承爵位。

初，平同郡汉昌句扶忠勇宽厚，数有战功，功名爵位亚平，官至左将军，封宕渠侯。⑪

起初，与王平同郡的汉昌人句扶忠勇宽厚，多次立下战功，功名爵位在王平之下，官至左将军，封为宕渠侯。

张嶷字伯岐，巴郡南充国人也。⑫弱冠为县功曹。先主定蜀之际，山寇攻县，县长捐家逃亡，嶷冒白刃，携负夫人，夫人得免。由是显名，州召为从事。时郡内士人龚禄、姚伷位二千石，当世有声名，皆与嶷友善。建兴五年，丞相亮北住

张嶷字伯岐，是巴郡南充国人。年轻时担任县功曹。刘备占领蜀地的时候，山贼攻打县城，县长弃家逃跑，张嶷冒着刀锋的危险，背着县长夫人逃跑，使夫人免遭祸害。因此得以扬名。州里征召他担任从事。郡内士大夫龚禄、姚伷职位二千石，在当时有名声，都与张嶷友好。建兴五年，丞相诸葛亮驻扎在

汉中，广汉绵竹山贼张慕等钞盗军资，劫掠吏民，嶷以都尉将兵讨之。嶷度其鸟散，难以战禽，乃诈与和亲，克期置酒。酒酣，嶷身率左右，因斩慕等五十余级，渠帅悉殄。寻其余类，旬日清泰。后得疾病困笃，家素贫匮，广汉太守蜀郡何祗，名为通厚，嶷宿与疏阔，乃自轝诣祗，托以治疾。祗倾财医疗，数年除愈。其党道信义皆此类也。拜为牙门将，属马忠，北讨汶山叛羌，南平四郡蛮夷，辄有筹画战克之功。⑬十四年，武都氐王苻健请降，遣将军张尉往迎，过期不到，大将军蒋琬深以为念。嶷平之曰："苻健求附款至，必无他变，素闻健弟狡黠，又夷狄不能同功，将有乖离，是以稽留耳。"数日，问至，健弟果将四百户就魏，独健来从。

北边的汉中，广汉郡绵竹县的山贼张慕等人偷抢军用物资，抢劫掠夺官吏百姓，张嶷以都尉的身份率兵讨伐。张嶷估计张慕等人会作鸟兽散，难以用战斗来擒获，就假装与他们和睦友好，约定日期置办酒席。当酒喝得正酣时，张嶷亲自率领左右人马，趁机斩杀张慕等五十多人，首领全部被消灭。接着搜寻残贼，绵竹在十天之内就清静安宁了。后来张嶷得了重病，他家中向来贫穷，广汉太守蜀郡人何祗，通达厚道，张嶷平素虽和他关系并不密切，却自己驾车到何祗那里，托他给自己治病。何祗用尽家财给他医疗，数年以后病除痊愈。那种诚实美善的道义都像这样。后来张嶷被任命为牙门将，隶属马忠，向北声讨汶山郡反叛的羌人，向南平定四郡的少数民族，常常有出谋划策征战取胜的功劳。建兴十四年，武都县氐人首领苻健请求归降，派将军张尉前往受降，超过了约定的时期还没有回来，大将军蒋琬很担心这件事。张嶷评议说："苻健请求归附非常诚恳，一定不会另有变化。平素听说苻建的弟弟狡猾奸诈，又加上少数民族的人不能有同等的功劳，可能有背离抵触的情况，因此张尉在那里停留下来了。"过了几天，消息传来，果真是苻健的弟弟率领四百户人投奔了曹魏，只有苻健前来归服。

初，越嶲郡自丞相亮讨高定之后，叟夷数反，杀太守龚禄、焦璜，是后太守不敢之郡，只住安上县，去郡八百余里，其郡徒有名而已。时论欲复旧郡，除嶷为越嶲太守，嶷将所领往之郡，诱以恩信，蛮夷皆服，颇来降附。北徼捉马最骁劲，不承节度，嶷乃往讨，生缚其帅魏狼，又解纵告喻，使招怀余类。表拜狼为邑侯，种落三千余户皆安土供职。诸种闻之，多渐降服，嶷以功赐爵关内侯。

起初，越嶲郡自从丞相诸葛亮讨伐了高定以后，这一地区的少数民族又多次反叛，杀了太守龚禄、焦璜，此后太守不敢到郡里去，只住在安上县，距离郡治所八百多里，这个郡只是空有其名。时人议论要恢复旧郡，任命张嶷为越嶲太守。张嶷带着他所统领的人前往郡中，以恩惠和信用来诱导少数民族，少数民族都心服，多来投降归顺。北边的捉马部族最为强悍，不接受指挥，张嶷便前去讨伐，生擒他们的首领魏狼，又把他释放，并向群众宣布说明情况，使他劝说其他人归服。上表任命魏狼为邑侯，这样部族三千多户都安于本土,尽自己的职分。各部族听说这件事，大多慢慢降服，张嶷因功被赐爵为关内侯。

苏祁邑君冬逢、逢弟隗渠等，已降复反。嶷诛逢。逢妻，旄牛王女，嶷以计原之。而渠逃入西徼。渠刚猛捷悍，为诸种深所畏惮，遣所亲二人诈降嶷，实取消息。嶷觉之，许以重赏，使为反间，二人遂合谋杀渠。渠死，诸种皆安。又斯都耆帅李求承，昔手杀龚禄，嶷求募捕得，数其宿恶而诛之。

苏祁邑的君王冬逢、冬逢的弟弟隗渠等人，已经降服了蜀国但又反叛。张嶷斩杀了冬逢。冬逢的妻子，是旄牛部落王的女儿，张嶷用计宽恕了她。而隗渠逃到西边边界。隗渠刚勇凶猛，敏捷强悍，各部族都非常害怕他，他派两个亲信佯装投降张嶷，实际上是来窃取消息。张嶷觉察到了，许诺给他们重赏，让他们实行反间，于是他们两个人合谋杀了隗渠。隗渠死后，各部族都安定下来了。又有斯都县年老的头领李求承，以前曾亲手杀了龚禄，张嶷招募人将他抓获，列举他以前的罪恶诛杀了他。

始嶷以郡郛宇颓坏，更筑小坞。在官三年，徙还故郡，缮治城郭，夷种男女莫不致力。

开始张嶷因为郡所的外城房屋毁坏，另外修筑了小土堡。他在官位三年后，迁回原来的郡所，修补整治内城和外城，少数民族的男男女女没有谁不贡献力量的。

定莋、台登、卑水三县去郡三百余里，旧出盐铁及漆，而夷徼久自固食。嶷率所领夺取，署长吏焉。嶷之到定莋，定莋率豪狼岑，槃木王舅，甚为蛮夷所信任，忿嶷自侵，不自来诣。嶷使壮士数十直往收致，挞而杀之，持尸还种，厚加赏赐，喻以狼岑之恶，且曰："无得妄动，动即殄矣！"种类咸面缚谢过。嶷杀牛飨宴，重申恩信，遂获盐铁，器用周赡。

定莋、台登、卑水三县距郡治所三百多里，出产盐铁和漆，而过去少数民族长期独自垄断享用。张嶷率领他的部下攻占了这三个县，并在这里设置长史。张嶷到定莋，定莋的首领豪强狼岑，是槃木王的舅舅，深得少数民族人信任，痛恨张嶷侵犯了自己，不肯来拜见。张嶷派壮士数十人径直将他抓来，鞭打致死，将他的尸首送回部族里，对其部族人多加赏赐，并把狼岑的罪恶通告大家，说："不得乱动，动就会被消灭。"那些部族都两手反绑前来谢罪。张嶷杀牛设宴，重申恩德和信用，于是获得盐铁，器具食用丰足。

汉嘉郡界旄牛夷种类四千余户，其率狼路，欲为姑婿冬逢报怨，遣叔父离将逢众相度形势。嶷逆遣亲近赍牛酒劳赐，又令离逆逢妻宣畅意旨。离既受赐，并见其姊，姊弟欢悦，悉率所领将诣嶷，嶷厚加赏待，遣还。旄牛由是辄不为患。

汉嘉郡边界上的旄牛夷部族达四千多户，头领是狼路，他想替姑爹冬逢报仇，派他的叔父狼离带领冬逢的部下来了解形势。张嶷预先派亲信带着牛和酒犒劳赏赐他们，又令狼离迎接冬逢的妻子来说明意思。狼离既受了赏赐，又见到了他的姐姐，姐弟俩高兴愉快，便率领他所带的全部将领归顺张嶷，张嶷对他们厚加赏赐款待，送他们回去。旄牛因此不再为患。

郡有旧道，经旄牛中至成

郡中原来有条道路，从旄牛部落中间穿过到达

都，既平且近；自旄牛绝道，已百余年，更由安上，既险且远。嶷遣左右赍货币赐路，重令路姑喻意，路乃率兄弟妻子悉诣嶷，嶷与盟誓，开通旧道，千里肃清，复古亭驿。奏封路为旄牛㽛毗王，遣使将路朝贡。后主于是加嶷抚戎将军，领郡如故。

成都，既平坦又近便；自从旄牛族截断道路，已达一百多年，人们改从安上经过，这里的道路既险峻又遥远，张嶷派左右的人带着钱财礼品赏赐给狼路，又让狼路的姑姑说明意图，狼路于是率领兄弟妻室儿女都归顺张嶷，张嶷和他结盟发誓，开通了原来那条道路，千里清平，恢复了古代的亭驿。他上奏皇上封狼路为旄牛㽛毗王，又派使者带领狼路去朝贡。后主刘禅于是加封张嶷做抚戎将军，和以前一样统领其郡。

嶷初见费祎为大将军，恣性泛爱，待信新附太过，嶷书戒之曰："昔岑彭率师，来歙杖节咸见害于刺客，今明将军位尊权重，宜鉴前事，少以为警。"后祎果为魏降人郭脩所害。

张嶷当初见费祎任大将军，率意博爱，对待和信任刚刚归顺的人太过分了，张嶷写信劝诫他说："过去岑彭带领军队，来歙拿着符节，都被刺客所害。现在将军您位尊权重，应该以前事为鉴，稍加警觉。"后来费祎果真被魏国投降过来的郭脩杀害。

吴太傅诸葛恪以初破魏军，大兴兵众以图攻取。侍中诸葛瞻，丞相亮之子，恪从弟也，嶷与书曰："东主初崩，帝实幼弱，太傅受寄托之重，亦何容易！亲以周公之才，犹有管、蔡流言之变，霍光受任，亦有燕、盖、上官逆乱之谋，赖成、昭之明，以免斯难耳。昔每闻东主杀生赏罚，不任下人，又今以垂没之命，卒召太傅，属以后事，诚实可虑。加吴、楚剽急，乃昔所记，而太傅离少主，履敌庭，恐非良计长算之术也。虽云东家纲纪肃然，上下辑睦，百有一失，非明者之虑邪？取古则今，今则古也，自非郎君进忠言于太傅，谁复有尽言者也！旋军广农，务行德惠，数年之中，东西并举，实为

吴国太傅诸葛恪因为刚刚击破魏国军队，又大举兴兵图谋攻取蜀国。侍中诸葛瞻，是丞相诸葛亮的儿子，诸葛恪的堂弟，张嶷给他写信说："东吴君主刚刚去世，皇上实在幼弱，太傅接受寄托的重任，多么不容易!周公是亲族，而且有才华，还发生管叔、蔡叔散布流言的变故；霍光接受重任，也有燕王旦、盖长公主、上官桀谋反的阴谋，依赖周成王、汉昭帝的明察，他们才得以免除灾难。以前我常听说东吴君主杀人与赏罚，不任用手下人，如今他在将死之际仓猝召见太傅，把后事嘱托给太傅。这实在是值得思索的。加上吴、楚地方的人强悍急躁，这是以前有记载的，而太傅离开少主，脚踏敌人的王庭，恐怕不是良计和长久打算的好策略。虽说东吴法令制度严格整肃，上下和睦，但做一百件事也会有一件失当，这不是明智的人应该考虑的吗？取法古代，观察当今，当今就是古代，如果不是您向太傅进忠言，哪里还有尽心说话的人呢？吴国回师大兴农业，努力施行恩惠，数年之内，东吴西蜀再共同行动，实在为时

不晚，愿深采察。”恪竟以此夷族。嶷识见多如是类。

不晚，希望深入明察采纳。”诸葛恪后来终因此而被灭族。张嶷大多像这样具有远见卓识。

在郡十五年，邦域安穆。屡乞求还，乃征诣成都。民夷恋慕，扶毂泣涕，过旄牛邑，邑君襁负来迎，及追寻至蜀郡界，其督相率随嶷朝贡者百余人。嶷至，拜荡寇将军，慷慨壮烈，士人咸多贵之，然放荡少礼，人亦以此讥焉，⑭是岁延熙十七年也。魏狄道长李简密书请降，卫将军姜维率嶷等因简之资以出陇西。⑮既到狄道，简悉率城中吏民出迎军。军前与魏将徐质交锋，嶷临陈陨身，然其所杀伤亦过倍。既亡，封长子瑛西乡侯，次子护雄袭爵。南土越嶲民夷闻嶷死，无不悲泣，为嶷立庙，四时水旱辄祀之。⑯

他在郡中十五年，境内安宁和睦。因他多次请求回朝，便征召他去成都。少数民族的百姓留恋爱慕，扶着车子流泪。经过旄牛邑，邑王背着婴儿来迎接他，一直追送到蜀郡边界，他的统军将领相继跟随张嶷来朝贡的达一百多人。张嶷回到朝廷后，被任命为荡寇将军。他意气风发，情绪激昂，勇敢有气节，士大夫大多看重他。然而因放荡少礼，人家也批评他。这年是延熙十七年。魏国狄道长李简写密信请求归降，卫将军姜维率领张嶷利用李简的帮助以出兵陇西。到狄道后，李简率领城中全部官吏百姓出来迎接蜀军。蜀军的前锋与魏国将军徐质交锋，张嶷临阵捐躯，然而他杀伤的敌人也成倍。牺牲以后，封他的长子张瑛担任西乡侯，二儿子张护雄继承他的爵位。南边越嶲郡的少数民族百姓听说张嶷战死，没有谁不悲痛哭泣的，还替张嶷立庙，四季水旱时总是祭祀他。

评曰：黄权弘雅思量，李恢公亮志业，吕凯守节不回，马忠扰而能毅，⑰王平忠勇而严整，张嶷识断明果，咸以所长，显名发迹，遇其时也。

评论说：黄权考虑问题宏大雅正，李恢光明正直，有志于事业，吕凯守节不移，马忠柔顺而又刚毅，王平忠诚勇敢而严谨，张嶷决策英明果断，他们都依靠自己的所长，立功成名，这是他们遇上了好时机。

---

①徐众《评》曰：权既忠谏于主，又闭城拒守，得事君之礼。武王下车，封比干之墓，表商容之闾，所以大显忠贤之士，而明示所贵之旨。先主假权将军，善矣，然犹薄少，未足彰忠义之高节，而大劝为善者之心。

②臣松之以为汉武用虚罔之言，灭李陵之家，刘主拒宪司所执，宥黄权之室，二主得失县邈远矣。《诗》云“乐只君子，保艾尔后”，其刘主之谓也。

③《汉魏春秋》曰：文帝诏令发丧，权答曰：“臣与刘、葛推诚相信，明臣本志。疑惑未实，请须后问。”

④《蜀记》曰：魏明帝问权：“天下鼎立，当以何地为正？”权对曰：“当以天文为正。往者荧惑守心而文皇帝崩，吴、蜀二主平安，此其征也。”

⑤《华阳国志》曰：习后官至领军。

⑥臣松之讯之蜀人，云庲降地名，去蜀二千余里，时未有宁州，号为南中，立此职以总摄之。晋泰始中，始分为宁州。

⑦孙盛《蜀世谱》曰：初，秦徙吕不韦子弟宗族于蜀汉。汉

武帝时，开西南夷，置郡县，徙吕氏以充之，因曰不韦县。

⑧《蜀世谱》曰：吕祥后为晋南夷校尉，祥子及孙世为永昌太守。李雄破宁州，诸吕不肯附，举郡固守。王伉等亦守正节。

⑨脩弟恢。恢子义，晋建宁太守。

⑩《益部耆旧传》曰：张表，肃子也。

《华阳国志》云：表，张松子，未详。阎宇字文平，南郡人也。

⑪《华阳国志》曰：后张翼、廖化并为大将军，时人语曰："前有王、句，后有张、廖。"

⑫《益部耆旧传》曰：嶷出自孤微，而少有通壮之节。

⑬《益部耆旧传》曰：嶷受兵马三百人，随马忠讨叛羌。嶷别督数营在先，至他里。邑所在高峻，嶷随山立上四五里。羌于要厄作石门，于门上施床，积石于其上，过者下石槌击之，无不糜烂。嶷度不可得攻，乃使译告晓之曰："汝汶山诸种反叛，伤害良善，天子命将讨灭恶类。汝等若稽颡过军，资给粮费，福禄永隆，其报百倍。若终不从，大兵致诛，雷击电下，虽追悔之，亦无益也。"耆帅得命，即出诣嶷，给粮过军。军前讨馀种，馀种闻他里已下，悉恐怖失所，或迎军出降，或奔窜山谷，放兵攻击，军以克捷。后南夷刘胄又反，以马忠为督庲降讨胄，嶷复属焉，战斗常冠军首，遂斩胄。平南事讫，牂牁兴古獠种复反，忠令嶷领诸营往讨，嶷内招降得二千人，悉传诣汉中。

⑭《益部耆旧传》曰：时车骑将军夏侯霸谓嶷曰："虽与足下疏阔，然托心如旧，宜明此意。"嶷答曰："仆未知子，子未知我，大道在彼，何云托心乎！愿三年之后徐陈斯言。"有识之士以为美谈。

⑮《益部耆旧传》曰：嶷风湿固疾，至都寖笃，扶杖然后能起。李简请降，众议狐疑，而嶷曰必然。姜维之出，时论以嶷初还，股疾不能在行中，由是嶷自乞肆力中原，致身敌庭。临发，辞后主曰："臣当值圣明，受恩过量，加以疾病在身，常恐一朝陨没，辜负荣遇。天不违愿，得豫戎事。若凉州克定，臣为藩表守将；若有未捷，杀身以报。"后主慨然为之流涕。

⑯《益部耆旧传》曰：余观张嶷仪貌辞令，不能骇人，而其策略足以入算，果烈足以立威，为臣有忠诚之节，处类有亮直之风，而动必顾典，后主深崇之。虽古之英士，何以远逾哉！

《蜀世谱》曰：嶷孙奕，晋梁州刺史。

⑰《尚书》曰：扰而毅。郑玄注曰：扰，驯也。致果曰毅。

三国志卷四十四　蜀书十四

蒋琬费祎姜维传第十四

蒋琬字公琰，零陵湘乡人也。弱冠与外弟泉陵刘敏俱知名。琬以州书佐随先主入蜀，除广都长。先主尝因游观奄至广都，见琬众事不理，时又沈醉，先主大怒，将加罪戮。军师将军诸葛亮请曰："蒋琬，社稷之器，非百里之才也。其为政以安民为本，不以修饰为先，愿主公重加察之。"先主雅敬亮，乃不加罪，仓卒但免官而已。琬见推之后，夜梦有一牛头在门前，流血滂沱，意甚恶之，呼问占梦赵直。直曰："夫见血者，事分明也。牛角及鼻，'公'字之象，君位必当至公，大吉之征也。"顷之，为什邡令。先主为汉中王，琬入为尚书郎。建兴元年，丞相亮开府，辟琬为东曹掾。举茂才，琬固让刘邕、阴化、庞延、廖淳，亮教答曰："思惟背亲舍德，以殄百姓，众人既不隐于心，实又使远近不解其义，是以君宜显其功举，以明此选之清重也。"迁为参军。五年，亮住汉中，琬与长史张裔统留府事。八年，代裔为长史，加抚军将军。亮数外出，琬常足食足兵以相供

蒋琬字公琰，零陵郡湘乡县人。二十岁左右就与表弟泉陵人刘敏都成为出名的人物。蒋琬以州书佐的身份当年跟随刘备进入蜀地，被任命为广都县县长。刘备曾因外出视察突然来到广都，见蒋琬什么事都不管，当时又喝得烂醉如泥，刘备大发脾气，准备严加处罚。军师将军诸葛亮求情说："蒋琬是治理国家的栋梁之才，可不是治理方圆百里小县的人啊。他治政以安定百姓为根本，而不是把做表面功夫放在前头，希望您重新考察他。"刘备向来敬重诸葛亮，就没有给蒋琬加罪，匆忙间只是把他免职算了。蒋琬被查究免职以后，一天晚上梦见有一个牛头挂在门前，鲜血淋漓，心里很是嫌恶，喊占梦的赵直来问。赵直说："夜梦见血，这事情太清楚不过了。牛头的两角到鼻子，是'公'字的形象，您的官一定会做到公卿，这是大吉的征兆啊。"不久，蒋琬就担任了什邡县令。刘备做了汉中王以后，蒋琬入朝任尚书郎。建兴元年，丞相诸葛亮设立丞相府，聘请蒋琬任东曹掾。又举荐他为茂才，蒋琬坚决推让给刘邕、阴化、庞延、廖淳，诸葛亮开导他说："你离开双亲故旧，来为百姓谋利益，众人既于心不安，又确实使远远近近的人不理解其中的意义，所以您应当显示您是因功劳而被举荐，以此来表明朝廷这次选用人才清贵慎重。"结果被选拔任命为参军。建兴五年，诸葛亮进驻汉中，蒋琬与长史张裔留下来主持相府的事务。建兴八年，接替张裔任长史，又被加封抚军将军。诸葛亮多次外出征战，蒋琬总是准备充足的粮食和武器供应前方。诸葛亮常说："公琰志节

给。亮每言:“公琰托志忠雅,当与吾共赞王业者也。”密表后主曰:“臣若不幸,后事宜以付琬。”

忠诚美好,当是和我共同辅佐王业的人啊!”还秘密地上书给后主说:“我如果去世,以后的国家大事可托付给蒋琬。”

亮卒,以琬为尚书令,俄而加行都护,假节,领益州刺史,迁大将军,录尚书事,封安阳亭侯。时新丧元帅,远近危悚。琬出类拔萃,处群僚之右,既无戚容,又无喜色,神守举止,有如平日,由是众望渐服。延熙元年,诏琬曰:“寇难未弭,曹叡骄凶,辽东三郡苦其暴虐,遂相纠结,与之离隔。叡大兴众役,还相攻伐。曩秦之亡,胜、广首难,今有此变,斯乃天时。君其治严,总帅诸军屯住汉中,须吴举动,东西掎角,以乘其衅。”又命琬开府,明年就加为大司马。

诸葛亮死后,后主任命蒋琬为尚书令,不久又加封都护将军,授予作为行使职权凭证的符节,兼任益州刺史,又升任大将军,总领尚书事,封安阳亭侯。那时蜀国因刚失去诸葛大元帅,全国上下都为之不安恐惧。蒋琬出类拔萃,居群臣之首,既无忧容,又无喜色,神态举止,仍像平常一样,由此,大家渐渐地对他心服了。延熙元年,后主刘禅下诏书给蒋琬说:“敌人造成的灾难还没有消除,曹叡骄横凶残,辽东三郡的人民在他的残暴统治下十分痛苦,于是互相联合起来,摆脱曹魏的控制。曹叡大兴各种劳役,往来攻打征伐。从前秦王朝之所以灭亡,是陈胜、吴广首先发难,现在曹魏发生辽东三郡这样的变故,真是天赐良机。望您整治行装,统领各路军马进驻汉中,等待吴国一起行动,形成东西夹击之势,伺机进攻。”又命蒋琬设立府署,第二年又加封他为大司马。

东曹掾杨戏素性简略,琬与言论,时不应答。或欲构戏于琬曰:“公与戏语而不见应,戏之慢上,不亦甚乎!”琬曰:“人心不同,各如其面;面从后言,古人之所诫也。戏欲赞吾是耶,则非其本心,欲反吾言,则显吾之非,是以默然,是戏之快也。”又督农杨敏曾毁琬曰:“作事愦愦,诚非及前人。”或以白琬,主者请推治敏,琬曰:“吾实不如前人,无可推也。”主者重据听不推,则乞问其愦愦之状。琬曰:“苟其不如,则事不当理,事不当理,则愦愦矣。复何问邪?”后敏坐事

东曹掾杨戏的性格向来简慢疏略,蒋琬和他讲话、讨论问题,他时常不答话。有人想在蒋琬跟前陷害杨戏,对蒋琬说:“您与杨戏说话他却不予回答,杨戏轻慢上级,不也太过分了吗!”蒋琬说:“人心不同,就像各人的面貌千差万别;当面赞从,背后反对,这是古人引以为戒的啊。杨戏要是赞同我说的对呢,那不是出于他的本意,要是反对我说的,就会显示出我的不对,因此表现出沉默的样子,这是杨戏爽快的地方啊!”又有督农杨敏曾经诽谤蒋琬说:“做事糊涂,实在不如前人。”有人把这话报告蒋琬,主管官员请示要追究惩治杨敏,蒋琬说:“我确实不如前人,没有什么可以追究的。”这位主管官员难以根据蒋琬说的不追究就真不追究,就请求查问杨敏所谓糊涂有什么表现。蒋琬说:“如果说不如前人,那就是办事不合理,办事不合理,那就是糊涂,还查问什么呢?”后来杨敏因犯罪被关在监狱里,大家还

系狱，众人犹惧其必死，琬心无适莫，得免重罪。其好恶存道，皆此类也。

琬以为昔诸葛亮数窥秦川，道险运艰，竟不能克，不若乘水东下。乃多作舟船，欲由汉，沔袭魏兴、上庸。会旧疾连动，未时得行。而众论咸谓如不克捷，还路甚难，非长策也。于是遣尚书令费祎、中监军姜维等喻指。琬承命上疏曰："芟秽弭难，臣职是掌。自臣奉辞汉中，已经六年，臣既暗弱，加婴疾疢，规方无成，夙夜忧惨。今魏跨带九州，根蒂滋蔓，平除未易。若东西并力，首尾掎角，虽未能速得如志，且当分裂蚕食，先摧其支党。然吴期二三，连不克果，俯仰惟艰，实忘寝食。辄与费祎等议，以凉州胡塞之要，进退有资，贼之所惜；且羌、胡乃心思汉如渴，又昔偏军入羌，郭淮破走，算其长短，以为事首，宜以姜维为凉州刺史。若维征行，衔持河右，臣当帅军为维镇继。今涪水陆四通，惟急是应，若东北有虞，赴之不难。"由是琬遂还住涪。疾转增剧，至九年卒，谥曰恭。

子斌嗣，为绥武将军、汉城护军。魏大将军钟会至汉城，与斌书曰："巴蜀贤智文武之士多矣，至于足下、诸葛思远，譬诸草木，吾气类也。桑梓之敬，古今所敦。西到，欲奉瞻

担心他必定会被处死，但蒋琬并无偏见，杨敏因而没有被加重处罚。他的喜好与憎恶合乎情理，都像这类事情一样。

蒋琬以为诸葛亮过去多次出兵秦川，因为道路险阻，运输艰难，以致最终不能成功，不如顺水路东下。于是大量制造船只，准备经由汉水、沔水袭击魏国的魏兴、上庸。恰逢蒋琬旧病接连复发，没有能及时付诸行动。而大家的意见都认为如果不能攻克这两地，退路就会非常困难，这不是好的计策。于是派尚书令费祎、中监军姜维等人将有关情形向蒋琬说明。蒋琬受命后给后主上奏议说："消灭曹魏、平息祸难，是我的职责。从我奉命来到汉中，已经六年，我既昏昧懦弱，又加身患疾病，制定的计划不能成功，早晚忧虑不安。现在曹魏占有九州，根蒂日渐蔓延，平定削除已不容易。如果东吴和我们合作，形成首尾夹击之势，虽然不能迅速如愿，姑且可以将曹魏分割开来逐步加以占领，先消灭他们的羽翼。然而东吴约定出兵的时期一再推延，总是不能果断出兵，使我们进退两难，实在是忧虑得寝食俱忘。我常与费祎等人商议，认为凉州是胡人的边塞要冲，进退都有所依托，这正是曹贼看重它的原因；况且那里的羌人、胡人思念汉室如饥似渴，此外，过去我偏军进入羌族地区，曹贼将领郭淮被打败逃跑，权衡利弊，我以为现在第一件要办的事，应该是用姜维任凉州刺史。如果姜维出征，与贼相持于黄河以西，我会率师为姜维镇守后方，并作他的后援。现在涪县水陆交通四面通达，能够应急，如果东北出现战情，奔赴也不难。"这样，蒋琬便还军驻扎在涪县。后来，他病情转而加重，于延熙九年去世，谥号为恭侯。

其子蒋斌继承爵位，担任绥武将军、汉城护军。曹魏大将军钟会到汉城，给蒋斌写信说："巴蜀地方贤能智慧、能文善武的人才太多了，至于您和诸葛思远，就像草木同类一样，我们都是意气相投的。敬仰前辈名贤，是古往今来为人所推崇的淳朴美德。因此，我来到西蜀，想瞻仰令尊大人公侯的墓地，理

尊大君公侯墓，当洒扫坟茔，奉祠致敬。愿告其所在！”斌答书曰：“知惟臭味意眷之隆，雅托通流，未拒来谓也。亡考昔遭疾疢，亡于涪县，卜云其吉，遂安厝之。知君西迈，乃欲屈驾修敬坟墓。视予犹父，颜子之仁也，闻命感怆，以增情思。”会得斌书报，嘉叹意义，及至涪，如其书云。

当洒扫坟墓，虔诚祭奠来表示我的敬意。盼您告诉我坟墓所在。”蒋斌回信说：“得知您引我为同类情意深厚，很愿和您结识，不敢拒绝您来信所说。先父当年患病，在涪县去世，占卜的人说那地方风水不错，于是就安葬在那里。知道您来西蜀，竟要屈驾到坟前表示敬意，把我的父亲看做您的父亲一样，这是颜回那样的仁德啊，读您的信我很伤感，更增添了我的思念。”钟会得到蒋斌的回信，赞叹他的心意。于是到涪县，像他信上说的那样去做了。

后主既降邓艾，斌诣会于涪，待以交友之礼。随会至成都，为乱兵所杀。斌弟显，为太子仆，会亦爱其才学，与斌同时死。

后主刘禅投降邓艾以后，蒋斌到涪县拜会钟会，钟会用朋友之礼接待他。他随钟会到成都，被乱兵杀害。蒋斌的弟弟蒋显，任太子仆，钟会也很喜爱他的才学，他和蒋斌同时遇害。

刘敏，左护军、扬威将军，与镇北大将军王平俱镇汉中。魏遣大将军曹爽袭蜀时，议者或谓但可守城，不出拒敌，必自引退。敏以为男女布野，农谷栖亩，若听敌入，则大事去矣。遂帅所领与平据兴势，多张旗帜，弥亘百余里。会大将军费祎从成都至，魏军即退，敏以功封云亭侯。

刘敏，担任左护军、扬威将军，与镇北大将军王平共同镇守汉中。曹魏派遣大将军曹爽攻打蜀汉时，蜀军商讨对策者中，有的提出只可坚守城池，不必出城迎战，敌军必会自行退却。刘敏认为此时百姓男男女女正遍布田野忙农活，稻谷还堆放田头，如果听任敌军深入，朝廷大局就完了。于是便率领他的部下和王平一起占据兴势山，多插战旗，绵延百余里。正好大将军费祎从成都赶到，曹魏就撤军了，刘敏因功被封为云亭侯。

费祎字文伟，江夏鄳人也。

费祎字文伟，江夏郡鄳县人。

少孤，依族父伯仁。伯仁姑，益州牧刘璋之母也。璋遣使迎仁，仁将祎游学入蜀。会先主定蜀，祎遂留益土，与汝南许叔龙、南郡董允齐名。时许靖丧子，允与祎欲共会其葬所。允白父和请车，和遣开后鹿车给之。允有难载之色，祎便从前先上。及至丧所，诸葛

幼年失父，依靠族父费伯仁度日。伯仁的姑母，是益州牧刘璋的母亲。刘璋派使者接伯仁，伯仁带费祎到蜀地求学。恰遇刘备平定了蜀地，费祎便留在益州，和汝南郡的许淑龙，南郡的董允齐名。当时许靖死了儿子，董允与费祎准备一起去参加葬礼。董允禀告父亲董和，请求派车，董和派了一辆侍从用的小车给他们。董允露出羞于乘坐的样子，费祎便从前面率先上了车。到达办丧事的地方，诸葛亮

亮及诸贵人悉集，车乘甚鲜，允犹神色未泰，而祎晏然自若。持车人还，和问之，知其如此，乃谓允曰："吾常疑汝于文伟优劣未别也，而今而后，吾意了矣。"

和各位有地位的人全在这里，车辆都很华美，董允还是神色不安，费祎却安然自若。驾车的人回去后，董和问他，知道情况是这样，就对董允说："我曾想你和文伟才气会不相上下，从今以后，我算是弄清楚了啊!"

先主立太子，祎与允俱为舍人，迁庶子。后主践位，为黄门侍郎。丞相亮南征还，群寮于数十里逢迎，年位多在祎右，而亮特命祎同载，由是众人莫不易观。亮以初从南归，以祎为昭信校尉使吴。孙权性既滑稽，嘲啁无方，诸葛恪、羊衜等才博果辩，论难锋至，祎辞顺义笃，据理以答，终不能屈。[1]权甚器之，谓祎曰："君天下淑德，必当股肱蜀朝，恐不能数来也。"[2]还，迁为侍中。亮北住汉中，请祎为参军。以奉使称旨，频烦至吴。建兴八年，转为中护军，后又为司马。值军师魏延与长史杨仪相憎恶，每至并坐争论，延或举刃拟仪，仪泣涕横集。祎常入其坐间，谏喻分别，终亮之世，各尽延、仪之用者，祎匡救之力也。亮卒，祎为后军师。顷之，代蒋琬为尚书令。[3]琬自汉中还涪，祎迁大将军，录尚书事。

刘备立了太子，费祎和董允同被任命为太子舍人，后升为庶子。后主刘禅即位，费祎担任黄门侍郎。丞相诸葛亮南征回来，百官都到数十里外迎接，他们的年纪职位大多在费祎之上，而诸葛亮只叫费祎同车，从此大家莫不对他另眼相看。诸葛亮刚从南部归来，任命费祎为昭信校尉，出使东吴。孙权生性滑稽，调笑诙谐没有拘束，诸葛恪、羊衜等人才识渊博，善于辞令，辩论问难纷至沓来，而费祎言辞晓畅、语意确当，有理有据给以答辩，终究没有能够使他屈服。孙权很器重他，对费祎说："您是天下有美德的人，必然是辅佐蜀朝的得力大臣，恐怕不能多来我们吴国啊。"费祎回国后，升为侍中。诸葛亮往北进驻汉中时，请费祎为参军。因费祎奉命出使，使皇上满意，于是多次派去东吴。建兴八年，转任中护军，后来又任司马。这时军师魏延与长史杨仪闹矛盾到了相互憎恨的程度，每当坐在一起就会争吵，魏延有时举起刀子对着杨仪比画，杨仪就泪水横流。费祎常常坐到他们中间，规劝开导，把他们劝开，在诸葛亮在世时，魏延、杨仪都能各尽其用，是费祎扶助补救的功劳。诸葛亮去世后，费祎任后军师。不久，接替蒋琬任尚书令。蒋琬从汉中回到涪县后，费祎升任大将军，总领尚书事。

延熙七年，魏军次于兴势，假祎节，率众往御之。光禄大夫来敏至祎许别，求共围棋。于时羽檄交驰，人马擐甲，严驾已讫，祎与敏留意对戏，色无厌倦。敏曰："向聊观试君

延熙七年，曹魏军队驻扎在兴势山，后主授予费祎大将军符节，率军前去御敌。光禄大夫来敏到费祎住处送别，要求和费祎下围棋。这时，报告紧急军情的羽书接连送来，人马都已穿上战甲，战车也准备完毕，而费祎和来敏仍专心对弈，面色全无厌倦的样子。来敏说："刚才不过是观察试探您罢了。

耳！君信可人，必能办贼者也。”祎至，敌遂退，封成乡侯。④琬固让州职，祎复领益州刺史。祎当国功名，略与琬比。⑤十一年，出住汉中。自琬及祎，虽自身在外，庆赏刑威，皆遥先谘断，然后乃行，其推任如此。后十四年夏，还成都，成都望气者云都邑无宰相位，故冬复北屯汉寿。延熙十五年，命祎开府。十六年岁首大会，魏降人郭循在坐。祎欢饮沈醉，为循手刃所害，谥曰敬侯。子承嗣，为黄门侍郎。承弟恭，尚公主。⑥祎长女配太子璿为妃。

您确实是位将才，一定能对付敌人。”费祎一到兴势山，敌军便撤退了。费祎被封为成乡侯。蒋琬坚持辞让刺史的职位，费祎又兼任益州刺史。费祎主持国政的功绩和名望，大致可与蒋琬并列。延熙十一年，费祎出兵进驻汉中。从蒋琬到费祎，虽然他们人在外地，朝中举凡庆典奖赏严刑震慑，都预先向他们询问决断，然后才予施行，朝廷推重信任他们到这个程度。后来在延熙十四年夏天，费祎返回成都，成都会看云气的人说都城没有宰相的位置，所以冬天又屯兵到北边的汉寿。延熙十五年，朝廷命令费祎设立府署。延熙十六年年初，一次大聚会时，从曹魏投降过来的郭循也在座。费祎畅饮大醉，被郭循杀死，朝廷追赠为敬侯。儿子费承继承爵位，任黄门侍郎。费承的弟弟费恭，娶公主为妻。费祎的长女嫁给太子刘璿做妃子。

姜维字伯约，天水冀人也。少孤，与母居。好郑氏学。⑦仕郡上计掾，州辟为从事。以父冏昔为郡功曹，值羌、戎叛乱，身卫郡将，没于战场，赐维官中郎，参本郡军事。建兴六年，丞相诸葛亮军向祁山，时天水太守适出案行，维及功曹梁绪、主簿尹赏、主记梁虔等从行。太守闻蜀军垂至，而诸县响应，疑维等皆有异心，于是夜亡保上邽。维等觉太守去，追迟，至城门，城门已闭，不纳。维等相率还冀，冀亦不入维。维等乃俱诣诸葛亮。会马谡败于街亭，亮拔将西县千余家及维等还，故维遂与母相失。⑧亮辟维为仓曹掾，加奉义将军，封当阳亭侯，时年二十七。亮与留府长史张裔、参军蒋琬书曰：“姜伯约忠勤时事，

姜维字伯约，天水郡冀县人。少年丧父，和寡母一起生活。他喜欢郑玄的学说。起初出任郡里的上计掾，以后州里聘请他为从事。由于姜维的父亲姜冏曾担任过郡中功曹，遇上羌、戎族人叛乱，他挺身护卫郡太守，死在战场上，因而朝廷赐给姜维中郎的官职，参议本郡的军事。建兴六年，丞相诸葛亮出兵祁山，当时为曹魏所属的天水郡太守正外出巡视，姜维以及功曹梁绪、主簿尹赏、主记梁虔等随行。太守听说蜀汉大军将到，而各县都起来响应他们，怀疑姜维等人也都怀有二心，于是连夜逃走，以保上邽。姜维等发现太守离去，追赶已经迟了，待追到上邽城门时，城门已经关闭，不让进去。姜维等人相继返回冀县，冀县也不接纳他们。于是姜维等人就一道去见诸葛亮。恰逢马谡在街亭打了败仗，诸葛亮攻下西县后带西县一千多户人家以及姜维等人回蜀，因此，姜维就与他母亲失散了。诸葛亮聘姜维为仓曹掾，加授奉义将军，封当阳亭侯，当时他二十七岁。诸葛亮在给留府长史张裔、参军蒋琬的信中说：“姜伯约工作忠诚勤勉，考虑事情精细周密，

思虑精密，考其所有，永南、季常诸人不如也。其人，凉州上士也。”又曰：“须先教中虎步兵五六千人。姜伯约甚敏于军事，既有胆义，深解兵意。此人心存汉室，而才兼于人，毕教军事，当遣诣宫，觐见主上。”⑨后迁中监军征西将军。

我考察他的才德，名士李邵、马良等人都比不上他。这个人，是凉州最难得的人才。”又说：“应让他先教练中虎步士兵五六千人。姜伯约长于军事，有胆有义，精通用兵之道。这个人忠于汉室，而且才识胜过别人，等他结束这次军事教练后，应派他进宫，朝见主上。”后来升为中监军征西将军。

十二年，亮卒，维还成都，为右监军辅汉将军，统诸军，进封平襄侯。延熙元年，随大将军蒋琬住汉中。琬既迁大司马，以维为司马，数率偏军西入。六年，迁镇西大将军，领凉州刺史。十年，迁卫将军，与大将军费祎共录尚书事。是岁，汶山平康夷反，维率众讨定之。又出陇西、南安、金城界，与魏大将军郭淮、夏侯霸等战于洮西。胡王治无戴等举部落降，维将还安处之。十二年，假维节，复出西平，不克而还。维自以练西方风俗，兼负其才武，欲诱诸羌、胡以为羽翼，谓自陇以西可断而有也。每欲兴军大举，费祎常裁制不从，与其兵不过万人。⑩

建兴十二年，诸葛亮去世。姜维回到成都，任右监军辅汉将军，统领各路军队，又加封为平襄侯。延熙元年，跟随大将军蒋琬驻扎在汉中。蒋琬升为大司马以后，姜维就任司马，他多次率领偏师向西进军。延熙六年，升为镇西大将军，兼任凉州刺史。延熙十年，升为卫将军，与大将军费祎一并总领尚书事。这年，汶山郡平康县少数民族谋反，姜维率领军队平定了这次反叛。又出兵陇西、南安、金城的边境，与曹魏大将军郭淮、夏侯霸等人在洮河以西地区交战。胡人头领治无戴等率领所属部落投降，姜维带他们返回老家妥善加以安置。延熙十二年，朝廷授予姜维符节，命他再次出兵西平郡，不胜而归。姜维自以为熟悉西部的民俗风情，加上对自己才能武艺自负，想诱使姜、胡各族作为羽翼，他认为这样自陇山以西便可据为己有。每次想大举兴兵，费祎常常加以限制，以为不可侥幸一举获胜，给他的军队不超过万人。

十六年春，祎卒。夏，维率数万人出石营，经董亭，围南安，魏雍州刺史陈泰解围至洛门，维粮尽退还。明年，加督中外军事。复出陇西，守狄道长李简举城降。进围襄武，与魏将徐质交锋，斩首破敌，魏军败退。维乘胜多所降下，拔河关、狄道、临洮三县民还。后十

延熙十六年春天，费祎去世。这年夏天，姜维率领数万人马出兵石营，经过董亭，围攻南安，曹魏的雍州刺史陈泰前来解围，到达洛门时，姜维因粮草已尽撤兵。第二年，朝廷加封姜维总督内外军事。姜维再次出兵陇西，驻守狄道的长官李简率全城投降。蜀汉大军进而围攻襄武县，与魏将徐质交战，斩首破敌，魏军败退。姜维乘胜降服了多处地方，迁河关、狄道、临洮三县的百姓回蜀。延熙十八年，再次

八年，复与车骑将军夏侯霸等俱出狄道，大破魏雍州刺史王经于洮西，经众死者数万人。经退保狄道城，维围之。魏征西将军陈泰进兵解围，维却住钟题。

与车骑将军夏侯霸等一同出兵狄道，在洮西大败曹魏雍州刺史王经，王经的部下死了几万人。王经率残军退守狄道城，姜维将其团团包围。魏征西将军陈泰出兵解围，姜维退兵驻扎钟题。

十九年春，就迁维为大将军。更整勒戎马，与镇西大将军胡济期会上邽，济失誓不至，故维为魏大将邓艾所破于段谷，星散流离，死者甚众。众庶由是怨讟，而陇已西亦骚动不宁，维谢过引负，求自贬削。为后将军，行大将军事。

延熙十九年春天，朝廷任命姜维为大将军。他再次整顿人马，与镇西大将军胡济相约会师于上邽，胡济失约未到，以致姜维在段谷被曹魏大将军邓艾打败，兵士星散逃亡，死者很多。大家因此怨恨指责姜维，陇山以西地区也动荡不安，姜维谢罪、引咎自责，自请贬官削职。结果降职为后将军，代行大将军的职务。

二十年，魏征东大将军诸葛诞反于淮南，分关中兵东下。维欲乘虚向秦川，复率数万人出骆谷，径至沈岭。时长城积谷甚多而守兵乃少，闻维方到，众皆惶惧。魏大将军司马望拒之，邓艾亦自陇右，皆军于长城。维前住芒水，皆倚山为营。望、艾傍渭坚围，维数下挑战，望、艾不应。景耀元年，维闻诞破败，乃还成都。复拜大将军。

延熙二十年，曹魏征东大将军诸葛诞在淮南谋反，魏国调遣关中部分兵马向东征讨。姜维想乘魏国空虚之际向秦川进军，又率数万人马出兵骆谷，径直进兵沈岭。当时长城镇囤积的粮食多而守兵少，听说姜维将到，大家都惊慌害怕。曹魏大将军司马望带兵抵御姜维，邓艾也从陇右进兵，都驻扎在长城镇。姜维前往进驻芒水，全部倚山扎营。司马望、邓艾依傍渭水，坚守营寨，姜维多次下山挑战，司马望、邓艾都不应战。景耀元年，姜维听说诸葛诞谋反失败，便带兵撤回成都。再次拜为大将军。

初，先主留魏延镇汉中，皆实兵诸围以御外敌，敌若来攻，使不得入。及兴势之役，王平捍拒曹爽，皆承此制。维建议，以为错守诸围，虽合《周易》“重门”之义，然适可御敌，不获大利。不若使闻敌至，诸围皆敛兵聚谷，退就汉、乐二城，使敌不得入平，且重关镇守以捍之。有事之日，令游军

当初，刘备留魏延镇守汉中，都以充足兵力坚守各个营寨防御外敌，如果敌人来进犯，则使敌人无法攻进。到兴势之战，王平抵抗曹爽，也是沿用这个办法。姜维建议，认为交错防守各个营寨，虽然合乎《周易》“重门”的道理，但是只可防御敌人，不能获得更大的胜利。不如听到敌人进攻的消息，各个营寨都将人马、粮草聚积起来，退守汉城、乐城，使敌人无法进入平原地区，并且再设多层关卡镇守和保卫它。有敌情的时候，命令游击部队一齐出动伺

并进以伺其虚。敌攻关不克，野无散谷，千里县粮，自然疲乏。引退之日，然后诸城并出，与游军并力搏之，此殄敌之术也。于是令督汉中胡济却住汉寿，监军王含守乐城，护军蒋斌守汉城，又于西安、建威、武卫、石门、武城、建昌、临远皆立围守。

机攻打敌人薄弱的地方。敌人攻关不下，田野里又没有遗留的粮食，要等待从千里之外运粮，自然疲惫乏力。当敌人只得退兵的时候，各城一齐出兵，和游击部队并力杀敌，这是歼灭敌人的好办法。于是命令督率汉中军队的胡济退驻汉寿，监军王含驻守乐城，护军蒋斌驻守汉城，又在西安、建威、武卫、石门、武城、建昌、临远都建立防御工事。

五年，维率众出汉、侯和，为邓艾所破，还住沓中。维本羁旅托国，累年攻战，功绩不立，而宦官黄皓等弄权于内，右大将军阎宇与皓协比，而皓阴欲废维树宇。维亦疑之。故自危惧，不复还成都[11]。六年，维表后主："闻钟会治兵关中，欲规进取，宜并遣张翼、廖化督诸军分护阳安关口、阴平桥头以防未然。"皓征信鬼巫，谓敌终不自致，启后主寝其事，而群臣不知。及钟会将向骆谷，邓艾将入沓中，然后乃遣右车骑廖化诣沓中为维援，左车骑张翼、辅国大将军董厥等诣阳安关口以为诸围外助。比至阴平，闻魏将诸葛绪向建威，故住待之。月余，维为邓艾所摧，还住阴平。钟会攻围汉、乐二城，遣别将进攻关口，蒋舒开城出降，傅佥格斗而死。[12]会攻乐城，不能克，闻关口已下，长驱而前。翼、厥甫至汉寿，维、化亦舍阴平而退，适与翼、厥合，皆退保剑阁以拒会。会与维书曰："公侯以文武之

景耀五年，姜维率领大军出兵汉城、侯和，被邓艾打败，引军退驻沓中。姜维本是魏人，客居于蜀，多年攻战，却没有建立功勋，而宦官黄皓等人在朝廷内玩弄权术，右大将军阎宇与他互相勾结，黄皓阴谋废掉姜维而树立阎宇。姜维也疑虑这事，因此担心自己有危险，便不再回成都。景耀六年，姜维上表给后主刘禅说："听说钟会在关中练兵，想图谋进攻蜀国，当一并派张翼、廖化督领各路人马，分别把守阳安关口和阴平桥头以防患于未然。"黄皓征求相信鬼神巫言，认为敌人终究不会来侵犯蜀国，奏请后主把这件事搁置下来，而群臣则一概不知。等到钟会将进军骆谷，邓艾将进入沓中，然后才派右车骑将军廖化到沓中增援姜维，派左车骑将军张翼、辅国大将军董厥等到阳安关口担任各边防营寨的外援。待廖化等到达阴平，听说魏将诸葛绪出兵建威，因此驻扎下来等待敌人。过了一个多月，姜维被邓艾打败，败军退驻阴平。钟会攻打包围了汉城、乐城，另派别将攻打关口，蒋舒打开城门投降，傅佥搏斗而死。钟会攻打乐城，不能拿下，听说阳安关口已经攻下，便长驱前进。张翼、董厥刚到汉寿，姜维、廖化也放弃阴平后退，正好与张翼、董厥会合，一同退兵坚守剑阁来抵御钟会。钟会给姜维写信说："公侯您凭借文武全才，怀抱超越世人的谋略，功业成

德，怀迈世之略，功济巴、汉，声畅华夏，远近莫不归名。每惟畴昔，尝同大化，吴札、郑乔，能喻斯好。”维不答书，列营守险。会不能克，粮运县远，将议还归。

功在巴蜀、汉中，名声畅扬于华夏，远远近近没有不推崇仰慕您的。每当想起往昔，我们曾同受魏王朝的教化，我们的友谊可以用吴国的季札、郑乔相比吧。”姜维不予回信，布列阵营、把守险要。钟会不能攻下剑阁，加上粮草运输路途遥远，将要计议还师魏国。

而邓艾自阴平由景谷道傍入，遂破诸葛瞻于绵竹。后主请降于艾，艾前据成都。维等初闻瞻破，或闻后主欲固守成都，或闻欲东入吴，或闻欲南入建宁，于是引军由广汉、郪道以审虚实。寻被后主敕令，乃投戈放甲，诣会于涪军前，将士咸怒，拔刀砍石。[13]

这时邓艾从阴平经由景谷道潜入蜀境，在绵竹打败诸葛瞻。后主刘禅向邓艾请降，邓艾进驻成都。姜维等人刚开始听说诸葛瞻战败时，有人传说后主刘禅准备坚守成都，又有人传说后主准备东入吴国，还有人传说后主将南往建宁，于是率领军队去广汉、郪县以查明虚实。不久收到后主刘禅命令，才放下兵器卸下盔甲，往涪县魏军营前见钟会，蜀军将士都很愤怒，拔出刀来乱砍石头。

会厚待维等，皆权还其印号节盖。会与维出则同轝，坐则同席，谓长史杜预曰：“以伯约比中土名士，公休、太初不能胜也。”[14]会既构邓艾，艾槛车征，因将维等诣成都，自称益州牧以叛。[15]欲授维兵五万人，使为前驱。魏将士愤怒，杀会及维，维妻子皆伏诛。[16]

钟会优待姜维等人，暂且把印鉴、标志、符节、车盖全都归还他们。钟会与姜维出门则同车，坐则同席。钟会对长史杜预说：“拿姜伯约与中原的名士相比，就是诸葛诞、夏侯玄也不能超过他。”钟会陷害邓艾以后，邓艾被用囚车装着召回魏都，钟会则带着姜维等人到成都，自称益州牧反叛魏国。他准备交给姜维五万人马，让他做前锋。魏军将士愤怒，杀了钟会和姜维，姜维的妻子儿女都被杀。

郤正著论论维曰：“姜伯约据上将之重，处群臣之右，宅舍弊薄，资财无余，侧室无妾媵之亵，后庭无声乐之娱，衣服取供，舆马取备，饮食节制，不奢不约，官给费用，随手消尽；察其所以然者，非以激贪厉浊，抑情自割也，直谓如是为足，不在多求。凡人之谈，常誉成毁败，扶高抑下，咸以姜维投厝无所，身死宗灭，以是贬削，不复料擿，异乎《春秋》褒贬

郤正写文章评论姜维说：“姜伯约据有上将的要职，位在群臣之上，但住处简陋，没有多余的财产，侧室没有侍妾亲近，后堂没有音乐助兴，衣服只求够用，车马只求必备，饮食有节制，既不奢侈也不过于简朴，朝廷给的俸禄费用，随手用尽。考察他这样做的原因，并非为了警戒劝勉贪婪污浊之人，去抑制性情自割所爱，只是认为这样便满足了，不需贪求。平常人议论时，常常称誉成功者、诋毁失败者，褒奖位高者、贬抑低贱者，都认为姜维投奔到了不应去的地方，以致自己被杀，宗族灭绝，因此贬责他，不再去对他进行具体分析，这就迥异于《春秋》的褒贬原则了。像姜维这样好学不倦，清廉朴素而

之义矣。如姜维之乐学不倦,清素节约,自一时之仪表也。”⑰

节俭,自然是当时的榜样啊。”

维昔所俱至蜀,梁绪官至大鸿胪,尹赏执金吾,梁虔大长秋,皆先蜀亡没。

当年和姜维一同到蜀国的人中,梁绪官做到大鸿胪,尹赏官做到执金吾,梁虔官做到大长秋,都在蜀国灭亡之前去世。

评曰:蒋琬方整有威重,费祎宽济而博爱,咸承诸葛之成规,因循而不革,是以边境无虞,邦家和一,然犹未尽治小之宜,居静之师也。⑱姜维粗有文武,志立功名,而玩众黩旅,明断不周,终致陨毙。《老子》有云:“治大国者犹烹小鲜。”况于区区蕞尔,而可屡扰乎哉?⑲

评论说:蒋琬端庄严肃有威望,费祎宽宏大量而博爱,他们都继承了诸葛亮原定的规章制度,遵循不改,因此边境安宁,国家同心合力。然而他们还是没有能尽知治理小国,应该以宁静为本的道理。姜维稍具文才武略,志在建立功名,却不爱惜部下,滥用武力,考察不明,决策不周,终于导致丧命。《老子》有句话说:“治理大国好像烹调小鱼。”何况这小小的蜀国,还可以经常搅扰吗?

---

①《祎别传》曰:孙权每别酌好酒以饮祎,视其已醉,然后问以国事,并论当世之务,辞难累至。祎辄辞以醉,退而撰次所问,事事条答,无所遗失。

②《祎别传》曰:权乃以手中常所执宝刀赠之,祎答曰:“臣以不才,何以堪明命?然刀所以讨不庭、禁暴乱者也,但愿大王勉建功业,同奖汉室,臣虽暗弱,终不负东顾。”

③《祎别传》曰:于时军国多事,公务烦猥,祎识悟过人,每省读书记,举目暂视,已究其意旨,其速数倍于人,终亦不忘。常以朝晡听事,其间接纳宾客,饮食嬉戏,加之博弈,每尽人之欢,事亦不废。董允代祎为尚书令,欲敩祎之所行,旬日之中,事多愆滞。允乃叹曰:“人才力相县若此甚远,此非吾之所及也。听事终日,犹有不暇尔。”

④殷基《通语》曰:司马懿诛曹爽,祎设甲乙论平其是非。甲以为曹爽兄弟凡品庸人,苟以宗子枝属,得蒙顾命之任,而骄奢僭逸,交非其人,私树朋党,谋以乱国。懿奋诛讨,一朝殄尽,此所以称其任,副士民之望也。乙以为懿感曹仲付已不一,岂爽与相干?事势不专,以此阴成疵瑕。初无忠告侃尔之训,一朝屠戮,搀其不意,岂大人经国笃本之事乎!若爽信有谋主之心,大逆已构,而发兵之日,更以芳委爽兄弟。懿父子从后闭门举兵,蹙而向芳,必无悉宁,忠臣为君深虑之谓乎?以此推之,爽无大恶明矣。若懿以爽奢僭,废之刑之可也,灭其尺口,被以不义,绝子丹血食,及何晏子魏之亲甥,亦与同戮,为僭滥不当矣。

⑤《祎别传》曰:祎雅性谦素,家不积财。儿子皆令布衣素食,出入不从车骑,无异凡人。

⑥《祎别传》曰:恭为尚书郎,显名当世,早卒。

⑦《傅子》曰:维为人好立功名,阴养死士,不修布衣之业。

⑧《魏略》曰:天水太守马遵将维及诸官属随雍州刺史郭淮偶自西至洛门案行,会闻亮已到祁山,淮顾遵曰:“是欲不善!”遂驱东还上邽。遵念所治冀县界在西偏,又恐吏民乐乱,遂亦随淮去。时维谓遵曰:“明府当还冀。”遵谓维等曰:“卿诸人叵复信,皆贼也。”各自行。维亦无如遵何,而家在冀,遂与

郡吏上官子脩等还冀。冀中吏民见维等大喜，便推令见亮。二人不获已，乃共诣亮。亮见，大悦。未及遣迎冀中人，会亮前锋为张郃、费繇等所破，遂将维等却缩。维不得还，遂入蜀。诸军攻冀，皆得维母妻子，亦以维本无去意，故不没其家，但系保官以延之。此语与本传不同。

⑨孙盛《杂记》曰：初，姜维诣亮，与母相失，复得母书，令求当归。维曰："良田百顷，不在一亩，但有远志，不在当归也。"

⑩《汉晋春秋》曰：费祎谓维曰："吾等不如丞相亦已远矣；丞相犹不能定中夏，况吾等乎！且不如保国治民，敬守社稷，如其功业，以俟能者，无以为希冀徼幸而决成败于一举。若不如志，悔之无及。"

⑪《华阳国志》曰；维恶黄皓恣擅，启后主欲杀之。后主曰："皓趋走小臣耳，往董允切齿，吾常恨之，君何足介意！"维见皓枝附叶连，惧于失言，逊辞而出。后主敕皓诣维陈谢。维说皓求沓中种麦，以避内逼耳。

⑫《汉晋春秋》曰：蒋舒将出降，乃诡谓傅佥曰："今贼至不击而闭城自守，非良图也。"佥曰："受命保城，惟全为功，今违命出战，若丧师负国，死无益矣。"舒曰："子以保城获全为功，我以出战克敌为功，请各行其志。"遂率众出。佥谓其战也，至阴平，以降胡烈。烈乘虚袭城，佥格斗而死，魏人义之。

《蜀记》曰：蒋舒为武兴督，在事无称。蜀命人代之，因留舒助汉中守。舒恨，故开城出降。

⑬干宝《晋纪》云：会谓维曰："来何迟也？"维正色流涕曰："今日见此为速矣！"会甚奇之。

⑭《世语》曰：时蜀官属皆天下英俊，无出维右。

⑮《汉晋春秋》曰：会阴怀异图，维见而知其心，谓可构成扰乱以图克复也，乃诡说会曰："闻君自淮南已来，算无遗策，晋道克昌，皆君之力。今复定蜀，威德振世，民高其功，主畏其谋，欲以此安归乎！夫韩信不背汉于扰攘，以见疑于既平，大夫种不从范蠡于五湖，卒伏剑而妄死，彼岂暗主愚臣哉？利害使之然也。今君大功既立，大德已著，何不法陶朱公泛舟绝迹，全功保身，登峨嵋之岭，而从赤松游乎？"会曰："君言远矣，我不能行，且为今之道，或未尽于此也。"维曰："其他则君智力之所能，无烦于老夫矣。"由是情好欢甚。

《华阳国志》曰：维教会诛北来诸将，既死，徐欲杀会，尽坑魏兵，还复蜀祚，密书与后主曰："愿陛下忍数日之辱，臣欲使社稷危而复安，日月幽而复明。"

孙盛晋阳秋曰：盛以永和初从安西将军平蜀，见诸故老，及姜维既降之后密与刘禅表疏，说欲伪服事钟会，因杀之以复蜀土，会事不捷，遂至泯灭，蜀人于今伤之。盛以为古人云，非所困而困焉名必辱，非所据而据焉身必危，既辱且危，死其将至，其姜维之谓乎！邓艾之入江由，士众鲜少，维进不能奋节绵竹之下，退不能总帅五将，拥卫蜀主，思后图之计，而乃反覆于逆顺之间，希违情于难冀之会，以衰弱之国，而屡观兵于三秦，已灭之邦，冀理外之奇举，不亦暗哉！

臣松之以为盛之讥维，又为不当。于时钟会大众既造剑阁，维与诸将列营守险，会不得进，已议还计，全蜀之功，几乎立矣。但邓艾诡道傍入，出于其后，诸葛瞻既败，成都自溃。维若回军救内，则会乘其背。当时之势，焉得两济？而责维不能奋节绵竹，拥卫蜀主，非其理也。会欲尽坑魏将以举大事，授维重兵，使为前驱。若令魏将皆死，兵事在维手，杀会复蜀，不为难矣。夫功成理外，然后为奇，不可以事有差牙，而抑谓不然。设使田单之计，邂逅不会，复可谓之愚暗哉！

⑯《世语》曰：维死时见剖，胆如升大。

⑰孙盛曰：异哉郤氏之论也！夫士虽百行，操业万殊，至于忠孝义节，百行之冠冕也。姜维策名魏室，而外奔蜀朝，违君徇利，不可谓忠；捐亲苟免，不可谓孝；害加旧邦，不可谓义；败不死难，不可谓节；且德政未敷而疲民以逞，居御侮之任而致敌丧守，于夫智勇，莫可云也；凡斯六者，维无一焉。实有魏之逋臣，亡国之乱相，而云人之仪表，斯亦惑矣。纵维好书而微自藻洁，岂异夫盗者分财之义，而程、郑降阶之善也？

臣松之以为郤正此论，取其可称，不谓维始终行事皆可准则也。所云"一时仪表"，止在好学与俭素耳。本传及《魏略》皆云维本无叛心，以急逼归蜀。盛相讥贬，惟可责其背母。余既过苦，又非所以难郤正也。

⑱臣松之以为蒋、费为相，克遵画一，未尝徇功妄动，有所亏丧，外却骆谷之师，内保宁缉之实，治小之宜，居静之理，何以过于此哉！今讥其未尽而不著其事，故使览者不知所谓也。

⑲干宝曰：姜维为蜀相，国亡主辱弗之死，而死于钟会之乱，惜哉！非死之难，处死之难也。是以古之烈士，见危授命，投节如归，非不爱死也，固知命之不长而惧不得其所也。

三国志卷四十五　蜀书十五

邓张宗杨传第十五

邓芝字伯苗，义阳新野人，汉司徒禹之后也。汉末入蜀，未见知待。时益州从事张裕善相，芝往从之，裕谓芝曰："君年过七十，位至大将军，封侯。"芝闻巴西太守庞羲好士，往依焉。先主定益州，芝为郫邸阁督。先主出至郫，与语，大奇之，擢为郫令，迁广汉太守。

邓芝字伯苗，义阳郡新野县人，东汉司徒邓禹的后代。东汉末年邓芝来到蜀地，不被人赏识礼遇。当时益州从事张裕善于相面，邓芝前去测算，张裕对邓芝说："您年过七十以后，官会做到大将军，封侯。"邓芝听说巴西郡太守庞羲喜爱人才，就前往投靠。刘备平定益州，邓芝任郫县邸阁督。刘备出巡到郫县，和邓芝交谈，对他的才识大为惊异，即提升他为郫县县令，后升为广汉郡太守。

所在清严有治绩，入为尚书。

凡邓芝到任之处都清正严明有政绩，后召入朝廷任尚书。

先主薨于永安。先是，吴王孙权请和，先主累遣宋玮、费祎等与相报答。丞相诸葛亮深虑权闻先主殂陨，恐有异计，未知所如。芝见亮曰："今主上幼弱，初在位，宜遣大使重申吴好。"亮答之曰："吾思之久矣，未得其人耳，今日始得之。"芝问其人为谁？亮曰："即使君也。"乃遣芝修好于权。权果狐疑，不时见芝，芝乃自表请见权曰："臣今来亦欲为吴，非但为蜀也。"权乃见之，语芝曰："孤诚愿与蜀和亲，然恐蜀主幼弱，国小势偪，为魏所乘，不自保全，以此犹豫耳。"芝对曰："吴、蜀二国四州之地，大王命世之英，诸葛

刘备在永安宫去世。在此之前，吴王孙权向蜀汉请求讲和，刘备多次派遣宋玮、费祎等人前往回访。丞相诸葛亮很担心孙权听到刘备去世的消息后，会有别的打算，一时没有想好对策。邓芝求见诸葛亮，说："如今君王年幼，刚刚即位，应该派遣大使重申与吴国的友好关系。"诸葛亮回答道："这件事我考虑了很久，只是没有找到合适的人，今天算是才找到人了。"邓芝问这个人是谁，诸葛亮说："就是先生您啊。"于是派遣邓芝去向孙权表示友好。孙权果然犹疑不决，没有及时会见邓芝。邓芝就自己写奏章请求见孙权，说："我今天来这里也是为了吴国的利益，不只是为蜀国啊。"孙权于是会见了他，对邓芝说："我确实愿与蜀国和睦亲近，但担心蜀国君主年幼，国家小而外敌强势相逼，若被魏国侵凌，不能自我保全，因而犹豫。"邓芝回答说："吴蜀两国拥有四个州的地域，大王您是著称于当世的英雄，诸

亮亦一时之杰也。蜀有重险之固,吴有三江之阻,合此二长,共为唇齿,进可并兼天下,退可鼎足而立,此理之自然也。大王今若委质于魏,魏必上望大王之入朝,下求太子之内侍,若不从命,则奉辞伐叛,蜀必顺流见可而进,如此,江南之地非复大王之有也。"权默然良久曰:"君言是也。"遂自绝魏,与蜀连和,遣张温报聘于蜀。蜀复令芝重往,权谓芝曰:"若天下太平,二主分治,不亦乐乎!"芝对曰:"夫天无二日,土无二王,如并魏之后,大王未深识天命者也,君各茂其德,臣各尽其忠,将提枹鼓,则战争方始耳。"权大笑曰:"君之诚款,乃当尔邪!"权与亮书曰:"丁厷掞张,[①]阴化不尽;和合二国,唯有邓芝。"及亮北住汉中,以芝为中监军、扬武将军。亮卒,迁前军师前将军,领兖州刺史,封阳武亭侯,顷之为督江州。权数与芝相闻,馈遗优渥。延熙六年,就迁为车骑将军,后假节。十一年,涪陵国人杀都尉反叛,芝率军征讨,即枭其渠帅,百姓安堵,[②]十四年卒。

葛亮也是一代杰出的人才。蜀国有重重险要的地势可以固守,吴国也有三条大江这样的天险作为凭依,结合这两方面的长处,唇齿相依,进可以兼并天下,退可以鼎足三分而立,这道理是很自然的。大王如今要是归顺魏国,魏国一定先想让大王您去朝拜称臣,次要求太子去魏国当人质,如果不听从命令,他们就找个借口来讨伐您,那时蜀国也一定会顺长江而下见机行事,这样一来,江南之地就不再归大王所有了。"孙权沉默了很久,说:"您说得对啊。"于是与魏国断绝往来,与蜀国联合,派遣张温回访蜀国。蜀国又派邓芝再次前往吴国,孙权对邓芝说:"要是天下太平,吴、蜀两位君主平分而治,不是很快乐吗!"邓芝回答说:"天无二日,国无二君,要是吞并魏国后,大王还没有深识天命,那时为君主的各自善修德政,做臣子的各自竭尽忠心,待将军们手提鼓槌擂动战鼓,那战争才开始呢。"孙权大笑说:"你的诚实,竟到这个程度!"孙权给诸葛亮的信中说:"丁厷言辞多浮艳,阴化语不尽意;使我们两国结成友好的,只有邓芝。"到诸葛亮北上进驻汉中时,任命邓芝为中监军、扬武将军。诸葛亮去世后,被提升为前军师前将军,兼兖州刺史,封阳武亭侯,不久任江州都督。孙权多次与邓芝书信往来,赠给他丰厚的礼物。延熙六年,他升任车骑将军,此后又授予符节。延熙十一年,涪陵属国有人起兵杀死都尉谋反,邓芝率军征讨,很快将罪魁斩首示众,百姓安居。延熙十四年去世。

芝为将军二十余年,赏罚明断,善恤卒伍。身之衣食资仰于官,不苟素俭,然终不治私产,妻子不免饥寒,死之日家无余财。性刚简,不饰意气,不得士类之和。于时人少所敬

邓芝担任将军二十多年,赏罚严明果断,很能体恤士兵。个人的衣食费用都来自于朝廷俸禄,节俭朴素,却终生不积蓄私人财产,以致妻子儿女都难免挨饿受冻,去世之日家无余财。他的个性坚强朴实,不掩饰心意情态,所以难和众同僚关系融洽。对当时的人他少有崇敬的,只器重姜维。他的儿子

贵，唯器异姜维云。子良，袭爵，景耀中为尚书左选郎，晋朝广汉太守。

邓良，继承爵位，景耀年间担任尚书左选郎，后在晋朝任广汉郡太守。

张翼字伯恭，犍为武阳人也。高祖父司空浩，曾祖父广陵太守纲，皆有名迹。③先主定益州，领牧，翼为书佐。建安末，举孝廉，为江阳长，徙涪陵令，迁梓潼太守，累迁至广汉、蜀郡太守。建兴九年，为庲降都督、绥南中郎将。翼性持法严，不得殊俗之欢心。耆率刘胄背叛作乱，翼举兵讨胄。胄未破，会被征当还，群下咸以为宜便驰骑即罪，翼曰："不然。吾以蛮夷蠢动，不称职故还耳，然代人未至，吾方临战场，当运粮积谷，为灭贼之资，岂可以黜退之故而废公家之务乎？"于是统摄不懈，代到乃发。马忠因其成基以破殄胄，丞相亮闻而善之。亮出武功，以翼为前军都督，领扶风太守。亮卒，拜前领军，追论讨刘胄功，赐爵关内侯。延熙元年，入为尚书，稍迁督建威，假节，进封都亭侯，征西大将军。

张翼字伯恭，犍为郡武阳县人。他的高祖父张浩曾任司空，曾祖父张纲曾任广陵太守，都有声望、业绩。先主刘备平定益州后，兼任州牧，张冀任书佐。东汉建安末年，张翼被举荐为孝廉，任江阳县长，后转调涪陵县令，升梓潼郡太守，又接连调任广汉郡、蜀郡太守。建兴九年，任庲降都督、绥南中郎将。张翼生性执法严厉，得不到边远地区少数民族的拥戴。当地头领刘胄背叛作乱，张翼领兵征讨刘胄。刘胄尚未打败，张翼就被征召还朝，部下都认为应当快马返回请罪，张翼说："不能这样。我是因为蛮族造反，不称职才被召回的，但是接替我的人未到，我正身临战场，有责任运送积聚粮草，为消灭反贼做好准备，怎么可以因为个人被免职而毁了国家的事业呢？"于是仍旧统领军队，毫不松懈，直到接替的人到了，他才出发。马忠靠他做好充分的准备，击灭了刘胄。丞相诸葛亮得知后对张翼深表赞赏。诸葛亮出兵武功，任命张翼为前军都督，兼扶风太守。诸葛亮去世后，张翼被任命为前领军，又追论他征讨刘胄的功劳，赐爵关内侯。延熙元年，入朝任尚书，逐步升任建威都督，授予符节，加封都亭侯、征西大将军。

十八年，与卫将军姜维俱还成都。维议复出军，唯翼廷争，以为国小民劳，不宜黩武。维不听，将翼等行，进翼位镇南大将军。维至狄道，大破魏雍州刺史王经，经众死于洮水者以万计。翼曰："可止矣，不宜复进，进或毁此大功。"维大怒，曰："为蛇画足。"维竟围经

延熙十八年，张翼与卫将军姜维一同回到成都。姜维主张再度出兵，只有张翼在朝廷上向他直言规劝，认为国家小而百姓劳苦，不宜滥用武力。姜维不听，带着张翼等人出征，并提拔张翼为镇南大将军。姜维到达狄道，大败魏国雍州刺史王经，王经的部下死于洮水的有上万人。张翼说："可以止步了，不宜再向前进兵了，若再进兵有可能毁掉这次大功。"姜维大怒，说："你这是画蛇添足。"姜维终究在狄道城围攻王经，城池却无法攻下。自从张翼提

于狄道，城不能克。自翼建异论，维心与翼不善，然常牵率同行，翼亦不得已而往。景耀二年，迁左车骑将军，领冀州刺史。六年，与维咸在剑阁，共诣降钟会于涪。明年正月，随会至成都，为乱兵所杀。④

出异议后，姜维内心并不喜欢张翼，却经常勉强他一道出征，张翼也不得已而随从。景耀二年，张翼升任左车骑将军，兼冀州刺史。景耀六年，与姜维同守剑阁，后一道往涪县投降钟会。第二年正月，跟随钟会到成都，被乱兵杀死。

宗预字德艳，南阳安众人也。建安中，随张飞入蜀。建兴初，丞相亮以为主簿，迁参军右中郎将。及亮卒，吴虑魏或承衰取蜀，增巴丘守兵万人，一欲以为救援，二欲以事分割也。蜀闻之，亦益永安之守，以防非常。预将命使吴，孙权问预曰："东之与西，譬犹一家，而闻西更增白帝之守，何也？"预对曰："臣以为东益巴丘之戍，西增白帝之守，皆事势宜然，俱不足以相问也。"权大笑，嘉其抗直，甚爱待之，见敬亚于邓芝、费祎。迁为侍中，徙尚书。延熙十年，为屯骑校尉。时车骑将军邓芝自江州还，来朝，谓预曰："礼，六十不服戎，而卿甫受兵，何也？"预答曰："卿七十不还兵，我六十何为不受邪？"⑤芝性骄傲，自大将军费祎等皆避下之，而预独不为屈。预复东聘吴，孙权捉预手，涕泣而别曰："君每衔命结二国之好。今君年长，孤亦衰老，恐不复相见！"遗预大珠一斛，⑥乃还。迁后将军，督永安，就拜征西大将军，赐爵关内侯。景耀元年，以疾征还成都。

宗预字德艳，南阳郡安众县人。建安年间，随张飞来到蜀地。建兴初年，丞相诸葛亮任命他为主簿，后升参军、右中郎将。到诸葛亮去世后，吴国担心魏国可能趁着蜀国衰弱攻取蜀国，就增加巴丘守兵一万人，一则以此作为蜀国的救援，二则借机与魏国分争割据。蜀国得知后，也增加了永安的守兵，以防紧急情况。宗预奉命出使吴国，孙权问宗预说："东吴与西蜀，好比一家人，但听说西蜀又增加了白帝城的防守，这是为什么呢？"宗预回答说："我认为东吴增加巴丘的防卫，西蜀加强白帝城的把守，都是当前局势应该如此，全不值得相问。"孙权大笑，赞赏他的坦率耿直，非常友好地款待他，他在吴国受到敬重仅次于邓芝、费祎。后升侍中，转任尚书。延熙十年，任屯骑校尉。当时车骑将军邓芝从江州返回，来朝见后主，对宗预说："按礼的说法，六十不从军，而您才开始领兵，为什么呢？"宗预回答："您七十还不离开军队，我六十岁为什么不能领兵呢？"邓芝生性骄傲，从大将军费祎开始大家都避让他，而宗预独独不屈从他。宗预再次东访吴国，孙权抓住宗预的手，流泪告别，说："您每次身负使命来缔结两国友好关系。如今您年事已高，我也衰老了，只怕再不能见面了！"赠送宗预大珠十斗，让宗预回国。以后升任后将军，都督永安，又被任命为征西大将军，赐爵关内侯。景耀元年，因病被召回成都。后被

后为镇军大将军，领兖州刺史。时都护诸葛瞻初统朝事，廖化过预，欲与预共诣瞻许。预曰:“吾等年逾七十,所窃已过,但少一死耳,何求于年少辈而屑屑造门邪?”遂不往。

任命为镇军大将军,兼兖州刺史。当时都护诸葛瞻刚刚主持朝政,廖化来拜访宗预,想邀宗预一道去诸葛瞻的住处。宗预说:“我们都年过七十,所得到的已经过多,只少一死罢了,向年少之辈还有什么要求须得劳碌不安地去登门拜访呢?”于是没去。

廖化字元俭，本名淳，襄阳人也。为前将军关羽主簿,羽败,属吴。思归先主,乃诈死,时人谓为信然,因携持老母昼夜西行。会先主东征,遇于秭归。先主大悦,以化为宜都太守。先主薨,为丞相参军,后为督广武,稍迁至右车骑将军,假节,领并州刺史,封中乡侯,以果烈称。官位与张翼齐,而在宗预之右。[7]

廖化字元俭,原名廖淳,襄阳郡人。为前将军关羽的主簿,关羽败亡后,归顺吴国。后来想回到刘备身边,便装着已死,当时人们信以为真,他趁机带着老母日夜西奔。恰逢刘备东征吴国,在秭归相遇。刘备大为高兴,任命廖化为宜都太守。刘备去世后,任丞相参军,后任广武都督,逐渐升至右车骑将军,授予符节,兼并州刺史,封中乡侯,以刚直著称。官位与张翼相同,但在宗预之上。

咸熙元年春,化、预俱内徙洛阳,道病卒。

咸熙元年春,廖化、宗预均内迁洛阳,于途中病死。

杨戏字文然,犍为武阳人也。少与巴西程祁公弘、巴郡杨汰季儒、蜀郡张表伯达并知名。戏每推祁以为冠首,丞相亮深识之。戏年二十余,从州书佐为督军从事，职典刑狱,论法决疑,号为平当,府辟为属主簿。亮卒,为尚书右选部郎，刺史蒋琬请为治中从事史。琬以大将军开府,又辟为东曹掾,迁南中郎参军,副贰庲降都督,领建宁太守。以疾征还成都,拜护军监军,出领梓潼太守，入为射声校尉,所在清约不烦。延熙二十年,随大将军姜维出军至芒水。戏素心不服维,酒后言笑,每有傲

杨戏字文然,犍为郡武阳县人。年轻时与巴西郡人程祁字公弘、巴郡人杨汰字季儒、蜀郡人张表字伯达同时出名。杨戏往往推崇程祁为第一,丞相诸葛亮对他非常赏识。杨戏二十多岁时,从州书佐升任督军从事,掌管刑狱,他依法审断疑难案件,被人们认为公正妥当,府中聘他为副主簿。诸葛亮去世后,他被任命为尚书右选部郎,刺史蒋琬请他担任治中从事史。蒋琬作为大将军设立府署,又聘他为东曹掾,后升为南中郎参军,又为庲降都督的副手,兼建宁太守。因病被召回成都,授职护军监军,出朝兼梓潼郡太守,入朝任射声校尉,凡到职之处都是清廉俭约不搅扰百姓。延熙二十年,随大将军姜维出征到达芒水。杨戏平时心中对姜维不服,酒后说笑,往往有傲慢嘲弄的话。姜维外表宽容而内

弄之辞。维外宽内忌，意不能堪，军还，有司承旨奏戏，免为庶人。后景耀四年卒。

心忌恨，不能容忍。班师回朝后，有关官员迎合姜维旨意，上奏弹劾杨戏，杨戏被免职为民。后于景耀四年去世。

戏性虽简惰省略，未尝以甘言加人，过情接物。书符指事，希有盈纸。然笃于旧故，居诚存厚。与巴西韩俨、黎韬童幼相亲厚，后俨痼疾废顿，韬无行见捐，戏经纪振恤，恩好如初。又时人谓谯周无当世才，少归敬者，唯戏重之，尝称曰："吾等后世，终自不如此长儿也。"有识以此贵戏。

杨戏性格虽然简慢粗疏，从不用甜言蜜语待人，也从不虚情假意与人交往。他所写的书信文件切合题旨，少有写满一张纸的。然而看重老交情，诚挚厚道。他和巴西郡的韩俨、黎韬在幼年时代就要好，此后韩俨因痼疾不被任用，黎韬因品行不端被免官，杨戏照料救助，友爱如初。当时有人认为谯周没有济世之才，很少有人敬重他，只有杨戏尊重他曾说："我们这些后辈，到头来都不如这位大个子。"有识之士因此敬重杨戏。

张表有威仪风观，始名位与戏齐，后至尚书，督庲降后将军，先戏没。祁、汰各早死。⑧

张表有威仪风度，开始时名声、地位与杨戏并列，后来官至尚书，督庲降后将军，先于杨戏去世。程祁、杨汰都早死。

戏以延熙四年著《季汉辅臣赞》，其所颂述，今多载于《蜀书》，是以记之于左。自此之后卒者，则不追谥，故或有应见称纪而不在乎篇者也。其戏之所赞而今不作传者，余皆注疏本末于其辞下，可以粗知其髣髴云尔。

杨戏于延熙四年著《季汉辅臣赞》，文中颂扬记述的人和事，现大多载于《蜀书》，因而将其赞文录在下面。在此之后去世的，则不予追记，因此也有应该被颂扬记述的人和事却不见于《季汉辅臣赞》的。杨戏作了赞文，而《蜀书》中又未立传的人，我都在杨戏的赞文后面注明这些人的生平，使之对他们有粗略的了解。

昔文王歌德，武王歌兴，夫命世之主，树身行道，非唯一时，亦由开基植绪，光于来世者也。自我中汉之末，王纲弃柄，雄豪并起，役殷难结，生人涂地。于是世主感而虑之，初自燕、代则仁声洽著，行自齐、鲁则英风播流，寄业荆、郢则臣主归心，顾援吴、越则贤愚赖风，奋威巴、蜀则万里肃震，厉师庸、汉则元寇敛迹，故能承高祖之始兆，复皇汉之宗

昔日周文王高歌仁德，周武王颂扬进取，凡著称于当世的君主，建立威名推行道义，并非来自一朝一夕，而是从创立基业开始，并发扬光大于后世。从我中汉末年以来，皇权失控，豪强并起，战火不息，百姓陷入极端困境。为此圣主刘备深为感慨忧虑，他当初从燕、代起兵时就仁义之声显著，来到齐、鲁则美好的名声到处传扬，寄身在荆、郢则君臣团结，救援吴、越则无论贤愚都仰赖仁德之风，逞威巴蜀则万里肃穆震慑，出师庸、汉则大盗收敛罪恶行径，因而得以继承汉高祖开创的事业，恢复大汉

祀也。然而奸凶怼险,天征未加,犹孟津之翔师,复须战于鸣条也。天禄有终,奄忽不豫。虽摄归一统,万国合从者,当时俊乂扶携翼戴,明德之所怀致也,盖济济有可观焉。遂乃并述休风,动于后听。其辞曰:

的宗庙祭祀。然而对于那些奸恶凶险的人,王师尚未加以征伐,好比当年孟津之盟只是展示了一下军威,还须鸣条一战。人的生命有限,先主匆匆离去。虽然现在天下即将归于一统,万国一家,这是当时俊杰之士辅佐拥戴,君主圣明的德义所招致的,人才济济,非常可观。于是一并记述他们的美好风范,使后世读者得到启示。其辞如下:

皇帝遗植,爰滋八方,别自中山,灵精是钟,顺期挺生,杰起龙骧。始于燕、代,伯豫君荆,吴、越凭赖,望风请盟,挟巴跨蜀,庸汉以并。乾坤复秩,宗祀惟宁,蹑基履迹,播德芳声。华夏思美,西伯其音,开庆来世,历载攸兴。

——赞昭烈皇帝

高祖子孙,繁衍八方,中山靖王一脉,聚集天地精灵,顺应天时降世,英杰犹如龙腾。起兵燕代,称雄豫、荆,吴越仰赖,依附结盟,占据巴蜀之地,吞并庸国汉中。乾坤恢复秩序,宗庙得享安宁,继承祖先帝业,传播大德芳名。华夏思念赞颂好似文王至今,造福后代,永远勃兴。

——赞昭烈皇帝

忠武英高,献策江滨,攀吴连蜀,权我世真。受遗阿衡,整武齐文,敷陈德教,理物移风,贤愚竞心,佥忘其身。诞静邦内,四裔以绥,屡临敌庭,实耀其威,研精大国,恨于未夷。

——赞诸葛丞相

武侯诸葛英才卓绝,长江之滨进献良策,东连吴会西通巴蜀,谋划天下至当之计。承受遗命主持国政,整顿文武端正纲纪,广布德行教化万民,治理万物易俗移风,贤愚尽心舍己忘身。国家内部稳定安宁,周边各国得到安抚,多次领兵亲临敌境,实实光耀蜀汉威风,鞠躬尽瘁扩展国势,可惜天下尚未平定。

——赞诸葛丞相

司徒清风,是咨是臧,识爱人伦,孔音锵锵。

——赞许司徒

司徒高风亮节,为国寻访贤才,善于识别珍惜,高见之音铿锵。

——赞许司徒

关、张赳赳,出身匡世,扶翼携上,雄壮虎烈。藩屏左右,翻飞电发,济于艰难,赞主洪业,侔迹韩、耿,齐声双德。交待无礼,并致奸慝,悼惟轻虑,陨身匡国。

——赞关云长、张益德

关张勇武,献身济世,辅佐先主,雄壮威猛。护主常于左右,宛如龙腾电击,挽救危难时局,辅佐先主大业,功同韩信、耿弇,均有声誉德望。交往待人无礼,同遭奸邪陷害。悲叹轻率少虑,以致为国捐躯。

——赞关云长、张益德

骠骑奋起,连横合从,首事三秦,保据河、潼。宗计于

骠骑将军英姿焕发,连横合纵对抗枭雄,三秦起事,据守河、潼。临阵会见计议,马、韩心思不同,

朝,或异或同,敌以乘衅,家破军亡。乖道反德,托凤攀龙。

——赞马孟起

敌人离间得逞,马超家破军亡。违理返德,归顺刘备。

——赞马孟起

翼侯良谋,料世兴衰,委质于主,是训是谘,暂思经算,睹事知机。

——赞法孝直

翼侯深谋远虑,预知世道兴衰,献身投奔先主,屡建计议良谋,神机妙算,察事端苗。

——赞法孝直

军师美至,雅气晔晔,致命明主,忠情发臆,惟此义宗,亡身报德。

——赞庞士元

军师才美之至,气度儒雅翩翩,毕生效命明主,忠情发自内心,奉此仁义之本,捐躯酬报君恩。

——赞庞士元

将军敦壮,摧峰登难,立功立事,于时之干。

——赞黄汉升

将军敦厚雄壮,冲锋陷阵迎难而上,建功立业,一朝干将。

——赞黄汉升

掌军清节,亢然恒常,谠言惟司,民思其纲。

——赞董幼宰

掌军高风亮节,为人刚直一生,直言无所顾忌,百姓感念治绩。

——赞董幼宰

安远强志,允休允烈,轻财果壮,当难不惑,以少御多,殊方保业。

——赞邓孔山

安远将军志坚定,善美有功绩,轻财刚健,临难不惑,带兵打仗以少胜多,镇抚边境保卫帝业。

——赞邓孔山

孔山名方,南郡人也。以荆州从事随先主入蜀。蜀既定,为犍为属国都尉,因易郡名,为朱提太守,选为安远将军、庲降都督,住南昌县。章武二年卒。失其行事,故不为传。

孔山名方,南郡人。以荆州从事的身份,跟随刘备来到蜀地。蜀地平定后,担任犍为属国都尉,因改换郡名,称朱提郡太守,选录为安远将军、庲降都督,驻守南昌县。章武二年去世。缺少其生平事迹的资料,因而未给他作传。

扬威才干,欷歔文武,当官理任,衎衎辩举,图殖财施,有义有叙。

——赞费宾伯

扬威将军有才干,文武双全叹早逝,担当官职、治理政事,刚毅公正、善言明断,施展良谋、展示才华,仪表堂堂、举止得宜。

——赞费宾伯

宾伯名观,江夏鄳人也。刘璋母,观之族姑,璋又以女妻观。观建安十八年参李严军,拒先主于绵竹,与严俱降。

费宾伯名观,江夏郡鄳县人。刘璋的母亲,是费观的族姑,刘璋又将女儿嫁给费观。费观于建安十八年在李严手下任参军,在绵竹县抵御刘备,之后与李严一道投降。刘备平定益州之后,任命费观为

先主既定益州，拜为裨将军，后为巴郡太守、江州都督，建兴元年封都亭侯，加振威将军。观为人善于交接。都护李严性自矜高，护军辅匡等年位与严相次，而严不与亲亵；观年少严二十余岁，而与严通狎如时辈云。年三十七卒。失其行事，故不为传。

裨将军，后任巴郡太守、江州都督，建兴元年封都亭侯，加封振威将军。费观为人善于交际。都护李严个性高傲，护军辅匡等人年纪、地位与李严接近，但李严不和他们亲近；费观年龄小李严二十多岁，却与李严交往亲昵如同辈。三十七岁去世。缺少其生平事迹的资料，因而未给他作传。

屯骑主旧，固节不移，既就初命，尽心世规，军资所恃，是辨是裨。

——赞王文仪

屯骑校尉忠于旧主，节操坚贞矢志不渝，归附刘备受命，竭尽臣子之道，军资得以依赖，规谏辅佐有功。

——赞王文仪

尚书清尚，敕行整身，抗志存义，味览典文，倚其高风，好侔古人。

——赞刘子初

尚书清廉高尚，处世立身严谨，恪守志向心存大义，性喜浏览玩味典籍，依凭高风亮节，好与古人媲美。

——赞刘子初

安汉雍容，或婚或宾，见礼当时，是谓循臣。

——赞糜子仲

安汉将军儒雅沉稳，既通婚姻、又为宾臣，深受当朝礼遇，奉职守法之臣。

——赞糜子仲

少府修慎，鸿胪明真，谏议隐行，儒林天文，宣班大化，或首或林。

——赞王元泰、何彦英、杜辅国、周仲直

少府美善谨慎，大鸿胪学识明审，谏议大夫向往归隐，儒林校尉通晓天文，宣扬阐发朝廷德义，或位居当朝、或立身士林。

——赞王元泰、何彦英、杜辅国、周仲直

王元泰名谋，汉嘉人也。有容止操行。刘璋时，为巴郡太守，还为州治中从事。先主定益州，领牧，以为别驾。先主为汉中王，用荆楚宿士零陵赖恭为太常，南阳黄柱为光禄勋，谋为少府；建兴初，赐爵关内侯，后代赖恭为太常。恭、柱、谋皆失其行事，故不为传。恭子厷，为丞相西曹令史，随

王元泰名谋，汉嘉郡人。仪容举止得体、操行出众。刘璋时，任巴郡太守，回来后任益州治中从事。刘备平定益州，兼任州牧，任命王谋为别驾。刘备为汉中王，起用荆楚博学之士零陵人赖恭为太常，南阳人黄柱为光禄勋，王谋为少府；建兴初年，王谋被赐爵关内侯，以后接替赖恭任太常。因缺少赖恭、黄柱、王谋生平事迹的资料，未给他们立传。赖恭的儿子赖厷，任丞相西曹令史，跟随诸葛亮在汉中，早

诸葛亮于汉中，早夭，亮甚惜之，与留府长史参军张裔、蒋琬书曰：“令史失赖厷，掾属丧杨颙，为朝中损益多矣。”颙亦荆州人也。后大将军蒋琬问张休曰：“汉嘉前辈有王元泰，今谁继者？”休对曰：“至于元泰，州里无继，况鄙郡乎！”其见重如此。⑨

逝，诸葛亮非常惋惜，在给留守丞相府的长史参军张裔、蒋琬的信中说：“令史中失去赖厷，掾属中死了杨颙，朝廷的损失太大了。”杨颙也是荆州人。后来大将军蒋琬问张休说：“汉嘉前辈人物有位王元泰，如今谁能做他的后继者？”张休回答：“说到王元泰，益州都没有谁能做他的继承人，何况我们汉嘉郡呢!”他被人推崇到这种程度。

何彦英名宗，蜀郡郫人也。事广汉任安学，精究安术，与杜琼同师而名问过之。刘璋时，为犍为太守。先主定益州，领牧，辟为从事祭酒。后援引图、谶，劝先主即尊号，践阼之后，迁为大鸿胪。建兴中卒。失其行事，故不为传。子双，字汉偶。滑稽谈笑，有淳于髡、东方朔之风。为双柏长。早卒。

何彦英名宗，蜀郡郫县人。跟随广汉郡任安学习，后精心研求任安的学说，与杜琼同一个老师而声誉超过这位同学。刘璋时，任犍为太守。刘备平定益州后，兼任州牧，征召何宗为从事祭酒。后来他援引图谶之说，劝刘备称帝。刘备登帝位后，升何宗为大鸿胪。建兴年间去世。因缺少其生平事迹的资料，没有给他立传。他的儿子何双，字汉偶，言谈诙谐滑稽，具有淳于髡、东方朔的风范。任双柏县长。早逝。

车骑高劲，惟其泛爱，以弱制强，不陷危坠。

——赞吴子远

车骑将军高远强劲，泛爱士兵，以弱胜强，不陷危境。

——赞吴子远

子远名壹，陈留人也。随刘焉入蜀。刘璋时，为中郎将，将兵拒先主于涪，诣降。先主定益州，以壹为护军讨逆将军，纳壹妹为夫人。章武元年，为关中都督。建兴八年，与魏延入南安界，破魏将费瑶，徙亭侯，进封高阳乡侯，迁左将军。十二年，丞相亮卒，以壹督汉中，车骑将军，假节，领雍州刺史，进封济阳侯。十五年卒。失其行事，故不为传。壹族弟班，字元雄，大将军何进官属吴匡之子也。以豪侠称，官位

吴子远名壹，陈留郡人。随从刘焉来到蜀地。刘璋时，任中郎将，率军在涪县抵御刘备，以后又前往归降。刘备平定益州后，任命吴壹为护军讨逆将军，又娶了吴壹的妹妹做夫人。章武元年，任关中都督。建兴八年，与魏延一道统兵攻入南安，击败魏将费瑶，封为亭侯，又晋封高阳乡侯，升左将军。建兴十二年，丞相诸葛亮去世，吴壹都督汉中，被任用为车骑将军，授予符节，兼雍州刺史，晋封济阳侯。建兴十五年去世。因缺少其生平的资料，未给他立传。吴壹族弟吴班，字元雄，是东汉大将军何进部将吴匡的儿子。以豪侠著称，官位总与吴壹相近。刘备时，任

常与壹相亚。先主时,为领军。后主世,稍迁至骠骑将军,假节,封绵竹侯。

领军。刘禅时,逐渐升至骠骑将军,授予符节,封绵竹侯。

安汉宰南,奋击旧乡,翦除芜秽,惟刑以张,广迁蛮、濮,国用用强。

——赞李德昂

安汉将军治理南疆,奋勇杀敌在其故乡,消除反叛,法纪伸张,蛮濮头目,多徙远乡,国家财力因而增强。

——赞李德昂

辅汉惟聪,既机且惠,因言远思,切问近对,赞时休美,和我业世。

——赞张君嗣

辅汉将军聪敏,机智而且仁惠,言辞浅近意思深远,相问答对贴切周密,辅佐时政使之善美。同心协力成就帝业。

——赞张君嗣

镇北敏思,筹画有方,导师禳秽,遂事成章。偏任东隅,末命不祥,哀悲本志,放流殊疆。

——赞黄公衡

镇北将军思维敏捷,筹划有方,规谏劝导去邪除恶,为臣尽忠顺理成章。出征东隅偏任一方,可叹后来命运不祥,悲其志向未遂,竟至流落他邦。

——赞黄公衡

越骑惟忠,厉志自祗,职于内外,念公忘私。

——赞杨季休

越骑校尉忠心为国,砥砺品行谨慎自重,朝廷内外任职,处处公而忘私。

——赞杨季休

征南厚重,征西忠克,统时选士,猛将之烈。

——赞赵子龙、陈叔至

征南将军淳厚庄重,征西将军忠心好胜,蜀汉卓异之士,皆为著名猛将。

——赞赵子龙、陈叔至

叔至名到,汝南人也。自豫州随先主,名位常亚赵云,俱以忠勇称。建兴初,官至永安都督、征西将军,封亭侯。

陈叔至名到,汝南郡人。从豫州开始就跟随刘备,名位一直次于赵云,两人都以忠诚英勇著称。建兴初年,官至永安都督、征西将军,封为亭侯。

镇南粗强,监军尚笃,并豫戎任,任自封裔。

——赞辅元弼、刘南和

镇南将军粗略强悍,监军后将军为人忠厚,一并参与军机重任,功爵惠及子孙。

——赞辅元弼、刘南和

辅元弼名匡,襄阳人也。随先主入蜀。益州既定,为巴郡太守。建兴中,徙镇南,为右将军,封中乡侯。

辅元弼名匡,襄阳郡人。跟随刘备来到蜀地。益州平定后,任巴郡太守。建兴年间,调任镇南,任右将军,封中乡侯。

刘南和名邕,义阳人也。随先主入蜀。益州既定,为江阳太守。建兴中,稍迁至监军

刘南和名邕,义阳郡人。跟随刘备来到蜀地。益州平定后,任江阳太守。建兴年间,逐渐升至监军后

后将军，赐爵关内侯，卒。子式嗣。少子武，有文，与樊建齐名，官亦至尚书。

将军，赐爵关内侯，后去世。儿子刘式继承爵位。小儿子刘武，有文才，与樊建齐名，也官至尚书。

司农性才，敷述允章，藻丽辞理，斐斐有光。

——赞秦子勑

大司农天生才气，撰述美文，文采条理，灿然有光。

——赞秦子勑

正方受遗，豫闻后纲，不陈不佥，造此异端，斥逐当时，任业以丧。

——赞李正方

正方接受遗命，参与辅佐刘禅，真相大白于众，捏造事端露馅，当时免职驱逐，使命功业尽丧。

——赞李正方

文长刚粗，临难受命，折冲外御，镇保国境。不协不和，忘节言乱，疾终惜始，实惟厥性。

——赞魏文长

文长刚愎粗豪，临难领受君命，击溃外敌，保卫边境。不与杨仪谐和，忘却臣节语言狂乱，恨其终惜其始，实因生性所致。

——赞魏文长

威公狷狭，取异众人；闲则及理，逼则伤侵；舍顺入凶，大易之云。

——赞杨威公

威公心胸狭窄，贪求异于常人；平时办事还合情合理，涉及利害就怨恨伤人；舍顺境而入凶险，真应了《周易》之论。

——赞杨威公

季常良宝，文经勤类，士元言规，处仁闻计，孔休、文祥，或才或臧，播播述志，楚之兰芳。

——赞马季常、卫文经、韩士元、张处仁、殷孔林、习文祥

季常贤良忠诚，文经勤奋优异，士元规谏有方，处仁颇有计谋，孔休、文祥，或为才美、或为性善，播扬其才、述其心志，皆如楚地兰草芬芳。

——赞马季常、卫文经、韩士元、张处仁、殷孔休、习文祥

文经、士元，皆失其名实、行事、郡县。处仁本名存，南阳人也。以荆州从事随先主入蜀，南次至雒，以为广汉太守。存素不服庞统，统中矢卒，先主发言嘉叹，存曰："统虽尽忠可惜，然违大雅之义。"先主怒曰："统杀身成仁，更为非也？"免存官。顷之，病卒。失其行事，故不为传。

卫文经、韩士元，都无从知晓他们的名字、生平事迹和籍贯。张处仁本名存，南阳郡人。以荆州从事的身份随刘备来到蜀地，南行驻扎在雒县，被任命为广汉郡太守。张存向来不服庞统，庞统中箭身亡后，刘备出言赞赏叹息，张存说："庞统虽竭尽忠心，死之可惜，然而不合德才高尚者的行为。"刘备发怒道："庞统杀身成仁，反而不对吗？"即将张存免职。不久，张存病死。因为他的生平事迹不详，没有给他作传。

孔休名观，为荆州主簿别驾从事，见《先主传》。失其郡县。文祥名祯，襄阳人也。随先主入蜀，历雒、郫令，广汉太守。失其行事。子忠，官至尚书郎。[10]

殷孔休名观，任荆州主簿别驾从事，见于《先主传》。不知其籍贯。习文祥名祯，襄阳郡人。随刘备来到蜀地，历任雒县、郫县县令，广汉郡太守。其生平事迹不详。他的儿子习忠，官至尚书郎。

国山休风，永南耽思；盛衡、承伯，言藏言时；孙德果锐，伟南笃常；德绪、义疆，志壮气刚。济济修志，蜀之芬香。

——赞王国山、李永南、马盛衡、马承伯、李孙德、李伟南、龚德绪、王义彊

国山风度翩翩，永南潜心研究；盛衡、承伯，胸蕴才智、通晓时势；孙德刚直敏锐，伟南忠厚守常；德绪、义彊，志壮气刚。众多贤才志士，美名蜀汉流芳。

——赞王国山、李永南、盛衡、马承伯、李孙德、李伟南、龚德绪、王义彊

国山名甫，广汉郪人也。好人流言议。刘璋时，为州书佐。先主定蜀后，为绵竹令，还为荆州议曹从事。随先主征吴，军败于秭归，遇害。子祐，有父风，官至尚书右选郎。

王国山名甫，广汉郡郪县人。喜发议论，品评人物。刘璋时，任州书佐。刘备平定蜀地后，任绵竹县令，返任荆州议曹从事。后随刘备征伐吴国，军队大败于秭归，遇害。他的儿子王祐，很有父亲的风范，官至尚书右选郎。

永南名邵，广汉郪人也。先主定蜀后，为州书佐部从事。建兴元年，丞相亮辟为西曹掾。亮南征，留邵为治中从事，是岁卒。[11]

李永南名邵，广汉郡郪县人。刘备平定蜀地后，任州书佐部从事。建兴元年，丞相诸葛亮聘他为西曹掾。诸葛亮南征时，留下李邵任治中从事，这一年去世。

盛衡名勋，承伯名齐，皆巴西阆中人也。勋，刘璋时为州书佐，先主定蜀，辟为左将军属，后转州别驾从事，卒。齐为太守张飞功曹。飞贡之先主，为尚书郎。建兴中，从事丞相掾，迁广汉太守，复为参军。亮卒，为尚书。勋、齐皆以才干自显见，归信于州党，不如姚伷。伷字子绪，亦阆中人。先主定益州后，为功曹书佐。建兴元年，为广汉太守。丞相亮北

马盛衡名勋，马承伯名齐，都是巴西郡阆中县人。马勋在刘璋时任州书佐，刘备平定蜀地后，征召他为左将军属吏，后调任州别驾从事，去世。马齐原在太守张飞手下任功曹。张飞把他举荐给刘备，任尚书郎。建兴年间，任丞相府掾吏，升广汉郡太守，又做了张飞的参军。诸葛亮去世后，任尚书。马勋、马齐都因颇有才干而引人注目，不过就地方上的威望而言，则不如姚伷。姚伷字子绪，也是阆中县人。刘备平定益州后，姚伷任功曹书佐。建兴元年，任广汉郡太守。丞相诸葛亮北进驻守汉中，聘他为掾吏。

驻汉中，辟为掾。并进文武之士，亮称曰："忠益者莫大于进人，进人者各务其所尚；今姚掾并存刚柔，以广文武之用，可谓博雅矣，愿诸掾各希此事，以属其望。"迁为参军。亮卒，稍迁为尚书仆射。时人服其真诚笃粹。延熙五年卒，在作赞之后。

孙德名福，梓潼涪人也。先主定益州后，为书佐、西充国长、成都令。建兴元年，徙巴西太守，为江州督、扬威将军，入为尚书仆射，封平阳亭侯。延熙初，大将军蒋琬出征汉中，福以前监军领司马，卒。⑫

伟南名朝，永南兄。郡功曹，举孝廉，临邛令，入为别驾从事。随先主东征吴，章武二年卒于永安。⑬

德绪名禄，巴西安汉人也。先主定益州，为郡从事牙门将。建兴三年，为越嶲太守，随丞相亮南征，为蛮夷所害，时年三十一。弟衡，景耀中为领军。义彊名士，广汉郪人，国山从兄也。从先主入蜀后，举孝廉，为符节长，迁牙门将，出为宕渠太守，徙在犍为。会丞相亮南征，转为益州太守，将南行，为蛮夷所害。

休元轻寇，损时致害，文进奋身，同此颠沛，患生一人，至于弘大。

——赞冯休元、张文进

休元名习，南郡人。随先

姚伷善于推荐文才武将，诸葛亮称赞说："忠而有益于国家的事没有比举荐人才更大的了，举荐人才的人各专注于自己所崇尚的方面；而今掾吏姚伷却能并察文武人才，以满足国家对文臣武将的需要，可称得上博识高雅了，希望各位掾吏都效法这一行为，不要辜负我对大家的期望。"就提拔姚伷做了参军。诸葛亮去世后，逐渐升至尚书仆射。当时的人都敬服他的真诚笃厚。延熙五年去世，在写这篇赞文之后。

李孙德名福，梓潼郡涪县人。刘备平定益州后，任书佐、西充国长、成都令。建兴元年，调任巴西太守，担任江州督、扬威将军，回朝廷后任尚书仆射，封平阳亭侯。延熙初年，大将军蒋琬出征汉中，李福以前监军的身份兼任司马，之后去世。

李伟南名朝，是李永南的哥哥。原任郡功曹，后举荐为孝廉，任临邛县令，入朝任别驾从事。随刘备东征吴国，章武二年在永安去世。

龚德绪名禄，巴西郡安汉县人。刘备平定益州后，任郡从事史、牙门将。建兴三年，任越嶲太守，随丞相诸葛亮南征，为蛮夷所害，当时三十一岁。他的弟弟龚衡，景耀年间任领军。王义彊名士，广汉郡郪县人，是王国山的堂兄。随刘备进入蜀地后，被举荐为孝廉，任符节县长，升牙门将，出任宕渠郡太守，调任犍为太守。逢诸葛亮南征，改任益州太守，将要南行时，为蛮夷所害。

休元过于藐视敌人，延误战机导致身亡；文进奋勇杀敌，一同遭此厄难。生死患难与共，精神光大长存。

——赞冯休元、张文进

冯休元名习，南郡人。随刘备进入蜀地。刘备东

主入蜀。先主东征吴，习为领军，统诸军，大败于猇亭。

文进名南，亦自荆州随先主入蜀，领兵从先主征吴，与习俱死。时又有义阳傅肜，先主退军，断后拒战，兵人死尽，吴将语肜令降，肜骂曰："吴狗！何有汉将军降者！"遂战死。拜子佥为左中郎，后为关中都督，景耀六年，又临危授命。论者嘉其父子奕世忠义。[14]

江阳刚烈，立节明君，兵合遇寇，不屈其身，单夫只役，陨命于军。

——赞程季然

季然名畿，巴西阆中人也。刘璋时为汉昌长。县有赍人，种类刚猛，昔高祖以定关中。巴西太守庞羲以天下扰乱，郡宜有武卫，颇招合部曲。有谗于璋，说羲欲叛者，璋阴疑之。羲闻，甚惧，将谋自守，遣畿子郁宣旨，索兵自助。畿报曰："郡合部曲，本不为叛，虽有交构，要在尽诚；若必以惧，遂怀异志，非畿之所闻。"并敕郁曰："我受州恩，当为州牧尽节。汝为郡吏，当为太守效力，不得以吾故有异志也。"羲使人告畿曰："尔子在郡，不从太守，家将及祸！"畿曰："昔乐羊为将，饮子之羹，非父子无恩，大义然也。今虽复羹子，吾必饮之。"羲知畿必不为己，厚陈谢于璋以致无咎。璋闻之，迁畿江阳太守。先主领益

征吴国，冯习担任领军，统督诸军，最终大败于猇亭。

张文进名南，也从荆州随刘备进入蜀地，领兵马随刘备征讨吴国，与冯习同时阵亡。当时还有义阳郡人傅肜，在刘备退兵时，他断后抵御敌兵，身边部卒全部战死，吴国将领劝傅肜投降，傅肜骂道："吴狗，哪有汉朝将军投降的！"终致战死。其子傅佥被任命为左中郎将，后为关中都督，景耀六年，又在蜀国危急关头时接受君命。论者都赞扬他们父子两代忠义。

江阳太守刚正忠烈，恪守臣节以报君恩，临敌交战，不屈其身，单枪匹马，战死沙场。

——赞程季然

程季然名畿，巴西郡阆中县人。刘璋时任汉昌县长。该县有赍族人，本性刚烈凶猛，早先汉高祖刘邦曾借助他们平定关中。巴西太守庞羲认为天下混乱，郡中应有武装保卫，于是招集了不少赍族人组成军队。有人向刘璋进谗言，说庞羲想要谋反，刘璋对此暗暗怀疑。庞羲知道后，非常害怕，打算谋求自保，于是派程畿的儿子程郁向各处传达旨令，增兵自助。程畿回复说："郡中组织军队，本意不是谋反，虽有谣言，但关键在于自己是否竭尽忠诚；如果一定因此而害怕，以致怀有二心，那不是我程畿愿意听到的。"又告诫程郁说："我受州牧的恩遇，当为州牧尽到气节。你作为郡吏，当为太守效力，不得因我的缘故而怀有二心。"庞羲派人告知程畿说："你的儿子在我郡中，若不顺从本太守，灾祸就要降临你家!"程畿说："昔日乐羊为将，忍痛喝下敌人用他儿子烹制的羹汁，这并非父子之间没有恩义，而是为国尽忠的大义所致。今天即使又要把我的儿子烹制为羹汁，我也必定会喝下它。"庞羲心知程畿必不会依附自己，于是向刘璋深深地认错请罪，因而没有产生恶果。刘璋得知此事，提拔程畿做了江阳太守。刘备兼任益州州牧后，聘他为从事祭酒。后随刘备

州牧，辟为从事祭酒。后随先主征吴，遇大军败绩，泝江而还，或告之曰：“后追已至，解船轻去，乃可以免。”畿曰：“吾在军，未曾为敌走，况从天子而见危哉！”追人遂及畿船，畿身执戟战，敌船有覆者。众大至，共击之，乃死。

征讨吴国，遇上大军溃败，逆江而逃，有人告诉他说：“后面追兵已到，你下船轻装逃跑，就可免于一死。”程畿说：“我在军中，从不曾被敌人吓跑过，何况现在是跟随天子而遇见危险呢！”追兵于是赶上了程畿的战船，程畿持戟交战，有的敌船被打沉。随即敌兵大至，一齐攻向程畿，程畿战死。

公弘后生，卓尔奇精，夭命二十，悼恨未呈。

——赞程公弘

公弘，名祁，季然之子也。

公弘后生，卓越精英，短命只有二十，可叹才华未逞。

——赞程公弘

程公弘，名祁，程季然的儿子。

古之奔臣，礼有来逼，怨兴司官，不顾大德，靡有匡救，倍成奔北，自绝于人，作笑二国。

——赞麋芳、士仁、郝普、潘濬

古代出逃之臣，依礼必受威逼，怨恨来自主管官员，竟然不顾为臣大德。于国没有辅佐之功，背信弃义逃奔敌国，最终自绝于人，赢得两国耻笑。

——赞麋芳、士仁、郝普、潘濬

麋芳字子方，东海人也，为南郡太守。士仁字君义，广阳人也，为将军，住公安，统属关羽；与羽有隙，叛迎孙权。郝普字子太，义阳人。先主自荆州入蜀，以普为零陵太守。为吴将吕蒙所谲，开城诣蒙。潘濬字承明，武陵人也。先主入蜀，以为荆州治中，典留州事，亦与关羽不穆。孙权袭羽，遂入吴。普至廷尉，濬至太常，封侯。⑮

麋芳字子方，东海郡人，任南郡太守。士仁字君义，广阳郡人，任将军，驻守公安，均为关羽部下；他们与关羽有矛盾，叛投了孙权。郝普字子太，义阳郡人。刘备从荆州进入蜀地后，任命郝普为零陵太守。他受吴国将领吕蒙欺骗，开城向吕蒙投降。潘濬字承明，武陵郡人。刘备进入蜀地，任命他为荆州治中，掌管荆州事务，也与关羽不和。孙权偷袭杀害关羽，他就投降了吴国。郝普官至廷尉，潘濬官至太常，封侯。

评曰：邓芝坚贞简亮，临官忘家，张翼亢姜维之锐，宗预御孙权之严，咸有可称。杨戏商略，意在不群，然智度有短，殆罹世难云。

评论说：邓芝坚持节操简约诚信，任职公而忘私，张翼敢与姜维的锐气抗争，宗预能抵御孙权的威严，都有可称赞之处。杨戏放任不羁，意在不随流俗，然而智谋气量不够，恐怕是遭逢人世艰难的原因吧。

①掞音夷念反,或作艳。臣松之案《汉书·礼乐志》曰“长离前掞光耀明”。左思《蜀都赋》“摛藻掞天庭”。孙权盖谓丁厷之言多浮艳也。

②《华阳国志》曰:芝征涪陵,见玄猿缘山。芝性好弩,手自射猿,中之。猿拔其箭,卷木叶塞其创。芝曰:“嘻,吾违物之性,其将死矣!”一曰:芝见猿抱子在树上,引弩射之,中猿母,其子为拔箭,以木叶塞创。芝乃叹息,投弩水中,自知当死。

③《益部耆旧传》曰:浩字叔明,治律、《春秋》,游学京师,与广汉镡粲、汉中李郃、蜀郡张霸共结为友善。大将军邓骘辟浩,稍迁尚书仆射,出为彭城相,荐隐士闾丘邈等,征拜廷尉。延光三年,安帝议废太子,唯浩与太常桓焉、太仆来历议以为不可。顺帝初立,拜浩司空,年八十三卒。

《续汉书》曰:纲字文纪,少以三公子经明行修举孝廉,不就;司徒辟,以高第为侍御史。汉安元年,拜光禄大夫,与侍中杜乔等八人同日受诏,持节分出,案行天下贪廉,墨绶有罪便收,刺史二千石以驿表闻,威惠清忠,名振郡国,号曰八隽。是时,大将军梁冀侵扰百姓,乔等七人皆奉命四出,唯纲独埋车轮于洛阳都亭不去,曰:“豺狼当路,安问狐狸?”遂上书曰:“大将军梁冀、河南尹不疑,蒙外戚之援,荷国厚恩,以刍荛之姿,安居阿保,不能敷扬五教,翼赞日月,而专为封豕长蛇,肆其贪饕,甘心好货,纵恣无厌,多树谄谀以害忠良,诚天威所不赦,大辟所宜加也。谨条其无君之心十五事于左,皆忠臣之所切齿也。”书奏御,京师震悚。时冀妹为皇后,内宠方盛,冀兄弟权重于人主,顺帝虽知纲言不诬,然无心治冀。冀深恨纲。会广陵贼张婴等众数万人杀刺史二千石,冀欲陷纲,乃讽尚书以纲为广陵太守;若不为婴所杀,则欲以法中之。前太守往,辄多请兵,及纲受拜,诏问当得兵马几何,纲对曰无用兵马,遂单车之官,径诣婴垒门,示以祸福。婴大惊惧,走欲闭门。纲又于门外罢遣吏兵,留所亲者十余人,以书语其长老素为婴所信者,请与相见,问以本变,因示以诏恩,使还请婴。婴见纲意诚,即出见纲。纲延置上坐,问其疾苦,礼毕,乃谓之曰:“前后二千石,多非其人,杜塞国恩,肆其私求。乡郡远,天子不能朝夕闻也,故民人相聚以避害。二千石信有罪矣;为之者乃非义也。忠臣不欺君以自荣,孝子不损父以求福,天子圣仁,欲文德以来之,故使太守来,思以爵禄相荣,不愿以刑也。今诚转祸为福之时也;若闻义不服,天子赫然发怒,大兵云合,岂不危乎!宜深计其利害。”婴闻,泣曰:“荒裔愚人,数为二千石所侵枉,不堪其困,故遂相聚偷生。明府仁及草木,乃婴等更生之泽,但恐投兵之日,不免孥戮耳。”纲曰:“岂其然乎!要之以天地,誓之以日月,方当相显以爵位,何祸之有乎?”婴曰:“苟赦其罪,得全首领以就农亩,则抱戴没齿,爵禄非所望也。”婴虽为大贼,起于狂暴,自以为必死,及得纲言,旷然开明,乃辞还营。明日,遂将所部万余人,与妻子面缚诣纲降。纲悉释缚慰纳,谓婴曰:“卿诸人一旦解散,方垂荡然,当条名上之,必受封赏。”婴曰:“乞归故业,不愿以秽名污明时也。”纲以其至诚,乃各从其意,亲为安处居宅。子弟欲为吏者,随才任职,欲为民者,劝以农桑,田业并丰,南州晏然。论功,纲当封,为冀所遏绝,故不得侯。天子美其功,征欲用之。婴等上书,乞留在郡二岁,建康元年,病,卒官,时年三十六。婴等三百余人,皆衰杖送纲丧至洛阳,葬讫,为起冢立祠,四时奉祭,思慕如丧考妣。天子追念不已,下诏褒扬,除一子为郎。

④《华阳国志》曰:翼子微,笃志好学,官至广汉太守。

⑤臣松之以为芝以年啁预,是不自顾。然预之此答,触人所忌。载之记牒,近为烦文。

⑥《吴历》曰:预临别,谓孙权曰:“蜀土僻小,虽云邻国,东西相赖,吴不可无蜀,蜀不可无吴,君臣凭恃,唯陛下重垂神虑。”又自说“年老多病,恐不复得奉圣颜”。

孙盛曰:夫帝王之保,唯道与义,道义既建,虽小可大,殷、周是也。苟任诈力,虽强必败,秦、项是也。况乎居偏鄙之城，恃山水之固，而欲连横万里，永相资赖哉？昔九国建合从之计，而秦人卒并六合；嚣、述营辅车之谋，而光武终兼陇、蜀。夫以九国之强，陇、汉之大，莫能相救，坐观屠覆。何者？道德之基不固，而强弱之心难一故也。而云"吴不可无蜀，蜀不可无吴"，岂不谄哉！

⑦《汉晋春秋》曰：景耀五年，姜维率众出狄道，廖化曰："'兵不戢，必自焚'，伯约之谓也。智不出敌，而力少于寇，用之无厌，何以能立？诗云'不自我先，不自我后'，今日之事也。"

⑧戏同县后进有李密者，字令伯。《华阳国志》曰：密祖父光，朱提太守。父早亡。母何氏，更适人。密见养于祖母。治《春秋左氏传》，博览多所通涉，机警辩捷。事祖母以孝闻，其侍疾则泣涕侧息，日夜不解带，膳饮汤药，必自口尝。本郡礼命不应，州辟从事，尚书郎，大将军主簿，太子洗马，奉使聘吴。吴主问蜀马多少，对曰："官用有余，人间自足。"吴主与群臣泛论道义，谓宁为人弟，密曰："愿为人兄矣。"吴主曰："何以为兄？"密曰："为兄供养之日长。"吴主及群臣皆称善。蜀平后，征西将军邓艾闻其名，请为主簿，及书招，欲与相见，皆不往。以祖母年老，心在色养。晋武帝立太子，征为太子洗马，诏书累下，郡县逼遣，于是密上书曰："臣以险衅，夙遭闵凶，生孩六月，慈父见背，行年四岁，舅夺母志。祖母刘，愍臣孤弱，躬见抚养。臣少多疾病，九岁不行，零丁孤苦，至于成立，既无伯叔，终鲜兄弟，门衰祚薄，晚有儿息。外无期功强近之亲，内无应门五尺之童，茕茕孑立，形影相吊。而刘早婴疾病，常在床蓐，臣侍汤药，未曾废离。逮奉圣朝，沐浴清化，前太守臣逵察臣孝廉，后刺史臣荣举臣秀才，臣以供养无主，辞不赴命。诏书特下，拜臣郎中，寻蒙国恩，除臣洗马，猥以微贱，当侍东宫，非臣陨首所能上报。臣具表闻，辞不就职。诏书切峻，责臣逋慢，郡县逼迫，催臣上道，州司临门，急于星火。臣欲奉诏奔驰，则刘病日笃，苟顺私情，则告诉不许，臣之进退，实为狼狈。伏惟圣朝以孝治天下，凡在故老，犹蒙矜愍，况臣孤苦，特为尤甚。且臣少仕伪朝，历职郎署，本图宦达，不矜名节。今臣亡国贱俘，至微至陋，猥蒙拔擢，宠命优渥，岂敢盘桓，有所希冀？但以刘日薄西山，气息奄奄，人命危浅，朝不虑夕。臣无祖母，无以至今日，祖母无臣，亦无以终余年，母孙二人，更相为命，是以区区不敢废远。臣今年四十有四，祖母刘今年九十有六，是臣尽节于陛下之日长，报养刘之日短也。乌鸟私情，愿乞终养。臣之辛苦，非徒蜀之人士及二州牧伯所见明知，皇天后土，实所共鉴。愿陛下矜愍愚诚，听臣微志，庶刘侥幸，保卒余年。臣生当陨首，死当结草，臣不胜犬马怖惧之情！"武帝览表曰："密不空有名也。"嘉其诚款，赐奴婢二人，下郡县供养其祖母奉膳。及祖母卒，服终，从尚书郎为河内温县令，政化严明。中山诸王每过温县，必责求供给，温吏民患之。及密至，中山王过县，欲求刍茭薪蒸，密笺引高祖过沛，宾礼老幼，桑梓之供，一无烦扰，"伏惟明王孝思惟则，动识先戒，本国望风，式歌且舞，诛求之碎，所未闻命。"自后诸王过，不敢有烦。陇西王司马子舒深敬友密，而贵势之家惮其公直。密去官，为州大中正，性方直，不曲意势位。后失荀勖、张华指，左迁汉中太守，诸王多以为冤。一年去官，年六十四卒。著《述理论》十篇，安东将军胡熊与皇甫士安并善之。

⑨《襄阳记》曰：杨颙字子昭，杨仪宗人也。入蜀，为巴郡太守，丞相诸葛亮主簿。亮尝自校簿书，颙直入谏曰："为治有体，上下不可相侵，请为明公以作家譬之。今有人使奴执耕稼，婢典炊爨，鸡主司晨，犬主吠盗，牛负重载，马涉远路，私业无旷，所求皆足，雍容高枕，饮食而已，忽一旦尽欲以身亲其役，不复付任，劳其体力，为此碎务，形疲神困，终无一成。岂其智之不如奴婢鸡狗哉？失为家主之法也。是故古人称坐而论道谓之三公，作而行之谓之士大夫。故邴吉不问横道死人而忧牛喘，陈平不肯知钱谷之数，云自有主者，彼诚达于位分之体也。今明公为治，乃躬自校簿书，流汗竟日，不亦劳乎！"亮谢之。后为东曹属典选举。颙死，亮垂泣三日。

⑩《襄阳记》曰：习祯有风流，善谈论，名亚庞统，而在马良之右。子忠，亦有名。忠子隆，为步兵校尉，掌校秘书。

⑪《华阳国志》曰：邵兄邈，字汉南，刘璋时为牛鞞长。先

主领牧，为从事，正旦命行酒，得进见，让先主曰："振威以将军宗室肺腑，委以讨贼，元功未效，先寇而灭；邈以将军之取鄙州，甚为不宜也。"先主曰："知其不宜，何以不助之？"邈曰："匪不敢也，力不足耳。"有司将杀之，诸葛亮为请，得免。久之，为犍为太守、丞相参军、安汉将军。建兴六年，亮西征，马谡在前败绩，亮将杀之，邈谏以"秦赦孟明，用伯西戎，楚诛子玉，二世不竞"，失亮意，还蜀。十二年，亮卒，后主素服发哀三日，邈上疏曰："吕禄、霍禹未必怀反叛之心，孝宣不好为杀臣之君，直以臣惧其逼，主畏其威，故奸萌生。亮身杖强兵，狼顾虎视，五大不在边，臣常危之。今亮殒没，盖宗族得全，西戎静息，大小为庆。"后主怒，下狱诛之。

⑫《益部耆旧杂记》曰：诸葛亮于武功病笃，后主遣福省侍，遂因谘以国家大计。福往具宣圣旨，听亮所言，至别去数日，忽驰思未尽其意，遂却骑驰还见亮。亮语福曰："孤知君还意。近日言语，虽弥日有所不尽，更来一决耳。君所问者，公琰其宜也。"福谢："前实失不谘请公，如公百年后，谁可任大事者？故辄还耳。乞复请，蒋琬之后，谁可任者？"亮曰："文伟可以继之。"又复问其次，亮不答。福还，奉使称旨。福为人精识果锐，敏于从政。子骧，字叔龙，亦有名，官至尚书郎、广汉太守。

⑬《益部耆旧杂记》曰：朝又有一弟，早亡，各有才望，时人号之李氏三龙。

《华阳国志》曰：群下上先主为汉中王；其文，朝所造也。

臣松之案《耆旧》所记，以朝、邵及早亡者为三龙。邈之狂直，不得在此数。

⑭《蜀记》载晋武帝诏曰："蜀将军傅佥，前在关城，身拒官军，致死不顾。佥父肜，复为刘备战亡。天下之善一也，岂由彼此以为异？"佥息著、募，后没入奚官，免为庶人。

⑮《益部耆旧杂记》载王嗣、常播、卫继三人，皆刘氏王蜀时人，故录于篇。

王嗣字承宗，犍为资中人也。其先，延熙世以功德显著。举孝廉，稍迁西安围督、汶山太守，加安远将军。绥集羌、胡，咸悉归服，诸种素桀恶者皆来首降，嗣待以恩信，时北境得以宁静。大将军姜维每出北征，羌、胡出马牛羊毡毦及义谷裨军粮，国赖其资。迁镇军，故领郡。后从维北征，为流矢所伤，数月卒。戎夷会葬，赠送数千人，号呼涕泣。嗣为人美厚笃至，众所爱信。嗣子及孙，羌、胡见之如骨肉，或结兄弟，恩至于此。

常播字文平，蜀郡江原人也。播仕县主簿功曹。县长广都朱游，建兴十五年中被上官诬劾以逋没官谷，当论重罪。播诣狱讼争，身受数千杖，肌肤刻烂，毒痛惨至，更历三狱，幽闭二年有余。每将考掠，吏先验问，播不答，言"但急行罚，无所多问"！辞终不挠，事遂分明。长免刑戮。时唯主簿杨玩亦证明其事，与播辞同。众咸嘉播忘身为君，节义抗烈。举孝廉，除郪长，年五十余卒。书于《旧德传》，后县令颍川赵敦图其像，赞颂之。

卫继字子业，汉嘉严道人也。兄弟五人。继父为县功曹。继为儿时，与兄弟随父游戏庭寺中，县长蜀郡成都张君无子，数命功曹呼其子省弄，甚怜爱之。张因言宴之间，语功曹欲乞继，功曹即许之，遂养为子。继敏达夙成，学识通博，进仕州郡，历职清显。而其余兄弟四人，各无堪当世者，父恒言己之将衰，张明府将盛也。时法禁以异姓为后，故复为卫氏。屡迁拜奉车都尉、大尚书，忠笃信厚，为众所敬。钟会之乱，遇害成都。

三国志卷四十六　吴书一

孙破虏讨逆传第一

孙坚字文台，吴郡富春人，盖孙武之后也。[①]少为县吏。年十七，与父共载船至钱唐，会海贼胡玉等从匏里上掠取贾人财物，方于岸上分之，行旅皆住，船不敢进。坚谓父曰："此贼可击，请讨之。"父曰："非尔所图也。"坚行操刀上岸，以手东西指麾，若分部人兵以罗遮贼状。贼望见，以为官兵捕之，即委财物散走。坚追，斩得一级以还；父大惊。由是显闻，府召署假尉。会稽妖贼许昌起于句章，自称阳明皇帝，[②]与其子韶扇动诸县，众以万数。坚以郡司马募召精勇，得千余人，与州郡合讨破之。是岁，熹平元年也。刺史臧旻列上功状，诏书除坚盐渎丞，数岁徙盱眙丞，又徙下邳丞。[③]

孙坚字文台，是吴郡富春县人，可能是春秋著名军事家孙武的后人。少年时代，在县里当小吏。十七岁那年，与父亲一道乘船去钱唐，适逢海贼胡玉一伙在匏里上抢劫商人财物，正在江岸上分赃，来往旅客都中断了走动，船也不敢通行。孙坚对父亲说："应该打击这伙强盗，请让我去惩罚他们。"父亲说："这不是你对付得了的。"孙坚立刻提刀上岸，用手向东向西指挥，好像是在分派部署民众、士兵来包围阻拦贼人的样子。贼人远远望见，以为是官军来捕捉他们，立刻丢弃财物，四散逃走。孙坚追了上去，砍下一个贼人的头回来，父亲大为惊奇。因此，孙坚成为远近闻名的人物。府君召见，试用孙坚为代理郡尉。会稽妖贼许昌在句章作乱，自称阳明皇帝，同他的儿子许韶到各县鼓动，追随他们的群众数以万计。孙坚用郡司马的名义招募一千多名精壮士兵，与全州各郡县联合讨伐，将他们打败。这一年，是汉灵帝熹平元年。州刺史臧旻上呈请功的文书，皇帝下诏任命孙坚担任盐渎县县丞，几年后，调任盱眙县县丞，又调任下邳县县丞。

中平元年，黄巾贼帅张角起于魏郡，托有神灵，遣八使以善道教化天下，而潜相连结，自称黄天泰平。三月甲子，三十六方一旦俱发，天下响应，燔烧郡县，杀害长吏。[④]汉遣车骑将军皇甫嵩、中郎将朱儁将兵讨击之。儁表请坚为佐

汉灵帝中平元年，黄巾贼首领张角在魏郡起事，他胡说自己有神异威灵，派遣八路使者向全国传播他所信奉的太平道，暗中却互相联络勾结，自己宣称"黄天泰平"。三月五日，三十六部的将军，在同一时间全部发动，全国响应，焚烧郡县，杀害职位高的官员。汉王朝派遣车骑将军皇甫嵩、中郎将朱儁领兵对他们进行讨伐。朱儁具文请求任用孙坚为

军司马，乡里少年随在下邳者皆愿从。坚又募诸商旅及淮、泗精兵，合千许人，与儁并力奋击，所向无前。⑤汝、颍贼困迫，走保宛城。坚身当一面，登城先入，众乃蚁附，遂大破之。儁具以状闻上，拜坚别部司马。⑥

佐军司马，追随孙坚在下邳的同乡少年，都愿意从军。孙坚又招募了众多的商人、游民及淮、泗等地受过训练的兵士，共计一千多人。与朱儁互相配合，奋力进击，所到之处，无人敢与他对抗。汝南郡、颍川郡的贼人，处境困难窘迫，他们奔逃去保守宛城。孙坚单独对付一方面的贼人，首先登上城墙，攻入宛城；众军士像蚁群一样紧随着他，将贼人打得大败。朱儁以文书具实向皇上报告，任命孙坚为别部司马。

边章、韩遂作乱凉州，中郎将董卓拒讨无功。中平三年，遣司空张温行车骑将军，西讨章等。温表请坚与参军事，屯长安。温以诏书召卓，卓良久乃诣温。温责让卓，卓应对不顺。坚时在坐，前耳语谓温曰："卓不怖罪而鸱张大语，宜以召不时至，陈军法斩之。"温曰："卓素著威名于陇蜀之间，今日杀之，西行无依。"坚曰："明公亲率王兵，威震天下，何赖于卓？观卓所言，不假明公，轻上无礼，一罪也。章、遂跋扈经年，当以时进讨，而卓云未可，沮军疑众，二罪也。卓受任无功，应召稽留，而轩昂自高，三罪也。古之名将，仗钺临众，未有不断斩以示威者也，是以穰苴斩庄贾，魏绛戮杨干。今明公垂意于卓，不即加诛，亏损威刑，于是在矣。"温不忍发举，乃曰："君且还，卓将疑人。"坚因起出。章、遂闻大兵向至，党众离散，皆乞降。军还，议者以军未临敌，不断功赏，然闻坚数卓三罪，劝

边章、韩遂在凉州作乱，中郎将董卓出兵防御讨伐，未取得成功。汉灵帝中平三年，派遣司空张温兼任车骑将军，西行征讨边章等人。张温上表请求派遣孙坚参谋军事，驻兵长安。张温以皇帝的诏书召见董卓，董卓拖延了好久才来见张温。张温责问董卓，董卓的答话很不恭顺。当时，孙坚在场，他走向前去，对张温附耳低声说："董卓不畏罪，嚣张专横，大声言语，应当以奉召不准时来见的罪过，按军法杀了他。"张温说："在蜀、陇一带，董卓平素很有威望名声，现在杀了他，我们西征便失去了依靠。"孙坚说："您亲自率领皇上的军队，威名远播全国，何必要依靠董卓？察考董卓的言行，他不亲近您，轻慢皇上，毫无礼貌，这是第一条罪状。边章、韩遂暴虐骄横多年，应当及时征讨，而董卓却表示不可，阻止我们西征，使众人产生种种疑虑，这是第二条罪状。董卓受朝廷的委任，征讨章、遂，没有成功；反而自命不凡，狂妄自大；这是第三条罪状。古代的名将，受皇上符节斧钺，率领众军将出征，没有不果断施用斩刑来显示威严的；因此司马穰苴斩了齐景公的宠臣、有意违犯军令的监军庄贾，魏绛斩了晋侯弟弟杨干的御仆，使杨干受辱。现在您看重董卓，不立即给予惩罚，使威严的军法受到损害，在这个事件上表现得很明显了。"张温不忍心立即行动，却说："你暂时回去，董卓将要怀疑有人要害他了。"孙坚就起身离去。章、遂听说征讨他们的大军将到，众叛亲离，都乞求投降。张温领军回朝，议论这次出征的人认为：出征大军没有直接与敌人作战，不当论功授奖。但听说孙坚责数董卓的三条罪状，劝张温

温斩之，无不叹息。拜坚议郎。时长沙贼区星自称将军，众万余人，攻围城邑，乃以坚为长沙太守。到郡亲率将士，施设方略，旬月之间，克破星等。⑦周朝、郭石亦帅徒众起于零、桂，与星相应。遂越境寻讨，三郡肃然。汉朝录前后功，封坚乌程侯。⑧

灵帝崩，卓擅朝政，横恣京城。诸州郡并兴义兵，欲以讨卓⑨。坚亦举兵。荆州刺史王叡素遇坚无礼，坚过杀之。⑩比至南阳，众数万人。南阳太守张咨闻军至，晏然自若。⑪坚以牛酒礼咨，咨明日亦答诣坚。酒酣，长沙主簿入白坚："前移南阳，而道路不治，军资不具，请收主簿推问意故。"咨大惧欲去，兵陈四周不得出。有顷，主簿复入白坚："南阳太守稽停义兵，使贼不时讨，请收出案军法从事。"便牵咨于军门斩之。郡中震栗，无求不获。⑫前到鲁阳，与袁术相见。术表坚行破虏将军，领豫州刺史。遂治兵于鲁阳城。当进军讨卓，遣长史公仇称将兵从事还州督促军粮。施帐幔于城东门外，祖道送称，官属并会。卓遣步骑数万人逆坚，轻骑数十先到。坚方行酒谈笑，敕部曲整顿行陈，无得妄动。后骑渐益，坚徐罢坐，导引入城，乃谓左右曰："向坚所以不即起者，恐

杀掉董卓而不被采纳的事，没有人不叹息的。任命孙坚为议郎。当时长沙贼人区星自称将军，率贼众一万多人，攻打围困城镇，于是任命孙坚为长沙太守。到任后，孙坚亲自率领将士，施行所制定的方案、策略，大约一个月时间，便打败了区星等人。周朝、郭石率领部属在零陵、桂阳作乱，与区星互相呼应。孙坚在打败区星以后，越过长沙郡界，连续追寻征讨，长沙、零陵、桂阳三郡平定清静了。东汉朝廷表彰孙坚前后的功绩，封他为乌程侯。

汉灵帝死后，董卓独掌朝政，在京城横行霸道。全国各州郡兴起了伸张正义的义兵，准备讨伐董卓。孙坚也起兵参战。荆州刺史王叡平时对孙坚无礼，这次孙坚领兵经过荆州时杀了他。及至到达南阳，已有部属几万人。南阳太守张咨听说孙坚的军队将要到达的消息，安然自在，像没有事情的样子。孙坚用牛酒作为礼物送给张咨，张咨也在次日亲自来向孙坚答谢。宾主饮酒正欢，长沙主簿进前向孙坚报告："日前，我军移驻南阳，沿途道路没有修整，军用物资也不供给，请拘捕南阳主簿审问，追查他们的意图与事件原因。"张咨大为惊恐，想乘机离去。孙坚的士兵布满四周，张咨不能出走。不久，长沙主簿又进前向孙坚报告："南阳太守稽延阻止义兵，致使我们不能及时讨贼，请求将他拘捕，按照军法处理。"便将张咨拖出军营大门，将他杀死。南阳全郡震动惊惧，不论孙坚提出什么要求，无不尽量满足。孙坚又引军前行到达鲁阳，与袁术相会。袁术上表请求任命孙坚为破虏将军，兼任豫州刺史。于是，孙坚进驻鲁阳练兵。当要进军征讨董卓时，派遣长史公仇称领兵回本州督促运送军粮。在鲁阳城东门外设置帐幕，置酒行礼，隆重祭祀路神为公仇称送行，长官、属员都来了。董卓派遣步兵、骑兵数万人阻击孙坚，轻装的骑兵数十人，最先到达。孙坚正在劝酒谈笑。他立即命令所属各队，按照编制整顿军队的行列、队形，不得乱动。董卓的后续骑兵，逐渐来得更多，这时孙坚才缓慢地离开坐席，带领众人进城，他告诉随侍左右的人员说："先前我所以不

兵相蹈藉，诸君不得入耳。”卓兵见坚士众甚整，不敢攻城，乃引还。[13]坚移屯梁东，大为卓军所攻，坚与数十骑溃围而出。坚常著赤罽帻，乃脱帻令亲近将祖茂著之。卓骑争逐茂，故坚从间道得免。茂困迫，下马，以帻冠冢间烧柱，因伏草中。卓骑望见，围绕数重，定近觉是柱，乃去。坚复相收兵，合战于阳人，大破卓军，枭其都督华雄等。是时，或间坚于术，术怀疑，不运军粮。[14]阳人去鲁阳百余里，坚夜驰见术，画地计校，曰：“所以出身不顾，上为国家讨贼，下慰将军家门之私仇。坚与卓非有骨肉之怨也，而将军受谮润之言，还相嫌疑！”[15]术踧踖，即调发军粮。坚还屯。卓惮坚猛壮，乃遣将军李傕等来求和亲，令坚列疏子弟任刺史、郡守者，许表用之。坚曰：“卓逆天无道，荡覆王室，今不夷汝三族，县示四海，则吾死不瞑目，岂将与乃和亲邪？”复进军大谷，拒雒九十里。[16]卓寻徙都西入关，焚烧雒邑。坚乃前入至雒，修诸陵，平塞卓所发掘。[17]讫，引军还，住鲁阳。[18]

初平三年，术使坚征荆州，击刘表。表遣黄祖逆于樊、邓之间。坚击破之，追渡汉水，遂围襄阳，单马行岘山，为祖

立即起身的原因，是担心士兵拥挤，互相践踏，诸位不得入城呢。”董卓的军队看见孙坚的士兵队形整齐，不敢攻城，就撤兵返回了。孙坚移军驻在梁县的东边，受到董卓大军的攻击，孙坚与数十骑兵突破卓军的包围，向外出走。孙坚平时戴毛织的红色头巾，便取下头巾给自己的亲信将领祖茂戴上。董卓的骑兵误以祖茂为孙坚，争先恐后地追逐祖茂，所以孙坚能从小路逃走，得免于难。祖茂被卓军围困窘迫，从马上下来，将头巾戴在坟冢间被焚烧过的短柱上面，自己伏藏在杂草丛中。董卓的骑兵远远望见，内外包围了几层，停顿下来，近前发现是一根短柱，才慢慢离去。孙坚又选择时机集中兵力，在阳人聚与卓军会战，将卓军打得大败，杀了卓军都督华雄等人，将他们的头砍下悬挂在木杆上示众。这个时候，有人挑拨破坏孙坚与袁术的关系，袁术对孙坚产生了怀疑，不为孙坚运送军粮。阳人聚距离鲁阳百多里，孙坚连夜飞马奔驰去与袁术相见，画着地面指画争辩，说道：“我献身力战，不顾个人安危的原因，对上，是为国家讨伐叛贼；对下，也是为了安慰您、为您的家族报仇。我与董卓并没有杀父母、亲子的仇恨，而您却听从诬陷我的话，反而嫌忌怀疑我！”袁术听后很受感动，表现出局促不安的样子，立即调发军粮。孙坚返回驻地。董卓畏惧孙坚的勇猛，派遣将军李傕等人前来讲和结亲，要孙坚开列子弟可以出任刺史、郡守的名单，答应呈请皇上任用他们。孙坚回答说：“董卓违反天命，动摇颠覆大汉王朝，如果不灭三族，将首级悬示全国，那我死不瞑目，难道还能够与这样的人讲和结亲吗？”孙坚便进军到达大谷，距离洛阳九十里。董卓不久迁都西行进入函谷关，放火焚毁了洛阳。孙坚于是向前进军到达洛阳，修缮各处陵墓，填平修复被董卓所发掘破坏的地方。整修完毕，率领军队返回，驻军鲁阳。

汉献帝刘协初平三年，袁术要孙坚向南征讨荆州，攻击刘表。刘表派遣黄祖在樊城、邓县之间阻击孙坚。孙坚打败了黄祖，追击黄祖的军队，渡过汉水，包围了襄阳。孙坚匹马向前行进岘山，被黄祖的

军士所射杀[19]。兄子贲，帅将士众就术，术复表贲为豫州刺史。

坚四子：策、权、翊、匡。权既称尊号，谥坚曰武烈皇帝。[20]

策字伯符。坚初兴义兵，策将母徙居舒，与周瑜相友，收合士大夫，江、淮间人咸向之。[21]坚薨，还葬曲阿。已乃渡江居江都。[22]

徐州牧陶谦深忌策。策舅吴景，时为丹杨太守，策乃载母徙曲阿，与吕范、孙河俱就景，因缘召募得数百人。兴平元年，从袁术。术甚奇之，以坚部曲还策。[23]太傅马日磾杖节安集关东，在寿春以礼辟策，表拜怀义校尉，术大将乔蕤、张勋皆倾心敬焉。术常叹曰："使术有子如孙郎，死复何恨！"策骑士有罪，逃入术营，隐于内厩。策指使人就斩之，讫，诣术谢。术曰："兵人好叛，当共疾之，何为谢也？"由是军中益畏惮之。术初许策为九江太守，已而更用丹杨陈纪。后术欲攻徐州，从庐江太守陆康求米三万斛。康不与，术大怒。策昔曾诣康，康不见，使主簿接之。策尝衔恨。术遣策攻康，谓曰："前错用陈纪，每恨本意不遂。今若得康，庐江真卿有也。"策攻康，拔之，术复用其故吏刘勋为太守，策益失望。先是，刘繇为扬州刺史，州旧治寿春。寿春，术已据之，繇乃

军士乱箭射死。孙坚兄长孙羌的儿子孙贲，带领孙坚部属的官兵依附袁术，袁术又上表请求授任孙贲为豫州刺史。

孙坚有四个儿子：孙策、孙权、孙翊、孙匡。孙权称帝以后，追尊孙坚为武烈皇帝。

孙策，字伯符。当孙坚起兵进讨董卓的时候，孙策侍奉母亲，移居舒县，与周瑜建立了亲密的友谊，团结当时社会上很多居官而有名望的人物，江、淮之间的人们都归向于他。孙坚死后，归葬曲阿。丧事结束后，孙策便渡过长江，移居到了江都。

徐州刺史陶谦很忌惮孙策。孙策的舅父吴景，这时担任丹杨太守，孙策便用车将母亲迁移到曲阿，他与吕范、孙河都去依附吴景，利用各种机缘招募了几百人。汉献帝刘协兴平元年，孙策追随袁术。袁术认为他很不平凡，将孙坚原来的部属归还了孙策。太傅马日磾奉命安抚函谷关以东地区的吏民，在寿春以礼征召孙策，报请皇上任命他为怀义校尉，袁术的大将乔蕤、张勋对孙策也诚心敬重。袁术经常叹息说："如果我有儿子能像孙郎，就是死了又会有什么遗憾呢！"孙策的骑士有罪，逃进袁术的军营，躲藏在营内的马棚里。孙策派人在马棚内将骑士杀死，事后，孙策亲自向袁术谢罪。袁术说："兵士好叛逃，我们都应该憎恨，为何还要谢罪呢？"因此，军中上下更加畏惧孙策了。袁术最初同意孙策任九江太守，不久却改变了主意，用了丹杨陈纪。以后，袁术想进攻徐州，向庐江太守陆康索取三万斛稻米。陆康不给，袁术大怒。孙策以前曾经往见陆康，陆康不与孙策相见，派庐江主簿接待，孙策曾怀恨在心。袁术派遣孙策攻击陆康，告诉孙策说："先前，我错用了陈纪，常常悔恨我的本意没有实现。现在如果俘获了陆康，庐江郡就真的为您所有了。"孙策进击陆康，夺取了庐江，袁术又任用他的旧部属刘勋为庐江太守，孙策更加失望。在这以前，刘繇任扬州刺史，扬州刺史官署原在寿春。寿春，已为袁术占据，于是刘繇渡江在曲阿设立扬州刺史的官署。当

渡江治曲阿。时吴景尚在丹杨，策从兄贲又为丹杨都尉，繇至，皆迫逐之。景、贲退舍历阳。繇遣樊能、于麋东屯横江津，张英屯当利口，以距术。术自用故吏琅邪惠衢为扬州刺史，更以景为督军中郎将，与贲共将兵击英等，连年不克。策乃说术，乞助景等平定江东。[24]术表策为折冲校尉，行殄寇将军，兵财千余，骑数十匹，宾客愿从者数百人。比至历阳，众五六千。策母先自曲阿徙于历阳，策又徙母阜陵，渡江转斗，所向皆破，莫敢当其锋，而军令整肃，百姓怀之。[25]

时，吴景尚在丹杨，孙策的堂兄孙贲任丹杨都尉，刘繇到了曲阿，强迫驱逐他们。吴景、孙贲只得退居历阳。刘繇派遣樊能、于麋东向驻守横江津，张英驻守当利口，共同阻击袁术。袁术自己任用旧部属琅邪惠衢为扬州刺史，更任用吴景为督军中郎将，与孙贲共同领兵进击张英等人，连续几年都未能取得胜利。于是孙策劝说袁术，请求帮助吴景等人平定长江下游南岸地区。袁术具文呈请任命孙策为折冲校尉，兼殄寇将军，孙策的士兵仅有一千多人，战马数十匹，愿意随从他的门客有几百人。及至到达历阳，已有兵众五六千人。孙策的母亲原来已经从曲阿迁移到了历阳，现在又将母亲迁至阜陵。孙策渡过长江，转战各地，所到之处，都取得了胜利，没有谁敢阻挡他进军的锋芒，他的军令统一严肃，百姓都归向于他。

策为人，美姿颜，好笑语，性阔达听受，善于用人，是以士民见者，莫不尽心，乐为致死。刘繇弃军遁逃，诸郡守皆捐城郭奔走[26]。吴人严白虎等众各万余人，处处屯聚。吴景等欲先击破虎等，乃至会稽。策曰："虎等群盗，非有大志，此成禽耳。"遂引兵渡浙江，据会稽，屠东冶，乃攻破虎等。[27]尽更置长吏，策自领会稽太守，复以吴景为丹杨太守，以孙贲为豫章太守；分豫章为庐陵郡，以贲弟辅为庐陵太守，丹杨朱治为吴郡太守。彭城张昭、广陵张纮、秦松、陈端等为谋主。[28]时袁术僭号，策以书责而绝之。[29]曹公表策为讨逆将军，封为吴侯。[30]后术死，长史杨弘、大将张勋等将其众欲就

孙策这人，风度姿态容颜修美，喜爱笑谈，性格豁达开朗，易于听取他人的意见，善于用人；因为这样，凡是见到了他的士民，没有哪一个人不乐于为他效力，以至于死。刘繇抛弃军队逃走，众郡守也都丢下城池跑散了。吴人严白虎等，各有部众一万多人，他们到处集结。吴景等人想首先打败严白虎这一伙，便到了会稽。孙策说："严白虎这伙贼人，没有远大志向，这次一定会被我们俘获了。"他便引兵渡过浙江，占领会稽，血洗东冶城，打败了严白虎等人。全部重新任用高级吏员，孙策自任会稽太守，任吴景为丹杨太守，任孙贲为豫章太守；分豫章郡一部分新建庐陵郡，任孙贲弟孙辅为庐陵太守，任丹杨朱治为吴郡太守。彭城张昭、广陵张纮、秦松、陈端等都是谋士。这时，袁术妄称帝号，孙策致书谴责，断绝了与他的关系。曹操上书呈请朝廷授孙策为讨逆将军，封吴侯。以后袁术死，长史杨弘、大将张勋等率领他们的部属想来亲附孙策，庐江太守刘勋截击，将他们全部俘虏，收缴了他们的珍宝，得胜回

策，庐江太守刘勋要击，悉虏之，收其珍宝以归。策闻之，伪与勋好盟。勋新得术众，时豫章上缭宗民万余家在江东，策劝勋攻取之。勋既行，策轻军晨夜袭拔庐江，勋众尽降，勋独与麾下数百人自归曹公。[31]是时袁绍方强，而策并江东，曹公力未能逞，且欲抚之。[32]乃以弟女配策小弟匡，又为子章取贲女，皆礼辟策弟权、翊，又命扬州刺史严象举权茂才。

归。孙策听说后，假意与刘勋友好结盟。刘勋新近得到了袁术的民众，当时豫章上缭宗族聚居的民众万余家住在江南，孙策劝刘勋攻取他们。刘勋引军出发后，孙策率领轻装的军队日夜兼程出其不意地夺取了庐江，刘勋部下全部投降，刘勋自己与所率领的数百人投奔了曹操。这时，袁绍势力强大，孙策并吞了江东，曹操的势力还不能对孙策完全施展，只有暂时安抚孙姓家族。于是将弟女许配孙策的小弟孙匡，又为儿子曹章娶了孙贲的女儿，同时礼聘策弟孙权、孙翊，又命令扬州刺史严象推举孙权为秀才。

建安五年，曹公与袁绍相拒于官渡，策阴欲袭许，迎汉帝，[33]密治兵，部署诸将。未发，会为故吴郡太守许贡客所杀。先是，策杀贡，贡小子与客亡匿江边。策单骑出，卒与客遇，客击伤策。[34]创甚，请张昭等谓曰：“中国方乱，夫以吴、越之众，三江之固，足以观成败。公等善相吾弟！”呼权佩以印绶，谓曰：“举江东之众，决机于两陈之间，与天下争衡，卿不如我；举贤任能，各尽其心，以保江东，我不如卿。”至夜卒，时年二十六。[35]

汉献帝刘协建安五年，曹操与袁绍在官渡大战，孙策想乘机偷袭许昌，迎奉汉献帝，秘密训练士兵，对众多将领布置了具体的任务。还没有发动，恰巧被原吴郡太守许贡的门客杀死。在这以前，孙策杀了许贡，许贡的小儿子与门客逃藏在江边。孙策独自骑马出行，突然与许贡门客相遇，门客将孙策杀伤。孙策伤势严重，请来张昭等人，对他们说：“中原正在大乱，凭借吴、越的人众，三江的险固，我们完全可以坐观成败。诸公要好好辅助我的弟弟。”呼唤孙权，将官印佩带在他身上，对他说：“运用江东的人力，在两阵之间把握有利的战机，同天下人争胜，你不如我；选举贤良，任用能人，使人们尽心竭力，共同保卫江东，我不如你。”到了晚上，孙策死，时年二十六岁。

权称尊号，追谥策曰长沙桓王，封子绍为吴侯，后改封上虞侯。绍卒，子奉嗣。孙晧时，讹言谓奉当立，诛死。

孙权称帝以后，追尊孙策为长沙桓王，封策子绍为吴侯，后又改封为上虞侯。孙绍死，儿子孙奉继承封爵。孙晧时，谣传说孙奉应该当皇帝，孙奉被处死。

评曰：孙坚勇挚刚毅，孤微发迹，导温戮卓，山陵杜塞，有忠壮之烈。策英气杰济，猛锐冠世，览奇取异，志陵中夏。然皆轻佻果躁，陨身致败。且

评论说：孙坚勇敢凶猛，刚强坚毅，出身寒微，却能富贵显赫，劝说张温刑斩董卓，修复洛阳被破坏了的帝王陵墓，有忠贞壮烈的功业表现。孙策才智超群，勇猛坚决，可称当代第一。能出奇制胜，有陵盖中原的大志。可是，孙坚、孙策都轻佻、果敢、急

割据江东，策之基兆也，而权尊崇未至，子止侯爵，于义俭矣。㊱

躁，导致丧身败亡。割据江东，成就帝业，孙策奠定了最初的基础，而孙权给予他的尊荣、崇敬却偏低，儿子也只是封侯，从情理来说，是有所欠缺的。

---

①《吴书》曰：坚世仕吴，家于富春，葬于城东。冢上数有光怪，云气五色，上属于天，曼延数里。众皆往观视。父老相谓曰："是非凡气，孙氏其兴矣！"及母怀妊坚，梦肠出绕吴昌门，寤而惧之，以告邻母。邻母曰："安知非吉征也。"坚生，容貌不凡，性阔达，好奇节。

②《灵帝纪》曰：昌以其父为越王也。

③《江表传》曰：坚历佐三县，所在有称，吏民亲附。乡里知旧，好事少年，往来者常数百人，坚接抚待养，有若子弟焉。

④《献帝春秋》曰：角称天公将军，角弟宝称地公将军，宝弟梁称人公将军。

⑤《吴书》曰：坚乘胜深入，于西华失利。坚被创堕马，卧草中。军众分散，不知坚所在。坚所骑骢马驰还营，踣地呼鸣，将士随马于草中得坚。坚还营十数日，创少愈，乃复出战。

⑥《续汉书》曰：儁字公伟，会稽人，少好学，为郡功曹，察孝廉，举进士。汉朝以讨黄巾功拜车骑将军，累迁河南尹。董卓见儁，外甚亲纳，而心忌之，儁亦阴备焉。关东兵起，卓议移都，儁辄止卓。卓虽惮儁，然贪其名重，乃表拜太仆以自副。儁被召不肯受拜，因进曰："国不宜迁，必孤天下望，成山东之结，臣不见其可也。"有司诘曰："召君受拜而君拒之，不问徙事而君陈之，何也？"儁曰："副相国，非臣所堪也。迁都非计，臣之所急也。辞所不堪，进臣所急，臣之所宜也。"有司曰："迁都之事，初无此计也，就有，未露，何所受闻？"儁曰："相国董卓为臣说之，臣闻之于相国。"有司不能屈，朝廷称服焉。后为太尉。李傕、郭汜相攻，劫质天子公卿，儁性刚，即发病而卒。

⑦《魏书》曰：坚到郡，郡中震服，任用良吏。敕吏曰："谨遇良善，治官曹文书，必循治，以盗贼付太守。"

⑧《吴录》曰：是时庐江太守陆康从子作宜春长，为贼所攻，遣使求救于坚。坚整严救之。主簿进谏，坚答曰："太守无文德，以征伐为功，越界攻讨，以全异国。以此获罪，何愧海内乎？"乃进兵往救，贼闻而走。

⑨《江表传》曰：坚闻之，拊膺叹曰："张公昔从吾言，朝廷今无此难也。"

⑩案《王氏谱》，叡字通耀，晋太保祥伯父也。

《吴录》曰：叡先与坚共击零、桂贼，以坚武官，言颇轻之。及叡举兵欲讨卓，素与武陵太守曹寅不相能，扬言当先杀寅。寅惧，诈作案行使者光禄大夫温毅檄，移坚，说叡罪过，令收行刑讫，以状上。坚即承檄勒兵袭叡。叡闻兵至，登楼望之，遣问欲何为，坚前部答曰："兵久战劳苦，所得赏，不足以为衣服，诣使君更乞资直耳。"叡曰："刺史岂有所吝？"便开库藏，使自入视之，知有所遗不。兵进及楼下，叡见坚，惊曰："兵自求赏，孙府君何以在其中？"坚曰："被使者檄诛君。"叡曰："我何罪？"坚曰："坐无所知。"叡穷迫，刮金饮之而死。

⑪《英雄记》曰：咨字子议，颍川人，亦知名。

《献帝春秋》曰：袁术表坚假中郎将。坚到南阳，移檄太守请军粮。咨以问纲纪，纲纪曰："坚邻郡二千石，不应调发。"咨遂不与。

⑫《吴历》曰：初坚至南阳，咨既不给军粮，又不肯见坚。坚欲进兵，恐有后患，乃诈得急疾，举军震惶，迎呼巫医，祷祀山川。遣所亲人说咨，言病困，欲以兵付咨。咨闻之，心利其兵，即将步骑五六百人诣营省坚。坚卧与相见。无何，卒然而起，按剑骂咨，遂执斩之。此语与本传不同。

⑬《英雄记》曰：初坚讨董卓，到梁县之阳人。卓亦遣兵步骑五千迎之，陈郡太守胡轸为大督护，吕布为骑督，其余步骑

将校都督者甚众。輆字文才，性急，预宣言曰："今此行也，要当斩一青绶，乃整齐耳。"诸将闻而恶之。军到广成，去阳人城数十里。日暮，士马疲极，当止宿，又本受卓节度宿广成，秣马饮食，以夜进兵，投晓攻城。诸将恶惮輆，欲贼败其事，布等宣言"阳人城中贼已走，当追寻之；不然失之矣"，便夜进军。城中守备甚设，不可掩袭。于是吏士饥渴，人马甚疲，且夜至，又无堑垒。释甲休息，而布又宣言相惊，云"城中贼出来"。军众扰乱奔走，皆弃甲，失鞍马。行十余里，定无贼，会天明，便还，拾取兵器，欲进攻城。城守已固，穿堑已深，輆等不能攻而还。

⑭《江表传》曰：或谓术曰："坚若得洛，不可复制，此为除狼而得虎也。"故术疑之。

⑮《江表传》载坚语曰："大勋垂捷而军粮不继，此吴起所以叹泣于西河，乐毅所以遗恨于垂成也。愿将军深思之。"

⑯《山阳公载记》曰：卓谓长史刘艾曰："关东军败数矣，皆畏孤，无能为也。惟孙坚小戆，颇能用人，当语诸将，使知忌之。孤昔与周慎西征，慎围边、韩于金城。孤语张温，求引所将兵为慎作后驻。温不听。孤时上言其形势，知慎必不克。台今有本末。事未报，温又使孤讨先零叛羌，以为西方可一时荡定。孤皆知其不然而不得止，遂行，留别部司马刘靖将步骑四千屯安定，以为声势。叛羌便还，欲截归道，孤小击辄开，畏安定有兵故也。虏谓安定当数万人，不知但靖也。时又上章言状，而孙坚随周慎行，谓慎求将万兵造金城，使慎以二万作后驻，边、韩城中无宿谷，当于外运，畏慎大兵，不敢轻与坚战，而坚兵足以断其运道，儿曹用必还羌谷中，凉州或能定也。温既不能用孤，慎又不用坚，自攻金城，坏其外垣，驰使语温，自以克在旦夕，温时亦自以计中也。而渡辽儿果断葵园，慎弃辎重走，果如孤策。台以此封孤都乡侯。坚以佐军司马，所见与人同，自为可耳。"艾曰："坚虽时见计，故自不如李傕、郭汜。闻在美阳亭北，将千骑步与虏合，殆死，亡失印绶，此不为能也。"卓曰："坚时乌合义从，兵不如虏精，且战有利钝。但当论山东大势，终无所至耳。"艾曰："山东儿驱略百姓，以作寇逆，其锋不如人，坚甲利兵强弩之用又不如人，亦安得久？"卓曰："然，但杀二袁、刘表、孙坚，天下自服从孤耳。"

⑰《江表传》曰：旧京空虚，数百里中无烟火。坚前入城，惆怅流涕。

《吴书》曰：坚入洛，扫除汉宗庙，祠以太牢。坚军城南甄官井上，旦有五色气，举军惊怪，莫有敢汲。坚令人入井，探得汉传国玺，文曰"受命于天，既寿永昌"，方圜四寸，上纽交五龙，上一角缺。初，黄门张让等作乱，劫天子出奔，左右分散，掌玺者以投井中。

《山阳公载记》曰：袁术将僭号，闻坚得传国玺，乃拘坚夫人而夺之。

《江表传》曰：案《汉献帝起居注》云"天子从河上还，得六玺于阁上"，又太康之初孙晧送金玺六枚，无有玉，明其伪也。

《虞喜志林》曰：天子六玺者，文曰"皇帝之玺"、"皇帝行玺"、"皇帝信玺"、"天子之玺"、"天子行玺"、"天子信玺"。此六玺所封事异，故文字不同。《献帝起居注》云"从河上还，得六玉玺于阁上"，此之谓也。传国玺者，乃汉高祖所佩秦皇帝玺，世世传受，号曰传国玺。案传国玺不在六玺之数，安得总其说乎？应氏《汉官》、皇甫《世纪》，其论六玺，文义皆符。汉宫传国玺，文曰"受命于天，既寿且康"。"且康""永昌"，二字为错，未知两家何者为得。金玉之精，率有光气，加以神器秘宝，辉耀益彰，盖一代之奇观，将来之异闻，而以不解之故，强谓之伪，不亦诬乎！陈寿为《破虏传》亦除此说，俱惑《起居注》，不知六玺殊名，与传国为七者也。吴时无能刻玉，故天子以金为玺。玺虽以金，于文不异。吴降而送玺者送天子六玺，曩所得玉玺，乃古人遗印，不可施用。天子之玺，今以无有为难，不通其义者耳。

臣松之以为孙坚于兴义之中最有忠烈之称，若得汉神器而潜匿不言，此为阴怀异志，岂所谓忠臣者乎？吴史欲以为国华，而不知损坚之令德。如其果然，以传子孙，纵非六玺之数，要非常人所畜，孙晧之降，亦不得但送六玺，而宝藏传国也。

受命于天，奚取于归命之堂，若如喜言，则此玺今尚在孙门。匹夫怀璧，犹曰有罪，而况斯物哉！

⑱《吴录》曰：是时关东州郡，务相兼并以自强大。袁绍遣会稽周喁为豫州刺史，来袭取州。坚慨然叹曰："同举义兵，将救社稷。逆贼垂破而各若此，吾当谁与戮力乎！"言发涕下。喁字仁明，周昕之弟也。

《会稽典录》曰：初曹公兴义兵，遣人要喁，喁即收合兵众，得二千人，从公征伐，以为军师。后与坚争豫州，屡战失利。会次兄九江太守昂为袁术所攻，喁往助之。军败，还乡里，为许贡所害。

⑲《典略》曰：坚悉其众攻表，表闭门，夜遣将黄祖潜出发兵。祖将兵欲还，坚逆与战。祖败走，窜岘山中。坚乘胜夜追祖，祖部兵从竹木间暗射坚，杀之。

《吴录》曰：坚时年三十七。

《英雄记》曰：坚以初平四年正月七日死。

又云：刘表将吕公将兵缘山向坚，坚轻骑寻山讨公。公兵下石，中坚头，应时脑出物故。其不同如此也。

⑳《吴录》曰：尊坚庙曰始祖，墓曰高陵。

《志林》曰：坚有五子：策、权、翊、匡，吴氏所生；少子朗，庶生也，一名仁。

㉑《江表传》曰：坚为朱儁所表，为佐军，留家著寿春。策年十余岁，已交结知名，声誉发闻。有周瑜者，与策同年，亦英达夙成，闻策声闻，自舒来造焉。便推结分好，义同断金，劝策徙居舒，策从之。

㉒《魏书》曰：策当嗣侯，让与弟匡。

㉓《吴历》曰：初策在江都时，张纮有母丧。策数诣纮，咨以世务，曰："方今汉祚中微，天下扰攘，英雄俊杰各拥众营私，未有能扶危济乱者也。先君与袁氏共破董卓，功业未遂，卒为黄祖所害。策虽暗稚，窃有微志，欲从袁扬州求先君余兵，就舅氏于丹杨，收合流散，东据吴会，报仇雪耻，为朝廷外藩。君以为何如？"纮答曰："既素空劣，方居衰绖之中，无以奉赞盛略。"策曰："君高名播越，远近怀归。今日事计，决之于君，何得不纡虑启告，副其高山之望？若微志得展，血仇得报，此乃君之勋力，策心所望也。"因涕泣横流，颜色不变。纮见策忠壮内发，辞令慷慨，感其志言，乃答曰："昔周道陵迟，齐、晋并兴；王室已宁，诸侯贡职。今君绍先侯之轨，有骁武之名，若投丹杨，收兵吴会，则荆、扬可一，仇敌可报。据长江，奋威德，诛除群秽，匡辅汉室，功业侔于桓、文，岂徒外藩而已哉？方今世乱多难，若功成事立，当与同好俱南济也。"策曰："一与君同符合契，有永固之分，今便行矣，以老母弱弟委付于君，策无复回顾之忧。"

《江表传》曰：策径到寿春见袁术，涕泣而言曰："亡父昔从长沙入讨董卓，与明使君会于南阳，同盟结好；不幸遇难，勋业不终。策感惟先人旧恩，欲自凭结，愿明使君垂察其诚。"术甚贵异之，然未肯还其父兵。术谓策曰："孤始用贵舅为丹杨太守，贤从伯阳为都尉，彼精兵之地，可还依召募。"策遂诣丹杨依舅，得数百人，而为泾县大帅祖郎所袭，几至危殆。于是复往见术，术以坚余兵千余人还策。

㉔《江表传》曰：策说术云："家有旧恩在东，愿助舅讨横江；横江拔，因投本土召募，可得三万兵，以佐明使君匡济汉室。"术知其恨，而以刘繇据曲阿，王朗在会稽，谓策未必能定，故许之。

㉕《江表传》曰：策渡江攻繇牛渚营，尽得邸阁粮谷、战具，是岁兴平二年也。时彭城相薛礼、下邳相笮融依繇为盟主，礼据秣陵城，融屯县南。策先攻融，融出兵交战，斩首五百余级，融即闭门不敢动。因渡江攻礼，礼突走，而樊能、于麋等复合众袭夺牛渚屯。策闻之，还攻破能等，获男女万余人。复下攻融，为流矢所中，伤股，不能乘马，因自舆还牛渚营。或叛告融曰："孙郎被箭已死。"融大喜，即遣将于兹向策。策遣步骑数百挑战，设伏于后，贼出击之，锋刃未接而伪走，贼追入伏中，乃大破之，斩首千余级。策因往到融营下，令左右大呼曰："孙郎竟云何！"贼于是惊怖夜遁。融闻策尚在，更深沟高垒，缮治守备。策以融所屯地势险固，乃舍去，攻破繇别将于海陵，转攻湖孰、江乘，皆下之。

㉖《江表传》曰：策时年少，虽有位号，而士民皆呼为孙

郎。百姓闻孙郎至，皆失魂魄；长吏委城郭，窜伏山草。及至，军士奉令，不敢虏略，鸡犬菜茹，一无所犯，民乃大悦，竞以牛酒诣军。刘繇既走，策入曲阿劳赐将士，遣将陈宝诣阜陵迎母及弟。发恩布令，告诸县："其刘繇、笮融等故乡部曲来降首者，一无所问；乐从军者，一身行，复除门户；不乐者，勿强也。"旬日之间，四面云集，得见兵二万余人，马千余匹，威震江东，形势转盛。

㉗《吴录》曰：时有乌程邹他、钱铜及前合浦太守嘉兴王晟等，各聚众万余或数千。引兵扑讨，皆攻破之。策母吴氏曰："晟与汝父有升堂见妻之分，今其诸子兄弟皆已枭夷，独余一老翁，何足复惮乎？"乃舍之，余咸族诛。策自讨虎，虎高垒坚守，使其弟舆请和。许之。舆请独与策会面约。既会，策引白刃斫席，舆体动，策笑曰："闻卿能坐跃，剿捷不常，聊戏卿耳！"舆曰："我见刃乃然。"策知其无能也，乃以手戟投之，立死。舆有勇力，虎众以其死也，甚惧。进攻破之。虎奔余杭，投许昭于虏中。程普请击昭，策曰："许昭有义于旧君，有诚于故友，此丈夫之志也。"乃舍之。

臣松之案：许昭有义于旧君，谓济盛宪也，事见后注。有诚于故友，则受严白虎也。

㉘《江表传》曰：策遣奉正都尉刘由、五官掾高承奉章诣许，拜献方物。

㉙《吴录》载策使张纮为书曰："盖上天垂司过之星，圣王建敢谏之鼓，设非谬之备，急箴阙之言，何哉？凡有所长，必有所短也。去冬传有大计，无不悚惧；旋知供备贡献，万夫解惑。顷闻建议，复欲追遵前图，即事之期，便有定月。益使怃然，想是流妄；设其必尔，民何望乎？曩日之举义兵也，天下之士所以响应者，董卓擅废置，害太后、弘农王，略烝宫人，发掘园陵，暴逆至此，故诸州郡雄豪闻声慕义。神武外振，卓遂内歼。元恶既毙，幼主东顾，俾保傅宣命，欲令诸军振旅，然河北通谋黑山，曹操放毒东徐，刘表称乱南荆，公孙瓒炰烋北幽，刘繇决力江浒，刘备争盟淮隅：是以未获承命櫜弓戢戈也。今备、繇既破，操等饥馁，谓当与天下合谋，以诛丑类。舍而不图，有自取之志，非海内所望，一也。昔成汤伐桀，称有夏多罪；武王伐纣，曰殷有罪罚重哉。此二王者，虽有圣德，宜当君世；如使不遭其时，亦无繇兴矣。幼主非有恶于天下，徒以春秋尚少，胁于强臣，若无过而夺之，惧未合于汤、武之事，二也。卓虽狂狡，至废主自与，亦犹未也，而天下闻其桀虐，攘臂同心而疾之，以中土希战之兵，当边地劲悍之虏，所以斯须游魂也。今四方之人，皆玩敌而便战斗矣，可得而胜者，以彼乱而我治，彼逆而我顺也。见当世之纷若，欲大举以临之，适足趣祸，三也。天下神器，不可虚干，必须天赞与人力也。殷汤有白鸠之祥，周武有赤乌之瑞，汉高有星聚之符，世祖有神光之征，皆因民困悴于桀、纣之政，毒苦于秦、莽之役，故能芟去无道，致成其志。今天下非患于幼主，未见受命之应验，而欲一旦卒然登即尊号，未之或有，四也。天子之贵，四海之富，谁不欲焉？义不可，势不得耳。陈胜、项籍、王莽、公孙述之徒，皆南面称孤，莫之能济。帝王之位，不可横冀，五也。幼主岐嶷，若除其逼，去其鲠，必成中兴之业。夫致主于周成之盛，自受旦、奭之美，此诚所望于尊明也。纵使幼主有他改异，犹望推宗室之谱属，论近亲之贤良，以绍刘统，以固汉宗。皆所以书功金石，图形丹青，流庆无穷，垂声管弦。舍而不为，为其难者，想明明之素，必所不忍，六也。五世为相，权之重，势之盛，天下莫得而比焉。忠贞者必曰宜夙夜思惟，所以扶国家之踬顿，念社稷之危殆，以奉祖考之志，以报汉室之恩。其忽履道之节而强进取之欲者，将曰天下之人非家吏则门生也，孰不从我？四方之敌非吾匹则吾役也，谁能违我？盍乘累世之势，起而取之哉？二者殊数，不可不详察，七也。所贵于圣哲者，以其审于机宜，慎于举措。若难图之事，难保之势，以激群敌之气，以生众人之心，公义故不可，私计又不利，明哲不处，八也。世人多惑于图纬而牵非类，比合文字以悦所事，苟以阿上惑众，终有后悔者，自往迄今，未尝无之，不可不深择而熟思，九也。九者，尊明所见之余耳，庶备起予，补所遗忘。忠言逆耳，幸留神听！"《典略》云张昭之辞。臣松之以为张昭虽名重，然不如纮之文也，此书必纮所作。

㉚《江表传》曰：建安二年夏，汉朝遣议郎王誧奉戊辰诏书曰："董卓逆乱，凶国害民。先将军坚念在平讨，雅意未遂，厥美著闻。策遵善道，求福不回。今以策为骑都尉，袭爵乌程侯，领会稽太守。"又诏敕曰："故左将军袁术不顾朝恩，坐创凶逆，造合虚伪，欲因兵乱，诡诈百姓，始闻其言以为不然。定得使持节平东将军领徐州牧温侯布上术所造惑众妖妄，知术鸱枭之性，遂其无道，修治王宫，署置公卿，郊天祀地，残民害物，为祸深酷。布前后上策乃心本朝，欲还讨术，为国效节，乞加显异。夫县赏俟功，惟勤是与，故便宠授，承袭前邑，重以大郡，荣耀兼至，是策输力竭命之秋也。其亟与布及行吴郡太守安东将军陈瑀戮力一心，同时赴讨。"策自以统领兵马，但以骑都尉领郡为轻，欲得将军号，乃使人讽誧，誧便承制假策明汉将军。是时，陈瑀屯海西，策奉诏治严，当与布、瑀参同形势。行到钱唐，瑀阴图袭策，遣都尉万演等密渡江，使持印传三十余纽与贼丹杨、宣城、泾、陵阳、始安、黟、歙诸险县大帅祖郎、焦已及吴郡乌程严白虎等，使为内应，伺策军发，欲攻取诸郡。策觉之，遣吕范、徐逸攻瑀于海西，大破瑀，获其吏士妻子四千人。

《山阳公载记》曰：瑀单骑走冀州，自归袁绍，绍以为故安都尉。

《吴录》载策上表谢曰："臣以固陋，孤特边陲。陛下广播高泽，不遗细节，以臣袭爵，兼典名郡。仰荣顾宠，所不克堪。兴平二年十二月二十日，于吴郡曲阿得袁术所呈表，以臣行殄寇将军；至被诏书，乃知诈擅。虽辄捐废，犹用悚悸。臣年十七，丧失所怙，惧有不任堂构之鄙，以忝析薪之戒，诚无去病十八建功，世祖列将弱冠佐命。臣初领兵，年未弱冠，虽驽懦不武，然思竭微命。惟术狂惑，为恶深重。臣凭威灵，奉辞伐罪，庶必献捷，以报所授。"臣松之案：本传云孙坚以初平三年卒，策以建安五年卒，策死时年二十六，计坚之亡，策应十八，而此表云十七，则为不符。张璠《汉纪》及《吴历》并以坚初平二年死，此为是而本传误也。

《江表传》曰：建安三年，策又遣使贡方物，倍于元年所献。其年，制书转拜讨逆将军，改封吴侯。

㉛《江表传》曰：策被诏敕，与司空曹公、卫将军董承、益州牧刘璋等并力讨袁术、刘表。军严当进，会术死，术从弟胤、女婿黄猗等畏惧曹公，不敢守寿春，乃共舁术棺柩，扶其妻子及部曲男女，就刘勋于皖城。勋粮食少，无以相振，乃遣从弟偕告籴于豫章太守华歆。歆郡素少谷，遣吏将偕就海昏上缭，使诸宗帅共出三万斛米以与偕。偕往历月，才得数千斛。偕乃报勋，具说形状，使勋来袭取之。勋得偕书，使潜军到海昏邑下。宗帅知之，空壁逃匿，勋了无所得。时策西讨黄祖，行及石城，闻勋轻身诣海昏，便分遣从兄贲、辅率八千人于彭泽待勋，自与周瑜率二万人步袭皖城，即克之，得术百工及鼓吹部曲三万余人，并术、勋妻子。表用汝南李术为庐江太守，给兵三千人以守皖，皆徙所得人东诣吴。贲、辅又于彭泽破勋。勋走入楚江，从寻阳步上到置马亭，闻策等已克皖，乃投西塞。至沂，筑垒自守，告急于刘表，求救于黄祖。祖遣太子射船军五千人助勋。策复就攻，大破勋。勋与偕北归曹公，射亦遁走。策收得勋兵二千余人，船千艘，遂前进夏口攻黄祖。时刘表遣从子虎、南阳韩晞将长矛五千，来为黄祖前锋。策与战，大破之。

《吴录》载策表曰："臣讨黄祖，以十二月八日到祖所屯沙羡县。刘表遣将助祖，并来趣臣。臣以十一日平旦部所领江夏太守行建威中郎将周瑜、领桂阳太守行征虏中郎将吕范、领零陵太守行荡寇中郎将程普、行奉业校尉孙权、行先登校尉韩当、行武锋校尉黄盖等同时俱进。身跨马擽陈，手击急鼓，以齐战势。吏士奋激，踊跃百倍，心精意果，各竞用命。越渡重堑，迅疾若飞。火放上风，兵激烟下，弓弩并发，流矢雨集，日加辰时，祖乃溃烂。锋刃所截，猋火所焚，前无生寇，惟祖迸走。获其妻息男女七人，斩虎、韩晞已下二万余级，其赴水溺者一万余口，船六千余艘，财物山积。虽表未禽，祖宿狡猾，为表腹心，出作爪牙，表之鸱张，以祖气息，而祖家属部曲，扫地无余，表孤特之虏，成鬼行尸。诚皆圣朝神武远振，臣讨有罪，得效微勤。"

㉜《吴历》曰：曹公闻策平定江南，意甚难之，常呼"猘儿难与争锋也"。

㉝《吴录》曰：时有高岱者，隐于余姚，策命出使会稽丞陆昭逆之，策虚己候焉。闻其善《左传》，乃自玩读，欲与论讲。或谓之曰："高岱以将军但英武而已，无文学之才，若与论《传》而或云不知者，则某言符矣。"又谓岱曰："孙将军为人，恶胜己者，若每问，当言不知，乃合意耳。如皆辨义，此必危殆。"岱以为然，及与论传，或答不知。策果怒，以为轻己，乃囚之。知交及时人皆露坐为请。策登楼，望见数里中填满。策恶其收众心，遂杀之。岱字孔文，吴郡人也。受性聪达，轻财贵义。其友士拔奇，取于未显，所友八人，皆世之英伟也。太守盛宪以为上计，举孝廉。许贡来领郡，岱将宪避难于许昭家，求救于陶谦。谦未即救，岱憔悴泣血，水浆不入口。谦感其忠壮，有申包胥之义，许为出军，以书与贡。岱得谦书以还，而贡已囚其母。吴人大小皆为危竦，以贡宿忿，往必见害。岱言在君则为君，且母在牢狱，期于当往，若得入见，事自当解。遂通书自白，贡即与相见。才辞敏捷，好自陈谢，贡登时出其母。岱将见贡，语友人张允、沈暙令豫具船，以贡必悔，当追逐之。出便将母乘船易道而逃。贡须臾遣人追之，令追者若及于船，江上便杀之，已过则止。使与岱错道，遂免。被诛时，年三十余。

《江表传》曰：时有道士琅邪于吉，先寓居东方，往来吴会，立精舍，烧香读道书，制作符水以治病，吴会人多事之。策尝于郡城门楼上，集会诸将宾客，吉乃盛服杖小函，漆画之，名为仙人铧，趋度门下。诸将宾客三分之二下楼迎拜之，掌宾者禁呵不能止。策即令收之。诸事之者，悉使妇女入见策母，请救之。母谓策曰："于先生亦助军作福，医护将士，不可杀之。"策曰："此子妖妄，能幻惑众心，远使诸将不复相顾君臣之礼，尽委策下楼拜之，不可不除也。"诸将复连名通白事陈乞之，策曰："昔南阳张津为交州刺史，舍前圣典训，废汉家法律，尝著绛帕头，鼓琴烧香，读邪俗道书，云以助化，卒为南夷所杀。此甚无益，诸君但未悟耳。今此子已在鬼箓，勿复费纸笔也。"即催斩之，悬首于市。诸事之者，尚不谓其死而云尸解焉，复祭祀求福。

《志林》曰：初顺帝时，琅邪宫崇诣阙上师于吉所得神书于曲阳泉水上，白素朱界，号《太平青领道》，凡百余卷。顺帝至建安中，五六十岁，于吉是时近已百年，年在耄悼，礼不加刑。又天子巡狩，问百年者，就而见之，敬齿以亲爱，圣王之至教也。吉罪不及死，而暴加酷刑，是乃谬诛，非所以为美也。喜推考桓王之薨，建安五年四月四日。是时曹、袁相攻，未有胜负。案夏侯元让与石威则书，袁绍破后也。书云："授孙贲以长沙，业张津以零、桂。"此为桓王于前亡，张津于后死，不得相让，譬言津之死意矣。

臣松之案：太康八年，广州大中正王范《上交广二州春秋》。建安六年，张津犹为交州牧。《江表传》之虚如《志林》所云。

《搜神记》曰：策欲渡江袭许，与吉俱行。时大旱，所在熇厉。策催诸将士使速引船，或身自早出督切，见将吏多在吉许，策因此激怒，言："我为不如于吉邪，而先趋务之？"便使收吉。至，呵问之曰："天旱不雨，道途艰涩，不时得过，故自早出，而卿不同忧戚，安坐船中作鬼物态，败吾部伍，今当相除。"令人缚置地上暴之，使请雨，若能感天日中雨者，当原赦，不尔行诛。俄而云气上蒸，肤寸而合，比至日中，大雨总至，溪涧盈溢。将士喜悦，以为吉必见原，并往庆慰。策遂杀之。将士哀惜，共藏其尸。天夜，忽更兴云覆之；明旦往视，不知所在。

案《江表传》、《搜神记》于吉事不同，未详孰是。

㉞《江表传》曰：广陵太守陈登治射阳，登即瑀之从兄子也。策前西征，登阴复遣间使，以印绶与严白虎余党，图为后害，以报瑀见破之辱。策归，复讨登。军到丹徒，须待运粮。策性好猎，将步骑数出。策驱驰逐鹿，所乘马精骏，从骑绝不能及。初，吴郡太守许贡上表于汉帝曰："孙策骁雄，与项籍相似，宜加贵宠，召还京邑。若被诏不得不还，若放于外必作世患。"策候吏得贡表，以示策。策请贡相见，以责让贡。贡辞无

表，策即令武士绞杀之。贡奴客潜民间，欲为贡报仇。猎日，卒有三人即贡客也。策问："尔等何人？"答云："是韩当兵，在此射鹿耳。"策曰："当兵吾皆识之，未尝见汝等。"因射一人，应弦而倒。余二人怖急，便举弓射策，中颊。后骑寻至，皆刺杀之。

《九州春秋》曰：策闻曹公北征柳城，悉起江南之众，自号大司马，将北袭许，恃其勇，行不设备，故及于难。

孙盛《异同评》曰：凡此数书，各有所失。孙策虽威行江外，略有六郡，然黄祖乘其上流，陈登间其心腹，且深险强宗，未尽归复，曹、袁虎争，势倾山海，策岂暇远师汝、颍，而迁帝于吴、越哉？斯盖庸人之所鉴见，况策达于事势者乎？又案袁绍以建安五年至黎阳，而策以四月遇害，而《志》云策闻曹公与绍相拒于官渡，谬矣。伐登之言，为有证也。

又《江表传》说策悉识韩当军士，疑此为诈，便射杀一人。夫三军将士或有新附，策为大将，何能悉识？以所不识，便射杀之，非其论也，又策见杀在五年，柳城之役在十二年，《九州春秋》乖错尤甚矣。

臣松之案：《傅子》亦云曹公征柳城，将袭许。记述若斯，何其疏哉！然孙盛所讥，未为悉是。黄祖始被策破，魂气未反，且刘表君臣本无兼并之志，虽在上流，何办规拟吴会？策之此举，理应先图陈登，但举兵所在，不止登而已。于时强宗骁帅，祖郎、严虎之徒，禽灭已尽，所余山越，盖何足虑？然则策之所规，未可谓之不暇也。若使策志获从，大权在手，淮、泗之间，所在皆可都，何必毕志江外，其当迁帝于扬、越哉？案《魏武纪》，武帝以建安四年已出屯官渡，乃策未死之前，久与袁绍交兵，则《国志》所云不为谬也。许贡客，无闻之小人，而能感识恩遇，临义忘生，卒然奋发，有侔古烈矣。诗云："君子有徽猷，小人与属。"贡客其有焉。

㉟《吴历》曰：策既被创，医言可治，当好自将护，百日勿动。策引镜自照，谓左右曰："面如此，尚可复建功立事乎？"椎几大奋，创皆分裂，其夜卒。

《搜神记》曰：策既杀于吉，每独坐，仿佛见吉在左右，意深恶之，颇有失常。后治创方差，而引镜自照，见吉在镜中，顾而弗见，如是再三，因扑镜大叫，创皆崩裂，须臾而死。

㊱孙盛曰：孙氏兄弟皆明略绝群。创基立事，策之由也，且临终之日，顾命委权。夫意气之间，犹有刎颈，况天伦之笃爱，豪达之英鉴，岂吝名号于既往，违本情之至实哉？抑将远思虚盈之数，而慎其名器者乎？夫正本定名，为国之大防；杜绝疑贰，消衅之良谟。是故鲁隐矜义，终致羽父之祸；宋宣怀仁，卒有殇公之哀。皆心存小善，而不达经纶之图；求誉当年，而不思贻厥之谋。可谓轻千乘之国，蹈道则未也。孙氏因扰攘之际，得奋其纵横之志，业非积德之基，邦无磐石之固，势一则禄祚可终，情乖则祸乱尘起，安可不防微于未兆，虑难于将来？壮哉！策为首事之君，有吴开国之主；将相在列，皆其旧也，而嗣子弱劣，析薪弗荷，奉之则鲁桓、田市之难作，崇之则与夷、子冯之祸兴。是以正名定本，使贵贱殊邈，然后国无陵肆之责，后嗣罔猜忌之嫌，群情绝异端之论，不逞杜觊觎之心；于情虽违，于事虽俭，至于括囊远图，永保维城，可谓为之于其未有，治之于其未乱者也。陈氏之评，其未达乎！

三国志卷四十七　吴书二

吴主传第二

孙权字仲谋。兄策既定诸郡，时权年十五，以为阳羡长。[①]郡察孝廉，州举茂才，行奉义校尉。汉以策远修职贡，遣使者刘琬加锡命。琬语人曰："吾观孙氏兄弟虽各才秀明达，然皆禄祚不终，惟中弟孝廉，形貌奇伟，骨体不恒，有大贵之表，年又最寿，尔试识之。"

孙权，字仲谋。长兄孙策平定了江南数郡，当时孙权才十五岁，任用他担任阳羡县长。郡守察举孙权是孝廉，刺史推举他为秀才，他被试用为奉义校尉。汉王朝认为孙策虽远处江南，却能遵行职贡的古礼，向朝廷上献贡品，便派遣使臣刘琬颁发赐予孙策爵位、官服等奖赏的命令。刘琬告诉人们说："我看孙家几位兄弟，个个都很优秀，才能出众，聪明通达，但享受福泽的天年不长，只有二弟孝廉，形体魁伟，相貌不凡，有大贵的仪表，所享有的年寿又最高。你们可记住我说的这些话呀。"

建安四年，从策征庐江太守刘勋。勋破，进讨黄祖于沙羡。

汉献帝建安四年，孙权随兄策征讨庐江太守刘勋。打败刘勋，又进军沙羡讨伐黄祖。

五年，策薨，以事授权，权哭未及息。策长史张昭谓权曰："孝廉，此宁哭时邪？且周公立法而伯禽不师，非欲违父，时不得行也。[②]况今奸宄竞逐，豺狼满道，乃欲哀亲戚，顾礼制，是犹开门而揖盗，未可以为仁也。"乃改易权服，扶令上马，使出巡军。是时惟有会稽、吴郡、丹杨、豫章、庐陵，然深险之地犹未尽从，而天下英豪布在州郡，宾旅寄寓之士以安危去就为意，未有君臣之固。张昭、周瑜等谓权可与共成大业，故委心而服事焉。曹公表权为讨虏将军，领会稽太

建安五年，兄策死，将他身后的重任交给了孙权。孙权的悲泣还没有停止，孙策的长史张昭对孙权说："孝廉，这难道是您痛哭的时候吗？古代周公制定礼仪，儿子伯禽却不遵行，伯禽不是有意违背父亲的意愿，是当时(国家有大事)不能遵行啊!更何况现在内外的坏人都将蠢蠢欲动，像豺狼一样的坏人充满道路。在这种情况下，要哀痛死去的兄长，事事奉行丧礼，这就好像大开家门欢迎盗贼，这不能算是仁德啊。"于是要孙权脱下丧服，改穿官服，扶着他上马，让他外出巡视军队。当时只占有会稽、吴郡、丹杨、豫章、庐陵五郡，其中深山险要的地方还未完全顺服，天下的英雄豪杰分布在各个州郡，宾客、旅客、暂时居住在这里的士人，以安危、去留作为他们考虑的主要问题，还没有君臣的固定关系。张昭、周瑜等人认为孙权可以同他们一道成就帝业，所以尽心辅佐。曹操呈请朝廷授任孙权为讨虏

守，屯吴，使丞之郡行文书事。待张昭以师傅之礼，而周瑜、程普、吕范等为将率。招延俊秀，聘求名士，鲁肃、诸葛瑾等始为宾客。分部诸将，镇抚山越，讨不从命。③

七年，权母吴氏薨。

八年，权西伐黄祖，破其舟军，惟城未克，而山寇复动。还过豫章，使吕范平鄱阳，程普讨乐安，太史慈领海昏，韩当、周泰、吕蒙等为剧县令长。

九年，权弟丹杨太守翊为左右所害，以从兄瑜代翊。④

十年，权使贺齐讨上饶，分为建平县。

十二年，西征黄祖，虏其人民而还。

十三年春，权复征黄祖，祖先遣舟兵拒军，都尉吕蒙破其前锋，而凌统、董袭等尽锐攻之，遂屠其城。祖挺身亡走，骑士冯则追枭其首，虏其男女数万口。是岁，使贺齐讨黟、歙，分歙为始新、新定、⑤犁阳、休阳县，⑥以六县为新都郡。荆州牧刘表死，鲁肃乞奉命吊表二子，且以观变。肃未到，而曹公已临其境，表子琮举众以降。刘备欲南济江，肃与相见，因传权旨，为陈成败。备进住夏口，使诸葛亮诣权，权遣周瑜、程普等行。是时曹公新得表众，形势甚盛，诸议者皆望风畏惧，多劝权迎之。⑦惟瑜、肃执拒之议，意与权同。瑜、普

将军，兼会稽太守，驻守吴县。孙权派遣辅佐官员到各郡担任办理文书的公务，以师礼对待张昭，任用周瑜、程普、吕范等人为将军。招聘才能出众、社会知名的人士，鲁肃、诸葛瑾开始成为受尊敬的宾客。分派众将，镇守、安抚山越，对于不服从命令的则进行讨伐。

建安七年，孙权的母亲吴氏去世。

建安八年，孙权向西进军征讨黄祖，打败了他的水军。但城堡没有攻破，后方的山寇又作乱。孙权撤军归途经过豫章，派吕范平定鄱阳，程普攻讨乐安，太史慈兼管海昏，韩当、周泰、吕蒙任军政任务繁重的县令、县长。

建安九年，孙权弟丹杨太守孙翊被左右随从杀害，派堂兄孙瑜接替孙翊的职位。

建安十年，孙权派贺齐攻打上饶县，分上饶部分地区为建平县。

建安十二年，西征黄祖，俘获了他的民众后撤军。

建安十三年春，孙权又西征黄祖。黄祖先派遣水军抵御吴军，吴军都尉吕蒙打败了黄祖军队的前锋，吴将凌统、董袭等人尽力强攻，于是血洗该城。黄祖刚起身逃走，骑士冯则追上砍下他的头，俘虏男女几万人。这年，派贺齐进攻黟县、歙县，将歙县重新划分，新建始新、新定、犁阳、休阳四县，将这六县命名为新都郡。荆州牧刘表病死，鲁肃请求孙权派他前往荆州，向刘表的两个儿子表示哀悼，并趁机实地观察荆州的新变化。鲁肃尚未到达，曹操的大军已经临近荆州，刘表次子刘琮献出其全部军民向曹操投降。刘备想要南渡长江，鲁肃与他相见，传达孙权的意见，分析摆在他们前面的失败与成功的两种前途。刘备进驻夏口，派诸葛亮拜见孙权，孙权派周瑜、程普领军出发。当时曹操才得到了刘表的军民人等，形势很好，孙权方面众多参与讨论、决策的人都因对方的兵威声势而担心恐惧，大多数的人都劝孙权向曹操请降。只有周瑜、鲁肃坚持抗曹的意见，与孙权的主张相同。孙权任命周瑜、程普担任

为左右督，各领万人，与备俱进，遇于赤壁，大破曹公军。公烧其余船引退，士卒饥疫，死者大半。备、瑜等复追至南郡，曹公遂北还，留曹仁、徐晃于江陵，使乐进守襄阳。时甘宁在夷陵，为仁党所围，用吕蒙计，留凌统以拒仁，以其半救宁，军以胜反。权自率众围合肥，使张昭攻九江之当涂。昭兵不利，权攻城逾月不能下。曹公自荆州还，遣张喜将骑赴合肥。未至，权退。

左右督，各自领兵万人，与刘备同时进军，同曹军在赤壁相遇，将曹军打得大败。曹操焚烧了那些剩下的船只，率领军队撤退，兵士因饥饿、疫病，有大半死亡。刘备、周瑜随后追击到达了南郡，曹操便返回北方，留曹仁、徐晃守江陵，派乐进守襄阳。当时吴将甘宁在夷陵，被曹仁的部下围困，孙权用吕蒙的计策，留凌统对付曹仁，分凌统一半的军队去援救甘宁，援军胜利完成任务回来。孙权亲自领军围攻合肥，派张昭进攻九江郡的当涂县。张昭进军不顺利，孙权的围攻超过了一个月也未能攻占合肥。曹操从荆州返回北方以后，派遣张喜率领骑兵驰援合肥。张喜还未到达，孙权已经撤军退走。

十四年，瑜、仁相守岁余，所杀伤甚众。仁委城走。权以瑜为南郡太守。刘备表权行车骑将军，领徐州牧。备领荆州牧，屯公安。

建安十四年，周瑜、曹仁相互进攻、防守，对峙一年多，双方伤亡很大。曹仁放弃守城离开。孙权任周瑜为南郡太守。刘备呈请朝廷任命孙权为车骑将军，兼任徐州牧。刘备兼任荆州牧，驻守公安。

十五年，分豫章为鄱阳郡；分长沙为汉昌郡，以鲁肃为太守，屯陆口。

建安十五年，划分豫章郡地新建鄱阳郡；划分长沙郡地新建汉昌郡，任鲁肃为汉昌太守，驻守陆口。

十六年，权徙治秣陵。明年，城石头，改秣陵为建业。闻曹公将来侵，作濡须坞。

建安十六年，孙权将他的官署迁往秣陵。次年，修筑石头城，将秣陵改称建业。听说曹操要来侵犯，建濡须坞水军基地。

十八年正月，曹公攻濡须，权与相拒月余。曹公望权军，叹其齐肃，乃退。⑧初，曹公恐江滨郡县为权所略，征令内移。民转相惊，自庐江、九江、蕲春、广陵户十余万皆东渡江，江西遂虚，合肥以南惟有皖城。

建安十八年正月，曹操进攻濡须，孙权与曹操两军对峙了一个多月。曹操远望权军，赞叹孙权军队严明整肃，于是撤军。当初，曹操担心长江北岸的郡县要遭受孙权的掠夺，命令向后迁移，民众反而因此惊恐，居住在庐江、九江、蕲春、广陵的十余万人户，都南渡长江，江北很空虚，合肥以南就只有皖城。

十九年五月，权征皖城。闰月，克之，获庐江太守朱光及参军董和，男女数万口。是岁刘备定蜀。权以备已得益

建安十九年五月，孙权进攻皖城。这年的闰月，攻占皖城，俘获庐江太守朱光、参军董和及男女几万人。这年刘备平定了蜀地。孙权因刘备已得益州，

州，令诸葛瑾从求荆州诸郡。备不许，曰：“吾方图凉州，凉州定，乃尽以荆州与吴耳。”权曰：“此假而不反，而欲以虚辞引岁。”遂置南三郡长吏，关羽尽逐之。权大怒，乃遣吕蒙督鲜于丹、徐忠、孙规等兵二万取长沙、零陵、桂阳三郡，使鲁肃以万人屯巴丘[9]以御关羽。权住陆口，为诸军节度。蒙到，二郡皆服，惟零陵太守郝普未下。会备到公安，使关羽将三万兵至益阳，权乃召蒙等使还助肃。蒙使人诱普，普降，尽得三郡将守，因引军还，与孙皎、潘璋并鲁肃兵并进，拒羽于益阳。未战，会曹公入汉中，备惧失益州，使使求和。权令诸葛瑾报，更寻盟好，遂分荆州长沙、江夏、桂阳以东属权，南郡、零陵、武陵以西属备。备归，而曹公已还。权反自陆口，遂征合肥。合肥未下，彻军还。兵皆就路，权与凌统、甘宁等在津北为魏将张辽所袭，统等以死扞权，权乘骏马越津桥得去。[10]

便命令诸葛瑾向刘备讨还荆州各郡。刘备不同意，他说：“我正在想法谋取凉州，等待平定了凉州，再将荆州全部还给吴国吧。”孙权说：“这是借了荆州不还，用空话拖延时间。”便任命了荆州南部三郡的主要官员，关羽用武力将他们全部赶走。孙权大怒，便派遣吕蒙总领鲜于丹、徐忠、孙规等率领二万士兵攻取长沙、零陵、桂阳三郡，派鲁肃领万人驻守巴丘，抵御关羽。孙权住陆口，调度、指挥各路军队。吕蒙引军到达，长沙、桂阳二郡都顺服，只有零陵太守郝普不肯投降。适逢刘备来到公安，派遣关羽率兵三万到益阳，孙权便命令吕蒙等返回支援鲁肃。吕蒙派人劝诱郝普，郝普降服，全部争取了三郡的将领郡守，于是引军返回，与孙皎、潘璋、鲁肃会师前进，到益阳迎战关羽，战斗还未进行，恰巧曹操进兵汉中，刘备害怕失掉益州，派遣使者请求讲和。孙权命令诸葛瑾答复，同意两国结盟友好，于是将荆州划分为二，长沙、江夏、桂阳三郡以东的地区属于孙权，南郡、零陵、武陵三郡以西的地区属于刘备。刘备回到成都，曹操已从汉中撤军。孙权从陆口返回建业，便又出征合肥。合肥没有攻下，孙权准备撤军。撤退的士兵全部踏上了归途，孙权与凌统、甘宁等人在逍遥津北突然遭遇到魏将张辽的袭击，凌统等人以死力保护孙权，孙权乘骏马越过逍遥津的板桥，才侥幸脱险。

二十一年冬，曹公次于居巢，遂攻濡须。

建安二十一年冬季，曹操驻军在居巢，进攻濡须坞。

二十二年春，权令都尉徐详诣曹公请降，公报使修好，誓重结婚。

建安二十二年春季，孙权派遣都尉徐详往见曹操，请求降顺。曹操回答要派遣使臣改善双方的关系，决心重新结为姻亲。

二十三年十月，权将如吴，亲乘马射虎于庱亭。马为虎所伤，权投以双戟，虎却废，常从张世击以戈，获之。

建安二十三年十月，孙权将往吴郡，亲自骑马在庱亭射虎。老虎咬伤了马，孙权用双戟向虎投去，老虎受伤后退，经常跟随孙权的侍从张世立即挥戈刺杀，将老虎捕获。

二十四年，关羽围曹仁于襄阳，曹公遣左将军于禁救之。会汉水暴起，羽以舟兵尽虏禁等步骑三万送江陵，惟城未拔。权内惮羽，外欲以为己功，笺与曹公，乞以讨羽自效。曹公且欲使羽与权相持以斗之，驿传权书，使曹仁以弩射示羽。羽犹豫不能去。闰月，权征羽，先遣吕蒙袭公安，获将军士仁。蒙到南郡，南郡太守麋芳以城降。蒙据江陵，抚其老弱，释于禁之囚。陆逊别取宜都，获秭归、枝江、夷道，还屯夷陵，守峡口以备蜀。关羽还当阳，西保麦城。权使诱之。羽伪降，立幡旗为象人于城上，因遁走，兵皆解散，尚十余骑。权先使朱然、潘璋断其径路。十二月，璋司马马忠获羽及其子平、都督赵累等于章乡，遂定荆州。是岁大疫，尽除荆州民租税。曹公表权为骠骑将军，假节领荆州牧，封南昌侯。权遣校尉梁寓奉贡于汉，及令王惇市马，又遣朱光等归。⑪

建安二十四年，关羽在襄阳将曹仁围困，曹操派遣左将军于禁前往救援。适逢汉水暴涨，关羽派水军参战，全部俘获了于禁等人率领的步、骑兵三万人，都送往江陵，只有襄阳城还未攻破。孙权在内心畏惧关羽，表面上却为自己表功，写信给曹操，请求出兵进攻关羽以示为曹操效力。曹操为了使关羽、孙权能长期互相对立、争斗，用驿马快速传送孙权的亲笔信，命令曹仁用强弓将这封信射给关羽。关羽看信后，拿不定主意，未能立即撤军。这年闰月，孙权进攻关羽，先派吕蒙偷袭公安，俘获了将军士仁。吕蒙引军攻南郡，南郡太守麋芳献城投降。吕蒙占领了江陵，安抚全城老弱，解除对于禁的囚禁。陆逊率领又一支军队，夺取了宜都，又取得了秭归、枝江、夷道，引军还驻夷陵，扼守峡口，严防蜀兵东下。关羽退兵返回当阳，西行保卫麦城。孙权派人劝说关羽，关羽假意表示投降，在麦城城墙上，树立军旗，多立假人，于是借机逃走，军队四散，只剩下十多个骑兵。孙权先派朱然、潘璋截断关羽后撤的道路。十二月，潘璋的司马马忠在章乡俘获了关羽与他的儿子关平、都督赵累等，于是平定了荆州。这年疫病流行，孙权全部免除荆州民众的租税。曹操呈请任命孙权为骠骑将军，授予符节、兼任荆州牧，封为南昌侯。孙权派校尉梁寓向汉帝进献贡品，并令王惇买马，又遣送先前俘获的庐江太守朱光等回归北方。

二十五年春正月，曹公薨，太子丕代为丞相魏王，改年为延康。秋，魏将梅敷使张俭求见抚纳。南阳阴、酂、筑阳、山都、中庐五县民五千家来附。冬，魏嗣王称尊号，改元为黄初。二年四月，刘备称帝于蜀。⑫权自公安都鄂，改名武昌，以武昌、下雉、寻阳、阳新、

建安二十五年春季正月，曹操死，太子曹丕继任丞相、魏王，改称年号为延康。秋季，魏将梅敷派张俭来要求得到安抚、接纳。南阳郡所属的阴、酂、筑阳、山都、中庐五县民众五千家前来归附。冬季，新继任的魏王曹丕称帝，改年号为黄初。黄初二年四月，刘备在蜀称帝。孙权从公安来鄂县建都，改称鄂县为武昌，以武昌、下雉、寻阳、阳新、柴桑、沙羡

柴桑、沙羡六县为武昌郡。五月,建业言甘露降。八月,城武昌, 下令诸将曰:“夫存不忘亡,安必虑危,古之善教。昔隽不疑汉之名臣,于安平之世而刀剑不离于身,盖君子之于武备,不可以已。况今处身疆畔,豺狼交接,而可轻忽不思变难哉?顷闻诸将出入,各尚谦约,不从人兵, 甚非备虑爱身之谓。夫保己遗名,以安君亲,孰与危辱?宜深警戒,务崇其大,副孤意焉。”自魏文帝践阼,权使命称藩,及遣于禁等还。十一月, 策命权曰:“盖圣王之法,以德设爵,以功制禄;劳大者禄厚,德盛者礼丰。故叔旦有夹辅之勋, 太公有鹰扬之功,并启土宇,并受备物,所以表章元功,殊异贤哲也。近汉高祖受命之初,分裂膏腴以王八姓,斯则前世之懿事,后王之元龟也。朕以不德,承运革命,君临万国,秉统天机,思齐先代,坐而待旦。惟君天资忠亮,命世作佐,深睹历数,达见废兴,远遣行人,浮于潜汉。⑬望风影附,抗疏称藩,兼纳纤絺南方之贡,普遣诸将来还本朝,忠肃内发,款诚外昭,信著金石,义盖山河,朕甚嘉焉。今封君为吴王,使使持节太常高平侯贞,授君玺绶策书、金虎符第一至第五、左竹使符第一至第十,以大将军使持节督交州,领荆州牧事,锡君青土,苴

六县为武昌郡。五月,建业宣称天降甘露。八月,修筑武昌城,孙权向诸将下达命令说道:“当生存的时候不能忘记灭亡, 在安全的时候一定要考虑危险,这是古人有益的教导。从前有个人叫隽不疑,他是汉代的名臣。他生活在社会安定和平的年代,可是刀剑却从不离身。这说明君子认为,军备是不可废弃的。何况我们现在居住在边境,像豺狼一样凶恶的坏人可以通过多种渠道向我们接近,难道能够轻率疏忽而不考虑突然发生的变故灾难吗?最近听说将军们外出,每个人都喜欢谦和简朴,不带随从警卫,可以说这是虑患不周、不爱护自己的表现。要爱护自己,立功扬名,使君亲安心,为什么要使自身遭受危险羞辱呢?应该严加警戒,切实重视这个重大问题,遵照我的意见办事。”从魏文帝曹丕称帝以来,孙权派遣使者自称是魏国的属国,又遣送于禁等人回归。十一月,曹丕下达奖赏孙权的文书,文书中写道:“圣明君王的律法,根据道德标准确立官位封号,根据功劳大小规定俸禄等级。功劳大的人享受的俸禄就优厚, 道德崇高的人得到的尊敬就多。所以周公有辅佐武王、成王的功劳,太公有施展雄才使周朝强大的功劳,他们分封土地,接受各种赐物,这是为了表彰他们的大功,特殊对待卓越的人物。近代汉高祖称帝初年,分封肥美土地,使不姓刘的八位(八姓)功臣身居王位,这是前代的盛事,后代帝王是应该作为龟鉴、准则的。我个人的道德与帝王并不相称,承受天命,取代帝位,统治万国,执掌统治国家的大权,想向先代圣明的君主看齐,所以日夜辛劳。考虑你天性忠诚纯洁,在社会上声名显著,有辅佐帝王的大才。洞明历代王朝更替的程序,能远见汉废魏兴。派遣使臣,远从潜水、汉水而来。得知我称帝的消息,立即归附,呈上文书,自称属国,并敬献丝绸麻布等南方特产作为贡品,遣送各位将军回归本朝。你的忠诚恭敬发自内心,在外也有明显的表现。你的信义可以铭刻金石,普盖山河,我表示赞赏。现在封你为吴王,派遣使持节太常高平侯邢贞,授予你印章、文书、金虎符第一至第五、

以白茅，对扬朕命，以尹东夏。其上故骠骑将军南昌侯印绶符策。今又加君九锡，其敬听后命。以君绥安东南，纲纪江外，民夷安业，无或携贰，是用锡君大辂、戎辂各一，玄牡二驷。君务财劝农，仓库盈积，是用锡君衮冕之服，赤舄副焉。君化民以德，礼教兴行，是用锡君轩县之乐。君宣导休风，怀柔百越，是用锡君朱户以居。君运其才谋，官方任贤，是用锡君纳陛以登。君忠勇并奋，清除奸慝，是用锡君虎贲之士百人。君振威陵迈，宣力荆南，枭灭凶丑，罪人斯得，是用锡君𫓧钺各一。君文和于内，武信于外，是用锡君彤弓一、彤矢百、玈弓十、玈矢千。君以忠肃为基，恭俭为德，是用锡君秬鬯一卣，圭瓒副焉。钦哉！敬敷训典，以服朕命，以勖相我国家，永终尔显烈。”⑭是岁，刘备帅军来伐，至巫山、秭归，使使诱导武陵蛮夷，假与印传，许之封赏。于是诸县及五谿民皆反为蜀。权以陆逊为督，督朱然、潘璋等以拒之。遣都尉赵咨使魏。魏帝问曰：“吴王何等主也？”咨对曰：“聪明仁智，雄略之主也。”帝问其状，咨曰：“纳鲁肃于凡品，是其聪也；拔吕蒙于行陈，是其明也；获于禁而不害，是其仁也；取荆州而兵不血刃，是其智也；据三州虎视于天下，是

左竹使符第一至第十；授任大将军使持节督交州，兼任荆州牧；赐予你青土，外包白茅；你要答谢、称颂我的任命，将国家的东部地区治理好。要上缴前骠骑将军南昌侯的印章文书，现在还加授你九种特别赏赐，当认真听受以后的命令。因为你安抚了国家的东南方，治理好了长江下游南岸地区，汉民与夷人安居乐业，没有人存有二心，因此赏赐给你大车、兵车各一辆，黑色公马八匹。你重视生财、奖励农耕、仓库满装堆积的谷物，因此赏赐给你王侯穿着的礼服礼帽，还有与礼服礼帽相配套的红色着木的复底鞋。你用道德感化民众，大力推行礼教，因此赏赐给你三面悬挂的乐器。你宣扬倡导了美善、祥和的社会风气，能怀柔安抚百越，因此赐你在红色涂门的住所里居住。你发挥了才能智谋，任用贤良方正的人当官，因此赏赐给你可以有纳于檐下的殿坛台阶。你能同时发扬忠诚、勇敢的精神，清除奸诈、邪恶的坏人，因此赏赐给你勇士百人。你扬武于山陵以外的海疆，在荆州以南地区显示出强大威力，剿灭凶残的丑类，捕获了罪人，因此赏赐给你斧、大斧各一件。你的文臣在内和睦、武将在外信从，因此赏赐给你红弓一张、红箭百支、黑弓十张、黑箭千支。你能以忠贞、严肃、恭敬、俭朴作为道德修养的根本，因此赏赐给你祭祀用的美酒一卣，还有与盛灌这种美酒相配套的玉柄勺。努力吧！你要认真遵行先王遗命，服从我的命令，勉力辅佐我的国家，永远保持你显赫的功业。”这一年，刘备率领军队进攻吴国，到达巫山，秭归，派遣使者诱导武陵山区民众，假称给予印章、符信，许诺封官赏赐。于是武陵山区各县及五谿民众皆反吴助蜀。孙权任命陆逊为大都督，率领朱然、潘璋等将军迎战。孙权派遣都尉赵咨出使魏国。魏帝曹丕问道：“吴王是什么样的君主？”赵咨回答说：“吴王是聪明仁智、有雄略的君主。”魏文帝询问这种评价的具体表现，赵咨说道：“在众多平凡人当中特别接纳鲁肃，这是吴王广听的聪；在众多军人中，对吕蒙越级提拔，这是吴王眼见的明；得到了被俘虏的于禁，而不加害，这是吴

其雄也；屈身于陛下，是其略也。”⑮帝欲封权子登，权以登年幼，上书辞封，重遣西曹掾沈珩陈谢，并献方物。⑯立登为王太子。⑰

王的仁；夺取荆州，没有死伤一个人，这是吴王的智；占据荆、扬、交三州，像猛虎一样雄视天下，这是吴王的雄才；对于您，他屈己称臣，这是吴王的谋略。”魏帝想要封赏孙权的儿子孙登，孙权认为孙登年纪幼小，上书辞谢。孙权又派遣西曹掾沈珩陈述谢意，还奉献江南地方特产。立孙登为王太子。

黄武元年春正月，陆逊部将军宋谦等攻蜀五屯，皆破之，斩其将。三月，鄱阳言黄龙见。蜀军分据险地，前后五十余营，逊随轻重以兵应拒，自正月至闰月，大破之，临陈所斩及投兵降首数万人。刘备奔走，仅以身免。⑱

黄武元年春季正月，陆逊率领将军宋谦等进攻蜀国五所军营，五所军营全被攻破，斩杀了军营的守将。三月，鄱阳宣称出现了黄龙。蜀国的军队分散占据险要的据点，前后建立了五十多所军营，陆逊根据战斗任务的大小派遣军队对付敌人，从正月到这年的闰月，将敌人打得大败，临阵斩首、自动投诚与被迫投降的有几万人。刘备逃窜，只有他本人没有被俘获。

初，权外托事魏，而诚心不款。魏欲遣侍中辛毗、尚书桓阶往与盟誓，并征任子，权辞让不受。秋九月，魏乃命曹休、张辽、臧霸出洞口，曹仁出濡须，曹真、夏侯尚、张郃、徐晃围南郡。权遣吕范等督五军，以舟军拒休等，诸葛瑾、潘璋、杨粲救南郡，朱桓以濡须督拒仁。时扬、越蛮夷多未平集，内难未弭，故权卑辞上书，求自改厉，“若罪在难除，必不见置，当奉还土地民人，乞寄命交州，以终余年”。文帝报曰：“君生于扰攘之际，本有从横之志，降身奉国，以享兹祚。自君策名已来，贡献盈路。讨备之功，国朝仰成。埋而掘之，古人之所耻。⑲朕之与君，大义已定，岂乐劳师远临江汉？廊庙之议，王者所不得专；三公

当初，孙权表面上假称臣事魏国，但在内心里却很不诚恳、老实。魏国想派遣侍中辛毗、尚书桓阶前往武昌与孙权宣誓结盟，并要求孙权送他的儿子孙登来魏国做人质，孙权极力推辞，不肯接受。秋季九月，魏国便命令曹休、张辽、臧霸出兵洞口，曹仁出兵濡须，曹真、夏侯尚、张郃、徐晃围攻南郡。孙权派遣吕范等总督五路大军，以水军抵御曹休等，以诸葛瑾、潘璋、杨粲救援南郡，任命朱桓为濡须督抵御曹仁。当时扬、越山区的部族，多数还未平定，内部动乱没有停止，这时孙权用卑下的言辞上呈文书，请求允许他改悔罪过。他在文书中说：“如果您认为我罪过严重，难以改悔，不能被你赦免，我愿意奉还您分封给我的土地、人民，请求准许我将生命寄托在交州，度过还剩下的天年。”文帝在回答孙权的诏书中写道：“你生活在社会纷争的动乱年代，有纵横驰骋、建立功业的大志，能屈身臣事我国，长期享有福泽。从你接受封赏以来，献纳贡品的使臣，不停地奔走于道路。讨伐刘备的事，朝廷殷切期待你能成功。（我既分封你为吴王，就不再想将你的封号取消。）像狐狸那样埋掘不定，是古人所耻笑的。我与你的君臣关系既已确定，难道我会乐意劳苦军队远去江、汉？朝廷讨论军国大事，帝王个人也不便专

上君过失，皆有本末。朕以不明，虽有曾母投杼之疑，犹冀言者不信，以为国福。故先遣使者犒劳，又遣尚书、侍中践修前言，以定任子。君遂设辞，不欲使进，议者怪之。[20]又前都尉浩周劝君遣子，乃实朝臣交谋，以此卜君，君果有辞，外引隗嚣遣子不终，内喻窦融守忠而已。世殊时异，人各有心。浩周之还，口陈指麾，益令议者发明众嫌，终始之本，无所据仗，故遂俯仰从群臣议。今省上事，款诚深至，心用慨然，凄怆动容。即日下诏，敕诸军但深沟高垒，不得妄进。若君必效忠节，以解疑议，登身朝到，夕召兵还。此言之诚，有如大江！”[21]权遂改年，临江拒守。冬十一月，大风，范等兵溺死者数千，余军还江南。曹休使臧霸以轻船五百、敢死万人袭攻徐陵，烧攻城车，杀略数千人。将军全琮、徐盛追斩魏将尹卢，杀获数百。十二月，权使太中大夫郑泉聘刘备于白帝，始复通也。[22]然犹与魏文帝相往来，至后年乃绝。是岁改夷陵为西陵。

断；三公陈述你的过失，都有事实的始终、原委。我自知还不圣明，好像曾参的母亲怀疑儿子那样，我也对你产生了本不存在的怀疑，但是却很希望三公所议论你的事实都不确实，把这看做是国家的幸福。所以先派使臣对你们犒赏、慰劳，又派尚书、侍中去实现前定的盟约，将孙登来朝为质的事确定。你果真借故推辞，不愿孙登前来，参加朝廷议论的大臣深感奇怪。还有前都尉浩周劝你送儿子为质，其实这是朝臣共同的意见，想借这件事情来验证你，你果然有托辞，外引隗嚣为例，说他虽然派遣儿子为质但最终还是不忠于光武帝，内以窦融自喻，表白自己别无野心而只是谦恭自守罢了。社会时代已经完全不同，人们也会有各自的打算。浩周回来以后，亲口陈述了你的意向，更使参加朝廷议论的诸公发现你所做的许多可疑的事，你表示始终忠心于我这个根本问题，无法获得可靠的保证，所以只得应付大家，听从群臣的意见（出兵江汉）。现在看到你送来的奏报，你对我表示的忠心可以说深刻极了，我内心因此很感慨，不免悲感动情。当日下达文书，命令南下各军只能深挖战壕，高筑堡垒，不得随意前进。如果你真想效忠于我，想消除人们对你的怀疑、议论，孙登本人清晨到达，晚上就可以下令撤回军队。我这话的真实诚恳，如同大江一样！”孙权于是改元黄武，沿江防守魏军的进攻。冬季十一月，大风，吕范等将军率领的水军淹死几千人，余下的军队退回江南。魏将曹休派臧霸用五百条快船、敢于死战的将士万人，暗中进攻徐陵，烧毁吴国的攻城车，杀死、俘获了几千人。将军全琮、徐盛追杀魏将尹卢，杀死、俘虏了几百人。十二月，孙权派太中大夫郑泉到白帝城与刘备通问修好，这是吴蜀两国重新交往的开始。但是孙权与魏文帝还是互有来往，到后年双方才断绝关系。这年将夷陵改名西陵。

二年春正月，曹真分军据江陵中州。是月，城江夏山。改四分，用乾象历。[23]三月，曹仁遣将军常彫等，以兵五千，乘

黄武二年春季正月，曹真分用一支军队占领了江陵江中的百里洲。这个月，在江夏山上修筑城墙。废用四分历，改用乾象历。三月，曹仁派将军常彫等人，用五千兵，乘坐油船，清晨渡过濡须近处的江中

油船，晨渡濡须中州。仁子泰因引军急攻朱桓，桓兵拒之，遣将军严圭等击破彤等。是月，魏军皆退。夏四月，权群臣劝即尊号，权不许。[24]刘备薨于白帝。[25]五月，曲阿言甘露降。先是戏口守将晋宗杀将王直，以众叛如魏，魏以为蕲春太守，数犯边境。六月，权令将军贺齐督麋芳、刘邵等袭蕲春，邵等生虏宗。冬十一月，蜀使中郎将邓芝来聘。[26]

小洲。曹仁的儿子曹泰趁机领兵急攻吴将朱桓，朱桓发兵反击，派遣将军严圭等打败了常彫等魏将。这一月，魏军全部撤退。夏季四月，孙权群臣劝他称帝，孙权不允许。刘备死于白帝城。五月，曲阿县宣称天降甘露。在这以前，驻守戏口的将领晋宗杀死了将领王直，带着部属叛逃到魏国，魏国任命他担任蕲春太守，多次侵犯吴国的边境。六月，孙权命令将军贺齐率领麋芳、刘邵等偷袭蕲春，刘邵等人活捉了晋宗。冬季十一月，蜀国派遣中郎将邓芝来吴通问修好。

三年夏，遣辅义中郎将张温聘于蜀。秋八月，赦死罪。九月，魏文帝出广陵，望大江，曰“彼有人焉，未可图也”，乃还。[27]

黄武三年夏季，派遣辅义中郎将张温到蜀国通问修好。秋季八月，赦免死罪。九月，魏文帝巡视广陵，远望大江，说道：“吴国有能人在那里，不可能谋取啊!”于是返回洛阳。

四年夏五月，丞相孙邵卒。[28]六月，以太常顾雍为丞相。[29]。皖口言木连理。冬十二月，鄱阳贼彭绮自称将军，攻没诸县，众数万人。是岁地连震。[30]

黄武四年夏季五月，丞相孙邵死。六月，任命太常顾雍担任丞相。皖口宣称，两树连生。冬季十二月，鄱阳贼人彭绮自称将军，攻取了几座县城，有部众几万人。这年连续发生地震。

五年春，令曰：“军兴日久，民离农畔，父子夫妇，不听相恤，孤甚愍之。今北虏缩窜，方外无事，其下州郡，有以宽息。”是时陆逊以所在少谷，表令诸将增广农亩。权报曰：“甚善。今孤父子亲自受田，车中八牛以为四耦，虽未及古人，亦欲与众均等其劳也。”秋七月，权闻魏文帝崩，征江夏，围石阳，不克而还。苍梧言凤皇见。分三郡恶地十县置东安郡，[31]以全琮为太守，平讨山越。冬十月，陆逊陈便宜，劝以

黄武五年春季，孙权下令说：“自从起兵以来，时间已经过了很久。民众脱离土地，不能从事耕种；有的父子夫妇长期分离，不能听任他们相互体恤；我很怜悯他们。当今北方的敌人龟缩逃窜，国家边境没有战事，要下令州、郡，想办法让民众宽松、生息。”这时陆逊因为所在的地区缺少谷物，呈请孙权命令各位将军开发更多的农田。孙权答复说：“你的意见很好。现在我们父子亲自接受分配田亩，车府有八头牛可以组成四对进行农耕，虽说还不及古人，是想要与民众均同辛劳呢。”秋季七月，孙权听说魏文帝死，便出征江夏，围攻石阳，没有取得胜利，撤军回归。苍梧郡上书说，出现了凤凰。划分吴、丹阳、会稽三郡还未开发的山区十县，新建东安郡，任命全琮担任太守，讨伐、平定山越。冬季十月，陆逊向孙权陈述对国家有利应该兴办的事，劝他施行

施德缓刑，宽赋息调。又云："忠谠之言，不能极陈，求容小臣，数以利闻。"权报曰："夫法令之设，欲以遏恶防邪，儆戒未然也，焉得不有刑罚以威小人乎？此为先令后诛，不欲使有犯者耳。君以为太重者，孤亦何利其然，但不得已而为之耳。今承来意，当重谘谋，务从其可。且近臣有尽规之谏，亲戚有补察之箴，所以匡君正主明忠信也。《书》载'予违汝弼，汝无面从'，孤岂不乐忠言以自裨补邪？而云'不敢极陈'，何得为忠谠哉？若小臣之中，有可纳用者，宁得以人废言而不采择乎？但谄媚取容，虽暗亦所明识也。至于发调者，徒以天下未定，事以众济。若徒守江东，修崇宽政，兵自足用，复用多为？顾坐自守可陋耳。若不豫调，恐临时未可便用也。又孤与君分义特异，荣戚实同，来表云不敢随众容身苟免，此实甘心所望于君也。"于是令有司尽写科条，使郎中褚逢赍以就逊及诸葛瑾，意所不安，令损益之。是岁，分交州置广州，俄复旧。[32]

德政，宽用刑罚，减少田赋，停征户税。陆逊还说："忠直的言论，不能尽量述说；而谄媚求容的小臣，多次听说他们得到好处。"孙权答复说："制定法令，就是要用它来防止邪恶，是犯罪行为发生以前所应有的戒备警告，怎么能够没有严厉的刑罚来威慑坏人呢？这就是先教育后惩办，目的为了不要在社会上产生犯人。你指出了刑罚太重的部分，施行这样的重刑重罚，对我有什么好处，仅仅是因为没有别的办法才像这样做啊。现在接受你提出的意见，将重新商讨、谋划，务必使我们的刑罚合理、恰当。古代有益的箴言说，常在左右的臣子要进献规劝的话，同族的亲属弥补、监督君主的过失，这是为了使君主合于正道、表明臣下的忠诚。《书》中记载'我违背了你的辅佐，你不要当面屈从我'，我难道不欢迎忠直之言来帮助我吗？你还说'不敢尽量述说'，这又如何能算是忠直呢？如果职位低下的臣子当中，有可以采用的好意见，难道可以因为这个人不重要就轻视他的言论而不采用吗？但是那种靠巴结、奉承来讨好的人，即使像我这样愚昧的人也是能看得清楚的。至于征收户税的原因，仅仅因为天下还没有平定，这样的大事要依靠人多才办得成功。如果只是保守江东，可以着重施行仁政，兵自然够用，还要增多干什么？但是，坐守是要被人们鄙薄的。如果不早征户税，担心临时增加开支不能满足需要。我与你在君臣的名分上尽有不同，荣辱悲欢却是相同的，你所上的文书说，不愿意同众人一样用那种不正当的手段来全身免祸，这实在是我对你的衷心期待。"于是命令有关主管官员全部写出法令、律条，派遣郎中褚逢送给陆逊、诸葛瑾，凡是他们认为不恰当的，让他们删除、补充。这年，划出交州部分郡县，新建广州，不久又恢复原来的交州。

六年春正月，诸将获彭绮。闰月，韩当子综以其众降魏。

黄武六年春季正月，众将俘获彭绮。这年闰月，韩当的儿子韩综率领他的部属投降魏国。

七年春三月，封子虑为建昌侯。罢东安郡。夏五月，鄱阳太守周鲂伪叛，诱魏将曹休。

黄武七年春季三月，封儿子孙虑为建昌侯。撤销东安郡。夏季五月，鄱阳太守周鲂伪装叛吴，诱骗魏将曹休。秋季八月，孙权到皖口，派将军陆逊率领

秋八月，权至皖口，使将军陆逊督诸将大破休于石亭。大司马吕范卒。是岁，改合浦为珠官郡。㉝

众将在石亭将曹休打得大败。大司马吕范去世。这年，将合浦郡改名珠官郡。

黄龙元年春，公卿百司皆劝权正尊号。夏四月，夏口、武昌并言黄龙、凤凰见。丙申，南郊即皇帝位，㉞是日大赦，改年。追尊父破虏将军坚为武烈皇帝，母吴氏为武烈皇后，兄讨逆将军策为长沙桓王。吴王太子登为皇太子。将吏皆进爵加赏。初，兴平中，吴中童谣曰："黄金车，班兰耳，闿昌门，出天子。"㉟五月，使校尉张刚、管笃之辽东。六月，蜀遣卫尉陈震庆权践位。权乃参分天下，豫、青、徐、幽属吴，兖、冀、并、凉属蜀。其司州之土，以函谷关为界，造为盟曰："天降丧乱，皇纲失叙，逆臣乘衅，劫夺国柄，始于董卓，终于曹操，穷凶极恶，以覆四海，至令九州幅裂，普天无统，民神痛怨，靡所戾止。及操子丕，桀逆遗丑，荐作奸回，偷取天位，而叡么麽，寻丕凶迹，阻兵盗土，未伏厥诛。昔共工乱象而高辛行师，三苗干度而虞舜征焉。今日灭叡，禽其徒党，非汉与吴，将复谁任？夫讨恶翦暴，必声其罪，宜先分制，夺其土地，使士民之心，各知所归。是以《春秋》晋侯伐卫，先分其田以畀宋人，斯其义也。且古建大事，必先盟誓，故《周礼》有司盟之

黄龙元年春季，公卿百官都劝孙权称帝。夏季四月，夏口、武昌都说出现了黄龙、凤凰。四月初二日，孙权在城南郊外即皇帝位，这天，全国大赦，改称年号。尊称死去的父亲破虏将军孙坚为武烈皇帝，母亲吴氏为武烈皇后，长兄讨逆将军孙策为长沙桓王。吴王太子孙登立为皇太子。将军、官员都晋升爵位增加奖赏。当初，东汉献帝兴平年间，吴郡有儿歌唱道："黄金的车，五色的耳，大开昌门，出了天子。"五月，派遣校尉张刚、管笃前往辽东。六月，蜀国派遣卫尉陈震庆贺孙权即帝位。孙权与蜀国平分天下，豫州、青州、徐州、幽州属于吴国，兖州、冀州、并州、凉州属于蜀国。司州的土地则以函谷关作为分界，制作盟书说道："皇天降下灾难，国家的纲常遭受破坏，乱臣乘机劫夺政权。从董卓开始，最后到曹操，他们穷凶极恶，为害天下。致使九州分裂，普天之下没有统一。民众、天神痛恨，民众无法安定。曹操的儿子曹丕，是凶残逆贼曹操的坏种，屡次干坏事，窃取了帝位。曹叡这个小丑，踏着曹丕行凶的足迹，依靠他的军队，窃据大片国土，还没有伏法受诛。从前共工为害，高辛氏就对他动用武力，三苗破坏法度，虞舜便出兵讨伐。今天要消灭曹叡，捉拿他的帮凶、同伙，不是汉、吴两国，又有谁能承担这样的重任呢？大凡讨伐首恶，消灭暴徒，就一定要声讨他们的罪行，还应该先分割、剥夺他们窃据的土地，使广大的士人、庶民，都能明确认识自己的归向。因此《春秋》记载晋侯将要攻打卫国，首先便将卫国的田土分给宋国的民众，我们正是遵从了《春秋》所确定的原则。从古以来，开创大业，必定先结盟、宣誓，所以《周礼》有主管盟誓的官，《尚书》有告天盟誓的

官,《尚书》有告誓之文,汉之与吴,虽信由中,然分土裂境,宜有盟约。诸葛丞相德威远著,翼戴本国,典戎在外,信感阴阳,诚动天地,重复结盟,广诚约誓,使东西士民咸共闻知。故立坛杀牲,昭告神明,再歃加书,副之天府。天高听下,灵威棐谌,司慎司盟,群神群祀,莫不临之。自今日汉、吴既盟之后,戮力一心,同讨魏贼,救危恤患,分灾共庆,好恶齐之,无或携贰。若有害汉,则吴伐之;若有害吴,则汉伐之。各守分土,无相侵犯。传之后叶,克终若始。凡百之约。皆如载书。信言不艳,实居于好。有渝此盟,创祸先乱,违贰不协,慆慢天命,明神上帝是讨是督,山川百神是纠是殛,俾坠其师,无克祚国。于尔大神,其明鉴之!”秋九月,权迁都建业,因故府不改馆,征上大将军陆逊辅太子登,掌武昌留事。

二年春正月,魏作合肥新城。诏立都讲祭酒,以教学诸子。遣将军卫温、诸葛直将甲士万人浮海求夷洲及亶洲。亶洲在海中,长老传言秦始皇帝遣方士徐福将童男童女数千人入海,求蓬莱神山及仙药,止此洲不还。世相承有数万家,其上人民,时有至会稽货布,会稽东县人海行,亦有遭风流移至亶洲者。所在绝远,卒不可得至,但得夷洲数千人

文书。汉、吴两国,虽说相互的诚实、信任完全出自内心,然而我们分割魏地,还是应该订立盟约。蜀国的诸葛丞相道德威望远近闻名,辅佐拥戴幼主,领兵在外,诚信感动天地日月。我们重新恢复友好结盟,诚心立约宣誓,使东吴、西蜀两国士民全部知晓。所以建立祭坛,宰杀牲畜,明告天神,再歃血盟誓,订立盟约,将副本交藏两国天府。天神居高,知闻下情,神灵的威力,能够保佑诚心的人。主管盟约的神,主管结盟礼仪的神,天上百神、受祭祀的众神,全体光临。从今天吴汉结盟以后,戮力同心,共同进讨魏贼。我们扶危救难,分担灾祸,共庆胜利,好恶一致,永不离心。如果有谁危害蜀汉,吴国便攻打谁;如果有谁危害吴国,蜀汉就攻打谁。两国各自保守自己的领土,不互相侵犯,传于后代,始终如一。我们所订的盟约,全部写进了盟誓的文书。真诚的言语不加华丽的修饰,我们两国是真心的友好。如果有谁违背盟约,首先给对方制造了灾祸、动乱,存有二心,不协同一致,怠慢天命;天神天帝就讨伐、督责他,山神、水神、百神就纠正,杀死他;使他的人众消灭,国家败亡。啊,大神,敬请明察!”秋季九月,吴国将都城从武昌迁到建业,利用原来的将军府,不建新宫,诏命上大将军陆逊辅佐太子孙登,主管武昌留守的职事。

黄龙二年春季正月,魏国建造合肥新城。皇上命令设置都讲、祭酒,以便教导官员们的子弟。派将军卫温、诸葛直率领武士万人航海访求夷洲、亶洲。亶洲在大海当中,长辈老人传说秦始皇派遣方士徐福带领少男少女几千人到海上,寻找蓬莱仙山、仙药,留在亶洲没有回来。他们一代接着一代,现在有了几万户人家。那里的人,有时有到会稽郡来买布的,会稽郡东部各县民众出海航行,也有人遭遇飓风漂流到了亶洲。这个地方极远,匆促短期不可能到达,仅俘获夷洲几千人回来。

还。

三年春二月，遣太常潘濬率众五万讨武陵蛮夷。卫温、诸葛直皆以违诏无功，下狱诛。夏，有野蚕成茧，大如卵。由拳野稻自生，改为禾兴县。中郎将孙布诈降以诱魏将王凌，凌以军迎布。冬十月，权以大兵潜伏于阜陵俟之，凌觉而走。会稽南始平言嘉禾生。十二月丁卯，大赦，改明年元也。

黄龙三年春季二月，派遣太常潘濬率兵五万攻打武陵蛮夷。卫温、诸葛直都因为违背了皇帝的命令，办事没有成效，投入监狱被诛杀。夏季，有野蚕做成的蚕茧，大小如同鸡蛋。由拳县郊外自然生长出禾稻，便改称由拳县为禾兴县。中郎将孙布用假降来引诱魏将王凌，王凌派军队迎接孙布。冬季十月，孙权派大军埋伏在阜陵等候，王凌明白自己受骗便领军逃走了。会稽南始平宣称生长出一茎多穗的禾。十二月丁卯日，宣布大赦，改称明年的年号。

嘉禾元年春正月，建昌侯虑卒。三月，遣将军周贺、校尉裴潜乘海之辽东。秋九月，魏将田豫要击，斩贺于成山。冬十月，魏辽东太守公孙渊遣校尉宿舒、阆中令孙综称藩于权，并献貂马。权大悦，加渊爵位。㊱

嘉禾元年春季正月，建昌侯孙虑死。三月，派遣将军周贺、校尉裴潜乘船过海前往辽东。秋季九月，魏将田豫在中途截击，在成山将周贺斩杀。冬季十月，魏国的辽东太守公孙渊派校尉宿舒、阆中令孙综来吴国，向孙权自称藩属，还贡献了貂、马。孙权极为高兴，晋升了公孙渊的封号、职位。

二年春正月，诏曰："朕以不德，肇受元命，夙夜兢兢，不遑假寝。思平世难，救济黎庶，上答神祇，下慰民望。是以眷眷，勤求俊杰，将与戮力，共定海内。苟在同心，与之偕老。今使持节督幽州领青州牧辽东太守燕王，久胁贼虏，隔在一方，虽乃心于国，其路靡缘。今因天命，远遣二使，款诚显露，章表殷勤，朕之得此，何喜如之！虽汤遇伊尹，周获吕望，世祖未定而得河右，方之今日，岂复是过？普天一统，于是定矣。《书》不云乎，'一人有庆，兆民赖之'。其大赦天下，与之

嘉禾二年春季正月，孙权下诏书说道："我自认为没有崇高的道德，自从承受天命就帝位以来，日夜兢兢业业勤劳国事，连不脱衣冠小睡一会儿都没有时间。很想平定社会上的动乱，救济黎民百姓，对上服答天地神灵，对下满足民众的愿望。因此念念不忘，不断地访求杰出人才，将与他们共同努力，平定天下。只要志愿相同，决心与他们团结到老。现在，使持节幽州都督兼青州牧辽东太守燕王，遭受魏国贼人的长期威胁，被阻隔在辽东一地。虽说诚心向往吴国，可真要来人却很困难。现在顺应天意，从远方派来二位使臣，对吴国的忠诚表现得非常明显，上呈的文书更是情意深厚，我看到这些，还有什么比这更高兴呢！即使是商汤王遇见伊尹，周文王得到吕望，世祖刘秀在没有平定天下时得到了河西五郡，同今天相比，又怎么能超过呢？天下统一，现在算是肯定了。《书》中不这样说吗，'天子一人有吉庆，亿万臣民都将获得幸福'。要在全国施行大赦，

更始，其明下州郡，咸使闻知。特下燕国，奉宣诏恩，令普天率土备闻斯庆。”三月，遣舒、综还，使太常张弥、执金吾许晏、将军贺达等将兵万人，金宝珍货，九锡备物，乘海授渊。[37]举朝大臣，自丞相雍已下皆谏，以为渊未可信，而宠待太厚，但可遣吏兵数百护送舒、综，权终不听。[38]渊果斩弥等，送其首于魏，没其兵资。权大怒，欲自征渊，[39]尚书仆射薛综等切谏乃止。是岁，权向合肥新城，遣将军全琮征六安，皆不克还。[40]

让那些罪人得到新生。要明令州郡，使臣民全部知晓。特别命令燕国，要恭恭敬敬地宣扬这道诏令所给予臣民的恩典，使全国都知道这个喜讯。”三月，遣送宿舒、孙综回归辽东，派太常张弥、执金吾许晏、将军贺达等领兵万人，携带金玉珠宝，珍奇货物，九种特别赏赐的物品，乘船渡海授予公孙渊。满朝大臣，从丞相顾雍以下全部进言劝阻，认为不能相信公孙渊，对他的恩宠待遇太过分了，只可派一般官员、几百士兵护送舒、综，孙权都不听从，以后公孙渊果然杀害了张弥等人，将他们的首级送往魏国，没收了他们的军械物资。孙权大怒，要亲自征讨公孙渊，尚书仆射薛综等直言极谏才劝阻了。这一年，孙权进军合肥新城，派将军全琮进攻六安，都没有取得胜利，就撤军回来了。

三年春正月，诏曰：“兵久不辍，民困于役，岁或不登。其宽诸逋，勿复督课。”夏五月，权遣陆逊、诸葛瑾等屯江夏、沔口，孙韶、张承等向广陵、淮阳，权率大众围合肥新城。是时蜀相诸葛亮出武功，权谓魏明帝不能远出，而帝遣兵助司马宣王拒亮，自率水军东征。未至寿春，权退还，孙韶亦罢。秋八月，以诸葛恪为丹杨太守，讨山越。九月朔，陨霜伤谷。冬十一月，太常潘濬平武陵蛮夷，事毕，还武昌。诏复曲阿为云阳，丹徒为武进。庐陵贼李桓、罗厉等为乱。

嘉禾三年春季正月，孙权下诏说道：“长时间的战争不能停止，繁重的劳役使民众深受困扰，有时年景还很不好，作物没有收成。要宽缓民众拖欠的多种赋税，不要再督促他们缴纳。”夏季五月，孙权派遣陆逊、诸葛瑾等驻军江夏、沔口，孙韶、张承等进军广陵、淮阳，孙权率领大军围攻合肥新城。这时，蜀国丞相诸葛亮出兵武功。孙权认为魏明帝不能远离洛阳，可是魏明帝却派兵援助司马懿抵御诸葛亮的进攻，他亲自率领水军东征孙权。还没有到达寿春，孙权撤军回归建业，孙韶也罢兵。秋季八月，任命诸葛恪担任丹杨太守，攻打山越。九月初一日，天降严霜，损伤禾稻。冬季十一月。太常潘濬平定了武陵少数民族地区，战事结束后，潘濬回武昌。命令曲阿恢复称名为云阳，丹徒称名为武进。庐陵贼人李桓、罗厉等发动叛乱。

四年夏，遣吕岱讨桓等。秋七月，有雹。魏使以马求易珠玑、翡翠、瑇瑁，权曰：“此皆孤所不用，而可得马，何苦而不听其交易？”

嘉禾四年夏季，派吕岱攻讨李桓、罗厉等贼人。秋季七月，有冰雹，魏国使臣要求用马匹交换珠玑、翡翠、玳瑁，孙权说：“这些都是我所不用的东西，还可以换得我所需要的马匹，何苦不听任他们来交易呢？”

五年春，铸大钱，一当五百。诏使吏民输铜，计铜畀直。设盗铸之科。二月，武昌言甘露降于礼宾殿。辅吴将军张昭卒。中郎将吾粲获李桓，将军唐咨获罗厉等。自十月不雨，至于夏。冬十月，彗星见于东方。鄱阳贼彭旦等为乱。

嘉禾五年春季，铸造大钱，一枚大钱，值五百文。孙权命令官吏、庶民缴纳铜，计算铜的重量付价款。制定私人铸钱的惩办法令、条律。二月，武昌宣称，甘露降在礼宾殿。辅吴将军张昭死。中郎将吾粲俘获了李桓，将军唐咨俘获了罗厉等。从去年十月，直到今年夏季，没有下雨。冬季十月，东方出现彗星。鄱阳贼人彭旦等叛乱。

六年春正月，诏曰："夫三年之丧，天下之达制，人情之极痛也；贤者割哀以从礼，不肖者勉而致之。世治道泰，上下无事，君子不夺人情，故三年不逮孝子之门。至于有事，则杀礼以从宜，要绖而处事。故圣人制法，有礼无时则不行。遭丧不奔非古也，盖随时之宜，以义断恩也。前故设科，长吏在官，当须交代，而故犯之，虽随纠坐，犹已废旷。方事之殷，国家多难，凡在官司，宜各尽节，先公后私，而不恭承，甚非谓也。中外群僚，其更平议，务令得中，详为节度。"顾谭议，以为："奔丧立科，轻则不足以禁孝子之情，重则本非应死之罪，虽严刑益设，违夺必少。若偶有犯者，加其刑则恩所不忍，有减则法废不行。愚以为长吏在远，苟不告语，势不得知。比选代之间，若有传者，必加大辟，则长吏无废职之负，孝子无犯重之刑。"将军胡综议，以为："丧纪之礼，

嘉禾六年春季正月，孙权下诏令说："实行三年的丧礼，这是天下通行的制度，表现了人们最悲痛的心情。贤者抑制自己的哀伤来遵从礼制，不肖者也勉力做到服丧礼三年。时世清明，天下太平，朝廷不会强令停止服丧，所以三年不登孝子的门。至于国家有事，那就要灵活通变，降低服丧礼三年的礼仪要求，要求穿着丧服办公。圣人制定礼法，有礼仪，如不讲求因时变通，那是行不通的。遭遇亲丧不赶回家服丧，这是不遵守古礼。但根据特殊情况做合理变通，这是用公义处理私情。以前，我们特别制定了法令，高级官员要离职奔丧，应该办好交代手续。如果有意违反，要立即举报、治罪，可是这样的法令从未认真执行，如同已经废除一样。当前政务繁重，国家灾难很多，所有任职官员，都应该尽力保持节操，先公后私，不严肃对待所承担的职事，应该说是很错误的。朝廷、州郡的官员，要对奔丧的法令，再做一次研讨，一定要制定得恰当，有详明的管理规章制度。"顾谭发表意见，认为："要为奔丧立法，处罚轻了就不能够禁止孝子奔丧的强烈感情；处罚重了，这本来不是应判死刑的大罪，虽说增设严刑，违反夺情的人一定很少。如果偶尔有违法的人，加重对他的处罚，在情义上会不忍心；减轻对他的处罚，就如同将法令废止而不实行。我认为在边远地区的高级官员，如果不报告，很难了解实情。在评比、选举、移交接替期间，如果有犯法奔丧的人，就一定判处死刑。这样，高级官员就不会有失职的罪责，孝子也不会犯重罪受到严刑惩处。"将军胡综发表意见，认为："服丧的礼仪，虽说有法纪规定，如果

虽有典制，苟无其时，所不得行。方今戎事军国异容，而长吏遭丧，知有科禁，公敢干突，苟念闻忧不奔之耻，不计为臣犯禁之罪，此由科防本轻所致。忠节在国，孝道立家，出身为臣，焉得兼之？故为忠臣不得为孝子。宜定科文，示以大辟，若故违犯，有罪无赦。以杀止杀，行之一人，其后必绝。"丞相雍奏从大辟。其后吴令孟宗丧母奔赴，已而自拘于武昌以听刑。陆逊陈其素行，因为之请，权乃减宗一等，后不得以为比，因此遂绝。二月，陆逊讨彭旦等，其年，皆破之。冬十月，遣卫将军全琮袭六安，不克。诸葛恪平山越事毕，北屯庐江。

不根据特殊情况灵活变通，是难以实行的。当今，我们的外事、军事、政事都各有不同的法度，高级官员有了丧事，知道法令所规定的各项条文，公然敢于违犯禁令，如果只想到亲丧不赶紧回家服丧的羞耻，不考虑作为臣下违犯禁令的罪行，这是由于法令所规定的处罚太轻造成的。忠节是为国尽力，孝道是用来治家，已经献身做了臣子，怎么还能兼顾家庭？所以要做忠臣就不能同时做孝子。应该制订法令条文，明白宣布处以死刑。如果有意违犯，就是犯罪不能赦免。用杀人的重刑来防止人们被杀，对一个人用了重刑，以后就不会有人胆敢违法了。"丞相顾雍表示同意施用死刑。以后吴县县令孟宗的母亲去世，孟宗违犯禁令奔丧，事后自己囚禁在武昌等候判刑。陆逊陈述他平时的行为，替他求情，孙权才对孟宗降低了一级处罚，以后不得以此为例，因此再没有人敢违犯禁令了。二月，陆逊攻打彭旦等人，这一年，全部打败了他们。冬季十月，派卫将军全琮偷袭六安，没有取得胜利。诸葛恪平定山越的战事结束以后，引军向北进驻庐江。

赤乌元年春，铸当千大钱。夏，吕岱讨庐陵贼，毕，还陆口。秋八月，武昌言麒麟见。有司奏言麒麟者太平之应，宜改年号。诏曰："间者赤乌集于殿前，朕所亲见，若神灵以为嘉祥者，改年宜以赤乌为元。"群臣奏曰："昔武王伐纣，有赤乌之祥，君臣观之，遂有天下，圣人书策载述最详者，以为近事既嘉，亲见又明也。"于是改年。步夫人卒，追赠皇后。初，权信任校事吕壹，壹性苛惨，用法深刻。太子登数谏，权不纳，大臣由是莫敢言。后壹奸罪发露伏诛，权引咎责躬，乃使中书郎袁礼告谢诸大将，因

赤乌元年春季，铸造币值一千文的大钱。夏季，吕岱进攻庐陵贼人，结束后，返回陆口。秋季八月，武昌宣称出现了麒麟。主管官员上书说，麒麟是太平的征兆，应该改称年号。孙权下诏说道："近来红色的乌鸦聚集在宫殿前面，这是我亲眼所见，如果神灵认为是美好、吉祥的象征，改称年号，应该用赤乌作为年号。"群臣上呈奏书说："从前周武王攻打商纣，有赤乌的瑞兆，君臣都看到了，于是取得了天下，这是圣人的书籍记述得详细的。因为出现赤乌，这是最近的喜事，帝王又亲见得十分明白。"于是改称年号。步夫人死亡，追封为皇后。当初，孙权信任校事吕壹，吕壹的天性苛刻、残忍，执法严酷、狠毒。太子孙登多次劝谏，孙权都不接受，大臣们因此没有人敢再提意见。后来吕壹奸邪的罪行暴露被诛杀，孙权引咎自责。于是派遣中书郎袁礼向各位大将表示歉意，并询问当时朝政应该注意加强或纠正的意见。袁礼回来以后，孙权还下诏书责备诸葛瑾、

问时事所当损益。礼还,复有诏责数诸葛瑾、步骘、朱然、吕岱等曰:“袁礼还,云与子瑜、子山、义封、定公相见,并以时事当有所先后,各自以不掌民事,不肯便有所陈,悉推之伯言、承明。伯言、承明见礼,泣涕恳恻,辞旨辛苦,至乃怀执危怖,有不自安之心。闻此怅然,深自刻怪。何者?夫惟圣人能无过行,明者能自见耳。人之举措,何能悉中,独当己有以伤拒众意,忽不自觉,故诸君有嫌难耳;不尔,何缘乃至于此乎?自孤兴军五十年,所役赋凡百皆出于民。天下未定,孽类犹存,士民勤苦,诚所贯知。然劳百姓,事不得已耳。与诸君从事,自少至长,发有二色,以谓表里足以明露,公私分计,足用相保。尽言直谏,所望诸君;拾遗补阙,孤亦望之。昔卫武公年过志壮,勤求辅弼,每独叹责。[41]且布衣韦带,相与交结,分成好合,尚污垢不异。今日诸君与孤从事,虽君臣义存,犹谓骨肉不复是过。荣福喜戚,相与共之。忠不匿情,智无遗计,事统是非,诸君岂得从容而已哉?同船济水,将谁与易?齐桓诸侯之霸者耳,有善管子未尝不叹,有过未尝不谏,谏而不得,终谏不止。今孤自省无桓公之德,而诸君谏诤未出于口,仍执嫌难。以此言之,孤于齐桓良优,

步骘、朱然、吕岱等人,说:“袁礼回,说他与子瑜、子山、义封、定公见了面,并且向你们征询当前朝政缓急先后的意见,你们各以为自己不主管民政,不肯表示个人的意见,全推给伯言、承明。伯言、承明见了袁礼,流泪伤心,说的话很沉痛,甚至还有自危、畏惧和不安心的表现。听到这些颇为懊恼,我深深责怪自己。为什么呢?只有圣人才能够没有过失,聪明人不过是能够自己发现过失罢了。人们一举一动,如何能全部做到恰当、正确,只认为自己正确,以至反对、拒绝了众人的意见,一时没有觉悟,所以诸位才产生了疑虑、繁难;不是这样,为什么会有目前这种情况呢?自从我起兵五十年来,所征用的一切财物都是民众供给的。天下还未平定,叛乱的人还存在,士民勤劳、辛苦,这是大家熟知的。但是,现在还使百姓劳苦,这是没有办法的事情。我同诸位共事,从少年到了老年,头发已经斑白,认为我们的思想、行动可以明显地表露,从公、从私、从职位名分考虑,都应该互相充分依靠。直言规劝,是对你们希望;帮助我改正缺点、补救过失,也希望于你们。从前卫武公才超过青壮年时期,便尽力访求辅佐他的贤臣,我常常独自叹息、自责。况且平民百姓相互间的交往,分离聚合,友好不二,即使在困难的逆境之中也不变心。现在各位同我共事,虽然存有君臣的名分,可以说骨肉至亲也不会超过我们的亲密关系。尊荣幸福,喜悦忧愁,我和你们完全共同享受。忠诚相待,不隐蔽自己的真实感情;贡献智谋,没有半点保留。事关大是大非便该有统一的认识,诸位难道能够无动于衷敷衍应付了事吗?同船渡河,还有谁能改变呢?齐桓公是当时诸侯中的霸主,做了好事,管子没有不赞赏的,有了过失没有不劝阻的,劝阻以后还不听从,就始终规劝不停。现在我自问没有桓公那样崇高的道德,而各位对我忠直的劝告还没有从口中说出,就表现了疑虑和困难。从这一点来说,与桓公相比,我确实超过了;不知各位与管

未知诸君于管子何如耳？久不相见，因事当笑。共定大业，整齐天下，当复有谁？凡百事要所当损益，乐闻异计，匡所不逮。”

子相比，又是怎样呢？很久没同你们见面，因为以前的许多事情，所以同你们作一次笑谈。共同努力成就帝业，统一天下，还有什么人能够担当这样的重任？凡是当前应该做的或不该做的各项大事，我乐于倾听诸位的不同意见，纠正我考虑不周的地方。”

二年春[42]三月，遣使者羊衜、郑胄、将军孙怡之辽东，击魏守将张持、高虑等，虏得男女。[43]零陵言甘露降。夏五月，城沙羡。冬十月，将军蒋秘南讨夷贼。秘所领都督廖式杀临贺太守严纲等，自称平南将军，与弟潜共攻零陵、桂阳，及摇动交州、苍梧、郁林诸郡，众数万人。遣将军吕岱、唐咨讨之，岁余皆破。

赤乌二年春季三月，派遣使臣羊衜、郑胄、将军孙怡前往辽东，攻打魏国守卫辽东的将领张持、高虑等人，俘获了当地的男女。零陵宣称天降甘露。夏季五月，修筑沙羡城。冬季十月，将军蒋秘向南方进军攻打南方少数民族中的贼人。蒋秘所率领的都督廖式杀死了临贺太守严纲等人，自称平南将军，与弟廖潜一同进攻零陵、桂阳，并使交州、苍梧、郁林等郡发生了动乱，追随他们反叛的有几万人。孙权派遣将军吕岱、唐咨征讨廖式、廖潜等人，一年多将他们全部打败。

三年春正月，诏曰：“盖君非民不立，民非谷不生。顷者以来，民多征役，岁又水旱，年谷有损，而吏或不良，侵夺民时，以致饥困。自今以来，督军郡守，其谨察非法，当农桑时，以役事扰民者，举正以闻。”夏四月，大赦，诏诸郡县治城郭，起谯楼，穿堑发渠，以备盗贼。冬十一月，民饥，诏开仓廪以赈贫穷。

赤乌三年春季正月，孙权下诏说：“君主没有民众就不能称君，民众没有粮食就不能生存。近年以来，民众的赋税劳役很重，年年水旱成灾，谷物的生长受到损害；有的官吏很不好，侵犯、剥夺民众农忙的时间，因此造成了饥饿、贫困。从今以后，督军、郡守，要从严查处违法事件，当农耕蚕桑季节，凡是以差役扰乱民众的，要将检举查处、纠正的情况上报。”夏季四月，吴国实行大赦。命令各郡县筑城墙、外城，在城上修建望楼，开凿护城河、壕沟，防御盗贼。冬季十一月，民众饥饿无食，命令打开官仓发放粮食救济。

四年春正月，大雪，平地深三尺，鸟兽死者大半。夏四月，遣卫将军全琮略淮南，决芍陂，烧安城邸阁，收其人民。威北将军诸葛恪攻六安。琮与魏将王凌战于芍陂，中郎将秦晃等十余人战死。车骑将军朱然围樊，大将军诸葛瑾取柤中。[44]五月，太子登卒。是月，魏

赤乌四年春季正月，天降大雪，平地雪深三尺，飞鸟走兽死了一大半。夏季四月，派卫将军全琮攻夺淮南，挖开芍陂水库，焚烧安城县的官库、府第、楼阁，收取了当地民众。威北将军诸葛恪进攻六安。全琮与魏将王凌在芍陂交战，中郎将秦晃等十多人战死。车骑将军朱然围攻樊城，大将军诸葛瑾攻占了柤中。五月，太子孙登死。这月，魏国太傅司马懿

太傅司马宣王救樊。六月,军还。闰月,大将军瑾卒。秋八月,陆逊城邾。

救援樊城。六月,撤军。这年闰月,大将军诸葛瑾死。秋季八月,陆逊修筑邾县县城。

五年春正月,立子和为太子,大赦,改禾兴为嘉兴。百官奏立皇后及四王,诏曰:“今天下未定,民物劳瘁,且有功者或未录,饥寒者尚未恤,猥割土壤以丰子弟,崇爵位以宠妃妾,孤甚不取。其释此议。”三月,海盐县言黄龙见。夏四月,禁进献御,减太官膳。秋七月,遣将军聂友、校尉陆凯以兵三万讨珠崖、儋耳。是岁大疫,有司又奏立后及诸王。八月,立子霸为鲁王。

赤乌五年春季正月,立子孙和为皇太子,全国大赦,改称禾兴县为嘉兴县。百官上书请求封皇后及四位王子,孙权下诏书道:“现在天下还没有平定,百姓劳苦,万物灾病,而且有功的人有的还没有封赏,受冻挨饿的人尚没有抚恤,就分封土地使自己的儿子富足,赐予崇高爵位使妃妾尊荣,我认为很不可取。你们要放弃这个建议。”三月,海盐县宣称出现了黄龙。夏季四月,禁止进献贡品,减少皇帝饮食物品供应的数量。秋季七月,派将军聂友、校尉陆凯带领三万兵攻打珠崖、儋耳。这年,疫病流行,主管官员又上书请封皇后及众王子。八月,封子孙霸为鲁王。

六年春正月,新都言白虎见。诸葛恪征六安,破魏将谢顺营,收其民人。冬十一月,丞相顾雍卒。十二月,扶南王范旃遣使献乐人及方物。是岁,司马宣王率军入舒,诸葛恪自皖迁于柴桑。

赤乌六年春季正月,新都县宣称出现了白虎。诸葛恪进攻六安,攻占魏将谢顺的军营,收取了六安民众。冬季十一月,丞相顾雍去世。十二月,扶南王范旃派遣使臣进献乐师与地方特产。这一年,司马懿领军到达舒县。诸葛恪从皖县迁移到柴桑县。

七年春正月,以上大将军陆逊为丞相。秋,宛陵言嘉禾生。是岁,步骘、朱然等各上疏云:“自蜀还者,咸言欲背盟与魏交通,多作舟船,缮治城郭。又蒋琬守汉中,闻司马懿南向,不出兵乘虚以掎角之,反委汉中,还近成都。事已彰灼,无所复疑,宜为之备。”权揆其不然,曰:“吾待蜀不薄,聘享盟誓,无所负之,何以致此?又司马懿前来入舒,旬日便退,蜀在万里,何知缓急而便出兵

赤乌七年春季正月,任命上大将军陆逊为丞相。秋季,宛陵县宣称生长出一茎多穗的禾穗。这年,步骘、朱然等分别上书说:“从蜀国回来的人,都说蜀国将要背叛同我国的结盟,与魏国交往勾结,制造了许多船,修整了城墙、外城。还有蒋琬守卫汉中,听到司马懿进军江南的消息,不趁魏国在西北兵力空虚的好时机出兵,东西双方配合夹击敌人,反而放弃汉中,撤军返回成都。事实已经非常明显,没有什么再可以怀疑的,我们应该有充分的准备。”孙权考虑认为不是这样,说道:“我对待蜀国不坏,通问献礼,盟誓友好,没有什么对不起的地方,为什么会有这样的情况呢?另外,司马懿领兵来到舒县,仅仅十天便撤退了,蜀国远在万里,如何能得知东

乎?昔魏欲入汉川,此间始严,亦未举动,会闻魏还而止,蜀宁可复以此有疑邪?又人家治国,舟船城郭,何得不护?今此间治军,宁复欲以御蜀邪?人言苦不可信,朕为诸君破家保之。”蜀竟自无谋,如权所筹[45]。

南形势紧急便出兵西北呢?先前魏国打算入侵汉中,我们这里才开始军事戒备,也还没有行动,恰巧听说魏国撤军便停止了支援配合,难道蜀国可以因此产生对我们的怀疑吗?还有,人家治理国家,船只城墙,怎么能不维护修理呢?现在我们这里也整训军队,难道是想对付蜀国吗?人们的传言不可轻信,我敢用破毁身家的代价对各位作保证。”蜀国终究没有阴谋,如同孙权所预料的一样。

八年春二月,丞相陆逊卒。夏,雷霆犯宫门柱,又击南津大桥楹。茶陵县鸿水溢出,流漂居民二百余家。秋七月,将军马茂等图逆,夷三族。[46]八月,大赦。遣校尉陈勋将屯田及作士三万人凿句容中道,自小其至云阳西城,通会市,作邸阁。

赤乌八年春季二月,丞相陆逊死。夏季,雷电击坏宫门立柱,又雷击南津大桥桥柱。茶陵县洪水泛滥,冲走居民二百多家。秋季七月,将军马茂等人图谋叛乱,诛灭了他们的父族、母族、妻族。八月,全国施行大赦。派遣校尉陈勋率领从事农耕的军队与有专门技术的工匠三万人开凿句容直道,从小其到云阳西城,便利商贩集会与货物贸易,建造囤积军用物资的仓库。

九年春二月,车骑将军朱然征魏柤中,斩获千余。夏四月,武昌言甘露降。秋九月,以骠骑将军步骘为丞相,车骑将军朱然为左大司马,卫将军全琮为右大司马,镇南将军吕岱为上大将军,威北将军诸葛恪为大将军。[47]

赤乌九年春季二月,车骑将军朱然进攻魏国的柤中,斩首、俘虏一千多人。夏季四月,武昌宣称天降甘露。秋季九月,任命骠骑将军步骘为丞相,车骑将军朱然为左大司马,卫将军全琮为右大司马,镇南将军吕岱为上大将军,威北将军诸葛恪为大将军。

十年春正月,右大司马全琮卒。[48]二月,权适南宫。三月,改作太初宫,诸将及州郡皆义作。[49]夏五月,丞相步骘卒。冬十月,赦死罪。

赤乌十年春季正月,右大司马全琮去世。二月,孙权以南宫为正寝。三月,改建太初宫,众将军及各州郡官吏都义务参加劳动。夏季五月,丞相步骘去世。冬季十月,赦免判了死刑的罪人。

十一年春正月,朱然城江陵。二月,地仍震。[50]三月,宫成。夏四月,雨雹,云阳言黄龙见。五月,鄱阳言白虎仁。[51]诏曰:“古者圣王积行累善,修身行道,以有天下,故符瑞应之,

赤乌十一年春季正月,朱然修筑江陵城。二月,多次发生地震。三月,改建太初宫的工程竣工。夏四月,天降冰雹,云阳宣称出现了黄龙。五月,鄱阳宣称白虎不伤害人。孙权下诏说:“古代圣君长期积累善行,修养身心,施行王道,才取得天下,所以有祥瑞

所以表德也。朕以不明,何以臻兹?《书》云'虽休勿休',公卿百司,其勉修所职,以匡不逮。”

十二年春三月,左大司马朱然卒。四月,有两乌衔鹊堕东馆。丙寅,骠骑将军朱据领丞相,燎鹊以祭。[52]

十三年夏五月,日至,荧惑入南斗,秋七月,犯魁第二星而东。八月,丹杨、句容及故鄣、宁国诸山崩,鸿水溢。诏原逋责,给贷种食。废太子和,处故鄣。鲁王霸赐死。冬十月,魏将文钦伪叛以诱朱异,权遣吕据就异以迎钦。异等持重,钦不敢进。十一月,立子亮为太子。遣军十万,作堂邑涂塘以淹北道。十二月,魏大将军王昶围南郡,荆州刺史王基攻西陵,遣将军戴烈、陆凯往拒之,皆引还。[53]是岁,神人授书,告以改年、立后。

太元元年夏五月,立皇后潘氏,大赦,改年。初临海罗阳县有神,自称王表。[54]周旋民间,语言饮食,与人无异,然不见其形。又有一婢,名纺绩。是月,遣中书郎李崇赍辅国将军罗阳王印绶迎表。表随崇俱出,与崇及所在郡守令长谈论,崇等无以易。所历山川,辄遣婢与其神相闻。秋七月,崇与表至,权于苍龙门外为立第舍,数使近臣赍酒食往。表说水旱小事,往往有验。[55]秋八月

的征兆,是为了表彰圣君的德行。我还不圣明,凭什么会得到上天的表彰呢?《书》经说'虽说这是善事,却不要满足这种善事',朝廷的三公、九卿与诸位官员,要尽力做好主管的工作,帮助我改正错误。”

赤乌十二年春季三月,左大司马朱然去世。四月,有一对乌鸦口衔喜鹊坠死在东馆。四月初九日,骠骑将军朱据兼任丞相,将喜鹊烘烤用来祭神。

赤乌十三年夏季五月,夏至这天,荧惑星进入南斗星群的天区。秋季七月,荧惑星在干犯了北斗七星中的第二星以后向东离去。八月,丹杨、句容以及故鄣、宁国等地的众山崩塌,洪水泛滥。孙权下诏免除百姓拖欠的钱物,供给、出借种子、粮食。废除孙和的太子封号,命令在故鄣居住。赐鲁王孙霸死。冬季十月,魏将文钦伪装叛变来诱骗吴将朱异,孙权派遣吕据接近朱异以便迎接文钦。朱异等办事稳重,文钦不敢前来。十一月,封子孙亮为太子。孙权派遣十万军队,修建堂邑县的涂塘水库,使从北方到建业的大路完全淹没。十二月,魏国大将军王昶围攻南郡。荆州刺史王基进攻西陵,孙权派遣将军戴烈、陆凯率兵前往抵御,王昶、王基都撤军返回。这年,神人授予天书,告诉孙权要改称年号、立皇后。

太元元年夏季五月,封潘氏为皇后,全国实行大赦,改年号。当初,临海郡罗阳县有一位神人,自称姓名叫王表。他在民间来往活动,言语饮食,与常人没有什么不同,但却看不见他的形体。神人王表还有一名女仆,名叫纺绩。这月,孙权派遣中书郎李崇携带辅国将军罗阳王印章去迎接王表。王表跟着李崇同时出发,与李崇及当地的郡守、县令长谈论,李崇等人认为他的说法很有道理。他们经过高山大河,往往派婢女纺绩与神人王表相互沟通。秋季七月,李崇与王表到达建业,孙权在苍龙门外替王表修建宫府,多次派近臣送酒食。王表预言降雨天旱等小事,往往灵验。秋季八月初一,大风,江水、海水

朔,大风,江海涌溢,平地深八尺,吴高陵松柏斯拔,郡城南门飞落。冬十一月,大赦。权祭南郊还,寝疾。[56]十二月,驿征大将军恪,拜为太子太傅。诏省徭役,减征赋,除民所患苦。

暴涨,平地水深八尺,吴国孙坚高陵的松柏被拔起,郡城南门坍落。冬季十一月,全国实行大赦。孙权往南郊祭祀回来后,卧病在床。十二月,用驿马召见大将军诸葛恪,授任为太子太傅。孙权下诏减少差役,减征田赋,废除使民众愁苦的法令。

二年春正月,立故太子和为南阳王,居长沙;子奋为齐王,居武昌;子休为琅邪王,居虎林。二月,大赦,改元为神凤。皇后潘氏薨。诸将吏数诣王表请福,表亡去。夏四月,权薨,时年七十一,谥曰大皇帝。秋七月,葬蒋陵。[57]

太元二年春季正月,封原太子孙和为南阳王,在长沙居住;封子孙奋为齐王,在武昌居住;封子孙休为琅邪王,在虎林居住。二月,全国实行大赦,改称年号为神凤。皇后潘氏死。众将吏时常到王表那里请求保佑,王表逃走。夏季四月,孙权逝世,享年七十一岁,谥号为大皇帝,秋季七月,安葬在蒋陵。

评曰:孙权屈身忍辱,任才尚计,有勾践之奇,英人之杰矣。故能自擅江表,成鼎峙之业。然性多嫌忌,果于杀戮,暨臻末年,弥以滋甚。至于谗说殄行,胤嗣废毙,[58]岂所谓贻厥孙谋以燕翼子者哉?其后叶陵迟,遂致覆国,未必不由此也。[59]

评论说:孙权能够委屈自身、忍受屈辱,任用贤才、崇尚智谋,有勾践那样的奇才,真是人中的豪杰啊!所以能独占江南广大地区,建立与蜀、魏鼎立三分天下的大业。但他的天性多有疑忌,果断地施用刑杀,到了晚年,变得更加严重。以至于听信谗言,滥施暴行,亲生的儿子有的被废、有的被杀,这难道是如《诗》中所说要留下远大的谋略用来保护子孙的人吗?他后代衰落,致使国家灭亡,未必不是因为他有这种错误啊。

---

①《江表传》曰:坚为下邳丞时,权生,方颐大口,目有精光,坚异之,以为有贵象。及坚亡,策起事江东,权常随从。性度弘朗,仁而多断,好侠养士,始有知名,侔于父兄矣。每参同计谋,策甚奇之,自以为不及也。每请会宾客,常顾权曰:“此诸君,汝之将也。”

②臣松之按《礼记·曾子问》子夏曰:“三年之丧,金革之事无避也者,礼与?初有司与?”孔子曰:“吾闻诸老聃曰,昔者鲁公伯禽有为为之也。”郑玄注曰:“周人卒哭而致事。时有徐戎作难,伯禽卒哭而征之,急王事也。”昭所云“伯禽不师”,盖谓此也。

③《江表传》曰:初策表用李术为庐江太守,策亡之后,术不肯事权,而多纳其亡叛。权移书求索,术报曰:“有德见归,无德见叛,不应复还。”权大怒,乃以状白曹公曰:“严刺史昔为公所用,又是州举将,而李术凶恶,轻犯汉制,残害州司,肆其无道,宜速诛灭,以惩丑类。今欲讨之,进为国朝扫除鲸鲵,退为举将报塞怨仇,此天下达义,夙夜所甘心。术必惧诛,复诡说求救。明公所居,阿衡之任,海内所瞻,愿敕执事,勿复听受。”是岁举兵攻术于皖城。术闭门自守,求救于曹公。曹公不救。粮食乏尽,妇女或丸泥而吞之。遂屠其城,枭术首,徙其部曲三万余人。

④《吴录》曰：是时权大会官寮，沈友有所是非，令人扶出，谓曰："人言卿欲反。"友知不得脱，乃曰："主上在许，有无君之心者，可谓非反乎？"遂杀之。友字子正，吴郡人。年十一，华歆行风俗，见而异之，因呼曰："沈郎，可登车语乎？"友逡巡却曰："君子讲好，会宴以礼，今仁义陵迟，圣道渐坏，先生衔命，将以裨补先王之教，整齐风俗，而轻脱威仪，犹负薪救火，无乃更崇其炽乎！"歆惭曰："自桓、灵以来，虽多英彦，未有幼童若此者。"弱冠博学，多所贯综，善属文辞。兼好武事，注《孙子兵法》。又辩于口，每所至，众人皆默然，莫与为对，咸言其笔之妙，舌之妙，刀之妙，三者皆过绝于人。权以礼聘，既至，论王霸之略，当时之务，权敛容敬焉。陈荆州宜并之计，纳之。正色立朝，清议峻厉，为庸臣所谮，诬以谋反。权亦以终不为己用，故害之，时年二十九。

⑤《吴录》曰：晋改新定为遂安。

⑥《吴录》曰：晋改休阳为海宁。

⑦《江表传》载曹公与权书曰："近者奉辞伐罪，旄麾南指，刘琮束手。今治水军八十万众，方与将军会猎于吴。"权得书以示群臣，莫不向震失色。

⑧《吴历》曰：曹公出濡须，作油船，夜渡洲上。权以水军围取，得三千余人，其没溺者亦数千人。权数挑战，公坚守不出。权乃自来，乘轻船，从濡须口入公军。诸将皆以为是挑战者，欲击之。公曰："此必孙权欲身见吾军部伍也。"敕军中皆精严，弓弩不得妄发。权行五六里，回还作鼓吹。公见舟船器仗军伍整肃，喟然叹曰："生子当如孙仲谋，刘景升儿子若豚犬耳！"权为笺与曹公，说："春水方生，公宜速去。"别纸言："足下不死，孤不得安。"曹公语诸将曰："孙权不欺孤。"乃彻军还。

《魏略》曰：权乘大船来观军，公使弓弩乱发，箭著其船，船偏重将覆，权因回船，复以一面受箭，箭均船平，乃还。

⑨巴丘今曰巴陵。

⑩《献帝春秋》曰：张辽问吴降人："向有紫髯将军，长上短下，便马善射，是谁？"降人答曰："是孙会稽。"辽及乐进相遇，言不早知之，急追自得，举军叹恨。

《江表传》曰：权乘骏马上津桥，桥南已见彻，丈余无版。谷利在马后，使权持鞍缓控，利于后著鞭，以助马势，遂得超度。权既得免，即拜利都亭侯。谷利者，本左右给使也，以谨直为亲近监，性忠果亮烈，言不苟且，权爱信之。

⑪《魏略》曰：梁寓字孔儒，吴人也。权遣寓观望曹公，曹公因以为掾，寻遣还南。

⑫《魏略》曰：权闻魏文帝受禅而刘备称帝，乃呼问知星者，己分野中星气何如，遂有僭意。而以位次尚少，无以威众，又欲先卑而后踞之，为卑则可以假宠，后踞则必致讨，致讨然后可以怒众，众怒然后可以自大，故深绝蜀而专事魏。

⑬《禹贡》曰：沱、潜既道，注曰："水自江出为沱，汉为潜。"

⑭《江表传》曰：权群臣议，以为宜称上将军九州伯，不应受魏封。权曰："九州伯，于古未闻也。昔沛公亦受项羽拜为汉王，此盖时宜耳，复何损邪？"遂受之。

孙盛曰："昔伯夷、叔齐不屈有周，鲁仲连不为秦民。夫以匹夫之志，犹义不辱，况列国之君三分天下，而可二三其节，或臣或否乎？余观吴、蜀，咸称奉汉，至于汉代，莫能固秉臣节，君子是以知其不能克昌厥后，卒见吞于大国也。向使权从群臣之议，终身称汉将，岂不义悲六合，仁感百世哉！"

⑮《吴书》曰：咨字德度，南阳人，博闻多识，应对辩捷，权为吴王，擢中大夫，使魏。魏文帝善之，嘲咨曰："吴王颇知学乎？"咨曰："吴王浮江万艘，带甲百万，任贤使能，志存经略，虽有余闲，博览书传历史，藉采奇异，不效诸生寻章摘句而已。"帝曰："吴可征不？"咨对曰："大国有征伐之兵，小国有备御之固。"又曰："吴难魏不？"咨曰："带甲百万，江、汉为池，何难之有？"又曰："吴如大夫者几人？"咨曰："聪明特达者八九十人，如臣之比，车载斗量，不可胜数。"咨频载使北，魏人敬异。权闻而嘉之，拜骑都尉。咨言曰："观北方终不能守盟，今日之计，朝廷承汉四百之际，应东南之运，宜改年号，正服色，

以应天顺民。"权纳之。

⑯《吴书》曰：玠字仲山，吴郡人，少综经艺，尤善《春秋》内、外传。权以玠有智谋，能专对，乃使至魏。魏文帝问曰："吴嫌魏东向乎？"玠曰："不嫌。"曰："何以？"曰："信恃旧盟，言归于好，是以不嫌。若魏渝盟，自有豫备。"又问："闻太子当来，宁然乎？"玠曰："臣在东朝，朝不坐，宴不与，若此之议，无所闻也。"文帝善之，乃引玠自近，谈语终日。玠随事响应，无所屈服。玠还言曰："臣密参侍中刘晔，数为贼设奸计，终不久悫。臣闻兵家旧论，不恃敌之不我犯，恃我之不可犯，今为朝廷虑之。且当省息他役，惟务农桑以广军资；修缮舟车，增作战具，令皆兼盈；抚养兵民，使各得其所；揽延英俊，奖励将士，则天下可图矣。"以奉使有称，封永安乡侯，官至少府。

⑰《江表传》曰：是岁魏文帝遣使求雀头香、大贝、明珠、象牙、犀角、瑇瑁、孔雀、翡翠、斗鸭、长鸣鸡。群臣奏曰："荆、扬二州，贡有常典，魏所求珍玩之物非礼也，宜勿与。"权曰："昔惠施尊齐为王，客难之曰：'公之学去尊，今王齐，何其倒也？'惠子曰：'有人于此，欲击其爱子之头，而石可以代之，子头所重而石所轻也，以轻代重，何为不可乎？'方有事于西北，江表元元，恃主为命，非我爱子邪？彼所求者，于我瓦石耳，孤何惜焉？彼在谅闇之中，而所求若此，宁可与言礼哉！"皆具以与之。

⑱《吴历》曰：权以使聘魏，具上破备获印绶及首级、所得土地，并表将吏功勤宜加爵赏之意。文帝报使，致鼲子裘、明光铠、騑马，又以素书所作《典论》及诗赋与权。

《魏书》载诏答曰："老虏边窟，越险深入，旷日持久，内迫罢弊，外困智力，故见身于鸡头，分兵拟西陵，其计不过谓可转足前迹以摇动江东。根未著地，摧折其支，虽未刳备五脏，使身首分离，其所降诛，亦足使虏部众凶惧。昔吴汉先烧荆门，后发夷陵，而子阳无所逃其死；来歙始袭略阳，文叔喜之，而知隗嚣无所施其巧。今讨此虏，正似其事，将军勉建方略，务全独克。"

⑲《国语》曰：狸埋之，狸掘之，是以无成功。

⑳《魏略》载魏三公奏曰："臣闻枝大者披心，尾大者不掉，有国有家之所慎也。昔汉承秦弊，天下新定，大国之王，臣节未尽，以萧、张之谋不备录之，至使六王前后反叛，已而伐之，戎车不辍。又文、景守成，忘战戢役，骄纵吴、楚，养虺成蛇，既为社稷大忧，盖前事之不忘，后事之师也。吴王孙权，幼竖小子，无尺寸之功，遭遇兵乱，因父兄之绪，少蒙翼卵昫伏之恩，长含鸱枭反逆之性，背弃天施，罪恶积大。复与关羽更相觇伺，逐利见便，挟为卑辞。先帝知权奸以求用，时以于禁败于水灾，等当讨羽，因以委权。先帝委裘下席，权不尽心，诚在恻怛，欲因大丧，寡弱王室，希托董桃传先帝令，乘未得报许，擅取襄阳，及见驱逐，乃更折节。邪辟之态，巧言如流，虽重驿累使，发遣禁等，内包隗嚣顾望之奸，外欲缓诛，支仰蜀贼。圣朝含弘，既加不忍，优而赦之，与之更始，猥乃割地王之，使南面称孤，兼官累位，礼备九命，名马百驷，以成其势，光宠显赫，古今无二。权为犬羊之姿，横被虎豹之文，不思靖力致死之节，以报无量不世之恩。臣每见所下权前后章表，又以愚意采察权旨，自以阻带江湖，负固不服，狃忕累世，诈伪成功，上有尉佗、英布之计，下诵伍被屈强之辞，终非不侵不叛之臣。以为晁错不发削弱王侯之谋，则七国同衡，祸久而大；蒯通不决袭历下之策，则田横自虑，罪深变重。臣谨考之《周礼》九伐之法，平权凶恶，逆节萌生，见罪十五。昔九黎乱德，黄帝加诛；项羽罪十，汉祖不舍。权所犯罪衅明白，非仁恩所养，宇宙所容。臣请免权官，鸿胪削爵土，捕治罪。敢有不从，移兵进讨，以明国典好恶之常，以静三州元元之苦。"其十五条，文多不载。

㉑《魏略》曰：浩周字孔异，上党人。建安中仕为萧令，至徐州刺史。后领护于禁军，军没，为关羽所得。权袭羽，并得周，甚礼之。及文帝即王位，权乃遣周，为笺魏王曰："昔讨关羽，获于将军，即白先王，当发遣之。此乃奉款之心，不言而发。先王未深留意，而谓权中间复有异图，愚情慺慺，用未果决。遂值先王委离国祚，殿下承统，下情始通。公私契阔，未获

备举，是令本暂未即昭显。梁寓传命，委曲周至，深知殿下以为意望。权之赤心，不敢有他，愿垂明恕，保权所执。谨遣浩周、东里衮，至情至实，皆周等所具。”又曰：“权本性空薄，文武不昭，昔承父兄成军之绪，得为先王所见奖饰，遂因国恩，抚绥东土。而中间寡虑，庶事不明，畏威忘德，以取重戾。先王恩仁，不忍遐弃，既释其宿罪，且开明信。虽致命虏廷，枭获关羽，功效浅薄，未报万一。事业未究，先王即世。殿下践阼，威仁流迈，私惧情愿未蒙昭察。梁寓来到，具知殿下不遂疏远，必欲抚录，追本先绪。权之得此，欣然踊跃，心开目明，不胜其庆。权世受宠遇，分义深笃，今日之事，永执一心，惟察慺慺，重垂含覆。”又曰：“先王以权推诚已验，军当引还，故除合肥之守，著南北之信，令权长驱不复后顾。近得守将周泰、全琮等白事，过月六日，有马步七百，径到横江，又督将马和复将四百人进到居巢，琮等闻有兵马渡江，视之，为兵马所击，临时交锋，大相杀伤。卒得此问，情用恐惧。权实在远，不豫闻知，约敕无素，敢谢其罪。又闻张征东、朱横海今复还合肥，先王盟要，由来未久，且权自度未获罪衅，不审今者何以发起，牵军远次？事业未讫，甫当为国讨除贼备，重闻斯问，深使失图。凡远人所恃，在于明信，愿殿下克卒前分，开示坦然，使权誓命，得卒本规。凡所愿言，周等所当传也。”初东里衮为于禁军司马，前与周俱没，又俱还到，有诏皆见之。帝问周等，周以为权必臣服，而东里衮谓其不可必服。帝悦周言，以为有以知之。是岁冬，魏王受汉禅，遣使以权为吴王，诏使周与使者俱往。周既致诏命，时与权私宴，谓权曰：“陛下未信王遣子入侍也，周以阖门百口明之。”权因字谓周曰：“浩孔异，卿乃以举家百口保我，我当何言邪？”遂流涕沾襟。及与周别，又指天为誓。周还之后，权不遣子而设辞，帝乃久留其使。到八月，权上书谢，又与周书曰：“自道路开通，不忘修意。既新奉国命加知起居，假归河北，故使情问不获果至。望想之劳，曷云其已。孤以空暗，分信不昭，中间招罪，以取弃绝，幸蒙国恩，复见赦宥，喜乎与君克卒本图。传不云乎，虽不能始，善终可也。”又曰：“昔君之来，欲令遣子入侍，于时倾心欢以承命，徒以登年幼，欲假年岁之间耳。而赤情未蒙昭信，遂见讨责，常用慚怖。自顷国恩，复加开导，忘其前愆，取其后效，喜得因此寻竟本誓。前已有表具说遣子之意，想君假还，已知之也。”又曰：“今子当入侍，而未有妃耦，昔君念之，以为可上连缀宗室若夏侯氏，虽中间自弃，常奉戢在心。当垂宿念，为之先后，使获攀龙附骥，永自固定。其为分惠，岂有量哉！如是欲遣孙长绪与小儿俱入，奉行礼聘，成之在君。”又曰：“小儿年弱，加教训不足，念当与别，为之缅然，父子恩情，岂有已邪！又欲遣张子布追辅护之。孤性无馀，凡所欲为，今尽宣露。惟恐赤心不先畅达，是以具为君说之，宜明所以。”于是诏曰：“权前对浩周，自陈不敢自远，乐委质长为外臣，又前后辞旨，头尾击地，此鼠子自知不能保尔许地也。又今与周书，请以十二月遣子，复欲遣孙长绪、张子布随子俱来，彼二人皆权股肱心腹也。又欲为子于京师求妇，此权无异心之明效也。”帝既信权甘言，且谓周为得其真，而权但华伪，竟无遣子意。自是之后，帝既彰权罪，周亦见疏远，终身不用。

㉒《江表传》曰：权云：“近得玄德书，已深引咎，求复旧好。前所以名西为蜀者，以汉帝尚存故耳，今汉已废，自可名为汉中王也。”

《吴书》曰：郑泉字文渊，陈郡人。博学有奇志，而性嗜酒，其闲居每曰：“愿得美酒满五百斛船，以四时甘脆置两头，反复没饮之，惫即住而啖肴膳。酒有斗升减，随即益之，不亦快乎！”权以为郎中。尝与之言：“卿好于众中面谏，或失礼敬，宁畏龙鳞乎？”对曰：“臣闻君明臣直，今值朝廷上下无讳，实恃洪恩，不畏龙鳞。”后侍讌，权乃怖之，使提出付有司促治罪。泉临出屡顾，权呼还，笑曰：“卿言不畏龙鳞，何以临出而顾乎？”对曰：“实恃恩覆，知无死忧，至当出阁，感惟威灵，不能不顾耳。”使蜀，刘备问曰：“吴王何以不答吾书，得无以吾正名不宜乎？”泉曰：“曹操父子陵轹汉室，终夺其位。殿下既为宗室，有维城之责，不荷戈执殳为海内率先，而于是自名，未合天下之议，是以寡君未复书耳。”备甚惭恧。泉临卒，谓同类曰："必葬我陶家之侧，庶百岁之后化而成土，幸见取为酒壶，实获我心矣。"

㉓《江表传》曰：权推五德之运，以为土行用未祖辰腊。

《志林》曰：土行以辰腊，得其数矣。土盛于戌，而以未祖，其义非也。土生于未，故未为坤初。是以《月令》：建未之月，祀黄精于郊，祖用其盛。今祖用其始，岂应运乎？

㉔《江表传》曰：权辞让曰："汉家堙替，不能存救，亦何心而竞乎？"群臣称天命符瑞，固重以请。权未之许，而谓将相曰："往年孤以玄德方向西鄙，故先命陆逊选众以待之。闻北部分，欲以助孤，孤内嫌其有挟，若不受其拜，是相折辱而趣其速发，便当与西俱至，二处受敌，于孤为剧，故自抑按，就其封王。低屈之趣，诸君似未之尽，今故以此相解耳。"

㉕《吴书》曰：权遣立信都尉冯熙聘于蜀，吊备丧也。熙字子柔，颍川人，冯异之后也。权之为车骑，熙历东曹掾，使蜀还，为中大夫。后使于魏，文帝问曰："吴王若欲修宿好，宜当厉兵江关，县旍巴蜀，而闻复遣修好，必有变故。"熙曰："臣闻西使直报问，且以观衅，非有谋也。"又曰："闻吴国比年灾旱，人物凋损，以大夫之明，观之何如？"熙对曰："吴王体量聪明，善于任使，赋政施役，每事必咨，教养宾旅，亲贤爱士，赏不择怨仇，而罚必加有罪，臣下皆感恩怀德，惟忠与义。带甲百万，谷帛如山，稻田沃野，民无饥岁，所谓金城汤池，强富之国也。以臣观之，轻重之分，未可量也。"帝不悦，以陈群与熙同郡，使群诱之，啖以重利。熙不为回。送至摩陂，欲困苦之。后又召还，未至，熙惧见迫不从，必危身辱命，乃引刀自刺。御者觉之，不得死。权闻之，垂涕曰："此与苏武何异？"竟死于魏。

㉖《吴历》曰：蜀致马二百匹，锦千端，及方物。自是之后，聘使往来以为常。吴亦致方土所出，以答其厚意焉。

㉗干宝《晋纪》曰：魏文帝之在广陵，吴人大骇，乃临江为疑城，自石头至于江乘，车以木桢，衣以苇席，加采饰焉，一夕而成。魏人自江西望，甚惮之，遂退军。权令赵达算之，曰："曹丕走矣，虽然，吴衰庚子岁。"权曰："几何？"达屈指而计之，曰："五十八年。"权曰："今日之忧，不暇及远，此子孙事也。"

《吴录》曰：是岁蜀主又遣邓芝来聘，重结盟好。权谓芝曰："山民作乱，江边守兵多彻，虑曹丕乘空弄态，而反求和。议者以为内有不暇，幸来求和，于我有利，宜当与通，以自辨定。恐西州不能明孤赤心，用致嫌疑。孤土地边外，间隙万端，而长江巨海，皆当防守。丕观衅而动，惟不见便，宁得忘此，复有他图。"

㉘《吴录》曰：邵字长绪，北海人，长八尺。为孔融功曹，融称曰"廊庙才也"。从刘繇于江东。及权统事，数陈便宜，以为应纳贡聘，权即从之。拜庐江太守，迁车骑长史。黄武初为丞相，威远将军，封阳羡侯。张温、暨艳奏其事，邵辞位请罪，权释令复职，年六十三卒。

《志林》曰：吴之创基，邵为首相，史无其传，窃常怪之。尝问刘声叔。声叔，博物君子也，云："推其名位，自应立传。项竣、丁孚时已有注记，此云与张惠恕不能。后韦氏作史，盖惠恕之党，故不见书。"

㉙《吴书》曰：以尚书令陈化为太常。化字元耀，汝南人，博览众书，气干刚毅，长七尺九寸，雅有威容。为郎中令使魏，魏文帝因酒酣，嘲问曰："吴、魏峙立，谁将平一海内者乎？"化对曰："《易》称帝出乎震，加闻先哲知命，旧说紫盖黄旗，运在东南。"帝曰："昔文王以西伯王天下，岂复在东乎？"化曰："周之初基，太伯在东，是以文王能兴于西。"帝笑，无以难，心奇其辞。使毕当还，礼送甚厚。权以化奉命光国，拜犍为太守，置官属。顷之，迁太常，兼尚书令。正色立朝，敕子弟废田业，绝治产，仰官廪禄，不与百姓争利。妻早亡，化以古事为鉴，乃不复娶。权闻而贵之，以其年壮，敕宗正妻以宗室女，化固辞以疾，权不违其志。年出七十，乃上疏乞骸骨，遂爰居章安，卒于家。长子炽，字公熙，少有志操，能计算。卫将军全琮表称炽任大将军，赴召，道卒。

㉚《吴录》曰；是冬魏文帝至广陵，临江观兵，兵有十余万，旌旗弥数百里，有渡江之志。权严设固守。时大寒冰，舟不

得入江。帝见波涛汹涌，叹曰："嗟乎！固天所以隔南北也！"遂归。孙韶又遣将高寿等率敢死之士五百人于径路夜要之，帝大惊，寿等获副车羽盖以还。

㉛《吴录》曰：郡治富春也。

㉜《江表传》曰：权于武昌新装大船，名为长安，试泛之钓台圻。时风大盛，谷利令柂工取樊口。权曰："当张头取罗州。"利拔刀向柂工曰："不取樊口者斩。"工即转柂入樊口，风遂猛不可行，乃还。权曰："阿利畏水何怯也？"利跪曰："大王万乘之主，轻于不测之渊，戏于猛浪之中，船楼装高，邂逅颠危，奈社稷何？是以利辄敢以死争。"权于是贵重之，自此后不复名之，常呼曰谷。

㉝《江表传》曰：是岁将军翟丹叛如魏。权恐诸将畏罪而亡，乃下令曰："自今诸将有重罪三，然后议。"

㉞《吴录》载权告天文曰："皇帝臣权敢用玄牡昭告于皇皇后帝：汉享国二十有四世，历年四百三十有四，行气数终，禄祚运尽，普天弛绝，率土分崩。孽臣曹丕遂夺神器，丕子叡继世作慝，淫名乱制。权生于东南，遭值期运，承乾秉戎，志在平世，奉辞行罚，举足为民。群臣将相，州郡百城，执事之人，咸以为天意已去于汉，汉氏已绝祀于天，皇帝位虚，郊祀无主。休征嘉瑞，前后杂沓，历数在躬，不得不受。权畏天命，不敢不从，谨择元日，登坛燎祭，即皇帝位。惟尔有神飨之，左右有吴，永终天禄。"

㉟昌门，吴西郭门，夫差所作。

㊱《江表传》曰：是冬，群臣以权未郊祀，奏议曰："顷者嘉瑞屡臻，远国慕义，天意人事，前后备集，宜修郊祀，以承天意。"权曰："郊祀当于土中，今非其所，于何施此？"重奏曰："普天之下，莫非王土；王者以天下为家。昔周文、武郊于酆、镐，非必土中。"权曰："武王伐纣，即阼于镐京，而郊其所也。文王未为天子，立郊于酆，见何经典？"复书曰："伏见《汉书·郊祀志》，匡衡奏徙甘泉河东，郊于长安，言文王郊于酆。"权曰："文王性谦让，处诸侯之位，明未郊也。经传无明文，匡衡俗儒意说，非典籍正义，不可用也。"

《志林》曰：吴王纠驳郊祀之奏，追贬匡衡，谓之俗儒。凡在见者，莫不慨然以为统尽物理，达于事宜。至于稽之典籍，乃更不通。毛氏之说云："尧见天因邰而生后稷，故国之于邰，命使事天。"故《诗》曰："后稷肇祀，庶无罪悔，以迄于今。"言自后稷以来皆得祭天，犹鲁人郊祀也。是以《棫朴》之作，有积燎之薪。文王郊酆，经有明文，匡衡岂俗，而枉之哉？文王虽未为天子，然三分天下而有其二，伐崇戡黎，祖伊奔告。天既弃殷，乃眷西顾，太伯三让，以有天下。文王为王，于义何疑？然则匡衡之奏，有所未尽。按世宗立甘泉、汾阴之祠，皆出方士之言，非据经典者也。方士以甘泉、汾阴黄帝祭天地之处，故孝武因之，遂立二时。汉治长安，而甘泉在北，谓就乾位，而衡云"武帝居甘泉，祭于南宫"，此既误矣。祭汾阴在水之脽，呼为泽中，而衡云"东之少阳"，失其本意。此自吴事，于传无非，恨无辨正之辞，故矫之云。

㊲《江表传》载权诏曰："故魏使持节车骑将军辽东太守平乐侯：天地失序，皇极不建，元恶大憝，作害于民，海内分崩，群生堙灭，虽周余黎民，靡有孑遗，方之今日，乱有甚焉。朕受历数，君临万国，夙夜战战，念在弭难，若涉渊水，罔知攸济。是以把旄仗钺，翦除凶虐，自东徂西，靡遑宁处，苟力所及，民无灾害。虽贼虏遗种，未伏辜诛，犹系囚枯木，待时而毙。惟将军天姿特达，兼包文武，观时睹变，审于去就，逾越险阻，显致赤心，肇建大计，为天下先，元勋巨绩，侔于古人。虽昔窦融背弃陇右，卒占河西，以定光武，休名美实，岂复是过？钦嘉雅尚，朕实欣之。自古圣帝明王，建化垂统，以爵褒德，以禄报功；功大者禄厚，德盛者礼崇。故周公有夹辅之劳，太师有鹰扬之功，并启土宇，兼受备物。今将军规万年之计，建不世之略，绝僭逆之虏，顺天人之肃，济成洪业，功无与比，齐鲁之事，奚足言哉！《诗》不云乎，'无言不仇，无德不报'。今以幽、青二州十七郡百七十县，封君为燕王，使持节守太常张弥授君玺绶策书、金虎符第一至第五、竹使符第一至第十。锡君玄土，苴以白茅，爰契尔龟，用锡冢社。方有戎事，典统兵马，以大将军曲盖麾幢，督幽州、青州牧辽东太守如故。今加君九

锡，其敬听后命。以君三世相承，保绥一方，宁集四郡，训及异俗，民夷安业，无或携贰，是用锡君大辂、戎辂、玄牡二驷。君务在劝农，啬人成功，仓库盈积，官民俱丰，是用锡君衮冕之服，赤舄副焉。君正化以听，敬下以礼，敦义崇谦，内外咸和，是用锡君轩县之乐。君宣导休风，怀保边远，远人回面，莫不影附，是用锡君朱户以居。君运其才略，官方任贤，显直错枉，群善必举，是用锡君虎贲之士百人。君戎马整齐，威震遐方，纠虔天刑，彰厥有罪，是用锡君铁钺各一。君文和于内，武信于外，禽讨逆节，折冲掩难，是用锡君彤弓一、彤矢百、玈弓十、玈矢千。君忠勤有效，温恭为德，明允笃诚，感于朕心，是用锡君秬鬯一卣，珪瓒副焉。钦哉！敬兹训典，寅亮天工，相我国家，永终尔休。”

㊳臣松之以为权愎谏违众，信渊意了，非有攻伐之规，重复之虑。宣达锡命，乃用万人，是何不爱其民，昏虐之甚乎？此役也，非惟暗塞，实为无道。

㊴《江表传》载权怒曰：“朕年六十，世事难易，靡所不尝，近为鼠子所前却，令人气涌如山。不自截鼠子头以掷于海，无颜复临万国。就令颠沛，不以为恨。”

㊵《吴书》曰：初，张弥、许晏等俱到襄平，官属从者四百许人。渊欲图弥、晏，先分其人众，置辽东诸县，以中使秦旦、张群、杜德、黄疆等及吏兵六十人，置玄菟郡。玄菟郡在辽东北，相去二百里，太守王赞领户二百，兼重可三四百人。旦等皆舍于民家，仰其饮食。积四十许日，旦与疆等议曰：“吾人远辱国命，自弃于此，与死亡何异？今观此郡，形势甚弱。若一旦同心，焚烧城郭，杀其长吏，为国报耻，然后伏死，足以无恨。孰与偷生苟活长为囚虏乎？”疆等然之。于是阴相约结，当用八月十九日夜发。其日中时，为部中张松所告，赞便会士众闭城门。旦、群、德、疆等皆逾城得走。时群病疽创著膝，不及辈旅，德常扶接与俱，崎岖山谷。行六七百里，创益困，不复能前，卧草中，相守悲泣。群曰：“吾不幸创甚，死亡无日，卿诸人宜速进道，冀有所达。空相守，俱死于穷谷之中，何益也？”德曰：“万里流离，死生共之，不忍相委。”于是推旦、疆使前，德独留守群，采菜果食之。旦、疆别数日，得达句骊，因宣诏于句骊王宫及其主簿，诏言有赐为辽东所攻夺。宫等大喜，即受诏，命使人随旦还迎群、德。其年，宫遣皂衣二十五人送旦等还，奉表称臣，贡貂皮千枚，鹖鸡皮十具。旦等见权，悲喜不能自胜。权义之，皆拜校尉。间一年，遣使者谢宏、中书陈恂拜宫为单于，加赐衣物珍宝。恂等到安平口，先遣校尉陈奉前见宫，而宫受魏幽州刺史讽旨，令以吴使自效。奉闻之，倒还。宫遣主簿笮咨、带固等出安平，与宏相见。宏即缚得三十余人质之，宫于是谢罪，上马数百匹。宏乃遣咨、固奉诏书赐物与宫。是时宏船小，载马八十匹而还。

㊶《江表传》曰：权又云：“天下无粹白之狐，而有粹白之裘，众之所积也。夫能以驳致纯，不惟积乎？故能用众力，则无敌于天下矣；能用众智，则无畏于圣人矣。”

㊷《江表传》载权正月诏曰：“郎吏者，宿卫之臣，古之命士也。间者所用颇非其人。自今选三署皆依四科，不得以虚辞相饰。”

㊸《文士传》曰：胄字敬先，沛国人。父札，才学博达，权为骠骑将军，以札为从事中郎，与张昭、孙邵共定朝仪。胄其少子，有文武姿局，少知名，举贤良，稍迁建安太守。吕壹宾客于郡犯法，胄收付狱，考竟。壹怀恨，后密谮胄。权大怒，召胄还，潘濬、陈表并为请，得释。后拜宣信校尉，往救公孙渊，已为魏所破，还迁执金吾。子丰，字曼季，有文学操行，与陆云善，与云诗相往反。司空张华辟，未就，卒。

臣松之闻孙怡者，东州人，非权之宗也。

㊹《汉晋春秋》曰：零陵太守殷礼言于权曰：“今天弃曹氏，丧诛累见，虎争之际而幼童莅事。陛下身自御戎，取乱侮亡，宜涤荆、扬之地，举强羸之数，使强者执戟，羸者转运，西命益州军于陇右，授诸葛瑾、朱然大众，指事襄阳，陆逊、朱桓别征寿春，大驾入淮阳，历青、徐。襄阳、寿春困于受敌，长安以西务对蜀军，许、洛之众势必分离；掎角瓦解，民必内应，将帅对向，或失便宜；一军败绩，则三军离心，便当秣马脂车，陵蹈城邑，乘胜逐北，以定华夏。若不悉军动众，循前轻举，则不

足大用，易于屡退。民疲威消，时往力竭，非出兵之策也。”权弗能用之。

㊺《江表传》载权诏曰：“督将亡叛而杀其妻子，是使妻去夫，子弃父，甚伤义教，自今勿杀也。”

㊻《吴历》曰：茂本淮南钟离长，而为王凌所失，叛归吴，吴以为征西将军、九江太守、外部督，封侯，领千兵。权数出苑中，与公卿诸将射。茂与兼符节令朱贞、无难督虞钦、牙门将朱志等合计，伺权在苑中，公卿诸将在门未入，令贞持节称诏，悉收缚之；茂引兵入苑击权，分据宫中及石头坞，遣人报魏。事觉，皆族之。

㊼《江表传》曰：是岁，权诏曰：“谢宏往日陈铸大钱，云以广货，故听之。今闻民意不以为便，其省息之，铸为器物，官勿复出也。私家有者，敕以输藏，计畀其直，勿有所枉也。”

㊽《江表传》曰：是岁权遣诸葛壹伪叛以诱诸葛诞，诞以步骑一万迎壹于高山。权出涂中，遂至高山，潜军以待之。诞觉而退。

㊾《江表传》载权诏曰：“建业宫乃朕从京来所作将军府寺耳，材柱率细，皆以腐朽，常恐损坏。今未复西，可徙武昌宫材瓦，更缮治之。”有司奏言曰：“武昌宫已二十八岁，恐不堪用，宜下所在通更伐致。”权曰：“大禹以卑宫为美，今军事未已，所在多赋，若更通伐，妨损农桑。徙武昌材瓦，自可用也。”

㊿《江表传》载权诏曰：“朕以寡德，过奉先祀，莅事不聪，获谴灵祇，夙夜祗戒，若不终日。群僚其各厉精，思朕过失，勿有所讳。”

(51)《瑞应图》曰：白虎仁者，王者不暴虐，则仁虎不害也。

(52)《吴录》曰：六月戊戌，宝鼎出临平湖。八月癸丑，白鸠见于章安。

(53)庾阐《扬都赋》注曰：烽火以炬置孤山头，皆缘江相望，或百里，或五十、三十里，寇至则举以相告，一夕可行万里。孙权时合暮举火于西陵，鼓三竟，达吴郡南沙。

(54)《吴录》曰：罗阳今安固县。

(55)孙盛曰：盛闻国将兴，听于民；国将亡，听于神。权年老志衰，谗臣在侧，废嫡立庶，以妾为妻，可谓多凉德矣。而伪设符命，求福妖邪，将亡之兆，不亦显乎！

(56)《吴录》曰：权得风疾。

(57)《傅子》曰：孙策为人明果独断，勇盖天下，以父坚战死，少而合其兵将以报仇，转斗千里，尽有江南之地，诛其名豪，威行邻国。及权继其业，有张子布以为腹心，有陆议、诸葛瑾、步骘以为股肱，有吕范、朱然以为爪牙，分任授职，乘间伺隙，兵不妄动，故战少败而江南安。

(58)马融注《尚书》曰：殄，绝也，绝君子之行。

(59)臣松之以为孙权横废无罪之子，虽为兆乱，然国之倾覆，自由暴晧。若权不废和，晧为世適，终至灭亡，有何异哉？此则丧国由于昏虐，不在于废黜也。设使亮保国祚，休不早死，则晧不得立。晧不得立，则吴不亡矣。

三国志卷四十八 吴书三

三嗣主传第三

孙亮字子明，权少子也。权春秋高，而亮最少，故尤留意。姊全公主尝谮太子和子母，心不自安，因倚权意，欲豫自结，数称述全尚女，劝为亮纳。赤乌十三年，和废，权遂立亮为太子，以全氏为妃。

孙亮字子明，是孙权的小儿子。孙权年事已高，而孙亮又最幼小，所以对他特别关爱。孙亮的姐姐全公主曾经向孙权诬陷太子孙和与他的母亲，内心很不踏实，按照她所窥伺到的孙权的意向，想预先巴结上孙亮。她多次赞扬全尚的女儿，劝孙权给孙亮娶这个姑娘为妻。赤乌十三年，太子孙和被贬废，孙权于是立孙亮为太子，以全尚的女儿为太子妃。

太元元年夏，亮母潘氏立为皇后。冬，权寝疾，征大将军诸葛恪为太子太傅，会稽太守滕胤为太常，并受诏辅太子。明年四月，权薨，太子即尊号，大赦，改元。是岁，于魏嘉平四年也。

太元元年夏季，孙亮的母亲潘氏封为皇后。冬季，孙权因病卧床不起，召任大将军诸葛恪为太子太傅，会稽太守滕胤为太常。他们同时接受孙权的诏命辅佐太子孙亮。次年四月，孙权死，太子孙亮即皇帝位，全国大赦，改称年号。这一年，是魏齐王曹芳的嘉平四年。

建兴元年闰月，以恪为帝太傅，胤为卫将军领尚书事，上大将军吕岱为大司马，诸文武在位皆进爵班赏，冗官加等。冬十月，太傅恪率军遏巢湖，城东兴，使将军全端守西城，都尉留略守东城。十二月朔丙申，大风雷电，魏使将军诸葛诞、胡遵等步骑七万围东兴，将军王昶攻南郡，毌丘俭向武昌。甲寅，恪以大兵赴敌。戊午，兵及东兴，交战，大破魏军，杀将军韩综、桓嘉等。是月，雷雨，天灾武昌端门；改作端门，又灾内殿。①

建兴元年闰四月，孙亮任命诸葛恪为太傅，滕胤为卫将军兼管尚书事，上大将军吕岱为大司马，凡是在职的文武官员，一律晋升封爵、颁发奖赏，无固定职事的散官也提升等级。冬季十月，太傅诸葛恪率领军队修建东兴堤围堵巢湖湖水，在大堤两端依山建城，派遣将军全端守卫西城，都尉留略守卫东城。十二月初一丙申日，狂风大作，雷电交加，魏国派遣将军诸葛诞、胡遵等步、骑兵七万围攻东兴，将军王昶攻打南郡，毌丘俭进军武昌。十二月十九日，诸葛恪率领大军迎战敌军。十二月二十三日，吴军到达东兴，两军交战。吴军大败魏军，杀魏将韩综、桓嘉等。这月，雷雨成灾，雷电击毁武昌宫门，重修宫门，又降灾到内殿。

二年春正月丙寅，立皇后全氏，大赦。庚午，王昶等皆退。二月，军还自东兴，大行封赏。三月，恪率军伐魏。夏四月，围新城，大疫，兵卒死者大半。秋八月，恪引军还。冬十月，大飨。武卫将军孙峻伏兵杀恪于殿堂。大赦。以峻为丞相，封富春侯。十一月，有大鸟五见于春申，改明年元。

建兴二年春季正月初一日，封全尚的女儿为皇后，全国大赦。正月初五日，魏将王昶等撤军。二月，吴军从东兴撤回，对参战军将大行封官奖赏。三月，诸葛恪率领吴军讨伐魏国。夏季四月，围攻合肥新城，疾病流行，吴国士兵死亡大半。秋季八月，诸葛恪撤军返回。冬季十月，孙亮大摆筵宴。武卫将军孙峻在殿堂埋伏兵士诛杀诸葛恪。全国大赦。孙亮任命孙峻为丞相，封为富春侯。十一月，有五只大鸟在春申涧出现，改称明年的年号。

五凤元年夏，大水。秋，吴侯英谋杀峻，觉，英自杀。冬十一月，星茀于斗、牛。[②]

五凤元年夏季，发大水。秋季，吴侯孙英图谋诛杀孙峻，被孙峻发觉，孙英自杀。冬季十一月，流星直射斗宿、牛宿。

二年春正月，魏镇东大将军毌丘俭、前将军文钦以淮南之众西入，战于乐嘉。闰月壬辰，峻及骠骑将军吕据、左将军留赞率兵袭寿春，军及东兴，闻钦等败。壬寅，兵进于橐皋，钦诣峻降，淮南余众数万口来奔。魏诸葛诞入寿春，峻引军还。二月，及魏将军曹珍遇于高亭，交战，珍败绩。留赞为诞别将蒋班所败于菰陂，赞及将军孙楞、蒋修等皆遇害。三月，使镇南将军朱异袭安丰，不克。秋七月，将军孙仪、张怡、林恂等谋杀峻，发觉，仪自杀，恂等伏辜。阳羡离里山大石自立。使卫尉冯朝城广陵，拜将军吴穰为广陵太守，留略为东海太守。是岁大旱。十二月，作太庙。以冯朝为监军使者，督徐州诸军事，民饥，军士怨畔。

五凤二年春季正月，魏国镇东大将军毌丘俭、前将军文钦率领淮南的亲兵向西进军，与前来阻击他们的魏军在乐嘉交战。闰八月初九日，孙峻与骠骑将军吕据、左将军留赞等率军偷袭寿春，行军到达东兴，得知文钦等人失败的消息。闰正月十九日，孙峻带领军队进驻橐皋县，文钦来向孙峻投降，淮南地区的民众数万人也投奔吴国。魏将诸葛诞进驻寿春，孙峻撤军返回。二月，与魏将军曹珍在高亭相遇，双方交战，曹珍大败。吴将留赞被诸葛诞部将蒋班在菰陂打败，留赞与部将孙楞、蒋修等都战败而死。三月，吴国派遣镇南将军朱异偷袭安丰，没有成功。秋季七月，吴国将军孙仪、张怡、林恂等人共谋诛杀孙峻，被孙峻发觉，孙仪自杀，林恂等被认为有罪诛死。阳羡县离里山中的大石自然竖立。吴国派遣卫尉冯朝修筑广陵城，任命将军吴穰为广陵太守，留略为东海太守。这年大旱。十二月，修建太庙。任命冯朝担任监军使臣，总领徐州军事，民众饥荒，兵士不满叛逃。

太平元年春[③]二月朔，建

太平元年春季二月初一日，建业发生火灾。孙业火。峻用征北大将军文钦计,将征魏。八月,先遣钦及骠骑将军吕据、车骑将军刘纂、镇南将军朱异、前将军唐咨军自江都入淮、泗。九月丁亥,峻卒,以从弟偏将军綝为侍中、武卫将军,领中外诸军事,召还据等。据闻綝代峻,大怒。己丑,大司马吕岱卒。壬辰,太白犯南斗。据、钦、咨等表荐卫将军滕胤为丞相,綝不听。癸卯,更以胤为大司马,代吕岱驻武昌。据引兵还,欲讨綝。綝遣使以诏书告喻钦、咨等,使取据。冬十月丁未,遣孙宪及丁奉、施宽等以舟兵逆据于江都,遣将军刘丞督步骑攻胤。胤兵败夷灭。己酉,大赦,改年。辛亥,获吕据于新州。十一月,以綝为大将军、假节,封永宁侯。孙宪与将军王惇谋杀綝,事觉,綝杀惇,迫宪令自杀。十二月,使五官中郎将刁玄告乱于蜀。

二年春二月甲寅,大雨,震电。乙卯,雪,大寒。以长沙东部为湘东郡,西部为衡阳郡,会稽东部为临海郡,豫章东部为临川郡。夏四月,亮临正殿,大赦,始亲政事。綝所表奏,多见难问,又科兵子弟年十八已下十五已上,得三千余人,选大将子弟年少有勇力者为之将帅。亮曰:“吾立此军,欲与之俱长。”日于苑中习焉。④

五月,魏征东大将军诸葛诞以淮南之众保寿春城,遣将

峻听从征北大将军文钦的意见,将进攻魏国。八月,孙峻先派遣文钦与骠骑将军吕据、车骑将军刘纂、镇南将军朱异、前将军唐咨等人率领的军队,从江都进入淮、泗地区。九月十四日,孙峻病死。任命堂弟偏将军孙綝担任侍中、武卫将军,兼管禁军及各地营军等全部军事,召还吕据等各路兵马。吕据听说孙綝接替了孙峻,大怒。十六日,大司马吕岱死。十九日,太白星干犯南斗星。吕据、文钦、唐咨等呈文推荐卫将军滕胤为丞相,孙綝不听从。三十日,更任命滕胤为大司马,接替吕岱驻守武昌。吕据领兵回建业,要讨伐孙綝。孙綝派遣使臣用皇帝的诏书告诫文钦、唐咨等人,命令他们拘捕吕据。冬季十月初四日,派遣孙宪与丁奉、施宽等水军在江都阻击吕据,派遣将军刘丞率领步兵、骑兵进攻滕胤。滕胤兵败被诛。初六日,全国大赦,改换年号。初八日,在新州捕获吕据。十一月,任命孙綝为大将军、授予符节,封为永宁侯。孙宪与将军王惇谋划诛杀孙綝,事前被孙綝发觉,孙綝杀死王惇,逼迫孙宪自杀。十二月,派遣五官中郎将刁玄向蜀国通报吴国发生的叛乱。

太平二年春季二月十三日,大雨,雷电大作。十四日,降雪,严寒。划分长沙郡东部地区,新建湘东郡;划分长沙郡西部地区,新建衡阳郡。划分会稽郡东部地区,新建临海郡;划分豫章郡东部地区,新建临川郡。夏季四月,孙亮坐宫廷正殿,全国大赦,开始亲自处理朝政大事。孙綝送呈的文书,被孙亮提出许多责难和询问。又挑选年龄在十八岁以下、十五岁以上的士兵子弟三千多人,选择年轻、勇敢、有能力的大将子弟担任他们的将领。孙亮说:“我建立这支军队,是想要与他们同时成长。”每天在皇帝的园林中训练。

五月,魏征东大将军诸葛诞凭借他在淮南的力量保卫寿春城,同时,派遣将军朱成向吴国呈上文

军朱成称臣上疏，又遣子靓、长史吴纲诸牙门子弟为质。六月，使文钦、唐咨、全端等步骑三万救诞。朱异自虎林率众袭夏口，夏口督孙壹奔魏。秋七月，綝率众救寿春，次于镬里，朱异至自夏口，綝使异为前部督，与丁奉等将介士五万解围。八月，会稽南部反，杀都尉。鄱阳、新都民为乱，廷尉丁密、步兵校尉郑胄、将军钟离牧率军讨之。朱异以军士乏食引还，綝大怒，九月朔己巳，杀异于镬里。辛未，綝自镬里还建业。甲申，大赦。十一月，全绪子祎、仪以其母奔魏。十二月，全端、怿等自寿春城诣司马文王。

书，自称臣下，又派遣少子诸葛靓、长史吴纲与诸将子弟到吴国做人质。六月，吴国派遣文钦、唐咨、全端等将军率领步、骑兵三万援救诸葛诞。朱异从虎林率军偷袭夏口，夏口督孙壹逃奔到魏国。秋季七月，孙綝率领大军救援寿春，驻军镬里。朱异从夏口领军到来，孙綝任命朱异为前部督，命令他与丁奉等领精兵五万解救诸葛诞在寿春城的围困。八月，会稽南部地区发生了叛乱，杀死了会稽郡的都尉。鄱阳、新都两郡的民众作乱，吴国派遣廷尉丁密、步兵校尉郑胄、将军钟离牧领兵前往征讨他们。朱异因为缺乏粮食供应，领军向后撤退，孙綝因此大怒。九月初一日，孙綝在镬里将朱异杀死。初三日，孙綝从镬里回建业。十六日，全国大赦。十一月，全绪的儿子全祎、全仪与他们的母亲一同投奔魏国。十二月，全端、全怿等人从寿春城投奔司马昭。

三年春正月，诸葛诞杀文钦。三月，司马文王克寿春，诞及左右战死，将吏已下皆降。秋七月，封故齐王奋为章安侯。诏州郡伐宫材。自八月沈阴不雨四十余日。亮以綝专恣，与太常全尚，将军刘丞谋诛綝。九月戊午，綝以兵取尚，遣弟恩攻杀丞于苍龙门外，召大臣会宫门，黜亮为会稽王，时年十六。

太平三年，春季正月，诸葛诞诛杀文钦。三月，司马昭攻占寿春，诸葛诞与左右亲信力战至死，将军长吏以下人员全部投降。秋季七月，封原齐王孙奋为章安侯。诏令各州郡砍伐修建宫殿的木料。从八月以来，天空浓阴不雨四十多天。孙亮因为孙綝专横放纵，与太常全尚、将军刘丞密谋诛杀孙綝。九月二十六日，孙綝派兵拘捕了全尚，派弟弟孙恩在苍龙门外杀死刘丞，召集大臣聚会于宫门，废贬孙亮为会稽王，当时孙亮十六岁。

孙休字子烈，权第六子。年十三，从中书郎射慈、郎中盛冲受学。太元二年正月，封琅邪王，居虎林。四月，权薨，休弟亮承统，诸葛恪秉政，不欲诸王在滨江兵马之地，徙休于丹杨郡。太守李衡数以事侵

孙休，字子烈，是孙权的第六个儿子。十三岁时，跟随中书郎射慈、郎中盛冲接受学业。太元二年正月，孙休被封为琅邪王，居住在虎林。四月，孙权死，休弟孙亮继承帝位，诸葛恪职掌朝政，不愿意众亲王在沿江军事要地居住，将孙休迁移到丹杨郡。丹杨太守李衡多次因事触犯孙休，孙休呈文请求迁

休，休上书乞徙他郡，诏徙会稽。居数岁，梦乘龙上天，顾不见尾，觉而异之。孙亮废，己未，孙𬘭使宗正孙楷与中书郎董朝迎休。休初闻问，意疑，楷、朝具述𬘭等所以奉迎本意，留一日二夜，遂发。十月戊寅，行至曲阿，有老公干休叩头曰："事久变生，天下喁喁，愿陛下速行。"休善之，是日进及布塞亭。武卫将军恩行丞相事，率百僚以乘舆法驾迎于永昌亭，筑宫，以武帐为便殿，设御座。己卯，休至，望便殿止住，使孙楷先见恩。楷还，休乘辇进，群臣再拜称臣。休升便殿，谦不即御坐，止东厢。户曹尚书前即阶下赞奏，丞相奉玺符。休三让，群臣三请。休曰："将相诸侯咸推寡人，寡人敢不承受玺符。"群臣以次奉引，休就乘舆，百官陪位，𬘭以兵千人迎于半野，拜于道侧，休下车答拜。即日，御正殿，大赦，改元。是岁，于魏甘露三年也。

永安元年冬十月壬午，诏曰："夫褒德赏功，古今通义。其以大将军𬘭为丞相、荆州牧，增食五县。武卫将军恩为御史大夫、卫将军、中军督，封县侯。威远将军据为右将军、县侯。偏将军幹杂号将军、亭侯。长水校尉张布辅导勤劳，以布为辅义将军，封永康侯。董朝亲迎，封为乡侯。"又诏

移到其他郡地，诏令他移居会稽。过了几年，孙休梦见自己乘坐飞龙上升天空，向后看不到龙尾，醒来觉得很奇怪。孙亮被废黜以后，太元三年九月二十七日，孙𬘭派遣宗正孙楷与中书郎董朝迎接孙休。孙休最初得知这样的消息，心中感到疑惑，孙楷、董朝详细说明孙𬘭等人要他们前来迎接的本意，停留了一天两夜，便出发上路。十月十七日，进行到曲阿，有一位老翁求见孙休，向他叩头说："事情耽搁久了就会发生变化，帝位是众人所仰慕的，希望皇上快点赶路。"孙休认为他的意见很好，这天前行到达布塞亭。武卫将军孙恩代理丞相职事，率领百官带着皇帝乘坐的车驾在永昌亭迎接，建筑行宫，以军用帐幕搭成临时殿堂，安置皇帝宝座。十八日，孙休到来，从远处看到临时建成的殿堂便停止前行，派孙楷先见孙恩。孙楷返回以后，孙休乘坐皇帝专用车前进，群臣一次又一次恭敬地向他下拜，口中称臣。孙休登上台阶进入临时殿堂，为了表示谦让，他不坐上皇帝的宝座，停留在东边的厢房。户曹尚书上前近立阶下进奉赞辞奏请，丞相捧上玉玺、符节。孙休谦让了三次，群臣三次请求接受。孙休说道："将军、丞相、诸侯都推举寡人，寡人怎敢不接受玉玺、符节。"群臣按照次序侍奉、导引，孙休登上皇帝坐车，百官各就位陪同。孙𬘭领兵千人在半野迎接，在道旁拜见，孙休下车答拜。这一天，孙休在正殿即帝位，全国大赦，改称年号。这年，是魏国曹髦的甘露三年。

永安元年冬季十月二十一日，孙休诏令说："奖赏有功德的人，这是古今通行的礼仪、制度。命令任用大将军孙𬘭为丞相、荆州牧，增加五县作为食禄的封邑。任命武卫将军孙恩为御史大夫、卫将军、中军督，封为县侯。任命威远将军孙据为右将军，封为县侯。任命偏将军孙幹为杂号将军，封为亭侯。长水校尉张布辅佐、随从，勤恳辛劳，任命张布为辅义将军，封为永康侯。董朝亲身迎驾，封为乡侯。"又诏令

曰："丹杨太守李衡，以往事之嫌，自拘有司。夫射钩斩袪，在君为君，遣衡还郡，勿令自疑。"⑤己丑，封孙晧为乌程侯，晧弟德钱唐侯，谦永安侯。⑥

十一月甲午，风四转五复，蒙雾连日。綝一门五侯皆典禁兵，权倾人主，有所陈述，敬而不违，于是益恣。休恐其有变，数加赏赐。丙申，诏曰："大将军忠款内发，首建大计以安社稷，卿士内外，咸赞其议，并有勋劳。昔霍光定计，百僚同心，无复是过。亟案前日与议定策告庙人名，依故事应加爵位者，促施行之。"戊戌，诏曰："大将军掌中外诸军事，事统烦多，其加卫将军御史大夫恩侍中，与大将军分省诸事。"壬子，诏曰："诸吏家有五人三人兼重为役，父兄在都，子弟给郡县吏，既出限米，军出又从，至于家事无经护者，朕甚愍之。其有五人三人为役，听其父兄所欲留，为留一人，除其米限，军出不从。"又曰："诸将吏奉迎陪位在永昌亭者，皆加位一级。"顷之，休闻綝逆谋，阴与张布图计。十二月戊辰腊，百僚朝贺，公卿升殿，诏武士缚綝，即日伏诛。己巳，诏以左将军张布讨奸臣，加布为中军督，封布弟惇为都亭侯，给兵三百人，惇弟恂为校尉。

说："丹杨太守李衡，因为过去一些事情产生了疑虑，自动拘囚在有关官署。管仲射中齐桓公的衣带钩，寺人披斩断重耳的衣袖袖口，说明是哪位君主的臣下，便要为哪位君主效力。遣送李衡回丹杨郡，切勿使他产生疑惧。"二十八日，封孙晧为乌程侯，封晧弟孙德为钱唐侯，封孙谦为永安侯。

十一月初三日，大风往复回旋，浓雾连续多天。孙綝一家五人封侯统领警卫皇帝的亲兵，权势超过君主。他们有所陈请、诉说，皇帝都恭敬地听从而不敢违背，于是更加放纵。孙休担心孙綝改变主意，多次给予奖赏。初五日，孙休下诏说："大将军孙綝心怀忠诚，首先确定重大方针使国家安定，公卿士人、宫廷内外，都赞同他提出的意见，都有劳苦、功勋。从前霍光确定国家的大政，百官同心拥护，他的功勋也不能超过现在的大将军孙綝。立即查实前些时候参加议定拥立皇帝、禀告祖宗的人员，依照先例应该晋升封号、职级的，要尽快实施办理。"初七日，孙休诏令说："大将军孙綝掌管禁军、卫军及各地营军，任务繁重，命令加任卫将军御史大夫孙恩为侍中，与大将军分工总管众事。"二十一日，孙休诏令说："众多小吏每家五人有三人同时重复服役，父兄在都城服役，子弟在郡县服役，既要按制度交纳稻米，还要随军担任差役，甚至有完全不能料理家事的，朕很怜悯他们。那些全家五人有三人在外服役，他们父兄愿意留下的，让他们留下一人，免除他按照规定应该交纳的稻米，也不随军应差。"又下命令说："凡是在永昌亭迎驾、侍从的文武大小官员，都提职位一级。"不久，孙休得知孙綝阴谋叛逆，便私下与张布商量对策。十二月初八日举行腊祭，百官朝拜庆贺，三公九卿登上殿堂。孙休命令武士将孙綝捆绑，当天依法处死。初九日，诏令说因左将军张布讨伐奸臣有功，加任张布为中军督；封张布弟张惇为都亭侯，给予三百士兵；任命惇弟张恂担任校尉。

诏曰："古者建国，教学为先，所以道世治性，为时养器也。自建兴以来，时事多故，吏民颇以目前趋务，去本就末，不循古道。夫所尚不惇，则伤化败俗。其案古置学官，立五经博士，核取应选，加其宠禄；科见吏之中及将吏子弟有志好者，各令就业。一岁课试，差其品第，加以位赏。使见之者乐其荣，闻之者羡其誉。以敦王化，以隆风俗。"

孙休下诏令说："古代治理国家，都将教化、学习作为首要任务，目的是要提高社会道德、陶冶人们的性情，为当代培养有用的人才。自从孙亮建兴纪年以来，政局经历了许多变乱，官吏民众有不少人为争眼前小利，离开根本去追求那些非根本的不重要的东西，不遵守古道。如果所崇尚的不淳厚，就要伤风败俗。要根据古代的制度任命学官，设立五经博士，考核取录应该获选的人员，提高对他们的恩宠、俸禄；从现任官员及高级文武官员子弟中，选择有志愿、有爱好的人员，使他们能各自从事学业。学习满了一年进行考核试用，根据他们考核的品次等级差别，给予相当的职位、奖赏。使看到他们的人因为他们的光荣而得到鼓舞，使听说他们的人因为他们的声誉而产生羡慕。从而促进君王的德化，形成新的社会风尚。"

二年春正月，震电。三月，备九卿官，诏曰："朕以不德，托于王公之上，夙夜战战，忘寝与食。今欲偃武修文，以崇大化。推此之道，当由士民之赡，必须农桑。《管子》有言：'仓廪实，知礼节；衣食足，知荣辱。'夫一夫不耕，有受其饥，一妇不织，有受其寒；饥寒并至而民不为非者，未之有也。自顷年已来，州郡吏民及诸营兵，多违此业，皆浮船长江，贾作上下，良田渐废，见谷日少，欲求大定，岂可得哉？亦由租入过重，农人利薄，使之然乎！今欲广开田业，轻其赋税，差科强羸，课其田亩，务令优均，官私得所，使家给户赡，足相供养，则爱身重命，不犯科法，然后刑罚不用，风俗可整。以群僚之忠贤，若尽心于

永安二年春季正月，大雷电。三月，全部任命了九卿及所属官员，诏令说："朕不具有君王应有的崇高道德，职位居于王公之上，日夜兢兢业业，废寝忘食。当前想要削减武备、振兴文教，以利推行影响广泛深入的教化。考虑实现这个任务的途径方法，应该尽力使士人、庶民富足，必须重视农耕蚕桑。《管子》中有这样的话：'仓库里充实，民众就懂得礼节；民众衣食丰足，就知道什么是光荣或耻辱。'一个男人不耕种，就有人会挨饿；一个妇女不织绢，就有人要受冻；百姓挨饿受冻还不做坏事，这是不可能的。近年以来，各州郡的官员、民众与士兵，许多人放弃了农耕蚕桑的本业，都在长江驾船，沿长江上、下游经营货物的转运买卖。肥沃的田土逐渐荒废，储存的谷物日渐减少。在这种情况下，要求整个国家安定，怎么可能呢？同时，还因为征收赋税过重，农民耕种所得的利益太少，才使得他们这样啊!现在要更多地开垦田土，减轻农民田土税；还要区分田地的好坏确定不同的田土税额；务必使农民均等享受优待，官家私人都能得到好处。要使家家户户富裕，足够供奉长辈、养育幼小，那他们就会爱惜自己的身家性命，不敢违犯法律条令，然后惩办处罚可以不

时，虽太古盛化，未可卒致，汉文升平，庶几可及。及之则臣主俱荣，不及则损削侵辱，何可从容俯仰而已？诸卿尚书，可共咨度，务取便佳。田桑已至，不可后时。事定施行，称朕意焉。”

用，社会风俗得以纯正。依靠百官的忠正贤良，如果在我们这个朝代用心尽力，虽说远古的盛世，不能立刻实现，像汉文帝那样的太平社会，大概是可能达到的。能够达到，臣下、君主都有光荣；不能达到就会丧失民心、削弱国力以至受到侵凌屈辱，对于这样重大的问题，如何可以只表现出安逸自在的样子就满足呢？九卿尚书，你们要共同商议、考虑，一定要提出利国利民的好办法。耕种、蚕桑的大忙季节到了，不可耽误农时。办法确定以后，要立刻施行，要做得使朕满意。”

三年春三月，西陵言赤乌见。秋，用都尉严密议，作浦里塘。会稽郡谣言王亮当还为天子，而亮宫人告亮使巫祷祠，有恶言。有司以闻，黜为候官侯，遣之国。道自杀，卫送者伏罪。[7]以会稽南部为建安郡，分宜都置建平郡。[8]

永安三年春季三月，西陵县宣称出现了红色乌鸦。秋季，听从都尉严密的意见，修建浦里塘。会稽郡谣传说，会稽王孙亮将回到建业做吴国的皇帝，孙亮的宫人举报孙亮使巫师祈祷，并且还有对朝廷不满的言论。有关主管官员将这些情况上报，孙亮被贬废为候官侯，遣送他前往封国。孙亮在去候官的路上自杀，护送的人员因罪诛死。划分会稽郡的南部地区新建建安郡，划分宜都郡的部分地区新建建平郡。

四年夏五月，大雨，水泉涌溢。秋八月，遣光禄大夫周奕、石伟巡行风俗，察将吏清浊，民所疾苦，为黜陟之诏。[9]九月，布山言白龙见。是岁，安吴民陈焦死，埋之，六日更生，穿土中出。

永安四年夏季五月，大雨成灾，水泉喷涌泛滥。秋季八月，派光禄大夫周奕、石伟巡视各地风俗，考察文武官员的清正或贪赃枉法，民众的怨恨、痛苦，下达官员升降的诏命。九月，布山县宣称出现了白龙。这年，安吴县民陈焦死，已经埋葬，过了六天又复活了，他自己穿破坟土从中出来。

五年春二月，白虎门北楼灾。秋七月，始新言黄龙见。八月壬午，大雨震电，水泉涌溢。乙酉，立皇后朱氏。戊子，立子𩅦为太子，大赦。[10]冬十月，以卫将军濮阳兴为丞相，廷尉丁密、光禄勋孟宗为左右御史大夫。休以丞相兴及左将军张布有旧恩，委之以事，布典宫省，兴关军国。休锐意于典籍，欲

永安五年春季二月，建业城西门白虎门的北楼发生火灾。秋季七月，始新县宣称出现了黄龙。八月十三日，大雨成灾、雷电大作，洪水喷涌泛滥。十六日，封朱氏为皇后。十九日，立长子孙𩅦为皇太子，全国大赦。冬季十月，任命卫将军濮阳兴担任丞相，廷尉丁密、光禄勋孟宗为左右御史大夫。孙休因为丞相濮阳兴与左将军张布对自己有旧恩，就将朝政完全委任他们。张布主管设在宫廷的官署，濮阳兴则全部听取军国大事的禀报。孙休专心研究古代的典册书籍，想要全部研读诸子百家的理论学说。孙

毕览百家之言，尤好射雉，春夏之间常晨出夜还，唯此时舍书，休欲与博士祭酒韦曜、博士盛冲讲论道艺，曜、冲素皆切直，布恐入侍，发其阴失，令己不得专，因妄饰说以拒遏之。休答曰："孤之涉学，群书略遍，所见不少也；其明君暗主，奸臣贼子，古今贤愚成败之事，无不览也。今曜等入，但欲与论讲书耳，不为从曜等始更受学也。纵复如此，亦何所损？君特当以曜等恐道臣下奸变之事，以此不欲令入耳。如此之事，孤已自备之，不须曜等然后乃解也。此都无所损，君意特有所忌故耳。"布得诏陈谢，重自序述，又言惧妨政事。休答曰："书籍之事，患人不好，好之无伤也。此无所为非，而君以为不宜，是以孤有所及耳。政务学业，其流各异，不相妨也。不图君今日在事，更行此于孤也，良所不取。"布拜表叩头，休答曰："聊相开悟耳，何至叩头乎！如君之忠诚，远近所知。往者所以相感，今日之巍巍也。《诗》云：'靡不有初，鲜克有终。'终之实难，君其终之。"初休为王时，布为左右将督，素见信爱，及至践阼，厚加宠待，专擅国势，多行无礼，自嫌瑕短，惧曜、冲言之，故尤患忌。休虽解此旨，心不能悦，更恐其疑惧，竟如布意，废其讲业，不复使冲等入。是

休还特别爱好射猎野鸡，春夏相交的季节，经常早出晚归，只在这时才放弃读书。孙休还要同博士祭酒韦曜、博士盛冲讲习，讨论学问、技艺，韦曜、盛冲平时都恳切正直，可是张布却担心他们入宫亲近皇帝，可能揭发他的隐蔽过失，使自己不能专权，于是荒诞地运用经过粉饰的道理来阻止他们与孙休亲近。孙休回答张布说："孤学习广泛，各种书籍大概都读了，明白了不少道理。那些明主昏君、奸臣贼子，古今贤愚成败的事实，都是认真细看的。现在韦曜等人入宫，只是要同他们讲论古书，不是为了要向他们重新接受学业。即使是重新接受学业，又有什么损失呢？你不过担心韦曜等人向我谈论臣下奸邪狡诈的事情，因此你不想要他们入宫。了解臣下奸诈这种事情，我自己早有准备，不必等待韦曜等人谈了我才明白。这全然没有什么损失，你心中不过是因为有顾忌才提出这样的意见。"张布接受诏命后当面向孙休认错，自己又进一步说明，说是恐怕他们妨碍朝政大事，孙休回答说："对于有关书籍的事，担心的是人们不爱好，爱好书籍是没有坏处的。我与韦曜等人讲论没有什么不对，而你却认为不恰当，因此在上次诏令中我谈了这件事。从事政务与讲论学业，两者的发展各有不同，并不互相妨碍。没有料到你现在当官管事，对我又做了孙綝曾经做过的事。对于你的意见我实在不能赞同。"张布立即下拜、叩头，孙休回答说："只不过是为了开导你，何至于要叩头呢!像你这样的忠诚，是远近的人所共知的。往时我们有深厚感情，今日我才能身居帝王的高位。《诗》中说：'人们无不有好的开始，却很少能够坚持到最后。'坚持到最后确实很困难。你要始终如一地对我忠心。"当初，孙休封为琅邪王，张布担任左右将督，一直被孙休信任喜爱。孙休身居帝位以后，对他更加宠信，张布专擅朝政大权，做了很多无礼的事，讳忌自己的过失，害怕韦曜、盛冲向孙休直言，所以特别担心、猜疑。孙休虽然明白张布的心意，心中不高兴，又恐怕张布疑惧，竟然顺从他的意愿，废弃讲论学业，不再要盛冲等人入宫。这

岁使察战到交阯调孔爵、大猪。[11]

年派遣特置官员察战到交阯郡征调孔雀、大猪。

六年夏四月，泉陵言黄龙见。五月，交阯郡吏吕兴等反，杀太守孙谞。谞先是科郡上手工千余人送建业，而察战至，恐复见取，故兴等因此扇动兵民，招诱诸夷也。冬十月，蜀以魏见伐来告。癸未，建业石头小城火，烧西南百八十丈。甲申，使大将军丁奉督诸军向魏寿春，将军留平别诣施绩于南郡，议兵所向，将军丁封、孙异如沔中，皆救蜀。蜀主刘禅降魏问至，然后罢。吕兴既杀孙谞，使使如魏，请太守及兵。丞相兴建取屯田万人以为兵。分武陵为天门郡。[12]

永安六年夏季四月，泉陵县宣称出现了黄龙。五月，交阯郡官员吕兴等反叛，杀死太守孙谞。孙谞原先征发一千多手工工人送往建业，而今察战又来到交阯郡，害怕又要征用民众，所以吕兴等人乘机扇动兵士民众，还招集、诱骗了众多的当地百姓。冬季十月，蜀国派人来告知被魏国侵略的消息。癸未日，建业石头小城发生火灾，烧毁西南一百八十丈。甲申日，派遣大将军丁奉率领众军指向魏国的寿春，将军留平前往南郡与施绩相会，商议出兵的方向，将军丁封、孙异前往沔中，都为了救援蜀国。蜀国后主刘禅向魏国投降的消息传来，便撤退各路援军。吕兴杀死孙谞以后，派遣使臣到魏国，请求任命太守与派遣军队。丞相濮阳兴建议调集垦田的民众万人作为士兵。划分武陵郡的部分地区新建天门郡。

七年春正月，大赦。二月，镇军将军陆抗、抚军将军步协、征西将军留平、建平太守盛曼，率众围蜀巴东守将罗宪。夏四月，魏将新附督王稚浮海入句章，略长吏赀财及男女二百余口。将军孙越徼得一船，获三十人。秋七月，海贼破海盐，杀司盐校尉骆秀。使中书郎刘川发兵庐陵。豫章民张节等为乱，众万余人。魏使将军胡烈步骑二万侵西陵，以救罗宪，陆抗等引军退。复分交州置广州。壬午，大赦。癸未，休薨，[13]时年三十，谥曰景皇帝。[14]

永安七年春季正月，全国大赦。二月，镇军将军陆抗、抚军将军步协、征西将军留平、建平太守盛曼，率领大军包围蜀国巴东守将罗宪。夏季四月，魏将新附督王稚渡海侵入句章县，掠夺高级官员的财物及男女二百多人。将军孙越截获了王稚的一条船，俘虏了三十人。秋季七月，海贼攻占海盐县，将司盐校尉骆秀杀死。派遣中书郎刘川向庐陵郡出兵。豫章郡民张节等发动叛乱，追随的群众一万多人。魏国派遣将军胡烈率领步、骑兵两万人进攻西陵，表示支持罗宪，吴将陆抗等人撤军。又划分交州的一部分郡县，新建广州。七月二十四日，全国大赦。二十五日，孙休死，享年三十岁，死后谥号为景皇帝。

孙晧字元宗，权孙，和子也，一名彭祖，字晧宗。孙休立，封晧为乌程侯，遣就国。西

孙晧字元宗，是孙权的孙子，孙和的儿子。又名彭祖，表字晧宗。孙休即帝位以后，封孙晧为乌程侯，遣送他居住在封国。西湖平民景养给孙晧看相，

湖民景养相晧当大贵，晧阴喜而不敢泄。休薨，是时蜀初亡，而交阯携叛，国内震惧，贪得长君。左典军万彧昔为乌程令，与晧相善，称晧才识明断，是长沙桓王之畴也，又加之好学，奉遵法度，屡言之于丞相濮阳兴、左将军张布。兴、布说休妃太后朱，欲以晧为嗣。朱曰：“我寡妇人，安知社稷之虑，苟吴国无陨，宗庙有赖可矣。”于是遂迎立晧，时年二十三。改元，大赦。是岁，于魏咸熙元年也。

说他将要大贵。孙晧暗中高兴，但是不敢向外泄露。孙休死，这时蜀国刚灭亡，吴国的交阯郡又发生了分离、叛乱，吴国国内震惊恐惧，急于希望有年长的君主。左典军万彧过去当过乌程县令，与孙晧关系亲密，称赞孙晧有才能见识、英明果断，是与孙策同一类型的杰出人物。又加上爱好学习，奉行、遵守法令制度，多次向丞相濮阳兴、左将军张布称赞孙晧。兴、布向休妃朱太后诉说，要求以孙晧继承帝位。太后朱氏说：“我是一个寡妇，如何知道考虑国家大事。只要吴国不衰败，祖宗的祭祀有依靠就可以了。”于是就迎立孙晧为帝，当时孙晧二十三岁。改称年号，全国大赦。这年，是魏国曹奂的咸熙元年。

元兴元年八月，以上大将军施绩、大将军丁奉为左右大司马，张布为骠骑将军，加侍中，诸增位班赏，一皆如旧。九月，贬太后为景皇后，追谥父和曰文皇帝，尊母何为太后。十月，封休太子𩅦为豫章王，次子汝南王，次子梁王，次子陈王，立皇后滕氏。⑮晧既得志，粗暴骄盈，多忌讳，好酒色，大小失望。兴、布窃悔之。或以谮晧，十一月，诛兴、布。十二月，孙休葬定陵。封后父滕牧为高密侯，⑯舅何洪等三人皆列侯。是岁，魏置交阯太守之郡。晋文帝为魏相国，遣昔吴寿春城降将徐绍、孙彧衔命赍书，陈事势利害，以申喻晧。⑰

元兴元年八月，任命上大将军施绩、大将军丁奉担任左右大司马，任命张布担任骠骑将军，加侍中官衔，众文武官员晋升奖赏，完全遵照旧例。九月，贬太后为景皇后，追谥死去的父亲孙和为文皇帝，尊母亲何氏为太后。十月，封孙休的皇太子孙𩅦为豫章王，二子为汝南王，三子为梁王，四子为陈王，封滕氏为皇后。孙晧得志以后，粗暴骄妄，忌讳很多，爱酒好色，大小官员都很失望。濮阳兴、张布私下也后悔不该迎立孙晧当皇帝。有人将这个情况向孙晧密报，十一月，孙晧诛杀了濮阳兴、张布。十二月，孙休埋葬于定陵。封皇后的父亲滕牧为高密侯，舅父何洪等三人都封侯。这年，魏国任命交阯郡太守前往交阯。司马昭担任魏国丞相，派遣以前在吴国寿春城投降的将军徐绍、孙彧担负使命携带文书，详细说明当时的政治、军事形势及利害关系，希望开导孙晧。

甘露元年三月，晧遣使随绍、彧报书曰：“知以高世之才，处宰辅之任，渐导之功，勤

甘露元年三月，孙晧派遣使臣伴随徐绍、孙彧回归晋国，给司马昭的复信说：“知道您凭着超群的才能，身受相国的重任，对君主鲜为人知的疏导的

亦至矣。孤以不德,阶承统绪,思与贤良共济世道,而以壅隔未有所缘,嘉意允著,深用依依。今遣光禄大夫纪陟、五官中郎将弘璆宣明至怀。”[18]绍行到濡须,召还杀之,徙其家属建安,始有白绍称美中国者故也。夏四月,蒋陵言甘露降,于是改年大赦。秋七月,晧逼杀景后朱氏,亡不在正殿,于苑中小屋治丧,众知其非疾病,莫不痛切。又送休四子于吴小城,寻复追杀大者二人。九月,从西陵督步阐表,徙都武昌,御史大夫丁固、右将军诸葛靓镇建业。陟、璆至洛,遇晋文帝崩,十一月,乃遣还。晧至武昌,又大赦。以零陵南部为始安郡,桂阳南部为始兴郡。十二月,晋受禅。

功劳,可说辛勤到极点了。我没有崇高的道德,而继承了君位,很想与您共同拯救社会,却因种种阻隔还没有交往的机会。您的善意真实、显著,对您的厚情深为依恋。现在派遣光禄大夫纪陟、五官中郎将弘璆前来说明我诚挚的心意。”徐绍前行到达濡须,孙晧要他返回将他杀死,将他的家属迁往建安,因为有人告称徐绍赞美中原的缘故。夏季四月,有人说蒋陵降有甘美的露水,于是改称年号,全国大赦。秋季七月,孙晧逼死景皇后朱氏,死了不安放在正寝,在皇帝林园中的一间小屋办理丧事。众人知道朱氏不是死于疾病,无不表示痛恨悲伤。孙晧又将孙休的四个儿子送到吴县城里的小城,不久又追杀其中年龄较大的两个儿子。九月,听从西陵督步阐的报告,将国都迁往武昌,派遣御史大夫丁固、右将军诸葛靓镇守建业。纪陟、弘璆到达洛阳,恰逢司马昭去世,十一月,才被遣送回来。孙晧到了武昌,又在全国大赦。划分零陵郡南部地区新建始安郡;划分桂阳郡南部地区新建始兴郡。十二月,晋王司马炎接受了魏君的禅让。

宝鼎元年正月,遣大鸿胪张俨、五官中郎将丁忠吊祭晋文帝。及还,俨道病死。[19]忠说晧曰:“北方守战之具不设,弋阳可袭而取。”晧访群臣,镇西大将军陆凯曰:“夫兵不得已而用之耳,且三国鼎立已来,更相侵伐,无岁宁居。今强敌新并巴蜀,有兼土之实,而遣使求亲,欲息兵役,不可谓其求援于我。今敌形势方强,而欲徼幸求胜,未见其利也。”车骑将军刘纂曰:“天生五才,谁能去兵?谲诈相雄,有自来矣。若其有阙,庸可弃乎?宜遣间谍,以观其势。”晧阴纳纂言,

宝鼎元年正月,派遣大鸿胪张俨、五官中郎将丁忠吊唁、祭奠司马昭。回来时,张俨在路上病死。丁忠劝孙晧说:“北方的晋国没有设置防守、攻击的器械,可以用偷袭方法取得弋阳郡。”孙晧便与群臣商议,镇西大将军陆凯说:“军队是到了万不得已的时候才用的,魏、蜀、吴三国鼎立以来,彼此轮番地相互侵掠、讨伐,没有一年能够安宁地生活。当前强敌刚刚并吞了巴郡、蜀郡,有我国两倍国土的实力。他们派遣使臣来要求两国亲善,是想暂时停止战争、劳役,不能认为他们希望从我国得到援助。现在敌国的形势正值强大,而我们却希望侥幸得到胜利,我不明白这样做的好处。”车骑将军刘纂说:“天地间生有金、木、水、火、土等‘五材’,谁能够离开兵器?人们狡诈多变相互称雄,从古以来就是这样了。如果敌国有失误,我们怎么能不利用呢?应当派遣间谍人员,进一步了解对方的形势。”孙晧心里赞同

且以蜀新平，故不行，然遂自绝。八月，所在言得大鼎，于是改年，大赦。以陆凯为左丞相，常侍万彧为右丞相。冬十月，永安山贼施但等聚众数千人，[20]劫晧庶弟永安侯谦出乌程，取孙和陵上鼓吹曲盖。比至建业，众万余人。丁固、诸葛靓逆之于牛屯，大战，但等败走。获谦，谦自杀。[21]分会稽为东阳郡，分吴、丹杨为吴兴郡。[22]以零陵北部为邵陵郡。十二月，晧还都建业，卫将军滕牧留镇武昌。

刘纂的意见，眼下因为晋国才平定蜀国，所以没有采取行动，但从此断绝了与晋国的关系。八月，武昌宣称得到了大鼎，于是改称年号，全国大赦。任命陆凯担任左丞相，常侍万彧担任右丞相。冬季十月，永安郡的山贼施但等集合几千部众，劫持孙晧的族弟永安侯孙谦离开乌程县，还拿了孙和陵墓的乐器、仪仗。他们到达建业后，追随的部众有一万多人。丁固、诸葛靓在牛屯阻击，进行大战，施但等人败逃。俘获了孙谦，孙谦自杀。划分会稽郡的部分地区新建东阳郡；划分吴郡、丹杨郡的部分地区新建吴兴郡。划分零陵郡北部地区新建邵陵郡。十二月，孙晧从武昌迁回建业，仍以建业为吴国都城，卫将军滕牧留守武昌。

二年春，大赦。右丞相万彧上镇巴丘。夏六月，起显明宫，[23]冬十二月，晧移居之。是岁，分豫章、庐陵、长沙为安成郡。

宝鼎二年春季，全国大赦。右丞相万彧沿长江西上镇守巴丘。夏季六月，修建显明宫。冬季十二月，孙晧迁至显明宫居住。这年，划分豫章、庐陵、长沙三郡部分地区新建安成郡。

三年春二月，以左右御史大夫丁固、孟仁为司徒、司空。[24]秋九月，晧出东关，丁奉至合肥。是岁，遣交州刺史刘俊、前部督脩则等入击交阯，为晋将毛炅等所破，皆死，兵散还合浦。

宝鼎三年春季二月，以左右御史大夫丁固、孟仁分任司徒、司空。秋季九月，孙晧出兵东关，丁奉进军合肥。这年，派遣交州刺史刘俊、前部督脩则等人进击交阯，被晋将毛炅等打败，都战死，兵士散逃回归合浦。

建衡元年春正月，立子瑾为太子，及淮阳、东平王。冬十月，改年，大赦。十一月，左丞相陆凯卒。遣监军虞汜、威南将军薛珝、苍梧太守陶璜由荆州，监军李勖、督军徐存从建安海道，皆就合浦击交阯。

建衡元年春季正月，立长子孙瑾为皇太子，又封淮阳王、东平王。冬季十月，改称年号，全国大赦。十一月，左丞相陆凯去世。派遣监军虞汜、威南将军薛珝、苍梧太守陶璜从荆州陆路，监军李勖、督军徐存从建安水路，前往合浦会师进击交阯。

二年春，万彧还建业。李勖以建安道不通利，杀导将冯斐，引军还。三月，天火烧万余家，死者七百人。夏四月，左大

建衡二年春，万彧从巴丘回归建业。李勖因建安水路不通畅顺利，诛杀导将冯斐，撤军回国。三月，雷电引起火灾，烧毁一万多家，死亡七百人。夏季四月，左大司马施绩去世。守卫宫廷的将军何定

司马施绩卒。殿中列将何定白:“少府李勖枉杀冯斐,擅彻军退还。”勖及徐存家属皆伏诛。秋九月,何定将兵五千人上夏口猎。都督孙秀奔晋。是岁大赦。

向孙晧奏称:“少府李勖冤枉杀害冯斐,擅自做主撤军。”李勖、徐存以及他们的家属都被定罪诛死。秋季九月,何定领兵五千人西上夏口打猎。都督孙秀逃奔晋国。这年,全国大赦。

三年春正月晦,晧举大众出华里,晧母及妃妾皆行,东观令华覈等固争,乃还。㉕是岁,汜、璜破交阯,禽杀晋所置守将,九真、日南皆还属。㉖大赦,分交阯为新昌郡。诸将破扶严,置武平郡。以武昌督范慎为太尉。右大司马丁奉、司空孟仁卒。㉗西苑言凤凰集,改明年元。

建衡三年春季正月三十日,孙晧领大队人马出宫到华里,孙晧的母亲及他的妻妾都同行。东观令华覈极力劝阻,孙晧才回宫。这年,虞汜、陶璜攻占交阯郡。俘杀了晋朝任命的郡守、将吏,九真、日南等地都又归属吴国。全国大赦,划分交阯郡的部分地区新建新昌郡。众将攻占扶严,设置武平郡。任命武昌督范慎为太尉。右大司马丁奉、司空孟仁死。孙晧宫廷西苑的人说那里飞来了一群凤凰,改称明年的年号。

凤皇元年秋八月,征西陵督步阐。阐不应,据城降晋。遣乐乡都督陆抗围取阐,阐众悉降。阐及同计数十人皆夷三族。大赦。是岁右丞相万彧被谴忧死,徙其子弟于庐陵。㉘何定奸秽发闻,伏诛。晧以其恶似张布,追改定名为布。㉙

凤皇元年秋季八月,孙晧征召西陵督步阐。步阐不接受命令,占领西陵城向晋投降。孙晧派遣乐乡都督陆抗围攻西陵,拘捕步阐,步阐的部属全部向陆抗投降。步阐与他的同伙几十人都被诛灭三族。全国大赦。这年,右丞相万彧因被谴责,忧虑而死,将他的子弟迁往庐陵。何定奸邪卑污的罪行被揭发,为孙晧所知,服罪处死。孙晧因何定的罪恶与张布相似,在何定死后将定名改称为布。

二年春三月,以陆抗为大司马。司徒丁固卒。秋九月,改封淮阳为鲁,东平为齐,又封陈留、章陵等九王,凡十一王,王给三千兵。大赦。晧爱妾或使人至市劫夺百姓财物,司市中郎将陈声,素晧幸臣也,恃晧宠遇,绳之以法。妾以愬晧,晧大怒,假他事烧锯断声头,投其身于四望之下。是岁,太尉范慎卒。

凤皇二年春季三月,任命陆抗为大司马。司徒丁固死。秋季九月,改封淮阳王为鲁王,东平王为齐王,又封陈留王、章陵王等九王,总共封了十一王,每王给予士兵三千人。全国大赦。孙晧的爱妾时常派人到市场抢夺百姓的金钱、货物。司市中郎将陈声,是孙晧平时宠爱的臣下,他依靠孙晧对他宠爱,依法处理了到市场抢夺百姓财物的人。孙晧的爱妾向孙晧诽谤陈声,孙晧听了大怒,借口其他的事情将锯条烧红锯断陈声的头颈,将身躯抛弃在四望山下。这年,太尉范慎去世。

三年,会稽妖言章安侯奋

凤皇三年,会稽郡谣传章安侯孙奋应该当皇帝。

当为天子。临海太守奚熙与会稽太守郭诞书，非论国政。诞但白熙书，不白妖言，送付建安作船。[30]遣三郡督何植收熙，熙发兵自卫，断绝海道。熙部曲杀熙，送首建业，夷三族。秋七月，遣使者二十五人分至州郡，科出亡叛。大司马陆抗卒。自改年及是岁，连大疫。分郁林为桂林郡。

临海郡太守奚熙写信给会稽郡太守郭诞，攻击吴国的政事。会稽太守郭诞只向孙晧举报奚熙的信，没有举报当地的谣言，将郭诞送往建安郡造船。孙晧派遣三郡督何植拘捕奚熙，奚熙起兵保卫自己，断绝海路。奚熙的部属杀死了奚熙，将头送往建业，诛灭了奚熙的三族。秋季七月，派遣使臣二十五人分别到各州郡，查处各州郡的叛逃人员。大司马陆抗去世。自从改称年号到今年，连年疫病流行。划分郁林郡的部分地区新建桂林郡。

天册元年，吴郡言掘地得银，长一尺，广三分，刻上有年月字，于是大赦，改年。

天册元年，吴郡宣称挖掘地下得到了银条，长一尺，宽三分，上面刻有年、月的文字，于是全国大赦、改称年号。

天玺元年，吴郡言临平湖自汉末草秽壅塞，今更开通。长老相传，此湖塞，天下乱，此湖开，天下平。又于湖边得石函，中有小石，青白色，长四寸，广二寸余，刻上作皇帝字，于是改年，大赦。会稽太守车浚、湘东太守张咏不出算缗，就在所斩之，徇首诸郡。[31]秋八月，京下督孙楷降晋。鄱阳言历阳山石文理成字，凡二十，云“楚九州渚，吴九州都，扬州士，作天子，四世治，太平始”。[32]又吴兴阳羡山有空石，长十余丈，名曰石室，在所表为大瑞。乃遣兼司徒董朝、兼太常周处至阳羡县，封禅国山。改明年元，大赦，以协石文。

天玺元年，吴郡宣称临平湖从汉朝末年被杂草污物堵塞，现在重新通畅。年长的老辈传说，这个湖堵塞，天下就大乱；这个湖通畅，天下就太平。又在临平湖边得到一个石匣，中间有一块小石头，颜色青白，长四寸，宽二寸多，上刻有皇帝字样。于是改称年号，全国大赦。会稽郡太守车浚、湘东郡太守张咏没有上缴向商人、手工业工人征收的税金，于是将他们在任职的地方杀死，把他们的头送往各郡示众。秋季八月，京口督孙楷向晋朝投降。鄱阳郡宣称历阳县石印山大石上的花纹、线条自然组合成为文字，总共有二十个字，说：“楚地是大九州中的小州，吴地是小九州的都城；扬州的士人，要当天子；经过四代治理，开始了天下太平。”还有吴兴郡阳羡县离里山上有一块空透的大石，长十多丈，名叫石室，当地上书称这是大祥瑞。于是派遣司徒董朝、兼任太常周处到阳羡，祭祀并封离里山为国山。改称明年年号，全国大赦，以便符合大石上的文字。

天纪元年夏，夏口督孙慎出江夏、汝南，烧略居民。初，驺子张俶多所谮白，累迁为司直中郎将，封侯，甚见宠爱，是岁奸情发闻，伏诛。[33]

天纪元年夏季，吴国的夏口督孙慎出兵江夏郡、汝南郡，烧毁居民的房屋，抢劫居民的财物。当初，开道引马的骑卒张俶，多次向孙晧告密，连续升官为司直中郎将，封侯，很受孙晧宠爱。这年，张俶邪恶的罪行被揭发，依法诛死。

二年秋七月，立成纪、宣威等十一王，王给三千兵，大赦。

天纪二年秋季七月，封成纪王、宣威王等十一位王，每王给予士兵三千人。全国大赦。

三年夏，郭马反。马本合浦太守脩允部曲督。允转桂林太守，疾病，住广州，先遣马将五百兵至郡安抚诸夷。允死，兵当分给，马等累世旧军，不乐离别。晧时又科实广州户口，马与部曲将何典、王族、吴述、殷兴等因此恐动兵民，合聚人众，攻杀广州督虞授。马自号都督交、广二州诸军事、安南将军，兴广州刺史，述南海太守。典攻苍梧，族攻始兴。[34]八月，以军师张悌为丞相，牛渚都督何植为司徒。执金吾滕循为司空，未拜，转镇南将军，假节领广州牧，率万人从东道讨马，与族遇于始兴，未得前。马杀南海太守刘略，逐广州刺史徐旗。晧又遣徐陵督陶濬将七千人从西道，命交州牧陶璜部伍所领及合浦、郁林诸郡兵，当与东西军共击马。

天纪三年夏季，郭马反叛。郭马本是合浦太守脩允所属军队的将领。脩允转任桂林太守，身患疾病，在广州居住。先派遣郭马领五百兵士到桂林郡，安抚当地各族民众。脩允病死，所属兵士当分给合浦、桂林二郡。郭马等人所率领的是连续几代的合浦老兵，他们不愿意离别。这时孙晧又命令查实广州的民户人口，郭马与他的部属将领何典、王族、吴述、殷兴等人，便借此恐吓、煽动兵士、庶民，聚合追随他们的群众，进攻广州，杀死了广州督虞授。郭马自称都督交、广二州诸军事、安南将军，殷兴为广州刺史，吴述为南海太守。何典进攻苍梧，王族进攻始兴。八月，孙晧任命军师张悌担任丞相，牛渚都督何植担任司徒。任命执金吾滕循担任司空，还未就职，转任镇南将军，授予节符，兼任广州刺史。滕循率领兵士万人从东路进军讨伐郭马，与王族在始兴相遇，未能前进。郭马将南海太守刘略杀死，将广州刺史徐旗驱逐。孙晧又派遣徐陵督陶濬率领七千士兵从西路进军，命令交州刺史陶璜统帅所属将士及合浦、郁林等郡的士兵，与东西两路军互相配合，共同进攻郭马。

有鬼目菜生工人黄耇家，依缘枣树，长丈余，茎广四寸，厚三分。又有买菜生工人吴平家，高四尺，厚三分，如枇杷形，上广尺八寸，下茎广五寸，两边生叶绿色。东观案图，名鬼目作芝草，买菜作平虑草，遂以耇为侍芝郎，平为平虑郎，皆银印青绶。

有鬼目菜生长在工人黄耇的家中，依托、攀缘枣树，有一丈多长，茎宽四寸，厚三分。又有买菜生长在工人吴平家中，高四尺，厚三分，像枇杷树的形状，上宽一尺八寸，下茎宽五寸，两边生长绿叶。东观的官员查考植物图名，称鬼目菜为芝草，买菜为平虑草，于是孙晧任命黄耇为侍芝郎，吴平为平虑郎，都授予品位与九卿相同的银铸印章、青色丝带。

冬，晋命镇东大将军司马伷向涂中，安东将军王浑、扬

冬季，晋朝命令镇东大将军司马伷向涂中进军，安东将军王浑、扬州刺史周浚向牛渚进军，建威

州刺史周浚向牛渚，建威将军王戎向武昌，平南将军胡奋向夏口，镇南将军杜预向江陵，龙骧将军王濬、广武将军唐彬浮江东下，太尉贾充为大都督，量宜处要，尽军势之中。陶濬至武昌，闻北军大出，停驻不前。

将军王戎向武昌进军，平南将军胡奋向夏口进军，镇南将军杜预向江陵进军，龙骧将军王濬、广武将军唐彬率领水军沿长江东下，太尉贾充担任大都督，考虑最恰当的战略方案、处理最重要的军务，务使各路大军的军事行动能够合理的协同、一致。陶濬领兵到达武昌，听说北方晋军大批出动，于是驻军武昌不向交、广前进。

初，晧每宴会群臣，无不咸令沈醉。置黄门郎十人，特不与酒，侍立终日，为司过之吏。宴罢之后，各奏其阙失，迕视之咎，谬言之愆，罔有不举。大者即加威刑，小者辄以为罪。后宫数千，而采择无已。又激水入宫，宫人有不合意者，辄杀流之。或剥人之面，或凿人之眼。岑昏险谀贵幸，致位九列，好兴功役，众所患苦。是以上下离心，莫为晧尽力，盖积恶已极，不复堪命故也。[35]

当初，孙晧每次设宴会集群臣，都要强迫命令他们痛饮昏醉。派十名黄门郎，特地不让他们饮酒，整日在席间侍立，作为专管纠察过失的官员。宴会结束以后，这些黄门郎每个人都要向孙晧报告群臣在宴会中的过失，如偶然抬头从下向上看了孙晧一眼，或说了什么错话之类的过错，无不一一举报。被认为犯了大罪的人当场就施用严刑；被认为有小过错的人也往往要给予惩处。后宫嫔妃、宫女有几千人，还不停地派人到各地选美。孙晧还将水引入后宫，对他所不满意的宫女，往往杀死，让流水将尸体冲走。有时还剥去活人的面皮，凿穿活人的眼睛。岑昏阴险、谄媚，因孙晧的宠信成为权贵，爬上了与九卿相同的高位，喜欢兴办役使百姓的事，使民众愁苦不堪。因此上下离心，没有人肯替孙晧出力，这是因为他的罪恶累积已经到了极点，不再有人肯接受他命令的缘故。

四年春，立中山、代等十一王，大赦。濬、彬所至，则土崩瓦解，靡有御者。预又斩江陵督伍延，浑复斩丞相张悌、丹杨太守沈莹等，所在战克。[36]

天纪四年春季，封中山王、代王等十一位王，全国大赦。王濬、唐彬的军队所到达的地方，吴军好像土地崩塌、屋瓦碎裂一样，溃败不可收拾，没有人进行抵御。杜预斩杀了江陵督伍延，王浑还斩杀了丞相张悌、丹杨太守沈莹等人，晋军南征各路大军都取得了胜利。

三月丙寅，殿中亲近数百人叩头请晧杀岑昏，晧惶愦从之。[37]

三月丙寅日，建业宫中与孙晧亲近的侍从人员，有几百人叩头请求诛杀岑昏，孙晧在恐惧、昏乱中听从了这个要求。

戊辰，陶濬从武昌还，即引见，问水军消息，对曰："蜀船皆小，今得二万兵，乘大船

戊辰日，陶濬领军从武昌回到建业，孙晧立即召见，询问水军消息。陶濬回答说："晋朝从蜀地来的战船都很小，如有两万兵，乘坐大船战斗，就可以

战，自足击之。”于是合众，授濬节钺。明日当发，其夜众悉逃走。而王濬顺流将至，司马伷、王浑皆临近境。皓用光禄勋薛莹、中书令胡冲等计，分遣使奉书于濬、伷、浑曰：“昔汉室失统，九州分裂，先人因时，略有江南，遂分阻山川，与魏乖隔。今大晋龙兴，德覆四海。暗劣偷安，未喻天命。至于今者，猥烦六军，衡盖路次，远临江渚，举国震惶，假息漏刻。敢缘天朝含弘光大，谨遣私署太常张夔等奉所佩印绶，委质请命，惟垂信纳，以济元元。”[38]

打败他们。”于是孙皓命令集合兵众，将符节、斧钺授予陶濬。在明天将要出发的士兵，当天晚上便全部逃跑了。王濬率领的水军顺流直下将要到达建业，司马伷、王浑的大军，也都到达与建业相距很近的地方。孙皓听从光禄勋薛莹、中书令胡冲等人的意见，分别派遣使臣向王濬、司马伷、王浑奉上降书。孙皓在投降书中说道：“从前汉朝丧失了统治的权力，全国四分五裂，我的祖辈利用时机，攻占了江南。于是被山川分离、阻碍，同魏国背离、隔阂。现在大晋如同巨龙一样兴起，恩德布满全国。我昏聩糊涂，在江南一地苟且偷安，不明白国家兴灭的道理。一直到了现在，还烦劳皇帝的大军，他们遍布路途中的驻地，从远方来到长江边上。我们全国震惊、惶恐，只能暂时存活片刻。我深感冒犯，只因为晋朝有包容长育万物的大德，恭谨地派遣我私下任命的太常张夔等人奉上我所使用的印章，屈膝下拜、请求指示。乞求您相信我的诚意，接受我的投降，以拯救众多的庶民。”

壬申，王濬最先到，于是受皓之降，解缚焚榇，延请相见。[39]伷以皓致印绶于己，遣使送皓。皓举家西迁，以太康元年五月丁亥集于京邑。四月甲申，诏曰：“孙皓穷迫归降，前诏待之以不死，今皓垂至，意犹愍之，其赐号为归命侯。进给衣服车乘，田三十顷，岁给谷五千斛，钱五十万，绢五百匹，绵五百斤。”皓太子瑾拜中郎，诸子为王者，拜郎中。[40]五年，皓死于洛阳。[41]

壬申日，王濬最先到达建业。他接受孙皓的投降，开释孙皓对自己的捆绑，焚烧了他随带的棺材，请孙皓相见。司观伷因为孙皓将印绶奉送给了自己，派遣使臣护送孙皓。孙皓全家向西迁移，在太康元年五月一日会集到京城洛阳。四月二十八日，司马炎在命令中说：“孙皓走投无路而投降晋国，先前已有命令，可以赦免他的死罪，现在孙皓将要来到洛阳，我还是怜悯他，赐给他归命侯的封号。赏赐给他衣服、车辆，田三十顷，一年给稻谷五千斛，钱五十万，绢五百匹，丝绵五百斤。”孙皓的皇太子孙瑾授官中郎，封为王的众子授官郎中。太康五年，孙皓死在洛阳。

评曰：孙亮童孺而无贤辅，其替位不终，必然之势也。休以旧爱宿恩，任用兴、布，不能拔进良才，改弦易张，虽志善好学，何益救乱乎？又使既

评论说：孙亮年龄幼小而又没有贤臣辅佐，他继承帝位不能长久，这是事情发展的必然结果。孙休根据旧日恩情，任用濮阳兴、张布，不能选拔贤才，改革办事法度，虽然想要做些好事而且好学，这对于治理乱国又会有什么用处呢？孙休又使已经废

废之亮不得其死，友于之义薄矣。皓之淫刑所滥，陨毙流黜者，盖不可胜数。是以群下人人惴恐，皆日日以冀，朝不谋夕。其荧惑、巫祝，交致祥瑞，以为至急。昔舜、禹躬稼，至圣之德，犹或矢誓众臣，予违女弼，或拜昌言，常若不及。况皓凶顽，肆行残暴，忠谏者诛，谗谀者进，虐用其民，穷淫极侈，宜腰首分离，以谢百姓。既蒙不死之诏，复加归命之宠，岂非旷荡之恩，过厚之泽也哉！㊷

贬的孙亮不得善终，兄弟情义太薄了。孙皓滥用暴刑，被他杀害、贬谪流放的人多得数不清。因此群臣人人恐惧不安，都在一天天地盼望，早上过了顾不到晚上。孙皓迷信星象、巫祝，各地纷纷向他报告瑞兆，认为这是国家最紧急的大事。古代虞舜、夏禹，亲自耕种，他们具有最高圣人的道德，（他们仍不满足，）有的向群臣誓言，我违背了你们的帮助，（你们不要当面屈从我。）有的听到正直的劝谏，便向说这话的人下拜，（他们着意于自己的道德修养，）经常以为自己不如别人。更何况孙皓凶恶、愚妄，放肆地施用残暴，忠心直言的人被诛杀，谄媚奉承的人升官重用，虐待役使民众，荒淫、奢侈到了极点。应该对他问罪斩首，以告慰江南的百姓。可是他既受到了赦罪不死的诏命，还加上有归命侯的恩宠，这难道不是广大无边的恩惠、过分厚待的德泽吗！

---

①臣松之案：孙权赤乌十年，诏徙武昌宫材瓦，以缮治建康宫，而此犹有端门内殿。

《吴录》云：诸葛恪有迁都意，更起武昌宫。今所灾者恪所新作。

②《江表传》曰：是岁交阯稗草化为稻。

③《吴历》曰：正月，为权立庙，称太祖庙。

④《吴历》曰：亮数出中书视孙权旧事，问左右侍臣："先帝数有特制，今大将军问事，但令我书可邪！"亮后出西苑，方食生梅，使黄门至中藏取蜜渍梅，蜜中有鼠矢，召问藏吏，藏吏叩头。亮问吏曰："黄门从汝求蜜邪？"吏曰："向求，实不敢与。"黄门不服，侍中刁玄、张邠启："黄门、藏吏辞语不同，请付狱推尽。"亮曰："此易知耳。"令破鼠矢，矢里燥。亮大笑谓玄、邠曰："若矢先在蜜中，中外当俱湿，今外湿里燥，必是黄门所为。"黄门首服，左右莫不惊悚。

《江表传》曰：亮使黄门以银碗并盖就中藏吏取交州所献甘蔗饧。黄门先恨藏吏，以鼠矢投饧中，启言藏吏不谨。亮呼吏持饧器入，问曰："此器既盖之，且有掩覆，无缘有此，黄门将有恨于汝邪？"吏叩头曰："尝从某求宫中莞席，宫席有数，不敢与。"亮曰："必是此也。"覆问黄门，具首伏。即于目前加髡鞭，斥付外署。

臣松之以为鼠矢新者，亦表里皆湿。黄门取新矢则无以得其奸也，缘遇燥矢，故成亮之慧。然犹谓《吴历》此言，不如《江表传》为实也。

⑤《襄阳记》曰：衡字叔平，本襄阳卒家子也，汉末入吴为武昌庶民。闻羊衜有人物之鉴，往干之，衜曰："多事之世，尚书剧曹郎才也。"是时校事吕壹操弄权柄，大臣畏偪，莫有敢言，衜曰："非李衡无能困之者。"遂共荐为郎。权引见，衡口陈壹奸短数千言，权有愧色。数月，壹被诛，而衡大见显擢。后常为诸葛恪司马，干恪府事。恪被诛，求为丹杨太守。时孙休在郡治，衡数以法绳之。妻习氏每谏衡，衡不从。会休立，衡忧惧，谓妻曰："不用卿言，以至于此。"遂欲奔魏。妻曰："不可。君本庶民耳，先帝相拔过重，既数作无礼，而复逆自猜嫌，逃叛求活，以此北归，何面见中国人乎？"衡曰："计何所出？"妻曰："琅邪王素好善慕名，方欲自显于天下，终不以私嫌杀君

明矣。可自囚诣狱,表列前失,显求受罪。如此,乃当逆见优饶,非但直活而已。”衡从之,果得无患,又加威远将军,援以棨戟。衡每欲治家,妻辄不听,后密遣客十人于武陵龙阳汜洲上作宅,种甘橘千株。临死,敕儿曰:“汝母恶我治家,故穷如是。然吾州里有千头木奴,不责汝衣食,岁上一匹绢,亦可足用耳。”衡亡后二十余日,儿以白母,母曰:“此当是种甘橘也,汝家失十户客来七八年,必汝父遣为宅。汝父恒称太史公言,‘江陵千树橘,当封君家’。吾答曰:‘且人患无德义,不患不富,若贵而能贫,方好耳,用此何为!’”吴末,衡甘橘成,岁得绢数千匹,家道殷足。晋咸康中,其宅址枯树犹在。

⑥《江表传》曰:群臣奏立皇后、太子,诏曰:“朕以寡德,奉承洪业,莅事日浅,恩泽未敷,加后妃之号,嗣子之位,非所急也。”有司又固请,休谦虚不许。

⑦《吴录》曰:或云休鸩杀之。至晋太康中,吴故少府丹杨戴颙迎亮丧,葬之赖乡。

⑧《吴历》曰:是岁得大鼎于建德县。

⑨《楚国先贤传》曰:石伟字公操,南郡人。少好学,修节不怠,介然独立,有不可夺之志。举茂才、贤良方正,皆不就。孙休即位,特征伟,累迁至光禄勋。及晧即位,朝政昏乱,伟乃辞老耄痼疾乞身,就拜光禄大夫。吴平,建威将军王戎亲诣伟。太康二年,诏曰:“吴故光禄大夫石伟,秉志清白,晧首不渝,虽处危乱,廉节可纪。年已过迈,不堪远涉,其以伟为议郎,加二千石秩,以终厥世。”伟遂阳狂及盲,不受晋爵。年八十三,太熙元年卒。

⑩《吴录》载休诏曰:“人之有名,以相纪别,长为作字,惮其名耳。礼,名子欲令难犯易避,五十称伯仲,古或一字。今人竞作好名好字,又令相配,所行不副,此瞽字伯明者也,孤尝哂之。或师友父兄所作,或自己为;师友尚可,父兄犹非,自为最不谦。孤今为四男作名字:太子名𩅦,𩅦音如湖水湾澳之湾,字莔,莔音如迄今之迄;次子名㲹,㲹音如兕觥之觥,字㒒,㒒音如玄硋首之硋;次子名壾,壾音如草莽之莽,字昷,昷音如举物之举;次子名􀀀,􀀀音如褒衣下宽大之褒,字焚,焚音如有所拥持之拥。此都不与世所用者同,故钞旧文会合作之。夫书八体损益,因事而生,今造此名字,既不相配,又字但一,庶易弃避,其普告天下,使咸闻知。”

臣松之以为《传》称“名以制义,义以出礼,礼以体政,政以正民。是以政成而民听,易则生乱”。斯言之作,岂虚也哉!休欲令难犯,何患无名,而乃造无况之字,制不典之音,违明诰于前修,垂嗤骇于后代,不亦异乎!是以坟土未乾而妻子夷灭。师服之言,于是乎征矣。

⑪臣松之按:察战吴官名号,今扬都有察战巷。

⑫《吴历》曰:是岁青龙见于长沙,白燕见于慈胡,赤雀见于豫章。

⑬《江表传》曰:休寝疾,口不能言,乃手书呼丞相濮阳兴入,令子𩅦出拜之。休把兴臂,而指𩅦以托之。

⑭葛洪《抱朴子》曰:吴景帝时,戍将于广陵掘诸冢,取版以治城,所坏甚多。复发一大冢,内有重阁,户扇皆枢转可开闭,四周为徼道通车,其高可以乘马。又铸铜为人数十枚,长五尺,皆大冠朱衣,执剑列侍灵座,皆刻铜人背后石壁,言殿中将军,或言侍郎、常侍。似公主之冢。破其棺,棺中有人,发已班白,衣冠鲜明,面体如生人。棺中云母厚尺许,以白玉璧三十枚藉尸。兵人辈共举出死人,以倚冢壁。有一玉长一尺许,形似冬瓜,从死人怀中透出堕地。两耳及鼻孔中,皆有黄金如枣许大,此则骸骨有假物而不朽之效也。

⑮《江表传》曰:晧初立,发优诏,恤士民,开仓禀,振贫乏,科出宫女以配无妻,禽兽扰于苑者皆放之。当时翕然称为明主。

⑯《吴历》曰:牧本名密,避丁密,改名牧,丁密避牧,改名为固。

⑰《汉晋春秋》载晋文王与晧书曰:“圣人称有君臣然后有上下礼义,是故大必字小,小必事大,然后上下安服,群生获所。逮至末涂,纯德既毁,剿民之命,以争强于天下,违礼顺之至理,则仁者弗由也。方今主上圣明,覆帱无外,仆备位宰

辅，属当国重。唯华夏乖殊，方隅圮裂，六十余载，金革亟动，无年不战，暴骸丧元，困悴罔定，每用悼心，坐以待旦。将欲止戈兴仁，为百姓请命，故分命偏师，平定蜀汉，役未经年，全军独克。于时猛将谋夫，朝臣庶士，咸以奉天时之宜，就既征之军，藉吞敌之势，宜遂回旗东指，以临吴境。舟师泛江，顺流而下，陆军南辕，取径四郡，兼成都之械，漕巴汉之粟，然后以中军整旅，三方云会，未及浃辰，可使江表厎平，南夏顺轨。然国朝深惟伐蜀之举，虽有静难之功，亦悼蜀民独罹其害，战于绵竹者，自元帅以下并受斩戮，伏尸蔽地，血流丹野。一之于前，犹追恨不忍，况重之于后乎？是故旋师按甲，思与南邦共全百姓之命。夫料力忖势，度资量险，远考古昔废兴之理，近鉴西蜀安危之效，隆德保祚，去危即顺，屈己以宁四海者，仁哲之高政也；履危偷安，陨德覆祚，而不称于后世者，非智者之所居也。今朝廷遣徐绍、孙彧献书喻怀，若书御于前，必少留意，回虑革算，结欢弭兵，共为一家，惠矜吴会，施及中土，岂不泰哉！此昭心之大愿也，敢不承受。若不获命，则普天率土，期于大同，虽重干戈，固不获已也。”

⑱《江表传》曰：晧书两头言白，称名言而不著姓。

《吴录》曰：陟字子上，丹杨人。初为中书郎，孙峻使诘南阳王和，令其引分。陟密使令正辞自理，峻怒。陟惧，闭门不出。孙休时，父亮为尚书令，而陟为中书令，每朝会，诏以屏风隔其座。出为豫章太守。

干宝《晋纪》曰：陟、璆奉使如魏，入境而问讳，入国而问俗。寿春将王布示之马射，既而问之曰：“吴之君子亦能斯乎？”陟曰：“此军人骑士肄业所及，士大夫君子未有为之者矣。”布大惭。既至，魏帝见之，使傧问曰：“来时吴王何如？”陟对曰：“来时皇帝临轩，百寮陪位，御膳无恙。”晋文王飨之，百寮毕会，使傧者告曰：“某者安乐公也，某者匈奴单于也。”陟曰：“西主失土，为君王所礼，位同三代，莫不感义，匈奴边塞难羁之国，君王怀之，亲在坐席，此诚威恩远著。”又问：“吴之戍备几何？”对曰：“自西陵以至江都，五千七百里。”又问曰：“道里甚远，难为坚固？”对曰：“疆界虽远，而其险要必争之地，不过数四，犹人虽有八尺之躯靡不受患，其护风寒亦数处耳。”文王善之，厚为之礼。

臣松之以为人有八尺之体靡不受患，防护风寒岂唯数处？取譬若此，未足称能。若曰譬如金城万雉，所急防者四门而已。方陟此对，不犹愈乎！

《吴录》曰：晧以诸父与和相连及者，家属皆徙东冶，唯陟以有密旨，特封子孚都亭侯。孚弟瞻，字思远，入仕晋骠骑将军。弘璆，曲阿人，弘咨之孙，权外甥也。璆后至中书令、太子少傅。

⑲《吴录》曰：俨字子节，吴人也。弱冠知名，历显位，以博闻多识，拜大鸿胪。使于晋，晧谓俨曰：“今南北通好，以君为有出境之才，故相屈行。”对曰：“皇皇者华，蒙其荣耀，无古人延誉之美，磨厉锋锷，思不辱命。”既至，车骑将军贾充、尚书令裴秀、侍中荀勖等欲傲以所不知而不能屈。尚书仆射羊祜、尚书何桢并结缟带之好。

⑳《吴录》曰：永安今武康县也。

㉑《汉晋春秋》曰：初望气者云荆州有王气破扬州而建业宫不利，故晧徙武昌，遣使者发民掘荆州界大臣名家冢与山冈连者以厌之。既闻但反，自以为徙土得计也。使数百人鼓噪入建业，杀但妻子，云天子使荆州兵来破扬州贼，以厌前气。

㉒晧诏曰：“古者分土建国，所以褒赏贤能，广树藩屏。秦毁五等为三十六郡，汉室初兴，闿立乃至百王，因事制宜，盖无常数也。今吴郡阳羡、永安、余杭、临水及丹杨故鄣、安吉、原乡、於潜诸县，地势水流之便，悉注乌程，既宜立郡以镇山越，且以藩卫明陵，奉承大祭，不亦可乎！其亟分此九县为吴兴郡，治乌程。”

㉓《太康三年地记》曰：吴有太初宫，方三百丈，权所起也。昭明宫方五百丈，晧所作也。避晋讳，故曰显明。

《吴历》云：显明在太初之东。

《江表传》曰：晧营新宫，二千石以下皆自入山督摄伐木。又破坏诸营，大开园囿，起土山楼观，穷极伎巧，功役之费以亿万计。陆凯固谏,不从。

㉔《吴书》曰:初,固为尚书,梦松树生其腹上,谓人曰:“松字十八公也,后十八岁,吾其为公乎!”卒如梦焉。

㉕《江表传》曰:初丹杨刁玄使蜀,得司马徽与刘廙论运命历数事。玄诈增其文以诳国人曰:“黄旗紫盖见于东南,终有天下者,荆、扬之君乎!”又得中国降人,言寿春下有童谣曰“吴天子当上”。皓闻之,喜曰:“此天命也。”即载其母妻子及后宫数千人,从牛渚陆道西上,云青盖入洛阳,以顺天命。行遇大雪,道涂陷坏,兵士被甲持仗,百人共引一车,寒冻殆死。兵人不堪,皆曰:“若遇敌便当倒戈耳。”皓闻之,乃还。

㉖《汉晋春秋》曰:初霍弋遣杨稷、毛炅等戍,与之誓曰:“若贼围城,未百日而降者,家属诛;若过百日而城没者,刺史受其罪。”稷等日未满而粮尽,乞降于璜。璜不许,而给粮使守。吴人并谏,璜曰:“霍弋已死,无能来者,可须其粮尽,然后乃受,使彼来无罪,而我取有义,内训吾民,外怀邻国,不亦可乎!”稷、炅粮尽,救不至,乃纳之。

《华阳国志》曰:稷,犍为人。炅,建宁人。稷等城中食尽,死亡者半,将军王约反降,吴人得入城,获稷、炅,皆囚之。孙皓使送稷下都,稷至合浦,欧血死。晋追赠交州刺史。初,毛炅与吴军战,杀前部督脩则。陶璜等以炅壮勇,欲赦之。而则子允固求杀炅,炅亦不为璜等屈,璜等怒,面缚炅诘之,曰:“晋贼!”炅厉声曰:“吴狗,何等为贼?”吴人生剖其腹,允割其心肝,骂曰:“庸复作贼?”炅犹骂不止,曰:“尚欲斩汝孙皓,汝父何死狗也!”乃斩之。晋武帝闻而哀矜,即诏使炅长子袭爵,余三子皆关内侯。此与《汉晋春秋》所说不同。

㉗《吴录》曰:仁字恭武,江夏人也,本名宗,避皓字,易焉。少从南阳李肃学。其母为作厚褥大被,或问其故,母曰:“小儿无德致客,学者多贫,故为广被,庶可得与气类接也。”其读书夙夜不懈,肃奇之,曰:“卿宰相器也。”初为骠骑将军朱据军吏,将母在营。既不得志,又夜雨屋漏,因起涕泣,以谢其母,母曰:“但当勉之,何足泣也?”据亦稍知之,除为监池司马。自能结网,手以捕鱼,作鲊寄母,母因以还之,曰:“汝为鱼官,而以鲊寄我,非避嫌也。”迁吴令。时皆不得将家之官,每得时物,来以寄母,常不先食。及闻母亡,犯禁委官,语在权传。特为减死一等,复使为官,盖优之也。

《楚国先贤传》曰:宗母嗜笋,冬节将至。时笋尚未生,宗入竹林哀叹,而笋为之出,得以供母,皆以为至孝之所致感。累迁光禄勋,遂至公矣。

㉘《江表传》曰:初皓游华里,彧与丁奉、留平密谋曰:“此行不急,若至华里不归,社稷事重,不得不自还。”此语颇泄。皓闻知,以彧等旧臣,且以计忍而阴衔之。后因会,以毒酒饮彧,传酒人私减之。又饮留平,平觉之,服他药以解,得不死。彧自杀。平忧懑,月余亦死。

㉙《江表传》曰:定,汝南人,本孙权给使也,后出补吏。定佞邪僭媚,自表先帝旧人,求还内侍,皓以为楼下都尉,典知酤籴事,专为威福。而皓信任,委以众事。定为子求少府李勖女,不许。定挟忿谮勖于皓,皓尺口诛之,焚其尸。定又使诸将各上好犬,皆千里远求,一犬至直数千匹。御犬率具缨,直钱一万。一犬一兵,养以捕兔供厨。所获无几。吴人皆归罪于定,而皓以为忠勤,赐爵列侯。

《吴历》曰:中书郎奚熙谮宛陵令贺惠。惠,劭弟也。遣使者徐粲讯治,熙又谮粲顾护不即决断。皓遣使就宛陵斩粲,收惠付狱。会赦得免。

㉚《会稽邵氏家传》曰:邵畴字温伯,时为诞功曹。诞被收,惶遽无以自明。畴进曰:“畴今自在,畴之事,明府何忧?”遂诣吏自列,云不白妖言,事由于己,非府君罪。吏上畴辞,皓怒犹盛。畴虑诞卒不免,遂自杀以证之。临亡,置辞曰:“畴生长边陲,不闲教道,得以门资,厕身本郡,逾越侪类,位极朝右,不能赞扬盛化,养之以福。今妖讹横兴,干国乱纪,畴以噂嗒之语,本非事实,虽家诵人咏,不足有虑。天下重器,而匹夫横议,疾其丑声,不忍闻见,欲含垢藏疾,不彰之翰笔,镇躁归静,使之自息。愚心勤勤,每执斯旨,故诞屈其所是,默以见从。此之为愆,实由于畴。谨不敢逃死,归罪有司,唯乞天鉴,

特垂清察。”吏收畴丧，得辞以闻，皓乃免诞大刑，送付建安作船。畴亡时，年四十。皓嘉畴节义，诏郡县图形庙堂。

㉛《江表传》曰：浚在公清忠，值郡荒旱，民无资粮，表求振贷。皓谓浚欲树私恩，遣人枭首。又尚书熊睦见皓酷虐，微有所谏，皓使人以刀环撞杀之，身无完肌。

㉜《江表传》曰：历阳县有石山临水，高百丈，其三十丈所，有七穿骈罗，穿中色黄赤，不与本体相似，俗相传谓之石印。又云，石印封发，天下当太平。下有祠屋，巫祝言石印神有三郎。时历阳长表上言石印发，皓遣使以太牢祭历山。巫言，石印三郎说“天下方太平”。使者作高梯，上看印文，诈以朱书石作二十字，还以启皓。皓大喜曰：“吴当为九州作都、渚乎！从大皇帝逮孤四世矣，太平之主，非孤复谁？”重遣使，以印绶拜三郎为王，又刻石立铭，褒赞灵德，以答休祥。

㉝《江表传》曰：俶父，会稽山阴县卒也，知俶不良，上表云：“若用俶为司直，有罪乞不从坐。”皓许之。俶表立弹曲二十人，专纠司不法，于是爱恶相攻，互相谤告。弹曲承言，收系囹圄，听讼失理，狱以贿成。人民穷困，无所措手足。俶奢淫无厌，取小妻三十余人，擅杀无辜，众奸并发，父子俱见车裂。

㉞《汉晋春秋》曰：先是，吴有说谶者曰：“吴之败，兵起南裔，亡吴者公孙也。”皓闻之，文武职位至于卒伍有姓公孙者，皆徙于广州，不令停江边。及闻马反，大惧曰：“此天亡也。”

㉟吴平后，晋侍中庾峻等问皓侍中李仁曰：“闻吴主披人面，刖人足，有诸乎？”仁曰：“以告者过也。君子恶居下流，天下之恶皆归焉。盖此事也，若信有之，亦不足怪。昔唐、虞五刑，三代七辟，肉刑之制，未为酷虐。皓为一国之主，秉杀生之柄，罪人陷法，加之以惩，何足多罪！夫受尧诛者不能无怨，受桀赏者不能无慕，此人情也。”又问曰：“云归命侯乃恶人横睛逆视，皆凿其眼，有诸乎？”仁曰：“亦无此事，传之者谬耳。《曲礼》曰视天子由袷以下，视诸侯由颐以下，视大夫由衡，视士则平面，得游目五步之内；视上于衡则傲，下于带则忧，旁则邪。以礼视瞻，高下不可不慎，况人君乎哉？视人君相迕，是乃礼所谓傲慢；傲慢则无礼，无礼则不臣，不臣则犯罪，犯罪则陷不测矣。正使有之，将有何失？”凡仁所答，峻等皆善之，文多不悉载。

㊱干宝《晋纪》曰：吴丞相军师张悌、护军孙震、丹杨太守沈莹帅众三万济江，围成阳都尉张乔于杨荷桥，众才七千，闭栅自守，举白接告降。吴副军师诸葛靓欲屠之，悌曰：“强敌在前，不宜先事其小；且杀降不祥。”靓曰：“此等以救兵未至而力少，故且伪降以缓我，非来伏也。因其无战心而尽坑之，可以成三军之气。若舍之而前，必为后患。”悌不从，抚之而进。与讨吴护军张翰、扬州刺史周浚成陈相对。沈莹领丹杨锐卒刀楯五千，号曰青巾兵，前后屡陷坚陈，于是以驰淮南军，三冲不动。退引乱，薛胜、蒋班因其乱而乘之，吴军以次土崩，将帅不能止，张乔又出其后，大败吴军于版桥，获悌、震、莹等。

《襄阳记》曰：悌字巨先，襄阳人，少有名理，孙休时为屯骑校尉。魏伐蜀，吴人问悌曰：“司马氏得政以来，大难屡作，智力虽丰，而百姓未服也。今又竭其资力，远征巴蜀，兵劳民疲而不知恤，败于不暇，何以能济？昔夫差伐齐，非不克胜，所以危亡，不忧其本也，况彼之争地乎！”悌曰：“不然。曹操虽功盖中夏，威震四海，崇诈杖术，征伐无已，民畏其威，而不怀其德也。丕、叡承之，系以惨虐，内兴宫室，外惧雄豪，东西驰驱，无岁获安，彼之失民，为日久矣。司马懿父子，自握其柄，累有大功，除其烦苛而布其平惠，为之谋主而救其疾，民心归之，亦已久矣。故淮南三叛而腹心不扰，曹髦之死，四方不动，摧坚敌如折枯，荡异同如反掌，任贤使能，各尽其心，非智勇兼人，孰能如之？其威武张矣，本根固矣，群情服矣，奸计立矣。今蜀阉宦专朝，国无政令，而玩戎黩武，民劳卒弊，竞于外利，不修守备。彼强弱不同，智算亦胜，因危而伐，殆其克乎！若其不克，不过无功，终无退北之忧，覆军之虑也，何为不可哉？昔楚剑利而秦昭惧，孟明用而晋人忧，彼之得志，故我之大患也。”吴人笑其言，而蜀果降于魏。晋来伐吴，皓使悌督沈莹、诸葛靓，率众三万渡江逆之。至牛渚，沈莹曰：“晋治水军于蜀久矣，今倾国大举，万里齐力，必悉益州之众浮江而下。我上流诸军，无有戒备，名将皆死，幼少当任，恐边江诸城，尽莫能御也。晋之水军，必至于此矣！宜畜众力，待来一战。若胜之日，江西自清，上方虽坏，可还取之。今渡江逆战，胜不可保，若或摧丧，则大事去矣。”悌曰：“吴之将亡，贤愚所知，非今日也。吾恐蜀兵来至此，众心必骇惧，不可复整。今宜渡江，可用决战力争。若其败丧，则同死社稷，无所复恨。若其克胜，则北敌奔走，兵势万倍，便当乘威南上，逆之中道，不忧不破也。若如子计，恐行散尽，相与坐待敌到，君臣俱降，无复一人死难者，不亦辱乎！”遂渡江战，吴军大败。诸葛靓与五六百人退走，使过迎悌，悌不肯去，靓自往牵之，谓曰：“巨先，天下存亡有大数，岂卿一人所知，如何故自取死为？”悌垂涕曰：“仲思，今日是我死日也。且我作儿童时，便为卿家丞相所拔，常恐不得其死，负名贤佑顾。今以身徇社稷，复何遁邪？莫牵曳之如是。”靓流涕放之，去百余步，已见为晋军所杀。

《吴录》曰：悌少知名，及处大任，希合时趣，将护左右，清论讥之。

《搜神记》曰：临海松阳人柳荣从悌至杨府，荣病死船中二日，时军已上岸，无有埋之者，忽然大呼，言“人缚军师！人缚军师！”声激扬，遂活。人问之，荣曰：“上天北斗门下卒见人缚张悌，意中大愕，不觉大呼，言‘何以缚张军师。’门下人怒荣，叱逐使去。荣便去，怖惧，口余声发扬耳。”其日，悌战死。荣至晋元帝时犹在。

㊲干宝《晋纪》曰：晧殿中亲近数百人叩头请晧曰：“北军日近，而兵不举刃，陛下将如之何！”晧曰：“何故？”对曰：“坐岑昬。”晧独言：“若尔，当以奴谢百姓。”众因曰：“唯！”遂并起收昬。晧骆驿追止，已屠之也。

㊳《江表传》载晧将败与舅何植书曰：“昔大皇帝以神武之略，奋三千之卒，割据江南，席卷交、广，开拓洪基，欲祚之万世。至孤末德，嗣守成绪，不能怀集黎元，多为咎阙，以违天度。暗昧之变，反谓之祥，致使南蛮逆乱，征讨未克。闻晋大众，远来临江，庶竭劳瘁，众皆摧退，而张悌不反，丧军过半。孤甚愧怅，于今无聊。得陶濬表云武昌以西，并复不守。不守者，非粮不足，非城不固，兵将背战耳。兵之背战，岂怨兵邪？孤之罪也。天文县变于上，士民愤叹于下，观此事势，危如累卵，吴祚终讫，何其局哉！天匪亡吴，孤所招也。瞑目黄壤，当复何颜见四帝乎！公其勖勉奇谟，飞笔以闻。”晧又遗群臣书曰：“孤以不德，忝继先轨。处位历年，政教凶勃，遂令百姓久困涂炭，至使一朝归命有道，社稷倾覆，宗庙无主，惭愧山积，没有余罪。自惟空薄，过偷尊号，才琐质秽，任重王公，故《周易》有折鼎之诫，诗人有彼其之讥。自居宫室，仍抱笃疾，计有不足，思虑失中，多所荒替。边侧小人，因生酷虐，虐毒横流，忠顺被害。暗昧不觉，寻其壅蔽，孤负诸君，事已难图，覆水不可收也。今大晋平治四海，劳心务于擢贤，诚是英俊展节之秋也。管仲极仇，桓公用之，良、平去楚，入为汉臣，舍乱就理，非不忠也。莫以移朝改朔，用损厥志。嘉勖休尚，爱敬动静。夫复何言，投笔而已！”

㊴《晋阳秋》曰：濬收其图籍，领州四，郡四十三，县三百一十三，户五十二万三千，吏三万二千，兵二十三万，男女口二百三十万，米谷二百八十万斛，舟船五千余艘，后宫五千余人。

㊵《搜神记》曰：吴以草创之国，信不坚固，边屯守将，皆质其妻子，名曰保质。童子少年，以类相与嬉游者，日有十数。永安二年三月，有一异儿，长四尺余，年可六七岁，衣青衣，来从群儿戏，诸儿莫之识也。皆问曰：“尔谁家小儿，今日忽来？”答曰：“见尔群戏乐，故来耳。”详而视之，眼有光芒，爚爚外射。诸儿畏之，重问其故。儿乃答曰：“尔恶我乎？我非人也，乃荧惑星也。将有以告尔：三公钼，司马如。”诸儿大惊，或走告大人，大人驰往观之。儿曰：“舍尔去乎！”竦身而跃，即以化矣。仰面视之，若引一匹练以登天。大人来者，犹及见焉，飘飘渐高，有顷而没。时吴政峻急，莫敢宣也。后五年而蜀亡，六年而晋兴，至是而吴灭，司马如矣。

干宝《晋纪》曰：王濬治船于蜀，吾彦取其流柹以呈孙晧，曰：“晋必有攻吴之计，宜增建平兵。建平不下，终不敢渡江。”

皓弗从。陆抗之克步阐，皓意张大，乃使尚广筮并天下，遇《同人》之《颐》，对曰："吉。庚子岁，青盖当入洛阳。"故皓不修其政，而恒有窥上国之志。是岁也实在庚子。

㊶《吴录》曰：皓以四年十二月死，时年四十二，葬河南县界。

㊷孙盛曰：夫古之立君，所以司牧群黎，故必仰协乾坤，覆焘万物；若乃淫虐是纵，酷被群生，则天殛之，剿绝其祚，夺其南面之尊，加其独夫之戮。是故汤、武抗钺，不犯不顺之讥；汉高奋剑，而无失节之议。何者？诚四海之酷仇，而人神之所摈故也。况皓罪为逋寇，虐过辛、癸，枭首素旗，犹不足以谢冤魂，洿室荐社，未足以纪暴迹，而乃优以显命，宠锡仍加，岂龚行天罚，伐罪吊民之义乎？是以知僭逆之不惩，而凶酷之莫戒。《诗》云："取彼谮人，投畀豺虎。"聊谮犹然，矧僭虐乎？且神旗电扫，兵临伪窟，理穷势迫，然后请命，不赦之罪既彰，三驱之义又塞，极之权道，亦无取焉。

陆机著《辨亡论》，言吴之所以亡，其上篇曰："昔汉氏失御，奸臣窃命，祸基京畿，毒遍宇内，皇纲弛紊，王室遂卑。于是群雄蜂骇，义兵四合，吴武烈皇帝慷慨下国，电发荆南，权略纷纭，忠勇伯世。威棱则夷羿震荡，兵交则丑虏授馘，遂扫清宗祊，蒸禋皇祖。于时云兴之将带州，飙起之师跨邑，哮阚之群风驱，熊罴之族雾集，虽兵以义合，同盟戮力，然皆包藏祸心，阻兵怙乱，或师无谋律，丧威稔寇，忠规武节，未有若此其著者也。武烈既没，长沙桓王逸才命世，弱冠秀发，招揽遗老，与之述业。神兵东驱，奋寡犯众，攻无坚城之将，战无交锋之虏。诛叛柔服而江外底定，饬法修师而威德翕赫，宾礼名贤而张昭为之雄，交御豪俊而周瑜为之杰。彼二君子，皆弘敏而多奇，雅达而聪哲，故同方者以类附，等契者以气集，而江东盖多士矣。将北伐诸华，诛钼干纪，旋皇舆于夷庚，反帝座于紫闼，挟天子以令诸侯，清天步而归旧物。戎车既次，群凶侧目，大业未就，中世而陨。用集我大皇帝，以奇踪袭于逸轨，睿心发乎令图，从政咨于故实，播宪稽乎遗风，而加之以笃固，申之以节俭，畴咨俊茂，好谋善断，束帛旅于丘园，旌命交于涂巷。故豪彦寻声而响臻，志士希光而影骛，异人辐辏，猛士如林。于是张昭为师傅，周瑜、陆公、鲁肃、吕蒙之畴入为腹心，出作股肱；甘宁、凌统、程普、贺齐、朱桓、朱然之徒奋其威，韩当、潘璋、黄盖、蒋钦、周泰之属宣其力；风雅则诸葛瑾、张承、步骘以声名光国，政事则顾雍、潘濬、吕范、吕岱以器任干职，奇伟则虞翻、陆绩、张温、张惇以讽议举正，奉使则赵咨、沈珩以敏达延誉，术数则吴范、赵达以机祥协德，董袭、陈武杀身以卫主，骆统、刘基强谏以补过，谋无遗算，举不失策。故遂割据山川，跨制荆、吴，而与天下争衡矣。魏氏尝藉战胜之威，率百万之师，浮邓塞之舟，下汉阴之众，羽楫万计，龙跃顺流，锐骑千旅，虎步原隰，谋臣盈室，武将连衡，喟然有吞江浒之志，一宇宙之气。而周瑜驱我偏师，黜之赤壁，丧旗乱辙，仅而获免，收迹远遁。汉王亦冯帝王之号，率巴、汉之民，乘危骋变，结垒千里，志报关羽之败，图收湘西之地。而我陆公亦挫之西陵，覆师败绩，困而后济，绝命永安。续以濡须之寇，临川摧锐，蓬笼之战，孑轮不反。由是二邦之将，丧气摧锋，势衄财匮，而吴藐然坐乘其弊，故魏人请好，汉氏乞盟，遂跻天号，鼎峙而立。西屠庸蜀之郊，北裂淮汉之涘，东苞百越之地，南括群蛮之表。于是讲八代之礼，搜三王之乐，告类上帝，拱揖群后。虎臣毅卒，循江而守，长戟劲铩，望飙而奋。庶尹尽规于上，四民展业于下，化协殊裔，风衍遐圻。乃俾一介行人，抚巡外域，臣象逸骏，扰于外闲，明珠玮宝，辉于内府，珍瑰重迹而至，奇玩应响而赴，輶轩骋于南荒，冲辅息于朔野，齐民免干戈之患，戎马无晨服之虞，而帝业固矣。大皇既殁，幼主莅朝，奸回肆虐。景皇聿兴，虔修遗宪，政无大阙，守文之良主也。降及归命之初，典刑未灭，故老犹存。大司马陆公以文武熙朝，左丞相陆凯以謇谔尽规，而施绩、范慎以威重显，丁奉、钟离斐以武毅称，孟宗、丁固之徒为公卿，楼玄、贺劭之属掌机事，元首虽病，股肱犹良。爰及末叶，群公既丧，然后黔首有瓦解之志，皇家有土崩之衅，历命应化而微，王师蹑运而发，卒散于陈，民奔于邑，城池无藩篱之固，山川无沟阜之势，非有工输云梯之械，智伯灌激之害，楚子筑室之围，燕子济西之队，军未浃辰而社稷夷矣。虽忠臣孤愤,烈士死节,将奚救哉?夫曹、刘之将非一世之选,向时之师无曩日之众,战守之道抑有前符,险阻之利俄然未改,而成败贸理,古今诡趣,何哉?彼此之化殊,授任之才异也。”

其下篇曰:“昔三方之王也,魏人据中夏,汉氏有岷、益,吴制荆、扬而奄交、广。曹氏虽功济诸华,虐亦深矣,其民怨矣。刘公因险饰智,功已薄矣,其俗陋矣。吴桓王基之以武,太祖成之以德,聪明睿达,懿度深远矣。其求贤如不及,恤民如稚子,接士尽盛德之容,亲仁罄丹府之爱。拔吕蒙于戎行,识潘濬于系虏。推诚信士,不恤人之我欺;量能授器,不患权之我逼。执鞭鞠躬,以重陆公之威;悉委武卫,以济周瑜之师。卑宫菲食,以丰功臣之赏;披怀虚己,以纳谟士之算。故鲁肃一面而自托,士燮蒙险而效命。高张公之德而省游田之娱,贤诸葛之言而割情欲之欢,感陆公之规而除刑政之烦,奇刘基之议而作三爵之誓,屏气踽踽以伺子明之疾,分滋损甘以育凌统之孤,登坛慷慨归鲁肃之功,削投恶言信子瑜之节。是以忠臣竞尽其谋,志士咸得肆力,洪规远略,固不厌夫区区者也。故百官苟合,庶务未遑。初都建业,群臣请备礼秩,天子辞而不许,曰:‘天下其谓朕何!’宫室舆服,盖慊如也。爰及中叶,天人之分既定,百度之缺粗修,虽醲化懿纲,未齿乎上代,抑其体国经民之具,亦足以为政矣。地方几万里,带甲将百万,其野沃,其民练,其财丰,其器利,东负沧海,西阻险塞,长江制其区宇,峻山带其封域,国家之利,未见有弘于兹者矣。借使中才守之以道,善人御之有术,敦率遗宪,勤民谨政,循定策,守常险,则可以长世永年,未有危亡之患。或曰,吴、蜀唇齿之国,蜀灭则吴亡,理则然矣。夫蜀盖藩援之与国,而非吴人之存亡也。何则?其郊境之接,重山积险,陆无长毂之径;川厄流迅,水有惊波之艰。虽有锐师百万,启行不过千夫;轴舻千里,前驱不过百舰。故刘氏之伐,陆公喻之长蛇,其势然也。昔蜀之初亡,朝臣异谋,或欲积石以险其流,或欲机械以御其变。天子总群议而谘之大司马陆公,陆公以四渎天地之所以节宣其气,固无可遏之理,而机械则彼我之所共,彼若弃长技以就所屈,即荆、扬而争舟楫之用,是天赞我也,将谨守峡口以待禽耳。逮步阐之乱,凭保城以延强寇,重资币以诱群蛮。于时大邦之众,云翔电发,县旌江介,筑垒遵渚,襟带要害,以止吴人之西,而巴汉舟师,沿江东下。陆公以偏师三万,北据东坑,深沟高垒,案甲养威。反虏踠迹待戮,而不敢北窥生路,强寇败绩宵遁,丧师大半,分命锐师五千,西御水军,东西同捷,献俘万计。信哉贤人之谋,岂欺我哉!自是烽燧罕警,封域寡虞。陆公没而潜谋兆,吴衅深而六师骇。夫太康之役,众未盛乎曩日之师,广州之乱,祸有愈乎向时之难,而邦家颠覆,宗庙为墟。呜呼!人之云亡,邦国殄瘁,不其然与!《易》曰‘汤武革命顺乎天’,《玄》曰‘乱不极则治不形’,言帝王之因天时也。古人有言,曰‘天时不如地利’,《易》曰‘王侯设险以守其国’,言为国之恃险也。又曰:‘地利不如人和’,‘在德不在险’,言守险之由人也。吴之兴也,参而由焉,孙卿所谓合其参者也。及其亡也,恃险而已,又孙卿所谓舍其参者也。夫四州之氓非无众也,大江之南非乏俊也,山川之险易守也,劲利之器易用也,先政之业易循也,功不兴而祸遘者何哉?所以用之者失也。故先王达经国之长规,审存亡之至数,恭己以安百姓,敦惠以致人和,宽冲以诱俊乂之谋,慈和以结士民之爱。是以其安也,则黎元与之同庆;及其危也,则兆庶与之共患。安与众同庆,则其危不可得也;危与下共患,则其难不足恤也。夫然,故能保其社稷而固其土宇,麦秀无悲殷之思,黍离无愍周之感矣。”

三国志卷四十九 吴书四

刘繇太史慈士燮传第四

刘繇字正礼，东莱牟平人也。齐孝王少子封牟平侯，子孙家焉。繇伯父宠，为汉太尉。①繇兄岱，字公山，历位侍中，兖州刺史。②

繇年十九，从父韪为贼所劫质，繇篡取以归，由是显名。举孝廉，为郎中，除下邑长。时郡守以贵戚托之，遂弃官去。州辟部济南，济南相中常侍子，贪秽不循，繇奏免之。平原陶丘洪荐繇，欲令举茂才。刺史曰："前年举公山，奈何复举正礼乎？"洪曰："若明使君用公山于前，擢正礼于后，所谓御二龙于长涂，骋骐骥于千里，不亦可乎？"会辟司空掾，除侍御史，不就。避乱淮浦，诏书以为扬州刺史。时袁术在淮南，繇畏惮，不敢之州。欲南渡江，吴景、孙贲迎置曲阿。术图为僭逆，攻没诸郡县。繇遣樊能、张英屯江边以拒之，以景、贲术所授用，乃迫逐使去。于是术乃自置扬州刺史，与景、贲并力攻英、能等，岁余不下。汉命加繇为牧，振武将军，众数万人。孙策东渡，破英、能等。繇奔丹徒，③遂泝江南保豫

刘繇字正礼，东莱郡牟平县人。汉初齐孝王小儿子封牟平县侯，后代子孙便居住在这里。刘繇的伯父刘宠，任东汉王朝太尉。刘繇兄长刘岱，字公山，官职升迁到了侍中、兖州刺史。

刘繇十九岁那年，叔父刘韪被贼人劫持做人质，刘繇用智谋救得叔父回来，从此远近闻名。他被郡守推举为孝廉，被任用为郎中，授职下邑县长。当时郡守将自己的亲属委托他特殊照顾，他便弃官离去。州刺史征召他担任佐吏分管所属的济南，济南国相是汉王朝中常侍的儿子，贪污秽浊、不守法令，刘繇上告免除了这个国相的官职。平原郡名士陶丘洪推荐刘繇，要刺史推举他为秀才。青州刺史说："前年推举了公山，为什么今年又要推举他弟弟正礼呢？"陶丘洪说："贤使君先前任用了公山，如果以后又提拔正礼，这叫驾了两匹龙马，让千里马奔驰在千里长途，这不也很好吗？"恰巧这时刘繇被征召担任司空的掾史，又被任命为侍御史，他都不愿去就职。刘繇因躲避战乱到了淮浦县，皇帝下达诏书授任他为扬州刺史。当时袁术占据了淮南，刘繇担心畏惧，不敢前往州治寿春。他想南渡长江，吴景、孙贲迎接他来到曲阿。袁术图谋叛逆，自称皇帝，攻占了很多郡县。刘繇派遣樊能、张英驻军江边抵御袁术，又因为吴景、孙贲是袁术所任命的官员，便驱逐他们离去。于是袁术便任命扬州刺史，与吴景、孙贲一同用兵进攻张英、樊能等人，进攻一年多，还没有取得胜利。东汉朝廷命令升任刘繇为扬州牧、振武将军，部属有几万人。孙策从东渡江，打败了张英、樊能等人。刘繇逃奔到丹徒，便逆江而上保卫江

章，驻彭泽。笮融先至。杀太守朱晧，④入居郡中。繇进讨融，为融所破，更复招合属县，攻破融。融败走入山，为民所杀。繇寻病卒，时年四十二。

南的豫章郡，驻守彭泽县。笮融先已到达，杀死了太守朱晧，进驻豫章郡城。刘繇进军攻讨笮融，被融军打败。刘繇便又集聚豫章郡属各县兵力，打败了笮融。笮融战败逃进深山，被民众杀死。刘繇不久病死。当时四十二岁。

笮融者，丹杨人，初聚众数百，往依徐州牧陶谦。谦使督广陵、彭城运漕，遂放纵擅杀，坐断三郡委输以自入。乃大起浮图祠，以铜为人，黄金涂身，衣以锦采，垂铜槃九重，下为重楼阁道，可容三千余人，悉课读佛经，令界内及旁郡人有好佛者听受道，复其他役以招致之，由此远近前后至者五千余人户。每浴佛，多设酒饭，布席于路，经数十里，民人来观及就食且万人，费以巨亿计。曹公攻陶谦，徐土骚动，融将男女万口，马三千匹，走广陵，广陵太守赵昱待以宾礼。先是，彭城相薛礼为陶谦所逼，屯秣陵。融利广陵之众，因酒酣杀昱，放兵大略，因载而去。过杀礼，然后杀晧。

笮融，丹杨郡人。起先他纠集了几百人，前往依附徐州牧陶谦。陶谦委派他监管广陵、彭城水道运粮的事，他便放肆横行，擅自杀人，独自垄断三郡水道的运输收入来肥己。于是大造佛寺，用铜铸佛像，佛像全身涂饰黄金，穿着五彩的织锦僧衣，佛殿顶上垂直堆着九层铜盘，下部修建重檐复道，可以容纳三千多人，让他们都朗诵佛经，笮融又命令他管辖的各郡及外郡，凡是喜爱佛教的人都听凭他们信奉佛教，免除他们其他的劳役来招引民众，因此远近前后来到这里的有五千多人户。每逢浴佛节日，准备很多酒饭，在路上铺设垫席，长达几十里，民众前来观看与就餐的将近万人，花费的钱物要用万万来计算。曹操进攻陶谦，徐州地区发生骚乱，笮融率领男女万人，马三千匹，向南逃到广陵，广陵太守赵昱用宾客的礼仪接待他。早先，彭城国相薛礼被陶谦逼迫，移驻江南的秣陵。笮融贪图广陵的民众，乘共饮欢畅的时机杀死赵昱，放纵兵士大肆抢掠，因而满载离去。路过秣陵杀死了薛礼，然后杀死朱晧。

后策西伐江夏，还过豫章，收载繇丧，善遇其家。王朗遗策书曰："刘正礼昔初临州，未能自达，实赖尊门为之先后，用能济江成治，有所处定。践境之礼，感分结意，情在终始。后以袁氏之嫌，稍更乖剌。更以同盟，还为仇敌，原其本心，实非所乐。康宁之后，常愿渝平更成，复践宿好。一尔分离，款意不昭，奄然殂陨，可为

后来孙策领兵西进讨伐江夏太守黄祖，回军经过豫章郡，收敛运送刘繇遗体，优待他的家属。王朗致函孙策说道："过去刘繇初到扬州，没有能够表达对您的敬意，实际上还是依靠您的亲族支持帮助，才能渡江建立州治，得到一个安身的处所。能容许他进入您所控制地区的礼遇，使他感激不尽，牢记在心，要从始到终地保持对您的情谊。以后因为对袁术的怨恨，稍稍与您发生了分歧。过去的同盟友好，反而变成了仇敌，考察刘繇的本心，他实在不乐意这样。他本想平安健康以后，抛弃前嫌，重新与您和好，恢复原来的旧情。顷刻之间双方分离，对您的

伤恨！知敦以厉薄，德以报怨，收骨育孤，哀亡愍存，捐既往之猜，保六尺之托，诚深恩重分，美名厚实也。昔鲁人虽有齐怨，不废丧纪，《春秋》善之，谓之得礼，诚良史之所宜藉，乡校之所叹闻。正礼元子，致有志操，想必有以殊异。威盛刑行，施之以恩，不亦优哉！”

诚意还没有表白，忽然病逝，真是痛心遗憾!我知道您用淳厚的美德来教育那些刻薄的人，将恩惠回报过去对自己有仇怨的人；收拾枯骨、抚育幼小，哀痛已经死去了的，怜悯还艰难存活着的；抛弃过去的猜疑，保全未成年的孤儿，这确实是深恩厚情，既有美好的名声，又有仁德宽大的事实。从前鲁国人虽说怨恨齐国，但并不废弃丧礼，《春秋》褒扬这种做法，认为这样才符合礼；的确是杰出的史官应该借鉴，社会舆论都应该赞赏的。刘繇的嫡长子，极有志行操守，想您一定会给予不同于一般人的特殊待遇。您的威望崇高、典范已经树立，对他施行恩德，不也是更为美善吗！”

繇长子基，字敬舆，年十四，居繇丧尽礼，故吏馈饷，皆无所受。[5]姿容美好，孙权爱敬之。权为骠骑将军，辟东曹掾，拜辅义校尉、建忠中郎将。权为吴王，迁基大农。权尝宴饮，骑都尉虞翻醉酒犯忤，权欲杀之，威怒甚盛，由基谏争，翻以得免。权大暑时，尝于船中宴饮，于船楼上值雷雨，权以盖自覆，又命覆基，余人不得也。其见待如此。徙郎中令。权称尊号，改为光禄勋，分平尚书事。年四十九卒。后权为子霸纳基女，赐第一区，四时宠赐，与全、张比。基二弟，铄、尚，皆骑都尉。

刘繇长子刘基，字敬舆，时年十四岁，为父亲守丧，严格遵守礼仪。父亲旧时属吏赠送的物品，一点也不接受。风姿容颜美好，受到孙权的喜爱敬重。孙权做骠骑将军时，征召刘基为东曹掾，授官辅义校尉、建忠中郎将。孙权封为吴王以后，升任刘基为大司农。孙权曾经设酒宴请群臣，骑都尉虞翻饮酒沉醉，触犯了孙权，孙权要杀虞翻，怒火很大。因刘基直言切谏，虞翻才幸免不死。孙权在大暑极热时，曾经在船上设宴饮酒，在船楼上碰到大雷雨，孙权用大伞盖遮盖自己，还命令遮盖刘基，在场的其他人都没有这种优待。刘基所受的优待就像这样。后来调任郎中令。孙权称帝以后，改任刘基为光禄勋，职务是总领朝政的平尚书事。年四十九岁病死。后来孙权又替儿子孙霸礼聘刘基的女儿为妻，赐住宅一所，四季加恩赏赐，与全尚、张承一样。刘基有两个弟弟，刘铄、刘尚，都担任骑都尉。

太史慈字子义，东莱黄人也。少好学，仕郡奏曹史。会郡与州有隙，曲直未分，以先闻者为善。时州章已去，郡守恐后之，求可使者。慈年二十一，以选行，晨夜取道，到洛阳，诣公车门，见州吏始欲求通。慈

太史慈字子义，是东莱郡黄县人。年轻时好学，在东莱郡任职奏曹史。适逢郡守与州牧有仇怨，当时还未分清谁是谁非，以先向朝廷报告的人为有利。当时州牧的文书已经送走，郡守担心自己的文书要落在后面，就寻找可以担任送文书人。这时太史慈二十一岁，经过挑选被认为合适而加以使用。他日夜赶路，到达京城洛阳，前往公车门，遇见州牧

问曰："君欲通章邪？"吏曰："然。"问："章安在？"曰："车上。"慈曰："章题署得无误邪？取来视之。"吏殊不知其东莱人也，因为取章。慈已先怀刀，便截败之。吏踊跃大呼，言"人坏我章"！慈将至车间，与语曰："向使君不以章相与，吾亦无因得败之，是为吉凶祸福等耳，吾不独受此罪。岂若默然俱出去，可以存易亡，无事俱就刑辟。"吏言："君为郡败吾章，已得如意，欲复亡为？"慈答曰："初受郡遣，但来视章通与未耳。吾用意太过，乃相败章。今还，亦恐以此见谴怒，故俱欲去尔。"吏然慈言，即日俱去。慈既与出城，因遁还通郡章。州家闻之，更遣吏通章，有司以格章之故不复见理，州受其短。由是知名，而为州家所疾，恐受其祸，乃避之辽东。

派送文书的人也刚来到这里，打算呈报文书。太史慈问他说："您要呈报文书吗？"州吏回答说："是的。"又问说："文书在哪里？"回答说："在车上。"太史慈说："文书的书写、签署，该不会有错误吧？拿来看一看。"州吏并不知道太史慈是东莱郡来的人，便上车将文书拿来。太史慈已经先在怀中藏有利刀，就用刀将州吏的文书砍坏。州吏急得双脚直跳，高声呼叫说："有人破坏我的文书。"太史慈将州吏带进车厢，告诉他说："假如您不把文书给我看，我也不可能把您的文书毁坏，我们的吉利、凶险、灾祸、得福应该完全相同，我不能一个人受惩罚。为什么不两个人都逃走，这还可以死中求生，不要做使我们都受惩罚的蠢事。"州吏说："您为郡守出力，毁坏了我的文书，已经使他感到满意，为什么还要逃走？"太史慈回答州吏说："当初，我接受郡守的派遣，只要我来洛阳看看州牧的文书呈报了没有，我过分卖力，竟然毁了您的文书。现在回去，我也担心因为这样会被谴责，所以要与您一同逃走呀。"州吏认为太史慈说得很对，两人便一同逃走。太史慈同州吏一同出了洛阳城，便又秘密走回向朝廷呈报了郡守的文书。州刺史后来听说这事，另外派人呈报文书，朝廷的主管官员因为办事规则、法令的原因不再受理，在州、郡的纷争中，州牧被朝廷认为有过失。因为这件事，太史慈出了名，却被州牧所痛恨。太史慈也很担心自己受州牧的陷害，便逃到了辽东。

北海相孔融闻而奇之，数遣人讯问其母，并致饷遗。时融以黄巾寇暴，出屯都昌，为贼管亥所围。慈从辽东还，母谓慈曰："汝与孔北海未尝相见，至汝行后，赡恤殷勤，过于故旧，今为贼所围，汝宜赴之。"慈留三日，单步径至都昌。时围尚未密，夜伺间隙，得入见融，因求兵出斫贼。融不听，欲待外救，未有至者，而围

北海国相孔融听说这件事后认为太史慈不平凡，多次派人探视、慰问他的母亲，并且还赠送了礼物。当时孔融因黄巾军发动叛乱，便离开北海治所驻军都昌县，被贼人管亥领兵围困。太史慈从辽东回家，母亲对他说道："你同孔北海从没有见过面，当你离家以后，他对我的赡养、体恤，感情深厚的程度超过了以往的老朋友。现在他被贼人围困，你应该立即奔赴救援。"太史慈在家中停留了三天，便单身步行径直前往都昌。这时贼人的包围还不很严密，太史慈便在夜间窥伺一个空隙，进入了都昌城，会见了孔融，要求领兵出城杀贼。孔融没有听从他

日逼。融欲告急平原相刘备，城中人无由得出，慈自请求行。融曰："今贼围甚密，众人皆言不可，卿意虽壮，无乃实难乎？"慈对曰："昔府君倾意于老母，老母感遇，遣慈赴府君之急，固以慈有可取，而来必有益也。今众人言不可，慈亦言不可，岂府君爱顾之义，老母遣慈之意邪？事已急矣，愿府君无疑。"融乃然之。于是严行蓐食，须明，便带鞬摄弓上马，将两骑自随，各作一的持之，开门直出。外围下左右人并惊骇，兵马互出。慈引马至城下堑内，植所持的各一，出射之，射之毕，径入门。明晨复如此，围下人或起或卧，慈复植的，射之毕，复入门。明晨复出如此，无复起者，于是下鞭马直突围中驰去。比贼觉知，慈行已过，又射杀数人，皆应弦而倒，故无敢追者。遂到平原，说备曰："慈，东莱之鄙人也，与孔北海亲非骨肉，比非乡党，特以名志相好，有分灾共患之义。今管亥暴乱，北海被围，孤穷无援，危在旦夕。以君有仁义之名，能救人之急，故北海区区，延颈恃仰，使慈冒白刃，突重围，从万死之中自托于君，惟君所以存之。"备敛容答曰："孔北海知世间有刘备邪！"即遣精兵三千人随慈。贼闻兵至，解围散走。融

的意见，想要等待外来的救兵，却没有来的，可是贼人的包围则一天天加紧。孔融想要向平原国相刘备求救，却没有办法出城，太史慈主动要求执行送信的任务。孔融说道："现在贼人的包围很严密，大家都说不可能出城，你的志气虽说豪壮，只怕实在还是很困难啊？"太史慈回答说："过去您尽心照顾我的老母亲，老母亲感激您的优待，派遣我在您有急难的时候前来相助，她坚信我还有值得肯定的优点，来到这里也会对您有益处。现在大家说不可能出城，我也说不可能出城，这难道是您对我厚爱照顾的情义，老母亲派我前来的本心吗？当前情况非常危急，请您不要再有疑虑。"孔融才答应了他。太史慈整理好行装，很早进了早餐。等到天亮，他便带着弓袋，提着弓，跨上战马，带领两个骑兵随从自己，各人做一个箭靶拿着，大开城门径直外出。城外包围的贼人都很惊恐，兵马纷纷出动，太史慈将自己的坐骑牵到城下护城壕沟内，树立起各人所拿的箭靶，拿出弓箭对靶发射，射箭结束后，径直进入城门。第二天早晨又像这样做，城外包围圈的贼人，有的起身观望，有的躺着不动，太史慈还是树立箭靶，射箭结束后，又进入城门。第三天早晨仍然像这样做，贼人再也没有起身的，于是太史慈用力挥动马鞭，战马直向包围圈猛冲飞奔而去。等到贼人明白过来，太史慈已经跑过了包围圈，他回头射杀几个贼人，都应着他弓箭的声音倒下，所以没有敢追赶他的贼人。太史慈于是到达了平原郡，他劝说刘备道："我太史慈，是东莱郡的粗人。与孔北海的关系，既不是骨肉至亲，也不是乡党近邻，仅仅因为互相爱慕对方的名声、志节，有分担灾祸、共济危难的情谊，现在管亥叛乱，孔北海被他围攻，孤军无援，危亡只在早晚。因为您有仁义的名声，能救助他人的急难，所以孔北海对您爱慕、思念，伸着颈项仰望着您，派遣我冒着贼人的利刀，突破层层包围，在万死之中将生命寄托于您，希望您能有办法使他生存。"刘备面容严肃地回答说："孔北海知道人世间还有刘备呀!"马上派遣精兵三千人，随同太史慈前往救

既得济，益奇贵慈，曰："卿吾之少友也。"事毕，还启其母，母曰："我喜汝有以报孔北海也。"

援。贼人听说援兵到来，便解除包围，四散逃走。孔融得救以后，更加尊重太史慈，认为他不平凡，说道："您是我的小友呢。"这个事件结束以后，太史慈回家告诉他的母亲，母亲说："我高兴你有机会报答了孔北海。"

扬州刺史刘繇与慈同郡，慈自辽东还，未与相见，暂渡江到曲阿见繇，未去，会孙策至。或劝繇可以慈为大将军，繇曰："我若用子义，许子将不当笑我邪？"但使慈侦视轻重。时独与一骑卒遇策。策从骑十三，皆韩当、宋谦、黄盖辈也。慈便前斗，正与策对。策刺慈马，而揽得慈项上手戟，慈亦得策兜鍪。会两家兵骑并各来赴，于是解散。

扬州刺史刘繇与太史慈同是东莱郡人，太史慈从辽东回到家乡，未能见到刘繇，只好渡过长江到曲阿拜见刘繇，没有离去，适逢孙策来到。有人劝说刘繇可以任用太史慈担任大将军，刘繇说："我如果任用子义为大将军，许劭不将要嘲笑我吗？"仅仅指派太史慈侦察敌军人数的多少、士卒训练的好、坏等情况。某次他与随行的一名骑兵突然遇见了孙策。孙策随从的骑将有十三人，都是韩当、宋谦、黄盖这样一流的勇将。太史慈便上前搏斗，正好与孙策相对。孙策刺伤了太史慈的坐骑，又随手揽取了太史慈颈项上挂着的小戟，太史慈也抓去了孙策所戴的头盔。适逢两家的兵马都前来救援，于是孙策、太史慈才放开了对手。

慈当与繇俱奔豫章，而遁于芜湖，亡入山中，称丹杨太守。是时，策已平定宣城以东，惟泾以西六县未服。慈因进住泾县，立屯府，大为山越所附。策躬自攻讨，遂见囚执。策即解缚，捉其手曰："宁识神亭时邪？若卿尔时得我云何？"慈曰："未可量也。"策大笑曰："今日之事，当与卿共之。"[6]即署门下督，还吴授兵，拜折冲中郎将。后刘繇亡于豫章，士众万余人未有所附，策命慈往抚安焉。[7]左右皆曰："慈必北去不还。"策曰："子义舍我，当复与谁？"饯送昌门，把腕别曰："何时能还？"答曰："不过六十日。"果如期而反。[8]

太史慈本打算与刘繇一同奔往豫章，但他却逃到了芜湖的深山中，自称丹杨太守。当时，孙策已经将宣城以东的地区完全平定，只有泾县以西的六县还没有降服。太史慈因此领兵前往驻守泾县，建立防守城堡，设置行政机构，周围各县的山越民众都归附于他。孙策亲自领兵攻打，太史慈被俘获囚禁。孙策见到后，立即解下捆绑太史慈的绳索，拉着他的手问道："还记得我们在神亭遇见时的情况吗？如果您在那时捉住了我，又将会怎样呢？"太史慈回答说："那很难估计。"孙策放声大笑说："现在开创的事业，要与您一道干。"随即任命太史慈为门下督，回到吴郡让他领兵，任折冲中郎将。以后刘繇在豫章郡病死，留下一万多人没有归属，孙策派遣太史慈前往安抚、处置。孙策的亲信都说："太史慈一定会去北方，不会回来了。"孙策说："子义抛弃了我，还有什么人可以亲近？"孙策在吴郡西门为他设宴送行，握手告别，问道："什么时候能够回来？"回答说："不超过六十天。"太史慈果然按期回到了吴郡。

刘表从子磐，骁勇，数为寇于艾、西安诸县。策于是分海昏、建昌左右六县，以慈为建昌都尉，治海昏，并督诸将拒磐。磐绝迹不复为寇。

刘表的侄子刘磐，强悍勇猛，对艾、西安等县掠夺骚扰了多次。孙策便划分海昏、建昌与左右邻县共六县，任命太史慈为建昌都尉，官署设在海昏县，由太史慈督促所属诸将对抗刘磐。刘磐再也不敢露面骚扰破坏了。

慈长七尺七寸，美须髯，猿臂善射，弦不虚发。尝从策讨麻保贼，贼于屯里缘楼上行詈，以手持楼棼，慈引弓射之，矢贯手著棼，围外万人莫不称善。其妙如此。曹公闻其名，遗慈书，以箧封之，发省无所道，而但贮当归。孙权统事，以慈能制磐，遂委南方之事。年四十一，建安十一年卒。[9]子享，官至越骑校尉。[10]

太史慈身高七尺七寸，美须下垂，长臂善射，箭不空发。曾经随同孙策讨伐麻、保二屯的贼人，贼人在土堡里爬上高楼恶骂，还将手扶着楼梁，太史慈拉开弓弦将箭对着这个贼人射去，飞箭穿透贼人的手掌射入梁中，土围以外观看的有上万人，没有哪一个不赞叹称好。太史慈射箭的高超技能竟有这样的神妙。曹操听说他的名声，写了一封信给他，用小竹箱封好。太史慈开箱细看里面什么话都没有说，仅满装着中药当归。孙权掌管军政大权以后，因为太史慈能够制服刘磐，便将南方的事务委托给他。享年四十一岁，建安十一年病死。子太史享，后来官职升任为越骑校尉。

士燮字威彦，苍梧广信人也。其先本鲁国汶阳人，至王莽之乱，避地交州。六世至燮父赐，桓帝时为日南太守。燮少游学京师，事颍川刘子奇，治《左氏春秋》。察孝廉，补尚书郎，公事免官。父赐丧阕后，举茂才，除巫令，迁交阯太守。

士燮字威彦，苍梧郡广信县人。他的先人本是鲁国汶阳县人，到了王莽暴乱的时候，为了逃避社会的动乱便移居交州。经过六代到燮父士赐，在桓帝时担任日南郡太守。士燮青年时代来到京都洛阳求学，拜颍川刘子奇为老师，专攻《左氏春秋》。被推举为孝廉，补授尚书郎，因为公事免去官职。直到父亲士赐去世服丧满期以后，又被推举为秀才，授任巫县县令，升任交阯郡太守。

弟壹，初为郡督邮。刺史丁宫征还京都，壹侍送勤恪，宫感之，临别谓曰："刺史若待罪三事，当相辟也。"后宫为司徒，辟壹。比至，宫已免，黄琬代为司徒，甚礼遇壹。董卓作乱，壹亡归乡里[11]。交州刺史朱符为夷贼所杀，州郡扰乱。燮乃表壹领合浦太守，次弟徐闻令䵋领九真太守，䵋弟武，领南海太守。

士燮弟士壹，开始为苍梧郡督邮。交州刺史丁宫被朝廷征召回到京城，士壹在送行途中，勤恳恭谨，丁宫很受感动，临别时对士壹说："我以后如果能有幸位居三公，将要征召任用你。"后来丁宫当了司徒，果然征用士壹。等到士壹来到洛阳，丁宫却被免官。当时黄琬接替丁宫任司徒，对士壹能以礼相待。董卓专擅朝政使天下大乱，士壹逃回乡里。交州刺史朱符被当地土人杀害，交州各郡也发生了动乱。于是士燮呈请朝廷任命士壹兼任合浦太守，二弟徐闻县令士䵋兼任九真太守，䵋弟士武兼任南海太守。

燮体器宽厚，谦虚下士，中国士人往依避难者以百数。耽玩《春秋》，为之注解。陈国袁徽与尚书令荀彧书曰："交阯士府君既学问优博，又达于从政，处大乱之中，保全一郡，二十余年疆埸无事，民不失业，羁旅之徒，皆蒙其庆，虽窦融保河西，曷以加之？官事小阕，辄玩习书传，《春秋左氏传》尤简练精微，吾数以咨问传中诸疑，皆有师说，意思甚密。又《尚书》兼通古今，大义详备。闻京师古今之学，是非忿争，今欲条《左氏》、《尚书》长义上之。"其见称如此。

士燮为人宽容厚道，谦虚礼贤。中原士人前往交阯避乱，投奔依靠他的人可以用百位数计算。他醉心研讨、玩味《春秋》，给它作注解。陈国名儒袁徽在致尚书令荀彧的信中说："交阯郡的士府君既学问渊博，又善于处理政务，生活在天下大乱之时，能够保全一郡，二十多年边境内外没有发生过战事，民众不荒废本业，外地来暂住的人，都因为有他的保护而获得幸福，即使是窦融保全河西地区，又怎么能够超过他呢？他在处理官事以后短暂休息的时候，就研习经传，对于《春秋左氏传》，特别精心研讨，掌握了其中精深隐微的内容。我多次提出《左氏传》中的一些疑问向他请教，他的解答都有大师的传授作为根据，观点很是严密。他还兼通今、古文《尚书》，对于两派学说的主要内容、观点，能够详细、完整地了解。他听说京城古、今文《尚书》两个学派，谁是谁非的争论非常激烈，现在他想要一条条写出他对《左传》、《尚书》研究的创见，向朝廷报告。"士燮的学问得到了当时学者这样的称赞。

燮兄弟并为列郡，雄长一州，偏在万里，威尊无上。出入鸣钟磬，备具威仪，笳箫鼓吹，车骑满道，胡人夹毂焚烧香者常有数十。妻妾乘辎軿，子弟从兵骑，当时贵重，震服百蛮，尉他不足逾也。⑫武先病没。

士燮兄弟同时任交州各郡的郡守，在一州之内称雄称长，又偏处在万里之外，威望、尊贵可以说至高无上。他们出进有乐队奏乐，有全套的仪仗、随从，一路箫管鼓乐吹奏，车马满路，当地人在他们的坐车旁焚香礼拜的经常有几十人。他们的妻妾外出都乘坐设有帷篷、可以坐卧的车子，子弟外出也都有军士、骑兵随从，当时他们所显示的尊贵、威严，使众多的南方土人震动、畏服，便是汉初的南越王赵佗也不能超过呢。士武最先病死。

朱符死后，汉遣张津为交州刺史，津后又为其将区景所杀，而荆州牧刘表遣零陵赖恭代津。是时苍梧太守史璜死，表又遣吴巨代之，与恭俱至。汉闻张津死，赐燮玺书曰："交州绝域，南带江海，上恩不宣，下义壅隔，知逆贼刘表又遣赖恭窥看南土，今以燮为绥南中

朱符死后，东汉朝廷派遣张津为交州刺史，张津后来又被他的部将区景杀害，接着荆州牧刘表便派遣零陵郡的赖恭去接替张津的职务。这时苍梧太守史璜死去，刘表又派遣吴巨接任，与赖恭同时到达广信县。东汉朝廷听说张津死，赐予士燮诏书说："交州是最边远的地区，位处南方，连接着长江和南海，皇上的恩德不能宣示，臣民的忠诚也被阻隔，知道叛贼刘表又派遣赖恭暗中窥伺南方这片土地。现在任命士燮为绥南中郎将，指导、监督交州所属七

郎将，董督七郡，领交阯太守如故。”后燮遣吏张旻奉贡诣京都，是时天下丧乱，道路断绝，而燮不废贡职，特复下诏拜安远将军，封龙度亭侯。

郡，依旧兼任交阯郡太守。”以后士燮派遣属吏张旻护送贡品到达京城洛阳，当时天下大乱，道路阻隔不通，但是士燮从不中断向朝廷进献方物、赋税，汉王朝又特别下达诏书授任士燮为安远将军，封龙度亭侯。

后巨与恭相失，举兵逐恭，恭走还零陵。建安十五年，孙权遣步骘为交州刺史。骘到，燮率兄弟奉承节度。而吴巨怀异心，骘斩之。权加燮为左将军。建安末年，燮遣子廞入质，权以为武昌太守，燮、壹诸子在南者，皆拜中郎将。燮又诱导益州豪姓雍闿等，率郡人民使遥东附，权益嘉之，迁卫将军，封龙编侯，弟壹偏将军，都乡侯。燮每遣使诣权，致杂香细葛，辄以千数，明珠、大贝、流离、翡翠、玳瑁、犀、象之珍，奇物异果，蕉、邪、龙眼之属，无岁不至。壹时贡马凡数百匹。权辄为书，厚加宠赐，以答慰之。燮在郡四十余岁，黄武五年，年九十卒。

后来吴巨与赖恭不和，吴巨起兵驱逐赖恭，赖恭逃回零陵。东汉建安十五年，孙权派遣步骘担任交州刺史。步骘就任后，士燮率领自己的兄弟遵守、奉行步骘的节制调度。吴巨对吴国却怀有二心，步骘将他斩杀。孙权升任士燮为左将军。建安末年，士燮派儿子士廞到吴国做人质，孙权任命士廞为武昌太守，士燮、士壹留在南方的儿子，都授任中郎将。士燮又诱说、引导益州郡大族雍闿等人，率领全郡民众归附远在东方的吴国，孙权对他更加赞赏，晋升他为卫将军，封为龙编侯，弟士壹被任命为偏将军，封为都乡侯。士燮每次派遣使者往见孙权，进奉各种香物、细麻布，往往以千数计，明珠、大贝，琉璃、翡翠、玳瑁、犀牛、大象等珍品，奇物异果，香蕉、椰子、龙眼等，没有哪一年不奉送。士壹则经常奉献马匹，总共几百匹。孙权每次写信，给予丰厚的恩宠、赏赐，来回报、慰劳他们。士燮在交阯四十多年，孙权黄武五年，享年九十岁病死。

权以交阯县远，乃分合浦以北为广州，吕岱为刺史；交阯以南为交州，戴良为刺史。又遣陈时代燮为交阯太守。岱留南海，良与时俱前行到合浦，而燮子徽自署交阯太守，发宗兵拒良。良留合浦。交阯桓邻，燮举吏也，叩头谏徽使迎良，徽怒，笞杀邻。邻兄治子发又合宗兵击徽，徽闭门城守，治等攻之数月不能下，乃约和亲，各罢兵还。而吕岱被

孙权因为交阯郡太遥远，于是划分合浦郡以北的四郡，新建广州，授任吕岱为刺史；将交趾郡以南的三郡，新建交州，授任戴良为刺史。又派陈时接替士燮为交阯太守。吕岱留驻南海郡，戴良与陈时都前行到达合浦，但士燮的儿子士徽却决定自己代理交阯太守，调集宗族的亲兵对抗戴良。戴良被阻，滞留在合浦。交阯郡的桓邻，是士燮提拔的属官，向士徽叩头劝说他派人欢迎戴良，士徽大怒，用竹板将桓邻活活打死。桓邻的兄长桓治、儿子桓发纠合宗族的亲兵攻击士徽，士徽关上城门，据城防守，桓治等人攻打了几个月未能取胜。于是双方商议讲和、友好，各自都撤兵回去。吕岱接受孙权诛杀士徽的

诏诛徽，自广州将兵昼夜驰入，过合浦，与良俱前。壹子中郎将匡与岱有旧，岱署匡师友从事，先移书交阯，告喻祸福，又遣匡见徽，说令服罪，虽失郡守，保无他忧。岱寻匡后至，徽兄祗，弟幹、颂等六人肉袒奉迎。岱谢令复服，前至郡下。明旦早施帐幔，请徽兄弟以次入，宾客满坐。岱起，拥节读诏书，数徽罪过，左右因反缚以出，即皆伏诛，传首诣武昌。⑬壹、䵋、匡后出，权原其罪，及燮质子廞，皆免为庶人。数岁，壹、䵋坐法诛。廞病卒，无子，妻寡居，诏在所月给俸米，赐钱四十万。

诏命，从广州率领军队日夜奔向交阯，路过合浦，与戴良一同前进。士壹子中郎将士匡与吕岱有旧交，吕岱任命士匡为师友从事，先传送文书到达交阯，向士徽明白告知什么是祸什么是福，又派士匡去见士徽，劝他认罪，虽说将失去郡守的官职，但保证不用担心还有其他更为严重的处分。吕岱紧接着士匡随后到达交阯，士徽兄长士祗，弟士幹、士颂等六人，都裸露身体出来迎接。吕岱告知他们穿上衣服，便前行来到城下。第二天早晨天刚亮便搭起帐篷施设帷幕，请士徽兄弟按次序进入，帐幕内坐满了宾客。吕岱从座上起身，手持符节宣读孙权的诏命，数说士徽的罪行，吕岱随从的亲兵立即将士徽兄弟六人反手捆绑推出帐外，当即处以死刑，将他们的首级送到武昌示众。士壹、士䵋、士匡因为后来的表现，孙权赦免了他们的罪过，与士燮的质子士廞，都被免去官职成为平民。过了几年，士壹、士䵋因犯法被杀，士廞病死，没有儿子，妻子守寡独居，孙权命令她所居住的地方官府，按月供给俸米，赐给钱四十万。

评曰：刘繇藻厉名行，好尚臧否，至于扰攘之时，据万里之土，非其长也。太史慈信义笃烈，有古人之分。士燮作守南越，优游终世，至子不慎，自贻凶咎，盖庸才玩富贵而恃阻险，使之然也。

评论说：刘繇名声美好，品行纯洁高尚，喜欢品评、褒贬人物，至于在混乱、纷争的时代，占领万里疆土，这不是他的长处。太史慈诚实、正派、厚道、刚直，有古人高尚的品格。士燮在南越做郡守，平安无事一辈子，到了儿子一代不慎重，自取灾祸，大概平庸无能的人，贪图富贵而又只靠处在偏远险要的地方，才使他们有这样的结局吧。

---

①《续汉书》曰：繇祖父本，师受经传，博学群书，号为通儒。举贤良方正，为般长，卒官。宠字祖荣，受父业，以经明行修，举孝廉，光禄察四行，除东平陵令。视事数年，以母病弃官，百姓士民攀舆拒轮，充塞道路，车不得前，乃止亭，轻服潜遁，归修供养。后辟大将军府，稍迁会稽太守，正身率下，郡中大治。征入为将作大匠。山阴县民去治数十里有若邪中在山谷间，五六老翁年皆七八十，闻宠迁，相率共送宠，人赍百钱。宠见，劳来曰："父老何乃自苦远来！"皆对曰："山谷鄙老，生未尝至郡县。他时吏发求不去，民间或夜不绝狗吠，竟夕民不得安。自明府下车以来，狗不夜吠，吏稀至民间，年老遭值圣化，今闻当见弃去，故戮力来送。"宠谢之，为选受一大钱，故会稽号宠为取一钱太守。其清如是。宠前后历二郡，八居九列，四登三事。家不藏贿，无重宝器，恒菲饮食，薄衣服，弊车羸马，号为窭陋。三去相位，辄归本土。往来京师，常下道脱骖过，人莫知

焉。宠尝欲止亭，亭吏止之曰："整顿传舍，以待刘公，不可得止。"宠因过去。其廉俭皆此类也。以老病卒于家。

②《续汉书》曰：繇父舆，一名方，山阳太守。岱、繇皆有隽才。

《英雄记》称岱孝悌仁恕，以虚己受人。

③袁宏《汉纪》曰：刘繇将奔会稽，许子将曰："会稽富实，策之所贪，且穷在海隅，不可往也。不如豫章，北连豫壤，西接荆州。若收合吏民，遣使贡献，与曹兖州相闻，虽有袁公路隔在其间，其人豺狼，不能久也。足下受王命，孟德、景升必相救济。"繇从之。

④《献帝春秋》曰：是岁，繇屯彭泽，又使融助晧讨刘表所用太守诸葛玄。许子将谓繇曰："笮融出军，不顾名义者也。朱文明善推诚以信人，宜使密防之。"融到，果诈杀晧，代领郡事。

⑤《吴书》曰：基遭多难，婴丁困苦，潜处味道，不以为戚。与群弟居，常夜卧早起，妻妾希见其面。诸弟敬惮，事之犹父。不妄交游，门无杂宾。

⑥《吴历》云：慈于神亭战败，为策所执。策素闻其名，即解缚请见，咨问进取之术。慈答曰："破军之将，不足与论事。"策曰："昔韩信定计于广武，今策决疑于仁者，君何辞焉？"慈曰："州军新破，士卒离心，若傥分散，难复合聚；欲出宣恩安集，恐不合尊意。"策长跪答曰："诚本心所望也。明日中，望君来还。"诸将皆疑，策曰："太史子义，青州名士，以信义为先，终不欺策。"明日，大请诸将，豫设酒食，立竿视影。日中而慈至，策大悦，常与参论诸军事。臣松之案：《吴历》云慈于神亭战败，为策所得，与本传大异，疑为谬误。

《江表传》曰：策问慈曰："闻卿昔为太守劫州章，赴文举，请诣玄德，皆有烈义，天下智士也，但所托未得其人。射钩斩袪，古人不嫌。孤是卿知己，勿忧不如意也。"出教曰："龙欲腾翥，先阶尺木者也。"

⑦《江表传》曰：策谓慈曰："刘牧往责吾为袁氏攻庐江，其意颇猥，理恕不足。何者？先君手下兵数千余人，尽在公路许。孤志在立事，不得不屈意于公路，求索故兵，再往才得千余人耳。仍令孤攻庐江，尔时事势，不得不为行。但其后不遵臣节，自弃作邪僭事，谏之不从。丈夫义交，苟有大故，不得不离，孤交求公路及绝之本末如此。今刘繇丧亡，恨不及其生时与共论辩。今儿子在豫章，不知华子鱼待遇何如，其故部曲复依随之否？卿则州人，昔又从事，宁能往视其儿子，并宣孤意于其部曲？部曲乐来者便与俱来，不乐来者且安慰之。并观察子鱼所以牧御方规何似，视庐陵、鄱阳人民亲附之否？卿手下兵，宜将多少，自由意。"慈对曰："慈有不赦之罪，将军量同桓、文，待遇过望。古人报生以死，期于尽节，没而后已。今并息兵，兵不宜多，将数十人，自足以往还也。"

⑧《江表传》曰：策初遣慈，议者纷纭，谓慈未可信，或云与华子鱼州里，恐留彼为筹策，或疑慈西托黄祖，假路还北，多言遣之非计。策曰："诸君语皆非也，孤断之详矣。太史子义虽气勇有胆烈，然非纵横之人。其心有士谟，志经道义，贵重然诺，一以意许知己，死亡不相负，诸君勿复忧也。"慈从豫章还，议者乃始服。慈见策曰："华子鱼良德也，然非筹略才，无他方规，自守而已。又丹杨僮芝自擅庐陵，诈言被诏书为太守。鄱阳民帅别立宗部，阻兵守界，不受子鱼所遣长吏，言'我以别立郡，须汉遣真太守来，当迎之耳'。子鱼不但不能谐庐陵、鄱阳，近自海昏有上缭壁，有五六千家相结聚作宗伍，惟输租布于郡耳，发召一人遂不可得，子鱼亦睹视之而已。"策拊掌大笑，乃有兼并之志矣。顷之，遂定豫章。

⑨《吴书》曰：慈临亡，叹息曰："丈夫生世，当带七尺之剑，以升天子之阶。今所志未从，奈何而死乎！"权甚悼惜之。

⑩《吴书》曰：享字元复，历尚书、吴郡太守。

⑪《吴书》曰：琬与卓相害，而壹尽心于琬，甚有声称。卓恶之，乃署教曰："司徒掾士壹，不得除用。"故历年不迁。会卓入关，壹乃亡归。

⑫葛洪《神仙传》曰：燮尝病死，已三日，仙人董奉以一丸药与服，以水含之，捧其头摇消之，食顷，即开目动手，颜色渐复，半日能起坐，四日复能语，遂复常。奉字君异，候官人也。

⑬孙盛曰：夫柔远能迩，莫善于信；保大定功，莫善于义。故齐桓创基，德彰于柯会；晋文始伯，义显于伐原。故能九合一匡，世主夏盟，令问长世，贻范百王。吕岱师友士匡，使通信誓，徽兄弟肉袒，推心委命，岱因灭之，以要功利，君子是以知孙权之不能远略，而吕氏之祚不延者也。

三国志卷五十 吴书五

妃嫔传第五

孙破虏吴夫人，吴主权母也。本吴人，徙钱唐，早失父母，与弟景居。孙坚闻其才貌，欲娶之。吴氏亲戚嫌坚轻狡，将拒焉，坚甚以惭恨。夫人谓亲戚曰："何爱一女以取祸乎？如有不遇，命也。"于是遂许为婚，生四男一女。①

破虏将军孙坚的吴夫人，是吴主孙权的母亲。本来是吴县人，以后迁居钱唐，早年失去父母，与弟吴景在一处居住。孙坚听说她才貌双全，想娶她为妻子。吴氏的亲属嫌孙坚轻浮狡猾，将要拒绝，孙坚深感惭愧、愤恨。夫人对亲属说："为什么要顾惜一个女儿，使我们家族触怒孙坚而得祸呢？如果婚后不幸，这是我的命呢。"于是吴家便同意了这门婚事，以后夫人生育了四个儿子和一个女儿。

景常随坚征伐有功，拜骑都尉。袁术上景领丹杨太守，讨故太守周昕，遂据其郡。孙策与孙河、吕范依景，合众共讨泾县山贼祖郎，郎败走。会为刘繇所迫，景复北依术，术以为督军中郎将，与孙贲共讨樊能、于麋于横江，又击笮融、薛礼于秣陵。时策被创牛渚，降贼复反，景攻讨，尽禽之。从讨刘繇，繇奔豫章，策遣景、贲到寿春报术。术方与刘备争徐州，以景为广陵太守。术后僭号，策以书喻术，术不纳，便绝江津，不与通，使人告景。景即委郡东归，策复以景为丹杨太守。汉遣议郎王诵衔命南行，表景为扬武将军，领郡如故。

吴景随同孙坚出征攻讨立下了战功，被任命担任骑都尉。袁术上呈文书推荐吴景兼任丹杨太守，攻讨原太守周昕，便占领了丹杨郡。孙策与孙河、吕范投奔吴景，会合众军攻讨泾县的山贼祖郎，祖郎失败逃走。适逢被刘繇所逼迫，吴景又北去依附袁术。袁术任用吴景担任督军中郎将，与孙贲一道进军横江征讨樊能、于麋，又前往秣陵攻击笮融、薛礼。当时孙策在牛渚受伤，降贼又有反叛，吴景领军攻击，将反贼全部俘获。吴景随同孙策进攻刘繇，刘繇逃奔豫章，孙策派遣吴景、孙贲到寿春向袁术报告。袁术当时正在与刘备争夺徐州，任命吴景为广陵太守。袁术后来妄称帝号，孙策写信劝告袁术，袁术不接受，孙策便封锁了长江渡口，不与袁术往来，还派人告诉了吴景。吴景立即抛弃广陵郡，回到江南，孙策又任用他为丹杨太守。东汉朝廷派遣议郎王诵来到江南，上表请求任命吴景为扬武将军，依旧兼任丹杨太守。

及权少年统业，夫人助治军国，甚有补益。②建安七年，临薨，引见张昭等，属以后事，

及至孙权年轻继承父兄开创的基业，吴夫人帮助治理军国大事，对孙权很有补正裨益。建安七年，将死时，召见张昭等人，嘱托身后大事，合葬在孙坚

合葬高陵。[3]

八年，景卒官，子奋授兵为将，封新亭侯，卒。[4]子安嗣，安坐党鲁王霸死。奋弟祺嗣，[5]封都亭侯，卒。子纂嗣。纂妻即滕胤女也，胤被诛，并遇害。

吴主权谢夫人，会稽山阴人也。父煚，汉尚书郎、徐令。[6]权母吴，为权聘以为妃，爱幸有宠。后权纳姑孙徐氏，欲令谢下之，谢不肯，由是失志，早卒。后十余年，弟承拜五官郎中，稍迁长沙东部都尉、武陵太守，撰《后汉书》百余卷。[7]

吴主权徐夫人，吴郡富春人也。祖父真，与权父坚相亲，坚以妹妻真，生琨。琨少仕州郡，汉末扰乱，去吏，随坚征伐有功，拜偏将军。坚薨，随孙策讨樊能、于麋等于横江，击张英于当利口，而船少，欲驻军更求。琨母时在军中，谓琨曰："恐州家多发水军来逆人，则不利矣，如何可驻邪？宜伐芦苇以为泭，佐船渡军。"[8]琨具启策，策即行之，众悉俱济，遂破英，击走笮融、刘繇，事业克定。策表琨领丹杨太守，会吴景委广陵来东，复为丹杨守，[9]琨以督军中郎将领兵，从破庐江太守李术，封广德侯，迁平虏将军。后从讨黄祖，中流矢卒。

琨生夫人，初适同郡陆尚。尚卒，权为讨虏将军在吴，聘以为妃，使母养子登。后权

的高陵。

建安八年，吴景在任所死去，子吴奋为领兵将领，封新亭侯，死。吴奋的儿子吴安继承爵位，后来吴安因阿附鲁王孙霸获罪诛死。吴奋弟吴祺继承爵位，封为都亭侯，死。吴棋子吴纂继承爵位。吴纂的妻子是滕胤的女儿，滕胤被诛杀，吴纂同时遇害。

吴主孙权的谢夫人，是会稽郡山阴县人。父亲名煚，任职东汉朝廷的尚书郎、徐县县令。孙权的母亲吴夫人，为孙权礼聘她为妻，孙权对她很亲近、宠爱。以后孙权娶了姑母的孙女徐氏，要谢夫人的地位比徐氏低下，谢夫人不同意，因此不得志，早死。过了十多年，夫人弟谢承任命为五官郎中，逐渐升职为长沙郡东部都尉、武陵太守，曾经撰著《后汉书》百多卷。

吴主孙权的徐夫人，是吴郡富春县人。祖父徐真，与权父孙坚的关系亲密，孙坚将妹许嫁徐真为妻，生子名琨。徐琨从青年开始便在州郡担任官职，汉朝末年社会动乱，他放弃了小官职位，随同孙坚转战各地，立下战功，授官偏将军。孙坚死，随同孙策到横江征讨樊能、于麋等，到当利口进攻张英，因为缺少渡船，打算让军队停驻下来再设法寻找。徐琨的母亲当时在军中，她对徐琨说："恐怕州刺史会多调水军来阻击我们，那渡江就更不顺利了，怎么能让军队停驻不前呢？应该多砍芦苇扎成大筏，配合、帮助船只装载军队渡江。"徐琨将母亲的意见一一报告了孙策，孙策立即施行，众军全部顺利渡过长江，打败了张英，赶走了笮融、刘繇，胜利完成任务。孙策呈请任命徐琨兼任丹杨太守，适逢吴景抛弃广陵来到江南，又担任了丹杨太守，徐琨任督军中郎将领兵，从孙策打败了庐江太守李术，被封为广德侯，升任为平虏将军。后又随孙权征讨黄祖，被飞箭射死。

徐琨生徐夫人，最初嫁同郡陆尚。陆尚早死，孙权在吴郡任讨虏将军时，礼聘夫人为妃，要她像生母一样抚养长子孙登。后来孙权离开吴郡，因为夫

迁移，以夫人妒忌，废处吴。积十余年，权为吴王及即尊号，登为太子，群臣请立夫人为后，权意在步氏，卒不许。后以疾卒。兄矫，嗣父琨侯，讨平山越，拜偏将军，先夫人卒，无子。弟祚袭封，亦以战功至芜湖督、平魏将军。

人妒忌，将夫人贬弃在吴县居住。过了十多年，孙权封为吴王直至称吴帝，立孙登为太子，众文武大臣请求立徐夫人为后，孙权心中想立步夫人，直到最后也没有同意。徐夫人以后因疾病去世。兄徐矫，继承父亲徐琨的侯爵，讨平山越，授官偏将军，在徐夫人去世以前死，没有儿子。弟徐祚继承封爵，因有战功官至芜湖督、平魏将军。

吴主权步夫人，临淮淮阴人也，与丞相骘同族。汉末，其母携将徙庐江，庐江为孙策所破，皆东渡江，以美丽得幸于权，宠冠后庭。生二女，长曰鲁班，字大虎，前配周瑜子循，后配全琮；少曰鲁育，字小虎，前配朱据，后配刘纂。[10]

吴主孙权步夫人，临淮郡淮阴县人，与丞相步骘同族。汉朝末年，母亲带领她移居庐江郡，后来庐江郡被孙策攻占，她同母亲渡江来到江南。因为美丽得到孙权的亲幸，受到的宠爱居后宫第一。她生有两个女儿，长女名鲁班，字大虎，原先嫁给了周瑜的儿子周循，后又改嫁全琮；小女名鲁育，字小虎，原先嫁给朱据，后又改嫁刘纂。

夫人性不妒忌，多所推进，故久见爱待。权为王及帝，意欲以为后，而群臣议在徐氏，权依违者十余年，然宫内皆称皇后，亲戚上疏称中宫。及薨，臣下缘权指，请追正名号，乃赠印绶，策命曰："惟赤乌元年闰月戊子，皇帝曰：呜呼皇后，惟后佐命，共承天地。虔恭夙夜，与朕均劳。内教修整，礼义不愆。宽容慈惠，有淑懿之德。民臣县望，远近归心。朕以世难未夷，大统未一，缘后雅志，每怀谦损。是以于时未授名号，亦必谓后降年有永，永与朕躬对扬天休。不寤奄忽，大命近止。朕恨本意不早昭显，伤后殂逝，不终天禄。愍悼之至，痛于厥心。今使使持节丞相醴陵侯雍，奉策授

步夫人不妒忌，生平多有推举进荐，长期被孙权宠爱。孙权为吴王、称帝号，想要立她为皇后，但群臣的意见却在徐夫人，孙权迟疑不决有十多年时间，可是宫内都称她为皇后，内外亲属上呈的文书也称她为中宫。死后，臣下顺着孙权的意愿，请求对去世的步夫人追封正式名位封号，于是授予皇后的印章，在封授的策命中说道："赤乌元年闰十月初一日，皇帝命令：啊！皇后，只有皇后辅佐我，我们共同秉承天地的大德。你日夜虔敬、恭谨，与我分担劳苦。对后宫的教化完备修明，礼义没有缺失。宽厚容忍，慈爱贤惠，有美善的品德。庶民臣下延颈仰望，远人近侍倾心归向。我因为时世动乱尚未平定，四海统一大业还未完成，又因皇后有高尚的情怀，遇事谦虚、退让，因此未能及时授予名号。还认为皇后将享高年，可以长久与我一同答谢称颂天赐的福佑。不料人生短促，大命最近终止。我深恨自己没有向皇后明白表示我的本意，为皇后去世伤心，未能享有天赐的福禄。哀怜追念的深情，悲痛在我的心中。现在派遣使持节丞相醴陵侯顾雍捧送策命授予

号，配食先后。魂而有灵，嘉其宠荣。呜呼哀哉！”葬于蒋陵。

吴主权王夫人，琅邪人也。[11]夫人以选入宫，黄武中得幸，生和，宠次步氏。步氏薨后，和立为太子，权将立夫人为后，而全公主素憎夫人，稍稍谮毁。及权寝疾，言有喜色，由是权深责怒，以忧死。和子皓立，追尊夫人曰大懿皇后，封三弟皆列侯。

吴主权王夫人，南阳人也，以选入宫，嘉禾中得幸，生休。及和为太子，和母贵重，诸姬有宠者，皆出居外。夫人出公安，卒，因葬焉。休即位，遣使追尊曰敬怀皇后，改葬敬陵。王氏无后，封同母弟文雍为亭侯。

吴主权潘夫人，会稽句章人也。父为吏，坐法死。夫人与姊俱输织室，权见而异之，召充后宫。得幸有娠，梦有以龙头授己者，己以蔽膝受之，遂生亮。赤乌十三年，亮立为太子，请出嫁夫人之姊，权听许之。明年，立夫人为皇后。性险妒容媚，自始至卒，谮害袁夫人等甚众。[12]权不豫，夫人使问中书令孙弘吕后专制故事。侍疾疲劳，因以羸疾，诸宫人伺其昏卧，共缢杀之，托言中恶。后事泄，坐死者六七人。权寻薨，合葬蒋陵。孙亮即位，以夫人姊婿谭绍为骑都尉，授兵。亮废，绍与家属送本郡庐陵。

封号，配祭皇太后。魂如有灵，你应该赞同、接受这种尊崇和荣誉。啊!悲痛啊!”安葬在孙权的蒋陵。

吴主孙权的王夫人，琅邪人。夫人以推选入宫，黄武年间得到孙权的宠爱，生育孙和，受的宠爱仅次于步夫人。步夫人死后，孙和立为皇太子，将要立夫人为皇后，但全公主平时厌恶夫人，逐渐在背后对她诬陷诽谤。直到孙权重病卧床不起，全公主还说夫人脸有笑容，因此使孙权怒责夫人，夫人忧愁而死。孙和的儿子孙晧登帝位，追尊夫人为大懿皇后，封她的三个弟弟为列侯。

吴主孙权的王夫人，南阳郡人。被推选入宫廷，嘉禾年间得到孙权的宠爱，生育孙休。待到孙和封为皇太子，孙和的母亲也因儿子而更加尊贵，凡是被孙权宠爱的众多侍妾，都移居外地。王夫人外迁到公安县，死，便埋葬在那里。孙休即位，派遣使臣追尊王夫人为敬怀皇后，改葬于敬陵。王氏没有后人，孙休封夫人的同母弟王文雍为亭侯。

吴主孙权的潘夫人，会稽郡句章县人。父亲是一个小官，因违法处死。夫人和她的姐姐都被遣送到为皇家织造丝帛衣物的官府做苦工，孙权遇见后惊奇她容貌出众，命令送入后宫。夫人得到孙权的亲幸，怀有身孕，她梦见有人将一个龙头给自己，自己用护膝的围裙接受了，于是生下孙亮。赤乌十三年，孙亮立为太子，夫人请求出嫁她的姐姐，得到孙权的许可。第二年，立夫人为皇后。夫人生性阴险妒忌，容貌娇媚，从进宫直到死，诬陷伤害袁夫人等多人。孙权重病期间，夫人派人向中书令孙弘询问汉初吕后专权的旧事。她侍候病中的孙权疲惫劳累，因而患上了类似风痹的疾病。宫女们窥伺她在昏睡的时候，共同用绳索将她勒死，借口说她突然发了急病。以后事情败露，因此处死了六七个宫女。孙权不久死去，夫人合葬在孙权的蒋陵。孙亮即位，任命夫人的姐夫谭绍为骑都尉，让他统领军队。孙亮贬废，谭绍和他的家属都被遣送回归原籍庐陵郡。

孙亮全夫人，全尚女也。从祖母公主爱之，每进见辄与俱。及潘夫人母子有宠，全主自以与孙和母有隙，乃劝权为潘氏男亮纳夫人，亮遂为嗣。夫人立为皇后，以尚为城门校尉，封都亭侯，代滕胤为太常、卫将军，进封永平侯，录尚书事。时全氏侯有五人，并典兵马，其余为侍郎、骑都尉，宿卫左右，自吴兴，外戚贵盛莫及。及魏大将诸葛诞以寿春来附，而全怿、全端、全祎、全仪等并因此际降魏，全熙谋泄见杀，由是诸全衰弱。会孙綝废亮为会稽王，后又黜为候官侯，夫人随之国，居候官，尚将家属徙零陵，追见杀。[13]

吴主孙亮的全夫人，是全尚的女儿。堂祖母全公主喜爱她，每次入宫朝见孙权，常常带着她同去。待到潘夫人母子受到宠爱，全公主自己认为与孙和的母亲有仇怨，于是劝孙权替潘夫人所生的儿子孙亮娶夫人，孙亮成了孙权的继承人。全夫人封为皇后，任命全尚担任城门校尉，封都亭侯，替代滕胤为太常、卫将军，晋封为永平侯，总管军国大政。当时全氏有五人封侯，都统领兵马，其他授官侍郎、骑都尉，值宿宫廷，随侍皇帝左右，自从吴国兴起，外戚的尊贵兴旺，没有谁人可与全氏相比。直到魏国大将诸葛诞占据寿春归降吴国，而全怿、全端、全祎、全仪等人在这时投降魏国，全熙也因谋诛孙綝事前泄露消息被杀，因此全氏的势力衰弱。恰巧孙綝又废孙亮为会稽王，后又降谪为候官侯，全夫人随同孙亮前往封国，居住在候官，全尚同他的家属迁居零陵，追下诏令被杀。

孙休朱夫人，朱据女，休姊公主所生也。[14]赤乌末，权为休纳以为妃。休为琅邪王，随居丹杨。建兴中，孙峻专政，公族皆患之。全尚妻即峻姊，故惟全主佑焉。初，孙和为太子时，全主谮害王夫人，欲废太子，立鲁王，朱主不听，由是有隙。五凤中，孙仪谋杀峻，事觉被诛。全主因言朱主与仪同谋，峻枉杀朱主。休惧，遣夫人还建业，执手泣别。既至，峻遣还休。太平中，孙亮知朱主为全主所害，问朱主死意？全主惧曰："我实不知，皆据二子熊、损所白。"亮杀熊、损。损妻是峻妹也，孙綝益忌亮，遂废亮，立休。永安五年，立夫人为

吴主孙休的朱夫人，是朱据的女儿，孙休的姐姐朱公主所生的。赤乌末年，孙权替孙休娶朱夫人为妃。孙休封为琅邪王，她随同在丹杨郡居住。建兴年间，孙峻专擅朝政，孙氏皇族都畏惧他。全尚的妻子是孙峻的姐姐，所以只有全公主袒护孙峻。当初，孙和封为皇太子的时候，全公主在背后诬害王夫人，想要废太子孙和，立鲁王孙霸为皇太子，朱公主不听从，因此全公主与朱公主结下了仇怨。五凤年间，孙仪谋杀孙峻，事前被孙峻发觉诛死。全公主便向孙峻说朱公主与孙仪同谋，孙峻冤枉杀死了朱公主。孙休感到恐惧，遣送朱夫人回吴都建业，互相拉着手、流着眼泪分别。朱夫人到了建业，孙峻仍然送她回到孙休的住地。太平年间，孙亮得知朱公主是被全公主害死的，便向全公主询问朱公主被杀死的缘故，全公主感到害怕说："我实在不知道，都是朱据的两个儿子朱熊、朱损揭发的。"孙亮便杀了朱熊、朱损。朱损的妻子是孙峻的妹妹，孙綝更加猜疑孙亮，于是贬废孙亮，迎立孙休为帝。永安五年，立

皇后。休卒，群臣尊夫人为皇太后。孙皓即位月余，贬为景皇后，称安定宫。甘露元年七月，见逼薨，合葬定陵。⑮

孙和何姬，丹杨句容人也。父遂，本骑士。孙权尝游幸诸营，而姬观于道中，权望见异之，命宦者召入，以赐子和。生男，权喜，名之曰彭祖，即皓也。太子和既废，后为南阳王，居长沙。孙亮即位，孙峻辅政。峻素媚事全主，全主与和母有隙，遂劝峻徙和居新都，遣使赐死，嫡妃张氏亦自杀。何姬曰："若皆从死，谁当养孤？"遂拊育皓，及其三弟。皓即位，尊和为昭献皇帝，⑯何姬为昭献皇后，称升平宫，月余，进为皇太后。封弟洪永平侯，蒋溧阳侯，植宣城侯。洪卒，子邈嗣，为武陵监军，为晋所杀。植官至大司徒。吴末昏乱，何氏骄僭，子弟横放，百姓患之。故民讹言"皓久死，立者何氏子"云。⑰

孙皓滕夫人，故太常胤之族女也。胤夷灭，夫人父牧，以疏远徙边郡。孙休即位，大赦，得还，以牧为五官中郎。皓既封乌程侯，聘牧女为妃。皓即位，立为皇后，封牧高密侯，拜卫将军，录尚书事。后朝士以牧尊戚，颇推令谏争。而夫人宠渐衰，皓滋不悦，皓母何恒左右之。又太史言，于运历，后不可易，皓信巫觋，故得不废，

夫人为皇后。孙休死，群臣尊称夫人为皇太后。孙皓即帝位一个多月以后，贬为景皇后，称为安定宫。甘露元年七月被孙皓逼死，合葬在孙休的定陵。

孙和的何姬，是丹杨郡句容县人。父亲名遂，本来是一个骑士。孙权巡视各地军营，当时何氏在路旁观看，被孙权看见，认为这个小姑娘不平常，命令随从宦官将她召进宫中，赐给儿子孙和。后来何氏生了个男孩，孙权很喜欢，取名彭祖，这便是孙皓。皇太子孙和被废弃以后，改封为南阳王，在长沙居住。孙亮即帝位，孙峻辅佐朝政。孙峻平时便巴结全公主，全公主与孙和的母亲有仇怨，于是劝说孙峻将孙和迁居到新都，派遣使臣命令孙和自死，孙和的正妻张氏也自杀。何氏说："如果都随从孙和一道死了，哪个来抚养留下的孤儿呢？"于是活下来抚育孙皓和她的三个弟弟。孙皓即帝位，尊称孙和为昭献皇帝，何氏为昭献皇后，称为升平宫，一个多月以后，又被封为皇太后。封她的弟弟何洪为永平侯，何蒋为溧阳侯，何植为宣城侯。何洪死，洪子何邈继承了封爵，授任为武陵监军，以后被晋朝的军队杀死。何植官至大司徒。吴国末年，孙皓昏庸，朝政大乱，何氏家族骄横，超越本分，子弟凶暴放肆，百姓把他们看成是大祸害。百姓谣传说："孙皓已经死了很久，当今的皇帝是何家的人！"

吴主孙皓的滕夫人，是原太常滕胤同族的女儿。滕胤被孙綝诛灭，夫人的父亲滕牧，因为与滕胤的关系疏远流迁到边远郡县。孙休即帝位，全国大赦，才得回到建业，任命滕牧担任五官中郎。孙皓封乌程侯以后，娶滕牧女为妃。孙皓即帝位，立为皇后，封滕牧为高密侯，授官卫将军，总管朝廷军国大政。后来朝廷官员因为滕牧是尊贵的外戚，大都推举他向孙皓劝谏与争议。可是滕夫人受到的宠爱渐渐衰减，孙皓越来越不喜欢夫人，幸亏孙皓的母亲何太后常常帮助她。又因太史宣称，根据天象测知的运命、气数，皇后不可以改变，孙皓迷信巫师，所

常供养升平宫。牧见遣居苍梧郡，虽爵位不夺，其实裔也，遂道路忧死。长秋官僚，备员而已，受朝贺表疏如故。而皓内诸宠姬，佩皇后玺绂者多矣。⑱天纪四年，随皓迁于洛阳。

以滕后没有被贬废，经常在升平宫奉养何太后。滕牧则被遣送到苍梧郡，虽说封爵官职没有剥夺，实际上是将他放逐到边远地区，滕牧在去苍梧的路上忧愁死去。皇后宫中有大小的官员，不过是充数罢了，只照例接受臣下朝见、庆贺的呈文。可是在后宫被孙皓宠爱的众多侍妾当中，执掌皇后印章的人可多呢。天纪四年，晋朝灭亡了吴国，滕夫人随同孙皓迁往洛阳。

评曰：《易》称"正家而天下定"。《诗》云："刑于寡妻，至于兄弟，以御于家邦。"诚哉，是言也！远观齐桓，近察孙权，皆有识士之明，杰人之志，而嫡庶不分，闺庭错乱，遗笑古今，殃流后嗣。由是论之，惟以道义为心、平一为主者，然后克免斯累邪！

评论说：《易》称"整治好家庭而后天下才能安定"。《诗》称："先要对自己的妻子树立好的榜样，再推行到自己的兄弟，进而用榜样的力量去治理国家。"确实正确，这些话啊！我们观察古代的齐桓公，近时的孙权，他们都有知人的英明、超人的大志，可是不严格区别正妻与侍妾的不同地位，致使后宫的尊卑关系错乱，被从古到今的人们耻笑，灾祸一直延续到他们的后代。用这种观点来评论，只有那些心存道义、以平一为主的人，才有可能免除这种过失、祸患啊！

---

①《搜神记》曰：初，夫人孕而梦月入其怀，既而生策。及权在孕，又梦日入其怀，以告坚曰："昔妊策，梦月入我怀，今也又梦日入我怀，何也？"坚曰："日月者阴阳之精，极贵之象，吾子孙其兴乎！"

②《会稽典录》曰：策功曹魏腾，以迕意见谴，将杀之，士大夫忧恐，计无所出。夫人乃倚大井而谓策曰："汝新造江南，其事未集，方当优贤礼士，舍过录功。魏功曹在公尽规，汝今日杀之，则明日人皆叛汝。吾不忍见祸之及，当先投此井中耳。"策大惊，遽释腾。夫人智略权谲，类皆如此。

③《志林》曰：按会稽贡举簿，建安十二年到十三年阙，无举者，云府君遭忧，此则吴后以十二年薨也。八年九年皆有贡举，斯甚分明。

④《吴书》曰：权征荆州，拜奋吴郡都督，以镇东方。

⑤《吴书》曰：祺与张温、顾谭友善，权令关平辞讼事。

⑥晏子承撰《后汉书》，称晏幼以仁孝为行，明达有令才。晏弟贞，履蹈法度，笃学尚义，举孝廉，建昌长，卒官。

⑦《会稽典录》曰：承字伟平，博学洽闻，尝所知见，终身不忘。子崇扬威将军，崇弟勖吴郡太守，并知名。

⑧泭音敷。郭璞注《方言》曰："泭，水中簰也。"

⑨《江表传》曰：初，袁术遣从弟胤为丹杨，策令琨讨而代之。会景还，以景前在丹杨，宽仁得众，吏民所思，而琨手下兵多，策嫌其太重，且方攻伐，宜得琨众，乃复用景，召琨还吴。

⑩《吴历》曰：纂先尚权中女，早卒，故又以小虎为继室。

⑪《吴书》曰：夫人父名卢九。

⑫《吴录》曰：袁夫人者，袁术女也，有节行而无子。权数以诸姬子与养之，辄不育。及步夫人薨，权欲立之。夫人自以无子，固辞不受。

⑬《吴录》曰：亮妻惠解有容色，居候官，吴平乃归，永宁中卒。

⑭臣松之以为休妻其甥，事同汉惠。荀悦讥之已当，故不复广言。

⑮《搜神记》曰：孙峻杀朱主，埋于石子冈。归命即位，将欲改葬之。冢墓相亚，不可识别，而宫人颇识主亡时所著衣服，乃使两巫各住一处以伺其灵，使察鉴之，不得相近。久时，二人俱白：见一女人年可三十余，上著青锦束头，紫白袷裳，丹绨丝履，从石子冈上半冈，而以手抑膝长太息，小住须臾，进一冢上便住，徘徊良久，奄然不见。二人之言，不谋而同，于是开冢，衣服如之。

⑯《吴录》曰：皓初尊和为昭献皇帝，俄改曰文皇帝。

⑰《江表传》曰：皓以张布女为美人，有宠，皓问曰："汝父所在？"答曰："贼以杀之。"皓大怒，棒杀之。后思其颜色，使巧工刻木作美人形象，恒置座侧。问左右："布复有女否？"答曰："布大女适故卫尉冯朝子纯。"即夺纯妻入宫，大有宠，拜为左夫人，昼夜与夫人房宴，不听朝政，使尚方以金作华燧、步摇、假髻以千数。令宫人著以相扑，朝成夕败，辄出更作，工匠因缘偷盗，府藏为空。会夫人死，皓哀愍思念，葬于苑中，大作冢，使工匠刻柏作木人，内冢中以为兵卫，以金银珍玩之物送葬，不可称计。已葬之后，皓治丧于内，半年不出。国人见葬太奢丽，皆谓皓已死，所葬者是也。皓舅子何都颜状似皓，云都代立。临海太守奚熙信讹言，举兵欲还诛都，都叔父植时为备海督，击杀熙，夷三族，讹言乃息，而人心犹疑。

⑱《江表传》曰：皓又使黄门备行州郡，科取将吏家女。其二千石大臣子女，皆当岁岁言名，年十五六一简阅，简阅不中，乃得出嫁。后宫千数，而采择无已。

三国志卷五十一　吴书六

宗室传第六

孙静字幼台，坚季弟也。坚始举事，静纠合乡曲及宗室五六百人以为保障，众咸附焉。策破刘繇，定诸县，进攻会稽，遣人请静，静将家属与策会于钱唐。是时太守王朗拒策于固陵，策数度水战，不能克。静说策曰："朗负阻城守，难可卒拔。查渎南去此数十里，而道之要径也，宜从彼据其内，所谓攻其无备、出其不意者也。吾当自帅众为军前队，破之必矣。"策曰："善。"乃诈令军中曰："顷连雨水浊，兵饮之多腹痛，令促具罂缶数百口澄水。"至昏暮，罗以然火诳朗，便分军夜投查渎道，袭高迁屯。[①]朗大惊，遣故丹杨太守周昕等帅兵前战。策破昕等，斩之，遂定会稽。[②]表拜静为奋武校尉，欲授之重任，静恋坟墓宗族，不乐出仕，求留镇守。策从之。权统事，就迁昭义中郎将，终于家。有五子，暠、瑜、皎、奂、谦。暠三子：绰、超、恭。超为偏将军。恭生峻。绰生綝。

孙静字幼台，孙坚最小的弟弟。孙坚起事初期，孙静聚集了乡党邻里及孙氏宗族子弟五六百人，作为孙坚强有力的后盾，众人都依附孙静。孙策打败了刘繇，平定了几县，要进一步攻打会稽郡。他派人敦请孙静，孙静带着亲属同孙策在钱唐相会。当时会稽太守王朗有兵扼守固陵抵抗孙策进攻，孙策与他们水上交战几次，都未能取胜。孙静劝说孙策道："王朗依靠险要地形与坚固城防守卫，难以很快攻下。查渎南距会稽几十里，是通向会稽的要道，应当从查渎攻占会稽的后方，这便是《兵法》所说的攻击敌人没有防备的地方，出于敌人意想不到的攻击办法。我要亲自率领众军做进攻的先锋，一定可以攻下会稽。"孙策说："这个办法很好。"于是施用诈术命令军中说："近日连续降雨，饮水浑浊，士兵喝了多患腹痛病。命令立刻准备几百口缸瓮，用来澄清浑水。"到了天黑时，将缸瓮排列，在缸瓮中燃起大火欺骗王朗，又分派军队连夜奔向通往查渎的道路，偷袭高迁屯。王朗大惊，派遣前丹杨太守周昕等人率领兵士前往应战。孙策打败了周昕等人，斩杀周昕，于是平定了会稽郡。孙策上文请求授任孙静为奋武校尉，还想给他更加重大的任务。孙静留恋祖宗的坟墓、宗族，不愿意外出做官，要求留下镇守会稽。孙策听从了他的意见。直到孙权总管军政大事后，就地升任孙静为昭义中郎将，以后在家中病死。孙静有五个儿子：孙暠、孙瑜、孙皎、孙奂、孙谦。孙暠有三个儿子：孙绰、孙超、孙恭。孙超任偏将军。孙恭生子孙峻。孙绰生子孙綝。

瑜字仲异，以恭义校尉始领兵众。是时宾客诸将多江西

孙瑜字仲异，开始任恭义校尉，成为领兵的将领。当时他部下的宾客、将官，大多是江北人。孙瑜

人,瑜虚心绥抚,得其欢心。建安九年,领丹杨太守,为众所附,至万余人。加绥远将军。十一年,与周瑜共讨麻、保二屯,破之。后从权拒曹公于濡须,权欲交战,瑜说权持重,权不从,军果无功。迁奋威将军,领郡如故,自溧阳徙屯牛渚。瑜以永安人饶助为襄安长,无锡人颜连为居巢长,使招纳庐江二郡,各得降附。济阴人马普笃学好古,瑜厚礼之,使二府将吏子弟数百人就受业,遂立学官,临飨讲肄。是时诸将皆以军务为事,而瑜好乐坟典,虽在戎旅,诵声不绝。年三十九,建安二十年卒。瑜五子:弥、熙、燿、曼、纮。曼至将军,封侯。

诚心体恤照顾,得到他们的欢心。汉献帝建安九年,孙瑜兼任丹杨太守,受到人们的拥护,追随他的有一万多人。晋升为绥远将军。建安十一年,他与周瑜共同进攻麻屯、保屯,攻占了这两个要地。以后孙瑜随从孙权在濡须抵御曹操进攻,孙权要主动与曹操交战,孙瑜劝说孙权要保持慎重,孙权不听,出兵果然没有成功。孙权升任孙瑜为奋威将军,依旧兼任丹杨太守,将驻地从溧阳迁至牛渚。孙瑜任用永安人饶助为襄安县长,无锡人颜连为居巢县长,要他们招引、接纳庐江、九江二郡的人,两人都获得降顺归附的民众。济阴人马普勤研学问,爱好古籍,孙瑜待他用隆重的礼节,选派两府将领官吏子弟几百人前往受业,并且设置学官,让他们在举行祭祀的庙堂讲论学习。当时将领们都专心军事,孙瑜则喜爱古籍,虽说处在战争环境,却从来不中断读书,享年三十九岁,建安二十年去世。孙瑜五个儿子:孙弥、孙熙、孙燿、孙曼、孙纮。孙曼位至将军,封侯爵。

孙皎字叔朗,始拜护军校尉,领众二千余人。是时曹公数出濡须,皎每赴拒,号为精锐。迁都护征虏将军,代程普督夏口。黄盖及兄瑜卒,又并其军。赐沙羡、云杜、南新市、竟陵为奉邑,自置长吏。轻财能施,善于交结,与诸葛瑾至厚,委庐江刘靖以得失,江夏李允以众事,广陵吴硕、河南张梁以军旅,而倾心亲待,莫不自尽。皎尝遣兵候获魏边将吏美女以进皎,皎更其衣服送还之,下令曰:"今所诛者曹氏,其百姓何罪?自今以往,不得击其老弱。"由是江淮间多归附者。尝以小故与甘宁忿

孙皎字叔朗,开始任护军校尉,领兵两千多人。当时曹操多次出兵进攻濡须,孙皎每每奉命奔赴阻击,人们称赞他的军队精锐,晋升为都护征虏将军,代替程普担任夏口督。黄盖及兄孙瑜死后,又将他们的部下合并由孙皎率领。孙权赐沙羡、云杜、南新市、竟陵四县作为他的封地,可以自己任命高级官吏。他轻视财物,喜欢施舍,善于交结朋友,同诸葛瑾的关系最为亲密。他要求庐江刘靖考虑他在处理军政大事中的得失,任命江夏李允协助他处理日常事务,委派广陵吴硕、河南张梁帮助他管理军事,孙皎尽心地亲切对待他们,没有哪一个人不为他尽力的。孙皎曾经派遣武装侦察人员,他们将俘获的魏国边境将吏的美女送给孙皎,孙皎更换她们的衣服,派人遣送回家。还下命令说:"现在要杀的是曹操,百姓有什么罪过?从今以后,不能打击魏国的老人幼弱。"因此在长江淮河的中间地区有很多民众归附于他。孙皎曾因小事与甘宁发怒争执,有人劝

争，或以谏宁，宁曰："臣子一例，征虏虽公子，何可专行侮人邪！吾值明主，但当输效力命，以报所天，诚不能随俗屈曲矣。"权闻之，以书让皎曰："自吾与北方为敌，中间十年，初时相持年小，今者且三十矣。孔子言'三十而立'，非但谓五经也。授卿以精兵，委卿以大任，都护诸将于千里之外，欲使如楚任昭奚恤，扬威于北境，非徒相使逞私志而已。近闻卿与甘兴霸饮，因酒发作，侵陵其人，其人求属吕蒙督中。此人虽粗豪，有不如人意时，然其较略大丈夫也。吾亲之者，非私之也。我亲爱之，卿疏憎之；卿所为每与吾违，其可久乎？夫居敬而行简，可以临民；爱人多容，可以得众。二者尚不能知，安可董督在远，御寇济难乎？卿行长大，特受重任，上有远方瞻望之视，下有部曲朝夕从事，何可恣意有盛怒邪？人谁无过，贵其能改，宜追前愆，深自咎责。今故烦诸葛子瑜重宣吾意。临书摧怆，心悲泪下。"皎得书，上疏陈谢，遂与宁结厚。后吕蒙当袭南郡，权欲令皎与蒙为左右部大督，蒙说权曰："若至尊以征虏能，宜用之；以蒙能，宜用蒙。昔周瑜、程普为左右部督，共攻江陵，虽事决于瑜，普自恃久将，且俱是督，遂共

说甘宁向孙皎让步，甘宁说："吴国的臣子应该是一例平等的对待，征虏将军孙皎虽说是皇族子弟，怎么能专门做欺侮别人的事情呢？我有幸遇到圣明的君主，只应当献出我全部力量连同我的生命，来报答君主，实在不能随同时俗委曲求全屈从权贵啊！"孙权得知这事以后，写信责备孙皎说："从我与北方的曹操为敌以来，经过了十年。最初你我还年轻，现在你将近三十岁了。孔子说'人到三十岁，各方面都已经成熟，能够自立了'，这不只说要熟读五经呢。现在我将训练精良的士兵交给你，委派你负担重大的任务，在千里之外统领众多的将领，就是要像楚王任用昭奚恤那样，要你向北方的敌国显示威风，并不是要仅仅使你能满足个人的愿望就够了。最近听说你同甘兴霸饮酒，因为醉酒同他发生了冲突，冒犯欺侮了他，他现在要求将他归属到吕蒙所督领的部队。他这个人虽说粗豪，有时也不会完全使人满意，但从总体来看他还是一个杰出的人物。我亲近、器重他，不是对他的偏爱。我亲爱他，你疏恨他；你的所作所为往往与我相反，怎么能长久这样呢？为人恭谨、严肃而办事简要、明白，才可以做官治民；亲爱他人、多宽容他人，才可以得到众人的拥护。这两点倘若不明白，怎么能够督领远地将士庶民，抵御敌人、挽救危难呢？你也该成熟老练了，所以才授予你重任，上面有远处各方对你的关注、期待，下面有部属与你朝夕相处共事，如何可以放纵自己的感情大发怒火啊!哪一个没有过失，可贵的是能够自己改正，你应该追悔以前的过失，深刻认错、责备自己。现在特别请诸葛子瑜着重向你说明我的意见。当写这封信的时候，我感到很痛心，心情悲伤地流下了泪水。"孙皎收到这封信，上呈文书向孙权陈述过失，并与甘宁建立了深厚友谊。以后吕蒙将偷袭南郡，孙权想任命孙皎与吕蒙分别担任左右部的大都督，吕蒙向孙权进言说："如果您认为征虏将军孙皎合适，您应当重用他；如果您认为我合适，您应当用我。从前周瑜、程普分别担任左右部的大都督，共同攻打江陵，虽说事情由周瑜决定，但程普认

不睦，几败国事，此目前之戒也。”权寤，谢蒙曰：“以卿为大督，命皎为后继。”禽关羽，定荆州，皎有力焉。建安二十四年卒。权追录其功，封子胤为丹杨侯。胤卒，无子。弟晞嗣，领兵，有罪自杀，国除。弟咨、弥、仪皆将军，封侯。咨羽林督，仪无难督。咨为滕胤所杀，仪为孙峻所害。

为自己是老将军，又都是大都督，两人在共事时不能和谐一致，几乎误了国家大事，这可以作为鉴戒。”孙权醒悟了，怀着歉意对吕蒙说：“任命你为大都督，任命孙皎领导后续预备队。”以后俘获关羽，平定荆州，孙皎出了大力。建安二十四年，孙皎病死。孙权在他死后嘉奖他的功绩，封他的儿子孙胤为丹杨侯。孙胤死后，没有儿子。孙胤的弟弟孙晞继承了封爵，担任领兵将领，因为犯罪自杀而死，封国被废除。孙胤的弟弟孙咨、孙弥、孙仪都官至将军，封侯。孙咨任羽林督，孙仪任无难督。以后孙咨被滕胤所杀，孙仪被孙峻害死。

孙奂字季明。兄皎既卒，代统其众，以扬武中郎将领江夏太守。在事一年，遵皎旧迹，礼刘靖、李允、吴硕、张梁及江夏闾举等，并纳其善。奂讷于造次而敏于当官，军民称之。黄武五年，权攻石阳，奂以地主，使所部将军鲜于丹帅五千人先断淮道，自帅吴硕、张梁五千人为军前锋，降高城，得三将。大军引还，权诏使在前往，驾过其军，见奂军陈整齐，权叹曰：“初吾忧其迟钝，今治军，诸将少能及者，吾无忧矣。”拜扬威将军，封沙羡侯。吴硕、张梁皆裨将军，赐爵关内侯。③奂亦爱乐儒生，复命部曲子弟就业，后仕进朝廷者数十人。年四十，嘉禾三年卒。子承嗣，以昭武中郎将代统兵，领郡。赤乌六年卒，无子，封承庶弟壹奉奂后，袭业为将。孙峻之诛诸葛恪也，壹与全熙、施绩攻恪弟公安督融，融自杀。壹从镇南迁镇军，假节督

孙奂字季明。兄孙皎去世后，代孙皎统领军队，任命为扬武中郎将兼江夏太守。当政一年，遵循孙皎的规章制度。礼遇刘靖，李允、吴硕、张梁与江夏闾举等人，采纳他们所提供的好意见。孙奂对于突然发生的紧急事件反应迟钝，但对于他所任官职的日常事务却处理得很敏捷，军民都很称赞他。黄武五年，孙权进攻石阳，孙奂因为是作战地区的主管官员，便派遣所属将军鲜于丹率领五千士兵，先截断淮水（疑为“汉水”）的水上通道，又亲自率领吴硕、张梁等五千人担任大军的先锋，攻下了高城，俘获了敌方三个将领。大军从石阳前线撤回的时候，孙权命令孙奂的军队在前面停止，亲自视察他的军队，见到孙奂的军队阵容整齐，孙权惊叹说：“我当初很担心他迟钝，现在看到他组织、训练的军队，各位将军中很少有人能够赶上他的，我便不担忧了。”授任为扬威将军，封为沙羡侯。吴硕、张梁都升任为裨将军，赐封为关内侯。孙奂也喜欢亲近儒生，又命令所属将领的子弟受读学习，后来有几十人到吴国朝廷里当官。享年四十岁，嘉禾三年去世。儿子孙承继承封爵，授任为昭武中郎将，接替孙奂率领军队，任江夏郡守。赤乌六年，去世，无子，封孙承旁支弟孙壹为孙奂的继承人，承袭他的事业为领兵将领。孙峻诛杀诸葛恪，孙壹与全熙、施绩进攻诸葛恪的弟弟公安督诸葛融，诸葛融自杀。孙壹从镇南将军升任为镇军将军，授予符节，督军夏口。当孙綝诛杀

夏口。及孙綝诛滕胤、吕据，据、胤皆壹之妹夫也，壹弟封又知胤、据谋，自杀。綝遣朱异潜袭壹。异至武昌，壹知其攻己，率部曲千余口过将胤妻奔魏。魏以壹为车骑将军、仪同三司，封吴侯，以故主芳贵人邢氏妻之。邢美色妒忌，下不堪命，遂共杀壹及邢氏。壹入魏三年死。

滕胤、吕据，据、胤都是孙壹的妹夫，壹弟孙封又在事前知道胤、据诛杀孙綝的计划，也自杀而死。孙綝派遣朱异偷袭孙壹。朱异领军到达武昌，孙壹知道是来进攻自己，便率领所属亲兵千余人并携带滕胤的妻子一同投奔魏国。魏国任命孙壹为车骑将军、仪仗与三公相同，封吴侯，将前魏主曹芳的贵人邢氏给他为妻。邢氏容貌美丽、性情妒忌，下面的人忍受不了她的残暴虐待，便同时将孙壹及邢氏杀死。孙壹投奔魏国，直到被害，仅有三年时间。

孙贲字伯阳。父羌字圣台，坚同产兄也。贲早失二亲，弟辅婴孩，贲自赡育，友爱甚笃。为郡督邮守长。坚于长沙举义兵，贲去吏从征伐。坚薨，贲摄帅余众，扶送灵柩。后袁术徙寿春，贲又依之。术从兄绍用会稽周昂为九江太守，绍与术不协，术遣贲攻破昂于阴陵。术表贲领豫州刺史，转丹杨都尉，行征虏将军，讨平山越。为扬州刺史刘繇所迫逐，因将士众还住历阳。顷之，术复使贲与吴景共击樊能、张英等，未能拔。及策东渡，助贲、景破英、能等，遂进击刘繇。繇走豫章。策遣贲、景还寿春报术，值术僭号，署置百官，除贲九江太守。贲不就，弃妻孥还江南。④时策已平吴、会二郡，贲与策征庐江太守刘勋、江夏太守黄祖，军旋，闻繇病死，过定豫章，上贲领太守，⑤后封都亭侯。建安十三年，使者刘隐奉诏拜贲为征虏将军，领郡如故。在官十一年卒。子邻嗣。

孙贲字伯阳。父亲孙羌表字圣台，是孙坚的同母兄长。孙贲早年失去双亲，弟弟孙辅还是一个婴孩，孙贲亲自赡养抚育，对弟弟友爱的情谊深厚。他以后担任郡督邮守长。孙坚在长沙兴起义兵，孙贲抛弃官职随同孙坚征讨董卓。孙坚死后，孙贲代理率领孙坚遗留下来的军队，护送孙坚的灵柩回归江南安葬。后来袁术移驻寿春，孙贲又去依附他。袁术的堂兄袁绍任用会稽周昂为九江太守，袁绍与袁术不和，袁术派孙贲在九江郡治阴陵攻败周昂。袁术上表请朝廷任命孙贲兼任豫州刺史，后又转任丹杨都尉，代理征虏将军，讨平了山越族。后来受到扬州刺史刘繇的逼迫驱逐，因此率领他的亲兵、随从回历阳居住。不久，袁术又派遣孙贲与吴景共同进攻樊能、张英等人，未能取胜。直到孙策东渡过江，帮助孙贲、吴景打败了樊能、张英等人，于是并力向刘繇进攻。刘繇逃往豫章。孙策派遣孙贲、吴景回到寿春向袁术报告，这时正当袁术妄称帝号，设置官署、委任百官，任命孙贲担任九江太守。孙贲不肯就职，丢弃了妻子儿女回到江南。这时孙策已经平定了吴郡、会稽郡，孙贲便与孙策一同征讨庐江太守刘勋、江夏太守黄祖。当他们撤军回归时，听说刘繇病死，顺路将豫章郡平定。孙策上表请求任命孙贲兼任豫章太守，以后又封为都亭侯。建安十三年，汉朝使臣刘隐奉皇帝刘协的诏书任命孙贲为征虏将军，依旧兼任豫章太守。任职十一年，病死。儿子孙邻继位。

邻年九岁，代领豫章，进封都乡侯。[6]在郡垂二十年，讨平叛贼，功绩修理。召还武昌，为绕帐督。时太常潘濬掌荆州事，重安长陈留舒燮有罪下狱，濬尝失燮，欲寘之于法。论者多为有言，濬犹不释。邻谓濬曰："舒伯膺兄弟争死，海内义之，以为美谭，仲膺又有奉国旧意。今君杀其子弟，若天下一统，青盖北巡，中州士人必问仲膺继嗣，答者云潘承明杀燮，于事何如？"濬意即解，燮用得济。[7]邻迁夏口沔中督、威远将军，所居任职。赤乌十二年卒。子苗嗣。苗弟旅及叔父安、熙、绩，皆历列位。[8]

孙邻九岁（疑为"十九岁"），接替他父亲的职位，兼任豫章太守，后又晋封为都乡侯。任郡职将近二十年，讨平反叛盗贼，取得了吏治美善的政绩。奉命调回武昌，任绕帐督。当时太常卿潘濬主管荆州的军政，重安县长陈留人舒燮因为有罪投入监狱，潘濬对舒燮的判处有偏严的失误，要对他从严处置。议事的官员有很多人为舒燮说话，潘濬还不能消除疑虑。孙邻对潘濬说："舒伯膺兄弟都争着替死，全国都认为他们有义气，传为佳话。仲膺还有拥戴吴国的旧情。现在您杀了他们的子弟，如果全国统一，皇帝到北方巡视，中原地区的士人一定会询问仲膺的后代，答话的人说潘承明杀了舒燮，对这样的事，您觉得怎样呢？"潘濬的疑虑即时消除，舒燮因此得救。以后孙邻晋升为夏口沔中督、威远将军，凡所担任的职务都很称职。赤乌十二年病死。儿子孙苗继位。孙苗的弟弟孙旅以及孙苗的叔父孙安、孙熙、孙绩，都官至列卿的高位。

孙辅字国仪，贲弟也，以扬武校尉佐孙策平三郡。策讨丹杨七县，使辅西屯历阳以拒袁术，并招诱余民，鸠合遗散。又从策讨陵阳，生得祖郎等。[9]策西袭庐江太守刘勋，辅随从，身先士卒，有功。策立辅为庐陵太守，抚定属城，分置长吏。迁平南将军，假节领交州刺史。遣使与曹公相闻，事觉，权幽系之。[10]数岁卒。子兴、昭、伟、昕，皆历列位。

孙辅字国仪，孙贲的弟弟，曾以扬武校尉辅佐孙策平定吴、会稽、丹杨三郡。孙策征丹杨郡所属七县，派遣孙辅在西边驻守历阳阻击袁术，还负责招引余下的民众，聚合掉队溃散的士卒。又随同孙策攻打陵阳，活捉了祖郎等人。孙策领兵西进偷袭庐江太守刘勋，孙辅随从。他战斗勇猛，总是在士卒的前面，立了功。孙策确定孙辅为庐陵太守，要他安抚平定所属的县城，分别任命高级官员。晋升为平南将军，授予符节，兼任交州刺史。以后他秘密派使者与曹操联系，这件事被发觉，孙权将他囚禁，几年后病死。儿子孙兴、孙昭、孙伟、孙昕，都官至列卿的高位。

孙翊字叔弼，权弟也，骁悍果烈，有兄策风。太守朱治举孝廉，司空辟。[11]建安八年，以偏将军领丹杨太守，时年二十。后卒为左右边鸿所杀，鸿亦即诛。[12]

孙翊字叔弼，孙权的弟弟。骁勇强悍，果敢刚烈，有兄长孙策的风度。吴郡太守朱治推举他为孝廉，司空曹操也选拔他为官。建安八年，授任为偏将军兼任丹杨太守，当时年仅二十岁。后来突然被随从边鸿所杀，边鸿当即被诛死。

子松为射声校尉、都乡

孙翊的儿子孙松任职射声校尉，封为都乡侯。

侯。[13]黄龙三年卒。蜀丞相诸葛亮与兄瑾书曰："既受东朝厚遇，依依于子弟。又子乔良器，为之恻怆。见其所与亮器物，感用流涕。"其悼松如此，由亮养子乔咨述故云。

黄龙三年病死。蜀国丞相诸葛亮在兄长诸葛瑾的信中说："我既受东吴的厚恩，对下一辈子弟的感情也亲密深厚。还有孙子乔是一位贤才，我对他的年轻早逝感到非常悲伤。看到他所赠送给我的器物，因感情激动而流出了泪水。"诸葛亮这样悼念孙松，是因为他的养子诸葛乔向他叹息诉说才有这番话的。

孙匡字季佐，翊弟也。举孝廉茂才，未试用，卒，时年二十余。[14]子泰，曹氏之甥也，为长水校尉。嘉禾三年，从权围新城，中流矢死。泰子秀为前将军、夏口督。秀公室至亲，握兵在外，晧意不能平。建衡二年，晧遣何定将五千人至夏口猎。先是，民间佥言秀当见图，而定远猎，秀遂惊，夜将妻子亲兵数百人奔晋。晋以秀为骠骑将军、仪同三司，封会稽公。[15]

孙匡字季佐，孙翊的弟弟。被推举为孝廉、秀才，还没有试用，病死，年仅二十多岁。儿子孙泰是曹家的外甥，授任为长水校尉。嘉禾三年，随同孙权围攻合肥新城，被飞箭射死。孙泰的儿子孙秀任前将军、夏口督。孙秀是吴国皇族中最亲的子弟，在外地掌握兵权，孙晧心里感到不安。建衡二年，孙晧派遣他的亲信何定率领五千人到夏口打猎。原先民间传说孙秀将被谋害，而今何定远出打猎，孙秀感到惊恐，连夜率领妻子及亲兵几百人投奔晋朝。晋朝任命孙秀为骠骑将军、仪仗与三公相同，封为会稽公。

孙韶字公礼。伯父河，字伯海，本姓俞氏，亦吴人也。孙策爱之，赐姓为孙，列之属籍。[16]后为将军，屯京城。

孙韶字公礼。伯父孙河，字伯海，本姓俞，也是吴郡人。孙策喜爱他，赐他孙姓，将他列入孙氏族谱。以后任命为将军，驻守京城。

初，孙权杀吴郡太守盛宪，[17]宪故孝廉妫览、戴员亡匿山中，孙翊为丹杨，皆礼致之。览为大都督督兵，员为郡丞。及翊遇害，河驰赴宛陵，责怒览、员，以不能全权，令使奸变得施。二人议曰："伯海与将军疏远，而责我乃耳。讨虏若来，吾属无遗矣。"遂杀河，使人北迎扬州刺史刘馥，令住历阳，以丹杨应之。会翊帐下徐元、孙高、傅婴等杀览、员。[18]

当初，孙权杀了吴郡太守盛宪，盛宪以前推举的孝廉妫览、戴员逃亡藏匿在深山之中，孙翊任丹杨太守，都以隆重的礼节招来了他们。任命妫览为大都督总领军队，任命戴员为郡丞。当得知孙翊遇害，孙河立即奔赴宛陵，愤怒斥责妫览、戴员，认为他们没有保护好孙翊，致使奸贼的叛乱行为得逞。览、员二人商议说："伯海与将军孙翊的关系疏远，斥责我们竟然如此严厉，讨虏将军孙权如果来了，我们没有一人可以活了。"便将孙河杀死，派遣人到北方魏国迎接扬州刺史刘馥，要求他南驻历阳，妫览、戴员在丹杨郡接应。恰好孙翊的部将徐元、孙高、傅婴等人这时杀死了妫览、戴员。

韶年十七，收河余众，缮治京城，起楼橹，修器备以御

孙韶十七岁那年，接受了孙河遗留的军队，修缮、整治京城，建筑军用望楼，修理武器设备，积极

敌。权闻乱,从椒丘还,过定丹杨,引军归吴。夜至京城下营,试攻惊之,兵皆乘城传檄备警,讙声动地,颇射外人,权使晓喻乃止。明日见韶,甚器之,即拜承烈校尉,统河部曲,食曲阿、丹徒二县,自置长吏,一如河旧。后为广陵太守、偏将军。权为吴王,迁扬威将军,封建德侯。权称尊号,为镇北将军。韶为边将数十年,善养士卒,得其死力。常以警疆埸远斥候为务,先知动静而为之备,故鲜有负败。青、徐、汝、沛颇来归附,淮南滨江屯候皆彻兵远徙,徐、泗、江、淮之地,不居者各数百里。自权西征,还都武昌,韶不进见者十余年。权还建业,乃得朝觐。权问青、徐诸屯要害,远近人马众寡,魏将帅姓名,尽具识之,有问咸对。身长八尺,仪貌都雅。权欢悦曰:"吾久不见公礼,不图进益乃尔。"加领幽州牧、假节。赤乌四年卒。子越嗣,至右将军。越兄楷武卫大将军、临成侯,代越为京下督。楷弟异至领军将军,奕宗正卿,恢武陵太守。天玺元年,征楷为宫下镇骠骑将军。初永安贼施但等劫皓弟谦,袭建业,或白楷二端不即赴讨者,皓数遣诘楷。楷常惶怖,而卒被召,遂将妻子亲兵数百人归晋,晋以为车骑将军,封丹杨侯。⑲

防御敌军攻击。孙权听说丹杨郡发生了叛乱,从椒丘回,途经丹杨郡城,安定了那里的局势,率领军队回吴都。夜间到达京城外,安下军营,对京城作试探进攻,想使孙韶受惊,孙韶的士兵都登上城墙传达命令,部署警戒,呼喊声音震动大地,对城外的人颇有威慑力量,直到孙权派人向孙韶说明情况后才平静下来。孙权次日召见孙韶,很器重他,立即授任他为承烈校尉,统领孙河的军队,食禄曲阿、丹徒二县,自主任命高级官员,同孙河在世时一样。以后孙韶任广陵太守、偏将军。孙权封为吴王以后,晋升孙韶为扬威将军,封建德侯。孙权称帝后,任命孙韶为镇北将军。孙韶担任了几十年边将,爱护关怀士卒,使他们为自己效死尽力。孙韶经常将警戒边防、远派侦察作为重大任务,预先了解敌方的动静并及早做好各种准备,所以很少失败。青州、徐州、汝南、沛国等地的民众,有很多前来归顺,魏国在淮南、沿江一带所设的军营、哨所,都撤兵迁到远方,徐州、泗水、长江、淮河间的广大地区,不住人的地方各有几百里。自从孙权向西方蜀国出兵,将吴都迁往武昌,孙韶有十多年没有朝见孙权。孙权还都建业,孙韶才能在春秋季节朝见。孙权询问青州、徐州的驻军要地,各地相隔的远近,驻军人马的多少,魏国将帅的姓名等,孙韶对这一切都能准确地记住,所问能够全部回答。他身高八尺,仪容英俊、风度文雅。孙权高兴地说:"我很久没有见到公礼,不料知识、品德的增长,竟然达到这样高的地步!"升任他兼任幽州牧,授予符节。赤乌四年病死。儿子孙越继承爵位,官至右将军。孙越的兄长孙楷任武卫大将军,封为临成侯,代替孙越任京下督。楷弟孙异任领军将军,异弟孙奕任宗正卿,奕弟孙恢任武陵太守。天玺元年,孙晧调孙楷任宫下镇、骠骑将军。当初,永安县山贼施但等人劫持孙晧二弟孙谦进攻建业,有人揭发孙楷首鼠两端,以至没有立即领军讨伐,孙晧多次派人责问孙楷。孙楷时常感到惊慌、恐怖,这次突然受到征召,他便率领妻子儿女、亲兵共几百人投降晋朝,晋朝任命他为车骑将军,封为丹杨侯。

孙桓字叔武，河之子也。[20]年二十五，拜安东中郎将，与陆逊共拒刘备。备军众甚盛，弥山盈谷，桓投刀奋命，与逊戮力，备遂败走。桓斩上夔道，截其径要。备逾山越险，仅乃得免，忿恚叹曰："吾昔初至京城，桓尚小儿，而今迫孤乃至此也！"桓以功拜建武将军，封丹徒侯，下督牛渚，作横江坞，会卒。[21]

孙桓字叔武，孙河的儿子。年二十五岁，授任安东中郎将，与陆逊共同抵御刘备的进攻。刘备军队人数很多，满山遍野，孙桓挥刀拼命力战，与陆逊共同努力，刘备于是战败逃走。孙桓领兵切断上通夔子城故地的通道，扼守必经的险要关口。刘备无路可走，只得攀越高山险地，才勉强逃脱，他愤恨地叹息说："我从前刚到京城，孙桓还是一个小孩子，现在他逼迫我竟然到了这种地步啊！"孙桓因为军功授任建武将军，封丹徒侯，调至长江下游任牛渚督，修筑横江驻军城堡，恰巧在这时病死。

评曰：夫亲亲恩义，古今之常。宗子维城，诗人所称。况此诸孙，或赞兴初基，或镇据边陲，克堪厥任，不忝其荣者乎！故详著云。

评论说：亲信自己的亲人，施恩于情义深厚的人，这是从古至今的通常情理。皇族子弟是保卫这个国家的坚固城防，这是古代诗人的赞美。更何况这些孙氏皇族子弟，有的开创了吴国的基业，有的镇守边地，完全能胜任他们所负担的重任，一点也不玷辱他们应有的荣誉啊！所以详细写了他们的传记。

---

①臣松之案：今永兴县有高迁桥。

②《会稽典录》曰：昕字大明。少游京师，师事太傅陈蕃，博览群书，明于风角，善推灾异。辟太尉府，举高第，稍迁丹杨太守。曹公起义兵，昕前后遣兵万余人助公征伐。袁术之在淮南也，昕恶其淫虐，绝不与通。

《献帝春秋》曰：袁术遣吴景攻昕，未拔，景乃募百姓敢从周昕者死不赦。昕曰："我则不德，百姓何罪？"遂散兵，还本郡。

③《江表传》曰：初权在武昌，欲还都建业，而虑水道泝流二千里，一旦有警，不相赴及，以此怀疑。及至夏口，于坞中大会百官议之，诏曰："诸将吏勿拘位任，其有计者，为国言之。"诸将或陈宜立栅栅夏口，或言宜重设铁锁者，权皆以为非计。时梁为小将，未有知名，乃越席而进曰："臣闻香饵引泉鱼，重币购勇士，今宜明树赏罚之信，遣将入沔，与敌争利，形势既成，彼不敢干也。使武昌有精兵万人，付智略者任将，常使严整。一旦有警，应声相赴。作甘水城，轻舰数千，诸所宜用，皆使备具。如此开门延敌，敌自不来矣。"权以梁计为最得，即超增梁位。后稍以功进至沔中督。

④《江表传》曰：袁术以吴景守广陵，策族兄香亦为术所用，作汝南太守，而令贲为将军，领兵在寿春。策与景等书曰："今征江东，未知二三君意云何耳？"景即弃守归，贲困而后免，香以道远独不得还。

《吴书》曰：香字文阳。父孺，字仲孺，坚再从弟也，仕郡主簿功曹。香从坚征伐有功，拜郎中。后为袁术驱驰，加征南将军，死于寿春。

⑤《江表传》曰：时丹杨僮芝自署庐陵太守，策留贲弟辅领兵往南昌，策谓贲曰："兄今据豫章，是扼僮芝咽喉而守其门户矣。但当伺其形便，因令国仪杖兵而进，使公瑾为作势援，一举可定也。"后贲闻芝病，即如策计。周瑜到巴丘，辅遂

得进据庐陵。

⑥《吴书》曰：邻字公达，雅性精敏，幼有令誉。

⑦《博物志》曰：仲膺名邵。初，伯膺亲友为人所杀，仲膺为报怨。事觉，兄弟争死，皆得免。袁术时，邵为阜陵长。亦见《江表传》。

⑧《吴历》曰：邻又有子曰述，为武昌督，平荆州事。震，无难督。谐，城门校尉。歆，乐乡督。震后御晋军，与张悌俱死。贲曾孙惠，字德施。

《惠别传》曰：惠好学有才智，晋永宁元年，赴齐王冏义，以功封晋兴侯，辟大司马贼曹属。冏骄矜僭侈，天下失望。惠献言于冏，讽以五难、四不可，劝令委让万机，归藩青岱，辞甚深切。冏不能纳，顷之果败。成都王颖召为大将军参军。是时颖将有事于长沙，以陆机为前锋都督。惠与机乡里亲厚，忧其致祸，谓之曰："子盍让都督于王粹乎？"机曰："将谓吾避贼首鼠，更速其害。"机寻被戮，二弟云、耽亦见杀，惠甚伤恨之。永兴元年，乘舆幸邺，司空东海王越治兵下邳，惠以书干越，诡其姓名，自称南岳逸民秦秘之，勉以勤王匡世之略，辞义甚美。越省其书，榜题道衢，招求其人。惠乃出见，越即以为记室参军，专掌文疏，豫参谋议。每造书檄，越或驿马催之，应命立成，皆有辞旨。累迁显职，后为广武将军、安丰内史。年四十七卒。惠文翰凡数十首。

⑨《江表传》曰：策既平定江东，逐袁胤。袁术深怨策，乃阴遣间使赍印绶与丹杨宗帅陵阳祖郎等，使激动山越，大合众，图共攻策。策自率将士讨郎，生获之。策谓郎曰："尔昔袭击孤，斫孤马鞍，今创军立事，除弃宿恨，惟取能用，与天下通耳。非但汝，汝莫恐怖。"郎叩头谢罪。即破械，赐衣服，署门下贼曹。及军还，郎与太史慈俱在前导军，人以为荣。

⑩《典略》曰：辅恐权不能保守江东，因权出行东冶，乃遣人赍书呼曹公。行人以告，权乃还，伪若不知，与张昭共见辅，权谓辅曰："兄厌乐邪，何为呼他人？"辅云无是。权因投书与昭，昭示辅，辅惭无辞。乃悉斩辅亲近，分其部曲，徙辅置东。

⑪《典略》曰：翊名俨，性似策。策临卒，张昭等谓策当以兵属俨，而策呼权，佩以印绶。

⑫《吴历》载翊妻徐节行，宜与妫览等事相次，故列于后《孙韶传》中。

⑬《吴录》曰：松善与人交，轻财好施。镇巴丘，数咨陆逊以得失。尝有小过，逊面责松，松意色不平，逊观其少释，谓曰："君过听不以某鄙，数见访及，是以承来意进尽言，便变色，何也？"松笑曰："属亦自忿行事有此，岂有望邪！"

⑭《江表传》曰：曹休出洞口，吕范率军御之。时匡为定武中郎将，违范令放火，烧损茅芒，以乏军用，范即启送匡还吴。权别其族为丁氏，禁固终身。

臣松之案本传曰："匡未试用卒，时年二十余。"而《江表传》云吕范在洞口，匡为定武中郎将。既为定武，非为未试用。且孙坚以初平二年卒，洞口之役在黄初三年，坚卒至此合三十一年，匡时若尚在，本传不得云卒时年二十余也。此盖权别生弟朗，《江表传》误以为匡也。朗之名位见《三朝录》及虞喜《志林》也。

⑮《江表传》曰：晧大怒，追改秀姓曰厉。

干宝《晋纪》曰：秀在晋朝，初闻晧降，群臣毕贺，秀称疾不与，南向流涕曰："昔讨逆弱冠以一校尉创业，今后主举江南而弃之，宗庙山陵，于此为墟。悠悠苍天，此何人哉！"朝廷美之。

《晋诸公赞》曰：吴平，降为伏波将军，开府如故。永宁中卒，追赠骠骑、开府。子俭，字仲节，给事中。

⑯《吴书》曰：河，坚族子也，出后姑俞氏，后复姓为孙。河质性忠直，讷言敏行，有气干，能服勤。少从坚征讨，常为前驱，后领左右兵，典知内事，待以腹心之任。又从策平定吴、会，从权讨李术，术破，拜威寇中郎将，领庐江太守。

⑰《会稽典录》曰：宪字孝章，器量雅伟，举孝廉，补尚书郎，稍迁吴郡太守，以疾去官。孙策平定吴、会，诛其英豪，宪素有高名，策深忌之。初，宪与少府孔融善，融忧其不免祸，乃与曹公书曰："岁月不居，时节如流，五十之年，忽焉已至。公为始满，融又过二，海内知识，零落殆尽，惟会稽盛孝章尚存。其人困于孙氏，妻孥湮没，单孑独立，孤危愁苦，若使忧能伤

人，此子不得复永年矣。《春秋传》曰：'诸侯有相灭亡者，桓公不能救，则桓公耻之。'今孝章实丈夫之雄也，天下谭士依以扬声，而身不免于幽执，命不期于旦夕，是吾祖不当复论损益之友，而朱穆所以绝交也。公诚能驰一介之使，加咫尺之书，则孝章可致，友道可弘也。今之少年，喜谤前辈，或能讥平皮柄反。孝章；孝章要为有天下大名，九牧之民所共称叹。燕君市骏马之骨，非欲以骋道里，乃当以招绝足也。惟公匡复汉室，宗社将绝，又能正之，正之之术，实须得贤。珠玉无胫而自至者，以人好之也，况贤者之有足乎？昭王筑台以尊郭隗，隗虽小才，而逢大遇，竟能发明主之至心，故乐毅自魏往，剧辛自赵往，邹衍自齐往。向使郭隗倒县而王不解，临溺而王不拯，则士亦将高翔远引，莫有北首燕路者矣。凡所称引，自公所知，而有云者，欲公崇笃斯义也，因表不悉。"由是征为骑都尉。制命未至，果为权所害。子匡奔魏，位至征东司马。

⑱《吴历》曰：妫览、戴员亲近边洪等，数为翊所困，常欲叛逆，因吴主出征，遂其奸计。时诸县令长并会见翊，翊以妻徐氏颇晓卜，翊入语徐："吾明日欲为长吏作主人，卿试卜之。"徐言："卦不能佳，可须异日。"翊以长吏来久，宜速遣，乃大请宾客。翊出入常持刀，尔时有酒色，空手送客，洪从后斫翊，郡中扰乱，无救翊者，遂为洪所杀，迸走入山。徐氏购募追捕，中宿乃得，览、员归罪杀洪。诸将皆知览、员所为，而力不能讨。览入居军府中，悉取翊嫔妾及左右侍御，欲复取徐。恐逆之见害，乃绐之曰："乞须晦日设祭除服。"时月垂竟，览听须祭毕。徐潜使所亲信语翊亲近旧将孙高、傅婴等，说："览已虏略婢妾，今又欲见逼，所以外许之者，欲安其意以免祸耳。欲立微计，愿二君哀救。"高、婴涕泣答言："受府君恩遇，所以不即死难者，以死无益，欲思惟事计，事计未立，未敢启夫人耳。今日之事，实夙夜所怀也。"乃密呼翊时侍养者二十余人，以徐意语之，共盟誓，合谋。到晦日，设祭，徐氏哭泣尽哀毕，乃除服，薰香沐浴，更于他室，安施帏帐，言笑欢悦，示无戚容。大小凄怆，怪其如此。览密觇视，无复疑意。徐呼高、婴与诸婢罗住户内，使人报览，说已除凶即吉，惟府君敕命。览盛意入，徐出户拜。览适得一拜，徐便大呼："二君可起！"高、婴俱出，共得杀览，余人即就外杀员。夫人乃还缞绖，奉览、员首以祭翊墓。举军震骇，以为神异。吴主续至，悉族诛览、员余党，擢高、婴为牙门，其余皆加赐金帛，殊其门户。

⑲《晋诸公赞》曰：吴平，降为渡辽将军，永安元年卒。

《吴录》曰：楷处事严整不如孙秀，而人间知名，过也。

⑳《吴书》曰：河有四子。长助，曲阿长。次谊，海盐长。并早卒。次桓，仪容端正，器怀聪朗，博学强记，能论议应对，权常称为宗室颜渊，擢为武卫都尉。从讨关羽于华容，诱羽余党，得五千人，牛马器械甚众。

㉑《吴书》曰：桓弟俊，字叔英，性度恢弘，才经文武，为定武中郎将，屯戍薄落，赤乌十三年卒。长子建袭爵，平虏将军。少子慎，镇南将军。慎子丞，字显世。

《文士传》曰：丞好学，有文章，作《萤火赋》行于世。为黄门侍郎，与顾荣俱为侍臣。归命世内侍多得罪尤，惟荣、丞独获全。常使二人记事，丞答顾问，乃下诏曰："自今已后，用侍郎皆当如今宗室丞、顾荣畴也。"吴平赴洛，为范阳涿令，甚有称绩。永安中，陆机为成都王大都督，请丞为司马，与机俱被害。

三国志卷五十二　吴书七

张顾诸葛步传第七

张昭字子布，彭城人也。少好学，善隶书，从白侯子安受《左氏春秋》，博览众书，与琅邪赵昱、东海王朗俱发名友善。弱冠察孝廉，不就，与朗共论旧君讳事，州里才士陈琳等皆称善之。①刺史陶谦举茂才，不应，谦以为轻己，遂见拘执。昱倾身营救，方以得免。汉末大乱，徐方士民多避难扬土，昭皆南渡江。孙策创业，命昭为长史、抚军中郎将，升堂拜母，如比肩之旧，文武之事，一以委昭。②昭每得北方士大夫书疏，专归美于昭，昭欲嘿而不宣则惧有私，宣之则恐非宜，进退不安。策闻之，欢笑曰："昔管仲相齐，一则仲父，二则仲父，而桓公为霸者宗。今子布贤，我能用之，其功名独不在我乎？"

张昭字子布，是彭城郡人。少年时爱好学习，善写隶书，跟着白侯子安学习《左氏春秋》，他博览群书，和琅邪赵昱、东海郡王郎同时出名并且互相友好。二十岁时被举荐为孝廉，他没有接受，和王郎一同讨论关于以前君王的避讳问题，同州的才士陈琳等都赞赏他的见解。徐州刺史陶谦荐举他为茂才，不去应荐，陶谦认为他轻视自己，就把他抓了起来。赵昱尽全力营救，张昭才得以脱身。汉朝末年，天下大乱，徐州的士人和百姓大多跑到扬州去避难，张昭等人也都南渡长江。孙策创业，任命张昭担任长史、抚军中郎将，并让张昭入中堂拜见自己的母亲，就像他已是多年相处的老朋友，文事武事，全都交付张昭。张昭每当收到北方士大夫的书信报告，其中有专门称美自己的，张昭想隐瞒不让人知道，又担心别人说他有见不得人的事，让人知道又怕不太适宜，因此进退不安。孙策知道了这件事，高兴地笑着说："从前管仲当齐桓公相国，齐桓公一次称他仲父，二次还是称他仲父，可齐桓公却成了春秋霸主之首。现在子布贤能，我能用他，难道功名不会是我的吗？"

策临亡，以弟权托昭，昭率群僚立而辅之。③上表汉室，下移属城，中外将校，各令奉职。权悲感未视事，昭谓权曰："夫为人后者，贵能负荷先轨，克昌堂构，以成勋业也。方今天下鼎沸，群盗满山，孝廉何得寝伏哀戚，肆匹夫之情哉？"

孙策临终，把弟弟孙权托付给张昭，张昭拥立孙权并辅佐他。上表报告汉朝皇帝，发布文书给下属各地，对内外将校，下令他们各自谨守其职。孙权悲痛感伤而无法处理政事，张昭对孙权说："作为人主的继承者，贵在能担负起前人的事业，使之发扬光大，以完成伟大的功业。当今天下大乱，就像开水在鼎中沸腾，群盗遍于山野，孝廉你怎么能够只顾埋头哀痛，发泄普通人的感情呢？"于是亲自扶持孙

乃身自扶权上马，陈兵而出，然后众心知有所归。昭复为权长史，授任如前。④后刘备表权行车骑将军，昭为军师。权每田猎，常乘马射虎，虎常突前攀持马鞍。昭变色而前曰："将军何有当尔？夫为人君者，谓能驾御英雄，驱使群贤，岂谓驰逐于原野，校勇于猛兽者乎？如有一旦之患，奈天下笑何？"权谢昭曰："年少虑事不远，以此惭君。"然犹不能已，乃作射虎车，为方目，间不置盖，一人为御，自于中射之。时有逸群之兽，辄复犯车，而权每手击以为乐。昭虽谏争，常笑而不答。魏黄初二年，遣使者邢贞拜权为吴王。贞入门，不下车。昭谓贞曰："夫礼无不敬，故法无不行。而君敢自尊大，岂以江南寡弱，无方寸之刃故乎！"贞即遽下车。拜昭为绥远将军，封由拳侯。⑤权于武昌，临钓台，饮酒大醉。权使人以水洒群臣曰："今日酣饮，惟醉堕台中，乃当止耳。"昭正色不言，出外车中坐。权遣人呼昭还，谓曰："为共作乐耳，公何为怒乎？"昭对曰："昔纣为糟丘酒池长夜之饮，当时亦以为乐，不以为恶也。"权默然，有惭色，遂罢酒。初，权当置丞相，众议归昭。权曰："方今多事，职统者责重，非所以优之也。"后孙邵卒，百寮复举昭，权曰："孤岂为子布有爱乎？领

权上马，排列兵士警卫而出，这样人们就心里知道有了归属。张昭仍然担任孙权的长史，授予的职权和从前一样。后来刘备上表朝廷，授给孙权行车骑将军，张绍于是担任了军师。孙权每当打猎，经常亲自骑马射虎，曾经有老虎突然冲出，跳到孙权跟前抓着了马鞍。张昭脸色大变上前说："将军怎么能这样干呢？作为人君，是说他能够驾驭英雄，指挥贤能的人们，哪里是说他能在原野上骑马奔驰和猛兽较量比勇呢？假如发生突然的祸患，天下人笑话，那怎么办？"孙权向张昭表示歉意，说："我年纪轻，考虑事情缺乏远见，为此向你表示惭愧。"但他仍然不能停止打猎，他还造了一个射虎车，上面开了方孔，周围虽然加以隔栏但没安车盖，由一人驾车，孙权自己在车中射杀野兽。不时有离群的猛兽，又来攻击车子，而孙权常常徒手打击野兽，把这当做乐事。张昭虽然劝谏争论，孙权经常只是笑着但不答话。曹魏黄初二年，派了使者邢贞来拜授孙权为吴王。邢贞进门，不下车。张昭对邢贞说："按礼没有不敬慎的，因此按法就没有不实行的。可是你敢自尊自大，这难道是你以为我江南人少国弱，没有方寸小刀的缘故吗!"邢贞急忙下了车。孙权拜张昭为绥远将军，封他为由拳侯。孙权在武昌，到钓台，喝酒大醉。孙权让人用水泼洒群臣，说："今天痛快喝酒，只有醉倒在台中，才能停止。"张昭脸色严肃不说一句话，走到外面坐到车子里。孙权派人去叫张昭回来，对他说："今日只是一起寻快活罢了，您为什么生气呢？"张昭回答说："从前商纣王造糟丘酒池，做长夜之饮，当时也认为是快活，不认为是恶事。"孙权默默不语，面有惭色，就撤去了酒席。当初，孙权准备设丞相一职，人们议论可由张昭担任。孙权说："现在正是多事之际，统领众官的人责任繁重，这不是优待他的做法。"后来孙邵死了，百官又推举张昭，孙权说："我难道是对子布就吝惜这个职位吗？担任

丞相事烦，而此公性刚，所言不从，怨咎将兴，非所以益之也。”乃用顾雍。

丞相事务繁重，然而此公性情刚烈，他说的不照办，就会产生怨恨，担任这个职务不是对他有好处的事。”于是用顾雍为丞相。

权既称尊号，昭以老病，上还官位及所统领。[6]更拜辅吴将军，班亚三司，改封娄侯，食邑万户。在里宅无事，乃著《春秋左氏传解》及《论语注》。权尝问卫尉严畯：“宁念小时所闇书不？”畯因诵《孝经》“仲尼居”。昭曰：“严畯鄙生，臣请为陛下诵之。”乃诵“君子之事上”，咸以昭为知所诵。

孙权称帝之后，张昭因为年老体病，交还了官位和所管领的事务。孙权又拜他为辅吴将军，地位次于三司，改封他为娄侯，给予万户的食邑。张昭家居无事，于是著了《春秋左氏传解》和《论语注》。孙权曾经问卫尉严畯：“还记得小时候所读诵的书吗？”严畯就背诵了《孝经》“仲尼居”这一章。张昭说：“严畯是个浅陋书生，让我为陛下背诵。”于是就背诵了“君子之事上”这一章，人们都认为张昭懂得应该背诵什么。

昭每朝见，辞气壮厉，义形于色，曾以直言逆旨，中不进见。后蜀使来，称蜀德美，而群臣莫拒，权叹曰：“使张公在坐，彼不折则废，安复自夸乎？”明日，遣中使劳问，因请见昭。昭避席谢，权跪止之。昭坐定，仰曰：“昔太后、桓王不以老臣属陛下，而以陛下属老臣，是以思尽臣节，以报厚恩，使泯没之后，有可称述，而意虑浅短，违逆盛旨，自分幽沦，长弃沟壑，不图复蒙引见，得奉帷幄。然臣愚心所以事国，志在忠益，毕命而已。若乃变心易虑，以偷荣取容，此臣所不能也。”权辞谢焉。

张昭每次朝见，言辞亢直声气雄烈，正气形于颜色，他曾因为直言而违逆了旨意，一度不去晋见孙权。后来蜀国使者到来，在朝堂上夸耀蜀国德政美好，而群臣中没有谁能与他辩驳，孙权叹气说：“如果张公在这里，蜀使他不是被折服，就会感到丧气，哪里还能自夸呢？”第二天，孙权派了中使去慰问张昭，并请张昭和他会面。见面时，张昭离座表示道歉，孙权挺直身子止住了他。张昭坐下，抬起头说：“从前太后、桓王不把老臣托付给陛下，却把陛下托付给老臣，因此我总想着竭尽臣节，来报答厚恩，使我辞世之后，有可以为人称道的地方，可是我思虑不够深远，违背了圣上厚意，自以为会受冷落而从此沉沦，被长久弃于沟壑之中，没想到又蒙恩得到陛下接见，能够侍奉陛下。但是我的愚心是想以此服务国家，志在忠心报效，死而后已。假如要改变心念志节，来苟取荣华富贵，这是我所不能做的。”孙权向他表示了歉意。

权以公孙渊称藩，遣张弥、许晏至辽东拜渊为燕王，昭谏曰：“渊背魏惧讨，远来求援，非本志也。若渊改图，欲自明于魏，两使不反，不亦取笑于天下乎？”权与相反覆，昭意

孙权因为公孙渊向他称臣，派张弥、许晏到辽东去拜授公孙渊为燕王，张昭劝谏说：“公孙渊背叛魏国害怕被征讨，就远远地来我国求援，称臣并非他的本意。假如公孙渊改变意图，想向魏国表白自己，那么两位使者就回不来了，这不会被天下人所笑吗？”孙权和张昭反复论辩，张昭坚持自己的意见

弥切。权不能堪，案刀而怒曰："吴国士人入宫则拜孤，出宫则拜君，孤之敬君，亦为至矣，而数于众中折孤，孤尝恐失计。"昭熟视权曰："臣虽知言不用，每竭愚忠者，诚以太后临崩，呼老臣于床下，遗诏顾命之言故在耳。"因涕泣横流。权掷刀致地，与昭对泣。然卒遣弥、晏往。昭忿言之不用，称疾不朝。权恨之，土塞其门，昭又于内以土封之。渊果杀弥、晏。权数慰谢昭，昭固不起，权因出过其门呼昭，昭辞疾笃。权烧其门，欲以恐之，昭更闭户。权使人灭火，住门良久，昭诸子共扶昭起，权载以还宫，深自克责。昭不得已，然后朝会。⑦

更加坚决。孙权不能忍受，手按刀柄发怒说："吴国士人进入宫中就拜我，出宫就拜您，我对您的敬重，也算是到了极点了，可是您却多次在众人面前顶撞我，我担心要失去考虑控制不住自己了。"张昭注视孙权看了很久，说："我虽然知道我所说的不会被采用，但还常常竭尽愚忠的原因，实在是因为太后临终之际，把老臣我叫到床前，那遗言嘱托之语还响在我的耳边。"说着就涕泪横流而下。孙权把刀丢到地上，和张昭相对而流泪。然而孙权最终还是派张弥、许晏二人去了。张昭对自己意见不被采用感到气愤，就推说有病不来上朝。孙权恨他，用土把张昭家的大门堵塞，张昭又在门内用土堆上。公孙渊果然杀了张弥、许晏。孙权多次向张昭表示慰问、道歉，张昭坚决不肯出来，孙权就出宫到他门前呼喊张昭，张昭推辞说病势严重。孙权放火烧他的门，想吓一吓他，张昭更加闭门不出。孙权只好派人把火灭了，在他门前站了好长时间，张昭的儿子们一起扶了他出来，孙权带他上车回到宫中，向他深深地责备自己。张昭没办法，这以后又参加朝会。

昭容貌矜严，有威风，权常曰："孤与张公言，不敢妄也。"举邦惮之。年八十一，嘉禾五年卒。遗令幅巾素棺，敛以时服。权素服临吊，谥曰文侯。⑧长子承已自封侯，少子休袭爵。

张昭容貌庄重严肃，有威仪，孙权常说："我和张公说话，不敢随便。"全国人都怕他。张昭年纪八十一岁，嘉禾五年去世。留下遗言，用幅巾束发和简朴的棺木，用时服装殓。孙权穿着白色祭服亲临吊唁，给予张昭文侯的谥号。长子张承已经封侯，小儿子张休承袭了他的封爵。

昭弟子奋年二十，造作攻城大攻车，为步骘所荐。昭不愿曰："汝年尚少，何为自委于军旅乎？"奋对曰："昔童汪死难，子奇治阿，奋实不才耳，于年不为少也。"遂领兵为将军，连有功效，至半州都督，封乐乡亭侯。

张昭弟弟的儿子张奋，年龄二十，制造了攻城的大攻车，被步骘所荐用。张昭不愿意，说："你年纪还轻，为什么自投身于军队里呢？"张奋回答说："从前鲁国童子汪踦为国殉难，子奇十八岁治理阿地，我实在没有才能罢了，比年纪就不算小。"于是带兵担任将军，接连建立功劳，官至半州都督，封为乐乡亭侯。

承字仲嗣，少以才学知名，与诸葛瑾、步骘、严畯相友

张承字仲嗣，少年时因才学而出名，与诸葛瑾、步骘、严畯互相友好。孙权当骠骑将军时，征辟他担

善。权为骠骑将军，辟西曹掾，出为长沙西部都尉。讨平山寇，得精兵万五千人。后为濡须都督、奋威将军，封都乡侯，领部曲五千人，承为人壮毅忠谠，能甄识人物，拔彭城蔡款、南阳谢景于孤微童幼，后并为国士，款至卫尉，景豫章太守。[9]又诸葛恪年少时，众人奇其英才，承言终败诸葛氏者元逊也。勤于长进，笃于物类，凡在庶几之流，无不造门。年六十七，赤乌七年卒，谥曰定侯。子震嗣。初，承丧妻，昭欲为索诸葛瑾女，承以相与有好，难之，权闻而劝焉，遂为婿。[10]生女，权为子和纳之。权数令和修敬于承，执子婿之礼。震诸葛恪诛时亦死。

任西曹掾，后又出任长沙西部都尉。征讨平定了山越寇乱，得到精兵一万五千人。后来担任濡须都督、奋威将军，封都乡侯，领有部曲五千人。张承为人豪壮坚毅、忠正耿直，能甄别鉴识人物，从孤苦贫困的幼童中培养提拔了彭城人蔡款、南阳人谢景，后来这二人都成了国士，蔡款官至卫尉，谢景当了豫章太守。又有诸葛恪年轻时，众人对他的杰出才能十分惊异，张承却说最终使诸葛氏败亡的人将是元逊即诸葛恪。张承为人勤勉，努力进取，对待士人十分厚道，凡是有才学的士人，没有不上门拜访他的。年龄六十七岁，赤乌七年去世，谥号为定侯。儿子张震继承爵位。当初，张承的妻子死了，张昭打算为他求娶诸葛瑾的女儿，张承因自己与诸葛瑾相友好，对此感到为难，孙权听说这事就劝说他，于是张承做了诸葛瑾的女婿。生了一个女儿，孙权为儿子孙和娶了她。孙权多次让孙和对张承要恭敬，要遵守女婿的礼节。张震，在诸葛恪被诛杀时也死了。

休字叔嗣，弱冠与诸葛恪、顾谭等俱为太子登僚友，以《汉书》授登。[11]从中庶子转为右弼都尉。权常游猎，迨暮乃归，休上疏谏戒，权大善之，以示于昭。及登卒后，为侍中，拜羽林都督，平三典军事，迁扬武将军。为鲁王霸友党所谮，与顾谭、承俱以芍陂论功事，休、承与典军陈恂通情，诈增其伐，并徙交州。中书令孙弘佞伪险诐，休素所忿，[12]弘因是谮诉，下诏书赐休死，时年四十一。

张休字叔嗣，二十岁时与诸葛恪、顾谭等人都是太子孙登的僚属幕友，给孙登讲授《汉书》。从中庶子转任为右弼都尉。孙权常去打猎，到日暮时才回来，张休上疏劝谏，孙权对他的话大为赞赏，把他写的疏表给张昭看。到孙登死后，张休任侍中，拜授为羽林都督，兼管三典军事务，并任扬武将军。后来张休被鲁王孙霸的党羽亲信所诬陷，与顾谭、顾承都因为芍陂论功的事，张休、顾承和典军陈恂相互勾结，虚报军功，于是一起被流放到交州。中书令孙弘谄媚欺诈、邪恶不正，是张休所一向愤恨的人，孙弘趁此机会诬陷告发张休，朝廷下诏书赐张休死，当时他四十一岁。

顾雍字元叹，吴郡吴人也。[13]蔡伯喈从朔方还，尝避怨于吴，雍从学琴书。[14]州郡表

顾雍字元叹，吴郡吴县人。蔡伯喈从朔方流放归来，曾经在吴县躲避仇人，顾雍跟从他学习弹琴和书法。州郡政府上表荐举他，二十岁就担任了合

荐，弱冠为合肥长，后转在娄、曲阿、上虞，皆有治迹。孙权领会稽太守，不之郡，以雍为丞，行太守事，讨除寇贼，郡界宁静，吏民归服。数年，入为左司马。权为吴王，累迁大理奉常，领尚书令，封阳遂乡侯，拜侯还寺，而家人不知，后闻乃惊。

黄武四年，迎母于吴。既至，权临贺之，亲拜其母于庭，公卿大臣毕会，后太子又往庆焉。雍为人不饮酒，寡言语，举动时当。权尝叹曰："顾君不言，言必有中。"至饮宴欢乐之际，左右恐有酒失而雍必见之，是以不敢肆情。权亦曰："顾公在坐，使人不乐。"其见惮如此。是岁，改为太常，进封醴陵侯，代孙邵为丞相，平尚书事。其所选用文武将吏各随能所任，心无適莫。时访逮民间，及政职所宜，辄密以闻。若见纳用，则归之于上，不用，终不宣泄。权以此重之。然于公朝有所陈及，辞色虽顺而所执者正。权尝咨问得失，张昭因陈听采闻，颇以法令太稠，刑罚微重，宜有所蠲损。权默然，顾问雍曰："君以为何如？"雍对曰："臣之所闻，亦如昭所陈。"于是权乃议狱轻刑。⑮久之，吕壹、秦博为中书，典校诸官府及州郡文书。壹等因此渐作威福，遂造作榷酤障管之利，举罪纠奸，纤介必闻，重以深案丑诬，毁短大臣，排陷无

肥县长，后来调任为娄县、曲阿、上虞等县的县长、县令，都有政绩。孙权兼任会稽太守，不到郡中去办事，让顾雍担任郡丞，代理太守职务，他征讨平定强寇盗贼，一郡之内安宁平静，官吏百姓都归顺服从。几年后，他调到朝内担任了左司马。孙权当了吴王，顾雍连着升任大理、奉常，又担任尚书令，被封为阳遂乡侯，封侯后回到官衙，家人还不知道这事，后来听说才感到惊喜。

黄武四年，他到吴县迎接母亲。接来后，孙权来向他表示祝贺，亲自到庭中拜见他的母亲，公卿大臣也都来了，后来太子也去向他道贺。顾雍为人不饮酒，言语不多，举动适时得当。孙权曾赞叹说："顾君要么不说话，一说话就必定在理。"在饮宴欢乐的场合，坐在他旁边的人担心酒后失态一定会被顾雍看到，因而不敢尽情放开饮酒。孙权也说："顾公在座，使人们乐不起来。"他使人畏惧到这样的地步。这一年，他改任太常，晋封为醴陵侯，接替孙邵担任丞相、平尚书事。他所选用的文官武将都根据他们的才能加以任用，心中没有厚此薄彼的成见。他时常到民间查访，听到看到对政事有益的意见或事情，就秘密报告孙权。如果意见被采用了，就归功于主上，不被采用，最终也不泄露出来。孙权因为这点看重他。但他在朝堂公会上陈报事情，辞气面色虽然和顺而所坚持的都是正理。孙权曾经向臣下询问政事得失，张昭就陈述他的采访见闻，很有点认为法令过于苛细，刑罚也稍微重了一点，应该有所删除减轻。孙权沉默不语，回头看着顾雍，问他说："您以为怎样？"顾雍回答说："我所听说的，也和张昭所说的一样。"于是孙权才让讨论狱政减轻刑罚。过了很久，吕壹、秦博担任中书，掌管检查监视各官府和州郡的文书。吕壹等人就趁此渐渐作威作福，于是制定酒类专卖，矿产、山林、水泽专管以牟利的办法，检举罪人纠察奸恶，丁点儿小事也要上报，接着又深入追查丑化诬陷，毁谤攻击大臣，排挤陷害无

辜，雍等皆见举白，用被谴让。后壹奸罪发露，收系廷尉。雍往断狱，壹以囚见，雍和颜色，问其辞状，临出，又谓壹曰："君意得无欲有所道？"壹叩头无言。时尚书郎怀叙面詈辱壹，雍责叙曰："官有正法，何至于此！"[16]

辜，顾雍等人都被举报，因此受到孙权谴责。后来吕壹奸恶之罪被揭露了，被抓起来关在廷尉下属的监狱里。顾雍前往审问定罪，吕壹以囚犯身份见他，顾雍面色温和，仔细问他案情，临离开时，又对吕壹说："你心里没有什么要申诉的吗？"吕壹叩头不说话。这时尚书郎怀叙当面咒骂侮辱吕壹，顾雍责备怀叙说："国家有明正的法律，何必至于这样！"

雍为相十九年，年七十六，赤乌六年卒。初疾微时，权令医赵泉视之，拜其少子济为骑都尉。雍闻，悲曰："泉善别死生，吾必不起，故上欲及吾目见济拜也。"权素服临吊，谥曰肃侯。长子邵早卒，次子裕有笃疾，少子济嗣，无后，绝。永安元年，诏曰："故丞相雍，至德忠贤，辅国以礼，而侯统废绝，朕甚愍之。其以雍次子裕袭爵为醴陵侯，以明著旧勋。"[17]

顾雍当丞相十九年，年纪七十六岁，赤乌六年去世。起初病症初起还不严重的时候，孙权让医生赵泉为他诊视，又拜他的小儿子顾济为骑都尉。顾雍知道了，悲伤地说："赵泉善于断定病者生死，我一定好不了了，所以皇上想要让我活着亲眼见到顾济拜官哪。"孙权穿着白色祭服亲临吊唁，给他谥号为肃侯。长子顾邵早死，次子顾裕身患重病，小儿子顾济继承了他的爵位，顾济没有后代，爵位无人承袭。永安元年，皇帝下诏说："已故丞相顾雍，道德极高而又忠正贤良，按照礼法去辅助国家，但他的侯爵统绪废灭断绝了，朕非常怜悯他。让他的次子顾裕承袭他的爵位为醴陵侯，以此来表彰以前的勋臣。"

邵字孝则，博览书传，好乐人伦。少与舅陆绩齐名，而陆逊、张敦、卜静等皆亚焉。[18]自州郡庶几及四方人士，往来相见，或言议而去，或结厚而别，风声流闻，远近称之。权妻以策女。年二十七，起家为豫章太守。下车祀先贤徐孺子之墓，优待其后；禁其淫祀非礼之祭者。小吏资质佳者，辄令就学，择其先进，擢置右职，举善以教，风化大行。初，钱唐丁谞出于役伍，阳羡张秉生于庶民，乌程吴粲、云阳殷礼起乎微贱，邵皆拔而友之，为立声

顾邵字孝则，他博览各种古书，喜欢品评人物。年轻时与舅父陆绩齐名，而陆逊、张敦、卜静等人都不如他。自本州郡贤才以及四方各处人士，都来和他会面，有的和他交谈议论后走了，有的和他厚结友谊而离开，声名传扬，远近的人对他都加以称赞。孙权把孙策的女儿嫁给了他。年纪二十七岁，初出仕就担任豫章太守。刚到职就去祭祀当地先贤徐孺子的墓，优待徐孺子的后人，禁止当地不合礼制规定的民间祭祀。府中小吏本质好天资高的，就让他们去从师学习，选择其中进步快的，提拔到重要职位上，选拔那些好的来教育其他较差的，良好的社会风气流行起来。当初，钱唐人丁谞出身于行伍，阳羡人张秉生在平民百姓家，乌程人吴粲、云阳人殷礼出自寒微贫贱的家庭，顾邵都加以提拔并和他们成为朋友，为他们树立声誉。张秉遇到父母逝世的

誉。秉遭大丧，亲为制服结绖。邵当之豫章，发在近路，值秉疾病，时送者百数，邵辞宾客曰：“张仲节有疾，苦不能来别，恨不见之，暂还与诀，诸君少时相待。”其留心下士，惟善所在，皆此类也。谞至典军中郎，秉云阳太守，礼零陵太守，[19]粲太子少傅。世以邵为知人。在郡五年，卒官，子谭、承云。

谭字子默，弱冠与诸葛恪等为太子四友，从中庶子转辅正都尉。[20]赤乌中，代恪为左节度。[21]每省簿书，未尝下筹，徒屈指心计，尽发疑谬，下吏以此服之。加奉车都尉。薛综为选曹尚书，固让谭曰：“谭心精体密，贯道达微，才照人物，德允众望，诚非愚臣所可越先。”后遂代综。祖父雍卒数月，拜太常，代雍平尚书事。是时鲁王霸有盛宠，与太子和齐衡，谭上疏曰：“臣闻有国有家者，必明嫡庶之端，异尊卑之礼，使高下有差，阶级逾邈，如此则骨肉之恩生，觊觎之望绝。昔贾谊陈治安之计，论诸侯之势，以为势重，虽亲必有逆节之累，势轻，虽疏必有保全之祚。故淮南亲弟，不终飨国，失之于势重也；吴芮疏臣，传祚长沙，得之于势轻也。昔汉文帝使慎夫人与皇后同席，袁盎退夫人之座，帝有怒色，及盎辨上下之仪，陈人彘之戒，帝既悦怿，夫人亦悟。今臣所陈，

丧事，顾邵亲自为他置了丧服并替他穿戴上。顾邵要到豫章郡去上任了，在路边马上就要出发，正碰上张秉生病，当时来送行的有上百人，顾邵辞谢宾客们说：“张仲节生了病，苦于不能来送别，我很遗憾没有见到他，我暂时回去和他告别，请诸君稍微等待一下。”他留意关注贫寒之士，只要是良善的人，他都是像这样对待。丁谞官至典军中郎，张秉做到云阳太守，殷礼后任零陵太守，吴粲当了太子少傅。世人认为顾邵懂得鉴识人物。他在豫章郡任职五年，死于任上，儿子有顾谭、顾承。

顾谭字子默，二十岁时与诸葛恪等人号为太子四友，从中庶子转任辅正都尉。赤乌年间，接替诸葛恪任左节度。每当检查账簿书册，从不使用算筹，只靠屈指心算，疑难错谬都能指出，下属官吏因此而佩服他。被朝廷加授奉车都尉。薛综被任命为选曹尚书，坚持要将此职让给顾谭，说：“顾谭心思精微，体察细密，融贯大道，晓达妙理，才华照人，德孚众望，确实不是愚臣所能比得上的。”后来顾谭就代替了薛综。祖父顾雍死后数月，顾谭担任太常，接替顾雍平尚书事之职。当时鲁王孙霸受到孙权厚宠，与太子孙和的地位不相上下，顾谭上疏说：“臣听说有国有家的人，一定要明察嫡庶的大端，分别尊卑的礼法，使得上下有所差别，等级区分明显，这样就骨肉恩情产生，非分的欲望灭绝。从前贾谊陈述治安的策略，评论诸侯的权势，认为诸侯权势重，虽是亲近者也定有违逆臣节的祸害；权势轻，虽然关系疏远也必有保全的福祚。所以淮南王是汉文帝的亲弟弟，却不能享有自己的封国以终天年，失之于权势重；吴芮是关系疏远的异姓臣子，却能延续王位于长沙，得之于权势轻。从前汉文帝让慎夫人与皇后同席而坐，袁盎把慎夫人的座位退开，文帝面有怒色，等到袁盎辨明上下之间的礼仪，陈述人彘的教训，文帝既高兴，慎夫人也省悟了。现在我所陈说的

非有所偏，诚欲以安太子而便鲁王也。”由是霸与谭有隙。时长公主婿卫将军全琮子寄为霸宾客，寄素倾邪，谭所不纳。先是，谭弟承与张休俱北征寿春，全琮时为大都督，与魏将王凌战于芍陂，军不利，魏兵乘胜陷没五营将秦晃军，休、承奋击之，遂驻魏师。时琮群子绪、端亦并为将，因敌既住，乃进击之，凌军用退。时论功行赏，以为驻敌之功大，退敌之功小，休、承并为杂号将军，绪、端偏裨而已。寄父子益恨，共构会谭。[22]谭坐徙交州，幽而发愤，著《新言》二十篇。其《知难篇》盖以自悼伤也。见流二年，年四十二，卒于交阯。

事理，并非我有所偏向，确实是想让太子安宁并且对鲁王也有利啊。”因为这事孙霸与顾谭产生了嫌隙。当时长公主的丈夫卫将军全琮的儿子全寄是孙霸的宾客，全寄为人一向奸邪不正派，是顾谭所不愿结交的人。在这以前，顾谭弟弟顾承和张休都曾率兵北征寿春，全琮当时担任大都督，和魏将王凌在芍陂作战，战事不利，魏兵乘胜消灭了五营将秦晃的部队，张休、顾承奋勇向敌进攻，才把魏国部队挡住。当时全琮的儿子们全绪、全端也都担任将领，趁敌军停止进攻之后，才向敌人进击，王凌的部队因此退走了。当时论功行赏，朝廷认为挡住了敌人攻势的功劳大，打退敌人的功劳小。张休、顾承都被升为杂号将军，全绪、全端不过升为偏裨将领而已。全寄父子因此更加怀恨，这时就乘机一起来诬陷顾谭。因此顾谭被流放交州，心情愁闷转而发愤，写出了《新言》二十篇。其中的《知难篇》是因自我伤感而作。顾谭被流放两年后，年纪四十二岁时，死于交阯。

承字子直，嘉禾中与舅陆瑁俱以礼征。权赐丞相雍书曰：“贵孙子直，令问休休，至与相见，过于所闻，为君嘉之。”拜骑都尉，领羽林兵。后为吴郡西部都尉，与诸葛恪等共平山越，别得精兵八千人，还屯军章坑，拜昭义中郎将，入为侍中。芍陂之役，拜奋威将军，出领京下督。数年，与兄谭、张休等俱徙交州，年三十七卒。

顾承字子直，嘉禾年间和舅父陆瑁一起被朝廷以礼仪征召为官。孙权写信给丞相顾雍说：“贵孙子直，声誉美好，等到和他见面，其人实际比我所听说的更要好，我为您感到高兴。”任命顾承为骑都尉，统领羽林兵。后来又担任吴郡西部都尉，与诸葛恪等人一起平定山越，顾承单独获得精兵八千人，还师在章坑屯驻，被授予昭义中郎将，调入朝廷担任侍中。芍陂之战后，被授予奋威将军，出京担任京下督。几年后，与兄长顾谭、张休等人一起被流放交州，三十七岁时死去。

诸葛瑾字子瑜，琅邪阳都人也。[23]汉末避乱江东。值孙策卒，孙权姊婿曲阿弘咨见而异之，荐之于权，与鲁肃等并见宾待，后为权长史，转中司马。建安二十年，权遣瑾使蜀通好

诸葛瑾字子瑜，是琅邪郡阳都县人。汉朝末年他来到江东避乱。正值孙策去世，孙权的姐夫曲阿人弘咨见到他，认为他不同常人，就向孙权推荐了他，与鲁肃等人都被当做宾客来对待，后来担任孙权的长史，转任中司马。建安二十年，孙权派诸葛瑾出使蜀国与刘备建立友好关系，在那里诸葛瑾和他

刘备，与其弟亮俱公会相见，退无私面。

弟弟诸葛亮每次会面都在公开场合，退下来从不私下会见。

与权谈说谏喻，未尝切愕，微见风彩，粗陈指归，如有未合，则舍而及他，徐复托事造端，以物类相求，于是权意往往而释。吴郡太守朱治，权举将也，权曾有以望之，而素加敬，难自诘让，忿忿不解。瑾揣知其故，而不敢显陈，乃乞以意私自问，遂于权前为书，泛论物理，因以己心遥往忖度之。毕，以呈权，权喜，笑曰："孤意解矣。颜氏之德，使人加亲，岂谓此邪？"权又怪校尉殷模，罪至不测。群下多为之言，权怒益甚，与相反覆，惟瑾默然，权曰："子瑜何独不言？"瑾避席曰："瑾与殷模等遭本州倾覆，生类殄尽。弃坟墓，携老弱，披草莱，归圣化，在流隶之中，蒙生成之福，不能躬相督厉，陈答万一，至令模孤负恩惠，自陷罪戾。臣谢过不暇，诚不敢有言。"权闻之怆然，乃曰："特为君赦之。"

他和孙权谈论事情或对孙权有所劝谏，从不言辞激切直接，只是形色态度稍有显示，大体陈说自己的意思，如果不合孙权的意思，就放下它去谈别的事情，慢慢再借其他事来引到开头的话题，以事物类比的方法来达到自己的目的，于是孙权常常放弃自己原来的意见。吴郡太守朱治，是以前举荐孙权为孝廉的人，孙权曾因某种原因而怨恨他，可是向来对他很敬重，难以亲自对他加以责问指斥，内心愤愤不平。诸葛瑾揣度到其中的缘故，但又不敢明白劝说孙权，就向孙权请求以自己的名义私下向朱治责问，于是就当着孙权的面写信，信中泛泛而论人情道理，并把自己的想法和对孙权心意的猜度远远地加以联系。写完，把信呈给孙权，孙权看了很高兴，笑着说："我的恨意消除了。颜回道德高尚，能使人们更加亲近，难道不就是说的这种事吗？"孙权又曾怪罪校尉殷模，要将他处以死罪。群臣中很多人为他说情，孙权更加愤怒，和他们反复争辩，只有诸葛瑾默默不语，孙权说："子瑜你为什么独自不说话？"诸葛瑾起立离座说："我和殷模等人遭遇本州大乱，百姓几乎全都死尽。我们抛弃了祖宗坟墓，扶老携幼，拨开荒野小路上的丛草，归向圣明的王化，我们在流亡的群氓之中，蒙圣上给予保全长育的幸福，却不能身体力行互相督促激励，以效忠圣上报答于万一，以致今天殷模辜负圣上恩惠，自陷于罪恶之中。我认错道歉还来不及，实在不敢再说什么。"孙权听了这话很有些悲怆，于是说："特看您的面上赦免他。"

后从讨关羽，封宣城侯，以绥南将军代吕蒙领南郡太守，住公安。刘备东伐吴，吴王求和，瑾与备笺曰："奄闻旗鼓来至白帝，或恐议臣以吴王侵取此州，危害关羽，怨深祸大，不宜答和，此用心于小，未留

后来诸葛瑾随着大军去征讨关羽，被封为宣城侯，以绥南将军的身份接替吕蒙任南郡太守，驻在公安。刘备往东讨伐吴国，吴王求和，诸葛瑾给刘备写信说："突然听说大军来到了白帝城，我恐怕您左右议臣会说因为吴王侵夺了这荆州，害死了关羽，怨仇深，祸患大，不应该答应与吴国和解，这是仅着意于小处，未能考虑到大的方面。我试为陛下论论

意于大者也。试为陛下论其轻重，及其大小。陛下若抑威损忿，暂省瑾言者，计可立决，不复咨之于群后也。陛下以关羽之亲何如先帝？荆州大小孰与海内？俱应仇疾，谁当先后？若审此数，易于反掌。”[24]时或言瑾别遣亲人与备相闻，权曰：“孤与子瑜有死生不易之誓，子瑜之不负孤，犹孤之不负子瑜也。”[25]黄武元年，迁左将军，督公安，假节，封宛陵侯。[26]

事情的轻重以及大小。陛下如果抑制一下威怒，平息一下愤恨，稍许考虑一下我所说的话，主意就可以立即打定，不必再向您的群臣询问了。陛下认为关羽之亲比起先帝来哪个更亲？荆州与整个天下相比哪大哪小？一样都是应该痛恨的，谁当在先？谁当在后？如果考虑明白了这些道理，事情的决定就易如反掌了。”当时有人说诸葛瑾另外派了亲信去与刘备互通消息，孙权说：“我与子瑜有生死都不改变的誓约，子瑜不会辜负我，就像我不会辜负子瑜。”黄武元年，诸葛瑾升任左将军，在公安驻节指挥，假节，被封为宛陵侯。

虞翻以狂直流徙，惟瑾屡为之说。翻与所亲书曰：“诸葛敦仁，则天活物，比蒙清论，有以保分。恶积罪深，见忌殷重，虽有祁老之救，德无羊舌，解释难冀也。”

虞翻因为狂放耿直遭到流放，只有诸葛瑾多次为他说情。虞翻给他的亲近的人写信说：“诸葛瑾敦厚仁慈，效法上天成活万物，我多次承蒙他的正直言论，对我有所保全。可我恶多罪重，又被人忌恨太深，虽然有如祁奚老臣一样的救援，自己却没有羊舌肸的德行，获得赦免释放是很难有希望的。”

瑾为人有容貌思度，于时服其弘雅。权亦重之，大事咨访。又别咨瑾曰：“近得伯言表，以为曹丕已死，毒乱之民，当望旌瓦解，而更静然。闻皆选用忠良，宽刑罚，布恩惠，薄赋省役，以悦民心，其患更深于操时。孤以为不然。操之所行，其惟杀伐小为过差，及离间人骨肉，以为酷耳。至于御将，自古少有。丕之于操，万不及也。今叡之不如丕，犹丕不如操也。其所以务崇小惠，必以其父新死，自度衰微，恐困苦之民一朝崩沮，故强屈曲以求民心，欲以自安住耳，宁是兴隆之渐邪！闻任陈长文、曹子丹辈，或文人诸生，或宗室

诸葛瑾为人有容貌仪表，思虑深沉待人大度。当时人们佩服他宽宏有度量。孙权也看重他，凡有大事都向他询问商量。又曾特别地和诸葛瑾商讨说：“近来得到伯言上表，他认为曹丕已经死了，被毒害祸乱的魏国臣民，应当望见我们的旌旗就崩溃瓦解，没想到反而更平静安宁。听说魏国选拔任用忠良的人，宽松刑罚，施行恩惠，减轻赋税，减少劳役，以此使百姓高兴，魏国对我国的威胁比曹操当政时更为深重。我则认为不是这样。曹操所施行的事情，其中只有杀戮征伐稍微有些差错，以及使人骨肉离别，这也是残酷的。至于驾驭将领，自古少有。曹丕比起曹操来，是万万赶不上的。现在曹叡不如曹丕，就像曹丕不如曹操一样。他之所以致力于大搞小恩小惠，一定是因为他父亲刚死，考虑到自己力量衰弱单薄，害怕困苦的百姓一旦离散混乱，所以勉强委屈以收买民心，这只是借以来稳定自己的统治罢了，岂是兴盛发达的开端呢!听说他任用陈长文、曹子丹一流人，有的是文人书生，有的是宗室

戚臣，宁能御雄才虎将以制天下乎？夫威柄不专，则其事乖错，如昔张耳、陈余，非不敦睦，至于秉势，自还相贼，乃事理使然也。又长文之徒，昔所以能守善者，以操笮其头，畏操威严，故竭心尽意，不敢为非耳。逮丕继业，年已长大，承操之后，以恩情加之，用能感义。今叡幼弱，随人东西，此曹等辈，必当因此弄巧行态，阿党比周，各助所附。如此之日，奸谗并起，更相陷怼，转成嫌贰。一尔已往，群下争利，主幼不御，其为败也焉得久乎？所以知其然者，自古至今，安有四五人把持刑柄，而不离刺转相蹄啮者也！强当陵弱，弱当求援，此乱亡之道也。子瑜，卿但侧耳听之，伯言常长于计校，恐此一事小短也。”㉗

贵戚，这难道能驾驭雄才虎将而制服天下吗？威权不集中，事情就会谬误差错，比如从前张耳、陈余两人，并不是不交厚友睦，但等到二人掌握了权势，就自相残杀起来，这是人情事理使他们变得如此的。再说长文之辈，过去之所以能保持善德，是因为曹操压在他们头上，畏惧曹操的威权严厉，因而才尽心尽力，不敢为非作歹罢了。等到曹丕继承了帝业，他的年纪已是成人，又在曹操之后以恩情来拉拢他们，因此能使他们感激恩义。现在曹叡年轻势弱，只是随人意志行事，这一类人物，必然要趁此弄假作态，拉帮结派，徇私枉法，互相攻击，各助所党了。到了那时候，奸邪谗言一起发生，再加互相排陷仇怨，发展成为猜嫌离心。像这样发展下去，群臣争权夺利，主上年轻不能驾驭，他们的失败哪里还要多久呢？之所以知道他们会有这样的结果，是因为从古到今，哪有四五个人都来把持威刑权柄，却不互相违逆背离，互相攻击踢咬的!强的一定会欺压弱的，弱的一定会向人求援，这就是乱国亡国之道。子瑜，你可侧耳听我说，伯言常常是长于谋虑揣度的，恐怕对这事的判断，是他的小小差误呢。”

权称尊号，拜大将军、左都护，领豫州牧。及吕壹诛，权又有诏切磋瑾等，语在权传。瑾辄因事以答，辞顺理正。瑾子恪，名盛当世，权深器异之；然瑾常嫌之，谓非保家之子，每以忧戚。㉘赤乌四年，年六十八卒，遗命令素棺敛以时服，事从省约。恪已自封侯，故弟融袭爵，摄兵业驻公安，㉙部曲吏士亲附之。疆外无事，秋冬则射猎讲武，春夏则延宾高会，休吏假卒，或不远千里而造焉。每会辄历问宾客，各言其能，乃合榻促席，量敌选对，

孙权称帝，诸葛瑾被授予大将军、左都护，担任豫州牧。到吕壹被诛后，孙权又有诏书和诸葛瑾等人商讨事情，这在孙权传中已有记载。诸葛瑾对此则针对具体所问之事而回答，言语和顺，道理正当。诸葛瑾的儿子诸葛恪，当时名声很大，孙权很是器重和赞赏他，可是诸葛瑾却常常嫌弃他，说他不是保家继业的儿子，经常为此而担心忧虑。赤乌四年，诸葛瑾六十八岁死去，留下遗言用简朴的棺木、合于节令的衣服装殓，丧事从简从约。当时诸葛恪已经自己取得封侯，因此由他弟弟诸葛融承袭爵位，统领父亲留下的兵士驻在公安，原有部曲官吏都归附他名下。那时境外无战事，诸葛融秋冬时节就打猎习武，春夏之际就请来宾客举行宴会，休假的官员士卒，有的不远千里而来登门。每当宴会，总要遍问宾客，让他们各自说说自己会玩的游戏，然后就

或有博弈，或有摴蒱，投壶弓弹，部别类分，于是甘果继进，清酒徐行，融周流观览，终日不倦。融父兄质素，虽在军旅，身无采饰；而融锦罽文绣，独为奢绮。孙权薨，徙奋威将军。后恪征淮南，假融节，令引军入沔，以击西兵。恪既诛，遣无难督施宽就将军施绩、孙壹、全熙等取融。融卒闻兵士至，惶惧犹豫，不能决计，兵到围城，饮药而死，三子皆伏诛。[30]

把桌案合拢，大家坐到一块，自己根据所长选择对手，有的人玩博弈，有的人玩樗蒱，还有投壶之戏、弓弹之趣，分门别类，这时甘美的果子端了上来，还有清纯的好酒可供慢慢斟饮，诸葛融自己到处行走观看，整天都不觉得疲倦。诸葛融的父亲、兄长生活朴素，虽然身在军旅之中，却从不穿戴文采华丽的服饰，但诸葛融毛料锦绣，偏讲究奢华绮丽。孙权去世，诸葛融升任奋威将军。后来诸葛恪征讨淮南，给诸葛融假节称号，命令他带兵进入沔水，去进攻西部的敌军。诸葛恪被诛杀后，朝廷派了无难督施宽带领将军施绩、孙壹、全熙等人来逮捕诸葛融。诸葛融仓促之间听说军队到了，惶恐犹豫，不能做出决断，大军到了把城围住，他服毒死了，三个儿子都被诛杀。

步骘字子山，临淮淮阴人也。[31]世乱，避难江东，单身穷困，与广陵卫旌同年相善，俱以种瓜自给，昼勤四体，夜诵经传。[32]

步骘字子山，临淮郡淮阴县人。汉末世道大乱，他来到江东避难，单身一人生活穷困，和广陵人卫旌同年出生，两人交好，都靠种瓜养活自己，白天干体力活，夜里诵读各种儒家典籍。

会稽焦征羌，郡之豪族，[33]人客放纵。骘与旌求食其地，惧为所侵，乃共修刺奉瓜，以献征羌。征羌方在内卧，驻之移时，旌欲委去，骘止之曰："本所以来，畏其强也；而今舍去，欲以为高，只结怨耳。"良久，征羌开牖见之，身隐几坐帐中，设席致地，坐骘、旌于牖外，旌愈耻之，骘辞色自若。征羌作食，身享大案，殽膳重沓，以小盘饭与骘、旌，惟菜茹而已。旌不能食，骘极饭致饱乃辞出。旌怒骘曰："何能忍此？"骘曰："吾等贫贱，是以主人以贫贱遇之，固其宜也，当何所耻？"[34]

会稽郡人焦征羌，是当地的豪强大族，他的门客横行不法。步骘和卫旌在焦征羌所在的那地方谋生，害怕被他的门客欺凌，于是就一起准备了名片并带上好瓜，去献给焦征羌。焦征羌当时正在内室躺着，他们等了好一阵，卫旌打算不见焦征羌回去算了，步骘阻止他说："我们所以到这里来的本意，是畏惧他的强横，如果现在不见他而离开，想自以为清高，那就只能结下怨仇罢了。"过了好久，焦征羌打开窗户露面了，自己身靠几案坐在帷帐里，在地上铺了一张席子，让步骘、卫旌坐在窗外，卫旌对此更加感到耻辱，步骘则语言态度泰然自若。焦征羌吃饭了，自己坐在大桌案前，上面摆了许多珍肴美食，用小盘子盛饭让步骘、卫旌吃，盘子里只是些蔬菜罢了。卫旌吃不下，步骘却放开肚子吃得饱饱的才告辞出来。卫旌对步骘发怒说："你怎么能忍受这种对待？"步骘说："我们本来贫贱，因此主人用对待贫贱者的方式来对待我们，这对我们本是合宜

孙权为讨虏将军,召骘为主记,㉟除海盐长,还辟车骑将军东曹掾。㊱建安十五年,出领鄱阳太守。岁中,徙交州刺史、立武中郎将,领武射吏千人,便道南行。明年,追拜使持节、征南中郎将。刘表所置苍梧太守吴巨阴怀异心,外附内违。骘降意怀诱,请与相见,因斩徇之,威声大震。士燮兄弟,相率供命,南土之宾,自此始也。益州大姓雍闿等杀蜀所署太守正昂,与燮相闻,求欲内附。骘因承制遣使宣恩抚纳,由是加拜平戎将军,封广信侯。

延康元年,权遣吕岱代骘,骘将交州义士万人出长沙。会刘备东下,武陵蛮夷蠢动,权遂命骘上益阳。备既败绩,而零、桂诸郡犹相惊扰,处处阻兵,骘周旋征讨,皆平之。黄武二年,迁右将军左护军,改封临湘侯。五年,假节,徙屯沤口。

权称尊号,拜骠骑将军,领冀州牧。是岁,都督西陵,代陆逊抚二境,顷以冀州在蜀分,解牧职。时权太子登驻武昌,爱人好善,与骘书曰:"夫贤人君子,所以兴隆大化,佐理时务者也。受性暗蔽,不达道数,虽实区区欲尽心于明德,归分于君子,至于远近士人,先后之宜,犹或缅焉,未之能详。《传》曰:'爱之能勿劳

的,有什么可耻的呢?"

孙权担任讨虏将军的时候,征召步骘当主记,授任海盐县长,不久任命他为车骑将军东曹掾。建安十五年,出任鄱阳太守。这年中,调任交州刺史、授立武中郎将,他带了武装射手一千人,轻装上路往南行进。第二年,步骘被追授为使持节、征南中郎将。刘表所任命的苍梧太守吴巨暗暗地怀有反叛的意图,外表归顺,实际上不服从。步骘屈己下意以温和态度来诱惑他,请他来会面,趁见面之机把他斩首示众,步骘的威名于是大震。士燮兄弟,一起来投奔效命,南方边地归顺吴国,是从这时开始的。益州大族雍闿等人把蜀国所任命的太守正昂杀了,和士燮互通消息,提出要求愿意归附吴国。步骘因而按照朝廷诏书的命令派出使节去向他宣示朝廷的恩德,对他加以抚慰收纳,因为这事步骘被加授为平戎将军,晋封为广信侯。

延康元年,孙权派了吕岱来接替步骘。步骘率领交州义士万人到了长沙。这时正碰上刘备挥兵东下,武陵郡内的蛮夷蠢蠢欲动,孙权于是命令步骘去益阳驻防。刘备兵败之后,零陵、桂阳各郡的蛮夷仍在互相惊扰,他们到处拥兵作乱,步骘去各处征战讨伐,把他们都平定了。黄武二年,步骘升任右将军左护军,改封临湘侯。黄武五年,授假节,调防驻军于沤口。

孙权称帝,拜授步骘为骠骑将军,任为冀州牧。这一年,步骘都督西陵,代替陆逊督抚荆州、冀州二地,不久因为冀州归属蜀国名下,他于是被解除了冀州牧的职务。这时太子孙登驻于武昌,他爱护百姓,喜行善政,给步骘写信说:"贤德的人彬彬君子,是用来使国家教化兴盛,辅佐人主治理世务的人。我生性愚昧不明,不能洞晓为政为人的道理,虽然实在是诚诚恳恳想竭尽全心去追求贤明之德,以成为一名君子,至于远方近处的士人,他们各自道德才能的高下先后,我也对之茫然,不能详细了解。古书上这样说:'爱这个人能不叫他劳苦吗?忠于这个

乎？忠焉能勿诲乎？'斯其义也，岂非所望于君子哉！"骘于是条于时事业在荆州界者，诸葛瑾、陆逊、朱然、程普、潘濬、裴玄、夏侯承、卫旌、李肃、[37]周条、石幹十一人，甄别行状，因上疏奖劝曰："臣闻人君不亲小事，百官有司各任其职。故舜命九贤，则无所用心，弹五弦之琴，咏南风之诗，不下堂庙而天下治也。齐桓用管仲，被发载车，齐国既治，又致匡合。近汉高祖揽三杰以兴帝业，西楚失雄俊以丧成功。汲黯在朝，淮南寝谋；郅都守边，匈奴窜迹。故贤人所在，折冲万里，信国家之利器，崇替之所由也。方今王化未被于汉北，河、洛之滨尚有僭逆之丑，诚揽英雄拔俊任贤之时也。愿明太子重以经意，则天下幸甚。"

人能不教导他吗？'这句话的意思，难道不是希望君子去实行的吗！"步骘于是把当时在荆州地区内任职做事的人的情况条陈给太子，有诸葛瑾、陆逊、朱然、程普、潘濬、裴玄、夏侯承、卫旌、李肃、周条、石幹等十一个人，介绍他们的事迹品行，区分他们的人品才能高下，并趁机上疏劝勉太子，说："臣听说人君不亲自去管小事，让各部门的官员们各司其职。所以舜任命了九贤，就可不必操心政事，他弹着五弦琴，咏唱着南风之诗，不必走出朝廷可天下治理得很好。齐桓公任用了管仲，他自己披散着头发，坐着车子去游逛，齐国既治理得很好，又做到了匡扶周天子。近世汉高祖收揽了三位杰出人才而帝业振兴，西楚霸王失去了雄杰的人才而丧失了事业的成功。汲黯在朝廷上，淮南王谋反的打算就停止了；郅都守御边疆，匈奴人就逃窜而去。所以贤人所在，就能战胜敌人于万里之外，他们确实是国家锐利的武器，是杰出的人才，是国家兴旺和衰败的关键啊！现在我国的王化还没能布达于汉水以北，黄河、洛河两岸还有篡位叛逆的丑类，确实是招揽英雄、选拔俊杰、任用贤才的时候了。希望太子多加经心留意，那么天下就很幸运了。"

后中书吕壹典校文书，多所纠举，骘上疏曰："伏闻诸典校擿抉细微，吹毛求瑕，重案深诬，辄欲陷人以成威福；无罪无辜，横受大刑，是以使民跼天蹐地，谁不战栗？昔之狱官，惟贤是任，故皋陶作士，吕侯赎刑，张、于廷尉，民无冤枉，休泰之祚，实由此兴。今之小臣，动与古异，狱以贿成，轻忽人命，归咎于上，为国速怨。夫一人吁嗟，王道为亏，甚可仇疾。明德慎罚，哲人惟刑，书传所美。自今蔽狱，都下则宜

后来中书吕壹掌管检阅文书，被他检举的人很多，步骘上表说："我听说那些掌管检阅的官员专事挑剔，吹毛求疵，深查细究，多有诬谤，动不动就想陷害人以作威作福，没犯一点罪过的人，常突然遭受很重的刑罚，因此使得人们处境窘迫，哪个不是战战兢兢？从前的狱官，只有贤人才能担任，因此皋陶担任士，吕侯修订赎刑，张释之、于定国担任廷尉，老百姓都没有冤枉之事，吉庆安宁的福祚，实在因此而产生。现在的那些小小的官员，动不动就和古人不同，办案断狱因贿赂而成，轻视玩忽人命，造成冤狱然后罪过归于朝廷，为国家招致怨恨。有一个人感伤叹气，对王道来说就有亏缺，这是非常令人痛恨的。修明德行慎用刑罚，明智圣者重视刑政，这是古书所称美的。从今以后判罪断狱，在都城应

谘顾雍,武昌则陆逊、潘濬,平心专意,务在得情,骘党神明,受罪何恨?”又曰:“天子父天母地,故宫室百官,动法列宿。若施政令,钦顺时节,官得其人,则阴阳和平,七曜循度。至于今日,官寮多阙,虽有大臣,复不信任,如此天地焉得无变?故频年枯旱,亢阳之应也。又嘉禾六年五月十四日,赤乌二年正月一日及二十七日,地皆震动。地阴类,臣之象,阴气盛故动,臣下专政之故也。夫天地见异,所以警悟人主,可不深思其意哉!”又曰:“丞相顾雍、上大将军陆逊、太常潘濬,忧深责重,志在谒诚,夙夜兢兢,寝食不宁,念欲安国利民,建久长之计,可谓心膂股肱,社稷之臣矣。宜各委任,不使他官监其所司,责其成效,课其负殿。此三臣者,思虑不到则已,岂敢专擅威福欺负所天乎?”又曰:“县赏以显善,设刑以威奸,任贤而使能,审明于法术,则何功而不成,何事而不辨,何听而不闻,何视而不睹哉?若今郡守百里,皆各得其人,共相经纬,如是,庶政岂不康哉!窃闻诸县并有备吏,吏多民烦,俗以之弊。但小人因缘衔命,不务奉公而作威福,无益视听,更为民害,愚以为可一切罢省。”权亦觉悟,遂诛吕壹。骘前后荐达屈滞,救

该询访顾雍,在武昌则可向陆逊、潘濬咨询,持心公正,认真专一,一定要弄清实情,我步骘把他们三位明哲之人引为同类,即使为此而受罚又有何恨?”他又说:“天子以天为父以地为母,所以宫廷百官,都要效法天上星宿。假如施行政令,能钦敬顺应时令节气,官吏委任得当适合,那么阴阳寒暑就会和谐平顺,日月星辰运行就会循轨。然而现在状况,则是官员们才德多有缺陷,虽然还有几位大臣,又不能信任重用,这样天地哪能不发生变异?所以连年大旱,这是阳气过盛的兆应。再有嘉禾六年五月十四日,赤乌二年正月一日和二十七日,都有地震发生。地属于阴类,是臣的征象,阴气旺盛所以要动,这是臣下专权的缘故。天地显现灾异,用这来警告人主使他省悟,能不好好想一想其中的深意吗!”又说:“丞相顾雍、上大将军陆逊、太常潘濬,他们忧国深职责重,一心一意竭尽忠诚,白天黑夜兢兢业业,睡觉吃饭都不得安宁,想要安定国家造福百姓,为建立长久统治而深深思虑,他们可以说是朝廷的心膂股肱,身系国家安危的社稷之臣。应当对他们各自委以重任,不要让别的官吏去监管他们所辖的部门,去督责他们办事的效果,去考核他们的政绩好坏。这三位大臣,考虑不周到的地方可能有,哪里敢专权弄柄作威作福来欺哄背逆主上呢?”又说:“用设立奖赏来表彰良善,用设置刑罚来威慑奸恶,任命贤才又使用能人,对法律、权术都精审明白,那么有什么功业不可成就,什么事情不可辨明,什么不能听到,什么不能看见的呢?假如现在的郡守县令,都分别任用了合适人选,他们共同努力治理国家,能够做到这样,整个国家的政务岂不就安静兴盛了!我私下听说各县都有不干正事的闲散吏员,官吏一多老百姓就受骚扰,社会风俗也因此而出现弊端。只是小人靠了关系而被任为官吏,不努力奉公守法反而作威作福,他们的存在对朝廷了解民情、治理民众毫无好处,反而会成为百姓的祸害,我认为可以把这些官吏全部都罢免裁撤。”孙权也觉察省悟了,就处死了吕壹。步骘前后荐举受屈以至不得升

解患难，书数十上。权虽不能悉纳，然时采其言，多蒙济赖。[38]

迁的人，解救人们的患祸灾难，上书达数十次。孙权对他的意见虽然不能全部采纳，但也不时接受他的意见，很多人都曾得到他的援救帮助。

赤乌九年，代陆逊为丞相，犹诲育门生，手不释书，被服居处有如儒生。然门内妻妾服饰奢绮，颇以此见讥。在西陵二十年，邻敌敬其威信。性宽弘得众，喜怒不形于声色，而外内肃然。

赤乌九年，步骘接替陆逊担任丞相，仍然还是教诲培育门生，手不释书，穿的衣服居住的地方就和一般儒生一样。但是他家里的妻妾却服饰奢华，因为这点步骘被人讥刺批评。后在西陵驻守二十年，邻近的敌人对他的威望很是敬重。他性格宽和大度，很得人心。喜怒不表现在脸色声音上，但是内内外外都严肃有序。

十年卒，子协嗣，统骘所领，加抚军将军。协卒，子玑嗣侯。协弟阐，继业为西陵督，加昭武将军，封西亭侯。凤皇元年，召为绕帐督。阐累世在西陵，卒被征命，自以失职，又惧有谗祸，于是据城降晋。遣玑与弟璿诣洛阳为任，晋以阐为都督西陵诸军事、卫将军、仪同三司，加侍中，假节领交州牧，封宜都公；玑监江陵诸军事、左将军，加散骑常侍，领庐陵太守，改封江陵侯；璿给事中、宣威将军，封都乡侯。命车骑将军羊祜、荆州刺史杨肇往赴救阐。孙晧使陆抗西行，祜等遁退。抗陷城，斩阐等，步氏泯灭，惟璿绍祀。

赤乌十年步骘去世，他儿子步协承袭爵位，并统辖步骘所管的军队，被加授为抚军将军。步协死了，步协儿子步玑承袭侯爵。步协弟弟步阐，继领兵业为西陵督，被加授为昭武将军，封为西亭侯。凤皇元年，朝廷召步阐为绕帐督。步阐父兄几代在西陵，步阐突然接到征召入京的命令，自以为失职，又担心是被人诬陷祸害，于是就据守西陵投降晋朝。他派了步玑与弟弟步璿到洛阳去当人质，晋朝让步阐担任都督西陵诸军事、卫将军，给他以三公的仪仗待遇，又加授他侍中，给予假节兼领交州牧，晋封他为宜都公；步玑被授为监江陵诸军事、左将军，加授为散骑常侍，兼领庐陵太守，改封为江陵侯；步璿被授予给事中、宣威将军，晋封为都乡侯。晋朝命令车骑将军羊祜、荆州刺史杨肇前去救援步阐。孙晧派遣陆抗往西进军，羊祜等人于是逃走退去。陆抗攻破了西陵城，把步阐等人杀死，步氏一族灭绝，只有步璿及其后代延续祭祀香火。

颍川周昭著书称步骘及严畯等曰："古今贤士大夫所以失名丧身倾家害国者，其由非一也，然要其大归，总其常患，四者而已。急论议一也，争名势二也，重朋党三也，务欲速四也。急论议则伤人，争名势则败友，重朋党则蔽主，务

颍川人周昭著书称赞步骘和严畯等人说："从古到今那些贤士大夫之所以丢了名丧了命，家族毁败，祸害国家的，其原因并非只有一个，然而归纳其主要的，总结其经常发生的，不过四个方面的原因罢了。急于议论是其一，争名夺势是其二，拉帮结派是其三，务求速成是其四。急于议论就会伤害别人，争名夺势就会失去朋友，拉帮结派就要欺蒙主上，务求速成就会不顾道德，这四者不去掉，没有谁能

欲速则失德，此四者不除，未有能全也。当世君子能不然者，亦比有之，岂独古人乎！然论其绝异，未若顾豫章、诸葛使君、步丞相、严卫尉、张奋威之为美也。《论语》言'夫子恂恂然善诱人'，又曰'成人之美，不成人之恶'，豫章有之矣。'望之俨然，即之也温，听其言也厉'，使君体之矣。'恭而安，威而不猛'，丞相履之矣。学不求禄，心无苟得，卫尉、奋威蹈之矣。此五君者，虽德实有差，轻重不同，至于趣舍大检，不犯四者，俱一揆也。昔丁谞出于孤家，吾粲由于牧竖，豫章扬其善，以并陆、全之列，是以人无幽滞而风俗厚焉。使君、丞相、卫尉三君，昔以布衣俱相友善，诸论者因各叙其优劣。初，先卫尉，次丞相，而后有使君也；其后并事明主，经营世务，出处之才有不同，先后之名须反其初，此世常人所决勤薄也。至于三君分好，卒无亏损，岂非古人交哉！又鲁横江昔杖万兵，屯据陆口，当世之美业也，能与不能，孰不愿焉？而横江既亡，卫尉应其选，自以才非将帅，深辞固让，终于不就。后徙九列，迁典八座，荣不足以自曜，禄不足以自奉。至于二君，皆位为上将，穷富极贵。卫尉既无求欲，二君又不称荐，各守所志，保其名好。孔子曰：'君子

保全身家的。当代君子中能不犯这四者的，也屡屡有之，难道只有古人能做到吗？但要说到其中突出的人，没有谁能像顾豫章、诸葛使君、步丞相、严卫尉及张奋威那样美善的了。《论语》说'夫子善于有步骤地诱导人学习'，又说'促成别人的好事，不助成别人的坏事'，顾豫章具有这些美德。'远望他，觉得庄严可畏，接近他了，又觉得和蔼可亲，听他说话，非常严厉'，诸葛使君有这种风格。'庄重而又安详，有威仪但不凶猛'，步丞相的表现正是如此。好学但不是为了做官，心中不抱用不正当手段去获得名利的想法，严卫尉、张奋威做到了这些。这五位先生，虽然德行互有高下，程度也有所不同，至于他们对事物、对道德的取舍标准，不犯上述的四种过失，则可说是完全一致的。从前丁谞出身于孤寒之家，吾粲出身于牧童，顾豫章表彰他们的善行，把他们排入陆逊、全琮等人的行列中，因此人才不被埋没而社会风俗变得淳厚。诸葛使君、步丞相、严卫尉三个人，从前当平民时互相友好，那些品评人物的人便评论排出他们三人的才德高下。起初，严卫尉排第一，其次是步丞相，最后才是诸葛使君；后来他们三人一起奉侍明主，参与治理国家政务，他们各自当官当百姓的才能是不同的，排起名次来就正好和当初相反了，这就说明了社会上一般人所品评论定人物的品位是常常不值得重视的。至于三位先生交情的友好，始终没有一点儿欠缺，这难道不是像古人那样的朋友交情吗！再有鲁横江从前统率上万军队，屯驻在陆口，这是世上美好的事业，不论才能高下，谁不希望能够如此？但鲁横江死后，严卫尉被挑选出来接任他的职位，他自以为不具备将帅才能，坚决推辞，最终没有就任。后来他迁任九卿，又改任八座之一的尚书令，这职位的荣誉不足以拿来自我炫耀，所得俸禄也不足以使自己生活得太好。至于诸葛使君、步丞相两位，他们都做到上将的位置，富贵极了。严卫尉对他们二人既不有所要求，两位先生也不向上称赏荐举他，他们各自保持自己的志节，保持着自己的好名声。孔子说：'君子庄重自持

矜而不争，群而不党。'斯有风矣。又奋威之名，亦三君之次也，当一方之戍，受上将之任，与使君、丞相不异也。然历国事，论功劳，实有先后，故爵位之荣殊焉。而奋威将处此，决能明其部分，心无失道之欲，事无充诎之求，每升朝堂，循礼而动，辞气謇謇，罔不惟忠。叔嗣虽亲贵，言忧其败，蔡文至虽疏贱，谈称其贤。女配太子，受礼若吊，慷忾之趋，惟笃人物，成败得失，皆如所虑，可谓守道见机，好古之士也。若乃经国家，当军旅，于驰骛之际，立霸王之功，此五者未为过人。至其纯粹履道，求不苟得，升降当世，保全名行，邈然绝俗，实有所师。故粗论其事，以示后之君子。"周昭者字恭远，与韦曜、薛莹、华覈并述《吴书》，后为中书郎，坐事下狱，覈表救之，孙休不听，遂伏法云。

而不与人相争，有志同道合的一群但不拉帮结派。'他们三位有这种作风呢。还有张奋威的名声，也可说是和以上三位不相上下的，担当一方的防卫任务，承受上将的职责，和诸葛使君、步丞相完全一样。然而若论经历的国家大小事件，比功劳的大小，实际上有先后大小的分别，所以他们爵位的荣耀也有不同。但张奋威对待这些，非常能明白自己的身份和职责，心里不抱不合道义的欲望，凡事不做没有节制的企求，每当登上朝廷庙堂，一举一动都合乎礼仪，言谈语气一副忠贞的样子，无论什么都是忠心耿耿。叔嗣虽然亲近显贵，张奋威言谈中担忧他将败灭，蔡文至虽然疏远贫贱，张奋威说起就称赞他的贤能。女儿嫁给太子，受礼遇却如被人吊丧一样惴惴不安，最使他激昂兴奋的追求，只是专注于人才鉴识和事物道理，人、事的成功与失败，都像他所预料的一样，他可以说是一位坚守正道，洞察事机，崇尚古风的君子。如果说到治理国家，率领千军万马，在战场上奔驰杀敌，建立霸王的功业，这五位算不得特别超人一等。但说到他们的纯洁守礼，有欲求而不苟取，在当时无论升官降职，都能保全名誉德行，他们是远远超出一般世俗之人，实在有值得人们学习的地方。因此大略地论述他们的事迹，以便给将来的君子看。"周昭，字恭远，和韦曜、薛莹、华覈一起撰述《吴书》，后来担任中书郎，因事被捕入狱，华覈上表救他，孙休不听从，于是被处死了。

评曰：张昭受遗辅佐，功勋克举，忠謇方直，动不为己；而以严见惮，以高见外，既不处宰相，又不登师保，从容闾巷，养老而已，以此明权之不及策也。顾雍依杖素业，而将之智局，故能究极荣位。诸葛瑾、步骘并以德度规检见器当世，张承、顾邵虚心长者，好尚人物，周昭之论，称之甚美，故详录焉。谭献纳在公，有忠贞

评论说：张昭受遗命辅佐孙权，功勋显著，忠心耿耿，正直不阿，一举一动，全不为己；但他因为严肃被人畏惧，因为清高而被见外，既没能当上宰相，又没有当上太师、太保，只得闲居民间，养老度日而已，从这可看出孙权是比不上孙策的。顾雍靠了清白的操守，又具备事君的才能智慧，因此能爬到极高的地位。诸葛瑾、步骘都以德行度量循礼守法被当权者器重，张承、顾邵是谦虚的长者，喜欢推崇荐拔人才。周昭对他们的评论，非常称美他们，所以把它详细记录下来。顾谭上疏言事，为朝廷操心，有忠诚正直的节操。张休、顾承修身养志，所做的各种事

之节。休、承修志，咸庶为善。爱恶相攻，流播南裔，哀哉！

情都是好的。但被恶人攻击陷害，流放到南方边远地区，可哀叹啊！

---

①时汝南主簿应劭议宜为旧君讳，论者皆互有异同，事在《风俗通》。昭著论曰："客有见大国之议，士君子之论，云起元建武已来，旧君名讳五十六人，以为后生不得协也。取乎经论，譬诸行事，义高辞丽，甚可嘉羡。愚意褊浅，窃有疑焉。盖乾坤剖分，万物定形，肇有父子君臣之经。故圣人顺天之性，制礼尚敬，在三之义，君实食之，在丧之哀，君亲临之，厚莫重焉，恩莫大焉，诚臣子所尊仰，万大所天恃，焉得而同之哉？然亲亲有衰，尊尊有杀，故《礼》服上不尽高祖，下不尽玄孙。又《传》记四世而缌麻，服之穷也；五世袒免，降杀同姓也；六世而亲属竭矣。又《曲礼》有不逮事之义则不讳，不讳者，盖名之谓，属绝之义，不拘于协，况乃古君五十六哉！邾子会盟，季友来归，不称其名，咸书字者，是时鲁人嘉之也。何解臣子为君父讳乎？周穆王讳满，至定王时有王孙满者，其为大夫，是臣协君也。又厉王讳胡，及庄王之子名胡，其比众多。夫类事建议，经有明据，传有征案，然后进攻退守，万无奔北，垂示百世，永无咎失。今应劭虽上尊旧君之名，而下无所断齐，犹归之疑云。《曲礼》之篇，疑事无质，观省上下，阙义自证，文辞可为，倡而不法，将来何观？言声一放，犹拾沈也，过辞在前，悔其何追！"

②《吴书》曰：策得昭甚悦，谓曰："吾方有事四方，以士人贤者上，吾于子不得轻矣。"乃上为校尉，待以师友之礼。

③《吴历》曰：策谓昭曰："若仲谋不任事者，君便自取之。正复不克捷，缓步西归，亦无所虑。"

④《吴书》曰：是时天下分裂，擅命者众。孙策莅事日浅，恩泽未洽，一旦倾陨，士民狼狈，颇有同异。及昭辅权，绥抚百姓，诸侯宾旅寄寓之士，得用自安。权每出征，留昭镇守，领幕府事。后黄巾贼起，昭讨平之。权征合肥，命昭别讨匡琦，又督领诸将，攻破豫章贼率周凤等于南城。自此希复将帅，常在左右，为谋谟臣。权以昭旧臣，待遇尤重。

⑤《吴录》曰：昭与孙绍、滕胤、郑礼等，采周、汉，撰定朝仪。

⑥《江表传》曰：权既即尊位，请会百官，归功周瑜。昭举笏欲褒赞功德，未及言，权曰："如张公之计，今已乞食矣。"昭大惭，伏地流汗。昭忠謇亮直，有大臣节，权敬重之，然所以不相昭者，盖以昔驳周瑜、鲁肃等议为非也。

臣松之以为张昭劝迎曹公，所存岂不远乎？夫其扬休正色，委质孙氏，诚以厄运初遘，涂炭方始，自策及权，才略足辅，是以尽诚匡弼，以成其业，上藩汉室，下保民物；鼎峙之计，本非其志也。曹公仗顺而起，功以义立，冀以清一诸华，拓平荆郢，大定之机，在于此会。若使昭议获从，则六合为一，岂有兵连祸结，遂为战国之弊哉！虽无功于孙氏，有大当于天下矣。昔窦融归汉，与国升降；张鲁降魏，赏延于世。况权举全吴，望风顺服，宠灵之厚，其可测量哉！然则昭为人谋，岂不忠且正乎！

⑦习凿齿曰：张昭于是乎不臣矣！夫臣人者，三谏不从则奉身而退，身苟不绝，何忿怼之有？且秦穆违谏，卒霸西戎，晋文暂怒，终成大业。遗誓以悔过见录，狐偃无怨绝之辞，君臣道泰，上下俱荣。今权悔往之非而求昭，后益回虑降心，不远而复，是其善也。昭为人臣，不度权得道，匡其后失，夙夜匪懈，以延来誉，乃追忿不用，归罪于君，闭户拒命，坐待焚灭，岂不悖哉！

⑧《典略》曰：余曩闻刘荆州尝自作书欲与孙伯符，以示祢正平，正平蚩之，言："如是为欲使孙策帐下儿读之邪，将使张子布见乎？"如正平言，以为子布之才高乎？虽然，犹自蕴藉典雅，不可谓之无笔迹也。加闻吴中称谓之仲父，如此，其人

信一时之良干，恨其不于嵩岳等资，而乃播殖于会稽。

⑨《吴录》曰：款字文德，历位内外，以清贞显于当世。后以卫尉领中书令，封留侯。二子，条、机。条孙晧时位至尚书令、太子少傅。机为临川太守。谢景事在《孙登传》。

⑩臣松之案：承与诸葛瑾同以赤乌中卒，计承年小瑾四岁耳。

⑪《吴书》曰：休进授，指摘文义，分别事物，并有章条。每升堂宴饮，酒酣乐作，登辄降意与同欢乐。休为人解达，登甚爱之，常在左右。

⑫《吴录》云：弘，会稽人也。

⑬《吴录》曰：雍曾祖父奉，字季鸿，颍川太守。

⑭《江表传》曰：雍从伯喈学，专一清静，敏而易教。伯喈贵异之，谓曰："卿必成致，今以吾名与卿。"故雍与伯喈同名，由此也。

《吴录》曰：雍字元叹，言为蔡雍之所叹，因以为字焉。

⑮《江表传》曰：权常令中书郎诣雍，有所咨访。若合雍意，事可施行，即与相反覆，究而论之，为设酒食。如不合意，雍即正色改容，默然不言，无所施设，即退告。权曰："顾公欢悦，是事合宜也；其不言者，是事未平也，孤当重思之。"其见敬信如此。江边诸将，各欲立功自效，多陈便宜，有所掩袭。权以访雍，雍曰："臣闻兵法戒于小利，此等所陈，欲邀功名而为其身，非为国也，陛下宜禁制。苟不足以曜威损敌，所不宜听也。"权从之。军国得失，行事可不，自非面见，口未尝言之。

⑯《江表传》曰：权嫁从女，女顾氏甥，故请雍父子及孙谭，谭时为选曹尚书，见任贵重。是日，权极欢。谭醉酒，三起舞，舞不知止。雍内怒之。明日，召谭，诃责之曰："君王以含垢为德，臣下以恭谨为节。昔萧何、吴汉并有大功，何每见高帝，似不能言；汉奉光武，亦信恪勤。汝之于国，宁有汗马之劳，可书之事邪？但阶门户之资，遂见宠任耳，何有舞不复知止？虽为酒后，亦由恃恩忘敬，谦虚不足。损吾家者必尔也。"因背向壁卧，谭立过一时，乃见遣。

徐众《评》曰：雍不以吕壹见毁之故，而和颜悦色，诚长者矣。然开引其意，问所欲道，此非也。壹奸险乱法，毁伤忠贤，吴国寒心，自太子登、陆逊已下，切谏不能得，是以潘濬欲因会手剑之，以除国患，疾恶忠主，义形于色，而今乃发起令言。若壹称枉邪，不申理，则非录狱本旨；若承辞而奏之，吴主傥以敬丞相所言，而复原宥，伯言、承明不当悲慨哉！怀叙本无私恨，无所为嫌，故詈辱之，疾恶意耳，恶不仁者，其为仁也。季武子死，曾点倚其门而歌；子晳创发，子产催令自裁。以此言之，雍不当责怀叙也。

⑰《吴录》曰：裕一名穆，终宜都太守。裕子荣。

《晋书》曰：荣字彦先，为东南名士，仕吴为黄门郎，在晋历显位。元帝初镇江东，以荣为军司马，礼遇甚重。卒，表赠侍中、骠骑将军、仪同三司。荣兄子禺，字孟著，少有名望，为散骑侍郎，早卒。

《吴书》曰：雍母弟徽。字子叹，少游学，有唇吻。孙权统事，闻徽有才辩，召署主簿。尝近出行，见营军将一男子至市行刑，问之何罪，云盗百钱，徽语使住。须臾，驰诣阙陈启："方今畜养士众以图北虏，视此兵丁壮健儿，且所盗少，愚乞哀原。"权许而嘉之。转东曹掾。或传曹公欲东，权谓徽曰："卿孤腹心，今传孟德怀异意，莫足使揣之，卿为吾行。"拜辅义都尉，到北与曹公相见。公具问境内消息，徽应对婉顺，因说江东大丰，山薮宿恶，皆慕化为善，义出作兵。公笑曰："孤与孙将军一结婚姻，共辅汉室，义如一家，君何为道此？"徽曰："正以明公与主将义固磐石，休戚共之，必欲知江表消息，是以及耳。"公厚待遣还。权问："定云何？"徽曰："敌国隐情，卒难探察。然徽潜采听，方与袁谭交争，未有他意。"乃拜徽巴东太守，欲大用之，会卒。子裕，字季则，少知名，位至镇东将军。雍族人悌，字子通，以孝悌廉正闻于乡党。年十五为郡吏，除郎中，稍迁偏将军。权末年，嫡庶不分，悌数与骠骑将军朱据共陈祸福，言辞切直，朝廷惮之。待妻有礼，常夜入晨出，希见其面。尝疾笃，妻出省之，悌命左右扶起，冠帻加袭，起对，趣令妻还，其贞洁不渎如此。悌父向历四县令，年老致仕，悌每得父书，常洒扫，整衣服，更设几筵，舒书其上，拜跪读之，每句应诺，毕，复再拜。若父有疾耗之问至，则临书垂涕，声语哽咽。父以寿终，悌饮浆不入口五日。权为作布衣一袭，皆摩絮著之，强令悌释服。悌虽以公议自割，犹以不见父丧，常画壁作棺柩象，设神座于下，每对之哭泣，服未阕而卒。悌四子：彦、礼、谦、秘。秘，晋交州刺史。秘子众，尚书仆射。

⑱《吴录》曰：敦字叔方，静字玄风，并吴郡人。敦德量渊懿，清虚淡泊，又善文辞。孙权为车骑将军，辟西曹掾，转主簿，出补海昏令，甚有惠化，年三十二卒。卜静终于剡令。

⑲礼子基作《通语》曰：礼字德嗣，弱不好弄，潜识过人。少为郡吏，年十九，守吴县丞。孙权为王，召除郎中。后与张温俱使蜀，诸葛亮甚称叹之。稍迁至零陵太守，卒官。

《文士传》曰：礼子基，无难督，以才学知名，著《通语》数十篇。有三子。巨字元大，有才器，初为吴偏将军，统家部曲，城夏口，吴平后，为苍梧太守。少子祐，字庆元，吴郡太守。

⑳陆机为谭传曰：宣太子正位东宫，天子方隆训导之义，妙简俊彦，讲学左右。时四方之杰毕集，太傅诸葛恪等雄奇盖众，而谭以清识绝伦，独见推重。自太尉范慎、谢景、羊徽之徒，皆以秀称其名，而悉在谭下。

㉑《吴书》曰：谭初践官府，上疏陈事，权辍食称善，以为过于徐详。雅性高亮，不修意气，或以此望之。然权鉴其能，见待甚隆，数蒙赏赐，特见召请。

㉒《吴录》曰：全琮父子屡言芍陂之役为典军陈恂诈增张休、顾承之功，而休、承与恂通情。休坐系狱，权为谭故，沉吟不决，欲令谭谢而释之。及大会，以问谭，谭不谢，而曰："陛下，谗言其兴乎！"

《江表传》曰：有司奏谭诬罔大不敬，罪应大辟。权以雍故，不致法，皆徙之。

㉓《吴书》曰：其先葛氏，本琅邪诸县人，后徙阳都。阳都先有姓葛者，时人谓之诸葛，因以为氏。瑾少游京师，治《毛诗》、《尚书》、《左氏春秋》。遭母忧，居丧至孝，事继母恭谨，甚得人子之道。

《风俗通》曰：葛婴为陈涉将军，有功而诛，孝文帝追录，封其孙诸县侯，因并氏焉。此与《吴书》所说不同。

㉔臣松之云：以为刘后以庸蜀为关河，荆楚为维翰，关羽扬兵沔、汉，志陵上国，虽匡主定霸，功未可必，要为威声远震，有其经略。孙权潜包祸心，助魏除害，是为翦宗子勤王之师，纾曹公移都之计，拯汉之规，于兹而止。义旗所指，宜其在孙氏矣。瑾以大义责备，答之何患无辞；且备、羽相与，有若四体，股肱横亏，愤痛已深，岂此奢阔之书所能回驻哉？载之于篇，实为辞章之费。

㉕《江表传》曰：瑾之在南郡，人有密谗瑾者。此语颇流闻于外，陆逊表保明瑾无此，宜以散其意。权报曰："子瑜与孤从事积年，恩如骨肉，深相明究，其为人非道不行，非义不言。玄德昔遣孔明至吴，孤尝语子瑜曰：'卿与孔明同产，且弟随兄，于义为顺，何以不留孔明？孔明若留从卿者，孤当以书解玄德，意自随人耳。'子瑜答孤言：'弟亮以失身于人，委质定分，义无二心。弟之不留，犹瑾之不往也。'其言足贯神明。今岂当有此乎？孤前得妄语文疏，即封示子瑜，并手笔与子瑜，即得其报，论天下君臣大节一定之分。孤与子瑜，可谓神交，非外言所间也。知卿意至，辄封来表，以示子瑜，使知卿意。"

㉖《吴录》曰：曹真、夏侯尚等围朱然于江陵，又分据中州，瑾以大兵为之救援。瑾性弘缓，推道理，任计画，无应卒倚伏之术，兵久不解，权以此望之。及春水生，潘璋等作水城于上流，瑾进攻浮桥，真等退走。虽无大勋，亦以全师保境为功。

㉗臣松之以为魏明帝一时明主，政自己出，孙权此论，竟为无征，而史载之者，将以主幼国疑，威柄不一，乱亡之形，有如权言，宜其存录以为鉴戒。或当以虽失之于明帝，而事著于齐王，齐王之世，可不谓验乎！不敢显斥，抑足表之微辞。

㉘《吴书》曰：初，瑾为大将军，而弟亮为蜀丞相，二子恪、融皆典戎马，督领将帅，族弟诞又显名于魏，一门三方为冠盖，天下荣之。瑾才略虽不及弟，而德行尤纯。妻死不改娶，有所爱妾，生子不举，其笃慎皆如此。

㉙《吴书》曰：融字叔长，生于宠贵，少而骄乐，学为章句，

博而不精,性宽容,多技艺,数以巾褐奉朝请,后拜骑都尉。赤乌中,诸郡出部伍,新都都尉陈表、吴郡都尉顾承各率所领人会佃毗陵,男女各数万口。表病死,权以融代表,后代父瑾领摄。

㉚《江表传》曰:先是,公安有灵鼍鸣,童谣曰:"白鼍鸣,龟背平,南郡城中可长生,守死不去义无成。"及恪被诛,融果刮金印龟,服之而死。

㉛《吴书》曰:晋有大夫杨食采于步,后有步叔,与七十子师事仲尼。秦汉之际有为将军者,以功封淮阴侯,骘其后也。

㉜《吴书》曰:骘博研道艺,靡不贯览,性宽雅沈深,能降志辱身。

㉝《吴录》曰:征羌名娇,尝为征羌令。

㉞《吴录》曰:卫旌字子旗,官至尚书。

㉟《吴书》曰:岁余,骘以疾免,与琅邪诸葛瑾、彭城严畯俱游吴中,并著声名,为当时英俊。

㊱《吴书》曰:权为徐州牧,以骘为治中从事,举茂才。

㊲《吴书》曰:肃字伟恭,南阳人。少以才闻,善论议,臧否得中,甄奇录异,荐述后进,题目品藻,曲有条贯,众人以此服之。权擢以为选曹尚书,选举号为得才。求出补吏,为桂阳太守,吏民悦服。征为卿。会卒,知与不知,并痛惜焉。

㊳《吴录》云:骘表言曰:"北降人王潜等说,北相部伍,图以东向,多作布囊,欲以盛沙塞江,以大向荆州。夫备不豫设,难以应卒,宜为之防。"权曰:"此曹衰弱,何能有图?必不敢来。若不如孤言,当以牛千头,为君作主人。"后有吕岱、诸葛恪为说骘所言,云:"每读步骘表,辄失笑。此江与开辟俱生,宁有可以沙囊塞理也!"

三国志卷五十三 吴书八

张严程阚薛传第八

张纮字子纲，广陵人。游学京都，①还本郡，举茂才，公府辟，皆不就，②避难江东。孙策创业，遂委质焉。表为正议校尉，③从讨丹杨。策身临行陈，纮谏曰："夫主将乃筹谟之所自出，三军之所系命也，不宜轻脱，自敌小寇。愿麾下重天授之姿，副四海之望，无令国内上下危惧。"

张纮字子纲，广陵郡人。游学到了京都，后来回到本郡，被举为茂才，官府征召，他都不接受，避难去江东。孙策开创基业时，他就投靠孙策。孙策上表推荐他为正议校尉，随从征讨丹杨。孙策亲临战阵，张纮进谏道："主将是筹划和谋略的制定者，关系到三军的命运，不应该轻率，亲自去对付小寇。希望您珍重上天授予您的英才，顺应四海的愿望，不要让国内上下感到危惧。"

建安四年，策遣纮奉章至许宫，留为侍御史。少府孔融等皆与亲善。④曹公闻策薨，欲因丧伐吴。纮谏，以为乘人之丧，既非古义，若其不克，成仇弃好，不如因而厚之。曹公从其言，即表权为讨虏将军，领会稽太守。曹公欲令纮辅权内附，出纮为会稽东部都尉。⑤

建安四年，孙策派张纮进呈表章到许昌朝廷，被留下来担任侍御史。少府孔融等人都和他亲善。曹公听说孙策死了，想要趁有丧事去讨伐吴国。张纮谏阻，认为乘着人家办丧事，已经不符合古人提倡的道义，如果不能取胜，就成为仇敌失去了友邻，不如趁此机会厚待它。曹公听从了他的话，就上表推荐孙权为讨虏将军，兼任会稽太守。曹公想让张纮帮助孙权归附自己，派他出朝担任会稽东部都尉。

后权以纮为长史，从征合肥。⑥权率轻骑将往突敌，纮谏曰："夫兵者凶器，战者危事也。今麾下恃盛壮之气，忽强暴之虏，三军之众，莫不寒心，虽斩将搴旗，威震敌场，此乃偏将之任，非主将之宜也。愿抑贲、育之勇，怀霸王之计。"权纳纮言而止。既还，明年将复出军，纮又谏曰："自古帝王

后来孙权任命张纮为长史，随从征讨合肥。孙权率领轻骑兵将要去突击敌人，张纮谏阻道："兵刃是凶器，战争是危险的事。现在您依仗盛壮的勇气，忽视强暴的敌人，三军将士，无不寒心。即使斩将夺旗，威震敌方，但这只是偏将的责任，不是主将应当做的。希望您抑制孟贲、夏育那样的勇气，胸怀霸王那样的大计。"孙权接受了张纮的意见，停止了这次行动。回来之后，第二年又要出兵，张纮又谏阻道："自古以来，帝王受天命为君，虽然上有皇灵保佑，

受命之君，虽有皇灵佐于上，文德播于下，亦赖武功以昭其勋。然而贵于时动，乃后为威耳。今麾下值四百之厄，有扶危之功，宜且隐息师徒，广开播殖，任贤使能，务崇宽惠，顺天命以行诛，可不劳而定也。”于是遂止不行。纮建计宜出都秣陵，权从之。⑦令还吴迎家，道病卒。临困，授子靖留笺曰：“自古有国有家者，咸欲修德政以比隆盛世，至于其治，多不馨香。非无忠臣贤佐，暗于治体也，由主不胜其情，弗能用耳。夫人情惮难而趋易，好同而恶异，与治道相反。《传》曰‘从善如登，从恶如崩’，言善之难也。人君承奕世之基，据自然之势，操八柄之威，甘易同之欢，⑧无假取于人；而忠臣挟难进之术，吐逆耳之言，其不合也，不亦宜乎！离则有衅，巧辩缘间，眩于小忠，恋于恩爱，贤愚杂错，长幼失叙，其所由来，情乱之也。故明君悟之，求贤如饥渴，受谏而不厌，抑情损欲，以义割恩，上无偏谬之授，下无希冀之望。宜加三思，含垢藏疾，以成仁覆之大。”时年六十卒。权省书流涕。

下有文治德政传播，也要依赖武功来显示他的勋业。但重要的是适时而动，然后才能建立威望。现在您正值四方有难，有匡扶危困的功业待做，应该暂且使将士们休养生息，广泛开展种植养殖，任用贤能，务必崇尚宽厚，布施恩惠，顺从天命以实行诛讨，这样可不劳而安定天下。”于是孙权就停止出兵了。张纮建议应该建都在秣陵，孙权听从了他的意见，并命令他回吴县去接家属，结果他在半路上病故。病危时，张纮交付给儿子张靖(转呈孙权的)遗笺说：“自古有国有家的人，都想要施行德政来和过去的盛世比美，至于他们的政绩，大多并不美好。这并不是没有忠臣贤士，也不是他们不明治理之道，而是由于主上不能控制自己的私情，未能任用他们。人之常情总是怕难而趋易，喜欢赞同而厌恶异议，这和治理之道相反。古书上说‘从善像登山，从恶像山崩’，说的是为善的艰难。君主秉承累世的基业，依据自然形成的权势，掌握‘八柄’的威权，甘于‘趋易好同’的欢悦，没有什么要向别人求助的；而忠臣怀抱难以进献的治国之术，口吐逆耳之言，君臣不和，难道有什么可怪的？不和就有了裂痕，巧辩的人乘虚而入，主上为小忠所迷惑，恋恋于男女之情，使得贤愚错杂，长幼失序。这些情况是人君的好恶私情搞乱的啊。所以贤明的君主领悟这个道理，求贤如饥似渴，接受规谏而不厌烦，抑制私情私欲，为了义割舍恩爱，上面没有偏颇错误的授予，下面没有非分的希冀。应对此三思，广纳各方意见，以成就仁爱覆盖天下的大业。”张纮终年六十岁。孙权看了这封书信流下了眼泪。

纮著诗赋铭诔十余篇。⑨子玄，官至南郡太守、尚书。⑩玄子尚，⑪孙晧时为侍郎，以言语辩捷见知，擢为侍中、中书令。晧使尚鼓琴，尚对曰：“素

张纮著有诗赋铭诔十多篇。儿子张玄，官做到南郡太守、尚书。张玄的儿子张尚，孙晧时代为侍郎，因为言语敏捷善辩被赏识，提升为侍中、中书令。孙晧要张尚弹琴，张尚答道：“向来不会。”孙晧

不能。”敕使学之。后宴言次说琴之精妙，尚因道“晋平公使师旷作清角，旷言吾君德薄，不足以听之”。皓意谓尚以斯喻己，不悦。后积他事下狱，皆追以此为诘，[12]送建安作船。久之，又就加诛。

下令让他学琴。后来在宴会言谈中说到琴的精妙，张尚便说：“晋平公要师旷弹奏清角乐曲，师旷说我们的君王德薄，不足以听这支曲子。”孙皓认为他用这话来讽喻自己，不高兴。后来积了一些其他的事被捕入狱，都把此事作为凭证予以追究，送他到建安去造船。过了一段时间，又就地加以诛杀。

初，纮同郡秦松字文表，陈端字子正，并与纮见待于孙策，参与谋谟。各早卒。

起初，张纮的同郡人秦松字文表，陈端字子正，都和张纮一道为孙策所接纳，参与出谋划策，秦、陈二人都早死。

严畯字曼才，彭城人也。少耽学，善《诗》、《书》、三《礼》，又好《说文》。避乱江东，与诸葛瑾、步骘齐名友善。性质直纯厚，其于人物，忠告善道，志存补益。张昭进之于孙权，权以为骑都尉、从事中郎。及横江将军鲁肃卒，权以畯代肃，督兵万人，镇据陆口。众人咸为畯喜，畯前后固辞：“朴素书生，不闲军事，非才而据，咎悔必至。”发言慷慨，至于流涕，[13]权乃听焉。世嘉其能以实让。权为吴王，及称尊号，畯尝为卫尉，使至蜀，蜀相诸葛亮深善之。不畜禄赐，皆散之亲戚知故，家常不充。广陵刘颖与畯有旧，颖精学家巷，权闻征之，以疾不就。其弟略为零陵太守，卒官，颖往赴丧，权知其诈病，急驿收录。畯亦驰语颖，使还谢权。权怒废畯，而颖得免罪。久之，以畯为尚书令，后卒。[14]

严畯字曼才，彭城人。少年时非常好学，精研《诗》、《书》、三《礼》，又爱好《说文》。在避乱江东时，和诸葛瑾、步骘齐名，互相友好。性格质朴直爽、纯正宽厚。他对于别人，忠诚告诫，妥善引导，心里总想着给人益处。张昭将他推荐给孙权，孙权任命他为骑都尉、从事中郎。到横江将军鲁肃亡故时，孙权要用严畯接替鲁肃，督率士兵万人，镇守陆口。大家都为严畯高兴，严畯一再坚决推辞说：“我是朴实的读书人，不熟悉军事。不是这种人才而占据这个职位，过失、懊悔必定到来。”话说得慷慨激昂，甚至流了泪，孙权就听从了他。当时的人嘉许他能据实推让。孙权做了吴王，到称帝时，严畯曾担任卫尉，出使到蜀国，蜀国丞相诸葛亮很称道他。他不积蓄俸禄和赏赐，都散发给亲戚知交故旧，自家开支常常不够。广陵人刘颖和严畯是旧交。刘颖身居乡里精研学问，孙权听说了便征召他，刘颖以有病推辞不受。他的弟弟刘略担任零陵太守，死在任上，刘颖前去奔丧，孙权知道他是装病，忙派驿使去收捕他。严畯也很快告知刘颖，让他回来向孙权认错。孙权发怒，撤了严畯的职，而刘颖得以免罪。过了很久，任命严畯为尚书令，后来去世了。

畯著《孝经传》、《潮水论》，又与裴玄、张承论管仲、

严畯著有《孝经传》、《潮水论》，又和裴玄、张承评论管仲、季路，这些著作都流传于世。裴玄字彦

季路，皆传于世。玄字彦黄，下邳人也，亦有学行，官至太中大夫。问子钦齐桓、晋文、夷、惠四人优劣，钦答所见，与玄相反覆，各有文理。钦与太子登游处，登称其翰采。

黄，下邳人，也有学问品行，官做到太中大夫。他问儿子裴钦关于齐桓、晋文、伯夷、柳下惠四人的优劣，裴钦答出自己的见解，与裴玄反复研讨，各有道理。裴钦和太子孙登交游相处，孙登称赞他的文采。

程秉字德枢，汝南南顿人也。逮事郑玄，后避乱交州，与刘熙考论大义，遂博通五经。士燮命为长史。权闻其名儒，以礼征；秉既到，拜太子太傅。黄武四年，权为太子登娉周瑜女，秉守太常，迎妃于吴，权亲幸秉船，深见优礼。既还，秉从容进说登曰："婚姻人伦之始，王教之基，是以圣王重之，所以率先众庶，风化天下，故《诗》美《关雎》，以为称首。愿太子尊礼教于闺房，存《周南》之所咏，则道化隆于上，颂声作于下矣。"登笑曰："将顺其美，匡救其恶，诚所赖于傅君也。"

程秉字德枢，汝南郡南顿县人。曾跟从郑玄学习，后来在交州避乱，与刘熙考证论述古书大义，便博览精通五经。士燮任命他为长史。孙权听说他是一位名儒，以礼征召他；程秉来到以后，官拜太子太傅。黄武四年，孙权为太子孙登聘娶周瑜的女儿，程秉作为掌管礼仪的太常官，到吴县迎接太子妃，孙权亲自来到程秉的船中，给他很优厚的礼遇。回来之后，程秉从容地进言劝说孙登道："婚姻是人伦的开始，王教的基础，因此圣王重视，用它统率百姓，感化天下，所以《诗经》赞美《关雎》，把它列为全书的首篇。希望太子在闺房之中尊崇礼教，保存《周南》所赞咏的美德，那就会使王道教化兴隆于上，而歌颂之声兴起于下了。"孙登笑着说："我要顺势助成美德，改正和补救错误，诚心地依赖师傅您。"

病卒官。著《周易摘》、《尚书驳》、《论语弼》，凡三万余言。秉为傅时，率更令河南征崇亦笃学立行云。⑮

程秉因病死于任所。著有《周易摘》、《尚书驳》、《论语弼》，共三万余字。程秉担任太子太傅时，率更令河南征崇，也是个学问深厚、品行优良的人。

阚泽字德润，会稽山阴人也。家世农夫，至泽好学，居贫无资，常为人佣书，以供纸笔，所写既毕，诵读亦遍。追师论讲，究览群籍，兼通历数，由是显名。察孝廉，除钱唐长，迁郴令。孙权为骠骑将军，辟补西曹掾；及称尊号，以泽为尚书。嘉禾中，为中书令，加侍中。赤

阚泽字德润，会稽郡山阴县人。家里世代务农，到阚泽时，他很好学，生活贫困无钱，常常受雇为人抄书写字，以供纸笔的费用，抄写的任务完毕，他也把抄写的书诵读完了。寻访老师论述探讨，深研博览群书，还通晓天文历法，因此出了名。被推荐为孝廉，担任钱唐县长，升任郴县县令。孙权为骠骑将军时，征召他为西曹掾；孙权当了皇帝后，命阚泽为尚书。嘉禾年间，担任中书令，加侍中衔。赤乌五年，担

乌五年，拜太子太傅，领中书如故。

泽以经传文多，难得尽用，乃斟酌诸家，刊约《礼》文及诸注说以授二宫，为制行出入及见宾仪，又著《乾象历注》以正时日。每朝廷大议，经典所疑，辄谘访之。以儒学勤劳，封都乡侯。性谦恭笃慎，官府小吏，呼召对问，皆为抗礼。人有非短，口未尝及，容貌似不足者，然所闻少穷。权尝问："书传篇赋，何者为美？"泽欲讽喻以明治乱，因对贾谊《过秦论》最善，权览读焉。初，以吕壹奸罪发闻，有司穷治，奏以大辟，或以为宜加焚裂，用彰元恶。权以访泽，泽曰："盛明之世，不宜复有此刑。"权从之。又诸官司有所患疾，欲增重科防，以检御臣下，泽每曰"宜依礼、律"，其和而有正，皆此类也。[16]六年冬卒，权痛惜感悼，食不进者数日。

泽州里先辈丹杨唐固亦修身积学，称为儒者，著《国语》、《公羊》、《穀梁传》注，讲授常数十人。权为吴王，拜固议郎，自陆逊、张温、骆统等皆拜之。黄武四年为尚书仆射，卒。[17]

薛综字敬文，沛郡竹邑人也。[18]少依族人避地交州，从刘熙学。士燮既附孙权，召综为五官中郎将，除合浦、交阯太守。时交土始开，刺吏吕岱率

任太子太傅，仍旧兼任中书令。

阚泽认为经传文字繁多，难得全部用上，就斟酌诸家之说，删节《礼》的原文及各家注释来为太子孙登及鲁王孙霸讲授，替他们制订并颁行出入及会见宾客的礼仪，又著《乾象历注》以校正时日。每当朝廷议论大事，经典古书上的疑难，都向他咨询。因为他研究儒学勤劳，被封为都乡侯。他性情谦恭，厚道谨慎，宫廷或府署的小吏，召来问话时，都以平等的礼节相待。人家有错误短处，他口里未曾说及，只在表情上似乎感到不足，但听到的事很少去追问。孙权曾问他："书传文赋，哪一篇为好？"阚泽想用讽谏比喻来说明治乱之道，就回答说贾谊的《过秦论》最好，孙权便阅读了这篇文章。起初，因吕壹的奸恶罪行暴露，法吏追查到底，奏请判处大辟之刑，有人认为应处炮烙或车裂，用来昭示元凶的罪恶。孙权就此事问阚泽，阚泽说："盛明时代，不当再有这种刑法。"孙权听从了他的意见。各衙门感到有些隐患和弊病，想要加重处罚和防范，用来约束驾驭部下，阚泽每每说："应该依照礼教和刑律。"他温和而有原则，都像这般情况。赤乌六年冬季去世，孙权痛惜、悲悼，一连数日不能进食。

阚泽同乡先辈丹杨人唐固也修身养性，积累学行，被称为儒者，著《国语》、《公羊》、《穀梁传》注，常教授几十人。孙权为吴王时，任命唐固为议郎，陆逊、张温、骆统等人都去拜见他。黄武四年任尚书仆射，去世。

薛综字敬文，沛郡竹邑县人。少年时随族人到交州避难，跟从刘熙学习。士燮归附孙权之后，召薛综为五官中郎将，担任合浦、交阯太守。那时交州地区刚刚开辟，刺史吕岱率兵讨伐，薛综随行，跨海南

师讨伐，综与俱行，越海南征，及到九真。事毕还都，守谒者仆射。西使张奉于权前列尚书阚泽姓名以嘲泽，泽不能答。综下行酒，因劝酒曰："蜀者何也？有犬为独，无犬为蜀，横目苟身，虫入其腹。"[19]奉曰："不当复列君吴邪？"综应声曰："无口为天，有口为吴，君临万邦，天子之都。"于是众坐喜笑，而奉无以对。其枢机敏捷，皆此类也。[20]

吕岱从交州召出，综惧继岱者非其人，上疏曰："昔帝舜南巡，卒于苍梧。秦置桂林、南海、象郡，然则四国之内属也，有自来矣。赵佗起番禺，怀服百越之君，珠官之南是也。汉武帝诛吕嘉，开九郡，设交阯刺史以镇监之。山川长远，习俗不齐，言语同异，重译乃通，民如禽兽，长幼无别，椎结徒跣，贯头左衽，长吏之设，虽有若无。自斯以来，颇徙中国罪人杂居其间，稍使学书，粗知言语，使驿往来，观见礼化。及后锡光为交阯，任延为九真太守，乃教其耕犁，使之冠履；为设媒官，始知聘娶；建立学校，导之经义。由此已降，四百余年，颇有似类。自臣昔客始至之时，珠崖除州县嫁娶，皆须八月引户，人民集会之时，男女自相可适，乃为夫妻，父母不能止。交阯糜泠、九真都庞二县，皆兄死弟妻其嫂，世以

征，一直到了九真。事毕回到都城，代理谒者仆射。西蜀使者张奉在孙权面前列举尚书阚泽的姓名来嘲讽阚泽，阚泽不能对答。薛综下席斟酒，就劝酒说："蜀是什么呢？有犬为独，无犬为蜀，横目勾身，虫入其腹。"张奉说："难道不应当再论列你们吴国吗？"薛综应声答道："无口为天，有口为吴，君临万邦，天子之都。"于是座中众人嬉笑，而张奉无言对答。薛综的机智敏捷，都像这般情况。

吕岱从交州被召回，薛综恐怕接替吕岱的不是适当的人选，上疏道："往昔舜帝南巡，在苍梧逝世。秦朝设置桂林、南海、象郡，可见这四郡的归附内地，有来由啊。赵佗起于番禺，怀柔收服百越的君长，这就是珠官以南地区。汉武帝诛杀吕嘉，开设九郡，设置交阯刺史来镇守、监抚它。那里山川远隔，习俗不一样，言语不同，要经过翻译才能沟通，老百姓像禽兽一样，老幼没有区别，头上挽着椎髻、赤脚走路，衣服是从头上贯穿的无襟衣或者左边开衣襟，官吏设置，即使有也像没有一样。从那时以来，让很多中原的罪人流放在那里，与当地人民生活在一起，稍稍使他们读书学习，粗略懂得文明语言，驿使往来，能观察闻见中原的礼仪风化。到后来锡光为交阯太守，任延为九真太守，就教他们用犁耕田，使他们戴帽穿鞋；设立媒官，才知道聘问嫁娶的礼仪；建立学校，用经义开导他们。从那时以来，四百余年，大抵类似这种情况。自从臣过去客游初到该地时，珠崖郡除了州县实行嫁娶外，其他地方都是在八月核实户口，人民集会时，男女自己相互选择认可，使结为夫妻，父母不能禁止。交阯郡的糜泠、九真郡的都庞这两个县，都是兄死弟娶其嫂为妻，世代以此为风俗，官吏放纵听任，不能禁止。日南郡

此为俗，长吏恣听，不能禁制。日南郡男女倮体，不以为羞。由此言之，可谓虫豸，有靦面目耳。然而土广人众，阻险毒害，易以为乱，难使从治。县官羁縻，示令威服，田户之租赋，裁取供办，贵致远珍名珠、香药、象牙、犀角、玳瑁、珊瑚、琉璃、鹦鹉、翡翠、孔雀、奇物，充备宝玩，不必仰其赋入，以益中国也。然在九甸之外，长吏之选，类不精核。汉时法宽，多自放恣，故数反违法。珠崖之废，起于长吏睹其好发，髡取为髲。及臣所见，南海黄盖为日南太守，下车以供设不丰，挝杀主簿，仍见驱逐。九真太守儋萌为妻父周京作主人，并请大吏，酒酣作乐，功曹番歆起舞属京，京不肯起，歆犹迫强，萌忿杖歆，亡于郡内。歆弟苗帅众攻府，毒矢射萌，萌至物故。交阯太守士燮遣兵致讨，卒不能克。又故刺史会稽朱符，多以乡人虞褒、刘彦之徒分作长吏，侵虐百姓，强赋于民，黄鱼一枚收稻一斛，百姓怨叛，山贼并出，攻州突郡。符走入海，流离丧亡。次得南阳张津，与荆州牧刘表为隙，兵弱敌强，岁岁兴军，诸将厌患，去留自在。津小检摄，威武不足，为所陵侮，遂至杀没。后得零陵赖恭，先辈仁谨，不晓时事。表又遣长沙吴巨为苍梧太守。巨武夫轻悍，不为恭所

男女裸体，不以为羞。由此看来，可说是如虫豸一般，有损体面啊。然而那里地广人多，道路险阻，虫兽毒害，容易作乱，难以使他们服从治理。官府约束他们，发布命令以示威信，农田户口的赋税，采办供奉的物资，贵在取得名珠珍宝、香药、象牙、犀角、玳瑁、珊瑚、琉璃、鹦鹉、翡翠、孔雀、奇物，以充实宝玩，不必依靠其赋税收入来补益中原。然而在那距离王都遥远的九甸之外，官吏的选择，一般不精审细致。汉朝时法律宽松，大多放任自流，所以屡次发生反叛违法事件。珠崖郡的丢失，起于官吏看见当地人有一头好发，强行剃取来制作假发。后来臣见到这样的情况：南海人黄盖担任日南太守，到任时因为供奉设备不丰盛，就拷打杀害主簿官，于是被驱逐。九真太守儋萌为岳父周京主办宴会，并请了大吏，酒酣之际开始奏乐，功曹番歆起舞并邀请周京同舞，周京不肯起身，番歆还要强迫，儋萌大怒并用杖击番歆，打死在郡府内。番歆的弟弟番苗，就率众攻打郡府，用毒箭射儋萌，儋萌死去。交阯太守士燮派兵讨伐，终究不能取胜。又前任刺史会稽人朱符，多用同乡人虞褒、刘彦这班人分别担任下属官吏，他们侵害虐待百姓，向人民强征重税，一条黄鱼要收稻谷一斛，百姓怨恨叛乱，山贼一起出动，攻击州郡。朱符逃入海上，颠沛流离而死。接着有南阳人张津出任，张津与荆州牧刘表有矛盾，官方兵弱，而敌人强大，年年兴兵，诸将厌烦，不服调遣去留自由。张津略加检束整顿，威信和武勇都不足，被诸将欺凌侮辱，最终被杀害夷灭。后来又得零陵人赖恭，这位长辈仁厚拘谨，不明时事。刘表又派长沙人吴巨为苍梧太守，吴巨是个剽悍武夫，不服赖恭，互相

服，辄相怨恨，逐出恭，求步骘。是时津故将夷廖、钱博之徒尚多，骘以次锄治，纲纪适定，会仍召出。吕岱既至，有士氏之变。越军南征，平讨之日，改置长吏，章明王纲，威加万里，大小承风。由此言之，绥边抚裔，实有其人。牧伯之任，既宜清能，荒流之表，祸福尤甚。今日交州虽名粗定，尚有高凉宿贼；其南海、苍梧、鬱林、珠官四郡界未绥，依作寇盗，专为亡叛逋逃之薮。若岱不复南，新刺史宜得精密，检摄八郡，方略智计，能稍稍以渐治高凉者，假其威宠，借之形势，责其成效，庶几可补复。如但中人，近守常法，无奇数异术者，则群恶日滋，久远成害。故国之安危，在于所任，不可不察也。窃惧朝廷忽轻其选，故敢竭愚情，以广圣思。”

怨恨，吴巨驱逐了赖恭，求靠步骘。这时张津的旧将夷廖、钱博这类人还很多，步骘依次铲除惩治，政纲法纪才初步奠定，恰逢步骘又被召回。吕岱来了之后，发生士氏的变乱。广州兵南征，平定之日，改派官吏，宣扬王朝的政纲法纪，声威远慑万里，地方无论大小，承受风化。由此说来，安抚边远地区，实在应有合格的人选。州牧官员的任命，本应该注重清廉能干，边远蛮荒之地，祸福尤为严重。现在交州虽说初步安定，还有高凉郡的残留贼寇，南海、苍梧、鬱林、珠官四郡还不安宁，为盗寇所凭据，成了逃亡叛乱分子的藏身地。如果吕岱不再南归，新任刺史应该挑选精明谨慎、能检束整顿八郡、其谋略智慧可以逐渐平治高凉郡的人，借给他威风宠幸，授予他权力，要求他务必治理有效，这才可望补益恢复。如果只是中等水平的人，仅能墨守平常法规，没有奇特的权术策略，那就会使各种丑恶日益滋长，日久成为祸害。所以说国家的安危，在于所任官吏的好坏，不可不考察啊。臣内心害怕朝廷轻视忽略官吏的人选，所以冒昧地尽情陈说这些不高明的想法，以便扩大圣明的思考。”

黄龙三年，建昌侯虑为镇军大将军，屯半州，以综为长史，外掌众事，内授书籍。虑卒，入守贼曹尚书，迁尚书仆射。时公孙渊降而复叛，权盛怒，欲自亲征。综上疏谏曰：“夫帝王者，万国之元首，天下之所系命也。是以居则重门击柝以戒不虞，行则清道案节以养威严，盖所以存万安之福，镇四海之心。昔孔子疾时，托乘桴浮海之语，季由斯喜，拒以无所取才。汉元帝欲御楼船，薛广德请刎颈以血染车。

黄龙三年，建昌侯孙虑为镇军大将军，驻扎在半州，以薛综为长史，对外掌管日常事务，对内讲授书籍。孙虑去世以后，入朝担任贼曹尚书，升为尚书仆射。当时公孙渊降而复叛，孙权大怒，想要亲自出征。薛综上疏谏阻道：“帝王是万国的元首，关系到天下的命运。因此居住则深宫重门打更巡逻以防不测，外出就要肃清道路，讲求仪仗以维护威严，这是为了保存万安的福祉，镇定四海的人心。往昔孔子痛恨时弊，托言要乘筏浮海，子路因此而高兴，孔子便以无法取到材料来推托。汉元帝要乘楼船，薛广德要自割脖颈以血染车来谏阻。为什么呢？水火的

何则？水火之险至危，非帝王所宜涉也。谚曰：‘千金之子，坐不垂堂。’况万乘之尊乎？今辽东戎貊小国，无城池之固，备御之术，器械铢钝，犬羊无政，往必禽克，诚如明诏。然其方土寒埆，谷稼不殖，民习鞍马，转徙无常。卒闻大军之至，自度不敌，鸟惊兽骇，长驱奔窜，一人匹马，不可得见，虽获空地，守之无益，此不可一也。加又洪流淜滚，有成山之难，海行无常，风波难免，倏忽之间，人船异势。虽有尧舜之德，智无所施，贲育之勇，力不得设，此不可二也。加以郁雾冥其上，咸水蒸其下，善生流肿，转相洿染，凡行海者，稀无斯患，此不可三也。天生神圣，显以符瑞，当乘平丧乱，康此民物；嘉祥日集，海内垂定，逆虏凶虐，灭亡在近。中国一平，辽东自毙，但当拱手以待耳。今乃违必然之图，寻至危之阻，忽九州之固，肆一朝之忿，既非社稷之重计，又开辟以来所未尝有，斯诚群僚所以倾身侧息，食不甘味，寝不安席者也。惟陛下抑雷霆之威，忍赫斯之怒，遵乘桥之安，远履冰之险，则臣子赖祉，天下幸甚。”时群臣多谏，权遂不行。

危害是最为险恶的，不是帝王所应当涉足的。谚语说：‘千金之子，坐不垂堂。’何况是天子之尊呢？现在辽东只是一个戎貊小国，没有坚固的城防，没有守御的能力，武器钝劣，人如犬羊没有组织，出征必定能擒敌制胜，的确如圣上明诏所说。然而那里气候寒冷，土地贫瘠，谷物不能种植，人民习于鞍马，辗转迁徙不定。突然听说大军到来，自料不能抵敌，像被惊骇的鸟兽一般，远走高飞奔驰逃窜，连一个人一匹马也见不到，虽然夺得空地，守住它也无用处，这是不可行的第一个理由。加以水势汪洋，过去有过成山之难，海上航行，气候不测，风波难免，倏忽之间，人和船便会碰上异常情况，虽有尧舜之德，无法施展智谋；有孟贲、夏育之勇，也无法发挥威力，这是不可行的第二个理由。况且上有浓雾笼罩，下有咸水蒸腾，容易生流肿病，互相传染，凡是航海的人，很少不得这种病的，这是不可行的第三个理由。天生神圣的君王，显示吉祥的征兆，应当顺势平息丧乱，使人民康乐、物产丰富；美好吉祥之事与日俱增，海内逐渐趋于安宁，叛逆逞凶肆虐，灭亡在即。中原一旦平安，辽东自然败亡，只需拱手来等待啊。现在却违背自然的规律，寻求最险阻的途径，忽视九州的巩固，宣泄一时的愤怒，既不是社稷的重大方针，又是开天辟地以来所未曾有过的，这实在是群臣为什么侧身而卧，屏住呼吸，搞得食不甘味、寝不安席的原因啊。希望陛下抑制雷霆般的威风，忍住赫赫的怒气，遵循过桥的坦途，远离履冰的危险，那就臣子托福，天下大幸。”当时群臣大多谏阻，孙权便不出征了。

正月乙未，权敕综祝祖不得用常文，综承诏，卒造文义，信辞粲烂。权曰：“复为两头，使满三也。”综复再祝，辞令皆

正月乙未日，孙权命令薛综祭祖不得使用平常文章，薛综奉诏，立即写作，文章诚敬而辞藻灿烂。孙权说：“再作两篇，足成三数。”薛综又再作祝词，辞令都很新颖，大家都说好。赤乌三年，调任选曹尚

新，众咸称善。赤乌三年，徙选曹尚书。五年，为太子少傅，领选职如故。[21]六年春，卒。凡所著诗赋难论数万言，名曰《私载》，又定《五宗图述》、《二京解》，皆传于世。

书。五年，任太子少傅，同时仍旧兼任选曹尚书。六年春季去世。总计所著诗赋论文有数万字，题名叫《私载》，又撰写《五宗图述》、《二京解》，都流传于世。

子珝，官至威南将军，征交阯还，道病死。[22]珝弟莹，字道言，初为秘府中书郎，孙休即位，为散骑中常侍。数年，以病去官。孙晧初，为左执法，迁选曹尚书，及立太子，又领少傅。建衡三年，晧追叹莹父综遗文，且命莹继作。莹献诗曰："惟臣之先，昔仕于汉，奕世绵绵，颇涉台观。暨臣父综，遭时之难，卯金失御，邦家毁乱。适兹乐土，庶存孑遗，天启其心，东南是归。厥初流隶，困于蛮垂。大皇开基，恩德远施。特蒙招命。拯擢泥污，释放巾褐，受职剖符。作守合浦，在海之隅，迁入京辇，遂升机枢。枯瘁更荣，绝统复纪，自微而显，非愿之始。亦惟宠遇，心存足止。重值文皇，建号东宫，乃作少傅，光华益隆。明明圣嗣，至德谦崇，礼遇兼加，惟渥惟丰。哀哀先臣，念竭其忠，洪恩未报，委世以终。嗟臣蔑贱，惟昆及弟，幸生幸育，托综遗体。过庭既训，顽蔽难启。堂构弗克，志存耦耕。岂悟圣朝，仁泽流盈。追录先臣，愍其无成，是济是拔，被以殊荣。珝忝千里，受命南征，旌旗备物，金革扬声。及臣

儿子薛珝，官做到威南将军，出征交阯回来，在途中病死。薛珝的弟弟薛莹，字道言，起初任秘府中书郎，孙休即位后，担任散骑中常侍。几年之后，因病辞去官职。孙晧即位初年，担任左执法，升为选曹尚书，到立太子时，又兼任少傅。建衡三年，孙晧追思赞叹薛莹父亲薛综的遗文，并且命令薛莹续写。薛莹献诗道："臣的祖先，昔时任职于汉，一代接着一代，颇有人登上高官。待到臣父薛综，遭逢时世艰难，刘氏失去控制，国被摧毁家遭祸乱。我家投奔乐土，希望保留劫后余生，上天启示我们，我等归向东南。起初流离失所，困于边远蛮荒之地。大皇开创基业。恩德布施到远方。承蒙下令征召，拯救我们于泥潭，脱下布巾褐衣，领受官职兵符。担任合浦太守，身处东海之隅。后来迁入京都，职位升到中枢。像枯槁的树又开花，快绝的世系又绵延，由微弱而显赫，开始时哪有这种心愿。蒙受恩宠优遇，心感满足幸福。其后再遇文皇，立号太子东宫，臣父就任少傅，更加显耀光荣。皇皇圣人后嗣，道德最谦最崇，以礼待遇臣下，真是沾润丰隆。可哀我父先臣，每念尽其忠诚，大恩未曾报答，遽尔弃世而终。可叹微臣低贱，只有兄弟相携，幸而生育成长，延续薛综骨血。虽受严父训诲，难开顽蔽性情，不能继承遗业，内心只想农耕。岂料圣朝天子，仁义恩泽充盈，追思臣的先辈，怜惜臣的无成，扶助又加提拔，给以特殊光荣。薛珝远行千里，受命随军南征，旌旗高高飘荡，军乐阵阵扬声。像臣这种陋质，实在愚昧低能，既

斯陋，实暗实微，既显前轨，人物之机；复傅东宫，继世荷辉，才不逮先，是忝是违。乾德博好，文雅是贵，追悼亡臣，冀存遗类。如何愚胤，曾无髣髴！瞻彼旧宠，顾此顽虚，孰能忍愧，臣实与居。夙夜反侧，克心自论，父子兄弟，累世蒙恩，死惟结草，生誓杀身，虽则灰陨，无报万分。”

任政治要职，掌握人选枢机，又授东宫少傅，两代荣辉相继。才能不及先辈，做事辱没背违。圣德博大美好，重视文雅礼教，追思悼念亡臣，保存他的后人。为何愚蠢后嗣，一点不像先臣！瞻望那旧日恩宠，看自己顽劣虚空，谁能没有惭愧，臣是愧在心中，昼夜辗转反侧，扪住心窝自问，臣的父子兄弟，累世蒙受圣恩，今后死当结草，生则杀身报恩，即使粉身碎骨，难报万分恩情。”

是岁，何定建议凿圣谿以通江淮，皓令莹督万人往，遂以多盘石难施功，罢还，出为武昌左部督。后定被诛，皓追圣谿事，下莹狱，徙广州。右国史华覈上疏曰：“臣闻五帝三王皆立史官，叙录功美，垂之无穷。汉时司马迁、班固，咸命世大才，所撰精妙，与六经俱传。大吴受命，建国南土。大皇帝末年，命太史令丁孚、郎中项峻始撰《吴书》。孚、峻俱非史才，其所撰作，不足纪录。至少帝时，更差韦曜、周昭、薛莹、梁广及臣五人，访求往事，所共撰立，备有本末。昭、广先亡，曜负恩蹈罪，莹出为将，复以过徙，其书遂委滞，迄今未撰奏。臣愚浅才劣，适可为莹等记注而已，若使撰合，必袭孚、峻之迹，惧坠大皇帝之元功，损当世之盛美。莹涉学既博，文章尤妙，同寮之中，莹为冠首。今者见吏，虽多经学，记述之才，如莹者少，是以慺慺为国惜之。实欲使卒垂成之

这一年，何定建议开凿圣谿以沟通江淮，孙皓命令薛莹督率万人前往，因为大石太多，难以施工，停工而回，出任武昌左部督。后来何定被诛杀，孙皓追查圣谿停工的事，把薛莹关入牢狱，后来又流放到广州。右国史华覈上疏说：“臣听说五帝三王都设立史官，记录功勋美德，使它永远流传。汉朝的司马迁、班固，都是举世闻名的大才，他们的著作精妙，与六经共同流传。我大吴承受天命，建国于南方地界。大皇帝末年，命令太史令丁孚、郎中项峻开始编撰《吴书》。丁、项二人都不是修史之才，他们所撰写的，不足以记录保存。到少帝时，又派韦曜、周昭、薛莹、梁广和臣共五人，采访探求往事，共同修撰，史事本末已初具规模。周昭、梁广先死，韦曜忘恩犯罪，薛莹外出为将，又因罪过被流放，修书的事便停顿了，到现在还未撰毕上奏。臣愚昧浅陋，文才低劣，只能为薛莹等人作记录、注解罢了，若让臣主编，必然沿袭丁孚、项峻的老路，恐怕会降低大皇帝的伟大功勋，损害当代的盛德美政。薛莹学问渊博，文章尤其精妙，同事之中薛莹当居首位。现在在职的官吏，虽然多有经学，而记述之人，像薛莹这样的却少见，因此臣诚心地为国家惋惜他。实在是想要完成已快成功的事业，将我朝史书编排在前代史籍

功，编于前史之末。奏上之后，退填沟壑，无所复恨。"晧遂召莹还，为左国史。顷之，选曹尚书同郡缪祎以执意不移，为群小所疾，左迁衡阳太守。既拜，又追以职事见诘责，拜表陈谢。因过诣莹，复为人所白，云祎不惧罪，多将宾客会聚莹许。乃收祎下狱，徙桂阳，莹还广州。未至，召莹还，复职。是时法政多谬，举措烦苛，莹每上便宜，陈缓刑简役，以济育百姓，事或施行。迁光禄勋。天纪四年，晋军征晧，晧奉书于司马伷、王浑、王濬请降，其文，莹所造也。莹既至洛阳，特先见叙，为散骑常侍，答问处当，皆有条理。[23]太康三年卒。著书八篇，名曰《新议》。[24]

的后面，书成奏上之后，臣就是老死沟壑，也没什么遗憾的了。"孙晧就把薛莹召回，担任左国史。不久以后，选曹尚书、薛莹的同郡人缪祎因为坚持自己的意见不愿改变，被众多小人忌恨谗害，降职为衡阳太守。授职之后，又追查责问他过去职责内的事，他上表陈述认错。缪祎拜访薛莹，又被人举报，说缪祎不认罪，带了许多宾客在薛莹住所聚会。朝廷就逮捕缪祎入狱，随即流放桂阳。薛莹又被遣回广州，还没到达，又召薛莹回来，恢复原职。当时法令政策有许多弊端，措施烦琐而苛刻，薛莹经常上疏陈说利国利民的事，建议宽松刑罚，简省劳役，以保护和抚育百姓，他所奏的事有时能得到施行。升任光禄勋。天纪四年，晋朝军队征讨孙晧，孙晧上书给司马伷、王浑、王濬请求投降，降书是薛莹写的。薛莹到了洛阳之后，被优先录用，任散骑常侍，对答问题，处理事务，都有条理。太康三年去世。有著作八篇，题名为《新议》。

评曰：张纮文理意正，为世令器，孙策待之亚于张昭，诚有以也。严、程、阚生，一时儒林也。至畯辞荣济旧，不亦长者乎！薛综学识规纳，为吴良臣。及莹纂蹈，允有先风，然于暴酷之朝，屡登显列，君子殆诸。

评论说：张纮文才好，心意正，是当世的美才，孙策待他仅次于张昭，实在是有道理的。严畯、程秉、阚泽，都是当时儒林名士。至于严畯辞退显荣的高官、救助故旧同僚，难道不是个长者么！薛综学识纯正，规谏进言，是吴国的良臣。到薛莹继承遗业，诚然有先人的风范，然而在暴虐残酷的朝代，屡次登上显要的地位，君子为他感到危险啊。

---

①《吴书》曰：纮入太学，事博士韩宗，治京氏《易》、欧阳《尚书》，又于外黄从濮阳闿受《韩诗》及《礼记》、《左氏春秋》。

②《吴书》曰：大将军何进、太尉朱儁、司空荀爽三府辟为掾，皆称疾不就。

③《吴书》曰：纮与张昭并与参谋，常令一人居守，一人从征讨，后吕布袭取徐州，因为之牧，不欲令纮与策从事。追举茂才，移书发遣纮。纮心恶布，耻为之屈。策亦重惜纮，欲以自辅，答记不遣，曰："海产明珠，所在为宝，楚虽有才，晋实用之。英伟君子，所游见珍，何必本州哉？"

④《吴书》曰：纮至，与在朝公卿及知旧述策材略绝异，平定三郡，风行草偃，加以忠敬款诚，乃心王室。时曹公为司空，欲加恩厚，以悦远人，至乃优文褒崇，改号加封，辟纮

为掾，举高第，补侍御史，后以纮为九江太守。纮心恋旧恩，思还反命，以疾固辞。

⑤《吴书》曰：权初承统，春秋方富，太夫人以方外多难，深怀忧劳，数有优令辞谢，付属以辅助之义。纮辄拜笺答谢，思惟补察。每有异事密计及章表书记，与四方交结，常令纮与张昭草创撰作。纮以破虏有破走董卓，扶持汉室之勋；讨逆平定江外，建立大业，宜有纪颂以昭公义。既成，呈权，权省读悲感，曰："君真识孤家门阀阅也。"乃遣纮之部。或以纮本受北任，嫌其志趣不止于此，权不以介意。初，琅邪赵昱为广陵太守，察纮孝廉，昱后为笮融所杀，纮甚伤愤，而力不能讨。昱门户绝灭，及纮在东部，遣主簿至琅邪设祭，并求亲戚为之后，以书属琅邪相臧宣，宣以赵宗中五岁男奉昱祀，权闻而嘉之。及讨江夏，以东部少事，命纮居守，遥领所职。孔融遗纮书曰："闻大军西征，足下留镇。不有居者，谁守社稷？深固折冲，亦大勋也。无乃李广之气，仓发益怒，乐一当单于，以尽余愤乎？南北并定，世将无事，孙叔投戈，绛、灌俎豆，亦在今日，但用离析，无缘会面，为愁叹耳。道直途清，相见岂复难哉？"权以纮有镇守之劳，欲论功加赏。纮厚自挹损，不敢蒙宠，权不夺其志。每从容侍燕，微言密指，常有以规讽。

《江表传》曰：初，权于群臣多呼其字，惟呼张昭曰张公，纮曰东部，所以重二人也。

⑥《吴书》曰：合肥城久不拔，纮进计曰："古之围城，开其一面，以疑众心。今围之甚密，攻之又急，诚惧并命戮力。死战之寇，固难卒拔，及救未至，可小宽之，以观其变。"议者不同。会救骑至，数至围下，驰骋挑战。

⑦《江表传》曰：纮谓权曰："秣陵，楚威王所置，名为金陵。地势冈阜连石头，访问故老，云昔秦始皇东巡会稽经此县，望气者云金陵地形有王者都邑之气，故掘断连冈，改名秣陵。今处所具存，地有其气，天之所命，宜为都邑。"权善其议，未能从也。后刘备之东，宿于秣陵，周观地形，亦劝权都之。权曰："智者意同。"遂都焉。

《献帝春秋》云：刘备至京，谓孙权曰："吴去此数百里，即有警急，赴救为难，将军无意屯京乎？"权曰："秣陵有小江百余里，可以安大船，吾方理水军，当移据之。"备曰："芜湖近濡须，亦佳也。"权曰："吾欲图徐州，宜近下也。"

臣松之以为秣陵之与芜湖，道里所校无几，于北侵利便，亦有何异？而云欲窥徐州，贪秣陵近下，非其理也。诸书皆云刘备劝都秣陵，而此独云权自欲都之，又为虚错。

⑧《周礼》太宰职曰：以八柄诏王驭群臣。一曰爵，以驭其贵。二曰禄，以驭其富。三曰予，以驭其幸。四曰置，以驭其行。五曰生，以驭其福。六曰夺，以驭其贫。七曰废，以驭其罪。八曰诛，以驭其过。

⑨《吴书》曰：纮见柟榴枕，爱其文，为作赋。陈琳在北见之，以示人曰："此吾乡里张子纲所作也。"后纮见陈琳作《武库赋》、《应机论》，与琳书深叹美之。琳答曰："自仆在河北，与天下隔，此间率少于文章，易为雄伯，故使仆受此过差之谭，非其实也。今景兴在此，足下与子布在彼，所谓小巫见大巫，神气尽矣。"纮既好文学，又善楷篆，与孔融书，自书。融遗纮书曰："前劳手笔，多篆书。每举篇见字，欣然独笑，如复睹其人也。"

⑩《江表传》曰：玄清介有高行，而才不及纮。

⑪《江表传》称尚有俊才。

⑫环氏《吴纪》曰：晧尝问："《诗》云'泛彼柏舟'，惟柏中舟乎？"尚对曰："《诗》言'桧楫松舟'，则松亦中舟也。"又问："鸟之大者惟鹤，小者惟雀乎？"尚对曰："大者有秃鹙，小者有鷦鷯。"晧性忌胜己，而尚谈论每出其表，积以致恨。后问："孤饮酒以方谁？"尚对曰："陛下有百觚之量。"晧云："尚知孔丘之不王，而以孤方之！"因此发怒收尚。尚书岑昬率公卿已下百余人，诣宫叩头请，尚罪得减死。

⑬《志林》曰：权又试畯骑，上马堕鞍。

⑭《吴书》曰：畯时年七十八，二子凯、爽。凯官至升平少府。

⑮《吴录》曰：崇字子和，治《易》、《春秋左氏传》，兼善内

术。本姓李，遭乱更姓，遂隐于会稽，躬耕以求其志。好尚者从学，所教不过数人辄止，欲令其业必有成也。所交结如丞相步骘等，咸亲焉。严畯荐崇行足以厉俗，学足以为师。初见太子登，以疾赐不拜。东宫官僚皆从谘询。太子数访以异闻。年七十而卒。

⑯《吴录》曰：虞翻称泽曰："阚生矫杰，盖蜀之扬雄。"又曰："阚子儒术德行，亦今之仲舒也。"初，魏文帝即位，权尝从容问群臣曰："曹丕以盛年即位，恐孤不能及之，诸卿以为如何？"群臣未对，泽曰："不及十年，丕其没矣，大王勿忧也。"权曰："何以知之？"泽曰："以字言之，不十为丕，此其数也。"文帝果七年而崩。

臣松之计孙权年大文帝五岁，其为长幼也微矣。

⑰《吴录》曰：固字子正，卒时年七十余矣。

⑱《吴录》曰：其先齐孟尝君封于薛。秦灭六国，而失其祀，子孙分散。汉祖定天下，过齐，求孟尝后，得其孙陵、国二人，欲复其封。陵、国兄弟相推，莫適受，乃去之竹邑，因家焉，故遂氏薛。自国至综，世典州郡，为著姓。综少明经，善属文，有秀才。

⑲臣松之见诸书本"苟身"或作"句身"，以为既云"横目"，则宜曰"句身"。

⑳《江表传》曰：费祎聘于吴，陛见，公卿待臣皆在坐。酒酣，祎与诸葛恪相对嘲难，言及吴、蜀。祎问曰："蜀字云何？"恪曰："有水者濁，无水者蜀。横目苟身，虫入其腹。"祎复问："吴字云何？"恪曰："无口者天，有口者吴，下临沧海，天子帝都。"与本传不同。

㉑《吴书》曰：后权赐综紫绶囊，综陈让紫色非所宜服，权曰："太子年少，涉道日浅，君当博之以文，约之以礼，茅土之封，非君而谁？"是时综以名儒居师傅之位，仍兼选举，甚为优重。

㉒《汉晋春秋》曰：孙休时，珝为五官中郎将，遣至蜀求马。及还，休问蜀政得失，对曰："主暗而不知其过，臣下容身以求免罪，入其朝不闻正言，经其野民皆菜色。臣闻燕雀处堂，子母相乐，自以为安也，突决栋焚，而燕雀怡然不知祸之将及，其是之谓乎！"

㉓干宝《晋纪》曰：武帝从容问莹曰："孙皓之所以亡者何也？"莹对曰："归命侯臣皓之君吴也，昵近小人，刑罚妄加，大臣大将，无所亲信，人人忧恐，各不自保，危亡之衅，实由于此。"帝遂问吴士存亡者之贤愚，莹各以状对。

㉔王隐《晋书》曰：莹子兼，字令长，清素有器宇，资望故如上国，不似吴人。历位二宫丞相长史。元帝践阼，累迁丹杨尹、尚书，又为太子少傅。自综至兼，三世傅东宫。

三国志卷五十四　吴书九

周瑜鲁肃吕蒙传第九

周瑜字公瑾，庐江舒人也。从祖父景，景子忠，皆为汉太尉。①父异，洛阳令。

瑜长壮有姿貌。初，孙坚兴义兵讨董卓，徙家于舒。坚子策与瑜同年，独相友善，瑜推道南大宅以舍策，升堂拜母，有无通共。瑜从父尚为丹杨太守，瑜往省之。会策将东渡，到历阳，驰书报瑜，瑜将兵迎策。策大喜曰："吾得卿，谐也。"遂从攻横江、当利，皆拔之。乃渡江击秣陵，破笮融、薛礼，转下湖孰、江乘，进入曲阿，刘繇奔走，而策之众已数万矣。因谓瑜曰："吾以此众取吴会平山越已足。卿还镇丹杨。"瑜还。顷之，袁术遣从弟胤代尚为太守，而瑜与尚俱还寿春。术欲以瑜为将，瑜观术终无所成，故求为居巢长，欲假涂东归，术听之。遂自居巢还吴。是岁，建安三年也。策亲自迎瑜，授建威中郎将，即与兵二千人，骑五十匹。②瑜时年二十四，吴中皆呼为周郎。以瑜恩信著于庐江，出备牛渚，后领春穀长。顷之，策欲取荆州，以瑜为中护军，领江夏太

周瑜字公瑾，庐江郡舒县人。他的堂祖父周景，周景的儿子周忠，都是汉朝的太尉。父亲周异，是洛阳县令。

周瑜身材高大，姿容美好。起初，孙坚组织义军讨伐董卓，迁家到舒县。孙坚的儿子孙策和周瑜同年，特别友好，周瑜让出道南一座大宅给孙策居住，登堂拜母，互通有无。周瑜的从父周尚担任丹杨太守，周瑜去看望他。正逢孙策将要东渡长江，到了历阳，派人送信告诉周瑜，周瑜带兵迎接孙策。孙策大喜道："我有了您，事情就能成功了。"周瑜便跟从孙策进攻横江、当利，都攻克了。就渡江进击秣陵，打败笮融、薛礼，转而攻下湖孰、江乘，进入曲阿，刘繇败走，这时孙策的人马已有几万了。孙策就对周瑜说："我用这支队伍攻取吴郡、会稽郡，平定山越族，已经足够了。您回去镇守丹杨。"周瑜便回去了。不久，袁术派他的堂弟袁胤接替周尚担任丹杨太守，周瑜和周尚都回到寿春。袁术想用周瑜做将领，周瑜料想袁术终究不会有什么成就，因而请求出任居巢县长，想要顺路东归，袁术也听凭他。他就从居巢回到吴县。这一年，是建安三年。孙策亲自迎接周瑜，并任命他为建威中郎将，随即给了他士兵两千人，马五十匹。这时周瑜年仅二十四岁，吴中人都称他为周郎。因为周瑜的恩德信用著称于庐江，又派他出任防守牛渚，后来兼任春穀县长。不久，孙策要攻取荆州，任命周瑜为中护军，兼任江夏太守，随从

守,从攻皖,拔之。时得桥公两女,皆国色也。策自纳大桥,瑜纳小桥。③复进寻阳,破刘勋,讨江夏,还定豫章、庐陵,留镇巴丘。④

孙策进攻皖县,攻下来了。这时得了桥公的两个女儿,都是天姿国色的美人。孙策自己娶了大桥,周瑜娶了小桥。又进军寻阳,击败刘勋,讨伐江夏,回军平定豫章、庐陵,留守巴丘。

五年,策薨,权统事。瑜将兵赴丧,遂留吴,以中护军与长史张昭共掌众事。⑤十一年,督孙瑜等讨麻、保二屯,枭其渠帅,囚俘万余口,还备官亭。江夏太守黄祖遣将邓龙将兵数千人入柴桑,瑜追讨击,生虏龙送吴。十三年春,权讨江夏,瑜为前部大督。

建安五年,孙策去世,孙权统领大事。周瑜带兵来奔丧,就留在吴县,以中护军身份和长史张昭共同掌管诸事。十一年,督率孙瑜等人讨伐麻屯、保屯,将二屯的首领斩首示众,俘虏了一万多人,回来防守宫亭。江夏太守黄祖派将领邓龙率兵数千人侵入柴桑,周瑜追击,生擒邓龙送到吴县。十三年春季,孙权讨伐江夏,周瑜担任前部大督。

其年九月,曹公入荆州,刘琮举众降,曹公得其水军,船步兵数十万,将士闻之皆恐。权延见群下,问以计策。议者咸曰:"曹公豺虎也,然托名汉相,挟天子以征四方,动以朝廷为辞,今日拒之,事更不顺。且将军大势,可以拒操者,长江也。今操得荆州,奄有其地,刘表治水军,蒙冲斗舰,乃以千数,操悉浮以沿江,兼有步兵,水陆俱下,此为长江之险,已与我共之矣。而势力众寡,又不可论。愚谓大计不如迎之。"瑜曰:"不然。操虽托名汉相,其实汉贼也。将军以神武雄才,兼仗父兄之烈,割据江东,地方数千里,兵精足用,英雄乐业,尚当横行天下,为汉家除残去秽。况操自送死,而可迎之邪?请为将军筹之:今使北土已安,操无内忧,能

这一年九月,曹公进入荆州,刘琮率全军投降,曹公得了他的水军,船只、步兵数十万,吴军将士听了都很恐惧。孙权召见下属各官员,询问计策,发言的人都说:"曹公是豺虎,但他假借汉朝丞相的名义,挟持天子,征讨四方,动不动以朝廷为借口,如今若抵抗他,事情会更加不顺利。况且将军可以抵挡曹操的优势,就是长江。现在曹操得了荆州,全部占领了那片地方,刘表训练水军,蒙冲斗舰竟要用千计算,曹操全部布置在沿江,又有步兵,水陆齐下,这就是说长江之险,曹操已经与我方共有了。而敌我双方力量多寡,又不可以相提并论。我等认为上策不如迎接他。"周瑜说:"不对。曹操虽然名为汉相,其实是汉贼。将军凭借神勇英武的雄才,又依仗父兄的功业,割据江东,土地方圆数千里,士兵精良,物资充足,英雄乐意效力,应当横行天下,为汉家朝廷铲除奸邪,消灭祸害。何况曹操自己来送死,难道还能去迎接他吗?请允许我为将军筹划此事:如今即使北方已经安定,曹操没有内顾之忧,可以

旷日持久,来争疆埸,又能与我校胜负于船楫间乎?今北土既未平安,加马超、韩遂尚在关西,为操后患。且舍鞍马,仗舟楫,与吴越争衡,本非中国所长。又今盛寒,马无藁草,驱中国士众远涉江湖之间,不习水土,必生疾病。此数四者,用兵之患也,而操皆冒行之。将军禽操,宜在今日。瑜请得精兵三万人,进住夏口,保为将军破之。”权曰:“老贼欲废汉自立久矣,徒忌二袁、吕布、刘表与孤耳。今数雄已灭,惟孤尚存,孤与老贼,势不两立。君言当击,甚与孤合,此天以君授孤也。”⑥

耗费许多时间来争夺疆域,又能和我们在船舰上较量胜负吗?现在北方并没有平定,加上马超、韩遂还在关西,是曹操的后患。况且他舍弃鞍马,凭仗舟船,和吴越争斗较量,这本不是中原人的长处。现在又是大寒时节,军马没有草料,他们驱赶中原士兵远来江湖之间,水土不服,必然发生疾病。这四种情况,是用兵的禁忌,而曹操都冒犯了。将军捉拿曹操,应在今天。我请求得到精兵三万人,进驻夏口,保证为将军击破曹操。”孙权说:“老贼想要废除汉室自立为帝已经很久了,只是顾忌袁绍、袁术、吕布、刘表与我罢了,现在前面几个强有力的人都已经被消灭,只有我还在,我与老贼,势不两立。您说应当打他,与我意甚为符合,这是上天把您授予我啊。”

时刘备为曹公所破,欲引南渡江,与鲁肃遇于当阳,遂共图计,因进住夏口,遣诸葛亮诣权。权遂遣瑜及程普等与备并力逆曹公,遇于赤壁。时曹公军众已有疾病,初一交战,公军败退,引次江北。瑜等在南岸。瑜部将黄盖曰:“今寇众我寡,难与持久。然观操军船舰首尾相接,可烧而走也。”乃取蒙冲斗舰数十艘,实以薪草,膏油灌其中,裹以帷幕,上建牙旗,先书报曹公,欺以欲降。⑦又豫备走舸,各系大船后,因引次俱前。曹公军吏士皆延颈观望,指言盖降。盖放诸船,同时发火。时风盛猛,悉延烧岸上营落。顷之,烟炎张天,人马烧溺死者甚众,军遂

这时刘备被曹公击败,想要带兵南撤过江,和鲁肃在当阳相遇,就共同策划计谋,因而进驻夏口,派诸葛亮来见孙权。孙权就派周瑜和程普等人同刘备并力迎击曹公,两军在赤壁相遇。这时曹军士卒已经发生疾病,初次交战,曹军就被打败了,退驻江北。周瑜等人在南岸。周瑜的部下将领黄盖说:“现在敌众我寡,难以和他们长久相持。但是看曹操军队的船舰首尾相接,可以用火攻来打败他。”就用大型战船数十艘,装满柴草,灌上膏油,外面用帷幕遮盖住,船上立起牙旗,事先用书信报告曹公,假意说要投降。又预备了快艇,连接在大船的后面,牵引着依次向前行驶。曹军官兵都伸长脖子观望,指着说黄盖来投降了。黄盖放开前面的大船,同时发火,那时风势猛烈,大火延烧到岸上的军营。不一会儿,便火焰冲天,曹军人马被烧死、淹死的很多,曹军败

败退，还保南郡。[8]备与瑜等复共追。曹公留曹仁等守江陵城，径自北归。

退，回师保卫南郡。刘备和周瑜等人又共同追击。曹公留下曹仁等人守江陵城，自己直接回到北方去了。

瑜与程普又进南郡，与仁相对，各隔大江。兵未交锋，[9]瑜即遣甘宁前据夷陵。仁分兵骑别攻围宁。宁告急于瑜。瑜用吕蒙计，留凌统以守其后，身与蒙上救宁。宁围既解，乃渡屯北岸，克期大战。瑜亲跨马擽陈，会流矢中右胁，疮甚，便还。后仁闻瑜卧未起，勒兵就陈。瑜乃自兴，案行军营，激扬吏士，仁由是遂退。

周瑜和程普又进军南郡，和曹仁隔着大江对峙。两军还没有交锋，周瑜便派甘宁前去进据夷陵。曹仁分了一部分兵马围攻甘宁，甘宁向周瑜告急。周瑜采用了吕蒙的计策，留凌统守住后方，自己和吕蒙上去援救甘宁。解除了甘宁之围以后，就渡江驻扎在北岸，和曹仁约定日期大战。周瑜亲自跨马进击敌阵，恰好被飞箭射中右胁，伤势很重，就退回来了。后来曹仁听说周瑜卧床不起，带兵来到阵前，周瑜就起床巡行军营，激励发扬官兵的斗志，曹仁因此便撤退了。

权拜瑜偏将军，领南郡太守。以下隽、汉昌、刘阳、州陵为奉邑，屯据江陵。刘备以左将军领荆州牧，治公安。备诣京见权，瑜上疏曰："刘备以枭雄之姿，而有关羽、张飞熊虎之将，必非久屈为人用者。愚谓大计宜徙备置吴，盛为筑宫室，多其美女玩好，以娱其耳目，分此二人，各置一方，使如瑜者得挟与攻战，大事可定也。今猥割土地以资业之，聚此三人，俱在疆埸，恐蛟龙得云雨，终非池中物也。"权以曹公在北方，当广揽英雄，又恐备难卒制，故不纳。

孙权任命周瑜为偏将军，兼任南郡太守。把下隽、汉昌、刘阳、州陵四县作为他的奉邑，屯兵据守在江陵。刘备这时以左将军身份担任荆州牧，治所在公安。刘备到京县来见孙权，周瑜上疏道："刘备凭借枭雄的风姿，又有关羽、张飞这些熊虎一样的将领，必定不会长久屈服，为人所用。愚意以为，上策是，应该将刘备迁来吴县，为他大建宫室，多给他美女宝玩，使他享受声色之乐，让他和关、张二人分开，各处一方，使我等能挟持刘备而与关、张攻战，大事就可以定了。现在轻率地割土地资助他，让他们三人在一起，都在边境战场上，恐怕像蛟龙得了云雨一样，终究不是池中之物啊。"孙权以为曹公还在北方，应当广泛收揽英雄，又恐怕刘备一时难以制服，所以没有采纳周瑜的意见。

是时刘璋为益州牧，外有张鲁寇侵，瑜乃诣京见权曰："今曹操新折衄，方忧在腹心，未能与将军连兵相事也。乞与奋威俱进取蜀，得蜀而并张鲁，因留奋威固守其地，好与

这时刘璋担任益州牧，外有张鲁侵扰，周瑜就到京县去见孙权，说："现在曹操刚遭挫败，正是有心腹之忧的时候，没有能力和将军您交兵作战。请允许我和奋威将军孙瑜共同进攻夺取蜀地，取得蜀地同时并吞张鲁，留下奋威将军在那里固守，好和

马超结援。瑜还与将军据襄阳以蹙操，北方可图也。”权许之。瑜还江陵，为行装，而道于巴丘病卒，[10]时年三十六。权素服举哀，感动左右。丧当还吴，又迎之芜湖，众事费度，一为供给。后著令曰：“故将军周瑜、程普，其有人客，皆不得问。”初瑜见友于策，太妃又使权以兄奉之。是时权位为将军，诸将宾客为礼尚简，而瑜独先尽敬，便执臣节。性度恢廓，大率为得人，惟与程普不睦。[11]

马超结成联盟。我回来和将军您依据襄阳来逼迫曹操，北方就可以谋取了。”孙权答应了他。周瑜回江陵去准备行装，半路上在巴丘病故，终年三十六岁。孙权穿着素服为他举办丧事，感动了左右的人。灵柩要返回吴县，孙权又到芜湖迎灵，各种丧事费用，全部拨款供给。后来又发布命令说：“已故将军周瑜、程普，他们所有的田客，都不要征派赋税徭役。”起初周瑜和孙策友好，太妃又要孙权以兄长之礼待他。那时孙权的职位是将军，下属诸将和宾客们奉事的礼节还很简易，唯独周瑜首先竭尽敬意，就行为臣的礼仪。周瑜性情气度宽宏廓大，大抵能得人心，只是和程普关系不和睦。

瑜少精意于音乐，虽三爵之后，其有阙误，瑜必知之，知之必顾，故时人谣曰：“曲有误，周郎顾。”

周瑜年轻时精心于音乐，即使酒过三巡之后，乐曲如果有缺误，他必定知道，知道了必定加以评说，所以当时人们流传的谣谚说：“曲有误，周郎顾。”

瑜两男一女。女配太子登。男循尚公主，拜骑都尉，有瑜风，早卒。循弟胤，初拜兴业都尉，妻以宗女，授兵千人，屯公安。黄龙元年，封都乡侯，后以罪徙庐陵郡。赤乌二年，诸葛瑾、步骘连名上疏曰：“故将军周瑜子胤，昔蒙粉饰，受封为将，不能养之以福，思立功效，至纵情欲，招速罪辟。臣窃以瑜昔见宠任，入作心膂，出为爪牙，衔命出征，身当矢石，尽节用命，视死如归，故能摧曹操于乌林，走曹仁于郢都，扬国威德，华夏是震，蠢尔蛮荆，莫不宾服，虽周之方叔，汉之信、布，诚无以尚也。夫折冲捍难之臣，自古帝王莫不贵

周瑜有两男一女。女儿许配太子孙登。儿子周循娶了公主，官拜骑都尉，有周瑜的风采，早年就去世了。周循的弟弟周胤，起初官拜兴业都尉，朝廷把宗室的女儿嫁给他，授予兵卒千人，驻扎在公安。黄龙元年，封为都乡侯。后来因罪被流放到庐陵郡。赤乌二年，诸葛瑾、步骘联名上疏道：“故将军周瑜之子周胤，过去承蒙褒扬，受封为将，他不能修养惜福，不想立功效力，甚至放纵情欲，导致很快因罪受刑罚。臣等私心认为，周瑜过去受到宠爱信任，入朝为心腹的大臣，出外是得力的战将，领受王命出征，亲身抵挡弓箭礌石，尽忠献身，视死如归，所以能够在乌林挫败曹操，在郢都击退曹仁，显扬我国威德，华夏为之震动，蠢蠢的蛮荆，莫不称臣归服，即使是周朝的方叔，汉朝的韩信、英布，确实还没有超过他的。抵御强敌、捍卫国家之臣，自古帝王莫不看得贵

重，故汉高帝封爵之誓曰‘使黄河如带，太山如砺，国以永存，爰及苗裔’；申以丹书，重以盟诅，藏于宗庙，传于无穷，欲使功臣之后，世世相踵，非徒子孙，乃关苗裔，报德明功，勤勤恳恳，如此之至，欲以劝戒后人，用命之臣，死而无悔也。况于瑜身没未久，而其子胤降为匹夫，益可悼伤。窃惟陛下钦明稽古，隆于兴继，为胤归诉，乞匄余罪，还兵复爵，使失旦之鸡，复得一鸣，抱罪之臣，展其后效。”权答曰：“腹心旧勋，与孤协事，公瑾有之，诚所不忘。昔胤年少，初无功劳，横受精兵，爵以侯将，盖念公瑾以及于胤也。而胤恃此，酗淫自恣，前后告喻，曾无悛改。孤于公瑾，义犹二君，乐胤成就，岂有已哉？迫胤罪恶，未宜便还，且欲苦之，使自知耳。今二君勤勤援引汉高河山之誓，孤用恧然。虽德非其畴，犹欲庶几，事亦如尔，故未顺旨。以公瑾之子，而二君在中间，苟使能改，亦何患乎！”瑾、骘表比上，朱然及全琮亦俱陈乞，权乃许之。会胤病死。

重，所以汉高帝封爵的誓言说：‘即使黄河小如衣带，泰山变成磨刀石，他的功业与国家永存，并且传给后代子孙。’这誓言写在丹书上，再加盟誓，丹书藏在宗庙，永远流传，让功臣之后，世世代代相继承，不仅是儿孙，甚至关系到遥远的后代，回报德行，彰明功绩，勤勤恳恳，像这样做到最好的程度，这是要劝诫后人，使献身的臣子，死而无悔啊。何况周瑜身死不久，他的儿子周胤就降为平民，更令人悲悼伤心。臣下私心认为，陛下圣明，遵循古道，重视古人‘兴灭国继绝世’的做法，臣等为周胤申诉，请求免除他未服完的罪罚，赐还兵权，恢复爵位。使错失了晨旦的雄鸡，再得一鸣，犯有罪过的臣子，展示后效。”孙权答复说：“作为心腹建立旧功，与孤协作共事，公瑾就是这样的，我内心确实不能忘怀。过去周胤年少，起初并无功劳，无端领受精兵，封侯拜将，这是怀念公瑾以此推及周胤。可是周胤依仗先人的功劳，酗酒淫乱，自我放纵，前后告诫晓谕，都不肯悔改。孤对于公瑾，情义好比和你们二位一样，乐于周胤有所成就，这心情难道会有止境吗？迫于周胤的罪恶，未便即行召还，暂且想让他吃些苦，使他自知其罪罢了。现在二位频频援引汉高帝河山之誓，孤内心感到惭愧。虽然孤的德行比不上汉高帝，但还想和他靠近。事情就像刚才说的，所以没能顺从二位的意见。作为公瑾之子，又有二位在中间周旋，假使能够改过，又有什么忧虑呢！”诸葛瑾、步骘接连上表，朱然和全琮也都来陈述请求，孙权便答应了他们，适逢周胤病死。

瑜兄子峻，亦以瑜元功为偏将军，领吏士千人。峻卒，全琮表峻子护为将。权曰：“昔走曹操，拓有荆州，皆是公瑾，常不忘之。初闻峻亡，仍欲用护，闻护性行危险，用之适为作祸，故便止之。孤念公瑾，岂有

周瑜的侄子周峻，也因周瑜的大功做了偏将军，管理官吏士卒千人。周峻死后，全琮表奏周峻的儿子周护为将。孙权说：“过去赶走曹操，开拓荆州，都是公瑾，孤时常不忘记此事。起初得知周峻亡故，就想起用周护，但听说周护性格急躁行为狠毒，用他正好是祸害他，所以没有用他。孤怀念公瑾，哪有止境啊！”

已乎！”

鲁肃字子敬，临淮东城人也。生而失父，与祖母居。家富于财，性好施与。尔时天下已乱，肃不治家事，大散财货，摽卖田地，以赈穷弊结士为务，甚得乡邑欢心。

鲁肃字子敬，临淮郡东城县人。出生不久便失去父亲，与祖母生活。家里富有钱财，生性喜好施舍。那时天下已乱，鲁肃不治理家事，大量散发财物，将田地标价出卖，把救济贫困、结交士人作为急务，很得乡人们的欢心。

周瑜为居巢长，将数百人故过候肃，并求资粮。肃家有两囷米，各三千斛，肃乃指一囷与周瑜，瑜益知其奇也，遂相亲结，定侨、札之分。袁术闻其名，就署东城长。肃见术无纲纪，不足与立事，乃携老弱将轻侠少年百余人，南到居巢就瑜。瑜之东渡，因与同行，[12]留家曲阿。会祖母亡，还葬东城。

周瑜做居巢县长，带领数百人专门去拜望鲁肃，并且请求资助粮食。鲁肃家里有两囷米，每囷有三千斛，鲁肃就指了一囷送给周瑜，周瑜更知道他的奇特了，就和他友好交结，结下如子产、季札般的情谊。袁术听说鲁肃的名声，委托他为东城县长。鲁肃见袁术没有礼法制度，不值得为他办事，就带领老弱和精壮少年一百多人，往南到居巢投奔周瑜。周瑜渡江东进时，鲁肃便和他同行，家属留在曲阿。正逢他祖母亡故，鲁肃回来将祖母安葬在东城。

刘子扬与肃友善，遗肃书曰：“方今天下豪杰并起，吾子姿才，尤宜今日。急还迎老母，无事滞于东城。近郑宝者，今在巢湖，拥众万余，处地肥饶，庐江间人多依就之，况吾徒乎？观其形势，又可博集，时不可失，足下速之。”肃答然其计。葬毕还曲阿，欲北行。会瑜已徙肃母到吴，肃具以状语瑜。时孙策已薨，权尚住吴，瑜谓肃曰：“昔马援答光武云‘当今之世，非但君择臣，臣亦择君’。今主人亲贤贵士，纳奇录异，且吾闻先哲秘论，承运代刘氏者，必兴于东南，推步事势，当其历数，终构帝基，以协天符，是烈士攀龙附凤驰骛之

刘子扬和鲁肃友好，送书信给鲁肃说：“当今天下豪杰并起，您的资质才干，尤其适宜于今日。赶快回来迎接老母，不要滞留在东城。近来有个叫郑宝的，现在在巢湖，拥有一万多人，占着肥沃富饶的土地，庐江郡一带的人很多都投奔他，何况我们这些人呢？看他的形势，还可以广为集聚人才，时机不可失，足下快来。”鲁肃回信同意他的意见。葬事完毕回到曲阿，想要北上。正逢周瑜已经将鲁肃的母亲迁到吴县，鲁肃把详情都告诉了周瑜。这时孙策已经逝世，孙权还在吴县，周瑜对鲁肃说：“从前马援回答光武帝说‘当今之世，不但君选择臣，臣也选择君’。现今主上亲近贤者，看重士人，接纳录用奇才异能之士，况且我听说先前哲人的秘论，继承天命取代刘氏的，必定兴起于东南，度量时势，推算历法，终究会缔造帝王基业，以顺应上天的符命，这正是志士攀龙附凤、奔驰建功的时候。我现在明白了

秋。吾方达此,足下不须以子扬之言介意也。”肃从其言。瑜因荐肃才宜佐时,当广求其比,以成功业,不可令去也。

这点,足下不必把子扬的话放在心上。”鲁肃听从了他的话。周瑜便推荐鲁肃,说他的才能适合于辅佐当代,应当广泛寻求这类人才,以成就功业,不可让他们离去。

权即见肃,与语甚悦之。众宾罢退,肃亦辞出,乃独引肃还,合榻对饮。因密议曰:“今汉室倾危,四方云扰,孤承父兄余业,思有桓文之功。君既惠顾,何以佐之?”肃对曰:“昔高帝区区欲尊事义帝而不获者,以项羽为害也。今之曹操,犹昔项羽,将军何由得为桓文乎?肃窃料之,汉室不可复兴,曹操不可卒除。为将军计,惟有鼎足江东,以观天下之衅。规模如此,亦自无嫌。何者?北方诚多务也。因其多务,剿除黄祖,进伐刘表,竟长江所极,据而有之,然后建号帝王以图天下,此高帝之业也。”权曰:“今尽力一方,冀以辅汉耳,此言非所及也。”张昭非肃谦下不足,颇訾毁之,云肃年少粗疏,未可用。权不以介意,益贵重之,赐肃母衣服帏帐,居处杂物,富拟其旧。

孙权就接见鲁肃,和他交谈,很喜欢他。宾客们告退,鲁肃也告辞出门,孙权单独拉鲁肃回来,和他同席对饮,秘密商议道:“当今汉王朝处于倾覆危机之中,四方纷乱如风起云涌,我继承父兄的余业,想建立齐桓、晋文那样的功业。您既然看得起我,将怎么帮助我呢?”鲁肃答道:“过去汉高帝忠心耿耿,想要尊奉义帝而没有成功,是因为项羽捣乱。现在的曹操,就好比过去的项羽,将军哪里做得齐桓、晋文呢?我私下推想,汉王朝已经不可能复兴,曹操也不可能一下子除掉。为将军设想,只有立足江东,以注视天下的变化。形势就是这样,也用不着怀疑。为什么呢?北方确实变故很多,趁着它变故多,我们剿除黄祖,进而讨伐刘表,直到把长江流域全境都占有了,然后建帝王之号以谋取天下,这就是高帝那样的事业。”孙权说:“现在在一方尽力,希望辅佐汉室罢了,这话不是我的能力所能及的。”张昭责怪鲁肃谦虚待下不足,很有些非难毁谤他,说他年少粗疏,不可用。孙权不在意这些,反而更加器重他,赐给鲁肃的母亲许多衣服帏帐和日常用品,如同他家过去富有时那样。

刘表死,肃进说曰:“夫荆楚与国邻接,水流顺北,外带江汉,内阻山陵,有金城之固,沃野万里,士民殷富,若据而有之,此帝王之资也。今表新亡,二子素不辑睦,军中诸将,各有彼此。加刘备天下枭雄,与操有隙,寄寓于表,表恶其能而不能用也。若备与彼协

刘表死了,鲁肃献计说:“荆楚与我国相邻,水流顺北,外面连带长江、汉水,内有山陵险阻,如金城一般坚固,沃野万里,人民殷实富足,若能占有它,这是帝王的根基。现在刘表刚刚亡故,两个儿子向来不和睦,军中各将领,有的支持刘琦,有的支持刘琮,加上刘备是天下枭雄,和曹操有矛盾,寄住在刘表那里,刘表嫉妒他的才能而不用他。现在如果刘备和他们协力同心,上下一致,就应当安抚,和他

心，上下齐同，则宜抚安，与结盟好；如有离违，宜别图之，以济大事。肃请得奉命吊表二子，并慰劳其军中用事者，及说备使抚表众，同心一意，共治曹操，备必喜而从命。如其克谐，天下可定也。今不速往，恐为操所先。”权即遣肃行。到夏口，闻曹公已向荆州，晨夜兼道。比至南郡，而表子琮已降曹公，备惶遽奔走，欲南渡江。肃径迎之，到当阳长阪，与备会，宣腾权旨，及陈江东强固，劝备与权并力。备甚欢悦。时诸葛亮与备相随，肃谓亮曰“我子瑜友也”，即共定交。备遂到夏口，遣亮使权，肃亦反命。⑬

们结为友好同盟；如果他们分离背弃，就应另想办法谋取，以成大事。我请求领受命令去吊唁刘表的两个儿子，并且慰劳他们军中的当权者，同时说服刘备，使他安抚刘表的部属，一心一意，共同对付曹操，刘备必定高兴地接受我们的意见。如果此事能够成功，天下可以安定。如今若不赶快前往，恐怕被曹操抢先一步。”孙权就派鲁肃前去。到了夏口，听说曹操已经进军荆州，于是日夜兼程。鲁肃刚到南郡，刘表的少子刘琮已经投降曹操，刘备仓皇奔走，想要往南渡江。鲁肃径直去迎接刘备，到了当阳长坂，和刘备会见，传达孙权的意见，陈说江东的强大巩固，劝刘备和孙权联合。刘备非常欢欣喜悦。那时诸葛亮与刘备随行，鲁肃对诸葛亮说：“我是诸葛子瑜的朋友。”两人便定下交谊。刘备就到夏口，派诸葛亮去拜见孙权，鲁肃也回来复命。

会权得曹公欲东之问，与诸将议，皆劝权迎之，而肃独不言。权起更衣，肃追于宇下，权知其意，执肃手曰：“卿欲何言？”肃对曰：“向察众人之议，专欲误将军，不足与图大事。今肃可迎操耳，如将军，不可也。何以言之？今肃迎操，操当以肃还付乡党，品其名位，犹不失下曹从事，乘犊车，从吏卒，交游士林，累官故不失州郡也。将军迎操，欲安所归？愿早定大计，莫用众人之议也。”权叹息曰：“此诸人持议，甚失孤望；今卿廓开大计，正与孤同，此天以卿赐我也。”⑭

正值孙权得到曹操要东来的消息，和各将领商议。大家都劝孙权迎接曹操，唯独鲁肃不说话。孙权起身上厕所，鲁肃追随到屋檐下，孙权知道他的意思，握住鲁肃的手说：“您有什么话说？”鲁肃答道：“刚才我仔细考虑众人的意见，简直是要害将军，不值得和他们商议大事。现在我鲁肃可以迎接曹操，像将军，是不可以的。为什么这样说呢？我迎接曹操，曹操理当把我交付给乡里，评定名位，我还可以做个下曹从事，乘着牛车，带着吏卒，和士人们交游，逐级提升，还可以做到州郡长官。将军迎接曹操，想要得到什么结局呢？希望将军早定大计，不要采用众人的意见。”孙权叹息道：“这些人的主张，让我很失望，现在您阐明了大计，正与我的意见相同，这是上天把您赐给我啊。”

时周瑜受使至鄱阳，肃劝追召瑜还。遂任瑜以行事，以

那时周瑜接受任务去了鄱阳，鲁肃劝孙权赶紧把周瑜召回。孙权就任命周瑜主管此事，任鲁肃为

肃为赞军校尉，助画方略。曹公破走，肃即先还，权大请诸将迎肃。肃将入阁拜，权起礼之，因谓曰："子敬，孤持鞍下马相迎，足以显卿未？"肃趋进曰："未也。"众人闻之，无不愕然。就坐，徐举鞭言曰："愿至尊威德加乎四海，总括九州，克成帝业，更以安车软轮征肃，始当显耳。"权抚掌欢笑。

赞军校尉，协助策划计谋战略。开战后，曹操败退，鲁肃便先回来，孙权大请诸多将领迎接鲁肃。鲁肃要入阁拜见，孙权起身和他行礼，便对他说："子敬，我扶鞍下马相迎，足以使您显耀吗？"鲁肃快步上前说："没有呢。"众人听了，无不显出惊愕的样子。就座之后，鲁肃慢慢举鞭说道："但愿主上的恩威德政施于四海，总领九州，成就帝业，那时再用安车软轮来征召鲁肃，这才是显耀啊。"孙权听了，拍着手掌，喜笑颜开。

后备诣京见权，求都督荆州，惟肃劝权借之，共拒曹公。[15]曹公闻权以土地业备，方作书，落笔于地。

后来刘备到京城来见孙权，要求主管荆州，只有鲁肃劝孙权把荆州借给他，共同抵御曹操。曹操听说孙权拿土地资助刘备，他正在写字，笔都掉落到地上了。

周瑜病困，上疏曰："当今天下，方有事役，是瑜乃心夙夜所忧，愿至尊先虑未然，然后康乐。今既与曹操为敌，刘备近在公安，边境密迩，百姓未附，宜得良将以镇抚之。鲁肃智略足任，乞以代瑜。瑜陨踣之日，所怀尽矣。"[16]即拜肃奋武校尉，代瑜领兵。瑜士众四千余人，奉邑四县，皆属焉。令程普领南郡太守。肃初住江陵，后下屯陆口，威恩大行，众增万余人，拜汉昌太守、偏将军。十九年，从权破皖城，转横江将军。

周瑜病危，上疏说："当今天下，正有战事，这是我内心日日夜夜所忧虑的，愿主上事先早作考虑，然后安康快乐。现在既然已经与曹操为敌，刘备又近在公安，边境紧密相连，百姓还没有归附我方，应当得到良将来镇守安抚。鲁肃的智谋策略足以胜任，请求用鲁肃来接替我，我死之日，内心也就没什么牵挂了。"周瑜死后，孙权就任命鲁肃为奋武校尉，接替周瑜带兵。周瑜的部属四千余人，四个县的奉邑，都属于鲁肃。又派程普担任南郡太守。鲁肃起初住在江陵，后来到下游驻扎在陆口，威严与恩惠普遍推行，部众增加到一万多人，官拜汉昌太守、偏将军。建安十九年，随从孙权攻破皖城，改任横江将军。

先是，益州牧刘璋纲维颓弛，周瑜、甘宁并劝权取蜀，权以咨备，备内欲自规，仍伪报曰："备与璋托为宗室，冀凭英灵，以匡汉朝。今璋得罪左右，备独竦惧，非所敢闻，愿加宽贷。若不获请，备当放发归于

早先，益州牧刘璋法纪废弛，周瑜、甘宁都劝孙权夺取蜀地，孙权就此事询问刘备，刘备内心要为自己设想，就假意回报说："我与刘璋同为皇室宗亲，想要凭借先帝的英灵，来匡扶汉朝。现在刘璋得罪了将军，我感到惊恐畏惧，夺取蜀地不是我敢听说的事，愿将军宽恕。如果将军不答应我的请求，我只好披发归隐山林。"后来刘备西向夺取刘璋的领

山林。”后备西图璋，留关羽守，权曰：“猾虏乃敢挟诈！”及羽与肃邻界，数生狐疑，疆埸纷错，肃常以欢好抚之。备既定益州，权求长沙、零、桂，备不承旨，权遣吕蒙率众进取。备闻，自还公安，遣羽争三郡。肃住益阳，与羽相拒。肃邀羽相见，各驻兵马百步上，但请将军单刀俱会。肃因责数羽曰：“国家区区本以土地借卿家者，卿家军败远来，无以为资故也。今已得益州，既无奉还之意，但求三郡，又不从命。”语未究竟，坐有一人曰：“夫土地者，惟德所在耳，何常之有！”肃厉声呵之，辞色甚切。羽操刀起谓曰：“此自国家事，是人何知！”目使之去。[17]备遂割湘水为界，于是罢军。

地，留下关羽镇守荆州，孙权说：“狡猾的家伙，竟敢行施诈术！”随后关羽和鲁肃边界相接，多次产生猜疑，双方边境混淆交错，鲁肃常用友好的态度安抚关羽。刘备拿下益州之后，孙权要求归还长沙、零陵、桂阳，刘备不答应，孙权派吕蒙领兵前去夺取。刘备听说后，亲自回到公安，派关羽来争夺三郡。鲁肃在益阳，和关羽对峙。鲁肃邀关羽相见，双方兵马停留在百步距离上，只请主将单刀相会。鲁肃便责备关羽说：“我方一片诚心把土地借给贵方，是因为贵方兵败，远道而来，没有什么可以依靠的缘故。现在你们已经取得了益州，既没有归还我方土地的意思，我方只求索回三郡，你们也不同意。”话没讲完，座中有一人说：“只有有德的人才能有土地，哪有常属一方的？”鲁肃厉声呵斥他，言辞脸色非常激切。关羽操刀起身对那人说：“这是国家的事，你这人知道什么？”用眼睛示意要他离去。刘备就划湘水为界，于是双方收兵。

肃年四十六，建安二十二年卒。权为举哀，又临其葬。诸葛亮亦为发哀。[18]权称尊号，临坛，顾谓公卿曰：“昔鲁子敬尝道此，可谓明于事势矣。”

鲁肃于建安二十二年去世，终年四十六岁。孙权为他举办丧事，又亲自前来吊唁。诸葛亮也为他的去世表示哀悼。后来孙权称帝时，走到祭坛前，回头对大臣说：“往日鲁子敬就曾说到今天的事，他可说是明白事理形势啊。”

肃遗腹子淑既壮，濡须督张承谓终当到至。永安中，为昭武将军、都亭侯、武昌督。建衡中，假节，迁夏口督。所在严整，有方干。凤皇三年卒。子睦袭爵，领兵马。

鲁肃的遗腹子鲁淑成年之后，濡须督张承认为他终要当权。永安年间，任昭武将军、都亭侯、武昌督。建衡年间，授予符节，调任夏口督。任职期间严明整肃，有谋略才干。凤凰三年去世。他的儿子鲁睦继承爵位，带领兵马。

吕蒙字子明，汝南富陂人也。少南渡，依姊夫邓当。当为孙策将，数讨山越。蒙年十五六，窃随当击贼，当顾见大惊，呵叱不能禁止。归以告蒙母，

吕蒙字子明，汝南郡富陂县人。少年时南渡长江，依靠姐夫邓当。邓当是孙策的部将，屡次征讨山越族。吕蒙十五六岁时，私自跟随邓当去进击敌军，邓当回头看见了，大吃一惊，呵斥责骂也不能禁止。回来后邓当告诉吕蒙的母亲，母亲发怒，要惩罚他。

母恚欲罚之，蒙曰："贫贱难可居，脱误有功，富贵可致。且不探虎穴，安得虎子？"母哀而舍之。时当职吏以蒙年小轻之，曰："彼竖子何能为？此欲以肉喂虎耳。"他日与蒙会，又蚩辱之。蒙大怒，引刀杀吏，出走，逃邑子郑长家。出因校尉袁雄自首，承间为言，策召见奇之，引置左右。

吕蒙说："贫贱的日子不好过，假如我立功，富贵就可以取得。况且不入虎穴，怎能得到虎子？"母亲疼爱他，就宽恕了他。那时邓当的一个下属吏员，因为吕蒙年龄小而轻视他，说："那小子有什么能耐？这是拿肉去喂老虎罢了。"有一天和吕蒙见面时，又嗤笑侮辱他。吕蒙大怒，抽刀杀了这个吏员，逃到同乡的一个叫郑长的人家里。后来通过校尉袁雄出来自首，袁雄趁机替他说情，孙策召见后认为他不平凡，便把他带在身边。

数岁，邓当死，张昭荐蒙代当，拜别部司马。权统事，料诸小将兵少而用薄者，欲并合之。蒙阴赊贳，为兵作绛衣行縢，及简日，陈列赫然，兵人练习，权见之大悦，增其兵。从讨丹杨，所向有功，拜平北都尉，领广德长。

几年之后，邓当死了，张昭推荐吕蒙接替邓当，被任命为别部司马。孙权主事时，考虑到各小将领兵少而费用又不足的情形，要合并他们。吕蒙暗地里借了一笔钱，为士兵置备了大红色军服和绑腿，等到检阅那天，阵列威武，士兵操练，孙权见了非常高兴，给他增补了兵员。吕蒙随从孙权征讨丹杨，屡建战功，官拜平北都尉，兼任广德县长。

从征黄祖，祖令都督陈就逆以水军出战。蒙勒前锋，亲枭就首，将士乘胜，进攻其城。祖闻就死，委城走，兵追禽之。权曰："事之克，由陈就先获也。"以蒙为横野中郎将，赐钱千万。

随同征讨黄祖时，黄祖命令都督陈就以水军迎战。吕蒙指挥先锋部队，亲自将陈就斩首示众，将士们乘胜前进，进攻敌城。黄祖听说陈就死了，弃城逃跑，士兵将他追获。孙权说："战事能够胜利，取决于陈就先被斩获。"任命吕蒙为横野中郎将，赐钱一千万。

是岁，又与周瑜、程普等西破曹公于乌林，围曹仁于南郡。益州将袭肃举军来附，瑜表以肃兵益蒙，蒙盛称肃有胆用，且慕化远来，于义宜益不宜夺也。权善其言，还肃兵。瑜使甘宁前据夷陵，曹仁分众攻宁，宁困急，使使请救。诸将以兵少不足分，蒙谓瑜、普曰："留凌公绩，蒙与君行，解围释急，势亦不久，蒙保公绩能十

这一年，吕蒙又和周瑜、程普等人在西边乌林地区击败曹操，在南郡围困曹仁。益州将领袭肃率领全军前来归附，周瑜上表奏请，将袭肃的士兵增补给吕蒙，吕蒙盛赞袭肃有胆略才干，况且他仰慕教化，远道来归，从道义上说，应该给他增兵而不应夺他的兵。孙权认为他的意见很好，把士兵归还给袭肃。周瑜派甘宁进军据守夷陵，曹仁分兵攻打甘宁，甘宁被困危急，派使者来求救。各将领因为兵少不够分派，吕蒙对周瑜、程普说："留下凌公绩，我和您前去解围救急，看形势也不需多久，我保证公绩

日守也。”又说瑜分遣三百人柴断险道，贼走可得其马。瑜从之。军到夷陵，即日交战，所杀过半。敌夜遁去，行遇柴道，骑皆舍马步走。兵追蹙击，获马三百匹，方船载还。于是将士形势自倍，乃渡江立屯，与相攻击，曹仁退走，遂据南郡，抚定荆州。还，拜偏将军，领寻阳令。

能够坚守十天。”又说服周瑜分派三百人用木柴阻断险路，敌人逃走时可以得他们的马。周瑜接受了他的意见。部队到达夷陵，当天就开战，杀伤的曹军超过半数。敌人在夜间奔逃，半路碰到了被木柴阻断的路段，骑兵们都丢下马徒步逃走。吴军紧追不舍，缴获军马三百匹，编成船队将马匹运载回来。于是将士增强了信心，形势自然有利，就渡江建立据点，对曹军进行攻击，曹仁退走，吴军占领南郡，平定荆州。收兵回来，吕蒙官拜偏将军，兼任寻阳县令。

鲁肃代周瑜，当之陆口，过蒙屯下。肃意尚轻蒙，或说肃曰：“吕将军功名日显，不可以故意待也，君宜顾之。”遂往诣蒙。酒酣，蒙问肃曰：“君受重任，与关羽为邻，将何计略，以备不虞？”肃造次应曰：“临时施宜。”蒙曰：“今东西虽为一家，而关羽实熊虎也，计安可不豫定？”因为肃画五策。肃于是越席就之，拊其背曰：“吕子明，吾不知卿才略所及乃至于此也。”遂拜蒙母，结友而别。⑲

鲁肃接替周瑜，应当到陆口去，经过吕蒙的驻地。鲁肃心中还有点轻视吕蒙，有人劝说鲁肃道：“吕将军功名日渐显赫，不可以用过去的观点看待，您应当去看看他。”鲁肃便去拜访吕蒙。饮酒酣畅的时候，吕蒙问鲁肃道：“您领受重任，和关羽为邻，采取什么计策以备不测？”鲁肃匆忙回答道：“临时看情况办。”吕蒙说：“现在东吴西蜀虽为一家，而关羽实在有如熊虎，怎么可以不预定计谋？”当即为鲁肃筹划了五条策略。于是鲁肃越过坐席走到他身边，拍着他的背说：“吕子明，我不知您的才干谋略竟然到了这种程度啊。”就拜见了吕蒙的母亲，结为好友才告别。

时蒙与成当、宋定、徐顾屯次比近，三将死，子弟幼弱，权悉以兵并蒙。蒙固辞，陈启顾等皆勤劳国事，子弟虽小，不可废也。书三上，权乃听。蒙于是又为择师，使辅导之，其操心率如此。

那时吕蒙与成当、宋定、徐顾的驻地靠近，三位将领死后，子弟弱小，孙权将他们的兵全部合并给吕蒙。吕蒙坚决推辞，上书陈说，认为徐顾等人都勤劳于国事，子弟虽小，不可以废弃。三次上书，孙权才听从。于是吕蒙又为三将的子弟选择教师，辅导他们学习。他为人操心，大抵都像这样。

魏使庐江谢奇为蕲春典农，屯皖田乡，数为边寇。蒙使人诱之，不从，则伺隙袭击，奇遂缩退，其部伍孙子才、宋豪等，皆携负老弱，诣蒙降。后从

魏国派了庐江人谢奇担任蕲春县典农官，在皖县屯垦田地，多次进犯边境。吕蒙派人去诱敌，敌方不动。他就伺机进行袭击，谢奇退缩。他的部下孙子才、宋豪等人，都扶老携幼来向吕蒙投降。后来跟从

权拒曹公于濡须，数进奇计，又劝权夹水口立坞，所以备御甚精，[20]曹公不能下而退。

孙权在濡须抵御曹公，屡次进献奇计，又劝孙权当水口建立船坞，防御的器械设施很精良，曹公攻不下，随即退兵。

曹公遣朱光为庐江太守，屯皖，大开稻田，又令间人招诱鄱阳贼帅，使作内应。蒙曰："皖田肥美，若一收孰，彼众必增，如是数岁，操态见矣，宜早除之。"乃具陈其状。于是权亲征皖，引见诸将，问以计策。[21]蒙乃荐甘宁为升城督，督攻在前，蒙以精锐继之。侵晨进攻，蒙手执枹鼓，士卒皆腾踊自升，食时破之。既而张辽至夹石，闻城已拔，乃退。权嘉其功，即拜庐江太守，所得人马皆分与之，别赐寻阳屯田六百人，官属三十人。蒙还寻阳，未期而庐陵贼起，诸将讨击不能禽，权曰："鸷鸟累百，不如一鹗。"复令蒙讨之。蒙至，诛其首恶，余皆释放，复为平民。

曹公派朱光担任庐江太守，屯垦皖县，大量开发稻田，又命令从事间谍活动的人引诱鄱阳的贼人首领，让他们做内应。吕蒙说："皖县田地肥美，如果一旦成熟收割，他们必能增加人员，像这样过几年，曹操的势态便显现了，应该早点除掉他。"就详细陈述了皖地的情况。于是孙权亲自出征皖县，接见各将领，询问计策。吕蒙就推荐甘宁担任升城督，在前方督战，吕蒙用精锐部队跟上。凌晨进攻，吕蒙亲手执槌击鼓，士兵们都踊跃登城，到吃早饭时就攻下来了。随后张辽到了夹石，听说皖城已被攻破，就退走了。孙权嘉奖吕蒙的功劳，就任命他为庐江太守，所得人马都分给他，另外赐给寻阳屯田户六百人，下属官吏三十人。吕蒙回到寻阳，不到一年，庐陵盗贼出没，众将领去讨伐都不能擒获，孙权说："凶猛的鸟上百，不如一只大雕。"又命令吕蒙去征讨。吕蒙到了那里，诛杀贼人中的首恶分子，其余的都释放，仍为平民。

是时刘备令关羽镇守，专有荆土，权命蒙西取长沙、零、桂三郡。蒙移书二郡，望风归服，惟零陵太守郝普城守不降。而备自蜀亲至公安，遣羽争三郡。权时住陆口，使鲁肃将万人屯益阳拒羽，而飞书召蒙，使舍零陵，急还助肃。初，蒙既定长沙，当之零陵，过酃，载南阳邓玄之，玄之者郝普之旧也，欲令诱普。及被书当还，蒙秘之，夜召诸将，授以方略，晨当攻城，顾谓玄之曰："郝子太闻世间有忠义事，亦欲为

这时刘备派关羽镇守荆州全境，孙权命令吕蒙往西夺取长沙、零陵、桂阳三郡，吕蒙发文到长沙、桂阳两郡，他们望风归服，唯独零陵太守郝普守城不降。而刘备亲自从西蜀来到公安，派关羽来争夺三郡。孙权那时在陆口，让鲁肃带领万人驻扎在益阳抵御关羽，用紧急文书召令吕蒙，要他放弃零陵，赶快回来帮助鲁肃。起初吕蒙平定长沙之后，要去零陵，经过酃县时带上南阳人邓玄之，邓玄之是郝普的老友，吕蒙想用他去诱降郝普。却接到文书要退回，吕蒙将此事保密。夜晚召见各将领，布置计谋策略，声言早晨便要攻城。他看着邓玄之说："郝子太听说世间有忠义的事，也想要这样做，可是不识

之，而不知时也。左将军在汉中，为夏侯渊所围。关羽在南郡，今至尊身自临之。近者破樊本屯，救酃，逆为孙规所破。此皆目前之事，君所亲见也。彼方首尾倒悬，救死不给，岂有余力复营此哉？今吾士卒精锐，人思致命，至尊遣兵，相继于道。今子太以旦夕之命，待不可望之救，犹牛蹄中鱼，冀赖江汉，其不可恃亦明矣。若子太必能一士卒之心，保孤城之守，尚能稽延旦夕，以待所归者，可也。今吾计力度虑，而以攻此，曾不移日，而城必破，城破之后，身死何益于事，而令百岁老母，戴白受诛，岂不痛哉？度此家不得外问，谓援可恃，故至于此耳。君可见之，为陈祸福。"玄之见普，具宣蒙意，普惧而听之。玄之先出报蒙，普寻后当至。蒙豫敕四将，各选百人，普出，便入守城门。须臾普出，蒙迎执其手，与俱下船。语毕，出书示之，因拊手大笑，普见书，知备在公安，而羽在益阳，惭恨入地。蒙留孙皎，委以后事。即日引军赴益阳。刘备请盟，权乃归普等，割湘水，以零陵还之。以寻阳、阳新为蒙奉邑。

时机。左将军刘备在汉中，被夏侯渊所围。关羽在南郡，现在我主上亲自来此。近来攻破樊城军营，援救酃县，反被孙规击败。这些都是目前的事，是您亲自见到的。他们正是首尾倒悬，救死还来不及，哪有余力再来管这边的事呢？现在我军都是精锐部队，人人都想拼命作战，主上派兵沿路不绝。如今子太以危在旦夕的命运，等待望不到的救兵，就好像牛蹄穴中的鱼，想依赖长江、汉水的救济，这不可靠已经很明显了。如果子太果真能够集中士卒的心，设防以守孤城，勉强拖延时日，来等待援兵，这也可以。现在我军全心全意来攻，要不了一天，城池必定攻破，城破以后，自己死了有什么好处，却让百岁老母，白发苍苍，也遭诛杀，岂不痛心吗？想来此人得不到外间消息，认为援军可靠，所以才这样做。你可前去见他，向他陈述祸福的实况。"玄之去见了郝普，把吕蒙的这些话都说给他听，郝普畏惧，就听从了吕蒙的意见。玄之先出城报告吕蒙，说郝普随后就到。吕蒙预先命令四员部将，各选一百名士兵，等郝普一出城，便进去据守城门。一会儿郝普出来了，吕蒙迎上去握住他的手，和他一起上船。交谈之后，拿出紧急文书给郝普看，并且拍手大笑。郝普看了文书，才知道刘备在公安，关羽在益阳，自觉惭愧悔恨，无地自容。吕蒙留下孙皎，将善后事宜委托给他，自己即日率部赶赴益阳。刘备请求结盟，孙权就把郝普等人放归，划湘水为界，将零陵还给刘备。将寻阳、阳新作为吕蒙的奉邑。

师还，遂征合肥，既徹兵，为张辽等所袭，蒙与凌统以死捍卫。后曹公又大出濡须，权以蒙为督，据前所立坞，置强弩万张于其上，以拒曹公。曹

收兵回来，就出征合肥，撤兵途中，被张辽等人袭击，吕蒙和凌统拼死捍卫。后来曹公又向濡须大举出兵，孙权任命吕蒙为指挥官，据守以前所建立的船坞，在坞上安置强弩万张，来抵御曹公。曹公的

公前锋屯未就，蒙攻破之，曹公引退。拜蒙左护军、虎威将军。

先遣部队驻扎未定，吕蒙派兵将他击败，曹公退走。孙权任命吕蒙为左护军、虎威将军。

鲁肃卒，蒙西屯陆口，肃军人马万余尽以属蒙。又拜汉昌太守，食下隽、刘阳、汉昌、州陵。与关羽分土接境，知羽骁雄，有并兼心，且居国上流，其势难久。初，鲁肃等以为曹公尚存，祸难始构，宜相辅协，与之同仇，不可失也，蒙乃密陈计策曰："令征虏守南郡，潘璋住白帝，蒋钦将游兵万人，循江上下，应敌所在，蒙为国家前据襄阳，如此，何忧于操，何赖于羽？且羽君臣，矜其诈力，所在反覆，不可以腹心待也。今羽所以未便东向者，以至尊圣明，蒙等尚存也。今不于强壮时图之，一旦僵仆，欲复陈力，其可得邪？"权深纳其策，又聊复与论取徐州意，蒙对曰："今操远在河北，新破诸袁，抚集幽、冀，未暇东顾。徐土守兵，闻不足言，往自可克。然地势陆通，骁骑所骋，至尊今日得徐州，操后旬必来争，虽以七八万人守之，犹当怀忧。不如取羽，全据长江，形势益张。"权尤以此言为当。及蒙代肃，初至陆口，外倍修恩厚，与羽结好。

鲁肃去世，吕蒙西向驻守陆口。鲁肃所部人马一万多，全部拨给吕蒙。这时又任命为汉昌太守，享受下隽、刘阳、汉昌、州陵四县的租税。和关羽的辖境相邻接，吕蒙知道关羽骁勇雄健，有兼并野心，况且关羽位居上游，这种形势(指两国结盟，应不侵犯)难以持久。起初，鲁肃等人认为曹公还在，祸患危难方才形成，应当和西蜀互相帮助配合，同仇敌忾，不可失去这个盟友。吕蒙却秘密献计道："命令征虏将军守南郡，潘璋驻扎白帝城，蒋钦带领机动部队万人，沿江上下游动，对付各处敌人。我为国家据守襄阳前沿，像这样，对曹操有什么可担忧的，对关羽又有什么值得依赖呢？况且关羽君臣，自恃他们的欺骗手段，在许多问题上都反复无常，不可以把他们看做心腹。现在关羽之所以不便东向进犯，是因为主上圣明，我等诸将还在。若不在身强力壮时谋取他，一旦我辈不在了，再想用力，那时还能得手吗？"孙权深深赞许，采纳了他的计策，又顺便和他谈论夺取徐州的意图，吕蒙答道："现在曹操远在河北，新近击败袁氏父子，正安抚幽州、冀州，没有空暇顾及东方。徐州的守兵，听说力量微不足道，我军前往，自然可以攻克。但是那里的地势是一片通达的陆地，精锐的骑兵驰骋自如。主上今日得了徐州，曹操十日之内必来争夺，即便用七八万人据守，还是值得忧虑。不如攻取关羽，完全据有长江，那样我方形势更有发展。"孙权更认为此话得当。等到吕蒙接替鲁肃，初到陆口，表面上加倍表示恩德敦厚，和关羽友好交往。

后羽讨樊，留兵将备公安、南郡。蒙上疏曰："羽讨樊而多留备兵，必恐蒙图其后故也。蒙常有病，乞分士众还建

后来关羽征讨樊城，留下兵将守护公安、南郡。吕蒙上书道："关羽征讨樊城而留下很多守兵，必定是惧怕我袭击他的后方的缘故。我时常生病，请求分一部分士兵回建业去，以治病为名。关羽听说这

业，以治疾为名。羽闻之，必撤备兵，尽赴襄阳。大军浮江，昼夜驰上，袭其空虚，则南郡可下，而羽可禽也。”遂称病笃，权乃露檄召蒙还，阴与图计。羽果信之，稍撤兵以赴樊。魏使于禁救樊，羽尽禽禁等，人马数万，托以粮乏，擅取湘关米。权闻之，遂行，先遣蒙在前。蒙至寻阳，尽伏其精兵䑸䑽中，使白衣摇橹，作商贾人服，昼夜兼行，至羽所置江边屯候，尽收缚之，是故羽不闻知。遂到南郡，士仁、麋芳皆降。[22]蒙入据城，尽得羽及将士家属，皆抚慰，约令军中不得干历人家，有所求取。蒙麾下士，是汝南人，取民家一笠，以覆官铠，官铠虽公，蒙犹以为犯军令，不可以乡里故而废法，遂垂涕斩之。于是军中震栗，道不拾遗。蒙旦暮使亲近存恤耆老，问所不足，疾病者给医药，饥寒者赐衣粮。羽府藏财宝，皆封闭以待权至。羽还，在道路，数使人与蒙相闻，蒙辄厚遇其使，周游城中，家家致问，或手书示信。羽人还，私相参讯，咸知家门无恙，见待过于平时，故羽吏士无斗心。会权寻至，羽自知孤穷，乃走麦城，西至漳乡，众皆委羽而降。权使朱然、潘璋断其径路，即父子俱获，荆州遂定。

事，必定会撤除守兵，全部开赴襄阳。我大军沿江昼夜奔驶而上，袭击他的空虚，那么可攻下南郡，而擒获关羽。”吕蒙便声称病重，孙权就用不封口的文书召吕蒙回来，和他暗中商量计策。关羽果然相信了，逐渐撤除守兵，赶赴樊城。曹魏派于禁来救樊城，关羽将于禁等人全部擒获，得到人马数万，借口粮食缺乏，擅自取用湘关的粮米。孙权一听说这事，就发兵，派吕蒙率领先遣部队在前。吕蒙到了寻阳，将精兵全部埋伏在大船中，让人穿着白衣摇橹，作商人打扮，昼夜兼程，到关羽所设置的江边瞭望哨所，将哨兵全部擒获，捆绑起来，因此关羽得不到消息。吕蒙便到了南郡，士仁、麋芳都投降了。吕蒙进据城内，全部获得关羽及将士的家属，吕蒙都进行安抚慰问，下令军中不许干扰民家，不许索取财物。他部下有一个士兵，是汝南人，拿了民家一个斗笠，来覆盖官家的铠甲，官府铠甲虽然是公物，但吕蒙还是认为犯了军令，不能因为是同乡人而废弃法令，就流着眼泪杀了他。于是军中震惊恐惧，道不拾遗。吕蒙早晚都派身边的人去慰问救济老人，问他们缺少什么，生病的人给看病发药，饥寒的人赐衣服粮食。关羽的府库珍宝，全部封存以等待孙权到来。关羽回军途中，多次派人到吕蒙这里来探问，吕蒙总是厚待他的使者，让他周游城中，一家家去表示问候，家属中也有人亲笔写信，托使者带回去。关羽派来的人回去后，将士们私下互相询问，都知道家中平安，受到的待遇还超过平时，所以关羽的官兵没有斗志。不久以后，孙权来了。关羽自知势孤力穷，就逃跑到麦城去，往西到了漳乡，部下都抛弃关羽而投降了。孙权派朱然、潘璋从小路拦截，关羽父子都被擒获，荆州便平定了。

以蒙为南郡太守，封孱陵侯，[23]赐钱一亿，黄金五百斤。

吕蒙被任命为南郡太守，封为孱陵侯，赐钱一亿，黄金五百斤。吕蒙坚决推辞所赐的金钱，孙权不

蒙固辞金钱,权不许。封爵未下,会蒙疾发,权时在公安,迎置内殿,所以治护者万方,募封内有能愈蒙疾者,赐千金。时有针加,权为之惨慽,欲数见其颜色,又恐劳动,常穿壁瞻之,见小能下食则喜,顾左右言笑,不然则咄唶,夜不能寐。病中瘳,为下赦令,群臣毕贺。后更增笃,权自临视,命道士于星辰下为之请命。年四十二,遂卒于内殿。时权哀痛甚,为之降损。蒙未死时,所得金宝诸赐尽付府藏,敕主者命绝之日皆上还,丧事务约。权闻之,益以悲感。

允许。封赐的爵位还没有下达,正逢吕蒙疾病发作,当时孙权在公安,将吕蒙迎来安置在内殿,用来治疗护理的药方上万,招募境内有能力治好吕蒙疾病的人,就赐给千金。时时用针灸治疗,孙权为他感到惨痛悲伤,多次想要看看他的面色,又恐怕劳烦惊动了他,常常凿穿墙壁去张望,见他稍微能够进食了便高兴,回顾身边的人言谈欢笑,否则就哀声叹息,夜晚不能入睡。病情一度好转,孙权为他下了赦令,群臣都来道贺。其后病情更为加重,孙权亲自来看望他,命令道士在星光下为他祈求寿命。后来吕蒙在殿内病故,终年四十二岁。当时孙权非常哀痛,为他减乐损膳。吕蒙未死时,将所得珍宝等各种赐予之物,都交付府库,命令主管者在他死后全部上缴,丧事务必从简。孙权得知此事,更加悲痛伤感。

蒙少不修书传,每陈大事,常口占为笺疏。常以部曲事为江夏太守蔡遗所白,蒙无恨意。及豫章太守顾邵卒,权问所用,蒙因荐遗奉职佳吏,权笑曰:"君欲为祁奚耶?"于是用之。甘宁粗暴好杀,既常失蒙意,又时违权令,权怒之,蒙辄陈请:"天下未定,斗将如宁难得,宜容忍之。"权遂厚宁,卒得其用。

吕蒙少年时读书不多,每当陈说大事,常常口述书札和奏章。曾经因为部下的事被江夏太守蔡遗所控告,吕蒙没有恨他的意思。到豫章太守顾邵死后,孙权问他该用何人代替,吕蒙便推荐蔡遗,说他是忠于职守的好官,孙权笑道:"你想做祁奚吗?"于是任命了蔡遗。甘宁粗暴好杀,不仅所做的事经常不合吕蒙的意思,又时常违背孙权的命令,孙权对他很恼怒,吕蒙总是陈说请求:"天下未定,像甘宁这样的战将难得,应当容忍他。"孙权便厚待甘宁,终于发挥了他的作用。

蒙子霸袭爵,与守冢三百家,复田五十顷。霸卒,兄琮袭侯。琮卒,弟睦嗣。

吕蒙的儿子吕霸继承爵位,拨给他守坟民户三百家,免收赋税的田地五十顷。吕霸死后,他的兄长吕琮继承侯爵。吕琮死了,他的弟弟吕睦继承封爵。

孙权与陆逊论周瑜、鲁肃及蒙曰:"公瑾雄烈,胆略兼人,遂破孟德,开拓荆州,邈焉难继,君今继之。公瑾昔要子敬来东,致达于孤,孤与宴语,便及大略帝王之业,此一快

孙权和陆逊评论周瑜、鲁肃及吕蒙说:"公瑾威武刚毅,胆识才略超过常人,因而能够击败曹操,开拓荆州,功业高远,难于为继,而您现在继承了他。公瑾往日邀请子敬东来,推荐给我,我和他宴饮交谈,他便论及帝王大业,这是第一大快事。后来曹操

也。后孟德因获刘琮之势，张言方率数十万众水步俱下。孤普请诸将，咨问所宜，无适先对，至子布、文表，俱言宜遣使修檄迎之，子敬即驳言不可，劝孤急呼公瑾，付任以众，逆而击之，此二快也。且其决计策意，出张苏远矣；后虽劝吾借玄德地，是其一短，不足以损其二长也。周公不求备于一人，故孤忘其短而贵其长，常以比方邓禹也。又子明少时，孤谓不辞剧易，果敢有胆而已；及身长大，学问开益，筹略奇至，可以次于公瑾，但言议英发不及之耳。图取关羽，胜于子敬。子敬答孤书云：'帝王之起，皆有驱除，羽不足忌。'此子敬内不能办，外为大言耳，孤亦恕之，不苟责也。然其作军屯营，不失令行禁止，部界无废负，路无拾遗，其法亦美也。"

凭借所获刘琮的势力，扬言正率领几十万水军步兵全数东下，我遍请诸将，询问该用何法对付，没有谁先回答，甚至子布、文表，都说应该派遣使者修书去迎接曹操，子敬立即驳斥说不可，劝我赶紧叫公瑾回来，交付重兵给他，迎击曹操，这是第二大快事。况且他的决断计谋，制定策略，超出张仪、苏秦很远了，后来虽然劝我借荆州给玄德，是他的一个短处，不足以损害他的两个长处。周公对人不求全责备，所以我忘了他的短处而珍惜他的长处，常常将他比为邓禹。又子明年少时，我以为他只是不辞难易，果敢有胆而已；到他长大时，学问开阔增多，运筹策略，出奇到了极点，可以说仅次于公瑾，只是议论英气焕发赶不上罢了。设谋攻取关羽，胜过子敬。子敬回我的书信说：'帝王兴起，都有人为他驱除祸患，对关羽不必顾忌。'这是子敬内心不能办到，在表面说些大话罢了，我也宽恕他，不随便责备。然而子敬行军扎营，能做到令行禁止，在管辖范围内，没有因废职而负罪的，路不拾遗，他的治理方法也很完美。"

评曰：曹公乘汉相之资，挟天子而扫群桀，新荡荆城，仗威东夏，于时议者莫不疑贰。周瑜、鲁肃建独断之明，出众人之表，实奇才也。吕蒙勇而有谋，断识军计，谲郝普，禽关羽，最其妙者。初虽轻果妄杀，终于克己，有国士之量，岂徒武将而已乎！孙权之论，优劣允当，故载录焉。

评论说：曹公凭借汉相的地位，挟持天子而扫除群雄，刚刚荡平荆州，扬威江东，那时的议论者莫不因疑惧而生二心，周瑜、鲁肃提出独到果断的明确见解，高出众人之上，实在是奇才啊。吕蒙勇而有谋，果断，明辨军事策略，骗降郝普，擒获关羽，是他的最妙之处。早年虽轻率武断妄自杀人，后来终于能克制自己，有国士的度量，不仅仅是一员武将而已啊。孙权的评语，论述各人的优劣，平允适当，所以载录在这里。

---

①谢承《后汉书》曰：景字仲嚮，少以廉能见称，以明学察孝廉，辟公府。后为豫州刺史，辟

汝南陈蕃为别驾，颍川李膺、荀绲、杜密、沛国朱寓为从事，皆天下英俊之士也。稍迁至尚书令，遂登太尉。

张璠《汉纪》曰：景父荣，章、和世为尚书令。初景历位牧守，好善爱士，每岁举孝廉，延请入，上后堂，与家人宴会，如此者数四。及赠送既备，又选用其子弟，常称曰："移臣作子，于政何有？"先是，司徒韩缜为河内太守，在公无私，所举一辞而已，后亦不及其门户，曰："我举若可矣，不令恩偏称一家也。"当时论者，或两讥焉。

②《江表传》曰：策又给瑜鼓吹，为治馆舍，赠赐莫与为比。策令曰："周公瑾英俊异才，与孤有总角之好，骨肉之分。如前在丹杨，发众及船粮以济大事，论德酬功，此未足以报者也。"

③《江表传》曰：策从容戏瑜曰："桥公二女虽流离，得吾二人作婿，亦足为欢。"

④臣松之案：孙策于时始得豫章、庐陵，尚未能得定江夏。瑜之所镇，应在今巴丘县也，与后所卒巴丘处不同。

⑤《江表传》曰：曹公新破袁绍，兵威日盛，建安七年，下书责权质任子。权召群臣会议，张昭、秦松等犹豫不能决，权意不欲遣质，乃独将瑜诣母前定议，瑜曰："昔楚国初封于荆山之侧，不满百里之地，继嗣贤能，广土开境，立基于郢，遂据荆扬，至于南海，传业延祚，九百余年。今将军承父兄余资，兼六郡之众，兵精粮多，将士用命，铸山为铜，煮海为盐，境内富饶，人不思乱，泛舟举帆，朝发夕到，士风劲勇，所向无敌，有何偪迫，而欲送质？质一入，不得不与曹氏相首尾，与相首尾，则命召不得不往，便见制于人也。极不过一侯印，仆从十余人，车数乘，马数匹，岂与南面称孤同哉？不如勿遣，徐观其变。若曹氏能率义以正天下，将军事之未晚。若图为暴乱，兵犹火也，不戢将自焚。将军韬勇抗威，以待天命，何送质之有！"权母曰："公瑾议是也。公瑾与伯符同年，小一月耳，我视之如子也，汝其兄事之。"遂不送质。

⑥江表传曰：权拔刀斫前奏案曰："诸将吏敢复有言当迎操者，与此案同！"及会罢之夜，瑜请见曰："诸人徒见操书，言水步八十万，而各恐慑，不复料其虚实，便开此议，甚无谓也。今以实校之，彼所将中国人，不过十五六万，且军已久疲，所得表众，亦极七八万耳，尚怀狐疑。夫以疲病之卒，御狐疑之众，众数虽多，甚未足畏。得精兵五万，自足制之，愿将军勿虑。"权抚背曰："公瑾，卿言至此，甚合孤心。子布、文表诸人，各顾妻子，挟持私虑，深失所望，独卿与子敬与孤同耳，此天以卿二人赞孤也。五万兵难卒合，已选三万人，船粮战具俱办，卿与子敬、程公便在前发，孤当续发人众，多载资粮，为卿后援。卿能办之者诚决，邂逅不如意，便还就孤，孤当与孟德决之。"

臣松之以为建计拒曹公，实始鲁肃。于时周瑜使鄱阳，肃劝权呼瑜，瑜使鄱阳还，但与肃暗同，故能共成大勋。本传直云，权延见群下，问以计策，瑜摆拨众人之议，独言抗拒之计，了不云肃先有谋，殆为攘肃之善也。

⑦《江表传》载盖书曰："盖受孙氏厚恩，常为将帅，见遇不薄。然顾天下事有大势，用江东六郡山越之人，以当中国百万之众，众寡不敌，海内所共见也。东方将吏，无有愚智，皆知其不可，惟周瑜、鲁肃偏怀浅戆，意未解耳。今日归命，是其实计。瑜所督领，自易摧破。交锋之日，盖为前部，当因事变化，效命在近。"曹公特见行人，密问之，口敕曰："但恐汝诈耳。盖若信实，当授爵赏，超于前后也。"

⑧《江表传》曰：至战日，盖先取轻利舰十舫，载燥荻枯柴积其中，灌以鱼膏，赤幔覆之，建旌旗龙幡于舰上。时东南风急，因以十舰最著前，中江举帆，盖举火白诸校，使众兵齐声大叫曰："降焉！"操军人皆出营立观。去北军二里余，同时发火，火烈风猛，往船如箭，飞埃绝烂，烧尽北船，延及岸边营柴。瑜等率轻锐寻继其后，雷鼓大进，北军大坏，曹公退走。

⑨《吴录》曰：备谓瑜云："仁守江陵城，城中粮多，足为疾害。使张益德将千人随卿，卿分二千人追我，相为从夏水截仁后，仁闻吾人必走。"瑜以二千人益之。

⑩臣松之案，瑜欲取蜀，还江陵治严，所卒之处，应在今

之巴陵，与前所镇巴丘，名同处异也。

⑪《江表传》曰：普颇以年长，数陵侮瑜。瑜折节容下，终不与校。普后自敬服而亲重之，乃告人曰："与周公瑾交，若饮醇醪，不觉自醉。"时人以其谦让服人如此。初曹公闻瑜年少有美才，谓可游说动也，乃密下扬州，遣九江蒋幹往见瑜。幹有仪容，以才辩见称，独步江、淮之间，莫与为对。乃布衣葛巾，自托私行诣瑜。瑜出迎之，立谓幹曰："子翼良苦，远涉江湖为曹氏作说客邪？"幹曰："吾与足下州里，中间别隔，遥闻芳烈，故来叙阔，并观雅规，而云说客，无乃逆诈乎？"瑜曰："吾虽不及夔、旷，闻弦赏音，足知雅曲也。"因延幹入，为设酒食。毕，遣之曰："适吾有密事，且出就馆，事了，别自相请。"后三日，瑜请幹与周观营中，行视仓库军资器仗讫，还宴饮，示之侍者服饰珍玩之物，因谓幹曰："丈夫处世，遇知己之主，外托君臣之义，内结骨肉之恩，言行计从，祸福共之，假使苏张更生，郦叟复出，犹抚其背而折其辞，岂足下幼生所能移乎？"幹但笑，终无所言。幹还，称瑜雅量高致，非言辞所间。中州之士，亦以此多之。刘备之自京还也，权乘飞云大船，与张昭、秦松、鲁肃等十余人共追送之，大宴会叙别。昭、肃等先出，权独与备留语，因言次，叹瑜曰："公瑾文武筹略，万人之英，顾其器量广大，恐不久为人臣耳。"瑜之破魏军也，曹公曰："孤不羞走。"后书与权曰："赤壁之役，值有疾病，孤烧船自退，横使周瑜虚获此名。"瑜威声远著，故曹公、刘备咸欲疑谮之。及卒，权流涕曰："公瑾有王佐之资，今忽短命，孤何赖哉！"后权称尊号，谓公卿曰："孤非周公瑾，不帝矣。"

⑫《吴书》曰：肃体貌魁奇，少有壮节，好为奇计。天下将乱，乃学击剑骑射，招聚少年，给其衣食，往来南山中射猎，阴相部勒，讲武习兵。父老咸曰："鲁氏世衰，乃生此狂儿！"后雄杰并起，中州扰乱，肃乃命其属曰："中国失纲，寇贼横暴，淮、泗间非遗种之地，吾闻江东沃野万里，民富兵强，可以避害，宁肯相随俱至乐土，以观时变乎？"其属皆从命。乃使细弱在前，强壮在后，男女三百余人行。州追骑至，肃等徐行，勒兵持满，谓之曰："卿等丈夫，当解大数。今日天下兵乱，有功弗赏，不追无罚，何为相逼乎？"又自植盾，引弓射之，矢皆洞贯。骑既嘉肃言，且度不能制，乃相率还。肃渡江往见策，策亦雅奇之。

⑬臣松之案：刘备与权并力，共拒中国，皆肃之本谋。又语诸葛亮曰"我子瑜友也"，则亮已亟闻肃言矣。而《蜀书·亮传》曰："亮以连横之略说权，权乃大喜。"如似此计始出于亮。若二国史官，各记所闻，竞欲称扬本国容美，各取其功。今此二书，同出一人，而舛互若此，非载述之体也。

⑭《魏书》及《九州春秋》曰：曹公征荆州，孙权大惧，鲁肃实欲劝权拒曹公，乃激说权曰："彼曹公者，实严敌也，新并袁绍，兵马甚精，乘战胜之威，伐丧乱之国，克可必也。不如遣兵助之，且送将军家诣邺；不然，将危。"权大怒，欲斩肃，肃因曰："今事已急，即有他图，何不遣兵助刘备，而欲斩我乎？"权然之，乃遣周瑜助备。

孙盛曰：《吴书》及《江表传》，鲁肃一见孙权便说拒曹公而论帝王之略，刘表之死也，又请使观变，无缘方复激说劝迎曹公也。又是时劝迎者众，而云独欲斩肃，非其论也。

⑮《汉晋春秋》曰：吕范劝留备，肃曰："不可。将军虽神武命世，然曹公威力实重，初临荆州，恩信未洽，宜以借备，使抚安之。多操之敌，而自为树党，计之上也。"权即从之。

⑯《江表传》载：初瑜疾困，与权笺曰："瑜以凡才，昔受讨逆殊特之遇，委以腹心，遂荷荣任，统御兵马，志执鞭弭，自效戎行。规定巴蜀，次取襄阳，凭赖威灵，谓若在握。至以不谨，道遇暴疾，昨自医疗，日加无损。人生有死，修短命矣，诚不足惜，但恨微志未展，不复奉教命耳。方今曹公在北，疆埸未静，刘备寄寓，有似养虎，天下之事，未知终始，此朝士旰食之秋，至尊垂虑之日也。鲁肃忠烈，临事不苟，可以代瑜。人之将死，其言也善，傥或可采，瑜死不朽矣。"案此笺与本传所载，意旨虽同，其辞乖异耳。

⑰《吴书》曰：肃欲与羽会语，诸将疑恐有变，议不可往。

肃曰:“今日之事,宜相开譬。刘备负国,是非未决,羽亦何敢重欲干命!”乃趋就羽。羽曰:“乌林之役,左将军身在行间,寝不脱介,戮力破魏,岂得徒劳,无一块壤,而足下来欲收地邪?”肃曰:“不然。始与豫州观于长阪,豫州之众不当一校,计穷虑极,志势摧弱,图欲远窜,望不及此。主上矜愍豫州之身,无有处所,不爱土地士人之力,使有所庇荫以济其患,而豫州私独饰情,愆德隳好。今已藉手于西州矣,又欲翦并荆州之土,斯盖凡夫所不忍行,而况整领人物之主乎!肃闻贪而弃义,必为祸阶。吾子属当重任,曾不能明道处分,以义辅时,而负恃弱众以图力争,师曲为老,将何获济?”羽无以答。

⑱《吴书》曰:肃为人方严,寡于玩饰,内外节俭,不务俗好。治军整顿,禁令必行,虽在军陈,手不释卷。又善谈论,能属文辞,思度弘远,有过人之明。周瑜之后,肃为之冠。

⑲《江表传》曰:初,权谓蒙及蒋钦曰:“卿今并当涂掌事,宜学问以自开益。”蒙曰:“在军中常苦多务,恐不容复读书。”权曰:“孤岂欲卿治经为博士邪?但当令涉猎见往事耳。卿言多务孰若孤,孤少时历《诗》、《书》、《礼记》、《左传》、《国语》,惟不读《易》。至统事以来,省三史、诸家兵书,自以为大有所益。如卿二人,意性朗悟,学必得之,事当不为乎?宜急读《孙子》、《六韬》、《左传》、《国语》及三史。孔子言‘终日不食,终夜不寝以思,无益,不如学也’。光武当兵马之务,手不释卷。孟德亦自谓老而好学。卿何独不自勉勖邪?”蒙始就学,笃志不倦,其所览见,旧儒不胜。后鲁肃上代周瑜,过蒙言议,常欲受屈。肃拊蒙背曰:“吾谓大弟但有武略耳,至于今者,学识英博,非复吴下阿蒙。”蒙曰:“士别三日,即更刮目相待。大兄今论,何一称穰侯乎。兄今代公瑾,既难为继,且与关羽为邻。斯人长而好学,读《左传》略皆上口,梗亮有雄气,然性颇自负,好陵人。今与为对,当有单复以乡待之。”密为肃陈三策,肃敬受之,秘而不宣。权常叹曰:“人长而进益,如吕蒙、蒋钦,盖不可及也。富贵荣显,更能折节好学,耽悦书传,轻财尚义,所行可迹,并作国士,不亦休乎!”

⑳《吴录》曰:权欲作坞,诸将皆曰:“上岸击贼,洗足入船,何用坞为?”吕蒙曰:“兵有利钝,战无百胜,如有邂逅,敌步骑蹙人,不暇及水,其得入船乎?”权曰:“善。”遂作之。

㉑《吴书》曰:诸将皆劝作土山,添攻具,蒙趋进曰:“治攻具及土山,必历日乃成,城备既修,外救必至,不可图也。且乘雨水以入,若留经日,水必向尽,还道艰难,蒙窃危之。今观此城,不能甚固,以三军锐气,四面并攻,不移时可拔,及水以归,全胜之道也。”权从之。

㉒《吴书》曰:将军士仁在公安拒守,蒙令虞翻说之。翻至城门,谓守者曰:“吾欲与汝将军语。”仁不肯相见。乃为书曰:“明者防祸于未萌,智者图患于将来,知得知失,可与为人,知存知亡,足别吉凶。大军之行,斥候不及施,烽火不及举,此非天命,必有内应。将军不先见时,时至又不应之,独守萦带之城而不降,死战则毁宗灭祀,为天下讥笑。吕虎威欲径到南郡,断绝陆道,生路一塞,案其地形,将军为在箕舌上耳,奔走不得免,降则失义,窃为将军不安,幸熟思焉。”仁得书,流涕而降。翻谓蒙曰:“此谲兵也,当将仁行,留兵备城。”遂将仁至南郡。南郡太守麋芳城守,蒙以仁示之,遂降。

《吴录》曰:初,南郡城中失火,颇焚烧军器。羽以责芳,芳内畏惧,权闻而诱之,芳潜相和。及蒙攻之,乃以牛酒出降。

㉓《江表传》曰:权于公安大会,吕蒙以疾辞,权笑曰:“禽羽之功,子明谋也,今大功已捷,庆赏未行,岂邑邑邪?”乃增给步骑鼓吹,敕选虎威将军官属,并南郡、庐江二郡威仪。拜毕还营,兵马导从,前后鼓吹,光耀于路。

三国志卷五十五　吴书十

程黄韩蒋周陈董甘凌徐潘丁传第十

程普字德谋，右北平土垠人也。初为州郡吏，有容貌计略，善于应对。从孙坚征伐，讨黄巾于宛、邓，破董卓于阳人，攻城野战，身被创夷。

坚薨，复随孙策在淮南，从攻庐江，拔之，还俱东渡。策到横江、当利，破张英、于麋等，转下秣陵、湖孰、句容、曲阿，普皆有功，增兵二千，骑五十匹。进破乌程、石木、波门、陵传、余杭，普功为多。策入会稽，以普为吴郡都尉，治钱唐。后徙丹杨都尉，居石城。复讨宣城、泾、安吴、陵阳、春穀诸贼，皆破之。策尝攻祖郎，大为所围，普与一骑共蔽捍策，驱马疾呼，以矛突贼，贼披，策因随出。后拜荡寇中郎将，领零陵太守，从讨刘勋于寻阳，进攻黄祖于沙羡，还镇石城。

策薨，与张昭等共辅孙权，遂周旋三郡，平讨不服。又从征江夏，还过豫章，别讨乐安。乐安平定，代太史慈备海昏，与周瑜为左右督，破曹公于乌林，又进攻南郡，走曹仁。拜裨将军，领江夏太守，治沙羡，食四县。

程普字德谋，是右北平郡土垠县人。起初担任州郡官吏，容貌端正，长于计划谋略，善于应对答辩。跟随孙坚出征讨伐，在宛县、邓城征讨黄巾军，在阳人打败董卓，攻夺城市，战于原野，身上留有很多创伤。

孙坚死后，程普又跟随孙策在淮南作战，跟从他进攻庐江，夺取庐江后，又和孙策一道回军东渡长江。孙策到达横江渡、当利口，打败了扬州刺史刘繇的部将张英、于麋等人，又转战攻下了秣陵、湖孰、句容、曲阿等县，程普都立了功，孙策给他增兵两千人，战马五十匹。进军攻占乌程、石木、波门、陵传、余杭等县，程普立功最多。孙策进入会稽，任命程普担任吴郡都尉，治所设在钱唐。后又调任丹杨郡都尉，驻军在石城。又讨伐宣城、泾、安吴、陵阳、春穀等县的山贼，都将他们平定。孙策曾进攻祖郎，被祖郎团团围困，程普与一骑兵共同掩护，捍卫孙策，驱动战马，大声呼喊，用长矛刺杀贼人，贼人散开，孙策乘机跟随程普杀出重围。后来程普被任命为荡寇中郎将，兼领零陵郡太守。又跟随孙策在寻阳讨伐刘勋，在沙羡进攻黄祖，再回军镇守石城。

孙策死后，程普与张昭等人共同辅佐孙权，于是转战于会稽、丹杨、吴三郡，平定讨伐不归顺的地方势力。又随从孙权出征江夏，回军到豫章后，分领一支军队攻打乐安。平定了乐安，便代替太史慈防守海昏，与周瑜一起担任正副统帅，在乌林打败了曹操的军队，又进攻南郡，赶走了曹仁。被拜为裨将军，兼任江夏太守，治所设在沙羡，食取四县的赋税。

先出诸将，普最年长，时人皆呼程公。性好施与，喜士大夫。周瑜卒，代领南郡太守。权分荆州与刘备，普复还领江夏，迁荡寇将军，卒。[①]权称尊号，追论普功，封子咨为亭侯。

黄盖字公覆，零陵泉陵人也。[②]初为郡吏，察孝廉，辟公府。孙坚举义兵，盖从之。坚南破山贼，北走董卓，拜盖别部司马。坚薨，盖随策及权，擐甲周旋，蹈刃屠城。

诸山越不宾，有寇难之县，辄用盖为守长。石城县吏，特难检御，盖乃署两掾，分主诸曹。教曰："令长不德，徒以武功为官，不以文吏为称。今贼寇未平，有军旅之务，一以文书委付两掾，当检摄诸曹，纠擿谬误。两掾所署，事入诺出，若有奸欺，终不加以鞭杖，宜各尽心，无为众先。"初皆怖威，夙夜恭职；久之，吏以盖不视文书，渐容人事。盖亦嫌外懈怠，时有所省，各得两掾不奉法数事。乃悉请诸掾吏，赐酒食，因出事诘问。两掾辞屈，皆叩头谢罪。盖曰："前已相敕，终不以鞭杖相加，非相欺也。"遂杀之。县中震栗。后转春穀长，寻阳令。凡守九县，所在平定。迁丹杨都尉，抑强扶弱，山越怀附。

盖姿貌严毅，善于养众，每所征讨，士卒皆争为先。建

吴国最早的一批将领中，程普年龄最大，当时人都称呼他为程公。程普生性爱好施舍，喜交士大夫。周瑜死后，他代任南郡太守。孙权分荆州给刘备后，程普又再次担任江夏太守，被提升为荡寇将军，直至死去。孙权称帝，追念程普的功劳，封他的儿子程咨做亭侯。

黄盖字公覆，是零陵郡泉陵县人。起初担任郡吏，郡中举荐他为孝廉，被征召到公府。孙坚组织义军讨伐董卓，黄盖跟从着他。孙坚率军在南方击破山贼，在北方打败董卓之后，任命黄盖为别部司马。孙坚去世，黄盖追随孙策及孙权，身着战衣、转战各地，出生入死、攻城夺地。

几个地方的山越人不归顺，凡受侵犯被祸害的县，便任用黄盖为代理县长。石城县的官吏，特别难以约束驾驭，黄盖便派定两个属官，分管各部门。他对这两个属官训导说："我这做县长的缺乏德行，只凭借武功做了官，不凭借文治吏能被人称道。如今盗贼尚未平定，我有军务在身，将全部文书事务都委托给你们两位掾吏，你们必须约束管理好各部门，纠正揭发错误。你们两人在自己职权范围内所受理、答复的事，若有奸谋欺诈行为，终究不会只加以鞭杖，你们应当各自尽心，不要带头冒犯。"起初这两人都害怕黄盖的威严，早晚恭敬尽职。时间一长，这两个掾吏认为黄盖不查看文书，便逐渐容纳非法行为。黄盖也怀疑外面办事松懈懒惰，不时有所察觉，终于查得两掾吏不遵守法纪的几件事。于是将县中所有的官员请来，赐给酒食，趁机拿出不合法的事情进行查究追问。两个掾吏理屈词穷，都磕头表示服罪。黄盖说："先前已相告诫，终究不只使用鞭杖，决不是欺骗你们的。"于是将他们处死。县中官员震动战栗。后来黄盖转任春穀县长，寻阳县令。总共临时署理了九个县，所在各县的动乱都得到平定。升任丹杨郡都尉，压制豪强，扶助弱小，山越人怀德归附。

黄盖仪容庄严刚毅，善于教养士卒，每有征讨，士卒都争着向前。建安年间，黄盖随同周瑜在赤壁

安中，随周瑜拒曹公于赤壁，建策火攻，语在瑜传。[3]拜武锋中郎将。武陵蛮夷反乱，攻守城邑，乃以盖领太守。时郡兵才五百人，自以不敌，因开城门，贼半入，乃击之，斩首数百，余皆奔走，尽归邑落。诛讨魁帅，附从者赦之。自春讫夏，寇乱尽平，诸幽邃巴、醴、由、诞邑侯君长，皆改操易节，奉礼请见，郡境遂清。后长沙益阳县为山贼所攻，盖又平讨。加偏将军，病卒于官。

抵抗曹操，献计采用火攻，那些话都记录在《周瑜传》中。官拜武锋中郎将。武陵郡的少数民族反叛作乱，攻占城镇，于是任命黄盖担任武陵郡太守。当时武陵郡的士兵才五百人，黄盖自认为难以抵敌，便敞开城门，让贼寇半数进入城门，才进行反击，杀死了几百人，其余的都奔走逃命，全部回到村落。黄盖诛杀了叛军的头领，赦免了随从的人。从春到夏，贼乱全部平定，巴、醴、由、诞等僻远地区的县官都改变品行，捧着礼物请求接见，武陵郡境内终于清平。后来长沙郡益阳县被山贼进攻，黄盖又去讨伐平定。被加封为偏将军，病死于武陵郡守的任职上。

盖当官决断，事无留滞，国人思之。[4]及权践阼，追论其功，赐子柄爵关内侯。

黄盖当官办事果断迅速，从不滞留拖延，吴国人都思念他。等到孙权登上帝位，追念他的功劳，赐封他的儿子黄柄为关内侯。

韩当字义公，辽西令支人也。以便弓马，有膂力，幸于孙坚，从征伐周旋，数犯危难，陷敌擒虏，为别部司马。[5]及孙策东渡，从讨三郡，迁先登校尉，授兵二千，骑五十匹。从征刘勋，破黄祖，还讨鄱阳，领乐安长，山越畏服。后以中郎将与周瑜等拒破曹公，又与吕蒙袭取南郡，迁偏将军，领永昌太守。宜都之役，与陆逊、朱然等共攻蜀军于涿乡，大破之，徙威烈将军，封都亭侯。曹真攻南郡，当保东南。在外为帅，厉将士同心固守，又敬望督司，奉遵法令，权善之。黄武二年，封石城侯，迁昭武将军，领冠军太守，后又加都督之号。将敢死及解烦兵万人，讨丹杨贼，破之。会病卒，子综袭侯领

韩当字义公，是辽西郡令支县人。因为善于骑射，有体力，受到孙坚的宠爱。跟随孙坚转战征讨，多次冒着危险，攻破敌阵俘虏敌人，被任命为别部司马。等到孙策东渡长江，随从孙策征讨三郡，被提升为先登校尉，给予他二千士兵，五十匹战马。跟随孙策征讨刘勋，打败黄祖，回军进攻鄱阳，担任乐安县长，山越人畏惧服从。后以中郎将的身份与周瑜等将领抵御并打败曹操，又与吕蒙乘虚袭取南郡，被提升为偏将军，兼任永昌太守。吴蜀夷陵之战，与陆逊、朱然等将领在涿乡共同进攻蜀军，使蜀军遭到惨败，改任威烈将军，封为都亭侯。曹真进攻南郡，韩当守卫东南。他在外担任统帅，勉励将士同心坚守防地，又敬重上级，遵守法令，孙权很称赞他。黄武二年，被封为石城侯，改授昭武将军，兼任冠军太守，后来又被加授都督名号，他带领敢死队及解烦兵勇士一万人，讨伐丹杨郡山贼，将山贼打败。适逢生病而死，他的儿子韩综便继承侯爵统领士兵。

兵。

其年，权征石阳，以综有忧，使守武昌，而综淫乱不轨。权虽以父故不问，综内怀惧，[6]载父丧，将母家属部曲男女数千人奔魏。魏以为将军，封广阳侯。数犯边境，杀害人民，权常切齿。东兴之役，综为前锋，军败身死，诸葛恪斩送其首，以白权庙。

这一年，孙权出征石阳，因为韩综遭遇父丧，便让他防守武昌，可是韩综淫乱不守法度。孙权虽然因为他父亲的缘故不予追究，但韩综心怀恐惧，便载着父亲的棺木，带领母亲家属及部下男女数千人投奔魏国。魏国任命他担任将军，封为广阳侯。韩综多次带军侵犯吴国边境，杀害人民，孙权常切齿痛恨。东兴战役中，韩综担任前部先锋，军败被杀死，诸葛恪砍下他的头，以告慰孙权的在天之灵。

蒋钦字公奕，九江寿春人也。孙策之袭袁术，钦随从给事。及策东渡，拜别部司马，授兵。与策周旋，平定三郡，又从定豫章。调授葛阳尉，历三县长，讨平盗贼，迁西部都尉。会稽冶贼吕合、秦狼等为乱，钦将兵讨击，遂禽合、狼，五县平定，徙讨越中郎将，以经拘、昭阳为奉邑。贺齐讨黟贼，钦督万兵，与齐并力，黟贼平定。从征合肥，魏将张辽袭权于津北，钦力战有功，迁荡寇将军，领濡须督。后召还都，拜右护军，典领辞讼。

蒋钦字公奕，是九江郡寿春县人。孙策袭击袁术时，蒋钦随从孙策供职。等到孙策东渡长江，便任命蒋钦担任别部司马，让他带兵。与孙策一同转战征讨，平定会稽、丹杨、吴三郡，又随从孙策平定豫章郡。被调为葛阳县尉，历任三县县长，讨伐平定盗贼，被提升为西部都尉。会稽郡东治县山贼吕合、秦狼等人叛乱，蒋钦带兵进讨，终于活捉吕合、秦狼，五县的叛贼得到平定，改授蒋钦为讨越中郎将，并将经拘、昭阳两县的赋税收入作为他的俸禄。贺齐讨伐黟县山贼，蒋钦统率一万兵力，与贺齐并力协作，黟县山贼被平定。跟随孙权出征到合肥，魏将张辽在逍遥津的北面袭击孙权，蒋钦奋力作战立下功劳，被提升为荡寇将军，兼任濡须驻军统帅。后来被召回到京城，担任右护军，掌管法律诉讼。

权尝入其堂内，母疏帐缥被，妻妾布裙。权叹其在贵守约，即敕御府为母作锦被，改易帷帐，妻妾衣服悉皆锦绣。

孙权曾经进入蒋钦家的内室，见蒋母使用粗布蚊帐和青白色布被，蒋钦的妻妾都穿布裙。孙权感叹蒋钦地位高贵却生活俭朴，随即命令皇家府库替蒋母缝制锦被，改换帷帐，让蒋钦的妻妾都穿锦绣衣服。

初，钦屯宣城，尝讨豫章贼。芜湖令徐盛收钦屯吏，表斩之，权以钦在远不许，盛由是自嫌于钦。曹公出濡须，钦与吕蒙持诸军节度。盛常畏钦

起初，蒋钦驻军宣城时，曾经讨伐豫章郡的山贼。芜湖县令徐盛拘捕了蒋钦驻军中的官吏，并上表请求将他处死，孙权因为蒋钦出征远在外地，不允许这样做，徐盛因此自认为蒋钦对自己存有芥蒂。曹操出兵濡须，蒋钦与吕蒙主持各将领的指挥调度。徐盛常常害怕蒋钦借事陷害自己，可是蒋钦

因事害己，而钦每称其善。盛既服德，论者美焉。⑦

权讨关羽，钦督水军入沔，还，道病卒。权素服举哀，以芜湖民二百户、田二百顷，给钦妻子。子壹封宣城侯，领兵拒刘备有功，还赴南郡，与魏交战，临陈卒。壹无子，弟休领兵，后有罪失业。

周泰字幼平，九江下蔡人也。与蒋钦随孙策为左右，服事恭敬，数战有功。策入会稽，署别部司马，授兵。权爱其为人，请以自给。策讨六县山贼，权住宣城，使士自卫，不能千人，意尚忽略，不治围落，而山贼数千人卒至。权始得上马，而贼锋刃已交于左右，或斫中马鞍，众莫能自定。惟泰奋激，投身卫权，胆气倍人，左右由泰并能就战。贼既解散，身被十二创，良久乃苏。是日无泰，权几危殆。策深德之，补春穀长。后从攻皖，及讨江夏，还过豫章，复补宜春长，所在皆食其征赋。

从讨黄祖有功。后与周瑜、程普拒曹公于赤壁，攻曹仁于南郡。荆州平定，将兵屯岑。曹公出濡须，泰复赴击，曹公退，留督濡须，拜平虏将军。时朱然、徐盛等皆在所部，并不伏也，权特为案行至濡须坞，因会诸将，大为酣乐，权自行酒到泰前，命泰解衣，权手自指其创痕，问以所起。泰辄

时常称赞他的优点。徐盛很佩服蒋钦的品德，评论的人也赞美蒋钦的行为。

孙权进讨关羽，蒋钦率领水军进入汉水，回军时，在路上病逝。孙权穿着白色丧服进行哀悼，将芜湖县二百农户、二百顷田地赐给蒋钦的妻子。蒋钦的儿子蒋壹被封为宣城侯，蒋壹领兵抵抗刘备有功，回军开赴南郡，与魏军交战，死在战场上。蒋壹没有儿子，弟弟蒋休接替蒋壹带兵，后因犯罪失去官职。

周泰字幼平，是九江郡下蔡县人。他与蒋钦一道在孙策身边供职，服侍孙策端庄而有礼貌，多次作战立下功劳。孙策进入会稽，任命周泰为别部司马，让他带兵。孙权喜爱周泰的为人，向孙策请求让周泰在自己身边任职。孙策进讨六县山贼，孙权住在宣城，让士兵自卫，不足一千人，疏忽大意，不设防御工事，山贼几千人突然到来。孙权刚刚上马，贼人的刀锋已在他的左右相交，有的还砍中了他的马鞍，众士兵惊魂未定，自顾不暇。只有周泰奋起拼击，舍命保卫孙权，胆气超过常人，左右兵士因为周泰的激励并力参加战斗。山贼解围散去之后，周泰身受十二处创伤，很久才苏醒过来。这一天要是没有周泰，孙权就很危险了。孙策深深地感谢他，补授他为春穀县长。后来周泰跟随孙权进攻皖县及讨伐江夏，回军到豫章时，又补授他担任宜春县长，在哪个县任职，就食取那个县的赋税。

周泰跟随孙权讨伐黄祖有功，稍后他又与周瑜、程普在赤壁抵抗曹操，到南郡进攻曹仁。荆州平定后，他带兵屯驻岑阳。曹操出兵濡须，周泰又前往阻击，曹操退兵后，他就留守担任濡须的都督，被任命为平虏将军。当时朱然、徐盛等将领都归他统属，内心不服，孙权便特地巡视到濡须，趁机聚会各将领，尽情地畅饮宴乐，孙权亲自斟酒到周泰面前，命令周泰解开衣服，孙权用手指着他创伤的痕迹，问他是怎样得来的。周泰就回忆起从前战斗受伤的情

记昔战斗处以对，毕，使复服，欢谦极夜。其明日，遣使者授以御盖。[8]于是盛等乃伏。

况来回答，讲完后，孙权让他穿上衣服，欢宴到深夜。第二天，孙权便派遣使者将自用的头巾赐给周泰。徐盛等将领这才服从。

后权破关羽，欲进图蜀，拜泰汉中太守、奋威将军，封陵阳侯。黄武中卒。

后来孙权击破关羽，想要进一步谋取蜀国，委任周泰为汉中太守、奋威将军，并封他为陵阳侯。周泰在黄武年间去世。

子邵以骑都尉领兵。曹仁出濡须，战有功，又从攻破曹休，进位裨将军，黄龙二年卒。弟承领兵袭侯。

周泰的儿子周邵以骑都尉的官职统兵。曹仁出兵濡须时，周邵作战有功，又跟随孙权进攻并打败曹休，被提升为裨将军，周邵在黄龙二年去世。周邵的弟弟周承领兵并继承了周泰的陵阳侯爵位。

陈武字子烈，庐江松滋人。孙策在寿春，武往修谒，时年十八，长七尺七寸，因从渡江，征讨有功，拜别部司马。策破刘勋，多得庐江人，料其精锐，乃以武为督，所向无前。及权统事，转督五校。仁厚好施，乡里远方客多依托之。尤为权所亲爱，数至其家。累有功劳，进位偏将军。建安二十年，从击合肥，奋命战死。权哀之，自临其葬。[9]

陈武字子烈，是庐江郡松滋县人。孙策在寿春时，陈武前往拜见，当时才十八岁，身高七尺七寸，于是跟从孙策渡江，在征战讨伐中立下功劳，被任命为别部司马。孙策打败刘勋，得到许多庐江籍的士兵，选取其中的精悍者，委派陈武统领，所到之处，无人敢敌。等到孙权统管江东事务，陈武便被调任掌管五个军营。陈武宽厚仁慈，慷慨施与，乡里及远方客居的人都依附他。孙权对他特别亲爱，多次到他的家中。他屡次立功，被提升为偏将军。建安二十年，陈武跟随孙权出击合肥，奋勇战斗而死。孙权哀痛，亲自哭吊，参加他的葬礼。

子修有武风，年十九，权召见奖厉，拜别部司马，授兵五百人。时诸新兵多有逃叛，而修抚循得意，不失一人。权奇之，拜为校尉。建安末，追录功臣后，封修都亭侯，为解烦督。黄龙元年卒。

陈武的儿子陈修有父亲的风度，年纪十九岁，孙权召见并给予褒奖勉励，任命陈修为别部司马，让他带领五百个士兵。当时一些新兵多有叛逃，陈修因安抚引导得当，他带的兵不曾走失一人。孙权对他的才能感到惊异，任命他担任校尉。建安末年，追记功臣的后代，封陈修为都亭侯，担任解烦兵营的都督。陈修在黄龙元年去世。

弟表，字文奥，武庶子也，少知名，与诸葛恪、顾谭、张休等并侍东宫，皆共亲友。尚书暨艳亦与表善，后艳遇罪，时人咸自营护，信厚言薄，表独不然，士以此重之。从太子中庶子，拜翼正都尉。兄修亡后，

陈修的弟弟陈表，字文奥，是陈武的妾所生。陈表年少时就有名声，与诸葛恪、顾谭、张休等人共同侍从太子，四人亲密友好。尚书暨艳也与陈表相好，后来暨艳获罪，当时人们都只保护自己，信誓虽厚却很少替他讲话，唯独陈表不是这样，士人因此看重他。陈表起初担任太子中庶子，后来又被任命为翼正都尉。自从哥哥陈修死后，陈表的母亲不愿意

表母不肯事修母，表谓其母曰："兄不幸早亡，表统家事，当奉嫡母。母若能为表屈情，承顺嫡母者，是至愿也；若母不能，直当出别居耳。"表于大义公正如此。由是二母感寤雍穆。表以父死敌场，求用为将，领兵五百人。表欲得战士之力，倾意接待，士皆爱附，乐为用命。时有盗官物者，疑无难士施明。明素壮悍，收考极毒，惟死无辞，廷尉以闻。权以表能得健儿之心，诏以明付表，使自以意求其情实。表便破械沐浴，易其衣服，厚设酒食，欢以诱之。明乃首服，具列支党。表以状闻。权奇之，欲全其名，特为赦明，诛戮其党。迁表为无难右部督，封都亭侯，以继旧爵。表皆陈让，乞以传修子延，权不许。嘉禾三年，诸葛恪领丹杨太守，讨平山越，以表领新安都尉，与恪参势。初，表所受赐复人得二百家，在会稽新安县。表简视其人，皆堪好兵，乃上疏陈让，乞以还官，充足精锐。诏曰："先将军有功于国，国家以此报之，卿何得辞焉？"表乃称曰："今除国贼，报父之仇，以人为本。空枉此劲锐以为僮仆，非表志也。"皆辄料取以充部伍。所在以闻，权甚嘉之。下郡县，料正户羸民以补其处。表在官三年，广开降纳，得兵万余人。事捷当出，会鄱阳民吴遽等为乱，攻没城

服侍陈修的母亲，陈表便对自己的母亲说："哥哥不幸早死，由我统管家事，应当侍奉嫡母。母亲若能替我委屈自己顺承嫡母的心意，这就是我最大的愿望；假若不能这样做，只好请您出去另外居住了。"陈表对于符合大义的事就是这样公正。因此二位母亲感动醒悟，相处和睦融洽。陈表因为父亲战死在疆场，请求担任武将，带领五百个士兵。陈表想要战士效力，倾心对待他们，士兵都爱戴拥护他，乐意为他效力献身。当时有官物被盗走，人们怀疑是无难兵营的勇士施明所为。施明一向壮实强悍，拘捕后对他的拷打极其残酷，但施明至死也不交代。廷尉将情况报告孙权，孙权因为陈表深得壮士的喜爱，就下诏书命令将施明交给陈表审理，让他依据自己的方法求得实情。陈表便击破刑具让施明洗浴，替他换上衣服，摆上丰厚的酒食，好言规劝诱导。施明这才低头服罪，交代出同伙。陈表将情况报告孙权，孙权感到惊异，想要保全施明的名誉，特地赦免了施明的罪过，诛杀了他的同伙。并提升陈表担任无难兵营的右部督，封他为都亭侯，让他继承陈修的爵位。陈表一一陈辞推让，请求将官职和爵位传给陈修的儿子陈延，孙权不答应。嘉禾三年，诸葛恪担任丹杨太守，征讨平定山越，让陈表出任新安县都尉，与诸葛恪形成参互交合的形势。起初，陈表受赐所得免除赋税的二百户人家，都在会稽郡新安县。陈表检阅、考察那些人，都可以充任好兵，便上疏陈请退回，请求还给官府，补充勇士人数。孙权下诏说："你的父亲有功于国家，国家以此来回报，你怎么能推让呢？"陈表便解释说："现今铲除国贼，替父亲报仇，用人是根本。白白地委屈这些强壮的人充当童仆，不是我陈表的心愿。"便都处理选取充实军队。地方官吏将情况报告孙权，孙权很赞许陈表的这种行为。并下令给郡县，选取正户疲弱的人补充他的童仆。陈表出任官职三年，大量招降纳取，募集士兵一万多人。事情办好正当离任时，恰逢鄱阳郡吴遽等人作乱，攻陷城郭，所属各县都震动不安，陈

郭，属县摇动，表便越界赴讨，遽以破败，遂降。陆逊拜表偏将军，进封都乡侯，北屯章阬。年三十四卒。家财尽于养士，死之日，妻子露立，太子登为起屋宅。子敖年十七，拜别部司马，授兵四百人。敖卒，修子延复为司马代敖。延弟永，将军，封侯。始施明感表，自变行为善，遂成健将，致位将军。

表便越过郡界前往征讨，吴遽因此被击败，终于投降。陆逊举拔陈表为偏将军，晋封他为都乡侯，带兵北驻章阬。陈表三十四岁时死去。他的家财全部用作供养士兵，直到他死去的那天，妻子儿女连住处都没有，太子孙登替他家建起房屋。陈表的儿子陈敖十七岁，被任命为别部司马，授予四百名士兵。陈敖死后，陈修的儿子陈延替代陈敖任司马官。陈延的弟弟陈永，担任将军，封侯爵。当初施明感谢陈表，自觉地端正品行，改恶从善，终于成为健将，进位做了将军。

董袭字元代，会稽余姚人，长八尺，武力过人。[10]孙策入郡，袭迎于高迁亭，策见而伟之，到署门下贼曹。时山阴宿贼黄龙罗、周勃聚党数千人，策自出讨，袭身斩罗、勃首，还拜别部司马，授兵数千，迁扬武都尉。从策攻皖，又讨刘勋于寻阳，伐黄祖于江夏。

董袭字元代，是会稽郡余姚县人，身长八尺，武力超过常人。孙策进入会稽郡，董袭在高迁亭迎接，孙策见他身材魁伟，便委派他担任门下贼曹。当时山阴县贯贼黄龙罗、周勃聚集党徒几千人，孙策亲自出讨，董袭亲手砍下黄龙罗、周勃的头，回郡后被任命为别部司马，交给他几千个士兵，又提升他为扬武都尉。董袭跟随孙策进攻皖县，又到寻阳征讨刘勋，到江夏攻打黄祖。

策薨，权年少，初统事，太妃忧之，引见张昭及袭等，问江东可保安否，袭对曰："江东地势，有山川之固，而讨逆明府，恩德在民。讨虏承基，大小用命，张昭秉众事，袭等为爪牙，此地利人和之时也，万无所忧。"众皆壮其言。

孙策死后，孙权年轻，刚刚统理大事，太妃感到担心，便引见张昭及董袭等人，询问江东能否保持安全，董袭回答说："江东的地理形势有险固的山河，而讨逆将军（指孙策）又是贤明太守，在百姓中广有恩德，讨虏将军（指孙权）继承基业，大小官员都听命效力，张昭执掌各项事务，我等为战将，这正是地利人和都具备的时候，绝没有值得太妃担心忧虑的事。"大家都认为他说得实在、有气魄。

鄱阳贼彭虎等众数万人，袭与凌统、步骘、蒋钦各别分讨。袭所向辄破，虎等望见旌旗，便散走，旬日尽平，拜威越校尉，迁偏将军。

鄱阳贼寇彭虎等人聚集了几万人，董袭与凌统、步骘、蒋钦等将领分别率军征讨。董袭所到的地方即被攻破，彭虎等人望见董袭军队的旌旗，便四散逃走，十天就全部平定，董袭被授予威越校尉，提升为偏将军。

建安十三年，权讨黄祖。祖横两蒙冲挟守沔口，以栟闾大绁系石为矴，上有千人，以弩交射，飞矢雨下，军不得前。

建安十三年，孙权征讨黄祖。黄祖将两艘蒙冲战船横摆在汉水入江处，扼守住夏口，用棕榈大绳系在石上做系船的石礅，将船拴住，蒙冲战舰上有弓弩手千人，交互发射，飞箭如雨，阻挡住前进的军

袭与凌统俱为前部，各将敢死百人，人被两铠，乘大舸船，突入蒙冲里。袭身以刀断两绁，蒙冲乃横流，大兵遂进。祖便开门走，兵追斩之。明日大会，权举觞属袭曰："今日之会，断绁之功也。"

队。董袭与凌统担任前部先锋，各带敢死勇士一百人，每人穿两副铠甲，乘上大船，冲入蒙冲战舰。董袭亲自用刀砍断两根大绳，蒙冲战舰于是横着漂流，大军就顺利前进。黄祖打开城门逃跑，被追兵杀死。第二天大会祝捷，孙权举起酒杯向董袭祝酒说："今天的庆功会，是断绳的功劳啊！"

曹公出濡须，袭从权赴之，使袭督五楼船住濡须口。夜卒暴风，五楼船倾覆，左右散走舸，乞使袭出。袭怒曰："受将军任，在此备贼，何等委去也，敢复言此者斩！"于是莫敢干。其夜船败，袭死。权改服临殡，供给甚厚。

曹操出兵濡须，董袭跟随孙权前往迎战，孙权派董袭统领五艘楼船屯驻在濡须口。夜间突然刮起暴风，五艘楼船倾斜翻倒，身旁的士兵放下快艇，请求董袭撤离楼船。董袭发怒说："接受将军的重任，在这里防备贼寇，怎么能丢弃楼船离开职位呢？敢再说这话的处死刑！"于是没有谁敢请求了。这天夜里楼船毁坏，董袭殉职。孙权改穿丧服参加葬礼，供给他家的资财很丰厚。

甘宁字兴霸，巴郡临江人也。[11]少有气力，好游侠，招合轻薄少年，为之渠帅；群聚相随，挟持弓弩，负毦带铃，民闻铃声，即知是宁。[12]人与相逢，及属城长吏，接待隆厚者乃与交欢；不尔，即放所将夺其资货，于长吏界中有所贼害，作其发负，至二十余年。止不攻劫，颇读诸子，乃往依刘表，因居南阳，不见进用，后转托黄祖，祖又以凡人畜之。[13]

甘宁字兴霸，是巴郡临江县人。年轻时有气力，喜爱游侠行为，集合一班轻薄子弟，做他们的首领；常成发群结队地聚在一起，携带着弓箭，背插羽毛，身带响铃，老百姓听到铃声，就知道是甘宁。别人与他交往，乃至所属县城的长官，接待周到就与他们交友欢聚，否则，就放任所带领的人夺取他的资财，对于县中的长官有所伤害，使他们因废职而获罪，长达二十多年。后来甘宁不再攻打抢劫，读了一些诸子百家的著作，就前往依附刘表，因而居住在南阳，可是不被提拔任用，后来转而投靠黄祖，黄祖又以普通人来对待他。

于是归吴。周瑜、吕蒙皆共荐达，孙权加异，同于旧臣。宁陈计曰："今汉祚日微，曹操弥憍，终为篡盗。南荆之地，山陵形便，江川流通，诚是国之西势也。宁已观刘表，虑既不远，儿子又劣，非能承业传基者也。至尊当早规之，不可后操。图之之计，宜先取黄祖。祖

于是他投奔东吴。周瑜、吕蒙共同举荐甘宁，孙权给以优待，如同故旧老臣。甘宁向孙权献计说："如今汉朝国运一天天衰败，曹操更加骄横，终将篡夺帝位。南方荆州之地，山陵地势便利，江河通畅，真是吴国西边的好地势。我观察刘表，既无远谋，儿子更加无能，不是能传承基业的人。您应当及早谋取荆州，不可落在曹操的后面。谋取荆州的办法，以先攻打黄祖为宜。黄祖如今昏聩老悖到了极点，钱

今年老，昏耄已甚，财谷并乏，左右欺弄，务于货利，侵求吏士，吏士心怨，舟船战具，顿废不修，怠于耕农，军无法伍。至尊今往，其破可必。一破祖军，鼓行而西，西据楚关，大势弥广，即可渐规巴蜀。”权深纳之。张昭时在坐，难曰：“吴下业业，若军果行，恐必致乱。”宁谓昭曰：“国家以萧何之任付君，君居守而忧乱，奚以希慕古人乎？”权举酒属宁曰：“兴霸，今年行讨，如此酒矣，决以付卿。卿但当勉建方略，令必克祖，则卿之功，何嫌张长史之言乎。”权遂西，果禽祖，尽获其士众。遂授宁兵，屯当口。⑭

粮都缺，左右欺诈弄权，贪于财货，侵夺官吏士众，吏士心怀怨恨，战具船只，毁损不修，农耕松弛，军无法规。您如今带军前往，必可获胜。一旦击败黄祖的军队，再大张旗鼓地向西挺进，西面据有楚关，声势更广，便可逐渐谋取巴蜀。”孙权深表赞同并采纳了他的谋划。张昭当时在座，责难说：“吴国目前情势危惧，若大军果真出征，必将导致祸乱。”甘宁对张昭说：“国家将萧何那样的重任交给您，您居守都城却担心祸乱，用什么来说明您是仰慕古人的呢？”孙权举酒嘱托甘宁说：“兴霸，今年实行征讨，如同这杯酒，决定交给你。你只管努力筹划谋略，使我们必定战胜黄祖，就是你的功劳，何必不满意张长史所说的话呢！”孙权于是向西进军，果真拿下黄祖，得到了他的全部军众。当即授给甘宁一支军队屯驻当口。

后随周瑜拒破曹公于乌林。攻曹仁于南郡，未拔，宁建计先径进取夷陵，往即得其城，因入守之。时手下有数百兵，并所新得，仅满千人。曹仁乃令五六千人围宁。宁受攻累日，敌设高楼，雨射城中，士众皆惧，惟宁谈笑自若。遣使报瑜，瑜用吕蒙计，帅诸将解围。后随鲁肃镇益阳，拒关羽。羽号有三万人，自择选锐士五千人，投县上流十余里浅濑，云欲夜涉渡。肃与诸将议。宁时有三百兵，乃曰：“可复以五百人益吾，吾往对之，保羽闻吾欬唾，不敢涉水，涉水即是吾禽。”肃便选千兵益宁，宁乃夜往。羽闻之，住不渡，而结柴

后来他随同周瑜在乌林抵抗打败曹操。在南郡进攻曹仁，未获胜，甘宁献计先直进夺取夷陵，他带军前往就夺得夷陵县城，便入城防守。当时甘宁手下只有几百名士兵，加上新得到的，仅够千人。曹仁于是命令五六千人包围甘宁。甘宁连日受攻，敌人设置高楼，飞箭像雨一般射向城中，士兵都害怕，唯独甘宁谈笑自如。他派遣使者报告周瑜，周瑜采用吕蒙的计策，统率各将来解围。甘宁后来随同鲁肃镇守益阳，抵抗关羽的进攻。关羽号称有三万兵力，并亲自选择精锐士兵五千人，奔向益阳县上游十多里的浅滩处，声言要夜晚渡河。鲁肃与将领们商议。甘宁当时只带有三百名士兵，便说：“可再给我增加五百人，让我前去对付他，保证关羽听到我军的咳唾声就不敢渡河，渡河就会被我军捉拿。”鲁肃便挑选了一千名士兵给甘宁，甘宁连夜前往。关羽得知，就停止军队渡河，扎下营寨，如今就给这地方取名

营，今遂名此处为关羽濑。权嘉宁功，拜西陵太守，领阳新、下雉两县。

叫关羽濑。孙权嘉奖甘宁的功劳，任命他担任西陵太守，兼管阳新、下雉两县。

后从攻皖，为升城督。宁手持练，身缘城，为吏士先，卒破获朱光。计功，吕蒙为最，宁次之，拜折冲将军。

后来跟从孙权进攻皖县，担任登城统帅，甘宁手持白练，攀登城墙，做士兵的先导，终于破城抓获朱光。统计功劳时，吕蒙最多，其次是甘宁，便任命他为折冲将军。

后曹公出濡须，宁为前部督，受敕出斫敌前营。权特赐米酒众殽，宁乃料赐手下百余人食。食毕，宁先以银碗酌酒，自饮两碗，乃酌与其都督。都督伏，不肯时持。宁引白削置膝上，呵谓之曰："卿见知于至尊，孰与甘宁？甘宁尚不惜死，卿何以独惜死乎？"都督见宁色厉，即起拜持酒，通酌兵各一银碗。至二更时，衔枚出斫敌。敌惊动，遂退。宁益贵重，增兵二千人。⑮

后来曹操出兵濡须，甘宁担任前部统领，接受命令出击砍杀敌人的前部营寨。孙权特地赏赐了丰盛的米酒菜肴，甘宁便分赐给手下一百多人吃。吃完后，甘宁先用银碗斟酒，自己喝了两碗才斟酒给他帐下的都督。都督伏下身子，不肯立即接酒碗。甘宁抽出雪亮的刀放在膝上，呵叱都督说："你受主上的信任和我比起来，怎么样？我尚且不惜性命，你为什么偏偏就怕死呢？"都督见甘宁满脸怒气，立即起身行礼端起酒碗，并给全体士兵各斟一碗。到二更时，全体士兵口衔竹枚出击杀敌。敌人惊动，于是撤退。甘宁因此越发受人敬重，又增加二千士兵。

宁虽粗猛好杀，然开爽有计略，轻财敬士，能厚养健儿，健儿亦乐为用命。建安二十年，从攻合肥，会疫疾，军旅皆已引出，唯车下虎士千余人，并吕蒙、蒋钦、凌统及宁，从权逍遥津北。张辽觇望知之，即将步骑奄至。宁引弓射敌，与统等死战。宁厉声问鼓吹何以不作，壮气毅然，权尤嘉之。⑯

甘宁虽然粗猛好斗，然而开朗爽快有谋略，尊敬士人，不重钱财，能优待壮士，壮士也乐意替他出力效命。建安二十年，随同孙权进攻合肥，恰逢疾病流行，军队都已撤退，只剩下车下勇士千余人，连同吕蒙、蒋钦、凌统及甘宁，随从孙权还在逍遥津北面。张辽通过侦察得知这一情况，立即带领步兵骑兵突然赶来。甘宁张弓射敌，与凌统等将领拼死战斗。甘宁厉声喝问为什么不击鼓助战，豪壮气概鲜明地表现出来，孙权尤为赞许。

宁厨下儿曾有过，走投吕蒙。蒙恐宁杀之，故不即还。后宁赍礼礼蒙母，临当与升堂，乃出厨下儿还宁。宁许蒙不杀。斯须还船，缚置桑树，自挽弓射杀之。毕，敕船人更增舸

甘宁家的小厨子曾有过错，逃跑投奔吕蒙。吕蒙担心甘宁杀他，有意不立即送回。过后甘宁带着礼物来看望吕蒙的母亲，正当进入内室拜见吕蒙母亲的时候，吕蒙才将小厨子带出来送还给甘宁。甘宁答应吕蒙不杀他。一会儿回到船上，甘宁将小厨子捆绑在桑树上，亲自张弓将他射死。结束后，甘宁

缆，解衣卧船中。蒙大怒，击鼓会兵，欲就船攻宁。宁闻之，故卧不起。蒙母徒跣出谏蒙曰："至尊待汝如骨肉，属汝以大事，何有以私怒而欲攻杀甘宁？宁死之日，纵至尊不问，汝是为臣下非法。"蒙素至孝，闻母言，即豁然意释，自至宁船，笑呼之曰："兴霸，老母待卿食，急上！"宁涕泣歔欷曰："负卿。"与蒙俱还见母，欢宴竟日。

命令船夫再增加缆索，便解开衣服睡在船中。吕蒙大怒，击鼓召集士兵，想要靠近船攻打甘宁。甘宁得知这种情况，故意睡在船上不起身。吕蒙的母亲赤脚跑出来劝吕蒙说："国君对你如同骨肉，将大事托付给你，你怎么能凭着私怨就要攻杀甘宁？甘宁被杀，即使国君不追查，你作为臣下这样做也是非法的。"吕蒙一向最孝顺，听了母亲的话就豁然开朗，怒气顿时消失，亲自到甘宁船边，笑着喊甘宁说："兴霸，老母等你吃饭，快上来!"甘宁痛哭流涕地感叹说："我对不起你。"便与吕蒙一同回来见他母亲，欢宴了一整天。

宁卒，权痛惜之。子瓌，以罪徙会稽，无几死。

甘宁死，孙权感到悲痛惋惜。甘宁的儿子甘瓌，因犯罪被流放到会稽，没多久就死了。

凌统字公绩，吴郡余杭人也。父操，轻侠有胆气，孙策初兴，每从征伐，常冠军履锋。守永平长，平治山越，奸猾敛手，迁破贼校尉。及权统事，从讨江夏。入夏口，先登，破其前锋，轻舟独进，中流矢死。

凌统字公绩，是吴郡余杭县人。父亲凌操，轻生任侠，有胆量气魄，孙策起兵时，常随从征伐，每每行军走在前，充当先锋。代理永平县长，平定治理山越，奸猾之徒因而缩手，凌操被提升为破贼校尉。等到孙权统领军队，凌操便随从征讨江夏。进入夏口，凌操冲在最前面，打败敌军的前锋。乘轻舟领先前进，被飞箭射死。

统年十五，左右多称述者，权亦以操死国事，拜统别部司马，行破贼都尉，使摄父兵。后从击山贼，权破保屯先还，余麻屯万人，统与督张异等留攻围之，克日当攻。先期，统与督陈勤会饮酒，勤刚勇任气，因督祭酒，陵轹一坐，举罚不以其道。统疾其侮慢，面折不为用。勤怒詈统，及其父操，统流涕不答，众因罢出。勤乘酒凶悖，又于道路辱统。统不忍，引刀斫勤，数日乃死。及当攻屯，统曰："非死无以谢罪。"乃率厉士卒，身当矢石，所攻

凌统十五岁时，左右多有称赞他的，孙权也因为凌操为国牺牲，任命凌统为别部司马，兼破贼都尉，让他统领父亲凌操的士兵。后来他随从孙权平讨山贼。孙权击败保屯的山贼后先回城，剩下麻屯万人，由凌统与都督张异等人留下围攻，并约定好日期进攻。在此之前，凌统与都督陈勤聚会饮酒，陈勤刚勇任性，借主掌酒会，欺凌满座，举酒罚酒都不按规矩。凌统痛恨他轻侮傲慢，当面指责他的过错不被采纳。陈勤怒骂凌统并连及凌统的父亲凌操，凌统流着泪不做声，众人因此罢席。陈勤乘着酒性横蛮不讲理，又在路上侮辱凌统。凌统忍受不了，拔刀砍陈勤，几天后陈勤便死去。等到应当攻击的那天，凌统说："不拼死作战无从赎罪。"便率领勉励士兵，亲自冒着飞箭礌石出击，所进攻的一面，即时被

一面，应时披坏，诸将乘胜，遂大破之。还，自拘于军正。权壮其果毅，使得以功赎罪。

攻破，各将领乘胜进攻，终于大获全胜。回军后，凌统便捆绑自己到军中执法官那里自首。孙权钦佩他果敢坚毅，让他能够将功赎罪。

后权复征江夏，统为前锋，与所厚健儿数十人共乘一船，常去大兵数十里。行入右江，斩黄祖将张硕，尽获船人。还以白权，引军兼道，水陆并集。时吕蒙败其水军，而统先搏其城，于是大获。权以统为承烈都尉，与周瑜等拒破曹公于乌林，遂攻曹仁，迁为校尉。虽在军旅，亲贤接士，轻财重义，有国士之风。

后来孙权再次征讨江夏，凌统担任先锋，与他所厚待的壮士几十人同乘一条船，常在大军前面几十里。进入右江，斩杀了黄祖的将领张硕，敌船上的人全被俘获。返回报告孙权，带领军队加速行进，水陆两军同时进发。当时吕蒙打败了黄祖的水军，而凌统先攻取江夏郡城，终于大获全胜。孙权任命凌统为承烈都尉，与周瑜等人在乌林抵抗并打败曹操，于是进攻曹仁，被提升为校尉。虽在军旅之中，凌统也能亲近接纳贤士，轻钱财，重道义，有国士的风度。

又从破皖，拜荡寇中郎将，领沛相。与吕蒙等西取三郡，反自益阳，从往合肥，为右部督。时权徹军，前部已发，魏将张辽等奄至津北。权使追还前兵，兵去已远，势不相及，统率亲近三百人陷围，扶捍权出。敌已毁桥，桥之属者两版，权策马驱驰，统复还战，左右尽死，身亦被创，所杀数十人，度权已免，乃还。桥败路绝，统被甲潜行。权既御船，见之惊喜。统痛亲近无反者，悲不自胜。权引袂拭之，谓曰："公绩，亡者已矣，苟使卿在，何患无人？"[17]拜偏将军，倍给本兵。

凌统又随从孙权攻破皖县，被授任为荡寇中郎将，又兼任沛王国行政长官。与吕蒙等将领往西攻取长沙、零陵、桂阳三郡，自益阳返回后，随从孙权攻取合肥，担任右部督。当时孙权撤军，先头部队已经出发，魏将张辽等人突然带军到达逍遥津北面。孙权派人想要追回先头部队，可是军队已离开很远，势难相救，凌统带领三百名亲近士兵冲破包围，扶持保卫孙权突围。敌军已将桥毁坏，桥上只连着两块木板，孙权鞭马急驶，凌统返回再战，左右的士兵都已战死，凌统自己也受伤，被凌统斩杀的有几十人，推测孙权已经脱险，这才转身。桥断路绝，凌统披着铠甲潜入水中行进。孙权已乘船，看见凌统又惊又喜。凌统心痛亲近的士兵没有一个返回，悲痛得控制不住自己。孙权用衣袖替他擦眼泪，对他说："公绩，死的已经死了，只要你还活着，怎么担心没有人？"便任命凌统为偏将军，加倍补充他的兵力。

时有荐同郡盛暹于权者，以为梗概大节，有过于统，权曰："且令如统足矣。"后召暹夜至，时统已卧，闻之，摄衣出门，执其手以入。其爱善不害如此。

当时有人向孙权举荐凌统的同郡人盛暹，认为盛暹的气概节操，超过凌统。孙权说："只要他像凌统那样就足够了。"后来孙权晚上召见盛暹，当时凌统已睡，知道了这事，便穿好衣服出门迎接，牵着盛暹的手进入，凌统爱贤不嫉妒就是这样。

统以山中人尚多壮悍，可以威恩诱也，权令东占且讨之，命敕属城，凡统所求，皆先给后闻。统素爱士，士亦慕焉。得精兵万余人，过本县，步入寺门，见长吏怀三版，恭敬尽礼，亲旧故人，恩意益隆。事毕当出，会病卒，时年四十九。权闻之，拊床起坐，哀不能自止，数日减膳，言及流涕，使张承为作铭诔。

凌统认为山里人大多强壮勇悍，可以采用威恩并用的方法来诱导，孙权命令凌统到东部各县去招募乃至征讨，又命令所属各城，凡是凌统所要求的，都先供给然后报告。凌统一向爱护士兵，士兵也仰慕他。招募得到精壮士兵一万多人，经过家乡余杭县时，步行入官府，见了县吏执版三拜，态度恭敬，礼节周到，对待亲戚故旧，恩情更加隆重。办事完毕，正当离开本县时，恰逢患病去世，当时年仅四十九岁。孙权得知这一消息，捶床起坐，哀痛不能自止，并连续几天减少膳食，谈到凌统就流下眼泪，并让张承撰写铭诔表示哀悼。

二子烈、封，年各数岁，权内养于宫，爱待与诸子同，宾客进见，呼示之曰："此吾虎子也。"及八九岁，令葛光教之读书，十日一令乘马。追录统功，封烈亭侯，还其故兵。后烈有罪免，封复袭爵领兵。⑱

凌统的儿子凌烈、凌封，都只有几岁，孙权收养在宫中，对他们亲爱如同自己的孩子，宾客进见时，便叫来给人看，说："这是我的虎子。"到了八九岁时，便派葛光教他们读书，十天让他们骑一次马，追记凌统的功劳，封凌烈为亭侯，交还凌统曾带过的那些士兵。后来凌烈因犯罪被免除爵位，凌封又承继爵位带兵。

徐盛字文向，琅邪莒人也。遭乱，客居吴，以勇气闻。孙权统事，以为别部司马，授兵五百人，守柴桑长，拒黄祖。祖子射，尝率数千人下攻盛。盛时吏士不满二百，与相拒击，伤射吏士千余人。已乃开门出战，大破之。射遂绝迹不复为寇。权以为校尉、芜湖令。复讨临城南阿山贼有功，徙中郎将，督校兵。

徐盛字文向，是琅玡郡莒县人。遭逢社会动乱，客居在吴县，因为勇气闻名。孙权统理国事，任命他为别部司马，交给他五百名士兵，让他兼任柴桑县长，抵御黄祖。黄祖的儿子黄射，曾带领几千人攻打徐盛。徐盛当时的将士还不足二百人，与敌军相对抗，射伤黄射的士兵一千多人，然后才开城出战，把黄射打得大败。黄射从此不敢再侵犯。孙权委任徐盛为校尉、芜湖县令。又因为征讨临城县南山山贼有功，被调任为中郎将，统领营兵。

曹公出濡须，从权御之。魏尝大出横江，盛与诸将俱赴讨。时乘蒙冲，遇迅风，船落敌岸下，诸将恐惧，未有出者，盛独将兵，上突斫敌，敌披退走，有所伤杀，风止便还，权大壮之。

曹操进攻濡须，徐盛随孙权前往抵御。魏军曾大举进攻横江，徐盛与各将领一同前往征讨。当时乘坐蒙冲战舰，碰上急风，船落入敌军岸下，各将领害怕，不敢出战，只有徐盛带领士兵，上岸冲突砍杀敌人，敌军溃败逃走，有所死伤，风停后徐盛带军返回，孙权很赞赏他的勇敢豪壮。

及权为魏称藩，魏使邢贞拜权为吴王。权出都亭候贞，贞有骄色，张昭既怒，而盛忿愤，顾谓同列曰："盛等不能奋身出命，为国家并许洛，吞巴蜀，而令吾君与贞盟，不亦辱乎！"因涕泣横流。贞闻之，谓其旅曰："江东将相如此，非久下人者也。"

等到孙权向魏国称藩，魏国派使者邢贞册封孙权为吴王。孙权出都亭迎候邢贞，邢贞面带骄傲的神气，张昭已经愤怒，徐盛也愤愤不平，回头对同僚说："徐盛等人不能舍身拼命，为国家兼并许昌、洛阳，吞灭巴蜀，却让国君与邢贞盟誓，能不感到耻辱吗？"因而涕泪横流。邢贞知道了这种情况，对他的随行人员说："江东将相如此，是不会久居人下的。"

后迁建武将军，封都亭侯，领庐江太守，赐临城县为奉邑。刘备次西陵，盛攻取诸屯，所向有功。曹休出洞口，盛与吕范、全琮渡江拒守。遭大风，船人多丧，盛收余兵，与休夹江。休使兵将就船攻盛，盛以少御多，敌不能克，各引军退。迁安东将军，封芜湖侯。

后来徐盛被提升为建武将军，封为都亭侯，兼任庐江太守，赐给临城县作为奉邑。刘备驻军西陵，徐盛攻取各营寨，军队所到之处都立下战功。曹休进军洞口，徐盛与吕范、全琮渡江防守抵抗。碰上大风，人船损失很多，徐盛收集余兵，与曹休隔江对峙。曹休派兵将靠近船只攻打徐盛，徐盛以少抗多，敌军不能取胜，各自引军撤退。徐盛被提升为安东将军，封为芜湖侯。

后魏文帝大出，有渡江之志，盛建计从建业筑围，作薄落，围上设假楼，江中浮船。诸将以为无益，盛不听，固立之。文帝到广陵，望围愕然，弥漫数百里，而江水盛长，便引军退。诸将乃伏。[19]

后来魏文帝大举出兵，有渡江的意图，徐盛献计从建业筑营垒，设置藩篱，营垒上造假楼，江中浮动船只。各将领都认为没有用，徐盛不听，坚决设置营垒藩篱。魏文帝到达广陵，望见营垒藩篱感到惊愕，营垒藩篱弥漫几百里，当时江水大涨，魏国便引军撤退，各将领这才心服。

黄武中卒。子楷，袭爵领兵。

徐盛在孙权黄武年间去世。他的儿子徐楷继承封爵统领士兵。

潘璋字文珪，东郡发干人也。孙权为阳羡长，始往随权。性博荡嗜酒，居贫，好赊酤，债家至门，辄言后豪富相还。权奇爱之，因使召募，得百余人，遂以为将。讨山贼有功，署别部司马。后为吴大市刺奸，盗贼断绝，由是知名，迁豫章西安长。刘表在荆州，民数被寇，

潘璋字文珪，是东郡发干县人。孙权担任阳羡县长时，他才前往随从孙权。潘璋性格浮夸放荡、喜爱喝酒，家贫，喜欢赊账买酒，债主到门讨账时，就说以后大富了再还给他们。孙权特别喜爱他，因而让他去招募士兵，得到一百多人，就用他做将。讨伐山贼有功，任命他担任别部司马。后来替吴郡大市惩治坏人，盗贼绝迹，因此闻名，被提升为豫章郡西安县长。刘表任荆州刺史，百姓多次被贼寇侵犯，自

自璋在事，寇不入境。比县建昌起为贼乱，转领建昌，加武猛校尉，讨治恶民，旬月尽平，召合遗散，得八百人，将还建业。

潘璋担任西安县长，贼寇不敢入境。邻县建昌发生贼乱，就转为建昌县长，加任武猛校尉。讨伐惩治恶人，一个月内就能全部平定。他召集遗散的人，得到八百人，带回建业。

合肥之役，张辽奄至，诸将不备，陈武斗死，宋谦、徐盛皆披走，璋身次在后，便驰进，横马斩谦、盛兵走者二人，兵皆还战。权甚壮之，拜偏将军，遂领百校，屯半州。

合肥战役时，张辽突然到达，各将领没有防备，陈武战死，宋谦、徐盛都败走，潘璋随从在后，便奔驰急进，横马斩杀宋谦、徐盛军中败走的士兵二人，士兵都返回作战。孙权称赞潘璋勇壮，委任他为偏将军，统领各校尉，驻军在半州。

权征关羽，璋与朱然断羽走道，到临沮，住夹石。璋部下司马马忠禽羽，并羽子平、都督赵累等。权即分宜都巫、秭归二县为固陵郡，拜璋为太守、振威将军，封溧阳侯。甘宁卒，又并其军。刘备出夷陵，璋与陆逊并力拒之，璋部下斩备护军冯习等，所杀伤甚众，拜平北将军、襄阳太守。

孙权进攻关羽，潘璋与朱然截断关羽的退路，到临沮县，驻军在夹石。潘璋部下的司马马忠活捉关羽及关羽的儿子关平与都督赵累等人。孙权随即分宜都郡巫县、秭归二县设置固陵郡，任命潘璋为太守、振威将军，封潘璋为溧阳侯。甘宁死后，又合并甘宁的兵力，归潘璋统领。刘备出兵夷陵，潘璋与陆逊协同抵抗，潘璋部下斩杀刘备的护军冯习等人，蜀军死伤很多，潘璋被任命为平北将军、襄阳太守。

魏将夏侯尚等围南郡，分前部三万人作浮桥，渡百里洲上，诸葛瑾、杨粲并会兵赴救，未知所出，而魏兵日渡不绝。璋曰："魏势始盛，江水又浅，未可与战。"便将所领，到魏上流五十里，伐苇数百万束，缚作大筏，欲顺流放火，烧败浮桥。作筏适毕，伺水长当下，尚便引退。璋下备陆口。权称尊号，拜右将军。

魏将夏侯尚等人围攻南郡，分先头部队三万人设置浮桥，渡到百里洲上，诸葛瑾、杨粲同时集合兵力前往救援，不知道从哪里出击，可是魏军每日过渡不停。潘璋说："魏军气势正旺，江水又浅，不可同他们作战。"便带领所属的士兵到魏军上游五十里处，砍伐芦苇几百万捆，绑成大筏，想要顺水放火，烧毁浮桥。造筏刚结束，等待水涨当放下时，夏侯尚便引军撤退。潘璋顺江而下防守陆口。孙权称帝，任命潘璋为右将军。

璋为人粗猛，禁令肃然，好立功业，所领兵马不过数千，而其所在常如万人。征伐止顿，便立军市，他军所无，皆

潘璋为人粗猛，禁令严肃，好建功立业，所领的兵马不过几千，而他所在的地方好像常有上万兵力。潘璋征伐停止时便设立军中集市，其他军队所没有的物资，都依靠他的军市得到供给。然而潘璋

仰取足。然性奢泰，末年弥甚，服物僭拟。吏兵富者，或杀取其财物，数不奉法。监司举奏，权惜其功而辄原不问。嘉禾三年卒。子平，以无行徙会稽。璋妻居建业，赐田宅，复客五十家。

习性奢侈，晚年更厉害，服用物品都超越了自己的本分。官吏士兵中富足的，有的便被他杀死，财物被他夺走，他多次不遵守法规。监察官员将他的违法行为举报上奏，孙权怜惜他的功劳，总是原谅不予追究。嘉禾三年潘璋去世。他的儿子潘平，因为品行不端被流放到会稽。潘璋的妻子居住在建业，赐给田宅，免除赋役五十家。

丁奉字承渊，庐江安丰人也。少以骁勇为小将，属甘宁、陆逊、潘璋等。数随征伐，战斗常冠军。每斩将搴旗，身被创夷。稍迁偏将军。孙亮即位，为冠军将军，封都亭侯。

丁奉字承渊，是庐江郡安丰县人。年轻时因骁健勇猛而担任小将，隶属于甘宁、陆逊、潘璋等将领。多次随同征伐，战斗中常冲锋在前。往往斩杀敌将拔取军旗，身负创伤。逐步被提升为偏将军。孙亮即位，被任命为冠军将军，封为都亭侯。

魏遣诸葛诞、胡遵等攻东兴，诸葛恪率军拒之。诸将皆曰："敌闻太傅自来，上岸必遁走。"奉独曰："不然。彼动其境内，悉许、洛兵大举而来，必有成规，岂虚还哉？无恃敌之不至，恃吾有以胜之。"及恪上岸，奉与将军唐咨、吕据、留赞等，俱从山西上。奉曰："今诸军行迟，若敌据便地，则难与争锋矣。"乃辟诸军使下道，帅麾下三千人径进。时北风，奉举帆二日至，遂据徐塘。天寒雪，敌诸将置酒高会，奉见其前部兵少，相谓曰："取封侯爵赏，正在今日！"乃使兵解铠著胄，持短兵。敌人从而笑焉，不为设备。奉纵兵斫之，大破敌前屯。会据等至，魏军遂溃。迁灭寇将军，进封都乡侯。

魏国派遣诸葛诞、胡遵等将领进攻东兴，诸葛恪带领军队进行抵抗。各位将领都说："敌人听说太傅(指诸葛恪)亲自带军前来，我军上岸后他们必定逃走。"唯独丁奉说："不是这样。他们动员国内，竭尽许昌、洛阳的兵力大举进攻，必定有预定的军事目标，怎么会空手撤军呢？不要依赖敌军不到，要靠自己有办法战胜他们。"等到诸葛恪上岸，丁奉与唐咨、吕据、留赞等将军，都从山的西面向上游行进。丁奉说："如今各军挤在一起行动迟缓，若敌军占据有利地势，就难同他们交战了。"于是分派诸军使一一让开船道，自己率部下三千人径直前去。当时正遇北风，丁奉挂起风帆两天到达，便占据徐塘。天寒下雪，敌军将领正摆酒高会，丁奉见敌军前部兵力少，对部下说："取爵位封侯得奖赏，就在今天。"便命令士兵脱下铠甲戴上头盔，手持刀剑。敌军放肆笑闹，不曾防备。丁奉放纵士兵砍杀，大破敌军前营。恰好吕据等人到达，魏军于是溃败。丁奉被提升为灭寇将军，晋封为都乡侯。

魏将文钦来降，以奉为虎威将军，从孙峻至寿春迎之，与敌追军战于高亭。奉跨马持

魏将文钦前来投降，委派丁奉为虎威将军，随从孙峻到寿春迎接。在高亭与敌人的追兵作战，丁奉跨马持矛，冲入敌阵中，斩杀数百人，缴获了他们

矛，突入其陈中，斩首数百，获其军器。进封安丰侯。

的军器。被晋封为安丰侯。

太平二年，魏大将军诸葛诞据寿春来降，魏人围之。遣朱异、唐咨等往救，复使奉与黎斐解围。奉为先登，屯于黎浆，力战有功，拜左将军。

太平二年，魏大将军诸葛诞占据寿春来投降，魏军将他围困。孙亮派朱异、唐咨等人前往救援，又派丁奉与黎斐前去解围。丁奉最先到达，驻军在黎浆，奋力作战有功，被任命为左将军。

孙休即位，与张布谋，欲诛孙綝，布曰："丁奉虽不能吏书，而计略过人，能断大事。"休召奉告曰："綝秉国威，将行不轨，欲与将军诛之。"奉曰："丞相兄弟友党甚盛，恐人心不同，不可卒制，可因腊会，有陛下兵以诛之也。"休纳其计，因会请綝，奉与张布目左右斩之。迁大将军，加左右都护。永安三年，假节领徐州牧。六年，魏伐蜀，奉率诸军向寿春，为救蜀之势。蜀亡，军还。

孙休即位，与张布谋划，想要诛杀孙綝，张布说："丁奉虽不会文官事务，可是计谋过人，能决断大事。"孙休召见丁奉并告知说："孙綝把持国家权力，将图谋不轨，想要与将军并力诛杀他。"丁奉说："丞相的兄弟友党很多，恐怕人心不齐，不能立刻制服，可利用腊祭聚会，用陛下值宿警卫的士兵杀掉他。"孙休采纳丁奉的计谋，趁腊祭聚会请来孙綝，丁奉与张布用眼睛示意左右的卫士杀死孙綝。丁奉被提升为大将军，并加官左右都护。永安三年，持皇帝的符节兼任徐州军政长官。永安六年，魏军攻打蜀国，丁奉率领各军进攻寿春，形成救蜀的局势。蜀国灭亡后，军队撤回。

休薨，奉与丞相濮阳兴等从万彧之言，共迎立孙晧，迁右大司马左军师。宝鼎三年，晧命奉与诸葛靓攻合肥。奉与晋大将石苞书，构而间之，苞以征还。建衡元年，奉复帅众治徐塘，因攻晋穀阳。穀阳民知之，引去，奉无所获。晧怒，斩奉导军。三年，卒。奉贵而有功，渐以骄矜，或有毁之者，晧追以前出军事，徙奉家于临川。奉弟封，官至后将军，先奉死。

孙休去世，丁奉与丞相濮阳兴等人听从万彧的意见，共同迎立孙晧，丁奉晋升为右大司马左军师。宝鼎三年，孙晧命令丁奉与诸葛靓进攻合肥。丁奉写信给晋国大将石苞，离间并陷害他，石苞被召回。建衡元年，丁奉又率军治理徐塘，趁机攻打晋国穀阳。穀阳民众知道后，退避撤离，丁奉全无收获。孙晧愤怒，斩杀丁奉的军中向导。建衡三年，丁奉死。丁奉因为地位高有功劳，逐渐骄傲，有人诋毁他，孙晧追查以前丁奉出军无收获的事，将丁奉一家流放到临川。丁奉的弟弟丁封，官至后将军，在丁奉之前死亡。

评曰：凡此诸将，皆江表之虎臣，孙氏之所厚待也。以潘璋之不修，权能忘过记功，

评论说：所有这些将领，都是江东的勇猛之臣，是孙氏所优待的。潘璋不修养品德，孙权却能忘记他的过错记取他的功劳，孙权能保有东南，实在是

其保据东南，宜哉！陈表将家支庶，而与胄子名人比翼齐衡，拔萃出类，不亦美乎！

应当的啊！陈表是将门的庶子，却能与太子名人比肩并列，出类拔萃，不也值得赞美吗！

①《吴书》曰：普杀叛者数百人，皆使投火，即日病疠，百余日卒。

②《吴书》曰：故南阳太守黄子廉之后也，枝叶分离，自祖迁于零陵，遂家焉。盖少孤，婴丁凶难，辛苦备尝，然有壮志，虽处贫贱，不自同于凡庸，常以负薪余间，学书疏，讲兵事。

③《吴书》曰：赤壁之役，盖为流矢所中，时寒堕水，为吴军人所得，不知其盖也，置厕床中。盖自强以一声呼韩当，当闻之，曰："此公覆声也。"向之垂涕，解易其衣，遂以得生。

④《吴书》曰：又图画盖形，四时祠祭。

⑤《吴书》曰：当勤苦有功，以军旅陪隶，分于英豪，故爵位不加。终于坚世，为别部司马。

⑥《吴书》曰：综欲叛，恐左右不从，因讽使劫略，示欲饶之，转相放效，为行旅大患。后因诈言被诏，以部曲为寇盗见诘让，云"将吏以下，当并收治"，又言恐罪自及。左右因曰："惟当去耳。"遂共图计，以当葬父，尽呼亲戚姑姊，悉以嫁将吏，所幸婢妾，皆赐与亲近，杀牛饮酒歃血，与共盟誓。

⑦《江表传》曰：权谓钦曰："盛前白卿，卿今举盛，欲慕祁奚邪？"钦对曰："臣闻公举不挟私怨，盛忠而勤强，有胆略器用，好万人督也。今大事未定，臣当助国求才，岂敢挟私恨以蔽贤乎！"权嘉之。

⑧《江表传》曰：权把其臂，因流涕交连，字之曰："幼平，卿为孤兄弟战如熊虎，不惜躯命，被创数十，肤如刻画，孤亦何心不待卿以骨肉之恩，委卿以兵马之重乎！卿吴之功臣，孤当与卿同荣辱，等休戚。幼平意快为之，勿以寒门自退也。"即敕以己常所用御帻青缣盖赐之。坐罢，住驾，使泰以兵马导从出，鸣鼓角作鼓吹。

⑨《江表传》曰：权命以其爱妾殉葬，复客二百家。

孙盛曰：昔三良从穆，秦师以之不征；魏妾既出，杜回以之僵仆。祸福之报，如此之效也。权仗计任术，以生从死，世祚之促，不亦宜乎！

⑩谢承《后汉书》称袭志节慷慨，武毅英烈。

⑪《吴书》曰：宁本南阳人，其先客于巴郡。宁为吏举计掾，补蜀郡丞，顷之，弃官归家。

⑫《吴书》曰：宁轻侠杀人，藏舍亡命，闻于郡中。其出入，步则陈车骑，水则连轻舟，侍从被文绣，所如光道路，住止常以缯锦维舟，去或割弃，以示奢也。

⑬《吴书》曰：宁将僮客八百人就刘表。表儒人，不习军事。时诸英豪各各起兵，宁观表事势，终必无成，恐一朝土崩，并受其祸，欲东入吴。黄祖在夏口，军不得过，乃留依祖，三年，祖不礼之。权讨祖，祖军败奔走，追兵急，宁以善射，将兵在后，射杀校尉凌操。祖既得免，军罢还营，待宁如初。祖都督苏飞数荐宁，祖不用，令人化诱其客，客稍亡。宁欲去，恐不获免，独忧闷不知所出。飞知其意，乃要宁，为之置酒，谓曰："吾荐子者数矣，主不能用。日月逾迈，人生几何，宜自远图，庶遇知己。"宁良久乃曰："虽有其志，未知所由。"飞曰："吾欲白子为邾长，于是去就，孰与临版转丸乎？"宁曰："幸甚。"飞白祖，听宁之县。招怀亡客并义从者，得数百人。

⑭《吴书》曰：初，权破祖，先作两函，欲以盛祖及苏飞首。飞令人告急于宁，宁曰："飞若不言，吾岂忘之？"权为诸将置酒，宁下席叩头，血涕交流，为权言："飞畴昔旧恩，宁不值飞，固已损骸于沟壑，不得致命于麾下。今飞罪当夷戮，特从将军乞其首领。"权感其言，谓曰："今为君致之，若走去何？"宁曰："飞免分裂之祸，受更生之恩，逐之尚必不走，岂当图亡哉！若尔，宁头当代入函。"权乃赦之。

⑮《江表传》曰："曹公出濡须，号步骑四十万，临江饮马。

权率众七万应之，使宁领三千人为前部督。权密敕宁，使夜入魏军。宁乃选手下健儿百余人，径诣曹公营下，使拔鹿角，逾垒入营，斩得数十级。北军惊骇鼓噪，举火如星，宁已还入营，作鼓吹，称万岁。因夜见权，权喜曰："足以惊骇老子否？聊以观卿胆耳。"即赐绢千匹，刀百口。权曰："孟德有张辽，孤有兴霸，足相敌也。"停住月余，北军便退。

⑯《吴书》曰：凌统怨宁杀其父操，宁常备统，不与相见。权亦命统不得仇之。尝于吕蒙舍会，酒酣，统乃以刀舞。宁起曰："宁能双戟舞。"蒙曰："宁虽能，未若蒙之巧也。"因操刀持楯，以身分之。后权知统意，因令宁将兵，遂徙屯于半州。

⑰《吴书》曰：统创甚，权遂留统于舟，尽易其衣服。其创赖得卓氏良药，故得不死。

⑱孙盛曰：观孙权之养士也，倾心竭思，以求其死力，泣周泰之夷，殉陈武之妾，请吕蒙之命，育凌统之孤，卑曲苦志，如此之勤也。是故虽令德无闻，仁泽罔著，而能屈强荆吴，僭拟年岁者，抑有由也。然霸王之道，期于大者远者，是以先王建德义之基，恢信顺之宇，制经略之纲，明贵贱之序，易简而其亲可久，体全而其功可大，岂委璅近务，邀利于当年哉？《语》曰"虽小道，必有可观者焉，致远恐泥"，其是之谓乎！

⑲干宝《晋纪》所云疑城，已注《孙权传》。

《魏氏春秋》云：文帝叹曰："魏虽有武骑千群，无所用也。"

三国志卷五十六　吴书十一

朱治朱然吕范朱桓传第十一

朱治字君理，丹杨故鄣人也。初为县吏，后察孝廉，州辟从事，随孙坚征伐。中平五年，拜司马，从讨长沙、零、桂等三郡贼周朝、苏马等，有功，坚表治行都尉。从破董卓于阳人，入洛阳。表治行督军校尉，特将步骑，东助徐州牧陶谦讨黄巾。

朱治字君理，丹杨郡故鄣县人。起初任县吏，后被举为孝廉，州里征召任从事，随同孙坚征伐。中平五年，担任司马，随从讨伐长沙、零陵、桂阳三郡反贼周朝、苏马等人，立了功，孙坚上表推荐朱治为代理都尉。跟从孙坚在阳人击败董卓，进入洛阳。又上表推荐朱治为代理督军校尉，专门带领步兵、骑兵，往东协助徐州牧陶谦讨伐黄巾。

会坚薨，治扶翼策，依就袁术。后知术政德不立，乃劝策还平江东。时太傅马日磾在寿春，辟治为掾，迁吴郡都尉。是时吴景已在丹杨，而策为术攻庐江，于是刘繇恐为袁、孙所并，遂构嫌隙。而策家门尽在州下，治乃使人于曲阿迎太妃及权兄弟，所以供奉辅护，甚有恩纪。治从钱唐欲进到吴，吴郡太守许贡拒之于由拳，治与战，大破之。贡南就山贼严白虎，治遂入郡，领太守事。策既走刘繇，东定会稽。

恰在此时孙坚去世，朱治扶助孙策，去依靠袁术。后来知道袁术政绩德行不能建立，就劝孙策回来平定江东。那时太傅马日磾在寿春，征召朱治为掾吏，升任吴郡都尉。这期间吴景已经在丹杨，而孙策替袁术进攻庐江，于是刘繇恐怕被袁、孙所吞并，就产生了矛盾。而孙策的家属全在州境之内，朱治就派人到曲阿去迎接太妃和孙权兄弟，对他们的供养和保护帮助，很有恩情。朱治从钱塘想进到吴县，吴郡太守许贡在由拳挡住他，朱治与他作战，大败他。许贡往南投靠山中寇贼严白虎，朱治便进入吴郡，兼任太守职务。孙策赶走刘繇后，向东平定了会稽郡。

权年十五，治举为孝廉。后策薨，治与张昭等共尊奉权。建安七年，权表治为吴郡太守，行扶义将军，割娄、由拳、无锡、毗陵为奉邑，置长吏。征讨夷越，佐定东南，禽截

孙权十五岁时，朱治举荐他为孝廉。后来孙策去世，朱治和张昭等人共同拥戴孙权。建安七年，孙权上表推荐朱治为吴郡太守，代理扶义将军，划分娄县、由拳、无锡、毗陵做他的奉邑，设置官吏。朱治征伐夷越，协助平定东南，截获黄巾余党陈败、万秉

黄巾余类陈败、万秉等。黄武元年，封毗陵侯，领郡如故。二年，拜安国将军，金印紫绶，徙封故鄣。

等人。黄武元年，封为毗陵侯，照旧担任吴郡太守。黄武二年，官拜安国将军，佩带金印紫绶，改封为故鄣侯。

权历位上将，及为吴王，治每进见，权常亲迎，执版交拜，飨宴赠赐，恩敬特隆，至从行吏，皆得奉贽私觌，其见异如此。

孙权历任上将，直到做吴王，朱治每次进见，孙权常常亲自迎接，持手版和他对拜，赐宴赠物，待他的恩情敬意特别隆重。甚至他的随行官吏，都可以带着见面礼私下拜见孙权，他所受的特殊待遇就像这样。

初，权弟翊，性峭急，喜怒快意，治数责数，谕以道义。权从兄豫章太守贲，女为曹公子妇，及曹公破荆州，威震南土，贲畏惧，欲遣子入质。治闻之，求往见贲，为陈安危，[①]贲由此遂止。

起初，孙权的弟弟孙翊，为人严峻性格急躁，喜怒无常只图一时痛快，朱治屡次责备数落他，晓以道义。孙权的堂兄豫章太守孙贲，他的女儿是曹公的儿媳妇，到曹公攻下荆州威震南方时，孙贲畏惧，想要送儿子去做人质。朱治听说了，请求去见孙贲，为他陈述安危的道理，孙贲因此没有那样做。

权常叹治忧勤王事。性俭约，虽在富贵，车服惟供事。权优异之，自令督军御史典属城文书，治领四县租税而已。然公族子弟及吴四姓多出仕郡，郡吏常以千数，治率数年一遣诣王府，所遣数百人，每岁时献御，权答报过厚。是时丹杨深地，颇有奸叛，亦以年向老，思恋土风，自表屯故鄣，镇抚山越。诸父老故人，莫不诣门，治皆引进，与共饮宴，乡党以为荣。在故鄣岁余，还吴。黄武三年卒，在郡三十一年，年六十九。

孙权常常赞叹朱治操劳国事。朱治生性俭朴节约，虽然身在富贵之中，车马服饰只够满足供职需要。孙权特别优待他，自己下令让督军御史管理所属各城的文书，朱治只领有四个县的租税。但是同族子弟和吴国四姓人士大多在郡里任职，郡吏常有上千人。朱治大抵数年一次，派他们进谒王府，所派的有几百人。每当年节时进献礼物，孙权回赠的更加丰厚。这时丹杨边远地区，常有人作奸反叛，朱治也因年岁渐老，思恋故土风情，自己上表请求驻扎故鄣，镇守安抚山越族人。回乡以后，很多父老旧友，无不登门拜访，朱治都请进来，和他们同宴共饮，乡亲们引以为荣。在故鄣一年多，又回到吴县。黄武三年去世，在吴郡三十一年，终年六十九岁。

子才，素为校尉领兵，既嗣父爵，迁偏将军。[②]才弟纪，权以策女妻之，亦以校尉领兵。纪弟纬、万岁，皆早夭。才子琬，袭爵为将，至镇西将军。

儿子朱才，一向以校尉官职带兵，继承父亲的爵位之后，升为偏将军。朱才的弟弟朱纪，孙权把孙策的女儿嫁给他，也以校尉官职带兵。朱纪的弟弟朱纬、朱万岁，都早年夭亡。朱才的儿子朱琬，继承爵位为将领，做到镇西将军。

朱然字义封，治姊子也，本姓施氏。初治未有子，然年十三，乃启策乞以为嗣。策命丹杨郡以羊酒召然，然到吴，策优以礼贺。

然尝与权同学书，结恩爱。至权统事，以然为余姚长，时年十九。后迁山阴令，加折冲校尉，督五县。权奇其能，分丹杨为临川郡，然为太守，③授兵二千人。会山贼盛起，然平讨，旬月而定。曹公出濡须，然备大坞及三关屯，拜偏将军。建安二十四年，从讨关羽，别与潘璋到临沮禽羽，迁昭武将军，封西安乡侯。

虎威将军吕蒙病笃，权问曰："卿如不起，谁可代者？"蒙对曰："朱然胆守有余，愚以为可任。"蒙卒，权假然节，镇江陵。黄武元年，刘备举兵攻宜都，然督五千人与陆逊并力拒备。然别攻破备前锋，断其后道，备遂破走。拜征北将军，封永安侯。

魏遣曹真、夏侯尚、张郃等攻江陵，魏文帝自住宛，为其势援，连屯围城。权遣将军孙盛督万人备州上，立围坞，为然外救。郃渡兵攻盛，盛不能拒，即时却退，郃据州上围守，然中外断绝。权遣潘璋、杨粲等解围而围不解。时然城中兵多肿病，堪战者裁五千人。真等起土山，凿地道，立楼橹临城，弓矢雨注，将士皆失色，

朱然字义封，是朱治姐姐的儿子，本姓施。起初朱治没有儿子，朱然十三岁了，于是朱治禀告孙策请求以朱然作为儿子。孙策命令丹杨郡用羊酒礼品邀请朱然，朱然到了吴县，孙策用丰厚的礼物祝贺他。

朱然曾经和孙权同学，结下友好的感情。到孙权主持大事时，任命朱然为余姚县长，那时他的年龄才十九岁。后来升任山阴县令，加封折冲校尉，督察五个县。孙权赏识他的才能，划分丹杨郡设置临川郡，任命朱然为太守，给予士兵两千人。正逢山贼大起，朱然去讨伐，一个月的时间便平定了。曹公出兵濡须，朱然防守大坞和三关屯，官拜偏将军。建安二十四年，随从孙权征讨关羽，另外和潘璋到临沮生擒了关羽，升任昭武将军，封为西安乡侯。

虎威将军吕蒙病重，孙权问他道："您如果不起，谁可以代替您？"吕蒙答道："朱然胆识操守有余，我以为可以任用。"吕蒙去世，孙权授符节给朱然，镇守江陵。黄武元年，刘备起兵进攻宜都，朱然督率五千人和陆逊合力抵御刘备。朱然另外击败刘备的前锋，切断他们的后路，刘备就败逃了。朱然官拜征北将军，封为永安侯。

魏国派遣曹真、夏侯尚、张郃等人进攻江陵，魏文帝自己驻在宛县，做他们的声援，扎下连营围住城池。孙权派将军孙盛督率一万人到百里洲上防守，设立围坞，作为朱然的外援。张郃带兵渡水进攻孙盛，孙盛抵抗不住，当即撤退，张郃占据洲上形成包围圈，朱然内外断绝。孙权派潘璋、杨粲等人来解围而围困仍然不能解开。这时朱然守城的士兵许多人得了肿病，能够作战的才五千人，曹真等人堆起土山，挖掘地道，靠近城边设立瞭望楼，飞箭像雨一般射下来，将士们都惊恐失色，朱然镇定自若一点

然晏如而无恐意，方厉吏士，伺间隙攻破两屯。魏攻围然凡六月日，未退。江陵令姚泰领兵备城北门，见外兵盛，城中人少，谷食欲尽，因与敌交通，谋为内应。垂发，事觉，然治戮泰。尚等不能克，乃徹攻退还。由是然名震于敌国，改封当阳侯。

也不害怕，正在勉励将士们，乘空隙攻破敌军两座营寨。魏军围攻朱然长达六个月，没有退兵。江陵县令姚泰带兵防守北城门，见外面敌兵声势大，城中人少，粮食也快完了，就和敌人勾结，阴谋做敌人的内应。将要行动时，事情被发觉，朱然惩办处决了姚泰。夏侯尚等人不能取胜，就撤围退兵。因此朱然的名声震动了敌国，改封为当阳侯。

六年，权自率众攻石阳，及至旋师，潘璋断后。夜出错乱，敌追击璋，璋不能禁。然即还住拒敌，使前船得引极远，徐乃后发。黄龙元年，拜车骑将军、右护军，领兖州牧。顷之，以兖州在蜀分，解牧职。

黄武六年，孙权亲自带兵进攻石阳，到收兵回来时，潘璋在后掩护。夜间行军发生混乱，敌军追击潘璋，潘璋抵御不住。朱然就回头堵住敌人，使前面的船队走得好远了，他才在后面慢慢进发。黄龙元年，官拜车骑将军、右护军，担任兖州牧。不久，因为兖州在盟约中分给了蜀国，就解除了州牧职务。

嘉禾三年，权与蜀克期大举，权自向新城，然与全琮各受斧钺，为左右督。会吏士疾病，故未攻而退。

嘉禾三年，孙权和蜀国约定日期大举出兵，孙权自己进军新城，朱然和全琮被授予斧钺，执掌兵权，担任左右督。正碰上将士们患了病，所以没有进攻便退兵了。

赤乌五年，征柤中，[④]魏将蒲忠、胡质各将数千人，忠要遮险隘，图断然后，质为忠继援。时然所督兵将先四出，闻问不暇收合，便将帐下见兵八百人逆掩。忠战不利，质等皆退。[⑤]九年，复征柤中，魏将李兴等闻然深入，率步骑六千断然后道，然夜出逆之，军以胜反。先是，归义马茂怀奸，觉诛，权深忿之。然临行上疏曰："马茂小子，敢负恩养。臣今奉天威，事蒙克捷，欲令所获，震耀远近，方舟塞江，使足可观，以解上下之忿。惟陛下识臣先言，责臣后效。"权时抑表不

赤乌五年，出征柤中，魏将蒲忠、胡质各带数千人，蒲忠占据了险要地方，企图切断朱然的后路，胡质做蒲忠的后援。那时朱然所率的兵将已经向各路出发，得到消息来不及收回集结，便带领营中现有的士兵八百人迎面突袭。蒲忠战事不利，胡质等人都退了。九年，又出征柤中，魏将李兴等人听说朱然率军深入，便带领步兵、骑兵六千人切断朱然的后路，朱然夜间出兵迎敌，得胜而回。在此之前，归顺来的马茂心怀奸谋，事情发觉后被处死，孙权对这事极为恼怒。朱然临行时上疏道："马茂小子，胆敢辜负陛下的恩情和教导。臣现在仰仗天威，战事必能取胜，那时就要让所获的战绩，震动光耀于远近各方，并列的舟船塞满长江，使胜利局面大有可观，以解除朝廷上下的愤怒。敬请陛下记住臣的预言，检验臣今后的效果。"孙权当时压下表章没有公开。

出。然既献捷，群臣上贺，权乃举酒作乐，而出然表曰："此家前初有表，孤以为难必，今果如其言，可谓明于见事也。"遣使拜然为左大司马、右军师。

然长不盈七尺，气候分明，内行修絜，其所文采，惟施军器，余皆质素。终日钦钦，常在战场，临急胆定，尤过绝人，虽世无事，每朝夕严鼓，兵在营者，咸行装就队，以此玩敌，使不知所备，故出辄有功。诸葛瑾子融、步骘子协，虽各袭任，权特复使然总为大督。又陆逊亦卒，功臣名将存者惟然，莫与比隆。寝疾二年，后渐增笃，权昼为减膳，夜为不寐，中使医药口食之物，相望于道。然每遣使表疾病消息，权辄召见，口自问讯，入赐酒食，出送布帛。自创业功臣疾病，权意之所钟，吕蒙、凌统最重，然其次矣。年六十八，赤乌十二年卒，权素服举哀，为之感恸。子绩嗣。

绩字公绪，以父任为郎，后拜建忠都尉。叔父才卒，绩领其兵，随太常潘濬讨五溪，以胆力称。迁偏将军营下督，领盗贼事，持法不倾。鲁王霸注意交绩，尝至其廨，就之坐，欲与结好，绩下地住立，辞而不当。然卒，绩袭业，拜平魏将军，乐乡督。明年，魏征南将军王昶率众攻江陵城，不克而退。绩与奋威将军诸葛融书

朱然献上捷报以后，群臣上朝祝贺，孙权才举酒作乐，拿出朱然的表章说道："这一位前些时有表章，孤以为胜负难定，现在果然像他说的，他可称得上是精于料事啊。"就派使者去封朱然为左大司马、右军师。

朱然身长不满七尺，神清气朗，品行高洁。他的华丽彩饰只施加在兵器上，其余用品都质朴素净。整天严肃紧张，心里常在战场。遇到急难勇敢镇定，这一点尤其超越常人，即令没有战事，每天早晚都要大擂战鼓，在营中的兵士，都整装列队，用这来麻痹敌人，使他们不知如何防备，所以出战总是有功。诸葛瑾的儿子诸葛融、步骘的儿子步协，虽然各自继承了父亲的职位，孙权仍然特意任命朱然为负总责的大督。而且陆逊也已经去世，功臣名将还在的只有朱然，没有人比他更显贵。患病二年，后来病情渐渐加重，孙权白天为他吃不下饭，晚上为他睡不着觉，宫中使者前往送医药食品的络绎不绝。朱然每次派使者上表报告病情，孙权总是召见，亲口询问情况，使者来时赐给酒食，走时送给他布匹绸缎。对创业功臣患病，孙权心中所关注的，吕蒙、凌统最重，其次就是朱然了。赤乌十二年朱然去世，终年六十八岁，孙权穿着素服为他举办丧事，悲伤痛哭。儿子朱绩继承职位。

朱绩字公绪，因父亲的官职做了郎官，后来官拜建忠都尉。叔父朱才去世，朱绩带领叔父的兵，跟随太常潘濬讨伐五溪蛮夷，以胆量勇力闻名。升为偏将军营下督，主管惩办盗贼的事，执法不偏。鲁王孙霸有心结交朱绩，曾经到他的官署，靠近他坐着，要和他交结友好，朱绩起身站在地上，推辞不敢当。朱然去世，朱绩继承父业，官拜平魏将军，乐乡督。第二年，魏国征南将军王昶率队进攻江陵城，不胜而退。朱绩给奋威将军诸葛融写信说："王昶远道而

曰："昶远来疲困，马无所食，力屈而走，此天助也。今追之力少，可引兵相继，吾欲破之于前，足下乘之于后，岂一人之功哉，宜同断金之义。"融答许绩。绩便引兵及昶于纪南，纪南去城三十里，绩先战胜而融不进，绩后失利。权深嘉绩，盛责怒融，融兄大将军恪贵重，故融得不废。初绩与恪、融不平，及此事变，为隙益甚。建兴元年，迁镇东将军。二年春，恪向新城，要绩并力，而留置半州，使融兼其任。冬，恪、融被害，绩复还乐乡，假节。太平二年，拜骠骑将军。孙綝秉政，大臣疑贰，绩恐吴必扰乱，而中国乘衅，乃密书结蜀，使为并兼之虑。蜀遣右将军阎宇将兵五千，增白帝守，以须绩之后命。永安初，迁上大将军、都护督，自巴丘上迄西陵。元兴元年，就拜左大司马。初，然为治行丧竟，乞复本姓，权不许，绩以五凤中表还为施氏，建衡二年卒。

来，兵士疲劳困顿，马匹没有食料，力量不足退走了，这是天助我们的时候，现在追他们的兵力较少，可以带兵来作为后援。我想先攻他，你随后趁机出击，难道一个人可以成功吗？我们应同心协力，愿我们遵循古人'二人同心，其利断金'的原则。"诸葛融回信答应了朱绩。朱绩便带兵在纪南城追上了王昶，纪南城离江陵三十里，朱绩先打胜了，可是诸葛融不进军，后来朱绩失利。孙权高度嘉许朱绩，大怒谴责诸葛融。诸葛融的哥哥诸葛恪地位贵重，所以诸葛融才没有被撤职。起初朱绩和诸葛恪、诸葛融关系不好，经过这次事变，裂痕更深。建兴元年，升任镇东将军。二年春天，诸葛恪进军新城，邀请朱绩并力合作，而留下半州的事务，让诸葛融兼管。冬天，恪、融被害，朱绩又回到乐乡，被授予符节。太平二年，官拜骠骑将军。孙綝把持国政，大臣猜疑，朱绩恐怕吴国会发生动乱，中原人就会乘虚而入，便写密信结交蜀国，使他们考虑两国共同面临的危险。蜀国派将军阎宇带兵五千，增防白帝城，以等待朱绩下一步的打算。永安初年，升为上大将军、都护督，管辖自巴丘起上到西陵一带地区。元兴元年，就任左大司马。起初，朱然为朱治举办丧事完毕，请求恢复本姓，孙权不允许，朱绩在五凤年间上表还姓施氏，建衡二年去世。

吕范字子衡，汝南细阳人也。少为县吏，有容观姿貌。邑人刘氏，家富女美，范求之。女母嫌，欲勿与，刘氏曰："观吕子衡宁当久贫者邪？"遂与之婚。后避乱寿春，孙策见而异之，范遂自委昵，将私客百人归策。时太妃在江都，策遣范迎之。徐州牧陶谦谓范为袁氏觇候，讽县掠考范，范亲客健

吕范字子衡，汝南郡细阳县人。年少时任县吏，容貌风度好。同邑有一户刘姓人家，家庭富有，女儿漂亮，吕范向他家求婚，女儿的母亲嫌弃他，不想答应，刘父说："看吕子衡这样子，难道会长久贫困吗？"就与他结了婚姻。后来避乱到寿春，孙策见了觉得他不平凡，吕范就主动接近亲热，带领私客百人投归孙策。那时太妃在江都，孙策派吕范去迎接她。徐州牧陶谦说吕范是袁氏的密探，示意县官拷打吕范，吕范的亲客健儿把他夺了回来。这时唯有

儿篡取以归。时唯范与孙河常从策，跋涉辛苦，危难不避，策亦亲戚待之，每与升堂，饮宴于太妃前。

吕范和孙河常常跟从孙策，跋涉辛苦，不避危难，孙策也像对亲人一样待他，每每和他共登厅堂，在太妃面前摆宴饮酒。

后从策攻破庐江，还俱东渡，到横江、当利，破张英、于麋，下小丹杨、湖孰，领湖孰相。策定秣陵、曲阿，收笮融、刘繇余众，增范兵二千，骑五十匹。后领宛陵令，讨破丹杨贼，还吴，迁都督。⑥

后来随从孙策攻破庐江，回师一同向东渡江，到达横江、当利，打败张英、于麋，拿下小丹杨、湖孰，担任湖孰国相。孙策平定秣陵、曲阿，收聚笮融、刘繇的余部，给吕范增兵两千人，马五十匹。后来担任宛陵县令，讨平丹杨贼人，回到吴县，升任都督。

是时下邳陈瑀自号吴郡太守，住海西，与强族严白虎交通。策自将讨虎，别遣范与徐逸攻瑀于海西，枭其大将陈牧。⑦又从攻祖郎于陵阳，太史慈于勇里。七县平定，拜征虏中郎将，征江夏，还平鄱阳。

这时下邳人陈瑀自称吴郡太守，驻在海西，和地方豪强严白虎勾结。孙策自己带兵讨伐严白虎，另派吕范和徐逸去海西攻击陈瑀，斩了陈瑀的大将陈牧。又随从孙策去陵阳进攻祖郎，在勇里进攻太史慈。七个县平定了，官拜征虏中郎将，出征江夏，回军平定鄱阳。

策薨，奔丧于吴。后权复征江夏，范与张昭留守。

孙策去世，吕范到吴县奔丧。后来孙权再次出征江夏，吕范和张昭留守。

曹公至赤壁，与周瑜等俱拒破之，拜裨将军，领彭泽太守，以彭泽、柴桑、历阳为奉邑。刘备诣京见权，范密请留备。后迁平南将军，屯柴桑。

曹公进军赤壁，他和周瑜等人共同抵御击败曹公，官拜裨将军，兼任彭泽太守，以彭泽、柴桑、历阳做他的奉邑。刘备到京城来见孙权，吕范秘密请求扣留刘备。后来升任平南将军，驻扎在柴桑。

权讨关羽，过范馆，谓曰："昔早从卿言，无此劳也。今当上取之，卿为我守建业。"权破羽还，都武昌，拜范建威将军，封宛陵侯，领丹杨太守，治建业，督扶州以下至海，转以溧阳、怀安、宁国为奉邑。

孙权讨伐关羽，经过吕范的住处，对他说："过去早听了您的话，就没有这一番劳累了。如今应当沿江而上攻取他，您为我守住建业。"孙权歼灭关羽回来，建都武昌，任命吕范为建威将军，封为宛陵侯，兼任丹杨太守，治所在建业，管辖扶州以下直到海边的地区，改划溧阳、怀安、宁国为奉邑。

曹休、张辽、臧霸等来伐，范督徐盛、全琮、孙韶等，以舟师拒休等于洞口。迁前将军，假节，改封南昌侯。时遭大风，

曹休、张辽、臧霸等人来进攻，吕范督率徐盛、全琮、孙韶等人，用水军在洞口挡住曹休等人。升任为前将军，授予符节，改封南昌侯。那时遭遇大风，

船人覆溺，死者数千，还军，拜扬州牧。

性好威仪，州民如陆逊、全琮及贵公子，皆修敬虔肃，不敢轻脱。其居处服饰，于时奢靡，然勤事奉法，故权悦其忠，不怪其侈。⑧

初策使范典主财计，权时年少，私从有求，范必关白，不敢专许，当时以此见望。权守阳羡长，有所私用，策或料覆，功曹周谷辄为傅著簿书，使无谴问。权临时悦之，及后统事，以范忠诚，厚见信任，以谷能欺更簿书，不用也。

黄武七年，范迁大司马，印绶未下，疾卒。权素服举哀，遣使者追赠印绶。及还都建业，权过范墓呼曰："子衡！"言及流涕，祀以太牢。⑨

范长子先卒，次子据嗣。据字世议，以父任为郎，后范寝疾，拜副军校尉，佐领军事。范卒，迁安军中郎将。数讨山贼，诸深恶剧地，所击皆破。随太常潘濬讨五谿，复有功。朱然攻樊，据与朱异破城外围，还拜偏将军，入补马闲右部督，迁越骑校尉。太元元年，大风，江水溢流，渐淹城门，权使视水，独见据使人取大船以备害。权嘉之，拜荡魏将军。权寝疾，以据为太子右部督。太子即位，拜右将军。魏出东兴，据赴讨有功。明年，孙峻杀诸葛恪，迁据为骠骑将军，平西宫

船翻人溺，死了几千人，收军回来，被任命为扬州牧。

吕范生性讲究威严仪表，州民中像陆逊、全琮和其他贵公子，对他都尊敬虔诚，不敢轻浮随便。他的居处、服装和饰品，在当时是够奢侈浪费的，但他办事勤劳，奉公守法，所以孙权喜欢他的忠诚，不怪罪他的奢侈。

起初孙策让吕范主管财务会计，那时孙权年少，私下向他有所求取，吕范必定禀告，不敢擅自答应，当时因此被埋怨。孙权代理阳羡县长时，私用了一些钱财，有时孙策来审核，功曹周谷总是为他在账册上牵强凑合，使他没有被谴责追问。孙权那时候很喜欢周谷，到后来主持大事时，因为吕范忠诚，大加信任，因为周谷会更改账册进行欺骗，没有任用他。

黄武七年，吕范升任大司马，官印绶带还没发下，他就因病去世了。孙权穿着素服举办丧事，派使者追赠印绶。到迁都回建业时，孙权经过吕范墓前，喊道："子衡！"说着便流泪，用牛、羊、猪三牲大礼祭祀他。

吕范的长子早年死了，次子吕据继承爵位。吕据字世议，因父亲的官职被任为郎官，后来吕范卧病，他被授为副军校尉，协助管理军事。吕范去世后，他升任安军中郎将。屡次讨伐山贼，到各边远险恶地区，每次进击都取得胜利。跟随太常潘濬讨伐五谿蛮夷，又立了功。朱然进攻樊城，吕据和朱异攻破樊城外围，回来官拜偏将军，入内廷担任马闲右部督，升为越骑校尉。太元元年，刮大风，江水泛滥，快要淹到城门了，孙权派人视察水情，唯独看见吕据指挥人们用大船来防水害。孙权嘉奖他，授为荡寇将军。孙权卧病，任命吕据为太子右部督。太子即位，官拜右将军。魏国出兵东兴，吕据参战有功。第二年，孙峻杀了诸葛恪，提升吕据为骠骑将军，兼管

事。五凤二年，假节，与峻等袭寿春，还遇魏将曹珍，破之于高亭。太平元年，帅师侵魏，未及淮，闻孙峻死，以从弟綝自代，据大怒，引军还，欲废綝。綝闻之，使中书奉诏，诏文钦、刘纂、唐咨等使取据，又遣从兄宪以都下兵逆据于江都。左右劝据降魏，据曰："耻为叛臣。"遂自杀。夷三族。

西宫事务。五凤二年，被授予符节，和孙峻等人袭击寿春，回军时遭遇魏将曹珍，在高亭将曹珍击败。太平元年，率领部队进攻魏国，还没有到淮水，听说孙峻死了，用堂弟孙綝接替职位，吕据大怒，带兵回朝，想要废掉孙綝。孙綝听说了，派中书捧着诏书，诏令文钦、刘纂、唐咨等人拘捕吕据，又派堂兄孙宪用都城兵力到江都拦击吕据。左右的人劝吕据投降魏国，吕据说："做叛徒是可耻的。"就自杀了。孙綝诛灭了他的三族。

朱桓字休穆，吴郡吴人也。孙权为将军，桓给事幕府，除余姚长。往遇疫疠，谷食荒贵，桓分部良吏，隐亲医药，飧粥相继，士民感戴之。迁荡寇校尉，授兵二千人，使部伍吴、会二郡，鸠合遗散，期年之间，得万余人。后丹杨、鄱阳山贼蜂起，攻没城郭，杀略长吏，处处屯聚。桓督领诸将，周旋赴讨，应皆平定。稍迁裨将军，封新城亭侯。

朱桓字休穆，吴郡吴县人。孙权做将军时，朱桓在将军府供职，后来被任命为余姚县长。到任时遇上瘟疫，荒年缺粮，粮价上涨，朱桓分派优良吏员去救灾，亲自抚恤，施医施药，施粥施饭，士人民众对他感恩戴德。升任荡寇校尉，给予兵士两千人，让他整编吴郡、会稽两个郡的军队，召集流散的士兵，一年之内，得一万多人。后来丹杨、鄱阳的山贼群起作乱，攻陷城镇，杀戮官吏，处处扎营聚众。朱桓督率部将，辗转讨伐，即时平定。不久升任裨将军，封为新城亭侯。

后代周泰为濡须督。黄武元年，魏使大司马曹仁步骑数万向濡须，仁欲以兵袭取州上，伪先扬声，欲东攻羡溪。桓分兵将赴羡溪，既发，卒得仁进军拒濡须七十里问。桓遣使追还羡溪兵，兵未到而仁奄至。时桓手下及所部兵，在者五千人，诸将业业，各有惧心，桓喻之曰："凡两军交对，胜负在将，不在众寡。诸君闻曹仁用兵行师，孰与桓邪？兵法所以称客倍而主人半者，谓俱在平原，无城池之守，又谓士众

后来接替周泰担任濡须督。黄武元年，魏国派大司马曹仁率领步兵、骑兵数万人朝濡须进军，曹仁想带兵袭击攻占百里洲，事先扬言要向东进攻羡溪。朱桓分派兵将开赴羡溪，已经出发了，突然得到曹仁进军离濡须只有七十里的消息。朱桓派使者去追回羡溪兵，兵还没到而曹仁突然来了。这时朱桓手下所部兵员，在濡须的只有五千人，诸将恐慌，各怀害怕心理，朱桓对他们说道："凡是两军交战，胜负在于将领，不在于兵员的多少。各位听说曹仁用兵行军，和我朱桓比较起来又如何呢？兵法所说客军加倍而主军减半，说的是都在平原，没有城池可守，而两军的勇敢程度又相等。现在这个曹仁既不

勇怯齐等故耳。今人既非智勇，加其士卒甚怯，又千里步涉，人马罢困，桓与诸军，共据高城，南临大江，北背山陵，以逸待劳，为主制客，此百战百胜之势也。虽曹丕自来，尚不足忧，况仁等邪！”桓因偃旗鼓，外示虚弱，以诱致仁。仁果遣其子泰攻濡须城，分遣将军常雕督诸葛虔、王双等，乘油船别袭中洲。中洲者，部曲妻子所在也。仁自将万人留橐皋，复为泰等后拒。桓部兵将攻取油船，或别击雕等，桓等身自拒泰，烧营而退，遂枭雕，生虏双，送武昌，临陈斩溺，死者千余。权嘉桓功，封嘉兴侯，迁奋武将军，领彭城相。

是智勇的人才，加上他们的士兵很怯弱，又是千里跋涉，人马疲困，我和诸位所带各部官兵，共同据守高城，南边面临大江，北边背靠山陵，以逸待劳，作为主军制服客军，这是百战百胜的形势。即令曹丕自己来，尚且不必担忧，何况曹仁等人呢！”朱桓就偃旗息鼓，外表显示虚弱，来引诱曹仁。曹仁果然派他的儿子曹泰攻打濡须城，分派将军常雕督率诸葛虔、王双等人，乘油船另外去袭击中洲。中洲是吴军家属所住的地方。曹仁自带一万人留在橐皋，又作为曹泰等人的后盾。朱桓部署兵将攻击油船，另外派人又去袭击常雕等人，朱桓等人亲自抵御曹泰，烧了他们的营寨才收兵回来。这一仗斩了常雕，生擒王双，送到武昌，临阵被斩杀、溺水而死的敌兵有一千余人。孙权嘉奖朱桓的战功，封为嘉兴侯，升为奋武将军，担任彭城相。

黄武七年，鄱阳太守周鲂谲诱魏大司马曹休，休将步骑十万至皖城以迎鲂。时陆逊为元帅，全琮与桓为左右督，各督三万人击休。休知见欺，当引军还，自负众盛，邀于一战。桓进计曰：“休本以亲戚见任，非智勇名将也。今战必败，败必走，走当由夹石、挂车，此两道皆险厄，若以万兵柴路，则彼众可尽，而休可生虏，臣请将所部以断之。若蒙天威，得以休自效，便可乘胜长驱，进取寿春，割有淮南，以规许、洛，此万世一时，不可失也。”权先与陆逊议，逊以为不可，故计不施行。

黄武七年，鄱阳太守周鲂用诈降计诱骗魏国大司马曹休，曹休带领步兵、骑兵十万人到皖城来接应周鲂。这时陆逊为元帅，全琮和朱桓担任左右督，各率三万人进击曹休，曹休知道被骗了，应当带兵退回，自恃人多势众，半道上企图打一仗。朱桓献计道：“曹休本来是因为亲属关系被任用，并不是智勇名将。今日战事他必定失败，失败了必定逃走，逃走时就会经过夹石、挂车，这两处都是险要的地方，如果派一万士兵用木柴堵塞道路，就可以全歼敌人而生擒曹休，臣请求带领所部去截击他。如果仰仗天威，能够生擒曹休来报效国家，便可以乘胜长驱直入，进一步夺取寿春，割据淮南，以谋取许昌、洛阳，这是万世一时的机会，不可失去啊。”孙权先和陆逊商议，陆逊认为不可以，所以这计划没有实行。

黄龙元年，拜桓前将军，

黄龙元年，任命朱桓为前将军，兼任青州牧，授

领青州牧，假节。嘉禾六年，魏庐江主簿吕习请大兵自迎，欲开门为应。桓与卫将军全琮俱以师迎。既至，事露，军当引还。城外有溪水，去城一里所，广三十余丈，深者八九尺，浅者半之，诸军勒兵渡去，桓自断后。时庐江太守李膺整严兵骑，欲须诸军半渡，因迫击之。及见桓节盖在后，卒不敢出，其见惮如此。

予符节。嘉禾六年，魏国庐江主簿吕习请求大兵前来接应，想要开城门做内应。朱桓和卫将军全琮共同带兵去接应。到达之后，事情泄露了，部队应当退回。城外有一条溪水，离城一里多路，溪宽三十多丈，水深的地方有八九尺，浅的地方四五尺。各部带兵渡过去，朱桓亲自在后掩护。那时庐江太守李膺严整兵马，想等吴军渡到一半时，就乘势袭击他们。待到看见朱桓的旗帜车盖在队伍的后面，终于不敢出击，他被敌人畏惧就像这样。

是时全琮为督，权又令偏将军胡综宣传诏命，参与军事。琮以军出无获，议欲部分诸将，有所掩袭。桓素气高，耻见部伍，乃往见琮，问行意，感激发怒，与琮校计。琮欲自解，因曰："上自令胡综为督，综意以为宜尔。"桓愈恚恨，还乃使人呼综。综至军门，桓出迎之，顾谓左右曰："我纵手，汝等各自去。"有一人旁出，语综使还。桓出，不见综，知左右所为，因斫杀之。桓佐军进谏，刺杀佐军，遂托狂发，诣建业治病。权惜其功能，故不罪。[10]使子异摄领部曲，令医视护，数月复遣还中洲。权自出祖送，谓曰："今寇虏尚存，王塗未一，孤当与君共定天下，欲令君督五万人专当一面，以图进取，想君疾未复发也。"桓曰："天授陛下圣姿，当君临四海，猥重任臣，以除奸逆，臣疾当自愈。"[11]

这时全琮担任督将，孙权又命令胡综宣布传达诏命，参与军事。全琮因为出兵没有收获，商议着想要部署诸将去偷袭。朱桓向来心气高傲，耻于被人分派，就去找全琮，问行军的意图，感情激动而发怒，和全琮计较。全琮想要解脱自己，就说："主上自己命令胡综担任督将，胡综的意见认为应该这样。"朱桓更加愤恨，回来便派人去喊胡综。胡综到了军营门口，朱桓出去接他，对左右的人说："我放手，你们各自上前去。"有一个人从旁门出去，告诉胡综让他回去。朱桓出来，没看见胡综，知道是左右的人干的，就砍杀了那个人。朱桓的佐军进行劝阻，又刺杀佐军，就借口狂疾发作，到建业去治病。孙权爱惜他的功劳和才能，没有问罪。让他的儿子朱异代领部队，命令医生为他治疗护理，几个月后又送他回中洲。孙权亲自来饯行，对他说："现在敌寇还在，王业的道路还没同一，我应当和您共同平定天下，想让您督率五万人独当一面，以求进取，想必您的病没有复发吧。"朱桓说："上天授予陛下神圣的英姿，一定统治四海，承蒙委托重任，来除灭奸逆，臣的疾病自然会痊愈。"

桓性护前，耻为人下，每

朱桓生性要强，耻于在人之下，每当临敌交战，

临敌交战，节度不得自由，辄嗔恚愤激。然轻财贵义，兼以强识，与人一面，数十年不忘，部曲万口，妻子尽识之。爱养吏士，赡护六亲，俸禄产业，皆与共分。及桓疾困，举营忧戚。年六十二，赤乌元年卒。吏士男女，无不号慕。又家无余财，权赐盐五千斛以周丧事。子异嗣。

指挥调度使他不得自由时，总是激愤发怒。但是他轻财重义，记忆力又很强，和人见一面，几十年都不忘记，部下上万人，对他们的妻儿子女都认得。他爱护培养吏员士卒，赡养帮助他们的亲属，自己的俸禄产业，都和他们共同分享，到朱桓病重时，全营的人都忧虑悲伤。赤乌元年去世，终年六十二岁。吏员士卒男男女女，无不号哭思念。另外他家中没有余钱，孙权赐盐五千斛来帮助办完丧事。儿子朱异继承爵位。

异字季文，以父任除郎，[12]后拜骑都尉，代桓领兵。赤乌四年，随朱然攻魏樊城，建计破其外围，还拜偏将军。魏庐江太守文钦营住六安，多设屯砦，置诸道要，以招诱亡叛，为边寇害。异乃身率其手下二千人，掩破钦七屯，斩首数百，迁扬武将军。权与论攻战，辞对称意。权谓异从父骠骑将军据曰："本知季文胆定，见之复过所闻。"十三年，文钦诈降，密书与异，欲令自迎。异表呈钦书，因陈其伪，不可便迎。权诏曰："方今北土未一，钦云欲归命，宜且迎之。若嫌其有谲者，但当设计网以罗之，盛重兵以防之耳。"乃遣吕据督二万人，与异并力，至北界，钦果不降。建兴元年，迁镇南将军。是岁魏遣胡遵、诸葛诞等出东兴，异督水军攻浮梁，坏之，魏军大破。[13]太平二年，假节，为大都督，救寿春围，不解。还军，为孙綝所枉害。[14]

朱异字季文，因父亲的官职被任为郎官，后来被任命为骑都尉，代朱桓带兵。赤乌四年，随同朱然进攻魏国的樊城，设计攻破他们的外围，回来官拜偏将军。魏国庐江太守文钦驻扎在六安，在各要道设了许多营寨，来招诱叛逃的人，成为边境上的危害。朱异就亲自率他手下的两千人，攻破文钦七处营寨，斩首数百，升任扬武将军。孙权和他研讨攻战，他的对答使孙权满意。孙权对朱异的从父骠骑将军朱据说："本来知道季文有胆略而且镇定，见了他觉得还超过原来听说的。"十三年，文钦诈降，写密信给朱异，想要他自己去接应。朱异上表附呈文钦的信，并说明文钦是假降，不可轻率接应。孙权下诏道："现今北方没有统一，文钦说要归顺，应当接应他。如果怕他有欺诈，尽可以用计网罗他，陈设重兵来防备他。"就派吕据督率两万人，和朱异并力合作，到了北方地界，文钦果然不降。建兴元年，升任镇南将军。这一年魏国派遣胡遵、诸葛诞等人出兵东兴，朱异督率水军去攻浮桥，把桥摧毁了，魏军大败。太平二年，授予符节，担任大都督，去救寿春之围，没有能解围。带兵回来，被孙綝诬陷杀害。

评曰：朱治、吕范以旧臣

评论说：朱治、吕范作为旧臣被信任重用，朱

任用，朱然、朱桓以勇烈著闻，吕据、朱异、施绩咸有将领之才，克绍堂构。若范、桓之越隘，得以吉终，至于据、异无此之尤而反罹殃者，所遇之时殊也。

然、朱桓因为勇敢英烈闻名，吕据、朱异、施绩都有将领之才，能够继承父业。像吕范、朱桓的越礼和狭隘，能以善终，至于吕据、朱异没有这些过失而反遭祸，是因为他们所遇的时世不同啊。

---

①《江表传》载治说责曰："破虏将军昔率义兵入讨董卓，声冠中夏，义士壮之。讨逆继世，廓定六郡，特以君侯骨肉至亲，器为时生，故表汉朝，剖符大郡，兼建将校，仍关综两府，荣冠宗室，为远近所瞻。加讨虏聪明神武，继承洪业，揽结英雄，周济世务，军众日盛，事业日隆，虽昔萧王之在河北，无以加也，必克成王基，应运东南。故刘玄德远布腹心，求见拯救，此天下所共知也。前在东闻道路之言，云将军有异趣，良用怃然。今曹公阻兵，倾覆汉室，幼帝流离，百姓元元未知所归。而中国萧条，或百里无烟，城邑空虚，道殣相望，士叹于外，妇怨乎室，加之以师旅，因之以饥馑，以此料之，岂能越长江与我争利哉？将军当斯时也，而欲背骨肉之亲，违万安之计，割同气之肤，啖虎狼之口，为一女子，改虑易图，失机毫厘，差以千里，岂不惜哉！"

②《吴书》曰：才字君业，为人精敏，善骑射，权爱异之，常侍从游戏。少以父任为武卫校尉，领兵随从征伐，屡有功捷。本郡议者以才少处荣贵，未留意于乡党，才乃叹曰："我初为将，谓跨马蹈敌，当身履锋，足以扬名，不知乡党复追迹其举措乎！"于是更折节为恭，留意于宾客，轻财尚义，施不望报，又学兵法，名声始闻于远近。会疾卒。

③臣松之案：此郡寻罢，非今临川郡。

④《襄阳记》曰：柤音如租税之租。柤中在上黄界，去襄阳一百五十里。魏时夷王梅敷兄弟三人，部曲万余家屯此，分布在中庐宜城西山鄢、沔二谷中，土地平敞，宜桑麻，有水陆良田，沔南之膏腴沃壤，谓之柤中。

⑤孙氏《异同评》曰：《魏书》及《江表传》云，然以景初元年、正始二年再出为寇，所破胡质、蒲忠在景初元年。《魏志》承《魏书》，依违不说质等为然所破，而直云然退耳。《吴志》说赤乌五年，于魏为正始三年，魏将蒲忠与朱然战，忠不利，质等皆退。按《魏少帝纪》及《孙权传》，是岁并无事，当是陈寿误以吴嘉禾六年为赤乌五年耳。

⑥《江表传》曰：策从容独与范棋，范曰："今将军事业日大，士众日盛，范在远，闻纲纪犹有不整者，范愿暂领都督，佐将军部分之。"策曰："子衡，卿既士大夫，加手下已有大众，立功于外，岂宜复屈小职，知军中细碎事乎！"范曰："不然。今舍本土而托将军者，非为妻子也，欲济世务。犹同舟涉海，一事不牢，即俱受其败。此亦范计，非但将军也。"策笑，无以答。范出，更释褠，著袴褶，执鞭，诣阁下启事，自称领都督，策乃授传，委以众事。由是军中肃睦，威禁大行。

⑦《九州春秋》曰：初平三年，扬州刺史陈祎死，袁术使瑀领扬州牧。后术为曹公所败于封丘，南人叛瑀，瑀拒之。术走阴陵，好辞以下瑀，瑀不知权，而又怯，不即攻术。术于淮北集兵向寿春。瑀惧，使其弟公琰请和于术。术执之而进，瑀走归下邳。

⑧《江表传》曰：人有白范与贺齐奢丽夸绮，服饰僭拟王者，权曰："昔管仲逾礼，桓公优而容之，无损于霸。今子衡、公苗，身无夷吾之失，但其器械精好，舟车严整耳，此适足作军容，何损于治哉？"告者乃不敢复言。

⑨《江表传》曰：初，权移都建业，大会将相文武，时谓严畯曰："孤昔叹鲁子敬比邓禹，吕子衡方吴汉，闻卿诸人未平

此论,今定云何?”晙退席曰:“臣未解指趣,谓肃、范受饶,褒叹过实。”权曰:“昔邓仲华初见光武,光武时受更始使,抚河北,行大司马事耳,未有帝王志也。禹劝之以复汉业,是禹开初议之端矣。子敬英爽有殊略,孤始与一语,便及大计,与禹相似,故比之。吕子衡忠笃亮直,性虽好奢,然以忧公为先,不足为损,避袁术自归于兄,兄作大将,别领部曲,故忧兄事,乞为都督,办护修整,加之恪勤,与吴汉相类,故方之。皆有指趣,非孤私之也。”晙乃服。

⑩孙盛曰:《书》云臣无作威作福,作威作福,则凶于而家,害于而国。桓之贼忍,殆虎狼也,人君且犹不可,况将相乎?语曰,得一夫而失一国,纵罪亏刑,失孰大焉!

⑪《吴录》曰:桓奉觞曰:“臣当远去,愿一捋陛下须,无所复恨。”权冯几前席,桓进前捋须曰:“臣今日真可谓捋虎须也。”权大笑。

⑫《文士传》曰:张惇子纯与张俨及异俱童少,往见骠骑将军朱据。据闻三人才名,欲试之,告曰:“老鄙相闻,饥渴甚矣。夫騕褭以迅骤为功,鹰隼以轻疾为妙,其为吾各赋一物,然后乃坐。”俨乃赋犬曰:“守则有威,出则有获,韩卢、宋鹊,书名竹帛。”纯赋席曰:“席以冬设,簟为夏施,揖让而坐,君子攸宜。”异赋弩曰:“南岳之干,钟山之铜,应机命中,获隼高墉。”三人各随其目所见而赋之,皆成而后坐,据大欢悦。

⑬《吴书》曰:异又随诸葛恪围新城,城既不拔,异等皆言宜速还豫章,袭石头城,不过数日可拔。恪以书晓异,异投书于地曰:“不用我计,而用傒子言!”恪大怒,立夺其兵,遂废还建业。

⑭《吴书》曰:綝要异相见,将往,恐陆抗止之,异曰:“子通,家人耳,当何所疑乎!”遂往。綝使力人于坐上取之。异曰:“我吴国忠臣,有何罪乎?”乃拉杀之。

三国志卷五十七 吴书十二

虞陆张骆陆吾朱传第十二

虞翻字仲翔，会稽余姚人也，[①]太守王朗命为功曹。孙策征会稽，翻时遭父丧，衰绖诣府门，朗欲就之，翻乃脱衰入见，劝朗避策。朗不能用，拒战败绩，亡走浮海。翻追随营护，到东部候官，候官长闭城不受，翻往说之，然后见纳。[②]朗谓翻曰："卿有老母，可以还矣。"[③]翻既归，策复命为功曹，待以交友之礼，身诣翻第。[④]

虞翻字仲翔，会稽郡余姚县人，会稽太守王朗任命他做功曹。孙策征讨会稽，虞翻当时正为父亲守丧，穿着丧服到太守府门前，王朗想出来迎接他，虞翻就脱下丧服进去拜见，劝王朗避开孙策。王朗没有采纳他的建议，抗击孙策，结果大败，漂海逃跑。虞翻跟随、保护王朗，到了会稽郡东部候官县，候官县长关上城门不让他们进去，虞翻前去劝说，这样才被接纳。王朗对虞翻说："您家里有老母亲，可以回去了。"虞翻回到会稽以后，孙策任命他为功曹，用对朋友的礼节待他，亲自到他家拜访。

策好驰骋游猎，翻谏曰："明府用乌集之众，驱散附之士，皆得其死力，虽汉高帝不及也。至于轻出微行，从官不暇严，吏卒常苦之。夫君人者不重则不威，故白龙鱼服，困于豫且，白蛇自放，刘季害之，愿少留意。"策曰："君言是也。然时有所思，端坐悒悒，有裨谌草创之计，是以行耳。"[⑤]

孙策喜欢驰马打猎，虞翻劝谏说："明府您使用仓促集合的部众，驱遣散漫归附的士人，都能得到他们的拼死效力，这即使是汉高祖也比不上您呀。只是您简易仪从，便服出行，随从官员来不及戒严，左右士兵常常以此为苦。管理众人的人不庄重就没有威严，所以白龙化成鱼的外表，被渔人豫且所困，白蛇自我放纵，刘邦杀害了它，希望您稍微留心一点。"孙策说："您的话是对的。但是我常常有些想法，呆坐在家感到忧闷，就像春秋时郑国大夫裨谌谋划事情要去野外那样，因此出去走走。"

翻出为富春长。策薨，诸长吏并欲出赴丧，翻曰："恐邻县山民或有奸变，远委城郭，必致不虞。"因留制服行丧。诸县皆效之，咸以安宁。[⑥]后翻州举茂才，汉召为侍御史，曹公为司空辟，皆不就。[⑦]

虞翻出任富春县长。孙策死时，县里许多主要官员都想离开富春去会稽郡城参加丧礼。虞翻说："恐怕邻县山越的老百姓或许会有奸邪变乱，如果远离城郭，一定会招来意外。"于是留在城中穿着丧服举行丧礼。其他各县都仿效这种做法，都因此安宁无事。后来虞翻被所在州荐举为茂才，汉朝廷召他当侍御史，曹操当了司空，征召他做官，他都不去赴任。

翻与少府孔融书，并示以所著《易注》。融答书曰："闻延陵之理乐，睹吾子之治《易》，乃知东南之美者，非徒会稽之竹箭也。又观象云物，察应寒温，原其祸福，与神合契，可谓探赜穷通者也。"会稽东部都尉张纮又与融书曰："虞仲翔前颇为论者所侵，美宝为质，彫摩益光，不足以损。"

虞翻给少府孔融写信，并且把自己所著的《易注》给孔融看。孔融回信说："听说延陵季子研习音乐，看到您攻治《周易》，才知道东南地区的美好事物，不仅仅是会稽的竹箭哪。大作又观察天象云色，考察寒暑变化的感应，推究那祸福的根源，跟神明完全相合，可以说是探索精微、通晓奥秘的著作呀。"会稽东部都尉张纮又写信给孔融说："虞仲翔从前有点被舆论所非难，但他有着像美玉一样的本质，雕刻、琢磨只能使他越加光彩焕发，不足以损害他。"

孙权以为骑都尉。翻数犯颜谏争，权不能悦，又性不协俗，多见谤毁，坐徙丹杨泾县。吕蒙图取关羽，称疾还建业，以翻兼知医术，请以自随，亦欲因此令翻得释也。后蒙举军西上，南郡太守麋芳开城出降。蒙未据郡城而作乐沙上，翻谓蒙曰："今区区一心者麋将军也，城中之人岂可尽信，何不急入城持其管籥乎？"蒙即从之。时城中有伏计，赖翻谋不行。关羽既败，权使翻筮之，得《兑》下《坎》上，《节》，五爻变之《临》，翻曰："不出二日，必当断头。"果如翻言。权曰："卿不及伏羲，可与东方朔为比矣。"

孙权用虞翻做骑都尉。虞翻多次冒犯威严进谏规劝，孙权不能接受，虞翻又秉性不合世俗，常常遭人诽谤，获罪被流放到丹杨郡泾县。吕蒙计划攻取关羽，佯称有病回到首都建业，因为虞翻兼懂医术，便请求让虞翻跟着自己，也是想要因此使虞翻得以解脱。后来吕蒙全军西上伐蜀，蜀国南郡太守麋芳打开城门出来投降。吕蒙没有进入郡城据守，却在城外沙地上庆贺，虞翻对吕蒙说："现在真心投降的人只有麋将军，城里其他人怎么可以全都相信？为什么不赶快进城把住他们的要害呢？"吕蒙当即听从了他的建议。当时城内有埋伏的计划，多亏虞翻的谋划使它没能实行。关羽战败后，孙权让虞翻占卦，得到的卦象是《兑》下《坎》上的《节》卦，第五爻又由阳变阴，成了《临》卦，虞翻说："不出两天，关羽一定会掉脑袋。"后来情况果然像虞翻说的那样。孙权说："您虽然赶不上伏羲，但可以跟东方朔并列了。"

魏将于禁为羽所获，系在城中，权至释之，请与相见。他日，权乘马出，引禁并行，翻呵禁曰："尔降虏，何敢与吾君齐马首乎！"欲抗鞭击禁，权呵止之。后权于楼船会群臣饮，禁闻乐流涕，翻又曰："汝欲以伪求免邪？"权怅然不平。⑧

魏国将领于禁被关羽擒获，拘囚在江陵城中，孙权占领江陵后放了他，请他前来相见。过了些日子，孙权骑马外出，带着于禁并马而行，虞翻大声呵斥于禁说："你是个投降的俘虏，怎么敢同我们君主并驾齐驱呢！"想要举起马鞭抽打于禁，孙权呵斥制止了他。后来孙权在楼船上聚集群臣饮酒，于禁听到音乐时流下眼泪，虞翻又说："你想用假象求得赦免吗？"孙权很不高兴。

权既为吴王，欢宴之末，自起行酒，翻伏地阳醉，不持。权去，翻起坐。权于是大怒，手剑欲击之，侍坐者莫不惶遽，惟大农刘基起抱权谏曰："大王以三爵之后杀善士，虽翻有罪，天下孰知之？且大王以能容贤畜众，故海内望风，今一朝弃之，可乎？"权曰："曹孟德尚杀孔文举，孤于虞翻何有哉？"基曰："孟德轻害士人，天下非之。大王躬行德义，欲与尧、舜比隆，何得自喻于彼乎？"翻由是得免。权因敕左右，自今酒后言杀，皆不得杀。

孙权当了吴王以后，在一次欢庆宴会的末尾，亲自起身斟酒劝饮，虞翻伏在地上佯装喝醉，不能自持。孙权离开后，他又翻身起来就坐。孙权因此大怒，手执宝剑想要击杀他，陪坐的人无不恐惧慌忙，只有大农刘基起身抱住孙权规劝说："大王您在酒过三巡之后杀死优秀的士人，即使虞翻有罪，天下有谁知道实际情况？再说大王因为能够接纳贤能，容留众庶，所以四海之内都仰望您的风采，如今一下子丢掉这些，合适吗？"孙权说："曹孟德尚且杀了孔文举，我对虞翻又有什么顾虑呢？"刘基说："曹孟德随意残害士人，天下人都指责他。大王您亲身实行道德仁义，想要同尧、舜一样隆盛，怎么能自己去跟他类比呢？"虞翻因此免于被杀。孙权于是告诫左右侍从，从今以后凡是他酒后命令杀人，都不能杀。

翻尝乘船行，与麋芳相逢，芳船上人多欲令翻自避，先驱曰："避将军船！"翻厉声曰："失忠与信，何以事君？倾人二城，而称将军，可乎？"芳阖户不应而遽避之。后翻乘车行，又经芳营门，吏闭门，车不得过。翻复怒曰："当闭反开，当开反闭，岂得事宜邪？"芳闻之，有惭色。

虞翻曾经乘船出行，同麋芳相遇，麋芳船上的人大多想让虞翻自动回避，开道的人说："回避将军的船！"虞翻大声说："失掉了忠和信，凭什么侍奉君主？倾覆了人家两座城池，却称为将军，这行吗？"麋芳关上门不答应，急忙避开他。后来虞翻坐车出去，又经过麋芳军营的大门，麋芳手下的人关上营门，车子过不去。虞翻又发怒说："该关的门却打开，该开的门反而关上，难道合乎事理吗？"麋芳听到这话，脸上露出惭愧的神色。

翻性疏直，数有酒失。权与张昭论及神仙，翻指昭曰："彼皆死人，而语神仙，世岂有仙人邪！"权积怒非一，遂徙翻交州。虽处罪放，而讲学不倦，门徒常数百人。⑨又为《老子》、《论语》、《国语》训注，皆传于世。⑩

虞翻性情粗疏坦直，屡次因酒醉而出现过失。孙权同张昭谈论到神仙，虞翻指着张昭说："那都是些死人，你却说成神仙，世上哪有什么仙人！"孙权对虞翻蓄怒已久，于是把他流放到交州。虞翻虽然处于获罪放逐的境地，但仍不知疲倦地讲学，门徒常常有几百人。又为《老子》、《论语》、《国语》作注解，都流传于世。

初，山阴丁览，太末徐陵，或在县吏之中，或众所未识，翻一见之，便与友善，终咸显

当初，山阴县的丁览，太末县的徐陵，有的只是普通的县吏，有的还没被一般人知道，虞翻一见到他们，就同他们友好，最后他们都出了名。

名。⑪

在南十余年，年七十卒。⑫归葬旧墓，妻子得还。⑬

虞翻在南方十多年，七十岁时死去。尸骨运回安葬在祖坟中，妻子儿女得以回来。

翻有十一子，第四子汜最知名，永安初，从选曹郎为散骑中常侍，后为监军使者，讨扶严，病卒。⑭汜弟忠，宜都太守；⑮耸，越骑校尉，累迁廷尉，湘东、河间太守；⑯昺，廷尉尚书，济阴太守。⑰

虞翻有十一个儿子，第四个儿子虞汜最有名声，永安初年，他从选曹郎当上散骑中常侍，后来做了监军使者，参加讨伐扶严，因病死去。虞汜的弟弟虞忠，做过宜都郡太守；虞耸，做过越骑校尉，经多次升迁为廷尉，湘东、河间郡太守；虞昺，做过廷尉尚书，济阴太守。

陆绩字公纪，吴郡吴人也。父康，汉末为庐江太守。⑱绩年六岁，于九江见袁术。术出橘，绩怀三枚，去，拜辞堕地，术谓曰："陆郎作宾客而怀橘乎？"绩跪答曰："欲归遗母。"术大奇之。孙策在吴，张昭、张纮、秦松为上宾，共论四海未泰，须当用武治而平之，绩年少末坐，遥大声言曰："昔管夷吾相齐桓公，九合诸侯，一匡天下，不用兵车。孔子曰：'远人不服，则修文德以来之。'今论者不务道德怀取之术，而惟尚武，绩虽童蒙，窃所未安也。"昭等异焉。

陆绩字公纪，吴郡吴县人。父亲陆康，汉朝末年担任庐江郡太守。陆绩六岁时，在九江郡见袁术。袁术拿出橘子招待，陆绩往怀里揣了三个，离去时，下拜告辞，橘子掉在地上，袁术对他说："陆郎做客，却把橘子往怀里揣吗？"陆绩跪下回答："想要回去送给母亲。"袁术对此非常惊异。孙策在吴地，张昭、张纮、秦松作为上等宾客，在一起议论四海之内还没有安宁，应该用武力治理使之平定。陆绩年轻，坐在末位，远远地大声说道："当初管夷吾辅佐齐桓公，多次纠合诸侯，匡正天下，不凭借武力。孔子说：'远方的人不归服，就修明仁义礼乐的政教来招致他们。'现在议论国事的人不致力于用道德招来的方法，却只崇尚武力，我虽然年幼无知，但私下里觉得不妥。"张昭等人对他刮目相看。

绩容貌雄壮，博学多识，星历算数无不该览。虞翻旧齿名盛，庞统荆州令士，年亦差长，皆与绩友善。孙权统事，辟为奏曹掾，以直道见惮，出为鬱林太守，加偏将军，给兵二千人。绩既有躄疾，又意存儒雅，非其志也。虽有军事，著述不废，作《浑天图》，注《易》释《玄》，皆传于世。豫自知亡日，

陆绩容貌雄武壮伟，学识广博，天文历算方面的书无不涉猎。虞翻是大名鼎鼎的前辈，庞统是荆州的才智之士，年纪也稍大一些，都同陆绩友好。孙权掌管政事，征聘陆绩为奏曹掾，他因为正直被人畏惧，离开都城当了鬱林郡太守，孙权加封他为偏将军，提供给他两千名士兵。陆绩既有跛脚的毛病，又意在做个博学的儒士，不愿意当武官。虽然军务在身，但是著述不止，作《浑天图》，注释《周易》和《太玄经》，都流传于世。自己预先知道死的日子，作

乃为辞曰："有汉志士吴郡陆绩，幼敦《诗》、《书》，长玩《礼》、《易》，受命南征，遘疾遇厄，遭命不永，呜呼悲隔！"又曰："从今已去，六十年之外，车同轨，书同文，恨不及见也。"年三十二卒。长子宏，会稽南部都尉，次子睿，长水校尉。⑲

挽辞说："汉朝志士吴郡陆绩，幼年时熟读《诗经》、《尚书》，长成后研习《仪礼》、《周易》，奉命南征，遭遇疾病，迫于困厄，不幸短命，哎呀，悲伤阻隔！"又说："从现在算起，六十年以后，将会天下归于一统，遗憾的是我见不到了。"三十二岁时死去。大儿子陆宏，做过会稽郡南部都尉，第二个儿子陆睿，担任长水校尉。

张温字惠恕，吴郡吴人也。父允，以轻财重士，名显州郡，为孙权东曹掾，卒。温少修节操，容貌奇伟。权闻之，以问公卿曰："温当今与谁为比？"大农刘基曰："可与全琮为辈。"太常顾雍曰："基未详其为人也。温当今无辈。"权曰："如是，张允不死也。"征到延见，文辞占对，观者倾竦，权改容加礼。罢出，张昭执其手曰："老夫托意，君宜明之。"拜议郎、选曹尚书，徙太子太傅，甚见信重。

张温字惠恕，吴郡吴县人。父亲张允，因为轻视财物，看重士人，名扬所在州郡，曾担任孙权的东曹掾，后来去世。张温年轻时修养气节操守，容貌奇特雄伟。孙权听说这些，就问手下的高级官员说："张温现在可以跟谁相比？"大农刘基说："可以跟全琮并列。"太常顾雍说："刘基还不熟悉他的为人呢。张温现在没有可以跟他并列的人。"孙权说："如果真是这样，那就是张允没有死啊。"征召到京城，引进谒见，文章词语应口对答，旁观的人都钦佩震惊，孙权改变仪容，用超过常礼的礼节对待他。召见结束后出来，张昭握着他的手说："我老头子在您身上寄托的希望，您应该明白。"受命担任议郎、选曹尚书，又调任太子太傅，很受信任倚重。

时年三十二，以辅义中郎将使蜀。权谓温曰："卿不宜远出，恐诸葛孔明不知吾所以与曹氏通意，故屈卿行。若山越都除，便欲大构于丕。行人之义，受命不受辞也。"温对曰："臣入无腹心之规，出无专对之用，惧无张老延誉之功，又无子产陈事之效。然诸葛亮达见计数，必知神虑屈申之宜，加受朝廷天覆之惠，推亮之心，必无疑贰。"温至蜀，诣阙拜章曰："昔高宗以谅暗昌殷

当时张温三十二岁，以辅义中郎将的身份出使蜀国。孙权对张温说："你本不应该出远门，但恐怕诸葛孔明不了解我跟曹丕交往的本意，所以委屈你走一趟。你告诉蜀国，如果山越全部平定，我就想跟曹丕打一大仗。使者的道理，是接受使命而不接受现成辞令的。"张温回答说："臣在内没有合您心意的谋划，出外缺少独立应对的本领，我担心自己缺乏张老播扬国君名誉的功能，又没有子产陈述政事的效用。但是诸葛亮深谋远虑，必定能理解您英明决策以屈求伸的权宜做法。加上受到朝廷像上天覆盖一样的恩惠，推测诸葛亮的想法，一定不会因猜忌而生异心。"张温到了蜀国，前往朝廷呈上奏章，说："从前殷高宗以守孝之身使殷朝国统昌隆重新

祚于再兴，成王以幼冲隆周德于太平，功冒溥天，声贯罔极。今陛下以聪明之姿，等契往古，总百揆于良佐，参列精之炳耀，遐迩望风，莫不欣赖。吴国勤任旅力，清澄江浒，愿与有道平一宇内，委心协规，有如河水，军事凶烦，使役乏少，是以忍鄙倍之羞，使下臣温通致情好。陛下敦崇礼义，未便耻忽。臣自远境，及即近郊，频蒙劳来，恩诏辄加，以荣自惧，悚怛若惊。谨奉所赍函书一封。”蜀甚贵其才。还，顷之，使入豫章部伍出兵，事业未究。

兴盛，周成王以幼小年龄使周朝德行隆盛天下太平，功德覆盖天下，声望贯通古今。现在陛下您以聪慧、英明的资质，向古代的贤君圣主看齐，把总理各种政务的重任交给贤良的辅佐，加上众多人才如群星闪耀，远近的百姓仰望风采，没有不乐意归顺的。我们吴国念念不忘贡献力量，澄清长江沿岸，愿意同贵国一起平定、统一天下，全心全意共同谋划，这种心愿有河水之神作证，我们国君军务政事繁多，手下可供役使的人又不足，所以不顾粗俗背理的羞耻，派下臣张温陈述、表达我们的友好感情。陛下笃信、尊崇礼义，该不会看轻我们的。臣从进入边远的国境，到靠近京城的近郊，多次承蒙慰劳劝勉，频频奉到降恩的诏书，因为荣宠而自感恐惧，战战兢兢地觉得不安。恭敬地奉上所携带的书信一封。”蜀国很看重他的才能。回到吴国，不久，派他到豫章郡指挥出兵，与蜀国修好的工作没有做完。

权既阴衔温称美蜀政，又嫌其声名大盛，众庶炫惑，恐终不为己用，思有以中伤之，会暨艳事起，遂因此发举。艳字子休，亦吴郡人也，温引致之，以为选曹郎，至尚书。艳性狷厉，好为清议，见时郎署混浊淆杂，多非其人，欲臧否区别，贤愚异贯。弹射百僚，核选三署，率皆贬高就下，降损数等，其守故者十未能一，其居位贪鄙，志节污卑者，皆以为军吏，置营府以处之。而怨愤之声积，浸润之谮行矣。竞言艳及选曹郎徐彪，[20]专用私情，爱憎不由公理，艳、彪皆坐自杀。温宿与艳、彪同意，数交书疏，闻问往还，即罪温。权幽之有司，下令曰：“昔令召张温，虚己待之，既至显授，有过旧

孙权既暗中怨恨张温称扬赞美蜀国的政治，又忌讳他名声太大，使庶民迷惑，恐怕他终究不被自己所用，想找借口诬陷他，恰逢暨艳的事情发生，就趁这机会发难。暨艳字子休，也是吴郡人，张温将他引荐到朝廷，朝廷用他做选曹郎，又升到尚书。暨艳气量狭窄而生性严厉，喜欢议论时政，他看到当时一些官署人员混杂淆乱，许多人不称职，想要品评区别，给贤能的人和平庸的人以不同的职务和待遇。他指摘百官，考核、选拔三署的官员，一般情况下都贬高就低，降职数级，其中能够保留原职的不到十分之一，那些居官贪婪卑鄙，志节污浊低下的，都派去军队中效力，设立营府来安置他们。这样就越来越招致怨恨，各种谗言也渐渐流传开来了。人们争相数说暨艳和选曹郎徐彪，专凭私人感情，好恶不遵公理。暨艳、徐彪都获罪自杀。张温平素同暨艳、徐彪意气相投，常常互通音讯，书信来往，于是就判了张温的罪。孙权把他拘禁在官府，发布命令说：“当初我下令征召张温，虚心对待他，他来后我授给他显要的官职，待遇超过了一些有资望的大

臣，何图凶丑，专挟异心。昔暨艳父兄，附于恶逆，寡人无忌，故进而任之，欲观艳何如。察其中间，形态果见。而温与之结连死生，艳所进退，皆温所为头角，更相表里，共为腹背，非温之党，即就疵瑕，为之生论。又前任温董督三郡，指抙吏客及残余兵，时恐有事，欲令速归，故授棨戟，奖以威柄。乃便到豫章，表讨宿恶，寡人信受其言，特以绕帐、帐下、解烦兵五千人付之。后闻曹丕自出淮、泗，故豫敕温有急便出，而温悉内诸将，布于深山，被命不至。赖丕自退，不然，已往岂可深计。又殷礼者，本占候召，而温先后乞将到蜀，扇扬异国，为之谭论。又礼之还，当亲本职，而令守尚书户曹郎，如此署置，在温而已。又温语贾原，当荐卿作御史，语蒋康，当用卿代贾原，专衒贾国恩，为己形势。揆其奸心，无所不为。不忍暴于市朝，今斥还本郡，以给厮吏。呜呼温也，免罪为幸！”

臣，哪里料到这凶恶不善之徒，一心图谋不轨。当初，暨艳的父亲和哥哥，依附于凶恶谋逆之人，我对此没有忌恨，特意提拔任用暨艳，想看看他怎么样。考察他的内情，真实面目果然显露出来了。但是张温同他结成生死之交，暨艳对人的提拔和贬黜，都是张温给他出的主意，他们互为呼应，关系密切，不是张温的同伙，就毁谤指责，妄生议论。再有，当初委任张温督察豫章、鄱阳、庐陵三郡，指挥吏员和剩余的军队，当时恐怕万一有急事，要他迅速赶回，所以授给他前导的仪仗，用威信、权力来勉励他。他却跑到豫章，上表请求讨伐一贯作恶的山越，我相信并接受了他的请求，特地把绕帐、帐下、解烦兵共五千人交给他。后来听说曹丕亲自带兵渡过淮河、泗水，所以预先嘱咐张温一遇紧急情况立即出兵，但张温把部队都隐藏、布置在深山之中，接到命令却不到前线去。幸亏曹丕自己退兵，否则，那后果怎敢往深处想。再有，殷礼，本是为了观测天象预卜吉凶而征召来的，然而张温先后请求带着他到蜀汉，在外国鼓动张扬，大发议论。殷礼回国后，应该就任本职，却派他兼任尚书户曹郎，这样安排任用，张温一个人说了就算。张温还告诉贾原，会要推荐您当御史，告诉蒋康，会要用您代替贾原，专门炫卖国家的恩典，经营自己的权力地位。测度他邪恶不正的心术，是无所不为的。我不忍心杀他，现在将他驱逐回本郡，充任低级小吏。唉，张温哪，你能免于治罪就是幸运啦！”

将军骆统表理温曰：“伏惟殿下，天生明德，神启圣心，招髦秀于四方，置俊乂于宫朝。多士既受普笃之恩，张温又蒙最隆之施。而温自招罪谴，孤负荣遇，念其如此，诚可悲疚。然臣周旋之间，为国观听，深知其状，故密陈其理。温实心无他情，事无逆迹，但年

将军骆统上表为张温辩解说：“我恭谨地思量殿下，上天生就您完美的德性，神明开启您圣智的心灵，您从四方招来俊杰，把贤良安置在朝廷。众多士子已经受到您深广的恩德，张温又蒙受您最隆厚的赐予。然而张温自己招来罪责，辜负了您的恩遇，想到他的这种情况，的确值得悲伤痛心。但是臣在与他的应酬交往之中，为国家观察了解，深深地知悉他的情状，所以详细地陈述其中的缘由。张温实在是心中没有另外的企图，行事没有谋逆的形迹，

纪尚少，镇重尚浅，而戴赫烈之宠，体卓伟之才，亢臧否之谭，效褒贬之议。于是务势者妒其宠，争名者嫉其才，玄默者非其谭，瑕衅者讳其议，此臣下所当详辨，明朝所当究察也。昔贾谊，至忠之臣也，汉文，大明之君也，然而绛、灌一言，贾谊远退。何者？疾之者深，谮之者巧也。然而误闻于天下，失彰于后世，故孔子曰'为君难，为臣不易'也。温虽智非从横，武非虓虎，然其弘雅之素，英秀之德，文章之采，论议之辨，卓跞冠群，炜晔曜世，世人未有及之者也。故论温才即可惜，言罪则可恕。若忍威烈以赦盛德，宥贤才以敦大业，固明朝之休光，四方之丽观也。国家之于暨艳，不内之忌族，犹等之平民，是故先见用于朱治，次见举于众人，中见任于明朝，亦见交于温也。君臣之义，义之最重，朋友之交，交之最轻者也。国家不嫌于艳为最重之义，是以温亦不嫌与艳为最轻之交也。时世宠之于上，温窃亲之于下也。夫宿恶之民，放逸山险，则为劲寇，将置平土，则为健兵，故温念在欲取宿恶，以除劲寇之害，而增健兵之锐也。但自错落，功不副言。然计其送兵，以比许晏，数之多少，温不减之，用之强羸，温不下之，至于迟速，温不后之，故得及秋冬之

只是年纪还轻，资历还浅，却蒙受显赫光耀的恩宠，具有高超特异的才能，高谈品评人物的话题，发表褒贬百官的议论。于是追求权势的人妒忌他的荣宠，争夺名誉的人嫉恨他的才能，沉静无为的人非难他的言谈，犯有过恶的人忌讳他的议论，这是臣下应该仔细辨明，主上您应该深入考察的呀！从前，贾谊，是极为忠诚的臣子，汉文帝，是非常圣明的君主，然而周勃、灌婴一句话，就使贾谊被疏远、贬退，这是什么原因呢？是因为嫉妒他的人用心很深，诬蔑他的话又说得很巧妙哇。情况虽然如此，但是汉文帝的错误被天下知晓，过失彰明于后世，所以孔子说'做君长很难，做臣子不容易'呀。张温虽然没有从事合纵连横的智谋，没有像怒吼的老虎那样的勇力，但他广博典雅的素养，杰出优异的品德，文章的辞采，议论的雄辩，卓异超群，光耀当世，当今的人没有赶得上他的。所以论到才能，张温是值得珍视的，说起罪过，张温是可以原谅的。如果您克制威势来赦免有大德的人，宽宥贤才来促进伟大的功业，那当然是我朝的盛美光辉，流誉天下的美德啦。国家对于暨艳，并未把他列入应加防范的一类，还是按一般百姓来对待，所以他先被朱治任用，接着被众人荐举，然后再受到主上您的委任，也就得以与张温交结。君臣之间的情义，是情义中最重要的，朋友之间的交往，是交往中最一般的。国家不忌讳给暨艳以最重要的情义，因此张温也不忌讳跟暨艳有最一般的交往啊。这是时世在上面给他以荣宠，张温才在下面私下跟他亲近哪。那些一贯作恶的百姓，如果放任他们在山区险要之地，就会变成强劲的寇盗，假若把他们安置在平旷的地方，就可成为强健的士兵，所以张温在豫章的所作所为，意在收取这些一贯作恶的人，以便消除强盗的危害，增添部队的精锐呀。只是他自己处理有差误，功效没有他说的那样大。但是，考核他所送的士兵，拿来跟许晏比较，数量的多少，张温不比许晏差，作用的强弱，张温不比许晏低，到达的快慢，张温也不落后于许晏，因此得以赶在秋冬两季，奔赴战斗警报指定

月，赴有警之期，不敢忘恩而遗力也。温之到蜀，共誉殷礼，虽臣无境外之交，亦有可原也。境外之交，谓无君命而私相从，非国事而阴相闻者也；若以命行，既修君好，因叙己情，亦使臣之道也。故孔子使邻国，则有私觌之礼；季子聘诸夏，亦有燕谭之义也。古人有言，欲知其君，观其所使，见其下之明明，知其上之赫赫。温若誉礼，能使彼叹之，诚所以昭我臣之多良，明使之得其人，显国美于异境，扬君命于他邦。是以晋赵文子之盟于宋也，称随会于屈建；楚王孙圉之使于晋也，誉左史于赵鞅。亦向他国之辅，而叹本邦之臣，经传美之以光国，而不讥之以外交也。王靖内不忧时，外不趋事，温弹之不私，推之不假，于是与靖遂为大怨，此其尽节之明验也。靖兵众之势，干任之用，皆胜于贾原、蒋康，温尚不容私以安于靖，岂敢卖恩以协原、康邪？又原在职不勤，当事不堪，温数对以丑色，弹以急声；若其诚欲卖恩作乱，则亦不必贪原也。凡此数者，校之于事既不合，参之于众亦不验。臣窃念人君虽有圣哲之姿，非常之智，然以一人之身，御兆民之众，从层宫之内，瞰四国之外，照群下之情，求万机之理，犹未易周也，固当听察群下之言，以广

的地方，这是他不敢忘记国恩而不全力以赴啊。张温出使到蜀，极力赞誉殷礼，虽说臣子不应有国外的结交，但也是情有可原的。国外的结交，指的是没有国君的命令而私自相追随，不是国家的政事却暗中通音讯；如果是奉命出行，已经完成了国君交给的与外国结好的任务，乘便叙叙私人之间的友情，这也是使臣的正常之道。所以孔子出使邻国，就有以私人身份见所在国国君的礼节；季札聘问中原各诸侯国，也有私下闲谈的合理举动。古人说过，要想了解一个国君，就观察他所派遣的使者，看到那下属的明察智慧，就可以知道那上司的显赫盛大。如果张温称誉殷礼，能使蜀国人赞叹，那实在是借此显示了我国大臣中贤良众多，表明了您派遣使臣选人得当，在境外显扬了国家的美善，在异国播扬了国君的命令。因此晋国的赵文子在宋国参加盟会，向楚国的屈建称扬随会；楚国的王孙圉出使到晋国，对赵鞅赞誉左史倚相。这也是向其他国家的宰辅赞叹本国的大臣，经传赞美他们光耀了本国，而不谴责他们有国外的交结。王靖在内不为时政操心，在外不为国事奔走，张温弹劾他而不徇私，推究他而不宽贷，于是就同王靖结下很深的仇怨，这是他恪尽职守的明证啊。王靖拥兵的众多，任职的重要，这些都胜过贾原、蒋康，张温尚且不容纳私情以便与王靖相安无事，怎么敢用小恩小惠来收买勾结贾原、蒋康呢？再说贾原任职不努力，处事不称职，张温屡次用难看的脸色对待他，用激烈的言辞弹劾他；即使张温真要想以小恩小惠收买人心兴起叛乱，也不必贪图贾原这样的人啊。所有这些，用事实来考核既不相合，让众人来检查也不符情理。臣私下里认为，君主虽有超凡入圣的德才，非同寻常的智慧，但以独自一人，治理千万百姓，从重重宫殿之中，俯瞰四方之外，察看众多臣民的实情，求得纷繁政务的井然有序，还是不容易周全的，所以应该听取审察群臣的意见，以扩大自己聪慧、明智的光辉。

聪明之烈。今者人非温既殷勤,臣是温又契阔,辞则俱巧,意则俱至,各自言欲为国,谁其言欲为私,仓卒之间,犹难即别。然以殿下之聪睿,察讲论之曲直,若潜神留思,纤粗研核,情何嫌而不宣,事何昧而不昭哉?温非亲臣,臣非爱温者也。昔之君子,皆抑私忿,以增君明。彼独行之于前,臣耻废之于后,故遂发宿怀于今日,纳愚言于圣听,实尽心于明朝,非有念于温身也。"权终不纳。

现在别人非难张温已是情辞恳切,我肯定张温也是劳心费力,双方话都说得很好,意思也都表达出来了,各自都说是为国家着想,谁会说自己是为了私情?究竟谁是谁非,匆忙之间,还难以马上区别。但是,以殿下的聪慧明智,来辨察我们谈论的是非曲直,如果您静心留意,对大小事情都加以研究考核,那么真情又怎么会有疑而不昭显,事实又怎么会掩蔽而不彰明呢?张温并不亲近臣,臣也并不偏爱张温。从前有道德修养的人,都克制一己的愤怨,来增添君主的英明。他们已经特立独行,在前头做出了榜样,作为后来者,臣耻于放弃这种善行,所以现在就抒发平素的心意,献上愚昧的见解,实在是对主上尽自己的忠心,并不是在张温身上有什么想法呀。"孙权最终也没有采纳骆统的意见。

后六年,温病卒。二弟祗、白,亦有才名,与温俱废。[21]

六年以后,张温病死。两个弟弟张祗、张白,也有才华名声,同张温一起被废黜不用。

骆统字公绪,会稽乌伤人也。父俊,官至陈相,为袁术所害。[22]统母改适,为华歆小妻,统时八岁,遂与亲客归会稽。其母送之,拜辞上车,面而不顾,其母泣涕于后。御者曰:"夫人犹在也。"统曰:"不欲增母思,故不顾耳。"事適母甚谨。时饥荒,乡里及远方客多有困乏,统为之饮食衰少。其姊仁爱有行,寡归无子,见统甚哀之,数问其故。统曰:"士大夫糟糠不足,我何心独饱!"姊曰:"诚如是,何不告我,而自苦若此?"乃自以私粟与统,又以告母,母亦贤之,遂使分施,由是显名。

骆统字公绪,会稽郡乌伤县人。父亲骆俊,官做到陈国相,被袁术杀害。母亲改嫁,做了华歆的妾,骆统当时八岁,就同亲戚、宾客一起回会稽。他的母亲送他,他拜别母亲上了车,背朝母亲而不回头,他母亲在他身后哭泣。驾车的人说:"夫人还在呢。"骆统说:"我不想让母亲增加思念,所以才不回头呀。"侍奉嫡母非常恭谨。当时正闹饥荒,同乡和远方的客人很多都生活贫困,骆统为此减少饮食。他的姐姐仁爱有德行,死了丈夫回到娘家,没有儿子,见骆统这样,很同情他,屡次问他其中的缘故。骆统说:"士大夫连粗劣的食物都不够吃,我有什么心思一个人吃饱饭!"他姐姐说:"果真如此,为什么不告诉我,却这样苦自己?"于是把她私人的粮食给骆统,又把这情况告诉母亲,母亲也认为他有贤德,就让他把粮食分给别人,骆统因此出了名。

孙权以将军领会稽太守,统年二十,试为乌程相,民户过万,咸叹其惠理。权嘉之,召

孙权以将军的身份兼任会稽太守,当时骆统二十岁,试用为乌程相,乌程民家超过万户,都叹服他仁爱宽厚的治理。孙权称许他,征召他为功曹,兼任

为功曹，行骑都尉，妻以从兄辅女。统志在补察，苟所闻见，夕不待旦。常劝权以尊贤接士，勤求损益，飨赐之日，可人人别进，问其燥湿，加以密意，诱谕使言，察其志趣，令皆感恩戴义，怀欲报之心。权纳用焉。出为建忠中郎将，领武射吏三千人。及凌统死，复领其兵。

是时征役繁数，重以疫疠，民户损耗，统上疏曰："臣闻君国者，以据疆土为强富，制威福为尊贵，曜德义为荣显，永世胤为丰祚。然财须民生，强赖民力，威恃民势，福由民殖，德俟民茂，义以民行，六者既备，然后应天受祚，保族宜邦。《书》曰：'众非后无能胥以宁，后非众无以辟四方。'推是言之，则民以君安，君以民济，不易之道也。今强敌未殄，海内未乂，三军有无已之役，江境有不释之备，征赋调数，由来积纪，加以殃疫死丧之灾，郡县荒虚，田畴芜旷，听闻属城，民户浸寡，又多残老，少有丁夫，闻此之日，心若焚燎。思寻所由，小民无知，既有安土重迁之性，且又前后出为兵者，生则困苦无有温饱，死则委弃骸骨不反，是以尤用恋本畏远，同之于死。每有征发，羸谨居家重累者先见输送。小有财货，倾居行赂，不顾穷尽。轻剽者则迸入险阻，党就群恶。

骑都尉，把自己堂兄孙辅的女儿嫁给他。骆统志在补救、察知君主的过失，只要是自己听到或看到的，都立即进谏，不会等到第二天。他常劝孙权尊敬、接纳贤士，努力探求利弊，逢到赏赐臣下的日子，可以让群臣一个一个地分别进见，询问他们的生活起居，向他们表示关切，用诱导、晓谕的方式，让他们说出心里话，以此考察他们的志趣，使他们都感恩戴德，满怀报答之心。孙权采纳了他的建议。出任建忠中郎将，统领武射吏三千人。等到凌统死去，又负责统领凌统的兵马。

当时吴国频繁地征集兵役和劳役，加上瘟疫流行，民家减少，骆统上疏说："臣听说统治国家的人，以据有国土为富强，以掌握刑赏为尊贵，以显示德义为荣耀，以使子孙长久保持君位为大福。但财富需要民众的生产，强大依赖民众的力量，刑罚倚仗民众的威势，赏赐来自民众的积累，德行要靠民众才能繁盛，道义凭借民众才能实行，这六样都具备了，然后才能顺应天命，接受君位，保护家族，和睦邦国。《尚书》说：'民众没有君主不能安宁生活，君主没有民众不能统治四方。'由此推论，就是说民众依靠君主而获得安宁，君主凭借民众而成就大业，这是不变的道理呀。现在强大的敌人还没有消灭，四海之内还没有治理，军队有打不完的仗，长江边境上有不能松懈的戒备，赋税的征收和人力的征调都很频繁，这种情况从开始到如今总共十二年了，再加上灾病死亡的祸害，郡县废弃，田地荒芜，听说臣所管辖的县邑，民家渐渐减少，又多半是残疾老者，少有成年男子，臣听到这些，心急如火。臣寻思其中的缘由，在于百姓没有见识，既有安于本土，不愿轻易迁移的本性，又加上先后去当兵的人，活着时艰难困苦不得温饱，死后尸骨抛在外面不能运回老家，所以尤其贪恋本土，害怕远行，把离家远出看得像死一样可怕。每当政府有所征发，那些经济拮据、持家负担很重的人先被输送出去。稍微有些财物的人，拿出全部积蓄来行贿，不惜耗光家底。轻浮的人则奔散进入艰险阻塞之地，结成作恶的群伙。

百姓虚竭，嗷然愁扰，愁扰则不营业，不营业则致穷困，致穷困则不乐生，故口腹急，则奸心动而携叛多也。又闻民间，非居处小能自供，生产儿子，多不起养；屯田贫兵，亦多弃子。天则生之，而父母杀之，既惧干逆和气，感动阴阳。且惟殿下开基建国，乃无穷之业也，强邻大敌非造次所灭，疆埸常守非期月之戍，而兵民减耗，后生不育，非所以历远年，致成功也。夫国之有民，犹水之有舟，停则以安，扰则以危，愚而不可欺，弱而不可胜，是以圣王重焉，祸福由之，故与民消息，观时制政。方今长吏亲民之职，惟以办具为能，取过目前之急，少复以恩惠为治，副称殿下天覆之仁，勤恤之德者。官民政俗，日以凋弊，渐以陵迟，势不可久。夫治疾及其未笃，除患贵其未深，愿殿下少以万机余闲，留神思省，补复荒虚，深图远计，育残余之民，阜人财之用，参曜三光，等崇天地。臣统之大愿，足以死而不朽矣。”权感统言，深加意焉。

百姓空虚衰竭，喧嚷纷扰，忧愁不安，忧愁不安就不经营生计，不经营生计就导致穷困，穷困以后就对生活没有乐趣，所以一旦吃不饱，就动了邪恶的心思，叛离的人就多了。又听说在民间，如果不是生活处境稍微能自给自足的，生下男孩，就多半不予抚养；屯田的贫穷士兵，也有不少抛弃自己的儿子。上天生了他们，父母却杀了他们，臣既担心这样会干扰祥和之气，影响阴阳平衡，又想到殿下您开基建国，乃是永久流传的事业，强大的邻邦敌国不是一下子可以消灭，国界的经常守备不是短时间的防守，然而士兵百姓人数减少，青年男子不能养育长成，这不是经历长远、达到成功的办法呀。国家有民众，就好比水中有船，平静就安全，动荡就危险，民众虽愚昧却不能欺骗，虽弱小却不能压制，因此圣明的君主重视他们，懂得国家的凶吉取决于此，所以对百姓有张有弛，观察时宜来制定政策。现在，地方官吏本是爱民的职务，他们却只以完成任务为能事，采取挨过眼前困难的态度，很少有用恩惠来实行治理，符合殿下像上天覆盖一样的仁慈，忧心怜惜百姓的恩德的人。官府的政治和百姓的风俗，一天天衰败，渐渐地堕落，势必不能持久。医治疾病要赶在病还不重的时候，消除祸害贵在抓住祸害不深的时机，希望殿下用繁忙政务的余暇，留神思考省察，弥补、恢复那些已被荒疏的政事，深谋远虑，抚育幸存的百姓，扩大可供使用的人力和财力，与日月星辰一样光耀，与天地同样崇高。臣骆统的最大愿望，足以死而不朽了。”孙权为骆统的话所感动，对此给予了深切的关注。

以随陆逊破蜀军于宜都，迁偏将军。黄武初，曹仁攻濡须，使别将常雕等袭中洲，统与严圭共拒破之，封新阳亭侯，后为濡须督。数陈便宜，前后书数十上，所言皆善，文多故不悉载。尤以占募在民间长

因为跟随陆逊在宜都击破蜀国的军队，升任偏将军。黄武初年，魏将曹仁攻打濡须，派非主力部队的将领常雕等人袭击中洲，骆统同严圭一起抵御、击败了他们，被封为新阳亭侯，后来又担任濡须督。屡次向朝廷陈述有利国家、合乎时宜之事，前后上书几十次，所说的内容都好，因为文章太长所以不全部记载。其中突出的是他认为招募的做法在民间

恶败俗，生离叛之心，急宜绝置，权与相反覆，终遂行之。年三十六，黄武七年卒。

助长邪恶，败坏风俗，使百姓产生离叛之心，应该马上停止施行，孙权同他来回商讨，最终还是采纳了他的主张。黄武七年去世，时年三十六岁。

陆瑁字子璋，丞相逊弟也。少好学笃义。陈国陈融、陈留濮阳逸、沛郡蒋纂、广陵袁迪等，皆单贫有志，就瑁游处，[23]瑁割少分甘，与同丰约。及同郡徐原，爰居会稽，素不相识，临死遗书，托以孤弱，瑁为起立坟墓，收导其子。又瑁从父绩早亡，二男一女，皆数岁以还，瑁迎摄养，至长乃别。州郡辟举，皆不就。

陆瑁字子璋，是丞相陆逊的弟弟。年轻时好学，专诚于道义。陈国陈融、陈留濮阳逸、沛郡蒋纂、广陵袁迪等人，都贫弱而有志向，同陆瑁交游相处，陆瑁把自己不多的好东西分给他们，与他们同甘共苦。后来同郡的徐原迁居会稽，与陆瑁素不相识，临死时留下遗书，把自己的儿女托付给陆瑁，陆瑁为他修建坟墓，又收留、教导他的子女。陆瑁的叔父陆绩死得早，留下两男一女，都只有几岁，陆瑁把他们接来抚养，到长大成人才让他们离开。州郡征召、荐举，他都不去就职。

时尚书暨艳盛明臧否，差断三署，颇扬人暗昧之失，以显其谪。瑁与书曰："夫圣人嘉善矜愚，忘过记功，以成美化。加今王业始建，将一大统，此乃汉高弃瑕录用之时也，若令善恶异流，贵汝颍月旦之评，诚可以厉俗明教，然恐未易行也。宜远模仲尼之泛爱，中则郭泰之弘济，近有益于大道也。"艳不能行，卒以致败。

当时尚书暨艳大张旗鼓地品评人物，挑选评判三署的官员，宣扬别人不光彩的过失，以显示对人的责罚。陆瑁给暨艳写信说："圣人赞美好人，同情愚昧的人，忘掉人家的过错，记住别人的功劳，以便形成美善的风化。加之当今帝王的基业刚刚建立，将要完成统一天下的大业，这正同汉高祖录用曾有过失缺点的人以成就大业的时候是一样的，如果过于清楚地区分善恶，推崇许劭那样的月旦之评，虽然确实可以借此振奋风俗，宣明教化，但恐怕不容易实行呢。应该远学孔子的泛爱，中学郭泰的广济博施，近有益于大道哇。"暨艳不能采纳陆瑁的建议，最终因此招致失败。

嘉禾元年，公车征瑁，拜议郎、选曹尚书。孙权忿公孙渊之巧诈反覆，欲亲征之，瑁上疏谏曰："臣闻圣王之御远夷，羁縻而已，不常保有，故古者制地，谓之荒服，言慌惚无常，不可保也。今渊东夷小丑，屏在海隅，虽托人面，与禽兽无异。国家所为不爱货宝远以加之者，非嘉其德义也，诚欲

嘉禾元年，朝廷由公车府征召陆瑁，任命他为议郎、选曹尚书。孙权为公孙渊的奸巧谋诈、反复无常而愤怒，打算亲自前去征讨。陆瑁上疏规劝说："臣听说圣明的君主统治远方的蛮夷，只是加以控制约束而已，并不长期占有它们的地方，所以古人制定地域名称，把它们叫做荒服，就是指它们隐约游移，没有常态，不能占有哇。如今公孙渊是个东夷小丑，隐藏在沿海一隅，虽然托生了一张人的面孔，实际上同禽兽没有区别。主上您之所以不吝惜财宝长途跋涉去授给公孙渊，并不是赞美他的道德仁

诱纳愚弄，以规其马耳。渊之骄黠，恃远负命，此乃荒貊常态，岂足深怪？昔汉诸帝亦尝锐意以事外夷，驰使散货，充满西域，虽时有恭从，然其使人见害，财货并没，不可胜数。今陛下不忍悁悁之忿，欲越巨海，身践其土，群臣愚议，窃谓不安。何者？北寇与国，壤地连接，苟有间隙，应机而至。夫所以越海求马，曲意于渊者，为赴目前之急，除腹心之疾也，而更弃本追末，捐近治远，忿以改规，激以动众，斯乃猾虏所愿闻，非大吴之至计也。又兵家之术，以功役相疲，劳逸相待，得失之间，所觉辄多。且沓渚去渊，道里尚远，今到其岸，兵势三分，使强者进取，次当守船，又次运粮，行人虽多，难得悉用；加以单步负粮，经远深入，贼地多马，邀截无常。若渊狙诈，与北未绝，动众之日，唇齿相济。若实孑然无所凭赖，其畏怖远进，或难卒灭。使天诛稽于朔野，山虏承间而起，恐非万安之长虑也。”权未许。

义，实在只是想要诱导、收纳、愚弄他，以便得到他们的马匹罢了。公孙渊骄横狡诈，仗恃远离皇都而违背命令，这是远方蛮夷常有的情况，有什么值得特别奇怪的呢？当初汉朝各位皇帝也曾专心一意地交结境外的蛮夷，奔忙的使者，散布的财物，充满了西域，虽然不时有些外族恭顺、服从，但汉朝使者被害、财物同时被没收的情况，不计其数。如今陛下忍不下这口气，想要跨越大海，亲身踏上东夷的土地，根据群臣们不高明的看法，私下认为不妥。为什么呢？曹魏与我国土地连接，如果有空子可钻，他们会马上乘机前来。我们之所以跨海寻求马匹，违反自己的本心去迎合公孙渊，是为了拯救眼前的急难，消除深隐要害的疾患，却又舍本逐末，弃近求远，因为一时的激愤而改变常规，兴师动众，这正是奸猾的敌人所希望的，而不是我们吴国的上策啊。再说兵家的策略，用事功劳役来疲乏敌人，用自己的休息来等待对方的劳累，一得一失之间，差距就大了。再说沓渚这地方距离公孙渊的住地路程还远，如果到了那边的海岸，兵力势必分成三股，派精壮的进攻，次等的守船，更次的运粮，去的人虽多，但不一定够用；加上徒步带着粮草，经历远道深入敌土，敌方马匹很多，说不定什么时候就来阻截。如果公孙渊玩弄诡诈，跟北魏关系不断，我们起兵的时候，他们就会紧密配合，互相救助。如果他确实单独与我国抗衡而没有什么后台，那就可能因害怕而远远奔散，恐怕难以一下子消灭。假使您的征讨部队滞留在那北方的原野，国内的山越匪徒乘机起事，这恐怕不是万无一失的长远考虑啊。”孙权没有同意。

瑁重上疏曰：“夫兵革者，固前代所以诛暴乱，威四夷也，然其役皆在奸雄已除，天下无事，从容庙堂之上，以余议议之耳。至于中夏鼎沸，九域槃互之时，率须深根固本，爱力惜费，务自休养，以待邻

陆瑁再次上疏说：“军事武备，固然是从前各朝代用来诛灭暴乱，威慑四方蛮夷的，但它要做的事都只是在奸猾的大野心家已被诛灭，天下平安无事的情况下，从从容容地在朝廷上，放在最次要的地位来议论的。至于在中原地区纷扰动乱，天下群雄各据一方互相为敌的时候，一般都应该加深和强固根本，珍惜力量和财用，致力于自身的休整和养息，

敌之阙，未有正于此时，舍近治远，以疲军旅者也。昔尉佗叛逆，僭号称帝，于时天下乂安，百姓殷阜，带甲之数，粮食之积，可谓多矣，然汉文犹以远征不易，重兴师旅，告喻而已。今凶桀未殄，疆埸犹警，虽蚩尤、鬼方之乱，故当以缓急差之，未宜以渊为先。愿陛下抑威任计，暂宁六师，潜神嘿规，以为后图，天下幸甚。”权再览瑁书，嘉其词理端切，遂不行。

以便等待强邻敌国的空隙，没有正当这种时候，舍近求远，劳师动众的。当初尉佗背叛汉朝，非法称帝，当时天下安定，百姓富足，军队的数量、粮食的储备，可以说是够多了，但汉文帝尚且因为远征不容易，难于动用军队，所以只是向他宣明道理而已。当今凶暴之人尚未消灭，边境还需警戒，即使是像蚩尤、鬼方那样的动乱，也本来应该区别缓急，更不应把公孙渊作为当务之急。希望陛下克制威怒，停止进攻的计划，暂时不要出兵，潜心思考默默规划，以作今后的打算，那么天下就幸运非常了。”孙权两次读了陆瑁的上书，赞许他道理正直，文辞恳切，于是不再出兵。

初，瑁同郡闻人敏见待国邑，优于宗俢，惟瑁以为不然，后果如其言。

当初，陆瑁的同郡人闻人敏在国都受到款待，人们认为他比宗俢要强，只有陆瑁认为不是这样，后来情况果然同他说的相符。

赤乌二年，瑁卒。子喜亦涉文籍，好人伦，孙晧时为选曹尚书。[24]

赤乌二年，陆瑁死去。他的儿子陆喜也涉猎文章典籍，喜欢辨别、评述人的流品，孙晧当皇帝时担任选曹尚书。

吾粲字孔休，吴郡乌程人也。[25]孙河为县长，粲为小吏，河深奇之。河后为将军，得自选长吏，表粲为曲阿丞，迁为长史，治有名迹。虽起孤微，与同郡陆逊、卜静等比肩齐声矣。孙权为车骑将军，召为主簿，出为山阴令，还为参军校尉。

吾粲字孔休，吴郡乌程县人。孙河担任县长时，吾粲是个小吏，孙河非常赞赏他的才干。孙河后来当了将军，可以自己选拔高级吏员，于是推荐吾粲为曲阿县丞，又调任长史，治理郡县具有名声业绩。虽然出身寒微，但与同郡的陆逊、卜静等人有同样的地位和声望。孙权做了车骑将军，召吾粲担任主簿，后来离开孙权驻地去做山阴县令，回来又担任了参军校尉。

黄武元年，与吕范、贺齐等俱以舟师拒魏将曹休于洞口。值天大风，诸船绠绁断绝，漂没著岸，为魏军所获，或覆没沈溺，其大船尚存者，水中生人皆攀缘号呼，他吏士恐船倾没，皆以戈矛撞击不受。粲与黄渊独令船人以承取之，左

黄武元年，与吕范、贺齐等人一同率领水军在洞口抵御魏国将领曹休。遇上天刮大风，联结各船的绳索断了，一些船漂流到岸边，被魏军抓获，有的船则倾覆沉没了。一些大船没沉，掉在水里的人都攀住它们的船边呼救，这些船上的其他官吏、士兵担心船只翻沉，都拿戈、矛等兵器撞击他们，不让他们上船。只有吾粲和黄渊命令自己船上的人拯救落水者，部下以为船重一定会倾覆，吾粲说：“船翻了，

右以为船重必败，粲曰：“船败，当俱死耳！人穷，奈何弃之。”粲、渊所活者百余人。

还，迁会稽太守，召处士谢谭为功曹，谭以疾不诣，粲教曰：“夫应龙以屈伸为神，凤皇以嘉鸣为贵，何必隐形于天外，潜鳞于重渊者哉？”粲募合人众，拜昭义中郎将，与吕岱讨平山越，入为屯骑校尉、少府，迁太子太傅。遭二宫之变，抗言执正，明嫡庶之分，欲使鲁王霸出驻夏口，遣杨竺不得令在都邑。又数以消息语陆逊，逊时驻武昌，连表谏争。由此为霸、竺等所谮害，下狱诛。

朱据字子范，吴郡吴人也。有姿貌膂力，又能论难。黄武初，征拜五官郎中，补侍御史。是时选曹尚书暨艳，疾贪污在位，欲沙汰之。据以为天下未定，宜以功覆过，弃瑕取用，举清厉浊，足以沮劝，若一时贬黜，惧有后咎。艳不听，卒败。

权咨嗟将率，发愤叹息，追思吕蒙、张温，以为据才兼文武，可以继之，自是拜建义校尉，领兵屯湖孰。黄龙元年，权迁都建业，征据尚公主，拜左将军，封云阳侯。谦虚接士，轻财好施，禄赐虽丰而常不足用。嘉禾中，始铸大钱，一当五百。后据部曲应受三万缗，工王遂诈而受之，典校吕壹疑据实取，考问主者，死于杖下，据

无非大家死在一起罢了！别人走投无路时，怎么可以抛弃他？”吾粲、黄渊所救活的有一百多人。

回到国都，调任会稽太守，征召处士谢谭担任功曹，谢谭借口有病不来赴任，吾粲下文向他宣示说：“应龙以能屈能伸为神奇，凤凰以美好鸣声为珍贵，为什么一定要把形体隐藏在天外，把鳞甲潜伏在深渊呢？”吾粲募集众人，被任命为昭义中郎将，同吕岱一起讨伐、平定山越，回到京师担任屯骑校尉、少府，调任太子太傅。遇上太子孙和、鲁王孙霸的事变，吾粲直言不屈，主持正义，阐明嫡庶的分别，想让鲁王孙霸离开京师驻守夏口，放逐杨竺不准他留在城市。又屡次把消息告知陆逊，陆逊当时驻守武昌，接连上表规劝。吾粲因此被孙霸、杨竺等人诬蔑陷害，下狱处死。

朱据字子范，吴郡吴县人。姿容英俊，体力过人，又善于辩论诘难。黄武初年，征召任命为五官郎中，又任命他补侍御史的缺额。当时选曹尚书暨艳，憎恨贪官污吏在位，想要淘汰他们。朱据认为天下还没有安定，应该用人的功劳掩蔽他的过错，抛弃人的缺点而取用人的长处，以荐举清廉者的方式来激励污浊者改过，这样足以阻止邪恶，勉励善行，如果一下子降职、处分太多，恐怕会有后患。暨艳不听，终于失败。

孙权忧心于手下没有杰出的将帅，为此而长吁短叹，发泄郁闷，追思吕蒙、张温，认为朱据兼有文武两方面的才能，可以继承他们，由此任命他为建义校尉，率领军队驻扎在湖孰。黄龙元年，孙权将都城迁到建业，征召朱据匹配公主，任命他为左将军，封为云阳侯。朱据谦虚交结士人，看轻财物，乐于施舍，得到的俸禄赏赐虽多但常常不够用。嘉禾年间，开始铸造大钱，一枚值原来的五百枚。后来有一次朱据的部队应该得到三万贯钱，被工匠王遂冒名领取，典校吕壹怀疑朱据真的拿了这些钱，拷打、审问主管钱款的官员，这官员死在刑杖之下，朱据哀怜

哀其无辜，厚棺敛之。壹又表据吏为据隐，故厚其殡。权数责问据，据无以自明，藉草待罪。数月，典军吏刘助觉，言王遂所取，权大感寤，曰："朱据见枉，况吏民乎？"乃穷治壹罪，赏助百万。

他无辜冤死，用厚棺装殓了他。吕壹又上表说朱据的吏员为朱据隐瞒，所以朱据厚葬他。孙权屡次责问朱据，朱据无法证明自己的清白，只好坐卧草上等待治罪。几个月后，典军吏刘助察觉了事情的真相，说钱是王遂拿了，孙权醒悟过来，极为感动，说："连朱据都被冤枉，何况是低级官员和百姓呢？"于是彻底惩处吕壹的罪过，赏给刘助一百万钱。

赤乌九年，迁骠骑将军。遭二宫构争，据拥护太子，言则恳至，义形于色，守之以死，[26]遂左迁新都郡丞。未到，中书令孙弘谮润据，因权寝疾，弘为诏书追赐死，时年五十七。孙亮时，二子熊、损各复领兵，为全公主所谮，皆死。永安中，追录前功，以熊子宣袭爵云阳侯，尚公主。孙晧时，宣至骠骑将军。

赤乌九年，调任骠骑将军。遇上太子孙和同鲁王孙霸之间的争夺，朱据拥护太子，言辞恳切周到，正义之气表现于神色，宁死也要坚持自己的观点，于是被降职为新都郡丞。还没到达新都，中书令孙弘谗毁朱据，趁着孙权卧病，孙弘伪造诏书对朱据追加赐死，当时朱据五十七岁。孙亮在位时，朱据的两个儿子朱熊、朱损各自再次统领军队，被全公主谗毁，都遇害死去。永安年中，追记以前的功劳，以朱熊的儿子朱宣承袭云阳侯的爵位，匹配公主。孙晧在位时，朱宣官做到骠骑将军。

评曰：虞翻古之狂直，固难免乎末世，然权不能容，非旷宇也。陆绩之于扬《玄》，是仲尼之左丘明，老聃之严周矣；以瑚琏之器，而作守南越，不亦贼夫人欤！张温才藻俊茂，而智防未备，用致艰患。骆统抗明大义，辞切理至，值权方闭不开。陆瑁笃义规谏，君子有称焉。吾粲、朱据遭罹屯蹇，以正丧身，悲夫！

评论说：虞翻是保持古风的疏狂直率的人，在接近衰亡的世道，当然难以免于祸难，但孙权不能容纳他，算不得心胸宽阔的人。陆绩对于扬雄《太玄经》的贡献，就像左丘明对于孔子的《春秋》，庄子对于老子的《道德经》一样了；以他这样难得的人才，却派去镇守南越，不是毁了他吗！张温才思文采杰出，但智计却不完备，因此招致艰难忧患。骆统耿直地阐明正道，文辞恳切，说理周密，正好遇上孙权闭塞而不开明。陆瑁专诚道义，规劝谏诤，君子对他有所称颂。吾粲、朱据遭逢挫折，因为正直而丧生，可悲呀！

---

①《吴书》曰：翻少好学，有高气。年十二，客有候其兄者，不过翻，翻追与书曰："仆闻虎魄不取腐芥，磁石不受曲针，过而不存，不亦宜乎？"客得书奇之，由是见称。

②《吴书》曰：翻始欲送朗到广陵，朗惑王方平记，言"疾来邀我，南岳相求"，故遂南行。既至候官，又欲投交州，翻谏朗曰："此妄书耳，交州无南岳，安所投乎？"乃止。

③《翻别传》曰：朗使翻见豫章太守华歆，图起义兵。翻未至豫章，闻孙策向会稽，翻乃还。会遭父丧，以臣使有节，不敢

过家,星行追朗至候官。朗遣翻还,然后奔丧。而传云孙策之来,翻衰绖诣府门,劝朗避策,则为大异。

④《江表传》曰:策书谓翻曰:"今日之事,当与卿共之,勿谓孙策作郡吏相待也。"

⑤《吴书》曰:策讨山越,斩其渠帅,悉令左右分行逐贼,独骑与翻相得山中。翻问左右安在,策曰:"悉行逐贼。"翻曰:"危事也!"令策下马:"此草深,卒有惊急,马不及萦策,但牵之,执弓矢以步。翻善用矛,请在前行。"得平地,劝策乘马。策曰:"卿无马奈何?"答曰:"翻能步行,日可二百里,自征讨以来,吏卒无及翻者,明府试跃马,翻能疏步随之。"行及大道,得一鼓吏,策取角自鸣之,部曲识声,小大皆出,遂从周旋,平定三郡。

《江表传》曰:策讨黄祖,旋军欲过取豫章,特请翻语曰:"华子鱼自有名字,然非吾敌也。加闻其战具甚少,若不开门让城,金鼓一震,不得无所伤害,卿便在前具宣孤意。"翻即奉命辞行,径到郡,请被褠葛巾与歆相见,谓歆曰:"君自料名声之在海内,孰与鄙郡故王府君?"歆曰:"不及也。"翻曰:"豫章资粮多少,器仗精否,士民勇果孰与鄙郡?"又曰:"不如也。"翻曰:"讨逆将军智略超世,用兵如神,前走刘扬州,君所亲见,南定鄙郡,亦君所闻也。今欲守孤城,自料资粮,已知不足,不早为计,悔无及也。今大军已次椒丘,仆便还去,明日日中迎檄不到者,与君辞矣。"翻既去,歆明旦出城,遣吏迎策。策既定豫章,引军还吴,飨赐将士,计功行赏,谓翻曰:"孤昔再至寿春,见马日磾,及与中州士大夫会,语我东方人多才耳,但恨学问不博,语议之间,有所不及耳。孤意犹谓未耳。卿博学洽闻,故前欲令卿一诣许,交见朝士,以折中国妄语儿。卿不愿行,便使子纲;恐子纲不能结儿辈舌也。"翻曰:"翻是明府家宝,而以示人,人倘留之,则去明府良佐,故前不行耳。"策笑曰:"然。"因曰:"孤有征讨事,未得还府,卿复以功曹为吾萧何,守会稽耳。"后三日,便遣翻还郡。

臣松之以为王、华二公于扰攘之时,抗猛锐之锋,俱非所能。歆之名德,实高于朗,而《江表传》述翻说华,云"海内名声,孰与于王",此言非也。然王公拒战,华逆请服,实由孙策初起,名微众寡,故王能举兵,岂武胜哉?策后威力转盛,势不可敌,华量力而止,非必用仲翔之说也。若使易地而居,亦华战王服耳。

按《吴历》载翻谓歆曰:"窃闻明府与王府君齐名中州,海内所宗,虽在东垂,常怀瞻仰。"歆答曰:"孤不如王会稽。"翻复问:"不审豫章精兵,何如会稽?"对曰:"大不如也。"翻曰:"明府言不如王会稽,谦光之谭耳;精兵不如会稽,实如尊教。"因述孙策才略殊异,用兵之奇,歆乃答云当去。翻出,歆遣吏迎策。二说有不同,此说为胜也。

⑥《吴书》曰:策薨,权统事。定武中郎将暠,策之从兄也,屯乌程,整帅吏士,欲取会稽。会稽闻之,使民守城以俟嗣主之命,因令人告谕暠。

《会稽典录》载翻说暠曰:"讨逆明府,不竟天年。今摄事统众,宜在孝廉,翻已与一郡吏士,婴城固守,必欲出一旦之命,为孝廉除害,惟执事图之。"于是暠退。

臣松之案:此二书所说策亡之时,翻犹为功曹,与本传不同。

⑦《吴书》曰:翻闻曹公辟,曰:"盗跖欲以余财污良家邪?"遂拒不受。

⑧《吴书》曰:后权与魏和,欲遣禁还归北,翻复谏曰:"禁败数万众,身为降虏,又不能死。北习军政,得禁必不如所规。还之虽无所损,犹为放盗,不如斩以令三军,示为人臣有二心者。"权不听。群臣送禁,翻谓禁曰:"卿勿谓吴无人,吾谋适不用耳。"禁虽为翻所恶,然犹盛叹翻,魏文帝常为翻设虚坐。

⑨《翻别传》曰:权即尊号,翻因上书曰:"陛下膺明圣之德,体舜、禹之孝,历运当期,顺天济物。奉承策命,臣独抃舞。罪弃两绝,拜贺无阶,仰瞻宸极,且喜且悲。臣伏自刻省,命轻雀鼠,性輶毫厘,罪恶莫大,不容于诛,昊天罔极,全宥九载,退当念戮,频受生活,复偷视息。臣年耳顺,思咎忧愤,形容枯悴,发白齿落,虽未能死,自悼终没,不见宫阙百官之富,不睹皇舆金轩之饰,仰观巍巍众民之谣,傍听钟鼓侃然之乐,永陨

海隅，弃骸绝域，不胜悲慕，逸豫大庆，悦以忘罪。”

⑩《翻别传》曰：翻初立《易》注，奏上曰：“臣闻六经之始，莫大阴阳，是以伏羲仰天县象，而建八卦，观变动六爻为六十四，以通神明，以类万物。臣高祖父故零陵太守光，少治孟氏《易》，曾祖父故平舆令成，缵述其业，至臣祖父凤为之最密。臣亡考故日南太守歆，受本于凤，最有旧书，世传其业，至臣五世。前人通讲，多玩章句，虽有秘说，于经疏阔。臣生遇世乱，长于军旅，习经于桴鼓之间，讲论于戎马之上，蒙先师之说，依经立注。又臣郡吏陈桃梦臣与道士相遇，放发被鹿裘，布《易》六爻，挠其三以饮臣，臣乞尽吞之。道士言《易》道在天，三爻足矣。岂臣受命，应当知经！所览诸家解不离流俗，义有不当实，辄悉改定，以就其正。孔子曰：‘乾元用九而天下治。’圣人南面，盖取诸离，斯诚天子所宜协阴阳致麟凤之道矣。谨正书副上，惟不罪戾。”翻又奏曰：“经之大者，莫过于《易》。自汉初以来，海内英才，其读《易》者，解之率少。至孝灵之际，颍川荀谞号为知《易》，臣得其注，有愈俗儒，至所说西南得朋，东北丧朋，颠倒反逆，了不可知。孔子叹《易》曰：‘知变化之道者，其知神之所为乎！’以美大衍四象之作，而上为章首，尤可怪笑。又南郡太守马融，名有俊才，其所解释，复不及谞。孔子曰‘可与共学，未可与适道’，岂不其然！若乃北海郑玄，南阳宋忠，虽各立注，忠小差玄而皆未得其门，难以示世。”又奏郑玄解《尚书》违失事目：“臣闻周公制礼以辨上下，孔子曰‘有君臣然后有上下，有上下然后礼义有所错’，是故尊君卑臣，礼之大司也。伏见故征士北海郑玄所注《尚书》，以《顾命》康王执瑁，古‘月’似‘同’，从误作‘同’，既不觉定，复训为杯，谓之酒杯；成王疾困凭几，洮颒为濯，以为浣衣成事，‘洮’字虚更作‘濯’，以从其非；又古大篆‘丣’字读当为‘柳’，古‘柳’‘丣’同字，而以为昧；‘分北三苗’，‘北’古‘别’字，又训北，言北犹别也。若此之类，诚可怪也。玉人职曰天子执瑁以朝诸侯，谓之酒杯；天子颒面，谓之浣衣；古篆‘丣’字，反以为昧。甚违不知盖阙之义。于此数事，误莫大焉，宜命学官定此三事。又马融训注亦以为同者大同天下，今经益‘金’就作‘铜’字，诂训言天子副玺，虽皆不得，犹愈于玄。然此不定，臣没之后，而奋乎百世，虽世有知者，怀谦莫或奏正。又玄所注五经，违义尤甚者百六十七事，不可不正。行乎学校，传乎将来，臣窃耻之。”翻放弃南方，云：“自恨疏节，骨体不媚，犯上获罪，当长没海隅，生无可与语，死以青蝇为吊客，使天下一人知己者，足以不恨。”以典籍自慰，依《易》设象，以占吉凶。又以宋氏解玄颇有缪错，更为立法，并着《明杨》、《释宋》以理其滞。

臣松之案：翻云“古大篆‘丣’字读当言‘柳’，古‘柳’‘丣’同字”，窃谓翻言为然。故“刘”“留”“聊”“柳”同用此字，以从声故也，与日辰“卯”字字同音异。然《汉书·王莽传》论卯金刀，故以为日辰之“卯”，今未能详正。然世多乱之，故翻所说云。荀谞，荀爽之别名。

⑪《会稽典录》曰：览字孝连，八岁而孤，家又单微，清身立行，用意不苟，推财从弟，以义让称。仕郡至功曹，守始平长。为人精微洁净，门无杂宾。孙权深贵待之，未及擢用，会病卒，甚见痛惜，殊其门户。览子固，字子贱，本名密，避滕密，改作固。固在襁褓中，阚泽见而异之，曰：“此儿后必致公辅。”固少丧父，独与母居，家贫守约，色养致敬，族弟孤弱，与同寒温。翻与固同僚书曰：“丁子贱塞渊好德，堂构克举，野无遗薪，斯之为懿，其美优矣。令德之后，惟此君嘉耳。”历显位，孙休时固为左御史大夫，孙晧即位，迁司徒。晧悖虐，固与陆凯、孟宗同心忧国，年七十六卒。子弥，字钦远，仕晋，至梁州刺史。孙潭，光禄大夫。徐陵字元大，历三县长，所在著称，迁零陵太守。时朝廷俟以列卿之位，故翻书曰：“元大受上卿之遇，叔向在晋，未若于今。”其见重如此。陵卒，僮客土田或见侵夺，骆统为陵家讼之，求与丁览、卜清等为比，权许焉。陵子平，字伯先，童龀知名，翻甚爱之，屡称叹焉。诸葛恪为丹杨太守，讨山越，以平威重思虑，可与效力，请平为丞，稍迁武昌左部督，倾心接物，士卒皆为尽力。初，平为恪从事，意甚薄，及恪辅政，待平益疏。恪被害，子建亡走，为平部曲所得，平使遣

去，别为佗军所获。平两妇归宗，敬奉情过乎厚。其行义敦笃，皆此类也。

⑫《吴书》曰：翻虽在徙弃，心不忘国，常忧五谿宜讨，以辽东海绝，听人使来属，尚不足取，今去人财以求马，既非国利，又恐无获。欲谏不敢，作表以示吕岱，岱不报，为爱憎所白，复徙苍梧猛陵。

《江表传》曰：后权遣将士至辽东，于海中遭风，多所没失，权悔之，乃令曰："昔赵简子称诸君之唯唯，不如周舍之谔谔。虞翻亮直，善于尽言，国之周舍也。前使翻在此，此役不成。促下问交州，翻若尚存者，给其人船，发遣还都；若以亡者，送丧还本郡，使儿子仕宦。"会翻已终。

⑬《会稽典录》曰：孙亮时，有山阴朱育，少好奇字，凡所特达，依体象类，造作异字千名以上。仕郡门下书佐。太守濮阳兴正旦宴见掾吏，言次，问："太守昔闻朱颍川问士于郑召公，韩吴郡问士于刘圣博，王景兴问士于虞仲翔，尝见郑、刘二答而未睹仲翔对也。钦闻国贤，思睹盛美有日矣，书佐宁识之乎？"育对曰："往过习之。昔初平末年，王府君以渊妙之才，超迁临郡，思贤嘉善，乐采名俊，问功曹虞翻曰：'闻玉出昆山，珠生南海，远方异域，各生珍宝。且曾闻士人叹美贵邦，旧多英俊，徒以远于京畿，含香未越耳。功曹雅好博古，宁识其人邪？'翻对曰：'夫会稽上应牵牛之宿，下当少阳之位，东渐巨海，西通五湖，南畅无垠，北渚浙江，南山攸居，实为州镇，昔禹会群臣，因以命之。山有金木鸟兽之殷，水有鱼盐珠蚌之饶，海岳精液，善生俊异，是以忠臣继踵，孝子连闾，下及贤女，靡不育焉。'王府君笑曰：'地势然矣，士女之名可悉闻乎？'翻对曰：'不敢及远，略言其近者耳。往者孝子句章董黯，尽心色养，丧致其哀，单身林野，鸟兽归怀，怨亲之辱，白日报仇，海内闻名，昭然光著。太中大夫山阴陈嚣，渔则化盗，居则让邻，感侵退藩，遂成义里，摄养车妪，行足厉俗，自扬子云等上书荐之，粲然传世。太尉山阴郑公，清亮质直，不畏强御。鲁相山阴钟离意，禀殊特之姿，孝家忠朝，宰县相国，所在遗惠，故取养有君子之谟，鲁国有丹书之信。及陈宫、费齐皆上契天心，功德治状，记在汉籍。有道山阴赵晔，征士上虞王充，各洪才渊懿，学究道源，著书垂藻，骆驿百篇，释经传之宿疑，解当世之槃结，或上穷阴阳之奥秘，下摅人情之归极。交阯刺史上虞綦毋俊，拔济一郡，让爵土之封。决曹掾上虞孟英，三世死义。主簿句章梁宏，功曹史余姚驷勋，主簿句章郑云，皆敦终始之义，引罪免居。门下督盗贼余姚伍隆，郧。主簿任光，章安小吏黄他，身当白刃，济君于难。扬州从事句章王修，委身授命，垂声来世。河内太守上虞魏少英，遭世屯蹇，忘家忧国，列在八俊，为世英彦。尚书乌伤杨乔，桓帝妻以公主，辞疾不纳。近故太尉上虞朱公，天姿聪亮，钦明神武，策无失谟，征无遗虑，是以天下义兵，思以为首。上虞女子曹娥，父溺江流，投水而死，立石碑纪，炳然著显。'王府君曰：'是既然矣，颍川有巢、许之逸轨，吴有太伯之三让，贵郡虽士人纷纭，于此足矣。'翻对曰：'故先言其近者耳，若乃引上世之事，及抗节之士，亦有其人。昔越王翳让位，逃于巫山之穴，越人薰而出之，斯非太伯之俦邪？且太伯外来之君，非其地人也。若以外来言之，则大禹亦巡于此而葬之矣。鄞大里黄公，洁己暴秦之世，高祖即阼，不能一致，惠帝恭让，出则济难。征士余姚严遵，王莽数聘，抗节不行，光武中兴，然后俯就，矫手不拜，志陵云日。皆著于传籍，较然彰明，岂如巢、许，流俗遗谭，不见经传者哉？'王府君笑曰：'善哉话言也！贤矣，非君不著。太守未之前闻也。'"濮阳府君曰："御史所云，既闻其人，亚斯已下，书佐宁识之乎？"育曰："瞻仰景行，敢不识之？近者太守上虞陈业，洁身清行，志怀霜雪，贞亮之信，同操柳下，遭汉中微，委官弃禄，遁迹黟歙，以求其志，高邈妙踪，天下所闻，故桓文林遗之尺牍之书，比竟三高。其聪明大略，忠直謇谔，则侍御史余姚虞翻、偏将军乌伤骆统。其渊懿纯德，则太子少傅山阴阚泽，学通行茂，作帝师儒。其雄姿武毅，立功当世，则后将军贺齐，勋成绩著。其探极秘术，言合神明，则太史令上虞吴范。其文章之士，立言粲盛，则御史中丞句章任奕，鄱阳太守章安虞翔，各驰文檄，晔若春荣。处士郧卢叙，弟犯公宪，自杀乞代。吴宁斯敦、

山阴祁庚、上虞樊正，咸代父死罪。其女则松阳柳朱、永宁翟素，或一醮守节，丧身不顾，或遭寇劫贼，死不亏行。皆近世之事，尚在耳目。”府君曰：“皆海内之英也。吾闻秦始皇二十五年，以吴越地为会稽郡，治吴。汉封诸侯王，以何年复为郡，而分治于此？”育对曰：“刘贾为荆王，贾为英布所杀，又以刘濞为吴王。景帝四年，濞反诛，乃复为郡，治于吴。元鼎五年，除东越，因以其地为治，并属于此，而立东部都尉，后徙章安。阳朔元年，又徙治鄞，或有寇害，复徙句章。到永建四年，刘府君上书，浙江之北，以为吴郡，会稽还治山阴。自永建四年岁在己巳，以至今年，积百二十九岁。”府君称善。是岁，吴之太平三年，岁在丁丑。育后仕朝，常在台阁，为东观令，遥拜清河太守，加位侍中，推刺占射，文艺多通。

⑭《会稽典录》曰：汜字世洪，生南海，年十六，父卒，还乡里。孙綝废幼主，迎立琅邪王休。休未至，綝欲入宫，图为不轨，召百官会议，皆惶怖失色，徒唯唯而已。汜对曰：“明公为国伊周，处将相之位，擅废立之威，将上安宗庙，下惠百姓，大小踊跃，自以伊霍复见。今迎王未至，而欲入宫，如是，群下摇荡，众听疑惑，非所以永终忠孝，扬名后世也。”綝不怿，竟立休。休初即位，汜与贺邵、王蕃、薛莹俱为散骑中常侍。以讨扶严功拜交州刺史、冠军将军、余姚侯，寻卒。

⑮《会稽典录》曰：忠字世方，翻第五子。贞固干事，好识人物，造吴郡陆机于童龀之年，称上虞魏迁于无名之初，终皆远致，为著闻之士。交同县王岐于孤宦之族，仕进先至宜都太守，忠乃代之。晋征吴，忠与夷道监陆晏、晏弟中夏督景坚守不下，城溃被害。忠子谭，字思奥。

《晋阳秋》称谭清贞有检操，外如退弱，内坚正有胆干。仕晋，历位内外，终于卫将军，追赠侍中左光禄大夫，开府仪同三司。

⑯《会稽典录》曰：耸字世龙，翻第六子也。清虚无欲，进退以礼，在吴历清官，入晋，除河间相，王素闻耸名，厚敬礼之。耸抽引人物，务在幽隐孤陋之中。时王岐难耸，以高士所达，必合秀异，耸书与族子察曰：“世之取士，曾不招未齿于丘园，索良才于总猥，所誉依已成，所毁依已败，此吾所以叹息也。”耸疾俗丧祭无度，弟昺卒，祭以少牢，酒饭而已，当时族党并遵行之。

⑰《会稽典录》曰：昺字世文，翻第八子也。少有倜傥之志，仕吴黄门郎，以捷对见异，超拜尚书侍中。晋军来伐，遣昺持节都督武昌已上诸军事，昺先上还节盖印绶，然后归顺。在济阴，抑强扶弱，甚著威风。

⑱谢承《后汉书》曰：康字季宁，少惇孝悌，勤修操行，太守李肃察孝廉。肃后坐事伏法，康敛尸送丧还颍川，行服，礼终，举茂才，历三郡太守，所在称治，后拜庐江太守。

⑲绩于郁林所生女，名曰郁生，适张温弟白。《姚信集》有表称之曰：“臣闻唐、虞之政，举善而教，旌德擢异，三王所先，是以忠臣烈士，显名国朝，淑妇贞女，表迹家闾。盖所以阐崇化业，广殖清风，使苟有令性，幽明俱著，苟怀懿姿，士女同荣。故王蠋建寒松之节而齐王表其里，义姑立殊绝之操而鲁侯高其门。臣窃见故郁林太守陆绩女子郁生，少履贞特之行，幼立匪石之节，年始十三，适同郡张白。侍庙三月，妇礼未卒，白遭罹家祸，迁死异郡。郁生抗声昭节，义形于色，冠盖交横，誓而不许，奉白姊妹崄巇之中，蹈履水火，志怀霜雪，义心固于金石，体信贯于神明，送终以礼，邦士慕则。臣闻昭德以行，显行以爵，苟非名爵，则劝善不严，故士之有诔，鲁人志其勇，杞妇见书，齐人哀其哭。乞蒙圣朝，斟酌前训，上开天聪，下垂坤厚，褒郁生以义姑之号，以厉两髦之节，则皇风穆畅，士女改视矣。”

⑳《吴录》曰：彪字仲虞，广陵人也。

㉑《会稽典录》曰：余姚虞俊叹曰：“张惠恕才多智少，华而不实，怨之所聚，有覆家之祸，吾见其兆矣。”诸葛亮闻俊忧温，意未之信，及温放黜，亮乃叹俊之有先见。亮初闻温败，未知其故，思之数日，曰：“吾已得之矣，其人于清浊太明，善恶太分。”

臣松之以为庄周云“名者公器也，不可以多取”，张温之废,岂其取名之多乎!多之为弊,古贤既知之矣。是以远见之士,退藏于密,不使名浮于德,不以华伤其实,既不能被褐韫宝,挫廉逃誉,使才映一世,声盖人上,冲用之道,庸可暂替!温则反之,能无败乎?权既疾温名盛,而骆统方骤言其美,至云“卓跞冠群,炜晔曜世,世人未有及之者也”。斯何异燎之方盛,又扮膏以炽之哉!

《文士传》曰:温姊妹三人皆有节行,为温事,已嫁者皆见录夺。其中妹先适顾承,官以许嫁丁氏,成婚有日,遂饮药而死。吴朝嘉叹,乡人图画,为之赞颂云。

㉒谢承《后汉书》曰:俊字孝远,有文武才干,少为郡吏,察孝廉,补尚书郎,擢拜陈相。值袁术僭号,兄弟忿争,天下鼎沸,群贼并起,陈与比界,奸慝四布,俊厉威武,保疆境,贼不敢犯。养济百姓,灾害不生,岁获丰稔。后术军众饥困,就俊求粮。俊疾恶术,初不应答。术怒,密使人杀俊。

㉓迪孙晔,字思光,作《献帝春秋》,云迪与张纮等俱过江,迪父绥为太傅掾,张超之讨董卓,以绥领广陵事。

㉔《吴录》曰:喜字文仲,瑁第二子也,入晋为散骑常侍。瑁孙晔,字士光,至车骑将军、仪同三司。晔弟玩,字士瑶。《晋阳秋》称玩器量淹雅,位至司空,追赠太尉。

㉕《吴录》曰:粲生数岁,孤城妪见之,谓其母曰:“是儿有卿相之骨。”

㉖殷基《通语》载据争曰:“臣闻太子国之本根,雅性仁孝,天下归心,今卒责之,将有一朝之虑。昔晋献用骊姬而申生不存,汉武信江充而戾太子冤死。臣窃惧太子不堪其忧,虽立思子之宫,无所复及矣。”

三国志卷五十八 吴书十三

陆逊传第十三

陆逊字伯言，吴郡吴人也。本名议，世江东大族。①逊少孤，随从祖庐江太守康在官。袁术与康有隙，将攻康，康遣逊及亲戚还吴。逊年长于康子绩数岁，为之纲纪门户。

陆逊字伯言，吴郡吴县人。本名议，世代是江东有声望地位的家族。陆逊年幼时死了父亲，跟着堂祖父庐江太守陆康住在陆康任所。袁术同陆康有仇，准备攻打陆康，陆康叫陆逊和亲属们回到吴县。陆逊比陆康的儿子陆绩大几岁，就在家替陆绩照管家务。

孙权为将军，逊年二十一，始仕幕府，历东西曹令史，出为海昌屯田都尉，并领县事。②县连年亢旱，逊开仓谷以振贫民，劝督农桑，百姓蒙赖。时吴、会稽、丹杨多有伏匿，逊陈便宜，乞与募焉。会稽山贼大帅潘临，旧为所在毒害，历年不禽。逊以手下召兵，讨治深险，所向皆服，部曲已有二千余人。鄱阳贼帅尤突作乱，复往讨之，拜定威校尉，军屯利浦。

孙权做将军时，陆逊二十一岁，开始在将军府中任职，历任东西曹令史，又出任海昌屯田都尉，并兼任县长。这个县连年大旱，陆逊开仓放粮，救济贫民，勉励和督促耕织生产，使百姓得到利益。当时，吴、会稽、丹杨三郡有许多老百姓因躲避赋役而逃亡藏匿，陆逊向孙权提出有利国家而又切实可行的建议，请求为国家招募他们。会稽山越的匪盗头子潘临，长期以来成为当地的一大祸害，多年没能抓获。陆逊率领手下招募的士兵，进入深山险地讨伐治平，所到之处山越都被降服，部队发展到两千多人。鄱阳匪首尤突作乱，陆逊又前往讨伐。孙权任命他为定威校尉，驻军利浦。

权以兄策女配逊，数访世务，逊建议曰："方今英雄棋跱，豺狼窥望，克敌宁乱，非众不济。而山寇旧恶，依阻深地。夫腹心未平，难以图远，可大部伍，取其精锐。"权纳其策，以为帐下右部督。会丹杨贼帅费栈受曹公印绶，扇动山越，为作内应，权遣逊讨栈。栈支党多而往兵少，逊乃益施牙

孙权把他哥哥孙策的女儿许配给陆逊，多次就当前的大事向陆逊征求意见。陆逊建议说："当今英雄割据并峙，豺狼也在暗中窥伺时机，要想战胜敌人，平息动乱，没有军队不行。而山越盗匪长期作恶，凭据着深山险阻之地。内部没有安定，就难以考虑向外发展。应该大规模部署军队，捕取山寇中的精锐充当士兵。"孙权采纳他的建议，用他做帐下右部督。恰逢丹杨匪首费栈接受曹公委任，煽动山越为曹公做内应，孙权派陆逊讨伐费栈。费栈党羽众多，而前往讨伐的军队很少，陆逊就多树牙旗，各处

幢，分布鼓角，夜潜山谷间，鼓噪而前，应时破散。遂部伍东三郡，强者为兵，羸者补户，得精卒数万人，宿恶荡除，所过肃清，还屯芜湖。

布置鼓角，晚上潜入山谷间，擂鼓呐喊，向前推进，匪兵即时溃散。于是分别处置丹杨、新都、会稽的山越，强壮的当兵，羸弱的补充民户，获得精兵几万人，长期的祸害被扫荡除灭，所过之处都被整肃清理，回兵驻扎芜湖。

会稽太守淳于式表逊枉取民人，愁扰所在。逊后诣都，言次，称式佳吏，权曰："式白君而君荐之，何也？"逊对曰："式意欲养民，是以白逊。若逊复毁式以乱圣听，不可长也。"权曰："此诚长者之事，顾人不能为耳。"

会稽太守淳于式上表指责陆逊非法掠取百姓，骚扰地方。陆逊后来到京城晋见孙权，谈话中称赞淳于式是个好官，孙权说："淳于式告你的状，你却推荐他，这是为什么？"陆逊回答说："淳于式意在保养民力，所以告我的状。如果我又诋毁他来扰乱圣上的视听，这种做法不可提倡。"孙权说："这确实是厚道人应有的行为，只是别人做不到罢了。"

吕蒙称疾诣建业，逊往见之，谓曰："关羽接境，如何远下，后不当可忧也？"蒙曰："诚如来言，然我病笃。"逊曰："羽矜其骁气，陵轹于人。始有大功，意骄志逸，但务北进，未嫌于我，有相闻病，必益无备。今出其不意，自可禽制。下见至尊，宜好为计。"蒙曰："羽素勇猛，既难为敌，且已据荆州，恩信大行，兼始有功，胆势益盛，未易图也。"蒙至都，权问："谁可代卿者？"蒙对曰："陆逊意思深长，才堪负重，观其规虑，终可大任。而未有远名，非羽所忌，无复是过。若用之，当令外自韬隐，内察形便，然后可克。"权乃召逊，拜偏将车右部督代蒙。

吕蒙假托有病前往建业，经过芜湖时，陆逊前去看望他，对他说："关羽同我们边境邻接，您怎么远离防区去京都？难道不考虑后果吗？"吕蒙说："的确如你所说，不过我病得很重。"陆逊说："关羽夸耀自己的勇猛气概，欺凌别人，他刚刚获得巨大战功，心中骄傲放纵，只图北进，对我方没有怀疑，现在又听说您病了，必然更加不做防备。如果出其不意，一定可以将他擒拿制服。您去京师见了主上，应当好生制定计策。"吕蒙说："关羽素来勇猛，本来就不好对付，况且又已占据荆州，大施恩惠和威信，加之刚获战功，胆量气势更盛，不容易打他的主意。"吕蒙到了京都，孙权问："谁可以接替你？"吕蒙回答说："陆逊思虑深远，才能足以担负重任，从他的谋虑来看，将来定可大用。而现在他还不太出名，不是关羽所畏忌的，要找接替我的人，没有比他更合适的了。如果要任用他，应该让他对外不露锋芒，而在暗中观察形势，寻找机会，这样才能成功。"孙权于是召见陆逊，任命他为偏将军右部督，代替吕蒙。

逊至陆口，书与羽曰："前承观衅而动，以律行师，小举大克，一何巍巍！敌国败绩，利在同盟，闻庆拊节，想遂席卷，

陆逊到了陆口，写信给关羽说："前些日子承蒙您伺察破绽攻击敌寇，按照法度掌军用兵，小有举动，便获大胜，这功绩多么伟大！敌国溃败，盟友得益，我们听到喜讯，不禁击节称贺。想您即将席卷中

共奖王纲。近以不敏，受任来西，延慕光尘，思禀良规。”又曰：“于禁等见获，遐迩欣叹，以为将军之勋足以长世，虽昔晋文城濮之师，淮阴拔赵之略，蔑以尚兹。闻徐晃等少骑驻旌，窥望麾葆。操猾虏也，忿不思难，恐潜增众，以逞其心。虽云师老，犹有骁悍。且战捷之后，常苦轻敌，古人杖术，军胜弥警，愿将军广为方计，以全独克。仆书生疏迟，忝所不堪，喜邻威德，乐自倾尽，虽未合策，犹可怀也。傥明注仰，有以察之。”羽览逊书，有谦下自托之意，意大安，无复所嫌。逊具启形状，陈其可禽之要。权乃潜军而上，使逊与吕蒙为前部，至即克公安、南郡。逊径进，领宜都太守，拜抚边将军，封华亭侯。备宜都太守樊友委郡走，诸城长吏及蛮夷君长皆降。逊请金银铜印，以假授初附。是岁建安二十四年十一月也。

原，共扶王室。近日不才接受任务，来到西边，非常倾慕您的风采，很想听取良策。”又说：“于禁等人被擒，远近欢欣赞叹，认为将军的功勋足以永垂于世，即使是当年晋文公城濮的用兵，淮阴侯破赵的谋略，也不能超过您的功绩。听说徐晃等人率军驻在樊城附近，窥探您的动静。曹操是个狡猾的敌人，发起怒来就不顾后果，恐怕他会暗中增加军队，以求一逞。虽说敌军驻扎已久，但还有勇猛强悍的士气。而且战胜之后，往往患在轻敌，因此古人用兵之法，打了胜仗，更加警惕。希望您周密地制定方略，保持自己的全胜。不才是个书生，粗疏迟钝，愧居自己不能胜任的职位，幸喜与您这位威德卓著的将军为邻，因此乐于尽抒愚见，虽然未能合于您的谋略，但确实是一片诚心。倘能理解仰慕之忱，还望加以明察。”关羽看了陆逊的信，认为他态度谦卑，有仰赖自己的意思，因此大为放心，不再有所猜疑。陆逊把这些情况详细报告孙权，陈述可以擒获关羽的要点。孙权于是暗中派兵西上，让陆逊和吕蒙率军充当先头部队，很快就攻下了公安、南郡。陆逊径直推进，兼领宜都太守，并被任命为抚边将军，封为华亭侯。刘备手下的宜都太守樊友弃郡逃跑，所属各城的官长和蛮夷首领都来投降。陆逊请求颁发金、银、铜印，以给新来归附的人授予官职。这时是建安二十四年十一月。

逊遣将军李异、谢旌等将三千人，攻蜀将詹晏、陈凤。异将水军，旌将步兵，断绝险要，即破晏等，生降得凤。又攻房陵太守邓辅、南乡太守郭睦，大破之。秭归大姓文布、邓凯等合夷兵数千人，首尾西方。逊复部旌讨破布、凯。布、凯脱走，蜀以为将。逊令人诱之，布帅众还降。前后斩获招纳，凡数万计。权以逊为右护军、镇

陆逊派遣将军李异、谢旌等人率领三千人，进攻蜀国将领詹晏、陈凤。李异率水军，谢旌率步兵，控制险要之处，很快攻破詹晏等军，并活捉陈凤。又进攻房陵太守邓辅、南乡太守郭睦，把他们打得大败。秭归大姓文布、邓凯等人纠合夷兵几千人，勾结西蜀。陆逊又部署谢旌打败文布、邓凯。文布、邓凯脱逃，蜀国用他们做将领。陆逊叫人劝诱他们，文布率领部众回来投降。前后斩杀、擒获、招降，总共有好几万人。孙权任命陆逊为右护军、镇西将军，提升封号为娄侯。

西将军,进封娄侯。③

时荆州士人新还,仕进或未得所,逊上疏曰:"昔汉高受命,招延英异,光武中兴,群俊毕至,苟可以熙隆道教者,未必远近。今荆州始定,人物未达,臣愚慺慺,乞普加覆载抽拔之恩,令并获自进,然后四海延颈,思归大化。"权敬纳其言。

黄武元年,刘备率大众来向西界,权命逊为大都督、假节,督朱然、潘璋、宋谦、韩当、徐盛、鲜于丹、孙桓等五万人拒之。备从巫峡、建平连围至夷陵界,立数十屯,以金锦爵赏诱动诸夷,使将军冯习为大督,张南为前部,辅匡、赵融、廖淳、傅肜等各为别督,先遣吴班将数千人于平地立营,欲以挑战。诸将皆欲击之,逊曰:"此必有谲,且观之。"④备知其计不可,乃引伏兵八千,从谷中出。逊曰:"所以不听诸君击班者,揣之必有巧故也。"逊上疏曰:"夷陵要害,国之关限,虽为易得,亦复易失。失之非徒损一郡之地,荆州可忧。今日争之,当令必谐。备干天常,不守窟穴,而敢自送。臣虽不材,凭奉威灵,以顺讨逆,破坏在近。寻备前后行军,多败少成,推此论之,不足为戚。臣初嫌之,水陆俱进,今反舍船就步,处处结营,察其布置,必无他变。伏愿至尊高枕,不以为

当时荆州流亡的士人刚刚回来不久,有的人还没安排适当的官位,陆逊上疏说:"从前汉高祖登位,招纳延用优异人才;光武中兴,众多杰出人物都来归附。只要可以使政教昌明,用人不一定要考虑关系的远近亲疏。现在荆州刚刚安定,有才德名望的人尚未显达,臣以勤恳恭谨的愚忠,请您普施培养提拔之恩,使他们都得以进用,这样,天下的人都会引颈倾慕,希望归服于您广大深远的教化。"孙权认真地采纳了他的建议。

黄武元年,刘备率领大军来打西边的国界,孙权任命陆逊为大都督、假节,督率朱然、潘璋、宋谦、韩当、徐盛、鲜于丹、孙桓等五万人抵御。刘备从巫峡、建平连营到夷陵县界,建立了几十个营寨,用金钱、织锦、封爵和各种赏赐诱动这一带的蛮夷,任用将军冯习做主将,张南做先锋,辅匡、赵融、廖淳、傅肜等人各为别将,先派吴班带领几千人在平地立营,想以此挑动吴军出战。众将都主张进攻,陆逊说:"这里面必定有诈,且看看再说。"刘备知道自己的计策行不通,便带了八千伏兵,撤出山谷。陆逊说:"我之所以不让各位进攻吴班,是因为揣测他定有诡诈。"陆逊上疏说:"夷陵是个要害之地,是国家的大门,虽说容易取得,但也容易丢掉。丢掉了不但损失一个郡的地方,而且整个荆州都值得忧虑。现在我们争夺此地,一定要保证成功。刘备干犯天理,不守老巢,却敢自己前来送死。臣虽然不才,但仰仗您的神威,以顺讨逆,打败敌人,就在近日。考察刘备前后用兵的情况,败多胜少,由此推论,不足为忧。臣起初担心他水陆并进,如今他却放弃水军,只用步卒,处处结营,看他的布置,必定没有其他变

念也。"诸将并曰："攻备当在初，今乃令入五六百里，相衔持经七八月，其诸要害皆以固守，击之必无利矣。"逊曰："备是猾虏，更尝事多，其军始集，思虑精专，未可干也。今住已久，不得我便，兵疲意沮，计不复生，掎角此寇，正在今日。"乃先攻一营，不利。诸将皆曰："空杀兵耳。"逊曰："吾已晓破之之术。"乃敕各持一把茅，以火攻拔之。一尔势成，通率诸军同时俱攻，斩张南、冯习及胡王沙摩柯等首，破其四十余营。备将杜路、刘宁等穷逼请降。备升马鞍山，陈兵自绕。逊督促诸军四面蹙之，土崩瓦解，死者万数。备因夜遁，驿人自担烧铙铠断后，仅得入白帝城。其舟船器械，水步军资，一时略尽，尸骸漂流，塞江而下。备大惭恚，曰："吾乃为逊所折辱，岂非天邪！"

故。谨望您高枕无忧，不必挂念。"众将领都说："进攻刘备应在当初，如今竟让他深入五六百里，双方相持达七八个月，他的各处险要都已牢固把守，现在攻击他必定不能奏效了。"陆逊说："刘备是个狡猾的敌人，而且经验丰富，他的军队刚刚集结时，思虑专精，是不可干犯的。如今驻扎已久，没捞到我们的好处，战士疲劳，心情沮丧，无计可施，夹击此敌，正在今日。"于是先攻刘备一个军营，没有得胜。众将领都说："白拿士兵去送死罢了。"陆逊说："我已知道击破他们的方法。"便命令部下各持一把茅草，用火攻拔取蜀营。一待火势形成，就率领所有各军同时进攻，斩了张南、冯习和胡王沙摩柯等人的首级，攻破蜀军四十几座营寨。刘备的部将杜路、刘宁等人走投无路，请求投降。刘备登上马鞍山，布置军队环卫自己。陆逊督促诸军四面逼攻，蜀军土崩瓦解，死者上万。刘备乘夜逃跑，驿站的人员将溃兵丢下的铙、铠甲担到隘口焚烧，以阻挡吴国的追兵，刘备才得以逃入白帝城。蜀军的舟船器械，水兵、步兵的军需物资，一下子几乎全部损失，尸骸漂流而下，塞满了江面。刘备非常羞愧愤恨，说："我竟被陆逊挫败、侮辱，还难道不是天意吗！"

初，孙桓别讨备前锋于夷道，为备所围，求救于逊。逊曰："未可。"诸将曰："孙安东公族，见围已困，奈何不救？"逊曰："安东得士众心，城牢粮足，无可忧也。待吾计展，欲不救安东，安东自解。"及方略大施，备果奔溃。桓后见逊曰："前实怨不见救，定至今日，乃知调度自有方耳。"

起初，孙桓分兵到夷道讨伐刘备的先头部队，被刘备的军队包围，向陆逊求救。陆逊说："现在还不能去救他。"众将领说："孙安东是公族，被包围已是处境困难，为什么不救？"陆逊说："安东在将士中很得人心，城池牢固，粮草充足，没有什么值得担忧的。等我的计策得以施展，即使不去救他，他也自然会解围。"待到谋略充分施行，包围孙桓的刘备部队果然奔逃溃散。孙桓后来见到陆逊，说："先前我的确怨你不来相救，直到今天，才知你调度有方啊。"

当御备时，诸将军或是孙策时旧将，或公室贵戚，各自矜恃，不相听从。逊案剑曰：

当抵御刘备时，将军们有的是孙策时的旧将，有的是公室贵戚，各人都骄傲自负，不服从陆逊的指挥。陆逊手抚剑柄说："刘备天下闻名，是连曹操

“刘备天下知名，曹操所惮，今在境界，此强对也。诸君并荷国恩，当相辑睦，共翦此虏，上报所受，而不相顺，非所谓也。仆虽书生，受命主上。国家所以屈诸君使相承望者，以仆有尺寸可称，能忍辱负重故也。各任其事，岂复得辞！军令有常，不可犯矣。”及至破备，计多出逊，诸将乃服。权闻之，曰：“君何以初不启诸将违节度者邪？”逊对曰：“受恩深重，任过其才。又此诸将或任腹心，或堪爪牙，或是功臣，皆国家所当与共克定大事者。臣虽驽懦，窃慕相如、寇恂相下之义，以济国事。”权大笑称善，加拜逊辅国将军，领荆州牧，即改封江陵侯。

也畏忌的人，现今就在我们的边境，这是一个强劲的对手。各位都蒙受国家的恩德，应该和睦相处，共同消灭这个敌人，对上报答所受的恩典和重任，你们却不服从指挥，不应该呀。我虽是个书生，但却是受主上的任命。主上之所以委屈你们听我指挥，是因为我还有点滴长处，能够忍辱负重的缘故。各人有自己的职责，怎么可以推辞！军令有规定，不可违犯哪。”待到打败刘备，计策大多出自陆逊，众将才心服了。孙权听到这种情况，说：“你为什么当初不向我报告众将领不听指挥的事呢？”陆逊回答说：“我所受的恩德深重，担负的责任超过了我的才能。再说这些将领们有的可以充任心腹，有的能够充当战将，有的是有功之臣，都是主上应当与他们共同奠定大业的人。臣虽然才劣性懦，但私下仰慕蔺相如、寇恂对人的忍让精神，以完成国家的大事。”孙权大笑，称赞他做得对，加任他为辅国将军，兼荆州牧，就地改封他为江陵侯。

又备既住白帝，徐盛、潘璋、宋谦等各竞表言备必可禽，乞复攻之。权以问逊，逊与朱然、骆统以为曹丕大合士众，外托助国讨备，内实有奸心，谨决计辄还。无几，魏军果出，三方受敌也。⑤

刘备住进白帝城后，徐盛、潘璋、宋谦等人都竞相上表说刘备必定可以擒获，请求继续进攻。孙权拿这事问陆逊，陆逊和朱然、骆统认为，曹丕大量调集军队，外表假托帮助吴国征讨刘备，内里实际包藏祸心，慎重决定立即回军。不久，魏军果然出动，吴国三面受敌。

备寻病亡，子禅袭位，诸葛亮秉政，与权连和。时事所宜，权辄令逊语亮，并刻权印，以置逊所。权每与禅、亮书，常过示逊，轻重可否，有所不安，便令改定，以印封行之。

刘备不久病死，儿子刘禅继位，诸葛亮执掌国政，同孙权联合。凡是时政该做的事，孙权总是让陆逊告诉诸葛亮，并且刻了自己的印鉴，放在陆逊那里。孙权每每给刘禅、诸葛亮写信，常经陆逊看过，如果轻重可否有不妥之处，就叫他修改定稿，用孙权的印鉴封好发出。

七年，权使鄱阳太守周鲂谲魏大司马曹休，休果举众入皖，乃召逊假黄钺，为大都督，逆休。⑥休既觉知，耻见欺诱，

黄武七年，孙权让鄱阳太守周鲂诱骗魏国大司马曹休，曹休果然兴兵进入皖县，孙权于是召见陆逊，假授黄钺，任大都督，迎击曹休。曹休已经觉察实情，为自己被欺骗感到羞耻，仗着兵马精壮众多，

自恃兵马精多，遂交战。逊自为中部，令朱桓、全琮为左右翼，三道俱进，果冲休伏兵，因驱走之，追亡逐北，径至夹石，斩获万余，牛马骡驴车乘万两，军资器械略尽。休还，疽发背死。诸军振旅过武昌，权令左右以御盖覆逊，入出殿门，凡所赐逊，皆御物上珍，于时莫与为比。遣还西陵。

就同吴军交战。陆逊自己率军充当主力，命令朱桓、全琮为左右两翼，三路一同推进，果敢冲击曹休的伏兵，乘势将他们赶跑，并追击溃逃的魏军，一直到了夹石，斩杀、俘获一万多人，牛马骡驴拉的车上万辆，军需器械几乎全部缴获。曹休回到魏国，背上生出毒疮而死。各军整顿部队经过武昌，孙权命令侍从用御盖遮覆陆逊，进出殿门，凡是赏赐陆逊的，都是皇帝专用的上等珍品，当时没有人能与陆逊相比。然后发送陆逊回西陵。

黄龙元年，拜上大将军、右都护。是岁，权东巡建业，留太子、皇子及尚书九官，征逊辅太子，并掌荆州及豫章三郡事，董督军国。时建昌侯虑于堂前作斗鸭栏，颇施小巧，逊正色曰："君侯宜勤览经典以自新益，用此何为？"虑即时毁彻之。射声校尉松于公子中最亲，戏兵不整，逊对之髡其职吏。南阳谢景善刘廙先刑后礼之论，逊呵景曰："礼之长于刑久矣，廙以细辩而诡先圣之教，皆非也。君今侍东宫，宜遵仁义以彰德音，若彼之谈，不须讲也。"

黄龙元年，任命孙逊为上大将军、右都护。这年，孙权向东巡狩建业，将太子、皇子和尚书九官留在武昌，征召陆逊辅佐太子，并掌管荆州及豫章、鄱阳、庐陵三郡，管理、监督军务国事。当时建昌侯孙虑在住所堂前修造斗鸭栏，稍微用了些小技巧，陆逊严肃地说："君侯您应当努力阅读经典来自我更新进益，用这些东西干什么？"孙虑立即撤除了斗鸭栏。射声校尉孙松在公子中最受孙权喜爱，带兵玩忽职守，军纪松弛，陆逊当着他的面对他的主吏处以髡刑。南阳谢景喜好刘廙先刑后礼的理论，陆逊呵斥谢景说："礼高于刑已经很久了，刘廙以小人之言违背先圣的教导，那都是不对的。你如今待从太子，应该遵循仁义以彰明善言，像刘廙那样的言论，是不应该宣扬的。"

逊虽身在外，乃心于国，上疏陈时事曰："臣以为科法严峻，下犯者多。顷年以来，将吏罹罪，虽不慎可责，然天下未一，当图进取，小宜恩贷，以安下情。且世务日兴，良能为先，自非奸秽入身，难忍之过，乞复显用，展其力效。此乃圣王忘过记功，以成王业。昔汉高舍陈平之愆，用其奇略，终

陆逊虽身在京师以外，但一心想着国事，上疏陈述时事说："臣认为法令过于严峻，下面违犯的人很多。近年来，将领、官吏犯罪，虽然可以责怪他们自己不谨慎，但是天下尚未统一，您应当谋划进取，对小罪该施恩宽免，以安定臣民的情绪。况且当务之急一天比一天多，用人应以贤能为先，除非是本质邪恶污秽，有难以容忍的过错，请您还是提拔任用，使他们施展自己的能力效用。这是圣明的君王忘过失、记功劳，以成就王业的做法。从前汉高祖不计陈平的过失，采用他出奇制胜的谋略，终于建立

建勋祚，功垂千载。夫峻法严刑，非帝王之隆业；有罚无恕，非怀远之弘规也。”

了奇勋帝业，功绩流传千载。峻法严刑，不是帝王的盛业；有处罚没有宽恕，不是安抚远方的宏图大计。”

权欲遣偏师取夷州及朱崖，皆以谘逊，逊上疏曰：“臣愚以为四海未定，当须民力，以济时务。今兵兴历年，见众损减，陛下忧劳圣虑，忘寝与食，将远规夷州，以定大事，臣反覆思惟，未见其利，万里袭取，风波难测，民易水土，必致疾疫，今驱见众，经涉不毛，欲益更损，欲利反害。又珠崖绝险，民犹禽兽，得其民不足济事，无其兵不足亏众。今江东见众，自足图事，但当畜力而后动耳。昔桓王创基，兵不一旅，而开大业。陛下承运，拓定江表。臣闻治乱讨逆，须兵为威，农桑衣食，民之本业，而干戈未戢，民有饥寒。臣愚以为宜育养士民，宽其租赋，众克在和，义以劝勇，则河渭可平，九有一统矣。”权遂征夷州，得不补失。

孙权打算派部分军队攻取夷州和朱崖，都事先征求陆逊的意见，陆逊上疏说：“臣愚意认为，天下尚未平定，需要民力来完成当前的大事。如今战事经年，现有士兵减员，陛下忧劳心思，废寝忘食，将要大老远地谋取夷州，以成就大事。臣反复思考，看不出这样做的好处。万里奔袭攻取，风波难以预测；战士改换水土，必定招致疾疫。如果驱遣现有的士兵进入不毛之地，将是想要获益却更受损，想要得利反而受害。再说珠崖地势极为险要，百姓像禽兽一样愚昧野蛮，得到那样的百姓不足以成就事业，没有那样的战士不算是减损兵员。如今江东的现有兵力，已经足以图取大事，只是应该积蓄力量然后行动而已。当初桓王草创根基，兵力不到一旅，但却开创了大业。陛下承受天命，开拓平定了江南。臣听说治乱讨逆，要靠军队作为威慑，农桑衣食，是老百姓的本业。而现在战争尚未止息，百姓还在挨饿受冻。臣愚意认为应该养育士民，宽缓百姓的租赋，使战士们能同心同德，用道义鼓励他们的勇气，那么中原可以平定，天下归于统一了。”孙权最终还是出征夷州，结果得不偿失。

及公孙渊背盟，权欲往征，逊上疏曰：“渊凭险恃固，拘留大使，名马不献，实可仇忿。蛮夷猾夏，未染王化，鸟窜荒裔，拒逆王师，至令陛下爰赫斯怒，欲劳万乘泛轻越海，不虑其危而涉不测。方今天下云扰，群雄虎争，英豪踊跃，张声大视。陛下以神武之姿，诞膺期运，破操乌林，败备西陵，禽羽荆州，斯三虏者当世雄

等到公孙渊背弃盟约，孙权打算前往征讨，陆逊上疏说：“公孙渊凭仗着险阻巩固之地，扣留我们大国的使节，又不进献名马，实在可恨可气。蛮夷扰乱中原，尚未沾染君王的德化，隐藏荒远之地，抗拒帝王之师，致使陛下勃然震怒，想要亲自以万乘之尊泛舟渡海，不顾危险而涉足不测之地。当今天下纷扰如云，群雄相争似虎，英豪们群情振奋，呼叫呐喊，互相敌视。陛下凭借神武的资质，承受天命，在乌林大破曹操，在西陵击败刘备，在荆州擒获关羽，这三个敌人是当代的雄杰，您都挫折了他们的锐

杰，皆摧其锋。圣化所绥，万里草偃，方荡平华夏，总一大猷。今不忍小忿，而发雷霆之怒，违垂堂之戒，轻万乘之重，此臣之所惑也。臣闻志行万里者，不中道而辍足；图四海者，匪怀细以害大。强寇在境，荒服未庭，陛下乘桴远征，必致窥阚，戚至而忧，悔之无及。若使大事时捷，则渊不讨自服；今乃远惜辽东众之与马，奈何独欲捐江东万安之本业而不惜乎？乞息六师，以威大虏，早定中夏，垂耀将来。”权用纳焉。

气。您圣明的教化安抚所及，远近的百姓都乐于归服，正要荡平华夏，使天下统归大道。现在您忍不下一时之气，爆发雷霆大怒，违反贵人不近危险之地的戒条，降低自己国君的身份，这是我所疑惑不解的。我听说志在远行万里的人，不会半途停步；计划夺取天下的人，不会计较小事以损害大业。强敌正在边境，远民尚未臣服，陛下乘船远征，必然被外敌抓住可乘之机。等忧愁到来才知忧虑，将会后悔莫及。假若时势到了大业成功的时候，公孙渊不用征讨也会自然归服；如今您却舍不得远在辽东的人众和马匹，为什么偏偏对要抛弃江东万无一失的本业却不吝惜呢？请求您留下大军，以威慑大敌，早日平定中原，让光耀流传未来。”孙权采纳了他的意见。

嘉禾五年，权北征，使逊与诸葛瑾攻襄阳。逊遣亲人韩扁赍表奉报，还，遇敌于沔中，钞逻得扁。瑾闻之甚惧，书与逊云：“大驾已旋，贼得韩扁，具知吾阔狭。且水干，宜当急去。”逊未答，方催人种葑豆，与诸将弈棋射戏如常。瑾曰：“伯言多智略，其当有以。”自来见逊，逊曰：“贼知大驾以旋，无所复戚，得专力于吾。又已守要害之处，兵将意动，且当自定以安之，施设变术，然后出耳。今便示退，贼当谓吾怖，仍来相蹙，必败之势也。”乃密与瑾立计，令瑾督舟船，逊悉上兵马，以向襄阳城。敌素惮逊，遽还赴城。瑾便引船出，逊徐整部伍，张拓声势，步趋船，敌不敢干。军到白围，托言住猎，潜遣将军周峻、张梁

嘉禾五年，孙权北上征讨曹魏，让陆逊和诸葛瑾攻打襄阳。陆逊派亲信韩扁带着奏章去向孙权报告情况，回来时在沔中同敌军遭遇，敌军在巡查中抓获韩扁。诸葛瑾听说这事十分害怕，写信给陆逊说：“主上已经返回，敌人抓到韩扁，详细掌握了我军的虚实。加之江水干枯，应该赶快撤军。”陆逊没有答复，正催人种蔓菁和豆子，像往常一样同众将领下棋、射覆。诸葛瑾说：“伯言足智多谋，这样做大约是有缘由的。”自己来见陆逊。陆逊说：“敌人知道主上已经回去，没有什么再值得忧虑的，得以专力对付我们，并且又已把守着险要之处。在这种形势下，即使将士们思想动摇不定，我们也应该自己镇定以安定他们的情绪，施行应变的策略，然后再撤出营垒。如果现在就摆出退兵的架势，敌人会认为我们害怕，趁势前来逼攻，那我们是必败无疑的。”于是暗中与诸葛瑾定下计策，让诸葛瑾统率舟船，陆逊出动全部兵马，向襄阳城进发。敌军素来畏惧陆逊，急忙回头赶往城中。诸葛瑾就率领船只撤出，陆逊从容整理好部队，虚张声势，步行前往登船，敌军不敢干犯。部队到了白围，陆逊假托停下打猎，暗中派将军周峻、张梁等人袭击魏国江夏郡的新市、

等击江夏新市、安陆、石阳，石阳市盛，峻等奄至，人皆捐物入城。城门噎不得关，敌乃自斫杀己民，然后得阖。斩首获生，凡千余人。[⑦]其所生得，皆加营护，不令兵士干扰侵侮。将家属来者，使就料视。若亡其妻子者，即给衣粮，厚加慰劳，发遣令还，或有感慕相携而归者。邻境怀之，[⑧]江夏功曹赵濯、弋阳备将裴生及夷王梅颐等，并帅支党来附逊。逊倾财帛，周赡经恤。

安陆、石阳，石阳市场兴盛，周峻等人忽然杀到，人们都丢下财物进城躲避。城门堵塞不能关闭，敌人就自己砍杀自己的百姓，这才得以关上。吴军斩首俘获，共有一千多人。对那些俘虏，陆逊都加以保护，不让兵士干扰侵侮。带着家属来的，让他们前去料理照看。至于那些失去妻子儿女的，就供给衣物食粮，厚加慰劳，发送他们回去，敌人或有感动倾慕互相结伴归服的。邻县的人心向陆逊，江夏功曹赵濯、弋阳备将裴生和夷王梅颐等人，都率领党羽来归附他。陆逊倾尽财帛，周济供给、安抚照料他们。

又魏江夏太守逯式。兼领兵马，颇作边害，而与北旧将文聘子休宿不协。逊闻其然，即假作答式书云："得报恳恻，知与休久结嫌隙，势不两存，欲来归附，辄以密呈来书表闻，撰众相迎。宜潜速严，更示定期。"以书置界上，式兵得书以见式，式惶惧，遂自送妻子还洛。由是吏士不复亲附，遂以免罢。[⑨]

魏国江夏太守逯式兼管军队，常常危害边境，而与魏国旧将文聘的儿子文休素来不和。陆逊听到这情况，就假造给逯式的回信说："收到你诚恳痛切的来信，得知你与文休长期结有仇怨，势不两立，打算前来归附，我立即以密件将来信送呈主上并上表奏闻，集结部队迎接你。这事应该隐秘、迅速、严密地进行，再将预定的日期告诉我。"把这封信放在边界上。逯式的士兵拾到后拿给逯式看，逯式惶恐畏惧，就自己送妻子儿女回洛阳当人质。从此吏士对逯式不再亲附，逯式最终被免职罢官。

六年，中郎将周祗乞于鄱阳召募，事下问逊。逊以为此郡民易动难安，不可与召，恐致贼寇。而祗固陈取之，郡民吴遽等果作贼杀祗，攻没诸县。豫章、庐陵宿恶民，并应遽为寇。逊自闻，辄讨即破，遽等相率降，逊料得精兵八千余人，三郡平。

嘉禾六年，中郎将周祗请求在鄱阳郡招募，此事发下询问陆逊。陆逊认为这个郡的百姓容易骚动难于安定，不能招募，恐怕造成贼寇作乱。而周祗坚持陈述要这样做，郡里百姓吴遽等人果然作乱杀了周祗，攻打、抢掠各县。豫章、庐陵两郡一贯作恶的百姓，都响应吴遽当了叛匪。陆逊得知这一消息，立刻征讨，即时攻破，吴遽等人率领部下投降，陆逊选得精兵八千多人，三郡平定。

时中书典校吕壹，窃弄权柄，擅作威福，逊与太常潘濬同心忧之，言至流涕。后权诛

当时中书典校吕壹窃据要职，滥用权力，擅自决定刑赏，陆逊和太常潘濬为此同感忧虑。说起来伤心以至流泪。后来孙权诛杀吕壹，深深以此自责，

壹,深以自责,语在权传。

时谢渊、谢厷等各陈便宜,欲兴利改作,[10]以事下逊。逊议曰:"国以民为本,强由民力,财由民出。夫民殷国弱,民瘠国强者,未之有也。故为国者,得民则治,失之则乱,若不受利,而令尽用立效,亦为难也。是以《诗》叹'宜民宜人,受禄于天'。乞垂圣恩,宁济百姓,数年之间,国用少丰,然后更图。"

赤乌七年,代顾雍为丞相,诏曰:"朕以不德,应期践运,王涂未一,奸宄充路,夙夜战惧,不遑鉴寐。惟君天资聪睿,明德显融,统任上将,匡国弭难。夫有超世之功者,必应光大之宠;怀文武之才者,必荷社稷之重。昔伊尹隆汤,吕尚翼周,内外之任,君实兼之。今以君为丞相,使使持节守太常傅常授印绶。君其茂昭明德,修乃懿绩,敬服王命,绥靖四方。於乎!总司三事,以训群寮,可不敬与,君其勖之。其州牧都护领武昌事如故。"

先是,二宫并阙,中外职司,多遣子弟给侍。全琮报逊,逊以为子弟苟有才,不忧不用,不宜私出以要荣利;若其不佳,终为取祸。且闻二宫势敌,必有彼此,此古人之厚忌也。琮子寄,果阿附鲁王,轻为交构。逊书与琮曰:"卿不师日磾,而宿留阿寄,终为足下门

有关记载在孙权的传记中。

当时谢渊、谢厷等人各自陈述便国合宜之事,想要兴办有利益的事业,改变原来的做法,孙权把这事发下询问陆逊。陆逊议论说:"国家以民众为根本,强盛凭借民众的力量,财富来自民众的生产。民众富足而国家衰弱,民众贫弱而国家富强的情况,是从来没有过的。所以治理国家的人,得民心国家就安定,失民心国家就动乱,如果不给百姓好处,却叫他们竭尽力量报效国家,这实在是难以做到的。因此《诗经》赞叹说:'善于安民用人,会受天赐福禄。'请您俯施圣恩,安定、救助百姓,几年以后,国家的财用稍微丰足了,然后再做打算。"

赤乌七年,陆逊接替顾雍担任丞相,孙权在任命诏书中说:"朕以缺乏德行的资质,顺应天命气数而称帝,现在天下尚未统一,犯法作乱的人充满道路,朕日夜兢兢业业,来不及有片刻休息。您天资聪慧,美德昭著,总领军务,担任上将,辅助国家,消除祸难。具有超世之功的人,必能得到光耀巨大的尊宠;怀抱文武之才的人,定可担负国家政权的重任。从前伊尹使商汤事业隆盛,吕尚辅佐周武夺得天下,像他们那样或在内辅政或出外统兵的重任,您是一个人兼起来了。现在任您为丞相,派使持节代理太常傅常授予印绶。您可要发扬光大您的美德,修治您美好的功业,谨遵王命,安抚四方。啊!丞相要总管三公之事,以给百官做出榜样,能不谨慎吗?您好好自勉吧!原来担任的州牧、都护兼管武昌政务的职务,都维持原状。"

当初,太子孙和的东宫和鲁王孙霸的鲁王宫各立门户,宫廷内外的职务多半派官宦子弟担任。全琮告知陆逊,陆逊认为,子弟如果有才,不愁不被任用,不应私自凭关系钻营来求得名利;如果才德不佳,终究会招致灾祸。况且听说两宫势均力敌,必然会产生矛盾,这是古人的大忌。全琮的儿子全寄,果然逢迎攀附鲁王,轻率地与太子互相构陷。陆逊写信给全琮说:"您不学金日磾,却包庇阿寄,终究会

户致祸矣。"琮既不纳,更以致隙。及太子有不安之议,逊上疏陈:"太子正统,宜有盘石之固,鲁王藩臣,当使宠秩有差,彼此得所,上下获安。谨叩头流血以闻。"书三四上,及求诣都,欲口论適庶之分,以匡得失。既不听许,而逊外生顾谭、顾承、姚信,并以亲附太子,枉见流徙。太子太傅吾粲坐数与逊交书,下狱死。权累遣中使责让逊,逊愤恚致卒,时年六十三,家无余财。

给足下的家门带来灾祸呀。"全琮一点也听不进去,还因此与陆逊有了矛盾。等到出现了要废太子的议论,陆逊上疏陈述:"太子是正统,应该有磐石一样坚固的地位;鲁王是藩臣,应当使他所受的恩荣官秩与太子有等级之分,彼此各得其所,上下得以相安无事。臣恭谨地叩头流血把这意见报告给您。"上书三四次,直至请求到京城,想要亲口论证嫡庶之分,以匡正过失。孙权全不采纳,而陆逊的外甥顾谭、顾承、姚信,都因为亲附太子,含冤被流放。太子太傅吾粲因多次同陆逊通信,下狱死去。孙权连连派中使责备陆逊,陆逊因愤恨而死,时年六十三岁,家中没有多余的财物。

初,暨艳造营府之论,逊谏戒之,以为必祸。又谓诸葛恪曰:"在我前者,吾必奉之同升;在我下者,则扶持之。今观君气陵其上,意蔑乎下,非安德之基也。"又广陵杨竺少获声名,而逊谓之终败,劝竺兄穆令与别族。其先睹如此。长子延早夭,次子抗袭爵。孙休时,追谥逊曰昭侯。

当初,暨艳提出设立营府来处置贪官污吏的建议,陆逊规劝、告诫他,认为这样必定招致祸患。又对诸葛恪说:"地位比我高的人,我一定要尊奉他,与他一同晋升;地位比我低的人,则要扶持他们。现在我看您盛气侵凌尊长,心中轻视下级,这不是安全和福利的根基呀。"广陵人杨竺年轻时被人称誉,但陆逊认为他最终会招致祸害,劝他哥哥杨穆同他分开,另立门户。他的先见之明就像这样。长子陆延早死,次子陆抗继承爵位。孙休当皇帝时,追谥陆逊为昭侯。

抗字幼节,孙策外孙也。逊卒时,年二十,拜建武校尉,领逊众五千人,送葬东还,诣都谢恩。孙权以杨竺所白逊二十事问抗,禁绝宾客,中使临诘,抗无所顾问,事事条答,权意渐解。赤乌九年,迁立节中郎将,与诸葛恪换屯柴桑。抗临去,皆更缮完城围,葺其墙屋,居庐桑果,不得妄败。恪入屯,俨然若新。而恪柴桑故屯,颇有毁坏,深以为惭。太元元年,就都治病。病差当还,权涕

陆抗字幼节,是孙策的外孙。陆逊死时,陆抗二十岁,被任命为建武校尉,率领陆逊的部众五千人。他护送陆逊的灵柩从荆州回吴地安葬,到京都谢恩。孙权拿杨竺所告发陆逊的二十件事责问陆抗,屏退陆抗的随员,由宫中的使者面对面地诘问,陆抗不需向助手顾视询问,对每件事都逐条回答,孙权的怒气渐渐消解。赤乌九年,调升立节中郎将,与诸葛恪换防到柴桑。陆抗临离开时,再次全面地修缮城围,修理墙屋,住所的桑树果园,不许人随便毁坏。诸葛恪进入军营,整齐如新。然而诸葛恪的柴桑旧营,很多地方有毁坏,诸葛恪因此深为惭愧。太元元年,陆抗去京都治病。病好后要回驻地时,孙权流

泣与别，谓曰："吾前听用谗言，与汝父大义不笃，以此负汝。前后所问，一焚灭之，莫令人见也。"建兴元年，拜奋威将军。太平二年，魏将诸葛诞举寿春降，拜抗为柴桑督，赴寿春，破魏牙门将偏将军，迁征北将军。永安二年，拜镇军将军，都督西陵，自关羽至白帝。三年，假节。孙晧即位，加镇军大将军，领益州牧。建衡二年，大司马施绩卒，拜抗都督信陵、西陵、夷道、乐乡、公安诸军事，治乐乡。

着泪跟他告别，对他说："我当初听信谗言，与你父亲在君臣大义上不够深厚坚定，因此对不起你。前后责问你的记录，一概烧掉，不要让别人见到。"建兴元年，被任命为奋威将军。太平二年，魏国将领诸葛诞以寿春全境投降吴国，吴国任命陆抗为柴桑督，奔赴寿春，打败魏国牙门将偏将军，调升征北将军。永安二年，被任命为镇军将军，都督西陵，负责地段从关羽濑到白帝城。永安三年，加以假节称号。孙晧即位，加授镇军大将军，兼益州牧。建衡二年，大司马施绩死去，任命陆抗为都督信陵、西陵、夷道、乐乡、公安诸军事，治所设在乐乡。

抗闻都下政令多阙，忧深虑远，乃上疏曰："臣闻德均则众者胜寡，力侔则安者制危，盖六国所以兼并于强秦，西楚所以北面于汉高也。今敌跨制九服，非徒关右之地；割据九州，岂但鸿沟以西而已。国家外无连国之援，内非西楚之强，庶政陵迟，黎民未乂，而议者所恃，徒以长川峻山，限带封域，此乃守国之末事，非智者之所先也。臣每远惟战国存亡之符，近览刘氏倾覆之衅，考之典籍，验之行事，中夜抚枕，临餐忘食。昔匈奴未灭，去病辞馆；汉道未纯，贾生哀泣。况臣王室之出，世荷光宠，身名否泰，与国同戚，死生契阔，义无苟且，夙夜忧怛，念至情惨。夫事君之义犯而勿欺，人臣之节匪躬是殉，谨陈时宜十七条如左。"十七条失本，故不载。

陆抗听说朝廷政令多有缺失，忧深虑远，于是上疏说："臣听说，德行相当，人多的会战胜人少的；力量相等，安定的会制服危乱的，这大概就是六国被强秦兼并，西楚向汉高祖称臣的原因。当今敌方跨制全国广大地区，而不是像强秦那样只占有关右的土地；割据九州，岂止像刘邦那样只占据鸿沟以西。而我国在外没有盟国的支援，内部又不像西楚那样强大，各种政务废弛，百姓尚未安定，然而议政的人所仗恃的，仅仅是以为有长江高山屏障疆界，这乃是保守国土的次要之事，不是有智慧的人所应最先考虑的。臣每当远思战国存亡的征兆，近看汉朝倾覆的迹象，到古代的典籍中考求它，从人们的行为中验证它，半夜里抚枕难眠，进餐时不思饮食。从前匈奴尚未消灭，霍去病推辞府第；汉朝的统治之道没有纯正，贾谊哀伤啜泣。何况臣是王室的外甥，世代承受荣宠，身名凶吉，与国家同担忧患，死生相约，大义不容马虎草率，我早晚忧伤，想到这些就愁肠百结。侍奉君主的道理是犯颜直谏而不欺瞒，人臣的节操是竭尽忠心而不顾惜身家性命，我恭谨地将当务之急十七条陈述如下。"十七条原文已经遗失，所以没有记载。

时何定弄权，阉官预政；抗上疏曰："臣闻开国承家，小人勿用，靖谮庸回，唐书攸戒，是以雅人所以怨刺，仲尼所以叹息也。春秋已来，爰及秦、汉，倾覆之衅，未有不由斯者也。小人不明理道，所见既浅，虽使竭情尽节，犹不足任，况其奸心素笃，而憎爱移易哉？苟患失之，无所不至。今委以聪明之任，假以专制之威，而冀雍熙之声作，肃清之化立，不可得也。方今见吏，殊才虽少，然或冠冕之胄，少渐道教，或清苦自立，资能足用，自可随才授职，抑黜群小，然后俗化可清，庶政无秽也。"

凤皇元年，西陵督步阐据城以叛，遣使降晋。抗闻之，日部分诸军，令将军左奕、吾彦、蔡贡等径赴西陵，敕军营更筑严围，自赤溪至故市，内以围阐，外以御寇，昼夜催切，如敌以至，众甚苦之。诸将咸谏曰："今及三军之锐，亟以攻阐，比晋救至，阐必可拔。何事于围，而以弊士民之力乎？"抗曰："此城处势既固，粮谷又足，且所缮修备御之具，皆抗所宿规。今反身攻之，既非可卒克，且北救必至，至而无备，表里受难，何以御之？"诸将咸欲攻阐，抗每不许。宜都太守雷谭言至恳切，抗欲服众，听令一攻。攻果无利，围备始合。晋车骑将军羊祜率师向江陵，诸将

当时何定玩弄权柄，宦官干预朝政。陆抗上疏说："臣听说创建国家，继承祖业，小人不可信用；安于谗言，任用奸邪，《尚书》早有规诫。这就是《诗经》的作者们要怨恨讽刺、孔仲尼要为之叹息的原因。春秋以来，直至秦、汉，政权倾覆的端由，没有不在于此的。小人不明道理，见识本来浅薄，即使全心全意尽做臣子的义务，尚且不足以任用，何况他们奸邪之心素来深厚，而憎爱又是没有定准的呢？如果他们担心失去什么，那是任何坏事都干得出来的。现在交给他们本来该由聪明人担当的重任，授予他们独断专行的威柄，却希望和乐的政声兴起，肃穆清明的教化树立，那是不可能的。当今现有的官吏，特殊优异的人才虽然不多，但有的是仕宦的后代，从小就受道德教化的浸润，有的清贫刻苦而能自立，资质能力足以任用，自然可以根据才能授予官职，贬退众多小人，这样做了，风俗教化才可清明，各种政事才能没有污浊。"

凤皇元年，西陵督步阐凭据城池发动叛乱，派遣使者向晋国投降。陆抗听到这消息，每天部署各部队，指派将军左奕、吾彦、蔡贡等人径直奔赴西陵，命令军营再筑造一道严密的壁垒，从赤溪直到故市，对内用以包围步阐，对外用以抵御敌寇，日夜催迫，好像敌人已经来了一样，部下都以此为苦。众将领都规劝说："现在趁着三军锐气正盛，赶快攻打步阐，等到晋国的救兵赶来，步阐一定可以被我们攻下。为什么要把精力花在修筑壁垒上，使士兵百姓疲困不堪呢？"陆抗说："这座城既地势稳固，又粮食充足，而且城中所修缮的防御设施，都是我当年所谋划的。现在反过去攻打它，既不能很快攻下，而且晋国的救兵定会来到，晋兵到了我们却没有防备，内外受攻，拿什么来对付？"众将领都想攻打步阐，陆抗总是不准。宜都太守雷谭言辞极为恳切，陆抗想要服众，允许他进攻一次。进攻果然失利，壁垒才得以合围。晋车骑将军羊祜率领军队向江陵进发，众将领都认为陆抗不应西上到西陵，陆抗说：

咸以抗不宜上,抗曰:“江陵城固兵足,无所忧患。假令敌没江陵,必不能守,所损者小。如使西陵槃结,则南山群夷皆当扰动,则所忧虑,难可竟言也。吾宁弃江陵而赴西陵,况江陵牢固乎?”初,江陵平衍,道路通利,抗敕江陵督张咸作大堰遏水,渐渍平中,以绝寇叛。祜欲因所遏水,浮船运粮,扬声将破堰以通步车。抗闻,使咸亟破之。诸将皆惑,屡谏不听。祜至当阳,闻堰败,乃改船以车运,大费损功力。晋巴东监军徐胤率水军诣建平,荆州刺史杨肇至西陵。抗令张咸固守其城;公安督孙遵巡南岸御祜;水军督留虑、镇西将军朱琬拒胤;身率三军,凭围对肇。将军朱乔、营都督俞赞亡诣肇。抗曰:“赞军中旧吏,知吾虚实者,吾常虑夷兵素不简练,若敌攻围,必先此处。”即夜易夷民,皆以旧将充之。明日,肇果攻故夷兵处,抗命旋军击之,矢石雨下,肇众伤死者相属。肇至经月,计屈夜遁。抗欲追之,而虑阐畜力项领,伺视间隙,兵不足分,于是但鸣鼓戒众,若将追者。肇众凶惧,悉解甲挺走,抗使轻兵蹑之,肇大破败,祜等皆引军还。抗遂陷西陵城,诛夷阐族及其大将吏,自此以下,所请赦者数万口。修治城围,东还乐乡,貌无矜色,谦冲如常,故得将

“江陵城池坚固,兵力充足,没有什么值得忧虑的。如果敌军攻陷江陵,必定不能守住,造成的损失不大。如果西陵被晋国占据,江南诸山中的群夷就都会纷扰动乱,那么,值得忧虑的事情就说都说不完了,我宁可放弃江陵而来救西陵,何况江陵牢固呢?”当初,江陵地势平坦广阔,道路通达便利,陆抗命令江陵督张咸筑大坝堵水,淹没中央平地,以便阻绝外敌和内叛。羊祜想凭借所堵的水行船运粮,故意扬言将要破坝来让步军通过。陆抗听说后,叫张咸赶快破坝。众将领都疑惑不解,多次劝阻,陆抗不听。羊祜到当阳,听说坝已被毁,于是改船运为车运,多费了许多功力。西晋的巴东监军徐胤率领水军到建平,荆州刺史杨肇到西陵。陆抗命令张咸固守江陵城;公安督孙遵巡哨南岸抵御羊祜;水军督留虑、镇西将军朱琬抗击徐胤;自己率领三军,凭借壁垒迎战杨肇。将军朱乔、营都督俞赞逃到杨肇那里投降。陆抗说:“俞赞是军中老吏,是了解我军底细的人,我常常顾虑夷兵平素未经精选训练,如果敌军攻我壁垒,必定先攻此处。”当即连夜撤下夷兵,将有作战经验的将士补充上去。第二天,杨肇果然攻打原来由夷兵把守的地方,陆抗下令回兵攻击,箭和石头像雨点一样射下,杨肇的部众伤亡惨重。杨肇到西陵达一个月,计策用尽,趁夜逃跑。陆抗想要追击,但顾虑步阐在要害之地养精蓄锐,窥伺机会,兵力不够分配,于是只擂响战鼓,警戒部众,做出要追的样子。杨肇的部下恐惧慌忙,都解掉衣甲迅速奔逃,陆抗派小股部队跟踪追击,杨肇大败,羊祜等人都领兵撤回。陆抗于是攻克西陵城,诛杀步阐全家及其手下的高级将领、官员,自此以下,由他向朝廷请求赦免的有几万人。然后修缮城围,再向东回到乐乡,脸上没有骄傲的神色,像平常一样谦虚,因此得到将士的欢心。

士欢心。⑪

加拜都护。闻武昌左部督薛莹征下狱，抗上疏曰：“夫俊乂者，国家之良宝，社稷之贵资，庶政所以伦叙，四门所以穆清也。故大司农楼玄、散骑中常侍王蕃、少府李勖，皆当世秀颖，一时显器，既蒙初宠，从容列位，而并旋受诛殛，或圮族替祀，或投弃荒裔。盖《周礼》有赦贤之辟，《春秋》有宥善之义，《书》曰：‘与其杀不辜，宁失不经。’而蕃等罪名未定，大辟以加，心经忠义，身被极刑，岂不痛哉！且已死之刑，固无所识，至乃焚烁流漂，弃之水滨，惧非先王之正典，或甫侯之所戒也。是以百姓哀耸，士民同戚。蕃、勖永已，悔亦靡及，诚望陛下赦召玄出，而顷闻薛莹卒见逮录。莹父综纳言先帝，傅弼文皇，及莹承基，内厉名行，今之所坐，罪在可宥。臣惧有司未详其事，如复诛戮，益失民望，乞垂天恩，原赦莹罪，哀矜庶狱，清澄刑网，则天下幸甚！”

陆抗加任为都护。听说武昌左部督薛莹被召下狱，陆抗上疏说：“才德出众的人，是国家的奇珍异宝，社稷的贵重资财，各种政务凭此有条不紊，四方借以肃穆清和。原大司农楼玄、散骑中常侍王蕃、少府李勖，都是当今人杰，一代英才，当初既已承蒙恩宠，循规蹈矩地在官供职，却都在顷刻之间遭受诛杀，有的被灭族绝祀，有的被贬弃到边远地区。《周礼》有赦免贤才的刑法，《春秋》有宽宥善人的义理。《尚书》说：‘与其杀无辜者，宁可不行常法。’然而王蕃等人的罪名还没有确定，死刑已经降临，心存忠义，身受极刑，怎不令人痛心哪！况且对已死之人再加刑戮，典籍本来就没有记载，竟至尸体被焚烧、漂流，被抛置水边，这恐怕不合先王的正规法典，或许正是《尚书·吕刑》中甫侯所要禁戒的。因此百姓悲哀惊动，士子庶民同感忧伤。王蕃、李勖永远完了，后悔也已来不及，诚恳希望陛下赦免楼玄并召他回京。但刚刚听说薛莹又突然被捕。薛莹的父亲薛综曾向先帝进言，又曾辅弼文皇，及至薛莹继承父业，自觉磨炼名节品行，这次所获罪过，在可以宽免之列。臣担心有关官吏没有详细了解事情真相，如果又加诛杀，将更加失去民望，请陛下垂施天恩，原谅、赦免薛莹的罪过，关注各种案件，澄清刑法，那么天下幸运非常！”

时师旅仍动，百姓疲弊，抗上疏曰：“臣闻《易》贵随时，《传》美观衅，故有夏多罪而殷汤用师，纣作淫虐而周武授钺。苟无其时，玉台有忧伤之虑，孟津有反旆之军。今不务富国强兵，力农畜谷，使文武之才效展其用，百揆之署无旷厥职，明黜陟以厉庶尹，审刑

当时军队频繁出征，百姓被弄得困苦疲惫，陆抗上疏说：“臣听说《周易》推崇顺应时势，《左传》赞美伺察敌人的间隙，所以夏桀罪恶累累，殷汤出师攻伐；商纣荒淫暴虐，周武王发兵征讨。假若没有到这样的时候，那么即使像纣王那样令人忧伤的暴君，打算讨伐他的诸侯联军也只能半途而返。如今您不致力于富国强兵，努力农耕，积蓄粮食，使文武人才呈献、施展出他们的效用，各官署部门不荒废他们的职事，宣明降职升官的条件来勉励百官，明

罚以示劝沮，训诸司以德，而抚百姓以仁，然后顺天乘运，席卷宇内，而听诸将徇名，穷兵黩武，动费万计，士卒彫瘁，寇不为衰，而我已大病矣！今争帝王之资，而昧十百之利，此人臣之奸便，非国家之良策也。昔齐鲁三战，鲁人再克而亡不旋踵。何则？大小之势异也。况今师所克获，不补所丧哉。且阻兵无众，古之明鉴，诚宜暂息进取小规，以畜士民之力，观衅伺隙，庶无悔吝。”

二年春，就拜大司马、荆州牧。三年夏，疾病，上疏曰：“西陵、建平，国之蕃表，既处下流，受敌二境。若敌泛舟顺流，舳舻千里，星奔电迈，俄然行至，非可恃援他部以救倒县也。此乃社稷安危之机，非徒封疆侵陵小害也。臣父逊昔在西垂陈言，以为西陵国之西门，虽云易守，亦复易失。若有不守，非但失一郡，则荆州非吴有也。如其有虞，当倾国争之。臣往在西陵，得涉逊迹，前乞精兵三万，而主者循常，未肯差赴。自步阐以后，益更损耗。今臣所统千里，受敌四处，外御强对，内怀百蛮，而上下见兵财有数万，羸弊日久，难以待变。臣愚以为诸王幼冲，未统国事，可且立傅相，辅导贤姿，无用兵马，以妨要务。又黄门竖宦，开立占募，兵民怨役，逋逃入占。乞特诏简阅，一

确加刑给赏的标准来表示鼓励和禁止，用道德训导官吏，用仁义安抚百姓，然后遵循天道，承受天命，席卷天下，却听任众武将舍身为名，穷兵黩武，动辄耗资上万，士卒凋伤憔悴，敌寇并未被削弱，我军却已极为疲累了！既要争夺帝王的资本，却又被眼前的小利所迷惑，这是人臣的奸计，不是国家的良策。从前齐鲁两国三次交战，鲁人两次打赢却很快灭亡。这是为什么？是因为两国力量大小不同。何况如今派兵出战所攻获的，还不足以补偿损失啊。再说，依仗武力就没有民众，这是古人明白的鉴戒，您实在应该暂时停止进攻掠取的小盘算，以蓄养士兵百姓的力量，伺察机会，以期没有悔恨。”

凤皇二年春，就地任命为大司马、荆州牧。凤皇三年夏，病重，上疏说：“西陵、建平，是国家的屏障，既处蜀国下游，又是两面受敌。如果敌军泛舟顺流而下，船行千里，如流星闪电，很快就可到达，是不能依靠其他部队的支援来解救危急的。这乃是社稷安危的关键，而不仅仅是疆界被侵凌的小害。臣的父亲陆逊当初驻守在西方边境时曾经陈述意见，认为西陵是国家的西门，虽说容易把守，但也容易失去。万一守不住，那就不但是丢失一郡，而且连整个荆州也不再为吴国所有了。假使那里发生问题，我们应当倾尽全国的力量去争夺。臣从前驻守西陵，得以涉足陆逊的旧迹，前次请求三万精兵，但主管官员遵循常例，没肯派往。从步阐事件以后，兵员更有损耗。当今臣所统领的地域有千里之广，又四面受敌，对外要抵御强敌，对内要安抚各族蛮夷，然而上上下下现有士兵只有几万，又久已疲弱困乏，难以应付突然的事变。臣愚意认为，各位王爷年纪尚小，没有管理国事，可以姑且设立傅相，辅导他们贤能的资质，不要占用兵马而妨害国家的要事。另外宫中宦官，开设招募，士兵百姓怨恨兵役劳役，逃避而来应募。请特别颁发诏令，对这些人加以考察、检

切料出，以补疆埸受敌常处，使臣所部足满八万，省息众务，信其赏罚，虽韩、白复生，无所展巧。若兵不增，此制不改，而欲克谐大事，此臣之所深戚也。若臣死之后，乞以西方为属。愿陛下思览臣言，则臣死且不朽。”

查，一律整编出来，以补充边界上常受敌人攻击的防区。如果臣所统率的部队能足够八万人，又减少、止息众多其他事务，做到信赏必罚，那么敌军即使有韩信、白起那样的名将重生，也无法施展他的计策。如果兵员不增加，现行制度不改，却想完成大业，那么这是我所深深担忧的。臣死之后，请您对西方边境多加关注。希望陛下思考、接受我的意见。那么臣死了也将不朽。”

秋遂卒，子晏嗣。晏及弟景、玄、机、云，分领抗兵。晏为裨将军、夷道监。天纪四年，晋军伐吴，龙骧将军王濬顺流东下，所至辄克，终如抗虑。景字士仁，以尚公主拜骑都尉，封毗陵侯，既领抗兵，拜偏将军、中夏督，澡身好学，著书数十篇也。⑫二月壬戌，晏为王濬别军所杀。癸亥，景亦遇害，时年三十一。景妻，孙皓適妹，与景俱张承外孙也。⑬

秋天，终于死去，儿子陆晏继承爵位。陆晏和弟弟陆景、陆玄、陆机、陆云，分别统领陆抗的部队。陆晏担任裨将军、夷道监。天纪四年，晋军攻伐吴国，龙骧将军王濬顺长江东下，所到之处一攻即破，终于像陆抗所担忧的那样。陆景字士仁，因匹配公主被任命为骑都尉，封为毗陵侯，统领陆抗的部队后，任命为偏将军、中夏督。他修持操行，爱好学问，著书几十篇。二月壬戌，陆晏被王濬的非主力部队杀死。癸亥，陆景也遇害，当时三十一岁。陆景的妻子，是孙皓的嫡母所生的妹妹，与陆景同为张承的外孙。

评曰：刘备天下称雄，一世所惮，陆逊春秋方壮，威名未著，摧而克之，罔不如志。予既奇逊之谋略，又叹权之识才，所以济大事也。及逊忠诚恳至，忧国亡身，庶几社稷之臣矣。抗贞亮筹干，咸有父风，奕世载美，具体而微，可谓克构者哉！

评论说：刘备被天下人称为英雄，举世畏惧，陆逊年纪正轻，威名尚未显著，但摧折、击败他，无不随心所欲。我既惊讶陆逊的谋略，又赞叹孙权善识人才，这是他们能成就大事的原因。至于陆逊忠诚恳切周到，忧劳国事直至献身，算得上社稷之臣了。陆抗的正直诚信与谋略才干，都具有他父亲的风范，一代接一代获得美名，父辈的功勋德业陆抗都具备而只是规模略小，可以说是能完成前辈事业的人啊！

---

①《陆氏世颂》曰：逊祖纡，字叔盘，敏淑有思学，守城门校尉。父骏，字季才，淳懿信厚，为邦族所怀，官至九江都尉。

②《陆氏祠堂像赞》曰：海昌，今盐官县也。

③《吴书》曰：权嘉逊功德，欲殊显之，虽为上将军列侯，犹欲令历本州举命，乃使扬州牧吕范就辟别驾从事，举茂才。

④《吴书》曰：诸将并欲迎击备，逊以为不可，曰：“备举军东下，锐气始盛，且乘高守险，难可卒攻，攻之纵下，犹难尽

克，若有不利，损我大势，非小故也。今但且奖厉将士，广施方略，以观其变。若此间是平原旷野，当恐有颠沛交驰之忧，今缘山行军，势不得展，自当罢于木石之间，徐制其弊耳。”诸将不解，以为逊畏之，各怀愤恨。

⑤《吴录》曰：刘备闻魏军大出，书与逊云：“贼今已在江陵，吾将复东，将军谓其能然不？”逊答曰：“但恐军新破，创痍未复，始求通亲，且当自补，未暇穷兵耳。若不惟算，欲复以倾覆之余，远送以来者，无所逃命。”

⑥陆机为《逊铭》曰：魏大司马曹休侵我北鄙，乃假公黄钺，统御六师及中军禁卫而摄行王事，主上执鞭，百司屈膝。《吴录》曰：假逊黄钺，吴王亲执鞭以见之。

⑦臣松之以为逊虑孙权以退，魏得专力于己，既能张拓形势，使敌不敢犯，方舟顺流，无复怵惕矣，何为复潜遣诸将，奄袭小县，致令市人骇奔，自相伤害？俘馘千人，未足损魏，徒使无辜之民横罹荼酷，与诸葛渭滨之师，何其殊哉！用兵之道既违，失律之凶宜应，其祚无三世，及孙而灭，岂此之余殃哉！

⑧臣松之以为此无异残林覆巢而全其遗鷇，曲惠小仁，何补大虐？

⑨臣松之以为边将为害，盖其常事，使逯式得罪，代者亦复如之，自非狡焉思肆，将成大患，何足亏损雅虑，尚为小诈哉？以斯为美，又所不取。

⑩《会稽典录》曰：谢渊字休德，少修德操，躬秉耒耜，既无戚容，又不易虑，由是知名。举孝廉，稍迁至建武将军，虽在戎旅，犹垂意人物。骆统子名秀，被门庭之谤，众论狐疑，莫能证明。渊闻之叹息曰：“公绪早夭，同盟所哀。闻其子志行明辩，而被暗昧之谤，望诸夫子烈然高断，而各怀迟疑，非所望也。”秀卒见明，无复瑕玷，终为显士，渊之力也。

《吴历》称云，谢厷才辩有计术。

⑪《晋阳秋》曰：抗与羊祜推侨、札之好。抗尝遗祜酒，祜饮之不疑。抗有疾，祜馈之药，抗亦推心服之。于时以为华元、子反复见于今。

《汉晋春秋》曰：羊祜既归，增修德信，以怀吴人。陆抗每告其边戍曰：“彼专为德，我专为暴，是不战而自服也。各保分界，无求细益而已。”于是吴、晋之间，余粮栖亩而不犯，牛马逸而入境，可宣告而取也。沔上猎，吴获晋人先伤者，皆送而相还。抗尝疾，求药于祜，祜以成合与之，曰：“此上药也，近始自作，未及服，以君疾急，故相致。”抗得而服之，诸将或谏，抗不答。孙晧闻二境交和，以诘于抗，抗曰：“夫一邑一乡，不可以无信义之人，而况大国乎？臣不如是，正足以彰其德耳，于祜无伤也。”或以祜、抗为失臣节，两讥之。

习凿齿曰：夫理胜者天下之所保，信顺者万人之所宗，虽大猷既丧，义声久沦，狙诈驰于当涂，权略周乎急务，负力从横之人，臧获牧竖之智，未有不凭此以创功，舍兹而独立者也。是故晋文退舍，而原城请命；穆子围鼓，训之以力；冶夫献策，而费人斯归；乐毅缓攻，而风烈长流。观其所以服物制胜者，岂徒威力相诈而已哉！自今三家鼎足四十有余年矣，吴人不能越淮、沔而进取中国，中国不能陵长江以争利者，力均而智侔，道不足以相倾也。夫残彼而利我，未若利我而无残；振武以惧物，未若德广而民怀。匹夫犹不可以力服，而况一国乎？力服犹不如以德来，而况不制乎？是以羊祜恢大同之略，思五兵之则，齐其民人，均其施泽，振义网以罗强吴，明兼爱以革暴俗，易生民之视听，驰不战乎江表。故能德音悦畅，而襁负云集，殊邻异域，义让交弘，自吴之遇敌，未有若此者也。抗见国小主暴，而晋德弥昌，人积兼己之善，而己无固本之规，百姓怀严敌之德，阖境有弃主之虑，思所以镇定民心，缉宁外内，奋其危弱，抗权上国者，莫若亲行斯道，以侔其胜。使彼德靡加吾，而此善流闻，归重邦国，弘明远风，折冲于枕席之上，校胜于帷幄之内，倾敌而不以甲兵之力，保国而不浚沟池之固，信义感于寇仇，丹怀体于先日。岂设狙诈以危贤，徇己身之私名，贪外物之重我，暗服之而不备者哉！由是论之，苟守局而保疆，一卒之所能；协数以相危，小人之近事；积诈以防物，臧获之余虑；威胜以求安，明哲之所贱。贤人君子所以拯世垂范，舍此而取彼者，其道良弘故也。

⑫《文士传》曰：陆景母张承女，诸葛恪外生。恪诛，景母坐见黜。景少为祖母所育养，及祖母亡，景为之心丧三年。

⑬景弟机，字士衡，云字士龙。

《机云别传》曰：晋太康末，俱入洛，造司空张华，华一见而奇之，曰："伐吴之役，利在获二俊。"遂为之延誉，荐之诸公。太傅杨骏辟机为祭酒，转太子洗马、尚书著作郎。云为吴王郎中令，出宰浚仪，甚有惠政，吏民怀之，生为立祠。后并历显位。机天才绮练，文藻之美，独冠于时。云亦善属文，清新不及机，而口辩持论过之。于时朝廷多故，机、云并自结于成都王颖。颖用机为平原相，云清河内史。寻转云右司马，甚见委仗。无几而与长沙王构隙，遂举兵攻洛，以机行后将军，督王粹、牵秀等诸军二十万，士龙著《南征赋》以美其事。机吴人，羁旅单宦，顿居群士之右，多不厌服。机屡战失利，死散过半。初，宦人孟玖，颖所嬖幸，乘宠豫权，云数言其短，颖不能纳，玖又从而毁之。是役也，玖弟超亦领众配机，不奉军令。机绳之以法，超宣言曰陆机将反。及牵秀等谮机于颖，以为持两端，玖又构之于内，颖信之，遣收机，并收云及弟耽，并伏法。机兄弟既江南之秀，亦著名诸夏，并以无罪夷灭，天下痛惜之。机文章为世所重，云所著亦传于世。初，抗之克步阐也，诛及婴孩，识道者尤之曰："后世必受其殃！"及机之诛，三族无遗，孙惠与朱诞书曰："马援择君，凡人所闻，不意三陆相携暴朝，杀身伤名，可为悼叹。"事亦并在《晋书》。

三国志卷五十九　吴书十四

吴主五子传第十四

孙登字子高，权长子也。魏黄初二年，以权为吴王，拜登东中郎将，封万户侯，登辞疾不受。是岁，立登为太子，选置师傅，铨简秀士，以为宾友，于是诸葛恪、张休、顾谭、陈表等以选入，侍讲诗书，出从骑射。权欲登读《汉书》，习知近代之事，以张昭有师法，重烦劳之，乃令休从昭受读，还以授登。登待接寮属，略用布衣之礼，与恪、休、谭等或同舆而载，或共帐而寐。太傅张温言于权曰："夫中庶子官最亲密，切问近对，宜用隽德。"于是乃用表等为中庶子。后又以庶子礼拘，复令整巾侍坐。黄龙元年，权称尊号，立为皇太子，以恪为左辅，休右弼，谭为辅正，表为翼正都尉，是为四友，而谢景、范慎、刁玄、羊衜等皆为宾客，于是东宫号为多士。①

孙登字子高，是孙权的大儿子。魏文帝黄初二年，封孙权为吴王，任命孙登为东中郎将，封为万户侯，孙登辞谢侯爵不受封。这一年，立孙登为太子，为他选拔设置老师，选择优秀人士来做他的宾友，于是诸葛恪、张休、顾谭、陈表等人凭选拔入宫，为他讲授诗书，出外陪从骑射。孙权想要孙登读《汉书》，通晓近代的史事，因为张昭有老师传授的关于《汉书》的学问，却又难于烦劳他，就让张休跟着张昭学习，回头再拿来教孙登。孙登同僚属相处，一般都采用平民的礼节，跟诸葛恪、张休、顾谭等人有时同坐一辆车，有时共睡一张床。太傅张温对孙权说："中庶子这官最为亲近密切，在太子身边顾问应对，应该选用才智杰出又有品德的人。"于是就任用陈表等人做中庶子。后来又因为庶子的礼节拘束了他们，还是叫他们穿戴着普通衣冠陪坐。黄龙元年，孙权称帝，立孙登为皇太子，用诸葛恪当左辅都尉，张休当右弼都尉，顾谭当辅正都尉，陈表当翼正都尉，这叫做四友，而谢景、范慎、刁玄、羊衜等人都充任太子宾客，当时东宫号称士子众多。

权迁都建业，征上大将军陆逊辅登镇武昌，领宫府留事。登或射猎，当由径道，常远避良田，不践苗稼，至所顿息，又择空间之地，其不欲烦民如此。尝乘马出，有弹丸过，左右求之。有一人操弹佩丸，咸以

孙权迁都到建业，征召上大将军陆逊辅佐孙登镇守武昌，管理皇宫和官署的留守事务。孙登有时出外打猎，每逢经过小路时，总是远远地避开农田，不践踏禾苗庄稼，到停下来休息时，又选择没有居民和庄稼的地方，他就是这样地不想烦扰百姓。曾有一次骑马出行，有颗弹丸从身边飞过，手下随从去寻找发射弹丸的人，发现有个人手持弹弓，身带

为是，辞对不服，从者欲捶之，登不听，使求过丸，比之非类，乃见释。又失盛水金马盂，觉得其主，左右所为，不忍致罚，呼责数之，长遣归家，敕亲近勿言。后弟虑卒，权为之降损，登昼夜兼行，到赖乡，自闻，即时召见。见权悲泣，因谏曰："虑寝疾不起，此乃命也。方今朔土未一，四海喁喁，天戴陛下，而以下流之念，减损大官殽馔，过于礼制，臣窃忧惶。"权纳其言，为之加膳。住十余日，欲遣西还，深自陈乞，以久离定省，子道有阙，又陈陆逊忠勤，无所顾忧，权遂留焉。嘉禾三年，权征新城，使登居守，总知留事。时年谷不丰，颇有盗贼，乃表定科令，所以防御，甚得止奸之要。

弹丸，随从们都认为就是这人，这人不肯承认，随从们想要打他，孙登不让，派人找来刚才飞过的弹丸，同这人携带的弹丸比较，两者不相似，于是放了他。又有一次丢失了盛水的金马盂，后来查获作案者，原来是身边的人干的，孙登不忍心给予处罚，把那人叫来责备了一番，将他遣送回家，嘱咐贴身的随从不要声张。后来弟弟孙虑死去，孙权因此减少饮食，孙登日夜兼行，赶到赖乡，自己报名求见，孙权立即召见。看到孙权悲伤哭泣，于是劝谏说："孙虑卧病不起，这是命啊。当前北方还没有统一，天下人一心向慕，像对上天一样爱戴陛下，您却因为对晚辈的思念，减损自己的饮食，超越了礼制，臣私下里忧虑惶恐。"孙权采纳他的意见，因此多进饮食。停留十多天后，想发送他回武昌，孙登恳切地自己陈述、请求，说因为很久没有陪侍父亲，为子之道有欠缺，又说陆逊忠诚勤勉，武昌的政务无须顾虑，孙权就让他留下来了。嘉禾三年，孙权攻打魏国新城，派孙登留守国内，总管留守事务。当时谷物收成不好，盗匪很多，孙登于是公布制定令文条例，所采取的防御措施，很得禁止邪恶的要领。

初，登所生庶贱，徐夫人少有母养之恩，后徐氏以妒废处吴，而步夫人最宠。步氏有赐，登不敢辞，拜受而已。徐氏使至，所赐衣服，必沐浴服之。登将拜太子，辞曰："本立而道生，欲立太子，宜先立后。"权曰："卿母安在？"对曰："在吴。"权默然。②

当初，孙登的生母不是正妻，地位卑贱，孙登年幼时，徐夫人像母亲一样抚养他，很有恩德，后来徐夫人因为妒忌被废黜安置在吴县，而步夫人最受宠爱。步夫人有所赏赐，孙登不敢推辞，但只是拜谢接受而已。徐夫人派遣的人到来，所赐给的衣服，孙登一定洗头洗澡后才穿。孙登将被立为太子，辞谢说："基础建立了，道就会产生，想要立太子，应该先立皇后。"孙权说："你的母亲在哪里？"孙登回答："在吴县。"孙权沉默不语。

立凡二十一年，年三十三卒。临终，上疏曰："臣以无状，婴抱笃疾，自省微劣，惧卒陨毙。臣不自惜，念当委离供养，埋胔后土，长不复奉望宫省，朝觐日月，生无益于国，死贻陛下重戚，以此为哽结耳。臣

立为太子共二十一年，三十三岁时死去。临终上疏说："臣无所建树，遭逢重病，自我省察，觉得卑贱鄙陋，担心突然死去。我并不怜惜自己，只是想着会要抛弃对父母的奉养，埋骨大地，永远不能再奉望父皇、朝见陛下，活着对国家没有贡献，死了留给您深重的悲哀，因此悲戚郁结于心。臣听说死生命

闻死生有命，长短自天，周晋、颜回有上智之才，而尚夭折，况臣愚陋，年过其寿，生为国嗣，没享荣祚，于臣已多，亦何悲恨哉！方今大事未定，逋寇未讨，万国喁喁，系命陛下，危者望安，乱者仰治。愿陛下弃忘臣身，割下流之恩，修黄老之术，笃养神光，加羞珍膳，广开神明之虑，以定无穷之业，则率土幸赖，臣死无恨也。皇子和仁孝聪哲，德行清茂，宜早建置，以系民望。诸葛恪才略博达，器任佐时。张休、顾谭、谢景，皆通敏有识断，入宜委腹心，出可为爪牙。范慎、华融矫矫壮节，有国士之风。羊衜辩捷，有专对之材。刁玄优弘，志履道真。裴钦博记，翰采足用。蒋修、虞翻，志节分明。凡此诸臣，或宜廊庙，或任将帅，皆练时事，明习法令，守信固义，有不可夺之志。此皆陛下日月所照，选置臣官，得与从事，备知情素，敢以陈闻。臣重惟当今方外多虞，师旅未休，当厉六军，以图进取。军以人为众，众以财为宝，窃闻郡县颇有荒残，民物凋弊，奸乱萌生，是以法令繁滋，刑辟重切。臣闻为政听民，律令与时推移，诚宜与将相大臣详择时宜，博采众议，宽刑轻赋，均息力役，以顺民望。陆逊忠勤于时，出身忧国，謇謇在公，有匪躬之节。诸葛瑾、步骘、朱然、

中注定，寿命由老天安排，周灵王太子周晋、孔子弟子颜回，有上等智者的资材，尚且过早死去，何况臣愚昧鄙陋，年龄超过了他们的寿命，活着是国家的继位之君，死后功名利禄延及子孙，这对臣已是太多了，又有什么悲伤遗憾哪！当今统一天下的大业还没完成，在逃的盗匪尚未征讨，各国同心向慕，把命运寄托在陛下身上，危难中期望您赐予安全，动乱中仰仗您使之平定。希望陛下抛弃臣、忘掉臣，割舍对晚辈的恩爱，讲求黄老的学说，切实保养身体，多进饮食，广泛开启您像神一样圣明的思虑，以奠定传承不绝的帝业，那么全国百姓都幸运有依靠，臣死也没有遗憾哪。皇子孙和仁慈孝顺，明察多知，道德品行，高洁美好，应该及早立为太子，以寄托百姓的愿望。诸葛恪才能谋略广博通达，器识足以辅佐当世君主治理国家。张休、顾谭、谢景，都通达聪敏而有见识决断，在内能够推心置腹，出征可以充当得力将领。范慎、华融有出众的壮烈节操，有国家奇士的风骨。羊衜能言善辩，有独立应对的才能。刁玄宽和，志在履行道的真谛。裴钦记忆广博，笔墨文采足以任用。蒋修、虞翻，志气节操，毫不含糊。所有这些臣子，有的适合在朝廷任职，有的能够率领军队，都熟悉时事，通晓法令，讲究信用，坚持道义，有不可动摇的志向。这都是在陛下的光辉照耀下，为臣选拔、设置的官员，臣得以同他们在一起办事，完全了解他们的本心，冒昧地把这些情况报告给您。臣又想到当前国境之外多有敌患，战事还没有停息，应该振奋全军，谋求进取。军队因有百姓参加才能人数众多，众人因财力富足才可宝贵，臣私下里听说有一些郡县废弃残破，百姓物力损失破败，奸邪动乱滋生，因此法令烦琐，刑法严厉。臣听说掌管国政治理百姓，法律政令随着时势推移，实在应该同将相大臣审慎地选择时宜，广泛地采纳众人的议论，宽缓刑罚，减轻赋税，调和以至止息劳役，以顺应百姓的期望。陆逊对时政忠诚勤勉，为忧劳国事而献身，忠心供职，有一心为公、奋不顾身的节操。诸葛瑾、步骘、朱然、全琮、朱据、吕岱、吾粲、阚泽、

全琮、朱据、吕岱、吾粲、阚泽、严畯、张承、孙怡忠于为国，通达治体。可令陈上便宜，蠲除苛烦，爱养士马，抚循百姓。五年之外，十年之内，远者归复，近者尽力，兵不血刃，而大事可定也。臣闻'鸟之将死其鸣也哀，人之将死其言也善'，故子囊临终，遗言戒时，君子以为忠，岂况臣登，其能已乎？愿陛下留意听采，臣虽死之日，犹生之年也。"既绝而后书闻，权益以摧感，言则陨涕。是岁，赤乌四年也。谢景时为豫章太守，不胜哀情，弃官奔赴，拜表自劾。权曰："君与太子从事，异于他吏。"使中使慰劳，听复本职，发遣还郡。谥登曰宣太子。③

严畯、张承、孙怡忠心为国，通达治国的根本。可以让他们陈述有利国家、合乎时宜的意见，废除苛刻烦琐的法令，爱惜养护军队，安抚存恤百姓。这样，五年以后，十年之内，境外的人前来归顺，境内百姓为国尽力，不需动用武力，统一天下的大业就可以完成。臣听说'鸟要死了，叫声是悲哀的；人要死了，说出的话是善意的'。所以春秋时楚国令尹子囊临终留下遗言，对时政提出警戒，君子认为这是忠心为国，何况臣孙登，还能不这样做吗？希望陛下留意听取、采纳臣的建议，那么臣即使死去，也仍跟活着一样啊。"孙登死后，这份上书才被孙权看到，孙权因此更加极度伤感，说起就掉泪。这一年，是赤乌四年。谢景当时任豫章太守，受不了悲哀之情，放弃官职前往奔丧，拜上表章自请处分。孙权说："你同太子在一起办事，与其他官吏不同。"派宫中使者慰问他，允许恢复他原来的官职，发送回郡。给孙登谥号叫宣太子。

子璠、希，皆早卒，次子英，封吴侯。五凤元年，英以大将军孙峻擅权，谋诛峻，事觉自杀，国除。④

儿子孙璠、孙希，都早死，第二个儿子孙英，封为吴侯。五凤元年，孙英因为大将军孙峻专权，策划诛杀孙峻，事情败露自杀，封国被取消。

谢景者字叔发，南阳宛人。在郡有治迹，吏民称之，以为前有顾劭，其次即景。数年卒官。

谢景字叔发，南阳郡宛县人。在豫章郡任太守时有政绩，官吏百姓称颂他，认为前面有顾劭，其次就是谢景。几年后死在任上。

孙虑字子智，登弟也。少敏惠有才艺，权器爱之。黄武七年，封建昌侯。后二年，丞相雍等奏虑性聪体达，所尚日新，比方近汉，宜进爵称王，权未许。久之，尚书仆射存上疏曰："帝王之兴，莫不褒崇至亲，以光群后，故鲁卫于周，宠冠诸侯，高帝五王，封列于汉，

孙虑字子智，是孙登的弟弟。年少时聪颖有才能，孙权器重、喜爱他。黄武七年，封为建昌侯。此后两年，丞相顾雍等人向孙权进言说，孙虑性情聪慧，识见通达，崇尚不断自新，向东汉人学习看齐，应该提升爵位册封为王，孙权没有同意。过了些时候，尚书仆射名叫存的上疏说："帝王兴起的时候，无不嘉奖推崇自己的至亲，以此对诸侯显示他们的光耀，所以鲁、卫两国在周朝，尊荣高于其他诸侯，汉高祖的五个儿子，都在封王之列，这都是用来保卫朝廷，

所以藩屏本朝，为国镇卫。建昌侯虑禀性聪敏，才兼文武，于古典制，宜正名号。陛下谦光，未肯如旧，群寮大小，咸用于邑。方今奸寇恣睢，金鼓未弭，腹心爪牙，惟亲与贤。辄与丞相雍等议，咸以虑宜为镇军大将军，授任偏方，以光大业。”权乃许之，于是假节开府，治半州。⑤虑以皇子之尊，富于春秋，远近嫌其不能留意。及至临事，遵奉法度，敬纳师友，过于众望。年二十，嘉禾元年卒。无子，国除。

充当国家镇守护卫的。建昌侯孙虑禀性聪颖敏悟，才能文武双全，按照古代的典章制度，应该端正名号。陛下谦逊礼让，没同意按古人制度行事，大小百官，都因此忧悒郁结。当今奸雄敌寇肆虐，战事还没停止，亲信和得力助手，只有亲人和贤才。臣特地同丞相顾雍等人商议，都认为孙虑应该担任镇军大将军，授给他统领一个方面的任务，以振兴伟大的事业。”孙权这才同意这个建议，于是授给孙虑假节的称号，开建府署，辟置僚属，治所设在半州。孙虑有着皇子的尊贵身份，年纪又轻，远近的人都怀疑他不能留心公务。等到上任视事，他遵守法规，奉行制度，尊敬师长，结交朋友，超过了众人的期望。二十岁时，嘉禾元年去世。没有儿子，封国被撤销。

孙和字子孝，虑弟也。少以母王有宠见爱，年十四，为置宫卫，使中书令阚泽教以书艺。好学下士，甚见称述。赤乌五年，立为太子，时年十九。阚泽为太傅，薛综为少傅，而蔡颖、张纯、封俌、严维等皆从容侍从。⑥

孙和字子孝，是孙虑的弟弟。年少时因为母亲王氏有宠而被孙权喜爱，十四岁时，为他设置卫兵，派中书令阚泽教他儒家的经典。他爱好学习，屈身结交贤士，很被人称道。赤乌五年，被立为太子，当时十九岁。阚泽任太傅，薛综任少傅，蔡颖、张纯、封俌、严维等人都能心情舒畅地侍从他。

是时有司颇以条书问事，和以为奸妄之人，将因事错意，以生祸心，不可长也，表宜绝之。又都督刘宝白庶子丁晏，晏亦白宝，和谓晏曰：“文武在事，当能几人，因隙构薄，图相危害，岂有福哉？”遂两释之，使之从厚。常言当世士人宜讲修术学，校习射御，以周世务，而但交游博弈以妨事业，非进取之谓。后群寮侍宴，言及博弈，以为妨事费日而无益于用，劳精损思而终无所成，非所以进德修业，积累功

当时官吏有时用分条书写的文件来询问政事，孙和认为邪恶越轨的人将会因此借着事端打坏主意，因而产生作乱害人的心思，不能提倡，上表说应予禁止。又有都督刘宝告发庶子丁晏，丁晏也告发刘宝，孙和对丁晏说：“在官任事的文臣武将，能有多少人？因为嫌隙而争斗，企图互相危害，有什么好处呢？”就给他们双方调解，消除仇怨，让他们依从厚道。常说当代士人应该讲习培养经术学问，考核演习各种武功，以适合谋身治世的需要，有些人却只是交结优游、博戏下棋来妨碍事业，这不是进取的旨趣。后来众僚属侍从宴饮，谈到博戏和围棋，孙和认为这些东西妨碍事业耗费时日而对世用没有益处，劳累精神消耗思虑而终究无所成就，不是用来增进道德、培养学业、积累功绩的办法。况且志士

绪者也。且志士爱日惜力，君子慕其大者，高山景行，耻非其次。夫以天地长久，而人居其间，有白驹过隙之喻，年齿一暮，荣华不再。凡所患者，在于人情所不能绝，诚能绝无益之欲以奉德义之涂，弃不急之务以修功业之基，其于名行，岂不善哉？夫人情犹不能无嬉娱，嬉娱之好，亦在于饮宴琴书射御之间，何必博弈，然后为欢。乃命侍坐者八人，各著论以矫之。于是中庶子韦曜退而论奏，和以示宾客。时蔡颖好弈，直事在署者颇学焉，故以此讽之。

珍惜时间精力，君子思慕远大的目标，以自己不在有高尚德行的人之列为耻辱。以天地的绵长久远，而人处在它们之间，有白驹过隙的比喻，年岁一老，旺盛的血气不会重来。一般造成忧患的东西，在于人的感情所不能割舍，如果真能割舍没有益处的欲望来奉行德义的正道，抛弃不急之务来培养功业的基础，这对于人的名节品行，难道不是很好吗？人的感情还是不能没有嬉戏娱乐的，嬉戏娱乐的爱好，也在宴饮、弹琴、读书、射箭、驾车之中，为什么一定要博戏和围棋，才算欢乐呢？于是命令陪坐的八个人，各写一篇论文来纠正这种流弊。当时中庶子韦曜退下去不久就把论文献上，孙和拿来给宾客们看。当时蔡颖喜欢下棋，有些在官署值班办事的人跟他学，所以孙和用这个办法婉言劝阻他们。

是后王夫人与全公主有隙。权尝寝疾，和祠祭于庙，和妃叔父张休居近庙，邀和过所居。全公主使人觇视，因言太子不在庙中，专就妃家计议；又言王夫人见上寝疾，有喜色。权由是发怒，夫人忧死，而和宠稍损，惧于废黜。鲁王霸觊觎滋甚，陆逊、吾粲、顾谭等数陈適庶之义，理不可夺，全寄、杨竺为鲁王霸支党，谮诉日兴。粲遂下狱诛，谭徙交州。权沈吟者历年，⑦后遂幽闭和。于是骠骑将军朱据、尚书仆射屈晃率诸将吏泥头自缚，连日诣阙请和。权登白爵观见，甚恶之，敕据、晃等无事匆匆。权欲废和立亮，无难督陈正、五营督陈象上书，称引晋献公杀申生，立奚齐，晋国扰乱，又

此后孙和的母亲王夫人同孙权的女儿全公主有嫌隙。孙权曾经卧病，孙和到宗庙为孙权祈福消灾，孙和妃子的叔父张休的住处离宗庙不远，邀孙和去他家做客。全公主派人偷看到这一情况，于是对孙权说太子不在庙中，专门跑到妃子家商议事情；又说王夫人看到皇上卧病，有高兴的神色。孙权因此发怒，王夫人忧愁而死，而孙和也渐渐失宠，担心被废黜。鲁王孙霸对太子地位的非分希望更加厉害，陆逊、吾粲、顾谭等人屡次上言陈述嫡庶之分的道理，不可动摇，全寄、杨竺充当孙霸的党羽，诬告诽谤一天比一天多。吾粲终于下狱被杀，顾谭流放交州。孙权犹豫经年，后来终于囚禁了孙和。当时骠骑将军朱据、尚书仆射屈晃率领部下众将领吏员用泥涂抹脑袋，自己捆绑自己，连日到皇宫前请求释放孙和。孙权登上白爵观看见后，十分恼火，申斥朱据、屈晃等人是无缘无故忧惧不安。孙权想要废黜孙和，立孙亮为太子，无难督陈正、五营督陈象呈上奏章，引述晋献公杀害太子申生，立奚齐为太子，使晋国陷入动乱的史实，加上朱据、屈晃坚决规劝不

据、晃固谏不止。权大怒，族诛正、象，据、晃牵入殿，杖一百，[8]竟徙和于故鄣，群司坐谏诛放者十数。众咸冤之。[9]

停。孙权大怒，杀了陈正、陈象全家族，朱据、屈晃捆绑进殿，责打一百杖，最终放逐孙和到故鄣，百官因规劝获罪被杀或被放逐的有十多人。人们都为他们感到冤屈。

太元二年正月，封和为南阳王，遣之长沙。[10]四月，权薨，诸葛恪秉政。恪即和妃张之舅也。妃使黄门陈迁之建业上疏中宫，并致问于恪。临去，恪谓迁曰："为我达妃，期当使胜他人。"此言颇泄。又恪有徙都意，使治武昌宫，民间或言欲迎和。及恪被诛，孙峻因此夺和玺绶，徙新都，又遣使者赐死。和与妃张辞别，张曰："吉凶当相随，终不独生活也。"亦自杀，举邦伤焉。

太元二年正月，封孙和为南阳王，发送他去长沙。四月，孙权死，诸葛恪执掌国政。诸葛恪就是孙和的妃子张氏的舅舅。张妃派宦官陈迁去建业向宫中上疏，并对诸葛恪致以问候。离开建业时，诸葛恪对陈迁说："给我转达张妃，一定会让她胜过其他皇子的妃子。"这些话都泄露了出去。加之诸葛恪有迁都的想法，派人修治武昌的宫殿，民间有人传说是想迎立孙和。等到诸葛恪被杀，孙峻因此夺去孙和的玺印，放逐他到新都，又派使者让他自尽。孙和同妃子张氏诀别，张氏说："是吉是凶我都跟着你，决不会单独活着。"随即也自杀，全国都为他们悲伤。

孙休立，封和子皓为乌程侯，自新都之本国。休薨，皓即阼，其年追谥父和曰文皇帝，改葬明陵，置园邑二百家，令、丞奉守。后年正月，又分吴郡、丹杨九县为吴兴郡，治乌程，置太守，四时奉祠。有司奏言，宜立庙京邑。宝鼎二年七月，使守大匠薛珝营立寝堂，号曰清庙。十二月，遣守丞相孟仁、太常姚信等备官僚中军步骑二千人，以灵舆法驾，东迎神于明陵。皓引见仁，亲拜送于庭。[11]灵舆当至，使丞相陆凯奉三牲祭于近郊，皓于金城外露宿。明日，望拜于东门之外。其翌日，拜庙荐祭，歔欷悲感。比七日三祭，倡技昼夜娱乐。有司奏言"祭不欲数，数则黩，宜

孙休即皇帝位，封孙和的儿子孙皓为乌程侯，让他从新都到自己的封国去。孙休死，孙皓即位，同年追谥父亲孙和为文皇帝，改葬明陵，设置园邑二百家，委任园邑令、园邑丞负责守护。第二年正月，又从吴郡、丹杨郡分出九个县设立吴兴郡，郡治在乌程县，设置太守，四季敬奉祭祀。有关官吏进言说，应该在京都地区为孙和立庙。宝鼎二年七月，派代理将作大匠薛珝营建孙和的寝堂，号称清庙。十二月，派代理丞相孟仁、太常姚信等人配备官吏和京师军队的步卒骑兵两千人，用灵车法驾，往东去明陵迎接孙和的神灵。出发前孙皓接见孟仁，亲自在庭前拜送。灵车将要到达时，派丞相陆凯恭敬地用牛、羊、猪三牲在近郊祭祀，孙皓在金城外露宿。第二天，在东门外遥望拜祭。再过一天，拜庙祭祀，进献祭品，哀叹抽泣，悲痛伤感。接连七天三次祭祀，歌舞杂戏艺人日夜娱乐。有关官吏进言说："祭祀不要频繁，频繁就不庄重，应该用礼制抑止感情。"这样才停下来。

以礼断情”,然后止。⑫

孙霸字子威,和弟也。和为太子,霸为鲁王,宠爱崇特,与和无殊。顷之,和、霸不穆之声闻于权耳,权禁断往来,假以精学。督军使者羊衜上疏曰:“臣闻古之有天下者,皆先显别適庶,封建子弟,所以尊重祖宗,为国藩表也。二宫拜授,海内称宜,斯乃大吴兴隆之基。顷闻二宫并绝宾客,远近悚然,大小失望。窃从下风,听采众论,咸谓二宫智达英茂,自正名建号,于今三年,德行内著,美称外昭,西北二隅,久所服闻。谓陛下当副顺遐迩所以归德,勤命二宫宾延四远,使异国闻声,思为臣妾。今既未垂意于此,而发明诏,省夺备卫,抑绝宾客,使四方礼敬,不复得通,虽实陛下敦尚古义,欲令二宫专志于学,不复顾虑观听小宜,期于温故博物而已,然非臣下倾企喁喁之至愿也。或谓二宫不遵典式,此臣所以寝息不宁。就如所嫌,犹宜补察,密加斟酌,不使远近得容异言。臣惧积疑成谤,久将宣流,而西北二隅,去国不远,异同之语,易以闻达。闻达之日,声论当兴,将谓二宫有不顺之愆,不审陛下何以解之?若无以解异国,则亦无以释境内。境内守疑,异国兴谤,非所以育巍巍,镇社稷也。愿陛下早发优诏,使二宫周旋

孙霸字子威,是孙和的弟弟。孙和是太子,孙霸是鲁王,所受宠爱优厚特异,同孙和没有两样。不久,孙和、孙霸不和睦的风声传到孙权耳朵里,孙权禁绝他们同外界的往来,给他们精心学习的时间。督军使者羊衜上疏说:“我听说古代据有天下的人,都是首先清楚地区分嫡庶,把爵位土地赐给子弟,用这种办法来使他们尊重祖宗,成为国家的屏障。太子和鲁王的授任,天下都称道合宜,这是我大吴兴隆的基础。近来听说两宫都禁绝宾客,远近惊惧,上下失望。我私下从卑下的地位听取、采集众人的议论,都认为太子和鲁王聪慧通达,优异杰出,自从正式建立名号,到现在已有三年,德行著称于国内,美名传扬于外邦,蜀魏两国,早就已经熟知。认为陛下应该顺应导致远近百姓归服、感激的心理,努力督促太子和鲁王以客礼接待四方边远之地的人,使其他国家听到名声,就想来归顺。现在既没有关注到这点,却又发布明令,裁减侍卫,阻绝宾客,使四方的礼仪敬意,不再得以进达,虽然这实际上是陛下崇尚古人的义理,想让太子和鲁王专心于学习,不再考虑观察小事,只是致力温习旧业,通晓众物,但这不是臣下一心向往的最大心愿啊。有人认为太子和鲁王不遵典范,这种说法使臣非常不安,即使像人们所怀疑的那样,陛下也还是应该弥补他们的过错,察知他们的得失,周密地加以考虑,不让远近的人得以容纳与朝廷不同的言论。臣担心疑惑积累成为诽谤,时间长了将会公开传播,而蜀魏两国,离我国不远,不同的言论,容易流传到那里。一旦传到那里,就会引发议论,他们将会说太子和鲁王有不顺从君父的罪过,不知陛下用什么办法化解它?如果没有办法化解其他国家的议论,那就也没有办法消除自己国内的疑惑,国内持有疑虑,国外兴起诽谤,这不是用以培育崇高道德、稳定国家的办法呀。希望陛下早日发布褒美嘉奖的诏书,使太子和鲁王

礼命如初，则天清地晏，万国幸甚矣。”

像原来那样按照礼制和君命相处，那就会天地清静安宁，天下幸运非常了。”

时全寄、吴安、孙奇、杨竺等阴共附霸，图危太子。谮毁既行，太子以败，霸亦赐死。流竺尸于江，兄穆以数谏戒竺，得免大辟，犹徙南州。霸赐死后，又诛寄、安、奇等，咸以党霸构和故也。

当时全寄、吴安、孙奇、杨竺等人暗中勾结，依附孙霸，图谋危害太子。谗言诽谤得逞以后，太子因此失势，孙霸也被命令自杀。杀了杨竺以后，又把他的尸首漂流在江中，他的哥哥杨穆因为多次规劝、告诫他，得以免于死刑，但还是被流放到南方的州郡。逼令孙霸自杀以后，又杀了全寄、吴安、孙奇等人，都是因为他们同孙霸结党诬陷孙和的缘故。

霸二子，基、壹。五凤中，封基为吴侯，壹宛陵侯。基侍孙亮在内，太平二年，盗乘御马，收付狱。亮问侍中刁玄曰：“盗乘御马罪云何？”玄对曰：“科应死。然鲁王早终，惟陛下哀原之。”亮曰：“法者，天下所共，何得阿以亲亲故邪？当思惟可以释此者，奈何以情相迫乎？”玄曰：“旧赦有大小，或天下，亦有千里、五百里赦，随意所及。”亮曰：“解人不当尔邪！”乃赦宫中，基以得免。孙晧即位，追和、霸旧隙，削基、壹爵土，与祖母谢姬俱徙会稽乌伤县。

孙霸有两个儿子，分别是孙基、孙壹。五凤年间，封孙基为吴侯，孙壹为宛陵侯。孙基在皇宫中侍从孙亮，太平二年，偷乘御马，被拘捕入狱。孙亮问侍中刁玄说：“偷乘御马罪有多大？”刁玄回答说：“按法令应该处死。但是鲁王死得早，希望陛下哀怜、宽免他。”孙亮说：“法律，是天下人共同遵守的，怎能因为爱护自己的亲人就徇私偏袒呢？应该想想可以用来解脱这种罪过的办法，为什么用亲情来逼迫我呢？”刁玄说：“从前赦免有大小的分别，有的是赦免天下，也有一千里、五百里范围内的赦免，随皇帝的意思决定。”孙亮说：“善解人意不应该这样吗！”于是赦免皇宫以内的罪人，孙基因此得以免罪。孙晧当了皇帝，追报孙和、孙霸早年的仇怨，削除孙基、孙壹的爵位和封地，把他们同祖母谢姬一同放逐到会稽郡乌伤县。

孙奋字子扬，霸弟也，母曰仲姬。太元二年，立为齐王，居武昌。权薨，太傅诸葛恪不欲诸王处江滨兵马之地，徙奋于豫章。奋怒，不从命，又数越法度。恪上笺谏曰：“帝王之尊，与天同位，是以家天下，臣父兄，四海之内，皆为臣妾。仇雠有善，不得不举，亲戚有恶，不得不诛，所以承天理物，先国后身，盖圣人立制，百代不

孙奋字子扬，是孙霸的弟弟，母亲名叫仲姬。太元二年，封为齐王，居住在武昌。孙权死后，太傅诸葛恪不想让众王住在长江边兵马屯驻的地方，把孙奋迁到豫章郡。孙奋恼怒，不服从命令，又屡次超越法度。诸葛恪写信规劝说：“帝王的尊严，与天处在同样的地位，因此以天下为家，以父兄为臣，四海之内，都是他的奴仆。仇人有善行，不能不举拔，亲属有过恶，不能不责罚，凭此来承奉天运，治理万物，以国家为先，以自身为后，这是圣人建立的制度，是百世不变的正道。当初汉朝刚刚建立，多封皇室的

易之道也。昔汉初兴，多王子弟，至于太强，辄为不轨，上则几危社稷，下则骨肉相残，其后惩戒，以为大讳。自光武以来，诸王有制，惟得自娱于宫内，不得临民，干与政事，其与交通，皆有重禁，遂以全安，各保福祚。此则前世得失之验也。近袁绍、刘表各有国土，土地非狭，人众非弱，以适庶不分，遂灭其宗祀。此乃天下愚智，所共嗟痛。大行皇帝览古戒今，防芽遏萌，虑于千载。是以寝疾之日，分遣诸王，各早就国，诏策殷勤，科禁严峻，其所戒敕，无所不至，诚欲上安宗庙，下全诸王，使百世相承，无凶国害家之悔也。大王宜上惟太伯顺父之志，中念河间献王、东海王彊恭敬之节，下当裁抑骄恣荒乱以为警戒。而闻顷至武昌以来，多违诏敕，不拘制度，擅发诸将兵治护宫室。又左右常从有罪过者，当以表闻，公付有司，而擅私杀，事不明白。大司马吕岱亲受先帝诏敕，辅导大王，既不承用其言，令怀忧怖。华锜先帝近臣，忠良正直，其所陈道，当纳用之，而闻怒锜，有收缚之语。又中书杨融，亲受诏敕，所当恭肃，云'正自不听禁，当如我何'？闻此之日，大小惊怪，莫不寒心。里语曰：'明镜所以昭形，古事所以知今。'大王宜深以鲁王为戒，改易其行，战战

子弟为王，他们到了过于强大的地步，就干出不法的事情，在上危害国家政权，在下骨肉自相残杀，此后把这作为教训，当成大忌。从光武帝以来，对众王有制度，只能在宫内自己娱乐，不得统治百姓，干预政事，他们跟别人的交往，都有严厉的禁令，于是因此得以保全安定，各自保住福分。这是前人得失已经证明了的。近代袁绍、刘表各自占有国土，地域不小，人员不弱，但因为嫡庶不分，最终绝灭了他们的宗庙祭祀。这是天下不分愚人智者共同嗟叹、痛心的事情。大行皇帝览察古事，警戒当今，防微杜渐，思虑久远。所以在卧病的时候，分别遣发众王，让他们各自尽早回自己的封国，诏书情意恳切，禁令严厉峻切，他的规诫嘱咐，非常周详，实在是想对上安定宗庙，对下保全众王，使皇位和王爵都能百代传承，没有危害国家和皇室的悔恨哪。大王应该远的追思周代太伯顺从父亲意愿的志向，其次想想西汉河间献王刘德、东海王刘彊谦恭有礼的节操，再次应该节制骄傲放纵、荒废紊乱并把这当做对自己的警戒。但是听说最近您到武昌以来，常常违背诏令，不守制度，擅自征发众将士修治宫室。再有，左右侍从有罪行过失的，应该用表章报告皇帝，公开交付有关官吏处置，您却擅自诛杀，事由又不明白奏告。大司马吕岱接受先帝诏令，辅导大王，您一点也不接受他的意见，使他心怀忧虑惶恐。华锜是先帝左右亲近的臣子，忠良正直，他所进呈的言辞，您应当采纳，但听说您对他动气，讲过要拘捕他的话。还有中书杨融，亲自接受了先帝的诏令，是应该恭敬的人，您却说：'就是不听制止，该拿我怎么办？'听到这种情况，上上下下都觉得惊奇，没有人不因失望而痛心。俗话说：'明亮的镜子用来观照形象，过去的事情借以了解当今。'大主应该深深地以鲁王为鉴戒，改变自己的行为，小心谨慎，对朝廷尽自己的恭

兢兢，尽敬朝廷，如此则无求不得。若弃忘先帝法教，怀轻慢之心，臣下宁负大王，不敢负先帝遗诏，宁为大王所怨疾，岂敢忘尊主之威，而令诏敕不行于藩臣邪？此古今正义，大王所照知也。夫福来有由，祸来有渐，渐生不忧，将不可悔。向使鲁王早纳忠直之言，怀惊惧之虑，享祚无穷，岂有灭亡之祸哉？夫良药苦口，惟疾者能甘之；忠言逆耳，惟达者能受之。今者恪等偻偻欲为大王除危殆于萌芽，广福庆之基原，是以不自知言至，愿蒙三思。”

敬，这样就没有什么追求不能得到。如果抛弃、忘记先帝的法制政教，对朝廷抱着轻视傲慢的态度，臣下们宁可辜负大王，也不敢辜负先帝临终的诏令，宁可被大王怨恨，又怎能忘记尊贵的主上的威严，让他的命令在诸侯身上不得实行呢？这是从古到今的正理，是大王所应该明察知晓的。福的降临有根由，祸的到来有开端，祸端已经产生而不警惕，将会后悔莫及。假如鲁王早些采纳忠诚正直的进言，怀有小心谨慎的想法，就可以享受无穷的福禄，怎么会有灭亡的祸患呢？好药使人觉得口苦，只有有病的人能甘心服用；忠直的话不顺耳，只有通达事理的人能接受它。现在我们勤恳恭谨地想为大王把危险消除在萌芽状态，扩展幸福的根基，所以自己不觉得话说得过头，希望得到您的仔细考虑。”

奋得笺惧，遂移南昌，游猎弥甚，官属不堪命。及恪诛，奋下住芜湖，欲至建业观变。傅相谢慈等谏奋，奋杀之。⑬坐废为庶人，徙章安县。太平三年，封为章安侯。⑭

孙奋收信后害怕，就迁往南昌，出游打猎更加厉害，手下人难以忍受。等到诸葛恪被杀，孙奋东下住到芜湖，想到建业观察局势的变化。傅相谢慈等人规劝孙奋，孙奋杀了他们。因此获罪削去爵位，成为平民，放逐到章安县。太平三年，被封为章安侯。

建衡二年，孙晧左夫人王氏卒。晧哀念过甚，朝夕哭临，数月不出，由是民间或谓晧死，讹言奋与上虞侯奉当有立者。奋母仲姬墓在豫章，豫章太守张俊疑其或然，扫除坟茔。晧闻之，车裂俊，夷三族，诛奋及其五子，国除。⑮

建衡二年，孙晧左夫人王氏死去。孙晧悲哀思念过于厉害，早晚聚集众人举哀，几个月不出来上朝，因此民间有人认为孙晧死了，谣传孙奋和上虞侯孙奉两人中有一个该会立为皇帝。孙奋母亲仲姬的墓地在豫章，豫章太守张俊疑心这谣传或许是真的，于是给仲姬扫墓。孙晧听到这个消息，车裂张俊，灭三族，杀了孙奋和他的三个儿子，封国撤销。

评曰：孙登居心所存，足为茂美之德。虑、和并有好善之姿，规自砥砺，或短命早终，或不得其死，哀哉！霸以庶干适，奋不遵轨度，固取危亡之道也。然奋之诛夷，横遇飞祸矣。

评论说：孙登居心所在，足以算做美好的德性。孙虑、孙和都有爱善的资质，典范风仪自行磨炼，一个短命早死，一个不得善终，可悲呀！孙霸以庶子干犯嫡子，孙奋不守准则法度，本来是自取危险灭亡的做法。但是孙奋的被杀，是突然遇上意外的祸患了。

①《吴录》曰：慎字孝敬，广陵人，竭忠知己之君，缠绵三益之友，时人荣之。著论二十篇，名曰《矫非》。后为侍中，出补武昌左部督，治军整顿。孙皓移都，甚惮之，诏曰："慎勋德俱茂，朕所敬凭，宜登上公，以副众望。"以为太尉。慎自恨久为将，遂托老耄。军士恋之，举营为之陨涕。凤凰三年卒，子耀嗣。玄，丹杨人。衜，南阳人。

《吴书》曰：衜初为中庶子。年二十。时廷尉监隐蕃交结豪杰，自卫将军全琮等皆倾心敬待，惟衜及宣诏郎豫章杨迪拒绝不与通，时人咸怪之。而蕃后叛逆，众乃服之。

《江表传》曰：登使侍中胡综作《宾友目》曰："英才卓越，超逾伦匹，则诸葛恪。精识时机，达幽究微，则顾谭。凝辨宏达，言能释结，则谢景。究学甄微，游夏同科，则范慎。"衜乃私驳综曰："元逊才而疏，子嘿精而狠，叔发辨而浮，孝敬深而狭。"所言皆有指趣。而衜卒以此言见咎，不为恪等所亲。后四人皆败，吴人谓衜之言有征。位至桂阳太守，卒。

②《吴书》曰：弟和有宠于权，登亲敬，待之如兄，常有欲让之心。

③《吴书》曰：初葬句容，置园邑，奉守如法，后三年改葬蒋陵。

④《吴历》曰：孙和以无罪见杀，众庶皆怀愤叹，前司马桓虑因此招合将吏，欲共杀峻立英，事觉，皆见杀，英实不知。

⑤《吴书》载权诏曰："期运扰乱，凶邪肆虐，威罚有序，干戈不戢。以虑气志休懿，武略夙昭，必能为国佐定大业，故授以上将之位，显以殊特之荣，宠以兵马之势，委以偏方之任。外欲威振敌虏，厌难万里，内欲镇抚远近，慰恤将士，诚虑建功立事竭命之秋也。虑其内修文德，外经武训，持盈若冲，则满而不溢。敬慎乃心，无忝所受。"

⑥《吴书》曰：和少岐嶷有智意，故权尤爱幸，常在左右，衣服礼秩雕玩珍异之赐，诸子莫得比焉。好文学，善骑射，承师涉学，精识聪敏，尊敬师傅，爱好人物。颖等每朝见进贺，和常降意，欢以待之。讲校经义，综察是非，及访谘朝臣，考绩行能，以知优劣，各有条贯。后诸葛壹伪叛以诱魏将诸葛诞，权潜军待之。和以权暴露外次，又战者凶事，常忧劳憯怛，不复会同饮食，数上谏，戒令持重，务在全胜，权还，然后敢安。

张纯字元基，敦之子。《吴录》曰：纯少厉操行，学博才秀，切问捷对，容止可观。拜郎中，补广德令，治有异绩，擢为太子辅义都尉。

⑦殷基《通语》曰：初权既立和为太子，而封霸为鲁王，初拜犹同宫室，礼秩未分。群公之议，以为太子、国王上下有序，礼秩宜异，于是分宫别僚，而隙端开矣。自侍御宾客造为二端，仇党疑贰，滋延大臣。丞相陆逊、大将军诸葛恪、太常顾谭、骠骑将军朱据、会稽太守滕胤、大都督施绩、尚书丁密等奉礼而行，宗事太子，骠骑将军步骘、镇南将军吕岱、大司马全琮、左将军吕据、中书令孙弘等附鲁王，中外官僚将军大臣举国中分。权患之，谓侍中孙峻曰："子弟不睦，臣下分部，将有袁氏之败，为天下笑。一人立者，安得不乱？"于是有改嗣之规矣。

臣松之以为袁绍、刘表谓尚、琮为贤，本有传后之意，异于孙权既以立和而复宠霸，坐生乱阶，自构家祸，方之袁、刘，昏悖甚矣。步骘以德度著称，为吴良臣，而阿附于霸，事同杨竺，何哉？和既正位，適庶分定，就使才德不殊，犹将义不党庶，况霸实无闻，而和为令嗣乎？夫邪僻之人，岂其举体无善，但一为不善，众美皆亡耳。骘若果有此事，则其余不足观矣！吕岱、全琮之徒，盖所不足论耳。

⑧《吴历》曰：晃入，口谏曰："太子仁明，显闻四海。今三方鼎跱，实不宜摇动太子，以生众心。愿陛下少垂圣虑，老臣虽死，犹生之年。"叩头流血，辞气不挠。权不纳晃言，斥还田里。孙晧即位，诏曰："故仆射屈晃，志匡社稷，忠谏亡身。封晃子绪为东阳亭侯，弟幹、恭为立义都尉。"绪后亦至尚书仆射。晃，汝南人，见胡冲《答问》。

《吴书》曰：张纯亦尽言极谏，权幽之，遂弃市。

⑨《吴书》曰：权寝疾，意颇感寤，欲征和还立之，全公主及孙峻、孙弘等固争之，乃止。

⑩《吴书》曰：和之长沙，行过芜湖，有鹊巢于帆樯，故宫寮闻之皆忧惨，以为樯末倾危，非久安之象。或言《鹊巢》之诗有“积行累功以致爵位”之言，今王至德茂行，复受国土，傥神灵以此告寤人意乎？

⑪《吴书》曰：比仁还，中使手诏，日夜相继，奉问神灵起居动止。巫觋言见和被服，颜色如平日，皓悲喜涕泪，悉召公卿尚书诣阙门下受赐。

⑫《吴历》曰：和四子：皓、德、谦、俊。孙休即位，封德钱唐侯，谦永安侯，俊拜骑都尉。皓在武昌，吴兴施但因民之不堪命，聚万余人，劫谦，将至秣陵，欲立之。未至三十里住，择吉日，但遣使以谦命诏丁固、诸葛靓。靓即斩其使。但遂前到九里，固、靓出击，大破之。但兵裸身无铠甲，临陈皆披散。谦独坐车中，遂生获之。固不敢杀，以状告皓，皓酖之，母子皆死。俊，张承外孙，聪明辨惠，为远近所称，皓又杀之。

⑬慈字孝宗，彭城人，见《礼论》，撰《丧服图》及《变除》行于世。

⑭《江表传》载亮诏曰：“齐王奋前坐杀吏，废为庶人，连有赦令，独不见原，纵未宜复王，何以不侯？又诸孙兄弟作将，列在江渚，孤有兄独尔云何？”有司奏可，就拜为侯。

⑮《江表传》曰：豫章吏十人乞代俊死，皓不听。奋以此见疑，本在章安，徙还吴城禁锢，使男女不得通婚，或年三十四十不得嫁娶。奋上表乞自比禽兽，使男女自相配偶。皓大怒，遣察战赍药赐奋，奋不受药，叩头千下，曰：“老臣自将儿子治生求治，无豫国事，乞丐余年。”皓不听，父子皆饮药死。

臣松之案：建衡二年至奋之死，孙皓即位，尚犹未久。若奋未被疑之前，儿女年二十左右，至奋死时，不得年三十四十也。若先已长大，自失时未婚娶，则不出皓之禁锢矣。此虽欲增皓之恶，然非实理。

三国志卷六十 吴书十五

贺全吕周钟离传第十五

贺齐字公苗，会稽山阴人也。①少为郡吏，守剡长。县吏斯从轻侠为奸，齐欲治之，主簿谏曰："从，县大族，山越所附，今日治之，明日寇至。"齐闻大怒，便立斩从。从族党遂相纠合，众千余人，举兵攻县。齐率吏民，开城门突击，大破之，威震山越。后太末、丰浦民反，转守太末长，诛恶养善，期月尽平。

贺齐字公苗，会稽郡山阴县人。年轻时充当郡里的吏员，兼代剡县县长。县吏斯从轻生死，重义气，违法乱纪，贺齐想要惩处他，主簿规劝说："斯从是本县的大族，是山越依附的对象，今天惩处他，明天盗匪就会到来。"贺齐听了非常生气，就立即杀了斯从。斯从的族人和党羽于是互相纠合，党徒有一千多人，起兵攻打县城。贺齐率领官吏百姓，打开城门突然出击，大败匪军，威震山越。后来太末、丰浦的百姓造反，贺齐被调往太末代任县长，他惩罚奸恶，蓄养良善，一个月后动乱全部平息。

建安元年，孙策临郡，察齐孝廉。时王朗奔东冶，候官长商升为朗起兵。策遣永宁长韩晏领南部都尉，将兵讨升，以齐为永宁长。晏为升所败，齐又代晏领都尉事。升畏齐威名，遣使乞盟。齐因告喻，为陈祸福，升遂送上印绶，出舍求降。贼帅张雅、詹彊等不愿升降，反共杀升，雅称无上将军，彊称会稽太守。贼盛兵少，未足以讨，齐住军息兵。雅与女婿何雄争势两乖，齐令越人因事交构，遂致疑隙，阻兵相图。齐乃进讨，一战大破雅，彊党震惧，率众出降。

建安元年，孙策占据会稽郡，察举贺齐为孝廉。当时王朗逃往东冶，候官县长商升为王朗发兵攻打孙策。孙策派永宁县长韩晏兼任会稽南部都尉，率军讨伐商升，任贺齐为永宁县长。韩晏被商升打败，贺齐又代替韩晏兼管都尉的职事。商升害怕贺齐的威名，派使者来请求讲和。贺齐趁此机会给商升宣明大义，陈述祸福，商升就送上官印，出营请降。匪首张雅、詹彊等人不愿商升投降，反而一起杀了商升，张雅自称无上将军，詹彊自称会稽太守。匪盗势众，己方兵少，难以前往征讨，贺齐让部队停止进攻。张雅同女婿何雄争权夺势互相失和，贺齐命令山越人抓住一些事有意扩大事态，终于使他们猜疑生怨，各自都想依仗武力灭掉对方。贺齐于是进军征讨，一次战斗就大败张雅，詹彊等人震惊畏惧，率领党羽出来投降。

候官既平，而建安、汉兴、南平复乱，齐进兵建安，立都

候官平定以后，建安、汉兴、南平又发生叛乱，贺齐进军建安，设立都尉府，这一年是建安八年。会

尉府,是岁八年也。郡发属县五千兵,各使本县长将之,皆受齐节度。贼洪明、洪进、苑御、吴免、华当等五人,率各万户,连屯汉兴,吴五六千户别屯大潭,邹临六千户别屯盖竹,同出馀汗。军讨汉兴,经馀汗。齐以为贼众兵少,深入无继,恐为所断,令松阳长丁蕃留备馀汗。蕃本与齐邻城,耻见部伍,辞不肯留。齐乃斩蕃,于是军中震栗,无不用命。遂分兵留备,进讨明等,连大破之。临陈斩明,其免、当、进、御皆降。转击盖竹,军向大潭,二将又降。凡讨治斩首六千级,名帅尽禽,复立县邑,料出兵万人,拜为平东校尉。十年,转讨上饶,分以为建平县。

稽郡征发下属各县五千士兵,各派本县县长率领,都受贺齐的指挥。叛匪洪明、洪进、苑御、吴免、华当等五人,各率领党徒一万户,连接驻扎在汉兴,吴五率领六千户另外驻扎在大潭,邹临率领六千户另外驻扎在盖竹,都从馀汗出击。贺齐率军征讨汉兴,途经馀汗。贺齐认为叛匪众多,自己兵少,深入敌区而没有后援,恐怕被敌人切断后路,命令松阳县长丁蕃留守馀汗。丁蕃本来与贺齐同为邻县县长,耻于受他指挥,推辞不肯留守。贺齐就杀了丁蕃,因而全军震惊,没有人不听从命令。于是分兵留守,进军讨伐洪明等人,接连大破敌军。在阵前杀了洪明,吴免、华当、洪进、苑御都投降了。转而攻打盖竹,再向大潭进军,吴五、邹临又投降了。一共讨伐治平斩杀敌人六千首级,有名的匪首全部被抓获,重新建立县城,选出士兵一万人,贺齐被授任为平东校尉。建安十年,移兵征讨上饶,分出上饶部分地方设立建平县。

十三年,迁威武中郎将,讨丹阳黟、歙。时武彊、叶乡、东阳、丰浦四乡先降,齐表言以叶乡为始新县。而歙贼帅金奇万户屯安勒山,毛甘万户屯乌聊山,黟帅陈仆、祖山等二万户屯林历山。林历山四面壁立,高数十丈,径路危狭,不容刀楯,贼临高下石,不可得攻。军住经日,将吏患之。齐身出周行,观视形便,阴募轻捷士,为作铁弋,密于隐险贼所不备处,以弋拓堑为缘道,夜令潜上,乃多县布以援下人,得上百数人,四面流布,俱鸣鼓角,齐勒兵待之。贼夜闻鼓声四合,谓大军悉已得上,惊惧惑

建安十三年,调升威武中郎将,征讨丹阳郡的黟县、歙县。当时武彊、叶乡、东阳、丰浦四个乡先投降,贺齐上表建议改叶乡为始新县。而歙县匪首金奇率领徒党一万户驻扎在安勒山,毛甘率领一万户驻扎在乌聊山,黟县匪首陈仆、祖山等人率领两万户驻扎在林历山。林历山四面耸立如壁,高几十丈,小路又高又窄,不容人带着兵器通过,叛匪从高处扔下石块,下面无法进攻。军队停留整天,将吏因此忧虑。贺齐亲自出营绕山巡行,观察地形上可供利用的条件。然后暗中招募身手轻捷的壮士,为他们制造一端尖锐的小铁桩,偷偷地在隐蔽、险要而叛匪没有防备的地方,用小铁桩在峭壁上开出可供攀缘的路,夜晚派他们悄悄地攀登上去,再垂下多条绳索接引下面的人。这样得以上去了百来人,四面散布,都敲起战鼓,吹响号角,贺齐统率军队待机进攻。叛匪晚上听到四面鼓声,以为贺齐的大部队都已上来,惊慌恐惧,疑惑迷乱,不知所措,把守路口

乱，不知所为，守路备险者，皆走还依众。大军因是得上，大破仆等，其余皆降，凡斩首七千。[②]齐复表分歙为新定、黎阳、休阳。并黟、歙凡六县，权遂割为新都郡，齐为太守，立府于始新，加偏将军。

和险要处的匪徒，都逃回大本营。大部队趁此机会攻上山去，大破陈仆等人的队伍，其余匪徒全部投降，一共杀死七千人。贺齐又上表建议从歙县分出新定、黎阳、休阳三县，加上黟、歙两县一共是六个县，孙权就分割这六县为新都郡，贺齐担任太守，在始新设立太守府，任命贺齐为偏将军。

十六年，吴郡余杭民郎稚合宗起贼，复数千人，齐出讨之，即复破稚，表言分余杭为临水县。[③]被命诣所在，及当还郡，权出祖道，作乐舞象。[④]赐齐軿车骏马，罢坐住驾，使齐就车。齐辞不敢，权使左右扶齐上车，令导吏卒兵骑，如在郡仪。权望之笑曰："人当努力，非积行累勤，此不可得。"去百余步乃旋。

建安十六年，吴郡余杭县百姓郎稚纠合本宗族的人起来造反，又有徒党几千人，贺齐出兵征讨他们，很快打败郎稚，上表建议从余杭分出一部分设立临水县。贺齐奉命晋见孙权，等到要返回新都郡时，孙权出城饯行，让人奏起音乐，跳起象舞，赏赐贺齐軿车和骏马。宴会结束后，孙权先不离开，让贺齐上车。贺齐辞谢说不敢，孙权让手下人扶贺齐上车，命令吏员、步卒、骑兵充当前导，跟在新都郡当太守时的仪仗一样。孙权望着离去的贺齐笑着说："人应该努力，如果不积累德行和劳绩，这种待遇是不可能得到的。"贺齐离去一百多步远，孙权才回去。

十八年，豫章东部民彭材、李玉、王海等起为贼乱，众万余人。齐讨平之，诛其首恶，余皆降服。拣其精健为兵，次为县户。迁奋武将军。

建安十八年，豫章东部百姓彭材、李玉、王海等人起来造反作乱，徒党有一万多人。贺齐征讨、平定这次叛乱，杀了其中的首恶，其余人都投降顺服。选择其中精良、健壮的人当兵，次一等的充当县里的兵户。调升奋武将军。

二十年，从权征合肥。时城中出战，徐盛被创失矛，齐引兵拒击，得盛所失。[⑤]

建安二十年，跟随孙权攻打魏国的合肥新城。当时城中的魏军出来交战，徐盛负伤丢了牙旗，贺齐带兵抗击魏军，夺回了徐盛丢掉的牙旗。

二十一年，鄱阳民尤突受曹公印绶，化民为贼，陵阳、始安、泾县皆与突相应。齐与陆逊讨破突，斩首数千，余党震服，丹杨三县皆降，料得精兵八千人。拜安东将军，封山阴侯，出镇江上，督扶州以上至皖。

建安二十一年，鄱阳郡百姓尤突接受曹操的封印，诱使百姓反叛，陵阳、始安、泾县都跟尤突互相呼应。贺齐和陆逊讨伐、击败尤突，杀敌几千人，其余的徒党震惊归服，丹杨郡三县的叛匪全部投降，从中选得精壮士兵八千人。授任安东将军，封为山阴侯，负责镇守长江沿岸，督率扶州以上直到皖县的驻军。

黄武初，魏使曹休来伐，

黄武初年，魏国派曹休前来攻打，贺齐因为路远齐以道远后至，因住新市为拒。会洞口诸军遭风流溺，所亡中分，将士失色，赖齐未济，偏军独全，诸将倚以为势。

比其他前往迎战的吴军后到，于是驻扎在新市抵御曹休。恰逢洞口吴军的各支部队在渡江时遇上大风，漂流沉没，损失了一半，将士们惊慌变色，幸亏贺齐没有渡江，主力以外的这部分军队单独得以保全，其他各支部队的将领都倚仗他的支援作为后盾。

齐性奢绮，尤好军事，兵甲器械极为精好，所乘船雕刻丹镂，青盖绛襜，干橹戈矛，葩瓜文画，弓弩矢箭，咸取上材，蒙冲斗舰之属，望之若山。休等惮之，遂引军还。迁后将军，假节领徐州牧。

贺齐性情奢侈华丽，尤其爱好军事装备，武器、衣甲和各种器械极为精美，他乘坐的船只镌刻雕镂后又填上朱砂的红色，配上青色的顶篷和深红色的帷帐，大小盾牌，各种兵器，装饰着葩爪和花纹图案，弓弩箭矢，都取用上等材料，各式各样的战船排列在一起，远远望去像是一座山。曹休等人害怕他，就带着军队撤了回去。贺齐调升后将军，假节遥领徐州牧。

初，晋宗为戏口将，以众叛如魏，还为蕲春太守，图袭安乐，取其保质。权以为耻忿，因军初罢，六月盛夏，出其不意，诏齐督麋芳、鲜于丹等袭蕲春，遂生虏宗。后四年卒，子达及弟景皆有令名，为佳将。⑥

当初，晋宗担任戏口驻军的将领，带着部众叛逃到魏，不久担任魏国蕲春太守，企图偷袭吴国的安乐，夺取他留下来做人质的妻子儿女。孙权对此感到羞耻和愤怒，趁着战事刚刚停歇，在六月盛夏时，出其不意，诏令贺齐督率麋芳、鲜于丹等人偷袭蕲春，终于活捉了晋宗。四年后，贺齐死去，儿子贺达和弟弟贺景都有美名，是出色的将领。

全琮字子璜，吴郡钱唐人也。父柔，汉灵帝时举孝廉，补尚书郎右丞，董卓之乱，弃官归，州辟别驾从事，诏书就拜会稽东部都尉。孙策到吴，柔举兵先附，策表柔为丹杨都尉。孙权为车骑将军，以柔为长史，徙桂阳太守。柔尝使琮赍米数千斛到吴，有所市易。琮至，皆散用，空船而还。柔大怒，琮顿首曰："愚以所市非急，而士大夫方有倒县之患，故便振赡，不及启报。"柔更以奇之。⑦是时中州士人避乱而南，依琮居者以百数，琮倾家

全琮字子璜，吴郡钱唐县人。父亲全柔，汉灵帝时被举为孝廉，补缺为尚书郎右丞，在董卓之乱中，抛弃官职，回到老家，州里征召他为别驾从事，皇帝下令任命他为会稽东部都尉。孙策来到吴地，全柔首先起兵归附，孙策推荐全柔为丹杨郡都尉。孙权担任车骑将军，用全柔做长史，调任桂阳太守。全柔曾派全琮带着几千斛米到吴地做买卖。全琮到达后，把米都散发给别人，自己带着空船回去。全柔非常生气，全琮叩头说："我认为要买的东西不是急用的，而士大夫正处于极其困苦的境地，所以就救济了他们，来不及向您报告。"全柔不但没有怪罪他，反而因此认为他不同寻常。这时中原地区的士人躲避战乱来到南方，投靠全琮居留的数以百计，全琮

给济，与共有无，遂显名远近。后权以为奋威校尉，授兵数千人，使讨山越。因开募召，得精兵万余人，出屯牛渚，稍迁偏将军。

拿出全部家产接济他们，和他们同甘共苦，于是远近扬名。后来孙权任命他为奋威校尉，给他几千名士兵，派他征讨山越。于是举行招募，得到精兵一万多人，出外驻扎在牛渚，逐渐升任为偏将军。

建安二十四年，刘备将关羽围樊、襄阳，琮上疏陈羽可讨之计，权时已与吕蒙阴议袭之，恐事泄，故寝琮表不答。及禽羽，权置酒公安，顾谓琮曰："君前陈此，孤虽不相答，今日之捷，抑亦君之功也。"于是封阳华亭侯。

建安二十四年，刘备手下将领关羽围困樊城、襄阳，全琮向孙权上疏陈述可以征讨关羽的计策，孙权当时已经同吕蒙暗中商议偷袭关羽，恐怕事情泄露，所以把全琮的奏章搁置起来，不予答复。等到抓获了关羽，孙权在公安摆酒庆贺，席间转过头来对全琮说："你以前为这事进言，我虽然没有答复你，但今天的胜利，也有你的功劳哇。"于是封他为阳华亭侯。

黄武元年，魏以舟军大出洞口，权使吕范督诸将拒之，军营相望。敌数以轻船钞击，琮常带甲仗兵，伺候不休。顷之，敌数千人出江中，琮击破之，枭其将军尹卢。迁琮绥南将军，进封钱唐侯。四年，假节领九江太守。

黄武元年，魏国派水军从洞口大规模出击吴国，孙权派吕范率领众将领抵御魏军，两方军营隔江相对。敌方屡次用轻快的小船从侧面突袭骚扰，全琮曾经身披铠甲，手拿兵器，不间断地守候观望。不久，几千敌军出现在长江之中，全琮击溃了他们，斩杀了他们的将军尹卢。升任全琮为绥南将军，提升封号为钱唐侯。黄武四年，假节遥领九江郡太守。

七年，权到皖，使琮与辅国将军陆逊击曹休，破之于石亭。是时丹杨、吴、会山民复为寇贼，攻没属县，权分三郡险地为东安郡，琮领太守。[8]至，明赏罚，招诱降附，数年中，得万余人。权召琮还牛渚，罢东安郡。[9]黄龙元年，迁卫将军、左护军、徐州牧，[10]尚公主。

黄武七年，孙权到皖县，派全琮和辅国将军陆逊攻打曹休，在石亭击败了曹休。这时丹杨郡、吴郡、会稽郡的山越百姓再次叛乱，攻陷三郡所属县城，孙权划分三郡的险要地方为东安郡，全琮兼任太守。全琮到任以后，严明赏罚，招纳叛匪前来投降归附，几年之内，得到一万多人。孙权召全琮回牛渚，撤销东安郡。黄龙元年，调升卫将军、左护军、徐州牧，与公主结婚。

嘉禾二年，督步骑五万征六安，六安民皆散走，诸将欲分兵捕之。琮曰："夫乘危徼幸，举不百全者，非国家大体也。今分兵捕民，得失相半，岂可谓全哉？纵有所获，犹不足

嘉禾二年，督率步卒骑兵五万人征讨魏国六安，六安的百姓都奔散逃跑，众将领想要分兵追捕。全琮说："冒险企求非分，行动不能考虑周到、百无一失的，不符合国家的根本利益。如果分兵追捕百姓，成功率只有一半，怎么可以算是周到无失呢？即使有所擒获，还是不足以削弱敌人、符合国家的期

以弱敌而副国望也。如或邂逅,亏损非小,与其获罪,琮宁以身受之,不敢徼功以负国也。”

望啊。如果万一遭逢意外,就会损失不小,假若因为没有战功被怪罪,我宁可自己去领受,不敢为了求功来辜负国家呀。”

赤乌九年,迁右大司马、左军师。为人恭顺,善于承颜纳规,言辞未尝切迕。初,权将围珠崖及夷州,皆先问琮,琮曰:“以圣朝之威,何向而不克?然殊方异域,隔绝障海,水土气毒,自古有之,兵入民出,必生疾病,转相污染,往者惧不能反,所获何可多致?猥亏江岸之兵,以冀万一之利,愚臣犹所不安。”权不听。军行经岁,士众疾疫死者十有八九,权深悔之。后言次及之,琮对曰:“当是时,群臣有不谏者,臣以为不忠。”

赤乌九年,调升右大司马、左军师。为人恭谨和顺,善于察言观色进纳规劝,言辞从不急迫、抵触。当初,孙权打算攻取珠崖和夷州,都事先征询全琮的意见,全琮说:“凭着圣朝的威风,向哪里进攻不能胜利?但是他乡异国,被瘴气和大海隔断,那地方湿气毒热,自古就有,士兵和百姓进出那种地方,必定难免生病,辗转互相传染,去了的恐怕不能活着回来,怎么可能得到多的收获?大量减少长江沿岸的兵力,来追求代价高昂的利益,这是愚臣很觉不安的事。”孙权不听。军队出征经年,官兵们生病死去的有十分之八九,孙权为此深感后悔。后来在言谈中提到这件事,全琮回答说:“在那个时候,群臣中有不进言规劝的,臣认为是不忠。”

琮既亲重,宗族子弟并蒙宠贵,赐累千金,然犹谦虚接士,貌无骄色。十二年卒,子怿嗣。后袭业领兵,救诸葛诞于寿春,出城先降,魏以为平东将军,封临湘侯。怿兄子祎、仪、静等亦降魏,皆历郡守列侯。⑪

全琮既被皇帝亲近器重,他的族人、子弟也都蒙受尊荣显贵,所受赏赐累计千金,但他仍谦虚交结士人,脸上没有骄傲的神色。赤乌十二年死去,儿子全怿继承爵位。后来承袭家业,统领军队,到寿春救援诸葛诞,自己先出城投降,魏国任他为平东将军,封为临湘侯。全怿哥哥的儿子全祎、全仪、全静等人也投降魏国,都历任郡守和列侯。

吕岱字定公,广陵海陵人也,为郡县吏,避乱南渡。孙权统事,岱诣幕府,出守吴丞。权亲断诸县仓库及囚系,长丞皆见,岱处法应问,甚称权意,召署录事,出补余姚长,召募精健,得千余人。会稽东冶五县贼吕合、秦狼等为乱,权以岱为督军校尉,与将军蒋钦等将

吕岱字定公,广陵郡海陵县人,担任郡县的吏员,为躲避战乱渡江来到江南。孙权掌管政事后,吕岱进入幕府,任代理吴县丞。孙权亲自决断各县的仓库和犯人,县长县丞都去谒见,吕岱依据法令回答孙权的询问,很合孙权的心意,召他代理录事工作,补缺出任余姚县长,招募精壮的士兵,得到一千多人。会稽郡的东冶等五县的叛匪吕合、秦狼等人制造动乱,孙权任命吕岱为督军校尉,同将军蒋钦

兵讨之，遂禽合、狼，五县平定，拜昭信中郎将。⑫

等人一起率领军队征讨他们，最终抓获了吕合、秦狼，五县得以平定，授任吕岱昭信中郎将的职务。

建安二十年，督孙茂等十将从取长沙三郡。又安成、攸、永新、茶陵四县吏共入阴山城，合众拒岱，岱攻围，即降，三郡克定。权留岱镇长沙。安成长吴砀及中郎将袁龙等首尾关羽，复为反乱。砀据攸县，龙在醴陵。权遣横江将军鲁肃攻攸，砀得突走。岱攻醴陵，遂禽斩龙，迁庐陵太守。

建安二十年，督率孙茂等十名将领参与攻取长沙、零陵、桂阳三郡。这时又有安成、攸县、永新、茶陵四县的吏员一齐进入阴山城，纠合部众抵抗吕岱，吕岱攻打城围，很快降服了他们，三郡平定。孙权留吕岱镇守长沙。安成县长吴砀和中郎将袁龙等人勾结关羽，再次制造叛乱。吴砀据守攸县，袁龙盘踞醴陵。孙权派横江将军鲁肃攻打攸县，吴砀得以突围逃跑。吕岱攻打醴陵，最终抓获、杀死了袁龙，调升庐陵太守。

延康元年，代步骘为交州刺史。到州，高凉贼帅钱博乞降，岱因承制，以博为高凉西部都尉。又鬱林夷贼攻围郡县，岱讨破之。是时桂阳浈阳贼王金合众于南海界上，首乱为害，权又诏岱讨之，生缚金，传送诣都，斩首获生凡万余人。迁安南将军，假节，封都乡侯。

延康元年，代步骘担任交州刺史。到任后，高凉匪首钱博请求投降，吕岱就秉承孙权的旨意，任命钱博为高凉西部都尉。又有鬱林夷贼围攻郡县，吕岱征讨、击败了他们。这时桂阳郡浈阳县叛匪王金在南海郡界纠合部众，带头作乱为害，孙权又命令吕岱征讨他，活捉王金，传递解送到首都，斩杀、活捉匪徒共一万多人。调升安南将军，加以假节称号，封为都乡侯。

交阯太守士燮卒，权以燮子徽为安远将军，领九真太守，以校尉陈时代燮。岱表分海南三郡为交州，以将军戴良为刺史，海东四郡为广州，岱自为刺史。遣良与时南入，而徽不承命，举兵戍海口以拒良等。岱于是上疏请讨徽罪，督兵三千人晨夜浮海。或谓岱曰："徽藉累世之恩，为一州所附，未易轻也。"岱曰："今徽虽怀逆计，未虞吾之卒至，若我潜军轻举，掩其无备，破之必也。稽留不速，使得生心，婴城

交阯太守士燮死去，孙权任命士燮的儿子士徽为安远将军，兼任九真太守，让校尉陈时代替士燮。吕岱上表建议分海南三郡为交州，任将军戴良为刺史，海东四郡为广州，吕岱自己任刺史。派戴良和陈时向南进入交阯，但士徽不接受命令，起兵防守海口来阻拦戴良等人。吕岱于是上疏请求讨伐士徽的罪行，率领士兵三千人日夜不停地渡海前往交阯。有人对吕岱说："士徽凭借历代的恩荣，被一州的人所依附，不可轻视啊。"吕岱说："眼下士徽虽有谋逆的打算，但没有料到我们会突然来到，如果我军秘密行军，轻装疾进，乘他没有防备而突然袭击，是一定可以打败他的。如果延滞而不速决，使他得以产生异心，环城死守，那么七个郡的各部蛮夷，都会迅

固守，七郡百蛮，云合响应，虽有智者，谁能图之？”遂行，过合浦，与良俱进。徽闻岱至，果大震怖，不知所出，即率兄弟六人肉袒迎岱。岱皆斩送其首。徽大将甘醴、桓治等率吏民攻岱，岱奋击大破之，进封番禺侯。于是除广州，复为交州如故。岱既定交州，复进讨九真，斩获以万数。又遣从事南宣国化，暨徼外扶南、林邑、堂明诸王，各遣使奉贡。权嘉其功，进拜镇南将军。

黄龙三年，以南土清定，召岱还屯长沙沤口。[13]会武陵蛮夷蠢动，岱与太常潘濬共讨定之。嘉禾三年，权令岱领潘璋士众，屯陆口，后徙蒲圻。四年，庐陵贼李桓、路合、会稽东冶贼随春、南海贼罗厉等一时并起。权复诏岱督刘纂、唐咨等分部讨击，春即时首降，岱拜春偏将军，使领其众，遂为列将，桓、厉等皆见斩获，传首诣都。权诏岱曰：“厉负险作乱，自致枭首；桓凶狡反覆，已降复叛。前后讨伐，历年不禽，非君规略，谁能枭之？忠武之节，于是益著。元恶既除，大小震慑，其余细类，扫地族矣。自今已去，国家永无南顾之虞，三郡晏然，无怵惕之惊，又得恶民以供赋役，重用叹息。赏不逾月，国之常典，制度所宜，君其裁之。”

潘濬卒，岱代濬领荆州文

速成群聚结，即使有十分聪明有才的人，谁能对付那种局面？”就带兵前进，经过合浦，同戴良一起进发。士徽听说吕岱来到，果然非常震惊恐怖，束手无策，就带着六个兄弟脱去上衣，裸露上身，迎候吕岱。吕岱把他们全都杀了，并且传首示众。士徽的大将甘醴、桓治等人率领官吏百姓攻打吕岱，吕岱奋力反击，大败他们，提升爵号为番禺侯。于是撤销广州，仍像原来那样设置交州。吕岱平定交州以后，又进军征讨九真郡，斩首、擒获数以万计。又派官员到南方去宣扬国家的教化，直到境外的扶南、林邑、堂明各国，这些国家的君主都各自派遣使者前来进贡。孙权赞许他的功劳，升任他为镇南将军。

黄龙三年，南方已经清静安定，召吕岱回来驻守长沙郡的沤口。遇上武陵郡蛮夷骚动，吕岱同太常潘濬一起征讨、平定了他们。嘉禾三年，孙权命令吕岱统领潘璋的部众，驻扎在陆口，后来又迁到蒲圻。黄龙四年，庐陵郡盗匪李桓、路合，会稽郡东冶县盗匪随春，南海郡盗匪罗厉等人同时造反。孙权又命令吕岱督率刘纂、唐咨等人分兵征讨攻击，随春很快自首投降，吕岱任命随春为偏将军，让他统领自己原来的部众，于是成为众将领之一，李桓、罗厉等人都被斩杀或擒获，首级被传送到吴国都城。孙权给吕岱下诏书说：“罗厉仗恃地形险要挑起动乱，自己招致枭首示众；李桓凶恶狡猾，反复无常，投降后又重新反叛。先后讨伐，经年不能抓获，如果不是你经营谋划，谁能诛杀他们？你忠诚勇武的节操，由此更加明显昭彰。首恶既已除灭，所有匪徒都震惊慑服，其余卑微的同伙，就全都被消灭了。从今以后，国家永远没有对南方的忧虑，三郡平静，没有令人紧张的惊惧，又得到原来凶暴的百姓来供给赋税和劳役，我为此深深地赞叹。赏赐不超过一个月，这是国家的常例，只要是符合制度的，你自己选择吧。”

潘濬去世，吕岱代替潘濬兼管荆州的公文案

书，与陆逊并在武昌，故督蒲圻。顷之，廖式作乱，攻围城邑，零陵、苍梧、鬱林诸郡骚扰，岱自表辄行，星夜兼路。权遣使追拜岱交州牧，及遣诸将唐咨等骆驿相继，攻讨一年破之，斩式及遣诸所伪署临贺太守费杨等，并其支党，郡县悉平，复还武昌。时年已八十，然体素精勤，躬亲王事。奋威将军张承与岱书曰："昔旦奭翼周，《二南》作歌，今则足下与陆子也。忠勤相先，劳谦相让，功以权成，化与道合，君子叹其德，小人悦其美。加以文书鞅掌，宾客终日，罢不舍事，劳不言倦，又知上马辄自超乘，不由跨蹑，如此足下过廉颇也，何其事事快也。《周易》有之，礼言恭，德言盛，足下何有尽此美耶！"及陆逊卒，诸葛恪代逊，权乃分武昌为两部，岱督右部，自武昌上至蒲圻。迁上大将军，拜子凯副军校尉，监兵蒲圻。孙亮即位，拜大司马。

卷，跟陆逊同在武昌，仍旧担任蒲圻督。不久，廖式发动叛乱，围攻城邑，零陵、苍梧、鬱林各郡动乱不安，吕岱自己上表请战，立即出发，连夜赶路。孙权派使者追授吕岱为交州牧，又派众将领唐咨等人接连不断地充当后援，攻打、征讨一年，击败叛军，杀死廖式，又放逐了他所非法任命的临贺太守费杨等人，收编了他的党羽，郡县全部平定，又重新回到武昌。当时他已有八十岁，但是身体素来健旺勤劳，亲自处理公事。奋威将军张承写信给吕岱说："从前周公旦和召公奭辅佐周朝，他们所管辖地区的民众创作了赞颂他们的诗歌，当今的周公、召公就是足下和陆子啊。忠诚劳苦争着在先，勤谨谦虚互相礼让，功业因谋略而成，教化同大道相合，君子赞叹您的德行，小人心服您的美善。加上公文案卷烦劳，宾客整天不断，您疲乏而不放弃政事，劳累却不表示厌倦，又听说您上马总是健步跃上，不需踏着垫脚的东西，这样足下是超过战国名将廉颇啦，为什么每件事都办得那么畅快呀。《周易》有这样的话，礼崇尚恭敬，德贵在美盛，足下怎会全部拥有这些美德呢！"等到陆逊去世，诸葛恪取代陆逊，孙权就把武昌分为两部，吕岱管领右部，从武昌向上直到蒲圻。升任上大将军，任命吕岱的儿子吕凯为副军校尉，到蒲圻监军。孙亮当了皇帝后，任命吕岱为大司马。

岱清身奉公，所在可述。初在交州，历年不饷家，妻子饥乏。权闻之叹息，以让群臣曰："吕岱出身万里，为国勤事，家门内困，而孤不早知。股肱耳目，其责安在？"于是加赐钱米布绢，岁有常限。

吕岱立身清正，以公事为重，处处值得称道。当初在交州，经年不供养家庭，妻子儿女饥饿贫乏。孙权听到这些后叹着气责备群臣说："吕岱献身于远方，为国家辛勤办事，家中用度贫乏短缺，但我早先不知道。亲近大臣们，你们的责任在哪里？"于是加赏银钱、粮米、布匹、绢帛，每年有一定的数目。

始，岱亲近吴郡徐原，慷慨有才志，岱知其可成，赐巾褠，与共言论，后遂荐拔，官至

当初，吕岱所亲密接近的吴郡人徐原，意气风发，情绪激昂，有才能大志，吕岱知道他会有成就，赠给他巾帻和单衣，跟他一起言谈议论，后来他终

侍御史。原性忠壮，好直言，岱时有得失，原辄谏诤，又公论之，人或以告岱，岱叹曰："是我所以贵德渊者也。"及原死，岱哭之甚哀，曰："德渊，吕岱之益友，今不幸，岱复于何闻过？"谈者美之。

于被推荐选拔，官做到侍御史。徐原性情忠诚壮烈，喜欢直言不讳，吕岱如有过失，徐原总是直言规劝，又公开议论这些过失，有人把这情况告诉吕岱，吕岱赞叹说："这正是我推重德渊的缘由啊。"等到徐原死去，吕岱为他哭得很伤心，说："德渊，是对我吕岱有益的朋友，现在不幸死去，我再从哪里知道自己的过错？"舆论赞美吕岱。

太平元年，年九十六卒，子凯嗣。遗令殡以素棺，疏巾布褠，葬送之制，务从约俭，凯皆奉行之。

太平元年，九十六岁时死去，儿子吕凯继承爵位。遗言吩咐用不涂漆不加装饰的棺木埋葬，用粗织的头巾和麻布制的单衣入殓，葬埋、出殡等规制，务从俭约，吕凯全部遵奉实行。

周鲂字子鱼，吴郡阳羡人也。少好学，举孝廉，为宁国长，转在怀安。钱唐大帅彭式等蚁聚为寇，以鲂为钱唐侯相，旬月之间，斩式首及其支党，迁丹杨西部都尉。黄武中，鄱阳大帅彭绮作乱，攻没属城，乃以鲂为鄱阳太守，与胡综戮力攻讨，遂生禽绮，送诣武昌，加昭义校尉。被命密求山中旧族名帅为北敌所闻知者，令谲挑魏大司马扬州牧曹休。鲂答，恐民帅小丑不足仗任，事或漏泄，不能致休，乞遣亲人赍笺七条以诱休：

周鲂字子鱼，吴郡阳羡县人。年轻时好学，被选拔为孝廉，担任宁国县长，又调任怀安县长。钱唐彭式等人聚集众人搞叛乱，朝廷任命周鲂为钱唐侯相，一个月中，杀了彭式和他的党羽，调升丹杨西部都尉。黄武年间，鄱阳匪首彭绮发动叛乱，攻陷鄱阳郡下属的县城，于是任命周鲂为鄱阳太守，同胡综合力攻打讨伐，最后活捉彭绮，送到武昌，又任昭义校尉。受命秘密访求山中有长久历史的山越家族里被曹魏知晓的著名宗帅，让他诈降诱骗魏国大司马、扬州牧曹休。周鲂答复说，恐怕民帅这样地位卑贱的人不足以依靠，事情如果泄漏，就不能诱使曹休前来，请求派亲信之人带着周鲂的七条书札去诱骗曹休：

其一曰："鲂以千载徼幸，得备州民，远隔江川，敬恪未显，瞻望云景，天实为之。精诚微薄，名位不昭，虽怀焦渴，曷缘见明？狐死首丘，人情恋本，而逼所制，奉觐礼违。每独矫首西顾，未尝不寤寐劳叹，展转反侧也。今因隙穴之际，得陈宿昔之志，非神启之，岂能致此！不胜翘企，万里托命。谨

其中第一条说："我周鲂凭着千年不遇的幸运，得以充当您州里的百姓，远隔江河，恭敬未能表明，只能遥遥仰望您的风采，这种情况是老天造成的。我忠诚微薄，名声地位都不显赫，虽然怀着急切的向往之心，又有什么机会被您明察？狐狸将死，头必朝向出生的山丘，人之常情，是留恋乡土，但我受制于人，有失拜见之礼。每当独自抬头西望，未曾不日夜忧叹，寝不安席呀。如今乘着难得的机会，得以陈述多时的心意，如果不是神明启发，怎能做到这一点！我不胜盼望，从遥远的地方把命运托付给您。恭

遣亲人董岑、邵南等托叛奉笺。时事变故,列于别纸,惟明公君侯垂日月之光,照远民之趣,永令归命者有所戴赖。”

谨地派遣亲信之人董岑、邵南等人借口叛逃奉上书信。时事变故,开叙在另外的纸上,希望您投下日月一样明亮的光辉,照察我这远方百姓的意志,永远让归顺的人有所尊奉,有所依赖。”

其二曰:“鲂远在边隅,江汜分绝,恩泽教化,未蒙抚及,而于山谷之间,遥陈所怀,惧以大义,未见信纳。夫物有感激,计因变生,古今同揆。鲂仕东典郡,始愿已获,铭心立报,永矣无贰。岂图顷者中被横谴,祸在漏刻,危于投卵,进有离合去就之宜,退有诬罔枉死之咎,虽志行轻微,存没一节,顾非其所,能不怅然!敢缘古人,因知所归,拳拳输情,陈露肝膈。乞降春天之润,哀拯其急,不复猜疑,绝其委命。事之宣泄,受罪不测,一则伤慈损计,二则杜绝向化者心,惟明使君远览前世,矜而愍之,留神所质,速赐秘报。鲂当候望举动,俟须向应。”

第二条说:“周鲂远在边远的角落,被江水分离阻隔,您恩泽教化的抚慰,我还没有承受到,只能在这僻远的地方,遥遥地献上自己的心思,但又担心因为我和吴主之间的君臣关系,不被您相信和接纳。事物有感动激发,计划由情况的变化而产生,这道理是古今一致的。我供职东吴,主管一郡,最初的愿望已经达到,本来对吴主的恩德铭记在心,立志报效,永远没有二心。怎料近来遭受意外的责备,祸难就在眼前,处境非常危险,前进有离合去就的恰当选择,后退有受人诬陷而冤死的灾祸,我虽然志向和操守微不足道,但面对存亡大事,却不能死得其所,怎能不若有所失!我冒昧地遵循古人的做法,于是明白自己应有的归宿,恳切地向您表达真情,献上内心的诚意。盼您降下春雨般的恩泽,哀怜、拯救我的急难,而不要猜疑我,拒绝我以性命相托的请求。事情如果泄漏,我会受到不可测知的罪责,那样一来会伤害您慈爱的名声,破坏我的打算,二来会杜绝人们想要归顺的心愿,希望您观察前人的类似情况,怜悯我的处境,关注我所提出的问题,快些给我秘密的答复。我将观望您的举动,期待您的迅速回答。”

其三曰:“鲂所代故太守广陵王靖,往者亦以郡民为变,以见谴责,靖勤自陈释,而终不解,因立密计,欲北归命,不幸事露,诛及婴孩。鲂既目见靖事,且观东主一所非薄,婳不复厚,虽或暂舍,终见翦除。今又令鲂领郡者,是欲责后效。必杀鲂之趣也。虽尚视息,忧惕焦灼,未知躯命,竟在何时。人居世间,犹白驹过隙,

第三条说:“在我之前的原任太守、广陵人王靖,过去也因为郡中的百姓制造变乱,因此受到斥责,王靖努力地自我陈述解释,但始终不得解脱,于是秘密订立计划,想要向北去归顺,不幸事情暴露,全家被杀,连婴儿也没能幸免。我既亲眼看到了王靖的情况,又观察到吴主对人一旦非难鄙薄,哪怕是再好的人也不再给予厚待,即使有些人暂时放过,最终也要加以除灭。现在又让我管领一郡,这是想求我日后的成效,必定有杀我的想法呀。我虽然还偷生苟活,但忧伤恐惧,心中焦虑,如被火烧,不知自己的身躯性命会在什么时候结束。人生在世,

而常抱危怖，其可言乎！惟当陈愚，重自披尽，惧以卑贱，未能采纳。愿明使君少垂详察，忖度其言。今此郡民，虽外名降首，而故在山草，看伺空隙，欲复为乱，为乱之日，鲂命讫矣。东主顷者潜部分诸将，图欲北进。吕范、孙韶等入淮，全琮、朱桓趋合肥，诸葛瑾、步骘、朱然到襄阳，陆议、潘璋等讨梅敷。东主中营自掩石阳，别遣从弟孙奂治安陆城，修立邸阁，辇赀运粮，以为军储，又命诸葛亮进指关西，江边诸将无复在者，才留三千所兵守武昌耳。若明使君以万兵从皖南首江渚，鲂便从此率厉吏民，以为内应。此方诸郡，前后举事，垂成而败者，由无外援使其然耳；若北军临境，传檄属城，思咏之民，谁不企踵？愿明使君上观天时，下察人事，中参蓍龟，则足昭往言之不虚也。”

好像白驹过隙一样迅速，却常常怀抱畏惧，还有什么可说的呢！我只应该陈述自己的想法，深深地倾诉衷情，担心因为地位卑贱，不能被您采纳。希望您稍微给予仔细考察，掂量我所说的话。现在这个郡的百姓，虽然在外的名声是已经降服，但仍然处在山林草野之中，窥伺机会，想要再次制造变乱，变乱一旦造成，我的性命就到头了。吴主最近暗中部署众将领，企图向北进犯。吕范、孙韶等人进入淮北，全琮、朱桓奔向合肥，诸葛瑾、步骘、朱然前往襄阳，陆议、潘璋等人征讨梅敷。吴主自己率领主力部队袭击石阳，另外派遣堂弟孙奂修治安陆城，建造军用仓库，运送财货和粮食，以此作为军用物资储备，又让诸葛亮进军直指关西，长江沿岸的众将都已离开原地，仅留下大约三千名士兵守卫武昌而已。如果您率领一万军队从皖南向长江边进发，我就从鄱阳率领、发动官吏百姓，充当内应。这一带的各郡，先后起事反吴，都功败垂成，仅仅是由于没有外援；如果魏军来到这里，向各属县传布檄文，那些早就思慕魏国的百姓，谁不急切仰望？希望您对上观察天时，向下考察人事，中间参考卜筮，那么就足以证明我前面所说是不假的。”

其四曰：“所遣董岑、邵南少长家门，亲之信之，有如儿子，是以特令赍笺，托叛为辞，目语心计，不宣唇齿，骨肉至亲，无有知者。又已敕之，到州当言往降，欲北叛来者得传之也。鲂建此计，任之于天，若其济也，则有生全之福；邂逅泄漏，则受夷灭之祸。常中夜仰天，告誓星辰。精诚之微，岂能上感，然事急孤穷，惟天是诉耳。遣使之日，载生载死，形存

第四条说：“我所派去的董岑、邵南两个人，从小在我家长大，我亲近他们，信任他们，就像对自己的儿子一样，因此特地命令他们带着书信，以叛逃为借口前往魏国，这些安排极端秘密，连骨肉至亲都没人知道。我又已嘱咐他们，到您州府后应该声言是前去投降的，这是想让从魏国叛逃来吴的人传播这个消息。我设立这个计划，任从天命，如果成功，就有保全生命的福气；万一泄露，就会受到灭族的灾祸。我常常半夜仰望天空，向星辰祝告发誓。这微小的忠诚，怎能感动上天，但情势急迫，孤立危难，只能向天诉说罢了。从派出使者的这天起，我或生或死，形体虽在，神气消亡，耳目糊涂，心神恍惚。

气亡,魄爽怳惚。私恐使君未深保明,岑、南二人可留其一,以为后信。一赍教还,教还故当言悔叛还首。东主有常科,悔叛还者,皆自原罪。如是彼此俱塞,永无端原。县命西望,涕笔俱下。”

由于私下里担心您不能深入地向上申明我的意思,因此董岑、邵南两人您可以留下一个,以作为今后的信使。另一个带着您的书信回来,告诉他回来后要说是后悔叛逃而回来自首。吴主有规定,后悔叛逃回来自首的,都自然免罪。这样就两头都堵塞了漏洞,永远不会泄露事机。我在危险中遥望西方,眼泪和着笔墨流下。”

其五曰:“鄱阳之民,实多愚劲,帅之赴役,未即应人,倡之为变,闻声响抃。今虽降首,盘节未解,山栖草藏,乱心犹存,而今东主图兴大众,举国悉出,江边空旷,屯坞虚损,惟有诸刺奸耳。若因是际而骚动此民,一旦可得便会,然要恃外援,表里机互,不尔以往,无所成也。今使君若从皖道进住江上,鲂当从南对岸历口为应。若未径到江岸,可住百里上,令此间民知北军在彼,即自善也。此间民非苦饥寒而甘兵寇,苦于征讨,乐得北属,但穷困举事,不时见应,寻受其祸耳。如使石阳及青、徐诸军首尾相衔,牵缀往兵,使不得速退者,则善之善也。鲂生在江、淮,长于时事,见其便利,百举百捷,时不再来,敢布腹心。”

第五条说:“鄱阳的百姓,实在很多是愚昧而勇猛的,率领他们去打仗,不见得就合人心意,发动他们制造变乱,却会立即响应欢迎。现在他们虽然已经降服,但他们内部盘根错节的关系并没有解除,栖藏在山林草野,叛乱的心思依然存在,而现在吴主谋划兴师动众,所有兵力全部出动,长江沿岸空旷无备,军营城堡空虚减损,只有负责督察军营的众刺奸还在而已。如果趁此机会使这些百姓骚动不安,很快就可得到有利时机,但这需要依靠外援,内外协调配合,如果不是这样去做,是不会成功的。现在您要是取道皖县进驻长江边,我将从南岸的历口充当接应。如果您没有一直到达江岸,可以驻扎在百里上,使这里的百姓知道魏军在那里,就会好自为之的。当地百姓并不是被饥饿寒冷所苦而情愿蒙受战乱或强盗的危害,他们苦于吴主的征讨,乐于归属魏国,只是在窘迫艰难中起来造反,不能及时得到接应,接着就受到镇压罢了。假使石阳和青州、徐州的各支部队首尾互相衔接,牵制住吴主派往魏国的部队,使它不能迅速退回,那就再好不过啦。我生在长江、淮河一带,善于观察时事,看到这样做方便有利,有十足的胜利把握,这种时机不会重来,我冒昧地陈述自己的衷诚。”

其六曰:“东主致恨前者不拔石阳,今此后举,大合新兵,并使潘濬发夷民,人数甚多,闻豫设科条,当以新羸兵置前,好兵在后,攻城之日,云欲以羸兵填堑,使即时破,虽未能然,是事大趣也。私恐石

第六条说:“吴主非常后悔从前没能攻取石阳,这回再次出征,大量收聚新兵,并且派潘濬征发蛮夷百姓,人数很多,听说预先立下条令,将会把新兵和疲弱的士兵放在前头,好兵在后面,攻城的时候,据说想用弱兵填塞护城河,以便迅速攻破城池,虽说未必能这样做,但这是他军事部署的基本设想。我私下担心石阳城小,不能长久拖住吴主派去的军

阳城小,不能久留往兵,明使君速垂救济,诚宜疾密。王靖之变,其鉴不远。今鲂归命,非复在天,正在明使君耳。若见救以往,则功可必成,如见救不时,则与靖等同祸。前彭绮时,闻旌麾在逢龙,此郡民大小欢喜,并思立效。若留一月日间,事当大成,恨去电速,东得增众专力讨绮,绮始败耳。愿使君深察此言。”

队,您给予我救助支援,实在应该迅速而秘密。王靖的变故,借鉴不远。现在我要归顺,成败不在老天,正在使君您哪。如果我得到救助再去归顺,事情肯定可以成功,如果不能及时得到救助,就会跟王靖等人遭受同样的灾殃。从前彭绮造反时,听说您率领军队进驻逢龙,这个郡的百姓都很高兴,都想着为您立功。如果您能停留一个月的时间,事情将会大获成功,可惜贵军离开得太快,吴主得以增加部队集中力量讨伐彭绮,彭绮这才失败。希望您深深地省察我说的这些话。”

其七曰:“今举大事,自非爵号无以劝之,乞请将军、侯印各五十纽,郎将印百纽,校尉、都尉印各二百纽,得以假授诸魁帅,奖厉其志,并乞请幢麾数十,以为表帜,使山兵吏民,目瞻见之,知去就之分已决,承引所救画定。又彼此降叛,日月有人,阔狭之间,辄得闻知。今之大事,事宜神密,若省鲂笺,乞加隐秘。伏知智度有常,防虑必深,鲂怀忧震灼,启事蒸仍,乞未罪怪。”

第七条说:“现在要发起大事,除了爵位、封号,没有别的东西可以勉励人们,请您发给将军印、侯印各五十纽,郎将印一百纽,校尉、都尉印各二百纽,使我能非正式地委任各个首领,奖许、勉励他们的斗志,并请给予几十套旗帜仪仗,用来作为标志,使山越的士兵和官吏百姓,亲眼见到,知道何去何从已经决定,您已接受投诚并安排妥当。再有,吴魏之间彼此投降、叛逃的人时常都有,一方的底细,总是能被对方知晓。如今这件大事,应该注意机密,您要是读了我的信,请加以保密。我知道您向来有谋略心计,对我的提防、顾虑一定很深,我怀抱忧虑,恐惧焦灼,频繁地向您陈述事情,请您不要怪罪。”

鲂因别为密表曰:“方北有逋寇,固阻河洛,久稽王诛,自擅朔土,臣曾不能吐奇举善,上以光赞洪化,下以输展万一,忧心如捣,假寐忘寝。圣朝天覆,含臣无效,猥发优命,敕臣以前诱致贼休,恨不如计。令于郡界求山谷魁帅为北贼所闻知者,令与北通。臣伏思惟,喜怖交集,窃恐此人不可卒得,假使得之,惧不可信,不如令臣谲休,于计为便。此

周鲂就此另给孙权写了秘密奏章说:“境外北方有逃寇,固守黄河、洛水这样的天险,长期与我国对峙,在北方的土地上独断专行,臣却不能发表奇计,荐举人才,对上光大、辅佐朝廷宏大的教化,在下进献、施展自己微小的能力,臣为此忧心忡忡,不能入睡。圣朝恩德如天,包涵臣的无用,发布表示恩宠的诏令,让臣在前线诱骗贼子曹休前来,可惜没有成功。又命令臣在本郡境内访求山中被魏贼所知晓的山越宗帅,叫他与魏交结。臣恭敬地思考,喜悦与惶恐交集,私下担心这人不能很快找到,即使找到,又怕不可信任,不如让臣去诱骗曹休,于这计划更为有利。这是臣多年的愿望,遇上千年一次的机

臣得以经年之冀愿，逢值千载之一会，辄自督竭，竭尽顽蔽，撰立笺草以诳诱休者，如别纸。臣知无古人单复之术，加卒奉大略，伀矇狼狈，惧以轻愚，忝负特施，豫怀忧灼。臣闻唐尧先天而天弗违，博询刍荛，以成盛勋。朝廷神谟，欲必致休于步度之中，灵赞圣规，休必自送，使六军囊括，虏无孑遗，威风电迈，天下幸甚。谨拜表以闻，并呈笺草，惧于浅局，追用悚息。”被报施行。休果信鲂，帅步骑十万，辎重满道，径来入皖。鲂亦合众，随陆逊横截休，休幅裂瓦解，斩获万计。

会，就自我督促尽力，竭尽自己低微的才能，写下用来欺骗曹休的书信草稿，如另见纸所呈。臣知道自己没有古代兵家那样克敌制胜的智谋，加之猝然奉行您的远大谋略，恐惧不明，为难窘迫，害怕因为自己的微薄无知，辜负了陛下的厚望，所以先就怀着忧虑、焦灼的心情。臣听说唐尧先于天时行事而天不违反他，他广泛地征询普通人的意见，以此成就隆盛的勋业。朝廷神机妙算，要把曹休置于自己的安排之中，神灵帮助您圣明的谋划，曹休必定会自己送上门来，让我军一网打尽，片甲不留，我军威风像闪电一样迅速传布，天下幸运非常。臣恭谨地拜上表章向您禀告，并且呈上写给曹休的书信草稿，臣为自己的浅薄、狭隘担心，回想起来还因此惶恐不安。”这奏章被批准施行。曹休果然相信周鲂，率领十万步兵骑兵，军用物资塞满道路，径直前来进入皖地。周鲂也集合部众，跟着陆逊突然截击曹休，曹休全军崩溃，吴军斩杀、俘获敌人数以万计。

鲂初建密计时，频有郎官奉诏诘问诸事，鲂乃诣部郡门下，因下发谢，故休闻之，不复疑虑。事捷军旋，权大会诸将欢宴，酒酣，谓鲂曰：“君下发载义，成孤大事，君之功名，当书之竹帛。”加裨将军，赐爵关内侯。⑭

周鲂当初定立秘密计策时，常有郎官奉孙权的命令来向他责问各种政事，周鲂就到州郡官署的大门下，趁机剃发谢罪，所以曹休听到这个消息，不再有怀疑和顾虑。战事告捷，军队凯旋，孙权大规模会集众将领欢乐地宴饮，酒喝到半醉时，对周鲂说：“你剃掉头发，尊崇礼义，成就了我的大事，你的功绩英名，应该载入史册。”任命他为裨将军，赏给他关内侯的爵位。

贼帅董嗣负阻劫钞，豫章、临川并受其害。⑮吾粲、唐咨尝以三千兵攻守，连月不能拔。鲂表乞罢兵，得以便宜从事。鲂遣间谍，授以方策，诱狙杀嗣。嗣弟怖惧，诣武昌降于陆逊，乞出平地，自改为善，由是数郡无复忧惕。

匪首董嗣仗恃险阻，抢劫抄掠，豫章、临川两郡都受他的危害。吾粲、唐咨曾经率领三千士兵进攻他所据守的地方，接连几个月攻不下来。周鲂上表请求停止进攻，让他能根据情势，不经请示，自行处理。周鲂派遣间谍，授给他计谋策略，诱出并突然击杀了董嗣。董嗣的弟弟惶恐畏惧，到武昌向陆逊投降，请求离开巢穴，自己改过从善，从此几个郡不再担忧戒惧。

鲂在郡十三年卒，赏善罚恶，威恩并行。子处，亦有文武材干，天纪中为东观令、无难

周鲂在鄱阳郡任职十三年后死去，在任时奖赏善行、处罚邪恶，威权和德惠并行。儿子周处，也有文武才干，天纪年间担任东观令、无难督。

督。⑯

钟离牧字子幹,会稽山阴人,汉鲁相意七世孙也。⑰少爰居永兴,躬自垦田,种稻二十余亩。临熟,县民有识认之,牧曰:“本以田荒,故垦之耳。”遂以稻与县人。县长闻之,召民系狱,欲绳以法。牧为之请,长曰:“君慕承宫,自行义事,⑱仆为民主,当以法率下,何得寝公宪而从君邪?”牧曰:“此是郡界,缘君意顾,故来暂住。今以少稻而杀此民,何心复留?”遂出装,还山阴,长自往止之,为释系民。民惭惧,率妻子舂所取稻得六十斛米,送还牧,牧闭门不受。民输置道旁,莫有取者。牧由此发名。⑲

钟离牧字子幹,会稽郡山阴县人,是汉朝鲁国相钟离意的第七代孙,年轻时迁居永兴,亲自开垦田地,种了二十多亩稻子。到稻子快成熟时,有个本县的百姓指认这田是他的,钟离牧说:“我本来只是因为这田土荒芜,所以开垦它罢了。”就把稻谷给了这人。县长听到这事,把那个百姓召来关进牢房,打算依法制裁。钟离牧为那百姓求情,县长说:“您仰慕汉朝的承宫,自己做善事,但我是老百姓的主人,应当用法律来统治下人,怎么能搁置国家的法令来听从您呢?”钟离牧说:“这是在会稽郡界内,因为您关心照顾,所以来暂时居住,现在因为一点点稻谷就要杀这个百姓,我还有什么心思再留在这儿?”就取出行装要回山阴,县长亲自前去阻止他,并为此释放了囚禁的百姓。那百姓惭愧畏惧,率领妻子儿女把拿去的稻谷舂得六十斛米,送还给钟离牧,钟离牧关起门来不接受。那百姓把米运去放在路边,没有人去拿它。钟离牧从此出名。

赤乌五年,从郎中补太子辅义都尉,迁南海太守。⑳还为丞相长史,转司直,迁中书令。会建安、鄱阳、新都三郡山民作乱,出牧为监军使者,讨平之。贼帅黄乱、常俱等出其部伍,以充兵役。封秦亭侯,拜越骑校尉。

赤乌五年,由郎中补缺任太子辅义都尉,升南海太守。不久担任丞相长史,调任司直,升中书令。遇上建安、鄱阳、新都三郡的山越百姓发动叛乱,朝廷调钟离牧任监军使者,讨伐、平定了叛乱。匪首黄乱、常俱等人交出他们的部队,以充任兵役。钟离牧被封为秦亭侯,担任越骑校尉。

永安六年,蜀并于魏,武陵五谿夷与蜀接界,时论惧其叛乱,乃以牧为平魏将军,领武陵太守,往之郡。魏遣汉葭县长郭纯试守武陵太守,率涪陵民入蜀迁陵界,屯于赤沙,诱致诸夷邑君,或起应纯,又进攻酉阳县,郡中震惧。牧问朝吏曰:“西蜀倾覆,边境见侵,何以御之?”皆对曰:“今二

永安六年,蜀国被魏国吞并,武陵郡五谿一带的夷民同蜀国交界,当时的舆论担心他们叛乱,于是任命钟离牧为平魏将军,兼任武陵太守,到武陵郡去。魏国派汉葭县长郭纯试任武陵太守,率领涪陵的百姓进入蜀国迁陵县地界,驻扎在赤沙,引诱各夷人的部落首领,其中有些人起来响应郭纯,又进而攻打酉阳县,吴国武陵郡中的人震惊恐惧。钟离牧问郡中的吏员说:“西蜀覆灭了,吴国的边境受到侵犯,用什么办法抵御魏国?”大家都回答说:“如

县山险，诸夷阻兵，不可以军惊扰，惊扰则诸夷盘结。宜以渐安，可遣恩信吏宣教慰劳。”牧曰：“不然。外境内侵，诳诱人民，当及其根柢未深而扑取之，此救火贵速之势也。”敕外趣严，掾史沮议者便行军法。抚夷将军高尚说牧曰：“昔潘太常督兵五万，然后以讨五谿夷耳。是时刘氏连和，诸夷率化，今既无往日之援，而郭纯已据迁陵，而明府以三千兵深入，尚未见其利也。”牧曰：“非常之事，何得循旧？”即率所领，晨夜进道，缘山险行，垂二千里，从塞上，斩恶民怀异心者魁帅百余人及其支党凡千余级，纯等散，五谿平。迁公安督、扬武将军，封都乡侯，徙濡须督。[21]复以前将军假节，领武陵太守。卒官。家无余财，士民思之。子祎嗣，代领兵。[22]

今迁陵、酉阳两县的山谷险地，各夷民部落仗恃武力盘踞在那里，不能用军队惊扰，惊扰了各夷民部落就会相互勾结。应该使用教化安抚的办法，可以派恩信吏去宣明教令，表示慰劳。”钟离牧说：“不对。外国侵入我国境内，欺骗、诱惑我们的百姓，应当趁着他们根基不深去攻取他们，这同救火贵在迅速是一样的。”命令在外的部队赶紧整顿行装，郡吏有反对、非议的就执行军法。抚夷将军高尚劝告钟离牧说：“从前潘太常督率五万士兵，然后才来讨伐五谿的夷民呢。那时我国与西蜀联合，各部夷民都服从教化，如今既没有往日的外援，郭纯又已经占据迁陵，而您带三千士兵深入险地，我看不出这样做有什么好处。”钟离牧说：“对付突如其来的变故，怎么能依循旧例？”就率领自己所管领的部队，日夜赶路，沿着山中险道行进，走了将近两千里路，从险要处攻上去，斩杀图谋不轨的不法百姓的头目一百多人和他们的党羽共一千多人，郭纯等人退去，五谿平定。升任公安督、扬武将军，封为都乡侯，调任濡须督。又以前将军的身份假节兼任武陵太守。死在任上。家中没有多余的财物，士子和庶民思念他。儿子钟离祎继承爵位，承袭所统领的部队。

评曰：山越好为叛乱，难安易动，是以孙权不遑外御，卑词魏氏。凡此诸臣，皆克宁内难，绥静邦域者也。吕岱清恪在公；周鲂谲略多奇；钟离牧蹈长者之规；全琮有当世之才，贵重于时，然不检奸子，获讥毁名云。

评论说：山越喜欢制造叛乱，难于安定，容易动乱，所以孙权无暇抵御外敌，只好言辞谦恭地对待魏国。所有上述诸位，都是平息内难、安定国土的大臣。吕岱在职清廉恭谨；周鲂谋略怪异，多有奇变；钟离牧信守恭谨厚道的规范；全琮有治理时政的才能，亲贵显重于一时，但是不能约束邪恶不正的儿子，受到非议，败坏了名声。

---

①虞预《晋书》曰：贺氏本姓庆氏。齐伯父纯，儒学有重名，汉安帝时为侍中、江夏太守，去官，与江夏黄琼、广汉杨厚俱公车征。避安帝父孝德皇讳，改为贺氏。齐父辅，永宁长。

②《抱朴子》曰：昔吴遣贺将军讨山贼，贼中有善禁者，每当交战，官军刀剑不得拔，弓弩射矢皆还自向，辄致不利。贺将军长情有思，乃曰：“吾闻金有刃者可禁，虫有毒者可禁，其

无刃之物，无毒之虫，则不可禁。彼必是能禁吾兵者也，必不能禁无刃物矣。”乃多作劲木白棓，选有力精卒五千人为先登，尽捉棓。彼山贼恃其有善禁者，了不严备。于是官军以白棓击之，彼禁者果不复行，所击杀者万计。

③《吴录》曰：晋改为临安。

④《吴书》曰：权谓齐曰：“今定天下，都中国，使殊俗贡珍，狡兽率舞，非君谁与？”齐曰：“殿下以神武应期，廓开王业，臣幸遭际会，得驱驰风尘之下，佐助末行，效鹰犬之用，臣之愿也。若殊俗贡珍，狡兽率舞，宜在圣德，非臣所能。”

⑤《江表传》曰：权征合肥还，为张辽所掩袭于津北，几至危殆。齐时率三千兵在津南迎权。权既入大船，会诸将饮宴，齐下席涕泣而言曰：“至尊人主，常当持重。今日之事，几至祸败，群下震怖，若无天地，愿以此为终身诫。”权自前收其泪曰：“大惭！谨以克心，非但书诸绅也。”

⑥《会稽典录》曰：景为灭贼校尉，御众严而有恩，兵器精饰，为当时冠绝，早卒。达颇任气，多所犯迕，故虽有征战之劳，而爵位不至，然轻财贵义，胆烈过人。子质，位至虎牙将军。景子邵，别有传。

⑦徐众《评》曰：《礼》，子事父无私财，又不敢私施，所以避尊上也。弃命专财而以邀名，未尽父子之礼。

臣松之以为子路问“闻斯行诸”？子曰“有父兄在”。琮辄散父财，诚非子道，然士类县命，忧在朝夕，权其轻重，以先人急，斯亦冯煖市义、汲黯振救之类，全谓邀名，或负其心。

⑧《吴录》曰：琮时治富春。

⑨《江表传》曰：琮还，经过钱唐，修祭坟墓，麾幢节盖，曜于旧里，请会邑人平生知旧、宗族六亲，施散惠与，千有余万，本土以为荣。

⑩《吴书》曰：初，琮为将甚勇决，当敌临难，奋不顾身。及作督帅，养威持重，每御军，常任计策，不营小利。

《江表传》曰：权使子登出征，已出军，次于安乐，群臣莫敢谏。琮密表曰：“古来太子未尝偏征也，故从曰抚军，守曰监国。今太子东出，非古制也，臣窃忧疑。”权即从之，命登旋军，议者咸以为琮有大臣之节也。

⑪《吴书》曰：琮长子绪，幼知名，奉朝请，出授兵，稍迁扬武将军、牛渚督。孙亮即位，迁镇北将军。东关之役，绪与丁奉建议引兵先出，以破魏军，封一子亭侯，年四十四卒。次子寄，坐阿党鲁王霸赐死。小子吴，孙权外孙，封都乡侯。

⑫《吴书》曰：建安十六年，岱督郎将尹异等，以兵二千人西诱汉中贼帅张鲁到汉兴寋城，鲁嫌疑断道，事计不立，权遂召岱还。

⑬王隐《交广记》曰：吴后复置广州，以南阳滕脩为刺史。或语脩虾须长一丈，脩不信，其人后故至东海，取虾须长四丈四尺，封以示脩，脩乃服之。

⑭徐众《评》曰：夫人臣立功效节，虽非一涂，然各有分也。为将执桴鼓，则有必死之义，志守则有不假器之义，死必得所，义在不苟。鲂为郡守，职在治民，非君所命，自占诱敌，髡剔发肤，以徇功名，虽事济受爵，非君子所美。

⑮臣松之案：孙亮太平二年始立临川郡，是时未有临川。

⑯虞预《晋书》曰：处入晋，为御史中丞，多所弹纠，不避强御。齐万年反，以处为建威将军，西征，众寡不敌，处临陈慷慨，奋不顾身，遂死于战场，追赠平西将军。处子玘、札，皆有才力，中兴之初，并见宠任。其诸子侄悉处列位，为扬土豪右，而札凶淫放恣，为百姓所苦。泰宁中，王敦诛之，灭其族。

⑰《会稽典录》曰：牧父绪，楼船都尉，兄驷，上计吏，少与同郡谢赞、吴郡顾谭齐名。牧童龀时号为迟讷，驷常谓人曰：“牧必胜我，不可轻也。”时人皆以为不然。

⑱《续汉书》曰：宫字少子，琅邪人，尝在蒙阴山中耕种禾黍，临熟，人就认之，宫便推与而去，由是发名，位至左中郎将、侍中。

⑲徐众《评》曰：牧蹈长者之规。问者曰：“如牧所行，犯而不校，又从而救之，直而不有，又还而不受，可不谓之仁让乎哉？”答曰：“异乎吾所闻。原宪之问于孔子曰：‘克伐怨欲不行焉，可以为仁乎？’孔子曰：‘可以为难矣，仁则吾不知也。’‘恶

不仁者,其为仁矣。'今小民不展四体,而认人之稻,不仁甚矣,而牧推而与之,又救其罪,斯为让非其义,所救非人,非所谓恶不仁者。苟不恶不仁,安得为仁哉!苍梧浇娶妻而美,让于其兄;尾生笃信,水至不去而死;直躬好直,证父攘羊;申鸣奉法,尽忠于君而执其父。忠信直让,此四行者,圣贤之所贵也。然不贵苍梧之让,非让道也;不取尾生之信,非信所也;不许直躬之直,非直体也;不嘉申鸣之忠,非忠意也。今牧犯而不校,还而不取,可以为难矣,未得为仁让也。夫圣人以德报德,以直报怨,而牧欲以德报怨,非也。必不得已,二者何从?吾从孔子也。"

⑳《会稽典录》曰:高凉贼率仍弩等破略百姓,残害吏民,牧越界扑讨,旬日降服。又揭阳县贼率曾夏等众数千人,历十余年,以侯爵杂缯千匹,下书购募,绝不可得。牧遣使慰譬,登皆首服,自改为良民。始兴太守羊衜与太常滕胤书曰:"钟离子幹吾昔知之不熟,定见其在南海,威恩部伍,智勇分明,加操行清纯,有古人之风。"其见贵如此。在郡四年,以疾去职。

㉑《会稽典录》曰:牧之在濡须,深以进取可图,而不敢陈其策,与侍中东观令朱育宴,慨然叹息。育谓牧恨于策爵未副,因谓牧曰:"朝廷诸君,以际会坐取高官,亭侯功无与比,不肯在人下,见顾者犹以于邑,况于侯也!"牧笑而答曰:"卿之所言,未获我心也。马援有言,人当功多而赏薄。吾功不足录,而见宠已过当,岂以为恨?国家不深相知,而见害朝人,是以默默不敢有所陈。若其不然,当建进取之计,以报所受之恩,不徒自守而已,愤叹以此也。"育复曰:"国家已自知侯,以侯之才,无为不成。愚谓自可陈所怀。"牧曰:"武安君谓秦王云:'非成业难,得贤难;非得贤难,用之难;非用之难,任之难。'武安君欲为秦王并兼六国,恐授事而不见任,故先陈此言。秦王既许而不能,卒陨将成之业,赐剑杜邮。今国家知吾,不如秦王之知武安,而害吾者有过范睢。大皇帝时,陆丞相讨鄱阳,以二千人授吾,潘太常讨武陵,吾又有三千人,而朝廷下议,弃吾于彼,使江渚诸督,不复发兵相继。蒙国威灵自济,今日何为常。向使吾不料时度宜,苟有所陈,至见委以事,不足兵势,终有败绩之患,何无不成之有?"

㉒《会稽典录》曰:牧次子盛,亦履恭让,为尚书郎。弟徇领兵为将,拜偏将军,戍西陵,与监军使者唐盛论地形势,谓宜城信陵为建平援,若不先城,敌将先入。盛以施绩、留平,智略名将,屡经于彼,无云当城之者,不然徇计。后半年,晋果遣将修信陵城。晋军平吴,徇领水军督,临陈战死。

三国志卷六十一 吴书十六

潘濬陆凯传第十六

潘濬字承明，武陵汉寿人也。弱冠从宋仲子受学。[①]年未三十，荆州牧刘表辟为部江夏从事。时沙羡长赃秽不修，濬按杀之，一郡震竦。后为湘乡令，治甚有名。刘备领荆州，以濬为治中从事。备入蜀，留典州事。

潘濬字承明，是武陵郡汉寿县人。二十岁时跟着学者宋忠学习。年纪不到三十岁时，荆州牧刘表征召他为江夏郡从事。当时沙羡县长贪赃秽乱而不廉洁，潘濬审查清楚后杀了他，全郡都震惊恐惧。后来担任湘乡县令，治理很有名声。刘备兼管荆州，任命潘濬为治中从事。刘备进入蜀地，潘濬留下来掌管州里的事务。

孙权杀关羽，并荆土，拜濬辅军中郎将，授以兵。[②]迁奋威将军，封常迁亭侯。[③]权称尊号，拜为少府，进封刘阳侯，[④]迁太常。五谿蛮夷叛乱盘结，权假濬节，督诸军讨之。信赏必行，法不可干，斩首获生，盖以万数，自是群蛮衰弱，一方宁静。[⑤]

孙权斩杀关羽，吞并荆州的土地后，任潘濬为辅军中郎将，授给他部队。升任奋威将军，封为常迁亭侯。孙权称帝，任命他为少府，提升封号为刘阳侯，调升太常。五谿蛮夷发动叛乱，相互勾结，孙权让潘濬假节，督率各部队讨伐他们。潘濬有功必赏，有过必罚，法令严明，不容违犯，斩杀、俘获的敌人，大约数以万计，从此众蛮夷势力衰弱，那一带地方安宁平静。

先是，濬与陆逊俱驻武昌，共掌留事，还复故。时校事吕壹操弄威柄，奏按丞相顾雍、左将军朱据等，皆见禁止。黄门侍郎谢厷语次问壹："顾公事何如？"壹答："不能佳。"厷又问："若此公免退，谁当代之？"壹未答厷，厷曰："得无潘太常得之乎？"壹良久曰："君语近之也。"厷谓曰："潘太常常切齿于君，但道远无因耳。今日代顾公，恐明日便击君

在这以前，潘濬和陆逊都驻守武昌，一起掌管留守事务，不久各归原职。当时校事吕壹操纵、玩弄威势权力，奏请审查丞相顾雍、左将军朱据等人，这些人都被软禁起来。黄门侍郎谢厷言谈间问吕壹："顾公的事情怎样了？"吕壹回答："不那么好。"谢厷又问："如果这位先生被免职黜退，谁会接替他？"吕壹没有回答。谢厷说："莫不是潘太常会得到这丞相的职位吧？"吕壹沉默很久，才说："您说得差不多。"谢厷对他说："潘太常对您常常切齿痛恨，只是路远没有机会罢了。他一旦接替顾公，恐怕很快就会抨

矣。”壹大惧,遂解散雍事。濬求朝,诣建业,欲尽辞极谏。至,闻太子登已数言之而不见从,濬乃大请百寮,欲因会手刃杀壹,以身当之,为国除患。壹密闻知,称疾不行。濬每进见,无不陈壹之奸险也。由此壹宠渐衰,后遂诛戮。权引咎责躬,因诮让大臣,语在权传。

击您了。”吕壹非常害怕,就解除了对顾雍的审查。潘濬请求朝见孙权,前往建业,想要尽情倾诉,极力规劝。到了建业,听说太子孙登已经多次进言却不被听从,潘濬于是大规模会请百官,想要趁机亲手持刀杀死吕壹,用自身承担罪责,为国家除去祸患。吕壹暗中得知情况,借口有病不去赴会。潘濬每次进见孙权,没有不陈述吕壹的奸诈、阴险的。从此吕壹所受的恩宠渐渐衰微,后来终于被杀。孙权引咎自责,并因而责备朝廷的高级官员,记载在孙权的传记中。

赤乌二年,濬卒,子翥嗣。濬女配建昌侯孙虑。⑥

赤乌二年,潘濬去世,儿子潘翥继承爵位。潘濬的女儿许配建昌侯孙虑。

陆凯字敬风,吴郡吴人,丞相逊族子也。黄武初为永兴、诸暨长,所在有治迹,拜建武都尉,领兵。虽统军众,手不释书。好《太玄》,论演其意,以筮辄验。赤乌中,除儋耳太守,讨朱崖,斩获有功,迁为建武校尉。五凤二年,讨山贼陈毖于零陵,斩毖克捷,拜巴丘督、偏将军,封都乡侯,转为武昌右部督。与诸将共赴寿春,还,累迁荡魏、绥远将军。孙休即位,拜征北将军,假节领豫州牧。孙晧立,迁镇西大将军,都督巴丘,领荆州牧,进封嘉兴侯。孙晧与晋平,使者丁忠自北还,说晧弋阳可袭,凯谏止,语在晧传。宝鼎元年,迁左丞相。

陆凯字敬风,吴郡吴县人,是丞相陆逊的族侄。黄武初年担任永兴、诸暨县长,所在之处有政绩,授任为建武都尉,管领部队。虽然统领军士,但手不离书。喜欢《太玄经》,论述、推演它的意蕴,用来占卜总是灵验。赤乌年间,被任命为儋耳太守,征讨朱崖,斩杀、俘获敌人有功,调升为建武校尉。五凤二年,到零陵讨伐山越叛匪陈毖,斩杀陈毖,取得胜利,被授任为巴丘督、偏将军,封为都乡侯,调任武昌右部督。同众将领一起奔赴寿春作战,回来后,连续调升为荡魏、绥远将军。孙休当了皇帝,授任他为征北将军,假节兼豫州牧。孙晧当皇帝后,调升镇西大将军,巴丘都督,兼任荆州牧,提升封号为嘉兴侯。孙晧同晋国讲和,使者丁忠从北方回来,劝孙晧偷袭晋国的弋阳郡,被陆凯劝阻,有关内容记载在孙晧的传记中。宝鼎元年,调升左丞相。

晧性不好人视己,群臣侍见,皆莫敢迕。凯说晧曰:“夫君臣无不相识之道,若卒有不虞,不知所赴。”晧听凯自视。

孙晧生性不喜欢别人看自己,群臣进见侍奉,没人敢违背这个规矩。陆凯劝告孙晧说:“君臣没有互不相识的道理,再说如果突然有什么意外,群臣还不知该奔向哪里救驾。”孙晧于是听任陆凯看他。

晧徙都武昌,扬土百姓泝流供给,以为患苦,又政事多

孙晧迁都到武昌,扬州境内的百姓逆水而上供给朝廷需要,把这事当做苦差,加之政事多有差失,

谬,黎元穷匮。凯上疏曰:

臣闻有道之君,以乐乐民;无道之君,以乐乐身。乐民者,其乐弥长;乐身者,不乐而亡。夫民者,国之根也,诚宜重其食,爱其命。民安则君安,民乐则君乐。自顷年以来,君威伤于桀纣,君明暗于奸雄,君惠闭于群孽。无灾而民命尽,无为而国财空,辜无罪,赏无功,使君有谬误之愆,天为作妖。而诸公卿媚上以求爱,困民以求饶,导君于不义,败政于淫俗,臣窃为痛心。今邻国交好,四边无事,当务息役养士,实其廪库,以待天时。而更倾动天心,骚扰万姓,使民不安,大小呼嗟,此非保国养民之术也。

臣闻吉凶在天,犹影之在形,响之在声也,形动则影动,形止则影止,此分数乃有所系,非在口之所进退也。昔秦所以亡天下者,但坐赏轻而罚重,政刑错乱,民力尽于奢侈,目眩于美色,志浊于财宝,邪臣在位,贤哲隐藏,百姓业业,天下苦之,是以遂有覆巢破卵之忧。汉所以强者,躬行诚信,听谏纳贤,惠及负薪,躬请岩穴,广采博察,以成其谋。此往事之明证也。

近者汉之衰末,三家鼎立,曹失纲纪,晋有其政。又益州危险,兵多精强,闭门固守,

百姓困窘匮乏。陆凯上疏说:

臣听说有道的君主,用快乐的事使百姓快乐;无道的君主,用快乐的事使自身快乐。使百姓快乐的人,他的快乐会更加长久;使自身快乐的人,他不会快乐而会灭亡。百姓,是国家的根本,实在应该重视他们的食物,爱惜他们的生命。百姓安定,君主就会安定;百姓快乐,君主就会快乐。自近些年来,您国君的尊严被夏桀、商纣般昏暴的行为损害,国君的视听被奸人的魁首弄得糊涂,国君的德惠被众多的小人阻绝。没有灾害但民众却不能活命,无所作为但国家却财力空虚,被惩办的人没有罪过,受赏赐的人没有功劳,使国君您有谬误的过失,上天为此兴起怪异、邪恶的事物。然而各位王公贵族巴结、逢迎皇帝来希求宠爱,使百姓贫困来求取富裕,引导国君陷入不义的境地,使国政败坏在邪恶的风俗中,臣私下为此痛心。当今邻国同我们交结友好,四方边境没有战事,应当致力于停止劳役,养息士民,充实国库,以此等待统一天下的时机。但您却反而动摇天心,骚扰百姓,使得民众不安,上下呼号嗟叹,这不是安定国家、养息民众的做法呀。

臣听说吉凶在于上天,好比影子在于形体,回响在于原声,形体运动影子就运动,形体停止影子就停止,吉凶与天命有所连属,不是言语所能增减的呀。从前秦朝失去天下的原因,只是由于赏赐轻而处罚重,政事刑法错乱,民众的人力财力被统治者的奢侈生活耗尽,统治者两眼被美女弄得昏花,志行被财宝搞得污浊,奸邪臣子占据官位,贤能智者退隐藏身,百姓惶恐不安,天下以此为苦,因此最终遭受灭族绝祀的祸难。汉朝强盛的原因,在于皇帝亲身实行诚实不欺之道,听从规劝,纳用贤才,恩惠及于贱人,亲身去请隐士,广泛地采纳意见,考察情况,以此形成国家大计。这是往事的明显证据。

近代汉朝的衰微末世,魏、蜀、吴三家并峙,曹魏法度有失,晋国夺取了它的政权。再有益州地势高峻险要,战士多半精悍强壮,关门固守,可以保住长

可保万世，而刘氏与夺乖错，赏罚失所，君恣意于奢侈，民力竭于不急，是以为晋所伐，君臣见虏。此目前之明验也。

久的安全，但刘氏赏罚错乱失当，国君在奢侈的生活中放肆享受，民众的人力财力在无关紧要的事情上耗尽用光，所以遭到晋国攻打，君主大臣都做了俘虏。这是眼前的明白效验。

臣暗于大理，文不及义，智慧浅劣，无复冀望，窃为陛下惜天下耳。臣谨奏耳目所闻见，百姓所为烦苛，刑政所为错乱，愿陛下息大功，损百役，务宽荡，忽苛政。

臣对大道理糊涂不明，文辞不涉及正理，才智浅薄低劣，不再有其他期望，只是私下为陛下珍惜天下罢了。臣恭谨地奏上视听所及的情况，百姓感到烦琐苛刻的事情，刑法政事错乱的根由，希望陛下止息浩大的事功，减少众多的劳役，努力实行宽缓的政策，扫除烦琐残暴的政令。

又武昌土地，实危险而塉确，非王都安国养民之处，船泊则沈漂，陵居则峻危，且童谣言："宁饮建业水，不食武昌鱼；宁还建业死，不止武昌居。"臣闻翼星为变，荧惑作妖，童谣之言，生于天心，乃以安居而比死，足明天意，知民所苦也。

再有：武昌的土地实在是高峻险要而又瘠薄多石，不是帝王建立都城安定国家养息民众的地方，船只停泊就沉没漂流，住在山丘上就高峭危险，况且童谣说："宁可喝建业的水，不吃武昌的鱼；宁可回建业去死，不在武昌安居。"我听说翼星发生变乱，火星生出不祥之兆，童谣中的话，出于天心，竟然用安居来比拟死亡，足以明白天意，知道民众视为痛苦的事啊。

臣闻国无三年之储，谓之非国，而今无一年之畜，此臣下之责也。而诸公卿位处人上，禄延子孙，曾无致命之节，匡救之术，苟进小利于君，以求容媚，荼毒百姓，不为君计也。自从孙弘造义兵以来，耕种既废，所在无复输入，而分一家父子异役，廪食日张，畜积日耗，民有离散之怨，国有露根之渐，而莫之恤也。民力困穷，鬻卖儿子，调赋相仍，日以疲极，所在长吏，不加隐括，加有监官，既不爱民，务行威势，所在骚扰，更为烦苛，民苦二端，财力再耗，此为无益而有损也。愿陛下一息此辈，矜

臣听说，国家没有三年的储备，就不能称之为国家，而现在一年的积蓄也没有，这是臣下的责任哪。然而众位公卿地位在他人之上，福禄延及子孙，却竟然没有效命献身的节操，匡正补救的方法，而是随便向国君进献小利，以此来奉承谄媚，求得君主的欢心，这是残害百姓，也不为国君着想啊。自孙弘建立义兵以来，农事已经荒废，四方都不再有东西运进，却让一家的父子分担不同的劳役，官府供给粮食的数量一天天扩大，国家的积蓄一天天消耗，民众有妻离子散的怨恨，国家有根基动摇的迹象，但是没有人为此担忧。民众生活窘迫艰难，只好出卖儿子，征调赋税接连不断，他们一天比一天疲困，各郡县的主要官员，不加以纠正，加之有些监察官员，一点也不爱护民众，而只知作威作福，到处骚扰，增加一些烦琐苛刻的做法，百姓遭受这两方面的苦害，财物人力都被双重损耗，这是无益有害的事啊。希望陛下一概罢免这类官吏，怜悯孤苦无依

哀孤弱，以镇抚百姓之心。此犹鱼鳖得免毒螫之渊，鸟兽得离罗网之纲，四方之民襁负而至矣。如此，民可得保，先王之国存焉。

的人，以此安抚百姓的心。这好比是让鱼鳖得以逃避生长着毒物的深渊，让鸟兽得以脱离操纵着罗网的绳线，四方的民众都会背负着小儿女来投奔了。像这样，民众能够得以安定，先王开创的国家就得以保存啦。

臣闻五音令人耳不聪，五色令人目不明，此无益于政，有损于事者也。自昔先帝时，后宫列女，及诸织络，数不满百，米有畜积，货财有余。先帝崩后，幼、景在位，更改奢侈，不蹈先迹。伏闻织络及诸徒坐，乃有千数，计其所长，不足为国财，然坐食官廪，岁岁相承，此为无益，愿陛下料出赋嫁，给与无妻者。如此，上应天心，下合地意，天下幸甚。

臣听说五音使人听觉不佳，五色使人视力不好，这是对政务没有好处，对国事有损害的东西呀。当初先帝在时，后宫的妃嫔，加上各类织络女工，人数不到一百，粮米有积蓄，财物有剩余。先帝驾崩后，幼主、景帝在位，却反而变得奢侈，不遵循先帝的遗则。听说织络女工和各种闲人，竟有一千多人，考核她们所生产的，不足以增添国家的财富，却坐吃国家提供的粮食，年年持续，这是没有好处的，希望陛下从中选择一些人准予出嫁，匹配外边没有妻子的人。这样，在上顺应天心，在下符合地意，天下幸运非常。

臣闻殷汤取士于商贾，齐桓取士于车辕，周武取士于负薪，大汉取士于奴仆。明王圣主取士以贤，不拘卑贱，故其功德洋溢，名流竹素，非求颜色而取好服、捷口、容悦者也。臣伏见当今内宠之臣，位非其人，任非其量，不能辅国匡时，群党相扶，害忠隐贤。愿陛下简文武之臣，各勤其官，州牧督将，藩镇方外，公卿尚书，务修仁化，上助陛下，下拯黎民，各尽其忠，拾遗万一，则康哉之歌作，刑错之理清。愿陛下留神思臣愚言。

臣听说殷汤从商贾中选拔人才，齐桓公从驾车的人中选拔人才，周武王从苦力中选拔人才，大汉朝从奴仆中选拔人才。圣明的君主选拔人才以贤能为标准，不受人才地位卑贱的限制，所以他们功德圆满，英名流传于史籍，不是追求外貌而取用服饰美丽、能言善辩、逢迎取悦的人哪。臣从下面看到，当今陛下所宠爱的臣子，官位与本人的德能不相称，职务与本身的能力不相合，不能辅佐国政，匡救时局，而是聚合结党，互相勾结，残害忠良，埋没贤能。希望陛下选择文臣武将，要让他们各自勤勉于自己的职务，州牧、督、将，镇守边远地区，公卿、尚书，致力于实行仁慈的教化，对上辅助陛下，对下拯救黎民，各尽自己的忠心，弥补朝廷极小的遗漏，那么安宁的时势就会出现，不用刑罚也会政治清明。希望陛下注意考虑臣愚昧的意见。

时殿上列将何定佞巧便辟，贵幸任事，凯面责定曰："卿见前后事主不忠，倾乱国政，宁有得以寿终者邪！何以

当时殿上列将何定奸佞巧诈，谄媚逢迎，地位尊贵而被皇帝亲近，委以职事，陆凯当面指责何定说："你看从古到今侍奉君主不忠诚，扰乱国政的人，哪里有能得善终的呢！为什么要专干坏事，污染

专为佞邪，秽尘天听？宜自改厉。不然，方见卿有不测之祸矣。”定大恨凯，思中伤之，凯终不以为意，乃心公家，义形于色，表疏皆指事不饰，忠恳内发。

皇上的听闻呢？你应该自己好好改正。不这样的话，眼看你要有不可测知的大祸了。”何定极恨陆凯，想要中伤他，陆凯始终不把这事放在心上，仍然尽忠于朝廷，正义之气表现于神色，给皇帝上表章奏疏都直指实事，不加假托和粉饰，忠诚发自内心。

建衡元年，疾病，晧遣中书令董朝问所欲言，凯陈：“何定不可任用，宜授外任，不宜委以国事。奚熙小吏，建起浦里田，欲复严密故迹，亦不可听。姚信、楼玄、贺邵、张悌、郭逴、薛莹、滕修及族弟喜、抗，或清白忠勤，或姿才卓茂，皆社稷之桢干，国家之良辅，愿陛下重留神思，访以时务，各尽其忠，拾遗万一。”遂卒，时年七十二。

建衡元年，陆凯病重，孙晧派中书令董朝问他还有什么要说的，陆凯陈述说：“何定不能信任重用，应该安排他去当地方官，不能把国家大事托付给他。奚熙是个小官，建造浦里田，想要再走当年都尉严密的老路，也不能信用。姚信、楼玄、贺邵、张悌、郭逴、薛莹、滕修和我的族弟陆喜、陆抗，有的清正纯洁，忠诚勤勉，有的资质卓越，才能优秀，都是社稷的骨干人才，国家的贤良辅佐，希望陛下格外关注，征求他们关于时务的意见，使他们各尽忠心，弥补朝廷细微的遗漏。”不久死去，当时年龄七十二岁。

子祎，初为黄门侍郎，出领部曲，拜偏将军。凯亡后，入为太子中庶子。右国史华覈表荐祎曰：“祎体质之刚，器干强固，董率之才，鲁肃不过。及被召当下，径还赴都，道由武昌，曾不回顾，器械军资，一无所取，在戎果毅，临财有节。夫夏口，贼之冲要，宜选名将以镇戍之，臣窃思惟，莫善于祎。”

儿子陆祎，起初担任黄门侍郎，后来离开京城统领军队，被授任为偏将军。陆凯死后，调回京城任太子中庶子。右国史华覈上表荐举陆祎说：“陆祎气质胸怀方正刚烈，才干强实可靠，督察统领的才能，鲁肃也不会比他强。等到接受朝廷召唤前往京城时，他径直迅速赶赴京都，途中经过武昌，竟然不作停留，军用器械物资，一样也不拿取，担任军职果断坚忍，面对财物具有节操。夏口，是敌人进攻我国的交通要地，应该挑选名将去镇守，我私下思量，没有人比陆祎更好。”

初，晧常衔凯数犯颜忤旨，加何定谮构非一，既以重臣，难绳以法，又陆抗时为大将在疆埸，故以计容忍。抗卒后，竟徙凯家于建安。

当初，孙晧常常怨恨陆凯多次冒犯尊严违抗旨意，加上何定屡次诬陷，但既因为陆凯是身居要职的大臣，难以用法制裁，又加之陆抗当时担任大将驻守边界，所以出于心计加以容忍。陆抗死后，终于把陆凯全家放逐到建安。

或曰宝鼎元年十二月，凯与大司马丁奉、御史大夫丁固谋，因晧谒庙，欲废晧立孙休

有人说，宝鼎元年十二月，陆凯和大司马丁奉、御史大夫丁固策划，趁着孙晧拜谒宗庙，想要废黜孙晧，立孙休的儿子为皇帝。当时左将军留平率领

子。时左将军留平领兵先驱，故密语平，平拒而不许，誓以不泄，是以所图不果。太史郎陈苗奏皓久阴不雨，风气回逆，将有阴谋，皓深警惧云。⑦

士兵做孙皓的前导，所以把这事秘密告诉留平，留平拒不参与，但发誓不泄露，因此计划最后没能实行。太史郎陈苗向孙皓进言说，天气久阴不雨，风气回旋不顺，将有人暗中谋划，孙皓为此深深警惕。

予连从荆、扬来者得凯所谏皓二十事，博问吴人，多云不闻凯有此表。又按其文殊甚切直，恐非皓之所能容忍也。或以为凯藏之箧笥，未敢宣行，病困，皓遣董朝省问欲言，因以付之。虚实难明，故不著于篇，然爱其指擿皓事，足为后戒，故钞列于凯传左云。

我接连从由荆州、扬州来的人那里得到陆凯规劝孙皓的二十件事，广泛询问吴国人，多半说没听到陆凯有这份表章。再考察它的行文，非常恳切直率，恐怕不是孙皓所能容忍的。有人认为是陆凯把它藏在箱子里，没敢显示传布，病重时，孙皓派董朝探问他还有什么话要说，于是就把它交给董朝。这事真假难明，所以不写在正文中，但是我喜欢它指出孙皓的错误，足以作为后人的警戒，于是抄列在陆凯传记的后面。

皓遣亲近赵钦口诏报凯前表曰："孤动必遵先帝，有何不平？君所谏非也。又建业宫不利，故避之，而西宫室宇摧朽，须谋移都，何以不可徙乎？"凯上疏曰：

孙皓派亲信赵钦口头宣授命令，答复前文所记录的陆凯的表章说："孤一举一动都必定遵奉先帝，有什么不妥？你的规劝不对呀。再说建业的宫殿不吉利，所以避开它，而西宫房舍破败腐朽，必须计划迁都，为什么不能迁呢？"陆凯上疏说：

臣窃见陛下执政以来，阴阳不调，五星失晷，职司不忠，奸党相扶，是陛下不遵先帝之所致。⑧夫王者之兴，受之于天，修之由德，岂在宫乎？而陛下不谘之公辅，便盛意驱驰，六军流离悲惧，逆犯天地，天地以灾，童歌其谣。纵令陛下一身得安，百姓愁劳，何以用治？此不遵先帝一也。

臣私下看到陛下执政以来，阴阳不调和，五星失常轨，主管职事的官员玩忽职守，奸邪坏人的团伙互相勾结，这是陛下不遵奉先帝导致的后果。圣君的兴起，从上天那里接受，通过道德来培养，难道取决于宫殿吗？但陛下不征询重臣们的意见，就一意驱逐奔驰，部队流转离散，悲伤恐惧，这样做违逆、触犯了天地，天地因此降下灾祸，儿童唱起那样的歌谣。即使陛下一人得以安生，但百姓忧愁劳苦，怎么施行治理？这是不遵奉先帝的第一件事。

臣闻有国以贤为本，夏杀龙逢，殷获伊挚，斯前世之明效，今日之师表也。中常侍王蕃黄中通理，处朝忠謇，斯社稷之重镇，大吴之龙逢也，而陛下忿其苦辞，恶其直对，枭

臣听说治理国家以贤人为根本，夏桀杀害龙逢，殷汤得到伊挚，这是前代的明显效验，今天的表率、榜样啊。中常侍王蕃有美好的内德而又通晓事理，在朝廷上忠诚正直，这是国家的柱石，我们大吴的龙逢啊，但陛下怨恨他的逆耳忠言，厌恶他的直率应对，在殿堂上将他斩首示众，尸体暴露抛弃。全

之殿堂，尸骸暴弃。邦内伤心，有识悲悼，咸以吴国夫差复存。先帝亲贤，陛下反之，是陛下不遵先帝二也。

国百姓极为痛心，有识之士悲哀伤感，都认为春秋时的吴王夫差又活过来了。先帝亲近贤人，陛下与之相反，这是陛下不遵奉先帝的第二件事。

臣闻宰相国之柱也，不可不强，是故汉有萧、曹之佐，先帝有顾、步之相。而万彧琐才凡庸之质，昔从家隶，超步紫闼，于彧已丰，于器已溢，而陛下爱其细介，不访大趣，荣以尊辅，越尚旧臣。贤良愤惋，智士赫咤，是不遵先帝三也。

臣听说宰相是国家的支柱，不能不强干，所以汉朝有萧何、曹参这样的辅佐，先帝有顾雍、步骘这样的助手。然而万彧才智微小，资质平庸，当初从私家的仆隶，越级进入朝廷，这对于万彧已是太多，好比器皿已经满溢，但陛下喜欢他细小琐屑的方面，不问主流，用宰辅的尊位来给他荣宠，超过了有资望的大臣。有德行才智的人士都悲愤叹惋，这是不遵奉先帝的第三件事。

先帝爱民过于婴孩，民无妻者以妾妻之，见单衣者以帛给之，枯骨不收而取埋之。而陛下反之，是不遵先帝四也。

先帝爱护百姓胜过对自己的幼子，百姓没有妻子的，把自己的妾嫁给他；百姓衣衫单薄的，用丝织品供应他；有暴露在外的尸骨，就收取掩埋。然而陛下与此相反，这是不遵奉先帝的第四件事。

昔桀纣灭由妖妇，幽厉乱在嬖妾，先帝鉴之，以为身戒，故左右不置淫邪之色，后房无旷积之女。今中宫万数，不备嫔嫱，外多鳏夫，女吟于中。风雨逆度，正由此起，是不遵先帝五也。

从前夏桀、商纣的灭亡是由于妖艳的妇人，周幽王、周厉王的变乱是在于宠爱的侍妾，先帝以这些事情作为自己的鉴戒，所以身边不安排淫邪的女色，后宫没有荒旷成堆的女子。如今宫中女子有一万多人，还觉得宫女数量不足，外面许多男人没有妻子，女人却在宫中叹息不能嫁人。风雨反常，正是由此产生，这是不遵奉先帝的第五件事。

先帝忧劳万机，犹惧有失。陛下临阼以来，游戏后宫，眩惑妇女，乃令庶事多旷，下吏容奸，是不遵先帝六也。

先帝为纷繁的政务而忧愁劳累，还担心有所疏失。陛下即位以来，在后宫游乐嬉戏，迷乱在女色之中，于是使得各种政事多有荒废，下面的官吏包容奸邪，这是不遵奉先帝的第六件事。

先帝笃尚朴素，服不纯丽，宫无高台，物不雕饰，故国富民充，奸盗不作。而陛下征调州郡，竭民财力，土被玄黄，宫有朱紫，是不遵先帝七也。

先帝真心诚意地崇尚朴素，服饰不求精美华丽，宫中没有高台，物品不加刻镂文饰，所以国家富足，民众充裕，邪恶盗窃都不发生。然而陛下对州郡进行征集和调遣，耗尽了民众的财力，土地遭受苦害，宫中多有华贵的服饰，这是不遵奉先帝的第七件事。

先帝外仗顾、陆、朱、张，内近胡综、薛综，是以庶绩雍熙，邦内清肃。今者外非其任，

先帝在外依靠顾雍、陆逊、朱然、张昭，在内亲近胡综、薛综，因此百事和谐，境内清静平安。如今内外都是人没有合适的职务，职事没有恰当的人

内非其人，陈声、曹辅，斗筲小吏，先帝之所弃，而陛下幸之，是不遵先帝八也。

选，陈声、曹辅，是浅薄狭小的小吏，是先帝所抛弃不用的人，但陛下却宠幸他们，这是不遵奉先帝的第八件事。

先帝每宴见群臣，抑损醇酿，臣下终日无失慢之尤，百寮庶尹，并展所陈。而陛下拘以视瞻之敬，惧以不尽之酒。夫酒以成礼，过则败德，此无异商辛长夜之饮也，是不遵先帝九也。

先帝每当召集臣下宴饮，总是限制饮酒的数量，臣下整天没有失礼轻慢的过失，群臣百官，都说出自己想说的话。然而陛下用瞻望时的恭敬、端肃来限制群臣，用没有止境的饮酒来使群臣恐惧。酒是用来完成礼仪的，过量就会败坏德行，这跟商纣的通宵饮酒没有区别呀，这是不遵奉先帝的第九件事。

昔汉之桓、灵，亲近宦竖，大失民心。今高通、詹廉、羊度，黄门小人，而陛下赏以重爵，权以战兵。若江渚有难，烽燧互起，则度等之武不能御侮明也，是不遵先帝十也。

从前汉朝的桓帝、灵帝，亲近宦官，大失民心。如今高通、詹廉、羊度，是宦官低贱之人，然而陛下赏给他们尊贵的爵位，赐予他们征战带兵的权力。如果长江边有外敌入侵，报警烽火递相燃起，那么明摆着羊度等人的军事才能是不足以抵御外侮的，这是不遵奉先帝的第十件事。

今宫女旷积，而黄门复走州郡，条牒民女，有钱则舍，无钱则取，怨呼道路，母子死诀，是不遵先帝十一也。

当今宫女荒旷成堆，但宦官还奔赴州郡，通告民女，有钱的就放过，没钱的就掠取进宫，百姓的怨恨呼喊充塞道路，母女诀别，犹如赴死，这是不遵奉先帝的第十一件事。

先帝在时，亦养诸王太子，若取乳母，其夫复役，赐与钱财，给其资粮，时遣归来，视其弱息。今则不然，夫妇生离，夫故作役，儿从后死，家为空户，是不遵先帝十二也。

先帝在世时，也抚养众王和太子。如果征取奶妈，她的丈夫免除劳役，赐给银钱财物，供给他们的资用粮食，按时打发她们回家，探视她们的子女。如今则不是这样，奶妈夫妇被活活拆散，丈夫仍然服役，儿女随后饿死，家庭成为空户，这是不遵奉先帝的第十二件事。

先帝叹曰："国以民为本，民以食为天，衣其次也，三者，孤存之于心。"今则不然，农桑并废，是不遵先帝十三也。

先帝叹息说："国家以民众为根本，民众以食物为生存的依靠，其次是衣服，这三样东西，我把它们放在心上。"如今却不是这样，农耕和丝织都荒废了，这是不遵奉先帝的第十三件事。

先帝简士，不拘卑贱，任之乡间，效之于事，举者不虚，受者不妄。今则不然，浮华者登，朋党者进，是不遵先帝十四也。

先帝选拔人才，不受人出身低贱的限制，委托乡里举荐，通过办事来检验，负责荐举的人不隐瞒实情，接受推荐的人没有虚妄。如今却不是这样，虚华不实的人被晋升，结党营私的人被提拔，这是不遵奉先帝的第十四件事。

先帝战士，不给他役，使

先帝时的战士，不负责供给其他的劳役。让他

春惟知农，秋惟收稻，江渚有事，责其死效。今之战士，供给众役，廪赐不赡，是不遵先帝十五也。

们春天只从事农耕，秋天只收获稻谷，长江岸边如有变故，要求他们拼死效力。当今的战士，要供给众多的劳役，粮饷给养又不足，这是不遵奉先帝的第十五件事。

夫赏以劝功，罚以禁邪，赏罚不中，则士民散失。今江边将士，死不见哀，劳不见赏，是不遵先帝十六也。

赏赐用来鼓励立功，处罚用来阻止作恶，赏罚不得当，士子和庶民就会人心离散。现在长江岸边的将士，死了得不到哀悼，辛劳得不到赏赐，这是不遵奉先帝的第十六件事。

今在所监司，已为烦猥，兼有内使，扰乱其中，一民十吏，何以堪命？昔景帝时，交阯反乱，实由兹起，是为遵景帝之阙，不遵先帝十七也。

如今在各有关地方的监察官员，已经是繁多杂滥，加之又有陛下宫中派出的使者，在其中搅扰捣乱，一个百姓十名官吏，怎么能活下去？从前景帝在位时，交阯郡反叛作乱，实际是由此产生，陛下这是沿袭景帝的过失，是不遵奉先帝的第十七件事。

夫校事，吏民之仇也。先帝末年，虽有吕壹、钱钦，寻皆诛夷，以谢百姓。今复张立校曹，纵吏言事，是不遵先帝十八也。

校事，是官吏民众的仇敌。先帝在位的晚年，虽然有吕壹、钱钦这样的校事，但很快就都杀戮夷灭，以此向百姓道歉。现在又设立校曹，放任官吏向国君进谗，这是不遵奉先帝的第十八件事。

先帝时，居官者咸久于其位，然后考绩黜陟。今州县职司，或莅政无几，便征召迁转，迎新送旧，纷纭道路，伤财害民，于是为甚，是不遵先帝十九也。

先帝在世时，做官的人都要长时间担任某一职务，然后考核政绩，决定升降。如今各州县主管职事的官员，有的到任时间很短，就征召升迁调动，迎接新官送别旧官的人，充满道路。损失财物，害苦百姓，在这件事上算是厉害的了，这是不遵奉先帝的第十九件事。

先帝每察竟解之奏，当留心推按，是以狱无冤囚，死者吞声。今则违之，是不遵先帝二十也。

先帝每次审查终审死刑案件的奏章，总是留心推求，认真查核，所以监狱没有含冤的囚犯，被判死刑的人也没有怨恨。如今却违背了这种做法，这是不遵奉先帝的第二十件事。

若臣言可录，藏之盟府；如其虚妄，治臣之罪。愿陛下留意。⑨

如果臣所说的可以采纳，就收藏在盟府；如果虚妄不实，就办我的罪。请陛下留意。

胤字敬宗，凯弟也。始为御史、尚书选曹郎，太子和闻其名，待以殊礼。会全寄、杨竺等阿附鲁王霸，与和分争，阴相谮构，胤坐收下狱，楚毒备

陆胤字敬宗，是陆凯的弟弟。当初担任御史、尚书选曹郎，太子孙和听到他的名声，用特殊的礼节对待他。遇上全寄、杨竺等人亲附鲁王孙霸，同孙和不睦并且争斗，暗中诬陷孙和，陆胤获罪被关进牢狱，受尽苦刑，始终没有不实的供词。

至，终无他辞。⑩

后为衡阳督军都尉。赤乌十一年，交阯九真夷贼攻没城邑，交部骚动。以胤为交州刺史、安南校尉。胤入南界，喻以恩信，务崇招纳，高凉渠帅黄吴等支党三千余家皆出降。引军而南，重宣至诚，遗以财币。贼帅百余人，民五万余家，深幽不羁，莫不稽颡，交域清泰。就加安南将军。复讨苍梧建陵贼，破之，前后出兵八千余人，以充军用。

后来担任衡阳督军都尉。赤乌十一年，交阯、九真一带的蛮夷叛匪攻陷城市，交州骚扰动荡。朝廷任命陆胤为交州刺史、安南校尉。陆胤进入南边的地界，用恩德信义来晓谕开导，并且努力招诱收纳，高凉郡匪首黄吴等人和党羽三千多家都出来投降。他率领军队向南进发，再次宣示招降的诚恳心意，并且给予财物。匪首一百多人，百姓五万多家，原来深藏山林，不服管束，这时无不请罪投降，交州境内清静平安。就地加封为安南将军。又征讨苍梧郡建陵县的叛匪，打败了他们，先后从中挑选出士兵八千多人，以补充军中的需要。

永安元年，征为西陵督，封都亭侯，后转在虎林。中书丞华覈表荐胤曰："胤天姿聪朗，才通行洁，昔历选曹，遗迹可纪。还在交州，奉宣朝恩，流民归附，海隅肃清。苍梧、南海，岁有暴风瘴气之害，风则折木，飞砂转石，气则雾郁，飞鸟不经。自胤至州，风气绝息，商旅平行，民无疾疫，田稼丰稔。州治临海，海流秋咸，胤又畜水，民得甘食。惠风横被，化感人神，遂凭天威，招合遗散。至被诏书当出，民感其恩，以忘恋土，负老携幼，甘心景从，众无携贰，不烦兵卫。自诸将合众，皆胁之以威，未有如胤结以恩信者也。衔命在州，十有余年，宾带殊俗，宝玩所生，而内无粉黛附珠之妾，家无文甲犀象之珍，方之今臣，实难多得。宜在辇毂，股肱王室，以赞唐虞康哉之颂。江边任轻，

永安元年，被征召授任为西陵督，封为都亭侯，后来调职到虎林。中书丞华覈上表推荐陆胤说："陆胤天赋聪明，才能广博，品行高洁，从前曾在选曹任职，有值得记载的政绩。随后在交州，恭敬地宣示朝廷的恩德，流散的百姓前来归附，沿海地区清肃和平。苍梧、南海一带，每年都有暴风瘴气的灾害，大风可以吹折树木，飞沙走石，空气可以迷雾郁结，飞鸟都不经过那里。自从陆胤到了交州，风暴瘴气断绝平息，往来贩运的商人平安通行，百姓没有疾病瘟疫，田中庄稼丰收。交州地域靠海，海水苦咸，陆胤又积蓄淡水，百姓得以有甘甜的饮食。他的德惠覆盖全州，教化感动人神，终于凭借陛下的神威，招拢、聚合了流散的百姓。到了接受诏命将要离开交州时，百姓感激他的恩德，因此忘记了对乡土的留恋，背着老人带着孩子，心甘情愿紧紧追随，众人都没有异心，不需烦劳军队护卫。从来各位将领聚合众人，都是用权势、力量逼迫，还没有像陆胤这样用恩德信义来联结、凝聚的呢。他受命在交州任职，有十多年的时间，那边远偏僻的地域，是出产珍贵赏玩之物的地方，但他府内没有搽粉描眉、佩戴珠宝的侍妾，家中没有玳瑁、犀角、象牙这类奇珍，这在当今的臣子中，实在不可多得。他适合在京师任职，辅助王室，以帮助建成唐尧、虞舜那样的太平盛世。

不尽其才，虎林选督，堪之者众。若召还都，宠以上司，则天工毕修，庶绩咸熙矣。”

江边驻防责任太轻，不能充分发挥他的才力；虎林驻军选择督将，能够胜任的人不在少数。如果召他回京都，授给他三公的尊崇职位，那么就能使天的职能全部实行，各项工作全都兴盛了。”

胤卒，子式嗣，为柴桑督、扬武将军。天策元年，与从兄祎俱徙建安。天纪二年，召还建业，复将军、侯。

陆胤去世，儿子陆式继承爵位，担任柴桑督、扬武将军。天策元年，跟堂兄陆祎一同被放逐到建安。天纪二年，被召回建业，恢复将军职务和侯爵。

评曰：潘濬公清割断，陆凯忠壮质直，皆节概梗梗，有大丈夫格业。胤身絜事济，著称南土，可谓良牧矣。

评论说：潘濬公正清廉而有决断，陆凯忠诚壮烈而质朴正直，都是志节气概正直坚强，有大丈夫的品格功业。陆胤立身纯洁，事业成功，著称于南方地区，可以称得上是好州牧了。

---

①《吴书》曰：濬为人聪察，对问有机理，山阳王粲见而贵异之。由是知名，为郡功曹。

②《江表传》曰：权克荆州，将吏悉皆归附，而濬独称疾不见。权遣人以床就家舆致之，濬伏面著床席不起，涕泣交横，哀咽不能自胜。权慰劳与语，呼其字曰：“承明，昔观丁父，鄀俘也，武王以为军帅；彭仲爽，申俘也，文王以为令尹。此二人，卿荆国之先贤也，初虽见囚，后皆擢用，为楚名臣。卿独不然，未肯降意，将以孤异古人之量邪？”使亲近以手巾拭其面，濬起下地拜谢。即以为治中，荆州诸军事一以谘之。武陵部从事樊伷诱导诸夷，图以武陵属刘备，外白差督督万人往讨之。权不听，特召问濬，濬答：“以五千兵往，足可以擒伷。”权曰：“卿何以轻之？”濬曰：“伷是南阳旧姓，颇能弄唇吻，而实无辩论之才。臣所以知之者，伷昔尝为州人设馔，比至日中，食不可得，而十余自起，此亦侏儒观一节之验也。”权大笑而纳其言，即遣濬将五千往，果斩平之。

③《吴书》曰：芮玄卒，濬并领玄兵，屯夏口。玄字文表，丹杨人。父祉，字宣嗣，从孙坚征伐有功，坚荐祉为九江太守，后转吴郡，所在有声。玄兄良，字文鸾，随孙策平定江东，策以为会稽东部都尉，卒，玄领良兵，拜奋武中郎将，以功封溧阳侯。权为子登拣择淑媛，群臣咸称玄父祉兄良并以德义文武显名三世，故遂娉玄女为妃焉。黄武五年卒，权甚愍惜之。

④《江表传》曰：权数射雉，濬谏权，权曰：“相与别后，时时暂出耳，不复如往日之时也。”濬曰：“天下未定，万机务多，射雉非急，弦绝括破，皆能为害，乞特为臣故息置之。”濬出，见雉翳故在，乃手自撤坏之。权由是自绝，不复射雉。

⑤《吴书》曰：骠骑将军步骘屯沤口，求召募诸郡以增兵。权以问濬，濬曰：“豪将在民间，耗乱为害，加骘有名势，在所所媚，不可听也。”权从之。中郎将豫章徐宗，有名士也，尝到京师，与孔融交结，然儒生诞节，部曲宽纵，不奉节度，为众作殿，濬遂斩之。其奉法不惮私议，皆此类也。归义隐蕃，以口辩为豪杰所善，濬子翥亦与周旋，馈饷之。濬闻大怒，疏责翥曰：“吾受国厚恩，志报以命，尔辈在都，当念恭顺，亲贤慕善，何故与降虏交，以粮饷之？在远闻此，心震面热，惆怅累旬。疏到，急就往使受杖一百，促责所饷。”当时人咸怪濬，而蕃果图叛诛夷，众乃归服。

《江表传》曰：时濬姨兄零陵蒋琬为蜀大将军，或有间濬于武陵太守卫旌者，云濬遣密使与琬相闻，欲有自托之计。旌以启权，权曰：“承明不为此也。”即封旌表以示于濬，而召旌还，免官。

⑥《吴书》曰：翥字文龙，拜骑都尉，后代领兵，早卒。翥弟祕，权以姊陈氏女妻之，调湘乡令。

《襄阳记》曰：襄阳习温为荆州大公平。大公平，今之州都。祕过辞于温，问曰："先君昔曰君侯当为州里议主，今果如其言，不审州里谁当复相代者？" 温曰："无过于君也。"后祕为尚书仆射，代温为公平，甚得州里之誉。

⑦《吴录》曰：旧拜庙，选兼大将军领三千兵为卫，凯欲因此兵以图之，令选曹白用丁奉。皓偶不欲，曰："更选。"凯令执据，虽暂兼，然宜得其人。皓曰："用留平。"凯令其子祎以谋语平。平素与丁奉有隙，祎未及得宣凯旨，平语祎曰："闻野猪入丁奉营，此凶征也。"有喜色。祎乃不敢言，还，因具启凯，故辍止。

⑧《江表传》载凯此表曰："臣拜受明诏，心与气结。陛下何心之难悟，意不聪之甚也！"

⑨《江表传》曰：皓所行弥暴，凯知其将亡，上表曰："臣闻恶不可积，过不可长；积恶长过，丧乱之源也。是以古人惧不闻非，故设进善之旌，立敢谏之鼓。武公九十，思闻警戒，《诗》美其德，士悦其行。臣察陛下无思警戒之义，而有积恶之渐，臣深忧之，此祸兆见矣。故略陈其要，写尽愚怀。陛下宜克己复礼，述修前德，不可捐弃臣言，而放奢意。意奢情至，吏日欺民；民离则上不信下，下当疑上，骨肉相克，公子相奔。臣虽愚，暗于天命，以心审之，败不过二十稔也。臣常忿亡国之人夏桀、殷纣，亦不可使后人复忿陛下也。臣受国恩，奉朝三世，复以余年，值遇陛下，不能循俗，与众沈浮。若比干、伍员，以忠见戮，以正见疑，自谓毕足，无所余恨，灰身泉壤，无负先帝，愿陛下九思，社稷存焉。"初，皓始起宫，凯上表谏，不听，凯重表曰："臣闻宫功当起，夙夜反侧，是以频烦上事，往往留中，不见省报，于邑叹息，企想应罢。昨食时，被诏曰：'君所谏，诚是大趣，然未合鄙意，如何？此宫殿不利，宜当避之，乃可以妨劳役，长坐不利宫乎？父之不安，子亦何倚？'臣拜纸诏，伏读一周，不觉气结于胸，而涕泣雨集也。臣年已六十九，荣禄已重，于臣过望，复何所冀？所以勤勤数进苦言者，臣伏念大皇帝创基立业，劳苦勤至，白发生于鬓肤，黄耇被于甲胄。天下始静，晏驾早崩，自含息之类，能言之伦，无不歔欷，如丧考妣。幼主嗣统，柄在臣下，军有连征之费，民有凋残之损。贼臣干政，公家空竭。今强敌当涂，西州倾覆，孤罢之民，宜当畜养，广力肆业，以备有虞。且始徙都，属有军征，战士流离，州郡骚扰，而大功复起，征召四方，斯非保国致治之渐也。臣闻为人主者，禳灾以德，除咎以义。故汤遭大旱，身祷桑林，荧惑守心，宋景退殿，是以旱魃销亡，妖星移舍。今宫室之不利，但当克己复礼，笃汤、宋之至道，愍黎庶之困苦，何忧宫之不安，灾之不销乎？陛下不务修德，而务筑宫室，若德之不修，行之不贵，虽殷辛之瑶台，秦皇之阿房，何止而不丧身覆国，宗庙作墟乎？夫兴土功，高台榭，既致水旱，民又多疾，其不疑也。为父长安，使子无倚，此乃子离于父，臣离于陛下之象也。臣子一离，虽念克骨，茅茨不翦，复何益焉？是以大皇帝居于南宫，自谓过于阿房。故先朝大臣，以为宫室宜厚，备卫非常，大皇帝曰：'逆虏游魂，当爱育百姓，何聊趣于不急？'然臣下恳恻，由不获已，故裁调近郡，苟副众心，比当就功，犹豫三年。当此之时，寇钞慑威，不犯我境，师徒奔北，且西阻岷、汉，南州无事，尚犹冲让，未肯筑宫，况陛下危侧之世，又乏大皇帝之德，可不虑哉？愿陛下留意，臣不虚言。"

⑩《吴录》曰：太子自惧黜废，而鲁王觊觎益甚。权时见杨竺，辟左右而论霸之才，竺深述霸有文武英姿，宜为嫡嗣，于是权乃许立焉。有给使伏于床下，具闻之，以告太子。胤当至武昌，往辞太子。太子不见，而微服至其车上，与共密议，欲令陆逊表谏。既而逊有表极谏，权疑竺泄之，竺辞不服。权使竺出寻其由，竺白顷惟胤西行，必其所道。又遣问逊何由知之，逊言胤所述。召胤考问，胤为太子隐曰："杨竺向臣道之。"遂共为狱。竺不胜痛毒，服是所道。初权疑竺泄之，及服，以为果然，乃斩竺。

三国志卷六十二 吴书十七

是仪胡综传第十七

是仪字子羽，北海营陵人也。本姓氏，初为县吏，后仕郡，郡相孔融嘲仪，言“氏”字“民”无上，可改为“是”，乃遂改焉。①后依刘繇，避乱江东。繇军败，仪徙会稽。

是仪，字子羽，北海郡营陵县人。原本姓氏，起初在本县做吏员，后来到北海郡任职。郡相孔融对是仪开玩笑，说“氏”字就是“民”字没有上面那部分，可将“氏”字改为“是”，于是氏仪就改了姓。后来他依附刘繇，在江东躲避战乱。刘繇的军队失败后，是仪迁移到了会稽郡。

孙权承摄大业，优文征仪。到见亲任，专典机密，拜骑都尉。

孙权继承大业，用辞意恳切的文书征召是仪。是仪去后，受到宠爱信任，专门掌管机密事务，封为骑都尉。

吕蒙图袭关羽，权以问仪，仪善其计，劝权听之。从讨羽，拜忠义校尉。仪陈谢，权令曰：“孤虽非赵简子，卿安得不自屈为周舍邪？”

吕蒙图谋袭击关羽，孙权拿这件事征求是仪的意见，是仪认为吕蒙的计谋很好，劝孙权听从。孙权让是仪跟随吕蒙征讨关羽，授任他为忠义校尉。是仪陈辞推谢，孙权命令似的说：“我虽然算不得是赵简子，您怎么能不自己屈尊当个周舍呢？”

既定荆州，都武昌，拜裨将军，后封都亭侯，守侍中。欲复授兵，仪自以非材，固辞不受。黄武中，遣仪之皖就将军刘邵，欲诱致曹休。休到，大破之，迁偏将军，入阙省尚书事，外总平诸官，兼领辞讼，又令教诸公子书学。

平定荆州后，吴国建都于武昌，封是仪为裨将军，后来又封他为都亭侯，兼任侍中。孙权想要再授予他兵权，是仪自认为不是带兵的将才，坚决推辞不接受。黄武年间，孙权派遣是仪到皖口协助将军刘邵，想引诱曹休来战，曹休领兵到来，东吴大破曹休军，是仪迁升为偏将军，入皇宫负责尚书省的事务，对外总揽管理众官员，兼管处理官员之间的争议，又派他教导众公子读书、学习。

大驾东迁，太子登留镇武昌，使仪辅太子。太子敬之，事先咨询，然后施行。进封都乡侯。后从太子还建业，复拜侍中、中执法，平诸官事、领辞讼如旧。典校郎吕壹诬白故江夏太守刁嘉谤讪国政，权怒，收

孙权往东迁都到建业，留太子孙登守武昌，指派是仪辅佐太子。太子很敬重是仪，凡事先要询问是仪，然后才施行。晋封为都乡侯。后来跟随太子回到建业，又封为侍中、中执法，总揽处理众官员事务，依旧处理官员之间的争议。典校郎吕壹诬告前江夏太守刁嘉诋毁国家政务，孙权发怒，逮捕刁嘉

嘉系狱，悉验问。时同坐人皆怖畏壹，并言闻之，仪独云无闻。于是见穷诘累日，诏旨转厉，群臣为之屏息。仪对曰："今刀锯已在臣颈，臣何敢为嘉隐讳，自取夷灭，为不忠之鬼！顾以闻知当有本末。"据实答问，辞不倾移。权遂舍之，嘉亦得免。②

关进监狱，并逐一查询追问当朝众官员。当时在朝中做官的人全都惧怕吕壹，都承认听到过刁嘉诋毁国政，只有是仪说没有听说过。因此一连数日不停地盘问，皇上的诏令变得越来越严厉，每个大臣都为此紧张。是仪回答说："如今刀锯已经架到我的脖子上了。我怎么敢替刁嘉隐瞒什么而自找死路，做个不忠之鬼呢？我只是认为既然听到了刁嘉诋毁国家政治的话，就应当有听到的详细始末。"是仪根据实际情况回答每个问题，丝毫不无根据地瞎说。孙权于是放弃了对他的追查，刁嘉也得以免罪。

蜀相诸葛亮卒，权垂心西州，遣仪使蜀申固盟好。奉使称意，后拜尚书仆射。

蜀国丞相诸葛亮去世，孙权担忧蜀国有变化，指派是仪出使蜀国重申并巩固以前订立的友好盟约，他完成了使命，孙权很满意，此后授任为尚书仆射。

南、鲁二宫初立，仪以本职领鲁王傅。仪嫌二宫相近切，乃上疏曰："臣窃以鲁王天挺懿德，兼资文武，当今之宜，宜镇四方，为国藩辅。宣扬德美，广耀威灵，乃国家之良规，海内所瞻望。但臣言辞鄙野，不能究尽其意。愚以二宫宜有降杀，正上下之序，明教化之本。"书三四上。为傅尽忠，动辄规谏；事上勤，与人恭。

南宫、鲁宫新建成，是仪以原有官职兼任鲁王傅。是仪以为两处宫室没有差别，于是向皇上呈递奏章说："臣认为鲁王具有天生突出的美德，又文武兼备，如今最合适的，是去镇守边疆，作为国家的屏卫辅疆大臣，宣传弘扬仁德美政，推广显耀皇室的威武神灵，这才是国家的正当策略，普天之下人民所盼望的。只是臣言辞浅陋粗野，不能完整地表达心意。我认为两座王宫之间应当有衰减的区别，来规范尊卑秩序，显示政教风范的原则。"多次向皇上呈递奏章。作为鲁王傅是仪尽忠职守，经常劝谏；侍奉皇上勤勉，待人谦恭。

不治产业，不受施惠，为屋舍财足自容。邻家有起大宅者，权出望见，问起大室者谁，左右对曰："似是仪家也。"权曰："仪俭，必非也。"问果他家。其见知信如此。

是仪不置办家产私业，不接受施舍恩赐，建房屋仅能容身。他的邻居家有人建大房子，孙权外出时看见，询问建大宅的是谁，左右随行人员答道："好像是仪的家。"孙权说："是仪俭朴，必定不是的。"询问后，果然是别人家。是仪被孙权了解信任到这个程度。

服不精细，食不重膳，拯赡贫困，家无储蓄。权闻之，幸仪舍，求视蔬饭，亲尝之，对之叹息，即增俸赐，益田宅。仪累辞让，以恩为戚。

是仪衣着不精美，饮食不丰富，经常救助贫困人家，自家没有储蓄。孙权听说这些事，亲自到是仪的家，要求察看饭食，亲口品尝，对着这一切叹息不已，立刻增添薪俸赏赐，增加田地房屋。是仪多次推让，因为感激皇恩而对皇上更加忠心。

时时有所进达,未尝言人之短。权常责仪以不言事,无所是非,仪对曰:“圣主在上,臣下守职,惧于不称,实不敢以愚管之言,上干天听。”

是仪经常向皇帝有所进谏,从来没有讲过别人的短处。孙权经常责怪是仪不指明事端,无所褒贬,是仪答道:“圣明君主在上,臣下恪守本职,常常担心不能称职,实在不敢用自己浅薄的见识来干扰皇上的视听。”

事国数十年,未尝有过。吕壹历白将相大臣,或一人以罪闻者数四,独无以白仪。权叹曰:“使人尽如是仪,当安用科法为?”

他辅佐治理国政几十年,从来没有过错。吕壹逐个告发各文武大臣,有的一个人再三因各种罪名被告发,唯独拿不出罪名告发是仪。孙权叹息道:“假使人人都像是仪一样,哪里还用得着法律呢?”

及寝疾,遗令素棺,敛以时服,务从省约,年八十一卒。

到是仪卧病不起时,留下遗嘱交代用不上油漆或颜色的棺材,用一般人所穿的衣服装敛,一定要简省节约,八十一岁时去世。

胡综字伟则,汝南固始人也。少孤,母将避难江东。孙策领会稽太守,综年十四,为门下循行,留吴与孙权共读书。策薨,权为讨虏将军,以综为金曹从事,从讨黄祖,拜鄂长。权为车骑将军,都京,召综还,为书部,与是仪、徐详俱典军国密事。刘备下白帝,权以见兵少,使综料诸县,得六千人,立解烦两部,详领左部、综领右部督。吴将晋宗叛归魏,魏以宗为蕲春太守,去江数百里,数为寇害。权使综与贺齐轻行掩袭,生虏得宗,加建武中郎将。魏拜权为吴王,封综、仪、详皆为亭侯。

胡综,字伟则,汝南郡固始县人。他从小就死了父亲,母亲带着他逃难来到江东。孙策兼任会稽太守时,胡综十四岁,在府中当贴身使唤,留在苏州和孙权一同读书。孙策死后,孙权担任讨虏将军,任命胡综担任金曹从事,跟随孙权讨伐黄祖,任命他为鄂县县长。孙权任车骑将军,在镇江建都,召令胡综返回,担任文书工作,与是仪、徐详一同掌管军政机密事务。刘备进驻白帝城,孙权因现有的兵员缺乏,指派胡综统计所属县的壮丁,征到六千人,立即将这批精兵分为左、右两部分,徐详任左部督,胡综任右部督。吴将晋宗叛变归降魏国,魏国任命晋宗做蕲春太守,驻地离长江数百里,经常侵扰吴国。孙权派遣胡综与贺齐轻装偷袭,活捉了晋宗。胡综加封了建武中郎将的称号。魏国封孙权为吴王,胡综、是仪、徐详都被封为亭侯。

黄武八年夏,黄龙见夏口,于是权称尊号,因瑞改元。又作黄龙大牙,常在中军,诸军进退,视其所向,命综作赋曰:

黄武八年夏天,黄龙出现在夏口,因此孙权称皇帝,借祥瑞之兆更换了年号。又树起黄龙大帅旗,经常立在军营中心,各营军队的进退,都要看帅旗移动的方向,并命令胡综作赋歌颂说:

乾坤肇立,三才是生。狼弧垂象,实惟兵精。圣人观法,

乾坤创立,天、地、人产生。天狼星显示征兆,预示天下将要发生战争。圣贤揣测天意,虔诚仿效经

是效是营，始作器械，爰求厥成。黄、农创代，拓定皇基，上顺天心，下息民灾。高辛诛共，舜征有苗，启有甘师，汤有鸣条。周之牧野，汉之垓下，靡不由兵，克定厥绪。明明大吴，实天生德，神武是经，惟皇之极。乃自在昔，黄、虞是祖，越历五代，继世在下。应期受命，发迹南土，将恢大繇，革我区夏。乃律天时，制为神军，取象太一，五将三门；疾则如电，迟则如云，进止有度，约而不烦。四灵既布，黄龙处中，周制日月，实曰太常，桀然特立，六军所望。仙人在上，鉴观四方，神实使之，为国休祥。军欲转向，黄龙先移，金鼓不鸣，寂然变施，暗谟若神，可谓秘奇。在昔周室，赤乌衔书，今也大吴，黄龙吐符。合契河洛，动与道俱，天赞人和，佥曰惟休。

营，开始制造各种器械，于是求得成功。黄帝、炎帝创立社会，开拓奠定帝王基业，顺从上天旨意，消除下民灾祸。高辛诛杀共工，虞舜征服有苗，夏启讨伐有扈于甘地，商汤征讨夏桀于鸣条，周于牧野安天下，汉在垓下定乾坤，无不经由战争，克敌创造帝业。赫赫光明的大吴，实赖天赐德义，神武立为法则，帝业伟大至极。自从昔日黄帝、虞舜创立帝业，其间经历五个时代，继往开来及于今日。孙权顺应时势接受天命，在江南开创帝业，很快将恢复德义大道，改变华夏分割的局面。于是遵循天道，组编神军，效法天帝，布下五将三门的战阵，迅疾好像闪电，舒缓有如闲云，进止符合法度，简要而不繁乱。各路军队部署妥当，黄龙帅旗树立中军，居中掌握阴阳变幻，堪称赫赫天子旌旗，高高飘扬卓然耸立，诸路军队观望跟从。圣明天帝在上，鉴察观顾四方，神灵寄托意志，立国长久吉祥。军队转换方向，黄龙帅旗先移，金钲不响战鼓不擂，六军悄然变动阵势，暗暗寂静如神，行止可谓神奇。昔日武王观兵孟津，赤乌飞临昭示天命，今朝大吴雄踞江东，黄龙口吐吉祥符兆，命数契合河图洛书，行为与天道偕同一致，上天赞美人间拥护，都说东吴国运长久。

蜀闻权践阼，遣使重申前好。综为盟文，文义甚美，语在权传。

蜀国听说孙权称帝，派遣使者重来申明原先建立的友好关系。胡综拟写盟文，文辞内容十分优美，盟文记载在《孙权传》中。

权下都建业，详、综并为侍中，进封乡侯，兼左右领军。时魏降人或云魏都督河北振威将军吴质，颇见猜疑，综乃伪为质作降文三条：

孙权向东把国都迁到建业，徐详、胡综一起担任侍中，晋封为乡侯，分别兼任左领军、右领军。当时魏国降吴的人中有人说魏国的都督、河北振威将军吴质很受魏国朝廷的猜疑，胡综就冒充吴质写了三条投降的文告：

其一曰："天纲弛绝，四海分崩，群生憔悴，士人播越，兵寇所加，邑无居民，风尘烟火，往往而处，自三代以来，大乱之极，未有若今时者也。臣质志薄，处时无方，系于土壤，不

其一说："国法废弃，天下分崩离析，生民憔悴不堪，人才颠沛流离，战乱盗匪交加，城镇空无居民，风尘战火，遍布大地，自从夏、商、周三代以来，大乱到极点时，也没有像现在这么严重。鄙臣吴质才志浅薄，处世无方，受乡土观念局限，未能奋翮远

能翻飞，遂为曹氏执事戎役，远处河朔，天衢隔绝，虽望风慕义，思托大命，愧无因缘，得展其志。每往来者，窃听风化，伏知陛下齐德乾坤，同明日月，神武之姿，受之自然，敷演皇极，流化万里，自江以南，户受覆焘。英雄俊杰，上达之士，莫不心歌腹咏，乐在归附者也。今年六月末，奉闻吉日，龙兴践阼，恢弘大繇，整理天纲，将使遗民，睹见定主。昔武王伐殷，殷民倒戈；高祖诛项，四面楚歌。方之今日，未足以喻。臣质不胜昊天至愿，谨遣所亲同郡黄定恭行奉表，乃托降叛，间关求达，其欲所陈，载列于左。”

游，只得为曹氏办事，投身军旅，远处黄河以北。前往贵国的道路被隔绝了，虽然瞻望大王的风范，仰慕大王的德义，想要托身于顺应天命的吴国，苦于没有机缘，能够施展我的志向。每次有信使往来，私下打听吴国的民风教化，顶礼膜拜地听说陛下道德可比天地，光明如同日月，神武姿仪，受之于天，颁布并反复申明政教法令，流传并感化到了万里之外，长江以南，家家户户都受到皇恩普照。英雄豪杰，上进之士，没有不发自肺腑地歌颂陛下，乐于归附陛下的。今年六月底，恭谨地听说在那个大吉大利的日子，黄龙显现而皇帝即位，弘扬崇高道义，整理统一政治纲领，将要让劫后余生的百姓，仰见真正的君主。昔日武王伐纣，殷民倒戈一击；高祖诛杀项羽，使他陷入四面楚歌。跟今日的魏主相比，还不能够比喻得恰当。卑臣吴质不胜宏博大愿，谨派亲信同郡人黄定恭谨地前来奉上表文，并委托办理降吴事宜，趁着这个机会求得通达，我所要说的，载列如下。”

其二曰：“昔伊尹去夏入商，陈平委楚归汉，书功竹帛，遗名后世，世主不谓之背诞者，以为知天命也。臣昔为曹氏所见交接，外托君臣，内如骨肉，恩义绸缪，有合无离，遂受偏方之任，总河北之军。当此之时，志望高大，永与曹氏同死俱生，惟恐功之不建，事之不成耳。及曹氏之亡，后嗣继立，幼冲统政，谗言弥兴。同侪者以势相害，异趣者得间其言，而臣受性简略，素不下人，视彼数子，意实迫之，此亦臣之过也。遂为邪议所见构会，招致猜疑，诬臣欲叛。虽识真者保明其心，世乱谗胜，余嫌犹在，常惧一旦横受无辜，忧

其二说：“昔日伊尹离开夏桀归于商汤，陈平抛弃楚霸王归附汉王，功绩载入史册，美名流传后世，君主之所以不认为他们背叛，是因为他们懂得顺应天命啊。我从前被曹氏信任，对外虽称君臣，实际上如同骨肉，恩义缠绵，心意投合，于是接受特别重要的任务，统率黄河以北的各路军队。这个时候，我志向高大，发誓永远要与曹氏同死共生，只担心不能建立功勋，不能成就事业。到曹丕去世，他的后代继承王位，年幼君主管理国政，诬陷之言到处兴起。同辈的官僚凭着权势互相加害，志趣不合的人趁机挑拨离间，而我生性质朴，疏于结交，从不巴结讨好他人，看那几个谗谄之臣，确实是想要迫害我，这就是我的所谓的过错！终于被人以不实之辞罗列构成为罪状，招来猜疑，诬告说我想叛国投敌。即使知道真相的人担保认为我决不会反叛，但在混乱的时代总是谗谄之人取胜，于是我反叛的嫌疑依然存在，经常担心忽然间飞来横祸，忧虑之心十分痛苦，像是

心孔疚，如履冰炭。昔乐毅为燕昭王立功于齐，惠王即位，疑夺其任，遂去燕之赵，休烈不亏。彼岂欲二三其德，盖畏功名不建，而惧祸之将及也。昔遣魏郡周光以贾贩为名，托叛南诣，宣达密计。时以仓卒，未敢便有章表，使光口传而已。以为天下大归可见，天意所在，非吴复谁？此方之民，思为臣妾，延颈举踵，惟恐兵来之迟耳。若使圣恩少加信纳，当以河北承望王师，款心赤实，天日是鉴。而光去经年，不闻咳唾，未审此意竟得达不？瞻望长叹，日月以几，鲁望高子，何足以喻！又臣今日见待稍薄，苍蝇之声，绵绵不绝，必受此祸，迟速事耳。臣私度陛下未垂明慰者，必以臣质贯穿仁义之道，不行若此之事，谓光所传，多虚少实，或谓此中有他消息，不知臣质构谗见疑，恐受大害也。且臣质若有罪之日，自当奔赴鼎镬，束身待罪，此盖人臣之宜也。今日无罪，横见谮毁，将有商鞅、白起之祸。寻惟事势，去亦宜也。死而弗义，不去何为！乐毅之出，吴起之走，君子伤其不遇，未有非之者也。愿陛下推古况今，不疑怪于臣质也。又念人臣获罪，当如伍员奉己自效，不当徼幸因事为利。然今与古，厥势不同，南北悠远，江湖隔绝，自不举事，何得济免！是

踩在薄冰、火炭上。昔日乐毅帮燕昭王讨伐齐国，建立战功，燕惠王即位后，乐毅疑心惠王会夺去他的官职，于是离开燕国前往赵国，伟大的功业不曾损害。他难道是想要德行不专一吗？只是害怕功名不能建立，而灾祸将要降临啊。昔日我差遣魏郡人周光以贩卖货物为名，南来商谈投降事宜，传达我的秘密计划。当时因为时间仓促，不敢冒昧呈奏表章，让周光口头禀告而已。我认为天下人心归顺陛下的大趋势是很明显的，天意所在，不由吴国统一天下又由谁呢？北方的人民，期待做您的臣民，伸着脖子踮起脚跟盼望，只担心您的军队来晚了呢。如果陛下能够稍许相信并采纳我的建议，我一定拿黄河以北的土地来迎接您的军队，虚心诚意，皇天白日作证。然而周光离开我去贵国已有一年，没有回音，不知这番心意究竟转达到了没有？抬头远望吴国长声叹息，圣主的态度我长期难以知晓，鲁国人盼望高子的迫切心情，哪能与我此刻的心情相比！加上我现在越来越不被看重，谗佞小人的诬陷之言，绵绵不断，我定会遭受它们带来的灾祸，或迟或早罢了。我私下估量陛下没有赐予明确旨意的原因，一定是认为我吴质一贯奉守仁义，不会做这种投降的事，认为周光传达的话，虚多实少，或许又觉得这其中另有其他缘故，却不知道我吴质被诬陷，受疑忌，恐怕将要遭受大祸啊。况且我吴质如果有一天真犯了罪，自己定会奔赴鼎镬，捆束自己等候惩处，这也是作为人臣应该做的呀。如今没有犯罪，却横遭诬陷，将遭受商鞅、白起那样的灾祸。寻思这样的形势，现在离开也是应当的。死而不义，不离开又干什么！乐毅出走，吴起逃亡，懂情理的人都慨叹他们是不遇明君，没有非议他们的人。希望陛下推考过去，对比今世，不怀疑、怪罪我吴质。又考虑人臣有罪，应当像伍员那样自杀献命，不应当侥幸依靠时局变化获益。然而今世与往古，其形势是不同的，南北相距遥远，江河湖泊阻隔，如果自己不起事，怎么能成就一番功名事业，免除灾祸呢！因此抛开所谓志士的节

以忘志士之节，而思立功之义也。且臣质又以曹氏之嗣，非天命所在，政弱刑乱，柄夺于臣，诸将专威于外，各自为政，莫或同心，士卒衰耗，帑藏空虚，纲纪毁废，上下并昏，想前后数得降叛，具闻此问。兼弱攻昧，宜应天时，此实陛下进取之秋，是以区区敢献其计。今若内兵淮、泗，据有下邳，荆、扬二州，闻声响应，臣从河北席卷而南，形势一连，根牙永固。关西之兵系于所卫，青、徐二州不敢徹守，许、洛余兵众不满万，谁能来东与陛下争者？此诚千载一会之期，可不深思而熟计乎！及臣所在，既自多马，加以羌胡常以三四月中美草时，驱马来出，隐度今者，可得三千余匹。陛下出军，当投此时，多将骑士来就马耳。此皆先定所一二知。凡两军不能相究虚实，今此间实羸，易可克定，陛下举动，应者必多。上定洪业，使普天一统，下令臣质建非常之功，此乃天也。若不见纳，此亦天也。愿陛下思之，不复多陈。”

操，而思考建立功名的大义。况且我吴质还认为曹氏的后继者，没有天命庇佑的迹象。国政衰败国力削弱，刑罚悖乱，国家大权被朝臣侵夺，许多将领在地方上作威作福，各自为政，没有哪一个是同心的，士卒减少，国库空虚，纲常法纪都毁坏废弃了，皇上群臣都昏庸腐败，料想您先后多次接纳我方的降附人员，已完全了解这边的情况，兼并弱小攻击昏乱，应当顺应天时，这个时候确实是陛下进攻曹氏的好时机了，因此微臣献上自己的计谋。现在如果进军淮河、泗水，占据下邳，荆州、扬州就将闻声响应，我从黄河北边再席卷南下，有利的局势连接，统一称雄的基业就永远牢固了。关西的军队被束缚在戍守之地，青州和徐州的守军又不敢撤离守卫地点，许昌、洛阳余下的兵员数目不足万人，哪个能够东进与陛下争雄呢？这的确是千载一遇的良机，能不深思而熟虑吗！至于臣所管辖的地域，本来就有许多马匹，加上羌人胡人常常在三四月间青草丰盛时，驱马出来放牧，目前推算一下，可以夺取三千多匹。陛下出师，应当趁这个时机，多率领骑士来夺取马好了。这都是预先能料定的一些情况。凡两军作战，不能相互让对方探明虚实，如今这边确实虚弱，容易攻克。陛下出兵，响应的人一定很多。这样您能奠定帝业，使天下统一；也能使我吴质建立伟大的功绩，这实在是天意啊。如果我的计划不被采纳，这也是天命了。希望陛下三思，我不再多陈说了。”

其三曰：“昔许子远舍袁就曹，规画计较，应见纳受，遂破袁军，以定曹业。向使曹氏不信子远，怀疑犹豫，不决于心，则今天下袁氏有也。愿陛下思之。间闻界上将阎浮、赵楫欲归大化，唱和不速，以取破亡。今臣款款，远授其命，若

其三说：“从前许子远离开袁绍而投奔曹操，他的计策谋略，得到曹操的采纳接受。终于击破袁绍的军队，奠定了曹氏基业。假使曹操不相信许子远，心怀疑虑犹豫，做不出正确的决断，那么现在的天下就是袁氏所有了。希望陛下考虑这件事。近来听说边境上的将领阎浮、赵楫想要归降吴国，因联络呼应不及时，以致失败。现在我真心诚意，远隔千山万水把身家性命托付给您，如果还要怀疑，不及时

复怀疑，不时举动，令臣孤绝，受此厚祸，即恐天下雄夫烈士欲立功者，不敢复托命陛下矣。愿陛下思之。皇天后土，实闻其言。”此文既流行，而质已入为侍中矣。

二年，青州人隐蕃归吴，上书曰：“臣闻纣为无道，微子先出；高祖宽明，陈平先入。臣年二十二，委弃封域，归命有道，赖蒙天灵，得自全致。臣至止有日，而主者同之降人，未见精别，使臣微言妙旨，不得上达。于邑三叹，曷惟其已。谨诣阙拜章，乞蒙引见。”权即召入。蕃谢答问，及陈时务，甚有辞观。综时侍坐，权问何如，综对曰：“蕃上书，大语有似东方朔，巧捷诡辩有似祢衡，而才皆不及。”权又问可堪何官，综对曰：“未可以治民，且试以都辇小职。”权以蕃盛论刑狱，用为廷尉监。左将军朱据、廷尉郝普称蕃有王佐之才，普尤与之亲善，常怨叹其屈。后蕃谋叛，事觉伏诛，[③]普见责自杀。据禁止，历时乃解。拜综偏将军，兼左执法，领辞讼。辽东之事，辅吴将军张昭以谏权言辞切至，权亦大怒，其和协彼此，使之无隙，综有力焉。

性嗜酒，酒后欢呼极意，或推引杯觞，搏击左右。权爱其才，弗之责也。

凡自权统事，诸文诰策命，邻国书符，略皆综之所造

发兵，使我孤立无援，遭受大祸，那么恐怕天下英雄志士中想要建立功业的人，不敢再把性命托付给陛下了。请陛下考虑。天地神灵，的确听到我的心声了。”这些文告流传开来以后，吴质已经入朝担任侍中了。

黄龙二年，青州人隐蕃归顺吴国，呈上书文说：“我听说商纣王是个无道的暴君，微子最先离他出走；汉高祖宽仁贤明，陈平率先投奔。我二十二岁，放弃领地，来投靠德义之君，幸赖天地神灵，能够使自身安全地到来。我来到吴国已有一段日子了，但主管归顺者的官员将我等同于一般的归顺者，没有区别，致使我深刻阐述政务的见解，不能往上传达。呜呼叹息，何日才是尽头！谨此前来皇宫拜见并呈递奏章，请求蒙恩召引见。”孙权即刻召隐蕃入见。隐蕃致谢并回答孙权提出的问题，趁机陈述政见，很有文采风度。胡综当时陪从在座，孙权问他有何看法，胡综答道：“隐蕃所呈书文，言辞夸饰有些像东方朔，乖巧敏捷善于诡辩有些像祢衡，才智却赶不上这两个人。”孙权又问可以胜任什么官，胡综回答道：“不能让他治理民众，暂且试着给他在京都安置个小职务。”孙权因为隐蕃大谈刑狱，任命他为廷尉监。左将军朱据、廷尉郝普称赞隐蕃具备辅佐帝王的才干，郝普尤其与他亲近友善，常常埋怨叹息隐蕃受了委屈。后来隐蕃图谋反叛，事情被察觉后被处死，郝普被责问而自杀。朱据被拘禁，过了一段时日才开释。孙权任命胡综为偏将军，兼任左执法，主管诉讼。为了辽东的事，辅吴将军张昭因为劝谏孙权时言辞深切激越，孙权也非常愤怒了，那次调解君臣矛盾，使得二人没存仇怨，胡综是最得力的人。

胡综生性特别喜欢喝酒，酒后狂呼放纵，有时举杯碰盏，抓打周围的人。孙权爱惜他的才干，并不责怪他。

总之自从孙权掌管国政以来，各种文告诏令，与邻国交往的外交文书，大多是胡综拟定的。当初

也。初以内外多事，特立科，长吏遭丧，皆不得去，而数有犯者。权患之，使朝臣下议。综议以为宜定科文，示以大辟，行之一人，其后必绝。遂用综言，由是奔丧乃断。

因为内外事务繁多，特地制定了法则，各县主管官员遭遇丧事，一律不能离开职守，然而屡次有违纪的人。孙权对此很担忧，让朝中大臣商议对策。胡综提议，认为应当定出惩处细则，宣告违者处以死刑，只要按规章在一个人身上实施一次，此后必定可以杜绝。孙权采纳了胡综的提议，从此违纪奔丧的人没有了。

赤乌六年卒，子冲嗣。冲平和有文干，天纪中为中书令。④

赤乌六年胡综去世，他的儿子胡冲继承爵位。胡冲性格文静、温和而文才，天纪年间担任中书令。

徐详者字子明，吴郡乌程人也，先综死。

徐详字子明，吴郡乌程县人。比胡综先去世。

评曰：是仪、徐详、胡综，皆孙权之时干兴事业者也。仪清恪贞素，详数通使命，综文采才用，各见信任，辟之广夏，其榱椽之佐乎！

评论说：是仪、徐详、胡综，都是孙权时代参与创立吴国帝业的功臣。是仪俭朴谨慎，坚贞如一，徐详屡次完成外交使命，胡综有文采才干，都得到信任，将天下比喻为大屋，他们都是椽木那样的辅佐之才啊！

---

①徐众《评》曰：古之建姓，或以所生，或以官号，或以祖名，皆有义体，以明氏族。故曰胙之以土而命之氏，此先王之典也，所以明本重始，彰示功德，子孙不忘也。今离文析字，横生忌讳，使仪易姓，忘本诬祖，不亦谬哉！教人易姓，从人改族，融既失之，仪又不得也。

②徐众《评》曰：是仪以羁旅异方，客仕吴朝，值谗邪殄行，当严毅之威，命县漏刻，祸急危机，不雷同以害人，不苟免以伤义，可谓忠勇公正之士，虽祁奚之免叔向，庆忌之济朱云，何以尚之？忠不谄君，勇不慑耸，公不存私，正不党邪，资此四德，加之以文敏，崇之以谦约，履之以和顺，保傅二宫，存身爱名，不亦宜乎！

③《吴录》曰：蕃有口才，魏明帝使诈叛如吴，令求作廷尉职，重案大臣以离间之。既为廷尉监，众人以据、普与蕃亲善，常车马云集，宾客盈堂。及至事觉，蕃亡走，捕得，考问党与，蕃无所言。吴主使将入，谓曰："何乃以肌肉为人受毒乎？"蕃曰："孙君，丈夫图事，岂有无伴！烈士死，不足相牵耳。"遂闭口而死。

《吴历》曰：权问普："卿前盛称蕃，又为之怨望朝廷，使蕃反叛，皆卿之由。"

④《吴录》曰：冲后仕晋尚书郎、吴郡太守。

三国志卷六十三　吴书十八

吴范刘惇赵达传第十八

吴范字文则，会稽上虞人也。以治历数，知风气，闻于郡中。举有道，诣京都，世乱不行。会孙权起于东南，范委身服事，每有灾祥，辄推数言状，其术多效，遂以显名。

吴范字文则，是会稽郡上虞县人。因为擅长推算历法、天象，预测阴阳，在郡中闻名。被推举为有道术技艺的人，保他去京城，因世道动乱而未去成。正碰上孙权在东南起兵，吴范投靠孙权并为他效力，每有灾难、吉兆的变异，就推演术数说明情状，他的推算多次应验，于是以此而名声显耀。

初，权在吴，欲讨黄祖，范曰："今兹少利，不如明年。明年戊子，荆州刘表亦身死国亡。"权遂征祖，卒不能克。明年，军出，行及寻阳，范见风气，因诣船贺，催兵急行，至即破祖，祖得夜亡。权恐失之，范曰："未远，必生禽祖。"至五更中，果得之。刘表竟死，荆州分割。

当初，孙权在吴郡，想要讨伐黄祖，吴范说："今年出师不太吉利，不如等到明年。明年是戊子年，荆州的刘表也会身死国亡。"孙权竟还是出征讨伐黄祖，终究没有能取胜。第二年，军队出征，行到寻阳，吴范测得阴阳变化所显示的预兆，于是来到战船上向孙权祝贺，催促军队快速行动，到达后很快就打败了黄祖，黄祖连夜逃跑。孙权担心黄祖逃脱，吴范说："不会逃多远，一定会活捉黄祖的。"待到临近拂晓时，果然擒获黄祖。刘表也终于病死，荆州被分割。

及壬辰岁，范又白言："岁在甲午，刘备当得益州。"后吕岱从蜀还，遇之白帝，说备部众离落，死亡且半，事必不克。权以难范，范曰："臣所言者天道也，而岱所见者人事耳。"备卒得蜀。

到了壬辰年，吴范又报告孙权说："甲午年，刘备将夺得益州。"后来吕岱从蜀国返回，在白帝城遇到刘备，回来后说刘备的军队离散了，死去的、逃跑的将近半数，获取益州肯定不能成功。孙权拿这件事诘难吴范，吴范说："臣所讲的是天意，而吕岱所看到的不过是人事而已。"刘备最终还是占据了蜀地。

权与吕蒙谋袭关羽，议之近臣，多曰不可。权以问范，范曰："得之。"后羽在麦城，使使请降。权问范曰："竟当降否？"范曰："彼有走气，言降诈耳。"权使潘璋邀其径路，觇候者

孙权和吕蒙谋划袭击关羽，并与亲近的大臣们商讨这件事，多数人认为不行。孙权拿这事问吴范，吴范说："此举能擒获关羽。"后来关羽战败在麦城，派使者前来请求投降。孙权问吴范说："关羽终究会投降吗？"吴范说："他有要逃跑的迹象，说投降是骗人的。"孙权派潘璋在小道上拦截关羽，侦察兵返回

还，白羽已去。范曰："虽去不免。"问其期，曰："明日日中。"权立表下漏以待之。及中不至，权问其故，范曰："时尚未正中也。"顷之，有风动帷，范拊手曰："羽至矣。"须臾，外称万岁，传言得羽。

后报告说关羽已经离去了。吴范说："尽管关羽逃跑了，仍免不了被擒获。"问他日期，说："明天正午。"孙权竖起测日的标杆，摆好计时的漏壶等候着。到了日头当中的时候，还不见关羽被擒来，孙权问吴范是什么原因，吴范说："此刻还没有到正午呢。"一会儿，一阵风吹动帷帐，吴范拍着手说道："关羽来了。"片刻间，军营外高呼万岁，传过话来说擒获了关羽。

后权与魏为好，范曰："以风气言之，彼以貌来，其实有谋，宜为之备。"刘备盛兵西陵，范曰："后当和亲。"终皆如言。其占验明审如此。

后来，孙权与曹魏缔结友好盟约，吴范说："根据测算的预兆来说，曹氏表面上来与我们结交，实际上是暗藏阴谋的，应当防备着。"刘备重兵驻扎在西陵，吴范说："以后一定会和睦相亲。"他说的话，最终都一一应验了。他的占测验证就像这样明验精确。

权以范为骑都尉，领太史令，数从访问，欲知其决。范秘惜其术，不以至要语权。权由是恨之。①

孙权任命吴范担任骑都尉，兼任太史令，多次向他屈尊请教，想要得知他测算的秘诀。吴范珍惜自己的法术不愿透露，不把最为重要的部分告诉孙权。孙权因此而记恨他。

初，权为将军时，范尝白言江南有王气，亥子之间有大福庆。权曰："若终如言，以君为侯。"及立为吴王，范时侍宴，曰："昔在吴中，尝言此事，大王识之邪？"权曰："有之。"因呼左右，以侯绶带范。范知权欲以厌当前言，辄手推不受。及后论功行封，以范为都亭侯。诏临当出，权恚其爱道于己也，削除其名。

当初，孙权还是将军的时候，吴范曾经报告孙权说，江南有帝王云象，在己亥年到庚子年之间，将会出现帝王。孙权说："如果最终真如你所说的那样，我一定封你为侯。"待到孙权就位为吴王，吴范当时陪同宴饮，说："从前在吴郡时，我曾经预言这事，大王还记得那番话吗？"孙权说："有这回事。"于是招呼随从人员，将拴侯爵官印的绶带给吴范佩带。吴范心里知道孙权是想用这种方法搪塞从前的许诺，就伸手推让不接受。待到此后论功封赏爵位，准备封吴范为都亭侯。诏令快要宣布时，孙权怀恨吴范对自己吝惜道术，删除了封给他的侯爵之名。

范为人刚直，颇好自称，然与亲故交接有终始。素与魏滕同邑相善。滕尝有罪，权责怒甚严，敢有谏者死，范谓滕曰："与汝偕死。"滕曰："死而无益，何用死为？"范曰："安能虑此，坐观汝邪？"乃髡头自缚

吴范生性刚直，很喜欢自夸，然而与亲人、老朋友结交能做到始终如一。他素来和同乡魏滕友好。魏滕曾经犯罪，孙权发怒斥责很严厉，扬言谁敢劝谏就处死谁，吴范对魏滕说："我陪你一起去死。"魏滕说："你死了对我却没有益处，何必去送死呢？"吴范说："哪里能考虑这些，难道我坐着看你去死吗？"于是先对自己施剃发之刑，捆缚自己来到宫门前，

诣门下,使铃下以闻。铃下不敢,曰:“必死,不敢白。”范曰:“汝有子邪?”曰:“有。”曰:“使汝为吴范死,子以属我。”铃下曰:“诺。”乃排阁入。言未卒,权大怒,欲便投以戟。逡巡走出,范因突入,叩头流血,言与涕并。良久,权意释,乃免滕。滕见范谢曰:“父母能生长我,不能免我于死。丈夫相知,如汝足矣,何用多为!”②

让铃下通报。铃下不敢,说:“一定是送死,不敢进去报告。”吴范问:“你有子女吗?”铃下答道:“有。”吴范说:“假使你因为我吴范而死了,把你的子女托付给我。”铃下说:“那行。”于是打开小门进了宫中。通报的话还没有讲完,孙权大发脾气,想马上投掷钢戟刺杀铃下。铃下飞快地逃出来,吴范趁势闯进宫去,叩头流出血来,声泪交加。过了很久,孙权怒气消退了,才免去魏滕的死罪。魏滕拜见吴范答谢说:“父母能生育、抚养我,不能免除我的死罪。大丈夫交知心朋友像你这样有一个就足够了,何必多交!”

黄武五年,范病卒。长子先死,少子尚幼,于是业绝。权追思之,募三州有能举知术数如吴范、赵达者,封千户侯,卒无所得。③

黄武五年,吴范病逝。大儿子比吴范先死去,小儿子还年幼,因此他的道术失传了。孙权回想他以前的种种好处,在荆州、扬州、交州招募像吴范、赵达这样能够通晓术数的人,许愿封他们为千户侯,终究没有找到。

刘惇字子仁,平原人也。遭乱避地,客游庐陵,事孙辅。以明天官达占数显于南土。每有水旱寇贼,皆先时处期,无不中者。辅异焉,以为军师,军中咸敬事之,号曰神明。

刘惇字子仁,是平原郡人。遭逢战乱离开故乡,漂泊来到庐陵,侍奉孙辅。他因为精通天象、术数而闻名于江南。每当将要发生洪水旱灾或有战乱盗匪侵扰,都能预先测算准确日期,没有算不灵验的。孙辅惊奇于他的神算,封他为军师,军中都尊重他,称他为“神明”。

建安中,孙权在豫章,时有星变,以问惇,惇曰:“灾在丹杨。”权曰:“何如?”曰:“客胜主人,到某日当得问。”是时边鸿作乱,卒如惇言。

建安年间,孙权在豫章,当时发觉星象变异,孙权就这件事去向刘惇请教,刘惇说:“会有灾祸发生在丹杨。”孙权问:“结果怎样?”刘惇答道:“客胜过主人,到某一天会有消息的。”当时边鸿叛乱,杀死了主子孙翊,最终正如刘惇说的那样。

惇于诸术皆善,尤明太乙,皆能推演其事,穷尽要妙,著书百余篇,名儒刁玄称以为奇。惇亦宝爱其术,不以告人,故世莫得而明也。

刘惇对于各种道术都很擅长,尤其通晓星象学,有关这一方面的事都能推测演绎出其本相,阐明要领奥秘,著书一百多篇,著名的儒士刁玄称赞这些著作,认为他见解奇妙。刘惇也珍惜自己的术数,不把它告诉别人,因此世上没有谁能知晓他的秘诀。

赵达,河南人也。少从汉侍中单甫受学,用思精密,谓东南有王者气,可以避难,故

赵达,河南郡人。年少时跟随汉侍中单甫求学,思维精细周密,认为东南方有帝王天象,能依靠那里避难,因此自己独身渡江南下。钻研学习九宫一

脱身渡江。治九宫一算之术，究其微旨，是以能应机立成，对问若神，至计飞蝗，射隐伏，无不中效。或难达曰："飞者固不可校，谁知其然？此殆妄耳。"达使其人取小豆数斗，播之席上，立处其数，验覆果信。尝过知故，知故为之具食。食毕，谓曰："仓卒乏酒，又无嘉肴，无以叙意，如何？"达因取盘中只箸，再三从横之，乃言："卿东壁下有美酒一斛，又有鹿肉三斤，何以辞无？"时坐有他宾，内得主人情，主人惭曰："以卿善射有无，欲相试耳，竟效如此。"遂出酒酣饮。又有书简上作千万数，著空仓中封之，令达算之。达处如数，云："但有名无实。"其精微若是。

算术数，探求出其中微妙深奥的旨意，因此能够随时飞快地计算出疑难的问题来，对答如流。甚至计算飞蝗的多少，猜出隐藏的物品，也没有一次不应验的。有人刁难赵达说："飞动之物本来就是无法计算的，谁能知道它的具体数目呢？这差不多就是胡说八道。"赵达叫那人取来好几斗小豆，播撒在坐席上，立刻断定出小豆的粒数，再次检验，果真不错。他曾经去拜访老朋友，老朋友为他备办了饭菜。吃完后，对他说："太匆忙了，又少了酒，又没有好菜，没有什么东西用来表达我的情意，怎么好呢？"赵达顺手在餐盘中取来一根筷子，反复地纵横测算后，就说："您的东墙下藏有美酒一斛，还有鹿肉三斤，为什么要推说没有呢？"当时在座的还有其他来客，了解主人的用意。主人惭愧地说："因为您擅长推算隐蔽处到底有无实物，想试一试您罢了，居然如此灵验。"于是就搬出美酒来畅饮。又有一次，别人在书函上写好上千万的数目，然后放在空仓库中封闭好，让赵达来测算。赵达推断的数目正好相符，并说："只不过有名无实。"他的测算精确、细微到这般程度。

达宝惜其术，自阚泽、殷礼皆名儒善士，亲屈节就学，达秘而不告。太史丞公孙滕少师事达，勤苦累年，达许教之者有年数矣，临当喻语而辄复止。滕他日赍酒具，候颜色，拜跪而请，达曰："吾先人得此术，欲图为帝王师，至仕来三世，不过太史郎，诚不欲复传之。且此术微妙，头乘尾除，一算之法，父子不相语。然以子笃好不倦，今真以相授矣。"饮酒数行，达起取素书两卷，大如手指，达曰："当写读此，则自解也。吾久废，不复省之，今欲思论一过，数日当以相与。"

赵达看重、珍惜自己的法术，即使是阚泽、殷礼那样有名望的贤良儒士，都亲自谦恭地前来求学，赵达也深守秘密而不教他们。太史丞公孙滕年少时拜赵达为师，长年勤劳刻苦，赵达答应教给他术数已有多年了，每到准备讲出时，总是又止住了。有一天，公孙滕送来了好酒佳肴，察言观色，跪地叩拜求教，赵达说："我的祖先获得这套法术，是要谋求担当帝王之师的，做官以来经历了三代人，才不过是太史郎一类的小官，的确是不愿意再传授下去了。而且这套法术精微深奥，需要首尾相乘除，是独一无二的算法，父子之间都是不相传的。然而因为你真诚好学，孜孜不倦，现在诚心传授给你吧。"饮酒数杯后，赵达起身取来两卷写在白绢上的书文，每卷有手指头一般粗，赵达说："这些需要抄写，通读，就自然会理解了。我长时期未研究它了，一时不能解说清楚，现在需要思考推理一遍，几天后一定传

滕如期往，至乃阳求索书，惊言失之，云："女婿昨来，必是渠所窃。"遂从此绝。

初，孙权行师征伐，每令达有所推步，皆如其言。权问其法，达终不语，由此见薄，禄位不至。④

达常笑谓诸星气风术者曰："当回算帷幕，不出户牖以知天道，而反昼夜暴露以望气祥，不亦难乎！"闲居无为，引算自校，乃叹曰："吾算讫尽某年月日，其终矣。"达妻数见达效，闻而哭泣。达欲弭妻意，乃更步算，言："向者谬误耳，尚未也。"后如期死。权闻达有书，求之不得，乃录问其女，及发棺无所得，法术绝焉。⑤

评曰：三子各于其术精矣，其用思妙矣，然君子等役心神，宜于大者远者，是以有识之士，舍彼而取此也。⑥

授给你。"公孙滕按时前来，他来后赵达假装找书，接着吃惊地说书丢失了，说："女婿昨天来过，一定是他偷去了。"于是从此失传。

当初，孙权出师征讨，每次都让赵达推测天意，揣度人事，结果每次都应验了他的话。孙权询问他的法术，赵达始终不说出真相来，因此被冷遇，没有得到高官厚禄。

赵达时常笑着对各位星象术数先生说："应该回到室内测算，不出门就能够通晓自然的规律；如今却是白天黑夜地站立在野外观测吉凶天象，不是太难为自己了吗！"闲居无事，推引测算自己。他叹息道："我的术数将在某年某月某日消失，大概是要死去了啊。"赵达的妻子多次看到赵达预测灵验，听了他的话以后痛哭。赵达想要制止妻子的悲伤，于是改换方式测算，说："刚才的预测是错误的，死的那天还没有到呢。"后来仍然如预期的时日死去。孙权听说赵达有专门记载法术的书，寻找了很久，也未找到，就对他的女儿审查询问，甚至打开棺材，都没有找到，赵达的法术从此失传了。

评论说：这三个人对各自的法术算是精通的了，他们的用心也算是精深奥妙的了，然而君子同样是运用心思，应该着眼于大处远处，因此有识之士，舍弃了上述三人的做法，而采取后者。

---

①《吴录》曰：范独心计，所以见重者术，术亡则身弃矣，故终不言。

②《会稽典录》曰：滕字周林，祖父河内太守朗，字少英，列在八俊。滕性刚直，行不苟合，虽遭困逼，终不回挠。初亦迕策，几殆，赖太妃救得免，语见《妃嫔传》。历历阳、鄱阳、山阴三县令，鄱阳太守。

③《吴录》曰：范先知其死日，谓权曰："陛下某日当丧军师。"权曰："吾无军师，焉得丧之？"范曰："陛下出军临敌，须臣言而后行，臣乃陛下之军师也。"至其日果卒。

臣松之案，范死时，权未称帝，此云陛下，非也。

④《吴书》曰：初，权即尊号，令达算作天子之后，当复几年。达曰："高祖建元十二年，陛下倍之。"权大喜，左右称万岁。果如达言。

⑤《吴录》曰：皇象字休明，广陵江都人。幼工书。时有张子并、陈梁甫能书。甫恨逋，并恨峻，象斟酌其间，甚得其妙，中国善书者不能及也。严武字子卿，卫尉畯再从子也，围棋莫与为辈。宋寿占梦，十不失一。曹不兴善画，权使画屏风，误落笔点素，因就以作蝇。既进御，权以为生蝇，举手弹之。孤城郑妪能相人，及范、惇、达八人，世皆称妙，谓之八绝云。

《晋阳秋》曰：吴有葛衡字思真，明达天官，能为机巧，作浑天，使地居于中，以机动之，天转而地止，以上应晷度。

⑥孙盛曰：夫玄览未然，逆鉴来事，虽裨灶、梓慎其犹病诸，况术之下此者乎？《吴史》书达知东南当有王气，故轻举济江。魏承汉绪，受命中畿，达不能豫睹兆萌，而流窜吴越。又不知吝术之鄙，见薄于时，安在其能逆睹天道而审帝王之符瑞哉？昔圣王观天地之文，以画八卦之象，故亹亹成于蓍策，变化形乎六爻，是以三《易》虽殊，卦繇理一，安有回转一筹，可以钩深测隐，意对逆占，而能遂知来物者乎？流俗好异，妄设神奇，不幸之中，仲尼所弃，是以君子志其大者，无所取诸。

臣松之以为盛云"君子志其大者，无所取诸"，故评家之旨，非新声也。其余所讥，则皆为非理。自中原酷乱，至于建安，数十年间，生民殆尽，比至小康，皆百死之余耳。江左虽有兵革，不能如中国之甚也，焉知达不算其安危，知祸有多少，利在东南，以全其身乎？而责不知魏氏将兴，流播吴越，在京房之筹，犹不能自免刑戮，况达但以秘术见薄，在悔吝之间乎！古之道术，盖非一方，探赜之功，岂惟六爻，苟得其要，则可以易而知之矣，回转一筹，胡足怪哉？达之推算，穷其要妙以知幽测隐，何愧于古！而以裨、梓限之，谓达为妄，非笃论也。

《抱朴子》曰：时有葛仙公者，每饮酒醉，常入人家门前陂水中卧，竟日乃出。曾从吴主别，到洌州，还遇大风，百官船多没，仙公船亦沉沦，吴主甚怅恨。明日使人钩求公船，而登高以望焉。久之，见公步从水上来，衣履不沾，而有酒色。既见而言曰："臣昨侍从而伍子胥见请，暂过设酒，忽忽不得，即委之。"又有姚光者，有火术。吴主身临试之，积荻数千束，使光坐其上，又以数千束荻裹之，因猛风而燔之。荻了尽，谓光当以化为烬，而光端坐灰中，振衣而起，把一卷书。吴主取其书视之，不能解也。

又曰：吴景帝有疾，求觋视者，得一人。景帝欲试之，乃杀鹅而埋于苑中，架小屋，施床几，以妇人屐履服物著其上，乃使觋视之。告曰："若能说此冢中鬼妇人形状者，当加赏而即信矣。"竟日尽夕无言，帝推问之急，乃曰："实不见有鬼，但见一头白鹅立墓上，所以不即白之，疑是鬼神变化作此相，当候其真形。而定无复移易，不知何故，不敢不以实上闻。"景帝乃厚赐之。然则鹅死亦有鬼也。

葛洪《神仙传》曰：仙人介象，字元则，会稽人，有诸方术。吴主闻之，征象到武昌，甚敬贵之，称为介君，为起宅，以御帐给之，赐遗前后累千金，从象学蔽形之术。试还后宫，及出殿门，莫有见者。又使象作变化，种瓜菜百果，皆立生可食。吴主共论鲙鱼何者最美，象曰："鲻鱼为上。"吴主曰："论近道鱼耳，此出海中，安可得邪？"象曰："可得耳。"乃令人于殿庭中作方坎，汲水满之，并求钩。象起饵之，垂纶于坎中。须臾，果得鲻鱼。吴主惊喜，问象曰："可食不？"象曰："故为陛下取以作生鲙，安敢取不可食之物！"乃使厨下切之。吴主曰："闻蜀使来，得蜀姜作齑甚好，恨尔时无此。"象曰："蜀姜岂不易得，愿差所使者，并付直。"吴主指左右一人，以钱五十付之。象书一符，以著青竹杖中，使行人闭目骑杖，杖止，便买姜讫，复闭目。此人承其言骑杖，须臾止，已至成都，不知是何处，问人，人言是蜀市中，乃买姜。于时吴使张温先在蜀，既于市中相识，甚惊，便作书寄其家。此人买姜毕，捉书负姜，骑杖闭目，须臾已还到吴，厨下切鲙适了。

臣松之以为葛洪所记，近为惑众，其书文颇行世，故撮取数事，载之篇末也。神仙之术，讵可测量，臣之臆断，以为惑众，所谓夏虫不知冷冰耳。

三国志卷六十四　吴书十九

诸葛滕二孙濮阳传第十九

诸葛恪字元逊，瑾长子也。少知名。①弱冠拜骑都尉，与顾谭、张休等侍太子登讲论道艺，并为宾友。从中庶子转为左辅都尉。

恪父瑾面长似驴，孙权大会群臣，使人牵一驴入，长检其面，题曰诸葛子瑜。恪跪曰："乞请笔益两字。"因听与笔。恪续其下曰"之驴"。举坐欢笑，乃以驴赐恪。他日复见，权问恪曰："卿父与叔父孰贤？"对曰："臣父为优。"权问其故，对曰："臣父知所事，叔父不知，以是为优。"权又大噱。命恪行酒，至张昭前，昭先有酒色，不肯饮，曰："此非养老之礼也。"权曰："卿其能令张公辞屈，乃当饮之耳。"恪难昭曰："昔师尚父九十，秉旄仗钺，犹未告老也。今军旅之事，将军在后，酒食之事，将军在先，何谓不养老也？"昭卒无辞，遂为尽爵。后蜀使至，群臣并会，权谓使曰："此诸葛恪雅好骑乘，还告丞相，为致好马。"恪因下谢，权曰："马未至而谢何也？"恪对曰："夫蜀者陛下之外厩，今有恩诏，马必

诸葛恪字元逊，是诸葛瑾的长子。少年时代就很有名。二十岁时被任为骑都尉，同顾谭、张休等人一道侍奉太子孙登研讨文化和学术，都成为太子以宾礼相待的朋友。后来他由中庶子升任为左辅都尉。

诸葛恪的父亲诸葛瑾脸长如驴面，一次孙权在群臣聚会时，叫人牵来一头驴，在驴脸上粘着一张长长的标签，上面写着"诸葛子瑜"。诸葛恪下跪说："乞请让我用笔增写两个字。"孙权允诺，并给了他一支笔。诸葛恪接着在下面写道"之驴"。满座的人欢笑，孙权就将驴赏给了诸葛恪。又有一天相见，孙权问诸葛恪说："你父亲与你叔父哪个贤明些？"诸葛恪回答说："我的父亲贤明些。"孙权问其中的缘故，他回答说："我的父亲懂得应该选择明主，叔父不懂，凭这一点就知道我父亲贤明些。"孙权又大笑。命令诸葛恪负责斟酒劝饮，他劝到张昭面前，张昭已有酒意，不肯喝了，说："这不是奉养老人应有的礼节。"孙权说："你若是能使张公无言辩解，他就会喝下这杯酒。"诸葛恪驳难张昭说："从前姜太公九十岁了，领军出征，还没有说年老。如今军队出征打仗，请您在后，喝酒赴宴，请您居前，怎能说是不符合奉养老人的礼节呢？"张昭终于没有话回答，于是饮尽一杯酒。后来蜀国有使者到来，群臣一起相见，孙权对使者说："这位诸葛恪特别喜欢骑马，回国后转告你们丞相，替他弄些好马来。"诸葛恪于是下跪道谢，孙权问："马还没有到手就道谢是为什么呢？"诸葛恪答道："蜀国嘛，不过是陛下在外面圈养马的处所，如今下达恩诏，马就一定会送来的，哪儿

至也，安敢不谢？”恪之才捷，皆此类也。[②]权甚异之，欲试以事，令守节度。节度掌军粮谷，文书繁猥，非其好也。[③]

敢不道谢呢？”诸葛恪的才思敏捷，都是像这样的。孙权感到很惊异，想用政务来检验他，让他代理节度，节度主管军队粮草，公文繁杂琐细，这些不是诸葛恪喜欢的。

恪以丹杨山险，民多果劲，虽前发兵，徒得外县平民而已，其余深远，莫能禽尽，屡自求乞为官出之，三年可得甲士四万。众议咸以丹杨地势险阻，与吴郡、会稽、新都、鄱阳四郡邻接，周旋数千里，山谷万重，其幽邃民人，未尝入城邑，对长吏，皆仗兵野逸，白首于林莽。逋亡宿恶，咸共逃窜。山出铜铁，自铸甲兵。俗好武习战，高尚气力，其升山赴险，抵突丛棘，若鱼之走渊，猨狖之腾木也。时观间隙，出为寇盗，每致兵征伐，寻其窟藏。其战则蜂至，败则鸟窜，自前世以来，不能羁也。皆以为难。恪父瑾闻之，亦以事终不逮，叹曰：“恪不大兴吾家，将大赤吾族也。”恪盛陈其必捷。权拜恪抚越将军，领丹杨太守，授棨戟武骑三百。拜毕，命恪备威仪，作鼓吹，导引归家，时年三十二。

诸葛恪认为丹杨郡山地形势险峻，民众大多性格刚直而强悍，虽然以前发兵征服，只不过俘获了一些散居在边缘县中的普通百姓而已，其余居住在深远山野的，没有能够全捕捉，于是多次自己请求替朝廷把他们迁徙出来，三年内可以获得兵员四万。大家议论都认为丹杨地势险恶阻塞不通，与吴郡、会稽、新都、鄱阳四郡相邻接壤，方圆数千里，山谷重叠，那些居住深远山野中的民众，从来没有进过城镇，没有面见过政府官吏，他们个个都手执武器、粗野放肆，到老都生活在深山野林中。那些逃犯惯恶，都一齐逃窜到那里。山中出产铜铁，可以自己铸造盔甲兵器。民俗爱好武功熟悉打仗，崇尚勇武和力量，他们登山历险，穿越于丛林荆棘之中，好比鱼游于深渊，猿猴跳跃于树枝一般轻捷自如。时常瞅准空隙，出来侵扰掠夺，每次招致官兵征伐，寻找他们藏身的洞穴。他们打仗时就蜂拥而上，战败了就像鸟一样四散逃窜，自从前代以来，就管束不住他们。都认为难以制服。诸葛恪的父亲诸葛瑾知道了这件事，也认为此事终将做不到，叹气说：“诸葛恪不仅不能使我们家族兴盛，反而还将要使我们家族招来灭门之祸啊。”诸葛恪极力陈述说这事一定成功。孙权封诸葛恪为抚越将军，兼任丹杨郡太守，授给执棨戟的仪仗队骑兵三百名。授官仪式之后，让诸葛恪备起仪仗队，奏起鼓吹乐曲，前呼后拥回到家来，这年诸葛恪三十二岁。

恪到府，乃移书四郡属城长吏，令各保其疆界，明立部伍，其从化平民，悉令屯居。乃分内诸将，罗兵幽阻，但缮藩篱，不与交锋，候其谷稼将熟，辄纵兵芟刈，使无遗种。旧谷

诸葛恪到达丹杨太守府，就发送公文给相邻四郡及所属各县的负责官员，指令各自保护好辖区的疆界，部署好军队，那些顺从归化的老百姓，全部使他们聚居在一起。又分别安排众将领，将兵力布置在深险要害的地方，只修筑好防卫设施，不与对手交锋。等到他们种下的农作物即将成熟时，立即派出军队收割，连种子也不留下。原有的存粮已吃光，

既尽,新田不收,平民屯居,略无所入,于是山民饥穷,渐出降首。恪乃复敕下曰:“山民去恶从化,皆当抚慰,徙出外县,不得嫌疑,有所执拘。”臼阳长胡伉得降民周遗,遗旧恶民,困迫暂出,内图叛逆,伉缚送诸府。恪以伉违教,遂斩以徇,以状表上。民闻伉坐执人被戮,知官惟欲出之而已,于是老幼相携而出,岁期,人数皆如本规。恪自领万人,余分给诸将。

新种田地的谷物又收割到,山外的老百姓也聚居在一起,丝毫收入都弄不到,于是山民饥荒穷困,渐渐地出山归降。诸葛恪又下文告诫下属官吏说:“山民们抛除恶习、顺从归化的人,都应当给予抚慰,把他们从深山僻远的地方迁移到山外各县,不允许出现猜疑,甚至捉拿拘禁他们的行为。”臼阳县长胡伉收得归降的周遗,周遗原来就是个恶人,因生活困迫才暂时走出深山,内心仍然图谋叛逆,胡伉将他捆绑送到太守府。诸葛恪认为胡伉违反告诫,将他斩首,巡行示众,并陈述事由写表章上奏皇帝。山民们得知胡伉因捕捉降民而犯罪被杀,明白了官府只不过想要人们走出深山而已, 于是扶老携幼而出,满一年后, 得到的兵员人数完全符合他原先的设想。诸葛恪自已统领一万人,其余的分给众将统领。

权嘉其功,遣尚书仆射薛综劳军。综先移恪等曰:“山越恃阻,不宾历世,缓则首鼠,急则狼顾。皇帝赫然,命将西征,神策内授,武师外震。兵不染锷,甲不沾汗。元恶既枭,种党归义,荡涤山薮,献戎十万。野无遗寇,邑罔残奸。既埽凶慝,又充军用。藜蓁稂莠,化为善草。魑魅魍魉,更成虎士。虽实国家威灵之所加,亦信元帅临履之所致也。虽《诗》美执讯,《易》嘉折首,周之方、召,汉之卫、霍,岂足以谈?功轶古人,勋超前世。主上欢然,遥用叹息。感《四牡》之遗典,思饮至之旧章。故遣中台近官,迎致犒赐,以旌茂功,以慰劬劳。”拜恪威北将军,封都乡侯。恪乞率众佃庐江皖口,因轻兵袭舒,掩得其民而还。复远遣斥候,观相径要,欲图寿春,权以

孙权嘉奖诸葛恪的功劳,派遣尚书仆射薛综慰劳军队。薛综先发送文书给诸葛恪等人说:“山越依仗险阻,不归顺王化已经有数代,宽容招抚就犹疑不决,出兵征伐就狼顾逃窜。如今皇帝声威盛大,命令将帅西征,在朝廷中授予神奇策略,军威震慑山野之外。兵器锋刃不沾血污,铠甲不被汗水染湿。首恶被诛悬头示众,党徒顺从归于德义,山泽荡涤无余,进献俘虏十万。山野不存遗寇,城镇不留奸贼。既扫除了凶残之徒,又充实了军备之用。各类不轨之徒,变为善良之人。形形色色的罪犯,成为勇猛之士。虽说实在是国家神威普照,也真正是因为元帅兢兢业业、谨慎行事所致。尽管《诗经》中有赞美审讯俘虏的篇章,《周易》里有嘉奖出征斩获敌首的爻词,周朝有方伯、召虎,汉代有卫青、霍去病,哪儿足以与今天相提并论?功勋盖过古人,伟绩超越前代。皇上十分高兴,远远地发出赞叹。感怀《四牡》诗留下的典范,思及古籍中关于征伐归来君臣宴饮的记载。因此派遣尚书省亲近官员,相迎致以慰劳,用以表彰盛大的军功,慰问将士的劳苦。”任命诸葛恪为威北将军,封他为都乡侯。诸葛恪请求率领部属在庐江皖口屯垦,凭借轻兵袭击舒地,偷袭俘获那里的民众后返回。又派出侦察兵深入敌境,察看道路

为不可。

赤乌中，魏司马宣王谋欲攻恪，权方发兵应之，望气者以为不利，于是徙恪屯于柴桑。与丞相陆逊书曰："杨敬叔传述清论，以为方今人物凋尽，守德业者不能复几，宜相左右，更为辅车，上熙国事，下相珍惜。又疾世俗好相谤毁，使已成之器，中有损累；将进之徒，意不欢笑。闻此喟然，诚独击节。愚以为君子不求备于一人，自孔氏门徒大数三千，其见异者七十二人，至于子张、子路、子贡等七十之徒，亚圣之德，然犹各有所短，师辟由喭，赐不受命，岂况下此而无所阙？且仲尼不以数子之不备而引以为友，不以人所短弃其所长也。加以当今取士，宜宽于往古，何者？时务从横，而善人单少，国家职司，常苦不充。苟令性不邪恶，志在陈力，便可奖就，骋其所任。若于小小宜适，私行不足，皆宜阔略，不足缕责。且士诚不可纤论苛克，苛克则彼贤圣犹将不全，况其出入者邪？故曰以道望人则难，以人望人则易，贤愚可知。自汉末以来，中国士大夫如许子将辈，所以更相谤讪，或至于祸，原其本起，非为大仇，惟坐克己不能尽如礼，而责人专以正义。夫己不如礼，则人不服。责人以正义，则人不堪。内不服其行，外不堪其

要塞，打算谋取寿春，孙权认为不可行。

赤乌年间，魏国司马懿图谋攻打诸葛恪，孙权正准备出兵接应，预测吉凶的人认为战事将会不利，于是调诸葛恪驻扎到柴桑。诸葛恪写信给丞相陆逊，说："杨敬叔转述您的高论，认为当今人才凋零，坚守道德事业的人已经没有几个，应当互相帮助，像唇齿相依一般，共同使国家事业兴隆，让大家相互珍重爱惜。另外憎恶世俗风气的人喜欢相互谤毁，使已经有所作为的人，中途受到损伤牵连；将要奋进的人，心中没有欢喜之乐。我听到这番高论叹息不已，确实要击节应和。我认为君子不对一个人求全责备，即使孔子有门徒大约三千人，其中出众的也只有七十二人。至于子张、子路、子贡等在七十二人之中号称有亚圣德行的人，也还各有不足，子张偏激，子路鲁莽，子贡学习不专一，何况低于他们的人怎么会没有缺陷呢？况且孔子并不因为这些门徒的不完美，而不与他们结为朋友，不因为别人有短处而抛弃他们的长处啊。加之当今择取人才，应该比古代宽容，为什么呢？政治局势复杂，而有才能的人稀少，国家各项职位，常常苦于没有人才去充任。如果本性并不邪恶，志在为国出力，就可以勉励信任，让他尽力施展才能。至于细小的行为规范方面，有些不足之处，都应该宽容，不值得一条一条地去全面细究。况且对于士人实在不可以细论苛求，如果苛求，即使那些贤圣也不是完美无缺，何况那些与贤圣有距离的人呢？所以说用理想的道德行为做标准来衡量人就难，用普通的人的标准来要求人就容易，如果这样，贤士愚人就可以看得清。自从汉代末年以来，中国的士大夫像许子将一类的人，之所以互相指责诽谤，有时造成大祸，推求其根源，并不是因为有大的仇怨，只因为不能完全做到用礼数约束自己，而专门以过分纯正的道德标准来要求别人罢了。自己不按礼规办事，别人就不服。用过于纯正的道德标准要求别人，那么别人就不堪承受。心中不服气于他的行为，又不能忍受他的苛责，相互之

责，则不得不相怨。相怨一生，则小人得容其间。得容其间，则三至之言，浸润之谮，纷错交至，虽使至明至亲者处之，犹难以自定，况已为隙，且未能明者乎？是故张、陈至于血刃，萧、朱不终其好，本由于此而已。夫不舍小过，纤微相责，久乃至于家户为怨，一国无复全行之士也。”恪知逊以此嫌己，故遂广其理而赞其旨也。会逊卒，恪迁大将军，假节，驻武昌，代逊领荆州事。

间就不能不产生仇恨。相互间的仇恨一旦形成，那么小人就有机会置身其间挑唆。小人置身其间挑唆，那么无中生有的谣言，无孔不入的坏话，就会纷繁错杂地交相到来，即使让最明察、最亲近的人面对这种情形，都难以判别是非，何况是已经存在仇恨，而且又不能够做到明察是非的人呢？因此张耳、陈余以至于拔刀拼杀，萧育、朱博也不能始终保持友谊，根本之处在于上述原因罢了。不宽容小的过失，抓住些细枝末节相互苛责，时间久了就会弄得家家户户相互仇恨，一国之内就不会有德行完美的人了啊。”诸葛恪内心知道陆逊因为听了谗言而猜疑自己，所以就发挥陆逊所讲的道理并赞颂他的主旨。恰巧陆逊去世了，诸葛恪升迁为大将军，被授予符节，驻守武昌，替代陆逊统领荆州军政。

久之，权不豫，而太子少，乃征恪以大将军领太子太傅，中书令孙弘领少傅。权疾困，召恪、弘及太常滕胤、将军吕据、侍中孙峻，属以后事。④

数年后，孙权生了重病，而太子年纪小，于是征召诸葛恪以大将军的身份兼任太子太傅，中书令孙弘兼任少傅。孙权病危，召见诸葛恪、孙弘及太常滕胤、将军吕据、侍中孙峻，嘱托后事。

翌日，权薨。弘素与恪不平，惧为恪所治，秘权死问，欲矫诏除恪。峻以告恪，恪请弘咨事，于坐中诛之，乃发丧制服。与弟公安督融书曰：“今月十六日乙未，大行皇帝委弃万国，群下大小，莫不伤悼。至吾父子兄弟，并受殊恩，非徒凡庸之隶，是以悲恸，肝心圮裂。皇太子以丁酉践尊号，哀喜交并，不知所措。吾身受顾命，辅相幼主，窃自揆度，才非博陆而受姬公负图之托，惧忝丞相辅汉之效，恐损先帝委付之明，是以忧惭惶惶，所虑万端。且民恶其上，动见瞻观，何时易哉？今以顽钝之姿，处保傅

第二天，孙权去世。孙弘向来与诸葛恪不和，害怕被诸葛恪整治，不公开孙权已死的音讯，想假传诏命除掉诸葛恪。孙峻将这一阴谋报告了诸葛恪，诸葛恪以请孙弘商议事务为由，在座中诛杀了孙弘，于是发丧并制定丧服。他给他的弟弟公安郡督诸葛融写信说：“本月一十六日乙未，大行皇帝舍弃天下，举国臣民，没有不伤悼的。至于我们父子兄弟，都受到特殊的大恩，不只是一般的臣民，因此悲恸至深，心肝欲裂。皇太子在丁酉日登帝位，悲喜交集，不知所措。我身受遗命，辅佐幼主，自己心中揣测，资质才能比不上博陆侯霍光却担负周公辅周成王般的重托，害怕辱没了叔父诸葛丞相辅蜀汉的榜样，唯恐有损先帝托付的英明，因此忧惧惭愧，心中惶惶不安，思考极多而纷繁。况且老百姓憎恶官吏，一举一动都被注视，哪个时刻能忽视呢？如今我以愚顽驽钝的资质，却身处太保太傅的高位，艰难很多而智慧很少，责任重大而计谋浅薄，谁可作为依

之位，艰多智寡，任重谋浅，谁为唇齿？近汉之世，燕、盖交遘，有上官之变，以身值此，何敢怡豫邪？又弟所在，与贼犬牙相错，当于今时整顿军具，率厉将士，警备过常，念出万死，无顾一生，以报朝廷，无忝尔先。又诸将备守各有境界，犹恐贼虏闻讳，恣睢寇窃。边邑诸曹，已别下约敕，所部督将，不得妄委所戍，径来奔赴。虽怀怆怛不忍之心，公义夺私，伯禽服戎，若苟违戾，非徒小故。以亲正疏，古人明戒也。”恪更拜太傅。于是罢视听，息校官，原逋责，除关税，事崇恩泽，众莫不悦。恪每出入，百姓延颈，思见其状。

初，权黄龙元年迁都建业，二年筑东兴堤遏湖水。后征淮南，败以内船，由是废不复修。恪以建兴元年十月会众于东兴，更作大堤，左右结山侠筑两城，各留千人，使全端、留略守之，引军而还。魏以吴军入其疆土，耻于受侮，命大将胡遵、诸葛诞等率众七万，欲攻围两坞，图坏堤遏。恪兴军四万，晨夜赴救。遵等敕其诸军作浮桥度，陈于堤上，分兵攻两城。城在高峻，不可卒拔。恪遣将军留赞、吕据、唐咨、丁奉为前部。时天寒雪，魏诸将会饮，见赞等兵少，而解置铠甲，不持矛戟。但兜鍪刀楯，倮身缘遏，大笑之，不即严

靠呢？近观汉代，燕王旦和鄂邑盖主相勾结，发生了上官父子等人图谋叛逆的事，我现在自身就处在这样的处境中，哪敢安逸啊？又，弟所处的地方，与敌人犬牙相错，应在这时整顿军备，督促将士，警惕防备不寻常的事情发生，想着虽有万死之险，也不能有一点顾惜自己的生命，用以报效朝廷，不要忝辱祖先。又，诸将守备，各有自己负责的疆界，还担心敌人获悉皇帝驾崩，会肆意侵扰。边防城镇的各个机构，已经另外下达了约束之令，所统领的将官，不得擅自离开防守地域，私自前来赴丧。虽怀着悲痛不忍的心情，国家公务必须放在私情之上，要像伯禽担负军务镇守边防那样，如果违背，就不只是小事了。要通过严格要求亲近的人来匡正关系疏远的人，这是古人明白告诫的。”诸葛恪重新拜为太傅。于是废除了对臣下的监察刺探，不再设校事官，免去拖欠的债务，除去关卡征收的税款，凡事都以施恩泽为主，人民没有不欢喜的。诸葛恪每次出入朝廷，老百姓都伸着脖子，想看看他的仪容。

当初，孙权在黄龙元年把国都迁到建业，黄龙二年，修筑了东兴堤遏制巢湖水势。后来出征淮南，失败后把战船停泊在湖中，因此废置了东兴堤，不再修整。诸葛恪在建兴元年十月在东兴聚集民众，重新修筑大堤，左右依傍山势筑起两个相望的城堡，每个城堡留一千人，命令全端、留略分别守卫，自己率军返回。魏国认为吴军侵入他们的疆土，为遭受欺侮而感到耻辱，就命令大将胡遵、诸葛诞等人统率军队七万人，想围攻两处城堡，企图毁掉堤防。诸葛恪发兵四万人，日夜兼程奔赴援救。胡遵等人命令部属架起浮桥过渡，布阵于东兴堤上，分兵力攻打两处城堡。城堡在地势高峻之处，难以一下子攻克。诸葛恪派遣将军留赞、吕据、唐咨、丁奉作为先头部队。当时天寒下雪，魏国众将聚在一起喝酒，看到留赞等人带的兵少，并且脱去铠甲，也不拿矛戟，仅仅载个头盔，拿着短刀盾牌，裸身攀登堤岸，就大声嘲笑他们，而不立即排布兵阵。吴国军队得

兵。兵得上，便鼓噪乱斫。魏军惊扰散走，争渡浮桥，桥坏绝，自投于水，更相蹈藉。乐安太守桓嘉等同时并没，死者数万。故叛将韩综为魏前军督，亦斩之。获车乘牛马驴骡各数千，资器山积，振旅而归。进封恪阳都侯，加荆扬州牧，督中外诸军事，赐金一百斤，马二百匹，缯布各万匹。

以冲上堤岸，就呐喊着挥刀乱砍。魏军惊慌扰乱而四散奔逃，争挤着抢渡浮桥，浮桥挤坏断裂，兵卒纷纷跳入水中，互相践踏。乐安太守桓嘉等人同时与众兵卒落水淹死，死去的有数万人。过去的叛将韩综当上了魏军前部督将，也被杀死。吴军缴获车辆、牛马、驴骡各数千，物资器械堆积如山，军威大振而归。皇上晋封诸葛恪为阳都侯，加授荆州、扬州州牧，总督内外诸军事务，赏赐金一百斤，马二百匹，丝绸、麻布各一万匹。

恪遂有轻敌之心，以十二月战克，明年春，复欲出军。⑤诸大臣以为数出罢劳，同辞谏恪，恪不听。中散大夫蒋延或以固争，扶出。

诸葛恪于是产生了轻敌之心，因为这次十二月战斗得胜，第二年春季，又想出征。众大臣认为频繁出征，军众疲劳，都劝谏诸葛恪，诸葛恪不听从。中散大夫蒋延因为坚持谏争，被挟持出去。

恪乃著论谕众意曰："夫天无二日，土无二王，王者不务兼并天下而欲垂祚后世，古今未之有也。昔战国之时，诸侯自恃兵强地广，互有救援，谓此足以传世，人莫能危。恣情从怀，惮于劳苦，使秦渐得自大，遂以并之，此既然矣。近者刘景升在荆州，有众十万，财谷如山，不及曹操尚微，与之力竞，坐观其强大，吞灭诸袁。北方都定之后，操率三十万众来向荆州，当时虽有智者，不能复为画计，于是景升儿子，交臂请降，遂为囚虏。凡敌国欲相吞，即仇雠欲相除也。有仇而长之，祸不在己，则在后人，不可不为远虑也。昔伍子胥曰：'越十年生聚，十年教训，二十年之外，吴其为沼乎！'夫差自恃强大，闻此邈

诸葛恪于是撰文晓谕众人说："天上没有两个太阳，大地不容两个帝王，身为帝王不致力于统一天下而想要延续帝王伟业，从古至今都没有过。从前战国时期，各国诸侯各自依仗着兵强地广，遇事互相救援，认为这样足可以使国祚代代相传，世上没有人能使他们国势倾危。他们放纵享乐，害怕劳苦，使秦国逐渐自己强大，终于吞并了各国，这是既成的历史事实啊。近代刘景升据有荆州，拥有军众十万，钱财粮谷堆积如山，不趁着曹操势力微薄时与他全力竞争，而坐视他强大起来，吞并消灭了袁绍、袁术等人。北方完全平定后，曹操率领三十万人马来进攻荆州，当时即使有智谋之士，也已经不可能再替他谋划守御了，于是刘景升的儿子，只得反绑着请求投降，终于成了俘虏。凡互为敌对的两个国家想互相吞并，也就是两个仇敌想要相互消灭。存在仇敌而任其壮大，祸患不发生在自己身上，就会发生在后代身上，不可不为此而深谋远虑啊！从前伍子胥说：'越国用十年生育、集聚，用十年教养、训练，二十年以后，吴国恐怕会沦废为池沼了！'夫差自己依仗强大，听了这番话极为轻视，还因此逼

然，是以诛子胥而无备越之心，至于临败悔之，岂有及乎？越小于吴，尚为吴祸，况其强大者邪？昔秦但得关西耳，尚以并吞六国，今贼皆得秦、赵、韩、魏、燕、齐九州之地，地悉戎马之乡，士林之薮。今以魏比古之秦，土地数倍；以吴与蜀比古六国，不能半之。然今所以能敌之，但以操时兵众，于今适尽，而后生者未悉长大，正是贼衰少未盛之时。加司马懿先诛王凌，续自陨毙，其子幼弱，而专彼大任，虽有智计之士，未得施用。当今伐之，是其厄会。圣人急于趋时，诚谓今日。若顺众人之情，怀偷安之计，以为长江之险可以传世，不论魏之终始，而以今日遂轻其后，此吾所以长叹息者也。自古以来，务在产育，今者贼民岁月繁滋，但以尚小，未可得用耳。若复十数年后，其众必倍于今，而国家劲兵之地，皆已空尽，唯有此见众可以定事。若不早用之，端坐使老，复十数年，略当损半，而见子弟数不足言。若贼众一倍，而我兵损半，虽复使伊、管图之，未可如何。今不达远虑者，必以此言为迂。夫祸难未至而豫忧虑，此固众人之所迂也。及于难至，然后顿颡，虽有智者，又不能图。此乃古今所病，非独一时。昔吴始以伍员为迂，故难至而不可救。刘景升

死伍子胥，并毫无防范越国的戒心。一直到临近灭国才悔悟，哪里还来得及呢？越国小于吴国，尚且成了吴国的祸患，何况那些强大的敌国呢？从前秦国只不过拥有函谷关以西的地方而已，尚且凭这么小的地方并吞了其余六国，如今曹贼得到了战国时秦、赵、韩、魏、燕、齐诸国拥有的九州之地，这些地方都是出产战马的地域，又是人才会聚的地方。现在以魏国对比古代的秦国，土地多出数倍；而以吴国和蜀国对比古代的六国，加起来还没有从前六国的一半大。然而如今吴国之所以能与魏国匹敌，只是因为曹操年代的兵卒，到现在正好耗尽了，而后一辈没有全都长大，正是敌军力量弱小未盛的时候。加上司马懿先是灭掉王淩，接着自己死去，他的儿子还年轻不成熟，而独自担负这个重任；虽然也有智谋之士，但没有得到使用。当今征伐魏国，正是他们处于困厄的时机。圣人迫切地追寻的时机，的确就是今天这种时机。如果顺随众人的意愿，怀着苟且偷安的打算，以为凭借长江天险可以延续帝王事业，不全面地考虑魏国形势，而只看着目前没有威胁就忽略它以后的变化，这就是使我长叹不已的原因啊。自古以来，各国都致力于生产、繁育，如今敌国民众年复一年地繁衍滋长，只因人丁幼小，不可能得以使用而已。如果再过十多年以后，他们的兵员一定比今天多一倍，而我们国内拥有劲兵的地区，都已经耗尽空虚，只有这些现有的兵员可以成就大事业。若不趁早使用他们，空坐着看着他们变老，再过十多年，大约会损缺半数，而现有的后继兵卒数目太少是不值得一说的。倘若敌兵的数量增添一倍，我军兵员损缺一半，即使再有伊尹、管仲一类的贤良谋划，也不能怎样有所作为了。如今不通达远虑的人，一定以为这番话迂腐。祸难没有临头就事先忧虑，这本是众人所认为迂腐的原因啊。等到大难临头，然后磕头求助，即使有聪明人，也不能谋划什么了。这是自古以来的致命的弊病，不只是一时存在的。从前吴王夫差起初认为伍子胥迂腐，所以到大难临头时就不可挽救。刘景升没能估量十年

不能虑十年之后，故无以诒其子孙。今恪无具臣之才，而受大吴萧、霍之任，智与众同，思不经远，若不及今日为国斥境，俯仰年老，而仇敌更强，欲刎颈谢责，宁有补邪？今闻众人或以百姓尚贫，欲务闲息，此不知虑其大危，而爱其小勤者也。昔汉祖幸已自有三秦之地，何不闭关守险，以自娱乐，空出攻楚，身被创痍，介胄生虮虱，将士厌困苦，岂甘锋刃而忘安宁哉？虑于长久不得两存者耳！每览荆邯说公孙述以进取之图，近见家叔父表陈与贼争竞之计，未尝不喟然叹息也。夙夜反侧，所虑如此，故聊疏愚言，以达二三君子之末。若一朝陨殁，志画不立，贵令来世知我所忧，可思于后。”众皆以恪此论欲必为之辞，然莫敢复难。

丹杨太守聂友素与恪善，书谏恪曰：“大行皇帝本有遏东关之计，计未施行。今公辅赞大业，成先帝之志，寇远自送，将士凭赖威德，出身用命，一旦有非常之功，岂非宗庙神灵社稷之福邪！宜且案兵养锐，观衅而动。今乘此势，欲复大出，天时未可。而苟任盛意，私心以为不安。”恪题论后，为书答友曰：“足下虽有自然之理，然未见大数。熟省此论，可以开悟矣。”于是违众出军，大发州郡二十万众，百姓骚动，

之后的形势，所以没有什么遗留给他的子孙。现在我诸葛恪没有具备一般臣子的才智，而身负大吴国萧何、霍光般的重大责任，我的智力与众人相等，谋虑也不深远，如果不趁今日为国家开拓疆域，很快即将年老，而仇敌将更加强大，到那时即使想乞求自杀请罪，难道能有什么补益吗？现在众臣中有人说老百姓还穷，想要致力于休养繁育，这是不懂得忧虑他们的大危险，而怜惜他们的小小劳苦啊。从前汉高祖有幸已拥有三秦的地盘，为什么不紧闭关隘、扼守险要，以让自己贪图娱乐呢？倾国而出攻打西楚，身受创伤，披戴在身的盔甲生了虱子，将士们饱受困苦，难道是甘于身当锋刃而心中没有想到要安宁吗？只不过是顾虑到长久地相持之中，楚汉不可能并存罢了！我每当看到从前荆邯劝说公孙述出兵进取的谋略，眼下又见到我家叔父奏陈与敌贼争夺的计划，未曾不深深长叹啊。日夜反复思考，所忧虑的就是这些，所以姑且逐一陈述浅见，作为对诸位君子的答复。如果我一旦死去，志略谋划不能施展，谨望后代懂得我的忧虑，可在后世发人思考。”众人都知道诸葛恪这番话，意在坚持出征，然而没有谁敢再反驳。

丹杨太守聂友向来与诸葛恪相好，上书劝谏诸葛恪说：“大行皇帝本有在东关建立屏障的计划，只是计划没有来得及实行。现在您辅助帝王的伟大事业，完成了先帝的遗志，贼寇远来，自行送死，将士们依赖威德，舍身忘死地报效大命，一时间建立了显赫大功，这难道不是祖先、国家的福气吗！应该暂且休兵养锐，看到有利的时机再行动。现在乘着这次获胜的势头，想再次大举出兵，时机不许可。而如果专凭意气行事，我心中深感不安。”诸葛恪在上面那篇文章的后面又写了这样几句话，作为回信答复聂友说：“您说的虽然符合人情常理，然而没有认识到时势大局。周详地审察理解我的这篇文章，是可以省悟的。”于是违背大家的意愿出兵，大规模地征发各州、郡二十万人，致使百姓骚动，开始失掉人

始失人心。

恪意欲曜威淮南，驱略民人，而诸将或难之曰："今引军深入，疆埸之民，必相率远遁，恐兵劳而功少，不如止围新城。新城困，救必至，至而图之，乃可大获。"恪从其计，回军还围新城。攻守连月，城不拔。士卒疲劳，因暑饮水，泄下流肿，病者大半，死伤涂地。诸营吏日白病者多，恪以为诈，欲斩之，自是莫敢言。恪内惟失计，而耻城不下，忿形于色。将军朱异有所是非，恪怒，立夺其兵。都尉蔡林数陈军计，恪不能用，策马奔魏。魏知战士罢病，乃进救兵。恪引军而去。士卒伤病，流曳道路，或顿仆坑壑，或见略获，存亡忿痛，大小呼嗟。而恪晏然自若。出住江渚一月，图起田于浔阳，诏召相衔，徐乃旋师。由此众庶失望，而怨黩兴矣。

秋八月军还，陈兵导从，归入府馆。即召中书令孙嘿，厉声谓曰："卿等何敢妄数作诏？"嘿惶惧辞出，因病还家。恪征行之后，曹所奏署令长职司，一罢更选，愈治威严，多所罪责，当进见者，无不竦息。又改易宿卫，用其亲近，复敕兵严，欲向青、徐。

孙峻因民之多怨，众之所嫌，构恪欲为变，与亮谋，置酒请恪。恪将见之夜，精爽扰动，通夕不寐。明将盥漱，闻水腥

心。

诸葛恪原本打算在淮南地区炫耀武力，显示军威，驱赶掳掠民众，而诸将中有人提出异议说："如今引军深入，边境的居民，必定会相互呼应着远逃，恐怕弄得士兵劳苦而建功微小，不如只围攻新城。新城危急，救兵一定会来，来了之后设法消灭它，就能取得大胜。"诸葛恪依从此计，掉转军队围攻新城。攻守僵持连续数月，城池攻不下来。将士疲劳，因酷暑天热而大量饮水，腹泻、腿肿一齐发作，患病的人占大半，死伤的人遍地。各营军吏逐日上报病员增多，诸葛恪认为是欺骗，要斩杀这些军吏，从此没有人敢报告了。诸葛恪自思失策，而以新城久攻不下为羞耻，愤怒表露在脸上。将军朱异有所批评，诸葛恪大怒，即刻夺去他的兵权。都尉蔡林多次陈说用兵策略，诸葛恪也不予采纳，蔡林骑着马投奔魏国去了。魏国得知吴军战士疲病，就发出救兵。诸葛恪引军而退，士卒因为受伤多病，沿途拖拉下来，有的倒毙沟坑，有的被俘虏，幸存者愤怒痛恨，上上下下一片怨声。而诸葛恪安然如平常。来到长江的小岛上住了一个月，计划着在浔阳置办田产，皇上命令班师的诏令一道接一道，这才慢慢地领军回去。从此百姓失望，而怨恨产生滋长起来了。

这一年秋季八月，军队返回，陈设兵卒开道导引，归入官府。立即召见中书令孙嘿，严厉地指责说："你们怎敢妄自数次假作诏书？"孙嘿惶恐告辞而出，托病归家。诸葛恪出征后，各部门上报安排的负责官员，一概罢免重新挑选，越发讲究威严，对下属多有怪罪责备，应当要进见诸葛恪的人，没有不惶恐屏息的。又改换官署的警卫人员，任用他的亲信，又命令军队整治装备，想要谋取青州、徐州。

孙峻趁着百姓积怨很多，众人愤怒不满之时，捏造说诸葛恪要叛乱，与孙亮策划，摆酒宴请诸葛恪。诸葛恪将要朝见的先天夜里，精神烦扰，通宵睡不着觉。天亮后将洗漱时，嗅到水中有血腥气，侍从

臭,侍者授衣,衣服亦臭。恪怪其故,易衣易水,其臭如初,意惆怅不悦。严毕趋出,犬衔引其衣,恪曰:“犬不欲我行乎?”还坐,顷刻乃复起,犬又衔其衣,恪令从者逐犬,遂升车。

帮着穿衣,衣穿在身上也有气味。诸葛恪感到事情奇怪,更换衣和水,那腥臭气味还和当初一样,心中惆怅不高兴。穿戴整齐后出门,狗衔着拖住他的衣服。诸葛恪说:“狗不想让我走吗?”返回来坐下,一会儿又起身,狗又衔住他的衣服,诸葛恪让随从赶开狗,于是上车。

初,恪将征淮南,有孝子著缞衣入其閤中,从者白之,令外诘问,孝子曰:“不自觉入。”时中外守备,亦悉不见,众皆异之。出行之后,所坐厅事屋栋中折。自新城出住东兴,有白虹见其船;还拜蒋陵,白虹复绕其车。

当初,诸葛恪将要往淮南出征时,有一个孝子穿着孝服进入他的官府中,随从告诉诸葛恪,诸葛恪命令把他赶到外面责问,孝子回答说:“不由自主地就进来了。”当时里里外外都有守备人员,也都没有看见孝子是怎么进来的,众人都感到奇怪。出征之后,他所坐办事厅堂的屋梁从中折断。从新城去东兴堤的途中,有白虹出现在他的船周围;返回京城去拜祭蒋陵时,又有白虹环绕着他的车。

及将见,驻车宫门,峻已伏兵于帷中,恐恪不时入,事泄,自出见恪曰:“使君若尊体不安,自可须后,峻当具白主上。”欲以尝知恪。恪答曰:“当自力入。”散骑常侍张约、朱恩等密书与恪曰:“今日张设非常,疑有他故。”恪省书而去。未出路门,逢太常滕胤,恪曰:“卒腹痛,不任入。”胤不知峻阴计,谓恪曰:“君自行旋未见,今上置酒请君,君已至门,宜当力进。”恪踌躇而还,剑履上殿,谢亮,还坐。设酒,恪疑未饮,峻因曰:“使君病未善平,当有常服药酒,自可取之。”恪意乃安,别饮所赍酒。[⑥]酒数行,亮还内。峻起如厕,解长衣,著短服,出曰:“有诏收诸葛恪!”[⑦]恪惊起,拔剑未得,而峻刀交下。张约从旁斫峻,裁伤左手,峻应手斫约,断右臂。

待到将要朝见,停车在宫门外,孙峻已将兵埋伏在帷帐中,担心诸葛恪不按时到来,事情泄漏,就亲自出来迎接诸葛恪,说:“您如果贵体欠佳,自然可以待以后再拜见,我会向皇上详细地解释。”想以此试探诸葛恪。诸葛恪回答:“我应该竭力来拜见。”散骑常侍张约、朱恩等人递来密信给诸葛恪,说:“今天的布置非同平常,疑心别有缘故。”诸葛恪看了密信就离去。还没有走出宫廷内的正门,遇上了太常滕胤,诸葛恪说:“忽然间腹痛,不能进去了。”滕胤不知道孙峻的阴谋,对诸葛恪说:“您自从出征以来,还没有拜见过皇上,今日皇上备酒宴请您,您已到了宫门口,应当勉力进见。”诸葛恪犹豫地转身回去,佩着剑穿着鞋登上宫殿,向孙亮道谢后,入座。摆上酒来,诸葛恪有所疑虑而未喝,孙峻就说:“您有病还没有恢复,一定自己带来了常喝的药酒吧,自己可以取来喝。”诸葛恪心神这才安定,另喝自己带来的酒。喝过数轮,孙亮走入内室。孙峻假说起身上厕所,脱了长袍,穿着短衣走出来说:“有诏令拘捕诸葛恪!”诸葛恪一惊站起来,还没有能够将佩剑拔出来,孙峻挥刀连砍。张约从旁边砍孙峻,只砍伤他的左手,孙峻顺手砍张约,砍断了他的右臂。武装警卫的士兵全都奔上殿阶,孙峻宣布:“所收捕

武卫之士皆趋上殿，峻云："所取者恪也，今已死。"悉令复刃，乃除地更饮。⑧

先是，童谣曰："诸葛恪，芦苇单衣篾钩落，于何相求成子阁。"成子阁者，反语石子冈也。建业南有长陵，名曰石子冈，葬者依焉。钩落者，校饰革带，世谓之钩络带。恪果以苇席裹其身而篾束其腰，投之于此冈。⑨

恪长子绰，骑都尉，以交关鲁王事，权遣付恪，令更教诲，恪鸩杀之。中子竦，长水校尉。少子建，步兵校尉。闻恪诛，车载其母而走。峻遣骑督刘承追斩竦于白都。建得渡江，欲北走魏，行数十里，为追兵所逮。恪外甥都乡侯张震及常侍朱恩等，皆夷三族。

初，竦数谏恪，恪不从，常忧惧祸。及亡，临淮臧均表乞收葬恪曰："臣闻震雷电激，不崇一朝，大风冲发，希有极日，然犹继以云雨，因以润物，是则天地之威，不可经日浃辰，帝王之怒，不宜讫情尽意。臣以狂愚，不知忌讳，敢冒破灭之罪，以邀风雨之会。伏念故太傅诸葛恪得承祖考风流之烈，伯叔诸父遭汉祚尽，九州鼎立，分托三方，并履忠勤，熙隆世业。爰及于恪，生长王国，陶育圣化，致名英伟，服事累纪，祸心未萌，先帝委以伊、周之任，属以万机之事。恪素性

的只是诸葛恪，现在已经死了。"命令都收起兵器，于是打扫地面重新宴饮。

在此之前，有童谣唱道："诸葛恪，芦苇当做衣，蔑条当钩落，相求于何处？成子阁。"成子阁，是石子冈的反语。建业城的南边有座长长的土山，名叫石子冈，葬埋诸葛恪的人依着童谣埋葬了他。所谓钩落，是带装饰物的皮质束腰带，通常称它为钩络带。诸葛恪果真被用芦苇席子包裹身躯而用蔑条束着他的腰，埋葬在这个石子冈。

诸葛恪的大儿子诸葛绰曾经担任骑都尉，因为与鲁王孙霸交往受牵连，孙权遣发给诸葛恪，指令重新给予教育，诸葛恪用毒酒杀掉了他。诸葛恪的二儿子诸葛竦，为长水校尉。小儿子诸葛建，为步兵校尉。得知诸葛恪被诛杀的消息，就用车载上他们的母亲逃跑。孙峻派遣骑督刘承追捕，追到白都杀了诸葛竦。诸葛建得以渡过长江，准备往北逃奔到魏国去，走了数十里，也被追兵捕获。诸葛恪的外甥都乡侯张震以及常侍朱恩等人，都被诛灭三族。

当初，诸葛竦多次劝谏诸葛恪，诸葛恪不听从，诸葛竦常常忧虑害怕大祸临头。到被诛杀后，临淮人臧均上表请求收葬诸葛恪，说："我听说震雷激电，不会持续整整一个时辰，大风狂暴，也少有从早到晚刮一整天的，况且还要接着施降云霞雨露，用以滋润万物，这就是说天地的威灵，并不是持久不断的，帝王之怒，也不应当尽情尽意，没有休止。下臣癫狂愚昧，不知忌讳，斗胆冒着杀身之罪，请求像等待风调雨顺的时机那样盼望帝王赐予宽容，臣俯伏思考从前的太傅诸葛恪得以继承他父亲的卓越功业，他的父辈遇上汉朝将亡，天下如鼎足三分，他们分别依托三方，同样地忠心耿耿，竭诚尽力，功业兴盛。到了诸葛恪，生长在东吴王国，沐浴皇恩，获得英伟的名声，献身王事多年，当时祸心没有萌生，先帝任以伊尹、周公般的重大责任，一切政务托付给他。诸葛恪向来个性刚愎，显耀自己，侮辱别人，

刚愎，矜己陵人，不能敬守神器，穆静邦内，兴功暴师，未期三出，虚耗士民，空竭府藏，专擅国宪，废易由意，假刑劫众，大小屏息。侍中武卫将军都乡侯俱受先帝嘱寄之诏，见其奸虐，日月滋甚，将恐荡摇宇宙，倾危社稷，奋其威怒，精贯昊天，计虑先于神明，智勇百于荆、聂，躬持白刃，枭恪殿堂，勋超朱虚，功越东牟。国之元害，一朝大除，驰首徇示，六军喜踊，日月增光，风尘不动，斯实宗庙之神灵，天人之同验也。今恪父子三首，县市积日，观者数万，詈声成风。国之大刑，无所不震，长老孩幼，无不毕见。人情之于品物，乐极则哀生，见恪贵盛，世莫与贰，身处台辅，中间历年，今之诛夷，无异禽兽，观讫情反，能不憯然！且已死之人，与土壤同域，凿掘斫刺，无所复加。愿圣朝稽则乾坤，怒不极旬，使其乡邑若故吏民，收以士伍之服，惠以三寸之棺。昔项籍受殡葬之地，韩信获收敛之恩，斯则汉高发神明之誉也。惟陛下敦三皇之仁，垂哀矜之心，使国泽加于辜戮之骸，复受不已之恩，于以扬声遐方，沮劝天下，岂不弘哉！昔栾布矫命彭越，臣窃恨之，不先请主上，而专名以肆情，其得不诛，实为幸耳。今臣不敢章宣愚情，以露天恩，谨伏手书，冒昧陈闻，乞

不能恭谨地维护帝业，使国内和穆安定，却要挑起战争，使战士蒙受烈日霜露，不到一年连续三次出征，损兵折将、祸及百姓，耗空了府库钱财，独揽国家大权，废黜撤换任凭自己的心意办事，凭借刑狱威胁众人，致使全国上下人人恐惧，不敢大声出气。侍中武卫将军都乡侯孙峻曾同时领受了先帝嘱托的遗诏，看到诸葛恪肆虐妄为日益加剧，担忧将动摇天下，使国家倾覆，于是奋起威怒，勇武精神直贯长空，谋略胜于神明，智勇百倍于荆轲、聂政，亲手持刀，在殿堂中诛杀了诸葛恪，功劳盖过了朱虚侯刘章，勋绩超越了东牟侯刘兴居。国家的最大祸害，顿时彻底清除，元凶传首示众，六军欢呼踊跃，日月增其光彩，风尘安宁，这确实是宗庙神灵显威，天上人间共同感应。现在诸葛恪父子三人的头颅，高悬市井示众多日，观看的人数万，责骂之声成风。国家施行大刑，人民无不震动，老翁幼童，没有人看不见。以人情评估物类，乐极则生悲，看到诸葛恪曾经富贵尊显，世上没有第二个，身为中枢辅弼大臣，经历许多年岁，今日一旦被诛灭，就与禽兽没有区别，观望之后悲哀之情反从心生，怎能不使人感到凄惨！况且已经死了的人，就与土壤相随了，即使再凿、挖、砍、刺，也无法再增加给他的惩罚。请求圣朝效法天地，愤怒之情不要持续十天，让诸葛恪的同乡或者旧部属，以士卒的礼仪收敛他的尸体，许以三寸薄棺埋葬。从前项籍得到鲁公的礼仪殡葬，韩信获得了收敛尸体的恩泽，这实在是汉高祖圣明所施行的宽容啊。愿陛下会聚古代帝王们的仁爱，施与垂怜悲悯之心，使国家恩泽加到有罪而被诛杀者的尸骸，使罪人得到无穷的恩泽，以此扬声远方，劝止天下罪人，难道不是皇恩浩荡吗！从前栾布向彭越被砍下的头颅报告情况，以显示忠心，我心里很不满意这种行为，栾布不事先请示汉高祖，而擅自邀取名誉，肆意行动，他能够不被诛杀，实在是有些幸运的了。今日我不敢像栾布那样张扬自己的心意，从而使得皇恩显露，而是恭敬地呈上奏章，冒昧地向皇上陈述己见，请求圣朝怜悯体察。”于是孙亮、

圣朝哀察。”于是亮、峻听恪故吏敛葬，遂求之于石子冈。⑩

孙峻同意诸葛恪的旧部收敛葬埋他，就安葬在石子冈。

始恪退军还，聂友知其将败，书与滕胤曰：“当人强盛，河山可拔，一朝羸缩，人情万端，言之悲叹。”恪诛后，孙峻忌友，欲以为鬱林太守，友发病忧死。友字文悌，豫章人也。⑪

当初诸葛恪退兵回来，聂友料到他将要失败，写信给滕胤说：“当一个人气势强盛时，大河高山都能征服，一旦衰败，世间人情变化万端，说来令人悲叹。”诸葛恪被杀后，孙峻忌恨聂友，想把他贬为鬱林太守，聂友得病，忧郁而死。聂友字文悌，是豫章人。

滕胤字承嗣，北海剧人也。伯父耽，父胄，与刘繇州里通家，以世扰乱，渡江依繇。孙权为车骑将军，拜耽右司马，以宽厚称，早卒，无嗣。胄善属文，权待以宾礼，军国书疏，常令损益润色之，亦不幸短命。权为吴王，追录旧恩，封胤都亭侯。少有节操，美容仪。⑫弱冠尚公主。年三十，起家为丹杨太守，徙吴郡、会稽，所在见称。⑬

滕胤字承嗣，北海郡剧县人。伯父叫滕耽，父亲是滕胄，与刘繇是同州的世交，因为时势混乱，渡过长江依附刘繇。孙权当时任车骑将军，任命滕耽为右司马。滕耽以为人宽厚著称，去世得早，没有后人。滕胄擅长写文章，孙权对他以宾客礼仪相待，军中、国内的文书奏议，经常叫滕胄增删修饰，他也不幸短命。孙权被封为吴王后，追忆过去的情义，封滕胤为都亭侯。滕胤很年轻时就有气节操守，姿态仪表端庄，刚成年就娶公主为妻。三十岁时，开始做官就担任丹杨太守，以后转任吴郡、会稽郡太守，他在所有任职的地方都受到称赞。

太元元年，权寝疾，诣都，留为太常，与诸葛恪等俱受遗诏辅政。孙亮即位，加卫将军。

太元元年，孙权卧病不起，滕胤来到京城，孙权把他留下来任太常，和诸葛恪等人一同接受孙权的遗诏辅佐国政。孙亮登皇帝位，加封为卫将军。

恪将悉众伐魏，胤谏恪曰：“君以丧代之际，受伊、霍之托，入安本朝，出摧强敌，名声振于海内，天下莫不震动，万姓之心，冀得蒙君而息。今猥以劳役之后，兴师出征，民疲力屈，远主有备。若攻城不克，野略无获，是丧前劳而招后责也。不如案甲息师，观隙而动。且兵者大事，事以众济，众苟不悦，君独安之？”恪曰：“诸云不可者，皆不见计算，怀居苟安者也，而子复以为然，

诸葛恪要调集全部军队伐魏，滕胤劝谏诸葛恪说：“您正处在先君丧亡、新君代立的交替时期，领受了伊尹、霍光一般的重托，对内安定朝廷，对外摧败强敌，名扬四海，天下没有不为之震动的，现在百姓的心理，是希望承蒙您的措施而得到休养生息。而今又要在杂多的劳役之后，兴师出征，民众疲劳，财力缺乏，而远方的敌人已有防备。如果攻城不胜，在原野掠取没有收获，就将会丧失以前的功劳而招致后来的责备啊。不如按兵休养，寻找机会行动。况且用兵是国家的大事，大事的成功必须依靠众人的帮助，众人如果不乐意，您怎么能独立成功呢？”诸葛恪答道：“那些反对出征的人，都是缺乏对形势的分析，一心想着苟且偷安的人，而您还认为正确，我

吾何望焉？夫以曹芳暗劣，而政在私门，彼之臣民，固有离心。今吾因国家之资，藉战胜之威，则何往而不克哉！”以胤为都下督，掌统留事。胤白日接宾客，夜省文书，或通晓不寐。⑭

指望谁呢？因为曹芳愚昧卑劣，而政权又失落在权臣手里，魏国的臣民，本来已经有离散之心。如今我凭着国家资财，靠着得胜的威风，又何往不胜呢！”诸葛恪任命滕胤为都下督，统管留守事务，滕胤白天接待宾客，夜晚批阅文书，有时候忙得通宵都没有睡觉。

孙峻字子远，孙坚弟静之曾孙也。静生暠。暠生恭，为散骑侍郎。恭生峻。少便弓马，精果胆决。孙权末，徙武卫都尉，为侍中。权临薨，受遗辅政，领武卫将军，故典宿卫，封都乡侯。既诛诸葛恪，迁丞相大将军，督中外诸军事，假节，进封富春侯。滕胤以恪子竦妻父辞位，峻曰：“鲧禹罪不相及，滕侯何为？”峻、胤虽内不沾洽，而外相包容，进胤爵高密侯，共事如前。⑮

孙峻字子远，孙坚的弟弟孙静的曾孙。孙静生孙暠。孙暠生孙恭，孙恭担任散骑侍郎。孙恭生孙峻，少年时代就善于骑马射箭，精明果敢并有胆识，办事能决断。孙权末年，转任武卫都尉，为侍中。孙权临终前，接受遗诏辅佐国政，兼任武卫将军，一直主持宫廷的值班、守卫，封为都乡侯。诛杀诸葛恪后，升为丞相大将军，督察内外一切军务，还被授予代表朝廷行事的符节，晋封为富春侯。滕胤以是诸葛恪的儿子诸葛竦岳父的原因而提请辞去职位，孙峻说：“鲧禹（是父子尚且）罪不迁连，滕侯为什么要这样？”孙峻、滕胤虽彼此内心并不融洽，但外表上互相包容。晋封滕胤爵位为高密侯，两人共事和以前一样。

峻素无重名，骄矜险害，多所刑杀，百姓嚣然。又奸乱宫人，与公主鲁班私通。五凤元年，吴侯英谋杀峻，英事泄死。

孙峻向来没有好名声，骄傲阴险，残害他人，滥施刑罚诛杀，百姓议论纷纷。又淫乱宫女，和公主鲁班私通。五凤元年，吴侯孙英谋杀孙峻，孙英因事情泄漏而被迫自杀。

二年，魏将毌丘俭、文钦以众叛，与魏人战于乐嘉，峻帅骠骑将军吕据、左将军留赞袭寿春，会钦败降，军还。⑯是岁，蜀使来聘，将军孙仪、张怡、林恂等欲因会杀峻。事泄，仪等自杀，死者数十人，并及公主鲁育。

五凤二年，魏将毌丘俭、文钦作乱造反，与魏国军队在乐嘉交战，孙峻乘机率领骠骑将军吕据、左将军留赞袭击寿春，恰巧遇上文钦被打败投降吴国，军队就返回来了。这一年，蜀国使节来访问，将军孙仪、张怡、林恂等人想趁着会见的时候杀掉孙峻。事情暴露，孙仪等人被迫自杀，受牵连而死的有几十个人，一同受牵连致死的还有公主鲁育。

峻欲城广陵，朝臣知其不可城，而畏之莫敢言。唯滕胤谏止，不从，而功竟不就。

孙峻想在广陵筑城，朝臣们都知道那里不能筑城，但畏惧孙峻而没有人敢说话。只有滕胤劝阻，孙峻不听从，然而在广陵筑城的事终于没有办成。

其明年，文钦说峻征魏，峻使钦与吕据、车骑将军刘纂、镇南将军朱异、前将军唐咨自江都入淮、泗，以图青、徐。峻与胤至石头，因饯之，领从者百许人入据营。据御军齐整，峻恶之，称心痛去，遂梦为诸葛恪所击，恐惧发病死，时年三十八，以后事付綝。

第二年，文钦鼓动孙峻征讨魏国，孙峻派文钦与吕据、车骑将军刘纂、镇南将军朱异、前将军唐咨从江都经水路进入淮河、泗水，图谋攻取青州、徐州。孙峻和滕胤来到石头城，为将士设酒食送行。孙峻带领随从百来人来到吕据军营。吕据统帅的兵士队伍齐整，孙峻看了厌恶，说自己心痛离去了，跟着就梦见被诸葛恪打，因恐惧发病而死，当时三十八岁，将后事托付给孙綝。

孙綝字子通，与峻同祖。綝父绰为安民都尉。綝始为偏将军，及峻死，为侍中武卫将军，领中外诸军事，代知朝政。吕据闻之大恐，与诸督将连名，共表荐滕胤为丞相，綝更以胤为大司马，代吕岱驻武昌。据引兵还，使人报胤，欲共废綝。綝闻之，遣从兄虑将兵逆据于江都，使中使敕文钦、刘纂、唐咨等合众击据，遣侍中左将军华融、中书丞丁晏告胤取据，并喻胤宜速去意。胤自以祸及，因留融、晏，勒兵自卫，召典军杨崇、将军孙咨，告以綝为乱，迫融等使有书难綝。綝不听，表言胤反，许将军刘丞以封爵，使率兵骑急攻围胤。胤又劫融等，使诈诏发兵。融等不从，胤皆杀之。⑰胤颜色不变，谈笑若常。或劝胤引兵至苍龙门，将士见公出，必皆委綝就公。时夜已半，胤恃与据期，又难举兵向宫，乃约令部曲，说吕侯以在近道，故皆为胤尽死，无离散者。时大风，比晓，据不至。綝兵大会，遂杀

孙綝字子通，与孙峻同祖父。孙綝的父亲孙绰，曾担任安民都尉。孙綝起先担任偏将军，待孙峻死后，升任为侍中武卫将军，掌管内外一切军务，代管朝廷政务。吕据知道此事后大怒，与各个郡督和将领联名上表，共同举荐滕胤为丞相，孙綝改任滕胤为大司马，代替吕岱领兵驻守武昌。吕据领兵回来，派人报知滕胤，准备联合起来，废除孙綝。孙綝得知这事，派遣堂兄孙虑领兵到江都迎击吕据，同时又派朝廷使者发布诏书命令文钦、刘纂、唐咨等人各率自己的军队一同进攻吕据，派遣侍中左将军华融、中书丞丁晏告知滕胤围剿吕据的消息，并且宣喻滕胤应该赶快到武昌去赴任。滕胤感到大祸临头，于是扣留华融、丁晏，统率军队自卫，召集典军杨崇、将军孙咨，告诉他们说孙綝作乱，强迫华融等人写信驳斥孙綝。孙綝不接受，上奏章告滕胤谋反，又允诺将军刘丞晋封爵位，指令他率领兵马火速围攻滕胤。滕胤又威逼华融等人，要他们假造皇帝的诏令调遣军队。华融等人不依从，滕胤全杀了他们。滕胤脸色不变，谈笑如平常。有人劝滕胤领兵去苍龙门，将士们看到滕胤来了，一定都会离开孙綝而归于滕胤。当时已经过了半夜，滕胤自恃与吕据有所约定，又没有办法发兵围攻皇宫，于是整顿军队发出命令，说吕据已经临近快到了，因此都愿意为滕胤拼命，没有离散的人。当时刮大风，到拂晓时，吕据没有到。孙綝的军队一齐围攻，终于杀了滕胤及将士数十人，诛灭了滕胤三族。

胤及将士数十人，夷胤三族。⑱

綝迁大将军，假节，封永宁侯，负贵倨傲，多行无礼。初，峻从弟虑与诛诸葛恪之谋，峻厚之，至右将军、无难督，授节盖，平九官事。綝遇虑薄于峻时，虑怒，与将军王惇谋杀綝。綝杀惇，虑服药死。

孙綝升为大将军，持有符节，封为永宁侯，自恃显贵而傲慢自大，多次干出违反礼制的事。当初，孙峻的堂弟孙虑参与诛杀诸葛恪的谋划，孙峻厚待他，官至右将军、无难督，授予符节车盖，参与商讨各类政务。孙綝对待孙虑比孙峻的时候差，孙虑心中很不满，与将军王惇合谋要杀掉孙綝。孙綝杀死王惇，孙虑服毒自杀。

魏大将军诸葛诞举寿春叛，保城请降。吴遣文钦、唐咨、全端、全怿等帅三万人救之。魏镇南将军王基围诞，钦等突围入城。魏悉中外军二十余万增诞之围。朱异帅三万人屯安丰城，为文钦势。魏兖州刺史州泰拒异于阳渊，异败退，为泰所追，死伤二千人。綝于是大发卒出屯镬里，复遣异率将军丁奉、黎斐等五万人攻魏，留辎重于都陆。异屯黎浆，遣将军任度、张震等募勇敢六千人，于屯西六里为浮桥夜渡，筑偃月垒。为魏监军石苞及州泰所破，军却退就高。异复作车箱围趣五木城。苞、泰攻异，异败归，而魏太山太守胡烈以奇兵五千诡道袭都陆，尽焚异资粮。綝授兵三万人使异死战，异不从，綝斩之于镬里，而遣弟恩救，会诞败引还。綝既不能拔出诞，而丧败士众，自戮名将，莫不怨之。

魏国大将军诸葛诞占据寿春造反，把守城池向吴国请求投降。吴国派遣文钦、唐咨、全端、全怿等人率军三万人救援他们。魏国镇南将军王基围住诸葛诞，文钦等人突围进入城内。魏国尽数调集朝中与各地的军队二十多万人增加对诸葛诞的围困。朱异率领三万人屯驻在安丰城，作为文钦的羽翼。魏国兖州刺史州泰到阳渊抵御朱异，朱异战败撤退，被州泰追击，死伤两千人。孙綝于是全力征调军队进驻镬里，又派遣朱异率领将军丁奉、黎斐等五万人攻打魏国，把军需物资留在都陆。朱异驻扎在黎浆，派将军任度、张震等人招募了六千敢死队员，在黎浆西面相距六里路远的地方搭浮桥趁夜渡水，修筑起一道半月形的营垒。被魏国监军石苞及州泰击破，军队退却占据制高点。朱异又以包围的阵势奔赴五木城。石苞、州泰攻击朱异，朱异兵败退回，而魏国泰山太守胡烈用奇兵五千人从隐蔽的小道袭击都陆，烧尽了朱异的军需物资和粮草。孙綝发兵三万人命令朱异拼力死战，朱异不服从，孙綝在镬里杀了朱异，再派遣他的弟弟孙恩救援，正遇上诸葛诞已失败，就率军回来了。孙綝既没有能救出诸葛诞，反而丧失了许多将士，又自家杀戮名将，没有人不怨恨的。

綝以孙亮始亲政事，多所难问，甚惧。还建业，称疾不朝，筑室于朱雀桥南，使弟威远将军据入苍龙宿卫，弟武卫

孙綝因为孙亮开始亲自处理政务，对他有许多责难盘问，他很恐慌。回建业后，谎称有病不朝见皇帝，在朱雀桥南建造房屋，派他的弟弟威远将军孙据进入苍龙门值班守卫，又让他的弟弟武卫将军孙

将军恩、偏将军幹、长水校尉闿分屯诸营，欲以专朝自固。亮内嫌綝，乃推鲁育见杀本末，责怒虎林督朱熊、熊弟外部督朱损不匡正孙峻，乃令丁奉杀熊于虎林，杀损于建业。綝入谏不从，亮遂与公主鲁班、太常全尚、将军刘承议诛綝。亮妃，綝从姊女也，以其谋告綝。綝率众夜袭全尚，遣弟恩杀刘承于苍龙门外，遂围宫。[19]使光禄勋孟宗告庙废亮，召群司议曰："少帝荒病昏乱，不可以处大位，承宗庙，以告先帝废之。诸君若有不同者，下异议。"皆震怖，曰："唯将军令。"綝遣中书郎李崇夺亮玺绶，以亮罪状班告远近。尚书桓彝不肯署名，綝怒杀之。[20]

恩、偏将军孙幹、长水校尉孙闿分别屯驻各兵营，想凭这些把持朝政以稳固自己。孙亮内心很痛恨孙綝，于是追究鲁育被杀的原因，责怪虎林督朱熊及朱熊的弟弟外部督朱损没有纠正孙峻当时的行为，下令丁奉在虎林杀掉朱熊，在建业杀掉朱损。孙綝劝谏，孙亮不听，孙亮接着就与公主鲁班、太常全尚、将军刘承商议，要诛杀孙綝。孙亮的妃子是孙綝堂姐的女儿，将这一谋划告诉了孙綝。孙綝亲自领兵在夜间袭击全尚，派遣他的弟弟孙恩在苍龙门外杀掉了刘承，随即就包围了皇宫。派光禄勋孟宗到宗庙里向祖先神位禀告，要废掉孙亮，召集各官衙的官员议论说："少帝荒淫昏聩，不能够身处皇帝之位，继承祖先事业，已经禀告先帝废除他。各位大臣如果有不同意的，提出不同的看法来。"大臣们全都心惊胆战，说："愿听从将军命令。"孙綝派中书郎李崇夺下孙亮的皇帝印绶，将孙亮的罪状分发宣布到全国各地。尚书桓彝不肯签名，孙綝一怒之下杀了他。

典军施正劝綝征立琅邪王休，綝从之，遣宗正楷奉书于休曰："綝以薄才，见授大任，不能辅导陛下。顷月以来，多所造立，亲近刘承，悦于美色，发吏民妇女，料其好者，留于宫内，取兵子弟十八已下三千余人，习之苑中，连日续夜，大小呼嗟，败坏藏中矛戟五千余枚，以作戏具。朱据先帝旧臣，子男熊、损皆承父之基，以忠义自立，昔杀小主，自是大主所创，帝不复精其本末，便杀熊、损，谏不见用，诸下莫不侧息。帝于宫中作小船三百余艘，成以金银，师工昼夜不息。太常全尚，累世受恩，不能督

典军施正劝说孙綝征召琅邪王孙休立为皇帝，孙綝同意了，派遣宗正孙楷呈递书文给孙休，说："孙綝仅仅凭着低微的才能，被授予辅国大任，未能很好地辅佐皇上。近几个月以来，皇上制造了许多事端，宠信刘承，爱贪美色，征调吏民妇女，选择漂亮的，留在宫内，选取少年兵十八岁以下的三千多人。在宫苑内演习，白天黑夜不止，大呼小叫，损坏仓库中的兵器五千多件，当做戏耍用具。朱据是先帝的老臣，他的儿子朱熊、朱损都继承父业，奉守忠义，过去杀死小公主鲁育，本是因为大公主鲁班所中伤，皇帝又不仔细地追寻事情的来龙去脉，就杀了朱熊、朱损，劝谏也不听从，众臣下无不因为畏惧而不敢正常呼吸。皇帝在宫中造作小船三百多艘，以金银为材料，技工们昼夜不停地制造。太常全尚历代承受皇恩，不能监督众宗亲，因而全端等人抛

诸宗亲，而全端等委城就魏。尚位过重，曾无一言以谏陛下，而与敌往来，使传国消息，惧必倾危社稷。推案旧典，运集大王，辄以今月二十七日擒尚斩承。以帝为会稽王，遣楷奉迎。百寮喁喁，立住道侧。”

綝遣将军孙耽送亮之国，徙尚于零陵，迁公主于豫章。綝意弥溢，侮慢民神，遂烧大桥头伍子胥庙，又坏浮屠祠，斩道人。休既即位，称草莽臣，诣阙上书曰：“臣伏自省，才非干国，因缘肺腑，位极人臣，伤锦败驾，罪负彰露，寻愆惟阙，夙夜忧惧。臣闻天命棐谌，必就有德，是以幽厉失度，周宣中兴，陛下圣德，纂承大统，宜得良辅，以协雍熙，虽尧之盛，犹求稷契之佐，以协明圣之德。古人有言：‘陈力就列，不能者止。’臣虽自展竭，无益庶政，谨上印绶节钺，退还田里，以避贤路。”休引见慰喻。又下诏曰：“朕以不德，守藩于外，值兹际会，群公卿士，暨于朕躬，以奉宗庙。朕用怃然，若涉渊冰。大将军忠计内发，扶危定倾，安康社稷，功勋赫然。昔汉孝宣践阼，霍光尊显，褒德赏功，古今之通义也。其以大将军为丞相、荆州牧，食五县。”恩为御史大夫、卫将军，据右将军，皆县侯。幹杂号将军、亭侯。闿亦封亭侯。綝一门五侯，皆典禁兵，权倾人主，自

弃城池，投降魏国。全尚的地位非同一般，竟没有一句话来劝谏皇上，反而与敌国往来，传递国内消息，臣担心会使国家灭亡。按照古代迎立帝王的规则，天命集中到大王您的身上，于是在本月二十七日捉拿了全尚，处斩了刘承。废皇帝为会稽王，派遣孙楷前来奉迎。百官景仰，停立道旁恭候您。”

孙綝派将军孙耽遣送孙亮前往封国，将全尚迁徙到零陵，将公主迁徙到豫章。孙綝从此更加肆意胡为，侮辱轻视民间的神灵，竟烧掉大桥头伍子胥的庙，又毁坏佛寺，杀死道士。孙休即位后，孙綝自称在野的臣民，到皇宫上书说：“臣自我反省，才能不足以捍卫国家，不过因为是皇族，获得了人臣中的最高地位，有损国家形象，败坏皇帝名声，身负罪责明白显露。寻思自己的过失，日夜忧心恐惧。我听说上天辅助真诚守信的人，必定亲近有德的明君，因此周厉王和周幽王丧失了为君的准则之后，周宣王又能使国家由衰转盛。皇上贤圣仁德，继承国家大业，应该拥有优秀的辅臣，从而使国家治理得兴盛和乐。虽说尧时社会兴盛，尚且还寻求后稷、殷契的佐助，以协和圣明帝王的美德。古人曾经说过：‘能有力量发挥，就担任职务，没有能力就该辞职。’我虽然竭力而为，却对各项政务没有贡献，现恭谨地呈上印绶、节钺，退归乡土，避让贤良。”孙休召见孙綝安慰他。又发布诏告说：“我因为缺乏贤德，在外守卫国家，遇上这个时机，众公卿贤士，聚集到我身旁，一道奉守祖宗大业。我因而有些茫然，好像面对深渊、脚踩薄冰一样忧惧。大将军忠诚谋划，扶持、稳定了危险的甚至将要倾覆的国家，使它安定、康宁，功勋显赫昭著。昔日汉宣帝登位，霍光尊显荣耀，褒扬德义、赏赐功劳，这一原则古今都是一致的。现任命大将军孙綝为丞相、荆州牧，食邑五县。”封孙恩为御史大夫、卫将军，孙据为右将军，都封为县侯。封孙幹为杂号将军、亭侯。孙闿也封为亭侯。孙綝家有五个人封侯，都执掌皇帝的亲兵，权势超过君主，这在吴国朝臣中从来不曾有过。

吴国朝臣未尝有也。

绑奉牛酒诣休，休不受，赍诣左将军张布；酒酣，出怨言曰：“初废少主时，多劝吾自为之者。吾以陛下贤明，故迎之。帝非我不立，今上礼见拒，是与凡臣无异，当复改图耳。”布以言闻休，休衔之，恐其有变，数加赏赐，又复加恩侍中，与綝分省文书。或有告綝怀怨侮上欲图反者，休执以付綝，綝杀之，由是愈惧，因孟宗求出屯武昌，休许焉，尽敕所督中营精兵万余人，皆令装载，所取武库兵器，咸令给与。[21]将军魏邈说休曰“綝居外必有变”，武卫士施朔又告“綝欲反有征”。休密问张布，布与丁奉谋于会杀綝。

孙綝携带牛酒进献孙休，孙休没有接受，孙綝就带到了左将军张布那儿。畅饮了一阵子，孙綝口出怨言说：“当初废掉少主时，许多人劝我自立为帝。我认为皇上贤明，所以迎接他。皇帝没有我就不能登上帝位，现在奉献酒礼却遭拒绝，看来与一般的大臣没有差别，应再做别的图谋了。”张布将这番话密告了孙休，孙休听后不露声色，恐怕孙綝有变乱，多次加以赏赐，又再封孙恩为侍中，与孙綝一道审阅公文。有人告发孙綝心怀不满、侮辱皇上、想要造反，孙休便抓起来交给孙綝处理，孙綝杀掉了这个人，从此却更加恐惧，通过孟宗说情，请求去武昌驻守。孙休答应了孙綝的要求，命令孙綝统领的中营全部精兵一万多人，都让随船同往，所提取的武库兵器，也一并给予。将军魏邈劝孙休说：“孙綝屯驻外地一定会有变乱。”武卫士施朔又报告说：“孙綝准备造反已有迹象。”孙休暗中询问张布，张布和丁奉谋议，在腊日聚会时杀掉孙綝。

永安元年十二月丁卯，建业中谣言明会有变，綝闻之，不悦。夜大风发木扬沙，綝益恐。戊辰腊会，綝称疾。休强起之，使者十余辈，綝不得已，将入，众止焉。綝曰：“国家屡有命，不可辞。可豫整兵，令府内起火，因是可得速还。”遂入，寻而火起，綝求出，休曰：“外兵自多，不足烦丞相也。”綝起离席，奉、布目左右缚之。綝叩首曰：“愿徙交州。”休曰：“卿何以不徙滕胤、吕据？”綝复曰：“愿没为官奴。”休曰：“何不以胤、据为奴乎？”遂斩之。以綝首令其众曰：“诸与綝同谋皆赦。”放仗者五千人。闿乘

永安元年农历十二月初七丁卯日，建业城中有民谣说明日腊祭将会发生事变，孙綝听到后，心中不愉快。当夜大风拔起树木，扬起沙石，孙綝更加感到恐慌。初八戊辰日腊祭，孙綝假说有病。孙休执意请他，派出使者十多批，孙綝迫不得已，准备前往，众人阻拦他。孙綝说：“国家屡发诏令，无法推脱。可以事先布置好军队，叫府中假装起火，以这个为由我就可以即刻返回。”于是前往，随即有人来报告丞相府起火了，孙綝要求回去，孙休说：“外面兵卒自然是很多的，不值得烦劳丞相了。”孙綝起身离席，丁奉、张布示意左右武士将孙綝捆住。孙綝叩头说：“甘愿流放交州。”孙休说：“你当初为什么不流放滕胤、吕据呢？”孙綝又说：“甘愿没身充当官府奴隶。”孙休说：“为什么不将滕胤、吕据没身为奴隶呢？”当即就杀了孙綝。拿着孙綝的头命令他的部众说：“曾经与孙綝同谋的人都可以免罪。”放下兵器的有五千来人。孙闿乘船准备北逃投降魏国，被追上杀掉。

船欲北降,追杀之。夷三族。发孙峻棺,取其印绶,斲其木而埋之,以杀鲁育等故也。

接着消灭了孙綝家族。挖掘出孙峻的棺椁,收取他的印绶,将他的棺椁削砍掉一部分再埋葬,是因为他杀害鲁育等人的缘故。

綝死时年二十八。休耻与峻、綝同族,特除其属籍,称之曰故峻、故綝云。休又下诏曰:“诸葛恪、滕胤、吕据盖以无罪为峻、綝兄弟所见残害,可为痛心,促皆改葬,各为祭奠。其罹恪等事见远徙者,一切召还。”

孙綝被处死时是二十八岁。孙休以和孙峻、孙綝同族为羞耻,特地削除他们在家族名册中的记载,把他们叫做故峻、故綝。孙休又下达诏令说:“诸葛恪、滕胤、吕据都因无罪而遭孙峻、孙綝兄弟的残害,可说是使人痛心的事,敦促将他们全都重新安葬,分别置办祭奠。那些受诸葛恪等人的事牵连而被流放到边远地区的人,一概征召回来。”

濮阳兴字子元,陈留人也。父逸,汉末避乱江东,官至长沙太守。[22]兴少有士名,孙权时除上虞令,稍迁至尚书左曹,以五官中郎将使蜀,还为会稽太守。时琅邪王休居会稽,兴深与相结。及休即位,征兴为太常卫将军、平军国事,封外黄侯。

濮阳兴字子元,陈留郡陈留县人。他的父亲是濮阳逸,东汉末年为了躲避战乱来到江东,官位升至长沙太守。濮阳兴少年时代就因才识而有名声,孙权时授任上虞县令,逐步升迁到尚书左曹,以五官中郎将的身份出使过蜀国,回来后担任会稽太守。当时琅邪王孙休居住在会稽郡,濮阳兴和他结为深交。孙休登帝位后,征召濮阳兴任太常卫将军、平军国事,封为外黄侯。

永安三年,都尉严密建丹杨湖田,作浦里塘。诏百官会议,咸以为用功多而田不保成,唯兴以为可成。遂会诸兵民就作,功佣之费不可胜数,士卒死亡,或自贼杀,百姓大怨之。

永安三年,都尉严密建议在丹杨围湖造田,修建浦里塘。孙休下诏让众官员一道来商议,都认为费工多而田难保能够建成,只有濮阳兴认为可以建成。于是聚集众兵卒、百姓来建造,工程劳力费用不可胜数,士卒有的死亡,有的自相残杀,老百姓特别怨恨。

兴迁为丞相,与休宠臣左将军张布共相表里,邦内失望。

濮阳兴升为丞相,与孙休的宠臣左将军张布内外勾结,国内失去人心。

七年七月,休薨。左典军万彧素与乌程侯孙晧善,乃劝兴、布,于是兴、布废休適子而迎立晧。晧既践阼,加兴侍郎,领青州牧。俄彧谮兴、布追悔前事。十一月朔入朝,晧因收

永安七年七月,孙休去世。左典军万彧向来与乌程侯孙晧友善,就鼓动濮阳兴、张布,于是濮阳兴、张布废掉了孙休的嫡子而迎立孙晧为皇帝。孙晧登位后,加封濮阳兴为侍郎,兼任青州牧。不久,万彧诬陷濮阳兴、张布追悔立孙晧为皇帝。十一月初一朝见时,孙晧趁机将濮阳兴、张布收捕,流放广

兴、布，徙广州，道追杀之，夷三族。

评曰：诸葛恪才气干略，邦人所称，然骄且吝，周公无观，况在于恪？矜己陵人，能无败乎？若躬行所与陆逊及弟融之书，则悔吝不至，何尤祸之有哉？滕胤厉修士操，遵蹈规矩，而孙峻之时犹保其贵，必危之理也。峻、綝凶竖盈溢，固无足论者。濮阳兴身居宰辅，虑不经国，协张布之邪，纳万彧之说，诛夷其宜矣。

州，派人追到路上将他们杀掉，并且诛灭了他们的三族。

评论说：诸葛恪的才干、胆气和谋略，是国内人所共同称赞的，然而他骄傲并且不体恤士民，即使是像周公那样有才干的人，如果骄傲而不体恤他人，别的方面也就不值得提及了，又何况是诸葛恪呢？夸耀自我，欺压他人，能不败亡吗？如果他能够亲身实行他给陆逊和他弟弟诸葛融书信中所说的那些处世原则，那么就不会有悔恨，又哪会有什么过错、灾祸呢？滕胤虽说努力修养节操，循规蹈矩，但在孙峻时期他还要保持自己的显贵地位，这也就是他定遭危亡的原因。孙峻、孙綝是凶狠的小人，恶贯满盈，本来就不值得提。濮阳兴身居宰辅之位，不能为国家谋划，却迎合张布的邪行，听信万彧迎立孙皓的胡说，得到身死族灭的下场，也是理所当然的了！

---

①《江表传》曰：恪少有才名，发藻岐嶷，辩论应机，莫与为对。权见而奇之，谓瑾曰：“蓝田生玉，真不虚也。”

《吴录》曰：恪长七尺六寸，少须眉，折頞广额，大口高声。

②恪《别传》曰：权尝飨蜀使费祎，先逆敕群臣：“使至，伏食勿起。”祎至，权为辍食，而群下不起。祎啁之曰：“凤皇来翔，骐驎吐哺，驴骡无知，伏食如故。”恪答曰：“爰植梧桐，以待凤皇，有何燕雀，自称来翔？何不弹射，使还故乡！”祎停食饼，索笔作麦赋，恪亦请笔作磨赋，咸称善焉。权尝问恪：“顷何以自娱，而更肥泽？”恪对曰：“臣闻富润屋，德润身，臣非敢自娱，修己而已。”又问：“卿何如滕胤？”恪答曰：“登阶蹑履，臣不如胤；回筹转策，胤不如臣。”恪尝献权马，先鋁其耳。范慎时在坐，嘲恪曰：“马虽大畜，禀气于天，今残其耳，岂不伤仁？”恪答曰：“母之于女，恩爱至矣，穿耳附珠，何伤于仁？”太子尝嘲恪：“诸葛元逊可食马矢。”恪曰：“愿太子食鸡卵。”权曰：“人令卿食马矢，卿使人食鸡卵何也？”恪曰：“所出同耳。”权大笑。

《江表传》曰：曾有白头鸟集殿前，权曰：“此何鸟也？”恪曰：“白头翁也。”张昭自以坐中最老，疑恪以鸟戏之，因曰：“恪欺陛下，未尝闻鸟名白头翁者，试使恪复求白头母。”恪曰：“鸟名鹦母，未必有对，试使辅吴复求鹦父。”昭不能答，坐中皆欢笑。

③《江表传》曰：权为吴王，初置节度官，使典掌军粮，非汉制也。初用侍中偏将军徐详，详死，将用恪。诸葛亮闻恪代详，书与陆逊曰：“家兄年老，而恪性疏，今使典主粮谷，粮谷军之要最，仆虽在远，窃用不安。足下特为启至尊转之。”逊以白权，即转恪领兵。

④《吴书》曰：权寝疾，议所付托。时朝臣咸皆注意于恪，而孙峻表恪器任辅政，可付大事。权嫌恪刚很自用，峻以当今朝臣皆莫及，遂固保之，乃征恪。后引恪等见卧内，受诏床下，权诏曰：“吾疾困矣，恐不复相见，诸事一以相委。”恪歔欷流涕曰：“臣等皆受厚恩，当以死奉诏，愿陛下安精神，损思虑，

无以外事为念。"权诏有司诸事一统于恪，惟杀生大事然后以闻。为治第馆，设陪卫。群官百司拜揖之仪，各有品叙。诸法令有不便者，条列以闻，权辄听之。中外翕然，人怀欢欣。

⑤《汉晋春秋》曰：恪使司马李衡往蜀说姜维，令同举，曰："古人有言，圣人不能为时，时至亦不可失也。今敌政在私门，外内猜隔，兵挫于外，而民怨于内，自曹操以来，彼之亡形未有如今者也。若大举伐之，使吴攻其东，汉入其西，彼救西则东虚，重东则西轻，以练实之军，乘虚轻之敌，破之必矣。"维从之。

⑥《吴历》曰：张约、朱恩密疏告恪，恪以示滕胤，胤劝恪还，恪曰："峻小子何能为邪！但恐因酒食中人耳。"乃以药酒入。

孙盛《评》曰：恪与胤亲厚，约等疏非常大事，势应示胤，共谋安危。然恪性强梁，加素侮峻，自不信，故入，岂胤微劝，便为之冒祸乎？《吴历》为长。

⑦《吴录》曰：峻提刀称诏收恪，亮起立曰："非我所为！非我所为！"乳母引亮还内。

《吴历》云：峻先引亮入，然后出称诏。与本传同。

臣松之以为峻欲称诏，宜如本传及《吴历》，不得如《吴录》所言。

⑧《搜神记》曰：恪入，已被杀，其妻在室，语使婢曰："汝何故血臭？"婢曰："不也。"有顷愈剧，又问婢曰："汝眼目视瞻，何以不常？"婢蹶然起跃，头至于栋，攘臂切齿而言曰："诸葛公乃为孙峻所杀！"于是大小知恪死矣，而吏兵寻至。

《志林》曰：初权病笃，召恪辅政。临去，大司马吕岱戒之曰："世方多难，子每事必十思。"恪答曰："昔季文子三思而后行，夫子曰'再思可矣'，今君令恪十思，明恪之劣也。"岱无以答，当时咸谓之失言。虞喜曰：夫托以天下至重也，以人臣行主威至难也，兼二至而管万机，能胜之者鲜矣。自非采纳群谋，询于刍荛，虚己受人，恒若不足，则功名不成，勋绩莫著。况吕侯国之先耆，智度经远，而甫以十思戒之，而便以示劣见拒，此元逊之疏，乃机神不俱者也。若因十思之义，广咨当世之务，闻善速于雷动，从谏急于风移，岂得陨首殿堂，死凶竖之刃？世人奇其英辩，造次可观，而哂吕侯无对为陋，不思安危终始之虑，是乐春藻之繁华，而忘秋实之甘口也。昔魏人伐蜀，蜀人御之，精严垂发，六军云扰，士马擐甲，羽檄交驰，费祎时为元帅，荷国任重，而与来敏围棋，意无厌倦。敏临别谓祎："君必能办贼者也。"言其明略内定，貌无忧色，况长宁以为君子临事而惧，好谋而成者。且蜀为蕞尔之国，而方向大敌，所规所图，唯守与战，何可矜已有余，晏然无戚？斯乃性之宽简，不防细微，卒为降人郭修所害，岂非兆见于彼而祸成于此哉？往闻长宁之甄文伟，今睹元逊之逆吕侯，二事体同，故并而载之，可以镜诫于后，永为世鉴。

⑨《吴录》曰：恪时年五十一。

⑩《江表传》曰：朝臣有乞为恪立碑以铭其勋绩者，博士盛冲以为不应。孙休曰："盛夏出军，士卒伤损，无尺寸之功，不可谓能；受托孤之任，死于竖子之手，不可谓智。冲议为是。"遂寝。

⑪《吴录》曰：友有唇吻，少为县吏。虞翻徙交州，县令使友送之，翻与语而奇焉，为书与豫章太守谢斐，令以为功曹。郡时见有功曹，斐见之，问曰："县吏聂友，可堪何职？"对曰："此人县间小吏耳，犹可堪曹佐。"斐曰："论者以为宜作功曹，君其避之。"乃用为功曹。使至都，诸葛恪友之。时论谓顾子嘿、子直，其间无所复容，恪欲以友居其间，由是知名。后为将，讨儋耳，还拜丹杨太守，年五十三卒。

⑫《吴书》曰：胤年十二，而孤单茕立，能治身厉行。为人白晰，威仪可观。每正朔朝贺修勤，在位大臣见者，无不叹赏。

⑬《吴书》曰：胤上表陈及时宜，及民间优劣，多所匡弼。权以胤故，增重公主之赐，屡加存问。胤每听辞讼，断罪法，察言观色，务尽情理。人有穷冤悲苦之言，对之流涕。

⑭《吴书》曰：胤宠任弥高，接士愈勤，表奏书疏，皆自经意，不以委下。

⑮《吴录》曰：群臣上奏，共推峻为太尉，议胤为司徒。时有媚峻者，以为大统宜在公族，若滕胤为亚公，声名素重，众心所附，不可贰也。乃表以峻为丞相，又不置御史大夫，士人

皆失望矣。

⑯《吴书》曰：留赞字正明，会稽长山人。少为郡吏，与黄巾贼帅吴桓战，手斩得桓。赞一足被创，遂屈不伸。然性烈，好读兵书及三史，每览古良将战攻之势，辄对书独叹，因呼诸近亲谓曰："今天下扰乱，英豪并起，历观前世，富贵非有常人，而我屈躄在间巷之间，存亡无以异。今欲割引吾足，幸不死而足申，几复见用，死则已矣。"亲戚皆难之。有间，赞乃以刀自割其筋，血流滂沱，气绝良久。家人惊怖，亦以既尔，遂引申其足。足申创愈，以得蹉步。凌统闻之，请与相见，甚奇之，乃表荐赞，遂被试用。累有战功，稍迁屯骑校尉。时事得失，每常规谏，好直言不阿旨，权以此惮之。诸葛恪征东兴，赞为前部，合战先陷陈，大败魏师，迁左将军。孙峻征淮南，授赞节，拜左护军。未至寿春，道路病发，峻令赞将车重先还。魏将蒋班以步骑四千追赞。赞病困，不能整陈，知必败，乃解曲盖印绶付弟子以归，曰："吾自为将，破敌搴旗，未尝负败。今病困兵羸，众寡不敌，汝速去矣，俱死无益于国，适所以快敌耳。"弟子不肯受，拔刀欲斫之，乃去。初，赞为将，临敌必先被发叫天，因抗音而歌，左右应之，毕乃进战，战无不克。及败，叹曰："吾战有常术，今病困若此，固命也！"遂被害，时年七十三，众庶痛惜焉。二子略，平，并为大将。

⑰《文士传》曰：华融字德蕤，广陵江都人。祖父避乱，居山阴蕊山下。时皇象亦寓居山阴，吴郡张温来就象学，欲得所舍。或告温曰："蕊山下有华德蕤者，虽年少，美有令志，可舍也。"温遂止融家，朝夕谈讲。俄而温为选部尚书，乃擢融为太子庶子，遂知名显达。融子谞，黄门郎，与融并见害。次子谭，以才辩称，晋秘书监。

⑱臣松之以为孙綝虽凶虐，与滕胤宿无嫌隙，胤若且顺綝意，出镇武昌，岂徒免当时之祸，仍将永保元吉，而犯机触害，自取夷灭，悲夫！

⑲《江表传》曰：亮召全尚息黄门侍郎纪密谋，曰："孙綝专势，轻小于孤。孤见敕之，使速上岸，为唐咨等作援，而留湖中，不上岸一步。又委罪朱异，擅杀功臣，不先表闻。筑第桥南，不复朝见。此为自在，无复所畏，不可久忍。今规取之，卿父作中军都督，使密严整士马，孤当自出临桥，帅宿卫虎骑、左右无难一时围之。作版诏敕綝所领皆解散，不得举手，正尔自得之。卿去，但当使密耳。卿宣诏语卿父，勿令卿母知之，女人既不晓大事，且綝同堂姊，邂逅泄漏，误孤非小也。"纪承诏，以告尚，尚无远虑，以语纪母。母使人密语綝。綝夜发严兵废亮，比明，兵已围宫。亮大怒，上马，带鞬执弓欲出，曰："孤大皇帝之適子，在位已五年，谁敢不从者？"侍中近臣及乳母共牵攀止之，乃不得出，叹咤二日不食，骂其妻曰："尔父愦愦，败我大事！"又呼纪，纪曰："臣父奉诏不谨，负上，无面目复见。"因自杀。

孙盛曰：亮传称亮少聪慧，势当先与纪谋，不先令妻知也。《江表传》说漏泄有由，于事为详矣。

⑳《汉晋春秋》曰：彝，魏尚书令阶之弟。

《吴录》曰：晋武帝问薛莹吴之名臣，莹对称彝有忠贞之节。

㉑《吴历》曰：綝求中书两郎，典知荆州诸军事，主者奏中书不应外出，休特听之，其所请求，一皆给与。

㉒逸事见陆瑁传。

三国志卷六十五　吴书二十

王楼贺韦华传第二十

王蕃字永元，庐江人也。博览多闻，兼通术艺。始为尚书郎，去官。孙休即位，与贺邵、薛莹、虞汜俱为散骑中常侍，皆加驸马都尉。时论清之。遣使至蜀，蜀人称焉，还为夏口监军。

王蕃字永元，庐江郡人。他博览群书，见闻广博，兼通天文历法。起初担任过尚书郎，后来辞去官职。孙休登位以后，与贺邵、薛莹、虞汜一同担任散骑中常侍，都加授驸马都尉的职衔。当时的舆论对他们有很好的评说。王蕃被派作使者到蜀国，蜀国人也称赞他，回来后，任夏口监军。

孙晧初，复入为常侍，与万彧同官。彧与晧有旧，俗士挟侵，谓蕃自轻。又中书丞陈声，晧之嬖臣，数谮毁蕃。蕃体气高亮，不能承颜顺指，时或迕意，积以见责。

孙晧即位初年，王蕃又入朝担任常侍，与万彧官职相同。万彧和孙晧有老交情，一些见识肤浅的庸俗士人也挟制欺侮王蕃，认为他与万彧为伍是自轻自贱。又加上中书丞陈声，是孙晧的宠臣，多次用谗言诋毁王蕃。王蕃是个有高风亮节的人，不愿干察言观色、阿谀迎合旨意的事，时常违背了皇上的心意，事情积累多了就因此而遭到指责。

甘露二年，丁忠使晋还，晧大会群臣，蕃沈醉顿伏，晧疑而不悦，轝蕃出外。顷之请还，酒亦不解。蕃性有威严，行止自若，晧大怒，呵左右于殿下斩之。卫将军滕牧、征西将军留平请，不能得。①

甘露二年，丁忠出使西晋归来，孙晧聚集群臣宴饮，王蕃大醉倒伏，孙晧猜疑王蕃是装醉而很不高兴，用车子将王蕃载到外面去。不一会儿，王蕃请求回来，醉意仍然未消。王蕃气质秉性有威严，行为举止如平常一样，孙晧大怒，喝令左右武士在殿阶下斩掉王蕃。卫将军滕牧、征西将军留平为王蕃求情，也没有能豁免。

丞相陆凯上疏曰："常侍王蕃黄中通理，知天知物，处朝忠蹇，斯社稷之重镇，大吴之龙逄也。昔事景皇，纳言左右，景皇钦嘉，叹为异伦。而陛下忿其苦辞，恶其直对，枭之殿堂，尸骸暴弃，郡内伤心，有识悲悼。"其痛蕃如此。蕃死时

丞相陆凯呈递奏疏，说："常侍王蕃心存美德而通晓事理，懂得天文历法，在朝为官忠诚正直，这确实是国家的柱石，吴国的关龙逢啊。从前侍奉景帝，在皇帝左右进献良言，景帝钦敬嘉奖，赞叹他是个非凡杰出的人物。陛下却怨恨他的忠诚劝谏，厌恶他的直言对答，在殿堂前将他诛杀，尸骨弃露，郡内百姓无不伤心，无不哀悼。"陆凯痛惜王蕃的死到这个程度。王蕃死时三十九岁，孙晧流放王蕃的家属

年三十九，晧徙蕃家属广州。二弟著、延皆作佳器，郭马起事，不为马用，见害。

楼玄字承先，沛郡蕲人也。孙休时为监农御史。孙晧即位，与王蕃、郭逴、万彧俱为散骑中常侍，出为会稽太守，入为大司农。旧禁中主者自用亲近人作之，彧陈亲密近识，宜用好人，晧因敕有司，求忠清之士，以应其选，遂用玄为宫下镇禁中候，主殿中事。玄从九卿持刀侍卫，正身率众，奉法而行，应对切直，数迕晧意，渐见责怒。后人诬白玄与贺邵相逢，驻共耳语大笑，谤讪政事，遂被诏诘责，送付广州。

东观令华覈上疏曰："臣窃以治国之体，其犹治家。主田野者，皆宜良信。又宜得一人总其条目，为作维纲，众事乃理。《论语》曰：'无为而治者其舜也与！恭己正南面而已。'言所任得其人，故优游而自逸也。今海内未定，天下多事，事无大小，皆当关闻，动经御坐，劳损圣虑。陛下既垂意博古，综极艺文，加勤心好道，随节致气，宜得闲静以展神思，呼翕清淳，与天同极。臣夙夜思惟，诸吏之中，任干之事，足委仗者，无胜于楼玄。玄清忠奉公，冠冕当世，众服其操，无与争先。夫清者则心平而意直，忠者惟正道而履之，如玄之

到广州。他的两个弟弟王著、王延都是人才，郭马反叛时，不肯被郭马利用而被杀害。

楼玄字承先，沛郡蕲县人。孙休在位时担任监农御史。孙晧登帝位后，与王蕃、郭逴、万彧一起都任散骑中常侍，调出京城担任会稽郡太守，又调入朝廷担任大司农。按惯例，皇宫中执掌事务的人从来是由亲近人担任的，万彧陈说皇帝身边的亲近心腹，应当选用忠顺的人，孙晧就命令有关官吏，寻求忠诚纯正的人，以供皇帝选择，于是选中楼玄为宫下镇禁中候，执掌殿中防卫。楼玄由九卿的高官改任持刀侍卫的武官，亲身做出榜样，带领众人，按照法度行事。但因应对深切而直率，多次违逆了孙晧的心意，逐渐被孙晧斥责怒骂。后来有人诬告楼玄与贺邵某次相遇，停住车马彼此低声耳语又转而大笑，诽谤国家政务，于是招致孙晧下令追查，流放到广州。

东观令华覈呈递奏疏，说："臣认为治理国家的基本方法，就犹如管理家庭一样。管理田间农作的人，都应该贤良忠实。还应当有一人总揽各项事务，统一布置，各项事务才能料理好。《论语》说：'不必事事亲自所为而使天下大治的人，也就是虞舜吧！以恭敬严肃的态度约束自己、端坐在帝王宝座上就是了。'讲的是所任用的人很得当，因此自己优游安逸啊。如今四方尚未安定，天下多事，事情无论大小，都须过问，凡事都要经过皇帝的话，一定会劳苦损伤圣上的精力。陛下既然关注远古，遍览群书，加上心意勤勉而笃好天道，秉承自然时节而处理政事，应该处身闲静，养怡思维，呼吸清纯大气，身与天地共长久。臣日夜思考，众官吏中，能担负事务，足可信任依靠而又具有才干的，没有人能胜过楼玄了。楼玄清正廉洁，忠诚不贰，奉公守法，是当代的楷模，众人钦服他的品德，没有人与他争先。清廉的人就必定心境平和而意念耿直，忠诚的人就只遵循正路行事，像楼玄这种性格的人，是始终可以保证做

性，终始可保，乞陛下赦玄前愆，使得自新，擢之宰司，责其后效，使为官择人，随才授任，则舜之恭己，近亦可得。”皓疾玄名声，复徙玄及子据，付交阯将张奕，使以战自效，阴别敕奕令杀之。据到交阯，病死。玄一身随奕讨贼，持刀步涉，见奕辄拜，奕未忍杀。会奕暴卒，玄殡敛奕，于器中见敕书，还便自杀。②

到的。请求陛下赦免楼玄以前的过失，让他能重新好好干，提拔他主管朝廷事务，观察他今后的表现，使他替国家选择人才，按才干授予职位，那么像舜一样恭肃地端坐帝王宝座，陛下也会办到的。”孙皓妒忌楼玄的名声，再次将楼玄和他的儿子楼据流放充军，交付给交阯郡的将领张奕，让楼玄父子在战争中自行效力，又暗中下诏令，让张奕杀死他们。楼据到交阯后，生病死去。楼玄独身一人跟随张奕到处征战，持刀奔走，每当看到张奕就恭敬地行礼，张奕不忍心杀死他。遇上张奕突然死去，楼玄为张奕办理丧事，在他的遗物中发现了诏令，楼玄回到军营后就自杀了。

贺邵字兴伯，会稽山阴人也。③孙休即位，从中郎为散骑中常侍，出为吴郡太守。孙皓时，入为左典军，迁中书令，领太子太傅。

贺邵字兴伯，会稽郡山阴县人。孙休登帝位后，由中郎升为散骑中常侍，调出朝廷担任吴郡太守。孙皓登上帝位后，贺邵调回京城任左典军，升为中书令，兼任太子太傅。

皓凶暴骄矜，政事日弊。邵上疏谏曰：

孙皓凶残暴虐，骄横自负，朝廷政治日益败坏。贺邵呈递奏章劝谏说：

古之圣王，所以潜处重闱之内而知万里之情，垂拱衽席之上，明照八极之际者，任贤之功也。陛下以至德淑姿，统承皇业，宜率身履道，恭奉神器，旌贤表善，以康庶政。自顷年以来，朝列纷错，真伪相贸，上下空任，文武旷位，外无山岳之镇，内无拾遗之臣；佞谀之徒拊翼天飞，干弄朝威，盗窃荣利，而忠良排坠，信臣被害。是以正士摧方，而庸臣苟媚，先意承旨，各希时趣，人执反理之评，士吐诡道之论，遂使清流变浊，忠臣结舌。陛下处九天之上，隐百重之室，言出风靡，令行景从，亲洽宠媚

古代的圣明帝王，之所以能隐居深宫之内而知晓万里以外的情况，垂衣拱手坐在床席之上，就能够光耀八方极远之地，是任用贤人的功绩。陛下凭着至高的德行和贤良的资质继承皇业，应该以身作则，履行正道，恭敬地奉守帝位，表彰贤人善行，以安定各项政务。自近些年来，朝臣安置纷乱错误，贤臣与劣吏倒换，大小官员形同虚设，文人武士不得其用，地方上没有得力的将帅，朝廷内没有忠勤的侍臣；谄媚阿谀之徒飞黄腾达，干预朝政玩弄权术，欺世盗名攫取利益，忠诚贤良的人遭到排挤迫害。因而正直的人被摧折棱角，平庸小臣却苟合献媚，揣摩顺承旨意，各自迎合当时流俗，人人操持违背正理的品评，个个口吐欺骗诡诈的议论，因而使原本正直的人变成了污浊的人，忠诚敦厚的臣下不敢讲话。陛下身处最高位置，住在重屋深宫之中，话一出口百姓就顺风而从，诏令一发布臣民就如影子般依附，亲近那些邀宠取媚的佞臣，每天听到的是阿顺

之臣，日闻顺意之辞，将谓此辈实贤，而天下已平也。臣心所不安，敢不以闻。

心意的言辞，就会认为这帮人真是贤士，而天下已经太平了。臣心中不安，怎么敢不直言劝谏让皇上听闻呢。

臣闻兴国之君乐闻其过，荒乱之主乐闻其誉；闻其过者过日消而福臻，闻其誉者誉日损而祸至。是以古之人君，揖让以进贤，虚己以求过，譬天位于乘奔，以虎尾为警戒。至于陛下，严刑法以禁直辞，黜善士以逆谏臣，眩耀毁誉之实，沈沦近习之言。昔高宗思佐，梦寐得贤，而陛下求之如忘，忽之如遗。故常侍王蕃忠恪在公，才任辅弼，以醉酒之间加之大戮。近鸿胪葛奚，先帝旧臣，偶有逆迕，昏醉之言耳，三爵之后，礼所不讳，陛下猥发雷霆，谓之轻慢，饮之醇酒，中毒陨命。自是之后，海内悼心，朝臣失图，仕者以退为幸，居者以出为福，诚非所以保光洪绪，熙隆道化也。

臣听说，想使国家兴盛的君主乐于听取别人指出他的过失，荒乱昏淫的君主喜欢听到讨好赞誉他的言辞；乐于闻过的君主过失会一天天地消除而幸福来临，爱听赞誉的君主赞誉会日益减少而祸难临头。因此古代的帝王，用恭敬礼让来招引贤士，用谦虚的态度来征求批评，将身处皇帝之位当做乘坐奔马一般的谨慎，像踩上老虎尾巴一般的警觉。待到陛下您却通过加强刑罚来禁止忠直的意见，用贬废贤士来对付谏争的臣下，看不清荣辱毁誉的实质，沉迷于宠媚小臣的花言巧语。过去殷高宗思念辅佐贤才，梦寐以求得到贤士，而陛下却好像忘记了求贤的事，疏忽得像遗失的东西一样。前常侍王蕃忠勤守职，奉公为国，才能可以担当宰相，因为喝酒醉倒就加以杀戮。近有鸿胪葛奚，是先帝时的老臣，偶尔讲几句违逆的话，不过是沉醉之后的言辞，酒喝过三杯，本来就是可以不拘于礼数的，陛下却滥发雷霆之怒，认为葛奚不恭顺，让他喝下烈酒，致使中毒身亡。从此之后，国内人人伤心，朝中大臣失去宏图大志，已经做官的人认为退隐是值得庆幸的事，京城为官的人认为到外地任职是福分，这样下去，确实不是用来保持光大皇帝宏业，兴隆仁德教化的做法啊。

又何定本趋走小人，仆隶之下，身无锱铢之行，能无鹰犬之用，而陛下爱其佞媚，假其威柄，使定恃宠放恣，自擅威福，口正国议，手弄天机，上亏日月之明，下塞君子之路。夫小人求入，必进奸利，定间妄兴事役，发江边戍兵以驱麋鹿，结罝山陵，芟夷林莽，殚其九野之兽，聚于重围之内，上无益时之分，下有损耗之费。

再说何定本来不过是个跑腿的小人，地位在一般奴仆之下，自身没有丝毫德行，能力还比不上鹰犬的作用，陛下却喜爱他善于巧言谄媚，给予他威权，使得何定依仗着宠幸而肆意胡为，嘴控制着国家舆论，手掌握着国家机密，于上损害皇帝的日月之明，在下堵塞正人君子的言路。小人一旦求得宠信，必定要用不正当的手段获取利益，何定近来妄自兴起事功劳役，征调长江沿线守卫的士兵去追猎麋鹿，在山中布设兽网，砍伐森林草木，驱赶各地的山野兽类，聚歼于重重围猎之中。这种行为对上没有补益时政的成分，对下却有损耗人力物力的浪

而兵士罢于运送，人力竭于驱逐，老弱饥冻，大小怨叹。臣窃观天变，自比年以来阴阳错谬，四时逆节，日食地震，中夏陨霜，参之典籍，皆阴气陵阳，小人弄势之所致也。臣尝览书传，验诸行事，灾祥之应，所为寒栗。昔高宗修己以消鼎雉之异，宋景崇德以退荧惑之变，愿陛下上惧皇天谴告之诮，下追二君攘灾之道，远览前代任贤之功，近寤今日谬授之失，清澄朝位，旌叙俊乂，放退佞邪，抑夺奸势，如是之辈，一勿复用，广延淹滞，容受直辞，祗承乾指，敬奉先业，则大化光敷，天人望塞也。

《传》曰："国之兴也，视民如赤子；其亡也，以民为草芥。"陛下昔韬神光，潜德东夏，以圣哲茂姿，龙飞应天，四海延颈，八方拭目，以成康之化必隆于旦夕也。自登位以来，法禁转苛，赋调益繁；中官内竖，分布州郡，横兴事役，竞造奸利；百姓罹杼轴之困，黎民罢无已之求，老幼饥寒，家户菜色，而所在长吏，迫畏罪负，严法峻刑，苦民求办。是以人力不堪，家户离散，呼嗟之声，感伤和气。又江边戍兵，远当以拓土广境，近当以守界备难，宜特优育，以待有事，而征发赋调，烟至云集，衣不全裋

费。况且兵士因运送而疲劳，人力因驱逐而竭尽，老的弱的饥饿挨冻，上上下下的人愤恨哀叹不止。臣私下观察天象的变异，近些年来，星象运行阴阳错乱，四季的节气反常，有日食、地震，五月竟然降霜，参酌书籍记载，这都是因为阴气压倒了阳气，有小人玩弄权势而造成的。我曾翻看典籍记载，验证现行的政务，预示着将发生灾异，真是为这些灾祸害怕得发抖。昔日殷高宗修养自身的德行，消除了飞雉落在鼎上预兆的灾异，宋景公崇尚德义，免去了荧惑星预示的祸患，希望陛下在上敬畏皇天的告诫责备，在下则追随殷高宗、宋景公排除灾祸的做法，远观前代帝王任用贤良的功效，近悟今日错授官职的过失，清理朝廷官位，表彰奖励有德才的人，斥退邪恶小人，抑制压倒奸邪势力，诸如此类的人，统统不再任用，广招被压抑的人才，宽容采纳直言忠告，恭谨地秉承皇天的旨意，崇敬地奉守祖先大业，这样，就会使仁德遍布，天上人间的怨恨就止息了。

《左传》说："国家兴旺的，那一定是君主将百姓像婴孩般爱护；国家败亡的，就是君主对待人民像草芥一般。"陛下往昔蕴蓄着神圣光辉，在国家东部深修德义，凭着超凡的聪慧和美好的资质，如龙腾飞，顺应天意而登上帝位。于是海内民众伸颈期待，八方百姓拭目盼望，认为昔日周成王、周康王时的太平景象一定会在眼前兴盛。然而，自从您登上帝位以来，法律禁令变得苛刻，赋税征收日益繁多；宫廷里的小人弄臣，分布到各州各郡，无端兴起事役，竞相谋取私利；百姓遭受搜刮一空的困厄，人民疲竭于无休止的勒索，家家老幼饥寒交迫，户户百姓面有菜色。而各个地方的负责官员，迫于害怕承担罪责。就使用苛刻的法律酷刑，苦逼人民按要求办理。因此百姓不堪承受，家庭离散，哀怨声声，损伤了国家的和顺景象。再说在长江沿线防卫的士兵，从长远的目标考虑，需要他们开拓国土扩大边境，从目前的任务来说，需要防守国界应付战祸，应该特别优待养蓄，以便到了有战事时使用。现在却向他们征收赋税，如烟云一般密集，弄得他们连粗陋

褐，食不赡朝夕，出当锋镝之难，入抱无聊之戚。是以父子相弃，叛者成行。愿陛下宽赋除烦，振恤穷乏，省诸不急，荡禁约法，则海内乐业，大化普洽。夫民者国之本，食者民之命也，今国无一年之储，家无经月之畜，而后宫之中坐食者万有余人。内有离旷之怨，外有损耗之费，使库廪空于无用，士民饥于糟糠。

又北敌注目，伺国盛衰，陛下不恃己之威德，而怙敌之不来，忽四海之困穷，而轻虏之不为难，诚非长策庙胜之要也。昔大皇帝勤身苦体，创基南夏，割据江山，拓土万里，虽承天赞，实由人力也。余庆遗祚，至于陛下，陛下宜勉崇德器，以光前烈，爱民养士，保全先轨，何可忽显祖之功勤，轻难得之大业，忘天下之不振，替兴衰之巨变哉？臣闻否泰无常，吉凶由人，长江之限不可久恃，苟我不守，一苇可航也。昔秦建皇帝之号，据殽函之阻，德化不修，法政苛酷，毒流生民，忠臣杜口，是以一夫大呼，社稷倾覆。近刘氏据三关之险，守重山之固，可谓金城石室，万世之业，任授失贤，一朝丧没，君臣系颈，共为羁仆。此当世之明鉴，目前之炯戒也。愿陛下远考前事，近鉴世变，丰基强本，割情从道，则成康之治兴，而圣祖之祚隆矣。

的衣服都穿不上，吃饭有了上顿没下顿。他们出征要担当刀箭的死难，归来后又面临无所依托的悲伤。因此父子互相离弃，背叛的人成群结队。希望陛下放宽赋税，除掉繁杂的征收，赈济抚恤穷苦无靠的人，减去一些不急需的项目，尽除苛烦的法令禁约，那么天下百姓就会安居乐业，仁德教化就会融和普遍。人民是国家的根本，食物是人民的生命。现在国内没有够用一年的储存，家中没有够用一月的蓄积，而皇帝的后宫里坐享食用的有一万多人。宫内有女子无夫的旷怨，在外造成国家费用的巨大开支，使得仓库空着无用，臣民饥食糟糠。

再则北边的敌国集中注意力，日夜注视我国的盛衰变化，陛下不依仗自己的威德治理好国家，而是依赖敌人不来入侵，忽略四境之内老百姓的困顿贫苦，掉以轻心地认为敌国不会发难，这确实不是长远的良策，稳操胜券的措施。往昔大皇帝亲身劳苦，创立基业于江南，割据江山，开拓了万里疆界，虽说承蒙上天的帮助，也着实是靠了人为的努力啊。留下的洪福伟业，传到陛下身上，陛下应当努力崇尚德才，来光大祖先功业，爱护人民、蓄养士卒，保全先祖的治国法则，怎么能够忽视显扬先祖的赫赫功劳，轻视艰难开创得来的皇业，忘却天下的衰败，废弃国运兴衰巨变的思虑呢？我听说祸福没有常规，吉凶取决于人，长江天险也不可长久依仗，假如我们不加防卫，一叶小舟即可渡过。从前秦始皇建立皇帝的尊号，据守殽山、函谷关的天然险阻，却不施行仁德，法律政令苛刻残酷，祸害人民，忠臣闭口不敢进言，因此一人呼号万人响应，致使国家灭亡。眼前的蜀国刘禅，占据有三关天险，把守重重山岭，称得上是金属铸造的城池，岩石修建的房屋，遗传万代的事业。却因为任用臣僚时没有用贤人，瞬息间国家丧灭，君臣投降，都成了拘系在异国他乡的奴仆。这是当代明明白白的事例，眼前清清楚楚的教训啊。希望陛下远察前代的事迹、近鉴当世的事变，丰厚国家基础，加强根本措施，割弃私情，遵循正道，那么周成王、周康王一般天下大治的景象就会出现，而先圣开创的帝业也会兴隆了。

书奏，皓深恨之。邵奉公贞正，亲近所惮。乃共谮邵与楼玄谤毁国事，俱被诘责。玄见送南州，邵原复职。后邵中恶风，口不能言，去职数月，皓疑其托疾，收付酒藏，掠考千所，邵卒无一语，竟见杀害，家属徙临海。并下诏诛玄子孙，是岁天册元年也，邵年四十九。④

谏书奏知皇上，孙皓深深痛恨贺邵。贺邵奉公正直，宠臣佞臣都害怕他。于是合伙诬告贺邵与楼玄诽谤国家政务，二人都遭审问。楼玄被发送广州，贺邵被原谅赦罪复职。后来贺邵严重中风，口不能说话，离职数月，孙皓疑心他是假托生病，就拘捕交付管理酒务的官署，拷打上千次，贺邵始终没有讲出一句话来，最终被杀害，家属被流放到临海郡。同时发出诏令，诛杀楼玄的子孙，这年是天册元年，贺邵四十九岁。

韦曜字弘嗣，吴郡云阳人也。⑤少好学，能属文，从丞相掾，除西安令，还为尚书郎，迁太子中庶子。

韦曜字弘嗣，吴郡云阳县人。少年时代就好学，善于写文章，从丞相掾改任西安县令，回京都担任尚书郎，再迁升为太子中庶子。

时蔡颖亦在东宫，性好博弈，太子和以为无益，命曜论之。其辞曰：

当时蔡颖也在东宫任职，生性爱好博局和围棋，太子孙和认为没有益处，就叫韦曜写文章。文章说：

盖闻君子耻当年而功不立，疾没世而名不称，故曰学如不及，犹恐失之。是以古之志士，悼年齿之流迈而惧名称之不立也，故勉精厉操，晨兴夜寐，不遑宁息，经之以岁月，累之以日力，若宁越之勤，董生之笃，渐渍德义之渊，栖迟道艺之域。且以西伯之圣，姬公之才，犹有日昃待旦之劳，故能隆兴周道，垂名亿载，况在臣庶，而可以已乎？历观古今立功名之士，皆有累积殊异之迹，劳身苦体，契阔勤思，平居不堕其业，穷困不易其素，是以卜式立志于耕牧，而黄霸受道于囹圄，终有荣显之福，以成不朽之名。故山甫勤于夙

我听说有志向的人羞愧年富力强之时而不能建立功业，悔恨人之将死而名声不显扬，所以说追求知识犹恐赶不上，生怕失落。因此古代有志向的人，悲叹年华虚度并害怕名声没有树立，所以殚精竭虑、砥砺节操，早起晚睡，无暇安歇。长年累月地坚持，逐日努力地积累，像宁越一般的勤勉，像董生一般的笃实，渐渐浸渍在仁义道德的意蕴中，栖身于学问技艺的领域内。就连西伯、姬公那样的圣王贤才，尚且还忙得日头过了正午还来不及吃午饭，思考政事而直至天明，因此能使周朝兴盛，使自己名垂万代，何况一般的群臣百姓，可以停止追求吗？纵观自古及今建立了功德名望的贤士，都有着日积月累、非同一般的经历，劳苦身体，竭尽心思，平时不放松追求的事业，不得志、遭受挫折也不改变自己的志向。因此卜式在牧羊耕种时立下富贵之志，黄霸在狱中拜师获得学问，最终都获得了荣耀显贵的幸福，成就了不朽的名声。所以仲山甫日夜勤劳，

夜，而吴汉不离公门，岂有游惰哉？

吴汉终日在公署守职，哪有闲逸懒散的呢？

今世之人多不务经术，好玩博弈，废事弃业，忘寝与食，穷日尽明，继以脂烛。当其临局交争，雌雄未决，专精锐意，心劳体倦，人事旷而不修，宾旅阙而不接，虽有太牢之馔，《韶》、《夏》之乐，不暇存也。至或赌及衣物，徙棋易行，廉耻之意弛，而忿戾之色发，然其所志不出一枰之上，所务不过方罫之间，胜敌无封爵之赏，获地无兼土之实。技非六艺，用非经国；立身者不阶其术，征选者不由其道。求之于战陈，则非孙、吴之伦也；考之于道艺，则非孔氏之门也。以变诈为务，则非忠信之事也。以劫杀为名，则非仁者之意也；而空妨日废业，终无补益。是何异设木而击之，置石而投之哉！且君子之居室也勤身以致养，其在朝也竭命以纳忠，临事且犹旰食，而何博弈之足耽？夫然，故孝友之行立，贞纯之名彰也。

现在世上的人大多不致力于经学儒术，喜欢玩博局、围棋，荒废抛弃事业，忘记寝食，从白天玩到天黑，点上灯烛又继续。每当身处棋局中，胜负未分之时，则专注精神，弄得心劳体倦，事务废置不理会，宾客和使者也不接待，虽然有丰盛的饮宴，动听的《韶》、《夏》乐典，也无暇顾念。甚至于赌光了身上的衣服，移情棋局而改变了应有的品行，廉洁知耻的意识废弛，愤怒蛮横的丑态显露。然而，这些人的志向不超出棋盘之外，所进行的不过是方格之间的争夺，胜过对手没有进封爵位的赏赐，获得了棋局上的地盘没有兼并土地的实际意义。技能不属于儒学经典，功用不能治理国家；想建树功名的人不可能以这种特长作为进身之术，想被征用提拔的人也不可能以这一途径作为通途。研究战阵的布置，却并不是孙武、吴起那一类真正的军事家；考核儒学技艺，也不属孔子的后学门生。致力于机变诡诈，则不是忠诚的事业；以劫夺凶杀为名声，也不是仁爱者的愿望；却白白地浪费时间、荒废正业，最终毫无补益。这同树一根木杆又击倒它，放一块石头去投掷它又有什么区别呢？况且君子居家就劳累身心来提高修养，在朝廷就竭诚效力奉献忠心，遇事还将要无暇进食，又哪能有闲沉溺于博局、围棋呢？只有这样，才能促使忠孝的品行树立，贞洁正直的名声显扬啊。

方今大吴受命，海内未平，圣朝乾乾，务在得人，勇略之士则受熊虎之任，儒雅之徒则处龙凤之署，百行兼苞，文武并骛，博选良才，旌简髦俊，设程试之科，垂金爵之赏，诚千载之嘉会，百世之良遇也。当世之士，宜勉思至道，爱功惜力，以佐明时，使名书史籍，

当今大吴国承受天命，天下没有太平，圣朝自强不息，致力于求得人才。骁勇善谋的人担当熊虎般的猛将重任，儒雅的读书人就担任龙凤般的高级文官，各种人才兼容包揽，文臣武将一齐奋进，广泛地选择良才，表彰与选拔俊秀，设立按规程考试的科目，悬赏金印紫绶的爵位，真是千载一逢的时刻，百代一遇的良机啊。当代的贤士，应该努力追求最高德义，热爱事业珍惜气力，用以辅助圣明的时代，使姓名载入史册，功勋记入盟府，这才是君子的头

勋在盟府，乃君子之上务，当今之先急也。

等正事，当今最急迫的事情。

夫一木之枰孰与方国之封？枯棋三百孰与万人之将？衮龙之服，金石之乐，足以兼棋局而贸博弈矣。假令世士移博弈之力而用之于诗书，是有颜、闵之志也；用之于智计，是有良、平之思也；用之于资货，是有猗顿之富也；用之于射御，是有将帅之备也。如此则功名立而鄙贱远矣。

一块木制的棋盘哪里能比得上方国的封赏？三百个没有生命的棋子哪里能够比得上统率万人的将领？身着饰有龙形的贵族礼服，享受钟磬演奏的音乐，是足以取代博局和围棋的乐趣的。如果当代的人能够将博局和下围棋的精力转移到攻读诗书上，这就会有颜回、闵子骞的志向；将精力用于智谋方面，这就会具有张良、陈平的谋略；将精力用于积聚贸易，这将会获得猗顿一样的豪富；将精力使用于射箭驾车，这将会具有将帅的才能。这样就可以树立功名而远离鄙贱了。

和废后，为黄门侍郎。孙亮即位，诸葛恪辅政，表曜为太史令，撰《吴书》，华覈、薛莹等皆与参同。孙休践阼，为中书郎、博士祭酒。命曜依刘向故事，校定众书。又欲延曜侍讲，而左将军张布近习宠幸，事行多玷，惮曜侍讲儒士，又性精确，惧以古今警戒休意，固争不可。休深恨布，语在休传。然曜竟止不入。

孙和被废掉太子之位后，韦曜担任了黄门侍郎。孙亮登帝位后，诸葛恪辅持国政，上表举荐韦曜为太史令，撰写《吴书》，华覈、薛莹等人都参与这项工作。孙休登位后，韦曜任中书郎、博士祭酒。孙休叫韦曜效法西汉刘向的做法，校定各种典籍，又准备请韦曜给自己讲论群书。左将军张布是皇帝的亲近宠信之臣，品质、行为有许多问题，畏惧韦曜这类担任侍讲的儒生，加之韦曜个性精明刚强，也担心韦曜用古今历史来警戒孙休，就坚持争谏不许可。孙休十分怨恨张布，具体记载在《孙休传》中，然而韦曜也终究没能入宫侍讲。

孙皓即位，封高陵亭侯，迁中书仆射，职省，为侍中，常领左国史。时所在承指数言瑞应。皓以问曜，曜答曰："此人家筐箧中物耳。"又皓欲为父和作纪，曜执以和不登帝位，宜名为传。如是者非一，渐见责怒。曜益忧惧，自陈衰老，求去侍、史二官，乞欲成所造书，以从业别有所付，皓终不听。时有疾病，医药监护，持之愈急。

孙皓登帝位后，封韦曜为高陵亭侯，担任中书仆射，以后机构简省，担任侍中，曾经兼任左国史。当时四处奉承迎合皇帝旨意多次报告天降祥瑞。孙皓询问韦曜，韦曜却回答说："这都是平民百姓很平常的言论。"另外孙皓想要为他的父亲孙和作《纪》，韦曜坚持认为孙和没有登皇帝位，应该称为《传》。像这样意见不一致的事不只一回，渐渐地韦曜受到孙皓的责备怒斥。韦曜也一天比一天忧虑恐惧，自己申述已经衰老了，请求免除侍中、左国史两项官职，乞求说想要完成自己所要撰写的书，因为自己所从事的事业另有所托，孙皓始终不允许。这期间韦曜经常生病，孙皓派人医治监护，挟制他越来越严密。

皓每飨宴，无不竟日，坐席无能否率以七升为限，虽不悉入口，皆浇灌取尽。曜素饮酒不过二升，初见礼异时，常为裁减，或密赐茶荈以当酒，至于宠衰，更见逼强，辄以为罪。又于酒后使侍臣难折公卿，以嘲弄侵克，发摘私短以为欢。时有愆过，或误犯皓讳，辄见收缚，至于诛戮。曜以为外相毁伤，内长尤恨，使不济济，非佳事也，故但示难问经义言论而已。皓以为不承用诏命，意不忠尽，遂积前后嫌忿，收曜付狱，是岁凤皇二年也。

孙皓每次宴饮，没有不是一整天的，赴宴的人不论能不能喝酒都以七升为标准，即使有的人不能全部喝到口中，也都要灌着喝干。韦曜向来饮酒不超过二升，当初受到特殊礼遇时，常常替他减少，有时就秘密地赐给茶水代酒。待到宠信衰减，就越发受到逼迫，总把它当做罪过。孙皓又常在酒后指使亲近侍臣为难、折辱大臣，以嘲弄欺侮，揭发隐私、短处作为乐趣。有时或有失误，或无意中冒犯了孙皓的忌讳，就遭到逮捕捆绑，甚至杀戮。韦曜认为肉体上相互损伤，内心又滋长怨恨，致使臣僚不能和洽，不是好事情，因此只是讲些难于解答的经籍典故而已。孙皓认为韦曜不顺从诏令，心里对皇帝不忠诚，于是集中前前后后的嫌隙怨恨，将韦曜拘捕交付监狱，这年是凤皇二年。

曜因狱吏上辞曰："囚荷恩见哀，无与为比，曾无芒氂有以上报，孤辱恩宠，自陷极罪。念当灰灭，长弃黄泉，愚情慺慺，窃有所怀，贪令上闻。囚昔见世间有古历注，其所纪载既多虚无，在书籍者亦复错谬。囚寻按传记，考合异同，采摭耳目所及，以作《洞纪》，起自庖牺，至于秦、汉，凡为三卷，当起黄武以来，别作一卷，事尚未成。又见刘熙所作《释名》，信多佳者，然物类众多，难得详究，故时有得失，而爵位之事，又有非是。愚以官爵，今之所急，不宜乖误。囚自忘至微，又作《官职训》及《辩释名》各一卷，欲表上之。新写始毕，会以无状，幽囚待命，泯没之日，恨不上闻，谨以先死列状，乞上言秘府，于外料取，呈

韦曜托付狱吏呈上奏文，说："罪囚领受皇恩得到怜爱，无与伦比，过去没有丝毫功绩可以上报，辜负辱没了您的恩爱宠信，自己陷入了死罪。想着本该像死灰一样消灭，被永远抛至黄泉之地，但愚昧的情愫仍是殷勤黾勉，心里有些想法，希望得到皇上的听取。罪囚往日看到社会上流传着古历注，它所记载的那些事很多都是虚假没有根据的，而且记载入书中的人事又多有错谬。我搜寻、查考史籍传记，考核异同，采集耳闻目睹的材料，用来撰写为《洞纪》，起于庖犠时代，止于秦、汉，共作三卷，还应当从黄武年间东吴立国以来，另作一卷，这事还没有完成。又看到刘熙所作的《释名》，确实有许多好的材料，然而种类众多，难得详尽考究，因此间或存在失误之处，而其中对于爵位的记载，又有不正确的地方。我认为对官爵的记载，是当今急需探求清楚的，不宜错误。我不顾自己最卑微的地位，又写出《官职训》及《辩释名》各一卷，准备写表奏呈皇上。刚刚完成，遇上无礼获罪，囚禁等候处置，死亡之日，遗憾此书不能使皇帝知道，谨在死前陈述，乞求皇上告诉私府的官员，前往收取，呈入宫内让皇上

内以闻。追惧浅蔽,不合天听,抱怖雀息,乞垂哀省。”

曜冀以此求免,而晧更怪其书之垢故,又以诘曜。曜对曰:“囚撰此书,实欲表上,惧有误谬,数数省读,不觉点污。被问寒战,形气呐吃。谨追辞叩头五百下,两手自搏。”而华覈连上疏救曜曰:“曜运值千载,特蒙哀识,以其儒学,得与史官,貂蝉内侍,承合天问,圣朝仁笃,慎终追远,迎神之际,垂涕敕曜。曜愚惑不达,不能敷宣陛下大舜之美,而拘系史官,使圣趣不叙,至行不彰,实曜愚蔽当死之罪。然臣慺慺,见曜自少勤学,虽老不倦,探综坟典,温故知新,及意所经识古今行事,外吏之中少过曜者。昔李陵为汉将,军败不还而降匈奴,司马迁不加疾恶,为陵游说,汉武帝以迁有良史之才,欲使毕成所撰,忍不加诛,书卒成立,垂之无穷。今曜在吴,亦汉之史迁也。伏见前后符瑞彰著,神指天应,继出累见,一统之期,庶不复久。事平之后,当观时设制,三王不相因礼,五帝不相沿乐,质文殊涂,损益异体,宜得曜辈依准古义,有所改立。汉氏承秦,则有叔孙通定一代之仪,曜之才学亦汉通之次也。又《吴书》虽已有头角,叙赞未述。昔班固作《汉书》,文辞典雅,后刘珍、刘毅等作《汉记》,远不及

知悉。回想起来害怕我的浅薄愚昧不合圣听,害怕得如鸟一般轻轻呼吸,乞求布施哀怜省察。”

韦曜希望因为这些撰写的书籍而求得免罪,孙晧却又责怪他撰修的书卷脏污,因此又责问韦曜。韦曜回答说:“罪囚撰写这书,确实是准备上表呈奏给皇上的,因为担心有错误,多次省察阅读,不觉污损了。受到责问我浑身发抖,心慌舌结。谨补充说明并叩头五百下,两手抽打自己。”华覈接连上书营救韦曜说:“韦曜有幸身处千载难逢之机,特别受到皇上的怜爱赏识,凭着他的儒家学问,得以受任为史官,成了显贵的近臣,承听应答皇上的垂问。圣明的朝代仁爱忠信,庄重地对待父母丧祭大事,追怀先祖的伟绩丰功,迎神的时候,曾流着泪吩咐韦曜给孙和作《纪》。韦曜愚昧糊涂而不通达,不能播扬陛下大舜般的美德,却拘束于史官旧规,致使皇上的意趣不能叙于史册,最高的美德不能显露,这实在是韦曜愚昧该死的罪行。然而臣再次恭谨地进言,看到韦曜从小勤恳地学习,现在虽年老而不知疲倦,研究古籍,温习旧书能够有新的见解,及其思维所至,能辨析古今行事,其他官员中少有超过韦曜的。过去李陵身为汉将,军队战败没有回到汉朝而投降匈奴,司马迁不加憎恨,反而替李陵游说,但汉武帝认为司马迁有良史的才能,想让他完成所撰写的《史记》,容忍而不加诛杀,《史记》终于得以完成,流传万代。今日韦曜在吴国,也相当于西汉的司马迁。观察到近来吉兆显明,神灵、天象,接连多次出现,统一的日期,将不会太久。统一之后,当要依时局而订立制度,三王不因袭礼仪,五帝不沿袭乐章,质朴和文采有不同的风格,减少与增加有不同的体现,应当依靠韦曜一类的人才依照古代法则,有所变革制定。汉代承接秦朝,就有叔孙通制定一代的礼仪,韦曜的才学与汉代叔孙通也属同一等次。再则《吴书》虽然已基本成形,但叙赞还没有写。往昔班固撰写《汉书》,文辞典雅,此后刘珍、刘毅等人撰写的《汉纪》,远远比不上班固的《汉书》,而所作的

固，叙传尤劣。今《吴书》当垂千载，编次诸史，后之才士论次善恶，非得良才如曜者，实不可使阙不朽之书。如臣顽蔽，诚非其人。曜年已七十，余数无几，乞赦其一等之罪，为终身徒，使成书业，永足传示，垂之百世。谨通进表，叩头百下。”皓不许，遂诛曜，徙其家零陵。子隆，亦有文学也。

叙传尤其低劣。当今修撰的《吴书》将要流传千载，编排各种史料，然后由有才学的人评定善恶，非得有良史才能如韦曜这样的人，确实不能够使他缺漏了这部不朽的书。像臣这样的愚笨浅识的人，确实不是合适的人。韦曜的年龄已有七十岁，余下的日子没有多少了，乞求赦免一等的罪，判处为终身服役，使他完成修史的事业，永久示于后人，使它流传百世。谨此进呈奏表，叩头百次。”孙皓不准许，接着诛杀了韦曜，流放他的家属到零陵郡。韦曜的儿子韦隆，也有文才学问。

华覈字永先，吴郡武进人也。始为上虞尉、典农都尉，以文学入为秘府郎，迁中书丞。

华覈字永先，吴郡武进县人。起初担任上虞尉、典农都尉，凭着他的文才博学，被召入京城任秘府郎，升为中书丞。

蜀为魏所并，覈诣宫门发表曰：“间闻贼众蚁聚向西境，西境艰险，谓当无虞。定闻陆抗表至，成都不守，臣主播越，社稷倾覆。昔卫为翟所灭而桓公存之，今道里长远，不可救振，失委附之土，弃贡献之国，臣以草芥，窃怀不宁。陛下圣仁，恩泽远抚，卒闻如此，必垂哀悼。臣不胜忡怅之情，谨拜表以闻。”

蜀国被魏国吞并，华覈来到宫门呈递奏章说：“近来听说敌国兵众大规模地集结攻打蜀国，蜀国地势险阻，本以为不会有意外。直至陆抗呈报，才确切地得知成都失守，蜀国君臣散离，国家灭亡。从前卫国被北翟攻灭而齐桓公使卫国重建，现在蜀国距离我国路途遥远，不可能挽救光复，丧失了依附于我国的土地，丢失了贡献物产的属国，臣虽位卑人微，也心中不安。陛下圣贤仁德，恩泽普降远方，突然听到这个消息，一定心生哀悼之情。我心中不胜忧伤，谨叩拜并呈递奏章给您。”

孙皓即位，封徐陵亭侯。宝鼎二年，皓更营新宫，制度弘广，饰以珠玉，所费甚多。是时盛夏兴工，农守并废，覈上疏谏曰：

孙皓登帝位后，封华覈为徐陵亭侯。宝鼎二年，孙皓要另外营建新的宫殿，规模扩大，用珠玉来装饰，花费巨大。这时正当盛夏兴起工役，农耕、防卫一同废弃，华覈递上奏章劝谏说：

臣闻汉文之世，九州晏然，秦民喜去惨毒之苛政，归刘氏之宽仁，省役约法，与之更始，分王子弟以藩汉室，当此之时，皆以为泰山之安，无穷之基也。至于贾谊，独以为可痛哭及流涕者三，可为长叹

臣听说汉文帝时代，天下安定，曾在秦朝统治下的人民悦于除掉了惨毒的苛政，归附于刘氏的宽仁政治之中，减免劳役，制定法规，与人民一道重新开始新的生活。分封王室子弟藩卫汉家天下，这个时候，人人认为汉朝安如泰山，建立了万代基业。而在贾谊看来，偏偏认为值得为汉朝痛哭流泪的有三个方面，值得为之深深叹息的隐患有六个方面，甚

息者六，乃曰当今之势何异抱火于积薪之下而寝其上，火未及然而谓之安。其后变乱，皆如其言。臣虽下愚，不识大伦，窃以曩时之事，揆今之势。

谊曰复数年间，诸王方刚，汉之傅相称疾罢归，欲以此为治，虽尧舜不能安。今大敌据九州之地，有大半之众，习攻战之余术，乘戎马之旧势，欲与中国争相吞之计，其犹楚汉势不两立，非徒汉之诸王淮南、济北而已。谊之所欲痛哭，比今为缓，抱火卧薪之喻，于今而急。大皇帝览前代之如彼，察今势之如此，故广开农桑之业，积不訾之储，恤民重役，务养战士，是以大小感恩，各思竭命。斯运未至，早弃万国。自是之后，强臣专政，上诡天时，下违众议，亡安存之本，邀一时之利，数兴军旅，倾竭府藏，兵劳民困，无时获安。今之存者乃创夷之遗众，哀苦之余民耳。遂使军资空匮，仓廪不实，布帛之赐，寒暑不周，重以失业，家户不赡。而北积谷养民，专心向东，无复他警。蜀为西藩，土地险固，加承先主统御之术，谓其守御足以长久，不图一朝，奄至倾覆。唇亡齿寒，古人所惧。交州诸郡，国之南土，交阯、九真二郡已没，日南孤危，存亡难保，合浦以北，民皆摇动，因连避役，多有离叛，而备戍减少，威镇

至说当时的汉朝政局无异于置火种于堆积的柴草之下，却睡在它上面，火还没有燃起来，于是以为平安无事。后来发生的变乱，都如贾谊所说的一样。臣虽是下等愚夫，不明察政局大势，姑且以昔日的历史事实，来推考当今的时势。

当时贾谊预言再过数年，诸分封王正当盛年，而汉王朝委派给诸侯王的辅政大臣都会因老病退位，想在这时候治理好国家，即使尧舜也不能做到。现在强敌占据中原领土，拥有天下大半民众，世代传授攻战的各种战术，人民习惯于戎马生涯。如果打算与晋国争相吞并，那情形如楚、汉一样势不两立，不只是像汉代分封的淮南王、济北王那样。贾谊为之痛哭的隐患，比今日吴国的危机要轻缓得多，将汉朝的政局比喻为抱着火睡在柴草上，却比今天吴国人的心情更焦急。大皇帝观览前代历史教训，是那么深刻，明察今日局势是如此严峻，所以广泛开辟农田、蚕桑事业，积聚起不可估量的物资储备，体恤人民的沉重劳役，致力于保养战士，因此人人感恩戴德，个个愿意竭力效命。统一的局面还没有实现，大皇帝却早早地离开了广大臣民。从此以后强臣把持政务，上逆天时而行，下违众议胡为，抛弃安定图存的根本，求取一时的功利，屡次兴发军旅，耗尽库府钱财，军队疲劳，百姓贫困，没有时候得到安宁。如今幸存的百姓不过是些饱受创伤、历经哀苦后遗留的民众罢了。终于弄得军用物资缺乏，仓库空虚，布帛的供给，寒暑不能周全，再加上人民失去了谋生的产业，家家户户不能自给。而北边的敌国积储粮食，修养民众，一心想吞并我们，没有别的敌人要警戒。蜀国作为我们西边的藩篱，地势险固，加之承接先主统治策略，都说他们的防御足以持久，没料到一时间，忽然亡国。唇亡齿寒，是古人都惧怕的。交州各郡，是我国的南部疆土，交阯、九真二郡已经失去，日南郡也形势孤立危险，存亡难以保证。合浦郡以北，民心都已动摇，由于连连逃避劳役，许多人离散背叛，防备的军队减少，威慑的作用

转轻，常恐呼吸复有变故。昔海虏窥窬东县，多得离民，地习海行，狃于往年，钞盗无日，今胸背有嫌，首尾多难，乃国朝之厄会也。诚宜住建立之役，先备豫之计，勉垦殖之业，为饥乏之救。唯恐农时将过，东作向晚，有事之日，整严未办。若舍此急，尽力功作，卒有风尘不虞之变，当委版筑之役，应烽燧之急，驱怨苦之众，赴白刃之难，此乃大敌所因为资也。如但固守，旷日持久，则军粮必乏，不待接刃，而战士已困矣。

昔太戊之时，桑榖生庭，惧而修德，怪消殷兴。荧惑守心，宋以为灾，景公下从瞽史之言，而荧惑退舍，景公延年。夫修德于身而感异类，言发于口而通神明，臣以愚蔽，误忝近署，不能翼宣仁泽以感灵祇，仰惭俯愧，无所投处。退伏思惟，荧惑桑谷之异，天示二主，至如他余锱介之妖，近是门庭小神所为，验之天地，无有他变，而征祥符瑞前后屡臻，明珠既觌，白雀继见，万亿之祚，实灵所挺，以九域为宅，天下为家，不与编户之民转徙同也。又今之宫室，先帝所营，卜土立基，非为不祥。又杨市土地与宫连接，若大功毕竟，舆驾迁住，门行之神，皆当转移，犹恐长久未必胜旧。屡迁不可，留则有嫌，此乃愚臣所

越来越弱，经常担心瞬息之间又有变乱发生。昔日海盗伺机劫掠沿海各县，掳掠了许多百姓，既熟悉地理，又在海上行动，比往年更加习以为常，没有一天不劫掠。如今前后都有仇敌，两头受难，真是国家多种困厄交集之时啊。实在应该停止建筑宫殿的劳役，优先制订防备的计划，鼓励开垦种殖的事业，以作为民饥国乏的疗救。现在唯恐失去农时，春季种植的作物正在趋向成熟，若遇上危难时刻，该做的防备一项都没有。如果放弃当务之急，尽力营建宫殿，突然发生风云不测的变乱，定当要丢开建筑的事，来应付紧急的战火。在那种时刻驱使怨苦的民众，奔赴刀剑拼搏的战场，这正是敌人想要利用的资助。如果只是坚守，天长日久那么军粮必然空缺，不等到交战，战士就早已萎顿了。

昔日殷帝太戊时代，在宫廷的院内长出了桑树榖树，太戊警觉而修明君王之德，这种不好的征兆消失而殷朝兴盛起来。宋景公时火星占住心星的位置，宋国认为将有灾祸，景公屈身听从史官的劝告崇尚德义，火星退避，景公长寿。修明自身的道德就能感动异类，忠言出口就能通达神明。臣资质愚钝蒙蔽而充数作为近官，没有能够帮助宣扬皇上的仁泽来感动天地神灵，俯仰惭愧，无地自容。退身而低头思考，火星桑树榖树之类的异怪，是上天警示二位帝王的，至于其他细小的异常现象，大概就是百姓家中供奉的小神兴起的，放到天地中验证，没什么大变化。然而吉凶征兆前后多次发生，比如明珠显露于世，白雀相继出现，则说明亿万年的国运，确实是由神灵主宰的。帝王以国土为房屋，以天下为家业，他迁移的行为与普通百姓轻易地流转迁移是不相同的。加上现在的宫室，是先帝时营建的，经过占卜才奠定屋基，并不是不吉祥。同时，杨市的土地与宫殿相连，如果新的宫殿建成，皇帝大驾迁往居住，那么众多的门神、行业神，都应转移过去，恐怕想要长久保存，就未必胜过故旧的处所。多次迁不合适，留在原来的地方就会产生疑忌，这是愚臣日

以夙夜为忧灼也。臣省《月令》，季夏之月，不可以兴土功，不可以会诸侯，不可以起兵动众，举大事必有大殃。今虽诸侯不会，诸侯之军与会无异。六月戊巳，土行正王，既不可犯，加又农月，时不可失。昔鲁隐公夏城中丘，《春秋》书之，垂为后戒。今筑宫为长世之洪基，而犯天地之大禁，袭《春秋》之所书，废敬授之上务，臣以愚管，窃所未安。

又恐所召离民，或有不至，讨之则废役兴事，不讨则日月滋蔓。若悉并到，大众聚会，希无疾病。且人心安则念善，苦则怨叛。江南精兵，北土所难，欲以十卒当东一人。天下未定，深可忧惜之。如此宫成，死叛五千，则北军之众更增五万，若到万人，则倍益十万，病者有死亡之损，叛者传不善之语，此乃大敌所以欢喜也。今当角力中原，以定强弱，正于际会，彼益我损，加以劳困，此乃雄夫智士所以深忧。

臣闻先王治国无三年之储，曰国非其国，安宁之世戒备如此，况敌强大而忽农忘畜。今虽颇种殖，间者大水沉没，其余存者当须耘获，而长吏怖期，上方诸郡，身涉山林，尽力伐材，废农弃务，士民妻孥羸小，垦殖又薄，若有水旱

夜忧虑焦灼的原因啊。我省察《月令》，农历六月不可以大兴建筑，不可以大会诸侯，不可以兴师动众，举大事一定会遭受大灾祸。如今虽说并没有大会诸侯，但是集合诸侯的军队都来建宫殿与大会诸侯也就没有两样。农历六月间，土德正旺，本已不可侵犯，加上又是农事繁忙月份，农时不可错过。昔日鲁隐公于夏季在中丘筑城，《春秋》记载下来，传示后人引以为戒。今日建筑宫殿为的是万世大业，却冒犯天地的大禁，沿袭《春秋》上所批评的事情，废弃了恭敬地劝勉人民致力于耕作的头等大事，以我个人愚昧狭小的见解，私下实在心怀不安。

又担心所征召的流民，有些人会不来，讨伐他们则误了建造并引起事端，不讨伐那么这种抗拒行为会越发滋长蔓延。如果全都来到，大众聚集到一起，少有不发生传染病的。况且，人心安定时能想到要亲切友善，受劳苦则会怨恨反叛。我国精兵，是北边的敌国难以对付的，他们预备用十个士兵来抵挡我们一个士兵。天下还没有安定，兵力是值得深深地挂怀和珍惜的。如果宫殿建成后，士卒却因劳累死亡或叛逃而损失五千人，那么北边的敌军就等于增长了五万；如果我们损失一万人，敌军等于增长了十万人。生病的人有因死亡而损失，叛逃的人传播不利于我国的言论，这是强敌最感到高兴的啊。当今以力量与中原争夺，以定强弱，正值关键时刻，敌人得到加强，我们蒙受损失，加上疲劳困乏，这是勇武的将军、智慧的谋士所深深忧虑的。

臣听说前代圣王治理国家如果没有三年以上的粮食储备，就认为国家称不上国家，太平时还要这样地戒备，何况在敌方强大的形势下忽视农业、忘却积蓄呢。如今虽说庄稼也有一定的种植，近来被大水淹没，其余保留下来的还有待除草、收获。地方上的负责官员害怕耽误建造用材上缴的期限，东部各郡的官员，亲自到山林中去督促，用全部劳力去砍伐树木，废弃正当的农事和政务。吏民的妻儿瘦弱幼小，栽种稀少，如果遇上水旱灾害就永远没

则永无所获。州郡见米，当待有事，冗食之众，仰官供济。若上下空乏，运漕不供，而北敌犯疆，使周、召更生，良、平复出，不能为陛下计明矣。臣闻君明者臣忠，主圣者臣直，是以偻偻，昧犯天威，乞垂哀省。

书奏，晧不纳。后迁东观令，领右国史，覈上疏辞让，晧答曰："得表，以东观儒林之府，常讲校文艺，处定疑难，汉时皆名学硕儒乃任其职，乞更选英贤。闻之，以卿研精坟典，博览多闻，可谓悦礼乐敦诗书者也。当飞翰骋藻，光赞时事，以越杨、班、张、蔡之畴，怪乃谦光，厚自菲薄，宜勉修所职，以迈先贤，勿复纷纷。"

时仓廪无储，世俗滋侈，覈上疏曰："今寇虏充斥，征伐未已，居无积年之储，出无应敌之畜，此乃有国者所宜深忧也。夫财谷所生，皆出于民，趋时务农，国之上急。而都下诸官，所掌别异，各自下调，不计民力，辄与近期。长吏畏罪，昼夜催民，委舍佃事，遑赴会日，定送到都，或蕴积不用，而徒使百姓消力失时。到秋收月，督其限入，夺其播殖之时，而责其今年之税，如有逋悬，则籍没财物，故家户贫困，衣食不足。宜暂息众役，专心农桑。古人称一夫不耕，或受其饥，一女不织，或受其寒，是以先王治国，惟农是务。军兴以来，

有收获。各州郡现存的粮食，应当防备紧急情况；众多的官吏，全在官府中吃饭。如果国库、人民都空缺，没有粮食运送供应，再遇上北边的敌军来侵，即使有周公、召公再现，张良、陈平复出，也无法为陛下谋划，这是明摆着的了。我听说君主明察那么人臣就能尽忠，君主贤圣那么人臣就能耿直，因此尽情陈述，冒犯您的神威，乞求怜爱省察。

书文呈递上去，孙晧不采纳。后来让华覈改任东观令，兼任右国史。华覈上奏疏推辞，孙晧答复说："收到你呈递的奏章，认为东观是儒林学士汇集之处，经常研究校阅文献经典，排解疑难，汉代都是要知名饱学的儒士才能担任这一职务，请求你再另选一些有才学的人。听说你精通典籍，见多识广博学多才，可称得上是喜欢礼乐笃好诗书的了。应该驰笔骋辞，颂扬时政，超越杨雄、班固、张衡、蔡邕这一班人，我奇怪你这种谦退的风度，过多地自我菲薄，应当努力处理好本职事务，争取超越先贤，不要再纷纭陈述了。"

当时仓库没有储备，社会习俗日益奢侈，华覈上呈奏疏说："当今到处充满了寇贼，征战不止，平时没有多年的储蓄，出征应敌又没有军需的粮草，这真是拥有国家的人应当深深忧虑的啊。财物粮食的来源，全靠人民生产出来，随着季节致力农耕，是国家的头等急事。而京城的众官员，所掌管的事务各不相同，各自向下面委派征调，不考虑人民的承受力，一味地只顾眼前。地方上的负责官员害怕获罪，白天黑夜地催逼人民，人民只好舍弃农事，急迫地奔忙以应期限，按日期送到了都城，有时却存积不用，白白地使百姓消耗劳力，耽误农时。而到秋收月份，又责令百姓按限定的数额交纳。侵夺了他们的种植季节，却要索取他们当年的钱粮赋税，如果有拖欠，就没收财产，因此弄得家家贫困，衣食不足。应当暂时停息各种劳役，使人民专心于农桑之事。古人说一个男的不耕种，就有人会遭受饥饿；一个女的不织布，就有人会遭受寒冻。因此前代君主治理国家，只致力于发展农业生产。汉末战乱兴起

已向百载，农人废南亩之务，女工停机杼之业。推此揆之，则蔬食而长饥，薄衣而履冰者，固不少矣。臣闻主之所求于民者二，民之所望于主者三。二谓求其为己劳也，求其为己死也。三谓饥者能食之，劳者能息之，有功者能赏之。民以致其二事而主失其三望者，则怨心生而功不建。今帑藏不实，民劳役猥，主之二求已备，民之三望未报。且饥者不待美馔而后饱，寒者不俟狐貉而后温，为味者口之奇，文绣者身之饰也。今事多而役繁，民贫而俗奢，百工作无用之器，妇人为绮靡之饰，不勤麻枲，并绣文黼黻，转相仿效，耻独无有。兵民之家，犹复逐俗，内无儋石之储，而出有绫绮之服，至于富贾商贩之家，重以金银，奢恣尤甚。天下未平，百姓不赡，宜一生民之原，丰谷帛之业，而弃功于浮华之巧，妨日于侈靡之事，上无尊卑等级之差，下有耗财物力之损。今吏士之家，少无子女，多者三四，少者一二，通令户有一女，十万家则十万人，人织绩一岁一束，则十万束矣。使四疆之内同心戮力，数年之间，布帛必积。恣民五色，惟所服用，但禁绮绣无益之饰。且美貌者不待华采以崇好，艳姿者不待文绮以致爱，五采之饰，足以丽矣。若极粉黛，穷盛

以来，已经有将近百年，农民荒废了农田事务，妇女停止了纺织之业。由此可推测，以菜蔬为食而长年饥饿，衣着单薄而经受寒冻的人，确实不少了。我听说君主要求人民的有两条，人民期望君主的有三条。两条是君主要求人民为自己效劳，要求人民为自己效命。三条是人民期望君主对饥饿的人给予食粮，劳累的人能让他休息，立功的人能给予赏赐。人民做到了君主要求的两条而君主不能保证人民期望的三条，则怨恨之情就会产生而君主要求百姓做的事也不可能办成。当今国库空虚，百姓劳苦，徭役繁多，君主要求的两条已经齐备，而人民期望的三条没有回音。况且饥饿的人不必有美味佳肴才感到满足，挨冻的人不会等到有狐貉一类的裘皮衣才觉得是暖和，讲究味道是口的特别要求，文彩刺绣是身体的装饰。如今事端纷多而劳役繁重，人民贫穷而官场习俗奢侈，众工匠制造没有实用价值的器物，妇女做着绮靡的服饰。勤劳不用于制作粗布衣，都制作文彩华丽的礼服，互相效仿，耻于自己没有。普通军民之家，竟也追随官场风气，家中没有一石的储粮，而外出时却穿着绫绮之类的衣服，至于富商买卖人家，则又以金银装饰，肆意奢侈尤其厉害。天下没有安定，百姓不富有，应当统一确立维持民生的本源，发展耕织事业，现在却在浮华取巧的事情上浪费劳力，在奢侈靡丽的事物上耽误时日，在上没有尊卑等级差别，在下有耗费财物人力的损失。现在一般吏士的家里，很少是没有子女的，多的有三四个，少的也有一二个，如果每户有一女，十万户就有十万女子，每人的纺织物一年一束，就有十万束了。假使全国的人同心合力，数年之内，布帛一定积聚起来。任随人民选用各种色彩，听凭他们的爱好去装束，只禁止罗绮锦绣一类没有作用的装饰。况且，美貌的人不必依靠华丽多彩的服饰来增添她的美，姿貌漂亮的人不必依靠彩绣来招人喜欢，各种色彩的装饰，足以显示一个人的美丽了。如果浓施粉黛，极尽盛装，未必没有丑妇；废弃华彩，

服，未必无丑妇；废华采，去文绣，未必无美人也，若实如论，有之无益废之无损者，何爱而不暂禁以充府藏之急乎？此救乏之上务，富国之本业也，使管、晏复生，无以易此。汉之文、景，承平继统，天下已定，四方无虞，犹以雕文之伤农事，锦绣之害女红，开富国之利，杜饥寒之本。况今六合分乖，豺狼充路，兵不离疆，甲不解带，而可以不广生财之原，充府藏之积哉？”

除去锦绣，未必没有美女。如果确实像这里说的，有了它并没有好处，而废弃它又并没有什么害处的东西，又何必舍不得而不赶快禁止以便充实国库的急需呢？这是挽救困乏的上策，使国家富有的根本事业啊，即使管仲、晏婴再现，也没有什么来替代这一做法。汉代的文景二帝，太平时代继承皇业，天下安定，四方没有边患，尚且认为雕饰纹彩妨碍农事，制作锦绣妨害纺织，开辟富国的有益事业，杜绝产生饥寒的本源。何况当今天下分离，豺狼充斥道路，军队不离疆场，战士衣甲不解，国家却可以不广开生财的来源，充实国库的积蓄吗？

皓以覈年老，敕令草表，覈不敢。又敕作草文，停立待之。覈为文曰：“咨覈小臣，草芥凡庸。遭眷值圣，受恩特隆。越从朽壤，蝉蜕朝中。熙光紫闼，青璅是凭。毖挹清露，沐浴凯风。效无丝氂，负阙山崇。滋润含垢，恩贷累重。秽质被荣，局命得融。欲报罔极，委之皇穹。圣恩雨注，哀弃其尤。猥命草对，润被下愚。不敢违敕，惧速罪诛。冒承诏命，魂逝形留。”

孙皓因为华覈年老，诏令他起草表文，华覈不敢承担。又诏令他作草书，孙皓待在旁边等着他写。华覈写了一篇短文说：“可叹华覈细微之臣，形同草芥一般平庸，受到恩宠遇上圣明的人，沐浴浩大皇恩。从低下卑微的地位，忝居充位于朝廷，帝王之宫光彩生辉，玉殿琼阁人人依凭。舀取清凉甘露，沐浴和煦南风。没有丝毫报效，辜负巨大推崇。身受滋润包容，皇上恩赐深重。卑身蒙受荣耀，微命得以久存。欲求报效无法尽意，只好托求圣明苍穹。皇恩如下雨一般倾注，怜悯宽容臣下的过错。有辱君命承诏草书，皇恩润泽及于卑臣。不敢违背敕令，惧怕加速死罪。冒昧承受诏命，魂魄消逝形体存。”

覈前后陈便宜，及贡荐良能，解释罪过，书百余上，皆有补益，文多不悉载。天册元年以微谴免，数岁卒。曜、覈所论事章疏，咸传于世也。

华覈先后陈述有益的建议，以及推荐贤良有才干的人，为忠臣辩解开脱，上书百多次，都对时政有所补益，书文太多不能一一记载。天册元年他因为小过失被免官，几年以后就去世了。韦曜、华覈论说政事的章表奏疏，都在社会上流传。

评曰：薛莹称王蕃器量绰异，弘博多通；楼玄清白节操，才理条畅；贺邵厉志高洁，机理清要；韦曜笃学好古，博见群籍，有记述之才。胡冲以为

评论说：薛莹称赞王蕃气度不凡，知识渊博，通达事理；楼玄为人清白有节操，才思清晰而通畅；贺邵砥砺志向品质高洁，禀性清简而善于把握事物的关键。韦曜专精学问爱好古道，博览群书，有记述的才能。胡冲认为楼玄、贺邵、王蕃都堪称是当时清俊

玄、邵、蕃一时清妙，略无优劣。必不得已，玄宜在先，邵当次之。华覈文赋之才，有过于曜，而典诰不及也。予观覈数献良规，期于自尽，庶几忠臣矣。然此数子，处无妄之世而有名位，强死其理，得免为幸耳。

出色的人，大致不分优劣。一定要区分上下，楼玄应居第一，贺邵当处第二。华覈文章辞赋的才能，超过韦曜，而制作典章诏诰类的文书则赶不上。我看到华覈多次呈献有益的劝谏，目的在于尽自己的责任，也称得上是忠臣了。然而这些英才贤士，处身于变乱的时代而获得了名位，有人为坚持正道而被杀害，能够免于一死的就算是幸运的了。

---

①《江表传》曰：皓用巫史之言，谓建业宫不利，乃西巡武昌，仍有迁都之意，恐群臣不从，乃大请会，赐将吏。问蕃“射不主皮，为力不同科，其义云何”？蕃思惟未答，即于殿上斩蕃。出登来山，使亲近将掷蕃首，作虎跳狼争咋啮之，头皆碎坏，欲以示威，使众不敢犯也。此与本传不同。

《吴录》曰：皓每于会，因酒酣，辄令侍臣嘲谑公卿，以为笑乐。万彧既为右丞相，蕃嘲彧曰：“鱼潜于渊，出水煦沫。何则？物有本性，不可横处非分也。彧出自溪谷，羊质虎皮，虚受光赫之宠，跨越三九之位，犬马犹能识养，将何以报厚施乎？”彧曰：“唐虞之朝无谬举之才，造父之门无驽蹇之质，蕃上诬明选，下讪桢干，何伤于日月，适多见其不知量耳。”

臣松之按本传云丁忠使晋还，皓为大会，于会中杀蕃，检忠从北还在此年之春，彧时尚未为丞相，至秋乃为相耳。《吴录》所言为乖互不同。

②《江表传》曰：皓遣将张奕追赐玄鸩，奕以玄贤者，不忍即宣诏致药，玄阴知之，谓奕曰：“当早告玄，玄何惜邪？”即服药死。

臣松之以玄之清高，必不以安危易操，无缘骤拜张奕，以亏其节。且祸机既发，岂百拜所免？《江表传》所言，于理为长。

③《吴书》曰：邵，贺齐之孙，景之子。

④邵子循，字彦先。

虞预《晋书》曰：循丁家祸，流放海滨，吴平，还乡里。节操高厉，童龀不群，言行举动，必以礼让。好学博闻，尤善《三礼》。举秀子，除阳羡、武康令。顾荣、陆机、陆云表荐循曰：“伏见吴兴武康令贺循德量邃茂，才鉴清远，服膺道素，风操凝峻，历践三城，刑政肃穆，守职下县，编名凡萃，出自新邦，朝无知己，恪居遐外，志不自营，年时倏忽，而邈无阶绪，实州党愚智所为怅然。臣等并以凡才，累授饰进，被服恩泽，忝豫朝末，知良士后时，而守局无言，惧有蔽贤之咎，是以不胜愚管，谨冒死表闻。”久之，召为太子舍人。石冰破扬州，循亦合众，事平，杜门不出。陈敏作乱，以循为丹杨内史，循称疾固辞，敏不敢逼。于时江东豪右无不受敏爵位，惟循与同郡朱诞不挂贼网。后除吴国内史，不就。元皇帝为镇东将军，请循为军司马，帝为晋王，以循为中书令，固让不受，转太常，领太子太傅。时朝廷初建，动有疑议，宗庙制度皆循所定，朝野谘询，为一时儒宗。年六十，太兴二年卒。追赠司空，谥曰穆。循诸所著论，并传于世。子隰，临海太守。

⑤曜本名昭，史为晋讳，改之。

附　录

上三国志注表

臣松之言：臣闻智周则万理自宾，鉴远则物无遗照。虽尽性穷微，深不可识，至于绪余所寄，则必接乎粗迹。是以体备之量，犹曰好察迩言。畜德之厚，在于多识往行。伏惟陛下道该渊极，神超妙物，晖光日新，郁哉弥盛。虽一贯坟典，怡心玄赜，犹复降怀近代，博观兴废。将以总括前踪，贻诲来世。

下臣裴松之上言说："臣听说智虑周全，那么万物之理就自然顺畅；鉴察深远，万物之形就纤微毕现。虽然想尽人的才智洞察事物的隐微，而世间事理实在深奥不可完全弄清，但只要思绪专注于某事，所探究的结果也应当差不太远了。因此，自身是否具备器量，还在于能否识见和采纳左右亲近之人的善言。蓄积德行的深厚，更在于了解历史上的经验教训。思量陛下圣思包揽深微极致，神思超越精妙的事物，光辉一日比一日更新，那么强烈啊，并且越来越旺盛。陛下虽然通贯历史古籍，乐于研究幽微深奥的道理，又同样关心近代，广博地观览古今的兴亡废替，以此总集前代盛衰之迹，给后代留下有益的教诲。

臣前被诏，使采三国异同以注陈寿《国志》。寿书铨叙可观，事多审正。诚游览之苑囿，近世之嘉史。然失在于略，时有所脱漏。臣奉旨寻详，务在周悉。上搜旧闻，傍摭遗逸。按三国虽历年不远，而事关汉、晋。首尾所涉，出入百载。注记纷错，每多舛互。其寿所不载，事宜存录者，则罔不毕取以补其阙。或同说一事而辞有乖杂，或出事本异，疑不能判，并皆抄内以备异闻。若乃纰缪显然，言不附理，则随违矫正以惩其妄。其时事当否及寿之小

下臣我先前承奉诏命，让我采录三国历史的异同，用以注释陈寿的《国志》。陈寿的书，序次条理清晰，值得观览，所记载的事情大多经过审察考证，真正如同供人游览的美丽园林一般，的确是近代的一部好史书。然而，它的不足在于简略，时常有脱落和遗漏之处。臣奉旨搜寻详细的材料，致力于全面地了解事实。往上搜罗过去的旧闻，从旁拾取遗文散籍。考察三国，虽然经历的年代不很久远，但所述事件却与汉代、晋代相关联，从头到尾，大致百年。三国的各种史书记载杂乱，每每有许多地方互相抵触。那些陈寿没有记载，事情却应当被保存记载下来的，臣没有不全部采取以弥补《国志》的疏缺的。有的叙述同一件事情，而言辞抵触互异；或者有的事情本身就有不同的说法，疑难不能判断分明，就一起都抄录下来作为不同的传闻备考。如果是明显的错误，言辞不符合道理的，那么就随即给予矫正，以

失，颇以愚意有所论辩。自就撰集，已垂期月。写校始讫，谨封上呈。

窃惟缋事以众色成文，蜜蜂以兼采为味，故能使绚素有章，甘逾本质。臣实顽乏，顾惭二物。虽自罄励，分绝藻缋，既谢淮南食时之敏，又微狂简斐然之作。淹留无成，祇秽翰墨，不足以上酬圣旨，少塞愆责。愧惧之深，若坠渊谷。谨拜表以闻，随用流汗。臣松之诚惶诚恐顿首顿首死罪谨言。

元嘉六年七月二十四日，中书侍郎西乡侯臣裴松之上。

改正其虚妄错误。至于它所载时事的得当与否以及陈寿的小小失误，就略微以臣的愚见而有所评论。臣自从开始撰写、采集，已经将近整整一个月，撰写、校定工作刚刚结束，便恭谨地封缄上呈陛下。

臣私下思量：绘画因为多种色彩而形成花纹，蜜蜂因为兼采百花而酿成美味，这样才能使绚烂的色彩与洁白的本色具有花纹相得益彰，蜂蜜的甘甜远胜花粉的原质。臣实在是愚顽而才学缺乏，对比这两者，深感惭愧。虽然臣竭尽全力地自勉，但才能天分与文采绘画无缘，既没有淮南王刘安那样一顿饭工夫就能成文的敏捷才思，又写不出狂简那样文采斐然的佳作。虚耗时光，却无所成就，只能是玷污翰林文墨，不足以酬答圣上的旨意，稍微弥补罪责。臣深感愧疚惊惧，如坠入万丈深渊。谨呈此表而使圣上知闻，随之因此而汗流浃背。臣松之诚惶诚恐连连叩首冒死罪郑重上言。

元嘉六年七月二十四日，中书侍郎西乡侯裴松之敬上。

四库全书总目提要

《三国志》六十五卷，晋陈寿撰，宋裴松之注。寿事迹具《晋书》本传，松之事迹具《宋书》本传。凡《魏志》三十卷，《蜀志》十五卷，《吴志》二十卷。其书以魏为正统，至习凿齿作《汉晋春秋》始立异议。自朱子以来，无不是凿齿而非寿。然以理而论，寿之谬万万无辞；以势而论，则凿齿帝汉顺而易，寿欲帝汉逆而难。盖凿齿时晋已南渡，其事有类乎蜀，为偏安者争正统，此孚于当代之论者也。寿则身为晋武之臣，而晋武承魏之统，伪魏是伪晋矣。其能行于当代哉？此犹宋太祖篡立近于魏，而北汉、南唐迹近于蜀，故北宋诸儒皆有所避而不伪魏。高宗以后，偏安江左，近于蜀，而中原魏地全入于金，故南宋诸儒乃纷纷起而帝蜀。此皆当论其世，未可以一格绳也。惟其误沿《史记·周、秦本纪》之例，不托始于魏文，而托始于曹操，实不及《魏书·叙记》之得体，是则诚可已不已耳。

《三国志》共六十五卷，由晋代陈寿所撰写，宋代斐松之为它作注。陈寿的生平事迹都记载在《晋书》本传中，斐松之的生平事迹也都记载在《宋书》本传中。《魏志》共三十卷，《蜀书》共十五卷，《吴书》共二十卷。这本书以魏国为正统，到习凿齿写《汉晋春秋》时开始对这提出了异议。自朱熹以来，人们无不认为习凿齿的观点正确而认为陈寿的观点错误。然而从道理上来说，认为陈寿的观点错误是没有什么理由的；以事势而论，习凿齿以汉皇室为正统顺当而容易，陈寿想要以汉皇室为正统不顺而困难。这是因为在习凿齿的时代，晋朝已经南渡长江，他们的情形有些类似于蜀国，为偏安一方的当权者争取正统地位，这与当时的评论家们的观点是相一致的。陈寿身为晋武帝的臣子，而晋武帝上承魏的道统，因此以魏为伪朝就是以晋为伪朝，这能够通行于他那个时代吗？这就犹如宋太祖篡位建立宋，近似于魏国篡汉而立，而北汉、南唐的情形近似于蜀，所以北宋的众多儒学之士皆有所避讳，而不以魏为伪朝。高宗以后，宋朝偏安长江下游地区，当时的状况近似于蜀，而中原过去的魏地已全并入金国，故此，南宋众多的儒学之士纷纷起来尊蜀为帝王正统。这些都应当考论他们的时代，不可以用一种标准来衡量。只是陈寿错误地沿袭《史记·周、秦本纪》的体例，撰史不从魏文帝开始，而从曹操开始，实在比不上《魏书·叙记》得体，就真正是可以止时却没有止罢了。

宋元嘉中，裴松之受诏为注，所注杂引诸书，亦时下已

宋元嘉年间，裴松之奉皇帝诏命为《三国志》作注，所作的注释间杂地引用了多种书籍，也时常写

意。综其大致约有六端：一曰引诸家之论，以辨是非；一曰参诸书之说，以核讹异；一曰传所有之事，详其委曲；一曰传所无之事，补其阙佚；一曰传所有之人，详其生平；一曰传所无之人，附以同类。其中往往嗜奇爱博，颇伤芜杂。如《袁绍传》中之胡母班，本因为董卓使绍而见，乃注曰“班尝见太山府君及河伯，事在《搜神记》，语多不载”，斯已赘矣。《钟繇传》中乃引陆氏《异林》一条，载繇与鬼妇狎昵事；《蒋济传》中引《列异传》一条，载济子死为泰山伍伯，迎孙阿为泰山令事；此类凿空语怪，凡十余处，悉与本事无关，而深于史法有碍，殊为瑕颣。又其初意似亦欲如应劭之注《汉书》，考究训诂，引证故实。故于《魏志·武帝纪》沮授字则注“沮音菹”，犷平字则引《续汉书·郡国志》注“犷平县名属渔阳”，甬道字则引《汉书》“高祖二年与楚战筑甬道”，赘旒字则引《公羊传》，先正字则引《文侯之命》，释位字则引《左传》，致届字则引《诗》，绥爰字、率俾字、昏作字则皆引《书》，纠虔天刑字则引《国语》。至《蜀志·郄正传·释诲》一篇，句句引古事为注至连数简。又如《彭羕传》之革不训老，《华佗传》之旉本似专，《秦宓传》之棘革异文，《少帝纪》

下自己的意见。综合其大意约有六个方面：一是引用众家的言论，用来辨明是非；一是参考诸种书籍的说法，以核实纠正谬误和出入；一是叙述已有记载的事情，详细地说明事情的原委；一是叙述所没有记载的事情，用来补充它的空缺和佚失；一是叙述已记载的人，详细地介绍他的生平；一是记载所没有提及的人，将他归入同类。但其中往往因为他嗜好猎奇，爱好广博，以致行文被杂乱所损伤。如：《袁绍传》中的胡母班，原来由于被董卓派遣去见袁绍，却注释说“胡母班曾经拜见太山府君和河伯，事情记载在《搜神记》中，文字太多这里不转载”，这已经是多余的了。《钟繇传》的注释中引用陆氏《异林》中的一则故事，记载钟繇与女鬼亲昵的事；《蒋济传》的注释中引用《列异传》一则故事，记载蒋济的儿子死后担任泰山的伍伯，并迎接孙阿为泰山县令的事情；像这样毫无根据凭空捏造的奇谈怪论，一共有十多处，全都与记载的历史事件本身无关，而对写作历史的原则有很大的妨碍，是一个很大的失误。再则他的最初打算也想如应劭为《汉书》作注一样，考究训诂，引证典故、出处。所以在《魏志·武帝纪》中沮授一词就注释“沮”读为“菹”，犷平一词则引用《续汉书·郡国志》中的注释说明“犷平，县名，属于渔阳郡”，甬道一词就引用《汉书》“汉高祖二年与楚军交战修筑甬道”，赘旒一词就引自《公羊传》，先正一词就引自《文侯之命》，释位一词就引自《左传》，致届一词就引自《诗经》，绥爰、率俾、昏作等词就都引自《尚书》，纠虔、天刑两词就引自《国语》。到《蜀志·郤正传·释诲》这一篇，句句引用古代事迹作注释，甚至连续数页。又如：《彭羕传》中的“革”不解释为“老”的意思，《华佗传》的“旉”字字形原本与“专”相似，《秦宓传》的“棘”与“革”是通假字，《少帝纪》的“更”与“叟”字形相似，却是两个不同的字，这也间或有所辨别认证，而其他传记的文句就不都是这样考注的。然而如《蜀志·廖立传》的开头，忽然为他的姓注音以补救切，《魏志·凉茂传》中忽然引用《博物记》中的“襁”字为传中“缀”字作注释之类，也

之叟更异字，亦间有所辨证，其它传文句则不尽然。然如《蜀志·廖立传》首忽注其姓曰补救切，《魏志·凉茂传》中忽引《博物记》注一缫字之类，亦间有之。盖欲为之而未竟，又惜所已成，不欲删弃，故或详或略，或有或无，亦颇为例不纯。然网罗繁富，凡六朝旧籍今所不传者，尚一一见其厓略。又多首尾完具，不似郦道元《水经注》、李善《文选注》皆翦裁割裂之文。故考证之家，取材不竭，转相引据者，反多于陈寿本书焉。

间或存在。大概陈寿是想同应劭一样考究引证而未能坚持到底，又爱惜自己已经注释好的东西，不想删除丢弃，所以有的详细，有的简略，有的有注释，有的没有注释，也就很有些使体例不纯了。但是裴注网罗包容的材料繁多而丰富，凡六朝古籍今天没有流传下来的，还能在其中一一找到它们的轮廓大略，资料又大多首尾完备，不像郦道元的《水经注》，李善的《文选注》全是剪裁、分割得零零碎碎的只言片语。所以考证的学者，取材不尽，转相引用作为论据的，反而比陈寿的《三国志》要多。

华阳国志陈寿传

陈寿字承祚，巴西安汉人也。少受学于散骑常侍谯周，治《尚书》、三《传》，锐精《史》、《汉》，聪警敏识，属文富艳。初应州命卫将军主簿、东观秘书郎、散骑黄门侍郎。大同后察孝廉，为本郡中正。

益部自建武后，蜀郡郑伯邑、太尉赵彦信及汉中陈申伯、祝元灵、广汉王文表皆以博学洽闻，作《巴蜀耆旧传》。寿以为不足经远，乃并巴、汉撰为《益部耆旧传》十篇。散骑常侍文立表呈其传，武帝善之，再为著作郎。吴平后，寿乃鸠合三国史，着魏、吴、蜀三书六十五篇，号《三国志》，又著《古国志》五十篇，品藻典雅，中书监荀勖、令张华深爱之，以班固、史迁不足方也。出为平阳侯相。华又表令次定诸葛亮故事集为二十四篇，时寿良亦集，故颇不同。复入为著作郎。镇南将军杜预表为散骑侍郎，诏曰："昨适用蜀人寿良具员，且可以为侍御史。"上官司论七篇，依据典故，议所因革。又上《释讳》、《广国论》。华表令兼中书郎，而寿《魏志》有失

陈寿，字承祚，巴西郡安汉县人。年轻时曾跟随散骑常侍谯周学习，潜心研习《沿书》、《春秋三传》，锐意精通《史记》、《汉书》。他聪明颖悟，机敏而有见识，撰写的文章内容繁富而文采斐然。起初应州府之命担任卫将军的主簿，后又担任东观秘书郎、散骑黄门侍郎。天下统一后，被推举选拔为孝廉，任本郡的中正。

益州之地自从晋惠帝建武年后，蜀郡的郑伯邑、太尉赵彦以及汉中郡的陈申伯、祝元灵、广汉郡的王文表都以知识丰富，见闻广博而著称，他们撰写了一部《巴蜀耆旧传》。陈寿认为这本书不能历时久远，就收集了《益部耆旧传》十篇。散骑常侍文立写表章将这部书呈报上去，晋武帝认为这部书很好，又任命陈寿为著作郎。吴国平定后，陈寿就收集三国史书，撰写了魏书、吴书和蜀书六十五篇，书名为《三国志》；又撰写了《古国志》五十篇，评价人物恰当，文字高雅不俗。中书监荀勖，中书令张华特别喜爱他，甚至认为班固、司马迁都不足以同他相比。后来他被调出京都任平阳侯相。张华又上表求皇帝下诏，令陈寿编次写定《诸葛亮故事集》，撰为二十四篇。当时寿良也辑集了这些故事，所以二者颇有些不同。陈寿又被调入京都担任著作郎。镇南将军杜预上表请朝迁任命陈寿为散骑侍郎，诏书说："昨日才用蜀郡人寿良担任这一职务，陈寿暂且可以任治书御史。"陈寿上呈《官司论》七篇，文中根据古代的典章制度，议论吏制的继承和改革。他又向朝廷上呈《释讳》、《广国论》。张华又上表请朝廷让陈寿兼任中书郎，而陈寿所撰写的《魏志》有不合荀勖心意的地方，荀勖不想让陈寿处于朝中，上表请朝廷

勖意，勖不欲其处内，表为长广太守。继母遗令不附葬，以是见讥。数岁，除太子中庶子。太子转徙后，再兼散骑常侍。惠帝谓司空张华曰："寿才宜真，不足久兼也。"华表欲登九卿，会受诛，忠贤排摈，寿遂卒洛下，位望不充其才，当时冤之。

任命陈寿为长广郡太守。陈寿的继母生前留下遗言，说他死后不与陈寿的父亲合葬一墓，陈寿照办了，但因此事而被人讥讽。数年后，他被授为太子中庶子。太子被废弃另立新太子后，他两次兼任散骑常侍。晋惠帝对司空张华说："以陈寿的才华，应该授为散骑常侍，不应长久地兼任。"张华向朝廷上表，想让陈寿职位列于九卿中，适逢张华为赵王司马伦所杀，忠臣贤士被排挤，陈寿就这样一直老死在洛阳，官位和名望都配不上他的实际才能。当时的人都为他感到委屈不平。

兄子符，字长信，亦有文才，继寿著作佐郎，上廉令。符弟莅，字叔度，梁州别驾，骠骑将军齐王辟掾，卒洛下。莅从弟阶，字达芝，州主簿，察孝廉，褒中令、永昌西部都尉、建宁兴古太守。皆辞章粲丽，驰名当世。凡寿所述作二百余篇，符、莅、阶各数十篇。二州先达及华夏文士多为作传，大较如此。

陈寿兄长的儿子陈符，字长信，也有文才。他继陈寿之后任著作佐郎，后又担任上廉县令。陈符的弟弟陈莅，字叔度，任梁州别驾，骠骑将军齐王司马冏征辟他任掾属，他也死于洛阳。陈莅的堂弟陈阶，字达芝，任州主簿，被荐举为孝廉，先后担任过褒中县县令、永昌郡西部都尉、建宁郡和兴古郡太守。他们写的文章都辞藻华丽，闻名于当世。总计陈寿的著述有两百多篇，陈符、陈莅、陈阶分别撰述有数十篇。他们为梁、益二州的先贤达士和中原地区的文士大多作了传。他们的事迹大致如此。

时梓潼李骧叔龙亦隽逸器，知名当世，举秀才，尚书郎，拜建平太守，以疾辞不就，意在州里，除广汉太守。初与寿齐望，又相昵友，后与寿情好携隙，还相诬攻，有识以是短之。

当时梓潼县的李骧，字叔龙，也有卓异的才华，闻名于世，被荐举为秀才，任尚书郎，后被任命为建平郡太守，他以有病为由推辞不去就职。本意是想在本州郡为官，后来朝廷任命他为广汉郡太守。当初他与陈寿有同等的名望，两人互相亲密友好。后来他与陈寿的友情破裂，还相互诬蔑攻击，有识之士因为这些而批评他们。

晋书陈寿传

陈寿字承祚，巴西安汉人也。少好学，师事同郡谯周。仕蜀为观阁令史，宦人黄皓专弄威权，大臣皆曲意附之，寿独不为之屈，由是屡被谴黜。

陈寿，字承祚，巴西郡安汉县人。从小爱好学习，拜同郡的谯周为老师。他在蜀国任观阁令史时，宦官黄皓专权跋扈，大臣们都违背自己的心意去奉承黄皓。唯独陈寿不为黄皓的威权所屈服，由于这样，陈寿屡次被谪降或免职。

遭父丧，有疾，使婢丸药，客往见之，乡党以为贬议；及蜀平，坐是沉滞者累年。司空张华爱其才，以寿虽不远嫌，原情不至贬废，举为孝廉，除佐著作郎，出补阳平令。撰蜀相诸葛亮集，奏之，除著作郎，领本郡中正。撰魏、吴、蜀三国志，凡六十五篇，时人称其善叙事，有良史之才。夏侯湛时着《魏书》，见寿所作，便坏己书而罢。张华深善之，谓寿曰："当以《晋书》相付耳。"其为时所重如此。或云丁仪、丁廙有盛名于魏，寿谓其子曰："可觅千斛米见与，当为尊公作佳传。"丁不与之，竟不为立传。寿父为马谡参军，谡为诸葛亮所诛，寿父亦坐被髡，诸葛瞻又轻寿；寿为亮立传谓"亮将略非长，无应敌之才"，言"瞻惟工书，名过其实"，议者以此少之。

陈寿在守父丧期间，患了病，让婢女服侍他服药，被到他家里的客人看见了，乡间的人便非议他；到蜀国被平定后，因为这件事他好多年都不能仕宦为官。司空张华喜爱他的才华，认为陈寿虽然不能避开嫌疑，但推究他的实情，也不至于受到贬谪和废弃，于是举荐他为孝廉，朝廷任命陈寿为佐著作郎，后来调出京都补任阳平县令。陈寿撰写了蜀国丞相诸葛亮集，上奏皇帝，皇帝任命他为著作郎，并兼任本郡中正。陈寿撰写修订了魏、蜀、吴三国的历史，共六十五篇，当时的人称赞他善于叙事，有优秀史官的才能。夏侯湛当时也著有《魏书》，见到陈寿所撰写的《三国志》后，就毁掉自己的书稿停止了撰写。张华特别赏识陈寿，对陈寿说："应当把《晋书》交给你来撰写。"他被当时的人器重到了这种程度。有人说丁仪、丁廙在魏代有很大的名望，陈寿对他们的儿子说："你们弄一千斛米给我，我将为你们的父亲撰定好传记。"丁家没有给米，陈寿竟不为丁仪、丁廙立传。陈寿的父亲曾任马谡的参军，马谡被诸葛亮所杀，陈寿的父亲也被牵连而受了髡刑，诸葛瞻又轻视陈寿。陈寿为诸葛亮立传说"诸葛亮在用兵谋略方面并不擅长，没有对付敌军的才能"，说"诸葛瞻只是擅长书法，他的名声超过了他的才能"，议论这些事的人因此而看不起陈寿。

张华将举寿为中书郎，荀

张华将要荐举陈寿做中书侍郎，荀勖因妒忌张勖忌华而疾寿，遂讽吏部，迁寿为长广太守。辞母老不就。杜预将之镇，复荐之于帝，宜补黄散，由是授御史治书，以母忧去职。母遗言令葬洛阳，寿遵其志。又坐不以母归葬，竟被贬议。初，谯周尝谓寿曰："卿必以才学成名，当被损折，亦非不幸也，宜深慎之。"寿至此再致废辱，皆如周言。后数岁，起为太子中庶子，未拜。元康七年病卒，时年六十五。

华而厌恶陈寿，于是示意吏部，调陈寿任长广郡太守。陈寿以母亲年老为由没有去就职。杜预将要到他负责镇守的地方去时，又向皇帝荐举了陈寿，说应把陈寿补入黄门侍郎或散骑常侍。因此，陈寿被任命为治书侍御史，后来因母丧而离职。他的母亲留下遗言，嘱咐她死后要葬在洛阳，陈寿遵照他母亲的意愿去做了。又因为没有将他的母亲死后归入他父亲的坟墓合葬，竟遭到批评非议。当初，谯周曾对陈寿说："你一定会凭才学而成名，也可能会因才学而受到损害和挫折，也不是什么很不幸的事，应当很谨慎地对待这些。"陈寿到这时再一次遭到贬斥和非议，都同谯周说的一样。数年之后，陈寿被重新起用为太子中庶子，没有正式授职。晋惠帝元康七年，陈寿因病逝世，死时六十五岁。

梁州大中正尚书郎范頵等上表曰："昔汉武帝诏曰'司马相如病甚，可遣悉取其书'，使者得其遗书，言封禅事，天子异焉。臣等按故治书侍御史陈寿作《三国志》，辞多劝诫，明乎得失，有益风化。虽文艳不若相如，而质直过之。愿垂采录。"于是诏下河南尹、洛阳令就家写其书。寿又撰《古国志》五十篇、《益都耆旧传》十篇，余文章传于世。

梁州大中正、尚书郎范頵等人上表说："从前汉武帝下诏书说'司马相如病危，可派使者去取来他的全部著作'，使者得到了司马相如所遗留下来的全部著作。书中谈到了封禅的事，天子感到惊讶。臣子范頵等人审查了已去世的治书侍御史陈寿所作的《三国志》，言辞中有许多劝善诫恶的话，评论得失分明，有益于风俗教化。虽然文辞艳丽比不上司马相如，而朴实正直却超过了司马相如。希望下令采录此书。"于是皇帝下诏，命令河南府尹、洛阳县令负责到陈寿家中抄写这部书。陈寿又撰写了《古国志》五十篇，《益都耆旧传》十篇，其余的文章也流传于世。

宋书裴松之传

裴松之字世期，河东闻喜人也。祖昧，光禄大夫。父珪正，员外郎。松之年八岁，学通论语、毛诗。博览坟籍，立身简素。年二十，拜殿中将军。此官直卫左右，晋孝武太元中，革选名家以参顾问，始用琅邪王茂之、会稽谢辅，皆南北之望。舅庾楷在江陵，欲得松之西上，除新野太守，以事难不行，拜员外散骑侍郎。义熙初，为吴兴故鄣令。在县有绩，入为尚书祠部郎。

松之以世立私碑有乖事实，上表陈之曰："碑铭之作，以明示后昆，自非殊功异德，无以允应兹典，大者道动光远，世所宗推；其次节行高妙，遗烈可纪。若乃亮采登庸，绩用显著，敷化所莅，惠训融远，述咏所寄，有赖镌勒。非斯族也，则几乎僭黩矣。俗敝伪兴，华烦已久。是以孔悝之铭，行是人非；蔡邕制文，每有愧色。而自时厥后，其流弥多。预有臣吏，必为建立。勒铭寡取信

裴松之，字世期，河东郡闻喜县人。他的祖父裴昧曾任光禄大夫。他父亲裴珪正做过员外郎。裴松之八岁时，就学习和通晓了《论语》、《毛诗》。他广泛地阅读了古代的经典文籍，为人简约朴素。他二十岁时被授为殿中将军，这是直接在皇帝左右侍卫的官职。晋孝武帝太元年间，皇帝精心选择有名的贤士来参与国家大政的咨询，开始任用了琅邪郡的王茂之、会稽郡的谢辅，他们都是在南方和北方有极高声望的人。裴松之的舅舅豫州刺史庾楷镇守江陵，他想要裴松之西上，任命裴松之担任新野太守。裴松之因为有事缠身而没能去就职，被朝廷任命为员外散骑侍郎。晋安义熙初年，裴松之被任命为吴兴郡故鄣县县令，任职期间有政绩，被调入京都任尚书祠部郎。

裴松之认为世人所私立的碑文有违背事实的地方，他向朝廷上表陈述说："碑刻铭志之作，是用来明白地昭示后代子孙的，若非特殊不凡的功劳品德，就没有资格适用这样的典仪。最值得记述的是光辉远照后代的道德行为，被世人所效法推崇；其次值得记载的是高尚美好的节操品行和留下来的功勋。至于辅佐朝政，举用贤才，成绩显著；施行的教化所到之处，仁惠的教诲感化了远方；在叙述咏赞之辞中有所寄寓，要靠镌碑刻石来记载。不是这类功勋的话，那就差不多是超越了身份，玷辱了立碑的本意。风俗败坏，诈伪大兴，华丽而繁琐的文辞流传已经很久了。因此孔悝的铭文，按照客观事实撰写，却遭到别人非议。蔡邕为别人写墓志铭，每每因辞中的不实之处而有愧色。而从那时以后，其流弊越来越多，一个人只要有过为官为吏的经历，就

之实，刊石成虚伪之常，真假相蒙，殆使合美者不贵。但论其功费，又不可称，不加禁裁，其敝无已。以为诸欲立碑者，宜悉令言上，为朝议所许，然后听之。庶可以防遏无征，显彰茂实，使百世之下知其不虚，则义信于仰止，道孚于来叶。"由是并断。高祖北伐，领司州刺史，以松之为州主簿，转治中从事史。既克洛阳，高祖敕之曰："裴松之廊庙之才，不宜久尸边务，今召为世子洗马，与殷景仁同，可令知之。"于时议立五庙乐，松之以妃臧氏庙乐亦宜与四庙同。除零陵内史，征为国子博士。

太祖元嘉三年，诛司徒徐羡之等，分遣大使巡行天下。通直散骑常侍袁渝、司徒左司掾孔邈使扬州，尚书三公郎陆子真、起部甄法崇使荆州，员外散骑常侍范雍、司徒主簿庞遵使南兖州，前尚书右丞孔默使南北二豫州，抚军参军王歆之使徐州，冗从仆射车宗使青、兖州，松之使湘州，尚书殿中郎阮长之使雍州，前竟陵太守殷道鸾使益州，员外散骑常侍李耽之使广州，郎中殷斌使梁州、南秦州，前员外散骑侍郎阮园客使交州，驸马都尉奉朝请潘思先使宁州，并兼散骑常侍。班宣诏书曰："昔王者巡功，群后述职，不然则有存省

一定要为他树碑刻石。碑铭中很少有取信于人的事实，树碑刻石成了虚伪的常事。真假互相掩盖混淆，几乎使应受赞美的人得不到应得的尊贵。仅就其花费的劳力、财物而论，也不能相称。不加以禁止和裁减的话，它的害处是无穷的。臣认为那些要立碑的人，应当都让他们上报朝廷，朝廷公议允许后，才由他们自己去制碑。这样才可以防止所记之事的虚伪无验证，而显扬表彰盛大美好的功绩，使百代以下都知道这碑铭是不虚伪的，那么大义就能够使敬慕的人信仰，道德就能使后代子孙信服。"从此私立碑志之弊断绝。宋高祖刘裕北代后秦时，曾兼任司州刺史，任命裴松之为司州主簿，后来转任治中从事史。攻克洛阳后，高祖下诏说："裴松之是能担当朝廷重任的人才，不宜长久管理边防之事。现在召他为世子洗马，与殷景仁处于同等地位，可以通知他知道。"当时正在讨论设立祭祀五庙的音乐，裴松之认为高祖妃子臧氏的祭乐也应与其他四庙相同。他被任命为零陵郡内史，征召为国子监博士。

宋太祖元嘉三年，杀了司徒徐羡之等人，朝廷分派大使巡视全国。通直郎散骑常侍袁渝、司徒左司掾孔邈出使扬州，尚书三公郎陆子真、起部尚书甄法崇出使荆州，员外散骑常侍范雍、司徒主簿庞遵出使南兖州，前尚书右丞孔默出使南豫州和北豫州，抚军参军王歆之出使徐州，冗从仆射车宗出使青州、兖州、裴松之出使湘州，尚书殿中侍郎阮长之出使雍州，前竟陵太守殷道鸾出使益州，员外散骑常侍李耽之出使广州，郎中殷斌出使梁州、南秦州，前员外散骑侍郎阮园客出使交州，附马都尉奉朝请潘思先出使宁州，并兼任散骑常侍。朝廷颁布宣喻诏书说："从前天子到各地巡察政绩，诸侯向天子陈述政事，不然的话，就有天子派使者慰问视察四方的典礼和以礼慰问诸侯的规矩。用这些方法来观民风、立善政，下达政事，考察政绩，使上下都互通情况，远近都受到天子的恩泽，所以能够使功业昭明

之礼，聘频之规，所以观民立政，命事考绩，上下偕通，遐迩咸被，故能功昭长世，道历远年。朕以寡闇，属承洪业，夤畏在位，昧于治道，夕惕惟忧，如临渊谷，惧国俗陵颓，民风凋伪，眚厉违和，水旱伤业，虽勤躬庶事，思弘攸宜，而机务惟殷，顾循多阙，政刑乖谬，未获具闻。岂诚素弗孚，使群心莫尽，纳隍之愧，在予一人。以岁时多难，王道未壹，卜征之礼，废而未修，眷被氓庶，无忘钦恤。今使兼散骑常侍渝等申令四方，周行郡邑，亲见刺史二千石官长，申述至诚，广询治要，观察吏政，访求民隐，旌举操行，存问所疾，礼俗得失，一依周典，每各为书，还具条奏，俾朕昭然若亲览焉。大夫君子其各悉心敬事，无惰乃力！其有咨谋远图，谨言中诚，陈之使者，无或隐遗。方将敬纳良规，以补其阙，勉哉勖之，称朕意焉！”

松之反使，奏曰：“臣闻天道以下济光明，君德以广运为极。古先哲后，因心溥被。是以文思在躬，则时雍自洽，礼行江汉，而美化斯远。故能垂大哉之休咏，廓造周之盛则。伏惟陛下神叡玄通，道契旷代，冕旒华堂，垂心八表，咨敬敷之未纯，虑明扬之靡畅，清问

永世，道义通贯万年。朕以寡德昏昧之资，继承大业，敬畏自己处于天子之位，不懂治国之道，所以小心戒惧，不敢怠慢，如同站在深潭和深谷的边上一样，害怕因国家教化衰微败坏，人民风俗凋敝伪诈，灾殃祸疾逆反和顺，水旱之患伤害百业。虽然朕勤勉地亲自处理国事，思考着推行适宜的教化，但因政务繁重，发现回顾从前做过的事情，发现有许多缺漏。政令刑律背理错误之处，没有得到下面的反映。这岂不是因为诚信未孚众望，致使群臣不能尽情畅言所造成的吗。不能拯民于水火之中的惭愧，在于我一人。因为时世艰难，王道未能在天下统一实现，天子巡视的典礼废弃而未能修明。我深深地关怀顾念着黎民百姓，没有忘记要给予安抚。现在派遣兼任散骑常侍郎袁渝等人向四方发布命令，遍至各个郡邑，亲自会见刺史和州郡的长官，申述至诚之心，广泛地询求治国要略，考察官吏的政绩，查访民间忧患，表扬推荐有节操德行的人，慰问百姓疾苦，了解礼教风俗得失，一切都依周代的典章制度。每人各自写成文书，回朝廷分条上奏，使朕明白了然，如同亲自看到了实际情况一样。大夫君子们将要各自尽心，认真地对待国事，不要怠惰不尽力！如果有谋略和长远的治国之策，可将你心中要说的话尽情地向使者陈述，不要有什么隐藏和遗留的。朝廷正要采纳好的规谏，以弥补以前的缺漏。努力啊，希望符合朕的心意！”

裴松之出使返回朝廷后，上奏说：“臣听说过上天之道用以增益世间的光明，君王的德行以广大深远为最高标准。古代圣明的天子，凭借仁义之心，恩德覆盖整个天下。因此功业和道德虽在自身，而太平的时世自然和谐；礼教虽然仅施行于长江汉水，而纯美的教化传播遥远。所以能够流传下‘伟大啊’的美好赞咏，发扬光大《周礼》中规定的光辉准则。臣敬伏地思考，陛下神明通达玄妙的境界，王道称得上绝代无比，头戴冕旒礼冠端坐于华丽的殿堂之中，而仁爱之心却普遍地施及八方之外。忧叹美好的教化还未一致施行，思虑拔举贤才之途尚未通

下民，哀此鳏寡，涣焉大号，周爰四达，远猷形于雅诰，惠训播乎遐陬。是故率土仰咏，重译咸说，莫不讴吟踊跃，式铭皇风，或有扶老携幼，称欢路左。诚由亭毒既流，故忘其自至，千载一时，于是乎在。臣谬蒙铨任，忝厕显列，猥以短乏，思纯八表，无以宣畅圣旨，肃明风化，黜陟无序，搜扬寡闻，惭惧屏营，不知所措。奉二十四条，谨随事为牒。伏见癸卯诏书，礼俗得失，一依周典，每各为书还具条奏，谨依事为书以系之后。”松之甚得奉使之义，论者美之。转中书侍郎、司冀二州大中正。

畅。明察详问百姓民情，怜悯抚恤孤寡老幼，大声疾呼，号令天下，将诏命向四方传达。王政可以同《诗经》、《尚书》中描写的善政相媲美，仁惠的教诲施及边远的角落。因此天下百姓都仰慕歌颂，殊俗的异域都欢欣鼓舞，没有人不踊跃地争相讴歌，铭记皇恩风化，有时还有人扶老携幼在道路边欢呼。这实在是因为教化哺育之恩已流布于百姓心中，所以他们不由得不自动到来的吧。于是在这千载难逢的时候，他们在道边迎候。臣误受选择任用，惭愧地置身于显达的行列之中，承蒙用我这才能浅陋的人，去考察纯一四方的国家大事，却没有能够宣明畅达圣旨，整肃修明风化，罢免升迁未能恰当，举荐贤能也很少，因此心中惭愧恐惧，惶怕不已，不知如何措置。臣谨奉二十四条考绩圣命，恭敬地按照事实写成文牍。臣敬伏地见到癸卯年下的诏书，一切礼仪教化的得失都以同代的典章制度为准，并要示各地写成文书，回来后分条陈述上奏。臣恭谨地依据见到的事实，写成文书附在后面。”裴松之深得奉命出使的旨意，评论者都赞美他。他后来转任为中书侍郎、司州和冀州的大中正。

上使注陈寿《三国志》，松之鸠集传记，增广异闻，既成，奏上。上善之，曰：“此为不朽矣。”出为永嘉太守，勤恤百姓，吏民便之。入补通直，为常侍，复领二州大中正，寻出为南琅邪太守。十四年，致仕，拜中散大夫，寻领国子博士，进大中大夫，博士如故。续何承天国史，未及撰述，二十八年卒，时年八十。

皇帝派他注释陈寿的《三国志》，裴松之聚集了传记，增加扩大了异事奇闻，成书之后上奏皇帝。皇帝高度赞扬这部书，说：“这就是不朽了。”后来裴松之被调出京都任永嘉太守。他勤于政事，爱护关心百姓，官吏和人民都因此而得到了益处。后来他又被调入朝廷补为通直郎，为散骑常侍，又兼司、冀二州的大中正。不久被调出京都任南琅邪郡太守。元嘉十四年辞官闲居在家，后来又被任命为中散大夫，不久兼任国子监博士，又迁升为大中大夫，仍然兼任国子监博士。继续编纂何承天主修的国史，没有来得及动笔写作，元嘉二十八年逝世，当时八十岁。

子骃，南中郎参军。松之所著文论及晋纪，骃注司马迁史记，并行于世。

儿子裴骃，是南中郎将的参军。裴松之所著述的文论和撰写的《晋纪》，裴骃作注的司马迁的《史记》，一同流传于世。

后　记

《三国志(文白对照)》一书的前身是《三国志(今注今译)》。这是湖南师范大学出版社1991年度出版的重点图书之一。学界前辈缪钺先生为该书题辞:“注译精审,嘉惠士林。”该书先后被选送参加1992年度香港和新加坡书展。受到国内外同行专家的好评,均产生了良好的社会影响。《光明日报》、《人民中国》(日文版)杂志和国内多家大学学报都刊登了出版消息和书评,对此书予以肯定。该书1993年获湖南第二届优秀图书奖。1994年再次印刷,印数达一万数千套,同年又参加台湾书展。1996年台湾建安出版社购买版权,以繁体字在台湾印行(16开本,精装,全五册,定价2500元)。

参加本书的译者,有年过老耄的、古稀的,也有耳顺之年、艾壮之年的,他们在今注的基础上,对译文进行加工修饰,字字句句推敲、斟酌,以精益求精的态度,后出转精的要求,尽力译好这部书。正如前高校古籍整理委员会主任周林先生所说:“凡能读懂报纸的人就能读懂它了。”但是由于古文深奥,有些行文跳跃,又常用典,翻译起来是煞费心思的。古籍今译是“看似轻易,实则艰巨”的任务。所以本书译文欠妥之处,请专家、读者不吝指正。

章惠康

1998年11月—2009年12月